das **Pär·chen** (-*s*, -) zwei junge Leute, die verliebt sind ≈ Liebespaar

Definitionen in Normalschrift

der **He·li·ko̩p·ter** (-*s*, -) ≈ Hubschrauber

…licher
…n ≈

der **Le̲icht·sinn** ★ (-*es*) leichtsinniges Verhalten ↔ Vorsicht

…nsätzlicher
↔

der **Ki̲es** ★ (-*es*) **1** viele kleine Steine, die am Fluss, am Rand der Straße oder auf Fußwegen liegen ⟨*feiner, grober Kies*⟩ **K** Kiesweg **2** *gesprochen* ⟨*viel, wenig, ein Haufen Kies*⟩ ≈ Geld

zur
…scheidung

**sa̩l·zig** ★ *ADJEKTIV* mit dem Geschmack von Salz ⟨*ein salziger Geschmack; etwas schmeckt salzig*⟩ *„Meerwasser schmeckt salzig"*

…ndungen
…mern



**mi̩t·ge·hen** (*ist*) mit jemandem irgendwohin gehen *„Willst du nicht zur Party mitgehen?"*

Beispiele in Kursivschrift und Anführungszeichen

**to̩p·pen** (*toppte, hat getoppt*); *gesprochen* **etwas toppen** ≈ übertreffen *„Diese Leistung kann nicht getoppt werden!"*

Muster zur Satzbildung in fetter Schrift

der **Ho̩lz·weg** **ID** **auf dem Holzweg sein** falsche Vorstellungen von jemandem/etwas haben

Redewendungen nach **ID** in fetter Schrift

das **Ni̩·ckel** (-*s*) ein schweres Metall, das weiß wie Silber glänzt ❶ chemisches Zeichen: *Ni*

Wichtige Zusatzinformation nach ❶

die **E̲rd·bee·re** ★ **1** eine Pflanze mit weißen Blüten und roten Früchten **2** die (rote, süße, saftige) Frucht der Erdbeere **K** Erdbeerkuchen, Erdbeermarmelade

Komposita mit dem Stichwort nach **K**

**be·la̲·den** (*belädt, belud, hat beladen*) **etwas (mit etwas) beladen** etwas auf eine Fläche (meist eines Fahrzeugs) laden *„einen Lastwagen mit Erde beladen"* • *hierzu* **Be·la̲·dung** *die*

Abgeleitete Wörter nach •

**Langenscheidt**
**Power Wörterbuch**

# Deutsch als Fremdsprache

Neubearbeitung

Herausgeber
Professor Dr. Dieter Götz

Langenscheidt

Herausgeber der aktuellen Ausgabe:
Professor Dr. Dieter Götz

Herausgeber der ersten Ausgabe:
Professor Dr. Dieter Götz
Professor Dr. Hans Wellmann †

Projektleitung: Evelyn Glose

Lexikografische Arbeiten: Susanne Billes, Prof. Dr. Dieter Götz, Andreas Greiser

Illustrationen: Jens Neuber

Konzeptionelle Mitarbeit: Arndt Knieper

Landkarten: Bildungshaus Schulbuchverlage Westermann Schroedel Diesterweg Schöningh Winklers GmbH, Braunschweig

Illustrationen: Jens Neuber
Konzeptionelle Mitarbeit: Arndt Knieper

Landkarten: Bildungshaus Schulbuchverlage Westermann Schroedel Diesterweg Schöningh Winklers GmbH, Braunschweig



1. Auflage 2016 (1,03 - 2022)


www.langenscheidt.com

Typografisches Konzept: Arndt Knieper, München,
und uteweber-grafikdesign, Geretsried
Satz: preXtension, Grafrath, und uteweber-grafikdesign, Geretsried
Druck und Bindung: C. H. Beck, Nördlingen
Printed in Germany

ISBN 978-3-12-514117-9

# Inhalt

# Tipps für die Benutzung

## 1 Der Wortschatz

### Welche Wörter sind in diesem Wörterbuch zu finden?

Das **Power Wörterbuch Deutsch als Fremdsprache** enthält leicht verständliche Erklärungen zu rund 50.000 aktuellen Stichwörtern und Wendungen und viele Hinweise auf den Gebrauch.

### Der „Zentralwortschatz"

Ungefähr 5.500 Wörter sind mit dem Zeichen ★ markiert. Sie sind im Zertifikatswortschatz der Goethe-Institute oder in der Liste der 4.000 häufigsten Wörter des Instituts für deutsche Sprache in Mannheim (DeReWo) und des Projekts „Deutscher Wortschatz" der Universität Leipzig enthalten.

## 2 Was steht wo im Wörterbuch?

### Alphabetische Reihenfolge

Die Stichwörter sind alphabetisch geordnet. Die sogenannten Umlaute *ä*, *ö* und *ü* sind wie die Vokale *a*, *o* und *u* eingeordnet (also nicht wie *ae*, *oe* oder *ue*); *äu* wird wie *au* behandelt. Wörter, die z. B. mit *Mä-* beginnen, stehen nicht alle nach *m-a-d*, sondern sind so eingeordnet:

**Mahlzeit – Mähne – mahnen**
**Marathon – Märchen – märchenhaft – Marder**

Der Buchstabe *ß* gilt als Variante von *ss* und ist so eingeordnet:

**Maßarbeit – Masse – Maßeinheit**

Bei Stichwörtern mit gleicher Buchstabenfolge stehen kleingeschriebene Wörter vor großgeschriebenen Wörtern:

**alt – Alt – alt- – Alt-**

Vollständige Wörter stehen vor Elementen der Wortbildung:

**Eck – Eck- – -eck**

### Abkürzungen, Abkürzungswörter

Häufige Abkürzungen, z. B. **IHK**, **EU**, **v. Chr.**, **MwSt** usw., sind in einem eigenen Eintrag erklärt. Alle Abkürzungen, die in diesem Wörterbuch verwendet werden, sind ganz hinten im Buch erklärt.

## Zusammengesetzte Wörter: K

Viele Substantive kann man mit anderen Substantiven verbinden und so ein neues Wort bilden: *Wohnung → Wohnungstür → Wohnungstürschlüssel*. Wenn man ihre Bedeutung über die Bedeutung der einzelnen Teile erraten kann, stehen sie bei der entsprechenden Bedeutung im Eintrag eines Teils oder beider Teile; ist dies nicht möglich, werden sie in einem eigenen Eintrag erklärt.

der **Mo̲·nat★** (-s, -e) **1** [...] **K** Monatslohn, monatelang; Sommermonat [...]

## Abgeleitete Wörter: •

Wörter, die ohne Änderung der Bedeutung vom Stichwort abgeleitet sind, stehen ohne Erklärung am Ende des Eintrags. Die Bedeutung ergibt sich aus der Erklärung für das Stichwort (z. B. *abstammen*) und aus der Bedeutung (in diesem Fall) von **-ung.** (→ **Abschnitt 6**)

**ạb·stam·men** (*stammte ab*); *kein Perfekt* [...]
• *hierzu* **Ạb·stam·mung** *die*

## Gleich geschriebene Wörter

Wörter, die gleich geschrieben werden, aber unterschiedliche Bedeutung, Aussprache, Betonung oder Formen haben, stehen in einem eigenen Eintrag und sind durch hochgestellte Ziffern voneinander unterschieden:

das **Bạnd**[1]★; (-(e)s, *Bän·der*) **1** ein dünner, schmaler Streifen aus Stoff [...]
der **Bạnd**[2]★; (-(e)s, *Bän·de*) **1** eines von mehreren Büchern [...]
die **Band**[3]★ [bɛnt]; (-, -s) eine Gruppe von Musikern [...]

## Elemente der Wortbildung

Wichtige Elemente der Wortbildung sind in eigenen Einträgen erklärt, z. B. Substantive und Adjektive (*Rahmen-*, *-muffel*, *wohl-*, *-bereit*), Vorsilben und Nachsilben (*auf-*, *be-*, *-heit*, *-ung*). Die Angabe *nicht / begrenzt / sehr produktiv* zeigt an, mit welcher Wahrscheinlichkeit diese Elemente in weiteren Verbindungen vorkommen können.

**-be·reit** *im Adjektiv, unbetont, begrenzt produktiv* **1** **abfahr(t)bereit, aufbruchbereit, kampfbereit, startbereit** [...]

## Idiomatische Wendungen, Redensarten: ID

Feste Wendungen (z. B. *Aller Anfang ist schwer*) findet man meist in dem Eintrag für das erste Substantiv in der Wendung – nach dem Zeichen **ID**: **nicht auf den Mund gefallen sein** steht deshalb nach **ID** im Eintrag **Mund**.

Wendungen ohne Substantiv findet man im Eintrag für das erste Adjektiv oder Verb, das in der Wendung vorkommt: **Das kann jedem (mal) passieren** steht daher im Stichwortartikel **passieren**. Ausnahmen sind in einzelnen Fällen möglich.
Sprichwörter sind als ganze Sätze angegeben. Bei Redewendungen steht das Verb in der Grundform oder in der am häufigsten verwendeten Form.

> das **Au·ge★** (-s, -n) **1** [...] **ID** [...] **Das kann ins Auge gehen** Das kann schlimme Folgen haben; **etwas fällt/springt/sticht ins Auge** etwas ist sehr deutlich zu sehen oder klar zu erkennen; [...]

## „Extras": Wörter und Situationen, Wörter und Abbildungen

Im Abschnitt **Extras** ab Seite 1071 stehen Hinweise auf Wörter, die man in verschiedenen Situationen verwenden kann. Mit diesen kann man z. B. über Schule und Ausbildung usw. sprechen. Geografische Namen stehen ebenfalls im Abschnitt **Extras**.
Die verschiedenen Abbildungen in diesem Wörterbuch zeigen z. B., wie man die Teile eines Fahrrads nennt.

## Hinweise: ❶

Besonders wichtige Informationen über ein Stichwort oder eine Verwendung stehen nach dem Zeichen ❶. Dies sind Angaben zu Grammatik, zur Verwendung und Hinweise auf andere Stichwörter, auf Abbildungen und auf die Informationen im Bereich **Extras**.

# 3 Die Schreibung der Wörter

## Die Rechtschreibung

Die Schreibung der Wörter entspricht den aktuell gültigen amtlichen Regeln und orientiert sich an den DUDEN-Empfehlungen (vom Juli 2013).
Bei Wörtern mit mehreren Schreibweisen ist meist nur die übliche Schreibweise angegeben. Sind mehrere Möglichkeiten angegeben, steht ein Verweis auf die häufigere Form. Im Eintrag steht immer die häufigere Form zuerst:

> der **Del·fin**, **Del·phin** [-f-]; (-s, -e) [...]

> **Del·phin** → Delfin

## Die Trennung der Wörter

Wörter mit vier oder mehr Buchstaben kann man am Ende der Zeile trennen. Punkte im Stichwort zeigen an, wo dies möglich ist, z. B. in dem Wort **Ge·wohn·heit**. Es kann also so getrennt werden: *Ge-wohnheit* oder *Gewohn-heit*.

Wenn ein Wort aus mehr als zwei einzelnen Wörtern besteht, zeigt ein senkrechter Strich, aus welchen größeren Einheiten es besteht: **Fach|ober·schu·le**. Man kann es an dieser Stelle auch trennen: *Fach-oberschule*.
Der Strich wird auch verwendet, um Probleme bei der Aussprache zu vermeiden: **be|in·hal·ten, ab|er·kennen.**

## 4 Hinweise zur Wortart und zu den Wortformen

### Substantive

Bei Substantiven steht der Artikel immer vor dem Stichwort:

das **Au·to★** (*-s, -s*) [...]

Nach dem Stichwort steht die Form des Genitivs im Singular sowie des Nominativs im Plural in *Kursivschrift* und in runden Klammern, hier: (*-s, -s*). Vor der Pluralform steht ein Komma. Der Strich „-" steht für das Stichwort. Der Genitiv Singular ist also *des Autos* und der Nominativ Plural *die Autos*.
Steht nur ein Strich allein, wird das Stichwort in der Form nicht verändert:

das **Bröt·chen★** (*-s, -*) [...]

Der Genitiv Singular ist *des Brötchens*, der Nominativ Plural *die Brötchen*.
Eingeklammerte Teile können auch weggelassen werden:

das **Öl★** (*-(e)s, -e*) [...]

Der Genitiv Singular ist also *des Öls* oder *des Öles*, der Nominativ Plural *die Öle*.

Einige Substantive haben mit dem bestimmten Artikel eine andere Form als mit dem unbestimmten Artikel. Manchmal ändert ein Substantiv die Form nicht nur im Genitiv, sondern auch im Akkusativ und Dativ Singular:

der **Be·ạm·te★** (*-n, -n*) [...] ❶ *ein Beamter; der Beamte; den, dem, des Beamten* • *hierzu* **Be·ạm·tin** *die*

Diese Angaben stehen in der Reihenfolge Nominativ – Akkusativ – Dativ – Genitiv.

Wenn sich beim Plural der Wortstamm verändert, ist die vollständige Form angegeben:

die **Maus★** (*-, Mäu·se*) [...]

Andere Unterschiede zwischen Singular und Plural (z. B. eine andere Betonung) sind angegeben:

der **Di·rẹk·tor★** (-s, *Di·rek·to̲·ren*) [...]

Mehrere mögliche Pluralformen werden durch einen Schrägstrich getrennt. Wenn man zwischen diesen nicht wählen kann, steht die jeweilige Form bei der entsprechenden Ziffer:

das **Wọrt★** (-(*e*)*s*, *Wor·te/Wör·ter*) **1** (*Plural Wörter*) [...] **2** (*Plural Worte*) [...] **3** *nur Singular* [...]

Bei zusammengesetzten Substantiven steht keine Angabe. Die Genitiv- und Pluralformen sind die gleichen wie bei dem Grundwort (hier: *Brett*):

das **Fẹns·ter·brett** eine schmale Platte aus Holz, [...]

Wenn das Substantiv nur im Singular gebraucht wird, ist nur der Genitiv Singular angegeben:

der **Mu̲t★** (-(*e*)*s*) [...]

Die Angaben *nur / meist Singular* und *nur / meist Plural* zeigen an, dass ein Wort nur oder sehr oft im Singular bzw. im Plural verwendet wird.

## Verben

In diesem Abschnitt ist der Aufbau der Einträge für Verben erklärt. Im Abschnitt **Extras** gibt es ab Seite 1103 eine Liste mit den wichtigsten unregelmäßigen Verben.

### Die Formen

Nach dem Stichwort (im Infinitiv) stehen in runden Klammern die Formen der 3. Person Singular im Präteritum (hier: *mischte*) und des Perfekts (hier: *hat gemischt*):

**mị·schen★** (*mischte, hat gemischt*) [...]

Bei unregelmäßigen Verben steht auch die Form der 3. Person Singular des Präsens, wenn sie vom Stamm des Infinitivs abweicht:

**ge̲·ben★** (*gibt, gab, hat gegeben*) [...]

Wenn das Verb in den zusammengesetzten Zeiten mit *sein* gebildet wird, steht beim Perfekt die Angabe *ist*:

**kọm·men★** (*kam, ist gekommen*) [...]

Wenn das Verb in den zusammengesetzten Zeiten mit *haben* gebildet wird, steht beim Perfekt die Angabe *hat*:

**sa̲·gen★** (*sagte, hat gesagt*) [...]

Wenn eine Konstruktion mit *sein* oder mit *haben* möglich ist, steht *hat/ist*:

**schwịm·men★** (*schwamm, hat/ist geschwommen*) [...]

Bei Verben, die immer mit *sich* (bzw. der entsprechenden Form) verwendet werden, steht:

**be·dạn·ken★** (*bedankte sich, hat sich bedankt*) **sich (bei jemandem) (für etwas) bedanken** [...]

Bei Verben mit einer Vorsilbe (z. B. *an-*, *auf-*, *ein-*, *hinter-*, *unter-* usw.) vor der Form des Grundverbs steht nur das Hilfsverb, das in den zusammengesetzten Zeiten verwendet wird (*hat* / *ist* oder *haben* / *sind*):

**ạn·ma·len** (*hat*) [...]

Bei zusammengesetzten Verben sind die Vergangenheitsformen angegeben, wenn das Verb nicht trennbar ist oder das Perfekt ohne *ge-* gebildet wird:

**um·ge̲·ben★** (*umgibt, umgab, hat umgeben*) [...]

In den Einträgen der Vorsilben (z. B.: *um-*) zeigt ein Muster für die Formen des Präteritums und des Perfekts, ob die Vorsilbe abgetrennt wird oder nicht und ob im Perfekt das *ge-* des Verbs erhalten bleibt oder nicht:

**ụm-**[1] (*im Verb, betont und trennbar, sehr produktiv; Diese Verben werden so gebildet: umwerfen, warf um, umgeworfen*) [...]

**um-**[2] (*im Verb, unbetont, nicht trennbar, begrenzt produktiv; Diese Verben werden so gebildet: umfließen, umfloss, umflossen*) [...]

## Adjektive und Adverbien

### Form

Adjektive sind so angegeben, wie sie in einem Satz nach einer Form des Hilfsverbs *sein* stehen können, z. B. wie in *Der Film war schlecht*:

**schlẹcht★** *ADJEKTIV (schlechter, schlechtest-)*
[...]

Bei Adjektiven, die nie ohne Endung verwendet werden, steht ein Strich am Ende des Wortes:

**nächs·t-★** *ADJEKTIV* [...]

Bei Adjektiven, die nicht verändert werden können, steht *nur in dieser Form*:

**ro·sa** *ADJEKTIV nur in dieser Form* [...]

Unregelmäßige Formen des Komparativs und des Superlativs sind so angegeben:

**ạrm★** *ADJEKTIV (ärmer, ärmst-)* [...]

### Verwendung

Wörter mit der Angabe *ADJEKTIV* können vor einem Substantiv („attributiv") verwendet werden, z. B. in *ein schlechter Film*. Man kann sie auch nach einem Verb wie *sein* („prädikativ") verwenden, z. B. wie in *Der Film war schlecht*. Die („adverbielle") Verwendung wie in *Er hat schlecht gearbeitet* ist auch möglich. Ein Adjektiv wie z. B. *echt* kann man auch so verwenden: *Das war ein echt komischer Film*.

Wenn ein Adjektiv häufiger vor einem Substantiv als nach einem Verb oder umgekehrt verwendet wird, steht der Hinweis *meist attributiv* bzw. *meist prädikativ*. Die Angabe *meist adverbiell* zeigt an, dass ein Adjektiv sehr oft mit Verben oder anderen Adjektiven verwendet wird. Hinweise, die sich nur auf eine der verschiedenen Verwendungen beziehen, stehen nach der entsprechenden Ziffer:

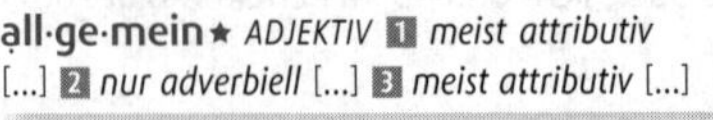

**ạll·ge·mein★** *ADJEKTIV* **1** *meist attributiv*
[...] **2** *nur adverbiell* [...] **3** *meist attributiv* [...]

Die Wortart *ADVERB* bezeichnet Wörter wie *fort, bald, dorthin* usw.:

**hier·her** *ADVERB*, [...]

## Weitere Wortarten

Die anderen Wortarten sind in den Einträgen so bezeichnet:

- *ARTIKEL*, z. B. *der, die, das, ein, dieser*
- *BINDEWORT*, z. B. *aber, obwohl*
- *FRAGEWORT*, z. B. *wer?, wann?, welche?*
- *PARTIKEL*, z. B. *eigentlich, schon*
- *PRONOMEN*, z. B. *ich, du, wir, alle*
- *ZAHLWORT*, z. B. *eins, zwei, drei*

Diese Bezeichnungen werden nicht streng als Fachwörter verwendet. Sie sollen nur dabei helfen, den Gebrauch des Wortes zu verstehen.

Die sogenannten Ausrufe werden durch ein Ausrufezeichen markiert: *au!*, *oh!*

Bei Wörtern, die zu verschiedenen Wortarten gehören, stehen Angaben wie z. B. *ARTIKEL / PRONOMEN*, oder die Verwendung steht in dem entsprechend markierten Abschnitt:

**dein**★ *ARTIKEL* **1** [...]
*PRONOMEN* **2** [...]

# 5 Stilistische Hinweise

## Angaben zur Gebrauchsebene

Manche Wörter verwendet man nur in bestimmten Situationen. Sie sind deshalb besonders gekennzeichnet. In einigen Fällen ist die Verwendung des Wortes auch in der Erklärung beschrieben.

### *gesprochen – geschrieben – admin*

Manche Wörter oder Wortverbindungen werden selten geschrieben, z. B. *durchdrehen* (‚sehr nervös werden'). Sie sind als *gesprochen* markiert. Man verwendet sie nur, wenn man mit Freunden oder Bekannten spricht oder in privaten E-Mails und Briefen.

Wörter, die man fast nur in geschriebenen Texten verwendet (z. B. *irreal*), sind mit *geschrieben* markiert.

Einige Wörter werden fast nur in Geschäftsbriefen, bei Behörden, in offiziellen Dokumenten usw. gebraucht. Sie sind mit *admin* gekennzeichnet:

der **Fahr·zeug·hal·ter** *admin* [...]

## *gesprochen!* und *gesprochen* ⚠: Verstehen – aber nicht verwenden

Schimpfwörter, Flüche und solche Wörter, die als vulgär, ordinär, verletzend oder beleidigend gelten, sind mit *gesprochen* ⚠ markiert. Lernende sollten diese Wörter nicht verwenden.

die **Schei·ße** (-); *gesprochen* ⚠ [...]

Wörter, die man sehr vorsichtig benutzen sollte, sind als *gesprochen!* markiert.

**dur·ch·ge·knallt** ADJEKTIV; *gesprochen!* [...]

Hinweise auf einen verletzenden, rassistischen, sexistischen oder aggressiven Gebrauch stehen in der Erklärung.

## Sprache und Zeit: *veraltet – veraltend – historisch*

Bei Wörtern, die man heute nur noch selten verwendet, steht *veraltend* (z. B. *Jüngling*, *keusch*).
Bei Wörtern und Wendungen, die man heute nicht mehr oder nur mit einem besonderen Effekt verwendet, steht *veraltet*. Dies gilt auch für einzelne Formen wie *buk* statt *backte*.

**ba·cken** ★ (*bäckt/backt, backte/veraltet buk, hat gebacken*) [...]

Bei Wörtern für Dinge, die es nicht mehr gibt oder die nicht mehr verwendet werden, steht *historisch*. Sie sind in der Vergangenheitsform erklärt:

die **Rüs·tung** (-, *-en*) **1** alle Waffen und Geräte, [...] **2** *historisch* eine Kleidung aus Metall [...]

## Sprache und Region

Wörter, die meist oder nur in einigen Regionen gebraucht werden, sind so markiert:

- Ⓓ in Deutschland verwendet
- Ⓐ in Österreich verwendet
- ⒸⒽ in der deutschsprachigen Schweiz verwendet
- *norddeutsch*, *süddeutsch* und *ostdeutsch*: im Norden, Süden oder Osten Deutschlands verwendet

## Wort und Sachgebiet: Fachwortschatz

Bei Wörtern aus Fachsprachen und Berufssprachen, die man auch in der Allgemeinsprache verwendet, stehen in der Erklärung Hinweise darauf, zu welchem Fachgebiet sie gehören und in welchen Texten sie verwendet werden.

### Kindersprache

Wörter, die nur kleine Kinder verwenden oder Erwachsene nur dann verwenden, wenn sie mit kleinen Kindern sprechen, sind als *Kindersprache* markiert, z. B. *Mutti* für *Mutter*.

### Die Einstellung des Sprechers

Manche Verwendungen drücken eine besondere Absicht des Sprechers aus. Diese sind so gekennzeichnet:

- *euphemistisch*: in Bezug auf den Tod verwendet, um das „direkte" Wort zu vermeiden, z. B. *heimgehen* statt *sterben*
- *abwertend*: als negative Bewertung verwendet (z. B. *Affe* als Bezeichnung für einen Menschen)
- *humorvoll*: im Scherz verwendet, um eine freundliche, positive Einstellung auszudrücken, z. B. *Erleuchtung* statt *gute Idee*.
- *ironisch*: so, dass man das Gegenteil von dem sagt, was man meint, z. B. „*Das hat mir gerade noch* gefehlt" statt „Das kann ich in dieser Situation wirklich nicht gebrauchen."

Viele Wörter – vor allem Adjektive – können ironisch verwendet werden und bedeuten dann das Gegenteil von dem, was sie normalerweise bedeuten, z. B. *großartig* in der Bedeutung ‚sehr schlecht'. Darauf wird nicht immer hingewiesen.

## 6 Bedeutungen und Verwendungsangaben: der Aufbau der Artikel

### Die Beschreibung und Gliederung

Nach dem Stichwort, den Angaben zu Aussprache, Grammatik und den stilistischen Hinweisen folgt die Beschreibung der Bedeutung und Verwendung.
Bei Wörtern, die mehrere Verwendungen haben, sind die Erklärungen nummeriert.

### Strukturformeln: Stichwörter im sprachlichen Kontext

Vor allem bei Verben dient die Gliederung mit neuen Zeilen der Unterscheidung unterschiedlicher Satzbaumuster:

**ent·schei·den**★ (*entschied, hat entschieden*) **1 etwas entscheiden** [...] **2 über etwas** (*Akkusativ*) **entscheiden** [...] **3 etwas entscheidet über etwas** (*Akkusativ*) [...]
**4 sich (für jemanden/etwas) entscheiden, sich (zu jemandem/etwas) entscheiden** [...]
**5 etwas entscheidet sich** [...]

Eine Art Formel (fett gedruckt) zeigt, wie das Stichwort grammatisch konstruiert wird: Die erste Verwendung von **entscheiden** hat ein Akkusativobjekt; die nächsten beiden haben eine Präposition. Die beiden letzten werden mit *sich* verwendet. Die Erklärung, die dann folgt, gilt nur für das Stichwort in der jeweiligen Konstruktion.

Lange Einträge zu Verben wie z. B. *halten* sind nicht nach grammatischen Regeln, sondern nach der Bedeutung gegliedert. (→ **Die „Wegweiser", S. 17**)

Bei der Formel **etwas empfinden** erkennt man an der Erklärung mit den Angaben zu den häufigen Wortverbindungen, was mit *etwas* gemeint ist und dass das Objekt in dieser Bedeutung im Akkusativ verwendet werden muss:

**emp·fin·den★** (*empfand, hat empfunden*) **1 etwas empfinden** das genannte Gefühl haben ⟨*Durst, Hitze, Schmerzen, Liebe, Angst, Trauer, Hass empfinden*⟩ [...]

Teile, die man verwenden kann, aber nicht verwenden muss, stehen in runden Klammern:

**ta·deln★** (*tadelte, hat getadelt*) **jemanden (wegen etwas) tadeln**; **etwas tadeln** [...]

Man kann z. B. sagen: *Sie hat ihn getadelt* oder *Sie hat ihn wegen seiner Bemerkungen getadelt*.

Wenn ein Schrägstrich (/) zwischen zwei Angaben steht, kann man zwischen beiden Möglichkeiten wählen:

**ken·nen★** (*kannte, hat gekannt*) [...] **3 jemanden/etwas kennen** wissen, wer jemand oder was etwas ist [...]

Man kann also z. B. sagen: *Ich kenne ihn* oder *Ich kenne seinen Namen*, aber nicht: *Ich kenne*.

Der notwendige Kasus für die Ergänzung zum Stichwort ist (vor allem nach Präpositionen) so angegeben:

**er·in·nern★** (*erinnerte, hat erinnert*) **1 jemanden an etwas** (*Akkusativ*) **erinnern** [...]

**nach·ge·hen★** (*ist*) [...] **3 einer Sache** (*Dativ*) **nachgehen** [...]

Man sagt also: *Ich werde ihn an den Termin erinnern. Er ging seinen Geschäften nach.*

Eine andere Möglichkeit, den Kasus zu erkennen, ist die jeweilige Form von *jemand*:

**jemand** (Nominativ) – **jemanden** (Akkusativ) – **jemandem** (Dativ) – **jemandes** (Genitiv)

die **Ei·fer·sucht★** *nur Singular* **Eifersucht (auf jemanden)** [...]

Bei Präpositionen, die immer denselben Kasus fordern – z. B. *bei* (immer mit Dativ) oder *um* (immer mit Akkusativ) –, wird dieser nicht angegeben. Diese Angabe steht im Eintrag der jeweiligen Präposition.

In den Strukturformeln gibt es noch mehr hilfreiche Informationen:

**flie·gen★** [...] **8** **jemanden/etwas irgendwohin fliegen** (*hat*) [...]

Die Angabe **irgendwohin** bedeutet ‚hin zu einem Ort, zu dem genannten Ort, in eine Richtung, in die genannte Richtung'. Ein Beispiel: *Das Rote Kreuz flog Medikamente in das Katastrophengebiet.*

Weitere allgemeine Angaben dieser Art sind:

- *irgendwann* (eine Zeitangabe)
- *irgendwie* (eine Beschreibung einer Art und Weise oder eines Zustands)
- *irgendwo* (eine Ortsangabe)
- *irgendwoher* (die Richtung von einem Ort zu einem Ziel hin)

## Die Erklärung

Die Beschreibung der Verwendung beginnt mit der Erklärung in möglichst einfachem Wortschatz. Danach folgen häufige Verbindungen mit anderen Wörtern, Wörter mit ähnlicher oder gegenteiliger Bedeutung, Beispiele und Zusammensetzungen.

## Wörter mit ähnlicher Bedeutung: ≈

Einige Wörter werden mithilfe anderer Wörter mit ähnlicher Bedeutung erklärt, die oft anstelle des Stichworts verwendet werden können. Sie stehen nach dem Zeichen ≈.

das **Ma·ga·zin** (*-s, -e*) [...] **3** [...] ≈ Lager [...]

Das Wort Lager hat hier ungefähr die gleiche Bedeutung wie **Magazin** und kann oft – aber nicht immer – anstelle von **Magazin** verwendet werden.
Angaben mit ≈ finden sich auch anstelle der Worterklärung, wenn es sinnvoll ist, diese möglichst kurz zu halten.

## Wörter mit gegensätzlicher Bedeutung: ↔

Wörter nach dem Zeichen ↔ stellen eine Art Gegenteil der betreffenden Erklärung dar.

**alt★** *ADJEKTIV* [...] **1** [...] ↔ jung [...]

## Typische Wortverbindungen

Wörter, die oft zusammen vorkommen und eine grammatische Einheit bilden, stehen nach der Erklärung zwischen spitzen Klammern.

das **Meer★** (-(e)s, -e) **1** [...] ⟨*das weite, glatte, raue, offene Meer; auf das Meer hinausfahren; ans Meer fahren; am Meer sein; im Meer baden*⟩ [...]

Auch die Beispiele enthalten oft typische Kombinationen.

## Beispiele

Beispiele stehen zwischen Anführungszeichen („") und sind kursiv gedruckt. Am Ende steht in der Regel kein Punkt. Mehrere Beispiele sind durch den senkrechten Strich | getrennt. Zu einigen Beispielen gibt es Erklärungen in gerader Schrift:

**ge·gen·ei·nan·der★** *ADVERB* [...] *„Gerd und Peter kämpften gegeneinander"* Gerd kämpfte gegen Peter, und Peter gegen Gerd | *„Die Spione wurden gegeneinander ausgetauscht"*

Wenn **etwas** aus der Strukturformel durch einen Nebensatz ersetzt wird, sind Wörter wie *dass*, *ob* oder *zu* in den Beispielen blau gedruckt:

**trau·rig★** *ADJEKTIV* **1** **traurig (über etwas** (*Akkusativ*)**)** [...] *„Bist du traurig darüber, dass wir ihn nicht wiedersehen werden?"* [...]

## Zusammengesetzte Wörter: K

Nach dem Zeichen **K** stehen Zusammensetzungen mit dem Stichwort, deren Bedeutung man aus den einzelnen Teilen erschließen kann. Beim Stichwort **Branche** wird so z. B. klar, welche Bereiche der Wirtschaft man als **Branche** bezeichnet:

die **Bran·che★** [...] (-, -n) [...] **K** Lebensmittelbranche, Textilbranche

## Die „Wegweiser"

Sehr lange Einträge haben „Wegweiser". Sie sind in Großbuchstaben geschrieben, unterstrichen und stehen vor Verwendungen mit einem wichtigen gemeinsamen Merkmal.

**frịsch**★ *ADJEKTIV* [...] LEBENSMITTEL, BLUMEN USW.: 1 gerade erst geerntet [...] 2 nicht haltbar [...] 3 **etwas frisch halten** [...] NEU: 4 erst vor Kurzem entstanden [...] 5 noch nicht benutzt [...] VOLL ENERGIE: 6 ausgeruht [...] LUFT, WASSER, WIND: 7 kühl [...] FARBEN: 8 leuchtend (bunt) [...] MIT VERB, PARTIZIP: 9 **sich frisch machen** [...] 10 **frisch** + *Partizip Perfekt* [...]

## Abgeleitete Wörter

Wörter, die ohne Änderung der Bedeutung von einem Stichwort abgeleitet sind, stehen nach dem Zeichen • am Ende des Eintrags.

Bei Substantiven ist das grammatische Geschlecht durch die Artikel (*der*, *die*, *das*) angegeben. Bei Adjektiven und Adverbien steht die jeweilige Wortart. Bei Verben steht das Hilfsverb für die zusammengesetzte Vergangenheitsform (*hat* oder *ist*).

Vor abgeleiteten Wörtern, die zu allen Verwendungen gehören, steht *hierzu*. Sonst zeigen Ziffern an, zu welcher Verwendung sie gehören.

der **Eis·lauf** *nur Singular* die Fortbewegung mit Schlittschuhen auf einer Fläche mit Eis • *hierzu* **eis·lau·fen** (*ist*); **Eis·läu·fer** *der*; **Eis·läu·fe·rin** *die*

**mẹnsch·lich**★ *ADJEKTIV* 1 [...] 2 [...] 3 [...] • *zu* (2) **Mẹnsch·lich·keit** *die*

# Die Aussprache des Deutschen

## 1 Angaben im Stichwort

Ein Punkt unter einem Vokal zeigt an, dass es sich um einen kurzen Laut handelt: **Fẹns·ter, Rạt·te, Tịsch, Mụ̈t·ze.**

Ein Strich unter einem Vokal zeigt an, dass ein langer Laut vorliegt. Dabei ist *ie* wie [iː] auszusprechen: **Ta̱g, Ra̱hmen, Mi̱e̱·te, Be̱e̱·re, Se̱·gen, Me̱hl.**
Betonte Diphthonge erhalten ebenfalls diesen Strich: **Gle̱i̱s, Ha̱u̱s, Le̱u̱·te.**

Bei zwei verschiedenen Betonungs- oder Aussprachemöglichkeiten wird das Stichwort wiederholt: **ụnheimlich, unhe̱i̱mlich; Republi̱k, Republịk.**

Länge oder Kürze wird nur für den jeweils betonten Vokal bzw. Diphthong angegeben: **Frü̱h·lings·tag, Ko̱·pi·lot.** Hier wird also das lange [aː] von *-tag* (Tag) bzw. das lange [oː] von *-pilot* (Pi·lot) nicht besonders gekennzeichnet.

## 2 Angaben in Lautschrift

Bei einzelnen Lauten, Teilen eines Wortes oder ganzen Wörtern, deren Aussprache möglicherweise Probleme bereitet, werden Angaben in Lautschrift gegeben. Diese Angaben stehen immer zwischen eckigen Klammern: **Cam·ping** ['kɛmpiŋ]; **ent·lạr·ven** [-f-]. Der Buchstabe *v* in **entlarven** wird [f] gesprochen, nicht [v].

## 3 Die verwendeten Lautschrift-Symbole

### Vokale

| Symbol | Beispiel | Beispiel in Lautschrift |
|---|---|---|
| a | hat | hat |
| aː | Tag | taːk |
| ɐ | bitter | 'bɪtɐ |
| ɐ̯ | leer | leːɐ̯ |
| ã | balancieren | balã'siːrən |
| ãː | Balance | balãːs(ə) |
| e | Tenor | te'noːɐ̯ |
| eː | fehlen | 'feːlən |

| Symbol | Beispiel | Beispiel in Lautschrift |
|---|---|---|
| ɛ | hätte | 'hɛtə |
| ɛː | wählen | 'vɛːlən |
| ɛ̃ː | Satin | za'tɛ̃ː |
| ə | Affe | 'afə |
| i | Triumph | tri'ʊmf |
| iː | viel | fiːl |
| i̯ | Studium | 'ʃtuːdi̯ʊm |
| ɪ | bitte | 'bɪtə |
| o | Poesie | poe'ziː |
| oː | rot | roːt |
| o̯ | Toilette | to̯a'lɛtə |
| õ | Fondue | fõ'dyː |
| õː | Fonds | fõː |
| ɔ | toll | tɔl |
| ø | ökonomisch | øko'noːmɪʃ |
| øː | hören | 'høːrən |
| œ | Pumps | pœmps |
| u | kulant | ku'lant |
| uː | Schuhe | 'ʃuːə |
| u̯ | aktuell | ak'tu̯ɛl |
| ʊ | null | nʊl |
| y | dynamisch | dy'naːmɪʃ |
| yː | über, Mühe | 'yːbɐ, 'myːə |
| y̆ | Nuance | 'ny̆ãːsə |
| ʏ | synchron | zʏn'kroːn |

## Vokale: Diphthonge

| Symbol | Beispiel | Beispiel in Lautschrift |
|---|---|---|
| a͜i | steil | ʃta͜il |
| a͜ɪ | online | 'onla͜ɪn |
| a͜u | Laut | la͜ut |
| e͜ɪ | Aids | e͜ɪdz |
| o͜u | Know-how | no͜u'ha͜u |
| o͜ʊ | Homepage | 'ho͜ʊmpe͜ɪtʃ |
| ɔ͜y | heute | 'hɔ͜ytə |

## Konsonanten

| Symbol | Beispiel | Beispiel in Lautschrift |
|---|---|---|
| b | Ball | bal |
| ç | ich | ɪç |

| Symbol | Beispiel | Beispiel in Lautschrift |
|---|---|---|
| x | achten | 'axtn̩ |
| d | du | duː |
| d͜ʒ | Jazz | d͜ʒɛs |
| f | Vater | 'faːtɐ |
| g | gern | gɛrn |
| h | Hut | huːt |
| j | ja | jaː |
| k | Kunst | kʊnst |
| l | Lust | lʊst |
| l̩ | Nebel | 'neːbl̩ |
| m | Moment | mo'mɛnt |
| m̩ | großem | 'groːsm̩ |
| n | nett | nɛt |
| n̩ | reden | 'reːdn̩ |
| ŋ | lang, Mangel | laŋ, 'maŋl̩ |
| p | Pelz | pɛl͜ts |
| r | Ring | rɪŋ |
| s | Nest, Ruß | nɛst, ruːs |
| ʃ | Schotte | 'ʃɔtə |
| t | Tag | taːk |
| t͜s | Zunge, Benzin | 't͜sʊŋə, bɛn't͜siːn |
| t͜ʃ | Putsch | pʊt͜ʃ |
| v | Wasser, Vase | 'vasə, 'vaːzə |
| z | sagen, Reise | 'zaːgn̩, 'ra͜izə |
| ʒ | Manege | ma'neːʒə |

## Sonderzeichen

| | |
|---|---|
| ' | Der Betonungsakzent steht vor der betonten Silbe. |
| ː | Das Längenzeichen nach einem Vokal drückt aus, dass dieser lang gesprochen wird. |
| ~ | Das Zeichen für nasalierte Vokale steht über dem betreffenden Laut. |
| ‿ | Der Bindebogen verbindet zusammengehörige Laute, wie z. B. Diphthonge. |
| ̯ | Der kleine Halbkreis unter einem Vokal zeigt an, dass der Vokal innerhalb der Silbe nur mitklingt, aber nicht besonders hervorgehoben wird. Diese Angabe befindet sich bei y über dem Vokalzeichen: y̆ |
| ˌ | Das Zeichen für die silbischen Konsonanten l̩, m̩ und n̩, also Konsonanten, die mit einem ə-Laut kombiniert werden und deshalb eine eigene Silbe bilden. |
| \| | Der senkrechte Strich zeigt einen Knacklaut vor Vokalen an, der in Wörtern wie **beachten** [bə'\|axtn̩] vorkommt. Bevor der betonte Vokal (hier das a) gesprochen wird, entsteht eine kleine Pause; für das folgende a wird neu angesetzt. |

das **A**, **a** [aː]; (-, -/*gesprochen auch* -s) **1** der erste Buchstabe des Alphabets ⟨*ein großes A; ein kleines a*⟩ **2** der sechste Ton der C-Dur-Tonleiter **K** A-Dur, a-Moll **ID** **von A bis Z** von Anfang bis Ende

das **Ä**, **ä** [ɛː]; (-, -/*gesprochen auch* -s) der Umlaut des *a*

**à**★ [a] *PRÄPOSITION mit Akkusativ* gibt zusammen mit einer Zahl den Preis, das Gewicht o. Ä. einer Sache an *„zwei Briefmarken à 145 Cent"* ❶ Das folgende Substantiv wird ohne Artikel verwendet.

der **Aal** (-(e)s, -e) ein Fisch, der wie eine Schlange aussieht **K** Aalfang, Aalsuppe

**ab**★ *PRÄPOSITION mit Dativ* **1** nennt den Ort, Punkt oder Zeitpunkt, bei dem etwas beginnt ↔ bis *„Ab hier kannst du allein weitergehen"* | *„Auf der Heimfahrt hat es ab Dortmund geregnet"* | *„Ab 18 darf man wählen"* ❶ → Anhang, S. 1113: **Präpositionen**

*ADVERB* **2** **von irgendwann/irgendwo ab** verwendet, um einen Ort, Punkt oder Zeitpunkt zu bezeichnen, an dem etwas beginnt ⟨*von heute, jetzt, hier, Mittwoch ab*⟩ **3** steht in Fahrplänen zwischen Ort und Zeitpunkt der Abfahrt eines Zuges, Busses o. Ä. ↔ an *„München ab 8:32 Uhr, Augsburg an 9:05 Uhr"* **4** *gesprochen* verwendet, um jemandem zu befehlen, sofort wegzugehen *„Ab (ins Bett mit dir)!"* **5** **etwas ist (von etwas) ab** etwas ist von der Stelle getrennt, wo es ursprünglich war *„An meinem Mantel sind zwei Knöpfe ab"* **6** **ab und zu**; *norddeutsch:* **ab und an** nicht oft ≈ manchmal

**ab-**★ (*im Verb, betont und trennbar, sehr produktiv; Diese Verben werden so gebildet: abschreiben, schrieb ab, abgeschrieben*) **1** **abfahren, abfliegen, abreisen**; **etwas abschicken** *und andere* drückt aus, dass sich jemand/etwas von einem Ort entfernt oder von einem Ort entfernt wird *„Wir fuhren in Köln morgens um sieben ab"* Wir verließen Köln um sieben Uhr **2** **etwas abbeißen, abhacken, abmähen, abschneiden, abtrennen** *und andere* drückt aus, dass etwas (mit einem Werkzeug) von etwas getrennt wird *„Er sägte den Ast ab"* Er trennte den Ast mit einer Säge vom Baum **3** **etwas abbürsten, abkratzen, absaugen, abschleifen, abwischen** *und andere* drückt aus, dass Schmutz o. Ä. entfernt wird und etwas auf diese Weise sauber, frei von etwas wird *„Sie wischte den Staub von den Regalen ab/Sie wischte die Regale ab"* Sie entfernte mit einem Lappen den Staub, der auf den Regalen lag **4** **etwas abdrehen, abschalten, absperren, abstellen** *und andere* drückt aus, dass die Funktion, der Betrieb eines Gerätes o. Ä. (vorübergehend) beendet wird *„Er drehte die Heizung ab"* Er drehte an der Heizung, sodass sie nicht mehr heizte **5** **etwas abmalen, abschreiben, abtippen, abzeichnen** *und andere* drückt aus, dass ein Vorbild oder ein Original imitiert wird *„Die Schüler zeichnen eine Statue ab"* Die Schüler zeichnen eine Statue, die so aussieht wie die Statue, die vor ihnen steht

**ab·bau·en**★ (*hat*) **1** **etwas abbauen** wertvolle Stoffe aus der Erde holen ⟨*Erz, Eisen, Kohle (im Tagebau, unter Tage) abbauen*⟩ ≈ fördern **2** **etwas abbauen** etwas für den Transport in kleine Teile zerlegen ⟨*eine Baracke, ein Gerüst, einen Stand, ein Zelt abbauen*⟩ ↔ aufbauen **3** **etwas abbauen** die Zahl oder Menge einer Sache kleiner machen ⟨*Arbeitsplätze/Stellen, Personal, Schulden, Vorurteile abbauen*⟩ **4** **jemand baut ab** jemand wird schwächer oder müde und kann nicht mehr so viel leisten • *hierzu* **Ab·bau** *der*

**ab·be·kom·men** (*bekam ab, hat abbekommen*) **1** **etwas (von jemandem/etwas) abbekommen** einen Teil von etwas bekommen *„ein Stück Kuchen abbekommen"* **2** **etwas abbekommen** einen Schaden erleiden *„Er hat bei dem Unfall ein paar Kratzer/nichts abbekommen"* **3** **etwas abbekommen** es schaffen, etwas von etwas zu entfernen oder abzumachen

*„Wie bekomme ich nun diese Fettflecken von der Hose ab?"*

**ạb·be·stel·len** (*bestellte ab, hat abbestellt*) **etwas abbestellen** mitteilen, dass man etwas, das man bestellt hat, nicht mehr haben will *„ein gebuchtes Hotelzimmer abbestellen"* • *hierzu* **Ạb·be·stel·lung** *die*

**ạb·be·zah·len** (*bezahlte ab, hat abbezahlt*) **1** **etwas abbezahlen** Geld so zurückzahlen, dass man in festen Abständen (z. B. jeden Monat) einen Teil davon bezahlt *„Wie lange müsst ihr eure Schulden noch abbezahlen?"* **2** **etwas abbezahlen** für eine Ware in festen Abständen (z. B. jeden Monat) einen Teil des Preises bezahlen *„das Auto, die Waschmaschine abbezahlen"*

**ạb·bie·gen**★ **jemand/etwas biegt ab** (*ist*) jemand/eine Straße ändert die Richtung ⟨(*nach*) *links/rechts abbiegen*⟩

das **Ạb·bild** ein Abbild stellt eine Sache als Bild, als Grafik oder in Worten usw. dar und ist ihr sehr ähnlich *„Die Computersimulation soll ein möglichst getreues Abbild der Realität liefern"*

**ạb·bil·den**★ (*hat*) **jemanden/etwas abbilden** jemanden/etwas auf einer Zeichnung, einem Bild oder Foto zeigen *„Kennen Sie eine der auf dem Foto abgebildeten Personen?"*

die **Ạb·bil·dung**★ (-, -*en*) ein Bild (meist eine Zeichnung) vor allem in einem Buch, das einen Text ergänzt *„ein Schulbuch mit vielen farbigen Abbildungen"* ❶ Abkürzung: *Abb.*

**ạb·bla·sen** (*hat*) **etwas abblasen** *gesprochen* etwas nicht stattfinden lassen, obwohl es angekündigt war ⟨*ein Fest, eine Veranstaltung abblasen*⟩ ❶ weitere Verwendungen → **ab-**.

**ạb·blen·den** (*hat*) bei einem Auto o. Ä. das Fernlicht abschalten und das Abblendlicht einschalten

das **Ạb·blend|licht** *nur Singular* die Beleuchtung des Autos, die man benutzt, wenn nachts ein Auto entgegenkommt (weil so die anderen Fahrer nicht geblendet werden) ⟨*das Abblendlicht einschalten*⟩

**ạb·blit·zen** (*ist*); *gesprochen* **bei jemandem (mit etwas) abblitzen** bei jemandem (mit etwas) keinen Erfolg haben ⟨*bei jemandem mit einem Vorschlag, einer Bitte abblitzen*⟩

**ạb·bre·chen**★ **1** **etwas (von etwas) abbrechen** (*hat*) etwas Hartes von etwas anderem trennen, indem man es bricht *„einen dürren Ast vom Baum abbrechen"* **2** **etwas abbrechen** (*hat*) etwas vor der üblichen Zeit oder dem gewünschten Ziel (plötzlich) beenden ⟨*eine Beziehung, ein Studium, eine Verhandlung, eine Veranstaltung abbrechen*⟩ **3** **etwas abbrechen** (*hat*) ein Gebäude zerstören, das nicht mehr benutzt wird, um Platz zu schaffen **4** **etwas bricht ab** (*ist*) etwas Hartes bricht und wird so geteilt oder von etwas getrennt ⟨*ein Bleistift, ein Messer*⟩ *„Bei dem Sturm sind viele Äste abgebrochen"* **5** **etwas bricht ab** (*ist*) etwas hört plötzlich auf *„Die Musik brach plötzlich ab"*

**ạb·brem·sen** (*hat*) **(etwas) abbremsen** die Geschwindigkeit reduzieren (bis man zum Stehen kommt) *„Er musste (das Auto) stark abbremsen"*

**ạb·brin·gen** (*hat*) **jemanden von etwas abbringen** jemanden dazu bringen oder überreden, etwas nicht zu tun ⟨*jemanden von einem Gedanken, einem Vorhaben abbringen*⟩ *„Der Polizist konnte den Mann im letzten Moment davon abbringen, von der Brücke zu springen"*

der **Ạb·bruch** (-(*e*)*s, Ab·brü·che*) **1** das Abbrechen eines Gebäudes, um Platz zu schaffen **K** Abbruchgenehmigung **2** das Zerlegen von Dingen in einzelne Teile für den Transport *„der Abbruch des Zeltlagers/Gerüsts"* **3** das vorzeitige Beenden *„Nach dem Abbruch der Friedensverhandlungen kam es zu neuen Kämpfen"*

**ạb·bu·chen** (*hat*) **etwas (von etwas) abbuchen** Geld(beträge) von einem Konto wegnehmen *„Die Miete wird vom Konto abgebucht"* • *hierzu* **Ạb·bu·chung** *die*

**ạb·bürs·ten** (*hat*) **etwas abbürsten** etwas mit einer Bürste reinigen *„einen Mantel abbürsten"* | *„Haare von der Jacke abbürsten"*

das **Abc**★ [abeˈtseː]; (-, -); *meist Singular* die Buchstaben von A bis Z

**ạb·dan·ken** (*hat*) von einer hohen Position zurücktreten ⟨*ein Herrscher, ein König, ein Präsident*⟩ • *hierzu* **Ạb·dan·kung** *die*

**ạb·de·cken** (*hat*) **1** **etwas (mit etwas) abdecken** etwas meist Schützendes auf etwas legen ⟨*ein Beet, einen Brunnen, den Fußboden abdecken*⟩ **K** Abdeckhaube, Abdeckplane **2** **etwas abdecken** das Dach eines Gebäudes entfernen *„Der Sturm hat viele Häuser abgedeckt"*

**ạb·dich·ten** (*hat*) **etwas abdichten** etwas vor Wasser oder kalter Luft schützen ⟨*ein Fenster, eine Tür abdichten*⟩ ≈ isolieren • *hierzu* **Ạb·dich·tung** *die*

**ab·drän·gen** (*hat*) **jemanden/etwas (von etwas) abdrängen** jemanden/etwas von einer Stelle wegdrängen *„jemanden vom Weg/von der Straße abdrängen"*

**ab·dre·hen★** **1** **sich/etwas abdrehen** (*hat*) das Gesicht oder den Körper von jemandem/etwas weg in eine andere Richtung drehen ≈ abwenden ↔ zuwenden **2** **etwas abdrehen** *gesprochen* (*hat*) etwas stoppen, indem man einen Hahn schließt oder einen Schalter dreht ⟨*das Gas, die Heizung, den Strom, das Wasser abdrehen*⟩ ≈ abschalten, abstellen ↔ aufdrehen **3** **etwas dreht ab** (*ist/hat*) meist ein Flugzeug oder Schiff ändert die Richtung

der **Ab·druck**[1]; (-(*e*)*s*, -*e*) das neue Drucken eines Textes

der **Ab·druck**[2]; (-(*e*)*s*, *Ab·drü·cke*) die Form, die ein Körper durch festen Druck auf ein Material hinterlässt ⟨*einen Abdruck* (*in Gips, in Wachs*) *von etwas machen*⟩ **K** Fingerabdruck, Gipsabdruck

**ab·dru·cken** (*hat*) **etwas abdrucken** etwas meist in einer Zeitung oder Zeitschrift erscheinen lassen ≈ drucken *„einen Artikel in einer Zeitung abdrucken"*

**ab·drü·cken** (*hat*) **1** bei einer Waffe einen Schuss auslösen *„Sie zog ihre Waffe, drückte aber nicht ab"* **2** **etwas abdrücken** *gesprochen* viel Geld für etwas bezahlen *„Ich musste zwanzig Euro Eintritt abdrücken"* **3** **etwas drückt sich (in etwas** (*Dativ*)**) ab** etwas drückt die eigene Form als Muster in weiches Material *„Unsere Fußspuren hatten sich im Sand abgedrückt"*

der **Abend★** (-*s*, -*e*) **1** die Tageszeit von ungefähr 18 bis 24 Uhr ⟨*am frühen, späten Abend; am Abend; gegen Abend*⟩ ↔ Morgen **K** Abendprogramm, Abendsonne; Sommerabend, Sonntagabend **2** *Adverb* + **Abend** am Abend des genannten Tages ⟨*gestern, heute, morgen Abend*⟩ ❶ mit den Namen von Wochentagen zusammengeschrieben: *Sie arbeitet Montagabend* **3** eine gesellschaftliche Veranstaltung am Abend ⟨*ein festlicher, literarischer, musikalischer Abend*⟩ *„ein bunter Abend"* mit einem abwechslungsreichen Programm **4** **Guten Abend!** verwendet als Gruß, wenn man eine Person am Abend trifft oder sich von ihr verabschiedet ⟨*jemandem einen guten Abend wünschen*⟩ **5** **der Heilige Abend** der 24. Dezember **6** **Abend für Abend** an jedem Abend **7** **zu Abend essen** die Abendmahlzeit essen • *zu* (1) **abend·lich** *ADJEKTIV*

das **Abend·brot** *nur Singular; meist norddeutsch* ein (bescheidenes) Essen am Abend, meist mit Brot

das **Abend·es·sen★** die Mahlzeit, die man abends isst *„Was gibts heute zum Abendessen?"*

die **Abend·kas·se** die Kasse, die am Abend, direkt vor der Veranstaltung, geöffnet ist ⟨*Karten für einen Ball, ein Konzert an der Abendkasse kaufen*⟩

das **Abend·land** *nur Singular; geschrieben* die europäischen Völker zusammen als kulturelle Einheit (im Gegensatz zu den Ländern des Ostens) • *hierzu* **abend·län·disch** *ADJEKTIV*

das **Abend·mahl** *meist Singular* **das letzte Abendmahl** die Mahlzeit, die Christus mit den Jüngern in der Nacht einnahm, in der er gefangen genommen wurde

das **Abend·rot** *nur Singular* die gelbrote Farbe, welche der Himmel bei schönem Wetter am Abend hat, wenn die Sonne untergeht

**abends★** *ADVERB* am Abend ↔ morgens

das **Aben·teu·er★** (-*s*, -) ein spannendes und aufregendes Erlebnis oder eine Aktion mit Gefahren ⟨*ein Abenteuer bestehen, erleben, wagen*⟩ **K** Abenteuerfilm, Abenteuerroman, Abenteuerurlaub • *hierzu* **Aben·teu·rer** *der*; **Aben·teu·re·rin** *die*

**aben·teu·er·lich** *ADJEKTIV* so, dass etwas ein Abenteuer ist oder mit Abenteuern verbunden ist *„eine abenteuerliche Reise"*

**aber★** *BINDEWORT* **1** leitet einen Gegensatz, Widerspruch oder eine Einschränkung ein; die Satzstellung ist die eines Hauptsatzes *„Ich habe jetzt leider keine Zeit, aber wir könnten uns vielleicht morgen treffen"* ❶ Das *aber* kann auch vor solchen Wörtern stehen, die man im Satz betonen will: …, *wir könnten uns aber vielleicht morgen treffen/wir könnten uns vielleicht aber morgen treffen*; mit entsprechender Betonung ist auch die Stellung nach dem Subjekt möglich: *Peter ist immer freundlich, 'Hans aber (ist) oft unhöflich.*

*PARTIKEL unbetont* **2** verwendet, um zu sagen, dass etwas ungewöhnlich ist oder nicht so zu erwarten war *„Ist das aber kalt!"* **3** verwendet, um Ungeduld oder Ärger auszudrücken *„Jetzt sei aber endlich still!"* **4** verwendet, um zu protestieren *„Aber warum denn?"* **5** verwendet, um meist eine positive Antwort auf eine Frage zu verstärken *„Kommst du mit?" – „Aber *ja/Aber gern/Aber sicher/Aber natürlich!"*

der **Aber·glau·be(n)** der Glaube an Dinge, die Glück bringen oder schaden, die man nicht mit der Vernunft erklären kann • *hierzu* **aber·gläu·bisch** *ADJEKTIV*

**ab|er·ken·nen** (*erkannte ab/aberkannte, hat aberkannt*) **(jemandem) etwas aberkennen** durch einen Beschluss etwas für ungültig erklären *„Ihm wurde der Titel des Boxweltmeisters aberkannt" | „Das Gericht erkannte ihm die Bürgerrechte ab"* • *hierzu* **Ab|er·ken·nung** *die*

**ab·fah·ren**★ **1** (*ist*) eine Fahrt oder Reise beginnen ↔ ankommen *„Schnell jetzt, in fünf Minuten fahren wir/fährt der Zug ab!"* **2** **auf jemanden/etwas abfahren** *gesprochen* (*ist*) von jemandem/etwas begeistert sein *„Er fährt total auf dich/auf Hip-Hop ab"* ❶ → auch **abgefahren** **3** **die Reifen abfahren** (*hat*) die Reifen durch häufiges Fahren abnutzen • *zu* (1) **ab·fahr·be·reit** *ADJEKTIV*

die **Ab·fahrt**★ **1** der Beginn einer Fahrt oder Reise ↔ Ankunft *„Die Abfahrt des Zuges verzögert sich noch um ein paar Minuten"* **K** Abfahrtsort, Abfahrtszeit **2** eine Straße, auf der man die Autobahn verlässt ≈ Ausfahrt ↔ Auffahrt **3** eine Strecke (beim Skifahren o. Ä.), die vom Berg ins Tal führt *„eine anspruchsvolle Abfahrt"* • *zu* (1) **ab·fahrt·be·reit** *ADJEKTIV*

der **Ab·fall**★ **1** Reste, die man nicht mehr braucht und wegwirft ≈ Müll **K** Abfalleimer; Küchenabfälle **2** *nur Singular* der Vorgang, wenn etwas geringer, schwächer wird *„ein plötzlicher Abfall des Kabinendruckes"* **K** Temperaturabfall

**ab·fal·len**★ (*ist*) **1** **etwas fällt ab** etwas löst sich von etwas anderem und fällt herunter *„Im Herbst fallen die Blätter der Bäume ab"* **2** **etwas fällt ab** etwas verläuft schräg nach unten ↔ ansteigen *„Die Straße fällt hier steil ab"* **3** **etwas fällt ab** etwas wird niedriger oder schlechter *„Nachts fielen die Temperaturen empfindlich ab"* **4** **etwas fällt (von etwas) (für jemanden) ab** *gesprochen* jemand bekommt etwas nebenbei als Gewinn, Vorteil oder Anteil *„Was fällt für mich ab, wenn ich euch helfe?"*

**ab·fäl·lig** *ADJEKTIV* mit Verachtung, ohne Respekt ⟨*eine Bemerkung; sich abfällig (über jemanden) äußern*⟩

**ab·fan·gen** (*hat*) **1** **jemanden/etwas abfangen** verhindern, dass jemand/etwas das Ziel erreicht ⟨*einen Brief, einen Spion abfangen*⟩ **2** **jemanden abfangen** auf eine Person warten, um sie zu sprechen, bevor sie an ihrem Ziel ankommt

**ab·fär·ben** (*hat*) **1** **etwas färbt ab** etwas überträgt Farbe auf etwas anderes *„Vorsicht, der Stoff färbt ab!"* **2** **etwas färbt (auf jemanden) ab** etwas wirkt sich auf eine andere Person (meist negativ) aus *„Das schlechte Benehmen seines Freundes färbt auf ihn ab"*

**ab·fei·ern** (*hat*) **etwas abfeiern** *gesprochen* für Überstunden, die man gearbeitet hat, statt (mehr) Geld (mehr) Freizeit nehmen

**ab·fer·ti·gen** (*hat*) **jemanden abfertigen** die notwendigen Formalitäten für eine Person erledigen, damit sie ihre Reise fortsetzen kann ⟨*Fluggäste am Schalter, bei der Passkontrolle abfertigen*⟩

**ab·fin·den** (*hat*) **sich mit jemandem/etwas abfinden** jemanden/etwas akzeptieren (meist weil es nichts Besseres gibt) *„Er kann sich mit der Entlassung/dem Schicksal nicht abfinden"*

die **Ab·fin·dung** (-, -*en*) **1** eine einmalige Bezahlung an eine Person, die einen Schaden oder Verlust hat **2** das Geld, das eine Person bekommt, wenn sie eine Arbeit geleistet oder auf ein Recht verzichtet hat

**ab·flie·gen**★ **jemand/etwas fliegt ab** (*ist*) ein Flugzeug (bzw. dessen Besatzung) startet und fliegt weg *„Unsere Maschine ist/Wir sind pünktlich abgeflogen"*

**ab·flie·ßen** (*ist*) **etwas fließt ab** etwas fließt an eine andere Stelle (weg) *„Das Wasser konnte nicht abfließen, weil das Rohr verstopft war"*

der **Ab·flug** der Start eines Flugzeugs **K** Abflugszeit

der **Ab·fluss** **1** *nur Singular* das Abfließen (des Wassers) **2** eine Stelle, an der eine Flüssigkeit abfließt *„Der Abfluss des Waschbeckens ist verstopft"* **K** Abflussrohr

die **Ab·fol·ge** eine zeitliche Reihenfolge ⟨*in rascher, logischer Abfolge; die Abfolge der Ereignisse*⟩

**ab·fra·gen** (*hat*) **1** **(jemanden) (etwas) abfragen** einer Person Fragen über etwas stellen, um ihre Kenntnisse zu prüfen *„Der Lehrer fragte den Schüler die Vokabeln ab"* **2** **etwas abfragen** sich von einem Computer Daten geben lassen ⟨*Informationen abfragen*⟩

**ab·frie·ren** **sich** (*Dativ*) **etwas abfrieren** *gesprochen* (*hat*) an einem Körperteil solche Erfrierungen bekommen, dass dieser nicht mehr funktionieren kann *„Ich habe mir bei der Bergtour fast eine Zehe abgefroren"*

die **Ạb·fuhr** (-, *-en*) *meist Singular* das Abtransportieren K Müllabfuhr

**ạb·füh·ren** (*hat*) 1 **jemanden abführen** eine Person, die festgenommen wurde, wegbringen *„Der Polizist führte den Verbrecher ab"* 2 **etwas (an jemanden) abführen** an jemanden Geld bezahlen ‹*Steuern, Beiträge, Gelder abführen*›

**ạb·fül·len** (*hat*) **etwas (in etwas** (*Akkusativ*)**) abfüllen** eine Flüssigkeit in kleinere Gefäße füllen ‹*Wein in Flaschen abfüllen*›

die **Ạb·ga·be**★ 1 *nur Singular* der Vorgang, einer Person eine verlangte Sache zu geben *„die pünktliche Abgabe der Abschlussarbeit"* K Abgabetermin 2 **die Abgabe (an jemanden)** *meist Singular* der Verkauf (einer Ware) (an jemanden) *„Abgabe von Alkoholika nur an Erwachsene!"* 3 das Zuspielen des Balls an einen anderen Spieler (z. B. beim Fußball) K Ballabgabe 4 *nur Singular* das Abgeben des Stimmzettels bei einer Wahl K Stimmabgabe 5 *meist Plural* Geld, das für einen speziellen Zweck an den Staat oder eine Institution gezahlt werden muss K Sozialabgaben

der **Ạb·gang**★ 1 das Verlassen eines Ortes, vor allem der Bühne (als Schauspieler oder Künstler) ‹*ein glänzender Abgang*› 2 *nur Singular* das Beenden einer Schulausbildung, einer Tätigkeit in einem Amt o. Ä. K Abgangszeugnis

das **Ạb·gas**★ (*-es, -e*); *meist Plural* Gase, die entstehen, wenn etwas verbrennt K Abgaskatalysator, Abgastest, Abgasturbine, Abgasuntersuchung; Auspuffabgase, Industrieabgase • *hierzu* **ạb·gas·re·du·ziert** *ADJEKTIV*

**ạb·ge·ben**★ (*hat*) 1 **etwas (bei jemandem) abgeben** einer Person etwas in die Hand geben *„die Schularbeiten beim Lehrer abgeben"* 2 **etwas abgeben** etwas verkaufen oder verschenken *„Junge Kätzchen kostenlos abzugeben"* 3 **(jemandem) etwas abgeben** jemandem einen Teil von einer Sache geben, die man besitzt *„Willst du mir nicht ein Stück von deiner Schokolade abgeben?"* 4 **etwas abgeben** etwas schriftlich oder mündlich formulieren und anderen Personen bekannt machen ‹*eine Erklärung, ein Gutachten, ein Urteil abgeben*› 5 **den Ball abgeben** (in einem Team) den Ball einem Mitspieler zuspielen 6 **einen Schuss abgeben** mit einer Waffe schießen 7 **seine Stimme abgeben** bei einer Wahl die Hand heben oder Namen auf einer Liste ankreuzen und die Liste in eine Urne werfen ≈ wählen 8 **etwas gibt etwas ab** eine Sache überträgt das Genannte von sich auf die Umgebung ‹*Wärme, Energie, Strahlen abgeben*› 9 **sich mit jemandem/etwas abgeben** *gesprochen, meist abwertend* sich mit einer Person oder Sache beschäftigen *„Mit solchen Kleinigkeiten gebe ich mich nicht ab"*

**ạb·ge·fah·ren** *ADJEKTIV gesprochen* gut oder ungewöhnlich *„eine völlig abgefahrene Idee/Party"*

**ạb·ge·hackt** *ADJEKTIV* nicht fließend und harmonisch ‹*Bewegungen; abgehackt sprechen*›

**ạb·ge·hen**★ (*ist*) 1 **von etwas abgehen** einen Ort verlassen, wenn man mit etwas fertig ist, oder eine Ausbildung beenden *„von der Bühne abgehen"* | *„nach der zehnten Klasse von der Schule abgehen"* 2 **etwas geht (von etwas) ab** *gesprochen* etwas löst sich *„Mir ist ein Knopf vom Mantel abgegangen"* 3 **jemand/etwas geht jemandem ab** *gesprochen* jemand/etwas fehlt einer Person *„Wo warst du denn so lange? Du bist mir schon abgegangen"*

**ạb·ge·kämpft** *ADJEKTIV* sichtbar müde oder erschöpft ‹*einen abgekämpften Eindruck machen*›

**ạb·ge·le·gen** *ADJEKTIV* weit entfernt und isoliert ‹*ein Dorf*› • *hierzu* **Ạb·ge·le·gen·heit** *die*

**ạb·ge·neigt** *ADJEKTIV meist prädikativ* **jemandem/etwas abgeneigt (sein)** jemandem/etwas gegenüber negativ eingestellt (sein)

der/die **Ạb·ge·ord·ne·te**★ (*-n, -n*) ein gewähltes Mitglied eines Parlaments K Bundestagsabgeordnete

**ạb·ge·schie·den** *ADJEKTIV* 1 weit entfernt von anderen Häusern, Dörfern, Städten o. Ä. ‹*ein Haus, ein Dorf, eine Lage*› 2 ohne Kontakt zu anderen Menschen *„ein abgeschiedenes Leben führen"*

**ạb·ge·schlos·sen** *ADJEKTIV* für sich eine Einheit bildend ‹*eine Wohnung*›

**ạb·ge·se·hen** *ADVERB* 1 **abgesehen von**; **von … abgesehen** wenn man etwas nicht berücksichtigt *„Abgesehen von der Fahrt/Von der Fahrt abgesehen war der Urlaub sehr schön"* 2 **abgesehen davon** außerdem, im Übrigen *„Abgesehen davon wissen wir gar nicht, wo er wohnt"*

**ạb·ge·spannt** *ADJEKTIV* müde und ohne

Energie ⟨*abgespannt aussehen, wirken*⟩ • *hierzu* **Ab·ge·spannt·heit** *die*

**ab·ge·stan·den** ADJEKTIV nicht mehr frisch ⟨*Luft, Wasser; ein Geruch*⟩

**ab·ge·win·nen** (*hat*) **einer Sache** (*Dativ*) **etwas abgewinnen** etwas Gutes an etwas finden *„Ich kann der Sache nichts Positives abgewinnen"*

**ab·ge·wöh·nen** (*hat*) **1 jemandem etwas abgewöhnen** eine Person oder sich selbst dazu bringen, eine schlechte Gewohnheit aufzugeben *„Ich versuche gerade, mir das Rauchen abzugewöhnen"* **2 etwas ist zum Abgewöhnen** etwas ist so, dass man nichts mehr davon haben möchte *„Das Fernsehprogramm ist mal wieder zum Abgewöhnen!"*

**ab·glei·chen** (*hat*) **etwas mit etwas abgleichen** Daten vergleichen, um sie zu prüfen, zu ergänzen oder zu korrigieren *„Behörden vernetzen, damit sie ihre Daten miteinander abgleichen können"*

**ab·gren·zen** (*hat*) **1 etwas abgrenzen** etwas durch eine Grenze von etwas trennen *„Die Schnur grenzt das Becken für Nichtschwimmer ab"* **2 etwas (gegen etwas) abgrenzen**; **etwas (von etwas) abgrenzen** zeigen, wo die Grenze zwischen zwei Dingen liegt *„die Rechte deutlich von den Pflichten abgrenzen"* **3 sich von jemandem/etwas abgrenzen** etwas sagen oder tun, um zu sagen, dass man eine andere Meinung als die genannte Person oder Institution hat *„Sie versuchte, sich von der Politik ihrer Partei abzugrenzen"* • *hierzu* **Ab·gren·zung** *die*

der **Ab·grund** eine sehr große, gefährliche Tiefe ⟨*in einen Abgrund stürzen*⟩

**ab·grund·tief** ADJEKTIV (auf negative Weise) enorm stark, intensiv ⟨*ein Hass, eine Wut; jemanden abgrundtief hassen, verachten*⟩

**ab·gu·cken** (*hat*); *gesprochen* **etwas (bei jemandem) abgucken**; **(jemandem) etwas abgucken** etwas so tun, wie man es bei jemandem gesehen hat *„Diesen Trick hat er (bei) seinem Vater abgeguckt"*

**ab·ha·ken** (*hat*) **1 etwas abhaken** einen Punkt in einer Liste mit einem Haken markieren, als Zeichen dafür, dass er erledigt ist *„die Namen auf einer Liste abhaken"* **2 etwas abhaken** ein (unangenehmes) Erlebnis schnell vergessen *„Unser Streit ist bereits abgehakt"*

**ab·hal·ten★** (*hat*) **1 jemanden von etwas abhalten** jemanden daran hindern, etwas zu tun ⟨*jemanden von der Arbeit abhalten*⟩ *„Sei ruhig und halte mich nicht ständig vom Lernen ab!"* **2 etwas abhalten** etwas veranstalten, stattfinden lassen ⟨*eine Sitzung, einen Kurs, Wahlen abhalten*⟩ **3 etwas hält etwas ab** etwas bewirkt, dass Schnee, Licht, Hitze o. Ä. nicht eindringt *„Laub auf Gemüsebeeten soll den Frost abhalten"* • zu (2) **Ab·hal·tung** *die*

**ab·han·den·kom·men** (*kam abhanden, ist abhandengekommen*) **etwas kommt (jemandem) abhanden** etwas geht verloren

der **Ab·hang** eine schräge Fläche zwischen einem höher und einem tiefer gelegenen Gelände ⟨*ein steiler, sanfter Abhang*⟩ **K** Bergabhang

**ab·hän·gen[1]★** (*hing ab, hat abgehangen*) **1 etwas hängt von etwas ab** etwas ist durch den genannten Umstand bedingt oder bestimmt ⟨*etwas hängt vom Glück, Wetter, Zufall ab*⟩ *„Ob ich mitkomme, hängt davon ab, ob ich mit meiner Arbeit rechtzeitig fertig werde"* **2 von jemandem/etwas abhängen** Unterstützung, Wohlwollen oder eine andere Sache von einer anderen Person brauchen *„vom Geld der Eltern abhängen"* | *„Als Selbstständiger hänge ich davon ab, dass ich genügend Aufträge bekomme"*

**ab·hän·gen[2]★** (*hängte ab, hat abgehängt*) **1 etwas abhängen** etwas von einem Haken oder Nagel nehmen ⟨*ein Bild abhängen*⟩ **2 etwas (von etwas) abhängen** eine Verbindung lösen ⟨*einen Wagen, einen Waggon abhängen*⟩ **3 jemanden abhängen** *gesprochen* jemanden hinter sich lassen, weil man schneller oder besser ist ⟨*einen Verfolger, einen Konkurrenten abhängen*⟩

**ab·hän·gig★** ADJEKTIV **1 (von jemandem) abhängig sein** die Hilfe, Unterstützung o. Ä. von einer Person brauchen ⟨*von den Eltern abhängig sein*⟩ ↔ selbstständig **2 etwas ist abhängig von etwas** etwas ist durch das Genannte bedingt ⟨*vom Erfolg, Wetter, Zufall abhängig*⟩ **3 abhängig (von etwas)** süchtig nach etwas *„Ihr Freund ist (von Drogen und Tabletten) abhängig"* • *hierzu* **Ab·hän·gig·keit** *die*

**ab·här·ten** (*hat*) **1 etwas härtet ab** etwas macht den Körper oder die Seele weniger empfindlich **2 sich (gegen etwas) abhärten** den eigenen Körper (z. B. durch kalte Duschen) gegen Krankheiten unempfindlicher machen • *hierzu* **Ab·här·tung** *die*

**ab·hau·en** (*haute ab, ist abgehauen*); *ge-*

*sprochen* von einem Ort weggehen, an dem man nicht gerne ist *„Er ist mit 16 von zu Hause abgehauen"* ID **Hau ab!** als unhöfliche Aufforderung verwendet, dass jemand weggehen soll

**ạb·he·ben★** (*hat*) 1 **etwas abheben** eine Geldsumme vom Bankkonto o. Ä. nehmen ↔ einzahlen *„500 Euro vom Girokonto abheben"* 2 **(den Telefonhörer) abheben** ans Telefon gehen, wenn man angerufen wird ≈ abnehmen ↔ auflegen *„Ich lasse es schon lange klingeln, aber es hebt keiner ab"* 3 **etwas hebt ab** etwas hebt sich beim Start in die Luft ⟨*ein Flugzeug*⟩ ↔ landen 4 **eine Person/etwas hebt sich (von jemandem/etwas) ab** jemand/etwas unterscheidet sich deutlich von der genannten Person oder Sache *„Das Rot hebt sich deutlich vom Hintergrund ab"*

**ạb·hef·ten** (*hat*) **etwas abheften** etwas in einen Ordner oder Hefter einordnen ⟨*Rechnungen, Briefe abheften*⟩

die **Ạb·hil·fe** *meist Singular* das Beseitigen eines negativen Zustands ⟨*Abhilfe schaffen; für Abhilfe sorgen*⟩ ❶ Ein Anschluss mit Genitiv ist nicht möglich.

**ạb·ho·len★** (*hat*) 1 **etwas abholen** etwas, das bereit liegt oder das bestellt wurde, mitnehmen *„beim Bäcker die bestellten Brötchen abholen"* 2 **jemanden abholen** eine Person an einem vereinbarten Ort treffen und mit ihr weggehen oder -fahren *„Ich hole dich vom/am Bahnhof ab"* • *hierzu* **Ạb·ho·lung** *die*

der **Ạb·hol·markt** ein Geschäft, in dem man Waren (meist Getränke oder Möbel) für einen günstigen Preis bekommt, wenn man sie selbst abholt (anstatt sie nach Hause liefern zu lassen) K Getränkeabholmarkt, Möbelabholmarkt

**ạb·hö·ren★** (*hat*) 1 **jemandem etwas abhören; jemanden abhören** jemanden durch Fragen prüfen ≈ abfragen *„einem Schüler die Vokabeln abhören" | „Willst du mich abhören?"* 2 **jemanden/etwas abhören** (als Arzt) eine Person auf die Geräusche des Herzens oder der Lunge untersuchen 3 **jemanden/etwas abhören** etwas heimlich mit anhören ⟨*Telefongespräche abhören*⟩ • *zu* (3) **ạb·hör·si·cher** ADJEKTIV

das **Ạbi** (*-s, -s*); *meist Singular; gesprochen* Kurzwort für *Abitur*

das **Abi·tur★** (*-s, -e*); *meist Singular* die abschließende Prüfung an einem Gymnasium, die man bestehen muss, um an der Universität zu studieren K Abiturzeugnis

der **Abi·tu·ri·ẹnt** (*-en, -en*) 1 ein Schüler der letzten Klasse des Gymnasiums kurz vor, im oder nach dem Abitur 2 eine Person, die das Abitur hat *„Viele dieser Lehrstellen werden mit Abiturienten besetzt"* ❶ *der Abiturient; den, dem, des Abiturienten* • *hierzu* **Abi·tu·ri·ẹn·tin** *die*

**ạb·kas·sie·ren** (*kassierte ab, hat abkassiert*) **(jemanden) abkassieren** Geld von jemandem kassieren ⟨*Fahrgäste, Gäste eines Restaurants abkassieren*⟩ *„Darf ich bitte abkassieren, ich habe jetzt Dienstschluss"*

**ạb·kau·fen** (*hat*) **(jemandem) etwas abkaufen** von jemandem etwas kaufen

**ạb·keh·ren** 1 **etwas/sich (von jemandem/etwas) abkehren** (*hat*) etwas/sich von jemandem/etwas wegdrehen *„Enttäuscht kehrte er den Blick von ihr ab"* 2 **etwas abkehren** (*hat*) etwas mit einem Besen entfernen oder sauber machen ❶ weitere Verwendungen → **ab-**

**ạb·klap·pern** (*hat*) **Personen/Orte (nach etwas) abklappern** *gesprochen* nacheinander zu einer Anzahl von Personen oder Orten gehen, um etwas zu finden *„Ich habe alle Geschäfte nach dieser Sorte Tee abgeklappert"*

**ạb·klä·ren** (*hat*) **etwas abklären** ein Problem lösen oder eine Frage entscheiden

**ab·klat·schen** (*hat*) **(jemanden/mit jemandem) abklatschen** mit der erhobenen flachen Hand gegen die Hand einer anderen Person schlagen, um Triumph oder Begeisterung auszudrücken

**ạb·klem·men** (*hat*) **etwas abklemmen** etwas mit einer Zange o. Ä. zusammenpressen (und trennen) ⟨*ein Kabel abklemmen*⟩

**ạb·klin·gen** (*ist*) **etwas klingt ab** etwas wird schwächer, weniger intensiv ⟨*das Fieber, eine Krankheit*⟩

**ạb·klop·fen** (*hat*) **jemanden/etwas abklopfen** jemanden/etwas durch Klopfen untersuchen *„Der Arzt klopfte ihn/seinen Rücken ab" | „Sie klopfte die Wand ab"*

**ạb·kni·cken** **etwas abknicken** (*hat*) etwas durch Knicken nach unten biegen oder ganz abtrennen ⟨*einen Stiel, eine Blume abknicken*⟩

**ạb·ko·chen** (*hat*) **etwas abkochen** etwas durch Kochen von Bakterien befreien ⟨*Wasser, Milch, medizinische Instrumente abkochen*⟩

**ạb·kom·men★** (*ist*) 1 **vom Weg abkommen** sich (ohne es zu wollen) von der Richtung entfernen, in die man sich bereits bewegt hat 2

**von der Straße abkommen** beim Fahren mit den Reifen auf den Boden neben der Straße geraten

das **Ạb·kom·men** (-s, -) **ein Abkommen über etwas** (*Akkusativ*); **ein Abkommen zu etwas** eine Vereinbarung zwischen Staaten oder Institutionen ⟨*ein internationales Abkommen*⟩

**ạb·krat·zen etwas abkratzen** (*hat*) etwas durch Kratzen entfernen oder sauber machen *„Erde von den Schuhen abkratzen"*

**ạb·krie·gen** (*hat*) **etwas abkriegen** *gesprochen* ≈ abbekommen

**ạb·küh·len** (*hat*) 1 **etwas abkühlen** etwas kühler machen *„Ich habe meine Füße in kaltes Wasser gestellt, um sie abzukühlen"* 2 **etwas kühlt (sich) ab** etwas wird kühler ⟨*die Herdplatte, die Suppe, der Tee, das Wetter*⟩ *„Heute Nacht hat es (sich) merklich abgekühlt"* 3 **sich abkühlen** sich erfrischen *„ins Wasser springen, um sich abzukühlen"*

**ạb·kür·zen★** (*hat*) 1 **etwas abkürzen** zwischen zwei Orten einen kürzeren Weg als den normalen finden ⟨*einen Weg abkürzen*⟩ 2 **etwas abkürzen** Buchstaben weglassen, damit ein Wort kürzer wird *„Und so weiter" kürzt man „usw." ab"*

die **Ạb·kür·zung★** (-, *-en*) 1 ein kürzerer Weg zwischen zwei Orten als der normale ⟨*eine Abkürzung gehen, nehmen*⟩ 2 ein abgekürztes Wort *„Fa." ist die Abkürzung von „Firma"* K Abkürzungsverzeichnis

**ạb·la·den** (*hat*) 1 **etwas (von etwas) abladen** etwas meist von einem Wagen heraus- oder herunternehmen *„Säcke mit Mehl vom Wagen abladen"* 2 **etwas abladen** meist einen Wagen leer machen, indem man die Ladung herunternimmt *„einen Lastwagen abladen"*

die **Ạb·la·ge** 1 ein Fach o. Ä. (im Büro) für Briefe und Dokumente 2 *nur Singular* das Ordnen von Akten 3 ein Brett oder Fach, auf das man Kleider legen kann K Hutablage

**ạb·la·gern** (*hat*) **etwas lagert etwas/sich ab** etwas bleibt liegen und sammelt sich an *„In der Wasserleitung lagert sich Kalk ab"* • *hierzu* **Ạb·la·ge·rung** *die*

**ạb·las·sen** (*hat*) 1 **etwas ablassen** eine Flüssigkeit oder ein Gas aus etwas herausströmen lassen 2 **von etwas ablassen** etwas nicht mehr planen oder tun *„von einem Plan/von einer Gewohnheit ablassen"*

der **Ạb·lauf★** 1 die Art und Weise, wie ein Geschehen oder eine Handlung verläuft K Produktionsablauf 2 die (meist chronologische) Reihenfolge einer Sache K Tagesablauf 3 das Enden einer Frist *„nach Ablauf der Wartezeit"* 4 ein meist rundes Loch, durch das eine Flüssigkeit aus einem Becken oder in einer Wanne fließt ≈ Abfluss *„der Ablauf im Waschbecken"*

**ạb·lau·fen★** 1 **etwas läuft irgendwie ab** (*ist*) etwas geschieht auf die genannte Weise *„Wie soll das Programm ablaufen?"* 2 **etwas läuft ab** (*ist*) etwas geht zu Ende ⟨*eine Frist, eine Wartezeit*⟩ 3 **etwas läuft ab** (*ist*) etwas wird ungültig ⟨*ein Pass, ein Visum, ein Vertrag*⟩ 4 **etwas läuft ab** (*ist*) etwas fließt weg (oft: in den Abfluss) *„In der Dusche läuft das Wasser schlecht ab"*

**ạb·le·gen★** (*hat*) 1 **(etwas) ablegen** ein Kleidungsstück vom Körper nehmen ≈ ausziehen ↔ anziehen *„Wollen Sie nicht (den Mantel) ablegen?"* 2 **etwas ablegen** eine Prüfung machen 3 **ein Geständnis ablegen** (vor Gericht oder vor der Polizei) zugeben, dass man ein Verbrechen begangen hat 4 **ein Schiff legt ab** ein Schiff fährt vom Ufer weg

der **Ạb·le·ger** (-s, -) der Teil einer Pflanze, den man abschneidet und in Wasser oder in Erde steckt, damit er Wurzeln bildet und zu einer neuen Pflanze heranwächst

**ạb·leh·nen★** (*hat*) 1 **etwas ablehnen** etwas nicht annehmen, weil man es nicht haben will oder kann ⟨*ein Amt, eine Einladung, ein Geschenk ablehnen*⟩ 2 **etwas ablehnen** sich weigern, etwas zu tun *„es ablehnen, einen Befehl auszuführen"* • *hierzu* **Ạb·leh·nung** *die*

**ạb·lei·ten** (*hat*) **etwas ableiten** störende Gase, Flüssigkeiten oder Strom an einen anderen Ort leiten ⟨*Rauch, Dampf ableiten*⟩

**ạb·len·ken★** (*hat*) 1 **etwas lenkt etwas ab** etwas lenkt etwas in eine andere Richtung 2 **(jemanden) (von etwas) ablenken** die Aufmerksamkeit einer Person auf etwas anderes lenken *„jemanden von der Arbeit ablenken"* | *„Lenk nicht ab!"*

die **Ạb·len·kung** das Ablenken

**ạb·le·sen** (*hat*) 1 **(etwas) (von etwas) ablesen** etwas sprechen oder singen, was man schriftlich vor sich hat 2 **etwas ablesen** feststellen, welchen Wert ein Messgerät anzeigt oder welche Information etwas enthält *„die Temperatur vom Thermometer ablesen"* | *„eine Entwicklung aus einer Statistik ablesen"* • *zu* (2) **ạb·les·bar** *ADJEKTIV*

**ab·lie·fern** (*hat*) **etwas (bei jemandem) abliefern** jemandem etwas geben oder liefern, wie es vereinbart war *„Die Schüler mussten ihre Handys beim Lehrer abliefern"* • *hierzu* **Ab·lie·fe·rung** *die*

die **Ab·lö·se** (-, -n) *besonders süddeutsch* Ⓐ die Summe Geld, die man für Möbel o. Ä. zahlt, die man beim Einzug in eine Wohnung vom bisherigen Mieter übernimmt *„Der Vormieter hat eine Ablöse von 4.000 Euro für die Küche verlangt"*

**ab·lö·sen**★ (*hat*) **1** **etwas (von etwas) ablösen** etwas vorsichtig von etwas entfernen *„alte Tapeten von der Wand ablösen"* **2** **jemanden ablösen** die Tätigkeit oder Arbeit einer anderen Person (für eine begrenzte Zeit) übernehmen *„einen Kollegen bei der Arbeit ablösen"* **3** **etwas löst sich (von etwas) ab** etwas löst sich (von etwas), etwas wird getrennt • *hierzu* **Ab·lö·sung** *die*; *zu* (1) **ab·lös·bar** ADJEKTIV

**ab·ma·chen**★ (*hat*) **1** **etwas (von etwas) abmachen** *gesprochen* einen Gegenstand, der eng mit einem anderen Gegenstand verbunden ist, lösen oder entfernen ↔ anbringen *„ein Schild/ein Plakat von der Wand abmachen"* **2** **etwas (mit jemandem) abmachen** einen Termin mit jemandem vereinbaren *„Wir müssen noch einen Termin für unser nächstes Treffen abmachen"* **ID** **Abgemacht!** verwendet, um zu sagen, dass man einen Vorschlag akzeptiert *„Wir treffen uns morgen, ja?" – „Abgemacht!"* • *zu* (2) **Ab·ma·chung** *die*

**ab·ma·gern** (*magerte ab, ist abgemagert*) mager werden *„Sie sieht sehr abgemagert aus"* • *hierzu* **Ab·ma·ge·rung** *die*

**ab·mah·nen** (*hat*) **jemanden abmahnen** eine Person offiziell wegen eines falschen Verhaltens tadeln und ihr mit einer Strafe oder der Kündigung des Vertrags drohen *„wegen des Downloads von Filmen aus dem Internet abgemahnt werden"* | *„Nach Ansicht des Gerichts hätte der Arbeitnehmer vor der Kündigung abgemahnt werden müssen"* ❶ oft im Passiv

die **Ab·mah·nung** ein Schreiben, in dem der Chef einen Angestellten auffordert, das Verhalten zu ändern

der **Ab·marsch** der Vorgang, wenn sich eine Gruppe Wanderer oder Soldaten auf den Weg macht ≈ Aufbruch

**ab·mel·den**★ (*hat*) **1** **jemanden abmelden** der zuständigen Behörde mitteilen, dass eine Person oder man selbst in eine neue Wohnung zieht ↔ anmelden *„sich/die Familie beim Einwohnermeldeamt abmelden"* **2** **jemanden (bei etwas/von etwas) abmelden** einem Verantwortlichen mitteilen, dass eine Person oder man selbst nicht mehr Mitglied sein oder an etwas teilnehmen will ↔ anmelden *„die Kinder beim Turnverein abmelden"* **3** **etwas abmelden** der zuständigen Institution mitteilen, dass ein Fahrzeug, Telefon o. Ä., nicht mehr benutzt wird ↔ anmelden *„das Motorrad für den Winter abmelden"* **4** **sich (bei jemandem) abmelden** einem Vorgesetzten mitteilen, dass man an einen anderen Ort oder in Urlaub geht ↔ zurückmelden • *hierzu* **Ab·mel·dung** *die*

**ab·mes·sen** (*hat*) **etwas abmessen** die Größe oder Menge messen *„einen halben Liter Milch abmessen"* | *„abmessen, ob genug Platz für den Schrank ist"*

die **Ab·mes·sung** *meist Plural* die Länge, Breite und Höhe eines Gegenstands *„die Abmessungen eines Sportplatzes"*

**ab·mil·dern** (*hat*) **etwas mildert etwas ab** etwas macht etwas schwächer, geringer ⟨*etwas mildert den Lärm, den Druck ab*⟩ *„Der weiche Boden milderte den Sturz ab"* • *hierzu* **Ab·mil·de·rung** *die*

**ab·mon·tie·ren** (*montierte ab, hat abmontiert*) **etwas (von etwas) abmontieren** etwas von etwas entfernen *„die Räder (von dem Auto) abmontieren"*

**ab·mü·hen** (*hat*) **sich (mit jemandem/etwas) abmühen** sich mit einer (anstrengenden) Arbeit oder mit einer anderen Person große Mühe geben (z. B. um dieser Person etwas zu lehren)

**ab·na·beln** (*nabelte ab, hat abgenabelt*) **1** **jemanden abnabeln** ein neugeborenes Kind von der Nabelschnur trennen **2** **sich (von jemandem) abnabeln** *gesprochen* sich aus einer sehr engen Bindung zu jemandem lösen

die **Ab·nah·me** (-) **1** ≈ Kauf *„die Abnahme großer Mengen Getreide"* **2** der Verlust von Körpergewicht *„Eine Abnahme von 10 Pfund ist bei dieser Diät durchaus möglich"* **3** die Tatsache, dass eine Zahl kleiner wird *„die starke Abnahme der Geburten"*

**ab·neh·men**★ (*hat*) **1** **etwas abnehmen** etwas von der bisherigen Position herunternehmen ⟨*den Telefonhörer, den Hut, einen Deckel, die Wäsche, ein Bild abnehmen*⟩ **2**

**(jemandem) etwas abnehmen** einem Händler Waren abkaufen **3** **jemandem etwas abnehmen** einen schweren Gegenstand oder eine schwierige Aufgabe für jemanden übernehmen *„jemandem eine Last/ein großes Problem abnehmen"* **4** **jemandem etwas abnehmen** etwas von jemandem verlangen und es behalten *„Ihm wurde wegen zu schnellen Fahrens der Führerschein abgenommen"* **5** **jemandem etwas abnehmen** *gesprochen* einer Person glauben, was sie erzählt *„Hat er dir abgenommen, dass du krank warst?"* **6** **(etwas) abnehmen** an Gewicht verlieren ↔ zunehmen *„Ich habe schon drei Kilo abgenommen!"* **7** **etwas nimmt ab** etwas wird immer weniger, reduziert sich *„Die Zahl der Geburten nimmt ständig ab"*

der **Ab·neh·mer** (-*s*, -) eine Person oder Firma, die etwas kauft *„Ich brauche einen Abnehmer für meine zwei Konzertkarten"* • *hierzu* **Ab·neh·me·rin** *die*

die **Ab·nei·gung★** **eine Abneigung (gegen jemanden/etwas)** *meist Singular* ein starkes Gefühl, dass man eine Person oder Sache nicht mag ↔ Zuneigung

**ab·ni·cken** (*hat*); *gesprochen* **etwas abnicken** einem Vorschlag, Antrag o. Ä. ohne Diskussion oder Kritik zustimmen *„Der Stadtrat hatte die Baupläne damals einfach abgenickt"*

**ab·norm** *ADJEKTIV* **1** anders als das, was allgemein als normal gilt ⟨*eine Veranlagung; jemandes Verhalten*⟩ **2** über das Normale hinausgehend *„ein abnorm übergewichtiger Mann"*

**ab·nor·mal** *ADJEKTIV* ≈ abnorm

**ab·nut·zen** (*hat*) **etwas abnutzen** etwas durch häufigen Gebrauch im Wert mindern oder in der Funktion schlechter machen ⟨*Kleider, Geräte, ein Sofa, einen Stuhl abnutzen*⟩

das **Abo** (-*s*, -*s*); *gesprochen* Kurzwort für *Abonnement*

das **Abon·ne·ment** [abɔn(ə)'mã:]; (-*s*, -*s*) **ein Abonnement (für etwas)** eine Vereinbarung, mit der man sich verpflichtet, etwas regelmäßig und über einen längeren Zeitraum zu kaufen ⟨*ein Abonnement für eine Zeitung, eine Zeitschrift, das Theater*⟩

der **Abon·nent** (-*en*, -*en*) eine Person, die ein Abonnement hat ❶ *der Abonnent; den, dem, des Abonnenten* • *hierzu* **Abon·nen·tin** *die*

**abon·nie·ren★** (*abonnierte, hat abonniert*) **etwas abonnieren** etwas für einen längeren Zeitraum (und daher meist zu einem billigeren Preis) bestellen ⟨*eine Zeitung, eine Zeitschrift abonnieren*⟩

**ab·ord·nen** (*hat*) **jemanden (zu/nach etwas) abordnen** jemandem einen offiziellen Auftrag geben

die **Ab·ord·nung** **1** *nur Singular* das Abordnen **2** eine Gruppe von Personen, die offiziell zu einer Veranstaltung geschickt wird ⟨*eine Abordnung entsenden*⟩ ≈ Delegation **K** Regierungsabordnung

**ab·pa·cken** (*hat*) **etwas abpacken** eine kleine Menge einer Sache verpacken, um es zu verkaufen *„Fleisch, Wurst und Käse sind abgepackt"* • *hierzu* **Ab·pa·ckung** *die*

**ab·pas·sen** (*hat*) **1** **jemanden abpassen** auf eine Person warten, um mit ihr zu sprechen *„Die Journalisten passten den Minister am Eingang zum Bundestag ab"* **2** **etwas abpassen** warten, bis der Zeitpunkt für etwas gekommen ist ⟨*den richtigen Augenblick, eine günstige Gelegenheit abpassen*⟩

**ab·pfei·fen** (*hat*) **(etwas) abpfeifen** (als Schiedsrichter) ein Spiel durch einen Pfiff beenden • *hierzu* **Ab·pfiff** *der*

**ab·pla·gen** (*hat*) **sich (mit etwas) abplagen** ≈ abmühen

**ab·pum·pen** (*hat*) **etwas abpumpen** etwas mithilfe einer Pumpe von irgendwo entfernen *„Die Feuerwehr pumpte das Wasser ab, das im Keller stand"*

**ab·put·zen** (*hat*) **etwas (von etwas) abputzen** Schmutz von etwas entfernen und etwas sauber machen *„die Erde von den Schuhen abputzen"* | *„Putz dir die Schuhe ab, bevor du ins Haus gehst!"*

**ab·ra·ckern** (*hat*) **sich (mit etwas) abrackern** *gesprochen* ≈ abmühen

**ab·ra·ten** (*hat*) **(jemandem) (von etwas) abraten** jemandem empfehlen, etwas nicht zu tun *„jemandem von einem Plan abraten"* | *„Da kann ich nur abraten"*

**ab·räu·men** (*hat*) **(etwas) abräumen** Gegenstände, die auf (der Oberfläche von) etwas stehen, von dort wegnehmen ⟨*das Geschirr, den Tisch abräumen*⟩

**ab·re·a·gie·ren** (*reagierte ab, hat abreagiert*) **etwas (an jemandem/etwas) abreagieren** (einer Person oder Sache) etwas tun, damit man die Aggressionen o. Ä. los wird *„Er reagiert seine schlechte Laune ständig an mir ab"*

**ạb·rech·nen**★ (*hat*) am Ende eines Zeitraums eine Rechnung machen *„Die Kassiererin muss jeden Abend genau abrechnen"*

die **Ạb·rech·nung** die Rechnung, die alle Kosten einer Arbeit oder eines Zeitraums enthält ⟨*die monatliche, jährliche Abrechnung machen*⟩ **K** Betriebsabrechnung, Gehaltsabrechnung

**ạb·re·gen** (*hat*) **sich (wieder) abregen** *gesprochen* ≈ beruhigen *„Komm, reg dich ab!"*

**ạb·rei·ben** (*hat*) **1 etwas abreiben** etwas durch Reiben entfernen oder sauber machen *„den Rost von dem Blech abreiben" | „das Blech abreiben"* **2 etwas reibt sich ab** etwas nutzt sich durch starke Reibung mit der Unterlage ab, wird beschädigt ⟨*ein Reifen, ein Stoff, ein Tuch*⟩

die **Ạb·rei·se** *meist Singular* der Beginn einer Reise ⟨*bei der Abreise*⟩ **K** Abreisetag

**ạb·rei·sen** (*ist*) mit einer Reise beginnen

**ạb·rei·ßen 1 etwas (von etwas) abreißen** (*hat*) etwas durch Reißen von etwas trennen *„ein Blatt vom Kalender abreißen"* **2 etwas abreißen** etwas Gebautes in Teile zerlegen und diese wegbringen ⟨*ein Gebäude, ein Gerüst abreißen*⟩ **3 etwas reißt ab** (*ist*) etwas hört plötzlich auf oder wird unterbrochen ⟨*die Telefonverbindung, der Kontakt*⟩

**ạb·rie·geln** (*riegelte ab, hat abgeriegelt*) **etwas abriegeln** mit einem Riegel oder einer anderen Art von Sperre verhindern, dass etwas geöffnet oder betreten wird ⟨*die Tür, das Tor, das Fenster abriegeln*⟩ *„Die Polizei hat die Unfallstelle abgeriegelt"* • *hierzu* **Ạb·rie·ge·lung** *die*

**ạb·rin·gen** (*hat*) **jemandem etwas abringen** von jemandem etwas nur mit großer Mühe bekommen *„den Eltern eine Erlaubnis abringen"*

der **Ạb·riss** *meist Singular* der Vorgang, wenn ein Gebäude abgerissen wird

**ạb·rü·cken 1 von jemandem/etwas abrücken** (*ist*) sich von jemandem/etwas ein kleines Stück entfernen *„Er rückte ein bisschen von seinem Sitznachbarn ab"* **2 Soldaten rücken ab** (*sind*) Soldaten verlassen einen Ort

der **Ạb·ruf** *meist Singular* **1 auf Abruf** bereit, sofort einer Aufforderung zu folgen *„sich auf Abruf bereithalten"* **2** das Bestellen einer Ware **3** die Entnahme von Informationen aus dem Computer

**ạb·ru·fen**★ (*hat*) **1 etwas abrufen** sagen, dass man bestellte Waren jetzt haben will **2 etwas abrufen** Daten aus dem Speicher eines Computers holen • *zu* (1) **ạb·ruf·be·reit** ADJEKTIV

**ạb·run·den** (*hat*) **1 etwas abrunden** etwas rund machen ⟨*eine Kante, eine Ecke abrunden*⟩ **2 etwas (auf etwas** (*Akkusativ*)**) abrunden** eine Zahl auf die nächste runde oder volle Zahl bringen, indem man etwas davon abzieht (oder seltener etwas hinzufügt) ↔ aufrunden *„10,35 € auf 10 € abrunden" | „die Zahl 6,391 auf 6,39 abrunden"* • *hierzu* **Ạb·run·dung** *die*

**ab·rụpt** ADJEKTIV plötzlich und überraschend (eintretend) ⟨*ein Ende; etwas abrupt abbrechen, beenden*⟩

die **Ạb·rüs·tung** *nur Singular* das Abrüsten **K** Abrüstungsabkommen, Abrüstungsverhandlungen

**ABS** [a:be:ˈ|ɛs] Antiblockiersystem *das; nur in dieser Form* ein System, das verhindert, dass die Reifen eines Autos blockieren, wenn man stark bremst *„Der Wagen ist mit ABS ausgerüstet"*

die **Ạb·sa·ge** die Mitteilung, dass etwas abgelehnt ist ⟨*eine Absage erhalten; jemandem eine Absage erteilen*⟩ ↔ Zusage

**ạb·sa·gen**★ (*hat*) **1 etwas absagen** mitteilen, dass etwas nicht stattfindet ⟨*ein Konzert, eine Konferenz, den Besuch absagen*⟩ ↔ ankündigen **2 (jemandem) absagen** jemandem mitteilen, dass etwas Geplantes nicht stattfinden kann ↔ zusagen *„Sie wollte kommen, aber dann hat sie abgesagt"*

der **Ạb·satz**★ **1** der Teil eines geschriebenen Textes, der mit einer neuen Zeile beginnt und meist aus mehreren Sätzen besteht ≈ Abschnitt *„einen/mit einem neuen Absatz beginnen"* **2** *meist Singular* der Verkauf von Waren ⟨*etwas findet großen, guten, reißenden Absatz*⟩ **K** Absatzkrise, Absatzmarkt **3** der erhöhte Teil der Schuhsohle unter der Ferse ⟨*flache/niedrige, hohe Absätze*⟩

**ạb·schaf·fen**★ (*schaffte ab, hat abgeschafft*) **etwas abschaffen** Gesetze oder Regelungen nicht mehr gültig sein lassen ⟨*die Todesstrafe abschaffen*⟩ • *hierzu* **Ạb·schaf·fung** *die*

**ạb·schal·ten**★ (*hat*) **1 (etwas) abschalten** mit einem Schalter bewirken, dass ein Motor oder ein elektrisches Gerät nicht mehr in Betrieb ist ↔ einschalten *„den Fernseher abschalten"* **2** nicht mehr an Sorgen denken, sondern sich entspannen *„im Urlaub mal richtig abschalten"*

**ạb·schät·zen** ★ (*hat*) **etwas abschätzen** überlegen, wie etwas (vor allem in Zukunft) sein könnte ⟨*einen Gewinn, ein Risiko abschätzen*⟩ *„abschätzen, wie lange etwas noch dauern wird"* • *hierzu* **Ạb·schät·zung** *die*

**ạb·schät·zig** ADJEKTIV ⟨*eine Bemerkung, ein Blick*⟩ so, dass Verachtung oder Spott deutlich werden *„jemanden/etwas abschätzig beurteilen"*

**ạb·schau·en** (*hat*); *gesprochen* ≈ abgucken

der **Ạb·scheu** ★ *seltener die*; (-s/-) **Abscheu (vor/gegenüber jemandem/etwas)** ⟨*haben, empfinden*⟩ ein physischer oder moralischer Ekel, ein heftiger Widerwille, eine sehr starke Abneigung

**ab·scheu·lich** ★ ADJEKTIV **1** aus moralischer Sicht sehr schlecht ⟨*ein Laster, ein Verbrechen, eine Lüge*⟩ **2** so unangenehm, dass man es nicht ertragen kann ⟨*ein Gestank; abscheulich aussehen, riechen*⟩ ≈ ekelhaft • *hierzu* **Ab·scheu·lich·keit** *die*

**ạb·schi·cken** (*hat*) **etwas abschicken** Post an jemanden senden ⟨*einen Brief, ein Paket abschicken*⟩

**ạb·schie·ben** **1** **etwas auf jemanden abschieben** (*hat*) etwas, das man nicht haben will, auf eine andere Person übertragen ⟨*die Schuld, die Verantwortung auf jemanden abschieben*⟩ **2** **jemanden abschieben** (*hat*) eine Person zwingen, das Land sofort zu verlassen, weil man nicht will, dass diese dort lebt ⟨*Asylanten, Flüchtlinge, unerwünschte Personen abschieben*⟩ **K** Abschiebehaft • *zu* (2) **Ạb·schie·bung** *die*

der **Ạb·schied** ★ (-(e)s, -e); *meist Singular* **1** **der Abschied (von jemandem/etwas)** die Situation, die Worte und die Geste, wenn man selbst oder eine andere Person weggeht *„ein tränenreicher Abschied"* **K** Abschiedsbrief **2** **(von jemandem/etwas) Abschied nehmen** *geschrieben* sich von jemandem/etwas verabschieden

**ạb·schie·ßen** (*hat*) **1** **etwas abschießen** etwas (z. B. einen Pfeil oder eine Rakete) in Bewegung setzen **2** **etwas abschießen** eine Schusswaffe benutzen ⟨*eine Pistole, ein Gewehr o. Ä. abschießen*⟩ **3** **ein Tier abschießen** ein wildes Tier mit einem Schuss töten **4** **jemanden/etwas abschießen** ein Fahrzeug oder Flugzeug (im Krieg) durch Schüsse zerstören ⟨*ein Flugzeug, einen Panzer abschießen*⟩ *„Er wurde abgeschossen, als er über feindliches Territorium flog"*

**ạb·schir·men** (*schirmte ab, hat abgeschirmt*) **jemanden/etwas (gegen etwas) abschirmen** jemanden/etwas vor etwas schützen oder etwas von jemandem/etwas fernhalten *„jemanden gegen neugierige Blicke abschirmen"*

der **Ạb·schlag** der erste Teil einer Geldsumme, die gezahlt werden muss **K** Abschlagszahlung

**ạb·schla·gen** (*hat*) **(jemandem) etwas abschlagen** den Wunsch einer anderen Person nicht erfüllen ⟨*jemandem eine Bitte, einen Wunsch abschlagen*⟩

**ạb·schlei·fen** (*hat*) **1** **etwas abschleifen** etwas durch Schleifen entfernen oder glatt und sauber machen *„die alte Farbe vom Schrank abschleifen"* | *„das Brett abschleifen"* **2** **etwas schleift sich ab** etwas wird durch Reibung glatt

**ạb·schlep·pen** ★ (*hat*) **1** **jemanden/etwas abschleppen** ein kaputtes Fahrzeug mithilfe eines anderen Fahrzeugs irgendwohin ziehen *„Er hat mich/mein Auto abgeschleppt"* **K** Abschleppdienst **2** **sich (mit etwas) abschleppen** *gesprochen* große Mühe beim Tragen von etwas Schwerem haben

**ạb·schlie·ßen** ★ (*hat*) **1** **etwas abschließen** etwas mit einem Schlüssel verschließen ⟨*einen Schrank, eine Tür, eine Wohnung abschließen*⟩ ↔ aufschließen **2** **etwas abschließen** etwas wie geplant beenden *„Für diese Stelle benötigen Sie eine abgeschlossene Ausbildung"* **3** **etwas abschließen** sich mit jemandem über etwas einigen oder etwas unterschreiben und in Kraft setzen ⟨*ein Abkommen, ein Bündnis, eine Versicherung, einen Vertrag, einen Waffenstillstand, eine Wette abschließen*⟩ ≈ vereinbaren **4** **jemand/etwas schließt mit etwas ab** *geschrieben* jemand/etwas endet mit etwas *„Die Geschichte schließt mit dem Tod des Helden ab"*

der **Ạb·schluss** **1** das geplante (erfolgreiche) Ende einer Sache ⟨*der Abschluss des Studiums, der Arbeit, der Untersuchung, der Verhandlung*⟩ **2** die Prüfung, mit der eine Ausbildung endet ⟨*einen Abschluss machen; keinen, einen guten Abschluss haben*⟩ **K** Abschlussprüfung, Abschlusszeugnis; Schulabschluss **3** das Abschließen von Verträgen o. Ä. ⟨*der Abschluss eines Bündnisses, eines Vertrags, einer Versi-*

*cherung*〉 **K** Vertragsabschluss **4** die Bilanz, die ein Geschäft aufstellt 〈*den Abschluss machen*〉 **K** Jahresabschluss

**ab·schme·cken** (*hat*) **(etwas) abschmecken** (während der Zubereitung) den Geschmack einer Speise prüfen und sie dann entsprechend würzen 〈*die Soße abschmecken*〉

**ab·schmin·ken** (*hat*) **jemanden abschminken**; **(sich** (*Dativ*)**) etwas abschminken** jemanden oder sich selbst von Schminke säubern *„einen Schauspieler/sich abschminken"* | *„sich das Gesicht abschminken"*

**ab·schnei·den★** (*hat*) **1** **(sich** (*Dativ*)**) etwas abschneiden** etwas durch Schneiden von etwas trennen *„Blumen/ein Stück Kuchen abschneiden"* **2** **etwas schneidet eine Person/Sache von jemandem/etwas ab** etwas trennt eine Person/Sache von einer anderen räumlich *„Der starke Schneefall schnitt das Dorf vom Umland ab"* **3** **jemandem den Weg abschneiden** eine Abkürzung benutzen, um früher als eine Person an einem Ort zu sein und sie aufzuhalten **4** **(bei etwas) irgendwie abschneiden** die genannte Art von Ergebnis erzielen 〈*bei einem Test gut, schlecht abschneiden*〉

der **Ab·schnitt★** **1** ein inhaltlich zusammengehöriger Teil eines Texts *„Der Aufsatz gliedert sich in drei Abschnitte"* **2** ein begrenzter Zeitraum ≈ Periode **K** Lebensabschnitt **3** ein Teil eines Gebietes, einer Strecke 〈*einen Abschnitt abfahren, absuchen, überprüfen*〉 **K** Autobahnabschnitt **4** ein Teil eines Formulars, einer Eintrittskarte o. Ä., den man abtrennen kann *„Bewahren Sie diesen Abschnitt gut auf!"* • *zu* (1 – 3) **ab·schnitt(s)·wei·se** *ADJEKTIV*

**ab·schöp·fen** (*hat*) **1** **etwas (von etwas) abschöpfen** etwas, das sich oben auf einer Flüssigkeit befindet, mit einem Löffel o. Ä. wegnehmen *„die Sahne von der Milch/das Fett von der Suppe abschöpfen"* **2** **etwas abschöpfen** Gewinne behalten und nicht neu investieren 〈*Gewinne abschöpfen*〉

**ab·schrau·ben** (*hat*) **etwas (von etwas) abschrauben** etwas durch eine drehende Bewegung von etwas entfernen *„den Deckel des Marmeladenglases abschrauben"*

**ab·schre·cken** (*hat*) **1** **jemanden (von etwas) abschrecken** jemanden durch Androhen oder Zeigen von etwas Negativem dazu bringen, eine geplante Handlung nicht auszuführen *„jemanden durch hohe Strafen vom Stehlen abschrecken"* **2** **etwas schreckt jemanden (von etwas) ab** etwas hindert eine Person an ihrer Absicht *„Die extreme Kälte schreckt mich nicht davon ab, nach Sibirien zu fahren"* **3** **etwas abschrecken** einen heißen Gegenstand schnell mit kaltem Wasser abkühlen 〈*gekochte Eier, Eisen abschrecken*〉

die **Ab·schre·ckung** (-, *-en*); *meist Singular* das Abschrecken z. B. eines Gegners oder Verbrechers

**ab·schrei·ben★** (*hat*) **1** **(etwas) (von jemandem) abschreiben** einen Text einer anderen Person übernehmen oder kopieren und behaupten, dass man den Text selbst verfasst hat *„Er hat fast den ganzen Aufsatz vom Banknachbarn abgeschrieben"* **2** **etwas (von/aus etwas) abschreiben** einen Text lesen und dabei noch einmal schreiben **3** **etwas abschreiben** den Preis von beruflich genutzten Gegenständen allmählich vom Einkommen abziehen und deswegen weniger Steuern zahlen *„Den Computer kann man über fünf Jahre hinweg abschreiben"* • *zu* (3) **Ab·schrei·bung** *die*

die **Ab·schrift** ≈ Kopie ↔ Original *„eine beglaubigte Abschrift eines Zeugnisses einreichen"*

**ab·schür·fen** (*hat*) **(sich** (*Dativ*)**) etwas abschürfen** die Haut durch starke Reibung verletzen *„Er schürfte sich beim Sturz das Knie/am Knie die Haut ab"*

die **Ab·schür·fung** eine Wunde, die durch Abschürfen entstanden ist **K** Hautabschürfung

der **Ab·schuss** **1** der Vorgang, z. B. eine Rakete oder Kanonenkugel in die Luft zu schießen **K** Abschussrampe **2** das Töten von wilden Tieren durch Schüsse

**ab·schüs·sig** *ADJEKTIV* sich stark in eine Richtung neigend 〈*ein Hang, eine Straße, ein Ufer*〉 • *hierzu* **Ab·schüs·sig·keit** *die*

**ab·schüt·teln** (*hat*) **1** **etwas (von etwas) abschütteln** etwas durch Schütteln von etwas entfernen *„das Mehl (von der Schürze) abschütteln"* **2** **jemanden abschütteln** *gesprochen* schneller sein als die Verfolger und deshalb fliehen können *„Dem Dieb gelang es, die Polizei abzuschütteln"*

**ab·schwä·chen** (*hat*) **1** **etwas abschwächen** etwas mildern, schwächer machen 〈*seine Aussagen abschwächen*〉 **2** **etwas schwächt sich ab** etwas wird milder, schwächer 〈*der Lärm, der Wind*〉

**ab·schwei·fen** (*ist*) **von etwas abschwei-**

**fen** sich vom Thema entfernen (und eine Zeit lang von etwas anderem reden) • *hierzu* **Ạb·schwei·fung** *die*

**ạb·schwel·len** (*schwillt ab, schwoll ab, ist abgeschwollen*) **1** **etwas schwillt ab** etwas wird allmählich leiser oder weniger intensiv ⟨*der Lärm, das Dröhnen eines Flugzeugs*⟩ **2** **etwas schwillt ab** etwas wird nach dem Schwellen (z. B. wegen einer Entzündung, einer Verletzung) wieder normal ⟨*ein Gelenk, ein Muskel*⟩

**ạb·seh·bar** *ADJEKTIV* **1** so, dass man es früh erkennen kann ⟨*eine Entwicklung*⟩ **2** **in absehbarer Zeit** *geschrieben* ziemlich bald

**ạb·se·hen★** (*hat*) **1** **von etwas absehen** etwas, das man geplant oder beabsichtigt hat, nicht durchführen/tun ⟨*von einer Strafe absehen*⟩ **2** **von etwas absehen** etwas nicht berücksichtigen *„von jemandes Fehlern absehen"* ❶ → auch **abgesehen** **3** **es auf jemanden/etwas abgesehen haben** *gesprochen* das starke Verlangen haben, mit jemandem in Kontakt zu treten oder etwas zu bekommen, zu erreichen *„Er hat es auf die hübsche Nachbarin abgesehen"* **4** **es auf jemanden abgesehen haben** *gesprochen* einer Person auf unfaire Weise ständig zeigen, dass man Macht über sie hat *„Heute hat es der Meister auf den Lehrling abgesehen"* **5** **etwas absehen** etwas vorher richtig einschätzen oder erwarten ⟨*die Folgen, den Ausgang einer Sache absehen*⟩ *„Ein Ende des Streiks ist noch nicht abzusehen"*

**ạb·seits★** *PRÄPOSITION mit Genitiv* **1** seitlich von etwas entfernt ⟨*abseits des Weges, der Straße*⟩ ❶ auch zusammen mit *von*: *abseits vom Trubel*

*ADVERB* **2** in relativ großer Entfernung, weit entfernt (vom Standpunkt des Sprechers) ⟨*sich abseits halten*⟩ **3** **jemand ist abseits** jemand ist beim Fußball im Abseits

das **Ạb·seits** (-) **1** beim Fußball die Situation, in der mindestens ein Spieler vor dem Tor des Gegners in einer verbotenen Position ist ⟨*im Abseits stehen, sein*⟩ *„(Das war) Abseits! Das Tor gilt nicht"* **2** **ins Abseits geraten**; **im Abseits stehen** vernachlässigt, nicht mehr beachtet werden

**ạb·seits·lie·gen** (*lag abseits, hat/süddeutsch Ⓐ Ⓒⓗ ist abseitsgelegen*) **etwas liegt abseits** etwas befindet sich in relativ großer Entfernung, weit entfernt (vom Standpunkt des Sprechers) *„ein abseitsgelegenes Haus"*

**ạb·sen·den** (*sandte/sendete ab, hat abgesandt/abgesendet*) **etwas absenden** ≈ abschicken **K** Absendetermin • *hierzu* **Ạb·sen·dung** *die*

der **Ạb·sen·der★** (-s, -) **1** die Person, die einen Brief, ein Paket, eine E-Mail, eine SMS o. Ä. abschickt ↔ Empfänger **2** der Name und die Adresse des Absenders, die auf einem Brief o. Ä. stehen ❶ Abkürzung: *Abs.* • *zu* (1) **Ạb·sen·de·rin** *die*

**ạb·set·zen★** (*hat*) GEGENSTÄNDE: **1** **etwas absetzen** etwas vom Kopf oder der Nase herunternehmen ⟨*den Hut, die Mütze, die Brille absetzen*⟩ ≈ abnehmen ↔ aufsetzen **2** **etwas absetzen** etwas Schweres kurz auf den Boden stellen, bevor man es wieder hochhebt *„Ich muss den Koffer mal kurz absetzen"* PERSONEN: **3** **jemanden irgendwo absetzen** jemanden mit dem Auto an den genannten Ort bringen und dort aussteigen lassen *„jemanden am Flughafen absetzen"* **4** **jemanden absetzen** jemanden aus dem Amt entlassen ⟨*den König, die Regierung absetzen*⟩ ↔ einsetzen *„den Leiter einer Behörde absetzen"* WAREN: **5** **etwas absetzen** Waren in großer Menge oder Zahl verkaufen KONZERT, MEDIKAMENT USW.: **6** **etwas absetzen** ein Medikament (für längere Zeit) nicht mehr einnehmen ⟨*die Pille, die Tabletten absetzen*⟩ VON DER STEUER: **7** **etwas (von der Steuer) absetzen** die Kosten einer Sache von der Summe des Einkommens abziehen, auf die man Steuern zahlen muss ⟨*Arbeitskleidung, ein Arbeitszimmer, Fahrtkosten, Sonderausgaben, Spenden, Werbekosten absetzen*⟩ FLUCHT: **8** **sich (irgendwohin) absetzen** irgendwohin fliehen (weil man verfolgt oder von der Polizei gesucht wird) ⟨*sich ins Ausland absetzen*⟩ • *zu* (7) **ạb·setz·bar** *ADJEKTIV*

die **Ạb·set·zung** **1** das Absetzen, Entlassen eines Königs, einer Regierung usw. **2** das Beenden der Einnahme eines Medikaments

**ạb·si·chern** (*hat*) **1** **etwas (mit/durch etwas) absichern** durch gezielte Maßnahmen verhindern, dass für andere Menschen eine Gefahr entsteht *„eine Baugrube mit einem Seil absichern"* **2** **sich (gegen etwas) absichern** durch gezielte Maßnahmen verhindern, dass etwas Unerwünschtes eintritt ⟨*sich vertraglich absichern*⟩ *„sich gegen unerwartete Reparaturkosten absichern"* • *hierzu* **Ạb·si·che·rung** *die*

die **Ạb·sicht★** (-, *-en*) **1** **die Absicht (zu** *+Infinitiv*) das, was eine Person bewusst tun will ⟨*eine Absicht haben; sich mit einer Absicht tragen; etwas liegt (nicht) in jemandes Absicht*⟩ *„Er hatte die Absicht, nach Amerika auszuwandern"* **K** Absichtserklärung **2** **etwas mit/ohne Absicht tun** etwas ganz bewusst/aus Versehen tun

**ạb·sicht·lich★** *ADJEKTIV* mit Absicht, mit festem Willen/Vorsatz ⟨*eine Beleidigung, ein Foul; jemanden absichtlich ärgern*⟩

**ab·so·lut★** *ADJEKTIV* **1** *gesprochen* so, dass es eine Grenze erreicht hat, die nicht mehr übertroffen wird *„Das ist absoluter Blödsinn/ absolut blödsinnig!"* **2** ohne Störung oder Einschränkung ⟨*Frieden, Konzentration, Ruhe, Stille*⟩ **3** von niemandem in der Macht gehindert, allein herrschend ⟨*ein Herrscher, ein Monarch*⟩ **4** → Mehrheit

der **Ab·sol·vẹnt** [-v-]; (*-en, -en*) eine Person, die eine (höhere) Schule oder einen Kurs abgeschlossen hat **K** Hochschulabsolvent ⓘ *der Absolvent; den, dem, des Absolventen* • *hierzu* **Ab·sol·vẹn·tin** *die*

**ab·sol·vie·ren** [-v-] (*absolvierte, hat absolviert*); *geschrieben* **1** **etwas absolvieren** eine Schule oder einen Kurs erfolgreich beenden ⟨*eine Fachschule, einen Lehrgang absolvieren*⟩ **2** **etwas absolvieren** eine geforderte Leistung erfüllen ⟨*ein Pensum, das Training absolvieren*⟩ **3** **etwas absolvieren** eine Prüfung ablegen und bestehen ⟨*ein Examen absolvieren*⟩

**ạb·son·dern** (*hat*) **1** **eine Person/Sache (von jemandem/etwas) absondern** jemanden oder etwas von einer Gruppe trennen oder selbst keinen Kontakt mehr halten *„kranke Tiere von der Herde absondern"* **2** **jemand/etwas sondert etwas ab** jemand oder ein Körperteil produziert etwas, das nach außen gelangt ⟨*Flüssigkeit, Schweiß absondern*⟩ *„Die Wunde sondert Eiter ab"*

**ab·sor·bie·ren** (*absorbierte, hat absorbiert*) **etwas absorbiert etwas** etwas nimmt etwas in sich auf ⟨*etwas absorbiert Dämpfe, Strahlen*⟩ • *hierzu* **Ab·sorp·ti·on** *die*

**ạb·spal·ten** (*spaltete ab, hat abgespaltet/ abgespalten*) **1** **etwas (von etwas) abspalten** etwas durch Spalten von etwas trennen **2** **eine Person/Sache spaltet sich (von jemandem/ etwas) ab** eine Person oder Sache trennt sich von einer anderen (und bildet eine eigene Einheit) *„Eine Gruppe hat sich von der Partei abgespalten"* • *hierzu* **Ạb·spal·tung** *die*

**ạb·spei·chern** (*hat*) **etwas abspeichern** Daten, die man mithilfe eines Computers bearbeitet hat, speichern ⟨*eine Grafik, einen Text abspeichern*⟩

**ạb·spei·sen** (*hat*) **jemanden (mit etwas) abspeisen** einer Person etwas versprechen oder etwas von geringem Wert geben, damit sie aufhört zu bitten oder zu fordern ⟨*jemanden mit leeren Versprechungen, mit ein paar Euro abspeisen; sich nicht abspeisen lassen*⟩

**ạb·sper·ren★** (*hat*) **1** **etwas absperren** eine Sperre errichten und so verhindern, dass jemand an einen Ort gehen kann ⟨*die Unglücksstelle absperren*⟩ **2** **(etwas) absperren** *süddeutsch* Ⓐ etwas mit einem Schlüssel oder Riegel sicher schließen ⟨*eine Tür, eine Wohnung absperren*⟩

die **Ạb·sper·rung** (-, *-en*) **1** *nur Singular* das Absperren ⟨*die Absperrung einer Unfallstelle*⟩ **2** eine Barriere oder ein Hindernis, welche den Zugang zu etwas verhindert ⟨*eine Absperrung errichten, umgehen, niederreißen*⟩

**ạb·spie·len★** (*hat*) **1** **etwas abspielen** etwas von Anfang bis Ende laufen lassen, um es anzuhören ⟨*eine CD, eine DVD, eine Aufnahme abspielen*⟩ **2** **etwas spielt sich ab** etwas geschieht, ereignet sich *„Die Schießerei spielte sich auf offener Straße ab"* • *zu* **Ạb·spiel** *das*

**ạb·spre·chen** (*hat*) **1** **etwas (mit jemandem) absprechen** (mit jemandem) über etwas sprechen und es gemeinsam vereinbaren ⟨*eine Reise, einen Termin absprechen*⟩ *„einen Zeitplan mit einem Kollegen absprechen"* **2** **jemandem etwas absprechen** ein Recht, ein Privileg, das jemand genießt, für ungültig erklären **3** **eine Person spricht sich mit jemandem ab; Personen sprechen sich ab** zwei oder mehrere Personen gleichen ihre Pläne/Ziele an • *zu* (1,3) **Ạb·spra·che** *die*

**ạb·sprin·gen** (*ist*) **1** sich von der Unterlage (mit den Füßen und Beinen) abdrücken und springen *„beim Hochsprung kräftig abspringen"* **2** **(von etwas) abspringen** von irgendwo herunterspringen ⟨*vom Pferd abspringen*⟩ *„Er ist mit dem Fallschirm abgesprungen"* **3** **(von etwas) abspringen** *gesprochen* bei etwas nicht mehr mitmachen *„Vier Teilnehmer sind vom Kurs bereits abgesprungen"* • *zu* (1,2) **Ạb·sprung** *der*

**ạb·spü·len** (*hat*) **1** **(etwas) abspülen** Geschirr durch Spülen reinigen **2** **etwas abspülen** etwas mit fließendem Wasser entfernen *„den Schmutz mit Wasser abspülen"*

**ạb·stam·men** (*stammte ab*); *kein Perfekt* **von jemandem/etwas abstammen** der Nachkomme von jemandem oder etwas sein ⟨*von einer guten Familie abstammen*⟩ • *hierzu* **Ạb·stam·mung** *die*

der **Ạb·stand**★ **1** **ein Abstand (von/zu jemandem/etwas)** eine (relativ geringe) räumliche Entfernung zwischen zwei Dingen/Personen ≈ Zwischenraum *„beim Autofahren großen Abstand zum Vordermann halten"* **K** Zeilenabstand **2** **ein Abstand (auf jemanden/etwas)**; **ein Abstand (zu jemandem/etwas)** die Zeit, die zwischen zwei Aktionen, Ereignissen o. Ä. liegt ⟨*in kurzen Abständen aufeinanderfolgen, wiederkehren*⟩ **3** eine Summe, die man als neuer Mieter dem vorherigen Mieter für Einbauten oder Möbel zahlt, die er in der Wohnung lässt **4** **mit Abstand** + *Superlativ* mit großem Vorsprung *„Er war mit Abstand der Jüngste in der Klasse"* **5** **von etwas Abstand nehmen** *geschrieben* etwas, das man geplant oder beabsichtigt hat, nicht tun

**ạb·stau·ben**★ (*hat*) **1** **etwas abstauben** den Staub von einem Gegenstand entfernen ⟨*die Bücher, den Schrank abstauben*⟩ **2** **etwas (irgendwo) abstauben** *gesprochen* es schaffen, etwas billig, kostenlos oder ohne Anstrengung zu bekommen

der **Ạb·ste·cher** (*-s, -*) ein kleiner Ausflug zu einem Ort, der abseits der Reiseroute liegt *„einen Abstecher nach Köln machen"*

**ạb·ste·hen** *hat/süddeutsch* Ⓐ Ⓒⓗ*ist* **etwas steht (von etwas) ab** etwas bildet einen großen, weiten Winkel mit etwas anderem ⟨*Haare, Zöpfe, Ohren*⟩ *„Er hat abstehende Ohren"*

**ạb·stei·gen** (*ist*) **1** **(von etwas) absteigen** von etwas heruntersteigen ⟨*vom Fahrrad, vom Pferd absteigen*⟩ **2** **irgendwo absteigen** ein Zimmer in einem Hotel o. Ä. mieten *„im Hotel „Europe" absteigen"*

**ạb·stel·len**★ (*hat*) **1** **etwas irgendwo abstellen** etwas, das man (zurzeit) nicht braucht, an einen geeigneten Platz bringen *„einen alten Schrank auf dem Speicher abstellen"* **K** Abstellkammer **2** **etwas (irgendwo) abstellen** etwas (Schweres) vorübergehend irgendwohin stellen ⟨*ein Tablett, einen Koffer abstellen*⟩ **3** **etwas abstellen** etwas mit einem Schalter oder Hahn außer Betrieb setzen ⟨*das Gas, das Licht, eine Maschine, den Motor, den Strom, das Wasser abstellen*⟩ ≈ abschalten

**ạb·ster·ben** (*ist*) **1** **eine Pflanze stirbt ab** eine Pflanze wird krank (und stirbt dann meist) **2** **etwas stirbt ab** etwas wird so kalt oder so schlecht durchblutet, dass man dort nichts mehr fühlen kann, es nicht mehr bewegen kann ⟨*Zehen, Finger, Gliedmaßen*⟩

der **Ạb·stieg** (*-s, -e*); *meist Singular* **1** das Gehen oder der Weg vom Berg ins Tal ⟨*der Abstieg vom Gipfel*⟩ **2** eine Verschlechterung von jemandes Lebensverhältnissen ⟨*ein wirtschaftlicher, sozialer Abstieg*⟩

**ạb·stim·men**★ (*hat*) **1** **Personen stimmen (über jemanden/etwas) ab** Personen geben ihre Stimme ab, um über eine Person oder Sache zu entscheiden ⟨*geheim, offen, durch Handzeichen über einen Antrag abstimmen*⟩ **2** **etwas auf jemanden/etwas abstimmen** etwas so machen oder gestalten, dass es zu einer Person oder etwas passt *„die Werbung auf den Verbraucher abstimmen"* **3** **eine Person stimmt sich/etwas mit jemandem ab**; **Personen stimmen sich/etwas ab** Personen sprechen über einen Plan o. Ä., sodass alle damit zufrieden sind

die **Ạb·stim·mung**★ **1** **die Abstimmung (über etwas)** eine Entscheidung, bei der mehrere Personen ihre Stimme abgeben ⟨*eine geheime, namentliche Abstimmung*⟩ **2** **die Abstimmung (auf jemanden/etwas)** eine Gestaltung einer Sache, die zu jemandem/etwas passt *„die Abstimmung des Angebots auf das Publikum"* **3** **etwas kommt zur Abstimmung** etwas wird durch eine Abstimmung entschieden ⟨*ein Antrag, ein Gesetz*⟩

**abs·ti·nẹnt** ADJEKTIV so, dass man auf manche Genüsse (vor allem Alkohol) verzichtet ⟨*abstinent leben, sein*⟩ • *hierzu* **Abs·ti·nẹnz** *die*; **Abs·ti·nẹnz·ler** *der*; **Abs·ti·nẹnz·le·rin** *die*

der **Ạb·stoß** **1** ein Stoß, mit dem sich jemand von einer Stelle wegbewegt ⟨*der Abstoß vom Boden, vom Sprungbrett*⟩ **2** ein Schuss, mit dem der Ball vom Torwart wieder ins Spiel gebracht wird

**ạb·sto·ßen** (*hat*) **1** **etwas abstoßen** etwas von sich wegstoßen *„Magneten stoßen einander ab"* **2** **etwas abstoßen** die Spitze eines Gegenstandes (unabsichtlich) beschädigen ⟨*Ecken abstoßen*⟩ **3** **etwas abstoßen** etwas (billig) verkaufen, weil man es nicht mehr haben will oder weil man dringend Geld braucht **4** **etwas stößt (jemanden) ab** etwas ruft in jemandem Ekel oder Widerwillen hervor *„Sein Benehmen stößt mich ab"* **5** **sich (von etwas) abstoßen** sich mit einem kräftigen Stoß von etwas wegbewegen *„Der Schwimmer hat sich vom Beckenrand abgestoßen"*

**ab·sto·ßend** ADJEKTIV so, dass bei jemandem Ekel oder Widerwillen entsteht ⟨*ein Anblick, ein Äußeres, ein Gedanke; abstoßend hässlich*⟩

**ab·stra·fen** (*hat*) **jemanden/etwas abstrafen** auf jemandes Verhalten negativ reagieren ↔ belohnen *„für politische Fehler bei den Wahlen abgestraft werden"*

**abs·trakt★** ADJEKTIV (*abstrakter, abstraktest-*) **1** nur in der Theorie, ohne erkennbaren Bezug zur Wirklichkeit ⟨*eine Darstellung, ein Vortrag, Wissen*⟩ ↔ konkret **2** so, dass sich darin ein allgemeines Prinzip zeigt ⟨*ein Begriff, eine Denkweise*⟩ **3** so, dass keine bekannten Gegenstände zu sehen sind ⟨*die Kunst, die Malerei, ein Gemälde*⟩

**ab·strei·ten** (*hat*) **etwas abstreiten** (mit Nachdruck) sagen, dass etwas, das eine andere Person behauptet, nicht wahr ist *„Er streitet ab, dass er der Schuldige ist"*

der **Ab·strich** **1** *nur Plural* eine Kürzung einer Geldsumme ⟨*Abstriche am Etat, am Haushaltsgeld hinnehmen müssen, machen*⟩ **2** der kleine Teil der Haut o. Ä., der zur Untersuchung im Labor entnommen wurde

**abs·trus** ADJEKTIV (*abstruser, abstrusest-*) nicht klar durchdacht und deswegen unverständlich ⟨*ein Gedanke, eine Idee*⟩

der **Ab·sturz** **1** das Abstürzen, der Sturz aus großer Höhe **K** Flugzeugabsturz **2** der Zustand, in dem ein Computer nicht mehr reagiert

**ab·stür·zen** (*ist*) **1** **jemand/etwas stürzt ab** jemand/etwas fällt aus großer Höhe hinunter ⟨*ein Flugzeug*⟩ **2** **etwas stürzt ab** ein Computer reagiert auf keine Eingabe mehr und muss abgeschaltet werden ⟨*ein Computer, ein Programm stürzt ab*⟩

**ab·stüt·zen** (*hat*) **etwas abstützen** etwas so stützen, dass es nicht umfallen oder einstürzen kann ⟨*eine Brücke, ein Dach, eine Mauer abstützen*⟩ • *hierzu* **Ab·stüt·zung** *die*

**ab·su·chen** (*hat*) **etwas (nach jemandem/etwas) absuchen** suchend durch ein Gelände, eine Gegend o. Ä. gehen *„Die Polizei suchte den Wald nach der Vermissten ab"*

**ab·surd** ADJEKTIV (*absurder, absurdest-*) ohne Sinn, nicht logisch ⟨*eine Idee*⟩

der **Abs·zess** [aps'tsɛs] Ⓐ *auch das*; (*Abs·zes·ses, Abs·zes·se*) eine geschwollene Stelle am oder im Körper, die voll Eiter ist

der **Abt** (-(*e*)*s*, *Äb·te*) der Leiter eines katholischen Klosters • *hierzu* **Äb·tis·sin** *die*

**ab·tas·ten** (*hat*) **jemanden/etwas abtasten** besonders jemandes Körper oder Kleidung vorsichtig an mehreren Stellen berühren, um nach etwas zu suchen *„Der Arzt tastete den Bauch des Patienten ab"*

**ab·tau·en** **1** **etwas abtauen** (*hat*) etwas von Eis befreien, indem man das Eis tauen lässt ⟨*die Gefriertruhe, den Kühlschrank abtauen*⟩ **2** **etwas taut ab** (*ist*) etwas wird durch Tauen von Eis frei

die **Ab·tei** (-, *-en*) ein Kloster, das von einem Abt oder einer Äbtissin geleitet wird

das **Ab·teil★** **1** ein abgeteilter Raum für Personen in einem Eisenbahnwagen **K** Zugabteil **2** ein kleiner Raum, der durch Wände von einem größeren Raum getrennt ist **K** Kellerabteil

**ab·tei·len** (*hat*) **etwas abteilen** einen Raum in zwei oder mehr Teile trennen

die **Ab·tei·lung**[1]**★** **1** ein relativ selbstständiger Teil innerhalb einer Behörde, einer Firma, eines Kaufhauses, eines Krankenhauses usw. **K** Abteilungsleiter; Exportabteilung **2** eine Gruppe von Soldaten, die eine Einheit bilden

die **Ab·tei·lung**[2]; *meist Singular* das Abteilen oder Trennen von Räumen

**ab·tip·pen** (*hat*) **etwas abtippen** *gesprochen* einen (mit der Hand geschriebenen) Text in den Computer eingeben

**ab·tra·gen★** (*hat*) **1** **etwas abtragen** einen Teil des Erdbodens wegnehmen *„mit dem Bagger eine Schicht Erde abtragen"* **2** **etwas abtragen** ein Kleidungsstück durch häufiges Tragen abnutzen *„abgetragene Schuhe"*

**ab·trei·ben** **1** **(ein Kind) abtreiben** (*hat*) eine Schwangerschaft abbrechen (lassen) **2** **etwas treibt jemanden/etwas ab** (*hat*) etwas bewirkt, dass sich jemand oder etwas in eine andere als die gewünschte Richtung bewegt *„Der Wind hat den Ballon/das Schiff abgetrieben"*

die **Ab·trei·bung** (-, *-en*) das Abbrechen einer Schwangerschaft

**ab·tren·nen★** (*hat*) **etwas (von etwas) abtrennen** etwas (das mit etwas verbunden ist) von etwas trennen *„die Knöpfe (vom Mantel) abtrennen"* | *„einen Teil des Kellers abtrennen"*

**ạb·tre·ten★** **1** **etwas (an jemanden) abtreten** (*hat*) einer anderen Person etwas geben, auf das man eigentlich selbst ein Recht hat *„Der Übersetzer hat die Rechte an den Verlag abgetreten"* **2** **(sich** (*Dativ*)**) die Schuhe abtreten** (*hat*) die Sohlen der Schuhe sauber machen, bevor man in ein Haus geht **3** (*ist*) ein Amt, eine Tätigkeit aufgeben *„Wer wird wohl sein Nachfolger, wenn der Präsident abtritt?"*

**ạb·trock·nen★** **1** **(jemandem) etwas abtrocknen**; **jemanden abtrocknen** (*hat*) einen Körperteil mit einem Tuch trocken machen *„Trockne dir erst mal die Hände ab"* **2** **(etwas) abtrocknen** (*hat*) Geschirr mit einem Tuch trocken machen **3** **etwas trocknet ab** (*ist/ auch hat*) etwas wird trocken *„Die Straße ist nach dem Regen schnell wieder abgetrocknet"*

**ạb·tun** (*hat*) **etwas (als etwas) abtun** etwas als unwichtig bezeichnen, ohne vorher darüber nachzudenken ⟨*einen Einwand, ein Problem als unwichtig abtun*⟩

**ạb·tup·fen** (*hat*) **etwas abtupfen** etwas z. B. mit Watte oder einem weichen Tuch tupfend entfernen oder sauber machen *„sich die Lippen mit der Serviette abtupfen"* | *„den Schweiß von der Stirn abtupfen"*

**ạb|ver·lan·gen** (*verlangte ab, hat abverlangt*) **1** **etwas verlangt jemandem etwas ab** etwas stellt hohe Anforderungen an jemanden *„Diese Aufgabe verlangt mir höchste Konzentration ab"* **2** **jemandem etwas abverlangen** viel Geld, Leistung o. Ä. von jemandem verlangen

**ạb·wä·gen** (*wog/wägte ab, hat abgewogen/ selten abgewägt*) **etwas abwägen** mehrere Möglichkeiten sorgfältig prüfen *„die Vor- und Nachteile einer Sache sorgfältig gegeneinander abwägen"* • *hierzu* **Ạb·wä·gung** *die*

**ạb·wäh·len** (*hat*) **Personen wählen jemanden ab** Personen wählen jemanden bei einer Wahl nicht noch einmal, sondern eine andere Person *„Der Bürgermeister wurde abgewählt"* • *hierzu* **Ạb·wahl** *die*

**ạb·wäl·zen** (*hat*) **etwas auf jemanden abwälzen** etwas Unangenehmes auf eine andere Person übertragen und sie damit belasten ⟨*die Schuld, die Verantwortung auf jemanden abwälzen*⟩

**ạb·wan·deln** (*hat*) **etwas abwandeln** die Form oder den Inhalt einer Sache (meist nur wenig) ändern ⟨*ein Thema abwandeln*⟩ • *hierzu* **Ạb·wand·lung** *die*

**ạb·war·ten★** (*hat*) **1** **(jemanden/etwas) abwarten** warten, bis jemand kommt oder bis etwas geschieht ⟨*eine günstige Gelegenheit, jemandes Ankunft, den weiteren Verlauf der Entwicklung abwarten*⟩ **2** **(etwas) abwarten** warten, bis etwas vorbei ist ⟨*den Regen, das Unwetter abwarten*⟩

**ạb·wärts★** ADVERB in Richtung nach unten ↔ aufwärts *„Der Weg kam mir abwärts viel kürzer vor"* **K** Abwärtstrend

**ạb·wärts·ge·hen** (*ist*) **mit jemandem/etwas geht es abwärts** jemandes Situation/etwas wird schlechter *„Mit ihrer Gesundheit geht es abwärts"* ❶ weitere Verwendungen → **abwärts-**

der **Ạb·wasch** (-(*e*)*s*) das Abwaschen des Geschirrs ⟨*den Abwasch machen*⟩

**ạb·wa·schen★** (*hat*) **1** **(etwas) abwaschen** Geschirr mit Wasser sauber machen *„Ich koche und du wäschst ab, in Ordnung?"* **2** **etwas abwaschen** etwas mit Wasser entfernen *„den Staub vom Wagen abwaschen"* **3** **etwas abwaschen** etwas mit Wasser sauber machen • *zu* (3) **ạb·wasch·bar** ADJEKTIV

das **Ạb·was·ser** (-*s*, *Ab·wäs·ser*) Wasser, das schmutzig ist, weil es in Haushalten oder Fabriken usw. benutzt wurde *„Der Betrieb darf kein Abwasser mehr in den Fluss leiten"* **K** Abwasserkanal

**ạb·wech·seln** [-ks-] (*hat*) **1** **eine Person wechselt sich mit jemandem (bei etwas) ab**; **Personen wechseln sich (bei etwas) ab** zwei oder mehrere Personen tun etwas im Wechsel *„Wir wechseln uns bei langen Fahrten immer ab"* **2** **etwas wechselt sich mit etwas ab**; **Dinge wechseln sich ab** etwas geschieht oder zeigt sich in regelmäßigem Wechsel mit etwas anderem *„In seinem Leben wechselten (sich) Glück und Unglück ständig ab"*

die **Ạb·wechs·lung★** [-ks-]; (-, -*en*) **1** eine unterhaltsame Unterbrechung des Alltags *„viel Abwechslung haben"* **2** *nur Singular* eine (interessante) Folge von verschiedenen Dingen *„Abwechslung ins Programm bringen"* • *hierzu* **ạb·wechs·lungs·reich** ADJEKTIV

**ạb·we·gig** ADJEKTIV nicht normal und daher sonderbar oder nicht erwünscht ⟨*ein Gedanke, ein Vergleich*⟩ • *hierzu* **Ạb·we·gig·keit** *die*

die **Ạb·wehr** (-) **1** das Zurückschlagen eines Gegners oder eines feindlichen Angriffs ≈ Verteidigung **2** ein Verhalten, mit dem man eine Person oder Sache, die man nicht mag, ablehnt oder abweist ⟨*bei jemandem auf Abwehr stoßen*⟩ ≈ Ablehnung

**ab·weh·ren** (*hat*) **1** **jemanden/etwas abwehren** verhindern, dass ein Gegner oder etwas Bedrohliches Erfolg hat ⟨*den Feind, eine Attacke abwehren*⟩ **2** **jemanden/etwas abwehren** jemanden/etwas von sich weisen ⟨*Neugierige, Reporter, jemandes Hilfe abwehren*⟩

die **Ab·wehr|kraft** *meist Plural* die Fähigkeit des Körpers, sich vor Krankheiten zu schützen

**ab·wei·chen★** (*wich ab, ist abgewichen*) **1** **von etwas abweichen** die Richtung verändern ⟨*vom Kurs, von der Route abweichen*⟩ **2** **jemand/etwas weicht von etwas ab** jemand/etwas unterscheidet sich von etwas ⟨*von der Wahrheit abweichen*⟩ *„Sein Ergebnis weicht von unseren Erkenntnissen ab"* • hierzu **Ab·wei·chung** *die*

**ab·wei·sen** (*hat*) **1** **jemanden/etwas abweisen** jemanden/etwas heftig, entschieden ablehnen ⟨*eine Bitte, einen Antrag abweisen*⟩ **2** **jemanden abweisen** eine Person wegschicken, ohne mit ihr zu sprechen *„einen Bettler an der Haustür abweisen"*

**ab·wei·send** ADJEKTIV misstrauisch und unfreundlich ⟨*eine Bewegung, eine Geste; sich abweisend verhalten*⟩

**ab·wen·den** **1** **sich/etwas (von jemandem/etwas) abwenden** (*wendete/wandte ab*) das Gesicht oder den Körper von jemandem oder etwas wegdrehen oder zur anderen Seite drehen *„Sie wandte sich/den Blick vom Fenster ab"* **2** **etwas abwenden** (*wendete ab*) verhindern, dass etwas wirksam wird ⟨*Schaden, eine Gefahr von jemandem abwenden*⟩ • zu (2) **Ab·wen·dung** *die*

**ab·wer·ben** (*hat*) **(jemandem) eine Person abwerben** eine Person dazu bringen, bei der eigenen Firma zu arbeiten, zu kaufen o. Ä. statt dort, wo sie früher gearbeitet, gekauft o. Ä. hat ⟨*(jemandem) die Arbeitskräfte, Kunden, Leser, Mitglieder abwerben*⟩ • hierzu **Ab·wer·bung** *die*

**ab·wer·ten** (*hat*) **1** **etwas abwerten** den Wert einer Währung reduzieren **2** **etwas abwerten** den Wert oder die Bedeutung einer Sache als sehr gering beurteilen *„abwertende Bemerkungen machen"* • hierzu **Ab·wer·tung** *die*

**ab·we·send★** ADJEKTIV **1** nicht da, wo man/es sein sollte ↔ anwesend *„ohne Erlaubnis abwesend sein"* **2** nicht (auf das Wesentliche) konzentriert ↔ aufmerksam *„Sie sah mich abwesend an"* • zu (1) **Ab·we·sen·de** *der/die*

die **Ab·we·sen·heit** (-) **1** das (körperliche) Abwesendsein ⟨*während/in jemandes Abwesenheit*⟩ ↔ Anwesenheit **2** der Zustand, in dem jemand nicht konzentriert ist

die **Ab·we·sen·heits·no·tiz** eine E-Mail, die automatisch als Antwort verschickt wird, wenn man wegen Urlaub o. Ä. und nicht selbst reagieren kann

**ab·wi·ckeln** (*hat*) **1** **etwas abwickeln** etwas von einer Spule oder Rolle abrollen ⟨*einen Faden abwickeln*⟩ **2** **etwas abwickeln** etwas ordnungsgemäß erledigen, zu Ende bringen ⟨*ein Geschäft reibungslos abwickeln*⟩ • hierzu **Ab·wick·lung** *die*

**ab·wie·gen** (*wog ab, hat abgewogen*) **etwas abwiegen** das Gewicht einer Menge durch Wiegen feststellen *„ein Pfund Äpfel abwiegen"*

**ab·win·ken** (*hat*) **(jemandem) abwinken** jemandem zu verstehen geben, dass man etwas ablehnt *„Ich wollte ihn trösten, aber er winkte ab"*

**ab·wi·schen** (*hat*) **etwas abwischen** etwas durch Wischen entfernen oder sauber machen *„den Staub vom Schrank abwischen"* | *„den Tisch abwischen"*

**ab·zah·len** (*hat*) **etwas abzahlen** etwas (in Raten) bezahlen ⟨*ein Darlehen, einen Kredit abzahlen; ein Auto in Raten abzahlen*⟩

**ab·zäh·len** (*hat*) **Personen/Dinge abzählen** die genaue Zahl/Menge von Personen/Dingen feststellen ⟨*die Schüler, das Geld abzählen*⟩

das **Ab·zei·chen** **1** ein kleiner Gegenstand aus Metall oder Stoff, den man meist an der Kleidung befestigt, um zu zeigen, dass man Mitglied einer Organisation ist oder zu einer Gruppe gehört *„ein Abzeichen an der Jacke tragen"* **K** Parteiabzeichen **2** ein Abzeichen, das man aufgrund des Rangs oder der Leistungen bekommt **K** Sportabzeichen

**ab·zeich·nen** (*hat*) **1** **etwas abzeichnen** etwas genau so zeichnen, wie es ist, eine Vorlage in Form einer Zeichnung kopieren **2** **etwas abzeichnen** etwas mit den Anfangsbuchstaben des eigenen Namens versehen, um zu sagen, dass man mit etwas einverstanden ist *„Der Chef muss den Bericht noch abzeichnen"* **3** **etwas zeichnet sich ab** etwas wird in den Ausmaßen allmählich deutlich, erkennbar ⟨*ein Trend, ein Umschwung, eine Wende, eine Ge-*

*fahr*⟩

**ạb·zie·hen★** **1** **etwas (von etwas) abziehen** (*hat*) etwas durch Ziehen entfernen ⟨*den Zündschlüssel abziehen*⟩ **2** **etwas abziehen** (*hat*) eine Hülle durch Ziehen von etwas entfernen ⟨*die Betten, die Bettbezüge abziehen*⟩ **3** **etwas (von etwas) abziehen** (*hat*) eine Zahl oder Summe um etwas geringer machen *„jemandem Punkte abziehen"* | *„Wenn man zwei von fünf abzieht, bleibt ein Rest von drei"* **4** **etwas zieht ab** (*ist*) etwas bewegt sich von einem Ort weg ⟨*ein Gewitter, Nebel, Rauch*⟩ **5** **Soldaten ziehen ab** (*sind*) Soldaten verlassen ein Gebiet

der **Ạb·zug★** **1** *meist Plural* das Geld, das vom Lohn jeden Monat abgezogen wird, um Steuern, Versicherungen zu zahlen *„hohe monatliche Abzüge haben"* **2** eine Anlage, durch die Gase oder Dämpfe abgeleitet werden **K** Dunstabzug **3** *meist Singular* der Vorgang, wenn Soldaten gemeinsam einen Ort verlassen **4** um zu schießen, drückt man auf den Abzug der Pistole, des Gewehrs **5** ein Foto auf festem Papier (das von einem entwickelten Film stammt)

**ạb·züg·lich** *PRÄPOSITION mit Genitiv; geschrieben* so, dass ein Betrag von einer Summe abgezogen, weggenommen wird ↔ zuzüglich *„die Miete abzüglich der Nebenkosten"* | *„ein Preis abzüglich 3 % Skonto"* ❶ → Anhang, S. 1113: **Präpositionen**

**ạb·zwei·gen** **etwas zweigt (irgendwohin) ab** (*ist*) eine Straße oder ein Weg geht weg von der bisherigen Richtung und in eine andere ⟨*etwas zweigt nach links/rechts ab*⟩

die **Ạb·zwei·gung** (-, *-en*) ein abzweigender Weg, eine abzweigende Straße *„die rechte Abzweigung nehmen"*

das **Ac·ces·soire** [aksɛˈso̯aːɐ̯]; (-s, -s); *meist Plural* kleine, modische Dinge, die zu etwas, vor allem zur Kleidung, dazugehören, z. B. Schmuck, Gürtel, Sonnenbrille

der **Ac·count** [ɛˈka͜unt]; (-s, -s) der Zugang zu einem Computersystem, einer Webseite o. Ä., den jemand bekommt, der sich mit persönlichen Daten angemeldet hat ≈ Benutzerkonto *„Um Beiträge im Forum zu veröffentlichen, musst du dir erst einen Account einrichten"*

**ạch!★** **1** verwendet, um Bedauern oder Schmerz auszudrücken *„Ach, das tut mir aber leid!"* **2** verwendet, um einen Wunsch oder Sehnsucht auszudrücken *„Ach, wäre die Prüfung doch schon vorbei!"* **3** **ach ja** verwendet, um zu sagen, dass man sich an etwas erinnert *„Ach ja, jetzt weiß ich, wen du meinst!"* **4** **Ach ja?** verwendet, um Zweifel oder Überraschung auszudrücken **5** **Ach so!** verwendet, um zu sagen, dass man etwas plötzlich verstanden hat **6** **Ach wo/Ach woher/Ach was!** verwendet, um zu sagen, dass man jemandes Vermutung, Behauptung o. Ä. ablehnt

die **Ạch·se★** [-ks-]; (-, *-n*) **1** eine Stange, die als Teil eines Fahrzeugs zwei gegenüberliegende Räder verbindet **K** Hinterachse, Vorderachse **2** eine gedachte Linie, um die ein Körper rotiert ⟨*sich um die eigene Achse drehen*⟩ **K** Erdachse **3** eine gedachte oder gezeichnete Linie, die bei einer Drehung ihre Lage nicht verändert **K** x-Achse, y-Achse

die **Ạch·sel** [-ks-]; (-, *-n*) **1** die Stelle, an welcher die Arme in den Körper übergehen ⟨*die Achseln hochziehen*⟩ **2** **mit den Achseln zucken** beide Schultern hochziehen, um jemandem zu zeigen, dass man keinen Rat, auf eine Frage keine Antwort weiß oder dass man sich nicht für etwas interessiert **K** Achselzucken

**ạcht★** *ZAHLWORT/ADJEKTIV* **1** (als Zahl, Ziffer) 8 ❶ → Anhang, S. 1098: **Zahlen** und Beispiele unter **vier** **2** **zu acht** (mit) insgesamt 8 Personen *„zu acht einen Ausflug machen"* **3** *meist attributiv* in einer Reihenfolge an der Stelle acht ≈ 8. ❶ → Beispiele unter **viert-** **ID** **in/vor acht Tagen** *gesprochen* in/vor einer Woche

die **Ạcht**[1]; (-, *-en*) **1** die Zahl 8 **2** etwas mit der Form der Ziffer 8 *„eine Acht auf dem Eis laufen"* **3** jemand oder etwas mit der Ziffer/Nummer 8 (z. B. ein Spieler, ein Bus o. Ä.)

**Ạcht**[2] **1** **etwas außer Acht lassen** einen Umstand, eine Bedingung nicht berücksichtigen, nicht beachten **2** **sich (vor jemandem/etwas) in Acht nehmen** aufpassen, um sich vor Schaden schützen *„Nimm dich in Acht vor Dieben!"* | *„Nimm dich in Acht, dass du nicht krank wirst"*

die **Ạcht**[3]; (-); *historisch* ein Zustand, in dem jemand vom Schutz des geltenden Rechts ausgeschlossen ist ⟨*die Acht über jemanden verhängen, aussprechen; jemanden in Acht und Bann erklären, tun*⟩

das **Ạcht·eck** (-s, *-e*) eine geometrische Figur, die acht Ecken hat • *hierzu* **ạcht·e·ckig** *ADJEKTIV*

**ạch·tel** *ADJEKTIV meist attributiv; nur in dieser Form* den 8. Teil einer Sache bildend ≈ ⅛ *„ein achtel Liter"*

das **Ạch·tel** Ⓒ *der*; (-s, -) der 8. Teil (⅛) von einer

Menge oder Masse *„ein Achtel eines Liters"*

**ạch·ten★** (*achtete, hat geachtet*) **1** **jemanden achten** vor einer Person großen Respekt oder eine hohe Meinung haben (z. B. wegen ihrer Leistungen oder ihres Wissens) **2** **jemanden/etwas achten** einer Person oder Sache Respekt entgegenbringen (auch wenn man sie nicht mag) *„Er ist mir zwar unsympathisch, aber ich achte ihn wegen seiner Leistungen"* **3** **auf jemanden/etwas achten** jemandem Aufmerksamkeit schenken oder jemanden/etwas mit Interesse wahrnehmen ≈ beachten *„Während des Vortrags achtete er kaum auf die Zuhörer"* **4** **auf jemanden/etwas achten** eine Person oder Sache beobachten, um zu verhindern, dass etwas Unangenehmes passiert ⟨*auf ein Kind achten*⟩ ≈ aufpassen • *zu* (1,2) **ạch·tens·wert** *ADJEKTIV*

**ạch·tens** *ADVERB* verwendet bei einer Aufzählung, um anzuzeigen, dass etwas an 8. Stelle kommt

der **Ạch·ter** (-*s*, -) **1** *gesprochen* die Ziffer 8 **2** *gesprochen* eine verbogene Stelle eines Rades (meist bei Fahrrädern)

die **Ạch·ter·bahn** eine Bahn (auf einem Jahrmarkt, im Vergnügungspark) mit kleinen Wagen, die auf Schienen steil nach oben oder unten und scharfe Kurven fährt ⟨*Achterbahn fahren*⟩

**ạcht·ge·ben**, **Ạcht ge·ben** (*gibt acht/Acht, gab acht/Acht, hat achtgegeben/Acht gegeben*) **(auf jemanden/etwas) achtgeben** jemandem oder etwas besondere Aufmerksamkeit geben, damit kein Schaden entsteht ⟨*auf ein kleines Kind, auf die Gesundheit, auf den Verkehr achtgeben*⟩ ≈ aufpassen *„Gib acht, damit du nicht stolperst!"*

**ạcht·los** *ADJEKTIV meist adverbiell* ohne die nötige Sorgfalt, ohne über die Folgen nachzudenken ⟨*achtlos mit etwas umgehen*⟩ *„achtlos eine brennende Zigarette im Wald wegwerfen"* • *hierzu* **Ạcht·lo·sig·keit** *die*

**ạcht·tä·gig** *ADJEKTIV meist attributiv* acht Tage dauernd

die **Ạch·tung★** (-) **1** die gute Meinung, die man von jemandem hat ⟨*in jemandes Achtung steigen, fallen*⟩ **2** **die Achtung (vor jemandem/etwas)** das Achten und Respektieren einer Person oder Sache ≈ Respekt ↔ Missachtung **3** **Achtung!** verwendet, um jemanden vor einer Gefahr zu warnen oder um jemanden auf etwas aufmerksam zu machen *„Achtung, Stufe!"*

**acht·zehn★** ['axtse:n] *ZAHLWORT* (als Zahl) 18 ❶ → Anhang, S. 1098: **Zahlen**

**acht·zig★** ['axtsıç, -ık] *ZAHLWORT* **1** (als Zahl) 80 ❶ → Anhang, S. 1098: **Zahlen** **2** **Anfang/Mitte/Ende achtzig sein** ungefähr 80 bis 83/84 bis 86/87 bis 89 Jahre alt sein

**acht·zi·ger** ['axtsıge] *ADJEKTIV meist attributiv; nur in dieser Form* die zehn Jahre (eines Jahrhunderts oder Menschenlebens) von 80 bis 89 betreffend ⟨*die achtziger Jahre; jemand ist in den Achtzigern*⟩ **K** Achtzigerjahre

**ạ̈ch·zen** (*ächzte, hat geächzt*) **1** vor Schmerz oder Anstrengung stöhnend ausatmen ⟨*sich ächzend bücken*⟩ *„unter Ächzen und Stöhnen einen schweren Koffer tragen"* **2** **etwas ächzt** etwas gibt ein ächzendes Geräusch von sich ⟨*das Gebälk, ein Stuhl, eine Treppe*⟩

der **Ạcker★** (-*s*, *Äcker*) eine große Fläche, auf der ein Bauer z. B. Getreide oder Kartoffeln anbaut ⟨*einen Acker bearbeiten, bebauen, bestellen, pflügen*⟩ ≈ Feld **K** Ackerboden, Ackerland; Kartoffelacker

der **ADAC** [a:de:|a:'tse:]; (-(*s*)) Allgemeiner Deutscher Automobil-Club ein Verein für Autofahrer in Deutschland, welcher den Mitgliedern Pannenhilfe, Straßenkarten usw. anbietet und deren Interessen vertritt

der **Adạp·ter** (-*s*, -) ein kleines Gerät oder ein Zwischenstück, das man benutzt, um ein Gerät an eine Stromquelle anzuschließen oder um zwei Geräte zu verbinden, die sonst nicht kompatibel wären

**ad·die·ren** (*addierte, hat addiert*) **(Dinge) addieren**; **(etwas zu etwas) addieren** die Summe errechnen ⟨*Zahlen addieren*⟩ ↔ subtrahieren • *hierzu* **Ad·di·ti·on** *die*

der **Adel** (-*s*) (in manchen Ländern) die Gruppe von Leuten, die (durch ihre Herkunft) einer sozialen Schicht angehören, die früher besondere Privilegien hatte

die **Ader★** (-, -*n*) **1** in den Adern fließt das Blut durch den Körper **K** Pulsader **2** eine sichtbare Linie auf einem Blatt oder dem Flügel von Insekten **3** eine Schicht unter der Erde oder in Felsen, in der Mineralien oder Erze liegen oder Wasser fließt *„Die Bergleute stießen auf eine ergiebige Ader"* **K** Goldader

das **Ad·jek·tiv★** [-f]; (-*s*, -*e*) ein Wort, das man deklinieren und meist auch steigern kann, das im Deutschen entweder beim Verb oder vor dem Substantiv steht und das diesem eine Eigenschaft/ein Merkmal zuschreibt *„Der Satz „Das kleine Kind ist krank" enthält die Adjektive „klein" und „krank"* • *hierzu* **ạd·jek·ti·visch** [-v-] *ADJEKTIV*

der **Ad·ler** (-*s*, -) **1** der größte Raubvogel in Europa **2** der Adler als Symbol eines Königs, eines Landes o. Ä., der auf Fahnen, Münzen und Wappen abgebildet ist *„der preußische Adler und der gallische Hahn"*

**ad·lig** *ADJEKTIV* zum Adel gehörend • *hierzu* **Ad·li·ge** *der/die*

**adop·tie·ren** (*adoptierte, hat adoptiert*) **jemanden adoptieren** ein Kind, dessen Vater/Mutter man selbst nicht ist, als eigenes Kind annehmen • *hierzu* **Adop·ti·on** *die*

die **Adop·tiv·el·tern** [-f-] die Eltern eines (von ihnen) adoptierten Kindes

das **Ad·re·na·lin** (-*s*) ein Hormon, das der Körper bei Stress und Angst produziert **K** Adrenalinspiegel

der **Ad·res·sat** (-*en*, -*en*) diejenige Person, an die eine Sendung oder Botschaft gerichtet ist ⟨*der Adressat eines Briefes*⟩ ≈ Empfänger ↔ Absender • *hierzu* **Ad·res·sa·tin** *die*

die **Ad·rẹs·se**★ (-, -*n*) **1** die Angabe des Namens, der Straße und des Wohnorts einer Person ⟨*die Adresse angeben, aufschreiben, hinterlassen*⟩ **K** Adressenverzeichnis **2** eine Nummer oder ein Name, unter denen man Informationen im Speicher eines Computers ablegt/findet **3** eine Folge von Buchstaben und Zeichen, die man in einen Computer eingeben muss, um jemanden über das Internet zu erreichen **K** E-Mail-Adresse, Internetadresse

**ad·res·sie·ren** (*adressierte, hat adressiert*) **1** **etwas adressieren** die Adresse des Empfängers auf etwas schreiben ⟨*einen Brief, ein Paket, eine Karte adressieren*⟩ **2** **etwas an jemanden adressieren** etwas an jemanden schicken, senden *„Der Brief war an mich adressiert"* ❶ meist im Passiv mit dem Hilfsverb *sein*

der **Ad·vẹnt** [-v-]; (-(*e*)*s*) **1** die Zeit vom vierten Sonntag vor Weihnachten bis Weihnachten ⟨*im Advent*⟩ **K** Adventssonntag, Adventszeit **2** **erster/zweiter/dritter/vierter Advent** der erste/zweite/dritte/vierte Sonntag in der Adventszeit *„Die Weihnachtsfeier des Vereins findet am ersten Advent statt"*

der **Ad·vẹnts·ka·len·der** ein Kalender für Kinder für die Zeit vom 1. bis zum 24. Dezember mit 24 geschlossenen Fenstern, von denen jeden Tag eines geöffnet werden darf. Dahinter ist ein Bild, Schokolade o. Ä.

der **Ad·vẹnts·kranz** ein Kranz aus Tannenzweigen mit vier Kerzen, von denen man am ersten Adventssonntag eine anzündet, am zweiten zwei usw.

das **Ad·vẹrb**★ [-v-]; (-*s*, *Ad·ver·bi·en* [-i̯ən]) Adverbien werden im Satz nicht verändert und geben an, wann, wo, wie, warum usw. etwas geschieht ≈ Umstandswort *„Der Satz „Sie ist gestern hier gewesen" enthält die Adverbien „gestern" und „hier"* **K** Kausaladverb, Temporaladverb • *hierzu* **ad·ver·bi·al** *ADJEKTIV*; **ad·ver·bi·ẹll** *ADJEKTIV*

die **Af·fä·re** (-, -*n*) **1** ein (unangenehmer) Vorfall, eine (peinliche) Angelegenheit ⟨*eine peinliche Affäre*⟩ **K** Bestechungsaffäre **2** eine Liebesbeziehung *„Er hatte eine Affäre mit seiner Nachbarin"* **ID** **sich aus der Affäre ziehen** sich geschickt aus einer unangenehmen Situation befreien

der **Ạf·fe**★ (-*n*, -*n*) **1** ein Säugetier, das dem Menschen ähnlich ist und gerne (auf Bäume) klettert **K** Affenkäfig **2** *gesprochen, abwertend* verwendet als Schimpfwort für jemanden *„So ein eingebildeter Affe!" | „Du Affe!"*

der **Af·fẹkt** (-(*e*)*s*, -*e*) **im Affekt** in einem so wütenden, erregten Zustand, dass man die Kontrolle über sich verliert ⟨*ein Mord, eine Tötung im Affekt; im Affekt handeln*⟩ *„Er hatte seine Frau im Affekt geschlagen"* **K** Affektausbruch, Affekthandlung

**ạf·fig** *ADJEKTIV*; *gesprochen, abwertend* eitel und affektiert ⟨*ein Getue*⟩

(das) **Ạf·ri·ka**★ (-*s*) der drittgrößte Kontinent der Erde • *hierzu* **Af·ri·ka·ner** *der*; **Af·ri·ka·ne·rin** *die*; **af·ri·ka·nisch** *ADJEKTIV*

der **Ạf·ter**★ (-*s*, -) der Ausgang des Darms, durch den die Exkremente ausgeschieden werden

die **AG** [a'geː] **1** Abkürzung für *Aktiengesellschaft* **2** Abkürzung für *Arbeitsgruppe, Arbeitsgemeinschaft*

der **Agẹnt** (-*en*, -*en*) **1** eine Person, die versucht (für eine Regierung) geheime Informationen zu bekommen (z. B. über militärische Einrichtungen eines anderen Landes) **K** Geheimagent ❶ *der Agent; den, dem, des Agenten* **2** eine Person, deren Beruf es ist, Künstlern Engagements zu vermitteln • *hierzu* **Agẹn·tin** *die*

die **Agen·tur** (-, -*en*) **1** eine Geschäftsstelle eines Unternehmens **K** Versicherungsagentur **2** Kurzwort für *Nachrichtenagentur* **3** **Agentur**

**für Arbeit** Ⓓ eine staatliche Behörde, deren Aufgabe es ist, Arbeitsplätze zu vermitteln und sich um Leute zu kümmern, die einen Beruf haben wollen oder arbeitslos sind

die **Ag·gres·si·on★** (-, -*en*) **1** Aggression ist, wenn Tiere und Menschen Gewalt anwenden, kämpfen oder Macht ausüben ⟨*zu Aggressionen neigen*⟩ **2** **Aggressionen (gegen jemanden/etwas)** ein Gefühl der Wut oder Ablehnung ⟨*Aggressionen bekommen, haben*⟩

**ag·gres·siv★** [-f] *ADJEKTIV* **1** mit der Neigung zu Aggressionen ⟨*ein Mensch, ein Verhalten; aggressiv reagieren*⟩ ≈ streitsüchtig **2** ohne Rücksicht ⟨*eine Fahrweise; aggressiv fahren*⟩ ↔ defensiv • *zu* (1) **Ag·gres·si·vi·tät** *die*

**agie·ren** (*agierte, hat agiert*) **irgendwie agieren** *geschrieben* irgendwie (meist überlegt) handeln ⟨*behutsam, selbstständig, vorsichtig agieren*⟩

**Ag·rar-** *im Substantiv, begrenzt produktiv* **Agrarbetriebe, Agrarprodukte**; **der Agrarexperte** *und andere* ≈ landwirtschaftlich

das **Aha-Er·leb·nis** [a'ha(:)-]; *meist Singular* das plötzliche Verstehen eines Sachverhaltes „*Als sie das erste Mal gemeinsam Urlaub machten, war es für beide ein richtiges Aha-Erlebnis*"

der **Ahn** (-*s*/-*en*, -*en*); *meist Plural* eine Person, die in früheren Zeiten gelebt hat und von der man abstammt „*Unsere Ahnen stammen aus Italien*" **K** Ahnenforschung, Ahnengalerie ❶ *der Ahn; den, dem Ahn/Ahnen; des Ahns/Ahnen* • *hierzu* **Ah·nin** *die*

**äh·neln** (*ähnelte, hat geähnelt*) **eine Person/Sache ähnelt jemandem/etwas (in etwas** (*Dativ*)**)** zwei Personen oder Dinge sind ähnlich oder sehen (in Bezug auf etwas) ähnlich aus „*Sie ähnelt ihrer Mutter*" | „*Seine beiden Geschwister ähneln einander sehr*"

**ah·nen★** (*ahnte, hat geahnt*) **1** **etwas ahnen** von einem (zukünftigen) Geschehen eine vage Vorstellung oder Vermutung haben ⟨*ein Geheimnis, die Wahrheit ahnen*⟩ ≈ vermuten **2** **etwas ahnen** das Gefühl haben, dass etwas Unangenehmes passieren wird ⟨*ein Unglück, ein Unheil ahnen; nichts Gutes, Böses ahnen*⟩ „*Als ich nichts ahnend in den Keller ging, stand der Boden unter Wasser*"

**ähn·lich★** *ADJEKTIV* **1** **ähnlich (wie jemand/etwas)** in charakteristischen Merkmalen übereinstimmend ↔ anders „*Mandarinen schmecken so ähnlich wie Orangen*" **2** **jemandem/etwas ähnlich sein/sehen** mit jemandem/etwas in Bezug auf charakteristische äußere Merkmale übereinstimmen ⟨*jemandem/etwas täuschend, verblüffend, zum Verwechseln ähnlich sein/sehen*⟩ „*Seine beiden Geschwister sehen sich/einander sehr ähnlich*" **3** **und Ähnliches/oder Ähnliches** verwendet nach einer Aufzählung von Dingen vergleichbarer Art „*Bücher, Zeitschriften und Ähnliches*" ❶ Abkürzung: *u. Ä./o. Ä.* • *zu* (1,2) **Ähn·lich·keit** *die*

die **Ah·nung★** (-, -*en*) **1** ein vages Gefühl von einem Ereignis (in der Zukunft) oder von einer Sache, über die man nicht viel weiß ⟨*eine böse, dunkle, düstere Ahnung*⟩ „*Ich hatte schon so eine Ahnung, dass das nicht klappen wird*" **2** **(von etwas) eine Ahnung haben** etwas wissen (weil man es mitgeteilt bekam oder selbst erlebt hat) oder sich etwas vorstellen können ⟨*von etwas nicht die entfernteste, geringste, leiseste, mindeste Ahnung haben*⟩ „*Habt ihr eine Ahnung, wie der Unfall passiert ist?*" ❶ meist in verneinter oder fragender Form **3** **(von etwas) eine Ahnung haben** in einem Bereich Kenntnisse haben, die man durch Lernen erworben hat ⟨*von etwas keine, wenig, viel Ahnung haben*⟩ „*Er hat von Technik absolut keine Ahnung*" **ID** **Keine Ahnung!** *gesprochen* verwendet als Antwort, um zu sagen, dass man etwas nicht weiß • *hierzu* **ah·nungs·los** *ADJEKTIV*; **Ah·nungs·lo·sig·keit** *die*

**ahoi! (Boot, Schiff) ahoi!** verwendet als Ruf von Seeleuten, um andere Schiffe zu grüßen oder zu warnen

der **Ahorn** (-(*e*)*s*, -*e*); *meist Singular* ein Laubbaum, der vor allem in kühlen, nördlichen Ländern wächst **K** Ahornsirup

die **Äh·re** (-, -*n*) der oberste Teil eines Getreidehalms, an dem sich die Körner befinden

(das) **Aids★** [eɪdz]; (-) eine ansteckende Krankheit, welche die Abwehrkräfte des Körpers so schwächt, dass man viele andere Krankheiten bekommt und meist an einer dieser Krankheiten stirbt **K** Aidstest; aidsinfiziert

der **Air·bag** ['ɛːɐ̯bɛk]; (*s*, -*s*) ein großes Kissen im Auto, das sich bei einem Unfall sehr schnell mit Luft füllt, sodass man sich nicht so schwer verletzt **K** Seitenairbag

die **Aka·de·mie** (-, -*n* [-'miːən]) **1** eine Vereinigung von Gelehrten, welche die Kunst, Literatur und Wissenschaften fördert „*die Akademie der*

*Künste/Wissenschaften“* **2** eine Fachhochschule oder Kunstschule **K** Kunstakademie

der **Aka·de·mi·ker** (-s, -) eine Person, die ein Studium an einer Universität (oder Hochschule) abgeschlossen hat **K** Akademikerarbeitslosigkeit, Akademikerschwemme • *hierzu* **Aka·de·mi·ke·rin** *die*

der **Ak·kord** (-(e)s, -e) **1** wenn man mit einem Klavier, einer Gitarre usw. gleichzeitig mehrere Töne spielt, ist das ein Akkord ⟨*einen Akkord spielen, anschlagen*⟩ **2** *nur Singular* eine Bezahlung nach der Menge der geleisteten Arbeit, nicht nach der Zeit ⟨*im Akkord arbeiten*⟩

das **Ak·kor·de·on** (-s, -s) ein tragbares Musikinstrument mit Tasten und Knöpfen, bei dem die Töne durch Ziehen und Drücken des mittleren Teils erzeugt werden und das vor allem für Volksmusik verwendet wird **K** Akkordeonspieler

der **Ak·ku** (-s, -s) Kurzwort für *Akkumulator*

der **Ak·ku·mu·la·tor** (-s, *Ak·ku·mu·la·to·ren*) ein Gerät, mit dem man Strom speichert ⟨*einen Akkumulator aufladen*⟩

**ak·ku·rat** ADJEKTIV (*akkurater, akkuratest-*) äußerst sorgfältig, ordentlich ⟨*akkurat arbeiten, gekleidet sein*⟩

der **Ak·ku·sa·tiv** [-f]; (-s, -e) der Kasus, in dem vor allem das Objekt eines Verbs steht ⟨*etwas steht im Akkusativ*⟩ ≈ Wenfall *„Die Präposition „für“ verlangt den Akkusativ“ | „In dem Satz „Ich habe sie gefragt“ steht „sie“ im Akkusativ“* **K** Akkusativobjekt

die **Ak·ne** (-) eine Erkrankung der Haut in Form von eitrigen Pickeln vor allem im Gesicht, die meist bei Jugendlichen vorkommt

der **Ak·ro·bat** (-en, -en) Akrobaten führen vor allem im Zirkus schwierige Übungen vor, balancieren z. B. über ein Seil hoch über dem Boden **i** *der Akrobat; den, dem, des Akrobaten* • *hierzu* **Ak·ro·ba·tin** *die*

der **Akt**[1]★; (-(e)s, -e) **1** *geschrieben* etwas, das mit Absicht getan worden ist oder getan werden soll ≈ Tat **K** Racheakt, Terrorakt **2** ein größerer Abschnitt eines Theaterstücks, der meist aus mehreren Szenen besteht *„Ein klassisches Drama besteht aus fünf Akten“* **3** ein Bild oder eine Statue, die einen nackten Menschen darstellen ⟨*einen Akt malen, zeichnen*⟩ **K** Aktfoto

der **Akt**[2]; (-(e)s, -en); *süddeutsch* Ⓐ ≈ Akte

die **Ak·te**★ (-, -n); *meist Plural* eine (geordnete Sammlung von) Unterlagen zu einem (gerichtlichen, administrativen) Fall oder Thema ⟨*(un)erledigte, geheime, vertrauliche Akten; eine Akte bearbeiten, ablegen*⟩ *„Der Vorfall kommt in die/zu den Akten“* wird als Notiz in den Akten registriert **K** Aktenordner, Aktenschrank; Gerichtsakte, Polizeiakte **ID** **etwas zu den Akten legen** etwas als abgeschlossen oder erledigt ansehen

der **Ak·ten·kof·fer** ein (meist schmaler, eleganter) Koffer, in dem man Unterlagen für Sitzungen, Geschäfte usw. transportiert

die **Ak·tie**★ ['aktsiə]; (-, -n) eine von vielen Urkunden über einen Anteil am Kapital und am Gewinn einer Aktiengesellschaft ⟨*die Aktien steigen, fallen; das Geld, Vermögen in Aktien anlegen*⟩ **K** Aktieninhaber, Aktienkapital, Aktienkurs

die **Ak·ti·en·ge·sell·schaft** ein großes Unternehmen, das Aktien ausgibt, die an der Börse gehandelt werden **i** Abkürzung: *AG*

die **Ak·ti·on**★ [-'tsio:n]; (-, -en) **1** eine (gemeinschaftlich) geplante Handlung, mit der ein Ziel erreicht werden soll *„zu einer Aktion für den Frieden aufrufen“* **K** Befreiungsaktion, Rettungsaktion **2** *geschrieben* das, was eine Person tut ≈ Handlung *„Seine Aktionen beschränkten sich auf das Nötigste“*

**ak·tiv**★ [-f] ADJEKTIV **1** so, dass man immer bereit ist, etwas zu tun und sich zu engagieren, und dies auch tut ⟨*politisch, sexuell aktiv sein; sich aktiv an etwas beteiligen*⟩ **2** voller Energie und Unternehmungslust ↔ inaktiv *„Trotz seiner 70 Jahre ist er noch sehr aktiv“* • *hierzu* **Ak·ti·vi·tät** [-v-] *die*

das **Ak·tiv** [-f]; (-s) die Form, in welcher das Verb steht, wenn das Subjekt des Verbs auch die Handlung ausführt ↔ Passiv *„In dem Satz „Er trinkt Wasser“ steht das Verb im Aktiv“* **K** Aktivkonstruktion, Aktivsatz • *hierzu* **ak·ti·visch** [-v-] ADJEKTIV

**ak·ti·vie·ren** [-v-] (*aktivierte, hat aktiviert*) **jemanden (zu etwas) aktivieren** jemanden davon überzeugen, aktiv zu werden, sich zu engagieren *„die Jugend zu politischer Mitarbeit aktivieren“* • *hierzu* **Ak·ti·vie·rung** *die*

**ak·tu·a·li·sie·ren** (*aktualisierte, hat aktualisiert*) **etwas aktualisieren** etwas so bearbeiten und verändern, dass es auf dem neuesten Stand ist und wieder in die Gegenwart passt ⟨*ein Wörterbuch, einen Reiseführer aktualisieren*⟩ • *hierzu* **Ak·tu·a·li·sie·rung** *die*

**ak·tu·ell**★ ADJEKTIV **1** gegenwärtig vorhanden und wichtig oder interessant ⟨*ein Ereignis, ein Problem, ein Thema, ein Theaterstück*⟩

*„Was gibt es Aktuelles?"* welche Neuigkeiten gibt es? **2** modisch und zeitgemäß ⟨*ein Trend*⟩ *„Krawatten sind wieder aktuell geworden"* • *hierzu* **Ak·tu·a·li·tät** *die*

die **Aku·punk·tur** (-, *-en*) bei der Akupunktur sticht der Arzt viele feine Nadeln in die Haut, um Schmerzen oder eine Krankheit zu bekämpfen • *hierzu* **aku·punk·tie·ren** (*hat*)

die **Akus·tik** (-) **1** die Lehre vom Schall **2** die Wirkung von Schall und Klang bei Rede und Musik in einem geschlossenen Raum *„Der Saal hat eine gute Akustik"* • *hierzu* **akus·tisch** *ADJEKTIV*

**akut** *ADJEKTIV* (*akuter, akutest-*) **1** im Augenblick sehr dringend ⟨*eine Frage, ein Problem*⟩ *„Die Umweltverschmutzung stellt eine akute Bedrohung für uns dar"* **2** ⟨*eine Erkrankung*⟩ so, dass sie plötzlich kommt und schnell und heftig verläuft

das **AKW** [aka'veː]; (-(*s*), *-s*); *gesprochen* Kurzwort für *Atomkraftwerk*

der **Ak·zent**★ (-(*e*)*s*, *-e*) **1** *meist Singular* die typische Art, die Laute einer Sprache auszusprechen, die zeigt, aus welchem Land oder Gebiet jemand stammt ⟨*mit hartem, starkem, ausländischem Akzent sprechen*⟩ *„Sein polnischer Akzent ist leicht zu erkennen"* **2** ein Zeichen über einem Buchstaben, das anzeigt, welche Silbe betont ist (z. B. im Spanischen) oder wie ein Vokal ausgesprochen wird (z. B. im Französischen) • *zu* (1) **ak·zent·frei** *ADJEKTIV*

**ak·zep·ta·bel** *ADJEKTIV* (*akzeptabler, akzeptabelst-*) ⟨*ein Angebot, ein Preis, eine Leistung*⟩ so, dass man sie akzeptieren oder mit ihnen zufrieden sein kann ❶ *akzeptabel → ein akzeptabler Vorschlag*

die **Ak·zep·tanz** *nur Singular* die Bereitschaft, etwas Neues zu akzeptieren

**ak·zep·tie·ren**★ (*akzeptierte, hat akzeptiert*) **1** **etwas akzeptieren** mit etwas einverstanden sein ⟨*ein Angebot, einen Vorschlag, eine Bedingung akzeptieren*⟩ **2** **etwas akzeptieren** etwas als gegeben hinnehmen (weil man es nicht ändern kann) ⟨*das Schicksal, die Krankheit akzeptieren*⟩ *„Du musst akzeptieren, dass man daran nichts ändern kann"* **3** **etwas akzeptieren** etwas gelten lassen, mit etwas zufrieden sein ⟨*jemandes Entschuldigungen, Gründe* (*für etwas*) *akzeptieren*⟩ **4** **jemanden** (**als etwas**) **akzeptieren** mit einer Person (in einer Funktion) einverstanden sein ≈ anerkennen *„Er wurde von allen* (*als Partner*) *akzeptiert"*

der **Alarm**★ (-(*e*)*s*, *-e*) **1** ein Signal (z. B. das Heulen einer Sirene oder das Läuten einer Glocke), das vor einer Gefahr warnen soll ⟨*Alarm auslösen, geben, läuten*⟩ **K** Alarmanlage, Bombenalarm, Feueralarm **2** **blinder Alarm** die Situation, wenn Alarm ausgelöst wird oder große Aufregung herrscht, obwohl es keine akute Gefahr gibt **ID** **Alarm schlagen** auf ein Problem oder eine Gefahr aufmerksam machen

**alar·mie·ren** (*alarmierte, hat alarmiert*) **jemanden alarmieren** jemanden zum Einsatz, zu Hilfe rufen ⟨*die Feuerwehr, die Polizei, die Bergwacht, den Nachbarn alarmieren*⟩

die **Alarm·stu·fe** eine von mehreren Stufen auf einer Skala (meist von eins bis drei), die angeben, wie groß die Gefahr ist *„Es wurde Alarmstufe drei gegeben"*

**al·bern** *ADJEKTIV*; *abwertend* nicht vernünftig, nicht passend ⟨*ein Benehmen, ein Getue*⟩ • *hierzu* **Al·bern·heit** *die*

der **Alb·traum** ein Traum von schrecklichen Erlebnissen ⟨*einen Albtraum haben*⟩

das **Al·bum** (-*s*, *Al·ben/gesprochen auch -s*) ein Buch mit ziemlich dicken Blättern, in dem man vor allem Briefmarken oder Fotos sammelt *„Fotos in ein Album kleben"* **K** Fotoalbum

die **Al·ge** (-, *-n*) eine einfache, meist sehr kleine Pflanze, die im Wasser schwimmt **K** Algenteppich

die **Al·geb·ra**, **Al·geb·ra**; (-) ein Gebiet der Mathematik, in dem man Symbole und Buchstaben vor allem zur Lösung von Gleichungen benutzt • *hierzu* **al·geb·ra·isch** *ADJEKTIV*

**ali·as** *PRÄPOSITION mit Nominativ/Akkusativ* zwischen zwei Namen verwendet, von denen einer der echter Name einer Person ist und der andere der Name, unter dem diese (z. B. als Künstler) bekannt ist

das **Ali·bi** (-*s*, *-s*) **ein Alibi** (**für etwas**) der Nachweis, dass jemand zur Zeit eines Verbrechens nicht am Tatort war und somit nicht der Täter sein kann ⟨*ein lückenloses, glaubhaftes Alibi haben*⟩ *„Er hat für die Tatzeit kein Alibi"*

der **Al·ko·hol**★ [-ho(ː)l]; (-*s*, *-e*); *meist Singular* **1** eine farblose, leicht brennbare Flüssigkeit, die z. B. in Bier und Wein enthalten ist oder die zur Desinfizierung verwendet wird ⟨*reiner, destillierter Alkohol*⟩ *„Dieser Schnaps enthält 40 % Alkohol"* **2** *nur Singular* verwendet als Bezeichnung für alle Getränke, die Alkohol enthalten und von denen man betrunken werden kann ⟨(*stark*) *nach Alkohol riechen*⟩ *„Wir haben keinen Tropfen Alkohol im Haus"* K Alkoholtest, Alkoholverbot, alkoholabhängig • *hierzu* **al·ko·ho·lisch** *ADJEKTIV*; *zu* (2) **al·ko·hol·frei** *ADJEKTIV*

der **Al·ko·ho·li·ker** (-s, -) eine Person, die viel und oft Alkohol trinkt und süchtig ist • *hierzu* **Al·ko·ho·li·ke·rin** *die*

**al·ko·ho·li·siert**★ *ADJEKTIV*; *geschrieben* der Zustand, in dem sich eine Person befindet, die Alkohol getrunken hat *„Der alkoholisierte Fahrer verursachte einen Unfall"* | *„Das Opfer war stark alkoholisiert"*

**all**★ *ARTIKEL/PRONOMEN* 1 verwendet, um die maximale Menge, Größe, Stärke o. Ä. des Genannten zu bezeichnen *„alle Menschen dieser Welt"* ❶ *Alle* im Plural hat die Formen *alle – alle – allen – aller*. 2 verwendet, um zu betonen, dass man jede Person einer Gruppe oder jeden Teil einer Menge meint *„Alle fünf waren wir todmüde"* 3 für solche Personen oder Dinge verwendet, die genannt wurden oder in der Situation vorhanden sind *„Ich bin so hungrig, ich esse alles"* | *„Sind jetzt endlich alle da?"* 4 verwendet mit einer Zeit- oder Maßangabe, um zu sagen, dass etwas (in regelmäßigen Abständen) wiederholt wird oder immer wieder geschieht *„Wir treffen uns nur alle vier Jahre "* | *„Der Bus fährt alle 10 Minuten"* ID **alles in allem** im Ganzen (gesehen) ≈ insgesamt; **vor allem** verwendet, um etwas hervorzuheben ≈ besonders, hauptsächlich *„Eine Bergtour ist vor allem sehr anstrengend"* ❶ Abkürzung: *v. a.*

das **All** (-s) ⟨*das All erforschen; ins All vordringen*⟩ ≈ Weltraum *„einen Satelliten ins All schicken"*

**all-**★ *im Adjektiv, unbetont, nicht produktiv* 1 **allabendlich, alljährlich, alltäglich** *und andere* so, dass etwas immer zu der genannten Zeit passiert *„den allsonntäglichen Spaziergang machen"* 2 **allbekannt, allgegenwärtig, allmächtig** *und andere* ohne Einschränkung, überall, immer oder in allen Bereichen *„ein allgewaltiger Herrscher"* ein Herrscher mit uneingeschränkter Macht

**al·le** 1 → all
*ADVERB* 2 **etwas ist alle** *gesprochen* etwas ist völlig verbraucht, zu Ende *„Das Brot ist alle"*

die **Al·lee** (-, -*n* [a'le:(ə)n]) ein Weg oder eine Straße mit Bäumen an beiden Seiten K Birkenallee, Pappelallee

**al·lein**★ *ADJEKTIV nicht attributiv, nur in dieser Form* 1 ohne andere Personen ⟨*jemanden allein lassen; allein sein wollen*⟩ *„Ich verreise/wohne ganz gern allein"* 2 traurig, weil man keinen Kontakt zu anderen Menschen hat ≈ einsam *„Hier in der Stadt fühle ich mich so allein ohne dich"* 3 **von allein** ohne dass jemand aktiv wird, etwas dazu tut *„Die Flasche ist ganz von allein umgefallen"*
*PARTIKEL betont und unbetont* 4 keine andere Person, nichts anderes *„Du allein kannst mir noch helfen"*

**Al·lein-** *im Substantiv, betont, begrenzt produktiv* **die Alleinherrschaft, der Alleininhaber, die Alleinschuld** *und andere* verwendet, um zu sagen, dass etwas nur auf eine Person zutrifft, jemand etwas als Einziger (ohne andere Personen), tut oder hat *„der Alleinerbe eines Vermögens sein"*

**al·lein·er·zie·hend**, **al·lein er·zie·hend** *ADJEKTIV* ⟨*ein Vater, eine Mutter*⟩ ohne Ehepartner • *hierzu* **Al·lein·er·zie·her** *der*

der **Al·lein·gang** eine Handlungsweise, bei der man sich nur auf sich selbst verlässt und auf Hilfe oder Rat verzichtet ⟨*etwas im Alleingang tun, unternehmen*⟩

**al·lein·ste·hend** *ADJEKTIV* 1 ohne Familie oder Ehepartner ⟨*eine Frau, ein Mann, ein Herr*⟩ 2 *meist attributiv* einzeln, für sich stehend ⟨*ein Haus, ein Baum*⟩ ❶ in dieser Verwendung auch getrennt geschrieben • *zu* (1) **Al·lein·ste·hen·de** *der/die*

**al·len·falls**★ *ADVERB* drückt aus, dass eine Menge o. Ä. gering ist und die angegebene Grenze nicht überschreitet ≈ höchstens *„Es kann allenfalls noch zehn Minuten dauern"*

**al·ler-** *im Adjektiv und Adverb, betont, sehr produktiv*; *gesprochen* **allerbest-, allerhöchstens, allerletzt-, allerspätestens** *und andere* verwendet, um Superlative zu verstärken *„am allerletzten Tag des Jahres"* am 31.12. | *„ein Ausflug bei allerschönstem Wetter"* bei einem Wetter, das nicht hätte schöner sein können

**al·ler·dings**★ *ADVERB unbetont* verwendet, um etwas Gesagtes einzuschränken ≈ jedoch *„Ich muss allerdings zugeben, dass ich selbst nicht dabei war"* | *„Das Essen war gut, allerdings etwas teuer"*

die **Al·ler·gie** (-, -*n* [-'gi:ən]) **eine Allergie (gegen etwas)** wenn man eine Allergie hat, reagiert der Körper auf etwas Harmloses sehr empfindlich, besonders mit Schnupfen oder Hautausschlägen ⟨*an einer Allergie leiden*⟩

„Meine Mutter hat eine Allergie gegen Hausstaub"

der **Al·le̱r·gi·ker** (-s, -) eine Person, die Allergien hat • *hierzu* **Al·le̱r·gi·ke·rin** *die*

**al·le̱r·gisch** *ADJEKTIV* **1** bedingt durch eine Allergie ⟨*eine Krankheit, eine Reaktion*⟩ **2** **allergisch (gegen etwas)** an einer Allergie leidend „*Ihre Haut ist allergisch gegen Haarspray*"

**a̱l·ler·hand** ziemlich viel, einiges „*allerhand Ärger haben*" | „*Ich war auf allerhand vorbereitet, nur darauf nicht*" ❶ *Allerhand* verwendet man wie vor einem Substantiv (*allerhand Probleme*) oder alleine. **ID** **Das ist (ja/doch/wirklich) aller hand!** *gesprochen* das geht zu weit, ist unverschämt

(das) **Al·ler·hei̱·li·gen** der katholische Feiertag am 1. November (zum Gedenken an die Heiligen) ⟨*an/zu Allerheiligen*⟩ „*Morgen ist Allerheiligen*"

**a̱l·ler·lei** *nur in dieser Form* viele (verschiedene) Dinge oder Arten einer Sache „*allerlei Ideen haben*" | „*Wir hatten uns allerlei zu erzählen*" ❶ *Allerlei* verwendet man vor einem Substantiv (*allerlei Unsinn*) oder alleine (*Du hast sicher allerlei zu erzählen*).

(das) **A̱l·ler·se̱e̱·len** der katholische Gedenktag für die Verstorbenen am 2. November ⟨*an/zu Allerseelen*⟩

**a̱l·les**★ → all

der **A̱l·les·fres·ser** (-s, -) ein Tier, das sowohl Fleisch als auch Pflanzen frisst „*Das Schwein ist ein Allesfresser*"

**a̱ll·ge·mein**★ *ADJEKTIV* **1** *meist attributiv* allen (oder den meisten) Leuten gemeinsam „*auf allgemeinen Wunsch*" **2** *nur adverbiell* bei allen, von allen ⟨*allgemein bekannt, beliebt, üblich (sein)*⟩ **3** *meist attributiv* alle oder alles betreffend ⟨*die (politische, wirtschaftliche) Lage, die Not, die Lieferbedingungen*⟩ **K** allgemeingültig **4** **im Allgemeinen** in den meisten Fällen

der **A̱ll·ge·me̱i̱n|arzt** ein Arzt, der nicht auf die Behandlung ganz bestimmter Krankheiten/Organe spezialisiert ist • *hierzu* **A̱ll·ge·mein|ärz·tin** *die*

das **A̱ll·ge·me̱i̱n|gut** *meist Singular* etwas, das (fast) alle wissen „*Die Erkenntnis, dass die Erde sich um die Sonne dreht, gehört schon lange zum Allgemeingut*"

die **A̱ll·ge·me̱i̱n·heit** *nur Singular* alle Leute ⟨*etwas für das Wohl der Allgemeinheit; etwas ist (nicht) für die Allgemeinheit bestimmt*⟩

die **A̱ll·ge·me̱i̱n|me·di·zin** der medizinische Bereich für die Behandlung meist leichterer Krankheiten, für die kein Spezialist notwendig ist • *hierzu* **A̱ll·ge·me̱i̱n·me·di·zi·ner** *der*; **A̱ll·ge·me̱i̱n·me·di·zi·ne·rin** *die*

das **All|he̱i̱l·mit·tel** *meist abwertend oder ironisch* **1** eine Medizin gegen viele Krankheiten **2** ein Mittel zur Lösung aller Probleme „*Dieser Vorschlag ist auch kein Allheilmittel*"

die **Al·li·a̱nz** (-, -*en*) **1** *historisch* ein Bündnis zwischen Staaten oder deren Armeen **2** die NATO oder das NATO-Bündnis

der/die **Al·li·ier·te** [ali'i:ɐ̯tə]; (-*n*, -*n*) **1** *meist Plural* ein Mitgliedsstaat eines Bündnisses, ein Verbündeter ❶ *ein Alliierter; der Alliierte; den, dem, des Alliierten* **2** **die Alliierten** *historisch nur Plural* die Staaten, die sich vor allem im Zweiten Weltkrieg gegen Deutschland verbündeten

**a̱ll·jä̱hr·lich** *ADJEKTIV meist attributiv* jedes Jahr (geschehend oder stattfindend)

**all·mä̱h·lich**★ *ADJEKTIV* langsam und kontinuierlich ↔ plötzlich „*Es wird allmählich dunkel*" | „*Es trat eine allmähliche Besserung des Gesundheitszustandes ein*"

der **A̱ll·rad|an·trieb** ein Antrieb, der auf alle Räder eines Autos wirkt „*ein Geländewagen mit Allradantrieb*"

**a̱ll·seits** *ADVERB* bei, von allen ⟨*allseits beliebt, bekannt (sein)*⟩ ≈ überall „*Es wird allseits gefordert, dass ...*" • *hierzu* **a̱ll·sei·tig** *ADJEKTIV*

der **A̱ll·tag**★ *nur Singular* **1** der (meist monotone) Ablauf des Lebens, der ständig im gleichen Rhythmus geschieht und wenig Abwechslung oder Freude mit sich bringt ⟨*im Alltag; der graue, triste, monotone Alltag*⟩ **K** Alltagskleidung; Arbeitsalltag **2** der (normale) Arbeitstag oder Werktag (im Gegensatz zum Wochenende oder zu einem Feiertag)

**all·tä̱g·lich** *ADJEKTIV* **1** ohne etwas Besonderes ≈ gewöhnlich „*Das Konzert war ein nicht alltägliches Erlebnis*" war etwas Besonderes **2** *meist attributiv* an jedem Tag „*beim alltäglichen Abwasch*" • *zu (1)* **All·tä̱g·lich·keit** *die*

**a̱ll·wi̱s·send** *ADJEKTIV* mit einem alles umfassenden Wissen (oft als eine Eigenschaft Gottes) • *hierzu* **A̱ll·wi̱s·sen·heit** *die*

**a̱ll·zu** *ADVERB* in zu hohem Maße ⟨*allzu früh, gern, oft, sehr, viel, wenig*⟩ „*ein allzu auffälliges Benehmen*" | „*Es ist nicht allzu weit von hier*" **ID** **nur allzu gern** sehr gern die **Ạlm** (-, -*en*) eine Wiese im Hochgebirge, auf der im Sommer das Vieh weidet ⟨*das Vieh auf die Alm treiben; das Vieh von der Alm abtreiben*⟩ **K** Almhütte

das **Ạl·mo·sen** (-*s*, -) **1** ein Lohn, den man als nicht ausreichend empfindet, oder ein wertloses Geschenk, das jemandes Würde verletzt ⟨*nicht auf Almosen angewiesen sein*⟩ **2** *veraltend* etwas (z. B. Essen, Kleidung, Geld), das man armen Leuten schenkt ⟨*einem Bettler ein Almosen geben*⟩

die **Ạl·pen** *Plural* verwendet als Bezeichnung für das höchste europäische Gebirge **K** Alpenländer

das **Al·pha·bẹt**★ [-f-]; (-(*e*)*s*, -*e*) die feste Reihenfolge der Buchstaben einer Sprache ⟨*das lateinische, griechische, kyrillische Alphabet*⟩ „*Bücher nach dem Alphabet ordnen*" • *hierzu* **al·pha·bẹ·tisch** *ADJEKTIV*

**al·pịn** *ADJEKTIV* **1** im Hochgebirge gelegen, auf die Alpen bezogen ⟨*eine Landschaft*; *Skigebiete*⟩ **2** *meist attributiv* zu den Sportarten gehörig, bei denen man mit Skiern den Berg hinunterfährt (Abfahrtslauf, Slalom und Riesenslalom) **3** *meist attributiv* für das Bergsteigen ⟨*eine Ausrüstung*⟩

der **Ạlp·traum** → Albtraum

**ạls**★ *BINDEWORT* ZEIT: **1** Das Ereignis des *als*-Satzes geschieht zur gleichen Zeit wie das Ereignis des Hauptsatzes ≈ während „*Als ich gehen wollte, (da) läutete das Telefon*" ℹ Die Reihenfolge der Satzteile kann vertauscht werden: *Das Telefon läutete, als ich gehen wollte.* **2** Das Ereignis des Hauptsatzes geschah schon vor dem Ereignis des *als*-Satzes und dauerte noch an „*Als er nach Hause kam, (da) war seine Frau bereits fort*" **3** (*mit dem Plusquamperfekt*) Das Ereignis des *als*-Satzes geschah schon vor dem Ereignis des Hauptsatzes ≈ nachdem „*Als er gegangen war, (da) fing das Fest erst richtig an*" **4** verwendet, um einen Zeitpunkt anzugeben „*in dem Augenblick, als plötzlich die Tür aufging*" ℹ Die Wortstellung in diesen Verwendungen ist die des Nebensatzes: *Als ich gehen wollte, ...* VERGLEICH, KONTRAST: **5** verwendet nach einem Komparativ, um einen Vergleich zu ziehen „*Er ist größer als du*" ℹ In der gesprochenen Sprache wird beim Vergleich auch *wie* verwendet. **6** **als (ob/wenn ...)** verwendet, um zu beschreiben, wie jemand oder etwas auf eine andere Person wirkt „*Er machte (auf mich) den Eindruck, als schliefe er/als ob er schliefe*" ℹ Wenn *als* ohne *ob* oder *wenn* gebraucht wird, folgt der Konjunktiv und eine Umstellung von Verb und Subjekt. **7** **was/wer/wo** *usw.* **sonst als** + *Substantiv/Pronomen* drückt aus, dass nur eine einzige Person oder Sache in Frage kommt „*Wer sonst als dein Vater könnte das gesagt haben?*" Natürlich niemand! **8** **anders als** nicht so wie ERKLÄRUNG, ZUSATZ: **9** verwendet, um an manche Verben ein Substantiv oder ein Adjektiv anzuschließen „*Die Behauptung hat sich als falsch erwiesen/herausgestellt*" **10** verwendet, um einen Zweck, eine Funktion zu nennen „*einen Raum als Esszimmer benutzen*" **11** verwendet, um eine genauere Beschreibung zu geben, welche meist die Funktion oder Eigenschaft des Genannten beschreibt „*meine Aufgabe als Erzieher*" ℹ Der Kasus des Substantivs nach *als* richtet sich nach dem Kasus des Substantivs oder Pronomens, auf das es sich bezieht: *Ihm als erfahrenem Autofahrer hätte das nicht passieren dürfen*; nach einer Konstruktion mit dem Genitiv steht nach *als* der Nominativ: *der Ruf meines Vaters als Arzt.*

**ạl·so**★ *ADVERB* **1** verwendet, um eine logische Schlussfolgerung auszudrücken ≈ folglich „*Es brannte Licht, also musste jemand da sein*"
*BINDEWORT* **2** verwendet, um das Gesagte zusammenzufassen oder genauer zu sagen „*Bier, Wein, Schnaps, also alkoholische Getränke, gibt es nicht für Jugendliche*"
*PARTIKEL* **3** *betont und unbetont* verwendet, um ein Gespräch zu beenden oder sich zu verabschieden „*Also dann, auf Wiedersehen und viel Spaß!*" **4** *gesprochen unbetont* verwendet, um eine plötzliche Erkenntnis auszudrücken „*Aha, dann ist es also doch anders, als ich geglaubt habe!*" **5** *gesprochen betont und unbetont* verwendet, um eine Aufforderung, Aussage oder Frage einzuleiten „*Also, wenn Sie mich fragen, ...*" **6** **Na 'also!** *gesprochen* verwendet, um zufrieden festzustellen, dass etwas doch funktioniert oder geschieht **7** **Also 'bitte!** *gesprochen* verwendet, um Empörung zu zeigen

**ạlt**★ *ADJEKTIV* (*älter, ältest-*) LEBEWESEN: **1** schon seit vielen Jahren lebend oder vorhanden ⟨*Menschen, Tiere, Pflanzen*⟩ ↔ jung „*Er ist nicht sehr alt geworden*" **2** verwendet, um das Alter zu nennen oder danach zu fragen „*Wie alt bist du?*" | „*Unser Auto ist erst ein Jahr alt*" **3** verwendet, um vor allem Menschen in Bezug auf ihr Alter zu vergleichen „*Ich bin doppelt so* *alt wie du"* | *„seine um vier Jahre ältere Schwester"* DINGE: **4** schon vor langer Zeit entstanden oder hergestellt ↔ frisch *„Das Brot schmeckt aber ziemlich alt"* **5** schon seit langer Zeit in Benutzung ⟨*Schuhe, Kleider, Möbel*⟩ ↔ neu ABSTRAKTES: **6** seit langer Zeit ohne Veränderung vorhanden ⟨*eine Gewohnheit, Rechte, eine Tradition*⟩ ↔ neu **7** schon lange und überall bekannt (und daher nicht mehr interessant) ⟨*ein Trick, ein Witz*⟩ ↔ neu BEI BEZIEHUNGEN: **8** schon lange Zeit in der genannten Beziehung zu jemandem ⟨*ein Kunde, ein Freund*⟩ ≈ langjährig ↔ neu **9** ehemalig, von früher ⟨*ein Kollege, ein Schüler, ein Lehrer*⟩ HISTORISCH: **10** aus dem Altertum ⟨*die Germanen, die Griechen, die Römer; Sprachen*⟩ ↔ modern IN ANREDEN, BEZEICHNUNGEN: **11** *gesprochen, abwertend* verwendet, um ein Schimpfwort, eine negative Charakterisierung einer Person zu verstärken ⟨*dieser alte Gauner, Geizkragen, Schwätzer, Egoist!*⟩ **ID** **Alt und Jung** alte und junge Menschen, alle; **Es bleibt alles beim Alten** Nichts wird sich ändern; **(ganz schön) alt aussehen** *gesprochen* ziemlich große Probleme haben

der **Alt** (-(e)s) **1** eine tiefe Singstimme bei Frauen oder Jungen ⟨*Alt singen*⟩ **2** eine relativ hohe Stimme bei Blasinstrumenten **K** Altsaxophon

**alt-** *im Adjektiv, betont, nicht produktiv* **altbekannt, altbewährt, altgewohnt** *und andere* schon seit Langem *„in der altvertrauten Umgebung"*

**Alt-** *im Substantiv, betont, begrenzt produktiv* **1** **das Alteisen, das Altglas, die Altkleider, das Altmetall, das Altöl, das Altpapier** *und andere* verwendet, um zu sagen, dass etwas bereits benutzt wurde und jetzt Abfall ist, den man aber noch einmal für andere Zwecke bearbeiten oder verwenden kann **2** **der Altbundeskanzler, der Altbundespräsident, der Altbürgermeister** *und andere* ≈ ehemalig

der **Al·tar** (-(e)s, *Al·tä·re*) ein Tisch (vor allem in christlichen Kirchen), an dem der Priester steht und religiöse Handlungen durchführt **K** Altarbild

der **Alt·bau** (-s, -*ten*) ein Haus, das meist schon vor dem Zweiten Weltkrieg gebaut wurde **K** Altbauwohnung

der/die **Al·te**★; (-*n*, -*n*) als Bezeichnung für alte Personen verwendet **K** Altenpflege, Altenpfleger

das **Al·ten·heim** ≈ Altersheim

**äl·ter** ADJEKTIV **1** Komparativ von alt *„Sie ist zwei Jahre älter als ich"* **2** ziemlich alt *„ein älterer Mann"* | *„Ihr Freund ist schon etwas älter"* **3** *humorvoll* ⟨*ein Herr, eine Dame, Herrschaften*⟩ ≈ alt

das **Al·ter**★ (-s) **1** die Anzahl der Jahre, die ein Mensch, ein Tier oder eine Pflanze bereits gelebt hat *„Er starb im Alter von 60 Jahren"* **K** Altersgruppe, Altersstufe **2** ein Stadium des Lebens, in dem man ein gewisses Alter erreicht hat ⟨*ins schulpflichtige, heiratsfähige Alter kommen; ein schwieriges, gefährliches Alter; im fortgeschrittenen, hohen, kritischen Alter sein*⟩ **K** Erwachsenenalter, Jugendalter, Kindesalter **3** die Zeit, seit der eine Sache existiert *„das Alter eines Kunstgegenstandes schätzen"* **4** der letzte Abschnitt des Lebens, in dem man bereits lange lebt *„Im Alter lässt oft die Konzentration nach"* **K** Alterserscheinungen, Altersschwäche

**al·tern** (*alterte, hat/ist gealtert*) **1** (*ist*) (sichtlich) älter, alt werden ⟨*Menschen*⟩ *„Er ist in den letzten Jahren stark gealtert"* **2** **etwas altert** (*ist/hat*) etwas verändert die eigenen Eigenschaften und die eigenen Qualitäten im Verlauf eines Zeitraums *„gealterter Wein"* • *hierzu* **Al·te·rung** *die*

**al·ter·na·tiv**★ [-f] ADJEKTIV **1** *geschrieben* ⟨*ein Konzept, ein Plan, ein Programm*⟩ so, dass sie eine zweite Möglichkeit darstellen *„Es stehen alternativ zwei Vorschläge zur Wahl"* **2** in starkem Gegensatz zu dem stehend, was bisher üblich war ⟨*eine Politik, eine Ernährungsweise; Energiequellen, Lebensformen*⟩ **K** Alternativmedizin **3** mit dem Ziel, die Umwelt zu schonen und zu schützen und dafür auf zu viel Konsum und Technik zu verzichten ⟨*ein Leben, ein Mensch; alternativ denken, leben, wohnen*⟩ • *zu* (3) **Al·ter·na·ti·ve** *der/die*

die **Al·ter·na·ti·ve** [-və]; (-, -*n*); *geschrieben* **1** die Entscheidung oder Wahl zwischen zwei Möglichkeiten, die sich gegenseitig ausschließen *„Ich stehe vor der Alternative, entweder zu studieren oder eine Lehre anzufangen"* **2** eine (von mehreren) andere(n) Möglichkeit(en) *„Sonnen- und Windenergie als Alternativen zur Atomenergie"*

die **Al·ters·gren·ze** **1** das Alter, ab dem man etwas tun oder nicht mehr tun darf/kann *„Die Altersgrenze für das aktive Wahlrecht liegt bei 18 Jahren"* **2** das Alter, ab dem man (normalerweise) eine Rente oder Pension bekommt das **Al·ters·heim★** ein Heim, in dem alte Menschen wohnen und gepflegt und betreut werden

**al·ters·schwach** *ADJEKTIV* **1** aufgrund des hohen Alters körperlich nicht mehr in guter Verfassung **2** *gesprochen, meist humorvoll* schon relativ alt und deshalb nicht mehr voll funktionsfähig ⟨*ein Auto, ein Tisch*⟩ • *hierzu* **Al·ters·schwä·che** *die*

die **Al·ters·ver·sor·gung** die finanzielle Versorgung alter Menschen durch eine Versicherung, Rente oder durch private Fürsorge

das **Al·ter·tum** (-s, *Al·ter·tü·mer*) **1** *nur Singular* die älteste historische und kulturelle Epoche der Griechen und Römer ≈ Antike **2** *nur Plural* die Überreste (vor allem Monumente, Kunstgegenstände) aus dem Altertum

**al·ter·tüm·lich** *ADJEKTIV* **1** typisch für eine vergangene Zeit ⟨*ein Bauwerk; eine Schreibweise*⟩ ↔ modern **2** *abwertend* ⟨*Vorstellungen, Ansichten*⟩ ≈ altmodisch ↔ modern

die **Alt·klei·der|samm·lung** eine (öffentliche) Sammlung von bereits getragener Kleidung (die z. B. an Arme und Obdachlose gegeben wird)

die **Alt·last** *meist Plural* Flächen, die durch giftige Abfälle, die früher dort gelagert wurden, verseucht sind oder diese Abfälle selbst ⟨*Altlasten aufbereiten, beseitigen, sanieren*⟩ **K** Altlastenproblem

**alt·mo·disch** *ADJEKTIV* **1** nicht (mehr) der aktuellen Mode entsprechend ⟨*Kleidung, Möbel*⟩ ↔ modern, modisch **2** konservativ, nicht mehr der gegenwärtigen Zeit angemessen ⟨*Ansichten, Sitten*⟩

die **Alt·stadt★** der älteste (meist historische) Teil einer Stadt ⟨*in der Altstadt wohnen*⟩ **K** Altstadtsanierung

das **Alu** (-s); *gesprochen* Kurzwort für *Aluminium* **K** Alufelge, Alufolie

das **Alu·mi·ni·um** (-s) ein leichtes, silbriges Metall, aus dem z. B. Fahrräder, Flugzeugteile und Kochtöpfe hergestellt werden **i** chemisches Zeichen: *Al*

(die) **Alz·hei·mer** (-); *gesprochen* eine Krankheit des Gehirns, bei der man allmählich das Gedächtnis verliert und schließlich völlig hilflos wird

**am★** *PRÄPOSITION MIT ARTIKEL* **1** an dem **i** *Am* kann in geografischen Namen (*Frankfurt am Main*), in Datumsangaben (*am Dienstag, am 20. Mai*) und in festen Wendungen (*am Ende sein; am Ziel sein; etwas am Rande bemerken; etwas am Stück kaufen*) nicht durch *an dem* ersetzt werden. **2** verwendet, um den Superlativ von Adjektiven und Adverbien zu bilden *„schön, schöner, am schönsten"* | *„viel, mehr, am meisten"* **3** **am** + *Infinitiv* **sein** *gesprochen* drückt aus, dass das, was jemand gerade tut, noch nicht zu Ende ist *„Ich bin gerade am Überlegen, was wir machen sollen"*

das **Amal·gam** (-s, *-e*) eine Mischung für Zahnfüllungen **K** Amalgamfüllung

der **Ama·teur** [ama'tøːɐ̯]; (-s, *-e*) **1** eine Person, die eine Tätigkeit als Hobby betreibt **K** Amateurfotograf **2** ein aktiver Sportler (in einem Verein), der für die sportliche Tätigkeit nicht bezahlt wird **K** Amateurfußball **3** *abwertend* eine Person, die Anfänger oder Laie auf einem Gebiet ist • *hierzu* **Ama·teu·rin** *die*

**am·bi·ti·o·niert** [-tsi̯o-] *ADJEKTIV*; *geschrieben* ≈ ehrgeizig

der **Am·boss** (*-es, -e*) ein eiserner Block mit einer ebenen Fläche, auf dem der Schmied das (heiße) Eisen mit dem Hammer formt

**am·bu·lant** *ADJEKTIV* so, dass der Patient dabei nicht im Krankenhaus bleiben muss ⟨*eine Behandlung; einen Patienten ambulant behandeln*⟩ ↔ stationär

die **Am·bu·lanz** (-, *-en*) **1** ≈ Rettungswagen **2** eine Abteilung in einem Krankenhaus, in welcher die Patienten ambulant behandelt werden

die **Amei·se★** (-, *-n*) ein kleines Insekt, das in gut organisierten Gemeinschaften lebt und Hügel baut, in denen die Gruppe lebt *„In diesem Wald wimmelt es von Ameisen"* **K** Ameisengift

das **Amen** (-s) das Schlusswort des Gebets, der Predigt oder des Segens

(das) **Ame·ri·ka★** (-s) **1** der zweitgrößte Kontinent der Erde **K** Mittelamerika, Nordamerika, Südamerika **2** *gesprochen* die Vereinigten Staaten von Amerika ≈ USA • *zu* (2) **Ame·ri·ka·ner** *der*; *zu* (2) **Ame·ri·ka·ne·rin** *die*; *zu* (2) **ame·ri·ka·nisch** *ADJEKTIV*

**Amok**, **Amok** **1** **Amok laufen** in blinder, krankhafter Wut mit einer Waffe umherlaufen und töten **K** Amokläufer **2** **Amok fahren** sehr rücksichtslos mit dem Auto fahren und dabei Unfälle verursachen

die **Am·pel★** (-, *-n*) ein Anlage, die durch den Wechsel verschiedenfarbiger Lichter oder durch Blinken eines Lichts den Straßenverkehr vor allem an Kreuzungen regelt *„Er verlor den Führerschein, weil er bei Rot über die Ampel fuhr"* **K** Verkehrsampel die **Am·phi·bie** [am'fiːbi̯ə]; (-, -n) ein Tier (z. B. ein Frosch), das sowohl auf dem Land als auch im Wasser leben kann

**am·pu·tie·ren** (*amputierte, hat amputiert*) **((jemandem) etwas) amputieren** ein Körperteil durch eine Operation vom Körper abtrennen *„Die Ärzte mussten ihm den Finger amputieren"* • *hierzu* **Am·pu·ta·ti·on** *die*

die **Am·sel** (-, -n) ein mittelgroßer Singvogel. Das Männchen ist schwarz und hat einen gelben Schnabel

das **Amt★** (-(e)s, *Äm·ter*) **1** eine offizielle Stellung (z. B. beim Staat, in der Kirche), die mit Aufgaben und Pflichten verbunden ist ⟨*ein Amt antreten, ausüben, bekleiden, innehaben, übernehmen; das Amt niederlegen, zur Verfügung stellen; für ein Amt kandidieren; sich um ein Amt bewerben*⟩ **K** Amtsantritt **2** eine öffentliche (zentrale oder örtliche) Institution ⟨*ein Amt einschalten*⟩ ≈ Behörde *„das Amt für Forstwirtschaft"* **K** Amtsarzt; Arbeitsamt, Gesundheitsamt **3** ein Gebäude, in dem ein Amt oder eine Behörde ist ⟨*auf ein Amt gehen*⟩ **4** **Auswärtiges Amt** Ⓓ verwendet als offizielle Bezeichnung für das Außenministerium

**am·tie·rend** *ADJEKTIV meist attributiv* aktuell im Amt ⟨*der Bürgermeister, der Ministerpräsident*⟩

**amt·lich** *ADJEKTIV* **1** *meist attributiv* von einem Amt oder einer Behörde ⟨*ein Schreiben, eine Bekanntmachung, eine Bescheinigung; eine Abschrift, eine Fotokopie amtlich beglaubigen lassen*⟩ *„das Auto mit dem amtlichen Kennzeichen M–AD 500"* **2** dienstlich oder offiziell ⟨*in amtlichem Auftrag*⟩ ↔ privat **ID** **Das ist amtlich** Das ist ganz sicher

das **Amts·ge·richt** das unterste Gericht in der Hierarchie der Gerichte (zuständig für Entscheidungen im Straf-, Zivil- und Handelsrecht)

der **Amts·weg jemand/etwas geht/nimmt den Amtsweg** jemandes Angelegenheit wird von einer Behörde (oder von mehreren Behörden hintereinander) bearbeitet

**amü·sant** *ADJEKTIV* (*amüsanter, amüsantest-*) lustig und unterhaltsam *„eine amüsante Geschichte erzählen"*

**amü·sie·ren★** (*amüsierte, hat amüsiert*) **1** **etwas amüsiert jemanden** etwas bringt jemanden zum Lachen *„Sein komisches Gesicht amüsierte uns"* **2** **sich (irgendwie) amüsieren** auf angenehme oder lustige Weise die Zeit verbringen ⟨*sich glänzend, großartig, königlich, köstlich, prächtig amüsieren*⟩ ↔ langweilen *„Amüsierst du dich (gut)?"* **3** **sich über jemanden/etwas amüsieren** über jemanden/etwas lachen, spotten

**an¹★** *PRÄPOSITION* ORT: **1** *mit Dativ* direkt neben oder sehr nahe bei jemandem/etwas *„an der Hauptstraße wohnen"* | *„Wien an der Donau"* ❶ → Anhang, S. 1113: **Präpositionen** **2** *mit Dativ* in Kontakt zu einem Objekt oder einer Fläche *„Das Bild hängt an der Wand"* ❶ → Anhang, S. 1113: **Präpositionen** **3** *mit Akkusativ* verwendet, um die Richtung einer Bewegung zu beschreiben, die zu einem Kontakt oder zu Nähe führt *„sich an den Tisch setzen"* ❶ → Anhang, S. 1113: **Präpositionen** **4** *mit Dativ* genau dort, wo der genannte Ort ist *„Schmerzen am Rücken"* ZEIT: **5** *mit Dativ* verwendet, um einen Tag oder eine Tageszeit anzugeben, im Süddeutschen auch vor der Bezeichnung von Festtagen *„an meinem Geburtstag"* | *„an diesem Abend"* | *„an Weihnachten"* ❶ Zur Angabe des Datums wird *am* verwendet: *am 1. Mai, am 24. Oktober.* INSTITUTION: **6** *mit Dativ* verwendet, wenn jemand in einer Institution arbeitet oder Schüler ist *„die Lehrer und Schüler an der Mittelschule"* ALS ERGÄNZUNG: **7** *mit Dativ* drückt aus, dass eine Tätigkeit noch nicht beendet ist *„an einem Brief schreiben"* **8** *mit Dativ* verwendet mit bestimmten Verben, um eine Ergänzung anzuschließen *„an Typhus erkranken/leiden/sterben"* | *„an einem Kurs teilnehmen"* **9** *mit Akkusativ* verwendet mit bestimmten Verben, um eine Ergänzung anzuschließen *„Ich denke oft an unseren Urlaub in Sizilien"* | *„an Gott glauben"* | *„sich an jemanden/etwas erinnern"* **10** *mit Dativ* verwendet mit bestimmten Substantiven und Adjektiven, um eine Ergänzung anzuschließen *„an einem Unfall schuld sein"* SONSTIGE VERWENDUNGEN: **11** **an was** *gesprochen* ≈ woran **12** **an (und für) sich** ≈ eigentlich *„Das ist eine an und für sich ganz gute Idee"*

**an²★** *ADVERB* **1** gibt in Fahrplänen die Zeit an, zu der ein Zug, Bus o. Ä. irgendwo ankommt ↔ ab *„Zürich Hauptbahnhof an 16:44"* **2** **von ... an** gibt einen örtlichen Ausgangspunkt an *„Von hier an wird das Gelände sumpfig"* **3** **von ... an** gibt den zeitlichen Ausgangspunkt von etwas an ≈ ab *„Von Montag an bin ich im Urlaub"* **4** **an die** + *Zahl gesprochen* drückt aus, dass man eine Zahl nicht genau kennt ≈ ungefähr *„Ich schätze, er ist so an die 30 Jahre alt"*

**5** **etwas ist an** *gesprochen* etwas ist angeschaltet, in Betrieb ↔ aus *„Das Licht ist an"*

**ạn-**[1]★ (*im Verb, betont und trennbar, sehr produktiv; Diese Verben werden so gebildet: anschreiben, schrieb an, angeschrieben*) **1** **etwas (an etwas** (*Dativ/Akkusativ*)**) anbinden, ankleben, anknoten, anschrauben** *und andere* drückt aus, dass man etwas irgendwo festmacht *„Er nagelte die Latte am Zaun an"* Er machte die Latte mit Nägeln am Zaun fest **2** **etwas anbeißen, anbohren, annagen, ansägen** *und andere* drückt aus, dass eine Handlung nur für kurze Zeit oder nur zu einem geringen Grad ausgeführt wird *„das Fleisch bei hoher Hitze anbraten"* das Fleisch nur kurze Zeit bei hoher Hitze braten **3** **jemanden anbetteln, angähnen, anlächeln, anschreien; jemanden/etwas ansehen, anstarren** *und andere* drückt aus, dass eine Handlung auf eine Person/Sache gerichtet ist, eine Person/Sache als Ziel hat *„Der Hund bellte den Briefträger an"* Der Hund bellte in die Richtung des Briefträgers **4** **angelaufen, angerannt, angeschlichen kommen** *und andere* drückt im Partizip Perfekt zusammen mit *kommen* aus, dass eine Person, ein Tier oder eine Sache näher zu jemandem kommt *„Wir warteten gerade auf den Bus, da kam Peter auf dem Motorrad angebraust"* ..., da näherte sich Peter mit hoher Geschwindigkeit auf dem Motorrad

**ạn-**[2] *im Adjektiv, betont, nicht produktiv* → a-

**ana̲l** ADJEKTIV *meist attributiv* den After betreffend, im After, Po

**ana·lo̲g** ADJEKTIV **1** **analog (zu jemandem/etwas); analog (jemandem/etwas)** *geschrieben* jemandem oder einer Sache in manchen Eigenschaften entsprechend oder ähnlich *„analog (zu) diesem Fall"* **2** auf herkömmliche Weise aufgenommen ⟨*eine Aufnahme*⟩ ↔ digital **3** ⟨*ein Messgerät, eine Uhr, eine Waage*⟩ mit Skala bzw. Zifferblatt

der **An·al·pha·bet** ['an|alfabe:t]; (*-en, -en*) eine Person, die nicht lesen und schreiben gelernt hat • *hierzu* **Ạn·al·pha·be·tin** *die*

die **Ana·ly·se**★ [-'ly:zə]; (*-, -n*) **1** eine Untersuchung, bei der ein Sachverhalt, eine Situation, ein Text (gedanklich) in die wichtigsten Elemente zerlegt wird ⟨*eine kritische, wissenschaftliche Analyse durchführen, vornehmen*⟩ **2** eine Methode, mit der man herausfinden will, welche chemischen Bestandteile eine Substanz hat ↔ Synthese

**ana·ly·si̲e·ren**★ (*analysierte, hat analysiert*) **1** **etwas analysieren** etwas in Bezug auf einzelne Merkmale oder Eigenschaften untersuchen, um dadurch Klarheit über die Strukturen zu bekommen ⟨*eine Beziehung, einen Satz, einen Text, einen Traum, ein Musikstück, ein Buch analysieren*⟩ **2** **etwas analysieren** eine chemische Analyse (mit einer Substanz) durchführen

die **Ạna·nas** (*-, -/-se*) eine bräunlich gelbe tropische Frucht mit sehr saftigem und süßlich schmeckendem Fleisch **K** Ananasscheibe

die **Anar·chie** [anar'çi:]; (*-, -n* [-i:ən]) **1** ein chaotischer Zustand in einem Staat mit Unruhen und staatlicher Willkür *„einen Staat an den Rand der Anarchie bringen"* **2** das Ideal einer Gesellschaft, in welcher die Menschen ohne gesetzlichen Zwang vernünftig und friedlich zusammenleben

die **Ana·to·mi̲e** (*-, -n* [-'mi:ən]) *nur Singular* die Wissenschaft vom Körperbau des Menschen und der Tiere und vom Bau der Pflanzen

**ạn·bah·nen** (*hat*) **etwas bahnt sich an** etwas beginnt, sich zu entwickeln ⟨*eine Freundschaft, eine Wende*⟩

der **Ạn·bau**★ (*-(e)s, -ten*) **1** ein Gebäude oder Teil eines Gebäudes, die (zusätzlich) an ein Hauptgebäude gebaut sind **2** *nur Singular* das Anpflanzen von Pflanzen ⟨*der Anbau von Getreide, Kartoffeln, Gemüse, Wein*⟩ **K** Anbaugebiet; Gemüseanbau

**Ạn·bau-** *im Substantiv, betont, begrenzt produktiv* **die Anbauküche, die Anbaumöbel, der Anbauschrank** *und andere* verwendet, um zu sagen, dass etwas aus einzelnen Teilen besteht, die gut zusammenpassen und ergänzt werden können *„im Wohnzimmer eine Anbauwand stehen haben"* aus Schränken und Regalen

**ạn·bau·en**★ (*hat*) **1** **(etwas (an etwas** (*Akkusativ*)**)) anbauen** etwas an ein bereits bestehendes Gebäude bauen *„eine Garage (an das Haus) anbauen"* ❶ im Passiv mit dem Hilfsverb *sein* oft mit Dativ: *die Garage war am Haus angebaut* **2** **etwas anbauen** Pflanzen auf einem Feld oder in einem Beet anpflanzen

**ạn·be·hal·ten** (*behält an, behielt an, hat anbehalten*) **etwas anbehalten** ein (oder mehrere) Kleidungsstück(e) angezogen lassen ⟨*die Schuhe anbehalten*⟩ *„Sie können Ihren Mantel ruhig anbehalten"*

**an·be̲i** ADVERB; *admin* zusammen mit einem

Schreiben, Brief, Paket *„Anbei übersenden wir Ihnen das angeforderte Informationsmaterial"*

**an·bei·ßen** (*hat*) **1** **etwas anbeißen** anfangen, etwas zu essen, den ersten Biss in etwas machen *„einen Apfel anbeißen"* **2** **ein Fisch beißt an** ein Fisch verschluckt den Köder, hängt an der Angel *„Ich glaube, es hat einer angebissen"*

**an·be·lan·gen was jemanden/etwas anbelangt** was jemanden/etwas betrifft

**an·be·rau·men** (*beraumte an, hat anberaumt*) **etwas anberaumen** *admin* etwas (für einen genauen Zeitpunkt) festsetzen ‹*ein Treffen, einen Termin, eine Sitzung anberaumen*› • *hierzu* **An·be·rau·mung** *die*

**an·be·ten** (*hat*) **jemanden anbeten** zu einem Gott beten und ihn verehren ‹*Gott, einen Götzen anbeten*› • *hierzu* **An·be·tung** *die*

**An·be·tracht in Anbetracht** (+*Genitiv*) *geschrieben* wenn man berücksichtigt, dass … *„in Anbetracht dessen, dass …"* | *„in Anbetracht der gegenwärtigen Situation"*

**an·bie·dern** (*biederte sich an, hat sich angebiedert*) **sich (bei jemandem) anbiedern** *abwertend* mit einer Person so sprechen, wie sie es gern hört, damit man ihr sympathisch ist *„Ich will mich nicht bei meinem Chef anbiedern"*

**an·bie·ten★** (*hat*) **1** **(jemandem) etwas anbieten** einer Person durch Worte oder Gesten zeigen, dass man ihr etwas Angenehmes, Nützliches oder Hilfreiches geben will *„Er bot mir an, mich ins Theater zu begleiten"* | *„Darf ich euch etwas (zum Trinken) anbieten?"* **2** **(jemandem) etwas anbieten** für etwas werben, das man verkaufen will *„auf dem Markt Waren (zum Verkauf) anbieten"* **3** **etwas bietet sich (für etwas) an** etwas ist eine günstige Möglichkeit oder gut geeignet *„Bei den vielen Feiertagen bietet es sich doch geradezu an, jetzt Urlaub zu machen"*

der **An·blick** **1** *nur Singular* der Vorgang, wenn man etwas sieht *„Ich wollte ihr den Anblick der Toten ersparen"* **2** das, was man im Moment sieht ‹*ein schrecklicher, seltener, trauriger, ungewohnter Anblick*› *„Die vielen Verletzten bei dem Unfall waren kein schöner Anblick"*

**an·bre·chen** **1** **etwas anbrechen** (*hat*) etwas (meist Essbares) (zum Verbrauch) öffnen *„eine angebrochene Dose Mais"* **2** **etwas bricht an** *geschrieben* (*ist*) etwas beginnt ‹*der Tag, der Morgen, eine neue Zeit*›

**an·bren·nen etwas brennt an** (*ist*) etwas bekommt beim Kochen zu viel Hitze und setzt sich am Boden des Kochtopfes fest ‹*das Essen, die Milch*› *„Was riecht denn hier so angebrannt?"*

**an·brin·gen** (*hat*) **1** **etwas irgendwo anbringen** etwas irgendwo aufhängen, befestigen *„eine Lampe an der Decke/ein Schild an der Wand anbringen"* **2** **etwas anbringen** etwas zeigen, erzählen ‹*sein Wissen, eine Geschichte anbringen*› **3** **etwas anbringen** *gesprochen* eine Ware verkaufen *„Unser altes Auto ist schwer anzubringen"* • *hierzu* **An·brin·gung** *die*

der **An·bruch** *nur Singular; geschrieben* ≈ Beginn *„bei Anbruch der Dunkelheit/der Nacht"*

die **An·dacht** (-, -*en*) **1** ein kurzer Gottesdienst mit Gebeten **K** Maiandacht **2** *nur Singular* die geistige Haltung oder die Konzentration, die zum Gebet nötig ist *„in Andacht versunken beten"* • *zu* (2) **an·däch·tig** *ADJEKTIV*

**an·dau·ern** (*hat*) **etwas dauert an** etwas besteht oder wirkt weiterhin, etwas hört noch nicht auf *„Die Verhandlungen dauern noch an"* | *„die andauernde Hitze"*

**an·dau·ernd** *ADJEKTIV oft abwertend meist attributiv* so oft, dass es lästig ist oder stört ≈ ständig *„Sie fragt mich andauernd dasselbe"*

das **An·den·ken** (-s, -) **1** **ein Andenken (an jemanden/etwas)** ein Souvenir, ein kleiner Gegenstand zur Erinnerung *„Er gab mir die Fotos als Andenken an die Reise"* **K** Andenkenladen **2** **das Andenken (an jemanden/etwas)** *nur Singular* die Erinnerung an jemanden oder etwas *„zum Andenken an den Toten einen Kranz auf das Grab legen"*

**an·de·r-★** **1** nicht gleich, sondern verschieden *„anderer Meinung sein als jemand"* | *„Er möchte in einer anderen Stadt leben"* **2** verwendet, um den Rest eines Paares oder einer Gruppe von Personen oder Gegenständen zu bezeichnen *„Wo sind die anderen (Mädchen) aus eurer Gruppe?"* **3** nicht die Sache oder Person, von der gerade die Rede ist, sondern eine, die es auch gibt *„Kann ich bitte ein anderes Glas haben?"* ❶ Wenn *ander-* alleine verwendet wird, schreibt man es meist klein: *Alles andere kommt nicht in Frage*; wenn betont werden soll, dass ein Unterschied besteht, ist auch Großschreibung möglich: *Im Fremden nicht nach dem Anderen suchen, sondern nach Gemeinsamkeiten.* **ID** **alles andere als** +*Adjektiv/Adverb* genau das Gegenteil einer Sache

**ạn·de·ren·falls**, **ạn·dern·falls** *BINDEWORT; geschrieben* Der Nebensatz mit *anderenfalls* nennt eine unangenehme Folge, die mit der Handlung des Hauptsatzes verhindert werden kann oder konnte ≈ sonst *„Diese Klausel muss noch geändert werden, anderenfalls werde ich nicht unterschreiben"* | *„Diese Klausel wurde geändert, anderenfalls hätte ich nicht unterschrieben"*

**ạn·de·rer·seits★** *ADVERB* → einerseits

**ạn·der·mal ein andermal** zu einem anderen Zeitpunkt *„Heute habe ich keine Zeit, können wir uns ein andermal treffen?"*

**ạ̈n·dern★** (*änderte, hat geändert*) **1** **etwas ändern** etwas in eine andere, neue oder bessere Form bringen ⟨*das Aussehen, das Verhalten, den Plan, die Richtung ändern*⟩ **2** **etwas ändert jemanden** etwas bewirkt, dass jemand das Verhalten oder die Einstellung wechselt *„Dieses Erlebnis hat ihn sehr geändert"* **3** **jemand/etwas ändert sich** jemand/etwas nimmt eine andere Eigenschaft oder Form, ein anderes Verhalten an ⟨*ein Mensch, das Wetter, die Lage*⟩

**ạn·ders★** *ADVERB* **1** nicht auf die gleiche Art und Weise ⟨*anders denken, fühlen*⟩ *„Er verhält sich anders, als wir erwartet haben"* **2** verwendet nach Fragewörtern (z. B. *wann, wo*) und Adverbien, um eine Alternative zu nennen *„Hier ist es nicht, es muss irgendwo anders sein"*

**ạn·ders·ge·ar·tet**, **ạn·ders ge·ar·tet** *ADJEKTIV* von einer anderen Art, mit anderen Merkmalen ⟨*ein Problem*⟩

**ạn·ders·he·rum** *ADVERB* **1** in eine andere oder entgegengesetzte Richtung *„einen Schrank andersherum stellen"* **2** in einer anderen oder entgegengesetzten Stellung *„Die Kommode steht jetzt andersherum"*

**ạn·ders·lau·tend**, **ạn·ders lau·tend** *ADJEKTIV* andere Informationen oder Aussagen enthaltend ⟨*ein Bericht, eine Meldung*⟩

**ạn·ders·wo★** *ADVERB; gesprochen* an irgendeinem anderen Ort ≈ woanders *„Du musst das Auto anderswo parken"*

**ạn·dert·hạlb★** *ZAHLWORT* ein Ganzes und ein Halbes (1½) ⟨*anderthalb Liter, Meter, Stunden*⟩ ≈ eineinhalb • *hierzu* **ạn·dert·hạlb·fach** *ADJEKTIV*; **ạn·dert·hạlb·mal** *ADVERB*

die **Ạ̈n·de·rung★** (-, *-en*) **eine Änderung** (+*Genitiv*); **eine Änderung (von jemandem/etwas)** das Ändern *„die Änderung eines Gesetzes beschließen"* | *„am Bauplan eine Änderung vornehmen"* **K** Änderungsantrag, Änderungsvorschlag

**ạn·der·wei·tig** *ADJEKTIV meist attributiv* **1** außerdem noch vorhanden ≈ sonstig *„Gibt es noch anderweitige Probleme zu besprechen?"* **2** an einen anderen Ort, eine andere Person oder Stelle *„einen Auftrag anderweitig vergeben"*

**ạn·deu·ten** (*hat*) **etwas andeuten** etwas unvollständig darstellen, aber das Ganze erkennen lassen *„Der Maler deutet den Hintergrund mit ein paar Pinselstrichen an"*

die **Ạn·deu·tung** ein indirekter, relativ vager Hinweis auf etwas *„Sie sprach nur in Andeutungen von ihren Zukunftsplänen"*

der **Ạn·drang** (-(*e*)*s*) eine große Menschenmenge, die auf engem Raum zusammenkommt *„Am Eingang herrschte ein großer Andrang von Kindern"*

**ạn·dre·hen** (*hat*) **1** **etwas andrehen** man dreht einen Schalter oder Hahn, damit ein Gerät an ist oder Wasser oder Strom fließt usw. *„den Hahn/das Wasser andrehen"* **2** **etwas andrehen** etwas durch Drehen befestigen ⟨*eine Schraube andrehen*⟩ **3** **jemandem etwas andrehen** *gesprochen* jemandem etwas (meist von schlechter Qualität und zu teuer) verkaufen *„Wo hast du dir denn diesen altmodischen Pullover andrehen lassen?"*

**ạn·dro·hen** (*hat*) **(jemandem) etwas androhen** einer anderen Person sagen, dass man sie bestrafen wird (meist wenn sie mit etwas nicht aufhört) ⟨*jemandem Prügel, eine Strafe androhen*⟩ *„Er drohte ihr an, sie zu entlassen"* • *hierzu* **Ạn·dro·hung** *die*

**ạn·eig·nen** (*eignete sich an, hat sich angeeignet*) **1** **sich** (*Dativ*) **etwas aneignen** etwas durch Lernen, Üben bekommen ⟨*sich* (*Dativ*) *Kenntnisse, einen besseren Stil, gutes Benehmen, Wissen aneignen*⟩ **2** **sich** (*Dativ*) **etwas aneignen** etwas an sich nehmen, das einer anderen Person gehört *„Er eignete sich unerlaubt mehrere Bücher aus der Bibliothek an"* • *hierzu* **Ạn·eig·nung** *die*

**an·ei·nạn·der★** *ADVERB* **1** eine Person/Sache an die andere oder an der anderen *„zwei Schläuche aneinander befestigen"* **2** verwendet, um eine Gegenseitigkeit auszudrücken *„Wir denken oft aneinander"* Ich denke oft an sie, und sie denkt oft an mich

**an·ei·nạn·der-** (*im Verb, betont und trennbar, begrenzt produktiv; Diese Verben werden* *so gebildet: aneinanderbinden, band aneinander, aneinandergebunden*) **Dinge aneinanderbinden, aneinanderdrücken, aneinanderkleben**; **Personen aneinanderfesseln** *und andere* drückt aus, dass eine feste Verbindung oder fester Kontakt entsteht *„Er schraubte die beiden Bretter aneinander"* Er machte das eine Brett mit Schrauben an dem anderen Brett fest

die **Anek·do·te** (-, -*n*) eine kurze, meist lustige Geschichte über eine bekannte Persönlichkeit oder ein Geschehen • *hierzu* **anek·do·ten·haft** ADJEKTIV

**an·ekeln** (*hat*) **eine Person/Sache ekelt jemanden an** eine Person oder Sache hat eine abstoßende Wirkung auf jemanden oder ruft Ekel bei jemandem hervor *„Der schlechte Geruch ekelte mich an"*

**an|er·kannt** ADJEKTIV wegen mancher Fähigkeiten oder Qualitäten allgemein geschätzt oder geachtet *„ein international anerkannter Musiker"*

**an|er·ken·nen**★ (*erkannte an/selten auch anerkannte, hat anerkannt*) **1** **jemanden/etwas anerkennen** jemanden/etwas positiv beurteilen ⟨*jemandes Leistungen anerkennen*⟩ **2** **etwas anerkennen** etwas respektieren, achten und befolgen ⟨*eine Abmachung, eine Regel, eine Vorschrift anerkennen*⟩ **3** **jemanden/etwas (als etwas** (*Akkusativ*)**) anerkennen** jemanden/etwas als gültig und rechtmäßig betrachten *„Diese Prüfung/Dieser Abschluss wird bei uns nicht anerkannt"*

**an|er·ken·nens·wert** ADJEKTIV so, dass bei anderen Personen eine positive Reaktion entsteht ⟨*eine Leistung, ein Verhalten*⟩

**an·fah·ren** **1** **jemanden anfahren** (*hat*) jemanden mit einem Fahrzeug streifen und dadurch verletzen *„Sie wurde beim Überqueren der Straße von einem Auto angefahren und leicht verletzt"* **2** **jemanden anfahren** *gesprochen* (*hat*) starken Ärger zeigen, wenn man mit jemandem spricht *„Als ich das Glas umstieß, fuhr sie mich wütend an"* **3** **jemand/etwas fährt an** (*ist*) eine Person bringt ihr Fahrzeug in Bewegung oder ein Fahrzeug setzt sich in Bewegung *„Der Zug fuhr mit einem kräftigen Ruck an"* | *„Er musste auf der vereisten Straße ganz langsam anfahren"*

die **An·fahrt** **1** das Liefern von Waren o. Ä. mit einem Fahrzeug **2** der Weg mit einem Fahrzeug an ein Ziel ≈ Anreise **K** Anfahrtsskizze **3** das Geld, das man einem Handwerker o. Ä. für die Fahrt von der Firma zum Arbeitsort bezahlen muss ≈ Anreise *„das kostet 50 Euro Anfahrt"* | *„für die Anfahrt berechnen wir einen Euro pro Kilometer"*

der **An·fall** **1** bei einem Anfall hat man plötzlich starke Symptome einer Krankheit ⟨*ein asthmatischer, epileptischer Anfall; einen Anfall bekommen, haben*⟩ *„ein Anfall akuter Atemnot"* **K** Herzanfall, Hustenanfall **2** **ein Anfall (von etwas)** bei einem Anfall fühlt oder tut man etwas plötzlich sehr intensiv und kann sich nicht beherrschen ⟨*in einem Anfall von Eifersucht, Größenwahn, Panik, Verzweiflung*⟩ **K** Wutanfall **3** **einen Anfall bekommen** sehr wütend werden

**an·fal·len** **1** **etwas fällt an** (*ist*) etwas entsteht immer wieder oder ist ständig vorhanden *„die laufend anfallende Post erledigen"* | *„Bei diesem Projekt fielen sehr hohe Kosten an"* **2** **ein Tier fällt jemanden an** (*hat*) ein Tier greift Personen oder andere Tiere an und verletzt diese *„Unser Hund hat den Briefträger angefallen"*

**an·fäl·lig** ADJEKTIV **1** **anfällig (für etwas)** nicht resistent gegen etwas, keinen Widerstand gegen etwas zeigend ⟨*anfällig sein für Krankheiten, Beeinflussungen*⟩ **K** krankheitsanfällig **2** **anfällig (für etwas)** nicht gut gegen negative Einflüsse geschützt ⟨*eine Maschine, die Wirtschaft*⟩ *„Der neue Computer ist anfällig für Störungen"* **K** störungsanfällig

der **An·fang**★ **1** *meist Singular* der Zeitpunkt, zu dem etwas anfängt, beginnt *„den Anfang des Films verpassen"* **K** Anfangsschwierigkeiten **2** *nur Singular* die Stelle, wo etwas anfängt oder der Teil, mit dem etwas anfängt *„der Anfang der Autobahn"* | *„Das Buch hat einen spannenden Anfang"* ❶ zu 1 und 2: *Beginn* hat die gleiche Bedeutung, ist aber nicht so häufig wie *Anfang* und wird meist in schriftlichen Texten verwendet. **3** **Anfang** + *Zeitangabe* am Anfang des genannten Zeitraums *„Anfang nächster Woche"* **4** *nur Plural* die Ereignisse, Tatsachen o. Ä., mit denen eine Entwicklung beginnt *„Die Anfänge der Menschheit liegen in Afrika"* **5** **von Anfang an** sofort, nicht erst in einer späteren Phase *„Ich war von Anfang an dagegen"* **ID** **den Anfang machen** als Erster etwas beginnen; **Anfang zwanzig/dreißig/vierzig** *usw.* **sein** ca. 20 bis 23/30 bis 33 usw. Jahre alt sein; **Aller Anfang ist schwer** wenn man etwas Neues beginnt, hat man immer Probleme

**ạn·fan·gen**★ (*hat*) **1** **etwas fängt (irgendwann) an** etwas findet von einem Zeitpunkt an statt *„Das Konzert fängt um 8 Uhr an“* **2** **etwas fängt irgendwo an** etwas erstreckt sich von der genannten Stelle aus *„Hinter dieser Bergkette fangen die Dolomiten an“* **3** **etwas fängt irgendwie an** etwas ist in der ersten Zeit irgendwie *„Die Beschwerden fingen ganz harmlos an, wurden aber immer schlimmer“* **4** **(etwas/mit etwas) anfangen** den ersten Teil einer Sache machen *„Wer von euch hat den/mit dem Streit angefangen?“* | *„Wann fangen wir endlich an?“* | *„Das Auto fängt allmählich an zu rosten/zu rosten an“* ❶ zu 1 – 5: *Anfangen* und *beginnen* sind fast immer austauschbar, allerdings benutzt man *beginnen* meist in schriftlichen Texten und *anfangen* im Gespräch; die Gegensatzpaare sind *anfangen* und *aufhören*, *beginnen* und (*be*)*enden*. **ID** **mit jemandem/etwas nicht viel/nichts anfangen können** **a** jemanden/etwas nicht verstehen **b** mit einer Person nicht gern zusammen sein bzw. etwas nicht gern tun

der **Ạn·fän·ger** (-s, -) eine Person, die gerade mit einer Ausbildung oder Tätigkeit beginnt ⟨*Kurse für Anfänger*⟩ • *hierzu* **Ạn·fän·ge·rin** *die*

**ạn·fäng·lich** ADJEKTIV *meist attributiv* am Anfang (noch) vorhanden

**ạn·fangs**★ ADVERB zuerst, am Anfang *„Anfangs war er noch schüchtern“*

**ạn·fas·sen**★ (*hat*) **1** **jemanden/etwas anfassen** jemanden/etwas mit der Hand berühren oder greifen *„Er fasst mich immer an, wenn er mit mir spricht“* **2** **jemanden irgendwie anfassen** mit jemandem in der genannten Weise umgehen ⟨*jemanden rau, hart, sanft anfassen*⟩ **ID** **Fass doch mal mit an!** *gesprochen* Hilf doch mal mit!

**ạn·fech·ten** (*ficht an, focht an, hat angefochten*) **etwas anfechten** die Gültigkeit oder Richtigkeit einer Sache nicht anerkennen ⟨*ein Testament, ein Urteil, die Wahlen anfechten*⟩

**ạn·fein·den** (*feindete an, hat angefeindet*) **jemanden anfeinden** zu einer Person, die man nicht leiden kann, sehr unhöflich sein oder sie bekämpfen • *hierzu* **Ạn·fein·dung** *die*

**ạn·fer·ti·gen** (*hat*) **etwas anfertigen** *geschrieben* etwas herstellen, machen ⟨*ein Gutachten anfertigen; ein Bild, Kleider anfertigen lassen*⟩

**ạn·feu·ern** (*hat*) **jemanden anfeuern** (vor allem beim Sport) durch Zurufe usw. jemanden zu größeren Leistungen treiben *„Die Fans feuerten ihre Mannschaft lautstark an“* • *hierzu* **Ạn·feu·e·rung** *die*

**ạn·fle·hen** (*hat*) **jemanden anflehen** eine Person dringend um etwas bitten und versuchen, ihr Mitleid zu erregen *„Er flehte sie an, ihn nicht zu verlassen“*

**ạn·flie·gen** **1** **jemand/etwas fliegt etwas an** (*hat*) ein Flugzeug bzw. dessen Besatzung fliegt in Richtung auf etwas ⟨*einen Flughafen, ein Ziel anfliegen*⟩ **2** ⟨*eine Fluggesellschaft*⟩ **fliegt etwas an** eine Fluggesellschaft hat eine Fluglinie zu dem genannten Ort *„Die Lufthansa fliegt die Insel direkt an“*

der **Ạn·flug** *meist Singular* **im/beim Anflug auf etwas** (*Akkusativ*) in der letzten Phase des Flugs vor der Landung

**ạn·for·dern** (*hat*) **jemanden/etwas anfordern** nach jemandem/etwas (dringend) verlangen oder etwas bestellen ⟨*ein Gutachten, Ersatzteile anfordern; Arbeitskräfte anfordern*⟩

die **Ạn·for·de·rung** **1** *meist Plural* die (meist hohen) Maßstäbe, nach denen jemandes Leistungen beurteilt werden ⟨*hohe, große Anforderungen an jemanden stellen; den Anforderungen nicht gewachsen sein*⟩ **2** *meist Singular* das Anfordern ⟨*die Anforderung von Waren, Arbeitskräften*⟩

die **Ạn·fra·ge**★ eine Frage oder Bitte um Auskunft *„Wir bekamen sehr viele Anfragen nach Ferienwohnungen“* Sehr viele Leute wollten Ferienwohnungen buchen

**ạn·fra·gen** (*hat*) **(bei jemandem/etwas) anfragen** sich an jemanden/eine Institution mit einer Frage wenden ⟨*höflich, bescheiden anfragen, ob …*⟩

**ạn·freun·den** (*freundete sich an, hat sich angefreundet*) **1** **eine Person freundet sich mit jemandem an**; **Personen freunden sich an** zwei oder mehrere Personen werden Freunde **2** **sich (nicht) mit etwas anfreunden können** etwas (nicht) mögen, sich (nicht) an etwas gewöhnen *„Er kann sich nicht mit der modernen Technik anfreunden“*

**ạn·füh·len**★ (*hat*) **etwas fühlt sich irgendwie an** Wenn man etwas berührt oder erlebt, bekommt man den genannten Eindruck *„Dieser Stoff fühlt sich rau an“* | *„Jetzt weißt du, wie es sich anfühlt, wenn man belogen wird“*

**ạn·füh·ren** (*hat*) **1** **etwas anführen** etwas erwähnen, vorbringen *„Er führte zu seiner Ent-

*schuldigung an, dass der Wecker nicht geklingelt habe"* 2 **etwas anführen** eine Gruppe leiten und ihr Befehle geben ⟨*eine Kompanie anführen*⟩ • *zu* (2) **An·füh·rer** *der*; *zu* (2) **An·füh·re·rin** *die*

das **An·füh·rungs·zei·chen** (-s, -); *meist Plural* die Zeichen „ und ", die in geschriebenen Texten zeigen, dass etwas wörtliche Rede, ein Zitat oder ironisch gemeint ist ⟨*etwas in Anführungszeichen setzen*⟩ ⓘ Die Zeichen , und ' heißen *einfache Anführungszeichen.*

die **An·ga·be★** (-, -*n*) 1 die Information, die man einer Person gibt ⟨*falsche, genaue, richtige Angaben machen; Angaben zum Sachverhalt*⟩ *„Wir müssen Ihre Angaben natürlich überprüfen"* K Ortsangabe, Zeitangabe 2 *gesprochen, abwertend nur Singular* eine Äußerung oder ein Verhalten, durch die man die Bewunderung anderer Leute erlangen will *„War das nur Angabe oder bist du wirklich so stark?"*

**an·ge·ben★** (*hat*) 1 **(jemandem) etwas angeben** etwas nennen, um so einer Person eine Information zu geben ⟨*den Namen, die Adresse angeben*⟩ *„Er gab als Grund für die Verspätung an, dass er den Bus verpasst habe"* 2 **(mit etwas) angeben** *gesprochen, abwertend* übertrieben stolz von einer Sache erzählen, um von anderen Leuten bewundert zu werden ≈ prahlen *„Gib doch nicht so an mit deinem neuen Auto!"* • *zu* **An·ge·ber** *der*; *zu* **An·ge·be·rin** *die*; *zu* **an·ge·be·risch** *ADJEKTIV*

**an·geb·lich★** *ADJEKTIV* drückt aus, dass etwas behauptet wird, man aber Zweifel daran hat *„ihr angeblicher Cousin"* | *„Er soll angeblich sehr reich sein"*

**an·ge·bo·ren** *ADJEKTIV* von Geburt an vorhanden, nicht gelernt ⟨*ein Instinkt, eine Krankheit, eine Abneigung*⟩

das **An·ge·bot★** (-(*e*)*s*, -*e*) 1 das Anbieten einer Ware zum Kauf ⟨*jemandem ein günstiges Angebot machen*⟩ 2 **das Angebot (an etwas** (*Dativ*)**)** die Menge einer angebotenen Ware *„ein reichhaltiges Angebot (an Obst/Fleisch)"*

**an·ge·bracht** *ADJEKTIV* genau passend für eine Situation ⟨*etwas für angebracht halten*⟩ *„Es wäre angebracht, sich zu entschuldigen/dass du dich entschuldigst"*

**an·ge·bro·chen** *ADJEKTIV* 1 zum Teil schon vorbei ⟨*ein Abend, ein Tag*⟩ *„Was machen wir mit dem angebrochenen Abend?"* 2 (zum Essen oder Trinken) schon geöffnet ⟨*eine Weinflasche, eine Packung*⟩

**an·ge·bun·den** *ADJEKTIV* **kurz angebunden sein** unfreundlich sein, sehr knappe Antworten geben

**an·ge·hei·tert** *ADJEKTIV* durch das Trinken von Alkohol in fröhlicher Stimmung

**an·ge·hen★** 1 **etwas geht an** *gesprochen* (*ist*) etwas beginnt zu brennen ⟨*das Feuer, der Ofen, das Licht*⟩ ↔ ausgehen 2 **etwas (irgendwie) angehen** (*hat/süddeutsch* Ⓐ Ⓒⓗ *ist*) *anfangen, etwas (auf die genannte Weise) zu behandeln, zu lösen versuchen „Wir müssen diese Aufgaben jetzt endlich mal angehen"* 3 **etwas geht jemanden (et)was/nichts an** (*ist*) eine Person ist von der genannten Angelegenheit betroffen/nicht betroffen *„Das sind meine Probleme, die gehen dich gar nichts an"* ⓘ meist im Präsens oder Präteritum 4 **was jemanden/etwas angeht, ...** drückt aus, dass man zur genannten Person/Sache etwas sagen will *„Was dieses Thema angeht, so haben wir schon genug darüber diskutiert"* 5 **es geht nicht/gerade noch an, dass ...** (*hat*) es kann nicht/gerade noch akzeptiert oder zugelassen werden, dass ... *„Es geht nicht an, dass hier geraucht wird"*

**an·ge·hö·ren★** (*gehörte an, hat angehört*) **einer Sache** (*Dativ*) **angehören** Mitglied oder Teil meist einer Gruppe oder Organisation sein ⟨*einem Verein, einem Komitee angehören*⟩ • *hierzu* **an·ge·hö·rig** *ADJEKTIV*; **An·ge·hö·rig·keit** *die*

der/die **An·ge·hö·ri·ge★** (-*n*, -*n*) 1 *meist Plural* die Mitglieder einer Familie oder der Verwandtschaft *„die Angehörigen eines Unfallopfers verständigen"* K Familienangehörige 2 eine Person, die Mitglied einer Gruppe oder Organisation ist K Betriebsangehörige ⓘ *ein Angehöriger; der Angehörige; den, dem, des Angehörigen*

der/die **An·ge·klag·te★** (-*n*, -*n*) eine Person, die vor Gericht steht, weil sie eine Straftat begangen haben soll ⓘ *Angeklagter* ist man in einem Strafprozess, *Beklagter* in einem Zivilprozess

**an·ge·knackst** *ADJEKTIV*; *gesprochen* in nicht ganz gesundem, intaktem Zustand ⟨*das Selbstbewusstsein, die Gesundheit*⟩

die **An·gel★** (-, -*n*) 1 ein Stab, an dem eine Schnur mit einem Haken hängt. Mit einer Angel fängt man Fische ⟨*die Angel auswerfen, einen Fisch an der Angel haben*⟩ K Angelhaken 2 ein Stück Metall, das dazu dient, eine Tür oder ein Fenster beweglich am Rahmen zu befestigen **K** Türangel

die **Ạn·ge·le·gen·heit★** ein Sachverhalt oder ein Problem ⟨*eine dringende, peinliche Angelegenheit regeln; sich in fremde Angelegenheiten mischen*⟩ **K** Privatangelegenheit

**ạn·geln★** (*angelte, hat geangelt*) **(etwas) angeln** Fische mit der Angel fangen ⟨*angeln gehen*⟩

**ạn·ge·mes·sen★** *ADJEKTIV* **(einer Sache** (*Dativ*)**) angemessen** in Menge, Intensität oder Ausmaß zur Situation passend *„ein angemessenes Verhalten"* | *„Das Gehalt ist der Leistung angemessen"*

**ạn·ge·nehm★** *ADJEKTIV* **1** so, dass etwas ein erfreuliches, positives Gefühl hervorruft *„Ich war angenehm überrascht"* **2** so, dass eine Person auf andere Menschen einen guten Eindruck macht

**ạn·ge·nom·men** *BINDEWORT* **angenommen, (dass) ...** verwendet, um eine Vermutung oder Voraussetzung einzuleiten, meist zusammen mit einer Folge *„Angenommen, sie kommt nicht, was machen wir dann?"* ❶ Die Wortstellung ist ohne *dass* wie in einem Hauptsatz, mit *dass* die eines *dass* -Satzes.

**ạn·ge·regt** *ADJEKTIV* lebhaft und interessant ⟨*ein Gespräch, eine Diskussion*⟩

**ạn·ge·schla·gen** *ADJEKTIV* **1** in nicht ganz intaktem, gesundem Zustand ⟨*das Selbstbewusstsein, die Gesundheit, ein Betrieb; sich etwas angeschlagen fühlen*⟩ **2** erschöpft und meist leicht verletzt ⟨*ein Boxer*⟩ **3** leicht beschädigt ⟨*ein Teller, eine Tasse*⟩

**ạn·ge·se·hen★** *ADJEKTIV* von anderen Leuten sehr geachtet, respektiert ⟨*ein Mitbürger*⟩

**ạn·ge·sengt** *ADJEKTIV* durch Hitze leicht beschädigt *„Was riecht denn hier so angesengt?"*

**ạn·ge·sichts★** *PRÄPOSITION mit Genitiv* aus dem genannten Grund ≈ wegen *„angesichts drohender Verluste Einsparungen vornehmen"* ❶ auch zusammen mit *von*: *angesichts von 10 % Umsatzrückgängen*

**ạn·ge·spannt** *ADJEKTIV* **1** in einem Zustand, in dem man alle Kräfte auf ein Ziel konzentriert *„jemandem mit angespannter Aufmerksamkeit zuhören"* **2** in einem Zustand, der leicht zu einem Konflikt führt ⟨*eine politische Situation, ein Verhältnis*⟩

**ạn·ge·stellt★** *ADJEKTIV* **(irgendwo) angestellt** bei einer Firma oder Institution beschäftigt ⟨*fest angestellt sein*⟩ *„bei einer Bank angestellt sein"*

der/die **Ạn·ge·stell·te★** (*-n, -n*) eine Person, die für ein monatliches Gehalt bei einer Firma oder Behörde arbeitet ⟨*ein leitender, kaufmännischer Angestellter*⟩ **K** Bankangestellte, Büroangestellte ❶ a) *ein Angestellter; der Angestellte; den, dem, des Angestellten*; b) *Angestellte* einer Firma sind entweder alle Mitarbeiter mit fester Stelle oder diejenigen Personen, die im Büro arbeiten, im Unterschied zu Arbeitern und Handwerkern.

**ạn·ge·tan** *ADJEKTIV* **von jemandem/etwas angetan sein** von einer Person oder Sache eine sehr positive Meinung haben

**ạn·ge·wie·sen** *ADJEKTIV* **auf jemanden/etwas angewiesen sein** jemanden/etwas unbedingt brauchen oder benötigen *„Als Bauer ist man auf ausreichend Regen angewiesen"*

**ạn·ge·wöh·nen★** (*hat*) **jemandem etwas angewöhnen** etwas zur Gewohnheit werden lassen *„Er hat sich angewöhnt, jeden Abend einen Spaziergang zu machen"* | *„Du sollst den Hund nicht am Tisch füttern, so gewöhnst du ihm nur das Betteln an"* • *hierzu* **Ạn·ge·wöh·nung** *die*

die **Ạn·ge·wohn·heit★** eine meist schlechte Eigenschaft oder ein störendes Verhalten, das sich jemand angewöhnt hat ⟨*eine schlechte, seltsame Angewohnheit*⟩

**ạn·ge·zo·gen** *ADJEKTIV* **irgendwie angezogen** so, dass die Kleidung einer Person die genannte Eigenschaft hat ⟨*elegant, gut, teuer, warm angezogen*⟩ ≈ gekleidet

die **An·gi·na** [aŋ'gi:na]; (*-, An·gi·nen*); *meist Singular* eine schmerzhafte Entzündung von Hals und Mandeln ≈ Mandelentzündung

**ạn·glei·chen** (*hat*) **sich/etwas (jemandem/etwas) angleichen; sich/etwas (an jemanden/etwas) angleichen** sich selbst oder eine Sache so verändern, dass man selbst oder die Sache wie eine andere Person oder Sache wird oder zu ihr passt *„Das Chamäleon kann seine Farbe der Umgebung angleichen"* | *„Sie versuchte, sich anzugleichen, um nicht aufzufallen"* • *hierzu* **Ạn·glei·chung** *die*

der **Ạng·ler** (*-s, -*) eine Person, die mit einer Angel Fische fängt • *hierzu* **Ạng·le·rin** *die*

**ạn·grei·fen★** (*hat*) **1** **(jemanden/etwas) angreifen** mit Waffen gegen eine Person, ein Land o. Ä. zu kämpfen beginnen **2** **jemanden/etwas angreifen** jemanden/etwas mündlich oder schriftlich stark kritisieren *„Der Redner griff die Politik der Regierung scharf an"* • *hierzu*

**An·grei·fer** *der;* **An·grei·fe·rin** *die*

der **An·griff★** 1 **ein Angriff (gegen/auf jemanden/etwas)** das Angreifen eines Gegners, Feindes ⟨*einen Angriff fliegen, abwehren, zurückschlagen*⟩ ≈ Offensive 2 **ein Angriff (gegen/auf jemanden/etwas)** das scharfe Kritisieren und Angreifen ≈ Vorwurf *„Die Zeitung richtete heftige Angriffe gegen die Regierung"*

**an·griffs·lus·tig** *ADJEKTIV* immer bereit, jemanden anzugreifen ⟨*ein Tier, ein Hund, ein Tiger o. Ä.; ein Mensch*⟩ ≈ aggressiv

**an·grin·sen** (*hat*) **jemanden angrinsen** jemanden grinsend ansehen ⟨*jemanden dümmlich, freundlich, herausfordernd angrinsen*⟩

die **Angst★** (-, *Ängs·te*) 1 **Angst (vor jemandem/etwas)** der psychische Zustand einer Person, die bedroht wird oder in Gefahr ist ⟨*große Angst vor jemandem/etwas haben, bekommen; jemandem Angst einflößen*⟩ *„Der Briefträger hat Angst vor unserem bissigen Hund"* | *„Hast du Angst* (*davor*)*, überfallen zu werden?"* K Angstschweiß; Prüfungsangst ❶ *jemand hat Angst,* aber: *jemandem ist angst* (kleingeschrieben) 2 **Angst (um jemanden/etwas)** *nur Singular* die ernsthafte Sorge, dass jemandem etwas Schlimmes passiert oder dass man jemanden/etwas verliert *„Angst um den Arbeitsplatz haben"* ID **vor Angst (fast) vergehen/umkommen** sehr große Angst haben

**ängst·lich★** *ADJEKTIV* 1 mit der Eigenschaft, leicht und oft Angst zu bekommen 2 *meist adverbiell* voll Angst *„Die Katze versteckte sich ängstlich unter dem Schrank"*

**an·gur·ten** (*gurtete an, hat angegurtet*) **jemanden angurten** einer anderen Person oder sich selbst im Auto oder Flugzeug einen Sicherheitsgurt anlegen *„Du musst dich noch angurten!"*

**an·ha·ben★** (*hat*) **etwas anhaben** *gesprochen* ein Kleidungsstück angezogen haben, es tragen *„ein neues Hemd anhaben"* ❶ Bei Mützen, Hüten o. Ä. sagt man *aufhaben*: *Er hatte einen Helm auf.* ID **jemandem/etwas (et)was/nichts anhaben können** a beweisen/nicht beweisen können, dass jemand schuldig ist b jemandem/etwas einen/keinen Schaden zufügen können *„Wir warteten in der Hütte, wo uns das Gewitter nichts anhaben konnte"*

**an·hal·ten★** (*hat*) 1 **jemand/etwas hält an** ein Fahrzeug bewegt sich nicht mehr weiter *„an der roten Ampel anhalten"* ❶ Fahrzeuge halten an, Fußgänger bleiben stehen 2 **etwas hält an** der genannte Zustand oder Vorgang hört nicht auf, besteht weiter *„eine seit Wochen anhaltende Krise/Hitzewelle"* 3 **jemanden/etwas anhalten** dafür sorgen, dass jemand/etwas aufhört, sich zu bewegen *„Er konnte das Auto rechtzeitig anhalten und einen Zusammenstoß verhindern"* 4 **die Luft/den Atem anhalten** absichtlich längere Zeit nicht atmen

der **An·hal·ter** (-s, -) 1 eine Person, die am Straßenrand steht und (durch Handzeichen) Autofahrer bittet, sie kostenlos mitzunehmen 2 **per Anhalter fahren** *gesprochen* als Anhalter in einem Fahrzeug mitfahren • *zu* (1) **An·hal·te·rin** *die*

der **An·halts·punkt** ein Ding oder Ereignis, das dazu dient, eine Meinung zu bilden oder zu begründen ≈ Hinweis *„Der Kommissar suchte nach Anhaltspunkten, die zur Aufklärung des Verbrechens führen könnten"*

**an·hand★** *PRÄPOSITION mit Genitiv* verwendet, um die Mittel, Informationen o. Ä. zu nennen, die für eine Vorgehensweise oder Entscheidung benutzt werden *„Das Gericht fällte das Urteil anhand der Indizien"* ❶ auch zusammen mit *von*: *Er wurde anhand von Indizien verurteilt*

der **An·hang** 1 *meist Singular* ein Nachtrag (ein Text, eine Tabelle o. Ä.), der einem Buch oder Text am Ende angefügt ist ≈ Appendix *„Im Anhang des Wörterbuches steht eine Liste mit unregelmäßigen Verben"* ❶ Abkürzung: *Anh.* 2 *gesprochen nur Singular* Freunde, Bekannte oder Familienmitglieder, die jemanden begleiten

**an·hän·gen**[1] (*hing an, hat angehangen*) **jemandem/etwas anhängen** *geschrieben* ein Anhänger von jemandem oder etwas sein ⟨*einer Ideologie, einer Partei anhängen*⟩

**an·hän·gen**[2] (*hängte an, hat angehängt*) 1 **etwas (an etwas** (*Akkusativ*)**) anhängen** etwas an etwas hängen oder befestigen *„einen Waggon an den Zug anhängen"* 2 **jemandem etwas anhängen** *gesprochen* behaupten, dass ein Unschuldiger etwas Böses oder Negatives getan hat *„Sie wollten ihm den Mord anhängen"*

der **An·hän·ger★** (-s, -) 1 ein Wagen ohne eigenen Motor, der an ein Fahrzeug angehängt und von diesem gezogen wird K Lkw-Anhänger; Bootsanhänger 2 ein Schmuckstück, das man an einer Kette tragen kann 3 eine Person, die von einer Person oder Sache (z. B. von einer Partei, einer Ideologie oder einer Mannschaft) überzeugt ist *„ein Anhänger der Opposition"* • *zu* (3) **An·hän·ge·rin** *die*; *zu* (3) **An·hän·ger·schaft** *die*

**an·häng·lich** *ADJEKTIV* darum bemüht, engen Kontakt zu jemandem zu halten ⟨*ein Kind, ein Freund*⟩ • *hierzu* **An·häng·lich·keit** *die*

**an·hau·en** (*hat*) **1** **jemanden (um etwas/wegen etwas) anhauen** *gesprochen* jemanden sehr direkt um Geld oder ein Geschenk bitten *„einen Bekannten um 100 Euro anhauen"* **2** **sich** (*Dativ*) **etwas (an etwas** (*Dativ*)**) anhauen** *gesprochen* sich verletzen, indem man gegen etwas stößt *„sich den Kopf am Regal anhauen"*

**an·häu·fen** (*hat*) **etwas anhäufen** eine größere Anzahl oder Menge einer Sache (als Vorrat) sammeln ⟨*Vorräte, Geld, Wissen anhäufen*⟩ • *hierzu* **An·häu·fung** *die*

**an·he·ben★** (*hob an, hat angehoben*) **1** **etwas anheben** einen Gegenstand (für kurze Zeit) nach oben heben *„Heb mal kurz deinen Teller an, dass ich den Tisch abwischen kann"* **2** **etwas anheben** die Menge steigern oder die Qualität verbessern ⟨*die Löhne, den Lebensstandard anheben*⟩ ≈ erhöhen • *zu* (2) **An·he·bung** *die*

**an·hei·zen** (*hat*) **1** **(etwas) anheizen** (meist in einem Ofen) Feuer machen ⟨*den Ofen anheizen*⟩ **2** **etwas anheizen** *gesprochen* bewirken, dass etwas intensiver oder heftiger wird ⟨*eine Diskussion, einen Streit, die Stimmung anheizen*⟩

**An·hieb auf Anhieb** *gesprochen* sofort, beim ersten Versuch ⟨*etwas auf Anhieb schaffen*⟩ *„Sein Experiment klappte auf Anhieb"*

**an·hö·ren★** (*hat*) **1** **(sich** (*Dativ*)**) etwas anhören** (aufmerksam) zuhören, was jemand sagt oder erzählt, was gesungen oder gespielt wird *„Hast du dir die CD schon angehört?"* **2** **jemanden anhören** eine Person das sagen lassen, was sie sagen möchte **3** **jemand/etwas hört sich irgendwie an** *gesprochen* jemand oder etwas macht den genannten (meist akustischen) Eindruck *„Dein Vorschlag hört sich nicht schlecht an"*

die **An·hö·rung** (-, *-en*) eine Veranstaltung (z. B. im Parlament), bei der Experten oder Personen, die von demselben Fall betroffen sind, öffentlich etwas zu einem Thema sagen und Informationen geben *„eine öffentliche Anhörung von Sachverständigen"* **K** Anhörungsverfahren

die **Ani·ma·ti·on** [-'tsi̯oːn]; (-, *-en*) ein Verfahren, mit dem sich Grafiken und Objekte in Filmen zu bewegen scheinen bzw. auf diese Weise dargestellte Grafiken und Objekte *„die eindrucksvolle Animation der Saurier in diesem Film"* **K** Computeranimation

**an·kämp·fen** (*hat*) **gegen jemanden/etwas ankämpfen** versuchen, jemanden/etwas zu überwinden oder zu besiegen *„gegen die Dummheit anderer ankämpfen"* | *„gegen die Müdigkeit ankämpfen"*

der **An·ker** (-*s*, -) den Anker wirft man aus einem Schiff oder Boot ins Wasser, damit es an einer Stelle bleibt ⟨*den Anker (aus)werfen, hieven, lichten*⟩ **K** Ankerkette • *hierzu* **an·kern** (*hat*)

die **An·kla·ge** eine Beschuldigung vor Gericht gegen jemanden, ein Verbrechen begangen zu haben ⟨*gegen jemanden Anklage erheben*⟩ **K** Anklageschrift

**an·kla·gen** (*hat*) **1** **jemanden (wegen etwas) anklagen** jemanden vor Gericht beschuldigen, ein Verbrechen begangen zu haben ⟨*jemanden des Mordes anklagen*⟩ **2** **etwas anklagen** öffentlich mit heftigen Worten sagen, dass etwas schlecht ist ⟨*das Schicksal, Missstände anklagen*⟩ • *hierzu* **An·klä·ger** *der*; **An·klä·ge·rin** *die*

der **An·klang** **1** **Anklänge (an jemanden/etwas)** ähnliche Merkmale wie jemand/etwas oder Ähnlichkeiten mit jemandem/etwas *„Das Bild zeigt deutliche Anklänge an Picasso"* **2** **etwas findet Anklang (bei jemandem)** etwas bewirkt bei jemandem eine positive Reaktion, wird positiv aufgenommen *„Sein Vorschlag fand bei allen Mitgliedern großen Anklang"*

**an·kle·ben** **etwas (an etwas** (*Dativ/Akkusativ*)**) ankleben** (*hat*) etwas mit Klebstoff irgendwo festmachen ⟨*Tapeten, Plakate (an die Wände) ankleben*⟩

**an·kli·cken** (*hat*) **etwas anklicken** auf eine Taste der Maus drücken, um eine von mehreren Möglichkeiten, die auf dem Bildschirm dargestellt sind, auszuwählen ⟨*ein Symbol, eine Option anklicken*⟩

**an·klop·fen** (*hat*) **1** an die Tür klopfen, weil man in einen Raum treten will *„Er klopfte zuerst an, bevor er ins Zimmer des Chefs ging"* **2** während eines Telefongesprächs durch ein Tonsignal mitteilen, dass noch jemand versucht anzurufen

**an·knüp·fen** (*hat*) **1** **etwas (mit jeman-**

**dem) anknüpfen** einen Kontakt, eine Verbindung zu jemandem herstellen *„erste Geschäftskontakte anknüpfen"* **2** **an etwas** (*Akkusativ*) **anknüpfen** etwas so beginnen, dass es eine Verbindung zu etwas oder einen Zusammenhang mit etwas hat ⟨*an einen alten Brauch, an die Ideen des Vorgängers anknüpfen*⟩ ❶ weitere Verwendungen → **an-**

**ạn·kom·men**★ (*ist*) **1** **jemand/etwas kommt (irgendwo) an** eine Person oder Sache erreicht das Ziel eines Weges *„Seid ihr gut in Italien angekommen?"* **2** **jemand/etwas kommt (bei einer Person) an** jemand/etwas ruft bei einer Person eine positive Reaktion hervor oder ist einer Person sympathisch *„Der Vorschlag kam bei allen (gut) an"* **3** **etwas kommt auf jemanden/etwas an** etwas hängt von einer Person/Sache ab *„Es kommt auf die Bezahlung an, ob ich den Job annehme"* **4** **jemandem kommt es auf etwas** (*Akkusativ*) **an** etwas ist für jemanden sehr wichtig *„Mir kommt es darauf an, dass alle zufrieden sind"*

**ạn·kot·zen** (*hat*) **eine Person/Sache kotzt jemanden an** *gesprochen, abwertend* eine Person oder Sache ruft in jemandem heftigen Widerwillen hervor oder geht jemandem auf die Nerven *„Diese stupide Arbeit kotzt mich an!"*

**ạn·krei·den** (*kreidete an, hat angekreidet*) **jemandem etwas ankreiden** *gesprochen* etwas als jemandes Fehler oder Schuld ansehen

**ạn·kreu·zen** (*kreuzte an, hat angekreuzt*) **1** **etwas ankreuzen** in einem Text etwas hervorheben, indem man ein Kreuz daneben zeichnet **2** **etwas ankreuzen** (vor allem auf einem Formular oder in einer Prüfung) eine Frage beantworten, indem man ein Kreuz (in ein Kästchen) macht *„eine Antwort richtig ankreuzen"*

**ạn·kün·di·gen**★ (*hat*) **1** **etwas ankündigen** ein bevorstehendes Ereignis (öffentlich) bekannt geben ⟨*ein Konzert, den Besuch ankündigen*⟩ *„die Veröffentlichung eines Buches ankündigen"* **2** **etwas kündigt sich an** *geschrieben* die Anzeichen geben deutlich zu erkennen, dass etwas bald kommt *„Durch die ersten Stürme im September kündigt sich der Herbst an"* • *hierzu* **Ạn·kün·di·gung** *die*

die **Ạn·kunft**★ (-) das Ankommen an einem Ort ↔ Abfahrt/Abflug *„die verspätete Ankunft eines Flugzeugs melden"* **K** Ankunftszeit

**ạn·kur·beln** (*hat*) **etwas ankurbeln** durch spezielle Maßnahmen die Leistung und Produktivität einer Sache erhöhen ⟨*die Wirtschaft ankurbeln*⟩

**ạn·lä·cheln** (*hat*) **jemanden anlächeln** jemanden ansehen und dabei lächeln

**ạn·la·chen** (*hat*) **jemanden anlachen** jemanden ansehen und dabei lachen

die **Ạn·la·ge**★ **1** ein Gelände, das für einen Zweck bestimmt und gestaltet worden ist ⟨*eine militärische Anlage*⟩ **K** Freizeitanlage, Sportanlage **2** **eine öffentliche Anlage** ≈ Park **3** **eine Anlage (zu etwas)** eine Fähigkeit, eine Eigenschaft oder ein Talent, die bei einer Person von Geburt an vorhanden sind ≈ Veranlagung *„Sie hat gute Anlagen, die gefördert werden sollten"* **4** eine technische Einrichtung oder ein Gerät ⟨*elektrische, technische Anlagen*⟩ ❶ → auch **-anlage** **5** *admin* etwas, das einem (meist formellen) Schreiben mitgegeben, beigelegt wird *„In der Anlage/Als Anlage übersende ich Ihnen Probeseiten des Manuskripts"*

die **-an·la·ge** *im Substantiv, unbetont, begrenzt produktiv* eine technische Einrichtung oder ein Gerät (mit Zubehör) *„eine Alarmanlage"* | *„die Signalanlage an einer Bahnstrecke"*

der **Ạn·lass**★ (*-es, An·läs·se*) **1** ein (meist feierliches) gesellschaftliches Ereignis ⟨*ein besonderer, feierlicher, festlicher Anlass*⟩ **2** eine Ursache, die plötzlich etwas bewirkt *„Das ist kein Anlass zur Besorgnis"* **3** **aus gegebenem Anlass** *admin* aufgrund der Umstände *„Aus gegebenem Anlass möchten wir noch einmal darauf hinweisen, dass die Fenster bei Sturm geschlossen werden müssen"*

**ạn·las·sen** (*hat*) **1** **etwas anlassen** *gesprochen* ein Kleidungsstück weiterhin am Körper tragen *„Lass deine Jacke an, wir gehen gleich wieder hinaus in die Kälte"* **2** **etwas anlassen** *gesprochen* ein elektrisches Gerät oder einen Motor weiterhin in Betrieb lassen *„den Fernseher anlassen"* **3** **etwas anlassen** den Motor eines Fahrzeugs mithilfe meist des Zündschlüssels in Gang setzen ⟨*den Motor, ein Auto anlassen*⟩ ≈ starten

der **Ạn·las·ser** (*-s, -*) mit dem Anlasser wird ein Motor gestartet

**ạn·läss·lich**★ PRÄPOSITION *mit Genitiv; geschrieben* verwendet, um den Grund für etwas zu nennen *„Anlässlich seines Jubiläums gab es eine große Feier"*

der **Ạn·lauf** **1** ein kurzer, schneller Lauf, um die nötige Geschwindigkeit für einen Sprung oder einen Wurf zu bekommen *„beim Weitspringen *einen großen Anlauf nehmen"* **2** ≈ Versuch *„etwas bereits im ersten Anlauf schaffen"* **3** **einen neuen Anlauf nehmen/machen** etwas noch einmal versuchen

**ạn·lau·fen★** **1** **etwas läuft an** (*ist*) etwas beginnt, kommt allmählich in Gang *„Die Kampagne läuft an"* **2** **blau/rot anlaufen** (*ist*) aus Atemnot blau oder aus Wut rot im Gesicht werden **3** **angelaufen kommen** (*ist*) in die Richtung laufen, in der sich eine Person befindet und zu ihr kommen *„Als er die Tür aufschloss, kam der Hund bellend angelaufen"* **4** **ein Schiff läuft etwas an** (*hat*) ein Schiff fährt zu einem Ort, um dort zu bleiben

die **Ạn·lauf·stel·le** eine Stelle, eine Person oder eine Institution, an die man sich wenden kann, wenn man Hilfe oder Rat braucht

**ạn·le·gen★** (*hat*) **1** **etwas anlegen** etwas planen und gestalten ⟨*einen Park, ein Beet anlegen*⟩ **2** **etwas anlegen** Kapital so einsetzen, dass es Gewinn bringt *„Geld gewinnbringend/in Aktien anlegen"* **3** **(jemandem) etwas anlegen** (bei jemandem) etwas so befestigen, dass es hält ⟨*jemandem einen Verband, Handschellen, Fesseln anlegen*⟩ **4** **ein Schiff legt irgendwo an** ein Schiff kommt im Hafen, am Ufer an und wird dort festgemacht ↔ ablegen **5** **sich mit jemandem anlegen** *gesprochen* (absichtlich) einen Streit mit einer Person provozieren

**ạn·leh·nen** (*hat*) **1** **etwas/sich (an etwas** (*Dativ/Akkusativ*)**) anlehnen** etwas/sich gegen etwas lehnen *„ein Brett an einer/an eine Wand anlehnen"* | *„Er lehnte sich lässig an das Auto an"* **2** **etwas anlehnen** etwas teilweise, jedoch nicht ganz schließen, sodass ein kleiner Spalt offen bleibt ⟨*eine Tür, ein Fenster* (*nur*) *anlehnen*⟩

die **Ạn·leh·nung in/unter Anlehnung an jemanden/etwas** nach dem Vorbild einer Person/Sache, unter Beibehaltung der wesentlichen Merkmale einer Person/Sache *„ein Gebäude in Anlehnung an die Architektur der Antike bauen"*

**ạn·lei·ten** (*hat*) **jemanden (bei etwas) anleiten** jemandem für eine Aufgabe oder Arbeit nützliche Hinweise geben *„die Schüler bei ihren Hausaufgaben anleiten"*

die **Ạn·lei·tung★** **1** **eine Anleitung (für/zu etwas)** ein nützlicher Hinweis oder eine Regel dafür, wie man eine neue Aufgabe oder eine Arbeit richtig erledigen kann **2** **eine Anleitung (für/zu etwas)** ein Zettel oder ein Heft mit Hinweisen und Informationen, wie man etwas tut, ein Gerät benutzt oder wie etwas funktioniert **K** Bedienungsanleitung, Gebrauchsanleitung

**ạn·ler·nen** (*hat*) **jemanden anlernen** einer Person die notwendigen Informationen geben und Übungen mit ihr machen, damit sie eine berufliche Tätigkeit ausüben kann *„ein angelernter Arbeiter"* **K** Anlernzeit

**ạn·le·sen** (*hat*) **1** **etwas anlesen** nur die ersten Seiten von einem Buch o. Ä. lesen **2** **sich** (*Dativ*) **etwas anlesen** durch Lesen das eigene Wissen vergrößern *„In kürzester Zeit hat er sich medizinische Kenntnisse angelesen"*

**ạn·lie·gen** (*hat*) **1** **etwas liegt eng an** etwas berührt den Körper direkt, etwas liegt direkt am Körper ⟨*Kleidungsstücke*⟩ **2** **etwas liegt an** etwas muss bearbeitet oder erledigt werden *„Was liegt denn heute an?"*

das **Ạn·lie·gen★** (-s, -) ein Problem o. Ä., das man meist als Frage oder Bitte an jemanden stellt ⟨*ein Anliegen an jemanden haben; ein Anliegen vorbringen*⟩

der **Ạn·lie·ger** (-s, -) **1** eine Person, die an einer Straße wohnt *„In dieser Straße dürfen nur Anlieger parken"* **2** **Anlieger frei** drückt aus, dass nur diejenigen die Straße befahren dürfen, die Zugang zu einem Haus dort brauchen

**ạn·lü·gen** (*hat*) **jemanden anlügen** jemandem eine Lüge erzählen

**ạn·ma·chen★** (*hat*) **1** **etwas anmachen** *gesprochen* vor allem das Licht, ein elektrisches Gerät oder einen Motor in Funktion setzen ≈ einschalten **2** **etwas (irgendwo) anmachen** *gesprochen* etwas irgendwo befestigen *„ein Plakat an der Wand anmachen"* **3** **etwas (mit etwas) anmachen** etwas mit Zutaten vermischen und dadurch würzen ⟨*den Salat* (*mit Essig und Öl*) *anmachen*⟩ **4** **jemanden anmachen** *gesprochen, meist abwertend* eine Person (in aufdringlicher Weise) ansprechen, weil man sich für sie sexuell interessiert *„in der Disko ein Mädchen anmachen"* **5** **jemanden anmachen** *gesprochen, abwertend* Streit mit jemandem suchen ⟨*jemanden blöd anmachen*⟩ **6** **eine Sache macht jemanden an** *gesprochen* jemand hat Lust auf eine Sache, findet sie attraktiv *„Der Kuchen macht mich richtig an"*

**ạn·ma·len** (*hat*) **etwas anmalen** meist eine ziemlich große Fläche mit Farbe versehen

**ạn·ma·ßen** (*maßte sich an, hat sich angemaßt*) **sich** (*Dativ*) **etwas anmaßen** *oft abwertend* etwas tun, ohne dass man dazu fähig oder berechtigt ist ⟨*sich* (*Dativ*) *ein Privileg anmaßen*⟩ *„Maße dir nicht an, über Dinge zu urteilen, die du nicht verstehst"*

**ạn·ma·ßend** *ADJEKTIV; abwertend* mit einem übertriebenen oder nicht angemessenen Selbstbewusstsein ⟨*eine Bemerkung; sich anmaßend benehmen*⟩ ≈ arrogant

**ạn·mel·den**★ (*hat*) **1 jemanden/etwas (bei einer Person) anmelden** mit einer Person einen Termin für ein Treffen oder einen Besuch vereinbaren ⟨*das Kind beim Arzt anmelden*⟩ **2 jemanden (zu etwas) anmelden** mitteilen, dass eine Person oder man selbst an etwas teilnehmen will ⟨*jemanden zu einem Kurs, Lehrgang anmelden*⟩ **3 jemanden/etwas (irgendwo) anmelden** jemanden oder eine Sache bei einer Behörde eintragen, registrieren lassen ⟨*das Auto, eine Veranstaltung, eine Demonstration anmelden*⟩ ↔ abmelden *„Nach der Ankunft in der Bundesrepublik muss man sich beim Einwohnermeldeamt anmelden"* **K** Anmeldepflicht

die **Ạn·mel·dung**★ **1** das Anmelden eines Besuchs, der Teilnahme, eines Wohnsitzes oder eines Anspruchs *„Bei der Anmeldung habe ich bereits gesagt, dass wir zu dritt kommen"* **2** ein Schalter oder Büro bei einer Firma, in einer Arztpraxis o. Ä., an dem man sagt, dass man angekommen ist ≈ Empfang *„Bei Ihrer Ankunft gehen Sie bitte zuerst zur Anmeldung"*

**ạn·mer·ken** (*hat*) **1 etwas anmerken** etwas ergänzend zu etwas feststellen oder sagen *„Er merkte an, dass es sich dabei nur um ein vorläufiges Ergebnis handle"* **2 etwas anmerken** etwas Wichtiges in einem Text durch ein Zeichen markieren **3 jemandem etwas anmerken** *gesprochen* etwas an Aussehen oder an dem Verhalten einer Person erkennen ⟨*jemandem seinen Kummer, seine Freude, Wut anmerken*⟩ *„Ihr war die schlaflose Nacht deutlich anzumerken"*

die **Ạn·mer·kung** (-, *-en*) **1** eine ergänzende (schriftliche oder mündliche) Äußerung zu etwas ⟨*eine kritische Anmerkung machen*⟩ **2** eine kurze ergänzende oder erklärende Bemerkung (meist in einer wissenschaftlichen Arbeit) zu einem Text

**ạn·nä·hen** (*hat*) **etwas (an etwas** (*Dativ/Akkusativ*)**) annähen** etwas durch Nähen an etwas befestigen *„den abgerissenen Knopf wieder an dem/an den Mantel annähen"*

**ạn·nä·hern** (*hat*) **sich jemandem/etwas annähern** versuchen, zu einer Person oder Sache Kontakt aufzunehmen oder in eine gewisse Beziehung zu ihr zu treten *„Er versuchte, sich den Gastgebern in dem fremden Land anzunähern"*

**ạn·nä·hernd** *PARTIKEL geschrieben unbetont und betont* so, dass es etwas (meist einer Anzahl oder Größe) sehr nahe kommt ≈ ungefähr *„Annähernd 100 Zuschauer besuchten die Veranstaltung"*

der **Ạn·nä·he·rungs·ver·such** der Versuch, mit jemandem (meist des anderen Geschlechts) näher in Kontakt zu kommen ⟨*ein plumper Annäherungsversuch; einen Annäherungsversuch machen*⟩ *„Ich hab seine dämlichen Annäherungsversuche satt!"*

die **Ạn·nah·me**★ (-, *-n*) **1** das, was man aufgrund von Informationen glaubt ⟨*eine falsche, richtige Annahme; der Annahme sein, dass ...*⟩ ≈ Vermutung *„Gehe ich recht in der Annahme, dass Sie hier neu sind?"* Ist meine Vermutung richtig? **2** der Vorgang, wenn man das nimmt oder akzeptiert, was eine andere Person einem geben will *„Der Empfänger hat die Annahme des Paketes verweigert"* | *„Beamten ist die Annahme von Geschenken von Kunden verboten"* **K** Annahmestelle **3** der Vorgang, wenn eine Vorschlag, eine Bedingung, ein Antrag usw. akzeptiert wird

**ạn·nehm·bar** *ADJEKTIV* **1** so, dass alle Beteiligten damit einverstanden sein können ⟨*ein Vorschlag, ein Kompromiss*⟩ ≈ akzeptabel **2** *gesprochen* so, dass man damit zufrieden sein kann *„Das Haus sieht von außen ganz annehmbar aus"*

**ạn·neh·men**★ (*hat*) **1 (etwas) annehmen** etwas, das man von einer Person bekommt, gerne nehmen und behalten ⟨*ein Geschenk, ein Paket annehmen*⟩ **2 (etwas) annehmen** etwas akzeptieren oder mit etwas einverstanden sein ⟨*einen Antrag, eine Einladung, einen Vorschlag annehmen*⟩ **3 (etwas) annehmen** etwas aufgrund von den Informationen glauben, die man hat ≈ vermuten *„Ich nehme an, dass das so richtig ist"* | *„Er nahm an, das Problem lösen zu können"* ❶ Das Objekt ist meistens ein Nebensatz. **4 etwas annehmen** etwas (als Hypothese) voraussetzen *„Nehmen wir mal an, dass es morgen regnet. Gehen wir* *dann ins Museum?"*

die **An·nehm·lich·keit** (-, *-en*); *meist Plural; geschrieben* etwas, das angenehm oder bequem ist und Vorteile bringt *„Seit ich in Berlin lebe, genieße ich die Annehmlichkeiten des Lebens in der Großstadt"*

die **An·non·ce★** [a'nõ:sə]; (-, *-n*) eine Anzeige in einer Zeitung ⟨*eine Annonce aufgeben; auf eine Annonce antworten*⟩

**an·non·cie·ren** [anõ'si:rən] (*annoncierte, hat annonciert*) **(etwas) (irgendwo) annoncieren** eine Annonce veröffentlichen und etwas anbieten *„in der Tageszeitung eine Wohnung annoncieren"*

**an·nul·lie·ren** (*annullierte, hat annulliert*) **etwas annullieren** *geschrieben* offiziell erklären, dass etwas nicht mehr gültig ist

**an·öden** (*ödete an, hat angeödet*) **eine Person/Sache ödet jemanden an** *gesprochen* eine Person oder Sache langweilt jemanden sehr

**ano·nym★** [-'ny:m] *ADJEKTIV* ohne den Namen des Verfassers, Absenders usw. ⟨*ein Brief, ein Leserbrief, ein Anruf*⟩ *„Der Spender möchte anonym bleiben"*

die **Ano·ny·mi·tät** (-) der Zustand oder Umstand, bei dem jemandes Name oder Identität nicht bekannt ist

der **Ano·rak** (*-s, -s*) eine sportliche Jacke (meist mit Kapuze), die gut gegen Wasser und Wind schützt und z. B. beim Skifahren getragen wird

**an·ord·nen** (*hat*) **1** **etwas anordnen** (als Autorität) bestimmen oder befehlen, dass etwas meist offiziell durchgeführt wird *„Die Regierung ordnete eine Untersuchung der Ursachen des Unglücks an"* **2** **Dinge irgendwie anordnen** etwas auf die genannte Art auf- oder zusammenstellen *„Wörter alphabetisch/nach Sachgebieten anordnen"* • *hierzu* **An·ord·nung** *die*

**an·pa·cken** (*hat*) **1** **jemanden/etwas anpacken** jemanden oder etwas kräftig oder fest mit den Händen greifen **2** **etwas irgendwie anpacken** *gesprochen* eine Aufgabe oder Arbeit in der genannten Weise bewältigen, durchführen *„Er versteht es, heikle Probleme richtig anzupacken"* **3** **mit anpacken** *gesprochen* bei einer (körperlichen) Arbeit helfen, vor allem beim Tragen **4** **anpacken können** *gesprochen* bei (körperlicher) Arbeit viel leisten können

**an·pas·sen★** (*hat*) **1** **eine Sache jemandem/etwas anpassen** eine Sache so bearbeiten oder verändern, dass sie jemandem oder zu etwas passt *„das Kleid der Figur/der Kundin anpassen"* **2** **Dinge einer Sache** (*Dativ*) **anpassen** Dinge so gestalten, dass sie zu einer Situation oder Bedingung passen oder für sie geeignet sind *„die Kleidung der Jahreszeit anpassen"* **3** **eine Person/Sache passt sich (jemandem/etwas) an; eine Person/Sache passt sich (an jemanden/etwas) an** Eine Person/Sache verändert sich so, dass die Person ohne Schwierigkeiten mit anderen Personen oder den genannten Umständen leben kann *„sich den/an die Kollegen anpassen"*

die **An·pas·sung** (-, *-en*); *meist Singular* **1** **die Anpassung (an jemanden/etwas)** das Verhalten, durch das man sich an jemanden/etwas anpasst **K** Anpassungsfähigkeit **2** **die Anpassung (an etwas** (*Akkusativ*)**)** der Vorgang, durch den man zwei oder mehrere Dinge aufeinander abstimmt *„die Anpassung der Renten an die Inflationsrate"*

der **An·pfiff** **1** *meist Singular* der Beginn eines (Teils eines) Spiels durch einen Pfiff vom Schiedsrichter **2** *gesprochen* ein heftiger Tadel (meist durch einen Vorgesetzten) ⟨*einen Anpfiff bekommen*⟩

**an·pran·gern** (*prangerte an, hat angeprangert*) **jemanden/etwas anprangern** öffentlich schwere Vorwürfe gegen jemanden/etwas machen ⟨*Missstände, Unsitten anprangern*⟩ • *hierzu* **An·pran·ge·rung** *die*

**an·prei·sen** (*hat*) **etwas anpreisen** eine Ware oder Dienstleistungen vor allem wegen guter Qualität loben • *hierzu* **An·prei·sung** *die*

**an·pro·bie·ren★** (*hat*) **(etwas) anprobieren** ein Kleidungsstück anziehen, damit man sieht, ob es die richtige Größe hat und ob man es schön findet *„Ich möchte gern diese drei Kostüme anprobieren"* • *hierzu* **An·pro·be** *die*

**an·pum·pen** (*hat*) **jemanden (um etwas) anpumpen** *gesprochen* jemanden bitten, einem Geld zu leihen

**an·rech·nen** (*hat*) **1** **etwas (auf etwas** (*Akkusativ*)**) anrechnen** beim Verkauf den Wert einer alten (gebrauchten) Ware o. Ä. berücksichtigen, welche der Käufer als Teil der Zahlung bietet (und den Preis um den Wert dieser Ware senken) *„eine Gutschrift anrechnen"* **2** **jemandem etwas hoch anrechnen** jemandes Verhalten sehr positiv bewerten *„Ich rechne (es)* *ihm hoch an, dass er mir geholfen hat"*

das **An·recht** *meist Singular* **ein Anrecht (auf etwas** (*Akkusativ*)**)** das Recht, etwas zu fordern, für sich zu bekommen ⟨*ein Anrecht auf Wohngeld/Unterhalt haben*⟩ ≈ Anspruch

die **An·re·de★** die sprachliche Form, in der man sich mündlich oder am Anfang eines Briefs an jemanden wendet ⟨*eine förmliche, höfliche, vertrauliche Anrede*⟩

**an·re·den★** (*hat*) **1** **jemanden anreden** sich mit Worten an jemanden wenden ≈ ansprechen **2** **jemanden irgendwie anreden** in einer vorgegebenen sprachlichen Form mit jemandem sprechen ⟨*jemanden mit du, mit Sie, mit dem Vornamen/Nachnamen/Titel anreden*⟩ *„Unser Chef liebt es, mit „Herr Direktor" angeredet zu werden"*

**an·re·gen★** (*hat*) **1** **etwas anregen** die Idee zu etwas geben *„Sie regte an, das Haus zu verkaufen"* **2** **jemanden zu etwas anregen** versuchen, durch einen Vorschlag oder Hinweis jemanden dazu zu bringen, etwas zu tun ≈ ermuntern *„Kann ich Sie zu einem kurzen Spaziergang mit mir anregen?"* **3** **etwas regt jemanden/etwas an** etwas hat eine belebende, aktivierende Wirkung auf eine Person oder Sache ⟨*etwas regt jemandes Fantasie, den Appetit an*⟩ *„Kaffee regt den Kreislauf an"*

die **An·re·gung** **1** **eine Anregung (zu etwas)** ein Vorschlag, mit dem jemand zu etwas angeregt werden soll *„Die Anregung zu dem Projekt kam von einem Kollegen"* **2** **eine Anregung (für etwas)** ein nützlicher Hinweis oder Vorschlag, den man von jemandem bekommt oder jemandem gibt *„Ich habe hier wichtige Anregungen für meine weitere Arbeit gefunden"* **3** **zur Anregung** +*Genitiv* mit einer belebenden, aktivierenden Wirkung auf etwas *„eine Tablette zur Anregung des Kreislaufs/des Appetits"*

**an·rei·chern** (*reicherte an, hat angereichert*) **etwas (mit etwas) anreichern** die Qualität verbessern, indem man etwas hinzufügt oder die Konzentration erhöht *„einen Fruchtsaft mit Vitaminen anreichern"* | *„angereichertes Uran"* • *hierzu* **An·rei·che·rung** *die*

die **An·rei·se** *meist Singular* die Fahrt zum Reiseziel *„Die Anreise dauerte 6 Stunden"*

**an·rei·sen** (*ist*) zum Reiseziel fahren *„Wir sind erst gestern mit dem Wohnwagen angereist"*

**an·rei·ßen** (*hat*); *gesprochen* **etwas anreißen** die Verpackung einer Ware öffnen und sie zu verbrauchen beginnen *„eine Tafel Schokolade anreißen"*

der **An·reiz** **ein Anreiz (zu etwas)** etwas Interessantes oder Attraktives, das jemanden zu etwas motivieren soll ⟨*jemandem einen materiellen Anreiz geben*⟩ *„jemandem einen Anreiz bieten, eine unangenehme Arbeit zu tun"*

**an·rem·peln** (*hat*) **jemanden anrempeln** mit der Schulter oder dem Ellbogen (absichtlich) gegen eine Person stoßen, während man an ihr vorbeigeht *„im Gedränge angerempelt werden"*

**an·ren·nen** (*ist*) **1** **angerannt kommen** schnell in die Richtung laufen, in der sich eine Person befindet, und zu ihr kommen *„Gerade als sie das Geschäft schließen wollte, kam noch ein Kunde angerannt"* **2** **gegen jemanden/etwas anrennen** *gesprochen* (meist ohne Aussicht auf Erfolg) versuchen, besser als eine andere Person oder etwas zu sein ⟨*gegen die Konkurrenz anrennen*⟩

**an·rich·ten★** (*hat*) **1** **etwas anrichten** die bereits zubereiteten Speisen (vor allem auf großen Tellern oder in Schüsseln) zusammenstellen *„Ihr könnt kommen, das Essen ist angerichtet!"* **2** **etwas anrichten** (meist ohne Absicht) etwas Unerwünschtes verursachen ⟨*Chaos, Schaden, Unheil, ein heilloses Durcheinander anrichten*⟩

**an·rü·chig** ADJEKTIV **1** moralisch verdächtig und daher mit schlechtem Ruf ⟨*eine Bar, ein Nachtclub*⟩ **2** ⟨*ein Lebenswandel, ein Witz*⟩ so, dass sie als unmoralisch empfunden werden

**an·rü·cken** (*ist*) **Personen rücken an** eine organisierte Gruppe kommt zu einem Einsatz irgendwohin ⟨*die Polizei, die Feuerwehr, die Truppen*⟩

der **An·ruf★** eine telefonische Verbindung oder ein Gespräch am Telefon mit jemandem ⟨*einen Anruf bekommen, erhalten; auf einen dringenden Anruf warten*⟩ *„Ist ein Anruf für mich gekommen?"* ❶ vergleiche **Telefonat**

der **An·ruf|be·ant·wor·ter** (-s, -) **ein automatischer Anrufbeantworter** eine Funktion beim Telefon oder Handy. Damit kann man die Nachricht eines Anrufers später abhören

**an·ru·fen★** (*hat*) **(jemanden) anrufen**; **bei jemandem anrufen** mit jemandem per Telefon in Kontakt treten *„Hat jemand angerufen?"* • *hierzu* **An·ru·fer** *der*; **An·ru·fe·rin** *die*

**an·rüh·ren** (*hat*) **1** **jemanden/etwas anrühren** jemanden oder etwas mit der Hand greifen oder anfassen *„Wer hat diese Unord-*

*nung verursacht?" – „Ich nicht, ich habe hier überhaupt nichts angerührt."* ❶ meist verneint **2** **etwas anrühren** (einen Teil von) etwas essen, trinken oder verbrauchen *„Seit Kurzem ist er Vegetarier und rührt kein Fleisch mehr an"* ❶ meist verneint **3** **etwas (mit etwas) anrühren** die einzelnen Zutaten oder Bestandteile einer Masse miteinander mischen

**ạns★** *PRÄPOSITION mit Artikel* an das ❶ *Ans* kann in Verbindungen mit einem substantivierten Infinitiv (*ans Aufhören denken*) und in Wendungen wie: *etwas kommt ans Licht* nicht durch *an das* ersetzt werden.

die **Ạn·sa·ge** (im Radio/Fernsehen oder bei einer Veranstaltung) der (kurze) Text, mit dem man jemanden/etwas ansagt

**ạn·sa·gen** (*hat*) **jemanden/etwas ansagen** (im Radio/Fernsehen oder bei einer Veranstaltung) die Zuhörer/Zuschauer informieren, welche Sendung, welcher Programmteil oder welcher Künstler als Nächstes kommt

**ạn·sam·meln** (*hat*) **1** **Dinge ansammeln** immer mehr Dinge aufbewahren, um möglichst viele davon zu haben ⟨*Münzen, Antiquitäten, Vorräte ansammeln*⟩ **2** **etwas sammelt sich an** etwas wird mehr oder intensiver, eine Menge kommt zusammen ⟨*Staub; Wut, Ärger*⟩ *„Bei mir hat sich wieder mal eine Menge Arbeit angesammelt"*

die **Ạn·samm·lung** **1** die Anzahl oder Menge, die sich angesammelt hat **K** Flüssigkeitsansammlung **2** eine Menschenmenge, die an einem Ort wegen eines Vorfalls zusammengekommen ist **K** Menschenansammlung

**ạn·säs·sig** *ADJEKTIV* **irgendwo ansässig sein** an dem genannten Ort leben

der **Ạn·satz★** **1** die Stelle, an der etwas (vor allem ein Körperteil) anfängt oder sich zu entwickeln beginnt **K** Haaransatz **2** die ersten sichtbaren Zeichen oder die Vorstufe einer (möglichen) Entwicklung *„Aus Kummer aß er so viel, dass er den Ansatz zu einem Bauch bekam"* **K** Rostansatz

**ạn·satz·wei·se** *ADVERB* bisher nur in geringem Maße ⟨*etwas ist (nur) ansatzweise vorhanden*⟩

**ạn·schaf·fen★** (*hat*) **1** **(sich** (*Dativ*)**) etwas anschaffen** einen Gegenstand kaufen, der meist groß ist und viel Geld kostet *„Ich habe mir einen Wohnwagen/eine neue Waschmaschine angeschafft"* **2** **((jemandem) etwas) anschaffen** *süddeutsch* Ⓐ, *gesprochen* jemandem etwas befehlen

die **Ạn·schaf·fung** (-, *-en*) **1** *nur Singular* der Kauf eines größeren Gebrauchsgegenstands **2** der Gegenstand, den man sich angeschafft hat ⟨*eine teure, notwendige Anschaffung*⟩

**ạn·schal·ten★** (*hat*) **(etwas) anschalten** ein elektrisches Gerät in Betrieb setzen ≈ einschalten ↔ abschalten *„eine Lampe/den Fernseher anschalten"*

**ạn·schau·en★** (*hat*) **jemanden/etwas anschauen** *besonders süddeutsch* Ⓐ Ⓒⓗ die Augen auf jemanden/etwas richten, oft um zu zeigen, dass man aufmerksam ist oder um etwas zu prüfen ≈ ansehen *„Schau mich an, wenn ich mit dir rede!"* | *„Schau dir bitte mal den Fernseher an. Vielleicht ist er kaputt"*

**ạn·schau·lich** *ADJEKTIV* (aufgrund von Beispielen oder guten Erklärungen) klar und einfach zu verstehen ⟨*eine Darstellung*⟩ *„einen komplizierten technischen Sachverhalt anschaulich erklären"*

die **Ạn·schau·ung** (-, *-en*) **eine Anschauung (über etwas** (*Akkusativ*)**)**; **eine Anschauung zu etwas** eine spezielle Meinung oder Ansicht über etwas ⟨*eine Anschauung vertreten*⟩ ≈ Auffassung

das **Ạn·schau·ungs·ma·te·ri·al** Gegenstände (wie z. B. Bilder) und Beispiele, durch die ein konkreter und verständlicher Eindruck von etwas gegeben wird

der **Ạn·schein★** *nur Singular; geschrieben* **1** ein erster Eindruck, der oft nicht den wirklichen Tatsachen entspricht *„Es hat den Anschein, als ob wir hier nicht willkommen seien"* **2** **dem/allem Anschein nach** so, wie es zu sein scheint ≈ vermutlich

**ạn·schei·nend★** *ADVERB* den Tatsachen, dem äußerlich Erkennbaren nach zu urteilen, wie es als wahrscheinlich angenommen wird ≈ vermutlich *„Anscheinend ist sie schon mit dem Fahrrad weggefahren"* ❶ vergleiche **scheinbar**

**ạn·schi·cken** (*hat*) **sich anschicken zu** *+Infinitiv geschrieben* kurz davor sein, etwas zu tun *„Er schickte sich gerade an zu gehen, als der Anruf kam"*

**ạn·schie·ben** (*hat*) **(jemanden/etwas) anschieben** durch Schieben bewirken, dass ein stehendes Fahrzeug anfängt zu rollen *„Schiebst du mich bitte an? Die Batterie vom Auto ist leer!"*

**ạn·schie·ßen** **jemanden anschießen** (*hat*)

jemanden oder ein Tier durch einen Schuss verletzen

der **Ạn·schlag★** 1 **ein Anschlag (auf jemanden/etwas)** ein krimineller Versuch, aus politischen Gründen jemanden zu töten oder etwas zu zerstoren ≈ Attentat K Bombenanschlag, Mordanschlag 2 **ein Anschlag (an etwas** (*Dativ*)) ein Papier oder Plakat, das zur Bekanntmachung öffentlich aushängt ≈ Aushang *„die Anschläge am Schwarzen Brett beachten"*

**ạn·schla·gen★** 1 **etwas (an etwas** (*Dativ/ Akkusativ*)) **anschlagen** (*hat*) eine Information durch einen Anschlag öffentlich bekannt machen *„Die Termine für die nächsten Vorstellungen werden am Schwarzen Brett/an das Schwarze Brett angeschlagen"* 2 **(sich** (*Dativ*)) **etwas (an etwas** (*Dativ*)) **anschlagen** (*hat*) (unabsichtlich) mit einem Körperteil gegen etwas stoßen und sich dabei wehtun *„Ich habe mir den Kopf an der Tür angeschlagen"* 3 **etwas anschlagen** (*hat*) mit dem Klavier, der Gitarre o. Ä. Töne produzieren 〈*einen Akkord, eine Melodie anschlagen*〉 4 **einen ernsten/ unverschämten/scharfen Ton anschlagen** (*hat*) ernst/unverschämt usw. mit jemandem sprechen 5 **etwas schlägt an** etwas zeigt Wirkung *„Na, hat die Behandlung/Diät schon angeschlagen?"*

**ạn·schlie·ßen★** (*hat*) 1 **etwas (an etwas** (*Dativ/Akkusativ*)) **anschließen** etwas mit einer Leitung oder einem System fest verbinden *„den Schlauch am/an den Wasserhahn anschließen"* 2 **etwas schließt (sich) an etwas** (*Akkusativ*) **an** *geschrieben* etwas folgt (zeitlich) auf etwas *„An die Premiere schloss (sich) eine Diskussion mit dem Regisseur an"* 3 **sich jemandem anschließen** zu einer Person oder Gruppe kommen und auch das tun, was sie tut *„Da er ganz allein im Ausland war, schloss er sich einer Gruppe junger Amerikaner an"*

**ạn·schlie·ßend★** ADVERB *geschrieben* (zeitlich) direkt nach etwas ≈ danach

der **Ạn·schluss★** 1 die Verbindung mit einem System von Leitungen K Stromanschluss, Telefonanschluss, Wasseranschluss 2 die telefonische Verbindung mit dem Gesprächspartner 〈*keinen Anschluss bekommen*〉 3 eine öffentliche Verkehrsverbindung, die von einem Ort weiter in die gewünschte Richtung führt *„In Hamburg haben Sie um 20 Uhr Anschluss nach Kiel"* 4 *nur Singular* persönliche Kontakte zu anderen Leuten 〈*Anschluss suchen, finden, haben*〉 5 **im Anschluss an etwas** (*Akkusativ*) *geschrieben* (zeitlich) direkt nach etwas

**ạn·schmie·ren** (*hat*) 1 **etwas anschmieren** *abwertend* einen Gegenstand oder eine Fläche hässlich bemalen 2 **jemanden (mit etwas) anschmieren** jemanden oder sich selbst (unabsichtlich) mit Farbe oder Dreck schmutzig machen

**ạn·schnal·len★** (*hat*) 1 **(jemandem) etwas anschnallen** etwas mit Riemen oder Schnallen irgendwo befestigen 〈*die Skier anschnallen*〉 2 **jemanden anschnallen** (meist im Auto oder Flugzeug) den Sicherheitsgurt um die Hüfte und den Oberkörper legen und festmachen K Anschnallpflicht

**ạn·schnei·den** (*hat*) 1 **etwas anschneiden** das erste Stück von einem Ganzen abschneiden 〈*den Kuchen, die Wurst anschneiden*〉 2 **etwas anschneiden** im Gespräch mit einem Thema beginnen (und es meist nicht vollständig behandeln) 〈*eine Frage, ein Problem anschneiden*〉

**ạn·schrau·ben** (*hat*) **etwas (an etwas** (*Dativ/Akkusativ*)) **anschrauben** etwas an etwas mit Schrauben befestigen

**ạn·schrei·ben** (*hat*) 1 **etwas (an etwas** (*Dativ/Akkusativ*)) **anschreiben** etwas an eine senkrechte Fläche schreiben *„schwierige Wörter an die Tafel anschreiben"* 2 **jemanden/etwas anschreiben** sich schriftlich an jemanden/eine Institution wenden *„alle Kunden wegen einer Preiserhöhung anschreiben"*

**ạn·schrei·en jemanden anschreien** ≈ anbrüllen

die **Ạn·schrift** die Straße und der Ort, wo jemand wohnt 〈*seine Anschrift nennen*〉 ≈ Adresse K Urlaubsanschrift

**ạn·schwel·len** (*schwillt an, schwoll an, ist angeschwollen*) **etwas schwillt an** etwas bekommt (oft durch Krankheit) einen größeren Umfang 〈*die Beine, die Adern*〉 • *hierzu* **Ạn·schwel·lung** *die*

**ạn·schwem·men** (*hat*) **etwas schwemmt etwas an** das Meer, ein Fluss o. Ä. treibt etwas Schwimmendes ans Ufer • *hierzu* **Ạn·schwem·mung** *die*

**ạn·se·hen★** (*hat*) 1 **jemanden/etwas ansehen** den Blick aufmerksam auf jemanden/etwas richten ≈ anschauen *„Sieh mich bitte an, wenn ich mit dir rede"* 2 **sich** (*Dativ*) **jemanden/etwas ansehen** eine Person oder Sache längere Zeit aufmerksam betrachten und sie so prüfen *„Hast du dir den Vertrag schon genauer angesehen?"* **3** **sich** (*Dativ*) **etwas ansehen** als Zuschauer etwas sehen oder zu einer Veranstaltung gehen *„sich ein Theaterstück/ein Fußballspiel (im Fernsehen) ansehen"* **4** **jemandem etwas ansehen** an dem Äußeren oder dem Gesichtsausdruck einer Person etwas erkennen *„Man konnte ihm das schlechte Gewissen deutlich ansehen"* **5** **jemanden/etwas für/als etwas ansehen** meinen, dass eine Person oder eine Sache das Genannte ist oder die genannte Eigenschaft hat *„Ich sehe ihn nicht als meinen Freund an"* **6** **etwas mit ansehen** dabei sein, wenn etwas Schlimmes geschieht (und nichts daran ändern können) *„Wir mussten alles hilflos mit ansehen"* **ID** **Sieh (mal) (einer) an!** *gesprochen* verwendet, um Erstaunen auszudrücken

das **An·se·hen**★ (-*s*) die gute Meinung, die andere Leute oder die Öffentlichkeit von einer Person oder Sache haben ⟨*großes Ansehen bei jemandem genießen; bei jemandem in hohem Ansehen stehen*⟩

**an·sehn·lich** *ADJEKTIV; geschrieben* **1** ziemlich groß ⟨*eine Summe, eine Menge, ein Vermögen*⟩ **2** mit gutem Aussehen ⟨*eine Person*⟩ ≈ attraktiv

**an·set·zen**★ (*hat*) **1** **etwas ansetzen** bestimmen, wann etwas stattfindet *„Das Treffen ist für nächste Woche angesetzt"* **2** **etwas irgendwie ansetzen** die Summe, die Höhe einer Sache schätzen *„den Wert des Schmucks mit 4.000 Euro ansetzen"* | *„die Kosten relativ hoch ansetzen"* **3** **etwas setzt etwas an** etwas wird allmählich von einer Schicht bedeckt ⟨*etwas setzt Kalk, Rost an*⟩ **4** **(zu etwas) ansetzen** sich bereit machen, etwas zu tun ⟨*zu einem Sprung, zu einer Frage ansetzen*⟩ **5** **etwas setzt sich an** etwas bildet sich und bleibt haften ⟨*Rost, Schimmel*⟩

die **An·sicht**★ (-, -*en*) **1** **eine Ansicht (über jemanden/etwas); eine Ansicht (zu etwas)** die Meinung zu einer Person oder Sache, nachdem man darüber nachgedacht hat ⟨*eine Ansicht über jemanden/etwas haben, äußern, vertreten; sich jemandes Ansicht anschließen; anderer Ansicht sein; meiner Ansicht nach*⟩ *„Er teilte uns seine Ansicht zu dem politischen Skandal mit"* **2** die Seite eines Gebäudes, die man gerade sieht ⟨*die vordere, hintere Ansicht des Hauses*⟩ **K** Seitenansicht **3** **zur Ansicht** zum Ansehen und Prüfen (vor dem Kauf) *„ein Buch zur Ansicht bestellen"*

die **An·sichts·kar·te** eine Postkarte mit Bildern/dem Bild meist einer Landschaft oder einer Stadt

die **An·sichts·sa·che** **etwas ist Ansichtssache** darüber kann man unterschiedlicher Meinung sein

**an·sie·deln** (*hat*) **1** **jemanden irgendwo ansiedeln** bestimmen, dass jemand an dem genannten Ort leben oder sich niederlassen muss *„Flüchtlinge in einem Dorf ansiedeln"* **2** **sich irgendwo ansiedeln** sich an einem Ort niederlassen, um dort (auf Dauer) zu leben

**an·sons·ten**★ *ADVERB* **1** falls nicht ≈ sonst *„Du musst mir die Wahrheit sagen. Ansonsten kann ich dir nicht helfen"* **2** wenn man die genannte Sache nicht berücksichtigt, weil sie nicht so wichtig ist *„Letzte Woche war ich erkältet, aber ansonsten fühle ich mich zurzeit sehr gut"*

**an·span·nen**★ (*hat*) **1** **(ein Tier) anspannen** ein Tier vor den Wagen spannen ⟨*ein Pferd, einen Ochsen anspannen*⟩ **2** **etwas anspannen** etwas durch Ziehen oder Spannen straff machen ⟨*ein Seil, einen Draht anspannen*⟩ **3** **etwas anspannen** etwas in einen Zustand der Spannung bringen ⟨*die Nerven, die Muskeln anspannen*⟩

die **An·span·nung**★ **1** *nur Singular* das Anspannen und das Einsetzen von Kraft *„unter Anspannung aller Kräfte"* **2** der Zustand extremer Belastung oder Spannung ≈ Stress

**an·spie·len** (*hat*) **1** **jemanden anspielen** den Ball zu einem Mitspieler werfen oder schießen *„den Mittelstürmer in aussichtsreicher Position anspielen"* **2** **auf jemanden/etwas anspielen** durch eine indirekte Bemerkung auf eine Person oder Sache versteckt hinweisen, ohne sie zu erwähnen *„Mit seiner Äußerung spielte er auf zweifelhafte Geschäftspraktiken mancher Firmen an"*

die **An·spie·lung** (-, -*en*) **eine Anspielung (auf jemanden/etwas)** eine Bemerkung, mit der jemand auf eine Person oder Sache anspielt ⟨*eine Anspielung auf jemanden/etwas machen, verstehen*⟩ *„Seine ständigen Anspielungen auf ihre Misserfolge waren unfair"*

der **An·sporn** (-(*e*)*s*) **ein Ansporn (zu/für etwas)** etwas, das zu einer größeren Leistung motiviert *„durch eine Belohnung einen Ansporn zu intensiverer Arbeit schaffen"*

**an·spor·nen** (*sporrnte an, hat angespornt*)

**jemanden (zu etwas) anspornen** jemanden mit Worten oder z. B. durch eine Belohnung zu einer Leistung motivieren

die **An·spra·che** eine meist öffentliche Rede, die jemand zu einem meist festlichen Anlass hält *„Auf der Jubiläumsfeier hielt der Chef eine kurze Ansprache"*

**an·sprech·bar** *ADJEKTIV* in der Lage, sich mit jemandem zu beschäftigen oder eine Mitteilung entgegenzunehmen *„Der Chef ist erst nach der Konferenz wieder ansprechbar"* | *„Erst eine Woche nach dem Unfall war er wieder ansprechbar"*

**an·spre·chen★** *(hat)* **1** **jemanden ansprechen** sich mit Worten an jemanden wenden *„Er hat sie einfach auf der Straße angesprochen"* **2** **etwas ansprechen** in einem Gespräch mit einem Thema beginnen ⟨*ein Problem ansprechen*⟩ **3** **jemanden (auf etwas** (*Akkusativ*)**/wegen etwas) ansprechen** sich mit Worten in einer Angelegenheit an jemanden wenden *„Ich werde ihn darauf ansprechen, ob er mir helfen kann"* **4** **eine Person/Sache spricht jemanden an** eine Person/Sache ruft eine positive Reaktion bei jemandem hervor oder gefällt jemandem *„Diese Art von Musik spricht mich nicht an"* **5** **(auf etwas** (*Akkusativ*)**) ansprechen** auf etwas positiv reagieren *„Der Patient spricht auf die Behandlung an"* **6** **etwas spricht bei jemandem an** etwas wirkt so, dass sich jemandes Zustand verbessert *„Das Medikament spricht bei dem Patienten nicht an"*

**an·spre·chend** *ADJEKTIV* so, dass etwas einen guten Eindruck macht ⟨*ein Äußeres, eine Erscheinung*⟩

der **An·sprech·part·ner** eine Person, an die man sich (mit Fragen, Problemen) wenden kann • *hierzu* **An·sprech·part·ne·rin** *die*

**an·sprin·gen** **1** **ein Tier springt jemanden an** *(hat)* ein Tier nähert sich einer Personen oder anderen Tieren mit einem Sprung, um diese anzugreifen *„Der Hund sprang den Jogger an"* **2** **angesprungen kommen** *gesprochen* (*ist*) in die Richtung springen, in der sich eine Person befindet, und zu ihr kommen **3** **etwas springt an** (*ist*) etwas kommt in Gang oder beginnt zu laufen ⟨*der Motor, das Auto*⟩ *„Wenn es sehr kalt ist, springt unser Auto oft nicht an"*

der **An·spruch★** **1** **ein Anspruch (an jemanden/etwas)** *oft Plural* (oft relativ hohe) Erwartungen oder Forderungen, die man an eine andere Person oder eine Situation hat ⟨*Ansprüche stellen; den Ansprüchen gerecht werden*⟩ *„Er stellt hohe Ansprüche an die Mitarbeiter"* **2** **(ein) Anspruch auf etwas** das Recht, etwas zu bekommen oder in der genannten Weise behandelt zu werden ⟨*Anspruch auf Urlaub, Schadenersatz haben*⟩ *„Jeder Angestellte hat einen Anspruch darauf, gemäß der eigenen Qualifikation bezahlt zu werden"* **K** Rentenanspruch **3** **etwas in Anspruch nehmen** *geschrieben* etwas (das man angeboten bekommen hat) für sich nutzen, gebrauchen *„Ich werde Ihr freundliches Angebot gern in Anspruch nehmen"* **4** **eine Person/Sache nimmt jemanden in Anspruch** *geschrieben* eine Person oder Sache fordert jemandes Einsatz und Kräfte oder beansprucht jemanden *„Mein Beruf nimmt mich stark in Anspruch"* **5** **Ansprüche anmelden/erheben** fordern, dass man bekommt, worauf man ein Recht hat

die **An·stalt** (-, *-en*) **1** *oft veraltend* eine öffentliche Institution, welche der Bildung oder anderen (meist wohltätigen) Zwecken dient ⟨*eine technische, hauswirtschaftliche Anstalt*⟩ ❶ → auch **-anstalt** **2** ein Gebäude, in dem psychisch Kranke behandelt und versorgt werden ⟨*jemanden in eine Anstalt einweisen; jemanden aus einer Anstalt entlassen*⟩ **K** Heilanstalt

die **An·stal·ten** **(keine) Anstalten machen (zu** *+Infinitiv*) *gesprochen* an dem eigenen Verhalten (nicht) erkennen lassen, dass man etwas tun will

der **An·stand** (-(*e*)*s*) das Benehmen, welches den Verhaltensnormen einer Gesellschaft entspricht ⟨*den Anstand wahren;* (*keinen*) *Anstand haben*⟩

**an·stän·dig★** *ADJEKTIV* **1** dem Anstand entsprechend ⟨*sich anständig benehmen, kleiden*⟩ **2** einen guten Charakter zeigend *„Er ist ein anständiger Kerl"* **3** *gesprochen* so, dass man damit zufrieden sein kann ⟨*ein Gehalt, eine Leistung, eine Mahlzeit, eine Portion*⟩ • *zu* (1,2) **An·stän·dig·keit** *die*

**an·stands·hal·ber** *ADVERB* nur aus Höflichkeit und um zu zeigen, dass man Anstand hat

**an·stands·los** *ADVERB; gesprochen* ohne zu zögern und ohne Probleme zu bereiten *„Er hat mir anstandslos seinen Wagen geliehen"*

**an·star·ren** (*hat*) **jemanden/etwas anstarren** den Blick starr auf jemanden oder etwas richten

**an·statt★** *BINDEWORT* **1** drückt Alternativen

aus: das im Hauptsatz Genannte trifft zu, wird gewünscht oder vorgeschlagen o. Ä. – und nicht das, was man nach *anstatt* sagt ≈ statt *„Er hat den ganzen Nachmittag gespielt, anstatt zu lernen“* ℹ Die Konstruktion mit *dass* gehört eher der gesprochenen Sprache an: *Anstatt dass du hier faul herumsitzt, solltest du mir lieber helfen.*

*PRÄPOSITION mit Genitiv, gesprochen auch mit Dativ* **2** als Ersatz für, als Alternative zu ≈ statt *„Er kam anstatt seiner Frau“* ℹ → Anhang, S. 1113: **Präpositionen**

**an·stau·en** (*hat*) **1** **etwas staut sich an** etwas kann nicht weiterfließen und sammelt sich daher ⟨*Blut, Wasser*⟩ **2** **etwas staut sich (bei jemandem) an** ein Gefühl wird bei jemandem immer stärker, weil es nach außen nicht gezeigt wird ⟨*Wut, Ärger*⟩

**an·ste·cken** (*hat*) **1** **jemanden (mit etwas) anstecken** eine Krankheit, die man selbst hat, auf jemanden übertragen ≈ infizieren *„Er hat mich mit seiner Grippe angesteckt“* **2** **(jemandem) etwas anstecken** jemandem oder sich selbst etwas am Körper oder an einem Kleidungsstück befestigen ⟨*sich* (*Dativ*) *eine Brosche anstecken*⟩ **3** **sich (bei jemandem) (mit etwas) anstecken** eine Infektionskrankheit von jemandem bekommen • *zu* (1,3) **An·ste·ckung** *die*

**an·ste·ckend★** *ADJEKTIV* auf andere Menschen oder Tiere übertragbar ⟨*eine Krankheit*⟩

**an·ste·hen** *hat/süddeutsch* Ⓐ Ⓒⓗ *ist* **1** sich in eine Reihe mit anderen Personen stellen und warten, bis man an die Reihe kommt ⟨*an der Kasse, am Schalter anstehen*⟩ **2** **etwas steht an** etwas muss getan oder erledigt werden *„Heute steht eine Menge Arbeit an“*

**an·stei·gen** (*ist*) **1** **etwas steigt an** etwas führt nach oben/aufwärts, etwas wird steiler ⟨*eine Straße, ein Gelände, ein Weg*⟩ **2** **etwas steigt an** etwas wird höher ⟨*der Wasserstand, die Temperatur*⟩ **3** **etwas steigt an** etwas steigt in der Anzahl oder Menge *„Die Zahl der Kursteilnehmer ist im Vergleich zum Vorjahr angestiegen“*

**an·stel·le**, **an Stel·le★** *PRÄPOSITION mit Genitiv* stellvertretend für ≈ (an)statt *„Anstelle des Meisters führte der Lehrling die Reparatur aus“* ℹ auch zusammen mit *von*: *Anstelle von Bäumen wurden Hecken gepflanzt*

**an·stel·len★** (*hat*) **1** **etwas anstellen** das Gas, Wasser o. Ä. in einer Leitung mit einem Schalter zum Fließen bringen ↔ abstellen *„die Heizung/den Herd anstellen“* **2** **etwas anstellen** ein elektrisches Gerät mit einem Schalter in Betrieb setzen ≈ einschalten *„den Fernseher/das Radio anstellen“* **3** **jemanden anstellen** jemandem gegen Bezahlung meist für längere Zeit Arbeit geben ≈ einstellen *„Ich habe mich bei der Zeitung beworben und wurde sofort angestellt“* **4** **etwas anstellen** *gesprochen* etwas tun, was verboten ist oder unangenehme Folgen hat *„Die Kinder sind so ruhig, wahrscheinlich haben sie wieder etwas angestellt“* **5** **etwas irgendwie anstellen** etwas, (z. B. ein Problem oder eine Aufgabe, irgendwie zu lösen versuchen *„Wie soll ich es nur anstellen, dass ich diese Arbeitsstelle bekomme?“* **6** **sich (um etwas) anstellen** sich in eine Reihe mit anderen Personen stellen (vor allem vor der Kasse oder einem Schalter) ⟨*sich um Theaterkarten anstellen; sich hinten anstellen*⟩ ≈ anstehen **7** **sich irgendwie anstellen** *gesprochen* meist beim Lösen eines Problems oder einer Aufgabe geschickt oder ungeschickt sein ⟨*sich geschickt, dumm anstellen*⟩

die **An·stel·lung** eine Arbeitsstelle meist für ziemlich lange Zeit ⟨*eine Anstellung finden, haben*⟩ *„eine Anstellung beim Staat“*

der **An·stieg★** (-(e)s, -e) **1** *nur Singular* eine Strecke, die an einem Berg nach oben führt ≈ Steigung *„der steile Anstieg der Straße gleich hinter der großen Kurve“* **2** *nur Singular* der Vorgang, bei dem man irgendwohin nach oben geht ⟨*einen steilen, beschwerlichen Anstieg hinter sich* (*Dativ*) *haben*⟩ ≈ Aufstieg **3** *nur Singular* die Situation, wenn etwas steigt, höher wird ⟨*der Anstieg des Pegels, der Temperatur, des Wassers; der Anstieg der Kosten, der Preise, der Teilnehmerzahlen*⟩

**an·stif·ten** (*hat*) **1** **etwas anstiften** durch das eigene Verhalten bewirken, dass etwas entsteht oder beginnt ⟨*einen Krieg, eine Intrige, einen Streich anstiften*⟩ **2** **jemanden (zu etwas) anstiften** jemanden dazu bringen oder überreden, etwas zu tun, das dumm ist oder das gegen das Gesetz oder die Moral verstößt *„Er hatte seinen Freund dazu angestiftet, in die Wohnung einzubrechen“* • *hierzu* **An·stif·tung** *die*; *zu* (2) **An·stif·ter** *der*; *zu* (2) **An·stif·te·rin** *die*

**an·stim·men** (*hat*) **etwas anstimmen** etwas zu singen oder zu spielen beginnen ⟨*ein Lied, eine Melodie anstimmen*⟩

der **An·stoß** **1** **der Anstoß (zu etwas)** etwas (oft ein Gedanke, eine Idee), welches die Ursache oder die Motivation für etwas ist ‹*den Anstoß zu etwas geben*› **2** *meist Singular* (im Fußball) der erste Schuss, mit dem eine Halbzeit eröffnet wird ‹*Anstoß haben*› **3** **Anstoß (an etwas** (*Dativ*)) **nehmen** etwas für falsch halten (weil man es nicht mag) und sich deshalb darüber ärgern *„Er nahm Anstoß daran, dass sie in Jeans in die Oper ging“* **4** **(bei jemandem) Anstoß erregen** durch das eigene Handeln die Gefühle einer anderen Person verletzen und sie dadurch ärgern *„durch sexistische Bemerkungen Anstoß erregen“*

**an·sto·ßen★** **1** **jemanden anstoßen** (*hat*) jemandem durch einen Stoß (mit dem Ellbogen oder Fuß) einen Hinweis auf etwas geben *„Sie stieß ihn heimlich unter dem Tisch mit dem Fuß an“* **2** **jemanden/etwas anstoßen** (*hat*) jemandem oder etwas (oft ohne Absicht) einen leichten Stoß geben *„Ich habe mir das Knie am Tisch angestoßen“* **3** **eine Person stößt mit jemandem (auf jemanden/etwas) an** (*hat*); **Personen stoßen (auf jemanden/etwas) an** (*haben*) Personen stoßen vor dem Trinken die gefüllten Gläser leicht gegeneinander, um jemanden zu ehren oder etwas zu feiern *„Lasst uns auf Großvater anstoßen!“*

**an·stö·ßig** *ADJEKTIV* so, dass es den Anstand, das moralische Empfinden verletzt ‹*ein Lied, ein Witz; sich anstößig benehmen*› • *hierzu* **An·stö·ßig·keit** *die*

**an·strah·len** (*hat*) **1** **jemanden anstrahlen** jemanden mit sehr freundlicher, glücklicher Miene ansehen **2** **jemanden/etwas anstrahlen** Lichtstrahlen auf eine Person/Sache richten, um sie besser sichtbar zu machen ‹*eine Kirche, einen Sänger auf der Bühne anstrahlen*›

**an·strei·chen** (*hat*) **1** **etwas anstreichen** (mit einem Pinsel) einen Gegenstand oder eine Fläche ganz mit Farbe bemalen ‹*den Zaun anstreichen*› **2** **etwas anstreichen** etwas in einem Text markieren *„die Druckfehler in einem Text (rot) anstreichen“*

**an·stren·gen★** (*strengte an, hat angestrengt*) **1** **sich/etwas anstrengen** sich große Mühe geben, ein Ziel zu erreichen ‹*sich körperlich anstrengen*› *„Er hat sich sehr angestrengt, um den Gästen einen schönen Abend zu bieten“* **2** **etwas strengt jemanden/etwas an** etwas belastet eine Person oder den genannten Körperteil stark *„Das lange Gespräch hat mich sehr angestrengt“*

die **An·stren·gung★** (-, *-en*) **1** das Einsetzen geistiger oder körperlicher Kräfte, um ein Ziel zu erreichen **2** die starke Belastung geistiger oder körperlicher Kräfte, die zur Folge hat, dass man müde wird *„Die Tour war mit großen körperlichen Anstrengungen verbunden“*

der **An·strich** Farbe, die auf etwas aufgetragen wurde ‹*ein heller Anstrich*› **K** Außenanstrich

der **An·sturm** *meist Singular* **ein Ansturm (auf jemanden/etwas)** das heftige Drängen vieler Personen dorthin, wo sich jemand/etwas befindet *„Auf die Sonderangebote herrschte ein wahrer Ansturm“* **K** Massenansturm

die **Ant·ark·tis** (-) das Gebiet, das um den Südpol der Erde liegt • *hierzu* **ant·ark·tisch** *ADJEKTIV*

**an·tas·ten** (*hat*) **1** **etwas antasten** anfangen, etwas zu verbrauchen ‹*die Ersparnisse, die Vorräte nicht antasten wollen*› **2** **etwas antasten** gegen etwas ideell Wertvolles verstoßen ‹*die Rechte, die Unabhängigkeit eines Staates antasten*›

der **An·teil★** **1** **ein Anteil (an etwas** (*Dativ*)) der Teil einer Sache, auf den jemand ein Recht hat oder an dem jemand beteiligt ist ‹*auf den eigenen Anteil verzichten*› *„jemandes Anteil am Gewinn“* **K** Arbeitgeberanteil, Erbanteil **2** **der Anteil** (+*Genitiv*) *geschrieben* ein Teil im Verhältnis zum Ganzen *„Der überwiegende Anteil der Bevölkerung ist gegen das neue Gesetz“* **3** *meist Plural* eine Beteiligung am Kapital einer Firma ‹*Anteile erwerben*› **K** Geschäftsanteil **4** **an etwas** (*Dativ*) **Anteil nehmen/zeigen/bekunden** *geschrieben* Mitgefühl oder Interesse für etwas zeigen *„Sie bekundeten der jungen Witwe Anteil“*

die **An·teil·nah·me** (-) **1** das Mitgefühl gegenüber einer Person (wenn jemand aus ihrer Familie gestorben ist) **2** das Interesse an einer Sache, das man meist nach außen zeigt ‹*ein Geschehen mit begeisterter, kritischer, reger Anteilnahme verfolgen*›

die **An·ten·ne★** (-, *-n*) ein Stab (z. B. am Radio, am Auto) oder eine Konstruktion von Stäben (am Hausdach) aus Metall zum Empfangen von Funk-, Radio- oder Fernsehsignalen ‹*eine Antenne ausfahren (= in die Länge ziehen)*› **K** Zimmerantenne

**an·ti-**, **An·ti-** *im Adjektiv und Substantiv, betont und unbetont, begrenzt produktiv* **1** **antiamerikanisch, antifaschistisch, antiim-**

**perialistisch**; **der Antikommunist, die Antikriegsdemonstration, der Antimilitarismus** *und andere* gegen eine Sache, Einstellung oder Gruppe von Personen gerichtet *„eine antidemokratische Einstellung"* **2** **antiautoritär, antidemokratisch**; **der Antiheld** *und andere* genau das Gegenteil von jemandem/etwas *„antialkoholische Getränke"*

die **An·ti·ba̲·by|pil·le** *meist Singular; gesprochen* eine Tablette, die eine Frau regelmäßig nimmt, um nicht schwanger zu werden

das **An·ti·bio̲·ti·kum** (-s, *An·ti·bio·ti·ka*) eine Substanz (wie z. B. Penizillin), die Bakterien tötet

**an·ti̲k** ADJEKTIV **1** *meist attributiv* das klassische, griechisch-römische Altertum betreffend, zur Antike gehörend ⟨*die Philosophie, die Kultur, die Mythologie*⟩ **2** alt, aus einer alten Epoche stammend ⟨*Möbel*⟩

die **An·ti̲·ke**★ (-) der älteste historische Zeitraum der griechischen und römischen Geschichte (vor allem in der Kultur) ⟨*die griechische, römische Antike; die Kunstwerke der Antike*⟩ ≈ Altertum

die **An·ti·lo̲·pe** (-, *-n*) ein sehr schlankes Tier, das vor allem in Afrika und Asien vorkommt, Hörner hat und sehr schnell laufen kann

die **An·ti·qui·tä̲t** (-, *-en*); *oft Plural* ein Kunst- oder Gebrauchsgegenstand (z. B. Möbel, Geschirr), der alt und selten und deshalb wertvoll geworden ist **K** Antiquitätengeschäft

der **A̩n·trag**★ (-(e)s, *An·trä·ge*) **1** **ein Antrag (auf etwas** (*Akkusativ*)**)** die schriftliche Bitte, etwas genehmigt oder gewährt zu bekommen ⟨*einen Antrag stellen, einreichen*⟩ *„Du könntest Antrag auf eine Fristverlängerung stellen"* **2** das Formular für einen Antrag ⟨*einen Antrag ausfüllen*⟩ **3** ein Vorschlag, der meist eine Forderung enthält und über den abgestimmt wird ⟨*einen Antrag stellen, annehmen, ablehnen*⟩ *„Dem Antrag der Staatsanwaltschaft auf Vertagung der Sitzung wird stattgegeben"* **4** Kurzwort für *Heiratsantrag „Er machte seiner Freundin einen Antrag"*

**a̩n·tref·fen** (*hat*) **eine Person (irgendwo/irgendwann) antreffen** eine Person (an dem genannten Ort oder zu der genannten Zeit) erreichen ⟨*jemanden im Büro antreffen*⟩ *„Ich konnte ihn gestern nicht antreffen"*

**a̩n·trei·ben**★ (*hat*) **1** **jemanden (zu etwas) antreiben** jemanden (meist mit Worten) dazu bringen, etwas zu tun oder sich in der genannten Weise zu verhalten ⟨*jemanden zur Arbeit, zur Eile antreiben*⟩ **2** **etwas treibt jemanden (zu etwas) an** etwas motiviert jemanden dazu, etwas zu tun *„Der Ehrgeiz treibt sie zu immer besseren Leistungen an"* **3** **etwas treibt etwas an** etwas setzt oder hält ein Gerät oder Fahrzeug in Funktion *„Das Spielzeugboot wird von einem Motor angetrieben"*

**a̩n·tre·ten**★ **1** **etwas antreten** (*hat*) mit etwas Neuem beginnen ⟨*eine Stelle, eine Arbeit, ein Studium antreten*⟩ **2** **etwas antreten** (*hat*) etwas beginnen, nachdem man alle notwendigen Vorbereitungen getroffen hat ⟨*die Reise, den Heimweg antreten*⟩ **3** **(gegen jemanden) antreten** (*ist*) an einem Wettkampf teilnehmen, gegen jemanden spielen, laufen o. Ä. **4** **zu etwas antreten** (*ist*) an einen Ort kommen, um dort seine Pflicht zu tun ⟨*pünktlich zum Dienst antreten*⟩ **5** **Personen treten an** (*ist*) Schüler, Soldaten o. Ä. stellen sich in einer Reihe auf *„Wir traten zum Appell an"*

der **A̩n·trieb** **1** *nur Singular* etwas, das jemandem die (psychische) Kraft gibt, etwas zu tun *„Das Lob gibt ihm neuen Antrieb"* **2** die Kraft, die eine Maschine antreibt *„eine Maschine mit elektrischem/mechanischem Antrieb"*

der **A̩n·tritt** (-s) das Antreten einer neuen Stelle, eines Studiums, einer Reise oder Fahrt *„Bei Antritt der Reise war das Wetter gut"*

**a̩n·tun** (*hat*) **1** **jemandem etwas antun** so handeln, dass es für jemanden negative Folgen hat ⟨*jemandem ein Leid, ein Unrecht antun*⟩ **2** **sich** (*Dativ*) **(et)was antun** *gesprochen* Selbstmord begehen

die **A̩nt·wort**★ (-, *-en*) **eine Antwort (auf etwas** (*Akkusativ*)**)** eine mündliche oder schriftliche Äußerung, mit der man vor allem auf eine Frage, eine Bitte oder einen Brief reagiert ⟨*eine höfliche, kluge, schnippische, unverschämte Antwort geben*⟩ ↔ Frage *„Ich habe immer noch keine Antwort auf meinen Brief erhalten"*

**a̩nt·wor·ten**★ (*antwortete, hat geantwortet*) **1** **(jemandem) etwas (auf etwas** (*Akkusativ*)**) antworten** jemandem etwas als Antwort auf eine Frage, Bitte oder einen Brief sagen/schreiben ↔ fragen *„Was hast du ihm darauf geantwortet?"* **2** **(jemandem) (auf etwas** (*Akkusativ*)**) antworten** auf eine Frage, Bitte oder einen Brief eine Antwort geben ⟨*mit Ja oder Nein antworten*⟩ *„Du hast auf meine Frage noch nicht geantwortet"*

**a̩n·ver·trau·en** (*vertraute an, hat anvertraut*) **1** **jemandem etwas anvertrauen** jemandem etwas Wertvolles zur Aufbewahrung geben *„Als sie verreiste, vertraute sie mir ihren Schmuck an"* **2** **jemandem etwas anvertrauen** einer Person etwas Persönliches, Privates erzählen, weil man Vertrauen zu ihr hat ⟨*jemandem ein Geheimnis, seinen Kummer, seine Sorgen anvertrauen*⟩

**ạn·wach·sen** (*ist*) **1** **etwas wächst an** etwas wächst irgendwo fest ⟨*die transplantierte Haut; der verpflanzte Baum*⟩ **2** **etwas wächst an** etwas wird in Zahl oder Menge langsam mehr ⟨*die Bevölkerung, der Lärm, die Menge, die Schulden*⟩

der **Ạn·walt**★ (-(*e*)*s*, *An·wäl·te*) Kurzwort für *Rechtsanwalt* **K** Anwaltskanzlei • *hierzu* **Ạn·wäl·tin** *die*

die **Ạn·wand·lung** (-, -*en*) *geschrieben* eine plötzlich auftretende Änderung des Verhaltens einer Person ≈ Laune *„In einer Anwandlung von Großzügigkeit schenkte er ihr ein teures Auto"*

**ạn·wär·men** (*hat*) **etwas anwärmen** etwas ein wenig warm machen ⟨*das Essen, das Bett anwärmen*⟩

der **Ạn·wär·ter** **ein Anwärter (auf etwas** (*Akkusativ*)**)** ein Bewerber oder ein Kandidat, der gute Chancen hat, eine berufliche Stellung zu bekommen • *hierzu* **Ạn·wär·te·rin** *die*

**ạn·wei·sen** (*wies an, hat angewiesen*); *geschrieben* **1** **jemanden anweisen zu** +*Infinitiv* jemandem den Auftrag geben, etwas zu tun *„Ich habe ihn angewiesen, die Sache sofort zu erledigen"* **2** **jemanden (bei etwas) anweisen** jemandem bei einer Tätigkeit Hinweise und Instruktionen geben *„den neuen Mitarbeiter bei seiner Arbeit anweisen"*

die **Ạn·wei·sung**★ **1** *geschrieben* der Auftrag, etwas (auf die genannte Weise) zu tun ⟨*jemandes Anweisungen befolgen*⟩ ≈ Befehl *„Ich hatte strikte Anweisung vom Chef, die Papiere nicht aus der Hand zu geben"* **2** ein Heft oder kleines Buch mit Hinweisen oder Instruktionen ≈ Anleitung **K** Gebrauchsanweisung

**ạn·wen·den**★ (*wendete/wandte an, hat angewendet/angewandt*) **etwas anwenden** etwas zu einem Zweck benutzen ⟨*Gewalt anwenden; eine List, einen Trick anwenden*⟩

der **Ạn·wen·der** (-*s*, -) eine Person, die ein Computerprogramm benutzt

die **Ạn·wen·dung**★ (-, -*en*) **1** *nur Singular* das Anwenden eines Mittels *„Unter Anwendung eines Tricks schaffte es der Betrüger, in die Wohnung zu kommen"* **K** Anwendungsbereich **2** ein Computerprogramm, das der Benutzer selbst startet ≈ App

**ạn·we·send**★ ADJEKTIV sich an einem Ort befindend ⟨*Personen*⟩ ↔ abwesend *„bei einer Veranstaltung anwesend sein"* • *hierzu* **Ạn·we·sen·de** *der/die*

die **Ạn·we·sen·heit**★ (-) die Tatsache, dass sich jemand an einem Ort befindet ↔ Abwesenheit *„Die Parade fand in Anwesenheit des Präsidenten statt"*

der **Ạn·woh·ner**★ (-*s*, -) eine Person, die an oder neben etwas (meist einer Straße o. Ä.) wohnt *„die Anwohner der Fußgängerzone"* • *hierzu* **Ạn·woh·ne·rin** *die*

die **Ạn·zahl**★ *nur Singular* **1** **die Anzahl** (+*Genitiv*); **die Anzahl (an Personen/Dingen)** die zählbare Menge von Personen oder Dingen eines Ganzen *„Die Anzahl der Mitglieder unseres Vereins ist gestiegen"* **2** **eine Anzahl** (+*Genitiv*); **eine Anzahl (von Personen/Dingen)** eine unbestimmte, nicht genau zählbare Menge von Personen oder Dingen ⟨*eine geringe, große, stattliche Anzahl*⟩ *„eine Anzahl von Schülern"* | *„eine Anzahl Kinder"* ❶ Ist *Anzahl* das Subjekt des Satzes, steht das Verb meist im Singular, kann aber auch im Plural stehen: *Bei dem Fest war/waren eine große Anzahl von Gästen anwesend.*

**ạn·zah·len** (*hat*) **etwas anzahlen** bei einem Kauf einen ersten Teil des gesamten Betrages zahlen ⟨*einen Kühlschrank, einen Fernseher anzahlen*⟩ *„Er musste für das Auto 3.000 Euro anzahlen"*

die **Ạn·zah·lung** der erste Teil des Gesamtpreises einer Ware, den man zahlen muss, damit man die Ware bekommt *„eine Anzahlung von 100 Euro leisten"*

**ạn·zap·fen** (*hat*) **etwas anzapfen** ein kleines Rohr mit einem Hahn in ein Fass schlagen, damit man das Bier oder den Wein aus dem Fass nehmen kann ⟨*ein Fass Bier anzapfen*⟩

das **Ạn·zei·chen**★ **1** etwas äußerlich Sichtbares, das etwas Zukünftiges ankündigt ⟨*die Anzeichen eines Gewitters, einer Krankheit*⟩ ≈ Vorzeichen *„Alle Anzeichen sprechen dafür, dass der Minister den Auslandsbesuch absagt"* **2** etwas äußerlich Sichtbares, das einen Zustand erkennen lässt *„keine Anzeichen von Trauer/Reue zeigen"*

die **Ạn·zei·ge**★ (-, -*n*) **1** ein (meist kurzer) Text, den man in einer Zeitung oder Zeitschrift drucken lässt, weil man etwas verkaufen will oder etwas sucht ⟨*eine Anzeige aufgeben*⟩ **2** die öffentliche Bekanntmachung (in einer Zeitung) eines familiären Ereignisses **K** Todesanzeige **3** eine Mitteilung meist an die Polizei, dass eine Person (vermutlich) eine Straftat begangen hat ⟨*Anzeige gegen jemanden erstatten*⟩ **4** An der Anzeige eines Geräts kann man Messungen oder andere Informationen ablesen **K** Anzeigetafel

**an·zei·gen★** (*hat*) **1** **jemanden anzeigen** einer Behörde (meist der Polizei) mitteilen, dass jemand eine Straftat begangen hat **2** **etwas zeigt etwas an** etwas gibt Messungen oder andere Informationen über etwas *„Die Waage zeigt 75 Kilo an"*

**an·zet·teln** (*zettelte an, hat angezettelt*) **etwas anzetteln** *gesprochen* etwas Negatives vorbereiten und dafür sorgen, dass es geschieht ⟨*einen Aufstand, eine Rauferei anzetteln*⟩

**an·zie·hen★** (*hat*) **1** **jemandem etwas anziehen; jemanden anziehen** den Körper mit Kleidung bedecken ↔ ausziehen *„Ich muss mir nur noch eine Jacke anziehen"* | *„einem Kind die Strümpfe anziehen"* | *„Zieh dich warm an, es ist kalt draußen"* **2** **eine Person/Sache zieht jemanden an** die genannte Person oder Sache ist für jemanden sehr interessant *„Viele Leute fühlten sich durch die Werbung angezogen"* **3** **etwas anziehen** einen Arm, ein Bein in Richtung zum Körper ziehen *„Wenn man über ein Hindernis springt, muss man die Beine anziehen"* **4** **eine Schraube anziehen** eine Schraube so drehen, dass sie fest sitzt **5** **die Handbremse anziehen** die Handbremse in einem Fahrzeug durch Ziehen benutzen **6** **irgendwie angezogen sein** Kleidung mit der genannten Eigenschaft tragen ⟨*gut, schick, schlecht angezogen sein*⟩ *„Er ist immer sehr schick angezogen"* **7** **etwas zieht an** etwas steigt oder wird höher ⟨*die Preise*⟩

**an·zie·hend** *ADJEKTIV* attraktiv und sympathisch im Aussehen oder Verhalten

die **An·zie·hung** *meist Singular* **die Anziehung (auf jemanden/etwas)** die Eigenschaft, Interesse auf sich zu ziehen ⟨*eine starke Anziehung auf jemanden haben, ausüben*⟩

die **An·zie·hungs·kraft** **1** **die Anziehungskraft (auf jemanden/etwas)** ≈ Anziehung **2** die natürliche Kraft, mit der eine große Masse eine kleinere Masse zu sich heranzieht ≈ Schwerkraft, Gravitation *„Die Anziehungskraft der Erde ist ungefähr sechsmal so groß wie die des Mondes"* **K** Erdanziehungskraft

der **An·zug★** eine Kleidung (vor allem für Männer), die aus einer langen Hose und einer Jacke (und einer Weste) besteht, die alle aus dem gleichen Stoff gemacht sind ⟨*ein zweireihiger, maßgeschneiderter Anzug*⟩ **i** → Abbildung, S. 293: **Die Kleidung**

**an·züg·lich** *ADJEKTIV; geschrieben* (im moralischen Sinn) unanständig ⟨*ein Witz, ein Gedanke, eine Bemerkung*⟩ • *hierzu* **An·züg·lich·keit** *die*

**an·zün·den** (*hat*) **(sich** (*Dativ*)**) etwas anzünden** bewirken, dass etwas brennt ⟨*sich* (*Dativ*) *eine Zigarette anzünden; ein Feuer, einen Ofen, eine Kerze anzünden*⟩

die **Aor·ta** [a'ɔrta]; (-, *Aor·ten*) die größte Arterie, welche das frische Blut vom Herzen in den Körper bringt ≈ Hauptschlagader

**apart** *ADJEKTIV* so, dass es sehr gut aussieht ⟨*apart aussehen; ein Gesicht, ein Kleid*⟩ ≈ geschmackvoll

das **Apart·ment★** (-s, -s) eine komfortable Wohnung, in der meist nur eine Person lebt

der **Ape·ri·tif** (-s, -s) ein alkoholisches Getränk, das man vor einer Mahlzeit trinkt und welches den Appetit anregen soll

der **Ap·fel★** (-s, *Äp·fel*) eine rundliche Frucht mit weißem Fruchtfleisch, einer roten, grünen oder gelben Schale und braunen Kernen **K** Apfelbaum, Apfelkuchen, Apfelsaft **ID** **in den sauren Apfel beißen (müssen)** etwas Unangenehmes tun (müssen)

die **Ap·fel·si·ne★** (-, -n) ≈ Orange **i** → Abbildung, S. 196: **Obst und Gemüse**

der **Apos·tel** (-s, -) **1** einer der zwölf ersten Anhänger von Jesus Christus oder einer der frühen christlichen Missionare **2** *oft ironisch* eine Person, die sich mit oft übertriebenem Eifer für eine Lehre oder Anschauung einsetzt **K** Moralapostel

der **Apo·stroph** [-f]; (-s, -e) das grafische Zeichen ', das anzeigt, dass z. B. ein Vokal oder eine Silbe ausgelassen wurde ⟨*einen Apostroph setzen*⟩ ≈ Auslassungszeichen *„Der Apostroph in „Da kommt 'n Hund" ersetzt ein „e" und ein „i"*

die **Apo·the·ke★** (-, -n) ein Geschäft, in dem man Arzneimittel kaufen kann (vor allem solche Mittel, die ein Arzt verschrieben hat) **i** → Abbildung, S. 929: **In der Stadt** • *hierzu* **Apo·the·ker** *der*; **Apo·the·ke·rin** *die*

die **App** [ɛp]; (-, -s) ein zusätzliches Programm für Smartphones und andere mobile elektronische

Geräte *„Ich habe mir eine Weltzeituhr als kostenlose App aus dem Internet heruntergeladen“*

der **Ap·pa·rat★** (-(e)s, -e) ein kompliziertes technisches Gerät K Fotoapparat

**ap·pel·lie·ren** (*appellierte, hat appelliert*) **an jemanden/etwas appellieren** einen Appell an jemanden/etwas richten ⟨*an jemandes Vernunft, Gewissen appellieren*⟩ *„an die Demonstranten appellieren, keine Gewalt anzuwenden“*

der **Ap·pe·tit**, **Ap·pe·tit★**; (-(e)s) 1 **Appetit (auf etwas** (*Akkusativ*)**)** das Bedürfnis oder Verlangen, etwas zu essen ⟨*keinen, großen Appetit (auf etwas) haben, bekommen; den Appetit anregen, verderben*⟩ *„Hast du Appetit auf Fisch?“* 2 **Guten Appetit!** verwendet als höfliche Formel, bevor man anfängt zu essen

**ap·pe·tit·lich** ADJEKTIV 1 so, dass man davon Appetit bekommt ⟨*eine Speise; etwas sieht appetitlich aus*⟩ 2 *gesprochen* jung und frisch aussehend und deshalb attraktiv

**ap·plau·die·ren** (*applaudierte, hat applaudiert*) **(jemandem) applaudieren** mehrere Male in die Hände klatschen, um dadurch zu zeigen, dass man etwas, das ein Schauspieler, Artist o. Ä. gezeigt hat, sehr schön oder sehr gut findet *„Das Publikum applaudierte dem jungen Opernsänger begeistert“*

der **Ap·plaus★** (-es) **Applaus für jemanden/etwas** Lob und Anerkennung (für eine Person oder ihre Leistung), die man dadurch zeigt, dass man wiederholt in die Hände klatscht ⟨*begeisterter Applaus; Applaus bekommen, erhalten*⟩ ≈ Beifall

die **Ap·ri·ko·se★** (-, -n) eine runde, kleine Frucht mit gelber oder orangefarbener samtiger Schale und einem relativ großen Kern K Aprikosenbaum, Aprikosenmarmelade

der **Ap·ril★** (-(s), -e); *meist Singular* der vierte Monat des Jahres ⟨*im April; Anfang, Mitte, Ende April; am 1., 2., 3. April*⟩ ID **jemanden in den April schicken** *gesprochen* einen Aprilscherz mit jemandem machen; **April, April!** verwendet, um einer Person zu sagen, dass man gerade einen Aprilscherz mit ihr gemacht hat

der **Ap·ril·scherz** ein Scherz (vor allem eine erfundene Geschichte), mit dem man jemanden am 1. April neckt ⟨*auf einen Aprilscherz hereinfallen*⟩

**apro·pos** [apro'poː] ADVERB verwendet im Gespräch, um zu sagen, dass man durch ein Thema an etwas erinnert wurde *„Ich habe mir gerade ein neues Buch gekauft.“ – „Apropos Bücher, du wolltest mir doch mal ein paar Romane empfehlen.“*

das **Aqua·rell** (-s, -e) ein Bild, das mit Wasserfarben gemalt ist K Aquarellfarbe, Aquarellmalerei

das **Aqua·ri·um** (-s, *Aqua·ri·en* [-i̯ən]) ein Zoo oder Behälter aus Glas mit Wasser, in dem Fische und Wasserpflanzen gehalten werden

der **Äqua·tor★** (-s) ein gedachter Kreis um die Erde, der diese in eine nördliche und eine südliche Hälfte teilt • *hierzu* **äqua·to·ri·al** ADJEKTIV

die **Ära** (-, *Ären*); *meist Singular*; *geschrieben* ein relativ langer Zeitraum, der vor allem von einer Persönlichkeit oder einer Sache beeinflusst ist oder war ⟨*der Anbruch einer neuen Ära*⟩ ≈ Epoche *„die Ära Kennedy“* | *„die Ära der Computertechnik“*

die **Ar·beit★** (-, -en) 1 **die Arbeit (an etwas** (*Dativ*)**)** eine Tätigkeit, bei der man geistige oder/und körperliche Kräfte einsetzt und mit der man einen Zweck verfolgt ⟨*eine leichte, interessante, geistige, körperliche Arbeit; an die Arbeit gehen*⟩ *„die Arbeit an einem Projekt“* K Arbeitseifer, Arbeitsmaterial, Arbeitsweise; Gartenarbeit, Hausarbeit 2 *nur Singular* die Tätigkeit, die man als Beruf ausübt K Arbeitserlaubnis, Arbeitslohn, Arbeitsstunde, Arbeitsvertrag; Halbtagsarbeit, Ganztagsarbeit 3 *nur Singular* ⟨*Arbeit finden, suchen; die Arbeit verlieren; zur/in die Arbeit gehen*⟩ ≈ Arbeitsplatz 4 **Arbeit (mit jemandem/etwas)** *nur Singular* Mühe, die man hat, wenn man sich mit einer Person/Sache beschäftigt *„Eine Mutter hat mit einem kleinen Kind viel Arbeit“* 5 das Ergebnis einer planvollen Tätigkeit ⟨*eine wissenschaftliche Arbeit*⟩ *„die Arbeiten eines Künstlers ausstellen“* K Bastelarbeit, Handarbeit 6 eine schriftliche oder praktische Prüfung *„Der Lehrer ließ eine Arbeit schreiben“* K Abschlussarbeit, Prüfungsarbeit

**ar·bei·ten★** (*arbeitete, hat gearbeitet*) 1 eine körperliche oder geistige Tätigkeit verrichten ⟨*körperlich, geistig arbeiten; gewissenhaft, fleißig arbeiten*⟩ 2 eine Tätigkeit als Beruf ausüben ⟨*halbtags, ganztags arbeiten*⟩ *„bei der Post arbeiten“* | *„in der Fabrik arbeiten“* | *„als Elektriker arbeiten“* 3 **etwas arbeitet** etwas erfüllt regelmäßig eine Funktion ⟨*das Herz, die Lunge*⟩ 4 **an etwas** (*Dativ*) **arbeiten** (z. B. als Autor oder Handwerker) mit der Herstellung einer Sache beschäftigt sein *„Sie arbeitet gerade an einem historischen Roman"* **5** **an sich** (*Dativ*) **arbeiten** versuchen, die eigenen Fähigkeiten oder Eigenschaften zu verbessern *„Ein Sänger muss hart an sich arbeiten, um eine Rolle in einer Oper zu bekommen"* **6** **sich durch etwas arbeiten** mit Mühe eine Sache oder viel Arbeit bewältigen *„sich durch den Schnee arbeiten"* | *„sich durch einen Berg von Briefen arbeiten"*

der **Ar·bei·ter★** (-s, -) eine Person, die (meist körperlich) arbeitet, um so den Lebensunterhalt zu verdienen ⟨*ein gelernter, ungelernter Arbeiter*⟩ **K** Arbeiterviertel; Bauarbeiter • *hierzu* **Ar·bei·te·rin** *die*

der **Ar·beit·ge·ber★** (-s, -) eine Person oder Firma, die Leute als Arbeiter oder Angestellte beschäftigt und ihnen dafür Geld bezahlt ↔ Arbeitnehmer • *hierzu* **Ar·beit·ge·be·rin** *die*

der **Ar·beit·neh·mer★** (-s, -) eine Person, die bei einer Firma angestellt ist und für ihre Arbeit bezahlt wird ↔ Arbeitgeber • *hierzu* **Ar·beit·neh·me·rin** *die*; **ar·beit·neh·mer|·feind·lich** *ADJEKTIV*; **ar·beit·neh·mer|·freund·lich** *ADJEKTIV*

die **Ar·beits·agen·tur** eine (staatliche) Behörde, die Stellen (Arbeitsplätze) an Menschen ohne Arbeit vermittelt ❶ Früher war die Bezeichnung „Arbeitsamt" üblich

das **Ar·beits·amt★** eine staatliche Behörde, deren Aufgabe es ist, Arbeitsplätze zu vermitteln und sich um Leute zu kümmern, die einen Beruf haben wollen oder arbeitslos sind

**ar·beits·auf·wen·dig**, **ar·beits·auf·wän·dig** *ADJEKTIV* mit viel Arbeit verbunden ⟨*ein Verfahren*⟩

die **Ar·beits·er·laub·nis** die Bescheinigung einer Behörde, die ein ausländischer Bürger benötigt, um in einem Land arbeiten zu dürfen ⟨*jemandem eine Arbeitserlaubnis erteilen*⟩

**ar·beits·fä·hig** *ADJEKTIV* gesundheitlich oder physisch in der Lage zu arbeiten • *hierzu* **Ar·beits·fä·hig·keit** *die*

der **Ar·beits·gang** ein Teil einer größeren Arbeit, die aus mehreren einzelnen Tätigkeiten besteht *„Diese Maschine schneidet und formt das Blech in einem Arbeitsgang"*

das **Ar·beits·kli·ma** *nur Singular* die Stimmung, die in einer Firma zwischen Vorgesetzten und Mitarbeitern und unter Kollegen herrscht *„In unserem Betrieb herrscht ein gesundes, zwangloses Arbeitsklima"*

die **Ar·beits·kraft** **1** *nur Singular* die Kraft und Energie, die man für die Arbeit hat ⟨(*sich* (*Dativ*)) *seine Arbeitskraft erhalten*⟩ **2** jeder Mensch, der eine Arbeit leisten kann ⟨*der Bedarf/Mangel an Arbeitskräften*⟩

**ar·beits·los★** *ADJEKTIV* (meist wegen der schlechten wirtschaftlichen Situation) ohne Anstellung und Arbeit *„Er wurde entlassen und ist jetzt arbeitslos"*

der/die **Ar·beits·lo·se** (-n, -n) eine Person, die arbeitslos ist **K** Arbeitslosenquote, Arbeitslosenversicherung ❶ *ein Arbeitsloser; der Arbeitslose; den, dem, des Arbeitslosen*

das **Ar·beits·lo·sen·geld** *nur Singular* das Geld, das Arbeitslose während einer begrenzten Zeit vom Staat bekommen ⟨*Arbeitslosengeld bekommen, beziehen*⟩

die **Ar·beits·lo·sig·keit★** (-) **1** der Zustand, arbeitslos zu sein **2** der Mangel an Arbeitsplätzen ⟨*die Arbeitslosigkeit bekämpfen*⟩

der **Ar·beits·platz★** **1** eine Stellung oder Beschäftigung, die für jemanden im Beruf zur Verfügung steht ⟨*ein sicherer Arbeitsplatz; den Arbeitsplatz verlieren*⟩ ≈ Arbeitsstelle **2** der Platz oder Raum, wo jemand arbeitet ⟨*den Arbeitsplatz aufräumen; die Sicherheit am Arbeitsplatz*⟩

**ar·beits·scheu** *ADJEKTIV* ohne Lust und Willen zu arbeiten

die **Ar·beits·stel·le** **1** eine Stellung oder Beschäftigung, die für jemanden als Beruf zur Verfügung steht ⟨*eine neue Arbeitsstelle suchen*⟩ **2** der Betrieb, in dem jemand arbeitet *„Fahrten von der Wohnung zur Arbeitsstelle"*

der/die **Ar·beits·su·chen·de** (-n, -n) eine Person, die eine Arbeit oder einen Job sucht ❶ *ein Arbeitssuchender; der Arbeitssuchende; den, dem, des Arbeitssuchenden*

die **Ar·beits·tei·lung** *meist Singular* die Verteilung einer Arbeit oder Aufgabe auf mehrere Personen

**ar·beits·un·fä·hig** *ADJEKTIV* gesundheitlich oder physisch nicht in der Lage zu arbeiten • *hierzu* **Ar·beits·un·fä·hig·keit** *die*

das **Ar·beits·ver·hält·nis** das rechtliche Verhältnis zwischen dem Arbeitnehmer und dem Arbeitgeber (mit einem Vertrag)

**ar·beits·wü·tig** *ADJEKTIV*; *humorvoll* sehr fleißig und eifrig *„Nanu, du bist heute aber arbeitswütig!"*

die **Ar·beits·zeit★** **1** die (gesetzlich oder vertraglich) festgelegte Anzahl von Stunden, die ein Arbeitnehmer pro Tag, Woche oder Monat arbeiten muss ⟨*eine feste Arbeitszeit*⟩ **K** Wochenarbeitszeit **2** **gleitende Arbeitszeit** ein System, das es erlaubt, früher oder später als andere Personen mit der Arbeit zu beginnen und dafür früher bzw. später nach Hause zu gehen)

der **Ar·chi·tẹkt** (*-en, -en*) eine Person, die auf einer Hochschule ausgebildet wurde, um beruflich Pläne für Bauwerke zu entwerfen und deren Fertigstellung zu beaufsichtigen ℹ *der Architekt; den, dem, des Architekten* • *hierzu* **Ar·chi·tẹk·tin** *die*

die **Ar·chi·tek·tu̲r★** (-, *-en*) **1** *nur Singular* die Wissenschaft, die sich mit der Gestaltung von Gebäuden, Plätzen o. Ä. beschäftigt ⟨*Architektur studieren*⟩ **2** *nur Singular* die Art und Weise, in der ein Bauwerk künstlerisch gestaltet wurde *„die Architektur eines griechischen Tempels bewundern"* • *zu* (2) **ar·chi·tek·to̲·nisch** *ADJEKTIV*

das **Ar·chi̲v★** [-f]; (-s, *-e*) **1** eine Sammlung von historisch wichtigen Dokumenten (wie z. B. Urkunden oder Berichten) **2** der Ort, an dem Dokumente aufbewahrt werden

**ar·chi·vi̲e̲·ren** [-v-] (*archivierte, hat archiviert*) **etwas archivieren** *geschrieben* Dokumente in ein Archiv einordnen • *hierzu* **Ar·chi·vi̲e̲·rung** *die*

die **ARD** [aː|ɛr'deː]; (-); Ⓓ Arbeitsgemeinschaft der öffentlich-rechtlichen Rundfunkanstalten der Bundesrepublik Deutschland **1** die Rundfunkanstalten der einzelnen Bundesländer, die sich zusammengeschlossen haben, um gemeinsam ein Fernsehprogramm zu gestalten *„die einzelnen Sender der ARD"* **2** das gemeinsame Fernsehprogramm, das von der ARD gesendet wird ≈ das Erste *„Was kommt heute in der ARD?"*

das **Are·a̲l** (-s, *-e*); *geschrieben* **1** ≈ Fläche *„ein Areal von 20 km²"* **2** ein Gebiet oder Gelände, das meist zu einem Zweck eingegrenzt ist *„das Areal der Automobilausstellung"*

die **Are̲·na★** (-, *Are·nen*) eine ovale oder runde Anlage (für sportliche Veranstaltungen usw.) mit in Stufen ansteigenden Sitzreihen **K** Zirkusarena

**ạrg★** *ADJEKTIV* (*ärger, ärgst-*) **1** mit sehr negativen Konsequenzen ⟨*eine List, ein Streich*⟩ ≈ schlimm, übel **2** in negativer Weise das normale Maß überschreitend ≈ furchtbar, schrecklich *„arge Schmerzen haben"* **3** *gesprochen* ≈ sehr *„Ich hab mich ganz arg gefreut"*

der **Ạ̈r·ger★** (-s) **1** **Ärger (über jemanden/etwas)** Ärger fühlen wir z. B. dann, wenn andere gemein oder ungerecht zu uns sind *„Sie konnte ihren Ärger über seine Unfreundlichkeit nicht verbergen"* ℹ *Ärger* ist stilistisch neutral, *Wut* wird eher im Gespräch verwendet und *Zorn* in schriftlichen Texten. **2** **Ärger (mit jemandem/etwas)** unangenehme Erlebnisse oder negative Erfahrungen, die Ärger verursachen ⟨*viel, keinen Ärger mit jemandem/etwas haben*⟩

**ạ̈r·ger·lich★** *ADJEKTIV* so, dass es Ärger hervorruft ⟨*ein Ereignis, ein Vorfall*⟩ *„Es war ja wirklich ärgerlich, dass du den Zug versäumt hast"*

**ạ̈r·gern★** (*ärgerte, hat geärgert*) **1** **jemanden ärgern** sich so verhalten oder so handeln, dass eine andere Person Ärger empfindet *„Hör auf, deinen Bruder zu ärgern!"* **2** **etwas ärgert jemanden** etwas bewirkt, dass jemand Ärger empfindet *„Es ärgert mich, dass das nicht geklappt hat"* **3** **sich (über jemanden/etwas) ärgern** Ärger über jemanden/etwas empfinden *„Der Lehrer ärgerte sich maßlos über die frechen Schüler"* | *„Ich habe mich furchtbar (darüber) geärgert, dass du nicht zu meiner Party gekommen bist"* ℹ → auch **grün- und blauärgern, schwarzärgern**

das **Ạ̈r·ger·nis** (*-ses, -se*) der Grund für jemandes Ärger ⟨*ein öffentliches Ärgernis*⟩ *„die Ärgernisse, auf die man im Berufsleben trifft"* | *„Seine Unpünktlichkeit ist ein ständiges Ärgernis"*

**ạrg·los** *ADJEKTIV* **1** ⟨*ein Mensch, eine Bemerkung*⟩ so, dass sie nichts Böses beabsichtigen oder niemandem schaden wollen ≈ harmlos **2** nichts Böses ahnend *„Ganz arglos vertraute er dem Betrüger"* • *hierzu* **Ạrg·lo·sig·keit** *die*

das **Ar·gu·mẹnt★** (*-(e)s, -e*) **ein Argument (für jemanden/etwas); ein Argument (gegen jemanden/etwas)** etwas, womit man eine Behauptung, einen Standpunkt begründet oder rechtfertigt ⟨*ein stichhaltiges, überzeugendes Argument*⟩ *„Argumente für und gegen Atomkraftwerke vorbringen"* | *„die verschiedenen Argumente abwägen"* • *hierzu* **ar·gu·men·ti̲e̲·ren** (*hat*), **ar·gu·men·ta·ti̲v** *ADJEKTIV*

die **Ạrk·tis** (-) das Gebiet um den Nordpol ↔ Antarktis

**ạrm★** *ADJEKTIV* (*ärmer, ärmst-*) **1** mit nicht

genug Besitz und Geld ↔ reich *„Sie waren so arm, dass sie oft hungern mussten"* **2** **arm an etwas** (*Dativ*) so, dass von einer Sache nur sehr wenig vorhanden ist *„Ihre Ernährung ist arm an Vitaminen"* **3** so, dass man mit einer Person Mitleid empfindet *„Peter, der arme Kerl, hat sich ein Bein gebrochen"*

der **Arm**★ (-(*e*)*s*, -*e*) **1** einer der beiden Körperteile des Menschen oder Affen, die an den Schultern anfangen und bis zu den Händen reichen ⟨*der rechte, linke Arm; die Arme ausbreiten, ausstrecken, verschränken; den Arm um jemanden/um jemandes Schulter legen; sich* (*Dativ*) *den Arm brechen*⟩ ⓘ → Abbildung, S. 294: **Der Körper** **2** ein schmaler, länglicher Teil, der seitlich von einem Hauptteil oder Zentrum abzweigt *„die Arme eines Wegweisers/eines Flusses/einer Waage/eines Leuchters"* **K** Flussarm **3** **jemanden in die Arme nehmen/schließen** die Arme um eine andere Person legen (weil man sie z. B. liebt oder trösten will) ≈ umarmen **ID** **jemanden auf den Arm nehmen** *gesprochen* einen Scherz mit jemandem machen (sodass man über die Person lachen kann); **jemanden mit offenen Armen aufnehmen/empfangen** jemanden sehr freundlich, mit großer Freude begrüßen und aufnehmen; **jemandem unter die Arme greifen** *gesprochen* jemandem in einer schwierigen Situation helfen

**-arm** *im Adjektiv, unbetont, sehr produktiv* **fantasiearm, fettarm, kalorienarm, kontaktarm** *und andere* mit einer geringen Menge der genannten Sache *„ein niederschlagsarmer Monat"* | *„ein stickstoffarmer Boden"*

das **Arm·band** ein Band (vor allem aus Leder) oder eine Kette, die man am Handgelenk trägt

die **Arm·band|uhr** eine Uhr, die (mit einem Leder- oder Metallband) am Handgelenk getragen wird

der/die **Ar·me** (-*n*, -*n*); *meist Plural* Leute, die sehr arm sind **K** Armenviertel ⓘ *ein Armer; der Arme; den, dem, des Armen*

die **Ar·mee**★ (-, -*n* [-ˈmeːən]) **1** alle militärischen Einrichtungen und Soldaten eines Staates ⟨*zur Armee gehen*⟩ **2** die Soldaten eines Staates, die vorwiegend auf dem Boden kämpfen ≈ Heer **K** Armeegeneral

der **Är·mel**★ (-*s*, -) der Teil eines Kleidungsstücks, der den Arm teilweise oder ganz bedeckt ⟨*die Ärmel hochkrempeln*⟩ *„ein Kleid mit langen Ärmeln"* **ID** **etwas aus dem Ärmel schütteln** *gesprochen* vor allem Kenntnisse und Informationen ohne große Mühe von sich geben (ohne darauf vorbereitet zu sein)

**är·mel·los** *ADJEKTIV* ohne Ärmel ⟨*eine Weste*⟩

**ärm·lich** *ADJEKTIV* ziemlich arm ⟨*Verhältnisse; ärmlich wohnen; ärmlich gekleidet*⟩

**arm·se·lig** *ADJEKTIV* **1** sehr arm ⟨*eine Behausung, eine Hütte, ein Leben*⟩ **2** in der Ausstattung und Qualität weit unter dem Durchschnitt ⟨*eine Wohnung, eine Mahlzeit*⟩

die **Ar·mut**★ (-) **1** der Zustand, arm zu sein, sehr wenig Geld und Besitz zu haben ⟨*in Armut leben; in einem Land herrscht bittere, drückende Armut*⟩ ↔ Reichtum **2** **Armut (an etwas** (*Dativ*)**)** der Mangel an etwas **K** Sauerstoffarmut, Vitaminarmut

das **Ar·muts·ri·si·ko** das Risiko, arm zu sein oder werden *„Für alleinerziehende Mütter besteht ein hohes Armutsrisiko"*

das **Aro·ma** (-*s*, -*s*/*Aro·men*) **1** der gute und intensive Geschmack oder Geruch einer Sache *„Dieser Kaffee hat ein würziges Aroma"* **2** eine künstliche Substanz mit einem bestimmten Geschmack, die Lebensmitteln hinzugefügt wird • *zu* (1) **aro·ma·tisch** *ADJEKTIV*

**ar·ran·gie·ren** [arãˈʒiːrən, -ˈʒiːŋ̍] (*arrangierte, hat arrangiert*) **1** **etwas arrangieren** die nötigen Vorbereitungen treffen, damit etwas durchgeführt werden kann ≈ organisieren *„ein Gespräch zwischen Staatsmännern arrangieren"* **2** **etwas arrangieren** etwas künstlerisch anordnen *„Blumen kunstvoll arrangieren"* **3** **eine Person arrangiert sich mit jemandem**; **Personen arrangieren sich** Personen schließen einen Kompromiss *„Wir waren unterschiedlicher Meinung, konnten uns aber in den wichtigen Punkten arrangieren"* **4** **sich (mit etwas) arrangieren** sich mit den gegebenen Umständen abfinden • *hierzu* **Ar·ran·ge·ment** [arãʒ(ə)ˈmãː] *das*

der **Ar·rest** (-(*e*)*s*, -*e*) eine Strafe, bei der man nur kurze Zeit im Gefängnis bleiben muss (vor allem in der Armee) ⟨*jemanden unter Arrest stellen*⟩ *„verschärften Arrest bekommen"*

**ar·ro·gant** *ADJEKTIV*; *abwertend* ⟨*ein Mensch*⟩ so, dass er eine tatsächliche oder eingebildete Überlegenheit den anderen Menschen in verletzender Weise zeigt *„Seine arrogante Art macht ihn unsympathisch"* • *hierzu* **Ar·ro·ganz** *die*

die **Art**★ (-, -*en*) **1** **Art (und Weise)** meist mit

einem Adjektiv verwendet, um anzugeben, wie etwas gemacht wird *„Das Problem kann man auf verschiedene Arten lösen"* **2** *nur Singular* die charakteristische Eigenschaft einer Person *„Sie hat eine sehr sympathische Art"* **3** **eine Art** +*Genitiv*; **eine Art von jemandem/etwas** man unterscheidet verschiedene Arten von ähnlichen Dingen oder Personen und bildet so Gruppen mit gemeinsamen Merkmalen ≈ Sorte, Kategorie *„Welche Art Bücher/von Büchern bevorzugen Sie?"* **4** die niedrigste Kategorie im System der Lebewesen ≈ Spezies *„Tiger und Löwe sind Arten der Gattung Großkatzen"* **K** Artenschutz, Artenvielfalt; Pflanzenart, Tierart ⓘ *Rasse* und *Sorte* werden verwendet, um Unterschiede innerhalb einer Art von Tieren bzw. von gezüchteten Pflanzen zu machen. Diese Begriffe werden aber meist nicht zu den biologischen Kategorien gerechnet. • *zu* (4) **ar·ten·reich** *ADJEKTIV*

der **Ar·ten·schutz** Maßnahmen, die verhindern sollen, dass weitere Tier- und Pflanzenarten aussterben

die **Ar·te·rie** [-i̯ə]; (-, *-n*) ein Blutgefäß, welches das Blut vom Herzen in den Körper führt ≈ Schlagader **K** Arterienverkalkung

**ar·tig** *ADJEKTIV* mit der Verhaltensweise, die Erwachsene von Kindern erwarten *„Sei artig!"* | *„Gib artig die Hand!"* • *hierzu* **Ar·tig·keit** *die*

**-ar·tig** *im Adjektiv, unbetont, sehr produktiv* so oder ähnlich wie das im ersten Wortteil Genannte *„eine blitzartige Reaktion"* | *„sintflutartiger Regen"*

der **Ar·ti·kel**, **Ar·ti·kel**★; (-s, -) **1** ein geschriebener Text in einer Zeitung, Zeitschrift o. Ä. ⟨*einen Artikel schreiben, verfassen*⟩ **K** Zeitungsartikel **2** eine Sorte von Gegenständen, die verkauft wird ≈ Ware *„Dieser Artikel ist gerade im Sonderangebot"* **3** eine Wortart, die unter anderem das Genus eines Substantivs bezeichnet *„Der" ist der bestimmte, „ein" der unbestimmte männliche Artikel"* **4** ein Abschnitt eines Gesetzes oder Vertrags *„nach Paragraf fünf, Artikel zwei des Grundgesetzes* (§ 5 *Art. 2. GG)"* ⓘ Abkürzung: *Art.*

der **Ar·tist**★ (*-en*, *-en*) Artisten zeigen besonders im Zirkus ungewöhnliche Dinge, die sie gut können ⓘ a) *der Artist; den, dem, des Artisten;* b) Maler, Dichter usw. sind *Künstler*, keine Artisten • *hierzu* **Ar·tis·tin** *die*; **Ar·tis·tik** *die*; **ar·tis·tisch** *ADJEKTIV*

die **Arz·nei** (-, *-en*) ein Medikament gegen Krankheiten ⟨(*jemandem*) *eine Arznei verordnen, verschreiben; eine Arznei einnehmen*⟩ **K** Arzneipflanze

das **Arz·nei·mit·tel** ≈ Medikament **K** Arzneimittelkonsum, Arzneimittelmissbrauch

der **Arzt**★ (*-es*, *Ärz·te*) eine Person, die an einer Universität ausgebildet wurde, damit sie Kranke heilen kann ⟨*zum Arzt gehen*⟩ ≈ Doktor *„Bei welchem Arzt sind Sie in Behandlung?"* **K** Arztpraxis; Augenarzt, Kinderarzt, Zahnarzt ⓘ → Anhang, S. 1087: **Beim Arzt** • *hierzu* **Ärz·tin** *die*; **ärzt·lich** *ADJEKTIV*

die **Asche** (-, *-n*) das graue Pulver, das übrig bleibt, wenn etwas verbrannt ist

der **Aschen·be·cher** ein Gefäß für die Asche und die Reste von Zigaretten o. Ä.

der **Ascher·mitt·woch** der erste Tag der Fastenzeit der Katholiken (gegen Ende des Winters)

**asi·a·tisch** *ADJEKTIV* **1** zu Asien gehörend *„China ist ein asiatisches Land"* **2** typisch für Asien *„asiatische Tempel"*

**Asi·en**★ ['aːzi̯ən] (*-s*) der größte Kontinent der Erde

**aso·zi·al** *ADJEKTIV* **1** *meist abwertend* für die Gesellschaft schädlich ⟨*sich asozial verhalten*⟩ **2** *gesprochen, abwertend* so, dass Personen unangenehm auffallen, weil sie ungepflegt, vulgär und aggressiv sind • *hierzu* **Aso·zi·a·le** *der/die*

der **As·pekt**★ (*-(e)s*, *-e*) **1** die Perspektive, von der aus man ein Problem betrachtet ≈ Sichtweise *„ein Problem unter finanziellem Aspekt betrachten"* **2** ein Teilbereich eines Sachverhalts ≈ Gesichtspunkt *„Der Aspekt Umwelt ist bei der Planung zu kurz gekommen"*

der **As·phalt**, **As·phalt** [-f-]; (*-s*, *-e*) ein schwarzgraues Material, das als Straßenbelag verwendet wird **K** Asphaltbahn, Asphaltstraße • *hierzu* **as·phal·tie·ren** (*hat*)

**aß** *Präteritum, 1. und 3. Person Singular* → essen

das **Ass** (*-es*, *-e*) **1** die höchste Spielkarte **2** *gesprochen* jemand mit sehr großem Wissen und Können auf einem Gebiet *„ein Ass in Physik"* **K** Tennisass

der **As·sis·tent** (*-en*, *-en*) eine Person, die jemandem (z. B. einem Professor, Arzt oder Minister) bei der Arbeit hilft • *hierzu* **As·sis·ten·tin** *die*

**as·sis·tie·ren** (*assistierte*, *hat assistiert*) **(jemandem) (bei etwas) assistieren** jemandem (meist dem verantwortlichen Vorgesetzten) bei der Arbeit helfen *„Zwei Schwestern assistierten dem Arzt bei der Operation"*

die **As·so·zi·a·ti·on** [-'tsi̯oːn]; (-, *-en*); *meist Plural* die Gedanken und Gefühle, die durch einen äußeren Eindruck erzeugt werden ⟨*(positive, negative) Assoziationen wecken, hervorrufen*⟩ • *hierzu* **as·so·zi·a·tiv** *ADJEKTIV; geschrieben*

der **Ast★** (-(*e*)*s*, *Äs·te*) ein Teil eines Baumes, der aus dem Stamm wächst *„Das Auto wurde durch einen herabfallenden Ast schwer beschädigt"* K Astgabel

**äs·the·tisch** *ADJEKTIV* so, dass man es als schön empfindet ⟨*ein Anblick, ein Genuss*⟩

das **Asth·ma** (*-s*) eine (krankhafte) Atemnot, die meist plötzlich auftritt • *hierzu* **asth·ma·tisch** *ADJEKTIV*

die **As·t·ro·lo·gie** (-) der Glaube an einen Einfluss des Stands der Sterne zu einem bestimmten Zeitpunkt auf die Menschen und ihr Schicksal • *hierzu* **as·t·ro·lo·gisch** *ADJEKTIV*

der **As·t·ro·naut** (*-en*, *-en*) eine Person, die mit einer Rakete ins Weltall fährt ❶ *der Astronaut; den, dem, des Astronauten* • *hierzu* **As·t·ro·nau·tin** *die*

die **As·t·ro·no·mie** (-) die Wissenschaft von den Vorgängen und Dingen (Sterne, Planeten usw.) im Weltall • *hierzu* **As·t·ro·nom** *der*

das **Asyl★** [a'zyːl]; (-(*e*)*s*, *-e*) *nur Singular* das Recht auf Aufenthalt, das ein Staat einer Person aus dem Ausland gewährt, um sie vor Verfolgung zu schützen ⟨*um Asyl bitten; (jemandem) politisches Asyl gewähren*⟩ K Asylantrag, Asylbewerber, Asylrecht

der **Asy·lant** (*-en*, *-en*) eine oft negativ verwendete Bezeichnung für eine Person, die um politisches Asyl bittet oder die Asyl bekommt ❶ *Asylbewerber* oder *Asylsuchender* sind neutralere Ausdrücke • *hierzu* **Asy·lan·tin** *die*

**asym·met·risch** *ADJEKTIV* nicht symmetrisch • *hierzu* **Asym·met·rie** *die*

das **Ate·li·er** [ate'li̯eː]; (*-s*, *-s*) der Arbeitsraum eines Künstlers K Maleratelier

der **Atem★** (*-s*) 1 die Luft, die sich von der Lunge zu Mund oder Nase bewegt und umgekehrt ⟨*den Atem anhalten*⟩ K Atemnot, Atemwege 2 **außer Atem sein** erschöpft sein und nicht gut atmen können

**atem·be·rau·bend** *ADJEKTIV* auf aufregende Weise ungewöhnlich schön oder spannend

**atem·los** *ADJEKTIV* 1 keuchend vor Anstrengung 2 voller Spannung ⟨*atemlos lauschen*⟩ 3 sehr schnell (ablaufend) *„ein atemloses Tempo"*

der **Atem·zug** wenn wir einen Atemzug machen, kommt frische Luft in unsere Lunge ⟨*ein tiefer Atemzug*⟩

der **Athe·ist** [ate'ɪst]; (*-en*, *-en*) eine Person, die nicht an Gott oder ein höheres Wesen glaubt ❶ *der Atheist; den, dem, des Atheisten* • *hierzu* **Athe·is·tin** *die*; **Athe·is·mus** *der*; **athe·is·tisch** *ADJEKTIV*

der **Ath·let** [-t-]; (*-en*, *-en*) 1 ein trainierter Sportler 2 ein muskulöser Mann • *zu* (1) **Ath·le·tin** *die*; **ath·le·tisch** *ADJEKTIV*

der **At·lan·tik** (*-s*) der Ozean zwischen Amerika und Europa bzw. Afrika • *hierzu* **at·lan·tisch** *ADJEKTIV*

der **At·las** (*-/-ses*, *At·lan·ten/At·las·se*) eine Sammlung von Landkarten in einem Buch K Weltatlas

**at·men★** (*atmete*, *hat geatmet*) wenn wir atmen, kommt frische Luft in unsere Lunge ⟨*stoßweise, schwer atmen*⟩

die **At·mos·phä·re★** [-f-]; (-, *-n*) 1 *nur Singular* die Mischung aus Gasen, die einen Planeten umgibt *„Die Atmosphäre der Erde besteht aus Luft"* 2 *nur Singular* die Stimmung innerhalb einer Gruppe 3 *nur Singular* die Stimmung, die von Räumen oder der Umgebung ausgeht • *zu* (1) **at·mos·phä·risch** *ADJEKTIV*

die **At·mung** (-) das Atmen *„Die Atmung des Kranken setzte aus"*

**at·mungs·ak·tiv** *ADJEKTIV* so, dass dabei Luft an die Haut kommt und man nicht schwitzt ⟨*ein Gewebe, Kleidung*⟩

das **Atom★** (*-s*, *-e*) der kleinste, chemisch nicht mehr teilbare, charakteristische Teil eines Elements K Atomkern

**Atom-★** *im Substantiv, betont, begrenzt produktiv* **die Atombombe, die Atomenergie, die Atomkraft, das Atomkraftwerk, der Atomkrieg, die Atommacht, der Atommüll, der Atomreaktor, der Atomstrom, der Atomtest, die Atomwaffen, das Atomzeitalter** *und andere* verwendet in Bezug auf Waffen und Energie, die auf der Spaltung von Atomen beruhen ❶ Im Unterschied zu *Kern-* wird *Atom-* eher in negativen Zusammenhängen verwendet.

**ätsch!** (vor allem von Kindern) verwendet, um boshafte Freude über jemandes Niederlage oder Nachteile auszudrücken *„Ätsch, mein Eis ist größer als deins!"*

die **At·ta·cke** (-, *-n*) 1 **eine Attacke (gegen**

**jemanden/etwas)** ein schneller militärischer Angriff ⟨*zur Attacke blasen, übergehen*⟩ **2** **eine Attacke (gegen jemanden/etwas)** ein aggressiver Angriff, welcher den Gegner in Schwierigkeiten bringt *„Der Fechter hat die Attacke des Gegners abgewehrt"* **3** **eine Attacke (gegen jemanden/etwas)** harte Kritik *„eine öffentliche Attacke gegen ein Gesetz"* **4** das plötzliche Auftreten von Krankheitssymptomen *„Der Patient erlag der Attacke"* **K** Fieberattacke, Herzattacke • *zu* (1 – 3) **at·ta·ckie·ren** (*hat*)

das **At·ten·tat★** (-(e)s, -e) **ein Attentat (auf/gegen jemanden/etwas)** ein Mord(versuch) aus politischen Gründen ⟨*ein Attentat verüben*⟩ ≈ Anschlag *„Dem Attentat auf die niederländische Botschaft fielen fünf Menschen zum Opfer"* • *hierzu* **At·ten·tä·ter** *der*

das **At·test** (-(e)s, -e) eine ärztliche Bescheinigung über den gesundheitlichen Zustand einer Person ⟨*(jemandem) ein Attest ausstellen; ein Attest (irgendwo) vorlegen*⟩

die **At·trak·ti·on** [-'tsio:n]; (-, -en) **1** jemand/etwas von besonderem Interesse *„Der Löwe war die größte Attraktion des Zirkus"* **2** die Faszination, die von einer sehr interessanten Person/Sache ausgeht

**at·trak·tiv★** [-f] ADJEKTIV **1** so, dass Personen (oder Firmen) Interesse daran bekommen ⟨*ein Angebot, ein Preis, ein Standort*⟩ *„ein Job zu attraktiven Konditionen"* **2** äußerlich anziehend ⟨*eine Frau, ein Mann, ein Äußeres, eine Erscheinung*⟩ ≈ hübsch

die **At·trap·pe** (-, -n) eine Imitation, die täuschend echt aussieht *„Die Bombe war nur eine Attrappe"*

das **At·tri·but★** (-(e)s, -e); *geschrieben* **1** ein besonderes oder charakteristisches Merkmal, das jemand (nach Ansicht anderer Leute) hat *„Die Zuverlässigkeit ist eines seiner besten Attribute"* **2** ein Wort, das allem vor einem Substantiv steht und dieses so näher bestimmt • *zu* (2) **at·tri·bu·tiv** ADJEKTIV

**ät·zen** (*ätzte, hat geätzt*) **1** **etwas ätzt (etwas)** etwas greift die Oberfläche vor allem von Metall und Geweben an und zerstört sie langsam *„eine ätzende Säure"* **2** **etwas in etwas** (*Akkusativ*) **ätzen** mithilfe von Säuren oder Laugen Bilder oder Schrift auf einer Oberfläche erscheinen lassen *„eine Rose in eine Metallplatte ätzen"*

**ät·zend** ADJEKTIV *gesprochen* verwendet, um jemanden/etwas negativ zu beurteilen ⟨*echt ätzend*⟩

**au!** **1** verwendet als Ausruf des Schmerzes **2** verwendet als Ausruf der Freude, Zustimmung ⟨*au ja!*⟩ *„Au, das machen wir!"*

die **Au·ber·gi·ne** [obɛr'ʒi:nə]; (-, -n) eine längliche, meist violette Frucht, die man als Gemüse isst

**auch★** ADVERB **1** für die eine Person oder Sache gilt das Gleiche wie für eine andere Person oder Sache *„Ich war letzte Woche in Rom." – „Ich war auch da!"* | *„Mein Radio ist kaputt!" – „Meines funktioniert auch nicht."*

PARTIKEL *unbetont* **2** verwendet, um zu betonen, dass eine Aussage auf alle/alles zutrifft, einschließlich der genannten Person/Sache (von der es nicht unbedingt zu erwarten war) ≈ selbst, sogar *„Sie geht jeden Tag spazieren, auch wenn es regnet"* | *„Auch der schönste Tag geht einmal zu Ende"* **3** in Fragen verwendet, wenn man sich vergewissern will, dass etwas so ist, wie es sein sollte *„Vergisst du das auch ganz bestimmt nicht?"* **4** verwendet, um jemanden dazu zu ermahnen, etwas zu tun *„Sei auch schön brav bei der Oma!"* **5** verwendet, um eine Erklärung zu verstärken *„Er ist schon ziemlich alt, darum hört er auch so schlecht"* **6** verwendet, um einer Aussage indirekt zuzustimmen und einen Grund dafür zu nennen, warum etwas zu erwarten war *„Ganz schön kalt hier!" – „Kein Wunder, die Heizung ist ja auch kaputt."* | *„Er spielt sehr gut. Er übt aber auch in jeder freien Minute"* **7** in rhetorischen Fragen verwendet, die einen Grund für etwas Negatives nennen, das jemand festgestellt hat *„Mir ist so kalt!" – „Warum ziehst du dich auch nicht wärmer an?"* **8** **was/wer/wann** *usw.* **auch (immer)** gleichgültig, was/wer/wann usw. *„Du bist mir willkommen, wann immer du auch kommst"* ❶ Wortstellung im Nebensatz meist wie in einem normalen Aussagesatz (keine Inversion) **9** **so** *+Adjektiv* **jemand/etwas auch ist**; **so** *+Adverb*/**sooft/sosehr/soviel jemand/etwas auch** *+Verb* drückt aus, dass nichts an der im Hauptsatz genannten Tatsache etwas ändern kann *„So groß der Hund auch ist, ich habe keine Angst vor ihm"* | *„Sosehr ich es mir auch wünsche, es wird nicht funktionieren"* ❶ Wortstellung im Nebensatz wie in einem normalen Aussagesatz (keine Inversion); weitere Verwendungen → **nur**, **sowohl** und **wenn**.

**au·dio·vi·su·ell** ADJEKTIV *meist attributiv* zugleich akustisch und optisch wirksam ⟨*Medi-*

*en, der Unterricht*⟩

**auf**[1]★ *PRÄPOSITION mit Dativ/Akkusativ* ORT: **1** *mit Dativ* verwendet, um einen Kontakt von oben zu bezeichnen ↔ unter *„Das Glas steht auf dem Tisch"* ⓘ → Anhang, S. 1113: **Präpositionen** **2** *mit Akkusativ* bezeichnet die Richtung einer Bewegung, bei der eine Fläche von oben her berührt wird ↔ unter *„den Koffer auf den Boden stellen"* ⓘ → Anhang, S. 1113: **Präpositionen** **3** *mit Akkusativ* bezeichnet die Richtung einer Bewegung von unten nach oben *„Markus steigt auf eine Leiter"* **4** **auf etwas** (*Akkusativ*) **zu** in Richtung zu einem Ziel hin *„Das Schiff bewegte sich auf den Hafen zu"* INSTITUTION: **5** *mit Dativ* in den Räumen einer Institution *„Ich war gerade auf der Bank"* **6** *mit Dativ* in einer Schule *„Habt ihr auf der Realschule auch Informatik?"* **7** **auf etwas** (*Akkusativ*) **gehen** irgendwo Schüler oder Student sein *„aufs Gymnasium/auf die Mittelschule gehen"* VERANSTALTUNG: **8** *mit Dativ* bei einer Veranstaltung, bei einem Treffen *„Ich war auf der Hochzeit meiner besten Freundin"* **9** **auf etwas** (*Akkusativ*) **gehen** zu einer Veranstaltung oder einem Treffen gehen, um daran teilzunehmen *„Am Wochenende gehen wir auf eine Party"* TÄTIGKEIT: **10** *mit Dativ* während der genannten Tätigkeit *„auf Montage/Reisen sein"* | *„auf der Suche nach jemandem/etwas"* DISTANZ: **11** *mit Akkusativ* verwendet bei Bezeichnungen der räumlichen Distanz *„Die Explosion war auf einige Kilometer zu hören"* ZEIT: **12** *mit Akkusativ* während eines Zeitraums *„auf unbestimmte Zeit verreisen"* ART UND WEISE: **13** *mit Akkusativ* verwendet zur Bezeichnung der Art und Weise *„Sie sagte etwas auf Englisch"* **14** **auf etwas** (*Akkusativ*) (**genau**) drückt aus, dass eine Angabe, Messung oder Rechnung sehr genau ist *„Das stimmt auf den Cent genau!"* GRUND: **15** *mit Akkusativ* nennt den Grund, warum etwas geschieht oder getan wird *„auf Anraten des Arztes"* ZUORDNUNG, ANSCHLUSS: **16** *mit Akkusativ* ordnet Zahlen und Mengen einander zu und setzt sie in Relation *„Auf 30 Schüler kommt ein Lehrer"* **17** verwendet mit Verben, um ein Objekt anzuschließen *„auf jemanden/etwas warten"* ⓘ → Anhang, S. 1113: **Präpositionen**

**auf**[2]★ *ADVERB* **1** verwendet, um jemanden aufzufordern, etwas zu öffnen ↔ zu *„Mund auf!"* **2** **etwas ist auf** *gesprochen* etwas ist offen ↔ geschlossen *„Das Fenster war die ganze Nacht auf"* **3** **etwas ist auf** *gesprochen* etwas ist für die Kunden geöffnet *„Die Bäckerei ist bis 13 Uhr auf"* **4** **jemand ist auf** *gesprochen* jemand ist nicht mehr oder noch nicht im Bett *„Ich bin heute schon seit sechs Uhr auf"* **5** verwendet, um jemanden zur Eile zu treiben *„Auf gehts!"* **ID** **auf und ab** hin und zurück oder nach oben und wieder nach unten *„im Zimmer auf und ab gehen"* | *„Das Jo-Jo bewegt sich an der Schnur auf und ab"*; **auf und davon** *gesprochen* plötzlich geflüchtet und verschwunden *„Der Dieb war auf und davon"*

**auf-**★ (*im Verb, betont und trennbar, sehr produktiv; Diese Verben werden so gebildet: aufschreiben, schrieb auf, aufgeschrieben*) **1** **etwas aufblättern, aufhacken, aufklappen, aufknöpfen, aufschrauben** *und andere* drückt aus, dass etwas geöffnet wird *„Er stieß mit dem Fuß die Tür auf"* Er stieß mit dem Fuß gegen die Tür, um sie zu öffnen **2** **aufhorchen, auflachen, aufschluchzen, aufschreien**; **etwas blitzt auf, flackert auf, flammt auf** *und andere* drückt aus, dass eine Handlung plötzlich beginnt *„Sie sah, wie in der Ferne ein Licht aufleuchtete"* Sie sah, wie plötzlich ein Licht zu leuchten begann | *„Er stöhnte auf, als er sich den Fuß anstieß"* Er stöhnte plötzlich, als er sich den Fuß anstieß **3** **etwas (auf etwas** (*Akkusativ*)**) aufdrucken, aufdrücken, aufnähen, aufsprühen** *und andere* drückt aus, dass man die eine Sache mit der anderen in Kontakt bringt *„Er klebte eine Briefmarke auf das Kuvert auf"* Er drückte eine Briefmarke auf das Kuvert **4** **aufsteigen, auftauchen**; **ein Vogel flattert auf, fliegt auf**; **etwas spritzt auf, wirbelt auf** *und andere* drückt aus, dass durch eine Handlung oder einen Vorgang jemand/etwas nach oben oder in die Höhe kommt *„Das vorbeifahrende Auto wirbelte viel Staub auf"* Das Auto wirbelte den Staub in die Luft **5** **(etwas) aufessen, auffuttern**; **ein Tier frisst (jemanden/etwas) auf** *und andere* drückt aus, dass etwas so lange geschieht, bis nichts mehr da ist *„Wir müssen zuerst die angefangene Packung aufbrauchen"* Wir müssen zuerst alles verbrauchen, was in der angefangenen Packung ist **6** **etwas auffrischen, aufhellen, auflockern, aufrauen**; **jemanden aufmuntern**; **etwas weicht auf** *und andere* drückt aus, dass jemand/etwas in den genannten Zustand kommt *„Er ist so traurig, wir müssen ihn etwas aufheitern"* Wir müssen versuchen, ihn fröhlich zu machen

**auf·ar·bei·ten** (*hat*) **1** **etwas aufarbeiten** etwas (mit dem man im Rückstand ist) zu Ende bearbeiten, fertig machen ‹*die Akten, die Korrespondenz aufarbeiten*› **2** **etwas aufarbeiten** Möbel (durch neuen Stoff, neue Farbe o. Ä.) erneuern *„Sie ließ das Sofa aufarbeiten"* **3** **etwas aufarbeiten** etwas geistig bewältigen, indem man es noch einmal analysiert und darüber nachdenkt ‹*Erlebnisse, Eindrücke aufarbeiten*› • *hierzu* **Auf·ar·bei·tung** *die*

**auf·at·men** (*hat*) nach einer Belastung erleichtert sein *„Nach dem Stress der letzten Tage konnte sie endlich aufatmen"*

der **Auf·bau**★ (-(*e*)*s*, *-ten*) **1** *nur Singular* das Aufbauen eines Gerüsts, Lagers usw. ↔ Abbau **2** *nur Singular* das erneute Aufbauen von etwas Zerstörtem ↔ Abbruch *„Nach dem Krieg erfolgte der Aufbau der Städte"* **3** *nur Singular* die Organisation, Schaffung oder Errichtung eines (funktionierenden) Systems *„den wirtschaftlichen Aufbau fördern"* **4** *nur Singular* die Gliederung, Struktur einer Sache ‹*der Aufbau einer Rede, einer Oper, eines Bildes*›

**auf·bau·en**★ (*hat*) **1** **etwas aufbauen** etwas (aus einzelnen Teilen) zusammensetzen und irgendwohin stellen ‹*ein Gerüst, ein Zelt, eine Baracke aufbauen*› ≈ aufstellen **2** **etwas aufbauen** etwas entstehen lassen, schaffen (und organisieren) ‹*eine Fabrik, eine Organisation, eine Partei aufbauen; sich* (*Dativ*) *eine neue Existenz aufbauen*› **3** **etwas baut auf etwas** (*Dativ*) **auf** etwas hat etwas als Grundlage, Voraussetzung *„Der Unterricht an der Universität baut meist auf dem Schulwissen auf"* **4** **etwas baut sich auf** etwas entsteht ‹*Ärger, Druck, Spannungen*›

**auf·be·kom·men** (*hat*); *gesprochen* **1** **etwas aufbekommen** etwas Geschlossenes öffnen können *„Ich hab die Tür nicht aufbekommen"* **2** **etwas aufbekommen** (vom Lehrer) eine Aufgabe gestellt bekommen ‹*Hausaufgaben aufbekommen*› *„Habt ihr heute viel aufbekommen?"*

**auf·bes·sern** (*hat*) **etwas aufbessern** bewirken, dass etwas mehr und besser wird *„Ich fahre nach Italien, um meine Sprachkenntnisse aufzubessern"* | *„durch Jobs das Taschengeld aufbessern"* • *hierzu* **Auf·bes·se·rung** *die*

**auf·be·wah·ren**★ (*bewahrte auf, hat aufbewahrt*) **etwas aufbewahren** etwas (meist Wertvolles) für eine gewisse Zeit sicher lagern *„Schmuck im Safe aufbewahren"* • *hierzu* **Auf·be·wah·rung** *die*

**auf·bie·ten** (*hat*) **1** **etwas (für/zu etwas) aufbieten** besondere Leistungen bringen, um etwas zu erreichen *„alle Kräfte zum Gelingen eines Projekts aufbieten"* **2** **Personen für/zu etwas aufbieten** *geschrieben* Personen einsetzen, um etwas zu erreichen *„Die Regierung musste Militär und Polizei aufbieten, um für Ruhe zu sorgen"*

**auf·bla·sen** (*hat*) **etwas aufblasen** etwas (mit dem Mund) mit Luft füllen ‹*einen Luftballon, eine Luftmatratze aufblasen*› • *hierzu* **auf·blas·bar** ADJEKTIV

**auf·blei·ben** (*ist*) **1** noch nicht zum Schlafen ins Bett gehen *„Die Kinder dürfen bis neun Uhr aufbleiben"* **2** **etwas bleibt auf** etwas ist weiterhin offen *„Das Fenster soll nachts aufbleiben"*

**auf·blü·hen** (*ist*) **1** **etwas blüht auf** eine Pflanze öffnet die Blüten **2** **etwas blüht auf** etwas entwickelt sich günstig ‹*der Handel, die Wissenschaft*› **3** ≈ aufleben

**auf·brau·chen** (*hat*) **etwas aufbrauchen** etwas bis auf den letzten Rest, vollständig verbrauchen ‹*Geld, Energie, seine Geduld aufbrauchen*›

**auf·bre·chen**★ **1** **(zu etwas) (irgendwohin) aufbrechen** (*ist*) (irgendwohin) fortgehen, sich auf den Weg machen *„zu einer Expedition aufbrechen"* **2** **etwas bricht auf** (*ist*) etwas öffnet sich von selbst ‹*eine Eisdecke, eine Knospe, eine Narbe*› **3** **etwas aufbrechen** (*hat*) etwas (Verschlossenes) mit Gewalt oder schnell und ungeduldig öffnen ‹*eine Tür, ein Schloss aufbrechen*›

**auf·brin·gen** (*hat*) **1** **etwas (für jemanden/etwas) aufbringen** etwas (meist unter schwierigen Bedingungen) für jemanden/etwas beschaffen oder zusammenbringen *„Mut für eine Entscheidung aufbringen"* **2** **etwas aufbringen** etwas Neues anderen Leuten bekannt machen ‹*eine Mode, ein Gerücht aufbringen*› **3** **eine Person (gegen jemanden) aufbringen** jemanden wütend machen *„Mit seinem Verhalten brachte er alle gegen sich auf"* **4** **etwas aufbringen** *gesprochen* etwas Geschlossenes öffnen können *„das verklemmte Fenster nicht aufbringen"*

der **Auf·bruch**★ *nur Singular* der Beginn einer Reise

**auf·bür·den** (*bürdete auf, hat aufgebürdet*)

**jemandem etwas aufbürden** jemanden oder sich selbst mit etwas Unangenehmem belasten ⟨*jemandem viel Arbeit, große Verantwortung aufbürden*⟩

**auf·de·cken** (*hat*) **etwas aufdecken** etwas Verborgenes (und meist Negatives) in der Öffentlichkeit bekannt machen ⟨*jemandes Fehler, jemandes Schwächen, ein Verbrechen aufdecken*⟩ „*Die Reporter deckten den Skandal schonungslos auf*" • *hierzu* **Auf·de·ckung** *die*

**auf·drän·gen** (*hat*) **1** **jemandem etwas aufdrängen** versuchen, einer Person etwas gegen deren eigenen Willen zu geben oder zu verkaufen „*Der Vertreter wollte der alten Frau ein Abonnement für eine Zeitschrift aufdrängen*" **2** **sich jemandem aufdrängen** einer Person gegen deren eigenen Willen anbieten, ihr Freund, Helfer oder Begleiter zu sein „*Er drängte sich uns förmlich auf*"

**auf·dre·hen** (*hat*) **1** **etwas aufdrehen** durch Öffnen eines Hahnes oder Ventils eine Flüssigkeit oder ein Gas strömen lassen ⟨*den Hahn, das Gas, das Wasser aufdrehen*⟩ ↔ zudrehen **2** **etwas aufdrehen** *gesprochen* ein elektrisches Gerät lauter stellen ⟨*das Radio, die Stereoanlage aufdrehen*⟩

**auf·dring·lich** ADJEKTIV immer wieder belästigend, störend „*Der aufdringliche Kerl soll mich in Ruhe lassen!*" • *hierzu* **Auf·dring·lich·keit** *die*

der **Auf·druck** (-(*e*)*s*, *Auf·dru·cke*) das, was auf Papier oder auf einen Stoff gedruckt ist

**auf·ei·nan·der**★ ADVERB **1** eine Person/Sache auf die andere oder auf der anderen „*Man darf diese zerbrechlichen Gegenstände nicht aufeinander lagern*" **2** drückt eine Gegenseitigkeit aus „*Die Farben waren aufeinander abgestimmt*" | „*Sie nehmen Rücksicht aufeinander*" **3** so, dass eine Person oder ein Tier gegen eine andere Person oder ein anderes Tier kämpft „*Sie gingen aufeinander los/prügelten aufeinander ein*"

**auf·ei·nan·der-** (*im Verb, betont und trennbar, begrenzt produktiv; Diese Verben werden so gebildet: aufeinanderlegen, legte aufeinander, aufeinandergelegt*) **1** **Dinge aufeinanderhäufen, aufeinanderschichten, aufeinanderstapeln** *und andere* drückt aus, dass Dinge so angeordnet werden oder sind, dass eines auf dem anderen liegt „*Er legte die Hefte aufeinander*" Er legte ein Heft auf das andere **2** **Personen/Dinge stoßen, treffen aufeinander**; **die Zähne aufeinanderbeißen**; **Dinge aufeinanderdrücken, aufeinanderpressen** *und andere* drückt aus, dass Personen, Tiere oder Dinge miteinander in Kontakt kommen oder gebracht werden „*Sie hetzten die Hunde aufeinander*" Sie hetzten einen Hund gegen den anderen

**auf·ei·nan·der·tref·fen** (*sind*) **1** **Personen treffen aufeinander** Personen oder Mannschaften sind Gegner in einem Wettkampf „*Im Halbfinale trafen England und Frankreich aufeinander*" **2** **Dinge treffen aufeinander** Dinge kommen in Kontakt (und passen nicht zusammen) ⟨*Interessen, Kulturen, Welten*⟩

der **Auf·ent·halt**★ (-(*e*)*s*, -*e*) **1** die Anwesenheit (einer Person) an einem Ort für eine begrenzte Zeit „*ein einjähriger Aufenthalt im Ausland*" **K** Aufenthaltsgenehmigung, Aufenthaltsort; Erholungsaufenthalt **2** die kurze Unterbrechung einer Fahrt oder Reise „*Der Zug hat in Köln 15 Minuten Aufenthalt*"

der **Auf·ent·halts·raum** ein Zimmer (z. B. in einer Schule oder in einer Firma), in dem man sich während einer Pause aufhalten kann

**auf·es·sen** (*isst auf, aß auf, hat aufgegessen*) **(etwas) aufessen** etwas zu Ende essen, so dass kein Rest bleibt „*Wer isst denn jetzt den letzten Rest Suppe auf?*"

**auf·fah·ren** **1** **auf jemanden/etwas auffahren** (*ist*) während der Fahrt auf jemanden/etwas stoßen „*Das Auto/Er fuhr auf den Lastwagen auf*" **K** Auffahrunfall **2** **(auf jemanden/etwas) auffahren** (*ist*) sich dem vorausfahrenden Fahrzeug nähern ⟨*zu dicht auffahren*⟩ **3** **(aus etwas) auffahren** (*ist*) aus einem ruhigen Zustand plötzlich hochschrecken ⟨*aus seinen Gedanken, aus dem Schlaf auffahren*⟩

die **Auf·fahrt**★ **1** eine Straße, die direkt zu einer Autobahn führt ↔ Ausfahrt **K** Autobahnauffahrt **2** eine (ansteigende) Straße, die zum Eingang eines größeren Gebäudes führt „*Die Kutsche fuhr die Auffahrt zum Schloss hinauf*"

**auf·fal·len**★ (*ist*) **1** **jemand/etwas fällt (jemandem) auf** jemand/etwas erregt durch etwas Besonderes Aufmerksamkeit „*Sie fiel durch ihre Intelligenz auf*" **2** **etwas fällt (an jemandem/etwas) auf** eine Eigenschaft o. Ä. ist besonders deutlich „*Fällt dir nichts an dem Auto auf?*"

**auf·fäl·lig**★ ADJEKTIV so, dass es auffällt ⟨*Kleidung, ein Benehmen*⟩ • *hierzu* **Auf·fäl-**

**lig·keit** *die*

**auf·fan·gen★** (*hat*) **1 etwas auffangen** etwas, das fällt oder fliegt, mit den Händen aus der Luft greifen ⟨*einen Ball auffangen*⟩ **2 jemanden auffangen** eine Person mit den Händen greifen und so verhindern, dass sie stürzt **3 etwas auffangen** eine Flüssigkeit in einem Gefäß sammeln *„Regenwasser in einer Tonne auffangen"* **4 etwas auffangen** negative Folgen durch geeignete Maßnahmen verringern *„den Kursverfall/die Preissteigerung auffangen"*

**auf·fas·sen** (*hat*) **etwas als etwas auffassen**; **etwas irgendwie auffassen** von einer Sache eine meist sehr subjektive Meinung haben ⟨*Worte falsch, als Beleidigung, als Vorwurf, als Schmeichelei auffassen*⟩ ≈ verstehen *„Er fasste die Bewegung als Angriff auf und lief sofort weg"*

die **Auf·fas·sung★ eine Auffassung (von etwas)/(über etwas** (*Akkusativ*)); **die Auffassung, dass ...** die Meinung, die man darüber hat, wie etwas ist oder sein sollte ⟨*jemandes Auffassung teilen; der Auffassung sein, dass ...*⟩ ≈ Vorstellung *„Nach meiner Auffassung ist das falsch"* **K** Arbeitsauffassung

die **Auf·fas·sungs|ga·be** *nur Singular* die Fähigkeit, etwas schnell zu verstehen und geistig zu verarbeiten ≈ Auffassung

**auf·flie·gen** (*ist*) **1 ein Vogel fliegt auf** ein Vogel fliegt los und nach oben **2 etwas fliegt auf** etwas öffnet sich plötzlich ⟨*ein Fenster, eine Tür*⟩ **3 etwas fliegt auf** etwas wird entdeckt und scheitert somit ⟨*ein Betrug, ein Schwindel, eine Verschwörung, ein Agent, ein Betrüger, ein Spionagering, eine Schmugglerbande*⟩

**auf·for·dern★** (*hat*) **1 jemanden (zu etwas) auffordern** jemanden um etwas bitten ⟨*jemanden zum Tanz auffordern*⟩ *„Er forderte sie auf, sich zu setzen"* **2 jemanden zu etwas auffordern** von einer Person offiziell verlangen, dass sie etwas tut *„Sie werden aufgefordert, dort um 14 Uhr zu erscheinen"* • *hierzu* **Auf·for·de·rung** *die*

**auf·fres·sen** (*hat*) **ein Tier frisst (jemanden/etwas) auf** ein Tier frisst jemanden/etwas ganz, so dass kein Rest bleibt *„das Futter auffressen"*

**auf·fri·schen** (*frischte auf, hat/ist aufgefrischt*) **etwas auffrischen** (*hat*) etwas Vergangenes oder Vergessenes wieder ins Gedächtnis rufen ⟨*Erinnerungen, die Englischkenntnisse auffrischen*⟩

**auf·füh·ren★** (*hat*) **1 etwas aufführen** ein künstlerisches Werk (auf einer Bühne) einem Publikum zeigen ⟨*ein Schauspiel, ein Ballett, eine Oper aufführen*⟩ **2 sich irgendwie aufführen** *gesprochen* sich irgendwie verhalten, benehmen ⟨*sich gut, unmöglich* (= *schlecht*) *aufführen*⟩

die **Auf·füh·rung★ 1** ein Musik- oder Theaterstück, das aufgeführt und dem Publikum gezeigt wird **2** das Aufführen von Theater usw. ⟨*eine gelungene Aufführung*⟩

die **Auf·ga·be★ 1** etwas, das man tun muss ⟨*eine interessante, unangenehme Aufgabe*⟩ ≈ Verpflichtung **K** Aufgabenbereich, Aufgabengebiet **2** der Zweck oder die Funktion, die von jemandem/etwas erfüllt werden sollen *„Ampeln haben die Aufgabe, den Verkehr zu regeln"* **3** ein meist mathematisches Problem ⟨*eine Aufgabe lösen; jemandem eine Aufgabe stellen*⟩ **K** Rechenaufgabe **4** *nur Singular* der Auftrag, etwas zu senden, zu veröffentlichen oder zu bearbeiten ⟨*die Aufgabe eines Pakets, eines Inserats, einer Bestellung*⟩ **K** Gepäckaufgabe **5** *nur Singular* die vorzeitige Beendigung einer Sache oder eines Vorhabens (in einer oft schwierigen Situation) ⟨*die Aufgabe des Berufs; jemanden zur Aufgabe zwingen*⟩

der **Auf·gang 1** eine Treppe, die nach oben führt *„Der Aufgang zum Turm ist sehr eng"* **K** Treppenaufgang **2** das Aufgehen ↔ Untergang **K** Sonnenaufgang

**auf·ge·ben★** (*hat*) ZUR BEARBEITUNG, LÖSUNG: **1 etwas aufgeben** einer Person oder Institution etwas geben, damit es bearbeitet oder transportiert wird ⟨*einen Brief, ein Paket aufgeben; eine Annonce, eine Anzeige bei der Zeitung aufgeben*⟩ **2 (jemandem) etwas aufgeben** (als Lehrer) den Schülern Arbeiten geben, welche sie zu Hause erledigen müssen ⟨*Hausaufgaben, eine Übersetzung aufgeben*⟩ ALS ENDE: **3** keine Hoffnung mehr auf Erfolg haben und daher mit etwas nicht weitermachen *„Der Läufer hatte solche Schmerzen, dass er kurz vor dem Ziel aufgeben musste"* **4 etwas aufgeben** etwas, das man regelmäßig getan hat, nicht mehr tun ⟨*das Rauchen, Trinken aufgeben*⟩ ↔ anfangen **5 etwas aufgeben** (oft in einer schwierigen Situation) auf etwas verzichten (müssen), etwas nicht mehr verwirklichen können ⟨*die Wohnung, den Betrieb, das*

*Geschäft aufgeben; die Hoffnung, den Widerstand, einen Plan aufgeben〉 „Wegen ihrer Krankheit musste sie ihren Beruf aufgeben"*

das **Auf·ge·bot** *meist Singular* **ein Aufgebot (an Personen/Dingen)** die (große) Zahl von Personen oder Dingen, die für einen Zweck eingesetzt werden 〈*ein (großes) Aufgebot an Polizeikräften, Stars, Material und Technik*〉 *„Der Verein hat 25 Spieler in seinem Aufgebot"*

**auf·ge·dreht** *ADJEKTIV gesprochen* gut gelaunt, lustig und meist etwas nervös *„An meinem Geburtstag war ich völlig aufgedreht"*

**auf·ge·hen★** (*ist*) **1** **etwas geht auf** etwas öffnet sich 〈*ein Fenster, eine Tür, ein Regenschirm, eine Knospe*〉 ↔ zugehen **2** **etwas geht auf** etwas wird über dem Horizont sichtbar 〈*die Sonne, der Mond*〉 ↔ untergehen **3** **etwas geht auf** etwas löst sich 〈*ein Knoten, eine Naht*〉 **4** **etwas geht auf** etwas hat ein Resultat ohne Rest *„Die Rechnung geht glatt auf"*

**auf·ge·ho·ben** *PARTIZIP PERFEKT* → aufheben **ID** **(bei jemandem/irgendwo) gut aufgehoben sein** *gesprochen* irgendwo am richtigen oder an einem sicheren Ort sein (und von jemandem gut betreut oder beaufsichtigt werden) *„Die Kinder sind bei den Großeltern gut aufgehoben"*

**auf·ge·legt** *ADJEKTIV* **gut/schlecht aufgelegt sein** in guter/schlechter Laune sein

**auf·ge·löst** *ADJEKTIV* durch Schmerz oder Freude sehr verwirrt und nervös *„Nach dem Unfall war sie völlig aufgelöst"*

**auf·ge·schlos·sen** *ADJEKTIV* **aufgeschlossen (für etwas); jemandem/etwas gegenüber aufgeschlossen** interessiert und offen gegenüber allem Neuen *„der modernen Technik aufgeschlossen gegenüberstehen"* • *hierzu* **Auf·ge·schlos·sen·heit** *die*

**auf·ge·weckt** *ADJEKTIV* (im Vergleich zum Lebensalter) schnell denkend und intelligent 〈*ein Kind, ein Schüler*〉

**auf·gie·ßen** (*hat*) **etwas aufgießen** ein Getränk herstellen, indem man heißes Wasser über Kaffeepulver oder Teeblätter gießt 〈*Kaffee, Tee aufgießen*〉

**auf·grei·fen** (*hat*) **1** **jemanden aufgreifen** jemanden zufällig finden und mitnehmen *„Die Jugendlichen wurden von der Polizei aufgegriffen"* **2** **etwas aufgreifen** sich mit etwas beschäftigen, das schon angesprochen wurde 〈*ein Thema, einen Gedanken aufgreifen*〉

**auf·grund, auf Grund★** *PRÄPOSITION mit Genitiv* verwendet, um den Grund oder die Ursache zu nennen ≈ wegen *„Aufgrund des schlechten Wetters konnte das Fest nicht stattfinden"* **i** auch zusammen mit *von*: *aufgrund von Zeugenaussagen*

der **Auf·guss** heißes Wasser, das über Kräuter o. Ä. gegossen und als Medizin oder Getränk (meist als Tee) verwendet wird **K** Aufgussbeutel

**auf·ha·ben** (*hat*); *gesprochen* **1** **etwas aufhaben** etwas geöffnet haben *„die Augen aufhaben"* **2** **etwas aufhaben** eine Kopfbedeckung oder Brille aufgesetzt haben 〈*einen Hut, einen Helm, eine Mütze, eine Brille aufhaben*〉 **3** **etwas aufhaben** etwas als Hausaufgabe machen müssen *„Wir haben heute einen Aufsatz auf"* **4** **etwas hat auf** etwas ist geöffnet 〈*ein Geschäft, ein Büro*〉 *„Hat der Bäcker noch auf?"*

**auf·hal·ten★** (*hat*) **1** **jemanden/etwas aufhalten** jemanden/etwas (vorübergehend) an der Fortsetzung einer Tätigkeit oder eines Weges hindern *„Der Stau hat mich aufgehalten"* **2** **(jemandem) etwas aufhalten** für jemanden (oft als höfliche Geste) eine Tür geöffnet halten **3** **sich irgendwo aufhalten** für eine längere Zeit an einem Ort sein *„sich in den USA/bei Verwandten aufhalten"* **4** **sich mit jemandem/etwas aufhalten** bei der Beschäftigung mit jemandem/etwas (zu viel) Zeit verlieren *„Sie hielt sich nicht mit Vorreden auf, sondern kam gleich zum Thema"*

**auf·hän·gen★** (*hängte auf, hat aufgehängt*) **1** **etwas (irgendwo) aufhängen** etwas an oder über etwas hängen 〈*Wäsche zum Trocknen aufhängen*〉 *„Er hat das Bild an der Wand/an einem Nagel aufgehängt"* **2** **jemanden aufhängen** jemanden oder sich selbst mit einem Strick um den Hals töten, den man z. B. an einen Baum hängt

der **Auf·hän·ger** (-s, -) **1** ein kleines Band an Kleidungsstücken und Handtüchern, mit dem man diese aufhängen kann **2** **ein Aufhänger (für etwas)** eine Einzelheit (z. B. ein Ereignis), mit der man eine Geschichte oder ein Thema beginnt 〈*etwas als Aufhänger benutzen*〉

**auf·he·ben★** (*hat*) **1** **etwas aufheben** etwas in die Hand nehmen, das vorher auf dem Boden lag *„am Strand eine schöne Muschel aufheben"* **2** **(jemandem) etwas aufheben** etwas nicht verbrauchen oder wegwerfen, sondern für später behalten ≈ aufbewahren *„ein*

*Stück Kuchen für den nächsten Tag aufheben"* | *„Die Ansichtskarte hebe ich (mir) zur Erinnerung an den Urlaub auf"* **3** **etwas aufheben** *geschrieben* eine Regelung nicht länger gültig sein lassen ⟨*eine Verordnung, ein Gesetz aufheben*⟩ ≈ abschaffen • *zu* (3) **Auf·he·bung** *die*

**auf·hei·tern** (*heiterte auf, hat aufgeheitert*) **1** **jemanden aufheitern** eine Person, die traurig ist, froh oder heiter machen (indem man ihr z. B. etwas Lustiges erzählt) **2** **es heitert auf**; **der Himmel heitert sich auf** die Wolken am Himmel verschwinden und die Sonne scheint • *hierzu* **Auf·hei·te·rung** *die*

**auf·hei·zen** (*hat*) **1** **etwas heizt etwas auf** etwas macht etwas warm, heiß *„Mittags heizt die Sonne das Wasser auf"* **2** **etwas aufheizen** Gefühle (z. B. Wut, Ärger) stärker machen ⟨*die Stimmung aufheizen*⟩

**auf·het·zen** (*hat*) **1** **jemanden (gegen eine Person/Sache) aufhetzen** jemanden dazu bringen, über eine andere Person oder Sache wütend oder verärgert zu sein *„Sie hetzt ihren Bruder ständig gegen den Vater auf"* **2** **jemanden zu etwas aufhetzen** jemanden dazu bringen, etwas Böses zu tun *„Er war zu der Tat aufgehetzt worden"*

**auf·ho·len** (*hat*) **(etwas) aufholen** einen Rückstand gegenüber jemandem/etwas verkleinern oder völlig beseitigen ⟨*eine Verspätung, einen Vorsprung aufholen*⟩ *„Der Schwimmer holte zwar einige Meter auf, konnte aber nicht mehr gewinnen"*

**auf·hö·ren★** (*hat*) **1** **aufhören zu** *+Infinitiv* etwas nicht länger tun *„Ende des Monats höre ich auf zu arbeiten"* **2** **(mit etwas) aufhören** etwas nicht länger tun *„mit dem Rauchen aufhören"* **3** **etwas hört auf** etwas ist zu Ende *„Endlich hörte der Sturm auf"*

**auf·kau·fen** (*hat*) **Dinge aufkaufen** große Mengen, oft alle Vorräte einer Ware kaufen *„Aktien aufkaufen"* • *hierzu* **Auf·käu·fer** *der*; **Auf·kauf** *der*

**auf·klap·pen** **etwas aufklappen** (*hat*) einen Teil oder mehrere Teile einer Sache so bewegen, dass sich der Gegenstand öffnet ⟨*einen Koffer, einen Liegestuhl, ein Taschenmesser aufklappen*⟩

**auf·klä·ren★** (*hat*) **1** **etwas aufklären** den wahren Sachverhalt erkennbar machen ⟨*ein Verbrechen, einen Irrtum, Widersprüche aufklären*⟩ **2** **jemanden über etwas** (*Akkusativ*) **aufklären** jemandem etwas Kompliziertes verständlich machen oder jemanden über etwas informieren *„Der Anwalt klärte ihn über seine Rechte auf"* **3** **jemanden aufklären** jemandem, meist einem Kind, sexuelle Vorgänge erklären *„Sein Sohn wurde schon früh aufgeklärt"* **4** **der Himmel/das Wetter/es klärt sich auf** die Wolken verschwinden und es wird heller

die **Auf·klä·rung** (-, *-en*); *meist Singular* **1** das Aufklären ⟨*die Aufklärung eines Verbrechens, eines Missverständnisses*⟩ **2** Informationen über Probleme oder Situationen *„von der Regierung Aufklärung über den Arbeitsmarkt verlangen"* **3** das Erklären sexueller Vorgänge (meist gegenüber Kindern) *„In der Schule gehört die Aufklärung zum Biologieunterricht"* **4** die Aufklärung im 18. Jahrhundert versuchte, mit der Betonung von Vernunft, religiöser Toleranz und naturwissenschaftlichem Denken gesellschaftliche Reformen zu bewirken *„das Zeitalter der Aufklärung"* **5** die Suche und Beobachtung der Orte, an denen sich Waffen und Truppen des Gegners befinden **K** Aufklärungsflugzeug

der **Auf·kle·ber** (-s, -) ein kleiner Zettel oder ein kleines Bild, die man zu einem Zweck auf etwas klebt **K** Gepäckaufkleber, Paketaufkleber

**auf·ko·chen** **etwas aufkochen** (*hat*) etwas so heiß machen, dass es kocht ⟨*die Suppe, die Milch aufkochen*⟩

**auf·kom·men★** (*ist*) **1** **etwas kommt auf** etwas entsteht und verbreitet sich ⟨*ein Gerücht, (gute) Stimmung, Zweifel, Langeweile*⟩ **2** **etwas kommt auf** etwas bildet sich und nähert sich langsam ⟨*ein Sturm, ein Gewitter*⟩ **3** **für jemanden/etwas aufkommen** entstehende Kosten bezahlen ⟨*für den Schaden, ein Projekt, ein Kind aufkommen*⟩ **4** **irgendwie/irgendwo aufkommen** nach einem Sprung oder Flug wieder den Boden berühren ≈ landen

**auf·kreu·zen** (*ist*) **(irgendwo) aufkreuzen** *gesprochen* überraschend irgendwo erscheinen

**auf·krie·gen** (*hat*) **etwas aufkriegen** *gesprochen* etwas öffnen können *„Hilf mir mal, ich krieg das Fenster nicht auf"*

**auf·la·den** (*hat*) **1** **etwas (auf etwas** (*Akkusativ*)**) aufladen** etwas (zur Beförderung) auf etwas laden ≈ abladen *„das Frachtgut auf einen Lkw aufladen"* **2** **etwas aufladen** elektrische Energie in etwas speichern ↔ entladen *„den Rasierapparat an der Steckdose aufladen"*

die **Auf·la·ge★** **1** die Zahl der gedruckten Exemplare z. B. eines Buches oder einer Zeitung

*„eine Zeitschrift mit einer hohen Auflage"* **2** eine Unterlage oder eine Fläche, auf die beim Schreiben oder Malen die Hand oder der Arm gestützt werden kann **K** Schreibauflage **3** *oft Plural* eine Verpflichtung, an die sich jemand halten muss *„dem Mieter zur Auflage machen, dass er sich um den Garten kümmert"*

**auf·las·sen** (*hat*) **1** **etwas auflassen** *gesprochen* etwas offen lassen, nicht schließen *„Lass die Tür auf, es ist so heiß hier!"* **2** **etwas auflassen** *gesprochen* etwas auf dem Kopf, auf der Nase behalten ⟨*den Hut, die Mütze, die Sonnenbrille auflassen*⟩

**auf·lau·ern** (*hat*) **jemandem auflauern** sich irgendwo verstecken und auf eine Person warten, um sie plötzlich anzugreifen *„Der Täter lauerte seinem Opfer in der Tiefgarage auf"*

der **Auf·lauf** **1** eine Speise, die im Herd überbacken wird **K** Reisauflauf **2** *meist Singular* eine Menschenmenge, die spontan zusammenkommt **K** Menschenauflauf

**auf·lau·fen** (*ist*) **1** **ein Schiff läuft (auf etwas** (*Akkusativ*)) **auf** ein Schiff bleibt auf einem Hindernis stecken *„Das Segelboot lief auf ein Riff auf"* **2** **etwas läuft auf** etwas sammelt sich an, wird mehr ⟨*Schulden, Zinsen auflaufen lassen*⟩ **3** **jemanden auflaufen lassen** *gesprochen* jemanden vor anderen Personen absichtlich in eine peinliche Situation bringen

**auf·le·ben** (*ist*) **1** **etwas lebt auf** etwas wird (wieder) frisch, wächst und blüht *„Die Natur lebte nach dem Regen auf"* **2** **jemand lebt auf** jemand wird froh und munter *„Sie lebte durch die neue Aufgabe auf"* **3** **etwas lebt wieder auf** etwas (das vergangen oder schon vergessen ist) wird wieder aktuell oder beliebt ⟨(*alte*) *Bräuche, Traditionen*⟩

**auf·le·gen★** (*hat*) **1** **etwas auflegen** etwas zu einem Zweck auf etwas anderes legen *„eine Schallplatte auflegen und abspielen"* **2** **(den Telefonhörer) auflegen** ein Telefongespräch beenden ↔ abheben

**auf·leh·nen** (*hat*) **1** **sich (gegen jemanden/etwas) auflehnen** sich weigern, einen Zustand zu akzeptieren (und Widerstand dagegen leisten) *„sich gegen die Eltern auflehnen"* **2** **sich (auf etwas** (*Akkusativ*)) **auflehnen** sich (mit den Armen) auf etwas stützen *„sich auf den Tisch auflehnen"* • *zu* (1) **Auf·leh·nung** *die*

**auf·lö·sen★** (*hat*) **1** **etwas löst sich (in etwas** (*Dativ*)) **auf** etwas verliert den Zusammenhalt oder die feste Form *„Salz löst sich in Wasser auf"* **2** **etwas löst sich auf** etwas hört auf zu bestehen ⟨*eine Menschenmenge, ein Verein, ein Stau*⟩ **3** **etwas (in etwas** (*Dativ*)) **auflösen** etwas in eine Flüssigkeit tun, damit es die Form verliert *„eine Tablette in Wasser auflösen"* **4** **etwas auflösen** dafür sorgen, dass etwas nicht weiter besteht oder gültig ist ⟨*einen Vertrag, das Parlament auflösen*⟩ *„Die Polizei löste die Demonstration auf"* **5** **etwas auflösen** die richtige Antwort oder Lösung bekannt machen *„Als keiner die Antwort fand, löste er das Rätsel auf"* • *hierzu* **Auf·lö·sung** *die*

**auf·ma·chen★** (*hat*) **1** **etwas aufmachen** *gesprochen* etwas Geschlossenes öffnen ⟨*einen Brief, eine Flasche, eine Tür, den Mund aufmachen*⟩ ↔ zumachen **2** **etwas aufmachen** *gesprochen* ein neues Geschäft oder eine Firma gründen ≈ eröffnen **3** **etwas macht auf** *gesprochen* etwas wird (zum ersten Mal oder z. B. am Morgen) für Kunden geöffnet ⟨*ein Geschäft, ein Amt*⟩ ↔ schließen *„Diese Boutique hat letzte Woche neu aufgemacht"* **4** **sich (irgendwohin) aufmachen** einen Weg beginnen ≈ aufbrechen *„Nach der Arbeit machten sie sich (in die Berge) auf"*

die **Auf·ma·chung** (-, *-en*) die äußere Form einer Sache, die Art, wie sie gestaltet ist *„eine effektvolle Aufmachung"*

**auf·merk·sam★** ADJEKTIV **1** mit allen Sinnen und Gedanken auf etwas konzentriert ⟨*aufmerksam zuhören, zuschauen*⟩ *„Sie ist eine aufmerksame Schülerin"* **2** sehr rücksichtsvoll, höflich und hilfsbereit *„Das ist sehr aufmerksam von Ihnen!"* **3** **eine Person (auf jemanden/etwas) aufmerksam machen** das Interesse einer Person auf eine andere Person oder Sache lenken

die **Auf·merk·sam·keit★** (-, *-en*) **1** *nur Singular* die Konzentration auf eine Sache, reges Interesse ⟨*Aufmerksamkeit für etwas zeigen; eine Person/Sache erregt jemandes Aufmerksamkeit*⟩ *„Die Aufmerksamkeit des Schülers lässt nach"* **2** *meist Singular* ein höfliches, hilfsbereites Benehmen *„Er kümmert sich mit großer Aufmerksamkeit um sie"* **3** eine freundliche, hilfsbereite Handlung oder ein kleines Geschenk ⟨*jemanden mit Aufmerksamkeiten überschütten, verwöhnen*⟩

**auf·mun·tern** (*munterte auf, hat aufgemuntert*) **jemanden aufmuntern** eine Person, die schlecht gelaunt oder traurig ist, wieder lustiger machen • *hierzu* **Auf·mun·te·rung**

die

die **Auf·nah·me★** (-, -n) **1** *nur Singular* das Aufnehmen von Flüchtlingen, Gästen, Patienten usw. **2** *nur Singular* das Aufnehmen eines neuen Mitglieds in eine Organisation, einen Verein o. Ä. **K** Aufnahmeantrag, Aufnahmegebühr **3** *nur Singular* das Aufnehmen und Einfügen in eine Liste oder einen Plan *„die Aufnahme des Stücks in den Spielplan"* **4** ein Bild, das mit einem Fotoapparat oder einer Filmkamera gemacht wurde ⟨*Aufnahmen machen*⟩ ≈ Fotografie **5** der Vorgang, Musik, Filme o. Ä. auf CDs, DVDs usw. aufzunehmen bzw. die so aufgenommenen Dinge **K** Aufnahmestudio **6** *nur Singular* das Aufnehmen einer Tätigkeit, das Beginnen mit etwas ⟨*die Aufnahme von Verhandlungen*⟩ **7** *nur Singular* das Aufnehmen von Schulden *„die Aufnahme eines Kredits"*

**auf·neh·men★** (*hat*) PERSONEN: **1 jemanden aufnehmen** jemanden bei sich im Haus oder Land bleiben, wohnen oder schlafen lassen ⟨*Flüchtlinge, Gäste aufnehmen*⟩ *„jemanden im Krankenhaus aufnehmen"* einer Person ein Bett als Patient geben **2 jemanden (in etwas** (*Akkusativ*)**) aufnehmen** jemanden als Mitglied, Schüler, Mitarbeiter o. Ä. akzeptieren ⟨*jemanden in eine Partei, in einen Verein aufnehmen*⟩ *„Die Schule hat 120 neue Schüler aufgenommen"* INHALT: **3 etwas in etwas** (*Akkusativ*) **aufnehmen** etwas (zusätzlich) in etwas einfügen *„ein Theaterstück ins Programm aufnehmen"* IN SICH: **4 etwas nimmt Personen/Dinge auf** etwas hat genügend Platz oder Raum für die genannte Zahl oder Menge *„Der Tank kann 36 Liter aufnehmen"* **5 etwas nimmt etwas auf** etwas bindet eine Flüssigkeit oder ein Gas (vorübergehend) an sich *„Der Boden kann das viele Wasser nicht mehr aufnehmen"* **6 etwas aufnehmen** sich etwas geistig bewusst machen, etwas geistig verarbeiten *„den Lernstoff schnell aufnehmen"* AUF FILM, PLATTE USW.: **7 etwas aufnehmen** Musik, Filme o. Ä. auf Bändern, Filmen oder Datenträgern speichern *„Die Band hat eine neue CD aufgenommen"* SCHRIFTLICH: **8 etwas aufnehmen** etwas schriftlich festhalten ⟨*ein Protokoll, einen Unfall aufnehmen*⟩ *„Die Polizei nahm die Anzeige/unsere Personalien auf"* | *„Wer hat Ihre Bestellung aufgenommen?"* BEGINN: **9 jemand/etwas nimmt etwas auf** jemand/etwas beginnt mit etwas *„Die Fabrik hat den Betrieb/die Produktion aufgenommen"* REAKTION: **10 etwas irgendwie aufnehmen** auf etwas in genannter Weise reagieren *„Er nahm die Nachricht mit großer Erleichterung auf"* KREDIT: **11 etwas aufnehmen** Geld leihen (sodass man Schulden hat) ⟨*ein Darlehen, eine Hypothek, einen Kredit, Schulden aufnehmen*⟩ *„bei der Bank 10.000 Euro aufnehmen, um ein Geschäft zu gründen"*

**auf·op·fern** (*hat*) **sich (für jemanden/etwas) aufopfern** das eigene Leben ganz in den Dienst einer Person oder Sache stellen *„Er opferte sich für das gemeinsame Ziel/seine Kinder auf"* • *hierzu* **auf·op·fernd** ADJEKTIV

**auf·pas·sen★** (*hat*) **1** die Aufmerksamkeit auf etwas (oft Wichtiges) lenken, sich konzentrieren *„In der Schule musst du aufpassen"* | *„Pass auf, dass dich niemand sieht!"* **2 auf jemanden/etwas aufpassen** jemanden/etwas beobachten, sodass nichts Unerwünschtes passiert ≈ beaufsichtigen *„auf die Kinder aufpassen"* | *„Kannst du mal schnell auf meine Tasche aufpassen?"* • *zu* (2) **Auf·pas·ser** *der*; *zu* (2) **Auf·pas·se·rin** *die*

der **Auf·preis** eine Summe Geld, die zusätzlich für eine Ware gezahlt werden muss *„für Extras am Auto einen Aufpreis zahlen müssen"*

**auf·pum·pen** (*hat*) **etwas aufpumpen** etwas durch Pumpen mit Luft füllen und prall machen ⟨*einen Reifen, einen Fußball aufpumpen*⟩

**auf·put·schen** (*putschte auf, hat aufgeputscht*) **1 jemanden/etwas (zu etwas) aufputschen** jemanden/etwa in eine erregte Stimmung bringen oder zu (meist gewalttätigen) Handlungen treiben **2 sich (mit etwas) aufputschen** chemische Substanzen zu sich nehmen, um die Müdigkeit zu überwinden oder sich in Erregung zu versetzen ⟨*sich mit Kaffee, Drogen aufputschen*⟩ **K** Aufputschmittel

**auf·raf·fen** (*hat*) **sich zu etwas aufraffen** sich dazu überwinden oder zwingen, etwas zu tun *„Ich kann mich heute zu nichts aufraffen"*

**auf·räu·men★** (*hat*) **(etwas) aufräumen** herumliegende Dinge an ihren Platz bringen, um Ordnung zu schaffen *„den Schreibtisch/das Zimmer aufräumen"*

**auf·recht★** ADJEKTIV **1** in einer geraden, senkrechten Haltung ⟨*ein Gang; aufrecht sitzen, gehen*⟩ *„vor Müdigkeit nicht mehr aufrecht stehen können"* **2** ehrlich und mutig zu der eigenen Überzeugung stehend *„ein auf-*

*rechter Demokrat"*

**auf·recht|er·hal·ten★** *(erhält aufrecht, erhielt aufrecht, hat aufrechterhalten)* **etwas aufrechterhalten** etwas so lassen, wie es ist oder etwas verteidigen ⟨*eine Freundschaft, eine Behauptung, ein Angebot, den Kontakt aufrechterhalten*⟩ • *hierzu* **Auf·recht·er·hal·tung** *die*

**auf·re·gen★** *(regte auf, hat aufgeregt)* **1** **etwas regt jemanden auf** jemand wird unruhig und nervös, weil er mit Spannung auf etwas wartet, oder jemand ärgert sich über etwas *„In der Nacht vor der Prüfung war sie so aufgeregt, dass sie nicht schlafen konnte"* **2** **jemanden (durch/mit etwas) aufregen** *gesprochen* bewirken, dass jemand Ärger empfindet *„den Lehrer mit dummen Streichen aufregen"* **3** **sich (über jemanden/etwas) aufregen** starke Gefühle haben, vor allem weil man mit Sorge auf etwas wartet oder in Wut gerät *„Reg dich nicht so auf, es wird schon nichts passieren!"*

**auf·re·gend★** ADJEKTIV ⟨*ein Erlebnis, ein Film*⟩ spannend und so, dass sie jemanden begeistern

die **Auf·re·gung★** ein Zustand oder ein Ereignis, bei dem jemand nervös oder erregt (und sehr aktiv) ist ⟨*in Aufregung geraten*⟩ ↔ Ruhe *„In der Aufregung der Hochzeitsvorbereitungen hat sie ganz vergessen, die Blumen zu bestellen"*

**auf·rei·ben** *(hat)* **1** **etwas reibt jemanden auf** etwas überfordert die Kräfte einer Person und macht sie dadurch körperlich und seelisch schwach *„Die große Verantwortung reibt ihn auf"* **2** **(sich** *(Dativ)*) **etwas aufreiben** etwas durch Reibung verletzen *„sich beim Reiten die Beine aufreiben"* **3** **sich aufreiben** durch zu starke Belastung oder Konflikte schwach werden *„sich im Beruf aufreiben"*

**auf·rei·ßen★** **1** **etwas aufreißen** *(hat)* etwas meist durch Zerreißen der Hülle öffnen ⟨*einen Brief, einen Beutel aufreißen*⟩ **2** **etwas aufreißen** *(hat)* etwas plötzlich und schnell öffnen ⟨*den Mund, das Fenster aufreißen*⟩ **3** **etwas aufreißen** *(hat)* ein Loch in die Oberfläche einer Sache machen ⟨*eine Straße aufreißen*⟩ **4** **jemanden aufreißen** *gesprochen, abwertend (hat)* schnell und oberflächlich sexuellen Kontakt mit einer Person aufnehmen **5** **etwas reißt auf** *(ist)* etwas bekommt einen Riss *„Die Tüte riss auf, und alles fiel heraus"* **6** **etwas/es reißt auf** *(hat)* die Wolken öffnen sich, das Wetter wird besser ⟨*die Wolkendecke, die Bewölkung*⟩

**auf·rich·ten** *(hat)* **jemanden/etwas aufrichten** jemanden/etwas in eine aufrechte Stellung bringen *„einen Kranken im Bett aufrichten"*

**auf·rich·tig** ADJEKTIV den tatsächlichen Gefühlen entsprechend ⟨*ein Mensch; jemandem aufrichtige Zuneigung, Sympathie entgegenbringen*⟩ ≈ ehrlich *„Das tut mir aufrichtig leid"* • *hierzu* **Auf·rich·tig·keit** *die*

**auf·rol·len** *(hat)* **1** **etwas aufrollen** etwas so wickeln, dass eine Rolle daraus entsteht ⟨*einen Teppich, ein Plakat aufrollen*⟩ **2** **etwas aufrollen** etwas, das zu einer Rolle gewickelt ist, auseinanderziehen oder glatt machen *„einen roten Teppich aufrollen und vor dem Palast ausbreiten"* **3** **etwas aufrollen** einen Sachverhalt oder ein Geschehen logisch und genau rekonstruieren *„Das Gericht rollte den Fall noch einmal von vorne auf"*

**auf·rü·cken** *(ist)* nach vorne rücken und so die Lücken in einer Reihe schließen *„Nach langem Warten rückten wir endlich bis zum Eingang auf"*

**auf·ru·fen★** *(hat)* **1** **jemanden aufrufen** den Namen einer Person nennen, um festzustellen, ob sie da ist **2** **jemanden aufrufen** den Namen einer Person nennen, die gerade wartet, um ihr so zu sagen, dass sie nun an der Reihe ist ⟨*einen Patienten, einen Zeugen aufrufen*⟩ **3** **jemanden aufrufen** einen Schüler während des Unterrichts etwas fragen **4** **(Personen) zu etwas aufrufen** eine große Gruppe von Personen auffordern, etwas zu tun ⟨*(jemanden) zum Widerstand, zum Frieden, zur Abrüstung aufrufen*⟩ *„Die Gewerkschaften riefen zum Streik auf"* • *zu* (4) **Auf·ruf** *der*

der **Auf·ruhr** *(-s, -e); meist Singular* **1** der (gewaltsame) Widerstand einer Gruppe mit ähnlichen Interessen gegen eine Autorität ≈ Rebellion **2** eine heftige emotionale Erregung ⟨*etwas versetzt jemandes Gefühle in Aufruhr*⟩ • *zu* (1) **Auf·rüh·rer** *der*; *zu* (1) **auf·rüh·re·risch** ADJEKTIV

**auf·rüh·ren** *(hat)* **1** **etwas aufrühren** etwas Vergangenes und Unangenehmes wieder erwähnen *„alte Geschichten aufrühren"* **2** **etwas rührt jemanden auf** etwas erregt jemanden stark *„Die Nachricht hatte ihn im Innersten aufgerührt"*

**auf·run·den** *(hat)* **etwas aufrunden** eine

Zahl auf die nächste runde oder volle Zahl bringen, indem man etwas hinzufügt ↔ abrunden *„4,86 € auf 5 € aufrunden"*

**auf·rüs·ten** (*hat*) **1** **ein Staat rüstet auf** ein Staat vergrößert die Anzahl der Waffen (und Soldaten) **2** **etwas aufrüsten** vor allem einen Computer mit einer besseren Ausstattung ergänzen *„einen Computer mit einem schnelleren Prozessor aufrüsten"* • *hierzu* **Auf·rüs·tung** *die*

**aufs**★ PRÄPOSITION *mit Artikel* auf das ❶ *Aufs* kann in Wendungen wie *das Leben aufs Spiel setzen* nicht durch *auf das* ersetzt werden.

**auf·sa·gen** (*hat*) **etwas aufsagen** etwas, das man auswendig gelernt hat, vortragen ⟨*ein Gedicht aufsagen*⟩

**auf·säs·sig** ADJEKTIV; *abwertend* ⟨*ein Mensch*⟩ so, dass er sich oft und meist unberechtigt über etwas beschwert • *hierzu* **Auf·säs·sig·keit** *die*

der **Auf·satz**★ **1** ein Text, der von einem Schüler geschrieben wird und der ein Thema behandelt, das vom Lehrer gestellt wurde **K** Aufsatzthema **2** ein relativ kurzer Text in einer Zeitschrift über ein wissenschaftliches Thema **3** ein zusätzliches Teil, das oben auf einem Möbelstück steht *„ein Büffet mit einem Aufsatz"* **K** Schrankaufsatz

**auf·schau·en** (*hat*) ≈ aufsehen

**auf·schie·ben** (*hat*) **1** **etwas aufschieben** etwas meist Unangenehmes nicht sofort, sondern später erledigen *„den Besuch beim Zahnarzt immer wieder aufschieben"* **2** **etwas aufschieben** etwas durch Schieben öffnen ⟨*eine Tür aufschieben*⟩

der **Auf·schlag** **1** eine Erhöhung, eine Verteuerung des Preises **K** Preisaufschlag **2** der Teil an Kleidungsstücken, der nach außen gefaltet ist *„eine Hose mit Aufschlag"* **3** ein Schlag mit der Hand/mit dem Schläger, durch den der Ball zu Beginn eines Ballwechsels auf die Seite des Gegners befördert wird *„Wer hat (den) Aufschlag?"* **4** das Fallen einer Person oder einer Sache (aus relativ großer Höhe) auf die Erde

**auf·schla·gen**★ **1** **etwas aufschlagen** (*hat*) etwas durch einen oder mehrere Schläge öffnen ⟨*ein Ei aufschlagen*⟩ **2** **etwas aufschlagen** (*hat*) etwas an einer Stelle öffnen ⟨*ein Buch, eine Zeitung aufschlagen*⟩ **3** **die Augen aufschlagen** (*hat*) die Augen weit öffnen **4** **etwas irgendwo aufschlagen** (*hat*) an einem Ort alles vorbereiten, damit man dort eine Zeit lang schlafen und wohnen kann *„Die Expedition schlug ihr Lager am Fuß des Berges auf"* **5** **sich** (*Dativ*) **etwas aufschlagen** (*hat*) sich bei einem Sturz o. Ä. an einer Stelle verletzen *„Er fiel vom Fahrrad und schlug sich das Knie auf"* **6** **((um) etwas) aufschlagen** (*hat*) den Preis (um den genannten Betrag) erhöhen *„Die Tankstellen haben (um) 10 % aufgeschlagen"* **7** (*hat*) den Ball zu Beginn eines Ballwechsels (beim Tennis, Volleyball o. Ä.) ins gegnerische Feld bringen **8** **irgendwo aufschlagen** (*ist*) im Fallen hart auf etwas treffen *„Das Flugzeug schlug auf der Straße/in einem Maisfeld auf"*

**auf·schlie·ßen**★ (*hat*) **1** **(etwas) (mit etwas) aufschließen** ein Schloss mit einem Schlüssel öffnen ⟨*eine Tür, eine Kasse, ein Haus aufschließen*⟩ ↔ abschließen **2** nach vorne rücken und so die Lücken in einer Reihe schließen *„Bitte aufschließen!"*

der **Auf·schluss** **Aufschluss (über jemanden/etwas)** eine Information, welche das Verständnis erleichtert *„Der Bericht gibt Aufschluss über die Hintergründe des Skandals"*

**auf·schnap·pen** **etwas aufschnappen** *gesprochen* (*hat*) etwas (durch Zufall) hören ⟨*ein Gerücht, eine Nachricht aufschnappen*⟩ *„Wo hast du denn das aufgeschnappt?"*

**auf·schnei·den** (*hat*) **1** **etwas aufschneiden** etwas durch Schneiden öffnen ⟨*eine Verpackung, einen Knoten aufschneiden*⟩ **2** **etwas aufschneiden** etwas Ganzes in Stücke oder Scheiben teilen ⟨*einen Kuchen, eine Wurst aufschneiden*⟩

der **Auf·schnitt** *meist Singular* eine Mischung von Scheiben verschiedener Sorten Wurst, Schinken oder Käse

**auf·schrau·ben** (*hat*) **etwas aufschrauben** etwas öffnen, indem man an einem Verschluss dreht oder Schrauben löst ⟨*ein Marmeladenglas, einen Deckel aufschrauben*⟩

**auf·schre·cken**[1] (*schreckte auf, hat aufgeschreckt*) **jemanden aufschrecken** Personen oder Tiere erschrecken, sodass sie eine schnelle Bewegung machen *„Das Reh wurde durch den Schuss aufgeschreckt"*

**auf·schre·cken**[2] (*schrak/schreckte auf, ist aufgeschreckt*) erschrecken und deshalb eine schnelle Bewegung machen ⟨*aus dem Schlaf aufschrecken*⟩ *„Er schreckte auf, als es 12 Uhr schlug"*

**auf·schrei·ben**★ (*hat*) **1** **(jemandem) etwas aufschreiben** etwas schreiben, damit man es nicht vergisst *„Sie hat sich die Adresse aufgeschrieben"* **2** **jemanden aufschreiben** *gesprochen* als Polizist ein Autokennzeichen oder Name und Adresse einer Person notieren (weil sie etwas Verbotenes getan hat)

die **Auf·schrift**★ eine schriftliche Information über den Gegenstand, an dem sie befestigt ist *„eine Flasche mit der Aufschrift „Gift!"* **K** Flaschenaufschrift

der **Auf·schub** die Verlegung eines Termins auf einen späteren Zeitpunkt *„Die Bank gewährte dem Schuldner (einen) Aufschub"* **K** Strafaufschub, Zahlungsaufschub **ID** **ohne Aufschub** *geschrieben* ohne Verzögerung ≈ sofort

**auf·schür·fen** (*hat*) **(sich** (*Dativ*)**) etwas aufschürfen** (sich) die Haut bei einem Sturz o. Ä. verletzen *„Bei seinem Sturz vom Rad hat er sich beide Knie aufgeschürft"*

der **Auf·schwung**★ **1** eine Verbesserung vor allem der wirtschaftlichen Lage *„ein leichter Aufschwung am Arbeitsmarkt"* **K** Wirtschaftsaufschwung **2** eine Verbesserung der psychischen Situation *„Die Freundschaft gibt ihm neuen Aufschwung"*

**auf·se·hen** (*hat*) **zu jemandem aufsehen** gegenüber jemandem Hochachtung empfinden ⟨*zu seinen Eltern, Lehrern, Vorbildern aufsehen*⟩ ≈ bewundern

das **Auf·se·hen**★ (-s) die Situation, dass ein Ereignis o. Ä. von vielen Personen beachtet und diskutiert wird ⟨*großes, einiges Aufsehen erregen*⟩ *„Sein neues Buch sorgte für großes Aufsehen"* • *hierzu* **auf·se·hen·er·re·gend** ADJEKTIV

der **Auf·se·her** jemand, dessen Beruf es ist, die Aufsicht zu führen **K** Gefängnisaufseher, Museumsaufseher • *hierzu* **Auf·se·he·rin** *die*

**auf·sei·ten**, **auf Sei·ten** *PRÄPOSITION mit Genitiv* in Bezug auf eine Person oder eine Gruppe von Personen *„Aufseiten des Klägers gab es keine Einwände gegen das Urteil"*

**auf·set·zen**★ (*hat*) PERSON: **1** **sich aufsetzen** vom Liegen zum Sitzen kommen *„sich im Bett aufsetzen"* AM KOPF: **2** **(jemandem) etwas aufsetzen** einer Person oder sich selbst eine Kopfbedeckung auf den Kopf setzen ⟨*einen Hut, einen Helm, eine Mütze aufsetzen*⟩ **3** **eine Brille aufsetzen** eine Brille auf die Nase setzen AM BODEN: **4** **ein Flugzeug setzt (auf etwas** *Dativ/Akkusativ*) **auf** ein Flugzeug landet am Boden AM HERD: **5** **etwas aufsetzen** etwas auf den Herd stellen, damit es kochen kann ⟨*Wasser, die Milch, das Essen aufsetzen*⟩ GESICHTSAUSDRUCK: **6** **etwas aufsetzen** dem eigenen Gesicht einen besonderen Ausdruck geben *„eine furchterregende Miene aufsetzen"* ALS TEXT: **7** **etwas aufsetzen** einen Entwurf für etwas schreiben *„Ich habe den Aufsatz erst aufgesetzt und dann ins Reine geschrieben"*

die **Auf·sicht**★ **1** **die Aufsicht (über jemanden/etwas)** *nur Singular* die Beobachtung und Kontrolle, um Schaden zu vermeiden oder um zu garantieren, dass etwas nach den Vorschriften getan wird ⟨*Aufsicht führen, haben*⟩ *„Dieses Experiment darf nur unter Aufsicht eines Chemikers ablaufen"* **K** Aufsichtsbehörde, Aufsichtspflicht **2** *meist Singular* eine Person, die jemanden/etwas beaufsichtigt *„die Aufsicht im Museum"*

**auf·span·nen** (*hat*) **etwas aufspannen** etwas (das zusammengefaltet oder zusammengeklappt ist) öffnen oder spannen ⟨*den Regenschirm aufspannen*⟩

**auf·sper·ren** (*hat*) **1** **etwas (mit etwas) aufsperren** *süddeutsch* Ⓐ ⟨*eine Tür aufsperren*⟩ ≈ aufschließen **2** **etwas aufsperren** *gesprochen* etwas weit öffnen ⟨*den Mund weit aufsperren*⟩

**auf·spie·len** (*hat*) **sich (als etwas) aufspielen** *gesprochen, abwertend* sich für wichtiger halten, als man ist, und sich entsprechend benehmen *„sich vor anderen groß aufspielen"*

**auf·sprin·gen** (*ist*) **1** schnell und plötzlich aufstehen *„Als es klingelte, sprang er sofort auf und rannte zur Tür"* **2** **(auf etwas** (*Akkusativ*)**) aufspringen** mit einem Sprung auf ein fahrendes Fahrzeug gelangen *„Er sprang auf den Zug auf"* **3** **etwas springt auf** etwas öffnet sich plötzlich von selbst ⟨*ein Koffer, ein Schloss*⟩ **4** **etwas springt auf** etwas bekommt durch Trockenheit oder Kälte Risse *„aufgesprungene und blutende Lippen"*

**auf·sta·cheln** (*stachelte auf, hat aufgestachelt*) **jemanden (gegen eine Person/Sache) aufstacheln** in jemandem eine Abneigung oder Hass gegen eine andere Person oder eine Sache erzeugen *„Er stachelte sie ständig gegen seinen Rivalen auf"*

der **Auf·stand**★ der aktive Widerstand und Kampf einer Gruppe gegen Personen, die Macht über sie haben ⟨*einen Aufstand blutig niederschlagen*⟩ *„Die Erhöhung der Brotpreise löste einen Aufstand aus"* **K** Bauernaufstand, Volksaufstand • *hierzu* **auf·stän·disch** AD-

JEKTIV; **Auf·stän·di·sche** *der/die*

**auf·stau·en** (*hat*) **1 etwas aufstauen** einen Fluss o. Ä. mithilfe eines Damms daran hindern, weiterzufließen **2 etwas staut sich auf** etwas sammelt sich an einem Hindernis in großer Menge *„Vor den Bergen hatte sich warme Luft aufgestaut"* **3 etwas staut sich (in jemandem) auf** ein Gefühl wird immer intensiver ⟨*Ärger, Wut*⟩

**auf·ste·hen★** **1** (*ist*) aus einer liegenden oder sitzenden Position in eine stehende Position kommen *„Sie stand auf und bot mir ihren Sitzplatz an"* **2** (*ist*) (nach dem Aufwachen oder nach einer Krankheit) das Bett verlassen *„Ich bin gerade erst aufgestanden"* **3 etwas steht auf** (*hat/süddeutsch* Ⓐ Ⓒⓗ *ist*) *etwas ist offen* ⟨*ein Fenster, eine Tür*⟩ **4 etwas steht (auf etwas** (*Dativ*)**) auf** (*ist*) etwas berührt (mit etwas) den Boden und steht *„Der Schrank steht nur auf drei Beinen (auf dem Boden) auf"*

**auf·stei·gen★** (*ist*) **1 jemand/etwas steigt auf** jemand/etwas steigt nach oben *„Der Ballon stieg rasch auf"* **2 (zu etwas) aufsteigen** eine höhere soziale, berufliche Position erhalten *„zum Abteilungsleiter aufsteigen"* **3 ein Verein steigt auf** ein Verein kommt in die nächsthöhere Liga *„Mit etwas Glück werden sie in die Bundesliga aufsteigen"*

**auf·stel·len★** (*hat*) **1 etwas aufstellen** etwas aus einzelnen Teilen zusammensetzen und an einen Ort stellen ⟨*ein Zelt, ein Gerüst, eine Baracke aufstellen*⟩ ≈ aufbauen **2 etwas aufstellen** etwas, das umgefallen ist, wieder in die alte Lage bringen *„Er stellte das umgestoßene Glas schnell wieder auf"* **3 Dinge aufstellen** Dinge (in einer Ordnung) irgendwohin stellen *„die Schachfiguren aufstellen"* **4 etwas aufstellen** etwas meist öffentlich äußern, aussprechen ⟨*eine Behauptung, eine Forderung aufstellen*⟩ **5 etwas aufstellen** etwas aus einzelnen Teilen zu einem Ganzen zusammenfügen ⟨*eine Bilanz, eine Liste, einen Plan, ein Programm, eine Rechnung aufstellen*⟩ **6 einen Rekord aufstellen** eine neue Bestleistung in einer sportlichen Disziplin erreichen ❶ Wenn man einen Rekord *bricht*, übertrifft man die Leistung einer anderen Person. **7 jemanden (als etwas) (für etwas) aufstellen** jemanden bei einer Wahl als Kandidaten melden ≈ nominieren *„Er wurde als Kandidat für die Europawahlen aufgestellt"* **8 jemanden aufstellen** jemanden als Mitglied einer Mannschaft für einen Wettkampf melden ≈ nominieren **9 etwas stellt sich auf** etwas richtet sich nach oben ⟨*das Fell, die Haare*⟩ **10 Personen stellen sich (irgendwie) auf** mehrere Personen stellen sich so, dass eine Ordnung hergestellt wird ⟨*Personen stellen sich nebeneinander, in Zweierreihen, im Kreis auf*⟩

die **Auf·stel·lung** *meist Singular* **1** das Aufstellen von Forderungen, Behauptungen, Listen, Programmen und Theorien **2** das Aufstellen und Benennen von Kandidaten oder Wettkämpfern ≈ Nominierung **3** die Namen der Spieler, die in einem Wettkampf spielen sollen **K** Mannschaftsaufstellung

der **Auf·stieg★** (-(*e*)*s*, -*e*); *meist Singular* **1** das Gehen oder der Weg vom Tal zum Berg hinauf **2** eine Verbesserung der Lebensverhältnisse ⟨*der soziale, wirtschaftliche Aufstieg*⟩ **3** der Wechsel am Ende der Saison in eine höhere Division oder Liga ↔ Abstieg

**auf·stö·bern** (*hat*) **jemanden/etwas aufstöbern** *gesprochen* jemanden/etwas nach langem Suchen finden

**auf·sto·ßen** **1 etwas aufstoßen** (*hat*) etwas durch einen Stoß öffnen ⟨*eine Tür aufstoßen*⟩ **2 (sich** (*Dativ*)**) etwas aufstoßen** (*hat*) sich etwas verletzen, indem man gegen etwas stößt ⟨(*sich* (*Dativ*)) *den Ellbogen, das Knie aufstoßen*⟩ **3** (*hat*) Gas, Luft aus dem Magen durch die Speiseröhre entweichen lassen ⟨*laut, leise, unauffällig aufstoßen*⟩ **4 etwas stößt jemandem (irgendwie) auf** *gesprochen* (*ist*) jemandem fällt etwas negativ und unangenehm auf *„Sein freches Auftreten ist mir übel aufgestoßen"*

**auf·stre·bend** ADJEKTIV *meist attributiv* **1** steil nach oben gerichtet *„hoch aufstrebende Mauern"* **2** auf dem Weg zum Erfolg ⟨*ein junger Mann, ein Unternehmen*⟩

**auf·stüt·zen** (*hat*) **1 etwas (auf etwas** (*Dativ/Akkusativ*)**) aufstützen** einen Körperteil auf etwas stützen *„die Arme auf den Tisch aufstützen"* **2 sich (mit etwas) (auf jemanden/etwas) aufstützen** sich auf jemanden/etwas stützen *„sich mit den Ellbogen aufstützen"*

**auf·su·chen** (*hat*); *geschrieben* **1 jemanden aufsuchen** zu einem Zweck zu jemandem gehen ⟨*einen Arzt, einen Anwalt aufsuchen*⟩ *„Ich suche Sie nur auf, um mich zu verabschieden"* **2 etwas aufsuchen** zu einem Zweck in einen Raum gehen ⟨*den Speisesaal, den Hörsaal, die Toilette aufsuchen*⟩

**auf·tau·chen**★ (*ist*) **1** **jemand/etwas taucht auf** jemand/etwas kommt an die Wasseroberfläche ⟨*ein Taucher, ein U-Boot*⟩ **2** **jemand/etwas taucht auf** jemand/etwas wird überraschend sichtbar *„Plötzlich tauchte ein Bär vor ihm auf"*

**auf·tau·en** **1** **etwas auftauen** (*hat*) etwas Gefrorenes zum Schmelzen bringen oder von Eis befreien *„gefrorenes Fleisch/ein Türschloss auftauen"* **2** **etwas taut auf** (*ist*) etwas schmilzt, das Eis verschwindet *„Langsam taut das Eis auf den Seen auf"*

**auf·tei·len** (*hat*) **1** **etwas aufteilen** etwas teilen und meist mehreren Personen geben *„einen Kuchen aufteilen"* **2** **Personen/Dinge (in etwas** (*Akkusativ*)**) aufteilen** eine Gruppe in kleinere Gruppen teilen *„Die Teilnehmer des Sprachkurses wurden in drei Gruppen aufgeteilt"* • *hierzu* **Auf·tei·lung** *die*

der **Auf·trag**★ (-(e)s, *Auf·trä·ge*) **1** die Anweisung zur Erledigung einer Aufgabe ⟨*jemandem einen Auftrag erteilen, geben; einen Auftrag bekommen, erledigen, ausführen*⟩ *„Er hat den Auftrag zu unserer vollsten Zufriedenheit ausgeführt"* **2** die Bestellung von Waren oder Dienstleistungen ⟨*einer Firma, einem Handwerker einen Auftrag geben; etwas in Auftrag geben*⟩ *„den Auftrag an das billigste Bauunternehmen vergeben"* **K** Auftraggeber, Auftragsbestätigung **3** *meist Singular* eine wichtige Verpflichtung *„Die Regierung hat den Auftrag, die Arbeitslosigkeit zu bekämpfen"*

**auf·tra·gen**★ (*hat*) **1** **jemandem etwas auftragen** jemanden bitten oder verpflichten, etwas zu tun ⟨*jemandem Grüße auftragen*⟩ *„Mir wurde aufgetragen, hier aufzupassen"* **2** **etwas (auf etwas** (*Akkusativ*)**) auftragen** eine dünne Schicht auf etwas streichen und gleichmäßig verteilen ⟨*Lack, Farbe, Creme, Make-up, Salbe auftragen*⟩ **3** **dick auftragen** *gesprochen* Dinge als viel größer, wichtiger, besser, gefährlicher usw. darstellen, als sie in Wirklichkeit sind, um Aufmerksamkeit zu bekommen ≈ angeben

**auf·trei·ben** (*hat*) **jemanden/etwas auftreiben** *gesprochen* eine Person/Sache, die dringend gebraucht wird, beschaffen, finden *„das nötige Geld auftreiben"*

**auf·tre·ten**★ **1** **irgendwie auftreten** (*ist*) sich gegenüber anderen auf die genannte Art und Weise verhalten ⟨*(un)sicher, arrogant, überheblich auftreten*⟩ **2** **irgendwie auftreten** (*ist*) den Fuß/die Füße in der genannten Art auf den Boden setzen ⟨*leise, laut, vorsichtig auftreten*⟩ **3** **etwas tritt auf** (*ist*) etwas entsteht plötzlich und unerwartet ⟨*eine Epidemie, ein Problem*⟩ **4** (*ist*) in einem Theater oder Film eine Rolle spielen oder vor einem Publikum singen, Musik machen usw.

das **Auf·tre·ten** (-s) die Art und Weise, wie jemand auftritt ≈ Verhalten *„ein resolutes/selbstsicheres Auftreten haben"*

der **Auf·trieb** *nur Singular* **1** die innere Kraft, die jemanden zu neuen Taten fähig macht *„Erfolgserlebnisse geben neuen Auftrieb"* **2** die Kraft nach oben, die auf einen Körper wirkt *„Durch den Auftrieb schwimmt Holz im Wasser"*

der **Auf·tritt**★ das Verhalten, wenn andere Leute zuschauen (vor allem bei einem Schauspieler auf der Bühne) *„Das war ein toller Auftritt!"*

**auf·wa·chen**★ (*ist*) aufhören zu schlafen, wach werden *„Bist du aufgeweckt worden oder bist du von selbst aufgewacht?"*

**auf·wach·sen**★ (*ist*) **irgendwo/irgendwie aufwachsen** die Kindheit und Jugend irgendwo/irgendwie verbringen ⟨*auf dem Land, in der Stadt aufwachsen*⟩

der **Auf·wand**★ (-(e)s) alles, was eingesetzt oder verwendet wird, um ein Ziel zu erreichen oder um einen Plan zu realisieren ⟨*unnötigen, übertriebenen Aufwand betreiben*⟩ *„Mit einem Aufwand von mehreren Millionen Euro baute die Stadt ein neues Theater"* | *„So viel Aufwand lohnt sich nicht"* **K** Arbeitsaufwand, Zeitaufwand

**auf·wän·dig** → aufwendig

**auf·wär·men**★ (*hat*) **1** **etwas aufwärmen** etwas Gekochtes noch einmal warm machen *„am Abend die Reste vom Mittagessen aufwärmen"* **2** **sich aufwärmen** den frierenden Körper wieder warm machen ⟨*sich an einem Ofen, mit einem Tee/Grog aufwärmen*⟩ **3** **sich aufwärmen** die Muskeln, Sehnen und Gelenke durch Bewegung und Gymnastik für eine sportliche Tätigkeit vorbereiten ⟨*sich vor dem Start aufwärmen*⟩ **K** Aufwärmgymnastik

**auf·war·ten** (*hat*) **mit etwas aufwarten** etwas Besonderes bieten oder vorbringen ⟨*mit einer Überraschung aufwarten*⟩ *„Bei der Besprechung wartete er mit völlig neuen Argumenten auf"*

**auf·wärts**★ *ADVERB* nach oben ↔ abwärts *„ein aufwärts führender Weg"* | *„den Fluss aufwärts fahren"* **K** Aufwärtstrend

**auf·wärts·ge·hen** (*ist*) **es geht aufwärts (mit jemandem/etwas)** jemandem geht es besser, etwas macht Fortschritte *„Jetzt geht es aufwärts mit der Wirtschaft"* ❶ weitere Verwendungen → **aufwärts-**

**auf·we·cken** (*hat*) **jemanden aufwecken** ≈ wecken

**auf·wei·chen** (*weichte auf, hat/ist aufgeweicht*) **etwas weicht auf** (*ist*) etwas wird durch Nässe weich

**auf·wei·sen**★ (*hat*) **1** **etwas aufweisen** etwas erreichen und vorzeigen ⟨*Erfolge aufweisen können*⟩ **2** **jemand/etwas weist etwas auf** jemand/etwas hat die genannten Merkmale oder Eigenschaften *„Die Ware weist zahlreiche Mängel auf"*

**auf·wen·den** (*wandte/wendete auf, hat aufgewandt/aufgewendet*) **etwas (für etwas) aufwenden** etwas verwenden oder einsetzen (meist um ein Ziel zu erreichen) ⟨*viel Energie, Zeit, Geld für ein Vorhaben, einen Plan aufwenden*⟩ *„Sie musste ihre ganze Kraft aufwenden, um die Kiste in das Auto zu heben"*

**auf·wen·dig** ADJEKTIV mit viel Aufwand verbunden und meist sehr teuer *„die aufwendige Inszenierung eines Dramas"*

**auf·wer·ten** (*hat*) **jemand/etwas wird (um etwas) aufgewertet** der Wert oder die Stellung einer Person/Sache wird verbessert ⟨*eine Währung, jemandes Position wird aufgewertet*⟩ *„Der Euro wurde um 0,5 % aufgewertet"* • *hierzu* **Auf·wer·tung** *die*

der **Auf·wind** **1** Luft, die nach oben strömt ⟨*Aufwind bekommen, haben*⟩ *„Der Drachenflieger ließ sich im Aufwind gleiten"* **2** **(neuen) Aufwind bekommen**; **im Aufwind sein** Fortschritte machen oder Erfolge haben

**auf·zäh·len** (*hat*) **Personen/Dinge aufzählen** mehrere Personen oder Dinge der Reihe nach einzeln nennen *„Sie zählte auf, was sie auf die Reise mitnehmen musste"* • *hierzu* **Auf·zäh·lung** *die*

**auf·zeich·nen** (*hat*) **1** **etwas aufzeichnen** eine Zeichnung oder Skizze von etwas machen *„Ich zeichne dir den Weg auf"* **2** **etwas aufzeichnen** etwas Wichtiges schriftlich festhalten ⟨*Erinnerungen, Eindrücke, Gefühle im Tagebuch aufzeichnen*⟩ **3** **etwas aufzeichnen** etwas auf einer Festplatte o. Ä. speichern, meist um es später sehen/hören zu können ⟨*einen Film, eine Radiosendung aufzeichnen*⟩ *„Hast du den Spielfilm gestern Abend gesehen?" – „Nein, aber ich hab ihn (mir) aufgezeichnet."*

die **Auf·zeich·nung** **1** *meist Plural* die schriftlichen Notizen von Erinnerungen, Eindrücken o. Ä. **2** eine Aufnahme oder ein Filmbericht, die zu einem späteren Zeitpunkt gesendet werden ↔ Livesendung

**auf·zie·hen**★ MIT DEN HÄNDEN: **1** **etwas aufziehen** (*hat*) etwas durch Ziehen öffnen ⟨*den Vorhang aufziehen*⟩ **2** **etwas aufziehen** (*hat*) eine Feder so spannen, dass sie einen Mechanismus antreibt *„ein Spielzeugauto zum Aufziehen"* MIT WORTEN: **3** **jemanden (mit etwas) aufziehen** *gesprochen* (*hat*) Witze über etwas machen, um jemanden damit zu ärgern *„Alle ziehen ihn wegen seiner komischen Aussprache auf"* KINDER, TIERE: **4** **jemanden aufziehen** (*hat*) ein Kind oder ein junges Tier ernähren und pflegen, bis es groß und selbstständig ist **5** **etwas zieht auf** (*ist*) etwas entsteht oder kommt näher ⟨*Nebel, ein Gewitter, Wolken*⟩

die **Auf·zucht** *meist Singular* das Ernähren und Pflegen meist von jungen Tieren *„die Aufzucht von Fohlen"* **K** Geflügelaufzucht, Rinderaufzucht

der **Auf·zug**★ **1** im Aufzug kann man in einem Gebäude senkrecht nach oben und unten in andere Stockwerke fahren ≈ Lift *„Nehmen wir den Aufzug oder die Treppe?"* **K** Lastenaufzug, Personenaufzug **2** *abwertend nur Singular* die Art und Weise, wie sich jemand gekleidet oder frisiert hat *„In diesem Aufzug kannst du doch nicht in die Schule gehen!"*

**auf·zwin·gen** (*hat*) **1** **jemandem etwas aufzwingen** einer Person etwas so anbieten, dass sie es nicht ablehnen kann ⟨*jemandem seine Hilfe, seinen Rat aufzwingen*⟩ **2** **jemandem etwas aufzwingen** jemanden (oft mit Gewalt) zwingen, etwas Fremdes oder Unerwünschtes anzunehmen *„einem Volk mit Gewalt eine andere Kultur aufzwingen"*

der **Aug·ap·fel** der kugelförmige Teil des Auges, der in der Augenhöhle liegt *„Die Lider schützen die Augäpfel"*

das **Au·ge**★ (*-s, -n*) **1** das Organ, mit dem Menschen und Tiere sehen *„ein Kind mit braunen Augen"* | *„Sie schämte sich so, dass sie ihm nicht in die Augen sehen konnte"* **K** Augenarzt, Augenbraue, Augenfarbe, Augenlid **2** *nur Plural* die Punkte auf einer Seite eines Würfels, eines Dominosteins o. Ä. **3** *nur Plural* der Wert, den eine Spielkarte in einem Spiel hat ≈ Punkt

*„Das Ass zählt elf Augen"* **4** **ein blaues Auge** dunkle Stellen der Haut um das Auge herum (nach einem Schlag oder Stoß) **5** **mit bloßem Auge** ohne Brille, Fernglas o. Ä. **6** **unter vier Augen** zwischen nur zwei Personen **ID** **jemanden/etwas nicht aus den Augen lassen** jemanden/etwas scharf und lange beobachten; **Das kann ins Auge gehen** Das kann schlimme Folgen haben; **etwas fällt/springt/sticht ins Auge** etwas ist sehr deutlich zu sehen oder klar zu erkennen; **mit einem blauen Auge davonkommen** *gesprochen* eine unangenehme Situation ohne größeren Schaden überstehen; **jemandem etwas vor Augen führen** jemandem etwas verständlich, deutlich machen; **Hast du keine Augen im Kopf?** *gesprochen* **a** Pass doch auf! **b** Sieh genauer hin!; **ein Auge/beide Augen zudrücken** einen Fehler oder einen Mangel sehr nachsichtig und freundlich behandeln; **kein Auge zutun** nicht schlafen können; **Augen zu und durch** *gesprochen* nicht zögern, etwas Unangenehmes hinter sich zu bringen; **so weit das Auge reicht** so weit man sehen kann, bis zum Horizont

der **Au·gen·blick★** ein ganz kurzer Zeitraum ⟨*der richtige, entscheidende Augenblick für etwas*⟩ ≈ Moment *„Warten Sie bitte einen Augenblick, sie kommt gleich"* **ID** **im Augenblick** jetzt *„Komm später vorbei, im Augenblick bin ich beschäftigt"*; **im letzten Augenblick** gerade noch rechtzeitig

**au·gen·blick·lich★** ADJEKTIV **1** *meist attributiv* in diesem Augenblick, zurzeit ≈ momentan *„Sein augenblicklicher Gesundheitszustand ist gut"* **2** *nur adverbiell* ohne Zeit zu verlieren ≈ sofort *„Verlassen Sie augenblicklich den Raum!"*

das **Au·gen·maß** *nur Singular* **1** die Fähigkeit, Entfernungen oder Mengen zu schätzen ⟨*ein gutes Augenmaß haben*⟩ **2** die Fähigkeit, eine Situation einzuschätzen *„Er hat nicht das richtige Augenmaß für diese schwierige Situation"*

der **Au·gen·zeu·ge** eine Person, die ein Geschehen selbst gesehen hat und darüber etwas aussagen kann *„Augenzeuge eines Verbrechens werden"* **K** Augenzeugenbericht • *hierzu* **Au·gen·zeu·gin** *die*

der **Au·gust[1]★**; (-(e)s/-, -e); *meist Singular* der achte Monat des Jahres ⟨*im August; Anfang, Mitte, Ende August; am 1. August*⟩ ⓘ Abkürzung: *Aug.*

## Im Bad

| | | | |
|---|---|---|---|
| 1 | die Seife | 18 | (sich) duschen |
| 2 | der Wasserhahn | 19 | das Shampoo |
| 3 | das Waschbecken | 20 | die Zahnseide |
| 4 | der Waschlappen | 21 | das Mundwasser |
| 5 | die Waage | 22 | das Haarspray |
| 6 | der Abfalleimer, Ⓐ der Mistkübel | 23 | der Kamm |
| 7 | das Toilettenpapier | 24 | die Haarbürste |
| 8 | die Badematte | 25 | sich die Haare föhnen |
| 9 | die Badeschlappen *Plural* | 26 | der Föhn |
| 10 | die Badewanne | 27 | die Zahnbürste |
| 11 | das Duschgel | 28 | die elektrische Zahnbürste |
| 12 | der Schwamm | 29 | die Zahnpasta |
| 13 | der Bademantel | 30 | der Spiegel |
| 14 | sich die Zähne putzen | 31 | der Elektrorasierer |
| 15 | die Hausapotheke | 32 | das Haargel |
| 16 | das Handtuch | 33 | die Creme |
| 17 | die Dusche | 34 | das Deo(dorant) |

Im Bad wasche ich mich, oder ich dusche (mich), manchmal nehme ich auch ein Bad. Nach dem Waschen trockne ich mich ab und creme mich ein. Ich putze mir die Zähne. Wenn es nötig ist, schneide ich mir die Nägel. Wenn ich mir die Haare (mit Shampoo) gewaschen habe, trockne ich sie (mir) mit dem Föhn. Wenn ich mich frisiere (oder rasiere oder schminke), stehe ich vor dem Spiegel.
In den meisten Badezimmern gibt es auch eine Toilette. Man „geht auf die Toilette".

- Nenne alle Dinge, die auf dem Regal stehen.
- Erzähle deinem Partner / deiner Partnerin, welche Dinge du morgens im Bad benutzt.
- Was macht der Mann morgens im Bad? Beschreibe den Ablauf.
- Beschreibe, wie sich das Gesicht des Mannes auf den Bildern verändert.

der **Au·gust[2]**; (-s/-, -e) **ein dummer August** ein Clown im Zirkus (der so tut, als ob er dumm sei)

die **Auk·ti·on** [-ˈtsi̯oːn]; (-, -en) eine Veranstaltung, bei der Waren an diejenige Person verkauft werden, welche das meiste Geld dafür bietet *„eine Auktion für alte Möbel"* **K** Kunstauktion

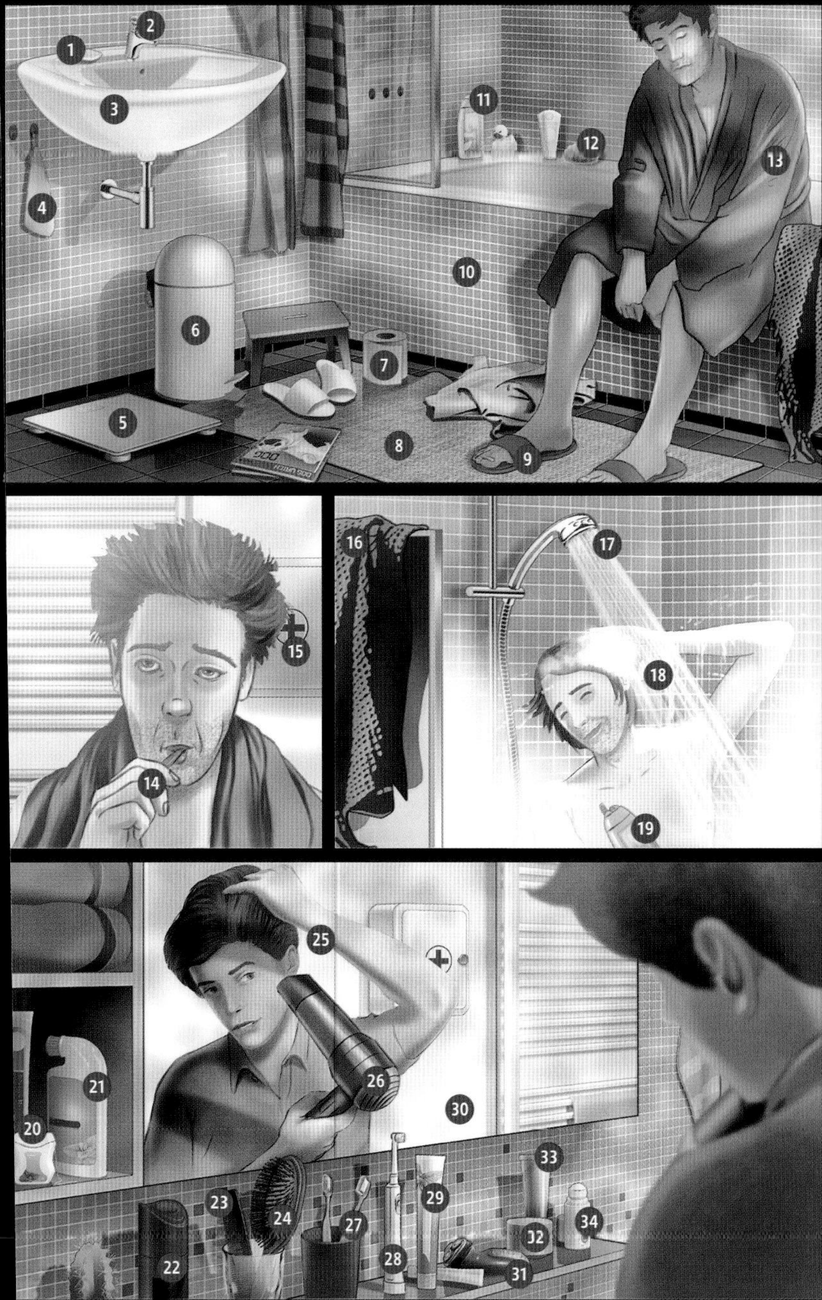

1
2
3
4
5
6
7
8
9
10
11
12
13
14
15
16
17
18
19
20
21
22
23
24
25
26
27
28
29
30
31
32
33
34

# Auf dem Schreibtisch

## Auf dem Schreibtisch

| | | | |
|---|---|---|---|
| 1 | **der Bildschirm** | 19 | **der Computer, der Rechner** |
| 2 | **das Klebeband** | 20 | **der Drucker** |
| 3 | **der Leuchtstift, der Textmarker** | 21 | **die externe Festplatte** |
| 4 | **der/das Laptop** | 22 | **die Schreibtischlampe** |
| 5 | **der Kugelschreiber** | 23 | **der Scanner** |
| 6 | **das Lineal** | 24 | **das Buch** |
| 7 | **der Füller** | 25 | **das (Bücher)Regal** |
| 8 | **der Bleistift** | 26 | **das Mauspad** |
| 9 | **der (Bleistift-) Spitzer** | 27 | **die Maus** |
| 10 | **der Radiergummi** | 28 | **der Schreibtisch** |
| 11 | **das Handy** | 29 | **der Hefter** |
| 12 | **der Filzstift** | 30 | **der Locher** |
| 13 | **die Tastatur** | 31 | **die CD-ROM; die DVD** |
| 14 | **der USB-Stick** | 32 | **das Notizbuch** |
| 15 | **der (Wand-) Kalender** | 33 | **der Bürostuhl** |
| 16 | **der Ordner** | 34 | **der Terminkalender** |
| 17 | **das (Festnetz-) Telefon** | 35 | **die Schere** |
| 18 | **der Lautsprecher** | 36 | **der Zirkel** |
| | | 37 | **die Schublade** |

- Nenne alle Dinge, die auf dem ersten Bild zu sehen sind.
- Erzähle deinem Partner / deiner Partnerin, was auf deinem Schreibtisch liegt.
- Erkläre den Unterschied zwischen einem Tagebuch und einem Kalender.

**aus**[1]★ *PRÄPOSITION mit Dativ* RICHTUNG: **1** bezeichnet die Richtung einer Bewegung von innen nach außen *„den Bleistift aus der Schublade nehmen“* | *„Ich komme viel zu selten aus dem Haus“* **2** bezeichnet die Richtung einer Bewegung von einem Ausgangspunkt weg *„Wind aus Osten“* HERKUNFT: **3** verwendet, um anzugeben, woher eine Person oder Sache kommt oder stammt *„Er kommt aus Sizilien“* MATERIAL: **4** verwendet zur Bezeichnung des Materials, mit dem etwas gemacht wird *„eine Kette aus Gold“* | *„aus verschiedenen Zutaten einen Kuchen backen“* ❶ Statt *aus was* verwendet man *woraus.* VERÄNDERUNG: **5** nennt die Form, den Zustand o. Ä. einer Person/Sache vor einer Veränderung *„Bei Minustemperaturen wird aus Wasser Eis“* TEIL: **6** drückt aus, dass eine Person/Sache zu einer Gruppe gehört *„eine Auswahl aus Dürers Gemälden“* | *„Einer aus der Klasse fehlt“* GRUND: **7** **aus (etwas heraus)** nennt den Grund oder die Ursache für etwas *„aus Angst lügen“* | *„Aus einer Laune heraus lud er alle Freunde in die Kneipe ein“* DISTANZ: **8** drückt aus, wie weit etwas reicht *„etwas aus einer Entfernung von 100 Metern erkennen“* ZEIT: **9** nennt die Zeit, in der etwas entstanden ist *„ein Foto aus der Kinderzeit“* EINVERSTÄNDNIS: **10** **von mir/ihm/ihr/... aus** *gesprochen* drückt aus, dass jemand einverstanden ist *„Kann ich hier rauchen?“ – „Von mir aus.“*

**aus**[2]★ *ADVERB* **1** verwendet, um jemanden aufzufordern, etwas außer Funktion zu setzen ↔ an *„Licht aus!“* **2** **etwas ist aus** *gesprochen* etwas ist zu Ende oder vorbei *„Das Spiel ist aus, wenn einer zwanzig Punkte hat“* **3** **etwas ist aus** *gesprochen* etwas brennt nicht mehr ‹*das Feuer, die Kerze*› **4** **etwas ist aus** *gesprochen* ein elektrisches Gerät, ein Motor o. Ä. ist nicht in Betrieb, nicht eingeschaltet ↔ an *„Die Heizung/Das Radio ist aus“* **5** **jemand ist aus** *gesprochen* jemand ist irgendwohin ausgegangen *„Gestern Abend waren wir aus und waren im Theater“* **6** **etwas ist aus** *gesprochen* der Ball ist außerhalb der Grenzen des Spielfelds **7** **auf etwas** (*Akkusativ*) **aus sein** *gesprochen* etwas sehr gern haben oder erreichen wollen *„auf Abenteuer aus sein“* **8** **mit jemandem/etwas ist es aus** *gesprochen* für jemanden/etwas gibt es keine Rettung mehr **9** **mit jemandem/zwischen Personen ist es aus** *gesprochen* eine Liebesbeziehung oder Freundschaft ist beendet

das **Aus**★ (-) **1** der Raum, der außerhalb des Spielfeldes liegt ‹*den Ball ins Aus schießen*› **2** *gesprochen* das Ende eines Zustands ‹*etwas ist das Aus für jemanden/etwas*›

**aus-**★ (*im Verb, betont und trennbar, sehr produktiv; Diese Verben werden so gebildet: ausschreiben, schrieb aus, ausgeschrieben*) **1** **ausatmen; etwas (aus etwas) ausgießen, ausgraben, ausleeren, ausräumen** *und andere* drückt aus, dass etwas nach außen kommt *„die Einkäufe aus dem Auto ausladen“* die Einkäufe aus dem Auto laden, herausholen **2** **etwas ausgießen, auskratzen, ausladen, auslöffeln, ausschütten, austrinken** *und andere* drückt aus, dass etwas leer gemacht wird *„Sie presste eine Orange aus“* Sie presste die Orange so lange, bis kein Saft mehr darin war **3** **etwas ausblasen, ausknipsen, ausmachen, auspusten, austreten** *und andere* drückt aus, dass ein Gerät außer Funktion gesetzt wird oder dass eine Flamme oder ein Licht nicht mehr brennt *„Er schaltete die Lampe aus"* Er drückte auf den Knopf, sodass die Lampe nicht mehr leuchtete **4** **ein Vogel brütet etwas aus**; **etwas heilt aus**; **etwas ausdiskutieren, ausformulieren** *und andere* drückt aus, dass etwas gründlich gemacht wird, bis das gewünschte Ergebnis erreicht ist *„am Wochenende gründlich ausschlafen"* am Wochenende so lange schlafen, bis man nicht mehr müde ist **5** **etwas ausfahren, ausstreuen, austragen** *und andere* drückt aus, dass etwas in verschiedene Richtungen, an mehrere Personen oder Stellen verteilt wird *„Er fährt für eine Brauerei Getränke aus"* Er fährt die Getränke zu verschiedenen Kunden

**aus·ar·ten** (*artete aus, ist ausgeartet*) **etwas artet (in etwas** (*Akkusativ*)**) aus**; **etwas artet zu etwas aus** *abwertend* etwas wird zu etwas, das nicht gut ist *„Die Geburtstagsfeier artete in ein Trinkgelage aus"*

**aus·ba·den** (*hat*) **etwas ausbaden (müssen)** *gesprochen* die unangenehmen Folgen einer Sache tragen (müssen)

**aus·bau·en**★ (*hat*) **1** **etwas ausbauen** ein Teil aus einer Sache mithilfe von Werkzeug entfernen ⟨*einen Motor ausbauen*⟩ **2** **etwas ausbauen** etwas erweitern, vergrößern und verbessern ⟨*das Straßennetz, die Machtposition, den Vorsprung ausbauen*⟩ **3** **(etwas) ausbauen** eine noch ungenutzte Fläche bewohnbar machen oder ein Haus größer machen ⟨*den Keller, das Dach ausbauen*⟩ • *hierzu* **Aus·bau** *der*; *zu* (2) **aus·bau·fä·hig** *ADJEKTIV*

**aus·bes·sern** (*hat*) **etwas ausbessern** beschädigte Stellen einer Sache reparieren ⟨*Wäsche, das Dach, den Straßenbelag ausbessern*⟩ • *hierzu* **Aus·bes·se·rung** *die*

die **Aus·beu·te** *meist Singular* der Ertrag oder Gewinn aus einer Leistung oder einer Arbeit ⟨*eine geringe, reiche, wissenschaftliche Ausbeute*⟩

**aus·beu·ten** (*beutete aus, hat ausgebeutet*) **1** **jemanden ausbeuten** von einer Person Leistungen verlangen oder erzwingen, damit man selbst davon profitiert, ohne dafür genug zu bezahlen ⟨*jemanden schamlos, skrupellos ausbeuten*⟩ **2** **etwas ausbeuten** etwas völlig ausnutzen und verbrauchen *„Rohstoffe ausbeuten"* • *hierzu* **Aus·beu·tung** *die*; *zu* (1) **Aus·beu·ter** *der*; *zu* (1) **Aus·beu·te·rin** *die*

**aus·bil·den**★ (*hat*) **1** **jemanden (zu etwas/als etwas) ausbilden** (jemanden) in einem Beruf unterrichten ⟨*einen Lehrling ausbilden; jemanden zum Facharbeiter ausbilden*⟩ **2** **etwas bildet etwas aus** etwas bekommt oder entwickelt etwas ⟨*eine Pflanze bildet Triebe, Wurzeln, Knospen aus*⟩ • *zu* (1) **Aus·bil·der** *der*; *zu* (1) **Aus·bil·de·rin** *die*

die **Aus·bil·dung**★ *meist Singular* **1** der Vorgang oder Zeitraum, wenn jemand die Dinge lernt, die er in seinem zukünftigen Beruf können und wissen muss ⟨*sich in der Ausbildung befinden*⟩ **K** Ausbildungsberuf, Ausbildungsplatz, Ausbildungszeit; Berufsausbildung **2** das, was man während der Vorbereitung auf den Beruf lernt ⟨*eine gründliche, solide, künstlerische Ausbildung erhalten*⟩

**aus·blei·ben** (*ist*) **1** **etwas bleibt aus** etwas trifft (entgegen der Regel, der Erwartung) nicht ein *„Die erhoffte Besserung blieb aus"* **2** nicht mehr eintreffen oder erscheinen ⟨*die Gäste, die Kunden*⟩

der **Aus·blick** **1** **ein Ausblick (auf, über etwas** (*Akkusativ*)**)** das Bild, das sich jemandem von einem relativ hohen Standpunkt aus bietet ⟨*einen herrlichen Ausblick haben; ein Ausblick auf die Stadt*⟩ ≈ Aussicht **2** **ein Ausblick (auf etwas** (*Akkusativ*)**)** ≈ Vorschau *„ein Ausblick auf die kommende Theatersaison"*

**aus·bre·chen**★ **1** **(aus etwas) ausbrechen** (*ist*) sich (oft mit Gewalt) aus einer unangenehmen Situation befreien ⟨*aus dem Gefängnis, aus einem Käfig ausbrechen*⟩ *„Ein Tiger brach aus dem Zoo aus"* **2** **etwas bricht aus** (*ist*) etwas beginnt oder entsteht plötzlich und heftig ⟨*Feuer, Jubel, eine Hungersnot, eine Krankheit, ein Krieg, eine Panik, eine Seuche*⟩ **3** **ein Vulkan bricht aus** (*ist*) ein Vulkan schleudert plötzlich Lava und Gesteinsbrocken heraus **4** **(jemandem) etwas ausbrechen** (*hat*) etwas aus einer Sache durch Brechen entfernen *„Ich habe mir bei dem Sturz einen Zahn ausgebrochen"*

**aus·brei·ten**★ (*hat*) **1** **Dinge ausbreiten** Gegenstände übersichtlich nebeneinander hinlegen (um sie jemandem zu zeigen) ⟨*Geschenke, Waren ausbreiten*⟩ **2** **etwas ausbreiten** etwas auseinanderfalten und offen (vor jemanden) hinlegen ‹*einen Plan, eine Decke ausbreiten*› **3** **etwas ausbreiten** etwas weit nach außen strecken ‹*jemand breitet die Arme aus; ein Vogel breitet die Flügel aus*› **4** **etwas breitet sich aus** etwas wird immer größer und bedeckt schließlich eine große Fläche ‹*das Feuer, der Nebel, eine Stadt*› **5** **etwas breitet sich aus** etwas ergreift oder betrifft viele Menschen ‹*eine Unruhe, eine Seuche*› • *zu* (4,5) **Aus·brei·tung** *die*

**aus·bren·nen** (*ist*) **etwas brennt aus** etwas brennt so, dass der innere Teil völlig zerstört wird ‹*ein Haus, ein Auto*› ⓘ → auch **ausgebrannt**

der **Aus·bruch** **1** **der Ausbruch (aus etwas)** die gewaltsame Befreiung meist aus dem Gefängnis *„einen Ausbruch vereiteln"* **K** Ausbruchsversuch **2** *nur Singular* der plötzliche, heftige Beginn einer Sache ‹*der Ausbruch eines Krieges, einer Krankheit*› **3** das (explosionsartige) Herausschleudern von Lava ≈ Eruption **K** Vulkanausbruch **4** eine spontane, heftige Reaktion des Gemüts **K** Wutausbruch

**aus·brü·ten★** (*hat*) **1** **ein Vogel brütet etwas aus** ein Vogel sitzt auf befruchteten Eiern, bis sich junge Vögel entwickelt haben *„Die Henne hat sechs Küken ausgebrütet"* **2** **etwas ausbrüten** *gesprochen* sich etwas ausdenken ‹*einen Plan, Unsinn ausbrüten*› **3** **etwas ausbrüten** *gesprochen* kurz vor einer ansteckenden Erkrankung sein (und sich nicht gut fühlen) ‹*eine Grippe ausbrüten*›

**aus·che·cken★** (*hat*) **(aus etwas) auschecken** am Ende des Aufenthalts in einem Hotel das Zimmer räumen und den Schlüssel zurückgeben ‹*aus einem Hotel auschecken*›

die **Aus·dau·er★** *nur Singular* **1** der Eifer und die Geduld, die man über lange Zeit hat, wenn man etwas Schwieriges oder Unangenehmes tut *„Bisher hat sie wenig Ausdauer gezeigt und jedes Hobby recht schnell wieder aufgegeben"* **2** die Fähigkeit, den Körper lange anzustrengen, ohne müde zu werden *„Ein Marathonläufer braucht viel Ausdauer"* **K** Ausdauertraining • *zu* (2) **aus·dau·ernd** ADJEKTIV

**aus·deh·nen★** (*hat*) **1** **etwas ausdehnen** die Länge, Fläche oder das Volumen einer Sache größer machen *„ein Gummiband/ein Gebiet ausdehnen"* **2** **etwas (auf jemanden/etwas) ausdehnen** etwas auf andere Menschen oder Bereiche erweitern *„Nachdem sie im Keller nichts fand, dehnte sie ihre Suche aufs ganze Haus aus"* **3** **etwas dehnt sich aus** etwas bekommt einen größeren Umfang, ein größeres Volumen *„Luft dehnt sich bei Erwärmung aus"* • *hierzu* **Aus·deh·nung** *die*

**aus·den·ken** (*hat*) **(sich** (*Dativ*)**) etwas ausdenken** etwas durch (intensives) Überlegen finden oder planen ‹*(sich* (*Dativ*)*) eine Geschichte, eine Überraschung ausdenken*›

der **Aus·druck[1]★**; (-(*e*)*s, Aus·drü·cke*) **1** ein gesprochenes oder geschriebenes Wort oder eine feste Wendung ‹*ein passender, treffender Ausdruck*› *„Pennen" ist ein umgangssprachlicher Ausdruck für „schlafen"* **2** die Gefühle, die sich in jemandes Gesicht zeigen ‹*ein fröhlicher, leidender, zufriedener Ausdruck*› **3** **etwas zum Ausdruck bringen** *geschrieben* etwas äußern, ausdrücken **4** **etwas kommt (in etwas** (*Dativ*)**) zum Ausdruck** etwas zeigt sich, etwas wird deutlich *„Seine Meinung kommt in seinem Verhalten deutlich zum Ausdruck"* • *zu* (2) **aus·drucks·los** ADJEKTIV; *zu* (2) **aus·drucks·voll** ADJEKTIV

der **Aus·druck[2]★**; (-(*e*)*s, Aus·dru·cke*) die gedruckte Wiedergabe eines Texts, der im Computer gespeichert ist oder war **K** Computerausdruck

**aus·dru·cken** (*hat*) **etwas ausdrucken** einen gespeicherten Text gedruckt wiedergeben *„eine Datei ausdrucken"*

**aus·drü·cken★** (*hat*) **1** **etwas ausdrücken** die Flüssigkeit aus einer Sache entfernen, indem man sie fest drückt *„den Saft aus einer Zitrone ausdrücken"* | *„einen Schwamm ausdrücken"* **2** **eine Zigarette ausdrücken** die Zigarette gegen etwas drücken, bis sie nicht mehr brennt **3** **etwas (irgendwie) ausdrücken** etwas (in der genannten Art) sagen oder schreiben *„einen Sachverhalt verständlich ausdrücken"* **4** **etwas drückt etwas aus** etwas zeigt an, wie sich jemand fühlt *„Sein Gesicht drückt Ratlosigkeit aus"* **5** **sich irgendwie ausdrücken** in der genannten Weise sprechen oder schreiben ‹*sich gewählt, ungenau ausdrücken*› *„Er drückte sich so vage aus, dass ihn niemand verstand"* **6** **etwas drückt sich in etwas** (*Dativ*) **aus** etwas wird in etwas sichtbar oder deutlich *„In dieser Haltung drückt sich Aggression aus"*

**aus·drück·lich★** ADJEKTIV *meist attributiv* klar und deutlich (formuliert) oder mit besonderem Nachdruck ‹*etwas ist ausdrücklich erlaubt, verboten, erwünscht; etwas ausdrücklich betonen*› *„Er wurde auf seinen ausdrück-*

*lichen Wunsch hin versetzt"*

die **Aus·drucks·wei·se** der Stil oder die Art und Weise, wie jemand spricht oder sich ausdrückt ⟨*eine gewählte, legere Ausdrucksweise*⟩

**aus·ei·nan·der** ★ *ADVERB* **1** räumlich voneinander getrennt *„Die Häuser liegen weit auseinander"* **2** *gesprochen* zeitlich voneinander getrennt *„Die Schwestern sind vier Jahre auseinander"* Die eine Schwester ist vier Jahre älter als die andere **3** **Personen sind auseinander** *gesprochen* ein Liebespaar hat sich getrennt

**aus·ei·nan·der-** (*im Verb, betont und trennbar, begrenzt produktiv; Diese Verben werden so gebildet: auseinanderbiegen, bog auseinander, auseinandergebogen*) **1** **Dinge auseinanderbiegen, auseinanderziehen; Personen/Tiere auseinanderjagen, auseinandertreiben** *und andere* drückt aus, dass Personen/Tiere/Dinge sich in verschiedene Richtungen bewegen, sodass eine räumliche Trennung entsteht *„Die Vögel flogen erschreckt auseinander"* Die Vögel flogen in verschiedene Richtungen **2** **etwas bricht, fällt, reißt auseinander; etwas auseinanderbrechen, auseinanderreißen, auseinanderschneiden** *und andere* drückt aus, dass dabei zwei oder mehrere Teile entstehen *„Sie brach die Schokolade auseinander"* Sie brach die Schokolade in mehrere Teile

**aus·ei·nan·der·fal·len** (*ist*) **etwas fällt auseinander** etwas löst sich in einzelne Teile auf *„Das alte Regal fällt bald auseinander"*

**aus·ei·nan·der·ge·hen** ★ (*ist*) **1** **etwas geht auseinander** eine Beziehung zwischen Menschen geht zu Ende ⟨*eine Ehe, eine Freundschaft*⟩ **2** in verschiedene Richtungen weggehen ⟨*eine Menschenmenge*⟩ **3** **Ansichten/Meinungen** *usw.* **gehen auseinander** sie sind verschieden **4** **etwas geht auseinander** *gesprochen* etwas geht kaputt, verliert Teile

**aus·ei·nan·der·hal·ten** (*hat*) **Personen/Dinge auseinanderhalten (können)** den Unterschied zwischen ähnlichen Personen/Dingen erkennen *„Ich kann die Zwillinge kaum auseinanderhalten"*

**aus·ei·nan·der·set·zen** (*hat*) **1** **sich mit etwas auseinandersetzen** sich intensiv mit etwas beschäftigen (um die eigene Meinung darüber zu überprüfen) *„sich kritisch mit der modernen Philosophie auseinandersetzen"* **2** **sich mit jemandem auseinandersetzen** mit einer Person kritisch über ein Thema sprechen, zu dem diese eine andere Einstellung hat als man selbst

die **Aus·ei·nan·der|set·zung** ★ (-, *-en*) **1** **eine Auseinandersetzung (mit jemandem/etwas)** eine intensive und kritische Beschäftigung mit jemandem/etwas **2** **eine Auseinandersetzung (mit jemandem)** ein Streit oder Kampf (mit jemandem) ⟨*eine heftige, blutige, militärische Auseinandersetzung mit jemandem haben*⟩

**aus·fah·ren** ★ **1** **jemanden ausfahren** (*hat*) jemanden z. B. im Auto oder Kinderwagen zu seinem Vergnügen herumfahren **2** **etwas ausfahren** (*hat*) Waren mit dem Auto transportieren und an verschiedene Kunden liefern **3** **etwas ausfahren** (*hat*) etwas nach außen gleiten lassen ⟨*die Antenne, das Fahrwerk, die Landeklappen ausfahren*⟩ **4** **etwas voll ausfahren** (*hat*) ein Fahrzeug so fahren, dass der Motor maximal belastet ist

die **Aus·fahrt** ★ **1** eine Stelle, an der man aus einem Hof, einer Garage o. Ä. hinausfahren kann ⟨*die Ausfahrt frei halten; jemandem die Ausfahrt versperren*⟩ ↔ Einfahrt **K** Hafenausfahrt **2** eine Straße, in die man abbiegt, um die Autobahn zu verlassen ↔ Auffahrt **K** Autobahnausfahrt **3** eine Fahrt zum Vergnügen und ohne Ziel, meist mit einer Pferdekutsche oder einem besonderen Auto *„eine Ausfahrt mit dem Kabriolett/um den See machen"* **4** das Wegfahren aus einem begrenzten Raum (z. B. einem Bahnhof) ↔ Einfahrt *„Die Ausfahrt des Zuges verzögert sich um 10 Minuten"*

der **Aus·fall** **1** *nur Singular* der Verlust (meist der Haare oder Zähne auf natürliche Weise) **K** Haarausfall **2** *meist Singular* der Umstand, dass etwas Erwartetes oder Geplantes nicht stattfindet ⟨*der Ausfall des Unterrichts, einer Veranstaltung*⟩ *„der Ausfall des Fußballspiels wegen Regens"* **3** die Situation, in der jemand für eine begrenzte Zeit nicht mehr arbeitet oder etwas nicht mehr funktioniert ⟨*der Ausfall eines Mitarbeiters, eines Triebwerks*⟩ **K** Stromausfall

**aus·fal·len** ★ (*ist*) **1** **etwas fällt (jemandem/einem Tier) aus** etwas löst sich aufgrund des Alters oder einer Krankheit vom Körper ⟨*die Haare, die Zähne, die Federn*⟩ *„Ihm fielen schon früh die Haare aus"* **2** **etwas fällt aus** etwas findet nicht statt ⟨*ein Konzert, der Unterricht, eine Fernsehsendung*⟩ **3** **etwas fällt aus** etwas funktioniert nicht mehr ⟨*der Strom,* *ein Signal, eine Maschine*⟩ 4 **etwas fällt irgendwie aus** etwas ist am Ende irgendwie, hat das genannte Ergebnis *„Die Ernte fiel schlecht aus"*

**aus·fal·lend** *ADJEKTIV* **ausfallend (gegen jemanden)** stark beleidigend, sehr unverschämt ⟨*ausfallend werden; eine Bemerkung*⟩

**aus·fäl·lig** *ADJEKTIV meist prädikativ* ≈ ausfallend

die **Aus·fall|stra·ße** eine mehrspurige Straße für den Verkehr, der aus einer Stadt hinausgeht

**aus·fin·dig** *ADJEKTIV* **jemanden/etwas ausfindig machen** jemanden/etwas nach langem Suchen und Fragen finden *„die ehemaligen Schulkameraden ausfindig machen"*

die **Aus·flucht** (-, *Aus·flüch·te*); *meist Plural; geschrieben* ⟨*immer neue Ausflüchte gebrauchen/erfinden*⟩ ≈ Ausrede

der **Aus·flug**★ eine Wanderung oder Fahrt zu einem interessanten Ort *„einen Ausflug in die Berge machen"* K Ausflugsort, Ausflugsverkehr; Sonntagsausflug

**aus·fra·gen** (*hat*) **jemanden (über eine Person/Sache) ausfragen** jemandem viele und aufdringliche Fragen stellen *„Seine Mutter fragt ihn ständig über seine neue Freundin aus"*

die **Aus·fuhr** (-, *-en*) *nur Singular* das Verkaufen von Waren an das Ausland ⟨*die Ausfuhr von Waren, Devisen; die Ausfuhr beschränken, erleichtern, verbieten*⟩ ≈ Export K Ausfuhrbestimmungen, Ausfuhrzoll

**aus·füh·ren**★ (*hat*) HANDELN: 1 **etwas ausführen** etwas in die Tat umsetzen, verwirklichen ⟨*einen Befehl, einen Plan, eine Idee ausführen*⟩ 2 **etwas ausführen** eine Arbeit tun ⟨*eine Reparatur, eine Operation, ein Experiment ausführen*⟩ AUS DEM HAUS: 3 **jemanden ausführen** jemanden zum gemeinsamen Besuch eines Lokals, einer Veranstaltung o. Ä. einladen und mitnehmen *„eine junge Frau zum Essen/zum Tanz ausführen"* 4 **ein Tier ausführen** ein Tier regelmäßig ins Freie führen ⟨*einen Hund ausführen*⟩ AUS DEM LAND: 5 **etwas ausführen** etwas exportieren ⟨*Rohstoffe, Getreide, Waren ausführen*⟩ IN DETAILS: 6 **etwas ausführen** detailliert über etwas sprechen oder schreiben ⟨*eine Idee, eine Theorie näher ausführen*⟩ • *zu* (1,2) **aus·führ·bar** *ADJEKTIV*

**aus·führ·lich**★ *ADJEKTIV* sehr genau, mit vielen Details ⟨*eine Beschreibung, ein Bericht; etwas ausführlich erläutern*⟩ • *hierzu* **Aus·führ·lich·keit** *die*

die **Aus·füh·rung** 1 *nur Singular* das Ausführen oder die Realisierung ⟨*die Ausführung eines Plans, eines Auftrags*⟩ 2 die Art, in der Produkte gestaltet oder ausgestattet sind ⟨*einfache, exklusive Ausführung*⟩ *„Küchen in verschiedenen Ausführungen"* K Luxusausführung, Sonderausführung, Qualitätsausführung 3 die Art und Weise, wie eine Bewegung gemacht wird 4 *nur Plural* ein (ziemlich langer) Bericht, eine Erklärung oder Rede *„jemandes Ausführungen aufmerksam zuhören"* 5 **etwas kommt/gelangt zur Ausführung** *geschrieben* etwas wird getan oder erledigt ⟨*ein Vorhaben, ein Plan*⟩

**aus·fül·len**★ (*hat*) 1 **etwas (mit etwas) ausfüllen** etwas (mit etwas) füllen oder vollmachen 2 **etwas ausfüllen** Fehlendes in einem Text ergänzen, das Betreffende in die Lücken eines Textes hineinschreiben ⟨*ein Formular, einen Fragebogen, einen Scheck ausfüllen*⟩ 3 **etwas füllt jemanden aus** etwas beschäftigt eine Person stark (und gibt ihr dabei Zufriedenheit) *„Sein Beruf als Manager füllt ihn völlig aus"*

die **Aus·ga·be**★ FINANZIELL: 1 *meist Plural* eine Summe, die man für etwas zu zahlen hat ⟨*die Ausgaben beschränken, kürzen*⟩ ↔ Einnahmen K Staatsausgaben 2 **laufende Ausgaben** Geld (z. B. für die Miete), das man regelmäßig zu zahlen hat ↔ Einkünfte AKTION: 3 *nur Singular* das Verteilen von Essen, Fahrkarten, Gepäck usw. K Bücherausgabe 4 *nur Singular* die Bekanntgabe von Befehlen usw. VON BÜCHERN, ZEITSCHRIFTEN USW.: 5 die Form, in der ein Buch veröffentlicht wird ⟨*die erste, zweite, neueste Ausgabe*⟩ K Gesamtausgabe 6 die Nummer oder Folge einer Zeitung, Zeitschrift oder einer regelmäßigen Sendung (z. B. im Fernsehen) *„die heutige Ausgabe des „Spiegels"* | *„die letzte Ausgabe der Tagesschau"* K Samstagsausgabe

der **Aus·gang**★ 1 die Tür, durch die man einen Raum oder ein Gebäude verlässt ↔ Eingang *„Alle Ausgänge waren versperrt"* K Hauptausgang, Hinterausgang, Notausgang 2 die Stelle, an der eine Fläche, ein Gebiet o. Ä. endet ⟨*am Ausgang des Dorfes, Waldes*⟩ K Ortsausgang 3 *nur Singular* (bei Soldaten) die Erlaubnis, nach dem Dienst die Kaserne zu verlassen ⟨*Ausgang haben*⟩ K Ausgangssperre 4 *nur Singular* die Art und Weise, wie etwas endet

≈ Ende *„ein Unfall mit tödlichem Ausgang"*

der **Aus·gangs|punkt★** die Stelle oder der Ort, wo etwas anfängt oder die Grundlage, von der man ausgeht ⟨*der Ausgangspunkt einer Reise, eines Ausflugs, einer Rede; zum Ausgangspunkt zurückkehren*⟩ ↔ Ziel

**aus·ge·ben★** (*hat*) **1 etwas (für etwas) ausgeben** Geld zahlen, um eine Ware oder Leistung zu bekommen *„Er gibt im Monat 100 Euro für sein Hobby aus"* **2 Dinge (an Personen) ausgeben** Dinge an mehrere Personen verteilen *„Essen/Getränke/Gutscheine an die Mitarbeiter ausgeben"* **3 (jemandem) etwas ausgeben** jemanden zu einem Getränk einladen *„den Freunden eine Runde Bier ausgeben"* **4 jemanden/etwas für/als etwas ausgeben** eine Person, sich selbst oder eine Sache als eine andere Person oder Sache darstellen, um jemanden zu täuschen *„Um sie zu beeindrucken, gab er sich als Arzt aus"*

**aus·ge·bucht** *ADJEKTIV* so, dass es keine Plätze mehr gibt *„Der Flug nach New York ist bereits ausgebucht"*

**aus·ge·dient** *PARTIZIP PERFEKT* **etwas hat ausgedient** etwas wird nach langer Zeit nicht mehr gebraucht, ist nutzlos

**aus·ge·fal·len** *ADJEKTIV* ganz anders, als die Leute erwarten ⟨*ein Kleid, eine Idee*⟩

**aus·ge·fuchst** *ADJEKTIV; gesprochen* schlau und geschickt ⟨*ein Geschäftsmann, ein Kenner, ein Profi, ein Spezialist*⟩ ≈ clever

**aus·ge·gli·chen** *ADJEKTIV* ohne starke Schwankungen, gleichmäßig oder ruhig ⟨*ein Klima, ein Charakter*⟩ • *hierzu* **Aus·ge·gli·chen·heit** *die*

**aus·ge·hen★** (*ist*) **1 (mit jemandem) ausgehen** abends (mit jemandem) zu einer Veranstaltung, in ein Lokal o. Ä. gehen **2 etwas geht (jemandem) aus** etwas geht zu Ende (obwohl es noch gebraucht wird) ⟨*das Geld, die Geduld, die Kraft geht jemandem aus*⟩ **3 etwas geht aus** etwas hört auf, in Funktion zu sein, zu leuchten oder zu brennen ⟨*der Fernseher, das Radio, der Motor, das Licht, die Kerze, das Feuer*⟩ ↔ angehen **4 etwas geht irgendwie aus** etwas endet auf die genannte Weise ↔ anfangen *„Wenn das nur gut ausgeht!"* **5 etwas geht von jemandem/etwas aus** etwas wird von jemandem/etwas ausgestrahlt oder verbreitet ⟨*Ruhe, Sicherheit*⟩ **6 von etwas ausgehen** etwas voraussetzen, etwas als Basis betrachten *„Ich gehe davon aus, dass alle einverstanden sind"* **7** ⟨*die Federn, die Haare, die Zähne*⟩ **gehen (jemandem/einem Tier) aus** sie lösen sich aufgrund des Alters oder einer Krankheit vom Körper

**aus·ge·las·sen** *ADJEKTIV* übermütig, wild und fröhlich ⟨*eine Stimmung*⟩ • *hierzu* **Aus·ge·las·sen·heit** *die*

**aus·ge·nom·men★** *BINDEWORT* **1** das, was nach *ausgenommen* gesagt wird, relativiert die meist allgemeine Aussage des Hauptsatzes ≈ außer *„Sie ist immer guter Laune, ausgenommen vielleicht vor dem Frühstück"* ⓘ Wortstellung wie im Hauptsatz
*PRÄPOSITION* **2** so, dass etwas auf alle/alles zutrifft, nur nicht auf das, worauf sich *ausgenommen* bezieht ≈ außer *„Alle waren gekommen, ausgenommen der Präsident"* ⓘ Der Kasus richtet sich nach dem Kasus des Wortes, auf das sich *ausgenommen* bezieht:*Sie machte uns allen Geschenke, ausgenommen ihm*; bei Nachstellung steht meist der Akkusativ: *Sie machte uns allen Geschenke, ihn ausgenommen.*

**aus·ge·po·wert** [-pau̯ɐt] *ADJEKTIV; gesprochen* sehr erschöpft

**aus·ge·prägt** *ADJEKTIV* deutlich, stark ausgebildet ⟨*ein Kinn, ein Profil, eine Vorliebe*⟩ • *hierzu* **Aus·ge·prägt·heit** *die*

**aus·ge·rech·net★** *PARTIKEL* **1** *unbetont* so, dass man etwas von der genannten Person nicht erwartet hätte (und deswegen meist überrascht oder verärgert ist) *„Ausgerechnet in Renate musste er sich verlieben!"* **2 ausgerechnet** + *Zeitangabe unbetont* verwendet, um zu sagen, dass etwas zu einem sehr ungünstigen oder unpassenden Zeitpunkt passiert *„Ausgerechnet heute bin ich krank, wo ich doch einen wichtigen Termin habe!"* **3** *unbetont* so, dass man etwas für unwahrscheinlich hält *„Warum sollte jemand ausgerechnet mein Auto stehlen?"*

**aus·ge·schlos·sen** *ADJEKTIV meist prädikativ* ≈ unmöglich *„Ein Irrtum ist ausgeschlossen"*

**aus·ge·sorgt** *PARTIZIP PERFEKT* **ausgesorgt haben** nie mehr arbeiten müssen, um Geld zu verdienen *„Durch den Lottogewinn hat er jetzt ausgesorgt"*

**aus·ge·spro·chen★** *ADJEKTIV* **1** *meist attributiv* sehr groß oder besonders auffällig *„Sie hat eine ausgesprochene Vorliebe für Schokolade"* **2** verwendet, um Adjektive oder Adverbien zu verstärken ≈ sehr *„Ich finde dieses

*Handbuch ausgesprochen hilfreich"*

**aus·ge·stor·ben** *ADJEKTIV* ohne Lebewesen oder ohne Menschen *„Nachts wirkt die Stadt wie ausgestorben"*

**aus·ge·wach·sen** [-ks-] *ADJEKTIV* **1** ⟨*Tiere*⟩ so, dass sie nicht mehr weiter wachsen, größer werden **2** *gesprochen meist attributiv* sehr groß ⟨*Blödsinn*⟩

**aus·ge·wo·gen** *ADJEKTIV* in einem Zustand des Gleichgewichts ⟨*eine Politik, ein Charakter, ein Verhältnis*⟩ • *hierzu* **Aus·ge·wo·gen·heit** *die*

**aus·ge·zeich·net**★ *ADJEKTIV* sehr gut *„Das Essen schmeckt ausgezeichnet"*

**aus·gie·big** *ADJEKTIV* so, dass es mehr als genug ist ≈ reichlich *„ein ausgiebiges Frühstück"* | *„von einer Möglichkeit ausgiebig Gebrauch machen"* • *hierzu* **Aus·gie·big·keit** *die*

der **Aus·gleich**★ (-(e)s, -e); *meist Singular* **1** ein Kompromiss zwischen verschiedenen Interessen oder Ansichten ⟨*einen Ausgleich herbeiführen, anstreben*⟩ **2** etwas, das einen Verlust oder Mangel ausgleicht *„Als Ausgleich für seine Überstunden erhält er zwei Tage frei"* **K** Ausgleichssport **3** das Erreichen der gleichen Zahl von Punkten *„Lahm erzielte den Ausgleich zum 2 : 2 in der 90. Minute"*

**aus·glei·chen**★ (*hat*) **1** **Dinge ausgleichen** Unterschiede zwischen Dingen verschwinden lassen ⟨*Differenzen, Meinungsverschiedenheiten ausgleichen*⟩ **2** **etwas (durch etwas) ausgleichen** wenn man einen Nachteil durch etwas Positives ausgleicht, wird der Nachteil weniger wichtig oder verliert seine Wirkung *„Er gleicht seine mangelnde technische Begabung durch viel Fleiß aus"*

**aus·gra·ben** (*hat*) **1** **etwas ausgraben** etwas durch Graben aus der Erde nehmen ⟨*eine Pflanze, einen Schatz ausgraben*⟩ **2** **etwas ausgraben** etwas finden, das unter vielen anderen Dingen versteckt ist ⟨*alte Briefe, Fotos ausgraben*⟩ **3** **(etwas) ausgraben** durch Graben alte Paläste, Gräber usw. freilegen *„Seit fast 200 Jahren wird in Pompeji ausgegraben"* ❶ meist im Passiv

die **Aus·gra·bung** (-, -en) **1** das Freilegen von Gebäuden und antiken Gegenständen, die unter der Erde sind **2** etwas, das ausgegraben worden ist *„gut erhaltene Ausgrabungen aus vorchristlicher Zeit"*

der **Aus·guss** das Becken in der Küche, in das man Flüssigkeiten schüttet

**aus·ha·ben** (*hat*); *gesprochen* **1** **etwas aushaben** ein Kleidungsstück ausgezogen haben ⟨*den Mantel, die Hose, den Rock aushaben*⟩ **2** **etwas aushaben** etwas zu Ende gelesen haben ⟨*ein Buch, eine Zeitschrift*⟩ **3** **etwas aushaben** ein elektrisches Gerät ausgeschaltet haben *„den Fernsehapparat aushaben"* **4** mit der Arbeit oder mit dem Unterricht fertig sein *„Wir haben heute schon um 11 Uhr aus"*

**aus·hal·ten** (*hat*) **etwas aushalten** schwierige Bedingungen o. Ä. ertragen können ⟨*Hunger, Kälte, Schmerzen aushalten müssen*⟩ *„die Hitze nicht länger aushalten können"*

**aus·han·deln** (*hat*) **etwas aushandeln** etwas in Verhandlungen erreichen oder vereinbaren ⟨*einen Preis, einen Vertrag, einen Kompromiss o. Ä. aushandeln*⟩ • *hierzu* **Aus·hand·lung** *die*

der **Aus·hang** eine öffentliche Information, die man an einem dafür festgelegten Platz lesen kann ⟨*etwas durch Aushang bekannt geben*⟩ *„Bitte beachten Sie den Aushang am Schwarzen Brett!"*

**aus·hän·gen**[1] (*hängte aus, hat ausgehängt*) **1** **etwas aushängen** etwas aus der Befestigung heben ⟨*einen Fensterladen aushängen*⟩ **2** **etwas (irgendwo) aushängen** eine öffentliche Information an einer dafür festgelegten Stelle aufhängen

**aus·hän·gen**[2] (*hing aus, hat ausgehangen*) **etwas hängt aus** etwas hängt an einer für alle sichtbaren Stelle ⟨*die Speisekarte, der Fahrplan, die Ankündigung*⟩

das **Aus·hän·ge|schild** eine Person oder Sache, die man öffentlich vorzeigt, um einen guten Eindruck zu machen ⟨*als Aushängeschild dienen*⟩

**aus·hel·fen** (*hat*) **1** **(irgendwo) aushelfen** eine fehlende Arbeitskraft (vorübergehend) ersetzen **2** **jemandem (mit etwas) aushelfen** einer Person eine Kleinigkeit geben oder leihen, die sie gerade braucht *„Können Sie mir mit einer Briefmarke aushelfen?"* • *zu* (1) **aus·hilfs·wei·se** *ADVERB*

die **Aus·hil·fe** **1** *meist Singular* die zeitlich begrenzte Mitarbeit ⟨*jemanden zur Aushilfe suchen*⟩ **K** Aushilfskellner **2** eine Person, die nur vorübergehend irgendwo mitarbeitet oder jemanden vertritt

**aus·ho·len** (*hat*) **1** den Arm oder Fuß weit nach hinten bewegen, um Schwung zu bekommen ⟨*weit ausholen*⟩ *„mit dem Schläger ausholen"* **2** **weit(er) ausholen** bei einer Erzählung weit von vorn beginnen *„Um das zu erklären, muss ich weiter ausholen"* **3** **jemanden ausholen** *gesprochen* ≈ aushorchen

**aus·hor·chen** (*hat*) **jemanden aushorchen** jemandem (unauffällig) viele Fragen stellen, um eine Information zu bekommen

**aus·ken·nen** (*hat*) **sich (irgendwo) auskennen**; **sich (mit etwas) auskennen** etwas genau kennen, detaillierte Informationen über etwas haben *„Kennst du dich in Paris aus?"* | *„Kennst du dich mit Computern aus?"*

**aus·klam·mern** (*hat*) **etwas (aus etwas) ausklammern** etwas nicht besprechen, etwas von der Besprechung ausschließen *„ein heikles Problem aus der Diskussion ausklammern"* • *hierzu* **Aus·klam·me·rung** *die*

der **Aus·klang** *nur Singular* das Ende eines (festlichen) Tags, einer Veranstaltung *„ein Lied zum Ausklang der Feier"*

**aus·ko·chen** (*hat*) **etwas auskochen** etwas (lange) in Wasser kochen, damit eine Suppe entsteht ⟨*Fleisch, Knochen auskochen*⟩

**aus·kom·men★** (*ist*) **1** **mit jemandem (gut/schlecht) auskommen** ein gutes/schlechtes Verhältnis zu jemandem haben *„Kommt ihr gut miteinander aus oder streitet ihr häufig?"* **2** **mit jemandem/etwas auskommen**; **ohne jemanden/etwas (irgendwie) auskommen** sich auf die genannte Art und Weise mit oder ohne jemanden/etwas zurechtfinden *„Evi muss ohne Auto auskommen"*

das **Aus·kom·men** (-s) Geld, das man regelmäßig bekommt und das für den Lebensunterhalt reicht ⟨*ein gutes, sicheres Auskommen haben*⟩ *„Ich verdiene nicht üppig, aber ich habe mein Auskommen"* Ich habe genug zum Leben

**aus·küh·len** **1** **etwas kühlt jemanden/etwas aus** (*hat*) jemand/etwas wird durch etwas vollkommen kalt *„Der eisige Wind hatte den Raum völlig ausgekühlt"* **2** **etwas kühlt aus** (*ist*) etwas wird vollkommen kalt *„Das Zimmer kühlt im Winter schnell aus"*

die **Aus·kunft★** (-, *Aus·künf·te*) **1** **eine Auskunft (über jemanden/etwas)** eine Information, die man auf eine Frage erhält ⟨*eine falsche, genaue, telefonische Auskunft; jemanden um (eine) Auskunft bitten; jemandem (eine) Auskunft geben*⟩ **2** *nur Singular* die Stelle (z. B. am Bahnhof) um Auskunft bitten kann ⟨*die Auskunft anrufen*⟩ ≈ Information **K** Telefonauskunft, Zugauskunft; Auskunftsschalter

**aus·la·chen** (*hat*) **jemanden auslachen** sich über eine Person lustig machen, indem man über sie lacht *„Er wurde ausgelacht, weil er so ungeschickt war"*

**aus·la·den** (*hat*) **1** **(etwas) ausladen** etwas, das in einem Fahrzeug transportiert wurde, herausnehmen *„die Möbel aus dem Lieferwagen ausladen"* **2** **etwas ausladen** ein Fahrzeug, Flugzeug o. Ä. von den Dingen, die darin transportiert wurden, frei machen *„einen Lieferwagen ausladen"*

**aus·la·dend** ADJEKTIV **1** breit und groß, viel Platz brauchend ⟨*ein Baum, ein Bauwerk*⟩ **2** mit den Armen weit nach außen ⟨*eine Geste, eine Bewegung*⟩

die **Aus·la·ge** **1** die Waren, die im Schaufenster liegen oder dort ausgestellt sind *„sich die Schuhe in der Auslage ansehen"* **2** *meist Plural* eine Summe Geld, die man bezahlt hat und später zurückbezahlt bekommt *„Er bekam die Auslagen für die Geschäftsreise zurückerstattet"*

das **Aus·land★** (-s) **1** jedes Land, das nicht das eigene ist ⟨*ins Ausland reisen; ins Ausland gehen* (*um dort zu leben*); *Waren aus dem Ausland importieren*⟩ ↔ Inland **K** Auslandsaufenthalt, Auslandsreise **2** die Bevölkerung oder Regierung fremder Länder ⟨*Kontakte zum Ausland knüpfen*⟩ **K** Auslandskorrespondent • *zu* (2) **aus·län·disch** ADJEKTIV

der **Aus·län·der★** (-s, -) eine Person, die Staatsbürger eines fremden Landes ist *„Viele Ausländer leben schon seit mehreren Jahrzehnten hier"* **K** Ausländeramt, Ausländerpolitik; ausländerfeindlich • *hierzu* **Aus·län·de·rin** *die*

**aus·las·sen★** (*hat*) **1** **jemanden/etwas auslassen** jemanden/etwas (in einer Reihenfolge) nicht berücksichtigen, etwas nicht sagen, schreiben oder tun *„bei der Verteilung von Bonbons ein Kind auslassen"* | *„beim Abschreiben aus Versehen einen Satz auslassen"* **2** **etwas auslassen** *gesprochen* etwas ausgeschaltet lassen ⟨*das Licht, den Strom, den Fernseher, die Heizung auslassen*⟩ **3** **etwas an jemandem auslassen** jemanden aus Ärger, Enttäuschung oder Zorn schlecht behandeln ⟨*seine Launen, die Wut an jemandem auslassen*⟩

**aus·las·ten** (*hat*) **1** **etwas auslasten** eine Fabrik, eine Maschine, einen Motor o. Ä. so benutzen, dass sie ihre maximale Leistung bringen *„Die Kapazität des Betriebs ist nur zu 50 % ausgelastet"* **2** **etwas lastet jemanden**

**aus** etwas benötigt alle Zeit und Energie, die jemand hat *„Ich bin mit der Vorbereitung für das Fest völlig ausgelastet"* • *zu* (1) **Aus·las·tung** *die*

der **Aus·lauf** **1** die Stelle, an der eine Flüssigkeit aus einem Gefäß fließen kann **2** *nur Singular* eine Möglichkeit (vor allem für Kinder und Haustiere), im Freien herumzulaufen oder zu spielen *„Ein Schäferhund hat in der Stadt zu wenig Auslauf"*

**aus·lau·fen★** (*ist*) **1** **etwas läuft aus** etwas fließt durch ein Loch aus einem Gefäß heraus *„Der Tank hatte ein Leck und nun ist das ganze Öl ausgelaufen"* **2** **etwas läuft aus** etwas wird leer, weil die Flüssigkeit herausfließt *„Nach dem Verkehrsunfall ist der Tank ausgelaufen"* **3** **ein Schiff läuft aus** ein Schiff verlässt einen Hafen, um aufs Meer zu fahren **4** **etwas läuft aus** etwas geht (allmählich) zu Ende ⟨*ein Kurs, ein Programm, ein Vertrag*⟩

der **Aus·läu·fer** (-s, -) **1** der äußere Teil ⟨*einer atlantischen Störung, eines Tiefs, eines Erdbebens*⟩ **2** die äußeren, niedrigen Teile ⟨*eines Gebirges*⟩ **K** Gebirgsausläufer

das **Aus·lauf|mo·dell** ein Modell, das noch verkauft, aber nicht mehr hergestellt wird *„ein Auslaufmodell zu reduziertem Preis"*

**aus·lau·gen** (*laugte aus, hat ausgelaugt*) **1** **etwas wird ausgelaugt** eine Substanz verliert wichtige Teile oder Stoffe *„Durch ständiges Bepflanzen wird der Boden ausgelaugt"* **2** **jemand ist ausgelaugt** jemand ist durch starke Beanspruchung oder große Anstrengung erschöpft *„Nach dem Marathonlauf war er völlig ausgelaugt"*

**aus·le·cken** (*hat*) **etwas auslecken** etwas durch Lecken leer oder sauber machen *„die Schüssel auslecken"*

**aus·lee·ren** (*hat*) **1** **etwas ausleeren** etwas aus einem Gefäß gießen, schütten usw. *„das Wasser (aus der Schüssel) ausleeren"* **2** **etwas ausleeren** ein Gefäß leer machen *„den Eimer ausleeren"*

**aus·le·gen★** (*hat*) **1** **etwas auslegen** etwas an eine Stelle legen, wo es jeder ansehen kann ⟨*Waren im Schaufenster auslegen; Listen zum Eintragen auslegen*⟩ **2** **etwas auslegen** etwas irgendwohin legen, damit es Tiere finden und fressen ⟨*Gift, einen Köder auslegen*⟩ **3** **etwas mit etwas auslegen** etwas als Schutz auf den Boden legen ⟨*ein Zimmer mit Teppichen, eine Schublade mit Papier auslegen*⟩ **4** **etwas für etwas auslegen** ein technisches Gerät oder ein Gebäude so planen oder bauen, dass es die genannte Leistung oder Kapazität hat *„Das Stadion ist für 30000 Besucher ausgelegt"* ❶ meist im Passiv mit dem Hilfsverb *sein* **5** **etwas (irgendwie) auslegen** eine Geschichte oder Erscheinung nach eigenen Vorstellungen erklären ⟨*einen Text, einen Roman falsch auslegen*⟩ **6** **jemandem etwas auslegen**; **etwas für jemanden auslegen** jemandem das Geld für etwas leihen *„Kannst du das Geld für die Kinokarte für mich auslegen?"* • *zu* (2 – 5) **Aus·le·gung** *die*

die **Aus·lei·he** (-, *-en*) **1** ein Schalter in einer Bibliothek, an dem man Bücher ausleihen kann **2** *nur Singular* das Ausleihen von Büchern, Filmen usw. für eine begrenzte Zeit

**aus·lei·hen** (*hat*) **1** **(jemandem) etwas ausleihen** jemandem etwas vorübergehend zur (meist kostenlosen) Benutzung geben *„Würdest du mir bitte dein Auto morgen kurz ausleihen?"* **2** **(sich** (*Dativ*)**) etwas (bei/von jemandem) ausleihen** sich etwas geben lassen, das man für eine begrenzte Zeit (meist kostenlos) benutzen darf *„Kann ich (mir) einen Bleistift bei dir ausleihen?"*

**aus·ler·nen** (*hat*) **ausgelernt haben** mit der beruflichen Ausbildung fertig sein

die **Aus·le·se** **1** *nur Singular* das Auswählen des/der Besten *„eine strenge Auslese treffen"* **2** eine Gruppe von speziell ausgewählten Dingen aus einer Menge *„eine Auslese aus seinen Gedichten"* **3** ein sehr guter Wein aus ausgesuchten Weintrauben

**aus·lie·fern** (*hat*) **1** **etwas ausliefern** Waren (im Auftrag einer Firma) liefern **2** **eine Person (an jemanden) ausliefern** eine Person an die Organe eines anderen Staates übergeben ⟨*politische Gefangene, Verbrecher ausliefern*⟩ *„Die Terroristen wurden an die USA ausgeliefert"* **3** **jemandem ausgeliefert sein** in einer Situation sein, in welcher die genannte Person mit einer anderen Person machen kann, was sie will **4** **jemanden einer Sache** (*Dativ*) **ausliefern** jemanden ohne Hilfe etwas Negativem oder einer Gefahr überlassen ⟨*jemanden dem Tode, Hunger, Schicksal ausliefern*⟩ *„Schutzlos sind sie dem Regen und der Kälte ausgeliefert"* • *zu* (1 – 3) **Aus·lie·fe·rung** *die*

**aus·lie·gen** *hat/süddeutsch* Ⓐ Ⓒⓗ *ist* **1** **etwas liegt aus** etwas ist zum Verkauf (vor allem im Schaufenster) ausgestellt ⟨*Waren*⟩ **2** **etwas**

**liegt aus** etwas liegt zum Ansehen, Unterschreiben oder Mitnehmen offen da ⟨*Listen, Pläne, Zeitschriften*⟩

**aus·log·gen** (*loggte sich aus, hat sich ausgeloggt*) **sich ausloggen** sich bei einem Computersystem oder einer Internetseite abmelden *„sich am Ende des Besuchs aus dem Forum/beim Internetshop ausloggen"*

**aus·lö·schen** (*hat*) **1** **etwas auslöschen** etwas zerstören, etwas verschwinden lassen ⟨*Spuren, die Erinnerung an jemanden auslöschen*⟩ **2** **jemand/etwas löscht Personen aus** *geschrieben* jemand/etwas vernichtet meist viele Leute *„Der Krieg löschte ganze Familien aus"*

**aus·lö·sen★** (*hat*) **1** **etwas löst etwas aus** eine Person oder Sache verursacht die genannte Reaktion oder Wirkung *„Der Vorfall löste internationale Proteste aus"* **2** **etwas auslösen** (gewollt oder ungewollt) einen Mechanismus in Bewegung setzen ⟨*Alarm, das Blitzlicht, einen Schuss auslösen*⟩ **K** Auslösemechanismus **3** **jemanden auslösen** Geld zahlen, damit jemand frei wird ⟨*Gefangene, Geiseln auslösen*⟩ • *hierzu* **Aus·lö·sung** *die*

der **Aus·lö·ser★** (-s, -) **1** ein Knopf, Schalter o. Ä., mit dem man einen Mechanismus in Bewegung setzt *„auf den Auslöser drücken und ein Foto machen"* **2** der Grund oder der Anlass für etwas *„Das Attentat war Auslöser einer Revolte"*

**aus·ma·chen★** (*hat*) **1** **etwas ausmachen** bewirken, dass etwas nicht mehr brennt ⟨*das Feuer, eine Kerze, eine Zigarette ausmachen*⟩ ↔ anzünden **2** **etwas ausmachen** *gesprochen* bewirken, dass ein technisches Gerät nicht mehr in Funktion ist ⟨*den Computer, den Fernseher, die Heizung, die Lampe, das Licht, den Motor ausmachen*⟩ ≈ ausschalten ↔ einschalten **3** **etwas macht etwas aus** etwas hat den genannten Wert oder ist wichtig ⟨*etwas macht wenig, nichts, eine Menge aus*⟩ *„Die Differenz macht drei Meter aus"* **4** **jemand macht etwas mit einer Person aus**; **Personen machen etwas aus** *gesprochen* meist zwei Personen vereinbaren oder verabreden etwas *„Hast du mit dem Zahnarzt schon einen Termin ausgemacht?"* **5** **etwas macht jemandem etwas aus** *gesprochen* etwas stört jemanden (in der genannten Weise) *„Macht es Ihnen etwas aus, wenn ich rauche?"* **6** **etwas macht jemandem nichts aus** *gesprochen* etwas stört jemanden nicht *„Hitze macht mir nichts aus"*

**aus·ma·len** (*hat*) **1** **etwas ausmalen** Zeichnungen oder vorgegebene Umrisse farbig machen ⟨*Figuren in einem Malbuch ausmalen*⟩ **2** **jemandem etwas ausmalen** jemandem etwas genau beschreiben *„Er malt sich schon jetzt aus, was er auf der Reise erleben wird"* **3** **sich** (*Dativ*) **etwas ausmalen** sich etwas genau vorstellen

das **Aus·maß★** **1** *meist Singular* ein (hohes) Maß an etwas meist Negativem ⟨*eine Katastrophe von ungeahntem Ausmaß; das ganze/genaue Ausmaß der Zerstörung, des Schadens*⟩ **2** *meist Plural* ≈ Größe *„ein Gebiet mit den Ausmaßen einer Kleinstadt"*

**aus·mer·zen** (*merzte aus, hat ausgemerzt*) **etwas ausmerzen** etwas Unerwünschtes oder Schädliches völlig entfernen oder vernichten ⟨*Rechtschreibfehler ausmerzen*⟩

**aus·mes·sen** (*hat*) **etwas ausmessen** die Größe oder die Dimensionen einer Sache durch Messen präzise bestimmen ⟨*ein Grundstück, eine Wohnung ausmessen*⟩ • *hierzu* **Aus·mes·sung** *die*

**aus·mis·ten** (*mistete aus, hat ausgemistet*) **1** **(etwas) ausmisten** *gesprochen* das, was man nicht mehr braucht, aus etwas entfernen und wegwerfen ⟨*seine alten Schulhefte, die Briefmarkensammlung ausmisten*⟩ **2** **(etwas) ausmisten** etwas von Mist befreien ⟨*den Stall ausmisten*⟩

**aus·mus·tern** (*hat*) **etwas ausmustern** ≈ ausrangieren

die **Aus·nah·me★** (-, -*n*) **1** eine Person/Sache, die von der Regel oder Norm abweicht und etwas Besonderes darstellt ⟨*eine rühmliche, seltene Ausnahme; mit einigen wenigen Ausnahmen*⟩ *„Alle ohne Ausnahme waren gekommen"* **K** Ausnahmegenehmigung, Ausnahmeregelung **2** **eine Ausnahme machen** anders handeln als sonst *„Das geht normalerweise nicht, aber machen wir doch mal eine Ausnahme"* **3** **mit Ausnahme** +*Genitiv*; **mit Ausnahme von jemandem/etwas** *geschrieben* abgesehen von ≈ außer *„Mit Ausnahme meines Bruders gingen alle baden"*

der **Aus·nah·me|zu·stand** *meist Singular* **1** eine politische Situation, welche die Regierung dazu zwingt, manche Rechte außer Kraft zu setzen ⟨*den Ausnahmezustand erklären, verhängen, aufheben*⟩ **2** ein nicht alltäglicher Zustand *„Diese Umleitung ist nur ein Ausnah-*

*mezustand"*

**aus·nahms·wei·se**★ *ADVERB* abweichend von einer Regelung, einem Prinzip o. Ä. ⟨*etwas ausnahmsweise erlauben*⟩ *„Ihr könnt ausnahmsweise schon jetzt heimgehen"*

**aus·neh·men** (*hat*) **1** **jemanden/etwas (von etwas) ausnehmen** behaupten, dass jemand, man selbst oder etwas von einer Aussage, Regelung o. Ä. nicht betroffen ist *„Die Straße ist für sämtliche Fahrzeuge gesperrt, Anlieger ausgenommen"* **2** **jemanden ausnehmen** *gesprochen* von jemandem auf listige Art viel Geld nehmen **3** **ein Tier ausnehmen** aus einem getöteten Tier Darm, Lunge, Magen usw. herausnehmen

**aus·nut·zen**★ (*hat*) **1** **jemanden ausnutzen** von den Diensten oder der Arbeit einer anderen Person profitieren, ohne sie angemessen zu belohnen oder zu bezahlen ≈ ausbeuten *„billige Arbeitskräfte schamlos ausnutzen"* **2** **etwas (zu/für etwas) ausnutzen** etwas (zu dem genannten Zweck) verwenden oder nutzen ⟨*eine Gelegenheit, die Zeit, das gute Wetter ausnutzen*⟩ *„die Bahnfahrt dazu ausnutzen, ein bisschen zu arbeiten"* • *hierzu* **Aus·nut·zung** *die*

**aus·pa·cken**★ (*hat*) **1** **etwas auspacken** etwas aus einem Koffer oder der Verpackung nehmen ↔ einpacken *„seine Sachen aus dem Koffer auspacken"* **2** **(etwas) auspacken** einen Behälter leer machen, indem man den Inhalt herausnimmt ⟨*einen Koffer, ein Paket, eine Reisetasche auspacken*⟩ ↔ packen

**aus·pfei·fen** (*hat*) **jemanden/etwas auspfeifen** bei einer Veranstaltung durch Pfiffe zeigen, dass man jemanden/etwas nicht gut findet ⟨*einen Redner, ein Theaterstück auspfeifen*⟩

**aus·plün·dern** (*hat*) **jemanden/etwas ausplündern** ≈ ausrauben • *hierzu* **Aus·plün·de·rung** *die*

**aus·pres·sen** (*hat*) **1** **etwas (aus etwas) auspressen** etwas durch Pressen herausdrücken *„den Rest der Zahnpasta aus der Tube auspressen"* **2** **etwas auspressen** Obst pressen, damit der Saft herauskommt ⟨*Orangen, Zitronen auspressen*⟩

**aus·pro·bie·ren** (*probierte aus, hat ausprobiert*) **etwas (an jemandem/etwas) ausprobieren** etwas zum ersten Mal benutzen oder anwenden, um festzustellen, ob es gut ist oder funktioniert *„ein neues Kochrezept ausprobieren"* | *„ausprobieren, ob/wie etwas funktioniert"*

der **Aus·puff** (-s, -e) ein Rohr, durch welches die Abgase aus einer Maschine oder aus einem Motor nach außen geleitet werden **K** Auspuffrohr

**aus·ra·die·ren** (*radierte aus, hat ausradiert*) **etwas ausradieren** etwas, das mit Bleistift geschrieben oder gezeichnet wurde, mit einem Radiergummi entfernen

**aus·ran·gie·ren** (*hat*) **etwas ausrangieren** alte Dinge nicht mehr weiter benutzen und weggeben, wegwerfen o. Ä. *„Der Computer taugt nicht mehr viel, den muss ich allmählich ausrangieren"*

**aus·ras·ten** (*ist*) **1** **etwas rastet aus** etwas löst sich aus einer Halterung oder springt heraus ⟨*ein Hebel*⟩ **2** *gesprochen* die Nerven verlieren und sich plötzlich aggressiv verhalten

**aus·rau·ben** (*hat*) **1** **jemanden ausrauben** einer Person mit Gewalt alles wegnehmen, was sie bei sich hat ⟨*einen Passanten ausrauben*⟩ **2** **etwas ausrauben** den ganzen wertvollen Inhalt einer Sache rauben ⟨*ein Haus, ein Auto ausrauben*⟩

**aus·räu·men** (*hat*) **1** **etwas ausräumen**; **Dinge ausräumen** ein Zimmer, einen Schrank o. Ä. leer machen, indem man alle Dinge herausnimmt *„die Spülmaschine/das Geschirr ausräumen"* **2** **etwas ausräumen** etwas durch gute Argumente oder durch eine überzeugende Tat beseitigen ⟨*Bedenken, Zweifel, einen Verdacht ausräumen*⟩ • *zu* (2) **Aus·räu·mung** *die*

**aus·rech·nen**★ (*hat*) **1** **etwas ausrechnen** etwas durch Rechnen feststellen ⟨*die Entfernung, Differenz, Geschwindigkeit, Kosten ausrechnen*⟩ *„Er hat ausgerechnet, wie groß die Wahrscheinlichkeit ist, einen Sechser im Lotto zu haben"* **2** **sich** (*Dativ*) **gute/keine Chancen ausrechnen** annehmen, dass man bei etwas gute/keine Chancen auf Erfolg hat *„Sie rechnet sich beim Rennen gute Chancen aus"*

die **Aus·re·de** **1** ein (angeblicher) Grund, der als Entschuldigung vorgebracht wird ⟨*eine passende Ausrede parat/bereit haben; immer eine Ausrede wissen*⟩ **2** **eine faule Ausrede** *gesprochen* eine Entschuldigung, die niemand glaubt

**aus·re·den** (*hat*) **1** **jemandem etwas ausreden** eine Person dazu bringen, dass sie ihre Meinung ändert oder einen Plan aufgibt *„Er* *wollte bei dem Sturm nach Hause laufen, aber das hab ich ihm ausgeredet"* **2** zu Ende sprechen *„Lass mich bitte ausreden!"*

**aus·rei·chen★** (*hat*) **1** **etwas reicht aus** etwas ist in genügender Menge vorhanden ⟨*Vorräte, Geldmittel*⟩ *„Das Heizöl muss bis März ausreichen"* **2** **etwas reicht (für etwas) aus** etwas ist (für den genannten Zweck) von genügender Qualität ⟨*jemandes Talent, jemandes Begabung*⟩ *„Seine Kenntnisse reichen für diese Arbeit nicht aus"*

**aus·rei·chend★** ADJEKTIV Ⓓ verwendet als Bezeichnung für die relativ schlechte Schulnote 4 (auf der Skala von 1 bis 6 bzw. *sehr gut* bis *ungenügend*), mit der man eine Prüfung o. Ä. gerade noch bestanden hat ⟨*„ausreichend" im Aufsatz, im Test haben, bekommen*⟩ ❶ → Anhang, S. 1091: **Noten**

die **Aus·rei·se** *nur Singular* das Verlassen eines Landes (mit einem Verkehrsmittel) ↔ Einreise *„Bei der Ausreise werden die Pässe kontrolliert"*

**aus·rei·sen** (*ist*) **(aus einem Land) ausreisen** ein Land (offiziell) verlassen

**aus·rei·ßen** **1** **(jemandem) etwas ausreißen** (*hat*) etwas durch Reißen entfernen *„jemandem ein Haar ausreißen"* **2** **etwas reißt aus** (*ist*) etwas löst sich ruckartig von dem Teil, an dem es befestigt war *„Bei diesem Stoff reißen die Knöpfe leicht aus"* **3** **(aus/von irgendwo) ausreißen** (*ist*) weglaufen, weil man eine Situation unangenehm findet ⟨*von zu Hause ausreißen*⟩ *„Er riss aus, weil er sich mit seinem schlechten Zeugnis nicht nach Hause traute"* • *zu* (3) **Aus·rei·ßer** *der*; *zu* (3) **Aus·rei·ße·rin** *die*

**aus·ren·ken** (*renkte aus, hat ausgerenkt*) **sich** (*Dativ*) **etwas ausrenken** durch Drehung o. Ä. bewirken, dass ein Knochen nicht mehr richtig im Gelenk ist *„Ich habe mir die Schulter ausgerenkt"*

**aus·rich·ten★** (*hat*) **1** **etwas ausrichten** eine Veranstaltung vorbereiten und durchführen ⟨*eine Hochzeit ausrichten*⟩ **2** **etwas auf jemanden/etwas ausrichten**; **etwas nach jemandem/etwas ausrichten** eine Sache den Bedürfnissen und Wünschen einer Person oder einem Ziel anpassen *„das Angebot nach der Nachfrage ausrichten"* | *„Sein Verhalten war darauf ausgerichtet zu imponieren"* **3** **Personen/Dinge ausrichten** Menschen oder Gegenstände so aufstellen, dass sie eine gerade Linie bilden **4** **(jemandem) etwas ausrichten** jemandem im Auftrag eines Dritten eine Nachricht überbringen ⟨*jemandem einen Gruß ausrichten*⟩

**aus·rot·ten** (*rottete aus, hat ausgerottet*) **Tiere/Pflanzen ausrotten** alle Lebewesen einer Art vernichten *„ausgerottete Tierarten"* • *hierzu* **Aus·rot·tung** *die*

**aus·rü·cken** (*ist*) ⟨*die Polizei, die Feuerwehr*⟩ **rückt aus** sie fährt in einer größeren Gruppe zu einem Einsatz

der **Aus·ruf★** ein kurzer, plötzlicher Ruf als Ausdruck einer Emotion ⟨*ein Ausruf des Schreckens, der Überraschung*⟩

**aus·ru·fen★** (*hat*) **1** **etwas ausrufen** plötzlich und kurz etwas rufen *„Toll!", rief sie aus, als sie von dem Vorschlag hörte"* **2** **etwas ausrufen** etwas öffentlich verkünden und damit in Kraft setzen ⟨*den Notstand, einen Streik, die Republik ausrufen*⟩ ≈ proklamieren **3** **jemanden ausrufen** bekannt geben, dass jemand gesucht wird ⟨*jemanden über Lautsprecher ausrufen lassen*⟩ • *zu* (2) **Aus·ru·fung** *die*

das **Aus·ru·fe|zei·chen** das Zeichen *!*, verwendet am Ende eines Ausrufs, eines Wunsches, einer Aufforderung oder eines Befehls (z. B. *Achtung!; Halt!; Kommen Sie bald wieder!*)

**aus·ru·hen★** (*hat*) **sich (von etwas) ausruhen** nach einer Anstrengung ruhen und sich erholen ⟨*sich von der Arbeit ausruhen*⟩

**aus·rüs·ten** (*hat*) **1** **jemanden (irgendwie/mit etwas) ausrüsten** einer Person die Dinge mitgeben, welche diese für ein Vorhaben braucht *„einen Bergsteiger mit Seil und Pickel ausrüsten"* **2** **etwas (mit etwas) ausrüsten** eine Maschine oder ein Fahrzeug mit Geräten oder Instrumenten versehen *„ein Auto mit einem Katalysator ausrüsten"*

die **Aus·rüs·tung★** **1** *nur Singular* das Ausrüsten einer Person mit dem, was sie für ihre Zwecke braucht **2** alle Gegenstände, die jemand für einen Zweck braucht **K** Skiausrüstung **3** alle technischen Geräte, die für das Funktionieren eines Fahrzeugs o. Ä. notwendig sind *„elektronische Ausrüstungen für den Flugzeugbau"*

**aus·rut·schen** (*ist*) **1** auf glattem Boden rutschen (und hinfallen) **2** **etwas rutscht jemandem aus** etwas fällt jemandem plötzlich aus der Hand *„Beim Tennisspielen rutschte ihm der Schläger aus"*

der **Aus·rut·scher** (-*s*, -); *gesprochen* ein einmaliger Fehler, der jedem passieren kann

die **Aus·sa·ge**★ (-, -n) **1** **eine Aussage (über jemanden/etwas)** das, was über einen Sachverhalt gesagt, geäußert wird *„nach Aussage eines Fachmanns"* **2** **eine Aussage (zu etwas)** (vor allem vor Gericht oder bei der Polizei) ein Bericht über einen Vorfall oder einen Unfall ‹*die Aussage verweigern, widerrufen; eine Aussage zu etwas machen*› **K** Aussageverweigerung **3** der gedankliche Inhalt eines künstlerischen, philosophischen, politischen usw. Werks

**aus·sa·ge·kräf·tig** *ADJEKTIV* mit einem tieferen Sinn, der klar erkennbar und wirkungsvoll ist ‹*ein Bild*› • *hierzu* **Aus·sa·ge·kraft** *die*

**aus·sa·gen** (*hat*) **1** **etwas sagt etwas (über jemanden/etwas) aus** etwas bringt etwas zum Ausdruck *„Das Bild sagt viel über den Künstler aus"* **2** **(etwas) aussagen** (vor Gericht, bei der Polizei) über einen Vorfall oder Unfall berichten ‹*für, gegen jemanden aussagen; als Zeuge aussagen*› *„Er sagte aus, dass er zur Tatzeit zu Hause gewesen sei"*

**aus·schal·ten**★ (*hat*) **1** **etwas ausschalten** mit einem Schalter einen Motor oder ein elektrisches Gerät ausmachen **2** **jemanden/etwas ausschalten** verhindern, dass jemand handeln kann oder dass etwas wirksam wird ‹*die Konkurrenz, störende Einflüsse ausschalten*› *„Der Diktator schaltete das Parlament aus"* • *zu* (2) **Aus·schal·tung** *die*

der **Aus·schank** (-(e)s) **1** das Ausschenken von meist alkoholischen Getränken in einem Gasthaus *„Der Ausschank von Alkohol an Jugendliche unter 16 ist verboten"* **2** der Tisch in einer Gaststätte, an dem Getränke in Gläser gefüllt werden

(die) **Aus·schau** *nur Singular* **1** **(nach jemandem/etwas) Ausschau halten** mit den Augen nach einer Person oder Sache suchen, auf die man wartet **2** **nach etwas Ausschau halten** nach etwas suchen

**aus·schei·den** **1** **jemand/etwas scheidet aus** (*ist*) eine Person oder Sache wird nicht berücksichtigt, weil sie nicht geeignet ist *„Diese Möglichkeit scheidet für mich leider aus"* **2** (*ist*) an einem Spiel oder Wettkampf nicht mehr teilnehmen können (weil man verloren hat, verletzt ist o. Ä.) *„Wegen einer Verletzung musste er nach der 2. Runde ausscheiden"* **3** **(aus etwas) ausscheiden** *geschrieben* (*ist*) eine Tätigkeit nicht weiter ausüben und dadurch eine Gruppe verlassen ‹*aus einem Amt, dem Berufsleben, der Regierung, einer Firma ausscheiden*› **4** **etwas (aus etwas) ausscheiden** (*hat*) ‹*Exkremente, Kot, Harn, Urin*› durch den Darm oder die Blase nach außen abgeben **i** Schweiß, Duftstoffe usw. werden abgesondert.

die **Aus·schei·dung** **1** *nur Singular* das Ausscheiden von Urin und Kot **2** *meist Plural* die Substanzen, welche der Körper nicht verwerten kann und somit nach außen abgibt **K** Ausscheidungsprodukt **3** ein Wettkampf, in dem entschieden wird, welche Teilnehmer nicht mehr dabei sein dürfen *„sich in der Ausscheidung für den Endkampf qualifizieren"* **K** Endausscheidung

**aus·schen·ken** (*hat*) **1** **(etwas) ausschenken** (alkoholische) Getränke (in einem Gasthaus) in Gläser füllen und verkaufen **2** **(etwas) ausschenken** Getränke in ein Glas gießen

**aus·sche·ren** (*ist*) **(aus etwas) ausscheren** plötzlich seitlich den (geraden) Weg verlassen (z. B. in einer Reihe oder in einer Autoschlange) *„Gerade als ich überholen wollte, scherte ein Auto/jemand vor mir aus"*

**aus·schil·dern** (*hat*) **etwas ausschildern** eine Strecke durch Schilder markieren *„Der Weg zum Stadion ist ausgeschildert"* • *hierzu* **Aus·schil·de·rung** *die*

**aus·schla·fen** (*hat*) so lange schlafen, bis man nicht mehr müde ist *„Morgen will ich endlich einmal ausschlafen"*

der **Aus·schlag** **1** eine Erkrankung, die Flecken und Entzündungen auf der Haut entstehen lässt *„einen Ausschlag an den Händen haben"* **K** Hautausschlag **2** die Bewegung eines Pendels oder Zeigers zur Seite **3** **etwas gibt den Ausschlag (für etwas)** etwas ist entscheidend für etwas *„Seine gute Kondition gab den Ausschlag für seinen Sieg"*

**aus·schla·gen**★ (*hat*) **1** **jemandem einen Zahn ausschlagen** durch einen Schlag oder Stoß bewirken, dass jemand einen Zahn verliert *„Ich habe mir beim Sturz vom Fahrrad einen Zahn ausgeschlagen"* **2** **(jemandem) etwas ausschlagen** etwas ablehnen, jemandem nicht erlauben ‹*eine Bitte, eine Forderung ausschlagen*› **3** **etwas ausschlagen** etwas, das man angeboten bekommt, nicht haben wollen ‹*ein Angebot, eine Einladung ausschlagen*› **4** **etwas schlägt aus** etwas bewegt sich (von der Ruhelage aus) zur Seite ‹*ein Pendel, ein Zeiger*› **5** **ein Tier schlägt aus** ein Tier stößt oder tritt mit dem Huf (nach jemandem/etwas)

⟨*Pferde, Esel, Maultiere*⟩ *„Das Pferd scheute und schlug nach allen Seiten aus"* 6 **eine Pflanze schlägt aus** ein Baum oder Strauch bekommt Blätter

**aus·schlag·ge·bend** *ADJEKTIV* **etwas ist ausschlaggebend (für etwas)** etwas hat wesentlichen Einfluss auf einen Vorgang, eine Entscheidung o. Ä. *„Seine Erfahrung war ausschlaggebend dafür, dass er den Posten bekam"*

**aus·schlei·chen** (*hat*) **etwas ausschleichen** die Dosis eines Medikaments allmählich verringern und schließlich ganz damit aufhören

**aus·schlie·ßen★** (*hat*) 1 **jemanden ausschließen** die Tür so schließen, dass andere oder man selbst nicht mehr in die Wohnung, ins Haus kommen können ≈ aussperren 2 **jemanden (aus etwas) ausschließen** bestimmen, dass jemand nicht mehr Mitglied einer Gruppe oder Organisation ist *„Wegen seines schlechten Verhaltens wurde er aus der Partei ausgeschlossen"* 3 **jemanden (von etwas) ausschließen** beschließen, dass jemand nicht (mehr) teilnehmen, mitmachen darf ⟨*jemanden von einer Sitzung, vom Unterricht ausschließen*⟩ 4 **etwas von etwas ausschließen** bestimmen, dass etwas bei etwas nicht berücksichtigt wird *„Reduzierte Ware ist vom Umtausch ausgeschlossen"* 5 **etwas ausschließen** sich sicher sein, dass etwas falsch ist, nicht zutrifft *„Die Polizei schließt Mord als Todesursache aus"* 6 **etwas ausschließen** dafür sorgen, dass etwas nicht wahr werden oder wirken kann ⟨*einen Irrtum, jeden Zweifel, den Zufall ausschließen*⟩

**aus·schließ·lich★** *ADVERB* 1 so, dass etwas nur für die genannte Person/Sache gilt *„Der Parkplatz ist ausschließlich für Kunden reserviert"*

*ADJEKTIV meist attributiv* 2 nur die genannte Person/Sache betreffend ⟨*der Anspruch, das Recht*⟩ *„Die Feuerwerkskörper sind für die ausschließliche Nutzung im Freien vorgesehen"*

*PRÄPOSITION mit Genitiv oder Dativ* 3 mit Ausnahme von ≈ außer *„Versichert ist das ganze Gepäck ausschließlich (der) Wertgegenstände"* die Wertgegenstände sind nicht versichert ❶ → Anhang, S. 1113: **Präpositionen**

**aus·schlüp·fen** (*ist*) **ein Tier schlüpft aus** ein junges Tier kommt aus dem Ei heraus ⟨*ein Küken, ein Krokodil, ein Schmetterling*⟩

der **Aus·schluss** 1 das Verbot für jemanden, an etwas teilzunehmen *„Der Prozess findet unter Ausschluss der Öffentlichkeit statt"* 2 **der Ausschluss (aus etwas)** das Ausstoßen oder Verbannen aus einer Gruppe *„Manche forderten sogar seinen Ausschluss aus der Partei"*

**aus·schmü·cken** (*hat*) **etwas (mit etwas) ausschmücken** etwas durch erfundene Details interessanter machen ⟨*eine Erzählung, eine Geschichte mit vielen Anekdoten ausschmücken*⟩ • *hierzu* **Aus·schmü·ckung** *die*

**aus·schnei·den★** (*hat*) **etwas (aus etwas) ausschneiden** (aus Papier, Stoff usw.) Stücke schneiden *„Kinder schneiden gern Figuren aus"*

der **Aus·schnitt** 1 (an Kleidern, Blusen) die etwas weitere Öffnung für Kopf und Hals ⟨*ein weiter, tiefer, runder Ausschnitt*⟩ 2 ein begrenzter, oft inhaltlich repräsentativer Teil eines Ganzen ⟨*ein Ausschnitt eines Buches, eines Konzerts, einer Radiosendung*⟩

**aus·schrei·ben** (*hat*) 1 **etwas ausschreiben** ein Wort mit allen Buchstaben, nicht abgekürzt schreiben 2 **etwas ausschreiben** etwas öffentlich bekannt machen und die Bedingungen dafür ankündigen ⟨*eine Stelle, einen Wettbewerb, Meisterschaften ausschreiben*⟩ • *hierzu* **Aus·schrei·bung** *die*

der **Aus·schuss★** 1 eine Gruppe von Personen, die aus einer größeren Gruppe ausgewählt ist, um besondere Aufgaben zu erfüllen oder sich um Probleme zu kümmern ⟨*einen Ausschuss einsetzen*⟩ ≈ Kommission ↔ Plenum K Wahlausschuss 2 *nur Singular* minderwertige Waren oder Produkte mit Fehlern

**aus·schüt·teln** (*hat*) **etwas ausschütteln** meist Krümel o. Ä. durch Schütteln aus etwas entfernen *„das Tischtuch ausschütteln"*

**aus·schüt·ten** (*hat*) 1 **etwas ausschütten** etwas aus einem Gefäß schütten *„das Wasser ausschütten"* 2 **etwas ausschütten** ein Gefäß durch Schütten leeren *„ein Glas ausschütten"* 3 **etwas ausschütten** etwas auszahlen oder verteilen ⟨*eine Dividende, Lotteriegewinne, Zinsen ausschütten*⟩ • *zu* (3) **Aus·schüt·tung** *die*

**aus·schwei·fend** *ADJEKTIV* so, dass dabei ein normales Maß stark überschritten wird ⟨*eine Fantasie, eine Lebensweise, eine Schilderung*⟩

**aus·se·hen★** (*hat*) 1 **irgendwie aussehen** (aufgrund äußerer Merkmale) den genannten Eindruck machen oder eine optische Wirkung erzielen ⟨*gut, krank, freundlich, hübsch aussehen*⟩ 2 **etwas sieht irgendwie aus** etwas macht aufgrund von Anzeichen den genannten

Eindruck ⟨*etwas sieht gefährlich, schlimm aus*⟩ „*Die Situation der Arbeitslosen sieht ungünstig aus*" **3** **wie jemand/etwas aussehen** ähnliche oder gleiche äußere Merkmale haben wie jemand/etwas „*Er sieht aus wie ein bekannter Filmstar*" **4** **mit etwas sieht es gut/schlecht aus** *gesprochen* die Chancen, dass etwas stattfindet oder dass etwas so ist, wie erwartet, sind gut/schlecht „*Es regnet schon seit Stunden, da sieht es schlecht aus mit unserem Ausflug*"

das **Aus·se·hen★** (-s) die Art und Weise, wie jemand aussieht „*Du solltest die Menschen nicht nach ihrem Aussehen beurteilen*"

**au·ßen★** *ADVERB* **1** auf der Seite, die am weitesten vom Zentrum entfernt und der Umgebung zugewandt ist ↔ innen „*Sein Mantel ist innen rot gefüttert und außen grau*" **K** Außenseite, Außenwand **2** außerhalb eines abgeschlossenen Raumes ≈ draußen „*Kein Laut dringt nach außen*" **K** Außentemperatur

der **Au·ßen·dienst** *meist Singular* der Dienst außerhalb der Firma oder Behörde (z. B. als Vertreter) ⟨*im Außendienst tätig sein*⟩ **K** Außendienstmitarbeiter

der **Au·ßen·mi·nis·ter★** der Minister eines Landes, der für die Beziehungen zum Ausland verantwortlich ist • *hierzu* **Au·ßen·mi·nis·te·ri·um** *das*

die **Au·ßen·po·li·tik** die Politik, die sich mit den Beziehungen eines Staates zu anderen Staaten befasst ↔ Innenpolitik • *hierzu* **au·ßen·po·li·tisch** *ADJEKTIV*

der **Au·ßen·sei·ter** (-s, -) eine Person, die sich nicht an die Normen einer Gruppe oder Gesellschaft anpasst und deshalb nicht darin integriert ist „*Schon in der Schule war er ein Außenseiter*" **K** Außenseiterrolle • *hierzu* **Au·ßen·sei·te·rin** *die*

die **Au·ßen·welt** *nur Singular* die Menschen und Ereignisse außerhalb eines abgeschlossenen Bereichs (z. B. außerhalb eines Klosters oder eines kleinen Dorfes im Gebirge) „*Nach den heftigen Schneefällen war das Dorf von der Außenwelt abgeschnitten*"

**au·ßer★** *PRÄPOSITION mit Dativ* **1** mit Ausnahme von „*Außer einer leichten Prellung war er unverletzt*" | „*Der Zug verkehrt täglich außer sonntags*" **2** **außer** + *Substantiv ohne Artikel* so, dass eine Person oder Sache nicht in einem Bereich, Zustand oder einer Situation ist ≈ außerhalb „*Sie sah dem Zug noch nach, als er schon außer Sichtweite war*" | „*Der Schwerverletzte ist außer Lebensgefahr*" **3** **außer sich** (*Dativ*) **sein (vor etwas)** in einem Zustand mit sehr starken Gefühlen sein „*Ich war außer mir vor Sorge um dich!*"

*BINDEWORT* **4** zusätzlich zu einer Sache oder Person oder gleichzeitig „*Außer Gold wird auch Uran abgebaut*" | „*Außer Peter und Werner kommt auch noch Sabine mit ins Kino*" Peter, Werner und Sabine kommen mit **5** In dem *außer*-Satz wird ein Fall genannt, in dem das im Hauptsatz Gesagte nicht geschieht „*Wir gehen morgen schwimmen, außer es regnet*" ..., wenn es nicht regnet **6** drückt eine Einschränkung aus „*Das Konzert war sehr gut, außer dass es zu laut war*" aber es war zu laut | „*Sie geht überhaupt nicht mehr aus dem Haus, außer um einzukaufen*" Sie geht nur noch zum Einkaufen aus dem Haus

**äu·ße·r-** *ADJEKTIV nur attributiv* **1** auf der Seite, welche der Umgebung zugewandt ist, auf der Außenseite ⟨*die äußere Mauer, Schicht; eine äußere Verletzung*⟩ **2** von außen oder von der Umwelt herkommend ⟨*äußere Einflüsse, Ursachen*⟩ **3** von außen (mit den Sinnesorganen) wahrnehmbar, erkennbar ⟨*eine äußere Ähnlichkeit*⟩

**au·ßer·dem★** *ADVERB* verwendet, um zu sagen, dass noch eine Sache hinzukommt oder der Fall ist ≈ zusätzlich „*Der Verein hat zwei Sportplätze, außerdem kann man in der Halle trainieren*"

das **Äu·ße·re** (-n) der (optische) Eindruck, den eine Person oder Sache auf die Umgebung macht ⟨*ein jugendliches, gepflegtes Äußeres haben; großen Wert auf das Äußere legen*⟩

**au·ßer·ge·wöhn·lich★** *ADJEKTIV* das normale Maß übertreffend, über es hinausgehend „*eine außergewöhnliche Begabung*" | „*außergewöhnlich fleißig sein*"

**au·ßer·halb★** *PRÄPOSITION mit Genitiv* **1** nicht im genannten Zeitraum „*Außerhalb der Hochsaison ist es hier sehr ruhig*" **2** nicht im genannten Gebiet oder Bereich „*außerhalb des Hauses/der Stadt*" ❶ auch zusammen mit *von*: *außerhalb von Köln*

*ADVERB* **3** nicht in der Stadt selbst, nicht im Stadtgebiet „*Da er weit außerhalb wohnt, braucht er über eine Stunde bis ins Zentrum der Stadt*"

**äu·ßer·lich** *ADJEKTIV* **1** das Wahrnehmbare oder Sichtbare betreffend „*Äußerlich wirkte er* *ganz ruhig, aber innerlich erregte er sich sehr"* **2** die Oberfläche des Körpers betreffend *„ein Medikament zur äußerlichen Anwendung"*

die **Äu·ßer·lich·keit** (-, *-en*); *meist Plural* **1** die Form oder Art, durch die man (mit Kleidung und Benehmen) auf andere Leute wirkt *„auf Äußerlichkeiten Wert legen"* **2** unwichtige Details einer Sache

**äu·ßern★** (*äußerte, hat geäußert*) **1** **etwas äußern** etwas mündlich oder schriftlich zum Ausdruck bringen ⟨*eine Ansicht, eine Meinung, einen Verdacht, eine Vermutung, Unzufriedenheit äußern*⟩ ≈ mitteilen *„Der Minister äußerte, er wolle noch im selben Jahr seinem Kollegen einen Besuch abstatten"* **2** **sich zu etwas äußern** (mündlich oder schriftlich) eine offizielle Stellungnahme zu einem Problem abgeben *„Der Regierungssprecher wollte sich zu den Fragen nicht äußern"* **3** **sich (über jemanden/etwas) äußern** die eigene Meinung über eine Person oder Sache sagen *„Der Abgeordnete äußerte sich kritisch über die Umweltpolitik der Regierung"* **4** **etwas äußert sich irgendwie/in etwas** (*Dativ*) etwas wird irgendwie/in Form einer Sache nach außen sichtbar oder erkennbar *„Seine Nervosität äußert sich in seinem unruhigen Verhalten"*

**au·ßer·or·dent·lich★** ADJEKTIV **1** über dem Durchschnitt ⟨*eine Begabung, eine Energie, eine Leistung, ein Mensch*⟩ ≈ überdurchschnittlich **2** *meist attributiv* vom Gewohnten, von der normalen Ordnung abweichend ⟨*eine Begebenheit, eine Sitzung, eine Vollmacht*⟩ **3** verwendet, um Adjektive, Adverbien oder Verben zu verstärken ≈ sehr *„außerordentlich begabt sein"*

**äu·ßerst★** ADJEKTIV **1** im höchsten Maße ≈ extrem *„mit äußerster Vorsicht vorgehen"* **2** *meist attributiv* am weitesten entfernt ⟨*am äußersten Ende, Rand*⟩ *„im äußersten Süden Italiens"* **3** *meist attributiv* in höchstem Maße ungünstig ⟨*im äußersten Fall*⟩ ≈ schlimmst-

**au·ßer·stan·de**, **au·ßer Stan·de** ADJEKTIV *meist prädikativ; geschrieben* nicht in der Lage, nicht fähig (etwas zu tun) ⟨*außerstande sein zu +Infinitiv; sich außerstande fühlen/sehen zu +Infinitiv*⟩ *„Ich sah mich außerstande, den Termin einzuhalten"*

das **Äu·ßers·te** (*-n*) **1** das, was gerade noch möglich ist ⟨*es bis zum Äußersten treiben*⟩ **2** das Schlimmste, das man sich vorstellen kann ⟨*auf das/aufs Äußerste gefasst sein; es nicht zum Äußersten kommen lassen*⟩

die **Äu·ße·rung★** (-, *-en*) das, was jemand zu einem Thema (als persönliche Meinung) sagt oder schreibt ≈ Bemerkung *„Er bereut seine unbedachte Äußerung"* | *„sich jeder Äußerung enthalten"* **K** Meinungsäußerung

**aus·set·zen★** (*hat*) **1** **jemanden aussetzen** ein Kind oder ein Haustier irgendwohin bringen und dort zurücklassen, ohne sich weiter darum zu kümmern ⟨*ein Baby, eine Katze, einen Hund aussetzen*⟩ **2** **jemanden/etwas einer Sache** (*Dativ*) **aussetzen** verursachen, dass jemand, man selbst, ein Tier oder eine Sache in Berührung mit einem negativen Einfluss oder einer unangenehmen Sache kommt *„die Haut der Sonne aussetzen"* | *„Wir sind ständig radioaktiver Strahlung ausgesetzt"* ⓘ oft im Passiv mit dem Hilfsverb *sein* **3** **etwas (für etwas) aussetzen** eine Belohnung für etwas versprechen *„tausend Euro für Hinweise auf den Täter aussetzen"* **4** **etwas aussetzen** etwas für kurze Zeit unterbrechen ⟨*eine Gerichtsverhandlung, einen Streik aussetzen*⟩ **5** **(et)was/nichts (an jemandem/etwas) auszusetzen haben/finden** jemanden/etwas kritisieren/nicht kritisieren *„Er ist nie zufrieden, er hat an allem etwas auszusetzen"* **6** **(an jemandem/etwas) ist (et)was/nichts auszusetzen**; **(an jemandem/etwas) gibt es (et)was/nichts auszusetzen** es gibt etwas/nichts zu kritisieren *„An deinen Kochkünsten gibt es nichts auszusetzen"* **7** **(etwas/mit etwas) aussetzen** eine Pause machen, für kurze Zeit nicht weitermachen *„beim Würfelspiel (eine Runde) aussetzen müssen"* **8** **etwas setzt aus** etwas funktioniert plötzlich nicht mehr ⟨*ein Motor, jemandes Herz*⟩ • *zu* (1,3,4) **Aus·set·zung** *die*

die **Aus·sicht★** (-, *-en*) **1** **Aussicht (auf etwas** (*Akkusativ*)) *nur Singular* der freie Blick auf die Umgebung ⟨*gute, eine herrliche Aussicht* (*auf das Meer, auf die Berge*) *haben*⟩ ≈ Ausblick **K** Aussichtspunkt, Aussichtsturm **2** **Aussicht (auf etwas** (*Akkusativ*)) *oft Plural* die berechtigte Erwartung, dass etwas geschehen wird ⟨(*keine*) *Aussicht(en) auf Erfolg haben*⟩ ≈ Hoffnung *„Wie stehen deine Aussichten, eine Anstellung zu bekommen?"*

**aus·sichts·los** ADJEKTIV ohne Hoffnung auf Erfolg *„Es ist völlig aussichtslos, hier nach Gold zu suchen"*

der **Aus·sied·ler** (*-s, -*); Ⓓ eine Person deutscher Herkunft, die aus einem osteuropäischen Land nach Deutschland kommt, um dort zu leben • *hierzu* **Aus·sied·le·rin** *die*

**aus·söh·nen** (*söhnte sich aus, hat sich ausgesöhnt*) **eine Person söhnt sich mit jemandem aus; Personen söhnen sich aus** *geschrieben* zwei oder mehrere Personen bauen (nach einem Streit) wieder eine gute Beziehung auf *„Jahrelang gingen sie sich aus dem Weg, jetzt haben sie sich wieder ausgesöhnt"* • *hierzu* **Aus·söh·nung** *die*

**aus·son·dern** (*sonderte aus, hat ausgesondert*) **Personen/Dinge aussondern** einzelne Personen oder Dinge wegen ihrer Eigenschaften aus einer Menge herausnehmen *„die wertvollsten Exemplare aussondern"* • *hierzu* **Aus·son·de·rung** *die*

**aus·sor·tie·ren** (*sortierte aus, hat aussortiert*) **Dinge aussortieren** ≈ aussondern • *hierzu* **Aus·sor·tie·rung** *die*

**aus·span·nen** (*hat*) **1** **(sich) ausspannen** für eine kurze Zeit nicht arbeiten, um sich zu erholen *„Es ist höchste Zeit, wieder einmal richtig auszuspannen"* **2** **jemandem eine Person ausspannen** *gesprochen* jemandem den Freund/die Freundin wegnehmen

**aus·spa·ren** (*hat*) **etwas aussparen** eine Stelle in einem Raum oder von einer Fläche für jemanden/etwas frei lassen *„im Zimmer eine Ecke für die Stereoanlage aussparen"* • *hierzu* **Aus·spa·rung** *die*

**aus·spie·len** (*hat*) **1** **(etwas) ausspielen** eine Spielkarte (offen) auf den Tisch legen *„den Herzkönig ausspielen"* **2** **etwas wird ausgespielt** eine festgesetzte Geldsumme wird bei einer Lotterie als Gewinn ausgegeben **3** **jemanden ausspielen** mit dem Ball am Gegner vorbeikommen *„den Verteidiger geschickt ausspielen"* **4** **eine Person gegen jemanden ausspielen; Personen gegeneinander ausspielen** *gesprochen* eine Person benutzen, um sich mit deren Hilfe einen Vorteil gegenüber einer anderen Person zu verschaffen *„Unsere Tochter spielt uns immer gegeneinander aus"* • *zu* (2) **Aus·spie·lung** *die*

die **Aus·spra·che** ★ **1** *nur Singular* die Art, wie jemand einen Laut/mehrere Laute mit dem Mund produziert, artikuliert ⟨*eine korrekte, undeutliche Aussprache haben*⟩ **2** *nur Singular* die Art, wie eine Sprache gesprochen wird *„Im Englischen kann man nicht immer eindeutig von der Schreibung auf die Aussprache schließen"* **3** ein offenes Gespräch, in dem ein Problem geklärt wird ⟨*eine offene, vertrauliche Aussprache mit jemandem haben*⟩

**aus·spre·chen** ★ (*hat*) **1** **etwas aussprechen** eine Folge von Lauten mit dem Mund produzieren *„den Namen laut und deutlich aussprechen"* | *„Wie spricht man dieses Wort aus?"* **2** **etwas aussprechen** etwas mündlich oder schriftlich mitteilen oder ausdrücken ⟨*einen Wunsch, das Bedauern, eine Kritik (offen) aussprechen*⟩ **3** zu Ende sprechen *„Lass mich bitte aussprechen!"* **4** **sich für/gegen jemanden/etwas aussprechen** *geschrieben* einer Person oder einem Vorschlag zustimmen bzw. eine Person oder einen Vorschlag ablehnen *„Die Mehrheit sprach sich für den Streik aus"* **5** **eine Person spricht sich mit jemandem aus; Personen sprechen sich aus** Personen klären (nach einem Streit) im Gespräch ihre unterschiedlichen Ansichten und Meinungen

der **Aus·spruch** eine bemerkenswerte Äußerung einer bekannten Persönlichkeit

**aus·stat·ten** ★ (*stattete aus, hat ausgestattet*) **1** **jemanden mit etwas ausstatten** jemandem etwas für einen Zweck geben oder mitgeben *„jemanden mit warmer Kleidung ausstatten"* **2** **etwas mit etwas ausstatten** Dinge hinzufügen, die sinnvoll und nützlich sind *„Das Auto ist mit vier Airbags ausgestattet"*

die **Aus·stat·tung** ★ (-, -*en*); *meist Singular* **1** die Einrichtung (vor allem die Möbel) in einer Wohnung **2** die Instrumente oder Geräte, die in einem Gebäude oder in einem Fahrzeug vorhanden sind *„die Ausstattung einer Klinik"*

**aus·ste·chen** (*hat*) **1** **jemanden (in etwas (*Dativ*)) ausstechen** besser sein als eine andere Person und diese von ihrem Platz verdrängen ⟨*jemanden in der Gunst der anderen ausstechen*⟩ *„Er stach im Hochsprung seine Konkurrenten klar aus"* **2** **(etwas) ausstechen** etwas mit Formen aus einem ausgerollten Teig schneiden ⟨*Plätzchen ausstechen*⟩ *„Ich rolle den Teig aus und du stichst aus"*

**aus·ste·hen** (*hat*) **1** **etwas ausstehen** etwas Unangenehmes erdulden müssen ⟨*starke Schmerzen, große Angst ausstehen*⟩ **2** **jemanden/etwas nicht ausstehen können** *gesprochen* jemanden/etwas für unsympathisch halten oder nicht leiden können *„Ich kann es einfach nicht ausstehen, wenn man mich wie ein Kind behandelt"* **3** **etwas steht noch aus** etwas fehlt noch, etwas ist noch nicht ganz fertig ⟨*eine Antwort, eine Entscheidung*⟩

**aus·stei·gen**★ (*ist*) **1** **(aus etwas) aussteigen** ein Fahrzeug verlassen ⟨*aus dem Auto, Bus, Flugzeug, Zug aussteigen*⟩ ↔ einsteigen **2** **(aus etwas) aussteigen** *gesprochen* aufhören, bei einem Projekt oder in einem Geschäft mitzuarbeiten *„Er stieg (aus dem Unternehmen) aus, weil man ihm zu wenig bezahlte"* • *zu* (2) **Aus·stei·ger** *der*; *zu* (2) **Aus·stei·ge·rin** *die*

**aus·stel·len**★ (*hat*) **1** **(etwas) ausstellen** Gegenstände in der Öffentlichkeit, im Schaufenster oder in einer Ausstellung präsentieren ⟨*Handarbeiten, Kunstwerke ausstellen*⟩ **2** **(jemandem) etwas ausstellen** ein Dokument für eine Person schreiben und es ihr geben ⟨*jemandem einen Pass, eine Bescheinigung, ein Zeugnis ausstellen*⟩ *„Der Arzt stellte ihr ein Attest aus"* • *hierzu* **Aus·stel·ler** *der*; **Aus·stel·le·rin** *die*

die **Aus·stel·lung**★ **1** eine Veranstaltung, bei der interessante, sehenswerte oder neue Objekte dem Publikum gezeigt werden *„eine Ausstellung antiker Möbel"* **K** Ausstellungskatalog; Kunstausstellung **2** *nur Singular* das Ausstellen und Verfassen ⟨*die Ausstellung eines Dokuments, Gutachtens*⟩ **K** Ausstellungsdatum

**aus·ster·ben** (*ist*) **etwas stirbt aus** eine Tierart oder Pflanzenart hört auf zu existieren *„Wale sind vom Aussterben bedroht"*

der **Aus·stieg** (-(e)s, -e); *meist Singular* **1** **der Ausstieg (aus etwas)** das Aussteigen aus einem (geschlossenen) Fahrzeug *„der Ausstieg eines Astronauten aus dem Spacelab"* **2** **der Ausstieg (aus etwas)** das Aussteigen ⟨*der Ausstieg aus einem Projekt*⟩ *„der Ausstieg aus der Kernenergie"* **3** die Stelle, an der man aus einem Fahrzeug steigt

**aus·stop·fen** (*hat*) **1** **etwas (mit etwas) ausstopfen** etwas Leeres oder Hohles vollständig mit etwas füllen *„ein Kissen mit Schaumstoff ausstopfen"* **2** **ein Tier ausstopfen** ein totes Tier mit einem besonderen Material füllen, um dessen natürliche Form zu bewahren *„ein ausgestopfter Adler"*

der **Aus·stoß** *meist Singular* **1** die gesamte Produktion einer Fabrik oder einer Maschine *„einen jährlichen Ausstoß von 1000 Autos haben"* **2** die Abgase von Motoren oder Fabriken ≈ Emission *„den Ausstoß von Schadstoffen verringern"*

**aus·sto·ßen**★ (*hat*) **1** **jemanden (aus etwas) ausstoßen** einer Person, die unerwünscht ist, verbieten, weiterhin in einer Gemeinschaft zu bleiben ≈ ausschließen **2** **etwas ausstoßen** plötzlich die genannten Laute von sich geben ⟨*einen Fluch, einen Seufzer, einen Schrei ausstoßen*⟩ **3** **etwas stößt etwas aus** etwas bläst etwas mit Druck hinaus ⟨*etwas stößt Dampf, Gase, Rauchwolken aus*⟩

**aus·strah·len** (*hat*) **1** **etwas strahlt etwas aus** eine Rundfunk- oder Fernsehstation überträgt oder sendet ein Programm *„Das Fußballspiel wird live ausgestrahlt"* **2** **etwas ausstrahlen** einen Eindruck oder eine Wirkung verbreiten/von sich ausgehen lassen ⟨*Freude, Ruhe, Sicherheit ausstrahlen*⟩ *„Birgit strahlte Heiterkeit aus"* | *„Der Ofen strahlt Hitze aus"* **3** **etwas strahlt von irgendwo irgendwohin aus** etwas verbreitet die Wirkung von einer Stelle aus an andere Stellen ⟨*Schmerzen*⟩

die **Aus·strah·lung** **1** die Übertragung ⟨*die Ausstrahlung einer Fernsehsendung*⟩ **2** *nur Singular* die Wirkung einer Person aufgrund ihrer Persönlichkeit ⟨*Ausstrahlung haben*⟩ ≈ Charme

**aus·stre·cken**★ (*hat*) **etwas ausstrecken** einen Teil des Körpers in die Länge dehnen ⟨*die Arme, die Beine ausstrecken*⟩ *„Die Schnecke streckte ihre Fühler aus"*

**aus·strö·men** **1** **etwas strömt etwas aus** *geschrieben* (*hat*) etwas verbreitet etwas um sich herum ⟨*etwas strömt Behaglichkeit, einen Geruch, Hitze, Wärme aus*⟩ *„Die Blüte strömt einen zarten Duft aus"* **2** **etwas strömt (aus etwas) aus** (*ist*) Gas oder Flüssigkeit strömt aus einem Behälter oder einer Leitung

**aus·su·chen**★ (*hat*) **(eine Person/eine Sache (für jemanden/etwas)) aussuchen**; **((jemandem) eine Person/eine Sache) aussuchen** beschließen, eine von den vorhandenen Personen oder Sachen wegen ihrer Eigenschaften für einen Zweck zu wählen und zu nehmen ≈ auswählen *„Er musste für die Hochzeit ein passendes Geschenk aussuchen"* | *„Jasmin durfte sich eine Puppe aussuchen"*

der **Aus·tausch**★ *nur Singular* **1** das gegenseitige Geben und Bekommen von Waren *„technische Geräte im Austausch gegen Rohstoffe erhalten"* **K** Warenaustausch **2** das Ersetzen eines meist kaputten Teils einer Maschine durch ein neues Teil *„der Austausch eines schadhaften Motors"* **K** Austauschmotor **3** das Ersetzen eines Spielers durch einen anderen Spieler (im Fußball usw.) **4** das gegenseitige Mitteilen von Meinungen, Gedanken o. Ä. **K** Meinungsaustausch **5** bei einem Austausch wird eine Person irgendwohin geschickt (und von dort wird dafür eine andere Person aufgenommen) ⟨*der Austausch von Botschaftern, Studenten*⟩ *„einen Spion im Austausch gegen einen anderen freilassen"* **K** Austauschschüler; Schüleraustausch

**aus·tau·schen** (*hat*) **1** **etwas (gegen/für etwas) austauschen** einer anderen Person Waren oder Produkte geben und von ihr dafür andere Dinge bekommen *„Rohstoffe gegen Maschinen austauschen"* **2** **etwas austauschen** ein kaputtes Teil einer Maschine durch ein neues Teil ersetzen ⟨*einen Motor austauschen*⟩ **3** **jemanden austauschen** einen Spieler (bei einem Wettkampf) durch einen anderen Spieler ersetzen **4** **eine Person tauscht etwas/sich mit jemandem aus**; **Personen tauschen etwas/sich aus** Personen teilen sich gegenseitig ihre Gedanken, Erfahrungen, Meinungen mit *„Urlaubserinnerungen mit den Freunden austauschen"* • zu (2) **aus·tausch·bar** ADJEKTIV

**aus·tei·len** (*hat*) **(jemandem/an jemanden) Dinge austeilen** von einer vorhandenen Menge jedem Einzelnen einen Teil geben ⟨*Geschenke, Lebensmittel, Komplimente austeilen*⟩ *„den Kindern das Essen austeilen"*

die **Aus·ter** (-, -*n*) ein Meerestier (eine Muschel), das von zwei flachen Schalen umgeben ist, oft roh gegessen wird und das eine Perle hervorbringen kann ⟨*eine Auster aufbrechen, ausschlürfen*⟩ **K** Austernfischerei, Austernzucht

**aus·ti·cken** (*ist*); *gesprochen* einen Wutanfall bekommen ≈ ausrasten

**aus·to·ben** (*hat*) **sich austoben** durch Spiel, Sport o. Ä. die überschüssige Energie loswerden

**aus·tra·gen** (*hat*) **1** **Dinge austragen** Waren oder Sendungen an eine meist ziemlich große Zahl von Personen liefern ⟨*Zeitungen, die Post austragen*⟩ **2** **etwas austragen** einen Konflikt zu Ende oder zur Entscheidung bringen ⟨*einen Kampf, ein Duell austragen*⟩ *„Tragt eure Streitigkeiten unter euch aus!"* **3** **etwas austragen** etwas organisieren und durchführen ⟨*die Olympischen Spiele, einen Wettkampf austragen*⟩

die **Aus·tra·gung** (-, -*en*) **1** das Austragen eines Konflikts, bis eine Entscheidung herbeigeführt ist **2** die Organisation und Durchführung von Wettbewerben *„die Austragung der Olympischen Spiele"* **K** Austragungsort

(das) **Aus·tra·li·en★** [-i̯ən]; (-s) der kleinste Kontinent der Erde • *hierzu* **Aus·tra·li·er** *der*; **Aus·tra·li·e·rin** *die*; **aus·tra·lisch** ADJEKTIV

**aus·trei·ben** (*hat*) **jemandem etwas austreiben** durch energisches Verhalten erreichen, dass jemand eine meist schlechte Gewohnheit oder Eigenschaft nicht mehr hat ⟨*jemandem das Lügen, seine Überheblichkeit austreiben*⟩ • *hierzu* **Aus·trei·bung** *die*

**aus·tre·ten** **1** **(aus etwas) austreten** (*ist*) eine Organisation verlassen ⟨*aus der Kirche, einem Verein, einer Partei austreten*⟩ ↔ in etwas eintreten **2** **etwas tritt (aus etwas) aus** (*ist*) etwas kommt aus der Erde oder aus einem Behälter heraus ⟨*Gas, Wasser*⟩ *„Aus dem Tank traten gefährliche Dämpfe aus"* **3** **etwas austreten** (*hat*) etwas mit dem Fuß löschen ⟨*das Feuer, einen Funken, eine Zigarette austreten*⟩

**aus·trick·sen** (*hat*) **jemanden austricksen** den Gegner mit einem Trick täuschen ⟨*den Verteidiger austricksen*⟩

**aus·trin·ken** (*hat*) **1** **(etwas) austrinken** ein Glas, eine Tasse o. Ä. durch Trinken leeren **2** **(etwas) austrinken** eine Flüssigkeit in einem Glas o. Ä. ganz trinken

der **Aus·tritt** **1** *meist Singular* der Vorgang, wenn Gase oder Flüssigkeiten (von selbst, durch eine Panne o. Ä.) nach außen kommen **2** die Beendigung der Mitgliedschaft in einer Organisation ↔ Beitritt *„Er gab seinen Austritt aus der Partei bekannt"* **K** Austrittserklärung

**aus·trock·nen** **etwas trocknet aus** (*ist*) etwas wird sehr trocken ⟨*der Boden, das Feld, ein Brunnen, ein Teich*⟩ • *hierzu* **Aus·trock·nung** *die*

**aus·üben★** (*hat*) **1** **etwas ausüben** in einem Handwerk, Gewerbe, Beruf o. Ä. tätig sein ⟨*einen Beruf, eine Tätigkeit ausüben*⟩ *„den Beruf eines Schreiners ausüben"* **2** **etwas ausüben** etwas besitzen und davon Gebrauch machen ⟨*Macht, Herrschaft ausüben*⟩ **3** **etwas (auf jemanden/etwas) ausüben** eine Wirkung (auf eine Person oder etwas) haben ⟨*Druck, einen Einfluss, einen Reiz, eine Wirkung ausüben*⟩ • *hierzu* **Aus·übung** *die*

der **Aus·ver·kauf** der vollständige Verkauf aller Waren zu sehr niedrigen Preisen ⟨*etwas im Ausverkauf kaufen*⟩ **K** Ausverkaufspreise; Totalausverkauf

**aus·ver·kauft★** ADJEKTIV **1** restlos verkauft ⟨*Waren*⟩ **2** so, dass alle Eintrittskarten dafür verkauft wurden ⟨*ein Konzert, eine Kinovor-*

*stellung*⟩

die **Aus·wahl★** *nur Singular* [1] das Aussuchen aus einer Menge von Personen oder Dingen ⟨*freie Auswahl haben*⟩ [2] **eine Auswahl (an Dingen** (*Dativ*)**)** die Menge, aus der ausgewählt werden kann *„Zum Frühstück gab es eine große Auswahl an Wurst und Käse"* [3] eine Anzahl von Dingen, die zu einem Zweck zusammengestellt sind *„Ich habe uns eine kleine Auswahl von Reiseprospekten besorgt"* [4] **eine Auswahl treffen** meist mehrere Dinge/Personen aus einer Menge aussuchen [5] **Dinge stehen zur Auswahl** Dinge sind als Menge, aus der man wählen kann, vorhanden

**aus·wäh·len★** (*hat*) **(eine Person/Sache (für jemanden/etwas)) auswählen**; **((jemandem) eine Person/Sache) auswählen** eine Person oder Sache (nach festgelegten Kriterien) aus einer vorhandenen Menge nehmen ≈ aussuchen *„Wähl dir aus dem Angebot etwas Passendes aus"* | *„Sie wurde für den Wettkampf ausgewählt"*

der **Aus·wan·de·rer** eine Person, die ihr Heimatland verlässt oder verlassen hat, um in einem anderen Land zu leben

**aus·wan·dern★** (*ist*) das Heimatland verlassen, um in einem anderen Land zu leben • *hierzu* **Aus·wan·de·rung** *die*

**aus·wär·tig** *ADJEKTIV meist attributiv* [1] aus einem anderen Ort [2] außerhalb des eigenen Wohnorts [3] die Beziehungen zum Ausland betreffend [4] **das Auswärtige Amt** Ⓐ Ⓓ das Außenministerium

**aus·wärts★** *ADVERB* [1] nicht in dem Ort, in dem man wohnt ⟨*auswärts arbeiten*⟩ [2] **von auswärts** von einem anderen Ort *„Er kommt von auswärts"* [3] am Ort des Gegners *„Nächste Woche spielt Bayern München auswärts gegen Hamburg"* [K] Auswärtsspiel

**aus·wech·seln** (*hat*) [1] **etwas auswechseln** ein meist kaputtes oder abgenutztes Teil durch ein neues ersetzen ⟨*eine Glühbirne, Kugelschreibermine auswechseln*⟩ [2] **(jemanden) auswechseln** einen Spieler durch einen anderen Spieler ersetzen ≈ austauschen *„Der Mittelstürmer musste wegen einer Verletzung ausgewechselt werden"* [K] Auswechselspieler • *hierzu* **Aus·wechs·lung** *die*; *zu* (1) **aus·wech·sel·bar** *ADJEKTIV*

der **Aus·weg** eine Möglichkeit, aus einer schwierigen, oft hoffnungslosen Situation herauszukommen ⟨*nach einem Ausweg suchen; keinen Ausweg mehr wissen*⟩

**aus·weg·los** *ADJEKTIV* so, dass man es nicht ändern/bessern kann ≈ hoffnungslos *„Die Lage ist fast ausweglos"*

**aus·wei·chen** (*wich aus, ist ausgewichen*) [1] **(jemandem/etwas) ausweichen** um jemanden/etwas herumgehen, -fahren oder zur Seite treten, um nicht getroffen zu werden oder um einen Zusammenstoß zu vermeiden ⟨*einem Hieb, einem Hindernis, einem Schlag ausweichen*⟩ *„Durch einen Sprung auf die Seite konnte er dem Auto gerade noch ausweichen"* [2] **(jemandem/etwas) ausweichen** versuchen, den Kontakt mit jemandem, eine unangenehme Situation oder die Beantwortung einer Frage zu vermeiden ⟨*jemandes Fragen, einer Entscheidung, einem Gespräch ausweichen*⟩ *„Seit unserem letzten Streit weicht er mir ständig aus"*

**aus·wei·chend** *ADJEKTIV* absichtlich ungenau ⟨*eine Antwort*⟩

**aus·wei·nen** (*hat*) **sich (bei jemandem) ausweinen** einer anderen Person von dem eigenen Kummer und den eigenen Sorgen erzählen

der **Aus·weis★** (*-es, -e*) ein Dokument, das von einer Institution ausgestellt ist und das angibt, welche Person der Inhaber ist, wo sie Mitglied ist oder wozu sie berechtigt ist ⟨*ein (un)gültiger Ausweis; einen Ausweis beantragen, ausstellen, vorzeigen; die Ausweise kontrollieren*⟩ [K] Ausweiskontrolle; Behindertenausweis, Bibliotheksausweis, Studentenausweis ❶ → auch **Personalausweis**

**aus·wei·sen★** (*hat*) [1] **jemanden (aus einem Land) ausweisen** (als Behörde) eine Person, die nicht erwünscht ist, offiziell auffordern, das Land sofort zu verlassen ⟨*Diplomaten, Reporter, Ausländer ausweisen*⟩ [2] **etwas ausweisen** etwas durch eine Rechnung, Liste oder Statistik deutlich machen oder belegen ⟨*Gewinne, Verluste, Ausgaben ausweisen*⟩ [3] **etwas (als etwas) ausweisen** durch eine Planung einen Zweck oder eine Nutzung festlegen *„Dieses Grundstück ist als Baugebiet ausgewiesen"* [4] **etwas weist jemanden als etwas aus** etwas zeigt, dass eine Person etwas ist oder die genannte Funktion hat *„Dieser Film weist ihn als begabten Regisseur aus"* [5] **sich (als etwas) ausweisen** mit dem Pass/Ausweis beweisen, wer man ist ⟨*sich als Journalist, Reporter ausweisen*⟩ • *zu* (1 – 3) **Aus·wei·sung** *die*

**aus·wei·ten** (*hat*) [1] **etwas ausweiten**

≈ ausdehnen **2** **etwas weitet sich aus** ≈ ausbreiten

**aus·wen·dig** *ADVERB* ohne einen Text als Vorlage zu haben, aus/nach dem Gedächtnis ⟨*ein Gedicht, Lied auswendig vortragen*⟩ *„Ich kann das Referat schon auswendig"*

**aus·wer·ten** (*hat*) **etwas auswerten** den Inhalt einer Sache prüfen und analysieren, um daraus Schlüsse ziehen zu können • *hierzu* **Aus·wer·tung** *die*; **aus·wert·bar** *ADJEKTIV*

**aus·wir·ken** (*hat*) **etwas wirkt sich (irgendwie) (auf jemanden/etwas) aus** etwas hat eine Wirkung auf eine Person oder Sache *„Das kalte Wetter wird sich negativ auf die Ernte auswirken"*

die **Aus·wir·kung★** **eine Auswirkung (auf jemanden/etwas)** die meist negativen Folgen, die etwas für jemanden/etwas hat *„Die Auswirkungen des Krieges auf die Bevölkerung waren verheerend"*

**aus·wi·schen** (*hat*) **1** **etwas auswischen** etwas durch Wischen (innen) sauber machen ⟨*ein Glas, einen Schrank, die Küche auswischen*⟩ **2** **jemandem eins auswischen** *gesprochen* (aus Rache oder als Strafe) etwas tun, das eine andere Person ärgert oder ihr schadet *„Ihr werde ich schon noch eins auswischen"*

**aus·wrin·gen** (*hat*) **etwas auswringen** etwas (z. B. ein nasses Tuch oder nasse Wäsche) so stark drehen und pressen, dass das Wasser heraustropft *„einen nassen Lappen auswringen"*

**aus·zah·len** (*hat*) **1** **(jemandem) etwas auszahlen** einen Geldbetrag an jemanden zahlen ⟨*den Lohn, den Gewinn, das Erbe, Prämien auszahlen*⟩ **2** **jemanden auszahlen** einer Person die Geldsumme zahlen, auf die sie Anspruch hat ⟨*einen Miterben, einen Teilhaber auszahlen*⟩ **3** **etwas zahlt sich aus** etwas ist nützlich, etwas lohnt sich oder bringt Gewinn ein ⟨*der Aufwand, die Bemühungen, die Investitionen*⟩ • *zu* (1,2) **Aus·zah·lung** *die*

**aus·zäh·len** (*hat*) **1** **Dinge auszählen** die Anzahl der Dinge einer Menge (durch Zählen) genau bestimmen *„nach der Wahl die abgegebenen Stimmen auszählen"* **2** **jemanden auszählen** (als Schiedsrichter beim Boxen) durch Zählen von 1 bis 10 bestimmen, dass ein kampfunfähiger Boxer verloren hat • *zu* (1) **Aus·zäh·lung** *die*

**aus·zeich·nen** (*hat*) **1** **etwas auszeichnen** Waren mit der Angabe des Preises versehen *„die im Schaufenster ausgestellten Kleider auszeichnen"* **2** **jemanden/etwas (mit etwas) auszeichnen** jemanden/etwas (mit einem Preis o. Ä.) als besonders gut anerkennen *„einen Film mit der Goldenen Palme von Cannes auszeichnen"* **3** **etwas zeichnet jemanden/etwas aus** etwas ist (im positiven Sinn) typisch oder charakteristisch für jemanden/etwas *„Hohe Leitfähigkeit zeichnet dieses Metall aus"* ❶ kein Passiv

die **Aus·zeich·nung★** **1** ein Preis oder Orden, mit dem man eine Person für ihre Verdienste auszeichnet und lobt ⟨*jemandem eine Auszeichnung verleihen*⟩ **2** eine besondere Ehrung *„Die Wahl zum Vorsitzenden war für ihn eine besondere Auszeichnung"*

**aus·zie·hen★** **1** **(jemandem) etwas ausziehen** (*hat*) einer anderen Person oder sich selbst ein Kleidungsstück vom Körper nehmen ↔ anziehen *„Zieh dir bitte die Schuhe aus!"* **2** **jemanden ausziehen** (*hat*) jemandem oder sich selbst (alle) Kleidungsstücke vom Körper nehmen ⟨*sich nackt ausziehen*⟩ ↔ anziehen **3** **etwas ausziehen** (*hat*) einen Gegenstand dadurch länger, breiter oder größer machen, dass man ineinandergeschobene Teile auseinanderzieht ⟨*eine Antenne, den Tisch, die Couch ausziehen*⟩ **K** Ausziehtisch **4** **(aus etwas) ausziehen** (*ist*) (mit allen Möbeln usw.) eine Wohnung für immer verlassen ↔ einziehen *„Familie Schmidt ist gestern ausgezogen"* **5** **Personen ziehen aus etwas aus** (*ist*) Personen verlassen einen Ort in einer Gruppe gemeinsam *„Die Hochzeitsgesellschaft zog feierlich aus der Kirche aus"* • *zu* (3) **aus·zieh·bar** *ADJEKTIV*

der/die **Aus·zu·bil·den·de★** (*-n, -n*); *admin* ein Jugendlicher/eine Jugendliche, der/die in einem Betrieb oder einer Behörde einen Beruf erlernt ≈ Lehrling ❶ *ein Auszubildender; der Auszubildende; den, dem, des Auszubildenden*

der **Aus·zug** **1** *meist Singular* das Ausziehen aus einer Wohnung ↔ Einzug *„jemandem beim Auszug helfen"* **2** eine schriftliche Mitteilung über einen begrenzten Teil von Daten *„in der Sparkasse nach Auszügen fragen"* **K** Kontoauszug

**au·then·tisch** [-t-] *ADJEKTIV* (garantiert) in der richtigen, ursprünglichen Form, nicht verändert ⟨*ein Kunstwerk, ein Bericht, ein Text*⟩ • *hierzu* **Au·then·ti·zi·tät** *die*

das **Au·to★** (*-s, -s*) ein Fahrzeug mit vier Rädern und Motor *„Bist du zu Fuß oder mit dem Auto *da?"* K Autofahrer, Autopanne, Autounfall; Lastauto, Personenauto; Polizeiauto

die **Au·to·bahn★** eine sehr breite Straße, die aus zwei getrennten Fahrbahnen besteht, keine Kreuzung hat und die nur von Fahrzeugen benutzt werden darf, die mindestens 60 km/h fahren können ⟨*auf der Autobahn fahren*⟩ K Autobahnauffahrt, Autobahnausfahrt

das **Au·to·bahn|drei·eck** eine Stelle, an der zwei Autobahnen in der Form eines „Y" zusammentreffen und man von einer Autobahn zur anderen wechseln kann

das **Au·to·bahn|kreuz** eine Stelle, an der zwei Autobahnen über- und untereinander hinwegführen und an der man von einer Autobahn zur anderen wechseln kann

die **Au·to·bio·gra·fie** eine meist literarische Beschreibung des eigenen Lebens • *hierzu* **au·to·bio·gra·fisch** ADJEKTIV

das **Au·to·gas** ein aus Erdgas hergestellter Treibstoff für Autos ⟨*Autogas tanken; auf Autogas umrüsten*⟩ ≈ Flüssiggas, LPG

**au·to·gen** ADJEKTIV **autogenes Training** Übungen (auf psychotherapeutischer Basis), mit deren Hilfe man sich völlig entspannt

das **Au·to·gramm** (-s, -e) die eigenhändige Unterschrift meist einer bekannten Persönlichkeit *„einen Fußballstar um ein Autogramm bitten"*

der **Au·to·mat★** (-en, -en) ein Apparat, in den man meist Geld einwirft, um Dinge wie Zigaretten, Briefmarken oder Fahrkarten zu bekommen *„sich am Bahnhof ein Getränk aus dem Automaten holen"* K Fahrkartenautomat, Getränkeautomat, Zigarettenautomat

die **Au·to·ma·tik** (-, -en) 1 *meist Singular* eine Automatik regelt und überwacht einen mechanischen Vorgang *„ein Auto mit Automatik"* bei dem man nicht selbst schalten muss 2 *nur Singular* das selbstständige Ablaufen eines einmal in Gang gesetzten Vorgangs

**au·to·ma·tisch★** ADJEKTIV 1 ohne dass ein Mensch die Aktion ausführen oder starten muss ⟨*eine Bremse, eine Kamera, ein Signal, eine Tür*⟩ 2 ohne, dass man sich bewusst darauf konzentrieren muss, wie von selbst erfolgend ⟨*etwas ganz automatisch tun*⟩

der **Au·tor★** (-s, *Au·to·ren*) eine Person, die einen meist literarischen oder wissenschaftlichen Text geschrieben hat K Autorenlesung; Kinderbuchautor, Romanautor • *hierzu* **Au·to·rin** *die*

**au·to·ri·tär** ADJEKTIV 1 ⟨*Erziehung, Eltern*⟩ absoluten Gehorsam verlangend 2 ⟨*ein Regime, ein Staat*⟩ so, dass sie keinen politischen Widerstand dulden ↔ demokratisch *„autoritär regieren"*

die **Au·to·ri·tät★** (-, -en) 1 das große Ansehen oder die Macht, die eine Person oder eine Institution (wegen besonderer Fähigkeiten oder aus Tradition) hat ⟨*elterliche, kirchliche, staatliche Autorität*⟩ *„Die Autorität der Kirche wird von vielen Leuten nicht anerkannt"* K Autoritätsanspruch 2 eine Person, die aufgrund ihrer hervorragenden Leistungen auf einem Gebiet großes Ansehen genießt ⟨*als Autorität auf/in einem Gebiet gelten*⟩

die **Aver·si·on** [avɛr'zi̯oːn]; (-, -en) **eine Aversion (gegen jemanden/etwas)** *geschrieben* eine starke Abneigung, ein Widerwille ⟨*eine Aversion gegen Gewalt haben/hegen*⟩

die **Axt★** (-, *Äx·te*) mit Äxten fällt man Bäume oder hackt man Holz ID **sich benehmen wie die Axt im Walde** *gesprochen* sich wild und ungezügelt benehmen

der **Azu·bi** (-s, -s); *gesprochen* Kurzwort für *Auszubildende* • *hierzu* **Azu·bi** *die*

# B

das **B, b** [beː]; (-, -/*gesprochen auch*-s) der zweite Buchstabe des Alphabets ⟨*ein großes B; ein kleines b*⟩

das **Ba·by★** ['beːbi]; (-s, -s) 1 ein kleines Kind im ersten Lebensjahr ≈ Säugling K Babyflasche, Babynahrung 2 **ein Baby bekommen/erwarten** schwanger sein 3 *gesprochen* ein sehr junges Tier K Löwenbaby

der **Ba·by·sit·ter** ['beːbi-]; (-s, -) eine Person, die (gegen Bezahlung) auf ein Baby oder kleines Kind aufpasst, wenn die Eltern nicht zu Hause sind • *hierzu* **ba·by·sit·ten** (*hat*); **Ba·by·sit·ting** *das*

der **Bach★** (-(e)s, *Bä·che*) ein kleiner Wasserlauf, der nicht die Größe eines Flusses hat ⟨*der Bach rauscht, windet sich/schlängelt sich durch das Tal*⟩ ID **etwas geht den Bach runter** *gesprochen* etwas hat keinen Erfolg oder gerät in einen schlechten Zustand *„Unser Land/Meine Ehe geht den Bach runter"*

der **Ba·che·lor** ['bɛtʃəlɐ]; (-s, -s) ein Abschluss, den man an einer europäischen Hochschule

B

machen kann

(das) **Bạck·bord** die linke Seite eines Schiffes (oder Flugzeuges) ⟨*nach Backbord rudern*⟩ ↔ Steuerbord • *hierzu* **bạck·bord(s)** *ADVERB*

die **Bạ·cke** (-, *-n*) **1** die Backen sind die weichen Teile des Gesichts neben dem Mund ⟨*gerötete, rote, runde, volle Backen haben; eine dicke, geschwollene Backe haben*⟩ ≈ Wange **K** Backenbart, Backenknochen ❶ → Abbildung, S. 294: **Der Körper** **2** *gesprochen* die Backen sind die beiden großen Muskeln, auf die man sich setzt **K** Gesäßbacken **3** Dinge wie Schraubstöcke, Zangen und Bremsen haben Backen, mit denen sie etwas festhalten oder zusammenpressen können **K** Bremsbacken

**bạ·cken★** (*bäckt/backt, backte/veraltet buk, hat gebacken*) **1** **(etwas) backen** einen Teig aus Mehl usw. machen und im Backofen heiß machen ⟨*Brot, Plätzchen, einen Kuchen, Waffeln backen*⟩ *„Die Kinder sangen: „Backe, backe Kuchen, der Bäcker hat gerufen!"* **K** Backrezept, Backzutaten **2** **etwas backen** eine Speise (in einer Pfanne) in heißem Fett zubereiten ≈ braten *„das Omelette auf beiden Seiten zwei Minuten backen"* ❶ Das Wort *braten* ist in dieser Bedeutung häufiger; *backen* wird vor allem verwendet, wenn die Speise paniert ist. **3** **etwas bäckt/backt** etwas wird im Ofen oder in der Pfanne so lange erhitzt, bis es fertig oder gar ist *„Das Brot muss eine Stunde backen"*

der **Bạ·cken·zahn** einer der hinteren Zähne, die zum Zermahlen der Nahrung dienen

der **Bạ̈·cker★** (-s, -) eine Person, die beruflich Brot, Brötchen, Kuchen usw. für den Verkauf herstellt **K** Bäckerladen, Bäckerlehrling, Bäckermeister • *hierzu* **Bạ̈·cke·rin** *die*

die **Bä·cke·r<u>ei</u>★** (-, *-en*) ein Betrieb (mit Laden), in dem Backwaren für den Verkauf hergestellt werden

der **Bạck·ofen★** **1** ein großer Ofen, in dem der Bäcker Brot, Kuchen o. Ä. backt **2** der Teil des Herdes, in dem z. B. Kuchen und Plätzchen gebacken werden

das **Bạck·pul·ver** ein Pulver, das während des Backens geringe Mengen von Gas erzeugt und so den Teig locker macht

**bạ̈ckt** *Präsens, 3. Person Singular* → backen

das **B<u>a</u>d★** (-(e)s, *Bä·der*) **1** das Waschen des Körpers (meist in einer Wanne) ⟨*sich durch ein Bad erfrischen*⟩ **2** das Wasser, das man in eine Wanne füllt, um (jemanden, sich selbst oder etwas) zu baden ⟨*ein heißes, warmes Bad*⟩ *„Ich lasse mir gerade ein Bad einlaufen"* **3** ein Raum in einer Wohnung mit einer Badewanne oder Dusche *„eine Wohnung mit zwei Zimmern, Küche und Bad"* **K** Badezimmer **4** ein Gelände oder Gebäude, wo man (meist nachdem man Eintritt bezahlt hat) baden kann **K** Schwimmbad, Freibad, Hallenbad **5** *nur Singular* der Aufenthalt im Wasser zum Vergnügen oder Schwimmen *„Ein Bad in diesem Fluss ist gefährlich"* **6** ein Ort, in dem viele Menschen mit Wasser medizinisch behandelt werden **K** Heilbad, Kurbad ❶ oft als Teil von Ortsnamen: *Bad Wörishofen* **7** **ein Bad nehmen** sich in Wasser (meist in einer Wanne) tauchen, um sich zu waschen

der **B<u>a</u>·de·an·zug★** ein einteiliges Kleidungsstück, das Mädchen und Frauen zum Schwimmen tragen

die **B<u>a</u>·de·ho·se** eine kurze Hose, die Jungen und Männer zum Schwimmen tragen

der **B<u>a</u>·de·meis·ter** jemand, dessen Beruf es ist, in einem Schwimmbad oder an einem Badestrand aufzupassen, dass keine Unfälle o. Ä. passieren • *hierzu* **B<u>a</u>·de·meis·te·rin** *die*

**b<u>a</u>·den★** (*badete, hat gebadet*) **1** **jemanden/etwas baden** jemanden, ein Tier oder einen Teil des Körpers in Wasser (in einer Wanne) tauchen, um sie zu waschen, zu erfrischen oder zu heilen ⟨*ein Baby, einen Patienten, eine Wunde baden*⟩ **2** den eigenen Körper baden ⟨*kalt, warm, heiß baden*⟩ **3** in einem Fluss, See, Schwimmbad usw. (zum Vergnügen) schwimmen ⟨*baden gehen*⟩ *„Sie badet am liebsten im Meer"* **ID** **(bei/mit etwas) baden gehen** *gesprochen* mit einem Plan keinen Erfolg haben

die **B<u>a</u>·de·wan·ne★** eine Wanne, in der man den Körper waschen kann ⟨*in der Badewanne liegen, sitzen*⟩

das **B<u>A</u>föG**, **B<u>a</u>fög**; (-(s)); Ⓓ **1** Abkürzung für *Bundesausbildungsförderungsgesetz*; ein Gesetz, welches die finanzielle Unterstützung von Schülern, Studenten und Lehrlingen durch den Staat regelt **2** *gesprochen* das Geld, das aufgrund des BAföG bezahlt wird ⟨*BAföG beantragen, bekommen*⟩

die **Ba·ga·tẹl·le** (-, *-n*) etwas, das unwichtig ist und das man nicht sehr ernst zu nehmen braucht

der **Bạg·ger** (-s, -) ein Fahrzeug, mit dem auf Baustellen Löcher gegraben und große Mengen von Erde und Steinen bewegt werden

**bag·gern** (*baggerte, hat gebaggert*) **(etwas) baggern** mit einem Bagger ein Loch oder eine Grube machen

das/die **Ba·guette** [ba'gɛt]; (*-s/-, -s/-n*) ein sehr langes, schmales Weißbrot, wie es in Frankreich oft gegessen wird

die **Bahn★** (*-, -en*) AUF SCHIENEN: **1** Kurzwort für *Eisenbahn* ⟨*mit der Bahn fahren, reisen*⟩ **K** Bahnfahrt, Bahnreise **2** *nur Singular* ein Unternehmen, das Personen und Waren mit der Bahn transportiert ⟨*bei der Bahn arbeiten, sein*⟩ *„Die Bahn erhöht ihre Preise"* BEIM SPORT: **3** die Strecke in einem Sportstadion, auf der ein Wettrennen stattfindet **K** Aschenbahn, Sandbahn **4** einer der markierten Streifen einer Strecke, auf denen die Teilnehmer eines Wettbewerbs nebeneinander laufen, schwimmen, fahren *„Der Favorit startet auf Bahn 3"* WEG: **5** der Weg, den ein fliegender oder kreisender Körper zurücklegt *„Der Satellit bewegt sich auf einer kreisförmigen Bahn um die Erde"* **K** Flugbahn SONSTIGE VERWENDUNGEN: **6** ein längliches und schmales Stück, das von Textilien, Tapeten oder Papier abgeschnitten wird **K** Stoffbahn, Tapetenbahn

**bah·nen** (*bahnte, hat gebahnt*) **jemandem einen Weg durch etwas/irgendwohin bahnen** für jemanden oder sich selbst die Voraussetzungen schaffen, durch etwas hindurch/irgendwohin zu gelangen ⟨*sich* (*Dativ*)*/jemandem einen Weg durch das Dickicht, die Menschenmenge, zum Ausgang, ins Freie bahnen*⟩

der **Bahn·hof★** (*-(e)s, Bahn·hö·fe*) **1** eine Stelle, an der Züge halten und Personen ein- und aussteigen oder Dinge ein- und ausgeladen werden ⟨*ein Zug fährt, rollt in den Bahnhof ein; jemanden am/vom Bahnhof abholen; jemanden zum Bahnhof bringen, begleiten; auf dem Bahnhof*⟩ **K** Güterbahnhof **2** ein großes Gebäude auf einem Bahnhof, in dem sich Automaten und Schalter für Fahrkarten, kleine Geschäfte, Toiletten usw. befinden ⟨*im Bahnhof*⟩ **K** Bahnhofshalle, Bahnhofsrestaurant **ID** **Ich verstehe nur Bahnhof** *gesprochen* Ich verstehe nichts

der **Bahn·steig★** (*-(e)s, -e*) die erhöhte Plattform auf einem Bahnhof parallel zu den Gleisen, an denen Züge halten, damit Personen ein- und aussteigen können **K** Bahnsteigkante; Querbahnsteig

der **Bahn|über·gang** die Stelle, an der eine Straße oder ein Weg ein Bahngleis überquert ⟨*ein (un)beschrankter Bahnübergang*⟩

die **Bak·te·rie★** [-ri̯ə]; (*-, -n*); *meist Plural* Lebewesen, die so klein sind, dass man sie nicht sehen kann und von denen einige Arten Krankheiten erregen können ⟨*sich mit Bakterien infizieren*⟩ *„Antibiotika wirken nur gegen Bakterien, nicht gegen Viren"*

die **Ba·lan·ce** [ba'lɑ̃:s(ə)]; (*-*) ⟨*die Balance halten, verlieren*⟩ ≈ Gleichgewicht

**ba·lan·cie·ren** [balɑ̃'si:rən] (*balancierte, hat/ist balanciert*) **(über etwas** (*Akkusativ*)**) balancieren** (*ist*) das Gleichgewicht halten, während man über etwas sehr Schmales geht ⟨*über einen Baumstamm, ein Seil balancieren*⟩

**bald★** *ADVERB* **1** nach relativ kurzer Zeit ⟨*bald danach; bald darauf; so bald wie möglich*⟩ *„Bald ist Weihnachten"* **2** innerhalb einer relativ kurzen Zeit ≈ schnell *„Er hatte den komplizierten Mechanismus bald verstanden"* **ID** **Bis (auf) bald!** *gesprochen* verwendet, um sich von jemandem zu verabschieden; **Wird's bald?** in drohendem Tonfall verwendet, um jemanden zur Eile anzutreiben oder aufzufordern, einem Befehl zu gehorchen

**bal·gen** (*balgte sich, hat sich gebalgt*) **eine Person balgt sich mit jemandem**; **Personen/Tiere balgen sich** zwei oder mehrere Personen oder Tiere raufen oder ringen miteinander (meist aus Übermut oder beim Spielen) *„Die Kinder/Die jungen Hunde balgten sich"*

der **Bal·ken★** (*-s, -*) **1** ein langes, schweres Stück Holz (mit viereckigem Querschnitt), das vor allem beim Bau von Häusern verwendet wird ⟨*ein morscher, ein tragender Balken; etwas mit Balken abstützen*⟩ **K** Dachbalken **2** ein schmaler (farbiger) Streifen vor allem auf Wappen, Flaggen oder Schildern **3** Kurzwort für *Schwebebalken* ⟨*am Balken turnen*⟩

der **Bal·kon★** [bal'kɔŋ, bal'ko:n, bal'kõ:]; (*-s, -s/-e*) eine Plattform (mit einem Geländer oder einer Mauer), die an die Außenwand eines Gebäudes gebaut ist ⟨*auf den Balkon* (*hinaus*)*gehen; sich auf den Balkon setzen*⟩ **K** Balkonpflanze **i** → Abbildung, S. 929: **In der Stadt**

der **Ball★** (*-(e)s, Bäl·le*) ZUM SPIELEN: **1** Bälle sind rund und man spielt damit ⟨(*mit einem*) *Ball spielen; den Ball abspielen, werfen, ins Tor schießen, fangen; jemandem den Ball zuspielen, zuwerfen*⟩ *„Der Ball landete im Tor/im Korb"* **K** Gummiball; Tennisball ZUM TANZEN: **2** eine relativ große, festliche Tanzveranstal-

B

tung ⟨*ein festlicher, glanzvoller Ball; auf einen Ball gehen*⟩ K Ballkleid, Ballsaal; Faschingsball

der **Bal·last**, **Bal·last**; (-(*e*)*s*) 1 eine schwere Last (z. B. Sand, Wasser, Steine), die auf einem Schiff mitgeführt wird, um es im Gleichgewicht zu halten 2 Sand oder Wasser in Säcken, die aus einem Ballon abgeworfen werden, wenn er höher steigen soll ⟨*Ballast abwerfen*⟩ 3 etwas, das einem hinderlich ist ⟨*überflüssigen Ballast abwerfen, mit sich* (*Dativ*) *schleppen*⟩

die **Bal·last·stof·fe** *Plural* Substanzen in Pflanzen, welche der Körper nicht verwenden kann (die aber für die Verdauung gut sind)

**bal·len** (*ballte, hat geballt*) 1 **etwas (zu etwas) ballen** etwas so zusammenpressen, dass es eine annähernd runde Form annimmt ⟨*die Hand zur Faust ballen*⟩ 2 **etwas ballt sich (zu etwas)** etwas wird zu einer dichten Masse „*Der Schnee ballt sich zu Klumpen*"

der **Bal·len** (-*s*, -) 1 ein Bündel mancher Produkte, das (für den Transport) fest zusammengepresst und verschnürt wird ⟨*ein Ballen Baumwolle, Tabak, Tee*⟩ 2 eine Menge einer Sache, die zu einem Quader zusammengepresst wird ⟨*ein Ballen Heu, Stroh*⟩ K Heuballen, Strohballen 3 **ein Ballen Stoff/Tuch** ein ziemlich langes Stück Stoff/Tuch, das (in der ursprünglichen Breite) zusammengerollt ist 4 die Verdickung an den Handflächen und Fußsohlen von Menschen und manchen Säugetieren K Fußballen, Handballen

das **Bal·lett**★ (-*s*, -*e*) 1 *nur Singular* ein Tanz auf einer Bühne, der eine Geschichte darstellt, ohne dass gesprochen oder gesungen wird ⟨*das höfische, klassische, moderne Ballett; ein Ballett aufführen, tanzen*⟩ „*Tschaikowskis Ballett „Schwanensee"* K Balletttänzer(in) 2 eine Gruppe von Tänzern und Tänzerinnen, die ein Ballett tanzen

der **Bal·lon** [ba'lɔŋ, ba'lo:n, ba'lõ:]; (-*s*, -*s*/-*e*) 1 eine große Hülle, die mit heißer Luft oder mit Gas gefüllt wird und fliegen kann ⟨*im Ballon aufsteigen; Ballon fahren*⟩ K Ballonfahrer; Heißluftballon 2 Kurzwort für *Luftballon*

das **Ball·spiel**★ ein Spiel mit einem Ball, das als Wettkampf zwischen zwei Mannschaften ausgetragen wird „*Fußball ist ein Ballspiel*"

der **Bal·lungs·raum** ≈ Ballungsgebiet

der **Bal·sam** (-*s*) 1 eine ölige Flüssigkeit, die angenehm riecht und vor allem dazu dient, Parfüm herzustellen oder (als Medizin) Schmerzen zu lindern 2 **Balsam (für etwas)** *geschrieben* etwas, das einen körperlichen oder seelischen Schmerz kleiner macht ⟨*etwas ist Balsam für jemandes Seele, Wunden*⟩

**ba·nal** *ADJEKTIV* ganz gewöhnlich, nicht schwierig, überraschend oder interessant ⟨*eine Frage, ein Problem*⟩ „*Ich habe es aus einem ganz banalen Grund nicht getan: ich habe es vergessen*"

die **Ba·na·li·tät** (-, -*en*) 1 *nur Singular* ≈ Trivialität 2 *meist Plural* eine Aussage ohne neue Ideen

die **Ba·na·ne**★ (-, -*n*) eine längliche tropische Frucht mit gelber Schale bzw. die Pflanze, an der diese Früchte wachsen K Bananenschale, Bananenstaude

**band** *Präteritum, 1. und 3. Person Singular* → binden

das **Band**[1]★; (-(*e*)*s*, *Bän·der*) 1 ein dünner, schmaler Streifen aus Stoff, Seide, Leder o. Ä., mit dem etwas verbunden, verstärkt oder geschmückt wird ⟨*ein Band knoten, zerschneiden*⟩ „*ein Band im Haar tragen*" K Gummiband, Armband, Haarband 2 *meist Plural* das starke, elastische Gewebe in der Form eines Bandes, das die Knochen im Körper zusammenhält ⟨(*sich* (*Dativ*)) *die Bänder überdehnen, zerren*⟩ 3 ein Band verwendet man, um Personen oder Material zu transportieren (z. B. im Bergbau, am Flughafen) K Förderband, Laufband ID **am laufenden Band** immer wieder, ohne Unterbrechung

der **Band**[2]★; (-(*e*)*s*, *Bän·de*) 1 eines von mehreren Büchern, die zusammen ein Werk oder eine Reihe bilden „*ein Werk in zehn Bänden*" 2 ein Buch, das eine Sammlung oder eine Auswahl von Texten oder Bildern enthält K Bildband, Gedichtband

die **Band**[3]★ [bɛnt]; (-, -*s*) eine Gruppe von Musikern, die moderne Musik wie Rock, Jazz usw. spielt ⟨*in einer Band spielen*⟩ K Jazzband, Rockband

**ban·da·gie·ren** [banda'ʒi:rən] (*bandagierte, hat bandagiert*) **jemanden bandagieren; (jemandem) etwas bandagieren** jemanden/einen Körperteil mit einer Bandage versehen ≈ verbinden „*das Knie, den Oberschenkel bandagieren*"

die **Ban·de**★; (-, -*n*) VON PERSONEN: 1 eine (meist organisierte) Gruppe von Personen, die Verbrechen planen und begehen ⟨*eine Bande auffliegen lassen, ausheben; der Anführer einer Bande*⟩ K Bandenchef, Bandenführer; Diebesbande **2** *abwertend oder humorvoll* eine Gruppe vor allem von Kindern oder Jugendlichen, die gemeinsam etwas unternehmen AM RAND: **3** der innere Rand eines Billardtisches **4** die Bande dient als Grenze zwischen dem Spielfeld o. Ä. und den Zuschauern und wird von Firmen für Werbung genutzt **K** Bandenwerbung

**bạn·di·gen** (*bändigte, hat gebändigt*) **1 ein Tier bändigen** bewirken, dass sich ein wildes oder tobendes Tier beruhigt *„einen Löwen bändigen"* **2 jemanden bändigen** bewirken, dass jemand ruhig und gehorsam wird ⟨*Kinder, einen Betrunkenen bändigen*⟩ • *hierzu* **Bạn·di·gung** *die*

die **Bạnd·schei·be** ein kleiner, relativ weicher Knochen zwischen je zwei Wirbeln der Wirbelsäule **K** Bandscheibenschaden

der **Bạnd·wurm** ein langer, flacher Wurm, der im Darm von Menschen und Tieren leben kann ⟨*Bandwürmer haben*⟩

**bạng** ADJEKTIV → bange

**bạn·ge** ADJEKTIV (*banger/bänger, bangst-/bängst-*) **jemandem ist/wird bange** jemand hat/bekommt Angst

**bạn·gen** (*bangte, hat gebangt*) **um jemanden/etwas bangen** um jemanden/etwas Angst haben und sich Sorgen machen *„Die Geiseln bangen um ihr Leben"*

die **Bạnk**[1]★; (-, *Bän·ke*) **1** auf einer Bank (z. B. im Park) können mehrere Personen nebeneinander sitzen **K** Parkbank **2** ein Tisch mit einem Stuhl in der Schule **K** Schulbank **ID etwas auf die lange Bank schieben** etwas Unangenehmes auf einen späteren Zeitpunkt verschieben

die **Bạnk**[2]★; (-, *-en*) **1** Banken machen Geschäfte mit Geld; wir haben unser Geld bei einer Bank auf einem Konto und können uns bei einer Bank Geld leihen ⟨*zur/auf die Bank gehen; ein Konto bei der Bank haben, eröffnen*⟩ **K** Bankangestellte(r), Bankguthaben, Bankkaufmann, Bankkonto, Banksafe, Banküberfall, Banküberweisung **2** das Gebäude, in dem eine Bank ihren Sitz hat **3** *nur Singular* die Kasse (einer Spielbank), die während eines Glücksspiels (z. B. Roulette) von einem Angestellten verwaltet wird, der gegen alle anderen spielt ⟨*gegen die Bank setzen, spielen; die Bank gewinnt*⟩ *„Sie hat die Bank gesprengt"* Sie hat das ganze Geld gewonnen, das in der Bank war **K** Bankhalter

der **Bạnk·au·to·mat** ein Automat, bei dem man sich Geld holen kann, wenn die Bank geschlossen hat

der **Ban·ker** ['bɛŋkɐ]; (-s, -); *gesprochen* eine Person, die (als Kaufmann) bei einer Bank arbeitet • *hierzu* **Ban·ke·rin** ['bɛŋkərɪn] *die*

das **Bạnk·ge·heim·nis** *meist Singular* das Recht und die Pflicht einer Bank, die Daten (z. B. finanzielle Verhältnisse) ihrer Kunden geheim zu halten ⟨*das Bankgeheimnis verletzen; etwas unterliegt dem Bankgeheimnis*⟩

die **Bạnk|leit·zahl** *historisch* eine Zahlenreihe, mit der eine Bank oder Sparkasse gekennzeichnet wird **i** Abkürzung: *BLZ*; seit 2014 sind die alte *BLZ* und die frühere *Kontonummer* in der *IBAN* (*International Bank Account Number*) enthalten. Der *BIC* (*Bank Identifier Code*) ersetzt die *BLZ*.

die **Bạnk·no·te** *geschrieben* ein Stück Papier, das vom Staat gedruckt wird und (als Papiergeld) einen festgelegten Geldwert hat

der **Bạnk·raub** ein bewaffneter Überfall auf eine Bank (um Geld zu rauben) ⟨*einen Bankraub verüben*⟩ • *hierzu* **Bạnk·räu·ber** *der*

**bank·rọtt** ADJEKTIV **1** unfähig, die Schulden zu bezahlen ≈ zahlungsunfähig **2 bankrott sein** *gesprochen* kein Geld mehr haben

der **Bank·rọtt** (-(*e*)*s*, *-e*) die Unfähigkeit eines Unternehmens oder Unternehmers, die Schulden zu bezahlen

der **Bạnn** (-(*e*)*s*) die starke magische Kraft oder die faszinierende Wirkung, die eine Person oder Sache auf jemanden ausübt ⟨*jemanden in seinen Bann ziehen*⟩ *„Der spannende Film hielt ihn in Bann"*

**ba̲r**★ ADJEKTIV **1** in Form von Münzen oder Geldscheinen ⟨*bares Geld; etwas (in) bar bezahlen, gegen bar verkaufen; eine Summe bar auf den Tisch legen*⟩ *„Möchten Sie bar oder mit Scheck bezahlen?"* **K** Barzahlung **2** *geschrieben meist attributiv* nichts anderes als ≈ rein *„Das ist barer Unsinn"*

die **Ba̲r**[1]★; (-, -s) **1** ein Lokal, in dem man an einer langen Theke sitzen kann und in dem manchmal auch kleine Mahlzeiten serviert werden ⟨*in eine Bar gehen*⟩ **K** Barmusik **2** eine erhöhte Theke in einem Lokal oder einer Diskothek, an der man auf hohen Stühlen sitzt ⟨*an der Bar sitzen*⟩ **3** ein Möbelstück oder ein Fach eines Schrankes, in dem alkoholische Getränke aufbewahrt werden **K** Schrankbar

das **Ba̲r**[2]★; (-s, -/-s) die Einheit, mit der der Luftdruck gemessen wird **i** Abkürzung: *b*; kein -s im Plural in Verbindung mit Zahlwörtern: *fünf*

*Bar*

der **Bär** (*-en, -en*) ein großes, schweres Raubtier mit dickem Pelz, das süße Nahrung (vor allem Honig) liebt ⟨*ein zottiger Bär; der Bär brummt*⟩ **K** Braunbär, Eisbär • *hierzu* **Bä·rin** *die*

**-bar** *im Adjektiv, unbetont, sehr produktiv* **1** **berechenbar, essbar, heilbar, hörbar, vorhersehbar** *und andere* Adjektive auf *-bar* werden von Verben gebildet, die ein Objekt im Akkusativ haben können. Wenn etwas *verwechselt* werden kann, ist es *verwechselbar*, wenn etwas *bezahlt* werden kann, ist es *bezahlbar*. Diese Adjektive werden meist mit *un-* verneint, wie *unbezahlbar, unverwechselbar „So schmutzig ist das Handtuch unbenutzbar"* **2** **brennbar, unentrinnbar, unsinkbar** *und andere* Adjektive auf *-bar* werden manchmal auch von Verben gebildet, die kein Objekt haben können. Wenn etwas *brennen* kann, dann ist es *brennbar*. Wenn eine Quelle nicht *versiegt*, ist sie *unversiegbar*

**bar·ba·risch** *ADJEKTIV* **1** grausam und brutal ⟨*ein Verbrechen, eine Strafe; jemanden barbarisch foltern*⟩ **2** ohne die sozialen oder moralischen Regeln einer hochentwickelten Kultur ⟨*Sitten; Methoden*⟩ **3** *gesprochen* sehr groß, sehr intensiv ⟨*eine Hitze, eine Kälte, ein Lärm, ein Gestank*⟩ **4** *gesprochen* verwendet, um Adjektive und Verben negativ zu verstärken *„barbarisch laut" | „Hier stinkt es barbarisch!"*

der **Bar·code** [-ko:t, -ko:d]; (*-s, -s*) ≈ Strichcode

**bar·fuß** *ADVERB* ohne Schuhe und Strümpfe ⟨*barfuß gehen, laufen, herumlaufen, sein*⟩ • *hierzu* **bar·fü·ßig** *ADJEKTIV*

**barg** *Präteritum, 1. und 3. Person Singular* → bergen

das **Bar·geld**★ *nur Singular* Münzen oder Geldscheine (im Gegensatz zu einem Scheck) als Zahlungsmittel *„Ich habe kein Bargeld bei mir, kann ich auch mit Karte zahlen?"* • *hierzu* **bar·geld·los** *ADJEKTIV*

der **Ba·ri·ton, Ba·ri·ton**; (*-s, -e*) **1** *nur Singular* die mittlere Stimmlage bei Männern zwischen Tenor und Bass ⟨*Bariton singen; einen kräftigen Bariton haben*⟩ **2** ein Sänger, der Bariton singt

**barm·her·zig** *ADJEKTIV* **barmherzig (gegen jemanden/mit jemandem)** mit tiefem Mitgefühl für die Not einer anderen Person ⟨*sich barmherzig zeigen*⟩ • *hierzu* **Barm·her·zig·keit** *die*

das/der **Ba·rock** (*-(s)*) ein Stil der (europäischen) Kunst (von ungefähr 1600 bis 1750), der durch zahlreiche Ornamente gekennzeichnet ist **K** Barockkirche, Barockmalerei, Barockstil

das **Ba·ro·me·ter** (*-s, -*) das Gerät, mit dem der Luftdruck gemessen wird ⟨*das Barometer fällt, steigt*⟩ **K** Barometerstand

der **Ba·ron** (*-s, -e*) **1** ein französischer Adelstitel **2** eine Person, welche diesen Titel trägt • *zu (2)* **Ba·ro·nin** *die*

der **Bar·ren** (*-s, -*) **1** ein Turngerät mit zwei parallelen Stangen aus Holz, die von Stützen gehalten werden ⟨*am Barren turnen*⟩ **K** Barrenturnen **2** ein längliches, viereckiges Stück Gold, Silber o. Ä. **K** Goldbarren, Silberbarren

die **Bar·ri·e·re** [ba'ri̯e:rə]; (*-, -n*) **1** wenn irgendwo eine Barriere errichtet ist, ist es schwer, dorthin zu gehen **2** etwas (meist nicht Konkretes), welches die Leute daran hindert, miteinander harmonisch zu leben, zu arbeiten o. Ä. ⟨*Barrieren abbauen, beseitigen, überwinden*⟩

**bar·ri·e·re·frei** [ba'ri̯e:rə-] *ADJEKTIV* ohne Treppen und Stufen, mit breiten Türen usw., vor allem für Behinderte geeignet *„ein barrierefrei gestalteter Bahnhof"*

die **Bar·ri·ka·de** (*-, -n*) ein Hindernis, mit dem eine Gruppe von Kämpfern eine Straße blockiert ⟨*eine Barrikade errichten*⟩ **ID** **auf die Barrikaden gehen/steigen** heftig protestieren

**barsch** *ADJEKTIV* (*barscher, barsch(e)st-*) auf unfreundliche Art und Weise ⟨*eine Antwort; etwas in barschem Ton sagen*⟩ ≈ grob

**barst** *Präteritum, 1. und 3. Person Singular* → bersten

der **Bart**★ (*-(e)s, Bär·te*) **1** die kräftigen Haare im Gesicht des Mannes, zwischen Mund und Nase, an den Backen und am Kinn ⟨*ein dichter, dünner, gepflegter Bart; einen Bart tragen; den Bart abrasieren, abnehmen, stutzen*⟩ *„Lässt du dir einen Bart wachsen?"* **K** Barthaar, Oberlippenbart, Vollbart **2** die langen Haare an der Schnauze von Hunden, Katzen und anderen Säugetieren

**bär·tig** *ADJEKTIV* mit einem Bart

der **Ba·sar** (*-s, -e*) eine Veranstaltung, bei der (meist kleinere) Gegenstände verkauft werden und das Geld verwendet wird, um anderen Menschen zu helfen **K** Wohltätigkeitsbasar

die **Ba·se** (*-, -n*) eine chemische Substanz, die in Verbindung mit Säuren Salze bildet ↔ Säure

**ba·sie·ren** (*basierte, hat basiert*) **etwas basiert auf etwas** (*Dativ*) *geschrieben* etwas stützt sich auf etwas, hat etwas als Basis *„Der*

*Film basiert auf einer tatsächlichen Begebenheit"*

die **Ba·sis★** (-, *Ba·sen*) 1 **eine Basis (für etwas)** *meist Singular* eine Basis ist das, was zuerst da sein muss, damit etwas entstehen kann und damit man etwas weiter entwickeln kann ≈ Grundlage *„eine solide Basis für eine Zusammenarbeit schaffen"* K Basiswissen; Verhandlungsbasis 2 ein Block aus Stein o. Ä., auf dem eine Säule oder ein Pfeiler steht ≈ Sockel 3 in einer Basis sind Truppen stationiert ≈ Stützpunkt K Militärbasis 4 von einer Basis werden Raketen gestartet ≈ Startrampe K Raketenbasis 5 der Ort oder das Lager, von dem eine Expedition o. Ä. startet *„Der verletzte Bergsteiger wurde zurück zur Basis getragen"* K Basislager 6 die Mitglieder einer Partei oder einer Gewerkschaft (im Gegensatz zu den führenden Personen)

der **Bas·ket·ball** ['ba(:)skətbal] 1 *ohne Artikel, nur Singular* ein Ballspiel zwischen zwei Mannschaften, bei dem versucht wird, einen großen Ball in den Korb des Gegners zu werfen 2 der Ball, der beim Basketball verwendet wird

der **Bass** (*-es, Bäs·se*) 1 *nur Singular* die tiefste Stimmlage bei Männern ⟨*Bass singen*⟩ 2 die tiefste Stimmlage, die nur mit manchen Instrumenten (z. B. Orgel, Kontrabass, Bassgitarre) gespielt werden kann *„Im zweiten Satz der Symphonie dominiert der Bass"* 3 ein Sänger, der Bass singt 4 verwendet als Kurzwort für Musikinstrumente, welche den Bass spielen (z. B. Bassgeige, Bassgitarre) *„Er spielt den Bass im Orchester"* 5 *meist Plural* die tiefen Töne auf einer Musikaufnahme ⟨*die Bässe/den Bass aufdrehen, zurückdrehen*⟩

der **Bast** (*-(e)s*) ein flacher, breiter Faden aus der Rinde mancher Bäume, der zum Flechten verwendet wird K Bastmatte, Basttasche

**bas·teln★** (*bastelte, hat gebastelt*) 1 **(etwas) basteln** (als Hobby) meist kleine Gegenstände aus Papier, Holz, Draht, Stoff usw. zusammenbauen oder herstellen *„ein Modellflugzeug basteln"* K Bastelarbeit, Bastelbuch 2 **an etwas** (*Dativ*) **basteln** *gesprochen* (seit längerer Zeit) versuchen, etwas zu reparieren, zu verbessern oder fertigzustellen *„an einem Motorrad basteln"*

**bat** *Präteritum, 1. und 3. Person Singular* → bitten

die **Bat·te·rie★** (-, *-n* [-'ri:ən]) 1 ein Apparat, in dem chemische Prozesse ablaufen, die elektrischen Strom erzeugen *„Die Batterie seines Autos ist leer und muss aufgeladen werden"* K Autobatterie 2 viele mobile Geräte (z. B. Armbanduhren, Taschenlampen) brauchen Batterien, die sie mit Strom versorgen ⟨*neue Batterien einlegen, einsetzen; die Batterien wechseln*⟩

**bat·te·rie·be·trie·ben** *ADJEKTIV meist attributiv* von Batterien mit Strom versorgt ⟨*eine Uhr*⟩

der **Bau¹★**; (*-(e)s, -ten*) 1 *nur Singular* das Herstellen von Häusern, Straßen, Brücken usw. *„Der Bau ihres Hauses geht nur langsam voran"* K Bauarbeiten, Baumaterial, Baukosten, Baugenehmigung; Straßenbau, Wohnungsbau 2 *nur Singular* die Konstruktion und Herstellung von technischen Geräten, Fahrzeugen, Motoren oder Musikinstrumenten K Flugzeugbau, Maschinenbau 3 *nur Singular* der Ort oder Platz, an dem etwas gebaut wird ≈ Baustelle K Baugerüst, Bauzaun 4 ein (meist ziemlich großes) Bauwerk oder Gebäude *„Das Kolosseum in Rom ist ein gigantischer Bau"* 5 *nur Singular* die Art, wie jemandes Körper gewachsen ist ⟨*von kräftigem, schwachem Bau sein*⟩ K Körperbau 6 **etwas befindet sich im/in Bau**; **etwas ist im/in Bau** etwas wird gerade gebaut 7 **auf dem Bau arbeiten** als Arbeiter oder Handwerker auf Baustellen arbeiten • *zu* (1) **Bau·ar·bei·ter** *der*; *zu* (1) **Bau·leu·te** *die*; (*Plural*)

der **Bau²★**; (*-(e)s, -e*) 1 eine Höhle unter der Erde, in der manche Tiere (z. B. Füchse, Dachse, Kaninchen) leben ⟨*einen Bau anlegen*⟩ K Fuchsbau 2 *gesprochen nur Singular* ≈ Gefängnis

der **Bauch★** (*-(e)s, Bäu·che*) 1 der Bauch ist der weiche vordere Teil des Körpers unterhalb der Rippen ⟨*den Bauch einziehen*⟩ *„Schläfst du auf dem Bauch oder auf dem Rücken?"* K Bauchgegend, Bauchumfang ❶ → Abbildung, S. 294: **Der Körper** 2 Einen Bauch bekommt man, wenn man zu viel isst und sich zu wenig bewegt *„Er hat schon mit 20 einen Bauch angesetzt/bekommen"* 3 *gesprochen* der innere Teil des Bauches, vor allem der Magen *„Vom vielen Essen tut mir der Bauch weh"* K Bauchschmerzen 4 Bauch nennt man den Teil, der bei manchen Flaschen und Vasen in der Mitte breiter wird K Flaschenbauch ID **nichts im Bauch haben** *gesprochen* hungrig sein

**bau·chig** *ADJEKTIV* mit einem Bauch ⟨*eine Flasche, ein Krug*⟩

die **Bauch|spei·chel·drü·se** ein Organ im Bauch, das unter anderem die Menge des Zuckers im Blut regelt ❶ medizinische Bezeichnung: *Pankreas*

**bau·en★** *(baute, hat gebaut)* **1** **(etwas) bauen** etwas aus verschiedenen Teilen und Materialien (z. B. Holz, Stein, Zement) nach einem Plan errichten oder herstellen (lassen) ⟨*eine Brücke, eine Straße, ein Haus bauen*⟩ *„Wir müssen noch kräftig sparen, dann können wir nächstes Jahr bauen"* **2** **etwas bauen** ein technisches Produkt aus mehreren Teilen nach einem Plan herstellen ⟨*Fahrzeuge, Maschinen, Musikinstrumente bauen*⟩ ❶ → auch **-bauer** **3** **einen Unfall bauen** *gesprochen* einen Unfall verursachen **4** **Mist bauen** *gesprochen* einen Fehler machen **5** **an etwas** *(Dativ)* **bauen** über längere Zeit an einem Gebäude oder einer Konstruktion bauen **6** **auf jemanden/etwas bauen** festes Vertrauen zu einer Person/Sache haben *„Auf ihn kann man immer bauen"*

der **Bau·er**[1]**★**; *(-n/selten -s, -n)* **1** eine Person, die auf dem Land wohnt und (als Beruf) Vieh hält oder züchtet und/oder Getreide, Kartoffeln usw. anpflanzt **K** Bauernhaus; Bergbauer **2** eine der acht kleinsten Figuren einer Farbe im Schachspiel

der/das **Bau·er**[2]; *(-s, -)* ein Käfig, in dem Vögel in der Wohnung gehalten werden **K** Vogelbauer

**-bau·er** *DER im Substantiv, unbetont, begrenzt produktiv* **1** **Fahrzeugbauer, Flugzeugbauer, Geigenbauer, Klavierbauer, Maschinenbauer, Orgelbauer, Schiffsbauer** *und andere Plural: die -bauer* eine Person, die (als Beruf) meist Fahrzeuge oder Musikinstrumente baut **2** **Milchbauer, Obstbauer, Weinbauer** *und andere Plural: die -bauern* eine Person, die als Bauer die genannten Pflanzen, Früchte oder Erzeugnisse produziert

**bäu·er·lich** *ADJEKTIV* den Bauern oder die Landwirtschaft betreffend

der **Bau·ern·hof** ein Grundstück mit dem Wohnhaus eines Bauern, dem Stall, der Scheune, dem Silo usw. ⟨*auf dem Bauernhof arbeiten; von einem Bauernhof stammen*⟩

**bau·fäl·lig** *ADJEKTIV* in so schlechtem Zustand, dass es leicht einstürzen könnte ⟨*ein Haus*⟩ • *hierzu* **Bau·fäl·lig·keit** *die*

der **Bau·grund** ein Stück Land, auf dem ein Gebäude errichtet wird oder werden soll

das **Bau|hand·werk** alle handwerklichen Berufe, die beim Bau von Häusern notwendig sind (z. B. Maurer, Elektriker, Dachdecker)

der **Bau·herr** eine Person, welche den Auftrag erteilt, ein Gebäude zu bauen, und den Bau bezahlt

das **Bau·jahr** das Jahr, in dem ein Haus errichtet oder ein Fahrzeug gebaut wurde *„Mein Auto ist Baujahr 2015"*

der **Bau·kas·ten** ein Kasten mit Teilen aus Holz oder Metall oder Plastik, Schrauben usw., mit denen Kinder spielen und etwas bauen können

der **Baum★** *(-(e)s, Bäu·me)* eine große Pflanze mit einem Stamm aus Holz, aus dem Äste mit Zweigen wachsen, die Nadeln oder Blätter tragen ⟨*einen Baum pflanzen, fällen; ein Baum schlägt aus (= bekommt im Frühling frische Blätter), wird grün, verliert die Blätter/Nadeln, blüht, trägt Früchte*⟩ **K** Baumrinde, Baumstamm; Laubbaum, Nadelbaum, Obstbaum

der **Bau·markt** ein Geschäft, in dem man Materialien für Bauarbeiten kaufen kann

**bau·meln** *(baumelte, hat gebaumelt)* **jemand/etwas baumelt irgendwo** jemand oder etwas hängt von etwas herab, ohne den Boden zu berühren und schwingt dabei hin und her, vor und zurück *„an einem Ast/Seil baumeln"*

das **Baum·haus** ein kleines Haus aus Holz für Kinder zum Spielen, auf hohen Pfosten oder in einem Baum

die **Baum·kro·ne** alle Äste und Zweige eines Baumes

die **Baum·wol·le★** *nur Singular* **1** eine strauchartige Pflanze, die vor allem in heißen Gebieten angebaut wird und die Samen mit langen, weißen Fasern hat, aus denen Garn hergestellt wird ⟨*Baumwolle anbauen*⟩ **K** Baumwollplantage **2** die langen, weißen Fasern der Samen der Baumwolle ⟨*Baumwolle pflücken*⟩ **K** Baumwollspinnerei **3** Garn oder Gewebe, das aus Baumwolle hergestellt und meist zu Textilien verarbeitet wird *„ein Pullover aus 100 % Baumwolle"* **K** Baumwollhemd

der **Bau·plan** die technischen Zeichnungen, die genau zeigen, wie ein neues Bauwerk aussehen soll ⟨*einen Bauplan genehmigen lassen*⟩

**bau·spa·ren** *nur Infinitiv* bei einer Bausparkasse Geld sparen, um später damit ein Haus bauen/kaufen oder eine Wohnung kaufen zu können • *hierzu* **Bau·spa·ren** *das;* **Bau·spa·rer** *der*

die **Bau|spar·kas·se** bei der Bausparkasse spart

man Geld, um später einen Kredit für ein Haus oder eine Wohnung zu bekommen

die **Bau·stel·le★** auf einer Baustelle wird gerade ein Haus gebaut, eine Straße repariert o. Ä. ⟨*auf einer Baustelle arbeiten*⟩ *„Betreten der Baustelle verboten!" | „Die Autobahn ist wegen einer Baustelle halbseitig gesperrt"*

das **Bau·teil** **1** ≈ Bauelement **2** ein Teil eines Bauwerks

das **Bau·werk★** das, was erbaut worden ist, z. B. ein Turm, ein Wohnhaus, eine Schule o. Ä. ⟨*ein schönes, eindrucksvolles, prächtiges, verfallenes Bauwerk*⟩

die **Ba·zị̇l·le** (-, *-n*) *meist Plural* eine Bakterie, welche die Form eines Stäbchens hat und Krankheiten erregen kann

**Bd.** Abkürzung für *Band* in Bezug auf Bücher

**Bde.** Abkürzung für *Bände* von Büchern

**be-** (*im Verb, unbetont und nicht trennbar, sehr produktiv; Diese Verben werden so gebildet: bejubeln, bejubelte, bejubelt*) **1** **jemanden/etwas bedrohen, bekämpfen, belauschen; etwas beleuchten, bewohnen, bezweifeln** *und andere* verwendet, um ein Verb mit einem Objekt im Akkusativ zu bilden *„Sie beantwortete die Frage"* Sie antwortete auf die Frage **2** **jemanden/etwas (mit etwas) bedecken, beliefern, bestehlen; etwas (mit etwas) bedrucken, beladen** *und andere* verwendet, damit ein Verb in einer neuen Konstruktion ein anderes Objekt im Akkusativ haben kann *„Sie belegte das Brot mit Wurst"* Sie legte Wurstscheiben auf das Brot | *„Er beerbte seine Großmutter"* Er erbte etwas von seiner Großmutter **3** **etwas bebildern, begrenzen, beschriften; jemanden bemitleiden, benachrichtigen, beurlauben** *und andere* wird verwendet, um aus einem Substantiv ein Verb mit Objekt zu machen. Man drückt damit aus, dass eine Person/Sache etwas bekommt *„Der Lehrer benotete die Aufsätze der Schüler"* Der Lehrer gab jedem Aufsatz eine Note **4** **etwas befeuchten; jemanden belustigen, beruhigen, beunruhigen; sich bereichern** *und andere* wird verwendet, um aus einem Adjektiv ein Verb mit Objekt zu machen. Man drückt damit aus, dass eine Person/Sache in den genannten Zustand kommt *„Sie befreite den Vogel aus seinem Käfig"* Sie ließ den Vogel aus dem Käfig, sodass er frei war

**be·ạb·sich·ti·gen** (*beabsichtigte, hat beabsichtigt*) **etwas beabsichtigen** die Absicht haben, etwas zu tun *„Sie beabsichtigen, nächstes Jahr zu heiraten" | „Das Foul war nicht beabsichtigt"*

**be·ạch·ten★** (*beachtete, hat beachtet*) **1** **etwas beachten** so handeln, wie es etwas verlangt oder empfiehlt ⟨*Gesetze, Ratschläge, Regeln beachten*⟩ ↔ missachten *„beim Autofahren die Verkehrsregeln beachten"* **2** **etwas beachten** Informationen bewusst aufnehmen ⟨*Hinweise beachten*⟩ *„Beachten Sie bitte, dass wir unser Geschäft heute früher schließen!"* **3** **jemanden/etwas beachten** jemanden/etwas bewusst wahrnehmen und darauf reagieren ↔ ignorieren *„Ich glaube, ich habe wenig Chancen bei ihr, sie beachtet mich kaum"* ❶ meist verneint oder mit einer Einschränkung wie *kaum*

**be·ạcht·lich** *ADJEKTIV* **1** von relativ großer Bedeutung, Menge oder hoher Qualität *„Sein Ansehen als Politiker ist beachtlich"* **2** so, dass man damit (sehr) zufrieden sein kann ⟨*eine Leistung, ein Resultat*⟩

die **Be·ạch·tung** (-) **1** das Beachten ⟨*von Regeln*⟩ **2** **Beachtung verdienen** *geschrieben* es wert sein, beachtet zu werden **3** **jemandem/etwas keine Beachtung schenken** jemanden/etwas nicht beachten **4** **(keine) Beachtung finden** *geschrieben* (nicht) beachtet werden

der **Bea·mer** ['biːmɐ]; (*-s, -*) ein Gerät, das die Bilder von einem Computer oder Fernseher groß an der Wand zeigt

der **Be·ạm·te★** (*-n, -n*) Beamte arbeiten für den Staat oder eine Behörde, sie haben besondere Rechte und Pflichten **K** Beamtenlaufbahn; Finanzbeamte, Polizeibeamte ❶ *ein Beamter; der Beamte; den, dem, des Beamten* • *hierzu* **Be·ạm·tin** *die*

**be·ạ̈ngs·ti·gend** *ADJEKTIV* so, dass es Angst oder Unruhe hervorruft *„eine beängstigende Stille"*

**be·ạn·spru·chen** (*beanspruchte, hat beansprucht*) **1** **etwas beanspruchen** etwas (meist in schriftlicher Form) fordern, auf das man ein Recht hat oder zu haben glaubt ⟨*sein Recht, seinen Erbanteil beanspruchen*⟩ *„Sie beansprucht Schadenersatz für ihr beschädigtes Auto"* **2** **etwas beanspruchen** das, was man angeboten bekommt, akzeptieren und nutzen ⟨*jemandes Aufmerksamkeit, Hilfe beanspruchen*⟩ *„Es ist schon spät und ich möchte Ihre Gastfreundschaft wirklich nicht länger bean-*

*spruchen"* **3** **jemanden/etwas beanspruchen** jemanden/etwas sehr viel oder sehr oft in Anspruch nehmen *„Die drei kleinen Kinder beanspruchen sie sehr"* **4** **etwas beansprucht etwas** etwas benötigt Zeit oder Raum *„Das neue Sofa beansprucht zu viel Platz" | „Das Projekt beansprucht mehr Zeit als vorgesehen"* • *hierzu* **Be·ạn·spru·chung** *die*

**be·ạn·stan·den** (*beanstandete, hat beanstandet*) **etwas (an etwas** (*Dativ*)**) beanstanden** sagen, dass man einen Fehler oder Mangel festgestellt hat ⟨*eine Entscheidung, eine fehlerhafte Ware beanstanden*⟩ *„Der Kultusminister beanstandet, dass die Reform an den Schulen nicht richtig umgesetzt wurde" | „Haben Sie etwas an meiner Arbeit zu beanstanden?"* • *hierzu* **Be·ạn·stan·dung** *die*

**be·ạn·tra·gen★** (*beantragte, hat beantragt*) **1** **etwas (bei jemandem/etwas) beantragen** versuchen, durch einen schriftlichen Antrag (meist an eine Behörde) etwas zu bekommen ⟨*eine Aufenthaltsgenehmigung, ein Visum, Sozialhilfe beantragen*⟩ *„Als er seinen Job verlor, beantragte er Arbeitslosengeld"* **2** **etwas beantragen** (meist bei einem Prozess oder bei einer Sitzung) etwas fordern oder verlangen ⟨*einen Haftbefehl, eine Unterbrechung, eine Vertagung beantragen*⟩ *„Der Staatsanwalt beantragte, die Immunität des Politikers aufzuheben"* • *hierzu* **Be·ạn·tra·gung** *die*

**be·ạnt·wor·ten★** (*beantwortete, hat beantwortet*) **1** **etwas beantworten** auf eine Frage antworten **2** **etwas mit etwas beantworten** etwas als Reaktion auf eine Handlung tun *„Sie beantwortete das Lächeln mit einem zärtlichen Blick"*

**be·ạr·bei·ten★** (*bearbeitete, hat bearbeitet*) **1** **etwas bearbeiten** für etwas verantwortlich sein, es prüfen und meist darüber entscheiden ⟨*eine Akte, einen Antrag, einen Fall, ein Sachgebiet bearbeiten*⟩ **2** **etwas bearbeiten** eine Arbeit über etwas schreiben ⟨*ein Thema, eine Aufgabe bearbeiten*⟩ **3** **etwas (mit etwas) bearbeiten** etwas so verändern, dass es die gewünschte Form oder Beschaffenheit hat ⟨*Holz, Metall, Rohstoffe, einen Acker bearbeiten*⟩ **4** **jemanden bearbeiten** lange und intensiv mit einer Person sprechen, um sie von etwas zu überzeugen oder ihre Zustimmung zu etwas zu bekommen • *zu* (1 – 3) **Be·ạr·bei·ter** *der; zu* (1 – 3) **Be·ạr·bei·te·rin** *die*

die **Be·ạr·bei·tung** (-, *-en*) **1** das Bearbeiten ⟨*eines Antrags*⟩ **K** Bearbeitungsgebühr **2** das Bearbeiten ⟨*von Holz, Metall*⟩

**be·at·men** (*beatmete, hat beatmet*) **jemanden beatmen** einer Person, die nicht mehr selbst atmen kann, mit dem eigenen Mund oder mit einer Maschine Luft in den Mund oder die Nase blasen ⟨*einen Patienten künstlich beatmen; ein Unfallopfer von Mund zu Mund beatmen*⟩ • *hierzu* **Be·at·mung** *die*

**be·auf·sich·ti·gen** (*beaufsichtigte, hat beaufsichtigt*) **jemanden/etwas beaufsichtigen** darauf achten, dass jemand oder etwas sich so verhält oder funktioniert, wie es erwünscht oder vorgeschrieben ist ⟨*Arbeiter, jemandes Arbeit, Kinder beaufsichtigen*⟩ • *hierzu* **Be·auf·sich·ti·gung** *die*

**be·auf·tra·gen** (*beauftragte, hat beauftragt*) **jemanden (mit etwas) beauftragen** jemandem (in Form einer Bitte oder eines Befehls) den Auftrag geben, etwas zu tun *„jemanden mit der Anfertigung eines Plans beauftragen"*

der/die **Be·auf·trag·te** (*-n, -n*) eine Person, die einen offiziellen Auftrag hat, etwas zu tun *„der Beauftragte einer Kommission"* **K** Lehrbeauftragte, Sonderbeauftragte ❶ *ein Beauftragter; der Beauftragte; den, dem, des Beauftragten*

**be·bau·en** (*bebaute, hat bebaut*) **1** **etwas (mit etwas) bebauen** auf einer Fläche (ein) Gebäude errichten *„ein Grundstück mit Häusern bebauen"* **2** **etwas bebauen** den Boden oder Acker bearbeiten, um etwas darauf anpflanzen zu können ⟨*ein Feld, einen Acker bebauen*⟩ • *zu* (1) **Be·bau·ung** *die*

**be·ben** (*bebte, hat gebebt*) **1** **etwas bebt** etwas wird vor allem durch den Knall einer Explosion oder durch ein Erdbeben erschüttert ⟨*die Häuser, die Mauern, die Erde*⟩ **2** **(vor etwas** (*Dativ*)**) beben** heftig zittern ⟨*jemandes Lippen*⟩ *„Er bebte vor Wut"*

das **Be·ben** (*-s, -*) **1** ≈ Erdbeben **2** *nur Singular* der Zustand, in dem etwas bebt ⟨*das Beben eines Hauses, einer Stimme*⟩

der **Bẹ·cher★** (*-s, -*) **1** ein einfaches Gefäß zum Trinken (meist ohne Henkel) *„aus einem Becher trinken"* **K** Pappbecher, Plastikbecher **2** ein Becher, der für andere Zwecke als zum Trinken verwendet wird **K** Eierbecher, Messbecher

das **Bẹ·cken★** (*-s, -*) **1** ein relativ großer Behälter für Wasser, der meist in der Küche oder im Bad ist und der zum Waschen und Spülen dient **K** Spülbecken, Waschbecken **2** ein großer Behäl-

B

ter, der (im Boden) künstlich angelegt ist und mit Wasser gefüllt wird, sodass man z. B. darin schwimmen kann **K** Planschbecken, Schwimmbecken **3** der gebogene Teil vor allem des menschlichen Skeletts, welcher die Wirbelsäule mit den Beinen verbindet und vor dem Organe wie z. B. der Darm liegen **K** Beckenknochen

**be·dạcht** *ADJEKTIV* **auf etwas** (*Akkusativ*) **bedacht sein** konsequent und sorgfältig auf etwas achten ⟨*auf seinen Vorteil bedacht sein*⟩

**Be·dạcht mit/voll Bedacht** ⟨*handeln, sprechen*⟩ ruhig und überlegt

**be·dạ̈ch·tig** *ADJEKTIV* **1** langsam und ruhig ⟨*Bewegungen*⟩ **2** überlegt ⟨*das Sprechen, das Handeln*⟩

**be·dạn·ken**★ (*bedankte sich, hat sich bedankt*) **sich (bei jemandem) (für etwas) bedanken** (jemandem) Dank für etwas zum Ausdruck bringen „*Hast du dich (bei deiner Tante) schon (für das Geschenk) bedankt?*"

der **Be·dạrf**★ (-(*e*)*s*) **1** **der Bedarf (an jemandem/etwas)** die Zahl oder Menge an Menschen, Dingen oder Leistungen, die man zu einem Zweck braucht ⟨*Bedarf an jemandem/etwas haben; es besteht (kein) Bedarf an jemandem/etwas; der Bedarf an jemandem/etwas ist gedeckt*⟩ „*An neuen Wohnungen besteht großer Bedarf*" **K** Energiebedarf **2** **bei Bedarf** wenn es erforderlich ist **3** **(je) nach Bedarf** wie man es gerade benötigt

der **-be·darf** *im Substantiv, unbetont, begrenzt produktiv* **1** **Bürobedarf, Energiebedarf, Heimwerkerbedarf, Personalbedarf, Reisebedarf** *und andere* verwendet, um alle Dinge oder Personen zu bezeichnen, die jemand für einen Zweck braucht **2** **Erholungsbedarf, Handlungsbedarf, Nachholbedarf, Reformbedarf** *und andere* drückt aus, dass etwas getan werden muss, nötig ist „*Es herrscht dringender Entscheidungsbedarf*" Über diese Sache muss dringend entschieden werden

**be·dau·er·lich** *ADJEKTIV* ⟨*ein Fehler, ein Vorfall*⟩ so, dass sie zu bedauern sind

**be·dau·ern**★ (*bedauerte, hat bedauert*) **1** **jemanden bedauern** einer Person, der es nicht gut geht, Mitgefühl oder Sympathie zeigen „*einen kranken Menschen bedauern*" **2** **etwas bedauern** etwas als unerfreulich, schade ansehen „*Er bedauerte, dass er sie nicht persönlich kennenlernen konnte*"

das **Be·dau·ern** (-s) **1** **Bedauern (über etwas** (*Akkusativ*)) ⟨*sein Bedauern über etwas ausdrücken*⟩ ≈ Mitgefühl „*Worte des Bedauerns*" **2** das Gefühl der Traurigkeit oder Enttäuschung „*Zu meinem Bedauern fiel das Konzert aus*"

**be·dau·erns·wert**★ *ADJEKTIV* so, dass ein Mensch viel leiden muss und deshalb zu bedauern ist

**be·dẹ·cken**★ (*bedeckte, hat bedeckt*) **1** **jemanden/etwas (mit etwas) bedecken** meist eine Decke oder ein Tuch über jemanden/etwas legen „*den Boden mit Matten bedecken*" **2** **etwas bedeckt etwas** etwas befindet sich in großer Anzahl oder Menge auf etwas „*Schnee bedeckte die Wiesen*" **3** **etwas bedeckt etwas** etwas verhüllt oder verbirgt etwas ganz oder teilweise „*Der Rock bedeckte kaum ihre Knie*"

**be·dẹckt** *ADJEKTIV* voller Wolken ⟨*der Himmel*⟩

**be·dẹn·ken**★ (*bedachte, hat bedacht*) **1** **etwas bedenken** etwas (vor allem im Hinblick auf etwas, das noch geschehen wird) prüfend überlegen „*Er fährt immer ohne Helm Motorrad, ohne zu bedenken, wie gefährlich das ist*" **2** **(jemandem) zu bedenken geben, dass ...** *geschrieben* jemanden auf etwas hinweisen, das berücksichtigt werden muss

das **Be·dẹn·ken**★ (-s, -); *meist Plural* **Bedenken (gegen jemanden/etwas)** Zweifel oder Befürchtungen in Bezug auf jemanden/etwas ⟨*ernsthafte, schwerwiegende Bedenken haben, äußern; jemandes Bedenken beseitigen, zerstreuen*⟩ „*Haben Sie irgendwelche Bedenken, dass das Projekt ein Misserfolg werden könnte?*"

**be·dẹn·ken·los** *ADJEKTIV* **1** ohne Überlegung „*sich jemandem bedenkenlos anvertrauen*" **2** *meist adverbiell* ohne dass man sich Gedanken machen muss, dass etwas Schlimmes passiert „*Diese Pilze kann man bedenkenlos essen*" • *zu* (1) **Be·dẹn·ken·lo·sig·keit** *die*

**be·dẹnk·lich** *ADJEKTIV* **1** so, dass es (für jemanden) gefährlich sein könnte ⟨*jemandes Gesundheitszustand; eine Situation*⟩ **2** moralisch oder gesetzlich fragwürdig „*bedenkliche Mittel anwenden, um etwas zu erreichen*"

die **Be·dẹnk·zeit** *nur Singular* die Zeit, die eine Person bekommt, um etwas genau zu überlegen, bevor sie sich entscheidet ⟨*jemandem Bedenkzeit geben, gewähren, einräumen; um Bedenkzeit bitten*⟩ „*Sie haben drei Tage Bedenkzeit, dann möchte ich eine klare Antwort!*"

**be·deu·ten**★ (*bedeutete, hat bedeutet*); *kein Passiv* **1** **etwas bedeutet etwas** die genannte

Sache oder ein Verhalten ist in der genannten Weise zu verstehen oder zu interpretieren *„Rotes Licht im Verkehr bedeutet, dass man anhalten oder warten muss"* **2** **etwas bedeutet etwas** etwas wird durch sprachliche Mittel ausgedrückt *„Weißt du, was das Wort „Prisma" bedeutet?"* **3** **etwas bedeutet etwas** ein Sachverhalt hat einen anderen zur Folge *„Wenn ich noch länger warten muss, bedeutet das für mich, dass ich den Zug verpasse"* **4** **etwas bedeutet etwas** etwas ist ein Zeichen für etwas *„Dunkle Wolken bedeuten Regen"* **5** **(jemandem) etwas bedeuten** (für jemanden) wichtig, viel wert sein *„Luxus bedeutet mir nichts"*

**be·deu·tend** *ADJEKTIV* **1** ⟨*ein Gelehrter, ein Künstler, ein Bauwerk, ein Kunstwerk*⟩ so, dass die Leistungen und Arbeit als sehr groß gelten **2** mit viel Ansehen und Einfluss ⟨*eine Persönlichkeit*⟩ **3** mit weit reichenden Folgen ⟨*ein Ereignis, eine Erfindung, eine Entwicklung*⟩ ≈ wichtig **4** verwendet, um ein Adjektiv im Komparativ oder ein Verb zu verstärken ≈ wesentlich *„Der Kranke sieht heute schon bedeutend besser aus"*

die **Be·deu·tung★** (-, *-en*) **1** das, was mit Sprache, Zeichen, einem Verhalten o. Ä. ausgedrückt werden soll *„Das Wort „Bank" hat mehrere Bedeutungen"* **2** etwas, das wichtig ist oder eine besondere Wirkung hat ≈ Tragweite *„Diese Entscheidung war von besonderer politischer Bedeutung für die Weiterentwicklung des Landes"* **3** eine Information in einem Text, Bild usw., die man erst beim Nachdenken versteht ⟨*eine tiefere Bedeutung*⟩ ≈ Sinn

**be·deu·tungs·los** *ADJEKTIV* nicht wichtig ⟨*ein Einwand, ein Fehler*⟩ • *hierzu* **Be·deu·tungs·lo·sig·keit** *die*

**be·deu·tungs·voll** *ADJEKTIV* **1** mit einer besonderen Absicht und Bedeutung ⟨*ein Blick, ein Lächeln; jemanden bedeutungsvoll ansehen*⟩ **2** mit großer Bedeutung oder sehr wichtig

**be·die·nen★** (*bediente, hat bedient*) **1** **(jemanden) bedienen** (als Kellner) einem Gast Speisen und Getränke (an den Tisch) bringen ≈ servieren *„Wer bedient an diesem Tisch?"* **2** **jemanden bedienen** (als Verkäufer) einem Kunden durch Ratschläge beim Kauf helfen *„Werden Sie schon bedient?"* **3** **jemanden bedienen** für eine Person etwas tun, weil sie selbst es nicht tun will oder kann *„Wenn er abends nach Hause kommt, lässt er sich gern von seiner Frau bedienen"* **4** **etwas bedienen** meist ein relativ großes Gerät oder eine Maschine korrekt gebrauchen und ihre Funktionen kontrollieren *„Du bist alt genug, um zu wissen, wie man eine Waschmaschine bedient"* **5** **sich bedienen** sich etwas zu essen oder trinken nehmen, meist nachdem es angeboten wurde ≈ zugreifen *„Hier sind ein paar belegte Brote! Bedient euch bitte!"*

die **Be·die·nung★** (-, *-en*) **1** *nur Singular* das Bedienen eines Gastes in einem Restaurant ⟨*inklusive Bedienung; mit/ohne Bedienung*⟩ **2** *nur Singular* das Bedienen eines Kunden ⟨*prompte Bedienung*⟩ **3** *nur Singular* das Bedienen und arbeiten mit einer Maschine **K** Bedienungsfehler **4** eine Person, die in einem Lokal bedient *„Bedienung, zahlen bitte!"* ❶ *Bedienung* wird sowohl für Männer als auch Frauen verwendet; als Anrede wirkt die Bezeichnung unhöflich.

**be·din·gen** (*bedingte, hat bedingt*) **etwas bedingt etwas** etwas hat etwas zur Folge *„Höhere Löhne bedingen höhere Preise"*

**be·dingt** *ADJEKTIV meist adverbiell* nicht in vollem Umfang, nicht ohne Einschränkung ⟨*bedingt geeignet, verwendungsfähig, einsetzbar*⟩ *„Ihr Einwand ist nur bedingt berechtigt"*

**-be·dingt** *im Adjektiv, unbetont, begrenzt produktiv* **altersbedingt, berufsbedingt, saisonbedingt, witterungsbedingt** *und andere* verwendet, um zu sagen, dass das, was im ersten Wortteil genannt wird, der Grund oder die Ursache für etwas anderes ist *„Der Sportler musste eine verletzungsbedingte Trainingspause machen"* Wegen einer Verletzung konnte der Sportler nicht trainieren

die **Be·din·gung★** (-, *-en*) **1** eine Forderung oder Voraussetzung, von der viel abhängt ⟨*(jemandem) eine Bedingung stellen; jemandes Bedingungen erfüllen*⟩ *„Ihre Bedingungen sind für uns nicht akzeptabel"* **2** **Bedingungen für etwas** *nur Plural* vertraglich festgelegte Regelungen *„Die Betreiber haben die Bedingungen für die Nutzung der Website geändert"* **K** Lieferbedingungen, Zahlungsbedingungen **3** *nur Plural* Umstände, die jemanden/etwas beeinflussen ⟨*gute, (un)günstige Bedingungen; die äußeren, klimatischen Bedingungen*⟩ *„unter erschwerten Bedingungen arbeiten"* **K** Lebensbedingungen **4** **unter der Bedingung, dass**

... nur wenn die genannte Forderung erfüllt wird *„Die Zusage finanzieller Hilfen erfolgte unter der Bedingung, dass die Truppen reduziert werden"*

**be·dịn·gungs·los** *ADJEKTIV* **1** ohne jede Einschränkung ⟨*Vertrauen*⟩ **2** ohne eine Bedingung oder Forderung ⟨*bedingungslos kapitulieren*⟩

**be·drạ̈n·gen** (*bedrängte, hat bedrängt*) **jemanden (mit etwas) bedrängen** jemanden wiederholt bitten, drängen, etwas zu tun

die **Be·drạ̈ng·nis** (-) eine sehr unangenehme und schwierige Situation ⟨*in Bedrängnis sein/geraten; jemanden in Bedrängnis bringen*⟩

**be·dro·hen★** (*bedrohte, hat bedroht*) **1 jemanden (mit etwas) bedrohen** jemandem mit Worten oder Taten drohen *„jemanden mit einer Pistole bedrohen"* **2 etwas bedroht jemanden** etwas stellt für jemanden eine Gefahr dar *„Epidemien und Naturkatastrophen bedrohen die Menschheit"* • *hierzu* **Be·dro·hung** *die*

**be·droh·lich** *ADJEKTIV* so, dass es eine Gefahr ankündigt oder schon ist ⟨*eine Situation*⟩ ≈ gefährlich *„Das Hochwasser nahm bedrohliche Ausmaße an"*

**be·droht** *ADJEKTIV* **1** *meist prädikativ* in Gefahr ⟨*jemandes Leben, die Umwelt*⟩ **2 eine Pflanze/ein Tier ist vom Aussterben bedroht** eine Pflanze/ein Tier ist in Gefahr auszusterben

**be·drụ̈·cken** (*bedrückte, hat bedrückt*) **etwas bedrückt jemanden** etwas bewirkt, dass jemand traurig, pessimistisch usw. ist ⟨*jemand wird von Kummer, Sorgen, Einsamkeit bedrückt*⟩ *„Sie sieht bedrückt aus"* • *hierzu* **Be·drụ̈·ckung** *die*

das **Be·dụ̈rf·nis★** (*-ses, -se*) **ein Bedürfnis (nach etwas)** die Notwendigkeit oder der Wunsch, etwas zu bekommen, das man braucht *„die Produktion den Bedürfnissen des Marktes anpassen"* **K** Schlafbedürfnis, Sicherheitsbedürfnis • *hierzu* **be·dụ̈rf·nis·los** *ADJEKTIV*

**be·dụ̈rf·tig** *ADJEKTIV* auf (materielle) Hilfe von anderen Leute angewiesen ≈ arm • *hierzu* **Be·dụ̈rf·tig·keit** *die*

**-be·dürf·tig** *im Adjektiv, unbetont, begrenzt produktiv* **erholungsbedürftig, hilfsbedürftig, schutzbedürftig, reparaturbedürftig** *und andere* verwendet, um zu sagen, dass das, was im ersten Wortteil genannt wird, gebraucht oder benötigt wird *„ein liebebedürftiges Kind"* | *„ein verbesserungsbedürftiger Plan"*

**be·ei·len★** (*beeilte sich, hat sich beeilt*) **sich (bei/mit etwas) beeilen** etwas schneller als üblich tun, um ein Ziel rechtzeitig zu erreichen oder um rechtzeitig fertig zu werden *„Sie musste sich beeilen, um ihr Flugzeug nicht zu verpassen"* | *„Beeil dich ein bisschen, sonst kommen wir zu spät!"*

**be·ein·dru·cken★** (*beeindruckte, hat beeindruckt*) **jemanden beeindrucken** im Bewusstsein oder in der Erinnerung einer Person einen starken Eindruck hinterlassen ⟨*jemanden tief, stark beeindrucken*⟩

**be·ein·flus·sen★** (*beeinflusste, hat beeinflusst*) **1 eine Person/Sache beeinflusst jemanden** eine Person oder Sache bewirkt, dass jemand die eigene Meinung oder das eigene Verhalten ändert *„Du solltest dich nicht von unberechtigter Kritik beeinflussen lassen"* **2 etwas beeinflusst etwas** eine Sache hat eine deutliche Wirkung auf etwas *„Der Golfstrom beeinflusst unser Klima sehr"* • *hierzu* **Be·einflus·sung** *die;* **be·ein·fluss·bar** *ADJEKTIV*

**be·ein·träch·ti·gen** (*beeinträchtigte, hat beeinträchtigt*) **etwas beeinträchtigt etwas** etwas hat eine negative Wirkung auf etwas *„Lärm während der Arbeit beeinträchtigt die Konzentration"* • *hierzu* **Be·ein·träch·ti·gung** *die*

**be·ẹn·den★** (*beendete, hat beendet*) **etwas beenden** meist eine Tätigkeit zu Ende führen oder sie nicht weitermachen ⟨*einen Streit, eine Unterhaltung, die Lehre beenden*⟩ ↔ beginnen • *hierzu* **Be·ẹn·dung** *die*

**be·ẹn·gen** (*beengte, hat beengt*) **1 etwas beengt jemanden** etwas ist zu eng für jemanden ⟨*Kleidungsstücke*⟩ *„ein beengender Kragen"* **2 etwas beengt jemanden** etwas lässt jemandem nur wenige persönliche Freiheiten ⟨*Verbote, Vorschriften*⟩

**be·ẹngt** *ADJEKTIV* ohne genügend Raum zur freien Bewegung ⟨*beengt wohnen; sich beengt fühlen*⟩

**be·ẹr·di·gen** (*beerdigte, hat beerdigt*) **jemanden beerdigen** einen Verstorbenen meist im Rahmen einer Trauerfeier in einem Sarg ins Grab legen (lassen) • *hierzu* **Be·ẹr·di·gung** *die*

die **Bee·re★** (*-, -n*) eine von vielen kleinen, meist süßen essbaren Früchten, die auf manchen kleinen Pflanzen oder Sträuchern wachsen (z. B.

B

Erdbeeren, Himbeeren, Brombeeren, Johannisbeeren, Heidelbeeren) K Beerenobst, Beerenstrauch

das **Beet**★ (-(e)s, -e) ein relativ kleines, meist rechteckiges Stück Boden (in einem Garten), auf dem Blumen, Gemüse oder Salat angepflanzt werden ⟨*ein Beet anlegen, umgraben*⟩ K Blumenbeet, Gemüsebeet

**be·fä·hi·gen** [bə'fɛːɪgn̩] (*befähigte, hat befähigt*) **etwas befähigt jemanden zu etwas** *geschrieben* etwas gibt jemandem die Möglichkeit, die Fähigkeit oder das Recht, etwas zu tun

**be·fä·higt** [bə'fɛːɪçt, -ɪkt] *ADJEKTIV* **(zu etwas) befähigt** *geschrieben* mit den Fähigkeiten, der Ausbildung oder den Vollmachten, die für etwas nötig sind

die **Be·fä·hi·gung** [bə'fɛːɪgʊŋ]; (-, -en); *meist Singular* **eine Befähigung (für/zu etwas)** die Fähigkeit oder die Qualifikation, eine Tätigkeit auszuüben

**be·fahl** *Präteritum, 1. und 3. Person Singular* → befehlen

**be·fah·ren** (*befährt, befuhr, hat befahren*) **etwas befahren** mit einem Fahrzeug auf einer Straße, einem Weg usw. fahren *„Diese Straße wird nur noch wenig befahren"* ❶ meist im Passiv

**be·fal·len** (*befiel, hat befallen*) 1 **etwas befällt jemanden** etwas wirkt plötzlich und sehr intensiv auf jemanden ⟨*Angst, Fieber, Reue, eine Krankheit*⟩ 2 **etwas befällt etwas** schädliche Stoffe oder Schädlinge bedecken eine Pflanze *„Die Pflanzen waren von Läusen befallen"* ❶ meist im Passiv

**be·fan·gen** *ADJEKTIV* 1 in dem eigenen Verhalten nicht frei, sicher oder natürlich *„Er wirkte sehr befangen"* 2 (als Richter, Zeuge) nicht mehr in der Lage, objektiv zu sein, weil man schon eine Meinung hat ⟨*jemanden als befangen ablehnen*⟩ • *zu* (2) **Be·fan·gen·heit** *die*

**be·fas·sen** (*befasste sich, hat sich befasst*) **sich mit jemandem/etwas befassen** sich für eine Person oder Sache interessieren und sich intensiv mit ihr beschäftigen ⟨*sich mit einem Problem/Thema, mit Kindern befassen*⟩

der **Be·fehl**★ (-(e)s, -e) 1 **der Befehl (zu etwas)** eine (von einem Vorgesetzten ausgegebene) mündliche oder schriftliche Mitteilung, dass etwas getan werden muss ⟨*jemandem einen Befehl geben, erteilen; einen Befehl ausführen, befolgen; den Befehl verweigern*⟩ *„Der General gab den Befehl zum Angriff/anzugreifen"* 2 eine Anweisung an einen Computer, eine Aufgabe auszuführen

**be·feh·len** (*befiehlt, befahl, hat befohlen*) **(jemandem) etwas befehlen** jemandem einen Befehl erteilen *„Der General befahl den Rückzug/befahl den Soldaten, sich zurückzuziehen"*

die **Be·fehls·form** ≈ Imperativ

**be·fes·ti·gen**★ (*befestigte, hat befestigt*) 1 **etwas (an etwas** (*Dativ*)**) befestigen** etwas (z. B. mit Schrauben, Nägeln, einer Schnur) so mit etwas in Kontakt bringen, dass es fest ist *„ein Regal an der Wand befestigen"* 2 **etwas befestigen** daran arbeiten, dass etwas fester oder stabiler wird ⟨*das Ufer, den Damm befestigen*⟩ • *hierzu* **Be·fes·ti·gung** *die*

**be·feuch·ten** (*befeuchtete, hat befeuchtet*) **(sich** (*Dativ*)**) etwas (mit etwas) befeuchten** etwas feucht machen ⟨*die Luft befeuchten; sich* (*Dativ*) *die Lippen befeuchten*⟩ *„sich den Zeigefinger befeuchten, um leichter umblättern zu können"* • *hierzu* **Be·feuch·tung** *die*

**be·fiehlt** *Präsens, 3. Person Singular* → befehlen

**be·fin·den**★ (*befand, hat befunden*) 1 **sich irgendwo befinden** *geschrieben* an dem genannten Ort oder der genannten Stelle sein *„Das Büro des Chefs befindet sich im dritten Stock"* 2 **sich in etwas** (*Dativ*) **befinden** in der genannten Situation oder in dem genannten Zustand sein ⟨*sich im Unrecht, in einer peinlichen Lage befinden*⟩ *„Sein altes Auto befindet sich noch in gutem Zustand"*

das **Be·fin·den** (-s) der (gesundheitliche) Zustand von jemandem ⟨*sich nach jemandes Befinden erkundigen*⟩

**be·flü·geln** (*beflügelte, hat beflügelt*) **etwas beflügelt jemanden/etwas (zu etwas)** *geschrieben* etwas regt eine Person oder etwas in produktiver oder kreativer Weise an ⟨*etwas beflügelt jemandes Fantasie, Schöpfungskraft*⟩ *„Das Lob beflügelte ihn zu noch besseren Leistungen"*

**be·fol·gen**★ (*befolgte, hat befolgt*) **etwas befolgen** etwas so ausführen oder einhalten, wie es verlangt oder empfohlen wird ⟨*Befehle, Gesetze, Vorschriften befolgen; Ratschläge, Hinweise befolgen*⟩ • *hierzu* **Be·fol·gung** *die*

**be·för·dern**★ (*beförderte, hat befördert*) 1 **jemanden/etwas (mit/in etwas** (*Dativ*)**) (ir-**

**gendwohin) befördern** jemanden/etwas vor allem mit einem Transportmittel von einem Ort an einen anderen bringen ≈ transportieren *„Pakete mit der Post befördern"* **2** **jemanden (zu etwas) befördern** jemandem eine höhere meist dienstliche oder militärische Stellung geben *„jemanden zum Oberinspektor befördern"* • *hierzu* **Be·för·de·rung** *die*

**be·fra·gen** (*befragte, hat befragt*) **jemanden (zu etwas/ über etwas** (*Akkusativ*)) **befragen** jemandem zu einem Thema oder über einen Vorfall Fragen stellen ⟨*einen Experten, einen Zeugen, den Arzt befragen*⟩ *„Die Polizei hat ihn zu dem Verkehrsunfall befragt"* • *hierzu* **Be·fra·gung** *die*

**be·frei·en**★ (*befreite, hat befreit*) **1** **jemanden (aus/von etwas) befreien** durch eine (oft gewaltsame) Aktion erreichen, dass man selbst, eine andere Person oder ein Tier nicht länger gefangen oder in einer gefährlichen Situation ist ⟨*jemanden aus dem Gefängnis, aus einer Gefahr, aus der Gewalt von Terroristen, von den Fesseln befreien; ein Tier aus einem Käfig befreien*⟩ *„einen Verletzten aus dem brennenden Auto befreien"* **2** **jemanden von etwas befreien** erlauben, dass jemand eine Pflicht nicht erfüllen muss ⟨*jemanden vom Militärdienst, von Abgaben, Steuern befreien*⟩ *„einen Schüler wegen Krankheit vom Unterricht befreien"* • *hierzu* **Be·frei·ung** *die*

**be·freun·den** (*befreundete sich, hat sich befreundet*) **eine Person befreundet sich mit jemandem**; **Personen befreunden sich** zwei oder mehr Personen werden Freunde

**be·freun·det**★ *ADJEKTIV* **(mit jemandem) befreundet** mit einem freundschaftlichen Verhältnis (zu jemandem) *„Ich bin mit ihm schon lange befreundet"*

**be·frie·di·gen** (*befriedigte, hat befriedigt*) **jemanden befriedigen** die Erwartungen oder das Verlangen einer Person erfüllen, sodass diese zufrieden ist *„Er hat sehr hohe Ansprüche und ist daher schwer zu befriedigen"*

**be·frie·di·gend**★ *ADJEKTIV* **1** so, dass es die Beteiligten zufrieden macht *„eine befriedigende Lösung finden"* **2** so, dass man damit zufrieden sein kann ⟨*eine Leistung*⟩ ≈ durchschnittlich **3** Ⓓ verwendet als Bezeichnung für die durchschnittliche Note 3 (auf der Skala von 1 – 6 bzw. von *sehr gut* bis *ungenügend*) ⟨*„befriedigend" in etwas* (*Dativ*) *haben, bekommen*⟩ ❶ → Anhang, S. 1091: **Noten**

die **Be·frie·di·gung**★ (-) **1** das Gefühl, wenn man erfolgreich war oder jetzt das hat, was man sich gewünscht hatte ⟨*die Befriedigung von Ansprüchen, Bedürfnissen*⟩ **2** **Befriedigung (über etwas** (*Akkusativ*)) der Zustand, in dem man zufrieden ist ⟨*Befriedigung empfinden, erlangen*⟩ ≈ Zufriedenheit

**be·fris·ten** (*befristete, hat befristet*) **etwas (auf etwas** (*Akkusativ*)) **befristen** etwas nur für einen kurzen Zeitraum gültig sein lassen *„Die Aufenthaltserlaubnis ist auf drei Monate befristet"* ❶ meist im Passiv mit dem Hilfsverb *sein* • *hierzu* **Be·fris·tung** *die*

**be·fruch·ten** (*befruchtete, hat befruchtet*) **1** **eine Samenzelle befruchtet eine Eizelle** eine männliche Samenzelle verschmilzt mit der weiblichen Eizelle, sodass ein neues Lebewesen entsteht **2** **ein Tier/etwas befruchtet eine Pflanze** meist ein Insekt/der Wind bewirkt, dass aus einer Blüte eine Frucht entstehen kann (indem Blütenstaub auf sie gelangt) • *hierzu* **Be·fruch·tung** *die*

**be·fugt** *ADJEKTIV* **(zu etwas) befugt sein** *admin* von einem Vorgesetzten oder durch ein Gesetz das Recht bekommen haben, etwas zu tun *„Ich bin nicht* (*dazu*) *befugt, Ihnen Auskunft zu geben"*

der **Be·fund** (-(*e*)*s*, -*e*) das Ergebnis einer meist medizinischen Untersuchung

**be·fürch·ten**★ (*befürchtete, hat befürchtet*) **etwas befürchten** der Meinung sein, dass etwas Gefährliches oder Unangenehmes geschehen könnte *„Er befürchtet, dass er entlassen wird/entlassen zu werden"* • *hierzu* **Be·fürch·tung** *die*

**be·für·wor·ten** (*befürwortete, hat befürwortet*) **etwas befürworten** (deutlich) sagen oder zeigen, dass man für etwas ist, etwas unterstützt ⟨*einen Vorschlag, eine Idee befürworten*⟩ • *hierzu* **Be·für·wor·tung** *die*

**be·gabt**★ *ADJEKTIV* **(für etwas) begabt** ⟨*ein Schüler, ein Künstler*⟩ so, dass sie eine Begabung (für etwas) haben ≈ talentiert *„Sie ist handwerklich/vielseitig begabt"*

die **Be·ga·bung**★ (-, -*en*) **eine Begabung (für/ zu etwas)** die angeborene Fähigkeit eines Menschen, (auf dem genannten Gebiet) überdurchschnittliche geistige oder körperliche Leistungen zu vollbringen ⟨*eine musikalische, natürliche Begabung haben*⟩ ≈ Talent *„Er hat* (*die/eine*) *Begabung zum Schriftsteller"*

**be·gann** *Präteritum, 1. und 3. Person Singu-*

*lar* → beginnen

**be·ge·ben**★ (*begibt sich, begab sich, hat sich begeben*); *geschrieben* 1 **sich irgendwohin begeben** irgendwohin gehen *„Nach der Begrüßung begaben sich die Gäste in den Speisesaal"* 2 **sich in (ärztliche) Behandlung begeben** sich wegen einer Krankheit von einem Arzt behandeln lassen 3 **sich an etwas** (*Akkusativ*) **begeben** mit einer Tätigkeit beginnen ⟨*sich an die Arbeit, ans Werk begeben*⟩ 4 **sich in Gefahr begeben** sich in Gefahr bringen

**be·geg·nen**★ (*begegnete, ist begegnet*) **jemandem begegnen** mit jemandem zufällig irgendwo zusammenkommen *„Wir sind uns/einander gestern in der Stadt begegnet"*

die **Be·geg·nung** (-, *-en*) **eine Begegnung (mit jemandem/etwas)** bei einer Begegnung trifft man eine andere Person oder kommt in Kontakt mit einem Tier oder einer Sache *„eine Begegnung zwischen zwei Politikern"*

**be·ge·hen** (*beging, hat begangen*) 1 **etwas begehen** etwas Negatives tun ⟨*eine Dummheit, einen Fehler, eine Sünde, ein Verbrechen, einen Verrat begehen*⟩ 2 **Selbstmord begehen** sich selbst töten

**be·geh·ren** (*begehrte, hat begehrt*) 1 **jemanden begehren** das starke Verlangen haben, in sexuellen Kontakt mit jemandem zu kommen ⟨*eine Frau, einen Mann begehren*⟩ 2 **etwas begehren** *geschrieben* das starke Verlangen haben, etwas zu besitzen *„Schmuck und Edelsteine begehren"*

**be·geh·rens·wert** ADJEKTIV 1 etwas ist so, dass man es sehr gerne haben will 2 ⟨*eine Person*⟩ so attraktiv, dass man starkes sexuelles Verlangen nach ihr hat

**be·gehrt** ADJEKTIV ⟨*ein Titel, ein Fachmann, ein Künstler*⟩ so, dass sie meist von vielen gewollt oder gewünscht werden ≈ beliebt *„Der Oscar ist für jeden Schauspieler eine begehrte Trophäe"*

**be·geis·tern**★ (*begeisterte, hat begeistert*) 1 **jemand/etwas begeistert (eine Person)** jemand/etwas beeindruckt eine Person so, dass sie ein starkes Gefühl der Bewunderung oder Freude empfindet und dieses offen zeigt *„Der Pianist begeisterte (die Zuhörer) durch das virtuose Spiel"* 2 **sich für jemanden/etwas begeistern** sich sehr für eine Person oder eine Sache interessieren *„Sie konnte sich nie für Mathematik begeistern"*

**be·geis·tert**★ ADJEKTIV **(von jemandem/etwas) begeistert** voller Begeisterung *„Die Jugendlichen waren von dem Rockkonzert begeistert"*

die **Be·geis·te·rung**★ (-) **Begeisterung (über etwas** (*Akkusativ*)**)** ein Gefühl großer Freude und des intensiven Interesses ⟨*voller, mit großer Begeisterung; bei jemandem Begeisterung wecken*⟩ • *hierzu* **be·geis·te·rungs·fä·hig** ADJEKTIV

der **Be·ginn**★ (-s) 1 der Zeitpunkt, zu dem etwas anfängt ≈ Anfang ↔ Ende *„bei Beginn der Veranstaltung"* | *„schon zu Beginn des Jahrhunderts"* 2 die Stelle, an der etwas anfängt ≈ Anfang ↔ Ende *„der Beginn eines Buches/der Autobahn"*

**be·gin·nen**★ (*begann, hat begonnen*) 1 **(etwas/mit etwas) beginnen** mit einer Tätigkeit anfangen *„die/mit der Arbeit beginnen"* | *„Sie begann, ein Bild zu malen"* 2 **etwas beginnen** bewirken, dass etwas anfängt oder entsteht ⟨*einen Krieg, einen Streit, ein Gespräch, eine Unterhaltung beginnen*⟩ 3 **etwas beginnt (irgendwann)** etwas fängt (zu dem genannten Zeitpunkt) an *„Es beginnt zu regnen"* 4 **etwas beginnt irgendwo** etwas fängt an der genannten Stelle an *„Hinter der Brücke beginnt die Autobahn"*

**be·glau·bi·gen** (*beglaubigte, hat beglaubigt*) **etwas beglaubigen** (meist als Behörde) mit Siegel und Unterschrift bestätigen, dass etwas echt oder mit dem Original identisch ist ⟨*ein Dokument (notariell) beglaubigen lassen*⟩ *„die beglaubigte Kopie eines Zeugnisses"* • *hierzu* **Be·glau·bi·gung** *die*

**Be·gleit-** *im Substantiv, betont, begrenzt produktiv* 1 **der Begleitbrief, die Begleitpapiere, das Begleitschreiben, der Begleittext** *und andere* verwendet, um zu sagen, dass vor allem ein Schriftstück etwas anderem beigefügt ist *„Dem Päckchen lag eine Begleitkarte bei"* Im Päckchen lag auch eine Karte mit einem Text 2 **die Begleiterscheinungen, die Begleitsymptome, die Begleitumstände** *und andere* verwendet, um zu sagen, dass etwas (immer oder sehr oft) in Zusammenhang mit etwas auftritt *„Die freie Zeiteinteilung gehört zu den angenehmen Begleitaspekten meiner Arbeit"* Meine Arbeit bringt es mit sich, dass ich meine Zeit frei einteilen kann 3 **das Begleitflugzeug, die Begleitmannschaft, das Begleitschiff** *und andere* verwendet, um zu sagen, dass jemand oder ein Fahrzeug andere Personen oder Fahrzeuge meist zum Schutz begleitet *„Minderjährige ohne erwachsene Begleitperson müssen das Lokal jetzt verlassen"*

**be·glei·ten**★ (*begleitete, hat begleitet*) **1** **jemanden (irgendwohin) begleiten** mit einer Person (irgendwohin) mitgehen oder mitfahren, meist um ihr Gesellschaft zu leisten oder um sie zu schützen ⟨*jemanden zum Bahnhof, zu einem Ball begleiten*⟩ *„Nach dem Film begleitete er sie nach Hause"* **2** **ein Fahrzeug begleiten** mit einem Fahrzeug zum Schutz mitfahren *„Die Limousine des Präsidenten wurde von der Polizei begleitet"*

**be·glück·wün·schen** (*beglückwünschte, hat beglückwünscht*) **eine Person (zu jemandem/etwas) beglückwünschen** jemandem gratulieren *„jemanden zu einem Erfolg beglückwünschen"*

**be·gnü·gen** (*begnügte sich, hat sich begnügt*) **sich mit etwas begnügen** mit etwas Einfachem oder mit weniger zufrieden sein, als man haben könnte ⟨*sich mit dem Nötigsten begnügen*⟩ *„sich mit einer einfachen Mahlzeit begnügen"*

**be·gon·nen** PARTIZIP PERFEKT → beginnen

**be·gra·ben**★ (*begräbt, begrub, hat begraben*) **1** **jemanden begraben** einen Verstorbenen in ein Grab legen und dieses mit Erde füllen **2** **etwas begräbt jemanden/etwas (unter sich** (*Dativ*)**)** (meist bei Naturkatastrophen) Erdmassen, Trümmer oder eine Schneelawine decken eine Person oder Sache zu (und töten bzw. zerstören sie dadurch) *„Die Lava des Vulkans begrub ein ganzes Dorf unter sich"* **3** **etwas begraben** etwas aufgeben, meist weil keine Chance mehr besteht, es zu verwirklichen ⟨*seine Hoffnungen, Pläne, Träume begraben*⟩

das **Be·gräb·nis**★ (*-ses, -se*) der Vorgang, bei dem ein Verstorbener im Rahmen einer Trauerfeier begraben wird ⟨*einem Begräbnis beiwohnen*⟩ ≈ Beerdigung **K** Begräbnisfeier

**be·grei·fen**★ (*begriff, hat begriffen*) **etwas begreifen** wissen oder erkennen, wie etwas ist oder warum es so ist ≈ verstehen, kapieren *„Ich kann diese komplizierten Formeln nicht begreifen"*

**be·greif·lich** ADJEKTIV **1** *meist prädikativ* so, dass man dafür Verständnis haben kann ⟨*ein Verhalten, eine Reaktion*⟩ ≈ verständlich **2** **jemandem etwas begreiflich machen** versuchen, jemanden durch Argumente von etwas zu überzeugen *„Ich wollte ihr begreiflich machen, wie leid mir alles tat"*

**be·gren·zen**★ (*begrenzte, hat begrenzt*) **1** **etwas begrenzen** Grenzen für ein Gebiet oder einen Zeitraum setzen **2** **etwas begrenzen** verhindern, dass etwas größer wird ⟨*einen Schaden, ein Risiko begrenzen*⟩

**be·grenzt**★ ADJEKTIV nicht sehr groß ⟨*ein Ausmaß, ein Spielraum, ein Umfang; Kapazitäten, Mittel, Möglichkeiten*⟩ *„Es steht nur eine begrenzte Anzahl von Plätzen zur Verfügung"*

der **Be·griff**★ (*-(e)s, -e*) **1** ein Ausdruck oder Wort, die eine Sache bezeichnen *„Aquarell" ist ein Begriff aus der Malerei"* **K** Fachbegriff **2** **ein Begriff von etwas** die genannte Auffassung oder Vorstellung von einer Sache *„Das passt nicht zu meinem Begriff von Gerechtigkeit"* **K** Freiheitsbegriff **3** **(jemandem) ein Begriff sein** jemandem bekannt sein *„Mozart ist jedem ein Begriff"*

**be·grif·fen** PARTIZIP PERFEKT → begreifen

**be·griffs·stut·zig** ADJEKTIV ⟨*ein Mensch*⟩ so, dass es schwer für ihn ist, etwas (sofort) zu verstehen • *hierzu* **Be·griffs·stut·zig·keit** *die*

**be·grün·den**★ (*begründete, hat begründet*) **etwas (mit etwas) begründen** einen Grund/Gründe für etwas angeben (vor allem um sich zu rechtfertigen) ⟨*ein Verhalten, eine Meinung, die Abwesenheit begründen*⟩

die **Be·grün·dung**★ (*-, -en*) **eine Begründung (für etwas)** etwas, das als Grund für etwas angegeben wird ⟨*etwas als Begründung angeben, vorbringen*⟩ *„Sein Chef verlangte von ihm eine Begründung für das unhöfliches Verhalten"*

**be·grü·ßen**★ (*begrüßte, hat begrüßt*) **1** **jemanden begrüßen** jemanden (bei der Ankunft) mit einem Gruß empfangen *„Der Außenminister wurde bei seiner Ankunft auf dem Flughafen von seinem Amtskollegen begrüßt"* **2** **etwas begrüßen** *geschrieben* etwas als sehr positiv oder erfreulich betrachten ⟨*einen Vorschlag, eine Entscheidung begrüßen*⟩ • *zu* (1) **Be·grü·ßung** *die*; *zu* (2) **be·grü·ßens·wert** ADJEKTIV

**be·güns·ti·gen** (*begünstigte, hat begünstigt*) **1** **etwas begünstigt jemanden/etwas** etwas hat eine positive, günstige Wirkung auf jemanden/etwas *„Das gute Wetter begünstigte den Verlauf des Rennens"* **2** **jemanden begünstigen** eine Person so behandeln, dass sie

B

gegenüber anderen Leuten einen Vorteil hat ⟨*einen Bewerber begünstigen*⟩

**be·gut·ach·ten** (*begutachtete, hat begutachtet*) **1** **etwas begutachten** etwas kritisch prüfen **2** **etwas begutachten** zu etwas ein Gutachten machen • *hierzu* **Be·gut·ach·tung** *die*

**be·haart** ADJEKTIV mit vielen, dicht gewachsenen Haaren ⟨*die Beine, die Brust; stark behaart sein*⟩

**be·hag·lich** ADJEKTIV **1** ⟨*eine Atmosphäre, Wärme, ein Zimmer*⟩ so angenehm, dass man sich wohlfühlt und zufrieden ist **2** so, dass man entspannt und zufrieden ist *„behaglich im Sessel sitzen"*

**be·hal·ten**★ (*behält, behielt, hat behalten*) **1** **etwas behalten** etwas, das man (bekommen) hat, nicht wieder zurückgeben oder aufgeben (müssen) *„Kann ich das Buch eine Weile behalten?"* | *„Sie können das Wechselgeld behalten!"* **2** **etwas behalten** etwas in unveränderter Weise, im bisherigen Zustand haben ⟨*den Humor, die Nerven, die Übersicht behalten; etwas behält die Gültigkeit, den Wert*⟩ ≈ bewahren **3** **etwas behalten (können)** sich etwas merken (können) ↔ vergessen *„Er kann mühelos viele Telefonnummern behalten"* **4** **jemanden (irgendwo) behalten** jemanden nicht (von dem genannten Ort) weggehen lassen *„einen Verdächtigen in Haft/einen Patienten im Krankenhaus behalten"* **5** **etwas irgendwo behalten** etwas dort lassen, wo es ist *„die Mütze auf dem Kopf/die Hände in den Hosentaschen behalten"* **6** **etwas für sich behalten** niemandem von einer Sache erzählen ⟨*ein Geheimnis, eine Neuigkeit für sich behalten*⟩

der **Be·häl·ter**★ (*-s, -*) in Behälter tut man Dinge, Flüssigkeiten oder Gase, um diese zu lagern oder zu transportieren *„Kisten, Tonnen, Gläser, Dosen und Flaschen sind Behälter"* **K** Wasserbehälter ❶ vergleiche **Gefäß**

**be·han·deln**★ (*behandelte, hat behandelt*) **1** **jemanden irgendwie behandeln** jemandem gegenüber das genannte Verhalten zeigen ⟨*jemanden gut, schlecht, ungerecht, wie ein kleines Kind behandeln*⟩ **2** **etwas irgendwie behandeln** ein technisches Gerät oder ein Material in der genannten Weise gebrauchen/handhaben *„die Gläser vorsichtig behandeln"* **3** **jemanden/etwas (mit etwas) behandeln** (als Arzt) versuchen, eine Person, eine Verletzung oder eine Krankheit mit geeigneten Mitteln zu heilen *„eine offene Wunde mit Jod behandeln"* **4** **etwas behandeln** sich im Unterricht, in einer Diskussion, in einem Text oder Film mit einem Thema beschäftigen *„Sein Aufsatz behandelt das Problem der Arbeitslosigkeit"* • *hierzu* **Be·hand·lung** *die*

**be·hän·gen** (*behängte, hat behängt*) **etwas (mit etwas) behängen** etwas (in relativ großer Zahl) an etwas hängen *„die Wände mit Bildern behängen"*

**be·har·ren** (*beharrte, hat beharrt*) **auf etwas** (*Dativ*) **beharren** eine Meinung nicht ändern wollen ⟨*auf seinem Standpunkt, seinem Entschluss beharren*⟩ *„Er beharrte auf seiner Absicht, allein in Urlaub zu fahren"*

**be·harr·lich** ADJEKTIV mit sehr viel Entschlossenheit und festem Willen ⟨*seine Meinung beharrlich verteidigen*⟩ *„Nach seiner Festnahme weigerte er sich beharrlich, eine Aussage zu machen"* • *hierzu* **Be·harr·lich·keit** *die*

**be·haup·ten**★ (*behauptete, hat behauptet*) **1** **etwas behaupten** sagen, dass etwas richtig und wahr ist, obwohl man es nicht beweisen kann *„Seine Frau behauptet, er sei nicht zu Hause/dass er nicht zu Hause ist"* **2** **etwas behaupten** etwas erfolgreich verteidigen, vor allem indem man überzeugende Argumente anführt oder gute Leistung zeigt ⟨*einen Standpunkt, eine Stellung behaupten*⟩ *„Der Spieler konnte seinen Platz in der Nationalmannschaft behaupten"* **3** **sich behaupten** Widerstände überwinden und sich Respekt verschaffen *„Er konnte sich als Neuling in der Firma (seinen Kollegen gegenüber) nur schwer behaupten"*

die **Be·haup·tung**★ (*-, -en*) eine Aussage oder Erklärung, in der etwas behauptet wird ⟨*eine Behauptung aufstellen, widerlegen, zurücknehmen*⟩

**be·he·ben** (*behob, hat behoben*) **etwas beheben** etwas Unangenehmes oder Störendes beseitigen ⟨*einen Schaden, einen Fehler, eine Bildstörung beheben*⟩ • *hierzu* **Be·he·bung** *die*

**be·hei·ma·tet** ADJEKTIV **irgendwo beheimatet sein** aus dem genannten Ort oder Land stammen *„Beethoven war in der Nähe von Bonn beheimatet"* | *„Der Koalabär ist in Australien beheimatet"*

**be·hei·zen** (*beheizte, hat beheizt*) **etwas (mit etwas) beheizen** ein Gebäude oder einen

B

Raum mit einer Heizung warm machen • *hierzu* **Be·hei·zung** *die*; **be·heiz·bar** *ADJEKTIV*

**be·hel·fen** (*behilft sich, behalf sich, hat sich beholfen*) **sich mit etwas/irgendwie behelfen** sich mit etwas Einfachem oder Provisorischem helfen, weil nichts Besseres vorhanden ist *„Als der Strom ausfiel, mussten wir uns mit Kerzen behelfen"*

**be·hel·li·gen** (*behelligte, hat behelligt*) **jemanden (mit etwas) behelligen** *geschrieben* eine Person dadurch stören oder belästigen, dass man sie (ständig) um Rat, Auskunft usw. bittet ⟨*jemanden mit Fragen, seinen Sorgen behelligen*⟩ *„Es tut mir Leid, dass ich Sie am Sonntag mit meinen Problemen behellige"* • *hierzu* **Be·hel·li·gung** *die*

**be·her·ber·gen** (*beherbergte, hat beherbergt*) **jemanden beherbergen** eine Person als Gast haben und ihr Unterkunft geben • *hierzu* **Be·her·ber·gung** *die*

**be·herr·schen★** (*beherrschte, hat beherrscht*) **1** **etwas beherrschen** etwas so gut gelernt haben, dass man es ohne Fehler oder Schwierigkeiten anwenden oder gebrauchen kann *„Seine Schwester beherrscht drei Fremdsprachen"* **2** **jemanden/etwas beherrschen** jemanden/etwas unter Kontrolle haben *„Sie konnte ihre Leidenschaft/ihren Zorn kaum beherrschen"* **3** **etwas beherrscht etwas** etwas ist charakteristisch für etwas *„Hektik beherrscht seinen Alltag"* **4** **jemanden/etwas beherrschen** (als Herrscher) Macht, Kontrolle über jemanden/etwas haben, ausüben **5** **sich beherrschen** nicht so handeln, wie man es wegen heftiger Gefühle gerne täte ⟨*sich gut/nicht beherrschen können*⟩ *„Er musste sich sehr beherrschen, um sachlich zu bleiben"*

**be·herrscht** *ADJEKTIV* drückt aus, dass der Betreffende die eigenen Emotionen, Äußerungen unter Kontrolle hält *„Durch sein beherrschtes Auftreten hat er sich viele Freunde geschaffen"*

die **Be·herr·schung** (-) **1** das Beherrschen eines Volkes o. Ä. **2** das Beherrschen des Gegners oder einer Situation **3** das Beherrschen der eigenen heftigen Gefühle ⟨*die Beherrschung verlieren*⟩ **K** Selbstbeherrschung **4** das Beherrschen einer Technik, eines Musikinstruments, einer Sprache o. Ä.

**be·her·zi·gen** (*beherzigte, hat beherzigt*) **etwas beherzigen** sich in dem eigenen Handeln nach etwas richten ⟨*jemandes Worte, Ratschlag, Warnung beherzigen*⟩ • *hierzu* **Be·her·zi·gung** *die*

**be·herzt** *ADJEKTIV*; *geschrieben* ⟨*ein Vorgehen, ein Verhalten*⟩ ≈ mutig • *hierzu* **Be·herzt·heit** *die*

**be·hilf·lich** *ADJEKTIV* **jemandem (bei etwas) behilflich sein** *geschrieben* jemandem helfen, etwas zu tun *„einem Freund beim Aufräumen behilflich sein"*

**be·hin·dern★** (*behinderte, hat behindert*) **1** **jemanden (bei etwas) behindern** eine Person, die etwas tun möchte, dabei stören *„Der Ring behinderte sie bei der Arbeit, also nahm sie ihn ab"* **2** **etwas behindern** eine negative, störende Wirkung auf etwas haben ⟨*den Verkehr, die Sicht, den Verlauf eines Spiels behindern*⟩

**be·hin·dert★** *ADJEKTIV* mit einem ernsthaften und dauerhaften gesundheitlichen Schaden ⟨*geistig, körperlich, mehrfach behindert*⟩ *„ein behindertes Kind haben"* **K** gehbehindert, sehbehindert **i** *Behindert* wird oft auch beleidigend verwendet.

der/die **Be·hin·der·te★** (-n, -n) eine Person mit einer Behinderung ⟨*ein geistig, körperlich Behinderter*⟩ **K** Gehbehinderte, Körperbehinderte, Sehbehinderte • *hierzu* **be·hin·der·ten·ge·recht** *ADJEKTIV*

die **Be·hin·de·rung** (-, -en) **1** der Vorgang, wenn jemand/etwas behindert wird oder eine Person jemanden/etwas behindert *„Durch Baustellen kommt es zu Behinderungen im Straßenverkehr"* **2** *meist Singular* ein ernsthafter und dauerhafter gesundheitlicher Schaden *„Lebenshilfe für Menschen mit geistiger Behinderung"* | *„Menschen mit körperlicher oder geistiger Behinderung"*

die **Be·hör·de★** (-, -n) **1** eine von mehreren zentralen oder örtlichen Institutionen, die von Staat, Kommunen oder Kirchen damit beauftragt werden, administrative oder gerichtliche Aufgaben durchzuführen ≈ Amt *„Wenn man ein Haus bauen will, muss man sich bei der zuständigen Behörde die Genehmigung holen"* **2** das Gebäude, in dem eine Behörde ist *„auf einer Behörde sein"* • *zu* (1) **be·hörd·lich** *ADJEKTIV*

**be·hut·sam** *ADJEKTIV* sehr vorsichtig *„ein Kind behutsam behandeln"* • *hierzu* **Be·hut·sam·keit** *die*

**bei★** *PRÄPOSITION mit Dativ* ORT: **1** in der Nähe einer Person/Sache, nicht weit entfernt

B

*„Der Kiosk ist direkt/gleich beim Bahnhof"* **2** am genannten Ort, in Wohnung oder Heimat einer Person *„Wir feiern die Party bei Dieter"* BEZIEHUNG, ZUSAMMENHANG: **3** drückt aus, dass zur genannten Person, Institution oder Firma eine berufliche oder geschäftliche Beziehung besteht *„beim Bäcker einkaufen"* | *„bei jemandem in die Lehre gehen"* | *„bei der Post arbeiten"* | *„ein Konto bei der Bank eröffnen"* **4** bezeichnet die Person oder Sache, die die genannte Eigenschaft hat oder im genannten Zustand ist *„Bei meinem Auto sind die Bremsen kaputt"* ANWESENHEIT: **5** in einer Gruppe oder Menge mit anderen Personen/Dingen ≈ unter *„Bei den Verletzten war auch sein Bruder"* **6** mit jemandem zusammen *„bei jemandem im Auto sitzen"* ZEIT: **7** nennt einen Zeitpunkt, an dem etwas geschieht, gilt o. Ä. *„Der Saal war bei Beginn des Konzerts überfüllt"* **8** drückt aus, dass eine Handlung gerade abläuft *„beim Mittagessen sein"* SITUATION: **9** nennt die Situation, in der etwas geschieht *„Wir fuhren bei strömendem Regen nach Hause"* | *„bei einem Unfall verletzt werden"* | *„Er hat sich beim Sport das Bein gebrochen"* **10** nennt die Situation, die eine Voraussetzung für etwas ist *„Bei schönem Wetter machen wir morgen eine Radtour"*

**bei-** (*im Verb, betont und trennbar, begrenzt produktiv; Diese Verben werden so gebildet: beifügen, fügte bei, beigefügt*) **(einer Sache** (*Dativ*)**) etwas beifügen, beigeben, beiheften, beimischen**; **etwas liegt (einer Sache** (*Dativ*)**) bei** *und andere* drückt aus, dass etwas zu etwas anderem hinzukommt oder bei etwas anderem ist ≈ hinzu- *„Sie legte der Bewerbung Arbeitszeugnisse bei"* Sie legte Arbeitszeugnisse mit ihrer Bewerbung in den Umschlag

**bei·be·hal·ten★** (*behält bei, behielt bei, hat beibehalten*) **etwas beibehalten** etwas (bewusst) nicht ändern, bei etwas bleiben ⟨*etwas unverändert beibehalten; eine Gewohnheit beibehalten*⟩ *„Die Regierung behielt ihren bisherigen politischen Kurs bei"* • *hierzu* **Bei·be·hal·tung** *die*

**bei·brin·gen** (*hat*); *gesprochen* **1** **jemandem etwas beibringen** ≈ lehren *„jemandem das Tanzen beibringen"* **2** **jemandem etwas beibringen** einer Person eine Nachricht, die für sie unangenehm oder traurig ist, mitteilen oder klar machen ⟨*jemandem etwas schonend beibringen*⟩ *„Wie sollte er ihr nur beibringen, dass er eine andere liebte?"*

die **Beich·te** (-, *-n*) **1** eine religiöse Handlung, bei welcher der Gläubige die eigenen Sünden bekennt ⟨*zur Beichte gehen; die Beichte ablegen*⟩ **2** *oft ironisch* ein Geständnis, das man jemandem macht, weil man ein schlechtes Gewissen hat

**beich·ten** (*beichtete, hat gebeichtet*) **1** **(jemandem) (etwas) beichten** als Katholik während einer Beichte dem Priester sagen, welche Sünden man begangen hat ⟨*seine Sünden beichten; beichten gehen*⟩ **2** **(jemandem) etwas beichten** jemandem mitteilen, dass man etwas Verbotenes oder Schlimmes getan hat *„Ich muss dir beichten, dass ich viel Geld beim Pokern verloren habe"*

**bei·de★** *ADJEKTIV* **1** verwendet, um zwei Personen, Sachen oder Vorgänge zusammenfassend zu nennen, die der Sprecher als bekannt voraussetzt *„Meine beiden Töchter sind bereits verheiratet"* | *„Ich habe manchmal Schmerzen in beiden Beinen"* ❶ oft in Verbindung mit einem Artikel oder Pronomen **2** *beide* bezieht sich auf zwei Personen, Sachen oder Vorgänge gleichzeitig, wobei der Gegensatz zu nur einer dieser Personen usw. betont wird *„Meine Töchter sind beide verheiratet"* nicht nur eine Tochter ❶ Wenn *beide* nach einem Artikel steht (wie z. B. *diese, meine, die*), wird es flektiert wie ein Adjektiv (Typ B), → Anhang, S. 1109: **Artikel**. Ohne einen Artikel wird *beide* nach Typ A flektiert. **3** **beides** verwendet, um das Gemeinsame an zwei Sachen oder Vorgängen zu betonen *„Ein Wochenende in Hamburg oder zwei Tage in einem Hotel: Beides wäre zwar sehr schön, aber leider zu teuer"*

**bei·der·sei·tig** *ADJEKTIV meist attributiv* sowohl die eine als auch die andere Person oder Sache betreffend ⟨*sich in beiderseitigem Einverständnis, Interesse trennen*⟩ *„eine Angelegenheit zur beiderseitigen Zufriedenheit regeln"*

**bei·des★** *PRONOMEN* → beide

**bei·ei·nan·der★** *ADVERB* eine Person/Sache neben der anderen, zu einer Gruppe vereinigt ≈ zusammen *„Zu Weihnachten ist die ganze Familie beieinander"*

**bei·ei·nan·der-** (*im Verb, betont und trennbar, begrenzt produktiv; Diese Verben werden so gebildet: beieinanderliegen, lagen beieinander, beieinandergelegen*) **Personen bleiben, liegen, stehen beieinander** *und andere* drückt aus, dass zwei oder mehr Personen, Dinge o. Ä. zusammen sind oder dass das eine/

eines mit der/dem anderen ist *„Sie saßen gemütlich beieinander und unterhielten sich"* Sie saßen alle zusammen und unterhielten sich | *„Du musst dein Geld besser beieinanderhalten"* Du musst dein Geld behalten und nicht so viel ausgeben

**bei·ei·nan·der·ha·ben** (*hat*) **Dinge beieinanderhaben** etwas (geordnet und) gesammelt haben ⟨*seine Gedanken, seine Siebensachen beieinanderhaben*⟩ *„Hast du das Geld für das Motorrad schon beieinander?"*

der **Bei·fah·rer** eine Person, die in einem Auto neben dem Fahrer sitzt **K** Beifahrersitz • *hierzu* **Bei·fah·re·rin** *die*

der **Bei·fall**★ (-(*e*)*s*) **1** das wiederholte Klatschen in die Hände (meist bei einem Konzert, im Theater oder bei einem Vortrag), mit dem man zeigt, dass man eine Person oder etwas sehr gut findet ⟨*geringer, lauter, tosender Beifall; Beifall klatschen; viel Beifall bekommen, ernten*⟩ ≈ Applaus **K** Beifallsruf **2** eine sehr positive Beurteilung vor allem einer Ansicht, Entscheidung oder Leistung ⟨(*für etwas*) *Beifall ernten; etwas findet* (*jemandes*) *Beifall*⟩

die **Bei·ga·be** etwas, das man zusätzlich zu einer Sache (gratis) bekommt *„Beim Kauf seiner neuen Brille bekam er ein Etui als Beigabe"*

**beige** [beːʃ] *ADJEKTIV* von einer hellen, gelblich braunen Farbe (wie Sand) *„ein beiges Hemd"* ❶ Die Verwendung vor dem Substantiv gehört der gesprochenen Sprache an; um diese zu vermeiden, verwendet man *beigefarben*: *eine beigefarbene Bluse*

**bei·ge·ben** (*hat*) **(einer Sache** (*Dativ*)**) etwas beigeben** etwas zu etwas anderem hinzutun *„einem Brief ein Foto beigeben"*

der **Bei·ge·schmack** *nur Singular* **1** ein zusätzlicher Geschmack oder Eindruck, der meist als störend empfunden wird *„Ist das Gemüse noch gut? Es hat so einen komischen Beigeschmack"* **2** ein meist unangenehmer Eindruck, den etwas bei jemandem hinterlässt *„Die ganze Affäre hatte einen unangenehmen Beigeschmack"*

die **Bei·hil·fe** (-, -*n*) **1** Geld, das man unter manchen Voraussetzungen vom Staat bekommt (meist wenn das eigene Geld nicht ausreicht) ⟨*Beihilfe beantragen, bekommen*⟩ **K** Ausbildungsbeihilfe **2** **Beihilfe (zu etwas)** *geschrieben* das Verhalten, mit dem man eine Person dazu ermutigt oder ihr dabei hilft, eine kriminelle Tat zu planen oder auszuführen ⟨*Beihilfe zum Mord, zur Flucht;* (*jemandem*) *Beihilfe leisten*⟩

**bei·kom·men** (*ist*) **1** **jemandem (irgendwie/mit etwas) beikommen** (durch Reden) Einfluss auf eine Person ausüben, um zu bewirken, dass diese sich so verhält, wie man es selbst möchte ⟨*jemandem nicht, nur schwer beikommen* (*können*)⟩ *„Ihm ist leider nur mit viel Härte beizukommen"* **2** **einer Sache** (*Dativ*) **beikommen** ein Problem auf eine besondere oder die genannte Weise lösen *„Der Umweltverschmutzung ist nur mit strengen Strafen beizukommen"*

das **Beil** (-(*e*)*s*, -*e*) eine kleine Axt

die **Bei·la·ge**★ (-, -*n*) **1** ein Werbeprospekt, der in eine Zeitung oder Zeitschrift gelegt oder geheftet ist **2** **eine Beilage (zu etwas)** etwas (vor allem Gemüse oder Teigwaren), das man zu einem Hauptgericht isst *„Als Beilage zum Steak gab es Reis und Bohnen"*

**bei·läu·fig** *ADJEKTIV* so geäußert, dass es zufällig oder nebensächlich erscheint ⟨*eine Bemerkung; etwas beiläufig erwähnen*⟩ • *hierzu* **Bei·läu·fig·keit** *die*

**bei·le·gen** (*hat*) **(einer Sache** (*Dativ*)**) etwas beilegen** etwas zu etwas legen *„einem Brief ein Foto beilegen"* • *zu* **Bei·le·gung** *die*

das **Bei·leid** (-(*e*)*s*) die Worte, die man sagt oder schreibt, um einer Person zu zeigen, dass man mit ihr über den Tod eines Menschen trauert *„Mein aufrichtiges Beileid zum Tod Ihres Vaters!"*

**beim**★ *PRÄPOSITION mit Artikel* bei dem ❶ *Beim* kann zusammen mit dem substantivierten Infinitiv (*jemandem beim Kartenspielen zusehen*) und in festen Wendungen wie *Das geht beim besten Willen nicht* und *eine Gelegenheit beim Schopf packen* nicht durch *bei dem* ersetzt werden.

das **Bein**★ (-(*e*)*s*, -*e*) **1** einer der beiden Körperteile des Menschen (bestehend aus Oberschenkel, Unterschenkel und Fuß), mit denen man läuft, geht oder steht ⟨*krumme, lange, schlanke, hübsche Beine haben; die Beine ausstrecken, spreizen, übereinanderschlagen*⟩ ❶ → Abbildung, S. 294: **Der Körper** **2** einer von zwei, vier oder mehr Körperteilen des Tieres, auf denen es steht oder sich fortbewegt *„Spinnen haben acht Beine"* **3** eines der dünnen Teile eines Möbelstücks oder Geräts, auf denen es steht *„ein Hocker mit drei Beinen"* **K** Stuhlbein, Tischbein **4** einer der beiden länglichen Teile einer Hose, die die Beine bedecken [K] Hosenbein [D] **wieder auf den Beinen sein** *gesprochen* wieder gesund sein; **etwas auf die Beine stellen** *gesprochen* etwas Beachtliches leisten, etwas zustande bringen; **jemandem ein Bein stellen** (durch Intrigen) bewirken, dass eine Person keinen Erfolg hat; **sich** (*Dativ*) **die Beine vertreten** *gesprochen* spazieren gehen (wenn man vorher lange gesessen hat); **die Beine unter den Arm nehmen**, **die Beine in die Hand nehmen** *gesprochen* sich beeilen

**bei·nah**, **bei·na·he**★ *PARTIKEL betont und unbetont* **1** drückt aus, dass etwas (eine Handlung, ein Ereignis, die Verwirklichung eines Plans o. Ä.) erst im letzten Moment verhindert wird ≈ fast *„Ich hätte heute schon beinahe einen Unfall verursacht"* **2** drückt aus, dass die genannte Zahl, Größe, Menge, Qualität o. Ä. (noch) nicht ganz erreicht ist ≈ fast *„Er ist beinahe so groß wie sie"* ⓘ In der gesprochenen Sprache wird (besonders in Verbindung mit Zahlenangaben) häufiger *fast* verwendet: *Es ist schon fast drei Uhr*; *beinahe* und *fast* können ein Verb modifizieren, *nahezu* jedoch nicht: *Ich wäre beinahe/fast gefallen.*

der **Bein·bruch** der Bruch eines Knochens im Bein

**be|in·hal·ten** [bə'|ɪn-] (*beinhaltet, beinhaltete, hat beinhaltet*) **etwas beinhaltet etwas** *geschrieben* etwas Geschriebenes hat etwas zum Inhalt oder bringt etwas zum Ausdruck *„Das neue Gesetz beinhaltet eine Verschärfung der Bestimmungen zum Umweltschutz"*

**bei·pflich·ten** (*pflichtete bei, hat beigepflichtet*) **jemandem/etwas (in etwas** (*Dativ*)**) beipflichten** sagen, dass man mit jemandes Meinung einverstanden ist

der **Bei·rat** (-(*e*)*s*, *Bei·rä·te*) mehrere Vertreter von Interessengruppen und Experten, die einer Institution zugeordnet sind und diese zu festgelegten Themen beraten

**be·ir·ren** [bə'|ɪr-] (*beirrte, hat beirrt*) **jemanden beirren** eine Person unsicher machen, sodass sie ihren Plan nicht mehr (richtig) ausführen kann ⟨*sich von niemandem, durch nichts beirren lassen*⟩ ⓘ meist verneint und in Verbindung mit *lassen*

das **Bei·sam·men·sein** (-*s*) ein Treffen (meist in einem Gasthaus) zwischen Bekannten und Freunden (oft um etwas zu feiern) ⟨*ein fröhliches, gemütliches, geselliges Beisammensein*⟩

**bei·sei·te-** (*im Verb, betont und trennbar, begrenzt produktiv; Diese Verben werden so gebildet: beiseiteschieben, schob beiseite, beiseitegeschoben*) **1** **jemanden beiseitedrängen**; **etwas beiseiteräumen, beiseiteschaffen**; **jemanden/etwas beiseiteschieben**; **beiseitetreten** *und andere* drückt eine Bewegung zur Seite aus, oft sodass der Weg frei wird *„Sie nahm ihn beiseite, um mit ihm über den Vorfall zu sprechen"* Sie zog ihn zur Seite, um mit ihm allein über den Vorfall zu sprechen **2** **etwas beiseitelassen, beiseitelegen, beiseiteschieben** *und andere* drückt aus, dass man sich mit etwas nicht (mehr) beschäftigt, es nicht beachtet oder benutzt *„Er wischte alle unsere Bedenken beiseite"* Er wollte sich mit unseren Bedenken nicht beschäftigen

**bei·set·zen** (*hat*) **jemanden beisetzen** *geschrieben* einen Verstorbenen (oder dessen Asche) feierlich ins Grab legen • *hierzu* **Bei·set·zung** *die*

das **Bei·spiel**★ (-*s*, -*e*) **1** **ein Beispiel (für etwas)** etwas, das oft aus einer Anzahl gleichartiger Dinge als typisch herausgegriffen wird, um etwas Charakteristisches zu zeigen, um etwas Abstraktes zu illustrieren oder um eine Behauptung zu bekräftigen ⟨*etwas an einem Beispiel/anhand eines Beispiels erklären, erläutern, veranschaulichen, zeigen; etwas mit Beispielen belegen*⟩ *„Beispiele anführen, um seine These zu untermauern"* [K] Beispielsatz **2** eine Person (oder ihre Art, sich zu verhalten), die in irgendeiner Weise vorbildlich ist und deshalb nachgeahmt werden soll ⟨*jemandem ein Beispiel sein/geben; einem Beispiel folgen*⟩ ≈ Vorbild *„Sein Mut sollte uns allen ein Beispiel sein"* **3** **zum Beispiel** verwendet, um ein Beispiel anzukündigen *„Viele Tiere, zum Beispiel Elefanten, haben ein sehr gutes Gedächtnis"* ⓘ Abkürzung: *z. B.*

**bei·spiel|haft** *ADJEKTIV* ⟨*ein Verhalten, Benehmen*⟩ so, dass sie als Vorbild oder Ideal gelten können • *hierzu* **Bei·spiel·haf·tig·keit** *die*

**bei·spiel|los** *ADJEKTIV* noch nie dagewesen, in der Art unvergleichlich

**bei·spiels|wei·se**★ *ADVERB* verwendet, um ein Beispiel zu nennen *„Viele Tiere, beispielsweise Elefanten, haben ein gutes Gedächtnis"*

**bei·ßen**★ (*biss, hat gebissen*) BEIM ESSEN: **1** **in etwas** (*Akkusativ*) **beißen** die Zähne in eine Sache drücken, um sie zu essen ⟨*in ein Brötchen, in einen Apfel beißen*⟩ **2** **in/auf etwas**

(*Akkusativ*) **beißen** (beim Essen) etwas unabsichtlich mit den Zähnen verletzen ⟨*sich* (*Dativ*) *in/auf die Zunge, die Lippen beißen*⟩ ALS ANGRIFF: **3** **jemanden (in etwas** (*Akkusativ*)**) beißen** jemanden mit den Zähnen verletzen *„Der Hund hat mich ins Bein gebissen"* | *„Er wurde von einer Giftschlange gebissen"* **4** **ein Tier beißt nach jemandem/etwas** ein Tier versucht, eine Person, ein anderes Tier oder eine Sache mit den Zähnen zu packen und zu beißen **5** **ein Tier beißt** Ein Tier neigt dazu, Menschen anzugreifen und zu beißen *„Vorsicht, dieser Hund beißt!"* INSEKTEN, FISCHE, GASE: **6** **ein Insekt beißt (jemanden)** *gesprochen* Ein Insekt sticht in die Haut eines Menschen und saugt Blut aus **7** **die Fische beißen** die Fische lassen sich mit einer Angel fangen **8** **etwas beißt (in etwas** (*Dativ*)**)** ein Geruch oder Gas ist/riecht stechend oder scharf *„ein beißender Geruch"* | *„Tränengas beißt in den Augen"* **9** **etwas beißt sich mit etwas**; **Farben beißen sich** *gesprochen* Farben passen nicht zusammen

die **Beiß·zan·ge** eine Zange, mit der man Nägel aus einem Brett ziehen kann

der **Bei·stand** (-(*e*)*s*, *Bei·stän·de*) **1** *nur Singular* die Hilfe, die man jemandem in einer schwierigen Lage gibt ⟨*jemanden um Beistand bitten; jemandem Beistand leisten*⟩ **2** eine Person, die einem Angeklagten oder Beklagten hilft, indem sie dessen Interessen vertritt und ihn berät **K** Rechtsbeistand

**bei·ste·hen** *hat/süddeutsch* Ⓐ Ⓒⓗ *ist* **jemandem (in etwas** (*Dativ*)**) beistehen** jemandem in einer schwierigen Situation helfen ⟨*jemandem in der Not, in einer gefährlichen Situation beistehen*⟩

**bei·steu·ern** (*hat*) **etwas zu etwas beisteuern** mithelfen oder einen Teil zahlen, damit eine Gruppe etwas gemeinsam tun oder erreichen kann *„Geld zum Kauf eines neuen Autos beisteuern"* | *„eine Wortmeldung zu einer Diskussion beisteuern"*

der **Bei·trag★** (-(*e*)*s*, *Bei·trä·ge*) **1** **ein Beitrag (für etwas)** die Summe Geld, die ein Mitglied regelmäßig pro Monat/Jahr vor allem an einen Verein oder an eine Versicherung zahlt ⟨*seinen Beitrag zahlen, entrichten*⟩ *„Er zahlt 30 Euro Beitrag pro Jahr für die Mitgliedschaft im Sportverein"* **K** Beitragszahlung; Krankenversicherungsbeitrag, Rentenversicherungsbeitrag, Sozialversicherungsbeitrag; Monatsbeitrag; Mitgliedsbeitrag **2** **ein Beitrag (zu etwas)** die Leistung, die eine Person für ein gemeinsames Ziel bringt *„einen Beitrag zum Umweltschutz leisten"* **3** **ein Beitrag (zu etwas)/(über etwas** (*Akkusativ*)**)** ein Bericht oder ein Aufsatz, die vor allem für eine Zeitung, Zeitschrift oder einen (wissenschaftlichen) Sammelband geschrieben werden ⟨*einen Beitrag in einer Zeitschrift abdrucken, veröffentlichen*⟩

**bei·tra·gen** (*hat*) **(etwas) zu etwas beitragen** einen Beitrag zu einer Sache leisten, an der meist viele Menschen interessiert sind ⟨*sein(en) Teil zu etwas beitragen*⟩ *„viel zum Gelingen eines Abends beitragen"* | *„Louis Pasteur trug viel dazu bei, Bakterien zu erforschen"*

**bei·trags·pflich·tig** ADJEKTIV; *admin* verpflichtet, einen festgelegten Beitrag zu zahlen

**bei·tre·ten** (*ist*) **einer Sache** (*Dativ*) **beitreten** Mitglied in einer Vereinigung oder Organisation werden ⟨*einer Partei, einem Verein, der Gewerkschaft beitreten*⟩ • *hierzu* **Bei·tritt** *der*

**be·ja·hen** (*bejahte, hat bejaht*) **1** **etwas bejahen** eine Frage mit „Ja" beantworten ⟨*eine Frage bejahen*⟩ **2** **etwas bejahen** eine positive Einstellung zu etwas haben, mit etwas einverstanden sein ⟨*einen Plan, jemandes Handeln bejahen*⟩ • *hierzu* **Be·ja·hung** *die*

**be·kämp·fen★** (*bekämpfte, hat bekämpft*) **1** **jemanden bekämpfen** so handeln, dass die genannte Person gehindert wird, etwas zu tun **2** **etwas bekämpfen** so handeln, dass die genannte Sache verschwindet oder weniger wird *„Ungeziefer/den Missbrauch von Drogen bekämpfen"* • *hierzu* **Be·kämp·fung** *die*

**be·kannt★** ADJEKTIV **1** im Gedächtnis vieler Menschen vorhanden ⟨*ein Lied, ein Schauspieler*⟩ **2** **als jemand/etwas bekannt** mit dem Ruf, etwas zu sein *„Er ist als Lügner bekannt"* **3** **für etwas bekannt** wegen einer positiven Eigenschaft geschätzt bzw. wegen einer negativen Eigenschaft nicht geschätzt *„Er ist für seinen Fleiß bekannt"* | *„Anette ist bekannt dafür, dass sie sehr großzügig ist"* **4** **etwas ist (jemandem) bekannt** etwas ist so, dass jemand es kennt oder davon gehört hat *„Mir ist nichts von einer neuen Regelung bekannt"* Ich habe noch nichts von einer neuen Regelung gehört | *„Es darf nicht bekannt werden, dass …"* **5** **eine Person ist ((mit) jemandem) bekannt**; **Personen sind miteinander bekannt** Personen kennen sich **6** **eine Person/etwas kommt jemandem bekannt vor** eine

B

Person oder Sache macht auf jemanden den Eindruck, dass man sie bereits kennt *„Der Mann an der Theke kommt mir bekannt vor"* 7 **etwas bekannt geben/machen** etwas (z. B. durch die Presse) der Öffentlichkeit mitteilen *„Der Minister gab seinen Rücktritt bekannt"* 8 **eine Person mit jemandem bekannt machen; Personen miteinander bekannt machen** (als Dritter) eine Person einer anderen Person vorstellen *„Darf ich Sie mit meiner Frau bekannt machen?"* • *zu* (1 – 4) **Be·kạnnt·heit** *die; zu* (7) **Be·kannt·ga·be** *die*

der/die **Be·kạnn·te★** (*-n, -n*) 1 eine Person, die man (vor allem beruflich) kennt und mit der man sich gelegentlich trifft, ohne befreundet zu sein ↔ Fremde(r) *„im Biergarten zufällig zwei alte Bekannte treffen"* 2 **ein guter Bekannter/eine gute Bekannte** eine Person, die man zwar gut kennt und öfter trifft, die aber (noch) kein richtiger Freund/keine richtige Freundin ist

**be·kạnnt·ge·ben** ≈ bekannt geben

**be·kạnnt·lich** *ADVERB* wie jeder weiß, wie allgemein bekannt ist *„Rauchen ist bekanntlich schädlich"*

**be·kạnnt·ma·chen** ≈ bekannt machen

die **Be·kạnnt·schaft★** (*-, -en*) 1 *nur Singular* der persönliche Kontakt mit einer Person (meist nur selten und nicht intensiv) ⟨*eine langjährige Bekanntschaft*⟩ 2 *nur Singular* alle Bekannten, die man hat 3 *meist Plural* Personen, zu denen man eine oberflächliche Beziehung hat *„Er hat zahlreiche Bekanntschaften"* 4 **mit etwas Bekanntschaft machen** *gesprochen* mit etwas meist Unangenehmem in Kontakt kommen, es kennenlernen *„mit den skrupellosen Methoden eines Diktators Bekanntschaft machen"* 5 **jemandes Bekanntschaft machen** jemanden kennenlernen

**be·ke̲h·ren** (*bekehrte, hat bekehrt*) **jemanden (zu etwas) bekehren** jemanden oder sich selbst dazu bringen, die eigene Religion, die eigenen Ansichten oder die eigene Weltanschauung zu ändern ⟨*jemanden zu einer anderen Meinung, politischen Gesinnung bekehren*⟩ *„Ein chinesischer Mönch bekehrte ihn zum Buddhismus"* • *hierzu* **Be·ke̲h·rung** *die*

**be·kẹn·nen** (*bekannte, hat bekannt*) 1 **(etwas) bekennen** voller Reue offen sagen oder gestehen, dass man etwas meist Schlechtes getan hat ⟨*seine Sünden, seine Schuld bekennen*⟩ 2 **seinen Glauben bekennen** offen zeigen oder sagen, dass man einem (religiösen) Glauben angehört 3 **sich zu jemandem/etwas bekennen** öffentlich und deutlich sagen, dass man von jemandem/von einer Person, Meinung, Ideologie oder Religion überzeugt ist ⟨*sich zu einem guten Freund, zur Demokratie, zum Christentum bekennen*⟩ 4 **sich schuldig bekennen** (vor Gericht) offen zugeben, dass man ein Verbrechen begangen hat

das **Be·kẹnnt·nis** (*-ses, -se*) 1 das Bekennen einer Schuld oder einer unmoralischen Tat *„ein aufrichtiges Bekenntnis seiner Sünden ablegen"* 2 die Zugehörigkeit zu einer Religion ≈ Konfession K Glaubensbekenntnis

**be·kla̲·gen★** (*beklagte, hat beklagt*) 1 **jemanden/etwas beklagen** über einen Verlust, einen Todesfall o. Ä. sehr traurig sein (und klagen) *„den Tod eines Verwandten beklagen"* 2 **sich (bei jemandem) (über eine Person/Sache) beklagen** jemandem deutlich sagen, dass man mit einer Person/Sache nicht zufrieden ist oder sie als störend empfindet ≈ beschweren *„sich über jemandes Unfreundlichkeit, zu viel Arbeit/Lärm beklagen"*

der/die **Be·kla̲g·te** (*-n, -n*) eine Person, die in einem Zivilprozess verklagt worden ist ❶ a) vergleiche **Angeklagte**; b) *ein Beklagter; der Beklagte; den, dem, des Beklagten*

**be·kle̲·ben** (*beklebte, hat beklebt*) **etwas (mit etwas) bekleben** etwas auf etwas anderes kleben *„die Wände mit Tapeten bekleben"*

**be·kle̲i·det** *ADJEKTIV* **(mit etwas) bekleidet sein** (die genannte) Kleidung tragen *„Er war mit einer kurzen Hose und einem T-Shirt bekleidet"*

die **Be·kle̲i·dung★** *meist Singular* die Kleidungsstücke, die man für einen Zweck oder zu einer Jahreszeit trägt ≈ Kleidung *„leichte Bekleidung für den Sommer"* K Damenbekleidung, Herrenbekleidung, Sommerbekleidung, Berufsbekleidung, Sportbekleidung

**be·klẹm·mend** *ADJEKTIV* ⟨*ein Gefühl, Schweigen*⟩ so, dass sie Angst oder Unruhe verursachen

**be·klọm·men** *ADJEKTIV* von Angst oder Unruhe erfüllt

**be·kọm·men**[1]**★** (*bekam, hat bekommen*); *kein Passiv* ALS EMPFÄNGER, ZIELPERSON: 1 **etwas (von jemandem) bekommen** Wenn eine Person jemandem etwas bringt, gibt, schickt, schenkt oder verkauft, bekommt man es von ihr *„Zur Belohnung bekam sie von ihrem Vater ein Fahrrad"* 2 **etwas (von jemandem) bekommen** wenn eine Person jemandem etwas sagt oder schreibt, bekommt man es von ihr *„Sie bekam viele Glückwünsche zum Geburtstag"* 3 **etwas (von jemandem) bekommen** das Ziel einer Aktion, einer Handlung sein *„Bekomme ich einen Kuss von dir?"* 4 **etwas bekommen** mit etwas bestraft werden *„Sie bekam einen Strafzettel/eine Geldstrafe"* ALS HANDELNDER: 5 **etwas bekommen** etwas durch Suchen oder eigenes Bemühen erreichen *„in der Innenstadt keinen Parkplatz bekommen"* 6 **etwas bekommen** durch Erfahrung oder Information etwas lernen oder verstehen *„Hast du schon Einblick in die Zusammenhänge bekommen?"* 7 **etwas bekommen** *gesprochen* rechtzeitig an einem Ort sein, um mit etwas mitfahren zu können ⟨*den Bus, die U-Bahn, den Zug bekommen*⟩ ≈ erreichen 8 **etwas irgendwohin bekommen** *gesprochen* etwas mit Erfolg an die genannte Stelle bringen oder von dort entfernen *„einen Nagel nicht in die/aus der Wand bekommen"* 9 **jemanden/etwas irgendwie bekommen** *gesprochen* jemanden/etwas mit Erfolg in den genannten Zustand bringen *„Hoffentlich bekommen wir die Hose wieder sauber"* BEI EINFLÜSSEN, VORGÄNGEN: 10 **etwas bekommen** eine Situation, eine Wirkung erleben *„Welches Wetter bekommen wir morgen?"* 11 **etwas bekommen** eine körperliche oder emotionale Veränderung erleben *„Fieber und Halsschmerzen bekommen"* 12 **eine Frau bekommt ein Baby/ein Kind** eine Frau ist schwanger 13 **etwas bekommt etwas** etwas verändert sich, entwickelt etwas Neues *„Die Bäume bekommen Blüten/frische Blätter"* MIT ANDEREN VERBEN: 14 **etwas** + *Partizip Perfekt* **bekommen** anstelle des Passivs verwendet bei Verben, die zwei Objekte haben können *„Ich habe (von ihm) Blumen geschenkt bekommen"* Er hat mir Blumen geschenkt 15 **etwas zu** +*Infinitiv* **bekommen** die Möglichkeit haben, etwas zu tun oder etwas wahrzunehmen *„Bekommt man hier nichts zu trinken?"*

**be·kom·men**² (*bekam, ist bekommen*) **etwas bekommt jemandem irgendwie** etwas wirkt sich auf jemandes Gesundheit oder Wohlbefinden aus *„Das scharfe Essen ist ihm schlecht bekommen"* | *„Der Klimawechsel bekommt ihm nicht"* er verträgt ihn nicht

**be·kömm·lich** ADJEKTIV so, dass der Magen es gut verträgt ⟨*ein Essen, eine Mahlzeit*⟩ • *hierzu* **Be·kömm·lich·keit** *die*

**be·küm·mert** ADJEKTIV **bekümmert (über etwas** (*Akkusativ*)) von Sorge oder Kummer erfüllt ≈ traurig *„Sie warf mir einen bekümmerten Blick zu"*

**be·la·den** (*belädt, belud, hat beladen*) **etwas (mit etwas) beladen** etwas auf eine Fläche (meist eines Fahrzeugs) laden *„einen Lastwagen mit Erde beladen"* • *hierzu* **Be·la·dung** *die*

der **Be·lag** (-(e)s, *Be·lä·ge*) 1 eine Schicht aus einem Material, mit der etwas bedeckt wird, um es vor Abnutzung oder Reibung zu schützen *„die Straße/den Fußboden mit einem neuen Belag versehen"* K Fußbodenbelag, Straßenbelag 2 *meist Singular* eine dünne Schicht aus Schmutz oder Bakterien, die sich auf etwas gebildet hat ⟨*ein Belag auf der Zunge, auf den Zähnen, auf dem Spiegel*⟩ K Staubbelag, Zahnbelag 3 *meist Singular* das, was man auf eine Scheibe Brot oder ein Brötchen legt (z. B. Wurst, Käse)

**be·la·gern** (*belagerte, hat belagert*) 1 **Soldaten belagern etwas** Soldaten schlagen für längere Zeit ihr Lager um etwas herum auf, um es zu erobern ⟨*eine Burg, eine Festung, eine Stadt belagern*⟩ 2 **Personen belagern jemanden/etwas** *gesprochen* Personen drängen sich (in großer Zahl) um jemanden/etwas, um etwas zu bekommen *„Der Star wurde von Fans belagert, die auf Autogramme hofften"* • *zu* (1) **Be·la·ge·rung** *die*; *zu* (1) **Be·la·ge·rer** *der*

der **Be·lang** (-(e)s, -e) 1 *nur Plural* die Angelegenheiten oder Faktoren, die für jemanden oder innerhalb eines Bereichs wichtig sind ⟨*die ökonomischen, sozialen Belange; jemandes Belange wahrnehmen*⟩ 2 **(etwas ist) (für jemanden) von/ohne Belang** (etwas ist) für jemanden wichtig/nicht wichtig

**be·lang·los** ADJEKTIV **belanglos (für jemanden/etwas)** ohne Bedeutung oder Folgen ⟨*eine Bemerkung*⟩ ≈ unwichtig *„Sein Alter ist für diese Aufgabe belanglos"*

**be·las·sen** (*belässt, beließ, hat belassen*) 1 **jemanden bei/in etwas** (*Dativ*) **belassen** nicht versuchen, vor allem jemandes Meinung oder Einstellung zu ändern ⟨*jemanden bei seiner Meinung, seinem Irrtum, bei/in seinem Glauben belassen*⟩ 2 **etwas in etwas** (*Dativ*) **belassen** den bisherigen Zustand einer Sache nicht ändern *„ein Theaterstück in seiner ursprünglichen Besetzung belassen"* 3 **etwas irgendwo belassen** etwas nicht von dem bisherigen Platz entfernen *„Tiere in ihrer natürli-*

*chen Umgebung belassen"*

**be·lạst·bar** *ADJEKTIV* so, dass eine Person oder Sache Belastungen gut verträgt • *hierzu* **Be·lạst·bar·keit** *die*

**be·lạs·ten★** (*belastete, hat belastet*) **1** **jemanden (mit/durch etwas) belasten** bewirken, dass jemand viel psychische oder physische Kraft braucht *„jemanden mit Problemen/zusätzlicher Arbeit stark belasten"* **2** **jemand/etwas belastet etwas (mit/durch etwas)** eine Person oder Sache sorgt für eine störende oder schädliche Wirkung auf etwas *„Wir belasten die Luft mit Abgasen"* | *„Die Abgase belasten die Luft"* **3** **etwas (mit etwas) belasten** bewirken, dass schwere Dinge in oder auf etwas sind *„Die Brücke brach zusammen, da sie zu stark belastet wurde"*

**be·lạ̈s·ti·gen** (*belästigte, hat belästigt*) **1** **jemanden (mit etwas) belästigen** eine andere Person stören oder ärgern, indem man immer wieder etwas von ihr möchte ⟨*jemanden mit den eigenen Problemen, Sorgen belästigen*⟩ **2** **jemanden belästigen** eine Person nicht in Ruhe lassen oder versuchen, sie zu etwas zu zwingen, was sie nicht will ⟨*ein Mädchen, eine Frau unsittlich belästigen*⟩ *„Ich wurde auf der Straße von Betrunkenen belästigt"* • *hierzu* **Be·lạ̈s·ti·gung** *die*

die **Be·lạs·tung★** (-, *-en*) **1** das, wodurch jemand belastet wird und was so das Leben schwierig macht *„Seine Krankheit stellt für ihn eine schwere Belastung dar"* **2** das, wodurch etwas belastet und beschädigt wird *„Bleifreies Benzin bedeutet eine geringere Belastung der Umwelt"* **K** Umweltbelastung **3** das Gewicht, das eine Fläche, einen Körper oder eine (technische) Konstruktion belastet

**be·lau·fen** (*beläuft sich, belief sich, hat sich belaufen*) **etwas beläuft sich auf etwas** (*Akkusativ*) etwas erreicht die genannte Anzahl, Menge oder Geldsumme *„Der entstandene Sachschaden beläuft sich auf 1.000 Euro"*

**be·le·ben** (*belebte, hat belebt*) **1** **etwas belebt jemanden/etwas** etwas hat auf jemanden/etwas eine aktivierende, stimulierende Wirkung *„Kaffee belebt den Kreislauf"* **2** **etwas (mit/durch etwas) beleben** etwas interessant(er) oder lebendig(er) machen *„ein Zimmer durch bunte Tapeten beleben"* • *hierzu* **Be·le·bung** *die*

**be·lebt** *ADJEKTIV ADJEKTIV* voller Menschen oder Fahrzeuge ⟨*eine Straße, eine Kreuzung*⟩ *„Die Fußgängerzone ist immer sehr belebt"*

der **Be·leg★** (-(*e*)*s*, *-e*) **ein Beleg (für etwas)** meist eine Rechnung oder Quittung, die bestätigen, dass man etwas bezahlt, bekommen oder getan hat **K** Zahlungsbeleg

**be·le·gen★** (*belegte, hat belegt*) **1** **etwas (mit etwas) belegen** etwas mit einem Belag bedecken *„einen Tortenboden mit Erdbeeren/ein Brot mit Wurst belegen"* **2** **etwas (mit/durch etwas) belegen** etwas durch einen Beleg nachweisen oder beweisen *„Ausgaben/Spenden durch Quittungen belegen"* | *„eine Behauptung mit einem Zitat belegen"* **3** **etwas belegen** sich als Student für einen Kurs anmelden ⟨*ein Seminar, eine Vorlesung belegen*⟩ **K** Belegbogen **4** **etwas belegen** (als Sportler) in einem Wettkampf den genannten Rang erreichen *„den zweiten Platz belegen"* **5** **jemanden/etwas mit etwas belegen** bewirken, dass etwas (meist Unangenehmes) für jemanden/etwas zur Pflicht wird ⟨*jemanden mit einer Strafe, mit einem Bußgeld belegen*⟩ *„Zigaretten mit einer höheren Steuer belegen"* • *zu* (2 – 5) **Be·le·gung** *die*; *zu* (2) **be·leg·bar** *ADJEKTIV*

die **Be·leg·schaft** (-, *-en*) alle Personen, die in einem Betrieb beschäftigt sind ≈ Personal

**be·legt★** *ADJEKTIV* **1** von Personen besetzt ⟨*ein Zimmer, ein Hotel*⟩ ⟷ frei *„Alle Betten des Krankenhauses sind zurzeit belegt"* **2** **(mit etwas) belegt** so, dass Wurst oder Käse darauf liegt ⟨*ein Brot, ein Brötchen*⟩ **3** (meist als Symptom einer Krankheit) mit einer hellen Schicht ⟨*die Zunge*⟩ **4** nicht klar, weil jemand heiser ist oder fast weinen muss ⟨*eine Stimme*⟩ **5** **ein Anschluss/eine Nummer ist belegt** ein Telefon wird gerade benutzt, kann keine anderen Anrufe bekommen

**be·lei·di·gen★** (*beleidigte, hat beleidigt*) **jemanden (durch/mit etwas) beleidigen** die Gefühle oder Ehre einer Person durch Worte oder Handlungen sehr verletzen ⟨*jemanden schwer beleidigen*⟩ *„eine beleidigende Bemerkung"*

**be·lei·digt** *ADJEKTIV* in den Gefühlen oder in der Ehre verletzt ⟨*tief, zutiefst, tödlich beleidigt*⟩ *„Sie ist wegen jeder Kleinigkeit beleidigt"*

die **Be·lei·di·gung** (-, *-en*) eine Äußerung oder eine Handlung, die jemandes Gefühle oder Ehre verletzt ⟨*eine schwere Beleidigung*⟩ **K** Beamtenbeleidigung

**be·leuch·ten★** (*beleuchtete, hat beleuchtet*) **etwas (mit etwas) beleuchten** etwas durch

B

Licht oder Lampen hell machen *„Die Bühne wurde mit Scheinwerfern beleuchtet"*

die **Be·leuch·tung** (-, *-en*) das Beleuchten K Bühnenbeleuchtung

**be·lich·ten** (*belichtete, hat belichtet*) **(etwas) belichten** Lichtstrahlen auf einen Film oder auf Fotopapier fallen lassen *„beim Fotografieren ein Foto zu stark belichten"*

die **Be·lich·tung** das Belichten ‹*die Belichtung eines Films, eines Fotos*› K Belichtungszeit

**be·lie·big** ★ ADJEKTIV 1 gleichgültig welcher, welche, welches *„zu jeder beliebigen Zeit erreichbar sein"* 2 so, wie man es will und wie man es gut findet *„Die Reihenfolge ist beliebig"*

**be·liebt** ★ ADJEKTIV 1 **(bei jemandem) beliebt** (von vielen) sehr geschätzt ‹*ein Heilmittel, ein Politiker, ein Spiel, ein Urlaubsland*› *„Er war bei seinen Kollegen sehr beliebt"* 2 **(bei jemandem) beliebt** sehr verbreitet oder oft benutzt ‹*ein Aufsatzthema, eine Ausrede, eine Redensart*› 3 **sich (bei jemandem) beliebt machen** sich (bewusst) so verhalten, dass es jemandem gefällt • *zu* (1,2) **Be·liebt·heit** *die*

**bel·len** (*bellte, hat gebellt*) **ein Hund bellt** ein Hund gibt die Laute von sich, die für seine Art typisch sind

die **Bel·let·ris·tik** (-) Literatur, die der Unterhaltung dient, wie z. B. Romane und Erzählungen ↔ Sachliteratur, Fachliteratur • *hierzu* **bel·let·ris·tisch** ADJEKTIV

**be·loh·nen** ★ (*belohnte, hat belohnt*) 1 **jemanden (für etwas) (mit etwas) belohnen** einer Person etwas geben, weil sie geholfen oder Gutes getan hat ‹*jemanden für seine Ehrlichkeit, Mühe belohnen*› *„Sie belohnte ihn für seine Hilfe mit 100 Euro"* 2 **etwas (mit/durch etwas) belohnen** etwas durch eine freundliche Reaktion anerkennen ‹*jemandes Gutmütigkeit, jemandes Hilfsbereitschaft belohnen*›

die **Be·loh·nung** ★ (-, *-en*) **eine Belohnung (für etwas)** das, was jemand als Anerkennung für eine gute Tat o. Ä. bekommt ‹*etwas als/zur Belohnung bekommen*› *„eine Belohnung für die Aufklärung eines Verbrechens aussetzen"*

**be·lü·gen** (*belog, hat belogen*) **jemanden belügen** jemanden anlügen

**be·män·geln** (*bemängelte, hat bemängelt*) **etwas (an jemandem/etwas) bemängeln** sagen, dass man etwas als Fehler oder Mangel empfindet *„Die Chefin bemängelte seine Unpünktlichkeit"* | *„An der Arbeit ist nichts zu bemängeln"* • *hierzu* **Be·män·ge·lung** *die*

**be·mannt** ADJEKTIV **(mit jemandem) bemannt** mit einer Mannschaft, einem Team versehen ‹*ein Flugzeug, Schiff, Boot*› *„ein mit fünf Astronauten bemanntes Raumschiff"*

**be·merk·bar** ADJEKTIV 1 so, dass man es sehen, hören oder riechen kann *„ein kaum bemerkbarer Farbunterschied"* 2 **etwas macht sich bemerkbar** etwas zeigt unangenehme Wirkungen *„Wenn sie lange Strecken laufen muss, macht es sich bemerkbar, dass sie zu viel raucht"* 3 **sich bemerkbar machen** sich so verhalten, dass andere Menschen aufmerksam werden und reagieren *„Der Verletzte versuchte vergeblich, sich bemerkbar zu machen"*

**be·mer·ken** ★ (*bemerkte, hat bemerkt*) 1 **jemanden/etwas bemerken** jemanden/etwas sehen, hören oder riechen ≈ wahrnehmen *„Es kam zu einem Zusammenstoß, weil der Autofahrer den Radfahrer zu spät bemerkt hatte"* 2 **etwas bemerken** durch Überlegen oder Nachdenken etwas erkennen *„Hast du denn nicht bemerkt, dass man dich betrügen wollte?"* 3 **etwas (zu etwas) bemerken** etwas (zu dem genannten Thema) sagen *„Nebenbei bemerkt, das Essen war miserabel"*

**be·mer·kens·wert** ADJEKTIV 1 gut oder auffällig und daher wert, dass man es beachtet *„eine bemerkenswerte Arbeit"* 2 verwendet, um Adjektive zu verstärken *„Das Essen schmeckte bemerkenswert gut"*

die **Be·mer·kung** (-, *-en*) **eine Bemerkung über jemanden/etwas** eine kurze, oft mündliche Äußerung zu einer Sache oder Person ‹*eine Bemerkung fallen lassen, machen*›

**be·mit·lei·den** (*bemitleidete, hat bemitleidet*) **jemanden bemitleiden** mit jemandem Mitleid haben

**be·mü·hen** ★ (*bemühte, hat bemüht*) 1 **sich (um etwas) bemühen**; **sich bemühen zu** *+Infinitiv* sich Mühe geben, um etwas zu erreichen ‹*sich redlich, umsonst, vergeblich bemühen*› *„Sie bemüht sich, bessere Noten zu bekommen"* 2 **sich um jemanden bemühen** versuchen, jemandem zu helfen *„Sie bemühte sich um den Verletzten"*

**be·müht** ADJEKTIV 1 **um etwas bemüht sein**; **bemüht sein zu** *+Infinitiv* sich anstrengen, um etwas zu erreichen *„Sie war stets um Ordnung bemüht"* 2 **um jemanden bemüht sein** eifrig versuchen, jemandem zu helfen

die **Be·mü·hung** (-, *-en*); *meist Plural* 1 die An-

B

strengungen oder die Mühe, mit denen man etwas erreichen will *„Die Bemühungen um den Verletzten waren leider umsonst"* **2** *geschrieben nur Plural* die geleistete Arbeit (auf Rechnungen) *„Für meine Bemühungen erlaube ich mir, Ihnen 160 Euro zu berechnen"*

**be·nach·bart** *ADJEKTIV* in direkter Nähe befindlich *„das benachbarte Dorf"*

**be·nach·rich·ti·gen**★ (*benachrichtigte, hat benachrichtigt*) **jemanden (von etwas) benachrichtigen**; **jemanden benachrichtigen, dass ...** jemandem eine Nachricht von etwas geben ≈ informieren

die **Be·nach·rich·ti·gung** (-, *-en*) **1** *nur Singular* das Benachrichtigen *„die Benachrichtigung der Familie des Verunglückten"* **2** eine meist schriftliche Nachricht ≈ Mitteilung

**be·nach·tei·li·gen** (*benachteiligte, hat benachteiligt*) **eine Person (gegenüber jemandem) benachteiligen** eine Person schlechter behandeln als andere Leute oder jemandem weniger geben als anderen Leuten ⟨*sich benachteiligt fühlen*⟩ *„Das Testament benachteiligte den älteren Sohn gegenüber dem jüngeren"* • *hierzu* **Be·nach·tei·li·gung** *die*

**Be·ne·fiz-** *im Substantiv, betont, begrenzt produktiv* **das Benefizkonzert, das Benefizspiel, die Benefizveranstaltung** *und andere* drückt aus, dass eine Sache wohltätigen Zwecken dient

**be·neh·men**★ (*benimmt sich, benahm sich, hat sich benommen*) **sich irgendwie benehmen** das genannte Verhalten zeigen ⟨*sich gut, unhöflich, anständig (gegenüber jemandem) benehmen*⟩ *„Benimm dich doch nicht wie ein kleines Kind!"* **ID** **Benimm dich!** Verhalte dich anständig!

das **Be·neh·men** (-s) die Art und Weise, wie man sich in Gesellschaft von anderen Leuten verhält ⟨*kein (= ein schlechtes) Benehmen haben*⟩ ≈ Manieren *„Sein unhöfliches Benehmen provozierte die Gäste"*

**be·nei·den** (*beneidete, hat beneidet*) **jemanden (um etwas) beneiden** Neid empfinden, weil man die Fähigkeiten einer anderen Person oder das, was dieser Person gehört, selbst gern hätte *„Alle beneiden mich um mein neues Mountainbike"*

**be·nei·dens·wert** *ADJEKTIV* so, dass man neidisch werden könnte *„eine beneidenswerte Person"* | *„Sein Haus ist beneidenswert groß"*

**be·nen·nen**★ (*benannte, hat benannt*) **1** **etwas benennen** das richtige Wort für etwas sagen (können) *„Ich kann diese Pflanze nicht benennen"* **2** **eine Person/Sache (nach jemandem/etwas) benennen** einer Person oder Sache einen Namen geben *„den Sohn nach dem Großvater benennen"* | *„eine Straße nach einem Wissenschaftler benennen"* **3** **jemanden als etwas benennen** jemanden für eine Aufgabe oder ein Amt vorschlagen *„Er wurde als Zeuge benannt"*

**be·nom·men** *ADJEKTIV meist prädikativ* nicht ganz bei Bewusstsein, leicht betäubt *„Er war von dem Sturz eine Zeit lang benommen"* • *hierzu* **Be·nom·men·heit** *die*

**be·no·ten**★ (*benotete, hat benotet*) **etwas benoten** einer Leistung eine Note geben *„eine Schularbeit benoten"* • *hierzu* **Be·no·tung** *die*

**be·nö·ti·gen**★ (*benötigte, hat benötigt*) **jemanden/etwas benötigen** jemanden/etwas (zu einem Zweck) haben müssen ≈ brauchen *„zur Einreise ein Visum benötigen"* | *„dringend benötigte Ersatzteile"*

**be·nut·zen**★ (*benutzte, hat benutzt*) **1** **etwas (zu/für etwas) benutzen** etwas für eine Tätigkeit nehmen ≈ verwenden *„ein Handtuch zum Trocknen benutzen"* | *„einen Gasherd zum Kochen benutzen"* **2** **etwas (zu/für etwas) benutzen** mit dem genannten Verkehrsmittel fahren ⟨*das Auto, das Fahrrad, die U-Bahn benutzen*⟩ **3** **etwas (als/zu etwas) benutzen** etwas so einsetzen, dass man den gewünschten Zweck erreicht *„Sie benutzte die Gelegenheit, um ihr Anliegen vorzutragen"* | *„Er benutzte die Ferien dazu, den Unterrichtsstoff zu wiederholen"* • *zu* (1) **be·nutz·bar** *ADJEKTIV*; *zu* (1,2) **Be·nut·zung** *die*

der **Be·nut·zer**★ (-s, -) eine Person, die etwas benutzt **K** Bibliotheksbenutzer, Wörterbuchbenutzer • *hierzu* **Be·nut·ze·rin** *die*

die **Be·nut·zer·ken·nung** (-, *-en*) Name und Passwort, mit denen sich eine Person bei einem Computersystem oder Netzwerk anmeldet

**be·nutzt** *ADJEKTIV* nicht mehr frisch ⟨*Wäsche*⟩ ≈ gebraucht *„Ist das Handtuch schon benutzt?"*

das **Ben·zin**★ (-s) eine Flüssigkeit, die leicht brennt und die als Treibstoff für Motoren verwendet wird ⟨*bleifreies Benzin, Benzin tanken*⟩ **K** Benzinkanister, Benzinverbrauch; Superbenzin

**be·ob·ach·ten**★ (*beobachtete, hat beobachtet*) **1** **jemanden/etwas beobachten** eine

B

Person, eine Sache oder einen Vorgang lange betrachten, um genau zu erkennen, was geschieht ⟨*jemanden/etwas heimlich, kritisch, genau beobachten; sich beobachtet fühlen*⟩ *„Er wird von der Polizei beobachtet"* **2** **jemanden/etwas beobachten** das Interesse über längere Zeit auf jemanden/etwas richten und dabei auf Veränderungen achten *„einen Patienten beobachten"*

der **Be·ob·ach·ter** (-s, -) eine Person, die jemanden oder etwas (mit den Augen) beobachtet

die **Be·ob·ach·tung★** (-, *-en*) **1** das Beobachten *„Die Versuchstiere stehen unter ständiger Beobachtung"* **2** eine Feststellung als Ergebnis einer Beobachtung ⟨*seine Beobachtungen aufzeichnen, mitteilen*⟩

**be·pflan·zen** (*bepflanzte, hat bepflanzt*) **etwas (mit etwas) bepflanzen** etwas mit Pflanzen versehen *„den Straßenrand mit Bäumen bepflanzen"* • *hierzu* **Be·pflan·zung** *die*

**be·quem★** *ADJEKTIV* **1** so, dass man sich darin oder damit wohlfühlt ⟨*ein Auto, ein Kleid, ein Sessel, Schuhe*⟩ *„Auf deinem Sofa sitzt man sehr bequem"* **2** ⟨*eine Ausrede, ein Weg*⟩ so, dass sie keine Mühe verursachen ≈ leicht *„Der See ist in einer Stunde zu Fuß bequem zu erreichen"* **3** *abwertend* so, dass sich jemand nicht gern anstrengt ≈ faul *„Er macht nie sein Bett, weil er zu bequem dazu ist"* **ID** **Machen Sie es sich bequem!** verwendet als Aufforderung an einen Gast, sich zu setzen

die **Be·quem·lich·keit** (-, *-en*) **1** *nur Singular* der Zustand, in dem etwas bequem ist ≈ Komfort *„für die Bequemlichkeit der Gäste sorgen"* **2** *abwertend nur Singular* die Eigenschaft, dass man sich nicht anstrengen will *„etwas aus Bequemlichkeit nicht tun"*

**be·ra·ten★** (*berät, beriet, hat beraten*) **1** **jemanden beraten** jemandem durch einen Rat (bei einer Entscheidung) helfen ⟨*jemanden gut, klug, richtig beraten; sich beraten lassen*⟩ *„Ein Fachmann hat mich bei/in dieser Sache beraten"* **2** **eine Person berät etwas mit jemandem; Personen beraten etwas** zwei oder mehrere Personen besprechen ein Problem *„Sie berieten, was sie tun sollten/ob sie das tun sollten"*

der **Be·ra·ter** (-s, -) eine Person, die (beruflich) jemanden auf einem Gebiet berät ⟨*ein technischer, juristischer, politischer Berater*⟩ **K** Berufsberater, Steuerberater, Unternehmensberater • *hierzu* **Be·ra·te·rin** *die*

**be·rat·schla·gen** (*beratschlagte, hat beratschlagt*) **etwas (mit jemandem) beratschlagen** ≈ beraten *„Sie beratschlagten, ob sie die Reise buchen sollten"* • *hierzu* **Be·rat·schla·gung** *die*

die **Be·ra·tung★** (-, *-en*) **1** *nur Singular* das Erteilen von Rat und Auskunft auf einem Gebiet ⟨*ärztliche, juristische, fachkundige Beratung*⟩ **K** Beratungsgespräch; Berufsberatung, Unternehmensberatung **2** das gemeinsame Besprechen eines Problems, eines Falles o. Ä. ⟨*die Beratung aufnehmen, abbrechen*⟩ ≈ Besprechung *„Das Gericht zog sich zur Beratung zurück"* **K** Beratungsausschuss

die **Be·ra·tungs·stel·le** eine Einrichtung, die bei Problemen (z. B. in der Kindererziehung, in der Ehe oder wenn man süchtig ist) durch Gespräche und Ratschläge helfen will **K** Drogenberatungsstelle, Erziehungsberatungsstelle

**be·rau·ben** (*beraubte, hat beraubt*) **1** **jemanden (einer Sache** (*Genitiv*)**) berauben** jemandem etwas mit Gewalt stehlen **2** **jemanden seiner Freiheit berauben** eine Person oder ein Tier in Gefangenschaft nehmen

**be·re·chen·bar** *ADJEKTIV* **1** ⟨*ein Mensch; jemandes Handeln*⟩ so, dass man sagen kann, wie sie in Zukunft sein werden **2** so, dass man eine Summe berechnen kann *„Die angerichteten Schäden sind nicht berechenbar"*

**be·rech·nen★** (*berechnete, hat berechnet*) **1** **etwas berechnen** durch Rechnen herausfinden, wie groß etwas ist ⟨*den Preis, die Kosten, die Größe, die Länge, die Höhe, die Entfernung, den Schaden berechnen*⟩ ≈ ausrechnen *„den Benzinverbrauch berechnen"* **2** **etwas für jemanden berechnen; etwas auf etwas** (*Akkusativ*) **berechnen** etwas schon vorher kalkulieren, planen *„den Kredit auf elf Jahre berechnen"* | *„Das Essen ist für vier Personen berechnet"* **3** **(jemandem) etwas berechnen** jemanden eine Summe Geld für eine Dienstleistung bezahlen lassen *„Für die Arbeit berechne ich Ihnen 80 Euro"*

**be·rech·nend** *ADJEKTIV oft abwertend* so, dass jemand immer einen Vorteil für sich sucht *„eine kalt/kühl berechnende Person"*

die **Be·rech·nung** (-, *-en*) **1** das Berechnen ⟨*Berechnungen anstellen; nach meiner Berechnung*⟩ *„die Berechnung der Heizungskosten"* **2** das Planen einer Sache im voraus *„Nach seiner Berechnung beträgt die Bauzeit zwei Jahre"* **3** *nur Singular* eine Überlegung oder

Absicht, die sich am eigenen Vorteil orientiert ⟨*kühle, eiskalte Berechnung*⟩ *„Das tut er nur aus Berechnung"*

**be·rẹch·ti·gen** (*berechtigte, hat berechtigt*) **1** **etwas berechtigt (jemanden) zu etwas** etwas gibt jemandem das Recht, etwas zu tun *„Das Abitur berechtigt (Sie) zum Studium an einer Universität"* **2** **etwas berechtigt zu etwas** etwas weckt eine Erwartung, die wahrscheinlich erfüllt wird ⟨*etwas berechtigt zu der Annahme, dass …*⟩ *„Seine Leistungen berechtigen zu großen Hoffnungen"*

**be·rẹch·tigt★** *ADJEKTIV* **1** aus Gründen, die allgemein anerkannt und überprüfbar sind ⟨*ein Einwand, eine Forderung, eine Hoffnung, ein Vorwurf*⟩ ≈legitim **2** **zu etwas berechtigt sein** das Recht haben, etwas zu tun *„Kinder sind nicht berechtigt, Alkohol zu kaufen"*

die **Be·rẹch·ti·gung** (-, *-en*); *meist Singular* **die Berechtigung (zu etwas)** das Recht oder die Erlaubnis, etwas zu tun *„Haben Sie die Berechtigung, hier zu parken?"* **K** Wahlberechtigung

der **Be·reich★** (-(*e*)*s*, *-e*) **1** eine Fläche oder ein Raum, die meist durch ein charakteristisches Merkmal von ihrer Umgebung abgegrenzt sind *„Die Fahrkarte gilt nur im Bereich der Stadt"* **K** Küstenbereich **2** ein Fach- oder Aufgabengebiet, das von anderen abgegrenzt ist ⟨*im Bereich der Kunst, der Technik, der Naturwissenschaft, der Literatur, der Familie; im politischen, technischen Bereich*⟩ *„Dieses Problem fällt nicht in den Bereich meiner Pflichten"* **K** Aufgabenbereich, Einflussbereich, Fachbereich

**be·rei·chern** (*bereicherte, hat bereichert*); *geschrieben* **1** **etwas (mit/um etwas) bereichern** etwas durch den Erwerb mancher Dinge größer werden lassen ⟨*sein Wissen, seine Kenntnisse, seine Erfahrung, eine Sammlung bereichern*⟩ **2** **etwas bereichert (jemanden/etwas)** etwas lässt jemandes Erfahrung (durch Eindrücke, Erlebnisse) größer werden *„Die Reise nach Indien wird ihn/sein Leben sehr bereichern"* **3** **sich (an jemandem/etwas) bereichern** den eigenen materiellen Reichtum (auf unmoralische Weise) vergrößern ⟨*sich auf jemandes Kosten bereichern; sich schamlos, skrupellos bereichern*⟩ *„Er hat sich im Krieg an dem Besitz anderer schamlos bereichert"* • *hierzu* **Be·rei·che·rung** *die*

die **Be·rei·fung** (-, *-en*) die Reifen an einem Fahrzeug

**be·rei·ni·gen** (*bereinigte, hat bereinigt*) **etwas bereinigen** etwas, das zu Problemen geführt hat, wieder in Ordnung bringen ⟨*ein Missverständnis, einen Streit bereinigen*⟩ • *hierzu* **Be·rei·ni·gung** *die*

**be·reit★** *ADJEKTIV meist prädikativ* **1** **(zu etwas) bereit** für einen Zweck zur Verfügung stehend *„Wir sind bereit zur Abfahrt"* **2** **(zu etwas) bereit** mit dem Willen, (die genannten) Erwartungen oder Forderungen zu erfüllen ⟨*sich (zu etwas) bereit erklären, zeigen*⟩ *„Wärst du bereit, dieses Risiko einzugehen?"* **3** **(jemandem) etwas bereit machen** etwas für einen Zweck vorbereiten *„Ich habe dir das Bad bereit gemacht"* **4** **sich (für etwas) bereit machen** alles Nötige tun, um auf etwas vorbereitet zu sein *„Machen Sie sich bitte (für den Auftritt) bereit"*

**-be·reit** *im Adjektiv, unbetont, begrenzt produktiv* **1** **abfahr(t)bereit, aufbruchbereit, kampfbereit, startbereit** *und andere* drückt aus, dass eine Person, ein Tier oder eine Sache darauf vorbereitet ist, dass eine Handlung sofort ausgeführt werden kann *„Die Katze saß sprungbereit vor dem Mauseloch"* **2** **diskussionsbereit, kompromissbereit, verhandlungsbereit** *und andere* drückt aus, dass jemand den Willen zu etwas hat

**be·rei·ten★** (*bereitete, hat bereitet*) **1** **eine Person/Sache bereitet jemandem etwas** eine Person/Sache hat bei jemandem eine geistige oder psychische Wirkung ⟨*jemandem Freude, Genugtuung, Angst, Kopfzerbrechen, Schwierigkeiten, Sorgen bereiten*⟩ *„Dieses Problem hat ihm schlaflose Nächte bereitet"* **2** **(jemandem) etwas bereiten** *geschrieben* die nötigen Dinge tun, um etwas benutzen, verwenden zu können ⟨*jemandem ein Bad, das Bett, das Essen, einen Tee bereiten*⟩

**be·reit·er·klä·ren** ≈bereit erklären

**be·reit·ha·ben** (*hatte bereit, hat bereitgehabt*) **etwas bereithaben** etwas für einen Zweck sofort zur Verfügung haben *„Er hat stets eine Entschuldigung bereit"*

**be·reit·hal·ten** (*hält bereit, hielt bereit, hat bereitgehalten*) **etwas bereithalten** etwas so aufbewahren, dass es sofort zur Verfügung steht *„Halten Sie bitte Ihren Ausweis bereit!"*

**be·reit·le·gen** (*legte bereit, hat bereitgelegt*) **(jemandem/für jemanden) etwas bereitlegen** etwas irgendwohin legen, wo es jemandem sofort zur Verfügung steht *„Ich habe dir das Werkzeug schon bereitgelegt, du kannst gleich

B

anfangen"

**be·reit·ma·chen** ≈ bereit machen

**be·reits★** PARTIKEL *unbetont* **1** relativ früh oder früher als erwartet ≈ schon *„Er kommt bereits morgen, nicht erst übermorgen"* **2** relativ spät oder später als erwartet ≈ schon *„Es war bereits Mitternacht, als sie ins Bett gingen"* **3** in der Vergangenheit, vor dem jetzigen Zeitpunkt oder vor einem anderen Ereignis ≈ schon *„Bist du bereits in Amerika gewesen?"* | *„Wir hatten bereits mit dem Essen angefangen, als er nach Hause kam"* **4** drückt aus, dass etwas wenig, aber ausreichend ist ≈ schon *„Bereits sehr geringe Mengen radioaktiver Strahlung können Krebs erzeugen"*

die **Be·reit·schaft★** (-, *-en*) **1** *nur Singular* der Zustand, in dem etwas zum sofortigen Gebrauch zur Verfügung steht *„Die Fahrzeuge stehen in Bereitschaft"* **2** **die Bereitschaft (zu etwas)** *nur Singular* der Wille, etwas (oft Schwieriges oder Unangenehmes) zu tun *„die Bereitschaft zur Mitarbeit"* **3** ein Dienst, bei dem vor allem Polizisten, Soldaten, Sanitäter o. Ä. immer darauf vorbereitet sein müssen, um in einem Notfall ihre Arbeit tun zu können ⟨*Bereitschaft haben*⟩ **K** Bereitschaftsarzt, Bereitschaftsdienst

**be·reit·ste·hen** (*stand bereit, hat/süddeutsch* Ⓐ Ⓒⓗ *ist bereitgestanden*) **etwas steht (für jemanden/etwas) bereit** etwas kann sofort benutzt werden ⟨*das Essen, ein Zug, ein Flugzeug*⟩

**be·reit·stel·len** (*stellte bereit, hat bereitgestellt*) **1** **etwas (für jemanden/etwas) bereitstellen** etwas meist als Unterstützung, Hilfe geben ⟨*Geld, Waren bereitstellen*⟩ *„Die Regierung stellte für das Projekt 15 Millionen Euro bereit"* **2** **etwas bereitstellen** vor allem Fahrzeuge oder technische Geräte so irgendwohin stellen, dass sie sofort verwendet werden können *„Der Zug wird auf Gleis 5 bereitgestellt"* • *hierzu* **Be·reit·stel·lung** *die*

**be·reit·wil·lig** ADJEKTIV mit dem Willen, etwas gerne zu tun *„ein bereitwilliger Helfer"* | *„Obwohl er sehr beschäftigt war, gab er uns bereitwillig Auskunft"* • *hierzu* **Be·reit·wil·lig·keit** *die*

**be·reu·en** (*bereute, hat bereut*) **etwas bereuen** an eine eigene Tat denken und dabei wünschen, dass man sie nicht getan hätte ⟨*einen Fehler, eine Sünde bitter, tief bereuen*⟩ *„Der Mörder bereut seine Tat aufrichtig"* | *„Sie bereut, dass sie nicht mit uns nach Berlin gefahren ist"*

der **Berg★** (*-(e)s, -e*) **1** eine große und massive Erhebung im Gelände ⟨*ein hoher, steiler, schneebedeckter Berg; auf einen Berg steigen, klettern*⟩ ↔ Tal *„Die Zugspitze ist der höchste Berg Deutschlands"* **K** Bergführer, Bergschuh, Bergstation, Bergtour, Bergwanderung **2** *nur Plural* eine Landschaft, die aus Bergen und Tälern besteht ≈ Gebirge *„in die Berge fahren"* **3** **ein Berg** +*Genitiv Plural*; **ein Berg von Dingen** *gesprochen* eine große Menge von Dingen *„Berge von Müll sammelten sich an"* **K** Schuldenberg, Wäscheberg **ID** **(längst) über alle Berge sein** *gesprochen* (meist nach einem Verbrechen) schon sehr weit weg sein

**berg·ab** ADVERB vom Berg in Richtung Tal

**berg·auf** ADVERB ≈ bergan

die **Berg·bahn** Bergbahnen führen auf Schienen oder an Seilen hängend einen steilen Berg hinauf

der **Berg·bau** *meist Singular* das Suchen, Gewinnen und Fördern von Kohle, Salz und Metallen **K** Bergbauingenieur, Bergbaukunde

**ber·gen** (*birgt, barg, hat geborgen*) **1** **jemanden/etwas bergen** jemanden/etwas (z. B. nach einem Unfall oder Unglück) finden und an einen sicheren Ort bringen ⟨*Leichen, Opfer, Tote bergen*⟩ *„Die vermissten Bergsteiger konnten nur noch tot geborgen werden"* **2** **etwas birgt etwas (in sich)** *geschrieben* etwas bringt ein Risiko mit sich *„Eine Reise durch die Wüste birgt viele Gefahren (in sich)"* ❶ kein Passiv

**ber·gig** ADJEKTIV mit vielen Bergen ⟨*eine Landschaft, ein Gelände*⟩

**berg·stei·gen★** (*ist berggestiegen*) im Gebirge wandern und klettern ❶ nur im Infinitiv und Perfekt • *hierzu* **Berg·stei·ger** *der*; **Berg·stei·ge·rin** *die*

die **Ber·gung** (-, *-en*); *meist Singular* das Bergen **K** Bergungsarbeiten, Bergungsschiff

die **Berg·wacht** (-, *-en*); *meist Singular* eine Organisation, die Bergsteiger und Skifahrer rettet, die in Gefahr geraten sind

das **Berg·werk** eine Grube oder eine Anlage mit Gängen unter der Erde und technischen Einrichtungen zur Gewinnung von Mineralien oder Kohle

der **Be·richt★** (*-(e)s, -e*) **1** **ein Bericht (über jemanden/etwas)** das, was jemand über/von etwas erzählt oder schreibt ⟨*ein mündlicher,* *schriftlicher, wahrheitsgetreuer Bericht; nach Berichten von Augenzeugen⟩ „einen ausführlichen Bericht über den Unfall geben"* K Reisebericht, Unfallbericht 2 **ein Bericht (über jemanden/etwas)** eine aktuelle Information über eine Person oder Sache in den Medien *„Berichte aus dem Ausland"* K Fernsehbericht

**be·rịch·ten★** (*berichtete, hat berichtet*) **(jemandem) etwas berichten** jemandem (auf meist objektive Weise) sagen, was man gesehen oder gehört hat ⟨*jemandem alles, vieles, allerlei, nichts berichten*⟩ *„Korrespondenten berichten, dass es zu einer Revolte gekommen sei"* ⓘ Das Objekt ist meist ein Pronomen oder ein Nebensatz.

die **Be·rịcht|er·stat·tung** das (offizielle) Berichten eines Reporters o. Ä. ⟨*eine einseitige, objektive, (un)sachliche Berichterstattung*⟩ K Kriegsbericht|erstattung

**be·rịch·ti·gen** (*berichtigte, hat berichtigt*) 1 **(etwas) berichtigen** einen Fehler beseitigen ≈ korrigieren *„falsche Angaben in einer Liste berichtigen"* 2 **etwas berichtigen** das fehlende Geld bezahlen ⟨*ein Konto, eine Rechnung berichtigen*⟩ • *zu* (1) **Be·rịch·ti·gung** *die*

der **Ber·li̱·ner** (-*s*, -) 1 eine Person, die in der Stadt Berlin wohnt oder dort geboren ist ⟨*ein gebürtiger Berliner*⟩ 2 ≈ Pfannkuchen, Krapfen • *zu* (1) **Ber·li̱·ne·rin** *die*

der **Bẹrn·stein** *meist Singular* ein gelber oder brauner, oft durchsichtiger Stein, der vor langer Zeit aus dem Harz von Bäumen entstanden ist K Bernsteinschmuck

**bẹrs·ten** (*birst, barst, ist geborsten*); *geschrieben* **etwas birst** etwas bricht plötzlich auseinander, in mehrere Teile ⟨*Glas, eine Eisfläche, eine Mauer*⟩ *„Bei der Kollision ist das Schiff in zwei Teile geborsten"*

**be·rụ̈ch·tigt** ADJEKTIV **berüchtigt (für/wegen etwas)** mit dem Ruf, in einer Art und Weise sehr schlimm zu sein *„Er ist als Lehrer wegen seiner Strenge berüchtigt"* | *„ein für schlechtes Essen berüchtigtes Lokal"*

**be·rụ̈ck·sich·ti·gen★** (*berücksichtigte, hat berücksichtigt*) 1 **etwas berücksichtigen** bei Überlegungen an etwas denken, etwas in die Gedanken einbeziehen ≈ beachten *„Wenn man berücksichtigt, dass sie erst seit zwei Jahren Klavier lernt, kann sie es schon gut"* 2 **jemanden berücksichtigen** bei einer Auswahl jemandem eine Chance geben ⟨*einen Bewerber, einen Kandidaten berücksichtigen*⟩ *„Auch Behinderte werden für diese Stelle berücksichtigt"* 3 **etwas berücksichtigen** jemandes Wünsche bei einer Entscheidung o. Ä. beachten ⟨*einen Antrag, eine Bestellung, eine Bitte berücksichtigen*⟩

der **Be·ru̱f★** (-(*e*)*s*, -*e*) 1 eine Tätigkeit in einem Aufgabenbereich, mit der man den Lebensunterhalt verdient und zu der man eine Ausbildung braucht ⟨*ein technischer, kaufmännischer Beruf; einen Beruf erlernen, ergreifen, ausüben, wählen*⟩ *„Er ist Arzt von Beruf"* K Berufsausbildung, Berufserfahrung, Berufs(fach)-schule 2 **(die) freie(n) Berufe** manche selbstständige Berufe, vor allem Arzt und Rechtsanwalt

**be·ru̱·fen** (*berief, hat berufen*) 1 **jemanden in/auf etwas** (*Akkusativ*) **berufen**; **jemanden zu etwas berufen** jemandem eine hohe, verantwortungsvolle Funktion übertragen ⟨*jemanden in ein Amt, zu jemandes Nachfolger berufen*⟩ 2 **sich auf jemanden/etwas berufen** jemanden als Zeugen oder etwas als Beweis oder Rechtfertigung nennen *„sich auf einen Zeugen berufen"*

**be·ru̱f·lich★** ADJEKTIV 1 *meist attributiv* in Bezug auf den Beruf ⟨*eine Fortbildung; beruflich verreist*⟩ *„Ich habe hier beruflich zu tun"* 2 *nur adverbiell* als Beruf *„Was machen Sie beruflich?"*

**Be·ru̱fs-** *im Substantiv, betont, begrenzt produktiv* **der Berufsboxer, die Berufsfeuerwehr, der Berufsmusiker, der Berufsschauspieler, der Berufssoldat, der Berufssportler** *und andere* verwendet, um zu sagen, dass jemand eine Tätigkeit als Beruf ausübt

die **Be·ru̱fs·aus·sich·ten** die Chancen, in einem Beruf eine Stelle zu finden

der **Be·ru̱fs·be·ra·ter** eine Person, deren Beruf es ist, andere Personen darüber zu informieren, welchen Beruf sie ergreifen könnten • *hierzu* **Be·ru̱fs·be·ra·te·rin** *die*

die **Be·ru̱fs·be·ra·tung** eine Stelle (beim Arbeitsamt), bei der man beraten wird, welchen Beruf man ergreifen kann und wie man das macht

die **Be·ru̱fs·krank·heit** eine Krankheit, die man durch die Ausübung eines Berufs bekommt

die **Be·ru̱fs·schu·le★** eine Schule, die man neben der normalen Berufsausbildung (als Lehrling) besuchen muss K Berufsschullehrer ⓘ → Anhang, S. 1092: **Schule und Ausbildung** •

B

*hierzu* **Be·rufs·schü·ler** *der;* **Be·rufs·schü·le·rin** *die*

**be·rufs·tä·tig★** *ADJEKTIV* einen Beruf ausübend ↔ arbeitslos • *hierzu* **Be·rufs·tä·ti·ge** *der/die;* **Be·rufs·tä·tig·keit** *die*

**be·rufs·un·fä·hig** *ADJEKTIV meist prädikativ; admin* aufgrund meist einer Krankheit nicht in der Lage, den Beruf auszuüben • *hierzu* **Be·rufs·un·fä·hig·keit** *die*

der **Be·rufs·ver·kehr** sehr dichter Verkehr vor Beginn und nach Ende der Arbeitszeit *„Um sieben Uhr beginnt der morgendliche Berufsverkehr"*

das **Be·rufs·ziel** der Beruf, den jemand erlernen möchte *„Sein Berufsziel ist es, Arzt zu werden"*

die **Be·ru·fung** (-, *-en*) **1** **die Berufung (zu etwas)** *nur Singular* ein innerer Drang, den jemand hat, einen gewünschten Beruf auszuüben oder spezielle Aufgaben zu erfüllen *„Er fühlt die Berufung, den Kranken zu helfen"* **2** *meist Singular* das Berufen einer Person in ein Amt oder auf eine Stelle ⟨*die Berufung auf einen Lehrstuhl, an eine Universität, ins Ministerium*⟩ *„Man erwartet seine Berufung zum Direktor"* **3** *meist Singular* die im Recht vorgesehene Möglichkeit, nach einem Gerichtsurteil bei einem höheren Gericht eine neue Verhandlung zu verlangen ⟨*Berufung gegen ein Urteil einlegen*⟩ **K** Berufungsgericht

**be·ru·hen** (*beruhte, hat beruht*) **etwas beruht auf etwas** (*Dativ*) etwas hat etwas als Basis oder Ursache *„Diese Geschichte beruht auf Tatsachen"*

**be·ru·hi·gen★** [bəˈruːɪgn̩] (*beruhigte, hat beruhigt*) **1** **jemanden beruhigen** bewirken, dass eine Person wieder ruhig wird, nachdem sie sich aufgeregt hat **2** **sich beruhigen** nach großer Aufregung wieder ruhig werden *„Als wir das Kind trösteten, beruhigte es sich und hörte auf zu weinen"*

**be·ru·hi·gend** [bəˈruːɪgn̩t] *ADJEKTIV* **1** mit der Wirkung, dass man wieder ruhig wird ⟨*ein Medikament, Trost, Musik*⟩ *„Die Farbe Grün wirkt beruhigend auf mich"* **2** mit der Wirkung, dass man Sicherheit oder Zufriedenheit fühlt ⟨*ein Vorsprung*⟩

die **Be·ru·hi·gung** [bəˈruːɪgʊŋ]; (-) **1** das Erreichen eines ruhigen seelischen Zustands *„ein Medikament zur Beruhigung"* **K** Beruhigungsspritze **2** ein Gefühl der Sicherheit *„Für die Eltern war es eine Beruhigung zu wissen, dass ihren Kindern nichts passiert war"*

**be·rühmt★** *ADJEKTIV* wegen besonderer Merkmale oder Leistungen bei sehr vielen Leuten bekannt und anerkannt ⟨*wegen etwas berühmt sein; (mit einem Schlag) berühmt werden*⟩ ≈ prominent *„ein berühmter Schriftsteller"*

die **Be·rühmt·heit** (-, *-en*) **1** *nur Singular* der Zustand, berühmt zu sein ⟨*Berühmtheit erlangen*⟩ **2** eine Person, die berühmt ist

**be·rüh·ren★** (*berührte, hat berührt*) **1** **jemanden/etwas berühren** so nahe an einen Menschen, ein Tier oder eine Sache herankommen, dass kein Zwischenraum bleibt *„Ihr Kleid berührte fast den Boden"* **2** **jemanden/etwas berühren** die Finger oder die Hand leicht auf einen Menschen, ein Tier oder eine Sache legen ≈ anfassen *„Am Käfig stand „Bitte nicht berühren!"* **3** **etwas berührt jemanden** etwas bewirkt, dass jemand Mitleid bekommt *„Seine traurige Geschichte berührte sie so sehr, dass sie zu weinen anfing"*

die **Be·rüh·rung★** (-, *-en*) **1** das Berühren, der Kontakt mit jemandem/etwas *„Sie zuckt bei der leichtesten Berührung zusammen"* | *„Vermeiden Sie jede Berührung mit dem giftigen Stoff!"* **2** das Kennenlernen einer Person/Sache ⟨*mit jemandem/etwas in Berührung kommen; jemanden mit etwas in Berührung bringen*⟩ *„Die Reise nach Ägypten brachte uns mit einer fremden Kultur in Berührung"* **K** Berührungsangst **3** das kurze Besprechen ⟨*eines Problems, Themas*⟩

**be·sa·gen** (*besagte, hat besagt*); *kein Passiv* **etwas besagt etwas** *geschrieben* etwas hat etwas zum (sprachlichen) Inhalt ⟨*ein Gesetz, ein Paragraf, eine Vorschrift besagt, dass …*⟩ **i** Das Objekt ist meist ein Nebensatz.

**be·sänf·ti·gen** (*besänftigte, hat besänftigt*) **jemanden besänftigen** durch Worte bewirken, dass eine Person, die wütend oder aufgeregt ist, wieder in einen normalen Zustand kommt ≈ beruhigen • *hierzu* **Be·sänf·ti·gung** *die*

die **Be·sat·zung** (-, *-en*) **1** alle Personen, die auf einem Schiff, in einem Flugzeug, Raumschiff o. Ä. arbeiten **K** Besatzungsmitglied **2** *nur Singular* die Truppen eines Staates, die ausländisches Gebiet besetzen **K** Besatzungstruppen, Besatzungszone

**be·schä·digen★** (*beschädigte, hat beschädigt*) **etwas beschädigen** einer Sache Schaden zufügen *„Bei dem Zusammenstoß wurde das Auto schwer beschädigt"* die **Be·schä·di·gung** (-, *-en*) **1** das Beschädigen einer Sache **2** die Stelle an einer Sache, die beschädigt wurde/ist

**be·schaf·fen**[1] ★ (*beschaffte, hat beschafft*) **1** **etwas (für etwas) beschaffen** etwas, das man (dringend) braucht, von irgendwo nehmen oder bekommen *„Wie soll ich mir das Geld für den Urlaub beschaffen?"* **2** **(jemandem) etwas beschaffen** dafür sorgen, dass eine Person oder man selbst eine Sache bekommt, die gebraucht wird ≈ besorgen *„Wer kann ihm eine Wohnung beschaffen?"* • *hierzu* **Be·schaf·fung** *die*

**be·schaf·fen**[2] ★ ADJEKTIV **etwas ist irgendwie beschaffen** etwas ist im genannten Zustand, hat die genannte Eigenschaft *„Das Material ist so beschaffen, dass es Druck aushält"* | *„Wie ist die Straße beschaffen?"*

die **Be·schaf·fen·heit** (-) **1** **die Beschaffenheit** (+*Genitiv*); **die Beschaffenheit von etwas** alle deutlichen Eigenschaften oder Qualitäten, die eine Sache hat *„die raue Beschaffenheit der Oberfläche"* **2** **die Beschaffenheit** (+*Genitiv*); **die Beschaffenheit von etwas** die Qualität, der Zustand einer Sache *„die Beschaffenheit einer Straße"*

**be·schäf·ti·gen** ★ (*beschäftigte, hat beschäftigt*) **1** **jemanden beschäftigen** jemandem gegen Bezahlung eine (regelmäßige) Arbeit geben *„Der Betrieb beschäftigt 150 Personen"* **2** **jemanden (mit etwas) beschäftigen** jemandem etwas zu tun geben *„Kinder muss man ständig beschäftigen, damit sie sich nicht langweilen"* **3** **etwas beschäftigt jemanden** etwas bringt jemanden zum Nachdenken *„Diese Frage beschäftigt mich schon seit längerer Zeit"* ❶ kein Passiv **4** **sich mit jemandem beschäftigen** sich um eine Person kümmern *„Unsere Oma beschäftigt sich viel mit ihren Enkeln"* **5** **sich (mit etwas) beschäftigen** die Zeit mit einer Sache verbringen *„Er beschäftigt sich gern mit seinen Blumen"* **6** **etwas beschäftigt sich mit etwas** etwas hat das Genannte zum Inhalt *„Sein Aufsatz beschäftigt sich mit dem Verhältnis von Mensch und Natur"*

**be·schäf·tigt** ★ ADJEKTIV **1** **irgendwo beschäftigt sein** bei einer Firma o. Ä. gegen Bezahlung arbeiten *„Sie ist in einem Reisebüro/bei der Deutschen Bahn beschäftigt"* **2** **beschäftigt sein** sehr viel Arbeit haben *„Er ist beruflich so beschäftigt, dass er kaum noch Zeit für seine Familie hat"* **3** **(mit etwas) beschäftigt sein** gerade dabei sein, etwas zu tun *„Sie war gerade damit beschäftigt, den Rasenmäher zu reparieren"*

der/die **Be·schäf·tig·te** (*-n, -n*) eine Person, die für einen Betrieb o. Ä. gegen Bezahlung arbeitet *„Die Firma hat 500 Beschäftigte"* ❶ *ein Beschäftigter; der Beschäftigte; den, dem, des Beschäftigten*

die **Be·schäf·ti·gung** ★ (-, *-en*) **1** eine Tätigkeit, mit der man die Zeit verbringt *„Sport zu treiben ist eine gesunde Beschäftigung"* **2** die Arbeit, die man macht, um Geld zu verdienen ⟨*einer (geregelten) Beschäftigung nachgehen*⟩

das **Be·schäf·ti·gungs·ver·hält·nis** ≈ Arbeitsverhältnis

**be·schä·mend** ADJEKTIV **1** so, dass man sich dafür schämen muss ⟨*eine Einstellung, eine Haltung*⟩ *„Sein Lohn ist beschämend niedrig"* **2** so, dass es Scham hervorruft *„Es ist ein beschämendes Gefühl, sie so hart arbeiten zu sehen"*

**be·schau·lich** ADJEKTIV ruhig und friedlich *„ein beschauliches Leben führen"* • *hierzu* **Be·schau·lich·keit** *die*

der **Be·scheid** ★ (-(*e*)*s, -e*) **1** **Bescheid (über etwas** (*Akkusativ*)**)** *nur Singular, ohne Artikel* eine erwartete Information über etwas ⟨*jemandem Bescheid geben, sagen; Bescheid bekommen*⟩ *„Sag mir bitte Bescheid, ob du zu meiner Party kommen kannst!"* **2** **ein Bescheid (über etwas** (*Akkusativ*)**)** eine Nachricht über die Entscheidung einer Behörde *„Er stellte den Antrag vor drei Monaten und hat immer noch keinen Bescheid bekommen"* **K** Steuerbescheid **3** **(über jemanden/etwas) Bescheid wissen** (über jemanden/etwas) viel wissen oder informiert sein

**be·schei·den**[1] ★ ADJEKTIV **1** so, dass man nur geringe Ansprüche hat und auch dann zufrieden ist, wenn man nur relativ wenig hat *„Trotz seines Reichtums ist er ein sehr bescheidener Mensch geblieben"* **2** ohne Luxus ⟨*ein Haus, eine Mahlzeit*⟩ ≈ einfach *„Sie führen ein bescheidenes Leben"* **3** nicht den Erwartungen und Bedürfnissen entsprechend ⟨*ein Lohn, Lebensverhältnisse, Leistungen*⟩ *„Wegen des schlechten Wetters fiel die Ernte recht bescheiden aus"* • *zu* (1) **Be·schei·den·heit** *die*

**be·schei·den**[2] (*beschied, hat beschieden*); *geschrieben* **sich mit etwas bescheiden** mit weniger zufrieden sein, als man gern hätte *„Da *sie nicht genug Geld hatte, musste sie sich mit einer sehr kleinen Wohnung bescheiden"*

**be·schei·ni·gen** (*bescheinigte, hat bescheinigt*) **(jemandem) etwas bescheinigen** durch die Unterschrift bestätigen, dass man etwas erhalten hat oder dass etwas wahr ist *„jemandem bescheinigen, dass er an einem Kurs teilgenommen hat"*

die **Be·schei·ni·gung** (-, *-en*) **eine Bescheinigung (über etwas** (*Akkusativ*)) ein Blatt Papier, auf dem etwas bestätigt ist ⟨*eine Bescheinigung ausstellen, vorlegen*⟩ *„Bringen Sie eine Bescheinigung über Ihre Arbeitsunfähigkeit!"*

**be·schen·ken** (*beschenkte, hat beschenkt*) **jemanden (mit etwas) beschenken** jemandem etwas als Geschenk geben *„die Kinder zu Weihnachten reich beschenken"* • *hierzu* **Be·schen·kung** *die*

die **Be·sche·rung** (-, *-en*) **1** das Austeilen der Geschenke zu Weihnachten **2** *gesprochen, ironisch meist Singular* eine ärgerliche Überraschung, ein unangenehmer Vorfall ⟨*eine schöne Bescherung anrichten*⟩ *„Da haben wir die Bescherung!"*

**be·schich·ten** (*beschichtete, hat beschichtet*) **etwas (mit etwas) beschichten** etwas fest mit einer Schicht aus einer anderen Substanz verbinden *„eine mit Kunststoff beschichtete Karosserie"* • *hierzu* **Be·schich·tung** *die*

**be·schil·dern** (*beschilderte, hat beschildert*) **etwas beschildern** etwas mit Schildern versehen (um so den Weg zu weisen) *„Die Umleitung ist beschildert"* • *hierzu* **Be·schil·de·rung** *die*

**be·schimp·fen** (*beschimpfte, hat beschimpft*) **1** **jemanden (mit etwas) beschimpfen** eine Person durch Schimpfwörter oder schlimme Vorwürfe kränken oder beleidigen **2** **jemanden (als etwas) beschimpfen** eine Person beleidigen, indem man sie als etwas Negatives bezeichnet ⟨*jemanden als Dieb, Verräter beschimpfen*⟩

der **Be·schlag** **1** ein Metallteil, das mehrere Teile zusammenhält und/oder diese verziert ⟨*die Beschläge einer Tür, eines Fensters, eines Schranks, einer Truhe, eines Gewehrs*⟩ **2** *nur Singular* eine dünne Schicht vor allem aus Wasserdampf, die sich auf einer Oberfläche gebildet hat *„An den Fensterscheiben bildet sich ein Beschlag"* **3** **jemanden/etwas in Beschlag nehmen**; **jemanden/etwas mit Beschlag belegen** jemanden/etwas ganz für sich allein haben wollen oder benutzen *„Meine Frau nahm das Auto gestern den ganzen Tag in Beschlag"* **4** **etwas nimmt jemanden in Beschlag** etwas verlangt jemandes ganze Zeit und Aufmerksamkeit *„Seine Arbeit/seine Familie nimmt ihn zurzeit ganz in Beschlag"*

**be·schla·gen**[1] (*beschlägt, beschlug, hat/ist beschlagen*) **etwas beschlägt** (*ist*); **etwas beschlägt sich** (*hat*) etwas bekommt eine dünne Schicht aus Dampf oder Schimmel ⟨*Metalle, Käse*⟩ *„Als er von draußen in das warme Zimmer kam, beschlug sich seine Brille"* • *zu* **Beschla·gung** *die*

**be·schla·gen**[2] *ADJEKTIV; gesprochen* **beschlagen (in etwas** (*Dativ*)) mit sehr guten Kenntnissen auf einem Gebiet *„in Kunstgeschichte (nicht) sehr beschlagen sein"*

**be·schlag·nah·men** (*beschlagnahmte, hat beschlagnahmt*) **etwas beschlagnahmen** jemandem etwas in amtlichem, offiziellem Auftrag wegnehmen ⟨*die Beute, Möbel beschlagnahmen*⟩ *„Der Zöllner beschlagnahmte die Ware"* • *hierzu* **Be·schlag·nah·me** *die*

**be·schleu·ni·gen** (*beschleunigte, hat beschleunigt*) **1** **(etwas) beschleunigen** die Geschwindigkeit höher werden lassen ⟨*das Tempo, die Fahrt beschleunigen*⟩ *„Dieses Auto beschleunigt in 15 Sekunden von 0 auf 100 Stundenkilometer"* **2** **etwas beschleunigen** den Ablauf eines Vorgangs schneller werden lassen ⟨*eine Arbeit, einen Prozess beschleunigen*⟩ *„Viel Wärme beschleunigt das Wachstum von Pflanzen"*

die **Be·schleu·ni·gung** (-, *-en*) der Grad, in dem ein Fahrzeug schneller werden kann

**be·schlie·ßen**★ (*beschloss, hat beschlossen*) **1** **etwas beschließen** nach längerer Überlegung sich entscheiden oder bestimmen, was gemacht wird *„Er beschloss, sich ein neues Auto zu kaufen"* **2** **über etwas** (*Akkusativ*) **beschließen** über etwas beraten und dann eine Entscheidung treffen *„Das Parlament beschließt über die Gesetzesvorlage"*

der **Be·schluss**★ (*-es, Be·schlüs·se*) **1** **ein Beschluss (über etwas** (*Akkusativ*)); **der Beschluss (zu** *+Infinitiv*) meist eine offizielle Entscheidung einer oder mehrerer Personen, etwas zu tun *„auf/laut Beschluss der Versammlung"* **K** Gerichtsbeschluss **2** **einen Beschluss fassen** *geschrieben* etwas beschließen, entscheiden • *zu* (2) **Be·schluss·fas·sung** *die*

**be·schmie·ren** (*beschmierte, hat be-*

*schmiert)* **1** **etwas (mit etwas) beschmieren** Fett, Schmutz o. Ä. auf etwas bringen und es damit schmutzig machen **2** **etwas (mit etwas) beschmieren** *abwertend* eine Fläche mit Parolen, Sprüchen o. Ä. bemalen *„Wände mit Sprüchen beschmieren"*

**be·schnei·den** *(beschnitt, hat beschnitten)* **1** **etwas beschneiden** etwas mit einer Schere o. Ä. kürzer machen ⟨*eine Hecke, die Rosen beschneiden*⟩ **2** **(jemandem) etwas beschneiden**; **jemanden in etwas** *(Dativ)* **beschneiden** etwas, worauf jemand ein Recht hat, um einen gewissen Teil oder Grad kürzen, reduzieren ⟨*jemandes Rechte, Freiheiten beschneiden*⟩ *„Er wurde in der persönlichen Freiheit beschnitten"* • *zu (2)* **Be·schnei·dung** *die*

**be·schö·ni·gen** *(beschönigte, hat beschönigt)* **etwas beschönigen** etwas Negatives meist mit Worten so darstellen, dass es besser erscheint, als es in Wirklichkeit ist *„Der Minister will die wirtschaftliche Lage nur beschönigen"* • *hierzu* **Be·schö·ni·gung** *die*

**be·schrän·ken★** *(beschränkte, hat beschränkt)* **1** **etwas (auf etwas** *(Akkusativ)*) **beschränken** einer Sache eine Grenze setzen ⟨*Ausgaben, Kosten, den Import, die Zahl der Teilnehmer beschränken*⟩ *„Die Redezeit ist auf 5 Minuten beschränkt"* **2** **jemanden in etwas** *(Dativ)* **beschränken** bewirken, dass jemand weniger von einer Sache hat ⟨*jemanden in den Rechten, in der Freiheit beschränken*⟩ **3** **sich (auf etwas** *(Akkusativ)*) **beschränken** den Verbrauch einer Sache oder den Anspruch auf etwas reduzieren *„sich auf das Notwendigste beschränken"*

**be·schränkt★** *ADJEKTIV abwertend* mit wenig Intelligenz ≈ dumm *„Nimm nicht alles ernst, was er sagt, er ist etwas beschränkt"* • *hierzu* **Be·schränkt·heit** *die*

die **Be·schrän·kung** (-, *-en*) **1** **die Beschränkung** *(+Genitiv)* **(auf etwas** *(Akkusativ)*); **die Beschränkung von etwas (auf etwas** *(Akkusativ)*) der Vorgang, einer Sache Grenzen zu setzen oder die gesetzte Grenze ⟨*die Beschränkung von Kosten, Ausgaben*⟩ *„eine Beschränkung der Kosten auf 1.000 € verlangen"* **K** Geschwindigkeitsbeschränkung **2** mit einer Beschränkung wird festgelegt, dass eine Person nicht mehr alle ihre Rechte oder Freiheiten haben darf ⟨*jemandem Beschränkungen auferlegen*⟩ **K** Reisebeschränkung

**be·schrei·ben★** *(beschrieb, hat beschrieben)* **(jemandem) eine Person/Sache beschreiben** die Merkmale einer Person oder einer Sache nennen, damit man eine genaue Vorstellung davon bekommt ⟨*etwas ausführlich, anschaulich, sorgfältig beschreiben*⟩ *„Sie beschrieb der Polizei den Dieb so genau, dass diese ihn festnehmen konnte"*

die **Be·schrei·bung★** (-, *-en*) eine Aussage oder ein Bericht, die jemanden/etwas beschreiben ⟨*eine detaillierte, ausführliche Beschreibung von jemandem/etwas geben*⟩ *„Seine Beschreibung trifft genau auf den Verdächtigen zu"* **K** Personenbeschreibung

die **Be·schrif·tung** (-, *-en*) die Zahlen, Namen oder Wörter, die man auf einen Gegenstand schreibt, um ihn identifizieren zu können • *hierzu* **be·schrif·ten** *(hat)*

**be·schul·di·gen★** *(beschuldigte, hat beschuldigt)* **jemanden (einer Sache** *(Genitiv)*) **beschuldigen** behaupten, dass jemand etwas Negatives getan hat oder an etwas schuld ist ⟨*jemanden des Betrugs, des Diebstahls, des Verrats beschuldigen*⟩ • *hierzu* **Be·schul·dig·te** *der/die*

die **Be·schul·di·gung** (-, *-en*) eine Äußerung, mit der man jemandem die Schuld für etwas gibt ⟨*Beschuldigungen gegen jemanden erheben, vorbringen; eine Beschuldigung zurückweisen, von sich (Dativ) weisen*⟩

**be·schüt·zen** *(beschützte, hat beschützt)* **eine Person (vor jemandem/etwas) beschützen** ≈ schützen *„ein Kind vor Gefahren beschützen"* • *hierzu* **Be·schüt·zer** *der*; **Be·schüt·ze·rin** *die*

die **Be·schwer·de★** (-, *-n*) **1** **eine Beschwerde (gegen/über jemanden)** eine mündliche oder schriftliche Äußerung, mit der man sich bei jemandem über eine Person oder Sache beschwert *„Er hat wegen des Lärms eine Beschwerde gegen seinen Nachbarn vorgebracht"* **2** **eine Beschwerde (gegen etwas)** ein Brief, mit dem man gegen den Beschluss eines Gerichts oder einer Behörde protestiert ⟨*Beschwerde einreichen, einlegen*⟩ **K** Beschwerdefrist **3** *nur Plural* die Probleme, die man aufgrund des Alters oder einer Krankheit mit einem Körperteil oder einem Organ hat ⟨*etwas macht, verursacht jemandem Beschwerden*⟩ *„Ich darf keine fetten Speisen essen, sonst bekomme ich Beschwerden mit dem Magen"* **K** Herzbeschwerden, Schluckbeschwerden • *zu (3)*

**be·schwer·de·frei** *ADJEKTIV*

**be·schwe·ren**★ (*beschwerte, hat beschwert*) **1** **sich (bei jemandem) (über eine Person/ Sache) beschweren** jemandem mitteilen, dass man mit einer Person, einer Situation oder einer Sache überhaupt nicht zufrieden ist *„Sie beschwerte sich bei ihrem Chef darüber, dass sie viel zu viel Arbeit hatte"* **2** **etwas (mit etwas) beschweren** etwas schwerer machen, indem man etwas hineintut, darauflegt usw., damit es fest am Platz bleibt *„Papiere mit Steinen beschweren, damit sie der Wind nicht fortweht"* • *zu* (2) **Be·schwe·rung** *die*

**be·schwer·lich** *ADJEKTIV* mit großer Mühe verbunden ⟨*eine Arbeit, eine Aufgabe, eine Reise*⟩ • *hierzu* **Be·schwer·lich·keit** *die*

**be·schwich·ti·gen** (*beschwichtigte, hat beschwichtigt*) **jemanden/etwas beschwichtigen** bewirken, dass jemandes Ärger geringer wird ≈ beruhigen *„Er versuchte, die streitenden Nachbarn zu beschwichtigen"*

**be·schwingt** *ADJEKTIV* lebhaft und mit viel Schwung ⟨*eine Melodie, ein Rhythmus*⟩

**be·schwipst** *ADJEKTIV; gesprochen* in leicht betrunkenem Zustand

**be·schwö·ren** (*beschwor, hat beschworen*) **1** **etwas beschwören** schwören, dass etwas so war, wie man es behauptet *„Ich kann beschwören, dass ich die Tür abgeschlossen habe"* **2** **jemanden/etwas beschwören** durch Magie versuchen, dass eine höhere Macht ihren Einfluss ausübt oder aber ihren Einfluss aufgibt ⟨*die Götter, Geister, Dämonen beschwören*⟩ • *hierzu* **Be·schwö·rung** *die*

**be·sei·ti·gen**★ (*beseitigte, hat beseitigt*) **1** **etwas beseitigen** bewirken, dass etwas nicht mehr vorhanden ist ⟨*Abfall, einen Fleck, ein Problem, Missstände, ein Missverständnis beseitigen*⟩ *„Der Einbrecher beseitigte alle Spuren"* **2** **jemanden beseitigen** *gesprochen* ≈ ermorden *„Der Richter wurde von der Mafia beseitigt"* • *hierzu* **Be·sei·ti·gung** *die*

der **Be·sen**★ (*-s, -*) Ein Besen hat einen langen Stiel und unten Borsten und wird zum Fegen und Kehren verwendet *„den Hof mit dem Besen fegen"* **K** Besenstiel; Handbesen

**be·ses·sen** *ADJEKTIV* **(von etwas) besessen sein** etwas auf übertriebene Weise in den Mittelpunkt des eigenen Lebens stellen ⟨*von einer Idee, einer Leidenschaft, einem Wunsch besessen sein*⟩ *„Er ist so sehr von seiner Arbeit besessen, dass er seine Familie völlig vernachlässigt"* **K** machtbesessen

**be·set·zen**★ (*besetzte, hat besetzt*) **1** **etwas besetzen** einen Platz für eine andere Person oder sich selbst frei halten ⟨*einen Stuhl, einen Tisch im Restaurant besetzen; einen Platz im Bus, im Theater, neben sich* (*Dativ*) *für jemanden besetzen*⟩ **2** **etwas (mit jemandem) besetzen** jemandem einen Posten oder eine Aufgabe geben ⟨*ein Amt, einen Posten, eine Stelle* (*mit jemandem*) *besetzen*⟩ *„eine Rolle mit einem bekannten Schauspieler besetzen"* **3** **etwas mit etwas besetzen** etwas als Schmuck auf einen Stoff nähen *„eine mit Spitzen besetzte Bluse"* **4** **Soldaten besetzen etwas** Soldaten dringen in ein fremdes Gebiet ein und bleiben als Eroberer dort *„die Truppen aus den besetzten Gebieten abziehen"* **5** **Personen besetzen etwas** eine Gruppe hält sich längere Zeit an einem Ort auf, um Forderungen durchzusetzen oder um zu demonstrieren *„Demonstranten besetzten die Zufahrt zum Kernkraftwerk"*

**be·setzt**★ *ADJEKTIV* **1** **etwas ist besetzt** etwas wird gerade von jemandem benutzt ⟨*ein Stuhl, die Toilette*⟩ **2** **etwas ist besetzt** etwas hat keine freien Sitzplätze mehr *„Der Zug war bis auf den letzten Platz besetzt"* **3** **es/das Telefon ist besetzt** jemand telefoniert gerade mit der Person, die man selbst anrufen möchte

die **Be·set·zung** (*-, -en*) **1** *meist Singular* das Besetzen *„die Besetzung eines Postens mit einem Angestellten"* | *„die Besetzung eines Landes durch feindliche Truppen"* | *„die Besetzung eines Hauses durch Jugendliche"* **K** Neubesetzung, Hausbesetzung **2** alle Schauspieler, die in einem Film, einem Theaterstück o. Ä. die Rollen spielen

**be·sich·ti·gen**★ (*besichtigte, hat besichtigt*) **etwas besichtigen** irgendwohin gehen und etwas (genau) ansehen, um es kennenzulernen ⟨*eine Stadt, eine Kirche, ein Haus besichtigen*⟩

die **Be·sich·ti·gung** (*-, -en*) das Besichtigen *„Die Besichtigung des Doms ist ab 10 Uhr möglich"* **K** Schlossbesichtigung

**be·sie·delt** *ADJEKTIV* **(irgendwie) besiedelt** mit (einer gewissen Zahl von) Menschen, die dort leben ⟨*dicht, dünn besiedelt*⟩ *„Japan ist ein sehr dicht besiedeltes Land"*

**be·sie·gen**★ (*besiegte, hat besiegt*) **1** **jemanden besiegen** in einem Wettkampf besser sein als die genannte Person **2** **etwas besiegen** etwas unter Kontrolle bekommen ⟨*seine Müdigkeit besiegen*⟩ ≈ überwinden • *zu* (1)

**Be·sieg·te** *der/die*

**be·sin·nen** (*besann sich, hat sich besonnen*) **1** **sich besinnen** *geschrieben* die Gedanken intensiv auf ein Problem konzentrieren ⟨*sich einen Augenblick, kurz, eine Weile besinnen*⟩ ≈ nachdenken *„Er fällte die Entscheidung, ohne sich lange zu besinnen"* **2** **sich auf etwas** (*Akkusativ*) **besinnen** etwas in die Erinnerung zurückrufen, sich einer Sache bewusst werden *„Als er sich endlich auf seine Fähigkeiten besann, hatte er wieder Erfolg"*

**be·sinn·lich** ADJEKTIV ⟨*Gedanken, Worte, eine Feier, eine Zeit*⟩ so, dass sie einen zum Nachdenken bringen • *hierzu* **Be·sinn·lich·keit** *die*

die **Be·sin·nung** (-) **1** der Zustand, in dem man die eigene Existenz und die Umwelt wahrnehmen kann ⟨*wieder zur Besinnung kommen*⟩ *„Der Verletzte verlor die Besinnung"* **2** ⟨*jemanden zur Besinnung bringen; zur Besinnung kommen*⟩ ≈ Vernunft **3** ruhiges und intensives Nachdenken über sich selbst, über ein Thema, oder das, was man tut *„vor lauter Arbeit nicht zur Besinnung kommen"*

**be·sin·nungs·los** ADJEKTIV ohne Bewusstsein • *hierzu* **Be·sin·nungs·lo·sig·keit** *die*

der **Be·sitz★** (*-es*) **1** alles, was jemandem gehört ⟨*privater, staatlicher Besitz*⟩ ≈ Eigentum *„Er verlor seinen ganzen Besitz"* **K** Landbesitz **2** die Situation, etwas zu besitzen *„Wie kam er in den Besitz der geheimen Dokumente?"*

**be·sitz·an·zei·gend** ADJEKTIV **besitzanzeigendes Fürwort** ≈ Possessivpronomen

**be·sit·zen★** (*besaß, hat besessen*) **1** **etwas besitzen** über Dinge verfügen, die man gekauft oder auf andere Weise bekommen hat ⟨*ein Haus, einen Hof, ein Grundstück, ein Auto, viel Geld, Aktien besitzen*⟩ **2** **etwas besitzen** eine Eigenschaft, Qualität oder ein Wissen haben ⟨*Fantasie, Talent, Mut, Geschmack besitzen; die Frechheit, die Fähigkeit besitzen, etwas zu tun*⟩ *„Er besitzt gute Sprachkenntnisse"*

der **Be·sit·zer★** (*-s, -*) eine Person, die etwas besitzt *„Das Restaurant wechselte den Besitzer"* **K** Hausbesitzer • *hierzu* **Be·sit·ze·rin** *die*

das **Be·sitz·tum** (*-s, Be·sitz·tü·mer*); *geschrieben* **1** *nur Singular* alles, was jemand besitzt **2** *meist Plural* die Grundstücke und die Gebäude, die jemand, eine Institution o. Ä. besitzt *„die Besitztümer der Kirche"*

**be·son·de·r-★** ADJEKTIV *meist attributiv* **1** sich vom Gewöhnlichen, Normalen unterscheidend ⟨*unter besonderen Umständen*⟩ ≈ außergewöhnlich *„keine besonderen Vorkommnisse"* | *„keine besonderen Merkmale/Kennzeichen"* **2** von einer spezifischen Art ⟨*eine Ausbildung, Fähigkeiten*⟩ ≈ speziell *„Für diese Tätigkeit benötigen Sie eine besondere Ausbildung"* **3** besser oder schöner als der Durchschnitt ⟨*Qualität, eine Leistung*⟩ *„Die Landschaft der Insel Capri ist von besonderer Schönheit"* **4** stärker oder intensiver als normal ⟨*Freude, Mühe*⟩ ≈ groß *„sich einer Aufgabe mit besonderer Sorgfalt widmen"*

die **Be·son·der·heit** (*-, -en*) ein Merkmal oder eine Eigenschaft, worin sich etwas von etwas anderem (deutlich) unterscheidet *„die Besonderheiten der deutschen Sprache in Österreich"*

**be·son·ders★** ADVERB **1** in auffallend starkem Maße ⟨*etwas besonders betonen, hervorheben*⟩ *„Heute schmeckt das Essen besonders gut"* **2** **nicht besonders** *gesprochen* nicht gut, sondern eher schlecht *„Ich fühle mich heute gar nicht besonders"* **3** verwendet, um den folgenden Teil des Satzes hervorzuheben *„Besonders im Januar war es diesen Winter sehr kalt"* **4** verwendet, um etwas zu ergänzen, was man für wichtig hält *„Ich gehe gern ins Museum. Besonders interessiert mich das Mittelalter"*

**be·son·nen** ADJEKTIV ruhig und vernünftig ⟨*ein Mensch, ein Verhalten*⟩ • *hierzu* **Be·son·nen·heit** *die*

**be·sor·gen★** (*besorgte, hat besorgt*) **1** **(jemandem) etwas besorgen** sich darum kümmern, dass jemand etwas bekommt ≈ beschaffen *„Ich muss noch schnell Brot besorgen"* **2** **etwas besorgen** eine Aufgabe ausführen ≈ erledigen *„Die Übersetzung des Romans besorgte der Autor selbst"*

**be·sorg·nis·er·re·gend**, **Be·sorg·nis er·re·gend** ADJEKTIV so, dass man sich darüber große Sorgen macht ⟨*jemandes Aussehen, Zustand ist besorgniserregend*⟩

**be·sorgt★** ADJEKTIV **besorgt (um jemanden/wegen etwas)** voll Sorge ⟨*um jemandes Sicherheit, Leben besorgt sein*⟩ *„Der Arzt ist wegen ihres hohen Blutdrucks besorgt"*

die **Be·sor·gung** (*-, -en*) **eine Besorgung/Besorgungen machen** etwas einkaufen *„Für Weihnachten muss ich noch ein paar Besorgungen machen"*

**be·spa·ßen** (*bespaßte, hat bespaßt*) **jemanden bespaßen** sich darum kümmern, dass jemand Spaß hat und sich nicht langweilt *„Ich*

B

*habe keine Lust, den ganzen Tag die quengeligen Kinder allein zu bespaßen"*

**be·spre·chen★** (*bespricht, besprach, hat besprochen*) **1** **etwas (mit jemandem) besprechen** mit anderen Personen über etwas sprechen *„ein Problem mit einem Kollegen besprechen"* **2** **etwas besprechen** eine kritische Meinung zu etwas schriftlich äußern ⟨*einen Film, ein Buch, ein Konzert in einer Zeitung, im Rundfunk besprechen*⟩ **3** **sich (mit jemandem) (über etwas** (*Akkusativ*)**) besprechen** mit jemandem über wichtige Themen reden ≈ beraten *„Wir müssen uns noch mit einem Fachmann über den Umbau des Hauses besprechen"*

die **Be·spre·chung★** (-, *-en*) **1** die Handlung, über ein Thema mit anderen Personen zu sprechen ⟨*die Besprechung eines Problems*⟩ **2** **eine Besprechung (über etwas** (*Akkusativ*)**)** ein Treffen oder eine Sitzung, bei denen etwas besprochen wird ⟨*auf/in einer Besprechung sein*⟩

**be·sprit·zen** (*bespritzte, hat bespritzt*) **jemanden/etwas (mit etwas) bespritzen** jemanden/etwas nass machen oder mit etwas bedecken, indem man mit etwas spritzt *„jemanden mit Wasser bespritzen"*

**bes·ser★** ADJEKTIV **1** **besser (als jemand/etwas)** verwendet als Komparativ zu *gut „Heute ist das Wetter besser als gestern"* **2** *meist ironisch meist attributiv* zu einer hohen sozialen Schicht gehörig ⟨*nur in besseren Kreisen verkehren; etwas Besseres sein wollen*⟩ **3** *nur adverbiell* drückt aus, dass man etwas für eine sinnvolle Lösung hält *„Ich glaube, wir sollten jetzt besser gehen"* Es wäre gut, wenn wir jetzt gehen

**bes·sern** (*besserte, hat gebessert*) **1** **etwas bessert jemanden** etwas bewirkt, dass jemandes Charakter oder Verhalten besser wird *„Die Erziehung im Internat hat ihn auch nicht gebessert"* **2** **etwas bessert sich** etwas kommt in einen besseren Zustand oder erreicht ein höheres Niveau ⟨*das Wetter, die Gesundheit, eine Leistung*⟩ *„Seine finanzielle Lage bessert sich nur langsam"* **3** **sich bessern** besser sein oder handeln als vorher *„Du rauchst ja schon wieder!" – „Ich werde versuchen, mich zu bessern."*

die **Bes·se·rung** (-) **1** der Übergang in einen erwünschten (besseren) Zustand ⟨*eine gesundheitliche, wirtschaftliche, soziale Besserung*⟩ *„Der Kranke ist auf dem Wege der Besserung"* **K** Wetterbesserung **2** **Gute Besserung!** verwendet, um einem Kranken zu wünschen, dass er bald wieder gesund wird ⟨*jemandem gute Besserung wünschen*⟩

der **Bes·ser·wis·ser** (*-s, -*); *abwertend* eine Person, die glaubt, (immer) alles besser zu wissen

**bes·t-★** ADJEKTIV **1** verwendet als Superlativ zu *gut „Das ist der beste Kuchen, den ich je gegessen habe" | „Dieses Kleid gefällt mir am besten" | „Er ist der Beste seiner Mannschaft"* **2** sehr gut *„Wir sind die besten Freunde" | „Das Wetter war nicht gerade das beste"* war ziemlich schlecht **3** **Es ist das Beste (, wenn ...)** es ist sinnvoll oder angebracht *„Ich glaube, es ist das Beste, du überlegst dir das noch mal"* **4** **am besten** verwendet, um zu sagen, dass etwas die vernünftigste Lösung ist *„Du gehst jetzt am besten ins Bett, damit du morgen ausgeschlafen bist"* **ID** **sein Bestes geben** etwas so gut wie möglich tun

der **Be·stand★** (*-(e)s, Be·stän·de*) **1** **der Bestand (an Dingen** (*Dativ*) **)** die Menge an vorhandenen Gütern, Geld oder Waren ⟨*der Bestand an Waren, Vieh*⟩ **K** Bestandsliste; Baumbestand, Warenbestand **2** *nur Singular* die Situation, dass eine Sache zu einem gewissen Zeitpunkt und in der Zukunft existiert ⟨*etwas hat keinen Bestand; etwas ist von (kurzem) Bestand*⟩ *„Der Bestand des Betriebes ist bedroht"*

**be·stan·den** PARTIZIP PERFEKT → bestehen

**be·stän·dig** ADJEKTIV **1** so, dass es sich nicht (schnell) ändert ⟨*ein Zustand, das Wetter*⟩ ≈ stabil **2** **beständig gegen etwas** so, dass es nicht zerstört oder beschädigt wird *„Platin ist beständig gegen Säure"* **3** lange dauernd ⟨*Regen, Glück*⟩ *„Während unseres Urlaubs regnete es beständig"* • *zu* (1,2) **Be·stän·dig·keit** *die*

**-be·stän·dig** *im Adjektiv, unetont, begrenzt produktiv* **feuerbeständig, hitzebeständig, korrosionsbeständig, säurebeständig** *und andere* drückt aus, dass etwas gegen das im ersten Wortteil Genannte widerstandsfähig oder davor geschützt ist *„ein wetterbeständiger Anstrich"* • *hierzu* **-be·stän·dig·keit** *die*

der **Be·stand·teil★** ein Teil eines kompletten Ganzen ⟨*etwas ist ein wesentlicher Bestandteil einer Sache; etwas in die Bestandteile zerlegen*⟩ *„Eiweiße und Fette sind wichtige Bestandteile der Nahrung des Menschen"*

**be·stär·ken** (*bestärkte, hat bestärkt*) **jemanden (in etwas** (*Dativ*)**) bestärken**; je-

**manden bestärken zu** *+Infinitiv* einer Person sagen oder zeigen, dass man ihre Haltung oder ihre Pläne für richtig hält ⟨*jemanden im Glauben, in einer Annahme bestärken*⟩

**be·stä·ti·gen★** (*bestätigte, hat bestätigt*) **1** **etwas bestätigen** von einer Aussage sagen, dass sie richtig ist ⟨*etwas offiziell, schriftlich bestätigen*⟩ *„Ich glaube, das ist verboten worden." – „ Ja, das stimmt, das kann ich bestätigen."* **2** **etwas bestätigen** durch einen Brief oder eine Unterschrift offiziell mitteilen, dass man etwas bekommen hat ⟨*einen Auftrag bestätigen*⟩ **3** **etwas bestätigt etwas** etwas zeigt, dass eine Vermutung richtig ist *„Der Bluttest bestätigte seinen Verdacht, dass er nicht der Vater des Kindes ist"* **4** **jemanden (in etwas** (*Dativ*)**) (als etwas) bestätigen** entscheiden, dass eine Person ihr Amt, ihre Stellung weiterhin behält *„Die Mitgliederversammlung bestätigte ihn (in seiner Funktion) als Präsident des Vereins"* **5** **etwas bestätigt sich** etwas erweist sich als richtig *„Der Verdacht auf Krebs hat sich nicht bestätigt"*

die **Be·stä·ti·gung★** (-, *-en*) **1** das Bestätigen, dass etwas richtig oder gültig ist ⟨*die Bestätigung einer Nachricht, eines Urteils, eines Verdachts*⟩ **2** ein Beschluss, dass eine Person in ihrem Amt bleiben kann *„seine Bestätigung als Ministerpräsident"* **3** **eine Bestätigung (über etwas** (*Akkusativ*)**)** ein Schriftstück oder eine mündliche Erklärung, die etwas bestätigen ⟨*eine Bestätigung ausstellen, vorlegen*⟩ *„eine Bestätigung über den Erhalt der Ware"* **K** Empfangsbestätigung

**be·stat·ten** (*bestattete, hat bestattet*) **jemanden bestatten** *geschrieben* einen Toten oder dessen Asche feierlich in ein Grab legen o. Ä. • *hierzu* **Be·stat·tung** *die*

**be·ste·chen** (*bestícht, bestach, hat bestochen*) **1** **jemanden (mit etwas) bestechen** einer Person heimlich Geld oder Geschenke geben, damit sie so entscheidet, wie man es wünscht ⟨*einen Richter, einen Zeugen mit Geld bestechen; sich bestechen lassen*⟩ *„Die Firma hat versucht, die Steuerprüfer zu bestechen"* **2** **jemand/etwas besticht durch etwas** jemand oder etwas macht (durch etwas Positives) auf andere Personen einen sehr guten Eindruck *„Das Abendkleid besticht durch seine Eleganz* | *„Er bestach durch seinen Charme"*

**be·stech·lich** ADJEKTIV ⟨*Personen*⟩ so, dass man sie mit Geld bestechen kann

das **Be·steck★** (*-(e)s, -e*) *meist Singular* die Geräte (Messer, Gabel und Löffel), die man zum Essen verwendet ⟨*das Besteck auflegen*⟩ **K** Essbesteck, Silberbesteck ❶ im Plural nur mit Mengenangaben: *fünf Bestecke* (= 5 Messer, 5 Gabeln und 5 Löffel)

**be·ste·hen★** (*bestand, hat bestanden*) EXISTENZ: **1** **etwas besteht** etwas existiert oder ist vorhanden *„Die Gefahr einer Überschwemmung besteht nicht mehr"* | *„Unsere Firma besteht nun seit mehr als zehn Jahren"* BESCHAFFENHEIT: **2** **etwas besteht aus etwas** etwas ist aus dem genannten Stoff oder Material *„Der Tisch besteht aus Holz"* **3** **etwas besteht aus etwas** etwas hat mehrere Teile *„Die Wohnung besteht aus fünf Zimmern, Küche und Bad"* **4** **etwas besteht in etwas** (*Dativ*) etwas hat etwas zum Inhalt *„Ihre Aufgabe besteht im Wesentlichen darin, den Text auf Rechtschreibfehler zu überprüfen"* SONSTIGES: **5** **(gegenüber jemandem) auf etwas** (*Dativ*) **bestehen** deutlich sagen, dass man bei einer Forderung, Meinung o. Ä. bleibt *„Sie bestand darauf, mitzukommen"* **6** **(etwas) bestehen** bei einer Prüfung, einem Test oder bei etwas Gefährlichem Erfolg haben *„Er hat (das Examen mit der Note „gut") bestanden"*

**be·stei·gen** (*bestieg, hat bestiegen*) **etwas besteigen** auf etwas hinaufsteigen ⟨*einen Berg, einen Turm besteigen*⟩ • *hierzu* **Be·stei·gung** *die*

**be·stel·len★** (*bestellte, hat bestellt*) **1** **etwas (bei jemandem/etwas) bestellen** einer Person oder Firma den Auftrag geben, eine Ware zu liefern ⟨*Ersatzteile, Möbel, ein Buch bestellen; etwas schriftlich, telefonisch, online, im Internet bestellen*⟩ *„Wann wird die bestellte Ware geliefert?"* **K** Bestellschein **2** **etwas bestellen** darum bitten, dass etwas reserviert wird ⟨*Kinokarten, Theaterkarten, ein Hotelzimmer bestellen*⟩ **3** **(etwas) bestellen** in einem Lokal der Bedienung sagen, was man essen oder trinken will *„Ich möchte gern ein Glas Wein bestellen"* | *„Haben Sie schon bestellt?"* **4** **jemanden (irgendwohin) bestellen** jemandem den Auftrag geben, an einen Ort zu kommen ⟨*einen Handwerker (ins Haus), ein Taxi (vor die Tür) bestellen*⟩ **5** **(jemandem) etwas (von einer Person) bestellen** jemandem eine Nachricht von einer anderen Person überbringen ≈ ausrichten *„Bestelle ihm viele Grüße von mir!"* **6** **etwas bestellen** den Boden so bearbeiten, dass Pflanzen wachsen können ⟨*ein Feld, den Acker bestellen*⟩ • *zu* (1,2) **Be·stel·ler** *der*; *zu* (1,2) **Be·stel·le·rin** *die*

die **Be·stel·lung** (-, *-en*) **1** **eine Bestellung (über etwas** (*Akkusativ*)**)** der Auftrag, durch den man etwas bestellt ⟨*eine Bestellung aufgeben, entgegennehmen*⟩ *„Ihre Bestellung über 2000 Liter Heizöl ist bei uns eingegangen"* **2** die bestellte Ware *„Ihre Bestellung liegt zum Abholen bereit"*

**bes·ten·falls** *ADVERB* im günstigsten Fall *„Er wird in der Prüfung bestenfalls eine durchschnittliche Note bekommen"*

**bes·tens**★ *ADVERB* sehr gut, ausgezeichnet *„Das hat ja bestens geklappt!"*

**be·steu·ern** (*besteuerte, hat besteuert*) **etwas besteuern** von jemandem für etwas Steuern verlangen *„Benzin wird höher besteuert als Diesel"* • *hierzu* **Be·steu·e·rung** *die*

die **Best·form in Bestform sein** in sehr guter körperlicher Verfassung sein (um hervorragende sportliche Leistungen zu bringen)

die **Bes·tie** [-ti̯ə]; (-, *-n*) **1** ein Tier, das als sehr wild und grausam gilt **2** *abwertend* eine Person, die schreckliche, grausame Dinge tut

**be·stim·men**★ (*bestimmte, hat bestimmt*) **1** **etwas bestimmen** entscheiden, dass das Genannte offiziell gilt ⟨*das Ziel, einen Zeitpunkt bestimmen*⟩ ≈ festlegen **2** **etwas für jemanden/etwas bestimmen** etwas einer Person oder einem Zweck zukommen lassen *„Das Geld ist für dich allein bestimmt!"* | *„Im Budget sind 15 Millionen für den Straßenbau bestimmt"* ❶ meist im Passiv mit dem Hilfsverb *sein* **3** **etwas bestimmen** etwas auf wissenschaftliche Weise prüfen und herausfinden ≈ feststellen *„das Alter eines Bauwerks bestimmen"* **4** **(etwas) bestimmen** eine Entscheidung treffen, die für andere Personen gilt ≈ anordnen *„Du hast hier nichts zu bestimmen!"* **5** **über jemanden/etwas bestimmen** darüber entscheiden, was jemand tun soll oder wie etwas verwendet oder gestaltet wird *„Über meine Freizeit bestimme ich!"*

**be·stimmt**★ *ADJEKTIV* **1** *meist attributiv* so, dass eine Menge, ein Ausmaß, ein Zeitpunkt o. Ä. festgelegt und bekannt ist *„Der Preis soll eine bestimmte Höhe nicht überschreiten"* **2** *meist attributiv* von anderen Personen/Dingen deutlich unterschieden (hier aber nicht genauer beschrieben) *„ein bestimmtes Buch schon lange suchen"* **3** so, dass es Entschlossenheit demonstriert *„Der Ton des Kunden war höflich, aber bestimmt"*
*ADVERB* **4** sehr wahrscheinlich ⟨*ganz bestimmt*⟩ *„Du wirst bestimmt Erfolg haben bei deiner Arbeit"* **5** ohne Zweifel, mit absoluter Sicherheit *„Weißt du das bestimmt?"*

die **Be·stimmt·heit** (-) **1** ein entschlossenes, energisches Verhalten *„mit der nötigen Bestimmtheit auftreten"* **2** **mit Bestimmtheit** mit Sicherheit *„Kannst du mit Bestimmtheit sagen, dass du morgen kommst?"*

die **Be·stim·mung** (-, *-en*) **1** eine Regelung, die in einem Vertrag, Gesetz oder in einer Anordnung steht ⟨*Bestimmungen einhalten, verletzen, erlassen*⟩ ≈ Vorschrift *„Nach den geltenden Bestimmungen dürfen diese Waffen nicht exportiert werden"* **2** *meist Singular* das Bestimmen, Prüfen und Herausfinden ⟨*die Bestimmung von Pflanzen, Tieren, des Alters eines Bauwerks*⟩ **K** Bestimmungsbuch **3** *nur Singular* ein starkes Gefühl, für etwas, das man getan hat, (von Gott, vom Schicksal) auserwählt zu sein *„Er folgte seiner Bestimmung und ging ins Kloster"*

**be·stra·fen**★ (*bestrafte, hat bestraft*) **1** **jemanden (für/wegen etwas) bestrafen** einer Person wegen ihres Verhaltens eine Strafe geben ⟨*jemanden hart bestrafen*⟩ *„Er wurde wegen Diebstahls mit drei Monaten Gefängnis bestraft"* **2** **etwas bestrafen** für die genannte Tat eine Strafe festlegen *„Zuwiderhandlungen werden bestraft!"* **3** **etwas wird bestraft**; **jemand wird für etwas bestraft** jemand muss die negativen Konsequenzen einer Handlung o. Ä. erdulden ⟨*für den Leichtsinn, für eine Unachtsamkeit bestraft werden*⟩ • *zu* (1) **Be·stra·fung** *die*

**be·strah·len** (*bestrahlte, hat bestrahlt*) **jemanden/etwas bestrahlen** jemanden/etwas mit wärmenden oder radioaktiven Strahlen medizinisch behandeln *„ein Geschwür/den Rücken bestrahlen"* • *hierzu* **Be·strah·lung** *die*

**be·strebt** *ADJEKTIV meist prädikativ* **bestrebt sein zu** *+Infinitiv* sich Mühe geben, ein Ziel zu erreichen *„Er ist bestrebt, die Wünsche aller Leute zu berücksichtigen"*

**be·strei·chen** (*bestrich, hat bestrichen*) **etwas (mit etwas) bestreichen** etwas auf etwas streichen *„die Wände mit Farbe bestreichen"* | *„ein Brot mit Marmelade bestreichen"*

**be·strei·ten** (*bestritt, hat bestritten*) **etwas bestreiten** sagen, dass eine Feststellung, Aus-

B

sage o. Ä. nicht wahr ist ⟨*eine Behauptung, eine Tatsache bestreiten; etwas lässt sich nicht bestreiten*⟩ ↔ zugeben *„Er bestreitet entschieden, den Unfall verursacht zu haben"*

der **Bẹst·sel·ler** (-s, -) eine Ware (meist ein Buch), die besonders häufig verkauft wird *„Sein erster Roman wurde sofort zum Bestseller"* **K** Bestsellerautor, Bestsellerliste

**be·stụ̈r·men** (*bestürmte, hat bestürmt*) **jemanden (mit etwas) bestürmen** jemanden mit Fragen o. Ä. stark bedrängen *„Die Journalisten bestürmten den Minister mit Fragen"*

**be·stụ̈rzt** *ADJEKTIV* **bestürzt (über etwas** (*Akkusativ*)**)** von etwas Schlimmem erschreckt ⟨*bestürzte Gesichter, Mienen*⟩ *„Er war tief bestürzt über den Tod des Kollegen"*

die **Be·stụ̈r·zung** (-) **Bestürzung (über etwas** (*Akkusativ*)**)** das Gefühl, das man empfindet, wenn man etwas Schlimmes erfährt ≈ Erschütterung *„Der tödliche Unfall des Rennfahrers löste große Bestürzung aus"*

der **Be·su̲ch**★ (-(e)s, -e) **1** ein Aufenthalt im Haus oder der Wohnung einer anderen Person, die man besucht ⟨*einen Besuch machen; bei jemandem zu Besuch sein; (zu jemandem) zu Besuch kommen*⟩ *„Er war bei einem Kollegen zu Besuch"* **2** *nur Singular* eine Person, die eine andere Person besucht ⟨*Besuch haben, bekommen, erwarten*⟩ *„Unser Besuch bleibt bis zum Abendessen"* **3** *nur Singular* das Lernen an einer Schule oder Universität *„Nach fünfjährigem Besuch des Gymnasiums begann er eine Lehre"*

der **-be·su̲ch** *im Substantiv, unbetont, begrenzt produktiv* **1** **Arztbesuch, Krankenbesuch; Konzertbesuch, Museumsbesuch, Staatsbesuch** *und andere* drückt aus, dass jemand zur genannten Person oder Sache geht **2** **Vertreterbesuch, Verwandtenbesuch** *und andere* drückt aus, dass die genannte Person jemanden oder etwas besucht

**be·su̲·chen**★ (*besuchte, hat besucht*) **1** **jemanden besuchen** zu einer Person gehen oder fahren, um für einen kurzen Zeitraum bei ihr zu sein ⟨*einen Freund, einen Verwandten besuchen; einen Patienten im Krankenhaus besuchen*⟩ *„In den Ferien besuchte er seine Großmutter"* **2** **etwas besuchen** bei einer Veranstaltung o. Ä. anwesend sein ⟨*eine Ausstellung, ein Konzert, eine Theateraufführung, den Gottesdienst besuchen*⟩ **3** **etwas besuchen** für kurze Zeit an einen Ort oder in ein Land reisen, um interessante Dinge zu sehen und zu erleben *„Bei Ihrer nächsten Reise nach Deutschland sollten Sie auch Nürnberg besuchen und die Burg besichtigen"* **4** **etwas besuchen** regelmäßig am Unterricht einer Schule oder Universität teilnehmen ⟨*eine Schule, eine Universität besuchen; den Unterricht, einen Kurs, eine Vorlesung regelmäßig besuchen*⟩

der **Be·su̲·cher**★ (-s, -) eine Person, die eine Veranstaltung, ein Land oder einen Ort besucht ⟨*die Besucher eines Konzerts, eines Theaters, eines Museums*⟩ *„Der Kölner Dom beeindruckt alle Besucher"* **K** Kinobesucher • *hierzu* **Be·su̲·che·rin** *die*

die **Be·su̲chs·zeit** die festgesetzte Zeit, zu der man eine Person (im Krankenhaus, Gefängnis o. Ä.) besuchen darf

**be·tä̲·ti·gen** (*betätigte, hat betätigt*) **1** **etwas betätigen** *geschrieben* einen Hebel, einen Schalter, ein Pedal o. Ä. benutzen ⟨*die Bremse, die Hupe betätigen*⟩ **2** **sich irgendwie/als etwas betätigen** auf einem Gebiet (beruflich) aktiv sein ⟨*sich sportlich, politisch, schriftstellerisch, künstlerisch betätigen*⟩ *„Der ehemalige Fußballstar betätigt sich jetzt als Sportreporter"* • *hierzu* **Be·tä̲·ti·gung** *die*

**be·täu̲·ben** (*betäubte, hat betäubt*) **jemanden/etwas betäuben** ein Medikament geben, damit jemand oder ein Tier (an einem Körperteil) keine Schmerzen hat ⟨*die Finger, den Arm betäuben*⟩ *„jemanden vor der Zahnbehandlung mit einer Spritze örtlich betäuben"*

die **Be·täu̲·bung** (-, -en) *nur Singular* das Betäuben gegen Schmerzen (eines Menschen, eines Tieres oder eines Körperteils) ⟨*eine örtliche Betäubung*⟩ **K** Betäubungsmittel

die **Be̲·te** (-) **Rote Bete** rote, runde Rüben, die gekocht und in Scheiben geschnitten als Salat gegessen werden

**be·te̲i̲·li·gen**★ (*beteiligte, hat beteiligt*) **1** **jemanden (an etwas** (*Dativ*)**) beteiligen** einer anderen Person einen Teil von dem eigenen Gewinn geben ⟨*jemanden am Geschäft, am Umsatz beteiligen*⟩ *„Bist du am Gewinn beteiligt?"* **2** **jemanden (an etwas** (*Dativ*)**) beteiligen** jemandem die Möglichkeit geben, bei etwas aktiv mitzumachen *„Die Bürger werden an der Straßenplanung beteiligt"* **3** **sich (an etwas** (*Dativ*)**) beteiligen** bei etwas aktiv mitmachen ⟨*sich an einer Diskussion, einem Spiel beteiligen*⟩ *„Der Schüler beteiligte sich lebhaft am Unterricht"* **4** **sich (an etwas**

B

(*Dativ*)) **beteiligen** gemeinsam mit anderen Personen Geld zahlen oder investieren, um etwas zu realisieren *„Der Staat beteiligt sich mit 5 Millionen an den Kosten des Projekts"* • *hierzu* **Be·tei·li·gung** *die*

der/die **Be·tei·lig·te** (*-n, -n*) **1** **der/die Beteiligte (an etwas** (*Dativ*)) eine Person, die an etwas beteiligt ist *„die am Gewinn Beteiligten"* **2** **der/die Beteiligte (an etwas** (*Dativ*)) eine Person, die bei etwas mitmacht oder von etwas betroffen ist *„Alle Beteiligten akzeptierten den Kompromiss"* ❶ *ein Beteiligter; der Beteiligte; den, dem, des Beteiligten*

**be·ten★** (*betete, hat gebetet*) **1** **(für jemanden/um etwas) (zu einem Gott) beten** die Worte sprechen, mit denen man (einen) Gott lobt, um etwas bittet oder für etwas dankt **2** **etwas beten** das genannte Gebet sprechen ⟨*ein Vaterunser beten*⟩

**be·teu·ern** (*beteuerte, hat beteuert*) **etwas beteuern** etwas mit Nachdruck behaupten *„Der Angeklagte beteuert seine Unschuld"* | *„Der Beamte beteuerte, von niemandem Geld angenommen zu haben"* • *hierzu* **Be·teu·e·rung** *die*

der **Be·ton★** [be'tɔŋ, be'to:n, be'tõ:]; (*-s*) eine Mischung aus Zement, Sand, Kies und Wasser, die zum Bauen verwendet wird und die nach dem Trocknen sehr hart wird ⟨*Beton mischen*⟩ *„eine Brücke aus Beton"* **K** Betonmischmaschine, Betonpfeiler; Stahlbeton

**be·to·nen★** (*betonte, hat betont*) **1** **etwas betonen** eine Silbe oder ein Wort hervorheben, indem man es kräftig ausspricht ⟨*ein Wort richtig, falsch, auf der Stammsilbe betonen; eine betonte Silbe*⟩ *„Das Wort „Allergie" wird auf der letzten Silbe betont"* **2** **etwas betonen** auf etwas besonders hinweisen ≈ hervorheben *„Der Redner betonte, dass er mit dieser Regelung nicht zufrieden sei"*

**be·to·nie·ren** (*betonierte, hat betoniert*) **(etwas) betonieren** etwas mit Beton bauen

**be·tont** ADJEKTIV in auffälliger Weise um das genannte Verhalten bemüht ⟨*mit betonter Höflichkeit; betont gleichgültig, lässig*⟩

**-be·tont** *im Adjektiv, unbetont, begrenzt produktiv* vorwiegend von der genannten Sache bestimmt *„ein gefühlsbetonter Mensch"* | *„ein kampfbetontes Spiel"* | *„zweckbetonte Möbel"*

die **Be·to·nung★** (*-, -en*) **1** die Stelle im Wort oder im Satz, die etwas lauter oder höher gesprochen wird ≈ Akzent *„In dem Wort „Verfassung" liegt die Betonung auf der zweiten Silbe"* **2** *nur Singular* das Betonen eines Wortes, einer Silbe **K** Betonungsregel **3** *nur Singular* das Hinweisen auf die Wichtigkeit einer Aussage oder Tatsache ≈ Hervorhebung

der **Be·tracht** *geschrieben* **1** **(für etwas) in Betracht kommen** für einen Zweck eine günstige, realisierbare Möglichkeit sein *„Wegen der Affären kam er nicht für das Amt des Präsidenten in Betracht"* **2** **jemanden/etwas in Betracht ziehen** jemanden oder etwas bei der Planung berücksichtigen und in die Überlegungen einbeziehen *„bei einer Expedition alle möglichen Gefahren in Betracht ziehen"* **3** **etwas außer Betracht lassen** etwas bei der Planung nicht berücksichtigen

**be·trach·ten★** (*betrachtete, hat betrachtet*) **1** **jemanden/etwas betrachten** jemanden/etwas genau ansehen *„ein Kunstwerk/jemandes Verhalten betrachten"* **2** **etwas irgendwie betrachten** über etwas nachdenken und ein Urteil darüber abgeben *„eine Angelegenheit ganz nüchtern und sachlich betrachten"* **3** **jemanden/etwas als etwas betrachten** von einer Person/Sache die genannte Meinung haben *„Sie betrachtet ihn als ihren größten Konkurrenten"* | *„Ich betrachte es als meine Pflicht, Ihnen die volle Wahrheit zu sagen"* • *hierzu* **Be·trach·tung** *die; zu* (1) **Be·trach·ter** *der; zu* (1) **Be·trach·te·rin** *die*

**be·trächt·lich** ADJEKTIV relativ groß, wichtig oder gut ⟨*Kosten, Verluste, Gewinne, Schaden*⟩ *„die Preise beträchtlich erhöhen"*

der **Be·trag★** (*-s, Be·trä·ge*) eine Summe Geld *„ein Betrag von 12 €"* **K** Geldbetrag, Rechnungsbetrag

**be·tra·gen★** (*beträgt, betrug, hat betragen*) **1** **etwas beträgt etwas** etwas hat das genannte Ausmaß oder den genannten Wert *„Die Entfernung vom Hotel zum Strand beträgt 500 Meter"* ❶ kein Passiv **2** **sich irgendwie betragen** sich (vor allem als Kind) anderen Personen gegenüber in der genannten Art verhalten ⟨*sich anständig, schlecht betragen*⟩ ≈ benehmen

das **Be·tra·gen** (*-s*) die Art und Weise, wie sich jemand benimmt

der **Be·treff** *admin* verwendet, um in einem geschäftlichen Brief (zu Beginn, noch vor der Anrede) anzugeben, wegen welcher Sache man schreibt *„Betr.: Ihre Rechnung vom 5. Januar"* ❶ Abkürzung: *Betr.*

B

**be·trẹf·fen**★ (*betrifft, betraf, hat betroffen*) **1** **etwas betrifft jemanden/etwas** etwas ist für jemanden/etwas wichtig oder relevant „*Der Naturschutz ist eine Aufgabe, die uns alle betrifft*" **2** **etwas betrifft jemanden** etwas macht jemanden sehr traurig und entsetzt „*Sein Elend hat mich zutiefst betroffen*" ❶ meist im Perfekt oder unpersönlich formuliert: *Es betrifft mich sehr, dass …* **3** **was jemanden/etwas betrifft** verwendet, um zu sagen, dass sich eine Aussage auf jemanden/etwas bezieht „*Was mich betrifft: Ich komme nicht mit!*"

**be·trẹf·fend** *ADJEKTIV meist attributiv* verwendet, um sich auf eine Person oder Sache zu beziehen, die bereits bekannt ist oder erwähnt wurde „*Wir wollten uns am 24.2. treffen, aber am betreffenden Tag war ich krank*"

**be·trei·ben**★ (*betrieb, hat betrieben*) **1** **etwas (irgendwie) betreiben** auf dem genannten Gebiet aktiv sein ⟨*Politik, Sport, ein Hobby betreiben*⟩ „*Er betreibt das Studium sehr ernsthaft*" **2** **etwas betreiben** für die Organisation eines meist wirtschaftlichen Unternehmens verantwortlich sein ⟨*ein Geschäft, ein Gewerbe, ein Hotel betreiben*⟩ „*Der Kindergarten wird von der Gemeinde/Kirche betrieben*" • *zu* (2) **Be·trei·ber** *der*

**be·tre·ten**[1]★ (*betritt, betrat, hat betreten*) **etwas betreten** in einen Raum hineingehen ⟨*ein Zimmer betreten*⟩ ↔ verlassen

**be·tre·ten**[2]★ *ADJEKTIV* mit einem Gesichtsausdruck, der verrät, dass man sich schämt oder etwas peinlich findet ⟨*ein betretenes Gesicht machen; betreten lächeln, schweigen*⟩ ≈ verlegen • *hierzu* **Be·tre·ten·heit** *die*

**be·treu·en**★ (*betreute, hat betreut*) **1** **jemanden betreuen** auf eine Person aufpassen und für sie sorgen ⟨*eine Jugendgruppe, Kinder, Kranke betreuen*⟩ **2** **etwas betreuen** in einem Bereich, in einem Gebiet oder bei einer Gruppe von Personen dafür sorgen, dass alles gut funktioniert „*ein Projekt betreuen*" **3** eine erwachsene Person, die sich wegen einer psychischen Krankheit oder einer Behinderung nicht allein um ihre Angelegenheiten kümmern kann, als offizieller Vertreter unterstützen • *hierzu* **Be·treu·ung** *die*; **Be·treu·er** *der*; **Be·treu·e·rin** *die*

der **Be·trieb**★ (-(e)s, -e) EINES UNTERNEHMENS: **1** in einem Betrieb arbeiten die Mitarbeiter einer Firma, um Waren zu produzieren, Geschäfte zu machen oder um Kunden Dienste anzubieten ≈ Firma „*Er arbeitet als Schlosser in einem kleinen Betrieb*" | „*In unserem Betrieb sind 200 Personen beschäftigt*" **K** Betriebsangehörige(r); Industriebetrieb ZUSTAND, VORGANG: **2** *nur Singular* das Arbeiten von technischen Apparaten und Einrichtungen ⟨*eine Maschine in Betrieb nehmen*⟩ **K** Betriebsstörung **3** die Aktivitäten und Arbeiten, die an einer Stelle oder in einer Institution ablaufen ⟨*den Betrieb aufhalten, lahmlegen*⟩ „*Am Samstagabend war reger Betrieb im Restaurant*" **4** **etwas ist in Betrieb** ein Gerät, eine Maschine o. Ä. ist eingeschaltet und funktioniert „*Die Heizung ist im Sommer nicht in Betrieb*" **5** **etwas ist außer Betrieb** ein Gerät, eine Maschine o. Ä. ist nicht eingeschaltet oder funktioniert nicht „*Der Aufzug ist leider außer Betrieb*"

die **Be·triebs·an·lei·tung** eine Broschüre oder ein Heft, die erklären, wie man eine (meist relativ große und komplizierte) Maschine bedient

**be·triebs·be·reit** *ADJEKTIV* **etwas ist betriebsbereit** ein Gerät oder eine Maschine ist bereit, in Betrieb genommen zu werden

das **Be·triebs·kli·ma** ≈ Arbeitsklima

der **Be·triebs·rat**★ **1** ein Gremium, das von den Arbeitnehmern eines Betriebs alle vier Jahre neu gewählt wird und die Aufgabe hat, die Interessen der Arbeitnehmer gegenüber dem Arbeitgeber zu vertreten „*Der Betriebsrat besteht in großen Unternehmen aus bis zu 31 Mitgliedern*" **K** Betriebsratswahlen **2** ein Mitglied eines Betriebsrats

das **Be·triebs·sys·tem** ein Programm, das ein Computer braucht, um überhaupt arbeiten und andere Programme bearbeiten zu können

die **Be·triebs·wirt·schaft** die Wissenschaft, die sich mit der Organisation und Führung von Unternehmen und Betrieben unter ökonomischen Aspekten beschäftigt **K** Betriebswirtschaftslehre ❶ Abkürzung: *BWL*

**be·trin·ken** (*betrank sich, hat sich betrunken*) **sich betrinken** von einem alkoholischen Getränk so viel trinken, dass man sich nicht mehr unter Kontrolle hat ⟨*sich sinnlos, aus Kummer betrinken*⟩

**be·trọf·fen**★ *ADJEKTIV* **1** **(von etwas) betroffen** mit Problemen oder Schäden wegen der genannten Sache „*die vom Hochwasser betroffenen Gebiete*" **2** **betroffen (über etwas (*Akkusativ*))** durch etwas Schlimmes oder Trauriges emotional sehr bewegt „*Der Minister zeigte sich zutiefst betroffen über die Anschlä-*

B

*ge"* • *zu* (2) **Be·trof·fen·heit** *die*

**be·trübt** *ADJEKTIV; geschrieben* ⟨*Menschen; betrübt aussehen*⟩ ≈ traurig • *hierzu* **Be·trübt·heit** *die*

der **Be·trug**★ (*-(e)s*) eine Handlung, mit der man jemanden betrügt ⟨*einen Betrug begehen, verüben; etwas durch Betrug (an jemandem) erlangen*⟩ K Versicherungsbetrug

**be·trü·gen**★ (*betrog, hat betrogen*) 1 **jemanden (um etwas) betrügen** jemanden bewusst täuschen, meist um damit Geld zu bekommen *„jemanden beim Kauf eines Gebrauchtwagens betrügen"* 2 **eine Person (mit jemandem) betrügen** außerhalb der Ehe (oder einer Paarbeziehung) sexuelle Kontakte haben • *zu* (1) **be·trü·ge·risch** *ADJEKTIV; zu* (1) **Be·trü·ger** *der; zu* (1) **Be·trü·ge·rin** *die*

**be·trun·ken**★ *ADJEKTIV* in dem Zustand, in dem man sich befindet, wenn man zu viel Alkohol getrunken hat ⟨*leicht, völlig betrunken*⟩ ↔ nüchtern • *hierzu* **Be·trun·ke·ne** *der/die*

das **Bett**★ (*-(e)s, -en*) 1 das Möbelstück, in dem man schläft ⟨*im Bett liegen; ins/zu Bett gehen, sich ins Bett legen*⟩ K Bettdecke, Bettkante, Bettlaken; Doppelbett, Kinderbett 2 die Decken und Kissen auf einem Bett ⟨*das Bett beziehen*⟩ K Bettbezug, Bettwäsche 3 **das Bett machen** das Bett nach dem Schlafen in Ordnung bringen • *zu* (3) **Bet·ten·ma·chen** *das*

**bet·teln** (*bettelte, hat gebettelt*) 1 **(um etwas) betteln** jemanden dauernd und intensiv um etwas bitten *„Das Kind bettelte so lange, bis die Mutter ihm ein Eis kaufte"* 2 **(um etwas) betteln** jemanden um Geld (oder andere Dinge) bitten, weil man arm ist ⟨*um Almosen, Brot betteln (gehen)*⟩

**bett·lä·ge·rig** *ADJEKTIV* so krank, dass man (meist lange Zeit) im Bett liegen muss

der **Bett·ler** (*-s, -*) eine Person, die arm ist und bettelt • *hierzu* **Bett·le·rin** *die*

**bett·reif** *ADJEKTIV; gesprochen* so müde, dass man schlafen gehen will/sollte

die **Bett·ru·he** das Ruhen im Bett ⟨*einem Kranken (strengste) Bettruhe verordnen*⟩

das **Bett·tuch**★ ein großes Tuch, das man über die Matratze des Bettes legt und auf dem man schläft ≈ Laken

das **Bett·zeug**★ *gesprochen* die Decken, Kissen und Tücher auf einem Bett

**be·tu·lich** *ADJEKTIV* ein bisschen ungeschickt (und meist langsam), aber freundlich um jemanden/etwas bemüht

**beu·gen**★ (*beugte, hat gebeugt*) 1 **etwas beugen** einen Körperteil aus der normalen Haltung nach unten, nach hinten oder zur Seite bewegen ⟨*den Arm, die Knie, den Kopf, den Nacken, den Rücken beugen*⟩ ↔ strecken 2 **sich irgendwohin beugen** im Stand den Oberkörper in die genannte Richtung bewegen ⟨*sich nach vorn, aus dem Fenster, über ein Kind beugen*⟩ ↔ aufrichten 3 **sich jemandem/etwas beugen** *geschrieben* jemandem/etwas (oft nach längerem Widerstand) nachgeben ⟨*sich dem Druck der Öffentlichkeit beugen*⟩ • *hierzu* **Beu·gung** *die*

die **Beu·le** (*-, -n*) 1 eine Stelle, an welcher die Haut nach einem Stoß oder Schlag geschwollen ist *„Nach dem Sturz hatte er eine dicke Beule an der Stirn"* 2 eine Stelle, an der ein Gegenstand durch einen Stoß eine andere Form bekommen hat *„Das Auto hat bei dem Unfall nur eine kleine Beule bekommen"*

**be·un·ru·hi·gen** (*beunruhigte, hat beunruhigt*) **jemanden beunruhigen** jemanden unruhig oder besorgt machen • *hierzu* **Be·un·ru·hi·gung** *die*

**be·ur·lau·ben** (*beurlaubte, hat beurlaubt*) 1 **jemanden beurlauben** einem Schüler oder Mitarbeiter erlauben, eine Zeit lang nicht zur Schule/Arbeit zu kommen, um etwas Wichtiges anderes zu tun ⟨*jemanden für einen Lehrgang, eine Beerdigung, eine Familienfeier beurlauben*⟩ 2 **jemanden beurlauben** bestimmen, dass ein Mitarbeiter eine Zeit lang nicht arbeiten darf, bis geklärt ist, ob er gegen die Vorschriften verstoßen hat • *hierzu* **Be·ur·lau·bung** *die*

**be·ur·tei·len**★ (*beurteilte, hat beurteilt*) **jemanden/etwas (irgendwie/nach etwas) beurteilen** sich eine Meinung darüber bilden (und diese äußern), wie jemand/etwas ist ⟨*jemanden/etwas falsch, richtig beurteilen*⟩ ≈ bewerten *„Der Lehrer beurteilte ihren Aufsatz als gut"* | *„Kannst du beurteilen, ob das stimmt?"* | *„Man sollte Leute nicht danach beurteilen, wie sie aussehen"*

die **Be·ur·tei·lung** (*-, -en*) 1 das Beurteilen einer Person oder einer Leistung 2 vor allem ein schriftlicher Text (z. B. ein Gutachten oder ein Zeugnis), in dem jemand beurteilt wird

die **Beu·te**★ (*-*) 1 etwas, das jemand zu Unrecht (oft mit Gewalt) an sich nimmt ⟨*jemandem zur Beute fallen*⟩ *„Die Diebe teilen sich die Beute"* K Diebesbeute 2 ein Tier, das von anderen

Tieren gefangen und gefressen wird *„Der Adler hielt seine Beute in den Krallen"* K Beutetier

der **Beu·tel★** (-s, -) ein relativ kleiner Behälter in der Form eines Sackes (vor allem aus Stoff, Leder oder Plastik) *„Fleisch in einem Beutel einfrieren"* K Geldbeutel, Lederbeutel, Müllbeutel

**be·völ·kern** (*bevölkerte, hat bevölkert*) **Menschen/Tiere bevölkern etwas** Menschen/Tiere halten sich in großer Zahl irgendwo auf *„Viele Touristen bevölkern die Straßen und Plätze von Paris"*

die **Be·völ·ke·rung★** (-, -*en*) die (Zahl der) Personen, die in einer Stadt, einer Region oder einem Land wohnen ⟨*die einheimische, ländliche, weibliche Bevölkerung*⟩ *„Die Bevölkerung nimmt ständig zu"* K Bevölkerungswachstum, Bevölkerungsgruppe

**be·voll·mäch·ti·gen** (*bevollmächtigte, hat bevollmächtigt*) **jemanden (zu etwas) bevollmächtigen** jemandem eine Vollmacht geben *„Sie bevollmächtigte ihn dazu, ihre Post entgegenzunehmen"*

**be·vor★** BINDEWORT verwendet, um zu sagen, dass eine Handlung zeitlich früher als eine andere abläuft *„Bevor wir essen können, musst du den Tisch decken"* ⓘ *Bevor* kann z. B. mit *kurz, lange* oder *noch* näher bestimmt werden: *Kurz bevor er kommen wollte, hatte er einen Unfall.*

**be·vor·mun·den** (*bevormundete, hat bevormundet*) **jemanden bevormunden** *abwertend* jemanden nicht selbstständig handeln lassen *„Er ist schon 18 Jahre alt und wird immer noch bevormundet"* • *hierzu* **Be·vor·mun·dung** *die*

**be·vor|ste·hen** (*stand bevor, hat/süddeutsch* Ⓐ Ⓒⓗ *ist bevorgestanden*) **etwas steht (jemandem) bevor** etwas wird bald geschehen *„die bevorstehenden Wahlen"* | *„Der schlimmste Teil der Prüfungen steht mir noch bevor"*

**be|vor·zu·gen** (*bevorzugte, hat bevorzugt*) **1** **eine Person (vor/gegenüber jemandem) bevorzugen** so handeln, dass jemand im Vergleich zu anderen Personen Vorteile hat ↔ benachteiligen *„Unser Lehrer bevorzugt die Mädchen vor den Jungen"* **2** **eine Person/Sache (vor jemandem/etwas) bevorzugen** eine Person oder Sache lieber mögen als eine andere Person oder Sache ≈ vorziehen *„Sie bevorzugt es, allein zu leben"* • *zu (1)* **Be·vor·zu·gung** *die*

**be·wa·chen** (*bewachte, hat bewacht*) **1** **jemanden bewachen** aufpassen, dass jemand nicht wegläuft oder ausbricht ⟨*einen Gefangenen, einen Verbrecher bewachen*⟩ **2** **etwas bewachen** aufpassen, dass niemand ein Haus o. Ä. betritt, der kein Recht dazu hat *„Der Wachhund bewacht das Haus"* • *hierzu* **Be·wa·chung** *die*; **Be·wa·cher** *der*; **Be·wa·che·rin** *die*

**be·wach·sen** ADJEKTIV **(mit etwas) bewachsen** mit Pflanzen bedeckt ⟨*ein Ufer, eine Böschung*⟩ *„eine mit Moos bewachsene Mauer"* K efeubewachsen, schilfbewachsen

**be·waff·net** ADJEKTIV **irgendwie bewaffnet**; **mit etwas bewaffnet** mit Waffen der genannten Art ausgerüstet *„Mit einem Messer bewaffnet ging er auf mich los"*

die **Be·waff·nung** (-, -*en*) **1** *nur Singular* das Bewaffnen **2** die Waffen oder die militärische Ausrüstung, die jemand zur Verfügung hat

**be·wah·ren** (*bewahrte, hat bewahrt*) **1** **etwas bewahren** meist etwas Positives auch in einer schwierigen Situation beibehalten ⟨*die Beherrschung, die Fassung, den Gleichmut, den Humor, Ruhe bewahren*⟩ **2** **etwas bewahren** etwas erhalten oder pflegen ⟨*Bräuche, Traditionen bewahren*⟩ **3** **eine Person/Sache vor jemandem/etwas bewahren** eine Person oder Sache vor einer Gefahr oder Bedrohung schützen *„jemanden vor einer bösen Überraschung bewahren"*

**be·wäh·ren** (*bewährte sich, hat sich bewährt*) **jemand/etwas bewährt sich** eine Person/Sache zeigt nach längerer Erprobung oder Arbeit deutlich, dass sie für etwas gut geeignet ist *„Er hat sich als Arzt bewährt"* | *„Dieses Medikament hat sich seit Jahren bestens bewährt"*

**be·wahr·hei·ten** (*bewahrheitete sich, hat sich bewahrheitet*) **etwas bewahrheitet sich** etwas bisher Ungewisses zeigt sich als wahr ⟨*eine Befürchtung, eine Voraussage*⟩ *„Ihre Vermutungen scheinen sich zu bewahrheiten"*

**be·währt★** ADJEKTIV **1** seit relativ langer Zeit für einen Zweck verwendet und dafür gut geeignet ⟨*ein Medikament, eine Methode*⟩ **2** seit relativ langer Zeit irgendwo tätig und gut geeignet *„ein bewährter Journalist"*

die **Be·wäh·rung** (-, -*en*) **1** der Beweis, dass man für etwas geeignet ist ⟨*jemandes Bewährung auf einem Posten, in einem Amt*⟩ **2** wenn ein Verurteilter Bewährung bekommt, muss er nicht ins Gefängnis, solange er keine neuen Straftaten

B

begeht und das tut, was das Gericht von ihm verlangt ⟨*Bewährung bekommen*⟩ *„Das Gericht verurteilte ihn zu zwei Monaten Gefängnis auf/mit Bewährung"* **K** Bewährungsfrist, Bewährungsstrafe

**be·wạ̈l·ti·gen★** (*bewältigte, hat bewältigt*) **1** **etwas bewältigen** eine schwierige Aufgabe mit Erfolg ausführen ⟨*eine Arbeit, eine Schwierigkeit mit Mühe, kaum, spielend bewältigen*⟩ *„Der Läufer bewältigte die Marathonstrecke in zweieinhalb Stunden"* **2** **etwas bewältigen** ein Problem geistig verarbeiten und oft darüber nachdenken, bis man keinen Kummer mehr hat ≈ überwinden *„ein furchtbares Erlebnis/die Vergangenheit bewältigen"* • *hierzu* **Be·wạ̈l·ti·gung** *die*

die **Be·wạndt·nis mit jemandem/etwas hat es eine besondere Bewandtnis** verwendet, um zu sagen, dass jemand oder etwas einen besonderen Hintergrund hat

**be·wạ̈s·sern** (*bewässerte, hat bewässert*) **etwas bewässern** eine relativ große Fläche, auf der Pflanzen wachsen, mit Wasser versorgen (meist mit einem besonderen System) *„Reisfelder bewässern"*

**be·we̱·gen[1]★** (*bewegte, hat bewegt*) **1** **sich bewegen** die eigene Lage, Haltung o. Ä. ändern *„sich vor Schmerzen kaum bewegen können"* | *„Die Fahne bewegte sich leicht im Wind"* **2** **sich (irgendwohin) bewegen** an einen anderen Ort gehen oder fahren *„Der Wachsoldat bewegt sich stundenlang nicht von der Stelle"* **3** **sich bewegen** den Körper durch Sport, vor allem durch Laufen oder Wandern gesund halten *„Du musst dich mehr bewegen, sonst wirst du zu dick!"* **4** **jemanden/etwas (irgendwohin) bewegen** bewirken, dass eine Person oder Sache an einen anderen Ort oder in eine andere Position kommt *„Seit dem Unfall kann er das linke Bein nicht mehr bewegen"* **5** **etwas bewegt jemanden** etwas lässt in jemandem Gefühle entstehen *„Der Film hat mich tief bewegt"*

**be·we̱·gen[2]★** (*bewog, hat bewogen*) **jemanden zu etwas bewegen** bewirken, dass jemand etwas tut ⟨*jemanden zur Mitarbeit, Teilnahme an etwas bewegen*⟩ *„Was hat ihn wohl dazu bewogen, dich noch einmal anzurufen?"*

**be·we̱g·lich** ADJEKTIV **1** (von Teilen eines Gegenstandes) so, dass ihre Lage oder Richtung bei normalem Gebrauch geändert wird *„Die Puppe hat bewegliche Beine und Arme"* **2** ⟨*Menschen, Tiere*⟩ so gebaut oder trainiert, dass sie ihre Körperteile ohne viel Mühe in die gewünschte Position bringen können *„Eine Turnerin muss einen sehr beweglichen Körper haben"* • *zu* (2) **Be·we̱g·lich·keit** *die*

**be·we̱gt** ADJEKTIV **1** in einem Zustand, in dem man starke Gefühle hat ⟨*vor Freude, Angst bewegt sein; tief bewegt*⟩ **2** voll von Ereignissen ⟨*ein bewegtes Leben führen, hinter sich* (*Dativ*) *haben*⟩

die **Be·we̱·gung★** (-, *-en*) AKTIVITÄT: **1** das Bewegen eines Körperteils ⟨*eine Bewegung mit dem Arm machen; eine fließende, heftige, ruckartige, ungeschickte Bewegung*⟩ **K** Armbewegung, Handbewegung **2** *nur Singular* körperliche Übungen, die man macht, um gesund und fit zu bleiben *„Der Arzt hat ihr viel Bewegung empfohlen"* VORGANG: **3** die Änderung der Position, Lage oder Stellung eines Körpers ⟨*etwas in Bewegung bringen, setzen, halten; etwas setzt sich, gerät, kommt, ist, bleibt in Bewegung*⟩ *„Der Zug setzte sich in Bewegung"* **4** *nur Singular* eine starke gefühlsmäßige Reaktion auf etwas Positives oder Negatives ≈ Erregung *„Der Angeklagte nahm das Urteil ohne sichtbare Bewegung auf"* GRUPPE: **5** eine Gruppe von Menschen, die ein gemeinsames Ziel haben ⟨*sich einer Bewegung anschließen*⟩ **K** Friedensbewegung, Arbeiterbewegung, Studentenbewegung

die **Be·we̱·gungs·frei·heit** *nur Singular* **1** das Recht oder die Möglichkeit, selbstständig zu handeln ⟨*jemandes Bewegungsfreiheit einschränken*⟩ **2** der Raum, den man zur Verfügung hat, um die Arme und Beine zu bewegen *„Unser moderner Reisebus bietet Ihnen noch mehr Bewegungsfreiheit"*

der **Be·we̱is★** (*-es, -e*) **1** **ein Beweis (für etwas)** Tatsachen oder Argumente, welche die Richtigkeit einer Vermutung, Äußerung o. Ä. deutlich machen ⟨*ein schlüssiger, überzeugender Beweis*⟩ *„Der Angeklagte wurde aus Mangel an Beweisen freigesprochen"* **2** **ein Beweis** (+*Genitiv*/**für etwas**) ein sichtbares Zeichen für eine innere Haltung oder Fähigkeit *„Als Beweis seiner Liebe kaufte er ihr einen teuren Ring"* **K** Vertrauensbeweis

**be·we̱i·sen★** (*bewies, hat bewiesen*) **1** **(jemandem) etwas beweisen** jemandem vor allem mithilfe von Tatsachen und Argumenten die Richtigkeit einer Behauptung, Vermutung

o. Ä. zeigen *„Es lässt sich nicht mehr beweisen, ob der Angeklagte zur Tatzeit angetrunken war"* **2** **(jemandem) etwas beweisen** jemandem deutlich zeigen, dass man die genannte Meinung, Eigenschaft oder Fähigkeit hat ⟨*Ausdauer, Hilfsbereitschaft, Klugheit, Mut beweisen*⟩ *„durch die richtigen Worte Einfühlungsvermögen beweisen"*

**be·wẹr·ben★** (*bewirbt sich, bewarb sich, hat sich beworben*) **1** **sich (irgendwo) (um etwas) bewerben** durch ein Schreiben und/oder ein Gespräch versuchen, eine Arbeitsstelle zu bekommen *„Hiermit bewerbe ich mich um einen Ausbildungsplatz zum Industriekaufmann"* **2** **sich (um etwas) bewerben** sich bemühen, etwas zu bekommen, was andere Personen auch wollen ⟨*sich um einen Studienplatz bewerben*⟩ *„Fünf Firmen bewerben sich um den Auftrag"* • *hierzu* **Be·wẹr·ber** *der;* **Be·wẹr·be·rin** *die*

die **Be·wẹr·bung★** (-, *-en*) **1** **eine Bewerbung (um etwas)** der Vorgang, bei dem man sich um etwas bewirbt ⟨*die Bewerbung um eine Stelle, um einen Ausbildungsplatz, um einen Studienplatz*⟩ *„die Bewerbung bei einer Firma"* **2** **eine Bewerbung (um etwas)** der Brief, mit dem sich jemand um eine Stelle bewirbt ⟨*eine Bewerbung abfassen, einreichen*⟩ *„Auf die Ausschreibung der Stelle gingen mehr als 100 Bewerbungen ein"* **K** Bewerbungsformular, Bewerbungsunterlagen

**be·wẹr·fen** (*bewirft, bewarf, hat beworfen*) **jemanden/etwas mit etwas bewerfen** etwas auf jemanden/etwas werfen

**be·wẹrk·stel·li·gen** (*bewerkstelligte, hat bewerkstelligt*) **etwas bewerkstelligen** etwas Schwieriges mit Erfolg tun oder erreichen *„Wie hat er es nur wieder bewerkstelligt, so schnell eine Genehmigung zu bekommen?"*

**be·we̲r·ten★** (*bewertete, hat bewertet*) **1** **jemanden/etwas bewerten** (ausgehend von einem Maßstab, einer Skala o. Ä.) beurteilen, wie gut oder schlecht eine Leistung, ein Verhalten usw. ist ⟨*etwas gerecht, positiv, zu hoch bewerten*⟩ ≈ benoten *„Der Lehrer bewertete das Referat mit einer guten Note"* **2** **etwas mit etwas bewerten** den Wert einer Sache feststellen *„eine Immobilie mit einer Million Euro bewerten"*

die **Be·we̲r·tung** (-, *-en*) **1** Worte, Noten oder Punkte, welche die Leistung einer Person beschreiben *„Der Schüler ist mit der Bewertung seines Aufsatzes nicht zufrieden"* **2** *nur Singular* die Feststellung eines Wertes ⟨*die Bewertung des Besitzes*⟩

**be·wịl·li·gen** (*bewilligte, hat bewilligt*) **(jemandem/etwas) etwas bewilligen** *admin* auf jemandes Wunsch oder Antrag hin etwas erlauben oder gewähren *„Der Stadtrat bewilligte den Antrag"* | *„Der Universität wurden mehr Gelder und neue Stellen bewilligt"* • *hierzu* **Be·wịl·li·gung** *die*

**be·wịr·ken★** (*bewirkte, hat bewirkt*) **etwas bewirken** etwas als Ergebnis herbeiführen oder als Wirkung hervorrufen ≈ verursachen *„Durch das schlechte Benehmen bewirkte er genau das Gegenteil von dem, was er wollte"* | *„Wir wollen durch eine Kampagne bewirken, dass die Bevölkerung auf die Probleme des Umweltschutzes aufmerksam wird"*

**be·wịrt·schaf·ten** (*bewirtschaftete, hat bewirtschaftet*) **1** **etwas bewirtschaften** (als Gastwirt) irgendwo Essen und Trinken gegen Bezahlung servieren ⟨*ein Gasthaus bewirtschaften*⟩ **2** **etwas bewirtschaften** etwas landwirtschaftlich nutzen ⟨*ein Feld, einen Hof bewirtschaften*⟩

**be·wo̲g** *Präteritum, 1. und 3. Person Singular* → bewegen²

**be·wo̲·gen** PARTIZIP PERFEKT → bewegen²

**be·wo̲h·nen★** (*bewohnte, hat bewohnt*) **etwas bewohnen** in einer Wohnung, in einem Haus usw. wohnen *„ein Reihenhaus bewohnen"* • *hierzu* **Be·wo̲h·ner** *der;* **Be·wo̲h·ne·rin** *die;* **be·wo̲hn·bar** ADJEKTIV

**be·wọ̈l·ken** (*bewölkte sich, hat sich bewölkt*) **es bewölkt sich** der Himmel wird von Wolken bedeckt • *hierzu* **be·wọ̈lkt** ADJEKTIV

**be·wụn·dern★** (*bewunderte, hat bewundert*) **1** **jemanden bewundern; etwas (an jemandem) bewundern** eine Person oder eine Eigenschaft o. Ä. von einer Person sehr gut finden *„Ich bewundere sie wegen ihrer Geduld mit den drei Kindern"* **2** **etwas bewundern** etwas anschauen, das man schön, wertvoll oder eindrucksvoll findet *„ein Gemälde von Rembrandt bewundern"* • *hierzu* **Be·wụn·de·rer** *der;* **Be·wụn·de·rin** *die*

**be·wụn·derns·wert** ADJEKTIV ⟨*eine Person, eine Leistung o. Ä.*⟩ so, dass man sie bewundern kann oder soll *„Seine Geduld ist bewundernswert"*

die **Be·wụn·de·rung★** (-) ein Gefühl der großen Anerkennung für jemanden/etwas *„Ich empfin-*

B

*de große Bewunderung für ihren Mut"*

**be·wusst★** *ADJEKTIV* **1** *meist attributiv* so, dass man dabei die Folgen voraussieht und mit ihnen rechnet ⟨*etwas bewusst tun*⟩ ≈ absichtlich *„eine bewusst falsche Anschuldigung"* **2** in einem Zustand, in dem man alles klar versteht *„Er war zu jung, um den Krieg bewusst zu erleben"* **3** **jemand ist sich** (*Dativ*) **einer Sache** (*Genitiv*) **bewusst**; **jemandem ist etwas bewusst** etwas ist jemandem klar ⟨*sich* (*Dativ*) *der/keiner Schuld bewusst sein*⟩ *„Ich bin mir völlig* (*dessen*) *bewusst, dass dies ein Fehler war"*

**-be·wusst** *im Adjektiv, unbetont, begrenzt produktiv* **gesundheitsbewusst, naturbewusst, umweltbewusst** *und andere* drückt aus, dass das im ersten Wortteil Genannte als sehr wichtig anerkannt wird *„sich modebewusst kleiden"* | *„verantwortungsbewusst handeln"*

**be·wusst·los★** *ADJEKTIV* ohne Bewusstsein, ohnmächtig ⟨*bewusstlos sein, werden, zusammenbrechen, zu Boden fallen*⟩ • *hierzu* **Be·wusst·lo·se** *der/die*

die **Be·wusst·lo·sig·keit** (-) der Zustand, in dem man ohne Bewusstsein ist

**be·wusst·ma·chen** ≈ bewusst machen

das **Be·wusst·sein★** (-s) **1** der Zustand, in dem jemand (physisch) dazu in der Lage ist, die eigene Existenz und die Umgebung normal wahrzunehmen ⟨*das Bewusstsein verlieren, wiedererlangen; wieder zu Bewusstsein kommen; bei/ohne Bewusstsein sein*⟩ *„einen Verletzten durch künstliche Beatmung wieder zu Bewusstsein bringen"* **2** der Zustand, in dem man sich einer Sache bewusst ist und entsprechend handelt *„Im vollen Bewusstsein seiner großen Verantwortung übernahm er die Leitung des Projekts"* | *„den Menschen die Folgen des Waldsterbens ins Bewusstsein bringen"* **K** Pflichtbewusstsein, Schuldbewusstsein, Verantwortungsbewusstsein **3** die Ansichten und Überzeugungen eines Menschen (vor allem im intellektuellen und ideologischen Bereich) ⟨*politisches, nationales, geschichtliches, religiöses, ästhetisches Bewusstsein*⟩ **K** Standesbewusstsein

**be·zah·len★** (*bezahlte, hat bezahlt*) **1** **(etwas) bezahlen** für einen Gegenstand, den man kauft, für eine geleistete Arbeit o. Ä. Geld zahlen ⟨*etwas bar, mit Karte bezahlen*⟩ *„Er bezahlte das neue Auto in Raten"* **2** **(etwas) bezahlen** eine Schuld mit der verlangten Summe Geld zahlen ⟨*eine Rechnung, die Schulden, die Miete*⟩ **3** **jemanden (für etwas) bezahlen** einer Person für die Arbeit, die sie leistet, Geld zahlen *„einen Handwerker bezahlen"* **4** **jemandem etwas bezahlen** etwas für eine andere Person zahlen *„Sein reicher Onkel bezahlt ihm das Studium"*

das **Be·zahl·fern·se·hen** Fernsehprogramme, die man nur ansehen kann, wenn man einen besonderen Vertrag abgeschlossen und dafür gezahlt hat ≈ Pay-TV

**be·zahlt** *ADJEKTIV* **1** **irgendwie bezahlt** so, dass man dafür viel oder wenig Geld bekommt ⟨*ein Job, eine Stellung, eine Arbeit ist gut, schlecht, ausgezeichnet bezahlt*⟩ **2** **etwas macht sich bezahlt** etwas lohnt sich *„Es macht sich bezahlt, dass er vor der Reise nach Argentinien Spanisch gelernt hat"*

die **Be·zah·lung** (-, *-en*); *meist Singular* **1** das Bezahlen **2** das Geld, das jemand für geleistete Arbeit bekommt *„jemandem gute Bezahlung für einen Job anbieten"*

**be·zau·bernd** *ADJEKTIV* sehr schön ⟨*ein Abend, ein Kleid*⟩

**be·zeich·nen★** (*bezeichnete, hat bezeichnet*) **1** **jemanden/etwas (als etwas) bezeichnen** einer Person/Sache das richtige, zutreffende Wort zuordnen *„Jemanden, der eine Wohnung mietet, bezeichnet man als „Mieter"* **2** **jemanden/etwas als etwas bezeichnen** jemandem, sich selbst oder einer Sache eine Eigenschaft oder einen Namen zuordnen *„jemanden als seinen Freund/Feind bezeichnen"*

**be·zeich·nend** *ADJEKTIV* **bezeichnend (für jemanden/etwas)** ≈ typisch *„Dieser Fehler ist bezeichnend für seinen Leichtsinn"* • *hierzu* **be·zeich·nen·der·wei·se** *ADVERB*

die **Be·zeich·nung★** (-, *-en*) **eine Bezeichnung (für jemanden/etwas)** ein Wort für eine Sache oder Person ≈ Name *„eine Blume mit einer deutschen und einer lateinischen Bezeichnung"* **K** Pflanzenbezeichnung, Tierbezeichnung

**be·zeu·gen** (*bezeugte, hat bezeugt*) **1** **etwas bezeugen** als Zeuge sagen, ob jemandes Aussage richtig war ⟨*jemandes Alibi unter Eid bezeugen; etwas vor Gericht/gerichtlich bezeugen*⟩ *„Ich kann bezeugen, dass sie den ganzen Abend zu Hause war"* **2** **etwas bezeugt etwas** ein Text, ein Fund o. Ä. beweist etwas *„Der Standort des Klosters ist durch eine Urkunde aus dem 11. Jahrhundert bezeugt"* • *hierzu* **Be·zeu·gung** *die*

**be·zie·hen**★ (*bezog, hat bezogen*) 1 **etwas (mit etwas) beziehen** ein Kissen, eine Decke oder eine Matratze in Bettwäsche hüllen 2 **etwas (mit etwas) beziehen** z. B. um ein Sofa, einen Sessel neuen Stoff spannen 3 **etwas beziehen** Möbel und andere Dinge in ein Gebäude tragen, um dort zu wohnen oder eine Firma, ein Geschäft zu führen *„Ein Elektrounternehmen bezieht die leer stehende Schule"* 4 **etwas (durch/über jemanden/von jemandem) beziehen** *geschrieben* eine Ware von einem Händler kaufen *„Wir beziehen unser Heizöl seit Jahren von dieser Firma"* 5 **etwas (von jemandem/aus etwas) beziehen** von einer Firma, einer Behörde o. Ä. regelmäßig Geld bekommen ‹*Arbeitslosengeld, Sozialhilfe, eine Rente, Wohngeld beziehen*› 6 **etwas (von jemandem/aus etwas) beziehen** regelmäßig Informationen (von einer Person/aus etwas) bekommen *„Er bezieht sein Wissen über die aktuelle Politik aus dem Internet"* 7 **etwas auf etwas** (*Akkusativ*) **beziehen** etwas in einem Zusammenhang oder unter einem Aspekt betrachten *„Bezogen auf die geforderte Leistung ist die Bezahlung schlecht"* 8 **etwas auf 'sich** (*Akkusativ*) **beziehen** glauben, dass man Gegenstand oder Ziel einer Äußerung oder einer Handlung ist *„Er hat die Kritik auf sich bezogen und ist nun beleidigt"* 9 **etwas bezieht sich auf etwas** (*Akkusativ*) etwas hängt mit etwas zusammen *„Auf welchen Punkt bezieht sich Ihre Frage?"* 10 **sich auf etwas** (*Akkusativ*) **beziehen** auf etwas in einer Äußerung hinweisen *„Sie bezog sich auf unser Gespräch von gestern Abend"* • zu (4,5) **Be·zie·her** *der*; zu (4,5) **Be·zie·he·rin** *die*

die **Be·zie·hung**★ (-, *-en*) 1 **eine Beziehung (zwischen Dingen** (*Dativ*)**)** wenn eine Sache auf eine andere einen Einfluss hat, die Ursache oder der Grund dafür ist, dann besteht zwischen beiden eine Beziehung *„die niedrige Wahlbeteiligung mit dem schönen Wetter in Beziehung setzen"* | *„Sein Selbstmord steht sicher in Beziehung zu seiner langen Krankheit"* 2 **Beziehungen (mit/zu jemandem/etwas)** *meist Plural* wenn Personen, Institutionen oder Staaten miteinander verhandeln, Verträge schließen, Informationen austauschen usw., dann bestehen zwischen ihnen Beziehungen ‹*verwandtschaftliche, freundschaftliche, wirtschaftliche Beziehungen; die Beziehungen* (*zu jemandem*) *abbrechen*› 3 **eine Beziehung (mit/zu jemandem)** meist sexuelle Kontakte zu jemandem ‹*eine feste, intime, sexuelle Beziehung mit/zu jemandem haben/unterhalten*› 4 **Beziehungen (zu jemandem)** *nur Plural* Kontakte (zu jemandem), die von Vorteil sind *„Durch die Beziehungen ihres Vaters bekam sie einen guten Ferienjob"* 5 **eine Beziehung (zu jemandem/etwas)** *meist Singular* eine meist positive innere Haltung gegenüber jemandem/etwas *„Zur abstrakten Kunst habe/finde ich keine* (*rechte*) *Beziehung"* 6 der Aspekt, unter dem man etwas betrachtet *„In dieser Beziehung hast du recht"*

**be·zie·hungs·wei·se**★ BINDEWORT 1 verbindet zwei verschiedene Aussagen, die beide richtig oder sinnvoll sind ≈ oder *„Die Kandidaten kommen aus München bzw. Köln"* einige kommen aus München, einige aus Köln ❶ Abkürzung: *bzw.* 2 verwendet, um eine Aussage genauer oder deutlicher zu formulieren *„Großbritannien bzw. Schottland verfügt über große Ölreserven in der Nordsee"* ❶ Abkürzung: *bzw.* 3 verwendet, um eine Alternative zu nennen ≈ oder *„Ich könnte Sie heute bzw. morgen besuchen"* ❶ Abkürzung: *bzw.*

der **Be·zirk**★ (-(*e*)*s*, *-e*) ein Gebiet, das für einen Zweck oder durch ein Merkmal abgegrenzt ist ‹*ein ländlicher, städtischer Bezirk*› ≈ Gegend *„die Kunden eines Bezirks betreuen"* K Bezirkskrankenhaus, Bezirksliga; Stadtbezirk

**-be·zo·gen** *im Adjektiv, unbetont, begrenzt produktiv* drückt aus, dass sich etwas nach dem im ersten Wortteil Genannten richtet oder daran orientiert *„praxisbezogener Unterricht"* | *„eine sachbezogene Diskussion"* | *„eine zukunftsbezogene Planung"*

der **Be·zug**★ (-(*e*)*s*, *Bezüge*) TEXTILIEN: 1 eine dünne Hülle aus Stoff zum Schutz für ein Kissen, eine Decke oder eine Matratze K Bettbezug, Kissenbezug 2 der Stoff, der die Polster eines Möbelstücks bedeckt K Lederbezug, Stoffbezug WAREN, GELD: 3 *nur Singular* das regelmäßige Kaufen einer Ware *„der Bezug einer Zeitung"* 4 *nur Singular* das Beziehen regelmäßiger Zahlungen ‹*zum Bezug einer Rente, von Arbeitslosengeld, Kindergeld berechtigt sein*› 5 *nur Plural*/Ⓐ *auch Singular* das Gehalt, das Einkommen, die Rente o. Ä. *„Seine monatlichen Bezüge belaufen sich auf fast 4.000 Euro"* ❶ → Anhang, S. 1075: **Arbeit** REFERENZ: 6 **Bezug auf jemanden/etwas nehmen** *geschrieben* sprechen oder schreiben und dabei etwas über

B

eine Person oder Sache beziehen *„Er nahm in seiner Rede Bezug auf unsere neuen Vorschläge"* **7** **in Bezug auf jemanden/etwas** die genannte Person oder Sache betreffend *„In Bezug auf seinen Beruf ist er sehr gewissenhaft"*

**be·zü̲g·lich** *PRÄPOSITION mit Genitiv; admin* ≈ hinsichtlich *„Bezüglich Ihres Antrags möchten wir Ihnen Folgendes mitteilen ..."* ⓘ → Anhang, S. 1113: **Präpositionen**

die **Be·zu̲gs·per·son** die Person, an der sich jemand (bedingt durch eine seelische Bindung) stark orientiert *„Eltern und Geschwister sind die wichtigsten Bezugspersonen für ein kleines Kind"*

**be·zwẹ·cken** (*bezweckte, hat bezweckt*) **etwas (mit etwas) bezwecken** etwas zu erreichen versuchen *„Weißt du, was er damit bezwecken wollte?"*

**be·zwei̲·feln** (*bezweifelte, hat bezweifelt*) **etwas bezweifeln** Zweifel an etwas haben (und äußern) *„Ich bezweifle, dass er recht hat"*

**be·zwị̣n·gen** (*bezwang, hat bezwungen*) **1** **jemanden bezwingen** jemanden im Kampf oder Wettkampf besiegen ⟨*einen Feind, die gegnerische Mannschaft bezwingen*⟩ **2** **etwas bezwingen** mit großer körperlicher Anstrengung und oft unter Gefahr ein Ziel erreichen ⟨*einen Berg, eine Strecke bezwingen*⟩ **3** **etwas bezwingen** mit etwas Schwierigem fertig werden, etwas überwinden ⟨*Schwierigkeiten, ein Problem*⟩ ≈ bewältigen **4** **etwas bezwingen** etwas unterdrücken oder beherrschen ⟨*seinen Hunger, seine Gefühle, seine Leidenschaft bezwingen*⟩ • *hierzu* **Be·zwị̣n·gung** *die*; **be·zwị̣ng·bar** *ADJEKTIV*; *zu* (1,2) **Be·zwị̣n·ger** *der*

der **BH** [beːˈhaː]; (*-s, -s*); *gesprochen* ≈ Büstenhalter

**Bhf.** Abkürzung für *Bahnhof*

die **Bi̲·bel**★ (*-, -n*) *nur Singular* eine Sammlung der Schriften, die Grundlage der jüdischen Religion (Altes Testament) und der christlichen Religion (Altes und Neues Testament) ist ⟨*die Bibel auslegen, übersetzen*⟩ **K** Bibelstelle

der **Bi̲·ber** (*-s, -*) ein Tier mit einem platten Schwanz, das gut schwimmen, Dämme bauen und Bäume fällen kann **K** Biberfell

die **Bi·b·lio·the̲k**★ (*-, -en*) **1** eine große Sammlung von Büchern, die nach Sachgebieten geordnet sind und auch ausgeliehen werden können ⟨*eine öffentliche, städtische Bibliothek; eine Bibliothek benutzen; sich (Dativ) in/von der Bibliothek Bücher ausleihen*⟩ **K** Leihbibliothek, Staatsbibliothek, Universitätsbibliothek **2** ein Gebäude oder Raum, in dem sich eine Bibliothek befindet ⟨*in der Bibliothek arbeiten*⟩

**bi̲·b·lisch** *ADJEKTIV* ⟨*eine Figur, eine Gestalt, eine Geschichte*⟩ so, dass sie aus der Bibel kommen

**bie̲·der** *ADJEKTIV abwertend* (in Bezug auf Verhalten, Kleidung und Geschmack) konservativ und unauffällig ⟨*bieder aussehen, gekleidet sein*⟩ *„eine biedere Wohnungseinrichtung"*

die **Bie̲·ge** (*-, -n*) eine Stelle, an der eine Straße, ein Fluss oder ein Fahrzeug einen Bogen macht *„an der nächsten Biege des Flusses"*

**bie̲·gen**★ (*bog, hat/ist gebogen*) **1** **etwas biegen** (*hat*) etwas durch Druck in der Form so verändern, dass es nicht mehr gerade ist ⟨*eine Stange, einen Draht, ein Blech biegen*⟩ *„Der Schlosser konnte das Rohr erst biegen, nachdem er es heiß gemacht hatte"* **2** **in/um etwas** (*Akkusativ*) **biegen** (*ist*) durch eine Änderung der Richtung irgendwohin gehen oder fahren *„Das Auto bog um die Ecke"* **3** **etwas biegt sich** (*hat*) etwas gibt unter Druck nach und ist (meist nur für kurze Zeit) nicht gerade *„Der Baum bog sich im Wind"*

**bie̲g·sam**★ *ADJEKTIV* **1** so, dass man es biegen kann, ohne dass es bricht *„ein biegsamer Stock"* **2** sehr beweglich und gut trainiert *„einen biegsamen Körper haben"* • *hierzu* **Bie̲g·sam·keit** *die*

die **Bie̲·gung** (*-, -en*) die Stelle, an der eine Strecke ihren geraden Verlauf ändert ≈ Kurve *„Der Weg macht eine Biegung nach rechts"* **K** Straßenbiegung, Wegbiegung

die **Bie̲·ne** (*-, -n*) ein Insekt (mit einem Giftstachel), das Honig und Wachs produziert ⟨*Bienen fliegen aus, summen, schwärmen; jemand züchtet Bienen; von einer Biene gestochen werden*⟩ *„Der Imker züchtet Bienen"* **K** Bienenhonig, Bienenkönigin, Bienenschwarm, Bienenwachs; Honigbiene

der **Bie̲·nen·stich** **1** ein schmerzhafter Stich von einer Biene **2** ein Kuchen mit Cremefüllung und einem Belag aus Zucker und Mandeln

der **Bie̲·nen·stock** (*-(e)s, Bie·nen·stö·cke*) ein Kasten, in dem Bienen leben und gezüchtet werden

das **Bie̲r**★ (*-(e)s, -e*) **1** *nur Singular* ein bitteres alkoholisches Getränk, das vor allem aus Wasser und Getreide (und Hefe) hergestellt wird ⟨*helles, dunkles Bier; ein Fass, Glas, Krug, Kasten/*

B

*Träger Bier; Bier brauen, zapfen, ausschenken⟩* **K** Bierdose, Bierfass, Bierflasche, Bierglas **2** ein Glas mit Bier darin (meist ein viertel oder halber Liter) ⟨*ein kleines, großes Bier*⟩ „*Bitte noch zwei Bier!*"

der **Bier·gar·ten** ein Ort im Freien mit Bäumen, Sitzbänken oder Stühlen und Tischen, an dem man vor allem Bier trinkt „*München ist für seine Biergärten bekannt*"

das **Biest** (-(e)s, -er); *gesprochen, abwertend* verwendet für eine Person/ein Tier, über die/das man sich ärgert ⟨*ein faules, freches, ungezogenes Biest*⟩ „*Das Biest hat mich gebissen!*"

**bie·ten**★ (*bot, hat geboten*) **1** **(jemandem) etwas bieten** einer Person etwas geben, was sie braucht „*Flüchtlingen ein Zuhause bieten*" **2** **(jemandem) etwas bieten** ein Programm veranstalten, das jemand nutzen kann „*Das Hotel bietet (seinen Gästen) vielfältige Freizeitmöglichkeiten*" **3** **etwas bietet (jemandem) etwas** etwas ist mit der Chance verbunden, etwas zu tun „*Der Posten bietet (mir) die Chance zum beruflichen Aufstieg*" **4** **etwas bietet (jemandem) etwas** etwas hat eine positive Eigenschaft, die jemand nutzen kann „*Ein großes Auto bietet mehr Komfort*" **5** **(etwas (für/auf etwas** (*Akkusativ*))) **bieten**; **jemandem etwas bieten** (bei einer Versteigerung) eine Summe nennen, die man bereit ist, für einen Gegenstand zu zahlen „*Er hat 4.000 Euro für das Gemälde geboten*" | „*Verkaufst du mir das Spiel? Ich biete dir 20 Euro dafür*" **6** **etwas bietet sich (jemandem)** Möglichkeiten, Gelegenheiten sind für jemanden vorhanden „*Dem Gefangenen bot sich die Gelegenheit zur Flucht*"

der **Bi·ki·ni**★ (-s, -s) Kleidung für Frauen zum Baden, die aus zwei kleinen Teilen besteht

die **Bi·lanz**★ (-, -en) **1** *nur Singular* das Resultat einer Folge von Ereignissen ≈ Ergebnis „*Zahlreiche Verletzte sind die traurige Bilanz der Straßenkämpfe*" **2** eine Aufstellung, in der man die Einnahmen und Ausgaben einer Firma miteinander vergleicht ⟨*eine Bilanz aufstellen*⟩ **K** Unternehmensbilanz

das **Bild**★ (-(e)s, -er) **1** das, was man meist mit Farben und auf künstlerische Weise auf eine Fläche malt oder zeichnet ⟨*ein Bild malen, zeichnen, einrahmen, aufhängen*⟩ **K** Bildergalerie, Bilderrahmen **2** eine Fotografie ⟨*ein Bild (von jemandem/etwas) machen*⟩ „*Sind die Bilder von deinem Fest gut geworden?*" **K** Passbild, Urlaubsbild **3** ein gedrucktes Bild in einem Buch o. Ä. ≈ Abbildung „*ein Buch mit vielen Bildern*" **4** das, was man z. B. beim Fernsehen auf dem Bildschirm oder im Kino auf der Leinwand sieht ⟨*das Bild flimmert*⟩ **K** Bildschärfe, Bildstörung **5** **ein Bild** +*Genitiv*; **ein** +*Adjektiv* **Bild** die Szene, die man in der genannten Situation sieht ⟨*ein Bild des Grauens, des Jammers, des Schreckens*⟩ „*Den Sanitätern bot sich am Unfallort ein grauenvolles Bild*" **6** die Vorstellung, die man von einer Sache oder Person hat oder bekommt „*Ich hatte ein völlig falsches Bild von ihm*" **K** Berufsbild, Menschenbild

**bil·den**★ (*bildete, hat gebildet*) **1** **etwas bildet etwas** etwas lässt etwas entstehen „*An der Stelle, an der sie verbrannt wurde, bildet die Haut Blasen*" **2** **etwas bildet etwas** etwas stellt durch die eigene Form oder Stellung etwas dar und hat eine Funktion „*Der Fluss bildet die Grenze zwischen beiden Staaten*" **3** **etwas bilden** eine sprachliche Form entstehen lassen, indem man verschiedene Wörter oder Wortteile zusammenfügt „*von einem Wort den Plural bilden*" **4** **Personen bilden etwas** mehrere Personen kommen zu einer Gruppe (mit einer bestimmten Form) zusammen „*Elf Fußballspieler bilden eine Mannschaft*" **5** **sich** (*Dativ*) **über jemanden/etwas** (*Akkusativ*) **eine Meinung/ein Urteil bilden**; **sich** (*Dativ*) **zu etwas eine Meinung/ein Urteil bilden** aufgrund vorhandener Informationen und Eindrücke zu einer Meinung/zu einem Urteil kommen **6** **etwas bildet (jemanden)** etwas bewirkt, dass jemand Bildung und Kenntnisse erhält „*Reisen bildet (den Menschen)*" **7** **etwas bildet sich** etwas entsteht (meist langsam) „*Am Himmel bilden sich Wolken*"

das **Bil·der·buch** ein Buch für Kinder, das eine Geschichte in Bildern erzählt

der **Bild·hau·er** (-s, -) ein Künstler, der Skulpturen aus Stein, Holz oder Metall herstellt „*Michelangelo ist auch ein berühmter Bildhauer*" • *hierzu* **Bild·hau·e·rin** *die*; **Bild·hau·e·rei** *die*

**bild·lich** ADJEKTIV **1** *nur attributiv* mithilfe eines Bildes oder mehrerer Bilder „*die bildliche Darstellung einer Entwicklung*" **2** als Bild verwendet oder ein Bild hervorrufend ⟨*ein Ausdruck, ein Vergleich*⟩

der **Bild·schirm**★ der Teil eines Fernsehgeräts oder eines Computers, auf dem das Bild oder der Text erscheint

B

die **Bịl·dung**★ (-, -en) **1** *nur Singular* das (durch Erziehung) erworbene Wissen und Können auf verschiedenen Gebieten (auch was soziale Normen betrifft) ⟨*ein Mensch mit/von Bildung*⟩ „*Eltern und Schule vermitteln den Jugendlichen die erforderliche Bildung*" **2** *nur Singular* der Vorgang, bei dem ein Mensch Wissen und Können auf verschiedenen Gebieten erwirbt ⟨*eine höhere Bildung erhalten, genießen*⟩ „*Jeder Mensch hat das Recht auf Bildung*" **K** Bildungspolitik; Berufsbildung, Schulbildung **3** *nur Singular* der Vorgang, wenn Formen wachsen, entstehen, gebildet werden „*Neue Schuhe fördern die Bildung von Blasen*" **K** Knospenbildung, Wolkenbildung **4** *nur Singular* das Bilden einer sprachlichen Form ⟨*die Bildung des Imperativs, des Konjunktivs, des Plurals*⟩ **5** das Zusammenkommen von Personen zu einer Gruppe ⟨*die Bildung einer Arbeitsgruppe, einer Regierung*⟩

**bịl·dungs·fern** *ADJEKTIV* nicht gebildet und nicht an Bildung interessiert ❶ Diese Wort wurde als Ersatz für das als diskriminierend empfundene Adjektiv *ungebildet* verwendet, wird inzwischen aber ebenfalls als diskriminierend empfunden.

die **Bịl·dungs·lü·cke** *meist humorvoll* fehlendes Wissen

der **Bịl·dungs·weg** *nur Singular* **1** die verschiedenen Phasen der Ausbildung von der Grundschule bis zum Ende der Berufsausbildung **2** **der zweite Bildungsweg** ein System, das Leuten, die bereits einen Beruf haben, den Besuch von Abend- und Wochenendkursen erlaubt, damit sie eine höhere schulische Qualifikation erwerben können ⟨*die mittlere Reife, das Abitur auf dem zweiten Bildungsweg erwerben, machen, nachholen*⟩

das **Bil·lard** ['bɪljart]; (-s) ein Spiel, das man auf einer Art Tisch spielt, der mit einem grünen Stoff überzogen ist und bei dem man mit einem Stock Kugeln in Löcher stößt ⟨(*eine Partie*) *Billard spielen*⟩ **K** Billardkugel, Billardtisch

das **Bil·lett** [bɪl'jɛt]; (-(e)s, -s) **1** *veraltend oder* Ⓒⓗ ≈ Fahrkarte **2** Ⓐ Ⓒⓗ ≈ Eintrittskarte **K** Theaterbillett

die **Bil·li·ạr·de** (-, -n) tausend Billionen ❶ mathematisches Zeichen: $10^{15}$

**bịl·lig**★ *ADJEKTIV* **1** so, dass es relativ wenig Geld kostet ⟷ teuer „*Äpfel sind diese Woche besonders billig*" **K** Billigflug **2** *abwertend* von schlechter Qualität „*Er trug einen billigen Anzug*" **K** Billigware **3** *abwertend* moralisch nicht in Ordnung „*Er verwendet billige Tricks, um seine Waren zu verkaufen*"

**bịl·li·gen** (*billigte, hat gebilligt*) **1** **etwas billigen** *geschrieben* etwas positiv beurteilen und es deshalb erlauben oder für gut halten ⟨*einen Vorschlag, jemandes Entschluss, Pläne billigen*⟩ ⟷ ablehnen „*Als Ihr Arzt kann ich es nicht billigen, dass Sie so viel arbeiten*" **2** **etwas billigen** *geschrieben* etwas amtlich oder durch Beschluss genehmigen ⟨*ein Projekt, ein Gesetz billigen*⟩ • *hierzu* **Bịl·li·gung** *die*

die **Bil·li·on** (-, -en) tausend Milliarden ❶ mathematisches Zeichen: $10^{12}$

**bịn** *Präsens, 1. Person Singular* → sein

die **Bịn·de** (-, -n) **1** ein langer Streifen aus Stoff, den man um verletzte Körperstellen wickelt ⟨*eine elastische, sterile Binde; eine Binde anlegen*⟩ „*eine Binde um das verletzte Handgelenk wickeln*" **K** Mullbinde **2** ein Streifen aus Stoff, den man z. B. als Kennzeichen um den Oberarm trägt oder den man einer Person vor die Augen bindet **K** Armbinde, Augenbinde **3** ein Streifen aus Watte, der von Frauen während der Menstruation in die Unterwäsche gelegt wird

das **Bịn·de·ge·we·be** ein Gewebe, welches die Organe des Körpers miteinander verbindet und sie umhüllt **K** Bindegewebsentzündung, Bindegewebsschwäche

das **Bịn·de·glied** eine Person, eine Sache oder ein Teil, die eine Verbindung zwischen zwei Personen, Sachen, Bereichen usw. herstellen

die **Bịn·de·haut** *meist Singular* die dünne Haut innen am Augenlid und außen am Auge **K** Bindehautentzündung

**bịn·den**★ (*band, hat gebunden*) **1** **jemanden/etwas (mit etwas) an etwas** (*Akkusativ*) **binden** eine Person/Sache meist mit einem Strick so an etwas festmachen, dass sie dort bleibt ≈ anbinden „*ein Boot mit einer Leine an einen Pfahl binden*" **2** **etwas um etwas binden** um etwas ein Band o. Ä. legen und die Enden aneinander festmachen „*Er band sich eine Krawatte um den Hals*" **3** **etwas (zu etwas) binden** Dinge mit einem Band, einem Draht o. Ä. zusammenfassen ⟨*einen Strauß, einen Kranz, einen Besen binden*⟩ „*Zweige zu einem Kranz binden*" **4** **(jemandem) etwas binden** etwas mit einem Knoten oder einer Schleife festmachen ⟨*die Schnürsenkel binden*⟩ „*einem kleinen Kind die Schuhe binden*" **5** **et-**

**was binden** lose Blätter zu einem Buch zusammenfügen ⟨*ein Buch binden*⟩ **6** **sich binden** sich für einen Lebenspartner entscheiden *„Ich will mich noch nicht binden"*

der **Bin·de·strich** ein kurzer Strich, der zusammengehörige Wörter verbindet oder auf die Verbindung zu einem später folgenden Wort hinweist *„Wörter wie Goethe-Gymnasium, 2-kg-Dose und Hin- und Rückfahrt schreibt man mit Bindestrich"* ❶ Der *Bindestrich* kann auch zur Verdeutlichung gesetzt werden: *Teeei/Tee-Ei, Schifffahrt/Schiff-Fahrt.*

das **Bin·de·wort** (-(e)s, *Bin·de·wör·ter*) ≈ Konjunktion

der **Bind·fa·den** eine feste und dünne Schnur, mit der man Pakete zusammenbindet

die **Bin·dung** (-, *-en*) **1** **eine Bindung (an jemanden)** eine starke emotionale Beziehung zu einer Person ⟨*eine Bindung eingehen, auflösen*⟩ *„Sie hat eine besonders enge Bindung an ihre Familie"* **2** **eine Bindung (an etwas** (*Akkusativ*)**)** eine Verpflichtung aufgrund eines Vertrags oder eines Versprechens ⟨*eine vertragliche Bindung eingehen*⟩ **K** Zinsbindung **3** mit einer Bindung macht man den Skischuh am Ski fest ⟨*die Bindung geht auf; die Bindung einstellen*⟩ **K** Sicherheitsbindung

**bin·nen** *PRÄPOSITION mit Genitiv/Dativ* innerhalb (des Zeitraums) von *„Er hofft, seine Arbeit binnen drei Jahren erledigt zu haben"* | *„Binnen weniger Augenblicke war die Straße mit Schnee bedeckt"* ❶ → Anhang, S. 1113: **Präpositionen**

**Bin·nen-** *im Substantiv, betont, begrenzt produktiv* **1** **das Binnengewässer, der Binnenhafen, die Binnenschifffahrt, der Binnensee** *und andere* drückt aus, dass etwas auf dem Festland oder im Landesinneren ist **2** **der Binnenhandel, der Binnenmarkt** *und andere* drückt aus, dass etwas im Inland (im Gegensatz zum Ausland) ist

**bio-, Bio-** ['bi:o-] *im Adjektiv und Substantiv, betont, begrenzt produktiv* **1** **biochemisch, biotechnisch**; **Biochemie, Biophysik** *und andere* in Bezug auf Lebewesen, das organische Leben *„Sonnenlicht ist für die Gesundheit und den menschlichen Biorhythmus sehr wichtig"* **2** **Biobauer, Bioladen**; **Bioprodukte, Biolebensmittel, Biokost** *und andere gesprochen* mit Substanzen und Methoden, die möglichst natürlich und gesund sind (ohne Gift, künstlichen Dünger, Kunststoffe usw.) *„In meinem Biogarten wird nur mit Mist und Kompost gedüngt"*

das **Bio·gas** brennbares Gas, das entsteht, wenn Pflanzen oder Exkremente zu gären beginnen, und aus dem man Energie gewinnen kann ⟨*Strom aus Biogas erzeugen*⟩ **K** Biogasanlage

die **Bio·gra·fie**, **Bio·gra·phie** [-'fi:]; (-, *-n* [-'fi:ən]) eine Beschreibung des Lebens einer meist berühmten Person ⟨*eine Biografie schreiben, verfassen*⟩ *„eine neue Biografie von Beethoven"* • *hierzu* **bio·gra·fisch**, **bio·gra·phisch** *ADJEKTIV*

die **Bio·lo·gie★** (-) die Wissenschaft, die sich mit allen Formen des Lebens von Menschen, Tieren und Pflanzen beschäftigt **K** Biologiebuch, Biologielehrer, Biologieunterricht ❶ als Schul- oder Studienfach oft abgekürzt zu *Bio*

**bio·lo·gisch★** *ADJEKTIV* **1** zur Biologie gehörig oder sie betreffend *„eine biologische Untersuchung"* **2** so oder wirkend, dass es der Natur und Tieren und Pflanzen nicht schadet ⟨*ein Waschmittel, eine Hautcreme*⟩ **3** ⟨*eine Waffe*⟩ gefährliche Bakterien oder Viren benutzend *„chemische, atomare und biologische Waffen"*

der **Bio·müll** Abfälle (z. B. aus Garten und Küche), die man zum Kompost tun kann

die **Bio·ton·ne** eine Mülltonne für Biomüll

**birgt** *Präsens, 3. Person Singular* → bergen

die **Bir·ke** (-, *-n*) ein Laubbaum, dessen Rinde weiß mit dunklen Streifen ist **K** Birkenrinde, Birkenzweig

die **Bir·ne★** (-, *-n*) **1** eine saftige, gelbgrüne Baumfrucht, die zum Stiel hin schmaler wird **K** Birnbaum, Birnenkompott **2** Kurzwort für *Glühbirne* ⟨*eine Birne einschrauben; eine kaputte Birne auswechseln*⟩ **K** Birnenfassung **3** *gesprochen, humorvoll* der Kopf eines Menschen *„Der Typ hat echt nichts in der Birne!"* Er ist dumm

**birst** *Präsens, 2. und 3. Person Singular* → bersten

**bis★** *BINDEWORT* **1** Der *bis*-Satz gibt den Zeitpunkt an, wann die Handlung oder Situation des Hauptsatzes zu Ende ist *„Ich bleibe hier, bis der Regen aufhört"* | *„Bis du zurück bist, bin ich mit meiner Arbeit fertig"* ❶ Die Kombination *bis dass* ist veraltet oder wird regional und in Formeln gebraucht: *Ich will dich lieben, bis dass der Tod uns scheidet.*

*PRÄPOSITION* ZEIT: **2** *mit Akkusativ* verwendet, um den Zeitpunkt zu nennen, zu dem ein Zustand, eine Handlung o. Ä. zu Ende war, ist oder

B

sein wird *„Das Geschäft ist von morgens acht bis abends sechs geöffnet"* (nach sechs Uhr ist es geschlossen) | *„Bis Mai wird das Haus fertig"* ❶ auch mit einer weiteren Präposition verwendet, die dann den Kasus des folgenden Substantivs oder Pronomens bestimmt: *Sie bleibt bis zum Sonntag; Er lernt bis in die Nacht hinein* **3** *mit Akkusativ* verwendet mit einer Zeitangabe als Formel, wenn man sich von jemandem verabschiedet, den man wiedersehen wird *„Bis bald/morgen/später/Montag/nächste Woche!"* ORT: **4** *mit Akkusativ* verwendet mit einer Ortsangabe, die den Endpunkt eines Weges, einer Fahrt (oder eines Teils davon) nennt *„Bis Stuttgart fahre ich mit dem Auto, dann nehme ich den Zug"* **5** **bis** + *Präposition* + *Ortsangabe* verwendet, um den Endpunkt eines Gebietes, eines Weges, einer Fahrt o. Ä. zu nennen *„Wie weit ist es bis nach Innsbruck?"* | *„Die Polizei folgte dem Dieb bis in seine Wohnung"* ❶ Der Kasus hängt von der zweiten Präposition ab. MIT PRÄPOSITION: **6** **bis** + *Präposition* verwendet, um anzugeben, wo eine Grenze ist *„Er stand bis an die Knie/bis zu den Knien im Wasser"* | *„Der Kanister fasst bis zu fünf Liter"* | *„bis zur Erschöpfung marschieren"* **7** **bis auf jemanden/etwas** alle mit Ausnahme der genannten Person(en)/Sache(n) ≈ außer *„Bis auf zwei haben alle Studenten die Prüfung bestanden"* **8** **bis auf den letzten/die letzte/das letzte ...** mit allen Teilen, alle(s) *„Das Kino war bis auf den letzten Platz besetzt"* ZWISCHEN ZAHLEN: **9** *Zahl* + **bis** + *Zahl* verwendet, um die untere und obere Grenze einer Maß- oder Zeitangabe zu nennen *„Der Vortrag dauert zwei bis drei Stunden"*

der **Bị·schof★** (-s, *Bị·schö·fe*) ein Geistlicher mit hohem Rang, der alle Kirchen und die anderen Geistlichen eines großen Gebiets (eines Bistums oder einer Diözese) unter sich hat **K** Bischofsmütze, Bischofsstab • *hierzu* **bị·schöf·lich** *ADJEKTIV*

**bi̱·se·xu·ell** *ADJEKTIV* mit einer sexuellen Neigung sowohl zu Männern als auch zu Frauen • *hierzu* **Bi·se·xu·a·li·tä̱t** *die*

**bis·he̱r**, **bi̱s·her★** *ADVERB* (von einem Zeitpunkt in der Vergangenheit) bis zum heutigen Tag, bis jetzt *„Bisher haben wir es immer so gemacht"*

**bis·he̱·ri·g-** *ADJEKTIV meist attributiv* bis zum jetzigen Zeitpunkt (so) gewesen oder vorhanden *„Ihre bisherige Karriere ist sehr erfolgreich verlaufen"* | *„Der bisherige Außenminister wird jetzt Finanzminister"*

das/der **Bis·kuit** [bɪsˈkviːt, ˈbɪskvɪt]; (-s, -s) ein leichtes Gebäck, das ohne Fett hergestellt wird *„ein Tortenboden aus Biskuit"* **K** Biskuitrolle, Biskuitteig

**bis·la̱ng** *ADVERB; geschrieben* ≈ bisher

der **Bi̱ss** (-es, -e) **1** der Vorgang, bei dem ein Mensch oder ein Tier in etwas beißt *„der giftige Biss einer Kobra"* **2** die Wunde, die durch einen Biss entsteht **K** Bisswunde

**bi̱ss** *Präteritum, 1. und 3. Person Singular* → beißen

**bi̱ss·chen★** *PRONOMEN nur in dieser Form* **1** **ein bisschen** so, dass die Menge oder Intensität nur klein oder gering ist *„Hast du ein bisschen Zeit für mich?"* | *„Ich fürchte mich ein bisschen"* **2** **ein bisschen** eine kurze Zeit *„Warte noch ein bisschen, gleich hört es auf zu regnen"*

der **Bi̱s·sen** (-s, -) **1** das Stück, das man von fester Nahrung abgebissen hat bzw. abbeißen kann *„Kann ich einen Bissen von deinem Sandwich haben?"* **2** *gesprochen nur Singular* eine kleine Mahlzeit *„Lass uns noch einen Bissen essen, bevor wir fahren"* **ID** **keinen Bissen herunterbringen** *gesprochen* (z. B. wegen Übelkeit oder aus Nervosität) nichts essen können

**bi̱s·sig** *ADJEKTIV* **1** ⟨ein Hund⟩ so, dass er Menschen beißt *„Vorsicht, bissiger Hund!"* **2** scharf kritisierend (und meist sogar beleidigend) ⟨*Bemerkungen; jemandes Stil, jemandes Humor*⟩ • *zu* (2) **Bi̱s·sig·keit** *die*

**bi̱st** *Präsens, 2. Person Singular* → sein

das **Bi̱s·tum** (-s, *Bis·tü·mer*) das Gebiet, das ein katholischer Bischof verwaltet

**bi̱t·te★** *PARTIKEL* **1** *betont und unbetont* verwendet, um einen Wunsch, einen Vorschlag, eine Aufforderung o. Ä. höflich auszudrücken *„Reichst du mir mal die Butter, bitte?"* **2** *betont* verwendet (als Antwort auf eine Frage), um Zustimmung auszudrücken *„Darf ich das Fenster aufmachen?" – „Bitte!"* **3** **Bitte (sehr/schön)!** *betont* verwendet als höfliche Antwort, nachdem sich jemand (mündlich) bedankt hat *„Vielen Dank!" – „Bitte (schön)!"* **4** *betont* **Bitte (sehr/schön)!** verwendet, um jemandem etwas anzubieten **5** *betont* **(Ja,) bitte!** verwendet, um etwas anzunehmen, das jemand anbietet *„Möchten Sie noch einen Kaffee?" – „(Ja,) bitte!"* **6** **Ja, bitte?** *betont* verwendet, wenn man einen Telefonanruf bekommt oder jemand vor der Haustür steht. Man fragt damit, warum jemand anruft oder gekommen ist **7** **('Wie) bitte?** verwendet, um eine Person aufzufordern, das zu wiederholen, was sie gerade gesagt hat, meist weil man es akustisch nicht verstanden hat **8** **Na bitte!** *gesprochen betont* verwendet, um zu sagen, dass man mit etwas ohnehin gerechnet hat *„Na bitte! Was habe ich gesagt? Sie hat es vergessen!"*

die **Bit·te★** (-, -*n*) **eine Bitte (an jemanden) (um etwas)** ein Wunsch, der an jemanden gerichtet ist ⟨*eine dringende, große, kleine Bitte; jemandem eine Bitte erfüllen, abschlagen*⟩

**bit·ten★** (*bat, hat gebeten*) **1** **(jemanden) um etwas bitten** einen Wunsch an jemanden richten, damit er erfüllt wird ⟨*jemanden dringend, höflich, herzlich, eindringlich um etwas bitten*⟩ *„jemanden um einen Gefallen/um Auskunft bitten"* **2** **jemanden irgendwohin bitten** jemanden höflich auffordern, irgendwohin zu gehen *„Der Chef hat alle Mitarbeiter zu sich gebeten"*

**bit·ter★** *ADJEKTIV* **1** von (oft als unangenehm empfundenen) herbem Geschmack, wie z. B. die Kerne eines Apfels oder Bier ⟨*eine Medizin, ein Tee*⟩ ↔ süß **2** auf unangenehme Weise intensiv ⟨*eine bittere Enttäuschung erleben; etwas bitter bereuen; etwas bitter nötig haben*⟩

die **Bit·ter·keit** (-) **1** der bittere Geschmack einer Sache **2** ⟨*etwas mit Bitterkeit sagen*⟩ ≈ Verbitterung

**bi·zarr** *ADJEKTIV* in Form oder Inhalt sehr ungewöhnlich und seltsam ⟨*Felsen, Gestalten, Einfälle*⟩

der **Bi·zeps** (-, -*e*) der (deutlich sichtbare) Muskel des Oberarms, mit dem man den Unterarm beugt

**blä·hen** ['blɛːən] (*blähte, hat gebläht*) **1** **etwas bläht etwas** eine Luftströmung wölbt etwas oder macht es prall *„Der Wind bläht die Segel"* **2** **etwas bläht** etwas bewirkt Blähungen im Darm *„Kohl bläht"*

die **Blä·hung** ['blɛːʊŋ]; (-, -*en*); *meist Plural* Gase, die sich bei der Verdauung im Bauch bilden ⟨*Blähungen haben, an Blähungen leiden*⟩

die **Bla·ma·ge** [bla'maːʒə]; (-, -*n*) ein Vorfall oder eine Angelegenheit, die für jemanden sehr peinlich ist *„Es war eine große Blamage für ihn, dass er bei der Prüfung durchgefallen war"*

**bla·mie·ren** (*blamierte, hat blamiert*) **1** **jemanden blamieren** jemanden in Verlegenheit bringen oder lächerlich machen **2** **sich (vor jemandem) blamieren** sich durch das eigene Verhalten lächerlich machen ⟨*sich vor aller Welt/vor allen Leuten blamieren*⟩

**blank** *ADJEKTIV* (*blanker, blankst-*) **1** (sauber,) glatt und glänzend ⟨*etwas blank polieren, reiben, scheuern*⟩ *„eine blanke Fensterscheibe"* **2** ≈ nackt, unbedeckt *„sich auf den blanken Boden setzen"* **3** *meist attributiv* nichts anderes als ⟨*Hass, Hohn, Neid, Unsinn*⟩ *„Das ist doch (die) blanke Gier bei ihm!"* **4** **blank sein** *gesprochen* kein Geld mehr haben

die **Bla·se★** (-, -*n*) **1** Luft bildet runde Blasen in Wasser usw. ⟨*Blasen bilden sich, platzen, steigen auf*⟩ **K** Luftblase, Seifenblase **2** vor allem wenn man sich verbrennt oder zu enge Schuhe trägt, bilden sich Blasen unter der Haut, die mit Flüssigkeit gefüllt sind *„Nach dem langen Marsch hatten wir Blasen an den Füßen"* **K** Brandblase **3** die Blase ist das Organ, in dem sich der Urin sammelt, bevor er ausgeschieden wird ⟨*die Blase entleeren*⟩ **K** Blasenentzündung

**bla·sen★** (*bläst, blies, hat geblasen*) **1** **(irgendwohin) blasen** die Lippen so formen, wie wenn man „O" sagt und die Luft kräftig (irgendwohin) ausstoßen *„ins Feuer blasen, damit es besser brennt"* **2** **etwas bläst** etwas weht stark ⟨*der Wind, der Sturm*⟩ **3** **(etwas) blasen** mit einem Musikinstrument Töne produzieren, indem man es an den Mund hält und bläst ⟨*(das) Horn, (die) Posaune, ein Lied, eine Melodie, (das Signal) zum Angriff, zum Rückzug blasen*⟩ **K** Blaskapelle, Blasmusik

das **Blas·in·stru·ment** ein Musikinstrument, mit dem man Töne produziert, indem man mit dem Mund Luft hineinpresst oder -bläst **K** Blechblasinstrument, Holzblasinstrument

**blass★** *ADJEKTIV* (*blasser/blässer, blassest-/blässest-*) **1** fast ohne die gesunde, natürliche Farbe ⟨*Haut, ein Gesicht, ein Teint; blass aussehen, werden; blass vor Schreck*⟩ **2** ohne kräftigen Farbton ↔ leuchtend *„ein blasses Grün"* **K** blassblau, blassgrün • zu (1) **Bläs·se** *die*

**bläst** *Präsens, 2. und 3. Person Singular* → blasen

das **Blatt★** (-(*e*)*s, Blät·ter*) **1** Blätter sind die flachen, grünen Teile an Pflanzen *„Die Bäume bekommen/verlieren schon ihre Blätter"* **K** Ahornblatt, Kleeblatt, Salatblatt *usw.* **2** ein rechteckiges Stück Papier ⟨*ein beschriebenes, leeres Blatt*⟩ *„Hast du mal ein Blatt Papier für* *mich?"* K Kalenderblatt ❶ Bei Mengenangaben wird auch *Blatt* als Plural verwendet: *1000 Blatt Druckerpapier*. 3 einer der Teile eines Buches oder Heftes, der meist (auf beiden Seiten) bedruckt oder beschrieben ist ≈ Seite *„ein Blatt aus einem Buch herausreißen"* K Titelblatt 4 ≈ Zeitung K Extrablatt, Wochenblatt 5 die Karten, die ein Spieler bei einem Kartenspiel bekommen hat ⟨*ein gutes, schlechtes Blatt haben*⟩

**blät·tern** (*blätterte, hat/ist geblättert*) 1 **in etwas** (*Dativ*) **blättern** (*hat*) die Seiten eines Buches oder einer Zeitung kurz betrachten und schnell zu den nächsten Blättern weitergehen *„in einer Illustrierten blättern"* 2 **etwas blättert (von etwas)** (*ist*) etwas löst sich in kleinen, flachen Stücken von etwas und fällt herunter ⟨*die Farbe, der Anstrich*⟩

der **Blät·ter·teig** ein Teig, der nach dem Backen aus mehreren lockeren, dünnen Schichten besteht K Blätterteiggebäck, Blätterteigpastete

**blau★** ADJEKTIV (*blauer, blau(e)st-*) 1 von der Farbe des Himmels bei sonnigem Wetter *„blaue Augen haben"* K blau gestreift, blaugrün; hellblau, dunkelblau 2 so, dass aufgrund großer Kälte dort wenig Blut ist *„vor Kälte blaue Lippen bekommen"* 3 **jemand ist blau** *gesprochen* jemand hat zu viel Alkohol getrunken ≈ betrunken • *zu* (1) **Blau** *das*

**blau·äu·gig** ADJEKTIV 1 mit blauen Augen 2 ahnungslos und mit viel Vertrauen, wie ein Kind • *hierzu* **Blau·äu·gig·keit** *die*

die **Blau·bee·re** ≈ Heidelbeere

das **Blaue** 1 eine blaue Farbe oder ein blauer Teil einer Sache *„Das Weiß hatte einen Stich ins Blaue"* war bläulich 2 **ins Blaue** zu einem Ziel, das nicht vorher festgelegt ist oder welches die meisten nicht kennen ⟨*eine Fahrt ins Blaue*⟩

das **Blau·kraut** *nur Singular; süddeutsch* Ⓐ ≈ Rotkohl

**bläu·lich** ADJEKTIV von schwach blauer Farbe

das **Blau·licht** *meist Singular* ein optisches Signal an den Autos der Feuerwehr, der Polizei und des Rettungsdienstes, das ihnen überall die Vorfahrt gewährt *„Der Rettungswagen brachte ihn mit Blaulicht ins Krankenhaus"*

**blau·ma·chen** (*machte blau, hat blaugemacht*); *gesprochen* (für kurze Zeit) nicht zur Arbeit oder zur Schule gehen, weil man keine Lust dazu hat *„Er machte einfach einen Tag blau, weil er zum Baden wollte"*

das **Blech★** (*-s, -e*) 1 ein Metall, das zu einer dünnen Schicht gewalzt wurde *„Das Blech ist verrostet"* K Blechblasinstrument, Blechdose; Weißblech 2 Kurzwort für *Backblech „das Blech in den Ofen schieben"*

der **Blech·scha·den** eine Beschädigung eines Autos, die meist bei einem Unfall entstanden ist *„Bei dem Zusammenstoß wurde niemand verletzt, es entstand nur Blechschaden"*

das **Blei** (-s) ein sehr schweres, relativ weiches, grau glänzendes Metall ⟨*schwer wie Blei*⟩ K Bleikugel, Bleiplatte ❶ chemisches Zeichen: Pb

**blei·ben★** (*blieb, ist geblieben*) 1 **(irgendwo) bleiben** einen Ort, einen Platz (für einen Zeitraum) nicht verlassen *„Sie ist krank und bleibt heute im Bett"* | *„Er bleibt noch bis morgen, dann fährt er nach Hause"* 2 **(irgendwie) bleiben**; **etwas** (*Nominativ*) **bleiben**; **in etwas** (*Dativ*) **bleiben** weiterhin so sein wie bisher *„am Leben bleiben"* nicht sterben | *„Bleibt das Wetter so wie heute?"* 3 *Verb* + **bleiben** weiterhin im genannten Zustand, in der genannten Lage sein ⟨*hängen, liegen, sitzen, stehen bleiben*⟩ *„Bitte, bleiben sie ruhig sitzen!"* 4 **bei etwas bleiben** etwas, das man bereits gedacht oder gesagt hat, nicht ändern ⟨*bei einer Ansicht, einem Entschluss, einer Meinung bleiben*⟩ 5 **bei der Wahrheit bleiben** nicht lügen 6 **bei der Sache bleiben** sich nicht ablenken lassen oder das Thema nicht wechseln 7 **etwas bleibt (jemandem) (zu** *+Infinitiv*) etwas ist (oft als einzige Möglichkeit) noch für jemanden übrig, steht noch zur Verfügung *„Uns blieb nicht viel Zeit"* | *„Mir bleibt nur noch zu hoffen, dass sie wieder gesund wird"* 8 **es bleibt bei etwas** etwas wird nicht geändert, behält Gültigkeit, nichts anderes kommt hinzu *„Bleibt es bei unserer Abmachung?"* ID **Wo bleibst du denn (so lange)?** *gesprochen* Warum kommst du erst jetzt?; **Wo ist (denn) jemand/etwas geblieben?** *gesprochen* verwendet, um zu sagen, dass man jemanden/etwas nicht finden kann; **Das bleibt unter uns!** Das soll keine andere Person erfahren

**blei·bend** ADJEKTIV so, dass etwas nicht wieder verschwindet ⟨*Erinnerungen, Schäden, Werte*⟩

**bleich** ADJEKTIV 1 von fast weißer Hautfarbe, sehr blass *„Sein Gesicht war bleich vor Angst/vor Schrecken"* 2 fast farblos ⟨*ein Lichtschimmer, das Mondlicht*⟩

**blei·chen** (*bleichte, hat/ist gebleicht*) **etwas bleichen** (*hat*) etwas so behandeln, dass es heller oder weiß wird ⟨*Haare, Wäsche, Wolle bleichen*⟩ **K** Bleichmittel

**blei·frei** *ADJEKTIV* ohne Blei ⟨*Benzin, Lametta, Munition*⟩

der **Blei·stift**★ ein Stift aus Holz, mit dem man schwarze Striche machen, schreiben und zeichnen kann ⟨*ein harter, weicher, stumpfer, spitzer Bleistift; einen Bleistift (an)spitzen*⟩ **K** Bleistiftmine, Bleistiftzeichnung

**blen·den** (*blendete, hat geblendet*) **1** **etwas blendet (jemanden)** etwas scheint einer Person so hell ins Gesicht, dass sie nichts oder nicht viel sehen kann *„Die Sonne blendet (mich)"* **2** **(jemanden) blenden** eine andere Person so stark beeindrucken, dass sie nicht mehr objektiv urteilen kann ≈ täuschen *„Ich habe mich von seinem selbstbewussten Auftreten blenden lassen"* • *zu* (2) **Blen·der** *der; abwertend*

**blen·dend** *ADJEKTIV* **1** sehr gut, großartig ⟨*sich blendend amüsieren; mit jemandem blendend verstehen*⟩ *„Mir geht es blendend"* **2** **blendend weiß** sehr, strahlend weiß ⟨*Wäsche, Zähne*⟩

der **Blick**★ (*-(e)s, -e*) **1** **ein Blick (auf jemanden/etwas)** der Vorgang, die Augen kurz auf jemanden/etwas zu richten ⟨*einen flüchtigen, kritischen, kurzen, raschen Blick auf etwas werfen; jemandes Blick fällt auf jemanden/etwas*⟩ *„Bevor er in den Zug einstieg, warf er noch einen Blick auf den Fahrplan"* **K** Blickrichtung **2** *nur Singular* der Ausdruck, den die Augen einer Person haben ⟨*einen durchdringenden, sanften, verzweifelten Blick haben*⟩ **3** **ein Blick (auf etwas** (*Akkusativ*)**)** *nur Singular* die Möglichkeit, etwas von einer Stelle aus zu sehen ≈ Aussicht *„ein Zimmer mit Blick aufs Gebirge"* **K** Rundblick **ID** **auf den ersten Blick** sofort, beim ersten Mal ⟨*jemanden/etwas auf den ersten Blick erkennen, sehen*⟩

**bli·cken**★ (*blickte, hat geblickt*) **1** **irgendwohin blicken** die Augen/den Blick irgendwohin richten *„zur Seite blicken"* **2** **irgendwie blicken** den genannten Gesichtsausdruck haben ⟨*finster, freundlich, streng blicken*⟩ **3** **etwas blicken** *gesprochen* ≈ kapieren, verstehen

der **Blick·punkt** **im Blickpunkt** ⟨*der Öffentlichkeit*⟩ **stehen** große Beachtung finden, auf großes Interesse stoßen

der **Blick·win·kel** die Perspektive, aus der man etwas beurteilt ≈ Standpunkt *„eine Angelegenheit aus dem Blickwinkel des Verbrauchers betrachten"*

**blieb** *Präteritum, 1. und 3. Person Singular* → bleiben

**blies** *Präteritum, 1. und 3. Person Singular* → blasen

**blind**★ *ADJEKTIV* **1** ohne die Fähigkeit, zu sehen *„Der Hund ist auf dem linken Auge blind"* **2** ohne zu sehen, was man tut (z. B. weil es dunkel ist oder man nicht hinsieht) *„Den Weg finde ich blind!"* **3** ohne vorher zu prüfen, ob etwas gut oder richtig oder ob jemand ehrlich ist ⟨*Gehorsam, Glaube, Vertrauen; jemandem blind gehorchen, vertrauen*⟩ **4** so, dass die Gefühle sehr stark sind und man deshalb nicht mehr vernünftig handelt ⟨*Angst, Hass, Wut; blind vor Eifersucht, Hass, Liebe, Wut sein*⟩ **5** **blind (für etwas)** so, dass man etwas Unangenehmes oder die Wahrheit nicht erkennt *„Liebe macht blind"* **ID** → Alarm, Passagier

der **Blind·darm** *gesprochen* die kleine, wurmähnliche Fortsetzung des Dickdarms **K** Blinddarmentzündung, Blinddarmoperation ❶ medizinische Bezeichnung: *Appendix*

der/die **Blin·de** (*-n, -n*) eine Person, die blind ist *„einen Blinden über die Straße führen"* **K** Blindenstock ❶ *ein Blinder; der Blinde; den, dem, des Blinden*

die **Blin·den·schrift** eine Schrift aus erhöhten Punkten, die ein Blinder lesen kann, indem er sie mit den Fingern abtastet

**blind·lings** *ADVERB* **1** ohne vorher nachzudenken (vor allem weil man große Angst oder Wut spürt) ⟨*blindlings um sich schießen, schlagen; blindlings ins Verderben rennen*⟩ **2** ohne kritisches Urteil ⟨*jemandem blindlings vertrauen, gehorchen, folgen*⟩

**blin·ken** (*blinkte, hat geblinkt*) **1** **etwas blinkt** etwas leuchtet in kurzen Abständen auf *„Nachts blinken die Lichter der Stadt"* **K** Blinksignal **2** beim Autofahren den Blinker betätigen

der **Blin·ker** (*-s, -*) Blinker sind die Lichter am Auto, mit denen man zeigt, dass man abbiegen will ⟨*den Blinker betätigen, setzen*⟩ ❶ → Abbildung, S. 391: **Das Auto**

das **Blink·licht** ein Lichtsignal im Straßenverkehr, das in regelmäßigen Abständen kurz aufleuchtet *„Der Bahnübergang ist durch ein Blinklicht gesichert"*

**blin·zeln** (*blinzelte, hat geblinzelt*) die Augen mehrmals hintereinander schnell auf- und zumachen ⟨*mit den Augen blinzeln; listig, vor Müdigkeit blinzeln*⟩ *„Als er aus der Dunkelheit

B

*ins grelle Sonnenlicht kam, musste er blinzeln"*

der **Blitz★** (-es, -e) **1** ein sehr helles Licht, das man bei einem Gewitter plötzlich ganz kurz am Himmel sieht ‹*Blitz und Donner; irgendwo schlägt ein Blitz ein; jemand/etwas wird vom Blitz getroffen*› **K** Blitzschlag **2** Kurzwort für *Blitzlicht(gerät)*

**blitz-** *im Adjektiv, betont, begrenzt produktiv; gesprochen* **blitzgescheit, blitzsauber, blitzschnell** *und andere* verwendet, um ein Adjektiv positiv zu verstärken *„blitzblank geputzte Schuhe"*

der **Blitz·ab·lei·ter** eine Anlage auf dem Dach, die verhindern soll, dass ein Blitz das Gebäude beschädigt

das **Blitz·eis** gefährliches Glatteis, das sehr schnell entsteht, wenn es regnet und der Boden gefroren ist

**blit·zen★** (*blitzte, hat geblitzt*) **1** **es blitzt** am Himmel sind Blitze zu sehen *„Es blitzt und donnert"* **2** *gesprochen* beim Fotografieren ein Blitzlicht verwenden **3** **(jemanden) blitzen** *gesprochen* ein Fahrzeug, das zu schnell fährt oder an einer roten Ampel nicht hält, mit einer speziellen Kamera fotografieren *„Die Polizei hat mich bei einer Radarkontrolle geblitzt"*

der **Blit·zer** (-s, -); *gesprochen* ≈ Radarfalle *„Im Radio wird vor Staus und Blitzern gewarnt"*

der **Block★** (-(e)s, -s/Blö·cke) **1** (*Plural Blöcke*) ein schweres, massives Stück Holz, Metall oder Stein mit Kanten **K** Eisblock, Steinblock **2** (*Plural Blocks/Blöcke*) ein großes Wohngebäude mit mehreren Etagen **K** Wohnblock **3** (*Plural Blocks/Blöcke*) eine Gruppe mehrerer (meist gleicher oder ähnlicher) Häuser, die aneinandergebaut oder im Viereck um einen Innenhof gebaut sind **K** Häuserblock **4** (*Plural Blocks/Blöcke*) eine ziemlich große Zahl gleich großer Papierblätter, die an einer Seite zusammengeheftet sind, damit man sie einzeln abreißen kann **K** Schreibblock, Zeichenblock **5** (*Plural Blöcke*) ein politischer oder wirtschaftlicher Zusammenschluss von Parteien oder Staaten ‹*einen Block bilden*› **K** Ostblock

die **Blo·cka·de** (-, -n) bei einer Blockade blockieren Hindernisse oder Gegner Wege in ein Gebiet hinein oder aus einem Gebiet heraus ‹*eine Blockade brechen, über ein Land verhängen*› *„die Blockade der Straße durch Demonstranten"*

die **Block·flö·te** eine Flöte aus Holz mit acht Löchern **K** Altblockflöte, Sopranblockflöte

**blo·ckie·ren★** (*blockierte, hat blockiert*) **1** **etwas blockieren** eine Sperre errichten, um zu verhindern, dass ein Weg oder ein Zugang benutzt werden kann *„Die Demonstranten blockierten die Straße mit alten Autos"* **2** **etwas blockiert etwas** etwas liegt so auf einem Weg o. Ä., dass man nicht daran vorbeifahren oder vorbeigehen kann *„Ein umgestürzter Lastwagen blockiert die Autobahn"* **3** **etwas blockieren** etwas tun, damit eine konstante Bewegung aufhört, etwas nicht mehr fließt, sich nicht mehr dreht o. Ä. ‹*die Gaszufuhr, den Verkehr, den Nachschub blockieren*› **4** **etwas blockiert** etwas wird plötzlich gestoppt und hört auf, sich zu drehen ‹*die Bremsen, der Motor, die Räder*› *„Er bremste so stark, dass die Räder blockierten"* • *zu* (3,4) **Blo·ckie·rung** *die*

die **Block·schrift** *meist Singular* eine Handschrift, die aus großen Blockbuchstaben besteht

**blöd, blö·de★** *ADJEKTIV; gesprochen, abwertend* **1** mit wenig Intelligenz oder ohne Überlegung ‹*ein Fehler, eine Frage, Gerede; blöd daherreden, grinsen, lachen; sich blöd anstellen*› ≈ dumm *„Er ist viel zu blöd, um das zu begreifen"* **2** verwendet, um Ärger über jemanden/etwas auszudrücken ≈ dumm *„Das blöde Auto springt nicht an!"* **3** unangenehm (und ärgerlich) ‹*eine Angelegenheit, ein Gefühl, eine Geschichte*› ≈ dumm *„Allmählich wird es mir zu blöd, so lange zu warten"* • *zu* (1) **Blöd·heit** *die; zu* (3) **blö·der·wei·se** *ADVERB*

der **Blöd·sinn** *nur Singular; abwertend* etwas, das keinen Sinn hat, dummes Zeug ‹*Blödsinn reden, schreiben, treiben; nur Blödsinn im Kopf haben*› ≈ Unsinn • *hierzu* **blöd·sin·nig** *ADJEKTIV*

**blond★** *ADJEKTIV* **1** von gelblicher, heller Farbe ‹*ein Bart, Locken; jemandes Haar*› **K** dunkelblond **2** mit blondem Haar ‹*ein Mädchen, ein Junge*› **K** blond gelockt

die **Blon·di·ne** (-, -n) eine (meist junge, attraktive) Frau mit blonden Haaren

**bloß★** *ADJEKTIV* **1** *meist attributiv* ohne Kleidung ≈ nackt *„mit bloßem Oberkörper in der Sonne sitzen"* **2** *meist attributiv* ohne etwas Schützendes darauf, daran o. Ä. *„auf dem bloßen Erdboden liegen"* **3** *meist attributiv* ohne etwas Zusätzliches (darin, davor, dabei o. Ä.) *„etwas mit bloßem Auge erkennen"* ohne Brille, Fernglas o. Ä. **4** *meist attributiv* nichts anderes als *„Was er sagt, sind bloße Vermutungen"*

B

*ADVERB UND PARTIKEL* **5** ≈ nur ❶ *Bloß* kann fast immer anstelle von *nur* stehen, aber *nur* ist wesentlich häufiger.

**bloß·stel·len** (*stellte bloß, hat bloßgestellt*) **1** **jemanden bloßstellen** jemandes Schwäche oder Fehler anderen Leuten (auf oft beleidigende Weise) zeigen **2** **sich bloßstellen** ≈ blamieren • *zu* (1) **Bloß·stel·lung** *die*

der/das **Blou·son** [blu'zõ:, blu'zɔŋ]; (-s, -s) eine kurze, weite Jacke oder Bluse, die an der Taille eng anliegt

**blü·hen**★ ['bly:ən] (*blühte, hat geblüht*) **1** **etwas blüht** etwas hat gerade eine Blüte oder mehrere Blüten ⟨*etwas blüht rot, weiß, früh, spät, üppig*⟩ „*Die Mandelbäume blühen im März*" **2** **etwas blüht** etwas entwickelt sich stark und günstig ⟨*das Geschäft, der Handel, der Schmuggel*⟩ ≈ florieren **3** **etwas blüht jemandem** *gesprochen, ironisch* jemandem steht etwas Unangenehmes bevor

die **Blu·me**★ (-, *-n*) **1** eine relativ kleine Pflanze mit auffälligen Blüten ⟨*eine blühende, duftende Blume; Blumen pflanzen, züchten*⟩ **K** Blumenbeet, Blumenerde, Blumenzwiebel **2** eine Blüte oder mehrere Blüten an einem Stiel oder Stängel ⟨*frische, welke, verwelkte, duftende Blumen; Blumen pflücken, schneiden, trocknen; ein Strauß Blumen*⟩ **K** Blumenladen, Blumenstrauß, Blumenvase **3** eine Pflanze, die in einem Topf o. Ä. wächst „*Die Blumen im Wohnzimmer müssen noch gegossen werden!*" **K** Blumenerde

der **Blu·men·kohl** eine Kohlsorte, deren große, feste, meist weiße Blüten gekocht gegessen werden

der **Blu·men·topf** ein Gefäß aus Ton oder Kunststoff, in das man Zimmerpflanzen pflanzt

die **Blu·se**★ (-, *-n*) ein Kleidungsstück aus leichtem Stoff, das Mädchen und Frauen am Oberkörper tragen ⟨*eine kurzärmelige, langärmelige Bluse*⟩ ❶ → Abbildung, S. 293: **Die Kleidung**

das **Blut**★ (-(e)s) die rote Flüssigkeit in den Adern von Menschen und Tieren ⟨*Blut fließt, quillt, strömt, tropft aus einer Wunde; jemandem Blut abnehmen; Blut spenden*⟩ **K** Bluttransfusion, Blutuntersuchung, Blutverlust; blutrot, blutüberströmt **ID** **Das gibt böses Blut** Das verursacht Ärger und Streit; **(Nur) ruhig Blut!** Nicht aufregen!

das **Blut·bild** das Ergebnis der Analyse des Blutes eines Patienten

der **Blut·druck** *meist Singular* der Druck, den das strömende Blut in den Adern erzeugt ⟨*einen hohen, niedrigen Blutdruck haben; den Blutdruck messen*⟩ **K** Blutdruckmessung

die **Blü·te**★ (-, *-n*) **1** der Teil einer Pflanze, der meist durch die Farbe oder den Duft besonders auffällt und aus dem sich die Frucht entwickelt „*ein Baum mit duftenden rosa Blüten*" **K** Blütenblatt **2** die Zeit, in der Pflanzen blühen **K** Baumblüte, Heideblüte **3** *nur Singular* die Zeit, in der etwas besonders gut entwickelt und erfolgreich ist ≈ Höhepunkt „*Im Mittelalter erlebte die Medizin in der islamischen Welt eine Blüte*" **K** Blütezeit

**blu·ten**★ (*blutete, hat geblutet*) Blut (aus einer Wunde) verlieren „*Der Verletzte blutete aus dem Mund*" | „*eine heftig blutende Wunde*" • *hierzu* **Blu·tung** *die*

der **Blut|er·guss** bei einem Bluterguss bildet sich ein blauer Fleck unter der Haut

das **Blut·ge·fäß** ≈ Ader

die **Blut·grup·pe** eine der vier Gruppen, in die man das Blut (nach erblichen Merkmalen) einteilt ⟨*jemandes Blutgruppe bestimmen*⟩ „*die vier Blutgruppen 0, A, B und AB*" **K** Blutgruppenbestimmung

der **Blut·hoch·druck** die Krankheit, bei der man ständig zu hohen Blutdruck hat ❶ medizinische Bezeichnung: *Hypertonie*

**blu·tig** *ADJEKTIV* **1** voll Blut ⟨*ein Verband, eine Waffe*⟩ **2** sehr grausam, viele Verletzte und Tote fordernd ⟨*eine Auseinandersetzung, ein Krieg, eine Rache, Unruhen*⟩ „*eine Revolte blutig niederschlagen*"

das **Blut·kör·per·chen** (-s, -); *meist Plural* die winzigen festen Bestandteile des Blutes ⟨*rote, weiße Blutkörperchen*⟩

die **Blut·oran·ge** eine Orange mit dunkelrotem Saft und Fruchtfleisch

die **Blut·pro·be** die Entnahme und Untersuchung einer kleinen Menge Blut ⟨*eine Blutprobe anordnen, entnehmen, vornehmen*⟩

die **Blut·spen·de** die freiwillige Abgabe von gesundem Blut, das für Transfusionen verwendet wird „*die Bevölkerung zur Blutspende aufrufen*" • *hierzu* **Blut·spen·der** *der*; **Blut·spen·de·rin** *die*

**blut·stil·lend**, **Blut stil·lend** *ADJEKTIV* mit der Wirkung, dass eine Wunde nicht mehr blutet ⟨*ein Mittel, ein Verband*⟩

**blut|un·ter·lau·fen** *ADJEKTIV* durch geplatzte Adern rötlich gefärbt ⟨*Augen*⟩

die **Blut·ver·gif·tung** eine Erkrankung durch ei-

B

ne infizierte Wunde, wobei sich die Infektion stark ausbreitet ⟨*an (einer) Blutvergiftung sterben*⟩ ❶ medizinische Bezeichnung: *Sepsis*

die **Blut·wurst** eine Wurst aus Schweinefleisch, Speck und dem Blut des geschlachteten Tieres

der **Blut·zu·cker** der Zucker, der im Blut gelöst ist ⟨*der Blutzucker ist zu hoch; zu viel Blutzucker haben*⟩

**BLZ** [be|ɛl'tsɛt] *historisch* Abkürzung für *Bankleitzahl*

der **BND** [beː|ɛn'deː]; (-); Ⓓ Kurzwort für *Bundesnachrichtendienst*

die **Bö** (-, *-en*) ein heftiger, plötzlicher Windstoß **K** Gewitterbö, Sturmbö

der **Bock**; (-(*e*)*s*, *Bö·cke*) **1** das männliche Tier bei Ziege, Schaf, Reh und Gämse **K** Ziegenbock **2** ein Turngerät mit vier Beinen, über das man springt *„über den Bock springen"* **K** Bockspringen **3** ein Gestell mit meist vier Beinen; man benutzt z. B. zwei Böcke, um Lasten daraufzulegen **K** Holzbock **4** **Bock (auf etwas** (*Akkusativ*)) *gesprochen* Lust und Freude an dem, was man tut ⟨*null Bock/keinen Bock haben*⟩ *„Ich hab null Bock auf die Schule"*

die **Bock·wurst** eine Wurst aus magerem Fleisch, die im Wasser heiß gemacht und meist mit einem Brötchen und Senf gegessen wird

der **Bo·den★** (-*s*, *Bö·den*) **1** die oberste Schicht der Erde, in der die Pflanzen wachsen *„Kartoffeln wachsen am besten in lockerem und sandigem Boden"* **K** Felsboden, Lehmboden, Sandboden **2** *nur Singular* die Fläche (im Freien und in Räumen), auf der man steht und geht/auf der (in Räumen) die Möbel stehen oder auf der man (im Freien) baut ⟨*auf den/zu Boden fallen, sinken, stürzen; auf dem/am Boden liegen; den Boden fegen, kehren, (auf)wischen, putzen*⟩ **K** Bodenbelag; Parkettboden, Teppichboden **3** die unterste, horizontale Fläche eines Behälters o. Ä. *„Am Boden des Tanks hat sich Schmutz abgesetzt"* **4** *nur Singular* die unterste Fläche eines Gewässers ≈ Grund *„auf dem/am Boden des Meeres"* **K** Meeresboden **5** *Adjektiv* + **Boden** das genannte Gebiet ⟨*deutscher, englischer Boden*⟩ ≈ Territorium *„nach einem Aufenthalt im Ausland wieder heimatlichen Boden betreten"* **6** der unbewohnte Raum direkt unter dem Dach eines Gebäudes **K** Bodenfenster, Bodenkammer; Dachboden **ID** **am Boden zerstört sein** *gesprochen* (psychisch oder physisch) völlig erschöpft sein

**bo·den·los** *ADJEKTIV* **1** *gesprochen* verwendet, um negative Substantive, Adjektive und Adverbien zu verstärken ⟨*eine Frechheit, (ein) Leichtsinn, eine Unverschämtheit; bodenlos frech, leichtsinnig*⟩ **2** *gesprochen* sehr schlecht ⟨*eine Arbeit, Leistungen*⟩ **3** sehr tief ⟨*eine Tiefe; etwas fällt ins Bodenlose*⟩

die **Bo·den·schät·ze** *Plural* die Vorräte an Rohstoffen im Erdboden (die abgebaut werden) ⟨*der Abbau, die Gewinnung von Bodenschätzen*⟩ *„Sibirien ist reich an Bodenschätzen"*

**bo·den·stän·dig** *ADJEKTIV* **1** in einem Gebiet entstanden und dafür typisch ⟨*Bauweise, Kultur, Trachten*⟩ **2** ⟨*eine Bevölkerung, eine Familie, ein Mensch*⟩ sehr stark mit der Gegend verbunden, in der sie geboren wurden und in der sie leben • *zu* (2) **Bo·den·stän·dig·keit** *die*

der **Bo·dy** ['bɔdi]; (-*s*, -*s*); *gesprochen* **1** *humorvoll* der menschliche Körper **2** Unterwäsche in einem Stück vor allem für Babys oder Frauen

das **Bo·dy·buil·ding** ['bɔdibɪldɪŋ]; (-*s*) das Trainieren von Muskeln, um eine bessere Figur zu bekommen ⟨*Bodybuilding machen, betreiben*⟩

**bog** *Präteritum, 1. und 3. Person Singular* → biegen

der **Bo·gen★** (-*s*, -/*Bö·gen*) **1** ein Teil einer nicht geraden Linie ≈ Kurve *„Der Fluss/Weg macht/beschreibt einen Bogen"* | *„etwas in hohem Bogen werfen"* **2** ein Stück Mauer in der Form eines Bogens, das zwei Pfeiler oder Mauern verbindet *„Die Brücke spannt sich in weitem Bogen über den Fluss"* **K** Torbogen **3** einen Bogen braucht man, um Geige, Cello usw. zu spielen **K** Geigenbogen **4** einen Bogen braucht man, um mit Pfeilen zu schießen ⟨*den Bogen spannen; mit Pfeil und Bogen schießen*⟩ **K** Bogenschießen **5** ein großes, rechteckiges Stück Papier für besondere Zwecke ⟨*ein Bogen Geschenkpapier, Packpapier, Zeichenpapier*⟩ **K** Briefbogen **ID** **einen großen Bogen um jemanden/etwas machen** jemanden/etwas bewusst meiden; **den Bogen heraushaben** *gesprochen* wissen, welche Technik man anwenden muss, damit etwas funktioniert • *zu* (1) **bo·gen·för·mig** *ADJEKTIV*

die **Boh·ne★** (-, -*n*) **1** eine Gemüsepflanze, die als kleiner Busch vorkommt oder an Stangen hochwächst und längliche, meist grüne Früchte hat **K** Buschbohne, Sojabohne **2** die Frucht der Bohne ⟨*Bohnen pflücken, brechen*⟩ **K** Bohnensalat, Bohnensuppe **3** der ovale Kern der Bohne ⟨*weiße, dicke Bohnen*⟩ **4** der dicke Sa-

B

men mancher Pflanzen (z. B. des Kaffeestrauchs, des Kakaobaums) ⟨*Bohnen rösten*⟩ **K** Kaffeebohne, Kakaobohne

der **Boh·nen·kaf·fee** *meist Singular* **1** (gemahlene) Kaffeebohnen *„ein Pfund Bohnenkaffee"* **2** ein dunkles Getränk, das aus Kaffeebohnen und heißem Wasser hergestellt wird *„eine Tasse Bohnenkaffee"*

**boh·ren★** (*bohrte, hat gebohrt*) **1** **(etwas) (irgendwohin) bohren** mit einem Werkzeug ein Loch oder eine Öffnung in etwas machen ⟨*einen Brunnen, ein Loch bohren*⟩ *„In der Wohnung über mir wird den ganzen Tag gebohrt"* **K** Bohrloch, Bohrmaschine **2** **(mit etwas) irgendwo bohren** etwas in eine Öffnung oder Fläche drücken und dabei drehen *„mit dem Finger in der Nase bohren"* **3** **(nach etwas) bohren** mit Bohrmaschinen nach Bodenschätzen suchen *„in der Nordsee nach Erdöl bohren"* **4** *gesprochen* immer wieder fragen, um etwas zu erfahren *„Er bohrte so lange, bis ich ihm alles erzählte"* **5** **etwas bohrt sich (jemandem) in etwas** (*Akkusativ*) etwas dringt (durch Druck, einen Stoß) langsam in etwas ein *„Ein Dorn bohrte sich ihr in den Fuß"*

der **Boh·rer** (-s, -) ein Stab aus Metall, den man (meist mit einer Bohrmaschine) in hartes Material dreht und drückt, um Löcher zu machen **K** Pressluftbohrer

der **Boi·ler** ['bɔylɐ]; (-s, -) ein Gerät in der Küche oder im Bad, mit dem man (statt mit einer Heizung) gespeichertes Wasser heiß macht ⟨*den Boiler aufheizen, einschalten, ausschalten*⟩

**bol·zen** (*bolzte, hat gebolzt*); *gesprochen* (zum Vergnügen) Fußball spielen

der **Bol·zen** (-s, -) ein dicker Stift aus Eisen oder Holz, der Teile einer Konstruktion verbindet *„zwei Eisenstangen mit einem Bolzen aneinander befestigen"*

das **Bom·bar·de·ment** [bɔmbardə'mã:]; (-s, -s) das Bombardieren z. B. einer Stadt

**bom·bar·die·ren** (*bombardierte, hat bombardiert*) **1** **jemanden/etwas bombardieren** jemanden oder etwas mit Kanonen oder Bomben angreifen ⟨*den Feind, eine Stadt; die feindlichen Stellungen bombardieren*⟩ **2** **jemanden mit etwas bombardieren** *gesprochen* jemanden mit sehr vielen Fragen, Briefen o. Ä. belästigen ⟨*jemanden mit Fragen, Protesten bombardieren*⟩

die **Bom·be★** (-, -*n*) Bomben sind Waffen, die explodieren, wenn sie ihr Ziel treffen oder berührt werden ⟨*eine Bombe legen, entschärfen; Bomben (aus Flugzeugen) abwerfen*⟩ **K** Bombenangriff, Bombenanschlag, Bombendrohung; Atombombe; Brandbombe

der **Bon** [bɔŋ, bõ:]; (-s, -s) **1** ein kleiner Papierstreifen, auf dem die Preise der Waren stehen, die man in einem Geschäft eingekauft hat **2** ein Zettel oder ein Blatt Papier, für die man Waren mit einem festgelegten Wert bekommt *„einen Bon im Wert von 20 Euro einlösen"* **K** Essensbon, Getränkebon

der **Bon·bon★** [bɔŋ'bɔŋ, bõ'bõ:, 'bɔŋbɔŋ] *süddeutsch* Ⓐ *das*; (-s, -*s*) Bonbons sind hart, süß und bunt und werden aus Zucker gemacht ⟨*ein Bonbon lutschen*⟩ **K** Hustenbonbon, Zitronenbonbon

der **Bo·nus** (-/-*ses*, -*se*) ein Vorteil (an Geld oder Punkten), den man einer Person gewährt, um sie für etwas zu belohnen oder zu entschädigen ⟨*jemandem einen Bonus gewähren*⟩ ↔ Malus

der **Boom** [bu:m]; (-s, -s) ein starkes wirtschaftliches Wachstum (in einer Branche)

das **Boot★** (-(*e*)s, -*e*) Boote sind kleine Fahrzeuge, mit denen man über das Wasser fährt *„in einem Boot über den Fluss rudern"* **K** Bootsfahrt, Bootssteg, Bootsverleih; Paddelboot, Ruderboot, Segelboot

(der) **Bord¹★**; (-(*e*)s) **1** der obere, seitliche Rand eines Schiffes ⟨*jemanden/etwas über Bord werfen*⟩ **2** **an Bord** (+*Genitiv*) auf einem Schiff, in einem schnellen Zug, einem Flugzeug oder einem Raumschiff *„Der Kapitän begrüßte die Passagiere an Bord seiner Boeing"* **3** **an/von Bord gehen** ein Schiff, Flugzeug oder Raumschiff betreten/verlassen **ID** **Mann über Bord!** verwendet als Warnruf, wenn jemand vom Schiff ins Wasser gefallen ist

das **Bord²**; (-(*e*)s, -*e*) ein Brett, das an der Wand befestigt wird, damit man Geschirr oder Bücher darauf abstellen kann **K** Bücherbord, Wandbord

das **Bor·dell** (-s, -*e*) ein Haus, in dem Prostitution betrieben wird

die **Bord·mit·tel** *Plural* die eigenen Mittel, die bereits vorhanden sind und nicht erst beschafft werden müssen ⟨*ein Problem mit Bordmitteln lösen*⟩

der **Bord·stein** der Rand des Bürgersteigs, der aus länglichen Steinen besteht **K** Bordsteinkante

**bor·gen★** (*borgte, hat geborgt*) **1** **jemandem etwas borgen** jemandem etwas vorübergehend zur (meist kostenlosen) Benutzung geben ≈ leihen *„Kannst du mir deinen Schirm *borgen?"* **2** **(sich** (*Dativ*)**) etwas (bei/von jemandem) borgen** sich etwas geben lassen, das man für kurze Zeit (meist kostenlos) benutzen darf ≈ ausleihen *„Das Fahrrad ist nur geborgt"* | *„Er muss* (*sich*) *Geld bei seinem Sohn borgen"*

die **Bör·se★** (-, *-n*) **1** ein Markt, an dem die Preise von Aktien usw. oder von Waren (z. B. Gold, Kaffee) festgesetzt werden ⟨*an der Börse spekulieren*⟩ *„An der New Yorker Börse fiel der Kurs des Dollars"* **K** Börsenmakler, Börsenspekulation **2** *veraltend* ≈ Geldbeutel **K** Geldbörse

der **Bör·sen·gang** der Vorgang, wenn ein Unternehmen zum ersten Mal Aktien ausgibt, die an der Börse gehandelt werden

die **Bors·te** (-, *-n*) **1** ein steifes, dickes Haar vor allem des Schweins **K** Schweinsborste **2** ein künstlich hergestelltes Haar in der Art einer Borste, aus dem man Bürsten, Besen und Pinsel macht *„die Borsten der Zahnbürste"*

**bös·ar·tig** *ADJEKTIV* **1** mit der Absicht, anderen Leuten zu schaden ⟨*ein Mensch, eine Bemerkung*⟩ **2** lebensgefährlich ⟨*ein Geschwür, eine Krankheit, ein Tumor*⟩ • *hierzu* **Bös·ar·tig·keit** *die*

die **Bö·schung** (-, *-en*) die schräge Seite eines Erdwalls oder Abhangs ⟨*eine steile, sanfte Böschung*⟩ **K** Straßenböschung, Uferböschung

**bö·se★** *ADJEKTIV* **1** so, dass man anderen Personen absichtlich schadet oder gegen wichtige moralische Regeln verstößt ⟨*ein Mensch, Gedanken, Taten*⟩ ≈ schlecht ↔ gut *„Das war nicht böse gemeint"* **2** sehr unangenehm ⟨*eine Angelegenheit, eine Enttäuschung, eine Verletzung*⟩ ≈ schlimm ↔ gut *„eine böse Überraschung erleben"* **3** **(jemandem) böse sein**; **(auf jemanden/mit jemandem) böse sein** voller Ärger und Wut auf jemanden sein *„Ich habe unsere Verabredung vergessen. Bist du mir deswegen jetzt böse?"* **4** **böse werden** wütend werden **5** *gesprochen* so, dass ein Kind oder Haustier Dinge tut, die man nicht mag ↔ brav *„Böser Hund, aus!"*

**bos·haft** *ADJEKTIV* **1** so, dass jemand mit Freude und voller Absicht anderen Leuten Böses tut **2** ⟨*ein Gelächter, ein Grinsen*⟩ so, dass sie Freude darüber zeigen, dass jemandem etwas Böses geschieht **3** ⟨*eine Kritik, ein Kommentar*⟩ voller Spott • *zu* (1) **Bos·haf·tig·keit** *die*

die **Bos·heit** (-, *-en*) **1** *nur Singular* die Eigenschaft, wenn jemand böse ist ⟨*etwas aus Bosheit tun*⟩ **2** eine boshafte Tat oder Äußerung ≈ Gemeinheit *„jemandem Bosheiten an den Kopf werfen"* jemanden beleidigen

der **Boss** (*-es, -e*); *gesprochen* eine Person, die ein Unternehmen oder eine Gruppe von Mitarbeitern leitet ⟨*der Boss einer Firma, Gewerkschaft, Bande*⟩ **K** Bandenboss, Gewerkschaftsboss

**bös·wil·lig** *ADJEKTIV* ⟨*eine Beschädigung, eine Verleumdung*⟩ ≈ bösartig • *hierzu* **Bös·wil·lig·keit** *die*

**bot** *Präteritum, 1. und 3. Person Singular* → bieten

**bo·ta·nisch** *ADJEKTIV meist attributiv* **1** für die wissenschaftliche Beschäftigung mit Pflanzen bestimmt ⟨*eine Exkursion, ein Institut, ein Lehrbuch*⟩ **2** in Bezug auf die Botanik *„botanische Studien"* **3** → Garten

der **Bo·te** (*-n, -n*) eine Person, die man schickt, um jemandem eine Nachricht zu überbringen *„Die Dokumente werden Ihnen sofort durch einen Boten zugestellt"* **K** Eilbote, Postbote **i** *der Bote; den, dem, des Boten* • *hierzu* **Bo·tin** *die*

die **Bot·schaft★** (-, *-en*) NACHRICHT: **1** **eine Botschaft (für eine Person) (von jemandem)** eine Nachricht oder offizielle Mitteilung, die man einer Person bringen lässt ⟨*eine geheime Botschaft; jemandem eine Botschaft* (*über*)*senden; für jemanden eine Botschaft hinterlassen*⟩ POLITIK: **2** die offizielle diplomatische Vertretung eines Staates in einem anderen Staat *„Als er in Italien seinen Pass verloren hatte, wandte er sich an die deutsche Botschaft in Rom"*

der **Bot·schaf·ter** (*-s, -*) der höchste diplomatische Vertreter eines Landes in einem anderen Land **K** Botschafterkonferenz • *hierzu* **Bot·schaf·te·rin** *die*

die **Bouil·lon** [bʊlˈjɔŋ, buˈjõː]; (-, *-s*); *meist Singular* eine klare Suppe, die man durch das Kochen von Fleisch, Knochen und Gemüse herstellt ⟨*Bouillon mit Ei*⟩ **K** Hühnerbouillon, Rindsbouillon

die **Bow·le** [ˈboːlə]; (-, *-n*) ein kaltes Getränk, das man aus Früchten, Fruchtsaft, Wein und Sekt mischt ⟨*eine Bowle ansetzen*⟩ **K** Ananasbowle, Erdbeerbowle

die **Box** (-, *-en*) **1** ein Behälter mit Deckel **K** Frischhaltebox, Gefrierbox, Kühlbox **2** *meist Plural* die Lautsprecher, die zu einer Musikanlage gehören **3** der abgeteilte Platz für ein Pferd in einem Stall **K** Pferdebox **4** ein Bereich an einer Rennstrecke, an dem die Autos eines Teams gewartet werden **K** Boxenstopp

**bọ·xen** (*boxte, hat geboxt*) **(gegen jemanden) boxen** nach festen Regeln mit den Fäusten mit jemandem kämpfen *„gegen den Titelverteidiger boxen"* K Boxhandschuh, Boxkampf

der **Bọ·xer** (*-s, -*) 1 eine Person, welche die Sportart Boxen ausübt K Berufsboxer 2 ein großer Hund mit braunem, glattem Fell, platter Schnauze und stark verkürztem Schwanz • *zu* (1) **Bọ·xe·rin** *die*

der **Boy·kott** [bɔy̯'kɔt]; (*-s, -s/-e*) **der Boykott** (*+Genitiv*); **der Boykott von etwas** das Boykottieren ‹*einem Land den Boykott erklären; zum Boykott aufrufen*›

**boy·kot·tie·ren** (*boykottierte, hat boykottiert*) **jemanden/etwas boykottieren** sich als Protest weigern, mit einem Land politische Beziehungen zu unterhalten, mit jemandem Handel zu treiben, etwas zu kaufen oder an etwas teilzunehmen

**brach** *Präteritum, 1. und 3. Person Singular* → brechen

**brach·lie·gen** (*lag brach, hat brachgelegen*) 1 **etwas liegt brach** etwas wird landwirtschaftlich nicht genutzt ‹*Ackerland*› 2 **etwas liegt brach** *geschrieben* etwas bleibt ungenutzt ‹*Fähigkeiten*›

**brạch·te** *Präteritum, 1. und 3. Person Singular* → bringen

das **Brạck·was·ser** (*-s, -*); *meist Singular* ein Gemisch aus Salz- und Süßwasser, das sich dort bildet, wo ein Fluss ins Meer mündet

die **Bran·che**★ ['brã:ʃə]; (*-, -n*) alle Betriebe und Geschäfte, die mit der Herstellung oder dem Verkauf ähnlicher Produkte und Leistungen beschäftigt sind K Lebensmittelbranche, Textilbranche

der **Brạnd**★ (*-(e)s, Brän·de*) ein Feuer, das meist großen Schaden anrichtet ‹*ein Brand bricht aus, wütet; einen Brand bekämpfen, löschen, verursachen*› *„Hamburg wurde 1842 durch einen großen Brand zerstört"* K Brandgefahr, Brandgeruch, Brandschutz, Brandursache; Waldbrand

die **Brạnd·bla·se** eine Blase auf der Haut, die durch heißes Wasser, Feuer o. Ä. entsteht

der **Brạnd·stif·ter** (*-s, -*) eine Person, die absichtlich einen Brand verursacht • *hierzu* **Brạnd·stif·tung** *die*

die **Brạn·dung** (*-*) starke Wellen des Meeres, die schäumen und spritzen, wenn sie an das Ufer kommen

die **Brạnd·wun·de** eine Wunde, die durch Feuer, Berühren heißer Gegenstände o. Ä. entsteht

**brạnn·te** *Präteritum, 1. und 3. Person Singular* → brennen

**bra·ten**★ (*brät, briet, hat gebraten*) 1 **etwas braten** etwas in heißem Fett in der Pfanne oder im Backofen braun und gar werden lassen ‹*Fleisch, Fisch, ein Kotelett braten*› 2 **etwas brät** etwas wird (in der Pfanne oder im Backofen) braun und gar *„Die Gans muss zwei Stunden braten"*

der **Bra·ten**★ (*-s, -*) ein (meist großes) Stück Fleisch, das im Herd oder an einem Spieß gebraten wird oder wurde ‹*ein knuspriger, saftiger Braten; den Braten in den Ofen schieben; den Braten anschneiden*› K Gänsebraten, Rinderbraten, Schweinebraten

der **Brauch**★ (*-(e)s, Bräu·che*) Handlungen, die (schon seit langer Zeit) zu festgelegten Zeiten normalerweise getan werden *„Es ist ein alter Brauch, an Weihnachten Geschenke zu machen"* K Hochzeitsbrauch, Osterbrauch

**brauch·bar** ADJEKTIV 1 in einem Zustand, in dem die jeweilige Funktion (noch) erfüllt wird *„Mein Schirm ist zwar alt, aber noch ganz brauchbar"* 2 relativ gut ≈ akzeptabel *„Er hat brauchbare Entwürfe abgeliefert"*

**brau·chen**★ (*brauchte, hat gebraucht*) BENÖTIGEN: 1 **eine Person/Sache (für jemanden) brauchen; eine Person/Sache (für/zu etwas) brauchen** eine Person/Sache (zu dem genannten Zweck) haben müssen ≈ benötigen *„Diese Pflanze braucht viel Licht und Wasser"* 2 **etwas braucht etwas** für etwas ist etwas nötig *„Diese Arbeit braucht Zeit/Geduld"* VERBRAUCHEN: 3 **etwas brauchen** etwas für einen Zweck nehmen und verwenden, sodass es nicht mehr da ist *„Mein Auto braucht 7 Liter Benzin auf 100 Kilometer"* GEBRAUCHEN: 4 **jemanden/etwas (irgendwie) brauchen können** irgendeine Verwendung für jemanden/etwas haben *„Können Sie noch Helfer brauchen?"* 5 **jemanden/etwas nicht brauchen (können)** *gesprochen* jemanden/etwas (in der jetzigen Situation) nicht haben wollen *„Stör mich nicht, ich kann ich dich jetzt nicht brauchen"* MIT INFINITIV: 6 **nicht zu** *+Infinitiv* **brauchen** etwas nicht tun müssen *„Ihr braucht nicht länger zu warten"* 7 **nicht zu** *+Infinitiv* **brauchen** verwendet als abgeschwächter verneinter Imperativ *„Da brauchst du nicht zu lachen, die Sache ist sehr ernst!"* Lach nicht! 8 **nur/bloß zu** *+Infinitiv* **brauchen** nichts ande-

B

res tun müssen als etwas *„Du brauchst nur auf den Knopf zu drücken, dann geht es los"* ⓘ zu 9, 10 und 11: Der Infinitiv ohne *zu* ist besonders in der gesprochenen Sprache sehr gebräuchlich: *Du brauchst es mir nur sagen* Manche Leute finden diesen Gebrauch nicht akzeptabel.

das **Brauch·tum** (-s) alle Bräuche, die im Laufe der Zeit (in einem Gebiet, in einer Gemeinschaft o. Ä.) entstanden sind und überliefert wurden ⟨*das Brauchtum pflegen*⟩ K Brauchtumspflege

die **Braue** (-, -n) einer der beiden Bogen über dem Auge, die aus feinen Haaren bestehen ⟨*buschige Brauen; die Brauen hochziehen, runzeln*⟩ K Augenbraue ⓘ → Abbildung, S. 294: **Der Körper**

**brau·en** (*braute, hat gebraut*) **etwas brauen** Bier herstellen K Braukessel • *hierzu* **Brau·er** *der*

die **Brau·e·rei** (-, -en) 1 eine Firma, die Bier braut 2 das Gebäude, in dem Bier gebraut wird

**braun★** *ADJEKTIV* (*brauner/bräuner, braunst-/bräunst-*) 1 von der Farbe, die Schokolade und Erde haben *„braune Augen haben"* K dunkelbraun, rotbraun 2 von relativ dunkler Hautfarbe (weil man lange in der Sonne war) ↔ blass *„ganz braun im Gesicht sein"* 3 **braun gebrannt** vom Aufenthalt in der Sonne gebräunt • *zu* (1) **Braun** *das*

**bräu·nen** (*bräunte, hat gebräunt*) 1 **etwas bräunt jemanden/etwas** etwas bewirkt, dass jemand/etwas braun wird *„Er kam tief gebräunt aus dem Urlaub auf den Bahamas zurück"* 2 **etwas bräunen** etwas durch Erhitzen in Fett oder im Backofen braun werden lassen ⟨*Butter, Fleisch, Zucker bräunen*⟩ 3 **sich bräunen** sich meist in die Sonne legen, um braun zu werden *„sich auf dem Balkon bräunen (lassen)"* • *zu* (1,3) **Bräu·nung** *die*

**braun·ge·brannt** ≈ braun gebrannt

die **Brau·se** (-, -n) ⟨*unter der Brause stehen*⟩ ≈ Dusche

**brau·sen** (*brauste, hat/ist gebraust*) 1 **etwas braust** (*hat*) etwas macht (meist als Folge eigener starker Bewegung) ein gleichmäßiges, intensives Geräusch ⟨*das Meer, die Brandung, der Sturm*⟩ *„brausender Beifall"* 2 **(jemanden) brausen** (*hat*) ≈ duschen *„Sie hat (sich/das Kind) warm gebraust"*

die **Braut** (-, *Bräu·te*) eine Frau am Tag ihrer Hochzeit *„Braut und Bräutigam strahlten glücklich"* K Brautkleid, Brautschleier, Brautstrauß

der **Bräu·ti·gam** (-s, -e) ein Mann am Tag der eigenen Hochzeit

**brav★** [-f] *ADJEKTIV* (*braver/gesprochen bräver* [-v-], *bravst-/gesprochen brävst* [-f-]) 1 den Erwachsenen gehorchend ⟨*ein Kind*⟩ ≈ folgsam *„Wenn du brav bist, bekommst du ein Eis"* 2 *oft abwertend meist attributiv* Pflichten oder Befehle korrekt erfüllend, ohne viel darüber nachzudenken ⟨*ein Mann, ein Bürger, ein Schüler*⟩

die **BRD** [beːǀɛrˈdeː]; (-); *gesprochen* als inoffizielle Abkürzung für die *Bundesrepublik Deutschland* verwendet

der **Brech·durch·fall** eine Erkrankung mit Durchfall und Erbrechen ⓘ medizinische Bezeichnung: *Gastroenteritis*

**bre·chen★** (*bricht, brach, hat/ist gebrochen*) HARTES: 1 **etwas bricht** (*ist*) etwas teilt sich unter äußerem Druck oder durch Gewalt in zwei oder mehrere Stücke *„Am Nachmittag brach der Damm und der Fluss ergoss sich über die Felder"* 2 **etwas brechen** (*hat*) etwas Hartes mit Gewalt in Stücke teilen oder von etwas trennen *„mit einer Stange Steine aus einer Mauer brechen"* 3 **sich** (*Dativ*) **etwas brechen** (*hat*) sich so verletzen, dass ein Knochen in Teile bricht *„Er hat sich beim Skifahren das Bein gebrochen"* BESTEHENDES: 4 **etwas brechen** (*hat*) sich nicht an ein Versprechen, nicht an eine gültige Regelung halten ⟨*ein Gesetz, einen Vertrag, ein Versprechen, den Waffenstillstand brechen*⟩ 5 **einen Rekord brechen** (*hat*) durch eine bessere Leistung bewirken, dass der alte Rekord nicht mehr gilt BEI ÜBELKEIT: 6 **(etwas) brechen** (*hat*) etwas aus dem Magen durch den Mund von sich geben ⟨*Blut, Galle brechen*⟩ ≈ erbrechen *„Ihm war schlecht und er musste brechen"* ID **etwas ist brechend/zum Brechen voll** *gesprochen* ein Lokal, ein Zug o. Ä. ist so voll, dass kein Platz mehr für weitere Personen da ist

der **Brech·reiz** *meist Singular* das Gefühl, sich erbrechen zu müssen ⟨*einen Brechreiz haben*⟩

der **Brei★** (-(e)s, -e); *meist Singular* 1 eine gekochte, dickflüssige Speise aus z. B. Grieß, Haferflocken, Kartoffeln, Reis K Grießbrei, Kartoffelbrei 2 eine zähflüssige Masse ⟨*etwas zu Brei zerstampfen; einen Brei anrühren*⟩ • *hierzu* **brei·ig** *ADJEKTIV*

**breit★** *ADJEKTIV* (*breiter, breitest-*) 1 mit einer relativ großen Ausdehnung von einer Seite zur anderen ⟨*ein Fluss, eine Straße, ein Bett,*

Schultern⟩ ↔ schmal *„Der Schreibtisch ist schön breit"* **2** mit der genannten Ausdehnung an der kürzeren Seite ↔ lang *„Die Küche ist vier Meter lang und drei Meter breit"* **3** mit der genannten Ausdehnung von links nach rechts (im Gegensatz zu von vorn nach hinten) ↔ tief *„Der Schrank ist 1,50 m breit und 40 cm tief"* **4** *meist attributiv* sehr viele Menschen betreffend ⟨*die Öffentlichkeit, die Masse, ein Interesse; eine breit angelegte Untersuchung*⟩

die **Brei·te★** (-, *-n*) **1** (im Vergleich zur Länge oder Höhe) die kleinere horizontale Ausdehnung einer Fläche oder eines Körpers *„Das Volumen eines Würfels berechnet man, indem man die Länge mit der Breite und der Höhe multipliziert"* **2** (im Gegensatz zur Höhe und Tiefe) die horizontale Ausdehnung eines Gegenstandes, den man von vorn sieht *„Das Tor hat eine Breite von nur zwei Metern"* **3** die relativ große Ausdehnung in seitlicher Richtung, zwischen zwei Seiten (im Vergleich mit anderen Objekten oder zur Norm) *„ein Fluss von ungeheurer Breite"* **4** die Entfernung eines Ortes vom Äquator ⟨*nördliche, südliche Breite*⟩ *„Rio de Janeiro liegt auf dem 22. Grad südlicher Breite"*

**brei·ten** (*breitete, hat gebreitet*); *geschrieben* **1 etwas über jemanden/etwas** (*Akkusativ*) **breiten** etwas über Personen, Tiere oder Gegenstände legen und diese so bedecken *„eine Decke über das Sofa breiten"* **2 etwas breitet sich über etwas** (*Akkusativ*) etwas legt sich langsam über etwas *„Der Nebel breitete sich über die Felder"*

der **Brei·ten·grad** die nördliche oder südliche Entfernung (eines gedachten Kreises um die Erde) vom Äquator ↔ Längengrad *„München liegt auf dem 48. Breitengrad"*

**breit·ma·chen** (*machte sich breit, hat sich breitgemacht*) **1 sich (irgendwo) breitmachen** auf dem Sofa, Sessel oder Bett viel Raum für sich brauchen *„Mach dich doch nicht so breit!"* **2 etwas macht sich breit** *abwertend* etwas (Negatives) wird immer beliebter *„Diese Unsitte macht sich immer mehr breit"*

**breit·schla·gen** (*hat*) **jemanden (zu etwas) breitschlagen** *gesprochen* jemanden zu etwas überreden

die **Brem·se★** (-, *-n*) **1** mit der Bremse kann man ein Fahrzeug oder eine Maschine langsamer machen oder anhalten ⟨*die Bremsen quietschen; die Bremse betätigen*⟩ *„Das Unglück geschah, weil die Bremsen versagt haben"* **K** Bremspedal **2** ein Hebel oder Pedal, mit dem man die Bremse benutzt ⟨*(auf) die Bremse drücken, treten*⟩ **K** Handbremse, Notbremse **3** eine große Fliege, die Menschen und Tiere sticht und Blut saugt

**brem·sen★** (*bremste, hat gebremst*) **1 (etwas) bremsen** mithilfe einer Bremse die Geschwindigkeit eines Fahrzeugs reduzieren ⟨*eine Lokomotive, einen Wagen bremsen; kurz, scharf bremsen*⟩ **2 etwas bremsen** etwas so beeinflussen, dass es langsamer wird ⟨*eine Entwicklung bremsen*⟩ • *zu* (1) **Brem·sung** *die*

das **Brems·licht** ein meist rotes Licht am hinteren Ende eines Fahrzeugs, das beim Bremsen aufleuchtet

der **Brems·weg** die Strecke, die ein Fahrzeug benötigt, um beim Bremsen zum Stehen zu kommen

**brenn·bar** ADJEKTIV so, dass es (meist leicht und gut) brennen kann *„feuchtes Holz ist schlecht brennbar"* • *hierzu* **Brenn·bar·keit** *die*

**bren·nen★** (*brannte, hat gebrannt*) FEUER: **1 etwas brennt** etwas produziert Flammen oder Glut (und wird dabei verbraucht) ⟨*ein Feuer, eine Kerze, ein Streichholz, eine Zigarette*⟩ **2 etwas brennt** etwas wird vom Feuer zerstört oder beschädigt *„Die Scheune brennt. Da hat der Blitz eingeschlagen"* **3 etwas brennt (irgendwie)** etwas ist so, dass es von Feuer zerstört werden oder dass es Flammen produzieren kann *„Dürre Äste brennen wie Stroh"* sehr gut HITZE, LICHT: **4 etwas brennt** ein Gerät, das Wärme oder Licht produziert, ist in Betrieb ⟨*der Herd, die Lampe, der Ofen*⟩ *„Er hat in der ganzen Wohnung das Licht brennen lassen"* **5 die Sonne brennt** die Sonne scheint heiß und intensiv SCHMERZEN: **6 etwas brennt** etwas verursacht ein unangenehmes Gefühl oder Schmerzen *„Das Desinfektionsmittel brannte in der Wunde"* **7 etwas brennt** ein Körperteil ist entzündet und schmerzt *„die Augen brennen"* **8 sich brennen** *gesprochen* sich durch etwas Heißes verletzen *„Ich habe mich am Herd gebrannt"* HERSTELLUNG: **9 etwas brennen** ein Produkt herstellen, indem man auf Stoffe große Hitze einwirken lässt ⟨*Porzellan, Ziegel brennen*⟩ **10 etwas brennen** durch Destillation Getränke mit hohem Alkoholgehalt herstellen ⟨*Schnaps, Whisky brennen*⟩ **11 eine CD/eine DVD brennen** Daten

B

auf einer CD oder DVD speichern

die **Brenn·nes·sel** eine Pflanze, deren Blätter feine Haare haben, die (bei Berührung) unangenehm juckende Flecken auf der Haut verursachen

der **Brenn·punkt** 1 ⟨*im Brennpunkt des Geschehens, des öffentlichen Interesses stehen*⟩ ≈ Mittelpunkt 2 der Punkt, in dem sich ursprünglich parallele Strahlen treffen, nachdem ihre Richtung z. B. durch eine Linse verändert wurde ≈ Fokus

der **Brenn·stoff** 1 Brennstoffe sind Materialien, die man verbrennt, um Wärme oder Energie zu erzeugen ⟨*natürlicher, künstlicher Brennstoff*⟩ 2 radioaktives Material, aus dem Atomenergie gewonnen wird

das **Brett★** (-(e)s, -er) 1 ein langes, flaches (und relativ breites) geschnittenes Stück Holz ⟨*ein dickes, dünnes, schmales Brett; Bretter schneiden, sägen*⟩ K Bretterboden, Bretterbude, Bretterwand, Bretterzaun 2 eine Platte (aus Holz oder Pappe), die in Quadrate oder in Linien eingeteilt ist und auf der man Spielfiguren hin und her bewegt, z. B. bei Schach oder Mühle K Brettspiel; Schachbrett 3 **das Schwarze/schwarze Brett** eine Tafel, an der wichtige und aktuelle Informationen angebracht sind

**bret·tern** (*bretterte, ist gebrettert*) **irgendwohin brettern** *gesprochen* schnell fahren „*mit Skiern über die Piste/zu Tal brettern*"

die **Bre·ze** (-, -n); *süddeutsch* ≈ Brezel

die **Bre·zel** (-, -n) ein salziges Stück Gebäck, das ungefähr die Form einer 8 hat

**bricht** *Präsens, 3. Person Singular* → brechen

der **Brief★** (-(e)s, -e) 1 eine persönliche, schriftliche Mitteilung in einem Umschlag, die man an jemanden schickt ⟨*jemandem/an jemanden einen Brief schreiben; einen Brief diktieren, frankieren, einwerfen, per/als Einschreiben schicken, bekommen, öffnen, lesen, beantworten*⟩ K Briefpapier, Briefumschlag 2 **ein offener Brief** ein Brief zu einem politischen Thema, der nicht mit der Post geschickt, sondern in der Presse oder im Internet veröffentlicht wird

der **Brief·kas·ten★** 1 ein Behälter an Straßen, in den man Briefe und Postkarten wirft, damit sie von der Post befördert werden ⟨*einen Brief in den Briefkasten werfen; ein Briefkasten wird geleert*⟩ 2 ein Behälter an Häusern und Wohnungstüren für die Post und Zeitungen, die man bekommt

der **Brief·kopf** der obere Teil eines Briefes mit der Adresse des Absenders und Empfängers

die **Brief·mar·ke★** Briefmarken kauft man von der Post und klebt sie auf Briefe, Pakete usw., bevor man sie abschickt K Briefmarkensammlung

die **Brief·ta·sche★** eine kleine Mappe, in der man Ausweis, Geldscheine usw. mit sich trägt

der **Brief·trä·ger★** eine Person, die beruflich Briefe und Päckchen zu den Empfängern bringt • *hierzu* **Brief·trä·ge·rin** *die*

der **Brief·wech·sel** 1 der Austausch von Briefen zwischen zwei oder mehreren Personen ⟨*mit jemandem in Briefwechsel stehen*⟩ ≈ Korrespondenz 2 alle Briefe, die sich zwei oder mehrere Personen geschrieben haben „*der Briefwechsel zwischen Goethe und Schiller*"

**briet** *Präteritum, 1. und 3. Person Singular* → braten

**bril·lant** [-lˈjant] *ADJEKTIV* sehr gut „*Er hat einen brillanten Vortrag gehalten*" • *hierzu* **Bril·lanz** *die*

der **Bril·lant** [-lˈjant]; (-en, -en) ein sehr wertvoller, geschliffener Diamant (der stark funkelt) K Brillantring ❶ *der Brillant; den, dem, des Brillanten*

die **Bril·le★** (-, -n) geschliffene Gläser, die man in einem Gestell auf der Nase trägt, damit man besser sehen kann ⟨*eine Brille für die Nähe, Ferne; eine Brille brauchen, tragen, aufsetzen, abnehmen, putzen*⟩ K Brillenetui, Brillengestell, Brillenglas; Sonnenbrille

**brin·gen★** (*brachte, hat gebracht*) 1 **etwas irgendwohin bringen; jemandem etwas bringen** bewirken, dass etwas an den genannten Ort oder zu der genannten Person gelangt „*Er hat die Briefe zur Post gebracht*" 2 **jemanden irgendwohin bringen** jemanden (zu Fuß oder mit einem Fahrzeug) irgendwohin begleiten „*Er brachte sie nach dem Kino nach Hause*" 3 **etwas bringt etwas** ein Massenmedium informiert das Publikum oder unterhält es mit etwas „*Das Fernsehen bringt heute Abend einen tollen Film*" 4 **etwas bringt etwas** etwas hat etwas zum Ergebnis „*Das bringt nur Ärger*" 5 **jemanden zu etwas bringen** erreichen, dass jemand etwas tut „*Er konnte mich immer wieder zum Lachen bringen*" 6 **etwas nicht über sich** (*Akkusativ*) **bringen** sich nicht entschließen können, etwas (Unangenehmes) zu tun „*Ich bringe es nicht über mich, ihm die Wahrheit zu sagen*" 7 **jeman-**

**den in Gefahr bringen** (durch eine unvorsichtige Handlung) bewirken, dass jemand in Gefahr gerät 8 **etwas (wieder) in Ordnung bringen** einen Fehler o. Ä., den man selbst oder eine andere Person gemacht hat, korrigieren 9 **jemanden um etwas bringen** einer Person Schaden zufügen, indem man ihr etwas wegnimmt *„Der Dieb hat die alte Frau um ihre Ersparnisse gebracht"* 10 **etwas bringt etwas mit sich** etwas hat etwas zur Folge *„Mein Job bringt es mit sich, dass ich oft im Ausland bin"* ID **Das bringt nichts** *gesprochen* Das führt zu keinem sinnvollen Ergebnis

**bri·sạnt** *ADJEKTIV* (*brisanter, brisantest-*); *geschrieben* ⟨*Themen, Ideen, Pläne*⟩ so, dass sie sehr leicht zu Konflikten führen können • *hierzu* **Bri·sạnz** *die*

die **Bri̱·se** (-, -*n*) ein leichter Wind, vor allem am Meer ⟨*eine leichte, sanfte, frische, steife* (= *starke*) *Brise; eine Brise kommt auf*⟩

**brọ̈·ckeln** (*bröckelte, hat/ist gebröckelt*) 1 **etwas (in etwas** (*Akkusativ*)**) bröckeln** (*hat*) etwas in kleine Stücke zerteilen (und in etwas hineingeben) *„Brot in die Suppe bröckeln"* 2 **etwas bröckelt (von etwas)** (*ist*) etwas zerfällt in kleine Stücke (und fällt von irgendwo herunter) ⟨*Gestein, der Putz*⟩ *„Der Putz bröckelt schon von der Mauer"*

der **Brọ·cken** (-*s*, -) 1 **ein Brocken** (+*Substantiv*) Brocken sind Stücke mit unregelmäßiger Form, in die z. B. ein Stein zerbricht oder die man von einem Brot abreißt 2 **ein harter Brocken** *gesprochen* eine komplizierte und schwierige Aufgabe *„Diese Mathematikaufgabe ist ein harter Brocken"* ID **(nur) ein paar Brocken** ⟨*einer Sprache können, verstehen*⟩ *gesprochen* (nur) wenige Worte (einer Sprache können oder verstehen)

die **Brọm·bee·re** eine schwarze Beere, welche der Himbeere ähnlich sieht und ein bisschen sauer schmeckt

die **Bron·chie** ['brɔnçi̯ə]; (-, -*n*); *meist Plural* die beiden Äste der Luftröhre, die sich in der Lunge in immer kleinere Äste verzweigen

die **Bron·chi̱·tis** (-) eine Entzündung der Bronchien

die **Bron·ze** ['brõːsə]; (-, -*n*) 1 *nur Singular* eine Mischung aus Kupfer und Zinn, die eine gelbbraune Farbe hat 2 eine Statue aus Bronze 3 die Farbe der Bronze *„Das Kleid ist in Bronze gehalten"* 4 *ohne Artikel* eine Medaille aus Bronze, welche der Dritte in einem wichtigen Wettkampf bekommt ⟨*Bronze gewinnen, holen*⟩ K Bronzemedaille

die **Brọ·sche**★ (-, -*n*) ein Schmuckstück für Frauen, das man mit einer Nadel meist an Kleid oder Bluse befestigt *„eine mit Perlen besetzte Brosche"*

die **Bro·schü̱·re** (-, -*n*) ein kleines Heft oder Buch mit Informationen K Informationsbroschüre

der **Brö̱·sel** *süddeutsch* Ⓐ *das*; (-*s*, -); *meist Plural* sehr kleine Stückchen meist von Brot, Brötchen oder Kuchen K Semmelbrösel

**brö̱·seln** (*bröselte, hat gebröselt*) **etwas bröselt** etwas ist so trocken, dass Krümel abfallen ⟨*ein Kuchen, ein Brötchen*⟩

das **Bro̱t**★ (-(*e*)*s*, -*e*) 1 *nur Singular* ein wichtiges Nahrungsmittel, das aus Mehl, Wasser, Salz und Hefe o. Ä. gebacken wird ⟨*ein Laib, eine Scheibe Brot*⟩ K Brotkorb, Brotmesser, Brotrinde; Vollkornbrot, Weißbrot ❶ zu *Brotkorb* → Abbildung, S. 195: **Beim Frühstück** 2 Brot als einzelnes, ganzes Stück, wie es gebacken wird *„Hole bitte zwei Brote vom Bäcker"* 3 eine Scheibe, die vom Brot abgeschnitten wird ⟨*Brote schmieren, streichen*⟩ *„ein Brot mit Wurst und Käse belegen"* K Butterbrot, Käsebrot, Wurstbrot 4 **ein belegtes Brot** ein Scheibe Brot mit Käse oder Wurst, das oft mit einer weiteren Scheibe Brot bedeckt ist ID **das tägliche Brot** a alles, was man jeden Tag zum Essen braucht b das, was jemand jeden Tag erlebt oder aushalten muss *„Kummer und Sorgen waren unser tägliches Brot"*

das **Brö̱t·chen**★ (-*s*, -) Brötchen sind rund oder oval, werden meist aus Weizenmehl gebacken und vor allem zum Frühstück gegessen ⟨*ein frisches, knuspriges, belegtes Brötchen*⟩ K Käsebrötchen, Wurstbrötchen

die **Bro̱t·zeit** *meist Singular; süddeutsch* 1 eine kurze Pause (vor allem während der Arbeit), um etwas zu essen ⟨*Brotzeit machen*⟩ 2 das, was man während der Brotzeit isst ⟨*eine Brotzeit einpacken*⟩

der **Brụch**★; (-(*e*)*s*, *Brü·che*) 1 Bei einem Bruch wird ein Gegenstand unter äußerem Druck in zwei oder mehrere Stücke geteilt ⟨*etwas geht zu Bruch/in die Brüche* (= *etwas bricht*)⟩ 2 *nur Singular* die Missachtung einer mündlichen oder schriftlichen Regelung ⟨*der Bruch eines Vertrages, des Waffenstillstands*⟩ K Vertragsbruch 3 *nur Singular* die Beendigung eines Kontakts, einer privaten oder einer geschäftlichen Beziehung ⟨*der Bruch mit der Vergan-*

B

genheit, mit der Familie〉 *„Es kam zum endgültigen Bruch zwischen den Geschäftspartnern"* **4** der Zustand, dass ein Knochen in zwei oder mehrere Stücke gebrochen ist 〈*ein einfacher, glatter, komplizierter, offener Bruch*〉 **K** Beckenbruch, Beinbruch **5** eine Zahl, die so dargestellt wird, dass eine Zahl über dem Strich (der Zähler) zu teilen ist durch eine Zahl unter dem Strich (den Nenner), z. B. 1/9, 3/4 **K** Bruchrechnen, Bruchstrich, Bruchzahl

**brụ·chig** *ADJEKTIV* so, dass es leicht Risse bekommt und auseinanderbrechen kann 〈*Leder; Mauerwerk*〉

das **Brụch·stück** ein Teil einer Sache, die beschädigt oder zerstört worden ist

die **Brụ̈·cke★** (-, *-n*) **1** **eine Brücke (über etwas** (*Akkusativ*)**)** Brücken baut man über Hindernisse im Weg, wie z. B. über Flüsse, Täler, Eisenbahnlinien 〈*über eine Brücke fahren; eine Brücke passieren*〉 *„Die Brücke spannt sich/führt über den Fluss"* **K** Brückengeländer; Autobahnbrücke, Eisenbahnbrücke **2** etwas, das eine Verbindung zwischen verschiedenen Menschen, Gruppen o. Ä. möglich macht *„Die Musik schafft eine Brücke zwischen den Völkern"* **3** eine besondere Stelle auf einem Schiff, an der der Kapitän und die Offiziere stehen, wenn sie Dienst haben **K** Kommandobrücke **4** ein künstlicher Zahn, der zwischen zwei Zähnen befestigt wird, um eine Zahnlücke auszufüllen

der **Brụ̈·cken·tag** ein einzelner Arbeitstag zwischen einem Feiertag und einem Wochenende, an dem sich viele Arbeitnehmer Urlaub nehmen

der **Bru̲·der★** (-s, *Brü·der*) **1** ein männlicher Verwandter, der dieselben Eltern hat 〈*mein jüngerer, älterer, leiblicher Bruder*〉 ↔ Schwester *„Wie viele Geschwister hast du?" – „Einen Bruder und zwei Schwestern."* **K** Stiefbruder **2** ein Mitglied eines katholischen Ordens ≈ Mönch **K** Klosterbruder ❶ auch als Anrede verwendet: *Bruder Konrad* **3** jemand, mit dem man verbündet ist und der dieselben Interessen hat

**brü̲·der·lich** *ADJEKTIV meist attributiv* **1** typisch für einen (guten) Bruder 〈*Liebe, Verbundenheit*〉 **2** wie ein Bruder 〈*etwas mit jemandem brüderlich teilen*〉 ≈ freundschaftlich • *hierzu* **Brü̲·der·lich·keit** *die*

die **Brü·he** ['bryːə]; (-, *-n*) **1** die Flüssigkeit, die entsteht, wenn man Fleisch, Knochen oder Gemüse in Wasser kocht 〈*eine klare, kräftige, heiße Brühe*〉 **K** Fleischbrühe, Gemüsebrühe **2** *abwertend* schmutziges Wasser

**brü·hen** ['bryːən] (*brühte, hat gebrüht*) **etwas brühen** ein Getränk mit heißem Wasser zubereiten 〈*Kaffee, Tee brühen*〉

**brụ̈l·len** (*brüllte, hat gebrüllt*) **1** **(etwas) brüllen** mit sehr lauter (und meist voller) Stimme sprechen *„Er brüllte: „Pass auf!"* **2** sehr laute Töne (keine Wörter) von sich geben 〈*vor Lachen, Schmerzen brüllen*〉 **3** 〈*ein Löwe, ein Tiger, ein Rind*〉 **brüllt** ein großes Tier mit tiefer Stimme gibt die Laute von sich, die für seine Art typisch sind *„Er brüllte wie ein Löwe"*

**brụm·men** (*brummte, hat gebrummt*) **1** **(etwas) (vor sich** (*Akkusativ*) **hin) brummen** etwas mit tiefer Stimme, undeutlich (und nicht sehr schön) oder falsch singen *„Er brummte ein Lied vor sich hin"* **2** **(etwas) brummen** etwas undeutlich und unfreundlich sagen **3** **etwas brummt** etwas erzeugt tiefe, lang gezogene, monotone Laute 〈*eine Fliege, ein Käfer, ein Bär, ein Motor, ein Flugzeug*〉

**brü·nẹtt** *ADJEKTIV* mit braunen Haaren 〈*eine Frau*〉

der **Brụn·nen★** (-s, -) **1** ein tiefes Loch, das in die Erde gegraben (und oft von einer Mauer umgeben) ist, um daraus Wasser holen zu können 〈*einen Brunnen bohren, graben; Wasser aus dem Brunnen holen*〉 *„Der Brunnen ist versiegt"* Er gibt kein Wasser mehr **K** Brunnenwasser **2** ein künstlerisch gestaltetes Becken meist mit einer Wasserfontäne **K** Springbrunnen

die **Brụst★** (-, *Brüs·te*) **1** *nur Singular* der vordere Teil des Oberkörpers mit den Rippen, der Herz und Lunge enthält **K** Brustmuskel, Brustumfang ❶ → Abbildung, S. 294: **Der Körper** **2** in den Brüsten einer Frau entsteht nach der Geburt eines Kindes Milch **K** Brustkrebs, Brustoperation **3** *nur Singular* beide Brüste einer Frau ≈ Busen **4** **einem Kind die Brust geben** ein Baby an der Brust Milch trinken lassen

**brụ̈s·ten** (*brüstete sich, hat sich gebrüstet*) **sich (mit etwas) brüsten** *abwertend* auf die eigenen Erfolge und Leistungen übermäßig stolz sein und sie überall erzählen

der **Brụst·korb** *meist Singular* der Teil des Skeletts, den die Rippen bilden und der Herz und Lunge schützt *„Beim Einatmen hebt sich der Brustkorb, beim Ausatmen senkt er sich"*

das **Brụst·schwim·men** mit dem Bauch nach unten schwimmen und dabei die Arme im Wasser gleichzeitig nach vorn und anschließend nach außen und hinten bewegen

die **Brụst·ta·sche** eine Tasche an Kleidungsstücken in Höhe der Brust, vor allem bei Jacken für Herren

die **Brust·war·ze** jede der beiden kleinen dunklen Spitzen an der Brust

die **Brut** (-) **1** alle jungen Tiere, die aus Eiern schlüpfen und zu einem Nest o. Ä. gehören ⟨*die Brut von Vögeln, Fischen, Reptilien; die Brut aufziehen*⟩ **2** der Vorgang des Ausbrütens von Eiern *„Der Vogel hat mit der Brut begonnen"* **K** Brutzeit

**bru·tal★** *ADJEKTIV* ohne Rücksicht und mit roher Gewalt ⟨*ein Mensch, ein Verbrechen; jemanden brutal misshandeln*⟩ ≈ grausam • *hierzu* **Bru·ta·li·tät** *die*

**brü·ten** (*brütete, hat gebrütet*) **1** **ein Tier brütet** ein Huhn, ein Vogel o. Ä. sitzt so lange auf befruchteten Eiern, bis die Jungtiere ausschlüpfen *„Du darfst die Enten nicht stören, wenn sie brüten"* **2** **(über etwas** (*Dativ*)**) brüten** *gesprochen* lange und intensiv über ein Problem nachdenken, um eine Lösung zu finden *„über einer Mathematikaufgabe brüten"*

**brut·to★** *ADVERB* **1** zusammen mit der Verpackung ↔ netto *„Das Päckchen Kaffee wiegt ein Kilogramm brutto/brutto ein Kilogramm"* **K** Bruttogewicht **2** (von Löhnen, Gehältern o. Ä.) bevor Steuern oder andere Kosten abgezogen sind ↔ netto *„Sie verdient nur 1.400 Euro brutto im Monat"* **K** Bruttogehalt, Bruttolohn

das **Brut·to|so·zi·al·pro·dukt** der Wert aller Waren und Dienstleistungen, welche die Bevölkerung eines Staates meist während eines Jahres produziert

der **Bub** (*-en, -en*); *süddeutsch* Ⓐ Ⓒⓗ ≈ Junge **K** Bubenstreich ℹ im Nominativ Singular auch mit kurzem Vokal gesprochen • *hierzu* **bu·ben·haft** *ADJEKTIV*

der **Bu·be** (*-n, -n*) eine Spielkarte mit dem Bild eines jungen Mannes ⟨*den Buben ausspielen*⟩ ℹ *der Bube; den, dem, des Buben*

das **Buch★** (*-(e)s, Bü·cher*) **1** ein Buch besteht aus vielen Blättern Papier und einem festen Umschlag ⟨*ein Buch aufschlagen, zuklappen; in einem Buch blättern*⟩ **K** Buchumschlag; Bücherregal; Malbuch, Notizbuch, Tagebuch **2** der Text in einem Buch ⟨*ein spannendes, langweiliges Buch; ein Buch schreiben, drucken, herausgeben, lesen*⟩ **K** Schulbuch, Kochbuch **3** in den Büchern einer Firma werden Einnahmen und Ausgaben notiert und gegenübergestellt ⟨*die Bücher führen*⟩ **4** **über etwas** (*Akkusativ*) **Buch führen** ständig Daten in eine Liste eintragen *„Sie führt gewissenhaft Buch über ihre Einnahmen und Ausgaben"*

die **Bu·che** (*-, -n*) ein großer Laubbaum mit glattem Stamm und kleinen braunen, dreikantigen Früchten (Bucheckern) **K** Buchenwald

**bu·chen★** (*buchte, hat gebucht*) **1** **(etwas (für jemanden)) buchen** (für jemanden) einen Platz für eine Reise, in einem Hotel o. Ä. reservieren lassen ⟨*ein Zimmer, eine Kabine, einen Flug buchen*⟩ *„Buchen Sie für uns bitte einen Flug nach Rio de Janeiro"* **2** **etwas buchen** etwas in einem Buch notieren oder registrieren ⟨*Geld auf ein Konto buchen*⟩ • *hierzu* **Bu·chung** *die*

die **Bü·che·rei★** (*-, -en*) eine meist öffentliche Bibliothek, in der man Bücher ausleihen kann **K** Schulbücherei, Stadtbücherei

die **Buch·füh·rung** ⟨*die Buchführung machen*⟩ ≈ Buchhaltung

der **Buch·hal·ter** eine Person, die (beruflich) die Buchführung für eine Firma macht • *hierzu* **Buch·hal·te·rin** *die*

die **Buch·hal·tung★** **1** *nur Singular* das systematische Notieren und Registrieren der Einnahmen und Ausgaben in einem Betrieb o. Ä. **2** die Abteilung eines Betriebs, in der die Buchhaltung gemacht wird

der **Buch·händ·ler** eine Person, die beruflich (nach einer entsprechenden Ausbildung) Bücher verkauft • *hierzu* **Buch·händ·le·rin** *die*

die **Buch·hand·lung★** ein Geschäft oder Laden, in dem man Bücher kaufen kann

die **Buch·se** ['bʊksə]; (*-, -n*) eine Öffnung an einem Gerät (wie z. B. einem Radio), durch die mithilfe eines Steckers ein weiteres Gerät angeschlossen werden kann **K** Lautsprecherbuchse

die **Büch·se** ['bʏksə]; (*-, -n*) **1** ein ziemlich kleines Gefäß aus Metall mit Deckel ≈ Dose *„Kekse in einer Büchse aufbewahren"* **K** Sparbüchse **2** ein Gefäß aus Metall, in dem Lebensmittel konserviert werden ≈ Dose **K** Büchsenfleisch; Konservenbüchse ℹ → Abbildung, S. 489: **Behälter und Gefäße**

der **Buch·sta·be★** (*-ns, -n*) eines der grafischen Zeichen, aus denen geschriebene Wörter bestehen *„Das Wort „Rad" besteht aus drei Buchstaben"* **K** Großbuchstabe, Kleinbuchstabe

**buch·sta·bie·ren★** (*buchstabierte, hat buchstabiert*) **(etwas) buchstabieren** die Buchstaben eines Wortes in ihrer Reihenfolge einzeln nennen *„Buchstabieren Sie bitte lang-*

*sam und deutlich Ihren Namen!"* • *hierzu* **Buch·sta·bie·rung** *die*

**buch·stäb·lich** *ADVERB* verwendet, um ein Verb oder ein Adjektiv zu verstärken *„Er war buchstäblich blau vor Kälte"*

die **Bucht** (-, *-en*) der Teil eines Meeres oder Sees, der sich in Form eines Bogens ins Land hinein erstreckt [K] Felsenbucht, Meeresbucht

der **Bu·ckel** (-s, -) [1] eine stark nach außen gebogene Stelle am Rücken *„Der alte Mann hat einen Buckel"* [2] *gesprochen* eine kleine Erhebung in einer Ebene ≈ Hügel [3] *gesprochen* eine leicht gewölbte Stelle auf einer ebenen Fläche • *hierzu* **bu·cke·lig**, **buck·lig** *ADJEKTIV*

**bü·cken** (*bückte sich, hat sich gebückt*) **sich bücken** den Oberkörper nach vorn und nach unten bewegen (oft um mit der Hand den Boden zu berühren) *„Er bückte sich, um das Taschentuch aufzuheben"*

der **Bud·dhis·mus** [bʊ'dɪsmʊs]; (-) eine Religion und Philosophie, die von Buddha begründet wurde und vor allem in Südostasien verbreitet ist • *hierzu* **Bud·dhist** *der*; **bud·dhis·tisch** *ADJEKTIV*

die **Bu·de** (-, *-n*) [1] ein kleines Haus (auf dem Jahrmarkt), das meist aus Brettern gebaut ist [K] Würstchenbude [2] *gesprochen* (meist von jungen Leuten verwendet) das Zimmer, in dem man wohnt [K] Studentenbude

das **Bud·get**★ [by'dʒeː]; (-s, -s) [1] das Geld, das jemandem, einer Institution usw. in einem begrenzten Zeitraum für einen besonderen Zweck zur Verfügung steht [K] Haushaltsbudget [2] ein Plan, in dem festgelegt wird, wie viel Geld der Staat (z. B. durch Steuern) einnimmt und wie viel er ausgibt ≈ Etat

der **Buf·di** (-s, -s); *gesprochen* [1] *nur Singular* Kurzwort für *Bundesfreiwilligendienst „Ich mach nach dem Abi erst mal Bufdi"* [2] eine Person, die den Bundesfreiwilligendienst ableistet *„sich als Bufdi engagieren"*

das **Buf·fet** [by'feː]; (-s, -s); Ⓐ Ⓒⓗ ≈ Büffet

das **Büf·fet** [by'feː]; (-s, -s) [1] **ein (kaltes/warmes) Büffet** (vor allem bei Festen) die kalten/warmen Speisen, die auf einem langen Tisch zur Auswahl stehen und die man sich meist selbst nehmen kann [2] ein Tisch in einem Lokal, auf dem Speisen und Getränke zur Auswahl stehen [3] ein niedriger Schrank für Geschirr

der **Bug** (-(e)s, -e) der vordere (spitz zulaufende) Teil eines Schiffes oder Flugzeuges

der **Bü·gel** (-s, -) [1] Kurzwort für *Kleiderbügel „die Kleider auf Bügel hängen"* [2] einer der beiden seitlichen Teile der Brille, die man über die Ohren legt

das **Bü·gel·ei·sen**★ (-s, -) ein elektrisches Gerät, mit dem man durch Hitze Kleidung und andere Dinge aus Stoff glatt macht [K] Dampfbügeleisen

**bü·gel·frei** *ADJEKTIV* so, dass man es (nach dem Waschen) nicht bügeln muss ⟨*ein Hemd*⟩

**bü·geln**★ (*bügelte, hat gebügelt*) **(etwas) bügeln** Kleidungsstücke oder Stoffe mit einem heißen Bügeleisen glatt machen ⟨*eine Hose, eine Bluse bügeln*⟩ [K] Bügelbrett, Bügelwäsche

der **Bug·gy** ['bagi]; (-s, -s) ein Kinderwagen, den man zusammenklappen kann

die **Büh·ne**★ (-, *-n*) [1] die (leicht erhöhte) Fläche in einem Theater, auf der die Schauspieler zu sehen sind ⟨*eine drehbare, versenkbare Bühne; auf die Bühne treten*⟩ [K] Bühnenbeleuchtung, Bühnenvorhang [2] *geschrieben* ⟨*ein Stück auf die Bühne bringen*⟩ ≈ Theater *„Das Stück wurde an allen größeren Bühnen gespielt"*

die **Bu·let·te** (-, *-n*); *norddeutsch* ≈ Frikadelle

die **Bull·dog·ge** ein relativ kleiner, dicker Hund mit sehr flacher, kurzer Schnauze

der **Bu·me·rang**, **Bu·me·rang**; (-s, *-e*/*-s*) ein gebogenes Stück Holz, das wieder zurückkommt, wenn man es wirft. Die Ureinwohner Australiens verwenden den Bumerang zur Jagd ⟨*einen Bumerang werfen, schleudern*⟩

der **Bum·mel** (-s, -) ein Spaziergang ohne konkretes Ziel *„einen Bummel durch die Geschäftsstraßen machen"* [K] Einkaufsbummel, Stadtbummel

**bum·meln** (*bummelte, hat/ist gebummelt*) [1] (*ist*) ohne Eile und ohne konkretes Ziel spazieren gehen *„durch die Stadt bummeln"* [2] *gesprochen, abwertend* (*hat*) die Arbeit sehr langsam (und planlos) machen *„Er bummelt heute schon den ganzen Tag"* • *hierzu* **Bumm·ler** *der*; **Bumm·le·rin** *die*

der **Bund**★ (-(e)s, *Bün·de*) [1] eine organisierte Verbindung von zwei oder mehreren Partnern ⟨*sich zu einem Bund zusammenschließen; einem Bund beitreten, angehören*⟩ ≈ Vereinigung [K] Ärztebund [2] (in einem Staat wie Deutschland oder Österreich) der gesamte Staat im Gegensatz zu den einzelnen Bundesländern *„Bund und Länder"* [K] Bundeshauptstadt, Bundesregierung [3] Ⓓ *gesprochen* Kurzwort für *Bundeswehr* [4] ein fester Stoffstreifen, der einen Rock oder eine Hose an der Taille abschließt

„den Rock am Bund enger machen" **5** ein Bündel aus Pflanzen(teilen) meist von Blumen, Kräutern oder Gemüse ⟨*ein Bund Petersilie, Radieschen*⟩

das **Bụ̈n·del** (-s, -) einzelne gleiche oder unterschiedliche Dinge, die zu einem Ganzen zusammengenommen oder zusammengebunden werden ⟨*ein Bündel Stroh, Briefe; etwas zu einem Bündel zusammenschnüren*⟩

die **Bụn·des·bank** Ⓓ **(Deutsche) Bundesbank** die Bank, die in der Bundesrepublik Deutschland neues Geld in Umlauf bringt

der **Bun·des·frei·wil·li·gen·dienst** Ⓓ die Möglichkeit, sich meist für die Dauer eines Jahres freiwillig in sozialen, ökologischen oder kulturellen Projekten zu engagieren (die in Deutschland nach Abschaffung der Wehrpflicht und des Zivildienstes 2011 eingeführt wurde)

der **Bun·des|ge·rịchts·hof** Ⓓ das oberste Gericht der Bundesrepublik Deutschland für Straf- und Zivilprozesse ❶ Abkürzung: *BGH*

der **Bụn·des·kanz·ler★** **1** Ⓐ Ⓓ der Chef der Bundesregierung **2** Ⓒⓗ der Leiter der Kanzlei des Bundesrats, die dem Bundespräsidenten unterstellt ist • *hierzu* **Bụn·des·kanz·le·rin** *die*

das **Bụn·des·land★** Ⓓ Ⓐ ein Land, das zusammen mit anderen einen Bundesstaat bildet

die **Bụn·des·li·ga★** Ⓓ die höchste Spielklasse in einer Sportart ⟨*in die Bundesliga aufsteigen; aus der Bundesliga absteigen*⟩ **K** Eishockeybundesliga, Fußballbundesliga

der **Bụn·des·prä·si·dent** **1** Ⓓ Ⓐ das Staatsoberhaupt, das vor allem repräsentative Funktionen zu erfüllen hat **2** Ⓒⓗ der Regierungschef der Schweiz (= der Vorsitzende des Bundesrates) • *hierzu* **Bụn·des·prä·si·den·tin** *die*

der **Bụn·des·rat★** **1** Ⓓ Ⓐ *nur Singular* eine Art Parlament, das nicht direkt gewählt wird, sondern sich aus Vertretern der einzelnen Bundesländer zusammensetzt. Der Bundesrat wirkt bei manchen Aufgaben des Bundestags/Nationalrats mit **2** Ⓒⓗ *nur Singular* die Regierung der Schweiz **3** Ⓐ Ⓒⓗ ein Mitglied des Bundesrats • *zu* (3) **Bụn·des·rä·tin** *die*

die **Bụn·des·re·pub·lik★** *nur Singular* **1** Kurzwort für *Bundesrepublik Deutschland* **2** ein Bundesstaat

der **Bụn·des·staat★** **1** ein Staat, der aus mehreren Ländern besteht **2** ein Land als Teil des Bundes

die **Bụn·des·stra·ße★** Ⓓ Ⓐ eine relativ breite Straße, die größere Teile des Landes verbindet

der **Bụn·des·tag★** *nur Singular;* Ⓓ das direkt gewählte Parlament in der Bundesrepublik Deutschland **K** Bundestagsabgeordnete(r), Bundestagsfraktion, Bundestagsmitglied ❶ → auch **Bundesrat**

das **Bun·des|ver·fạs·sungs·ge·richt** Ⓓ das höchste Gericht bei Fragen der Verfassung, des Grundgesetzes

die **Bụn·des·wehr★** (-); Ⓓ die Armee der Bundesrepublik Deutschland *„Auslandseinsätze der Bundeswehr"* **K** Bundeswehrsoldat

**bụn·des·weit** *ADJEKTIV meist attributiv* im gesamten Staatsgebiet der Bundesrepublik Deutschland *„ein Gesetz mit bundesweiter Gültigkeit"*

**bụ̈n·dig** *ADJEKTIV* **1** genau auf einer Linie abschließend ⟨*etwas schließt bündig ab*⟩ **2** **(kurz und) bündig** kurz und treffend

das **Bụ̈nd·nis★** (-ses, -se) **ein Bündnis (mit jemandem)** ein Zusammenschluss von Partnern (meist von Staaten), der auf einem Vertrag basiert und der oft den Zweck hat, dass man sich gegenseitig hilft ⟨*ein Bündnis eingehen, schließen*⟩ **K** Bündnispartner

der **Bun·ga·low** ['bʊŋgalo]; (-s, -s) ein meist großes Haus mit nur einer Etage, in dem Leute wohnen **K** Ferienbungalow

**bụnt★** *ADJEKTIV* (*bunter, buntest-*) **1** mit mehreren verschiedenen (leuchtenden) Farben ⟨*ein Bild, ein Blumenstrauß, ein Kleid*⟩ ≈ farbig **K** Buntspecht **2** *nur attributiv* mit gemischtem Inhalt ⟨*ein Abend, ein Programm*⟩

der **Bụnt·stift★** ein Zeichen- oder Malstift mit einer farbigen Mine

die **Bụ̈r·de** (-, -n); *meist Singular; geschrieben* **1** etwas relativ Schweres, das auf einem anderen Gegenstand liegt oder lastet ≈ Last **2** etwas, das jemandem große Probleme und Kummer bereitet ⟨*eine Bürde tragen; jemandem eine Bürde auferlegen, abnehmen*⟩ *„die Bürde des Alters"*

die **Bụrg★** (-, -en) früher wohnten Herrscher in Burgen mit dicken Mauern, um sich vor Feinden zu schützen *„die Burgen des Rheintals"* **K** Burggraben, Burgruine, Burgvogt; Ritterburg ❶ nicht verwechseln: *Schlösser* sind prunkvoll und *Burgen* dienen dem Schutz vor Feinden

**bụ̈r·gen** (*bürgte, hat gebürgt*) **1** **für etwas bürgen** dafür garantieren, dass die Qualität einer Sache gut ist *„Das Markenzeichen bürgt*

B

*für Qualität"* **2** **für jemanden bürgen** für jemanden Bürge sein

der **Bụr·ger**★ (-s, -) **1** eine Person mit der Staatsbürgerschaft eines Landes *„die Rechte und Pflichten der Bürger"* **K** Bürgerpflicht; Staatsbürger **2** ein Einwohner einer Stadt oder Gemeinde, ein Mitglied der Gesellschaft ⟨*ein braver, biederer Bürger*⟩ • *hierzu* **Bụr·ge·rin** *die*

das **Bụr·ger·be·geh·ren** die Forderung von Bürgern, dass eine wichtige Angelegenheit (in der Gemeinde) entschieden werden muss. Dies geschieht meist in Form einer Unterschriftensammlung

der **Bụr·ger·ent·scheid** die Entscheidung über eine wichtige politische Frage durch die Bürger auf lokaler Ebene

die **Bụr·ger·ini·ti·a·ti·ve**★ eine Gruppe von Bürgern, die versucht, die Aufmerksamkeit der Öffentlichkeit auf solche Probleme zu lenken, die von der Regierung oder der Gemeinde nicht oder nur schlecht gelöst wurden ⟨*eine Bürgerinitiative gründen*⟩

der **Bụr·ger·krieg** ein bewaffneter Kampf zwischen verschiedenen gesellschaftlichen oder politischen Gruppen innerhalb eines Staates • *hierzu* **bụr·ger·kriegs·ähn·lich** *ADJEKTIV*

**bụr·ger·lich** *ADJEKTIV meist attributiv* **1** den Bürger betreffend ⟨*die Rechte, die Pflichten*⟩ **2** den gesellschaftlichen Normen entsprechend ⟨*eine Ehe, ein Leben, eine Partei*⟩ **3** → Recht

der **Bụr·ger·meis·ter**, **Bür·ger·meis·ter**★ der oberste Repräsentant einer Stadt oder Gemeinde • *hierzu* **Bụr·ger·meis·te·rin**, **Bür·ger·meis·te·rin** *die*

**bụr·ger·nah** *ADJEKTIV* so, dass die Probleme und Bedürfnisse der Bürger berücksichtigt werden ⟨*Politik*⟩

der **Bụr·ger·steig**★ (in Städten) ein besonderer, meist erhöhter Weg für Fußgänger an der Seite einer Straße ⟨*den Bürgersteig benutzen; auf dem Bürgersteig bleiben*⟩ ≈ Gehsteig, Gehweg

das **Bụr·ger·tum** (-s) die Bürger *„das aufstrebende Bürgertum des 18. Jahrhunderts"*

die **Bụrg·schaft** (-, -en) eine Summe Geld, mit der eine Person für jemanden bürgt ⟨*eine hohe Bürgschaft übernehmen*⟩

das **Bü·ro**★ (-s, -s) in Büros werden die schriftlichen Arbeiten, die Verwaltung und Organisation von Firmen und Institutionen erledigt ⟨*ins Büro gehen*⟩ **K** Büroarbeit, Bürogebäude

der **Bü·ro|kauf·mann** eine Person, die beruflich in einem Büro kaufmännische Tätigkeiten erledigt • *hierzu* **Bü·rokauf·frau** *die*

die **Bü·ro·klam·mer** eine Klammer aus gebogenem Draht, mit der man Blätter zusammenheftet

die **Bü·ro·kra·tie** (-, -n [-'ti:ən]); *meist Singular; oft abwertend* alle Institutionen und Organe der Verwaltung • *hierzu* **bü·ro·kra·tisch** *ADJEKTIV*; **Bü·ro·krat** *der*

der **Bụr·sche** (-n, -n) ein junger Mann (im Alter zwischen ca. 14 und 20 Jahren) ⟨*ein fescher, toller Bursche*⟩

die **Bụrs·te**★ (-, -n) mit einer Bürste (und deren Borsten) pflegt man etwas und macht es sauber **K** Haarbürste, Kleiderbürste, Zahnbürste

**bụrs·ten** (*bürstete, hat gebürstet*) **1** **etwas (von etwas) bürsten** etwas mit einer Bürste entfernen ⟨*Staub, Schmutz von den Kleidern, Schuhen bürsten*⟩ **2** **etwas bürsten** etwas mit einer Bürste behandeln und somit pflegen oder säubern ⟨*das Haar, die Zähne, die Haut bürsten*⟩

der **Bụs**★ (-ses, -se) ein langes und großes Auto mit vielen Sitzplätzen, in dem Fahrgäste befördert werden ≈ Omnibus *„mit dem Bus nach Neapel fahren"* **K** Busfahrer, Bushaltestelle, Buslinie; Fernbus, Reisebus, Schulbus

der **Bụsch**★ (-(e)s, Bü·sche) **1** eine Pflanze ohne Stamm mit vielen Ästen aus Holz ≈ Strauch **K** Holunderbusch **2** *nur Singular* eine trockene Zone vor allem in Afrika und Australien, in der meist nur niedrige Büsche wachsen

das **Bụ̈·schel** (-s, -) einzelne, meist länglich gewachsene Teile, die zusammengebunden oder zusammengefasst werden ⟨*ein Büschel Gras, Heu, Haare, Federn*⟩

**bụ·schig** *ADJEKTIV* mit vielen, dicht gewachsenen Haaren ⟨*die Augenbrauen*⟩ *„der buschige Schwanz des Fuchses"*

der **Bu·sen** (-s, -) *meist Singular* beide Brüste der Frau ❶ → Abbildung, S. 294: **Der Körper**

die **Bu·ße** (-, -n) **1** *nur Singular* ein Verhalten, durch das eine Person (meist aus religiösen Gründen) zeigt, dass es ihr leid tut, Fehler oder Sünden begangen zu haben ⟨*Buße tun*⟩ ≈ Reue **2** eine kleine Summe Geld, die man als Strafe zahlen muss

**bü·ßen** (*büßte, hat gebüßt*) **1** **etwas (mit etwas) büßen (müssen)** die negativen Folgen eines großen Fehlers, den man gemacht hat, (als Strafe) ertragen (müssen) *„Sie musste ihre Unvorsichtigkeit im Straßenverkehr mit dem Leben büßen"* ❶ kein Passiv **2** **für etwas bü-**

**ßen (müssen)** die negativen Folgen eines Fehlers ertragen müssen *„Er musste für seinen Leichtsinn büßen"*

der **Buß- und Bet·tag** ein Feiertag (der evangelischen Kirche) an einem Mittwoch im November, an dem die Gläubigen über ihr Leben nachdenken sollen

der **Büs·ten·hal·ter**, **Büs·ten·hal·ter** ein Wäschestück für Frauen, welches die Brüste stützt oder formt ❶ Abkürzung: *BH*

die **But·ter**★ (-) ein Fett, das man aus Milch macht und aufs Brot streicht oder zum Kochen und Backen verwendet K Butterdose, Buttermesser ❶ → Abbildung, S. 195: **Beim Frühstück** ID **(Es ist) alles in Butter** *gesprochen* (Es ist) alles in Ordnung

die **But·ter·milch** eine Art säuerliche Milch mit wenig Fett, die bei der Herstellung von Butter übrig bleibt

**b.w.** Abkürzung für *bitte wenden* → wenden

der **By·pass** ['baipas]; (-(*es*), *By·päs·se*) wenn die Adern rund ums Herz verstopft sind, kann der Arzt Bypässe legen, damit das Blut wieder fließen kann ⟨*jemandem einen Bypass legen*; *einen Bypass bekommen*⟩ K Bypassoperation

das **Byte** [bait]; (-(*s*), -(*s*)) eine Maßeinheit für Datenmengen beim elektronischen Rechnen *„ein Byte hat acht Bit"* K Kilobyte, Megabyte, Gigabyte

**bzw.** Abkürzung für *beziehungsweise*

# C

das **C**, **c** [tseː]; (-, -/*gesprochen auch* -*s*) **1** der dritte Buchstabe des Alphabets ⟨*ein großes C*; *ein kleines c*⟩ **2** der erste Ton der C-Dur-Tonleiter ⟨*das hohe, tiefe C*⟩ K C-Dur, c-Moll

**ca.** ['tsɪrka] Abkürzung für *circa*

das **Cab·rio** [k-]; (-*s*, -*s*) Kurzwort für *Cabriolet*

das **Cab·ri·o·let** [kabrio'leː]; (-*s*, -*s*) ein Auto, bei dem man das Dach nach hinten klappen kann ↔ Limousine

das **Ca·fé**★ [ka'feː]; (-*s*, -*s*) eine Gaststätte, in der man Kaffee trinken und Kuchen essen kann K Gartencafé, Straßencafé ❶ → Abbildung, S. 929: **In der Stadt**

die **Ca·fe·te·ria** [kafetə'riːa]; (-, -*s*) ein Restaurant, in dem man sich Speisen und Getränke meist selbst holt

der **Ca·mem·bert** ['kaməmbeːɐ̯]; (-*s*, -*s*) ein weicher, weißlicher Käse mit einer dünnen Schicht Schimmel

**cam·pen**★ ['kɛmpn̩] (*campte*, *hat gecampt*) **(irgendwo) campen** eine kürzere Zeit während des Urlaubs in einem Zelt oder Wohnwagen wohnen *„Wir campen am Seeufer"*

das **Cam·ping**★ ['kɛmpɪŋ]; (-*s*) der Aufenthalt im Zelt oder Wohnwagen während des Urlaubs K Campingausrüstung, Campingplatz, Campingurlaub

die **CD**★ [tseː'deː]; (-, -*s*) Compact Disc eine runde Scheibe aus Kunststoff, auf der Daten (Texte, Bilder, Musik) gespeichert sind

der **CD-Play·er**★ [tseː'deːpleːjɐ]; (-*s*, -) ein elektronisches Gerät, mit dem man CDs abspielen kann

die **CD-ROM**★ [tsede'rɔm]; (-, -(*s*)) eine CD mit Daten, die ein Computer lesen, aber nicht verändern kann *„ein Programm auf CD-ROM"*

der **CD-Spie·ler** [tseː'deː-] ≈ CD-Player

das **Cel·lo** ['tʃɛlo]; (-*s*, *Cel·li*) ein großes Instrument mit tiefem Klang, das wie eine große Geige aussieht und das man beim Spielen zwischen den Knien hält ⟨*Cello spielen*⟩

**Cel·si·us** ['tsɛlzi̯ʊs] verwendet als Bezeichnung für eine Skala, mit welcher die Temperatur gemessen wird *„Wasser kocht bei hundert Grad Celsius"* 100 °C ❶ Abkürzung: C

der **Cent**★ (-(*s*), -(*s*)) **1** [tsɛnt] die kleinste Einheit der europäischen Währung *„Ein Euro hat 100 Cent"* ❶ Der Plural lautet *Cents*, wenn man von einzelnen Münzen spricht und *Cent*, wenn man von der Summe spricht. Abkürzung nach Zahlen: *c.* oder *ct.* **2** [sɛnt] die kleinste Einheit der amerikanischen Währung *„Ein Dollar hat 100 Cent"* ❶ Abkürzung nach Zahlen: ¢

**CH** [tseː'haː] Confoederatio Helvetica verwendet als Bezeichnung für die Schweiz (meist bei Adressen und Kraftfahrzeugen)

der **Cham·pag·ner** [ʃam'panjɐ]; (-*s*, -) ein Sekt, der in der Champagne (Frankreich) hergestellt wird

der **Cham·pig·non** ['ʃampɪnjɔŋ]; (-*s*, -*s*) ein essbarer, meist weißer Pilz, der z. B. auf Wiesen wächst oder gezüchtet wird K Wiesenchampignon, Zuchtchampignon

die **Chan·ce**★ ['ʃãːsə, ʃãːs]; (-, -*n*) **eine Chance (auf etwas** (*Akkusativ*)**)** eine günstige Gelegenheit, die Möglichkeit oder die Wahrscheinlichkeit, etwas zu erreichen ⟨*eine Chance verpassen, wahrnehmen*; *sich* (*Dativ*) *eine gute*

C

*Chance bei etwas ausrechnen〉 „Du hast gute Chancen, im Beruf weiterzukommen" | „Sein Plan hatte nicht die geringste Chance auf Erfolg"* • *hierzu* **chan·cen·los** *ADJEKTIV;* **chan·cen·reich** *ADJEKTIV*

das **Cha·os★** ['ka:ɔs]; (-) ein sehr großes Durcheinander (oft verbunden mit Zerstörung) *„Nach dem Sturm herrschte in der Stadt das reinste Chaos" | „Was habt ihr hier wieder für ein Chaos angerichtet?"*

der **Cha·ot** [ka'o:t]; (*-en, -en*); *abwertend* **1** eine Person mit radikalen politischen Zielen, für die sie auch mit gewaltsamen Aktionen kämpft **2** *gesprochen* eine Person, die ohne Ordnung und Plan denkt und handelt ℹ *der Chaot; den, dem, des Chaoten* • *hierzu* **Cha·o·tin** *die*

**cha·o·tisch** [ka'o:tɪʃ] *ADJEKTIV* **1** gekennzeichnet durch großes Durcheinander und Zerstörung 〈*Zeiten, Verhältnisse*〉 **2** in völlig ungeordnetem Zustand *„Die Versammlung verlief ziemlich chaotisch"*

der **Cha·rak·ter★** [ka-]; (*-s, Cha·rak·te·re*) **1** alle Eigenschaften, die das Verhalten (eines Menschen, eines Tieres, einer Gruppe) bestimmen und somit von anderen unterscheiden ≈ Wesen *„Was hat der nur für einen fiesen Charakter!"* **K** Charaktereigenschaft **2** ein besonderes Merkmal einer Sache *„eine Landschaft von südländischem Charakter"*

**cha·rak·te·ri·sie·ren** [ka-] (*charakterisierte, hat charakterisiert*) **jemanden/etwas (irgendwie) charakterisieren** die Eigenart oder das Wesen einer Person oder Sache beschreiben 〈*jemanden/etwas kurz, treffend charakterisieren*〉 *„eine Romanfigur charakterisieren"* • *hierzu* **Cha·rak·te·ri·sie·rung** *die*

**cha·rak·te·ris·tisch** [ka-] *ADJEKTIV* **charakteristisch (für jemanden/etwas)** 〈*eine Eigenschaft, ein Merkmal*〉 ≈ typisch *„Dieses Verhalten ist höchst charakteristisch für ihn"*

**char·mant** [ʃar'mant] *ADJEKTIV* voll Charme 〈*eine Dame, ein Herr*〉

der **Charme★** [ʃarm]; (*-s*) die sympathische Art, die eine Person oder Sache attraktiv macht 〈*bezaubernder, unwiderstehlicher Charme*〉 *„Er ließ seinen Charme spielen, um mich zu überreden"* Er benutzte seinen Charme dazu

**char·tern** ['tʃa-] (*charterte, hat gechartert*) **etwas chartern** ein Flugzeug, Schiff für eine Reise mieten **K** Charterflug, Charterflugzeug

der **Chat** [tʃɛt]; (*-s, -s*) eine Unterhaltung im Internet, bei der zwei oder mehr Personen miteinander sprechen oder abwechselnd kurze Sätze schreiben *„Sie hat ihn im Internet im Chat kennengelernt"* • *hierzu* **chat·ten**

## Beim Frühstück

| | | | |
|---|---|---|---|
| 1 | **das Tablett** | 20 | **die Marmelade, die Konfitüre** |
| 2 | **der Brotkorb** | 21 | **der Camembert** |
| 3 | **das Brötchen, die Semmel** | 22 | **der Käse** |
| 4 | **der Teller** | 23 | **der Obstsalat** |
| 5 | **die Untertasse** | 24 | **die Kaffeemaschine** |
| 6 | **die Tasse** | 25 | **frühstücken** |
| 7 | **der Kaffee** | 26 | **die Teekanne** |
| 8 | **der Löffel** | 27 | **der Salzstreuer** |
| 9 | **das Müsli** | 28 | **der Tee** |
| 10 | **die Schüssel** | 29 | **der Kaffeelöffel** |
| 11 | **das Hörnchen** | 30 | **(be)streichen, schmieren** |
| 12 | **der Toast, das Toastbrot** | 31 | **die Scheibe Brot** |
| 13 | **der Toaster** | 32 | **das Brot, der Laib Brot** |
| 14 | **das (hart gekochte) Ei, das Frühstücksei** | 33 | **der Kakao** |
| 15 | **die Milch** | 34 | **die Gabel** |
| 16 | **die Cornflakes** *Plural* | 35 | **das Messer** |
| 17 | **der Honig** | 36 | **der Eierbecher** |
| 18 | **der Aufschnitt** | 37 | **die Zuckerdose** |
| 19 | **der Joghurt** | 38 | **der Orangensaft** |
| | | 39 | **die Butter** |

- Erstelle eine Liste mit allen Lebensmitteln, die im dritten Bild zu sehen sind.
- Schreibe Sprechblasen für die beiden Männer im zweiten Bild.
- Erzähle deinem Partner / deiner Partnerin, was du heute morgen gefrühstückt hast.
- Beschreibe das erste Bild so genau wie möglich und benutze dafür mindestens fünf Wörter aus der Liste.

der **Chauf·feur** [ʃɔ'fø:ɐ̯]; (*-s, -e*) eine Person, die beruflich für andere Personen Auto fährt **K** Taxichauffeur • *hierzu* **Chauf·feu·rin** *die*

**che·cken** ['tʃɛkn̩] (*checkte, hat gecheckt*) **1** **jemanden/etwas checken** jemanden/etwas überprüfen oder kontrollieren 〈*Fahrzeuge, Ausweise, Listen checken*〉 **2** **etwas checken** *gesprochen* ≈ begreifen *„Hast du das jetzt erst gecheckt?"*

der **Chef★** [ʃɛf]; (*-s, -s*) **1** ein Mann, der eine Gruppe von Mitarbeitern leitet 〈*der Chef der*

1
2
3
4
5
6
7
8
9
10
11
12
13
14
15
16
17
18
19
20
21
22
23
24
25
26
27
28
29
30
31
32
33
34
35
36
37
38
39

Sommeraktion!
Jeden Samstag ab 16.00 Uhr
50% Rabatt auf alles!
AKTION
KOPFSALAT
STÜCK 1 €
1
2
3
4
SPARGEL
12,99 € / Kg
BLUMENKOHL
STÜCK 1,80 €
LAUCH
2,49 € / Kg
GURKEN
STÜCK 1,50 €
5
FRISCHER
KNOBLAUCH
STÜCK 1 €
ZWIEBELN
2,69 € / Kg
SELLERIE
3,99 € / Kg
8
7
9
6
KAROTTEN
1,50 € / BUND

frisch
ZUCCHINI
2,49 € / Kg
10
11
12
BROKKOLI
4,90 € / kg
13
TOMATEN
4,99 € / Kg
PAPRIKA
6,49 € / kg
15
KARTOFFELN
2,50 € / Kg
14
16
AUBERGINEN
4,99 € / Kg

17
18
BIRNEN
4,79 € / Kg
19
WEINTRAUBEN
20
21
PFLAUMEN
2,95 € / Kg
22
PFIRSICHE
5,29 € / Kg
23
ORANGEN
4,49 € / Kg
24
ÄPFEL
2,99 € / Kg

27
KIRSCHEN
APRIKOSEN
2,39 € / 500 gr.
25
26
ZITRONEN
STÜCK 1 €
HONIGMELONE
STÜCK 3,69 €
28
30
KIWIS
STÜCK 0,40 €
29
31
ERDBEEREN
2,80 € / 500 gr.

C

## Obst und Gemüse

| | | | |
|---|---|---|---|
| 1 | der Kopfsalat | 16 | der Paprika |
| 2 | der Blumenkohl | 17 | die Banane |
| 3 | der Lauch | 18 | die Ananas |
| 4 | der Spargel | 19 | die Birne |
| 5 | der Knoblauch | 20 | die (Wein-) Traube |
| 6 | die Zwiebel | | |
| 7 | der/die Sellerie | 21 | der Pfirsich |
| 8 | die Karotte | 22 | die Pflaume |
| 9 | die Gurke | 23 | der Apfel |
| 10 | die Zucchini | 24 | die Orange |
| 11 | die Tomate, Ⓐ der Paradeiser | 25 | die Aprikose, Ⓐ die Marille |
| 12 | der Feldsalat, Ⓐ der Vogerlsalat | 26 | die Kirsche |
| | | 27 | die Wassermelone |
| 13 | der Brokkoli | 28 | die Zitrone |
| 14 | die Kartoffel, Ⓐ der Erdapfel | 29 | die Kiwi |
| | | 30 | die Honigmelone |
| 15 | die Aubergine | 31 | die Erdbeere |

■ Erstelle eine Liste mit „Obst" und eine mit „Gemüse".
■ Spielt die Szene zu zweit: Du möchtest die Zutaten für einen Obstsalat kaufen. Eine Person spielt den Verkäufer / die Verkäuferin, die andere Person spielt den Käufer / die Käuferin.
■ Welches Obst und welches Gemüse isst du am liebsten? Tausche dich mit deinem Partner / deiner Partnerin aus.

*Firma, des Betriebs, des Unternehmens, des Konzerns⟩ „einen strengen Chef haben"* **K** Firmenchef **2** Kurzwort für *Chefkoch* bzw. *Küchenchef*

**Chef-** ['ʃɛf] *im Substantiv, betont, begrenzt produktiv* **1** **der Chefarzt, der Chefingenieur, der Chefkoch, der Chefpilot, der Chefredakteur** *und andere* eine Person, die eine Gruppe von Menschen mit dem gleichen Beruf leitet **2** **der Chefdesigner, der Chefideologe, der Cheftheoretiker** *und andere* eine Person, die auf einem Gebiet maßgebend ist

die **Che·mie★** [çe-, ke-]; (-) **1** die Wissenschaft, die sich mit den Eigenschaften und dem Verhalten der Grundstoffe und ihrer Verbindungen beschäftigt *⟨die anorganische, organische, physikalische Chemie⟩ „Er studiert Chemie"* **K** Chemiefaser, Chemielaborant, Chemiestudent **2** ein Fach in der Schule, in welchem Chemie gelehrt wird

die **Che·mi·ka·lie** [çemi'kaːli̯ə, ke-]; (-, -n); *meist Plural* industriell hergestellte chemische Stoffe *⟨mit gefährlichen, giftigen Chemikalien arbeiten⟩*

**che·misch★** ['çeː-, 'keː-] *ADJEKTIV meist attributiv* **1** die Chemie betreffend, auf ihren Grundlagen beruhend *⟨ein Experiment, die Industrie⟩* **2** so, wie es die Chemie beschreibt **3** mit Chemikalien *⟨Düngung; etwas chemisch reinigen⟩*

die **Che·mo·the·ra·pie** [çeː-, keː-]; *meist Singular* die Behandlung von Krebs mit chemischen Mitteln

das **-chen★** [-ç-]; (-s, -); *im Substantiv, unbetont, sehr produktiv* **Bäumchen, Bildchen, Häuschen, Hündchen, Pferdchen, Tännchen** *und andere* verwendet, um zu sagen, dass die genannte Sache klein (und niedlich) ist ❶ a) ohne die ursprüngliche Endung und oft mit Umlaut: *Gärtchen*; b) bei Substantiven auf *-ch* wird *-lein* verwendet: *Bächlein, Büchlein*

**chic★** [ʃɪk] *ADJEKTIV meist prädikativ oder adverbiell* → schick • *hierzu* **Chic** *der*

die **Chiff·re** ['ʃɪfrə, 'ʃɪfe]; (-, -n) eine Nummer, unter der man Zeitungsanzeigen aufgibt, wenn man die Telefonnummer o. Ä. nicht nennen will *„Das Inserat erscheint unter der Chiffre 923"* **K** Chiffrenummer

**chi·ne·sisch** [çi-, ki-] *ADJEKTIV* in Bezug auf China, seine Bewohner oder deren Sprache

der **Chip** [tʃɪp]; (-s, -s) **1** auf Chips werden die Informationen in einem Computer usw. gespeichert **K** Mikrochip **2** runde Chips aus Pastik verwendet man beim Roulette usw. anstelle von Geld **3** *meist Plural* Tüten mit knusprigen Chips aus Kartoffeln kauft man im Supermarkt **K** Kartoffelchips

der **Chi·rurg** [çi-, ki-]; (-en, -en) ein Arzt mit einer speziellen Ausbildung für Operationen ❶ *der Chirurg; den, dem, des Chirurgen* • *hierzu* **Chi·rur·gin** [çi-, ki-] *die*; **chi·rur·gisch** *ADJEKTIV*

die **Chi·rur·gie** [çi-, ki-]; (-) das Gebiet der Medizin, das sich mit Operationen beschäftigt *„ein Facharzt für Chirurgie"*

das **Chlor** [kloːɐ̯]; (-s) ein chemisches Element, das als Gas gelbgrün und giftig ist ❶ chemisches Zeichen: *Cl*

die **Cho·le·ra** ['koː-]; (-) eine schwere, ansteckende Krankheit, die den Magen und den Darm angreift *⟨an Cholera erkranken, sterben⟩* **K**

Choleraepidemie

der **Chor★** [koːɐ̯]; (-(e)s, *Chö·re*) **1** eine Gruppe von Personen, die gemeinsam singen ⟨*ein gemischter Chor; einen Chor leiten*⟩ **K** Chorleiter, Chorprobe; Kinderchor; Kirchenchor, Schulchor **2** ein gemeinsames Rufen oder Sprechen mehrerer Personen ⟨*etwas im Chor sprechen*⟩ *„Willkommen!", riefen alle im Chor"* **3** der nach Osten gerichtete Teil einer Kirche, in dem der Altar steht **K** Chorgestühl

der **Christ★** [krɪst]; (*-en, -en*) ein Mitglied einer christlichen Religion ⟨*ein gläubiger, überzeugter, getaufter Christ*⟩ • *hierzu* **Chris·tin** *die*

der **Christ·baum** [k-]; *süddeutsch* Ⓐ ≈ Weihnachtsbaum **K** Christbaumschmuck

der **Christ·de·mo·krat** [k-] ein Mitglied der CDU • *hierzu* **Christ·de·mo·kra·tin** *die*

die **Chris·ten·heit** [k-]; (-) alle Christen

das **Chris·ten·tum★** [k-]; (-s) der Glaube, dessen Grundlage die Lehre von Jesus Christus ist ⟨*sich zum Christentum bekennen; jemanden zum Christentum bekehren*⟩

das **Christ·kind** [k-]; *nur Singular* **1** Jesus Christus als neugeborenes Kind ≈ Jesuskind **2** das Christkind bringt den Kindern an Weihnachten Geschenke

**christ·lich★** [k-] *ADJEKTIV* **1** *meist attributiv* der Lehre von Jesus Christus folgend ⟨*der Glaube, die Religion*⟩ **2** sich zur Lehre von Jesus Christus bekennend ⟨*ein Mensch, eine Kirche*⟩ **3** mit dem Christentum als Basis ⟨*Kunst*⟩ **4** christlichen Prinzipien entsprechend ⟨*eine Erziehung, die Nächstenliebe; christlich handeln*⟩

(der) **Chris·tus** [k-]; (*Chris·ti*) **1** **(Jesus) Christus** der Sohn Gottes in den christlichen Religionen ⟨*die Geburt, der Tod, die Auferstehung Christi*⟩ **2** **vor/nach Christus** vor/nach dem Beginn der Zeitrechnung, die besonders in Europa und Amerika verwendet wird ❶ Abkürzung: *v. Chr./n. Chr.*

das **Chrom** [k-]; (-s) ein sehr hartes, silbern glänzendes Metall, mit dem man andere Metalle bedeckt, um sie vor Rost zu schützen **K** Chromdioxid, Chromstahl ❶ chemisches Zeichen: *Cr*

die **Chro·nik** [k-]; (*-, -en*) ein Bericht, welcher die geschichtlichen Ereignisse in ihrer genauen Reihenfolge schildert

**chro·nisch** [k-] *ADJEKTIV* **1** ⟨*eine Krankheit, Schmerzen*⟩ so, dass sie sehr lange dauern *„eine chronische Erkältung haben"* **2** ⟨*ein Geldmangel, ein Übel*⟩ ≈ ständig *„Sie ist chronisch unterbezahlt"*

die **Chro·no·lo·gie** [k-]; (*-, -n* [-lo'giːən]) die zeitliche Reihenfolge von Ereignissen • *hierzu* **chro·no·lo·gisch** *ADJEKTIV*

**cir·ca** ['tsɪrka] *ADVERB* → zirka

die **Ci·ty** ['sɪti]; (-, -s) das Zentrum einer Großstadt ≈ Innenstadt **K** Citynähe

**cle·ver** ['klɛvɐ] *ADJEKTIV; oft abwertend* klug und geschickt alle Vorteile ausnutzend ⟨*ein Geschäftsmann, ein Politiker, ein Plan, ein Verkäufer; clever vorgehen*⟩

die **Cli·que** ['klɪkə]; (*-, -n*) **1** eine Gruppe meist von Jugendlichen, die oft zusammen sind und alles gemeinsam machen **2** *abwertend* eine Gruppe von Personen, die sich rücksichtslos nur für das Interesse ihrer eigenen Gruppe einsetzen

der **Clou** [kluː]; (*-s, -s*) der beste, besonders überraschende Punkt ≈ Höhepunkt *„Der Clou des Ganzen ist, dass ..."*

der **Clown★** [klaun]; (*-s, -s*) eine Person meist im Zirkus, die lustig geschminkt ist, Späße macht und die Zuschauer zum Lachen bringt **K** Zirkusclown

der **Club★** [k-]; (*-s, -s*) → Klub

das **Cock·pit** [k-]; (*-s, -s*) **1** der Teil eines Flugzeugs, von dem aus der Pilot das Flugzeug steuert **2** der Platz des Fahrers im Rennwagen

der **Cock·tail** ['kɔkteːl]; (*-s, -s*) eine Mischung von Getränken mit und ohne Alkohol ⟨*einen Cocktail mixen*⟩ **K** Cocktailparty

der **Code★** [koːt, koʊd]; (*-s, -s*) einen Code benutzt man, wenn man will, dass nur der beabsichtigte Empfänger eine Nachricht verstehen kann • *hierzu* **co·die·ren** (*hat*); **Co·die·rung** *die*

das/die **Co·la★** ['koːla]; (*-(s)/-, -/-s*) eine braune Limonade, die Koffein enthält **K** Coladose

der **Co·mic** ['kɔmɪk]; (*-s, -s*) **1** eine Geschichte, die aus einer Reihe von gezeichneten Bildern mit kurzen Texten besteht **2** ein Heft, das Comics enthält **K** Comicheft

der **Com·pu·ter★** [kɔm'pjuːtɐ]; (*-s, -*) eine elektronische Anlage, die Daten speichern und wiedergeben und schnell rechnen kann ⟨*am Computer arbeiten; Daten in den Computer eingeben, mit dem Computer erfassen*⟩ **K** Computerkenntnisse, Computerkriminalität, Computerprogramm

das **Com·pu·ter·spiel** [kɔm'pjuːtɐ-] ein Spiel, das mithilfe eines Computerprogramms gespielt wird und bei dem die Figuren auf dem Bildschirm erscheinen

der **Con·tai·ner** [kɔn'teːnɐ, kɔn'teɪnɐ]; (-s, -) ein großer Behälter für Abfall oder zum Transport **K** Containerhafen, Containerschiff, Containerterminal; Altpapiercontainer, Glascontainer, Müllcontainer

**cool** [kuːl] *ADJEKTIV; gesprochen* **1** ruhig, gelassen und überlegen ⟨*cool bleiben*⟩ **2** verwendet, um jemanden/etwas sehr positiv zu bewerten *„ein cooler Typ"*

die **Corn·flakes** ['kɔːnfleɪks]; *Plural* geröstete Flocken aus Mais, die man mit Milch und Zucker zum Frühstück isst

die **Couch★** [kautʃ]; (-, -s/auch -en) ≈ Sofa

der **Coup** [kuː]; (-s, -s) **1** eine riskante, überraschende, oft illegale Handlung *„Den Posträubern ist ein großer Coup gelungen"* **2** **einen Coup landen** *gesprochen* einen Coup mit Erfolg ausführen

der **Cou·pon** [ku'põː]; (-s, -s) **1** ein kleiner Zettel, für den man etwas bekommt (z. B. Getränke, das Gepäck) ≈ Gutschein **2** ein Streifen Papier, den man abtrennen kann und mit dem man z. B. etwas bestellt **K** Bestellkupon

der **Cou·sin★** [ku'zɛ̃ː]; (-s, -s) der Sohn einer Schwester oder eines Bruders der Eltern ≈ Vetter

die **Cou·si·ne** [ku'ziːnə]; (-, -n), **Kusine★** die Tochter einer Schwester oder eines Bruders der Eltern

das **Co·ver** ['kavɐ]; (-s, -s) **1** die Titelseite einer Illustrierten **K** Covergirl **2** die Hülle (meist aus Karton) einer CD, DVD o. Ä. **K** Plattencover

die **Creme[1]★** [kreːm]; (-, -s/Ⓐ Ⓒⓗ -n [-ən]) **1** eine dickflüssige, oft schaumige, süße Speise *„eine Torte mit Creme füllen"* **K** Cremespeise; Schokoladencreme **2** eine weiche, fettige Masse (oft mit Parfüm) in Tuben oder kleinen Dosen, die man auf die Haut reibt **K** Handcreme, Sonnencreme • *hierzu* **cre·mig** *ADJEKTIV*

die **Creme[2]★** [krɛːm]; (-); *geschrieben, oft abwertend* **die Creme der Gesellschaft** die Reichen und Mächtigen

# D

das **D, d** [deː]; (-, -/*gesprochen auch* -s) **1** der vierte Buchstabe des Alphabets ⟨*ein großes D; ein kleines d*⟩ **2** der zweite Ton der C-Dur-Tonleiter **K** D-Dur, d-Moll

**da★** *ADVERB* ORT: **1** meist zusammen mit einer Geste verwendet, um auf einen Ort zu verweisen, wo der Sprecher nicht ist ⟨*da drinnen, draußen, drüben, oben, unten, vorn*⟩ ≈ dort ↔ hier *„Da sind die Schlüssel!"* ❶ gesprochen auch verwendet, um die Aufmerksamkeit auf eine Person/Sache zu lenken: *Der Stuhl da wackelt; „Welche Bonbons magst du?" – „Die da!"* **2** *gesprochen* verwendet als begleitenden Kommentar, wenn man jemandem etwas gibt *„Da hast du zehn Euro für die Fahrkarte"* **3** *gesprochen* oft zusammen mit einer Geste verwendet, um eine Person aufzufordern, einen Ort zu verlassen, oder um ein Tier zu vertreiben *„Platz da/Weg da/Aus dem Weg da!"* DA + SEIN: **4** **jemand ist da** jemand ist anwesend oder zu Hause *„Ist Klaus da?"* **5** **etwas ist da** etwas ist vorhanden *„Ist noch Brot da?"* **6** **jemand/etwas ist da** *gesprochen* jemand/etwas ist irgendwo angekommen *„Der Zug müsste schon längst da sein"* **7** **eine Person ist für jemanden da** eine Person ist bereit, jemandem zu helfen *„Du weißt, ich bin immer für dich da"* **8** **jemand/etwas ist für/zu etwas da** eine Person/Sache hat die genannte Aufgabe, etwas dient einem Zweck *„Geld ist dafür/dazu da, dass man es ausgibt"*
*BINDEWORT* ZEIT: **9** zum genannten Zeitpunkt *„Morgen kann ich nicht, da habe ich einen Termin"* GRUND: **10** verwendet, um einen Nebensatz einzuleiten, der den Grund für etwas nennt ≈ weil *„Da es so viel geschneit hatte, konnten wir nicht spazieren gehen"* | *„Die Reparatur dauert noch etwas, da wir noch Ersatzteile bestellen müssen"*

**da-[1]** (*im Verb, betont und trennbar, nicht produktiv; Diese Verben werden so gebildet: daliegen, lag da, dagelegen*) **dableiben, daliegen, dasitzen, dastehen** *und andere* drückt aus, dass sich jemand oder etwas an einem Ort befindet oder an einem Ort, den alle Personen kennen *„Kannst du mir das Buch dalassen? Ich würde es gerne lesen"* Lass bitte

D

das Buch hier bei mir

**da-**[2], **da·r-★** *mit Präposition, unbetont und betont, nicht produktiv* IM ADVERB: **1** **dabei, dafür, damit, danach, davor** *und andere* verwendet, um ein Substantiv oder einen Satzteil nicht zu wiederholen *„Da drüben ist mein Auto und daneben das von meinem Chef"* neben meinem Auto **2** **dabei, dafür, damit, danach, davor** *und andere* verwendet, um auf die Ergänzung eines Verbs hinzuweisen, die aus einem Satz mit *dass, weil* oder Infinitiv besteht *„Ich habe das Problem dadurch gelöst, dass ich den Termin verschoben habe"* Ich habe das Problem durch eine Verschiebung des Termins gelöst IM BINDEWORT: **3** **dabei, dafür, dagegen** verwendet in einem Nebensatz, der einen Gegensatz oder eine Einschränkung enthält *„Mein Bruder steht gern früh auf, ich dagegen schlafe lieber bis elf Uhr"* ❶ a) das *-r-* wird hinzugefügt, wenn die folgende Präposition mit einem Vokal anfängt: *darum, darunter*; b) Im Normalfall ist *da* unbetont und die Präposition betont. Um Unterschiede hervorzuheben, kann man aber auch *da* betonen: *„Hilfst du mir da'bei?" – „'Dabei helfe ich dir noch, aber den Rest musst du allein schaffen."*

**da·bei, dabei★** *ADVERB* **1** bei der genannten Sache oder Tätigkeit *„ein Projekt planen und die dabei entstehenden Kosten berechnen"* bei dem Projekt | *„jemandem dabei helfen, die Wohnung zu tapezieren"* beim Tapezieren der Wohnung **2** **da'bei bleiben** die eigene Meinung nicht ändern *„Ich bleibe dabei: Du darfst nicht mit!"* **3** **jemand ist da'bei** jemand ist bei etwas anwesend oder macht mit *„War sie (bei dem Gespräch) dabei?"* **4** **etwas ist da'bei** etwas ist zusätzlich vorhanden *„War bei dem Gerät keine Gebrauchsanleitung dabei?"* **5** **es/da ist nichts da'bei** *gesprochen* das ist nicht schlimm, schwierig oder gefährlich
*BINDEWORT* **6** leitet eine Aussage ein, die man als Widerspruch oder Gegensatz zum Hauptsatz verstehen kann *„Er ist schon ein Filmstar, da'bei ist er fast noch ein Kind"*

**da·bei·blei·ben** (*ist*) eine Tätigkeit fortsetzen *„Die Arbeit läuft gut, jetzt müssen wir dabeibleiben"*

**da·bei·ha·ben** (*hat*); *gesprochen* **jemanden/etwas dabeihaben** von jemandem begleitet werden oder etwas bei sich haben *„Wenn sie einkaufen geht, hat sie immer ihren Hund dabei"* | *„Hast du deinen Ausweis dabei?"*

das **Dach★** (*-(e)s, Dä·cher*) **1** die Konstruktion, die ein Gebäude (oben) bedeckt ⟨*ein steiles, flaches Dach; das Dach mit Ziegeln, Schindeln decken*⟩ *„Der Orkan hat viele Dächer abgedeckt"* **K** Dachfenster, Dachziegel; Flachdach, Strohdach **2** die Konstruktion, die ein Fahrzeug (oben) bedeckt *„Der Regen trommelte auf das Dach des Wohnmobils"* **K** Autodach **ID** **jemandem aufs Dach steigen** *gesprochen* jemanden energisch kritisieren, tadeln; **(k)ein Dach über dem Kopf haben** *gesprochen* (k)eine Unterkunft, (k)eine Wohnung haben

der **Dach·bo·den** der nicht bewohnte Raum direkt unter dem (schrägen) Dach eines Gebäudes

die **Dach·rin·ne** eine Rinne (meist aus Blech) am Rand eines Daches, durch welche das Regenwasser abfließt

der **Dachs** [daks]; (*-es, -e*) ein Tier mit grauem Fell und schwarzen und weißen Streifen am Kopf, das in Höhlen im Wald lebt und nachts aktiv ist

der **Dach·stuhl** die Balken und schrägen Flächen, auf welchen die Dachziegel liegen

**dach·te** *Präteritum, 1. und 3. Person Singular* → denken

der **Da·ckel** (*-s, -*) ein kleiner Hund mit langem Körper und sehr kurzen Beinen

**dad·deln** (*daddelte, hat gedaddelt*); *gesprochen* mit einer Spielekonsole, am Computer, am Handy oder am Spielautomaten spielen

**da·durch, da·durch★** *ADVERB* **1** durch die genannte Sache oder Tätigkeit *„Ich habe das Problem dadurch gelöst, dass ich den Termin verschoben habe"* durch eine Verschiebung des Termins
*BINDEWORT* **2** **'dadurch, dass ...** leitet einen Nebensatz ein, der den Grund für das nennt, was im Hauptsatz gesagt wird ≈ weil *„Dadurch, dass sie nicht zum Arzt ging, verschlimmerte sich ihre Krankheit"*

**da·für, da·für★** *ADVERB* **1** für die genannte Sache oder Tätigkeit *„Er hat das Auto verkauft und noch 2.000 Euro da'für bekommen"* für das Auto | *„einem Freund dafür danken, dass er geholfen hat"* für die Hilfe danken
*BINDEWORT* **2** leitet eine Aussage ein, die im Gegensatz zum Vorhergehenden steht *„Sie ist eine sehr gute Schwimmerin, dafür läuft sie relativ langsam"*

**da·für·kön·nen** (*hat*) **jemand kann etwas/nichts dafür (, dass ...)** *gesprochen* jemand ist an etwas schuld/nicht schuld *„Sie kann nichts dafür, dass sie zu spät gekommen ist"* | *„Was* *kann ich dafür, wenn du morgens nicht aufstehen kannst?"* ❶ meist verneint oder in Fragen

**da·ge·gen**, **da·ge·gen**★ *ADVERB* **1** gegen die genannte Sache oder Tätigkeit *„Du bist ja heiser! Dagegen hilft warmer Tee am besten"* gegen die Heiserkeit | *„Sie protestierten da'gegen, dass in ihrer Nähe ein neuer Flughafen gebaut werden sollte"* gegen den geplanten Bau *BINDEWORT* **2** *gesprochen* im Vergleich mit jemandem/etwas *„Schau mal, wie dick er ist! Dagegen bin ich ja noch schlank"* im Vergleich mit ihm | *„Mein Bruder steht gern früh auf, ich da'gegen schlafe lieber lange"*

**da·ge·gen·hal·ten** (*hat*) **etwas dagegenhalten** *geschrieben* eine gegensätzliche Meinung vertreten *„Man kann dagegenhalten, dass ..."*

**da·ha·ben** (*hat*); *gesprochen* **1** **etwas dahaben** etwas (als Vorrat) zur Verfügung haben *„Haben wir noch Wein da?"* **2** **jemanden dahaben** jemanden zu Besuch haben *„Wir haben gerade Austauschschüler da"*

**da·heim**★ *ADVERB*; *besonders süddeutsch* **1** in der eigenen Wohnung *„Um 10 Uhr bist du wieder daheim!"* **2** dort, wo man geboren oder aufgewachsen ist

**da·heim·blei·ben** (*blieb daheim, ist daheimgeblieben*); *besonders süddeutsch* zu Hause bleiben oder dort, wo man geboren und aufgewachsen ist

**da·her**, **da·her**★ *ADVERB* **1** aus dem genannten Grund ≈ deshalb *„Sie will abnehmen, 'daher isst sie so wenig"* **2** wegen der genannten Ursache, durch den erwähnten Umstand *„Das Missverständnis kommt 'daher, dass ..."*

**da·her-** (*im Verb, betont und trennbar, sehr produktiv; Diese Verben werden so gebildet: daherkommen, kam daher, dahergekommen*); *gesprochen* **1** **(etwas) daherfaseln, daherlabern, daherplappern, daherreden** *und andere meist abwertend* drückt in Verbindung mit Verben des Sagens aus, dass jemand ohne viel nachzudenken redet oder viel Unsinn redet *„Ich wollte dich nicht verletzen. Ich habe das nur so dahergesagt"* Ich habe nicht daran gedacht, dass ich dich mit meinen Worten verletzen könnte **2** **daherkommen**; **dahergebraust kommen, dahergeflogen kommen, dahergeritten kommen** *und andere* drückt aus, dass eine Bewegung aus einer nicht näher bezeichneten Richtung zu dem Sprecher oder einem Ziel hin verläuft ≈ herbei- *„Als sie über die Straße gehen wollte, kam ein Auto dahergefahren"* Ein Auto fuhr auf sie zu

**da·her·kom·men** (*ist*); *gesprochen* **(irgendwie) daherkommen** drückt aus, dass jemand/etwas aus einer nicht näher bezeichneten Richtung zu dem Sprecher oder einem Ziel hin kommt

**da·hin**, **da·hin**★ *ADVERB* **1** an den genannten Ort, in die genannte Richtung *„Wir wollten nach München. Auf dem Weg da'hin hatten wir einen Unfall"* | *„Stellen Sie bitte das neue Sofa 'dahin!"* ❶ Wenn man auf eine bestimmte Stelle zeigt, verwendet man die betonte Form. **2** **'dahin ..., wo ...** verwendet, um auf einen Ort hinzuweisen, an dem etwas ist *„Der Bergführer hat uns dahin geführt, wo die Aussicht am schönsten ist"* **3** **bis 'dahin** bis zu dem genannten Zeitpunkt *„Nächste Woche sind die Prüfungen. Bis dahin muss ich noch viel lernen"*

**da·hin-** (*im Verb, betont und trennbar, sehr produktiv; Diese Verben werden so gebildet: dahinfließen, floss dahin, dahingeflossen*) **1** **dahinbrausen, dahineilen, dahinfließen, dahinkriechen, dahinschleichen** *und andere* drückt aus, dass sich jemand/etwas in eine nicht näher bezeichnete Richtung bewegt *„Der Adler gleitet ruhig dahin"* Der Adler gleitet ruhig durch die Luft **2** **(etwas) dahinreden, etwas dahinsagen, (etwas) dahinschwatzen** *und andere gesprochen, meist abwertend* drückt (in Verbindung mit Verben des Sagens) aus, dass eine Person ohne nachzudenken etwas sagt, was sie nicht so meint *„Das ist nur so dahingeplappert"* Das ist nicht ernst gemeint

**da·hin·ge·stellt** *ADVERB* **1** **etwas dahingestellt (sein) lassen** einen Sachverhalt nicht näher untersuchen oder diskutieren **2** **etwas bleibt dahingestellt** etwas kann jetzt nicht entschieden werden *„Wer sein Nachfolger werden wird, bleibt noch dahingestellt"*

**da·hin·ten**★ *ADVERB* dort hinten *„Hier habe ich gewohnt, und dahinten ist meine frühere Schule"*

**da·hin·ter**, **da·hin·ter**★ *ADVERB* hinter der genannten oder hinter die genannte Sache *„Siehst du den Busch? Die Kinder verstecken sich da'hinter"* hinter dem Busch | *„Auf der nächsten Seite kommt eine Grafik. Verschieb die Tabelle besser dahinter"* hinter die Grafik

D

D

**da·hin·ter·kom·men** (*ist*); *gesprochen* **dahinterkommen (, dass/wie/wo** *usw.* **…)** etwas Unbekanntes oder Geheimes herausfinden *„Er ist dahintergekommen, wo der Schlüssel versteckt war"*

**da·hin·ter·ste·cken** (*hat*) **jemand/etwas steckt dahinter** *gesprochen* jemand ist der Urheber einer Sache oder etwas ist der Grund für etwas *„Ich bekomme ständig anonyme Briefe. Wer kann da nur dahinterstecken?"*

**da·hin·ter·ste·hen** *hat/süddeutsch* Ⓐ Ⓒⓗ *ist* **1** für einen Plan oder Vorschlag sein und ihn (öffentlich) unterstützen *„Das neue Gesetz ist zwar umstritten, doch die Parteiführung steht dahinter"* **2** **etwas steht dahinter** etwas ist der Grund für etwas (schon Erwähntes) *„Es steht doch eine bestimmte Absicht dahinter!"*

**da·las·sen** (*hat*) **jemanden/etwas dalassen** *gesprochen* jemanden/etwas an einem Ort (vorübergehend) zurücklassen *„Lass die Kinder da, ich passe schon auf sie auf"* | *„Du kannst deine Sachen ruhig dalassen"*

**da·ma·li·g-** *ADJEKTIV meist attributiv* in der Vergangenheit ≈ früher- *„die damaligen Zustände"* | *„mein damaliger Freund"*

**da·mals★** *ADVERB* verwendet, um sich auf einen Zeitpunkt in der Vergangenheit zu beziehen, über den gerade gesprochen wird *„Als damals die Schule brannte, hatten wir schulfrei"*

der **Da·mast** (-(*e*)*s*) ein teurer Stoff mit einem glänzenden Muster in derselben Farbe. Aus Damast macht man edle Tischdecken und Servietten

die **Da·me★** (-, -*n*) **1** verwendet als höfliche Anrede oder Bezeichnung für eine Frau ↔ Herr *„Meine Damen und Herren, ich freue mich, Sie heute Abend hier begrüßen zu dürfen"* **K** Damenbekleidung, Damen(fahr)rad **2** eine Frau, die durch ihre Kleidung und ihr Verhalten vornehm wirkt ⟨*eine echte, feine Dame*⟩ ↔ Herr **3** eine wichtige Figur beim Schach, die in alle Richtungen beliebig weit ziehen kann ≈ Königin **4** eine Spielkarte, auf der eine Frau zu sehen ist und deren Wert zwischen König und Bube liegt **K** Herzdame, Karodame, Kreuzdame, Pikdame **ID** **sehr geehrte/verehrte Damen und Herren** verwendet als höfliche, neutrale Anrede in einem offiziellen Brief oder für das Publikum einer Veranstaltung

**da·mit, da·mit★** *ADVERB* **1** mit der genannten Sache oder Tätigkeit *„Er nahm einen Lappen und putzte damit das Fahrrad"* mit dem Lappen | *„Er hatte nicht damit gerechnet, dass sie noch anrufen würde"* nicht mehr mit einem Anruf von ihr gerechnet **2** drückt aus, dass etwas die Folge der genannten Sache ist ≈ darum *„Er spielt sehr gut Fußball und hat damit die Chance, einmal Profi zu werden"* *BINDEWORT* **3** der Nebensatz mit *damit* nennt das Ziel oder den Zweck einer Handlung *„Mach bitte das Fenster auf, da'mit frische Luft hereinkommt"* | *„Ich helfe dir, da'mit du schneller fertig wirst"*

der **Damm** (-(*e*)*s*, *Däm·me*) **1** mit einem Damm kann man Flüsse zu Seen stauen oder Land vor Überschwemmungen schützen ⟨*einen Damm aufschütten, bauen*⟩ *„Der alte Damm ist baufällig und droht zu brechen"* **K** Staudamm **2** das Fundament für Schienen, Straßen oder Wege ⟨*einen Damm befestigen*⟩ **K** Bahndamm, Straßendamm

**däm·men** (*dämmte, hat gedämmt*) **1** **etwas dämmen** *geschrieben* Wasser durch einen Damm zurückhalten ⟨*die Fluten, das Wasser dämmen*⟩ **2** **etwas dämmt (etwas)** etwas bildet eine schützende Schicht und verringert so die Wirkung einer Sache ⟨*etwas dämmt die Wärme, den Schall*⟩ *„das Dach dämmen"* **K** Dämmstoff

**däm·mern** (*dämmerte, hat gedämmert*) **1** **es dämmert** es wird (morgens) hell bzw. (abends) dunkel **2** **der Morgen/der Tag dämmert** es wird hell **3** **der Abend dämmert** es wird dunkel **4** **vor sich** (*Akkusativ*) **hin dämmern** in einem Zustand zwischen Wachen und Schlafen sein **5** **etwas dämmert jemandem** *gesprochen* (der Grund für) etwas wird jemandem allmählich klar *„Jetzt dämmert (es) mir, warum er den Schlüssel wollte"*

die **Däm·me·rung** (-) **1** die Zeit am frühen Morgen, wenn es hell wird (bevor die Sonne aufgeht) **K** Morgendämmerung **2** die Zeit am Abend, wenn es langsam dunkel wird ⟨*in der Dämmerung; bei Einbruch der Dämmerung*⟩ **K** Abenddämmerung

**dämm·rig** *ADJEKTIV* (nur) wenig hell *„In den Kirchen ist das Licht oft dämmrig"*

der **Dä·mon** (-*s*, *Dä·mo·nen*) die Macht des Bösen, das Böse (im Menschen) ⟨*von einem Dämon besessen sein*⟩ • *hierzu* **dä·mo·nisch** *ADJEKTIV*

der **Dampf★** (-(*e*)*s*, *Dämp·fe*) **1** die warme, sehr feuchte Luft, die vor allem beim Kochen von

Wasser entsteht *„Durch den Dampf sind die Küchenfenster beschlagen"* K Dampfbad; Wasserdampf **2** *nur Plural* die Gase, die bei chemischen Prozessen entstehen ⟨*chemische, giftige Dämpfe*⟩ ID **Dampf ablassen** *gesprochen* Wut oder Ärger deutlich zeigen; **jemandem Dampf machen** *gesprochen* jemanden antreiben, schneller zu arbeiten

**dạmp·fen** (*dampfte, hat gedampft*) **etwas dampft** etwas ist so heiß oder wird so erwärmt, dass Dampf entsteht *„Das heiße Essen dampft auf dem Tisch"*

**dặmp·fen** (*dämpfte, hat gedämpft*) **1** **etwas dämpft etwas** etwas senkt die Intensität von Geräuschen und Stößen ⟨*etwas dämpft den Schall, den Aufprall*⟩ **2** **etwas dämpfen** Nahrung im Wasserdampf gar werden lassen ⟨*Gemüse dämpfen*⟩ **3** **etwas dämpfen** Kleidung o. Ä. mit einem Bügeleisen und mit Wasserdampf glätten *„die Bluse dämpfen"* • *zu* (1) **Dặmp·fung** *die*

der **Dạmp·fer** (-s, -) ein meist relativ großes Schiff, das mit Dampfkraft angetrieben wird K Dampferfahrt; Frachtdampfer

der **Dặmp·fer** (-s, -) ein Gegenstand, der Geräuschen oder Stößen ihre Intensität nimmt K Schalldämpfer, Stoßdämpfer

**da·nach**, **da·nach** ★ *ADVERB* **1** später als die genannten Tätigkeit ≈ nachher *„Jetzt macht sie Abitur und danach will sie studieren"* nach dem Abitur **2** drückt aus, dass eine Person/Tätigkeit von etwas abhängig ist *„Sie richtet sich danach, was in den Vorschriften steht"* nach den Vorschriften

*BINDEWORT* **3** später als die genannte Tätigkeit ≈ nachher *„Jetzt essen wir erst mal, danach können wir uns unterhalten"*

**da·ne·ben**, **da·ne·ben** ★ *ADVERB* **1** neben die genannte oder der genannten Sache oder Person *„Da drüben ist mein Auto und daneben das von meinem Chef"* neben meinem Auto | *„Sie sah Bernd auf der Bank und setzte sich da'neben hin"* neben Bernd auf die Bank **2** zusätzlich zu der genannten Tätigkeit ≈ außerdem *„Sie studiert Musik und gibt daneben noch Musikstunden"* zusätzlich zu ihrem Studium **3** **jemand fühlt sich/ist da'neben** *gesprochen* jemand kann nicht klar denken und fühlt sich krank **4** **jemand/etwas ist völlig/ziemlich/... da'neben** *gesprochen* das Verhalten einer Person stört alle anderen Personen *„Seine Witze sind echt voll daneben!"*

**da·ne·ben-** (*im Verb, betont und trennbar, begrenzt produktiv; Diese Verben werden so gebildet: danebenfallen, fiel daneben, danebengefallen*) **1** **danebenliegen, danebensitzen, danebenstehen**; **sich/etwas danebenlegen, danebenstellen** *und andere* neben die genannte oder der genannten Sache oder Person *„Ich ging zu ihr und setzte mich daneben"* Ich setzte mich neben sie **2** **danebengreifen, danebenschlagen, danebentreffen, danebenwerfen, danebenzielen** *und andere* drückt aus, dass ein geplantes Ziel nicht erreicht wird ≈ vorbei- *„Obwohl er nicht weit vom Tor entfernt war, schoss er dennoch daneben"* Er traf mit dem Ball nicht ins Tor

**da·ne·ben·ge·hen** (*ist*) **1** **etwas geht daneben** etwas trifft das Ziel nicht ⟨*ein Schlag, ein Schuss*⟩ **2** **etwas geht daneben** *gesprochen* etwas verlauft nicht so, wie man es erwartet hat *„Die Prüfung ist völlig danebengegangen"*

**da·ne·ben·lie·gen** (*hat*) **(mit etwas) danebenliegen** *gesprochen* etwas falsch einschätzen oder beurteilen *„Mit dieser Meinung liegst du völlig daneben"*

**dạnk** ★ *PRÄPOSITION mit Genitiv/Dativ* verwendet, um den Grund für einen meist positiven Vorgang oder Zustand zu nennen ≈ aufgrund *„Sie konnte das Problem dank ihrer Erfahrung lösen"* ⓘ → Anhang, S. 1113: **Präpositionen**

der **Dạnk** ★ (-(e)s) **1** **der Dank (für etwas)** das Gefühl oder die Worte der Anerkennung für Hilfe, Freundlichkeit o. Ä. ⟨*jemandem Dank ausdrücken, aussprechen, schulden; jemandem zu Dank verpflichtet sein; Besten/Herzlichen/Schönen Dank!*⟩ *„Haben Sie vielen Dank für Ihre Hilfe!"* ⓘ → Anhang, S. 1077: **Danke!** **2** **als/zum Dank** als Zeichen der Anerkennung für Hilfe o. Ä. *„Nehmen Sie dieses Geschenk als/zum Dank für Ihre Hilfe"*

**dạnk·bar** ★ *ADJEKTIV* **1** **(jemandem) (für etwas) dankbar** voll Freude darüber, dass jemand hilft oder freundlich ist *„Ich bin Ihnen für Ihre Hilfe sehr dankbar"* **2** **dankbar für etwas** so, dass man sich über eine Sache freut, die man positiv findet *„Er langweilte sich sehr und war für jede Ablenkung dankbar"* **3** sinnvoll und befriedigend ⟨*eine Arbeit, eine Aufgabe*⟩ ≈ lohnend • *hierzu* **Dạnk·bar·keit** *die*

**dạn·ke** ★ **1** **danke (für etwas)** verwendet, um jemandem Dank auszudrücken ⟨*Danke/*

D

*danke sagen; danke sehr!; danke schön!〉 „Danke für das Geschenk!" | „Danke (dafür), dass Sie mir geholfen haben"* **2** **(nein) danke** verwendet, um eine Einladung oder ein Angebot höflich abzulehnen *„Möchten Sie noch Tee?" – „Nein danke"* **3** **(ja) danke** verwendet, um eine Einladung oder ein Angebot höflich anzunehmen *„Kann ich dir behilflich sein?" – „Ja danke"* **4** verwendet als höfliche Antwort auf freundliche Grüße, Fragen o. Ä. *„Gesundheit!" – „Danke!" | „Wie geht es dir?" – „Danke, gut"*

**dạn·ken★** (*dankte, hat gedankt*) **jemandem (für etwas) danken** einer Person sagen, dass man dankbar ist 〈*jemandem herzlich, überschwänglich, vielmals, von ganzem Herzen danken*〉 *„Er dankte ihr für das Geschenk"*

**dạn·kens·wert** *ADJEKTIV; geschrieben* so, dass es Dank verdient *„der dankenswerte Einsatz des Roten Kreuzes im Katastrophengebiet"* • *hierzu* **dạn·kens·wer·ter·wei·se** *ADVERB*

das **Dạn·ke·schön** (-) etwas (Gesagtes oder Geschenktes), mit dem man jemandem zeigt, wie dankbar man für etwas ist *„Ich möchte Ihnen für Ihre Hilfe ein herzliches Dankeschön sagen" | „Darf ich Ihnen diese Blumen als kleines Dankeschön überreichen?"* ❶ aber: *Oh, danke schön!* (getrennt geschrieben)

die **Dạnk·sa·gung** (-, *-en*) eine (gedruckte) Karte oder ein Inserat in der Zeitung, mit denen man sich z. B. für das Mitgefühl bei einem Todesfall bedankt 〈*Danksagungen verschicken*〉

**dạnn★** *ADVERB* **1** zeitlich nach dem Erwähnten ≈ später *„Wir sind zuerst zum Essen und dann ins Kino gegangen"* **2** zu dem genannten Zeitpunkt (in der Zukunft) *„Er darf erst dann aufstehen, wenn er wieder gesund ist"* **3** (in einer Reihenfolge) (räumlich) hinter der erwähnten Person oder Sache ≈ dahinter *„An der Spitze des Konvois fuhren Polizisten auf Motorrädern, dann folgte der Wagen mit dem Staatspräsidenten"* **4** unter den genannten Umständen, in diesem Fall *„Wenn er das nicht versteht, dann ist er selbst schuld" | „Selbst dann, wenn du recht hättest, könnte ich dir nicht helfen"* **5** verwendet, wenn man etwas folgert, das noch bestätigt werden soll *„Dann ist sie also seine Schwester?"* **6** **(also) dann** *gesprochen* verwendet, wenn man ein Gespräch beendet (beim Abschied) *„Also dann, machs gut"* **7** **wer/was (denn) dann?** welche andere Person oder welche andere Sache statt der Genannten *„Wenn er das nicht macht, wer dann?"*

**da·rạn**, **da̲·ran★** *ADVERB* an der genannten Sache oder an die genannte Sache oder Tätigkeit *„Er hat eine Gräte verschluckt und wäre fast da'ran erstickt"* an der Gräte | *„Ich muss noch tanken. Erinnerst du mich bitte da'ran?"* an das Tanken

**da·rạn·ge·hen** (*ist*) **darangehen zu** *+Infinitiv* mit etwas anfangen *„Wir sollten allmählich darangehen, einen Arbeitsplan zu entwerfen"*

**da·rạn·ma·chen** (*hat*) **sich daranmachen (zu** *+Infinitiv*) *gesprochen* mit etwas anfangen *„Ich habe mich endlich darangemacht, mein Zimmer aufzuräumen"*

**da·rạn·set·zen** (*hat*) **alles daransetzen zu** *+Infinitiv* mit voller Energie versuchen, ein Ziel zu erreichen *„Er hat alles darangesetzt, den Job zu bekommen"*

**da·ra̲uf**, **da̲·rauf★** *ADVERB* **1** auf die genannte oder auf der genannten Sache oder Tätigkeit *„Er kann gut mit Leuten umgehen. 'Darauf beruht sein Erfolg"* auf dieser Fähigkeit | *„Ich habe darauf gewartet, dass sie so reagiert"* auf eine solche Reaktion **2** *nachgestellt* direkt danach, anschließend *„tags/am Tag da'rauf"* am nächsten Tag | *„im Jahr da'rauf"* im nächsten Jahr | *„Sie verließ das Zimmer, kam aber gleich/kurz darauf zurück"*

**da·rauf·hịn**, **da̲·rauf·hin★** *ADVERB* **1** als Folge dessen, was vorher geschehen ist, oder als Reaktion *„Es gab einen Eklat. Daraufhin verließen alle Gäste den Saal"* **2** im Hinblick auf das Genannte *„Das Obst wird daraufhin überprüft, ob es schädliche Substanzen enthält"*

**da·ra̲us**, **da̲·raus★** *ADVERB* aus der genannten Sache oder Tätigkeit *„Sie nahm den Becher und trank daraus"* aus dem Becher | *„Seine Reaktion bestand 'daraus, dass er lachte/zu lachen"* aus dem Lachen

**da̲r·bie·ten** (*bietet dar, bot dar, hat dargeboten*) **1** **(jemandem) etwas darbieten** etwas in der Öffentlichkeit vorführen *„Bei dem Fest wurden verschiedene Sketche dargeboten"* **2** **etwas irgendwie darbieten** etwas irgendwie beschreiben oder vermitteln *„ein Thema interessant darbieten"* **3** **(jemandem) etwas darbieten** jemandem etwas zu Essen (oft in besonderer Weise) anbieten *„Den Gästen wurden verschiedene Delikatessen dargeboten"*

die **Da̲r·bie·tung** (-, *-en*) das, was man (vor einem Publikum) aufführt 〈*musikalische, künstlerische, sportliche Darbietungen*〉

**darf** *Präsens, 1. und 3. Person Singular* → dürfen

**da·rin**, **dar·in**★ *ADVERB* in der genannten Sache oder Tätigkeit *„Siehst du das große Haus? Darin habe ich viele Jahre gewohnt"* in diesem Haus | *„Die Aufgabe besteht darin, die Fläche des Dreiecks zu berechnen"* in der Berechnung der Fläche des Dreiecks

**dar·le·gen** (*legte dar, hat dargelegt*) **(jemandem) etwas darlegen** jemandem einen Sachverhalt beschreiben und erklären ⟨*seine Ansichten, Gründe darlegen; etwas schriftlich darlegen*⟩ • *hierzu* **Dar·le·gung** *die*

das **Dar·le·hen**★ [-le:(ə)n]; (*-s, -*) eine Geldsumme, die man für begrenzte Zeit z. B. von einer Bank bekommt und die man (meist mit Zinsen) zurückzahlen muss ⟨*ein Darlehen aufnehmen, zurückzahlen*⟩ ≈ Kredit **K** Darlehensvertrag, Darlehenszinsen; Wohnungsbaudarlehen

der **Darm**★ (*-(e)s, Där·me*) **1** im Darm wird die Nahrung, die vorher im Magen war, weiter verdaut, bevor der Rest den Körper (durch den After) verlässt **K** Darminfektion, Darmkrebs **2** ein Darm von geschlachteten Tieren, der meist als Haut für Wurst verwendet wird **K** Kunstdarm, Naturdarm

die **Darm·grip·pe** eine Erkrankung, bei der man Durchfall und Erbrechen hat ≈ Brechdurchfall

**dar·stel·len**★ (*stellte dar, hat dargestellt*) **1** **etwas stellt jemanden/etwas dar** ein Bild oder eine Figur zeigt eine Person/Sache *„Ich kann nicht erkennen, was das Bild darstellen soll"* **2** **jemanden/etwas irgendwie darstellen** eine Person, sich selbst oder eine Sache beschreiben (sodass andere einen bestimmten Eindruck bekommen) *„So wie du ihn darstellst, muss er ja ein richtiger Tyrann sein"* **3** **jemanden darstellen** (als Schauspieler) im Film oder Theater eine Rolle spielen *„den Hamlet darstellen"* **4** **etwas stellt etwas dar** etwas ist oder bedeutet das Genannte *„Der Hunger in der Dritten Welt stellt nach wie vor ein enormes Problem dar"* • *zu* (1 – 3) **Dar·stel·lung** *die*

der **Dar·stel·ler** (*-s, -*) eine Person, die im Theater oder Film spielt ≈ Schauspieler *„Der Darsteller des Mephisto bekam gute Kritiken"* **K** Hauptdarsteller, Nebendarsteller • *hierzu* **Dar·stel·le·rin** *die;* **dar·stel·le·risch** *ADJEKTIV*

**da·rü·ber**, **da·rü·ber**★ *ADVERB* **1** über die genannte oder über der genannten Sache *„Preise von 200 Euro und da'rüber"* von über 200 Euro | *„Ich habe mich darüber geärgert, dass mein Vorschlag abgelehnt wurde"* über die Ablehnung meines Vorschlags **2** bei der genannten Tätigkeit ≈ währenddessen *„Ich habe ein Buch gelesen und bin darüber eingeschlafen"*

**da·rü·ber·ste·hen** *hat/süddeutsch* Ⓐ Ⓒⓗ *ist* sich durch etwas nicht ärgern oder stören lassen *„Kritik macht ihr nichts aus. Sie steht wirklich darüber"*

**da·rum**, **da·rum**★ *ADVERB* **1** um die genannte Sache oder Tätigkeit *„Ihr Finger blutete, und so machte sie einen Verband da'rum"* um den Finger | *„Es ging ihm darum, die Produktivität zu steigern"* um eine Steigerung der Produktivität **2** aus dem genannten Grund ≈ deshalb *„Sie war krank. Darum konnte sie nicht kommen"*

**da·run·ter**, **da·run·ter**★ *ADVERB* unter die genannte Sache oder der genannten Sache, Gruppe von Personen/Dingen oder Tätigkeit *„Schau mal unter der Türmatte nach, bestimmt ist der Schlüssel da'runter"* unter der Türmatte | *„Er leidet sehr darunter, dass er allein ist"* unter dem Alleinsein

**da·run·ter·fal·len** (*ist*) **jemand/etwas fällt darunter** jemand/etwas gehört zu der genannten Gruppe oder Kategorie *„Die Preise für verschiedene Lebensmittel sind gestiegen. Fleisch fällt auch darunter"* ❶ weitere Verwendungen → **darunter-**

**da·run·ter·lie·gen** *hat/süddeutsch* Ⓐ Ⓒⓗ *ist* **etwas liegt darunter** etwas ist unter dem genannten Maß, Niveau, Wert o. Ä.

**das**★ → der

das **Da·sein**★ (*-s*); *geschrieben* das Leben vor allem eines Menschen ⟨*ein kümmerliches Dasein führen*⟩ *„Sein ganzes Dasein war bestimmt von der Musik"* **K** Daseinsberechtigung

**da·sit·zen** *hat/süddeutsch* Ⓐ Ⓒⓗ *ist* **(mit jemandem/etwas) dasitzen** *gesprochen* in einer (meist finanziell) schlechten Situation sein ⟨*allein dasitzen*⟩ *„Ihr Mann hat sie verlassen. Nun sitzt sie mit drei kleinen Kindern da"* ❶ weitere Verwendungen → **da-**

**das·je·ni·ge** → derjenige

**dass**★ *BINDEWORT* **1** der *dass*-Satz ist das Subjekt für den ganzen Satz *„Dass ich dich beleidigt habe, tut mir leid"* | *„Stimmt es, dass sie morgen in Urlaub fährt?"* **2** der *dass*-Satz ist das Objekt für den ganzen Satz (oft mit hinweisendem Adverb mit *da-/dar-*) *„Ich wusste nicht, dass sie auch da sein würde"* | *„Er hat *sich darauf verlassen, dass sie ihm hilft"* **3** der *dass*-Satz beschreibt genauer, was ein Substantiv bezeichnet (z. B. um welche Meinung, welche Hoffnung, welchen Verdacht es sich handelt) *„Er war von seiner Überzeugung, dass alles noch klappen würde, nicht abzubringen"* **4** der *dass*-Satz drückt eine Wirkung oder Folge aus, oft mit *so* im Hauptsatz eingeleitet *„Er fuhr so schnell an, dass die Reifen quietschten"* **5** der *dass*-Satz drückt ein Ziel, einen Zweck aus ≈ damit *„Zieh dir Handschuhe an, dass du nicht an den Fingern frierst"* **6** *gesprochen* der *dass*-Satz formuliert eine Drohung, einen Rat, einen Wunsch oder Bedauern *„Dass du mir später ja keine Vorwürfe machst!"*

**das·sel·be★** → derselbe

**da·ste·hen** *hat/süddeutsch* Ⓐ Ⓒⓗ *ist; gesprochen* **1** **irgendwie dastehen** sich in der genannten Situation befinden ⟨*allein, gut dastehen*⟩ *„Seit der Erbschaft steht er finanziell glänzend da"* **2** **irgendwie dastehen** die genannte Wirkung auf andere Leute haben *„Jetzt stehe ich wieder einmal vor allen anderen als Bösewicht da!"* ❶ aber: *Die Vase soll da stehen, auf dem Klavier* (getrennt geschrieben); weitere Verwendungen → **da-**

die **Da·tei★** (-, *-en*) eine Sammlung von Daten, die nach festgelegten Kriterien geordnet (und gespeichert) werden ⟨*eine Datei erstellen, abspeichern*⟩

die **Da·ten★** *Plural* **1** → Datum **2** die Zahlen und Informationen zu einem Thema, die man durch Messungen, Experimente oder Statistiken bekommt ⟨*technische, statistische Daten*⟩ ≈ Angaben *„die neuesten Daten zur Arbeitslosigkeit"* **K** Datenaustausch, Datenmaterial **3** alles, was in einem Computer gespeichert wird (Informationen, Texte, Bilder, Musik usw.) ⟨*Daten eingeben, speichern, abrufen*⟩ **K** Datenbestand, Datenübertragung **4** **jemandes persönliche Daten** Angaben wie Name, Adresse, Beruf, Alter usw. einer Person

die **Da·ten·bank** eine große Sammlung von Daten (meist in einem Computer), die nach verschiedenen Kriterien organisiert sind und auch abgerufen werden können

der **Da·ten·schutz** *nur Singular;* Ⓓ der Schutz des Einzelnen davor, dass seine persönlichen Daten weitergegeben werden **K** Datenschutzbeauftragte(r), Datenschutzgesetz • *hierzu* **Da·ten·schüt·zer** *der*

der **Da·ten·trä·ger** auf Datenträgern wie CDs, DVDs, Festplatten usw. werden Daten für Computer usw. gespeichert

**da·tie·ren** (*datierte, hat datiert*) **1** **etwas datieren** (als Experte) die Zeit bestimmen, in der etwas entstanden ist ⟨*ein Kunstwerk, einen Fund datieren*⟩ *„Die Archäologen datierten das Grab auf etwa 500 v. Chr."* **2** **etwas datieren** das Datum auf etwas schreiben ⟨*einen Brief, eine Rechnung, ein Schreiben datieren*⟩ **K** zurückdatieren **3** **etwas datiert vom** *+Datum* etwas hat das genannte Datum ⟨*ein Brief*⟩ • *zu* (1,2) **Da·tie·rung** *die*

der **Da·tiv★** [-f]; (*-s, -e*) der Kasus, den z. B. die Präpositionen *von, seit* oder *mit* nach sich ziehen ⟨*etwas steht im Dativ*⟩ *„Die Präposition „seit" fordert den Dativ: „seit dem letzten Jahr"* **K** Dativobjekt

die **Dat·tel** (-, *-n*) eine süße, braune Frucht (mit einem länglichen Kern), die an einer Palme wächst **K** Dattelpalme

das **Da·tum★** (*-s, Da·ten*) **1** das Datum bezeichnet den Tag, den Monat und das Jahr von Ereignissen usw. mit einer Zahl *„Der Brief trägt das Datum des/vom 12.9.2008"* | *„Welches Datum haben wir heute?" – „Den vierten März."* **K** Datumsstempel; Bestelldatum, Geburtsdatum, Verfall(s)datum **2** ein Tag, an dem etwas Wichtiges geschieht ⟨*ein denkwürdiges, historisches Datum*⟩

die **Dau·er★** (-) ein begrenzter Zeitraum, während dessen etwas gültig ist oder geschieht ⟨*auf/für unbestimmte Dauer*⟩ *„eine Regierung für die Dauer von vier Jahren wählen"* **K** Aufenthaltsdauer, Gültigkeitsdauer

**Dau·er-** *im Substantiv, betont, sehr produktiv* **die Dauerausstellung, die Dauerbelastung, die Dauerbeschäftigung, der Dauerfrost, der Dauerstress** *und andere* so, dass etwas für lange Zeit existiert oder dass ein Vorgang oder Zustand lange dauert *„In diesem Teil des Campingplatzes stehen die Wohnmobile der Dauercamper"* | *„Nach zwei Wochen Dauerregen hatten wir alle schlechte Laune"*

der **Dau·er·auf·trag** der Auftrag eines Kunden an die Bank, regelmäßig Geldbeträge (z. B. für die Miete) auf ein anderes Konto zu überweisen ⟨*einen Dauerauftrag einrichten, kündigen*⟩

der **Dau·er·bren·ner** (*-s, -*); *gesprochen* etwas, das sehr lange aktuell und erfolgreich ist (z. B. ein Film, ein Buch oder ein Musikstück)

**dau·er·haft★** ADJEKTIV **1** ⟨*eine Freundschaft, eine Lösung, ein Friede*⟩ so, dass sie lange halten oder existieren **2** fest und widerstandsfähig ⟨*Materialien*⟩ ≈ robust • *hierzu* **Dau·er·haf·tig·keit** *die*

**dau·ern★** (*dauerte, hat gedauert*) **1** **etwas dauert** +*Zeitangabe* etwas besteht während des genannten Zeitraums oder findet in dieser Zeit statt *„Die Verhandlungen dauerten bis spät in die Nacht"* **2** **es dauert** +*Zeitangabe* **(, bis ...)** die genannte Zeit ist für etwas erforderlich *„Es dauerte drei Wochen, bis ich seinen Brief bekam"*

**dau·ernd★** *ADJEKTIV* **1** *meist attributiv* zu häufig ≈ ständig ↔ selten *„Dauernd macht er Fehler"* **2** *meist attributiv* über lange Zeit vorhanden ≈ ständig *„Es war als Provisorium gedacht, wurde aber zu einer dauernden Einrichtung"*

die **Dau·er·wel·le** Wellen oder Locken, die mit chemischen Mitteln ins Haar gemacht werden und die dann längere Zeit halten

der **Dau·er·zu·stand** ein meist unangenehmer Zustand, dessen Ende nicht vorherzusehen ist *„Diese unerträgliche Situation darf nicht zum Dauerzustand werden"*

der **Dau·men** (-s, -) der kurze, kräftige Finger, den man gegen die anderen vier Finger drücken kann *„Kinder lutschen gern am Daumen"* **K** Daumennagel **ID** **jemandem den Daumen/die Daumen halten/drücken** *gesprochen* mit einer anderen Person hoffen, dass sie Glück hat

die **Dau·ne** (-, -*n*) eine der weichen, kleinen Federn, die Enten und Gänse vor Kälte schützen. Mit Daunen füllt man z. B. Kissen **K** Daunendecke, Daunenschlafsack

**da·von, da·von★** *ADVERB* von der genannten Sache oder Tätigkeit *„Da ist eine Bar und nicht weit davon ist eine Disko"* von der Bar | *„Wir haben davon gesprochen, dass Paul bald befördert wird"* von Pauls bevorstehender Beförderung

**da·von-** (*im Verb, betont und trennbar, sehr produktiv; Diese Verben werden so gebildet: davoneilen, eilte davon, davongeeilt*) **davoneilen, davonfahren, davonfliegen**; **jemanden davonjagen, davontreiben** *und andere* bezeichnet eine Bewegung von einem Ort weg *„Das Kind klingelte an der Haustür und lief dann schnell davon"*

**da·von·kom·men** (*ist*) **(mit etwas) davonkommen** eine gefährliche Situation mit Glück überstehen und nur relativ geringen Schaden erleiden ⟨*mit dem Schrecken davonkommen*⟩ *„bei einem Unfall mit ein paar Kratzern davonkommen"*

**da·von·tra·gen** (*hat*) **1** **etwas davontragen** *geschrieben* etwas Negatives als Folge einer Sache erleben, bekommen ⟨*eine Verletzung, einen Schaden davontragen*⟩ **2** **den Sieg davontragen** *geschrieben* ≈ siegen ❶ weitere Verwendungen → **davon-**

**da·vor, da·vor★** *ADVERB* vor die genannte oder vor der genannten Sache oder Tätigkeit *„Der Film beginnt um acht Uhr. Davor kommt nur Werbung"* vor dem Film | *„Sie hat keine Angst da'vor zu sterben"* keine Angst vor dem Tod

**da·vor·ste·hen** *hat/süddeutsch* Ⓐ Ⓒⓗ *ist* kurz vor dem genannten Zeitpunkt, Ereignis sein *„Wann macht eure Tochter Abitur?" – „Sie steht kurz davor"*

**da·zu, da·zu★** *ADVERB* **1** zu der genannten Sache oder Tätigkeit *„Ich koche Reis mit Gemüse da'zu"* zu dem Reis | *„Ich kam kaum dazu, mich mal auszuruhen"* Ich hatte kaum Zeit zum Ausruhen | *„Hat er sich dazu geäußert, wie er das alles organisieren will?"* zu den Plänen für die Organisation **2** drückt aus, dass zu der genannte Sache noch zu etwas hinzukommt ≈ außerdem *„Kleine Autos sind billiger und dazu sparsamer im Verbrauch"*

**da·zu-** (*im Verb, betont und trennbar, sehr produktiv; Diese Verben werden so gebildet: dazuschreiben, schrieb dazu, dazugeschrieben*) **dazukommen**; **etwas dazugeben, dazuschreiben**; **(etwas) dazulernen, dazuverdienen**; **jemanden/etwas dazurechnen** *und andere* drückt aus, dass eine Gruppe, Menge, Zahl o. Ä. größer wird (indem man sie ergänzt) *„Er kaufte zwei Kilo Äpfel und bekam eine Orange als Geschenk dazu"* Er bekam eine Orange zusätzlich zu den Äpfeln

**da·zu·ge·hö·ren★** (*hat*) **1** **eine Person/Sache gehört zu jemandem/etwas dazu** eine Person ist Teil einer Gruppe/eine Sache ist Teil eines Ganzen, einer Menge *„Er verkauft seine Angel und alles, was dazugehört"* **2** **es gehört etwas dazu, (...) zu** +*Infinitiv* etwas ist für eine Sache nötig *„Es gehört schon Mut dazu, seinem Chef die Meinung zu sagen"* • *zu* (1) **da·zu·ge·hö·rig** *ADJEKTIV*

**da·zu·kom·men** (*ist*) **1** **jemand/etwas kommt zu Personen/etwas dazu** eine Gruppe oder Menge wird um jemanden/etwas größer *„Wir gingen zu viert tanzen und später *kamen noch zwei Freunde dazu"* **2** **(gerade) dazukommen (, als ...)** (zufällig) an einem Ort erscheinen, an dem gerade etwas geschieht oder geschehen ist *„Ich kam gerade dazu, als der Unfall passierte"* **i** aber: *dazu kommen* (getrennt geschrieben), *etwas zu tun* (= Zeit haben, etwas zu tun)

**da·zu·mal** *ADVERB* **(Anno) dazumal** ≈ damals

**Da·zu·tun ohne jemandes Dazutun** ohne jemandes Hilfe oder Einfluss *„Ohne mein Dazutun hätte er die Stelle nie bekommen"*

**da·zwi·schen, da·zwi·schen★** *ADVERB* zwischen die oder den genannten Sachen, Orten, Zeitpunkten oder Tätigkeiten *„Am Vormittag finden zwei Vorträge statt. Da'zwischen ist eine kleine Pause"* zwischen den beiden Vorträgen | *„Die Bücher waren alles Krimis, mit nur wenig anderen da'zwischen"* Fast alle Bücher waren Krimis

**da·zwi·schen-** (*im Verb, betont und trennbar, sehr produktiv; Diese Verben werden so gebildet: dazwischenrufen, rief dazwischen, dazwischengerufen*) **1** **dazwischenliegen, dazwischenstehen**; **etwas dazwischenlegen, dazwischenschieben, dazwischenstellen** *und andere* bezeichnet eine Lage zwischen Personen oder Dingen oder eine Bewegung dorthin *„Können wir in die Reihe noch mehr Stühle dazwischenstellen?"* Können wir zusätzliche Stühle zwischen die anderen Stühle stellen? **2** **dazwischenreden**; **(etwas) dazwischenrufen**; **jemanden/etwas dazwischenschalten** *und andere* drückt aus, dass ein Vorgang oder Zustand unterbrochen oder gestört wird *„Darf ich einmal dazwischenfragen, was Sie unter „Komplex" verstehen?"* Entschuldigen Sie, wenn ich Sie unterbreche: Was verstehen Sie unter dem Begriff „Komplex"?

**da·zwi·schen·kom·men** (*ist*) **etwas kommt (jemandem) dazwischen** etwas ereignet sich unerwartet und stört eine Person oder hält diese von etwas ab *„Wenn (mir) nichts dazwischenkommt, bin ich um 6 Uhr da"*

**da·zwi·schen·tre·ten** (*ist*) in einen Streit oder Kampf eingreifen, um ihn zu beenden *„Als die Situation eskalierte, musste ich dazwischentreten"*

die **DB** [de'be:]; (-) Abkürzung für *Deutsche Bahn AG* (seit 1994)

die **DDR★** [de(:)de(:)'|ɛr]; (-); *historisch* Deutsche Demokratische Republik einer der beiden deutschen Staaten (von 1949 bis 1990) **K** DDR-Bürger, DDR-Regierung

der **Deal** [di:l]; (-*s*, -*s*); *gesprochen* eine (geschäftliche) Vereinbarung ⟨*mit jemandem einen Deal haben, machen*⟩ ≈ Abmachung, Handel

das **De·ba·kel** (-*s*, -); *geschrieben* ein großer Misserfolg ⟨*ein Debakel erleiden; etwas endet mit einem Debakel*⟩

die **De·bat·te** (-, -*n*); *geschrieben* **eine Debatte (über etwas** (*Akkusativ*)**)** eine meist öffentliche Diskussion über Probleme, zu denen es verschiedene Meinungen gibt *„Zwischen Regierung und Opposition kam es zu einer heftigen Debatte über die Pläne für die Steuerreform"* **K** Bundestagsdebatte

**de·bat·tie·ren** (*debattierte, hat debattiert*) **1** **etwas debattieren** über ein Thema diskutieren *„Das Parlament hat gestern den Gesetzesentwurf über das neue Streikrecht debattiert"* **2** **(über etwas** (*Akkusativ*)**) debattieren** über ein Thema diskutieren

das **De·büt** [de'by:]; (-*s*, -*s*) der erste Auftritt eines Künstlers, Sportlers oder Politikers vor einem (relativ großen) Publikum ⟨*sein Debüt geben, liefern*⟩ *„Das Debüt der jungen Opernsängerin war ein großer Erfolg"* • *hierzu* **de·bü·tie·ren** (*hat*)

das **Deck** (-(*e*)*s*, -*s*) **1** die waagrechte Fläche, welche den Innenraum eines Schiffs nach oben abschließt ⟨*auf/an, unter Deck sein; an, unter Deck gehen*⟩ **K** Sonnendeck **2** ein Stockwerk auf einem großen Schiff

die **De·cke★** (-, -*n*) **1** mit einer Decke aus weichem Material hält man sich z. B. im Bett warm ⟨*jemanden mit einer Decke zudecken; unter die Decke kriechen, schlüpfen; unter der Decke liegen*⟩ *„Ich zog mir die Decke über den Kopf, um nichts mehr hören und sehen zu müssen"* **K** Daunendecke; Bettdecke **2** eine Schicht, die auf einer Fläche liegt *„Am Morgen lag eine weiße Decke (Schnee) über/auf der Wiese"* **K** Eisdecke, Schneedecke **3** Zimmer haben an den Seiten Wände, unten einen Fußboden und oben eine Decke ⟨*eine hohe, niedrige Decke*⟩ *„Die Lampe hängt von der Decke herab/an der Decke"* **K** Deckenbeleuchtung, Deckengemälde; Holzdecke, Zimmerdecke **ID** **an die Decke gehen** *gesprochen* wütend werden

der **De·ckel★** (-*s*, -) **1** z. B. Dosen, Töpfe und Kisten haben oben einen Deckel, damit man sie zumachen kann *„den Deckel des Glases abschrauben"* **K** Topfdeckel, Schraubdeckel **2**

Bücher und Ordner haben außen einen festen Deckel, der die Seiten zusammenhält ⟨*den Deckel aufklappen, zuklappen*⟩ K Buchdeckel

**de·ckeln** (*deckelte, hat gedeckelt*); *geschrieben* **etwas deckeln** etwas in der Höhe begrenzen ⟨*Ausgaben, Honorare, Kosten deckeln*⟩ • *hierzu* **De·cke·lung** *die*

**de·cken**★ (*deckte, hat gedeckt*) LEGEN: 1 **etwas über jemanden/etwas decken** etwas zum Wärmen oder als Schutz auf eine Person oder Sache legen *„Zum Schutz gegen Frost decken wir im Herbst Tannenzweige über die Rosen"* 2 **das Dach (mit etwas) decken** Ziegel o. Ä. auf das Dach legen, damit kein Regen in das Haus kommt 3 **(den Tisch) decken** für eine Mahlzeit Geschirr, Besteck, Gläser usw. auf den Tisch tun *„für zwei Personen decken"* SCHÜTZEN: 4 **jemanden/(jemandem) etwas decken** eine Person oder Sache vor Angriffen o. Ä. schützen ⟨*jemandem den Rücken decken*⟩ 5 **jemanden/etwas decken** durch Lügen oder Schweigen dafür sorgen, dass jemand für eine verbotene Handlung nicht verantwortlich gemacht wird BEDARF, KOSTEN: 6 **etwas decken** dafür sorgen, dass genug von einer Ware vorhanden ist ⟨*den Bedarf* (*an etwas* (*Dativ*)), *die Nachfrage* (*nach etwas*) *decken*⟩ 7 **etwas deckt etwas** etwas bringt so viel Geld ein, dass entstandene Kosten finanziert werden können *„Die Einnahmen haben nicht mal die Unkosten gedeckt"* ÜBEREINSTIMMUNG: 8 **etwas deckt sich mit etwas**; **Dinge decken sich** Dinge sind gleich oder ähnlich, widersprechen sich nicht ⟨*Ansichten, Aussagen, Beobachtungen, Informationen, Meinungen decken sich*⟩ SONSTIGE VERWENDUNGEN: 9 **(jemanden) decken** (beim Fußball, Handball usw.) nahe bei einem gegnerischen Spieler bleiben, damit er den Ball nicht bekommt 10 **ein Tier deckt ein Tier** ein männliches Tier befruchtet ein weibliches Tier *„die Stute decken lassen/zum Decken bringen"* K Deckhengst 11 **etwas deckt** eine Farbe bildet eine Schicht, durch die man den Untergrund nicht sieht *„Diese Wandfarbe deckt gut"*

der **Deck·man·tel** ID **unter dem Deckmantel** *+Genitiv*/**von etwas** mit schlechten oder kriminellen Absichten, die durch etwas getarnt sind *„Unter dem Deckmantel der Entwicklungshilfe hat er Millionen verdient"*

die **De·ckung**★ (-, *-en*); *meist Singular* 1 der Schutz, den man sucht, um nicht gesehen oder von Schüssen o. Ä. getroffen zu werden ⟨*in Deckung gehen*⟩ *„hinter einem Felsen vor Schüssen Deckung suchen"* 2 das Decken eines gegnerischen Spielers *„Der beste Verteidiger übernahm die Deckung des Stürmers"* 3 das Befriedigen einer Nachfrage, eines Bedarfs 4 **jemandem Deckung geben** jemandem helfen, irgendwohin zu gelangen, indem man den Feind mit Schüssen ablenkt o. Ä.

der **De·fekt** (-(*e*)*s*, *-e*) ein technischer Fehler in einer Maschine *„Der Unfall wurde durch einen Defekt an den Bremsen verursacht"*

**de·fekt**★ ADJEKTIV so, dass ein technisches Gerät o. Ä. nicht (mehr) funktioniert ≈ kaputt *„Eine defekte elektrische Leitung führte zu dem Brand"*

**de·fen·siv**, **de·fen·siv**★ [-f] ADJEKTIV 1 nicht zum Angriff, sondern zur Verteidigung bestimmt ⟨*eine Strategie, Waffen*⟩ ↔ offensiv K Defensivtaktik 2 mit Rücksicht auf andere Personen ⟨*defensiv fahren*⟩ ↔ aggressiv

die **De·fen·si·ve**, **De·fen·si·ve** [-və]; (-) 1 *geschrieben* eine Position, aus der heraus man sich (militärisch oder verbal) verteidigen muss ⟨*sich in die Defensive begeben; sich in die Defensive gedrängt fühlen*⟩ ↔ Offensive 2 eine Spielweise, die von der Verteidigung bestimmt ist ⟨*aus der Defensive heraus spielen; in die Defensive zurückgedrängt werden*⟩ ↔ Offensive

**de·fi·nie·ren**★ (*definierte, hat definiert*) **etwas (irgendwie) definieren** die Bedeutung eines Wortes oder Begriffs genau beschreiben oder festlegen *„Abstrakte Begriffe wie „Freiheit" sind schwer zu definieren"*

die **De·fi·ni·ti·on**★ [-ˈtsi̯oːn]; (-, *-en*); *geschrieben* 1 die Erklärung eines Begriffs ⟨*eine Definition einer Sache geben*⟩ *„Versuchen Sie eine kurze Definition des Begriffs „Klassik"!"* 2 eine Vereinbarung, bei der man genau festlegt, für welche Fälle man welche Bezeichnung benutzen muss

**de·fi·ni·tiv**, **de·fi·ni·tiv** [-f] ADJEKTIV; *geschrieben* nicht mehr zu verändern ⟨*eine Antwort, Entscheidung; sich definitiv für/gegen etwas entscheiden*⟩ ≈ endgültig

das **De·fi·zit**★ (-s, *-e*) 1 ein Geldbetrag, der fehlt, weil man mehr Geld ausgibt als man einnimmt ⟨*ein Defizit decken*⟩ K Haushaltsdefizit 2 **ein Defizit (an etwas** (*Dativ*)**)** *geschrieben* die Situation, wenn von einer wichtigen Sache nicht genug vorhanden ist oder wenn ihre Qualität nicht gut genug ist ‹*ein Defizit ausgleichen*› ≈ Mangel *„schulische Defizite durch Nachhilfeunterricht ausgleichen"* K Bildungsdefizit

**de·for·mie·ren** (*deformierte, hat deformiert*) **etwas deformieren** *geschrieben* etwas in seiner Form so ändern, dass es nicht mehr (richtig) zu gebrauchen ist *„Bei dem Brand wurden die Stahlträger des Gebäudes völlig deformiert"*

D

**def·tig** *ADJEKTIV; gesprochen* 1 einfach und nahrhaft ‹*ein Essen, eine Mahlzeit*› 2 grob und direkt ‹*Späße, ein Witz*›

der **De·gen** (*-s, -*) eine Waffe zum Fechten mit einer sehr langen, sehr dünnen Klinge

**dehn·bar** *ADJEKTIV* 1 ‹*Materialien*› so, dass man sie dehnen kann *„ein dehnbares Gewebe"* 2 nicht eindeutig definiert (sodass man es auf unterschiedliche Weise interpretieren kann) ‹*ein Begriff*› *„Freiheit" ist ein dehnbarer Begriff"* • *hierzu* **Dehn·bar·keit** *die*

**deh·nen★** (*dehnte, hat gedehnt*) 1 **etwas dehnen** etwas länger oder breiter machen, indem man (von beiden Seiten) daran zieht *„einen Gummi so lange dehnen, bis er reißt"* 2 **etwas dehnen** vor allem Arme und Beine strecken, um die Muskeln und Sehnen elastischer zu machen K Dehnübungen 3 **etwas dehnt sich** etwas wird länger, größer oder weiter *„Der Pullover hat sich beim Waschen gedehnt"* • *zu* (1,2) **Deh·nung** *die*

der **Deich** (*-(e)s, -e*) ein Wall aus Erde, den man am Meer aufschüttet, um das Land vor Überschwemmungen zu schützen K Deichbruch

**dein★** *ARTIKEL* 1 *zur 2. Person Singular* (*du*)*dein*verwendet man in einer Situation, in welcher man eine Person mit *du* anspricht. Man bezeichnet damit Dinge, Zustände, Vorgänge, Handlungen und Personen, welche mit der angesprochenen Person in Zusammenhang sind *„mit deiner Mutter und deinem Vater"* | *„nach deiner Ankunft"* ❶ → Anhang, S. 1112: **Pronomen** *PRONOMEN* 2 *zur 2. Person Singular* (*du*) verwendet, um sich auf eine (oft bereits erwähnte) Sache oder Person zu beziehen, die zu der angesprochenen Person gehört *„Ist das mein Bleistift oder deiner?"* ❶ → Anhang, S. 1112: **Pronomen** 3 *2. Person Singular* (*du*), *Genitiv „Wir erinnern uns deiner"* ❶ → Anhang, S. 1111: **Pronomen**

**dei·ner·seits** *ADVERB* was dich betrifft, von dir aus *„Bestehen deinerseits noch Zweifel?"*

**dei·nes·glei·chen** *geschrieben, oft abwertend* Leute wie du *„Du und deinesgleichen glauben wohl, Geld verdient sich von selbst!"*

**dei·net·we·gen** *ADVERB* 1 aus einem Grund, der dich betrifft *„Nur deinetwegen mussten wir so lange warten"* 2 mit deiner Erlaubnis oder Zustimmung *„Ich weiß, deinetwegen könnten wir jetzt eine Pause machen"*

**de·ka·dent** *ADJEKTIV* mit Merkmalen, die auf eine moralische Verschlechterung, auf einen kulturellen Verfall hinweisen *„angeblich dekadente Züge in der Kunst"* • *hierzu* **De·ka·denz** *die*

**de·kla·rie·ren** (*deklarierte, hat deklariert*) **etwas deklarieren** *admin* (an der Grenze) die Waren angeben, für die man eine Steuer bezahlen muss • *hierzu* **De·kla·ra·ti·on** *die*

**de·kli·nie·ren** (*deklinierte, hat dekliniert*) **(etwas) deklinieren** ein Substantiv, Adjektiv, Pronomen oder einen Artikel in die Form setzen, die im Satz in der betreffenden Stellung gebraucht wird ≈ flektieren ❶ Verben werden konjugiert. • *hierzu* **De·kli·na·ti·on** *die*

die **De·ko·ra·ti·on** [-'tsjoːn]; (*-, -en*) 1 *nur Singular* das Dekorieren *„Die Dekoration des Festsaals dauerte vier Stunden"* 2 die Dinge, mit denen man z. B. einen Raum schmückt ≈ Schmuck

**de·ko·ra·tiv** [-f] *ADJEKTIV* (verwendet in Bezug auf Gegenstände) so, dass sie etwas (z. B. einen Raum) schmücken ‹*eine Vase*›

**de·ko·rie·ren** (*dekorierte, hat dekoriert*) **etwas (mit etwas) dekorieren** etwas mit etwas schöner machen, etwas gestalten ‹*ein Schaufenster dekorieren*› • *hierzu* **De·ko·rie·rung** *die*

die **De·le·ga·ti·on** [-'tsjoːn]; (*-, -en*); *geschrieben* eine Gruppe von Personen, welche die Interessen einer Organisation oder Gruppe bei Verhandlungen, auf einer Konferenz o. Ä. vertritt

**de·le·gie·ren** (*delegierte, hat delegiert*); *geschrieben* 1 **jemanden (irgendwohin) delegieren** eine Person als Vertreter einer Gruppe zu einer Konferenz o. Ä. senden (damit sie sich dort für die Interessen der Gruppe einsetzt) 2 **(etwas (an jemanden)) delegieren** (einen Teil der) Aufgaben oder Pflichten von anderen Personen tun lassen *„Der Chef delegiert die Arbeit (an seine Mitarbeiter)"* • *zu* (1) **De·le·gier·te** *der/die*

der **Del·fin**, **Del·phin** [-f-]; (*-s, -e*) ein Säugetier, das wie ein großer Fisch aussieht und im Meer lebt

D

**de·li·kat** *ADJEKTIV; geschrieben* **1** ⟨*eine Speise*⟩ so, dass sie sehr gut schmeckt **2** ⟨*eine Angelegenheit, ein Problem, ein Thema*⟩ so, dass sie von jemandem viel Taktgefühl o. Ä. verlangen

die **De·li·ka·tes·se** (-, *-n*) eine sehr feine und außergewöhnliche, meist teure Speise *„Hummer ist eine Delikatesse"* **K** Delikatessengeschäft

das **De·likt** (-(*e*)*s*, *-e*) eine illegale Handlung ≈ Straftat *„Raub ist ein schweres Delikt"* **K** Eigentumsdelikt, Verkehrsdelikt

das **De·li·ri·um** (*-s*, *De·li·ri·en* [-i̯ən]); *meist Singular; geschrieben* im Delirium (bei hohem Fieber oder Alkoholsucht) ist man verwirrt und sieht Dinge, die nicht da sind

die **Del·le** (-, *-n*); *gesprochen* eine leichte Vertiefung, die durch einen Schlag oder Stoß entstanden ist *„jemandem eine Delle ins Auto machen"*

**Del·phin** → Delfin

das **Del·ta** (-(*s*), *-s*/*Del·ten*) ein Gebiet, in dem sich ein großer Fluss in viele kleinere Flüsse teilt, die dann ins Meer münden *„das fruchtbare Delta des Nils"* **K** Deltamündung

**dem** *Dativ von der und das* → der ➊ → Anhang, S. 1108: **Artikel**

**dem·ent·ge·gen** *ADVERB* ≈ demgegenüber

das **De·men·ti** (*-s*, *-s*); *geschrieben* eine offizielle Äußerung, mit der man eine Behauptung oder Nachricht für falsch erklärt

**de·men·tie·ren** (*dementierte, hat dementiert*) **(etwas) dementieren** *geschrieben* eine Behauptung oder Nachricht offiziell für falsch erklären *„Die Regierung dementiert, dass der Minister in einen Skandal verwickelt sei"*

**dem·ent·spre·chend** *ADJEKTIV* so, wie es aus der vorher erwähnten Situation folgt *„Er hatte zu wenig geschlafen und hatte eine dementsprechende Laune/und hatte eine dementsprechend schlechte Laune/und war dementsprechend schlecht gelaunt"* | *„Er hatte zu wenig geschlafen. Dementsprechend (schlecht) war seine Laune"*

**dem·ge·gen·über** *ADVERB* im Vergleich zum vorher Erwähnten *„Sein neues Buch ist ausgezeichnet. Die alten sind demgegenüber fast primitiv/Demgegenüber sind die alten fast primitiv"*

**dem·ge·mäß** *ADVERB* als Folge der vorher erwähnten Situation ≈ dementsprechend

**dem·nach**★ *ADVERB* **1** so, wie man es irgendwo gelesen, gehört, erfahren hat *„Ich habe kürzlich einen Artikel über Bakterien gelesen. Demnach sind die meisten sehr wichtig und nützlich für den Körper"* **2** so, wie es aus der vorher erwähnten Situation folgt ≈ folglich *„Während der Eiszeit war der Meeresspiegel niedriger. Demnach gab es weniger Wasser in der Atmosphäre und es war trockener"* **3** so, wie es in Regeln, Vorschriften, Gesetzen formuliert ist *„Die Bahn hat neue Preise eingeführt. Demnach werden Fernreisen um 3 % teurer"*

**dem·nächst, dem·nächst**★ *ADVERB* in naher Zukunft ≈ bald *„Sie werden demnächst heiraten"*

die **De·mo** (-, *-s*); *gesprochen* Kurzwort für *Demonstration*

der **De·mo·krat** (*-en*, *-en*) **1** eine Person, die nach den Prinzipien der Demokratie lebt *„Das Land braucht mehr echte Demokraten unter den Politikern"* **2** ein Mitglied einer Partei, die in ihrem Namen das Wort *demokratisch* (o. Ä.) hat *„die Demokraten und die Republikaner in den USA"* **K** Sozialdemokrat ➊ *der Demokrat; den, dem, des Demokraten* • *hierzu* **De·mo·kra·tin** *die*

die **De·mo·kra·tie**★ (-, *-n* [-'tiːən]) **1** eine Staatsform, in der die Bürger die Regierung selbst wählen *„Ein wesentliches Prinzip der Demokratie ist die Pressefreiheit"* **2** ein Land mit einer Demokratie als Staatsform *„Die Schweiz ist eine Demokratie"* **3** *nur Singular* das Prinzip, nach dem die Mehrheit einer Gruppe Entscheidungen fällt ⟨*Demokratie in der Familie, in der Schule, am Arbeitsplatz*⟩

**de·mo·kra·tisch**★ *ADJEKTIV* **1** den Prinzipien der Demokratie entsprechend ⟨*eine Partei, ein Staat, eine Verfassung, Wahlen*⟩ **2** nach dem Prinzip, dass das gilt, was die Mehrheit will ⟨*eine Entscheidung*⟩ *„Der Beschluss wurde demokratisch gefasst"*

**de·mo·lie·ren** (*demolierte, hat demoliert*) **etwas demolieren** etwas (mit Absicht) zerstören oder beschädigen *„Die enttäuschten Fußballfans demolierten die Tribünen"* • *hierzu* **De·mo·lie·rung** *die*

der **De·monst·rant** (*-en*, *-en*) eine Person, die an einer Demonstration teilnimmt ➊ *der Demonstrant; den, dem, des Demonstranten* • *hierzu* **De·monst·ran·tin** *die*

die **De·monst·ra·ti·on**★ [-'tsi̯oːn]; (-, *-en*) **1** eine Versammlung einer (meist relativ großen)

D

Gruppe von Menschen im Freien, um für oder gegen etwas zu protestieren *„eine Demonstration gegen Atomkraftwerke"* **K** Demonstrationsrecht, Demonstrationsverbot; Friedensdemonstration **2** die sichtbare Darstellung einer Absicht oder Einstellung *„Die Militärparade war als Demonstration der Macht gedacht"* **3** *meist Singular* der Vorgang, zu zeigen, wie etwas funktioniert *„die Demonstration einer chemischen Reaktion"* **K** Demonstrationsobjekt

**de·monst·ra·tiv** [-f] *ADJEKTIV; geschrieben* so, dass man dadurch seine Einstellung deutlich zeigt *„Die Opposition verließ demonstrativ den Parlamentssaal"* | *„Er sah demonstrativ über sie hinweg"*

**de·monst·rie·ren★** *(demonstrierte, hat demonstriert)* **1** **(für/gegen jemanden/etwas) demonstrieren** an einer Demonstration teilnehmen *„für den Frieden/gegen die Aufstellung von Raketen demonstrieren"* **2** **etwas demonstrieren** die eigene Einstellung o. Ä. anderen Menschen deutlich zeigen *„Bei der Abstimmung demonstrierte die Koalition Geschlossenheit und überstimmte die Opposition"* **3** **etwas demonstrieren** in gut verständlicher Weise zeigen, wie etwas funktioniert ≈ vorführen *„Der Biologielehrer demonstrierte anhand eines Modells die Funktion des Herzens"*

die **De·mut** (-) das völlige Fehlen von persönlichem Stolz, die Einstellung, dass man Unglück, Leid o. Ä. ertragen muss, ohne zu klagen *„Schicksalsschläge in Demut ertragen"* **K** Demutshaltung • *hierzu* **de·mü·tig** *ADJEKTIV*

**de·mü·ti·gen** *(demütigte, hat gedemütigt)* **jemanden demütigen** eine Person so behandeln, dass sie in ihrer Würde und in ihrem Stolz verletzt wird *„jemanden demütigen, indem man ihn vor den Kollegen lächerlich macht"* • *hierzu* **De·mü·ti·gung** *die*

**dem·zu·fol·ge** *ADVERB; geschrieben* als (meist logische) Folge des vorher Erwähnten ≈ deshalb

**den** *Akkusativ* → der

**de·nen** *PRONOMEN* **1** verwendet als Dativ Plural zu *der, die* oder *das*, wenn diese die Einleitung für einen Relativsatz sind *„Die Angeklagten, denen zur Last gelegt wird, dass ..."* ❶ → Anhang, S. 1110: **Pronomen** **2** verwendet als Dativ Plural zu *der, die* oder *das*, wenn diese als betonte Pronomen gebraucht werden *„'Denen werde ich es zeigen!"* ❶ → Anhang, S. 1110: **Pronomen**

**denk·bar** *ADJEKTIV* **1** ≈ möglich, vorstellbar *„Eine denkbare Lösung wäre, ..."* **2** verwendet, um (meist negative) Adjektive zu verstärken ‹*denkbar schlecht, ungünstig, knapp*› ≈ sehr

**den·ken★** *(dachte, hat gedacht)* **1** **(etwas) denken** mit dem Verstand arbeiten, Ideen haben, Schlüsse ziehen o. Ä. ‹*abstraktes, analytisches, mathematisches Denken*› *„Er war so müde, dass er nicht mehr vernünftig denken konnte"* | *„Das ist aber seltsam", dachte sie"* **K** Denkfehler ❶ Solange man nicht schläft, denkt man ohne bewusste Anstrengung fast die ganze Zeit. Wenn man aber *überlegt* oder über etwas *nachdenkt*, ist das meistens eine bewusste Entscheidung. **2** **(etwas) denken** eine Meinung oder Vermutung darüber haben, wie eine Person oder Sache vielleicht ist oder sein wird ≈ glauben *„Ich denke, dass es funktionieren wird"* | *„Sie dachte, ich würde sie anrufen"* | *„Ob sie wohl noch kommt?" – „Ich denke schon/nicht"* **3** **etwas von jemandem denken** glauben, dass eine Person die genannte Eigenschaft oder Fähigkeit hat *„Ich hätte nie von ihm gedacht, dass er so gemein sein könnte"* **4** **sich** *(Dativ)* **etwas (irgendwie) denken** ein Bild oder eine Ahnung davon haben, wie jemand/etwas ist, sein könnte oder sein wird *„Ich hätte mir gleich denken können, dass das nichts wird"* **5** **schlecht von jemandem denken** eine negative Meinung von jemandem haben **6** **an jemanden/etwas denken** sich an Personen, Dinge oder Ereignisse erinnern, sie nicht vergessen *„Denk bitte daran, den Hund zu füttern!"* **7** **an jemanden/etwas denken** das Interesse, die Gedanken auf andere Personen oder sich selbst oder auf Situationen konzentrieren *„Er ist sehr egoistisch und denkt immer nur an sich selbst"* **8** **an etwas denken** darüber nachdenken, etwas zu tun, zu kaufen o. Ä. *„Wie wäre es mit diesem Laptop?" – „Ich dachte eigentlich eher an ein Tablet"* **9** **eine Person/Sache gibt (jemandem) zu denken** eine Person/Sache macht jemanden nachdenklich oder misstrauisch

das **Denk·mal★** *(-s, Denk·mä·ler)* **1** Denkmäler werden an öffentlichen Plätzen aufgestellt, um an wichtige Personen oder wichtige Ereignisse zu erinnern ‹*jemandem ein Denkmal setzen; (jemandem) ein Denkmal errichten*› ≈ Monument **K** Mozart-Denkmal, Kriegerdenkmal ❶ Der geschriebene Plural *Denkmale* ist selten. **2** eine Sache, die es schon lange gibt und die es wert ist, dass man sie pflegt und schützt oder nicht vergisst **K** Kulturdenkmal, Naturdenkmal

der **Denk·mal(s)|schutz** alle (staatlichen) Maßnahmen, mit denen vor allem den Abriss oder den Einsturz wertvoller alter Gebäude verhindert ⟨*etwas steht unter Denkmal(s)schutz; etwas unter Denkmal(s)schutz stellen*⟩ • *hierzu* **Denk·mal(s)|schüt·zer** *der*

die **Denk·wei·se** *meist Singular* **1** die Art und Weise, wie jemand denkt **2** die geistige Haltung, die man gegenüber einer anderen Person oder einer Sache hat ⟨*eine fortschrittliche, konservative Denkweise*⟩

**denk·wür·dig** *ADJEKTIV* so wichtig, dass man es nicht vergessen sollte ⟨*ein Datum, ein Ereignis, ein Tag*⟩

der **Denk·zet·tel** **ID** **jemandem einen Denkzettel geben/verpassen** *gesprochen* eine Person so bestrafen, dass sie aus der Strafe lernt oder noch lange daran denkt

**denn**★ *BINDEWORT* **1** der Satz mit *denn* gibt einen Grund an. Der Grund ist oft schon bekannt oder leicht zu verstehen ≈ weil *„Die Autorin kennt sich mit Erziehung aus, denn sie hat selbst vier Kinder"* **2** **besser/schlimmer/weniger/… denn je (zuvor)** besser/schlimmer/weniger/… als zu irgendeiner Zeit zuvor *„Dieses Jahr war das Wetter schlechter denn je"*
*PARTIKEL* **3** *unbetont* Fragen mit *denn* sind freundlicher, zeigen Interesse *„Wie gehts dir denn?"* | *„Was machst du denn da?"* **4** *unbetont* in Fragen kann *denn* auch Überraschung oder Zweifel ausdrücken *„Geht das denn wirklich?"* **5** *unbetont* in Frage- und Aussagesätzen kann *denn* auch Ungeduld, einen Vorwurf oder Kritik ausdrücken *„Muss das denn sein?"* **6** **es sei denn, …** nur dann, wenn etwas geschehen oder der Fall sein sollte ≈ außer *„Das wird er nicht schaffen, es sei denn, ein Wunder geschieht"*

**den·noch**★ *ADVERB* drückt einen Widerspruch aus ≈ trotzdem *„Die Arbeit war schwer, dennoch hatte ich Spaß daran"*

**de·nun·zie·ren** (*denunzierte, hat denunziert*) **eine Person (bei jemandem) denunzieren** *abwertend* (in einem totalitären Staat aus politischen Gründen) eine Person anzeigen oder die Polizei auf das aufmerksam machen, was eine Person macht (weil man ihr schaden will) *„jemanden bei der Polizei denunzieren"* • *hierzu* **De·nun·zi·ant** *der*

das **Deo**★ (-(s), -s); *gesprochen* Kurzwort für *Deodorant* **K** Deoroller, Deospray, Deostift

das **De·o·do·rant** (-s, -s) ein kosmetisches Mittel gegen Körpergeruch

**de·plat·ziert** *ADJEKTIV; abwertend* in einer Situation nicht angemessen oder einer Umgebung nicht angepasst ⟨*eine Bemerkung; etwas wirkt deplatziert*⟩

die **De·po·nie** (-, -n [-'niːən]) ein großer Platz, an dem Müll o. Ä. gelagert wird ⟨*eine Deponie anlegen, schließen*⟩ **K** Mülldeponie

**de·po·nie·ren** (*deponierte, hat deponiert*) **etwas irgendwo deponieren** etwas (meist Wertvolles) an einem sicheren Ort aufbewahren (lassen) *„Wertsachen im Safe deponieren"*

die **De·por·ta·ti·on** [-'tsi̯oːn]; (-, -en) der Vorgang, wenn ein Staat unerwünschte Personen ins Ausland oder in Gefangenenlager schafft

das **De·pot** [de'poː]; (-s, -s) **1** ein Lager für große Mengen z. B. an Lebensmitteln oder Waffen **2** der Ort, an dem Züge, Busse usw. abgestellt werden, wenn sie (z. B. in der Nacht) nicht benutzt werden **K** Busdepot **3** die Abteilung einer Bank, die Wertpapiere aufbewahrt und verwaltet **K** Aktiendepot

die **De·pres·si·on** (-, -en) **1** *meist Plural* ein psychischer Zustand, in dem man (oft ohne richtigen Grund) längere Zeit traurig und mutlos ist *„Er leidet unter schweren Depressionen"* **2** der sehr schlechte Zustand der allgemeinen wirtschaftlichen Situation *„die große Depression der 20er Jahre"*

**de·pres·siv** [-f] *ADJEKTIV meist attributiv* **1** traurig und mutlos ⟨*eine Stimmung, ein Zustand*⟩ **2** ⟨*ein Mensch*⟩ so, dass er zu Depressionen neigt • *zu* (1) **De·pres·si·vi·tät** *die*

**de·pri·mie·ren** (*deprimierte, hat deprimiert*) **etwas deprimiert jemanden** etwas macht jemanden traurig, mutlos oder hoffnungslos ⟨*deprimiert aussehen; deprimierendes Wetter*⟩

**der, die, das**★ *BESTIMMTER ARTIKEL* +SUBSTANTIV: **1** verwendet vor Substantiven, die etwas bezeichnen, das es nur einmal gibt *„die Erde"* | *„der Mond"* **2** verwendet, wenn die genannte Sache nur einmal in der Situation vorhanden ist oder wenn sie eindeutig identifiziert werden kann *„Gib mir bitte die Schere"* | *„Sie saß auf der Couch"* | *„Hast du dir die Hände gewaschen?"* | *„Wie war der Film?"* **3** verwendet vor Substantiven, die im Gespräch, Text o. Ä. bereits erwähnt wurden *„Ein Mann und eine Frau standen auf einmal vor unserer Tür. Der Mann war groß, schlank …"* **4** ver-

D

wendet vor Substantiven, die durch Angaben näher bestimmt sind, so dass man das, was bezeichnet wird, identifizieren kann *„Die grüne Hose gefällt mir gut"* **5** verwendet vor abstrakten Begriffen, die verallgemeinernd gemeint sind (also nicht z. B. eine ganz bestimmte Art von Freiheit, Leben usw. bezeichnen) *„Das Leben könnte so einfach sein"* **6** verwendet vor Substantiven, um jedes einzelne Mitglied oder jeden Teil der genannten Gruppe oder Menge zu bezeichnen *„Das Auto verpestet die Umwelt"* Alle Autos verschmutzen die Umwelt +NAMEN: **7** verwendet vor Namen von Meeren, Seen, Gebirgen usw. und vor einigen Ländernamen *„die Alpen"* | *„der Bodensee"* | *„die Schweiz"* *PRONOMEN* IM RELATIVSATZ: **8** verwendet, um einen Nebensatz einzuleiten und dabei auf ein vorausgehendes Substantiv oder Pronomen hinzuweisen *„das Buch, das er gelesen hat"* ALS SUBJEKT/OBJEKT: **9** alleine verwendet, um direkt und ausdrücklich auf eine Person/Sache hinzuweisen *„Genau 'das wollte ich auch sagen"* ❶ Zur Bezeichnung von Personen ist dieser Gebrauch umgangssprachlich und meist unhöflich: *'Der versteht nichts davon!.* **10** verwendet, um ein Substantiv, das vorher schon gebraucht wurde, nicht zu wiederholen *„Was hältst du von meinem Vorschlag?" – „Den finde ich gut"*

**der·art★** *ADVERB* so sehr, in solch hohem Maß *„Er war derart aufgeregt, dass er anfing zu stottern"*

**derb** *ADJEKTIV* **1** nicht den Normen für anständiges Benehmen entsprechend ⟨*Witze, Sprüche*⟩ **2** voller Kraft, nicht vorsichtig und meist ungeschickt oder aggressiv ≈ grob *„jemanden derb an der Schulter packen"* **3** grob, fest und gut haltbar ⟨*Leder, Stoffe, Schuhe, Kleidung*⟩ *„Kartoffelsäcke aus derbem Leinen"*

**de·ren** *PRONOMEN* **1** verwendet als Genitiv Plural zu *der, die* oder *das*, wenn diese die Einleitung für einen Relativsatz sind *„die beiden Schwestern, deren Haus wir benutzen konnten"* ❶ → Anhang, S. 1110: **Pronomen** **2** Genitiv Plural des betonten Pronomens *der, die* oder *das* *„die Beweise, aufgrund 'deren(/derer) sie verurteilt wurden"* ❶ → Anhang, S. 1110: **Pronomen**

**de·rent·we·gen** *ADVERB* wegen derer *„Die Gäste kommen doch erst später. Derentwegen brauchst du dich also nicht so zu beeilen"*

**de·rent·wil·len** *ADVERB* **um derentwillen** ≈ derentwegen

**de·rer** *PRONOMEN* **1** verwendet anstelle des Genitiv Plurals von *derjenige* *„das Vermächtnis derer, die den Mut zum Widerstand hatten"* ❶ → Anhang, S. 1110: **Pronomen** **2** Genitiv Plural des betonten Pronomens *der, die* oder *das* *„die Beweise, aufgrund 'derer (/deren) sie verurteilt wurden"* ❶ → Anhang, S. 1110: **Pronomen**

**der·glei·chen** *ADJEKTIV nur in dieser Form* **1** *nur attributiv* ≈ solch- *„Dergleichen Dinge passieren jeden Tag"* **2** so etwas, etwas Ähnliches *„Dergleichen habe ich auch schon erlebt"*

**der·je·ni·ge, die·je·ni·ge, das·je·ni·ge** *ARTIKEL* **1** verwendet vor einem Substantiv, um mit besonderer Betonung darauf hinzuweisen; das Substantiv wird durch den folgenden Relativsatz genauer beschrieben *„'Diejenigen Schüler, die an dem Kurs teilnehmen wollen, möchten bitte ins Sekretariat kommen"* *PRONOMEN* **2** alleine verwendet, um mit besonderer Betonung auf eine nicht näher genannte Person oder Sache hinzuweisen *„Wenn ich denjenigen (von euch) erwische, der die Fensterscheibe eingeschlagen hat, dann kann er was erleben!"* ❶ → Anhang, S. 1110: **Pronomen**

**der·ma·ßen** *ADVERB* in so hohem Maße, so (sehr) *„Er ist dermaßen eingebildet, dass er niemals als Erster grüßt"*

**der·sel·be, die·sel·be, das·sel·be★** *ARTIKEL/PRONOMEN* **1** drückt aus, dass es sich nicht um verschiedene Personen/Dinge, sondern nur um eine einzige Person/Sache handelt *„Das ist doch dieselbe Person wie auf dem Foto"* **2** *gesprochen* drückt aus, dass die eine Sache genau so ist wie etwas anderes, ohne Unterschied ≈ gleich *„Sie hat dieselbe Frisur wie ich"* **3** ein und dieselbe Person, ein und dieselbe Sache *„Es sind immer dieselben, die man in diesem Lokal trifft"* **4** **dasselbe** etwas, das mit einer anderen Sache gleich ist oder dieser sehr ähnlich ist *„Ich esse einen Salat und dann eine Pizza. Und du?" – „Ich möchte dasselbe"*

**der·zeit★** *ADVERB* in der Gegenwart

das **De·sas·ter** (-s, -); *geschrieben* ein großes Unglück, ein schlimmer Misserfolg ≈ Katastrophe *„Die Expedition endete mit einem Desaster"*

**des·halb★** *ADVERB* aus diesem Grund *„Sie kann sehr gut singen und will deshalb Sängerin werden"* | *„Ich bin müde. Deshalb gehe ich jetzt ins Bett"*

das **De·sign★** [di'zain]; (-s, -s) der Entwurf und die Gestaltung eines (industriellen) Produkts *„Möbel mit modernem Design"* **K** Autodesign, Textildesign

der **De·sig·ner** [di'zaine]; (-s, -) eine Person, die beruflich Designs macht **K** Modedesigner, Textildesigner • *hierzu* **De·sig·ne·rin** *die*

**De·sig·ner-** [di'zaine-] *im Substantiv, betont, begrenzt produktiv* **die Designerbrille, die Designerjeans, die Designermode** verwendet, um zu sagen, dass etwas individuell entworfen und meist nur für wenige (nicht als Massenware) hergestellt wurde

das **Des·in·fek·ti·ons·mit·tel** [-'tsio:ns-] ein (chemisches) Mittel, mit dem Wunden oder medizinische Geräte desinfiziert werden *„Jod ist ein Desinfektionsmittel"*

**des·in·fi·zie·ren** (*desinfizierte, hat desinfiziert*) **(etwas) desinfizieren** etwas von Bakterien, Schmutz o. Ä. (mit einem geeigneten Mittel) befreien *„eine Wunde mit Jod desinfizieren"* | *„Alkohol desinfiziert"* • *hierzu* **Des·in·fek·ti·on** *die;* **Des·in·fi·zie·rung** *die*

das **Des·in·te·res·se** *nur Singular; geschrieben* der Mangel an Interesse • *hierzu* **des·in·te·res·siert** *ADJEKTIV*

**de·so·lat** *ADJEKTIV; geschrieben* ⟨*ein Anblick, ein Zustand*⟩ ≈ traurig

**des·sen** **1** verwendet als Genitiv Singular zu *der*, wenn dieses als Einleitung für einen Nebensatz (Relativsatz) sind *„der Beweis, aufgrund dessen er verurteilt wurde"* **2** als Genitiv Singular zu *der*, um einen Zusammenhang (z. B. Besitz) auszudrücken *„mein Bruder, dessen Computer wir benutzen durften"*

das **Des·sert** [dɛ'se:ɐ]; (-s, -s) eine süße Speise, die zum Abschluss eines Essens serviert wird ≈ Nachtisch, Nachspeise *„Es gab Obst und Pudding als/zum Dessert"* **K** Dessertlöffel, Dessertteller

**de·s·til·lie·ren** (*destillierte, hat destilliert*) **etwas destillieren** eine Flüssigkeit verdampfen und wieder flüssig werden lassen, um sie von Schmutz oder von anderen Bestandteilen zu trennen *„destilliertes Wasser in die Autobatterie nachgießen"* | *„Alkohol aus Wein destillieren"* **K** Destillierapparat, Destillierkolben • *hierzu* **De·s·til·la·ti·on** *die*

**des·to**★ *BINDEWORT* ≈ umso → je

**des·truk·tiv** [-f] *ADJEKTIV; geschrieben* ⟨*eine Kritik*⟩ so, dass sie nur negativ ist und keine Vorschläge zur Verbesserung o. Ä. enthält ↔ konstruktiv

**des·we·gen**★ *ADVERB* aus diesem Grund ≈ deshalb

das **De·tail**★ [de'tai]; (-s, -s); *geschrieben* **1** ein einzelner, meist kleiner Teil eines größeren Ganzen ⟨*etwas bis ins kleinste Detail beschreiben, erzählen*⟩ ≈ Einzelheit *„Der Zeuge konnte sich an alle Details des Unfalls erinnern"* **K** Detailzeichnung **2** **ins Detail gehen** etwas in allen Einzelheiten beschreiben, diskutieren o. Ä.

D

**de·tail·liert** [deta'ji:ɐt] *ADJEKTIV; geschrieben* mit vielen Einzelheiten ⟨*eine Aufstellung, ein Bericht*⟩ ≈ genau *„Ich konnte keine detaillierten Angaben zu dem Zwischenfall machen"*

der **De·tek·tiv** [dedɛk'ti:f]; (-s, -e) eine Person, die beruflich andere Leute beobachtet o. Ä. und Informationen über diese beschafft (oft im Zusammenhang mit Verbrechen) *„der berühmte Detektiv Sherlock Holmes"* **K** Detektivbüro, Detektivgeschichte; Privatdetektiv • *hierzu* **De·tek·ti·vin** *die*

**deu·ten**★ (*deutete, hat gedeutet*) **1** **etwas (als etwas/irgendwie) deuten** etwas, dessen Sinn oder Zweck nicht sofort klar ist, erklären oder erläutern ⟨*ein Orakel, einen Traum; ein Gedicht deuten*⟩ ≈ interpretieren *„Darf ich Ihr Schweigen als Zustimmung deuten?"* **2** **(mit etwas) irgendwohin deuten** (meist mit dem Finger) auf eine Person/Sache, in eine Richtung zeigen *„Ich sah den Vogel erst, als sie mit dem Finger auf ihn deutete"* **3** **etwas deutet auf jemanden (als etwas); etwas deutet auf etwas** einige Anzeichen lassen vermuten, dass es so ist wie gesagt ≈ hinweisen *„Alles deutet auf einen Wetterumschwung (hin)"* • *zu* (1) **Deu·tung** *die*

**deut·lich**★ *ADJEKTIV* **1** gut zu erkennen ⟨*etwas deutlich fühlen, hören, sehen, wahrnehmen (können)*⟩ **2** ⟨*eine Aussprache, eine Schrift*⟩ so klar und genau, dass man sie gut verstehen, sehen oder hören kann *„Kannst du nicht ein bisschen deutlicher sprechen?"* **3** so, dass man es nicht falsch verstehen kann ⟨*eine Anspielung, ein Hinweis, ein Wink*⟩ ≈ eindeutig *„Ich habe ihm dazu (klar und) deutlich meine Meinung gesagt"* • *hierzu* **Deut·lich·keit** *die*

**deutsch**★ *ADJEKTIV* **1** zu Deutschland und den deutschen Bürgern gehörig ⟨*die Geschichte, der Staat, die Staatsangehörigkeit, das Volk*⟩ *„die deutschen Dichter und Denker"* **2** in der Sprache, die in Deutschland, Österreich und in Teilen der Schweiz gesprochen wird ⟨*deutsch (mit jemandem) reden, sprechen; sich deutsch*

D

unterhalten〉 „die deutsche Übersetzung der Werke Shakespeares" ❶ aber: etwas auf Deutsch sagen (großgeschrieben)

(das) **Deutsch**★ (-(s)) **1** ohne Artikel die deutsche Sprache 〈Deutsch lernen, verstehen; (kein) Deutsch sprechen; etwas auf Deutsch sagen; sich (mit jemandem) auf Deutsch unterhalten〉 „Meine französische Freundin spricht fließend Deutsch" | „Was heißt das auf Deutsch?" **K** Deutschkurs, Deutschunterricht ❶ auch mit unbestimmtem Artikel verwendet, wenn man die Art beschreibt, wie jemand Deutsch spricht: (ein) akzentfreies, gutes, fehlerfreies Deutsch sprechen **2** mit Artikel verwendet, um auf eine besondere Verwendung der deutschen Sprache durch eine Person oder eine Gruppe hinzuweisen **K** Norddeutsch, Süddeutsch, Hochdeutsch **3** ohne Artikel die deutsche Sprache und Literatur als Unterrichtsfach in der Schule 〈Deutsch geben, lehren, unterrichten〉 **K** Deutschlehrer • zu (1) **deutsch·spra·chig** ADJEKTIV

der/die **Deut·sche**[1]★; (-n, -n) eine Person mit der deutschen Staatsangehörigkeit • hierzu **deutsch·stäm·mig** ADJEKTIV

das **Deut·sche**[2]★; (-n) die deutsche Sprache 〈etwas ins Deutsche, aus dem Deutschen übersetzen〉

(das) **Deutsch·land**★ (-s) **1** der Staat in Mitteleuropa, in dem die Deutschen leben „im heutigen Deutschland" **K** Norddeutschland, Süddeutschland **2** die Vertreter der Bundesrepublik Deutschland bei internationalen Veranstaltungen, Konferenzen o. Ä. „Deutschland legte sein Veto ein" | „1 : 0 für Deutschland!" ❶ aber: die beiden Deutschland(s) (= die beiden Teile Deutschlands vor der Wiedervereinigung)

die **De·vi·se** [-v-]; (-, -n); meist Singular eine wichtige Erkenntnis oder Lebensweisheit, an der man sich in einer Situation orientiert „Alles oder nichts" lautete die Devise"

die **De·vi·sen** [-v-]; Plural Geld o. Ä. in ausländischer Währung „Touristen bringen Devisen ins Land" **K** Devisenbestimmungen, Devisenhandel, Devisenkurse

der **De·zem·ber**★ (-(s), -); meist Singular der zwölfte Monat des Jahres 〈im Dezember, Anfang, Mitte, Ende Dezember; am 1., 2., 3. Dezember〉 „Im Dezember ist Weihnachten" ❶ Abkürzung: Dez.

**de·zent** ADJEKTIV **1** unauffällig, aber geschmackvoll 〈Farben, Kleidung, Musik, ein Parfüm〉 „Sie ist dezent geschminkt" **2** zurückhaltend und taktvoll 〈ein Auftreten, ein Hinweis〉

das **De·zer·nat** (-(e)s, -e); admin eine Abteilung einer Behörde (vor allem der Polizei), die ein Sachgebiet bearbeitet „das Dezernat für Wirtschaftskriminalität" **K** Morddezernat, Rauschgiftdezernat

das **De·zi·bel** (-s, -) eine Maßeinheit für die Lautstärke ❶ Abkürzung: dB

das **De·zi·mal·sys·tem** nur Singular das Zahlensystem, das auf der Zahl 10 aufbaut

der **DGB** [de:ge:'be:]; (-(s)) Deutscher Gewerkschaftsbund eine Organisation, in der viele Gewerkschaften in Deutschland Mitglied sind

**d. h.** Abkürzung für das heißt → heißen

**Di** Abkürzung für Dienstag

das **Dia** (-s, -s) ein kleines, durchsichtiges Bild (ein Stück Film) in einem Rahmen. Man steckt das Dia so in einen Apparat (einen Projektor), dass es als großes Bild an der Wand o. Ä. zu sehen ist 〈Dias vorführen〉 **K** Diafilm, Diashow, Diavortrag

der **Di·a·be·tes** (-) eine Krankheit, bei der jemand zu viel Zucker im Blut hat ≈ Zuckerkrankheit

der **Di·a·be·ti·ker** (-s, -) eine Person, die Diabetes hat • hierzu **Di·a·be·ti·ke·rin** die

die **Di·ag·no·se** (-, -n) die Feststellung eines Arztes, welche Krankheit ein Patient hat 〈eine Diagnose stellen〉 „Die Diagnose lautete auf Magengeschwür" • hierzu **di·ag·nos·ti·zie·ren** (hat)

**dia·go·nal** ADJEKTIV schräg, quer verlaufend „ein Hemd mit diagonalen Streifen" | „Er lief diagonal über das Spielfeld"

die **Dia·go·na·le** (-n, -n) eine Linie, die zwei Ecken einer geometrischen Figur verbindet, die nicht nebeneinanderliegen „Die Diagonale teilt ein Quadrat in zwei Dreiecke"

das **Dia·gramm** (-s, -e); geschrieben eine grafische Darstellung, die zeigt, in welchem Verhältnis verschiedene Zahlen zueinander stehen „die Entwicklung der Arbeitslosenzahlen in einem Diagramm verdeutlichen"

der **Di·a·kon, Di·a·kon**; (-s/-en, -e/-en) **1** ein Helfer für die Arbeit in einer Pfarrgemeinde **2** ein Geistlicher, der noch nicht alle Rechte und Pflichten eines Priesters hat ❶ der Diakon; den, dem Diakon/Diakonen, des Diakons/Diakonen • hierzu **Di·a·ko·nin** die

der **Di·a·lekt**★ (-(e)s, -e) die Variante einer Sprache, an der man erkennen kann, aus welcher Region der Sprecher kommt „Für Ausländer ist *es schwer, den bayerischen Dialekt zu verstehen"* K Dialektausdruck, Dialektdichtung, Dialektforschung • *hierzu* **di·a·lekt·frei** *ADJEKTIV*

der **Di·a·log★** (-(e)s, -e) **1** *geschrieben* ein Gespräch zwischen zwei oder mehreren Personen ⟨*einen Dialog führen*⟩ **2** alle Gespräche in einem Film, Theaterstück o. Ä. K Dialogregie

die **Dia·ly·se** [-'ly:-]; (-, -n) das regelmäßige Reinigen von Blut (bei einem Menschen, der kranke Nieren hat) K Dialysegerät, Dialysepatient

der **Di·a·mant** (-en, -en) ein kostbarer, farbloser, sehr harter Edelstein, den man als Schmuck und zum Schneiden von hartem Material verwendet K Diamantbohrer, Diamantring ⓘ *der Diamant; den, dem, des Diamanten*

die **Di·ät★** (-, -en); *meist Singular* **1** eine Art der Ernährung, bei der man man wenig isst, um so Gewicht zu verlieren ⟨*eine Diät machen*⟩ **2** eine spezielle Nahrung, die ein Kranker bekommt und die z. B. wenig Salz oder Fett enthält ⟨*jemanden auf Diät setzen; Diät essen, halten (müssen)*⟩ ≈ Schonkost *„Zuckerkranke müssen eine strenge Diät einhalten"* K Diätkoch

die **Di·ä·ten** *Plural* das Geld, das ein Abgeordneter eines Parlaments für seine Arbeit erhält *„Der Bundestag hat die Diäten erhöht"*

**dich★** *PRONOMEN 2. Person Singular (du), Akkusativ „Ich hoffe, dass ich dich bald wieder besuchen kann"* | *„Schämst du dich denn gar nicht?"* ⓘ → Anhang, S. 1111: **Pronomen**

**dicht★** *ADJEKTIV (dichter, dichtest)* **1** mit wenig Platz zwischen den einzelnen Teilen, Personen oder Dingen ⟨*Gestrüpp, Gewühl, Haar*⟩ *„Morgens herrscht auf den Straßen dichter Verkehr"* K dichtbesiedelt, dichtgedrängt **2** so, dass man kaum oder überhaupt nicht hindurchsehen kann ⟨*Nebel, Qualm, Rauch, ein Schneetreiben, eine Wolkendecke*⟩ **3** so, dass Luft oder Wasser nicht hindurchdringen *„Ist das Boot/das Dach/das Fass dicht?"* K luftdicht, schalldicht, wasserdicht **4** **etwas steht dicht bevor** etwas wird bald geschehen **5** **dicht an/bei/hinter etwas** *(Dativ)* ganz nahe bei oder hinter einer Person oder Sache ID **Bist du nicht (mehr) ganz dicht?** *gesprochen, abwertend* Warum tust/sagst du so etwas Dummes?

**dich·ten** *(dichtete, hat gedichtet)* **1** **(etwas) (über jemanden/etwas) dichten** ein literarisches Werk (in Form von Versen) verfassen ⟨*eine Ballade, ein Epos, ein Sonett dichten*⟩ **2** **etwas dichtet (etwas)** ein Material macht etwas dicht *„Das Isoliermaterial im Dach dichtet nicht gut"* **3** **etwas dichten** etwas dicht machen ⟨*Fugen, ein Leck dichten*⟩

der **Dich·ter★** (-s, -) eine Person, die Dramen und Gedichte schreibt *„Goethe war ein großer Dichter"* K Dichterlesung ⓘ Autoren, die Romane o. Ä. schreiben, nennt man *Schriftsteller.* • *hierzu* **Dich·te·rin** *die*

**dich·te·risch** *ADJEKTIV meist attributiv* in Form eines literarischen Werks *„die dichterische Gestaltung/Verarbeitung eines Stoffes/Themas"*

die **Dich·tung** (-, -en) **1** ein literarisches Kunstwerk, vor allem ein Gedicht oder ein Theaterstück **2** *nur Singular* alle literarischen Werke *„die Dichtung des Barock"* **3** ein Ring aus Gummi o. Ä., der vor allem Verschlüsse und Verbindungen zwischen Rohren oder Schläuchen dicht macht *„Der Wasserhahn tropft, weil die Dichtung kaputt ist"* K Dichtungsring

**dick★** *ADJEKTIV* **1** mit relativ großem Querschnitt ↔ dünn *„ein dickes Seil"* | *„ein Brot dick mit Wurst belegen"* **2** verwendet nach Maßangaben, um die Größe des Durchmessers anzugeben *„Das Kabel ist fünf Millimeter dick und zehn Meter lang"* K fingerdick, zentimeterdick, meterdick **3** mit (zu) viel Fett am Körper ≈ fett ↔ schlank *„Iss nicht so viel Süßigkeiten, das macht dick!"* **4** **ein dickes Lob** große Anerkennung • *zu (2)* **Di·cke** *die; zu (3)* **Di·cke** *der/die*

der **Dick·darm** der relativ dicke und kurze Teil des Darms nach dem Dünndarm K Dickdarmkrebs

**dick·flüs·sig★** *ADJEKTIV* so, dass etwas nur sehr schwer und langsam fließt ⟨*ein Brei, eine Masse, Öl, Sirup, Teig*⟩ ↔ dünnflüssig

das **Di·ckicht** (-(e)s, -e); *meist Singular* dicht wachsende Büsche und Sträucher *„sich im Dickicht verstecken"* | *„das Dickicht des Urwalds"*

der **Dick·kopf** *gesprochen* eine Person, die eigensinnig ist oder nicht nachgibt

**dick·köp·fig** *ADJEKTIV; gesprochen* ≈ stur

**dick·ma·chen** ≈ dick machen

die **Di·dak·tik** (-) die Theorie des Unterrichts, die Wissenschaft, die sich mit Lehren und Lernen beschäftigt • *hierzu* **di·dak·tisch** *ADJEKTIV*

**die★** → der

der **Dieb★** (-(e)s, -e) eine Person, die etwas stiehlt ⟨*einen Dieb fangen, fassen, auf frischer Tat ertappen*⟩ *„Der Dieb erbeutete Schmuck im Wert von tausend Euro"* | *„Haltet den Dieb!"* K

Diebesbande, Diebesbeute; Autodieb, Fahrraddieb • *hierzu* **Die·bin** *die*

**die·bisch** *ADJEKTIV* **1** *meist attributiv* ‹*eine Elster, Gesindel*› so, dass sie oft stehlen **2** sehr stark oder intensiv ‹*eine Freude, ein Vergnügen*›

der **Dieb·stahl** (-(*e*)*s*, *Dieb·stäh·le*) das verbotene Nehmen (Stehlen) von Dingen, die anderen Leuten gehören ‹*einen Diebstahl begehen*; *jemanden wegen Diebstahls anzeigen, verurteilen*› **K** Diebstahlversicherung; Autodiebstahl, Fahrraddiebstahl

**die·je·ni·ge** → derjenige

die **Die·le** (-, -*n*) **1** ein (meist größerer) Vorraum, der direkt hinter dem Eingang in einem Haus liegt und in dem sich meist die Garderobe befindet **2** *meist Plural* die langen, schmalen Bretter eines hölzernen Fußbodens *„Die Dielen knarren bei jedem Schritt"* **K** Dielen(fuß)boden

**die·nen**★ (*diente, hat gedient*) **1** **etwas dient einer Sache** (*Dativ*) etwas fördert oder unterstützt eine Sache *„Die Fortschritte in der Medizin dienen der Gesundheit der Menschen"* **2** **etwas dient (jemandem) als/zu etwas** etwas wird von einer Person zu einem Zweck benutzt *„Die Schere dient mir auch als Brieföffner"* **3** **jemandem/irgendwo dienen** in einem privaten Haushalt gegen Lohn die Arbeit eines Dieners, Dienstmädchens o. Ä. machen *„Er hat lange Jahre dem Herrn Baron (treu) gedient"*

der **Die·ner** (-*s*, -) eine Person, die in einem privaten Haushalt gegen Lohn arbeitet und andere Personen (z. B. beim Essen) bedient • *hierzu* **Die·ne·rin** *die*

**dien·lich** *ADJEKTIV* **etwas ist jemandem/etwas dienlich** etwas ist für jemanden/etwas eine Hilfe oder von Nutzen *„Die Hinweise der Zeugen waren der Polizei sehr dienlich"*

der **Dienst**★ (-(*e*)*s*, -*e*) ARBEIT: **1** *nur Singular* die Stunden, in denen man am Arbeitsplatz sein muss und arbeitet ‹*im/außer Dienst sein*; *Dienst haben, machen, tun*› *„Hast du morgen Dienst?"* **K** Dienstbeginn, Dienstschluss; Nachtdienst **2** *nur Singular* ein Arbeitsverhältnis bei einer Behörde, in der Armee o. Ä. ‹*den Dienst antreten, aufnehmen, kündigen, quittieren*› BEREICH, EINRICHTUNG, ABTEILUNG: **3** *meist Singular* eine Abteilung in der Regierung oder Verwaltung eines Staates **K** Geheimdienst **4** eine Einrichtung, Firma oder Abteilung mit einer Aufgabe im Bereich der Dienstleistungen **K** Kundendienst, Rettungsdienst **5** **der öffentliche Dienst** alle Angestellten der Städte, Gemeinden und des Staats bzw. die Arbeit dieser Personen LEISTUNG: **6** etwas, das man für eine andere Person tut, um ihr zu helfen o. Ä. **K** Botendienst; Freundschaftsdienst VON DINGEN, KENNTNISSEN: **7** **etwas in Dienst stellen** etwas in Betrieb nehmen ‹*ein Flugzeug, ein Schiff*› **8** **etwas tut seinen Dienst/seine Dienste** etwas funktioniert **9** **etwas tut/leistet jemandem gute Dienste** etwas ist für jemanden sehr nützlich

der **-dienst** *im Substantiv, begrenzt produktiv* **1** **Hilfsdienst, Nachrichtendienst, Ordnungsdienst, Rettungsdienst** *und andere* eine Institution, Firma oder Abteilung mit der genannten Aufgabe *„Ich habe das Problem an den Kundendienst weitergegeben"* an die Abteilung, welche die Kunden betreut **2** **Bereitschaftsdienst, Einsatzdienst, Sanitätsdienst** *und andere* die genannte Tätigkeit als (meist berufliche) Aufgabe *„Wir haben heute Wachdienst in der Kaserne"* Wir müssen heute die Kaserne bewachen

der **Diens·tag**★ der zweite Tag der Woche ‹*am Dienstag*; *letzten, diesen, nächsten Dienstag*; *Dienstag früh*› **K** Dienstagabend, Dienstagmorgen; dienstagabends ❶ Abkürzung: *Di*

**diens·tags**★ *ADVERB* an jedem Dienstag, regelmäßig am Dienstag *„Dienstags gehe ich immer in die Sauna"*

**dienst·frei** *ADJEKTIV* so, dass man nicht arbeiten muss ‹*ein Tag, ein Wochenende*; *dienstfrei haben*› ≈ frei

die **Dienst·leis·tung** *meist Plural* eine berufliche Tätigkeit, bei der man keine Waren produziert, sondern etwas für andere Leute oder für Firmen, Behörden o. Ä. tut, wie z. B. als Arzt, Verkäufer, Beamter usw. **K** Dienstleistungsberuf, Dienstleistungsbetrieb

**dienst·lich** *ADJEKTIV* **1** aus beruflichen Gründen ‹*ein Gespräch, eine Reise, ein Schreiben*; *dienstlich verreisen*› **2** in Bezug auf die berufliche Tätigkeit ‹*eine Angelegenheit, ein Befehl*›

die **Dienst·stel·le** ein Amt, eine Behörde ‹*eine untergeordnete, vorgesetzte Dienststelle*› *„Ich werde mich bei der obersten Dienststelle über Sie beschweren!"* **K** Dienststellenleiter

der **Dienst·weg** *nur Singular* der (bei Behörden) vorgeschriebene Ablauf bei Entscheidungen ‹*den Dienstweg einhalten*›

**dies**★ ≈ dieses → dieser

**dies·be·züg·lich** *ADJEKTIV meist attributiv; admin* in Bezug auf die genannte Situation, auf das genannte Schreiben *„Diesbezüglich teilen wir Ihnen mit, dass …"*

**die·se** → dieser

der **Die·sel**★ (-s, -) **1** *nur Singular* Öl, das statt Benzin für manche Motoren verwendet wird **K** Dieselmotor ❶ in dieser Verwendung auch: *das Diesel* **2** *gesprochen* ein Auto mit einem Motor, der Öl statt Benzin verbrennt *„Er fährt einen Diesel"*

**die·sel·be** → derselbe

**die·ser**, **die·se**, **die·ses**★ *ARTIKEL/PONOMEN* **1** verwendet, um ausdrücklich auf eine Person oder Sache hinzuweisen (oft, indem man auch darauf zeigt) *„Dieses Kleid gefällt mir gut"* **2** verwendet, um etwas bereits Erwähntes hervorzuheben *„Dieser Fall liegt doch schon Jahre zurück"* **3** verwendet, um einen Zeitabschnitt zu bezeichnen, der noch nicht zu Ende ist *„Dieses Jahr/diesen Monat/diese Woche wollen wir fertig sein"* **4** verwendet, um einen genauen Zeitpunkt oder Zeitraum in der Vergangenheit oder Zukunft anzugeben *„Am 28. Mai wird er 60. An diesem Tag gibt es ein großes Fest"* **5** verwendet, um sich auf eine Person zu beziehen, die man (noch) nicht gut kennt (und die man daher nicht beurteilen kann) *„Kennst du diese Carola, von der er dauernd schwärmt?"* **6** **dies(es)** wie ein Substantiv verwendet, um sich (zusammenfassend) auf einen bereits erwähnten Satz oder Text zu beziehen *„Er beschloss, uns bei der Arbeit zu helfen. Dies war für uns von großem Nutzen"* **7** verwendet als Pronomen, um wieder auf das gerade Genannte zu verweisen (oft in demselben Satz) *„Martins Computer ist besser als dieser hier"*

**dies·jäh·ri·g-** *ADJEKTIV meist attributiv* in oder von diesem Jahr *„die diesjährige Ernte"*

**dies·mal**★ *ADVERB* bei dieser Gelegenheit, in diesem Fall *„Diesmal machen wir es richtig"* | *„Diesmal ist zum Glück noch alles gut gegangen!"* • *hierzu* **dies·ma·li·g-** *ADJEKTIV*

**dies·seits**★ *PRÄPOSITION mit Genitiv; geschrieben* auf der Seite, auf der sich der Sprecher befindet ↔ jenseits *„Diesseits der Grenze verläuft eine Straße"* ❶ auch zusammen mit *von: diesseits vom Gebirge*

die **Dif·fe·renz** (-, -en) **1** **eine Differenz (zwischen Personen/Dingen)** *geschrieben* ≈ Unterschied *„Zwischen den beiden Kandidaten bestehen hinsichtlich ihrer Qualifikationen erhebliche Differenzen"* **K** Preisdifferenz **2** **die Differenz (von/zwischen Zahlen** (*Dativ*)) das Ergebnis einer Subtraktion *„Die Differenz von/zwischen 18 und 14 ist 4"* **3** **Differenzen (über etwas** (*Akkusativ*)) **(zwischen Personen)** *meist Plural* Streit oder verschiedene Meinungen haben *„Über das Thema „Kindererziehung" kam es immer wieder zu ernsthaften Differenzen zwischen ihnen"*

**dif·fe·ren·zie·ren** (*differenzierte, hat differenziert*) **(zwischen Dingen) differenzieren** *geschrieben* (bei der Beurteilung einer Sache) genaue (und sinnvolle) Unterschiede machen *„differenzierte Methoden"* | *„Unser Chef differenziert genau zwischen privaten und beruflichen Angelegenheiten"* • *hierzu* **Dif·fe·ren·zie·rung** *die*

**dif·fus** *ADJEKTIV; geschrieben* **1** unregelmäßig in verschiedene Richtungen zerstreut ⟨*Licht*⟩ **2** nicht klar und geordnet ⟨*Eindrücke, Erinnerungen, Gedanken*⟩

**di·gi·tal**★ *ADJEKTIV* **1** so, dass Werte als Zahlen dargestellt und nicht auf einem Zifferblatt, einer Skala o. Ä. angezeigt werden ⟨*ein Messgerät, eine Uhr, eine Waage*⟩ *„ein Radiowecker mit digitaler Leuchtanzeige"* **K** Digitalanzeige, Digitaluhr **2** mit moderner elektronischer Technik, ohne herkömmliche Verfahren und Mittel (wie Bildröhren, Filmstreifen usw.) ⟨*Bildbearbeitung, Fernsehen, Fotografie, ein Medium, die Technik, das Zeitalter*⟩ *„eine E-Mail mit digitaler Unterschrift"* **K** Digitalkamera

das **Dik·tat** (-(e)s, -e) **1** ein Text, der meist den Schülern vorgelesen und von diesen aufgeschrieben wird, damit sie richtig schreiben lernen ⟨*ein Diktat geben, schreiben*⟩ *„Sie hat nur zwei Fehler im Diktat"* **2** *nur Singular* das Diktieren ⟨*etwas nach Diktat schreiben*⟩ *„die Sekretärin zum Diktat rufen"*

der **Dik·ta·tor** (-s, *Dik·ta·to·ren*) eine Person, die in einem Staat allein und mit absoluter Macht herrscht (und Gegner mit Gewalt unterdrückt) • *hierzu* **Dik·ta·to·rin** *die*

**dik·ta·to·risch** *ADJEKTIV; geschrieben* **1** in der Art einer Diktatur ⟨*ein Regime*⟩ **2** so, dass kein Widerspruch zugelassen wird ⟨*etwas diktatorisch bestimmen, entscheiden*⟩ ≈ autoritär

die **Dik·ta·tur** (-, -en) **1** eine Regierungsform, in der ein Mensch oder eine Gruppe von Menschen die absolute Macht hat und keine Gegner duldet *„Seit dem Putsch herrscht eine Diktatur der Militärs"* **K** Militärdiktatur **2** ein Staat, in dem eine Diktatur besteht ⟨*eine Diktatur errichten, abschaffen*⟩ *„Unter Hitler war Deutschland eine Diktatur"*

D

**dik·tie·ren** (*diktierte, hat diktiert*) **1** **(jemandem) (etwas) diktieren** einer Person etwas (langsam und deutlich) vorsprechen, damit sie es mitschreiben kann *„jemandem einen Brief diktieren"* **2** **(jemandem etwas) diktieren** einer Person autoritär sagen, was sie tun soll *„Warum willst du mir immer diktieren, wie ich mich zu verhalten habe?"*

das **Di·lem·ma** (-*s*, -*s*) eine Situation, in der man sich zwischen zwei schwierigen oder unangenehmen Möglichkeiten entscheiden muss ⟨*in ein Dilemma geraten; sich in einem Dilemma befinden*⟩

die **Di·men·si·on★** (-, -*en*) **1** *geschrieben nur Plural* die Größe vor allem eines Gebäudes *„ein Gebäudekomplex von gewaltigen Dimensionen"* **2** *geschrieben nur Plural* ein sehr hohes Maß an etwas Negativem ≈ Ausmaß *„Die Pest hat im Mittelalter verheerende Dimensionen angenommen"* **3** die Länge, Breite oder Höhe einer Sache *„Eine Fläche hat zwei, ein Körper hat drei Dimensionen"*

die **DIN®** [diːn]; (-) Deutsche Industrie Norm oft in Verbindung mit einer Nummer verwendet, um einen in Deutschland gültigen Standard zu bezeichnen, z. B. eine Größe für Papier *„DIN A4"* **K** DIN-Format, DIN-Norm

das **Ding**[1]**★**; (-(*e*)*s*, -*e*) **1** *meist Plural* ein Gegenstand oder eine Sache, die nicht genauer bezeichnet werden *„Sie hat auf die Reise nur die wichtigsten Dinge mitgenommen"* **2** *nur Plural* Sachverhalte, die jemanden betreffen ⟨*persönliche, private, öffentliche, schulische Dinge*⟩ ≈ Angelegenheiten *„Wir mussten noch einige wichtige Dinge besprechen"* **3** *nur Plural* Ereignisse, die man nicht genauer beschreiben kann oder will *„In dem alten Schloss ereigneten sich seltsame Dinge"* **ID** **Da geht es/Das geht nicht mit rechten Dingen zu** *gesprochen* Das ist merkwürdig, sonderbar; **vor allen Dingen** besonders, vor allem

das **Ding**[2]**★**; (-(*e*)*s*, -*er*); *gesprochen* verwendet, wenn man eine Sache nicht genauer bezeichnen kann oder will oder wenn man Kritik ausdrücken will *„Was ist denn das für ein seltsames Ding?"*

der/die/das **Dings**, **Dings·bums**, **Dings·da★**; (-); *gesprochen* eine Person oder Sache, deren Name dem Sprecher im Augenblick nicht einfällt *„Der Dings – wie heißt er denn gleich (wieder) – kommt heute Abend auch zur Versammlung"* | *„Sie wohnt in Dings – na, du weißt schon wo"*

der **Din·kel** (-*s*) eine Getreideart

der **Di·no·sau·ri·er** (-*s*, -) verwendet als Bezeichnung für jede Art der (meist sehr großen) Reptilien, die vor Millionen von Jahren gelebt haben

die **Di·ö·ze·se** (-, -*n*) ein kirchliches Gebiet der katholischen Kirche, das ein Bischof leitet

die **Diph·the·rie** [-f-]; (-) eine gefährliche Infektionskrankheit, bei der sich vor allem auf den Mandeln weiße Schichten (Beläge) bilden und der Kehlkopf sehr dick wird

der **Diph·thong** [dɪf'tɔŋ]; (-(*e*)*s*, -*e*) ein Laut, der aus zwei Vokalen besteht, z. B. „au" oder „ei"

**Dipl.-Ing.** Abkürzung für *Diplomingenieur* → Diplom

das **Dip·lom★** (-*s*, -*e*) **1** ein Zeugnis über ein abgeschlossenes Studium an der Universität oder über eine bestandene Prüfung in einem Handwerksberuf *„Gestern haben die Absolventen ihre Diplome bekommen"* **2** ein akademischer Rang, den man erreicht, wenn man eine Prüfung in manchen Fächern an der Universität oder Fachhochschule bestanden hat ⟨*ein Diplom erwerben, machen*⟩ **K** Diplomkaufmann, Diplomstudium **3** eine Ehrenurkunde, die jemand für eine sehr gute Leistung bekommt *„Der Friseur erhielt bei dem Wettbewerb ein Diplom"*

der **Dip·lo·mat** (-*en*, -*en*) ein offizieller Vertreter eines Staates im Ausland (z. B. ein Botschafter, Konsul) **K** Diplomatenpass, Diplomatenviertel **❶** *der Diplomat; den, dem, des Diplomaten*

die **Dip·lo·ma·tie** (-) **1** das Bemühen (vor allem der offiziellen Vertreter eines Staates im Ausland) um gute Beziehungen zwischen den Staaten und das Bestreben, die Interessen des eigenen Staates im Ausland zu wahren **2** das kluge, taktvolle Verhalten im Umgang mit anderen Menschen *„Mit etwas mehr Diplomatie hättest du den Streit vermeiden können"*

**dip·lo·ma·tisch** ADJEKTIV **1** *meist attributiv* die Diplomatie betreffend, durch Diplomatie *„einen Konflikt auf diplomatischem Wege lösen"* **2** von Diplomatie und Höflichkeit bestimmt ≈ klug, geschickt *„Es war nicht sehr diplomatisch von dir, ihm so direkt deine Meinung zu *sagen"*

**dir★** *PRONOMEN 2. Person Singular (du), Dativ „Soll ich dir einen Kaffee machen?" | „Warum nimmst du dir nicht ein paar Tage Urlaub?"* ❶ → Anhang, S. 1111: **Pronomen**

**di·rekt★** *ADJEKTIV (direkter, direktest-)* **1** auf dem kürzesten Weg zu einem Ort führend *„Diese Straße geht direkt zum Bahnhof"* **K** Direktflug **2** **direkt** *+Präposition +Substantiv* in unmittelbarer Nähe der genannten Person/des genannten Orts *„Sie wohnt direkt am Meer" | „Sie stand direkt neben ihm"* **3** **direkt nach/vor etwas** zeitlich unmittelbar nach/vor etwas *„Ich gehe direkt nach der Arbeit nach Hause"* **4** ohne (vermittelnde) Person oder Institution dazwischen ⟨*sich direkt an jemanden wenden*⟩ *„Eier direkt vom Bauernhof kaufen/beziehen"* **5** nicht sehr höflich, vorsichtig oder diskret ⟨*jemandem eine direkte Frage stellen; jemandem etwas direkt ins Gesicht sagen*⟩ ≈ offen **6** ≈ live **K** Direktübertragung **7** **(eine) direkte Verbindung irgendwohin** eine Verkehrsverbindung mit dem Bus, dem Zug o. Ä., bei der man nicht umsteigen muss

*PARTIKEL unbetont* **8** *oft ironisch* verwendet, um zu sagen, dass man positiv überrascht ist ≈ tatsächlich *„Heute bist du ja mal direkt pünktlich!"* ausnahmsweise **9** verwendet, um zu sagen, dass ein Verhalten nicht so verrückt wäre, wie es klingt *„Das Wasser im Fluss war so sauber, das hätte man direkt trinken können"* • *zu* (5) **Di·rekt·heit** *die*

die **Di·rek·ti·on** [-'tsio:n]; (-, *-en*) eine Gruppe von Personen, die ein Unternehmen, eine (öffentliche) Institution o. Ä. gemeinsam leiten ≈ Leitung **K** Polizeidirektion

das **Di·rekt·man·dat** ein Sitz in einem Parlament, den ein Abgeordneter durch persönliche Stimmen bekommen hat, nicht durch Stimmen für seine Liste

der **Di·rek·tor★** (-s, *Di·rek·to·ren*) der Leiter einer meist öffentlichen Institution **K** Museumsdirektor • *hierzu* **Di·rek·to·rin** *die*

das **Di·rek·to·rat** (-(e)s, *-e*) die Räume, in denen der Direktor und seine Mitarbeiter arbeiten

der **Di·ri·gent** (*-en, -en*) eine Person, die ein Orchester oder einen Chor dirigiert ❶ *der Dirigent; den, dem, des Dirigenten* • *hierzu* **Di·ri·gen·tin** *die*

**di·ri·gie·ren** *(dirigierte, hat dirigiert)* **(Personen/etwas) dirigieren** die Aufführung eines Musikstücks leiten, indem man durch Zeichen mit den Händen oder mit einem Stab zeigt, wann und wie die Musiker spielen sollen *„Er dirigiert die Berliner Philharmoniker"*

das **Dirndl** (-s, *-n*) ein Kleid, das zu einer bayrischen oder österreichischen Tracht gehört

der **Disc·jo·ckey** eine Person, die in Diskotheken oder im Radio die Musik aussucht und ankündigt

die **Dis·co** (-, -s); *gesprochen* ⟨*in die Disco gehen*⟩ ≈ Diskothek **K** Discomusik, Discosound

die **Dis·ket·te** (-, *-n*) eine rechteckige, meist schwarze Scheibe aus Kunststoff, auf der man früher Daten für den Computer gespeichert hat

die **Dis·ko·thek★** (-, *-en*) ein Lokal, in dem moderne Tanzmusik gespielt wird

**dis·kret** *ADJEKTIV* rücksichtsvoll und taktvoll, vor allem bei Dingen, die geheim oder unangenehm sind

die **Dis·kre·ti·on** [-'tsio:n]; (-); *geschrieben* diskretes Verhalten

**dis·kri·mi·nie·ren** *(diskriminierte, hat diskriminiert)* **1** **jemanden diskriminieren** eine Person wegen ihrer Nationalität, Hautfarbe, Religion o. Ä. schlechter behandeln als andere Leute **2** **jemanden/etwas diskriminieren** durch (falsche) Behauptungen über eine Person oder etwas dem Ruf oder Ansehen dieser Person schaden • *hierzu* **Dis·kri·mi·nie·rung** *die*

der **Dis·kus** (-(*ses*), *-se/Dis·ken*) **1** eine schwere Scheibe aus Holz und Metall, die (als Sport) geworfen wird **2** *gesprochen* ≈ Diskuswerfen

die **Dis·kus·si·on★** (-, *-en*) **eine Diskussion (über etwas** (*Akkusativ*)**); eine Diskussion** (*+Genitiv*) ein ernsthaftes Gespräch zwischen Personen, die über ein Thema verschiedene Meinungen haben ⟨*eine aktuelle, heftige, kontroverse, politische Diskussion; eine Diskussion führen; sich an einer Diskussion beteiligen*⟩ *„die Diskussion in der Öffentlichkeit über die Zukunft des Journalismus"* **K** Diskussionsbedarf, Diskussionsbeitrag

**dis·ku·tie·ren★** *(diskutierte, hat diskutiert)* **eine Person diskutiert mit jemandem (über etwas** (*Akkusativ*)**); Personen diskutieren (über etwas** (*Akkusativ*)**)** zwei oder mehrere Personen führen ein relativ langes und intensives Gespräch über ein Thema *„über Politik diskutieren"*

das **Dis·play** ['dɪspleɪ]; (-s, -s) **1** die optische Darstellung von Daten, durch Leuchtanzeige bei elektronischen Geräten, digitalen Uhren o. Ä.

D

oder auf dem Bildschirm eines Computers **2** ≈ Bildschirm

**dis·qua·li·fi·zie·ren** (*disqualifizierte, hat disqualifiziert*) **jemanden disqualifizieren** eine Person von einem Wettkampf ausschließen, weil sie gegen eine Regel verstoßen hat *„Der Läufer wurde wegen Verlassens der Bahn disqualifiziert“* • *hierzu* **Dis·qua·li·fi·ka·ti·on** *die*

die **Dis·ser·ta·ti·on** [-'tsio:n]; (-, *-en*) **eine Dissertation (über etwas** (*Akkusativ*)**/zu etwas)** eine wissenschaftliche Arbeit, die man schreiben muss, um den Doktortitel zu bekommen ⟨*eine Dissertation schreiben, abgeben, einreichen*⟩ ≈ Doktorarbeit • *hierzu* **dis·ser·tie·ren** (*hat*)

der **Dis·si·dent** (*-en, -en*) eine Person, die sich offen dazu bekennt, dass sie gegen die offizielle Politik des Staates o. Ä. ist ❶ vor allem in Bezug auf Regimekritiker in sozialistischen Ländern verwendet; *der Dissident; den, dem, des Dissidenten* • *hierzu* **Dis·si·den·tin** *die*

die **Dis·tanz★** (-, *-en*); *geschrieben* **1** **die Distanz zwischen Personen/Dingen** (*Dativ*) die räumliche Entfernung zwischen zwei Personen, Orten oder Punkten ≈ Abstand *„Aus dieser Distanz kann ich nichts erkennen“* **2** **Distanz (zu jemandem)** *nur Singular* eine Haltung gegenüber einer Person, bei der man wenig Gefühle (für sie) zeigt und nur wenig Kontakt zu ihr hat ⟨*auf Distanz* (*zu jemandem*) *bleiben, gehen*⟩

**dis·tan·zie·ren** (*distanzierte, hat distanziert*) **1** **sich von etwas distanzieren** (öffentlich) erklären, dass man meist eine Äußerung, eine Aktion o. Ä. nicht gut oder nicht richtig findet ⟨*sich von einem Bericht, einem Parteiprogramm distanzieren*⟩ **2** **sich von jemandem distanzieren** mit jemandem nichts mehr zu tun haben wollen *„Nach dem Skandal distanzierten sich viele Freunde von ihm“* • *hierzu* **Dis·tan·zie·rung** *die*

**dis·tan·ziert** *ADJEKTIV geschrieben* ≈ zurückhaltend

die **Dis·tel** (-, *-n*) eine Pflanze mit meist violetten oder weißen Blüten, die Blätter mit kleinen dünnen Stacheln hat *„Der Esel frisst Disteln“*

die **Dis·zi·p·lin★** (-, *-en*) **1** *nur Singular* das Einhalten von Regeln und Vorschriften (vor allem innerhalb einer Gemeinschaft oder als Schüler, Soldat) ⟨*äußerste, strenge, strikte, schlechte Disziplin; wenig Disziplin haben*⟩ *„In der Armee herrscht strenge Disziplin“* **2** *nur Singular* die Eigenschaft, dass eine Person ihre Pflichten auch dann erfüllt, wenn sie keine Lust dazu hat oder müde ist ⟨*etwas erfordert, verlangt eiserne Disziplin* (= *große Selbstbeherrschung*)⟩ *„Er hat nicht genug Disziplin, um das Studium durchzuhalten“* **3** ein Teilgebiet des Sports ≈ Sportart *„Der Weitsprung ist eine Disziplin der Leichtathletik“*

**dis·zi·p·li·niert** *ADJEKTIV; geschrieben* **1** mit strenger Disziplin ⟨*eine Klasse, eine Truppe; sich diszipliniert verhalten*⟩ **2** verantwortungsvoll und mit viel Selbstkontrolle ⟨*diszipliniert arbeiten*⟩ • *hierzu* **Dis·zi·p·li·niert·heit** *die*

**di·vers-** [-v-] *ADJEKTIV* (*diversest-*); *meist attributiv, nur mit Plural; geschrieben* ≈ mehrere *„diverse Möglichkeiten ausprobieren“* ❶ kein Komparativ

die **Di·vi·den·de** [-v-]; (-, *-n*) der Anteil am Gewinn einer Aktiengesellschaft, der jährlich an die Aktionäre ausgezahlt wird ⟨*eine Firma schüttet eine hohe Dividende aus; die Dividende erhöhen*⟩

**di·vi·die·ren** [-v-] (*dividierte, hat dividiert*) **(eine Zahl durch eine Zahl) dividieren** berechnen, wie oft eine kleinere Zahl in einer größeren Zahl enthalten ist ≈ teilen *„Sechs dividiert durch zwei ist* (*gleich*) *drei* (*6 : 2 = 3*)*“*

die **Di·vi·si·on** (-, *-en*) **1** *meist Singular* das Dividieren **2** eine Rechenaufgabe, bei der dividiert wird **3** mehrere militärische Einheiten, Regimenter (etwa 10 000 Mann)

**DM** [de:'|ɛm] *historisch* Abkürzung für *Deutsche Mark* → Mark[1]

die **D-Mark** ['de:- ] *historisch* Kurzwort für *Deutsche Mark* → Mark[1]

**Do** Abkürzung für *Donnerstag*

**doch★** *BINDEWORT* **1** Der *doch*-Satz beschreibt ein Ergebnis, welches das Gegenteil von dem ist, was beabsichtigt, gewünscht oder erwartet wurde ≈ aber *„Er tat alles, um rechtzeitig fertig zu werden, doch es gelang ihm nicht“* **2** trotz des vorher erwähnten Umstands ≈ trotzdem *„Sie wollte eigentlich nicht wegfahren, aber sie hat es doch gemacht/hat es aber doch gemacht“* ❶ In dieser Verwendung wird *doch* immer betont. *Doch* wird oft mit *aber* oder mit *und* kombiniert

*PARTIKEL unbetont* **3** in Aussagesätzen wird *doch* verwendet, um etwas zu begründen. Von dem genannten Grund wird angenommen, dass er bekannt oder offensichtlich ist, der Angesprochene soll zustimmen *„Ich muss nach Hause, es ist doch schon spät"* **4** drückt in Fragen aus, dass man sich sicher ist, die Antwort auf die Frage eigentlich zu kennen *„Das war doch so, oder?"* **5** (in Fragen, welche die Form von Aussagesätzen haben) verwendet, um zu sagen, dass man Zweifel oder Sorgen hat und auf eine beruhigende Antwort hofft *„Das schaffst du doch hoffentlich?"* **6** als ablehnende Reaktion auf geäußerte Vermutungen, Aufforderungen oder Kritik verwendet *„Du bist sicher müde." – „Ich doch nicht!"* andere vielleicht, ich aber nicht | *„Mach den Fernseher ein bisschen leiser!" – „Habe ich doch schon!"* **7** verwendet als zustimmende Antwort auf Fragen, die eine Vermutung oder Hoffnung ausdrücken *„Hast du denn Zeit dafür?" – „Aber ja/ sicher doch!"* **8** verwendet, um Aufforderungen zu verstärken *„Schrei doch nicht so laut!"* ⓘ Mit *bitte* oder *mal* wirkt die Aufforderung eher höflich, mit *endlich* wirkt sie ungeduldig oder vorwurfsvoll: *Hör doch endlich auf!* **9** verwendet in Ausrufesätzen, um Überraschung, Empörung o. Ä. auszudrücken *„Das ist doch eine Gemeinheit!"* **10** verwendet, um einen dringenden Wunsch auszudrücken, der (im Moment noch) nicht erfüllt werden kann ≈ nur *„Wenn er doch endlich käme!"* ⓘ Das Verb steht im Konjunktiv II.

der **Docht** (-(*e*)*s*, -*e*) eine Schnur in einer Kerze oder Lampe, die angezündet wird und langsam verbrennt

das **Dock** (-(*e*)*s*, -*s*) eine Anlage, in der Schiffe außerhalb des Wassers gebaut oder repariert werden **K** Dockarbeiter

das **Dog·ma** (-*s*, *Dog·men*) ein religiöser Grundsatz, der innerhalb der katholischen Kirche absolute Gültigkeit hat *„das Dogma von der Unfehlbarkeit des Papstes"*

**dog·ma·tisch** ADJEKTIV; *geschrieben, meist abwertend* (starr und unkritisch) an Dogmen festhaltend ⟨*eine Haltung, ein Standpunkt; jemandes Denken*⟩

der **Dok·tor**★ [-toːɐ̯, -teː]; (-*s*, *Dok·to·ren*) **1** *gesprochen* verwendet als Anrede oder Bezeichnung für einen Arzt ⟨*einen Doktor brauchen, holen; zum Doktor gehen, müssen*⟩ **2** *nur Singular* ein akademischer Grad und Titel *„Er ist Doktor der Biologie"* hat einen Doktortitel in Biologie **K** Doktortitel ⓘ Abkürzung: *Dr.*; *der Bericht des Doktors*, aber: *der Bericht Doktor Meiers*; *Doktor* wird in der Anrede in Verbindung mit einem Familiennamen abgekürzt geschrieben (*Sehr geehrter Herr Dr. Müller!*), ohne Familiennamen ausgeschrieben (*Sehr geehrter Herr Doktor!*) • *zu* (2) **Dok·to·rin** [-toːrɪn] *die*

die **Dok·tor·ar·beit** ⟨*seine Doktorarbeit schreiben; eine Doktorarbeit über etwas* (*Akkusativ*)⟩ ≈ Dissertation

das **Do·ku·ment**★ (-(*e*)*s*, -*e*) **1** Ausweise, Zeugnisse, Urkunden usw. sind wichtige Dokumente *„Welche Dokumente muss ich für die Anmeldung des Autos vorlegen?"* **2** ein Text oder ein Gegenstand aus einer meist vergangenen Epoche, der wichtige Informationen enthält ⟨*ein historisches Dokument*⟩ *„Die Grabsteine der Römer sind für die Historiker wichtige Dokumente"*

**do·ku·men·ta·risch** ADJEKTIV ⟨*eine Aufnahme, ein Film, eine Darstellung*⟩ so, dass sie nur auf Tatsachen beruhen

die **Do·ku·men·ta·ti·on** [-ˈtsi̯oːn]; (-, -*en*) **1** **eine Dokumentation (über etwas** (*Akkusativ*)**/zu etwas)** eine Sammlung von Dokumenten (z. B. Urkunden, Daten und Fakten zu einem Thema) *„Im Anhang des Buches findet sich eine ausführliche Dokumentation zum Thema „Umweltverschmutzung"* **2** **eine Dokumentation (über etwas** (*Akkusativ*)**/zu etwas)** eine dokumentarische Sendung im Fernsehen oder Radio

der **Dolch** (-(*e*)*s*, -*e*) ein spitzes Messer, dessen Klinge auf beiden Seiten schneidet und das als Stoßwaffe dient **K** Dolchstoß

die **Dol·de** (-, -*n*) viele kleine Blüten, die an feinen Stielen zusammen aus einem Stängel wachsen

der **Dol·lar** (-*s*, -*s*) verwendet als Bezeichnung für die Währung mancher Staaten (z. B. in den USA, in Kanada und Australien) **K** Dollarkurs ⓘ Zeichen: $; in Verbindung mit Zahlen wird *Dollar* als Pluralform verwendet: *Das Auto kostet 80 Dollar pro Tag*

**dol·met·schen** (*dolmetschte, hat gedolmetscht*) **(etwas) dolmetschen** das, was jemand sagt, (meist sofort) mündlich in eine andere Sprache übersetzen

der **Dol·met·scher** (-*s*, -) eine Person, die (meist beruflich) etwas dolmetscht *„als Dolmetscher beim Europaparlament arbeiten"* **K** Simultandolmetscher • *hierzu* **Dol·met·sche·rin** *die*

der **Dom** (-(*e*)*s*, -*e*) eine große Kirche, meist die Kirche eines Bischofs (vor allem im deutschsprachigen Raum und in Italien) *„der Kölner Dom"* | *„der Mailänder Dom"* **K** Domchor, Domglocke

D

die **Do·mä·ne** (-, -n) *geschrieben* das Gebiet, in dem eine Person sehr gute Kenntnisse oder Fähigkeiten hat *„Seine eigentliche Domäne ist die Komödie, aber er spielt auch ernste Rollen"*

**do·mi·nant** *ADJEKTIV geschrieben* sehr stark im Durchsetzen der eigenen Wünsche *„Seine Frau ist sehr dominant"*

die **Do·mi·nanz** (-) *geschrieben* die Fähigkeit, seine eigenen Wünsche durchzusetzen

**do·mi·nie·ren** (*dominierte, hat dominiert*); *geschrieben* **(jemanden/etwas) dominieren** jemandes Handeln/den Ablauf einer Sache bestimmen *„eine dominierende Funktion haben"* ❶ meist im Passiv

der **Domp·teur** [dɔmp'tøːɐ̯]; (-s, -e) eine Person, die von Beruf Tiere meist für einen Zirkus dressiert und diese vorführt • *hierzu* **Domp·teu·se** [-'tøːzə] *die*

der **Don·ner**★ (-s, -); *meist Singular* das laute Geräusch, das man nach einem Blitz hört ⟨*der Donner rollt, grollt, kracht (dumpf), dröhnt*⟩ **K** Donnergrollen, Donnerschlag

**don·nern**★ (*donnerte, hat/ist gedonnert*) **1** **es donnert** (*hat*) ein Donner ist zu hören *„Es blitzt und donnert"* **2** **etwas donnert** (*hat*) etwas macht ein lautes Geräusch, das dem Donner ähnlich ist *„donnernder Applaus"* **3** **jemand/etwas donnert irgendwohin** (*ist*) jemand/etwas bewegt sich schnell und mit lautem Geräusch irgendwohin *„Die Lawine donnerte ins Tal"*

der **Don·ners·tag**★ (-(e)s, -e) der vierte Tag der Woche; ⟨*am Donnerstag; letzten, diesen, nächsten Donnerstag; Donnerstag früh*⟩ **K** Donnerstagabend, Donnerstagmorgen; donnerstagabends ❶ Abkürzung: *Do*

**don·ners·tags**★ *ADVERB* an jedem Donnerstag

das **Don·ner·wet·ter** *gesprochen* **1** lautes und heftiges Schimpfen ⟨*ein Donnerwetter kriegen; es gibt ein Donnerwetter*⟩ **2** **zum Donnerwetter!** verwendet als Ausruf des Zorns **3** **Donnerwetter!** verwendet als Ausruf der Bewunderung

**doof**★ *ADJEKTIV; gesprochen, abwertend* **1** sehr dumm **2** verwendet, um Ärger über eine Person oder Sache auszudrücken *„So ein doofer Film!"* • *zu* (1) **Doof·heit** *die*

das **Do·ping** (-s) die Anwendung verbotener Medikamente, um die sportlichen Leistungen zu steigern *„Sie wurde wegen Dopings gesperrt"* **K** Dopingkontrolle

das **Dop·pel** (-s, -) das Spiel von zwei Spielern gegen zwei andere Spieler (vor allem beim Tennis)

die **Dop·pel·be·las·tung** die Belastung, die dadurch verursacht wird, dass jemand für zwei anstrengende Aufgaben verantwortlich ist *„die Doppelbelastung von Frauen durch Beruf und Familie"*

das **Dop·pel·bett** ein Bett für zwei Personen

**dop·pel·deu·tig** *ADJEKTIV* so, dass zwei Bedeutungen möglich sind ⟨*eine Äußerung, eine Bemerkung*⟩ ❶ ≠ zweideutig • *hierzu* **Dop·pel·deu·tig·keit** *die*

der **Dop·pel·gän·ger** (-s, -) eine Person, die einer anderen Person so ähnlich sieht, dass man beide miteinander verwechseln könnte • *hierzu* **Dop·pel·gän·gerin** *die*

das **Dop·pel·haus** ein Haus, das aus zwei Hälften besteht, wobei in jeder Hälfte eine Familie wohnt **K** Doppelhaushälfte

der **Dop·pel·na·me** ein Familien- oder Vorname, der aus zwei Namen besteht, z. B. Hans-Peter, Müller-Seidl

der **Dop·pel·punkt** das Satzzeichen *:* , das vor direkter Rede, vor Aufzählungen und Beispielen steht

**dop·pel·sei·tig** *ADJEKTIV* auf zwei nebeneinanderliegenden Seiten eines Buches, einer Zeitschrift usw. ⟨*eine Anzeige, eine Fotografie*⟩ • *hierzu* **Dop·pel·sei·te** *die*

**dop·pelt**★ *ADJEKTIV* **1** zweimal so viel von einer Sache *„Dafür brauchen wir die doppelte Menge Mehl"* **2** so, dass etwas zweimal getan wird statt einmal *„Ich will das nicht doppelt machen müssen"* **3** **doppelt so groß/oft/schön/viel/...** viel größer/öfter/schöner/mehr/... als in anderen Fällen **4** *abwertend* so, dass jemand nicht ehrlich ist, sondern lügt, betrügt o. Ä.

das **Dop·pel·zim·mer**★ ein Zimmer für zwei Personen in einem Hotel o. Ä.

das **Dorf**★ (-(e)s, *Dör·fer*) ein relativ kleiner Ort auf dem Land, oft mit Bauernhöfen ⟨*aus einem Dorf kommen, sein; auf dem Dorf aufwachsen, wohnen*⟩ *„Er hat genug vom Stadtleben, er zieht jetzt aufs Dorf"* **K** Dorfkirche, Dorfplatz; Fischerdorf

**dörf·lich** *ADJEKTIV* **1** zu einem Dorf gehörend ⟨*das Leben, die Sitten, eine Gemeinschaft*⟩ ↔ städtisch **2** einem Dorf ähnlich ⟨*eine Kleinstadt, eine Stadt*⟩

der **Dorn** (-(e)s, -en) ein harter, spitzer Teil am

Stängel einer Pflanze, wie z. B. am Stiel einer Rose **K** Dornenzweig • *hierzu* **dor·nig** *ADJEKTIV*

**dör·ren** (*dörrte, hat gedörrt*) **etwas dörren** Nahrungsmittel haltbar machen, indem man sie trocknet ⟨*Fisch, Fleisch, Obst dörren*⟩ **K** Dörrfisch, Dörrobst

der **Dorsch** (-(e)s, -e) ≈ Kabeljau

**dort**★ *ADVERB* **1** verwendet, um darauf hinzuweisen, wo jemand/etwas ist *„Hat jemand meine Brille gesehen?" – „Sie ist dort, wo du sie liegen gelassen hast"* **2** **dort** *+Ortsangabe* (oft zusammen mit einer Geste) verwendet, um auf eine Stelle oder einen Ort zu verweisen ⟨*dort drüben, hinten, vorn, oben, unten*⟩ ❶ zu 1 und 2: Mit *dort* wird oft auf eine Stelle verwiesen, die weiter von der Bezugsperson entfernt ist als bei *da* **3** verwendet, um auf einen vorher erwähnten Ort zu verweisen *„Vor zwei Wochen waren wir in Köln. Dort haben wir den Dom bewundert"*

**dort·her, dort·her** *ADVERB* **von dorther** von dem gezeigten oder genannten Ort zum Sprecher hin

**dort·hin, dort·hin**★ *ADVERB* zu dem gezeigten oder genannten Ort hin

**dor·ti·g-** *ADJEKTIV meist attributiv* an dem erwähnten Ort *„In Frankfurt können Sie sich an unseren dortigen Filialleiter wenden"*

die **Do·se**★ (-, -n) **1** ein Behälter mit Deckel zum Aufbewahren von kleinen Dingen **K** Blechdose; Butterdose, Keksdose, Zuckerdose ❶ → Abbildung, S. 489: **Behälter und Gefäße** **2** ein Behälter aus Blech, in dem konservierte Lebensmittel, Getränke usw. verpackt sind bzw. die Menge der so verpackten Sache ≈ Büchse *„Thunfisch in Dosen"* **K** Dosenbier, Dosenwurst **3** *gesprochen* Kurzwort für *Steckdose*

**dö·sen** (*döste, hat gedöst*); *gesprochen* sich in einer Art Halbschlaf befinden *„am Strand liegen und in der Sonne dösen"*

der **Do·sen·öff·ner** ein Gerät, mit dem man Konservendosen öffnen kann

**do·sie·ren** (*dosierte, hat dosiert*) **etwas (irgendwie) dosieren** eine Menge (Dosis) einer Sache abmessen ⟨*ein Medikament (genau, zu hoch) dosieren*⟩ • *hierzu* **Do·sie·rung** *die*

die **Do·sis** (-, *Do·sen*) **1** die Menge eines Medikaments oder Rauschgifts, die auf einmal oder in einem begrenzten Zeitraum genommen wird ⟨*eine schwache, starke, hohe, tödliche Dosis zu sich (Dativ) nehmen*⟩ **K** Tagesdosis **2** die Menge an (radioaktiver) Strahlung, die man meist zu medizinischen Zwecken bekommt **K** Strahlendosis

der/das **Dot·ter** (-s, -) der gelbe Teil vom Ei • *hierzu* **dot·ter·gelb** *ADJEKTIV*

der **Do·zent** (-en, -en) **1** eine Person, die an einer Universität oder Hochschule lehrt (und noch nicht Professor ist) **2** ein Lehrer in der Erwachsenenbildung, z. B. an der Volkshochschule ❶ *der Dozent; den, dem, des Dozenten* • *hierzu* **Do·zen·tin** *die*

**Dr.** Doktor **Dr.** *+Name/Zusatz* ein akademischer Grad und Titel *„Dr. Müller"* | *„Dr. jur."* Doktor der Rechtswissenschaft | *„Dr. med."* Doktor der Medizin

der **Dra·che** (-n, -n) (vor allem in Märchen und Sagen) ein großes, gefährliches Tier mit Flügeln, Schuppen und Krallen, das Feuer spuckt ❶ *der Drache; den, dem, des Drachen*

der **Dra·chen** (-s, -) **1** ein Spielzeug, das aus einem leichten Rahmen besteht, der mit Papier, Stoff o. Ä. überzogen ist. Der *Drachen* wird (an einer Schnur) so gegen den Wind gehalten, dass er in die Luft aufsteigt ⟨*einen Drachen basteln, steigen lassen*⟩ **K** Drachenschnur **2** ein Sportgerät (meist in der Form eines Dreiecks), mit dem man von Bergen herab durch die Luft gleiten kann **K** Flugdrachen

das **Dra·gee** [dra'ʒeː]; (-s, -s) **1** eine kleine Kapsel mit einem Medikament darin **2** eine Süßigkeit in Form eines Dragees

der **Draht**★ (-(e)s, *Dräh·te*) ein dünnes langes Stück Metall, wie es z. B. für Zäune und elektrische Leitungen benutzt wird ⟨*einen Draht spannen, ziehen, abkneifen*⟩ **K** Drahtrolle, Drahtschere, Drahtseil; Kupferdraht

**drah·tig** *ADJEKTIV* relativ klein, schlank und kräftig *„ein drahtiger Bursche"* ❶ meist für Männer verwendet • *hierzu* **Drah·tig·keit** *die*

das **Dra·ma**★ (-s, *Dra·men*) **1** ein Text (in Dialogen), der im Theater gespielt wird ⟨*ein Drama aufführen, inszenieren, spielen*⟩ ≈ Theaterstück *„Hamlet" ist ein berühmtes Drama von Shakespeare"* **2** ein aufregendes Geschehen *„Das Drama der Kindesentführung nahm ein glückliches Ende"* **K** Geiseldrama **3** *gesprochen, abwertend* eine Situation, in welcher es heftigen Emotionen (meist Wut oder Enttäuschung) gibt *„Mit meinen Eltern gibt es nach den Zeugnissen immer ein Drama"*

die **Dra·ma·tik** (-) der Zustand, wenn man etwas sehr Wichtiges oder Gefährliches erlebt ⟨*die*

D

*Dramatik eines Kampfes, eines Wettkampfes, einer Situation〉 „ein Spiel voller Dramatik"*

**dra·ma·tisch★** *ADJEKTIV* **1** aufregend und spannend (und gefährlich) 〈*eine Rettungsaktion, eine Situation*〉 *„Am Unfallort spielten sich dramatische Szenen ab"* **2** (plötzlich und) heftig, mit großem Ausmaß *„Der Fehler hatte dramatische Auswirkungen/Folgen"* **3** *gesprochen* so, dass man sich Sorgen macht oder darüber aufregt *„Ach komm, so dramatisch ist das bisschen Arbeit auch wieder nicht"*

**dra·ma·ti·sie·ren** (*dramatisierte, hat dramatisiert*) **etwas dramatisieren** etwas als wichtiger behandeln, als es in Wirklichkeit ist *„Wir wollen diesen Fall nicht dramatisieren"*

**dran★** *ADVERB; gesprochen* **1** ≈ daran *„Ich glaub nicht dran"* | *„Pass auf die Lampe auf! Stoss dich nicht dran!"* **2** **jemand ist dran** eine Person wird als Nächste behandelt, bedient oder muss als Nächste etwas tun *„Bin ich jetzt dran mit Würfeln?"*

**dran-** (*im Verb, betont und trennbar, begrenzt produktiv; Diese Verben werden so gebildet: dranschrauben, schraubte dran, drangeschraubt*); *gesprochen* **etwas dranhängen, dranklebn, dranknoten, dranschrauben** *und andere* drückt aus, dass man etwas irgendwo befestigt oder gegen etwas hält, drückt o. Ä. ≈ an- *„Er nagelte die Latte an den Zaun dran"* Er befestigte die Latte mit Nägeln am Zaun

**dran·blei·ben** (*ist*); *gesprochen* **1** **(an jemandem/etwas) dranbleiben** nicht aufhören, sich um jemanden/etwas zu bemühen oder zu kümmern *„Wenn man bei ihm etwas erreichen will, muss man dranbleiben"* **2** beim Telefonieren den Hörer nicht auflegen *„Bitte bleiben Sie (noch) dran!"*

**drang** *Präteritum, 1. und 3. Person Singular* → dringen

der **Drang★** (-(e)s) **der Drang (nach/zu etwas)** ein starkes Bedürfnis (nach etwas/etwas zu tun) 〈*einen inneren, unwiderstehlichen Drang verspüren; einem Drang folgen, nachgeben*〉 *„der Drang nach Freiheit"* **K** Bewegungsdrang, Freiheitsdrang

**drän·geln** [-ŋl̩n] (*drängelte, hat gedrängelt*); *gesprochen* **(irgendwohin) drängeln; sich irgendwohin drängeln** in einer Menge von Menschen die anderen Leute leicht stoßen usw., um schneller ans Ziel zu kommen 〈*nach vorne, nach draußen, zum Ausgang drängeln*〉 *„Drängeln Sie doch nicht so!"*

**drän·gen★** (*drängte, hat gedrängt*) **1** **jemanden (irgendwohin) drängen** drücken oder schieben, sodass eine Person gegen ihren Willen irgendwohin gelangt 〈*jemanden zur Seite, hinaus, auf die Straße drängen*〉 **2** **jemanden (zu etwas) drängen** energisch versuchen, jemanden davon zu überzeugen, etwas zu tun *„Er drängte sie zum Verkauf des Hauses"* **3** **die Zeit drängt** man hat nicht mehr viel Zeit **4** **sich irgendwohin drängen** andere Menschen drücken oder schieben, um selbst irgendwohin zu kommen *„Kurt drängt sich in jeder Schlange nach vorne"*

**dran·kom·men** (*ist*); *gesprochen* **1** **jemand kommt dran** eine Person wird als Nächste, bedient, behandelt oder muss als Nächste etwas tun 〈*als Erster, Nächster, Letzter drankommen*〉 *„Bist du beim Arzt gleich drangekommen?"* **2** **etwas kommt dran** mit etwas wird etwas getan 〈*etwas kommt als Erstes, Nächstes, Letztes dran*〉 *„Wenn die Küche geputzt ist, kommt das Bad dran"* **3** (als Schüler) vom Lehrer aufgefordert werden, eine Frage zu beantworten o. Ä. **4** **(an jemanden/etwas) drankommen** etwas greifen, mit den Händen o. Ä. erreichen können *„Ich bin zu klein, ich komme an die Bücher auf dem Regal nicht dran"*

**dran·neh·men** (*hat*); *gesprochen* **1** **jemanden drannehmen** (als Lehrer) einen Schüler auffordern, im Unterricht eine Frage zu beantworten o. Ä. **2** **jemanden/etwas drannehmen** jemanden/etwas (entsprechend einer festgelegten Reihenfolge) behandeln/bearbeiten o. Ä. 〈*jemanden als Ersten, Nächsten, Letzten drannehmen*〉 *„Der Zahnarzt hat mich gleich drangenommen"* sofort behandelt

**dras·tisch** *ADJEKTIV* **1** so, dass dadurch die unangenehmen, negativen Seiten eines Ereignisses deutlich gezeigt werden 〈*ein Beispiel, eine Schilderung; etwas drastisch darstellen, formulieren, schildern*〉 *„Kinderarbeit ist ein drastischer Fall von Ausbeutung"* **2** mit deutlich negativer Wirkung 〈*eine Erhöhung der Preise*〉

**drauf** *ADVERB; gesprochen* ≈ darauf *„Ich bin nicht drauf reingefallen!"* **ID** **Er/Sie hat was drauf** *gesprochen* er oder sie ist intelligent, geschickt o. Ä. oder hat die Fähigkeit, etwas besonders gut zu machen *„In Mathematik hat er ganz schön was drauf"*; **gut drauf sein**

*gesprochen* in guter Laune, Stimmung sein

**drauf-** (*im Verb, betont und trennbar, begrenzt produktiv; Diese Verben werden so gebildet: drauflegen, legte drauf, draufgelegt*); *gesprochen* **(auf etwas** (*Dativ*)**) draufliegen, draufsitzen, draufstehen, drauftreten**; **sich/jemanden/etwas drauflegen, draufsetzen, draufstellen** *und andere* bezeichnet eine Lage oben auf einer Person/Sache oder eine Bewegung dorthin *„Er schraubte den Deckel auf die Flasche drauf"* Er schraubte den Deckel oben auf die Flasche

der **Drauf·gän·ger** (*-s, -*); *meist abwertend* eine Person, die versucht, ihre Ziele zu erreichen, ohne dabei auf Gefahren zu achten oder an die Konsequenzen des eigenen Handelns zu denken • *hierzu* **Drauf·gän·ge·rin** *die*; **drauf·gän·ge·risch** *ADJEKTIV*

**drauf·kom·men** (*ist*); *gesprochen* **(auf etwas** (*Akkusativ*)**) draufkommen** etwas herausfinden, entdecken *„Ich komme einfach nicht drauf, wie das geht"*

**drauf·los** *ADVERB* ohne lange zu zögern oder zu überlegen *„Nur drauflos, dann schaffst du es schon!"*

**drauf·los-** (*im Verb, betont und trennbar, begrenzt produktiv; Diese Verben werden so gebildet: drauflosrennen, rannte drauflos, drauflosgerannt*); *gesprochen* **1 drauflosfahren, drauflosla ufen, drauflosrennen** *und andere* drückt aus, dass eine Bewegung ohne festes Ziel beginnt *„Wir sind einfach mal drauflosspaziert"* Wir machten einen Spaziergang, ohne ein festes Ziel zu haben **2 drauflosquatschen, drauflosreden, drauflosschimpfen** *und andere* drückt aus, dass jemand anfängt zu reden, ohne nachzudenken oder zu zögern *„Sie redete einfach drauflos, damit niemand merkte, wie nervös sie war"* Sie fing einfach an zu reden **3 drauflosschießen, drausloswirtschaften, draufloswurschteln** *und andere* drückt aus, dass jemand etwas ohne Plan oder System tut *„Ich wusste nicht, wo ich anfangen sollte, und da hab ich einfach mal drauflosgearbeitet"* Ich fing einfach an zu arbeiten

**drauf·schla·gen** (*hat*) **1 etwas (auf etwas** (*Akkusativ*)**) draufschlagen** einen Preis o. Ä. um die genannte Summe erhöhen *„zehn Prozent auf die Miete draufschlagen"* **2 auf etwas** (*Akkusativ*) **draufschlagen** mit der Hand, der Faust oder einem Werkzeug auf etwas schlagen *„mit dem Hammer aufs Sparschwein draufschlagen"*

**drauf·zah·len** (*hat*) **(bei etwas) draufzahlen** *gesprochen* bei etwas einen finanziellen Verlust haben

**drau·ßen** ★ *ADVERB* **1** außerhalb des Raumes, in dem man gerade ist, meist im Freien ↔ drinnen *„Er steht draußen vor der Tür"* | *„Die Kinder gehen zum Spielen nach draußen"* **2** weit von bewohnten Gebieten entfernt *„draußen auf dem Meer"*

der **Dreck** (*-(e)s*) **1** *gesprochen* alle Dinge (wie z. B. Schmutz und Abfall), die bewirken, dass etwas nicht sauber ist ⟨*voller Dreck sein; mit Dreck verschmiert sein*⟩ *„Dreck vom Fußboden aufkehren"* **K** Dreckhaufen **2** *gesprochen, abwertend* eine Sache oder Angelegenheit *„Kümmere dich doch um deinen eigenen Dreck!"* **ID Das geht dich einen Dreck an** *gesprochen* ⚠ das ist nicht deine Sache und du solltest dich nicht dafür interessieren; **jeder Dreck** *gesprochen, abwertend* jede Kleinigkeit *„Unser Lehrer regt sich wegen jedem Dreck auf"*

**dre·ckig** ★ *ADJEKTIV*; *gesprochen* voller Dreck ⟨*dreckige Hände, Füße; sich bei einer Arbeit dreckig machen*⟩ ≈ schmutzig **ID jemandem geht es dreckig** *gesprochen* jemandem geht es sehr schlecht

**dreh·bar** *ADJEKTIV* so, dass man es drehen kann • *hierzu* **Dreh·bar·keit** *die*

das **Dreh·buch** ein Buch, in dem der Text für einen Film und die Anweisungen für die Regie stehen **K** Drehbuchautor, Drehbuchvorlage

**dre·hen** ★ ['dre:ən] (*drehte, hat gedreht*) IM KREIS: **1 jemanden/etwas drehen** eine Person, sich selbst oder eine Sache um das eigene Zentrum oder um die eigene Achse bewegen *„Die Schraube sitzt so fest, dass man sie nicht mehr drehen kann"* | *„einen Schalter nach rechts/auf Ein drehen"* **K** Drehstuhl, Drehtür **2 (an etwas** (*Dativ*)**) drehen** ein kleines Teil drehen, das zu einem größeren Gegenstand gehört *„Er drehte an den Knöpfen des Funkgeräts"* **3 etwas dreht sich um etwas** etwas bewegt sich in einem Kreis um einen Punkt/eine Achse herum *„Die Erde dreht sich um die Sonne"* FORMEN, HERSTELLEN: **4 (etwas) drehen** mit der Kamera Aufnahmen für einen Film machen **K** Drehort UM EIN THEMA: **5 etwas/es dreht sich um jemanden/etwas** jemand/etwas ist Thema einer Sache, eines Gesprächs *„Ihre Unterhaltungen drehen sich ständig um *das Wetter"*

das **Dreh·kreuz** 1 ein Drehkreuz gibt am Eingang zu einem Museum, einem Bad, einer U--Bahn-Station o. Ä. Man kann meist nur in eine Richtung hindurchgehen 2 ein wichtiger Knotenpunkt, meist für den Verkehr *„Der Flug nach Griechenland geht über das Drehkreuz München"*

die **Dreh·schei·be** 1 eine Scheibe, die sich dreht und auf der man die Gefäße aus Ton formt 2 ein Ort, an dem sich viele Verkehrswege treffen ≈ Knotenpunkt

die **Dre·hung** ['dreːʊŋ]; (-, *-en*) **eine Drehung (um etwas)** eine Bewegung, bei der sich ein Körper einmal ganz um seine eigene Achse bewegt ⟨*eine halbe, ganze Drehung machen*⟩

die **Dreh·zahl** die Anzahl der Umdrehungen, die ein drehbarer Körper in einem festgelegten Zeitraum macht *„Um den Motor zu schonen, sollte man nicht ständig mit hohen Drehzahlen fahren"* K Drehzahlmesser

**drei**★ *ZAHLWORT* (als Zahl, Ziffer) 3 ℹ → Anhang, S. 1098: **Zahlen** und Beispiele unter **vier**

die **Drei** (-, *-en*) 1 die Zahl 3 2 jemand/etwas mit der Nummer 3 3 Ⓓ eine relativ gute Schulnote (auf der Skala von 1 – 6), mit der man eine Prüfung durchschnittlich bestanden hat

das **Drei·eck** (-s, -e) eine Fläche, die von drei geraden Linien begrenzt ist ⟨*ein gleichschenkliges, spitzwinkliges, rechtwinkliges, gleichseitiges Dreieck*⟩ • *hierzu* **drei·eckig** *ADJEKTIV*

**drei·hun·dert** *ZAHLWORT* (als Zahl) 300

das **Drei·kö·nigs|fest** ein (christliches) Fest (am 6. Januar) zur Erinnerung an die drei Könige, die Jesus Christus nach seiner Geburt besucht haben, um ihm Geschenke zu bringen

**drein·re·den** (*redete drein, hat dreingeredet*) **jemandem (in/bei etwas** (*Akkusativ*)) **dreinreden** *gesprochen* einer Person (in aufdringlicher Weise) sagen, was sie tun soll und wie sie es tun soll

das **Drei·rad** ein kleines Fahrrad mit drei Rädern für Kinder

**drei·ßig**★ *ZAHLWORT* 1 (als Zahl) 30 ℹ → Anhang, S. 1098: **Zahlen** 2 **Anfang/Mitte/Ende dreißig sein** ungefähr 30 bis 33/34 bis 36/37 bis 39 Jahre alt sein

**drei·ßi·ger** *ADJEKTIV meist attributiv; nur in dieser Form* die zehn Jahre (eines Jahrhunderts oder Menschenlebens) von 30 bis 39 betreffend *„in den dreißiger Jahren/den Dreißigern"* | *„Er ist in den/seinen Dreißigern"* K Dreißigerjahre

**dreist** *ADJEKTIV* (*dreister, dreistest-*) ⟨*eine Person, ein Verhalten*⟩ ≈ frech, unverschämt • *hierzu* **Dreis·tig·keit** *die*

**drei·tau·send**, **drei·tau·send** *ZAHLWORT* (als Zahl) 3000

**drei·zehn**★ *ZAHLWORT* (als Zahl) 13 ℹ → Anhang, S. 1098: **Zahlen**

**dre·schen** (*drischt, drosch, hat gedroschen*) **(etwas) dreschen** trockenes Getreide (heute meist mit einer Maschine) so schlagen, dass die Körner herausfallen ⟨*Getreide, Korn dreschen*⟩ K Dreschmaschine

der **Dress** (-es, -e) eine Kleidung (mit festgelegten Farben oder Symbolen), die Sportler oder Mitglieder eines Vereins tragen K Mannschaftsdress, Vereinsdress

**dres·sie·ren**★ (*dressierte, hat dressiert*) **ein Tier dressieren** einem Tier Kunststücke o. Ä. lehren *„Tiere für den Zirkus dressieren"*

das **Dres·sing** (-s, -s) eine Soße, mit der man einen Salat würzt K Salatdressing

die **Dres·sur** (-, *-en*); *meist Singular* 1 eine Disziplin im Pferdesport, bei welcher die Pferde schwierige Gangarten und Figuren vorführen müssen K Dressurreiten 2 das Dressieren eines Tieres *„den Hund zur Dressur geben"*

der **Dril·ling** (-s, -e) jedes der drei Kinder, die gleichzeitig von einer Frau geboren werden ⟨*Drillinge bekommen*⟩

**drin**★ *ADVERB; gesprochen* 1 verwendet, um eine Ortsangabe mit *in* zu verstärken *„In der Dose sind ja keine Kekse mehr drin!"* 2 in einem Haus, Gebäude, Raum, Zimmer o. Ä. ↔ draußen

**drin·gen**★ (*drang, hat/ist gedrungen*) 1 **etwas dringt irgendwohin** (*ist*) etwas gelangt durch etwas hindurch an die genannte Stelle *„Regen dringt durch das Dach"* 2 **auf etwas** (*Akkusativ*) **dringen** (*hat*) energisch fordern, dass etwas getan wird *„auf sofortige Erledigung einer Arbeit dringen"*

**drin·gend**★ *ADJEKTIV* 1 so, dass es sofort getan oder bearbeitet werden muss ⟨*Arbeiten, ein Fall*⟩ ≈ eilig *„Ich muss dringend den Arzt sprechen"* 2 sehr wichtig für jemanden und deshalb eindringlich formuliert ⟨*eine Bitte, ein Gesuch, eine Frage; jemanden dringend vor etwas warnen*⟩ ≈ nachdrücklich 3 sehr stark ⟨*ein Verdacht*⟩ *„Es besteht der dringende Verdacht, dass er bestochen wurde"*

**drin·nen**★ *ADVERB* 1 im Haus, nicht im Freien ⟨*drinnen sein, arbeiten*⟩ *„Draußen ist es* *kalt, aber hier drinnen ist es warm"* **2** innerhalb eines Raumes, Gebäudes o. Ä. ↔ draußen *„Von drinnen hörte man laute Musik"*

**drischt** *Präsens, 3. Person Singular* → dreschen

**dritt★** *ADJEKTIV* **1** *meist attributiv* in einer Reihenfolge an der Stelle 3; (als Zahl) 3. ❶ → Beispiele unter **viert-** **2** als Substantiv verwendet, um Personen, Länder usw. zu bezeichnen, die an etwas nicht direkt beteiligt sind *„geheime Informationen an Dritte weitergeben"* **K** Drittländer **3** **zu dritt** (mit) insgesamt drei Personen *„zu dritt ins Schwimmbad gehen"*

**dritt-** *im Adjektiv, betont, begrenzt produktiv* **drittältest-, drittbest-, drittgrößt-, dritthöchst-** *und andere* verwendet zusammen mit einem Superlativ, um zu sagen, dass jemand oder etwas in einer Reihenfolge an der Stelle 3 steht

**drit·tel** *ADJEKTIV meist attributiv; nur in dieser Form* den 3. Teil einer Menge bildend ≈ ⅓

das **Drit·tel★** (-s, -) der dritte Teil einer Sache *„Ein Drittel der Strecke liegt schon hinter uns"*

**drit·tens★** *ADVERB* verwendet bei einer Aufzählung, um anzuzeigen, dass etwas an dritter Stelle kommt

die **Dro·ge★** (-, *-n*) ein Rauschgift wie z. B. Heroin oder Kokain ⟨*harte, weiche Drogen; unter dem Einfluss von Drogen stehen*⟩ **K** Drogenkonsum, Drogenszene, Drogensucht, drogenabhängig

die **Dro·ge·rie★** (-, *-n* [-'riːən]) in einer Drogerei kauft man vor allem Produkte zur Körperpflege und für die Gesundheit (aber keine Medikamente, die der Arzt verschreibt)

**dro·hen★** (*drohte, hat gedroht*) **1** **(jemandem) mit etwas drohen** einer Person durch Gesten zeigen, dass man sie bestrafen (z. B. schlagen) wird, wenn sie ihr Verhalten nicht ändert ⟨*jemandem mit dem Finger, mit der Faust, mit einem Knüppel drohen*⟩ **2** **(jemandem) (mit etwas) drohen; (jemandem) drohen zu** *+Infinitiv* einer Person sagen, dass man etwas für sie Unangenehmes tun wird, wenn sie sich nicht wie gewünscht verhält *„Sie drohte (ihrem Mann) mit der Scheidung"* | *„Ihr Chef drohte ihr (sie zu entlassen)"* **K** Drohbrief **3** **etwas droht (jemandem/etwas)** etwas Unangenehmes könnte bald (mit einer Person oder Sache) geschehen ⟨*eine drohende Gefahr*⟩ *„Der Firma droht der Bankrott"*

**dröh·nen** (*dröhnte, hat gedröhnt*) **etwas dröhnt** etwas tönt lange, laut und dumpf ⟨*ein Motor, eine Maschine*⟩

die **Dro·hung★** (-, *-en*) Worte oder Gesten, mit denen man jemandem droht ⟨*eine Drohung aussprechen, ausstoßen, wahr machen*⟩

**drol·lig** *ADJEKTIV* **1** ⟨*eine Geschichte*⟩ so, dass sie Spaß macht, amüsant ist **2** ⟨*ein Hündchen; ein Kätzchen*⟩ so, dass sie durch ihre äußere Erscheinung Freude und Sympathie hervorrufen

**drosch** *Präteritum, 1. und 3. Person Singular* → dreschen

die **Dros·sel** (-, *-n*) ein relativ großer Singvogel, der in vielen Arten auf der ganzen Welt vorkommt. Zu den Drosseln gehören z. B. die Nachtigall und die Amsel

**dros·seln** (*drosselte, hat gedrosselt*) **etwas drosseln** die Leistung einer Maschine o. Ä. reduzieren *„die Geschwindigkeit eines Fahrzeugs drosseln"* | *„die Heizung drosseln"* • *hierzu* **Dros·se·lung** *die*

**drü·ben★** *ADVERB* auf der anderen Seite z. B. einer Grenze, einer Straße oder eines Ozeans ⟨*da drüben, dort drüben*⟩ *„Hier sind wir noch in Hessen, aber dort drüben beginnt bereits Bayern"*

**drü·ber** *ADVERB; gesprochen* → darüber

der **Druck**[1]**★**; (-(e)s, *Drü·cke*) **1** *meist Singular* Druck entsteht, wenn eine Kraft auf eine Fläche, einen Körper, ein Gas oder eine Flüssigkeit wirkt ⟨*der Druck nimmt ab, nimmt zu; etwas hat, steht unter Druck; etwas übt Druck auf etwas (Akkusativ) aus*⟩ *„Je tiefer man taucht, desto größer wird der Druck in den Ohren"* **K** Innendruck; Luftdruck, Wasserdruck; Überdruck **2** **ein Druck (auf etwas** (*Akkusativ*)**)** *nur Singular* das Drücken, das Benutzen eines Hebels, einer Taste usw. *„Mit einem Druck auf diesen Knopf kann man das Licht ausmachen"* **K** Knopfdruck **3** *nur Singular* ein unangenehmes Gefühl vor allem im Magen oder Kopf als würde Druck ausgeübt ⟨*einen Druck im Kopf, im Magen haben, verspüren*⟩ **4** *nur Singular* die psychische Belastung oder der starke Einfluss, wenn man zu einem Verhalten gedrängt oder gezwungen wird ⟨*jemanden unter Druck setzen; unter finanziellem, psychischem Druck stehen; unter Druck arbeiten, handeln*⟩ *„Die Massendemonstrationen verstärkten den Druck auf die Regierung"* **K** Leistungsdruck, Zeitdruck

der **Druck**[2]**★**; (-(e)s, *-e*) **1** *nur Singular* ein (meist maschinelles) Verfahren, mit dem Texte, Bilder

D

und Muster (in großen Mengen) auf Papier oder Stoff übertragen werden **K** Druckfarbe, Druckmaschine, Druckpapier; Buchdruck **2** *nur Singular* das Veröffentlichen von Texten, indem man sie druckt **K** Druckverbot **3** ein gedrucktes Bild, Buch oder Stoffmuster *„Das Gemälde ist nicht echt, es ist nur ein Druck"* **4** **etwas geht in Druck** etwas wird gedruckt

der **Drụck·buch·sta·be** ein Buchstabe, der in Druckschrift gedruckt oder geschrieben ist

**drụ·cken★** (*druckte, hat gedruckt*) **1** **etwas** (**auf etwas** (*Akkusativ*)) **drucken** Buchstaben, Muster oder Bilder mit mechanischen Mitteln auf Papier, Stoff o. Ä. bringen oder übertragen **2** (**Dinge**) **drucken** Bücher, Zeitungen usw. produzieren, mit Texten und Bildern, die auf Papier gedruckt sind

**drụ̈·cken★** (*drückte, hat gedrückt*) MIT KRAFT: **1** **jemanden/etwas irgendwohin drücken** eine Person oder Sache mit Kraft (von sich weg) irgendwohin bewegen ↔ ziehen *„einen Hebel nach unten drücken"* | *„Sie wurde im Gewühl an/gegen die Wand gedrückt"* **2** (**jemanden/etwas**) **irgendwohin drücken** Kraft oder das eigene Gewicht auf eine andere Person oder eine Sache wirken lassen und so die Form, Größe oder Lage verändern ≈ pressen *„Ich habe mir als Kind die Nase am Schaufenster des Spielwarengeschäfts platt gedrückt"* **3** **jemandem etwas in die Hand drücken** jemandem etwas in die Hand geben *„jemandem Geld/einen Schlüssel in die Hand drücken"* **4** (**etwas**) **drücken**; **auf etwas** (*Akkusativ*) **drücken** einen Finger oder die Hand fest auf etwas legen oder den Fuß auf etwas stellen, damit etwas geschieht ⟨(*auf*) *den Auslöser, die Hupe, die Klingel, den Knopf drücken;* (*auf*) *die Bremse, das Gaspedal, die Kupplung drücken*⟩ NEGATIV BEEINFLUSSEN: **5** **etwas drücken** etwas auf ein niedrigeres Niveau bringen ⟨*die Löhne, die Preise, die Noten drücken*⟩ **6** **etwas drückt etwas**; **etwas drückt auf etwas** (*Akkusativ*) etwas hat einen negativen Einfluss auf eine Sache *„Der Vorfall drückte die Stimmung auf der Party"* | *„Das Wetter drückte auf unsere Stimmung"* **7** **etwas drückt jemanden**; **etwas drückt jemandem aufs Gemüt** etwas belastet jemanden psychisch *„Mich drückt mein Gewissen, weil ich ihm nicht geholfen habe"* SONSTIGE VERWENDUNGEN: **8** **etwas drückt** (**jemanden**) (**irgendwo**) etwas ist zu klein, zu eng oder zu schwer und verursacht deswegen ein unangenehmes Gefühl ⟨*der Verband, die Schuhe, die Hose, der Rucksack, der Schulranzen*⟩ **9** **sich** (**vor etwas** (*Dativ*)/ **um etwas**) **drücken** *gesprochen, abwertend* eine unangenehme Aufgabe oder Pflicht nicht erfüllen *„sich vor dem Aufräumen/um den Abwasch drücken"*

**drụ̈·ckend** ADJEKTIV sehr groß, stark und unangenehm ⟨*eine Hitze, eine Schwüle*⟩

der **Drụ·cker★** (*-s, -*) **1** eine Person, die beruflich mit dem Druck von Büchern, Zeitungen usw. zu tun hat **2** eine Maschine, die Daten und Texte, die in einem Computer gespeichert sind, auf Papier druckt **K** Druckerkartusche; Fotodrucker; Laserdrucker, Tintenstrahldrucker; Farbdrucker **3** eine Maschine, die auf der Grundlage von elektronischen Plänen im Computer mit besonderen Materialien (z. B. aus Kunststoff) dreidimensionale Gegenstände herstellt **K** 3-D-Drucker • *zu* (1) **Drụ·cke·rin** *die*

die **Dru·cke·rei** (*-, -en*) eine Firma oder Werkstatt, in der Bücher, Zeitungen usw. gedruckt werden

der **Drụck·knopf** **1** ein Knopf meist an Kleidungsstücken, der aus zwei runden Plättchen besteht, die ineinandergedrückt werden **2** eine Taste, auf die man drückt, damit etwas geschieht

die **Drụck·schrift** *meist Singular* eine Art der Handschrift, bei der man gedruckte Buchstaben nachahmt (damit ein Text gut zu lesen ist) *„ein Formular in Druckschrift ausfüllen"*

die **Drụck·stel·le** eine Stelle an der Oberfläche z. B. einer Frucht oder eines Körperteils, die meist durch einen ständigen Druck beschädigt oder verletzt ist

**drụm★** ADVERB; *gesprochen* ≈ darum

**drụn·ter** ADVERB; *gesprochen* ≈ darunter **ID** **Hier geht es/alles drunter und drüber** *gesprochen* hier herrscht überhaupt keine Ordnung

die **Drü·se** (*-, -n*) ein Körperorgan, das Flüssigkeiten (und Hormone) produziert **K** Schweißdrüse, Tränendrüse

der **Dschun·gel★** ['dʒʊŋl]; (*-s, -*) ein sehr dichter Wald in den Tropen ≈ Urwald **K** Dschungelpfad

das **DSL** [de|ɛs'|ɛl]; (*-*) eine Form der Datenübertragung über das Telefon- oder Stromnetz ⟨*ein Internetzugang über DSL; DSL haben*⟩ **K** DSL-Anschluss

**du★** PRONOMEN *2. Person Singular* **1** verwendet als Anrede an eine Person, die man gut kennt (Freunde, Verwandte usw.) oder an ein

Kind *„Hast du Lust, ins Kino zu gehen?"* ⓘ a) → Anhang, S. 1111: **Pronomen** und S. 1075: **Anrede**; b) In Briefen können *du, dich, dir, dein* usw. großgeschrieben werden. **2** **eine Person ist mit jemandem per du; Personen sind per du** Personen sagen *du* zueinander, duzen sich

der **Dü̲·bel** (-s, -) ein kleines Rohr aus Plastik, das man in ein (gebohrtes) Loch in einer Mauer steckt, um Schrauben hineinzudrehen

**du·bi·o̲s** *ADJEKTIV; geschrieben* ⟨*Geschäfte, Machenschaften*⟩ wahrscheinlich nicht ganz legal

**dụ·cken** (*duckte sich, hat sich geduckt*); *gesprochen* **sich ducken** den Kopf senken und den Oberkörper oder die Knie so beugen, dass man einer Gefahr (oder einem Stoß) ausweichen kann *„Er muss sich ducken, damit er durch die Tür kommt"*

das **Du·ẹll** (-s, -e) **1** *historisch* ein Kampf zwischen zwei Personen, meist weil die Ehre eines der Teilnehmer verletzt wurde **2** *geschrieben* ein (heftiges) Streitgespräch zwischen zwei Personen

der **Dụft** (-(e)s, *Düf·te*) ein angenehmer Geruch ⟨*der liebliche, süße, zarte, betörende Duft einer Blume, eines Parfüms*⟩

**dụf·ten**★ (*duftete, hat geduftet*) **1** **etwas duftet** etwas hat einen angenehmen Geruch *„Diese Rosen duften sehr intensiv"* **2** **jemand/etwas duftet nach etwas** jemand/etwas hat einen besonderen, angenehmen Geruch *„Die Seife duftet nach Lavendel"*

**dụl·den**★ (*duldete, hat geduldet*) **1** **etwas dulden** zulassen, dass etwas (mit dem man nicht einverstanden ist) geschieht ≈ tolerieren *„In dieser Sache dulde ich keinen Widerspruch"* ⓘ meist verneint **2** **jemanden (irgendwo) dulden** erlauben, dass sich eine Person an einem Ort aufhält (obwohl man sie dort nicht haben mag und man es ihr verbieten könnte) *„Benimm dich gut, wir sind hier nur geduldet"* • *hierzu* **Dụl·dung** *die*

**dụld·sam** *ADJEKTIV* voller Geduld oder Toleranz anderen Menschen gegenüber ≈ tolerant

die **Dụlt** (-, -en); *süddeutsch* Ⓐ ≈ Jahrmarkt

**dụmm**★ *ADJEKTIV* (*dümmer, dümmst-*) **1** mit wenig Intelligenz (ganz allgemein oder auch nur in der augenblicklichen Situation) ↔ klug *„Natürlich begreife ich das! Ich bin doch nicht dumm!"* **2** so, dass jemand nicht genug nachdenkt, bevor er handelt ≈ unvernünftig *„Es war sehr dumm von dir, im Regen spazieren zu gehen. Jetzt bist du erkältet!"* **3** ohne logischen Zusammenhang, ohne Sinn ⟨*eine Frage, jemandes Gerede, dummes Zeug reden*⟩ **4** unangenehm, ärgerlich oder mit negativen Folgen ⟨*ein Fehler, ein Zufall, eine Angewohnheit*⟩ *„Mir ist da etwas Dummes/eine dumme Geschichte passiert"*

die **Dụmm·heit** (-, -en) **1** *nur Singular* mangelnde Intelligenz *„Das hat nichts mehr mit Pech zu tun, das ist reine Dummheit!"* **2** eine dumme und nicht überlegte Handlung oder Äußerung ⟨*eine Dummheit machen, begehen*⟩ *„Es war eine große Dummheit von dir, ihm das zu sagen"* **3** *nur Plural* unsinnige, übermütige Handlungen ⟨*Dummheiten machen; nichts als Dummheiten im Kopf haben*⟩ ≈ Unsinn

der **Dụmm·kopf** *abwertend* verwendet als Schimpfwort für eine Person, die man für dumm hält

**dụmpf**★ *ADJEKTIV* (*dumpfer, dumpfst-*) Geräusche sind dumpf, wenn sie durch die weite Entfernung nicht laut zu hören sind *„das dumpfe Grollen des Donners"*

die **Dü̲·ne** (-, -n) ein Hügel aus Sand am Meer oder in der Wüste **K** Dünensand; Wanderdüne

**dụ̈n·gen** (*düngte, hat gedüngt*) **(etwas) düngen** Pflanzen Nährstoffe (Dünger) geben ⟨*ein Beet, ein Feld, eine Pflanze (mit Jauche, Kalk, Mist) düngen*⟩ • *hierzu* **Dụ̈n·gung** *die*

der **Dụ̈n·ger** (-s, -) flüssige oder feste Nährstoffe, die in die Erde gegeben werden, damit Pflanzen besser wachsen ⟨*natürlicher, organischer, künstlicher Dünger*⟩ **K** Blumendünger, Rasendünger

**dụn·kel**★ *ADJEKTIV* (*dunkler, dunkelst-*) **1** mit nur wenig oder ohne Licht (wie in der Nacht oder am späten Abend) ⟨*ein Zimmer, eine Straße; im Dunkeln sitzen*⟩ ↔ hell **2** **es wird dunkel** es wird Abend **3** (in der Farbe) mit relativ viel Schwarz vermischt ⟨*eine Hautfarbe, Augen, Haar, Brot, Bier*⟩ ↔ hell *„ein Stoff in dunklem Blau"* **K** dunkelblau, dunkelrot **4** ⟨*Klänge, Töne, eine Stimme*⟩ ≈ tief ↔ hell **5** ungenau, ohne Details ⟨*eine Ahnung, ein Verdacht, eine Erinnerung*⟩ *„Ich kann mich nur dunkel an ihn erinnern"* **6** mit negativen Erfahrungen verbunden ≈ unerfreulich *„Das waren die dunkelsten Stunden in meinem Leben"* ⓘ *dunkel → dunkles Haar*

**dụn·kel·häu·tig** *ADJEKTIV* mit dunkler Haut(farbe)

die **Dun·kel·heit** (-) **1** der Zustand, in dem kein Licht da ist **2** **bei Einbruch der Dunkelheit** der Zeitpunkt am Abend, wenn es dunkel wird

die **Dun·kel·zif·fer** die Zahl der nicht entdeckten oder nicht offiziell gemeldeten Fälle einer Sache *„Bei Sexualverbrechen muss man mit einer hohen Dunkelziffer rechnen"*

**dünn**★ *ADJEKTIV* **1** von relativ geringem Umfang oder Durchmesser, von relativ geringer Dicke ↔ dick *„eine dünne Scheibe vom Braten abschneiden"* | *„eine Salbe dünn auf die Wunde auftragen"* **2** mit sehr wenig Fett (und Muskeln) am Körper ≈ mager ↔ dick, fett *„Du bist ja so dünn, bekommst du denn nicht genug zu essen?"* **3** mit viel Wasser und wenig anderem Inhalt ⟨*Kaffee, Tee, eine Suppe, eine Brühe*⟩ ↔ stark, kräftig **4** ⟨*ein Stimmchen*⟩ leise, schwach und relativ hoch **5** **dünn besiedelt** mit nur wenigen Einwohnern

der **Dünn·darm** der Teil des Darms, der direkt an den Magen anschließt ↔ Dickdarm

**dünn·häu·tig** *ADJEKTIV* leicht zu kränken oder traurig zu stimmen ≈ empfindlich

der **Dunst** (-(*e*)*s*, *Düns·te*) **1** *nur Singular* dünner, leichter Nebel aus Wasserdampf oder Abgasen *„Über der Stadt liegt ein leichter Dunst"* **K** Dunstschleier **2** **ein Dunst (von etwas)** Luft, die mit Partikeln einer Sache gefüllt ist und danach riecht (was meist als störend empfunden wird) **K** Dunstwolke

**düns·ten** (*dünstete, hat gedünstet*) **etwas dünsten** etwas in einem geschlossenen Topf mit wenig Wasser oder Fett bei geringer Hitze zubereiten ⟨*Gemüse, Fleisch, Fisch dünsten*⟩

**duns·tig** *ADJEKTIV* **1** mit leichtem Nebel, Dunst, wobei das Wetter nicht unbedingt schlecht sein muss ⟨*ein Tag, ein Morgen,* (*das*) *Wetter*⟩ **2** mit warmer, schlechter Luft erfüllt ⟨*ein Zimmer, eine Kneipe*⟩

der **Dunst·kreis** der Bereich, in dem der Einfluss einer Person oder Sache deutlich zu spüren ist *„Im Dunstkreis von Arbeitslosigkeit und mangelnder Bildung gedeiht Ausländerfeindlichkeit besonders gut"*

das **Duo** (-*s*, -*s*) **1** ein Musikstück für zwei Instrumente **2** zwei Personen, die zusammen Musik machen **K** Gitarrenduo

das **Dup·li·kat** (-(*e*)*s*, -*e*); *geschrieben* eine genaue Kopie eines Dokuments ⟨*ein Duplikat anfertigen lassen*⟩

das **Dur** (-) verwendet als Bezeichnung der Tonarten, die zwischen dem dritten und vierten und dem siebten und achten Ton Abstände von Halbtönen haben ↔ Moll **K** Durtonart, Durtonleiter; C-Dur, D-Dur *usw.*

**durch**[1]★ *PRÄPOSITION mit Akkusativ* RICHTUNG: **1** **durch etwas (hindurch)** bezeichnet die Richtung einer Bewegung an der einen Stelle in einen Raum oder in ein Gebiet hinein und an einer anderen wieder hinaus *„Wir fahren von Deutschland durch Frankreich nach Spanien"* **2** **durch etwas (hindurch)** bezeichnet eine Bewegung auf der einen Seite einer Öffnung hinein und auf der anderen Seite wieder heraus *„Sie ging durch die Tür"* **3** bezeichnet eine Bewegung zu mehreren Orten in einem Gebiet oder mehreren Punkten in einem Raum *„Abends gingen wir noch durch die Straßen"* ZEIT: **4** *Zeitangabe im Akkusativ* + **durch** bezeichnet einen Zeitraum, von dessen Anfang bis zu dessen Ende etwas dauert oder getan wird *„Die ganze Nacht durch konnte sie nicht schlafen"* MITTEL: **5** nennt die Handlung, die Methode oder das Mittel, mit denen ein Ziel oder eine Wirkung erreicht wird *„Durch Drücken dieses Knopfes schaltet man die Anlage ein"* | *„Er überzeugte mich durch gute Argumente"* GRUND, URSACHE: **6** nennt den Grund oder die Ursache für eine Situation ≈ wegen *„Durch die vielen Abkürzungen sind SMS oft schwer zu verstehen"* | *„Durch ihre freundliche Art ist sie sehr beliebt"* PASSIV: **7** nennt im Passivsatz oder passiven Konstruktionen die Person oder Sache, die etwas tut ≈ von *„Alle Arbeiten werden bei uns durch Fachleute ausgeführt"*

**durch**[2]★ *ADVERB; gesprochen* **1** verwendet als verkürzte Form für viele Verben mit *durch-*, um zu sagen, dass eine Tätigkeit ganz oder erfolgreich beendet ist *„Der Zug ist schon durch"* durchgefahren | *„Das Fleisch ist durch"* durchgebraten **2** *Uhrzeit+* **durch** es ist kurz nach der genannten Uhrzeit *„Wie spät ist es?" – „Vier (Uhr) durch"* **3** **durch und durch** in sehr hohem Maße *„durch und durch nass sein"*

**durch-**[1]★ (*im Verb, betont und trennbar, sehr produktiv; Diese Verben werden so gebildet: durchfahren, fuhr durch, durchgefahren*) **1** **(durch etwas) durchgehen, durchklettern, durchreisen, durchreiten, durchschwimmen** *und andere* bezeichnet eine Bewegung von einer Seite eines Raumes, eines Gebietes oder einer Öffnung zur anderen *„Er reichte ihr den Koffer durch das Zugfenster durch"* Er reichte ihr den Koffer von draußen ins Abteil (oder aber vom Abteil nach draußen) **2** **etwas (durch etwas) durchfühlen, durchschmecken; jemanden/etwas (durch etwas) durchhören** *und andere* drückt aus, dass ein Vorgang trotz eines Hindernisses möglich ist *„Das Fenster ist schmutzig! Ich kann kaum durchsehen"* Das Fenster ist so schmutzig, dass man kaum sehen kann, was auf der anderen Seite ist **3** **etwas durchdiskutieren, durchnummerieren, durchrechnen** *und andere* drückt aus, dass etwas vollständig, von Anfang bis Ende, gemacht wird *„Er hat das dicke Manuskript durchgelesen"* Er hat es von Anfang bis Ende gelesen **4** **etwas durchbeißen, durchbrechen, durchreißen, durchschneiden; etwas bricht, reißt durch** *und andere* drückt aus, dass durch eine Handlung, einen Vorgang zwei (oder mehrere) Teile entstehen *„Sie sägte das Brett durch"* Sie sägte das Brett in zwei Teile **5** **etwas durchlaufen, durchliegen, durchsitzen; etwas rostet durch** *und andere* drückt aus, dass etwas durch eine Belastung oder langen Gebrauch völlig abgenutzt oder kaputt wird *„Er hat seine Hose an den Knien durchgewetzt"* Seine Hose hat an den Knien Löcher bekommen

**durch-**[2]★ *(im Verb, unbetont und nicht trennbar, sehr produktiv; Diese Verben werden so gebildet: durchfahren, durchfuhr, durchfahren)* **etwas durchfliegen, durchschreiten, durchsegeln, durchwandern, durchwaten** *und andere* bildet aus Verben ohne Objekt solche Verben, die dann ein Objekt im Akkusativ haben. Man bezeichnet damit eine Bewegung von einer Seite eines Raumes, eines Gebietes zur anderen oder zu vielen Punkten innerhalb eines Raumes oder Gebietes *„Sie hat schon ganz Europa durchreist"* Sie ist schon in sehr viele Länder Europas gereist | *„Der Wolf durchschwamm den Fluss"* Er schwamm von einer Seite des Flusses zur anderen

**dụrch·at·men** *(hat)* intensiv atmen, die ganze Lunge mit neuer Luft füllen ⟨*tief durchatmen*⟩

**dụrch·aus, durch·aus**★ *ADVERB* etwas ist wahrscheinlich, wahr oder richtig *„Es ist durchaus möglich, dass es heute noch regnet"*

**dụrch·bie·gen** *(hat)* **1** **etwas durchbiegen** etwas stark biegen *„ein Lineal/einen Stab durchbiegen"* **2** **etwas biegt sich durch** etwas biegt sich unter einer Last ⟨*ein Brett, ein Regal, eine Stange*⟩

**dụrch·blät·tern** *(hat)* **(etwas) durchblättern** etwas nur teilweise und schnell (oberflächlich) lesen ⟨*ein Buch, einen Katalog, eine Zeitschrift, Akten durchblättern*⟩

der **Dụrch·blick** *(-s); gesprochen* ⟨*den (vollen) Durchblick haben/kriegen; den Durchblick verlieren*⟩ ≈ Einsicht, Einblick

**durch·blu̲·tet** *ADJEKTIV* **etwas ist gut/schlecht durchblutet** etwas ist genügend/ungenügend mit Blut versorgt *„Die Beine sind schlecht durchblutet"*

die **Durch·blu̲·tung** *(-)* das Fließen des Blutes im Körper **K** Durchblutungsstörungen

**dụrch·bre·chen**[1] **1** **etwas durchbrechen** *(hat)* etwas in zwei Teile brechen *„einen Ast durchbrechen"* **2** **etwas bricht durch** *(ist)* etwas bricht in zwei Teile, etwas zerfällt *„Das morsche Brett ist durchgebrochen"*

**durch·brẹ·chen**[2] *(durchbricht, durchbrach, hat durchbrochen)* **etwas durchbrechen** durch ein Hindernis kommen, indem man sich schnell und mit Kraft bewegt *„Die Demonstranten durchbrachen die Absperrung"*

**dụrch·brin·gen**★ *(hat)* **1** **jemanden durchbringen** eine Person, die krank, schwach oder verletzt ist, so pflegen, dass sie nicht stirbt *„Er war schwer verletzt, aber die Ärzte konnten ihn durchbringen"* **2** **jemanden (mit etwas) durchbringen** in einer schweren Zeit für jemanden oder sich selbst sorgen *„Nach dem Tod ihres Mannes musste sie die Kinder allein durchbringen"* **3** **etwas (irgendwo) durchbringen** erreichen, dass ein Antrag oder Vorschlag von einer Behörde, einem Parlament o. Ä. angenommen wird *„Der Minister hat das Gesetz im Bundestag durchgebracht"*

der **Dụrch·bruch** *(-(e)s, Durch·brü·che)* **der Durchbruch (zu etwas)** ein Erfolg, auf den man lange gewartet hat und der für die Zukunft entscheidend ist ⟨*jemandem/etwas zum Durchbruch verhelfen*⟩ *„Mit diesem Roman gelang ihm der Durchbruch zu Ruhm und Reichtum"*

**dụrch·dre·hen** *(drehte durch, hat/ist durchgedreht)* **1** **Räder/Reifen drehen durch** *(ist)* Räder oder Reifen kommen wegen fehlenden Widerstands nicht vorwärts, sondern drehen sich auf der Stelle *„Auf Glatteis drehen die Räder durch"* **2** *gesprochen (ist)* sehr nervös werden, die Nerven verlieren *„Bei dem Stress dreh ich noch völlig durch!"*

**dụrch·drin·gen**[1] *(ist)* **1** **jemand/etwas**

D

**dringt (durch etwas) durch** jemand/etwas gelangt durch etwas hindurch *„Überall an den Wänden war Feuchtigkeit durchgedrungen"* | *„Nur mit Mühe konnte ich das Dickicht durchdringen"* **2** **etwas dringt (zu jemandem) durch** jemand erfährt etwas *„Die Nachricht ist bis zu uns nicht durchgedrungen"*

**durch·drin·gen**[2] (*durchdrang, hat durchdrungen*) **etwas durchdringt etwas** etwas kommt durch etwas Dichtes hindurch *„Radioaktive Strahlung durchdringt sogar dicke Wände"*

**durch·drin·gend★** *ADJEKTIV meist attributiv* so intensiv, dass es unangenehm oder schmerzhaft ist ⟨*ein Blick, ein Pfiff, ein Schrei, ein Geruch, ein Schmerz*⟩

**durch·drü·cken** (*hat*) **1** **etwas (durch etwas) durchdrücken** etwas durch etwas pressen **2** **(etwas) durchdrücken** einen Hebel oder Knopf so weit drücken, wie es möglich ist ⟨*die Bremse, das Gaspedal durchdrücken*⟩

**durch·ei·nan·der, durch·ei·nan·der★** *ADVERB* **1** ohne Ordnung *„Nach dem Fest lagen Flaschen und Aschenbecher durcheinander auf dem Boden herum"* **2** **(ganz/völlig) durcheinander sein** (sehr) verwirrt sein

das **Durch·ei·nan·der, Durch·ei·nan·der**; (-s) **1** der Zustand, in dem Dinge ohne Ordnung irgendwo herumliegen, -stehen ≈ Unordnung *„Hier herrscht ja ein fürchterliches Durcheinander!"* **2** eine Situation, in der Menschen verwirrt hin und her laufen und nicht wissen, was sie tun sollen ⟨*ein allgemeines, heilloses, wüstes Durcheinander entsteht, herrscht*⟩

**durch·ei·nan·der-** (*im Verb, betont und trennbar, begrenzt produktiv; Diese Verben werden so gebildet: durcheinanderrufen, riefen durcheinander, durcheinandergerufen*) **durcheinanderlaufen, durcheinanderreden, durcheinanderrufen**; **etwas durcheinanderwerfen** *und andere* drückt aus, dass viele einzelne Dinge in Unordnung geraten oder dass mehrere Personen etwas ohne Reihenfolge gleichzeitig tun *„Die Akten sind durcheinandergefallen"* Die Akten sind heruntergefallen und liegen nun ohne Ordnung da

**durch·ei·nan·der·brin·gen** (*hat*); *gesprochen* **1** **Dinge durcheinanderbringen** geordnete Dinge in Unordnung bringen *„die Papiere in der Eile durcheinanderbringen"* **2** **Personen/Dinge durcheinanderbringen** verschiedene Personen oder Gegenstände miteinander verwechseln *„Zwillinge kann man leicht durcheinanderbringen"* **3** **jemanden (durch/mit etwas) durcheinanderbringen** ≈ verwirren *„Er hat mich mit den Zwischenfragen ganz durcheinandergebracht"*

**durch·ei·nan·der·kom·men** (*ist*); *gesprochen* **1** **etwas kommt durcheinander** etwas wird unordentlich *„Du brauchst nicht aufzuräumen, es kommt ja eh alles wieder durcheinander"* **2** **jemand kommt durcheinander** jemand wird verwirrt *„Jetzt bin ich ganz durcheinandergekommen"*

**durch·fah·ren**[1] (*ist*) **1** **(durch etwas) durchfahren** durch eine enge Stelle, eine Öffnung fahren *„durch ein Tor durchfahren"* **2** so lange oder bis zu einem (zeitlichen oder räumlichen) Punkt ohne Pause oder Unterbrechung fahren *„bis Berlin durchfahren"*

**durch·fah·ren**[2] (*durchfährt, durchfuhr, hat durchfahren*) **etwas durchfahren** von einer Grenze eines Gebietes zur anderen fahren oder innerhalb eines Gebietes von einem Punkt zu einem anderen fahren *„Im Urlaub durchfuhren wir Portugal"*

die **Durch·fahrt** (-, *-en*) **1** eine enge Stelle, z. B. ein Tor, durch die ein Wagen fahren kann **2** *meist Singular* das Durchfahren ⟨*Durchfahrt verboten!*⟩

der **Durch·fall** (-(*e*)*s*, *Durch·fäl·le*); *meist Singular* eine Krankheit, bei der man flüssigen Kot ausscheidet ⟨*Durchfall haben, bekommen*⟩ ❶ medizinische Bezeichnung: *Diarrhöe*

**durch·fal·len★** (*ist*) **1** **jemand/etwas fällt (durch etwas) durch** jemand/etwas fällt durch eine Öffnung o. Ä. ⟨*etwas fällt durch ein Gitter, ein Loch, ein Netz, einen Rost, ein Sieb durch*⟩ **2** **(bei etwas/in etwas** (*Dativ*)**) durchfallen** eine Prüfung nicht bestehen *„im Abitur durchfallen"* **K** Durchfallquote

**durch·füh·ren★** (*hat*) **1** **etwas durchführen** das tun, was geplant oder vorgeschrieben ist ⟨*einen Plan, ein Vorhaben durchführen; einen Auftrag, einen Beschluss durchführen*⟩ **2** **etwas durchführen** etwas (nach einem Plan) machen ⟨*ein Experiment, einen Versuch, eine Reparatur durchführen*⟩ • *hierzu* **Durch·füh·rung** *die*

der **Durch·gang** (-(*e*)*s*, *Durch·gän·ge*) **1** **ein Durchgang (zu etwas)**; **ein Durchgang zwischen Dingen** (*Dativ*) eine meist relativ enge Verbindung zwischen zwei Räumen, Gebäuden o. Ä., durch die man gehen kann *„Bitte den*

*Durchgang frei halten!"* **2** *nur Singular* das Überqueren einer Fläche oder eines Gebiets, die anderen Personen gehören *„Durchgang verboten!"* **3** eine von mehreren Phasen eines wiederholten Ablaufs *„mehrere Durchgänge eines Wettkampfes"* | *„im ersten Durchgang an die Reihe kommen"* **K** Arbeitsdurchgang

**dụrch·gän·gig** *ADJEKTIV meist adverbiell* immer, von Anfang bis Ende vorhanden *„Er hat durchgängig gute Leistungen gebracht"*

der **Dụrch·gangs|ver·kehr** der Verkehr, der durch einen Ort zu anderen Orten geht

**dụrch·ge·hen** ★ (*ist*) **1** **etwas (auf etwas** (*Akkusativ*) **(hin)) durchgehen** einen Text genau lesen, um z. B. Fehler zu finden *„einen Aufsatz auf Kommafehler (hin) durchgehen"* **2** **etwas geht durch** etwas dauert, fährt, fliegt o. Ä. ohne Unterbrechung bis zu einem Zeitpunkt oder einem Ort *„Die Party ging die ganze Nacht durch"* | *„Der Zug geht durch bis Bonn"* **3** **(durch etwas) durchgehen** durch eine Öffnung gehen *„durch ein Tor durchgehen"* **4** **etwas geht (durch etwas) durch** *gesprochen* etwas ist kleiner als eine Öffnung und passt deshalb hindurch *„Die Tür ist so schmal, dass der Tisch nicht durchgeht"* **5** **etwas geht (durch etwas) durch** *gesprochen* etwas dringt durch etwas *„Das Wasser geht durch meine Schuhe durch"* **6** **(jemandem) etwas durchgehen lassen** *gesprochen* eine Person nicht kritisieren oder bestrafen (obwohl sie es verdient hätte) *„jemandem einen Fehler durchgehen lassen"*

**dụrch·ge·hend** *ADVERB* **jemand/etwas hat durchgehend geöffnet; etwas ist durchgehend offen/geöffnet** Ein Geschäft, eine öffentliche Einrichtung ist ohne Mittagspause geöffnet *„Die Buchhandlung hat von 8 Uhr bis 18 Uhr durchgehend geöffnet"*

**dụrch·ge·knallt** *ADJEKTIV; gesprochen!* nicht (mehr) vernünftig und normal ≈ verrückt *„Irgendwelche durchgeknallten Typen haben die Mülltonnen angezündet"*

**dụrch·grei·fen** (*hat*) **1** **(durch etwas) durchgreifen** durch eine Öffnung greifen ⟨*durch ein Gitter, einen Zaun, einen Spalt durchgreifen*⟩ **2** **(gegen jemanden) (irgendwie) durchgreifen** energisch dafür sorgen, dass Regeln oder Gesetze befolgt werden ⟨*energisch, hart, rücksichtslos durchgreifen*⟩ *„Die Polizei greift gegen betrunkene Autofahrer streng durch"*

**dụrch·grei·fend** *ADJEKTIV* ⟨*Änderungen, Neuerungen*⟩ sehr groß, mit starken Auswirkungen/Konsequenzen

**dụrch·hal·ten** (*hat*) **etwas durchhalten** in einer sehr unangenehmen oder schwierigen Situation seine (körperliche oder seelische) Kraft nicht verlieren *„Obwohl er krank war, hielt er die Strapazen der Reise gut durch"*

das **Dụrch·hal·te|ver·mö·gen** (*-s*) die Fähigkeit, eine Anstrengung längere Zeit zu ertragen ≈ Ausdauer

**dụrch·kom·men** ★ (*ist*) **1** **(durch etwas) durchkommen** durch einen Ort o. Ä. gehen oder fahren, ohne dort anzuhalten *„Der Zug nach Leipzig muss gleich durchkommen"* **2** *gesprochen* an einer Verletzung oder Krankheit nicht sterben *„Hoffentlich kommt er durch!"* **3** *gesprochen* jemanden telefonisch erreichen können oder eine freie Leitung bekommen ⟨*sofort, auf Anhieb, nicht durchkommen*⟩ **4** *gesprochen* eine Prüfung bestehen *„Wenn du für das Examen nicht lernst, kommst du nie durch!"*

**durch·kreu·zen** (*durchkreuzte, hat durchkreuzt*) **jemandes Absichten, Pläne durchkreuzen** bewirken, dass jemandes Absichten, Pläne scheitern • *hierzu* **Durch·kreu·zung** *die*

**dụrch·las·sen** (*hat*) **1** **etwas lässt etwas (durch etwas) durch** etwas verhindert nicht, dass etwas durch ein Hindernis, eine Öffnung (hindurch) gelangt *„Das Dach lässt Regen durch"* | *„Die Vorhänge lassen fast kein Licht durch"* **2** **jemanden/etwas (durch etwas) durchlassen** jemandem erlauben, durch eine Absperrung, ein Hindernis o. Ä. zu gehen oder zu fahren *„Die Wachen dürfen Personen ohne Ausweis nicht durchlassen"*

**dụrch·läs·sig** *ADJEKTIV* **(für etwas) durchlässig** so, dass dadurch etwas (z. B. eine Flüssigkeit, Licht o. Ä.) durchdringen kann ⟨*Schuhe* (= *undicht*)⟩ **K** lichtdurchlässig, luftdurchlässig, wasserdurchlässig • *hierzu* **Dụrch·läs·sig·keit** *die*

der **Dụrch·lauf** eine von mehreren Phasen eines wiederholten Ablaufs ⟨*in ersten, zweiten usw. Durchlauf*⟩ ≈ Durchgang *„Nach mehreren Durchläufen werden die Ergebnisse statistisch ausgewertet"*

**dụrch·lau·fen**[1] ★ **1** **(durch etwas) durchlaufen** (*ist*) durch etwas hindurchgehen o. Ä., ohne dort länger stehen zu bleiben *„durch ein*

*Kaufhaus nur durchlaufen, ohne etwas zu kaufen"* **2** **etwas läuft (durch etwas) durch** (*ist*) etwas dringt langsam durch etwas durch *„Der Kaffee ist noch nicht (durch den Filter) durchgelaufen"*



**durch·lau·fen**[2] (*durchlief, hat durchlaufen*) **1** **etwas durchlaufen** etwas erfolgreich beenden ⟨*eine Schule, eine Ausbildung, ein Studium durchlaufen*⟩ **2** **etwas durchlaufen** von einem Ende eines Gebietes o. Ä. zum anderen laufen *„einen Wald durchlaufen"*

**dụrch·ma·chen** (*hat*) **1** **etwas durchmachen** etwas Negatives oder Unangenehmes, das längere Zeit dauert, erleben ⟨*eine schlimme Krankheit, eine schlimme Zeit durchmachen*⟩ *„Sie hat in ihrem Leben schon viel durchmachen müssen"* **2** *gesprochen* eine längere Zeit feiern oder arbeiten, ohne eine Pause zu machen ⟨*die (ganze) Nacht, bis zum Morgen durchmachen*⟩ *„Wenn wir das schaffen wollen, müssen wir mittags/ohne Mittagspause durchmachen"*

der **Dụrch·mes·ser**★ (*-s, -*) die Länge einer geraden Linie in der Mitte durch einen Kreis oder eine Kugel *„Der Durchmesser beträgt das Doppelte des Radius"*

**dụrch·neh·men** (*hat*) **etwas durchnehmen** sich in der Schule, im Unterricht mit einem Thema (Lehrstoff) gründlich beschäftigen *„Heute haben wir eine neue Lektion in Latein durchgenommen"*

**durch·que·ren** (*durchquerte, hat durchquert*) **etwas durchqueren** sich von einem Ende eines Gebiets, Raumes o. Ä. zum anderen bewegen *„Um von Deutschland nach Spanien zu kommen, muss man Frankreich durchqueren"* • *hierzu* **Durch·que·rung** *die*

die **Dụrch·rei·se** (*-, -n*); *meist Singular* **auf der Durchreise sein**; **sich auf der Durchreise befinden** während einer Reise kurze Zeit an einem Ort bleiben, bevor man zu seinem Ziel weiterreist *„Bleiben Sie längere Zeit in Frankfurt?" – „Nein, ich bin nur auf der Durchreise."*

**dụrch·rin·gen** (*hat*) **sich zu etwas durchringen** sich nach längerem Zögern entschließen, etwas, das man nicht gerne tut, trotzdem zu tun ⟨*sich zu einem Entschluss, einer Entscheidung, einer Entschuldigung durchringen*⟩

die **Dụrch·sa·ge**★ (*-, -n*) die Mitteilung einer Information im Radio, im Fernsehen oder über Lautsprecher ⟨*eine aktuelle, wichtige Durchsage bringen, machen*⟩ *„Achtung, eine Durchsage: Wegen einer Betriebsstörung verzögert sich die Abfahrt aller S-Bahnen"*

**dụrch·schau·en**[1] (*hat*) **(durch etwas) durchschauen** durch eine Öffnung oder durch Material wie Glas sehen

**durch·schau·en**[2] (*durchschaute, hat durchschaut*) **1** **jemanden durchschauen** jemandes wahren Charakter erkennen *„Ich habe ihn durchschaut: Er ist gar nicht so nett, wie er immer tut"* **2** **etwas durchschauen** etwas als List oder Betrug erkennen

**dụrch·schla·fen** (*hat*) eine Zeit lang oder bis zu einem Zeitpunkt schlafen, ohne wach zu werden ⟨*die ganze Nacht, nachts, bis zum Morgen durchschlafen*⟩

der **Dụrch·schnitt**★ (*-(e)s, -e*) **1** *meist Singular* die Zahl, die sich ergibt, wenn man die Summe aus mehreren Zahlen bildet und die Summe dann durch die Anzahl der Zahlen teilt ⟨*den Durchschnitt ermitteln, errechnen*⟩ ≈ Mittelwert, arithmetisches Mittel *„Der Durchschnitt von drei, fünf und sieben ist/beträgt fünf"* (3 + 5 + 7) : 3 = 5 **K** Durchschnittseinkommen, Durchschnittsgeschwindigkeit; Notendurchschnitt **2** das normale, übliche Maß ⟨*etwas liegt über, unter dem Durchschnitt*⟩ *„Peters Leistungen in der Schule liegen weit über dem Durchschnitt"* **K** Durchschnittsleistung **3** **im Durchschnitt** in den meisten Fällen ≈ normalerweise *„Ich schlafe im Durchschnitt sieben Stunden pro Tag"*

**dụrch·schnitt·lich**★ ADJEKTIV **1** dem Durchschnitt entsprechend, im Durchschnitt *„Die Firma produziert durchschnittlich 100 Maschinen pro Tag"* **2** weder sehr gut noch sehr schlecht ⟨*eine Begabung, eine Leistung*⟩ *„von durchschnittlicher Intelligenz"*

**Dụrch·schnitts-** *im Substantiv, betont, begrenzt produktiv* **das Durchschnittsauto, der Durchschnittsbürger, der/die Durchschnittsdeutsche, der Durchschnittsleser** *und andere* drückt aus, dass die genannte Person/Sache weder sehr positiv noch sehr negativ auffällt

**dụrch·set·zen**[1]★ (*hat*) **1** **etwas (gegen/etwas jemanden) durchsetzen** erreichen, dass etwas gemacht oder realisiert wird, obwohl andere Personen dagegen sind ⟨*ein Gesetz, eine Regelung durchsetzen; den eigenen Willen durchsetzen*⟩ *„Ich konnte meine Absichten/Pläne nicht gegen den Widerstand des Vor-*

*stands durchsetzen"* **2** **sich durchsetzen** trotz Widerstands die Ziele erreichen **3** **etwas setzt sich durch** etwas wird von den meisten Leuten akzeptiert • *hierzu* **Dụrch·set·zung** *die; zu* (1) **durch·setz·bar** *ADJEKTIV*

**durch·sẹt·zen**[2] *(durchsetzte, hat durchsetzt)* **etwas ist mit Personen/Dingen durchsetzt** viele Personen/Dinge sind irgendwo (gleichmäßig) verteilt *„Die Landschaft ist mit Bäumen durchsetzt"* | *„Die Verwaltung war mit Spitzeln durchsetzt"* ❶ meist im Passiv mit dem Hilfsverb *sein*

das **Dụrch·set·zungs|ver·mö·gen** *nur Singular* die Fähigkeit, sich durchzusetzen und das Ziel zu erreichen ⟨*kein Durchsetzungsvermögen haben*⟩

**dụrch·sich·tig** *ADJEKTIV* **1** so, dass man (wie z. B. bei Glas oder Wasser) hindurchsehen kann *„eine durchsichtige Folie"* **2** nicht raffiniert genug, um jemanden zu täuschen ⟨*ein Manöver, ein Plan*⟩

**dụrch·si·ckern** *(ist)* **1** **etwas sickert (durch etwas) durch** etwas dringt in kleinen Tropfen langsam durch etwas durch *„Blut sickerte durch den Verband durch"* **2** **etwas sickert durch** etwas wird allmählich bekannt, obwohl es geheim bleiben soll *„Von diesem Projekt darf nichts an die Öffentlichkeit durchsickern"*

**dụrch·ste·hen** *(hat)* **etwas durchstehen** *gesprochen* etwas Unangenehmes längere Zeit oder bis zum Ende ertragen

**dụrch·strei·chen** *(hat)* **etwas durchstreichen** einen Strich durch etwas Geschriebenes oder Gezeichnetes machen (um zu sagen, dass es falsch, ungültig ist) *„einen Satz durchstreichen und neu formulieren"*

**durch·su̲·chen** *(durchsuchte, hat durchsucht)* **1** **etwas (nach jemandem/etwas) durchsuchen** in einem Gebiet, Raum nach jemandem/etwas suchen, in einem Behälter o. Ä. nach etwas suchen *„alle Taschen nach einem Schlüssel durchsuchen"* **2** **jemanden (nach etwas) durchsuchen** in jemandes Kleidung nach etwas (z. B. Drogen, einer Waffe) suchen *„Die Polizei durchsuchte ihn"* • *hierzu* **Durch·su̲·chung** *die*

der **Durch·su̲·chungs·be·fehl** der Auftrag für die Polizei, eine Wohnung oder Firma zu durchsuchen, um Personen, Dinge oder Beweise zu finden

**dụrch·tre·ten** **(etwas) durchtreten** *(hat)* einen Hebel oder ein Pedal mit dem Fuß so weit wie möglich (nach unten) drücken *„Er trat das Gaspedal durch, um den Lastwagen möglichst schnell zu überholen"*

**durch·tri̲e·ben** *ADJEKTIV; abwertend* auf eine unangenehme (heimtückische) Weise schlau *„Er ist ein durchtriebener Bursche!"* • *hierzu* **Durch·tri̲e·ben·heit** *die*

**durch·wạch·sen** [-ks-] *ADJEKTIV* mit Streifen von Fett bzw. mit Streifen von Fleisch ⟨*Fleisch, Speck*⟩

**dụrch·weg**, **durch·wẹg** *ADVERB* ohne Ausnahme, gänzlich

**dụrch·zie·hen**[1] **1** **jemanden/etwas (durch etwas) durchziehen** *(hat)* jemanden/etwas durch eine Öffnung, einen Raum o. Ä. ziehen *„einen Faden durchs Nadelöhr durchziehen"* **2** **etwas durchziehen** *gesprochen (hat)* eine Sache, die man angefangen hat, trotz Schwierigkeiten zu Ende führen ⟨*eine Arbeit, ein Vorhaben, sein Programm durchziehen*⟩ *(ist)* **3** **(durch etwas) durchziehen** (vor allem als Gruppe) durch ein Gebiet, einen Ort gehen, fahren o. Ä. **4** **etwas zieht sich durch etwas durch** *(hat)* etwas ist von Anfang bis Ende bei etwas vorhanden *„Dieses Motiv zieht sich durch den Roman durch"*

**durch·zi̲e·hen**[2] *(durchzog, hat durchzogen)* **1** **etwas durchziehen** sich von einem Ende eines Gebietes o. Ä. zum anderen bewegen oder innerhalb eines Gebietes kreuz und quer ziehen *„Karawanen durchzogen die Wüste"* **2** **Dinge durchziehen etwas** etwas verläuft in allen Richtungen (kreuz und quer) durch ein Gebiet *„Viele Flüsse durchziehen die Ebene"*

der **Dụrch·zug** *(-(e)s)* **1** ein starker Luftzug in einem Gebäude oder einem Raum, der entsteht, wenn gegenüber liegende Fenster oder Türen offen sind *„Durchzug machen, um einen Raum zu lüften"* **2** **der Durchzug (durch etwas)** das Fahren oder Wandern durch ein Gebiet

**dụ̈r·fen**[1]★ *(darf, durfte, hat dürfen); Modalverb* **1** *Infinitiv +* **dürfen** die Erlaubnis oder das Recht haben, etwas zu tun *„Früher hat man erst mit 21 wählen dürfen"* | *„So etwas darf man doch nicht sagen!"* **2** *Infinitiv +* **dürfen** verwendet, um eine Bitte, eine Aufforderung, einen Rat oder einen Wunsch auszusprechen *„Darf ich mich setzen?"* | *„Du darfst nicht aufgeben!"* Gib nicht auf! **3** im Konjunktiv II und mit einem Verb im Infinitiv verwendet, um zu sagen, dass etwas wahrscheinlich ist *„Er dürfte*

D

*bald zurückkommen"*

**dür·fen²★** (*darf, durfte, hat gedurft*); *gesprochen* **1** **(etwas) dürfen** die Erlaubnis haben, etwas zu tun *„Heute gehe ich ins Kino" – „Darfst du das denn überhaupt?" – „Natürlich darf ich!"* ❶ als Objekt steht meist *es, das, dies* oder *viel, wenig, einiges, nichts* **2** **irgendwohin dürfen** die Erlaubnis oder Berechtigung haben, irgendwohin zu gehen, zu fahren o. Ä. *„Dürfen wir heute ins Schwimmbad?"* ❶ Als Vollverb ist die Form im Perfekt *gedurft*; als Modalverb zusammen mit einem Infinitiv ist es *dürfen*: *Das hätten wir früher nicht gedurft/nicht tun dürfen.*

**durf·te** *Präteritum, 1. und 3. Person Singular* → dürfen

**dürf·tig** ADJEKTIV **1** ohne Luxus und Komfort ⟨*eine Behausung, eine Unterkunft, Kleidung*⟩ **2** ⟨*ein Ergebnis, Kenntnisse*⟩ so, dass sie für den jeweiligen Zweck nicht ausreichen

**dürr** ADJEKTIV **1** ⟨*Holz, Äste, Zweige, Laub, Gras*⟩ ≈ trocken **2** mit wenig Muskeln und mager **3** ⟨*Boden*⟩ ≈ unfruchtbar

die **Dür·re** (-, -*n*) eine lange Zeit ohne Regen, in der alle Pflanzen vertrocknen *„Die Gegend wurde von einer schweren/verheerenden Dürre heimgesucht"* **K** Dürreperiode, Dürreschäden

der **Durst★** (-(*e*)*s*) **1** das Gefühl, etwas trinken zu müssen ⟨*Durst bekommen, haben/verspüren; den Durst löschen/stillen*⟩ **K** durstlöschend **2** **ein Durst nach etwas** *geschrieben* ein starker (und dauerhafter) Wunsch, etwas zu bekommen oder etwas zu tun *„der Durst nach Rache"* **K** Wissensdurst

**durs·tig★** ADJEKTIV **1** mit dem Wunsch, etwas zu trinken *„hungrig und durstig sein"* **2** **etwas ist durstig** *gesprochen* etwas verbraucht viel Kraftstoff ⟨*ein Auto, ein Motor, ein Motorrad*⟩

**-durs·tig** *im Adjektiv, unbetont, begrenzt produktiv* **lebensdurstig, rachedurstig, tatendurstig, wissensdurstig** *und andere* mit dem starken Wunsch danach, die genannte Sache zu bekommen, zu erleben oder zu tun

die **Durst·stre·cke** eine Zeit, in der man nur sehr wenig Geld oder mit anderen Schwierigkeiten zu kämpfen hat *„eine finanzielle Durststrecke durchmachen müssen"*

die **Du·sche, Du·sche★**; (-, -*n*) **1** man stellt sich unter eine Dusche, um sich mit Wasser zu waschen ⟨*die Dusche auf-/zudrehen*⟩ *„Er steht morgens immer so lange unter der Dusche"* **2** der Raum oder die Kabine, in denen sich die Dusche befindet *„Im Sportverein gibt es getrennte Duschen für Männer und Frauen"* **K** Duschraum, Duschvorhang **3** das Duschen ⟨*eine kalte, warme, heiße Dusche; eine Dusche nehmen*⟩ *„Sie wollte auf ihre tägliche Dusche nicht verzichten"* **K** Duschgel

**du·schen, du·schen★** (*duschte, hat geduscht*) **(jemanden) duschen** eine Person oder sich selbst unter die Dusche stellen und waschen *„(sich) nach dem Sport heiß duschen"*

die **Dü·se** (-, -*n*) das enge Ende eines Rohres, durch das Flüssigkeiten oder Gase mit hoher Geschwindigkeit hinausgepresst werden

**düs·ter** ADJEKTIV **1** ziemlich dunkel (und unheimlich) *„ein düsterer Gang in einem Parkhaus"* **2** ohne Freude und Hoffnung ⟨*jemandes Blick, eine Stimmung; ein düsteres Gesicht machen*⟩

das **Dut·zend¹★**; (-*s*, -); *veraltend* **ein Dutzend Dinge** eine Menge von zwölf Stück derselben Art *„ein Dutzend frische Eier kaufen" | „drei Dutzend Handtücher"* ❶ Wenn das Substantiv nach *ein Dutzend* das Subjekt des Satzes ist, kann das Verb sowohl im Singular als auch im Plural stehen: *Ein Dutzend Eier kostet/kosten zwei Euro.*

**Dut·zend², dut·zend★** *Zahlwort; nur in dieser Form; gesprochen* ⟨*einige, ein paar Dutzend*⟩ ≈ Dutzende ❶ alleine oder vor einem Substantiv verwendet; wenn *Dutzend* genau 12 Stück bedeutet, wird es immer großgeschrieben; bei ungenauen Mengenangaben kann es auch kleingeschrieben werden

**Dut·zen·de, dut·zen·de** ZAHLWORT; *gesprochen* **Dutzende** *+Genitiv*; **Dutzende von Personen/Dingen** verwendet, um eine relativ große Zahl von Personen/Dingen zu benennen *„Auf dem See sah man Dutzende kleiner Segelboote"*

**du·zen★** (*duzte, hat geduzt*) **jemanden duzen** jemanden mit *du* anreden ↔ siezen *„die Kollegen duzen"* ❶ → Anhang, S. 1075: **Anrede**

die **DVD** [de:faʊ'de:]; (-, -*s*) Digital Versatile Disk eine silberne runde Scheibe zum elektronischen Speichern von Daten, vor allem Filmen **K** DVD-Brenner, DVD-Laufwerk

die **Dy·na·mik** (-) **1** *geschrieben* die Eigenschaft, sich aus inneren Ursachen und nach eigenen Gesetzen zu verändern oder zu entwickeln **2** die Lehre darüber, wie Kräfte die Bewegung von Körpern beeinflussen **3** die Energie, die Vitalität eines Menschen

**dy·na·misch** *ADJEKTIV* **1** ⟨*Verhältnisse, Abläufe*⟩ so, dass sie sich schnell und immer wieder ändern ↔ statisch *„Wachstum ist ein dynamischer Prozess"* **2** so, dass jemand viel Energie hat und sich bei der Arbeit sehr einsetzt *„Die Firma sucht einen jungen, dynamischen Mitarbeiter für den Außendienst"*

das **Dy·na·mit**, **Dy·na·mit**; (-s) ein Sprengstoff (der aus Nitroglyzerin hergestellt wird)

der **Dy·na·mo**, **Dy·na·mo** ['dy:-, 'dy-]; (-s, -s) eine kleine Maschine (vor allem an einem Fahrrad), mit der man elektrischen Strom für eine Lampe erzeugt

# E

das **E, e** [e:]; (-, -/ *gesprochen auch -s*) **1** der fünfte Buchstabe des Alphabets ⟨*ein großes E; ein kleines e*⟩ **2** der dritte Ton der C-Dur-Tonleiter **K** E-Dur, e-Moll

**E-**[1] ['e:] *im Substantiv, begrenzt produktiv* **der E-Bass, die E-Gitarre, das E-Piano** *und andere* als Kurzform für *Elektro-* verwendet

**E-**[2] ['i:] *im Substantiv, begrenzt produktiv; nur vor englischsprachigen Wörtern* **das E-Book, das E-Banking, der E-Commerce, die E-Mail** *und andere* drückt aus, dass etwas mithilfe elektronischer Mittel und Wege (Mobiltelefon, Computer, Internet usw.) geschieht *„Wenn du im Internet buchst, bekommst du nur ein E-Ticket, das du selbst ausdruckst"* Du druckst dir die Buchungsbestätigung aus, die zusammen mit dem Nachweis deiner Identität als Ticket gilt ❶ Solche Wörter können auch mit kleinem *e* ohne Bindestrich geschrieben werden: *das eBook, das eTicket.*

die **Eb·be** (-, -n); *meist Singular* **1** der niedrige Stand des Wassers am Meer ↔ Flut **2** *gesprochen, humorvoll* ein Mangel an Geld *„Bei mir ist zurzeit Ebbe in der Kasse"* ich habe kaum noch Geld

**eben**★ *ADJEKTIV* **1** ohne Berge oder Hügel und Täler ⟨*Land, eine Straße*⟩ ≈ flach *„Die Umgebung von Hannover ist ziemlich eben"* **2** an allen Stellen gleichmäßig hoch ⟨*eine Fläche*⟩ *„ein ebener Fußboden"*

*ADVERB* **3** sehr kurz vor dem jetzigen Zeitpunkt *„Ich bin eben (erst) nach Hause gekommen"* **4** in diesem Augenblick ≈ jetzt *„Er kommt eben die Treppe herunter"*

*PARTIKEL* **5** *unbetont* verwendet, um zu sagen, dass etwas nicht geändert werden kann und akzeptiert werden muss *„Das ist eben nicht mehr zu ändern"* **6** *unbetont* verwendet, um einen Vorschlag zu machen, den man für die Lösung des Problems hält *„Dann fahr eben mit dem Bus (wenn dein Auto kaputt ist)"* **7** *unbetont* verwendet, um ein Wort, einen Sachverhalt o. Ä. stark zu betonen ≈ genau *„Eben 'dieses Buch (und kein anderes) habe ich die ganze Zeit gesucht"* **8** *betont* verwendet, um Zustimmung auszudrücken und dass man selbst schon früher das Gleiche gesagt hat *„Dann müssen wir die Sitzung auf morgen verschieben." – „Eben!"* **9** **(oder) eben 'nicht** verwendet, um eine Verneinung zu verstärken *„Sie hat dich doch informiert, oder?" – „Eben nicht!"* **10** **nicht eben** → nicht

**eben·bür·tig** *ADJEKTIV* ⟨*ein Gegner, ein Konkurrent*⟩ so, dass sie die gleichen Fähigkeiten haben oder die gleichen Leistungen bringen

die **Ebe·ne**★ (-, -n) **1** ein großes, flaches Stück Land ⟨*eine weite Ebene*⟩ *„Zwischen den beiden Bergketten erstreckt sich eine fruchtbare Ebene"* **K** Hochebene **2** der genannte Teil einer Hierarchie oder einer anderen Einteilung ⟨*auf unterster, oberster, privater, wissenschaftlicher Ebene*⟩ ≈ Niveau *„ein Problem auf internationaler Ebene diskutieren"* **K** Führungsebene **3** eine Fläche, die weder begrenzt noch gekrümmt ist ⟨*eine schiefe Ebene*⟩ **4** ein Stockwerk (in einem großen modernen Gebäude) ⟨*auf der 1., 2., 3. Ebene; Ebene 1*⟩ **K** Abflugebene

**eben·falls**★ *ADVERB* **1** drückt aus, dass für jemanden/etwas das Gleiche gilt wie für eine andere Person/Sache ≈ auch *„Als ich die Party verließ, ging er ebenfalls"* **2** verwendet, um einen Wunsch oder Gruß zu erwidern *„Guten Appetit/Gute Nacht!" – „Danke, ebenfalls!"*

**eben·so**★ *ADVERB* **1** im gleichen Maße ⟨*ebenso gut, lange, oft, sehr, viel, wenig*⟩ ≈ genauso *„Sie spielt ebenso gern Fußball wie ihr Bruder"* **2** drückt aus, dass für jemanden/etwas das Gleiche gilt wie für eine andere Person/Sache ≈ ebenfalls *„Dieser Antrag wurde ebenso abgelehnt"* | *„Das gilt für Lehrer ebenso wie für Schüler"*

der **Eber** (-s, -) ein männliches Schwein

**eb·nen** (*ebnete, hat geebnet*) **etwas ebnen**

etwas eben und flach machen ⟨*ein Beet, ein Feld, eine Straße, einen Weg ebnen*⟩

das **Echo** (-s, -s) **1** die Erscheinung, dass Gerufenes noch einmal zu hören ist, wenn es auf einen Berg o. Ä. trifft **2** **das Echo (auf etwas** (*Akkusativ*)) vor allem die öffentliche Reaktion auf etwas ⟨*ein starkes, schwaches, lebhaftes, anhaltendes Echo haben, finden*⟩ *„Die Rede des Politikers fand kein Echo bei den Wählern"*

E

die **Ech·se** ['ɛksə]; (-, -*n*) ein Reptil mit länglichem Körper und vier Beinen (wie z. B. ein Krokodil)

**echt**★ *ADJEKTIV* (*echter, echtest-*) **1** nicht gefälscht, nicht kopiert oder imitiert ↔ falsch *„ein Armband aus echtem Gold"* **2** nicht nur dem äußeren Schein nach ≈ wahr ↔ unecht *„eine echte Freundschaft"* **3** *meist attributiv* mit den typischen Eigenschaften einer Person oder Sache *„Er ist ein echter Münchner"* ❶ zu 1 – 3: Die Steigerung ist nur in der gesprochenen Sprache möglich

*PARTIKEL betont* **4** *gesprochen* zu Verstärkung verwendet ≈ wirklich *„Das hast du echt toll gemacht!"* **5** *gesprochen* verwendet, um in Form von Fragen Überraschung oder Begeisterung auszudrücken ≈ tatsächlich *„Das schenke ich dir" – „Echt? Super!"* • *zu* (1,2) **Echt·heit** *die*

**Eck-** *im Substantiv, betont, nicht produktiv* **die Eckdaten, der Eckzins** *und andere* so, dass sich Firmen, Behörden usw. danach richten ≈ Richt-

das **-eck** (-*s*, -*e*); *im Substantiv, unbetont, begrenzt produktiv* **Dreieck, Viereck, Fünfeck, Vieleck** *und andere* bezeichnet eine geometrische Figur mit der genannten Zahl von Ecken

die **Ecke**★ (-, -*n*) **1** der Punkt, wo sich zwei Linien oder Flächen treffen und einen Winkel (oft von 90°) bilden ⟨*die Ecken eines Buches, Tisches, Würfels, Zimmers*⟩ *„Ich habe mich an der Ecke des Schrankes gestoßen"* **K** Eckfenster, Eckpunkt **2** der Ort, an dem sich zwei Straßen treffen *„das Haus an der Ecke"* **K** Eckhaus **3** *gesprochen* ein kleines Stück ⟨*eine Ecke Wurst, Käse*⟩ **K** Käseecke **4** Kurzwort für *Eckball* ⟨*eine Ecke treten, ausführen*⟩ **K** Eckfahne **ID** **(gleich) um die Ecke** *gesprochen* ganz in der Nähe

**eckig**★ *ADJEKTIV* mit Ecken ↔ rund *„ein eckiger Tisch"*

**-eckig**★ *im Adjektiv, unbetont, begrenzt produktiv* **dreieckig, viereckig, fünfeckig, vieleckig** *und andere* mit der genannten Zahl von Ecken

der **Eck·zahn** ein spitzer Zahn zwischen den Schneidezähnen und den Backenzähnen

**edel**★ *ADJEKTIV* (*edler, edelst-*) **1** so, dass der Betroffene nicht egoistisch ist, sondern auch an andere Menschen denkt und nach hohen moralischen Prinzipien handelt ⟨*ein Mensch, ein Spender, eine Gesinnung, eine Tat*⟩ ≈ selbstlos **2** von sehr guter Qualität (und teuer) ⟨*Schmuck, Wein, Hölzer*⟩

der **Edel·stein**★ ein Stück eines seltenen, wertvollen Minerals (z. B. eines Smaragds oder Diamanten) *„ein Ring mit Edelsteinen"*

die **EDV**★ [eːdeˈfau̯]; (-); *veraltend* Abkürzung für *elektronische Datenverarbeitung* ≈ Informationstechnologie, IT **K** EDV-Kurs, EDV-System

der **Efeu** (-*s*) eine Pflanze, die vor allem an Mauern und Bäumen hochwächst und deren Blätter im Winter grün bleiben

der **Ef·fekt**★ (-(*e*)*s*, -*e*) **1** das Ergebnis einer Handlung ⟨*etwas hat keinen, wenig, großen Effekt*⟩ ≈ Wirkung *„Deine ständige Kritik hat den Effekt, dass niemand mit dir arbeiten will"* **2** eine Sache, die dazu dient, Aufmerksamkeit (und Bewunderung oder Erstaunen) zu bewirken ⟨*ein optischer, modischer, billiger, plumper Effekt*⟩ ≈ Trick

**ef·fek·tiv**★ [-f] *ADJEKTIV* **1** mit guter Wirkung, vorhandene Möglichkeiten gut nutzend *„Sie forderte eine effektivere Bekämpfung der Jugendkriminalität"* | *„Er könnte effektiver arbeiten, wenn er nicht dauernd gestört würde"* **2** so, dass alles berücksichtigt ist, was addiert oder abgezogen werden muss *„der effektive Jahreszins"* in dem alle Gebühren und Kosten enthalten sind • *zu* (1) **Ef·fek·ti·vi·tät** *die*

**ef·fi·zi·ent** *ADJEKTIV* (*effizienter, effizientest-*); *geschrieben* wirkungsvoll und (ökonomisch) sinnvoll oder nützlich *„der effiziente Einsatz der IT in der Buchhaltung"* • *hierzu* **Ef·fi·zi·enz** *die*

**egal**★ *ADJEKTIV ohne Steigerung, meist prädikativ; gesprochen* **1** **etwas ist egal** etwas ist ohne Bedeutung für eine Sache oder nicht wichtig *„Es ist egal, ob du heute kommst oder morgen"* **2** **etwas ist jemandem egal** etwas interessiert jemanden nicht *„Mir ist egal, wann du nach Hause kommst"*

das **Ego** *gesprochen* ≈ Selbstbewusstsein *„Er braucht das für sein Ego"*

der **Ego·is·mus** [egoˈɪsmʊs]; *nur Singular; meist abwertend* die Eigenschaft, immer nur an sich selbst und den eigenen Vorteil zu denken

der **Ego·ist** [ego'ɪst]; (*-en, -en*); *abwertend* eine Person, die immer nur an sich selbst und den eigenen Vorteil denkt • *hierzu* **ego·is·tisch** *ADJEKTIV*

**ehe★** ['e:ə] *BINDEWORT*; *geschrieben* in dem Nebensatz mit *ehe* wird eine Handlung oder Situation genannt, die erst später, nach der des Hauptsatzes, stattfindet ≈ bevor *„Wir sollten umkehren, ehe es dunkel wird"*

die **Ehe★** ['e:ə]; (-, *-n*) [1] eine Ehe ist die Beziehung, die zwei Personen haben, die miteinander verheiratet sind ⟨*eine Ehe scheitert, wird aufgelöst, wird geschieden*⟩ *„Sie hat ein Kind aus erster Ehe und zwei Kinder aus zweiter Ehe"* [K] Ehebett, Ehepartner, Ehering [2] **(mit jemandem) eine Ehe schließen/eingehen** *geschrieben* (eine Person) heiraten [3] **die Ehe brechen** sexuelle Kontakte außerhalb der Ehe haben

der **Ehe·bruch** *meist Singular* eine sexuelle Beziehung einer verheirateten Person zu einem Partner außerhalb der Ehe

die **Ehe·frau** die Frau, mit der ein Mann verheiratet ist ≈ Frau

die **Ehe·leu·te** *Plural* ≈ Ehepaar

**ehe·lich** *ADJEKTIV* [1] als Kind verheirateter Eltern geboren ⟨*ein Kind*⟩ [2] *meist attributiv* auf die Ehe bezogen ⟨*Rechte, Pflichten, die Gemeinschaft*⟩

**ehe·ma·lig★** *ADJEKTIV meist attributiv* drückt aus, dass eine Beziehung oder Funktion in der Vergangenheit bestanden hat, aber heute nicht mehr ≈ früher- *„meine ehemalige Freundin"* | *„Im ehemaligen Fabrikgebäude sind jetzt moderne Apartments entstanden"*

der **Ehe·mann** der Mann, mit dem eine Frau verheiratet ist ≈ Mann

das **Ehe·paar★** zwei Personen (meist ein Mann und eine Frau), die miteinander verheiratet sind

**eher★** ['e:ɐ] *ADVERB* [1] zu einem früheren Zeitpunkt *„je eher, umso besser"* [2] *gesprochen* so, dass die eine Beschreibung besser passt als die andere ≈ mehr *„Die Sonne ist heute eher rot als gelb"*

die **Ehe·schlie·ßung** *admin* die offizielle Zeremonie (beim Standesamt), bei der ein Mann und eine Frau heiraten

**ehes·t-** *SUPERLATIV* [ID] **am ehesten** [a] mit größter Wahrscheinlichkeit *„Am ehesten ist möglich, dass ich ins Ausland gehe"* [b] drückt aus, dass man eine von mehreren Möglichkeiten als am wenigsten unangenehm empfindet ⓘ vergleiche **eher** [c] nach der kürzesten Zeit

**ehr·bar** *ADJEKTIV*; *geschrieben* ⟨*ein Bürger, ein Mensch*⟩ so, dass sie sich verhalten, wie es Sitte und Moral erfordern ≈ geachtet

die **Eh·re★** (-, *-n*) [1] *nur Singular* das Bewusstsein einer Person, Würde zu haben und Respekt zu verdienen ⟨*jemandes Ehre verletzen*⟩ *„Durch die Bemerkung fühlte er sich in seiner Ehre gekränkt"* [2] eine Handlung oder ein Zeichen, mit denen andere Menschen einer Person/Sache Respekt erweisen ⟨*jemandem Ehre, große Ehren erweisen*⟩

**Eh·ren-** *im Substantiv, betont, begrenzt produktiv* [1] **das Ehrengeleit, der Ehrenplatz, der Ehrenpreis, das Ehrensalut, der Ehrentitel, die Ehrenurkunde, die Ehrenwache** *und andere* verwendet, um zu sagen, dass das im zweiten Wortteil Genannte dazu dient, jemanden zu ehren [2] **der Ehrendoktor, das Ehrenmitglied, der Ehrenpräsident** *und andere* drückt aus, dass eine Person einen Titel bekommen hat, weil sie etwas Gutes getan hat

**eh·ren★** (*ehrte, hat geehrt*) [1] **jemanden ehren** einer Person zeigen, dass man sie respektiert *„die Eltern ehren"* [2] **jemanden (mit etwas) (für etwas) ehren** jemandem eine Auszeichnung verleihen *„jemanden mit einer Urkunde für seine Leistungen ehren"*

**eh·ren·amt·lich** *ADJEKTIV* so, dass eine Person für ihre Arbeit nicht bezahlt wird ⟨*eine Funktion*⟩ *„Sie arbeitet als ehrenamtliche Helferin für das Rote Kreuz"* • *hierzu* **Eh·ren·amt** *das*

**eh·ren·haft** *ADJEKTIV* den Idealen der Ehre entsprechend *„ein ehrenhafter Mann"*

das **Eh·ren·wort** *nur Singular* [ID] **jemandem sein Ehrenwort (auf etwas** (*Akkusativ*)**) geben** jemandem etwas feierlich versprechen oder versichern *„Ich gebe dir mein Ehrenwort (darauf), dass ich nichts weitersage"*

die **Ehr·furcht** *nur Singular* **Ehrfurcht (vor jemandem/etwas)** Respekt vor der Würde einer Person/der Bedeutung einer Sache ⟨*jemandem Ehrfurcht einflößen*⟩ *„Ehrfurcht vor dem Alter haben"* • *hierzu* **ehr·fürch·tig** *ADJEKTIV*; **ehr·furchts·voll** *ADJEKTIV*

der **Ehr·geiz** *nur Singular* ein starkes Bemühen um Erfolg und Ruhm ⟨*gesunder, krankhafter Ehrgeiz*⟩ *„Er hatte den Ehrgeiz, der Beste in der Klasse zu sein"* • *hierzu* **ehr·gei·zig** *ADJEKTIV*

**ehr·lich★** *ADJEKTIV* [1] so, dass eine Person die

E

Wahrheit sagt, nicht lügt und nichts verschweigt ≈ aufrichtig *„Sei ehrlich, glaubst du das?" – „Ehrlich gesagt, nein."* **2** so, dass eine Person niemanden betrügt *„ein ehrlicher Mensch"* **3** nicht vorgetäuscht, sondern wirklich empfunden ⟨*Gefühle, Freude, Trauer*⟩ • *hierzu* **Ehr·lich·keit** *die*

E

die **Eh·rung**★ (-, *-en*) eine Zeremonie, bei der jemand geehrt wird **K** Siegerehrung

**ehr·wür·dig** *ADJEKTIV* geachtet und geehrt, meist auch weil er/sie/es schon so alt ist ⟨*eine Tradition, ein Brauch, ein Denkmal; ein Greis*⟩

das **Ei**★ (-(*e*)*s*, *-er*) **1** weibliche Vögel und andere Tiere legen Eier; Eier haben eine harte Schale oder feste Hülle, in der sich ein junges Tier entwickelt ⟨*ein Vogel, eine Schlange, eine Schildkröte legt Eier; ein Tier brütet Eier aus; ein Tier schlüpft aus dem Ei*⟩ **K** Hühnerei, Schlangenei **2** das Ei eines Huhns, das man isst ⟨*ein frisches, altes, faules, rohes, ein weiches/weich gekochtes, hartes/hart gekochtes Ei; Eier kochen*⟩ *„zwei Eier in die Pfanne schlagen"* **K** Eidotter, Eierschale **i** → Abbildung, S. 195: **Beim Frühstück** **3** eine Zelle im Körper von Frauen und Tieren, aus denen sich ein Baby entwickeln kann, wenn sie mit einer männlichen Samenzelle zusammenkommt *„Das reife Ei wird befruchtet und nistet sich in der Gebärmutter ein"* **K** Eizelle • *zu* (2) **ei·för·mig** *ADJEKTIV*

die **-ei** (-, *-en*); *im Substantiv, betont, sehr produktiv* **1** **Bäckerei, Druckerei, Gärtnerei, Metzgerei, Schreinerei** *und andere* bezeichnet nach Berufsbezeichnungen den Betrieb, in dem der Beruf ausgeübt wird **2** **Besserwisserei, Drückebergerei, Gaunerei, Geschäftemacherei, Preistreiberei** *und andere meist abwertend* bezeichnet nach Personenbezeichnungen das typische Verhalten einer solchen Person **3** **Drängelei, Fahrerei, Fragerei, Fresserei, Herumhockerei, Heuchelei, Trödelei** *und andere gesprochen, abwertend* drückt nach Verben aus, dass die genannte Handlung lästig ist, oft geschieht oder lange dauert **4** **Bastelei, Häkelei, Malerei, Schmiererei, Schnitzerei, Stickerei** *und andere* bezeichnet nach Verben eine Sache, die durch die genannte Handlung entstanden ist

die **Ei·che** (-, *-n*) **1** ein großer Laubbaum mit sehr hartem Holz ⟨*eine knorrige, mächtige Eiche*⟩ *„Die ovalen Früchte der Eiche heißen Eicheln"* **K** Eichenlaub **2** *nur Singular* das Holz der Eiche *„ein Bett aus Eiche"* **K** Eichensarg

die **Ei·chel** (-, *-n*) **1** die Frucht der Eiche **2** der vorderste Teil des Penis

das **Eich·hörn·chen** (*-s*, -) ein kleines Nagetier mit dichtem, langem Schwanz, das auf Bäume klettert und Nüsse und Samen frisst

der **Eid** (-(*e*)*s*, *-e*) ein feierliches Versprechen, die Wahrheit zu sagen ⟨*einen Eid ablegen, leisten, schwören, brechen; unter Eid aussagen*⟩ **K** Eidbruch; Eidesformel

die **Ei·dech·se** (-, *-n*) ein kleines Reptil mit einem langen, spitzen Schwanz, den es bei Gefahr abwerfen kann

**ei·des·statt·lich** *ADJEKTIV* **eine eidesstattliche Erklärung abgeben** eine Aussage machen, die wie ein Eid vor Gericht ist

der **Eid·ge·nos·se** verwendet als Bezeichnung für einen Staatsbürger der Schweiz

die **Eid·ge·nos·sen·schaft** **die schweizerische Eidgenossenschaft** der offizielle Name der Schweiz

der **Ei·er·be·cher** ein kleines Gefäß, in dem ein gekochtes Ei serviert wird

der **Ei·er·ku·chen** eine Speise aus Eiern, Mehl und Milch (und Zucker), die in der Pfanne gebacken wird

der **Ei·er·stock** (-(*e*), *Ei·er·stö·cke*); *meist Plural* eines der beiden Organe im Körper von Frauen und weiblichen Tieren, in denen Eier gebildet werden **K** Eierstockentzündung

der **Ei·fer**★ (*-s*) das starke Bemühen, ein Ziel zu erreichen ⟨*blinder Eifer*⟩ *„Heute gehe ich voller Eifer an die Arbeit, gestern war ich nicht so fleißig"* **K** Arbeitseifer

die **Ei·fer·sucht**★ *nur Singular* **Eifersucht (auf jemanden)** die oft übertriebene Angst eines Menschen, die Liebe oder Aufmerksamkeit eines anderen Menschen an eine dritte Person zu verlieren ⟨*blinde, rasende, krankhafte Eifersucht*⟩

**ei·fer·süch·tig** *ADJEKTIV* **eifersüchtig (auf jemanden/etwas)** voll Eifersucht

**eif·rig** *ADJEKTIV* voll Eifer ⟨*ein Schüler, ein Student; eifrig lernen, arbeiten*⟩

das **Ei·gelb** (-(*e*)*s*, *-e*) der gelbe Teil von Hühnereiern

**ei·gen**★ *ADJEKTIV* **1** *meist attributiv* so, dass etwas der genannten Person, Firma oder Institution gehört *„Mit 18 Jahren hatte er schon ein eigenes Auto"* **2** *meist attributiv* so, dass etwas von der genannten Person selbst kommt oder die genannte Person selbst betrifft *„Es war meine eigene Schuld, dass es nicht funktioniert* *hat"* K Eigenanteil, Eigenbedarf, Eigeninitiative, Eigenkapital, Eigenverbrauch

**-ei·gen** *im Adjektiv, unbetont, begrenzt produktiv* **betriebseigen , firmeneigen, staatseigen, universitätseigen** *und andere* zur genannten Institution gehörig *„konzerneigene Unternehmen"* Unternehmen, die zum Konzern gehören

die **Ei·gen·art** etwas (meist eine Verhaltensweise), das typisch für jemanden ist

**ei·gen·ar·tig** *ADJEKTIV* aufgrund ungewöhnlicher Eigenschaften auffällig, schwer verständlich oder schwer erklärbar *„Er ist ein eigenartiger Mensch. Man weiß nie, was in ihm vorgeht"* | *„Was ist das für ein eigenartiges Geräusch?"* • *hierzu* **ei·gen·ar·ti·ger|wei·se** *ADVERB*

**ei·gen·hän·dig** *ADJEKTIV meist attributiv* so, dass man es selbst macht (und nicht eine andere Person) *„Wir benötigen Ihre eigenhändige Unterschrift"* | *„sein Haus eigenhändig bauen"*

das **Ei·gen·heim** ein (meist ziemlich einfaches) Haus, in dem der Eigentümer selbst wohnt

die **Ei·gen·heit** (-, *-en*) ein Merkmal oder ein Verhalten, das typisch für jemanden ist

das **Ei·gen·le·ben** *nur Singular* ein Leben, das bestimmt von persönlichen Vorstellungen ist 〈*ein Eigenleben führen; sein Eigenleben bewahren*〉

**ei·gen·mäch·tig** *ADJEKTIV* so, dass man dafür nicht den nötigen Auftrag oder die Erlaubnis hat 〈*eine Entscheidung; eigenmächtig handeln, vorgehen*〉

der **Ei·gen·na·me** ein Name, mit dem man einzelne Personen Person, einzelne Orte o. Ä. bezeichnet, um sie von anderen Personen, Orten o. Ä. zu unterscheiden *„Schiller, Italien, Rhein und Hamburg sind Eigennamen"*

**ei·gens**★ *ADVERB* nur für einen besonderen Zweck *„Ich habe den Kuchen eigens für dich gebacken"* | *„Ich habe ihn eigens noch daran erinnert, aber er hat es trotzdem vergessen"*

die **Ei·gen·schaft**★ (-, *-en*) 1 durch ihre Eigenschaften unterscheiden sich Personen oder Dinge voneinander oder sind sie sich ähnlich *„Eitelkeit ist eine schlechte Eigenschaft"* | *„Dieses Metall hat die Eigenschaft, leicht verformbar zu sein"* K Charaktereigenschaft, Materialeigenschaft 2 **in einer/jemandes Eigenschaft als etwas** *geschrieben* in der genannten Funktion oder Aufgabe *„Er sprach in seiner Eigenschaft als Parteichef"*

das **Ei·gen·schafts·wort** (-(e)s, *Ei·gen·schafts·wör·ter*) ≈ Adjektiv

der **Ei·gen·sinn** *nur Singular* die Eigenschaft, immer nur das zu tun, was man selbst für richtig hält • *hierzu* **ei·gen·sin·nig** *ADJEKTIV*

**ei·gen·stän·dig** *ADJEKTIV; geschrieben* ≈ selbstständig • *hierzu* **Ei·gen·stän·dig·keit** *die*

**ei·gent·lich**★ *PARTIKEL betont und unbetont* 1 verwendet, um auf einen Sachverhalt hinzuweisen, welcher dem Gesprächspartner meist nicht bekannt oder für diesen nicht erkennbar ist *„Eigentlich heißt er Matthias, aber jeder nennt ihn Matze"* 2 verwendet, wenn man von etwas überzeugt ist und man einen Irrtum kaum für möglich hält *„Eigentlich müsste der Brief jetzt fehlerfrei sein"* 3 wenn man es genau nimmt *„Eigentlich darf ich es dir noch nicht sagen, aber ich krieg den Job"* 4 verwendet, wenn eine Erwartung nicht erfüllt wird oder wurde *„Eigentlich müsste er schon längst hier sein. Vielleicht ist etwas dazwischengekommen"* 5 verwendet, um einen neuen Gedanken in ein Gespräch einzubringen *„Wie spät ist es eigentlich?"* 6 verwendet, um eine Aussage einzuschränken *„Hast du was dagegen, wenn meine Schwester mitkommt?" – „Eigentlich nicht."* aber ich finde die Idee nicht sehr gut

*ADJEKTIV meist attributiv* 7 den wichtigsten Punkt betreffend *„Das eigentliche Problem liegt woanders"* 8 der Realität entsprechend ≈ wirklich *„Seine eigentlichen Absichten zeigte er erst später"* 9 so, wie es zu Beginn war ≈ anfänglich *„die eigentliche Bedeutung eines Wortes"*

das **Ei·gen·tor** der unabsichtliche Schuss oder Wurf mit dem Ball o. Ä. in das Tor der eigenen Mannschaft

das **Ei·gen·tum**★ (-s) 1 das, was einer Person, Firma, Institution usw. gehört ≈ Besitz *„Dieses Haus ist mein Eigentum"* Ich habe das Haus nicht gemietet, es gehört mir selbst K Eigentumswohnung ℹ Juristisch gesehen ist *Eigentum* alles, was man zu Recht besitzt; *Besitz* kann z. B. auch Diebesgut sein: *Die Gemälde im Besitz des Hehlers stammen aus einem Einbruch und sind Eigentum eines Museums.* 2 **jemandes geistiges Eigentum** eine Sache, die jemand erfunden hat oder eine Idee, die jemand zuerst gehabt hat

der **Ei·gen·tü·mer** (-s, -) eine Person, der eine Sache als Eigentum gehört • *hierzu* **Ei·gen·tü·me·rin** *die*

E

**ei·gen·ver·ant·wort·lich** *ADJEKTIV; geschrieben* so, dass der Betroffene selbst allein die Verantwortung für etwas trägt ⟨*etwas eigenverantwortlich entscheiden*⟩

**ei·gen·wil·lig** *ADJEKTIV* **1** mit einem starken eigenen Willen und nur selten bereit, das zu tun, was andere Leute sagen **2** so, dass etwas stark von der Persönlichkeit und dem Charakter der betreffenden Person bestimmt ist ⟨*eine Interpretation, ein Stil*⟩ **3** ⟨*ein Humor, eine Mischung*⟩ ≈ seltsam

**eig·nen★** (*eignete sich, hat sich geeignet*) **1** **sich (irgendwie) für etwas eignen** die Eigenschaften oder Fähigkeiten haben, die nötig sind, um die genannte Funktion zu erfüllen *„Sie eignet sich gut für diesen Beruf"* **2** **etwas eignet sich (irgendwie) als etwas** etwas hat die Eigenschaften, die nötig sind, um den genannten Zweck zu erfüllen *„Kork eignet sich gut als Isoliermaterial"*

die **Eig·nung** (-) **die Eignung (für/zu etwas)** Talente und Eigenschaften, die für etwas notwendig sind *„Seine Eignung für die Polizeiausbildung muss er erst beweisen"* **K** Eignungstest

die **Ei·le★** (-) **1** das Bemühen oder der Zwang, etwas schnell zu tun ⟨*etwas in aller/großer/fieberhafter Eile tun; zur Eile getrieben werden*⟩ *„Ich habe in der Eile vergessen, einen Schirm mitzunehmen"* **K** Eiltempo **2** **in Eile sein** (zu) wenig Zeit haben *„Ich kann jetzt nicht reden, ich bin in Eile"*

**ei·len** (*eilte, hat/ist geeilt*) **1** **irgendwohin eilen** *geschrieben* (*ist*) schnell irgendwohin gehen oder fahren *„Sie eilte nach Hause"* **2** **etwas eilt** (*hat*) etwas ist eilig *„Der Brief eilt, er muss sofort zur Post"*

**ei·lig** *ADJEKTIV* **1** sehr wichtig und daher schnell zu erledigen *„Dieser Brief ist sehr eilig, bring ihn bitte gleich zur Post!"* **2** **es eilig haben** keine oder nur wenig Zeit haben

der **Ei·mer** (-s, -) ein rundes Gefäß (meist aus Plastik oder Blech) vor allem für Flüssigkeiten oder Abfall, das einen Bügel zum Tragen hat **K** Abfalleimer, Wassereimer, Plastikeimer

**ein**, **ei·ne**, **ein★** *ARTIKEL unbetont* **1** verwendet, um eine Person/Sache zu bezeichnen, die in den Worten oder im Text vorher noch nicht genannt wurde *„Ich wohne allein in einem großen Haus"* | *„Dieses Jahr hatten wir einen regnerischen Sommer"* ❶ Der unbestimmte Artikel wird im Plural nicht verwendet: *ein altes Haus* → *alte Häuser*. *Ein* wird in der gesprochenen Sprache oft abgekürzt: *Sone/So 'ne Katze; Da kommtn/kommt 'n Hund mit 'nem langen Schwanz;* → auch Tabelle unter **ein** **2** verwendet, um eine (beliebige) einzelne von mehreren vorhandenen Sachen zu bezeichnen *„Hast du ein Blatt Papier für mich?"* **3** verwendet, um eine nicht genau benannte Person/Sache als Vertreter einer Menge, Art oder Gattung zu bezeichnen *„Ein Hund bleibt dir immer treu"* **4** **ein Herr** *+Name;* **eine Frau** *+Name* verwendet, um zu sagen, dass man die genannte Person nicht kennt *„Ein (gewisser) Herr Sommer möchte Sie sprechen"*

*ZAHLWORT betont* **5** verwendet, um bei zählbaren Begriffen den Zahlenwert 1 auszudrücken *„Jetzt warten wir schon eine Stunde"* | *„ein Pfund Äpfel"* ❶ oft durch *nur* oder *einzig-* verstärkt: *Ich hatte nur noch 'einen Euro/einen 'einzigen Euro in der Tasche* **6** alleine verwendet, um eine einzelne von mehreren Personen/Sachen zu bezeichnen *„Einer von euch muss hierbleiben"* **7** *nur in dieser Form* verwendet zur Bezeichnung der Uhrzeit 1 Uhr bzw. 13 Uhr *„Es ist schon 'ein Uhr"* ❶ aber: *Es ist eins* **8** **ein und derselbe/dieselbe/dasselbe** *nur in dieser Form* verwendet, um *derselbe* usw. zu verstärken *„Das ist alles an ein und demselben Tag passiert"*

*ADVERB* **9** verwendet als Aufschrift bei Schaltern usw., mit denen etwas eingeschaltet wird ≈ an ↔ aus

*PRONOMEN* **10** **einen/einem** verwendet als Akkusativ bzw. Dativ von *man „Das kann einem schon mal passieren"* **11** *gesprochen* verwendet in manchen Wendungen *„jemandem eine reinhauen"* jemandem eine Ohrfeige geben | *„einen trinken"* ein Getränk mit Alkohol trinken

**ein-★** (*im Verb, betont und trennbar, sehr produktiv; Diese Verben werden so gebildet: einbauen, baute ein, eingebaut*) **1** **(in etwas** (*Akkusativ*)**) einfahren, einlaufen, einmarschieren, einreisen** *und andere* drückt aus, dass eine Bewegung von außen nach innen verläuft *„Sie trat in das Zimmer ein"* Sie kam von draußen ins Zimmer **2** **etwas (in etwas** (*Akkusativ*)**) einfüllen, eingießen, einheften, einschütten** *und andere* drückt aus, dass man etwas nach innen bringt oder zu einem Teil einer Sache macht *„Er hat neue Bremsen in den Wagen eingebaut"* Er hat die alten Bremsen durch neue ersetzt **3** **etwas (in etwas** (*Akkusativ*)**) eingravieren, einkerben, einmeißeln**

*und andere* drückt aus, dass durch einen Vorgang tiefere Stellen auf einem Material entstehen *„Er ritzte seinen Namen in die Rinde des Baums ein"* Er schrieb den eigenen Namen, indem er Teile von der Rinde wegkratzte **4** **etwas einbinden, einpacken, einwickeln; jemanden/etwas einkreisen** *und andere* drückt aus, dass eine Hülle, eine Grenze o. Ä. um jemanden/etwas herum entsteht *„ein Bild einrahmen"* einen Rahmen um ein Bild machen **5** **etwas eindrücken, einreißen, einschießen, einschlagen, eintreten** *und andere* drückt aus, dass etwas zerstört oder beschädigt wird *„mit dem Ball ein Fenster einwerfen"* einen Ball so werfen, dass er ein Fenster trifft und das Glas zerbricht

**ei·nạn·der★** *PRONOMEN* so, dass jede Person oder Sache in einer Gruppe das Gleiche für den/die anderen oder mit dem/den anderen tut ≈ sich *„Sie fielen einander um den Hals"* | *„Die vielen Autos behindern einander"*

**ein·ar·bei·ten** (*hat*) **1** **jemanden (in etwas** (*Akkusativ*)) **einarbeiten** jemanden oder sich selbst mit einer neuen Arbeit oder Aufgabe bekannt machen *„Der Lehrer hat sich in die neue Methode gut eingearbeitet"* **2** **etwas (in etwas** (*Akkusativ*)) **einarbeiten** ein Detail in ein Ganzes einfügen *„Bevor das Buch veröffentlicht werden konnte, musste noch ein neues Kapitel eingearbeitet werden"* • *hierzu* **Ein·ar·bei·tung** *die*

**ein·äschern** (*äscherte ein, hat eingeäschert*) **jemanden einäschern** einen Toten verbrennen ⟨*einen Leichnam, einen Toten einäschern*⟩ • *hierzu* **Ein·äsche·rung** *die*

**ein·äu·gig** *ADJEKTIV* **1** mit nur einem Auge *„ein einäugiger Pirat"* **2** *abwertend* so, dass der Betreffende Probleme o. Ä.. immer nur aus einer Perspektive betrachtet

die **Ein·bahn|stra·ße** eine Straße, auf der man nur in einer Richtung fahren darf

der **Ein·band★** (-(*e*)*s*, *Ein·bän·de*) **1** der feste Teil eines Buches, der die Seiten zusammenhält und schützt ⟨*ein lederner, kartonierter Einband*⟩ **2** eine Hülle (meist aus Plastik), in die ein Heft oder Buch (zum Schutz) gesteckt wird

der **Ein·bau** (-(*e*)*s*, *-ten*) **1** *nur Singular* das Einbauen **2** etwas (z. B. ein Möbelstück), das eingebaut ist

**ein·bau·en** (*hat*) **etwas (in etwas** (*Akkusativ*)) **einbauen** genau passende Teile in etwas, das schon vorhanden ist, einfügen und befestigen ⟨*Bremsen in das Auto einbauen*⟩ **K** Einbauküche, Einbauschrank

**ein·be·ru·fen** (*berief ein, hat einberufen*) **etwas einberufen** mehrere Personen bitten oder ihnen befehlen, sich zu versammeln ⟨*eine Konferenz, eine Sitzung, das Parlament einberufen*⟩

**ein·be·zie·hen** (*bezog ein, hat einbezogen*) **1** **jemanden in etwas** (*Akkusativ*) **(mit) einbeziehen** jemanden (vor allem bei einem Gespräch) zur Teilnahme ermuntern oder auffordern *„Der Vorsitzende bezog alle Teilnehmer der Veranstaltung in die Diskussion (mit) ein"* **2** **etwas in etwas** (*Akkusativ*) **(mit) einbeziehen** etwas bei etwas (z. B. bei Überlegungen oder Plänen) berücksichtigen und als dazugehörend betrachten *„Ich habe bei meinen Überlegungen einige Gesichtspunkte noch nicht (mit) einbezogen"* • *hierzu* **Ein·be·zie·hung** *die*

**ein·bie·gen** (*ist*) **irgendwohin einbiegen** die Richtung ändern und nach links oder rechts (in eine andere Straße) gehen oder fahren ⟨*links, rechts, in eine Seitenstraße einbiegen*⟩ *„Er bog mit dem Motorrad langsam in den Feldweg ein"*

**ein·bil·den** (*hat*) **1** **sich** (*Dativ*) **etwas einbilden** etwas glauben oder von etwas überzeugt sein, das nicht der Wahrheit entspricht *„Du bist nicht krank! Das bildest du dir nur ein!"* **2** **sich** (*Dativ*) **etwas/viel (auf etwas** (*Akkusativ*)) **einbilden** deutlich (und meist auf arrogante Weise) zeigen, dass man stolz auf etwas ist *„Sie bildete sich viel auf ihre Schönheit ein"*

die **Ein·bil·dung** (-, *-en*) **1** *nur Singular* die Gedanken oder die Vorstellung, die sich jemand von einer Person oder Sache macht ≈ Fantasie *„Dieses Problem existiert nur in seiner Einbildung"* existiert nicht wirklich **2** etwas, das man sich nur einbildet und nicht wirklich ist **3** *nur Singular* eine unangenehme Art, mit der man zeigt, dass man sich für besser hält als andere Personen ≈ Arroganz

die **Ein·bil·dungs·kraft** *nur Singular* die Fähigkeit, sich neue Ideen auszudenken, vor allem im Bereich der Kunst ≈ Fantasie

**ein·bin·den** (*hat*) **1** **etwas (in etwas** (*Akkusativ*)) **einbinden** etwas (zum Schutz) in einen Einband oder Umschlag geben ⟨*ein Buch, Heft einbinden*⟩ *„Das Buch war in einen Umschlag aus Leinen eingebunden"* **2** **jemanden/etwas einbinden** eine Verletzung mit einem

E

Verband schützen *„Er war verletzt und hatte Arme und Beine eingebunden"* **3** **jemanden/etwas (in etwas** (*Akkusativ*)**) einbinden** jemanden/etwas in etwas integrieren *„Ich habe versucht, den Außenseiter stärker in die Gruppe einzubinden"* • *zu* (3) **Ein·bin·dung** *die*

**ein·bläu·en** (*bläute ein, hat eingebläut*) **jemandem etwas einbläuen** *gesprochen* eine Person durch ständiges Wiederholen, Drohen oder Strafen dazu bringen, dass sie etwas lernt oder tut ⟨*jemandem Gehorsam einbläuen*⟩ *„den Kindern einbläuen, nicht auf die Straße zu laufen"*

E

**ein·blen·den** (*hat*) **etwas (bei etwas/in etwas** (*Dativ/Akkusativ*)**) einblenden** Bilder, Text und/oder Ton in einer Sendung oder in einem Film (zusätzlich) sichtbar oder hörbar werden lassen *„Der Film lief im amerikanischen Original, es wurden aber deutsche Untertitel eingeblendet"* • *hierzu* **Ein·blen·dung** *die*

der **Ein·blick**★ *meist Singular* **1** **(ein) Einblick (in etwas** (*Akkusativ*)**)** ein erster kurzer Eindruck einer neuen Tätigkeit, eines neuen Gebiets o. Ä. ⟨*einen Einblick bekommen, gewinnen; sich* (*Dativ*) *einen Einblick in etwas verschaffen; jemandem* (*einen*) *Einblick geben, gewähren, vermitteln*⟩ *„Einen umfassenden Einblick in meine neue Arbeit konnte mir mein Chef in der kurzen Unterredung nicht vermitteln"* **2** **Einblick (in etwas** (*Akkusativ*)**)** *admin* das Lesen von Dokumenten oder wichtigen Briefen ⟨*Einblick in etwas nehmen*⟩ *„Ihm wurde Einblick in die Akten der Polizei gewährt"*

**ein·bre·chen**★ (*hat/ist*) **1** **in etwas** (*Akkusativ*) **einbrechen** (*ist*); **in etwas** (*Dativ*) **einbrechen** (*hat*); **bei jemandem/etwas einbrechen** (*ist/hat*) sich mit Gewalt den Zugang zu einem Haus, Raum o. Ä. verschaffen (und dann dort etwas stehlen) *„Die Täter brachen nachts in die Bank ein"* | *„Unbekannte Täter haben in der Kirche eingebrochen"* **2** **etwas bricht ein** (*ist*) einzelne Teile lösen sich und fallen nach unten *„Zum Glück war niemand im Haus, als das Dach einbrach"* **3** **(in etwas** (*Dativ/Akkusativ*) **einbrechen** (*ist*) durch etwas, das an einer Stelle bricht, nach unten fallen *„Er ist beim Schlittschuhfahren im/ins Eis eingebrochen"*

der **Ein·bre·cher** (*-s, -*) eine Person, die irgendwo (mit Gewalt) einbricht

**ein·brin·gen** (*hat*) **1** **etwas einbringen** etwas, das geerntet wurde, in einen Lagerraum, z. B. einen Stall oder eine Scheune bringen und dort lagern ⟨*die Ernte , die Kartoffel, das Heu einbringen*⟩ **2** **etwas in etwas** (*Akkusativ*) **einbringen** etwas einer Gemeinschaft geben, das dann allen zu gleichen Teilen gehört *„Sie hat ein beträchtliches Vermögen in die Ehe eingebracht"* **3** **etwas bringt (jemandem) etwas ein** etwas bringt Nutzen oder Gewinn *„Das neue Produkt brachte der Firma hohe Gewinne ein"*

der **Ein·bruch**★ **1** das gewaltsame Einbrechen in ein fremdes Haus *„In der Nacht gab es einen Einbruch in ein/in einem Juweliergeschäft"* **2** der Vorgang, wenn einzelne Teile eines Bauwerks oder einer Höhle o. Ä. brechen und von oben herunterfallen ≈ Einsturz *„der Einbruch des Gewölbes/Daches"* **3** *geschrieben nur Singular* der Zeitpunkt, an dem etwas anfängt ⟨*bei/nach/vor Einbruch der Dunkelheit, der Nacht*⟩ **K** Wintereinbruch **4** ein plötzlicher Misserfolg nach einer erfolgreichen Zeit ⟨*einen Einbruch erleben, erleiden*⟩ • *zu* (1) **ein·bruch(s)·si·cher** ADJEKTIV

die **Ein·buch·tung** (*-, -en*) die Stelle, an der eine Fläche oder Oberfläche nach innen gedrückt oder gebogen ist

**ein·bür·gern** (*bürgerte ein, hat eingebürgert*) **1** **jemanden (irgendwo/irgendwohin) einbürgern** einem Ausländer, der schon lange in einem Land lebt, die Staatsangehörigkeit dieses Landes geben *„Sie wurde (in den/die USA) eingebürgert"* **2** **etwas bürgert sich ein** etwas wird zur Gewohnheit, etwas gehört zum täglichen Leben *„Es hat sich in unserer Familie eingebürgert, dass am Sonntag die Kinder das Frühstück machen"* • *zu* (1) **Ein·bür·ge·rung** *die*

der **Ein·bür·ge·rungs·test** ein Test, den ein Ausländer machen muss, wenn er eingebürgert werden möchte

die **Ein·bu·ße** ein Verlust meist von Geld oder persönlicher Ehre

**ein·bü·ßen** (*hat*) **etwas einbüßen** einen meist finanziellen Verlust erleiden *„bei einer Spekulation viel Geld einbüßen"*

**ein·che·cken** **1** am Flughafen Ticket und Ausweis zeigen, um einen Platz im Flugzeug zu bekommen **2** sich im Hotel zur Übernachtung anmelden und einen Zimmerschlüssel bekommen

**ein·cre·men**★ (*cremte ein, hat eingecremt*) **1** **jemanden eincremen** jemandem oder sich selbst Creme in die Haut reiben **2** **(jemandem) etwas eincremen** Creme in die Haut oder auf eine Oberfläche reiben ⟨*sich* (*Dativ*) *das Gesicht eincremen; jemandem den Rücken eincremen; die Schuhe eincremen*⟩

**ein·däm·men** (*hat*) **1** **etwas eindämmen** verhindern, dass etwas größer wird ⟨*einen Brand, eine Epidemie, die Kriminalität eindämmen*⟩ **2** **etwas eindämmen** fließendes Wasser (durch einen Damm) aufhalten ⟨*einen Fluss, das Hochwasser eindämmen*⟩ • *hierzu* **Ein·däm·mung** *die*

**ein·de·cken** (*hat*) **sich mit etwas eindecken** Dinge, die man braucht, kaufen, vor allem um in Zukunft genug davon zu haben

**ein·deu·tig**★ ADJEKTIV **1** völlig klar und verständlich, nicht falsch zu verstehen *„Ihre Antwort auf meine Einladung war ein eindeutiges Nein"* **2** so, dass es keinen Zweifel geben kann *„Der Verteidiger lieferte den eindeutigen Beweis für die Unschuld des Angeklagten"* **3** genau definiert, sodass kein Missverständnis möglich ist ⟨*ein Terminus*⟩ • *hierzu* **Ein·deu·tig·keit** *die*

**ein·deut·schen** (*deutschte ein, hat eingedeutscht*) **etwas eindeutschen** ein Wort aus einer Fremdsprache in Aussprache und/oder Schreibung der deutschen Sprache angleichen • *hierzu* **Ein·deut·schung** *die*

**ein·drin·gen** (*ist*) **1** **etwas dringt (in etwas** (*Akkusativ*)**) ein** etwas gelangt (durch ein Hindernis hindurch) tief in etwas *„Das Gas ist durch ein undichtes Rohr in das Zimmer eingedrungen"* **2** **in etwas** (*Akkusativ*) **eindringen** ohne Erlaubnis (und oft mit Gewalt) in ein fremdes Haus, Gebiet gehen *„Die Einbrecher drangen nachts in die Wohnung ein"*

**ein·dring·lich** ADJEKTIV nachdrücklich und auf eine starke Wirkung zielend ⟨*eine Bitte, eine Warnung, Worte*⟩

der **Ein·dring·ling** (-s, -e) eine Person, die irgendwo eindringt oder eingedrungen ist

der **Ein·druck**★ (-(e)s, *Ein·drü·cke*) **1** **ein Eindruck von jemandem/etwas; ein Eindruck auf jemanden; der Eindruck, dass ...** wenn wir einer Person oder Sache begegnen, bekommen wir einen Eindruck davon, wie sie (wahrscheinlich) ist ⟨*einen Eindruck von etwas bekommen/gewinnen; neue Eindrücke sammeln; einen guten, einen schlechten Eindruck auf jemanden machen*⟩ *„Ich habe den Eindruck, dass hier etwas nicht in Ordnung ist"* **2** **ein Eindruck auf jemanden** wenn eine Person oder Sache Eindruck auf uns macht, bekommen wir eine sehr gute Meinung von ihr, großen Respekt oder Angst *„Ihre Großzügigkeit hat großen/enormen Eindruck auf mich gemacht"* **3** **(bei jemandem) Eindruck schinden** *gesprochen, oft abwertend* sich sehr bemühen, auf eine Person einen guten Eindruck zu machen • *zu* (2) **ein·drucks·voll** ADJEKTIV

**ei·ne** → ein

**ein·ein·halb**★ ZAHLWORT *nur in dieser Form* ein Ganzes plus die Hälfte davon *„Ich warte seit eineinhalb Wochen auf einen Brief von ihm"*

**ei·nem** **1** → ein **2** → man

**ei·nen**[1] (*einte, hat geeint*) **jemanden/etwas einen** *geschrieben* einzelne Personen oder Gruppen von Personen zu einer Einheit verbinden *„ein Volk einen"*

**ei·nen**[2] **1** → ein **2** → man

**ein·en·gen** (*engte ein, hat eingeengt*) **1** **etwas engt jemanden ein** etwas ist so eng, dass sich jemand darin nicht richtig bewegen kann *„In dieser kleinen Wohnung fühlen wir uns richtig eingeengt"* **2** **jemanden in seinen Rechten einengen; jemanden in seiner Freiheit einengen; jemandes Rechte/Freiheit einengen** einer Person die Möglichkeit nehmen, das zu tun, was sie tun möchte oder bisher getan hat

**ei·ner** → ein

der **Ei·ner**★ (-s, -) **1** ein Ruderboot, in dem nur eine Person sitzen kann **K** Einerkajak **2** *nur Plural* (in einer Zahl mit mehr als einer Stelle) die erste Stelle (von rechts bzw.) vor dem Komma *„beim Addieren alle Hunderter, alle Zehner, alle Einer untereinanderschreiben"* **K** Einerstelle

**ei·ner·lei** ADJEKTIV *meist prädikativ* **etwas ist (jemandem) einerlei** etwas ist (für jemanden) nicht wichtig *„Es ist mir einerlei, ob er mit mir zufrieden ist oder nicht"*

das **Ei·ner·lei** (-s); *abwertend* etwas, das immer wieder gleich und daher langweilig ist ⟨*das Einerlei des Alltags*⟩

**ei·ner·seits**★ BINDEWORT **einerseits ... andererseits** verwendet, um zwei gegensätzliche Aussagen oder Fakten gegenüberzustellen *„Einerseits möchte er gerne in der Großstadt wohnen, andererseits ist ihm das Leben dort zu teuer"* | *„Ich freue mich ja einerseits auf Weihnachten, aber andererseits langweile ich mich während der Feiertage auch meistens"*

E

**ei·nes** → ein

**ei·nes·teils** *BINDEWORT* **einesteils … anderenteils** *geschrieben* einerseits … andererseits

**ein·fach★** *ADJEKTIV* **1** schnell zu verstehen oder zu bewältigen, nicht kompliziert ⟨*eine Aufgabe, eine Lösung, ein Problem, eine Rechnung; es jemandem/sich selbst einfach machen*⟩ ≈ leicht ↔ schwierig *„Ich kann nicht mal die einfachsten Reparaturen ausführen"* **2** ohne jeden Luxus ⟨*Kleidung, eine Mahlzeit*⟩ ≈ schlicht **3** nur für die Fahrt von einem Ort zum anderen gültig, aber nicht zurück ⟨*eine Fahrkarte*⟩ *„(Nach) München einfach, bitte!"* *PARTIKEL betont und unbetont* **4** *gesprochen* drückt aus, dass etwas ohne Probleme bzw. ohne viel nachzudenken möglich ist oder wäre *„Komm doch einfach mal bei mir vorbei!"* **5** *gesprochen* drückt aus, dass ein Sachverhalt nicht geändert werden kann oder konnte *„Er war einfach zu müde, um noch wegzugehen"* **6** *gesprochen* in Ausrufen verwendet, in denen Emotionen (wie Freude, Ärger usw.) zum Ausdruck kommen *„Dieser Vorschlag ist einfach genial!"* | *„Er lässt sich einfach nicht helfen!"* • *zu* (1,2) **Ein·fach·heit** *die*

**ein·fä·deln** (*fädelte ein, hat eingefädelt*) **1** **etwas (in etwas** (*Akkusativ*)**) einfädeln** etwas durch eine enge Öffnung ziehen ⟨*einen Faden einfädeln*⟩ **2** **etwas einfädeln** *gesprochen* geschickt dafür sorgen, dass etwas getan wird oder geschieht ⟨*etwas raffiniert, geschickt einfädeln*⟩ *„eine Intrige einfädeln"* **3** **sich (in etwas) einfädeln** bei einer mehrspurigen Straße mit einem Fahrzeug auf eine andere Fahrspur wechseln, auf der schon andere Fahrzeuge fahren *„Einfädeln lassen!"*

**ein·fah·ren★** (*hat/ist*) **1** **etwas fährt (in etwas** (*Akkusativ*)**) ein** (*ist*) ein Zug oder ein Schiff fährt in den Bahnhof bzw. Hafen *„Der Zug aus Mannheim fährt in Kürze ein"* **2** **etwas einfahren** (*hat*) einen Teil einer Maschine durch eine Mechanik nach innen bewegen *„Nach dem Start fährt das Flugzeug sein Fahrwerk ein"* **3** **etwas fährt sich ein** *gesprochen* (*hat*) etwas wird zur Gewohnheit *„Das hat sich bei uns inzwischen so eingefahren"*

die **Ein·fahrt★** **1** eine Stelle, an der man in einen Hof, eine Garage o. Ä. hineinfahren kann ↔ Ausfahrt *„Die Einfahrt zur Garage war versperrt"* **K** Hofeinfahrt **2** *nur Singular* die Einfahrt ist das langsame Fahren eines Zugs, kurz bevor er im Bahnhof hält

der **Ein·fall** **1** ein plötzlicher Gedanke, eine neue Idee ⟨*ein guter, glänzender, verrückter Einfall; einen Einfall haben*⟩ **2** das Einfallen (z. B. von Truppen) in ein fremdes Gebiet

**ein·fal·len★** (*ist*) **1** **etwas fällt jemandem ein** jemand hat eine Idee oder denkt an etwas *„Ist das alles, was dir zu diesem Problem einfällt?"* **2** **etwas fällt jemandem ein** jemand erinnert sich wieder an etwas *„In letzter Minute fiel ihm ein, dass er einen Termin beim Zahnarzt hatte"* **3** **etwas fällt ein** Teile z. B. eines alten Gebäudes fallen auseinander und nach unten ≈ einstürzen *„Das Dach der alten Scheune ist eingefallen"* **4** **Personen fallen in etwas** (*Akkusativ*) **ein** Soldaten o. Ä. dringen mit Gewalt in ein fremdes Gebiet ein **ID** **Was fällt dir (eigentlich) ein!** *gesprochen* Das war unverschämt von dir!; **sich** (*Dativ*) **etwas einfallen lassen (müssen)** intensiv über etwas nachdenken (müssen), um ein Problem zu lösen

**ein·falls·los** *ADJEKTIV* ohne (gute) Einfälle oder Ideen *„ein einfallsloser Schriftsteller"* • *hierzu* **Ein·falls·lo·sig·keit** *die*

**ein·falls·reich** *ADJEKTIV* mit vielen (guten) Einfällen oder Ideen • *hierzu* **Ein·falls·reich·tum** *der*

die **Ein·falt** (-); *geschrieben* die Eigenschaft, naiv und unkritisch zu sein und alles zu glauben, was andere Leute sagen

das **Ein·fa·mi·li·en|haus** ein Wohnhaus für eine Familie

**ein·fan·gen** (*hat*) **1** **jemanden einfangen** jemanden oder ein Tier fangen und in einen Käfig (oder ein Gefängnis) sperren *„Die Polizei fing den entlaufenen Zirkuslöwen wieder ein"* **2** **sich** (*Dativ*) **etwas einfangen** *gesprochen* sich mit einer Krankheit anstecken *„Ich habe mir einen Schnupfen eingefangen"*

**ein·far·big** *ADJEKTIV* ⟨*ein Kleid, ein Stoff*⟩ so, dass sie nur eine Farbe haben ↔ bunt

**ein·fas·sen** (*hat*) **1** **etwas (mit etwas) einfassen** etwas mit einem (festen) Rand begrenzen ⟨*einen Garten, einen Brunnen einfassen*⟩ *„ein Beet mit Steinen einfassen"* **2** **etwas (mit etwas) einfassen** etwas mit einer Fassung versehen ⟨*einen Edelstein einfassen*⟩

die **Ein·fas·sung** **1** das Einfassen (z. B. eines Edelsteins) **2** das Material, mit dem etwas eingefasst ist *„die steinerne Einfassung eines Grabes"*

**ein·fet·ten** (*fettete ein, hat eingefettet*) **1** **jemanden einfetten** jemandem oder sich selbst Fett, Vaseline o. Ä. in die Haut reiben **2** **etwas einfetten** eine Maschine o. Ä. mit Fett schmieren

**ein·fin·den** (*hat*) **sich (irgendwo) einfinden** aus einem besonderen Grund (an den genannten Ort) kommen *„Zum Empfang des Präsidenten hatten sich alle Diplomaten eingefunden"*

**ein·flie·ßen** (*ist*) **1** **etwas fließt in etwas** (*Akkusativ*) **ein** eine Flüssigkeit gelangt in ein Gewässer, ein Kanalsystem o. Ä. *„In den Kanal fließen Abwässer ein"* **2** **etwas einfließen lassen** etwas in einem Gespräch oder einer Rede nebenbei erwähnen

**ein·flö·ßen** (*flößte ein, hat eingeflößt*) **1** **jemandem etwas einflößen** vor allem einem Kranken etwas langsam und vorsichtig zu trinken geben *„Sie flößte dem Patienten Kamillentee ein"* **2** **jemandem etwas einflößen** in jemandem das genannte Gefühl erzeugen ⟨*jemandem Achtung, Furcht, Respekt, Vertrauen einflößen*⟩

der **Ein·fluss★** (*-es, Ein·flüs·se*) **1** **ein Einfluss (auf jemanden/etwas)** die Wirkung (von jemandem oder etwas) auf eine andere Person, Sache oder eine Situation ⟨*ein guter, nachhaltiger, schädlicher, schlechter Einfluss*⟩ *„Er stand unter dem Einfluss von Alkohol, als der Unfall passierte"* **K** Einflussbereich **2** gesellschaftliches Ansehen und Macht • *zu* (2) **ein·fluss·reich** *ADJEKTIV*

**ein·frie·ren★** (*hat/ist*) **1** **etwas einfrieren** (*hat*) Lebensmittel bei sehr kalten Temperaturen (ca. −18 °C) konservieren ⟨*Fleisch, Gemüse, Brot einfrieren*⟩ ↔ auftauen **2** **etwas einfrieren** (*hat*) dafür sorgen, dass eine Person kein Geld von ihrem Bankkonto bekommt ⟨*Guthaben, Kredite einfrieren*⟩ **3** **etwas einfrieren** (*hat*) etwas für einen Zeitraum nicht ändern ⟨*Löhne, Preise einfrieren*⟩ **4** **etwas friert ein** (*ist*) das Wasser in einem See, Bach, Rohr usw. wird zu Eis *„eine eingefrorene Wasserleitung"*

**ein·fü·gen★** (*hat*) **1** **etwas (in etwas** (*Akkusativ*)) **einfügen** etwas als neuen Teil in etwas Vorhandenes tun *„Steine in ein Mosaik einfügen"* | *„Anmerkungen in einen Text einfügen"* **2** **jemand/etwas fügt sich irgendwie (in etwas** (*Akkusativ*)) **ein** eine Person oder Sache ist so, dass sie (nicht) zu anderen Menschen oder Dingen passt *„Der neue Spieler fügt sich gut in unsere Mannschaft ein"* • *zu* (1) **Ein·fü·gung** *die*

**ein·füh·len** (*hat*) **sich in jemanden/etwas einfühlen können** die Fähigkeit haben, Menschen oder Situationen gut zu verstehen

**ein·fühl·sam** *ADJEKTIV* fähig, die Probleme und Gefühle anderer gut zu verstehen ⟨*eine Person, Worte*⟩

das **Ein·füh·lungs|ver·mö·gen** *nur Singular* die Fähigkeit, sich in die (psychische) Lage eines Menschen hineinzuversetzen

die **Ein·fuhr** (*-, -en*) **1** *nur Singular* das Einführen von Waren aus dem Ausland, z. B. von Erdöl, Weizen o. Ä. ↔ Ausfuhr **K** Einfuhrbeschränkung, Einfuhrgenehmigung, Einfuhrverbot; Wareneinfuhr **2** die Waren, die eingeführt werden

**ein·füh·ren★** (*hat*) **1** **etwas (irgendwohin) einführen** Waren im Ausland kaufen und in das eigene Land bringen ≈ importieren *„Erdöl aus Saudi-Arabien nach Europa einführen"* **2** **etwas (irgendwohin) einführen** etwas vorsichtig in eine Öffnung schieben *„Die Ärzte führten einen Schlauch in den Magen des Patienten ein"* **3** **jemanden in etwas** (*Akkusativ*) **einführen** eine Person mit etwas, das ihr neu ist (z. B. einer Arbeit, Theorie oder Methode), vertraut machen *„Der Dozent führte seine Studenten in die Grundlagen der Psychologie ein"* **4** **etwas (irgendwo) einführen** etwas, das neu ist, irgendwo bekannt machen, zu einem festen Bestandteil einer Sache machen oder zu einer Gewohnheit werden lassen *„in einem Betrieb eine neue Urlaubsregelung einführen"*

die **Ein·füh·rung★** **1** ein Text oder eine mündliche Erklärung, die das Grundwissen zu einem Thema vermitteln *„eine Einführung in die Psychologie"* **2** *nur Singular* das vorsichtige Schieben eines Gegenstands in eine Öffnung *„die Einführung der Sonde in den Magen"*

**ein·fül·len** (*hat*) **etwas (in etwas** (*Akkusativ*)) **einfüllen** etwas in einen Behälter schütten, gießen o. Ä. *„Wein in eine Flasche einfüllen"*

die **Ein·ga·be** **1** eine meist (schriftliche) Bitte oder Beschwerde an eine Institution (z. B. an ein Amt oder an das Parlament) ⟨*eine Eingabe machen, prüfen, ablehnen, an jemanden/etwas richten*⟩ **2** *meist Singular* das Eingeben von Daten in einen Computer **3** *meist Plural* Daten und Informationen, die man einem Computer eingibt ≈ Input

der **Ein·gang★** **1** eine Tür, ein Tor oder eine andere Öffnung, durch die man in ein Gebäude, einen Raum oder Bereich gelangt ↔ Ausgang *„die Kirche durch einen seitlichen Eingang be-*

E

*treten"* **K** Eingangstor, Eingangstür; Haupteingang, Hintereingang, Nebeneingang **2** die Öffnung, durch die etwas in das Innere eines Organs gelangt ↔ Ausgang **K** Darmeingang, Mageneingang **3** *admin nur Singular* der Zeitpunkt, zu dem etwas beim Empfänger (meist einer Firma) ankommt **K** Eingangsdatum

E

**ein·gän·gig** *ADJEKTIV* **1** leicht im Gedächtnis zu behalten ⟨*eine Melodie*⟩ **2** leicht zu verstehen ⟨*Worte*⟩ • *hierzu* **Ein·gän·gig·keit** *die*

**ein·gangs** *ADVERB geschrieben* am Anfang *„Wie ich eingangs bereits erwähnte, ist dieses Problem besonders kompliziert"*

**ein·ge·ben★** (*hat*) **etwas (in etwas** (*Akkusativ*)**) eingeben** Daten oder Informationen in einen Computer tippen

**ein·ge·bil·det** *ADJEKTIV* **1** **(auf etwas** (*Akkusativ*)**) eingebildet** von der eigenen Überlegenheit sehr überzeugt (und daher auch arrogant) ⟨*maßlos eingebildet sein; auf seine Herkunft eingebildet*⟩ **2** nur in den Gedanken und nicht in Wirklichkeit vorhanden ⟨*eine Krankheit*⟩

der/die **Ein·ge·bo·re·ne** (*-n, -n*) ein Angehöriger eines Volkes, das seit langer Zeit in einem Gebiet lebt und dort seine eigene Kultur hat ❶ a) verwendet besonders für Naturvölker; b) *ein Eingeborener; der Eingeborene; den, dem, des Eingeborenen*

die **Ein·ge·bung** (*-, -en*); *geschrieben* eine sehr gute Idee, die meist künstlerisch wertvoll ist oder mit der ein relativ schwieriges Problem gelöst wird ⟨*eine Eingebung haben; einer plötzlichen Eingebung folgen*⟩

**ein·ge·hen★** (*ist*) **1** **etwas geht ein** ein Kleidungsstück wird beim Waschen kleiner oder enger **2** **ein Tier/eine Pflanze geht ein** ein Tier oder eine Pflanze verliert (vor allem wegen einer Krankheit) allmählich alle Kraft und stirbt *„Unser Hund ist aus Kummer eingegangen"* **3** **etwas geht (irgendwo) ein** *geschrieben* etwas kommt beim Empfänger an ⟨*ein Brief, ein Paket, eine Lieferung, eine Sendung*⟩ **4** **auf jemanden/etwas eingehen** sich (intensiv) mit jemandem/etwas befassen ⟨*auf jemandes Fragen, jemandes Probleme eingehen*⟩ *„auf ein Thema nicht näher eingehen"* **5** **auf etwas eingehen** etwas akzeptieren ⟨*auf ein Angebot, einen Vorschlag eingehen*⟩ **6** **etwas (mit jemandem) eingehen** zu jemandem Beziehungen herstellen, meist indem man einen Vertrag schließt ⟨*ein Bündnis, einen Handel, eine Wette mit jemandem eingehen; Verpflichtungen eingehen*⟩ **7** **ein/kein Risiko (bei/mit etwas) eingehen** etwas/nichts riskieren

**ein·ge·hend** *ADJEKTIV* sehr genau, bis ins Detail ⟨*etwas eingehend behandeln, diskutieren*⟩ ↔ oberflächlich *„sich eingehend mit einem Problem auseinandersetzen"*

**ein·ge·nom·men** *ADJEKTIV* **1** **von jemandem/etwas eingenommen sein** von jemandem/etwas begeistert sein *„Er war von ihrer liebenswerten Art sehr eingenommen"* **2** **von sich** (*Dativ*) **eingenommen sein** *abwertend* arrogant und eingenommen, von sich selbst (zu sehr) überzeugt sein

das **Ein·ge·ständ·nis** *geschrieben* das Zugeben einer Schwäche, eines Fehlers, einer Schuld o. Ä.

**ein·ge·ste·hen** (*hat*) **(jemandem) etwas eingestehen** etwas zugeben (wenn man Fehler gemacht hat) ⟨*einen Fehler, eine Schwäche, eine Tat eingestehen*⟩ ↔ leugnen *„Ich muss leider eingestehen, dass ich mich geirrt habe"*

**ein·ge·stellt** *ADJEKTIV* **irgendwie eingestellt** mit der genannten Meinung *„Er ist sehr altmodisch eingestellt"*

die **Ein·ge·wei·de** *Plural* alle Organe, die in der Brust und im Bauch von Menschen und Tieren sind

**ein·ge·wöh·nen** (*hat*) **jemanden (irgendwo) eingewöhnen** jemanden oder sich selbst an eine neue Umgebung gewöhnen *„Er hat sich in der neuen Stadt/bei uns schnell eingewöhnt"* • *hierzu* **Ein·ge·wöh·nung** *die*

**ein·gie·ßen** (*hat*) **((jemandem) etwas) eingießen** (jemandem) ein Getränk in eine Tasse oder ein Glas gießen *„Gieß mir doch bitte noch einen Schluck Kaffee ein!"* | *„Darf ich eingießen?"*

**ein·glie·dern** (*hat*) **jemanden (in etwas** (*Akkusativ*)**) eingliedern** jemanden oder sich selbst zu einem Mitglied einer Gruppe machen und (an diese Gruppe) anpassen *„einen Verbrecher wieder in die Gesellschaft eingliedern"* | *„sich in einen Betrieb eingliedern"* • *hierzu* **Ein·glie·de·rung** *die*

**ein·gra·ben** (*hat*) **etwas (in etwas** (*Akkusativ*)**) eingraben** etwas in ein Loch, das man in die Erde gegraben hat, hineinlegen und mit Erde o. Ä. wieder bedecken *„eine Blumenzwiebel in den Boden eingraben"*

**ein·grei·fen★** (*hat*) **(in etwas** (*Akkusativ*)**)**

**eingreifen** eine Handlung oder Entwicklung (an der man nicht direkt beteiligt ist) lenken, stören oder stoppen *„Der Lehrer griff nur manchmal in die Diskussion der Schüler ein"* | *„Wenn die Polizei nicht bald eingreift, wird es noch Ärger geben"*

**ein·gren·zen** (*hat*) **1** **etwas grenzt etwas ein** etwas umgibt etwas als Grenze oder Absperrung *„Ein Zaun grenzt den Garten ein"* **2** **etwas (auf etwas** (*Akkusativ*)**) eingrenzen** bestimmen, dass eine Vorschrift oder Abmachung beachtet wird ⟨*einen Begriff, ein Thema, einen Themenkreis eingrenzen*⟩ *„Die Diskussion wurde streng (auf ein Thema) eingegrenzt"* • *hierzu* **Ein·gren·zung** *die*

der **Ein·griff** **1** **ein Eingriff (in etwas** (*Akkusativ*)**)** das Verletzen der persönlichen Rechte einer anderen Person ⟨*ein empfindlicher, schwerwiegender, unerhörter Eingriff*⟩ ≈ Einmischung *„Sie wehrte sich gegen die Eingriffe ihres Chefs in ihre Privatsphäre"* **2** *geschrieben* eine medizinische Operation ⟨*ein operativer, chirurgischer Eingriff; sich einem Eingriff unterziehen; einen Eingriff vornehmen*⟩

**-ein·halb** *im Zahlwort, betont und unbetont, begrenzt produktiv; nur in dieser Form* **eineinhalb, zweieinhalb, dreieinhalb** *und andere* die genannte Zahl plus ½

**ein·hal·ten**★ (*hat*) **1** **etwas einhalten** sich an etwas, wozu man sich verpflichtet oder entschlossen hat, halten ⟨*einen Termin, eine Verabredung, ein Versprechen einhalten; eine Diät einhalten*⟩ **2** **etwas einhalten** etwas so lassen, wie es im Augenblick ist ⟨*eine Geschwindigkeit, eine Richtung, einen Kurs einhalten*⟩ • *hierzu* **Ein·hal·tung** *die*

**ein·hän·gen** (*hängte ein, hat eingehängt*) **1** **etwas einhängen** etwas an einen Haken, in einen Rahmen o. Ä. hängen und es dadurch befestigen ⟨*einen Anhänger, ein Fenster, eine Tür einhängen*⟩ **2** **(etwas) einhängen** ein Telefongespräch beenden ⟨*das Telefon, den Telefonhörer einhängen*⟩ ≈ auflegen ↔ abnehmen *„Beim zweiten Anruf hängte sie ein"* **3** **sich bei jemandem einhängen** *gesprochen* ≈ einhaken

**ein·hei·misch** *ADJEKTIV meist attributiv* **1** in einem Ort/in einem Land geboren und dort lebend ⟨*die Bevölkerung*⟩ ↔ fremd **2** aus dem eigenen Land ⟨*Produkte, Erzeugnisse*⟩ • *zu (1)* **Ein·hei·mi·sche** *der/die*

die **Ein·heit**★ (-, *-en*) **1** wenn verschiedene Dinge (oder Personen) zusammengehören und gut zusammenpassen, dann bilden sie zusammen eine Einheit ⟨*eine harmonische, untrennbare Einheit; die deutsche, europäische, nationale, politische Einheit*⟩ *„einen Beitrag zur inneren Einheit eines Staates leisten"* **2** eine festgelegte Größe (wie z. B. ein Meter, ein Kilo oder ein Liter), die als Maß verwendet wird *„In welcher Einheit misst man in England die Temperatur?"* **K** Längeneinheit, Maßeinheit, Währungseinheit **3** eine relativ große Gruppe von Soldaten, Polizisten o. Ä. *„Er wurde in eine andere Einheit versetzt"* **K** Gefechtseinheit

**ein·heit·lich**★ *ADJEKTIV* **1** für alle gleich ⟨*Kleidung, eine Regelung, eine Währung*⟩ *„eine bundesweit einheitliche Telefonnummer"* **2** so, dass es keine großen Unterschiede gibt ⟨*Ansichten, eine Auffassung*⟩ *„Wir müssen uns auf eine einheitliche Linie einigen"* • *hierzu* **Ein·heit·lich·keit** *die*

**ein·hel·lig** *ADJEKTIV* ⟨*die Auffassung, die Meinung, das Urteil*⟩ so, dass sie von allen geteilt werden *„Es herrschte einhellige Empörung über den Vorfall"*

**ein·her·ge·hen** (*ist*) **etwas geht mit etwas einher** etwas passiert gleichzeitig mit etwas (oder ist unmittelbare Folge davon) *„Mit dieser Krankheit gehen Fieber und Ausschlag einher"* ❶ weitere Verwendungen → **einher**

**ein·ho·len**★ (*hat*) **1** **jemanden/etwas einholen** schneller gehen oder fahren als eine andere Person oder ein Fahrzeug und sie deswegen erreichen *„Der führende Läufer wurde kurz vor dem Ziel von den anderen eingeholt"* **2** **etwas einholen** eine fehlende Menge kleiner machen, indem man schneller wird oder mehr arbeitet ⟨*eine Verspätung, einen Vorsprung, die verlorene Zeit, das Versäumte einholen*⟩ **3** **etwas einholen** etwas zu sich ziehen, weil man es für eine längere Zeit nicht mehr benutzen will ⟨*den Anker, eine Fahne, ein Segel einholen*⟩ **4** **etwas (bei jemandem) einholen** *geschrieben* sich von jemandem eine Sache geben lassen ⟨*eine Auskunft, eine Erlaubnis, einen Rat einholen*⟩

**ein·hun·dert, ein·hun·dert**★ *ZAHLWORT* (als Zahl) 100 ≈ hundert ❶ → Anhang, S. 1098: **Zahlen**

**ein·hun·derts·t-, ein·hun·derts·t-** *ADJEKTIV* in einer Reihenfolge an der Stelle einhundert ≈ 100.

**ei·nig**★ *ADJEKTIV meist prädikativ* **1** **jemand**

ist sich (*Dativ*) **mit jemandem (über eine Sache) einig**; **Personen sind sich** (*Dativ*) **(über eine Sache) einig** Personen haben die gleiche Meinung (über eine Sache) oder finden eine gemeinsame Lösung, Entscheidung *„In Ordnung, wir sind uns also einig!"* **2** **sich** (*Dativ*) **(mit jemandem) über etwas** (*Akkusativ*) **einig werden** Personen reden miteinander und finden eine gemeinsame Lösung oder Entscheidung • *zu* (1) **Ei·nig·keit** *die*

E

**ei·ni·g-★** *ARTIKEL/PRONOMEN* **1** *nur Plural* eine unbestimmte Anzahl, die nicht groß ist ≈ mehrere *„für einige Tage verreisen"* | *„Einige der Äpfel waren faul"* **2** *nur Singular* eine relativ kleine Menge oder ein relativ kleiner Umfang *„Dazu braucht es einige Übung"*

**ei·ni·gen★** (*einigte, hat geeinigt*) **jemand einigt sich (mit jemandem) (auf/über eine Sache)**; **Personen einigen sich (auf/über eine Sache)** Personen (die unterschiedliche Meinungen oder Streit haben) finden eine Lösung, die für alle akzeptabel ist *„Sie einigten sich auf einen Kompromiss"*

**ei·ni·ger·ma·ßen★** *PARTIKEL betont und unbetont* **1** verwendet, um eine Aussage abzuschwächen ≈ ziemlich *„Ich bin einigermaßen sicher, dass sie kommt"* **2** nicht sehr gut, aber auch nicht sehr schlecht *„Wie gehts dir?" – „Einigermaßen."*

**ei·ni·ges** → einig-

die **Ei·ni·gung★** (-, -*en*); *meist Singular*; *geschrieben* der Vorgang oder das Ergebnis, wenn Personen oder Gruppen eine Lösung zu einem Problem finden, die für alle akzeptabel ist ⟨*eine Einigung erreichen, erzielen; zu einer Einigung kommen*⟩

**ein·jäh·rig** *ADJEKTIV* **1** *nur attributiv* ein Jahr alt *„Seine Schwester hat einen einjährigen Jungen"* **2** *nur attributiv* ein Jahr dauernd *„ein einjähriger Aufenthalt im Ausland"*

**ein·kal·ku·lie·ren** (*kalkulierte ein, hat einkalkuliert*) **etwas einkalkulieren** etwas (bei einer Berechnung, einer Planung oder einer Überlegung) berücksichtigen *„Sind in/bei dieser Rechnung alle Kosten mit einkalkuliert?"* | *„Er hat in seinem Zeitplan keine Pausen einkalkuliert"*

der **Ein·kauf** **1** das Einkaufen, Erwerben ⟨*Einkäufe machen; seine Einkäufe erledigen*⟩ *„Achten Sie beim Einkauf auf unsere Sonderangebote!"* **2** *meist Plural* die Waren, die man eingekauft hat *„Sie holte ihre Einkäufe aus dem Korb"* **K** Einkaufskorb, Einkaufswagen

**ein·kau·fen★** (*hat*) **1** **(etwas) einkaufen** Waren, die man täglich braucht (meist Lebensmittel), kaufen *„Er hat vergessen, Brot einzukaufen"* **2** **etwas einkaufen** Waren oder Rohstoffe in größeren Mengen kaufen, um sie wieder zu verkaufen oder um damit etwas zu produzieren *„Der Autohändler hat auf der Messe zehn Sportwagen eingekauft"* **3** **jemanden einkaufen** mit einem Sportler einen Vertrag abschließen, dass er den Verein wechselt, und dafür an dessen früheren Verein Geld zahlen

der **Ein·kaufs·preis** der Preis, den ein Händler dem Hersteller für eine Ware zahlt, die er dann selbst wieder verkauft

das **Ein·kaufs·zent·rum** ein Gebäude (oder ein Komplex von Gebäuden), in dem mehrere Geschäfte untergebracht sind

**ein·keh·ren** (*ist*) **1** **(in etwas** (*Dativ/Akkusativ*)**) einkehren** *gesprochen* eine Fahrt, einen Spaziergang o. Ä. unterbrechen, um in ein Gasthaus zu gehen *„Wir sind auf der Wanderung (in einem gemütlichen Lokal) eingekehrt"* **2** **etwas kehrt (wieder) ein** *geschrieben* etwas erscheint oder kommt (wieder) ⟨*Friede, Ordnung, Ruhe*⟩ *„Nach dem Aufstand ist jetzt wieder Ruhe im Land eingekehrt"* • *hierzu* **Ein·kehr** *die*

**ein·klam·mern** (*hat*) **etwas einklammern** etwas Geschriebenes zwischen Klammern setzen ⟨*einen Buchstaben, ein Wort, eine Zahl einklammern*⟩ • *hierzu* **Ein·klam·me·rung** *die*

der **Ein·klang** (-*s*); *geschrieben* **in/im Einklang (mit jemandem/etwas)** in einem Zustand, in dem sich zwei Dinge miteinander so tun lassen, dass sie nicht widersprüchlich sind ⟨*etwas ist, steht in/im Einklang mit etwas; Dinge in Einklang bringen*⟩ *„Er konnte seine privaten und beruflichen Interessen miteinander in Einklang bringen"*

**ein·klei·den** (*hat*) **jemanden neu einkleiden** jemandem oder sich selbst viele neue Kleidungsstücke kaufen *„Unser Sohn ist so gewachsen, dass ich ihn völlig neu einkleiden muss"*

**ein·klem·men** (*hat*) **1** **etwas einklemmen** etwas von verschiedenen Seiten so drücken, dass es sich nicht mehr bewegen kann *„ein Stück Holz in den Schraubstock einklemmen"* **2** **etwas einklemmen** etwas von verschiedenen Seiten sehr stark drücken und dadurch verletzen oder beschädigen *„sich den Finger in der Tür einklemmen"*

**ein·ko·chen etwas einkochen** (*hat*) etwas konservieren, indem man es kocht und so in Gläsern verschließt, dass keine Luft hineinkommt ⟨*Gelee, Konfitüre, Marmelade, Obst einkochen*⟩

das **Ein·kom·men**★ (*-s, -*) Einkommen ist Geld, das man vor allem durch Arbeit, Geschäfte, Renten, Zinsen usw. (regelmäßig) bekommt ⟨*ein gutes, festes, geringes, hohes, monatliches, jährliches, regelmäßiges Einkommen haben, bekommen, erhalten; das Einkommen versteuern* (*müssen*)⟩ K Einkommenseinbuße ⓘ → Anhang, S. 1075: **Arbeit** • *hierzu* **ein·kom·mens·schwach** ADJEKTIV; **ein·kom·mens·stark** ADJEKTIV

die **Ein·kom·men(s)·steu·er** eine Steuer, die jeder zahlt, der (auch) anderes Einkommen als Lohn oder Gehalt hat oder der relativ viel Geld verdient

die **Ein·kom·men(s)·steu·er|er·klä·rung** die Angaben für das Finanzamt, wie viel Einkommen man im vorangegangenen Jahr hatte

**ein·krei·sen** (*hat*) **1 etwas einkreisen** einen Kreis um etwas malen und es dadurch markieren *„Er kreiste ihren Geburtstag auf dem Kalender rot ein"* **2 Personen kreisen jemanden/etwas ein** jemanden/etwas von allen Seiten umgeben *„Die feindliche Armee hat die Stadt völlig eingekreist"* • *hierzu* **Ein·krei·sung** *die*

die **Ein·künf·te** *Plural* Geld, das man bekommt (als Lohn, Gehalt, Mieteinnahme, Zins usw.) ⟨*Einkünfte beziehen*⟩ *„Neben seinem Gehalt hat er noch Einkünfte aus einem Haus, das er vermietet hat"* K Nebeneinkünfte

**ein·la·den**★ (*hat*) **1 etwas (in etwas** (*Akkusativ*)**) einladen** etwas, das irgendwohin transportiert werden soll, in ein Fahrzeug bringen *„Die Spediteure luden die vollen Kisten* (*in den Lkw*) *ein"* **2 eine Person (zu etwas) einladen** eine Person darum bitten, als Besuch zu jemandem nach Hause zu kommen *„Ich habe ein paar gute Freunde zum Abendessen/zu uns eingeladen"* **3 jemanden (irgendwohin/zu etwas) einladen** mit jemandem etwas gemeinsam unternehmen und alle Kosten, die dabei entstehen, bezahlen *„Mein Freund hat mich ins Kino eingeladen"*

die **Ein·la·dung**★ (*-, -en*) **eine Einladung (zu etwas)** eine Bitte an eine andere Person, zu Besuch zu kommen oder als Gast irgendwohin mitzukommen ⟨*eine Einladung bekommen, annehmen, ablehnen; einer Einladung folgen*⟩ *„Ich habe ihm eine Einladung zu meiner Party geschickt"*

die **Ein·la·ge** **1** eine meist künstlerische Vorstellung, die Abwechslung in ein festes Programm bringen soll ⟨*eine Einlage bringen*⟩ *„Auf dem Ball gab es als Einlage einen Zauberer"* K Gesangseinlage **2** *meist Plural* das Geld, das jemand auf einem Konto bei einer Bank hat *„ein Sparbuch mit einer Einlage von 2.000 Euro"* **3** *meist Plural* eine zusätzliche Sohle, die in einen Schuh gelegt wird (um den Fuß zu stützen)

der **Ein·lass** (*-es, Ein·läs·se*); *meist Singular; geschrieben* ≈ Zutritt

**ein·las·sen**★ (*hat*) **1 jemanden (irgendwohin) einlassen** *geschrieben* eine Tür oder ein Tor öffnen, damit jemand in ein Gebiet oder Gebäude kommen kann *„Der Pförtner ließ mich* (*in die Fabrik*) *ein"* **2 etwas (in etwas** (*Akkusativ*)**) einlassen** einen relativ großen Behälter mit Wasser füllen ⟨(*Wasser in*) *ein Becken, einen Kanal, eine Wanne einlassen*⟩ *„Lass bitte Wasser* (*in die Badewanne*) *ein!"* **3 sich mit jemandem einlassen** *meist abwertend* Kontakt mit jemandem bekommen oder haben *„Lass dich bloß nicht mit diesen Leuten ein!"* **4 sich mit jemandem einlassen** mit jemandem streiten *„Mit dem würde ich mich nicht einlassen, der ist stärker als du!"* ⓘ meist verneint **5 sich auf etwas** (*Akkusativ*) **einlassen** mit etwas anfangen, bei etwas mitmachen und dabei unangenehme Folgen riskieren *„sich auf krumme Geschäfte einlassen"*

der **Ein·lauf** **1** der Vorgang, wenn eine Mannschaft in das Stadion oder auf das Spielfeld läuft **2** der letzte Teil eines Wettlaufs **3** die Reihenfolge, in welcher die Läufer oder die Pferde bei einem Rennen am Ziel ankommen **4** das Reinigen des Darms mit einer Flüssigkeit, die in den After gespritzt wird ⟨*jemandem einen Einlauf machen*⟩

**ein·lau·fen**★ **1 etwas läuft (irgendwohin) ein** (*ist*) eine relativ große Menge Wasser fließt in etwas hinein und füllt es ⟨*die Badewanne, den Swimmingpool einlaufen lassen*⟩ *„Ich lass dir schon mal das Wasser für ein Bad einlaufen"* **2 eine Mannschaft läuft (irgendwohin) ein** (*ist*) eine Mannschaft läuft zu Beginn eines Spiels auf das Spielfeld **3 in etwas** (*Akkusativ*) **einlaufen** (*ist*) bei einem Wettlauf das Ziel erreichen *„In welcher Reihenfolge sind sie ins Ziel eingelaufen?"* **4** **etwas läuft (irgendwo/irgendwohin) ein** (*ist*) ein Schiff kommt im Hafen an *„Der Tanker lief in den/im Hafen ein"* **5** **etwas läuft ein** (*ist*) etwas wird beim Waschen kleiner oder enger ⟨*ein T-Shirt, ein Pullover*⟩ ≈ schrumpfen **6** **etwas einlaufen** (*hat*) neue Schuhe tragen, bis sie bequem sind *„Du solltest die neuen Stiefel vor der Bergtour einlaufen, damit du keine Blasen bekommst"* (*hat*) **7** **sich einlaufen** (*hat*) vor einem Wettrennen die Muskeln warm und locker machen, indem man läuft

E

**ein·le·ben** (*hat*) **sich (irgendwo) einleben** sich an eine neue Umgebung gewöhnen *„Es wird lange dauern, bis ich mich in der neuen Stadt eingelebt habe"*

**ein·le·gen★** (*hat*) **1** **etwas einlegen** eine Zeit der Entspannung zwischen Zeiten der Arbeit, Aktivität legen ⟨*eine Pause, eine Rast, einen Ruhetag einlegen*⟩ **2** **etwas einlegen** etwas Zusätzliches oder Außergewöhnliches machen (meist um mit etwas schneller fertig zu werden) *„eine Sonderschicht einlegen, um einen Auftrag rechtzeitig zu erfüllen"* **3** **etwas einlegen** in den genannten Gang schalten, vor allem beim Autofahren ⟨*den ersten, zweite Gang, den Rückwärtsgang einlegen*⟩ **4** **etwas (gegen etwas) einlegen** förmlich gegen etwas protestieren ⟨*Beschwerde, Einspruch, sein Veto, Widerspruch einlegen*⟩ **5** **etwas (in etwas** (*Akkusativ*)**) einlegen** etwas irgendwo so in etwas legen, dass es benutzt werden kann ⟨*einen Film, eine CD, eine DVD einlegen*⟩ **6** **etwas (in etwas** (*Akkusativ*)**) einlegen** Lebensmittel konservieren und würzen, indem man sie in eine Flüssigkeit legt *„Gurken (sauer/in Essig) einlegen"*

**ein·lei·ten** (*hat*) **1** **etwas mit etwas einleiten** etwas mit etwas beginnen und damit auf den Hauptteil vorbereiten ≈ eröffnen *„Er leitete die Feier mit der Begrüßung der Ehrengäste ein"* **2** **etwas einleiten** *admin* als zuständiger Beamter oder zuständige Behörde veranlassen, dass eine Behörde aktiv wird ⟨*diplomatische/gerichtliche/juristische Maßnahmen, Schritte, einen Prozess, eine Untersuchung, ein Verfahren einleiten*⟩ **3** **etwas in etwas** (*Akkusativ*) **einleiten** Flüssigkeiten in etwas fließen lassen ⟨*Abwässer, Rückstände in einen Kanal, in einen Fluss einleiten*⟩

die **Ein·lei·tung★** **1** ein relativ kurzer Text, der am Anfang eines Buches, Aufsatzes usw. steht und den Leser auf das Thema vorbereitet **2** das Einleiten einer Flüssigkeit **3** die ersten Teile einer längeren Tätigkeit, vor allem bei Behörden ⟨*die Einleitung einer Untersuchung, eines Verfahrens*⟩

**ein·len·ken** (*hat*) in einem Streit oder in einem Konflikt nicht weiter auf die eigene Position bestehen, sondern nachgeben oder kompromissbereit sein *„Er lenkte ein, um einen Kompromiss zu ermöglichen"*

**ein·log·gen** (*loggte sich ein, hat sich eingeloggt*) **sich in etwas** (*Dativ*) **einloggen** sich mit dem Benutzernamen oder einer Zahlenkombination in einem Computersystem anmelden

**ein·lö·sen** (*hat*) **1** **etwas einlösen** wenn eine Person einen Gutschein o. Ä. einlöst, bekommt sie selbst oder die andere Person den Wert, der auf dem Gutschein genannt ist ⟨*einen Gutschein, einen Scheck einlösen*⟩ **2** **etwas einlösen** *geschrieben* sich an etwas halten, das man versprochen hat ⟨*ein Versprechen einlösen*⟩

**ein·ma·chen** (*hat*) **etwas einmachen** Lebensmittel haltbar machen und in fest verschlossenen Gläsern lagern ⟨*Äpfel, Birnen, Kirschen, Gurken, Marmelade einmachen*⟩ **K** Einmachglas

**ein·mal★** *ADVERB* **1** (nur) ein einzelnes, einziges Mal ↔ mehrmals *„Kannst du das noch einmal wiederholen?"* **2** zu irgendeiner Zeit (in der Vergangenheit oder Zukunft) ≈ irgendwann *„Waren Sie schon einmal in Spanien?"* | *„Ich kümmere mich darum, wenn ich einmal Zeit habe"* **3** **auf 'einmal** ≈ plötzlich *„Auf einmal brach der Ast"* **4** **auf 'einmal** zur gleichen Zeit *„Iss doch nicht alles auf einmal!"*
*PARTIKEL unbetont* **5** **nicht einmal** selbst die geringste Erwartung wurde nicht erfüllt *„Er hat sich für das Geschenk nicht einmal bedankt"* und auch nicht darüber gefreut **6** **nun einmal** verwendet, um zu sagen, dass man etwas nicht ändern kann ≈ eben *„Das ist nun einmal so und nicht anders"* **7** **erst einmal** ≈ zuerst, zunächst *„Darüber muss ich erst einmal nachdenken"*

das **Ein·mal·eins** (-) **1** **das kleine Einmaleins** das Multiplizieren der Zahlen 1 – 10 miteinander *„Kannst du schon das kleine Einmaleins?"* **2** **das große Einmaleins** das Multiplizieren der Zahlen 1 – 20 mit den Zahlen 1 – 10 (oder 1 – 20)

**ein·ma·lig**★ *ADJEKTIV* **1** so, dass etwas nur ein einziges Mal geschieht ⟨*eine Abfindung, eine Ausgabe, eine Einnahme, ein Vorgang, eine Zahlung*⟩ **2** *gesprochen* sehr selten und sehr günstig ⟨*eine Chance, eine Gelegenheit*⟩ **3** *gesprochen* von sehr guter Qualität *„Das Essen war einmalig (gut)"* • *hierzu* **Ein·ma·lig·keit** *die*

**ein·mi·schen** (*hat*) **sich in etwas** (*Akkusativ*) **einmischen** in eine Handlung eingreifen, von der man selbst nicht betroffen ist *„sich in einen Streit einmischen"* | *„sich in jemandes Angelegenheiten einmischen"* • *hierzu* **Ein·mi·schung** *die*

**ein·mü·tig** *ADJEKTIV* so, dass alle Anwesenden dafür sind ⟨*ein Beschluss; etwas einmütig beschließen*⟩ ≈ einstimmig

die **Ein·nah·me**★ (-, -n) **1** *oft Plural* das Geld, das man für eine Arbeit oder durch Verkaufen, Vermieten oder als Zinsen o. Ä. bekommt ↔ Ausgaben *„Die Einnahmen der Firma sind im letzten Jahr erheblich gestiegen"* **K** Jahreseinnahme, Tageseinnahme **2** *nur Singular* das Einnehmen eines Medikaments oder einer Mahlzeit **3** *nur Singular* das Einnehmen und Erobern einer Festung, einer Stadt o. Ä. im Krieg

die **Ein·nah·me|quel·le** etwas, das man nützen kann, um Geld zu verdienen *„Für viele arabische Länder ist Erdöl die wichtigste Einnahmequelle"*

**ein·neh·men**★ (*hat*) **1 etwas einnehmen** Geld für geleistete Arbeit, durch Geschäfte, Miete, Zinsen usw. bekommen *„Durch das Mietshaus nimmt er im Jahr 40.000 Euro ein"* **2 etwas einnehmen** ein Medikament schlucken *„Sie müssen die Tropfen dreimal täglich einnehmen"* **3 Soldaten nehmen etwas ein** eine Armee o. Ä. besetzt etwas nach einem Kampf *„Es gelang Napoleon 1812, Moskau einzunehmen"* **4 etwas nimmt etwas ein** etwas füllt einen Raum oder ein Gebiet *„Der Schrank nimmt in meinem kleinen Zimmer viel zu viel Platz ein"* **5 von jemandem/etwas eingenommen sein** starke positive Gefühle für jemanden/etwas haben

**ein·neh·mend** *ADJEKTIV* **ein einnehmendes Wesen besitzen/haben** so (freundlich und charmant) sein, dass man von anderen Leuten sofort für sehr sympathisch und ehrlich gehalten wird

**ein·ord·nen** (*hat*) **1 etwas (in etwas** (*Akkusativ*)**) einordnen** etwas an den Platz tun, an den es nach einer festgelegten Ordnung gehört *„Ich habe die Namen alphabetisch in die Kartei eingeordnet"* **2 sich (in etwas** (*Akkusativ*)**) einordnen** einen eigenen Platz in einer Gruppe oder Gemeinschaft finden und gute Beziehungen zu den anderen Leuten haben ≈ integrieren *„Der neue Mitarbeiter konnte sich nicht in das Team einordnen"* **3 sich irgendwo einordnen** als Autofahrer, Radfahrer o. Ä. auf eine andere Spur (einer Straße) wechseln, z. B. um abzubiegen *„Du musst dich jetzt links einordnen"* • *zu* (2) **Ein·ord·nung** *die*

**ein·pa·cken**★ (*hat*) **etwas (in etwas** (*Akkusativ*)**) einpacken** etwas in eine Hülle oder einen Behälter tun *„die Blumen in Seidenpapier einpacken"* | *„den Anzug in den Koffer einpacken"*

**ein·par·ken** (*hat*) **(irgendwo) einparken** mit einem Fahrzeug in eine Parklücke fahren

**ein·pflan·zen** (*hat*) **1 etwas (in etwas** (*Akkusativ*)**) einpflanzen** eine Pflanze in ein Gefäß oder in den Boden pflanzen *„Ich habe den Gummibaum in einen größeren Topf eingepflanzt"* **2 jemandem etwas einpflanzen** jemandem ein Organ, einen Herzschrittmacher o. Ä. einsetzen • *hierzu* **Ein·pflan·zung** *die*

**ein·pla·nen** (*hat*) **etwas (bei etwas) einplanen** etwas bei einem Plan, den man macht, berücksichtigen *„Diese Verzögerung war bei dem Projekt nicht eingeplant"* • *hierzu* **Ein·pla·nung** *die*

**ein·prä·gen** (*hat*) **1 sich** (*Dativ*) **etwas einprägen** sich etwas ganz genau (in allen Einzelheiten) merken **2 etwas (irgendwo) einprägen** ≈ prägen **3 etwas prägt sich jemandem ein** etwas bleibt in jemandes Gedächtnis *„Dieser Vorfall hat sich mir unauslöschlich eingeprägt"*

**ein·räu·men** (*hat*) **1 etwas (in etwas** (*Akkusativ*)**) einräumen** etwas in einer festgelegten Ordnung in einen Raum oder einen Behälter tun *„Bücher in ein Regal einräumen"* **2 etwas einräumen** sagen, dass eine andere Person recht hat o. Ä. ⟨*einen Fehler, einen Irrtum einräumen*⟩ ≈ zugeben *„Der Zeuge räumte vor Gericht ein, dass er sich getäuscht haben könnte"*

**ein·re·den** (*hat*) **1 sich** (*Dativ*) **etwas einreden** *gesprochen* sich selbst belügen *„Rede dir doch nicht ein, dass du zu dick bist!"* **2 jemandem etwas einreden** *gesprochen* einer Person immer wieder dasselbe sagen, bis sie es schließlich glaubt *„Wer hat dir denn diesen Unsinn eingeredet?"* **3** **auf jemanden einreden** längere Zeit zu einer Person sprechen, um sie von etwas zu überzeugen ⟨*mit Nachdruck, ununterbrochen auf jemanden einreden*⟩

**ein·rei·ben** (*hat*) **1** **etwas (in etwas** (*Akkusativ*)**) einreiben** eine Flüssigkeit oder eine Creme durch Reiben in etwas eindringen lassen *„eine Salbe in die Haut einreiben"* **2** **jemandem etwas einreiben** jemandem oder sich selbst eine Creme o. Ä. in die Haut reiben *„Reib dir mal das Gesicht mit Sonnencreme ein"* **3** **sich (mit etwas) einreiben** sich Creme o. Ä. in die Haut reiben

**ein·rei·chen** (*hat*) **etwas einreichen** *geschrieben* ein Formular, Dokument o. Ä. zu einer offiziellen Stelle bringen oder als Brief dorthin senden, damit es geprüft oder bearbeitet wird ⟨*einen Antrag, eine Beschwerde, einen Entwurf, ein Gesuch,* (*eine*) *Klage bei Gericht einreichen*⟩

**ein·rei·hen** (*hat*) **sich (in etwas** (*Akkusativ*)**) einreihen** sich an einen Platz in einer Reihe oder Schlange stellen *„Ich reihte mich in die Schlange vor dem Postschalter ein"*

**ein·rei·sen** (*ist*) über die Grenze in ein Land kommen *„nach Italien einreisen"* | *„Die Flüchtlinge durften in das Land nicht einreisen"* **K** Einreisegenehmigung, Einreiseverbot, Einreisevisum • *hierzu* **Ein·rei·se** *die*

**ein·rei·ßen** **1** **etwas einreißen** (*hat*) ein Gebäude o. Ä. zerstören, um den Platz wieder nutzen zu können ⟨*ein Haus, eine Mauer, eine Wand einreißen*⟩ **2** **etwas einreißen** (*hat*) einen Riss in etwas machen ⟨*ein Stück Papier einreißen*⟩ **3** **etwas reißt ein** (*ist*) etwas bekommt einen Riss *„Das Blatt ist unten eingerissen"*

**ein·rich·ten**★ (*hat*) **1** **etwas einrichten** wenn man eine Wohnung o. Ä. einrichtet, dann bringt man alle Möbel und Dinge hinein, die nötig sind, um die Wohnung zu benutzen *„Nachdem meine Tochter ausgezogen ist, habe ich mir ihr Zimmer als Büro eingerichtet"* **2** **etwas einrichten** eine Institution oder einen Teil einer Institution neu schaffen ⟨*eine Beratungsstelle, einen Kindergarten einrichten*⟩ ≈ eröffnen **3** **es (sich** (*Dativ*)**) so einrichten, dass ...** seine Zeit so planen, dass man etwas tun kann *„Kannst du es so einrichten, dass du pünktlich um 12 Uhr zum Mittagessen da bist?"* **4** **sich auf jemanden/etwas einrichten** sich den Umständen anpassen, sich auf jemanden/etwas vorbereiten *„Auf so viele Gäste bin ich nicht eingerichtet"*

die **Ein·rich·tung**★ **1** alle Möbel und Gegenstände eines Raumes oder einer Wohnung ⟨*eine alte, bequeme, schöne, hässliche Einrichtung*⟩ **K** Einrichtungsgegenstand **2** *nur Singular* das Einrichten eines Raumes, einer Wohnung **3** eine Sache, die von einem Staat, einer Gemeinde, einer Organisation o. Ä. als Angebot geschaffen wird ⟨*eine gemeinnützige, kirchliche, kulturelle, öffentliche, staatliche Einrichtung*⟩ *„Die Stadtbibliothek ist eine kommunale Einrichtung"* **4** *nur Singular* das Schaffen einer Möglichkeit, eines Gremiums o. Ä. *„die Einrichtung einer Sonderkommission/eines Untersuchungsausschusses"* **5** **eine ständige Einrichtung** etwas, das regelmäßig stattfindet oder aus Gewohnheit nicht geändert wird

**ein·rü·cken** **1** **(etwas) (um etwas) einrücken** (*hat*) beim Schreiben eines Textes eine neue Zeile weiter rechts beginnen lassen als die anderen Zeilen *„Tabellen* (*um*) *fünf Millimeter einrücken"* **2** **etwas rückt ein** ein Fahrzeug fährt ohne Fahrgäste zurück ins Depot ⟨*ein Bus, eine Straßenbahn*⟩ *„Wagen rückt ein"*

**eins**★ *ZAHLWORT* **1** (als Zahl, Ziffer) 1 *„eins plus/und eins ist/macht/gibt zwei"* 1 + 1 = 2 | *„Ein mal eins ist/macht/gibt eins"* 1 × 1 = 1 ❶ → Anhang, S. 1098: **Zahlen** und Beispiele unter **vier** *PRONOMEN* **2** *gesprochen* verwendet, um eine Sache zu bezeichnen, die nicht näher beschrieben werden soll oder nicht bekannt ist ≈ etwas *„Eins verstehe ich nicht: Woher hat sie meine Adresse?"* **3** *gesprochen* verwendet, um eine (beliebige) einzelne von mehreren möglichen Sachen zu bezeichnen ≈ eines *„Ich brauche ein neues Hemd und zwar eins, das zu meiner roten Krawatte passt"*
*ADJEKTIV nur in dieser Form* **4** **jemand ist/wird (mit einer Person) eins**; **Personen sind/werden sich eins** *geschrieben* Personen sind sich einig/einigen sich *„Wir sind/wurden uns eins"*

die **Eins**★ (-, -*en*) **1** die Zahl 1 *„eine Eins würfeln"* **2** die beste Schulnote (auf der Skala von 1 – 6 bzw. *sehr gut* bis *ungenügend*) ⟨*eine Eins in etwas* (*Dativ*) *haben, bekommen*⟩ *„Sie hat in Englisch eine Eins"* **3** eine Person/Sache mit der Nummer 1 (z. B. ein Bus, ein Sportler)

**ein·sam**★ *ADJEKTIV* **1** ohne Kontakt zu anderen Menschen (und deshalb traurig) ⟨*einsam* *und allein; einsam leben, sterben; sich einsam fühlen⟩ „Viele alte Menschen leiden darunter, dass sie so einsam sind"* **2** weit entfernt von bewohnten Gebieten oder von der Zivilisation ⟨*ein Gebirgsdorf, ein Haus; einsam wohnen*⟩ **3** ohne Menschen oder nicht von Menschen bewohnt ≈ menschenleer *„Sie ging nachts durch einsame Straßen"* • *hierzu* **Ein·sam·keit** *die*

**ein·sam·meln** (*hat*) **1** **Dinge einsammeln** Gegenstände, die nicht weit weg voneinander liegen, von einer Fläche nehmen und irgendwohin tun *„die Spielkarten auf dem Tisch einsammeln"* **2** **Dinge einsammeln** vor allem in einer Klasse, Gruppe o. Ä. sich von den einzelnen Personen etwas geben lassen ⟨*Geld, die Hefte einsammeln*⟩

der **Ein·satz**★ **1** die Verwendung einer Maschine, eines Geräts oder Mittels *„der Einsatz von Computern zur Datenspeicherung"* **2** das Einsetzen von Personen für eine Aufgabe oder Arbeit *„Wegen einer Verletzung ist sein Einsatz im nächsten Spiel gefährdet"* **3** *nur Singular* das Verhalten, wenn man sich Mühe gibt, für ein Ziel viel tut *„Ihr müsst mehr Einsatz zeigen, wenn wir noch gewinnen wollen"* **4** eine Aktion, an der Militär, die Polizei usw. beteiligt ist **K** Einsatzkommando, Einsatzleiter; Feuerwehreinsatz, Polizeieinsatz **5** das Geld, um das man spielt oder das man auf etwas wettet ⟨*hohe, niedrige Einsätze*⟩ **6** der Zeitpunkt (während eines Musikstücks), zu dem ein Musiker oder Sänger zu spielen bzw. singen beginnen muss ⟨*den Einsatz verpassen*⟩ **7** ein Teil, das man zusätzlich in etwas setzen und wieder herausnehmen kann *„ein Topf mit einem Einsatz"* • *zu* (1 – 4) **ein·satz·be·reit** *ADJEKTIV*; *zu* (1 – 4) **ein·satz·fä·hig** *ADJEKTIV*

**ein·scan·nen** [-skɛn-] (*scannte ein, hat eingescannt*) **etwas einscannen** mithilfe eines Scanners Informationen auf einen Computer, eine Kasse o. Ä. übertragen ⟨*Fotos, Grafiken, Preise, Texte einscannen*⟩

**ein·schal·ten**★ (*hat*) **1** **etwas einschalten** ein Gerät mit einem Schalter zum Funktionieren bringen ⟨*ein Radio, einen Fernsehapparat, einen Motor, einen Apparat, das Licht, einen Sender einschalten*⟩ **2** **jemanden einschalten** dafür sorgen, dass jemand bei einem Vorgang aktiv wird und eingreift, oder dies selbst tun ⟨*die Polizei, einen Anwalt, die Versicherung einschalten*⟩ *„Die Bundesregierung hat sich in die Verhandlungen mit der Gewerkschaften eingeschaltet"* • *hierzu* **Ein·schal·tung** *die*

**ein·schät·zen**★ (*hat*) **jemanden/etwas irgendwie einschätzen** die genannte Meinung von jemandem/etwas haben ⟨*jemanden/etwas richtig, falsch, positiv, negativ einschätzen*⟩ ≈ beurteilen • *hierzu* **Ein·schät·zung** *die*

**ein·schen·ken**★ (*hat*) **(jemandem) (etwas) einschenken** (jemandem) ein Getränk in ein Glas, eine Tasse usw. gießen *„Darf ich Ihnen noch ein Glas Wein einschenken?"*

**ein·schie·ben** (*hat*) **jemanden/etwas (in etwas** (*Akkusativ*)**) einschieben** jemanden/etwas nachträglich oder zusätzlich an einen Platz in einer Reihe oder Folge von etwas setzen *„Vielleicht kann ich diese Konferenz noch in meinen Terminplan einschieben"* • *hierzu* **Ein·schie·bung** *die*

**ein·schla·fen**★ (*ist*) **1** anfangen zu schlafen *„Ich bin erst weit nach Mitternacht eingeschlafen"* **2** **etwas schläft (jemandem) ein** man kann ein Bein oder einen Arm für kurze Zeit nicht benutzen und nicht richtig fühlen, weil das Blut nicht richtig fließt

**ein·schlä·fern** (*schläferte ein, hat eingeschläfert*) **1** **etwas schläfert jemanden ein** etwas macht eine Person müde, oft bis sie einschläft *„Das Rauschen des Wasserfalls ist so richtig einschläfernd"* macht sehr müde ℹ meist im Partizip Präsens **2** **ein Tier einschläfern** ein krankes Tier mit einem Medikament töten, damit es keine Schmerzen mehr hat *„Unsere kranke Katze musste eingeschläfert werden"* • *zu* (1) **Ein·schlä·fe·rung** *die*

der **Ein·schlag** der Vorgang, bei dem etwas Schweres auf etwas fällt oder trifft, und das Ergebnis davon *„Beim Einschlag der Bombe wurden mehrere Häuser zerstört"* **K** Bombeneinschlag

**ein·schla·gen**★ (*hat/ist*) RICHTUNG: **1** **etwas einschlagen** (*hat*) in die genannte Richtung gehen oder fahren ⟨*eine Richtung, einen Weg, eine Route einschlagen*⟩ MIT SCHLÄGEN: **2** **etwas einschlagen** (*hat*) etwas Flaches zerbrechen, indem man kräftig dagegenschlägt ⟨*eine Fensterscheibe einschlagen*⟩ **3** **etwas (in etwas** (*Akkusativ*)**) einschlagen** (*hat*) auf einen meist relativ langen Gegenstand schlagen, bis er in etwas steckt, ohne sich zu bewegen ⟨*einen Nagel in die Wand einschlagen; einen Pfahl in den Boden einschlagen*⟩ **4** **auf je-**

E

**manden/etwas einschlagen** (*hat*) jemanden/etwas längere Zeit heftig schlagen BOMBE, BLITZ USW.: **5** **etwas schlägt (in etwas** (*Akkusativ*)) **ein** (*hat/ist*) etwas dringt mit lautem Knall irgendwo ein *„In diese Eiche hat einmal der Blitz eingeschlagen"*

**ein·schlei·chen** (*hat*) **1** **sich (in etwas** (*Akkusativ*)) **einschleichen** ohne Erlaubnis (und ohne dass es jemand bemerkt) an einen Ort, in ein Gebäude o. Ä. gehen *„Die Diebe schlichen sich nachts in das Haus ein"* **2** **etwas schleicht sich (in etwas** (*Akkusativ*)) **ein** etwas entsteht, ohne dass es jemand bemerkt ⟨*ein Fehler*⟩

**ein·schlie·ßen** (*hat*) **1** **jemanden (in etwas** (*Dativ/Akkusativ*)) **einschließen** verhindern, dass jemand einen Raum verlässt, indem man die Tür mit einem Schlüssel o. Ä. verschließt *„Die Häftlinge werden in ihren/ihre Zellen eingeschlossen"* **2** **etwas (in etwas** (*Dativ/Akkusativ*)) **einschließen** verhindern, dass jemand an etwas gelangen kann, indem man es in einen Behälter tut und diesen mit einem Schlüssel o. Ä. verschließt *„Er schloss die Diamanten im/in den Safe ein"* **3** **jemand/etwas wird/ist von etwas eingeschlossen** jemand/etwas ist/wird von allen Seiten von einer Sache umgeben *„Sie waren in den Bergen vom Schnee eingeschlossen"* **4** **etwas ist in etwas** (*Dativ*)/**bei etwas eingeschlossen** etwas ist in dem genannten Preis schon enthalten ≈ inklusive *„Die Bedienung ist im Preis eingeschlossen"*

**ein·schließ·lich**★ *PRÄPOSITION mit Genitiv/Dativ* **1** drückt aus, dass das Genannte auch mit berücksichtigt wird oder wurde ≈ inklusive *„Der Preis beträgt 25 Euro einschließlich Porto und Verpackung"* ❶ → Anhang, S. 1113: **Präpositionen** *ADVERB* **2** **bis einschließlich** drückt aus, dass eine Angabe auch für die genannte Zeit oder Zahl gilt *„Das Geschäft ist bis einschließlich Dienstag geschlossen"* | *„bis einschließlich Seite 15"*

**ein·schmei·cheln** (*hat*) **sich (bei jemandem) einschmeicheln** *abwertend* sich bei einer Person beliebt machen, indem man ihr schmeichelt

**ein·schmie·ren**★ (*hat*) **jemanden/etwas (mit etwas) einschmieren**; **(jemandem) etwas (mit etwas) einschmieren** *gesprochen* Fett, Creme oder Öl auf der Haut oder einer Fläche verteilen

der **Ein·schnitt** **1** ein Zeitpunkt, an dem sich etwas stark ändert ⟨*ein bedeutsamer, entscheidender, tiefer Einschnitt*⟩ ≈ Zäsur *„Die Heirat bedeutete einen Einschnitt in ihrem Leben"* **2** eine Öffnung, die in etwas geschnitten wurde *„ein Einschnitt bei einer Operation"*

**ein·schrän·ken**★ (*schränkte ein, hat eingeschränkt*) **1** **jemand/etwas schränkt eine Person (in etwas** (*Dativ*)) **ein** eine Person oder Sache sorgt dafür, dass eine Person weniger Möglichkeiten oder Rechte hat *„Ich bin finanziell ziemlich eingeschränkt"* Ich kann mir nicht viel leisten | *„Er fühlte sich in seiner Freiheit eingeschränkt"* **2** **etwas einschränken** etwas nicht mehr so oft oder in geringerem Umfang tun als bisher *„Nach der Krankheit schränkte er das Rauchen/Essen ein"* rauchte/aß er weniger **3** **etwas einschränken** sagen, dass etwas nur unter besonderen Bedingungen zutrifft ⟨*eine Äußerung, eine Behauptung einschränken*⟩ **4** **sich einschränken (müssen)** mit weniger Geld auskommen (müssen) als bisher

die **Ein·schrän·kung**★ (-, *-en*) **1** das Einschränken und das Ergebnis davon ⟨*Einschränkungen machen, vornehmen*⟩ *„Wenn du keine Einschränkungen machst, wirst du die Pläne nie realisieren können"* **2** eine Äußerung, mit der man sagt, dass etwas nur unter besonderen Bedingungen richtig oder sinnvoll ist ⟨*etwas mit einer Einschränkung versehen; etwas mit einer Einschränkung sagen, behaupten; eine Einschränkung machen*⟩ **3** **ohne Einschränkung** ohne Ausnahme oder besondere Bedingungen ⟨*etwas gilt ohne Einschränkung; etwas ohne Einschränkung behaupten, sagen*⟩

**ein·schrei·ben**★ (*hat*) **1** **etwas (in etwas** (*Akkusativ*)) **einschreiben** etwas in ein Buch oder Heft schreiben ≈ eintragen *„Sie hat seine Telefonnummer in ihr Adressbuch eingeschrieben"* **2** **etwas einschreiben** meist einen Brief durch die Post registrieren lassen zum Beweis dafür, dass man ihn abgeschickt hat und dass er angekommen ist *„Diesen wichtigen Brief solltest du einschreiben lassen"* **K** Einschreib(e)brief ❶ meist im Partizip Perfekt: *ein eingeschriebener Brief; etwas eingeschrieben schicken* **3** **sich (irgendwo) einschreiben** den eigenen Namen in eine Liste eintragen, um an etwas teilzunehmen oder in etwas aufgenommen zu werden *„sich für einen Kurs/bei der Volkshochschule einschreiben"* | *„sich an der Universität einschreiben"* sich als Student anmelden • zu (3)

**Ein·schrei·bung** *die*

das **Ein·schrei·ben★** ein Brief oder ein Päckchen, das eingeschrieben verschickt wird ‹*etwas als/per Einschreiben schicken*›

**ein·schrei·ten** (*ist*) **(irgendwo) einschreiten** *geschrieben* ≈ eingreifen

**ein·schüch·tern** (*schüchterte ein, hat eingeschüchtert*) **jemanden einschüchtern** einer Person Angst machen, indem man ihr droht *„Ich lasse mich durch den aggressiven Ton nicht einschüchtern"* • *hierzu* **Ein·schüch·terung** *die*

**ein·schu·len★** (*hat*) **jemanden einschulen** ein Kind (zum ersten Mal) in eine Schule schicken bzw. aufnehmen ❶ meist im Passiv • *hierzu* **Ein·schu·lung** *die*

**ein·se·hen** (*hat*) **1** **etwas einsehen** sich (meist durch jemandes Argumente) von etwas überzeugen lassen und es akzeptieren *„Ich sehe überhaupt nicht ein, warum ich immer die ganze Arbeit machen soll"* **2** **etwas einsehen** alles sehen, was zu einem Gebiet oder einem Raum gehört, weil der Blick nicht behindert wird ‹*etwas einsehen können*› *„Von hier aus kann ich den ganzen Saal einsehen"* **3** **etwas einsehen** *admin* Akten lesen, vor allem im Zusammenhang mit wichtigen Entscheidungen oder Prozessen

das **Ein·se·hen** **mit jemandem (k)ein Einsehen haben** *geschrieben* (kein) Verständnis für eine Person haben und ihr (nicht) nachgeben

**ein·sei·tig★** ADJEKTIV **1** nur auf einer Seite eines Gegenstandes, der zwei Seiten hat ‹*ein Druck*› *„Das Papier ist einseitig bedruckt"* **2** *abwertend* nur für einen Teil oder einen Aspekt zutreffend (und nicht für das Ganze) ‹*eine Begabung, ein Interesse, eine Beurteilung*› *„Du siehst das Problem zu einseitig"* **3** nur auf einer Seite des Körpers/Organs ‹*eine Lähmung, eine Lungenentzündung*› • *zu* (2) **Ein·sei·tig·keit** *die*

**ein·sen·den** (*hat*) **etwas (an etwas** (*Akkusativ*)) **einsenden** ≈ einschicken **K** Einsendeschluss, Einsendetermin

der **Ein·ser** (*-s, -*); *gesprochen* ≈ Eins

**ein·set·zen★** (*hat*) **1** **etwas (in etwas** (*Akkusativ*)) **einsetzen** ein meist bisher fehlendes Teil in etwas setzen ‹*eine Fensterscheibe, einen Flicken in die Hose, jemandem einen künstlichen Zahn einsetzen*› **2** **etwas einsetzen** etwas verwenden, um eine Aufgabe zu erfüllen *„Wegen des Schneefalls mussten Räumfahrzeuge eingesetzt werden"* **3** **jemanden einsetzen** jemandem eine Aufgabe im genannten Bereich geben *„Die neuen Mitarbeiter werden im Außendienst eingesetzt"* **4** **etwas einsetzen** das Geld, das man in ein Geschäft investiert oder bei einem Glücksspiel riskiert ‹*viel Geld einsetzen*› **5** **etwas setzt ein** *geschrieben* etwas, das längere Zeit dauern wird, fängt an ‹*Lärm, Regen, Schneefall*› *„Nach der Pause setzte die Musik wieder ein"* **6** **sich (für jemanden/etwas) einsetzen** sehr viel dafür tun, dass man selbst (oder eine andere Person) ein Ziel erreicht *„Sie hat sich tatkräftig für die Interessen der Mieter eingesetzt"*

die **Ein·sicht★** (*-, -en*) **1** **Einsicht (in etwas** (*Akkusativ*)) eine Erkenntnis, die einen komplizierten Zusammenhang betrifft *„Die Psychoanalyse führt zu ganz neuen Einsichten in die menschliche Psyche"* **2** *nur Singular* die Erkenntnis, dass man Fehler gemacht hat ‹*zur Einsicht kommen;* (*späte*) *Einsicht zeigen*› ≈ Reue **3** *admin nur Singular* das Lesen von Dokumenten, die in einem Amt o. Ä. sind (und die Erlaubnis dafür) ‹*Einsicht in die Akten haben, nehmen; jemandem Einsicht in die Unterlagen gewähren*› **K** Einsichtnahme

**ein·sich·tig** ADJEKTIV **1** mit Einsicht ‹*ein Mensch; sich einsichtig benehmen, verhalten*› **2** verständlich, überzeugend ‹*etwas ist leicht, schwer einsichtig*›

**ein·sil·big** ADJEKTIV **1** ‹*ein Mensch*› so, dass er nur wenig und nicht gern redet **2** sehr kurz, knapp ‹*eine Antwort*› **3** mit nur einer Silbe ‹*ein Wort*›

**ein·spa·ren** (*hat*) **1** **etwas einsparen** relativ wenig Material, Geld, Energie usw. brauchen ‹*Arbeitsplätze, Kosten, Rohstoffe einsparen*› **2** **jemanden einsparen** jemanden nicht länger als Arbeitskraft beschäftigen ‹*Personal, Angestellte einsparen*› • *hierzu* **Ein·spa·rung** *die*

**ein·sper·ren** (*hat*) **1** **jemanden (in etwas** (*Dativ/Akkusativ*)) **einsperren** ≈ einschließen **2** **jemanden einsperren** *gesprochen* jemanden ins Gefängnis bringen

**ein·spra·chig★** ADJEKTIV in oder mit nur einer Sprache ‹*Unterricht, ein Wörterbuch; einsprachig aufwachsen*›

**ein·sprin·gen** (*ist*) **(für jemanden) einspringen** für eine andere Person eine Arbeit tun, weil diese (plötzlich) verhindert oder krank geworden ist ‹*für einen Kollegen einspringen*›

E

der **Ein·spruch** *admin* eine schriftliche Erklärung (in einer vorgegebenen Form), dass man eine Entscheidung, ein Urteil o. Ä. nicht akzeptiert ⟨*Einspruch* (*gegen etwas*) *erheben, einlegen; einem Einspruch stattgeben*⟩ ≈ Protest **K** Einspruchsfrist, Einspruchsrecht

**ein·spu·rig** *ADJEKTIV* mit nur einer Fahrbahn ⟨*eine Straße*⟩

**einst★** *ADVERB; geschrieben* **1** vor langer Zeit ≈ früher *„Auf diesem Schloss lebte einst ein König"* **2** weit in der Zukunft *„Einst wird der Tag kommen, an dem wir uns wiedersehen"*

**ein·ste·cken** (*hat*) **1** **etwas einstecken** einen kleinen Gegenstand in die Tasche stecken, um ihn mitzunehmen ⟨*einen Schlüssel, ein Taschentuch einstecken*⟩ *„Vergiss nicht, Geld einzustecken, wenn du in die Stadt gehst!"* **2** **etwas (in etwas** (*Akkusativ*)**) einstecken** etwas in eine Öffnung eines Apparates oder eines Mechanismus stecken, damit er funktioniert ⟨*einen Stecker* (*in eine Steckdose*) *einstecken; den Schlüssel* (*ins Schloss*) *einstecken*⟩ **3** **etwas einstecken** *gesprochen* Geld oder etwas Wertvolles (ganz) für sich behalten, obwohl es einer anderen Person gehört **4** **(etwas) einstecken (müssen)** *gesprochen* etwas erleiden oder erdulden (müssen) ⟨*eine Niederlage, Kritik, Schläge einstecken*⟩

**ein·ste·hen** (*ist*) **für jemanden/etwas einstehen** für etwas die Verantwortung übernehmen (müssen) *„Der Minister muss für das Verhalten seiner Beamten einstehen"*

**ein·stei·gen★** (*ist*) **1** **(in etwas** (*Akkusativ*)**) einsteigen** in das Innere eines Fahrzeugs gehen oder steigen ⟨*in ein Auto, einen Bus, ein Flugzeug, einen Zug einsteigen*⟩ **2** **(in etwas** (*Akkusativ*)**) einsteigen** durch das Fenster in einen Raum gelangen, um dort etwas Verbotenes zu tun *„Die Diebe sind über den Balkon in die Wohnung eingestiegen"* **3** **irgendwo einsteigen** beginnen, in einem Bereich aktiv zu werden oder für eine Firma zu arbeiten ⟨*in die Politik einsteigen*⟩ *„Er ist vor zehn Jahren bei uns eingestiegen"*

**ein·stel·len★** (*hat*) **1** **jemanden einstellen** jemanden zum Mitarbeiter einer Firma, Behörde o. Ä. machen ⟨*Lehrlinge, Arbeiter, Lehrer einstellen*⟩ ↔ entlassen **2** **etwas (irgendwie/auf etwas** (*Akkusativ*)**) einstellen** ein technisches Gerät so regulieren, dass es in der gewünschten Weise funktioniert *„ein Radio leiser einstellen"* **3** **etwas einstellen** etwas sichtbar oder hörbar machen, indem man ein technisches Gerät reguliert, einstellt ⟨*ein Programm, eine Radio-/Fernsehsendung, einen Sender einstellen*⟩ **4** **etwas einstellen** *geschrieben* etwas, das man längere Zeit getan hat, nicht mehr tun ⟨*den Betrieb, die Produktion, die Zahlungen, eine Suchaktion, das Rauchen einstellen*⟩ **5** **etwas (in etwas** (*Dativ/Akkusativ*)**) einstellen** einen relativ großen Gegenstand für die Zeit, in der er nicht gebraucht wird, in einen Raum stellen ⟨*Möbel am Dachboden, im Keller einstellen*⟩ **6** **etwas stellt sich (irgendwo/irgendwann) ein** etwas erscheint als (meist negative) Folge einer Sache *„Nach der Operation stellten sich Komplikationen ein"* **7** **sich auf jemanden/etwas einstellen** sich auf jemanden/etwas vorbereiten *„Stell dich schon mal darauf ein, dass das nicht einfach wird"* | *„Auf so viele Gäste waren wir nicht eingestellt"*

**ein·stel·lig** *ADJEKTIV* nur aus einer der Ziffern von 0 – 9 bestehend ⟨*eine Nummer, eine Zahl*⟩

die **Ein·stel·lung★** **1** der Vorgang, bei dem jemand für eine Arbeit eingestellt wird *„die Einstellung neuer Mitarbeiter"* **K** Einstellungsgespräch **2** *nur Singular* das Einstellen und Regulieren eines technischen Gerätes **K** Feineinstellung **3** der Vorgang, mit etwas aufzuhören, es zu beenden *„die Einstellung der Feindseligkeiten"* **4** **eine Einstellung (zu etwas)** die Art, wie man über etwas denkt oder wie man etwas beurteilt ⟨*eine fortschrittliche, negative, offene Einstellung; jemandes Einstellung zu einem Problem*⟩

der **Ein·stieg** (-(*e*)*s*, -*e*) **1** die Tür oder Öffnung, durch die man in einen Bus, ein Flugzeug, eine Straßenbahn o. Ä. einsteigt **2** **der Einstieg (in etwas** (*Akkusativ*)**)** der Anfang bei einer neuen Aufgabe oder Arbeit ⟨*der Einstieg in das Berufsleben*⟩

**eins·ti·g-** *ADJEKTIV meist attributiv* ≈ ehemalig- *„das einstige Kaiserreich"*

**ein·stim·men** (*hat*) **1** **jemanden (auf etwas** (*Akkusativ*)**) einstimmen** jemanden oder sich selbst vor einem Ereignis in die richtige innere Stimmung versetzen **2** **(in etwas** (*Akkusativ*)**) einstimmen** anfangen, mitzusingen oder mitzuspielen, wenn andere Leute bereits singen oder Musikinstrumente spielen

**ein·stim·mig★** *ADJEKTIV* **1** mit allen Stimmen der Anwesenden, ohne Gegenstimme ⟨*ein Beschluss; etwas einstimmig beschließen,* *verabschieden*⟩ **2** so, dass alle die gleichen Noten singen oder spielen ⟨*ein Lied*⟩ • *hierzu* **Ein·stim·mig·keit** *die*

**ein·stu·die·ren** (*studierte ein, hat einstudiert*) **etwas einstudieren** etwas üben, um es vor einem Publikum vorzuführen ⟨*eine Rolle, einen Tanz, ein Musikstück einstudieren*⟩

**ein·stu·fen** (*hat*) **jemanden/etwas (irgendwie) einstufen** *admin* entscheiden, zu welcher Kategorie jemand/etwas gehört *„Er wurde in die Steuerklasse I eingestuft"* | *„Sein Verhalten wird von der Polizei als gefährlich eingestuft"* • *hierzu* **Ein·stu·fung** *die*

**ein·stün·dig** ADJEKTIV ⟨*eine Rede, eine Veranstaltung*⟩ so, dass sie eine Stunde dauern

der **Ein·sturz** das Einstürzen z. B. eines Hauses, einer Mauer o. Ä. **K** Einsturzgefahr

**ein·stür·zen** (*ist*) **etwas stürzt ein** etwas fällt oder stürzt in Teilen oder als Ganzes nach unten ⟨*ein Dachstuhl, ein Gebäude, ein Haus, eine Mauer*⟩

**ein·tau·send** ZAHLWORT (in Ziffern) 1000 ≈ tausend

**ein·tei·len**★ (*hat*) **1** **etwas (in etwas** (*Akkusativ*)**) einteilen** ein Ganzes in mehrere Teile gliedern *„Das Buch ist in drei Kapitel eingeteilt"* **2** **jemanden (zu/für etwas) einteilen** jemandem für einen festgelegten Zeitraum eine von mehreren möglichen Aufgaben geben *„Ich wurde für den Nachtdienst eingeteilt"* **3** **jemanden/etwas (nach etwas) (in etwas** (*Akkusativ*)**) einteilen** bestimmen, dass jemand/etwas (wegen der genannten Eigenschaft) zu einer Gruppe gehört, die Teil einer größeren Gruppe ist *„Die Boxer werden nach ihrem Gewicht in Klassen eingeteilt"* **4** **(sich** (*Dativ*)**) etwas einteilen** (sich) eine Arbeit oder die Zeit für etwas in verschiedene Abschnitte teilen *„Du teilst dir den Tag so schlecht ein, dass du deine Arbeit nicht schaffen kannst!"* • *hierzu* **Ein·tei·lung** *die*

**ein·tei·lig** ADJEKTIV nur aus einem Teil bestehend ⟨*ein Badeanzug*⟩

**ein·tö·nig** ADJEKTIV langweilig oder monoton, weil keine besonderen Eigenschaften da sind oder weil es keine Abwechslung gibt ⟨*eine Arbeit, eine Landschaft, ein Leben; etwas läuft eintönig ab, verläuft eintönig*⟩ • *hierzu* **Ein·tö·nig·keit** *die*

der **Ein·topf** ein einfaches Essen, für das verschiedene Gemüse oder Gemüse und Fleisch zusammen in einem Topf gekocht werden

die **Ein·tracht** (-); *geschrieben* ein Zustand, in dem zwei oder mehr Menschen gut zusammenleben, weil sie die gleichen Meinungen oder Absichten haben, sich gegenseitig respektieren und sich gut verstehen ⟨*in Eintracht miteinander leben; in Frieden und Eintracht*⟩

der **Ein·trag** (-(e)s, *Ein·trä·ge*) *nur Singular* das Eintragen von Namen oder Wörtern

**ein·tra·gen** (*hat*) **1** **jemanden/etwas (in/auf etwas** (*Akkusativ/Dativ*)**) eintragen** den Namen einer Person (oder auch andere Wörter) in ein Buch, Heft oder eine Liste schreiben *„Wer die Prüfung machen will, soll sich bitte auf dieser Liste eintragen"* **2** **etwas trägt (jemandem) etwas ein** etwas hat etwas (Positives oder Negatives) zum Ergebnis *„Das Geschäft hat ihm viel Geld eingetragen"* | *„Seine Bemerkung hat ihm viel Kritik eingetragen"* • *zu* (1) **Ein·tra·gung** *die*

**ein·träg·lich** ADJEKTIV ⟨*eine Arbeit, ein Geschäft*⟩ so, dass sie jemandem relativ viel Geld bringen

**ein·tref·fen** (*ist*) **1** **(irgendwo) eintreffen** nach einer Reise oder einem Transport irgendwo ankommen ⟨*ein Brief, ein Bus, ein Paket, ein Reisender, ein Zug* ⟩ *„Der Zug trifft in Hamburg mit Verspätung ein"* **2** **etwas trifft ein** etwas wird Realität ⟨*eine Befürchtung, eine Prophezeiung, eine Vermutung, eine Vorhersage*⟩ *„Alles ist so eingetroffen, wie ich es mir vorgestellt hatte"*

**ein·trei·ben** (*hat*) **etwas eintreiben** jemanden dazu zwingen, seine Schulden oder Steuern zu zahlen

**ein·tre·ten**★ (*hat/ist*) **1** **etwas eintreten** (*hat*) mit dem Fuß etwas mit Gewalt öffnen oder ein Loch hineinmachen *„eine Tür eintreten"* **2** **(in etwas** (*Akkusativ*)**) eintreten** (*ist*) (durch die Tür oder ein Tor) in einen Raum gehen **3** **(in etwas** (*Akkusativ*)**) eintreten** (*ist*) Mitglied in einer Organisation, Gruppe werden ⟨*in eine Partei, einen Verein, ein Kloster eintreten*⟩ **4** **etwas tritt ein** (*ist*) etwas geschieht, beginnt zu sein *„Es ist noch keine Besserung eingetreten"* **5** **für jemanden/etwas eintreten** (*ist*) sich für jemanden/etwas einsetzen

der **Ein·tritt**★ *meist Singular* **1** die Berechtigung, etwas zu besuchen, an etwas teilzunehmen o. Ä. *„Der Eintritt (ins Museum) ist frei"* **K** Eintrittskarte **2** der Beginn einer Veränderung *„Bei Eintritt der Dämmerung passierte der Unfall"*

E

**ein·ver·stan·den**★ *ADJEKTIV* **(mit etwas) einverstanden sein** etwas, das jemand sagt oder tut, akzeptieren *„Ich bin mit deinem Vorschlag einverstanden"* | *„Ich bin (damit) einverstanden, dass es so gemacht wird"*

das **Ein·ver·ständ·nis** *meist Singular* **1** **das Einverständnis (zu etwas)** eine Äußerung, mit der man sagt, dass man mit etwas einverstanden ist oder etwas erlaubt ⟨*sein Einverständnis geben; jemandes Einverständnis einholen*⟩ ≈ Zustimmung **2** **das Einverständnis (über etwas** (*Akkusativ*)**)** die gleiche Meinung oder Ansicht *„Zwischen den Staaten bestand Einverständnis über die Zusammenarbeit"*

der **Ein·wand** (-(*e*)*s*, *Ein·wän·de*) eine Äußerung, mit der eine andere Meinung, Kritik o. Ä. ausgedrückt wird ⟨*einen Einwand erheben/vorbringen*⟩ *„Gibt es irgendwelche Einwände gegen den Plan?"*

**ein·wan·dern**★ (*ist*) **(irgendwo) einwandern** in ein fremdes Land gehen, um dort für immer zu bleiben *„Personen, die in unser Land/nach Deutschland einwandern"* • *hierzu* **Ein·wan·de·rer** *der*; **Ein·wan·de·rin** *die*

**ein·wand·frei** *ADJEKTIV* **1** ohne jeden Fehler ⟨*eine Arbeit, ein Benehmen, ein Verhalten; etwas funktioniert einwandfrei*⟩ **2** *gesprochen meist adverbiell* ohne dass man daran zweifeln könnte ⟨*etwas steht einwandfrei fest*⟩ *„Er konnte seine Unschuld einwandfrei beweisen"*

**Ein·weg-** *im Substantiv, betont, begrenzt produktiv* **die Einwegflasche, die Einwegspritze, die Einwegverpackung** *und andere* drückt aus, dass etwas nur ein einziges Mal benutzt und dann weggeworfen wird

**ein·wei·chen** (*weichte ein, hat eingeweicht*) **1** **etwas einweichen** etwas längere Zeit in Wasser oder eine andere Flüssigkeit legen, um es weich zu machen ⟨*Bohnen, Erbsen, Linsen einweichen; einen Pinsel einweichen*⟩ **2** **etwas einweichen** etwas in Wasser mit Waschpulver legen, bevor man es richtig wäscht ⟨*Wäsche einweichen*⟩

**ein·wei·hen** (*hat*) **1** **etwas einweihen** ein neues Gebäude o. Ä. feierlich eröffnen *„Am Sonntag wurde unser neues Rathaus eingeweiht"* **2** **jemanden (in etwas** (*Akkusativ*)**) einweihen** jemanden etwas sagen, das nicht jeder weiß oder wissen darf ⟨*jemanden in seine Absichten, Pläne einweihen*⟩ • *zu* (1) **Ein·wei·hung** *die*

**ein·wei·sen** (*hat*) **1** **jemanden (irgendwohin) einweisen** veranlassen, dass eine Person, die krank ist, ein Verbrechen begangen hat o. Ä., an den genannten Ort kommt und dort längere Zeit bleiben muss ⟨*jemanden in eine Klinik, ein Heim, in das Gefängnis, in die Psychiatrie einweisen*⟩ **2** **jemanden (in etwas** (*Akkusativ*)**) einweisen** einer Person eine neue Arbeit oder Aufgabe erklären, sodass sie weiß, was sie tun muss **3** **jemanden/etwas (in etwas** (*Akkusativ*)**) einweisen** dem Fahrer eines Fahrzeugs o. Ä. Zeichen geben, damit er an die gewünschte Stelle fährt oder um einen Unfall zu vermeiden ⟨*jemanden/ein Fahrzeug in eine Parklücke einweisen*⟩ • *zu* (1,2) **Ein·wei·sung** *die*

**ein·wen·den** (*wandte/wendete ein, hat eingewandt/eingewendet*) **etwas (gegen jemanden/etwas) einwenden** ein Argument oder Gründe nennen, die gegen eine Person oder einen Plan, ein Projekt o. Ä. sprechen ⟨*etwas/nichts gegen den Plan einzuwenden haben*⟩ *„Ich möchte einwenden, dass der Plan nicht realisierbar ist"*

**ein·wer·fen**★ (*hat*) **1** **etwas (in etwas** (*Akkusativ*)**) einwerfen** einen Brief in einen Briefkasten oder Münzen in einen Automaten stecken *„Kannst du die Karte an meine Eltern einwerfen, wenn du in die Stadt gehst?"* **2** **etwas einwerfen** ein Fenster mit einem Ball, Stein o. Ä. treffen und es so kaputt machen

**ein·wi·ckeln** (*hat*) **1** **etwas (in etwas** (*Akkusativ*)**) einwickeln** etwas in etwas wickeln, meist um es zu schützen oder zu schmücken ⟨*ein Geschenk, ein Paket in Papier einwickeln*⟩ **2** **jemanden einwickeln** *gesprochen* jemanden (durch Charme) zu etwas überreden *„Lass dich von ihm nicht einwickeln!"*

**ein·wil·li·gen** (*willigte ein, hat eingewilligt*) **(in etwas** (*Akkusativ*)**) einwilligen** sagen, dass man einen Vorschlag, eine Entscheidung o. Ä. gut findet und damit einverstanden ist ⟨*in die Scheidung, in einen Vorschlag einwilligen*⟩ • *hierzu* **Ein·wil·li·gung** *die*

**ein·wö·chig** *ADJEKTIV meist attributiv* eine Woche dauernd

der **Ein·woh·ner**★ (-s, -) eine Person, die in einer Gemeinde/Stadt oder in einem Land wohnt und nicht nur zu Besuch dort ist *„München hat mehr Einwohner als Frankfurt"* **K** Einwohnerzahl • *hierzu* **Ein·woh·ne·rin** *die*; **Ein·woh·ner·schaft** *die*

das **Ein·woh·ner|mel·de·amt** eine Behörde,

bei der man sich (bei einem Umzug) an-, um- oder abmelden muss

der **Ein·wurf** **1** die Öffnung, durch die etwas eingeworfen werden kann ⟨*der Einwurf am Briefkasten, Spielautomaten*⟩ **2** das Einwerfen des Balles in ein Feld

die **Ein·zahl** *meist Singular* ≈ Singular

**ein·zah·len★** (*hat*) **(etwas) (auf etwas** (*Akkusativ*)**) einzahlen** bei einer Bank o. Ä. Geld zahlen, damit es auf ein Konto kommt *„Ich möchte 200 € auf mein Konto einzahlen"*

die **Ein·zah·lung** **1** das Einzahlen **2** der Betrag, den man einzahlt oder eingezahlt hat

**Ein·zel-★** *im Substantiv, betont, sehr produktiv* **1** **die Einzelhaft, die Einzelkabine, das Einzelschicksal, der Einzelunterricht, die Einzelzelle** *und andere* nur für eine Person allein, nur eine einzige Person betreffend *„Eine Übernachtung im Einzelzimmer ist meist teurer als im Doppelzimmer"* **2** **der Einzelkampf, die Einzelleistung, die Einzelreise** *und andere* von nur einer Person gemacht, durchgeführt **3** **der/die Einzelreisende, der Einzeltäter** *und andere* drückt aus, dass der Betroffene etwas allein tut **4** **die Einzelanfertigung, das Einzelbeispiel, der Einzelfall, das Einzelstück** *und andere* drückt aus, dass die genannte Sache nur einmal vorhanden ist

der **Ein·zel·gän·ger** (*-s, -*) eine Person, die nur wenig Kontakt zu anderen Menschen hat (und daher meist allein handelt, entscheidet und die oft eine andere Meinung hat als die meisten anderen Leute)

der **Ein·zel·han·del** (*-s*) alle Geschäfte, die ihre Waren nicht an andere Geschäfte, sondern an den Verbraucher direkt verkaufen ↔ Großhandel **K** Einzelhandelsgeschäft, Einzelhandelspreis • *hierzu* **Ein·zel·händ·ler** *der*; **Ein·zel·händ·le·rin** *die*

die **Ein·zel·heit★** (*-, -en*) ein einzelnes Merkmal einer Sache ⟨*charakteristische, (un)wichtige Einzelheiten; etwas in allen Einzelheiten erzählen; (nicht) auf Einzelheiten eingehen*⟩ ≈ Detail

das **Ein·zel·kind★** ein Kind, das keinen Bruder und keine Schwester hat

**ein·zeln★** *ADJEKTIV* **1** so, dass eine Person/Sache allein und nicht mit anderen zusammen ist *„ein einzelner Schuh"* | *„die Geschenke einzeln verpacken"* **2** **jeder/jede/jedes einzelne** verwendet, um sich auf alle oder auf alles ohne Ausnahme zu beziehen *„Jeder einzelne Fehler muss verbessert werden"* | *„Jeder Einzelne von uns muss seinen Beitrag leisten"* **3** **einzelne Personen/Dinge** verwendet, um eine unbestimmte, relativ geringe Zahl zu nennen (von Personen/Dingen, die aus dem Zusammenhang bekannt sind) *„Nur einzelne Zuschauer waren gekommen"* **4** **im Einzelnen** so, dass alle Details dabei berücksichtigt werden *„Dazu kann ich im Einzelnen noch nichts sagen"*

das **Ein·zel·teil** ein relativ kleines Teil eines Apparats, einer Maschine o. Ä. *„die Einzelteile eines Radios"*

**ein·zie·hen★** **1** **etwas einziehen** (*hat*) etwas, das im Wasser oder in der Luft war, (wieder) zu sich holen ⟨*eine Fahne, ein Netz, ein Segel einziehen*⟩ ≈ einholen **2** **etwas einziehen** (*hat*) einen Teil des Körpers an den Körper ziehen, meist um ihn zu schützen oder um ihn kleiner erscheinen zu lassen ⟨*den Kopf, den Bauch einziehen*⟩ **3** **etwas zieht etwas ein** eine Behörde, Firma oder Institution holt Geld, auf das sie Anspruch hat, vom Konto einer Person **4** **der Staat zieht etwas ein** (*hat*) der Staat nimmt aufgrund eines Gesetzes einer Person, Firma o. Ä. ihren Besitz weg **5** **(irgendwo) einziehen** (*ist*) in neue Räume, in ein neues Haus o. Ä. ziehen, um dort zu wohnen oder zu arbeiten ⟨*in ein Haus, eine Wohnung, ein neues Zimmer einziehen*⟩ **6** **eine Gruppe zieht (in etwas** (*Akkusativ*)**) ein** (*ist*) mehrere Personen gehen oder marschieren in einer oder mehreren Reihen in ein Gebiet oder einen Raum *„Die Mannschaft zog ins Stadion ein"* **7** **etwas zieht (in etwas** (*Akkusativ*)**) ein** (*ist*) etwas wird von einer Oberfläche oder Sache aufgesaugt ⟨*das Wasser, das Öl, die Creme, die Salbe zieht ein*⟩

**ein·zig★** *ADJEKTIV* **1** nur die genannte(n) Person(en)/Sache(n) und keine andere(n) ⟨*der/die/das Einzige; die Einzigen; kein Einziger*⟩ *„Ist das der einzige Grund?"* | *„Lisa und ich waren als Einzige gekommen"* **2** **einzig und allein** wirklich nur die genannte Person/Sache und keine andere *„Einzig und allein er ist daran schuld"*

**ein·zig·ar·tig** *ADJEKTIV* **1** von sehr hoher Qualität **2** verwendet, um Adjektive oder Verben zu verstärken ≈ sehr *„einzigartig gut"*

der **Ein·zug** *meist Singular* **1** das Einziehen einer Fahne, eines Netzes o. Ä. **2** das Einziehen von Geld, Vermögen o. Ä. **3** das Einziehen in eine neue Wohnung **4** das Einziehen von Sportlern

E

oder Soldaten in den genannten Ort *„der Einzug der Sportler in das Olympiastadion"*

die **Ein·zugs·er·mäch·ti·gung** die Erlaubnis, welche man von dem Inhaber oder der Inhaberin eines Bankkontos bekommt, um von dort regelmäßig Geld abheben zu können ⟨*jemandem eine Einzugsermächtigung erteilen*⟩

das **Ein·zugs·ge·biet** das Gebiet um eine Stadt o. Ä. herum, dessen Bewohner zu einem großen Teil in dieser Stadt arbeiten, einkaufen usw.

das **Eis**★ (*-es*) **1** so kaltes Wasser, dass es zu einer festen Masse geworden ist ⟨*das Eis schmilzt, taut, bricht; das Eis aufhacken*⟩ **K** Eisfläche, Eisglätte, Eisschicht, Eisscholle **2** Eis in Form von Würfeln o. Ä. *„Whisky mit Eis"* **K** Eiswürfel, eisgekühlt **3** eine Fläche von Eis in einem Stadion, auf einem See o. Ä. ⟨*auf's Eis gehen*⟩ *„Das Eis trägt noch nicht"* **K** Eisstadion **4** eine süße, kalte Masse aus Milch oder Wasser, Zucker und Früchten o. Ä., die man vor allem im Sommer isst ⟨*Eis essen; ein Eis lutschen; Eis am Stiel*⟩ **K** Himbeereis, Vanilleeis; Eiswaffel

der **Ei·schnee** Eiweiß, das zu festem Schaum geschlagen worden ist

die **Eis·creme** [-kre:m] ≈ Speiseeis, Eis

das **Ei·sen**★ (*-s, -*) **1** *nur Singular* ein relativ schweres Metall von grauer Farbe, das in feuchter Luft leicht rostet (und dann rötlich braun wird) ⟨*Eisen schmelzen, gießen, schmieden; hart wie Eisen*⟩ **K** Eisenerz, Eisenkette, Eisenstange **i** Chemisches Zeichen: *Fe* **2** *geschrieben* ein Stück Eisen, das man am Huf eines Pferdes befestigt ≈ Hufeisen • *zu* (1) **ei·sen·hal·tig** *ADJEKTIV*

die **Ei·sen·bahn**★ **1** *nur Singular* ein System für den Transport von Personen und Gütern, das aus Zügen besteht, die auf Schienen fahren und an Bahnhöfen halten **2** ein Zug, der aus einer Lokomotive und meist mehreren Wagen (den Waggons) besteht **K** Eisenbahnlinie, Eisenbahnschiene, Eisenbahnschranke, Eisenbahntunnel, Eisenbahnverkehr, Eisenbahnwaggon

**ei·sern** *ADJEKTIV* **1** *meist attributiv* aus Eisen ⟨*ein Haken, ein Nagel, ein Gitter*⟩ **2** sehr stark, fest ⟨*Energie, ein Wille, Gesundheit*⟩ *„Daran halte ich eisern fest"* **3** sehr streng ⟨*Disziplin, Prinzipien; mit eiserner Hand regieren; mit eiserner Faust durchgreifen*⟩

das **Eis·ho·ckey**★ ein Spiel mit Schlittschuhen auf Eis; zwei Mannschaften versuchen, eine runde Scheibe (den Puck) mit Schlägern ins Tor des Gegners zu schießen **K** Eishockeyschläger, Eishockeyspieler

**ei·sig** *ADJEKTIV* **1** sehr kalt ⟨*Wind, Wasser, Kälte*⟩ **2** sehr unfreundlich und ablehnend ⟨*ein Blick, eine Begrüßung, ein Schweigen*⟩

der **Eis·lauf** *nur Singular* die Fortbewegung mit Schlittschuhen auf einer Fläche mit Eis • *hierzu* **eis·lau·fen** (*ist*); **Eis·läu·fer** *der*; **Eis·läu·fe·rin** *die*

der **Eis·zap·fen** ein Zapfen aus Eis, der entsteht, wenn Wasser von irgendwo herabtropft und sofort gefriert

die **Eis·zeit** eine relativ lange Periode in der Geschichte der Erde, in der es sehr kalt war und in der sich das Eis von den Polen aus sehr weit ausbreitete

**ei·tel** *ADJEKTIV* (*eitler, eitelst-*) *abwertend* ⟨*ein Mensch*⟩ so, dass er bewundert werden will und sich daher in besonderer Weise benimmt oder kleidet **i** *eitel → ein eitler Mann*

die **Ei·tel·keit** (*-, -en*); *meist Singular* die Eigenschaft einer Person, eitel zu sein

der **Ei·ter** (*-s*) eine dicke, gelbliche Flüssigkeit, die in infizierten Wunden entsteht *„Die Wunde sondert Eiter ab"* **K** Eitererreger, Eiterpickel • *hierzu* **eit·rig** *ADJEKTIV*

**ei·tern** (*eiterte, hat geeitert*) **etwas eitert** etwas produziert Eiter *„Die Wunde eitert"*

das **Ei·weiß** (*-es, -/-e*) **1** (*Plural Eiweiß*) der klare bzw. weiße Teil vom Hühnerei *„Man nehme drei Eiweiß"* **2** (*Plural Eiweiße*) eine chemische Verbindung, die sehr wichtig für die Ernährung ist und vor allem in Fleisch, Milch, Käse und Nüssen enthalten ist ≈ Protein

der **Ekel**[1]★; (*-s*) **Ekel (vor/gegenüber jemandem/etwas)** eine sehr starke Abneigung gegen jemanden/etwas, die man körperlich spürt ⟨*Ekel vor etwas haben; etwas erregt Ekel in jemandem*⟩ *„Ich empfinde Ekel vor/gegenüber Schlangen und Spinnen"* **K** Ekelgefühl

das **Ekel**[2]; (*-s, -*); *gesprochen* ein sehr unangenehmer, unsympathischer Mensch

**ekel·er·re·gend, Ekel er·re·gend** *ADJEKTIV* so, dass das Gefühl von Ekel entsteht ⟨*ein Geruch*⟩ **i** *äußerst ekelerregend*, aber: *großen Ekel erregend*

**ekel·haft** *ADJEKTIV* **1** Ekel verursachend ⟨*ein Geruch, ein Geschmack*⟩ *„Ich finde Regenwürmer ekelhaft"* **2** sehr unangenehm oder lästig *„Das Wetter ist wirklich ekelhaft"*

**ekeln** (*ekelte, hat geekelt*) **sich (vor jemandem/etwas) ekeln** Ekel (vor jemandem oder etwas) empfinden *„Er ekelte sich vor dem Ge-*

ruch"

**EKG** [eːkaːˈgeː] Elektrokardiogramm eine Untersuchung des Herzens, bei der man die schwachen elektrischen Ströme des Herzens misst und grafisch darstellt

**ek·lig** *ADJEKTIV* **1** so, dass das Gefühl von Ekel entsteht ⟨*ein Geruch, ein Geschmack*⟩ **2** *gesprochen* ≈ unfreundlich *„Unser Chef kann ganz schön eklig werden"*

das **Ek·zem** [ɛkˈtseːm]; (-s, -e) eine Entzündung der Haut, die stark juckt

der **Elan** (-s) eine große innere Kraft oder Begeisterung, die jemanden zum Handeln treibt ⟨*jugendlicher Elan; etwas mit (großem) Elan tun*⟩

**elas·tisch**★ *ADJEKTIV* so, dass sich ein Material leicht dehnen lässt ⟨*ein Band, eine Binde*⟩ • *hierzu* **Elas·ti·zi·tät** *die*

der **Ele·fant** (-en, -en) das größte in Afrika und Indien lebende Tier mit großen Ohren, langen Stoßzähnen und einem langen Rüssel, mit dem es greifen kann **K** Elefantenbulle, Elefantenkuh **ID** **sich wie ein Elefant im Porzellanladen benehmen** *gesprochen* taktlos die Gefühle anderer Menschen verletzen

**ele·gant**★ *ADJEKTIV* (*eleganter, elegantest-*) **1** harmonisch und geschmackvoll (gestaltet) ⟨*eine Frisur, ein Kleid, ein Kostüm, ein Mantel*⟩ **2** geschmackvoll gekleidet und gepflegt ⟨*eine Dame, ein Herr*⟩ **3** so, dass etwas sehr harmonisch wirkt, ohne Mühe ausgeführt oder erreicht wird ⟨*ein Sprung, eine Verbeugung; ein Stil, eine Formulierung*⟩ *„Sie tanzt sehr elegant"* **4** **eine elegante Lösung** eine einfache und geschickte Lösung für ein Problem • *zu* (1 – 3) **Ele·ganz** *die*

der **Elek·tri·ker** (-s, -) eine Person, die beruflich alle Arbeiten an elektrischen Leitungen oder Elektrogeräten macht • *hierzu* **Elek·tri·ke·rin** *die*

**elek·trisch**★ *ADJEKTIV* **1** *meist attributiv* auf Elektrizität beruhend, sie betreffend ⟨*Strom, Spannung, Ladung, Widerstand*⟩ *„Er bekam einen elektrischen Schlag, als er das defekte Kabel berührte"* **2** mit Elektrizität betrieben ⟨*eine Heizung, ein Rasierapparat, eine Kaffeemaschine*⟩

die **Elek·tri·zi·tät**★ (-) Elektrizität ist die Energie in Blitzen und Batterien usw. ⟨*Elektrizität erzeugen; die Versorgung mit Elektrizität; der Verbrauch von Elektrizität*⟩ ≈ Strom

**Elek·tro-**★ *im Substantiv, betont, begrenzt produktiv* **1** **das Elektroauto, das Elektrofahrzeug, das Elektrogerät, der Elektroherd, die Elektrolok, der Elektromotor, der Elektroofen** *und andere* mit elektrischem Strom betrieben ≈ elektrisch **2** **die Elektrochemie, die Elektrodynamik, die Elektroenergie** *und andere* in Bezug auf elektrischen Strom ≈ elektrisch

das **Elek·tron** [ˈeːlɛktrɔn, eˈlɛkt-]; (-s, *Elek·tro·nen*) ein kleines, negativ geladenes Teilchen, das um den Atomkern kreist

die **Elek·tro·nik**★ (-) **1** ein Gebiet der Technik, das sich damit beschäftigt, sehr kleine und komplizierte Bauteile zu entwickeln und herzustellen, die man z. B. für Computer, Fernsehgeräte usw. benötigt **2** alle komplizierten technischen Geräte oder Bauelemente, die mit elektrischem Strom funktionieren *„In modernen Autos ist sehr viel Elektronik verbaut "* • *hierzu* **elek·tro·nisch** *ADJEKTIV*

die **Elek·tro·tech·nik** *meist Singular* ein Teilgebiet der Technik, das sich mit der praktischen technischen Anwendung des physikalischen Wissens über die Elektrizität beschäftigt • *hierzu* **elek·tro·tech·nisch** *ADJEKTIV*

das **Ele·ment**★ (-(e)s, -e) **1** eine meist typische, charakteristische Eigenschaft einer Sache *„Freie Wahlen und der Schutz der Menschenrechte sind grundlegende Elemente der Demokratie"* **2** ein Teil einer Konstruktion, eines Systems **K** Bauelement **3** eine der über 100 chemischen Substanzen (wie z. B. Wasserstoff, Kupfer, Uran), aus deren Verbindungen alles in der Welt besteht ⟨*ein radioaktives Element*⟩ **4** **die vier Elemente** Feuer, Wasser, Luft und Erde

**ele·men·tar** *ADJEKTIV meist attributiv* ⟨*Bedürfnisse*⟩ so, dass sie grundlegend und wichtig sind

**elend** *ADJEKTIV* **1** in sehr schlechtem Zustand ⟨*eine Baracke, eine Behausung, eine Hütte*⟩ **2** in Armut, Not oder Krankheit ⟨*ein Dasein, ein Leben; elend zugrunde gehen*⟩ **3** *gesprochen nur adverbiell* krank oder unglücklich ⟨*sich elend fühlen; elend aussehen*⟩

das **Elend**★ (-s) **1** Armut und Not *„das Elend der Kinder in der Dritten Welt"* **K** Elendsquartier, Elendsviertel **2** eine Lage, in der jemand viel Kummer hat und sehr unglücklich ist

**elf**★ *ZAHLWORT* (als Zahl) 11 ❶ → Anhang, S. 1098: **Zahlen** und Beispiele unter **vier**

die **Elf** (-, -en) **1** die Zahl 11 **2** jemand/etwas mit der Ziffer/Nummer 11 (z. B. ein Spieler, ein Bus o. Ä.)

die **Ẹl·fe** (-, *-n*) ein zartes, meist kleines weibliches Wesen mit Flügeln in einem Märchen • *hierzu* **Ẹlf** *der*; **ẹl·fen·haft** ADJEKTIV

das **Ẹl·fen·bein** *nur Singular* das Material, aus dem die Stoßzähne des Elefanten bestehen *„geschnitzte Figuren aus Elfenbein"*

der **Elf·me·ter** (beim Fußball) ein Strafstoß als direkter Schuss auf das Tor des Gegners von einem Punkt aus, der elf Meter vor dem Zentrum des Tors liegt ⟨*einen Elfmeter geben, verhängen, ausführen, verschießen, verwandeln* (= *ein Tor schießen*)⟩ **K** Elfmeterpunkt, Elfmeterschießen

**ẹlf·tel** ADJEKTIV *meist attributiv; nur in dieser Form* den 11. Teil einer Menge bildend ≈ 1/11

das **Ẹlf·tel** (-s, -) der 11. Teil (1/11) einer Menge

**ẹlf·tens** ADVERB verwendet bei einer Aufzählung, um anzuzeigen, dass etwas an 11. Stelle kommt

**eli·tär** ADJEKTIV **1** *abwertend* von dem Gefühl geprägt, dass man zur Elite gehört (und dabei arrogant, überheblich) ⟨*ein Denken, Verhalten, Benehmen*⟩ **2** zur Elite gehörend ⟨*ein Kreis, ein Zirkel*⟩

die **Eli·te** (-, *-n*); *meist Singular* eine Gruppe ausgewählter Personen, der Besten ⟨*die sportliche, gesellschaftliche, akademische Elite; zur Elite gehören*⟩ **K** Eliteschule, Elitetruppe

der **Ẹll·bo·gen** (-s, -) **1** das Gelenk, das Oberarm und Unterarm verbindet ⟨*die Ellbogen aufstützen*⟩ **K** Ellbogengelenk **2** **die Ellbogen einsetzen/gebrauchen** keine Rücksicht auf andere Menschen nehmen, wenn man das eigene Ziel erreichen will

die **El·lịp·se** (-, *-n*) eine geometrische Figur von der Form eines Ovals • *hierzu* **el·lịp·tisch** ADJEKTIV

die **Ẹls·ter** (-, *-n*) ein relativ großer Vogel mit schwarzen und weißen Federn

**ẹl·ter·lich** ADJEKTIV *meist attributiv* Vater und Mutter betreffend ⟨*die Pflichten*⟩

die **Ẹl·tern**★ *Plural* **1** Vater und Mutter ⟨*die biologischen Eltern*⟩ *„Sie hatte sehr liebevolle Eltern"* **2** ein Paar, bei dem ein Kind aufwächst **K** Adoptiveltern, Pflegeeltern • *zu* (1) **ẹl·tern·los** ADJEKTIV

der **Ẹl·tern·abend** ein Treffen (am Abend), bei dem Eltern mit Lehrern über schulische Dinge sprechen

das **Ẹl·tern·geld** *nur Singular*; Ⓓ das Geld, das eine Frau (oder ein Mann) nach der Geburt eines Kindes bis zu 14 Monate lang vom Staat bekommt, um in dieser Zeit das Kind betreuen zu können, anstatt zu arbeiten

das **Ẹl·tern·haus** **1** der soziale Hintergrund (vor allem die Familie und die Art der Erziehung), den jemand von den Eltern hat ⟨*aus einem bürgerlichen, guten, schlechten Elternhaus kommen*⟩ **2** das Haus der Eltern, in dem man die Kindheit verbringt oder verbracht hat

der **Ẹl·tern·teil** der Vater oder die Mutter

die **Ẹl·tern·zeit** *nur Singular*; Ⓓ die Zeit, in der Eltern nach der Geburt eines Kindes Elterngeld bekommen ⟨(*die*) *Elternzeit in Anspruch nehmen*⟩

die **E-Mail**★ ['i:meɪl]; (-, *-s*) **1** eine elektronische Nachricht, die wie ein Brief gestaltet ist ⟨*eine E-Mail schreiben, tippen, senden, bekommen, lesen, beantworten, weiterleiten*⟩ **K** E-Mail-Anhang ℹ → Anhang, S. 1076: **Brief und E-Mail** **2** ein System, das dazu dient, elektronische Nachrichten zu senden und zu empfangen **K** E-Mail-Adresse, E-Mail-Programm • *zu* (1) **e-mai·len**

die **Eman·zi·pa·ti·on** [-'tsi̯o:n]; (-, *-en*); *meist Singular* die Befreiung aus sozialer, rechtlicher und wirtschaftlicher Abhängigkeit ⟨*für die Emanzipation kämpfen*⟩ *„die Emanzipation der Frau"* **K** Frauenemanzipation • *hierzu* **eman·zi·pie·ren** (*hat*)

der **Ẹmb·ryo** ['ɛmbryo, -brio] Ⓐ *auch das*; (-s, *-s/ Em·bry·o·nen*) ein Lebewesen am Anfang seiner Entwicklung im Körper der Mutter bzw. in der Eischale • *hierzu* **emb·ry·o·nal** ADJEKTIV

der **Emig·rạnt** (*-en, -en*) eine Person, die wegen bedrohlicher wirtschaftlicher, politischer oder religiöser Verhältnisse das Heimatland verlässt ℹ *der Emigrant; den, dem, des Emigranten* • *hierzu* **Emig·rạn·tin** *die*; **emig·rie·ren** (*ist*)

die **Emo·ti·on** [-'tsi̯o:n]; (-, *-en*) eine (meist starke) seelische Erregung wie z. B. Liebe, Hass ⟨*durch, mit etwas in jemandem Emotionen wecken*⟩ ≈ Gefühl • *hierzu* **emo·ti·o·nal** ADJEKTIV

**emp·fahl** *Präteritum, 1. und 3. Person Singular* → empfehlen

**emp·fạnd** *Präteritum, 1. und 3. Person Singular* → empfinden

der **Emp·fạng**★ (-(e)s, *Emp·fän·ge*) **1** *nur Singular* der Vorgang, bei dem man etwas von jemandem bekommt *„eine Quittung über den Empfang einer Zahlung ausschreiben"* **K** Empfangsbescheinigung **2** *nur Singular* der Vorgang der Begrüßung ⟨*jemandem einen begeisterten, freundlichen, frostigen Empfang* *bereiten〉* K Empfangskomitee 3 eine (offizielle) Feier zu Ehren einer wichtigen Persönlichkeit *〈für jemanden einen Empfang geben; an einem Empfang teilnehmen〉* 4 *nur Singular* die technische Qualität eines Funksignals *〈einen guten, schlechten Empfang haben〉 „Ich habe hier mit dem Handy keinen Empfang"* 5 die Stelle in einem Hotel, zu der die Gäste gehen, wenn sie ankommen *〈sich am Empfang melden〉* ≈ Rezeption 6 **etwas in Empfang nehmen** etwas bekommen, das einem eine Person gibt 7 **jemanden in Empfang nehmen** jemanden begrüßen oder irgendwo abholen

**emp·fan·gen★** *(empfängt, empfing, hat empfangen)* 1 **etwas (von jemandem) empfangen** etwas (von jemandem) bekommen *〈ein Geschenk, ein Telegramm, einen Brief, einen Auftrag empfangen〉* 2 **jemanden (irgendwie) empfangen** jemanden (irgendwie) begrüßen *〈jemanden freundlich, höflich, herzlich, kühl empfangen〉* 3 **etwas empfangen** mithilfe entsprechender Geräte etwas hören oder sehen *〈einen Funkspruch, eine Sendung empfangen〉*

der **Emp·fän·ger★** (-s, -) 1 eine Person, die eine Sache (vor allem eine Zahlung oder Nachricht) bekommt K Zahlungsempfänger 2 ein Gerät, mit dem man Sendungen oder Funksprüche empfangen kann K Rundfunkempfänger • *zu* (1) **Emp·fän·ge·rin** *die*

**emp·fäng·lich** *ADJEKTIV* 1 **für etwas empfänglich sein** bereit sein, Eindrücke oder Empfindungen offen aufzunehmen oder Anregungen von anderen Leuten zu akzeptieren *〈empfänglich für Lob, Schmeicheleien sein〉* 2 **für etwas empfänglich sein** immer wieder die genannten Krankheiten bekommen *〈empfänglich für Infektionskrankheiten sein〉* • *hierzu* **Emp·fäng·lich·keit** *die*

die **Emp·fäng·nis** (-); *geschrieben* (bei Menschen) die Befruchtung einer weiblichen Eizelle durch eine männliche Samenzelle

**emp·fängt** *Präsens, 3. Person Singular* → empfangen

**emp·feh·len★** *(empfiehlt, empfahl, hat empfohlen)* 1 **(jemandem) eine Person/Sache empfehlen** jemandem eine Person oder Sache nennen, die für einen Zweck geeignet oder günstig wäre *„Dieses Buch kann ich dir sehr empfehlen"* 2 **(jemandem) etwas empfehlen** jemandem raten, etwas zu tun *„Der Arzt hat mir empfohlen, auf Alkohol zu verzichten"*

**emp·feh·lens·wert** *ADJEKTIV* 1 von guter Qualität oder für einen Zweck sehr geeignet *〈ein Buch, ein Medikament, eine Reise〉* 2 **es ist empfehlenswert zu** *+Infinitiv* es ist ratsam oder sinnvoll *„Es ist empfehlenswert, diese Reise früh zu buchen"*

die **Emp·feh·lung★** (-, *-en*) 1 ein (guter) Rat oder Vorschlag *„Auf seine Empfehlung habe ich den Arzt gewechselt"* 2 ein lobendes Urteil *〈jemandem eine Empfehlung schreiben〉 „Auf die Empfehlung seines Chefs hin wurde er Abteilungsleiter"* K Empfehlungsschreiben

**emp·fiehlt** *Präsens, 3. Person Singular* → empfehlen

**emp·fin·den★** *(empfand, hat empfunden)* 1 **etwas empfinden** das genannte Gefühl haben *〈Durst, Hitze, Schmerzen, Liebe, Angst, Trauer, Hass empfinden〉* 2 **jemanden/etwas als etwas empfinden** von einer Person oder Sache die genannte Meinung oder den genannten Eindruck haben *„Was du da Musik nennst, empfinde ich als (puren) Lärm"*

das **Emp·fin·den** (-s); *geschrieben* **das Empfinden (für etwas)** die Gefühle und Meinungen, die jemand in Bezug auf etwas hat

**emp·find·lich★** *ADJEKTIV* 1 so, dass eine Stelle am Körper schnell und oft wehtut *〈ein Zahn〉* 2 so, dass eine Person schnell oft krank wird 3 so, dass etwas schonend behandelt werden muss (weil es leicht zu beschädigen ist) *〈eine Haut, ein Stoff, ein Teppich, eine Pflanze〉* 4 so, dass jemand leicht zu kränken oder zu beleidigen ist *„Das war doch nicht als Kritik gemeint, sei doch nicht so empfindlich!"* 5 so, dass ein Messgerät o. Ä. sehr schnell reagiert, feine Unterschiede feststellt 6 so, dass etwas das normale Maß in negativer Weise überschreitet *〈eine Kälte, eine Niederlage, ein Verlust〉* • *zu* (1 – 5) **Emp·find·lich·keit** *die*

die **Emp·fin·dung** (-, *-en*) ein Gefühl *〈die Empfindung von Kälte, Schmerz, Freude, Liebe, Leid〉*

**emp·fing** *Präteritum, 1. und 3. Person Singular* → empfangen

**emp·foh·len** *PARTIZIP PERFEKT* → empfehlen

**emp·fun·den** *PARTIZIP PERFEKT* → empfinden

**em·pi·risch** *ADJEKTIV* durch das Sammeln von statistischen Daten gewonnen *„nach neuesten empirischen Erkenntnissen"*

**em·por** *geschrieben* (von unten) nach oben ⟨*zum Himmel, zum Licht, zu den Sternen empor*⟩

**em·por-** (*im Verb, betont und trennbar, begrenzt produktiv; Diese Verben werden so gebildet: emporfliegen, flog empor, emporgeflogen*); *geschrieben* **emporschweben, emporsehen, emporstreben**; **jemanden/etwas emporheben, emporziehen** *und andere* bezeichnet eine Bewegung von unten nach oben *„Das Feuer loderte hoch empor"* Die Flammen des Feuers gingen hoch nach oben

**em·pö·ren** (*empörte, hat empört*) **1** **etwas empört jemanden** etwas, das eine Person sagt oder tut, macht jemanden wütend **2** **sich über jemanden/etwas empören** über jemanden/etwas wütend werden *„Ich habe mich über seine Bemerkungen empört"*

die **Em·pö·rung★** (-, *-en*) *geschrieben nur Singular* das Gefühl, wenn man ein Verhalten oder Zustände schlecht oder ungerecht findet und nicht akzeptieren will *„Seine taktlosen Bemerkungen riefen allgemein Empörung hervor"*

das **En·de★** (*-s, -n*) **1** *nur Singular* die Stelle, an der etwas aufhört, nach der es etwas nicht mehr gibt ⟨*am Ende der Straße, der Stadt, des Zuges*⟩ ↔ Anfang **2** *nur Singular* der Zeitpunkt, zu dem etwas aufhört, nach dem es etwas nicht mehr gibt ⟨*am Ende der Woche, des Monats, des Jahres*⟩ **K** Endstadium **3** das letzte Stück oder der letzte Teil einer Sache ⟨*das Ende einer Schnur, einer Wurst*⟩ *„Der Roman hat ein ziemlich überraschendes/trauriges Ende"* **4** **Ende** *+Zeitangabe* am Ende des genannten Zeitraums *„Er kommt Ende nächster Woche/Ende Januar"* **5** **Ende** *+Zahl* ungefähr so alt wie die genannte Zahl plus 7 – 9 Jahre ⟨*Ende zwanzig, dreißig, vierzig sein*⟩ **ID** **am Ende sein** erschöpft sein und nicht mehr wissen, was man tun soll; **etwas zu Ende bringen** eine Aufgabe oder eine Arbeit (erfolgreich) beenden; **etwas nimmt kein Ende** etwas Negatives, Lästiges o. Ä. hört nicht auf; **etwas geht zu Ende** etwas endet; **am Ende der Welt** weit weg von jeder größeren Stadt

der **End·ef·fekt** *nur Singular* **1** das schließliche Ergebnis **2** **im Endeffekt** wenn man es vom Ergebnis her sieht oder beurteilt *„Im Endeffekt kommt nichts dabei heraus"*

**en·den★** (*endete, hat/ist geendet*) **1** **etwas endet irgendwo** (*hat*) etwas kommt räumlich an ein Ende *„Dort endet die Straße"* **2** **etwas endet irgendwann** (*hat*) etwas kommt zeitlich zu einem Ende *„Der Kurs endet im Mai"* **3** **etwas endet irgendwie** (*hat*) etwas kommt irgendwie zum Schluss *„Unsere Diskussionen enden immer im Streit"* **4** **etwas endet auf etwas** (*Dativ*) (*hat*) etwas hat den genannten Buchstaben, die genannte Silbe, das genannte Wort o. Ä. am Schluss stehen *„Vater" endet auf „r"*

**end·gül·tig★** *ADJEKTIV* so, dass etwas nicht mehr verändert werden (kann) ⟨*ein Bescheid, ein Entschluss, eine Entscheidung, eine Fassung, eine Version, eine Niederlage*⟩ *„Ich habe noch nichts Endgültiges gehört"* • *hierzu* **End·gül·tig·keit** *die*

die **En·di·vie** [ɛnˈdiːvi̯ə]; (-, *-n*) eine Pflanze mit leicht bitter schmeckenden Blättern, aus denen man Salat macht **K** Endiviensalat

**end·lich★** *ADVERB* **1** verwendet, um (nach einer langen Wartezeit) Erleichterung auszudrücken *„Gott sei Dank, wir sind endlich da!"* | *„Na endlich!"* **2** verwendet, um Ungeduld auszudrücken *„Kommst du jetzt endlich?"* *ADJEKTIV* **3** so, dass es einen Anfang und ein Ende hat ↔ unendlich *„Nach Meinung vieler Physiker ist das Weltall endlich"* • *zu* (3) **End·lich·keit** *die*

**end·los** *ADJEKTIV* so, dass es (scheinbar) kein Ende hat ⟨*eine Autokolonne, eine Diskussion, die Wartezeit*⟩ *„Die Reise zieht sich endlos hin"* • *hierzu* **End·lo·sig·keit** *die*

das **End·spiel★** das letzte und entscheidende Spiel, in dem der Sieger eines Wettkampfes mit mehreren Teilnehmern ermittelt wird ≈ Finale *„Hast du einen Tipp, welche Mannschaften das Endspiel erreichen/bestreiten werden?"*

die **End·sta·ti·on★** **1** die letzte Haltestelle einer Bus-, Straßenbahn-, U-Bahnlinie o. Ä. **2** *gesprochen* ein Punkt, von dem aus es nicht mehr (positiv) weitergeht *„Endstation Rollstuhl"*

die **En·dung** (-, *-en*) der letzte Teil eines Wortes, der (je nach Gebrauch des Wortes) verändert werden kann oder der Wortbildung dient *„Im Akkusativ hat das Wort „Pilot" die Endung „-en" (den Piloten)"*

die **Ener·gie★** (-, *-n* [-ˈgiːən]) **1** *meist Singular* wir brauchen körperliche, geistige und seelische Energie, um etwas leisten zu können ⟨*voller Energie sein; mit Energie an etwas herangehen; alle Energie aufbieten; mit Energie geladen sein*⟩ **2** *meist Singular* Energie wird vor allem gebraucht, um elektrische Geräte anzutreiben und Häuser zu heizen und zu beleuchten K Energieverbrauch, Energieverschwendung, Energieversorgung; Atomenergie, Solarenergie, Windenergie • *zu* (1) **ener·gie·los** *ADJEKTIV*

**ener·gisch**★ *ADJEKTIV* 1 voller Energie ⟨*energisch handeln, vorgehen; etwas energisch anpacken*⟩ 2 mit Temperament ⟨*ein Mensch, ein Auftreten; energisch protestieren*⟩ ≈ nachdrücklich *„Ich muss diesen Vorwurf energisch von mir weisen!"*

**eng**★ *ADJEKTIV* 1 mit wenig Platz zwischen den Seiten ⟨*eine Gasse, eine Straße, ein Tal*⟩ ↔ breit 2 so, dass Personen/Dinge sehr dicht nebeneinander sind *„Sie saßen eng umschlungen auf dem Sofa"* 3 so, dass Kleidung direkt am Körper liegt ⟨*eng anliegend; etwas wird (jemandem) zu eng*⟩ ↔ weit *„eine enge Jeans"* 4 so, dass sich Personen gut kennen und mögen ⟨*Beziehungen, Kontakte; mit jemandem eng befreundet sein*⟩

das **En·ga·ge·ment**★ [ãgaʒ(ə)'mã:]; (-s, -s) 1 *nur Singular* der persönliche Einsatz für etwas, das einem sehr wichtig erscheint ⟨*etwas mit großem Engagement tun*⟩ 2 ein Vertrag mit einem Künstler für einen oder mehrere Auftritte *„ein Engagement für zwei Jahre bekommen"*

**en·ga·gie·ren**★ [ãga'ʒi:rən] (*engagierte, hat engagiert*) 1 **jemanden engagieren** einem Künstler einen Vertrag für Auftritte geben ⟨*einen Schauspieler an ein Theater, eine Band für ein Konzert/einen Ball engagieren*⟩ 2 **sich (für jemanden/etwas) engagieren** sehr viel dafür tun, dass ein Ziel erreicht oder Personen geholfen wird ⟨*sich politisch, sozial engagieren; ein engagierter Mitarbeiter*⟩ ≈ sich einsetzen *„Sie engagierte sich sehr für die Rechte verfolgter Minderheiten"*

die **En·ge**★ (-, *-n*) *nur Singular* der Mangel an Platz *„Im Bus herrschte drangvolle Enge"* große Enge

der **En·gel**★ (-s, -) 1 nach christlicher Vorstellung ein Wesen (oft in Gestalt eines Menschen mit Flügeln dargestellt), das von Gott als Bote zu den Menschen geschickt wird K Schutzengel 2 ein guter Mensch, der anderen Menschen hilft ⟨*ein guter, hilfreicher, rettender Engel*⟩ *„Wie lieb von dir, du bist wirklich ein Engel!"*

der **Eng·pass** 1 eine sehr enge Stelle, z. B. auf einer Straße 2 **ein Engpass (an etwas** (*Dativ*)**)** ein Mangel an den genannten Produkten oder Leistungen (meist nur für kurze Zeit) K Versorgungsengpass

**eng·stir·nig** *ADJEKTIV*; *abwertend* ⟨*ein Mensch, Ansichten*⟩ von Vorurteilen oder festen, traditionellen Meinungen geprägt

der **En·kel**★ ['ɛŋkl̩]; (-s, -) das Kind des Sohnes oder der Tochter K Enkelkind • *hierzu* **En·ke·lin** *die*

**enorm**★ *ADJEKTIV* 1 außergewöhnlich groß, hoch oder stark *„Die Kosten stellen eine enorme Belastung für mich dar"* 2 verwendet, um Adjektive oder Verben zu verstärken ≈ sehr *„enorm kalt"*

**ent-** (*im Verb, unbetont und nicht trennbar, sehr produktiv; Diese Verben werden so gebildet: entknoten, entknotete, entknotet*) 1 **etwas entkorken, entrosten, entwässern**; **jemanden entgiften, entwaffnen** *und andere* drückt aus, dass etwas entfernt wird oder eine Person/Sache davon befreit wird *„Der Ofen muss von Zeit zu Zeit entrußt werden"* Der Ofen muss von Zeit zu Zeit von Ruß befreit werden 2 **(jemandem/etwas) entfliehen, entschweben**; **etwas** (*Dativ*) **entstammen, entsteigen** *und andere meist geschrieben* beschreibt eine Bewegung von einer Person/Sache weg oder eine Herkunft *„Es wurde befürchtet, dass dem defekten Reaktor größere Mengen radioaktiven Gases entströmt seien"* Es wurde befürchtet, dass aus dem defekten Reaktor radioaktives Gas herausgekommen ist

**ent·beh·ren** (*entbehrte, hat entbehrt*) 1 **etwas entbehren** *geschrieben* ohne etwas auskommen (müssen) *„Nach dem Krieg mussten die Menschen vieles entbehren"* 2 **jemanden (nicht) entbehren können** auf jemanden (nicht) verzichten können *„Wir können keinen unserer Arbeiter hier entbehren"*

**ent·behr·lich** *ADJEKTIV* so, dass man sie nicht braucht oder darauf verzichten kann

die **Ent·beh·rung** (-, *-en*); *geschrieben* ein Mangel an etwas, das man notwendig braucht ⟨*große Entbehrungen auf sich nehmen*⟩ • *hierzu* **ent·beh·rungs·reich** *ADJEKTIV*

**ent·bin·den** (*entband, hat entbunden*) 1 **jemanden von etwas entbinden** *geschrieben* jemanden von einer Pflicht, einer Aufgabe o. Ä. befreien oder aus einem Amt entlassen ⟨*jemanden von seinem Versprechen, Eid, einem Amt entbinden*⟩ 2 (als Frau) ein Kind gebären *„Sie hat gestern entbunden"*

die **Ent·bin·dung** (-, *-en*) 1 *nur Singular* das Entbinden von Aufgaben o. Ä. 2 das Entbinden

E

bei einer Geburt **K** Entbindungsstation

**ent·dẹ·cken**★ (*entdeckte, hat entdeckt*) **1** **etwas entdecken** etwas finden, was vielen Menschen bisher unbekannt war *„Kolumbus hat Amerika entdeckt"* **2** **jemanden/etwas (irgendwo) entdecken** jemanden/etwas (vor allem nach einer Suche) irgendwo treffen oder finden *„Ich entdeckte Blutspuren am Boden"*

E

der **Ent·dẹ·cker** (-s, -) eine Person, die etwas Unbekanntes entdeckt hat • *hierzu* **Ent·dẹ·cke·rin** *die*

die **Ent·dẹ·ckung** (-, *-en*) **1** das Entdecken ‹*eine Entdeckung machen*› *„die Entdeckung Amerikas durch Kolumbus"* | *„Der Arzt machte eine überraschende Entdeckung auf dem Röntgenbild"* **2** das, was entdeckt worden ist *„Der Forscher veröffentlichte seine wissenschaftlichen Entdeckungen"*

die **Ẹn·te**★ (-, *-n*) **1** Enten sind Vögel mit einem breiten Schnabel, die gut schwimmen können ‹*die Ente quakt, schnattert*› **K** Entenbraten, Ententeich **2** eine falsche Nachricht, die in der Presse veröffentlicht wurde **K** Zeitungsente

**ent·eig·nen** (*enteignete, hat enteignet*) **jemanden enteignen** jemandem das Eigentum (meist Häuser, Fabriken o. Ä.) nehmen und es aufgrund von Gesetzen zum Eigentum des Staates machen • *hierzu* **Ent·eig·nung** *die*

**ent·ẹr·ben** (*enterbte, hat enterbt*) **jemanden enterben** bestimmen, dass eine Person, die ein Recht auf ein Erbe hat oder der man früher ein Erbe versprochen hat, das Erbe nicht bekommt • *hierzu* **Ent·ẹr·bung** *die*

**ent·fạ·chen** (*entfachte, hat entfacht*); *geschrieben* **1** **etwas entfachen** etwas zum Brennen bringen ‹*ein Feuer entfachen*› **2** **jemand/etwas entfacht etwas** jemand/etwas bewirkt, dass etwas anfängt ‹*etwas entfacht einen Krieg*›

**ent·fạl·len**★ (*entfällt, entfiel, ist entfallen*) **1** **etwas entfällt** *geschrieben* etwas findet nicht statt *„Meine Sprechstunde muss heute leider entfallen"* **2** **etwas entfällt auf jemanden/etwas** etwas wird jemandem/etwas gegeben oder zugeteilt *„Der Gewinn entfällt auf das Los Nr. 30"* **3** **etwas entfällt jemandem** jemand kann sich (für kurze Zeit) an etwas nicht erinnern *„Es tut mir Leid, aber ihr Name ist mir entfallen"*

**ent·fạl·ten** (*entfaltete, hat entfaltet*) **1** **etwas entfalten** *geschrieben* etwas, das gefaltet ist, ausbreiten ‹*ein Taschentuch, eine Tischdecke, eine Zeitung entfalten*› **2** **etwas entfalten** etwas zeigen oder entwickeln ‹*Aktivitäten, Initiative entfalten*› **3** **etwas entfaltet sich** etwas öffnet sich ‹*eine Blüte, Blume*› • *zu* (2,3) **Ent·fạl·tung** *die*

**ent·fẹr·nen**★ (*entfernte, hat entfernt*); *geschrieben* **1** **etwas (aus/von etwas) entfernen** bewirken, dass etwas nicht mehr da ist *„einen Fleck aus einer Hose entfernen"* **2** **sich entfernen** nicht an einem Ort bleiben, sondern weggehen, wegfahren o. Ä.

**ent·fẹrnt**★ *ADJEKTIV* **1** nicht nah, sondern weit weg ‹*ein Ort, ein Gebiet; ein weit entferntes Land*› **2** in der genannten Entfernung *„20 km von der Stadt entfernt"* **3** nur in geringem Maße (vorhanden) *„Sie hat eine entfernte Ähnlichkeit mit einer Schauspielerin"* Sie sieht ihr ein bisschen ähnlich **4** **nicht im Entferntesten** überhaupt nicht

die **Ent·fẹr·nung**★ (-, *-en*) **1** der Abstand zwischen zwei Punkten, Orten ≈ Distanz *„Die Entfernung zwischen den beiden Städten beträgt 60 km"* | *„Er wartete in angemessener Entfernung darauf, an die Reihe zu kommen"* | *„Der Turm ist selbst aus großer Entfernung gut zu erkennen"* | *„Mit dem Flugzeug lassen sich große Entfernungen schnell überbrücken"* **2** *nur Singular* der Vorgang, eine Sache oder sich selbst von einem Ort, einer Stelle zu entfernen *„ein Mittel zur Entfernung von Flecken"* | *„Die unerlaubte Entfernung von der Truppe heißt Desertation"*

**ent·frẹm·den** (*entfremdete, hat entfremdet*) **1** **etwas seinem Zweck entfremden** etwas so verwenden, dass es nicht mehr dem ursprünglichen Zweck dient **2** **sich (von) jemandem entfremden** jemandem innerlich fremd werden

die **Ent·frẹm·dung** (-) die Situation, in der man kein enges Verhältnis mehr zu jemandem/etwas hat *„die Entfremdung zwischen Kindern und Eltern"*

**ent·füh·ren** (*entführte, hat entführt*) **jemanden/etwas entführen** eine Person (gegen ihren Willen) oder eine Sache mit Gewalt an einen Ort bringen und sie nur dann freigeben, wenn die Forderungen erfüllt werden ‹*ein Flugzeug, ein Kind entführen*› • *hierzu* **Ent·füh·rung** *die*

der **Ent·füh·rer** (-s, -) eine Person, die jemanden entführt

**ent·ge·gen**★ *PRÄPOSITION mit Dativ* im Gegensatz oder im Widerspruch zu *„entgegen unserer Abmachung“* ⓘ auch nach dem Substantiv verwendet: *dem Befehl entgegen*

**ent·ge·gen-** (*im Verb, betont und trennbar, begrenzt produktiv; Diese Verben werden so gebildet: entgegenlaufen, lief entgegen, entgegengelaufen*) **1** **jemandem/etwas entgegenblicken, entgegeneilen, entgegenfahren, entgegengehen** *und andere* bezeichnet eine Bewegung oder Handlung in die Richtung, aus der jemand/etwas kommt *„Er lief ihr entgegen“* Sie kam näher und er ging auf sie zu **2** **jemandem/etwas entgegenarbeiten, entgegenhandeln, entgegenwirken** *und andere* drückt aus, dass eine Handlung im Gegensatz oder im Widerspruch zu jemandem/etwas steht *„Sie hatten den Befehlen entgegengehandelt“* Sie hatten etwas ganz anderes getan als ihre Befehle waren

**ent·ge·gen·brin·gen** (*hat*) **jemandem etwas entgegenbringen** gegenüber jemandem/etwas ein positives Gefühl oder eine positive Haltung zeigen ⟨*jemandem Respekt, Vertrauen, Zuneigung entgegenbringen; einer Sache Interesse entgegenbringen*⟩

**ent·ge·gen·ge·setzt★** *ADJEKTIV* **1** so, dass sich die eine Person/Sache in die Richtung bewegt, aus der die andere Person/Sache kommt ≈ umgekehrt *„Sie ist in die entgegengesetzte Richtung gefahren“* **2** auf der Seite, wo man nicht ist und die weiter entfernt ist ≈ gegenüberliegend *„Sie steht auf der entgegengesetzten Straßenseite“*

**ent·ge·gen·kom·men** (*ist*) **1** **jemandem entgegenkommen** sich jemandem aus der entgegengesetzten Richtung nähern *„Das Auto kam ihm mit großer Geschwindigkeit entgegen“* **2** **jemandem entgegenkommen** die Wünsche oder Forderungen von jemandem zum Teil mit berücksichtigen *„Wir kommen Ihnen mit dem Preis etwas entgegen“* • *zu* (2) **Ent·ge·gen·kom·men** *das;* **ent·ge·gen·kom·mend** *ADJEKTIV*

**ent·ge·gen·neh·men** (*hat*) **etwas (von jemandem) entgegennehmen** *geschrieben* etwas, das einem jemand gibt, annehmen *„die Post vom Briefträger entgegennehmen“* | *„auf einer Feier einen Preis entgegennehmen“*

**ent·geg·nen** (*entgegnete, hat entgegnet*) **(jemandem) etwas entgegnen** *geschrieben* antworten (indem man eine andere Meinung vertritt) *„Kommt nicht infrage!“, entgegnete sie“* • *hierzu* **Ent·geg·nung** *die*

**ent·ge·hen** (*entging, ist entgangen*) **1** **jemandem/etwas entgehen** (durch Glück) von einer Gefahr oder unangenehmen Situation nicht betroffen werden ⟨*einer Gefahr, Strafe, Verfolgung entgehen*⟩ **2** **etwas entgeht jemandem** jemand bemerkt etwas nicht

**ent·geis·tert** *ADJEKTIV* unangenehm überrascht, verstört ⟨*jemanden entgeistert anstarren*⟩

**ent·glei·sen** (*entgleiste, ist entgleist*) **etwas entgleist** etwas kommt aus den Gleisen ⟨*ein Zug, eine Straßenbahn, ein Waggon*⟩

**ent·hal·ten★** (*enthält, enthielt, hat enthalten*) **1** **eine Sache enthält etwas** etwas ist als Inhalt in einer Sache (z. B. in einem Behälter) *„Die Flasche enthält einen Liter Milch“* ⓘ kein Passiv **2** **etwas ist in etwas** (*Dativ*) **enthalten** etwas ist bei einem Preis o. Ä. bereits berücksichtigt *„In dem Mietpreis sind alle Nebenkosten enthalten“* **3** **sich einer Sache** (*Genitiv*) **enthalten** *geschrieben* auf eine angenehme Sache oder auf ein angenehmes Erlebnis verzichten **4** **sich (sexuell) enthalten** auf Sex verzichten **5** **sich der Stimme enthalten** bei einer Abstimmung weder mit Ja noch mit Nein stimmen • *zu* (3,4) **ent·halt·sam** *ADJEKTIV; zu* (3,4) **Ent·halt·sam·keit** *die; zu* (5) **Ent·hal·tung** *die*

**ent·hül·len** (*enthüllte, hat enthüllt*); *geschrieben* **1** **etwas enthüllen** etwas zum ersten Mal der Öffentlichkeit zeigen ⟨*ein Denkmal, Kunstwerke*⟩ **2** **(jemandem) etwas enthüllen** etwas, das geheim oder verborgen war, in der Öffentlichkeit oder einer anderen Person sagen ⟨*ein Geheimnis, die Wahrheit enthüllen*⟩

die **Ent·hül·lung** (-, *-en*) *oft Plural* eine Nachricht, ein Artikel in einer Zeitung o. Ä., durch die negative Dinge über bekannte Personen öffentlich werden

der **En·thu·si·as·mus** (-) ⟨*voll/voller Enthusiasmus an etwas herangehen*⟩ ≈ Begeisterung • *hierzu* **En·thu·si·ast** *der;* **en·thu·si·as·tisch** *ADJEKTIV*

**ent·kof·fe·i·niert** *ADJEKTIV* ⟨*ein Kaffee*⟩ so, dass er nur noch sehr wenig Koffein enthält

**ent·kom·men★** (*entkam, ist entkommen*) **aus etwas/irgendwohin entkommen; (jemandem) entkommen** es schaffen, nicht gefangen zu bleiben/werden, sondern frei zu werden/bleiben ≈ fliehen *„Mehrere Häftlinge sind aus dem Gefängnis entkommen“* | *„Sie *konnte ihren Verfolgern entkommen"*

**ent·kräf·ten** (*entkräftete, hat entkräftet*) **1** **etwas entkräften** einem Argument o. Ä. die Wirkung nehmen, indem man ein gutes Gegenargument bringt ⟨*eine Aussage, Behauptung, einen Verdacht entkräften*⟩ **2** **etwas entkräftet jemanden** etwas macht jemanden schwach *„Sie war nach der Erkrankung völlig entkräftet"*

**ent·la·den** (*entlädt, entlud, hat entladen*) **1** **etwas entladen** die Dinge, die ein Fahrzeug transportiert hat, heraus- oder herunternehmen ⟨*einen Möbelwagen, einen Waggon entladen*⟩ **2** **etwas entladen** die Munition aus einer Waffe nehmen ⟨*ein Gewehr, eine Pistole entladen*⟩ **3** **etwas entlädt sich** etwas verliert die elektrische Ladung ⟨*ein Akkumulator, eine Batterie*⟩ **4** **ein Gewitter entlädt sich** es gibt ein Gewitter

**ent·lang★** PRÄPOSITION *mit Dativ, Akkusativ oder* (*selten*) *Genitiv* etwas ist parallel zu etwas anderem oder verläuft an der ganzen Länge von etwas anderem *„Die Straße entlang waren viele Autos geparkt"* | *„Entlang der Straße standen viele Zuschauer"* ❶ a) mit Akkusativ und nach dem Substantiv: *den Weg entlang*; seltener mit Dativ und vor dem Substantiv: *entlang dem Weg;* selten mit Genitiv und vor dem Substantiv: *entlang des Weges;* b) auch zusammen mit *an + Dativ* verwendet: *Die Zuschauer stellten sich an der Straße entlang auf, um das Rennen zu sehen*

**ent·lang-** (*im Verb, betont und trennbar, begrenzt produktiv; Diese Verben werden so gebildet: entlangfahren, fuhr entlang, entlanggefahren*) **(etwas** (*Akkusativ*)**/an etwas** (*Dativ*)**) entlangfliegen, entlanggehen, entlanglaufen, entlangschwimmen** *und andere* drückt eine Bewegung an/neben der ganzen Länge von etwas (z. B. einer Straße, Mauer, Grenze) aus *„Wir wanderten den Bach/an dem Bach entlang"* Wir wanderten neben dem Bach

**ent·lar·ven** [-f-] (*entlarvte, hat entlarvt*) **jemanden/etwas (als etwas) entlarven** den wahren Charakter, die wahre Identität von jemandem/etwas entdecken (und öffentlich bekannt machen) ⟨*jemanden als Betrüger, Hochstapler, Spion entlarven; etwas als Lüge entlarven*⟩ • *hierzu* **Ent·lar·vung** *die*

**ent·las·sen★** (*entlässt, entließ, hat entlassen*) **1** **jemanden entlassen** jemanden nicht weiter bei sich arbeiten lassen *„Wegen der Wirtschaftskrise mussten 200 Arbeiter entlassen werden"* **2** **jemanden (aus etwas) entlassen** jemandem erlauben, eine Institution zu verlassen, weil der Zweck des Aufenthalts dort erfüllt ist ⟨*jemanden aus der Schule, aus dem Krankenhaus, aus dem Gefängnis entlassen*⟩

die **Ent·las·sung** (-, -*en*) **1** die Kündigung des Arbeitsvertrags durch den Arbeitgeber ≈ Kündigung **2** die Erlaubnis, meist eine Institution (z. B. ein Gefängnis, ein Krankenhaus) zu verlassen

**ent·las·ten★** (*entlastete, hat entlastet*) **1** **jemanden entlasten** jemandem bei dessen Arbeiten und Pflichten helfen *„Die Krankenschwestern müssten durch zusätzliches Personal entlastet werden"* **2** **etwas entlasten** die Belastung ganz oder teilweise von etwas wegnehmen *„den Straßenverkehr durch den Ausbau der Eisenbahn entlasten"* **3** **jemanden (mit etwas) entlasten** etwas sagen, das einen Angeklagten von einem Verdacht (ganz oder teilweise) befreit *„Der Zeuge entlastete den Angeklagten mit seiner Aussage"* • *hierzu* **Ent·las·tung** *die*

**ent·lau·fen** (*entläuft, entlief, ist entlaufen*) **ein Tier entläuft** ein Hund, eine Katze o. Ä. läuft weg (und kommt nicht zurück)

**ent·lee·ren** (*entleerte, hat entleert*) **etwas entleeren** etwas leer machen *„nur vollständig entleerte Behälter in die gelbe Tonne tun"* • *hierzu* **Ent·lee·rung** *die*

**ent·mach·ten** (*entmachtete, hat entmachtet*) **jemanden entmachten** jemandem Macht und Einfluss nehmen *„einen Despoten entmachten"* • *hierzu* **Ent·mach·tung** *die*

**ent·mu·ti·gen** (*entmutigte, hat entmutigt*) **jemanden entmutigen** jemandem den Mut nehmen, weiterhin etwas zu tun ⟨*sich nicht entmutigen lassen*⟩ *„sich durch einen Misserfolg nicht entmutigen lassen"* • *hierzu* **Ent·mu·ti·gung** *die*

**ent·neh·men** (*entnimmt, entnahm, hat entnommen*); *geschrieben* **1** **jemandem/(aus) etwas etwas entnehmen** etwas aus jemandem/etwas nehmen ⟨*einer Kasse Geld, einem Menschen Blut/eine Blutprobe/eine Gewebeprobe entnehmen*⟩ **2** **(aus) etwas** (*Dativ*) **etwas entnehmen** aus dem, was jemand sagt, schreibt oder tut, Schlüsse ziehen *„(Aus) ihren Andeutungen habe ich entnommen, dass das Projekt sehr bald starten wird"*

**ent·nervt** ADJEKTIV; *gesprochen* nach einer

meist geistigen Anstrengung oder nach Stress nervös und erschöpft • *hierzu* **ent·ner·ven** (*hat*)

**ent·rei·ßen** (*entriss, hat entrissen*) **jemandem etwas entreißen** jemandem etwas mit Gewalt wegnehmen *„Der Dieb entriss der alten Frau die Handtasche"*

**ent·rich·ten** (*entrichtete, hat entrichtet*) **etwas entrichten** *admin* etwas bezahlen ⟨*eine Gebühr, Steuern entrichten*⟩ • *hierzu* **Ent·rich·tung** *die*

**ent·rüm·peln** (*entrümpelte, hat entrümpelt*) **etwas entrümpeln** einen Raum von alten Dingen, die man nicht mehr braucht, frei machen ⟨*den Dachboden, den Keller entrümpeln*⟩ • *hierzu* **Ent·rüm·pe·lung** *die*

**ent·rüs·tet** ADJEKTIV **entrüstet (über jemanden/etwas)** ≈ wütend *„entrüstet protestieren"*

**ent·schä·di·gen** (*entschädigte, hat entschädigt*) **jemanden (für etwas/irgendwie) entschädigen** jemandem meist Geld geben, um einen Schaden wiedergutzumachen, den man selbst verursacht hat ⟨*jemanden für einen Verlust angemessen, reichlich entschädigen; Kriegsopfer entschädigen*⟩

die **Ent·schä·di·gung** (-, -*en*) **1** *nur Singular* das Entschädigen **2** das, womit jemand entschädigt wird, meist Geld ⟨*eine Entschädigung fordern, erhalten*⟩

**ent·schär·fen** (*entschärfte, hat entschärft*) **1** **etwas entschärfen** dafür sorgen, dass ein Konflikt nicht zu einem Streit oder Kampf wird ↔ verschärfen *„Mit ein paar versöhnlichen Worten entschärfte der Diskussionsleiter die Debatte"* **2** **etwas entschärfen** dafür sorgen, dass eine Bombe oder Mine nicht mehr explodieren kann

**ent·schei·den**★ (*entschied, hat entschieden*) **1** **etwas entscheiden** eine Lösung von mehreren möglichen wählen und festlegen, was geschehen soll *„Eine so wichtige Angelegenheit kann ich nicht allein entscheiden"* **2** **über etwas** (*Akkusativ*) **entscheiden** festlegen, was in einer Angelegenheit getan werden soll oder was richtig ist *„Über Schuld oder Unschuld des Angeklagten wird ein Gericht entscheiden"* **3** **etwas entscheidet über etwas** (*Akkusativ*) etwas hat einen so großen Einfluss auf eine Sache, dass es das Ergebnis bestimmt *„Die Wahl des Studienfachs entschied über ihr weiteres Leben"* **4** **sich (für jemanden/etwas) entscheiden**; **sich (zu jemandem/etwas) entscheiden** nach längerem Nachdenken eine von zwei oder mehreren Personen/Möglichkeiten wählen *„Ich kann mich nicht entscheiden, wohin ich in Urlaub fahren soll"* **5** **etwas entscheidet sich** eine von meist zwei Möglichkeiten tritt ein *„Es wird sich bald entscheiden, ob ich den neuen Job bekomme oder nicht"*

**ent·schei·dend**★ ADJEKTIV **1** ⟨*die Phase, das Tor*⟩ so, dass durch sie etwas entschieden wird **2** sehr stark ≈ grundlegend *„Unsere Beziehung hat sich entscheidend verändert"*

die **Ent·schei·dung**★ (-, -*en*) **1** der Vorgang, etwas oder sich zu entscheiden oder dessen Ergebnis ⟨*eine Entscheidung treffen; zu einer Entscheidung kommen*⟩ *„Er machte sich die Entscheidung, ins Ausland zu gehen, nicht leicht"* **2** ein Tor, ein Punkt o. Ä., mit dem man Sieger wird *„Die Entscheidung fiel bereits in der zehnten Spielminute"*

**ent·schie·den** ADJEKTIV **1** *meist attributiv* sehr energisch ⟨*etwas entschieden ablehnen, verneinen*⟩ **2** **entschieden zu** +*Adjektiv meist attributiv* in sehr hohem Maße *„Das ist mir entschieden zu teuer"* viel zu teuer

**ent·schlie·ßen**★ (*entschloss sich, hat sich entschlossen*) **sich zu etwas entschließen** den Willen haben, etwas zu tun (meist nachdem man darüber nachgedacht hat) *„Wir haben uns entschlossen, ein Haus zu kaufen"*

**ent·schlos·sen**★ ADJEKTIV **zu etwas fest entschlossen sein** den festen Willen zu etwas haben • *hierzu* **Ent·schlos·sen·heit** *die*

der **Ent·schluss**★ (-*es*, *Ent·schlüs·se*) der feste Wille, etwas zu tun (meist nach genauem Nachdenken) ⟨*ein fester, plötzlicher, schwerer, weiser Entschluss; einen Entschluss fassen, in die Tat umsetzen, bereuen; zu einem/keinem Entschluss kommen*⟩ **K** Entschlusskraft; entschlussfreudig, entschlusslos

**ent·schul·di·gen**★ (*entschuldigte, hat entschuldigt*) **1** **jemanden/etwas (mit etwas) entschuldigen** Gründe für das Verhalten einer Person oder für eine Situation nennen und um Verständnis bitten *„Sie entschuldigte ihr Zuspätkommen mit den schlechten Straßenverhältnissen"* **2** **jemanden (irgendwo) entschuldigen** begründen, warum eine Person ihrer Verpflichtung nicht nachkommen kann *„Die Mutter entschuldigte das kranke Kind in der Schule"* **3** **etwas entschuldigen** nicht böse oder ärgerlich über etwas sein *„Entschul-*

*digen Sie bitte die Störung!"* **4** **sich (bei jemandem für etwas) entschuldigen** (jemanden für etwas) um Verzeihung bitten *„Du musst dich dafür nicht entschuldigen"*

die **Ent·schụl·di·gung**★ (-, *-en*) **1** die Gründe, die man angibt, um ein (falsches) Verhalten zu erklären ⟨*nach einer Entschuldigung suchen*⟩ **2** Worte, mit denen sich jemand für etwas entschuldigt ⟨*eine Entschuldigung stammeln*⟩ **3** das Verzeihen eines Fehlers ⟨*jemanden für etwas um Entschuldigung bitten*⟩ ≈ Nachsicht, Verzeihung

E

das **Ent·sẹt·zen**★ (-*s*) das Gefühl, wenn etwas so schrecklich ist, dass man nicht reagieren kann ⟨*vor Entsetzen wie gelähmt sein*⟩

**ent·sẹtz·lich** *ADJEKTIV* **1** sehr schlimm, schrecklich ⟨*ein Verbrechen*⟩ **2** *gesprochen* in negativer Weise das normale Maß überschreitend ⟨*Durst, Wut; entsetzlich kalt; entsetzlich frieren*⟩

**ent·sẹtzt** *ADJEKTIV* **entsetzt (über etwas** (*Akkusativ*)**)** (über etwas) sehr erschrocken oder schockiert

**ent·sọr·gen** (*entsorgte, hat entsorgt*) **etwas entsorgen** *admin* gefährlichen, giftigen Müll von einer Fabrik o. Ä. wegbringen, um ihn irgendwo zu lagern oder ungefährlich zu machen ⟨*radioaktive Abfälle entsorgen*⟩ • *hierzu* **Ent·sọr·gung** *die*

**ent·spạn·nen**★ (*entspannte, hat entspannt*) **1** **etwas entspannt (jemanden)** etwas macht eine Person für eine kurze Zeit frei von einer Belastung, so dass sie sich erholen kann *„Lesen entspannt"* **2** **etwas entspannt (etwas)** etwas macht die Muskeln locker *„Massage entspannt den Körper"* **3** **sich (bei etwas/mit etwas) entspannen** sich bei einer angenehmen Tätigkeit erholen *„Manche Leute können sich nur beim Fernsehen entspannen"* **4** **etwas entspannt sich** gespannte Muskeln werden wieder locker **5** **etwas entspannt sich** ein Konflikt wird weniger gefährlich ⟨*ein Konflikt, die Lage, die Situation*⟩

die **Ent·spạn·nung** **1** der Vorgang, bei dem jemand/etwas locker wird (oder das Ergebnis dieses Vorgangs) **2** der Vorgang, bei dem ein Konflikt weniger gefährlich wird (oder das Ergebnis dieses Vorgangs)

**ent·sprẹ·chen**★ (*entspricht, entsprach, hat entsprochen*) **etwas entspricht einer Sache** (*Dativ*) etwas ist einer anderen Sache (ungefähr) gleich oder mit ihr gleichwertig *„Das, was er sagt, entspricht nicht der Wahrheit"*

**ent·sprẹ·chend**★ *ADJEKTIV* **1** so, dass es zur genannten Situation oder Sache passt *„Ich fand das ziemlich unverschämt und habe entsprechend darauf reagiert"*

*PRÄPOSITION mit Dativ* **2** zur genannten Situation oder Sache passend *„Der Fall wurde der Sachlage entsprechend entschieden"* ❶ steht vor oder nach dem Substantiv

die **Ent·sprẹ·chung** (-, *-en*) etwas, das einer Sache ungefähr gleich ist

**ent·sprịn·gen** (*entsprang, ist entsprungen*) **1** **etwas entspringt einer Sache** (*Dativ*) etwas hat den Grund, Ursprung in etwas *„Diese Tat entsprang seinem Wunsch nach Anerkennung"* **2** **ein Fluss entspringt irgendwo** ein Fluss hat irgendwo seine Quelle *„Der Rhein entspringt in der Schweiz"*

**ent·ste̲·hen**★ (*entstand, ist entstanden*) **1** **etwas entsteht** etwas (Neues) fängt an zu sein oder sich zu entwickeln *„Hier entsteht eine Schule"* Hier wird eine Schule gebaut **2** **etwas entsteht** etwas wird durch die genannte Ursache bewirkt *„Bei dem Unfall entstand ein erheblicher Sachschaden"* • *hierzu* **Ent·ste̲·hung** *die*

**ent·stẹl·len** (*entstellte, hat entstellt*) **etwas entstellt jemanden** etwas verändert jemandes Aussehen sehr negativ *„Er war durch die Narben fast bis zur Unkenntlichkeit entstellt"*

**ent·tä̲u̲·schen**★ (*enttäuschte, hat enttäuscht*) **jemanden enttäuschen** nicht so sein, wie eine Person es erwartet hat und sie dadurch traurig oder unzufrieden machen *„Sie war enttäuscht, dass ihm das Geschenk nicht gefiel"* | *„Du hast mich bitter enttäuscht"* | *„ein enttäuschender Tag"*

die **Ent·tä̲u̲·schung**★ **1** das, was jemanden enttäuscht *„Dieser Abend war eine einzige (große) Enttäuschung für mich"* **2** *nur Singular* der Zustand, enttäuscht zu sein *„Er konnte seine Enttäuschung nicht verbergen"*

**ent·wạff·nen** (*entwaffnete, hat entwaffnet*) **jemanden entwaffnen** jemandem die Waffe(n) wegnehmen *„Die Polizei entwaffnete den Verbrecher"* • *hierzu* **Ent·wạff·nung** *die*

die **Ent·wạr·nung** die Mitteilung oder das Signal (z. B. der Sirene), dass eine Gefahr vorüber ist • *hierzu* **ent·wạr·nen** (*hat*)

**ent·we·der**★ ['ɛntveːdɐ, ɛnt'veː-] *BINDEWORT* **1** **entweder … oder** drückt aus, dass es zwei oder mehr Möglichkeiten gibt. Man kann damit Sätze oder Teile von Sätzen verbinden *„Also, entweder gehen wir jetzt zurück oder weiter, aber wir sollten hier nicht so lange herumstehen"* **2** **entweder … oder** verwendet, um Konsequenzen anzudrohen, wenn eine Forderung nicht erfüllt wird *„Entweder du räumst jetzt dein Zimmer auf oder wir gehen morgen nicht in den Zoo"*

**ent·wer·fen★** (*entwirft, entwarf, hat entworfen*) **etwas entwerfen** sich etwas Neues ausdenken und in einer Zeichnung oder in Worten darstellen ⟨*einen Bauplan, ein Kleid, ein Modell, ein Programm, ein Projekt entwerfen*⟩ *„In diesem Roman wird eine neue Gesellschaftsform entworfen"*

**ent·wer·ten** (*entwertete, hat entwertet*) **1** **etwas entwerten** eine Briefmarke, Fahrkarte o. Ä. mit einer Markierung kennzeichnen, damit sie kein zweites Mal benutzt werden kann **2** **etwas entwerten** den Wert einer Sache reduzieren ⟨*Geld entwerten*⟩ • *hierzu* **Ent·wer·tung** *die*

der **Ent·wer·ter★** (-*s*, -) ein Gerät in Straßenbahnen, Bussen usw., in das man die Fahrkarte steckt, um sie zu stempeln, damit sie für diese Fahrt gültig ist **K** Fahrkartenentwerter, Fahrscheinentwerter

**ent·wi·ckeln★** (*entwickelte, hat entwickelt*) **1** **etwas entwickeln** etwas erfinden und dann auch (meist nach relativ langer Zeit) herstellen *„Das Modell wurde speziell für den deutschen Markt entwickelt"* **2** **etwas entwickeln** etwas entstehen oder besser werden lassen ⟨*eine Fähigkeit entwickeln; Fantasie, Initiative entwickeln*⟩ **3** **etwas entwickelt etwas** etwas lässt etwas entstehen *„Der Ofen entwickelt genug Wärme"* **4** **etwas entwickelt sich (irgendwie)** etwas entsteht oder wird verursacht *„Bei dem Brand entwickelten sich giftige Gase"* **5** **jemand/etwas entwickelt sich (irgendwie/ zu etwas)** eine Person oder Sache verändert sich allmählich (in der genannten Weise/und wird zu etwas) *„Die Stadt hat sich zu einem kulturellen Zentrum entwickelt"* | *„Das Baby war bei der Geburt sehr klein, aber jetzt entwickelt es sich prächtig"*

die **Ent·wick·lung★** (-, -*en*) **1** die Phase oder das Ergebnis der Entwicklung von neuen Dingen *„Die Wissenschaftler arbeiten an der Entwicklung des neuen Medikaments"* **K** Entwicklungsphase **2** der Vorgang, bei dem sich jemand/etwas verändert *„Die Medien üben einen starken Einfluss auf die Entwicklung junger Menschen aus"* **K** Entwicklungsprozess **3** die Behandlung eines belichteten Films, bei der fertige Bilder und Negative entstehen

der **Ent·wick·lungs·hel·fer** eine Person, welche den Menschen in Entwicklungsländern bei der Lösung medizinischer oder technischer Probleme hilft • *hierzu* **Ent·wick·lungs·hel·fe·rin** *die*

die **Ent·wick·lungs·hil·fe** *meist Singular* die meist finanzielle Unterstützung von Ländern der Dritten Welt durch die großen Industrienationen

**ent·wür·di·gend** ADJEKTIV ⟨*ein Benehmen, eine Behandlung, Zustände*⟩ so, dass sie die Würde eines Menschen verletzen

der **Ent·wurf★** **1** eine ungefähre Zeichnung, mit deren Hilfe man etwas bauen, konstruieren o. Ä. will ⟨*einen Entwurf ausarbeiten*⟩ ≈ Skizze *„der Entwurf eines Bungalows"* **2** ein Text, der die wichtigsten Punkte oder Gedanken schon enthält, aber noch nicht ganz fertig ist ⟨*der Entwurf eines Gesetzes, eines Vertrages, einer Rede, einer Verfassung*⟩ **K** Gesetzesentwurf

**ent·zie·hen★** (*entzog, hat entzogen*) **1** **jemandem etwas entziehen** jemandem etwas nicht länger geben, gewähren ⟨*jemandem seine Hilfe, Unterstützung, Freundschaft, sein Vertrauen entziehen*⟩ **2** **sich jemandem/etwas entziehen** einer körperlichen Berührung mit jemandem ausweichen *„Sie entzog sich ihm/seiner Umarmung"* **3** **sich jemandem/ etwas entziehen** sich vom Einfluss von jemandem/etwas befreien

die **Ent·zie·hungs·kur** eine Kur, die man macht, um gegen die Sucht nach Alkohol oder Drogen zu kämpfen

**ent·zif·fern** (*entzifferte, hat entziffert*) **1** **etwas entziffern** ≈ dekodieren **2** **etwas entziffern** es schaffen, einen Text zu lesen, der schwer zu verstehen ist oder der sehr undeutlich geschrieben ist • *hierzu* **ent·zif·fer·bar** ADJEKTIV

der **Ent·zug** (-(*e*)*s*) **1** das Wegnehmen, das Entziehen einer Erlaubnis, eines Rechts o. Ä. **2** *gesprochen* eine Situation oder Behandlung, in der eine Person die Drogen nicht mehr bekommt, nach denen sie süchtig ist ⟨*auf Entzug sein*⟩

die **Ent·zugs·er·schei·nung** *meist Plural* körperliche Reaktionen, die ein Süchtiger hat, wenn er keine Drogen mehr bekommt

**ent·zün·den★** (*entzündete, hat entzündet*)

E

1 **etwas entzündet sich** eine Stelle am/im Körper wird rot, schwillt an, tut weh und/oder füllt sich mit Eiter ‹*die Augen, die Mandeln, eine Wunde*› 2 **etwas entzündet sich** etwas fängt von selbst zu brennen an *„Das Heu hat sich im Stall entzündet"* 3 **etwas entzünden** *geschrieben* ‹*ein Feuer, Streichholz, eine Kerze entzünden*› ≈ anzünden • *zu* (1,2) **ent·zụ̈nd·lich** *ADJEKTIV*

E

die **Ent·zụ̈n·dung★** (-, *-en*) 1 eine kranke Stelle am oder im Körper, die rot und geschwollen ist ‹*eine chronische, schmerzhafte Entzündung*› *„eine Entzündung der Augen"* K Blinddarmentzündung, Gehirnhautentzündung, Lungenentzündung, Mandelentzündung 2 der Vorgang, wenn sich eine Stelle des Körpers entzündet *„Um eine Entzündung der Wunde zu verhindern, muss sie desinfiziert werden"* 3 *meist Singular* der Vorgang, wenn etwas zu brennen anfängt

die **Epi·de·mie** (-, *-n* [-'miːən]) eine Infektionskrankheit, die viele Menschen zur gleichen Zeit in einem Gebiet haben K Choleraepidemie, Grippeepidemie • *hierzu* **epi·de·misch** *ADJEKTIV*

die **Epi·lep·sie** (-) eine Krankheit, die plötzliche Anfälle von unkontrollierten Zuckungen, starken Krämpfen und kurzer Bewusstlosigkeit verursacht • *hierzu* **Epi·lẹp·ti·ker** *der*; **epi·lẹp·tisch** *ADJEKTIV*

die **Epi·so·de** (-, *-n*) ein Ereignis oder Erlebnis, das keine wichtigen Folgen hat

die **Epọ·che★** (-, *-n*) ein relativ langer Zeitabschnitt, der durch wichtige Ereignisse oder Bedingungen gekennzeichnet ist ‹*vergangene Epochen; am Beginn einer neuen Epoche stehen*›

**er★** *PRONOMEN 3. Person Singular* verwendet anstelle eines Substantivs, um eine Person oder Sache zu bezeichnen, deren grammatisches Geschlecht maskulin ist (und die schon genannt wurde oder in der Situation bekannt ist) *„Mein Bruder ist im Moment nicht da. Er kommt erst am Abend wieder"* | *„Ich habe mir den roten Rock gekauft. Er hat mir am besten gefallen"* ❶ → Anhang, S. 1111: **Pronomen**

**er-** (*im Verb, unbetont und nicht trennbar, sehr produktiv; Diese Verben werden so gebildet: erglühen, erglühte, erglüht*) 1 **erblassen, erblinden, ergrauen, erkranken, erröten**; **etwas ergrünt** *und andere geschrieben* macht aus einem Adjektiv ein Verb, das ausdrückt, dass eine Person/Sache in diesen Zustand kommt *„den Pudding vor dem Servieren erkalten lassen"* den Pudding vor dem Servieren kalt werden lassen 2 **(sich** (*Dativ*)**) etwas erbetteln, erbitten**; **etwas erforschen, erlernen, errechnen** *und andere* drückt aus, dass jemand etwas erfolgreich tut, ein Ziel erreicht *„Sie ertastete im Dunkeln den Lichtschalter"* sie fand den Lichtschalter, indem sie mit der Hand danach tastete 3 **etwas erglänzt, erglimmt, erglüht, erstrahlt** *und andere meist geschrieben* drückt aus, dass ein Vorgang beginnt *„Als das alte Haus gesprengt wurde, erbebten die umliegenden Gebäude"* da fingen die umliegenden Gebäude an zu beben

der **-er**[1]; (*-s, -*); *im Substantiv, unbetont, sehr produktiv* 1 **Arbeiter, Aufsteiger, Fahrer, Fußballer, Leser, Spieler** *und andere* bezeichnet eine Person, die etwas (meist häufig oder beruflich) tut oder sich mit etwas beschäftigt 2 **Amerikaner, Berliner, Bremer, Österreicher**; **Gewerkschafter** *und andere* bezeichnet eine Person, die in der genannten Stadt, im genannten Land o. Ä. wohnt oder zu einer Gruppe gehört *„Die Metaller sind eine große Gewerkschaft"* die Arbeiter der Metallindustrie 3 **Öffner, Bohrer, Entsafter, Rasenmäher** *und andere* bezeichnet das Gerät, mit dem die genannte Arbeit getan wird 4 **Paarhufer, Dickhäuter, Vierbeiner**; **Fünfakter, Hunderter, Dreitausender** *und andere* bezeichnet Lebewesen oder Dinge nach einem wichtigen Merkmal oder nach einer Zahlengröße *„Wiederkäuer"* Tiere, die wiederkäuen | *„in Mathe einen Fünfer haben"* eine Fünf als Note haben

**-er**[2] *im Adjektiv, unbetont, sehr produktiv, nur attributiv* drückt aus, dass jemand/etwas aus dem genannten Ort, Gebiet oder Land kommt oder dazu gehört *„der Bremer Bürgermeister"* | *„Thüringer Würstchen"* | *„Lübecker Marzipan"* ❶ Diese Adjektive werden immer mit einem großem Anfangsbuchstaben geschrieben.

**er·ạch·ten** (*erachtete, hat erachtet*) **jemanden als/für etwas erachten**; **etwas irgendwie erachten** *geschrieben* von jemandem/etwas eine Meinung haben oder jemanden/etwas für etwas halten *„etwas als seine Pflicht erachten"* | *„Ich erachte diese Maßnahme als dringend erforderlich"*

das **Er·ạch·ten** *geschrieben* **meines Erachtens** meiner Ansicht/Meinung nach ❶ Abkürzung: *m. E.*

**er·ar·bei·ten** (*erarbeitete, hat erarbeitet*) **1** **etwas erarbeiten** einen relativ langen Text schreiben, in dem ein Plan, eine Idee o. Ä. genau und bis in die Einzelheiten dargestellt wird *„Die Kommission hat einen Bericht über das Waldsterben erarbeitet"* **2** **sich** (*Dativ*) **etwas erarbeiten** etwas lernen, indem man sich intensiv damit beschäftigt • *hierzu* **Er·ar·bei·tung** *die*

die **Erb·an·la·ge** (-, *-n*); *meist Plural* ≈ Gen

das **Er·bar·men** (*-s*) ⟨*Erbarmen mit jemandem haben; kein Erbarmen kennen*⟩ ≈ Mitleid

**er·bärm·lich** ADJEKTIV **1** in einer sehr schlechten Lage, sodass andere Mitleid haben ⟨*ein Anblick; in einem erbärmlichen Zustand*⟩ ≈ erbarmenswert **2** *gesprochen* moralisch schlecht ⟨*sich erbärmlich verhalten*⟩ • *hierzu* **Er·bärm·lich·keit** *die*

**er·bar·mungs·los** ADJEKTIV ohne Erbarmen, ohne Mitleid

**er·bau·en** (*erbaute, hat erbaut*) **etwas erbauen** ein relativ großes Gebäude bauen, *„Diese Kirche wurde im 15. Jahrhundert erbaut"*

der **Er·bau·er** (*-s, -*) jemand, der etwas erbauen ließ oder erbaut hat

das **Er·be**[1]★; (*-s*) **1** der Besitz, der nach dem Tod einer Person meist an die Verwandten weitergeht **K** Erbanspruch; erbberechtigt **2** die Leistungen und Traditionen, die aus der Vergangenheit überliefert sind ⟨*das geschichtliche, kulturelle Erbe*⟩ **ID** **ein Erbe antreten** Eigentümer eines Erbes werden; **ein Erbe ausschlagen** auf ein Erbe verzichten

der **Er·be**[2]★; (*-n, -n*) **1** eine Person, die ein Erbe bekommt ⟨*der alleinige, gesetzliche, rechtmäßige Erbe; jemanden als/zum Erben einsetzen/machen*⟩ **2** *nur Plural* die spätere, folgende Generation • *zu* (1) **Er·bin** *die*

**er·ben** (*erbte, hat geerbt*) **(etwas) (von jemandem) erben** etwas von einer Person nach ihrem Tod bekommen *„Er hat ein Grundstück von seinem Onkel geerbt"*

das **Erb·gut** *nur Singular* alle Erbanlagen oder Gene

**er·bit·tert** ADJEKTIV sehr heftig, sehr intensiv ⟨*ein Kampf, ein Streit, ein Feind*⟩

**erb·lich** ADJEKTIV in den Genen festgelegt *„Die Farbe der Augen ist erblich"*

**er·bli·cken** (*erblickte, hat erblickt*) **das Licht der Welt erblicken** geboren werden

**er·bost** ADJEKTIV **(über jemanden/etwas) erbost** ≈ wütend

**er·bre·chen**★ (*erbrach, hat erbrochen*) **(etwas/sich) erbrechen** den Inhalt des Magens durch den Mund nach außen bringen *„Er erbrach (alles, was er gegessen hatte)"* | *„Vor Aufregung musste sie sich erbrechen"*

die **Erb·schaft** (-, *-en*) das Erbe ⟨*eine Erbschaft machen, antreten, ausschlagen*⟩ **K** Erbschaftssteuer

die **Erb·se** (-, *-n*) **1** eine Pflanze mit relativ großen, kugelförmigen grünen Samen, die sich in einer länglichen Hülse befinden **2** *meist Plural* die Samen der Erbse, die als Gemüse gegessen werden **K** Erbsensuppe

das **Erd·be·ben**★ (*-s, -*) eine Erschütterung der (Oberfläche der) Erde, die manchmal so stark ist, dass sie Häuser zerstört *„Auf das Erdbeben folgten in den nächsten Tagen noch einige leichtere Erdstöße"* **K** Erdbebengebiet, Erdbebenopfer

die **Erd·bee·re**★ **1** eine Pflanze mit weißen Blüten und roten Früchten **2** die (rote, süße, saftige) Frucht der Erdbeere **K** Erdbeerkuchen, Erdbeermarmelade

der **Erd·bo·den** *nur Singular* die Oberfläche der Erde, auf der man geht und steht *„sich auf den (nackten) Erdboden setzen"* | *„auf dem blanken Erdboden schlafen"*

die **Er·de**★ (-, *-n*) **1** *nur Singular* der Planet, auf dem wir leben *„Die Erde dreht sich in einem Jahr einmal um die Sonne"* **K** Erdatmosphäre, Erdoberfläche, Erdumfang **2** *nur Singular* die Oberfläche der Erde, auf der man geht und steht ≈ Boden *„Pass auf, dass das Glas nicht auf die/zur Erde fällt"* | *„Der Maulwurf lebt unter der Erde"* **K** Erdboden **3** das Material, in dem Pflanzen wachsen (können) und aus dem die oberste Schicht der Erde besteht ⟨*fruchtbare, krümelige, sandige Erde*⟩ ≈ Erdreich *„im Garten die Erde umgraben"* **K** Erdhügel, Erdklumpen; Blumenerde **4** (in Religionen) die materielle Welt im Gegensatz zum Himmel, Jenseits o. Ä. ⓘ In dieser Verwendung sagt man oft auch *auf Erden*: *Das Paradies auf Erden.*

**er·denk·lich** ADJEKTIV; *geschrieben* möglich oder vorstellbar *„jemandem alles erdenklich Gute wünschen"* | *„Ich habe auf jede erdenkliche Weise versucht, ihr zu helfen"* ⓘ nur nach *all-* oder *jed-* verwendet

das **Erd·gas** *nur Singular* ein Gemisch aus Gasen, das es tief unter der Erde gibt und mit dem man heizen und kochen kann

das **Erd·ge·schoss**, **Erd·ge·schoß**★ Ⓐ das

Stockwerk eines Hauses, das auf der gleichen Höhe wie die Straße liegt

die **Erd·kun·de** *nur Singular* **1** die Wissenschaft, die sich mit den Ländern, Meeren, dem Klima, der wirtschaftlichen Nutzung der Erde usw. beschäftigt ≈ Geografie **2** ein Fach in der Schule, in dem Erdkunde unterrichtet wird **K** Erdkundelehrer, Erdkundeunterricht

E

die **Erd·nuss** eine Nuss, die in heißen Ländern unter der Erdoberfläche wächst und die geröstet (und gesalzen) gegessen wird **K** Erdnussöl

das **Erd·öl** ein Öl, das in tiefen Schichten der Erde vorkommt und aus dem man z. B. Benzin, Heizöl usw. macht ⟨*Erdöl exportierend*⟩ **K** Erdölvorkommen

das **Erd·reich** *nur Singular* die oberste Schicht (der Erde), aus der Pflanzen wachsen *„das trockene Erdreich lockern"*

**er·drü·cken** (*erdrückte, hat erdrückt*) **1** **etwas erdrückt jemanden** etwas drückt so stark gegen die Brust, dass der Mensch oder das Tier stirbt *„Die Bergleute sind von den nachrutschenden Erdmassen erdrückt worden"* **2** **etwas erdrückt jemanden** etwas belastet eine Person psychisch oder auf andere Weise so stark, dass sie es nicht mehr ertragen kann *„Die Last der Sorgen/der Verantwortung erdrückte sie fast"*

der **Erd·rutsch** das (meist plötzliche, unerwartete) Rutschen nach unten von großen Erdmassen

der **Erd·teil** ≈ Kontinent *„Australien ist ein Erdteil, Grönland ist eine Insel"*

**er·ei·fern** (*ereiferte sich, hat sich ereifert*) **sich (über jemanden/etwas) ereifern** *oft abwertend* mit viel Emotion und heftigem Engagement über ein Thema reden *„sich unnötig ereifern"*

**er·eig·nen★** (*ereignete sich, hat sich ereignet*) **etwas ereignet sich** etwas (meist Ungewöhnliches) geschieht ≈ passieren *„Das Zugunglück ereignete sich am frühen Morgen"* | *„Heute hat sich bei mir den ganzen Tag nicht viel/nichts Besonderes/nichts Außergewöhnliches ereignet"*

das **Er·eig·nis★** (*-ses, -se*) etwas (Besonderes oder Ungewöhnliches), das (oft überraschend) geschieht ⟨*ein Ereignis tritt ein; die Ereignisse überstürzen sich*⟩ *„Das Konzert war ein großes Ereignis für das kleine Dorf"* • *hierzu* **er·eig·nis·los** *ADJEKTIV*; **er·eig·nis·reich** *ADJEKTIV*

die **Erek·ti·on** [-'tsio:n]; (*-, -en*); *geschrieben* der Zustand, wenn der Penis bei sexueller Erregung groß und steif wird ⟨*eine Erektion haben*⟩

**er·fah·ren[1]★** (*erfährt, erfuhr, hat erfahren*) **1** **etwas (über jemanden/etwas) erfahren** eine neue Information (über jemanden/etwas) bekommen *„Ich habe aus der Zeitung erfahren, dass sie gestorben ist"* **2** **von etwas erfahren** die Information bekommen, dass etwas geschehen oder geplant ist *„Hast du noch rechtzeitig von der Terminänderung erfahren?"* • *zu* (1) **er·fahr·bar** *ADJEKTIV*

**er·fah·ren[2]★** *ADJEKTIV* **(in etwas** (*Dativ*)**) erfahren** geübt und sicher auf einem Fachgebiet oder in einer Tätigkeit *„Er ist ein erfahrener Pilot"* **K** lebenserfahren

die **Er·fah·rung★** (*-, -en*) **1** ein Wissen oder Können, das man nicht theoretisch aus Büchern, sondern in der Praxis durch eigene Erlebnisse bekommt ⟨*Erfahrung haben; etwas aus eigener Erfahrung wissen*⟩ *„Er hat viel Erfahrung in seinem Beruf"* **K** Erfahrungsaustausch; Lebenserfahrung **2** *meist Plural* Erlebnisse, aus denen man etwas lernt ⟨*Erfahrungen machen, sammeln*⟩ **3** **etwas in Erfahrung bringen** Informationen bekommen, indem man danach sucht und/oder andere Personen danach fragt ≈ herausfinden

der **Er·fah·rungs·wert** etwas, das man aus vielen Beobachtungen und Erfahrungen (und nicht aus exakten Messungen) weiß

**er·fas·sen★** (*erfasste, hat erfasst*) **1** **etwas erfassen** das Wesentliche einer Sache verstehen ≈ begreifen *„Er hat sofort erfasst, worum es mir ging"* **2** **jemanden/etwas erfassen** *admin* eine Gruppe von Personen oder Dingen in einer Liste, Statistik o. Ä. sammeln ⟨*etwas statistisch erfassen*⟩ **3** **etwas erfassen** Daten in einen Computer tippen **4** **etwas erfasst jemanden/etwas** etwas reißt jemanden/etwas durch die eigene Bewegung mit *„Der Radfahrer wurde von einem Auto erfasst"* • *zu* (2,3) **Er·fas·sung** *die*

**er·fin·den★** (*erfand, hat erfunden*) **1** **etwas erfinden** durch Forschung o. Ä. etwas Neues konstruieren oder etwas auf eine neue Art nutzen *„Alfred Nobel hat das Dynamit erfunden"* ❶ Man *erfindet* etwas, was es vorher noch nicht gab, man *entdeckt* etwas, was vorher nicht bekannt war. **2** **jemanden/etwas erfinden** von einer Person/Sache erzählen, die es nur in der Fantasie gibt *„Die Figuren des Films sind frei erfunden"* • *zu* (1) **Er·fin·der** *der*; *zu* (1) **Er·fin·de·rin** *die*

**er·fin·de·risch** *ADJEKTIV* mit vielen Ideen, wie man in der Technik oder auch im Alltag Probleme einfach lösen kann *„ein erfinderischer Geist"* eine Person, die viele Ideen hat

die **Er·fin·dung★** (-, *-en*) **1** das Neue, das jemand erfunden hat *„Das Rad war eine sehr wichtige Erfindung"* **2** das, was sich jemand ausgedacht (erfunden) hat ≈ Fiktion *„Seine Abenteuer sind (eine) reine Erfindung"* **3** **eine Erfindung machen** etwas Neues erfinden

der **Er·folg★** (-(*e*)*s*, *-e*) **1** das positive Ergebnis oder Ziel, das man haben wollte und erreicht hat ⟨*etwas ist ein großer, guter, schöner, voller, zweifelhafter Erfolg; mit etwas Erfolg haben; Erfolg (bei jemandem) haben; etwas mit/ohne Erfolg tun*⟩ ↔ Misserfolg *„Seine Bewerbung hat wenig Aussicht auf Erfolg"* **K** Erfolgschancen, Erfolgsmeldung; Wahlerfolg **2** **Erfolg versprechend** ⟨*eine Idee, ein Plan*⟩ so, dass sie wahrscheinlich Erfolg bringen werden ❶ *großen Erfolg versprechend*, aber: *äußerst erfolgversprechend*

**er·fol·gen★** (*erfolgte, ist erfolgt*) **1** **etwas erfolgt (auf etwas** (*Akkusativ*)**/nach etwas)** etwas geschieht als Folge, Konsequenz einer Sache *„Auf den Skandal (hin) erfolgte der Rücktritt des Ministers"* **2** **etwas erfolgt (irgendwann/irgendwo)** *admin* etwas wird (irgendwann/irgendwo) getan ≈ stattfinden *„Die Unterzeichnung des Vertrags erfolgte vor dem Notar"* Der Vertrag wurde vor dem Notar unterzeichnet

**er·folg·reich★** *ADJEKTIV* **1** mit positivem Ergebnis ⟨*erfolgreich abschneiden, bestehen*⟩ ↔ erfolglos *„ein erfolgreicher Versuch"* **2** mit vielen Erfolgen ↔ erfolglos *„ein erfolgreicher Sänger"*

**er·folg·ver·spre·chend** *ADJEKTIV* ≈ Erfolg versprechend

**er·for·der·lich★** *ADJEKTIV* **erforderlich (für etwas)** unbedingt nötig ≈ notwendig *„Für das Studium an einer Universität ist in Deutschland das Abitur erforderlich"*

**er·for·dern★** (*erforderte, hat erfordert*) **etwas erfordert** ⟨*Geduld, Konzentration, Mut, viel Geld, Zeit*⟩ *geschrieben* für etwas ist Geduld, Konzentration usw. unbedingt nötig *„Diese Aufgabe erfordert viel Sachkenntnis"*

**er·for·schen** (*erforschte, hat erforscht*) **etwas erforschen** etwas (meist wissenschaftlich) so genau untersuchen, dass man etwas Neues darüber lernt *„Ursachen und Zusammenhänge erforschen"* | *„mit Raumsonden das All erforschen"* • *hierzu* **Er·for·schung** *die*

**er·freu·en** (*erfreute, hat erfreut*) **1** **jemanden (mit etwas** (*Dativ*)**/durch etwas** (*Akkusativ*)**) erfreuen** jemandem (mit/durch etwas) eine Freude machen *„Ich habe meine Mutter mit einem kleinen Geschenk erfreut"* **2** **sich an jemandem/etwas erfreuen** Freude über jemanden/etwas haben *„Sie erfreute sich an den seltenen Rosen"*

**er·freu·lich★** *ADJEKTIV* so (schön), dass man froh oder glücklich darüber ist *„Es ist sehr erfreulich, dass du die Prüfung bestanden hast"* • *hierzu* **er·freu·li·cher·wei·se** *ADVERB*

**er·freut** *ADJEKTIV* **(über etwas** (*Akkusativ*)**) erfreut** voller Freude über etwas ≈ froh *„Ich war sehr erfreut, dass er kam"*

**er·frie·ren** (*erfror, hat/ist erfroren*) **1** (*ist*) durch die Einwirkung von großer Kälte sterben ⟨*Menschen, Pflanzen, Tiere*⟩ *„Die verunglückten Bergsteiger sind im Schnee erfroren"* **2** **sich** (*Dativ*) **etwas erfrieren** (*hat*) durch große Kälte Schaden an einem Körperteil erleiden, sodass er steif und gefühllos wird

die **Er·frie·rung** (-, *-en*); *meist Plural* eine Stelle am Körper, die durch große Kälte geschädigt wurde

**er·fri·schen** (*erfrischte, hat erfrischt*) **1** **etwas erfrischt jemanden** etwas macht eine Person (wieder) frisch und munter oder gibt ihr neue Kraft *„Nach der langen Reise hat mich das Bad jetzt so richtig erfrischt"* **2** **sich (mit etwas/durch etwas) erfrischen** etwas tun oder etwas zu sich nehmen, damit man (wieder) frisch und munter wird *„sich mit einer kalten Dusche erfrischen"*

**er·fri·schend** *ADJEKTIV* angenehm kühl und wohlschmeckend ⟨*ein Getränk*⟩

die **Er·fri·schung** (-, *-en*) **1** ein kühles Getränk oder eine leichte Speise ⟨*eine (kleine) Erfrischung anbieten, zu sich (Dativ) nehmen*⟩ **K** Erfrischungsgetränk **2** *nur Singular* das Erfrischen

**er·fül·len★** (*erfüllte, hat erfüllt*) AUFGABE, FUNKTION: **1** **etwas erfüllen** das tun, was man einer Person versprochen hat oder was sie erwartet oder fordert ⟨*eine Aufgabe, einen Auftrag, einen Vertrag, die Pflicht erfüllen*⟩ **2** **etwas erfüllt etwas** etwas funktioniert in der gewünschten Weise *„Die Schuhe sind zwar alt, aber sie erfüllen noch ihren Zweck"* AHNUNG, HOFFNUNG, WUNSCH: **3** **jemandem etwas**

**erfüllen** das tun, was man jemandem oder sich selbst gewünscht hat ⟨*jemandem eine Bitte, jemandem/sich selbst einen Traum, einen Wunsch erfüllen*⟩ **4** **etwas erfüllt sich** etwas wird Wirklichkeit ⟨*eine Ahnung, eine Befürchtung, eine Hoffnung erfüllt sich*⟩ PSYCHISCH: **5** **etwas erfüllt jemanden** *geschrieben* etwas ist (als Gefühl) so stark, dass jemand nichts anderes mehr fühlen kann **6** **etwas erfüllt jemanden mit etwas** *geschrieben* etwas bewirkt in jemandem das genannte Gefühl *„Die Nachricht über den Tod ihrer Freundin erfüllte sie mit tiefer Trauer"*

die **Er·fül·lung** (-) **1** das Erfüllen oder Verwirklichen **2** **etwas geht in Erfüllung** ein Wunsch, ein Traum, eine Vorstellung o. Ä. wird wahr, verwirklicht sich

**er·gän·zen★** (*ergänzte, hat ergänzt*) **1** **etwas (durch etwas) ergänzen** etwas vollständig machen, indem man etwas (Fehlendes) hinzufügt ⟨*eine Sammlung, die Vorräte ergänzen*⟩ **2** **etwas (zu etwas) ergänzen** eine Bemerkung oder einen Kommentar zu einem Text hinzufügen *„Zu diesem Punkt möchte ich noch ergänzen, dass das Problem inzwischen gelöst ist"* **3** **Personen ergänzen sich/einander** Personen passen gut zueinander, weil die eine Person Eigenschaften und Fähigkeiten hat, die der anderen Person fehlen (und umgekehrt)

die **Er·gän·zung★** (-, *-en*) **1** der Vorgang, etwas Zusätzliches hinzuzufügen *„Ist eine Ergänzung der Sammlung geplant?"* **2** etwas Zusätzliches, das hinzugefügt wird oder wurde *„Ich habe bei Ihrem Manuskript ein paar Ergänzungen angebracht"*

**er·ge·ben¹★** (*ergibt, ergab, hat ergeben*) ERGEBNIS, RESULTAT: **1** **etwas ergibt etwas** eine Rechnung hat das genannte Ergebnis *„Die Summe von vier und zwei ergibt sechs (4 + 2 = 6)"* **2** **etwas ergibt etwas** etwas hat zur Folge, dass etwas bekannt oder bewiesen wird *„Die Untersuchung hat ergeben, dass er völlig gesund ist"* **3** **etwas ergibt Sinn** etwas ist sinnvoll *„Diese Aussage ergibt keinen Sinn"* **4** **etwas ergibt etwas** eine Menge ist groß genug für etwas *„Ein Liter Suppe ergibt etwa vier Portionen"* ENTWICKLUNG, SITUATION: **5** **etwas ergibt sich (aus etwas)** etwas ist die (oft unerwartete) Folge einer Situation ≈ entstehen *„Es hat sich so ergeben, dass sie in die gleiche Schule kamen"* **6** **wenn sich die Gelegenheit/Möglichkeit ergibt** wenn es gerade passt oder möglich ist IM KAMPF, KONFLIKT USW.: **7** **sich (jemandem) ergeben** (z. B. im Krieg oder als Verbrecher) aufhören zu kämpfen/nicht mehr zu fliehen versuchen ≈ kapitulieren *„Als er von den Soldaten eingekreist war, hob er die Hände und ergab sich"*

**er·ge·ben²** ADJEKTIV **jemandem ergeben** ganz von jemandem abhängig

das **Er·geb·nis★** (*-ses, -se*) **1** die Folge von einem Ereignis oder Vorgang ≈ Resultat **K** Forschungsergebnis, Wahlergebnis **2** das gewünschte Ziel, der gewünschte Erfolg einer Handlung ⟨*ein Ergebnis erzielen; etwas führt zu einem guten, mageren Ergebnis; etwas hat etwas zum Ergebnis*⟩ *„Die Verhandlungen führten bislang zu keinem Ergebnis/blieben bislang ohne Ergebnis"* **3** die Zahl, die bei einer Rechenaufgabe als Lösung ermittelt wird ⟨*ein falsches, richtiges Ergebnis*⟩ *„Das Ergebnis der Addition von drei und zwei ist fünf"* **K** Endergebnis • *zu* (1,2) **er·geb·nis·los** ADJEKTIV

**er·gie·big** ADJEKTIV so, dass es sehr lang oder sehr häufig verwendet werden kann *„Diese Farbe ist sehr ergiebig"* reicht für eine große Fläche

**er·grei·fen★** (*ergriff, hat ergriffen*) **1** **jemanden irgendwo/etwas ergreifen** jemanden/etwas mit der Hand fassen und festhalten *„Er ergriff sie am Arm/bei der Hand und führte sie auf den Balkon"* **2** **jemanden ergreifen** eine Person (die gesucht wird oder auf der Flucht ist) fangen oder verhaften ≈ fassen *„Die Polizei ergriff den Dieb, als er über die Grenze fliehen wollte"* **3** **etwas ergreift jemanden** ein starkes Gefühl wirkt plötzlich auf jemanden *„Er wurde von Angst/Panik/Zorn ergriffen"* **4** **etwas ergreifen** sich für eine Handlungsweise oder Sache entscheiden und aktiv werden *„einen Beruf ergreifen"* einen Beruf wählen | *„die Flucht ergreifen"* flüchten | *„das Wort ergreifen"* (in einer Debatte, Diskussion) über etwas zu sprechen anfangen • *zu* (2,4) **Er·grei·fung** *die*

**er·grei·fend** ADJEKTIV so, dass man dadurch intensiv Mitleid, Rührung, Sympathie o. Ä. fühlt ⟨*eine Geschichte, ein Film*⟩

**er·ha·ben★** ADJEKTIV **1** *geschrieben* so (großartig), dass man Ehrfurcht fühlt oder ein feierliches Gefühl hat *„der erhabene Anblick der Berge"* **2** **über etwas** (*Akkusativ*) **erhaben** von so hoher Moral, dass niemand etwas Schlechtes über eine Person denken oder sagen kann ‹*über Kritik, einen Verdacht, Zweifel erhaben sein*› • hierzu **Er·ha·ben·heit** *die*

der **Er·halt** (-(e)s); *admin* **1** der Vorgang, wenn man etwas von einer Person oder Institution bekommt ≈ Empfang *„den Erhalt eines Briefes bestätigen/quittieren"* **2** das Bewahren des guten Zustands einer Sache *„Mittel für den Erhalt des historischen Schulgebäudes aufbringen"*

**er·hal·ten★** (*erhält, erhielt, hat erhalten*) **1** **etwas (von jemandem/etwas) erhalten** etwas von einer anderen Person oder von einer Institution bekommen ‹*ein Schreiben, eine Antwort, einen Bescheid erhalten*› **2** **eine Vorstellung/einen Eindruck (von jemandem/etwas) erhalten** genügend Informationen sammeln, um sich eine Meinung zu bilden ⓘ kein Passiv **3** **etwas erhalten** etwas als Endprodukt oder Ergebnis bekommen *„Wenn man Kupfer und Messing mischt, erhält man Bronze"* ⓘ kein Passiv **4** **etwas erhalten** (durch die richtigen Maßnahmen) bewirken, dass etwas weiter existiert oder in gutem Zustand bleibt *„ein historisches Bauwerk erhalten"* | *„den Körper/sich durch Sport gesund erhalten"* **5** **jemanden (irgendwie) am Leben erhalten** durch medizinische Maßnahmen verhindern, dass jemand stirbt

**er·hält·lich★** ADJEKTIV **irgendwo erhältlich** drückt aus, dass man etwas kaufen kann *„Das Medikament ist nur in Apotheken erhältlich"* | *„Dieses Modell ist leider nicht mehr erhältlich"*

**er·he·ben★** (*erhob, hat erhoben*); *geschrieben* NACH OBEN: **1** **etwas erheben** etwas nach oben bewegen, heben ‹*mit erhobener Hand*› **2** **sich erheben** aus einer sitzenden oder liegenden Stellung aufstehen *„Der Angeklagte möge sich erheben"* **3** **ein Flugzeug/ein Vogel erhebt sich** ein Flugzeug/ein Vogel fliegt in die Höhe **4** **etwas erhebt sich** etwas ragt steil nach oben *„Vor ihren Augen erhob sich ein hoher Berg"* ÄUßERN, FORDERN: **5** **etwas erheben** (bei einer offiziellen Stelle) etwas schriftlich oder mündlich melden ‹*Anspruch auf etwas, einen Einwand gegen etwas erheben; Anklage, Einspruch, Klage erheben*› **6** **etwas erheben** etwas als Zahlung von jemandem fordern ‹*Beiträge, eine Gebühr, eine Steuer erheben*›

**er·heb·lich★** ADJEKTIV; *geschrieben* **1** wichtig oder groß (in Ausmaß oder Menge) *„Der Unfall hat erhebliche Kosten verursacht"* **2** verwendet vor einem Komparativ, um einen großen Unterschied auszudrücken ≈ viel *„Er ist erheblich größer als sie"*

**er·hei·tern** (*erheiterte, hat erheitert*) **jemanden erheitern** jemanden in eine heitere, fröhliche Stimmung versetzen ‹*erheitert lachen, sein*›

**er·hel·len** (*erhellte, hat erhellt*) **1** **etwas erhellen** etwas durch (mehr) Licht hell und sichtbar machen ↔ verdunkeln *„Die Lampe ist zu schwach, um das Zimmer richtig zu erhellen"* **2** **etwas erhellen** einen Sachverhalt, der schwer zu verstehen ist, deutlicher machen/erklären *„Ihre Erläuterungen sollten die komplizierten Zusammenhänge erhellen"*

**er·hit·zen** (*erhitzte, hat erhitzt*) **1** **etwas erhitzen** etwas heiß machen *„Die Milch wird erhitzt, um Bakterien abzutöten"* **2** **etwas erhitzt sich** etwas wird heiß *„Der Motor hatte sich bei der Fahrt so stark erhitzt, dass das Kühlwasser kochte"*

**er·hof·fen** (*erhoffte sich, hat sich erhofft*) **sich** (*Dativ*) **etwas (von jemandem/etwas) erhoffen** erwarten oder hoffen, dass jemand/etwas einem etwas Positives bringt *„Er erhoffte sich einen großen Gewinn von dem Auftrag"*

**er·hö·hen★** (*erhöhte, hat erhöht*) **1** **etwas (um etwas) erhöhen** meist ein Bauwerk höher machen *„einen Damm um zwei Meter erhöhen"* **2** **jemand/etwas erhöht eine Sache (um etwas)** jemand/etwas sorgt dafür, dass eine Sache steigt, größer, intensiver oder mehr wird ≈ steigern ↔ senken *„Die Löhne werden um fünf Prozent erhöht"* **3** **etwas erhöht sich um/auf etwas** (*Akkusativ*) eine Zahl oder Summe wird größer ≈ steigen ↔ sinken *„Die Miete hat sich im letzten Jahr um zehn Prozent erhöht"* **ID** **erhöhte Temperatur** leichtes Fieber

**er·ho·len★** (*erholte sich, hat sich erholt*) **1** **sich (von etwas) erholen** sich ausruhen und entspannen, um verlorene Kraft wieder zu bekommen ‹*sich gut, kaum, völlig erholen*› *„sich von einer schweren Krankheit erholen"* **2** **sich (von etwas) erholen** nach einem Schreck oder Schock wieder ruhig werden

**er·hol·sam** ADJEKTIV so, dass man sich dabei erholen kann ‹*ein Urlaub*›

die **Er·ho·lung★** (-) der Vorgang, bei dem man sich ausruht und wieder zu Kräften kommt ‹*Erholung brauchen*› *„Er fährt zur Erholung ins Gebirge"* **K** Erholungsaufenthalt, Erholungspause; erholungsbedürftig

**er·in·nern*** (*erinnerte, hat erinnert*) **1 jemanden an etwas** (*Akkusativ*) **erinnern** einer Person sagen, dass sie das Genannte nicht vergessen darf oder soll *„Erinnere mich bitte daran, dass ich morgen einen Termin beim Arzt habe"* **2 jemand/etwas erinnert (jemanden) an eine Person/etwas** eine Person oder Sache ist einer anderen Person oder Sache ziemlich ähnlich (und deswegen denkt man bei der einen an die andere) *„Seine Art zu lächeln erinnerte mich an seinen Vater"* **3 sich (an jemanden/etwas) erinnern** eine Person oder Sache im Gedächtnis behalten oder wieder an sie denken *„Jetzt erinnere ich mich wieder, wo ich die Tasche hingelegt habe"*

die **Er·in·ne·rung*** (-, *-en*) **1 eine Erinnerung (an jemanden/etwas)** ein Eindruck von Personen oder Ereignissen der Vergangenheit, den man im Bewusstsein hat ⟨*eine Erinnerung in jemandem wecken*⟩ *„Ich habe nur noch schwache Erinnerungen daran, wie es in meiner frühen Kindheit war"* **2** *nur Singular* der Speicher im Gehirn, in dem Informationen über Gelerntes und Erlebtes sind ⟨*jemanden/etwas in Erinnerung behalten, in der Erinnerung bewahren*⟩ ≈ Gedächtnis **3 in/zur Erinnerung** *nur Singular* um Personen oder Ereignisse der Vergangenheit nicht zu vergessen *„Fotos zur Erinnerung an die Hochzeit"*

das **Er·in·ne·rungs·ver·mö·gen** (*-s*) die Fähigkeit, sich an etwas zu erinnern ≈ Gedächtnis *„ein gutes/schlechtes Erinnerungsvermögen haben"*

**er·käl·ten*** (*erkältete sich, hat sich erkältet*) **sich erkälten** eine Erkältung bekommen *„Wenn du dich nicht wärmer anziehst, wirst du dich noch erkälten"*

die **Er·käl·tung*** (-, *-en*) eine Krankheit (mit Schnupfen, Husten), die man meistens im Winter hat ⟨*eine* (*leichte, starke*) *Erkältung haben, bekommen*⟩

**er·kämp·fen** (*erkämpfte, hat erkämpft*) **(sich** (*Dativ*)**) etwas erkämpfen** etwas erreichen oder bekommen, indem man dafür kämpft oder sehr hart arbeitet

**er·ken·nen*** (*erkannte, hat erkannt*) **1 jemanden/etwas erkennen** jemanden/etwas so deutlich sehen, dass man weiß, wen oder was man vor den Augen hat *„Aus dieser Entfernung kann ich die Zahlen nicht erkennen"* **2 etwas erkennen** etwas richtig beurteilen oder einschätzen (das man bisher nicht so gesehen hatte) *„Sie hat ihren Irrtum noch rechtzeitig erkannt"* • *hierzu* **er·kenn·bar** ADJEKTIV

**er·kennt·lich** ADJEKTIV **1 als etwas erkenntlich** *admin* so, dass man deutlich sehen kann, worum es sich handelt *„Sie müssen das Paket deutlicher als Luftpost erkenntlich machen"* **2 sich jemandem (für etwas) erkenntlich erweisen/zeigen** *geschrieben* meist etwas tun als Zeichen seiner Dankbarkeit *„Ich möchte mich Ihnen gern mit einem Geschenk erkenntlich zeigen"*

die **Er·kennt·nis*** (-, *-se*) **1** *meist Plural* ein neues Wissen, das jemand durch wissenschaftliches Forschen oder durch Nachdenken bekommt *„Aus dieser Testreihe sollen Erkenntnisse über die Ursachen von Krebs gewonnen werden"* **2** die Einsicht, dass etwas so ist oder so getan werden muss ⟨*zu einer Erkenntnis gelangen, kommen*⟩ *„Die Politiker sind zu der Erkenntnis gekommen, dass der Umweltschutz bisher vernachlässigt worden ist"*

der **Er·ker** (*-s, -*) ein Teil eines Raumes in einem Haus, der (nach außen) aus der Mauer hervorragt und Fenster hat **K** Erkerfenster, Erkerzimmer

**er·klä·ren*** (*erklärte, hat erklärt*) FUNKTIONSWEISE, GRÜNDE USW.: **1 (jemandem) etwas erklären** einer Person einen Sachverhalt klar und verständlich machen *„Er erklärte mir ausführlich, wie ein Radio funktioniert"* **2 etwas erklärt etwas** etwas ist der Grund für etwas *„Der Schaden am Motor erklärt, warum wir einen so hohen Benzinverbrauch hatten"* **3 sich** (*Dativ*) **etwas (irgendwie) erklären** den Grund für etwas finden *„Ich kann mir nicht erklären, wo er die ganze Zeit bleibt"* VERKÜNDEN, FESTSTELLEN: **4 etwas erklären** etwas aufgrund des eigenen Amtes offiziell verkünden *„Der Minister erklärte seinen Rücktritt"* **5 etwas erklären** etwas (meist mit der eigenen Unterschrift) offiziell bestätigen *„Sie erklärte ihr Einverständnis zur Änderung des Vertrags"* **6 sich mit etwas einverstanden/zufrieden erklären** (offiziell) sagen, dass man mit etwas einverstanden oder zufrieden ist **7 jemanden zu etwas erklären** offiziell verkünden, dass eine Person einen Titel, ein Amt o. Ä. bekommt *„jemanden zum Sieger erklären"* • *zu* (2,3) **er·klär·bar** ADJEKTIV

**er·klär·lich** ADJEKTIV **1** ⟨*ein Fehler, ein Irrtum*⟩ so, dass man sich vorstellen kann, selbst in einer ähnlichen Situation zu sein wie eine andere Person ≈ begreiflich, verständlich **2** so, dass es für etwas eine (logische) Erklärung gibt ≈ erklärbar *„Der Unfall hat eine leicht erklärliche Ursache"*

**er·klärt** *ADJEKTIV meist attributiv* so, dass etwas bereits deutlich genannt wurde und bekannt ist ⟨*ein Wille, ein Ziel, ein Zweck*⟩ *„Sein erklärtes Ziel ist es, den Betrieb zu vergrößern"*

die **Er·klä·rung★** (-, *-en*) **1** **eine Erklärung zu etwas** die Worte, mit denen man einen Sachverhalt oder ein Verhalten beschreibt ⟨*jemandem eine Erklärung geben, schuldig sein*⟩ **2** **eine Erklärung für etwas** etwas, das die Ursache einer Situation ist oder sein könnte ⟨*eine Erklärung suchen, finden; etwas ist die Erklärung für etwas*⟩ **3** **eine Erklärung über etwas** (*Akkusativ*)/**zu etwas** eine offizielle Mitteilung über Pläne oder Fakten (oft durch eine Unterschrift bestätigt) ⟨*eine Erklärung abgeben, machen, unterschreiben*⟩ *„Die Regierung gab eine Erklärung zu dem Skandal ab"* **K** Einverständniserklärung, Kriegserklärung, Liebeserklärung

**er·kran·ken** (*erkrankte, ist erkrankt*) **(an etwas** (*Dativ*)**) erkranken** krank werden ⟨*ernstlich, schwer, an einer Lungenentzündung erkranken*⟩ • *hierzu* **Er·kran·kung** *die*

**er·kun·den** (*erkundete, hat erkundet*) **etwas erkunden** sich durch ein Gelände bewegen, um sich darüber zu informieren ⟨*ein Gebiet, ein Terrain erkunden*⟩ • *hierzu* **Er·kun·dung** *die*

**er·kun·di·gen★** (*erkundigte sich, hat sich erkundigt*) **sich nach jemandem/etwas erkundigen** Fragen stellen, um Informationen über eine Person oder Sache zu erhalten *„sich nach jemandes Befinden erkundigen"* | *„Ich habe mich am Bahnhof erkundigt, wann der nächste Zug nach Essen fährt"*

die **Er·kun·di·gung** (-, *-en*); *meist Plural* der Vorgang, durch Fragen an Informationen zu kommen ⟨*Erkundigungen über jemanden/etwas einholen, einziehen*⟩

**er·lan·gen★** (*erlangte, hat erlangt*) **etwas erlangen** etwas (meist Positives) erreichen oder bekommen ⟨*Achtung, Berühmtheit, die Freiheit, Geltung, Gewissheit, die Herrschaft über jemanden/etwas erlangen*⟩

der **Er·lass** (*-es, -e*) **1** eine allgemeine Vorschrift, die für Ämter und Behörden gilt ≈ Anordnung, Verwaltungsvorschrift *„ein Erlass des Innenministeriums"* **2** *geschrieben nur Singular* das Erlassen von Aufrufen, Gesetzen, Anordnungen usw. *„ein Antrag auf Erlass einer einstweiligen Anordnung"* **3** *geschrieben nur Singular* das Erlassen von Gebühren, Strafen usw. **K** Gebührenerlass

**er·las·sen** (*erlässt, erließ, hat erlassen*) **1** **etwas erlassen** etwas Offizielles schriftlich beschließen (und der Öffentlichkeit bekannt machen) ⟨*einen Aufruf, ein Gesetz erlassen; einen Haftbefehl (gegen jemanden) erlassen*⟩ **2** **jemandem etwas erlassen** jemanden von einer (unangenehmen) Verpflichtung oder Strafe befreien ⟨*jemandem die Schulden erlassen*⟩

**er·lau·ben★** (*erlaubte, hat erlaubt*) **1** **(jemandem) etwas erlauben** einverstanden sein, dass jemand etwas tun darf ↔ verbieten *„Wer hat dir erlaubt wegzugehen?"* **2** **etwas erlaubt (jemandem) etwas** etwas macht etwas für jemanden möglich ⟨*die Mittel, die Umstände, die Verhältnisse, die Zeit erlauben etwas*⟩ *„Die drängenden Probleme erlauben nicht, noch länger mit einer Entscheidung zu warten"* **3** **sich** (*Dativ*) **etwas erlauben** sich das Recht nehmen, etwas zu tun (meist gegen den Willen einer anderen Person) *„Ich erlaube mir, darauf hinzuweisen, dass Sie mir noch Geld schulden"*

die **Er·laub·nis★** (-, *-se*); *meist Singular* **1** wenn man die Erlaubnis zu etwas hat, dann darf es tun, ist es nicht verboten ⟨*(jemanden) um Erlaubnis (für etwas) bitten; die Erlaubnis zu etwas bekommen/erhalten, haben; jemandem die Erlaubnis (zu etwas) geben, erteilen, verweigern*⟩ *„Sie bat um die Erlaubnis, früher nach Hause gehen zu dürfen"* **2** ein Dokument, das bestätigt, dass jemand etwas tun darf ⟨*eine Erlaubnis beantragen, vorlegen; jemandem eine Erlaubnis ausstellen*⟩ **K** Aufenthaltserlaubnis, Einreiseerlaubnis, Fahrerlaubnis

**er·läu·tern★** (*erläuterte, hat erläutert*) **(jemandem) etwas erläutern** einer Person einen komplizierten Sachverhalt ausführlich erklären, sodass sie diesen verstehen kann *„jemandem einen Plan erläutern"* | *„Können Sie mir näher erläutern, wie das vonstattengeht?"* • *hierzu* **Er·läu·te·rung** *die*

**er·le·ben★** (*erlebte, hat erlebt*) **1** **jemanden/etwas erleben** selbst dabei sein, wenn etwas geschieht oder etwas selbst fühlen, selbst tun usw. *„Er erlebte eine Überraschung, als sie sich bei ihm entschuldigte"* **2** **etwas erleben** zum Zeitpunkt eines Ereignisses noch am Leben

E

sein *„Sie will noch ihren hundertsten Geburtstag erleben"*

das **Er·leb·nis★** (*-ses, -se*) **1** eine Sache, die man erlebt *„Gestern hatte ich ein schreckliches Erlebnis: Ich wäre fast überfahren worden"* **2** ein sehr schönes, eindrucksvolles Ereignis o. Ä. *„Das Konzert war wirklich ein Erlebnis"*

**er·le·di·gen★** (*erledigte, hat erledigt*) **1** **etwas erledigen** das tun, was man tun soll oder was nötig ist (meist eine Arbeit oder Aufgabe) *„Ich muss noch meine Einkäufe erledigen"* **2** **jemanden erledigen** *gesprochen, abwertend* jemanden ermorden, töten **3** **etwas hat sich erledigt** es gibt keinen Grund mehr, in einer Angelegenheit aktiv zu werden *„Das Problem hat sich erledigt"*

**er·le·digt** *ADJEKTIV* **1** *meist prädikativ* abgeschlossen, beendet ⟨*ein Fall, eine Sache*⟩ *„Entschuldige dich bei ihm, dann ist der Fall erledigt"* **2** *gesprochen* sehr müde, erschöpft, ruiniert

**er·leich·tern★** (*erleichterte, hat erleichtert*) **1** **(jemandem) etwas erleichtern** eine Sache für jemanden einfacher, bequemer oder angenehmer machen *„Moderne Geräte erleichtern oft die Arbeit"* **2** **etwas erleichtert jemanden** etwas befreit jemanden von Kummer oder Sorgen *„Diese Nachricht hat uns alle sehr erleichtert"*

**er·leich·tert★** *ADJEKTIV* **erleichtert (über etwas** (*Akkusativ*)**)** froh, dass etwas Unangenehmes vorbei oder etwas Schlimmes nicht passiert ist *„Sie war erleichtert* (*darüber*), *dass ihm nichts passiert war"*

die **Er·leich·te·rung★** (*-, -en*) **1** *nur Singular* das Erleichtern einer relativ schweren oder komplizierten Arbeit *„Eine Waschmaschine stellt eine große Erleichterung im Haushalt dar"* **K** Arbeitserleichterung **2** **Erleichterung (über etwas** (*Akkusativ*)**)** *nur Singular* das Gefühl, von einem schweren seelischen Druck befreit zu sein *„ein Seufzer der Erleichterung"*

**er·lei·den★** (*erlitt, hat erlitten*) **1** **etwas erleiden** etwas Unangenehmes erleben ⟨*Angst, Enttäuschungen, Schmerzen erleiden*⟩ **2** **etwas erleiden** eine unangenehme Erfahrung machen ⟨*eine Einbuße, eine Niederlage, Verluste erleiden*⟩

**er·lẹr·nen** (*erlernte, hat erlernt*) **etwas erlernen** etwas über längere Zeit hinweg so lernen, dass man es beherrscht ⟨*einen Beruf, ein Handwerk, eine Sprache erlernen*⟩ • *hierzu*

**er·lẹrn·bar** *ADJEKTIV*

**er·leuch·ten** (*erleuchtete, hat erleuchtet*) **etwas erleuchten** etwas durch Licht hell machen *„Der Raum wurde von den Kerzen festlich erleuchtet"* ⓘ meist im Passiv

die **Er·leuch·tung** (*-, -en*); *humorvoll* eine gute Idee, die jemandem plötzlich einfällt ⟨*eine Erleuchtung haben; jemandem kommt eine Erleuchtung*⟩

**er·lie·gen★** (*erlag, ist erlegen*) **1** **einer Sache** (*Dativ*) **erliegen** etwas tun, das man eigentlich nicht tun wollte (aber dann doch positiv empfindet) ⟨*jemandes Charme, einer Verlockung, einer Versuchung erliegen*⟩ **2** **einer Sache** (*Dativ*) **erliegen** an etwas sterben *„Er erlag gestern seiner Krankheit/den schweren Verletzungen"* **3** **einem Irrtum/einer Täuschung erliegen** sich irren/sich täuschen **4** **etwas bringt etwas zum Erliegen** etwas setzt etwas (eine Zeit lang) außer Betrieb oder bringt es zum Stillstand *„Das Gewitter brachte den Funkverkehr zum Erliegen"* **5** **etwas kommt zum Erliegen** etwas wird durch jemanden/etwas zum Stillstand gebracht

der **Er·lös★** (*-es, -e*) das Geld, das man bekommt, wenn man etwas verkauft (und nachdem alle Kosten bezahlt sind) ⟨*einen Erlös erwirtschaften, erzielen*⟩ ≈ Gewinn *„Der Erlös aus der Tombola kommt einer gemeinnützigen Stiftung zugute"* **K** Verkaufserlös

**er·lö·sen** (*erlöste, hat erlöst*) **1** **jemanden (von etwas) erlösen** jemanden von der Schuld der Sünde befreien *„Christus hat die Menschheit* (*von ihren Sünden*) *erlöst"* **2** **jemanden (von etwas) erlösen** jemanden von Schmerzen, Sorgen oder Kummer befreien *„Der Tod erlöste ihn nach langer Krankheit* (*von seinen Leiden*)*"* • *hierzu* **Er·lö·sung** *die*

**er·mạ̈ch·ti·gen** (*ermächtigte, hat ermächtigt*) **jemanden zu etwas ermächtigen** jemandem das Recht oder die Vollmacht geben, etwas zu tun *„Er ermächtigte seine Frau* (*dazu*), *von seinem Konto Geld abzuheben"* • *hierzu* **Er·mạ̈ch·ti·gung** *die*

**er·mah·nen** (*ermahnte, hat ermahnt*) **jemanden (zu etwas) ermahnen** jemanden nachdrücklich dazu auffordern, etwas zu tun oder sich besser zu verhalten *„jemanden zur Vorsicht ermahnen"* | *„Die Mutter ermahnte die Kinder, nicht auf der Straße zu spielen"* • *hierzu* **Er·mah·nung** *die*

**er·mä·ßi·gen** (*ermäßigte, hat ermäßigt*)

**etwas ermäßigen** den Preis für etwas senken ⟨*einen Beitrag, eine Gebühr, einen Preis*⟩ *„Für Kinder gelten auf unseren Flügen stark ermäßigte Preise"* • *hierzu* **Er·mä·ßi·gung** *die*

das **Er·mes·sen** (-s) die Beurteilung einer Sache, die einer Entscheidung vorausgeht ⟨*etwas liegt in jemandes Ermessen*⟩ *„Es liegt nicht in meinem Ermessen, darüber zu entscheiden"*

**er·mit·teln★** (*ermittelte, hat ermittelt*) **1** **jemanden/etwas ermitteln** eine Person oder Sache suchen und schließlich finden ≈ feststellen *„Die Polizei konnte den Täter nicht ermitteln"* **2** **gegen jemanden ermitteln** Beweise oder Indizien für die Schuld einer Person sammeln, um sie vor Gericht stellen zu können • *hierzu* **Er·mitt·lung** *die*

der **Er·mitt·ler** (-s, -); *admin* eine Person bei der Polizei, die ein Verbrechen untersucht ⟨*ein verdeckter Ermittler*⟩ • *hierzu* **Er·mitt·le·rin** *die*

**er·mög·li·chen★** (*ermöglichte, hat ermöglicht*) **(jemandem) etwas ermöglichen** (jemandem) etwas möglich machen *„Das feuchtwarme Klima ermöglicht den Anbau von Bananen"* | *„Seine Eltern ermöglichten ihm das Studium"*

**er·mor·den★** (*ermordete, hat ermordet*) **jemanden ermorden** an jemandem einen Mord begehen • *hierzu* **Er·mor·dung** *die*

**er·mü·den** (*ermüdete, hat/ist ermüdet*) **1** **etwas ermüdet jemanden** (*hat*) etwas macht jemanden müde oder schläfrig *„Das Sprechen ermüdete den Schwerkranken schnell"* **2** (*ist*) müde, schläfrig werden **3** **etwas ermüdet** (*ist*) etwas wurde so oft oder so lange benutzt, dass es nicht mehr stabil ist und leicht kaputtgeht ⟨*ein Material, ein Metall*⟩ • *zu* (2,3) **Er·mü·dung** *die*

**er·mun·tern** (*ermunterte, hat ermuntert*) **jemanden zu etwas ermuntern** eine Person freundlich auffordern, den Mut oder die Energie zu entwickeln, um etwas zu tun *„jemanden zu einem Entschluss ermuntern"* • *hierzu* **Er·mun·te·rung** *die*

**er·mu·ti·gen** (*ermutigte, hat ermutigt*) **eine Person/Sache ermutigt jemanden (zu etwas)** eine Person oder ein Ereignis gibt jemandem den Mut und das Vertrauen, etwas zu tun oder weiterzumachen *„Sein großer Erfolg in der Prüfung hat ihn zu einer zusätzlichen Ausbildung ermutigt"* | *„Er ermutigte seinen Freund, offen seine Meinung zu sagen"* • *hierzu* **Er·mu·ti·gung** *die*

**er·näh·ren★** (*ernährte, hat ernährt*) **1** **jemanden (mit etwas) ernähren** einen Menschen oder ein Tier mit Nahrung versorgen *„ein Baby mit Muttermilch ernähren"* **2** **jemanden (mit/von etwas) ernähren** (mit etwas) für den eigenen Lebensunterhalt oder den Lebensunterhalt einer anderen Person sorgen *„Du bist alt genug, eine Familie/dich selbst zu ernähren"* **3** **sich (von etwas) ernähren** von (der genannten) Nahrung leben *„Füchse ernähren sich hauptsächlich von Mäusen"* | *„sich vegetarisch ernähren"* • *hierzu* **Er·näh·rung** *die*

der **Er·näh·rer** (-s, -) die Person, welche für den Lebensunterhalt einer Familie sorgt

**er·nen·nen** (*ernannte, hat ernannt*) **1** **jemanden (zu etwas) ernennen** jemandem ein Amt oder eine Funktion geben *„jemanden zum Minister ernennen"* **2** **jemanden zu etwas ernennen** eine Person mit einem Titel ehren *„jemanden zum Ehrenbürger ernennen"* • *hierzu* **Er·nen·nung** *die*

**er·neu·er·bar** ADJEKTIV **erneuerbare Energien** Energien wie Wasserkraft, Wind- und Sonnenenergie, die immer wieder neu entstehen

**er·neu·ern** (*erneuerte, hat erneuert*) **etwas erneuern** etwas, das alt, beschädigt o. Ä. ist, durch etwas Neues ersetzen oder mit neuen Teilen reparieren ⟨*ein Dach, einen Zaun erneuern*⟩ • *hierzu* **Er·neu·e·rung** *die*

**er·neut★** *ADJEKTIV meist attributiv; geschrieben* noch einmal (stattfindend) *„Als er sich verbeugte, erklang erneut Beifall"* | *„Aus dem Krisengebiet wurden erneute Kampfhandlungen gemeldet"*

**ernst★** ADJEKTIV **1** ruhig und nachdenklich oder traurig *„ein ernstes Gesicht machen"* | *„Sie hatte Mühe, ernst zu bleiben"* **2** mit wichtigem oder traurigem Inhalt ⟨*ein Buch, ein Film, ein Gespräch*⟩ **3** mit großen, unangenehmen Folgen ⟨*ein Fehler, ein Mangel, ein Problem, ein Versagen*⟩ ≈ ernsthaft **4** das Leben oder die Gesundheit sehr gefährdend ⟨*eine Erkrankung, eine Gefahr, eine Verletzung, jemandes Zustand*⟩ **5** **etwas ernst meinen** etwas wirklich so meinen (nicht als Scherz o. Ä.) und planen, entsprechend zu handeln **6** **etwas ernst nehmen** etwas als wichtig, gefährlich o. Ä. einschätzen und entsprechend handeln

der **Ernst★** (-es) **1** eine Haltung oder Einstellung, bei der man ruhig und nachdenklich, nicht fröhlich ist *„Sie ging mit viel Ernst an ihre neue Aufgabe heran"* **2** **der Ernst der Lage** verwendet, um zu sagen, dass eine Situation sehr gefährlich oder bedrohlich ist **3** **etwas ist jemandes Ernst**; **jemandem ist (mit) etwas Ernst** etwas ist tatsächlich so gemeint, wie es eine Person gesagt hat *„Es war ihm bitterer Ernst mit der Drohung"* **4** **(mit etwas) Ernst machen** einen Plan oder eine Drohung in die Tat umsetzen **5** **aus etwas wird Ernst** etwas, das nur geplant oder gespielt war, wird Wirklichkeit *„Aus dem Spiel wurde bitterer Ernst"* **6** **allen Ernstes/im Ernst** verwendet, um zu sagen, dass etwas tatsächlich so (gemeint) ist, auch wenn es unwahrscheinlich erscheint *„Er wird die Arbeit allen Ernstes allein machen!"*

der **Ẹrnst·fall** eine Situation, in der etwas (meist Gefährliches), das man erwartet oder befürchtet hat, tatsächlich passiert *„Auf/Für den Ernstfall sind wir bestens vorbereitet"*

**ẹrnst·haft**★ *ADJEKTIV* **1** seriös und verantwortungsbewusst und oft in ernster Stimmung *„Er ist ein ernsthafter Mensch/wirkt sehr ernsthaft"* **2** ruhig und nachdenklich ≈ ernst *„Sie unterhielten führten ein ernsthaftes Gespräch"* **3** tatsächlich, ernst gemeint und mit der Absicht, auch entsprechend zu handeln 〈*eine Absicht, ein Angebot, eine Bitte, ein Vorschlag*〉 *„Er hat ernsthaft versucht, sich um das Problem zu kümmern"* **4** gefährlich oder mit großen unangenehmen Folgen 〈*eine Erkrankung, ein Fehler, eine Folge, eine Gefahr, ein Problem, eine Verletzung; jemanden ernsthaft gefährden, verletzen*〉 ≈ ernst *„Die Maschine ist ernsthaft beschädigt"* • *hierzu* **Ẹrnst·haf·tig·keit** *die*

**ẹrnst·lich** *ADJEKTIV meist attributiv* **1** tatsächlich, wirklich (so gemeint) *„Das kannst du doch nicht ernstlich wollen!"* **2** so, dass das Leben oder die Gesundheit sehr bedroht ist 〈*eine Erkrankung, eine Verletzung; ernstlich erkranken, verletzt werden, gefährdet sein*〉

die **Ẹrn·te**★ (-, *-n*) **1** *nur Singular* das Ernten von Obst, Gemüse, Getreide usw. *„bei der Ernte helfen"* **K** Erntezeit; Kartoffelernte, Obsternte **2** das, was man geerntet hat *„Dieses Jahr war die Ernte sehr groß/gut"*

**ẹrn·ten**★ (*erntete, hat geerntet*) **1** **etwas ernten** die Dinge (Getreide, Obst, Gemüse usw.), die man meist auf dem Feld oder im Garten angebaut hat, sammeln, mähen oder pflücken *„Früher wurde das Korn mit der Sense geerntet, heute macht das meist ein Mähdrescher"* **2** **etwas ernten** etwas als Reaktion auf eine Äußerung oder Aktion bekommen 〈*Beifall, Dank, Gelächter, Spott, Undank ernten*〉

**er·nụch·tern** (*ernüchterte, hat ernüchtert*) **etwas ernüchtert jemanden** etwas versetzt eine Person, die vorher gut gelaunt war, in eine ernste Stimmung oder nimmt ihr eine angenehme Hoffnung weg • *hierzu* **Er·nụch·te·rung** *die*

**er·o̲bern**★ (*eroberte, hat erobert*) **1** **etwas erobern** ein Land, eine Stadt o. Ä. in einem Krieg dem Feind wegnehmen und unter die eigene Herrschaft bringen **2** **jemanden/etwas erobern** die Liebe oder Freundschaft eines Menschen für sich gewinnen *„Mit seinem Charme versucht er, die Frauen zu erobern"* • *zu* (1) **Er·o̲be·rer** *der*

**er·ọ̈ff·nen**★ (*eröffnete, hat eröffnet*) **1** **etwas eröffnen** etwas, das neu gebaut oder eingerichtet wurde, den Kunden oder Benutzern zur Verfügung stellen 〈*einen Laden, ein Lokal, ein Museum, eine neue Autobahn, eine Fluglinie eröffnen*〉 ↔ schließen **2** **etwas (mit etwas) eröffnen** etwas offiziell beginnen lassen ↔ beenden *„Der Richter erklärte die Verhandlung für eröffnet"* **3** **jemandem etwas eröffnen** jemandem etwas meist Unerwartetes erzählen/mitteilen *„Er eröffnete seinen Angestellten, dass die Firma bankrott war"* **4** **ein Konto eröffnen** ein neues Konto bei einer Bank einrichten **5** **etwas eröffnet** etwas wird für die Öffentlichkeit zugänglich 〈*ein Geschäft, ein Kino, ein Museum, ein Schwimmbad*〉 • *hierzu* **Er·ọ̈ff·nung** *die*

**er·ọ̈r·tern** (*erörterte, hat erörtert*) **etwas erörtern** *geschrieben* ausführlich und detailliert über ein Problem sprechen oder schreiben *„auftretende Schwierigkeiten erörtern"* | *„eine Frage wissenschaftlich erörtern"* • *hierzu* **Er·ọ̈r·te·rung** *die*

die **Ero·si·o̲n** (-, *-en*) das Abtragen von Erde und Gestein durch die Einwirkung von fließendem Wasser oder Wind **K** Bodenerosion

**ero̲·tisch**★ *ADJEKTIV* **1** 〈*eine Ausstrahlung, eine Frau, ein Mann, ein Buch, eine Darstellung, ein Film*〉 so, dass sie sexuell anziehend oder anregend wirken **2** 〈*ein Bedürfnis, ein Erlebnis*〉 ≈ sexuell • *hierzu* **Ero̲·tik** *die*

**er·prẹs·sen** (*erpresste, hat erpresst*) **1** **jemanden (mit etwas) erpressen** eine Person (meist durch die Drohung, dass man etwas öffentlich bekannt gibt) dazu zwingen, dass sie etwas gibt (z. B. Geld, Informationen) *„Er wurde mit Fotos erpresst, die ihn mit seiner Geliebten zeigten"* **2** **etwas von jemandem erpressen** etwas von jemandem durch Drohungen oder Gewalt bekommen ⟨*ein Geständnis, eine Unterschrift von jemandem erpressen*⟩ *„Er hat insgesamt 3.000 Euro von ihr erpresst"* • *hierzu* **Er·pres·sung** *die*

der **Er·pres·ser** (*-s, -*) eine Person, die jemanden erpresst • *hierzu* **Er·pres·se·rin** *die*

**er·pro·ben** (*erprobte, hat erprobt*) **etwas erproben** testen, ob etwas tatsächlich so funktioniert, wie es funktionieren soll, ausprobieren *„die Wirkung eines Medikaments erproben"* • *hierzu* **Er·pro·bung** *die*

**er·ra·ten** (*errät, erriet, hat erraten*) **etwas erraten** etwas, das man nicht weiß, richtig raten ⟨*jemandes Absichten, Gedanken, Gefühle erraten*⟩ *„Du hasts erraten!"*

**er·rech·nen** (*errechnete, hat errechnet*) **etwas errechnen** etwas durch Rechnen als Ergebnis bekommen *„den Durchschnittspreis errechnen"* | *„Sie hat errechnet, wann der Komet wieder an der Erde vorbeiziehen wird"* • *hierzu* **Er·rech·nung** *die*

**er·reg·bar** ADJEKTIV ⟨*ein Mensch*⟩ so, dass er sehr schnell wütend, ärgerlich und nervös wird

**er·re·gen** (*erregte, hat erregt*) **1** **etwas erregt jemanden** etwas macht jemanden sehr wütend oder sehr nervös *„Er war so erregt, dass er zitterte"* ℹ meist im Passiv mit dem Hilfsverb *sein* **2** **jemanden erregen** jemanden sexuell anregen **3** **jemand/etwas erregt etwas** jemand/etwas verursacht eine Reaktion bei den Menschen ⟨*jemand/etwas erregt Aufsehen, (jemandes) Besorgnis, Misstrauen, Mitleid, Widerwillen*⟩

der **Er·re·ger** ★ (*-s, -*) Erreger (wie Viren, Bakterien usw.) verursachen Krankheiten

die **Er·re·gung** ★ (*-, -en*) der Zustand, in dem man nervös oder verärgert ist ⟨*in heftige Erregung geraten; die Erregung nicht verbergen können*⟩

**er·rei·chen** ★ (*erreichte, hat erreicht*) **1** **jemanden/etwas erreichen** so nahe an eine Person oder Sache herankommen, dass man sie berühren kann *„Wenn ich mich strecke, kann ich die Zimmerdecke gerade noch erreichen"* **2** **etwas erreichen** an einen Ort, eine Stelle kommen *„In wenigen Minuten erreichen wir Hamburg"* **3** **etwas erreichen** gerade noch zur rechten Zeit zu einem Bus, Zug o. Ä. kommen, bevor er wegfährt ↔ verpassen **4** **jemanden erreichen** mit jemandem (meist telefonisch) sprechen können *„Ich konnte ihn zu Hause nicht erreichen"* **5** **etwas erreichen** Erfolg haben oder etwas schaffen, was positiv ist *„Sie hat schon viel in ihrem Leben erreicht"* • *hierzu* **er·reich·bar** ADJEKTIV

**er·rich·ten** ★ (*errichtete, hat errichtet*) **1** **etwas errichten** ein großes Bauwerk bauen ⟨*eine Brücke, ein Hochhaus, einen Palast, einen Staudamm, ein Theater errichten*⟩ **2** **etwas errichten** etwas aufbauen oder hinstellen (das man später wieder zerlegen und an einem anderen Ort aufbauen kann) ⟨*Barrikaden, ein Gerüst, Tribünen, Zelte errichten*⟩ • *hierzu* **Er·rich·tung** *die*

**er·rin·gen** (*errang, hat errungen*) **etwas erringen** *geschrieben* etwas dadurch bekommen, dass man sich sehr anstrengt oder sehr darum bemüht ⟨*einen Erfolg, einen Sieg, jemandes Freundschaft, jemandes Vertrauen erringen*⟩

die **Er·run·gen·schaft** (*-, -en*) *geschrieben* etwas Neues, das einen großer Fortschritt ist ⟨*eine medizinische, kulturelle, soziale, technische Errungenschaft*⟩ *„Strom ist eine große technische Errungenschaft"*

der **Er·satz** ★ (*-es*) **1** **ein Ersatz für jemanden/etwas** eine Person oder Sache, die an die Stelle einer anderen Person oder Sache tritt und diese ersetzt ⟨*ein vollwertiger, schlechter Ersatz; als Ersatz für jemanden einspringen*⟩ *„Wir brauchen für das heutige Spiel unbedingt einen Ersatz für unseren erkrankten Torwart"* **K** Ersatzmann, Ersatzrad; Zahnersatz **2** **Ersatz für etwas** die Wiedergutmachung eines Schadens oder Verlustes ⟨*Ersatz für entgangenen Gewinn, einen Schaden, einen Verlust; Ersatz fordern, leisten*⟩ ≈ Entschädigung **K** Schadenersatz

das **Er·satz·teil** ★ ein Teil, das in eine Maschine oder ein Gerät gebaut werden kann, um ein defektes Teil zu ersetzen *„Der Staubsauger war so alt, dass keine Ersatzteile mehr zu bekommen waren"* **K** Ersatzteillager, Ersatzteilmontage

**er·satz·wei·se** ADVERB als Ersatz *„Die Anweisungen sind in elektronischer, ersatzweise auch in gedruckter Form, aufzubewahren"*

**er·schaf·fen** (*erschuf, hat erschaffen*) **jemanden/etwas erschaffen** *geschrieben* (meist mit göttlicher Kraft) jemanden/etwas entstehen

E

lassen *„Gott erschuf den Menschen"* • *hierzu* **Er·schạf·fung** *die*

**er·schei·nen★** *(erschien, ist erschienen)* **1** **etwas erscheint (irgendwo)** etwas wird irgendwo sichtbar *„Da erschien ein Flugzeug am Horizont"* **2** **jemand/etwas erscheint irgendwo** eine Person oder Sache kommt dorthin, wo sie erwartet wird *„Er ist nicht zum Frühstück erschienen"* **3** **etwas erscheint (irgendwo)** etwas wird veröffentlicht ⟨*ein Buch, eine Zeitschrift, etwas erscheint täglich, wöchentlich, monatlich, regelmäßig*⟩ *„Bei welchem Verlag erscheint das Werk?"* **4** **eine Person/Sache erscheint (jemandem) irgendwie** eine Person oder Sache macht (auf jemanden) den genannten Eindruck *„Es erscheint (mir) merkwürdig, dass er noch nicht da ist"*

die **Er·schei·nung** (-, *-en*) **1** etwas, das man beobachten oder wahrnehmen kann ⟨*eine häufige, seltene, ungewöhnliche Erscheinung*⟩ **K** Ermüdungserscheinung, Modeerscheinung **2** eine Person o. Ä. in Gestalt eines Gespensts, einer Vision o. Ä. ⟨*eine Erscheinung haben*⟩ **3** verwendet, um den äußeren Eindruck zu beschreiben, den jemand macht ⟨*jemand ist eine elegante, imposante, stattliche, sympathische Erscheinung*⟩

**er·schie·ßen** *(erschoss, hat erschossen)* **jemanden erschießen** jemanden, sich oder ein Tier durch einen Schuss töten

**er·schla·gen**[1] *(erschlug, hat erschlagen)* **1** **jemanden (mit etwas) erschlagen** jemanden durch einen oder mehrere Schläge mit einem schweren Gegenstand töten **2** **von einem Blitz erschlagen werden** von einem Blitz getroffen werden • *hierzu* **Er·schla·ge·ne** *der/die*

**er·schla·gen**[2] *ADJEKTIV gesprochen meist prädikativ* sehr müde, erschöpft ⟨*ganz, total, völlig, ziemlich erschlagen sein*⟩

**er·schlei·chen** *(erschlich, hat erschlichen)* **(sich** (*Dativ*)**) etwas erschleichen** *abwertend* sich durch Betrug, Täuschung oder Schmeicheleien etwas verschaffen ⟨(*sich* (*Dativ*)) *eine Erbschaft, jemandes Vertrauen erschleichen*⟩ • *hierzu* **Er·schlei·chung** *die*

**er·schlie·ßen** *(erschloss, hat erschlossen)* **1** **etwas erschließen** die notwendigen Arbeiten tun, damit etwas genutzt werden kann ⟨*Rohstoffe, Bodenschätze, Öl(vorräte), eine Quelle erschließen*⟩ **2** **etwas aus etwas erschließen** aufgrund von Beobachtungen und Überlegungen etwas (ziemlich sicher) annehmen ⟨*die Bedeutung eines Wortes aus dem Zusammenhang erschließen*⟩ • *hierzu* **Er·schlie·ßung** *die*

**er·schö̩p·fen** *(erschöpfte, hat erschöpft)* **1** **etwas erschöpft jemanden** etwas strengt jemanden so an, dass seine körperlichen oder geistigen Kräfte völlig verbraucht sind ⟨*völlig erschöpft sein*⟩ *„Die Strapazen der Reise hatten ihn so erschöpft, dass er krank wurde"* **2** **etwas erschöpfen** etwas vollständig verbrauchen ⟨*seine finanziellen Mittel, Reserven, Vorräte erschöpfen*⟩

**er·schö̩p·fend** *ADJEKTIV* so, dass dabei alle Fragen beantwortet werden ⟨*eine Auskunft, eine Erklärung, ein Thema erschöpfend behandeln*⟩ ≈ vollständig

die **Er·schö̩p·fung** (-, *-en*); *meist Singular* ein Zustand sehr großer körperlicher oder geistiger Müdigkeit

**er·schre̩·cken**[1]**★** *(erschrickt, erschrak, hat/ist erschrocken)* **(vor jemandem/etwas) erschrecken** (*ist*) plötzlich Angst, einen Schreck bekommen *„Er erschrickt sogar vor kleinen Hunden, wenn sie bellen"*

**er·schre̩·cken**[2]**★** *(erschreckte, hat erschreckt)* **jemanden (irgendwie) erschrecken** bewirken, dass jemand einen Schreck bekommt ⟨*jemanden sehr, zu Tode erschrecken*⟩ *„Der laute Knall hat mich erschreckt"*

**er·schü̩t·tern** *(erschütterte, hat erschüttert)* **1** **etwas erschüttert jemanden** etwas bewirkt, dass jemand plötzlich tiefe Trauer oder großes Mitleid fühlt *„Die Nachricht vom Tod seines Vaters hat ihn zutiefst erschüttert"* **2** **etwas erschüttert etwas** etwas bewirkt, dass sich etwas bewegt und schwankt, das normalerweise bewegungslos ist *„Ein Erdbeben erschütterte das Haus"*

die **Er·schü̩t·terung** (-, *-en*) **1** *meist Singular* das Gefühl, wenn man sich durch ein trauriges Ereignis sehr schlecht fühlt ≈ Betroffenheit *„Bei der Trauerfeier war ihm seine Erschütterung anzumerken"* **2** ein kurzes Schwanken *„kleinere Erschütterungen infolge eines Erdbebens"* **3** *nur Singular* der Vorgang, wenn der feste Glaube an etwas zerstört wird

**er·schwe·ren** *(erschwerte, hat erschwert)* **(jemandem) (durch etwas) etwas erschweren** bewirken, dass etwas (für jemanden) schwieriger oder anstrengender wird oder mehr

Mühe macht *„Nach dem Erdbeben erschwerten heftige Regenfälle die Rettungsarbeiten"*

**er·schwing·lich** *ADJEKTIV* so, dass man es sich leisten kann; nicht sehr teuer *„Ein Auslandsurlaub ist nicht für jeden erschwinglich"*

**er·seh·nen** (*ersehnte, hat ersehnt*) **(sich** (*Dativ*)**) jemanden/etwas ersehnen** intensiv wünschen, dass etwas passiert oder dass man jemanden findet, ein Kind bekommt o. Ä. **K** Endlich habe ich das lang ersehnte Ziel erreicht

**er·set·zen★** (*ersetzte, hat ersetzt*) **1** **(einer Person) jemanden/etwas ersetzen** an die Stelle einer Person/Sache treten, wenn diese nicht (mehr) da ist *„Niemand kann einem Kind die Mutter ersetzen"* **2** **eine Person/Sache (durch eine Person/Sache) ersetzen** eine Person oder Sache an die Stelle einer anderen Person oder Sache bringen, wenn diese nicht mehr da ist *„einen alten Fernseher durch einen neuen ersetzen"* **3** **(jemandem) etwas ersetzen** jemandem Geld geben für einen Schaden, einen Verlust o. Ä. (und für den man verantwortlich ist) *„Bei einem Unfall ersetzt die Haftpflichtversicherung Schäden an fremden Fahrzeugen"* • zu (1,2) **er·setz·bar** *ADJEKTIV*

**er·sicht·lich** *ADJEKTIV* so, dass man etwas erkennen und verstehen kann *„Mir ist nicht ersichtlich, wie das Gerät funktioniert"* | *„Sie hat ihn ohne einen ersichtlichen Grund verlassen"*

**er·spa·ren** (*ersparte, hat erspart*) **1** **(sich** (*Dativ*)**) etwas ersparen** eine Summe Geld (oder das Geld für etwas) durch Sparen ansammeln ⟨*sich* (*Dativ*) *etwas mühsam ersparen*⟩ *„Sie hatte sich monatlich hundert Euro erspart"* **2** **jemandem etwas ersparen** verhindern, dass jemand oder man selbst von etwas Unangenehmem betroffen wird ⟨*sich/jemandem Ärger, Aufregung, Scherereien ersparen*⟩ *„Wenn du ein bisschen ordentlicher wärst, würdest du dir das Suchen ersparen"*

die **Er·spar·nis** (-, *-se*) **1** *meist Plural* eine Summe Geld, die man erspart hat ⟨*Ersparnisse besitzen; von den Ersparnissen leben, zehren*⟩ **2** *meist Singular* etwas, das man einspart *„Das neue Herstellungsverfahren ermöglicht uns eine Ersparnis von Kosten und Material"* **K** Kostenersparnis, Materialersparnis, Zeitersparnis

**erst★** *ADVERB* **1** **erst ((ein)mal)** verwendet, um das zu nennen, was zeitlich am Anfang steht oder womit eine Reihe von Ereignissen beginnt ≈ zuerst *„Erst mache ich das Abitur. Dann sehen wir weiter"* | *„Überleg dir das erst noch mal, bevor du dich endgültig entscheidest"* **2** später als erwartet ↔ schon *„Ich bin erst gegen Mittag aufgewacht"* **3** vor nicht sehr langer Zeit *„Ich habe ihn erst gestern gesehen"* **4** **es ist erst** +*Zeitangabe* verwendet, um zu sagen, dass es noch relativ früh ist ↔ schon *„Bleib noch ein bisschen, es ist erst halb elf"* **5** verwendet, um auf einen Zeitpunkt in der Zukunft zu verweisen *„Wenn du erst wieder gesund bist, holen wir den Ausflug nach"* **6** weniger als erwartet oder erwünscht ↔ schon *„Ich lese schon seit einer Stunde und habe trotzdem erst sechs Seiten geschafft"* ❶ *Nur* und *erst* haben eine ähnliche Bedeutung. Wenn man aber sagt: *Ich habe nur drei Weihnachtskarten bekommen*, so erwartet man nicht, dass noch weitere Karten kommen. Sagt man: *Ich habe erst drei Weihnachtskarten bekommen*, so hofft man, dass sich das noch ändert

*PARTIKEL unbetont* **7** **(doch/nur) erst** drückt aus, dass man ungeduldig auf das Genannte wartet ↔ schon *„Wenn nur erst Sonntag wäre!"* **8** verwendet, um eine Aussage zu steigern oder stark zu betonen *„Ich bin ziemlich nervös." – „Und 'ich erst!"* **9** **erst 'recht** die Entschlossenheit einer Person wird stärker und nicht (wie gewünscht) weniger *„Wenn ich ihr verbiete, Süßigkeiten zu kaufen, tut sie es erst recht"*

**ers·t-★** *ADJEKTIV* **1** in einer Reihenfolge an der Stelle eins; (als Zahl) 1. ❶ → Beispiele unter **viert-** **2** in einer Reihe oder Rangfolge den Anfang bildend *„im ersten Stock wohnen"* direkt über dem Erdgeschoss | *„(im Auto) den ersten Gang einlegen"* den niedrigsten Gang | *„Ich sitze in der ersten Reihe"* ganz vorne **3** den Anfang eines Zustands oder einer Entwicklung darstellend *„Dieses Jahr fiel der erste Schnee bereits im September"* **4** in Bezug auf die Qualität an der Spitze stehend *„im Zug erster Klasse fahren"* | *„Weine erster Wahl"* **ID** **fürs Erste** *gesprochen* im Moment, bis sich die Situation ändert ≈ vorläufig, zunächst *„Mehr brauche ich nicht einzukaufen. Das reicht fürs Erste"*

**er·star·ren** (*erstarrte, ist erstarrt*) **1** **etwas erstarrt (zu etwas)** etwas wird starr, hart oder fest ⟨*Gelatine, Gips, Lava, Sülze, Zement*⟩ **2** **(vor etwas** (*Dativ*)**) erstarren** nicht handeln oder sich nicht bewegen können, weil man große Angst hat, erschrickt o. Ä. ⟨*vor Angst, Entsetzen, Schreck, in/vor Ehrfurcht erstarren*⟩

**er·stat·ten** (*erstattete, hat erstattet*) **1** **jemandem etwas erstatten** *geschrieben* einer

Person das Geld, das sie für einen Zweck ausgegeben hat, zurückzahlen ⟨*jemandem alle Auslagen, Spesen, Unkosten erstatten*⟩ *„Aufwendungen wie Fahrkosten o. Ä., die Ihnen im Zusammenhang mit Ihrer Bewerbung entstehen, werden Ihnen selbstverständlich erstattet"* 2 **(gegen jemanden) Anzeige erstatten** *geschrieben* jemanden bei der Polizei anzeigen 3 **(jemandem über etwas** (*Akkusativ*)**) Bericht/Meldung erstatten** *admin* jemandem über etwas in sachlicher Form berichten • *zu* (1,2) **Er·stat·tung** *die*

**er·stau·nen** (*erstaunte, hat/ist erstaunt*) 1 **etwas erstaunt jemanden** (*hat*) etwas ist so, dass jemand darüber überrascht ist und staunt *„Ihr großes Wissen über dieses schwierige Fachgebiet hat mich sehr erstaunt"* 2 **(über etwas** (*Akkusativ*)**) erstaunen** *geschrieben* (*ist*) über etwas in Staunen, Verwunderung geraten

das **Er·stau·nen** (*-s*) der Zustand, erstaunt zu sein ⟨*jemanden in Erstaunen versetzen*⟩

**er·staun·lich**★ *ADJEKTIV* so, dass man darüber staunt *„Sie verfügt über ein erstaunliches Wissen auf diesem Gebiet"* | *„Er ist erstaunlich vital für sein hohes Alter"*

**er·staunt** *ADJEKTIV* **erstaunt sein (über jemanden/etwas)** ≈ staunen

**erst·bes·t-** *ADJEKTIV meist attributiv; oft abwertend* **der/die/das erstbeste** eine Person oder Sache, die als erste infrage kommt (ohne sorgfältig ausgewählt worden zu sein) *„Wir gingen ins erstbeste Café"* | *„Als wir ankamen, war es schon sehr spät, und wir mussten das erstbeste Hotel nehmen"*

der/die **Ers·te**★ (*-n, -n*) 1 eine Person, die bei einem (sportlichen) Wettbewerb die beste Leistung erzielt hat *„beim 100-Meter-Lauf Erster werden"* 2 **der Erste (des Monats)** der erste Tag eines Monats *„Die Zahlung ist am Ersten fällig"* K Monatserste ⓘ *Erster; der Erste; den, dem, des Ersten*

**er·ste·chen** (*ersticht, erstach, hat erstochen*) **jemanden (mit etwas) erstechen** jemanden durch einen oder mehrere Stiche mit einem Messer o. Ä. töten

**er·ste·hen** (*erstand, hat erstanden*) **etwas erstehen** etwas kaufen *„Er hat gerade ein neues Auto erstanden"* | *„Diesen Mantel habe ich ganz billig erstanden"*

**er·stei·gern** (*ersteigerte, hat ersteigert*) **etwas ersteigern** etwas auf einer Versteigerung o. Ä. kaufen, indem man einen höheren Preis dafür bietet als andere Personen

**er·stel·len**★ (*erstellte, hat erstellt*) 1 **etwas erstellen** einen Text oder einen Plan fertig machen ⟨*ein Gutachten, ein Protokoll, einen Plan, einen Kostenvoranschlag erstellen*⟩ ≈ ausarbeiten 2 **etwas erstellen** *admin* ein Bauwerk bauen ≈ errichten *„Sozialwohnungen erstellen"*

**ers·tens**★ *ADVERB* (bei Aufzählungen) an erster Stelle der Reihenfolge oder im Rang *„Ich komme nicht mit. Erstens ist mir der Weg zu weit und zweitens habe ich keine Lust dazu"*

**er·sti·cken** (*erstickte, hat/ist erstickt*) 1 **jemanden ersticken** (*hat*) eine Person töten, indem man verhindert, dass sie atmen kann 2 **(an etwas** (*Dativ*)**) ersticken** (*ist*) sterben, weil man nicht genug Luft zum Atmen bekommt *„Viele Bergleute sind bei dem Unglück in der Kohlengrube an den giftigen Gasen erstickt"* K Erstickungstod • *hierzu* **Er·sti·ckung** *die*

**erst·klas·sig** *ADJEKTIV; gesprochen* ganz besonders gut ≈ ausgezeichnet, hervorragend *„ein erstklassiger Tennisspieler"* | *„erstklassige Leistungen"*

der **Erst·kläss·ler** (*-, -*) ein Kind, das (mit ca. sechs Jahren) in die erste Klasse einer Grundschule geht • *hierzu* **Erst·kläss·le·rin** *die*

die **Erst·kom·mu·ni·on** die Feier (in der katholischen Kirche), bei der ein Kind (mit ca. neun Jahren) zum ersten Mal zur Kommunion geht

**erst·mal** *ADVERB; gesprochen* erst (ein)mal ≈ zuerst

**erst·mals** *ADVERB* zum ersten Mal *„Die Stadt wurde erstmals in einer Chronik des 13. Jahrhunderts erwähnt"*

**er·stre·cken**★ (*erstreckte sich, hat sich erstreckt*) 1 **etwas erstreckt sich (von etwas) bis zu etwas** etwas hat die genannte räumliche Ausdehnung *„Die Alpen erstrecken sich im Osten bis zur ungarischen Tiefebene"* 2 **etwas erstreckt sich über/auf etwas** (*Akkusativ*) etwas dauert die genannte Zeit *„Die medizinischen Versuche erstreckten sich über einen Zeitraum von acht Jahren"*

**er·tap·pen** (*ertappte, hat ertappt*) **jemanden (bei etwas) ertappen** bemerken oder beobachten, dass jemand (heimlich) etwas Verbotenes oder Unrechtes tut ⟨*jemanden beim Lügen, Stehlen ertappen; jemanden auf frischer Tat ertappen*⟩ ≈ erwischen

**er·tei·len**★ (*erteilte, hat erteilt*) **(jemandem) etwas erteilen** *geschrieben* verwendet zusammen mit einem Substantiv, um ein Verb zu umschreiben *„(jemandem) einen Befehl erteilen"* jemandem etwas befehlen | *„jemandem eine Erlaubnis erteilen"* jemandem etwas erlauben | *„jemandem Unterricht erteilen"* jemanden unterrichten

**er·tö·nen★** (*ertönte, ist ertönt*) **etwas ertönt** etwas ist zu hören ⟨*Musik, eine Stimme, eine Melodie*⟩

der **Er·trag** (-(*e*)*s, Er·trä·ge*); *meist Plural; geschrieben* **1** die Produkte, die (vor allem in der Landwirtschaft) innerhalb eines Zeitraums erzeugt wurden ⟨*geringe, hohe, reiche Erträge erzielen, bringen*⟩ **K** Ernteertrag **2** der finanzielle Gewinn, den jemand aus geschäftlichen Unternehmungen bekommt *„Sein Unternehmen wirft gute Erträge ab"* **K** Ertragssteigerung • *hierzu* **er·trag·reich** ADJEKTIV

**er·tra·gen** (*erträgt, ertrug, hat ertragen*) **1** **etwas ertragen** etwas Unangenehmes so akzeptieren, wie es ist ⟨*das Schicksal ertragen; Kälte, Schmerzen, eine Krankheit ertragen* (*müssen*)⟩ **2** **jemanden/etwas nicht (mehr) ertragen können** eine sehr starke Abneigung gegen eine Person/Sache haben

**er·träg·lich** ADJEKTIV **1** so, dass man es ertragen kann *„Hier am Wasser ist die Hitze gerade noch erträglich"* **2** so, dass man damit gerade noch zufrieden ist ⟨*Leistungen*⟩

**er·trän·ken** (*ertränkte, hat ertränkt*) **jemanden ertränken** einen Menschen oder ein Tier so lange unter Wasser halten, bis er/es tot ist

**er·träu·men** (*erträumte, hat erträumt*) **(sich** (*Dativ*)**) jemanden/etwas erträumen** sich vorstellen, dass man das bekommt, was man seit langer Zeit haben möchte *„Sie war genau die Frau, die er sich erträumt hatte"* ❶ meist im Perfekt oder Plusquamperfekt

**er·trin·ken** (*ertrank, ist ertrunken*) sterben, weil man (als Folge eines Unfalls) zu lange unter Wasser gewesen ist *„Er ist beim Baden im Atlantik ertrunken"* | *„jemanden vor dem Ertrinken retten"*

**er·üb·ri·gen** (*erübrigte, hat erübrigt*) **etwas erübrigt sich** etwas ist überflüssig oder nicht (mehr) notwendig *„Unser Problem ist bereits gelöst, alle Diskussionen darüber haben sich also erübrigt"*

**er·wa·chen** (*erwachte, ist erwacht*); *geschrieben* **1** **(aus etwas) erwachen** wach werden ⟨*aus dem Schlaf, aus der Narkose erwachen*⟩ **2** **aus etwas erwachen** (aus einer Art Traum) wieder in die Realität zurückfinden ⟨*aus einer Illusion, Fantasie, aus seiner Versunkenheit erwachen*⟩

**er·wach·sen★** [-ks-] ADJEKTIV aufgrund des Alters kein Kind, kein Jugendlicher/keine Jugendliche mehr ≈ volljährig *„Er hat zwei erwachsene Töchter"*

der/die **Er·wach·se·ne★** [-ks-]; (-*n*, -*n*) ein Mensch, der aufgrund des Alters kein Kind oder Jugendlicher mehr ist

die **Er·wä·gung** (-, -*en*); *geschrieben* **1** eine sorgfältige Überlegung, bei der man vor allem die Konsequenzen einer Sache prüft ⟨*nach ernsthafter, reiflicher Erwägung*⟩ **2** **etwas in Erwägung ziehen** etwas berücksichtigen oder als Möglichkeit in Betracht ziehen

**er·wäh·nen★** (*erwähnte, hat erwähnt*) **jemanden/etwas erwähnen** (im Zusammenhang mit einer anderen Sache) kurz von jemandem/etwas sprechen oder schreiben ⟨*jemanden/etwas lobend, namentlich erwähnen; jemanden/etwas* (*nur*) *am Rande erwähnen*⟩ *„Er erwähnte nur kurz, dass er einen Unfall hatte, Genaueres hat er nicht dazu gesagt"* • *hierzu* **Er·wäh·nung** *die*; **er·wäh·nens·wert** ADJEKTIV

**er·wär·men** (*erwärmte, hat erwärmt*) **1** **etwas erwärmt etwas** etwas macht etwas warm *„Der Boiler erwärmt das Wasser auf 80 °C"* **2** **etwas erwärmt sich** etwas wird (allmählich) warm *„Die Luft hat sich im Laufe des Tages von 5 °C auf 20 °C erwärmt"* • *hierzu* **Er·wär·mung** *die*

**er·war·ten★** (*erwartete, hat erwartet*) **1** **jemanden/etwas erwarten** darauf warten, dass jemand kommt oder dass etwas geschieht ⟨*jemanden/etwas sehnsüchtig, ungeduldig erwarten*⟩ *„Sie erwartete ihn an der verabredeten Stelle im Park"* **2** **etwas erwarten** etwas für sehr wahrscheinlich halten *„Ich hatte erwartet, dass die deutsche Mannschaft gegen England verliert"* **3** **(von jemandem/etwas) etwas erwarten** den Anspruch haben oder fordern, dass jemand eine Leistung bringt oder Kenntnisse hat, dass etwas geschieht o. Ä. *„Von den Bewerbern werden gute Fremdsprachenkenntnisse erwartet"* **4** **sich** (*Dativ*) **etwas/viel/wenig/nichts (von jemandem/etwas) erwarten** auf etwas hoffen, einen Wunsch haben *„Ich hätte mir von dem Film mehr erwartet"* **5** **(von jemandem) ein Kind erwarten** schwanger

E

sein ID **etwas kaum/nicht erwarten können** a sehr ungeduldig auf etwas warten b aktiv werden (wollen), weil man nicht mehr auf etwas warten kann oder will

die **Er·wạr·tung★** (-, -*en*) 1 *meist Plural* das, was jemand von einer Person oder Sache hofft, wünscht oder verlangt ⟨*große Erwartungen in jemanden/etwas setzen; jemandes Erwartungen erfüllen, enttäuschen*⟩ *„Der neue Trainer hat die in ihn gesetzten Erwartungen voll und ganz erfüllt"* 2 *meist Singular* das Gefühl, wenn man wartet und sich auf jemanden/etwas freut *„voller Erwartung/voll ungeduldiger Erwartung sein"*

**er·wei·chen** (*erweichte, hat/ist erweicht*) **jemanden (mit/durch etwas) erweichen** (*hat*) eine Person durch Bitten oder Weinen dazu bringen, dass sie Mitleid bekommt und nachgibt

**er·wei·sen** (*erwies, hat erwiesen*); *geschrieben* 1 **etwas erweisen** ≈ beweisen *„Es ist erwiesen, dass Rauchen schädlich ist"* ❶ meist im Passiv mit dem Hilfsverb *sein* 2 **jemandem etwas erweisen** verwendet zusammen mit einem Substantiv, um zu sagen, dass man etwas für jemanden tut *„jemandem einen Gefallen erweisen"* jemandem einen Gefallen tun 3 **sich als jemand/etwas/irgendwie erweisen** nach einiger Zeit seine wahre Eigenschaft zeigen *„Die Klärung des Mordfalles hat sich als schwierig erwiesen"* ❶ oft im Perfekt

**er·wei·tern★** (*erweiterte, hat erweitert*) 1 **etwas erweitern** eine Fläche, ein Gebäude o. Ä. größer machen *„Der Flughafen hat nicht genügend Kapazität und muss erweitert werden"* 2 **jemand/etwas erweitert etwas (auf/um jemanden/etwas)** etwas wird im Umfang größer gemacht *„Wir erweitern unser Angebot ständig um neue Produkte"* • *hierzu* **Er·wei·te·rung** *die*

der **Er·wẹrb** (-(*e*)*s*) 1 der Kauf *„der Erwerb von Aktien/Grundstücken"* K Grundstückserwerb 2 das Erwerben von Rechten, Genehmigungen, Titeln usw. *„die Voraussetzungen für den Erwerb des Führerscheins"* 3 *admin* eine bezahlte berufliche Tätigkeit ⟨*(k)einem Erwerb nachgehen*⟩

**er·wẹr·ben★** (*erwirbt, erwarb, hat erworben*); *geschrieben* 1 **etwas erwerben** wertvolle, teure Dinge kaufen *„ein Grundstück erwerben"* 2 **etwas erwerben** das Recht oder die Erlaubnis erhalten, etwas zu tun ⟨*ein Recht, eine Befugnis, eine Berechtigung, eine Konzession erwerben*⟩

## Die Kleidung

| | | | |
|---|---|---|---|
| 1 | **der Gürtel** | 20 | **die Kniestrümpfe** *Plural* |
| 2 | **der BH** | 21 | **der Mantel** |
| 3 | **der Slip** | 22 | **die Jeans** |
| 4 | **das (Herren-) Unterhemd** | 23 | **die Schuhe** *Plural* |
| 5 | **das Sweatshirt** | 24 | **die Stiefel** *Plural* |
| 6 | **das Kostüm** | 25 | **der Schal** |
| 7 | **die Unterhose** (*für Männer*) | 26 | **die Weste** |
| 8 | **die Strumpfhose** | 27 | **der Anzug** |
| 9 | **die Stiefelette** | 28 | **der Hut** |
| 10 | **die Hose** | 29 | **das Hemd** |
| 11 | **die Turnschuhe, die Sneaker** *Plural* | 30 | **die Jacke** |
| 12 | **die Pumps** *Plural* | 31 | **der Pullover,** *gesprochen* **der Pulli** |
| 13 | **die Socken** *Plural* | 32 | **die Handtasche** |
| 14 | **die Strickjacke** | 33 | **das T-Shirt** |
| 15 | **der Regenschirm** | 34 | **die Leggin(g)s** |
| 16 | **die Mütze** | 35 | **die Brille** |
| 17 | **die Bluse** | 36 | **das Sakko** |
| 18 | **das Kleid** | | |
| 19 | **der Rock** | | |

- Erzähle deinem Partner / deiner Partnerin, welche Kleidung die Personen im letzten Bild tragen.
- Erstelle eine Liste mit „Damenbekleidung" und eine mit „Herrenbekleidung".
- Welche Person sieht am coolsten aus? Begründe deine Meinung.

**er·wẹrbs·los** *ADJEKTIV*; *admin* ≈ arbeitslos • *hierzu* **Er·wẹrbs·lo·sig·keit** *die*

der/die **Er·wẹrbs·lo·se** (-*n*, -*n*); *admin* ≈ Arbeitslose(r) ❶ *ein Erwerbsloser; der Erwerbslose; den, dem, des Erwerbslosen*

**er·wẹrbs·tä·tig** *ADJEKTIV*; *admin* ≈ berufstätig • *hierzu* **Er·wẹrbs·tä·tig·keit** *die*

der/die **Er·wẹrbs·tä·ti·ge** (-*n*, -*n*); *admin* eine Person, die einen Beruf ausübt und so Geld verdient

**er·wẹrbs·un·fä·hig** *ADJEKTIV*; *admin* wegen einer Krankheit oder wegen des Alters nicht fähig, einen Beruf auszuüben • *hierzu* **Er·wẹrbs·un·fä·hig·keit** *die*

**er·wi·dern** (*erwiderte, hat erwidert*) 1 **(jemandem) etwas (auf etwas** (*Akkusativ*)**) erwidern** jemandem eine Antwort auf eine Frage

1 2 3 4 5 6 7

8 9 10 11 12 13 14 15 16 17 18 19 20 21 22 23

24 25 26 27 28 29 30 31 32 33 34 35 36

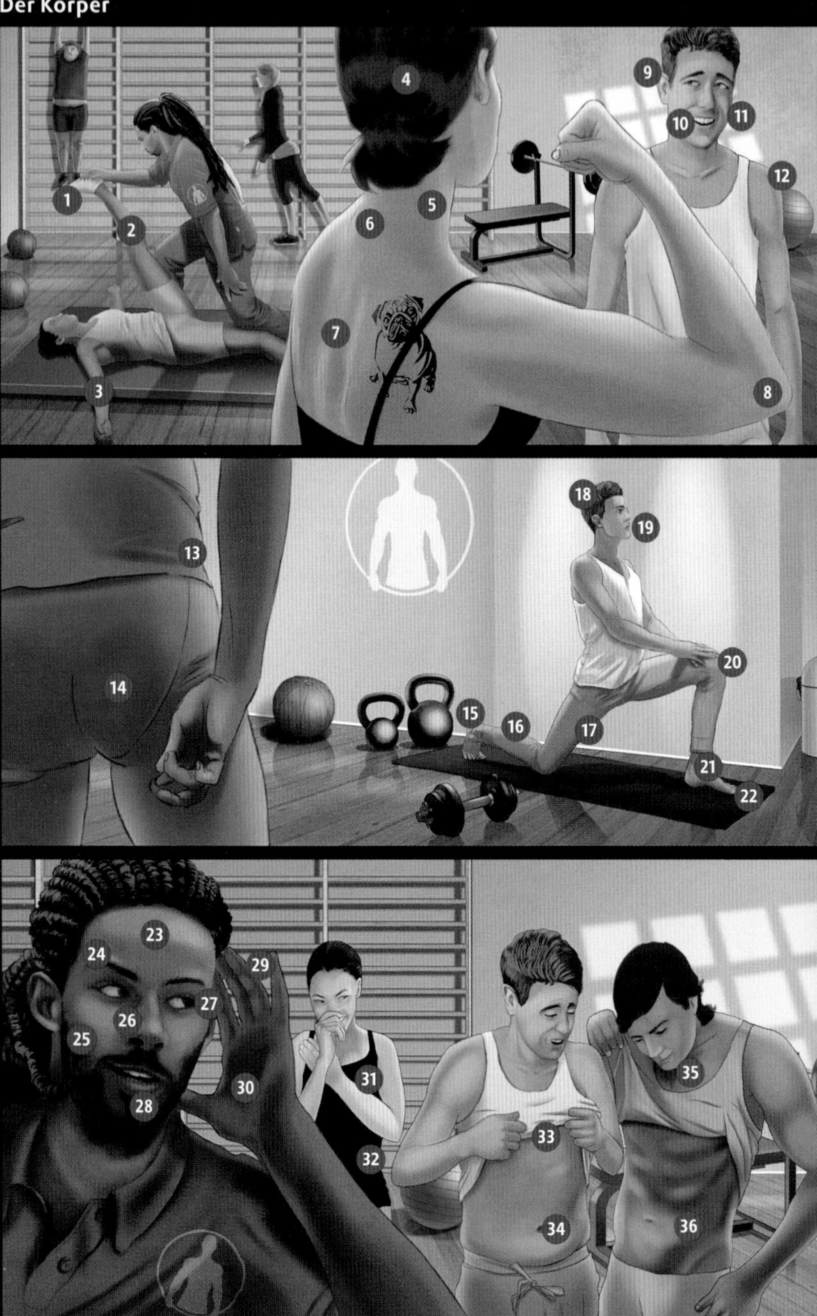
1
2
3
4
5
6
7
8
9
10
11
12
13
14
15
16
17
18
19
20
21
22
23
24
25
26
27
28
29
30
31
32
33
34
35
36

### Der Körper

| | | | |
|---|---|---|---|
| 1 | **der Fuß** | 21 | **der Knöchel** |
| 2 | **das Bein** | 22 | **der Zeh** |
| 3 | **der Arm** | 23 | **die Stirn** |
| 4 | **die Haare** *Plural* | 24 | **die Augenbraue** |
| 5 | **der Hals** | 25 | **die Wange, die Backe** |
| 6 | **der Nacken** | 26 | **die Nase** |
| 7 | **der Rücken** | 27 | **das Auge** |
| 8 | **der Ellbogen** | 28 | **die Lippe** |
| 9 | **das Ohr** | 29 | **der Finger** |
| 10 | **die Zähne** *Plural* | 30 | **die Hand** |
| 11 | **das Gesicht** | 31 | **der Busen, die Brüste** *Plural* |
| 12 | **die Schulter** | 32 | **die Taille** |
| 13 | **die Hüfte** | 33 | **die Brust** |
| 14 | **der Po** | 34 | **der Nabel** |
| 15 | **die Ferse** | 35 | **das Kinn** |
| 16 | **die Wade** | 36 | **der Bauch** |
| 17 | **der Oberschenkel** | | |
| 18 | **der Kopf** | | |
| 19 | **der Mund** | | |
| 20 | **das Knie** | | |

- Übt zu zweit. Du nennst einen Körperteil, und dein Partner / deine Partnerin bewegt ihn:
  - Schaut dabei auf die Wortliste.
  - Macht die Übung ohne Wortliste.

Tauscht danach die Rollen.

- Schreibe Sprechblasen für die beiden Männer, die ihren Bauch zeigen.
- Erkläre, warum der Mann mit den Dreadlocks im Sportstudio ist.

oder auf eine Aussage geben *„Ich wusste nicht, was ich ihm auf seinen Vorwurf erwidern sollte"* **2** **etwas erwidern** als Antwort oder Reaktion auf etwas das gleiche tun, zeigen o. Ä. ⟨*jemandes Gefühle, einen Gruß, einen Besuch, einen Blick erwidern*⟩

die **Er·wi·de·rung** (-, *-en*) **1** **eine Erwiderung (auf etwas** (*Akkusativ*)) die Antwort, die man auf eine Frage erhält **2** das Erwidern

**er·wi·schen★** (*erwischte, hat erwischt*); *gesprochen* **1** **jemanden erwischen** eine Person noch erreichen, um mit ihr zu sprechen, kurz bevor sie weg ist *„Sieh zu, dass du ihn noch am Vormittag erwischst, später ist er nicht mehr da"* **2** **etwas erwischen** ein Verkehrsmittel noch erreichen, bevor es abfährt ↔ verpassen *„den Bus in letzter Sekunde noch erwischen"* **3** **etwas erwischen** etwas im letzten Augenblick greifen oder fassen können *„Ich habe die Vase gerade noch erwischt, bevor sie heruntergefallen wäre"* **4** durch Zufall oder Glück etwas bekommen *„im Bus einen Sitzplatz erwischen"* **5** **jemanden erwischen** eine Person, die etwas Verbotenes getan hat, fangen (und festnehmen) **6** **jemanden (bei etwas) erwischen** sehen oder beobachten, wie jemand etwas Verbotenes tut

**er·wünscht★** *ADJEKTIV* **1** *meist attributiv* so, wie man es sich gewünscht hat *„Die wissenschaftliche Untersuchung brachte das erwünschte Resultat"* **2** *meist prädikativ* so, dass ein Verhalten oder eine Person willkommen ist *„Rauchen ist hier nicht erwünscht!"* ⓘ oft verneint

**er·wür·gen** (*erwürgte, hat erwürgt*) **jemanden (mit etwas) erwürgen** eine Person töten, indem man sie würgt

das **Erz, Erz**; (*-es, -e*) ein Mineral, das Metall enthält ⟨*Erz abbauen, gewinnen, verhütten*⟩ **K** Erzbergwerk; Eisenerz

**erz-, Erz-** *im Adjektiv und Substantiv, betont, begrenzt produktiv* **der Erzbischof, der Erzengel, der Erzherzog**; **das Erzbistum, die Erzdiözese** *und andere* bezeichnet einen hohen Rang in einer Hierarchie

**er·zäh·len★** (*erzählte, hat erzählt*) **1** **(jemandem) etwas erzählen**; **(etwas) erzählen** jemandem ein Erlebnis oder Ereignis (meist mündlich) auf unterhaltsame Weise mitteilen ⟨*(jemandem) eine Anekdote, eine Geschichte, ein Märchen, Witze erzählen*⟩ *„Habe ich dir eigentlich schon erzählt, wen ich gestern getroffen habe?"* **2** **(jemandem) etwas (von einer Person/Sache) erzählen**; **(jemandem) etwas (über eine Person/Sache) erzählen** jemandem eine Information über eine andere Person oder eine Sache geben ≈ mitteilen *„Sie hat uns erzählt, dass ihr Mann schwer erkrankt ist"*

der **Er·zäh·ler** (-s, -) **1** eine Person, die etwas erzählt ⟨*ein guter, lebendiger Erzähler*⟩ **K** Märchenerzähler **2** ein Schriftsteller, der Erzählungen, Romane usw. schreibt • *hierzu* **Er·zäh·le·rin** *die*

die **Er·zäh·lung★** (-, *-en*) das Erzählen ⟨*jemandes Erzählung lauschen, zuhören*⟩

**er·zeu·gen★** (*erzeugte, hat erzeugt*) **1** **etwas erzeugen** bewirken, dass etwas entsteht *„Der Autor erzeugt Spannung in seinem Kriminalroman"* **2** **etwas erzeugen** Waren, Dinge in großen Mengen herstellen ⟨*landwirtschaftliche Produkte, Milch, Strom erzeugen*⟩ ≈ produzieren • *hierzu* **Er·zeu·gung** *die*

der **Er·zeu·ger** (-s, -) eine Person, die ein (meist landwirtschaftliches) Produkt erzeugt *„Die Eier direkt beim Erzeuger holen"*

das **Er·zeug·nis** (-*ses*, -*se*) etwas, das erzeugt worden ist ⟨*ein landwirtschaftliches, industrielles, technisches Erzeugnis*⟩ ≈ Produkt, Ware

**er·zie·hen**★ (*erzog, hat erzogen*) **jemanden (zu etwas) erziehen** das Verhalten und den Charakter eines Kindes durch die Art, wie man mit ihm umgeht, beeinflussen ⟨*jemanden antiautoritär, frei, streng, zur Selbstständigkeit erziehen*⟩ *„Die Eltern haben ihren Sohn zu einem tüchtigen Menschen erzogen"*

der **Er·zie·her** (-s, -) **1** eine Person, die Kinder oder Jugendliche erzieht *„Eltern und Lehrer sind die wichtigsten Erzieher eines Kindes"* **2** eine Person, die beruflich vor allem im Kindergarten oder in einem Internat Kinder erzieht • *hierzu* **Er·zie·he·rin** *die*

die **Er·zie·hung**★ (-) **1** alle Maßnahmen und Methoden, mit denen man jemanden erzieht **K** Erziehungsmethode **2** das Benehmen, die jemand als Ergebnis der Erziehung hat *„Ihr fehlt jede Erziehung"* Sie benimmt sich schlecht

**er·zie·hungs·be·rech·tigt** ADJEKTIV; *admin* ⟨*eine Person*⟩ so, dass sie das Recht und die Verantwortung hat, ein Kind oder eine (einen) Jugendliche(n) zu erziehen • *hierzu* **Er·zie·hungs·be·rech·tig·te** *der/die*

**er·zie·len**★ (*erzielte, hat erzielt*) **etwas erzielen** das, was man sich zum Ziel gesetzt hat, erreichen ⟨*einen Erfolg, einen Gewinn, eine Wirkung, gute Resultate erzielen*⟩

**er·zo·gen** ADJEKTIV **irgendwie erzogen sein** die genannten Verhaltensweisen zeigen, welche der Erziehung entsprechen *„ein frecher und schlecht erzogener Junge"*

**er·zwin·gen** (*erzwang, hat erzwungen*) **etwas erzwingen** etwas erreichen, indem man Zwang oder Druck auf jemanden ausübt ⟨*eine Entscheidung, jemandes Einwilligung, ein Geständnis erzwingen; sich (Dativ) Zutritt zu etwas erzwingen*⟩

**es**★ *PRONOMEN der 3. Person Singular* FÜR EINE PERSON/SACHE: **1** verwendet anstelle des Substantivs, um eine Person oder Sache zu bezeichnen, deren grammatisches Geschlecht sächlich ist *„Das Baby weint. Nimm es doch auf den Arm!"* | *„Das ist ein großes Problem. Es wird nicht leicht zu lösen sein"* ⓘ Als Akkusativobjekt steht *es* nicht am Anfang des Satzes: *Ich suche es*; → Anhang, S. 1111: **Pronomen** **2** verwendet mit dem Verb *sein* anstelle von *er* oder *sie*, wenn ein Substantiv auf das Verb folgt *„Da kommt jemand! Es ist Frau Meyer"* UNPERSÖNLICH: **3** verwendet als Subjekt bei Verben, die unpersönlich konstruiert werden *„Mich juckt es überall"* | *„Es geht ihr gut"* | *„Es regnet/schneit/hagelt/donnert/blitzt"* **4** verwendet als formales Objekt in manchen Wendungen und als Bezug auf einen Teil des Gespräches oder Textes vorher *„Ich weiß es nicht"* | *„Ich halts/halt's hier nicht mehr aus"* ⓘ In der gesprochenen Sprache wird *es* oft zu *s* abgekürzt.

die **Esche** (-, -*n*) ein Laubbaum, dessen Holz vor allem zur Herstellung von Möbeln verwendet wird **K** Eschenholz

der **Esel** (-s, -) **1** ein Tier mit langen Ohren und oft grauem Fell, das einem kleinen Pferd ähnlich ist *„Früher wurden Esel oft als Lasttiere verwendet"* **2** *gesprochen, abwertend* als Schimpfwort verwendet, wenn man selbst oder eine andere Person einen dummen Fehler macht • *zu* (1) **Ese·lin** *die*

**es·ka·lie·ren** (*eskalierte, ist eskaliert*) **etwas eskaliert (zu etwas)** *geschrieben* etwas weitet sich aus und wird immer stärker *„Der Streit eskalierte zu einer Schlägerei"*

der **Es·pres·so** (-(*s*), -*s*) **1** ein starker Kaffee, der in einer Maschine gemacht wird, die heißen Dampf durch das Kaffeepulver drückt *„Zwei Espresso, bitte!"* **K** Espressomaschine **2** eine Tasse mit Espresso ⟨*einen Espresso bestellen, trinken*⟩

**ess·bar** ADJEKTIV ⟨*Beeren, Früchte, Pilze*⟩ so, dass man sie essen kann (und dass sie auch schmecken) ↔ giftig • *hierzu* **Ess·bar·keit** *die*

**es·sen**★ (*isst, aß, hat gegessen*) **1** **(etwas) essen** Nahrung in den Mund nehmen (, kauen) und schlucken *„zwei Scheiben Brot essen"* | *„Iss nicht so hastig!"* ⓘ vergleiche **fressen** **2** **(etwas) essen gehen** irgendwohin gehen, um dort zu essen *„Wir gehen heute Pizza essen"* **3** **zu Mittag/zu Abend essen** die Mahlzeit am Mittag oder Abend zu sich nehmen **4** **sich satt essen** so viel essen, bis man satt ist

das **Es·sen**★ (-s, -) **1** *nur Singular* der Vorgang, bei dem man Nahrung zu sich nimmt *„Essen ist lebensnotwendig"* **2** ein Gericht, das man am Mittag oder am Abend zu sich nimmt ⟨*ein* *warmes, kaltes Essen; das/ein Essen kochen, machen, servieren, vorbereiten〉 „Das Essen steht auf dem Tisch"* **K** Abendessen, Mittagessen **i** Das Frühstück wird meist nicht als *Essen* bezeichnet. **3** eine große, festliche Mahlzeit *„Der Kanzler gab ein Essen zu Ehren des Präsidenten"* **K** Festessen **4** *nur Singular* alles, was Menschen oder Tiere essen *〈gesundes, eiweißreiches, schwer verdauliches Essen〉* ≈ Nahrung

die **Es·sẹnz** (-, *-en*) **1** *meist Plural* ein Extrakt (Konzentrat) aus tierischen oder pflanzlichen Stoffen mit ihren wichtigsten Bestandteilen **K** Essigessenz **2** *geschrieben* der wichtigste (zentrale) Inhalt einer Lehre, eines Textes o. Ä. *„Die Essenz seiner Philosophie hat er in einem kurzen Aufsatz niedergelegt"* • zu (2) **es·sen·zi·ẹll, es·sen·ti·ell** *ADJEKTIV*

der **Ẹs·sig★** (-s) eine saure Flüssigkeit, mit der man z. B. Salate würzt oder Gurken konserviert *〈etwas in Essig einlegen; Salat mit Essig und Öl anmachen〉* **K** Essigessenz, Essiggurke; Obstessig, Weinessig **i** Als Plural wird *Essigsorten* verwendet.

der **Ẹss·löf·fel** der (relativ große) Löffel, mit dem man z. B. Suppe isst

die **Ẹss·stö·rung** eine psychische Störung, bei der eine Person über längere Zeit so viel, so wenig oder ungesunde Dinge isst, dass sie krank wird

der **Ẹst·rich** (-s, *-e*) der harte Boden (aus Zement oder Asphalt) in einem Raum, auf den dann der Teppichboden, das Parkett usw. gelegt wird

die **Eta̲·ge★** [-ʒə]; (-, *-n*); *geschrieben* **1** alle Räume in einem Gebäude, die auf gleicher Höhe (über dem Erdgeschoss) liegen *〈die erste, zweite, dritte, unterste, oberste Etage〉* ≈ Stock **2** eine Ebene der Hierarchie in einer Firma, einer Partei usw. *〈in den oberen Etagen〉* **K** Chefetage

die **Etạp·pe★** (-, *-n*) ein Abschnitt oder Teil einer Strecke, der ohne längere Pause gefahren wird *„die dritte Etappe der Tour de France"* **K** Etappensieger • *hierzu* **etạp·pen·wei·se** *ADVERB*

der **Etat★** [e'ta:]; (-s, *-s*) **1** ein Plan für die Ausgaben und Einnahmen eines Staates, einer Gemeinde o. Ä. *〈den Etat aufstellen, beraten, erweitern/erhöhen/aufstocken, kürzen, verabschieden〉 „Zusätzliche Mittel für den Hochschulbau sind im Etat nicht vorgesehen"* **2** das Geld, das ein Staat, eine Gemeinde, Behörde o. Ä. (für einen Bereich) ausgeben kann ≈ Haushalt, Budget *„Die Mittel für den Umbau der Schule muss die Stadt aus ihrem eigenen Etat aufbringen"*

**etc.** *geschrieben* Abkürzung für *et cetera* ≈ und so weiter

die **E̲thik** (-) die Normen und die Grundsätze, nach denen die Menschen handeln (sollen), damit eine Gemeinschaft oder Gesellschaft funktioniert • *hierzu* **e̲thisch** *ADJEKTIV*

**ẹth·nisch, e̲th·nisch** *ADJEKTIV meist attributiv 〈eine Gruppe, eine Minderheit〉* so, dass sie durch eine besondere Abstammung, Herkunft, durch eine eigene Kultur charakterisiert sind

das **Eti·kẹtt** (-(*e*)*s*, *-en*/*-s*) ein kleines Schild an Waren mit Angaben wie Inhalt, Material, Preis oder Größe **K** Flaschenetikett, Preisetikett

**ẹt·li·ch-** *ARTIKEL/PRONOMEN* **1** verwendet, um eine nicht genau bestimmte, aber relativ große Menge oder Anzahl zu bezeichnen *„Es ist schon etliche Jahre her, dass ich ihn das letzte Mal gesehen habe"* **2** eine nicht genau bestimmte, aber relativ große Menge oder Anzahl der vorher genannten oder bekannten Personen oder Dinge *„Das Erdbeben beschädigte zahlreiche Häuser. Etliche müssen abgerissen werden"*

das **Etui** [ɛt'vi:, e'tÿi:]; (-s, -s) eine (schmale, kleine) Tasche aus Leder, Metall oder Kunststoff, in der man Dinge wie Brillen oder Stifte vor Schäden schützt *〈etwas in ein Etui stecken; ein weiches/hartes Etui〉* **K** Brillenetui, Zigarettenetui

**ẹt·wa★** *ADVERB* **1** drückt aus, dass die Angabe einer Größe, Menge, Zeit oder eines Ortes nicht genau ist, sondern ungefähr *„Hier etwa/Etwa hier ereignete sich der Unfall"* | *„Etwa 20 Personen werden kommen"* **2** **so etwa** drückt aus, dass ein Ablauf o. Ä. nur ungefähr beschrieben wird *„So etwa könntest du die Aufgabe lösen"* **3** **in etwa** zum größten Teil, ungefähr *„Du hast die Frage in etwa richtig beantwortet"*

*PARTIKEL unbetont* **4** drückt in Fragesätzen Sorge, Überraschung oder Entsetzen aus und die Hoffnung auf eine beruhigende Antwort *„Du bist doch nicht etwa krank?"* Ich bin besorgt um dich | *„Kommt dein Bruder etwa auch mit?"* Das ist mir aber gar nicht recht **i** In Fragesätzen, welche die Wortstellung des Hauptsatzes haben und verneint sind, immer mit *doch*: *Du bist mir doch nicht etwa böse?*

**ẹt·was★** *nur in dieser Form* ALS PRONOMEN:

1 verwendet als Subjekt oder Akkusativobjekt, um Dinge und Situationen zu bezeichnen, die nicht näher beschrieben werden oder nicht bekannt sind *„Ich würde ihr gern etwas schenken, aber ich weiß nicht was"* | *„Ich möchte noch etwas sagen"* 2 verwendet, wenn von einer bestimmten Sache die Rede ist, die erst später beschrieben wird oder später dem Hörer bekannt wird *„Da ist noch etwas: Franz hat deine Bücher zurückgebracht"* 3 drückt aus, dass eine Sache positiv und beeindruckend ist *„Unser Sohn hat es zu etwas gebracht"* Er hat Erfolg in seinem Leben | *„Er hat eine Eins im Examen geschrieben, und das will etwas heißen"* ... das ist eine tolle Leistung 4 wenn *etwas* vor einem Adjektiv steht, das wie ein Substantiv verwendet wird (z. B. *etwas Altes*), dann bezeichnet es solche Dinge oder Situationen, welche die genannte Eigenschaft haben *„Heute wollen wir etwas Neues kennenlernen"* ANDERE VERWENDUNGEN: 5 ≈ ein bisschen, ein wenig ↔ viel *„Gibst du mir noch etwas Suppe?"* | *„Wir sind etwas früher als erwartet angekommen"* ID **etwas gegen jemanden haben** *gesprochen* jemanden nicht mögen *„Ich glaube, sie hat etwas gegen mich"*

die **EU**★ [eː'uː]; (-) Europäische Union die Union von europäischen Staaten, die in allen politischen Bereichen eng zusammenarbeiten und eine politische Einheit Europas wollen K EU-Land, EU-Mitglied, EU-Richtlinie

**euch**★ *PRONOMEN der 2. Person Plural* (*ihr*), *Akkusativ und Dativ „Ich habe euch schon erwartet"* | *„Nehmt euch doch noch ein Stück Kuchen"* | *„Habt ihr euch schon kennengelernt?"* ⓘ → Anhang, S. 1111: **Pronomen**

**eu·er**★ *ARTIKEL* 1 *zur 2. Person Singular* (*ihr*) *euer* verwendet man in einer Situation, in welcher man zwei oder mehr Person mit *ihr* anspricht. Man bezeichnet damit Dinge, Zustände, Vorgänge, Handlungen oder Personen, welche mit den angesprochenen Personen in Zusammenhang sind *„eure Kinder"* | *„nach eurer Ankunft"* ⓘ Wenn *euer* flektiert wird, fällt das zweite *e* (besonders in der gesprochenen Sprache) meist weg: *eure Mutter; Habt ihr euren Bus verpasst?*; → auch Tabelle unter **mein**.
*PRONOMEN* 2 *2. Person Plural* (*ihr*) verwendet, um sich auf eine (oft bereits erwähnte) Sache oder Person zu beziehen, die zu den Person gehört, die man mir *ihr* anspricht *„Unsere Kinder spielen gern mit (den) euren"* ⓘ → Beispiele unter **mein** 3 *2. Person Plural* (*ihr*), *Genitiv „Wir erinnern uns euer"* ⓘ → Anhang, S. 1111: **Pronomen**

die **Eu·le** (-, -*n*) ein Vogel mit großen runden Augen und einem kurzen krummen Schnabel; Eulen jagen bei Nacht

**eu·r-**★ → euer

**eu·rer·seits** *ADVERB* was euch betrifft *„Habt ihr eurerseits etwas dagegen?"*

**eu·res·glei·chen** *PRONOMEN nur in dieser Form; oft abwertend* Leute wie ihr *„Ich kenne euch und euresgleichen!"* | *„Hier seid ihr unter euresgleichen!"*

**eu·ret·we·gen** *ADVERB* aus einem Grund, der euch betrifft *„Ich habe mir euretwegen Sorgen gemacht"*

der **Eu·ro**★ (-(s), -(s)) die gemeinsame Währung einiger Staaten der Europäischen Union *„Ein Euro hat 100 Cent"* | *„Dieses Buch kostet 10 Euro"* K Eurocent ⓘ Symbol: €

(das) **Eu·ro·pa**★ (-*s*) der Kontinent, der von Portugal (im Westen) bis zum Ural (im Osten) und von Finnland (im Norden) bis Italien (im Süden) reicht K Europapolitik; Mitteleuropa, Südeuropa, Westeuropa

der **Eu·ro·pä·er** (-*s*, -) eine Person, die in Europa geboren ist und zu einer europäischen Nation gehört • *hierzu* **Eu·ro·pä·e·rin** *die*

**eu·ro·pä·isch**★ *ADJEKTIV* 1 Europa betreffend 2 **die Europäische Union** eine Union von europäischen Staaten ⓘ Abkürzung: *EU*

der **Eu·ro·pa·meis·ter** eine Person oder Mannschaft, die eine Europameisterschaft gewonnen hat K Fußballeuropameister • *hierzu* **Eu·ro·pa·meis·te·rin** *die*

die **Eu·ro·pa·meis·ter·schaft** ein Wettkampf, in dem die besten Sportler oder Mannschaft Europas in einer Sportart bestimmt werden ⟨*die Europameisterschaft gewinnen*⟩

das **Eu·ro·pa·par·la·ment** das Parlament der Europäischen Union

das **Eu·ter** (-*s*, -) das Organ, in dem weibliche Säugetiere wie die Kühe, Schafe und Ziegen ihre Milch haben ⟨*ein pralles, volles Euter*⟩

**e. V.** [e'fau] Abkürzung für *eingetragener Verein*

**eva·ku·ie·ren** [eva-] (*evakuierte, hat evakuiert*) 1 **jemanden (aus etwas) evakuieren** Personen aus einem Haus, Gebiet o. Ä. holen und sie an einen Ort bringen, wo sie sicher sind ⟨*die Bevölkerung, die Bewohner evakuieren*⟩ *„Wegen des Erdbebens wurde die gesamte Be-*

*völkerung evakuiert"* **2** **etwas evakuieren** alle Bewohner des genannten Orts, Gebiets o. Ä. evakuieren ⟨*ein Haus, ein Gebäude, ein Gebiet, eine Stadt*⟩ *„Das Haus, in dem man die Bombe fand, wurde sofort evakuiert"* • *hierzu* **Eva·ku·ie·rung** *die*

**evan·ge·lisch★** [evaŋ'ge:-] *ADJEKTIV* zu der (protestantischen) Kirche oder Konfession gehörig, die durch Luthers Reformation entstanden ist ⟨*ein Pfarrer, die Kirche, die Konfession; evangelisch sein*⟩ **i** Abkürzung: *ev.*

das **Evan·ge·li·um** [evaŋ'ge:li̯ʊm]; (-s, *Evan·ge·li·en*) **1** *nur Singular* die Lehre des Jesus Christus ⟨*das Evangelium verkünden, predigen*⟩ **2** eines der vier Bücher (des Neuen Testaments) über das Leben Jesu *„das Evangelium des Lukas"*

**even·tu·ell★** [evɛn'tu̯ɛl] *ADJEKTIV meist attributiv* **1** unter manchen Umständen möglich ⟨*ein Notfall, Probleme, Schwierigkeiten*⟩ *„Bei eventuellen Schwierigkeiten werde ich dir helfen"* | *„Das Land bereitete sich auf einen eventuellen Krieg vor"* **2** *nur adverbiell* unter besonderen Bedingungen ≈ vielleicht *„Eventuell fahre ich diesen Sommer nach Italien"* **i** Abkürzung: *evtl.*

die **Evo·lu·ti·on** [evolu'tsi̯o:n]; (-, *-en*) die Entwicklung der Tier- und Pflanzenarten *„Darwin formulierte als Erster die Theorie der Evolution"* • *hierzu* **evo·lu·ti·o·när** *ADJEKTIV*

**ewig★** *ADJEKTIV* **1** ohne Ende in der Zeit (und auch ohne Anfang) **2** für immer gültig ⟨*Wahrheiten*⟩ **3** *gesprochen nur adverbiell* sehr lange (Zeit) *„Ich habe dich schon ewig nicht mehr gesehen"*

die **Ewig·keit** (-, *-en*) **1** *geschrieben nur Singular* eine Dauer ohne Ende *„die Ewigkeit Gottes"* **2** *gesprochen* eine Zeit, die viel zu lange dauert *„Wir haben uns ja seit einer Ewigkeit nicht mehr gesehen!"* **3** (im christlichen Glauben) das Leben bei Gott nach dem Tod *„in die Ewigkeit eingehen"*

der/die **Ex** (-, -); *meist Singular; gesprochen* eine Person, mit der man eine sexuelle Beziehung hatte, die beendet ist *„Hast du noch Kontakt zu deiner Ex?"*

**Ex-** ['ɛks-] *im Substantiv, betont, begrenzt produktiv* **der Exkanzler, der Exminister, der Exweltmeister**; **jemandes Exfrau, Exfreund, Exmann** *und andere* drückt aus, dass eine Person die genannte Funktion oder Rolle, die genannte Beziehung zu einer Person nicht mehr hat

**exakt★** *ADJEKTIV* (*exakter, exaktest-*) **1** so, dass es die Sache genau trifft ⟨*ein Ausdruck, eine Formulierung*⟩ *„Sie drückt sich sehr exakt aus"* **2** sehr gründlich ⟨*eine Arbeit, ein Arbeiter; etwas exakt ausführen, durchführen*⟩ • *hierzu* **Exakt·heit** *die*

das **Exa·men★** (-s, *-/Exa·mi·na*) die Prüfung, die man am Ende eines Studiums, eines Kurses, einer Ausbildung macht ⟨*ein mündliches, schriftliches Examen; ein Examen machen, ablegen, bestehen, wiederholen; durch das Examen fallen*⟩ ≈ Abschlussprüfung **K** Staatsexamen

das **Ex·emp·lar★** (-s, *-e*) ein einzelnes Stück oder Individuum (z. B. ein Tier, eine Pflanze, ein Buch) aus einer Gruppe oder Menge der gleichen Art ⟨*ein einzelnes, seltenes, wertvolles Exemplar*⟩ *„Diese Briefmarke existiert nur noch in wenigen Exemplaren"* **K** Einzelexemplar

das **Exil** (-s, *-e*); *meist Singular* **1** das fremde Land, in das eine Person flieht, die in ihrer Heimat aus politischen Gründen nicht mehr (sicher) leben kann oder darf *„Frankreich wurde sein Exil"* **K** Exilland **2** das Leben als Flüchtling in einem fremden Land ⟨*ins Exil gehen, im (französischen, amerikanischen ) Exil leben*⟩ *„Viele Intellektuelle zogen das Exil einem Leben unter Hitler vor"*

**exis·tent** *ADJEKTIV* **nicht existent** nicht vorhanden, nicht existierend

**exis·ten·ti·ell** [-'tsi̯ɛl], **exis·ten·zi·ell** *ADJEKTIV; geschrieben* so wichtig für das Leben eines Menschen oder eines Tieres oder für die Existenz einer Institution, dass alles davon abhängt ⟨*etwas ist von existenzieller Bedeutung*⟩ *„Wasser ist für alle Lebewesen von existenzieller Bedeutung"*

die **Exis·tenz★** (-, *-en*) **1** *nur Singular* die Situation, dass eine Person, ein Tier oder eine Sache (vorhanden) ist, existiert ⟨*die Existenz (einer Sache) behaupten, bestätigen, bestreiten, leugnen*⟩ *„Die Existenz von Leben auf anderen Planeten ist nicht bewiesen"* **2** *nur Singular* das Leben des Menschen, meist in Bezug darauf, wie es geführt wird, ob es schwierig oder leicht ist ⟨*um die bloße, nackte, pure Existenz kämpfen*⟩ *„Sie führten eine sorglose Existenz"* **K** Existenzangst **3** der Beruf o. Ä. als finanzielle Lebensgrundlage ⟨*sich (Dativ) eine Existenz aufbauen*⟩ *„Das Internet hat in unserer Branche viele Existenzen vernichtet"* In unserer

Branche können viele Leute nicht mehr von ihrem Beruf leben **K** Existenzgrundlage, Existenzminimum; existenzbedrohend

**exis·tie·ren★** (*existierte, hat existiert*) da sein, vorhanden sein *„Diese Bedrohung existiert nur in deiner Einbildung"*

**ex·klu·siv** [-'ziːf] *ADJEKTIV* **1** *geschrieben* nur für diejenigen zugänglich, die zu der gleichen (anspruchsvollen) Gruppe gehören und ihre Normen erfüllen *„Um den Schriftsteller herum bildete sich ein exklusiver Kreis"* **2** sehr teuer und sehr gut ⟨*Restaurant, Parfum*⟩ **3** *nur adverbiell* nur für einige Kunden oder eine einzelne Zeitung bestimmt ≈ ausschließlich **K** Exklusivinterview • *hierzu* **Ex·klu·si·vi·tät** *die*

**ex·klu·si·ve★** [-'ziːvə] *PRÄPOSITION mit Genitiv oder Dativ* so, dass etwas nicht dabei, nicht berücksichtigt ist ≈ ohne ↔ inklusive *„Der Preis beträgt 60 Euro exklusive Porto und Verpackung"* **i** → Anhang, S. 1113: **Präpositionen**

das **Ex·kre·ment** (-s, -e); *meist Plural; geschrieben* Kot und/oder Urin

der **Exot** (*-en, -en*) ein Mensch, ein Tier oder eine Pflanze aus einem ganz fernen und fremden Land **i** *ein Exot; der Exot; den, dem, des Exoten* • *hierzu* **Exo·tin** *die*

**exo·tisch** *ADJEKTIV* (von Tieren und Pflanzen) aus einem fernen (meist tropischen) Land *„die exotische Fauna und Flora"*

**ex·pan·die·ren** (*expandierte, hat expandiert*) **etwas expandiert** etwas wächst schnell *„Die Firma expandierte so schnell, dass sie heute doppelt so groß ist wie vor 10 Jahren"*

die **Ex·pan·si·on** (-, *-en*) **1** das (schnelle) Wachsen ⟨*die Expansion eines Unternehmens, der Kosten*⟩ **2** der Vorgang, wenn ein Staat seine Macht und sein Gebiet auf Kosten anderer Staaten vergrößert **K** Expansionspolitik

die **Ex·pe·di·ti·on** [-'tsi̯oːn]; (-, *-en*) eine Reise in ein (meist unbekanntes) Gebiet, um dort zu forschen ⟨*eine Expedition antreten, durchführen, unternehmen*⟩ *„Scott starb auf einer Expedition zum Südpol"* **K** Polarexpedition

das **Ex·pe·ri·ment★** (-(e)s, *-e*) **1** ein wissenschaftlicher Versuch ⟨*ein chemisches, physikalisches, psychologisches Experiment; ein Experiment durchführen; ein Experiment glückt/gelingt, scheitert/misslingt*⟩ *„Aus einem Experiment ergab sich, dass Bienen Farben sehen können"* **2** ein Versuch, ein praktisches Problem zu lösen, bei dem das Risiko groß ist, dass es nicht funktioniert *„Die wirtschaftlichen Experimente der neuen Regierung scheiterten schnell"*

**ex·pe·ri·men·tell** *ADJEKTIV* mit Hilfe von Experimenten ⟨*etwas experimentell nachweisen*⟩ *„Untersuchungen experimentell durchführen"*

**ex·pe·ri·men·tie·ren** (*experimentierte, hat experimentiert*) **(mit/an einem Tier/etwas) experimentieren** Experimente (z. B. mit einem Stoff oder einem Tier) machen, durch die man etwas Neues entdecken oder erkennen will *„mit Mäusen experimentieren"*

der **Ex·per·te★** (*-n, -n*) **ein Experte (für etwas/in etwas** (*Dativ*)**)** eine Person, die sehr viel über ein Fachgebiet weiß ↔ Laie *„ein Experte für internationale Politik"* | *„Experten auf dem Gebiet der Atomenergie"* **K** Finanzexperte, Kunstexperte, Wirtschaftsexperte **i** *der Experte; den, dem, des Experten* • *hierzu* **Ex·per·tin** *die*

**ex·plo·die·ren★** (*explodierte, ist explodiert*) **1** **etwas explodiert** etwas wird mit einem lauten Geräusch oder einem Knall plötzlich zerrissen, platzt oder verbrennt ⟨*ein Gebäude, ein Haus, eine Bombe, Sprengstoff*⟩ *„Das Flugzeug explodierte in der Luft"* **2** **etwas explodiert** etwas wird in sehr kurzer Zeit sehr viel mehr oder höher ⟨*die Kosten, die Preise*⟩ *„In vielen armen Ländern explodiert die Bevölkerungszahl"* **3** *gesprochen* plötzlich sehr wütend werden

die **Ex·plo·si·on★** (-, *-en*) **1** das Explodieren z. B. einer Bombe ⟨*eine heftige, laute, schwere Explosion; eine Explosion auslösen, verursachen*⟩ **K** Explosionsgefahr; Gasexplosion **2** die Situation, wenn Kosten, Preise, Zahlen o. Ä. sehr schnell höher werden **K** Bevölkerungsexplosion, Kostenexplosion

**ex·plo·siv** [-f-] *ADJEKTIV* so, dass es leicht explodiert ⟨*ein Gemisch, eine Mischung*⟩

der **Ex·port**[1]**★**; (-(e)s, *-e*) **1** *nur Singular* die Lieferung von Waren in ein anderes Land ≈ Ausfuhr ↔ Import *„Die Wirtschaft Japans ist auf den Export angewiesen"* **K** Exportartikel **2** *meist Plural* exportierte Waren ≈ Ausfuhren ↔ Importe **K** Getreideexporte • *zu* (1) **Ex·por·teur** [-'tøːɐ̯] *der*

das **Ex·port**[2]; (-, -) ein helles Bier (das etwas stärker und länger haltbar ist als normales Bier)

**ex·por·tie·ren** (*exportierte, hat exportiert*) **1** **etwas exportieren** Waren in ein anderes Land bringen, um sie dort zu verkaufen ≈ ausführen ↔ importieren, einführen *„Deutsch-*

*land exportiert Maschinen und importiert Rohstoffe"* **2** **(irgendwohin) exportieren** Waren an ein fremdes Land verkaufen *„Wir exportieren in die Vereinigten Staaten"*

der **Ex·press★** (-es) **1** ein schneller Zug, der nur an wichtigeren Orten hält **K** Intercityexpress **2** **per Express** so, dass Post sofort nach ihrer Ankunft am Zielort zum Empfänger gebracht wird **K** Expressversand

**ex·tern** *ADJEKTIV* nicht zu einer Firma oder Behörde gehörend ⟨*ein Berater, ein Dienstleister, ein Experte, ein Gutachter*⟩

**ext·ra★** *ADJEKTIV nur in dieser Form; gesprochen* **1** über das Übliche hinausgehend ≈ zusätzlich *„Sie bekam für ihre Antwort ein extra Lob vom Lehrer"* **2** nicht mit anderen Personen oder Sachen zusammen, sondern getrennt *„Tun Sie den Käse bitte in ein extra Papier!"* **3** *nur adverbiell* nur für diesen einen besonderen Zweck ≈ nur *„Ich habe den Kuchen extra für dich gebacken"*

das **Ext·ra★** (-s, -s); *meist Plural* Dinge, die man beim Kauf einer Ware zusätzlich wählen kann und zusätzlich bezahlen muss *„ein Auto mit vielen Extras"*

**ext·ra-★** *im Adjektiv, betont, begrenzt produktiv; gesprochen* **extragroß, extrafein, extralang, extrastark** *und andere* in ganz besonderem Maße

**Ext·ra-★** *im Substantiv, betont, begrenzt produktiv* **die Extraausgabe, der Extraplatz, die Extraportion, der Extraraum** *und andere* drückt aus, dass die genannte Sache etwas Besonderes oder Zusätzliches ist *„Wegen des großen Andrangs setzte der Zirkus eine Extravorstellung an"* **ⓘ** meist mit dem unbestimmten Artikel verwendet

der/das **Ex·trakt** (-(e)s, -e) ein Stoff (auch eine Flüssigkeit), der (durch Kochen, Erhitzen o. Ä.) aus Pflanzen oder Teilen von Tieren gewonnen wird (und z. B. als Medizin dient) ≈ Konzentrat *„einen Extrakt aus Kräutern herstellen"* **K** Pflanzenextrakt

**ext·rem★** *ADJEKTIV* **1** sehr weit vom normalen Maß entfernt ⟨*Armut, Hitze, Temperaturen; extrem hoch, niedrig, gefährlich, schwierig, teuer*⟩ *„In der Arktis herrscht extreme Kälte"* **K** Extremfall, Extremwert **2** so, dass sich jemand (oft mit Gewalt) für politische Ziele einsetzt, die sich stark von den Zielen der Mehrheit unterscheiden ⟨*Ansichten, eine Gruppierung; extrem links, rechts*⟩ ≈ radikal

das **Ext·rem** (-s, -e) etwas, das vom Normalen sehr stark abweicht *„einen Mittelweg zwischen den Extremen suchen"*

der **Ext·re·mis·mus** (-, *Ex·tre·mis·men*); *meist Singular; abwertend* eine radikale politische oder religiöse Position, die sich anderen Positionen gegenüber intolerant zeigt • *hierzu* **Ext·re·mist** *der*

die **Ext·re·mi·tä·ten** *Plural* die Arme und Beine (des Menschen)

**ex·zel·lent** *ADJEKTIV; geschrieben* sehr gut ⟨*ein Essen, ein Wein, eine Arbeit, eine Leistung*⟩

**ex·zent·risch** *ADJEKTIV* (im Verhalten) extrem anders als normal, ganz ungewöhnlich ⟨*ein Charakter, ein Lebensstil, ein Künstler, ein Mensch*⟩ • *hierzu* **Ex·zent·rik** *die;* (-); **Ex·zent·ri·ker** *der;* **Ex·zent·ri·zi·tät** *die*

# F

das **F, f** [ɛf]; (-, -/ *gesprochen auch* -s) **1** der sechste Buchstabe des Alphabets ⟨*ein großes F; ein kleines f*⟩ **2** der vierte Ton der C-Dur-Tonleiter **K** F-Dur, f-Moll

**Fa.** Abkürzung für *Firma*

**fa·bel·haft** *ADJEKTIV* sehr gut *„ein fabelhafter Koch"* | *„Das Essen war fabelhaft"*

die **Fab·rik★** (-, -en) **1** ein industrieller Betrieb, in dem mithilfe von Maschinen Waren in großer Menge hergestellt werden ⟨*eine Fabrik gründen, leiten*⟩ *„Er arbeitet als Schlosser in einer Fabrik"* **K** Fabrikarbeiter; Papierfabrik **2** die Gebäude, in denen sich eine Fabrik befindet *„Die Fabrik wird abgerissen"* **K** Fabrikgebäude, Fabrikhalle

das **Fab·ri·kat** (-(e)s, -e) ein industrielles Produkt, ein Typ eines Produkts *„Dieser Videorekorder ist ein japanisches Fabrikat"*

**fab·rik·neu** *ADJEKTIV* noch nicht benutzt, ganz neu ⟨*ein Auto*⟩

die **Fa·cet·te** [fa'sɛtə]; (-, -n); *meist Plural* **1** eine von vielen kleinen geschliffenen Flächen meist an einem Edelstein **K** Facettenschliff **2** ein Merkmal oder eine Eigenschaft einer Person, Situation oder Region **K** facettenreich

das **Fach★** (-(e)s, *Fä·cher*) **1** ein Teil eines Behälters oder eines Möbelstücks, der durch Wände abgegrenzt ist und in dem etwas aufbewahrt wird *„eine Aktentasche mit mehreren Fächern"* **K** Wäschefach **2** ein spezielles Gebiet vor allem der (wissenschaftlichen) Lehre und Forschung, auf dem jemand arbeitet oder ausgebildet wird ⟨*ein Fach studieren, beherrschen, unterrichten*⟩ *„die Fächer Deutsch und Englisch"* **K** Fachgebiet, Fachwissen; Unterrichtsfach **ID** **vom Fach sein** Fachmann sein

**-fach**★ *im Adjektiv, unbetont, begrenzt produktiv, meist attributiv* **zweifach, dreifach, vierfach**; **mehrfach, vielfach** *und andere* etwas ist in der genannten Menge vorhanden oder wird die genannten Zahl von Malen gemacht *„ein dreifacher Salto"* | *„sich mehrfach entschuldigen"*

das **Fạch·abi·tur** Ⓓ ein spezielles Abitur, mit dem man die Fachoberschule abschließt und dann eine Fachhochschule, aber keine Universität besuchen kann

der **Fạch·ar·bei·ter** ein Arbeiter, der eine abgeschlossene Lehre in seinem Beruf hat ⟨*sich zum Facharbeiter ausbilden lassen*⟩ **K** Facharbeiterzeugnis • *hierzu* **Fạch·ar·bei·te·rin** *die*

der **Fạch·arzt** ein Arzt, der eine zusätzliche Ausbildung in einem speziellen Gebiet gemacht hat *„ein Facharzt für Chirurgie"* • *hierzu* **Fạch·ärz·tin** *die*; **fạch·ärzt·lich** *ADJEKTIV*

**fạch·ge·recht** *ADJEKTIV* sorgfältig und genau (wie von einem Fachmann gemacht) *„Die Reparatur wird fachgerecht durchgeführt"*

die **Fạch|hoch·schu·le**★ Ⓓ eine spezielle Art von Hochschule, in der die praktische Ausbildung der Studenten stärker betont wird als an Universitäten ⓘ → Anhang, S. 1092: **Schule und Ausbildung**

die **Fạch·kraft** eine Person, die eine Lehre gemacht hat und für ihren Beruf gut ausgebildet ist

die **Fạch·leu·te**★ *Plural* → Fachmann

**fạch·lich** *ADJEKTIV meist attributiv* auf ein technisches oder wissenschaftliches Fach bezogen, zu ihm gehörend ⟨*Kenntnisse, Probleme; sich fachlich weiterbilden*⟩

der **Fạch·mann**★ (-(e)s, *Fach·leu·te*) **ein Fachmann (für etwas)** eine Person, die ihren eigenen Beruf oder ihr eigenes Fach beherrscht ≈ Experte ↔ Laie *„Er ist (ein) Fachmann für Heizungstechnik"* **K** Bankfachmann, Heizungsfachmann • *hierzu* **Fạch·frau** *die*

**fạch·män·nisch** *ADJEKTIV* ⟨*eine Arbeit, eine Reparatur*⟩ so, dass sie mit dem Wissen und Können eines Fachmannes ausgeführt werden

die **Fạch|ober·schu·le** Ⓓ eine Art Gymnasium, in dem die Schüler auch praktisch ausgebildet werden

die **Fạ·ckel** (-, *-n*) ein Stab (aus Holz), der am oberen Ende eine Schicht hat, die hell brennt ⟨*eine Fackel anzünden, löschen*⟩

**fa̱·de** *ADJEKTIV; abwertend* ⟨*Speisen*⟩ so, dass sie nicht gut gewürzt, ohne intensiven Geschmack sind *„Die Suppe schmeckt fade"*

der **Fa̱·den**★ (-s, *Fä·den*) ein Stück Garn oder Schnur (meist aus Baumwolle oder Wolle), das z. B. zum Nähen verwendet wird ⟨*einen Faden einfädeln, auf die Nadel fädeln, verknoten, vernähen, abschneiden; ein Faden reißt*⟩ **K** Nähfaden, Baumwollfaden **ID** **der rote Faden** ein Gedanke oder ein Motiv, die z. B. in einem Buch oder einem Film immer wiederkehren und einen inhaltlichen Zusammenhang herstellen; **den Faden verlieren** beim Sprechen plötzlich nicht mehr wissen, was man eigentlich sagen wollte

**fa̱·den·schei·nig** *ADJEKTIV abwertend* so, dass man gleich erkennt, dass es nicht wahr ist ⟨*eine Ausrede, ein Argument, eine Begründung, eine Erklärung*⟩ • *hierzu* **Fa̱·den·schei·nig·keit** *die*

**fä·hig**★ ['fɛːɪç] *ADJEKTIV* **1** **zu etwas fähig sein** (aufgrund körperlicher oder intellektueller Voraussetzungen) etwas tun können *„Sie war vor Schreck nicht fähig, ein vernünftiges Wort zu sagen"* **2** *meist attributiv* durch Begabung, Können oder Wissen für etwas sehr gut geeignet ≈ begabt *„ein außerordentlich fähiger Mitarbeiter"*

**-fä·hig** [-fɛːɪç] *im Adjektiv, unbetont, sehr produktiv* **1** **anpassungsfähig, denkfähig, lernfähig** *und andere* so, dass eine Person oder Sache etwas gut (tun) kann *„widerstandsfähiges Material"* Material, das große Belastungen aushält **2** **belastungsfähig, manövrierfähig, strapazierfähig, transportfähig** *und andere* so, dass man mit einer Person oder Sache etwas tun kann *„ein streichfähiger Käse"* weicher Käse, den man aufs Brot streichen kann **3** **konkurrenzfähig, marktfähig, wettbewerbsfähig** *und andere* drückt aus, dass eine Person oder Sache in der genannten Situation oder am genannten Ort gut zurechtkommt *„Das Kind ist zwar noch jung, aber durchaus schon schulfähig"* ist reif genug, um die Schule zu besuchen

die **Fä·hig·keit**★ ['fɛːɪç-]; (-, *-en*) **die Fähigkeit (zu etwas)** *nur Singular* die Eigenschaft oder das Talent, die es jemandem möglich machen, etwas zu tun *„seine handwerklichen Fähigkeiten unter Beweis stellen"* | *„Er besaß die Fähigkeit, sich einfach und verständlich auszudrücken"* K Anpassungsfähigkeit, Konzentrationsfähigkeit

**fahl** *ADJEKTIV; geschrieben* 1 auf eine nicht schöne Art blass ⟨*fahl im Gesicht sein, werden*⟩ 2 nur schwach und dadurch kalt wirkend ⟨*Licht*⟩

**fahn·den** (*fahndete, hat gefahndet*) **nach jemandem/etwas fahnden** intensiv nach einem Verbrecher oder z. B. gestohlenen Dingen suchen *„Die Polizei fahndet nach dem Dieb/nach Rauschgift"*

die **Fahn·dung** (-, -*en*) das Fahnden K Fahndungsfoto

die **Fah·ne**★ (-, -*n*) 1 ein meist rechteckiges Stück Stoff in verschiedenen Farben (mit Zeichen), das z. B. einem Land oder einem Verein als Symbol dient und an einer Stange hängt ⟨*eine Fahne hissen, auf Halbmast setzen, einholen, schwenken; eine Fahne weht, flattert im Wind*⟩ ≈ Flagge K Fahnenmast; Staatsfahne 2 *gesprochen, abwertend* ein unangenehmer Geruch nach Alkohol, der aus dem Mund kommt ⟨*eine Fahne haben*⟩ K Bierfahne

der **Fahr·aus·weis** *admin* ≈ Fahrkarte

die **Fahr·bahn**★ der Teil der Straße, der für Fahrzeuge bestimmt ist ⟨*von der Fahrbahn abkommen*⟩ ≈ Straße *„Bei regennasser Fahrbahn geriet das Auto ins Schleudern"* K Fahrbahnrand, Fahrbahnverengung

die **Fäh·re**★ (-, -*n*) ein Schiff, das regelmäßig über einen See oder Fluss hin- und herfährt, um Menschen und Waren zu transportieren ⟨*mit der Fähre fahren, übersetzen; die Fähre legt ab/an*⟩ *„die Fähre zwischen Dover und Calais"* K Fährschiff; Autofähre, Personenfähre

**fah·ren**★ (*fährt, fuhr, hat/ist gefahren*) 1 **irgendwohin fahren; (mit etwas) fahren** (*ist*) sich mit einem Fahrzeug auf ein Ziel hin bewegen *„im Urlaub ans Meer fahren"* | *„Fahren wir mit dem Rad oder gehen wir zu Fuß?"* 2 **irgendwie fahren** (*ist*) sich mit einem Fahrzeug, das man selbst steuert, auf die genannte Weise fortbewegen ⟨*rücksichtslos, rücksichtsvoll, sicher, vorsichtig, zu schnell fahren; mit überhöhter Geschwindigkeit fahren*⟩ 3 **etwas fährt** (*ist*) ein Fahrzeug bewegt sich mithilfe eines Motors fort ⟨*ein Auto, ein Schiff, eine Straßenbahn, ein Zug*⟩ *„Das Auto fährt mit einer Geschwindigkeit von 100 Stundenkilometern"* 4 **etwas fährt** (*ist*) ein öffentliches Verkehrsmittel transportiert regelmäßig auf einer Strecke Personen *„Dieser Zug fährt nicht an Sonn- und Feiertagen"* 5 **etwas fahren** (*hat*) ein Fahrzeug selbst lenken, regelmäßig benutzen (und besitzen) *„Auto fahren lernen"* | *„Ihr neuer Freund fährt einen Porsche"* 6 **etwas fahren** (*ist*) sich mithilfe der genannten Sache (meist zum eigenen Vergnügen) fortbewegen ⟨*Achterbahn, Karussell, Rollschuh, Schlitten, Schlittschuh, Ski fahren*⟩ 7 **jemanden/etwas (mit etwas) irgendwohin fahren** (*hat*) jemanden/etwas mit einem Fahrzeug an einen Ort bringen, transportieren *„einen Schwerverletzten (mit dem Krankenwagen) ins Krankenhaus fahren"* 8 **(jemandem) durch/über etwas** (*Akkusativ*) **fahren** (*hat*) mit einer gleichmäßigen Bewegung durch/über etwas streichen *„Ich fuhr mir mit den Fingern durch die Haare"*

der **Fah·rer**★ (-*s*, -) 1 eine Person, die ein Fahrzeug selbst lenkt ⟨*ein sicherer, umsichtiger, rücksichtsloser Fahrer*⟩ K Autofahrer, Fahrradfahrer, Motorradfahrer 2 eine Person, die beruflich ein Fahrzeug lenkt *„Der Fahrer des Präsidenten kam bei dem Anschlag ums Leben"* K Busfahrer, Taxifahrer • *hierzu* **Fah·re·rin** *die*

die **Fah·rer·flucht Fahrerflucht begehen** nach einem Unfall nicht am Unfallort auf die Polizei usw. warten • *hierzu* **fah·rer·flüch·tig** *ADJEKTIV*

die **Fahr|er·laub·nis** *admin* ⟨*jemandem die Fahrerlaubnis erteilen, entziehen*⟩ ≈ Führerschein

der **Fahr·gast**★ *admin* eine Person, die z. B. einen Bus oder Zug (als öffentliches Verkehrsmittel) benutzt ⓘ Bei einem Flugzeug oder Schiff sagt man *Passagier*.

die **Fahr·ge·mein·schaft** mehrere Personen (meist Arbeitskollegen), von denen eine mit dem eigenen Auto zum Arbeitsplatz fährt und die anderen Leute mitnimmt (meist um Benzin zu sparen) ⟨*eine Fahrgemeinschaft bilden*⟩

die **Fahr·kar·te**★ wenn man mit dem Bus, mit dem Zug usw. fahren will, muss man eine Fahrkarte kaufen K Fahrkartenautomat, Fahrkartenschalter; Busfahrkarte, Zugfahrkarte

**fahr·läs·sig** *ADJEKTIV; geschrieben* 1 ohne die nötige Aufmerksamkeit oder Vorsicht, ohne an die Gefahren oder Konsequenzen zu denken ⟨(*grob*) *fahrlässig handeln*⟩ 2 **fahrlässige Tötung** die Tötung eines Menschen, ohne es beabsichtigt zu haben

der **Fahr·plan★** der Fahrplan bestimmt, wo und wann ein Bus, Zug o. Ä. hält. Den Fahrplan gibt es auch als Liste auf Papier, im Internet usw. ⟨*den Fahrplan ändern, einhalten; im Fahrplan nachsehen*⟩ K Fahrplanänderung; Sommerfahrplan, Winterfahrplan

**fahr·plan|mä·ßig** *ADJEKTIV; admin* wie es im Fahrplan steht *„Der Zug aus München, fahrplanmäßige Ankunft zehn Uhr zehn, wird voraussichtlich zehn Minuten später eintreffen"*

F

der **Fahr·preis** das Geld, das man für eine Fahrt mit einem Bus, einem Zug usw. zahlen muss

die **Fahr·prü·fung** die (staatliche) Prüfung, die man machen muss, bevor man den Führerschein bekommt

das **Fahr·rad★** ein Fahrrad hat zwei Räder, Pedale, einen Sattel und einen Lenker ⟨(*mit dem*) *Fahrrad fahren*⟩ K Fahrradfahrer, Fahrradtour; Damenfahrrad, Herrenfahrrad ℹ In der gesprochenen Sprache sagt man statt *Fahrrad* oft *Rad*

der **Fahr·schein** *admin* ≈ Fahrkarte

die **Fahr·schu·le** 1 eine private Schule, in der man lernt, wie man Auto, Motorrad o. Ä. fährt 2 *gesprochen nur Singular* der Unterricht in einer Fahrschule • *hierzu* **Fahr·schü·ler** *der;* **Fahr·schü·le·rin** *die*

der **Fahr·stuhl** eine Kabine, mit der Personen in einem Gebäude nach oben und unten transportiert werden ⟨*den Fahrstuhl nehmen; mit dem Fahrstuhl fahren*⟩ ≈ Aufzug

die **Fahr·stun·de** eine Unterrichtsstunde bei einem Fahrlehrer, in der man praktisch übt, wie man ein Fahrzeug fährt

**fährt** *Präsens, 3. Person Singular* → fahren

die **Fahrt★** (-, *-en*) 1 die Reise mit einem Fahrzeug (an ein Ziel) *„eine Fahrt nach Paris machen/unternehmen"* | *„Nach sechs Stunden Fahrt erreichten wir endlich Verona"* K Fahrtrichtung, Fahrtroute; Busfahrt, Zugfahrt 2 *nur Singular* die Geschwindigkeit, mit der sich ein Fahrzeug fortbewegt ⟨*in voller Fahrt sein*⟩ *„Wenn der Zug in den Bahnhof einrollt, verlangsamt er die Fahrt"*

die **Fähr·te** (-, *-n*) die Fußspuren und der Geruch eines Tieres, das gejagt wird ⟨*eine Fährte aufspüren, verfolgen*⟩

**fahr·tüch·tig** *ADJEKTIV* 1 in der körperlichen und geistigen Verfassung, ein Fahrzeug sicher zu fahren ⟨*Personen*⟩ 2 ⟨*ein Fahrzeug*⟩ in einem guten technischen Zustand ↔ fahruntüchtig *„Sein altes Auto ist nicht mehr fahrtüchtig"*

das **Fahr·was·ser** *meist Singular* der Bereich eines Gewässers, in dem Schiffe fahren (können)

das **Fahr·zeug★** (-(*e*)*s*, *-e*) Fahrzeuge wie Autos, Fahrräder, Züge, Boote oder Schlitten benutzen wir, um schnell und bequem an einen Ort zu kommen oder Lasten zu transportieren K Luftfahrzeug, Schienenfahrzeug, Wasserfahrzeug, Motorfahrzeug

der **Fahr·zeug·brief** Ⓓ ein (amtliches) Dokument mit den Daten eines Kraftfahrzeugs und des Eigentümers

der **Fahr·zeug·hal·ter** *admin* der Eigentümer eines Fahrzeugs

die **Fahr·zeug·pa·pie·re** *Plural; geschrieben* ≈ Fahrzeugschein

der **Fahr·zeug·schein** Ⓓ ein amtliches Dokument mit den Daten eines Kraftfahrzeugs, das man beim Fahren bei sich tragen muss und das beweist, dass das Fahrzeug amtlich angemeldet und versichert ist

**fair★** [fɛːɐ̯] *ADJEKTIV* 1 so, dass die Rechte aller Personen berücksichtigt werden und niemand benachteiligt wird ⟨*ein Urteil, ein Verhalten; fair bleiben, handeln, sein*⟩ ≈ gerecht 2 so, dass die Regeln genau beachtet und keine Tricks angewendet werden (vor allem beim Sport) ⟨*ein Wettkampf; fair kämpfen, spielen*⟩

die **Fä·ka·li·en** [-i̯ən]; *Plural; geschrieben* Urin und Kot von Tieren und Menschen

der/das **Fakt★** (-(*e*)*s*, *-en*) *geschrieben meist Plural* Tatsache ≈ Faktum

der **Fak·tor★** (*-s, Fak·to·ren*) 1 ein Element, das zusammen mit anderen Elementen eine Wirkung oder ein Ergebnis hat ⟨*ein bestimmender, maßgeblicher, wesentlicher Faktor; das Zusammenwirken unterschiedlicher Faktoren*⟩ *„Technische Mängel und menschliches Versagen waren die Faktoren, die zur Katastrophe in dem Atomkraftwerk führten"* 2 jede Zahl, die mit einer anderen multipliziert wird *„eine Zahl in ihre Faktoren zerlegen"*

der **Fal·ke** (*-n, -n*) ein mittelgroßer Raubvogel, mit dem man früher gern gejagt hat *„einen Falken zur Jagd abrichten"* K Falkenjagd ℹ *der Falke; den, dem, des Falken*

der **Fall★** (-(*e*)*s*, *Fäl·le*) NACH UNTEN: 1 das Fallen auf den Boden ≈ Sturz *„sich bei einem Fall schwer verletzen"* ANGELEGENHEIT: 2 **ein Fall** *+Genitiv*/**von etwas**; **der Fall, dass ...** eine Situation, die eintreten kann oder die jemanden betrifft ⟨*im äußersten, schlimmsten Fall; in diesem, keinem, jedem Fall; in vielen, manchen, seltenen, den meisten Fällen*⟩ *„Was würdest du in meinem Fall tun?"* wenn du in meiner Situation wärest **K** Notfall, Unglücksfall **3** **ein Fall** +*Genitiv*/**von etwas** ein konkretes Ereignis, das als Beispiel für eine allgemeine Lage oder eine Entwicklung gesehen wird *„Dieses Unglück ist ein typischer Fall von Unachtsamkeit"* **K** Einzelfall, Extremfall, Normalfall **4** eine Angelegenheit, die vor allem von der Polizei oder vor Gericht untersucht wird ⟨*einen Fall untersuchen, vor Gericht bringen, bearbeiten, zu den Akten legen* (= *nicht weiter bearbeiten*)⟩ **K** Kriminalfall, Mordfall KASUS: **5** die grammatische Kategorie, die bestimmt, welche Form ein Wort in einem Satz hat ≈ Kasus *„Die vier Fälle im Deutschen heißen Nominativ, Akkusativ, Dativ und Genitiv"* **ID** **auf/für alle Fälle** vorsichtshalber; **auf jeden Fall/auf alle Fälle** **a** ganz bestimmt, mit Sicherheit **b** jedenfalls; **auf keinen Fall** ganz bestimmt nicht, unter keinen Umständen; **für den Fall, dass ...** um auf die genannte, mögliche Situation vorbereitet zu sein *„Für den Fall, dass es regnet, habe ich einen Schirm dabei"*; **etwas ist (nicht) der Fall** etwas ist (nicht) so *„Es ist oft der Fall, dass zu große Hektik schadet"*

die **Fal·le★** (-, -n) **1** in/mit Fallen fängt man Tiere ⟨*eine Falle aufstellen; Fallen stellen, legen*⟩ *„Die Maus ist in die Falle gegangen"* **K** Mausefalle **2** **jemandem eine Falle stellen**; **jemanden in eine Falle locken** einen Trick anwenden, um eine Person zu täuschen und ihr dadurch zu schaden *„Der Prüfer hat mir mit seiner Frage eine Falle gestellt, und ich bin darauf hereingefallen"*

**fal·len★** (*fällt, fiel, ist gefallen*) RÄUMLICH: **1** **etwas fällt** etwas bewegt sich (aufgrund des eigenen Gewichts) nach unten (und bleibt liegen) *„Im Herbst fällt das Laub von den Bäumen"* | *„Vorsicht, lass den Teller nicht fallen!"* **2** **jemand fällt** eine Person, die geht, steht oder sitzt, verliert das Gleichgewicht ≈ stürzen *„Er rutschte er aus und fiel zu Boden"* | *„Das Kind stolperte und fiel auf die Knie"* **3** **etwas fällt (von irgendwoher) irgendwohin** etwas gelangt (von irgendwoher) an die genannte Stelle ⟨*Licht, (die) Sonne, Schatten*⟩ *„Durch die Ritzen des Fensterladens fiel das Licht ins Zimmer"* IM NIVEAU, WERT: **4** **etwas fällt** etwas wird im Ausmaß oder Niveau geringer ⟨*die Temperatur, der Druck*⟩ ≈ sinken ↔ steigen *„Der Wasserspiegel des Rheins ist um einen Meter gefallen"* **5** **etwas fällt** etwas wird im Wert geringer ⟨*ein Aktienkurs, ein Preis, ein Wertpapier*⟩ ↔ steigen EREIGNIS, GESCHEHEN: **6** **jemand fällt (im Krieg)** ein Soldat stirbt im Kampf **7** **etwas fällt** etwas wird ausgeführt oder durchgeführt, etwas ereignet sich ⟨*eine Entscheidung, ein Urteil, ein Beschluss*⟩ *„Das erste Tor fiel in der fünften Spielminute"* | *„Bei der Verfolgungsjagd fielen mehrere Schüsse"* wurde mehrmals geschossen **8** **jemand fällt in etwas** (*Akkusativ*) jemand kommt (plötzlich) in den genannten Zustand ⟨*jemand fällt in schwere Depressionen, in ein Koma, in Ohnmacht, in tiefen Schlaf, in Ungnade*⟩ **9** **durch etwas fallen** *gesprochen* eine Prüfung nicht bestehen ⟨*durchs Abitur, Examen fallen*⟩ ZUORDNUNG: **10** **etwas fällt auf/in etwas** (*Akkusativ*) etwas gehört zur genannten Zeit *„Der 1. Mai fällt dieses Jahr auf einen Donnerstag"* | *„In die Zeit um 1200 fällt die Blüte des Minnesangs"* **11** **etwas fällt in/unter etwas** (*Akkusativ*) eine Sache gehört zum genannten Bereich *„Welche Dinge fallen in/unter die Kategorie „Sperrmüll"?"*

**fäl·len★** (*fällte, hat gefällt*) **1** **einen Baum fällen** (mit einer Säge oder einem Beil) einen Baum von seinen Wurzeln trennen, sodass er zu Boden fällt **2** **eine Entscheidung (über etwas** (*Akkusativ*)**) fällen** *geschrieben* beschließen, etwas zu tun oder sich für bzw. gegen eine Sache entscheiden **3** **ein Urteil (über jemanden/etwas) fällen** *geschrieben* zu einem negativen Urteil kommen *„Der Kritiker fällte ein vernichtendes Urteil über den Film"*

**fal·len las·sen, fal·len·las·sen★** (*ließ fallen, hat fallen lassen/fallenlassen*) **1** **etwas fallen lassen** aufhören, sich mit etwas zu beschäftigen ⟨*einen Gedanken, einen Plan, ein Projekt, ein Thema fallen lassen*⟩ ≈ aufgeben **2** **jemanden fallen lassen** *gesprochen* nicht mehr der Freund einer anderen Person sein oder diese nicht mehr unterstützen *„Nach dem Skandal ließen ihn seine Freunde fallen"*

**fäl·lig★** ADJEKTIV **1** *admin* so, dass man etwas zu einem festgelegten Zeitpunkt bezahlen muss *„Die Miete ist am Ersten jeden Monats fällig"* **2** so, dass es zu einem Zeitpunkt notwendig ist oder stattfindet *„Die Reparatur des Autos war schon längst fällig"*

**falls★** BINDEWORT mit *falls* wird eine wenig

F

wahrscheinliche Bedingung oder Möglichkeit eingeleitet *„Falls du ihn noch treffen solltest/ noch triffst, grüß ihn bitte von mir"* | *„Falls ich komme, dann nur mit dem Zug"*

der **Fall·schirm** mit einem Fallschirm sinkt man langsam zur Erde, nachdem man aus einem Flugzeug o. Ä. gesprungen ist **K** Fallschirmspringer

**fällt** *Präsens, 3. Person Singular* → fallen

die **Fall·tür** eine (versteckte) Tür im Fußboden

F

**falsch★** *ADJEKTIV* (*falscher, falschest-*) **1** so, dass es den Tatsachen nicht entspricht, einen Irrtum oder Fehler enthält ⟨*von jemandem/etwas einen falschen Eindruck haben; etwas falsch verstehen; über etwas falsch informiert sein*⟩ ↔ richtig *„Die Uhr geht falsch"* **K** Falschmeldung **2** so, dass es der Wahrheit nicht entspricht (in der Absicht, jemanden zu täuschen oder zu betrügen) ⟨*falsche Angaben, Versprechungen machen*⟩ *„unter falschem Namen reisen"* **3** etwas Echtes, Natürliches imitierend ⟨*Edelsteine, Zähne*⟩ ≈ künstlich ↔ echt **4** einem Original nachgebildet in der Absicht, jemanden damit zu betrügen ⟨*Banknoten, ein Pass*⟩ ≈ gefälscht ↔ echt **K** Falschgeld **5** anders als gewollt *„Ich bin versehentlich in den falschen Zug eingestiegen"* **6** mit Fehlern oder Mängeln ⟨*ein Wort falsch aussprechen, betonen, schreiben; falsch singen*⟩ ↔ richtig **7** von der Situation oder Moral her nicht richtig ⟨*Bescheidenheit, Rücksichtnahme, Scham, Stolz*⟩ **8** *abwertend* so, dass die wahren Absichten verborgen bleiben ⟨*falsch lächeln*⟩ ↔ aufrichtig *„Das ist ein ganz falscher Typ!"*

**fäl·schen** (*fälschte, hat gefälscht*) **etwas fälschen** eine genaue Kopie einer Sache machen, um damit jemanden zu täuschen oder zu betrügen ⟨*Banknoten, Geld, eine Urkunde, ein Gemälde; jemandes Unterschrift fälschen*⟩ *„Die Polizei nahm ihn fest, weil seine Papiere gefälscht waren"*

**fälsch·lich** *ADJEKTIV meist attributiv; geschrieben* auf einem Fehler oder Irrtum beruhend, nicht den Tatsachen entsprechend ⟨*etwas fälschlich annehmen, behaupten*⟩ ↔ richtig

**falsch·lie·gen** (*lag falsch, hat/süddeutsch* Ⓐ Ⓒⓗ *ist falschgelegen*) **(mit etwas) falschliegen** *gesprochen* etwas Falsches glauben, sich irren *„Wenn du glaubst, dass ich auf den Trick hereinfalle, dann liegst du falsch"*

die **Fäl·schung** (*-, -en*) **1** etwas, das falsch ist *„Dieses Bild ist kein Original, sondern eine Fälschung"* **2** *meist Singular* das Fälschen *„Bei der Fälschung der Unterschrift machte er einen Fehler"*

das **Falt·blatt** ein Prospekt in einer Zeitung, der für eine Firma oder ein Produkt wirbt

die **Fal·te★** (*-, -n*); *meist Plural* **1** eine der Linien in der Haut, die z. B. beim Lachen entstehen und die für das Gesicht älterer Menschen typisch sind ⟨*Falten (im Gesicht) haben*⟩ **K** Lachfalte **2** eine unregelmäßige Linie in einem Stoff, die beim Benutzen von selbst entsteht **3** eine gerade Linie, die entsteht, wenn man Papier oder Stoff knickt und mit der Hand bzw. dem Bügeleisen flach drückt *„Falten in die Hosenbeine bügeln"* **K** Bügelfalte

**fal·ten★** (*faltete, hat gefaltet*) **1** **etwas falten** ein Stück Papier oder Stoff knicken und es mit der Hand flach drücken (und diesen Vorgang mehrmals wiederholen) ⟨*ein Handtuch, eine Serviette, ein Blatt Papier falten; etwas einfach, doppelt falten*⟩ ≈ zusammenlegen **2** **die Hände falten** beide Handflächen aufeinanderlegen, vor allem um zu beten

der **Fal·ter** (*-s, -*) ≈ Schmetterling **K** Nachtfalter, Tagfalter

der **Falz** (*-es, -e*) **1** die Stelle, an der ein Blatt Papier gefaltet ist **2** eine Vertiefung zwischen dem Rücken und dem Deckel eines Buches **3** die Stelle, an welcher die Ränder z. B. einer Blechdose ineinandergebogen und zusammengepresst sind und einen dicken Rand bilden

**fa·mi·li·är** *ADJEKTIV* **1** in Bezug auf die Familie ⟨*Probleme, Schwierigkeiten, Verpflichtungen*⟩ *„Er zieht sich aus familiären Gründen aus der Politik zurück"* **2** so entspannt, als wäre man zu Hause bei seiner Familie ⟨*eine Atmosphäre, ein Umgangston*⟩

die **Fa·mi·lie★** [-i̯ə]; (*-, -n*) **1** die Eltern und ihr Kind oder ihre Kinder ⟨*eine kinderreiche, fünfköpfige Familie; Familie haben; eine Familie gründen*⟩ *„Wohnt hier Familie Huber?"* **K** Familienangehörige(r), Familienfeier, Familienfoto, Familienvater; Großfamilie **2** alle miteinander verwandten Personen, auch diejenigen aus früheren Generationen, die schon tot sind ⟨*in eine alte, vornehme Familie einheiraten*⟩ **K** Familienchronik, Familiengrab, Familiengruft

der **Fa·mi·li·en·na·me★** der Name, den man mit der Familie gemeinsam hat ≈ Nachname ↔ Vorname *„Er heißt mit Vornamen „Karl" und mit Familiennamen „Meier"* die **Fa·mi·li·en·pa·ckung** eine sehr große Packung einer Ware, die man zu einem günstigen Preis kaufen kann

der **Fa·mi·li·en·stand** *nur Singular; admin* der soziale Status einer Person im Hinblick darauf, ob sie ledig, verheiratet, geschieden oder verwitwet ist

der **Fan**★ [fɛn]; (-s, -s) **ein Fan (von jemandem/etwas)** *gesprochen* eine Person, die von jemandem/etwas (immer wieder) begeistert ist [K] Fanclub; Fußballfan, Jazzfan

der **Fa·na·ti·ker** (-s, -); *abwertend* eine Person, die fanatisch ist • *hierzu* **Fa·na·ti·ke·rin** *die*

**fa·na·tisch** ADJEKTIV; *abwertend* so, dass man sich mit zu großer Leidenschaft für eine Sache einsetzt und andere Meinungen nicht gelten lässt (vor allem in Religion und Politik)

**fand** *Präteritum, 1. und 3. Person Singular* → finden

der **Fang** (-(e)s) **1** das Fangen von Tieren [K] Fischfang **2** alle Tiere, die man gefangen hat ≈ Beute

die **Fän·ge** (-); *Plural* die Füße und Krallen eines Raubvogels bzw. die Eckzähne eines Raubtiers

**fan·gen**★ (*fängt, fing, hat gefangen*) **1 ein Tier fangen** ein Tier (das man gejagt hat) zu fassen bekommen, ihm die Freiheit nehmen *„Die Katze hat eine Maus gefangen" | „Hast du viele Fische gefangen?"* **2 jemanden fangen** einer Person, die wegläuft, nachlaufen und sie zu fassen bekommen und festhalten **3 (etwas) fangen** einen Gegenstand, der durch die Luft fliegt, greifen *„einen Ball mit beiden Händen fangen" | „Hier, fang!"* **4 sich (wieder) fangen** (nachdem man geschwankt hat oder gestolpert ist) wieder ins Gleichgewicht kommen *„Die Seiltänzerin verlor für einen Augenblick die Balance, konnte sich aber wieder fangen"*

**fängt** *Präsens, 3. Person Singular* → fangen

die **Fan·ta·sie**★ (-, -n [-'ziːən]) **1** *nur Singular* die Fähigkeit, sich Dinge, Ereignisse, Menschen usw. vorzustellen, die es nicht gibt ⟨*eine rege, schmutzige Fantasie haben; viel, wenig, keine Fantasie haben*⟩ *„Grüne Männchen auf dem Mars sind Produkte der Fantasie"* [K] Fantasiewelt **2** *meist Plural* etwas, das man sich in der Fantasie vorstellt und das es in Wirklichkeit nicht gibt ⟨*etwas ist pure, reine, bloße Fantasie*⟩ ⟷ Realität

**fan·ta·sie·ren** (*fantasierte, hat fantasiert*) (im Fieber) Dinge erzählen, die niemand versteht

**fan·tas·tisch** ADJEKTIV **1** voll von Dingen, die es nur in der Fantasie gibt ⟨*eine Geschichte, ein Film*⟩ ⟷ realistisch **2** so ungewöhnlich, dass man es kaum glauben kann ⟨*ein Abenteuer, eine Idee, ein Erlebnis; etwas klingt (reichlich) fantastisch*⟩ **3** so gut, dass jeder davon/von ihm oder ihr begeistert ist ⟨*ein Schauspiel, ein Essen, Wetter; fantastisch spielen, tanzen, singen*⟩

die **Far·be**★ (-, -n) **1** die optische Erscheinung, die es möglich macht, z. B. bei einer Ampel den Unterschied zwischen den Signalen rot, gelb und grün zu sehen ⟨*die gelbe, rote, blaue, grüne, braune, schwarze, weiße Farbe*⟩ *„Welche Farbe hat ihr Auto? Beige oder braun?"* [K] Augenfarbe, Haarfarbe, Hautfarbe **2** *nur Singular* die Farben Rot, Blau, Grün, Gelb usw. im Gegensatz zu Schwarz und Weiß *„Das Buch enthält viele Abbildungen. Die meisten sind in Farbe"* [K] Farbdruck, Farbfoto **3** die Farbe, die helle Haut bekommt, wenn sie von der Sonne dunkler wird *„Du hast im Urlaub am Meer eine richtig gesunde Farbe bekommen"* **4** eine flüssige Substanz, mit der man einen Gegenstand anmalt ⟨*eine Farbe dick, dünn (auf etwas (Akkusativ)) auftragen; eine Farbe verdünnen, Farben mischen*⟩ *„Die (alte) Farbe blättert schon von den Wänden"* [K] Farbfleck, Farbtupfen; Ölfarbe

**farb·echt** ADJEKTIV ⟨*ein Stoff, eine Bluse, ein Hemd*⟩ so, dass sie (z. B. beim Waschen) nichts von ihrer Farbe verlieren

**fär·ben** (*färbte, hat gefärbt*) **etwas färben** einer Sache mithilfe eines Farbstoffs eine Farbe geben ⟨*Wolle, einen Stoff färben*⟩ *„die Ostereier (bunt) färben"*

**-far·ben** *im Adjektiv, unbetont, begrenzt produktiv* **elfenbeinfarben, fleischfarben, goldfarben, kupferfarben, orangefarben, pastellfarben** *und andere* mit der genannten Farbe oder Art von Farbe

**far·ben·blind** ADJEKTIV nicht fähig, Farben (meist Rot und Grün) zu erkennen oder zu unterscheiden • *hierzu* **Far·ben·blind·heit** *die*

**far·ben·froh** ADJEKTIV mit vielen (leuchtenden) Farben ≈ bunt

**far·big**★ ADJEKTIV **1** mit den Farben Rot, Blau, Grün, Gelb usw. (im Gegensatz zu Schwarz und Weiß) ≈ bunt *„eine Zeichnung farbig ausmalen"* [K] einfarbig, zweifarbig, vielfarbig, verschiedenfarbig ❶ *Farbig* betont, dass mindestens eine Farbe außer Schwarz und Weiß vorhanden ist, *bunt* betont, dass mehrere Farben vorhanden sind. **2** mit einer der Farben ⟨*Glas, Licht*⟩ ↔ schwarz, weiß **3** mit verschiedenen Farben, sodass ein lebhafter, fröhlicher Eindruck entsteht ≈ bunt *„Die Masken beim Karneval in Venedig bieten dem Betrachter ein farbiges Bild"* **4** mit lebhaften Worten, sodass der Leser, Zuhörer oder Zuschauer eine deutliche Vorstellung von etwas bekommt ⟨*eine Schilderung*⟩ **5** zu den Menschen mit relativ dunkler Hautfarbe gehörend ↔ weiß • *zu* (1 – 4) **Far·big·keit** *die*

**-far·big** *im Adjektiv, unbetont, begrenzt produktiv* ≈ -farben

**farb·lich** *ADJEKTIV meist attributiv* in Bezug auf die Farbe einer Sache *„Die farbliche Zusammenstellung überlasse ich ganz Ihnen"*

**farb·los★** *ADJEKTIV* ohne eine (kräftige) Farbe ⟨*Lack, Glas; eine Flüssigkeit*⟩ ≈ durchsichtig • *hierzu* **Farb·lo·sig·keit** *die*

der **Farb·stift★** ein Holz- oder Filzstift, mit dem man farbig zeichnen oder malen kann ≈ Buntstift

der **Farb·stoff** eine Substanz, die einer Sache ihre Farbe gibt oder die man zum Färben benutzt ⟨*pflanzliche, synthetische Farbstoffe;* (*Süßigkeiten*) *mit Farbstoff*⟩ *„Hämoglobin ist der rote Farbstoff im Blut"*

die **Fär·bung** (-, *-en*) eine Farbe, deren Ton (noch) nicht sehr kräftig, nicht intensiv ist *„Die Haut nahm in der Sonne eine rötliche Färbung an"*

die **Farm** (-, *-en*) ein landwirtschaftlicher Betrieb, vor allem in englischsprachigen Ländern • *hierzu* **Far·mer** *der*

die **-farm** *im Substantiv, unbetont, begrenzt produktiv* **Geflügelfarm, Hühnerfarm, Schlangenfarm** *und andere* ein Betrieb, in dem die genannten Tiere in großer Zahl gehalten oder gezüchtet werden

der **Farn** (-(*e*)*s*, *-e*) eine Pflanze mit Blättern ähnlich wie Federn, die an schattigen und feuchten Plätzen wächst und keine Blüten hat

der **Fa·san** (-(*e*)*s*, *-e*(*n*)) Fasane sind wilde Hühner, deren Männchen bunte Federn und einen langen Schwanz haben **K** Fasanenjagd

der **Fa·sching★** (*-s*); *besonders süddeutsch* Ⓐ im Fasching (im Januar und Februar) tragen die Menschen auf fröhlichen Festen lustige Kleider ≈ Karneval **K** Faschingsball, Faschingskostüm, Faschingszeit

der **Fa·schings·diens·tag** *besonders süddeutsch* Ⓐ der letzte Tag des Faschings vor dem Aschermittwoch

der **Fa·schis·mus** (-) ein totalitäres, extrem nationalistisches politisches System, in dem der Staat alles kontrolliert und die Opposition unterdrückt *„der deutsche Faschismus im Nationalsozialismus"* • *hierzu* **Faschist** *der;* **fa·schis·tisch** *ADJEKTIV*

die **Fa·ser** (-, *-n*) **1** eine Art (feiner) Faden im (natürlichen) Gewebe von Pflanzen, Tieren oder Menschen **K** Holzfaser, Muskelfaser **2** ein pflanzliches, tierisches oder synthetisches Material, aus dem Garn und Gewebe für Textilien gemacht werden **K** Baumwollfaser, Chemiefaser, Kunststofffaser, Textilfaser

das **Fass★** (*-es, Fäs·ser*) in Fässern lagert man vor allem Wein, Bier und Chemikalien *„für das Fest ein Fass Bier kaufen"* **K** Bierfass, Wasserfass, Weinfass ⓘ Als Mengenangabe bleibt *Fass* oft unverändert: *drei Fass/Fässer Wein kaufen*

die **Fas·sa·de★** (-, *-n*) **1** die vordere äußere Seite eines Gebäudes, die meist zur Straße zeigt ⟨*eine Fassade streichen, verputzen*⟩ **K** Barockfassade, Glasfassade **2** *abwertend* das äußere, sichtbare Erscheinungsbild (für ein Verhalten), das den (wahren) Charakter verdeckt *„Hinter der Fassade aus Freundlichkeit verbirgt sich ein bösartiger Charakter"*

**fass·bar** *ADJEKTIV* so, dass man es verstehen oder innerlich verarbeiten, begreifen kann ⟨*kaum, nicht, leicht, schwer fassbar*⟩

**fas·sen★** (*fasste, hat gefasst*) MIT DER HAND: **1** **jemanden/etwas fassen** eine Person/Sache mit der Hand, mit den Händen greifen und sie festhalten ↔ loslassen *„den Rettungsring mit beiden Händen fassen"* | *„Sie fasste den Blinden am Arm und führte ihn über die Straße"* **2** **irgendwohin fassen** mit der Hand, mit den Händen eine Sache berühren *„an den warmen Ofen/ins Wasser fassen"* FANGEN: **3** **jemanden fassen** einen Verbrecher finden und gefangen nehmen ↔ freilassen *„Der Polizei gelang es, den Bankräuber zu fassen"* VERSTEHEN: **4** **etwas kaum/nicht fassen (können)** kaum/nicht verstehen können, warum etwas geschehen ist und auch die Folgen noch nicht beurteilen können ⟨*das Glück/Unglück* (*noch*) *gar nicht fassen können*⟩ FORMULIEREN: **5** **etwas irgendwie/in etwas** (*Akkusativ*) **fassen** Gedanken oder Gefühle in der genannten Weise formulieren ≈ ausdrücken *„seine Gefühle in Worte fassen"* ⓘ → auch **kurzfassen** RÄUMLICH: **6** **etwas fasst etwas** ein Raum hat Platz für die genannte Zahl von Menschen, bzw. ein Behälter kann die genannte Menge Flüssigkeit aufnehmen „Das Stadion fasst 70000 Menschen" | „Der Tank fasst 3000 Liter/3 m³ Wasser" ❶ kein Passiv SONSTIGE VERWENDUNGEN: **7** **einen Entschluss fassen** *geschrieben* sich zu etwas entschließen **8** **einen Beschluss fassen** *geschrieben* etwas beschließen **9** **sich fassen** sich nach einem Schreck oder Schock wieder beruhigen *„sich nach einem Schock nur mühsam wieder fassen"*

die **Fas·sung**★ (-, -en) **1** die sprachliche Form und der Inhalt eines Textes, Filmes o. Ä. ≈ Version *„Ich habe nur die deutsche Fassung des Films gesehen"* **K** Originalfassung **2** die Fähigkeit, Gefühle durch den Willen zu beherrschen und nicht nach außen zu zeigen ⟨*die Fassung bewahren, verlieren; aus der Fassung geraten*⟩ *„Er ist durch nichts aus der Fassung zu bringen"* **3** in die Fassung eines elektrischen Geräts (z. B. einer Lampe) schraubt man ein Teil hinein (z. B. eine Glühbirne), damit Strom in die Teile fließen kann *„eine Glühbirne in die Fassung schrauben"* **4** eine Art Rahmen, in dem etwas befestigt ist ≈ Einfassung *„die goldene Fassung eines Diamanten"* **K** Brillenfassung

**fas·sungs·los** *ADJEKTIV* so überrascht oder geschockt, dass man nichts mehr sagen kann ⟨*jemanden fassungslos anschauen*⟩ *„So viel Frechheit macht mich fassungslos"*

das **Fas·sungs·ver·mö·gen** *nur Singular* **1** die Menge, die in einen Behälter oder Raum passt ≈ Kapazität *„Der Benzinkanister hat ein Fassungsvermögen von zehn Litern"* **2** die Fähigkeit, etwas zu verstehen *„Diese komplizierten Rechenaufgaben übersteigen das Fassungsvermögen der Schüler"*

**fast**★ *PARTIKEL betont und unbetont* **1** **fast** *+Adjektiv/Adverb* so, dass die genannte Eigenschaft oder Menge nicht ganz erreicht wird ≈ annähernd *„Der Eimer war fast voll, als sie ihn umstieß"* **2** **fast** *+Verb* so, dass eine mögliche oder wahrscheinliche Handlung nicht eingetreten ist ≈ beinahe *„Ich wäre fast verzweifelt, wenn du mir nicht geholfen hättest"*

**fas·ten** (*fastete, hat gefastet*) **1** (zu festgelegten Zeiten) aus religiösen Gründen weniger (und kein Fleisch) essen **K** Fasttag **2** eine Zeit lang weniger oder nichts essen, um Gewicht zu verlieren

die **Fas·ten·zeit** (in manchen Religionen) der Zeitraum, in dem man sich nach festen Regeln bewusst einschränkt (vor allem in Bezug auf Essen und Trinken) *„Der Ramadan ist die Fastenzeit der Muslime"* | *„Die Fastenzeit der Katholiken dauert von Aschermittwoch bis Ostern"*

die **Fast·nacht** die letzten Tage des Faschings/Karnevals (vor allem Rosenmontag und Faschingsdienstag)

**fas·zi·nie·ren** (*faszinierte, hat fasziniert*) **eine Person/Sache fasziniert jemanden** eine Person oder Sache ruft bei jemandem großes Interesse und große Bewunderung hervor *„Die Raumfahrt hat ihn seit Langem fasziniert"* • *hierzu* **fas·zi·nie·rend** *ADJEKTIV*

**fa·tal** *ADJEKTIV* mit schlimmen Folgen/Konsequenzen ⟨*ein Fehler, ein Irrtum, Folgen; in einer fatalen Lage, Situation sein*⟩

**fau·chen** (*fauchte, hat gefaucht*) **ein Tier faucht** ein Tier macht Geräusche wie eine erschrockene oder wütende Katze *„Der Tiger fauchte, als die Zuschauer zu nahe an den Käfig kamen"*

**faul**★ *ADJEKTIV* (*fauler, faulst-*) **1** ohne Lust zu arbeiten oder aktiv zu sein ↔ fleißig *„faul in der Sonne liegen"* **2** voll von Bakterien und deshalb verdorben, nicht mehr brauchbar oder essbar ⟨*ein Apfel, ein Ei, Fleisch, Holz, Wasser; etwas riecht faul*⟩ • *zu* (1) **Faul·heit** *die*

**fau·len** (*faulte, hat/ist gefault*) **etwas fault** etwas verdirbt und wird faul ⟨*Obst, Gemüse, die Zähne*⟩

**fau·len·zen** (*faulenzte, hat gefaulenzt*) faul sein *„Im Urlaub möchte ich nur in der Sonne liegen und faulenzen"*

**fau·lig** *ADJEKTIV* in einem faulen Zustand oder mit faulem Geruch ⟨*Wasser; etwas riecht, schmeckt faulig, sieht faulig aus*⟩

die **Fäul·nis** (-) der Zustand, in dem etwas faul ist ⟨*etwas geht in Fäulnis über*⟩ **K** Fäulnisbakterien, Fäulniserreger

die **Faust**★ (-, *Fäus·te*) die geschlossene Hand ⟨*eine Faust machen; mit der Faust drohen, auf den Tisch schlagen*⟩ **K** Fausthieb, Faustschlag

der **Faust|hand·schuh** ein warmer Handschuh, bei dem alle Finger außer dem Daumen in einer gemeinsamen Hülle stecken

der **Fäust·ling** (-s, -e) ≈ Fausthandschuh

die **Faust·re·gel** eine einfache Regel, die in vielen Fällen stimmt, jedoch nicht immer ganz präzise ist ⟨*eine alte, bewährte, einfache Faustregel anwenden*⟩

der **Fa·vo·rit**★ [-v-]; (-en, -en) **Favorit (auf etwas**

F

(*Akkusativ*)) derjenige Teilnehmer an einem Wettkampf, von welchem die meisten Leute glauben, dass er gewinnen wird ⟨*klarer Favorit sein; der Favorit auf den Titel*⟩ K Favoritenrolle; Meisterschaftsfavorit • *hierzu* **Fa·vo·ri·tin** *die*

das **Fax★** (-, -(*e*)) ein System oder Gerät, mit dem man über Telefonleitungen genaue Kopien von Briefen, Dokumenten usw. senden und empfangen kann, bzw. eine solche Kopie K Faxgerät, Faxnummer • *hierzu* **fa·xen** (*hat*)

das **Fa·zit★** (-s, -s/-e); *meist Singular; geschrieben* das abschließende Urteil über eine Sache ⟨*ein Fazit ziehen*⟩ ≈ Schlussfolgerung *„Als Fazit der Untersuchung kann festgehalten werden, dass immer mehr Leute das Rauchen aufgeben"*

der **FC** [ɛf'tse:]; (-); *gesprochen* ≈ Fußballclub

der **Fe·ber** (-s, -); Ⓐ ≈ Februar

der **Feb·ru·ar★** (-s) der zweite (und kürzeste) Monat des Jahres ⟨*im Februar, Anfang, Mitte, Ende, Februar; am 1., 2., 3. Februar*⟩ ℹ Abkürzung: *Feb.*

**fech·ten** (*ficht, focht, hat gefochten*) **(mit jemandem/gegen jemanden) fechten** (früher oder als Sport) mit einem Degen, Säbel o. Ä. gegen jemanden kämpfen K Fechtkampf

die **Fe·der★** (-, -n) 1 Federn bedecken den Körper eines Vogels, wärmen das Tier und machen das Fliegen möglich ⟨*bunte, schillernde, zerzauste Federn; ein Vogel sträubt die Federn; ein Kissen mit Federn füllen*⟩ K Federkissen; Pfauenfeder 2 ein kleiner, spitzer Gegenstand aus Metall, der am Ende eines Federhalters befestigt wird und zum Schreiben oder Zeichnen verwendet wird ⟨*die Feder in das Tintenglas eintauchen; die Feder kleckst, kratzt*⟩ K Federzeichnung; Schreibfeder 3 ein Teil aus Metall meist in Form einer Spirale, das dazu dient, einen Stoß, Druck oder Zug auszugleichen bzw. Druck oder Zug auszuüben

der **Fe·der·ball** 1 ein kleiner, leichter Gegenstand aus einer runden Kappe, an der Federn o. Ä. (kreisförmig) angeordnet sind. Der Federball wird meist von zwei Personen mit Schlägern (über ein Netz) hin und her gespielt 2 *meist ohne Artikel* das Spiel mit dem Federball ⟨*Federball spielen*⟩ K Federballmatch ℹ Im Wettkampf heißt dieser Sport auch *Badminton*

das **Fe·der·mäpp·chen★** ein flacher, länglicher Behälter, in dem Schüler ihre Bleistifte, Füller, Kugelschreiber o. Ä. aufbewahren

**fe·dern** (*federte, hat gefedert*) 1 **etwas federn** etwas mit Federn versehen *„ein schlecht gefedertes Sofa"* ℹ meist im Partizip Perfekt 2 **etwas federt** etwas gibt (wie eine Feder) unter einem Druck nach, verändert seine Form und geht wieder in seine ursprüngliche Stellung oder Form zurück, wenn der Druck nachlässt ⟨*ein Sprungbrett, ein Polster*⟩

die **Fee** (-, -n ['fe:ən]) meist eine (schöne) Frau im Märchen, die übernatürliche Kräfte hat (und oft den Menschen hilft und ihre Wünsche erfüllt) ⟨*eine gute, böse Fee erscheint jemandem*⟩ K Glücksfee, Märchenfee, Zauberfee

**fe·gen** (*fegte, hat/ist gefegt*); *besonders norddeutsch* 1 **etwas fegen** (*hat*) etwas sauber machen, indem man mit einem Besen o. Ä. den Staub und Schmutz entfernt ⟨*den Fußboden fegen*⟩ 2 **etwas von etwas fegen** (*hat*) mit einem Besen etwas von einem Ort entfernen *„die Scherben von der Straße fegen"*

**fehl** ADJEKTIV ID **etwas ist fehl am Platz(e)** etwas passt an einem Ort, in einer Situation nicht, ist nicht angemessen; **jemand ist/fühlt sich irgendwo fehl am Platz(e)** jemand sollte irgendwo nicht sein oder fühlt sich irgendwo fremd, nicht wohl

**Fehl-** *im Substantiv, betont, begrenzt produktiv* **der Fehlalarm, die Fehldiagnose, die Fehleinschätzung, die Fehlentwicklung, das Fehlverhalten** *und andere* drückt aus, dass das Genannte falsch ist oder Fehler enthält, Probleme mit sich bringt *„Bei dem Bericht handelte es sich um eine gezielte Fehlinformation der Öffentlichkeit"* | *„Aufgrund einer Fehlplanung blieben sehr viele Getränke übrig"*

die **Fehl·an·zei·ge** *gesprochen* verwendet, um eine Frage negativ zu beantworten *„Ist er in diesem Zimmer?" – „Nein, Fehlanzeige!"*

der **Fehl·be·trag** *admin* eine Summe Geld, die (beim Abrechnen) in der Kasse fehlt *„In der Kasse ist ein Fehlbetrag von hundert Euro"*

**feh·len★** (*fehlte, hat gefehlt*) 1 **etwas fehlt** etwas ist nicht (mehr) vorhanden *„An seinem Mantel fehlt ein Knopf"* 2 **etwas fehlt jemandem** etwas steht einer Person nicht zur Verfügung, obwohl sie es benötigt *„Ihm fehlte das Geld, um sich ein neues Auto zu kaufen"* 3 **eine Person fehlt jemandem** *gesprochen* jemand ist traurig, weil die genannte Person nicht da ist *„Komm doch bald nach Hause, du fehlst mir sehr", schrieb sie in ihrem Brief"* 4 **es fehlt (jemandem) an etwas** (*Dativ*) etwas ist (bei jemandem) nicht (genügend) vorhanden ⟨*je-*

*mandem fehlt es an Arbeitseifer, Ausdauer, Mut〉 „Den Opfern des Erdbebens fehlt es an Nahrung und Unterkünften"* ID **Fehlt dir was?** *gesprochen* bist du krank, hast du Schmerzen?; **Das hat mir gerade noch gefehlt!** *ironisch* a das passt nicht in meine Pläne b das kann ich in dieser Situation nicht gebrauchen

der **Feh·ler★** (-s, -) 1 etwas, das falsch ist (vor allem ein Irrtum oder eine Störung in einem System) 〈*einen Fehler machen, ausbessern, korrigieren, ausmerzen*〉 *„Die Ursache des Unglücks war ein technischer Fehler"* K Fehlersuche; Druckfehler, Rechenfehler, Tippfehler 2 ein Verhalten oder eine Entscheidung, die der Situation oder den Umständen nicht angemessen sind *„Es war ein Fehler (von mir), ihn so anzuschreien"* 3 eine schlechte charakterliche Eigenschaft oder ein körperlicher Mangel vor allem eines Menschen *„Jeder Mensch hat seine Fehler"* K Sprachfehler • *zu* (1) **feh·ler·haft** *ADJEKTIV*; *zu* (1) **feh·ler·frei** *ADJEKTIV*; *zu* (1) **feh·ler·los** *ADJEKTIV*

die **Feh·ler·quel·le** etwas, das zu einem Fehler führt, die Ursache eines Fehlers 〈*eine mögliche, potentielle Fehlerquelle ermitteln, ausschalten*〉

die **Fehl·ge·burt eine Fehlgeburt haben** (als Frau) einen Embryo gebären, der noch nicht fähig ist, außerhalb des Bauchs der Mutter zu leben

der **Fehl·griff (mit jemandem/etwas) einen Fehlgriff tun** eine schlechte Entscheidung treffen (z. B. beim Kauf einer Sache oder der Anstellung einer Person)

**fehl·schla·gen** (*schlägt fehl, schlug fehl, ist fehlgeschlagen*) **etwas schlägt fehl** etwas ist ein Misserfolg, etwas gelingt nicht *„Alle seine Versuche, sich mit ihr zu versöhnen, schlagen fehl"*

der **Fehl·start** 1 ein zu frühes Starten eines Teilnehmers bei einem Wettrennen (was dazu führt, dass der Start wiederholt wird) 〈*einen Fehlstart verursachen*〉 2 ein Start eines Flugzeugs oder einer Rakete, der wegen Problemen abgebrochen werden muss

der **Fehl·tritt** ein schlecht platzierter, ungeschickter Schritt (der z. B. zu einem Sturz führt) *„Ein Fehltritt auf dem Seil kann einem Artisten das Leben kosten"*

die **Fei·er★** (-, -n) eine festliche Veranstaltung, die z. B. wegen eines Geburtstags oder Jubiläums stattfindet 〈*eine öffentliche, private Feier; eine Feier veranstalten*〉 K Abschiedsfeier, Geburtstagsfeier, Weihnachtsfeier

der **Fei·er·abend★** 1 das Ende der täglichen Arbeitszeit 〈*Feierabend haben, machen*〉 *„Um fünf Uhr ist in der Fabrik Feierabend"* 2 die Zeit nach der täglichen beruflichen Arbeit (meist der Abend) *„Am Feierabend liest und musiziert er immer"* K Feierabendbeschäftigung

**fei·er·lich★** *ADJEKTIV* ernst und würdevoll 〈*eine Atmosphäre, eine Handlung, eine Rede, eine Stimmung, eine Umgebung, eine Zeremonie*〉 ≈ festlich *„Es war ein feierlicher Augenblick, als man ihm den Nobelpreis überreichte"*

**fei·ern★** (*feierte, hat gefeiert*) 1 **etwas feiern** die Bedeutung eines Ereignisses dadurch ausdrücken, dass man eine Feier macht 〈*(den) Geburtstag, (die) Hochzeit, Weihnachten, Abschied, Wiedersehen feiern*〉 2 **jemanden (als etwas) feiern** eine Person wegen ihrer Verdienste ehren, indem man sie (öffentlich) lobt, jubelt (und Feiern veranstaltet) 〈*das Geburtstagskind, den Star feiern; jemanden als Retter feiern*〉 3 **(ein Fest) feiern** ein Fest veranstalten *„Am Samstag feiern wir"*

der **Fei·er·tag★** ein Tag, an dem man nicht arbeitet, weil an diesem Tag ein wichtiges religiöses oder geschichtliches Ereignis stattfand 〈*ein kirchlicher, ein gesetzlicher Feiertag*〉 ↔ Werktag K Nationalfeiertag, Weihnachtsfeiertag

**feig, fei·ge★** *ADJEKTIV* 1 ohne Mut, ängstlich *„Er ist zu feig, um seine Meinung offen zu sagen"* 2 so, dass das Opfer keine Chance hat, zu fliehen oder sich zu wehren 〈*ein Attentat, ein Mord, ein Mörder*〉 • *hierzu* **Feig·heit** *die*

die **Fei·ge** (-, -n) die Frucht des Feigenbaums *„getrocknete Datteln und Feigen"*

der **Feig·ling** (-s, -e); *abwertend* eine Person, die feige und ängstlich ist

die **Fei·le** (-, -n) ein Werkzeug in Form eines Metallstabs mit vielen kleinen Zähnen oder Rillen, mit dem man die Oberflächen von Holz- und Metallstücken glatt macht

**fei·len** (*feilte, hat gefeilt*) **etwas feilen** etwas mit einer Feile bearbeiten 〈*ein Brett, einen Eisenstab feilen; sich (Dativ) die Fingernägel feilen*〉

**feil·schen** (*feilschte, hat gefeilscht*) **(mit jemandem) (um etwas) feilschen** lange über den Kaufpreis einer Sache verhandeln (in der Absicht, den Preis zu senken) *„Wir wollen doch* *nicht um ein paar Euro feilschen!"*

**fein**★ *ADJEKTIV* **1** sehr dünn ⟨*Gewebe, Haar, eine Linie, ein Wasserstrahl*⟩ ↔ dick **2** aus sehr kleinen Teilchen (bestehend) ⟨*Mehl, Zucker, Sand; fein gemahlener Kaffee*⟩ **K** feingemahlen **3** fähig, mit den Sinnesorganen auch ganz leise Geräusche, schwache Gerüche usw. wahrzunehmen ⟨*ein Gehör, eine Nase*⟩ ≈ empfindlich **4** gering oder nicht leicht festzustellen ⟨*Unterschiede*⟩ **5** von sehr guter Qualität ⟨*Gebäck, Pralinen, Seife, Weine*⟩ **6** *oft ironisch* ⟨*eine Dame, ein Herr*⟩ ≈ vornehm *„Sie spielt immer die feine Dame"* **7** *gesprochen* verwendet, um zu sagen, dass etwas positiv oder schön ist *„Das hast du fein gemacht"* **8** **sich fein machen** *gesprochen* festliche Kleidung anziehen

der **Feind**★ (-(e)s, -e) **1** eine Person, die eine andere Person hasst und versucht, ihr zu schaden ⟨*jemandes ärgster, erbittertster Feind sein; sich (Dativ) Feinde, sich (Dativ) jemanden zum Feind machen*⟩ ↔ Freund **2** *nur Singular* die Menschen eines Landes bzw. die Soldaten eines Staates, mit dem das eigene Land Krieg führt ⟨*den Feind angreifen, besiegen; vor dem Feind flüchten*⟩ **K** Feindesland • *zu (1)* **Fein·din** *die*

**feind·lich**★ *ADJEKTIV* **1** wie ein Feind und aggressiv ⟨*jemandem feindlich gesinnt sein*⟩ **2** so, dass man gegen etwas ist **3** zum militärischen Gegner gehörend ⟨*Stellungen, ein Sender, Truppen*⟩

**-feind·lich** *im Adjektiv, unbetont, begrenzt produktiv* **1** **ausländerfeindlich, fortschrittsfeindlich, frauenfeindlich, staatsfeindlich** *und andere* mit einer negativen, ablehnenden Einstellung/Haltung zur genannten Person/Sache **2** **familienfeindlich, kommunikationsfeindlich, lebensfeindlich** *und andere* für die genannte Person/Sache schlecht

die **Feind·schaft** (-, -en); *meist Singular* **Feindschaft (zwischen Personen)** eine Beziehung zwischen zwei oder mehreren Personen, die durch Hass und Aggression gekennzeichnet ist ⟨*mit jemandem in Feindschaft leben; sich (Dativ) jemandes Feindschaft zuziehen*⟩ *„Zwischen den politischen Gegnern besteht/herrscht keine persönliche Feindschaft"* • *hierzu* **feind·schaft·lich** *ADJEKTIV*

**feind·se·lig** *ADJEKTIV* von einer starken Abneigung oder von Hass erfüllt ⟨*ein Verhalten; jemanden feindselig ansehen, behandeln*⟩ ≈ feindlich

die **Feind·se·lig·keit** (-, -en) *nur Singular* das feindselige Verhalten ⟨*jemandem mit offener Feindseligkeit gegenübertreten*⟩

**fein·füh·lig** *ADJEKTIV* mit Feingefühl *„Er ist ein feinfühliger Mensch"* • *hierzu* **Fein·füh·lig·keit** *die*

das **Fein·ge·fühl** *nur Singular* das Verständnis vor allem für die Gefühle anderer Menschen, das sich im taktvollen Verhalten zeigt

die **Fein·heit** (-, -en) **1** *nur Singular* die feine Beschaffenheit und dünne Struktur eines Stoffes (vor allem von Textilien) *„die Feinheit des Gewebes"* **2** *meist Plural* die Einzelheiten, Nuancen einer Sache *„die Feinheiten der französischen Aussprache beachten"*

die **Fein·kost** *nur Singular* ≈ Delikatessen **K** Feinkostgeschäft, Feinkostladen

der **Fein·schme·cker** (-s, -) eine Person, die gern sehr gute, aufwändig zubereitete Speisen isst **K** Feinschmeckerlokal • *hierzu* **Fein·schme·cke·rin** *die*

**fein·sin·nig** *ADJEKTIV* intelligent, sensibel und mit künstlerischem Verständnis ⟨*ein Kunstwerk, ein Künstler*⟩

der **Fein·staub** Staub in der Luft, der so fein ist, dass man ihn nicht sieht. Feinstaub schadet der Lunge, wenn man ihn einatmet **K** Feinstaubplakette, Feinstaubverordnung

die **Fein·wä·sche** Wäsche (z. B. aus Wolle oder Seide), die man bei niedrigen Temperaturen sehr vorsichtig und schonend waschen muss

das **Feld**★ (-(e)s, -er) **1** eine relativ große abgegrenzte Fläche Land, auf der z. B. Weizen, Kartoffeln oder Rüben angebaut werden ≈ Acker **K** Feldblume, Feldmaus; Maisfeld **2** ein meist rechteckiger oder quadratischer Teil einer Fläche (z. B. auf einem Formular oder in einem Schachspiel), der dadurch entstanden ist, dass die Fläche aufgeteilt wurde *„die Felder eines Formulars ausfüllen"* **3** *meist Singular* eine abgegrenzte, meist durch Linien markierte Fläche, die vor allem für Ballspiele genutzt wird **K** Fußballfeld, Spielfeld **4** *nur Singular* ein sachlicher oder thematischer Bereich (z. B. in der Wissenschaft oder Forschung), mit dem sich jemand beschäftigt *„das weite Feld der Psychologie"*

der **Feld·sa·lat** *nur Singular* eine Pflanze mit kleinen, ovalen grünen Blättern, die als Salat gegessen werden

die **Fel·ge** (-, -n) der Teil eines Rades, auf dem der Reifen festgemacht ist **K** Zierfelge das **Fẹll**★ (-(e)s, -e) [1] *meist Singular* die dicht wachsenden Haare, die den Körper mancher Tiere bedecken ⟨*ein glänzendes, seidiges, struppiges, zottiges Fell*⟩ *„einem Hund das Fell bürsten"* [2] die Haut eines Tieres mit den dichten Haaren, die darauf wachsen ⟨*einem Tier das Fell abziehen; ein Fell gerben*⟩ [K] Fellmütze; Bärenfell

der **Fẹls** [1] *nur Singular, meist ohne Artikel, nur in dieser Form* eine große und sehr harte Masse aus Stein *„Die Geologen sind bei den Bohrungen auf Fels gestoßen"* [2] ≈ Felsen [K] Felsbrocken

der **Fẹl·sen**★ (-s, -) eine große Masse aus festem Gestein (z. B. an der Küste des Meeres) als Teil der Erdoberfläche ⟨*ein nackter, schroffer, steiler Felsen; auf einen Felsen klettern*⟩ [K] Felsengipfel, Felsenhöhle, Felsenküste

**fẹl·sen·fẹst** *ADJEKTIV* ganz fest ⟨*ein Entschluss, eine Überzeugung; felsenfest an etwas glauben; felsenfest von etwas überzeugt sein*⟩

**fẹl·sig** *ADJEKTIV* [1] mit vielen Felsen ⟨*ein Berghang, ein Gelände, ein Weg*⟩ [2] aus Fels ⟨*eine Bergkuppe, ein Gipfel*⟩

**fe·mi·ni̱n** *ADJEKTIV* [1] *geschrieben* auf positive Art typisch für Frauen ≈ weiblich *„Sie hat eine sehr feminine Stimme"* [2] von dem grammatischen Geschlecht, das für Substantive im Nominativ Singular den Artikel „die" verlangt ⟨*ein Substantiv, der Artikel*⟩

der **Fe·mi·nịs·mus** (-) eine Theorie und Lehre und die darauf aufbauende Bewegung, die z. B. zum Ziel hat, dass Frauen im Beruf die gleichen Chancen haben wie Männer und dass sich die traditionelle gesellschaftliche Rolle der Frau ändert • *hierzu* **fe·mi·nịs·tisch** *ADJEKTIV*

das **Fẹns·ter**★ (-s, -) [1] Fenster gibt es in Häusern und Fahrzeugen, damit man nach draußen sehen kann ⟨*ein Fenster öffnen, schließen; aus dem Fenster sehen; ein Fenster ist/steht offen, ist geschlossen/zu, klemmt*⟩ *„Er kurbelte das Fenster herunter und fragte einen Passanten nach dem Weg"* [K] Fensterrahmen, Fensterscheibe; Autofenster, Küchenfenster [2] ein geöffnetes Programm im Computer hat ein eigenes Fenster am Monitor ⟨*ein Fenster aktivieren, anklicken, öffnen, schließen*⟩ [K] Dialogfenster

die **Fẹns·ter·bank** ≈ Fensterbrett

das **Fẹns·ter·brett** eine schmale Platte aus Holz, Metall oder Stein am unteren Ende des Fensters *„Blumentöpfe auf das Fensterbrett stellen"*

der **Fẹns·ter·platz** ein Sitzplatz neben dem Fenster, z. B. im Bus oder Zug ⟨*einen Fensterplatz haben, reservieren*⟩

die **Fe̱·ri·en**★ [-i̯ən]; *Plural* [1] der Zeitraum, in dem Institutionen (wie z. B. Schulen, Universitäten oder Ämter) geschlossen sind ⟨*Ferien haben, machen; in den Ferien sein*⟩ *„Die Ferien beginnen dieses Jahr am ersten August"* [K] Schulferien, Sommerferien [2] die Zeit, in der man verreisen kann, weil man nicht arbeiten oder in die Schule gehen muss ⟨*Ferien haben, machen; die Ferien irgendwo verbringen*⟩ ≈ Urlaub *„Ferien an der See"* [K] Ferienhaus, Ferienjob [3] **die großen Ferien** die lange Zeit im Sommer, in der man nicht zur Schule muss ≈ Sommerferien

das **Fe̱·ri·en·la·ger** ein Zeltlager, in dem Jugendliche ihre Ferien zusammen verbringen

das **Fẹr·kel** (-s, -) [1] ein junges Schwein *„Die Ferkel quieken"* [K] Ferkelzucht [2] *gesprochen, abwertend* verwendet als Schimpfwort für eine Person, die schmutzig oder unordentlich ist *„Wasch dir mal die Hände, du Ferkel!"*

**fẹrn**★ *ADJEKTIV* [1] **fern (von jemandem/etwas)** räumlich weit (vom Sprecher) entfernt, in großer Distanz ⟨*Länder; etwas von fern beobachten, hören*⟩ ↔ nahe *„Von fern sah man den Zug kommen"* [2] (vom Standpunkt des Sprechers aus) zeitlich weit in der Zukunft oder Vergangenheit ⟨*in ferner Zukunft, Vergangenheit*⟩ *„Der Tag ist nicht mehr fern, an dem wir uns wiedersehen werden"*

**-fern** *im Adjektiv, unbetont, begrenzt produktiv* **gegenwartsfern, praxisfern, wirklichkeitsfern** *und andere* verwendet, um zu sagen, dass eine Person oder Sache keinen Bezug zu dem Genannten hat *„Seine Gehaltsvorstellungen sind realitätsfern"* Er erhofft sich ein viel höheres Gehalt, als es in der Realität gezahlt wird

**fern·ạb** *Präposition; mit Genitiv* weit entfernt *„eine Reise fernab der Touristenzentren"* | *„eine Beschreibung fernab der üblichen Klischees"* ⓘ auch zusammen mit *von*: *fernab vom Lärm des Alltags*

die **Fẹrn·be·die·nung** ein kleines technisches Gerät, mit dem man ein anderes Gerät, eine Maschine (z. B. einen Fernsehapparat) von einem weiter entfernten Platz aus bedienen kann

**fẹrn·blei·ben** (*blieb fern, ist ferngeblieben*) **einer Sache** (*Dativ*) **fernbleiben** *admin* (absichtlich) nicht an etwas teilnehmen ⟨*der Arbeit, dem Unterricht fernbleiben*⟩

F

der **Fẹrn·bus** ein Bus, der weite Strecken zu größeren Städten oder Feriengebieten fährt *„Fahr doch mit dem Fernbus, das ist viel billiger als mit der Bahn"*

die **Fẹr·ne★** (-) **1** eine große räumliche Distanz (von einem Standort aus gesehen) *„In der Ferne zeichnen sich die Berge am Horizont ab"* **2 in weiter Ferne** weit in der Vergangenheit oder Zukunft *„Der Tag, an dem es der Medizin gelingen wird, den Krebs zu besiegen, liegt noch in weiter Ferne"* **3 aus der/aus weiter Ferne** von Orten, Gebieten o. Ä., die weit weg sind

F

**fẹr·ner** *BINDEWORT; geschrieben* ≈ außerdem *„Für das Dessert brauchen Sie Erdbeeren und Zucker, ferner Wein, Sahne und Zitrone"*

der **Fẹrn·fah·rer** eine Person, die beruflich mit dem Lastwagen weite Strecken fährt

das **Fẹrn·glas** (*-es, Fern·glä·ser*) ein optisches Gerät (mit zwei Rohren), durch das man Menschen und Dinge in der Ferne größer sieht als mit bloßem Auge *„ein Pferderennen durch ein Fernglas verfolgen"*

**fẹrn·hal·ten** (*hält fern, hielt fern, hat ferngehalten*); *geschrieben* **1 jemanden/etwas (von einer Person/Sache) fernhalten** verhindern, dass jemand oder etwas mit einer anderen Person oder einer Sache in Kontakt kommt *„die Kinder von dem Kranken fernhalten"* **2 sich (von jemandem/etwas) fernhalten** bewusst nicht zu jemandem oder an einen Ort gehen ≈ meiden

das **Fẹrn·licht** *nur Singular* das Licht der Scheinwerfer eines Autos, das am weitesten leuchtet ⟨*das Fernlicht einschalten, ausschalten*⟩

die **Fẹrn·mel·de·tech·nik** *geschrieben* die technischen Grundlagen der Telekommunikation

das **Fẹrn·rohr** ein optisches Gerät (mit einem Rohr), durch das man Dinge sieht, die sehr weit entfernt sind ≈ Teleskop *„den Mond durch ein Fernrohr betrachten"* → Fernglas

**fẹrn·se·hen★** (*sieht fern, sah fern, hat ferngesehen*) Sendungen im Fernsehen ansehen *„Kinder sollten nicht stundenlang fernsehen"*

das **Fẹrn·se·hen★** (*-s*) **1** eine Technik, mit der man über große Entfernungen Bilder und Ton übermitteln kann *„Das Fernsehen ist eine Erfindung des 20. Jahrhunderts"* **K** Fernsehantenne **2** die Institution, die das Fernsehen organisiert *„Das Fernsehen bringt ab nächster Woche eine neue Familienserie"* **K** Fernsehgebühren, Fernsehstudio **3** das Programm, das vom Fernsehen gesendet wird *„Was gibt es heute Abend im Fernsehen?"* **K** Fernsehfilm, Fernsehprogramm, Fernsehreportage, Fernsehsendung

der **Fẹrn·se·her★** (*-s, -*); *gesprochen* ein Gerät, mit dem man die Sendungen des Fernsehens empfangen kann ⟨*ein tragbarer Fernseher*⟩

die **Fẹrn·sicht** (-) die weite Sicht, die man (von einem Berg, Turm, Flugzeug o. Ä. aus) hat

**fẹrn·steu·ern** (*steuerte fern, hat ferngesteuert*) **etwas fernsteuern** ein technisches Gerät, ein Fahrzeug o. Ä. mithilfe eines Geräts aus einiger Entfernung oder von einer Zentrale aus steuern ⟨*ein Flugzeug, einen Satelliten, eine Rakete fernsteuern*⟩ *„ein ferngesteuertes Modellauto"* • *hierzu* **Fẹrn·steu·e·rung** *die*

der **Fẹrn·ver·kehr** die Fahrzeuge, die Personen oder Güter über große Entfernungen transportieren **K** Fernverkehrsstraße

das **Fẹrn·weh** (*-s*) **Fernweh (nach etwas)** die Sehnsucht, in ein fernes Land zu fahren *„Fernweh nach fremden Ländern haben"*

die **Fẹr·se★** (*-, -n*) **1** der hinterste Teil des Fußes, vor allem beim Menschen *„sich einen Dorn in die Ferse treten"* ❶ → Abbildung, S. 294: **Der Körper** **2** der Teil eines Strumpfes, der die Ferse bedeckt

**fẹr·tig★** *ADJEKTIV* **1** *meist prädikativ* ganz vorbereitet und bereit, etwas zu tun *„zur Abreise fertig sein"* | *„sich zur Abreise fertig machen"* **2** als Ganzes vollständig hergestellt *„Kommt bitte zu Tisch. Das Essen ist fertig"* **3** *gesprochen meist prädikativ* müde und erschöpft *„Nach der Rennerei war ich völlig fertig"* **4 (mit etwas) fertig sein**; **etwas fertig haben** eine Tätigkeit abgeschlossen, beendet haben ⟨*mit dem Essen, mit den Hausaufgaben fertig sein*⟩ **5 etwas fertig bekommen/bringen/kriegen** *gesprochen* eine Arbeit abschließen, beenden können *„Er muss das Referat unbedingt noch heute fertig bekommen"* ❶ aber: *es nicht fertigbekommen/fertigkriegen, die Freunde anzulügen* (zusammengeschrieben) **6 etwas fertig machen**; **mit etwas fertig werden** etwas zu Ende bringen, beenden *„pünktlich mit einem Auftrag fertig werden"* **7 mit jemandem fertig werden** bei einem Streit oder einer Diskussion besser sein als die genannte Person **8 mit etwas fertig werden** meist ein Problem lösen, seelisch bewältigen *„Er wird mit der Trennung von seiner Frau einfach nicht fertig"*

**-fer·tig** *im Adjektiv nach Substantiv oder Verb, unbetont, begrenzt produktiv* **backfertig, druckfertig, versandfertig** *und andere* so, dass die genannte Tätigkeit sofort oder ohne weitere Vorbereitungen ausgeführt werden kann *„Wann ist die Wohnung bezugsfertig?"*

**fẹr·tig·be·kom·men, fẹrtig bekom·men** (*bekam fertig, hat fertigbekommen/fertig bekommen*); *gesprochen* ≈ fertigbringen

**fẹr·tig·brin·gen** (*brachte fertig, hat fertiggebracht*); *gesprochen* **1** **etwas fertigbringen** etwas Schwieriges, Außergewöhnliches tun können *„Er hat es tatsächlich fertiggebracht, zehn Kilometer zu schwimmen"* **2** **es (nicht) fertigbringen zu** *+Infinitiv* (nicht) fähig sein, etwas zu tun, womit man eine andere Person verletzt, beleidigt oder ihr Kummer macht *„Sie brachte es nicht fertig, ihm die Wahrheit zu sagen"* ⓘ a) meist verneint; b) aber: *eine Arbeit rechtzeitig fertig bringen* (getrennt geschrieben)

das **Fẹr·tig·ge·richt** ein fertig gekochtes Essen, das man im Geschäft kauft und das man nur noch warm zu machen braucht

das **Fẹr·tig·haus** ein Haus, das aus großen Bauteilen, die bereits fertig sind, in kurzer Zeit zusammengesetzt wird

die **Fẹr·tig·keit★** (-, *-en*) **1** *nur Singular* die Fähigkeit, etwas gut und rasch tun zu können ⟨*eine Fertigkeit ausbilden, erwerben, erlangen*⟩ ≈ Geschick *„Sie hat sich eine gewisse Fertigkeit im Malen erworben"* **2** *nur Plural* die Fähigkeiten und speziellen Kenntnisse, die man vor allem für einen Beruf braucht

**fẹr·tig·krie·gen** (*kriegte fertig, hat fertiggekriegt*); *gesprochen* ≈ fertigbringen

**fẹr·tig·ma·chen** (*machte fertig, hat fertiggemacht*); *gesprochen* **1** **jemanden fertigmachen** bewirken, dass jemand oder man selbst deprimiert, verzweifelt oder körperlich erschöpft ist *„Dieser ständige Stress macht mich noch völlig fertig"* **2** **jemanden fertigmachen** jemanden brutal schlagen oder töten

**fẹr·tig·stel·len, fẹr·tig stel·len** (*stellte fertig, hat fertiggestellt/fertig gestellt*) **etwas fertigstellen** etwas (das gebaut, produziert wird) vollenden ≈ beenden *„Der Neubau des Theaters konnte endlich fertiggestellt werden"* • *hierzu* **Fẹr·tig·stel·lung** *die*

**fẹr·tig·wer·den** ≈ fertig werden

die **Fẹs·sel** (-, *-n*); *meist Plural* eine Kette, ein Riemen, ein Strick o. Ä., mit denen man jemanden fesselt ⟨*jemanden in Fesseln legen; jemandem die Fesseln abnehmen, lösen; sich von den Fesseln befreien*⟩

**fẹs·seln** (*fesselte, hat gefesselt*) **1** **jemanden (an etwas** (*Akkusativ*)**) fesseln** einer Person Arme oder Beine so zusammenbinden, dass sie sich nicht mehr bewegen kann ⟨*jemanden an Händen und Füßen fesseln; jemanden fesseln und knebeln*⟩ **2** **etwas fesselt jemanden** etwas interessiert eine Person so stark, dass sie sich ganz darauf konzentriert *„Der Kriminalroman fesselte ihn"*

F

**fẹst★** ADJEKTIV (*fester, festest-*) **1** *ohne Steigerung* nicht flüssig oder gasförmig, sondern so, dass es die äußere Form behält ⟨*ein Brennstoff, Nahrung*⟩ *„Eis ist Wasser in festem Zustand"* **K** Feststoff **2** so hart oder haltbar, dass es nicht reißt oder bricht ⟨*Gestein, ein Faden, ein Gewebe*⟩ ≈ stabil *„Für die Bergwanderung braucht man feste Schuhe"* **3** ohne (größeren) Zwischenraum, in engem Kontakt mit einem Material oder einem Körper ⟨*ein Verband, ein Knoten; etwas fest verbinden*⟩ *„Sie fror und zog die Jacke fester um ihre Schultern"* **4** mit (körperlicher) Kraft ⟨*ein Händedruck*⟩ *„vor Wut die Lippen fest aufeinanderpressen"* **5** so, dass es gleich bleibt und nicht wechselt oder sich den Umständen anpasst ⟨*ein Einkommen, ein Preis, ein Wohnsitz, ein Freundeskreis; eine feste Bindung eingehen*⟩ ≈ konstant **K** Festpreis **6** nicht bereit, etwas zu ändern oder aufzuhören *„die feste Absicht haben, etwas zu tun"* | *„Es war sein fester Entschluss, mit dem Rauchen aufzuhören"*

das **Fẹst★** (-(*e*)*s*, *-e*) **1** eine Veranstaltung, bei der sich mehrere Personen treffen, um miteinander zu feiern und fröhlich zu sein ⟨*ein ausgelassenes, frohes, fröhliches, gelungenes, rauschendes Fest; ein Fest veranstalten, feiern*⟩ ≈ Feier **K** Festessen, Festsaal; Familienfest, Sommerfest **2** der Tag oder die Tage, an denen ein wichtiges religiöses Ereignis gefeiert wird *„Zu Weihnachten feiern die Christen das Fest der Geburt Christi"* **K** Festgottesdienst; Weihnachtsfest

**fẹst-★** (*im Verb, trennbar und betont, begrenzt produktiv; Diese Verben werden so gebildet: festbinden, band fest, festgebunden*) **etwas festdrücken, festkleben, festklemmen, festnageln**; **etwas/jemanden festklammern, festschnallen**; **etwas hängt fest, klebt fest** *und andere* drückt aus, dass eine

Person oder Sache von irgendwo nicht mehr oder nur schwer wegkommen kann, entfernt werden kann (und dort fest bleibt) *„Er band den Hund am Zaun fest“* Er band den Hund so an den Zaun, dass dieser nicht mehr weglaufen konnte

**-fest** *im Adjektiv, unbetont, begrenzt produktiv* **feuerfest, hitzefest, waschmaschinenfest, wetterfest** *und andere* so, dass es durch das Genannte nicht beschädigt oder zerstört werden kann *„bruchfestes Glas“*

**fest·fah·ren** (*hat*) **1 etwas fährt sich irgendwo fest** etwas bleibt mit den Rädern im weichen Boden stecken *„Das Auto hat sich im Sand festgefahren“* **2 sich festfahren** mit seiner Arbeit nicht mehr weiterkommen (weil Schwierigkeiten auftreten) *„Mit seiner Argumentation hat er sich völlig festgefahren“*

das **Fest·geld** Geld, das man auf der Bank für eine vorher festgelegte Zeit spart (und nicht sofort wieder abheben kann)

**fest·hal·ten★** (*hat*) **1 jemanden/etwas (mit etwas) (an etwas** (*Dativ*)**) festhalten** jemanden/etwas meist mit den Händen greifen und halten ⟨*jemanden am Arm, Mantel festhalten; einen Hund* (*am Halsband*) *festhalten*⟩ ↔ loslassen **2 jemanden (irgendwo) festhalten** jemanden daran hindern, einen Ort zu verlassen ↔ freilassen *„jemanden an der Grenze festhalten“* **3 jemanden/etwas (in etwas** (*Dativ*)**/mit etwas) festhalten** jemanden/etwas beschreiben, fotografieren oder filmen *„etwas mit der Kamera festhalten“* **4 an etwas** (*Dativ*) **festhalten** sich an etwas halten ⟨*an alten Gewohnheiten festhalten;* (*unbeirrt*) *an einem Vorsatz, an einer Meinung festhalten*⟩ **5 sich (an jemandem/etwas) festhalten** eine Person oder etwas ergreifen (z. B. damit man nicht stürzt) *„sich* (*mit den Händen*) *am Geländer festhalten“*

**fes·ti·gen** (*festigte, hat gefestigt*) **etwas festigen** etwas stärker, sicherer oder intensiver machen ⟨*eine Freundschaft, ein Bündnis, seine Herrschaft festigen*⟩

der **Fes·ti·ger** (*-s, -*) eine Flüssigkeit, welche der Frisur Halt gibt **K** Haarfestiger

die **Fes·tig·keit** (-) die Eigenschaft eines Materials, zu halten und nicht zu zerbrechen

das **Fes·ti·val★** [-val, -vəl]; (*-s, -s*) eine große kulturelle Veranstaltung, die meist mehrere Tage dauert ≈ Festspiele *„ein Festival des modernen Theaters“* **K** Filmfestival, Rockfestival

das **Fest·land** *nur Singular* eine große Masse von Land, die eine Einheit bildet *„das griechische Festland und die griechischen Inseln“* | *„die Fährverbindungen zwischen England und dem europäischen Festland“*

**fest·le·gen★** (*hat*) **etwas festlegen** *geschrieben* (offiziell) erklären, dass etwas gilt ⟨*die Gebühren, den Preis für etwas, einen Termin, einen Zeitpunkt, die Tagesordnung festlegen*⟩

**fest·lich★** ADJEKTIV **1** zu einem (würdevollen) Fest passend ⟨*ein Essen, Kleidung*⟩ *„ein festlich geschmückter Saal“* **2** in Form einer würdevollen Veranstaltung ⟨*ein Empfang, eine Premiere*⟩

**fest·lie·gen** *hat/süddeutsch* Ⓐ Ⓒⓗ *ist* **etwas liegt fest** etwas ist offiziell entschieden *„Der genaue Termin für die Sitzung liegt jetzt fest“*

**fest·ma·chen★** (*hat*) **etwas irgendwo festmachen** bewirken, dass etwas irgendwo fest und eng verbunden ist und dort bleibt ≈ befestigen

die **Fest·nah·me** (*-, -n*) eine Handlung (vor allem der Polizei), durch die jemand in Haft genommen wird *„Die Festnahme des Verbrechers erfolgte gestern“*

**fest·neh·men★** (*hat*) **jemanden festnehmen** (vor allem als Polizist) jemanden (vorläufig) in Haft nehmen ≈ verhaften *„Die Polizei nahm bei der Demonstration zehn Randalierer fest“*

die **Fest·plat·te** eine Platte in einem Computer, die fest eingebaut ist und auf der man Daten speichert

**fest·set·zen** (*hat*) **1 etwas (für etwas/auf etwas** (*Akkusativ*)**) festsetzen** ≈ festlegen *„einen Termin für die nächste Sitzung festsetzen“* **2 etwas setzt sich irgendwo fest** etwas bildet oder sammelt sich irgendwo und bleibt dort haften *„Am Blumentopf hat sich eine Schicht Kalk festgesetzt“* • *hierzu* **Fest·set·zung** *die*

**fest·sit·zen** *hat/süddeutsch* Ⓐ Ⓒⓗ *ist* **1 etwas sitzt fest** etwas ist so angebracht, befestigt, dass es dort (fest) bleibt *„ein festsitzender Verschluss“* **2** nicht mehr weiterfahren, weiterreisen können *„Wegen des Streiks der Fluglotsen sitzen wir hier in Rom fest“*

**fest·ste·cken** (*hat*) sich nicht mehr weiterbewegen können *„Wahrscheinlich steckt er im Stau fest“*

**fest·ste·hen★** *hat/süddeutsch* Ⓐ Ⓒⓗ *ist* **etwas steht fest** etwas ist endgültig entschieden oder bekannt, ist nicht zu ändern *„Mein Entschluss steht fest“* | *„Steht schon fest, wann sie* *heiraten?"*

**fest·stel·len**★ (*hat*) **1** **etwas feststellen** (vor allem durch Nachforschen, Untersuchen, Prüfen) Informationen über etwas bekommen ⟨*die Windrichtung, die Todesursache feststellen*⟩ ≈ ermitteln *„Man hat festgestellt, dass die Schäden an den Bäumen auf die Luftverschmutzung zurückzuführen sind"* **2** **etwas (an jemandem/etwas) feststellen** etwas an jemandem bemerken oder erkennen **3** **etwas feststellen** (entschieden) auf eine Tatsache hinweisen *„Ich möchte einmal deutlich feststellen, dass wir unsere Planung ändern müssen"* • zu (1,2) **fest·stell·bar** ADJEKTIV

die **Fest·stel·lung** (-, *-en*) **1** *nur Singular* das Erkennen und Bestimmen einer Sache ⟨*die Feststellung der Todesursache*⟩ ≈ Ermittlung **2** etwas, das man durch Sehen, Hören usw. erkannt hat

die **Fes·tung** (-, *-en*) ein großer Bau mit starken Mauern und Türmen, in dem sich die Menschen vor ihren Feinden schützen ⟨*eine Festung belagern, stürmen, einnehmen*⟩

die **Fe·te** (-, *-n*); *veraltet* ein privates Fest (meist mit Musik und Tanz) ⟨*auf eine Fete gehen*⟩ ≈ Party

**fett**★ ADJEKTIV (*fetter, fettest-*) **1** mit viel Fett ⟨*Fleisch, Käse, Milch, Quark, Speck*⟩ ↔ mager **K** fettarm **2** *gesprochen, abwertend* mit viel Fett am Körper ≈ dick ↔ schlank **3** mit dickeren Strichen gedruckt und daher auffällig **K** Fettdruck

das **Fett**★ (-(*e*)*s*, *-e*) **1** *nur Singular* die weiße bis gelbe Schicht, die bei Menschen und Tieren direkt unter der Haut ist (und z. B. die Aufgabe hat, den Körper warm zu halten) ⟨*Fett ansetzen*⟩ **K** Fettgewebe, Fettpolster **2** *nur Singular* eine (feste) Masse, die man aus dem Fett von Tieren oder Pflanzen gewinnt und die man oft beim Kochen (oder Braten) braucht ⟨*ranziges Fett*⟩ *„Kartoffeln in Fett (an)braten"* **K** Pflanzenfett, Schweinefett **3** eine feste oder flüssige Substanz, die vor allem aus den Zellen von Tieren und Pflanzen gewonnen wird (und die im Wasser nicht löslich ist) ⟨*pflanzliche, tierische Fette*⟩

**fet·tig** ADJEKTIV voller Fett

das **Fett·näpf·chen** **ID** **(bei jemandem) ins Fettnäpfchen treten** *gesprochen, humorvoll* etwas auf eine falsche (oder ungeschickte) Art sagen oder tun und damit andere Leute beleidigen oder verärgern

der **Fet·zen** (-s, -) ein abgerissenes kleines Stück Papier oder Stoff (mit einer unregelmäßigen Form) *„Die Tapete hing in Fetzen von der Wand"*

**feucht**★ ADJEKTIV (*feuchter, feuchtest-*) **1** nicht trocken und auch nicht ganz nass *„Wäsche lässt sich gut bügeln, wenn sie noch feucht ist"* **2** mit viel Wasserdampf in der Luft ⟨*Wetter, ein Klima*⟩ *„Sie verträgt die feuchte Hitze der Tropen nicht"* **K** feuchtwarm

die **Feuch·tig·keit**★ (-) **1** der Wasserdampf oder die leichte Nässe, die in der Luft enthalten sind **K** Luftfeuchtigkeit **2** die leichte Nässe, die in etwas ist ⟨*etwas gibt viel Feuchtigkeit ab; etwas saugt viel Feuchtigkeit auf*⟩ *„Durch die Feuchtigkeit der Wand bildet sich Schimmel"*

das **Feu·er**★ (-s, -) **1** *meist Singular* Feuer ist, wenn Dinge (z. B. Kohle, Holz oder Öl) verbrennen und Flammen, Licht und Wärme entstehen ⟨*das Feuer brennt, erlischt; das Feuer (im Herd, im Ofen, im Kamin) anzünden, anmachen, schüren, ausgehen lassen*⟩ **K** Feuerholz; Kaminfeuer **2** *nur Singular* ein Feuer, das Dinge zerstört und gefährlich ist ⟨*Feuer legen; ein Feuer eindämmen, löschen; im Feuer umkommen*⟩ ≈ Brand *„Das Feuer brach in einem Lagerhaus aus und griff rasch auf die umliegenden Häuser über"* **K** Feueralarm, Feuergefahr **3** **jemandem Feuer geben** jemandem die Zigarette anzünden **4** **Feuer!** verwendet als Ausruf um Hilfe oder zur Warnung, wenn ein Feuer ausgebrochen ist **5** *nur Singular* das (häufige) Schießen mit Gewehren o. Ä. ⟨*das Feuer (auf jemanden) eröffnen, einstellen*⟩ ≈ Beschuss **K** Kanonenfeuer, Maschinengewehrfeuer **ID** **etwas fängt Feuer** etwas beginnt zu brennen

**feu·er·fest** ADJEKTIV so, dass es durch Feuer nicht verändert, beschädigt oder zerstört wird ⟨*Glas*⟩ *„ein feuerfester Anzug"*

**feu·er·ge·fähr·lich** ADJEKTIV so, dass es leicht brennt *„Benzin ist eine feuergefährliche Substanz"*

der **Feu·er·lö·scher** (-s, -) ein Behälter aus Eisen, der Schaum enthält, mit dem man einen kleinen Brand löschen kann

der **Feu·er·mel·der** (-s, -) ein Gerät, mit dem man (Feueralarm geben und) die Feuerwehr rufen kann ⟨*einen Feuermelder einschlagen, betätigen*⟩

**feu·ern** (*feuerte, hat gefeuert*) **1** **jemanden feuern** *gesprochen* jemanden (sofort) aus dem Dienst entlassen ≈ kündigen *„Er wurde fristlos gefeuert"* **2** **auf jemanden/etwas feuern** mit einem Gewehr oder einer Pistole (mehrere Male) auf jemanden/etwas schießen

die **Feu·er·wa·che** das Gebäude, in dem die Geräte, Fahrzeuge o. Ä. der Feuerwehr auf den Einsatz warten

die **Feu·er·wehr**★ (-, *-en*) eine Gruppe von Personen, deren (berufliche) Aufgabe es ist, Brände zu löschen *„Als er den Rauch aus dem Haus aufsteigen sah, alarmierte er sofort die Feuerwehr"* K Feuerwehrauto, Feuerwehrleiter, Feuerwehrmann

F

das **Feu·er·werk** *meist Singular* Feuerwerke sind die bunten Lichter und kleinen Explosionen am Himmel, mit denen man z. B. das neue Jahr feiert ⟨*ein Feuerwerk abbrennen*⟩

das **Feu·er·zeug**★ (-(*e*)*s*, *-e*) ein kleines Gerät, mit dem man Zigaretten und Kerzen anzünden kann

das **Feuil·le·ton** [fœjə'tõ:]; (*-s*, *-s*) der kulturelle oder unterhaltende Teil einer Zeitung K Feuilletonredakteur

**feu·rig** ADJEKTIV 1 voll Leidenschaft und Temperament ⟨*ein Liebhaber, ein Temperament, Küsse*⟩ 2 so hell und rot wie Feuer ⟨*ein Glanz, ein Schein*⟩ *„Der feurige Ball der Abendsonne versinkt im Meer"*

die **FH** [ɛf'ha:]; (-, *-s*) Abkürzung für *Fachhochschule*

das **Fi·as·ko** (*-s*, *-s*); *meist Singular* ein großer Misserfolg ⟨*etwas endet in einem Fiasko*⟩

**ficht** *Präsens, 3. Person Singular* → fechten

die **Fich·te** (-, *-n*) ein Baum mit kurzen Nadeln und hängenden Zapfen K Fichtennadel, Fichtenzapfen

**fi·cken** (*fickte, hat gefickt*); *gesprochen* ⚠ 1 **jemanden ficken** als Mann (mit einer Frau) Sex haben 2 **(mit jemandem) ficken** mit jemandem Sex haben

das **Fie·ber**★ (*-s*) die zu hohe Temperatur des Körpers, die ein Symptom für eine Krankheit ist ⟨*hohes, leichtes Fieber; Fieber bekommen, haben; Fieber messen; das Fieber fällt, steigt; mit Fieber im Bett liegen*⟩ *„Er hat 39 Grad Fieber"* K Fieberthermometer, fieberkrank

**fie·ber·haft** ADJEKTIV mit großer Eile, Aufregung verbunden ⟨*Eile, Hast; Spannung, Unruhe*⟩ ≈ hektisch

**fie·bern** (*fieberte, hat gefiebert*) sehr aufgeregt und nervös sein ⟨*vor Aufregung, Erregung, Spannung fiebern*⟩

**fieb·rig** ADJEKTIV mit Fieber *„Der Patient ist fiebrig"*

**fiel** *Präteritum, 1. und 3. Person Singular* → fallen

**fies** ADJEKTIV (*fieser, fiesest-*); *gesprochen, abwertend* ⟨*ein Kerl, ein Typ*⟩ ≈ böse

die **Fi·gur**★ (-, *-en*) 1 *meist Singular* die äußere Erscheinung, Gestalt eines Menschen und ihre Proportionen ⟨*eine gute, schlanke, tolle Figur haben*⟩ *„Als Model muss sie sehr auf ihre Figur achten und isst daher sehr wenig"* K Idealfigur 2 eine Person, die in einem Roman, Film o. Ä. vorkommt K Romanfigur 3 die (meist künstlerisch) geformte oder gezeichnete Abbildung eines Menschen oder Tieres ⟨*eine Figur aus Holz, Porzellan, Ton*⟩ K Porzellanfigur 4 ein kleiner Gegenstand (meist aus Holz oder Plastik), der bei Brettspielen (wie z. B. Schach) verwendet wird ⟨*die Figuren aufstellen; mit einer Figur ziehen*⟩ K Schachfigur

das **Fi·let** [fi'le:]; (*-s*, *-s*) 1 ein zartes Stück Fleisch ohne Knochen vom Rücken vor allem eines Rinds oder Schweins K Schweinefilet 2 ein Stück Fleisch aus der Brust des Geflügels K Hähnchenfilet 3 ein Stück Fleisch ohne Gräten vom Fisch K Heringsfilet

die **Fi·li·a·le**★ (-, *-n*) 1 ein (meist kleines) Geschäft, das eine Person zusätzlich zu ihrem ersten Geschäft an einer anderen Stelle führt *„Der Bäcker gründet eine Filiale am Rand der Stadt"* K Filialgeschäft 2 eines von mehreren Büros oder Geschäften meist einer Bank oder einer Versicherung, die in einem anderen Teil der Stadt oder in einem anderen Ort geführt werden ⟨*eine Filiale eröffnen, leiten*⟩ K Filialleiter

der **Film**★ (-(*e*)*s*, *-e*) 1 ein transparenter Streifen, der zu einer Rolle aufgewickelt ist und auf den eine Kamera Bilder aufnimmt ⟨*einen neuen Film* (*in die Kamera/den Fotoapparat*) *einlegen; einen Film entwickeln*⟩ K Farbfilm, Schwarz-Weiß-Film 2 Filme, die im Kino oder im Fernsehen gezeigt werden, erzählen eine Geschichte in bewegten Bildern ⟨*einen Film* (*ab*)*drehen, machen, synchronisieren, vorführen*⟩ *„Der Film läuft seit vielen Wochen im Kino"* K Filmkamera, Filmstar, Filmstudio; Dokumentarfilm, Liebesfilm 3 eine dünne Schicht (auf der Oberfläche einer Sache), die meist als Schutz dient ⟨*ein öliger, wasserundurchlässiger Film*⟩ *„Das Sonnenöl bildet einen schützenden Film auf der Haut"* K Ölfilm

**fil·men**★ (*filmte, hat gefilmt*) **(jemanden/etwas) filmen** von jemandem/etwas mit einer Filmkamera Aufnahmen machen, einen Film drehen

**fịlm·reif** *ADJEKTIV* so ungewöhnlich und interessant, dass man es für einen Film verwenden könnte *„Der betrunkene Autofahrer hat sich mit der Polizei eine filmreife Verfolgungsjagd geliefert"*

der **Fị̈l·ter★** (-s, -) **1** ein feines Sieb, Tuch oder Papier, durch die man Flüssigkeit, Gas oder Rauch leitet, um verschiedene Stoffe voneinander zu trennen ⟨*etwas durch einen Filter gießen; einen Filter einbauen*⟩ **K** Staubfilter **2** eine Tüte, in die man Kaffee gibt, um darüber heißes Wasser zu gießen *„Gib bitte einen neuen Filter in die Kaffeemaschine!"* **K** Filtertüte

**fịl·tern** (*filterte, hat gefiltert*) **etwas filtern** eine Flüssigkeit oder ein Gas durch einen Filter leiten, damit sie sauber werden *„Wasser filtern, um es von Schlamm zu reinigen"*

der **Fịlz** (*-es, -e*) *nur Singular* ein weiches Material, das aus vielen feinen Tierhaaren oder Fasern zusammengepresst wird und aus dem man z. B. Hüte macht **K** Filzhut

der **Fịlz·stift★** ein Stift mit einer weichen Spitze aus Filz, mit dem man farbig schreiben (und malen) kann

das **Fi·na̱·le★** (-s, -/-s) der letzte Wettkampf einer Reihe von Wettkämpfen, dessen Sieger dann einen Pokal oder einen Titel gewinnt ⟨*ins Finale kommen; sich fürs Finale qualifizieren; im Finale stehen*⟩ ≈ Endspiel **K** Finalspiel

das **Fi·nạnz·amt★** das Amt, an das man die Steuern zahlt

die **Fi·nạn·zen★** *Plural* das Geld (vor allem die Einnahmen und Ausgaben) eines Staates, einer Institution oder einer Firma **K** Finanzministerium

**fi·nan·zi·ẹll★** *ADJEKTIV meist attributiv* **1** in Bezug auf das Geld, die Finanzen ⟨*Mittel, Reserven, die Situation, eine Krise, Probleme, Schwierigkeiten*⟩ *„Er kann sich ein neues Auto derzeit finanziell nicht leisten"* **2** durch/mit Geld ⟨*Hilfe, Unterstützung; jemanden finanziell unterstützen*⟩ *„sich finanziell an einem Unternehmen beteiligen"*

**fi·nan·zi̱e·ren★** (*finanzierte, hat finanziert*); *geschrieben* **etwas (durch/mit etwas) finanzieren** das nötige Geld für etwas bereitstellen *„Mehrere Unternehmen finanzieren das Projekt"* • *hierzu* **Fi·nan·zi̱e·rung** *die*

**fi·nạnz·kräf·tig** *ADJEKTIV* mit viel Kapital ⟨*eine Firma, ein Betrieb*⟩

**fi·nạnz·schwach** *ADJEKTIV* mit nur wenig Kapital ⟨*eine Firma, ein Betrieb*⟩

**fịn·den★** (*fand, hat gefunden*) **1** **jemanden/etwas finden** (zufällig oder nach gezieltem Suchen) irgendwo eine Person/Sache sehen ≈ entdecken *„einen Geldschein (auf der Straße) finden"* | *„den richtigen Weg finden"* **2** **jemanden/etwas finden** (durch eigenes Bemühen) eine Person oder Sache, die man sich gewünscht hat, für sich bekommen ⟨*eine neue Arbeitsstelle, eine Wohnung, viele Freunde finden, bei jemandem Hilfe finden*⟩ **3** **etwas finden** durch Nachdenken erreichen, dass man eine Idee, eine (gute) Lösung hat *„Er konnte den Fehler in der Rechnung nicht finden"* **4** **jemanden/etwas irgendwie finden** die genannte Art von Meinung über eine Person oder Sache haben *„Ich finde unseren neuen Nachbarn sehr nett"* | *„Ich finde es kalt hier"* **5** **etwas an jemandem/etwas finden** eine Person oder etwas in positiver Weise sehen, erleben, beurteilen ⟨*Gefallen, Spaß an etwas finden*⟩ *„Ich weiß gar nicht, was er an dieser Frau findet"* **6** **finden** (*+Nebensatz*) die Meinung haben, dass ... ≈ meinen *„Findest du nicht auch, dass er jetzt viel älter aussieht?"* | *„Ich finde, er lügt"* **7** **irgendwohin finden** suchend an einen Ort kommen *„Wir hatten uns verlaufen, aber schließlich doch noch zurück zum Hotel gefunden"*

der **Fịn·der** (-s, -) eine Person, die etwas (zufällig) findet, das eine andere Person verloren hat ⟨*der ehrliche Finder*⟩ • *hierzu* **Fịn·de·rin** *die*

**fịn·dig** *ADJEKTIV* klug und mit Ideen, wie man eine schwierige Situation meistern kann *„Sie ist ein findiger Kopf"* • *hierzu* **Fịn·dig·keit** *die*

**fịng** *Präteritum, 1. und 3. Person Singular* → fangen

der **Fịn·ger★** [-ŋɐ]; (-s, -) **1** eines der fünf Glieder an der Hand des Menschen oder des Affen, mit denen er greift ⟨*die Finger krümmen, spreizen, nach etwas ausstrecken; mit den Fingern schnipsen*⟩ *„einen goldenen Ring am Finger tragen"* **K** Fingernagel, Fingerspitze ℹ Die fünf Finger heißen *Daumen, Zeigefinger, Mittelfinger, Ringfinger, kleiner Finger*; → Abbildung, S. 294: **Der Körper** **2** **der kleine Finger** der kürzeste und schmalste Finger der Hand **ID** **keinen Finger rühren/krumm machen** *gesprochen, meist abwertend* sehr faul sein und nichts tun (wollen)

der **Fịn·ger·ab·druck** **1** das Muster von Linien auf der Haut der Finger(kuppen) ⟨*Fingerab-*

*drücke hinterlassen〉 „Die Einbrecher wurden anhand der Fingerabdrücke am Tatort identifiziert/überführt"* **2** **jemandes Fingerabdrücke abnehmen** (bei der Polizei) jemandes Fingerkuppen zuerst in Tinte und dann auf ein Stück Papier drücken

der **Fịn·ger·hut** eine kleine Hülle (meist aus Metall), die vor allem beim Nähen die Spitze des Fingers schützt, mit dem man die Nadel schiebt

F

die **Fịn·ger·kup·pe** der oberste Teil, die Spitze des Fingers

das **Fịn·ger·spit·zen|ge·fühl** **1** **Fingerspitzengefühl** die Eigenschaft, bei feinen Arbeiten mit der Hand sehr geschickt zu sein **2** **Fingerspitzengefühl (für etwas)** das intuitive Wissen, wie man sich in schwierigen Situationen richtig verhält 〈*Fingerspitzengefühl für etwas besitzen/haben, brauchen*〉 *„Er hat kein Fingerspitzengefühl für den Umgang mit Menschen"*

der **Fịn·ger·zeig** 〈*jemandem einen Fingerzeig geben; ein Fingerzeig des Schicksals*〉 ≈ Hinweis

**fin·gie·ren** [-ŋ'giː-] (*fingierte, hat fingiert*) **etwas fingieren** *geschrieben* etwas erfinden oder fälschen, um andere Personen zu täuschen 〈*ein fingierter Diebstahl, Überfall, Unfall*〉

der **Fịnk** (*-en, -en*) ein kleiner Vogel mit kurzem dickem Schnabel und bunten Federn ❶ *der Fink; den, dem, des Finken*

**fịns·ter** ADJEKTIV **1** (völlig) ohne Licht 〈*die Nacht, ein Keller*〉 ≈ dunkel *„Er tastete im Finstern nach dem Lichtschalter"* **2** ziemlich dunkel und deshalb unheimlich (wirkend) 〈*eine Gasse, ein Gebäude, ein Hof, eine Kneipe*〉 **3** *abwertend* wie ein Verbrecher (wirkend) ≈ suspekt *„In der Hafenkneipe trieben sich finstere Gestalten herum"*

die **Fịns·ter·nis** (*-, -se*) *geschrieben nur Singular* das (völlige) Fehlen von Licht ≈ Dunkelheit *„Der Weg war in tiefe, undurchdringliche Finsternis getaucht"*

die **Fịr·ma★** (*-, Fir·men*) Firmen produzieren Waren, handeln mit Waren oder bieten Dienste an ≈ Unternehmen **K** Firmeninhaber, Firmenjubiläum, Firmenkapital; Baufirma, Beratungsfirma

die **Fịr·mung** (-) ein Sakrament in der katholischen Kirche, durch das man ein vollwertiges Mitglied der Kirchengemeinde wird

der **Fịsch★** (*-(e)s, -e*) **1** ein Tier, das eine meist längliche Form hat, im Wasser lebt und mithilfe von Flossen schwimmt 〈*einen Fisch angeln, fangen*〉 *„Fische haben Schuppen und atmen durch Kiemen"* **K** Fischhändler, Fischschuppe; Meeresfisch **2** *nur Singular* der Fisch als Speise 〈*gebackener, gebratener, geräucherter Fisch*〉 *„Fisch ist reich an Eiweiß"* **K** Fischfilet

**fị·schen★** (*fischte, hat gefischt*) **(etwas) fischen** versuchen, mit einer Angel oder mit einem Netz Fische usw. zu fangen *„Heringe fischen"* | *„Jeden Tag fährt er zum Fischen aufs Meer"*

der **Fị·scher★** (*-s, -*) eine Person, die (vor allem beruflich) Fische fängt **K** Fischerboot, Fischerdorf, Fischernetz

die **Fi·sche·rei** (-) das Fangen von Fischen und anderen Tieren, die im Meer leben 〈*von der Fischerei leben*〉 **K** Fischereigewässer, Fischereihafen; Hochseefischerei, Küstenfischerei

der **Fịs·kus** (-) alle Institutionen des Staates (vor allem die Finanzämter), die für Finanzen und Steuern zuständig sind

**fịt★** ADJEKTIV *meist prädikativ* (durch sportliches Training) bei guter Gesundheit *„Er hält sich durch Gymnastik und Dauerläufe fit"*

die **Fịt·ness** (-) eine gute körperliche Verfassung 〈*etwas für die/seine Fitness tun*〉 **K** Fitnessstudio, Fitnesstraining

das **Fịt·ness·cen·ter** [-'sɛntɐ] im Fitnesscenter stehen Geräte, mit denen man übt, um stärkere Muskeln zu bekommen und fit zu werden

**fịx** ADJEKTIV (*fixer, fixest-*); *gesprochen* **1** *nur adverbiell* ≈ rasch, schnell *„seine Arbeit ganz fix erledigen"* **2** fähig, etwas schnell zu verstehen oder zu tun *„ein fixer Junge"* **3** so, dass es gleich bleibt und nicht wechselt 〈*das Gehalt, Kosten, ein Preis*〉 ≈ fest, unveränderlich ↔ variabel **K** Fixkosten **ID** **fix und fertig** *gesprochen* **a** vollständig bis zum Ende gemacht *„Alles ist fix und fertig aufgeräumt"* **b** (körperlich oder seelisch) völlig erschöpft *„Die Hitze macht mich fix und fertig"* **c** völlig ruiniert

**flạch★** ADJEKTIV (*flacher, flach(e)st-*) **1** ohne (auffällige) Erhebung oder Vertiefung 〈*ein Gebiet, ein Land, ein Brett; sich flach (= ausgestreckt) auf den Boden legen*〉 ≈ eben **2** nicht sehr hoch 〈*ein Bau, ein Gebäude, Schuhe*〉 ≈ niedrig ↔ hoch *„Schuhe mit flachen Absätzen"* **K** Flachbau **3** so, dass es sich nur ganz wenig nach unten erstreckt, nur geringe Tiefe hat 〈*eine Schüssel, ein Teller, ein Gewässer, ein Flussbett*〉 ≈ niedrig **K** Flachwasser

das **Flạch·dach** ein Dach, das horizontal auf einem Gebäude liegt, ohne schräge Flächen

die **Flạ̈·che**★ (-, *-n*) **1** ein ebenes Gebiet mit einer begrenzten Länge und Breite *„Vor dem Supermarkt kann man auf einer großen Fläche parken"* **K** Ackerfläche, Eisfläche, Tanzfläche **2** verwendet, um die Größe von geometrischen Formen zu berechnen die keine Ausdehnung nach oben oder unten haben *„Die Fläche des Kreises beträgt 20 cm²"* **K** Flächeninhalt; Kreisfläche

**flạch·fal·len** (*fällt flach, fiel flach, ist flachgefallen*) **etwas fällt flach** *gesprochen* etwas findet nicht statt ⟨*ein Fest, ein Ausflug*⟩

**-flä·chig** *im Adjektiv, unbetont, begrenzt produktiv* **vierflächig, fünfflächig, sechsflächig, vielflächig** *und andere* mit der genannten Zahl oder Menge von Flächen

das **Flạch·land** *nur Singular* ein relativ großes, flaches Gebiet ≈ Ebene

der **Flachs** [flaks]; (*-es*) **1** eine Pflanze, aus deren Fasern man Schnüre und und Stoffe für Kleidung o. Ä. macht. Die Samen und das Öl verwendet man zum Backen und Kochen **2** *gesprochen* Unsinn, der aus Spaß gesagt wird ⟨*Flachs machen*⟩

**flạ·ckern** (*flackerte, hat geflackert*) **etwas flackert** etwas brennt so, dass sich die Flamme sehr unruhig bewegt ⟨*eine Flamme, eine Lampe, ein Licht*⟩ *„Im Kamin flackerte ein helles Feuer"*

der **Fla̲·den** (*-s, -*) **1** ein Kuchen oder Brot, die sehr flach sind **K** Fladenbrot **2** eine (dickflüssige) Masse, die flach und breit auseinandergelaufen ist (z. B. der Kot von Kühen) **K** Kuhfladen

die **Flạg·ge** (*-, -n*) eine kleine Fahne z. B. am Mast eines Schiffes *„Die Piraten hissten die Flagge mit dem Totenkopf"* | *„Der Tanker fährt unter libanesischer Flagge"* **K** Nationalflagge, Schiffsflagge

die **Flạm·me**★ (*-, -n*) **1** der obere (bläulich oder gelblich brennende) Teil des Feuers, der sich bewegt ⟨*eine Flamme erlischt, lodert, züngelt*⟩ *„Flammen schlugen aus dem Dach des brennenden Hauses"* **K** Kerzenflamme **2** **etwas steht in Flammen** *geschrieben* etwas brennt als Ganzes **3** **etwas geht in Flammen auf** *geschrieben* etwas wird durch ein Feuer zerstört *„Das ganze Gebäude ging in Flammen auf"* **4** **auf kleiner Flamme** bei geringer Hitze *„eine Fischsuppe auf kleiner Flamme kochen"*

die **Flạn·ke** (*-, -n*) **1** die weiche Seite des Körpers von Tieren zwischen Brust(korb) und Becken *„Der Reiter drückte dem Pferd die Sporen in die Flanken"* **2** ein Schuss (vor allem beim Fußball), bei dem der Ball von einer Seite des Spielfelds direkt vor das Tor des Gegners kommt ⟨*eine (hohe) Flanke schlagen*⟩ • zu (2) **flạn·ken** (*hat*)

die **Flạ·sche**★ (*-, -n*) **1** viele Getränke werden in Flaschen aus Glas oder Plastik verkauft ⟨*eine schlanke, bauchige Flasche*⟩ *„Bier in Flaschen abfüllen"* | *„eine Flasche Wein aufmachen/entkorken"* **K** Flaschenbier, Flaschenpfand; Bierflasche, Weinflasche **2** eine Flasche mit einem Sauger für Babys bzw. die Nahrung in solch einer Flasche ⟨*einem Kind die Flasche geben*⟩ **K** Babyflasche **3** *gesprochen, abwertend* eine Person, die oft oder in wichtigen Dingen nicht die erwartete Leistung bringt ≈ Versager

der **Flạ·schen·öff·ner** ein kleiner Gegenstand (aus Metall), mit dem man Flaschen öffnen kann, die einen Verschluss aus Metall haben → Korkenzieher

**flạt·ter·haft** *ADJEKTIV* wenn eine Person flatterhaft ist, ändert sie ihre Meinung sehr oft und schnell

**flạt·tern** (*flatterte, hat/ist geflattert*) **1** **ein Tier flattert irgendwohin** (*ist*) ⟨*ein Vogel, ein Schmetterling*⟩ fliegt so, dass sich die Flügel schnell und unruhig auf und ab bewegen *„Der Schmetterling flattert über die Wiese"* **2** **etwas flattert irgendwohin** (*ist*) Papier fällt mit einer ungleichmäßigen Bewegung zu Boden oder wird vom Wind durch die Luft bewegt **3** **etwas flattert** (*hat*) etwas bewegt sich im Wind heftig hin und her *„Die Wäsche flatterte auf/an der Leine"*

**fla̲u̲** *ADJEKTIV* (*flauer, flau(e)st-*) **jemandem ist flau** *gesprochen* eine Person fühlt sich nicht wohl, weil ihr ein wenig übel oder schwindlig ist *„Vor lauter Aufregung war mir ganz flau im Magen"*

der **Fla̲u̲m** (*-(e)s*) die kleinen, sehr weichen Federn, die ein Vogel unter den anderen Federn direkt auf der Haut hat **K** Flaumfeder • zu **fla̲u̲·mig** *ADJEKTIV*

**fla̲u̲·schig** *ADJEKTIV* aus einem dicken Stoff, der sich sehr weich anfühlt *„eine flauschige Wolldecke"*

die **Fla̲u̲·te** (*-, -n*) **1** der Zustand, in dem auf dem Meer kein Wind weht *„Wegen einer Flaute konnte die Regatta nicht gestartet werden"* **2** die Zeit, in der z. B. eine Firma wenig Waren verkauft oder nur wenig Aufträge bekommt *„In* *der Bauindustrie herrscht zurzeit eine Flaute"*

die **Flech·te** (-, *-n*) eine einfache Pflanze, die eine dünne Schicht auf Steinen oder auf Holz bildet und noch in großen Höhen oder bei extremer Kälte überlebt

**flech·ten** (*flicht, flocht, hat geflochten*) **1** **etwas flechten** drei oder mehr Stränge z. B. von Haar, Wolle oder Stroh so über- und untereinanderlegen, dass ein Band oder ein Zopf entsteht *„die Haare (eines Mädchens) zu einem Zopf flechten"* **2** **etwas flechten** durch Flechten einen Gegenstand herstellen *„aus Weidenruten einen Korb flechten"*

der **Fleck★** (-(*e*)*s*, *-e*) **1** eine schmutzige Stelle, vor allem aus Stoff *„sich mit Farbe Flecke auf das neue Hemd machen"* **K** Blutfleck, Fettfleck, Rostfleck, Tintenfleck **2** *gesprochen* eine Stelle, ein Punkt ⟨*sich nicht vom Fleck rühren*⟩ *„Die Handbremse klemmt. Ich kriege den Wagen nicht vom Fleck"* ich kann den Wagen nicht bewegen **3** *gesprochen* eine kleine Fläche in einer Landschaft, einem Gebiet ⟨*ein schöner, herrlicher, stiller Fleck*⟩ ❶ meist in Verbindung mit positiven Adjektiven und oft auch in der verkleinerten Form *Fleckchen*

**fle·ckig** *ADJEKTIV* mit (vielen) Flecken ⟨*ein Hemd, eine Tischdecke*⟩

die **Fle·der·maus** ein kleines Säugetier mit Flügeln, das in Höhlen lebt, nachts fliegt und beim Schlafen mit dem Kopf nach unten hängt

der **Fle·gel** (-*s*, -); *gesprochen, abwertend* verwendet als Schimpfwort für einen Mann oder Jungen, der sich frech und unhöflich benimmt

**fle·hen** ['fle:ən] (*flehte, hat gefleht*) **(um etwas) flehen** demütig und intensiv um etwas bitten ⟨*um Gnade, Hilfe, Vergebung flehen*⟩ *„Lass mich nicht allein!", flehte er"*

das **Fleisch★** (-(*e*)*s*) **1** die weiche Substanz am Körper von Menschen und Tieren, die unter der Haut liegt und die Knochen umhüllt (vor allem die Muskeln) *„Der Löwe riss ein großes Stück Fleisch aus dem Körper der Antilope"* **2** Teile des Fleisches von Tieren, die man z. B. gekocht oder gebraten isst ⟨*fettes, frisches, mageres, rohes, zähes, gebratenes, geräuchertes Fleisch*⟩ **K** Hühnerfleisch, Rindfleisch, Schweinefleisch **3** die weichen Teile von Früchten und manchen Gemüsearten, die man isst *„das saftige Fleisch der Tomaten"* **K** Fruchtfleisch

die **Fleisch·brü·he** **1** eine klare Suppe, die durch Kochen von Fleisch und Knochen entsteht **2** ein Pulver o. Ä., mit dem man Suppen würzt

der **Flei·scher** (-*s*, -) eine Person, die beruflich schlachtet, Fleisch verkauft, Wurst macht ≈ Metzger **K** Fleischermeister, Fleischermesser

die **Flei·sche·rei** (-, *-en*) ein Geschäft, in dem Fleisch und Wurst verkauft werden ≈ Metzgerei

der **Fleisch·fres·ser** (-*s*, -) ein Tier, das hauptsächlich von Fleisch lebt • *hierzu* **fleisch·fres·send** *ADJEKTIV*

**flei·schig** *ADJEKTIV* **1** mit viel Fleisch (vor allem Körperteile) ⟨*ein Gesicht, eine Nase, Lippen, Hände*⟩ ≈ dick **2** mit viel Fruchtfleisch (vor allem Obst) *„fleischige Kirschen"*

der **Fleiß** (-*es*) die konzentrierte und intensive Arbeit und Beschäftigung mit etwas *„mit unermüdlichem Fleiß an etwas arbeiten"* | *„Der Schüler zeigt wenig Fleiß beim Lernen"*

**flei·ßig★** *ADJEKTIV* mit Fleiß und Ausdauer, mit viel Arbeit ⟨*ein Handwerker, eine Hausfrau, ein Schüler, Ameisen, Bienen*⟩ ↔ faul

**flet·schen** (*fletschte, hat gefletscht*) **ein Tier fletscht die Zähne** ein Tier (vor allem ein Hund) zeigt als Ausdruck der Drohung die Zähne

**fle·xi·bel★** *ADJEKTIV* (*flexibler, flexibelst-*) **1** so weich, dass man die Form verändern kann, ohne dass es dabei kaputt geht ⟨(*ein*) *Material, ein Rohr, eine Stange*⟩ **2** in der Lage oder geeignet, sich veränderten Bedingungen anzupassen ⟨*eine Haltung, eine Planung; flexibel reagieren*⟩ *„den Tagesablauf flexibel gestalten"* ❶ *flexibel → eine flexible Haltung* • *hierzu* **Fle·xi·bi·li·tät** *die*

die **Fle·xi·on** (-, *-en*) die Änderung eines Substantivs, Adjektivs oder Verbs (in der Deklination oder Konjugation) **K** Flexionsendung

**flicht** *Präsens, 3. Person Singular* → flechten

**fli·cken** (*flickte, hat geflickt*) **(etwas) flicken** etwas (meist einen Gegenstand aus Stoff), das ein Loch hat oder zerrissen ist, (mit einem Flicken) ausbessern/reparieren ⟨*eine zerrissene Hose, einen Fahrradschlauch, ein Fischernetz, ein Segel flicken*⟩ **K** Flickarbeit

der **Fli·cken** (-*s*, -) ein kleines Stück Stoff o. Ä., mit dem man etwas flickt **K** Lederflicken, Stoffflicken

das **Flick·zeug** *meist Singular* alle Dinge, die man braucht, um Kleidung oder einen Fahrradschlauch zu reparieren

der **Flie·der** (-*s*) ein Strauch mit kleinen weißen oder lila Blüten, die sehr stark duften und in Form von Trauben wachsen **K** Fliederstrauch, Fliederstrauß • *hierzu* **flie·der·far·ben** *AD-*

*JEKTIV*

die **Flie·ge**★ (-, *-n*) [1] Fliegen sind Insekten, die sich gern auf Lebensmittel und Kot setzen *„eine lästige Fliege fangen"* [K] Fliegengitter [2] eine kleine Krawatte in Form einer Schleife, die Männer zu sehr eleganten Anzügen tragen

**flie·gen**★ (*flog, hat/ist geflogen*) [1] **ein Tier fliegt** (*ist*) ein Vogel, ein Insekt o. Ä. bewegt sich mit Flügeln aus eigener Kraft durch die Luft *„Der Schmetterling fliegt von Blüte zu Blüte"* [2] **etwas fliegt** (*ist*) etwas bewegt sich mit technischer Hilfe durch die Luft ⟨*ein Flugzeug, ein Hubschrauber, ein Raumschiff*⟩ *„Die Rakete fliegt zum Mond"* [3] **(irgendwohin) fliegen** (*ist*) (als Pilot oder als Passagier) mit einem Flugzeug an einen Ort reisen *„Fährst du mit dem Zug nach Paris?" – „Nein, ich fliege"* [4] **etwas fliegt irgendwo(hin)** (*ist*) etwas wird durch eine von außen wirkende Kraft (wie z. B. Wind) durch die Luft bewegt *„Der Ball flog durchs Fenster"* wurde von jemandem durchs Fenster geworfen [5] *gesprochen* (meist wegen falschem Verhalten) den Job verlieren oder aus der Schule entlassen werden [6] **durch etwas fliegen** *gesprochen* eine Prüfung nicht bestehen ≈ durchfallen [7] **etwas fliegen** (*ist/hat*) einen Weg mit einem Flugzeug zurücklegen ⟨*eine Kurve, einen Looping, einen Umweg fliegen*⟩ *„die Strecke London–Paris fliegen"* [8] **jemanden/etwas irgendwohin fliegen** (*hat*) jemanden/etwas mit einem Flugzeug o. Ä. an den genannten Ort bringen *„Die Ärzte wurden mit einem Hubschrauber in das Katastrophengebiet geflogen"*

der **Flie·gen·pilz** ein giftiger Pilz mit flacher roter Kappe und weißen Punkten darauf

der **Flie·ger**★ (-s, -); *gesprochen* [1] ≈ Flugzeug *„Flieger aus Papier basteln"* [K] Papierflieger [2] ≈ Pilot *„Er ist Flieger bei der Luftwaffe"*

**flie·hen**★ ['fli:ən] (*floh, ist geflohen*) **(aus etwas, vor jemandem/etwas) (irgendwohin) fliehen** (aus Angst oder um einen sicheren Platz zu suchen) schnell und meist heimlich einen Ort verlassen ⟨*vor den Feinden, dem Unwetter fliehen; über die Grenze, ins Ausland fliehen*⟩ ≈ flüchten *„Der Verbrecher ist aus dem Gefängnis geflohen"* | *„Der Widerstandskämpfer musste vor seinen Verfolgern fliehen"*

die **Flie·se** (-, *-n*) im Bad sind Boden und Wände mit Fliesen bedeckt, die man leicht reinigen kann ⟨*Fliesen legen*⟩ [K] Fliesenleger; Bodenfliese, Wandfliese

**flie·sen** (*flieste, hat gefliest*) **etwas fliesen** Fliesen auf etwas kleben *„Die Wände im Bad sind gefliest"*

das **Fließ·band**★ in Fabriken werden einzelne Teile usw. auf Fließbändern durch die Hallen bewegt und zusammengebaut oder bearbeitet ⟨*am Fließband arbeiten, stehen; etwas am Fließband herstellen*⟩ *„Heute rollt der tausendste Traktor vom Fließband"* [K] Fließbandarbeit, Fließbandproduktion

**flie·ßen**★ (*floss, ist geflossen*) [1] **etwas fließt (irgendwohin)** eine Flüssigkeit (oder das Wasser in einem Fluss o. Ä.) bewegt sich irgendwohin *„Die Donau fließt ins Schwarze Meer"* [2] **etwas fließt** etwas bewegt sich gleichmäßig und ohne Unterbrechung fort ⟨*der Verkehr, der elektrische Strom*⟩

**flie·ßend**★ *ADJEKTIV* [1] *nur adverbiell* ohne Mühe und ohne eine Pause ≈ flüssig *„fließend französisch sprechen"* | *„fließend lesen"* [2] nicht deutlich markiert oder definiert ⟨*Übergänge, Grenzen*⟩

**flim·mern** (*flimmerte, hat geflimmert*) **etwas flimmert** etwas leuchtet unruhig und zitternd ⟨*das Licht, die Sterne, die Wasseroberfläche, ein Glühwürmchen*⟩ *„Ein Film flimmert über die Leinwand"* | *„die vor Hitze flimmernde Luft in der Wüste"*

**flink** *ADJEKTIV* (*flinker, flink(e)st-*) schnell, leicht und geschickt in den Bewegungen ⟨*ein Bursche, ein Mädchen, ein Arbeiter*⟩

der **Flip·flop**® (-s, *-s*); *meist Plural* eine einfache Sandale aus Plastik

der **Flirt** [flø:ɐ̯t]; (-s, *-s*) [1] das Flirten [2] eine kurze, oberflächliche erotische Beziehung

**flir·ten** ['flø:ɐ̯tn̩] (*flirtete, hat geflirtet*) **(mit jemandem) flirten** einer Person durch Blicke, Gesten oder Worte zeigen, dass man sie sympathisch und (erotisch) attraktiv findet

die **Flit·ter·wo·chen** *Plural* die ersten Wochen nach der Heirat, in denen das Ehepaar meist verreist

**flocht** *Präteritum, 1. und 3. Person Singular* → flechten

die **Flo·cke**★ (-, *-n*) [1] ein kleines Stück einer weichen, lockeren Masse (wie z. B. Schnee, Schaum, Wolle oder Watte) *„Der Schnee wirbelte in dicken Flocken herab"* [K] Schneeflocke [2] *meist Plural* ein Getreidekorn, das so bearbeitet wurde, dass es wie ein kleines, dünnes Plättchen aussieht *„Getreide zu Flocken verarbeiten"* [K] Haferflocke

F

**flo·ckig** *ADJEKTIV* locker und leicht ⟨*Schaum, eine Masse*⟩

**flog** *Präteritum, 1. und 3. Person Singular* → fliegen

**floh** *Präteritum, 1. und 3. Person Singular* → fliehen

der **Floh** [flo:]; (-(*e*)*s*, *Flö·he*) ein sehr kleines Insekt ohne Flügel, das hoch und weit springt und als Parasit auf Tieren lebt *„Der Hund hat Flöhe"*

der **Floh·markt** ein Markt, auf dem meist kleine oder bereits gebrauchte Gegenstände verkauft werden ⟨*etwas auf dem Flohmarkt kaufen*⟩

der **Flop** (-*s*, -*s*); *gesprochen* ein meist geschäftlicher Misserfolg

**flo·rie·ren** (*florierte, hat floriert*) **etwas floriert** etwas hat Erfolg und funktioniert deshalb gut ⟨*ein Geschäft, ein Unternehmen, der Handel, die Wirtschaft, die Kunst, die Wissenschaft*⟩

die **Flos·kel** (-, -*n*); *meist abwertend* eine feste Redewendung oder Aussage, über deren Sinn man nicht mehr nachdenkt ⟨*eine abgedroschene, abgegriffene, leere, nichtssagende, höfliche Floskel*⟩ [K] Höflichkeitsfloskel • *hierzu* **flos·kel·haft** *ADJEKTIV*

**floss** *Präteritum, 3. Person Singular* → fließen

das **Floß** (-*es*, *Flö·ße*) ein einfaches Wasserfahrzeug, das aus großen Holzteilen (z. B. Baumstämmen) besteht, die miteinander zu einer ebenen Fläche zusammengebunden sind ⟨*auf, mit einem Floß fahren*⟩ [K] Floßfahrt

die **Flos·se** (-, -*n*) [1] Fische o. Ä. bewegen ihre Flossen, um zu schwimmen [K] Schwanzflosse [2] einer von zwei Gegenständen (ähnlich wie Schuhe) aus Gummi, mit denen man (unter Wasser) besser schwimmen kann [K] Taucherflosse

die **Flö·te** (-, -*n*) ein Musikinstrument aus Holz oder Metall in Form eines Rohrs, auf dem man bläst ⟨*Flöte spielen; auf der Flöte blasen*⟩ [K] Blockflöte, Querflöte

**flö·ten** (*flötete, hat geflötet*) **(etwas) flöten** ein Musikstück auf einer Flöte spielen

**flott**★ *ADJEKTIV* (*flotter, flottest-*) [1] *gesprochen* mit relativ hoher Geschwindigkeit ⟨*eine Bedienung, ein Tempo*⟩ ≈ rasch, schnell *„Der Bau (des Hauses) geht flott voran"* [2] *gesprochen* mit (zum Tanz anregendem) relativ schnellen Rhythmus ⟨*Tanzmusik*⟩ [3] *gesprochen* attraktiv ⟨*Kleidung, eine Frisur*⟩

die **Flot·te** (-, -*n*) [1] alle militärischen Schiffe, die einem Staat gehören *„die britische Flotte"* [K] Kriegsflotte [2] alle Schiffe, die für den selben Zweck gebaut sind [K] Fischereiflotte

der **Fluch** (-(*e*)*s*, *Flü·che*) [1] **ein Fluch (über jemanden/etwas)** ein Wort oder Worte, das/die man in großer Wut oder in großem Hass spontan sagt ⟨*einen gotteslästerlichen, kräftigen Fluch ausstoßen*⟩ [2] *meist Singular* **ein Fluch (gegen jemanden)** (magische) Worte, mit denen man jemandem etwas Böses wünscht *„Die Zauberin hatte einen Fluch gegen den Prinzen ausgesprochen"* [3] *nur Singular* **ein Fluch (auf jemandem/etwas)** das Böse, das Unheil oder die Strafe, die (scheinbar) durch einen Fluch bewirkt wurden *„Auf dem Schloss lastet seit Jahrhunderten ein fürchterlicher Fluch"*

**flu·chen** (*fluchte, hat geflucht*) [1] **(etwas) fluchen** böse Worte, Flüche aussprechen *„Verdammt", fluchte er"* [2] **über jemanden/etwas fluchen**; **auf etwas** (*Akkusativ*) **fluchen** heftig über jemanden/etwas schimpfen *„auf/über das schlechte Wetter fluchen"*

die **Flucht**★ (-, -*en*) **die Flucht (aus etwas, vor jemandem/etwas)**; **die Flucht (irgendwohin)** *meist Singular* das Fliehen ⟨*auf der Flucht (vor jemandem) sein; jemandem zur Flucht verhelfen*⟩ *„die Flucht aus dem Gefängnis"* [K] Fluchtauto, Fluchtversuch

**flucht·ar·tig** *ADJEKTIV* sehr schnell, um aus einer unangenehmen Situation zu kommen ⟨*fluchtartig den Raum, das Land verlassen*⟩

**flüch·ten**★ (*flüchtete, hat/ist geflüchtet*) **(aus etwas) (irgendwohin) flüchten**; **(vor jemandem/etwas) (irgendwohin) flüchten** (*ist*) einen Ort sehr schnell verlassen, weil plötzlich eine akute Gefahr droht *„Als das Feuer ausbrach, flüchteten die Hotelgäste auf das Dach"* ⓘ Im Gegensatz zu *fliehen* sind bei *flüchten* die Bewegung und die Geschwindigkeit betont.

**flüch·tig** *ADJEKTIV* [1] auf der Flucht *„Die ausgebrochenen Häftlinge sind immer noch flüchtig"* [2] von kurzer Dauer und nicht sehr intensiv ⟨*ein Gruß, ein Kuss, eine Umarmung*⟩ [3] schnell und ohne Konzentration, so dass Fehler entstehen *„Der Schüler hat in der letzten Zeit oft sehr flüchtig gearbeitet"*

der **Flüch·tig·keits·feh·ler** ein Fehler, den man (z. B. in einer Prüfung) macht, weil man nicht aufmerksam oder nicht konzentriert ist

der **Flücht·ling**★ (-*s*, -*e*) eine Person, die (z. B. wegen eines Krieges) ein Land, die Heimat verlässt bzw. verlassen muss *„einem Flüchtling Asyl gewähren"* K Flüchtlingslager

der **Flug★** (-(e)s, *Flü·ge*) 1 *nur Singular* die Fortbewegung des Vogels in der Luft *„den ruhigen Flug des Adlers beobachten"* 2 *nur Singular* die schnelle Bewegung eines Flugzeugs o. Ä. *„den Flug der Rakete auf den Radarschirmen verfolgen"* K Flughöhe, Flugsicherheit, Flugverkehr, Flugzeit; Weltraumflug 3 eine Reise durch die Luft (im Flugzeug) ⟨*einen angenehmen, (un)ruhigen Flug haben; einen Flug buchen*⟩ *„Wegen des dichten Nebels mussten alle Flüge von und nach London gestrichen werden"* K Fluggast, Flugkapitän, Flugpreis, Flugticket

der **Flug·be·glei·ter** jemand, der sich beruflich in Flugzeugen um die Passagiere kümmert • *hierzu* **Flug·be·glei·te·rin** *die*

der **Flü·gel★** (-s, -) VON VÖGELN, FLUGZEUGEN USW.: 1 Vögel und viele Insekten haben Flügel, mit denen sie fliegen können ⟨*ein Vogel schlägt mit den Flügeln*⟩ K Flügelschlag; Schmetterlingsflügel 2 eine der zwei Flächen, mit deren Hilfe Flugzeuge fliegen ≈ Tragfläche VON GEBÄUDEN, FENSTERN, GERÄTEN USW.: 3 der linke oder der rechte Teil einer symmetrischen Sache *„die Flügel eines Altars/eines Fensters"* | *„der linke/rechte Flügel der Lunge"* K Flügeltür; Fensterflügel, Lungenflügel 4 *meist Plural* Ventilatoren, Windmühlen usw. haben viele Flügel, die sich im Kreis drehen K Windmühlenflügel 5 der seitliche Teil eines großen Gebäudes *„Im östlichen Flügel des Krankenhauses ist die Chirurgie untergebracht"* K Seitenflügel VON PARTEIEN, MANNSCHAFTEN, TRUPPEN: 6 eine Gruppe von Mitgliedern einer Partei, deren politische Meinung in einigen Bereichen von der offiziellen Haltung der Partei abweicht *„der linke/rechte Flügel der SPD"* K Flügelkämpfe MUSIKINSTRUMENT: 7 ein großes Klavier, dessen Deckel man öffnen kann K Konzertflügel

**flüg·ge** *ADJEKTIV meist prädikativ* ⟨*Vögel*⟩ so weit herangewachsen und so groß, dass sie fliegen können

die **Flug·ge·sell·schaft** eine Firma, die gegen Bezahlung Personen oder Fracht befördert *„Die „Lufthansa" ist die größte deutsche Fluggesellschaft"*

der **Flug·ha·fen★** ein großes Gelände, auf dem Flugzeuge starten und landen K Flughafengebäude, Flughafengebühr, Flughafengelände

die **Flug·li·nie** die Route, auf der ein Flugzeug regelmäßig fliegt *„die internationale Fluglinie Frankfurt–Tokio"*

der **Flug·lot·se** eine Person, die (über Funk) das Starten und Landen der Flugzeuge vom Boden aus steuert *„Der Fluglotse nimmt über Funk Kontakt mit dem Flugzeug auf und dirigiert es auf eine freie Landebahn"* • *hierzu* **Flug·lot·sin** *die*

der **Flug·platz** ein großes Gelände, auf dem meist kleine Flugzeuge starten und landen K Militärflugplatz

der **Flug·steig** (-(e)s, -e) *geschrieben* ein Ausgang am Flughafen, von dem aus man zu seinem Flugzeug gelangt ≈ Gate

das **Flug·zeug★** (-(e)s, -e) Flugzeuge transportieren Personen und Dinge durch die Luft ⟨*ein Flugzeug startet, hebt ab, fliegt irgendwohin, landet, stürzt ab*⟩ *„An Bord des Flugzeugs befinden sich 200 Passagiere"* K Flugzeugabsturz, Flugzeugentführung, Flugzeugunglück; Passagierflugzeug; Düsenflugzeug, Segelflugzeug

**flun·kern** (*flunkerte, hat geflunkert*); *gesprochen, humorvoll* (bei unwichtigen Dingen, meist im Scherz) nicht die Wahrheit sagen ≈ schwindeln

der **Flur**[1]★; (-(e)s, -e) ein meist langer, schmaler Raum im Innern einer Wohnung, eines Gebäudes, von dem aus man in die einzelnen Zimmer geht ≈ Gang

die **Flur**[2]; (-, -en); *geschrieben* Äcker und Wiesen, die nicht mit Häusern bebaut sind

der **Fluss★** (-es, *Flüs·se*) 1 in Flüssen fließt relativ viel Wasser auf einem langen, natürlichen Weg durchs Land ⟨*ein breiter, tiefer, reißender Fluss; der Lauf, die Mündung, die Quelle eines Flusses; ein Fluss fließt/mündet ins Meer, in einen See*⟩ *„Der Fluss trat über die Ufer und überschwemmte das Land"* K Flusslauf, Flussufer; Gebirgsfluss 2 *geschrieben nur Singular* der gleichmäßige Ablauf einer Bewegung oder eines Vorgangs ohne Unterbrechungen ⟨*der Fluss der Arbeit, der Ereignisse, einer Rede*⟩ *„Eine Baustelle behindert den Fluss des Straßenverkehrs"* K Gedankenfluss, Redefluss, Verkehrsfluss

**flüs·sig★** *ADJEKTIV* 1 so, dass es fließen kann *„Wachs wird flüssig, wenn man es erwärmt"* 2 ⟨*Gelder, Mittel*⟩ so, dass man sie gleich verwenden kann

die **Flüs·sig·keit★** (-, -en) 1 Wasser, Milch, Blut usw. sind Flüssigkeiten K Bremsflüssigkeit 2 *nur Singular, ohne Artikel* alle (flüssigen) Sub-

F

stanzen, die man trinkt, weil sie der Körper braucht *„Bei Fieber soll man viel Flüssigkeit zu sich nehmen"*

**flüs·sig·ma·chen** (*machte flüssig, hat flüssiggemacht*) **etwas flüssigmachen** Geld für einen Zweck zur Verfügung stellen oder haben *„Er konnte die erforderlichen 5.000 Euro nicht flüssigmachen"*

**flüs·tern** (*flüsterte, hat geflüstert*) **(etwas) flüstern** sehr leise sprechen, etwas sehr leise sagen ⟨*jemandem etwas ins Ohr flüstern*⟩ [K] Flüsterstimme, Flüsterton

F

die **Flut**★ (-, *-en*) [1] *nur Singular* das Steigen des Wassers (Wasserspiegels) im Meer, das durch die Anziehungskraft des Mondes bewirkt wird ⟨*die Flut kommt*⟩ ↔ Ebbe *„Das Schiff lief mit der Flut aus"* [2] *geschrieben meist Plural* große Mengen von Wasser (die in Bewegung sind) ⟨*aufgewühlte, tosende Fluten*⟩ *„Viele Menschen ertranken in den Fluten des Hochwassers"* [K] Flutkatastrophe, Wasserflut

das **Flut·licht** *nur Singular* helles künstliches Licht, mit dem man abends Sportplätze o. Ä. beleuchtet ⟨*bei Flutlicht spielen*⟩ [K] Flutlichtanlage

die **Flut·wel·le** eine sehr hohe Welle, die z. B. durch einen Sturm verursacht wird

der **Fly·er** ['flaie]; (-s, -) ein gefaltetes Blatt oder kleines Heft mit gedruckten Informationen über ein Thema

**focht** *Präteritum, 1. und 3. Person Singular* → fechten

das **Foh·len** (-s, -) ein junges Pferd

der **Föhn**★ (-(e)s, *-e*) [1] ein elektrisches Gerät, mit dem man sich die Haare trocknet [2] *nur Singular* ein warmer Südwind, der auf der nördlichen Seite der Alpen auftritt [K] Föhnwetter • *zu* (2) **föh·nig** *ADJEKTIV*

**föh·nen** (*föhnte, hat geföhnt*) **jemanden föhnen** die Haare einer Person (oder die eigenen) mit einem Föhn trocknen

die **Föh·re** (-, *-n*) ≈ Kiefer

die **Fol·ge**★ (-, *-n*) [1] **eine Folge** (+*Genitiv*/**von etwas**) etwas, das sich nach und aufgrund einer Handlung, eines Geschehens ereignet ⟨(*etwas hat*) *böse, schlimme, unangenehme, verheerende Folgen; die Folgen einer Sache tragen müssen, auf sich nehmen*⟩ *„Sie starb an den Folgen des Autounfalls"* [2] eine Reihe von Dingen, die in zeitlich (relativ) kurzen Abständen nacheinander kommen *„Die Autos auf der Autobahn fuhren in dichter Folge"* [3] eines von mehreren Teilen eines Ganzen, einer Serie, die in festen Abständen nacheinander kommen (z. B. eine Episode einer Fernsehserie) *„Die nächste Folge des dreiteiligen Kriminalfilms sehen Sie am kommenden Montag"*

**fol·gen**[1]★ (*folgte, ist gefolgt*) [1] **jemandem/etwas folgen** sich hinter jemandem/etwas her in derselben Richtung bewegen *„Der Hund folgte der Blutspur im Schnee"* [2] **einer Sache** (*Dativ*) **irgendwie folgen** einem Gespräch o. Ä. aufmerksam zuhören, etwas beobachten *„dem Vortrag des Wissenschaftlers mit Interesse folgen"* [3] **jemandem/etwas (nicht) folgen können** die Argumentation oder eine Folge von Gedanken (nicht) verstehen können [4] **einer Sache** (*Dativ*) **folgen** sich nach etwas richten, einer Sache entsprechend handeln ⟨*jemandes Rat, Anordnungen, Befehlen folgen; seinem Gefühl, einer Eingebung folgen*⟩ [5] **etwas folgt (auf) etwas** (*Dativ*) etwas kommt in der Reihenfolge oder ereignet sich zeitlich nach etwas *„Auf Regen folgt Sonnenschein"* | *„im folgenden Jahr"* [6] **etwas folgt aus etwas** etwas ist die logische Konsequenz einer Sache *„Aus den Berechnungen des Kopernikus folgte, dass sich die Erde um die Sonne dreht"*

**fol·gen**[2]★ (*folgte, hat gefolgt*) **ein Kind/Tier folgt (jemandem)** *gesprochen* ein Kind/ein Hund o. Ä. tut das, was die Eltern/Besitzer sagen ≈ gehorchen *„Der Hund folgt mir aufs Wort"* gehorcht immer sofort

**fol·gend**★ *ADJEKTIV meist attributiv* verwendet, um sich auf Personen/Sachen zu beziehen, die (in einer Liste) genannt werden *„Folgende Schüler haben die Prüfung bestanden: ..."*

**fol·gen·der·ma·ßen** *ADVERB* auf die anschließend beschriebene Art und Weise *„Der Salat wird folgendermaßen zubereitet: ..."*

**fol·gen·schwer** *ADJEKTIV* mit großen (meist negativen) Folgen/Konsequenzen ⟨*ein Fehler, ein Irrtum, ein Unfall*⟩

**fol·gern** (*folgerte, hat gefolgert*) **etwas (aus etwas) folgern** *geschrieben* aus Anzeichen oder Fakten die logische Konsequenz ziehen *„Aus seinem Verhalten folgerte sie, dass er ihrer Meinung war"*

die **Fol·ge·rung** (-, *-en*) **eine Folgerung (aus etwas)** das Ergebnis einer Überlegung o. Ä. ⟨*eine logische Folgerung*⟩ [K] Schlussfolgerung

**folg·lich**★ *ADVERB* als Konsequenz oder Ergebnis einer Sache ≈ deshalb *„Die Firma *machte Bankrott, folglich mussten alle Mitarbeiter entlassen werden/alle Mitarbeiter mussten folglich entlassen werden"*

**fọlg·sam** ADJEKTIV immer bereit zu gehorchen ⟨*ein Hund, ein Kind, ein Pferd*⟩ ≈ gehorsam • *hierzu* **Fọlg·sam·keit** *die*

die **Fo̲·lie** [-li̯ə]; (-, *-n*) ein sehr dünnes Material (meist aus Kunststoff oder Metall), mit dem man Gegenstände (z. B. Lebensmittel) verpackt, abdeckt oder isoliert ⟨*etwas in Folie verpacken; mit Folie abdecken*⟩ K Aluminiumfolie, Plastikfolie, Frischhaltefolie

die **Folk·lo̲·re** (-) alle (meist einfachen) Formen der Kultur (z. B. Musik, Tanz und Dichtung), die für die Leute einer Region oder Landschaft typisch sind K Folklorekunst, Folkloremusik • *hierzu* **folk·lo·rịs·tisch** ADJEKTIV

die **Fọl·ter★** (-, *-n*) *nur Singular* der Vorgang, wenn jemand gefoltert wird *„Er ist bei der Folter gestorben"* K Folterinstrument, Foltermethode, Folterqual ID **jemanden auf die Folter spannen** die Spannung erhöhen, indem man jemanden absichtlich warten lässt

**fọl·tern** (*folterte, hat gefoltert*) **jemanden foltern** einer Person körperliche Schmerzen zufügen (vor allem, um sie zu einem Geständnis oder zu einer Aussage zu zwingen) *„In manchen Ländern werden Gefängnisinsassen regelmäßig gefoltert"*

der **Fö̲n®** (-(*e*)*s*, *-e*) ein elektrisches Gerät, mit dem man sich die Haare trocknet

der **Fonds★** [fõ:]; (- [fõ:(s)], - [fõ:s]) 1 Geld, das als Vorrat für einen Zweck bestimmt ist ⟨*einen Fonds einrichten*⟩ K Hilfsfonds, Studienfonds 2 eine Art, Geld anzulegen; man zahlt Geld in den Fonds, mit dem eine Gesellschaft Aktien, Immobilien usw. kauft, um Gewinne zu machen ⟨*in einen Fonds einzahlen, investieren*⟩ K Immobilienfonds

das/die **Fon·due** [fõ'dy:]; (*-s*/-, *-s*/*-s*) ein Gericht, das man bei Tisch zubereitet, indem man mit einer langen Gabel z. B. kleine Stücke Fleisch in einen Topf mit heißem Öl oder kleine Stücke Brot in einen Topf mit geschmolzenem Käse taucht K Fonduegabel; Fleischfondue, Käsefondue

die **Fon·tä̲·ne** (-, *-n*) ein starker Strahl Wasser, der vor allem aus einem Brunnen nach oben spritzt

**fọ̈r·der·lich** ADJEKTIV **etwas ist jemandem/etwas förderlich** *geschrieben* etwas ist für jemanden/etwas nützlich, von Vorteil *„Ein solches Verhalten ist seiner Karriere wenig förderlich"*

**fọr·dern★** (*forderte, hat gefordert*) 1 **(von jemandem/etwas) etwas fordern** einer Person oder Institution (energisch und nachdrücklich) sagen, dass man etwas von ihr will ≈ verlangen *„Die Entführer forderten von den Eltern/der Regierung ein hohes Lösegeld"* 2 **etwas fordert Opfer/Menschenleben** *geschrieben* ein Unglück o. Ä. hat den Tod von Personen zur Folge *„Das Erdbeben forderte zahlreiche Opfer"*

**fọ̈r·dern★** (*förderte, hat gefördert*) 1 **jemanden/etwas fördern** eine Person oder Sache so unterstützen (z. B. durch persönliches Engagement oder finanzielle Mittel), dass sie sich gut weiterentwickelt *„junge Künstler/die Wissenschaft fördern"* 2 **etwas fördern** Kohle, Öl, Erz o. Ä. in großer Menge aus der Erde holen, um sie wirtschaftlich zu nutzen K Förderanlage, Fördermenge

die **Fọr·de·rung★** (-, *-en*) **eine Forderung (an jemanden); eine Forderung (nach etwas)** das, was von jemandem verlangt, gefordert wird ⟨*eine berechtigte, maßlose, unannehmbare Forderung; eine Forderung erheben, geltend machen, (an jemanden) stellen; eine Forderung erfüllen; auf einer Forderung bestehen*⟩ *„Die Arbeitgeber lehnten die Forderung der Gewerkschaften nach mehr Lohn ab"*

die **Fọ̈r·de·rung★** (-) 1 eine meist finanzielle Hilfe von Firmen, reichen Personen, Stiftungen oder vom Staat ⟨*die Föderung von Ausbildung, Engagement, Krankenhäusern, Kindergärten, Kunst, Künstlern, Kunst, Museen, Schülern, sozialen Einrichtungen, Studenten*⟩ ≈ Unterstützung *„die Förderung begabter Schüler durch eine Stiftung"* K Ausbildungsförderung 2 der Vorgang, etwas mit Maschinen in großer Menge aus der Erde zu holen ⟨*die Förderung von Rohstoffen*⟩ K Kohleförderung

die **Fo·rẹl·le★** (-, *-n*) ein (mittelgroßer) Fisch, der vor allem in kalten Bächen und in kleineren Gewässern lebt und der gut schmeckt K Forellenteich, Forellenzucht

die **Fọrm★** (-, *-en*) GESTALT, ZUSTAND: 1 die äußere plastische Gestalt, in der ein Gegenstand erscheint, vor allem in Hinsicht auf die Linien, die ihn begrenzen ≈ Gestalt *„Die Erde hat die Form einer Kugel"* K Eiform, Hufeisenform, Würfelform 2 **in Form** (*+Genitiv*/**von etwas**) in dem Zustand, in dem etwas erscheint, vorhanden ist *„Niederschläge in Form von Regen/Schnee/Hagel"* VON PERSONEN: 3 *nur Singular* die körperliche oder geistige Verfassung und

Leistung, die verlangt wird ⟨*gut, schlecht in Form sein; (nicht) in Form sein*⟩ **K** Bestform, Höchstform ART UND WEISE: **4** die Art und Weise, in der etwas existiert, in der es organisiert oder strukturiert ist *„die Ehe als Form des Zusammenlebens von Mann und Frau"* **K** Regierungsform, Staatsform **5** *meist Plural* die vorgeschriebenen Regeln, Konventionen, die bestimmen, wie man sich gegenüber anderen Leuten verhalten soll ⟨*sich über gesellschaftliche Formen hinwegsetzen*⟩ *„die strengen Formen am königlichen Hof"* **K** Umgangsform GEGENSTAND: **6** ein Gegenstand, der innen hohl ist oder der Vertiefungen hat und in den man eine lockere oder flüssige Masse (z. B. Teig oder geschmolzenes Metall) gibt, die dann fest wird *„den Kuchenteig in eine Form aus Blech füllen"* **K** Backform, Kuchenform

F

**for·mal★** *ADJEKTIV meist attributiv* **1** die Art und Weise, in welcher ein Inhalt gegliedert und aufgebaut wird ↔ inhaltlich *„der formale Aufbau eines Dramas"* **2** in Bezug auf die Bestimmungen des Gesetzes, die Regeln o. Ä. *„Der Prozess musste wegen eines formalen Fehlers unterbrochen werden"*

die **For·ma·li·tät** (-, *-en*) *meist Plural* eine (bürokratische) Bestimmung, Vorschrift, die man erfüllen muss, damit etwas offiziell gültig wird o. Ä. ⟨*die Formalitäten einhalten, erledigen*⟩

das **For·mat★** (*-(e)s, -e*) die Größe oder Form, in der Papier, Bücher usw. hergestellt werden *„Fotos mit dem Format 18 × 24"* **K** Buchformat, Postkartenformat

die **For·ma·ti·on** [-'tsio:n]; (-, *-en*) **1** eine Gruppe von Personen, die in einer geometrischen Form angeordnet oder aufgestellt sind (und so regelmäßig spielen, tanzen o. Ä.) ⟨*eine militärische Formation; eine Formation von Tänzern*⟩ **K** Tanzformation **2** die Form oder Aufstellung, in der Personen oder Dinge angeordnet sind

**form·bar** *ADJEKTIV* **1** ⟨*ein Material*⟩ so, dass es (mit den Händen) geformt werden kann *„Der Ton wird mit Wasser zu einer gut formbaren Masse verarbeitet"* **2** ⟨*ein Charakter, ein Kind, ein Talent*⟩ so, dass man sie beeinflussen kann

das **Form·blatt** *admin* ≈ Formular

die **For·mel★** (-, *-n*) **1** eine Kombination von Buchstaben, Zahlen oder Zeichen als (verkürzter) Ausdruck z. B. eines mathematischen Lehrsatzes, einer chemischen Verbindung oder einer physikalischen Regel *„Die chemische Formel für Wasser ist „$H_2O$""* **2** ein Ausdruck oder Satz, der bei vielen Anlässen immer wieder in derselben sprachlichen Form verwendet wird **K** Grußformel **3** **Formel 1** [-'ains] eine Kategorie von sehr schnellen Rennwagen **K** Formel-1--Rennen

**for·mell★** *ADJEKTIV* **1** korrekt und höflich, so wie es die Regeln und Konventionen erfordern ⟨*eine Begrüßung, eine Einladung, ein Empfang*⟩ **2** den Vorschriften entsprechend ⟨*ein Abkommen, eine Einigung*⟩ ≈ offiziell **3** sehr höflich und korrekt und dadurch steif (wirkend) ≈ förmlich ↔ informell *„Er ist immer sehr formell"* **4** *meist adverbiell* nur zum Schein, nicht wirklich *„Er ist nur noch formell der Chef, eigentlich leitet der Sohn die Firma"*

**for·men** (*formte, hat geformt*) **1** **etwas (aus etwas) formen** einen Gegenstand aus einem weichen Material herstellen, indem man dem Material mit den Händen eine Form gibt *„einen Krug aus Ton formen"* **2** **etwas (zu etwas) formen** einem weichen Material mit den Händen eine Form geben *„Teig zu einem Brotlaib formen"* • *hierzu* **For·mung** *die*

der **Form·feh·ler** *geschrieben* ein Verstoß gegen eine amtliche Vorschrift, die einen Ablauf oder die Form von Schreiben regelt *„Wegen eines Formfehlers wurde die Wahl für ungültig erklärt"*

**-för·mig** *im Adjektiv, unbetont, sehr produktiv* **eiförmig, glockenförmig, herzförmig, hufeisenförmig, kreisförmig, sternförmig** *und andere* mit der genannten Form

**förm·lich** *ADJEKTIV* **1** korrekt und höflich ⟨*eine Begrüßung, ein Umgangston*⟩ **2** den bekannten Vorschriften entsprechend ⟨*eine Abmachung, eine Erklärung, ein Vertrag*⟩ ≈ formell, offiziell • *hierzu* **Förm·lich·keit** *die*

**form·los** *ADJEKTIV* **1** ohne feste Umrisse, ohne eine erkennbare äußere Form ⟨*eine Masse*⟩ **2** ohne eine offiziell vorgeschriebene Form ⟨*ein Antrag*⟩ • *zu* (1) **Form·lo·sig·keit** *die*

die **Form·sa·che** *nur Singular* ≈ Formalität *„Mach dir keine Sorgen, das Genehmigungsverfahren ist reine Formsache"* Die Sache wird ganz sicher genehmigt

das **For·mu·lar★** (*-s, -e*) ein Blatt Papier (wie es z. B. bei einer Behörde oder Bank verwendet wird), auf dem Angaben oder Fragen gedruckt sind, die man ergänzen oder beantworten muss

⟨*ein Formular ausfüllen, unterschreiben*⟩ **K** Anmeldeformular, Einzahlungsformular, Überweisungsformular

**for·mu·lie·ren** ★ (*formulierte, hat formuliert*) **etwas (irgendwie) formulieren** etwas, das man (mündlich oder schriftlich) ausdrücken will, in eine entsprechende sprachliche Form bringen *„einen Gedanken präzise formulieren"* | *„eine Frage formulieren"*

die **For·mu·lie·rung** (-, *-en*); *geschrieben* **1** *nur Singular* das Formulieren *„Die Formulierung seiner Gedanken fiel ihm schwer"* **2** die Art, wie etwas gesagt oder geschrieben wird *„Die Formulierungen in Gesetzen sind oft kompliziert"*

**forsch** ADJEKTIV (*forscher, forschest-*) selbstsicher, energisch und entschlossen ⟨*ein Benehmen*⟩ • *hierzu* **Forsch·heit** *die*

**for·schen** ★ (*forschte, hat geforscht*) **1** etwas systematisch und mit wissenschaftlichen Methoden untersuchen, um darüber mehr Wissen zu bekommen *„Er forscht auf dem Gebiet der Kernphysik"* **2** **nach jemandem/etwas forschen** *geschrieben* sehr gründlich, intensiv nach jemandem/etwas suchen *„Er forscht in alten Archiven nach der Herkunft seiner Familie"*

**for·schend** ADJEKTIV *meist attributiv* kritisch und prüfend ⟨*ein Blick; jemanden forschend ansehen*⟩

der **For·scher** ★ (*-s, -*) eine Person, die wissenschaftlich arbeitet und forscht ≈ Wissenschaftler **K** Altertumsforscher, Naturforscher • *hierzu* **For·sche·rin** *die*

die **For·schung** ★ (-, *-en*) **1** das Forschen und Suchen nach Wissen *„Kopernikus hat bei seinen Forschungen herausgefunden, dass sich die Erde um die Sonne bewegt"* **2** *nur Singular* die Wissenschaft (die sich mit einem speziellen Gebiet befasst) ⟨*die naturwissenschaftliche, medizinische Forschung; der neueste Stand der Forschung*⟩ *„Sie ist in der Forschung tätig"* **K** Forschungsarbeit, Forschungsobjekt; Krebsforschung, Weltraumforschung

der **Förs·ter** (*-s, -*) eine Person, die beruflich für ein Stück Wald und für die wilden Tiere in diesem Gebiet verantwortlich ist • *hierzu* **Förs·te·rin** *die*

**fort** ★ ADVERB **1** **jemand/etwas ist fort** eine Person oder Sache befindet sich nicht (mehr) an dem Ort, an dem sie war *„Mein Fahrrad ist fort!"* **2** **fort sein** weggegangen, weggefahren oder verreist sein *„Sie ist drei Wochen fort gewesen"* **3** **Fort (mit jemandem/etwas)!** verwendet, um zu sagen, dass eine Person weggehen soll oder dass eine Sache entfernt werden soll ≈ weg *„Fort mit ihm!"* | *„Fort damit!"*

**fort-** ★ (*im Verb, trennbar und betont, sehr produktiv; Diese Verben werden so gebildet: fortfliegen, flog fort, fortgeflogen*) **fortfahren, fortgehen, fortlaufen, fortreiten**; **jemanden/etwas fortbringen, fortschaffen, fortschicken** *und andere* drückt mit Verben der Bewegung aus, dass jemand/etwas einen Ort verlässt ≈ weg- *„Als sie die Katze sahen, flogen die Vögel fort"*

der **Fort·be·stand** *nur Singular; geschrieben* die weitere Existenz, das Weiterleben in der Zukunft *„Der Fortbestand vieler Tierarten ist heute gefährdet"*

**fort·be·we·gen** ★ (*bewegte fort, hat fortbewegt*) **sich/etwas (irgendwie) fortbewegen** sich selbst oder Dinge an einen anderen Ort bewegen *„Der Tunnel war so niedrig, dass ich mich auf Händen und Knien fortbewegen musste"* | *„Mit vereinten Kräften konnten wir den Felsen von der Straße fortbewegen"*

die **Fort·be·we·gung** *nur Singular; geschrieben* der Vorgang, bei dem man sich selbst, eine andere Person oder eine Sache an einen anderen Ort bewegt *„Der Gelähmte benötigt zur Fortbewegung einen Rollstuhl"* | *„Die Flügel dienen dem Vogel zur Fortbewegung"* **K** Fortbewegungsmittel, Fortbewegungsorgan

**fort·bil·den** ★ (*hat*) **sich (in etwas** (*Dativ*)**) fortbilden** spezielle Kenntnisse oder die Allgemeinbildung erweitern (meist indem man spezielle Kurse oder Seminare besucht) ≈ weiterbilden *„Die Sekretärin will sich in IT fortbilden"* • *hierzu* **Fort·bil·dung** *die*

**fort·blei·ben** (*ist*) **(eine Zeit lang) (von etwas) fortbleiben** für längere Zeit nicht an einen Ort zurückkommen ⟨*lange, nur kurze Zeit fortbleiben*⟩ *„Er blieb zwei Tage von der Arbeit fort"*

**fort·fah·ren** ★ **1** (*ist*) einen Ort verlassen und an einen anderen fahren ≈ wegfahren **2** **mit etwas fortfahren**; **fortfahren zu** *+Infinitiv geschrieben* (*ist*) (nach einer Unterbrechung) weiter das tun, was man vorher getan hat *„Er ließ sich durch den Lärm nicht stören und fuhr fort zu arbeiten"* **3** **jemanden/etwas fort fahren** (*hat*) jemanden/etwas mit einem Fahrzeug an einen anderen Ort bringen

**fort·fal·len** (*ist*) **etwas fällt fort** etwas ist

F

nicht mehr wirksam oder gültig, nicht mehr vorhanden ≈ wegfallen *„Wenn das neue Gesetz in Kraft tritt, fällt die alte Regelung fort"* • *hierzu* **Fort·fall** *der*

**fort·füh·ren**★ (*hat*) **etwas fortführen** *geschrieben* mit etwas, das eine andere Person angefangen hat, ohne Unterbrechung weitermachen ≈ fortsetzen *„Nach dem Tod des Vaters führt der Sohn das Unternehmen fort"* • *hierzu* **Fort·füh·rung** *die*

der **Fort·gang** *nur Singular; geschrieben* **1** die Art und Weise, wie sich etwas entwickelt *„Der Archäologe berichtete über den Fortgang der Ausgrabungen"* **2** das Verlassen eines Orts (meist für lange Zeit) *„Seit seinem Fortgang von Berlin habe ich ihn nicht mehr gesehen"*

**fort·ge·schrit·ten** ADJEKTIV **1** so, dass es ein relativ spätes Stadium (der Entwicklung) erreicht hat ⟨*etwas befindet sich in einem fortgeschrittenen Stadium; jemand ist im fortgeschrittenen Alter*⟩ *„Die Krankheit ist so weit fortgeschritten, dass keine Heilung mehr möglich ist"* **2** **jemand ist (in etwas** (*Dativ*)) **fortgeschritten** jemand hat auf einem Wissensgebiet, in einem Fach o. Ä. (relativ) gute Kenntnisse und ist nicht mehr Anfänger *„Kurt ist in Französisch schon ziemlich fortgeschritten"*

der/die **Fort·ge·schrit·te·ne** (-*n*, -*n*) eine Person, die an einer Ausbildung schon längere Zeit teilgenommen und schon viele Kenntnisse oder Fertigkeiten erworben hat ↔ Anfänger *„Im nächsten Semester beginnt ein Deutschkurs für Fortgeschrittene"*

**fort·lau·fend** ADJEKTIV *meist attributiv* in kontinuierlicher Reihenfolge *„Die Seiten des Manuskripts sind fortlaufend nummeriert"*

**fort·pflan·zen** (*hat*) **Menschen/Tiere/Pflanzen pflanzen sich fort** Menschen oder Tiere werden geboren, Pflanzen vermehren sich *„Vögel pflanzen sich fort, indem sie Eier legen"* • *hierzu* **Fort·pflan·zung** *die*

**fort·schrei·ten** (*ist*) **etwas schreitet fort** *geschrieben* etwas wird größer, intensiver, entwickelt sich weiter ⟨*eine Arbeit, eine Krankheit, der Verfall, die Zerstörung*⟩ *„Die Vernichtung des Waldes durch die Luftverschmutzung scheint unaufhaltsam fortzuschreiten"*

der **Fort·schritt**★ **1** *nur Singular* die ständige Verbesserung und Entwicklung der Wissenschaft, der Technik (und der Lebensqualität) ⟨*der medizinische, wirtschaftliche Fortschritt*⟩ *„der unaufhaltsame Fortschritt der Technik"* **2** *nur Plural* das positive Ergebnis von Bemühungen ⟨*Fortschritte erzielen*⟩ *„Er macht große/keine Fortschritte mit seiner Doktorarbeit"*

**fort·schritt·lich** ADJEKTIV **1** ⟨*ein Mensch, eine Persönlichkeit*⟩ so, dass sie im Sinne des Fortschritts denken und handeln ≈ modern ↔ konservativ *„fortschrittlich eingestellt/gesinnt sein"* **2** ⟨*eine Entwicklung, eine Technologie*⟩ so, dass sie (ein Beispiel für) den Fortschritt darstellen • *hierzu* **Fort·schritt·lich·keit** *die*

**fort·set·zen**★ (*hat*) **etwas fortsetzen** nach einer Unterbrechung mit etwas weitermachen *„Nach einer kurzen Rast setzten sie die Fahrt fort"*

die **Fort·set·zung**★ (-, -*en*) **1** *nur Singular* das Fortsetzen einer Tätigkeit *„die Fortsetzung der Arbeit nach der Mittagspause"* **2** der Teil z. B. eines Romans oder einer Fernsehserie, der auf einen vorhergehenden Teil (desselben Romans bzw. derselben Fernsehserie) folgt ≈ Folge *„Jede Woche erscheint eine neue Fortsetzung des Romans in der Sonntagszeitung"* | *„Fortsetzung folgt!"* **K** Fortsetzungsroman

das **Fo·rum** (-*s*, *Fo·ren*) **1** **ein Forum (über etwas** (*Akkusativ*)) eine öffentliche Diskussion ⟨*ein politisches, literarisches Forum; an einem Forum teilnehmen*⟩ **2** **ein Forum (für etwas)** ein geeigneter Ort, um ausgewählte Themen zu diskutieren o. Ä. **3** ein Diskussionsforum im Internet

das **Fos·sil** (-*s*, *Fos·si·li·en* [-i̯ən]); *meist Plural* Überreste von Tieren oder Pflanzen, die vor langer Zeit existiert haben und ganz oder teilweise als Abdruck im Gestein erhalten sind ≈ Versteinerung

das **Fo·to**[1]★; (-*s*, -*s*) **ein Foto** (+*Genitiv*/**von jemandem/etwas**) ein Bild, das man mit einer Kamera macht ⟨*ein (un)scharfes, verwackeltes Foto; ein Foto machen, schießen*⟩ *„ein Album mit alten Fotos"* **K** Fotoalbum, Fotolabor; Farbfoto, Schwarz-Weiß-Foto ❶ Anstelle von *Foto, fotogen* usw. findet man vor allem in älteren Texten auch *Photo, photogen* usw.

der **Foto**[2]; (-*s*, -*s*); *gesprochen* ≈ Kamera *„Hast du deinen Foto dabei?"*

der **Fo·to·graf**★ (-*en*, -*en*) eine Person, die beruflich Fotos macht **K** Berufsfotograf, Hobbyfotograf • *hierzu* **Fo·to·gra·fin** *die*

die **Fo·to·gra·fie**★ (-, -*n* [-'fi:(ə)n]) **1** *nur Singular* die Technik oder die Kunst, mithilfe einer

Kamera genaue Bilder von Menschen, Tieren oder Dingen zu machen ‹*die digitale Fotografie*› **2** ein Bild, das durch Fotografie entsteht ≈ Foto • *hierzu* **fo·to·gra·fisch** *ADJEKTIV*

**fo·to·gra·fie·ren**★ (*fotografierte, hat fotografiert*) **(jemanden/etwas) fotografieren** (von jemandem/etwas) ein Foto machen *„das Brautpaar vor der Kirche fotografieren"* | *„Ich fotografiere gern"*

die **Fo·to·ko·pie** ein weiteres Exemplar eines Textes o. Ä., das eine Art Foto auf normalem Papier ist

**fo·to·ko·pie·ren** (*fotokopierte, hat fotokopiert*) **(etwas) fotokopieren** eine Fotokopie von etwas machen

das **Foul** [faul]; (-s, -s) (bei Mannschaftsspielen) eine unsportliche und unerlaubte Behinderung des Gegners ‹*ein Foul begehen, ahnden*›

**fou·len** ['faulən] (*foulte, hat gefoult*) **(jemanden) foulen** jemanden beim Spielen durch ein Foul behindern

das **Fo·yer** [foa'je:]; (-s, -s) der Bereich nach dem Eingang in einem Theater oder Hotel

**Fr** Abkürzung für *Freitag*

**Fr.** verwendet als Abkürzung von *Frau* in Verbindung mit Namen *„Fr. Maier"*

die **Fracht** (-, -en) die Dinge, die mit großen Fahrzeugen transportiert werden ‹*die Fracht verladen, löschen (=ausladen)*› ≈ Ladung *„Die Fracht des Lkws bestand aus italienischem Wein"* **K** Frachtgut, Frachtraum, Frachtschiff

der **Frach·ter** (-s, -) ein Schiff, das Waren transportiert

die **Fra·ge**★ (-, -n) **1** **eine Frage (nach jemandem/etwas)** eine mündliche oder schriftliche Äußerung, mit der man eine andere Person um eine Information bittet ‹*eine dumme, kluge, peinliche, verfängliche, vorsichtige Frage; jemandem/an jemanden eine Frage stellen; jemanden mit Fragen bombardieren, löchern; eine Frage beantworten, bejahen, verneinen*› ↔ Antwort **K** Fragesatz **2** ein Problem, das gelöst werden muss ‹*eine offene, strittige, ungelöste Frage; eine Frage anschneiden, aufwerfen, diskutieren, erörtern, klären, lösen*› *„Die Außenminister beschäftigten sich mit Fragen der Abrüstung"* **3** das Problem, von dem eine Entscheidung abhängt **K** Geldfrage, Geschmacksfrage, Kostenfrage

der **Fra·ge·bo·gen** ein meist amtliches Formular, auf dem Fragen stehen, die man beantworten soll

**fra·gen**★ (*fragte, hat gefragt*) **1** **(jemanden) (etwas) fragen; (eine Person) nach jemandem/etwas fragen** mit einer Person sprechen, um etwas von ihr zu erfahren *„Gehst du mit mir ins Kino?", fragte er (sie)"* | *„eine Verkäuferin nach dem Preis einer Ware fragen"* **2** **(jemanden) (um Erlaubnis) fragen** eine Person bitten, dass sie jemandem erlaubt, etwas zu tun *„Er nahm das Auto, ohne zu fragen"* **3** **(jemanden) um Rat fragen** eine Person bitten, dass sie jemandem mit ihren Ideen und ihren Vorschlägen bei etwas hilft **4** **sich fragen, ob/warum/wie/...** über ein Problem nachdenken, zu dem man noch keine Antwort weiß *„Ich frage mich, wo ich meine Brille hingelegt habe"* **5** **es fragt sich nur, wann/wie/...** verwendet, um zu sagen, dass noch nicht bekannt ist, wann/wie usw. etwas geschehen soll *„Er kommt bestimmt, es fragt sich nur, wann"* ❶ Die Formen *du frägst, er frägt* werden in der gesprochenen Sprache verwendet, sie gelten jedoch für die Schriftsprache als nicht korrekt.

das **Fra·ge·wort** ein Wort, mit dem eine Frage eingeleitet wird (z. B. „wer", „wann", „warum")

das **Fra·ge·zei·chen** das Zeichen ?, das am Ende eines Fragesatzes steht

**frag·lich** *ADJEKTIV* **1** *meist prädikativ* noch nicht entschieden *„Ob er eine Anstellung erhält, ist noch sehr fraglich"* **2** *admin meist attributiv* bereits erwähnt *„Der Befragte gab an, dass er zum fraglichen Zeitpunkt zu Hause gewesen sei"* Der Angeklagte sagte, er sei zur Tatzeit zu Hause gewesen

**frag·wür·dig** *ADJEKTIV* ‹*Praktiken, eine Methode, ein Verfahren*› so, dass sie Zweifel wecken und Anlass zu Misstrauen geben *„Rauchen ist ein fragwürdiges Vergnügen, wenn man die gesundheitlichen Risiken bedenkt"*

die **Frak·ti·on**★ [-'tsio:n]; (-, -en) die Gruppe aller Abgeordneten einer Partei im Parlament o. Ä. *„die sozialdemokratische Fraktion im Bundestag"* **K** Fraktionsmitglied, Fraktionssitzung, Fraktionsvorsitzende(r)

der **Fran·ken**★ (-s, -) **(Schweizer) Franken** die Währung des Geldes in der Schweiz *„Ein Franken hat hundert Rappen"*

der **Frank·fur·ter**[1]; (-s, -) eine Person, welche in der Stadt Frankfurt wohnt oder dort geboren ist • *hierzu* **Frank·fur·te·rin** *die*

die **Frank·fur·ter**[2]; (-, -) ein Würstchen aus Schweinefleisch, das man in Wasser heiß macht ‹*ein, zwei Paar Frankfurter*› ≈ Wiener

F

**fran·kie·ren**★ *(frankierte, hat frankiert)* **etwas frankieren** eine Briefmarke auf einen Brief oder ein Päckchen kleben

die **Fran·se** (-, -n); *meist Plural* **1** einer der Fäden, die den Rand von Teppichen usw. schmücken **2** *nur Plural* Haare, die so geschnitten sind, dass sie in die Stirn hängen • *hierzu* **fran·sig** *ADJEKTIV*

**fraß** *Präteritum, 3. Person Singular* → fressen

F

der **Fraß** *(-es); gesprochen, abwertend* ein Essen, das sehr schlecht schmeckt

die **Frat·ze** (-, -n) **1** ein verzerrtes, hässliches Gesicht ⟨*eine grinsende, höhnische Fratze*⟩ *„die Fratze eines Dämons"* **2** *gesprochen, abwertend* ≈ Gesicht

die **Frau**★ (-, -en) **1** eine erwachsene, weibliche Person ⟨*eine alleinstehende, berufstätige, emanzipierte, geschiedene, verheiratete Frau*⟩ ↔ Mann **K** Frauenzeitschrift **2** Kurzwort für *Ehefrau* ⟨*seine ehemalige, zukünftige, geschiedene, verstorbene Frau*⟩ ↔ Mann *„Er hat sich von seiner Frau scheiden lassen"* **3** *nur Singular* im Gespräch und in Briefen als Teil der Anrede vor dem Familiennamen oder Titel einer Frau verwendet ↔ Herr *„Guten Tag, Frau Müller!"* ❶ *Frau* wird heute auch als Anrede für unverheiratete Frauen verwendet. Die Anrede *Fräulein* wird nicht mehr benutzt.

der **Frau·en·arzt** ein Arzt, der sich auf Frauenkrankheiten (und Geburtshilfe) spezialisiert hat ≈ Gynäkologe • *hierzu* **Frau·en·ärz·tin** *die*

das **Fräu·lein** (-s, -/ *gesprochen auch -s*) *veraltet* früher als Bezeichnung und Anrede von jungen, unverheirateten Frauen verwendet ❶ Als Anrede verwendet man *Frau*; Abkürzung: *Frl.*.

**frau·lich** *ADJEKTIV* im Aussehen und im Verhalten einer erwachsenen Frau entsprechend und nicht mehr einem jungen Mädchen ähnlich *„Sie ist ein ausgesprochen fraulicher Typ"* • *hierzu* **Frau·lich·keit** *die*

der **Freak** [friːk]; (-s, -s) **1** eine Person, die nicht so lebt, wie es den Normen der Gesellschaft entspricht, andere Ideen, einen anderen Geschmack o. Ä. hat **2** eine Person, die sich übertrieben für etwas begeistert **K** Computerfreak

**frech**★ *ADJEKTIV* **frech (zu jemandem)** ohne den üblichen Respekt gegenüber einer anderen Person ⟨*ein Kind, ein Kerl, ein Lümmel, eine Antwort, eine Lüge; frech grinsen*⟩ ≈ unverschämt *„Sei nicht so frech zu mir!"* • *hierzu* **Frech·heit** *die*

**frei**★ *ADJEKTIV (freier, frei(e)st-)* NICHT GEFANGEN: **1** wenn Menschen oder Tiere frei sind, sind sie nicht gefangen oder eingesperrt und können gehen, wohin sie wollen ⟨*frei lebende Tiere*⟩ *„Nach zehn Jahren Gefängnis ist er jetzt wieder frei"* NICHT ABHÄNGIG: **2** wenn Personen, Völker oder Länder frei sind, sind von niemandem abhängig und können eigene Entscheidungen treffen *„Nach jahrhundertelanger Kolonialherrschaft wurde Ceylon 1948 frei"* **3** *meist attributiv* so, dass etwas nur vom eigenen Willen, der eigenen Entscheidung abhängt *„Es war ihr freier Wille zu heiraten"* NICHT BEDECKT, BESETZT, VERSPERRT USW.: **4** so, dass etwas nicht durch ein Hindernis versperrt ist ⟨*die Ausfahrt frei halten, machen*⟩ *„Ist der Weg jetzt frei?"* **5** so, dass etwas nicht von anderen Personen benutzt wird oder besetzt ist ⟨*jemandem einen Platz/Sitz frei halten, machen*⟩ *„Ist dieser Platz noch frei?"* **6** so, dass etwas nicht von einer Schicht bedeckt ist *„Der Schnee schmilzt, die Straßen sind schon wieder frei"* **7** ohne eine Begrenzung, wie z. B. einen Zaun, eine Mauer oder ein Dach *„unter freiem Himmel schlafen"* **8** **etwas/sich frei machen** beim Arzt einen Teil der Kleidung/die ganze Kleidung ausziehen ⟨*den Oberkörper, Unterkörper frei machen*⟩ OHNE PFLICHTEN, STÖRENDES: **9** *meist attributiv* nicht von Pflichten bestimmt, sondern für Hobbys und Erholung verfügbar *„Die Mutter von den drei kleinen Kindern beklagte sich, dass sie nie eine freie Minute hätte"* **10** **frei von etwas** ohne etwas Störendes, Belastendes *„Das Brot ist frei von Konservierungsmitteln"* ❶ vergleiche auch **-frei** OHNE KOSTEN: **11** so, dass man nichts dafür bezahlen muss ≈ gratis, kostenlos *„Der Eintritt ist für Schüler und Studenten frei"* BEI FILMEN, SPIELEN: **12** **frei ab 6/12/18/... Jahren** drückt aus, ab welchem Alter ein Film angesehen oder ein Computerspiel gespielt werden darf

**frei-**★ *(im Verb, trennbar und betont, begrenzt produktiv; Diese Verben werden so gebildet: freikehren, kehrte frei, freigekehrt)* **etwas freikämpfen, freikratzen, freischaufeln** *und andere* drückt aus, dass etwas von etwas (Störendem) befreit wird *„Er musste den Weg vom Schnee freikehren"* ❶ Die hier genannten Verben können auch getrennt geschrieben werden.

**-frei** *im Adjektiv, unbetont, begrenzt produktiv* **1** **alkoholfrei, fehlerfrei, fettfrei, störungsfrei** *und andere* ohne das Genannte

*„akzentfrei sprechen"* ohne Akzent **2** **gebührenfrei, portofrei, steuerfrei, zollfrei** *und andere* das Genannte muss nicht bezahlt werden *„eine beitragsfreie Mitgliedschaft"* **3** **bauchfrei, kniefrei, schulterfrei** *und andere* die Kleidung bedeckt den genannten Körperteil nicht **4** das Genannte muss nicht getan werden *„ein bügelfreies Hemd"* das Hemd muss nicht gebügelt werden | *„wartungsfreie Maschinen"* die Maschinen müssen nicht gewartet werden

das **Frei·bad** ein öffentliches Schwimmbad im Freien

**frei·be·kom·men, frei be·kom·men** *(bekam frei, hat freibekommen)* **1** **jemanden freibekommen** erreichen, dass jemand seine Freiheit wieder bekommt *„Der Industrielle zahlte das Lösegeld, um seine entführte Tochter freizubekommen"* **2** aus wichtigen Gründen für kurze Zeit von der Arbeit oder von der Schule befreit werden *„Für seine Hochzeit hat er drei Tage freibekommen"*

**frei·be·ruf·lich** *ADJEKTIV meist attributiv* so, dass man nicht bei einer Firma o. Ä. angestellt ist, sondern selbstständig und in eigener Verantwortung arbeitet *„ein freiberuflicher Journalist"* • *hierzu* **Frei·be·ruf·ler** *der*

der **Frei·be·trag** ein Teil des Einkommens, für den man keine Steuern zahlen muss **K** Steuerfreibetrag; Behindertenfreibetrag, Kinderfreibetrag

(das) **Freie★** **1** **im Freien** nicht in einem Gebäude, sondern draußen (in der Natur) *„im Freien übernachten"* **2** **ins Freie** nach draußen (in die Natur) *„Er trat ins Freie, um die Sterne zu beobachten"*

**frei·ge·ben, frei ge·ben** *(hat)* **1** **jemanden freigeben** *geschrieben* jemandem die Freiheit wiedergeben *„Nach langen Verhandlungen gaben die Terroristen ihre Geiseln frei"* **2** **etwas freigeben** *geschrieben* etwas nicht mehr sperren oder einschränken, sondern es (allgemein, öffentlich) zur Verfügung stellen *„Nach zwei Stunden gab die Polizei die Straße, die nach einem Unfall blockiert war, wieder (für den Verkehr) frei"* **3** **jemandem freigeben** jemanden für kurze Zeit von der Arbeit oder vom Unterricht befreien *„Der Chef gab ihr drei Stunden frei, da sie zum Arzt musste"* • *zu* (1,2) **Frei·ga·be** *die*

**frei·gie·big** *ADJEKTIV* gern bereit, anderen Leuten etwas zu schenken

**frei·hal·ten** *(hat)* **jemanden freihalten** für jemanden in einer Gaststätte Essen und Getränke bezahlen *„Weil er Geburtstag hatte, hielt er uns alle frei"* ❶ aber: *die Einfahrt frei halten* (getrennt geschrieben)

**frei·hän·dig** *ADJEKTIV meist attributiv* ohne sich mit den Händen aufzustützen oder festzuhalten ⟨*freihändig (Rad) fahren*⟩

die **Frei·heit★** (-, *-en*) **1** *nur Singular* der Zustand, frei und nicht gefangen zu sein ⟨*einer Person, einem Tier die Freiheit schenken, zurückgeben; die Freiheit wiedererlangen; (wieder) in Freiheit sein*⟩ ↔ Gefangenschaft **2** *nur Singular* der Zustand, frei und unabhängig zu sein ≈ Unabhängigkeit *„Freiheit, Gleichheit, Brüderlichkeit" lautete die Parole der Französischen Revolution"* **K** Freiheitskampf; Meinungsfreiheit, Religionsfreiheit **3** **die Freiheit haben zu** *+Infinitiv* genau das tun können, was man will und für richtig hält *„Du hast die Freiheit zu tun und zu lassen, was du willst"* **4** *meist Plural* ein besonderes Recht, das jemandem gewährt wird *„als toleranter Vater den Kindern viele Freiheiten lassen"*

die **Frei·heits·stra·fe** *geschrieben* der Aufenthalt in einem Gefängnis als Strafe für ein Delikt *„Er wurde wegen Raubes zu einer Freiheitsstrafe von fünf Jahren verurteilt"*

die **Frei·kar·te** eine Eintrittskarte, die nichts kostet

**frei·kom·men** *(ist)* die Freiheit wiedererlangen ⟨*Gefangene*⟩ *„Die Geiseln, die vor zwei Wochen entführt wurden, sind heute (wieder) freigekommen"*

**frei·las·sen, frei las·sen** *(hat)* **1** **jemanden freilassen** eine Person, die irgendwo gefangen ist, die Freiheit wiedergeben und ihr erlauben, dorthin zu gehen, wohin sie will *„Der Verhaftete wurde gegen eine hohe Kaution wieder freigelassen"* **2** **ein Tier freilassen** ein Tier nicht mehr (im Käfig) gefangen halten ⟨*einen Vogel freilassen*⟩ ❶ aber: *beim Schreiben eine Zeile frei lassen* (getrennt geschrieben) • *hierzu* **Frei·las·sung** *die*

**frei·le·gen, frei le·gen** *(hat)* **etwas freilegen** *geschrieben* etwas (wieder) sichtbar machen, indem man darüber liegende Schichten entfernt *„Archäologen haben Reste eines römischen Amphitheaters freigelegt"* • *hierzu* **Frei·le·gung** *die*

**frei·lich** *ADVERB* verwendet, um zu sagen, dass man etwas für ganz klar und offensichtlich hält *„Dass ich krank werden könnte, damit* *hatte ich freilich nicht gerechnet, als ich die Reise buchte"* | *„Musst du morgen in die Arbeit?" – „Ja, freilich."*

**frei·ma·chen, frei ma·chen** (*hat*) [1] **(etwas) freimachen** *gesprochen* eine kurze Zeit nicht arbeiten *„Morgen mache ich (den Nachmittag) frei"* [2] **sich (irgendwann) freimachen** *gesprochen* freimachen und sich für jemanden Zeit nehmen *„Ich kann mich morgen (für eine Stunde) freimachen, um dich zu treffen"*

der **Frei·raum** *geschrieben* die Möglichkeit oder die Zeit, die jemand hat, um seine eigene Persönlichkeit zu entwickeln ⟨*sich/jemandem, für sich/jemanden/etwas einen Freiraum, Freiräume schaffen*⟩

**frei·schaf·fend** *ADJEKTIV meist attributiv* (als Künstler oder Autor) nicht angestellt, sondern selbstständig arbeitend ⟨*ein Künstler, ein Maler, ein Schriftsteller, ein Architekt, ein Journalist; freischaffend tätig sein*⟩

**frei·schal·ten** (*hat*) **jemanden/etwas (für etwas) freischalten** möglich machen, dass eine Person oder die Allgemeinheit ein Angebot (vor allem im Internet oder per Telefon) nutzt ⟨*einen Anschluss, einen Zugang, eine Hotline, eine Internetseite freischalten*⟩ *„Ist dein Handy denn für die Benutzung im Ausland freigeschaltet?"*

**frei·set·zen** (*hat*) **etwas wird freigesetzt** *geschrieben* etwas löst sich aus einer Bindung oder entsteht als Folge eines chemischen, physikalischen usw. Vorgangs ⟨*Sauerstoff, Wasserstoff, Wärme, Energie, Strahlen*⟩ *„Bei dem Brand in der chemischen Fabrik wurde ein hochgiftiges Gas freigesetzt"* ⓘ meist im Passiv • *hierzu* **Frei·set·zung** *die*

die **Frei·sprech·an·la·ge** eine technische Lösung, die es ermöglicht, während der Fahrt zu telefonieren, ohne das Handy in der Hand zu halten *„Seit 2001 ist das Telefonieren des Fahrzeugführers ohne Freisprechanlage in Deutschland verboten"*

**frei·spre·chen** (*hat*) **jemanden (von etwas) freisprechen** (als Richter oder Gericht) in einem Urteil erklären, dass aufgrund von Untersuchungen und Befragungen von Zeugen jemand als nicht schuldig gilt *„Er wurde (von der Anklage des Betruges) freigesprochen"*

der **Frei·spruch** *geschrieben* das Urteil eines Richters oder Gerichts, durch das ein Angeklagter freigesprochen wird

der **Frei·staat** Ⓓ verwendet in der Bezeichnung für die Bundesländer Bayern, Sachsen und Thüringen

**frei·ste·hen** (*hat*) **etwas steht jemandem frei** eine Person darf selbst entscheiden, ob sie etwas tun will oder nicht *„Es steht ihm frei, seinen Urlaub im Juli oder August zu nehmen"* ⓘ aber: *ein Baum, der frei steht; eine Wohnung, die schon lange frei steht* (= getrennt geschrieben)

**frei·stel·len** (*hat*) [1] **jemandem etwas freistellen** *geschrieben* sagen, dass jemand selbst zwischen verschiedenen Möglichkeiten wählen kann *„Ich stelle Ihnen frei, wann Sie mit der Arbeit beginnen wollen"* [2] **jemanden (von etwas) freistellen** bestimmen, dass jemand eine Zeit lang nicht arbeiten oder Militärdienst leisten muss *„Sein Chef stellte ihn für den Fortbildungslehrgang (vom Dienst) frei"*

der **Frei·stoß** (bei Ballspielen) ein Schuss, den eine Mannschaft (als Strafe für ein Foul des Gegners) ausführen darf, ohne vom Gegner dabei behindert zu werden ⟨*einen Freistoß ausführen; ein direkter, indirekter Freistoß*⟩ *„Der Schiedsrichter entschied auf Freistoß"*

der **Frei·tag★** (*-s, -e*) der fünfte Tag der Woche ⟨*am Freitag; letzten, diesen, nächsten Freitag; Freitag früh*⟩ [K] Freitagabend, Freitagmorgen; freitagabends ⓘ Abkürzung: *Fr*

**frei·tags★** *ADVERB* jeden Freitag ⟨*freitags abends, mittags*⟩ *„Freitags schließt das Büro um 15 Uhr"*

**frei·wil·lig★** *ADJEKTIV* aus eigenem Willen, ohne Zwang *„Er musste den Aufsatz nicht schreiben, er hat es freiwillig gemacht"*

das **Frei·zei·chen** ein Ton, den man am Telefon hört, wenn die Nummer, die man gewählt hat, nicht besetzt ist

die **Frei·zeit★** *nur Singular* die Zeit (meist abends und am Wochenende), in der man weder im Beruf noch im Haushalt arbeiten muss *„Er verbringt seine Freizeit mit Lesen"* | *„In ihrer Freizeit treibt sie viel Sport"* [K] Freizeitbeschäftigung, Freizeitkleidung, Freizeitvergnügen

**frei·zü·gig** *ADJEKTIV* [1] so, dass man sich nicht streng an Regeln und Vorschriften hält ⟨*etwas freizügig handhaben*⟩ [2] ⟨*eine Erziehung*⟩ so, dass sie dem Betroffenen viel Freiheit lässt [3] ⟨*ein Film, eine Unterhaltung*⟩ so, dass sie nicht auf sexuelle Tabus achten *„sich freizügig kleiden"*

**fremd★** *ADJEKTIV* (*fremder, fremdest-*) [1]

*meist attributiv* zu einem anderen Land oder Volk als dem eigenen gehörend ⟨*Sitten, eine Sprache*⟩ *„Der Autor erzählt in seinem Buch von fremden Ländern und Völkern"* **2** **(jemandem) fremd** (jemandem) von früher her nicht bekannt *„Die meisten Gäste auf der Party waren ihm fremd"* **3** anders als in der Vorstellung oder Erinnerung, die man von jemandem/etwas hat **4** auf eine andere Person bezogen oder zu ihr gehörend *„Misch dich doch nicht immer in fremde Angelegenheiten!"*

**frẹmd·ar·tig** *ADJEKTIV* fremd und ungewohnt ⟨*etwas klingt, wirkt fremdartig*⟩ *„die fremdartigen Wesen der Tiefsee"*

der/die **Frẹm·de**[1]★; (-*n*, -*n*) **1** eine Person, die man nicht kennt *„Die Mutter ermahnte das Kind, nicht mit einem Fremden mitzugehen"* **2** eine Person aus einem anderen Ort, einer anderen Gegend oder einem anderen Land *„Nur selten kommt ein Fremder in das einsame Bergdorf"* **K** Fremdenhass

die **Frẹm·de**[2]; (-); *geschrieben* eine Gegend, ein Land o. Ä., die jemandem nicht bekannt sind ⟨*in der Fremde leben; in die Fremde ziehen*⟩

**frẹm·den·feind·lich** *ADJEKTIV* feindlich gegenüber Ausländern ⟨*eine Äußerung, eine Gesinnung, eine Haltung*⟩ ≈ ausländerfeindlich • *hierzu* **Frẹm·den·feind·lich·keit** *die*

der **Frẹm·den·füh·rer** eine Person, die (beruflich) Touristen eine Stadt, ein Land oder eine Gegend zeigt • *hierzu* **Frẹm·den·füh·re·rin** *die*

der **Frẹm·den·ver·kehr** *nur Singular* das Reisen und der Aufenthalt von Touristen in einem Land, einem Ort, einer Gegend ⟨*den Fremdenverkehr fördern; eine Stadt, Gegend lebt vom Fremdenverkehr*⟩ ≈ Tourismus **K** Fremdenverkehrsamt, Fremdenverkehrsverein

**frẹmd·ge·hen** (*ging fremd, ist fremdgegangen*); *gesprochen* eine sexuelle Beziehung außerhalb der Ehe oder der festen Partnerschaft haben

der **Frẹmd·kör·per** ein Gegenstand, der in einen Körper gelangt ist und dort nicht hingehört ⟨*einen Fremdkörper verschlucken, aus dem Auge entfernen*⟩

**frẹmd·län·disch** *ADJEKTIV* für ein fremdes Land typisch ⟨*ein Akzent, ein Baustil, eine Kleidung*⟩ ≈ exotisch

die **Frẹmd·spra·che**★ eine Sprache, die nicht vom eigenen Volk gesprochen wird und die man zusätzlich zur eigenen Sprache lernen kann ⟨*eine Fremdsprache lernen, beherrschen, (fließend) sprechen*⟩ ↔ Muttersprache *„Deutsch als Fremdsprache lernen"* **K** Fremdsprachenunterricht

**frẹmd·spra·chig** *ADJEKTIV* so, dass eine fremde Sprache benutzt wird ⟨*eine Bevölkerungsgruppe, eine Rundfunksendung, der Unterricht, eine Zeitung*⟩ ❶ *Fremdsprachlicher* Unterricht ist Unterricht über eine Fremdsprache, der auch in der Muttersprache stattfinden kann, im *fremdsprachigen* Unterricht wird nur die Fremdsprache gesprochen.

**frẹmd·sprach·lich** *ADJEKTIV meist attributiv* in einer Fremdsprache (geschrieben/gehalten) ⟨*ein Lehrbuch, der Unterricht*⟩

das **Frẹmd·wort**★ (-(*e*)*s*, *Fremd·wör·ter*) ein Wort, das aus einer anderen Sprache in die eigene Sprache übernommen wurde und das geschrieben oder gesprochen noch fremd wirkt *„Sauce" ist ein Fremdwort aus dem Französischen, das heute meist als „Soße" eingedeutscht ist"*

die **Fre·quẹnz** (-, -*en*) **1** die Anzahl der Schwingungen einer Welle pro Sekunde *„Schallwellen haben eine relativ niedrige, Röntgenstrahlen eine äußerst hohe Frequenz"* **K** Frequenzbereich **2** eine Bereich der Funkwellen, auf dem ein Radiosender das Programm sendet *„Auf welcher Frequenz liegt/sendet der Deutschlandfunk?"* **3** *geschrieben* die Häufigkeit, mit der etwas geschieht

**frẹs·sen**★ (*frisst, fraß, hat gefressen*) **1** **ein Tier frisst (etwas)** ein Tier nimmt feste Nahrung zu sich *„Affen fressen gern Bananen"* | *„Meine Katze frisst mir aus der Hand"* **2** **(etwas) fressen** *gesprochen* ⚠ als Mensch (oft viel, gierig oder unappetitlich) essen **3** **etwas frisst etwas** *gesprochen* etwas braucht eine große Menge einer Sache ⟨*etwas frisst viel (Energie, Geld, Kraft, Strom)*⟩ *„Sein Sportwagen frisst 15 Liter Benzin auf 100 Kilometer"* **4** **etwas frisst sich in etwas** (*Akkusativ*)/**durch etwas** etwas macht ein Loch in etwas *„Der Bagger fraß sich immer tiefer in das Erdreich"*

der **-fres·ser** (-*s*, -); *im Substantiv, unbetont, begrenzt produktiv* **1** **Aasfresser, Fleischfresser, Insektenfresser, Körnerfresser** *und andere* ein Tier, das sich von der genannten Sache ernährt **2** **Geldfresser, Stromfresser, Zeitfresser** *und andere* eine Sache, die viel von einer Sache verbraucht

die **Freu·de**★ (-, -*n*) **1** *nur Singular* das Gefühl

von Glück oder Zufriedenheit, das mit einer Person oder Sache verbunden ist ⟨*eine große, tiefe, wahre, echte Freude; jemandem (mit etwas) eine (kleine, große) Freude bereiten, machen*⟩ *„Es ist mir eine Freude, Sie heute hier zu sehen!"* **2** **die Freude (an jemandem/etwas)** der über längere Zeit andauernde Zustand des Glücks oder der Zufriedenheit in Bezug auf eine Person oder Sache ⟨*Freude an den Kindern, an der Arbeit haben; jemandem die Freude (an etwas) nehmen, verderben*⟩ **K** Lebensfreude **3** **die Freude (über etwas** (*Akkusativ*)**)** das kurze oder momentane Gefühl des Glücks oder der Zufriedenheit in Bezug auf etwas ⟨*Freude über etwas empfinden, äußern, zum Ausdruck bringen*⟩

**freu·de·strah·lend** *ADJEKTIV meist attributiv* von großer Freude erfüllt ⟨*ein Blick, ein Lächeln*⟩ *„Sie begrüßte ihn freudestrahlend"*

**freu·dig** *ADJEKTIV meist attributiv; geschrieben* so, dass es jemandem eine Freude macht ⟨*eine Botschaft, ein Ereignis, eine Überraschung*⟩

**-freu·dig** *im Adjektiv, unbetont, begrenzt produktiv* **1** **arbeitsfreudig, entschlussfreudig, kontaktfreudig, spendierfreudig** *und andere* gern zu dem im ersten Wortteil Genannten bereit **2** **genussfreudig, reisefreudig, trinkfreudig** *und andere* so, dass jemand das im ersten Wortteil Genannte oft und gern tut

**freu·en★** (*freute, hat gefreut*) **1** **sich (über etwas** (*Akkusativ*)**) freuen** wegen etwas ein Gefühl der Freude empfinden ⟨*sich sehr, ehrlich, riesig freuen*⟩ *„Ich freue mich, Sie wiederzusehen"* **2** **sich auf jemanden/etwas freuen** die Ankunft oder den Besuch einer Person (oder ein anderes Ereignis) mit Spannung und Freude erwarten *„sich auf den Urlaub freuen"* **3** **etwas freut jemanden** etwas macht jemanden froh oder glücklich *„Es freut mich, dass du auch mitkommst"*

der **Freund★** (-(e)s, -e) **1** **ein Freund (von jemandem)** eine Person, die man sehr gut kennt und zu der man über eine relativ lange Zeit eine enge Beziehung hat ⟨*ein guter, treuer, wahrer Freund*⟩ *„Markus macht mit ein paar Freunden eine Radtour um den Chiemsee"* | *„Ein Freund von mir ist Energieberater"* **K** Schulfreund **2** **jemandes Freund** ein Junge oder Mann, der mit einem Mädchen oder einer Frau befreundet ist (und mit ihr zusammenlebt) ⟨*ein fester, langjähriger Freund*⟩ *„Sie fährt mit ihrem Freund in Urlaub"* **3** eine Person, von der man in einem Konflikt, Streit o. Ä. unterstützt wird ⟨*politische Freunde*⟩ ↔ Gegner **K** Parteifreund **4** **ein Freund** *+Genitiv*/**von etwas** *geschrieben* eine Person, die etwas sehr gern mag (und sich dafür einsetzt) ⟨*ein großer, ausgesprochener Freund der Kunst, der Oper, von guter Musik*⟩ ↔ Gegner **K** Kinderfreund, Naturfreund • *zu* (1 – 3) **Freun·din** *die*

**freund·lich★** *ADJEKTIV* **1** **freundlich (zu jemandem)** zu anderen Menschen höflich und hilfsbereit *„jemanden freundlich anlächeln/begrüßen"* **i** → auch **Gruß** **2** so, dass man darüber froh ist oder dass es angenehm ist ⟨*eine Atmosphäre, ein Klima, eine Umgebung, Wetter*⟩

**-freund·lich** *im Adjektiv, unbetont, begrenzt produktiv* **1** **kinderfreundlich, menschenfreundlich, regierungsfreundlich** *und andere* mit einer positiven Einstellung zur genannten Person/Sache **2** **arbeitnehmerfreundlich, familienfreundlich, umweltfreundlich** *und andere* für die genannte Person/Sache gut

**freund·li·cher·wei·se** *ADVERB* aus Höflichkeit, aus Freundlichkeit *„Er hat mir freundlicherweise beim Umzug geholfen"*

die **Freund·lich·keit** (-, -en) *nur Singular* das freundliche Verhalten gegenüber anderen Menschen *„Ich wurde überall mit großer Freundlichkeit empfangen"*

die **Freund·schaft★** (-, -en); *meist Singular* die Beziehung, die zwischen Freunden besteht

**freund·schaft·lich** *ADJEKTIV* wie es unter Freunden üblich ist *„freundschaftlichen Umgang mit jemandem pflegen"*

das **Freund·schafts·spiel** ein Spiel, bei dem es nicht um eine Meisterschaft o. Ä. geht

der **Frie·den★** (-s, -); *meist Singular* **1** *nur Singular* der Zustand, in dem Völker und Staaten in Ruhe nebeneinanderleben und eventuelle Konflikte nicht mit Waffen, sondern durch Verhandlungen lösen ⟨*den Frieden bewahren, sichern*⟩ ↔ Krieg **K** Friedenspolitik, Friedenssymbol **2** *geschrieben* ein Vertrag, in dem nach einem Krieg die Bedingungen für den zukünftigen Frieden festgelegt werden und den Sieger und Besiegte(r) gemeinsam unterschreiben *„mit dem Gegner Frieden schließen"* **K** Friedensangebot, Friedensvertrag **3** *nur Singular* der Zustand von Harmonie und gegenseitigem Verständnis vor allem im privaten Bereich ⟨*der* *eheliche, häusliche Frieden; Frieden halten, den Frieden stören*⟩ ↔ Streit *„mit seinen Nachbarn in Ruhe und Frieden leben"* K Hausfrieden ID **jemanden in Frieden lassen** *gesprochen* jemanden nicht stören oder ärgern

**fried·fer·tig** *ADJEKTIV* so, dass kein Streit entsteht ⟨*ein Charakter, ein Mensch*⟩ ≈ friedlich ↔ aggressiv

der **Fried·hof**★ ein Platz, wo die Toten begraben werden ⟨*jemand liegt auf dem Friedhof* (*begraben*); *auf den Friedhof gehen*⟩ K Friedhofskapelle, Friedhofsmauer, Friedhofsruhe

**fried·lich**★ *ADJEKTIV* **1** ohne Anwendung von Gewalt und Waffen ⟨*eine Demonstration, eine Revolution*⟩ *„einen Konflikt zwischen zwei Staaten mit friedlichen Mitteln lösen"* **2** zu zivilen, nicht militärischen Zwecken *„die friedliche Nutzung der Kernenergie"* **3** so, dass es keinen Ärger, Streit oder Kämpfe gibt ⟨*Absichten, ein Mensch, ein Tier, ein Zusammenleben*⟩ ↔ aggressiv • *zu* (3) **Fried·lich·keit** *die*

**fried·lie·bend** *ADJEKTIV meist attributiv* ⟨*ein Mensch, ein Volk*⟩ so, dass sie den Frieden nicht stören wollen

**fried·voll** *ADJEKTIV*; *geschrieben* ≈ friedlich

**frie·ren**★ (*fror, hat/ist gefroren*) **1** **(an etwas** (*Dativ*)**) frieren** (*hat*) eine starke, unangenehme Kälte fühlen *„In den dünnen Schuhen wirst du im Winter* (*an den Füßen*) *frieren"* **2** **etwas friert (zu etwas)** (*ist*) etwas gefriert (zu etwas) ↔ tauen *„Das Tauwasser ist zu Eiszapfen gefroren"* **3** **es friert** (*hat*) die Temperatur ist unter 0 °C *„Laut Wetterbericht wird es heute Nacht frieren"* **4** **jemanden friert (es)** *gesprochen* (*hat*) jemand friert *„Ohne Handschuhe hat es mich* (*an den Händen*) *gefroren"*

die **Fri·ka·del·le**★ (-, *-n*) eine flache, runde, gebratene Masse aus Hackfleisch, Weißbrot, Zwiebeln und Ei

das **Fri·kas·see** [-'se:]; (*-s, -s*) ein Gericht aus kleinen Fleischstücken (von Kalb oder Geflügel) mit einer hellen Soße K Hühnerfrikassee, Kalbsfrikassee

**frisch**★ *ADJEKTIV* (*frischer, frischest-*) <u>LEBENSMITTEL, BLUMEN USW.:</u> **1** gerade erst geerntet, erzeugt o. Ä., nicht gelagert ⟨*Brot, Eier, Fisch, Fleisch, Gemüse*⟩ ↔ alt **2** nicht haltbar gemacht, nicht konserviert ⟨*Gemüse, Kräuter*⟩ *„Das sind frische Erbsen, keine aus der Dose"* K Frischfleisch, Frischmilch **3** **etwas frisch halten** Lebensmittel, Blumen o. Ä. kühl und so lagern, dass sie relativ lange Zeit in gutem Zustand bleiben K Frischhaltefolie <u>NEU:</u> **4** erst vor Kurzem entstanden ⟨*eine Spur, eine Wunde*⟩ *„Die Erinnerung an das schreckliche Erlebnis ist noch ganz frisch"* **5** noch nicht benutzt ≈ sauber, neu *„ein frisches Hemd anziehen"* | *„ein Bett frisch beziehen"* (= mit sauberer Wäsche) <u>VOLL ENERGIE:</u> **6** ausgeruht, nicht müde oder erschöpft *„sich nach einem Mittagsschlaf wieder frisch fühlen"* <u>LUFT, WASSER, WIND:</u> **7** kühl und nicht verschmutzt bzw. reich an Sauerstoff ⟨*Luft, Wasser, Wind*⟩ ↔ abgestanden *„frisches Wasser aus dem Brunnen holen"* K Frischluft <u>FARBEN:</u> **8** leuchtend (bunt) ↔ blass, fahl *„ein Sommerkleid in frischen Farben"* <u>MIT VERB, PARTIZIP:</u> **9** **sich frisch machen** sich nach der Arbeit o. Ä. waschen, kämmen (und die Kleidung wechseln) **10** **frisch** + *Partizip Perfekt* gerade erst in den genannten Zustand gebracht oder gekommen *„Vorsicht, frisch gestrichen!"* | *„Meine Haare sind frisch gewaschen"* ❶ Diese Kombinationen können auch zusammengeschrieben werden: *frischgebackenes Brot, frischgekochte Eier*

**frisch-** *im Adjektiv, betont, sehr produktiv* → frisch

**-frisch** *im Adjektiv, unbetont, begrenzt produktiv* **druckfrisch, erntefrisch, fangfrisch, röstfrisch** *und andere* so, dass die genannte Sache gerade erst irgendwoher kommt oder dass etwas gerade erst mit der genannten Sache getan wurde *„ofenfrisches Brot"*

die **Fri·sche** (-) **1** der Zustand, in dem man frisch ist und die körperlichen und geistigen Kräfte noch nicht verbraucht hat *„Die Pause gab mir neue Frische"* **2** die relativ kurze Zeit, seit der etwas existiert ≈ Alter *„Die Frische von Eiern kann man feststellen, indem man sie in Wasser legt: alte Eier schwimmen, frische sinken"*

das **Frisch·fleisch** frisches Fleisch *„Hunde mit Frischfleisch füttern"*

der **Frisch·kä·se** weicher, weißer Käse, den man aufs Brot streichen kann

**frisch·ma·chen** ≈ frisch machen

der **Fri·seur**★ [fri'zøːɐ̯]; (*-s, -e*) eine Person, deren Beruf es ist, Haare (und Bart) anderer Menschen zu schneiden und zu pflegen K Friseursalon; Damenfriseur, Herrenfriseur • *hierzu* **Fri·seu·se** [-'zøːzə] *die*; **Fri·seu·rin** *die*

**fri·sie·ren**★ (*frisierte, hat frisiert*) **1** **jemanden frisieren** jemandem oder sich selbst das Haar mit einem Kamm oder mit einer Bürste ordnen *„stets gut frisiert sein"* **2** **etwas frisieren** *gesprochen* einen Motor so verändern, dass er eine größere Leistung bringt ⟨*ein Auto, einen Motor, ein Motorrad frisieren*⟩ ≈ tunen

der **Fri·sör** (*-s, -e*) → Friseur • *hierzu* **Fri·sö·se** *die*; **Fri·sö·rin** *die*

**frisst** *Präsens, 2. und 3. Person Singular* → fressen

die **Frist★** (*-, -en*) **eine Frist (von** *+Zeitangabe*) **(für etwas)** ein Zeitraum, innerhalb dessen etwas erledigt sein muss ⟨*eine Frist festlegen, einhalten, überschreiten, verlängern, versäumen; jemandem eine Frist setzen; eine Frist beginnt, läuft, läuft ab*⟩ *„Ich gebe Ihnen eine Frist von acht Tagen, um den Schaden zu beseitigen"* **K** Kündigungsfrist, Lieferfrist, Zahlungsfrist

**fris·ten** (*fristete, hat gefristet*) **ein** ⟨*ärmliches, bescheidenes, mühevolles, trostloses*⟩ **Dasein/ Leben fristen** *geschrieben* ärmlich, bescheiden usw. leben **ⓘ** nur in Verbindung mit negativen Adjektiven verwendet

**frist·ge·mäß** *ADJEKTIV* entsprechend einer vorher festgelegten Frist ⟨*jemandem fristgemäß kündigen; etwas fristgemäß erledigen, liefern, zahlen*⟩ *„Wir garantieren fristgemäße Lieferung"*

**frist·ge·recht** *ADJEKTIV* ≈ fristgemäß

**frist·los** *ADJEKTIV meist attributiv* ⟨*eine Kündigung, eine Entlassung*⟩ so, dass sie aus wichtigen Gründen sofort gilt (und die Kündigungsfrist nicht eingehalten wird) *„Er wurde fristlos entlassen"* | *„jemandem einen Vertrag fristlos kündigen"*

die **Fri·sur★** (*-, -en*) die Art und Weise, wie jemandes Haar geschnitten und frisiert ist ⟨*eine neue, moderne Frisur haben; sich* (*Dativ*) *eine neue Frisur machen lassen*⟩ **K** Kurzhaarfrisur, Lockenfrisur

die **Frit·ten** *Plural; besonders norddeutsch, gesprochen* ≈ Pommes frites

**fri·vol** [-v-] *ADJEKTIV* ⟨*eine Bemerkung, ein Buch, ein Lied, ein Witz*⟩ so, dass sie auf (sexuelle) Tabus nicht achten

**froh★** *ADJEKTIV* (*froher, froh(e)st-*) **1** voller Freude ⟨*froh gelaunt, gestimmt sein*⟩ ≈ glücklich ↔ traurig *„Unter dem Weihnachtsbaum sah man nur frohe Gesichter"* **2** *meist attributiv* so, dass es Freude bringt ⟨*eine Botschaft, eine Nachricht*⟩ **3** **froh (um/über etwas** (*Akkusativ*)**) sein** dankbar, erleichtert sein *„Sie war froh* (*darüber*), *dass ihr Sohn den Unfall ohne Verletzungen überstanden hatte"*

**fröh·lich★** *ADJEKTIV* in freudiger und lebhafter Stimmung ⟨*ein Fest, Gelächter, ein Lied, ein Tanz; fröhlich feiern, lachen*⟩ ↔ traurig • *hierzu* **Fröh·lich·keit** *die*

der **Froh·sinn** (*-(e)s*) eine frohe Stimmung

**fromm** *ADJEKTIV* (*frommer/frömmer, frommst-/frömmst-*) in festem Glauben an eine Religion (und gehorsam gegenüber ihren Geboten) ⟨*ein Leben, ein Mensch*⟩ *„Sie ist sehr fromm, geht jeden Tag in die Kirche und betet viel"* • *hierzu* **Fröm·mig·keit** *die*

**Fron·leich·nam** *ohne Artikel*; (*-s*) ein religiöses Fest der katholischen Kirche, das am zweiten Donnerstag nach Pfingsten mit Prozessionen gefeiert wird ⟨*an Fronleichnam*⟩ **K** Fronleichnamsfest, Fronleichnamsprozession

die **Front★** (*-, -en*) **1** die Seite eines Gebäudes, die zur Straße zeigt und an der meist der Haupteingang liegt ≈ Fassade **K** Häuserfront, Schaufensterfront **2** der vordere Teil eines Kraftfahrzeugs *„Bei dem Aufprall wurde die Front des Wagens eingedrückt"* **K** Frontscheibe, Frontscheinwerfer **3** eine Luftmasse, die andere Temperaturen, ein anderes Wetter mit sich bringt *„Von Westen her nähert sich eine Front kalter Meeresluft"* **K** Gewitterfront **4** *nur Singular* das Gebiet, in dem während eines Krieges gekämpft wird ⟨*an der Front kämpfen, sterben*⟩

**fron·tal** *ADJEKTIV meist attributiv* von vorn (kommend) ⟨(*im Auto*) *frontal mit jemandem zusammenstoßen; ein Angriff*⟩ **K** Frontalangriff, Frontalzusammenstoß

**fror** *Präteritum, 1. und 3. Person Singular* → frieren

der **Frosch★** (*-es, Frö·sche*) ein kleines (meist grünes oder bräunliches Tier) mit glatter Haut und ohne Schwanz, das große Hinterbeine zum Springen und Schwimmen hat *„Aus Kaulquappen werden Frösche"* | *„Frösche quaken nachts im Teich"* **K** Froschlaich, Froschteich **ID** **einen Frosch im Hals haben** *gesprochen* (für kurze Zeit) heiser sein, eine raue Stimme haben

der **Frost★** (*-(e)s, Frös·te*) ein Wetter, bei dem die Temperatur der Luft unter 0 °C liegt und bei dem Wasser gefriert ⟨*leichter, starker, strenger Frost*⟩ *„Für morgen ist Frost angesagt"* **K** Frostgefahr, Frostschaden, Frostschutzmittel; frostempfindlich, frostgeschützt; Bodenfrost, Nachtfrost • *hierzu* **frost·frei** *ADJEKTIV*

**frös·teln** (*fröstelte, hat gefröstelt*) vor Kälte

leicht zittern

**frost·fest** *ADJEKTIV* so, dass Frost es nicht beschädigen oder zerstören kann ⟨*ein Ventil*⟩

**frost·frei** *ADJEKTIV* ohne Frost ⟨*ein Wintertag*⟩

**fros·tig** *ADJEKTIV* [1] sehr kalt ⟨*eine Nacht, ein Tag, ein Wind*⟩ [2] ohne freundliche Gefühle ⟨*eine Atmosphäre, eine Begrüßung, ein Empfang*⟩

der/das **Frot·tee**, **Frot·tee**; (-s, -s), **Frot·té** Ⓐ ein Stoff, der eine raue Oberfläche hat, sehr warm ist und sich zum Abtrocknen eignet [K] Frotteehandtuch, Frotteesocken

**frot·tie·ren** (*frottierte, hat frottiert*) **jemanden frottieren** jemanden oder sich selbst mit einem Handtuch o. Ä. trocken reiben *„ein Kind nach dem Baden kräftig mit einem Tuch frottieren"*

die **Frucht**★ (-, *Früch·te*) Früchte wachsen an Bäumen und Sträuchern. Viele davon kann man essen, manche sind süß ⟨*eine reife, saftige, süße Frucht essen*⟩ *„Äpfel, Bananen, Erdbeeren und Orangen sind Früchte"* [K] Fruchteis, Fruchtjoghurt, Fruchtsaft

**frucht·bar**★ *ADJEKTIV* [1] so, dass Pflanzen gut darauf wachsen können ⟨*ein Acker, ein Boden, die Erde, das Land*⟩ [2] *geschrieben* produktiv und mit Erfolg ⟨*ein Gedankenaustausch, ein Gespräch, eine Zusammenarbeit*⟩ ≈ nützlich [3] **nicht fruchtbar** (von Menschen und Tieren) nicht fähig, Kinder bzw. Junge zu bekommen ≈ unfruchtbar • *zu* (1,2) **Frucht·bar·keit** *die*

**fruch·ten** (*fruchtete, hat gefruchtet*) **etwas fruchtet (bei jemandem)** etwas hat (bei jemandem) eine gute Wirkung, einen Nutzen ⟨*Bemühungen, eine Ermahnung*⟩ ❶ meist verneint

das **Frucht·fleisch** der essbare, weiche Teil einer Frucht *„das Fruchtfleisch von Schale und Kernen befreien/trennen"*

**fruch·tig** *ADJEKTIV* ⟨*ein Geschmack, ein Wein*⟩ so, dass sie nach Obst und frischen Früchten schmecken

**frucht·los** *ADJEKTIV* ohne Nutzen oder Erfolg ⟨*Bemühungen, ein Versuch*⟩ *„Die Verhandlungen blieben fruchtlos, es konnte keine Einigung erzielt werden"*

**früh**★ *ADJEKTIV* (*früher* ['fryːɐ], *früh(e)st-* ['fryː(ə)st-]) [1] *meist attributiv* am Anfang eines Zeitabschnitts (liegend) ⟨*früh am Morgen, Tag, Abend*⟩ ↔ spät *„am frühen Morgen aufstehen"* | *„Er musste von frühester Jugend an hart arbeiten"* [K] Frühsommer [2] vor der erwarteten, üblichen, regulären Zeit ⟨*ein Tod, ein Winter; früh aufstehen, zu Bett gehen*⟩ *„Sie hat schon früh die Mutter verloren"* | *„Er ist zu früh gekommen"* [3] *nur adverbiell* am Morgen, morgens *„Morgen früh muss ich zum Arzt"*

der **Früh·auf·ste·her** (-s, -) eine Person, die (gern) morgens früh aufsteht

die **Frü·he** [fryːə]; (-); *geschrieben* der Beginn des Tages *„in der kühlen Frühe des nebligen Tages"* [ID] **in aller Frühe** ganz früh am Morgen

**frü·her**★ ['fryːɐ] *ADVERB* [1] in einer vergangenen Zeit, in der Vergangenheit *„Er lebte früher in Wien"*

*ADJEKTIV meist attributiv* [2] vorhergehend, ehemalig ⟨*ein Freund, Kollege, Mitarbeiter*⟩ *„Sie hält noch Kontakt zu etlichen ihrer früheren Schüler"*

die **Früh·er·ken·nung** *meist Singular* die frühzeitige Entdeckung meist einer Krankheit (z. B. Krebs)

**frü·hes·tens**★ *ADVERB* nicht früher als zu der genannten Zeit *„Die neue Autobahn ist frühestens in drei Jahren fertig"*

**frü·hest·mög·lich** *ADJEKTIV meist attributiv* so früh wie möglich ⟨*zum frühestmöglichen Zeitpunkt*⟩ *„Der frühestmögliche Termin, an dem wir uns treffen können, ist Samstag"*

die **Früh·ge·burt** [1] die Geburt eines Kindes, das noch nicht voll entwickelt ist, aber schon leben kann ⟨*eine Frühgeburt haben*⟩ [2] ein Kind, das durch eine Frühgeburt zur Welt gekommen ist

das **Früh·jahr**★ der Teil des Jahres zwischen Winter und Sommer ≈ Frühling [K] Frühjahrsmüdigkeit

der **Früh·ling**★ (-s, *-e*) die Jahreszeit der drei Monate, die auf den Winter folgen ⟨*es wird Frühling*⟩ *„Offiziell dauert der Frühling (auf der nördlichen Hälfte der Erde) vom 21. März bis zum 21. Juni"* [K] Frühlingsanfang, Frühlingstag

**früh·lings·haft** *ADJEKTIV* wie im Frühling *„Die Luft ist frühlingshaft mild"*

**früh·reif** *ADJEKTIV* körperlich oder geistig weiter entwickelt als für das Alter normal ⟨*ein Kind*⟩

der **Früh·rent·ner** eine Person, die vor dem üblichen Alter Rentner wird, meist weil sie krank ist • *hierzu* **Früh·ren·te** *die*

das **Früh·stück**★ (-(*e*)*s*, *-e*); *meist Singular* die erste Mahlzeit des Tages am Morgen ⟨*etwas zum Frühstück essen*⟩ *„Zum Frühstück gibt es

*Tee oder Kaffee"* **K** Frühstücksbüffet, Frühstücksei, Frühstückspause

**früh·stü·cken★** (*frühstückte, hat gefrühstückt*) **(etwas) frühstücken** etwas zum Frühstück essen ⟨*ausgiebig frühstücken; ein Ei, Müsli frühstücken*⟩

**früh·zei·tig** ADJEKTIV zu einem frühen Zeitpunkt *„Er geht frühzeitig schlafen"* | *„das frühzeitige Erkennen von Krebs"*

F

der **Frust** (-(*e*)*s*); *gesprochen* der Zustand, wenn jemand enttäuscht, frustriert ist ⟨*einen Frust haben*⟩

**frust·rie·ren** (*frustrierte, hat frustriert*) **etwas frustriert jemanden** etwas macht eine Person mutlos und deprimiert (meist weil sie keinen Erfolg hat) *„Ihre schlechten Noten haben sie so frustriert, dass sie nicht mehr zur Schule gehen will"* • *hierzu* **frus·triert** ADJEKTIV

der **Fuchs** [-ks]; (*-es, Füch·se*) ein Raubtier, das wie ein kleiner Hund aussieht, in einer Art Höhle (dem Bau) im Wald lebt und dessen Fell meist rotbraun und am Bauch weiß ist ⟨*schlau, listig wie ein Fuchs*⟩ *„Füchse haben einen buschigen Schwanz"* **K** Fuchsbau, Fuchsjagd • *hierzu* **Füch·sin** *die*

die **Fuch·tel** (-, *-n*); *gesprochen, meist abwertend* **eine Person ist/steht unter jemandes Fuchtel** eine Person wird von jemandem (ständig) bevormundet und wehrt sich nicht dagegen

**fuch·teln** (*fuchtelte, hat gefuchtelt*) **mit den Armen fuchteln** *gesprochen* die Arme schnell in der Luft hin und her bewegen

**Fug** **ID** **mit Fug und Recht** *geschrieben* mit vollem Recht, aus gutem Grund

die **Fu·ge** (-, *-n*) ein sehr schmaler Zwischenraum zwischen den einzelnen Teilen, aus denen etwas gemacht ist, z. B. zwischen den Steinen einer Mauer ⟨*Fugen abdichten, ausfüllen, verstopfen*⟩ *„Der Wind pfiff durch alle Ritzen und Fugen"* **K** Fugenkitt, Fugenmörtel

**fü·gen★** (*fügte, hat gefügt*) **1** **etwas an etwas** (*Akkusativ*) **fügen** Dinge so zusammenbringen, dass daraus ein Ganzes wird *„Beim Bau einer Mauer muss man einen Stein an den anderen fügen"* **2** **Dinge zu etwas fügen** *geschrieben* mehrere Dinge zu etwas zusammensetzen *„Steine zu einer Mauer fügen"* **3** **etwas in etwas** (*Akkusativ*) **fügen** *geschrieben* etwas zu einem Teil eines Ganzen, einer Reihe machen *„einen Stein in eine Lücke fügen"* **4** **sich (jemandem/etwas) fügen** *geschrieben* jemandem gehorchen, sich nicht (mehr) weigern *„Sie fügte sich widerspruchslos den Wünschen ihres Vaters"*

**füg·sam** ADJEKTIV bereit, Befehlen o. Ä. ohne Widerspruch zu gehorchen ⟨*ein Kind*⟩ ≈ gehorsam • *hierzu* **Füg·sam·keit** *die*

die **Fü·gung** (-, *-en*); *geschrieben* ein günstiger Zufall ⟨*eine gnädige, seltsame Fügung; eine Fügung des Himmels, des Schicksals*⟩ *„Durch eine glückliche Fügung hat er seinen vermissten Bruder wiedergefunden"*

**fühl·bar** ADJEKTIV **1** so, dass man es spüren, fühlen kann *„einen kaum fühlbaren Puls haben"* | *„Das Wasser ist am Ufer fühlbar wärmer"* **2** so, dass man es feststellen oder wahrnehmen kann ⟨*ein Fortschritt, eine Erleichterung, eine Verschlechterung*⟩ ≈ deutlich, spürbar

**füh·len★** (*fühlte, hat gefühlt*) **1** **etwas fühlen** mithilfe der Nerven Berührungen, Schmerzen usw. am Körper wahrnehmen ≈ spüren *„die Wärme der Sonne auf der Haut fühlen"* **2** **etwas fühlen** Freude, Trauer, Sorge usw. empfinden *„Mitleid mit jemandem fühlen"* **i** → auch **gefühlt** **3** **nach etwas fühlen** mit der Hand nach etwas suchen, nach etwas tasten *„Er fasste an seine Jacke und fühlte nach der Brieftasche"* **4** **sich irgendwie fühlen** den Zustand des Körpers in der genannten Art wahrnehmen ⟨*sich gesund, krank, jung, alt, wie gerädert fühlen*⟩ *„Hast du immer noch Kopfschmerzen, oder fühlst du dich schon besser?"* **5** **sich irgendwie fühlen** den seelischen Zustand in der genannten Art wahrnehmen ⟨*sich allein, fremd, glücklich, unbehaglich, unwohl fühlen*⟩ **6** **sich irgendwie fühlen** glauben, dass man in der genannten Lage ist ⟨*sich bedroht, betrogen, verfolgt, schuldig, überflüssig fühlen*⟩ *„Ich fühlte mich verpflichtet, ihm zu helfen"*

der **Füh·ler** (-*s*, -) eines von mindestens zwei länglichen Organen, z. B. bei Insekten und Schnecken, mit denen diese Tiere tasten, riechen und schmecken können ⟨*ein Insekt streckt die Fühler aus, zieht die Fühler* (*wieder*) *ein*⟩

**fuhr** *Präteritum, 1. und 3. Person Singular* → fahren

die **Fuh·re** (-, *-n*) **eine Fuhre** +*Substantiv* die Menge, die mit einem Auto oder einem Lastwagen bei einer Fahrt transportiert wird ⟨*eine Fuhre Kohlen, Mist, Sand*⟩ ≈ Ladung

**füh·ren★** (*führte, hat geführt*) AN EINEN ORT: **1** **jemanden (irgendwohin) führen** mit einer Person oder einem Tier irgendwohin gehen, damit es an dem gewünschten Ort (ohne Unfall) ankommt *„ein Kind an/bei der Hand (über die Straße) führen"* ❶ Man *treibt* ein Tier vor sich her und *führt* es hinter sich her. **2** **jemanden (durch etwas) führen** mit einer Person irgendwohin gehen oder fahren und ihr dabei Informationen geben *„Touristen durch die Stadt/durch eine Ausstellung führen"* **3** **jemanden irgendwohin führen** mit einer Person irgendwohin gehen oder fahren und etwas für sie bezahlen ≈ ausführen *„die Freundin in ein Restaurant führen"* ALS CHEF, LEITER: **4** **etwas führen** die Leitung eines Geschäfts oder einer Organisation haben ⟨*einen Betrieb, eine Firma, ein Unternehmen führen*⟩ ≈ leiten ALS VERANTWORTLICHER: **5** **etwas führen** etwas tun, für das man verantwortlich ist ⟨*die Geschäfte, den Haushalt (für jemanden) führen*⟩ ALS HANDELNDER: **6** **etwas führen** *admin* ein Fahrzeug selbst steuern ≈ lenken *„Er erhielt die Erlaubnis, ein schweres Motorrad zu führen"* **7** **etwas zu Ende führen** etwas (mit Erfolg) beenden LISTE O. Ä.: **8** **etwas führen** regelmäßig Daten in eine Liste eintragen ⟨(*über etwas* (*Akkusativ*)) *Buch, eine Liste, eine Kartei führen; ein Konto* (*für jemanden*) *führen*⟩ IM WETTKAMPF: **9** **jemand/eine Mannschaft führt** eine Person oder Mannschaft ist dabei, einen Wettkampf oder ein Spiel zu gewinnen *„Der FC Bayern führt (mit fünf Punkten Vorsprung)"* IM WETTBEWERB: **10** **führend** auf einem Gebiet sehr erfolgreich und einflussreich *„Unsere Firma ist in dieser Branche führend"* RICHTUNG, ZIEL: **11** **etwas führt irgendwohin** etwas verläuft zu dem genannten Ziel oder in die genannte Richtung *„Führt dieser Weg zum Bahnhof?"* ERGEBNIS: **12** **etwas führt irgendwohin** etwas hat das genannte Ergebnis, eine Folge *„Diese Krankheit führt oft zum Tod"* | *„Diese Methode führte schnell zum Erfolg"*

der **Füh·rer**★ (-s, -) **1** eine Person, die einer Gruppe Interessantes und Schönes in der Natur, in Städten, Museen o. Ä. zeigt und erklärt *„Die Besteigung des Berges ist nur mit einem Führer möglich"* **K** Bergführer, Fremdenführer **2** eine Person, die ein Geschäft, eine Organisation o. Ä. leitet *„der Führer einer Delegation/der Opposition im Parlament"* **K** Geschäftsführer **3** *admin* eine Person, die ein Fahrzeug lenkt ≈ Fahrer *„Der Führer des Fahrzeugs ist nach dem Unfall geflüchtet"* **K** Kranführer, Lokführer **4** ein Heft oder Buch, in dem die Sehenswürdigkeiten einer Stadt, eines Landes o. Ä. beschrieben werden *„einen Führer von Rom kaufen"* **K** Reiseführer **5** **der Führer** *historisch* verwendet im Nationalsozialismus als Bezeichnung für Adolf Hitler • *zu* (1 – 3) **Füh·re·rin** *die*

der **Füh·rer·schein**★ **1** ein Dokument, das einer Person erlaubt, Autos, Motorräder oder Lastwagen zu lenken *„Wegen Trunkenheit am Steuer wurde ihm der Führerschein entzogen"* **2** **den Führerschein machen** Fahrunterricht nehmen und eine Prüfung ablegen, um den Führerschein zu bekommen

der **Fuhr·park** alle Fahrzeuge, die z. B. eine Firma hat *„Der Fuhrpark der Stadt wird modernisiert"*

die **Füh·rung**★ (-, -*en*) **1** die Besichtigung (meist einer Sehenswürdigkeit) mit einer Person, die einem dazu Erklärungen gibt *„an einer Führung durch das Museum/das Schloss teilnehmen"* **2** *nur Singular* das Führen, die Leitung einer Organisation oder Institution *„jemandem die Führung eines Betriebes übertragen"* **3** *nur Singular* eine Gruppe von Personen, die z. B. einen Betrieb oder eine Organisation führt **K** Parteiführung **4** *nur Singular* die führende (und leitende) Position, die jemand (z. B. auf wirtschaftlichem oder sportlichem Gebiet) hat ⟨*die Führung übernehmen*⟩ *„Der Läufer der französischen Mannschaft liegt mit zehn Sekunden Vorsprung in Führung"* **5** *geschrieben nur Singular* die Art und Weise, in der man etwas in einer Situation oder für einen Zweck tut **K** Beweisführung, Gesprächsführung, Krieg(s)führung **6** *nur Singular* die Art, wie sich jemand verhalten oder benommen hat ≈ Verhalten *„Der Strafgefangene wurde wegen guter Führung vorzeitig entlassen"*

das **Füh·rungs·zeug·nis** **ein polizeiliches Führungszeugnis** *admin* ein Dokument, auf dem geschrieben steht, ob jemand in den letzten Jahren von einem Gericht bestraft wurde *„Den Bewerbungsunterlagen muss ein polizeiliches Führungszeugnis beigefügt werden"*

das **Fuhr|un·ter·neh·men** ein Betrieb, der (meist mit Lastwagen) Waren transportiert

das **Fuhr·werk** ein Wagen (zum Transportieren von Lasten), der von Ochsen oder Pferden gezogen wird

die **Fül·le** (-) **eine Fülle** +*Genitiv*, **eine Fülle von Dingen** *geschrieben* eine große Menge oder Anzahl einer Sache *„Auf seinen Reisen gewann er eine Fülle von neuen Eindrücken"*

F

**fül·len**★ (*füllte, hat gefüllt*) **1** **etwas (mit etwas) füllen** einen Behälter mit etwas (ganz oder teilweise) vollmachen *„die Gläser* (*bis zum Rand/zur Hälfte*) (*mit Wein*) *füllen"* **2** **etwas in etwas** (*Akkusativ*) **füllen** etwas in einen Behälter geben *„Bonbons in eine Dose füllen"* **3** **einen Zahn füllen** (als Zahnarzt) einen Zahn mit einer Füllung versehen **4** **Dinge füllen etwas** Dinge brauchen durch ihre Menge oder Anzahl einen Raum, der groß genug ist *„Die Akten des Staatsanwalts füllen fünf Ordner"* **5** **etwas füllt sich mit Personen/etwas** etwas wird voll von Personen/etwas *„Der Eimer füllte sich mit Wasser"*

der **Fül·ler**★ (*-s, -*) Füller haben eine Feder zum Schreiben und innen eine Patrone mit Tinte, die man auswechseln kann **K** Schulfüller

**fül·lig** *ADJEKTIV gesprochen, humorvoll* dick und rundlich ⟨*Personen*⟩ *„Sie hat eine ziemlich füllige Figur"*

die **Fül·lung** (*-, -en*) **1** ein Material, mit dem z. B. ein Bett, ein Kissen, eine Matratze o. Ä. gefüllt ist **K** Kissenfüllung, Matratzenfüllung **2** die Masse, mit der ein Loch in einem Zahn ausgefüllt wird **K** Zahnfüllung **3** eine Masse (meist eine Mischung aus verschiedenen Zutaten und Gewürzen), mit der Speisen (Gänse, Pasteten, Rouladen o. Ä.) gefüllt werden **K** Hackfleischfüllung

der **Fund**★ (*-(e)s, -e*) ein Gegenstand, den jemand (gesucht und) gefunden hat ⟨*ein einmaliger, seltener, überraschender Fund*⟩ *„Er hat seinen Fund beim Fundbüro abgeliefert"* **K** Fundsache, Fundstelle

das **Fun·da·ment** (*-s, -e*) **1** die stabile Grundlage aus Mauern oder Beton eines Gebäudes ⟨*ein Fundament errichten, gießen, legen, mauern*⟩ *„Die Kathedrale brannte bis auf die Fundamente ab"* **K** Betonfundament **2** eine (geistige oder materielle) Grundlage, auf der etwas aufgebaut ist oder wird *„Mit dieser Ausbildung legst du dir ein gutes Fundament für deinen späteren Beruf"*

**fun·da·men·tal** *ADJEKTIV; geschrieben* ⟨*eine Erkenntnis, ein Irrtum, ein Unterschied*⟩ ≈ grundlegend, wesentlich *„Die Entdeckung des Penicillins war von fundamentaler Bedeutung"*

der **Fun·da·men·ta·lis·mus** (*-*); *geschrieben* eine Bewegung, die von ihren Anhängern fordert, dass diese sich exakt an den ursprünglichen Inhalt einer religiösen oder politischen Lehre halten • *hierzu* **Fun·da·men·ta·list** *der;* **Fun·da·men·ta·lis·tin** *die;* **fun·da·men·ta·lis·tisch** *ADJEKTIV*

das **Fund·amt** *besonders* Ⓐ ≈ Fundbüro

das **Fund·bü·ro**★ *meist Singular* eine Behörde, bei der man gefundene Gegenstände abgeben bzw. verlorene Gegenstände abholen kann

die **Fund·gru·be** **eine Fundgrube (für Dinge)** etwas, das etwas Wertvolles oder Begehrtes in großer Zahl enthält *„Dieses Antiquitätengeschäft ist eine wahre Fundgrube für alte Puppen"*

**fun·diert** *ADJEKTIV* **1** mit einer gesicherten, soliden Grundlage *„Er verfügt über ein fundiertes Wissen"* **2** finanziell abgesichert *„ein gut fundiertes Unternehmen"*

**fün·dig** *ADJEKTIV* **fündig werden** durch intensives Suchen etwas entdecken *„Auf der Suche nach alten Dokumenten ist er im Archiv fündig geworden"*

**fünf**★ *ZAHLWORT* (als Zahl, Ziffer) 5 ❶ → Anhang, S. 1098: **Zahlen** und Beispiele unter **vier**

die **Fünf** (*-, -en*) **1** die Zahl 5 **2** jemand/etwas mit der Nummer 5 **3** eine sehr schlechte Schulnote (auf der Skala von 1 – 6), mit der man eine Prüfung nicht (mehr) bestanden hat ≈ mangelhaft *„Sie hat in der letzten Probe eine Fünf geschrieben"*

der **Fün·fer** (*-s, -*); *gesprochen* **1** ≈ Fünf **2** fünf richtige Zahlen im Lotto (mit denen man einen relativ hohen Preis gewinnt) **3** eine Münze im Wert von 5 Cent, Rappen usw.

**fünf·hun·dert** *ZAHLWORT* (als Zahl) 500

die **Fünf·pro·zent|hür·de** Ⓓ die Grenze von 5 % der Stimmen, die eine Partei erreichen muss, um in den Bundestag oder Landtag zu kommen *„Die Partei scheiterte an der Fünfprozenthürde"*

**fünft** *ADJEKTIV* **1** in einer Reihenfolge an der Stelle fünf; (als Zahl) 5. ❶ → Beispiele unter **viert-** **2** **der fünfte Teil (von etwas)** (als Zahl) ⅕ **3** **zu fünft** (mit) insgesamt 5 Personen *„zu fünft am Tisch sitzen"*

**fünf·tau·send** *ZAHLWORT* (als Zahl) 5000

**fünf·tel** *ADJEKTIV nur in dieser Form* den 5. Teil eines Ganzen bildend ≈ ⅕

das **Fünf·tel** (*-s, -*) der fünfte Teil eines Ganzen *„ein Fünftel des Vermögens erben"*

**fünf·tens** *ADVERB* verwendet bei einer Aufzählung, um anzuzeigen, dass etwas an 5. Stelle kommt

**fünf·zehn**★ *ZAHLWORT* (als Zahl) 15 ❶

→ Anhang, S. 1098: **Zahlen**

**fụ̈nf·zig★** *ZAHLWORT* **1** (als Zahl) 50 ℹ → Anhang, S. 1098: **Zahlen** **2** **Anfang/Mitte/Ende fünfzig sein** ungefähr 50 bis 53/54 bis 56/57 bis 59 Jahre alt sein

**fụ̈nf·zi·ger** *ADJEKTIV meist attributiv; nur in dieser Form* die zehn Jahre (eines Jahrhunderts oder Menschenlebens) von 50 bis 59 betreffend *„ein Mann in den/seinen Fünfzigern" | „in den fünfziger Jahren des vorigen Jahrhunderts"* **K** Fünfzigerjahre

der **Fụ̈nf·zi·ger** (-s, -); *gesprochen* eine Münze im Wert von 50 Cent, Pfennig usw. oder ein Geldschein im Wert von 50 Euro, Franken usw. • *zu* **Fụ̈nf·zi·ge·rin** *die*

**fun·gie·ren** [-ŋ'giː-] (*fungierte, hat fungiert*) **als etwas fungieren** *geschrieben* die genannte Aufgabe erfüllen ⟨*als Fremdenführer, Sanitäter, Schiedsrichter fungieren*⟩

der **Fụnk** (-s) **1** die (drahtlose) Übermittlung von Informationen durch elektromagnetische Wellen *„über Funk erreichbar sein" | „über Funk Hilfe herbeirufen"* **2** eine Anlage für den Funk *„Der Rotkreuzwagen ist mit Funk ausgerüstet"* **3** ≈ Rundfunk *„Funk und Fernsehen"* **K** Hörfunk ℹ meist ohne Artikel verwendet

der **Fụn·ke★** (-*ns*, -*n*) ein glühendes Teilchen, das von einem brennenden oder heftig geriebenen Gegenstand wegspringt ⟨*Funken fliegen, glühen, springen über, sprühen, stieben*⟩ *„Bei dem Brand sprangen Funken auf die benachbarten Gebäude über"*

**fụn·keln** (*funkelte, hat gefunkelt*) **1** **etwas funkelt** etwas wird unregelmäßig, abwechselnd sehr hell und wieder dunkler ⟨*ein Edelstein, ein Stern, ein Glas*⟩ **2** **jemandes Augen funkeln (vor etwas** (*Dativ*)**)** jemandes Augen lassen starke Gefühle erkennen ⟨*jemandes Augen funkeln vor Zorn, Wut, Begeisterung*⟩

**fụn·ken** (*funkte, hat gefunkt*) **(etwas) funken** mithilfe von elektromagnetischen Wellen Signale (und jemandem so Informationen) geben ⟨*eine Nachricht, einen Notruf, eine Warnung, Messdaten funken*⟩ **K** Funkgerät, Funksignal, Funkstörung, Funktelefon

der **Fụn·ken** (-s, -) ≈ Funke

das **Fụnk·loch** ein Ort, an dem man mit dem Handy aus technischen Gründen nicht telefonieren oder nicht ins Internet kann

der **Fụnk·spruch** eine Nachricht, die über Funk weiter gegeben wird ⟨*einen Funkspruch auffangen, durchgeben, senden, übermitteln*⟩

die **Fụnk·stil·le** die Situation, in der es keinen Kontakt über Funk gibt

die **Funk·ti·on★** [-'tsi̯oːn]; (-, -*en*) **1** die Aufgabe oder der Zweck, den eine Person/Sache innerhalb eines Systems hat *„Hat dieser Knopf hier an der Maschine eine bestimmte Funktion?"* **2** das Amt, die Stellung, die jemand in einer Organisation, z. B. einer Partei, hat ≈ Aufgabe *„Er hat in der Gewerkschaft die Funktion des Vorsitzenden inne"* **3** **etwas ist in/außer Funktion** eine Maschine, eine Anlage o. Ä. arbeitet/arbeitet nicht

**funk·ti·o·na̲l** [-tsi̯o-] *ADJEKTIV meist attributiv; geschrieben* einer Funktion entsprechend *„Diese Abteilung unseres Betriebs bildet eine funktionale Einheit" | „Die Architekten haben das Bürohaus funktional gestaltet"* • *hierzu* **Funk·ti·o·na·li·tä̲t** *die*

der **Funk·ti·o·nä̲r** [-tsi̯o-]; (-s, -*e*) ein Mitglied einer Partei, Gewerkschaft, Organisation o. Ä., das eine wichtige Aufgabe oder Funktion hat ⟨*ein führender, hoher Funktionär*⟩ **K** Gewerkschaftsfunktionär, Parteifunktionär • *hierzu* **Funk·ti·o·nä̲·rin** *die*

**funk·ti·o·nie̲·ren★** [-tsi̯o-] (*funktionierte, hat funktioniert*) **1** **etwas funktioniert** etwas erfüllt einen Zweck oder eine Funktion *„Der Aufzug ist repariert, jetzt funktioniert er wieder"* **2** **etwas funktioniert** etwas läuft ohne größere Probleme und Fehler ab *„Die Organisation der Sportveranstaltung funktionierte reibungslos"*

**Funk·ti·ons-** [-'tsi̯ons] *im Substantiv, begrenzt produktiv* **die Funktionshose, die Funktionskleidung, die Funktionswäsche** *und andere* aus modernem Material und gut zum Sport geeignet, so dass man nicht friert, nicht nass wird usw.

**fü̲r★** *PRÄPOSITION mit Akkusativ* ZIEL, ZWECK, NUTZEN: **1** nennt das Ziel oder den Zweck einer Sache *„für etwas sparen" | „eine Gebrauchsanweisung für den Fernsehapparat"* **2** nennt die Person(en), die betroffen oder Ziel einer Handlung oder Sache sind *„Das Geschenk ist für dich" | „ein Kurs für Fortgeschrittene"* **3** nennt die Person oder Sache, die einen Vorteil oder Nutzen von etwas hat ↔ gegen *„Er hat bei der Wahl für den Kandidaten der Opposition gestimmt"* **4** nennt die Gelegenheit oder den Fall, in denen etwas gilt *„Was hast du für Sonntag/für die Party geplant?"* **5** *gesprochen* nennt die Sache, die verhindert oder beseitigt oder deren negative Wirkung schwächer gemacht werden soll ≈ gegen *„ein Medikament für Kopfschmerzen"* GRUND: **6** nennt den Grund einer Sache ≈ wegen *„Der Angeklagte wurde für den Betrug hart bestraft"* VERTRETUNG, TAUSCH: **7** nennt die Person oder Sache, die vertreten, ausgetauscht oder ersetzt wird ≈ statt *„Mein Vater hat für mich unterschrieben, weil ich noch nicht volljährig bin"* | *„Tauscht du mit mir? Ich gebe dir einen Apfel für dein Brötchen"* VERGLEICH: **8** im Vergleich zu dem, was üblich oder meistens der Fall ist *„Für die Jahreszeit ist es viel zu kalt"* PREIS: **9** verwendet, um den Preis einer Sache anzugeben *„Er hat sich ein Auto für 20.000 Euro gekauft"* ZUORDNUNG: **10** bringt eine Person oder Sache mit einer Eigenschaft oder einem Zustand in Zusammenhang *„jemanden für einen großen Künstler halten"* | *„etwas für sinnvoll ansehen"* REIHE: **11** **Meter für Meter, Monat für Monat, Schritt für Schritt, Stück für Stück, Stunde für Stunde** *und andere* drückt aus, dass eine Aussage für eine lange Reihe gilt, die aus vielen einzelnen Teilen besteht *„Sie wartete Tag für Tag auf einen Brief von ihm"* viele Tage voller Sehnsucht | *„Sie hat den Vertrag Wort für Wort gelesen"* jedes Wort, sehr gründlich

die **Fur·che** (-, *-n*) ein schmaler, flacher Graben, wie ihn z. B. ein Pflug im Boden macht ⟨*eine breite, tiefe Furche; Furchen ziehen*⟩ **K** Ackerfurche

die **Furcht★** (-) **Furcht (vor jemandem/etwas)** *geschrieben* das Gefühl, das man hat, wenn man in Gefahr ist ⟨*Furcht und Schrecken verbreiten*⟩ ≈ Angst *„Die Kinder versteckten sich aus Furcht vor dem Gewitter"*

**furcht·bar★** *ADJEKTIV* **1** so, dass es Furcht, Schrecken erregt ⟨*eine Ahnung, eine Katastrophe, ein Traum, ein Verbrechen, ein Verdacht*⟩ ≈ schrecklich *„Etwas Furchtbares ist passiert"* **2** sehr unangenehm ≈ schlimm *„Der Straßenlärm ist furchtbar"* **3** *gesprochen* verwendet, um (meist negative) Adjektive, Verben oder Adverbien zu verstärken *„Er ärgert sich furchtbar"* | *„Er ist furchtbar erschrocken"*

**fürch·ten★** (*fürchtete, hat gefürchtet*) **1** **sich (vor jemandem/etwas) fürchten** Angst (vor einer Person/Sache) haben *„Das Kind fürchtet sich im Dunkeln"* | *„sich vor Hunden fürchten"* **2** **fürchten, (dass) ...; fürchten zu** *+Infinitiv* Angst davor haben, dass etwas Gefährliches oder Unangenehmes geschieht oder wahr ist *„Sie fürchtete, dass sie ihren Job verlieren würde"*

**fürch·ter·lich** *ADJEKTIV* **1** so, dass es Angst und Entsetzen hervorruft ⟨*ein Erlebnis, eine Rache, ein Unglück*⟩ **2** *gesprochen* sehr unangenehm, sehr stark *„fürchterliche Schmerzen haben"*

**furcht·los** *ADJEKTIV* ohne Furcht ⟨*furchtlos handeln*⟩ ≈ mutig

**furcht·sam** *ADJEKTIV* sehr leicht zu erschrecken und von Angst, Furcht erfüllt ⟨*ein Charakter, ein Kind, ein Wesen*⟩ ≈ ängstlich

**für·ei·nan·der** *ADVERB* eine Person oder Sache für die andere (drückt eine Gegenseitigkeit aus) *„Sie leben füreinander"* Sie lebt nur für ihn, und er nur für sie

das **Fur·nier** (*-s, -e*) eine sehr dünne Schicht (meist aus wertvollem Holz), die bei preiswerten Möbeln auf die Oberfläche geklebt ist *„Ist das massives Holz oder Furnier?"* **K** Holzfurnier, Kunststofffurnier • *hierzu* **fur·niert** *ADJEKTIV*

**fürs★** *PRÄPOSITION MIT ARTIKEL* für das *„ein Foto fürs Album"* ℹ *Fürs* kann in der Wendung *fürs Erste* nicht durch *für das* ersetzt werden.

die **Für·sor·ge** *nur Singular* **1** das persönliche Bemühen um eine Person, die Hilfe braucht ⟨*die elterliche, eine freundschaftliche, eine liebevolle Fürsorge*⟩ *„Das behinderte Kind braucht besondere Fürsorge"* **K** Fürsorgepflicht **2** die Hilfe des Staates für Menschen, die Not leiden *„von der öffentlichen Fürsorge eine Unterstützung bekommen"* **K** Fürsorgeeinrichtung

**für·sorg·lich** *ADJEKTIV* liebevoll darum bemüht, dass es einer anderen Person gut geht *„Sie deckte das schlafende Kind fürsorglich zu"*

der **Für·spre·cher** eine Person, die anderen hilft (z. B. sie lobt, ihre Rechte verteidigt, über ihre Not öffentlich spricht usw.) *„Er ist ein Fürsprecher der Unterdrückten"* • *hierzu* **Für·spre·che·rin** *die*

der **Fürst★** (*-en, -en*) eine Person, die die Macht über ein Land oder ein Volk hat ≈ Herrscher *„Kürzlich wurde das Grab eines keltischen Fürsten entdeckt"* **K** Landesfürst • *hierzu* **Fürs·tin** *die*

das **Fürs·ten·tum** (*-s, Fürs·ten·tü·mer*) ein Land, das von einem Fürsten regiert wird *„das Fürstentum Monaco"*

**fürst·lich** *ADJEKTIV* **1** *meist attributiv* (zu) einem Fürsten gehörend ⟨*eine Residenz, ein Wappen, die Familie, die Ahnen, eine Her-*

*kunft*⟩ **2** in großer Menge und hoher Qualität ⟨*eine Bewirtung, ein Gehalt; fürstlich speisen; jemanden fürstlich bewirten*⟩ ≈ reichlich

der/das **Fu·rụn·kel** (-s, -) ein großer Pickel auf der Haut, der stark entzündet und mit Eiter gefüllt ist

das **Für·wort** (-es, *Für·wör·ter*) ⟨*ein persönliches, besitzanzeigendes, rückbezügliches Fürwort*⟩ ≈ Pronomen

der **Fụrz** (-es, *Für·ze*); *gesprochen* ⚠ Gase, die (laut) aus dem Darm nach draußen kommen ⟨*einen Furz lassen*⟩ • *hierzu* **fụr·zen** (*hat*); *gesprochen* ⚠

die **Fu·si·on** (-, -*en*) **1** die Vereinigung von zwei oder mehreren Firmen, Banken o. Ä. zu einem größeren Unternehmen **2** das Verschmelzen von zwei Atomkernen, um Energie zu erzeugen ↔ Spaltung **K** Kernfusion • *zu* (1) **fu·si·o·nie·ren** (*hat*)

der **Fuß**★; (-es, *Fü·ße*) **1** der unterste Teil des Beines, auf dem Menschen und Wirbeltiere stehen ⟨*mit bloßen Füßen; kalte Füße haben*⟩ „*Er hat sich beim Sport den Fuß verstaucht*" ⓘ Anstatt *Fuß* sagt man bei Katzen, Hunden usw. *Pfote*, bei Kühen, Schafen usw. *Klaue*, bei Pferden, Eseln usw. *Huf* und bei Bären, Löwen usw. *Pranke* oder *Tatze*. **2** der (meist kurze) unterste, tragende Teil eines Gegenstands (z. B. eines Möbelstücks), auf dem der Gegenstand steht „*die Füße des Schrankes*" **3** **zu Fuß (gehen)** nicht mit einem Fahrzeug (fahren, sondern gehen) „*Ich bin zu Fuß hier*" | „*Die Burg erreicht man nur zu Fuß*" **4** **am Fuß(e)** +*Genitiv* am untersten Punkt, an der Basis, wo z. B. ein Berg oder ein Gebäude nach oben ragt „*Wir standen am Fuß(e) des Eiffelturms und blickten nach oben*" **ID** **auf großem Fuß(e) leben** verschwenderisch leben und viel Geld ausgeben; **schlecht zu Fuß sein** *gesprochen* nicht ohne Schmerzen, ohne Probleme lange Strecken gehen können; **kalte Füße bekommen/kriegen** *gesprochen* ein geplantes Unternehmen aufgeben, weil man plötzlich Angst vor dem Risiko hat; **sich** (*Dativ*) **die Füße vertreten** meist nachdem man lange gesessen hat, ein bisschen hin und her gehen

der **Fuß·ab·druck** ein Fleck oder eine Vertiefung, die ein Fuß (am Boden) hinterlässt

der **Fuß·ab·strei·fer** (-s, -) eine kleine Matte oder ein Gitter aus Metall vor der Wohnungs- oder Haustür, auf denen man den Schmutz von den Schuhsohlen abstreift

der **Fuß·ball**★ **1** *ohne Artikel, nur Singular* ein Ballspiel zwischen zwei Mannschaften mit je elf Spielern, bei dem jede Mannschaft versucht, den Ball mit dem Fuß oder Kopf in das Tor des Gegners zu schießen ⟨*Fußball spielen*⟩ „*Fußball ist sein Lieblingssport*" **K** Fußballbundesliga, Fußballfeld, Fußballschuh, Fußballspiel, Fußballspieler, Fußballstadion, Fußballtrainer, Fußballverein, Fußballweltmeister **2** der Ball aus Leder, mit dem man Fußball spielt

der **Fuß·bal·ler** (-s, -); *gesprochen* eine Person, die Fußball spielt **K** Amateurfußballer, Profifußballer

der **Fuß·bo·den**★ im Haus oder Zimmer ist der Fußboden die Fläche, auf der man geht und auf der die Möbel stehen ⟨*den Fußboden wischen, kehren*⟩ **K** Fußbodenbelag

die **Fụs·sel** (-, -*n*) ein kleines Stück Wollfaden oder eine Faser, die an der Kleidung oder auf Teppichen hängen bleiben „*Bürste deine Jacke ab, sie ist voll(er) Fusseln!*"

**fụs·seln** (*fusselte, hat gefusselt*) **etwas fusselt** etwas bildet Fusseln ⟨*ein Wollschal, ein Pullover*⟩

**fu·ßen** (*fußte, hat gefußt*) **etwas fußt auf etwas** (*Dativ*) *geschrieben* etwas hat etwas zur Grundlage ⟨*etwas fußt auf Beobachtungen, Berechnungen, Tatsachen*⟩

der **Fuß·gän·ger**★ (-s, -) eine Person, die auf Straßen oder Wegen zu Fuß geht „*Die Fußgänger überquerten die Straße an einer Ampel*" **K** Fußgängerampel, Fußgängerweg • *hierzu* **Fuß·gän·ge·rin** *die*

der **Fuß·gän·ger|über·weg** (-s, -*e*) eine Stelle auf der Fahrbahn, die mit dicken weißen Streifen gekennzeichnet ist und an der Autos usw. halten sollen, wenn Fußgänger die Straße überqueren wollen

die **Fuß·gän·ger·zo·ne**★ ein Bereich im Zentrum einer Stadt, der nur für Fußgänger (und nicht für Autos) bestimmt ist

der **Fuß·marsch** eine (längere) Wanderung ⟨*einen Fußmarsch machen*⟩

die **Fuß·mat·te** eine Matte (vor der Tür), auf der man den Schmutz von den Schuhen entfernt

die **Fuß·no·te** eine Anmerkung zu einem Text, die am unteren Ende einer Seite steht (und auf die im Text mit einer hochgestellten Zahl verwiesen wird)

der **Fuß·pilz** eine Hautkrankheit (ein Pilz) zwischen den Zehen

das **Fụt·ter**★ (-s) **1** die Nahrung, die Tiere fressen

⟨*ein Tier sucht (nach) Futter*⟩ *„dem Papagei frisches Futter geben"* **K** Futternapf; Fischfutter; Dosenfutter **2** der Stoff o. Ä. auf der Innenseite von Kleidungsstücken, Lederwaren o. Ä. *„ein Jackett mit glänzendem Futter"*

**fụt·tern** (*futterte, hat gefuttert*) **(etwas) futtern** *gesprochen* meist viel und mit gutem Appetit essen

**fụ̈t·tern★** (*fütterte, hat gefüttert*) MIT NAHRUNG: **1 jemanden (mit etwas) füttern** jemandem (mit einem Löffel) das Essen in den Mund schieben ⟨*einen Kranken, ein kleines Kind füttern*⟩ **2 ein Tier (mit etwas) füttern** einem Tier Nahrung, Futter geben *„das Vieh mit Heu füttern"* **3 (einem Tier) etwas füttern** einem Tier etwas als Futter geben *„den Kühen Mais füttern"* MIT STOFF: **4 etwas füttern** in Kleidungsstücke, Lederwaren o. Ä. ein Futter nähen ⟨*gefütterte Stiefel*⟩

die **Fụ̈t·te·rung** (-, *-en*) **1** das Füttern von Tieren *„Die Fütterung der Seelöwen im Zoo findet um 15 Uhr statt"* **K** Fütterungszeit; Fischfütterung, Vogelfütterung **2** das Material, mit dem ein Mantel usw. gefüttert ist **K** Pelzfütterung, Seidenfütterung

das **Fu·tur** (-*s*, -*e*); *meist Singular* eine grammatische Kategorie beim Verb, die mit *werden* und Infinitiv (erstes Futur) oder *werden* und Perfekt (zweites Futur) gebildet wird und mit der man die genannte Handlung usw. als zukünftig darstellt, z. B. in „Ich werde dir bald schreiben", „Dann werde ich ihn schon gesehen haben"

# G

das **G, g** [geː]; (-, -/ *gesprochen auch* -*s*) **1** der siebente Buchstabe des Alphabets ⟨*ein großes G; ein kleines g*⟩ **2** der fünfte Ton der C-Dur-Tonleiter **K** G-Dur, g-Moll

**gab** *Präteritum, 1. und 3. Person Singular* → geben

die **Ga·be** (-, -*n*) **1** *geschrieben* eine außergewöhnliche geistige, künstlerische Fähigkeit oder charakterliche Eigenschaft ≈ Begabung, Talent *„Er besitzt die Gabe, durch sein liebenswürdiges Wesen alle Menschen fröhlich zu machen"* **2** *geschrieben* ≈ Geschenk *„Viele Gaben lagen unter dem Weihnachtsbaum"*

die **Ga·bel★** (-, -*n*) **1** Gabeln haben Spitzen, mit denen man Essen aufspießen kann ⟨*etwas auf die Gabel nehmen, schieben, spießen; mit Messer und Gabel essen*⟩ *„Das Besteck besteht aus Messer, Gabel und Löffel"* **2** mit großen Gabeln wendet man Heu und Stroh und schaufelt Mist **K** Heugabel **3** an einer Gabel teilt sich ein Weg oder Fluss in zwei Teile • *zu* (1) **ga·bel·för·mig** ADJEKTIV

**ga·beln** (*gabelte, hat gegabelt*) **etwas gabelt sich** etwas trennt sich in zwei Teile ⟨*ein Ast, ein Weg*⟩

die **Ga·be·lung** (-, -*en*) die Stelle, an der sich etwas gabelt ⟨*eine Gabelung des Baumes*⟩ **K** Flussgabelung, Weggabelung

**gạ·ckern** (*gackerte, hat gegackert*) **ein Huhn gackert** ein Huhn gibt die Laute von sich, die für seine Art typisch sind ❶ Hühner gackern, Hähne krähen

der **Gag** [gɛk]; (-*s*, -*s*) etwas, das ein Künstler im Film, Kabarett, Zirkus o. Ä. sagt oder tut, um das Publikum zu überraschen und zum Lachen zu bringen ⟨*ein alter, abgegriffener, guter, neuer Gag*⟩ *„Der Film war nicht so toll, aber es gab ein paar gute Gags"*

die **Ga·ge** [ˈgaːʒə]; (-, -*n*) die Bezahlung, die z. B. ein Künstler für einen Auftritt oder ein Schauspieler für einen Film bekommt ⟨*hohe Gagen einstreichen*⟩

**gäh·nen** (*gähnte, hat gegähnt*) den Mund weit öffnen und tief atmen, weil man müde ist oder sich langweilt ⟨*ansteckend, herzhaft, laut gähnen*⟩

die **Ga·la, Gạ·la**; (-, -*s*) **1** *nur Singular* eine elegante Kleidung, die man bei besonderen festlichen Veranstaltungen trägt ⟨*in Gala erscheinen*⟩ **2** eine festliche Veranstaltung, bei der man Gala trägt **K** Galaabend

die **Ga·la·xie** (-, -*n* [-ˈksiːən]) ein System von Sternen wie z. B. die Milchstraße • *hierzu* **ga·lạk·tisch** ADJEKTIV

die **Ga·le·rie★** (-, -*n* [-ˈriːən]) **1** ein großer Raum (oder ein Geschäft), in dem Kunstwerke ausgestellt (und verkauft) werden **K** Gemäldegalerie **2** eine Halle, ein Gang o. Ä. in Schlössern und Burgen, in denen eine Sammlung von Kunstwerken ist **K** Ahnengalerie, Gemäldegalerie

der **Gạl·gen** (-*s*, -) ein Gerüst aus Balken, an dem Menschen an einem Seil aufgehängt werden, die zum Tode verurteilt sind

die **Gạl·gen·frist** *meist Singular* die kurze (zusätzliche) Zeit, die einer Person noch bleibt, bevor sie mit etwas fertig sein muss o. Ä. ⟨*je-

*mandem eine Galgenfrist geben, gewähren⟩*

der **Gal·gen·hu·mor** eine Art von Humor, den jemand in einer verzweifelten Lage hat oder zeigt ⟨*Galgenhumor entwickeln*⟩

die **Gal·le** (-, *-n*) **1** *nur Singular* eine bittere Flüssigkeit, die von der Leber produziert wird und die hilft, Fette zu verdauen ⟨*etwas schmeckt/ist (bitter) wie Galle*⟩ **2** ein Organ, in dem die Galle gespeichert wird ≈ Gallenblase **K** Gallenstein

die **Gal·len·bla·se** das Organ Galle

der **Ga·lopp** (-s) die schnellste Art, in der sich ein Pferd bewegt ⟨*im Galopp reiten*⟩ **K** Galopprennen

**ga·lop·pie·ren** (*galoppierte, hat/ist galoppiert*) **1** (*hat/ist*) im Galopp laufen oder reiten **2** **irgendwohin galoppieren** *gesprochen* (*ist*) schnell irgendwohin laufen

**galt** *Präteritum, 1. und 3. Person Singular* → gelten

**gam·meln** (*gammelte, hat gegammelt*); *gesprochen* **1** **etwas gammelt** etwas wird schlecht, verdirbt *„Das Brot gammelt"* **2** *abwertend* leben, ohne eine feste Arbeit zu haben und ohne Pläne für die Zukunft zu machen

**gang** **ID** **etwas ist gang und gäbe** etwas ist üblich *„Bei uns ist es gang und gäbe, dass die Kinder im Haushalt helfen"*

der **Gang**★ (-(e)s, *Gän·ge*) RAUM, WEG: **1** ein schmaler, langer Raum in einer Wohnung mit Türen zu den einzelnen Zimmern ≈ Flur *„Das Wartezimmer des Arztes war so überfüllt, dass ich auf dem Gang warten musste"* **K** Hausgang **2** der Weg neben oder zwischen den Sitzreihen im Kino, Theater, Bus oder Flugzeug **K** Mittelgang **3** ein schmaler, langer Weg unter der Erde ⟨*ein unterirdischer Gang*⟩ BEWEGUNG: **4** *nur Singular* die Art und Weise, wie sich jemand beim Gehen bewegt ⟨*ein federnder, schleppender Gang*⟩ **5** *nur Singular* das Gehen mit einer Absicht oder zu einem Ziel ⟨*der Gang zum Zahnarzt, zum Bäcker*⟩ *„in der Stadt ein paar Gänge zu erledigen haben"* **K** Kirchgang, Spaziergang BEI FAHRZEUGEN: **6** Autos, Fahrräder usw. haben mehrere Gänge für die verschiedenen Geschwindigkeiten ⟨*den ersten, zweiten Gang einlegen*⟩ *„vom dritten in den vierten Gang schalten"* **K** Gangschaltung; Rückwärtsgang BETRIEB, ABLAUF: **7** *meist Singular* der Zustand, wenn sich ein Gerät oder eine Maschine bewegt und funktioniert ⟨*etwas in Gang bringen/setzen, in Gang halten; etwas kommt in Gang*⟩ *„Kannst du den Rasenmäher wieder in Gang bringen?"* **8** *meist Singular* der Ablauf eines Vorgangs ⟨*etwas in Gang bringen, in Gang halten*⟩ *„Die Verhandlungen kamen nur schleppend in Gang"* BEIM ESSEN: **9** ein einzelnes Gericht in einer Folge von Speisen, die während eines meist festlichen Essens serviert werden *„Das Diner bestand aus acht Gängen"* **K** Hauptgang

**gän·gig** ADJEKTIV **1** allgemein üblich ⟨*ein Begriff, eine Ansicht, eine Meinung, eine Definition, eine Interpretation, eine Methode*⟩ ≈ gebräuchlich, verbreitet **2** ⟨*Artikel, Größen*⟩ so, dass sie von vielen Leuten gekauft werden *„Mäntel in gängigen Größen"*

der **Gangs·ter** ['gɛŋstɐ]; (-s, -); *gesprochen* ein professioneller Verbrecher **K** Gangsterbande, Gangstermethoden

der **Ga·no·ve** [-və]; (*-n, -n*); *gesprochen* ≈ Gauner, Verbrecher ❶ *der Ganove; den, dem, des Ganoven*

die **Gans**★ (-, *Gän·se*) ein großer, meist ganz weißer Wasservogel mit langem Hals, der vor allem wegen des Fleisches und der Federn gehalten wird ⟨*die Gans schnattert, watschelt; Gänse halten, hüten, mästen, schlachten, rupfen*⟩ **K** Gänsebraten, Gänsefeder

die **Gän·se·füß·chen** *Plural; gesprochen* ⟨*etwas steht in Gänsefüßchen; etwas in Gänsefüßchen setzen*⟩ ≈ Anführungszeichen

die **Gän·se·haut** *nur Singular* verwendet als Bezeichnung für die vielen kleinen Erhebungen auf der Haut, die entstehen, wenn sich vor Angst oder Kälte die Haare aufstellen ⟨*eine Gänsehaut bekommen, haben*⟩

**ganz**★ ADJEKTIV VOLLSTÄNDIG: **1** *meist attributiv* ohne Ausnahme, Rest oder Einschränkung ≈ gesamt *„Die ganze Familie war versammelt"* | *„Ich habe dir nicht die ganze Wahrheit gesagt"* ❶ ohne Endung vor geografischen Namen ohne Artikel *ganz Paris, ganz Amerika* **2** **der/die/das ganze** *+Substantiv*; **die ganzen** *+Substantiv gesprochen* die gesamte Menge ≈ alle(s) *„Hast du die ganzen Bonbons aufgegessen?"* | *„Das ganze Mehl ist schon verbraucht"* **3** **im Ganzen** alles zusammen, in der Summe ≈ insgesamt *„Für diese Arbeit habe ich im Ganzen vier Stunden gebraucht"* NICHT KAPUTT: **4** *gesprochen meist prädikativ* ohne Beschädigung, nicht defekt ≈ heil, unbeschädigt *„Das Glas, das auf den Boden gefallen ist, ist ganz geblieben"* **5** **etwas**

**(wieder) ganz machen** *gesprochen* einen kaputten Gegenstand wieder in den Zustand bringen, in dem er vorher war ≈ reparieren <u>MENGE:</u> **6** *gesprochen meist attributiv* drückt aus, dass die genannte Menge groß ist *„Er hat eine ganze Menge/einen ganzen Haufen Bücher"* **7** **ganze zwei/drei/...** *gesprochen* drückt aus, dass die genannte Menge klein ist ≈ nur, bloß *„Der Pullover hat ganze dreißig Euro gekostet"*
*ADVERB* **8** ohne Rest oder Einschränkung ≈ völlig *„Er hat den Kuchen ganz aufgegessen"* | *„Das ist mir ganz egal"* **9** verwendet, um Adjektive oder Adverbien zu verstärken ≈ sehr *„Er wurde ganz traurig, als er das hörte"* **10** verwendet, um eine Aussage einzuschränken und abzuschwächen ≈ ziemlich *„Der Film hat mir ganz gut gefallen"* ❶ In dieser Bedeutung ist *ganz* immer unbetont und kann so von anderen Bedeutungen unterschieden werden: *Das Wasser ist 'ganz warm* (= es ist sehr warm); *Das Wasser ist ganz 'warm* (= es ist ziemlich warm). **11** **'ganz schön** *gesprochen* im Vergleich zu einer anderen Sache viel größer, intensiver o. Ä. ≈ ziemlich *„Hier ist es ganz schön kalt"* **12** **ganz und gar** mit allen Teilen, ohne Rest ≈ völlig

das **Gạn·ze★** (-*n*) das Ganze ist alles zusammen als Einheit *„Die einzelnen Stücke des Albums bilden zusammen ein harmonisches, in sich gerundetes Ganzes"*

die **Gạ̈n·ze zur Gänze** *geschrieben* ≈ vollständig

**gạnz·jäh·rig** *ADJEKTIV meist attributiv* das ganze Jahr über *„Der Campingplatz ist ganzjährig geöffnet"*

**gạ̈nz·lich** *ADJEKTIV meist attributiv* ≈ völlig, vollkommen *„Es mangelt ihm gänzlich an Selbstvertrauen"*

**gạnz·ma·chen** ≈ ganz machen, reparieren

**gạnz·tä·gig★** *ADJEKTIV* **1** (ohne größere Pause) von morgens bis abends oder 24 Stunden am Tag *„Das Lokal ist ganztägig geöffnet"* **2** **ganztägig arbeiten** die volle Arbeitszeit (von ca. acht Stunden) am Tag arbeiten

**gạnz·tags★** *ADVERB* den ganzen Tag, vormittags und nachmittags ⟨*ganztags arbeiten*⟩ ≈ Vollzeit ↔ halbtags *„Seit sie ein Kind hat, arbeitet sie nicht mehr ganztags, sondern nur noch halbtags"* **K** Ganztagsjob, Ganztagstätigkeit

die **Gạnz·tags·schu·le** eine Schule, in welcher die Kinder vormittags und nachmittags Unterricht haben

**gar★** *ADJEKTIV* (*garer, garst-*) **1** so, dass Speisen durch Kochen, Braten o. Ä. weich sind und gegessen werden können ⟨*Fleisch, Gemüse*⟩ *„das Fleisch gar kochen"*
*ADVERB* **2** *betont* verwendet, um eine Verneinung zu verstärken ⟨*gar kein, gar nicht(s)*⟩ ≈ überhaupt *„Diese Unverschämtheit lasse ich mir auf gar keinen Fall bieten!"*

die **Ga·ra·ge★** [-ʒə]; (-, -*n*) ein Gebäude oder Teil eines Gebäudes, in dem Autos, Motorräder o. Ä. abgestellt werden ⟨*das Auto in die Garage bringen, fahren, stellen; das Auto aus der Garage holen*⟩ **K** Garageneinfahrt, Garagentor

die **Ga·ran·tie★** (-, -*n* [-'tiːən]) **1** **(eine) Garantie (für etwas)** eine Erklärung, in der man sagt, dass etwas wahr ist oder dass es fest versprochen ist ⟨(*keine*) *Garantie für etwas übernehmen*⟩ *„Ich kann Ihnen keine Garantie geben, dass Sie den Job bekommen"* **2** **(eine) Garantie (auf etwas** (*Akkusativ*)**)** die schriftliche Erklärung des Herstellers einer Ware, dass einige der Fehler oder Schäden, die während einer vereinbarten Zeit nach dem Kauf auftreten, kostenlos beseitigt werden ⟨*etwas hat noch Garantie, keine Garantie mehr; die Garantie auf/für etwas ist abgelaufen*⟩ *„Auf diese Uhr gebe ich Ihnen zwei Jahre Garantie"* **K** Garantieschein **3** **unter Garantie** ganz sicher *„Er hat unter Garantie kein Geld mehr"*

**ga·ran·tie·ren★** (*garantierte, hat garantiert*) **1** **(jemandem) etwas garantieren** jemandem etwas ganz fest versprechen *„Ich garantiere Ihnen, dass Sie mit diesem Produkt viel Freude haben werden"* **2** **(jemandem) etwas garantieren** durch Verträge oder Gesetze erklären, dass jemand unter dem Schutz der genannten Rechte ist *„In der Verfassung werden die Menschenrechte garantiert"* **3** **für etwas garantieren** die Verantwortung für etwas übernehmen *„Er garantiert für ihre Sicherheit"*

**ga·ran·tiert** *ADVERB* ganz sicher, bestimmt *„Er wird garantiert wieder zu spät kommen"*

die **Gar·de·ro·be★** (-, -*n*) **1** die Kleidung (mit Ausnahme der Unterwäsche), die jemand besitzt ⟨*eine elegante, feine Garderobe besitzen*⟩ **2** ein Brett o Ä. mit Haken, an die man Mäntel und Jacken hängt *„den Mantel an die Garderobe hängen"* **K** Garderobenhaken **3** ein Raum (vor allem in einem Theater, Museum o. Ä.), in dem die Besucher ihre Garderobe, oft gegen eine Gebühr, aufbewahren können ⟨*etwas an* *der Garderobe abgeben, abholen*⟩

die **Gar·di·ne★** (-, *-n*) ein dünner, durchsichtiger Stoff, der im Zimmer vor dem Fenster hängt ⟨*die Gardine/Gardinen aufziehen, vorziehen/zuziehen, aufhängen, abnehmen*⟩ K Gardinenleiste, Gardinenstange

**ga·ren** (*garte, hat gegart*) **etwas garen** Speisen gar werden lassen ⟨*Gemüse, Fleisch garen*⟩

**gä·ren** (*gärte/gor, hat gegärt/hat/ist gegoren*) **etwas gärt** (*hat*) etwas wird sauer, weil durch chemische Prozesse Alkohol oder Säure entsteht (z. B. bei der Herstellung von Bier, Wein, Essig) ⟨*Most, Wein, Teig*⟩ • *hierzu* **Gä·rung** *die*

das **Garn★** (-(*e*)*s*/*-e*) ein Faden aus mehreren Fasern zum Nähen oder Stricken ⟨*etwas aus grobem Garn stricken, weben*; *mit feinem Garn nähen, sticken*⟩ K Garnknäuel, Garnrolle; Nähgarn

**gar·nie·ren** (*garnierte, hat garniert*) **etwas (mit etwas) garnieren** Speisen mit essbaren Dingen schmücken *„eine Torte mit Weintrauben und Kirschen garnieren"* | *„eine Fleischplatte mit Salatblättern und Kräutern garnieren"* • *hierzu* **Gar·nie·rung** *die*

die **Gar·ni·tur** (-, *-en*) mehrere Dinge, die zusammen benutzt werden und die in Farbe und Stil zueinanderpassen (z. B. die Unterwäsche für eine Person oder die wichtigsten Möbelstücke für ein Zimmer) *„eine Garnitur Unterwäsche kaufen"* K Wohnzimmergarnitur, Besteckgarnitur

der **Gar·ten★** (-*s*, *Gär·ten*) 1 im Garten hat man Blumen, Rasen, Gemüsepflanzen und Bäume und verbringt dort Freizeit ⟨*einen Garten anlegen*; *im Garten arbeiten*; *etwas im Garten anbauen*⟩ *„Die Kinder spielen im Garten hinter dem Haus"* K Gartenarbeit, Gartenschere, Gartenstuhl; Gemüsegarten; Schlossgarten 2 **ein botanischer Garten** ein öffentlicher Park, in dem man viele (auch seltene) Pflanzen sehen kann 3 **ein zoologischer Garten** *geschrieben* ein Park, in dem man Tiere in Gehegen oder Käfigen beobachten kann ≈ Zoo

die **Gar·ten·schau** eine große Ausstellung, in der Gärtner Blumen, Pflanzen usw. zeigen

der **Gar·ten·zwerg** eine Figur (in Form eines Zwerges) aus Keramik oder Kunststoff, die im Garten aufgestellt wird

der **Gärt·ner** (-*s*, -) eine Person, die (beruflich) vor allem Gemüse, Bäume oder Blumen anbaut und verkauft K Friedhofsgärtner, Hobbygärtner • *hierzu* **Gärt·ne·rin** *die*

die **Gärt·ne·rei** (-, *-en*) eine Firma, die vor allem Pflanzen und Sträucher anbaut und verkauft

das **Gas★** (-*es*, *-e*) 1 eine nicht feste, nicht flüssige Substanz, die wie Luft ist ⟨*ein brennbares, giftiges, explosives Gas*; *Gase strömen aus*⟩ *„einen Luftballon mit Gas füllen"* K Gasflasche; Giftgas 2 *nur Singular* ein Gas, das leicht brennt und das man zum Kochen und Heizen verwendet *„Aus der defekten Leitung im Herd strömte Gas aus"* K Gasexplosion, Gasheizung, Gasherd, Gasleitung; Erdgas 3 *gesprochen* Kurzwort für *Gaspedal* 4 **Gas geben** *gesprochen* schneller fahren, indem man auf das Gaspedal tritt ≈ beschleunigen

das **Gas·pe·dal** das Pedal im Auto, auf das man tritt, damit das Auto (schneller) fährt ⟨*auf das Gaspedal treten*⟩

die **Gas·se** (-, *-n*) 1 eine schmale Straße, an der links und rechts Häuser stehen ⟨*eine düstere, enge, kleine, schmale, verwinkelte Gasse*⟩ 2 ein schmaler Weg durch eine Menschenmenge ⟨(*für jemanden*) *eine Gasse bilden*⟩ *„Sie bahnten sich eine Gasse durch die Menge"*

der **Gast★** (-(*e*)*s*, *Gäs·te*) 1 eine Person, die man zu einem relativ kurzen Besuch in das eigene Haus eingeladen hat ⟨*ein gern gesehener, willkommener, seltener Gast*⟩ *„Wir haben heute Abend Gäste"* K Gästezimmer 2 **mein Gast** eine Person, für die man den Preis eines Essens oder einer Veranstaltung zahlt *„Du kannst essen, was du willst, du bist heute mein Gast"* 3 eine Person, die in einem Hotel wohnt oder in einem Lokal isst und dafür bezahlt ⟨*zahlende Gäste*⟩ K Feriengast, Hotelgast 4 *meist Plural* die Mannschaft, die nicht auf dem eigenen, sondern auf dem Sportplatz des Gegners spielt ↔ Gastgeber 5 **irgendwo zu Gast sein** irgendwo (privat oder z. B. in einem Hotel) als Gast sein

**gast·freund·lich** ADJEKTIV gern bereit, Gäste bei sich aufzunehmen und ihnen Essen usw. zu geben ⟨*eine Familie, ein Haus*⟩

die **Gast·freund·schaft** *nur Singular* das freundliche Benehmen gegenüber Gästen ⟨*jemandes Gastfreundschaft genießen/in Anspruch nehmen*⟩

der **Gast·ge·ber★** eine Person, die gerade Gäste bei sich hat ⟨*ein aufmerksamer, freundlicher Gastgeber*⟩ • *hierzu* **Gast·ge·be·rin** *die*

das **Gast·haus★** eine ländlich, traditionell eingerichtete Gaststätte ⟨*in einem Gasthaus einkehren; im Gasthaus essen*⟩

der **Gast·hof★** ein Gasthaus, in dem man auch übernachten kann

**gast·lich** *ADJEKTIV* so, dass sich dort ein Gast wohlfühlen kann ⟨*ein Haus; jemanden gastlich aufnehmen, bewirten*⟩ • *hierzu* **Gast·lich·keit** *die*

die **Gast·ro·no·mie** (-) das Gewerbe, welches die Unterbringung und Bewirtung von Gästen in Hotels oder Restaurants betreibt • *hierzu* **gast·ro·no·misch** *ADJEKTIV*

das **Gast·spiel** ein Auftritt, eine Vorstellung als Gast *„Das russische Ballett gibt mehrere Gastspiele in Deutschland"* K Gastspielreise

die **Gast·stät·te★** in Gaststätten kann man für Geld essen und trinken ≈ Lokal K Gaststättengewerbe, Sportgaststätte

der **Gast·wirt** eine Person, die beruflich ein Gasthaus, ein Restaurant o. Ä. betreibt • *hierzu* **Gast·wir·tin** *die*

das **Gate** [geɪt]; (-*s*, -*s*) ≈ Flugsteig

der **Gat·te** (-*n*, -*n*), **Gat·tin** *die*; (-, -*nen*); *geschrieben* jemandes Ehepartner ❶ Für viele Sprecher sind *Gatte* und *Gattin* veraltende Wörter. Ehepartner verwenden die Bezeichnungen *meine Frau* bzw. *mein Mann*

die **Gat·tung★** (-, -*en*) **1** eine Kategorie von einzelnen Dingen mit wichtigen gemeinsamen Merkmalen *„Lyrik, Epik und Dramatik sind literarische Gattungen"* K Kunstgattung **2** eine Kategorie im System der Lebewesen *„In der Familie „Katzen" gibt es eine Gattung „Großkatzen", zu der z. B. die Arten Löwe, Tiger und Leopard gehören"*

der **GAU** [gau]; (-(*s*), -*s*); *meist Singular* größter anzunehmender Unfall der schlimmste Unfall, mit dem man in einem Atomkraftwerk rechnet

der **Gaul** (-(*e*)*s*, *Gäu·le*) **1** *abwertend* ein schlechtes Pferd ⟨*ein alter, kranker, lahmer Gaul*⟩ **2** *besonders süddeutsch, gesprochen* ≈ Pferd K Ackergaul

der **Gau·men** (-*s*, -) der Teil des Mundes, welcher das Innere des Mundes nach oben abschließt ⟨*einen wunden Gaumen haben*⟩

der **Gau·ner** (-*s*, -); *gesprochen* eine Person, die stiehlt oder andere Leute betrügt K Gaunerbande

das **Ge-** (-*s*); *im Substantiv, unbetont, sehr produktiv* **1** *nur Singular* **Gebrüll, Geflüster, Gemetzel, Gerangel, Geraschel, Geschrei** *und andere* verwendet, um aus einem Verb ein Substantiv zu machen. Viele dieser Begriffe haben negativen Charakter und oft wird dadurch ausgedrückt, dass die genannte Handlung lästig ist, dass sie zu oft geschieht oder zu lange dauert *„das Gebell der Hunde"* das Bellen | *„das Geheul der Wölfe"* das Heulen ❶ a) auch mit zusammengesetzten Verben: *das Herumgehopse*; der negative Charakter kann durch ein *-e* am Ende noch verstärkt werden: *Ich kann dein ewiges Gejammer(e) nicht mehr hören!* **2** **Gedränge, Gekritzel, Gemisch, Geschmier, Gewimmel** *und andere* eine Sache, die durch die genannte Handlung entsteht *„Ich kann dieses Gekrakel nicht entziffern"* **3** **Gebäck, Gebälk, Gebüsch, Gewässer** *und andere* verwendet, um eine Gruppe von Dingen, Tieren o. Ä. zu bezeichnen *„Unter dem Holzstoß war allerlei Getier"* waren viele kleine Tiere

**geb.** Abkürzung für *geboren*

das **Ge·bäck★** (-(*e*)*s*) kleine gebackene (meist süße) Stücke aus Teig *„seinen Gästen zum Tee Gebäck anbieten"* K Gebäckstück; Salzgebäck, Weihnachtsgebäck

**ge·ba·cken★** *PARTIZIP PERFEKT* → backen

**ge·bannt** *PARTIZIP PERFEKT* **(wie) gebannt** voller Spannung ⟨(*jemandem*) (*wie*) *gebannt zuhören, zuschauen*⟩ ≈ fasziniert

**ge·bar** *Präteritum, 1. und 3. Person Singular* → gebären

die **Ge·bär·de** (-, -*n*) eine Bewegung des Körpers (vor allem der Hände oder der Arme), durch die man Gefühle, Wünsche o. Ä. ausdrückt ⟨*eine abweisende, drohende, einladende, nervöse, ungeduldige, unwillige Gebärde machen*⟩ ≈ Geste K Gebärdensprache

**ge·bär·den** (*gebärdete sich, hat sich gebärdet*) **sich irgendwie gebärden** sich in der genannten Weise verhalten, benehmen ⟨*sich wie toll, wie verrückt, wie ein Wahnsinniger gebärden*⟩

**ge·bä·ren★** (*gebärt/veraltend gebiert, gebar, hat geboren*) **(ein Kind) gebären** als Frau ein Baby zur Welt bringen *„Wann bist du geboren?"* ❶ meist im Perfekt oder Passiv

die **Ge·bär·mut·ter** *nur Singular* (bei Menschen und Säugetieren) das Organ, in dem ein Embryo heranwächst ≈ Uterus

das **Ge·bäu·de★** (-*s*, -) ein großes Haus, in dem relativ viele Leute wohnen, arbeiten oder sich aufhalten *„Was ist das für ein Gebäude?" – „Das ist das Nationaltheater"* K Gebäudeflügel; Bahnhofsgebäude, Schulgebäude

**ge·ben★** (*gibt, gab, hat gegeben*) EINER PERSON: SACHE, GELD: **1** **jemandem etwas geben** etwas in die Hände oder in Nähe einer Person legen oder stellen, sodass sie es bekommt ‹› nehmen *„einem Kind ein Glas Milch geben"* **2** **jemandem etwas geben** jemandem etwas als Geschenk überlassen ≈ schenken **3** **(jemandem) etwas für etwas geben** etwas für etwas bezahlen **4** **jemandem (etwas) zu** *+Infinitiv* **geben** einer Person etwas geben, damit sie etwas tut *„einem Gast zu essen und zu trinken geben"* EINER PERSON: ABSTRAKTES: **5** **(jemandem) etwas geben** erlauben oder dafür sorgen, dass jemand etwas bekommt *„einem Reporter ein Interview geben"* **6** **(jemandem) etwas geben** *gesprochen* Schülern Wissen oder Kenntnisse auf einem Gebiet vermitteln *„Unser Lehrer gibt außer Englisch auch noch Geschichte"* | *„Kannst du mir Nachhilfe geben?"* **7** **(jemandem) etwas geben** verwendet zusammen mit einem Substantiv, um ein Verb zu umschreiben *„(jemandem) eine Antwort geben"* jemandem antworten | *„(jemandem) einen Befehl geben"* (jemandem) etwas befehlen | *„(jemandem) eine Erlaubnis geben"* (jemandem) etwas erlauben | *„jemandem einen Rat geben"* jemandem etwas raten AN EINEN ORT: **8** **etwas irgendwohin geben** etwas irgendwohin legen, stellen usw. *„den Kuchen in den Ofen geben"* KONZERT, PARTY USW.: **9** **etwas geben** ein Fest, eine Party, ein Konzert o. Ä. stattfinden lassen ≈ veranstalten ERZEUGNIS: **10** **ein Tier/etwas gibt etwas** ein Tier/etwas erzeugt, produziert etwas, was der Mensch nutzt *„Die Kuh gibt Milch"* ERGEBNIS: **11** **etwas gibt etwas** *gesprochen* etwas hat etwas als Ergebnis *„Vier mal fünf gibt zwanzig"* ❶ kein Passiv MEINUNG, ÄUẞERUNG, EINSTELLUNG: **12** **jemandem/etwas etwas geben** die Meinung haben oder äußern, dass eine Person oder Sache etwas hat *„Gibst du dem Projekt eine Chance?"* **13** **(et)was/viel/wenig/nichts auf etwas** (*Akkusativ*) **geben** etwas für wichtig/unwichtig halten **14** **etwas 'von sich** (*Dativ*) **geben** etwas sagen AUS ÄRGER: **15** **es jemandem geben** *gesprochen* sich über eine Person ärgern und deswegen aggressiv werden, schimpfen oder sie verprügeln *„Er hat versucht, mich zu ärgern. Aber dem habe ich es ordentlich gegeben!"* SPIELKARTEN: **16** beim Kartenspielen die Karten verteilen *„Du gibst!"* VERHALTEN: **17** **sich irgendwie geben** durch ein Verhalten den genannten Eindruck erwecken (wollen) *„Sie gab sich ganz gelassen/ruhig"* AUFHÖREN: **18** **etwas gibt sich (wieder)** etwas wird (wieder) schwächer, hört allmählich auf ≈ nachlassen *„Zurzeit bin ich sehr beschäftigt, aber das gibt sich wieder"* EXISTENZ: **19** **es gibt jemanden/etwas** jemand/etwas existiert, ist tatsächlich vorhanden *„Kängurus gibt es nur in Australien"* EREIGNIS: **20** **es gibt etwas** etwas geschieht, ereignet sich *„Morgen soll es Regen geben"* ANGEBOT: **21** **es gibt etwas** etwas wird zu essen oder zu trinken angeboten *„Was gibts heute zum Mittagessen?"* MÖGLICHKEIT, NOTWENDIGKEIT: **22** **es gibt etwas zu** *+Infinitiv* es ist möglich oder nötig, etwas zu tun *„Vor der Reise gibt es noch viel zu erledigen"* **ID** **Was gibt's?** *gesprochen* was willst du von mir?

das **Ge·bet★** (*-(e)s, -e*) **1** das Beten (als Handlung) *„die Hände zum Gebet falten"* **2** der Text, den man beim Beten spricht ‹*ein Gebet sprechen*› **K** Gebetbuch; Tischgebet

**ge·be·ten** *PARTIZIP PERFEKT* → bitten

**ge·biert** *Präsens, 3. Person Singular* → gebären

das **Ge·biet★** (*-(e)s, -e*) **1** ein (meist relativ großer) Teil einer Gegend oder Landschaft ‹*ein fruchtbares, sumpfiges Gebiet*› *„Die Lüneburger Heide ist ein Gebiet, das unter Naturschutz steht"* **K** Industriegebiet, Waldgebiet **2** ein staatliches Territorium oder ein Teil davon *„Das andere Seeufer ist schon Schweizer Gebiet"* **K** Staatsgebiet **3** das Fach oder das Thema, mit dem sich jemand (beruflich) beschäftigt ≈ Bereich *„Die Mechanik und die Elektronik sind zwei wichtige Gebiete der Physik"* **K** Fachgebiet, Forschungsgebiet • zu (1) **ge·biets·wei·se** *ADJEKTIV*

**ge·bie·te·risch** *ADJEKTIV*; *geschrieben* mit der Erwartung, dass den Befehlen sofort gefolgt wird ‹*eine Geste, eine Stimme*› *„Mit einer gebieterischen Handbewegung winkte sie ihn zu sich"*

das **Ge·bil·de** (*-s, -*) ein Ding, das sich aus verschiedenen Teilen oder in einer bestimmten Form gebildet hat ‹*ein komplexes Gebilde*› *„Schneeflocken sind zarte, vergängliche Gebilde"*

**ge·bil·det★** *ADJEKTIV* mit einer guten Erziehung und Bildung *„ein sehr gebildeter Mensch"*

das **Ge·bir·ge★** (*-s, -*) eine Gruppe von hohen Bergen ‹*im Gebirge leben; ins Gebirge fahren*›

G

„*Der Himalaya ist das höchste Gebirge der Welt*" K Gebirgsdorf, Gebirgssee, Gebirgstal

**ge·bir·gig** ADJEKTIV so, dass dort viele Berge sind ‹*eine Landschaft, ein Land*›

das **Ge·biss** (-es, -e) alle Zähne eines Menschen oder Tieres ‹*ein gesundes, gutes, prächtiges Gebiss*› „*das scharfe Gebiss eines Wolfes*"

**ge·bis·sen** PARTIZIP PERFEKT → beißen

das **Ge·blä·se** (-s, -) ein Gerät, das einen Luftstrom erzeugt, damit man etwas wärmen, kühlen oder lüften kann K Heizgebläse, Kühlgebläse

G

**ge·bla·sen** PARTIZIP PERFEKT → blasen

**ge·bli·chen** PARTIZIP PERFEKT → bleichen

**ge·blie·ben** PARTIZIP PERFEKT → bleiben

**ge·blümt** ADJEKTIV mit einem Muster aus Blumen ‹*ein Stoff, eine Tapete*›

**ge·bo·gen** PARTIZIP PERFEKT → biegen

**ge·bo·ren★** PARTIZIP PERFEKT **1** → gebären ADJEKTIV **2** *nur attributiv* verwendet, um den Familiennamen zu nennen, den jemand vor der Ehe hatte „*Frau Meier, geborene/geb. Müller*" **3** *nur attributiv* drückt aus, dass jemand am genannten Ort, im genannten Land geboren wurde „*Er ist ein geborener Berliner*" **4** sehr begabt, gut geeignet für eine besondere Tätigkeit ‹*für/zu etwas geboren sein*› „*Er ist der geborene Sänger*"

**ge·bor·gen** PARTIZIP PERFEKT **1** → bergen ADJEKTIV **2** *meist prädikativ* beschützt, sicher ‹*irgendwo, bei jemandem geborgen sein; sich irgendwo, bei jemandem geborgen fühlen*› • *zu* (1) **Ge·bor·gen·heit** *die*

**ge·bors·ten** PARTIZIP PERFEKT → bersten

das **Ge·bot** (-(e)s, -e) **1** **ein Gebot** (+*Genitiv*) etwas, das man tun soll, weil es ein Gesetz, ein moralischer oder religiöser Grundsatz oder die Vernunft vorschreibt „*Es ist ein Gebot der Nächstenliebe, den Armen zu helfen*" **2** *geschrieben* eine (amtliche) Anordnung ‹*ein Gebot beachten, befolgen, missachten, übertreten*› K Gebotsschild **3** **die Zehn Gebote** die Gesetze, die Moses von Gott auf dem Berg Sinai empfangen hat „*Das fünfte Gebot lautet: „Du sollst nicht töten!"*" **4** die Geldsumme, die jemand bei einer Auktion für etwas zahlen will ‹*ein Gebot machen, erhöhen*›

**ge·bo·ten** PARTIZIP PERFEKT → bieten

**ge·bracht** PARTIZIP PERFEKT → bringen

**ge·brannt** PARTIZIP PERFEKT **1** → brennen ADJEKTIV **2** *meist attributiv* geröstet und dabei mit einer braunen Schicht aus Zucker überzogen ‹*Erdnüsse, Mandeln*›

**ge·bra·ten★** PARTIZIP PERFEKT → braten

der **Ge·brauch★** (-(e)s) **1** **der Gebrauch** +*Genitiv*/**von etwas** das Verwenden, Gebrauchen ≈ Benutzung „*Die Schüler müssen den Gebrauch eines Wörterbuches üben*" **2** *veraltend nur Plural* ≈ Bräuche, Sitten „*die Sitten und Gebräuche eines Volkes*" **3** **etwas in/im Gebrauch haben** etwas regelmäßig benutzen **4** **etwas in Gebrauch nehmen** etwas, das man regelmäßig benutzen wird, zum ersten Mal verwenden **5** **etwas ist in/im Gebrauch** etwas wird regelmäßig benutzt, verwendet

**ge·brau·chen★** (*gebrauchte, hat gebraucht*) **1** **etwas gebrauchen** etwas (zum genannten Zweck oder auf die genannte Art) verwenden oder benutzen „*Er gebraucht Fremdwörter, um die Leute zu beeindrucken*" **2** **jemanden/etwas (irgendwie) gebrauchen können** *gesprochen* jemanden/etwas in einer Situation nützlich, nicht störend finden „*Heute können wir einen Regenschirm gut gebrauchen*"

**ge·bräuch·lich** ADJEKTIV häufig oder allgemein verwendet ‹*ein Name, eine Redensart, eine Methode*› ≈ üblich „*Der Begriff ist heute nicht mehr gebräuchlich*"

die **Ge·brauchs·an·lei·tung★** ≈ Gebrauchsanweisung

die **Ge·brauchs·an·wei·sung★** ein Text und die Bilder, die man zusammen mit einer gekauften Ware bekommt, in denen erklärt wird, wie man sie verwendet „*Lies erst die Gebrauchsanweisung durch, bevor du das Gerät einschaltest!*"

**ge·braucht★** ADJEKTIV **1** schon verwendet und daher nicht mehr neu, sauber oder frisch ‹*ein Handtuch, Hemd*› „*Wohin mit den gebrauchten Taschentüchern?*" **2** nicht neu im Laden gekauft, sondern vom vorigen Besitzer übernommen ‹*ein Auto, Möbel*› „*gebrauchte Kleidung am Flohmarkt kaufen*" K Gebrauchtwagen

das **Ge·bre·chen** (-s, -) *geschrieben* eine körperliche oder geistige Behinderung, die lange anhält ‹*ein schweres Gebrechen haben*›

**ge·brech·lich** ADJEKTIV wegen hohen Alters oder einer Behinderung schwach und anfällig für Krankheiten ‹*alt und gebrechlich sein*› „*Unser Großvater ist schon sehr gebrechlich*" • *hierzu* **Ge·brech·lich·keit** *die*

**ge·bro·chen★** PARTIZIP PERFEKT **1** → brechen

*ADJEKTIV* **2** *meist attributiv* mit vielen Fehlern und deswegen schwer verständlich ↔ fließend *„Ich spreche leider nur gebrochen Schwedisch"*

die **Ge·bühr**★ (-, *-en*) *oft Plural* eine Geldsumme, die man für manche (öffentliche) Dienste einer Institution, eines Anwalts, eines Arztes usw. zahlen muss ⟨*Gebühren erheben, erhöhen, senken, bezahlen/entrichten; etwas gegen (eine) Gebühr bekommen, leihen*⟩ *„Muss ich beim Geldwechseln Gebühren bezahlen?"* **K** Gebührenerhöhung; Anmeldegebühr, Rundfunkgebühr • *hierzu* **ge·büh·ren·frei** *ADJEKTIV*

**ge·büh·ren** (*gebührte, hat gebührt*); *geschrieben* **es/etwas gebührt sich** ein Verhalten ist richtig und angemessen ≈ gehören *„Es gebührt sich nicht, in der Kirche zu lachen und zu schreien"*

**ge·büh·rend** *ADJEKTIV* so, wie es jemand/etwas verdient *„Ihr neues Kleid wurde gebührend bewundert"*

**ge·büh·ren·pflich·tig** *ADJEKTIV; admin* so, dass man dafür eine Gebühr zahlen muss ⟨*eine Bescheinigung, eine Verwarnung, ein Parkplatz*⟩

**ge·bun·den** *PARTIZIP PERFEKT* **1** → binden *ADJEKTIV* **2** **(an etwas** (*Akkusativ*)**) gebunden sein** wegen einer Person oder einer Sache gewisse Verpflichtungen haben und daher etwas anderes nicht tun können *„Mit drei kleinen Kindern ist sie sehr ans Haus gebunden"*

die **Ge·burt**★ (-, *-en*) der Vorgang, bei dem ein Baby oder ein Tier aus dem Leib der Mutter kommt ⟨*vor, bei, nach der Geburt; von Geburt an*⟩ *„Das Baby wog bei der Geburt fast acht Pfund"* als es auf die Welt kam **K** Geburtsdatum, Geburtsjahr, Geburtsort, Geburtsurkunde ❶ vergleiche **Entbindung**

die **Ge·bur·ten·kon·trol·le** *nur Singular* (beim Menschen) das Planen von Anzahl und Zeitpunkt der Geburten *„Empfängnisverhütung ist ein Mittel zur Geburtenkontrolle"*

**ge·bür·tig**★ *ADJEKTIV meist attributiv* verwendet, um anzugeben, wo jemand geboren ist ≈ geboren *„Er ist gebürtiger Schweizer"*

der **Ge·burts·feh·ler** eine körperliche oder geistige Behinderung, die man von Geburt an hat

der **Ge·burts·na·me** der Familienname der Eltern, den man nach der Geburt erhalten hat

der **Ge·burts·tag**★ **1** der Jahrestag der Geburt von einer Person ⟨*Geburtstag feiern, haben; jemandem zum Geburtstag gratulieren*⟩ *„Alles Gute zum Geburtstag!"* **K** Geburtstagsfeier, Geburtstagsgeschenk, Geburtstagskarte, Geburtstagstorte **2** **jemandes Geburtstag** *admin* das Datum der Geburt einer Person

das **Ge·büsch** (-(*e*)*s*, *-e*); *meist Singular* mehrere Büsche, die dicht beieinanderstehen ⟨*ein dichtes Gebüsch*⟩

**ge·dacht** *PARTIZIP PERFEKT* **1** → denken **2** → gedenken *ADJEKTIV* **3** **für jemanden/etwas (als etwas) gedacht; irgendwie/als etwas gedacht** für einen Zweck vorgesehen *„Die Blumen sind als Geschenk für Mutter gedacht"* **4** nur in der Vorstellung, nicht wirklich vorhanden *„eine gedachte Linie entlanggehen"*

das **Ge·dächt·nis**★ (*-ses, -se*) **1** *meist Singular* die Fähigkeit, sich an etwas erinnern zu können ⟨*ein gutes/schlechtes Gedächtnis haben; das Gedächtnis verlieren*⟩ **K** Namensgedächtnis, Zahlengedächtnis **2** *nur Singular* ein Speicher im Gehirn, in welchem die Informationen über Gelerntes und Erlebtes sind ⟨*etwas im Gedächtnis behalten, bewahren*⟩ *„ein Gedicht aus dem Gedächtnis zitieren"* **3** *geschrieben nur Singular* die Erinnerung an eine Person oder an ein Ereignis ≈ Andenken **K** Gedächtnisfeier

der **Ge·dächt·nis·schwund** ein krankhafter Zustand des Gehirns, bei dem jemand plötzlich oder allmählich das Gedächtnis verliert

der **Ge·dan·ke**★ (*-ns, -n*) **1** das Resultat des Denkens ⟨*ein kluger, vernünftiger Gedanke*⟩ ≈ Überlegung **2** das, was jemandem plötzlich in den Sinn, ins Bewusstsein kommt ⟨*der rettende Gedanke; jemandem kommt ein guter Gedanke*⟩ ≈ Idee *„Dein Hinweis bringt mich auf einen (guten) Gedanken"* **3** *nur Plural* der Vorgang des Denkens ⟨*(tief/ganz) in Gedanken verloren, versunken sein; jemandes Gedanken erraten, lesen (können)*⟩

**ge·dan·ken·los** *ADJEKTIV; abwertend* unüberlegt, ohne nachzudenken ⟨*gedankenlos handeln; etwas gedankenlos tun*⟩ *„Das war gedankenlos von dir!"* • *hierzu* **Ge·dan·ken·lo·sig·keit** *die*

der **Ge·dan·ken·strich** das Zeichen -, das verwendet wird, um in einem Text eine Pause im Satz zu markieren

**ge·dank·lich** *ADJEKTIV meist attributiv* **1** auf den Vorgang des Denkens bezogen ⟨*eine Anstrengung, eine Leistung*⟩ *„Ihre Aussage steht in keinem gedanklichen Zusammenhang zu den Problemen, um die es hier geht"* **2** *nur adverbiell* in den Gedanken ⟨*ein Problem gedanklich*

G

*durchdringen, erfassen, verarbeiten*⟩

das **Ge·deck**★ (-(e)s, -e); *geschrieben* das Geschirr und das Besteck, das eine Person bei einer Mahlzeit benutzt

**ge·deckt** *ADJEKTIV* **1** nicht hell und bunt ⟨*Farben*⟩ *„Stoffe in gedeckten Farben"* **2** ⟨*ein Scheck*⟩ so, dass man ihn einlösen kann, weil genügend Geld auf dem Konto ist ↔ ungedeckt

**ge·dei·hen** (*gedieh, ist gediehen*); *geschrieben* **(irgendwie) gedeihen** gesund und kräftig wachsen ⟨*Kinder, Pflanzen, Tiere*⟩ *„Hier gedeihen die Blumen sehr gut"*

**ge·den·ken** (*gedachte, hat gedacht*); *geschrieben* **jemandes/etwas gedenken** an einen Toten/ein vergangenes Ereignis denken und damit den Toten ehren, das Ereignis feiern oder darüber trauern *„Wir gedenken heute der Opfer des Zweiten Weltkriegs"* **K** Gedenkfeier, Gedenkminute, Gedenkstätte • *hierzu* **Ge·den·ken** *das*

das **Ge·dicht**★ (-(e)s, -e) ein (kurzer) Text meist in Reimen, der in Verse und Strophen gegliedert ist ⟨*ein Gedicht schreiben/verfassen, auswendig lernen, aufsagen*⟩ *„Der Erlkönig" ist ein bekanntes Gedicht von Goethe"* **K** Gedichtinterpretation, Gedichtsammlung

**ge·die·gen** *ADJEKTIV* von sehr guter Qualität, (handwerklich) solide und gut verarbeitet *„In unserem Möbelgeschäft finden Sie nur gediegene Stücke"* • *hierzu* **Ge·die·gen·heit** *die*

**ge·dieh** *Präteritum, 1. und 3. Person Singular* → gedeihen

**ge·die·hen** [gə'di:ən] *PARTIZIP PERFEKT* → gedeihen

das **Ge·drän·ge** (-s) ein Durcheinander von vielen Menschen/Tieren auf engem Raum *„Im Kaufhaus herrschte ein fürchterliches Gedränge"*

**ge·dro·schen** *PARTIZIP PERFEKT* → dreschen

**ge·drückt** *ADJEKTIV* ⟨*in gedrückter Stimmung sein*⟩ ≈ bedrückt, deprimiert

**ge·drun·gen** *PARTIZIP PERFEKT* **1** → dringen
*ADJEKTIV* **2** breit und nicht sehr groß ⟨*eine Gestalt*⟩

die **Ge·duld**★ (-) **1** die Fähigkeit oder die Bereitschaft, lange und ruhig auf etwas zu warten ⟨*viel, wenig, keine, eine engelhafte Geduld haben*⟩ **2** die Fähigkeit, sich zu beherrschen und etwas zu ertragen, das unangenehm oder ärgerlich ist ⟨*die Geduld verlieren; mit der Geduld am Ende sein*⟩ ≈ Beherrschung **3** **Geduld (für/zu etwas)** die Fähigkeit, eine schwierige und lange dauernde Arbeit zu machen ≈ Ausdauer *„Ich habe keine Geduld (dazu/dafür), das Modell zu bauen"*

**ge·dul·den** (*geduldete sich, hat sich geduldet*) **sich gedulden** *geschrieben* mit Geduld warten *„Bitte, gedulden Sie sich noch einen Augenblick!"*

**ge·dul·dig** *ADJEKTIV* mit Geduld ⟨*etwas geduldig ertragen, erwarten, über sich ergehen lassen*⟩

die **Ge·dulds·pro·be** eine Sache, bei der man viel Zeit und Geduld haben muss *„Das lange Warten beim Arzt ist oft eine Geduldsprobe"*

**ge·durft** *PARTIZIP PERFEKT* → dürfen

**ge·ehrt** *ADJEKTIV* verwendet als Teil einer höflichen Anrede, vor allem in Briefen *„Sehr geehrter Herr ..."* | *„Sehr geehrte Frau ..."*

**ge·eig·net**★ *ADJEKTIV* **(als/für/zu etwas) geeignet** für einen Zweck passend ⟨*eine Maßnahme, ein Mittel; im geeigneten Moment*⟩ *„Bücher sind immer als Geschenk geeignet"* | *„Sie ist für schwere Arbeit nicht geeignet"*

die **Ge·fahr**★ (-, -en) wenn etwas Schlimmes geschehen könnte, ist das eine Gefahr ⟨*eine akute, ernste, tödliche Gefahr; in Gefahr geraten, kommen, sein; sich in Gefahr begeben; jemanden/etwas in Gefahr bringen; außer Gefahr sein*⟩ *„Schadstoffe in der Luft sind eine Gefahr für den Wald"* **K** Gefahrenstelle, Gefahrenzone; Ansteckungsgefahr, Feuergefahr, Unfallgefahr • *hierzu* **ge·fahr·los** *ADJEKTIV*

**ge·fähr·den**★ (*gefährdete, hat gefährdet*) **jemanden/etwas gefährden** jemanden/etwas in Gefahr bringen *„Durch seinen Leichtsinn hat der Busfahrer die Fahrgäste unnötig gefährdet"* • *hierzu* **Ge·fähr·dung** *die*

**ge·fähr·det** *ADJEKTIV* in Gefahr, kriminell, drogensüchtig o. Ä. zu werden ⟨*Jugendliche*⟩

**ge·fah·ren** *PARTIZIP PERFEKT* → fahren

**ge·fähr·lich**★ *ADJEKTIV* **gefährlich (für jemanden/etwas)** so, dass eine Gefahr für jemanden/etwas besteht *„Krebs ist eine sehr gefährliche Krankheit"* | *„Rennfahrer leben gefährlich"* • *hierzu* **Ge·fähr·lich·keit** *die*

der **Ge·fähr·te** (-n, -n) eine Person, mit der man befreundet ist und mit der man viel Zeit verbringt **K** Lebensgefährte, Reisegefährte, Spielgefährte **i** *der Gefährte; den, dem, des Gefährten* • *hierzu* **Ge·fähr·tin** *die*

das **Ge·fäl·le** (-s, -); *meist Singular* **1** der Grad, mit dem ein Gelände, eine Straße, ein Fluss usw. schräg nach unten verläuft, sich neigt ⟨*ein leichtes, starkes Gefälle*⟩ ≈ Neigung ↔ Steigung *„Die Straße hat ein Gefälle von 8 %“* 2 *geschrieben* der Unterschied (im Wert oder im Niveau) zwischen zwei oder mehreren Dingen *„das starke/große wirtschaftliche und soziale Gefälle zwischen den Industriestaaten und den Ländern der Dritten Welt“* K Bildungsgefälle

**ge·fạl·len**[1]★ (*gefällt, gefiel, hat gefallen*) **eine Person/Sache gefällt jemandem** eine Person/Sache ist so, dass sich jemand darüber freut oder es schön findet *„Gefalle ich dir mit meiner neuen Frisur?“* ID **sich** (*Dativ*) **etwas gefallen lassen** *gesprochen* sich gegen etwas nicht wehren, sondern es ruhig ertragen *„Warum lässt du dir seine Gemeinheiten gefallen?“*

**ge·fạl·len**[2]★ PARTIZIP PERFEKT 1 → fallen 2 → gefallen[1]

der **Ge·fạl·len**[1]★; (-*s*) etwas, das man aus Freundlichkeit für jemanden tut ⟨*jemandem einen (großen, kleinen) Gefallen tun/erweisen*⟩ *„Kannst du mir einen großen Gefallen tun und mir ein Buch aus der Stadt mitbringen?“*

das **Ge·fạl·len**[2]★; (-*s*) **Gefallen an jemandem/etwas finden, haben** jemanden sympathisch finden, etwas mögen, gut finden oder damit zufrieden sein *„Er fand großes Gefallen an ihr/an seinem neuen Job“*

**ge·fạ̈l·lig** ADJEKTIV 1 so, dass man es gern ansieht ⟨*eine Aufmachung, ein Aussehen*⟩ ↔ abstoßend *„Unsere Verkäuferinnen müssen auf ein gefälliges Äußeres achten“* 2 **(jemandem) gefällig** gern bereit, jemandem zu helfen ⟨*sich (jemandem) gefällig erweisen/zeigen*⟩ ≈ hilfsbereit

die **Ge·fạ̈l·lig·keit** (-, -*en*) etwas, das man aus Freundlichkeit und Hilfsbereitschaft für jemanden tut (und das nicht sehr schwierig ist und nicht sehr viel Zeit kostet) ⟨*jemandem eine Gefälligkeit erweisen*⟩

**ge·fạ̈l·ligst** PARTIKEL *gesprochen betont* verwendet in Befehlen und Forderungen, um zu sagen, dass man ungeduldig und ärgerlich ist *„Komm gefälligst sofort her!“* | *„Warte gefälligst auf mich!“*

**ge·fạn·gen** PARTIZIP PERFEKT 1 → fangen ADJEKTIV 2 **jemanden gefangen halten** jemanden in einem Gefängnis o. Ä., ein Tier in einem Käfig o. Ä. halten und nicht weggehen lassen 3 **jemanden gefangen nehmen** meist im Krieg einen Soldaten fangen ℹ Ein Verbrecher wird von der Polizei *festgenommen* oder *verhaftet*. • *zu* (2,3) **Ge·fạn·gen·nah·me** *die*

der/die **Ge·fạn·ge·ne**★ (-*n*, -*n*) 1 eine Person, die im Gefängnis ist ⟨*ein politischer Gefangener*⟩ ≈ Häftling K Strafgefangene 2 eine Person, die im Krieg vom Feind gefangen genommen worden ist ⟨*Gefangene machen, austauschen, freilassen*⟩ K Kriegsgefangene ℹ *ein Gefangener; der Gefangene; den, dem, des Gefangenen*

die **Ge·fạn·gen·schaft** (-) 1 der Zustand, ein Gefangener zu sein ⟨*in Gefangenschaft geraten, sein*⟩ K Kriegsgefangenschaft 2 (von Tieren) der Zustand, in einem Käfig, Zoo o. Ä. leben zu müssen ⟨*Tiere in Gefangenschaft halten*⟩

das **Ge·fạ̈ng·nis**★ (-*ses*, -*se*) 1 ein Gebäude, in dem Personen eingesperrt sind, die ein Verbrechen begangen haben (und vom Gericht zu einer Haftstrafe verurteilt worden sind) ⟨*ins Gefängnis kommen; im Gefängnis sein, sitzen*⟩ K Gefängniszelle; Untersuchungsgefängnis 2 *nur Singular* Kurzwort für *Gefängnisstrafe „zu zwei Jahren Gefängnis verurteilt werden“*

das **Ge·fäß**★ (-*es*, -*e*) ein relativ kleiner Behälter, meist für Flüssigkeiten ⟨*etwas in ein Gefäß füllen/schütten, tun*⟩ *„Krüge und Schüsseln sind Gefäße“* K Trinkgefäß

**ge·fạsst** ADJEKTIV 1 so, dass man seine Gefühle unter Kontrolle hat und nicht weint und klagt *„Sie nahm die schlechte Nachricht gefasst auf“* 2 **auf etwas** (*Akkusativ*) **gefasst sein** mit etwas Unangenehmem rechnen ⟨*auf das Schlimmste gefasst sein*⟩ 3 **sich auf etwas** (*Akkusativ*) **gefasst machen** etwas Schlimmes oder Unangenehmes erwarten und sich seelisch darauf einstellen *„Nach dem Urlaub kannst du dich auf einiges gefasst machen!“*

das **Ge·fẹcht** (-(*e*)*s*, -*e*) ein einzelner Kampf in einem Krieg o. Ä. *„Gefechte zwischen Regierungstruppen und Rebellen“* • *hierzu* **ge·fẹchts·be·reit** ADJEKTIV

das **Ge·fie·der** (-*s*, -) alle Federn eines Vogels ⟨*ein Vogel putzt, sträubt das Gefieder, plustert das Gefieder auf*⟩

das **Ge·flẹcht** (-(*e*)*s*, -*e*) etwas Geflochtenes K Drahtgeflecht

**ge·flẹckt** ADJEKTIV mit (farbigen) Flecken ⟨*ein Fell, ein Gefieder, ein Stoff*⟩ *„eine schwarz-weiß gefleckte Kuh“*

**ge·flọch·ten** PARTIZIP PERFEKT → flechten

G

**ge·flo·gen** *PARTIZIP PERFEKT* → fliegen

**ge·flo·hen** [gəˈfloːən] *PARTIZIP PERFEKT* → fliehen

**ge·flos·sen** *PARTIZIP PERFEKT* → fließen

das **Ge·flü·gel**★ (-s) **1** alle Vögel wie z. B. Hühner, Enten oder Gänse, die man isst oder wegen der Eier und Federn hält **2** das Fleisch von Geflügel **K** Geflügelwurst

**ge·foch·ten** *PARTIZIP PERFEKT* → fechten

das **Ge·fol·ge** (-s, -); *meist Singular* alle Leute, die eine wichtige Person begleiten und für sie arbeiten *„Etwa vierzig Ritter bildeten das Gefolge des Königs"*

**ge·fragt** *ADJEKTIV* oft und gern gekauft, engagiert o. Ä. ⟨*ein Künstler, ein Produkt*⟩ *„Dieser Autotyp ist stark gefragt"*

**ge·frä·ßig** *ADJEKTIV; abwertend* (von Menschen und Tieren) so, dass sie gern sehr viel essen *„gefräßige Heuschrecken"* • *hierzu* **Ge·frä·ßig·keit** *die*

der/die **Ge·frei·te** (-n, -n) ein Soldat bzw. eine Soldatin mit dem zweitniedrigsten Rang ❶ *ein Gefreiter; der Gefreite; den, dem, des Gefreiten*

**ge·fres·sen** *PARTIZIP PERFEKT* → fressen

**Ge·frier-** *im Substantiv, betont, begrenzt produktiv* **das Gefrierfach, der Gefrierschrank, die Gefriertruhe, der Gefrierbeutel, die Gefrierdose** *und andere* in Bezeichnungen für Geräte und Behälter verwendet, in denen man Lebensmittel durch Gefrieren konserviert

**ge·frie·ren**★ (*gefror, ist gefroren*) **etwas gefriert** etwas wird durch Kälte zu Eis oder fest und hart *„Der Boden ist gefroren"*

der **Ge·frier·punkt** *nur Singular* die Temperatur, bei der Flüssigkeiten (vor allem Wasser) gefriert

**ge·fro·ren**★ *PARTIZIP PERFEKT* **1** → frieren **2** → gefrieren

das **Ge·fü·ge** (-s, -) **1** etwas, das aus einzelnen Teilen zu einem Ganzen zusammengesetzt ist ≈ Konstruktion *„ein Gefüge aus Balken"* **2** die Art und Weise, in der einzelne Elemente/Teile ein (harmonisches) Ganzes bilden ≈ Aufbau, Struktur *„das wirtschaftliche und soziale Gefüge eines Staates"* **K** Sozialgefüge

**ge·fü·gig** *ADJEKTIV; abwertend* ⟨*ein Mensch*⟩ so, dass er immer das tut, was eine andere Person will *„sich jemanden (durch Drohungen) gefügig machen"* • *hierzu* **Ge·fü·gig·keit** *die*

das **Ge·fühl**★ (-s, -e) **1** **ein Gefühl** (+*Genitiv*/**von etwas**) *nur Singular* das, was man mithilfe der Nerven mit dem Körper wahrnimmt ⟨*ein Gefühl der/von Kälte, Wärme, Nässe haben, verspüren*⟩ ≈ Empfindung *„Nach dem Unfall hatte sie kein Gefühl mehr in den Beinen"* | *„Sie hatte das Gefühl, zu ersticken"* **K** Schwindelgefühl **2** **ein Gefühl** (+*Genitiv*/**von etwas**) das, was man fühlt oder empfindet ⟨*ein beglückendes, beruhigendes Gefühl; ein Gefühl der/von Angst, Erleichterung, Freude, Geborgenheit, Unsicherheit*⟩ ≈ Emotion *„Ich muss mir erst über meine Gefühle ihm gegenüber/für ihn klar werden"* **K** Glücksgefühl, Schuldgefühl **3** *nur Singular* ein undeutliches Wissen, das auf Intuition, nicht auf dem Verstand beruht ⟨*ein mulmiges, ungutes Gefühl bei etwas haben*⟩ ≈ Vermutung *„Ich habe das Gefühl, dass heute noch etwas Schlimmes passiert"* **4** **ein Gefühl** (**für etwas**) *nur Singular* die Fähigkeit, etwas instinktiv richtig einzuschätzen oder zu machen ⟨*etwas im Gefühl haben*⟩ *„ein Gefühl für Farben und Formen/für Recht und Unrecht haben"* **K** Rhythmusgefühl • *zu* (1,2) **ge·fühl·los** *ADJEKTIV; zu* (2) **ge·fühls·be·tont** *ADJEKTIV*

**ge·fühls·mä·ßig** *ADJEKTIV meist attributiv* so, wie es dem Gefühl entspricht ⟨*eine Reaktion; etwas gefühlsmäßig entscheiden*⟩

**ge·fühlt** *ADJEKTIV* **1** drückt aus, dass man den Umfang, die Intensität o. Ä. einer Sache deutlich größer bzw. stärker empfindet als es zutrifft *„Wir haben schon seit gefühlten 100 Jahren nicht mehr gewonnen"* **2** dem Gefühl entsprechend, das man in einer Situation hat ≈ gefühlsmäßig *„Gute Beleuchtung verringert die gefühlte Bedrohung in der Tiefgarage, wenn auch nicht die reale Gefahr"*

**ge·fun·den** *PARTIZIP PERFEKT* → finden

**ge·gan·gen** *PARTIZIP PERFEKT* → gehen

**ge·ge·ben** *PARTIZIP PERFEKT* **1** → geben *ADJEKTIV* **2** *geschrieben* als Tatsache bestehend ⟨*etwas als gegeben hinnehmen, voraussetzen; unter den gegebenen Umständen*⟩ **3** *meist attributiv* für einen Zweck geeignet, passend ≈ günstig *„Wir werden zum gegebenen Zeitpunkt auf ihr Angebot zurückkommen"*

die **Ge·ge·ben·heit** (-, -en) *meist Plural* etwas, das als Umstand in einer Situation vorhanden ist ⟨*die baulichen, geographischen, politischen, räumlichen Gegebenheiten; sich neuen, veränderten Gegebenheiten anpassen*⟩

**ge·ge·be·nen·falls** *ADVERB; geschrieben* wenn es durch eine Situation nötig werden sollte *„Gegebenenfalls wird die Regierung neue Gesetze erlassen"* ❶ Abkürzung: *ggf.*

**ge·gen** ★ *PRÄPOSITION mit Akkusativ* RICHTUNG: **1** in Richtung zu jemandem/etwas hin oder so, dass jemand/etwas berührt wird *„sich mit dem Rücken gegen die Wand lehnen"* | *„Er warf kleine Steinchen gegen das Fenster"* **2** in die Richtung, aus der jemand/etwas kommt ≈ entgegen *„gegen die Strömung schwimmen"* OPPOSITION: **3** nennt die Person oder Sache, die einen Nachteil oder Schaden von etwas hat ↔ für *„gegen einen Kandidaten/Vorschlag stimmen"* | *„Vorurteile/Gewalt gegen Minderheiten"* **4** nennt die Sache, die verhindert oder beseitigt oder deren negative Wirkung schwächer gemacht werden soll *„der Kampf gegen die Umweltverschmutzung"* | *„ein Mittel gegen Kopfschmerzen"* **5** nennt die Person oder Sache, zu der ein negatives Verhältnis, eine negative Einstellung besteht *„eine Allergie gegen Pollen"* | *„Besteht noch Verdacht gegen ihn?"* **6** nennt den Gegner bei einem Wettkampf o. Ä. ⟨*gegen jemanden spielen, gewinnen, verlieren*⟩ *„Das Pokalspiel Hamburg gegen Köln endete 3 : 1"* **7** bezeichnet einen Gegensatz, Widerspruch o. Ä. *„Er wurde gegen seinen Willen dort festgehalten"* TAUSCH: **8** nennt eine nötige Gegenleistung oder eine Person oder Sache, die als Ersatz dient *„die Sommerreifen gegen Winterreifen austauschen"* VERGLEICH: **9** *gesprochen* verglichen mit *„Gegen ihn bist du ein Riese"*
*ADVERB* **10** **gegen** *+Zeitangabe* drückt aus, dass man den genauen Zeitpunkt nicht kennt oder nicht nennen will ≈ ungefähr *„Wir treffen uns gegen fünf Uhr vor dem Rathaus"*

**Ge·gen-** *im Substantiv, betont, sehr produktiv* **1** **das Gegenlicht, die Gegenströmung, der Gegenverkehr, der Gegenwind** *und andere* drückt aus, dass jemand/etwas aus der entgegengesetzten Richtung kommt **2** **das Gegenargument, das Gegenbeispiel, der Gegenbeweis, die Gegenmaßnahme, das Gegenmittel** *und andere* drückt aus, dass die genannte Sache gegen etwas wirken oder zeigen soll, dass etwas falsch ist **3** **der Gegenangriff, der Gegenbesuch, die Gegenfrage, die Gegenleistung, der Gegenvorschlag** *und andere* drückt aus, dass etwas eine Reaktion auf eine ähnliche Handlung oder Sache ist

die **Ge·gen·an·zei·ge** ≈ Kontraindikation

die **Ge·gend** ★ (-, *-en*) **1** ein (meist relativ kleiner) Teil einer Landschaft, dessen Grenzen nicht genau bestimmt sind ⟨*eine einsame, verlassene, gebirgige Gegend; durch die Gegend fahren; sich* (*Dativ*) *die Gegend ansehen*⟩ *„Unsere Reise führte uns durch die schönsten Gegenden Frankreichs"* **2** ein Teil der Stadt, dessen Grenzen nicht genau bestimmt sind *„in einer ruhigen Gegend wohnen"* **K** Bahnhofsgegend **3** **in der Gegend** *+Genitiv* ungefähr an der genannten Stelle des Körpers *„Schmerzen in der Gegend des Herzens"* **K** Herzgegend, Magengegend

die **Ge·gen·dar·stel·lung** mit einer Gegendarstellung, die eine Zeitung, ein Sender o. Ä. veröffentlichen muss, versucht eine Person, eine ihrer Meinung nach falsche Darstellung der eigenen Person zu korrigieren

**ge·gen·ei·nan·der** ★ *ADVERB* eine Person/Sache gegen die andere (drückt eine Gegenseitigkeit aus) *„Gerd und Peter kämpften gegeneinander"* Gerd kämpfte gegen Peter, und Peter gegen Gerd | *„Die Spione wurden gegeneinander ausgetauscht"*

**ge·gen·ei·nan·der-** (*im Verb, betont und trennbar, begrenzt produktiv; Diese Verben werden so gebildet: gegeneinanderstoßen, stießen gegeneinander, gegeneinandergestoßen*) **Dinge gegeneinanderdrücken, gegeneinanderpressen, gegeneinanderschlagen** *und andere* bezeichnet die Richtung der Bewegung einer Person oder Sache auf eine andere zu (und umgekehrt) *„Die beiden Autos stießen gegeneinander"* Ein Auto stieß gegen das andere und umgekehrt

die **Ge·gen·leis·tung** **eine Gegenleistung (für etwas)** etwas, das man einer Person gibt oder das man für sie tut, weil man selbst etwas (meist Geschenke oder Hilfe) von ihr bekommen hat *„Er reparierte ihr kaputtes Auto und bekam als Gegenleistung fünf Flaschen Wein"* | *„Keine Leistung ohne Gegenleistung!"*

die **Ge·gen·rich·tung** die Fahrtrichtung, welche der eigenen Richtung entgegengesetzt ist *„In der Gegenrichtung war ein kilometerlanger Stau"*

der **Ge·gen·satz** ★ **1** ein großer, wichtiger Unterschied zwischen zwei Personen, Dingen, Eigenschaften usw. *„Diese beiden Aussagen stellen einen krassen Gegensatz dar"* **2** **im Gegensatz zu jemandem/etwas** im Unterschied oder als Kontrast zu jemandem/etwas *„Im Gegensatz zu ihm ist sein Vater ziemlich klein"* Er selbst ist groß und sein Vater klein

**ge·gen·sätz·lich** *ADJEKTIV* ⟨*Meinungen,*

*Standpunkte*⟩ so, dass sie sich stark voneinander unterscheiden ≈ unterschiedlich

der **Ge̱·gen·schlag** **1** ein Schlag als Reaktion auf einen Schlag, den man vorher von jemandem bekommen hat **2** eine (militärische oder polizeiliche) Maßnahme als Reaktion auf einen Angriff oder ein Verbrechen *„Die Polizei holte zum Gegenschlag gegen die Drogenmafia aus"*

die **Ge̱·gen·sei·te** **1** die andere, gegenüberliegende Seite einer Sache *„Er grüßte von der Gegenseite der Straße freundlich herüber"* **2** ≈ Gegenpartei, Gegner

G

**ge̱·gen·sei·tig**★ *ADJEKTIV* **1** so, dass eine Person etwas für eine andere Person, was diese für die erste Person tut ⟨*Beeinflussung, Hilfe*⟩ *„Sie haben sich gegenseitig bei der Arbeit geholfen"* **2** beide Seiten betreffend *„Sie trennten sich im gegenseitigen Einvernehmen"* beide waren damit einverstanden

die **Ge̱·gen·sei·tig·keit** (-) **etwas beruht auf Gegenseitigkeit** etwas ist in gleichem Maße (sowohl bei dem einen als auch bei dem anderen) vorhanden *„Das gute Verhältnis zu den Nachbarn beruht auf Gegenseitigkeit"*

der **Ge̱·gen·spie·ler** **1** ≈ Gegner, Widersacher **2** ein Spieler (beim Sport oder bei Spielen wie z. B. Schach), der gegen einen anderen Spieler spielt, kämpft • *hierzu* **Ge̱·gen·spie·le·rin** *die*

der **Ge̱·gen·stand**★ ein meist relativ kleiner, fester Körper, den man nicht genauer benennen kann oder will ⟨*ein eckiger, kantiger, runder, ovaler, schwerer Gegenstand*⟩ ≈ Ding **K** Gebrauchsgegenstand, Kunstgegenstand

**ge̱·gen·stands·los** *ADJEKTIV* **1** nicht gerechtfertigt ⟨*ein Verdacht, ein Vorwurf*⟩ **2** nicht mehr notwendig, weil sich die Umstände geändert haben *„Falls Sie bereits gezahlt haben sollten, betrachten Sie diese Mahnung als gegenstandslos!"*

die **Ge̱·gen·stim·me** eine Stimme, die bei einer Abstimmung gegen einen Kandidaten oder einen Antrag abgegeben wird *„Der Antrag wurde bei zwei Enthaltungen und einer Gegenstimme angenommen"*

das **Ge̱·gen·teil**★ *meist Singular* eine Person, Sache, Eigenschaft usw., die völlig andere Merkmale hat als eine andere Person, Sache, Eigenschaft usw. *„Das Gegenteil von „groß" ist „klein"* | *„Rita ist ein sehr ruhiges Mädchen. Ihr Bruder ist genau das Gegenteil von ihr"* **ID** **(ganz) im Gegenteil** überhaupt nicht *„Du bist sicher todmüde!" – „Oh nein, ganz im Gegenteil!"* Ich bin fit und munter • *hierzu* **ge̱·gen·tei·lig** *ADJEKTIV*

das **Ge̱·gen·tor** ein Tor, das von der anderen Mannschaft erzielt wird

**ge·gen·ü̱ber**★ *PRÄPOSITION mit Dativ* **1** das Gesicht oder die Vorderseite genau dem Gesicht/der Vorderseite von jemandem/etwas zugewandt *„Er setzte sich seinem Nachbarn gegenüber"* **2** verwendet, um einen Vergleich herzustellen *„Gegenüber der Hochsaison ist die Nachsaison besonders billig"* **3** **jemandem gegenüber** im Verhalten, Umgang mit jemandem *„Mir gegenüber ist sie immer sehr nett"* ⓘ Bei Personalpronomen wird *gegenüber* immer nachgestellt: *Er wohnt ihr gegenüber.*
*ADVERB* **4** auf der entgegengesetzten Seite einer Sache ⟨*direkt, genau, schräg gegenüber*⟩ *„Wir stehen hier am Nordufer des Bodensees. Direkt gegenüber liegt die Schweiz"*

**ge·gen·ü̱ber-** (*im Verb, betont und trennbar, begrenzt produktiv; Diese Verben werden so gebildet: gegenübersitzen, saß gegenüber, gegenübergesessen*) **Personen/Dinge liegen, stehen sich/einander gegenüber**; **Personen setzen, stellen sich/einander gegenüber**; **Dinge/Personen (einander) gegenüberstellen** *und andere* drückt aus, dass jemandes Gesicht oder die Vorderseite einer Sache genau dem Gesicht oder der Vorderseite einer anderen Person bzw. Sache zugewandt ist oder wird *„Mario und Laura saßen sich/einander im Zug gegenüber"*

**ge·gen·ü̱ber·ste·hen**★ (*hat*) **1** **jemandem/etwas gegenüberstehen** so stehen, dass man das Gesicht einer anderen Person oder ein Gebäude, Objekt o. Ä. sieht *„Als sie um die Ecke bog, stand sie plötzlich einer alten Freundin gegenüber"* **2** **Personen/Gruppen stehen sich/einander gegenüber** zwei Personen/Gruppen stehen für einen Wettkampf oder Kampf gegeneinander bereit ⟨*Boxer, Mannschaften, feindliche Truppen*⟩ **3** **Dinge stehen sich/einander gegenüber** zwei oder mehrere Dinge stehen auf verschiedenen Seiten auf gleicher Höhe *„Unsere Häuser stehen einander genau gegenüber"* **4** **Dinge stehen sich/einander gegenüber** zwei oder mehr verschiedene Meinungen, Argumente o. Ä. treffen aufeinander, widersprechen sich **5** **jemandem/etwas irgendwie gegenüberstehen** die genannte Meinung zu jemandem/etwas haben *„einem Plan skeptisch gegenüberstehen"*

**ge·gen·über·stel·len** (*hat*) **1** **einer Sache** (*Dativ*) **etwas gegenüberstellen** etwas so hinstellen, dass es etwas anderem zugewandt ist *„Den Fernseher stellen wir der Couch gegenüber"* **2** **jemanden einer Person gegenüberstellen; Personen gegenüberstellen** meist einen Verdächtigen mit Zeugen oder dem Opfer eines Verbrechens konfrontieren, um zu sehen, ob diese ihn als den Täter wiedererkennen *„Der vermeintliche Täter wurde dem Opfer gegenübergestellt"* ⓘ meist im Passiv • *zu* (2) **Ge·gen·über·stel·lung** *die*

der **Ge·gen·ver·kehr** die Fahrzeuge, die einem auf der Straße aus der anderen Richtung entgegenkommen ⟨*Gegenverkehr haben; es herrscht starker Gegenverkehr*⟩

die **Ge·gen·wart★** (-) **1** die Zeit zwischen Vergangenheit und Zukunft, also jetzt ⟨*in der Gegenwart*⟩ **2** **in jemandes Gegenwart** in Anwesenheit von jemandem *„In seiner Gegenwart ist sie immer sehr nervös"*

**ge·gen·wär·tig** *ADJEKTIV; geschrieben meist attributiv* in der Gegenwart ≈ zurzeit *„die gegenwärtige Situation auf dem Arbeitsmarkt"*

die **Ge·gen·wehr** (-); *geschrieben* ⟨*ohne Gegenwehr; (keine) Gegenwehr leisten*⟩ ≈ Widerstand *„Die Bankräuber leisteten bei ihrer Festnahme keine Gegenwehr"*

**ge·gẹs·sen** *PARTIZIP PERFEKT* → essen

**ge·glị·chen** *PARTIZIP PERFEKT* → gleichen

**ge·glịt·ten** *PARTIZIP PERFEKT* → gleiten

**ge·glọm·men** *PARTIZIP PERFEKT* → glimmen

der **Geg·ner★** (-s, -) **1** die Person(en), gegen die man kämpft, spielt oder mit der/denen man Streit hat ⟨*ein fairer, persönlicher, politischer, militärischer, überlegener Gegner; einen Gegner besiegen, schlagen, ausschalten, überlisten; einem Gegner unterliegen; jemanden zum Gegner haben*⟩ ≈ Feind *„Gleich in der ersten Runde des Turniers stieß er auf den schwersten Gegner"* **2** **ein Gegner** +*Genitiv*/**von etwas** eine Person, die etwas ablehnt, gegen etwas kämpft *„ein entschiedener Gegner der Frauenquote sein"* • *hierzu* **Geg·ne·rin** *die*

**ge·gọl·ten** *PARTIZIP PERFEKT* → gelten

**ge·go·ren** *PARTIZIP PERFEKT* → gären

**ge·gọs·sen** *PARTIZIP PERFEKT* → gießen

**ge·grịf·fen** *PARTIZIP PERFEKT* → greifen

das **Ge·hạlt[1]★** *besonders* Ⓐ *der;* (-(e)s, *Ge·häl·ter*) das Geld, das ein Angestellter jeden Monat für die Arbeit bekommt ⟨*ein hohes, niedriges, festes, anständiges, ordentliches Gehalt haben, bekommen, beziehen*⟩ **K** Gehaltsempfänger, Gehaltserhöhung, Gehaltskürzung; Jahresgehalt, Monatsgehalt

der **Ge·hạlt[2]★**; (-(e)s, -e); *meist Singular* **der Gehalt (an etwas** (*Dativ*)**)** der Anteil, den eine chemische Substanz an einem Gemisch oder einer Verbindung hat *„Der Gehalt an Eisen in diesem Erz ist gering"* **K** Goldgehalt, Vitamingehalt • *zu* **ge·hạlt·voll** *ADJEKTIV*

**ge·hạn·gen** *PARTIZIP PERFEKT* → hängen

**ge·häs·sig** *ADJEKTIV* voller Bosheit ⟨*eine Bemerkung, ein Kommentar*⟩ *„Er ist ein missgünstiger Mensch, der gehässig über andere Leute redet"* • *hierzu* **Ge·hạ̈s·sig·keit** *die*

**ge·häuft** *ADJEKTIV* **1** *meist adverbiell* ⟨*etwas tritt gehäuft auf, kommt gehäuft vor*⟩ ≈ häufig *„In diesem Monat kam es gehäuft zu Unfällen"* **2** ⟨*ein Löffel*⟩ so gefüllt, dass ein kleiner Berg (von Zucker, Salz, Kaffeepulver o. Ä.) darauf liegt *„ein gehäufter Teelöffel Zucker"*

das **Ge·he·ge** (-s, -) ein Gelände mit einem Zaun, in dem Tiere gehalten werden, z. B. in einem Zoo

**ge·heim★** *ADJEKTIV* **1** so, dass andere Personen nichts davon erfahren (sollen) ⟨*ein Auftrag, Pläne; eine Verschwörung; Gedanken, Wünsche*⟩ *„Pläne über militärische Stützpunkte sind streng geheim"* **K** Geheimnummer, Geheimrezept, Geheimwaffe **2** *meist attributiv* mit dem Verstand nicht zu erklären ≈ mysteriös *„Der Hellseher schien geheime Kräfte zu besitzen"* **3** **etwas (vor jemandem) geheim halten** einen Vorfall nicht öffentlich bekannt werden lassen *„Die ganze Affäre wurde von der Regierung geheim gehalten"* • *zu* (3) **Ge·heim·hal·tung** *die*

der **Ge·heim·dienst★** eine staatliche Organisation, die geheime Informationen aus anderen Ländern beschaffen soll

das **Ge·heim·nis★** (-ses, -se) **1** etwas, das andere Leute nicht erfahren sollen ⟨*ein streng gehütetes Geheimnis; jemandem ein Geheimnis anvertrauen, offenbaren, verraten; jemanden in ein Geheimnis einweihen; ein Geheimnis bewahren, lüften; (keine) Geheimnisse vor jemandem haben*⟩ **K** Staatsgeheimnis **2** *oft humorvoll meist Plural* etwas, das für viele Menschen nur sehr schwer zu verstehen ist *„Die Natur birgt viele Geheimnisse"*

**ge·heim·nis·voll** *ADJEKTIV* **1** so, dass man

es nicht (mit dem Verstand) erklären kann ⟨*eine Kraft*⟩ *„seit seinem geheimnisvollen Verschwinden"* **2** so, als ob man ein Geheimnis hätte ⟨*geheimnisvoll lächeln, tun*⟩

der **Ge·heim·tipp** *meist humorvoll* ein Ort, ein Lokal o. Ä., die relativ unbekannt oder neu sind, aber als sehr empfehlenswert gelten

**ge·hemmt** ADJEKTIV (*gehemmter, gehemmtest-*) so, dass man die eigenen Gefühle nicht zeigen will *„Fremden gegenüber ist er immer sehr gehemmt"*



**ge·hen**★ ['ge:ən] (*ging, ist gegangen*) FORTBEWEGUNG: **1** sich aufrecht auf den Füßen mit relativ langsamen Schritten fortbewegen ⟨*spazieren gehen*⟩ *„Willst du im Auto mitfahren?" – „Nein, ich gehe lieber (zu Fuß)."* **K** gehbehindert **2** **irgendwohin gehen**; *Infinitiv* + **gehen** sich zu Fuß oder mit einem Fahrzeug zu einem Ort bewegen (um etwas zu tun) *„einkaufen/schlafen/schwimmen gehen"* | *„ins/zu Bett gehen"* | *„nach Hause gehen"* **3** **irgendwohin gehen** die eigene Heimat oder Wohnung verlassen, um an einem anderen Ort zu leben (und zu arbeiten) ⟨*ins Ausland, nach Afrika, ins Kloster gehen*⟩ **4** einen Ort verlassen ≈ weggehen *„Willst du schon wieder gehen? Du bist doch gerade erst gekommen!"* TÄTIGKEIT: **5** **irgendwohin gehen** eine Schule o. Ä. regelmäßig besuchen, eine Ausbildung machen ⟨*in den Kindergarten, zur Schule, in die Realschule, ins/aufs Gymnasium, auf die Universität gehen*⟩ **6** **irgendwohin gehen** eine berufliche Tätigkeit im genannten Bereich beginnen *„in die Industrie/zum Film gehen"* **7** **an/in etwas** (*Akkusativ*) **gehen** mit einer Tätigkeit oder einem Lebensabschnitt beginnen ⟨*in Pension, in Rente, in den Ruhestand, in Urlaub gehen*⟩ *„Als sie den Auftrag bekam, ging sie sofort an die Arbeit/ans Werk"* **8** aufhören, für eine Firma zu arbeiten *„Zwei unserer Mitarbeiter gehen Ende des Jahres"* RICHTUNG, ZIEL: **9** **etwas geht irgendwohin** etwas zeigt in die genannte Richtung *„Das Fenster geht auf die Straße"* **10** **etwas geht irgendwohin** etwas führt zum genannten Ziel, verläuft in die genannte Richtung *„Der Weg geht nach Bonn/zum See/entlang der Stadtmauern"* **11** **etwas geht irgendwohin** etwas trifft etwas *„Der Ball ging ins Tor/gegen die Latte"* ÖFFENTLICHES VERKEHRSMITTEL: **12** **etwas geht irgendwohin/irgendwann/irgendwie** etwas fährt oder fliegt dem Fahrplan o. Ä. entsprechend *„Geht der Zug pünktlich?"* KLEIDUNG: **13** **irgendwie gehen** die genannte Art von Kleidung tragen *„Im Fasching gehe ich dieses Jahr als Indianer"* GRÖSSE O. Ä.: **14** **etwas geht irgendwohin** etwas findet irgendwo genügend Platz ≈ passen *„In den Krug gehen drei Liter"* **15** **jemand/etwas geht (einer Person) bis an etwas** (*Akkusativ*)/**bis zu etwas** jemand/etwas reicht bis zum genannten Punkt *„Das Wasser geht mir bis zum Knie"* ABLAUF, ENTWICKLUNG: **16** **etwas geht irgendwie** etwas läuft irgendwie ab, verläuft irgendwie *„Bei der Prüfung ist alles gut gegangen"* | *„Versuchs mal, es geht ganz leicht!"* **17** **etwas geht gut** etwas entwickelt sich oder endet positiv *„Das ist gerade noch einmal gut gegangen, beinahe wäre ich die Treppe runtergefallen!"* ❶ → auch **glattgehen**, **schiefgehen** ZUSTAND: **18** **jemandem geht es irgendwie** jemand befindet sich (körperlich oder seelisch) im genannten Zustand *„Wie geht es dir?" – „Mir gehts ganz gut, danke."* **19** **jemand/etwas geht** *gesprochen* jemand/etwas ist zwar nicht so, wie man es sich wünschen würde, aber doch noch akzeptabel *„Sie geht ja noch, aber er ist wirklich unmöglich!"* FUNKTION: **20** **etwas geht (irgendwie)** etwas funktioniert (irgendwie) *„Die Uhr geht falsch"* | *„Er fuhr gegen den Zaun, weil die Bremsen nicht gingen"* SONSTIGE VERWENDUNGEN OHNE PRÄPOSITION: **21** **etwas geht** etwas ist möglich *„Es geht leider nicht, dass wir uns morgen treffen"* IN WENDUNGEN MIT EINER PRÄPOSITION: **22** **etwas geht in/zu etwas** drückt aus, dass ein Vorgang beginnt oder etwas geschieht *„etwas geht in Druck"* etwas wird gedruckt | *„etwas geht in Produktion"* etwas wird produziert **23** **mit jemandem gehen** *gesprochen* (als Jugendlicher) mit jemandem eine feste Liebesbeziehung haben **24** **etwas geht nach jemandem/etwas** etwas richtet sich nach jemandes Wünschen, einem Maßstab o. Ä. *„Es kann nicht immer alles nach dir/deinem Kopf gehen!"* Es kann sich nicht alles nach deinen Wünschen richten **25** **etwas geht über etwas** (*Akkusativ*) etwas kann mit einer Sache nicht bewältigt werden ⟨*etwas geht über jemandes Kräfte, Geduld, Verstand, Möglichkeiten*⟩ *„Das Vorhaben geht über unsere finanziellen Mittel"* **26** **zu weit gehen** das akzeptable Maß überschreiten *„Das geht zu weit!"* das ist nicht mehr akzeptabel MIT ES: **27** **es**

**geht um etwas** etwas ist das Thema, der Inhalt, der Anlass o. Ä. einer Sache *„Worum geht es in dem Buch?"* **28** **jemandem geht es um etwas** etwas ist jemandem wichtig *„Mir geht es nur darum, die Wahrheit herauszufinden"*

**ge·heu·er** [gəˈhɔyɐ] *ADJEKTIV* **etwas ist jemandem nicht (ganz) geheuer** etwas ruft Angst oder Zweifel bei jemandem hervor *„Der Weg durch den dunklen Park war mir nicht geheuer"*

der **Ge·hil·fe** (*-n, -n*) **1** eine Person, die in einem Betrieb o. Ä. in einer untergeordneten Position arbeitet **K** Bürogehilfe **2** eine Person, die jemandem hilft, ein Verbrechen zu begehen, ohne jedoch die Tat selbst auszuführen ≈ Komplize • *hierzu* **Ge·hil·fin** *die*

das **Ge·hirn**★ (*-(e)s, -e*) **1** das Organ im Kopf von Menschen und Tieren, mit dem sie denken und fühlen *„Der Schädel schützt das Gehirn vor Verletzungen"* **K** Gehirntumor **2** *gesprochen* die Fähigkeit zu denken und zu urteilen ≈ Verstand *„Streng dein Gehirn an!"* Denke sorgfältig und intensiv nach

die **Ge·hirn·er·schüt·te·rung** ein Zustand des Gehirns nach einem Schlag oder Sturz, bei dem man starke Kopfschmerzen und Übelkeit hat

der **Ge·hirn·schlag** ≈ Schlaganfall

**ge·ho·ben**★ *PARTIZIP PERFEKT* **1** → heben *ADJEKTIV* **2** auf einer relativ hohen (sozialen) Stufe ⟨*eine Position, eine Stellung, der Mittelstand*⟩ **3** so, dass es hohen Ansprüchen genügt ⟨*ein Hotel, die Qualität, ein Restaurant*⟩ ≈ vornehm **4** **in gehobener Stimmung sein** fröhlich, heiter sein

**ge·hol·fen** *PARTIZIP PERFEKT* → helfen

das **Ge·hör**★ (*-(e)s*) **1** die Fähigkeit zu hören ⟨*ein gutes, feines Gehör haben*⟩ *„nach Gehör Klavier spielen"* **K** Gehörsinn **2** **jemandem Gehör schenken** *geschrieben* jemandem zuhören **3** **sich** (*Dativ*) **Gehör verschaffen** *geschrieben* dafür sorgen, dass andere einen hören oder einem zuhören • *zu* (1) **ge·hör·los** *ADJEKTIV*

**ge·hor·chen**★ (*gehorchte, hat gehorcht*) **(jemandem/etwas) gehorchen** das tun, was jemand verlangt oder was ein Gesetz o. Ä. vorschreibt ⟨*jemandem blind (= unkritisch), willig, aufs Wort gehorchen*⟩ *„Er gehorchte dem Wunsch seines Vaters und ging auf die höhere Schule"*

**ge·hö·ren**★ (*gehörte, hat gehört*) **1** **ein Tier/etwas gehört jemandem** ein Tier/etwas ist jemandes Eigentum oder Besitz *„Das Haus, in dem wir wohnen, gehört meinen Eltern"* **2** **jemand/etwas gehört zu etwas** jemand/etwas ist (wichtiger) Teil eines Ganzen, einer Einheit *„Das gehört zum Allgemeinwissen"* **3** **ein Tier/etwas gehört irgendwohin** irgendwo ist der richtige Ort, Platz o. Ä. für ein Tier/etwas *„Die Fahrräder gehören in die Garage"* **4** **etwas gehört zu etwas** etwas ist für etwas notwendig *„Es gehört viel Geschick dazu, ein Auto selbst zu reparieren"* **5** **etwas gehört sich** etwas entspricht den guten Sitten, den gesellschaftlichen Normen *„Es gehört sich nicht, so etwas zu sagen!"*

**ge·hö·rig** *ADJEKTIV* **1** *meist attributiv* so, wie es richtig oder angemessen ist ⟨*sich gehörig entschuldigen*⟩ **2** *meist attributiv* viel, groß oder intensiv ⟨*ein gehöriger Schrecken*⟩ *„Es gehört eine gehörige Portion Glück dazu"*

**ge·hor·sam**★ *ADJEKTIV* **1** **(jemandem gegenüber) gehorsam** sich so verhaltend, wie es die Eltern, Lehrer usw. wünschen ⟨*ein Kind, ein Sohn, eine Tochter*⟩ ≈ folgsam *„gehorsam zu Bett gehen"* **2** *veraltend* ohne den Willen oder die Fähigkeit, Kritik an Personen zu äußern, der in der (sozialen) Hierarchie höher stehen ⟨*ein Diener, ein Soldat, ein Untertan*⟩ • *hierzu* **Ge·hor·sam** *der*

der **Ge·hor·sam** (*-s*) ein gehorsames Verhalten ⟨*blinder (= absoluter, unkritischer) Gehorsam; (jemandem) den Gehorsam verweigern*⟩

der **Geh·steig** (*-(e)s, -e*) *besonders süddeutsch* Ⓐ ≈ Bürgersteig

der **Geh·weg**★ *süddeutsch* ein fester und meist erhöhter Weg für Fußgänger neben der Straße in Städten und Dörfern ≈ Gehsteig

der **Gei·er** [ˈgaiɐ]; (*-s, -*) ein großer Vogel, der vor allem vom Fleisch toter Tiere lebt

die **Gei·ge**★ (*-, -n*) ein Musikinstrument mit vier Saiten, das mit einem Bogen gestrichen wird und das man zum Spielen an die Schulter legt ⟨*(auf einer) Geige spielen*⟩ ≈ Violine

**geil** *ADJEKTIV; gesprochen* **1** *meist abwertend* begierig auf Sex ⟨*jemanden geil machen*⟩ *„Er ist ein geiler Bock!"* **2** verwendet, um Anerkennung auszudrücken ≈ toll *„Echt geil, dein neues Auto!"*

die **Gei·sel** (*-, -n*) eine Person, die von jemandem gefangengenommen wurde und erst dann wieder freigelassen wird, wenn die Forderungen erfüllt sind ⟨*eine Geisel nehmen; jemanden als/zur Geisel nehmen*⟩ **K** Geiselbefreiung, Geiseldrama die **Gei·sel·nah·me** (-, *-n*) das Gefangennehmen einer Geisel oder mehrerer Geiseln • *hierzu* **Gei·sel·neh·mer** *der*

der **Geist**[1]★; (-(*e*)*s*) **1** die Fähigkeit des Menschen, die Welt wahrzunehmen und zu denken ⟨*einen regen, wachen, scharfen Geist haben*⟩ ≈ Bewusstsein, Verstand *„Streng doch mal deinen Geist ein bisschen an!"* **2** die innere Einstellung oder Haltung, die für eine Art zu denken oder zu leben charakteristisch ist *„der demokratische/olympische Geist"* **K** Kampfgeist, Mannschaftsgeist **ID** **etwas gibt den/seinen Geist auf** *gesprochen* ein Gerät oder eine Maschine hört auf zu funktionieren; **jemandem auf den Geist gehen** *gesprochen* jemandem lästig sein

der **Geist**[2]★; (-(*e*)*s*, *-er*) **1** ein gedachtes Wesen ohne Körper, das gut oder böse zu den Menschen ist, z. B. eine Fee oder ein Dämon ⟨*ein guter, böser Geist; an Geister glauben*⟩ **K** Geisterbeschwörung; Waldgeist **2** ein Mensch, den jemand nach dessen Tod als Geist zu hören oder zu sehen glaubt *„In dem alten Schloss geht nachts der Geist eines Ritters um"* **K** Geisterschloss **3** **ein** *+Adjektiv* **Geist** ein Mensch mit der genannten Eigenschaft **K** Quälgeist **4** **der Heilige Geist** die Erscheinung des christlichen Gottes, die meist als Taube dargestellt wird • *zu* (2) **geis·ter·haft** *ADJEKTIV*

die **Geis·ter·bahn** ein großes Gebäude auf Jahrmärkten, in dem man mit kleinen Wagen durch dunkle Räume fährt und durch unheimliche Geräusche und Gegenstände erschreckt wird

der **Geis·ter·fah·rer** ein Autofahrer, der auf der Autobahn in die falsche (entgegengesetzte) Fahrtrichtung fährt

**geis·tes·ab·we·send** *ADJEKTIV* in Gedanken nicht bei der Sache, mit der man sich gerade beschäftigen soll • *hierzu* **Geis·tes·ab·we·sen·heit** *die*

die **Geis·tes|ge·gen·wart** die Fähigkeit, in einer gefährlichen oder unangenehmen Situation schnell und richtig zu handeln ⟨*die Geistesgegenwart haben zu +Infinitiv*⟩ *„Durch die Geistesgegenwart des Fahrers wurde ein Unfall vermieden"* • *hierzu* **geis·tes|ge·gen·wär·tig** *ADJEKTIV*

**geis·tes·krank** *ADJEKTIV* an einer Krankheit des Geistes und der Psyche leidend • *hierzu* **Geis·tes·kran·ke** *der/die*; **Geis·tes·krank·heit** *die*

die **Geis·tes·wis·sen·schaft** eine Wissenschaft, die sich mit Kunst, Kultur oder Sprache beschäftigt ↔ Naturwissenschaft • *hierzu* **geis·tes·wis·sen·schaft·lich** *ADJEKTIV*; **Geis·tes·wis·sen·schaft·ler** *der*; **Geis·tes·wis·sen·schaft·le·rin** *die*

**geis·tig**★ *ADJEKTIV meist attributiv* **1** in Bezug auf den menschlichen Verstand, Geist ⟨*eine Arbeit, eine Tätigkeit; geistig behindert, rege, umnachtet, verwirrt, zurückgeblieben*⟩ *„Trotz ihres hohen Alters ist sie geistig noch sehr aktiv"* **2** → Eigentum

**geist·lich** *ADJEKTIV meist attributiv* in Bezug auf die (christliche) Kirche als Institution ↔ weltlich

der/die **Geist·li·che** (*-n*, *-n*) eine Person, die als Theologe bzw. Theologin für die Kirche, in der Seelsorge o. Ä.. arbeitet *„einen Geistlichen zu einem Sterbenden rufen"* ❶ *ein Geistlicher; der Geistliche; den, dem, des Geistlichen*

der **Geiz** (*-es*); *abwertend* eine starke Neigung, kein Geld auszugeben ⟨*großer, krankhafter Geiz*⟩ *„Ihre Sparsamkeit grenzt schon an Geiz"* • *hierzu* **gei·zig** *ADJEKTIV*

**gei·zen** (*geizte, hat gegeizt*) **mit etwas geizen** mit etwas zu sparsam sein, nur wenig von etwas hergeben ⟨*mit jedem Tropfen Wasser geizen; nicht mit Beifall, Lob geizen*⟩ *„Der Lehrer geizte nicht mit guten Noten"* gab viele gute Noten

der **Geiz·hals** *abwertend* ein geiziger Mensch

**ge·kannt** *PARTIZIP PERFEKT* → kennen

**ge·klun·gen** *PARTIZIP PERFEKT* → klingen

**ge·knickt** *ADJEKTIV* (*geknickter, geknicktest-*) *gesprochen* ⟨*geknickt aussehen, sein*⟩ ≈ enttäuscht

**ge·knif·fen** *PARTIZIP PERFEKT* → kneifen

**ge·konnt** *PARTIZIP PERFEKT* **1** → können *ADJEKTIV* **2** so, dass deutlich wird, dass jemand eine Sache gut beherrscht ⟨*eine Darbietung, eine Reparatur*⟩ *„Er hat alle Schwierigkeiten gekonnt gemeistert"*

**ge·kro·chen** *PARTIZIP PERFEKT* → kriechen

das **Ge·läch·ter** (-s, -); *meist Singular* das Lachen ⟨*in Gelächter ausbrechen*⟩ *„Seine Erklärungen gingen im Gelächter der Schüler unter"*

**ge·la·den** *PARTIZIP PERFEKT* **1** → laden *ADJEKTIV* **2** *gesprochen* ≈ wütend

das **Ge·län·de**★ (-s, -) **1** ein Teil der Erdoberfläche mit den topografischen Eigenschaften ⟨*ein bergiges, hügeliges, unwegsames Gelände; ein Gelände erkunden, durchkämmen*⟩ ≈ Terrain **2** ein Stück Land, das jemandem gehört oder das für einen Zweck abgegrenzt wurde ⟨*ein *unbebautes Gelände; ein Gelände absperren〉* [K] Bahnhofsgelände, Fabrikgelände, Messegelände

das **Ge·län·der**★ (-s, -) Geländer sind die Stangen am Rand von Treppen, Balkonen usw., an denen man sich festhalten kann, damit man nicht fällt 〈*sich am Geländer festhalten; sich über das Geländer beugen; über das Geländer klettern*〉 [K] Balkongeländer, Treppengeländer

**ge·lang** *Präteritum, 3. Person Singular* → gelingen

**ge·lan·gen**★ (*gelangte, ist gelangt*) [1] **irgendwohin gelangen** ein Ziel oder einen Ort erreichen *„Er konnte nicht ans andere Ufer gelangen"* [2] **etwas gelangt irgendwohin** etwas kommt, etwas gerät irgendwohin *„Diese Informationen hätten nie an die Öffentlichkeit gelangen dürfen"* [3] **zu etwas gelangen** sich eine Meinung, ein Urteil bilden 〈*zu einer Ansicht, einem Urteil gelangen*〉

**ge·las·sen**★ *PARTIZIP PERFEKT* [1] → lassen *ADJEKTIV* [2] (seelisch) ganz ruhig, nicht nervös, wütend o. Ä. 〈*gelassen bleiben; etwas gelassen hinnehmen*〉 • *zu* (2) **Ge·las·sen·heit** *die*

**ge·lau·fen** *PARTIZIP PERFEKT* → laufen

**ge·läu·fig** *ADJEKTIV* [1] weit verbreitet, vielen Leuten bekannt 〈*eine Redensart*〉 [2] **etwas ist jemandem geläufig** etwas ist jemandem bekannt, vertraut *„Dieser Begriff ist mir nicht geläufig"*

**ge·launt**★ *ADJEKTIV* **irgendwie gelaunt** mit der genannten Art von Laune oder Stimmung 〈*gut, schlecht, übel gelaunt sein*〉 [K] gutgelaunt, schlechtgelaunt, übelgelaunt

**gelb**★ *ADJEKTIV* von der Farbe einer Zitrone, der Sonne *„ein gelbes Kleid tragen"* | *„eine Wand gelb streichen"* [K] gelbbraun, gelbgrün; goldgelb, zitronengelb

das **Gelb** (-s, - /*gesprochen auch*-s); *meist Singular* [1] die gelbe Farbe 〈*ein kräftiges, leuchtendes, warmes Gelb*〉 [2] das Licht einer Ampel, das zwischen dem grünen und dem roten Licht aufleuchtet *„bei Gelb noch schnell über die Kreuzung fahren"*

die **Gelb·sucht** *nur Singular* eine Krankheit, bei welcher die Leber nicht mehr richtig funktioniert und deshalb die Haut und der weiße Teil des Auges gelb werden 〈*Gelbsucht haben*〉 • *hierzu* **gelb·süch·tig** *ADJEKTIV*

das **Geld**★ (-es, -er) [1] *nur Singular* Münzen oder Banknoten, die man dazu benutzt, etwas zu kaufen, oder die man bekommt, wenn man etwas verkauft oder leistet 〈*Geld verdienen, einnehmen, kassieren, scheffeln, ausgeben; Geld zur Bank tragen, bei der Bank einzahlen; Geld sparen, auf der Bank/auf dem Konto haben, anlegen; Geld vom Konto abheben, flüssig haben, umtauschen, wechseln; Geld fälschen, unterschlagen*〉 *„Von dem Geld, das er beim Lotto gewonnen hat, will er ein Haus bauen"* [K] Geldstrafe; Bargeld, Falschgeld; Eintrittsgeld [2] *meist Plural* große Summen Geld für einen besonderen Zweck 〈*öffentliche, private Gelder; Gelder beantragen, veruntreuen*〉 *„Der Bau des Krankenhauses hat wesentlich mehr Gelder verschlungen, als ursprünglich vorgesehen war"* [K] Steuergelder [3] **hartes/kleines Geld** *nur Singular* Münzen [4] **großes Geld** *nur Singular* Banknoten ≈ Papiergeld, Geldscheine [ID] **etwas zu Geld machen** etwas verkaufen; **jemand wirft/schmeißt das Geld zum Fenster hinaus** jemand verschwendet Geld

der **Geld·au·to·mat**★ ein Automat einer Bank, von dem man Geld bekommt, wenn man eine Bankkarte in den Schlitz steckt

der **Geld·beu·tel**★ eine kleine Tasche (meist aus Leder) für das Geld, das man bei sich trägt 〈*etwas in den Geldbeutel tun*〉 [ID] **tief in den Geldbeutel greifen** *gesprochen* viel Geld ausgeben

die **Geld·bör·se**★ ≈ Geldbeutel

der **Geld·schein**★ *gesprochen* ein Stück Papier mit einer Zahl für den Geldwert, mit dem man bezahlen kann ≈ Banknote ⓘ oft zu *Schein* verkürzt

das **Geld·stück** ein (meist rundes) Stück Metall, auf dem ein Wert steht und das zur Zahlung benutzt wird ≈ Münze

der/das **Ge·lee** [ʒe'leː]; (-s, -s) Fruchtsaft, der mit Zucker gekocht wurde und der dadurch so dickflüssig geworden ist, dass man ihn auf Brot streichen kann [K] Himbeergelee, Johannisbeergelee *usw.* ⓘ → auch **Konfitüre** und **Marmelade**

**ge·le·gen**★ *PARTIZIP PERFEKT* [1] → liegen *ADJEKTIV* [2] **etwas kommt jemandem gelegen** etwas geschieht zu einer Zeit, die für jemanden günstig ist *„Dein Besuch kommt mir sehr gelegen, denn ich brauche deine Hilfe"* [3] **jemandem ist an etwas** (*Dativ*) **gelegen** *geschrieben* jemandem ist etwas wichtig *„Mir wäre sehr daran gelegen, dass wir heute pünktlich Schluss machen"*

G

die **Ge·le·gen·heit**★ (-, -*en*) **1** ein Zeitpunkt oder eine Situation, die für einen Zweck günstig ist ⟨*eine einmalige, günstige, gute, seltene Gelegenheit; die Gelegenheit ergreifen, verpassen*⟩ „*Er nutzt jede Gelegenheit, (um) von seinem Urlaub zu erzählen*" **2** die Möglichkeit, etwas zu tun ⟨*jemandem (die) Gelegenheit zu etwas geben*⟩ „*Ich hatte keine Gelegenheit, sie anzurufen*" **3** eine feierliches gesellschaftliches Ereignis (z. B. ein Geburtstag, eine Hochzeit, ein offizieller Empfang o. Ä.) ≈ Anlass „*Dieses Kleid trage ich nur zu besonderen Gelegenheiten*"

**ge·le·gent·lich** *ADJEKTIV* **1** manchmal, hin und wieder (erfolgend) „*Ich trinke meist Tee oder Wasser und nur gelegentlich Wein*" **2** *meist adverbiell* bei passenden, günstigen Umständen „*Ich werde dich gelegentlich besuchen*"

**ge·leh·rig** *ADJEKTIV* mit der Fähigkeit, leicht zu lernen, etwas schnell zu verstehen ⟨*ein Kind, ein Schüler, ein Tier*⟩ „*Papageien sind sehr gelehrige Tiere*" • *hierzu* **Ge·leh·rig·keit** *die*

**ge·lehrt**★ *ADJEKTIV* (*gelehrter, gelehrtest-*) mit viel wissenschaftlichem Wissen ⟨*eine Frau, ein Mann*⟩

das **Ge·lenk**★ (-(*e*)*s*, -*e*) **1** eine bewegliche Verbindung zwischen Knochen ⟨*ein entzündetes, gebrochenes, geschwollenes, schmerzendes, steifes Gelenk*⟩ **K** Gelenkschmerzen; Handgelenk, Kniegelenk **2** eine bewegliche Verbindung zwischen Maschinenteilen o. Ä.

**ge·len·kig** *ADJEKTIV* zu geschickten, flinken Bewegungen fähig ≈ beweglich, gewandt „*Trotz seines hohen Alters ist er noch sehr gelenkig*" • *hierzu* **Ge·len·kig·keit** *die*

**ge·lernt** *ADJEKTIV meist attributiv* mit einer abgeschlossenen Ausbildung in dem entsprechenden Beruf „*Er ist gelernter Koch*"

**ge·le·sen** *PARTIZIP PERFEKT* → lesen

der/die **Ge·lieb·te** (-*n*, -*n*) eine Person, zu der man eine sexuelle Beziehung hat (oft neben einer bestehenden Ehe) ⟨*einen Geliebten/eine Geliebte haben; der/die Geliebte von jemandem sein*⟩ ❶ *ein Geliebter; der Geliebte; den, dem, des Geliebten*

**ge·lie·hen** *PARTIZIP PERFEKT* → leihen

**ge·lin·gen**★ (*gelang, ist gelungen*) **1** **etwas gelingt (jemandem)** etwas verläuft so, wie es jemand gewollt oder geplant hat, hat ein positives Ergebnis ⟨*ein Plan, ein Versuch, jemandes Flucht*⟩ „*Der Kuchen ist dir gut gelungen*" **2** **es gelingt jemandem zu** +*Infinitiv* jemand kann etwas erfolgreich durchführen, beenden „*Es gelang mir nicht, sie vom Gegenteil zu überzeugen*"

**ge·lit·ten** *PARTIZIP PERFEKT* → leiden

**ge·lo·ben** (*gelobte, hat gelobt*) **(jemandem) etwas geloben** *geschrieben* (jemandem) etwas feierlich (in einer Zeremonie) versprechen ⟨*jemandem Besserung, (ewige) Treue geloben*⟩ ≈ schwören „*Er gelobte, die Wahrheit zu sagen*"

**ge·lo·gen** *PARTIZIP PERFEKT* → lügen

**ge·löst** *ADJEKTIV* ruhig und nicht nervös ≈ entspannt „*Er macht einen ruhigen und gelösten Eindruck*"

**gel·ten**★ (*gilt, galt, hat gegolten*) **1** **etwas gilt** etwas kann eine Zeit lang oder unter entsprechenden Umständen rechtmäßig benutzt oder angewandt werden ⟨*ein Ausweis, eine Fahrkarte, eine Regel, eine Vorschrift*⟩ „*nach geltendem Recht*" | „*In allen Zügen gilt Rauchverbot*" **2** **jemand/etwas gilt als etwas** eine Person oder Sache hat nach Meinung vieler Menschen die genannte Eigenschaft „*Diese Straße gilt als gefährlich*" **3** **etwas gilt** etwas ist nach den Spielregeln erlaubt oder gültig „*Das Tor gilt nicht, weil ein Spieler im Abseits stand*" **4** **etwas gelten lassen** etwas als rechtmäßig oder gerechtfertigt akzeptieren ⟨*einen Einwand, eine Entschuldigung, einen Widerspruch gelten lassen*⟩ **ID** **etwas geltend machen** **a** etwas nennen und durchzusetzen versuchen ⟨*Ansprüche, Forderungen*⟩ **b** etwas für ein Ziel einsetzen ⟨*seinen Einfluss geltend machen*⟩

die **Gel·tung**★ (-); *geschrieben* **1** **etwas hat/besitzt Geltung** etwas entspricht gesetzlichen oder rechtlichen Vorschriften und ist deshalb wirksam, wird anerkannt oder kann für den vorgesehenen Zweck verwendet werden ≈ Gültigkeit „*Dieses Gesetz hat immer noch Geltung*" **K** Geltungsbereich, Geltungsdauer **2** **etwas kommt (irgendwie) zur Geltung** etwas hat eine Wirkung ⟨*etwas kommt gut, voll zur Geltung*⟩ „*Vor dem bunten Hintergrund kommt das Bild nicht zur Geltung*"

die **Gel·tungs·sucht** *nur Singular* das (übertriebene) Bedürfnis, beachtet und anerkannt zu werden ⟨*eine krankhafte Geltungssucht*⟩ • *hierzu* **gel·tungs·süch·tig** *ADJEKTIV*

das **Ge·lüb·de** (-*s*, -); *geschrieben* ein feierliches Versprechen, das man aus einer meist religiösen Überzeugung heraus macht ⟨*ein Gelübde ablegen, brechen*⟩ **K** Keuschheitsgelübde, Schweigegelübde

**ge·lụn·gen** *PARTIZIP PERFEKT* → gelingen

**ge·mah·len** *PARTIZIP PERFEKT* → mahlen

das **Ge·mäl·de★** (-s, -) ein Bild, das ein Künstler (meist in Öl) gemalt hat ⟨*ein Gemälde anfertigen, rahmen*⟩ K Gemäldeausstellung, Gemäldegalerie, Gemäldesammlung

**ge·mäß★** *ADJEKTIV* 1 **jemandem/etwas gemäß** so, wie es üblich und angemessen ist, wie es zu einer Person oder Situation passt *„Es wird um eine dem feierlichen Anlass gemäße Kleidung gebeten"*

*PRÄPOSITION mit Dativ* 2 *geschrieben* so, wie es in Plänen oder Erwartungen ist ⟨*jemandes Erwartungen, Forderungen, Wünschen gemäß; gemäß einer Vorschrift*⟩ *„Sie handelten seinem Vorschlag gemäß/gemäß seinem Vorschlag"* ⓘ oft nach dem Substantiv; in Texten aus den Bereichen Recht und Verwaltung meist ohne Artikel: *gemäß Paragraf 19; gemäß Vorschrift, Anordnung*

**-ge·mäß** *im Adjektiv nach Substantiv, unbetont, begrenzt produktiv* 1 **altersgemäß, auftragsgemäß, erfahrungsgemäß, ordnungsgemäß, vereinbarungsgemäß, wahrheitsgemäß** *und andere* so, dass es zu dem im ersten Wortteil Genannten passt, ihm entspricht *„Solche Vorstellungen sind nicht mehr zeitgemäß"* Solche Vorstellungen passen nicht zur heutigen Zeit, sind altmodisch 2 **fristgemäß, sachgemäß, termingemäß** *und andere* so, wie es das im ersten Wortteil Genannte erfordert, nötig macht ≈ -gerecht *„die artgemäße Haltung von Nutztieren"* | *„eine fachgemäße Reparatur"*

**ge·mä·ßigt** *ADJEKTIV* 1 mit einem normalen (nicht übertriebenen) Ausmaß ⟨*ein Alkoholkonsum, ein Optimismus*⟩ 2 politisch nicht extrem ⟨*Ansichten, ein Politiker*⟩ ↔ radikal 3 zu den Gebieten mit ausgeglichenem Klima gehörend (die jeweils zwischen dem Polarkreis und den Tropen liegen) ⟨*die Breiten(grade), eine Zone*⟩ ↔ arktisch, tropisch

das **Ge·mäu·er** [gəˈmɔyɐ]; (-s, -) die Mauern eines alten Gebäudes, meist einer Ruine ⟨*ein verfallenes Gemäuer*⟩

**ge·mein★** *ADJEKTIV* MORALISCH: 1 mit der Absicht, andere zu ärgern oder ihnen zu schaden ⟨*eine Lüge, eine Tat, ein Mensch, ein Verbrecher; gemein zu jemandem sein*⟩ *„Warum hast du sie nicht mitkommen lassen? Das ist gemein (von dir)!"* UNANGENEHM: 2 *gesprochen* so, dass man sich darüber ärgert *„Wie gemein, es regnet schon wieder!"* 3 *gesprochen* in negativer Weise das normale Maß überschreitend ⟨*etwas tut gemein weh*⟩ 4 etwas Unangenehmes ansprechend, so dass es Gefühle verletzt oder provozierend wirkt ⟨*ein Witz, eine Redensart*⟩ GEMEINSAMKEIT: 5 **Personen/Dinge haben etwas gemein; eine Person/Sache hat etwas mit jemandem/etwas gemein; etwas ist Personen/Dingen gemein** zwei oder mehrere Personen oder Dinge haben eine gemeinsame Eigenschaft *„Sie haben viele Ansichten gemein"*

die **Ge·mein·de★** (-, -n) 1 ein Ort mit eigenem Bürgermeister als kleinste Verwaltungseinheit des Staates ⟨*eine ländliche, städtische, arme, reiche Gemeinde*⟩ ≈ Kommune K Gemeindeverwaltung 2 ein Gebiet mit einer (christlichen) Kirche, das von einem Priester betreut wird ≈ Pfarrei *„Die Gottesdienste der Gemeinde finden in der St.-Martins-Kirche statt"* K Pfarrgemeinde 3 die Menschen, die in einer (politischen oder kirchlichen) Gemeinde leben *„Die Gemeinde hat für die Armen gesammelt"* 4 die Verwaltung einer Gemeinde oder die Räume, in denen sich diese Behörde befindet ⟨*auf die/zur Gemeinde gehen*⟩

der **Ge·mein·de·rat** 1 eine Gruppe von Personen, die von den Einwohnern einer Gemeinde in Deutschland gewählt werden. Der Gemeinderat entscheidet darüber, wie die Gemeinde verwaltet wird 2 ein Mitglied des Gemeinderats • *zu* (2) **Ge·mein·de·rä·tin** *die*

**ge·mein·ge·fähr·lich** *ADJEKTIV* für seine Mitmenschen sehr gefährlich ⟨*ein Verbrecher, ein Verrückter*⟩

die **Ge·mein·heit★** (-, -en) 1 *nur Singular* eine böse und gemeine Art *„Er hat seinen Bruder aus purer Gemeinheit geschlagen"* 2 eine böse und gemeine Tat *„Es war eine große Gemeinheit, den Hund auszusetzen"* 3 *gesprochen* etwas, das Grund zu Ärger gibt *„Gerade heute geht der Fernseher kaputt! So eine Gemeinheit!"* 4 *meist Plural* beleidigende Worte ⟨*jemandem Gemeinheiten an den Kopf werfen*⟩

**ge·mein·nüt·zig** *ADJEKTIV* so, dass es der Allgemeinheit, der Gesellschaft dient und nicht einzelnen Personen ⟨*ein Verein, ein Zweck*⟩ ≈ sozial *„Der Sportverein wurde als gemeinnützig anerkannt"* • *hierzu* **Ge·mein·nüt·zig·keit** *die*

**ge·mein·sam★** *ADJEKTIV* 1 so, dass mehrere Personen/Dinge etwas gleichzeitig oder mitein-

G

ander tun, erleben oder haben *„Wollen wir gemeinsam nach Hause gehen?"* **2** **eine Person/Sache hat etwas mit jemandem/etwas gemeinsam**; **Personen haben etwas gemeinsam** zwei oder mehrere Personen/Dinge sind irgendwie ähnlich

die **Ge·mein·sam·keit** (-, *-en*) **1** eine Eigenschaft o. Ä., die mehrere Personen oder Dinge haben **2** das Zusammensein (in Harmonie und Freundschaft) ⟨*etwas in trauter Gemeinsamkeit tun*⟩

G

die **Ge·mein·schaft★** (-, *-en*) **1** eine Gruppe von Menschen (oder Völkern), die etwas gemeinsam haben, durch das sie sich verbunden fühlen ⟨*jemanden in eine Gemeinschaft aufnehmen; Mitglied/Teil einer Gemeinschaft sein; jemanden aus einer Gemeinschaft ausschließen/ausstoßen*⟩ ≈ Gruppe *„Die Dorfbewohner bildeten eine verschworene Gemeinschaft"* hielten fest zusammen **K** Arbeitsgemeinschaft, Dorfgemeinschaft **2** die organisierte Form einer Gemeinschaft *„Aus der Europäischen Gemeinschaft wurde 2009 die Europäische Union"* **K** Interessengemeinschaft, Religionsgemeinschaft **3** das Zusammensein mit anderen Menschen, die Anwesenheit anderer Menschen ⟨*jemandes Gemeinschaft suchen*⟩ ≈ Gesellschaft *„Wenn ich in einer Gemeinschaft mit Gleichgesinnten bin, dann fühle ich mich wohl"* **K** Gemeinschaftsraum, Gemeinschaftsunterkunft

**ge·mein·schaft·lich** *ADJEKTIV* **1** einer Gemeinschaft, einer Gruppe von Menschen gehörend, sie betreffend ⟨*ein Besitz, Eigentum, Interessen*⟩ ↔ individuell *„das gemeinschaftliche Anliegen aller Mieter"* **2** so, dass mehrere Menschen daran beteiligt sind ⟨*eine Arbeit, ein Verbrechen*⟩ ≈ gemeinsam

das **Ge·mein·wohl** die Situation, wenn es der Bevölkerung eines Staates gut geht

**ge·mes·sen** *PARTIZIP PERFEKT* → messen

**ge·mie·den** *PARTIZIP PERFEKT* → meiden

das **Ge·misch** (-(*e*)*s*, *-e*) **ein Gemisch** (+*Genitiv*); **ein Gemisch aus/von etwas** (*Dativ*) etwas, das dadurch entstand, dass mehrere Dinge oder Stoffe miteinander gemischt wurden ≈ Mischung *„Er spricht ein Gemisch verschiedener Dialekte"* | *„Manche Motoren brauchen ein Gemisch aus Öl und Benzin"*

**ge·mischt** *ADJEKTIV* drückt aus, dass Frauen und Männer oder Mädchen und Jungen gleichzeitig daran teilnehmen ⟨*ein Doppel (beim Tennis), eine Sauna, ein Chor*⟩

**ge·mocht** *PARTIZIP PERFEKT* → mögen

**ge·mol·ken** *PARTIZIP PERFEKT* → melken

das **Ge·mü·se★** (-*s*, -) (Teile von) Pflanzen, die man (meist gekocht) isst ⟨*frisches, rohes, gedünstetes, gekochtes Gemüse; Gemüse anbauen, ernten, putzen, schneiden, kochen*⟩ *„gemischtes Gemüse aus Erbsen, Bohnen und Karotten"* **K** Gemüsebeet, Gemüsesuppe; Dosengemüse **i** Kartoffeln, Obst und Getreide werden nicht als Gemüse bezeichnet.

**ge·musst** *PARTIZIP PERFEKT* → müssen

**ge·mus·tert** *ADJEKTIV* mit einem Muster ⟨*ein Stoff, eine Tapete*⟩ *„eine bunt gemusterte Bluse"*

das **Ge·müt** (-(*e*)*s*, *-er*) **1** *nur Singular* alle Gefühle, die ein Mensch entwickeln kann und dessen Wesen bestimmen ⟨*ein ängstliches, freundliches, heiteres, kindliches, sanftes Gemüt (haben); jemandes Gemüt bewegen, erschüttern*⟩ ≈ Psyche, Seele **2** *nur Plural* Menschen im Hinblick auf ihre Gefühle ⟨*etwas bewegt, erhitzt, erregt die Gemüter*⟩ *„Das neue Gesetz löste zunächst heftige Proteste aus, aber dann haben sich die Gemüter wieder beruhigt"*

**ge·müt·lich★** *ADJEKTIV* **1** so, dass man sich wohlfühlt, ohne störende Einflüsse oder Merkmale ⟨*eine Atmosphäre, ein Lokal, ein Sessel, eine Wohnung*⟩ ≈ behaglich **2** ohne unangenehme Pflichten, in angenehmer Gesellschaft ⟨*ein Beisammensein, ein Treffen*⟩ *„Nachdem das offizielle Programm abgewickelt war, begann der gemütliche Teil des Abends bei Musik und Tanz"* **3** langsam, ohne Eile ⟨*ein Spaziergang, ein Tempo*⟩ ↔ gehetzt *„Wir hatten vor der Abfahrt noch Zeit, gemütlich essen zu gehen"* **4** **es sich** (*Dativ*) **irgendwo gemütlich machen** (sich hinlegen oder -setzen und) sich entspannen • *zu* (1 – 3) **Ge·müt·lich·keit** *die*

die **Ge·müts·ru·he** **ID** **in aller Gemütsruhe** *gesprochen* ruhig und ohne Hast, obwohl nicht viel Zeit übrig ist *„Fünf Minuten vor dem Abflug schlenderte er in aller Gemütsruhe zum Flugsteig"*

das **Gen★** (-*s*, *-e*); *meist Plural* die Gene in den Zellen unseres Körpers bestimmen, welche Eigenschaften wir haben ≈ Erbanlage *„Gene sind die Träger der Erbinformation"* **K** Genforschung, Gentest

**ge·nannt** *PARTIZIP PERFEKT* → nennen

**ge·nas** *Präteritum, 1. und 3. Person Singular* → genesen

**ge·nau★** *ADJEKTIV* (*genauer, genau(e)st-*) **1**

so, dass es in allen Einzelheiten mit der Wirklichkeit, einer Regel, einem Vorbild o. Ä. übereinstimmt ⟨*eine Übersetzung, die Uhrzeit; sich genau an etwas halten; etwas ist genau das Richtige*⟩ ≈ exakt ↔ ungefähr *„Die Schnur ist genau zwölf Meter lang"* nicht kürzer und nicht länger **2** so, dass nichts Wichtiges fehlt, dass alle Einzelheiten berücksichtigt sind ⟨*eine Beschreibung, ein Bericht, eine Untersuchung, eine Zeichnung*⟩ *„Wisst ihr schon Genaueres über den Unfall?"* **3** *nur adverbiell* sehr gut ⟨*jemanden/etwas genau kennen*⟩ **4** *nur adverbiell* bewusst und konzentriert ⟨*sich (Dativ) etwas genau merken; genau aufpassen*⟩ **5** *nur adverbiell* ohne Zweifel ≈ sicher *„Ich weiß noch nicht genau, ob wir kommen"*

die **Ge·nau·ig·keit** (-) **1** die völlige Übereinstimmung mit der Wirklichkeit, einer Regel oder einem Vorbild ≈ Präzision *„Die Uhr funktioniert mit großer Genauigkeit"* **2** eine strenge Sorgfalt ⟨*etwas mit pedantischer, peinlicher Genauigkeit tun*⟩

**ge·nau·so**★ *ADVERB* **genauso (... wie ...)** in der gleichen Weise oder im gleichen Maße wie eine andere Person oder Sache ⟨*genauso gut, lange, oft, viel, weit, wenig*⟩ ≈ ebenso *„Ein Würfel ist genauso hoch wie breit"* | *„Mach es doch genauso (wie ich)!"* ❶ aber: *„Habe ichs richtig gemacht?" – „Ja, genau so macht mans."* (getrennt geschrieben)

**ge·neh·mi·gen**★ (*genehmigte, hat genehmigt*) **(jemandem) etwas genehmigen** einer Person etwas (offiziell) erlauben, um das sie gebeten hat oder für das sie einen Antrag gestellt hat ↔ verbieten *„Die Demonstration war von der zuständigen Behörde genehmigt worden"* **ID** **sich** (*Dativ*) **etwas genehmigen** *gesprochen, humorvoll* etwas essen oder trinken, auf das man Lust hat *„Genehmigen wir uns noch ein Glas Wein?"*

die **Ge·neh·mi·gung**★ (-, *-en*) **1** **eine Genehmigung (für/zu etwas)** die offizielle Erlaubnis, etwas zu tun ⟨*eine befristete, behördliche, polizeiliche, schriftliche Genehmigung; eine Genehmigung einholen, erhalten; jemandem eine Genehmigung erteilen*⟩ *„Er bekam keine Genehmigung, das militärische Gebiet zu betreten"* **2** das Blatt Papier, auf dem eine Genehmigung steht ⟨*eine Genehmigung vorlegen, vorzeigen*⟩

**ge·neigt** *ADJEKTIV* **zu etwas geneigt sein** *geschrieben* bereit sein, etwas zu tun *„Er war nicht geneigt, ihr zu glauben"*

der **Ge·ne·ral**★ (*-s, -e/Ge·ne·rä·le*) der höchste Offizier in einer Armee **K** Generalsrang, Generalstitel

**Ge·ne·ral-** *im Substantiv, betont, begrenzt produktiv* **1** **die Generalamnestie, der/die Generalbevollmächtigte, die Generalinspektion, die Generalvollmacht** *und andere* drückt aus, dass etwas (fast) alles/alle betrifft **2** **der Generaldirektor, der Generalintendant, der Generalstaatsanwalt** *und andere* drückt aus, dass jemand den höchsten Rang hat

die **Ge·ne·ral·pro·be** die letzte Probe vor der ersten Aufführung (der Premiere) eines Theaterstückes, Konzerts o. Ä.

der **Ge·ne·ral·se·k·re·tär**★ der Leiter der Verwaltung einer großen Organisation, einer Partei o. Ä. *„der Generalsekretär der Vereinten Nationen"* • *hierzu* **Ge·ne·ral·se·k·re·tä·rin** *die*

die **Ge·ne·ra·ti·on**★ [-ˈtsi̯oːn]; (-, *-en*) **1** alle Menschen, die ungefähr gleich alt sind ⟨*die junge, ältere, heutige Generation*⟩ *„eine Meinungsumfrage unter der Generation der Zwanzig- bis Dreißigjährigen durchführen"* **2** eine Stufe in der zeitlichen Reihenfolge von Vorfahren und Nachkommen einer Familie, z. B. die Eltern (und ihre Geschwister und deren Partner) *„Seit drei Generationen wohnt Familie Meier in München"* **K** Generationswechsel **3** alle Maschinen, Geräte o. Ä., die auf dem gleichen Stand der Entwicklung stehen *„eine neue Generation von Computern"*

der **Ge·ne·ra·tor** (*-s, Ge·ne·ra·to·ren*) eine Maschine, die elektrischen Strom erzeugt

**ge·ne·rell**★ *ADJEKTIV* nicht auf einen einzelnen Fall beschränkt, sondern allgemein ⟨*eine Entscheidung, eine Lösung, ein Problem; etwas generell ablehnen, erlauben, verbieten*⟩ *„Er hat eine generelle Abneigung gegen alle Milchprodukte"*

**ge·ne·sen** (*genas, ist genesen*) **(von etwas) genesen** *geschrieben* nach einer Krankheit wieder gesund werden

die **Ge·ne·sung** (-, *-en*); *meist Singular* **(jemandes) Genesung (von etwas)** der Vorgang, das jemand gesund wird oder das Ergebnis dieses Vorgangs ⟨*jemandem eine baldige, schnelle Genesung wünschen*⟩

**ge·ne·tisch** *ADJEKTIV* die Erbanlagen betreffend ⟨*ein Experiment, eine Manipulation*⟩ *„eine Krankheit mit genetischen Ursachen"* • *hierzu* **Ge·ne·tik** *die*

**ge·ni·al** *ADJEKTIV* **1** mit einer außergewöhnlich großen intellektuellen und/oder künstlerischen Begabung ‹*ein Erfinder, ein Künstler*› **2** außergewöhnlich klug, gut (gemacht) ‹*eine Erfindung, eine Idee, ein Kunstwerk*› • *hierzu* **Ge·ni·a·li·tät** *die*

das **Ge·nick** (-(e)s, -e); *meist Singular* der hintere Teil des Halses *„Von der Zugluft bekam sie ein steifes Genick"* **K** Genickstarre

das **Ge·nie** [ʒe'niː]; (-s, -s) ein Mensch mit ganz außergewöhnlicher Begabung ‹*ein großes, verkanntes Genie*› *„Sie ist ein mathematisches Genie"*

**ge·nie·ren** [ʒe-] (*genierte sich, hat sich geniert*) **sich genieren** sich unsicher und verlegen fühlen, weil man etwas als peinlich empfindet ‹*sich vor jemandem genieren*› ≈ sich schämen *„Sie genierte sich in ihrem neuen Bikini"*

**ge·nieß·bar** *ADJEKTIV* **etwas ist nicht mehr genießbar** eine Speise, ein Getränk o. Ä. schmeckt nicht mehr, ist verdorben o. Ä.

**ge·nie·ßen**★ (*genoss, hat genossen*) **1 etwas genießen** Freude, Genuss bei etwas empfinden ‹*das Essen, die Musik, die Ruhe, den Urlaub genießen*› *„Sie genießt es, am Sonntag lange zu schlafen"* **2 etwas genießen** etwas, das nützlich oder erfreulich ist, besitzen ‹*hohes Ansehen, jemandes Hochachtung, jemandes Vertrauen, jemandes Wertschätzung genießen*› *„Er genießt bei allen große Sympathie"* **3 etwas ist nicht/kaum zu genießen** etwas schmeckt nicht *„Das Essen ist so stark gewürzt, dass es kaum zu genießen ist"*

die **Ge·ni·ta·li·en** [-li̯ən]; *Plural* ≈ Geschlechtsorgane

der **Ge·ni·tiv**★ [-f]; (-s, -e [-v-]) der Kasus, in dem vor allem ein Substantiv steht, das auf die Frage „wessen" antwortet ‹*das Substantiv steht im Genitiv*› *„In der geschriebenen Sprache steht nach „wegen" der Genitiv: „wegen des schlechten Wetters"* **K** Genitivattribut, Genitivobjekt

**gen·ma·ni·pu·liert** *ADJEKTIV; meist abwertend* ‹*Pflanzen, Tiere*› mit neuen Eigenschaften, die nicht durch Züchtung, sondern durch Gentechnik geschaffen wurden *„die Kennzeichnung von genmanipulierten Lebensmitteln"* • *hierzu* **Gen·ma·ni·pu·la·ti·on** *die*

**ge·nom·men** *PARTIZIP PERFEKT* → nehmen

**ge·noss** *Präteritum, 1. und 3. Person Singular* → genießen

der **Ge·nos·se** (*-n, -n*) verwendet von Mitgliedern einer Gewerkschaft oder einer linken Partei als Anrede und Bezeichnung für andere Mitglieder dieser Organisationen • *hierzu* **Ge·nos·sin** *die*

**ge·nos·sen** *PARTIZIP PERFEKT* → genießen

die **Ge·nos·sen·schaft** (-, *-en*) eine Organisation meist von Bauern oder Handwerkern, die sich zusammengeschlossen haben, um z. B. gemeinsam Maschinen zu kaufen oder den Verkauf ihrer Produkte zu organisieren **K** Genossenschaftsbank; Landwirtschaftsgenossenschaft • *hierzu* **ge·nos·sen·schaft·lich** *ADJEKTIV*

das **Gen·re** ['ʒãːrə]; (-s, -s); *geschrieben* eine Art von Werken (der bildenden Kunst, Literatur oder Musik), die in Inhalt und Form (zum Teil) übereinstimmen

die **Gen·tech·nik** *meist Singular* die Veränderung von Genen im Labor, besonders von landwirtschaftlich genutzten Pflanzen • *hierzu* **gen·tech·nisch** *ADJEKTIV*

der **Gen·test** die Untersuchung der Erbanlagen in Blut, Speichel, Sperma o. Ä., z. B. um den Vater eines Kindes oder den Täter eines Verbrechens zu bestimmen *„ein Gentest auf die Veranlagung zu Brustkrebs"* | *„ein diagnostischer Gentest für Neugeborene"*

**ge·nug**★ *ADVERB* **1** so viel, wie nötig ist ≈ ausreichend *„Sie hat nicht genug Geld für eine Urlaubsreise"* | *„nicht genug zu essen haben"* **2** *Adjektiv+* **genug** so, dass die genannte Eigenschaft in ausreichendem Maße vorhanden ist *„Es ist noch nicht warm genug für kurze Hosen"* **3** *Adjektiv+* **genug** verwendet, um eine negative Aussage zu verstärken *„Das Problem ist schwierig genug"* | *„Das ist schlimm genug!"* **ID von jemandem/etwas genug haben** *gesprochen* einer Person oder Sache überdrüssig sein

**Ge·nü·ge** **ID zur Genüge** drückt aus, dass etwas wirklich genug ist (und schon lästig wird) *„Hör mit diesen Vorwürfen auf. Die kenn ich schon zur Genüge!"*

**ge·nü·gen**★ (*genügte, hat genügt*) **etwas genügt (jemandem) (für/zu etwas)** etwas ist genug, es ist nichts Zusätzliches oder anderes nötig ‹*etwas genügt fürs Erste, vollkommen, vollauf*› *„Genügt dir eine Stunde zum Einkaufen/für den Einkauf?"*

**ge·nü·gend**★ *ADVERB* in der nötigen Menge ≈ ausreichend *„Ist genügend Kaffee für alle da?"* | *„Sie hat nicht genügend für die Prüfung gelernt"*

**ge·nü̲g·sam** *ADJEKTIV* mit wenig zufrieden ⟨*ein Mensch, ein Tier; genügsam leben*⟩ • *hierzu* **Ge·nü̲g·sam·keit** *die*

die **Ge·nu̲g·tu·ung** (-) **Genugtuung (über etwas** (*Akkusativ*)) ein Gefühl der Zufriedenheit ⟨*etwas mit Genugtuung hören, sehen; Genugtuung empfinden*⟩ ≈ Befriedigung *„Er empfand große Genugtuung darüber, dass der Täter hart bestraft wurde"*

das **Gẹ·nus**, **Ge̲·nus**; (-, *Gẹ·ne·ra*) eine der drei grammatischen Klassen (männlich/maskulin, weiblich/feminin, sächlich/neutral), in welche die Substantive eingeteilt werden ≈ Geschlecht

der **Ge·nụss**★ (*-es, Ge·nüs·se*) **1** die Freude, die man empfindet, wenn man etwas Angenehmes erlebt ⟨*etwas mit Genuss essen, hören, ansehen*⟩ *„Die Lektüre dieses Romans ist wirklich ein großer literarischer Genuss"* **2** **der Genuss** (+*Genitiv*/**von etwas**) *geschrieben nur Singular* das Essen oder Trinken *„Vor dem Genuss dieser Pilze wird gewarnt"*

**ge·nụ̈ss·lich** *ADJEKTIV* voller Genuss

das **Ge·nụss·mit·tel** etwas (wie z. B. Schokolade oder Kaffee), das man isst, trinkt oder raucht, weil es gut schmeckt oder anregend wirkt und nicht, weil man Hunger oder Durst hat

**ge·ọ̈ff·net** *ADJEKTIV* **1** so, dass es möglich ist, hineinzugehen, hineinzusehen, hineinzugreifen o. Ä. ≈ offen ↔ geschlossen, zu *„Lässt sich die geöffnete Packung wieder verschließen?"* **2** so, dass Kunden und Besucher hineindürfen ⟨*das Amt, das Geschäft, die Bibliothek, das Schwimmbad, das Theater*⟩ *„Die Museen sind im August nur vormittags geöffnet"*

die **Geo·gra·fie**, **Geo·gra·phi̲e**★; (-) **1** die Wissenschaft, die sich mit den Erscheinungen auf der Erdoberfläche und ihrer Beziehung zum Menschen beschäftigt ⟨*Geografie studieren*⟩ **2** das Schulfach, in dem Geografie gelehrt wird ≈ Erdkunde • *zu* (1) **Geo·graf**, **Geo·gra̲ph** *der*; *zu* (1) **Geo·gra̲·fin**, **Geo·gra̲·phin** *die*; *zu* (1) **geo·gra̲·fisch**, **geo·gra̲·phisch** *ADJEKTIV*

die **Geo·lo·gi̲e** (-) die Wissenschaft, die sich mit der Geschichte der Erde und mit Gesteinarten beschäftigt • *hierzu* **Geo·lo̲·ge** *der*; **Geo·lo̲·gin** *die*; **geo·lo̲·gisch** *ADJEKTIV*

die **Geo·met·ri̲e** (-) das Gebiet der Mathematik, das sich mit Linien, Flächen und Körpern befasst • *hierzu* **geo·me̲t·risch** *ADJEKTIV*

das **Ge·pạ̈ck**★ (-(*e*)*s*) die Koffer und Taschen, die man auf Reisen mitnimmt ⟨*mit leichtem, großem, viel, wenig Gepäck reisen*⟩ **K** Gepäckausgabe, Gepäckband, Gepäckkontrolle, Gepäckstück, Gepäckversicherung, Gepäckwagen; Handgepäck, Reisegepäck

die **Ge·pạ̈ck·auf·be·wah·rung**★ ein Bereich in einem Bahnhof oder Flughafen mit Schließfächern für Gepäck

der **Ge·pạ̈ck·trä·ger**★ **1** das Gestell über dem hinteren Rad eines Fahrrades, auf dem man z. B. eine Tasche befestigen kann ⓘ → Abbildung S. 392: **Das Fahrrad** **2** eine Person, die an einem Bahnhof oder Flughafen arbeitet und den Reisenden hilft, das Gepäck zu tragen

**ge·pfịf·fen** *PARTIZIP PERFEKT* → pfeifen

**ge·pfle̲gt**★ *ADJEKTIV* **1** (durch sorgfältige Pflege) in einem guten Zustand und deshalb angenehm, ästhetisch wirkend *„Der Garten ist sehr gepflegt"* **2** so, dass der jemand sehr auf das Aussehen achtet *„Er macht einen sehr gepflegten Eindruck"* **3** von einem angenehm hohen (kulturellen) Niveau ⟨*eine Atmosphäre, ein Stil, ein Restaurant*⟩ *„In unserer Weinstube können Sie gepflegt speisen"*

**ge·pri̲e·sen** *PARTIZIP PERFEKT* → preisen

**ge·pụnk·tet** *ADJEKTIV* mit vielen Punkten ⟨*ein Stoff*⟩ *„ein rot gepunktetes Kleid"*

**ge·quä̲lt** *ADJEKTIV* (*gequälter, gequältest-*) so, dass trotzdem deutlich wird, dass man enttäuscht oder traurig ist ⟨*ein Lächeln; gequält lächeln*⟩

**ge·quọl·len** *PARTIZIP PERFEKT* → quellen

**ge·ra̲·de**★ *ADJEKTIV* **1** ohne Änderung der Richtung, ohne Kurve, Bogen, Knick o. Ä. ⟨*gerade sitzen, stehen*⟩ *„mit dem Lineal eine gerade Linie ziehen"* **2** ohne Abweichung von einer waagrechten oder senkrechten Linie ↔ schief *„Das Bild hängt gerade"* **3** nicht ungefähr, sondern genau ⟨*das Gegenteil; gerade umgekehrt, entgegengesetzt*⟩ *„Du kommst gerade im rechten Augenblick"* **4** → Zahl

*ADVERB* **5** in diesem oder dem genannten Augenblick *„Er ist gerade unterwegs"* | *„Ich war gerade am Einschlafen, als das Telefon klingelte"* **6** **jemand wollte gerade** +*Infinitiv* jemand war kurz davor, etwas zu tun *„Ich wollte gerade gehen, als er anrief"* **7** vor sehr kurzer Zeit *„Ich bin gerade erst zurückgekommen"*

*PARTIKEL* **8** *betont und unbetont* betont, dass eine Aussage auf jemanden/etwas besonders zutrifft und dabei im Gegensatz zu dem steht, was vorher gesagt wurde *„Nach acht Stunden*

*im Büro bin ich zu müde, um Sport zu treiben." – „Gerade dann würde dir ein bisschen Bewegung aber guttun!"* **9** *unbetont* verwendet, um Ärger oder Überraschung darüber auszudrücken, dass etwas zum genannten Zeitpunkt oder der genannten Person geschieht ≈ ausgerechnet *„Musste es gerade heute regnen, wo wir einen Ausflug machen wollten?"* **10** **gerade noch** *betont und unbetont* nur knapp, fast nicht mehr *„Sie hat die Prüfung gerade noch bestanden"* **11** **gerade noch** *ironisch betont* verwendet, um auf ironische Weise Ärger auszudrücken *„Auf den haben wir gerade noch gewartet!"* Den können wir jetzt wirklich nicht gebrauchen **12** **nicht gerade** → nicht

**ge·ra·de·aus**, **ge·ra·de·aus**★ *ADVERB* ohne die Richtung zu ändern, weiter nach vorn ⟨*geradeaus gehen, fahren*⟩

**ge·ra·de·ste·hen** (*stand gerade, hat/ süddeutsch* Ⓐ Ⓒⓗ *ist geradegestanden*) **für etwas geradestehen** die negativen Folgen einer Sache tragen, die Verantwortung für etwas übernehmen *„Die anderen haben die Fehler gemacht, aber ich muss dafür geradestehen!"* ⓘ aber: *nicht krumm, sondern gerade stehen* (getrennt geschrieben)

die **Ge·ra·nie** [-ni̯ə]; (-, *-n*) eine Blume mit großen, leuchtend roten oder rosaroten Blüten, mit der man vor allem Balkons schmückt

**ge·rann** *Präteritum, 3. Person Singular* → gerinnen

**ge·rannt** *PARTIZIP PERFEKT* → rennen

**ge·rät** *Präsens, 3. Person Singular* → geraten

das **Ge·rät**★ (*-(e)s, -e*) **1** Geräte sind Dinge, die Menschen geschaffen haben, um sie für eine Tätigkeit zu benutzen **K** Gartengerät, Küchengerät, Schreibgerät, Sportgerät ⓘ Ein Rasenmäher ist ein *Gartengerät*, ein Mixer ein *Küchengerät*, ein Kugelschreiber ein *Schreibgerät* und ein Speer ein *Sportgerät*. **2** technische Geräte benötigen elektrischen Strom, Benzin o. Ä., um zu funktionieren ⟨*ein Gerät bedienen*⟩ ≈ Apparat **K** Elektrogerät **3** *meist Plural* eine Konstruktion aus Stangen, Seilen, Balken o. Ä. zum Turnen (z. B. Barren, Reck) ⟨*an den Geräten turnen*⟩ **K** Geräteturnen; Turngerät

**ge·ra·ten**[1]★ (*gerät, geriet, ist geraten*) **1** **irgendwohin geraten** zufällig an den falschen Ort o. Ä. kommen, ohne Absicht irgendwohin kommen *„Wie ist denn der Brief hinter den Schrank geraten?"* **2** **in etwas** (*Akkusativ*) **geraten** zufällig in eine unangenehme Situation kommen ⟨*in Gefahr, in Not, in Schwierigkeiten, in Verdacht geraten; in einen Stau, in einen Sturm geraten*⟩ **3** **in etwas** (*Akkusativ*) **geraten** in einen neuen, meist unangenehmen Zustand kommen ⟨*in Panik, in Wut geraten*⟩ **4** **an jemanden/etwas geraten** zufällig mit einer meist unangenehmen Person/Sache zu tun bekommen o. Ä. *„Mit so einer Bitte bist du bei ihm an den Falschen geraten. Er hilft dir bestimmt nicht"* **5** **außer sich geraten** (vor Freude oder Wut) die Beherrschung verlieren **6** **etwas gerät (jemandem) irgendwie** jemand produziert etwas mit dem genannten Ergebnis *„Der Kuchen ist dir gut/schlecht/nicht geraten"*

**ge·ra·ten**[2]★ *PARTIZIP PERFEKT* **1** → raten **2** → geraten[1]

das **Ge·ra·te·wohl** **aufs Geratewohl** in der Hoffnung, dass es gut geht (ohne das Ergebnis absehen zu können) *„Wir sind im Urlaub ohne festen Plan, einfach aufs Geratewohl losgefahren"*

das **Ge·räu·cher·te** (*-n*) geräuchertes Schweinefleisch ⓘ *Geräuchertes; das Geräucherte; dem, des Geräucherten*

**ge·räu·mig**★ *ADJEKTIV* ⟨*ein Haus, eine Wohnung, ein Zimmer, ein Schrank*⟩ so, dass sie viel Platz bieten

das **Ge·räusch**★ (*-(e)s, -e*) etwas, das man hören kann ⟨*ein lautes, leises, dumpfes, durchdringendes, störendes Geräusch*⟩ • hierzu **ge·räusch·los** *ADJEKTIV*; **ge·räusch·voll** *ADJEKTIV*

**ge·recht**★ *ADJEKTIV* (*gerechter, gerechtest-*) **1** moralisch richtig und zur Situation passend ⟨*eine Entscheidung, eine Strafe, ein Urteil; jemanden gerecht behandeln, bestrafen, beurteilen*⟩ *„Es ist nicht gerecht, dass immer ich im Haushalt helfen muss und mein Bruder nie"* **2** ⟨*ein Richter, ein Vater*⟩ so, dass sie gerecht entscheiden, niemanden bevorzugen oder benachteiligen **3** **einer Sache** (*Dativ*) **gerecht** so, wie es eine Sache oder Situation verlangt, nötig macht *„Seine Leistungen werden den steigenden Anforderungen nicht gerecht"*

**-ge·recht** *im Adjektiv nach Substantiv, unbetont, begrenzt produktiv* **bedarfsgerecht, familiengerecht, fristgerecht, termingerecht** *und andere* so, wie es etwas erfordert, nötig macht ≈ -gemäß *„eine artgerechte Tierhaltung"* | *„eine maßstabsgerechte Zeichnung"*

die **Ge·rech·tig·keit**★ (-) die Eigenschaft, dass

etwas gerecht und fair ist *„Zweifel an der Gerechtigkeit eines Urteils/eines Richters haben"*

das **Ge·re·de** (-s); *abwertend* **1** langes, sinnloses Reden über etwas (meist Unwichtiges) ⟨*dummes, törichtes, unnötiges Gerede*⟩ **2** **Gerede (über jemanden/etwas)** das (Negative und meist Falsche), was über jemanden/etwas gesagt und verbreitet wird ⟨*es gibt böses, viel Gerede*⟩

**ge·reizt** *ADJEKTIV* (*gereizter, gereiztest-*) nervös und aggressiv ⟨*eine Atmosphäre, eine Stimmung; gereizt sein, reagieren*⟩

das **Ge·richt★** (-(e)s, -e) ZUR RECHTSPRECHUNG: **1** *meist Singular* eine öffentliche Einrichtung, bei der meist ein Richter darüber entscheidet, ob eine Person, eine Institution, eine Tat usw. gegen ein Gesetz verstoßen hat und wenn ja, welche Strafe dafür angemessen ist ⟨*das Gericht tagt, vertagt sich, tritt zusammen, lädt jemanden vor* (= *fordert jemandes Anwesenheit*); *eine Sache vor Gericht bringen*⟩ **K** Gerichtsverfahren, Gerichtsverhandlung **2** *nur Singular* die Richter o. Ä., die das Urteil in einem Prozess sprechen ⟨*das Gericht zieht sich zur Beratung zurück, spricht jemanden frei, verurteilt jemanden, entscheidet auf etwas* (*Akkusativ*)⟩ **K** Gerichtsbeschluss, Gerichtsurteil **3** das Gebäude, in dem das Gericht zusammenkommt *„Ich habe noch auf dem/im Gericht zu tun"* **K** Gerichtsgebäude, Gerichtssaal **4** **vor Gericht kommen/stehen** angeklagt werden/sein **5** **etwas kommt vor Gericht** etwas wird in einem Prozess vor Gericht entschieden **6** **das Jüngste Gericht** nach christlichem Glauben das Ende der Welt, bei dem Gott entscheidet, ob die Menschen für ihre Taten belohnt oder bestraft werden ZUM ESSEN: **7** ein warmes Essen ⟨*ein Gericht zubereiten, auftragen/auf den Tisch bringen*⟩ **K** Fertiggericht, Hauptgericht

**ge·richt·lich** *ADJEKTIV* **1** ⟨*ein Verfahren, eine Verhandlung*⟩ so, dass sie vor dem Gericht stattfinden *„jemanden gerichtlich belangen"* **2** vom Gericht, mithilfe des Gerichts (durchgeführt) ⟨*ein Beschluss, ein Urteil, ein Vergleich, eine Verfügung*⟩

die **Ge·richts·bar·keit** (-, *-en*); *meist Singular*; *geschrieben* das Recht und die Pflicht (des Staates), dafür zu sorgen, dass die Gesetze beachtet werden

der **Ge·richts·voll·zie·her** (-s, -) einePerson, die auf Anordnung eines Gerichts z. B. Dinge pfändet

**ge·rie·ben** *PARTIZIP PERFEKT* → reiben

**ge·riet** *Präteritum, 1. und 3. Person Singular* → geraten

**ge·ring★** *ADJEKTIV* **1** klein (in Bezug auf die Menge, das Ausmaß, die Dauer usw.) *„Der Zug fuhr mit geringer Verspätung in den Bahnhof ein"* **2** wenig intensiv *„Ich habe nicht die geringste Lust, sie anzurufen"* **3** *geschrieben* schlecht, niedrig (in Bezug auf den Wert einer Sache, den sozialen Status einer Person) ↔ hoch *„Dieser Stoff ist nur von geringer Qualität"* **4** **jemanden/etwas gering achten/schätzen** jemanden/etwas als unbedeutend ansehen ≈ verachten ⓘ auch mit dem Verb zusammengeschrieben • *zu* (4) **Ge·ring·schät·zung** *die*

**ge·ring·fü·gig★** *ADJEKTIV* sehr klein oder sehr wenig und deshalb nicht wichtig ⟨*eine Änderung, ein Anlass, ein Unterschied, eine Verletzung*⟩ *„Das Manuskript muss nur noch geringfügig geändert werden, dann kann es gedruckt werden"* • *hierzu* **Ge·ring·fü·gig·keit** *die*

**ge·rin·nen** (*gerann, ist geronnen*) **etwas gerinnt** eine Flüssigkeit (bildet Flocken oder Klumpen und) wird fest ⟨*Blut, Milch*⟩ • *hierzu* **Ge·rin·nung** *die*

das **Ge·rinn·sel** (-s, -) ein kleiner Klumpen von geronnenem Blut in einer Ader o. Ä. **K** Blutgerinnsel

das **Ge·rip·pe** (-s, -) **1** das Knochengerüst von (toten) Menschen und Tieren ≈ Skelett **2** die innere Konstruktion eines Gegenstandes aus Stäben, Balken o. Ä. ⟨*das Gerippe eines Flugzeugs, eines Schiffes*⟩

**ge·ris·sen** *PARTIZIP PERFEKT* **1** → reißen *ADJEKTIV* **2** *gesprochen, meist abwertend* ⟨*ein Bursche, ein Kerl, ein Betrüger, ein Geschäftsmann*⟩ so, dass sie alle Tricks kennen und anwenden, um alle Vorteile für sich zu nutzen • *zu* (2) **Ge·ris·sen·heit** *die*

**ge·rit·ten** *PARTIZIP PERFEKT* → reiten

der **Ger·ma·ne** (-n, -n) die Germanen waren ein Volk, das früher in dem Gebiet gelebt hat, wo heute Deutschland ist ⓘ *der Germane; den, dem, des Germanen* • *hierzu* **Ger·ma·nin** *die*; **ger·ma·nisch** *ADJEKTIV*

die **Ger·ma·nis·tik** (-) die Wissenschaft, die sich mit der Erforschung germanischer Sprachen und Literaturen (vor allem der deutschen Sprache und Literatur) beschäftigt ⟨*Germanistik* *studieren, lehren*〉 • *hierzu* **Ger·ma·nịst** *der*; **Ger·ma·nịs·tin** *die*; **ger·ma·nịs·tisch** *ADJEKTIV*

**gẹrn** *ADVERB*, **gẹr·ne**★ (*lieber, am liebsten*) [1] mit Freude und Vergnügen 〈*etwas gern tun, mögen*〉 *„Im Sommer gehe ich gern zum Schwimmen"* ⓘ aber: *jemanden/etwas gernhaben* (= zusammengeschrieben) [2] **gern gesehen** sehr geschätzt 〈*ein Gast; bei jemandem stets gern gesehen sein*〉 ≈ beliebt ⓘ auch zusammengeschrieben: *ein gerngesehener Gast*

G

**gẹrn·ha·ben** (*hatte gern, hat gerngehabt*) **jemanden/etwas gernhaben** jemanden/etwas mögen *„Ich habe ihn gern, aber ich liebe ihn nicht"* | *„Unsere Katze hat es gern, wenn man sie streichelt"* ⓘ aber: *jemanden/etwas sehr gern haben* (= getrennt geschrieben)

**ge·rọ·chen** *PARTIZIP PERFEKT* → riechen

das **Ge·rọ̈ll** (-(*e*)*s*) viele Steine, die sich an Berghängen und in Flusstälern ablagern [K] Geröllhalde, Geröllawine

**ge·rọn·nen** *PARTIZIP PERFEKT* [1] → rinnen [2] → gerinnen

die **Gẹrs·te** (-) ein Getreide mit kurzem Halm und langen Borsten an den Ähren, das z. B. zur Herstellung von Bier verwendet wird 〈*Gerste anbauen*〉

das **Gẹrs·ten·korn** [1] ein Samenkorn der Gerste [2] eine eitrige, entzündete Schwellung am Augenlid

der **Ge·rụch**★ (-(*e*)*s*, *Ge·rü·che*) [1] etwas, das man mit der Nase wahrnehmen kann 〈*ein beißender, penetranter, stechender, strenger, säuerlicher, süßlicher, muffiger Geruch*〉 *„Die Mülltonne verströmt üble Gerüche"* [2] *nur Singular* die Fähigkeit, etwas zu riechen [K] Geruchssinn • *zu* (1) **ge·rụch·los** *ADJEKTIV*

der **Ge·rụchs·sinn** die Fähigkeit (von Menschen und Tieren), etwas zu riechen

das **Ge·rụ̈cht** (-(*e*)*s*, -*e*) eine Neuigkeit oder Nachricht, die sich verbreitet, ohne dass man weiß, ob sie wirklich wahr ist 〈*ein Gerücht kursiert/geht um, verbreitet sich; ein Gerücht ausstreuen/in Umlauf setzen/in die Welt setzen, weitertragen*〉 *„Es geht das Gerücht, dass er im Lotto gewonnen habe"* [ID] **Das halte ich für ein Gerücht** *gesprochen* das glaube ich nicht

**ge·ruh·sam** *ADJEKTIV* ohne Eile und Aufregung 〈*ein Nachmittag, ein Abend; geruhsam frühstücken, spazieren gehen*〉

das **Ge·rụ̈m·pel** (-*s*); *abwertend* alte Dinge, die kaputt oder nutzlos sind (und irgendwo aufbewahrt werden) *„Unser Dachboden ist voll(er) Gerümpel"*

**ge·rụn·gen** *PARTIZIP PERFEKT* → ringen

das **Ge·rụ̈st** (-(*e*)*s*, -*e*) eine Konstruktion aus Stangen und Brettern, die z. B. Maler aufbauen, wenn sie ein Haus streichen 〈*ein Gerüst aufbauen/errichten, abbauen; auf ein Gerüst klettern*〉 [K] Gerüstbau; Baugerüst, Stahlgerüst

**ge·sạl·zen** *PARTIZIP PERFEKT* [1] → salzen *ADJEKTIV* [2] *gesprochen* sehr hoch, zu hoch 〈*Preise, eine Rechnung*〉

**ge·sạmt**★ *ADJEKTIV meist attributiv* [1] drückt aus, dass etwas auf alle, die zu einer Gruppe gehören, zutrifft *„die gesamte Bevölkerung"* [2] drückt aus, dass etwas auf alles, wovon man gerade spricht, zutrifft *„die gesamte Ernte"*

**Ge·sạmt-** *im Substantiv, betont, begrenzt produktiv* **der Gesamtbetrag, der Gesamteindruck, das Gesamtergebnis, das Gesamtgewicht, der Gesamtwert** *und andere* drückt aus, dass alle Einzelteile oder Details dabei zusammengenommen werden (so dass eine Einheit entsteht)

die **Ge·sạmt·heit** (-) **die Gesamtheit** +*Genitiv* alle Personen, Dinge, Erscheinungen o. Ä., die (aufgrund gemeinsamer Merkmale) zusammengehören *„die Gesamtheit der Lehrer einer Schule"*

die **Ge·sạmt·schu·le** eine Schule, in der Schüler, die verschiedene Schulabschlüsse und Ausbildungen machen wollen, gemeinsam unterrichtet werden (anstatt in verschiedene Schulen zu gehen)

**ge·sạndt** *PARTIZIP PERFEKT* → senden

der **Ge·sạnd·te** (-*n*, -*n*) ein Diplomat, der einen Staat in einem anderen Staat vertritt (und der im Rang unter dem Botschafter steht) ⓘ *ein Gesandter; der Gesandte; den, dem, des Gesandten*

der **Ge·sạng**★ (-(*e*)*s*, *Ge·sän·ge*) [1] *nur Singular* das Singen 〈*der Gesang eines Vogels, eines Chores*〉 [K] Gesangsverein [2] etwas, das man singen kann 〈*geistliche, weltliche Gesänge*〉 ≈ Lied

das **Ge·sä̲ß** (-*es*, -*e*); *geschrieben* der Teil des Körpers, auf dem man sitzt [K] Gesäßbacke, Gesäßmuskel

**ge·schạf·fen** *PARTIZIP PERFEKT* → schaffen

das **Ge·schạ̈ft**★ (-(*e*)*s*, -*e*) HANDEL: [1] das Kaufen oder Verkaufen von Waren oder Leistungen mit dem Ziel, Geld zu verdienen 〈(*mit jemandem*)

*Geschäfte machen; die Geschäfte gehen gut, schlecht, schleppend, stockend*⟩ ≈ Handel *„Mein Bruder versucht, aus allem ein Geschäft zu machen. Sogar für kleine Hilfen im Haushalt will er bezahlt werden"* K Geschäftspartner, Geschäftsreise; Tauschgeschäft **2 jemand kommt mit einer Person ins Geschäft; Personen kommen (miteinander) ins Geschäft** zwei oder mehrere Personen verhandeln über ein Geschäft und schließen dieses ab *„Wenn Sie Ihr Angebot erhöhen, können wir (miteinander) ins Geschäft kommen"* FIRMA: **3** eine (meist kaufmännische) Firma ⟨*ein Geschäft gründen, führen/leiten, aufgeben, auflösen*⟩ ≈ Unternehmen *„Nach dem Tode seines Vaters übernahm er die Leitung des Geschäfts"* K Geschäftsführer, Geschäftsleitung **4** ein Gebäude oder ein Teil eines Gebäudes, in dem Dinge zum Verkauf angeboten werden ≈ Laden *„Die Geschäfte schließen um 18 Uhr"* K Lebensmittelgeschäft, Schreibwarengeschäft *usw.* AUFGABE: **5** *nur Plural* berufliche, dienstliche Aufgaben, die man in einer Firma oder einem Amt regelmäßig erfüllen muss ⟨*die laufenden Geschäfte erledigen*⟩ *„Ich muss wegen dringender Geschäfte ins Ausland"* KÖRPERAUSSCHEIDUNGEN: **6 ein großes/kleines Geschäft machen** *gesprochen* den Darm/die Blase entleeren

der **Ge·schäf·te·ma·cher** *abwertend* eine Person, die immer Geschäfte machen will, um möglichst viel Gewinn zu haben

**ge·schäf·tig** *ADJEKTIV* so sehr beschäftigt und voller Eifer, dass man in Eile ist und keine Zeit für anderes hat ⟨*geschäftig hin und her eilen; es herrscht ein geschäftiges Treiben*⟩ • *hierzu* **Ge·schäf·tig·keit** *die*

**ge·schäft·lich★** *ADJEKTIV* in Bezug auf ein Geschäft oder den Beruf ⟨*Erfolge, Beziehungen, Kontakte; geschäftlich verreisen*⟩ ↔ privat *„ein geschäftlich genutztes Auto"*

die **Ge·schäfts·be·din·gun·gen** *Plural* die (in einem Vertrag festgelegten) Bedingungen, zu denen ein Geschäft abgeschlossen wird oder z. B. zu denen ein Betrieb Waren liefert

**ge·schäfts·fä·hig** *ADJEKTIV* (z. B. aufgrund des Alters) fähig, selbstständig rechtlich gültige Geschäfte abzuschließen • *hierzu* **Ge·schäfts·fä·hig·keit** *die*

die **Ge·schäfts·frau** **1** eine Frau, die ein Geschäft leitet oder besitzt **2 eine (gute) Geschäftsfrau** eine Frau, die geschickt Geschäfte macht

der **Ge·schäfts·mann** (-(e)s, *Ge·schäfts·leu·te*) **1** ein Mann, der ein Geschäft leitet oder besitzt **2 ein (guter) Geschäftsmann** ein Mann, der geschickt Geschäfte macht (i) Wenn man von *Geschäftsleuten* spricht, können auch *Geschäftsfrauen* dabei sein.

die **Ge·schäfts·ord·nung** Vorschriften, die regeln, wie die Handlungen in einem Amt, einem Parlament, einem Verein o. Ä. ablaufen müssen ⟨*eine Geschäftsordnung aufstellen, ändern; gegen die Geschäftsordnung verstoßen*⟩

die **Ge·schäfts·stel·le** *meist Singular* das Büro einer Organisation, einer Partei oder eines Vereins, das z. B. dem Kontakt mit der Öffentlichkeit dient

**ge·schäfts·tüch·tig** *ADJEKTIV* fähig, geschickt Geschäfte zu machen

**ge·schah** *Präteritum, 3. Person Singular* → geschehen

**ge·sche·hen★** [gəˈʃeːən] (*geschieht, geschah, ist geschehen*) **1 etwas geschieht** etwas ist in einer Situation da (und führt somit oft eine Veränderung herbei) ⟨*ein Unfall, ein Unglück, ein Unrecht, ein Wunder*⟩ *„Der Unfall geschah, kurz nachdem wir in die Hauptstraße eingebogen waren"* **2 etwas geschieht jemandem** etwas Unangenehmes tritt ein und betrifft jemanden *„Wenn er weiterhin so unvorsichtig ist, wird ihm noch ein Unglück geschehen"* **3 etwas geschieht (mit jemandem/etwas)** etwas wird getan oder etwas wird (mit einer Person) gemacht *„Was geschieht mit den Kindern, wenn ihr in Urlaub seid?" – „Sie bleiben bei der Oma."* **4 etwas geschehen lassen** etwas dulden, ohne zu protestieren *„Wie konntest du nur geschehen lassen, dass er zu Unrecht beschuldigt wurde?"* ID **Gern geschehen!** verwendet, um höflich zu antworten, wenn sich jemand bedankt *„Vielen Dank für deine Hilfe." – „(Bitte,) gern geschehen!"*; **Das geschieht ihm/ihr recht!** *gesprochen* das hat er/sie verdient

das **Ge·sche·hen★** [gəˈʃeːən]; (-s); *geschrieben* etwas, das geschieht, sich ereignet *„Interessiert verfolgten die Zuschauer das Geschehen auf der Bühne"*

**ge·scheit** *ADJEKTIV* (*gescheiter, gescheitest-*) **1** mit viel Verstand, Intelligenz ⟨*eine Äußerung, eine Idee*⟩ ≈ klug **2** *gesprochen* ≈ vernünftig *„Es wäre das Gescheiteste, wenn du mit der Entscheidung noch warten würdest"* das **Ge·schẹnk**★ (-(e)s, -e) **ein Geschenk (von jemandem) (für eine Person)** ein Gegenstand, den man jemandem kostenlos gibt ⟨*ein kleines, nettes, großzügiges, wertvolles, geeignetes, (un)passendes Geschenk*⟩ *„Hast du schon ein Geschenk für Mutter zum Geburtstag?"* **K** Geschenkgutschein, Geschenkpackung; Geburtstagsgeschenk

die **Ge·schịch·te**★ (-, -n) ENTWICKLUNG: **1** **die Geschichte** (+Genitiv) *meist Singular* die Entwicklung (eines Teils) der menschlichen Kultur oder der Natur *„die Geschichte Deutschlands/Amerikas"* | *„die Geschichte der Malerei/des Altertums"* **K** Geschichtswissenschaft; Kunstgeschichte, Literaturgeschichte, Naturgeschichte **2** **die Geschichte** (+Genitiv) der Vorgang und Verlauf, wie etwas entsteht, sich eine Person oder Sache entwickelt *„In der Geschichte ihrer Erkrankung kam es mehrmals zu Behandlungsfehlern"* **K** Entstehungsgeschichte, Leidensgeschichte FACH(GEBIET): **3** ein Fach in der Schule, in dem die Schüler historische Ereignisse und Entwicklungen kennenlernen **K** Geschichtsbuch, Geschichtslehrer ERZÄHLUNG, BUCH: **4** **eine Geschichte** (+Genitiv) ein Buch, das sich mit der Darstellung von historischen Ereignissen und Entwicklungen beschäftigt *„eine Geschichte des Zweiten Weltkriegs schreiben"* **5** **eine Geschichte (über jemanden/etwas); eine Geschichte (von jemandem/etwas)** ein mündlicher oder schriftlicher Text, in dem von Ereignissen berichtet wird, die wirklich geschehen oder erfunden sein können ⟨*eine erfundene, wahre, spannende, unterhaltsame, lustige, rührende Geschichte; (jemandem) eine Geschichte erzählen, vorlesen*⟩ ≈ Erzählung **K** Abenteuergeschichte, Liebesgeschichte, Tiergeschichte ANGELEGENHEIT: **6** *gesprochen, meist abwertend* eine Angelegenheit oder Situation ⟨*eine dumme, unangenehme, langwierige, verzwickte Geschichte; sich aus einer Geschichte heraushalten; in eine Geschichte hineingezogen werden*⟩ ≈ Sache

**ge·schịcht·lich** ADJEKTIV *meist attributiv* in Bezug auf die Geschichte ⟨*ein Rückblick, ein Überblick, eine Entwicklung*⟩

das **Ge·schịck** (-(e)s, -e) **1** *nur Singular* die Fähigkeit, etwas gut und schnell zu machen ⟨*ein, kein Geschick für/zu etwas haben*⟩ **2** *geschrieben* ≈ Schicksal

die **Ge·schịck·lich·keit** (-) **1** die Fähigkeit, sich schnell und und ohne Mühe zu bewegen *„Mit großer Geschicklichkeit kletterte sie auf einen Baum"* **2** die Fähigkeit, etwas gut und schnell zu machen ⟨*handwerkliche, manuelle Geschicklichkeit*⟩

**ge·schịckt**★ ADJEKTIV (*geschickter, geschicktest-*) **1** so, dass jemand mit den Händen schnell und ohne Mühe oder Fehler arbeitet oder sich mit dem Körper so bewegt ⟨*ein Handwerker; (handwerklich) geschickt sein*⟩ **2** so, dass jemand den eigenen Verstand klug und erfolgreich einsetzt, um zum Ziel zu kommen ⟨*geschickt vorgehen*⟩ *„Sein Anwalt hat ihn geschickt verteidigt"*

**ge·schie̲·den**★ PARTIZIP PERFEKT → scheiden

**ge·schie̲ht** *Präsens, 3. Person Singular* → geschehen

**ge·schie̲·nen** PARTIZIP PERFEKT → scheinen

das **Ge·schịrr**★ [gəˈʃɪr]; (-(e)s, -e) ZUM ESSEN, KOCHEN: **1** *nur Singular* die Dinge aus Glas, Porzellan o. Ä., aus denen (oder von denen) man isst oder trinkt, vor allem Teller, Schüsseln und Tassen **K** Plastikgeschirr, Porzellangeschirr **2** *nur Singular* alle Dinge, die man beim Kochen, Essen und Trinken benutzt und schmutzig macht, vor allem Geschirr, Besteck und Töpfe ⟨*das Geschirr abräumen, (ab)spülen, abwaschen, abtrocknen*⟩ **K** Geschirrschrank, Geschirrspülmaschine, Geschirrspülmittel FÜR TIERE: **3** die Riemen und Gurte, mit denen ein Tier (vor allem ein Pferd) vor einen Wagen gespannt wird, damit es diesen zieht ⟨*einem Tier das Geschirr anlegen, abnehmen*⟩

der **Ge·schịrr·spü·ler**★ (-s, -) ein Gerät, in dem schmutziges Geschirr gereinigt wird ≈ Geschirrspülmaschine ❶ Leute, die in einem Restaurant o. Ä. Geschirr spülen, nennt man *Tellerwäscher*

**ge·schịs·sen** PARTIZIP PERFEKT → scheißen

**ge·schla̲·fen** PARTIZIP PERFEKT → schlafen

**ge·schla̲·gen** PARTIZIP PERFEKT **1** → schlagen

ADJEKTIV **2** **geschlagen** +Zeitangabe *meist attributiv* verwendet, um Ärger darüber auszudrücken, dass etwas so lang gedauert hat *„Ich habe eine geschlagene Stunde vor dem Kino auf sie gewartet!"* ❶ meist zusammen mit einer Zahl von Stunden

das **Ge·schlẹcht**★ (-(e)s, -er) **1** *nur Singular* die Merkmale, durch die ein Mensch oder Tier als männlich oder weiblich bezeichnet wird *„ein Kleinkind weiblichen Geschlechts"* **K** Geschlechtshormon **2** alle Menschen oder Tiere mit dem gleichen Geschlecht ‹*das männliche, weibliche Geschlecht*› **3** *nur Singular* Kurzwort für *Geschlechtsteile* **4** *geschrieben* eine große, meist bekannte Familie und die Verwandten *„aus einem edlen Geschlecht stammen"* **K** Adelsgeschlecht **5** *nur Singular* eine Klasse in der Grammatik, in die Substantive eingeteilt werden ‹*männliches, weibliches, sächliches Geschlecht*› ≈ Genus

**ge·schlẹcht·lich** *ADJEKTIV meist attributiv* **1** in Bezug auf sexuelle Gefühle und auf sexuelles Verhalten ‹*Triebe, Lust*› ≈ sexuell **2** ‹*die Fortpflanzung, die Vermehrung*› so, dass dabei beide Geschlechter von Menschen, Tieren oder Pflanzen beteiligt sind

die **Ge·schlẹchts·krank·heit** eine Infektionskrankheit, die vor allem beim Sex übertragen wird *„Syphilis ist eine Geschlechtskrankheit"* • *hierzu* **ge·schlẹchts·krank** *ADJEKTIV*

der/das **Ge·schlẹchts·teil** ein äußerlich sichtbarer Körperteil, welcher der Fortpflanzung dient, vor allem Penis und Vagina

der **Ge·schlẹchts·ver·kehr** *meist Singular* der Akt, in dem sich Mann und Frau sexuell vereinigen, um Kinder zu bekommen ‹(*mit jemandem*) *Geschlechtsverkehr haben*› ≈ Sex

**ge·schlị·chen** *PARTIZIP PERFEKT* → schleichen

**ge·schlif·fen** *PARTIZIP PERFEKT* → schleifen

**ge·schlọs·sen**★ *PARTIZIP PERFEKT* **1** → schließen

*ADJEKTIV* **2** so, dass Kunden o. Ä. nicht hineinkönnen ↔ geöffnet *„Das Geschäft ist geschlossen"* **3** *meist adverbiell* so, dass jedes Mitglied einer Gruppe beteiligt ist ≈ einheitlich *„Der Vereinsvorstand stimmte geschlossen gegen den Antrag"* **4** **eine geschlossene Ortschaft** ein Dorf oder eine Stadt (im Gegensatz zu einem ländlichen Gebiet mit einzelnen Häusern) • *zu* (3) **Ge·schlọs·sen·heit** *die*

**ge·schlụn·gen** *PARTIZIP PERFEKT* → schlingen

der **Ge·schmạck**★ (-(e)s, *Ge·schmä·cke/gesprochen humorvollGe·schmä·cker*) **1** *nur Singular* das, was man mit der Zunge und dem Gaumen beim Essen oder Trinken wahrnimmt ‹*ein süßer, salziger, saurer, bitterer, unangenehmer, guter, fader, schlechter, milder, intensiver Geschmack*› **2** *nur Singular* die Fähigkeit, Schönes von Hässlichem und Gutes von Schlechtem zu unterscheiden ‹*ein guter, sicherer, schlechter Geschmack; viel, wenig, keinen Geschmack haben*› *„Sie kleidet sich immer mit viel Geschmack"* **3** eine persönliche Vorliebe für etwas ‹*etwas entspricht* (*nicht*) *jemandes Geschmack*› *„Wir haben in vielen Dingen den gleichen Geschmack. Wir mögen die gleiche Musik, die gleichen Filme usw."* **4** **der gute Geschmack** die Regeln für moralisches Verhalten, die in einer Gesellschaft gelten ‹*etwas verstößt gegen den guten Geschmack*›

**ge·schmạck·lich** *ADJEKTIV meist attributiv* in Bezug auf den Geschmack einer Speise oder eines Getränks *„das Essen geschmacklich verfeinern"*

**ge·schmạck·los** *ADJEKTIV* **1** ohne oder mit wenig Geschmack ↔ würzig *„Diese Brühe ist ja völlig geschmacklos!"* **2** ohne guten Geschmack, Stil ‹*Kleidung*› *„eine geschmacklos eingerichtete Wohnung"* **3** nicht den guten Manieren und Sitten entsprechend ‹*eine Bemerkung, ein Witz*› ↔ anständig, taktvoll • *hierzu* **Ge·schmạck·lo·sig·keit** *die*

die **Ge·schmạcks·rich·tung** ein bestimmter Geschmack (z. B. nach einer Frucht, einem Aroma o. Ä.) *„Liköre in verschiedenen Geschmacksrichtungen"*

**ge·schmạck·voll** *ADJEKTIV* so, dass es guten Geschmack, Stil erkennen lässt *„Sie haben ihr neues Haus geschmackvoll eingerichtet"*

**ge·schmei·dig** *ADJEKTIV* **1** voll Kraft und Eleganz ‹*Bewegungen*› *„Sie bewegt sich so geschmeidig wie eine Raubkatze"* **2** ‹*Leder*› ≈ weich • *hierzu* **Ge·schmei·dig·keit** *die*

**ge·schmịs·sen** *PARTIZIP PERFEKT* → schmeißen

**ge·schmọl·zen** *PARTIZIP PERFEKT* → schmelzen

das **Ge·schnẹt·zel·te** (-n); *besonders süddeutsch* Ⓐ ⒸⒽ ein Gericht, das aus kleinen Stücken von Fleisch besteht ❶ *Geschnetzeltes; das Geschnetzelte; dem, des Geschnetzelten*

**ge·schnịt·ten** *PARTIZIP PERFEKT* → schneiden

**ge·scho·ben** *PARTIZIP PERFEKT* → schieben

**ge·schọl·ten** *PARTIZIP PERFEKT* → schelten

das **Ge·schọ̈pf** (-(e)s, -e) ein Lebewesen (oft in religiösen Texten) *„ein Geschöpf Gottes"*

**ge·scho·ren** *PARTIZIP PERFEKT* → scheren

das **Ge·schọss** (-es, -e), **Ge·schoß** Ⓐ **1** eine Etage, Stockwerk *„ein Haus mit drei Geschossen"* **K** Erdgeschoss, Obergeschoss, Untergeschoss **2** Geschosse sind Dinge wie Kugeln, Patronen,

G

Pfeile, Steine usw., die schnell durch die Luft fliegen und eine Person oder Sache treffen **K** Wurfgeschoss

**ge·schos·sen** *PARTIZIP PERFEKT* → schießen

das **Ge·schrei** (-s) **1** *abwertend* das (dauernde) Schreien **K** Kindergeschrei **2** *gesprochen, abwertend* lautes Jammern und Klagen wegen einer unwichtigen Sache *„Mach doch deswegen nicht so ein Geschrei!"*

**ge·schrie·ben** *PARTIZIP PERFEKT* → schreiben

**ge·schrien** *PARTIZIP PERFEKT* → schreien

G

**ge·schrit·ten** *PARTIZIP PERFEKT* → schreiten

**ge·schun·den** *PARTIZIP PERFEKT* → schinden

das **Ge·schwätz** (-es); *gesprochen, abwertend* **1** langes, sinnloses Reden über etwas (meist Unwichtiges) ⟨*dummes, leeres Geschwätz*⟩ **2** ≈ Tratsch *„Sie gibt nichts auf das Geschwätz der Leute"*

**ge·schwät·zig** *ADJEKTIV; abwertend* ⟨*Personen*⟩ so, dass sie zu viel reden

**ge·schweift** *ADJEKTIV* aus zwei leicht gebogenen Teilen zusammengesetzt *„geschweifte Klammern"* die Zeichen { und } | *„ein Tisch mit geschweiften Beinen"*

**ge·schwie·gen** *PARTIZIP PERFEKT* → schweigen

die **Ge·schwin·dig·keit★** (-, -*en*) **1** das Verhältnis der gefahrenen oder gelaufenen Strecke zu der Zeit, die man/etwas dafür braucht ⟨*mit großer, hoher, rasanter, rasender, niedriger Geschwindigkeit fahren; die Geschwindigkeit messen, kontrollieren, erhöhen, verringern, beibehalten*⟩ ≈ Tempo *„Er bekam eine Strafe, weil er mit einer Geschwindigkeit von 70 Stundenkilometern durch die Stadt fuhr"* **K** Geschwindigkeitsbegrenzung, Geschwindigkeitsmessung **2** das Verhältnis der geleisteten Arbeit o. Ä. zu der Zeit, die dafür gebraucht wird *„Der Computer verarbeitet die Daten mit rasender Geschwindigkeit"*

die **Ge·schwis·ter★** *Plural* die (männlichen und weiblichen) Kinder derselben Eltern *„Hast du noch Geschwister?" – „Ja, ich habe noch einen Bruder und zwei Schwestern"* • *hierzu* **ge·schwis·ter·lich** *ADJEKTIV*

**ge·schwol·len** *PARTIZIP PERFEKT* **1** → schwellen

*ADJEKTIV* **2** *abwertend* so formuliert, dass es wichtiger klingt, als es ist ⟨*eine Ausdrucksweise, ein Stil; geschwollen reden*⟩

**ge·schwom·men** *PARTIZIP PERFEKT* → schwimmen

**ge·schwo·ren** *PARTIZIP PERFEKT* → schwören

die **Ge·schwulst** (-, *Ge·schwüls·te*) eine Schwellung, die durch schnelles und unkontrolliertes Wachsen von Gewebe entstanden ist ⟨*eine (bösartige, gutartige) Geschwulst entfernen*⟩

**ge·schwun·den** *PARTIZIP PERFEKT* → schwinden

**ge·schwun·gen** *PARTIZIP PERFEKT* → schwingen

das **Ge·schwür** (-(*e*)*s*, -*e*) ein geschwollener Teil der Haut, der sich entzündet hat (und eitert) ⟨*ein Geschwür bildet sich, bricht auf, platzt auf, heilt ab*⟩ **K** Darmgeschwür, Magengeschwür

der **Ge·sel·le** (-*n*, -*n*) ein Handwerker, der seine Lehrzeit mit einer Prüfung abgeschlossen hat **K** Gesellenprüfung **i** *der Geselle; den, dem, des Gesellen* • *hierzu* **Ge·sel·lin** *die*

**ge·sel·len** (*gesellte sich, hat sich gesellt*) **sich zu jemandem gesellen** zu einer Person gehen, um bei ihr zu sein und sich mit ihr zu unterhalten *„Nachdem er eine Stunde allein am Tisch neben uns gesessen hatte, gesellte er sich zu uns"*

**ge·sel·lig** *ADJEKTIV* **1** gern mit anderen Menschen zusammen *„Peter ist nicht gern allein, er ist ein sehr geselliger Typ"* **2** ⟨*ein Abend, ein Beisammensein*⟩ so, dass dabei mehrere Menschen zu ihrem Vergnügen zusammen sind • *hierzu* **Ge·sel·lig·keit** *die*

die **Ge·sell·schaft★** (-, -*en*) IM STAAT: **1** *meist Singular* alle Menschen, die zusammen in einem politischen, wirtschaftlichen und sozialen System leben ⟨*die menschliche Gesellschaft*⟩ **2** *meist Singular* die Verhältnisse, Strukturen und wichtigen Merkmale, durch die eine Gesellschaft bestimmt ist ⟨*die bürgerliche, sozialistische, klassenlose Gesellschaft*⟩ **K** Gesellschaftskritik, Gesellschaftsordnung GRUPPE: **3** *meist Singular* die Personen, die etwas (mit jemandem) gemeinsam tun ⟨*eine fröhliche, langweilige Gesellschaft; sich in guter, schlechter Gesellschaft befinden*⟩ **K** Hochzeitsgesellschaft **4** eine festliche Veranstaltung mit vielen Gästen ⟨*eine Gesellschaft geben*⟩ *„Sie lernten sich auf einer Gesellschaft kennen"* **5** **eine geschlossene Gesellschaft** eine Veranstaltung, an der nur eingeladene Gäste teilnehmen dürfen bzw. die dazu eingeladenen

Gäste FIRMA, ORGANISATION: **6** eine Firma oder eine Organisation, die von mehreren Personen gegründet wurde oder geführt wird *„die Gesellschaft für bedrohte Völker"* **K** Aktiengesellschaft, Fluggesellschaft **7** **Gesellschaft mit beschränkter Haftung** eine Firma, die im Falle des Konkurses nur so viel Schulden zurückzahlen muss, wie sie eigenes Kapital hat **i** Abkürzung: *GmbH* ZUSAMMENSEIN: **8** **jemandes Gesellschaft** *nur Singular* das Zusammensein mit jemandem ⟨*jemandes Gesellschaft suchen, meiden*⟩ ≈ Umgang *„Sie legt auf seine Gesellschaft keinen großen Wert"* **9** **jemandem Gesellschaft leisten** bei einer Person bleiben, damit sie nicht allein ist

der **Ge·sell·schaf·ter** (-s, -) eine Person, die mit ihrem Kapital an einer Firma beteiligt ist • *hierzu* **Ge·sell·schaf·te·rin** *die*

**ge·sell·schaft·lich**★ *ADJEKTIV meist attributiv* **1** so, dass es die ganze Gesellschaft eines Staates betrifft ⟨*Entwicklungen, Zusammenhänge*⟩ ≈ sozial *„Der neu gewählte Präsident versprach, die gesellschaftlichen Verhältnisse zu ändern"* **2** in der Gesellschaft eines Staates *„Er hat seine beruflichen Erfolge der gesellschaftlichen Stellung seines Vaters zu verdanken"*

**ge·ses·sen** *PARTIZIP PERFEKT* → sitzen

das **Ge·setz**★ (*-es, -e*) **1** eine rechtliche Norm, die vom Staat (meist vom Parlament) zum geltenden Recht gemacht worden ist und die alle beachten müssen ⟨*die geltenden Gesetze; gegen ein Gesetz verstoßen*⟩ *„Ich habe mich immer an die Gesetze gehalten"* **K** Gesetzbuch; Einwanderungsgesetz, Strafgesetz **2** ein Satz oder eine Formel, die beschreiben, wie ein Vorgang vor allem in der Natur immer abläuft ⟨*ein physikalisches, ökonomisches Gesetz*⟩ **K** Naturgesetz

der **Ge·setz·ge·ber** (-s) die parlamentarischen Gremien, die Volksversammlung o. Ä., welche die Gesetze beschließen oder ändern ≈ Legislative ↔ Exekutive, Judikative *„Das Parlament erfüllt meist die Funktion des Gesetzgebers"*

**ge·setz·lich**★ *ADJEKTIV* durch ein Gesetz festgelegt, geregelt ⟨*Bestimmungen, Feiertage*⟩ ≈ rechtlich *„Die Bürger mit eigenem Einkommen sind gesetzlich dazu verpflichtet, Steuern zu zahlen"*

**ge·setz·mä·ßig** *ADJEKTIV* durch ein Gesetz festgelegt ≈ rechtmäßig, legal • *hierzu* **Ge·setz·mä·ßig·keit** *die*

**ge·setz·wid·rig** *ADJEKTIV* im Gegensatz zu dem, was ein Gesetz bestimmt ⟨*eine Handlung*⟩

das **Ge·sicht**★ (*-(e)s, -er*) **1** das Gesicht ist der Teil des Kopfes mit Augen, Mund und Nase ⟨*ein hübsches, hässliches, schmales, rundliches, markantes, ausdrucksloses Gesicht*⟩ **K** Gesichtsausdruck, Gesichtshälfte **2** die Gefühle, die man im Gesicht einer Person erkennen kann ⟨*ein ängstliches, beleidigtes, bestürztes, ernstes, fröhliches, skeptisches, verlegenes Gesicht machen*⟩ **3** **das Gesicht** +*Genitiv* das charakteristische Aussehen eines großen Gebäudes, einer Stadt o. Ä. *„Das Gesicht der Stadt hat sich nach dem Krieg völlig gewandelt"* **ID** **jemanden/etwas zu Gesicht bekommen** jemanden/etwas sehen *„Ich habe meinen neuen Nachbarn noch nicht zu Gesicht bekommen"*

der **Ge·sichts·punkt** die Art und Weise, etwas zu beurteilen ≈ Standpunkt *„einen Sachverhalt vom juristischen Gesichtspunkt aus betrachten"*

das **Ge·sin·del** (*-s*); *abwertend* Menschen, die von anderen Menschen (meist wegen ihrer Armut oder einer Neigung zur Kriminalität) verachtet werden

**ge·sinnt** *ADJEKTIV* **1** **irgendwie gesinnt** mit der genannten Art von Meinungen *„ein fortschrittlich, politisch, demokratisch gesinnter Mensch"* **2** **jemandem irgendwie gesinnt sein** jemandem gegenüber die genannte Haltung haben ⟨*jemandem feindlich, wohlwollend gesinnt sein*⟩

die **Ge·sin·nung** (-, *-en*); *meist Singular* die grundsätzliche geistige Haltung, die jemand gegenüber einer anderen Person oder einer Sache hat ≈ Einstellung *„seine politische Gesinnung ändern/wechseln"* **K** Gesinnungswandel, Gesinnungswechsel

**ge·sof·fen** *PARTIZIP PERFEKT* → saufen

**ge·so·gen** *PARTIZIP PERFEKT* → saugen

**ge·son·dert** *ADJEKTIV* von anderen Personen/Dingen getrennt ≈ einzeln *„Für diese Waren stellen wir eine gesonderte Rechnung aus"*

**ge·son·nen** *ADJEKTIV* **jemandem irgendwie gesonnen sein** jemandem irgendwie gesinnt sein

**ge·spal·ten** *PARTIZIP PERFEKT* → spalten

das **Ge·spann** (*-(e)s, -e*) **1** zwei oder mehrere Tiere, die einen Wagen oder ein landwirtschaftliches Gerät ziehen *„ein Gespann Ochsen"* **2** ein Wagen oder landwirtschaftliches Fahrzeug mit einem Gespann **K** Pferdegespann

**ge·spannt**★ *ADJEKTIV* **1** **(auf jemanden/**

**etwas) gespannt** voller Erwartung darauf, wie jemand/etwas sein wird, was geschehen wird o. Ä. *„Ich bin gespannt, ob er kommt"* **2** voller Spannungen und deshalb so, dass es leicht zu Konflikten kommen könnte ⟨*Beziehungen, Verhältnisse, eine Lage*⟩ *„Zwischen den beiden Staaten herrschten gespannte Beziehungen"*

das **Ge·spenst**★ (-(*e*)*s*, -*er*) der Geist eines toten Menschen, der (angeblich) den Lebenden erscheint (vor allem in alten Schlössern o. Ä.) ⟨(*nicht*) *an Gespenster glauben*⟩ ≈ Geist

G

**ge·spien** PARTIZIP PERFEKT → speien

**ge·spon·nen** PARTIZIP PERFEKT → spinnen

das **Ge·spött** (-(*e*)*s*) **jemanden zum Gespött machen** jemanden oder sich selbst lächerlich machen

das **Ge·spräch**★ (-(*e*)*s*, -*e*) **1** **ein Gespräch (mit jemandem/zwischen Personen) (über etwas** (*Akkusativ*)**)** das, was zwei oder mehrere Personen sich sagen oder einander erzählen ⟨*ein offenes, vertrauliches, dienstliches, fachliches Gespräch; mit jemandem ein Gespräch anfangen, führen; mit jemandem ins Gespräch kommen*⟩ **K** Gesprächspartner, Gesprächsthema; Streitgespräch **2** ein Gespräch, das man am Telefon mit jemandem führt ⟨*ein dienstliches, privates Gespräch führen*⟩ ≈ Telefonat **K** Gesprächsteilnehmer; Auslandsgespräch

**ge·sprä·chig** ADJEKTIV ⟨*ein Mensch*⟩ so, dass er gern redet, viel erzählt *„Du bist ja heute nicht sehr gesprächig"* • *hierzu* **Ge·sprä·chig·keit** *die*

**ge·spren·kelt** ADJEKTIV mit kleinen, unregelmäßigen Flecken ⟨*ein Gefieder, Federn, Vogeleier*⟩

**ge·spro·chen** PARTIZIP PERFEKT → sprechen

**ge·spros·sen** PARTIZIP PERFEKT → sprießen

**ge·sprun·gen** PARTIZIP PERFEKT → springen

das **Ge·spür** (-*s*) **ein Gespür (für etwas)** die Fähigkeit, etwas mit dem Gefühl (instinktiv richtig) zu erfassen ⟨*ein* (*feines, sicheres*) *Gespür für etwas haben; jemandem fehlt das Gespür für etwas*⟩

die **Ge·stalt**★ (-, -*en*) **1** *meist Singular* die äußere Erscheinung, die Form eines Lebewesens (vor allem in Bezug auf den Bau des Körpers) ⟨*von schlanker, hagerer, schmächtiger, gedrungener, untersetzter Gestalt sein*⟩ **2** *meist Singular* die sichtbare äußere Form einer Sache ≈ Form *„Die Erde hat die Gestalt einer Kugel"* **3** eine Person, die man nicht kennt oder die man (meist wegen der Entfernung) nicht deutlich erkennen kann *„Im Hafenviertel trieben sich zwielichtige Gestalten herum"* **4** eine (erfundene) Person in einem Roman, Drama o. Ä. *„Die Gestalten des Romans sind frei erfunden"* **K** Märchengestalt **5** **in Gestalt** +*Genitiv*/**von etwas** mit dem Aussehen einer Sache, in Form von etwas *„Hilfe in Gestalt von Geld"* **6** **etwas nimmt (feste) Gestalt an** etwas bekommt allmählich konkrete Formen und kann durchgeführt werden ⟨*Ideen, Pläne*⟩

**ge·stal·ten**★ (*gestaltete, hat gestaltet*) **etwas irgendwie gestalten** eine Sache in die gewünschte Form bringen, ihr die gewünschten Merkmale geben *„ein Schaufenster künstlerisch/den Abend abwechslungsreich/das Leben angenehm gestalten"* • *hierzu* **Ge·stal·tung** *die*

**ge·stan·den** PARTIZIP PERFEKT **1** → stehen **2** → gestehen

das **Ge·ständ·nis**★ (-*ses*, -*se*) **1** die Aussage (vor allem vor Gericht oder vor der Polizei), dass man etwas Verbotenes getan hat ⟨*ein Geständnis ablegen, verweigern, widerrufen*⟩ **K** Schuldgeständnis **2** **jemandem ein Geständnis machen** jemandem sagen, dass man z. B. etwas Falsches getan hat

der **Ge·stank** (-(*e*)*s*) ein unangenehmer Geruch *„der Gestank fauler Eier"* **K** Schwefelgestank

**ge·stat·ten** (*gestattete, hat gestattet*); *geschrieben* **(jemandem) etwas gestatten** ≈ erlauben *„Es ist nicht gestattet, vor einer Einfahrt zu parken"*

die **Ges·te, Ges·te**★; (-, -*n*) **1** eine Bewegung, die jemand meist mit den Händen oder Armen macht, um etwas zu signalisieren ⟨*eine abwehrende, einladende, ungeduldige Geste; mit lebhaften Gesten*⟩ *„Mit stummer Geste forderte er die Gäste auf, sich zu setzen"* **2** eine Handlung mit symbolischem Charakter ⟨*eine höfliche, nette Geste*⟩ *„Es war eine nette Geste, ihr Blumen ins Krankenhaus zu schicken"*

das **Ge·steck** (-(*e*)*s*, -*e*) ein (meist kunstvoll zusammengebundener) Strauß aus Blumen, Zweigen usw. **K** Blumengesteck

**ge·ste·hen**★ (*gestand, hat gestanden*) **1** **((jemandem) etwas) gestehen** zugeben, dass man etwas Verbotenes oder (moralisch) Falsches getan oder ein Verbrechen begangen hat *„Er hat den Mord gestanden"* **2** **jemandem etwas gestehen** sagen, dass man das genannte Gefühl (für eine Person) empfindet *„Er gestand ihr seine Liebe"* das **Ge·stein** (-(e)s, -e) **1** der feste, harte Teil der Erde, der aus Mineralien besteht ⟨*kristallines, vulkanisches Gestein*⟩ **K** Gesteinsart, Gesteinsschicht ❶ Die Pluralform wird nur bei verschiedenen Arten von Gestein verwendet. **2** *nur Singular* eine relativ große Menge von Steinen oder von zusammenhängendem Stein ⟨*brüchiges, glattes, zerklüftetes Gestein*⟩ **K** Gesteinsbrocken

das **Ge·stell★** (-(e)s, -e) **1** ein Gegenstand, der meist aus Stangen und Brettern zusammengefügt ist und auf den man z. B. Flaschen, Gläser oder Bücher stellen kann **K** Holzgestell, Büchergestell **2** der Rahmen eines Gegenstands, einer Maschine o. Ä., der andere Teile zusammenhält oder trägt **K** Bettgestell, Brillengestell

**ges·tern★** *ADVERB* an dem Tag, der direkt vor dem heutigen Tag war ⟨*gestern früh, Vormittag, Mittag, Nachmittag, Abend*⟩ *„Gestern Abend kamen wir in Hamburg an, heute besichtigten wir die Stadt, und morgen wollen wir eine Hafenrundfahrt machen"*

**ge·stie·gen** *PARTIZIP PERFEKT* → steigen

**ges·ti·ku·lie·ren** (*gestikulierte, hat gestikuliert*) meist die Arme heftig bewegen, um die Aufmerksamkeit auf sich zu ziehen ⟨*heftig, lebhaft, wild gestikulieren; mit den Armen gestikulieren*⟩

**ge·sto·chen** *PARTIZIP PERFEKT* **1** → stechen *ADVERB* **2** **gestochen scharf** sehr scharf ⟨*ein Bild, ein Foto; etwas gestochen scharf sehen*⟩

**ge·stoh·len** *PARTIZIP PERFEKT* → stehlen

**ge·stor·ben** *PARTIZIP PERFEKT* → sterben

**ge·stört** *ADJEKTIV* **(geistig/psychisch) gestört** geistig nicht normal/psychisch krank

**ge·streift** *ADJEKTIV* mit Streifen *„Das Zebra hat ein gestreiftes Fell"*

**ge·stri·chen★** *PARTIZIP PERFEKT* **1** → streichen

*ADJEKTIV* **2** ⟨*ein Löffel; gestrichen voll*⟩ so gefüllt, dass der Zucker, das Salz, das Kaffeepulver o. Ä. genau bis zum Rand reicht ↔ gehäuft *„ein gestrichener Teelöffel Backpulver"*

**gest·ri·g-** *ADJEKTIV meist attributiv* **1** von gestern *„Die Anzeige stand in der gestrigen Zeitung"* **2** **der gestrige Tag/Abend** gestern/gestern Abend

**ge·strit·ten** *PARTIZIP PERFEKT* → streiten

das **Ge·strüpp** (-(e)s, -e), *meist Singular* viele wild wachsende Sträucher, die sehr dicht beieinanderstehen *„Als er versuchte, sich durch das Gestrüpp hindurchzukämpfen, zerriss er sich die Hose"*

**ge·stun·ken** *PARTIZIP PERFEKT* → stinken

das **Ge·such★** (-(e)s, -e) **ein Gesuch (um etwas)** ein Brief, mit dem jemand eine Behörde um etwas bittet ⟨*ein Gesuch einreichen, befürworten, bewilligen, ablehnen*⟩ **K** Bittgesuch

**ge·sund★** *ADJEKTIV* (*gesünder/gesunder, gesündest-/gesundest-*) **1** frei von Krankheit ↔ krank *„nach einer Krankheit wieder gesund werden"* **2** ohne die Schäden, die durch eine Krankheit verursacht werden ⟨*ein Herz, Zähne, Haare*⟩ **3** mit einer positiven Wirkung für die Gesundheit ⟨*die Ernährung, eine Lebensweise; gesund leben*⟩ *„Rauchen ist nicht gesund"* **4** (nach Meinung der meisten Menschen) natürlich, normal und vernünftig ⟨*Ansichten, ein Ehrgeiz*⟩ ↔ übertrieben

**ge·sun·den** (*gesundete, ist gesundet*); *geschrieben* (nach einer Krankheit) wieder gesund werden • *hierzu* **Ge·sun·dung** *die*

die **Ge·sund·heit★** (-) **1** der Zustand, dass der Körper gesund ist ↔ Krankheit *„Rauchen schadet der Gesundheit"* **K** Gesundheitszustand, gesundheitsschädlich **2** der Zustand, gesund (und nicht krank) zu sein *„auf die Gesundheit der Zähne und des Zahnfleischs achten"* **3** **Gesundheit!** *gesprochen* verwendet als höfliche Reaktion, wenn jemand niest • *zu* (1) **ge·sund·heit·lich** *ADJEKTIV*

das **Ge·sund·heits·amt** eine Behörde, die in einer Stadt (oder in einem Landkreis) für die Gesundheit der Bevölkerung verantwortlich ist

das **Ge·sund·heits·we·sen** *nur Singular* die Institutionen in einem Staat, die sich um die Gesundheit der Bevölkerung kümmern *„ein gut organisiertes Gesundheitswesen"*

das **Ge·sund·heits·zeug·nis** ein geschriebener Text, in dem ein Arzt oder das Gesundheitsamt bestätigt, dass jemand gesund ist und keine ansteckende Krankheit hat *„dem Arbeitgeber ein Gesundheitszeugnis vorlegen müssen"*

**ge·sun·gen** *PARTIZIP PERFEKT* → singen

**ge·sun·ken** *PARTIZIP PERFEKT* → sinken

**ge·tan** *PARTIZIP PERFEKT* → tun

**ge·tra·gen** *PARTIZIP PERFEKT* **1** → tragen *ADJEKTIV* **2** langsam und feierlich ⟨*eine Melodie; im getragenen Tempo*⟩ **3** bereits benutzt, nicht neu oder frisch ⟨*ein Hemd, eine Hose*⟩

das **Ge·tränk★** (-(e)s, -e) eine Flüssigkeit, die man trinkt ⟨*ein alkoholisches, alkoholfreies, erfrischendes, heißes Getränk*⟩ *„Tee und Kaffee sind aromatische Getränke"* **K** Getränkeautomat, Getränkekarte; Fruchtsaftgetränk

der **Ge·trän·ke·markt** ein Geschäft, in dem man (meist billig) Getränke kaufen kann

das **Ge·trei·de**★ (-s) alle Pflanzen (wie Weizen, Roggen, Gerste, Hafer o. Ä.), aus deren Körnern Mehl gemacht wird ⟨*Getreide anbauen, mähen, ernten, dreschen*⟩ K Getreideernte, Getreidefeld, Getreidemühle

**ge·tre·ten** *PARTIZIP PERFEKT* → treten

**-ge·treu** *im Adjektiv, unbetont, begrenzt produktiv* **maßstabsgetreu, naturgetreu, originalgetreu, wirklichkeitsgetreu** *und andere* so, dass etwas der genannten Sache entspricht

G

das **Ge·trie·be** (-s, -) der Teil einer Maschine, welcher die Kraft und die Bewegungen des Motors überträgt ⟨*ein automatisches, hydraulisches, synchronisiertes Getriebe*⟩ K Getriebeschaden; Fünfganggetriebe

**ge·trie·ben** *PARTIZIP PERFEKT* → treiben

**ge·trof·fen** *PARTIZIP PERFEKT* → treffen

**ge·tro·gen** *PARTIZIP PERFEKT* → trügen

**ge·trost** *ADVERB* ohne etwas befürchten zu müssen *„sich getrost auf den Weg machen"* | *„Das kannst du getrost mir überlassen!"*

**ge·trun·ken** *PARTIZIP PERFEKT* → trinken

das **Ge·tue** (-s); *gesprochen, abwertend* **1** ein unnatürlich wirkendes Verhalten, mit dem jemand Aufmerksamkeit erwecken will *„Ihr aufgeregtes Getue ärgert mich schon lange!"* **2** **viel Getue um jemanden/etwas machen** übertriebene Aufmerksamkeit für jemanden/etwas zeigen *„Du machst viel zu viel Getue um deine Kinder!"*

das **Ge·tüm·mel** (-s) das lebhafte, oft laute Durcheinander einer relativ großen Anzahl von Menschen oder Tieren K Kampf(es)getümmel, Schlacht(en)getümmel

**ge·übt** *ADJEKTIV* (*geübter, geübtest-*) **(in etwas** (*Dativ*)**) geübt** so, dass man etwas gut kann, weil man es oft gemacht hat ⟨*ein Redner*⟩ *„im Klettern geübt sein"*

das **Ge·wächs** [-ks]; (*-es, -e*) **1** ⟨*ein heimisches, tropisches Gewächs*⟩ ≈ Pflanze **2** ≈ Geschwulst, Tumor

**ge·wach·sen** [-ks-] *PARTIZIP PERFEKT* **1** → wachsen[1]

*ADJEKTIV* **2** **jemandem gewachsen** körperlich oder geistig genauso gut wie eine andere Person *„Seinen Konkurrenten war er nicht gewachsen"* **3** **einer Sache** (*Dativ*) **gewachsen sein** eine schwierige Aufgabe oder Situation bewältigen können ⟨*etwas gewachsen sein; sich etwas gewachsen fühlen, zeigen*⟩ *„Der Doppelbelastung durch Beruf und Haushalt war sie nicht gewachsen"*

**ge·wagt** *ADJEKTIV* (*gewagter, gewagtest-*) ⟨*ein Unternehmen, eine Tat*⟩ so, dass sie viel Mut erfordern, ein hohes Risiko mit sich bringen ≈ riskant *„Mit so wenig Kapital ein Geschäft zu eröffnen, ist ein gewagtes Unternehmen"*

**ge·wählt** *ADJEKTIV* bewusst vornehm, um besser zu wirken als das Alltägliche oder Normale ⟨*eine Ausdrucksweise; sich gewählt ausdrücken*⟩

die **Ge·währ** (-); *geschrieben* die Sicherheit oder Garantie, dass etwas richtig ist, dass etwas in der vereinbarten Weise abläuft o. Ä. ⟨*für etwas Gewähr leisten*⟩ *„Ich kann keine Gewähr dafür übernehmen, dass die Informationen richtig sind"* | *„Diese Angaben sind ohne Gewähr"*

**ge·wäh·ren**★ (*gewährte, hat gewährt*); *geschrieben* **1** **jemandem etwas gewähren** einer Person etwas geben, worum sie gebeten hat (weil man die Möglichkeit und die Macht dazu hat) ⟨*jemandem Asyl, Obdach, Schutz gewähren; jemandem einen Kredit gewähren*⟩ *„Der Papst gewährte den Pilgern eine Audienz"* **2** **jemanden gewähren lassen** Geduld haben und eine Person das tun lassen, was sie möchte

**ge·währ·leis·ten** (*gewährleistete, hat gewährleistet*) **(jemandem) etwas gewährleisten** dafür sorgen oder garantieren, dass etwas geschieht oder jemand etwas bekommt *„Können Sie gewährleisten, dass die Lieferung rechtzeitig ankommt?"* • *hierzu* **Ge·währ·leis·tung** *die*

der **Ge·wahr·sam** (-s); *geschrieben* **jemanden in (polizeilichen) Gewahrsam nehmen** ≈ festnehmen

die **Ge·walt**★ (-, *-en*) **1** **Gewalt (gegen jemanden/etwas)** *nur Singular* das Benutzen von körperlicher Kraft, Macht, Drohungen usw., um einer Person zu schaden oder um eine Person zu etwas zu zwingen ⟨*Gewalt anwenden; jemandem Gewalt androhen, antun*⟩ *„jemandem etwas mit Gewalt wegnehmen"* K Gewaltverbrechen, Gewaltverbrecher; Waffengewalt **2** *nur Singular* das Benutzen von körperlicher Kraft, um etwas zu erreichen *„Die Kiste ließ sich nur mit Gewalt öffnen"* **3** *nur Singular* die große natürliche Kraft, die Heftigkeit eines Naturphänomens *„die Gewalt einer Explosion/eines Sturmes/der Wellen"* **4** **Gewalt (über jemanden/etwas)** *nur Singular* die Macht, über jemanden/etwas bestimmen zu können

⟨*die elterliche, richterliche, staatliche Gewalt*⟩ *„Der Bankräuber brachte mehrere Geiseln in seine Gewalt"* **5** einer der drei Bereiche, in welche die Aufgaben und die Macht eines Staates unterteilt werden (Legislative, Exekutive und Judikative) ⟨*die gesetzgebende, ausführende, richterliche Gewalt*⟩ **K** Gewaltenteilung **6** **höhere Gewalt** *nur Singular* ein Ereignis (wie z. B. ein Unfall, eine Naturkatastrophe o. Ä.), das nicht zu erwarten war und nicht verhindert werden konnte **7** **sich/etwas** (*Akkusativ*) **in der Gewalt haben** sich/etwas beherrschen können, unter Kontrolle haben *„Sie erschrak, hatte sich aber sofort wieder in der Gewalt"* **8** **die Gewalt über etwas** (*Akkusativ*) **verlieren** ein Fahrzeug nicht mehr unter Kontrolle haben • *zu* (1) **ge·wạlt·frei** *ADJEKTIV*; *zu* (1) **ge·wạlt·los** *ADJEKTIV*

**ge·wạl·tig**★ *ADJEKTIV* **1** sehr groß, hoch oder kräftig und deshalb beeindruckend ⟨*ein Baum, ein Bauwerk, ein Berg*⟩ **2** ungewöhnlich intensiv oder stark ⟨*ein Sturm, eine Hitze, eine Kraft*⟩ **3** sehr groß in Zahl oder Menge oder Umfang ⟨*eine Last, eine Menge, eine Zahl; ein Irrtum, ein Unsinn*⟩ **4** verwendet, um Adjektive oder Verben zu verstärken ⟨*sich (ganz) gewaltig irren, täuschen*⟩ ≈ mächtig

**ge·wạlt·sam** *ADJEKTIV* mithilfe von Gewalt oder großer körperlicher Kraft *„eine Kiste gewaltsam öffnen"*

die **Ge·wạlt·tat** eine oft kriminelle Tat, die eine Person begeht, indem sie Waffen oder körperliche Gewalt anwendet ⟨*zu Gewalttaten neigen*⟩ ≈ Verbrechen • *hierzu* **Ge·wạlt·tä·ter** *der*

**ge·wạlt·tä·tig** *ADJEKTIV* **1** ⟨*Menschen*⟩ so, dass sie dazu neigen, körperliche Gewalt anzuwenden ≈ brutal **2** **gewalttätig werden** körperliche Gewalt anwenden, jemanden schlagen o. Ä. • *hierzu* **Ge·wạlt·tä·tig·keit** *die*

das **Ge·wạnd** (-(*e*)*s*, *Ge·wän·der*) **1** ein langes, weites Kleidungsstück (ohne Gürtel), das bei feierlichen Anlässen oder in verschiedenen Kulturen als Oberbekleidung getragen wird ⟨*ein Gewand anlegen, ablegen*⟩ *„die Gewänder der alten Griechen"* **2** *süddeutsch* Ⓐ Ⓒⓗ ≈ Kleidung

**ge·wạndt** *PARTIZIP PERFEKT* **1** → wenden *ADJEKTIV* **2** (im Auftreten o. Ä.) sehr geschickt *„Sie ist sehr gewandt im Umgang mit Kunden"* • *zu* (2) **Ge·wạndt·heit** *die*

**ge·wạnn** *Präteritum, 1. und 3. Person Singular* → gewinnen

**ge·wạ·schen** *PARTIZIP PERFEKT* → waschen

das **Ge·wäs·ser**★ (-*s*, -) **1** eine (relativ große) natürliche Ansammlung von Wasser, z. B. ein Fluss, See oder Meer ⟨*ein stilles, sumpfiges, trübes, verschmutztes Gewässer*⟩ **2** **fließendes Gewässer** ein Bach, ein Fluss o. Ä. **3** **stehendes Gewässer** ein Teich, ein See o. Ä.

das **Ge·we·be** (-*s*, -) **1** ein Stoff, der durch Weben hergestellt worden ist ⟨*ein dichtes, feines, grobes, synthetisches Gewebe*⟩ **2** die relativ weiche Substanz, aus welcher der Körper oder ein Organ eines Menschen oder Tieres besteht ⟨*menschliches, tierisches Gewebe; Gewebe entnehmen, verpflanzen*⟩ **K** Gewebeprobe; Muskelgewebe

das **Ge·wehr**★ (-(*e*)*s*, -*e*) eine relativ lange Schusswaffe, die man mit beiden Händen hält *„Er legte das Gewehr auf das Reh an und schoss"* **K** Gewehrkugel, Gewehrschuss; Jagdgewehr

das **Ge·weih** (-(*e*)*s*, -*e*) männliche Hirsche haben ein Geweih auf dem Kopf, das an Zweige eines Baumes erinnert ⟨*ein Hirsch wirft das Geweih ab*⟩ **K** Elchgeweih, Hirschgeweih

das **Ge·wẹr·be**★ (-*s*, -) **1** eine selbstständige berufliche Tätigkeit im Bereich des Handels, des Handwerks oder der Dienstleistungen ⟨*ein Gewerbe ausüben, betreiben*⟩ **K** Gewerbebetrieb; Baugewerbe **2** ein kleinerer oder mittlerer privater Betrieb im Bereich des Handwerks, des Handels oder der Dienstleistungen ⟨*ein Gewerbe betreiben*⟩

**ge·wẹrb·lich** *ADJEKTIV* in Bezug auf ein Gewerbe ⟨*eine Tätigkeit*⟩ *„Das Gelände hinter dem Bahnhof ist für gewerbliche Nutzung bestimmt"*

**ge·wẹrbs·mä·ßig** *ADJEKTIV* so, dass man dadurch regelmäßig Geld verdient ⟨*eine Tätigkeit gewerbsmäßig ausüben, betreiben*⟩

die **Ge·wẹrk·schaft**★ (-, -*en*) eine Organisation, welche die Interessen der Arbeitnehmer (meist einer Berufsgruppe) gegenüber den Arbeitgebern bzw. dem Staat vertritt *„die Gewerkschaft der Angestellten"* **K** Gewerkschaftsführer, Gewerkschaftsfunktionär, Gewerkschaftsmitglied; Lokführergewerkschaft, Pilotengewerkschaft, Polizeigewerkschaft • *hierzu* **ge·wẹrk·schaft·lich** *ADJEKTIV*

**ge·we·sen** *PARTIZIP PERFEKT* → sein

**ge·wị·chen** *PARTIZIP PERFEKT* → weichen

das **Ge·wịcht**★ (-(*e*)*s*, -*e*) **1** *nur Singular* das Gewicht ist eine Eigenschaft, die meist in Gramm oder Kilogramm angegeben wird und die sagt, wie schwer jemand/etwas ist ⟨*ein geringes, großes Gewicht haben; an Gewicht verlieren, zunehmen*⟩ *„Bei der Geburt hatte das Kind ein Gewicht von dreieinhalb Kilogramm"* **K** Gewichtsverlust, Gewichtszunahme; Gesamtgewicht, Körpergewicht **2** *meist Plural* auf Gewichten aus Metall steht, wie viel sie wiegen. Man legt sie auf eine Schale einer Waage, um herauszufinden, wie viel die Dinge auf der anderen Schale wiegen **3** *meist Plural* Gewichte für Sportler sind schwere Gegenstände aus Metall, die man hochhebt, um die Muskeln zu trainieren oder zu zeigen, wie stark man ist ⟨*Gewichte stemmen*⟩ **4** *nur Singular* das Gewicht einer abstrakten Sache sagt, wie wichtig sie ist *„Seine Stimme hat in der Kommission viel Gewicht"* **5** **etwas fällt (kaum, nicht) ins Gewicht** etwas ist (nicht) von entscheidender Bedeutung

G

das **Ge·wịcht·he·ben** (-*s*) eine Sportart, bei der man versucht, eine Stange mit Gewichten (auf verschiedene Arten) in die Höhe zu bewegen • *hierzu* **Ge·wịcht·he·ber** *der*

**ge·wie·sen** PARTIZIP PERFEKT → weisen

**ge·wịllt** ADJEKTIV *meist prädikativ* mit der Absicht oder Bereitschaft, etwas zu tun *„Ich bin nicht länger gewillt, diese Zustände zu ertragen"*

das **Ge·wịn·de** (-*s*, -) eine Rille, die außen an einer Schraube oder innen in einer Mutter in Form einer Spirale verläuft ⟨*ein Gewinde bohren, fräsen, schneiden*⟩ **K** Gewindebohrer, Gewindeschneider

der **Ge·wịnn**★ (-(*e*)*s*, -*e*) **1** Gewinne sind das Geld oder die Dinge, die man bei einem Spiel oder in einer Lotterie gewinnen kann **K** Lottogewinn **2** das Gewinn ist das Geld, das man bei einem Geschäft verdient, nachdem alle Kosten abgezogen sind ⟨(*einen*) *Gewinn machen, erzielen; etwas mit Gewinn verkaufen*⟩ ≈ Profit ↔ Verlust *„einen Gewinn (in Höhe) von 10 % machen/erzielen"* **K** gewinnorientiert; Bruttogewinn **3** **ein Gewinn (für jemanden/etwas)** *nur Singular* eine Sache, die jemandem Vorteile bringt *„Der neue Mitarbeiter ist ein Gewinn für den Betrieb"* • zu (2,3) **ge·wịnn·brin·gend** ADJEKTIV

**ge·wịn·nen**★ (*gewann, hat gewonnen*) **1** **(etwas) gewinnen** in einem Kampf, Wettkampf, Spiel o. Ä. der Beste oder der Sieger sein *„ein Fußballspiel (mit) 3 : 0 gewinnen"* **2** **(etwas) gewinnen** bei einem Wettkampf oder Glücksspiel einen Preis bekommen *„im Lotto tausend Euro gewinnen"* **3** **etwas gewinnen** durch eigene Bemühungen etwas bekommen ⟨*jemandes Achtung, Liebe, Vertrauen gewinnen; Ansehen, Einfluss gewinnen*⟩ **4** **jemanden für etwas gewinnen** eine Person dazu bewegen, sich an etwas zu beteiligen oder für etwas aktiv zu werden *„Er konnte sie für die Partei gewinnen"* **5** **an etwas** (*Dativ*) **gewinnen** mehr von einer Sache bekommen ⟨*an Höhe, an Geschwindigkeit, an Macht, an Einfluss gewinnen*⟩ • zu (1,2) **Ge·wịn·ner** *der*; zu (1,2) **Ge·wịn·ne·rin** *die*

das **Ge·wirr** [gəˈvɪr]; (-(*e*)*s*) **1** **ein Gewirr von Dingen** viele Fäden, Drähte, Haare o. Ä., die durcheinander und schwer zu ordnen sind **2** **ein Gewirr von Dingen** eine große, verwirrende Menge, welche die Orientierung, das Verständnis o. Ä. schwer macht ⟨*ein Gewirr von Gassen, Stimmen*⟩

**ge·wịss**★ ADJEKTIV (*gewisser, gewissest-*) **1** **(jemandem) gewiss** *nur prädikativ* so, dass es ganz sicher geschehen wird *„Der Sieg ist uns gewiss"* | *„Eins/So viel ist gewiss: Dir helfe ich nie mehr"* **2** *nur adverbiell* mit Sicherheit, ohne Zweifel *„Wenn du dich nicht beeilst, kommst du gewiss zu spät"* **3** *nur attributiv* verwendet, um sich auf eine Person oder Sache zu beziehen, die man nicht näher nennen kann oder will bzw. die dem Gesprächspartner vermutlich bekannt sind *„Eine gewisse Frau Meier, die in der Nelkenstraße wohnt, möchte dich sprechen"* **4** *nur attributiv* nicht sehr deutlich erkennbar, aber trotzdem vorhanden *„Bei den Geschwistern kann man eine gewisse Ähnlichkeit feststellen"*

das **Ge·wịs·sen**★ (-*s*, -); *meist Singular* **1** das Gefühl, ob man moralisch richtig oder falsch gehandelt hat oder ob etwas gut oder böse ist/war ⟨*ein gutes, schlechtes Gewissen haben; das Gewissen beruhigen, erleichtern*⟩ *„Er bekam ein schlechtes Gewissen, als er sah, wie weh er ihr getan hatte"* **2** **ein reines/ruhiges Gewissen** ein gutes Gewissen

**ge·wịs·sen·haft** ADJEKTIV sich der eigenen Verantwortung oder Pflicht bewusst und deswegen sorgfältig und genau *„ein gewissenhafter Mitarbeiter"* | *„etwas gewissenhaft prüfen"*

**ge·wịs·sen·los** ADJEKTIV ohne moralische Bedenken ⟨*ein Betrüger, ein Mörder*⟩ ≈ skrupellos • *hierzu* **Ge·wịs·sen·lo·sig·keit** *die*

**ge·wis·ser·ma·ßen** *ADVERB* in einem gewissen Sinn

die **Ge·wiss·heit** (-) das sichere Wissen in Bezug auf etwas ⟨*sich (Dativ) Gewissheit über etwas (Akkusativ) verschaffen; etwas nicht mit Gewissheit sagen können*⟩ ≈ Sicherheit

das **Ge·wit·ter**★ (-s, -) Wetter mit Blitz und Donner und meist auch starkem Regen und Wind ⟨*ein Gewitter zieht auf, braut sich zusammen, entlädt sich, zieht ab*⟩ *„Gestern Abend gab es ein heftiges Gewitter"* **K** Gewitterfront, Gewitterschauer, Gewitterwolken

**ge·witt·rig** *ADJEKTIV* mit Blitz und Donner ⟨*Regenschauer, Sturmböen*⟩

**ge·wo·ben** *PARTIZIP PERFEKT* → weben

**ge·wo·gen** *PARTIZIP PERFEKT* **1** → wiegen[1]
*ADJEKTIV* **2** **jemandem gewogen** *geschrieben meist prädikativ* mit viel Sympathie für jemanden ⟨*sich jemandem gewogen zeigen*⟩ *„Ihr Chef war ihr sehr gewogen und förderte sie"*

**ge·wöh·nen**★ (*gewöhnte, hat gewöhnt*) **1** **jemanden an etwas** (*Akkusativ*) **gewöhnen** wenn man eine Person oder sich selbst an etwas gewöhnt, kennt sie/man es schließlich so gut, dass es normal oder selbstverständlich wird *„sich an die neue Umgebung gewöhnen"* **2** **etwas gewöhnt sein** ≈ gewohnt • *hierzu* **Ge·wöh·nung** *die*

die **Ge·wohn·heit**★ (-, *-en*) **die Gewohnheit (zu** *+Infinitiv*) eine Verhaltensweise, die durch häufige Wiederholung automatisch und unbewusst geworden ist ⟨*eine alte, feste, liebe, schlechte Gewohnheit; etwas aus reiner Gewohnheit tun; seine Gewohnheiten ändern*⟩ *„Sie hat die Gewohnheit, nach dem Essen einen Cappucino zu trinken"* **K** Gewohnheitstrinker

**ge·wöhn·lich**★ *ADJEKTIV* **1** so wie immer, nicht von der Regel abweichend *„Sie wachte zur gewöhnlichen Zeit auf"* **2** so wie viele andere, nicht auffällig oder besonders ≈ normal • *zu* (2) **Ge·wöhn·lich·keit** *die*

**ge·wohnt**★ *ADJEKTIV* **1** *meist attributiv* vertraut, üblich geworden ⟨*die Umgebung; etwas wie gewohnt tun*⟩ *„Die Dinge gehen ihren gewohnten Gang"* **2** **etwas gewohnt sein** etwas als selbstverständlich ansehen, weil es immer so abläuft oder gemacht wird *„Er war schwere körperliche Arbeit nicht gewohnt"*

das **Ge·wöl·be** (-s, -) **1** eine gemauerte, nach oben runde Decke, meist in einer Kirche, einem Saal oder einem Keller **K** Kreuzgewölbe **2** ein Raum unter der Erde, ohne Fenster und mit Mauern mit einem Gewölbe ⟨*ein dumpfes, feuchtes, finsteres, muffiges Gewölbe*⟩

**ge·wollt** *ADJEKTIV* absichtlich und deswegen oft unnatürlich oder übertrieben *„ein gewollt lockeres Benehmen"*

**ge·won·nen** *PARTIZIP PERFEKT* → gewinnen

**ge·wor·ben** *PARTIZIP PERFEKT* → werben

**ge·wor·den** *PARTIZIP PERFEKT* → werden

**ge·wor·fen** *PARTIZIP PERFEKT* → werfen

das **Ge·wühl** (-(*e*)*s*) ein Durcheinander von vielen Menschen oder Tieren, die sich auf engem Raum hin und her bewegen

**ge·wun·den** *PARTIZIP PERFEKT* → winden

**ge·wun·ken** *PARTIZIP PERFEKT*; *gesprochen* → winken

das **Ge·würz**★ (*-es, -e*) eine Substanz (wie z. B. Salz oder Pfeffer), die man in kleinen Mengen zum Essen gibt, damit es einen besonderen Geschmack bekommt ⟨*ein getrocknetes, exotisches, mildes, scharfes Gewürz*⟩ **K** Gewürzmischung

**ge·wusst** *PARTIZIP PERFEKT* → wissen

**gez.** als Abkürzung für *gezeichnet* verwendet, wenn ein vervielfältigtes Schreiben nicht von Hand unterschrieben ist

die **Ge·zei·ten** *Plural* das Auf und Ab des Meeresspiegels an der Küste **K** Gezeitenwechsel

**ge·zielt** *ADJEKTIV* auf ein Ziel oder einen Zweck ausgerichtet ⟨*ein Schuss, eine Frage, Maßnahmen, eine Suche*⟩ *„Sie ging bei ihrer Suche gezielt vor"*

**ge·zo·gen** *PARTIZIP PERFEKT* → ziehen

**ge·zwun·gen** *PARTIZIP PERFEKT* **1** → zwingen
*ADJEKTIV* **2** nicht spontan und deshalb nicht natürlich wirkend *„Mit einem gezwungenen Lächeln begrüßte sie die Gäste"*

**ge·zwun·ge·ner·ma·ßen** *ADVERB* nicht freiwillig, sondern weil man muss oder nicht anders kann *„Da ich kein Auto habe, muss ich gezwungenermaßen mit dem Bus fahren"*

**ggf.** Abkürzung für *gegebenenfalls*

**gibt** *Präsens, 3. Person Singular* → geben

die **Gicht** (-) eine Krankheit, bei der sich die Gelenke entzünden (und verformen) ≈ Arthritis

der **Gie·bel** (-s, -) der obere, dreieckige Teil der Wand an der schmalen Seite eines Hauses *„ein Haus mit einem spitzen Giebel"* **K** Giebelfenster, Giebelseite

die **Gier**★ (-) **die Gier (nach etwas)** ein unvernünftig heftiges und unkontrolliertes Verlangen, etwas zu haben oder zu bekommen ⟨*unersätt-*

G

*liche, maßlose, grenzenlose Gier〉 „die grenzenlose Gier nach Macht und Reichtum"*

**gie·rig★** *ADJEKTIV* **gierig (auf etwas** *(Akkusativ)***/nach etwas)** voller Gier 〈*ein Mensch; Blicke; etwas gierig verschlingen; gierig essen, trinken*〉 *„gierig nach Geld und Ruhm sein"*

**-gie·rig** *im Adjektiv, unbetont, begrenzt produktiv* **geldgierig, goldgierig, machtgierig, mordgierig, profitgierig, rachgierig, raffgierig** *und andere* voll Gier, die genannte Sache zu tun, zu bekommen oder zu erleben

**gie·ßen★** *(goss, hat gegossen)* **1** **etwas irgendwohin gießen** eine Flüssigkeit aus einem Gefäß irgendwohin fließen lassen (indem man das Gefäß neigt) *„Vanillesoße über den Pudding gießen"* **2** **etwas gießen** Glocken, Kerzen usw. werden gegossen, indem man das Metall, Wachs o. Ä. flüssig macht und in einer Form wieder fest werden lässt **3** **(etwas) gießen** Blumen oder anderen Pflanzen (mit einer Gießkanne) Wasser geben **4** **es gießt** *gesprochen* es regnet sehr stark

die **Gieß·kan·ne** ein Behälter (eine Kanne) mit einem langen Rohr, mit dem man die Pflanzen (im Haus und im Garten) gießt

das **Gift★** *(-(e)s, -e)* **1** eine chemische Substanz, die dem Organismus stark schadet und tödlich sein kann *„Das Gift von Klapperschlangen ist für Menschen sehr gefährlich"* **K** Giftgas, Giftschlange, Giftzahn; Rattengift **2** **Gift (für jemanden/etwas)** eine Substanz, Sache oder Situation, die einer Person oder Sache sehr schadet *„Das lange Sitzen ist pures/das reinste Gift für meinen Rücken"*

**gif·tig★** *ADJEKTIV* **1** Gift enthaltend 〈*eine Pflanze, ein Pilz*〉 **2** so, dass sie beim Beißen, Stechen o. Ä. Gift von sich geben 〈*Schlangen, Skorpione*〉 **3** mit Stoffen, die (meist für die Gesundheit) schädlich sind 〈*Dämpfe, Abwässer*〉

der **Gi·gant** *(-en, -en); geschrieben* **1** ≈ Riese **2** etwas von außergewöhnlicher Größe • *zu* (2)

**gi·gan·tisch** *ADJEKTIV*

**gilt** *Präsens, 3. Person Singular* → gelten

**ging** *Präteritum, 1. und 3. Person Singular* → gehen

der **Gip·fel★** *(-s, -)* **1** die oberste Spitze eines Berges 〈*einen Gipfel besteigen, bezwingen, mit letzter Kraft erreichen*〉 **2** Verhandlungen von Regierungen auf höchster Ebene *„Der Gipfel über Klimaprobleme findet nächste Woche in Brüssel statt"* **K** Gipfelkonferenz, Gipfeltreffen; Wirtschaftsgipfel **ID** **Das ist (doch) der Gipfel!** *gesprochen* Das ist eine Unverschämtheit!

**gip·feln** *(gipfelte, hat gegipfelt)* **etwas gipfelt in etwas** *(Dativ) geschrieben* eine Handlung oder Situation erreicht auf die genannte Weise einen (oft negativen) Höhepunkt *„Seine Rede gipfelte in einem Aufruf an alle Mitglieder zum Streik"* | *„Die Demonstration gipfelte schließlich in einer gewalttätigen Auseinandersetzung zwischen Demonstranten und Polizei"*

der **Gips** *(-es)* **1** ein weißgraues Mineral **i** chemischer Fachausdruck: *Kalziumsulfat* **2** ein Pulver aus Gips, das zusammen mit Wasser eine Masse gibt und schnell hart wird. Mit Gips füllt man vor allem Löcher in einer Wand oder stellt Formen her 〈*Gips anrühren; der Gips bindet schnell ab*〉 *„ein Loch mit Gips zuspachteln"* **K** Gipsabdruck, Gipsfigur **3** Kurzwort für *Gipsverband* 〈*einen Gips (am Arm, am Bein) haben*〉

der **Gips·ver·band** ein Verband aus Binden, die in Gips getränkt sind, der dann hart wird. Er wird verwendet, um einen verletzten oder gebrochenen Körperteil ruhig zu stellen

die **Gi·raf·fe** *(-, -n)* ein großes Säugetier mit braunen Flecken, langen Beinen und einem sehr langen Hals, das in Afrika lebt und Pflanzen frisst

die **Gir·lan·de** *(-, -n)* eine lange Kette aus Papier, Blumen o. Ä., mit der man Säle, Häuser oder Straßen festlich schmückt **K** Girlandenschmuck

das **Gi·ro·kon·to** ['ʒiː-] ein Bankkonto mit sehr niedrigen Zinsen, von dem jederzeit Geld abgehoben werden kann oder auf das Geld überwiesen werden kann *„Der Lohn wird jeden Monat auf das Girokonto überwiesen"*

die **Gischt** *(-)* der Schaum und das sprühende Wasser, die sich oben auf Wellen bilden

die **Gi·tar·re★** *(-, -n)* das Musikinstrument mit sechs Saiten, das in der Popmusik wichtig ist 〈*Gitarre spielen; jemanden auf der Gitarre begleiten; zur Gitarre singen*〉 *„am Lagerfeuer Gitarre spielen"* **K** Gitarrenspieler, Gitarrenverstärker; Bassgitarre, E-Gitarre

das **Git·ter★** *(-s, -)* Gitter bestehen aus Stangen oder Draht und versperren Öffnungen so, dass noch Luft oder Wasser hindurchkommt **K** Gitterfenster, Gitterstab, Gitterzaun **ID** **hinter Gitter/Gittern** ins/im Gefängnis

die **Glace** [glas]; *(-, -n)*; (CH) ≈ Speiseeis, Eiscreme

der **Glanz★** *(-es)* **1** **der Glanz** *+Genitiv***/von etwas** das Licht, das von einem glatten Gegenstand zurückgestrahlt wird 〈*der Glanz eines*

*Diamanten⟩* K Glanzpapier **2** das Leuchten ⟨*der Glanz der Sterne*⟩ K Lichterglanz **3** **der Glanz** *+Genitiv* das sehr Positive, das etwas an sich hat ⟨*der Glanz der Jugend, der Schönheit, des Ruhmes, des Sieges*⟩

**glän·zen**★ (*glänzte, hat geglänzt*) **1** **etwas glänzt** etwas Glattes leuchtet im Licht ⟨*Gold, ein Spiegel, die Wasseroberfläche, die Augen, die Haare*⟩ **2** **jemand glänzt** jemand wird für eine Eigenschaft oder Fähigkeit bewundert *„Sie glänzte durch ihre Schönheit und ihr Wissen"*

**glän·zend**★ *ADJEKTIV* sehr gut, hervorragend ⟨*ein Redner, eine Idee; sich (mit jemandem) glänzend verstehen; glänzend aufgelegt sein*⟩ *„Mir geht es glänzend"*

das **Glas**★ (*-es, Glä·ser*) **1** *nur Singular* ein durchsichtiges, hartes Material, das leicht zerbricht und aus dem man z. B. Fensterscheiben und Flaschen herstellt K Glasperle, Glasscheibe, Glasscherbe, Glassplitter, Glastür **2** ein Gefäß aus Glas, aus dem man kalte Getränke trinkt *„Sie stießen mit ihren Gläsern auf sein Wohl an"* K Bierglas, Wasserglas, Weinglas **3** die Menge eines Getränks, die in ein Glas passt ⟨*ein Glas einschenken, austrinken*⟩ *„ein Glas kalte Milch"* ℹ Als Mengenangabe wird auch *Glas* als Plural verwendet: *drei Glas/Gläser Cola trinken.* **4** ein Gefäß aus Glas für Vorräte bzw. die Menge, die in diesem Gefäß ist *„ein Glas Essiggurken öffnen"* | *„Ich habe heute fünf Gläser Marmelade/ Apfelmus eingekocht"* **5** *meist Plural* ein geschliffenes Stück Glas für eine Brille *„eine Brille mit dicken Gläsern"*

der **Gla·ser** (*-s, -*) ein Handwerker, der Glasscheiben zuschneidet und einsetzt o. Ä. K Glasermeister

die **Gla·sur** (*-, -en*) **1** die glatte, glänzende Oberfläche von Dingen aus Porzellan oder Keramik **2** eine glatte Schicht aus geschmolzenem Zucker oder Schokolade auf Kuchen usw. K Schokoladenglasur, Zuckerglasur

**glatt**★ *ADJEKTIV* (*glatter/glätter, glattest-/ glättest-*) **1** ohne Löcher, Risse oder Erhebungen ⟨*eine Oberfläche*⟩ ↔ rau **2** ohne Falten, Wellen oder Unebenheiten *„glattes Haar haben"* **3** drückt aus, dass Zahlen keine Stellen nach dem Komma haben oder dass sie Nullen am Ende haben ⟨*eine Zahl, eine Summe, ein Betrag*⟩ ≈ rund *„glatte fünf Prozent"* also 5,0 % und nicht z. B. 4,97 oder 5,1 **4** *meist attributiv* ohne Schwierigkeiten oder Probleme ⟨*eine Fahrt, Landung; etwas verläuft glatt*⟩ ℹ → auch **glattgehen** **5** *gesprochen meist attributiv* so, dass es jeder sofort sehen und erkennen kann ⟨*etwas ist glatter Betrug, glatter Blödsinn, eine glatte Lüge*⟩

*PARTIKEL betont und unbetont* **6** *gesprochen* verwendet, um Erstaunen über etwas auszudrücken ≈ tatsächlich *„Stell dir vor, er hat das glatt geglaubt!"*

die **Glät·te** (*-*) **1** der Zustand, wenn Straßen glatt sind, weil sich Eis gebildet hat *„bei Nässe oder Glätte ins Schleudern kommen"* K Eisglätte; Straßenglätte **2** der Zustand, wenn Oberflächen keine Unebenheiten, Risse, Wellen, falten usw. haben *„die polierte Glätte des Tisches"*

das **Glatt·eis**★ *nur Singular* eine glatte Eisschicht auf Straßen und Wegen *„Bei Glatteis muss man vorsichtig bremsen, um nicht ins Rutschen zu kommen"* K Glatteisbildung, Glatteisgefahr

**glät·ten** (*glättete, hat geglättet*) **etwas glätten** etwas, das nicht eben ist oder Falten hat, glatt machen *„ein zerknülltes Stück Papier glätten"* | *„einen zerknitterten Stoff mit dem Bügeleisen glätten"*

**glatt·ge·hen** (*ging glatt, ist glattgegangen*) **etwas geht glatt** *gesprochen* etwas verläuft ohne Probleme *„Wenn alles glattgeht, sind wir in einer Stunde zu Hause"*

die **Glat·ze** (*-, -n*) eine Kopfhaut ohne Haare

der **Glau·be**★ (*-ns*) **1** **der Glaube (an etwas)** die feste Überzeugung, dass jemand/etwas existiert oder dass etwas wahr, richtig oder möglich ist ⟨*den Glauben an jemanden/etwas verlieren; jemandem/jemandes Worten (keinen) Glauben schenken*⟩ *„der Glaube an das Gute im Menschen"* **2** der Glaube an einen oder mehrere Götter, an Rituale, an Gebote usw. ⟨*der christliche, jüdische Glaube*⟩ ≈ Religion K Glaubensgemeinschaft **3** **der Glaube (an Gott)** die religiöse Überzeugung, dass es einen Gott gibt ⟨*seinen Glauben bekennen, verlieren, wiederfinden*⟩

**glau·ben**★ (*glaubte, hat geglaubt*) **1** **(etwas) glauben** die genannte Meinung zu etwas haben *„Ich glaube, dass er kommen wird"* | *„Wird es regnen?" – „Ich glaube nicht/schon"* ℹ → auch **annehmen** **2** **jemandem (etwas) glauben; (jemandem) etwas glauben; einer Sache** (*Dativ*) **glauben** das, was jemand gesagt oder behauptet hat, für wahr halten *„Sie glaubte ihm nicht/kein Wort"* | *„Ich kann einfach nicht glauben, dass er das machen wollte"* **3** **an etwas** (*Akkusativ*) **glauben** der Meinung

G

sein, dass etwas möglich ist, existieren oder geschehen wird *„an den Sieg glauben"* | *„Ich glaube nicht an Wunder!"* **4** **an jemanden glauben** Vertrauen zu einer Person haben und überzeugt sein, dass sie das Richtige tut **5** **an (einen) Gott glauben** fest davon überzeugt sein, dass (ein) Gott existiert

das **Glau·bens·be·kennt·nis** die wichtigsten religiösen Prinzipien, meist in der Art eines Gebets ⟨*das Glaubensbekenntnis sprechen, ablegen*⟩ ≈ Kredo

G

**glaub·haft** *ADJEKTIV* so, dass es einen Sinn ergibt und man es jemandem glauben kann ⟨*Argumente, ein Zeuge; etwas glaubhaft darstellen, versichern*⟩ ≈ überzeugend *„Seine Entschuldigung klingt nicht glaubhaft"* • *hierzu* **Glaub·haf·tig·keit** *die*

**gläu·big** *ADJEKTIV* von der Lehre einer Religionsgemeinschaft überzeugt ⟨*ein Christ, ein Hindu, ein Jude, ein Moslem usw.*⟩ ≈ fromm **K** andersgläubig, strenggläubig

**glaub·wür·dig** *ADJEKTIV* ⟨*ein Zeuge, ein Bericht*⟩ so, dass man ihnen glauben kann • *hierzu* **Glaub·wür·dig·keit** *die*

**gleich**★ *ADJEKTIV* VERGLEICHBAR: **1** ohne Unterschied in Größe, Form, Zahl, Art o. Ä. übereinstimmend *„einen Kuchen in zwölf gleiche Teile schneiden"* | *„Christa und ich sind gleich groß und gleich alt"* **2** sehr ähnlich, in vielen Merkmalen übereinstimmend *„Solche Feste laufen immer gleich ab"* IDENTISCH: **3** **(ist) gleich** ist identisch mit, ergibt *„Zwei plus drei (ist) gleich fünf"* **4** *gesprochen meist attributiv* drückt aus, dass es sich nur um eine einzige Person oder Sache handelt, nicht um mehrere verschiedene ≈ derselbe/dieselbe/dasselbe *„Wir sind im gleichen Jahr geboren"* UNVERÄNDERT: **5** in keiner Weise verändert *„Der Umsatz ist in den letzten Jahren praktisch gleich geblieben"* EGAL: **6** **etwas ist jemandem gleich** *gesprochen* etwas ist nicht interessant, wichtig o. Ä. für jemanden ≈ egal *„Es sollte dir nicht gleich sein, was er von dir denkt"* *ADVERB* ZEITLICH, RÄUMLICH: **7** in sehr kurzer Zeit ≈ sofort *„Sie hat den Arzt angerufen, und er ist gleich gekommen"* **8** in unmittelbarer Nähe *„Die Bäckerei ist gleich um die Ecke"* *PARTIKEL* **9** *unbetont* drückt in Fragesätzen aus, dass man sich nur im Augenblick nicht an etwas erinnern kann, was man eigentlich weiß *„Wie war doch gleich ihre Telefonnummer?"* **10** *betont und unbetont* drückt Ärger darüber aus, dass eine andere Person einer Aussage nicht geglaubt hat oder nicht das tut, was man von ihr wünscht *„Ich habe dir doch gleich gesagt, dass das nicht geht!"* **11** *unbetont* etwas ist überraschend viel *„Die Hemden haben mir so gut gefallen, da habe ich gleich fünf davon gekauft"*

**gleich·alt·rig** *ADJEKTIV* im gleichen Alter ⟨*Freunde*⟩

**gleich·ar·tig** *ADJEKTIV* von der gleichen Art ⟨*Probleme, Situationen*⟩

**gleich·be·rech·tigt**★ *ADJEKTIV* **1** mit den gleichen Rechten *„In unserer Firma sind alle Partner gleichberechtigt"* **2** (in Bezug auf eine Frau) mit den gleichen Rechten wie der Mann • *hierzu* **Gleich·be·rech·ti·gung** *die*

**glei·chen**★ (*glich, hat geglichen*) **jemandem/etwas (in etwas** (*Dativ*)**) gleichen** einer Person oder Sache im Aussehen oder einer anderen Eigenschaft sehr ähnlich oder fast identisch sein *„Er gleicht seinem Vater nicht nur äußerlich, sondern auch in seinem Temperament"* | *„Die Zwillinge gleichen sich/einander wie ein Ei dem anderen"*

**glei·cher·ma·ßen** *ADVERB* im gleichen Grad oder Maß *„Sie ist bei ihren Kollegen wie bei ihren Vorgesetzten gleichermaßen beliebt"*

**gleich·falls**★ *ADVERB* verwendet, um einen Wunsch oder einen Gruß zu erwidern ≈ ebenfalls *„Schönen Tag noch!" – „Danke gleichfalls!"*

**gleich·för·mig** *ADJEKTIV* ohne Änderung oder Abwechslungen (über längere Zeit), in gleicher Weise *„Bei der Gymnastik gleichförmige Bewegungen machen"* | *„Die stundenlange gleichförmige Arbeit macht mich krank"* • *hierzu* **Gleich·för·mig·keit** *die*

das **Gleich·ge·wicht**★ (-(*e*)*s*) **1** der Zustand, wenn eine Person oder Sache so steht o. Ä., dass sie nicht kippt oder umfällt ⟨*im Gleichgewicht sein; das Gleichgewicht halten, verlieren; aus dem Gleichgewicht kommen*⟩ ≈ Balance **K** Gleichgewichtslage, Gleichgewichtssinn **2** eine innere Ruhe und Gelassenheit *„sich nicht so leicht aus dem (seelischen) Gleichgewicht bringen lassen"* **3** der Zustand, dass vor allem von Gegnern keiner deutlich stärker ist als der andere ⟨*das militärische, kräftemäßige Gleichgewicht*⟩ **4** **das ökologische Gleichgewicht** das natürliche Verhältnis zwischen den verschiedenen Bestandteilen und Phänomenen der Umwelt ⟨*das ökologische Gleichgewicht stärken*⟩

**gleich·gül·tig** ★ *ADJEKTIV* **1** ohne Interesse *„ein gleichgültiger Schüler"* **2** **jemandem gleichgültig** für jemanden völlig unwichtig *„(Es ist mir) gleichgültig, ob du mitkommst, wir gehen auf jeden Fall ins Kino"* • hierzu **Gleich·gül·tig·keit** *die*

die **Gleich·heit** (-) **1** die Situation, wenn es keinen (großen) Unterschied zwischen mehreren Personen oder Dingen gibt **2** die Situation, wenn alle die gleichen Rechte haben, die Gesetze oder Regeln gerecht sind *„die Gleichheit aller Menschen vor dem Gesetz"*

**gleich·ma·chen** (*machte gleich, hat gleichgemacht*) **Dinge gleichmachen; etwas einer Sache** (*Dativ*) **gleichmachen** die Unterschiede zwischen verschiedenen Sachverhalten oder Dingen beseitigen *„Die Geschlechter sollen gleichberechtigt sein, nicht gleichgemacht"*

**gleich·mä·ßig** ★ *ADJEKTIV* **1** so, dass man den Rhythmus, den Druck, das Tempo o. Ä. dabei nicht ändert *„sich in gleichmäßigem Tempo bewegen"* **2** zu gleichen Teilen oder im gleichen Ausmaß *„die Torte gleichmäßig mit Glasur bestreichen"* • hierzu **Gleich·mä·ßig·keit** *die*

das **Gleich·nis** (*-ses, -se*) eine (meist religiöse) Erzählung, deren Aussage mithilfe von Vergleichen dargestellt wird ⟨*in Gleichnissen reden; etwas durch ein Gleichnis veranschaulichen*⟩ ≈ Parabel *„das Gleichnis vom verlorenen Sohn"*

**gleich·se·hen** (*sieht gleich, sah gleich, hat gleichgesehen*) **jemandem gleichsehen** so aussehen wie eine andere Person *„Er sieht seinem Vater gleich"*

**gleich·set·zen** (*setzte gleich, hat gleichgesetzt*) **etwas mit einer Sache** (*Dativ*) **gleichsetzen; Dinge gleichsetzen** zwei oder mehrere Dinge als gleich ansehen • hierzu **Gleich·set·zung** *die*

der **Gleich·stand** *meist Singular* die Situation im sportlichen Wettkampf, in der beide Gegner die gleiche Anzahl von Punkten oder Toren erreicht haben *„Bei Gleichstand nach 90 Minuten wird das Spiel verlängert"*

**gleich·stel·len** (*stellte gleich, hat gleichgestellt*) **eine Person/Sache (mit) jemandem/etwas gleichstellen; Personen/Dinge gleichstellen** zwei oder mehreren Personen oder Sachen die gleiche Bedeutung zumessen, als gleichwertig ansehen oder gleich behandeln *„die Arbeiter (mit) den Angestellten finanziell gleichstellen"* • hierzu **Gleich·stel·lung** *die*

**gleich·wer·tig** *ADJEKTIV* von gleichem Wert, gleicher Bedeutung oder gleichem Rang ⟨*Gegner; Partner*⟩ *„Der neue Kollege ist kein gleichwertiger Ersatz für seinen Vorgänger"* • hierzu **Gleich·wer·tig·keit** *die*

**gleich·zei·tig** ★ *ADJEKTIV meist attributiv* zur gleichen Zeit (stattfindend) *„Ich kann doch nicht fünf Dinge gleichzeitig machen!"* • hierzu **Gleich·zei·tig·keit** *die*

das **Gleis** ★ (*-es, -e*) die zwei Schienen, auf denen Züge, Straßenbahnen oder U-Bahnen fahren ⟨*Gleise verlegen*⟩ *„Der Zug fährt/läuft auf Gleis 3 ein"* **K** Gleisanlage; Eisenbahngleis, Straßenbahngleis

**glei·ten** ★ (*glitt, ist geglitten*) **1** **jemand/etwas gleitet über etwas** (*Akkusativ*) jemand/etwas bewegt sich leicht und ohne Mühe über eine Fläche *„Die Schlittschuhläufer glitten über das Eis"* **K** Gleitfläche **2** **ein Vogel/etwas gleitet irgendwo(hin)** wenn Vögel oder Dinge durch die Luft gleiten, werden sie von der Luft getragen und setzen keine eigene Kraft ein, um zu fliegen ⟨*ein Adler, ein Drachenflieger*⟩ **K** Gleitflug **3** **jemand/etwas gleitet irgendwohin** jemand/etwas bewegt sich mit einer einzigen, fließenden Bewegung irgendwohin *„Er ließ sich vom Rand des Schwimmbeckens ins Wasser gleiten"*

die **Gleit·zeit** *meist Singular* gleitende Arbeitszeit → Arbeitszeit **K** Gleitzeitregelung

der **Glet·scher** (*-s, -*) eine große Masse von Eis im hohen Gebirge oder weit im Norden und Süden der Erde **K** Gletschereis, Gletscherspalte

**glich** *Präteritum, 1. und 3. Person Singular* → gleichen

das **Glied** ★ (*-(e)s, -er*) **1** ein beweglicher Körperteil bei Menschen und Tieren, vor allem ein Arm oder ein Bein *„Er hatte Rheuma und ständig Schmerzen in allen Gliedern"* **2** ein Teil eines Fingers oder Zehs zwischen zwei Gelenken **K** Fingerglied, Zehenglied **3** das Geschlechtsorgan des Mannes ≈ Penis **4** einer der Ringe, die eine Kette bilden **K** Kettenglied **5** Subjekt, Prädikat, Objekt usw. sind Glieder eines Satzes mit eigener Funktion **K** Satzglied

**glie·dern** ★ (*gliederte, hat gegliedert*) **1** **etwas (in etwas** (*Akkusativ*)**) gliedern** wenn man etwas gliedert, unterscheidet man sinnvolle einzelne Teile oder Abschnitte *„Der Bericht ist in fünf Kapitel gegliedert"* **2** **etwas gliedert sich in etwas** (*Akkusativ*) etwas besteht aus verschiedenen einzelnen Teilen oder Abschnitten *„Dieser Satz gliedert sich in Haupt- und Nebensatz"*

die **Glie·de·rung★** (-, *-en*) **1** das Einteilen in einzelne Abschnitte o. Ä. **2** die Art, wie etwas aus verschiedenen Teilen zusammengesetzt ist ≈ Struktur *„die Gliederung einer gotischen Kathedrale in das Hauptschiff und die Nebenschiffe"* **3** ein Plan in Stichworten, aus welchen Abschnitten ein Text bestehen soll oder besteht *„Die Schüler müssen zu ihrem Aufsatz zuerst eine Gliederung anfertigen"*

die **Glied·ma·ßen** *Plural* die Glieder von Menschen oder Tieren

**glim·men** (*glimmte, hat geglimmt*) **etwas glimmt** etwas brennt schwach und ohne Flamme *„Im Ofen glimmen noch Reste des Feuers"* **i** In der geschriebenen Sprache werden auch die Formen *glomm, hat geglommen* verwendet.

**glimpf·lich** *ADVERB* ohne (großen) Schaden oder Nachteil ⟨*glimpflich davonkommen; etwas läuft glimpflich ab*⟩

**glit·schig** *ADJEKTIV; gesprochen* feucht und glatt ⟨*ein Fisch, ein Frosch, die Seife*⟩ *„Nach dem Regen waren die Wege im Wald ganz glitschig"*

**glitt** *Präteritum, 1. und 3. Person Singular* → gleiten

**glit·zern** (*glitzerte, hat geglitzert*) **etwas glitzert** etwas leuchtet in vielen Lichtreflexen immer wieder hell ⟨*die Sterne, der Schnee, das Wasser, Diamanten*⟩ *„Die Regentropfen glitzerten im Sonnenlicht"*

**glo·bal★** *ADJEKTIV; geschrieben* **1** die ganze Erde umfassend, auf alle ihre Länder, Staaten bezogen *„Für die Umweltprobleme müssen globale Lösungen gefunden werden"* **2** sehr groß ⟨*ein Wissen*⟩ **3** *oft abwertend meist adverbiell* ohne ins Detail zu gehen ⟨*global gesehen*⟩ ≈ allgemein

die **Glo·ba·li·sie·rung** die Ausdehnung eines Zustands, Systems o. Ä. auf die ganze Erde ⟨*die Globalisierung der Märkte, der Wirtschaft*⟩

der **Glo·bus** (-(*ses*), *-se/geschrieben Glo·ben*) eine Kugel, auf welcher die Landkarte der Erde, des Monds o. Ä. gemalt ist und die man um ihre eigene Achse drehen kann

die **Glo·cke★** (-, *-n*) **1** ein Becher aus Metall mit einem Stab (dem Klöppel) in der Mitte. Glocken läuten, wenn man sie bewegt ⟨*eine bronzene Glocke; Glocken gießen; eine Glocke klingt, läutet,* (*er*)*tönt*⟩ **K** Glockengeläut(e), Glockenschlag; Kirchenglocke, Kuhglocke **2** etwas mit der Form einer Glocke, z. B. eine Blüte *„die Glocken der Narzissen"* **3** ein akustisches Signal (wie) von einem Gong oder einer Klingel *„Die Glocke läutet zur Pause"* **K** Alarmglocke

das **Glück★** (-(*e*)*s*) **1** Umstände oder Zufälle, auf die man keinen Einfluss hat und die einen Vorteil oder Erfolg bringen ⟨*großes, unverdientes, unverschämtes Glück;* (*kein, wenig, viel*) *Glück* (*in der Liebe, im Spiel*) *haben; etwas bringt jemandem Glück; jemandem* (*viel*) *Glück für/zu etwas wünschen*⟩ ↔ Pech *„Er hat noch einmal Glück gehabt. Der Unfall hätte schlimmer ausgehen können!"* **2** ein psychischer Zustand, in dem man große Freude oder Zufriedenheit empfindet ⟨*ein dauerndes, kurzes, tiefes, stilles, ungetrübtes, verlorenes Glück*⟩ *„Wir wollen das Glück des jungen Ehepaars nicht stören"* **K** Glücksgefühl; Familienglück **ID** **zum Glück** glücklicherweise; **Glück im Unglück haben** bei einem Unfall o. Ä. nicht so schwer verletzt o. Ä. werden, wie es hätte sein können

**glü·cken** (*glückte, ist geglückt*) **etwas glückt jemandem** etwas gelingt jemandem nach Wunsch *„Ihm glückt alles, was er anfängt"*

**glück·lich★** *ADJEKTIV* **1** **glücklich (über etwas** (*Akkusativ*)) von großer Freude oder Zufriedenheit erfüllt ⟨*ein Ehepaar, eine Familie, eine Mutter, eine Zeit; jemanden glücklich machen*⟩ *„Sie waren 40 Jahre lang glücklich verheiratet"* **2** *meist attributiv* so, dass jemand Glück hat und kein Pech ⟨*ein Umstand, ein Zufall*⟩ *„der glückliche Gewinner des Preisausschreibens"*

**glück·li·cher·wei·se** *ADVERB* durch einen günstigen Umstand oder Zufall *„Glücklicherweise wurde bei dem Unfall niemand verletzt"*

**glück·se·lig** *ADJEKTIV* sehr glücklich über die Situation, in der man ist • *hierzu* **Glück·se·lig·keit** *die*

der **Glücks·pilz** *gesprochen* eine Person, die (oft und überraschend) Glück hat

die **Glücks·sa·che** **etwas ist (reine) Glückssache** man kann etwas nicht beeinflussen, weil es von einem günstigen Zufall abhängt

der **Glück·wunsch★** **ein Glückwunsch (zu etwas)** mit Glückwünschen sagt man einer Person, dass man sich mit ihr über einen Erfolg oder ein schönes Ereignis freut *„Herzlichen Glückwunsch zum Geburtstag!"* | *„Herzlichen*

*Dank für die vielen Glückwünsche und Geschenke zu unserer Hochzeit!"* **K** Glückwunschkarte

die **Glüh·bir·ne**★ dünnes Glas mit der Form einer Birne, das man in eine Lampe schraubt, damit sie leuchtet

**glü·hen** ['gly:ən] (*glühte, hat geglüht*) **1** **etwas glüht** etwas brennt ohne Flamme und Rauch rot (bzw. bei sehr hohen Temperaturen weiß) *„Unter der Asche glühen die Kohlen noch"* **2** **etwas glüht (vor etwas** (*Dativ*)**)** ein Körperteil wird rot und heiß, weil jemand Fieber hat, aufgeregt ist o. Ä. ⟨*jemandes Gesicht, jemandes Ohren, jemandes Stirn, jemandes Wangen*⟩ *„Ihr Gesicht glühte vor Eifer"* **3** **vor etwas** (*Dativ*) **glühen** *geschrieben* ein Gefühl intensiv erleben ⟨*vor Begeisterung, Erregung, Freude glühen*⟩

**glü·hend** ['gly:ənt] *ADJEKTIV* **1** sehr stark oder intensiv ⟨*ein Verlangen, ein Wunsch, Liebe, Hass*⟩ **2** **glühend heiß** sehr heiß

die **Glüh·lam·pe** ≈ Glühbirne

der **Glüh·wein** ein heißes Getränk aus Rotwein, Zucker und Gewürzen

die **Glut** (-, -*en*) **1** *meist Singular* die rote, glühende Masse, die übrig bleibt, wenn z. B. Holz oder Kohle mit heller Flamme verbrannt ist ⟨*die Glut schüren, wieder anfachen, löschen*⟩ *„Unter der Asche glimmt noch Glut"* **2** *nur Singular* eine sehr große Hitze *„die sengende Glut der Sonne Afrikas"* **K** Gluthitze

das **Glu·ten** (-*s*) eine Substanz in den meisten Sorten von Getreide, die manche Menschen nicht vertragen *„Simon kann keine Nudeln essen, die enthalten Gluten"* • *hierzu* **glu·ten·frei** *ADJEKTIV*

die **GmbH** [ge:ɛmbe:'ha:]; (-, -*s*) Abkürzung für *Gesellschaft mit beschränkter Haftung* → Gesellschaft

die **Gna·de**★ (-, -*n*) **1** *nur Singular* der Vorgang, wenn eine Person aus Mitleid oder Großzügigkeit gar nicht oder nicht so bestraft wird, wie sie es verdient hätte ⟨(*jemanden*) *um Gnade bitten; um Gnade flehen; Gnade walten lassen*⟩ **K** Gnadengesuch **2** *nur Singular* die Vorstellung im christlichen Glauben, dass Gott alle Sünden verzeiht ⟨*die Gnade Gottes*⟩ • *zu* (1) **gna·den·los** *ADJEKTIV*

die **Gna·den·frist** **ID** **jemandem eine Gnadenfrist einräumen/gewähren** jemandem zum letzten Mal eine Frist verlängern, bis zu der etwas getan werden muss

**gnä·dig** *ADJEKTIV* **1** *oft ironisch* verwendet, um zu sagen, dass der Sprecher ein Verhalten für herablassend und arrogant hält *„Es ist wirklich zu gnädig von dir, dass du mir hilfst!"* | *„Sie war so gnädig, es mir zu sagen"* **2** die Bereitschaft Gottes oder einer Autorität, nicht oder nur milde zu strafen ⟨*ein Richter*⟩ *„Es beschütze uns der gnädige Gott!"*

der **Go·ckel** (-*s*, -); *süddeutsch* Ⓐ ≈ Hahn

das **Gold**★ (-(*e*)*s*) **1** ein wertvolles Metall mit gelblichem Glanz, aus dem man vor allem Münzen und Schmuck macht ⟨*echtes, massives, pures, reines Gold; Gold suchen; nach Gold graben, schürfen*⟩ *„ein Armband aus reinem Gold"* | *„Gold waschen"* mithilfe von Wasser von anderen Substanzen trennen **K** Goldbarren, Goldkette, Goldmünze, Goldzahn; goldgelb **i** chemisches Zeichen: *Au* **2** ein Gegenstand, meist ein Schmuckstück, aus Gold *„Aus dem Juwelierladen wurden Gold und Edelsteine im Wert von mehreren tausend Euro geraubt"* **3** *ohne Artikel* eine Medaille aus Gold, die der Sieger in einem wichtigen Wettkampf bekommt ⟨*olympisches Gold; Gold gewinnen, holen*⟩ ≈ Goldmedaille **K** Goldmedaille

**gol·den**★ *ADJEKTIV* **1** *meist attributiv* aus Gold bestehend oder gemacht ⟨*ein Armband, ein Becher, ein Ring, eine Uhr*⟩ **2** mit der Farbe und dem Glanz von Gold ⟨*Haar, die Sonne, die Sterne; etwas glänzt, scheint, schimmert golden*⟩ **3** so ideal, dass etwas immer passt oder gilt ⟨*die Mitte, der Mittelweg, eine Regel*⟩

der **Gold·fisch** ein kleiner Fisch von gelblicher bis rötlicher Farbe, den man gern in Zierteichen und Aquarien hält **K** Goldfischteich

die **Gold·gru·be** meist ein Geschäft oder ein Unternehmen, mit dem man viel Geld verdient *„Sein Restaurant ist eine wahre Goldgrube"*

**gold·rich·tig** *ADJEKTIV; gesprochen* völlig richtig, sehr gut *„Die Entscheidung war goldrichtig"*

der **Golf**[1]; (-(*e*)*s*, -*e*) eine große Meeresbucht *„der Persische Golf"* | *„der Golf von Mexiko"* **i** meist in geografischen Eigennamen verwendet

das **Golf**[2]; (-*s*) eine Sportart, bei der man versucht, mit einem Schläger einen kleinen, harten Ball mit möglichst wenigen Schlägen in eine festgelegte Anzahl von Löchern (meist 18) zu bringen ⟨*Golf spielen*⟩ **K** Golfball, Golfplatz, Golfschläger • *hierzu* **Gol·fer** *der*; **Gol·fe·rin** *die*

die **Gon·del** (-, -*n*) **1** ein schmales, meist verziertes Boot, mit dem man auf den Kanälen von Venedig fährt **K** Gondelfahrt **2** die Kabine, die an dem Drahtseil einer Seilbahn hängt und in der Personen meist auf einen Berg fahren können **K** Gondelbahn **3** der große Korb, der unter einem Ballon hängt und in dem sich die Ballonfahrer befinden

der **Gong** (-s, -s) **1** eine frei hängende Metallscheibe, an die man schlägt, um ein Tonsignal zu geben ⟨*den Gong schlagen*⟩ **2** ein elektrisches Gerät, das einen Ton wie bei einem Gong erzeugt (und z. B. in Schulen o. Ä. ein Signal gibt) ⟨*der Gong ertönt*⟩

G

**gön·nen** (*gönnte, hat gegönnt*) **1** **jemandem etwas gönnen** sich mit einer Person ohne Neid darüber freuen, dass sie Glück oder Erfolg hat *„Er gönnte ihr den beruflichen Erfolg von Herzen"* **2** **jemandem etwas gönnen** dafür sorgen, dass jemand oder man selbst etwas Angenehmes bekommt ⟨*jemandem eine Pause, eine Rast gönnen*⟩

**goo·geln** ['gu:gl̩n] (*googelte, hat gegoogelt*) **(jemanden/etwas) googeln** *gesprochen* mithilfe einer Suchmaschine (vor allem Google®) im Internet Informationen suchen *„Hast du schon mal deinen Namen/dich selbst gegoogelt?"*

**gor** *Präteritum, 3. Person Singular* → gären

der **Go·ril·la** (-s, -s) ein großer Menschenaffe, der in den Urwäldern Afrikas lebt

**goss** *Präteritum, 1. und 3. Person Singular* → gießen

die **Go·tik** (-) ein Stil der europäischen Kunst und der Architektur von der Mitte des 12. bis Ende des 15. Jahrhunderts *„Die Kathedrale Notre-Dame in Paris ist ein Meisterwerk der Gotik"* **K** Frühgotik, Spätgotik • *hierzu* **go·tisch** ADJEKTIV

der **Gott★** (-(e)s, *Göt·ter*) **1** *nur Singular* vor allem Christen, Juden und Moslems glauben an einen Gott, der die Welt erschaffen hat und ihr Schicksal lenkt **i** *Gott* wird meist nur dann mit einem Artikel verwendet, wenn ein Adjektiv davor steht: *der allmächtige Gott.* **2** in vielen Religionen glauben die Menschen, dass Götter mächtige Wesen sind und die Welt lenken ⟨*die germanischen, griechischen, heidnischen Götter*⟩ *„Amor ist der römische Gott der Liebe"* **K** Meeresgott, Sonnengott **ID** **Grüß (dich/euch/Sie) Gott!** *süddeutsch* Ⓐ verwendet als Gruß, wenn man jemanden trifft ⟨*(jemandem) Grüß/grüß Gott sagen*⟩ ≈ Guten Tag!; **Gott sei Dank!** *gesprochen* verwendet, um Erleichterung auszudrücken; **O 'Gott!**, **(Ach,) du 'lieber Gott!**, **Großer Gott!**, **Mein 'Gott!**, **Gott im 'Himmel!**, **Um 'Gottes willen** *gesprochen* verwendet, um Überraschung, Entsetzen, Bedauern o. Ä. auszudrücken; **in Gottes Namen** *gesprochen* verwendet, wenn man jemandem etwas (meist nach wiederholtem Bitten) erlaubt • *zu* (2) **Göt·tin** *die*

## Das Auto

| | | | |
|---|---|---|---|
| 1 | **der Scheinwerfer** | 16 | **die Kopfstütze** |
| 2 | **der Kotflügel** | 17 | **die Radkappe** |
| 3 | **der Scheibenwischer** | 18 | **die (Auto)Tür** |
| 4 | **die Windschutzscheibe** | 19 | **der Außenspiegel** |
| 5 | **die Motorhaube** | 20 | **die Kupplung** |
| 6 | **das Dach** | 21 | **die Bremse** |
| 7 | **die Heckscheibe** | 22 | **das Gaspedal** |
| 8 | **die Antenne** | 23 | **der Fahrersitz** |
| 9 | **der Reifen** | 24 | **das Navi(gationsgerät)** |
| 10 | **der Blinker** | 25 | **der Rückspiegel** |
| 11 | **der Auspuff** | 26 | **der Airbag** |
| 12 | **der Kofferraum** | 27 | **die Klimaanlage** |
| 13 | **die Stoßstange** | 28 | **der Schalthebel** |
| 14 | **das Rücklicht** | 29 | **der Sicherheitsgurt** |
| 15 | **das Lenkrad** | 30 | **der Beifahrersitz** |

- Erkläre, warum sich die beiden Männer im ersten Bild so freuen.
- Beschreibe das Bild in der Mitte und verwende möglichst viele Wörter aus der Liste.

der **Got·tes·dienst★** eine religiöse Feier zur Verehrung Gottes (vor allem bei den christlichen Religionen) ⟨*ein evangelischer, katholischer, ökumenischer Gottesdienst; zum Gottesdienst gehen; den Gottesdienst besuchen*⟩

die **Gott·heit** (-, *-en*) ein Gott oder eine Göttin, die nicht näher bezeichnet oder nicht genau bekannt sind *„In der Grabkammer wurden Statuen verschiedener ägyptischer Gottheiten entdeckt"*

**gött·lich** ADJEKTIV **1** so, dass es eine Eigenschaft von Gott ist ⟨*die Allmacht, die Gnade, die Güte, die Weisheit*⟩ **2** so, dass es von Gott kommt ⟨*eine Eingebung, eine Erleuchtung*⟩ **3** *geschrieben* außerordentlich gut oder schön ⟨*eine Musik, eine Stimme, ein Weib, ein Sänger; göttlich singen, spielen*⟩ ≈ herrlich, wunderbar

1
2
3
4

5
6
7
8
9
10
11
12
13
14
15
16

17
18
19
20
21
22
23
24
25
26
27
28
29
30

1
2
3
4
5
6
7
8
9
10
11
12
13
14
15
16
17
18
19
20
21
22
23
24
25
26
27
28

## Das Fahrrad

1 **der (Fahr)Radfahrer**
2 **das Rennrad**
3 **die Kette**
4 **der Reifen**
5 **der Radweg**
6 **der (Fahrrad)Helm**
7 **die Fahrradfahrerin**
8 **das Radtrikot**
9 **die Gangschaltung**
10 **die Radlerhose**
11 **die Fahrradtasche**
12 **das Mountainbike**
13 **das Pedal**
14 **das Rücklicht**
15 **das Ventil**
16 **der Gepäckträger**
17 **die Luftpumpe**
18 **der Dynamo**
19 **der Reflektor**
20 **der Ständer**
21 **der Sattel**
22 **der Lenker**
23 **die Klingel**
24 **die Bremse**
25 **das Vorderlicht**
26 **die Speichen** *Plural*
27 **die Trinkflasche**
28 **das Schloss**

- Nenne alle Dinge, die ein Rennrad nicht hat.
- Erkläre den Unterschied zwischen einem Rennrad und einem Mountainbike.
- Mit welchem Fahrrad fährst du am liebsten und warum? Schreibe zwei kurze Sätze.

das **Grab**★ (-(e)s, *Grä·ber*) **1** das Loch in der Erde, in das ein Toter bei der Beerdigung gelegt wird ⟨*ein Grab ausheben, schaufeln, zuschaufeln, zuschütten*⟩ **2** der Platz (auf einem Friedhof), an dem ein Toter begraben ist ⟨*ein Grab bepflanzen, pflegen, schmücken*⟩ *„Blumen auf jemandes Grab legen"* **K** Grabkreuz, Grabschmuck; Massengrab

**gra·ben**★ (*gräbt, grub, hat gegraben*) **1** **(etwas) graben** ein Loch, einen Graben o. Ä. in die Erde machen, indem man (z. B. mit einem Spaten oder einem Bagger) Erde wegschaufelt *„Die Geologen mussten tief graben, bis sie auf Erdöl stießen"* **2** **nach etwas graben** in der Erde nach etwas (z. B. Kohle, Gold, Münzen) suchen *„Die Archäologen gruben nach den Überresten der verschütteten Stadt"* **3** **etwas gräbt sich in etwas** (*Akkusativ*) etwas dringt mit Kraft oder Gewalt in etwas ein oder sinkt langsam irgendwo ein *„Die Räder gruben sich in den Schlamm"*

der **Gra·ben** (-s, *Grä·ben*) **1** eine lange, relativ schmale Vertiefung in der Erde, die z. B. zur Bewässerung von Feldern dient ⟨*ein flacher, tiefer, künstlicher, natürlicher Graben; einen Graben ausheben, ziehen*⟩ *„Um die Burg führt ein tiefer, mit Wasser gefüllter Graben"* **K** Burggraben, Stadtgraben **2** **der Graben zwischen Personen/Dingen** (*Dativ*) die sehr starken ideologischen o. Ä. Unterschiede zwischen verschiedenen Personen, Gruppen o. Ä. *„der Graben zwischen Regierung und Opposition"*

das **Grab·mal** (-(e)s, *Grab·mä·ler/geschrieben -e*) ein großer Stein, eine Statue o. Ä. auf dem Grab einer bekannten oder reichen Person

der **Grab·stein** ein großer Stein auf einem Grab, auf dem der Name (und der Geburts- und Sterbetag) des Toten steht

**gräbt** *Präsens, 3. Person Singular* → graben

die **Gra·bung** (-, *-en*) die Suche nach Resten alter Kulturen oder wertvollen Steinen usw. in der Erde

der **Grad**★ (-(e)s, *-/-e*) **1** (*Plural Grad*) die Einheit, mit der man Temperaturen misst ⟨*ein Grad Celsius, Fahrenheit*⟩ *„Das Thermometer zeigt zwölf Grad (12 °C) unter null/minus"* | *„Der Patient hatte vierzig Grad Fieber"* **K** Minusgrad, Plusgrad ⓘ Zeichen: ° **2** (*Plural Grad*) die Einheit, mit der man Winkel misst *„Der Kreis wird in 360 Grad eingeteilt"* ⓘ Abkürzung nach Zahlen: ° **3** (*Plural Grad*) eine der gedachten Linien, die von Norden nach Süden oder von Osten nach Westen um die Erde verlaufen ⟨*der erste, zweite Grad nördlicher/südlicher Breite, östlicher/westlicher Länge*⟩ *„München liegt auf dem 48. Grad nördlicher Breite"* **K** Breitengrad, Längengrad ⓘ zu 1 – 3: Die Pluralform der Komposita lautet *-grade.* **4** **der Grad** +*Genitiv*/**an etwas** (*Dativ*) (*Plural Grade*) das Maß, die Stärke oder Intensität, in der etwas vorhanden ist ⟨*ein geringer, hoher Grad*⟩ *„Der Grad der Umweltverschmutzung hat bedrohliche Ausmaße angenommen"* **K** Schwierigkeitsgrad **5** **ein (akademischer) Grad** (*Plural Grade*) ein Titel, den man von einer Universität bekommt *„der Grad eines Doktors der Theologie"* **K** Doktorgrad

der **Graf** (*-en, -en*) ein Adeliger (mit einem Rang zwischen Freiherr und Fürst) **K** Grafenstand, Grafentitel ⓘ Der frühere Titel *Graf* ist heute in Deutschland und in der Schweiz nur noch Teil des Familiennamens. • *hierzu* **Grä·fin** *die;* **gräf·lich** ADJEKTIV

die **Graf·fi·ti** *Plural* Sprüche oder Zeichnungen an Wänden oder Mauern

die **Gra·fik**★ (-, *-en*) **1** ein Blatt (Papier) mit einer (gedruckten) künstlerischen Zeichnung **K**

Druckgrafik **2** eine Zeichnung, mit der ein Sachverhalt (meist mathematisch, prozentual o. Ä.) illustriert wird ≈ Diagramm • *zu* **Gra·fi·ker** *der; zu* **Gra·fi·ke·rin** *die*

**gra·fisch★** *ADJEKTIV meist attributiv* **1** zur Grafik gehörend *„die grafische Kunst"* **2** mit einer oder durch eine Grafik ⟨*eine Darstellung*⟩ *„eine wirtschaftliche Entwicklung grafisch darstellen"*

das **Gramm★** (-s, -) **1** eine Einheit, mit der man das Gewicht misst *„Tausend Gramm sind ein Kilo(gramm)"* | *„Ein Pfund hat 500 Gramm"* **K** Kilogramm, Milligramm ❶ Abkürzung: *g* **2** eine Einheit, mit der man in der Physik die Masse misst ❶ Abkürzung: *g*

die **Gram·ma·tik★** (-, -en) **1** *nur Singular* die (Lehre von den) Regeln einer Sprache, nach denen Wörter in ihrer sprachlichen Form verändert und zu Sätzen kombiniert werden *„die französische Grammatik beherrschen"* **K** Grammatikregel **2** ein Buch, in dem die Regeln einer Sprache erklärt werden

**gram·ma·ti·ka·lisch** *ADJEKTIV* ≈ grammatisch

**gram·ma·tisch★** *ADJEKTIV* nach den Regeln in den Grammatiken ⟨*grammatisch richtig, falsch*⟩

die **Gra·na·te** (-, -n) eine kleine Bombe, die mit einer schweren Waffe (einem Geschütz) geschossen oder mit der Hand geworfen wird ⟨*eine Granate detoniert, schlägt ein*⟩ **K** Handgranate

**gran·di·os** *ADJEKTIV* (*grandioser, grandiosest-*) ≈ großartig, hervorragend

der **Gra·nit, Gra·nit**; (-s, -e); *meist Singular* ein sehr hartes, graues Gestein (aus dem z. B. Pflastersteine für den Straßenbau gemacht werden) **K** Granitfelsen, Granitplatte

die **Grape·fruit** ['gre:pfru:t]; (-, -s) eine große Frucht mit gelber Schale, deren Fleisch leicht bitter schmeckt

**Gra·phik, Gra·phi·ker** [-f-] *usw.* → Grafik, Grafiker *usw.*

das **Gras★** (-es, *Grä·ser*) **1** *nur Singular* Gras (einer Wiese, eines Rasens) besteht aus dicht wachsenden, kleinen grünen Pflanzen. Viele Tiere wie Kühe und Schafe fressen Gras ⟨*frisches, saftiges, dürres Gras; das Gras mähen; im Gras liegen*⟩ *„Wir setzten uns unter einen Baum ins/auf das Gras"* **K** Grasfläche **2** Gräser sind kleine Pflanzen mit langen schmalen Blättern, die vor allem auf Wiesen wachsen *„Reis und Weizen gehören botanisch gesehen zu den Gräsern"* **K** Grashalm **3** *gesprochen* ⟨*Gras rauchen*⟩ ≈ Haschisch, Marihuana

der **Gras·hüp·fer** (-s, -) ≈ Heuschrecke

**gras·sie·ren** (*grassierte, hat grassiert*) **etwas grassiert** etwas verbreitet sich schnell ⟨*eine Epidemie, eine Krankheit, eine Seuche*⟩ *„Die Grippe grassiert in unserer Stadt"*

**gräss·lich** *ADJEKTIV* **1** ⟨*ein Verbrechen, ein Gestank*⟩ so, dass sie Ekel oder sehr negative Gefühle hervorrufen ≈ abscheulich **2** *gesprochen* sehr unangenehm ⟨*ein Kerl, Wetter*⟩ **3** *gesprochen* sehr groß, sehr intensiv ⟨*Kälte, Angst, Schmerzen*⟩

der **Grat** (-(e)s, -e) die oberste schmale Linie (Kante), auf dem Rücken eines Berges oder Gebirges ≈ Kamm **K** Gebirgsgrat

die **Grä·te** (-, -n) einer der feinen, meist spitzen Teile, aus denen das Skelett eines Fisches besteht ⟨*eine Gräte in den Hals bekommen; sich an einer Gräte verschlucken*⟩ **K** Fischgräte • *hierzu* **grä·ten·los** *ADJEKTIV*

**gra·tis★** *ADJEKTIV meist prädikativ* so, dass man nichts dafür bezahlen muss ≈ kostenlos *„Der Eintritt ist heute gratis"* | *„Diese Warenprobe bekommen Sie gratis"* **K** Gratisexemplar, Gratisprobe, Gratisvorstellung

die **Gra·tu·la·ti·on** [-'tsio:n]; (-, -en) **die Gratulation (zu etwas)** ≈ Glückwunsch *„Meine Gratulation zur bestandenen Prüfung!"*

**gra·tu·lie·ren★** (*gratulierte, hat gratuliert*) **(jemandem) (zu etwas) gratulieren** jemandem zu einem erfreulichen Anlass Glückwünsche sagen *„jemandem (herzlich) zum Geburtstag/zur Hochzeit/zum bestandenen Examen gratulieren"* | *„Du hast den Führerschein schon vor zwei Wochen gemacht? Da muss ich ja noch nachträglich gratulieren!"*

die **Grat·wan·de·rung** eine heikle Situation, in der man diplomatisch sein muss

**grau★** *ADJEKTIV* (*grauer, grau(e)st-*) **1** von der Farbe, die entsteht, wenn man Schwarz und Weiß mischt ⟨*grau gefärbt, gestreift, lackiert, meliert*⟩ *„einen grauen Anzug tragen"* **K** graugestreift; dunkelgrau, hellgrau, silbergrau **2** langweilig und ohne Freude ⟨*der Alltag*⟩ **3** *meist attributiv* zeitlich sehr weit entfernt ⟨*in grauer Ferne, Vorzeit, Zukunft*⟩ • *zu* (1) **Grau** *das*

der **Gräu·el** (-s, -) **1** *geschrieben meist Plural* entsetzliche, grausame Taten und Ereignisse *„die Gräuel des Krieges"* **K** Gräueltat **2** **eine**

G

**Person/ein Tier/eine Sache ist jemandem ein Gräuel** jemand empfindet eine Person, ein Tier oder Sache als sehr unangenehm *„Die Steuererklärung ist mir ein Gräuel"*

**grau·en** (*graute, hat gegraut*) **1 der Morgen/der Tag graut** *geschrieben* es wird hell, Tag ≈ dämmern **2 sich (vor etwas** (*Dativ*)) **grauen** vor etwas (große) Furcht empfinden *„Er graut sich davor, allein zu sein"* **3 jemandem/jemanden graut (es) (vor einer Person/Sache)** jemand fürchtet sich (vor einer Person, einem Tier oder einer Sache) *„Mir/Mich graut, wenn ich an das Examen denke"*

das **Grau·en** (*-s, -*) **1 Grauen (vor jemandem/etwas)** *nur Singular* große Furcht vor einer Person/Sache, die einem unheimlich ist ⟨*Grauen erregen; von Grauen erfüllt, erfasst, gepackt (sein)*⟩ ≈ Entsetzen **2** ein Ereignis, das Entsetzen hervorruft *„die Grauen des Bürgerkriegs"* **3 etwas bietet ein Bild des Grauens** *geschrieben* etwas wirkt schockierend auf den Betrachter *„Die Unfallstelle bot ein Bild des Grauens"*

**grau·en·haft** ADJEKTIV **1** ⟨*eine Überschwemmung, eine Verletzung, ein Mord, ein Unfall*⟩ so, dass sie Angst oder Entsetzen hervorrufen *„eine grauenhaft verstümmelte Leiche"* **2** *gesprochen* in negativer Weise das normale Maß deutlich überschreitend ⟨*eine Hitze, eine Kälte, Schmerzen*⟩ *„ein grauenhaft hässliches Bild"* **3** *gesprochen* sehr schlecht *„Das Spiel war grauenhaft!"*

**grau·en·voll** ADJEKTIV ≈ grauenhaft

**grau·sam★** ADJEKTIV **1 grausam (zu/gegenüber jemandem)** so, dass ein Mensch ohne Mitleid handelt, Menschen oder Tiere absichtlich quält o. Ä. **2** so, dass der Betroffene sehr leidet ⟨*eine Rache, eine Strafe, eine Tat*⟩ **3** sehr unangenehm ⟨*eine Enttäuschung, eine Hitze, eine Kälte, Schmerzen*⟩ **4** verwendet, um negative Adjektive und Verben zu verstärken *„Es ist grausam kalt"* | *„Das tut grausam weh"*

die **Grau·sam·keit** (*-, -en*) **1** *nur Singular* grausames Verhalten *„Die Grausamkeit mancher Menschen ist unfassbar"* **2** *nur Singular* die grausame Art und Weise, wie etwas getan wird *„Die Grausamkeit des Mordes schockierte die Öffentlichkeit"*

**grau·sen** (*grauste, hat gegraust*) **1 sich (vor jemandem/etwas) grausen** sich (vor jemandem/etwas) ekeln (und fürchten) *„Sie graust sich vor Würmern"* **2 jemandem/jemanden graust (es) (vor einer Person/Sache)** jemand empfindet Ekel und Furcht (vor einer Person, einem Tier oder einer Sache) *„Mir graust vor Schlangen"*

die **Grau·zo·ne** ein Bereich, in dem sich Dinge geschehen, die nicht ganz korrekt, aber nicht ausdrücklich verboten sind

**gra·vie·ren** [-v-] (*gravierte, hat graviert*) **1 etwas in etwas** (*Akkusativ*) **gravieren** Linien (Ornamente oder eine Schrift) in ein hartes Material, z. B. Metall oder Glas, schneiden **2 etwas gravieren** etwas schmücken, indem man Ornamente oder eine Schrift in ein hartes Material schneidet *„einen Pokal gravieren lassen"*

**gra·vie·rend** [-v-] ADJEKTIV *geschrieben* (im negativen Sinne) von großer Bedeutung ⟨*ein Fehler, ein Unterschied*⟩ ≈ schwerwiegend

die **Gra·vur** [-v-]; (*-, -en*) eine Schrift oder eine Verzierung, die in etwas graviert ist

**grei·fen★** (*griff, hat gegriffen*) **1 sich** (*Dativ*) **etwas greifen** *gesprochen* sich etwas nehmen *„Er griff sich eine Zeitschrift und machte es sich auf dem Sofa bequem"* **2 nach jemandem/etwas greifen** die Hand nach einer Person oder Sache ausstrecken und sie festhalten oder versuchen, sie mit der Hand zu fassen *„Das Kind griff ängstlich nach der Hand der Mutter"* **3 zu etwas greifen** etwas (meist Negatives) anwenden *„zu einer List greifen"* **4 etwas greift um sich** etwas breitet sich schnell aus ⟨*eine Epidemie, ein Feuer*⟩

der **Greif·vo·gel** ≈ Raubvogel

der **Greis** (*-es, -e*); *geschrieben* ein sehr alter Mann **K** Greisenalter, Greisenstimme • *hierzu* **Grei·sin** *die*

**grell** ADJEKTIV **1** so hell, dass es blendet (und den Augen wehtut) ⟨*das Licht, die Sonne, ein Blitz; grell beleuchtet*⟩ *„Der Sänger trat auf die Bühne ins grelle Scheinwerferlicht"* **K** grellbeleuchtet **2** hell und oft unangenehm intensiv ⟨*Farben; ein Orange, ein Rot*⟩ **K** grellgelb **3** unangenehm hoch ⟨*ein Ton, ein Pfiff, ein Schrei; eine Stimme*⟩ ≈ schrill

das **Gre·mi·um★** (*-s, Gre·mi·en* [-mi̯ən]); *geschrieben* eine Gruppe meist von Experten, die eine spezielle Aufgabe erfüllen oder ein Problem lösen soll ⟨*ein Gremium bilden; in einem Gremium mitwirken*⟩ ≈ Kommission **K** Gremienarbeit; Führungsgremium, Parteigremium, Vorstandsgremium

G

die **Gren·ze**★ (-, -*n*) **1** **die Grenze (zu/nach etwas)** eine Grenze ist die gedachte Linie, die einen Staat von einem anderen trennt ⟨(*irgendwo*) *die Grenze passieren, überschreiten*⟩ *„Weil die Zöllner streikten, mussten wir an der Grenze lange warten"* **K** Grenzkonflikt, Grenzkontrolle; Landesgrenze **2** **die Grenze zwischen Dingen** (*Dativ*) miteinander verwandte Bereiche, Themen o. Ä. werden durch eine Grenze voneinander getrennt *„Wie definiert man die Grenze zwischen Kindheit und Jugend?"* **3** das äußerste Maß, das nicht überschritten werden kann oder darf *„Auch meine Geduld hat Grenzen!"* **K** Altersgrenze, Preisgrenze

**gren·zen** (*grenzte, hat gegrenzt*) **etwas grenzt an etwas** (*Akkusativ*) etwas hat eine gemeinsame Grenze mit etwas *„Sein Grundstück grenzt an den Wald"*

**gren·zen·los** *ADJEKTIV* **1** (scheinbar) ohne Ende, ohne räumliche Grenzen ⟨*eine Ebene, eine Weite*⟩ **2** ohne Einschränkung ⟨*Freiheit*; *grenzenlos glücklich sein*⟩ **3** sehr groß, sehr intensiv ⟨*Angst, Begeisterung, Ehrgeiz, Geduld, Güte, Hass, Leid*⟩

der **Grenz·wert** ein extremer Wert, der nicht unter-/überschritten werden darf *„Grenzwerte bei der Radioaktivität"*

**grenz·wer·tig** *ADJEKTIV* gerade noch zulässig, erträglich oder akzeptabel *„Zwanzig Euro für das Essen sind aber schon grenzwertig!"*

der **Grieß** (-*es*) grob gemahlener Weizen oder Mais, aus dem man meist Brei macht **K** Grießbrei, Grießklöße, Grießpudding

**griff** *Präteritum, 1. und 3. Person Singular* → greifen

der **Griff**★ (-(*e*)*s*, -*e*) VON GERÄTEN, TASCHEN USW.: **1** der Teil eines Gegenstandes, an dem man diesen gut festhalten kann ⟨*der Griff eines Koffers, eines Löffels, eines Messers, eines Schirms, einer Schublade, einer Tür*⟩ **K** Fenstergriff, Türgriff; Holzgriff, Messinggriff HANDLUNG: **2** **der Griff irgendwohin** der Vorgang des Greifens mit der Hand *„der Griff zum Telefonhörer/zur Fernbedienung"* **3** **der Griff nach etwas** der Versuch, etwas zu bekommen *„der Griff nach der Macht"* **4** **der Griff zu etwas** der Vorgang, wenn man sich dafür entscheidet, etwas zu benutzen *„der Griff zu zweifelhaften Mitteln"*

**griff·be·reit** *ADJEKTIV* so, dass man es rasch und bequem nehmen kann (ohne lange danach suchen zu müssen) ⟨*etwas griffbereit haben*; *etwas liegt griffbereit*⟩

der **Grill**★ (-*s*, -*s*) ein Gerät, mit dem man (auf einem Rost oder Spieß) Fleisch usw. röstet (über glühender Kohle oder durch elektrisch erzeugte Hitze) *„ein Steak/ein Hähnchen vom Grill"* **K** Holzkohlengrill

die **Gril·le** (-, -*n*) ein Insekt, das wie eine Heuschrecken aussieht und in Erdhöhlen lebt. Die Männchen machen in der Nacht ein monotones Geräusch ⟨*die Grillen zirpen*⟩

**gril·len**★ (*grillte, hat gegrillt*) **(etwas) grillen** Fleisch o. Ä. bei großer Hitze und ohne Fett (auf einem Grill oder über offenem Feuer) braten ⟨*ein Steak, ein Hähnchen, Würstchen grillen*⟩ **K** Grillkohle, Grillparty, Grillwürstchen

die **Gri·mas·se** (-, -*n*) ein verzerrtes Gesicht, das man macht, um jemanden zum Lachen zu bringen oder um ein Gefühl auszudrücken ⟨*eine Grimasse/Grimassen machen, schneiden*; *das Gesicht zu einer Grimasse verziehen*⟩

**grim·mig** *ADJEKTIV* **1** voller Zorn oder Groll ⟨*ein grimmiges Gesicht machen*; *grimmig aussehen, dreinschauen*⟩ **2** *geschrieben* ⟨*ein Löwe, ein Wächter*⟩ so böse aussehend, dass sie Furcht erregen

**grin·sen** (*grinste, hat gegrinst*) mit breit auseinandergezogenen Lippen (meist mit spöttischer Absicht) lächeln ⟨*frech, höhnisch, schadenfroh, spöttisch grinsen*⟩ *„Er verzog sein Gesicht zu einem breiten Grinsen"*

die **Grip·pe**★ (-) eine ansteckende Viruskrankheit mit hohem Fieber, Kopfschmerzen, Durchfall usw. ⟨(*die/eine*) *Grippe haben*; *mit Grippe im Bett liegen*; *an Grippe erkranken*⟩ **K** Grippeimpfung ℹ medizinischer Fachausdruck: *Influenza*

**grob**★ *ADJEKTIV* (*gröber, gröbst-*) **1** relativ dick, rau und fest ⟨*Leinen, ein Schuhwerk, ein Stoff*⟩ ↔ fein **2** so, dass die einzelnen Körner, Steine, Stücke o. Ä. relativ groß sind ⟨*Kies, Sand*; *grob gehackte/gemahlene Nüsse*⟩ **K** grobkörnig **3** z. B. durch dicke Finger, eine große Nase, raue Haut o. Ä. nicht ästhetisch aussehend ⟨*Gesichtszüge, Hände*⟩ ↔ zart, fein **K** grobknochig **4** *abwertend* unfreundlich und nicht höflich oder nett ⟨*ein Mensch*; *Späße*; *grob werden*⟩ **5** *meist attributiv* nicht ganz genau, sondern nur ungefähr und ohne Details ⟨*einen groben Überblick über etwas geben*; *etwas in groben Zügen wiedergeben*⟩ **6** *meist attributiv* mit (möglichen) schlimmen Folgen

⟨*ein Irrtum, Unfug, ein Verstoß; grob fahrlässig handeln*⟩

der **Groll** (-s) **(ein) Groll auf/gegen jemanden/etwas** Ärger, den man lange Zeit empfindet und meist nicht offen zeigt ⟨*ein heimlicher, tiefer, versteckter Groll*⟩

**grol·len** (*grollte, hat gegrollt*) **etwas grollt** etwas macht in so weiter Ferne ein lautes Geräusch, dass es nur leise zu hören ist ⟨*der Donner, das Gewitter, die Kanonen*⟩

**groß★** ADJEKTIV (*größer, größt-*) MASSE: **1** verwendet, um die Maße von Gegenständen, Räumen oder Flächen oder die Länge des Körpers von Menschen und Tieren anzugeben *„Mein Bruder ist einen Meter achtzig groß"* **2** so, dass in Bezug auf die Länge, die Höhe, den Umfang, das Volumen o. Ä. Vergleichbares übertroffen wird ↔ klein *„Der große Zeiger der Uhr zeigt die Minuten an, der kleine die Stunden"* MENGE, DAUER, UMFANG: **3** mit relativ vielen Personen, Tieren oder Dingen ⟨*eine Familie, eine Gruppe, eine Herde, ein Orchester, ein Verein*⟩ ↔ klein *„Hier finden Sie eine große Auswahl an Radios"* **K** Großbetrieb, Großfamilie **4** in der Menge oder im Wert über dem Durchschnitt ⟨*ein Betrag, ein Gewinn, eine Summe, ein Verlust, ein Vermögen, ein Geldschein*⟩ ↔ klein **5** mit relativ langer Dauer ⟨*eine Pause, ein Zeitraum*⟩ ↔ klein *„Wo fahren Sie in den großen Ferien hin?"* in den Sommerferien **6** mit viel Aufwand, Kosten usw. verbunden ⟨*ein Empfang, ein Fest, eine Veranstaltung; groß ausgehen*⟩ *„Das müssen wir groß feiern"* BEDEUTUNG, QUALITÄT: **7** von besonderer Bedeutung, sehr wichtig ≈ bedeutend *„Picasso war ein großer Künstler"* **8** sehr gut *„In Physik ist sie ganz groß"* **9** mit starken Auswirkungen ⟨*ein Fehler, ein Irrtum, ein Problem, ein Unterschied*⟩ ↔ klein INTENSITÄT: **10** intensiv, heftig oder stark ↔ gering, wenig *„Ich habe große Angst/großen Hunger"* ALTER: **11** *gesprochen nur attributiv* älter als die Person, über die gesprochen wird ⟨*ein Bruder, eine Schwester*⟩ **12** *gesprochen* ≈ erwachsen *„Was willst du werden, wenn du einmal groß bist?"* ANDERE VERWENDUNGEN: **13** in der Form, die man z. B. am Anfang eines Satzes oder Namens verwendet (z. B. *A, B, C* im Unterschied zu *a, b, c*) ⟨*Buchstaben*⟩ ↔ klein **K** Großbuchstabe ⓘ → auch **großschreiben**

**groß·ar·tig★** ADJEKTIV von hervorragender Qualität, sehr gut *„Das Wetter im Urlaub war einfach großartig!"* | *„Unsere Mannschaft hat großartig gespielt"*

die **Groß·auf·nah·me** eine Aufnahme in einem Film, bei der ein Objekt (z. B. ein Gesicht) das ganze Bild ausfüllt ⟨*etwas in Großaufnahme zeigen*⟩

die **Grö·ße★** (-, -*n*) **1 die Größe** +*Genitiv*; **die Größe von etwas** die Maße (Breite, Länge, Höhe, Tiefe, Umfang, Volumen usw.), die eine Fläche, ein Gegenstand oder ein Raum hat *„Schüsseln in verschiedenen Größen"* **K** Größenunterschied **2 die Größe** +*Genitiv*; **die Größe von jemandem/etwas** die Höhe/Länge des Körpers eines Menschen oder Tieres *„Er hat ungefähr meine Größe"* **K** Körpergröße **3** ein genormtes Maß für die Größe von Kleidungsstücken, Schuhen usw. *„Schuhe der Größe 38"* **K** Kleidergröße, Schuhgröße **4** *meist Singular* die Zahl der Mitglieder einer Gruppe von Personen, Tieren oder Dingen *„die Größe einer Familie/einer Herde/einer Auswahl/eines Angebots"* **5** *meist Singular* die Menge oder der Wert einer Sache *„die Größe einer Summe/des Gewinns/des Verlustes"* **6** *meist Singular* die Bedeutung, die Wichtigkeit einer Sache oder Person *„die Größe einer Leistung einschätzen"* **7** *meist Singular* die Intensität oder das Ausmaß einer Sache *„die Größe seiner Liebe zu ihr"* **8** *meist Singular* der gute und edle Charakter einer Person ⟨*menschliche, seelische Größe* (*zeigen*)⟩ **9** ein Begriff, mit dem man rechnen, den man in Zahlen ausdrücken kann (z. B. ein Gewicht, eine Länge, eine Temperatur) *„die unbekannte Größe x"*

die **Groß·el·tern★** *Plural* die Eltern der Mutter oder des Vaters • *hierzu* **groß·el·ter·lich** ADJEKTIV

die **Grö·ßen·ord·nung** ein (ungefährer) Bereich, in den das Ausmaß, der Umfang o. Ä. einer Sache einzuordnen ist *„Der Verbrauch liegt in der Größenordnung zwischen 1000 und 2000 Litern"*

der **Grö·ßen·wahn** die (krankhafte) Tendenz, sich selbst, die eigenen Fähigkeiten und Möglichkeiten maßlos zu überschätzen *„Seit er die neue Stelle hat, leidet er an Größenwahn"* | *„der Größenwahn von Diktatoren"* • *hierzu* **grö·ßen·wahn·sin·nig** ADJEKTIV

der **Groß·han·del** alle Betriebe oder Händler, die Waren in großen Mengen bei den Produzenten einkaufen und an einzelne Geschäfte weiterverkaufen ↔ Einzelhandel **K** Großhandels-

G

kaufmann, Großhandelspreis • *hierzu* **Groß·händler** *der;* **Groß·hand·lung** *die*

das **Groß·hirn** der vordere und größte Teil des Gehirns, der aus zwei Hälften besteht

die **Groß·macht** ein wirtschaftlich und militärisch starker Staat, der starken Einfluss auf die Weltpolitik hat *„die Großmacht USA"*

**groß·mü·tig** ADJEKTIV mit großzügiger, toleranter Gesinnung ⟨*großmütig auf etwas verzichten; jemandem großmütig verzeihen*⟩ • *hierzu* **Groß·mut** *die;* **Groß·mü·tig·keit** *die*



die **Groß·mut·ter**★ die Mutter des Vaters oder der Mutter • *hierzu* **groß·müt·ter·lich** ADJEKTIV

**Groß·raum-** *im Substantiv, betont, begrenzt produktiv* **das Großraumbüro, das Großraumflugzeug, der Großraumwagen** *und andere* nicht in einzelne, kleinere Räume oder Abteilungen eingeteilt

**groß·räu·mig** ADJEKTIV über ein großes Gebiet ⟨*eine Absperrung, eine Brandbekämpfung, eine Fahndung, die Wetterlage*⟩ *„Es wird empfohlen, die Unfallstelle großräumig zu umfahren"* in großem Abstand

**groß·schrei·ben** (*schrieb groß, hat großgeschrieben*) **etwas großschreiben** ein Wort mit einem großen Buchstaben beginnen (also mit *A, B,* , C ..., nicht *a, b, c* ...) *„Im Deutschen schreibt man Substantive groß"* ⓘ a) meist im Passiv b) aber: Wenn Buchstaben höher und breiter sind als normal, sind sie *groß geschrieben* (= getrennt geschrieben). • *hierzu* **Groß·schrei·bung**

**groß·spu·rig** ADJEKTIV; *abwertend* ⟨*ein Auftreten, Reden*⟩ ≈ arrogant, stolz

die **Groß·stadt**★ eine Stadt mit mehr als 100.000 Einwohnern **K** Großstadtlärm, Großstadtleben, Großstadtverkehr • *hierzu* **Groß·städ·ter** *der;* **Groß·städ·te·rin** *die;* **groß·städ·tisch** ADJEKTIV

der **Groß·teil**★ *nur Singular* **1** der größere Teil einer Sache *„Er verbringt den Großteil seiner Ferien im Gebirge"* **2** ein großer Teil, eine große Anzahl *„der Großteil der Bevölkerung"* | *„Ein Großteil der Schulabgänger ist noch ohne Lehrstelle"*

**größ·ten·teils** ADVERB in der Hauptsache *„Unsere Produkte werden größtenteils nach Übersee exportiert"*

der **Groß·va·ter**★ der Vater der Mutter oder des Vaters • *hierzu* **groß·vä·ter·lich** ADJEKTIV

**groß·zie·hen** (*zog groß, hat großgezogen*) **jemanden großziehen** für ein Kind oder ein junges Tier so lange sorgen, bis es selbstständig geworden ist

**groß·zü·gig**★ ADJEKTIV **1** von einer Art, die zeigt, dass man von dem, was man besitzt, gern und viel gibt ⟨*ein Mensch, ein Geschenk, eine Spende; großzügig sein; jemanden großzügig beschenken, unterstützen*⟩ *„Es war sehr großzügig von ihr, uns alle zum Essen einzuladen"* **2** von einer Art, die zeigt, dass man Umstände, welche ungünstig oder störend sein könnten, nicht so wichtig nimmt ⟨*ein Mensch; jemandem großzügig verzeihen; großzügig über etwas hinwegsehen*⟩ ≈ tolerant *„Durch das großzügige Entgegenkommen konnte ein Kompromiss erreicht werden"* **3** groß und mit viel Platz *„eine großzügige Wohnung"* • *hierzu* **Groß·zü·gig·keit** *die*

die **Grot·te** (-, -*n*) eine kleine natürliche oder künstliche Höhle in einem Felsen *„die Blaue Grotte auf Capri"*

**grub** *Präteritum, 1. und 3. Person Singular* → graben

die **Gru·be** (-, -*n*) **1** eine (meist relativ große, breite, rechteckige) Vertiefung im Erdboden (die meist jemand gegraben hat) ⟨*eine Grube graben, ausheben*⟩ **K** Abfallgrube **2** ≈ Bergwerk *„Die Bergleute fahren in die Grube ein"* **K** Kiesgrube, Kohlengrube

**grü·beln** (*grübelte, hat gegrübelt*) (**über etwas** (*Akkusativ/Dativ*)) **grübeln** lange und intensiv über etwas nachdenken ⟨*vor sich hin grübeln; über eine/einer Aufgabe, ein/einem Problem grübeln*⟩ • *hierzu* **Grüb·ler** *der;* **grüb·le·risch** ADJEKTIV

**grü·e·zi!** ['gryːetsi] ⒸⒽ verwendet als Begrüßung in der Schweiz

**grün**★ ADJEKTIV **1** von der Farbe des Grases und der Blätter *„Wenn die Ampel für die Fußgänger grünes Licht zeigt, dürfen sie die Straße überqueren"* **K** dunkelgrün, grasgrün, hellgrün **2** noch nicht reif und deswegen meist sauer ⟨*Äpfel, Erdbeeren, Pflaumen, Tomaten*⟩ **3** ⟨*Ideen, Vorstellungen, Politik*⟩ so, dass sie den Umweltschutz wichtig nehmen **4** **ein Baum wird grün** ein Baum bekommt (im Frühling) frische Blätter

das **Grün** (-s, -/*gesprochen* -s) **1** die grüne Farbe *„Das Kleid ist in zartem Grün gehalten"* **2** *nur Singular* alle Pflanzen, die Blätter haben **3** *nur Singular* eine Fläche mit Gras, Bäumen und

Büschen ≈ Grünanlage *„eine Stadt mit viel Grün"*

der **Grund**[1]★; (-(e)s) **1** der Erdboden als Fläche, auf der man steht und geht ⟨*auf felsigem, festem, schlüpfrigem, sumpfigem Grund stehen*⟩ **2** *veraltend* der Erdboden als Fläche, auf der etwas angebaut wird oder wächst ⟨*fetter, magerer, lehmiger, sandiger Grund*⟩ ≈ Boden **3** ein Stück Land, das jemand besitzt *„Der meiste Grund im Dorf gehört immer noch den Bauern"* **K** Grundsteuer; Baugrund **4** **jemandes Grund und Boden** das Grundstück oder die Grundstücke in jemandes Besitz **5** die untere Fläche, der Boden eines Gewässers *„Das Wrack liegt auf dem Grund des Meeres"* **K** Meeresgrund **6** eine Fläche mit einer Farbe, die den Hintergrund oder Untergrund für ein Bild oder Muster bildet *„ein Stoff mit schwarzen Streifen auf rotem Grund"* **ID** **einer Sache** (*Dativ*) **auf den Grund gehen** versuchen, die verborgenen Ursachen oder Gründe zu finden; **im Grunde (genommen)** wenn man genauer hinsieht, alles berücksichtigt ≈ eigentlich *„Er wirkt etwas ruppig, ist aber im Grunde ein guter Kerl"*; **von Grund auf/aus** als Ganzes, mit allen Teilen ⟨*etwas von Grund auf/aus ändern, erneuern, kennen lernen*⟩

der **Grund**[2]★; (-(e)s, *Grün ·de*) **1** das, warum wir etwas tun, denken oder fühlen oder warum etwas geschieht ⟨*ein einleuchtender, schwerwiegender, stichhaltiger, triftiger, zwingender Grund; aus beruflichen, privaten, gesundheitlichen Gründen; Gründe für etwas vorbringen*⟩ *„Ich habe meine Gründe für diese Entscheidung"* | *„Ein Maschinenschaden war der Grund, warum sich der Zug verspätet hat"* **K** Entlassungsgrund **2** **auf Grund** → aufgrund • *hierzu* **grund·los** *ADJEKTIV*

**grund-** *im Adjektiv, betont, begrenzt produktiv* **grundanständig, grundehrlich, grundfalsch, grundsolide** *und andere* drückt aus, dass die genannte Eigenschaft in sehr hohem Maße vorhanden ist

**Grund-** *im Substantiv, betont, sehr produktiv* **1** **der Grundgedanke, die Grundidee, das Grundprinzip, die Grundtendenz** *und andere* drückt aus, dass etwas die Basis darstellt, aus der sich etwas anderes entwickelt *„die Grundbedeutung eines Wortes"* **2** **die Grundbestandteile, die Grundregel, die Grundvoraussetzung, das Grundwissen** *und andere* drückt aus, dass etwas das Wichtigste bei etwas ist *„Wasser und Sauerstoff sind die Grundbedingungen für alles Leben auf der Erde"* **3** **die Grundgebühr, das Grundgehalt, der Grundlohn** *und andere* drückt aus, dass etwas immer gezahlt wird, nötig ist o. Ä. und etwas anderes dann noch dazukommen kann *„die Grundausstattung für das Baby kaufen"* **4** **Grundanstrich, Grundausbildung, Grundstudium** *und andere* drückt aus, dass etwas in einer Reihenfolge als Erstes kommt

der **Grund·be·griff** (*-es, -e*) **1** *meist Plural* die einfachsten, wichtigsten, elementarsten Regeln und Zusammenhänge in einem Fach, auf einem Gebiet o. Ä. *„jemandem die Grundbegriffe der Mathematik beibringen"* **2** ein sehr wichtiges, häufig gebrauchtes Wort in einer (z. B. in der Wissenschaft)

der **Grund·be·sitz** **1** die Grundstücke oder das Land, das jemand besitzt **2** das Besitzen von Grundstücken und Land • *hierzu* **Grund·be·sit·zer** *der*

**grün·den**★ (*gründete, hat gegründet*) **etwas gründen** etwas neu schaffen ⟨*eine Firma, eine Partei, einen Staat, eine Stadt, ein Unternehmen, einen Verein gründen*⟩ *„Rom wurde 753 v. Chr. gegründet"* • *hierzu* **Grün·der** *der*; **Grün·de·rin** *die*

die **Grund·far·be** **1** eine der drei Farben Gelb, Rot und Blau, aus denen man alle anderen Farben mischen kann **2** die Farbe, welche den Untergrund von etwas bildet oder die als erste Farbe auf etwas gestrichen, gemalt o. Ä. wird

die **Grund·flä·che** die untere Fläche eines geometrischen Körpers, auf der er steht *„die Grundfläche eines Würfels berechnen"*

das **Grund·ge·setz**★ *nur Singular*; Ⓓ verwendet als Bezeichnung für die Verfassung (die grundlegenden Gesetze) der Bundesrepublik Deutschland ❶ Abkürzung: *GG*

der **Grund·kurs** der erste Kurs, in dem man das Wichtigste über etwas lernt

die **Grund·la·ge**★ etwas, das schon da ist und das man weiterentwickeln oder ergänzen kann ⟨*eine feste, solide, stabile, tragfähige Grundlage; etwas auf eine neue Grundlage stellen; die Grundlagen für etwas schaffen*⟩ ≈ Basis *„Eine gute Ausbildung ist die Grundlage für den beruflichen Erfolg"*

**grund·le·gend** *ADJEKTIV*, *geschrieben* **1** von entscheidender Bedeutung ⟨*eine Erkenntnis, eine Voraussetzung*⟩ ≈ fundamental, wesentlich *„Zwischen ihren Ansichten besteht ein* *grundlegender Unterschied"* **2** radikal, völlig ⟨*eine Änderung, eine Erneuerung, eine Umgestaltung; etwas grundlegend ändern, erneuern*⟩

**gründ·lich★** *ADJEKTIV* **1** sehr sorgfältig und genau ⟨*eine Ausbildung, eine Reinigung, eine Vorbereitung; etwas gründlich säubern, planen, vorbereiten; sich (Dativ) etwas gründlich überlegen*⟩ **2** *nur adverbiell* verwendet, um Verben zu verstärken ⟨*sich gründlich irren, täuschen*⟩ • *zu* (1) **Gründ·lich·keit** *die*

G

das **Grund·nah·rungs·mit·tel★** ein sehr wichtiges Nahrungsmittel wie z. B. Kartoffeln, Brot, Reis

der **Grün·don·ners·tag** der Donnerstag vor Ostern

das **Grund·recht** (-(e)s, -e); *meist Plural* **1** eines der (politischen) Rechte des Bürgers in einem demokratischen Staat, z. B. das Wahlrecht **2** eines der elementaren Menschenrechte, z. B. die Freiheit der Person oder die Gleichheit aller Menschen vor dem Gesetz ≈ Menschenrecht

der **Grund·riss** eine technische Zeichnung mit der waagrechten Form eines Gebäudes *„einen Grundriss eines Bungalows anfertigen"*

der **Grund·satz★** eine wichtige Regel, nach der jemand lebt oder handelt ⟨*moralische, politische, religiöse Grundsätze; einen Grundsatz streng befolgen; nach festen Grundsätzen handeln, leben*⟩ ≈ Prinzip

**grund·sätz·lich** *ADJEKTIV*, **grund·sätz·lich★** **1** *meist attributiv* einen Grundsatz, ein Prinzip betreffend (und deshalb wichtig) ⟨*Bedenken, Fragen, eine Entscheidung, ein Unterschied; sich grundsätzlich zu etwas äußern*⟩ ≈ prinzipiell **2** *meist attributiv* in allen Fällen, ohne Ausnahme (weil es den eigenen Grundsätzen entspricht) *„Rassentrennung grundsätzlich ablehnen"* **3** *meist adverbiell* drückt aus, dass etwas die wichtigsten Punkte betrifft (meist gefolgt von einer Einschränkung) *„Er ist zwar grundsätzlich damit einverstanden, aber ..."*

die **Grund·schu·le★** Ⓓ die Schule, in welche die Kinder die ersten vier Jahre gehen **K** Grundschullehrer, Grundschulunterricht ℹ → Anhang, S. 1092: **Schule und Ausbildung** • *hierzu* **Grund·schü·ler** *der*

der **Grund·stein** der erste Stein, mit dem man bei einer Feier beginnt, die Mauern eines öffentlichen Gebäudes zu bauen ⟨*den Grundstein legen, setzen*⟩ **K** Grundsteinlegung

der **Grund·stock der Grundstock** *+Genitiv*; **der Grundstock für/zu etwas** die (wenigen) Dinge, die mit denen anfängt und zu denen später mehr hinzukommt *„einfache Möbel als Grundstock für den Aufbau eines Haushalts kaufen"*

das **Grund·stück★** ein Stück Land, dessen Lage und Größe genau festgelegt ist und das einen Eigentümer hat ⟨*ein Grundstück (ver)pachten, bebauen*⟩ **K** Grundstückseigentümer, Grundstücksmakler, Grundstücksnachbar, Grundstückspreis

die **Grün·dung★** (-, *-en*) der Vorgang, etwas völlig Neues zu schaffen *„die Gründung einer neuen Partei"* **K** Gründungsjahr, Gründungsmitglied

das **Grund·was·ser** *nur Singular* der natürliche Vorrat an Wasser, das unter der Erdoberfläche ist *„Versickerndes Heizöl gefährdet das Grundwasser"* **K** Grundwasserspiegel

die **Grün·flä·che★** *admin meist Plural* ein öffentlicher Park

der **Grün·kohl** dunkelgrüner Kohl, der keinen Kopf bildet und den man erst im Winter erntet

**grun·zen** (*grunzte, hat gegrunzt*) **1** **ein Schwein grunzt** ein Schwein gibt die Laute von sich, die für seine Art typisch sind **2** **etwas grunzen** *gesprochen* etwas sehr undeutlich sagen

die **Grup·pe★** (-, *-n*) **1** **eine Gruppe** *+Genitiv*; **eine Gruppe von Personen/Dingen** mehrere Personen, Tiere, Dinge o. Ä., die gleichzeitig an einem Ort sind, die zusammengehören oder gemeinsame Merkmale haben ⟨*Gruppen bilden; Personen/Dinge in Gruppen einordnen, einteilen*⟩ *„Die Kinder verließen das Schulhaus einzeln und in Gruppen"* **K** Gruppenfahrkarte, Gruppenreise; Personengruppe; Blutgruppe **2** eine Gruppe von Menschen, die sich regelmäßig treffen, um etwas gemeinsam zu tun, um gemeinsame Ziele zu verfolgen o. Ä. ⟨*in einer Gruppe mitarbeiten*⟩ *„Unsere Gruppe kämpft für die Abschaffung der Tierversuche"* **K** Gruppenleiter; Arbeitsgruppe, Theatergruppe • *zu* (1) **grup·pen·wei·se** *ADJEKTIV*

**grup·pie·ren** (*gruppierte, hat gruppiert*) **Personen/Dinge irgendwie/irgendwo gruppieren** Personen oder Sachen in der genannten Art oder an dem genannten Ort als Gruppe anordnen *„Er gruppierte die Sessel um die Couch/zu einem Kreis"*

die **Grup·pie·rung** (-, *-en*) **1** das Einteilen in Gruppen **2** ≈ Anordnung *„Er änderte die*

*Gruppierung der Stühle noch einmal"* 3 eine Gruppe von Personen meist innerhalb einer politischen Partei, die Ansichten vertreten, die von der grundsätzlichen Richtung der Partei abweichen

**gru·se·lig** *ADJEKTIV ‹eine Geschichte, ein Erlebnis›* so unheimlich, dass sie Angst hervorrufen

**gru·seln** *(gruselte, hat gegruselt)* 1 **sich (vor jemandem/etwas) gruseln** sich vor anderen Leuten, Tieren oder Sachen fürchten *‹sich vor der Dunkelheit, von Geistern, Leichen, Masken, Schlangen, Spinnen gruseln›* 2 **jemanden/jemandem gruselt (es) (vor einer Person/einem Tier/einer Sache)** eine Person fürchtet sich vor jemandem oder etwas, das ihr unheimlich vorkommt *„Es gruselt ihn/ihm vor der Dunkelheit"* K Gruselfilm, Gruselgeschichte

der **Gruß★** *(-es, Grü·ße)* 1 *meist Singular* Worte oder Gesten, die man aus Höflichkeit verwendet, wenn man sich trifft oder trennt *‹jemandem die Hand zum Gruß reichen; jemandes Gruß erwidern›* K Abschiedsgruß, Willkommensgruß 2 etwas, das man jemandem als Zeichen der Freundschaft sagt, schreibt oder schenkt *‹jemandem Grüße (von jemandem) ausrichten, bestellen, überbringen; jemandem Grüße schicken, senden› „einen Kranz als letzten Gruß auf ein Grab legen"* K Grußkarte; Geburtstagsgruß 3 **Mit freundlichen Grüßen** verwendet am Ende von Briefen an Firmen, Behörden usw. oder an Personen, die man nicht persönlich kennt

**grü·ßen★** *(grüßte, hat gegrüßt)* 1 **jemanden grüßen** einer anderen Person einen Gruß zusenden *„Grüße bitte deine Schwester von mir!"* 2 **(jemanden) grüßen** wenn man jemanden trifft oder sich trennt, ist es höflich, mit den üblichen Worten und/oder Gesten zu grüßen *‹(jemanden) freundlich, höflich, flüchtig grüßen› „Er zog grüßend den Hut"* ID **Grüß dich!** *gesprochen* als Grußformel verwendet, wenn man eine Person trifft, zu der man „du" sagt

die **Grüt·ze** (-) 1 ein Brei, den man aus gemahlenen Hafer- oder Gerstenkörnern macht 2 **grüne/rote Grütze** eine Süßspeise aus grünen/roten Früchten, deren Saft und Zucker

**gu·cken★** ['kʊkn̩] *(guckte, hat geguckt), gesprochen* 1 **irgendwohin gucken** den Blick (bewusst) auf etwas richten ≈ sehen *„aus dem Fenster/durchs Schlüsselloch gucken"* 2 **irgendwie gucken** den genannten Gesichtsausdruck haben *‹freundlich, finster, überrascht, verständnislos gucken›*

der/das **Gu·lasch** *(-(e)s, -e/-s)* ein Gericht aus kleinen Stücken Rind- und/oder Schweinefleisch in einer scharfen Soße, mit viel Zwiebeln und Paprika gewürzt K Gulaschsuppe

**gül·tig★** *ADJEKTIV ‹ein Ausweis, eine Eintrittskarte, eine Fahrkarte, ein Vertrag›* so, dass sie den (gesetzlichen oder rechtlichen) Vorschriften entsprechen (und daher wirksam sind bzw. für den vorgesehenen Zweck verwendet werden können) ↔ ungültig *„Der Reisepass ist noch bis Ende September gültig"* • hierzu **Gül·tig·keit** *die*

der/das **Gum·mi★** *(-s, -s)* 1 *nur Singular* ein glattes, elastisches Material, das kein Wasser durchlässt *„Aus Gummi werden Reifen, Schuhsohlen und Stiefel hergestellt"* K Gummihandschuh, Gummireifen, Gummistiefel ⓘ Das Material wird meist mit dem Artikel *das* verwendet, in den anderen Verwendungen im südlichen Sprachgebiet meist mit *der* 2 Kurzwort für *Gummiband* und *Gummiring* 3 *gesprochen!* ≈ Kondom • zu (1) **gum·mi·ar·tig** *ADJEKTIV*

das **Gum·mi·band** *(-(e)s, Gum·mi·bän·der)* 1 ein schmales, elastisches Band in Form eines Kreises, das man z. B. verwendet, um Haare zusammenzuhalten ≈ Gummiring 2 ein elastisches Band, das Kleidung eng am Körper hält *„ein neues Gummiband in den Bund der Schlafanzughose einziehen"*

das **Gum·mi·bär·chen** *(-s, -); meist Plural* eine Süßigkeit aus einer weichen, elastischen Masse in Form von bunten, kleinen Bären

der **Gum·mi·ring** ≈ Gummiband

die **Gunst★** *(-); geschrieben* 1 ein freundliches Gefühl, eine positive Haltung gegenüber einer Person (die sich vorher oft sehr bemüht hatte zu gefallen) *‹jemandes Gunst erringen, gewinnen, genießen, verlieren; jemandem seine Gunst schenken; um jemandes Gunst werben; sich um jemandes Gunst bemühen› „Die politischen Parteien müssten sich mehr um die Gunst der Wähler bemühen"* K Wählergunst 2 **zu jemandes Gunsten** so, dass es für jemanden ein Vorteil oder Nutzen ist *‹etwas zu jemandes Gunsten auslegen› „Die Kassiererin hat sich zu meinen Gunsten verrechnet"* ⓘ → auch **zugunsten**

**güns·tig★** *ADJEKTIV* 1 **günstig (für jemanden/etwas)** für jemanden von Vorteil oder für einen Zweck gut geeignet ⟨*Umstände, Voraussetzungen, eine Gelegenheit; etwas wirkt sich günstig aus; etwas günstig beeinflussen*⟩ *„Der Wind war günstig, und wir konnten gut segeln"* **2** so, dass man weniger Geld dafür bezahlen muss als sonst ⟨*ein Produkt, eine Ware, Lebensmittel; etwas günstig bekommen, kaufen; (irgendwo) günstig einkaufen (können)*⟩ ≈ preiswert *„Das Handy habe ich besonders günstig bekommen"* ℹ oft im Komparativ *günstiger*: *Im Supermarkt kriegst du das günstiger*

G

**gur·geln** (*gurgelte, hat gegurgelt*) **1 (mit etwas) gurgeln** (bei zurückgelegtem Kopf) den Rachen mit einer Flüssigkeit ausspülen. Man bewegt die Flüssigkeit, indem man Luft ausstößt (wobei Geräusche im Hals entstehen) *„Bei Halsschmerzen gurgelt er mit Salbeitee"* | *„beim Zähneputzen gurgeln"* **2 etwas gurgelt** eine Flüssigkeit bewegt sich mit einem Geräusch wie beim Gurgeln

die **Gur·ke** (-, *-n*) **1** eine längliche grüne Frucht, die man vor allem roh als Salat isst ⟨*Gurken schälen, (in Scheiben) schneiden, raspeln*⟩ **K** Gurkenschale, Gurkensalat **2 eine (saure) Gurke** eine kleine Gurke, die mit Essig haltbar gemacht und in Gläsern verkauft wird *„ein Salamibrot mit (saurer) Gurke garnieren"* **K** Gurkenglas; Essiggurke

der **Gurt★** (*-(e)s, -e*) **1** ein breites, stabiles Band vor allem zum Tragen oder Halten von Dingen *„die Gurte eines Fallschirms"* **K** Ledergurt, Trag(e)gurt **2** Kurzwort für *Sicherheitsgurt*

der **Gür·tel★** (*-s, -*) **1** ein Band aus Leder o. Ä., das man um die Taille trägt, um die Hose oder den Rock zu halten oder um ein weites Kleidungsstück enger zu binden ⟨*ein breiter, schmaler Gürtel; den Gürtel enger, weiter machen/schnallen; sich (Dativ) einen Gürtel umbinden, umschnallen*⟩ **K** Gürtelschnalle; Ledergürtel **2** ein Streifen Land oder eine Landschaft, die etwas umgeben *„Nördlich und südlich des Äquators erstreckt sich der Gürtel der Tropen"* **K** Waldgürtel

der **Guss** (*-es, Güs·se*) **1** eine relativ große Menge einer Flüssigkeit, die mit einem Schwung ausgeschüttet oder ausgegossen wird **2** das Gießen eines Gegenstandes aus Metall o. Ä. *„der Guss einer neuen Glocke"* **K** Gussform, Gussstahl **3** eine Schicht aus (verflüssigter und wieder fest gewordener) Schokolade o. Ä. (meist auf einem Kuchen) *„den Guss für die Torte vorbereiten"* **K** Zuckerguss

**gut★** ADJEKTIV (*besser, best-*) <u>LEISTUNG, QUALITÄT:</u> **1** so, wie es sein sollte, ohne Mängel, von oder mit hoher Qualität oder Leistung ↔ schlecht *„gute Augen/Ohren haben"* | *„Hast du gut geschlafen?"* **2** so, dass jemand alle Aufgaben und Pflichten zuverlässig und mit Erfolg erfüllt ⟨*ein Schüler, ein Student, ein Anwalt, ein Arzt, ein Lehrer*⟩ ↔ schlecht **3** so, wie man es sich wünscht oder wie man es als richtig, schön oder angenehm empfindet *„Hattet ihr eine gute Fahrt/Reise?"* **4** so, dass jemand (mit etwas) viel Geld verdient oder bekommt ⟨*jemanden gut bezahlen, entlohnen; ein gut bezahlter/dotierter Job, Posten*⟩ **5** Ⓓ verwendet als Bezeichnung für die zweitbeste Schulnote 2 auf der Skala von 1 bis 6 bzw. *sehr gut* bis *ungenügend* ℹ → Anhang, S. 1091: **Noten** **6 sehr gut** Ⓓ verwendet als Bezeichnung für die beste Schulnote 1 ℹ → Anhang, S. 1091: **Noten** **7** verwendet als Teil von Grüßen und höflichen Wünschen ⟨*Guten Morgen!; Guten Tag!; Guten Abend!; Gute Nacht!; Guten Appetit!; Gute Fahrt/Reise!; Gute Besserung!*⟩ **8 Alles Gute (für/zu etwas)!** verwendet, um jemandem Glück zu wünschen oder zu gratulieren *„Alles Gute zum Geburtstag!"* **9** *meist attributiv* nur für besondere Anlässe *„Zum Vorstellungsgespräch zog er seinen guten Anzug an"* <u>MORAL:</u> **10** bemüht, kein Unrecht zu tun und anderen Menschen zu helfen ⟨*ein Mensch*⟩ ↔ böse **11** so, dass anderen Personen dadurch geholfen wird ⟨*eine Tat, ein Werk*⟩ ↔ böse **12** *gesprochen* brav und gehorsam ⟨*ein Kind, ein Junge, ein Mädchen, ein Hund*⟩ ↔ böse **13** so, wie es in einer Gesellschaft üblich ist und erwartet wird ⟨*Benehmen, Manieren, Umgangsformen*⟩ ↔ schlecht <u>NÜTZLICHKEIT:</u> **14 gut (für jemanden)** für jemanden nützlich ↔ schlecht *„Es wäre gut für dich, dich einmal auszuruhen/wenn du dich einmal ausruhen würdest"* **15** mit der gewünschten Wirkung, für eine Situation passend *„Kennst du ein gutes Mittel für/gegen Halsschmerzen?"* <u>VERTRAUTHEIT:</u> **16** *meist attributiv* so, dass man eine relativ enge, intensive Beziehung hat ⟨*ein Bekannter, ein Freund, eine Freundin*⟩ <u>MENGE:</u> **17** *meist attributiv* ein bisschen mehr als die genannte Menge, genannte Zeit o. Ä. ↔ knapp *„eine gute/gut eine Stunde warten"* <u>OHNE MÜHE, PROBLEME:</u> **18** *nur adverbiell* ohne Mühe oder Probleme ⟨*sich*

(*Dativ*) *etwas gut merken können*⟩ ≈ leicht ZUSTIMMUNG: [19] verwendet, um Zustimmung auszudrücken *„Gut, einverstanden!"* SITUATION, GESUNDHEIT: [20] **jemandem ist nicht gut** jemand fühlt sich gesundheitlich nicht wohl oder hat das Gefühl, erbrechen zu müssen [21] **jemand hat es gut/ist gut dran** *gesprochen* jemand hat Glück oder hat (im Vergleich zu anderen Personen) einen Vorteil [ID] **Wofür/Wozu soll das gut sein?**, **Wofür/Wozu ist das gut?** Welchen Zweck hat das?; **so gut wie** beinahe, fast *„Bitte warte noch! Ich bin schon so gut wie fertig"*; **gut und gern(e)** mindestens *„Das dauert gut und gern zwei Wochen"*

das **Gut**★ (-(*e*)*s*, *Gü·ter*) [1] Dinge, die jemandem gehören ≈ Besitz *„Die Polizei fand bei dem Hehler gestohlenes Gut"* [K] Diebesgut [2] *geschrieben* eine Sache, die für jemanden einen besonderen Wert hat ⟨*geistige, irdische, materielle Güter*⟩ *„Freiheit ist ein kostbares Gut"* [K] Kulturgut [3] *meist Plural* Waren, vor allem wenn sie transportiert werden ⟨*verderbliche, sperrige Güter; Güter lagern, verladen, befördern, transportieren, verzollen*⟩ [K] Güterwagen; Frachtgut; Konsumgüter, Luxusgüter [4] ein großer landwirtschaftlicher Betrieb ⟨*ein Gut bewirtschaften, verwalten, (ver)pachten*⟩ [K] Gutsbesitzer; Weingut

das **Gut·ach·ten**★ (-*s*, -) **ein Gutachten (über jemanden/etwas)** ein Bericht, in dem ein Experte nach sorgfältiger, meist wissenschaftlicher Untersuchung die eigene Meinung zu einer Person, einem Sachverhalt o. Ä. abgibt ⟨*ein ärztliches, juristisches, psychiatrisches Gutachten; ein Gutachten anfordern, erstellen, vorlegen; bei jemandem ein Gutachten einholen*⟩ • *hierzu* **Gut·ach·ter** *der*; **Gut·ach·te·rin** *die*; **gut·ach·ter·lich** *ADJEKTIV*

**gut·ar·tig** *ADJEKTIV* [1] gehorsam und nicht aggressiv ⟨*ein Hund, ein Pferd*⟩ [2] ⟨*eine Geschwulst, ein Tumor*⟩ so, dass sie nur an einem einzelnen Organ sind und keine Metastasen bilden • *hierzu* **Gut·ar·tig·keit** *die*

**gut·bür·ger·lich** *ADJEKTIV* [1] *oft abwertend* so, wie es dem (wohlhabenden) Bürgertum entspricht, solide (und manchmal etwas bieder) ⟨*eine Familie; aus gutbürgerlichem Elternhaus sein*⟩ [2] einfach und reichlich, wie es in einfachen Gasthäusern angeboten wird ⟨*Essen, die Küche*⟩

die **Gü·te** (-) [1] eine freundliche, großzügige Einstellung gegenüber anderen Menschen *„Hätten Sie bitte die Güte, mir zu helfen?"* [2] eine (gute) Qualität *„Dieser Markenname bürgt für die Güte der Ware"* [K] Güteklasse, Gütesiegel; Bildgüte

der **Gü·ter·zug** ein Zug, der nur Lasten transportiert

**gut·ge·hen**★ *ADJEKTIV* ≈ gut gehen

**gut·ge·sinnt** *ADJEKTIV* **jemandem gutgesinnt** mit einer freundlichen Haltung gegenüber jemandem

**gut·gläu·big** *ADJEKTIV* mit dem naiven und unkritischen Glauben, dass auch andere Leute gut und ehrlich sind *„Er hat dich doch reingelegt. Du bist einfach zu gutgläubig!"* • *hierzu* **Gut·gläu·big·keit** *die*

das **Gut·ha·ben**★ (-*s*, -) die Summe Geld, die man auf dem Bankkonto hat [K] Bankguthaben, Sparguthaben, Zinsguthaben

**gut·hei·ßen** (*hieß gut, hat gutgeheißen*) **etwas gutheißen** *geschrieben* etwas für gut oder richtig halten *„Diese Verschwendung kann man nicht gutheißen"*

**gü·tig** *ADJEKTIV* **gütig (gegenüber/zu einer Person)**; **gütig gegen eine Person** freundlich und voll Verständnis, Geduld o. Ä. ⟨*ein Mensch; gütig lächeln*⟩

**gut·ma·chen** (*machte gut, hat gutgemacht*) **etwas gutmachen** einen Schaden, den man verursacht hat, oder ein Unrecht, das man jemandem zugefügt hat, wieder in Ordnung bringen *„Ich habe bei dir einiges gutzumachen"* ❶ aber: *seine Arbeit gut machen* (getrennt geschrieben)

**gut·mü·tig** *ADJEKTIV* sehr geduldig und friedlich und immer bereit, die Wünsche und Bitten anderer Leute zu erfüllen *„Gutmütig wie sie ist, wird sie es schon machen"* • *hierzu* **Gut·mü·tig·keit** *die*

der **Gut·schein** ein Schein, für den man Waren o. Ä. bekommt, ohne dass man selbst dafür bezahlen muss (meist bis zu dem Wert, der auf dem Schein steht) ⟨*jemandem einen Gutschein (für etwas) ausstellen; einen Gutschein einlösen*⟩ *„ein Gutschein im Wert von 100 Euro"* | *„Sie hat bei der Tombola einen Gutschein für einen Kinobesuch gewonnen"* [K] Essensgutschein, Getränkegutschein, Warengutschein

**gut·schrei·ben** (*schrieb gut, hat gutgeschrieben*) **eine Bank** *o. Ä.* **schreibt (jemandem) etwas gut** *admin* eine Bank o. Ä. trägt eine Geldsumme, die einer Person zusteht, auf deren Konto (als Guthaben) ein *„Die Zinsen wurden Ihrem Sparkonto gutgeschrieben"*

G

die **Gut·schrift** das Geld, das jemandem auf das Bankkonto überwiesen wird oder wurde

**gut·tun** (*tut gut, tat gut, hat gutgetan*) **1** **etwas tut (jemandem) gut** etwas hat eine positive Wirkung auf jemanden *„Bei dieser Hitze tut eine kalte Dusche gut"* **2** **etwas tut (jemandem/etwas) gut** etwas ist für jemandes Gesundheit nützlich *„Süßigkeiten tun den Zähnen nicht gut"*

das **Gym·na·si·um★** (-s, *Gym·na·si·en*) eine Schule, die Kinder nach der Grundschule besuchen können und die mit dem Abitur abschließt ⟨*das Gymnasium besuchen; aufs Gymnasium kommen, gehen*⟩ *„Seit der Schulreform machen die Schüler an vielen Gymnasien schon in der zwölften Klasse Abitur"* ❶ → Anhang, S. 1092: **Schule und Ausbildung**

die **Gym·nas·tik** (-) Bewegungen und Übungen, mit denen man den Körper trainiert, damit er elastisch bleibt oder wieder beweglich wird ⟨*Gymnastik treiben*⟩ **K** Gymnastikkurs; Heilgymnastik, Krankengymnastik • *hierzu* **gym·nas·tisch** *ADJEKTIV*

der **Gy·nä·ko·lo·ge** (*-n, -n*) ein Arzt mit einer speziellen Ausbildung in Gynäkologie ≈ Frauenarzt ❶ *der Gynäkologe; den, dem, des Gynäkologen* • *hierzu* **Gy·nä·ko·lo·gin** *die*

die **Gy·nä·ko·lo·gie** (-) das Gebiet der Medizin, das sich mit den Krankheiten von Frauen und mit der Geburtshilfe beschäftigt ≈ Frauenheilkunde • *hierzu* **gy·nä·ko·lo·gisch** *ADJEKTIV*

das **H, h** [haː]; (-, *-/gesprochen auch -s*) **1** der achte Buchstabe des Alphabets ⟨*ein großes H; ein kleines h*⟩ **2** der siebte Ton der C-Dur-Tonleiter **K** H-Dur, h-Moll

das **Haar★** (*-(e)s, -e*) **1** Haare wachsen bei Menschen und vielen Tieren aus der Haut, beim Menschen vor allem am Kopf ⟨*ein blondes, braunes, graues Haar; jemandem ein Haar ausreißen; sich (Dativ) die Haare rasieren*⟩ **K** Haarausfall; Barthaar **2** **das Haar/die Haare** alle Haare auf dem Kopf eines Menschen ⟨*das Haar/die Haare föhnen, kämmen, bürsten, frisieren, toupieren, flechten, tönen, färben, bleichen, schneiden; (sich (Dativ)) die Haare wachsen lassen*⟩ **K** Haarbürste, Haarfarbe, Haarspange, Haarspray ❶ → Abbildung, S. 294: **Der Körper**; zu *Haarbürste* → Abbildung, S. 97: **Im Bad** **3** *nur Singular* das Fell von manchen Tieren *„eine Katze mit langem Haar"*

**haa·ren** (*haarte, hat gehaart*) **ein Tier haart** ein Hund, eine Katze o. Ä. verliert Haare

**haar·ge·nau** *ADJEKTIV; gesprochen* sehr genau, in allen Details ⟨*eine Beschreibung; etwas stimmt haargenau; etwas haargenau wissen, kennen, ausrechnen*⟩

**haa·rig** *ADJEKTIV* **1** ⟨*Arme, Beine, Schultern*⟩ so, dass sie (viele) Haare haben **2** *gesprochen* schwierig und unangenehm ⟨*eine Angelegenheit, eine Sache, eine Geschichte*⟩

**haar·scharf** *ADJEKTIV; gesprochen* **1** ganz nahe oder knapp *„haarscharf am Ziel vorbeischießen"* **2** sehr präzise und exakt ⟨*haarscharf überlegen, kalkulieren*⟩

der **Haar·schnitt** die Form, in welcher die Haare auf dem Kopf geschnitten sind ⟨*ein flotter, frecher, gewagter Haarschnitt*⟩ ≈ Frisur

die **Haar·spal·te·rei** (*-, -en*); *abwertend* ein Streit um unwichtige Details • *hierzu* **haar·spal·te·risch** *ADJEKTIV*

**haar·sträu·bend** *ADJEKTIV* so, dass es Empörung oder Entsetzen bewirkt ⟨*eine Geschichte, ein Skandal, Unsinn; jemandes Benehmen,*⟩

der **Haar·wuchs** **1** das Wachsen der Haare **2** die Dichte der Haare, die jemand (auf dem Kopf) hat ⟨*einen dichten, starken, spärlichen Haarwuchs haben*⟩

**ha·ben¹★** (*hat, hatte, hat gehabt*); *kein Passiv!* MIT OBJEKT: **1** **jemand hat etwas** etwas ist jemandes Eigentum, Besitz *„Sie hat ein Auto"* **2** **jemand/etwas hat etwas** verwendet, um Eigenschaften oder Merkmale von Personen, Tieren oder Dingen zu beschreiben *„Peter hat Mut"* | *„Unser Hund hat lange Haare"* | *„Die Wohnung hat einen Balkon"* **3** **jemand/etwas hat etwas** eine Person, ein Tier oder eine Sache ist im genannten Zustand (krank, verletzt, beschädigt o. Ä.) *„Das Kind hat einen wunden Finger"* | *„Das Auto hat einen Motorschaden"* **4** **jemand hat etwas** eine Person oder ein Tier erlebt gerade ein Gefühl *„Habt ihr schon Hunger?"* **5** **jemand hat etwas** ein Umstand oder eine Situation ist für jemanden/bei jemandem vorhanden *„Hast du etwas Zeit für mich oder noch zu viel Arbeit?"* **6** **jemand hat Dienst/Schule/Unterricht** jemand muss arbeiten bzw. in die Schule gehen **7** **jemand hat frei/Feri-**

**en/Urlaub** jemand muss für kurze oder längere Zeit nicht arbeiten bzw. nicht in die Schule gehen **8** **jemand hat etwas** jemand bekommt Unterricht in einem Fach oder über ein Thema *„Im Gymnasium wirst du auch Chemie haben"* **9** **etwas hat Personen/Dinge** etwas besteht aus einer Anzahl Personen/Dinge *„Der Ort hat fünfhundert Einwohner"* **10** **jemand/etwas hat etwas** eine Person, ein Tier oder eine Sache ist mit etwas versorgt oder bekommt etwas *„Hat der Hund genug Futter?"* **11** **wir haben** + *Zeitangabe* verwendet, um die aktuelle Zeit zu nennen *„Wir haben jetzt genau fünf Uhr"* **12** **etwas nicht haben können** *gesprochen* eine starke Abneigung gegen etwas fühlen *„Ich kann es nicht haben, wenn man mich kitzelt!"* MIT OBJEKT UND PRÄPOSITION: **13** **etwas an jemandem/etwas haben** die Vorteile von jemandem/etwas genießen *„Er hat viel Freude an seinem Garten"* **14** **für etwas zu haben sein** etwas mögen oder gern tun *„Für ein Glas Wein bin ich immer zu haben"* **15** **(et)was gegen jemanden/etwas haben** jemanden/etwas nicht mögen *„Ich habe was gegen Kümmel im Brot"* **16** **jemand hat etwas hinter sich** (*Dativ*)/**(noch) vor sich** (*Dativ*) jemand hat etwas schon/noch nicht getan oder erlebt *„Wenn ich die Prüfung hinter mir habe, wird gefeiert"* **17** **(et)was/es mit jemandem haben** *gesprochen, oft abwertend* eine sexuelle Beziehung zu jemandem haben *„Er hat was mit seiner Sekretärin"* MIT ZU UND INFINITIV: **18** **jemanden/etwas zu** +*Infinitiv* **haben** etwas (mit jemandem/etwas) tun müssen *„Sie hat noch einen weiten Weg zurückzulegen"* ℹ auch ohne Objekt verwendet: *Ich habe noch zu arbeiten* **19** **nichts zu** +*Infinitiv* **haben** nicht das Recht haben, etwas zu tun ⟨*jemandem/irgendwo nichts zu befehlen, sagen, verbieten haben*⟩ MIT ES UND ADJEKTIV: **20** **es irgendwie haben** verwendet, um die Situation zu beschreiben, in der eine Person ist ⟨*es eilig, leicht, schwer, schön haben*⟩ *„Sehr gemütlich habt ihr es hier!"* MIT SICH: **21** **sich haben** *gesprochen, abwertend* aus Angst, Scham, Stolz o. Ä. zögern, etwas zu tun ≈ zieren *„Jetzt habt euch nicht so, vertragt euch wieder!"* ℹ meist verneint UNPERSÖNLICH: **22** **es hat etwas** *gesprochen* die Luft hat die genannte Temperatur *„Wie viel Grad hat es?"* **ID** **Ich hab's!** *gesprochen* drückt Freude darüber aus, dass man die gesuchte Lösung gefunden hat oder sich wieder an etwas erinnert; **wie gehabt** unverändert; **Das werden wir gleich haben** Das Problem kann ich leicht lösen, den Schaden kann ich schnell reparieren

**ha·ben**[2]★ *HILFSVERB* mit *haben* und dem Partizip Perfekt bildet man das Perfekt, Plusquamperfekt und zweite Futur von den meisten Verben *„Er hat geschlafen"* | *„Sie hatte geweint"* | *„Falls es im Laufe des Tages geregnet haben sollte, brauchst du die Blumen morgen nicht zu gießen"*

das **Ha·ben**★ (-s) die Summe Geld, die jemand einnimmt oder (z. B. auf einer Bank) hat ↔ Soll

die **Hab·gier** *nur Singular; abwertend* das (ständige) Verlangen, immer mehr zu besitzen • *hierzu* **hab·gie·rig** *ADJEKTIV*

der **Ha·bicht** (-s, -e) ein mittelgroßer Raubvogel, der in Europa und Asien vorkommt und am Tag jagt

die **Hab·se·lig·kei·ten** *Plural* jemandes Besitz, der nur aus wenigen (und nicht wertvollen) Dingen besteht

die **Hab·sucht** *nur Singular* ≈ Habgier • *hierzu* **hab·süch·tig** *ADJEKTIV*

die **Hach·se** [-ks-]; (-, -n) der untere Teil des Beines von Kalb und Schwein **K** Schweinshachse

der **Hack·bra·ten** ein Braten aus Hackfleisch

die **Ha·cke** (-, -n) **1** ein einfaches Werkzeug, mit dem man den Erdboden locker macht **2** *norddeutsch* ≈ Ferse **3** *norddeutsch* der Absatz eines Schuhs *„Schuhe mit hohen Hacken"*

**ha·cken** (*hackte, hat gehackt*) **1** **etwas hacken** etwas mit kräftigen Hieben in Stücke teilen (oder zerstören), z. B. mit einer Axt, einem Beil oder einem Messer ⟨*Holz hacken; ein Loch ins Eis hacken*⟩ **2** **(etwas) hacken** (meist mit einer Hacke) die Erde (um etwas) lockern ⟨*die Erde, ein Beet hacken*⟩ **3** **ein Vogel hackt nach jemandem/etwas** ein Vogel sticht oder stößt mit dem Schnabel nach jemandem/etwas *„Der Papagei hat nach mir gehackt"*

der **Ha·cker** ['hɛkɐ]; (-s, -) eine Person, die ohne Erlaubnis mit dem Computer in ein fremdes Datensystem eindringt • *hierzu* **ha·cken** ['hɛkn̩] (*hat*)

das **Hack·fleisch**★ Fleisch, das in sehr kleine Stücke gehackt ist (und aus dem man Hackbraten, Hamburger, Frikadellen usw. macht) ℹ Rohes gehacktes Rindfleisch wird oft *Tatar* genannt.

**ha·dern** (*haderte, hat gehadert*) **mit etwas hadern** *geschrieben* mit etwas (dauernd) unzufrieden sein und darüber jammern ⟨*mit seinem Schicksal hadern*⟩

der **Ha·fen**★ (-s, *Hä·fen*) ein geschützter Platz (mit den nötigen technischen Anlagen), an dem Schiffe anlegen, um Passagiere und Ladung an Bord zu nehmen ⟨*ein Schiff läuft einen Hafen an, läuft in den/im Hafen ein, läuft aus dem Hafen aus, liegt, ankert im Hafen*⟩ **K** Hafenarbeiter, Hafenrundfahrt, Hafenstadt; Jachthafen

der **Ha·fer** (-s) eine Sorte Getreide, die vor allem in kühlen Gegenden wächst und die als Nahrung für Menschen und Pferde dient **K** Haferbrei, Haferflocken

H

die **Haft**★ (-) **1** *gesprochen* der Zustand, wenn man von der Polizei festgehalten oder eingesperrt wird **2** eine Strafe, bei der man im Gefängnis ist ⟨*sich in Haft befinden; in Haft sein; die Polizei nimmt jemanden in Haft*⟩ „*Für den Diebstahl hat er zwei Jahre Haft bekommen/ist er zu zwei Jahren Haft verurteilt worden*" **K** Haftbefehl, Haftstrafe; Einzelhaft, Untersuchungshaft

**-haft** *im Adjektiv, unbetont, sehr produktiv* **1** **albtraumhaft, automatenhaft, märchenhaft, traumhaft** *und andere* drückt aus, dass etwas so ist wie die im ersten Wortteil genannte Sache „*eine bildhafte Beschreibung*" **2** **meisterhaft, rüpelhaft, stümperhaft** *und andere* nach Art der genannten Art von Person „*heldenhaften Mut beweisen*" **3** **lasterhaft, tugendhaft** *und andere* mit einer Neigung zu dem genannten Verhalten „*eine schwatzhafte Person*"

**haft·bar** ADJEKTIV **für etwas haftbar sein** dazu verpflichtet sein, einen entstandenen Schaden wiedergutzumachen

der **Haft·be·fehl**★ der schriftliche Beschluss (eines Richters oder Gerichts), jemanden zu verhaften ⟨*der Richter erlässt (einen) Haftbefehl gegen jemanden*⟩

**haf·ten**★ (*haftete, hat gehaftet*) AN EINER OBERFLÄCHE: **1** **etwas haftet irgendwo** etwas bleibt auf einer Oberfläche (auf der es aufgetragen, angebracht wird oder wurde) „*Auf nasser Haut haften Pflaster schlecht*" **K** Haftnotiz IM GEDÄCHTNIS USW.: **2** **etwas bleibt irgendwo haften** etwas bleibt im Gedächtnis ⟨*etwas bleibt bei jemandem, im Gedächtnis, in der Erinnerung haften*⟩ FÜR SCHÄDEN: **3** **für etwas haften** verpflichtet sein, einen entstandenen Schaden wiedergutzumachen „*Bitte achten Sie selbst auf Ihre Sachen, wir haften nicht für eventuelle Verluste*"

der **Häft·ling** (-s, -e) eine Person, die in einem Gefängnis ist, weil sie wegen einer Straftat oder einem Verbrechen verurteilt wurde ⟨*ein weiblicher, männlicher, politischer Häftling*⟩ **K** Häftlingskleidung, Häftlingsrevolte

die **Haft·pflicht** *nur Singular* **1** die gesetzliche Pflicht, einen Schaden zu ersetzen, den man selbst oder den eine Person, für die man verantwortlich ist, jemandem zugefügt hat **K** Haftpflichtversicherung **2** *gesprochen* ≈ Haftpflichtversicherung **K** Autohaftpflicht

die **Haf·tung** (-, -en); *meist Singular* die Verpflichtung, einen entstandenen Schaden wiedergutzumachen ⟨*(keine) Haftung für etwas übernehmen; eine Gesellschaft mit beschränkter Haftung*⟩

die **Ha·ge·but·te** (-, -n) die rote Frucht der (Hecken-)Rose, aus der man Tee macht **K** Hagebuttentee

der **Ha·gel** (-s) **1** Regen in Form von harten Körnern aus Eis **K** Hagelkorn, Hagelschaden, Hagelschauer **2** **ein Hagel von Dingen** eine Menge von (bedrohlichen) Dingen, die jemanden/etwas plötzlich treffen ⟨*ein Hagel von Vorwürfen, Protesten, Flüchen*⟩ **K** Bombenhagel, Kugelhagel

**ha·geln** (*hagelte, hat gehagelt*) **1** **es hagelt** Hagel fällt **2** **es hagelt etwas** es gibt viel Kritik oder Proteste „*Nach der Rede hagelte es Proteste/Vorwürfe*"

**ha·ger** ADJEKTIV mager und meist groß gewachsen ⟨*ein Jüngling, eine Frau, ein Gesicht, eine Gestalt, Arme*⟩

der **Hahn**★ (-(e)s, *Häh·ne*) **1** ein männliches Huhn ⟨*der Hahn kräht, kratzt im Mist*⟩ ↔ Henne „*Der Hahn hat einen roten Kamm auf dem Kopf*" **K** Hahnenkampf, Hahnenschrei **2** der Teil einer Wasser- oder Gasleitung usw., der dazu dient, diese zu öffnen und zu schließen ⟨*der Hahn tropft, klemmt; den Hahn öffnen, schließen, aufdrehen, zudrehen*⟩ **K** Gashahn, Wasserhahn

das **Hähn·chen**★ (-s, -) ein Hahn (oder Huhn) zum Essen ⟨*ein Hähnchen rupfen, würzen, braten, grillen*⟩ **K** Backhähnchen, Brathähnchen, Grillhähnchen

der **Hai** (-(e)s, -e) ein meist großer, grauer Raubfisch, der vor allem in warmen Meeren vorkommt, mehrere Reihen von scharfen Zähnen hat **K** Haifisch

**hä·keln** (*häkelte, hat gehäkelt*) **(etwas) häkeln** etwas aus Garn herstellen, indem man mit einer Nadel, die vorne einen Haken hat, Maschen macht ⟨*eine Mütze, einen Topflappen häkeln*⟩ *„ein Tischtuch mit gehäkelten Spitzen"* K Häkelnadel

der **Ha·ken★** (-s, -) 1 ein Stück Metall, Plastik o. Ä., das gebogen ist und das meist dazu verwendet wird, etwas festzuhalten oder irgendwo zu befestigen *„einen Spiegel mit Haken an der Wand befestigen"* K Angelhaken, Kleiderhaken, Plastikhaken 2 eine Linie, welche die Form eines Hakens hat *„Die Lehrerin macht unter jede richtige Rechnung einen Haken"* 3 *gesprochen* ein Nachteil, der mit einer Sache verbunden ist (den man aber noch nicht kennt) *„Pass auf, die Sache hat bestimmt einen Haken!"* 4 (beim Boxen) ein Schlag von unten nach oben K Kinnhaken 5 **ein Tier schlägt einen Haken** ein Hase o. Ä. wechselt beim Fliehen ganz plötzlich die Richtung • *zu* (1) **ha·ken·för·mig** *ADJEKTIV*

das **Ha·ken·kreuz** ein Kreuz mit Haken, das in Deutschland als Zeichen des Nationalsozialismus diente K Hakenkreuzfahne

**halb★** *ADJEKTIV* 1 *meist attributiv* so, dass etwas die Hälfte einer Sache ist *„ein halbes Brot"* | *„ein halber Liter"* K Halbkreis, Halbmond 2 zum Teil, nicht vollständig ⟨*ein Satz, ein Sieg, die Wahrheit; halb automatisch, blind, erfroren, fertig, gar, nackt, offen, tot, verhungert, voll*⟩ *„Ihre Augen sind halb geschlossen"* | *„ein halb rohes Steak"* K Halbdunkel, Halbwahrheit ❶ Die hier genannten Adjektive und Partizipien können auch mit *halb* zusammengeschrieben werden: *ein halb leeres/halbleeres Glas*; vergleiche **halb-** 3 *meist attributiv* an der Mitte einer Strecke, eines Zeitabschnitts o. Ä. ⟨*auf halbem Weg/auf halber Strecke aufgeben, stehen bleiben, umkehren*⟩ *„Der Wecker klingelte zur halben Stunde"* K Halbjahr 4 *nur adverbiell* dreißig Minuten vor der genannten Stunde *„Wir treffen uns um halb zwölf"*

**halb-** *im Adjektiv, betont, begrenzt produktiv* 1 **halbjährig, halbjährlich, halbstündig, halbtägig, halbtäglich** *und andere* verwendet, um den im Adjektiv genannten Zeitraum zu halbieren *„Die Züge fahren halbstündlich"* jede halbe Stunde, alle 30 Minuten 2 nur in relativ geringem Maße, nicht völlig *„halbbittere Schokolade"* ❶ Die hier genannten Adjektive müssen immer, die unter *halb* genannten Adjektive und Patizipien können auch mit *halb* zusammengeschrieben werden: *ein halb leeres/halbleeres Glas*; → auch **halb**.

der **Halb|edel·stein** ein Stein, der meist als Schmuck verwendet wird, aber nicht so wertvoll wie ein Edelstein ist *„Opale und Türkise sind Halbedelsteine"*

**hal·be-hal·be** ID **(mit jemandem) halbe-halbe machen** *gesprochen* etwas so mit einer anderen Person teilen, dass jeder die Hälfte bekommt

**-hal·ber** *im Adverb nach Substantiv, unbetont, begrenzt produktiv* **gesundheitshalber, krankheitshalber, ordnungshalber, sicherheitshalber, spaßeshalber, vorsichtshalber** *und andere* aus dem genannten Grund *„Warum fragst du? – Nur so, interessehalber."* ohne besonderen Grund, nur weil es mich interessiert

das **Halb·fi·na·le★** die Runde eines Wettkampfs, deren Sieger ins Finale kommen

**halb·her·zig** *ADJEKTIV* ohne wirkliche Überzeugung und Interesse ⟨*ein Versuch, eine Antwort, ein Lächeln*⟩

**halb·hoch** *ADJEKTIV* mit einer Höhe, die weder hoch noch niedrig ist *„ein halbhoher Schrank"*

**hal·bie·ren** (*halbierte, hat halbiert*) 1 **etwas halbieren** etwas in zwei Hälften teilen *„eine Melone mit einem Messer halbieren"* 2 **etwas halbieren** etwas auf die Hälfte reduzieren *„Wir können den Arbeitsaufwand halbieren, wenn wir einen Computer verwenden"* • *hierzu* **Hal·bie·rung** *die*

die **Halb·in·sel** ein Stück Land, das auf drei Seiten von Wasser umgeben ist *„Italien ist eine Halbinsel"* | *„die iberische Halbinsel (Spanien und Portugal)"*

**halb·mast** *ADVERB* **(auf) halbmast** (in Bezug auf Fahnen) so, dass sie auf halber Höhe des Mastes wehen (meist als Zeichen der Trauer) ⟨*eine Fahne (auf) halbmast setzen; eine Fahne steht, weht (auf) halbmast*⟩

die **Halb·pen·si·on★** *nur Singular* wenn man in einem Hotel o. Ä. Halbpension bucht, bekommt man das Frühstück und eine warme Mahlzeit ⟨*Halbpension buchen, haben, nehmen; ein Zimmer mit Halbpension*⟩

der **Halb·schuh** ein meist leichter und geschlossener Schuh, welcher den Knöchel nicht bedeckt

**halb·sei·tig** *ADJEKTIV* 1 *meist attributiv* eine halbe Seite lang ⟨*ein Artikel, ein Bericht*⟩ 2 so,

H

dass die linke oder die rechte Seite des menschlichen Körpers betroffen ist ⟨*eine Lähmung; halbseitig gelähmt sein*⟩

**halb·tags★** *ADVERB* halb so viele Arbeitsstunden wie üblich ⟨*halbtags arbeiten, beschäftigt sein*⟩ ↔ ganztags *„Die Ausstellung ist zurzeit nur halbtags geöffnet"* **K** Halbtagsarbeit, Halbtagsjob, Halbtagsstelle

der **Halb·ton** der kleinste Abstand zwischen zwei Tönen oder der dazugehörige Ton *„Das Fis ist der Halbton zwischen dem F und dem G"*

**halb·wegs** *ADVERB; gesprochen* so, dass man gerade noch zufrieden sein kann *„Kannst du nicht einmal halbwegs höflich sein!"*

H

**halb·wüch·sig** *ADJEKTIV* noch nicht erwachsen ⟨*ein Kind, ein Junge, ein Mädchen*⟩

die **Halb·zeit★** **1** eine der beiden Spielhälften eines Fußballspiels o. Ä. ⟨*die erste, zweite Halbzeit*⟩ **2** die Pause zwischen den beiden Hälften eines Spiels (vor allem beim Fußball) *„Zur Halbzeit steht es null zu null"*

die **Hal·de** (-, *-n*) eine große Menge von Abfall, Kies, Kohle usw. in der Form eines Hügels **K** Müllhalde, Schutthalde

**half** *Präteritum, 1. und 3. Person Singular* → helfen

die **Hälf·te★** (-, *-n*) **1** einer von zwei gleich großen Teilen eines Ganzen ⟨*die Hälfte eines Betrags, einer Fläche, einer Größe, einer Menge, einer Zeit*⟩ *„Schneide den Apfel in der Mitte durch und gib mir die Hälfte"* **2** einer von zwei Teilen (eines Ganzen) ⟨*die größere, kleinere Hälfte; gut (= mehr als) die Hälfte*⟩

der/das **Half·ter** (-, *-s*) eine Tasche für eine Pistole, die an einem Gurt befestigt ist **K** Pistolenhalfter

der **Hall** (-(*e*)*s*) ein dumpfes, schwingendes Geräusch ⟨*der Hall von Schritten, Tritten, Stimmen*⟩

die **Hal·le★** (-, *-n*) **1** ein großes, lang gestrecktes Gebäude, das meist nur einen hohen und weiten Raum hat ⟨*eine große, lange Halle*⟩ *„die Hallen einer Fabrik"* **K** Hallen(schwimm)bad; Bahnhofshalle, Markthalle, Sporthalle **2** ein großer Raum gleich hinter dem Eingang eines Hotels, eines großen repräsentativen Hauses o. Ä. **K** Eingangshalle

**hal·le·lu·ja!** verwendet, um (im Gottesdienst) Gott zu preisen

**hal·len** (*hallte, hat gehallt*) **etwas hallt** etwas klingt so wie in einem großen, leeren Raum ⟨*etwas hallt laut, unheimlich*⟩ *„Ihre Schritte hallten in dem weiten Korridor"*

**hal·lo!★** **1** verwendet, um die Aufmerksamkeit einer anderen Person auf sich selbst zu lenken *„Hallo, ist da jemand?"* **2** verwendet als Begrüßung unter Freunden oder gut Bekannten *„Hallo, wie geht's?"* **3** verwendet, um sich am Telefon zu melden, wenn man angerufen wird *„Hallo, wer ist da bitte?"* **ID** **Aber hallo!** verwendet, um zu betonen, dass eine Aussage in besonderem Maße zutrifft *„Macht denn so was Spaß?" – „Aber hallo!"*

die **Hal·lu·zi·na·ti·on** [-'tsi̯oːn]; (-, *-en*) etwas, das man zu sehen oder hören glaubt, das aber nicht da ist ⟨*Halluzinationen haben; an/unter Halluzinationen leiden*⟩

der **Halm★** (-(*e*)*s*, *-e*) der (meist hohle) Stängel von Gräsern und Getreide *„Die Halme im Weizenfeld biegen sich im Wind"* **K** Getreidehalm, Grashalm

**Ha·lo·gen-** *im Substantiv, betont, nicht produktiv* **die Halogenlampe, der Halogenscheinwerfer, der Halogenstrahler** *und andere* verwendet für Lampen, die sehr hell sind

der **Hals★** (*-es, Häl·se*) **1** (beim Menschen und bei vielen Wirbeltieren) der schmale Teil des Körpers zwischen Kopf und Schultern ⟨*den Hals beugen, strecken, (ver)drehen; sich (Dativ) den Hals verrenken, brechen*⟩ *„Giraffen haben einen langen, schlanken Hals"* **K** Halskette, Halstuch ❶ → Abbildung, S. 294: **Der Körper** **2** der Hals als Organ, durch das Luft und Nahrung in den Körper gelangen und in dem die Laute gebildet werden ⟨*einen entzündeten, rauen, trockenen, wunden Hals haben; jemandem tut der Hals weh; jemandem bleibt etwas im Hals stecken*⟩ ≈ Kehle *„Der Arzt schaute ihr in den Hals und stellte fest, dass die Mandeln entzündet waren"* **K** Halsschmerzen, Halsweh **3** die Stelle in der Nähe der Öffnung, an der ein Gefäß, ein hohler Körper oder ein Organ schmal ist ⟨*der Hals einer Flasche, einer Vase*⟩ **K** Flaschenhals, Gebärmutterhals **ID** **jemandem um den Hals fallen** eine Person plötzlich und heftig umarmen; **etwas hängt jemandem zum Hals (he)raus** *gesprochen* eine Person hat genug von etwas, findet etwas nur noch sehr unangenehm; **Hals über Kopf** (zu) plötzlich

das **Hals·band** ein Band, das man meist einem Hund um den Hals bindet, um daran eine Leine zu befestigen ⟨*einem Tier ein Halsband anlegen, abnehmen*⟩

**hals·bre·che·risch** *ADJEKTIV* so gefährlich, dass man Glück hat, wenn man sich nicht verletzt ⟨*ein Tempo*⟩ *„Sie machte eine halsbrecherische Tour durch das Hochgebirge"*

der **Hals-Na·sen-Oh·ren-Arzt** ein Arzt, der sich auf die Behandlung von Krankheiten des Halses, der Nase und der Ohren spezialisiert hat ⓘ Abkürzung: *HNO-Arzt*

**halt**[1] ★ *PARTIKEL unbetont; süddeutsch* Ⓐ Ⓒⓗ, *gesprochen* **1** verwendet, um zu betonen, dass an einer Tatsache nichts geändert werden kann *„Ist das kalt heute!" – „Na ja, es wird halt Winter."* **2** verwendet, um eine Aufforderung zu verstärken *„Ruh dich halt aus, wenn du müde bist!"*

**halt!**[2] ★ verwendet, um jemanden aufzufordern, nicht weiterzugehen, etwas nicht zu tun oder eine Tätigkeit zu beenden/zu unterbrechen *„Halt, hier können sie nicht durch!"* | *„Halt! Bleiben Sie stehen!"*

**hält** *Präsens, 3. Person Singular* → halten

der **Halt** ★ (-(e)s, -e/-s) **1** *geschrieben meist Singular* das Anhalten, Unterbrechen einer Bewegung oder Tätigkeit ≈ Stopp *„Sie fuhren ohne Halt durch bis ans Ziel"* **2** *meist Singular* die Stelle, an der Busse, Straßenbahnen und Züge halten ≈ Haltestelle *„Am nächsten Halt müssen Sie aussteigen"* **3** *nur Singular* etwas, das verhindert, dass man/etwas fällt, von irgendwo abrutscht usw. ⟨*ein fester, sicherer Halt*⟩ *„Zum Bergsteigen braucht man feste Schuhe, in Sandalen hat man nicht genügend Halt"* **4** *nur Singular* eine Person oder Sache, die einer anderen Person hilft, wenn diese unsicher oder verzweifelt ist ⟨*ein innerer, moralischer, sittlicher Halt; jemandem (einen) Halt geben*⟩ ≈ Stütze

**halt·bar** ★ *ADJEKTIV* **1** so, dass etwas lange Zeit gegessen werden kann und nicht verdirbt ⟨*Lebensmittel; etwas ist lange, nur kurz haltbar; etwas haltbar machen*⟩ *„Durch Konservierung werden Lebensmittel länger haltbar"* **2** lange Zeit fest und stabil ⟨*eine Frisur, Schuhe, eine Verbindung*⟩ ≈ strapazierfähig • *hierzu* **Halt·bar·keit** *die*

das **Halt·bar·keits·da·tum** ★ *nur Singular* der Zeitpunkt, bis zu dem garantiert ist, dass ein Lebensmittel gut ist ⟨*etwas hat das Haltbarkeitsdatum überschritten*⟩

**hal·ten** ★ (*hält, hielt, hat gehalten*) MIT DER HAND, IM ARM: **1** **jemanden/etwas halten** eine Person oder Sache mit der Hand greifen oder mit den Armen an den Körper drücken ⟨*etwas in der Hand, in den Händen, mit beiden Händen halten; jemanden an/bei der Hand, im Arm, in den Armen halten*⟩ *„Hältst du bitte mal den Koffer? Ich muss nach dem Schlüssel suchen"* POSITION: **2** **etwas irgendwohin halten** etwas in die genannte Position bringen, damit es dort bleibt *„die Hand an/vor den Mund halten"* **3** **etwas hält etwas (irgendwo)** etwas bewirkt, dass etwas irgendwo (befestigt) bleibt *„Der Nagel hält das Bild an der Wand"* **4** **sich halten können** die eigene Position behalten können *„sich auf einem bockenden Pferd halten (können)"* nicht herunterfallen KÖRPERHALTUNG: **5** **sich irgendwie halten** die genannte Körperhaltung haben ⟨*sich aufrecht, gerade, gut, krumm, schief halten*⟩ RICHTUNG: **6** **sich irgendwo(hin) halten** sich in der genannten Richtung weiterbewegen *„Wenn wir uns immer nördlich/nach Norden halten, finden wir bald aus dem Wald heraus"* | *„An der nächsten Abzweigung müssen Sie sich (nach) rechts halten"* STOPPEN: **7** mit einer Fortbewegung aufhören, stehen bleiben ≈ anhalten *„Der Zug hält in fünf Minuten am Bahnhof"* **8** **etwas halten** als Torwart verhindern, dass der Ball ins Tor gelangt ⟨*den Ball, einen Elfmeter, einen Freiwurf halten*⟩ UNVERÄNDERT, STABIL: **9** **jemand hält etwas** jemand ändert, beendet, stört oder unterbricht etwas nicht *„Bitte diesen Kurs/das Tempo halten!"* **10** **etwas hält** etwas wird durch Belastungen nicht zerstört ⟨*eine Ehe, eine Freundschaft*⟩ **11** **etwas hält** etwas löst sich nicht ⟨*ein Knoten, eine Naht*⟩ **12** **etwas hält (sich)** etwas bleibt in einem guten Zustand ⟨*Blumen, Lebensmittel*⟩ *„Das Wetter wird nicht halten. Es sieht nach Regen aus"* **13** **jemand hält sich gut** *o. Ä.* der Zustand oder die Leistung einer Person bleibt gut *„Sie hat sich in der Prüfung tapfer/wacker gehalten"* **14** **jemanden/etwas irgendwie halten** bewirken, dass jemand/etwas im genannten Zustand bleibt *„das Essen warm halten"* TREU: **15** **etwas halten** das tun, was man versprochen hat ⟨*ein Versprechen, Wort halten*⟩ *„Was man verspricht, muss man auch halten"* **16** **zu jemandem halten** jemanden in einer Auseinandersetzung, einer unangenehmen Situation unterstützen *„Ihr Mann hält zu ihr, was auch geschieht"* **17** **sich an etwas** (*Akkusativ*) **halten** sich nach etwas richten, nicht von etwas abweichen ⟨*sich an eine Abmachung, ein Gesetz, die Regeln, die Tatsachen, einen Vertrag, eine Vorlage, die*

*Wahrheit halten*⟩ GLAUBEN, MEINEN, DENKEN: **18** **eine Person/Sache für jemanden/etwas halten** etwas glauben, was falsch oder noch nicht bestätigt ist *„Falschgeld für echt(es Geld) halten"* **19** **(et)was/viel/nichts von jemandem/etwas halten** eine gute oder schlechte Meinung von jemandem/etwas haben *„Was hältst du von der Idee?"* VOR PUBLIKUM: **20** **etwas halten** einen Text vor einem Publikum sprechen ⟨*eine Predigt, eine Rede, ein Referat, eine Unterrichtsstunde, einen Vortrag halten*⟩ HAUSTIERE: **21** **(sich** (*Dativ*)**) ein Tier halten** ein Tier besitzen (und irgendwo unterbringen) *„(sich) eine Katze/Hühner halten"* DURCHFÜHREN: **22** **etwas halten** die genannte Handlung durchführen *„nach jemandem/etwas Ausschau halten"* sich nach jemandem/etwas umsehen | *„Unterricht halten"* unterrichten ORIENTIERUNG: **23** **auf etwas** (*Akkusativ*) **halten** Wert auf etwas legen *„Er hält viel auf Höflichkeit"* **24** **sich an jemanden halten** in einer Angelegenheit mit einer Person sprechen, die zuständig ist *„Bei Beschwerden halten Sie sich bitte an den Geschäftsführer"* **25** **sich an jemanden halten** mit einer Person Kontakt pflegen, bei ihr Rat suchen oder weil man ihr vertraut *„Halte dich nur an mich, wenn es Probleme gibt!"*

der **Hạl·ter** (-s, -) **1** eine Konstruktion, mit der man etwas stützt oder an einer Stelle befestigt *„Der Radrennfahrer nahm die Trinkflasche aus dem Halter"* **K** Flaschenhalter, Handtuchhalter **2** **der Halter** *+Genitiv*; **der Halter von etwas** *admin* ≈ Eigentümer, Besitzer *„der Halter des Fahrzeugs"* **K** Fahrzeughalter, Hundehalter • *zu* (2) **Hạl·te·rin** *die*

die **Hạl·te·rung** (-, -*en*) eine Konstruktion, die als Halter für etwas dient ⟨*etwas aus der Halterung nehmen; in die Halterung hängen*⟩

die **Hạl·te·stel·le**★ die Stelle, an der Busse und Bahnen (regelmäßig) stehen bleiben, damit man ein- oder aussteigen kann **K** Bushaltestelle, Straßenbahnhaltestelle

das **Hạl·te·ver·bot** *meist Singular* ein Bereich, in dem man mit dem Auto nicht stehen bleiben darf ⟨*absolutes, eingeschränktes Halteverbot; im Halteverbot stehen*⟩ *„In unserer Straße besteht auf beiden Seiten Halteverbot"* **K** Halteverbotsschild

**-hal·tig** *im Adjektiv, unbetont, sehr produktiv, nicht adverbiell* **eisenhaltig, goldhaltig, nikotinhaltig, sauerstoffhaltig, zuckerhaltig** *und andere* so, dass die genannte Substanz darin enthalten ist

**hạlt·los** *ADJEKTIV* ohne jeden sachlichen Grund ⟨*ein Gerücht, eine Anklage, eine Behauptung, eine Anschuldigung*⟩ • *hierzu* **Hạlt·lo·sig·keit** *die*

**hạlt·ma·chen** (*machte halt, hat haltgemacht*) **1** **(irgendwo) haltmachen** (vor allem beim Gehen, Wandern, Fahren o. Ä.) eine Pause machen *„Auf halbem Weg zum Gipfel machten wir halt, um uns auszuruhen"* **2** **vor jemandem/etwas nicht haltmachen**; **vor nichts (und niemandem) haltmachen** keine Skrupel haben und nichts verschonen *„Sie machten mit ihrer Zerstörungswut vor nichts halt"*

die **Hạl·tung**★ (-, -*en*) **1** *nur Singular* die Art, wie jemand steht oder den Körper (beim Gehen, Sport o. Ä.) bewegt oder hält ⟨*eine gute, schlechte, aufrechte Haltung haben; eine gebückte Haltung einnehmen*⟩ *„Weil er so eine schlechte Haltung hat, macht er jeden Tag zehn Minuten Gymnastik"* **K** Haltungsschaden; Körperhaltung **2** **die Haltung (zu/gegenüber jemandem/etwas)** *meist Singular* die individuelle Art und Weise, wie eine Person denkt, die Welt betrachtet und sich ihr gegenüber verhält ⟨*eine konservative, progressive, fortschrittliche, autoritäre, liberale, ablehnende, feindselige Haltung haben*⟩ *„die zögernde Haltung der Regierung zu den Problemen der Luftverschmutzung"* **K** Abwehrhaltung **3** **die Haltung** (*+Genitiv*/**von Tieren**) *nur Singular* der Besitz von lebenden Tieren *„In diesem Haus ist die Haltung von Hunden verboten"* **K** Tierhaltung, Geflügelhaltung

der **Hạm·bur·ger** (-s, -) **1** eine Person, die in der Stadt Hamburg wohnt oder dort geboren ist **2** ['hɛmbœɐ̯gɐ] ein weiches Brötchen, das mit gebratenem Hackfleisch belegt ist (und meist mit Ketchup gegessen wird) • *zu* (1) **Hạm·bur·ge·rin** *die*

**hä̱·misch** *ADJEKTIV* voller Freude darüber, dass jemandem etwas Unangenehmes passiert ist ⟨*ein Grinsen, Blicke, Bemerkungen*⟩

der **Hạm·mel** (-s, -) **1** ein kastriertes männliches Schaf **2** *nur Singular* das Fleisch des Hammels, das man isst **K** Hammelfleisch, Hammelkeule **3** *gesprochen, abwertend* verwendet als Schimpfwort für eine Person, die man für sehr dumm oder unverschämt hält

der **Hạm·mer**★ (-s, *Häm·mer*) **1** ein Werkzeug (mit einem Stiel), mit dem man vor allem Nägel in Bretter oder Wände schlägt 2 eine Kugel aus Metall, die an einem Draht befestigt ist und weit geschleudert wird K Hammerwerfen 3 *gesprochen* ein großer Fehler ⟨*sich* (*Dativ*) *einige grobe Hämmer leisten*⟩

**ham·mer·hart** *ADJEKTIV; gesprochen* 1 sehr anstrengend, schwierig oder belastend *„eine hammerharte Bergtour"* 2 ≈ erschreckend, ungeheuerlich *„Hammerhart, wie die mit den Flüchtlingen umgehen!"*

**häm·mern** (*hämmerte, hat gehämmert*) 1 mit dem Hammer mehrere Male gegen etwas schlagen 2 **irgendwohin hämmern** (in kurzen Abständen) mehrere Male kräftig gegen eine Fläche schlagen (und ein lautes Geräusch erzeugen) ≈ klopfen *„Er hämmerte mit den Fäusten gegen die Tür"*

der **Hams·ter** (-*s*, -) ein kleines Nagetier, das in den dicken Backen viel Futter sammelt (und das oft als Haustier gehalten wird)

**hams·tern** (*hamsterte, hat gehamstert*) **(etwas) hamstern** vor allem Lebensmittel in großen Mengen kaufen (um in der Not etwas zu haben) ⟨*Lebensmittel hamstern*⟩

die **Hand**★ (-, *Hän·de*) 1 der Körperteil am Ende des Armes, mit dem man z. B. nach etwas greift, einen Gegenstand hält usw. ⟨*die rechte, linke Hand; etwas in die Hand nehmen, in der Hand halten, aus der Hand legen*⟩ *„sich vor dem Essen die Hände waschen"* K Handcreme 2 **jemandem die Hand geben/schütteln** bei der Begrüßung oder beim Abschied die rechte Hand ausstrecken und damit die Hand einer anderen Person fassen, drücken (und schütteln) 3 **jemanden bei der Hand nehmen** die Hand eines Kindes fassen, um es zu führen 4 **etwas zur Hand nehmen** etwas meist Kleines mit der Hand fassen (um es zu benutzen) 5 **jemandes rechte Hand** der engste und wichtigste Mitarbeiter eines Chefs oder Vorgesetzten 6 **linker Hand/rechter Hand** links/rechts ID **etwas liegt (klar) auf der Hand** etwas ist offensichtlich; **aus erster Hand** a von einer Person, die zuverlässige Informationen direkt bekommt ⟨*Nachrichten, Informationen aus erster Hand*⟩ b vom ersten Besitzer ⟨*ein Auto aus erster Hand*⟩; **etwas (nicht) aus der Hand geben** a etwas, das man hat, (nicht) Personen weitergeben o. Ä. b eine Funktion, die man hat, (nicht) an andere Personen abgeben; **etwas in die Hand nehmen** sich darum kümmern, dass eine Arbeit erledigt wird; **jemanden in der Hand haben** so viel Macht über eine Person haben, dass man über sie bestimmen kann; **unter der Hand** nicht öffentlich oder offiziell ⟨*etwas unter der Hand kaufen, verkaufen, erfahren, weitergeben*⟩ ≈ heimlich; **jemandem zur Hand gehen** jemandem bei einer Arbeit helfen; **in festen Händen sein** *gesprochen, humorvoll* eine feste Beziehung mit einem Freund oder einer Freundin haben; **etwas hat Hand und Fuß** etwas ist gut durchdacht, vorbereitet oder geplant; **für jemanden/etwas die/seine Hand ins Feuer legen** *gesprochen* a ganz sicher sein, dass man jemandem vertrauen kann oder dass er unschuldig ist b davon überzeugt sein, dass etwas ganz sicher passieren wird oder wahr ist; **alle/beide Hände voll zu tun haben** *gesprochen* sehr viel Arbeit haben

die **Hand·ar·beit**★ 1 etwas, das jemand gestrickt, gehäkelt, gestickt o. Ä. hat *„Sie macht gerade eine Handarbeit aus Seide"* 2 ein Gegenstand, der als einzelnes Stück und nicht maschinell hergestellt worden ist *„Dieses Paar Schuhe ist eine echte indianische Handarbeit"* • zu (1) **hand·ar·bei·ten** (*hat*)

der **Hand·ball**★ 1 *nur Singular* eine Sportart, bei der zwei Mannschaften versuchen, einen Ball in das Tor der jeweils anderen Mannschaft zu bringen, wobei der Ball mit der Hand geworfen wird ⟨*Handball spielen*⟩ K Handballspieler, Handballturnier 2 ein Ball, mit dem man Handball spielt

die **Hand·breit**, **Hand breit**; (-, -) die Breite von ungefähr 10 Zentimetern *„ein Kleid eine Handbreit kürzer machen"*

die **Hand·brem·se** eine Bremse an einem Fahrzeug, die man mit der Hand zieht ⟨*die Handbremse ziehen, lösen*⟩

das **Hand·buch** ein Buch, das alles Wichtige über ein Gebiet zusammenfasst *„ein Handbuch der Fotografie"*

das **Händ·chen** (-*s*, -) 1 eine kleine Hand 2 **jemand hält mit einer Person Händchen**; **Personen halten Händchen** zwei Menschen, die sich lieben, halten sich gegenseitig (zärtlich) an der Hand

der **Hän·de·druck** *meist Singular* die Geste, bei der zwei Menschen einander die Hand geben, wenn sie sich begrüßen oder verabschieden ⟨*ein leichter, kräftiger Händedruck*⟩ *„Sie begrüßte jeden Gast mit einem herzlichen Händedruck"*

H

der **Hạn·del**★ (-s) **1** **Handel (mit etwas)** das Einkaufen und Verkaufen von Waren ⟨*lebhafter, blühender Handel*; (*mit etwas*) *Handel treiben*⟩ *„Der Handel mit Gewürzen floriert/stagniert/geht zurück"* **K** Handelsschiff; Drogenhandel, Teppichhandel **2** **der Handel** alle Geschäftsleute und Geschäfte, die mit dem Handel zu tun haben *„Der Handel sah sich zu einer Erhöhung der Preise gezwungen"* **K** Buchhandel **3** **etwas ist im Handel** etwas wird zum Verkauf angeboten *„Das Buch, das Sie suchen, ist seit einiger Zeit nicht mehr im Handel"*

**hạn·deln**[1]★ (*handelte, hat gehandelt*) **1** **(irgendwie) handeln** in einer Situation aktiv werden, sich in der genannten Weise verhalten ⟨*besonnen, fahrlässig, verantwortungslos, eigenmächtig, selbstsüchtig, übereilt, unüberlegt, vorschnell handeln*⟩ *„Als er den Unfall sah, handelte er sofort und leistete dem Verletzten Erste Hilfe"* **2** **etwas handelt von etwas** etwas hat das Genannte zum Thema *„Der Film handelt von einem Jungen, der bei Wölfen aufwächst"* **3** **(bei einer Person/Sache) handelt es sich um jemanden/etwas** *geschrieben* eine Person oder Sache ist das, was über sie gesagt wird *„Bei diesem Fund handelt es sich um eine Vase aus dem 3. Jahrhundert"*

**hạn·deln**[2]★ (*handelte, hat gehandelt*) **1** **etwas handeln** etwas auf einem Markt (oder an der Börse) verkaufen *„Im Sommer werden Tomaten zu viel günstigeren Preisen gehandelt als im Winter"* ❶ meist im Passiv **2** **mit etwas handeln** eine Ware einkaufen und wieder verkaufen *„mit Antiquitäten handeln"* **3** **(mit jemandem) (um etwas) handeln** (beim Kauf einer Ware) versuchen, die Ware billiger zu bekommen *„In manchen Ländern ist es üblich, beim Kauf bestimmter Waren zu handeln"*

**hạn·dels·ei·nig** ADJEKTIV **jemand ist/wird (sich** (*Dativ*)**) mit jemandem handelseinig**; **Personen sind/werden (sich** (*Dativ*)**) handelseinig** zwei oder mehrere Personen haben/finden eine Basis für ein Geschäft *„Nach langem Hin und Her wurde er mit seinem Geschäftspartner handelseinig"*

**hạn·dels·üb·lich** ADJEKTIV so, wie im Handel üblich ⟨*eine Packung, eine Größe*⟩

**hạnd·fest** ADJEKTIV *meist attributiv* **1** von großer Intensität und so, dass man es ernst nehmen muss ⟨*eine Drohung, eine Auseinandersetzung, ein Streit, ein Krach, ein Skandal*⟩ **2** ⟨*eine Mahlzeit*; *etwas Handfestes essen*⟩ ≈ kräftig, nahrhaft

die **Hạnd·flä·che** die ganze innere Seite einer Hand

das **Hạnd·ge·lenk** das Gelenk zwischen der Hand und dem unteren Teil des Arms *„sich bei einem Sturz das Handgelenk verstauchen"*

das **Hạnd·ge·men·ge** (-s, -); *meist Singular* ein Streit zwischen mehreren Personen, bei dem sie mit Händen gegeneinander kämpfen

das **Hạnd·ge·päck** eine kleine Tasche und andere Dinge, die man auf Reisen (vor allem im Flugzeug) bei sich behält *„Passagiere dürfen nur ein Handgepäck mitnehmen"*

**hạnd·ge·schrie·ben** ADJEKTIV mit der Hand geschrieben ⟨*ein Brief, ein Lebenslauf, eine Bewerbung, ein Testament*⟩

**hạnd·greif·lich** ADJEKTIV **(gegen jemanden) handgreiflich werden** jemanden körperlich angreifen oder beginnen, sich mit jemandem zu schlagen • *hierzu* **Hạnd·greif·lich·kei·ten** *die*; *Plural*

der **Hạnd·griff** **1** **etwas ist nur ein Handgriff** etwas kann ohne Mühe gemacht werden **2** **mit ein paar Handgriffen** schnell und ohne Mühe *„etwas mit ein paar Handgriffen reparieren"*

die **Hạnd·ha·be** (-) **eine Handhabe (zu** +*Infinitiv*); **eine Handhabe für etwas** die Möglichkeit oder gesetzliche Grundlage, auf etwas zu reagieren *„Die Polizei hatte keine gesetzliche Handhabe zu schießen/für den Schusswaffengebrauch"*

**hạnd·ha·ben** (*handhabte, hat gehandhabt*) **1** **etwas handhaben** ein Werkzeug nehmen und richtig (sachgerecht) benutzen ⟨*einen Hammer, einen Pinsel, eine Bohrmaschine handhaben*; *etwas* (*un*)*sachgemäß handhaben*⟩ **2** **etwas irgendwie handhaben** (nach einer Interpretation o. Ä.) etwas irgendwie anwenden, praktizieren o. Ä. ⟨*ein Gesetz, eine Vorschrift großzügig, kleinlich handhaben*⟩ • *hierzu* **Hạnd·ha·bung** *die*

der **Hạnd·lan·ger** (-s, -) **1** eine Person, die für jemanden sehr einfache (körperliche) Arbeiten macht ≈ Gehilfe **2** *abwertend* eine Person, die anderen Leuten bei etwas hilft, das moralisch schlecht ist *„Wir dürfen uns nicht zu Handlangern des Unrechtregimes machen"*

der **Hặnd·ler**★ (-s, -) **1** eine Person, die Waren kauft und wieder verkauft (meist als Besitzer eines kleinen Geschäfts) ≈ Kaufmann **K** Autohändler, Buchhändler, Gemüsehändler, Rauschgifthändler **2** **ein fliegender Händler** eine

Person, die Waren nicht in einem Geschäft verkauft, sondern von Ort zu Ort fährt

**hạnd·lich** *ADJEKTIV* (meist klein und einfach gebaut und deshalb) leicht zu verwenden ⟨*ein Laptop, eine Nähmaschine, eine Bohrmaschine, ein Staubsauger, eine Kamera; eine Packung, ein Format*⟩ *„Dieser Koffer ist recht handlich, weil er schmal ist und wenig wiegt"*

die **Hạnd·lung**★ (-, *-en*) **1** der Ablauf oder das Resultat dessen, was jemand tut oder getan hat ⟨*eine unbedachte, (un)überlegte, unreflektierte, strafbare Handlung*⟩ ≈ Tat *„sich zu kriegerischen Handlungen provozieren lassen"* **K** Handlungsspielraum; Amtshandlung **2** *meist Singular* die Dinge, die in einer Geschichte, einem Films usw. geschehen *„Der Film ist ziemlich langweilig, da er zu wenig Handlung hat"* **K** Handlungsablauf • *zu* (1) **hạnd·lungs·fä·hig** *ADJEKTIV*

die **-hạnd·lung**★ (-, *-en*) **Buchhandlung, Fahrradhandlung, Kohlenhandlung, Weinhandlung, Zoohandlung** *und andere* ein Geschäft, in dem man Dinge kaufen kann, eine Firma, die mit der genannten Ware handelt ≈ Laden

der **Hạnd·rü·cken** die äußere Seite einer Hand ↔ Handfläche

die **Hạnd·schel·len** *Plural* zwei Ringe aus Metall, die durch eine Kette miteinander verbunden sind und mit denen die Polizei Gefangenen die Hände fesselt ⟨*jemandem Handschellen anlegen; jemandem die Handschellen abnehmen*⟩

der **Hạnd·schlag** *meist Singular* ein Händedruck, der in manchen Situationen als Symbol dient (z. B. um einen Vertrag für gültig zu erklären) ⟨*einen Vertrag, eine Abmachung mit/durch/per Handschlag bekräftigen, besiegeln*⟩

die **Hạnd·schrift** die Art, die Buchstaben zu schreiben, die für jemanden typisch ist ⟨*eine (un)saubere, (un)leserliche, (un)ordentliche Handschrift haben*⟩

**hạnd·schrift·lich** *ADJEKTIV* mit der Hand geschrieben ⟨*ein Lebenslauf, eine Bewerbung, eine Notiz*⟩

der **Hạnd·schuh**★ ein Kleidungsstück für die Hände, das sie (vor Kälte, Schmutz oder Verletzungen) schützt **K** Arbeitshandschuh, Boxhandschuh

der **Hạnd·stand** (-(*e*)*s*) eine sportliche Übung, bei der man mit den Händen am Boden und dem Kopf nach unten die Arme und die Beine senkrecht in die Höhe streckt ⟨*einen Handstand machen*⟩

die **Hạnd·ta·sche**★ eine Tasche (vor allem für Frauen) für kleine Dinge (wie Geld, Schlüssel, Ausweise usw.) **K** Damenhandtasche

das **Hạnd·tuch**★ ein Tuch (meist aus einem weichen Stoff), mit dem man sich nach dem Waschen abtrocknet **K** Handtuchhalter; Badehandtuch, Frotteehandtuch

**Hạnd·um·dre·hen** **ID** **(etwas) im Handumdrehen (tun)** (etwas) in sehr kurzer Zeit (tun)

die **Hạnd·voll**, **Hạnd voll**; (-, -) eine kleine Menge oder Anzahl *„eine Handvoll Reis"* | *„Zu der Veranstaltung war(en) nur eine Handvoll Leute gekommen"*

H

die **Hạnd·wä·sche** **1** das Waschen der Hände mit Wasser und Seife **2** das Waschen von Wäsche mit der Hand

das **Hạnd·werk**★ (-*s*) **1** eine Tätigkeit, die man als Beruf ausübt und bei der man mit den Händen arbeitet und mit Instrumenten und Werkzeugen etwas herstellt ⟨*ein Handwerk erlernen, ergreifen, ausüben*⟩ *„das Handwerk des Zimmermanns erlernen"* **K** Handwerksgeselle, Handwerksmeister; Metzgerhandwerk, Schreinerhandwerk **2** alle Leute und Betriebe, die ein Handwerk ausüben

der **Hạnd·wer·ker**★ (-*s*, -) eine Person, die als Beruf ein Handwerk ausübt *„Schlosser, Schreiner und Maurer sind Handwerker"* • *hierzu* **Hạnd·wer·ke·rin** *die*

**hạnd·werk·lich** *ADJEKTIV meist attributiv* in Bezug auf das Handwerk ⟨*Können, Geschick; handwerklich geschickt, begabt sein*⟩

das **Hạnd·werks·zeug** *nur Singular* alle Dinge, Werkzeuge, Kenntnisse o. Ä., die man braucht, um eine Arbeit machen zu können *„Hammer und Meißel gehören zum Handwerkszeug des Maurers"*

das **Han·dy**★ ['hɛndɪ]; (-*s*, -*s*) ein Telefon ohne Kabel, das man mitnimmt, wenn man das Haus verlässt **K** Handynummer; Diensthandy, Klapphandy ❶ → Anhang, S. 1073: **Abkürzungen** und S. 1085: **Kommunikation**

das **Hạnd·zei·chen** ein Zeichen oder ein Signal, das man mit der Hand gibt ⟨*per Handzeichen abstimmen*⟩

der **Hạnf** (-(*e*)*s*) **1** eine Pflanze, aus der man Haschisch gewinnt und aus deren Stängeln man Schnüre, Seile o. Ä. macht **2** die Fasern des Hanfs *„eine Hängematte aus Hanf"* **K** Hanfseil der **Hạng**★ (-(e)s, *Hän·ge*) **1** der schräg abfallende Teil eines Berges oder Hügels ⟨*ein steiler, steil abfallender Hang*⟩ **K** Berghang **2** **der Hang zu etwas** *nur Singular* die Tendenz, etwas tun zu wollen, was für andere Personen oft negativ oder unangenehm ist *„Er hat den Hang, aggressiv zu werden, wenn er zu viel Stress hat"*

die **Hän·ge·brü·cke** eine meist sehr lange Brücke, die an starken Stahlseilen hängt, die an hohen Pfeilern befestigt sind *„Die „Golden Gate Bridge" in San Francisco ist eine berühmte Hängebrücke"*

die **Hạ̈n·ge·mat·te** ein Netz oder Tuch, das man (z. B. zwischen Bäumen) aufhängt, um darin zu liegen *„eine Hängematte zwischen zwei Bäumen spannen"*

**hạ̈n·gen**[1]★ (*hing, hat/süddeutsch* Ⓐ Ⓒⓗ *ist gehangen*) NACH UNTEN: **1** **etwas hängt irgendwo/irgendwie** etwas ist oben mit einer Sache fest verbunden, sodass es unten frei beweglich bleibt *„Die Wäsche hängt zum Trocknen an der Leine"* | *„Das Bild hängt ja ganz schief!"* **2** **irgendwo hängen** sich irgendwo festhalten und keinen Boden unter den Füßen haben *„Der Turner hing am Reck"* AN EINER STELLE: **3** **jemand/etwas hängt irgendwo** jemand/etwas ist irgendwo befestigt *„Der Anhänger hängt am Auto"* **4** **etwas hängt irgendwo** etwas bleibt an der genannten Stelle *„Ein unangenehmer Geruch hing in der Luft"* MIT AN: **5** **an jemandem/etwas hängen** eine Person/Sache sehr mögen und sich nicht von ihr trennen wollen *„Er hing sehr an dem alten Auto"*

**hạ̈n·gen**[2]★ (*hängte, hat gehängt*) **1** **etwas irgendwohin hängen** etwas so an einer Stelle befestigen, dass der untere Teil frei beweglich bleibt *„eine Tasche über die Schulter hängen"* | *„ein Bild an die Wand hängen"* **2** **etwas irgendwohin hängen** etwas (z. B. ein Körperteil) in eine Richtung nach unten bewegen (oft weil man müde ist) *„die Füße ins Wasser hängen"* **3** **ein Tier/etwas irgendwohin hängen** ein Tier irgendwo festmachen/etwas irgendwo befestigen *„den Wagen an den Traktor hängen"* **4** **jemanden hängen** eine Person mit einem Strick um den Hals an einen Baum oder Galgen hängen, um sie zu töten *„Der Mörder wurde gehängt"* **5** **sich irgendwohin hängen** sich mit den Händen festhalten und den Körper frei in der Luft schwingen lassen *„Er hängte sich an den Ast und schaukelte hin und her"*

**hạ̈n·seln** (*hänselte, hat gehänselt*) **ein Kind hänselt ein Kind** ein Kind ärgert ein anderes Kind wegen etwas, das es an ihm komisch findet *„In der Schule wurde sie wegen ihrer roten Haare oft gehänselt"*

die **Hạn·tel** (-, *-n*) eine Konstruktion mit Gewichten an beiden Enden, die man hochdrückt, um die Muskeln zu trainieren ⟨*mit Hanteln trainieren; Hanteln wuchten*⟩ **K** Hanteltraining

**han·tie·ren** (*hantierte, hat hantiert*) **(mit etwas) hantieren** etwas (meist ein Gerät oder Werkzeug) für eine Tätigkeit verwenden *„An Tankstellen sollte man nicht mit offenem Feuer hantieren"* | *„Man hörte sie in der Küche hantieren"*

**ha·pern** (*haperte, hat gehapert*) **bei jemandem hapert es mit etwas/in etwas** (*Dativ*) jemand ist auf einem Wissensgebiet nicht sehr gut *„Er schreibt gute Aufsätze, aber mit/in der Rechtschreibung hapert es noch bei ihm"*

der **Hạp·pen** (-s, -); *gesprochen* eine Kleinigkeit zum Essen, ein kleiner Imbiss ≈ Bissen *„Ich habe zwar keinen großen Hunger, aber einen Happen könnte ich schon vertragen"*

**hạp·pig** ADJEKTIV; *gesprochen* zu hoch ⟨*ein Preis, eine Strafe*⟩

die **Hard·ware** ['ha:dvɛ:ɐ̯]; (-) alle Geräte und Teile eines Computers ↔ Software

die **Hạr·fe** (-, *-n*) ein großes Musikinstrument mit einem dreieckigen Rahmen und senkrechten Saiten, auf denen man mit beiden Händen spielt ⟨*die Harfe zupfen; auf der Harfe spielen*⟩ **K** Harfenspiel • *hierzu* **Har·fe·nịst** *der*; **Har·fe·nịs·tin** *die*

die **Hạr·ke** (-, *-n*); *besonders norddeutsch* ≈ Rechen

**hạrm·los**★ ADJEKTIV **1** ⟨*ein Mensch, ein Zeitgenosse, ein Typ, ein Hund, eine Bemerkung, eine Frage*⟩ so, dass sie nichts Böses wollen oder tun ≈ ungefährlich *„Vor dieser Dogge brauchst du keine Angst zu haben. Sie ist völlig harmlos"* **2** ohne schädliche Wirkung oder schlimme Folgen ⟨*ein Medikament, ein Schlafmittel, eine Verletzung, eine Wunde*⟩ **3** sittlich und moralisch in Ordnung (und manchmal langweilig) ⟨*ein Buch, ein Film, ein Witz, ein Vergnügen, ein Zeitvertreib*⟩ • *hierzu* **Hạrm·lo·sig·keit** *die*

die **Har·mo·nie**★ (-, *-n* [-'ni:ən]) **1** **die Harmonie** *+Genitiv*; **die Harmonie von Dingen** die angenehme Wirkung, wenn verschiedene Dinge gut zusammenpassen ⟨*die Harmonie der*

*Töne, Klänge, Farben*⟩ 2 *nur Singular* ein friedlicher Zustand ohne Konflikte und Streit ⟨*in Harmonie mit jemandem/etwas leben*⟩ ↔ Streit *„die Harmonie zwischen zwei Menschen"* 3 die Art, wie Töne zusammenpassen und Melodien bilden

**har·mo·nie·ren** (*harmonierte, hat harmoniert*) 1 **etwas harmoniert mit etwas**; **Dinge harmonieren (miteinander)** zwei oder mehrere Dinge passen gut zusammen *„Die Farben der Häuser harmonieren sehr gut mit den Farben des Meeres und des Himmels"* 2 **eine Person harmoniert mit jemandem**; **Personen harmonieren (miteinander)** zwei oder mehrere Personen verstehen sich gut (und leben oder arbeiten deshalb gut zusammen)

**har·mo·nisch**★ ADJEKTIV 1 so, dass die einzelnen Teile gut zueinanderpassen *„die harmonischen Formen einer Statue"* 2 so, dass man sich gut miteinander versteht (und kein Streit entsteht) *„eine harmonische Ehe führen"* 3 so, dass alle Töne gut klingen, wenn sie gleichzeitig oder nacheinander gespielt werden ⟨*ein Akkord, ein Dreiklang, eine Melodie*⟩ ↔ disharmonisch

der **Harn** (-(*e*)*s*) ≈ Urin

die **Harn·bla·se** in der Harnblase sammelt sich der Urin, bevor er ausgeschieden wird

**hart**★ ADJEKTIV (*härter, härtest-*) 1 fest und nur schwer zu zerbrechen oder zu verformen ⟨*hart wie Fels/Stein; hart gefroren*⟩ ↔ weich *„Das Brot ist trocken und hart"* K Hartholz, hartgefroren; steinhart 2 ohne Mitleid, Rücksicht oder andere freundliche Gefühle ⟨*ein Blick, ein Herz, eine Strafe, ein Urteil, Worte; hart zu jemandem sein; jemanden hart anfassen, bestrafen*⟩ ≈ streng 3 so, dass sehr viel Kraft und Anstrengung nötig ist (oder aufgewendet wird) ⟨*eine Arbeit, ein Kampf, ein Training; hart arbeiten, lernen*⟩ ≈ schwer ↔ leicht 4 **hart (für jemanden)** kaum zu ertragen ⟨*Bedingungen, ein Leben, ein Los, Strapazen, ein Winter; etwas nimmt jemanden hart mit, trifft jemanden hart*⟩ 5 mit großer Wucht, heftig ⟨*ein Aufprall, eine Landung, Schläge, ein Sturz*⟩ ↔ sanft 6 mit starker Wirkung und gefährlich ⟨*Drogen*⟩ 7 (physisch und psychisch) stark und widerstandsfähig *„Sein Motto ist: „Gelobt sei, was hart macht"* 8 *gesprochen meist adverbiell* etwas ist erstaunlich oder empörend/entsetzlich *„Hast du von dem Skandal gehört? Ganz schön hart!"* 9 **hart gekocht** ⟨*ein Ei*⟩ so lange gekocht, dass Dotter und Eiweiß fest sind

die **Här·te**★ (-, -*n*) 1 *meist Singular* die Eigenschaft eines Körpers oder einer Substanz, hart zu sein und nur schwer zu zerbrechen *„die Härte eines Kristalls ermitteln"* K Härtegrad 2 *nur Singular* die Eigenschaft, hart und streng zu sein oder zu reagieren ⟨*etwas mit grausamer, rücksichtsloser Härte ahnden, bestrafen, verfolgen; mit äußerster Härte gegen jemanden/etwas vorgehen*⟩ ≈ Strenge 3 *meist Singular* der Kalkgehalt des Wassers ⟨*Wasser von großer, mittlerer, geringer Härte*⟩ 4 etwas Unangenehmes, das kaum zu ertragen ist ⟨*eine unzumutbare Härte*⟩

der **Här·te·fall** 1 eine Situation großer Not, in der sich jemand befindet *„In Härtefällen kann der Kredit verlängert werden"* 2 *gesprochen* eine Person, die sich in einer besonderen Notsituation befindet ⟨*ein Härtefall sein*⟩

**hart·her·zig** ADJEKTIV ohne Mitleid, Rücksicht oder andere freundliche Gefühle ⟨*ein Mensch*⟩ • *hierzu* **Hart·her·zig·keit** *die*

**hart·nä·ckig** ADJEKTIV 1 so, dass jemand trotz aller Hindernisse das eigene Ziel und die eigene Meinung nicht ändert und sich ständig dafür einsetzt ⟨*eine Bitte, ein Verfolger, ein Widerstand; etwas hartnäckig behaupten, fordern*⟩ *„Wir bestürmten sie mit Fragen, aber sie schwieg hartnäckig"* 2 (in Bezug auf eine Krankheit) so, dass sie lange dauert ⟨*eine Erkältung, eine Heiserkeit, ein Schnupfen*⟩ • *zu* (1) **Hart·nä·ckig·keit** *die*

das **Harz** (-*es*, -*e*) eine klebrige Flüssigkeit, die Bäume absondern, wenn ihre Rinde beschädigt wird K Fichtenharz, Kiefernharz, Tannenharz • *hierzu* **har·zig** ADJEKTIV

der/das **Ha·schisch** (-(*s*)) eine Droge, die als Zigarette (mit Tabak vermischt) geraucht wird *„einen Joint aus Haschisch rauchen"* K Haschischpfeife, Haschischzigarette

der **Ha·se**★ (-*n*, -*n*) 1 ein Säugetier mit hellbraunem Fell, sehr langen Ohren und einem kurzen, weißen Schwanz. Hasen leben meist auf Feldern und Wiesen und können sehr schnell laufen K Hasenbraten, Hasenfell 2 *gesprochen* als Bezeichnung für Kaninchen verwendet, die als Haustiere gehalten werden 3 **ein alter Hase** eine Person, die auf einem Gebiet schon viel Erfahrung hat

die **Ha·sel·nuss** 1 eine kleine, runde Nuss, die eine braune, harte, glänzende Schale hat 2 der

Strauch, an dem die Haselnuss wächst **K** Haselnussstrauch

der **Hass★** (*Has·ses*) **1** **Hass gegen jemanden/etwas** eine sehr starke Abneigung gegen jemanden/etwas ⟨*abgrundtiefer, glühender, leidenschaftlicher Hass; Hass empfinden/fühlen; sich* (*Dativ*) *jemandes Hass zuziehen*⟩ ↔ Liebe „*Die blutige Niederschlagung der Revolte schürte den Hass der Bevölkerung gegen das Regime*" **2** **ein Hass (auf jemanden/etwas)** *gesprochen* ein sehr starkes Gefühl von Ärger und Zorn ⟨*einen Hass auf jemanden/etwas haben*⟩ ≈ Wut • *hierzu* **hass·er·füllt** *ADJEKTIV*

**has·sen★** (*hasste, hat gehasst*) **1** **(jemanden/etwas) hassen** Hass (gegen jemanden/etwas) fühlen ⟨*jemanden blind, erbittert, zutiefst, auf den Tod, aus ganzem Herzen hassen*⟩ **2** **etwas hassen** etwas als sehr unangenehm empfinden „*Sie hasst es, früh aufstehen zu müssen*"

**häss·lich★** *ADJEKTIV* **1** so, dass es einem Betrachter überhaupt nicht gefällt ⟨*ein Bild, eine Gegend, ein Gesicht, ein Haus*⟩ **2** unangenehm, nicht nett und freundlich ⟨*Worte, Szenen*⟩ • *zu* (1) **Häss·lich·keit** *die*

**hast** *Präsens, 2. Person Singular* → haben

die **Hast** (-) die Unruhe, mit der man etwas tut, wenn man sehr wenig Zeit hat ⟨*etwas in, mit, ohne, voller Hast tun*⟩ „*In großer Hast packte sie ihre Koffer und floh durch die Hintertür*"

**has·ten** (*hastete, ist gehastet*) **irgendwohin hasten** voller Unruhe irgendwohin laufen

**has·tig** *ADJEKTIV* (zu) schnell gemacht (und dabei manchmal mit Fehlern)

**hat** *Präsens, 3. Person Singular* → haben

**hät·scheln, hät·scheln** (*hätschelte, hat gehätschelt*) **1** **jemanden hätscheln** einen Menschen oder ein Tier (meist übertrieben zärtlich) streicheln, küssen „*Der alte Mann sitzt schon seit einer Stunde auf der Bank und hätschelt sein Hündchen*" **2** **jemanden hätscheln** eine Person allzu freundlich behandeln und sie vor anderen Leuten bevorzugen „*ein von der Presse gehätschelter Künstler*"

**hat·te** *Präteritum, 1. und 3. Person Singular* → haben

die **Hau·be** (-, *-n*) **1** eine Kopfbedeckung für Frauen, bei der Haare und Ohren (fast) vollständig bedeckt sind ⟨*die Haube einer Nonne, einer Krankenschwester*⟩ **2** ein elektrisches Gerät zum Trocknen der Haare, welches den Kopf bedeckt ⟨*unter der Haube sitzen*⟩ **3** etwas, das einen Gegenstand bedeckt (und ihn wärmt, schützt o. Ä.) „*den Kaffee unter die Haube stellen*" **K** Käsehaube **4** Kurzwort für *Motorhaube*

der **Hauch** (-(*e*)*s*) **1** die Luft, die jemand (hörbar oder sichtbar) ausatmet ≈ Atem **2** ein sehr leichter Wind ⟨*ein kühler, kalter Hauch*⟩ „*Es regte sich kaum ein Hauch*" **K** Windhauch **3** **ein Hauch (von etwas)** eine sehr geringe, kaum spürbare Menge einer Sache ⟨*ein Hauch von Parfüm, Rouge*⟩

**hau·chen** (*hauchte, hat gehaucht*) **1** **(irgendwohin) hauchen** durch den offenen Mund Luft ausstoßen „*auf eine Brille hauchen, um sie zu putzen*" **2** **jemandem einen Kuss auf die Wange/die Lippen hauchen** jemandem einen sehr leichten, flüchtigen Kuss geben **3** **etwas hauchen** etwas sehr leise (und schüchtern) sagen ❶ Das Objekt ist meist ein Satz.

**hau·en★** (*haute/geschrieben hieb, hat/ist gehauen*) **1** **jemanden hauen** *gesprochen* (*haute; hat*) jemanden mit den Fäusten schlagen „*Ich sags meinem Bruder, der haut dich!*" ❶ besonders von Kindern verwendet **2** **etwas in etwas** (*Akkusativ*) **hauen** (*haute/hieb; hat*) etwas herstellen, indem man mit einem Werkzeug Stücke von etwas wegschlägt ⟨*ein Loch ins Eis, Stufen in den Fels/Stein hauen*⟩ **3** **etwas in Stücke hauen** (*haute/hieb; hat*) etwas durch Schläge zerstören **4** **irgendwohin hauen** *gesprochen* (*haute/hieb; hat*) irgendwohin schlagen ⟨*mit der Faust auf den Tisch, mit dem Stock nach jemandem hauen*⟩ **5** **(mit etwas) irgendwohin hauen** *gesprochen* (*haute; ist*) unabsichtlich gegen etwas stoßen „*(mit dem Knie) an/gegen den Tisch hauen*" **6** **sich mit jemandem hauen**; **Personen hauen sich** *gesprochen* (*haute; hat*) Kinder kämpfen mit Händen und Fäusten **7** **sich irgendwohin hauen** *gesprochen* (*haute; hat*) sich irgendwohin fallen lassen „*sich aufs Bett/in den Sessel hauen*"

**häu·fen** (*häufte, hat gehäuft*) **Dinge häufen sich** etwas wird immer mehr oder passiert immer öfter „*Die Beschwerden häufen sich*" • *hierzu* **Häu·fung** *die*

der **Hau·fen★** (*-s, -*) **1** eine Menge einzelner Dinge, die so übereinanderliegen, dass sie die Form eines kleinen Hügels/Berges bilden ⟨*ein Haufen Kartoffeln, Sand, Schutt, schmutziger Wäsche; alles auf einen Haufen legen, wer-*

fen⟩ *„Die Putzfrau kehrte den Schmutz zu einem Haufen zusammen/auf einen Haufen"* → Stapel **K** Heuhaufen, Holzhaufen, Schutthaufen **2** *gesprochen* eine große Anzahl oder Menge, sehr viel(e) *„Das Auto hat einen Haufen Geld gekostet"* ℹ zu 1 und 2: Das nachfolgende Substantiv steht im Singular im Nominativ, im Plural meist im Genitiv: *ein Haufen kreischender Vögel.* **3** **auf einen Haufen** *gesprochen* alle zusammen zur gleichen Zeit *„Zuerst kam niemand, und dann kamen gleich alle auf einen Haufen"* • *zu* (2) **hau·fen·wei·se** *ADVERB*

**häu·fig**★ *ADJEKTIV* so, dass es immer wieder vorkommt ⟨*etwas tritt häufig auf; etwas geschieht häufig*⟩ ≈ oft *„ein häufiger Fehler"* | *„eine häufig gestellte Frage"* | *„Er ist häufig bei uns zu Gast"* • *hierzu* **Häu·fig·keit** *die*

das **Haupt** (-(e)s, *Häup·ter*); *geschrieben* **1** der Kopf eines Menschen *„Sie schritt stolz erhobenen Hauptes durch die Menge"* **K** Haupthaar **2** **gekrönte Häupter** Könige und Kaiser

**Haupt-**★ *im Substantiv, betont, sehr produktiv* **die Hauptarbeit, der Hauptbestandteil, der Haupteingang, die Hauptperson, die Hauptmahlzeit, das Hauptproblem** *und andere* verwendet, um zu sagen, dass es sich um das Zentrale oder Wichtigste handelt *„Zur Hauptreisezeit im August sind alle Hotels ausgebucht"* | *„den Hauptpreis in einem Preisausschreiben gewinnen"*

der **Haupt|bahn·hof** der größte Bahnhof in einer Großstadt ℹ Abkürzung: *Hbf*

das **Haupt·fach** **1** ein wichtiges Fach in der Schule *„In den Hauptfächern Deutsch, Englisch und Mathematik hat der Schüler gute Zensuren"* **2** das Fach, das im Studium die größere Bedeutung hat

der **Haupt·gang** ≈ Hauptgericht

das **Haupt·ge·richt** der wichtigste Teil einer Mahlzeit (im Hotel oder Restaurant), der nach der Vorspeise serviert wird

der **Häupt·ling** (-s, -e) der Führer eines Volkes von Indianern o. Ä.

der **Haupt·mann** (-(e)s, *Haupt·leu·te*) ein relativ hoher Offizier (mit einem Rang zwischen Oberleutnant und Major)

die **Haupt·rol·le** die wichtigste oder eine der wichtigsten Rollen in einem Theaterstück oder Film ⟨*die Hauptrolle bekommen, übernehmen, spielen*⟩

die **Haupt·sa·che**★ das Wichtigste, der entscheidende Punkt in einer Angelegenheit ↔ Nebensache *„Die Hauptsache ist, dass Sie hier glücklich sind"*

**haupt·säch·lich**★ *ADJEKTIV* **1** *nur adverbiell* am meisten, zum größten Teil *„Er interessiert sich hauptsächlich für Kunst"* **2** *meist attributiv* am größten oder am wichtigsten *„Sein hauptsächliches Interesse galt ihr"*

die **Haupt·sai·son** *meist Singular* die beliebteste Reisezeit

der **Haupt·satz** ein Satz, der allein stehen kann und nicht von einem anderen Satz grammatisch abhängig ist

die **Haupt·schu·le**★ Ⓓ die Schule, die man (nach der Grundschule) von der fünften bis zur neunten Klasse besucht, wenn man nicht eine höhere Schule (Realschule, Gymnasium) wählt **K** Hauptschulabschluss, Hauptschullehrer ℹ → Anhang, S. 1092: **Schule und Ausbildung** • *hierzu* **Haupt·schü·ler** *der*; **Haupt·schü·le·rin** *die*

die **Haupt·stadt**★ die (oft größte) Stadt eines Landes, in der die Regierung ihren Sitz hat *„Paris ist die Hauptstadt von Frankreich"*

das **Haus**★ (-es, *Häu·ser*) **1** ein Gebäude, in dem Menschen wohnen ⟨*ein einstöckiges, mehrstöckiges, baufälliges Haus; ein Haus renovieren, umbauen, abreißen; ein Haus (ver)kaufen, (ver)mieten*⟩ **K** Hauseigentümer, Hausflur, Haustür; Bauernhaus, Einfamilienhaus **2** *geschrieben* ein großes Gebäude, in dem meist viele Leute arbeiten, eine Veranstaltung besuchen o. Ä. *„Bei dem Gastspiel der berühmten Sängerin war das Haus ganz ausverkauft"* **K** Schulhaus **3** **jemand ist/bleibt zu Hause** eine Person ist/bleibt dort, wo sie wohnt **4** **jemand geht/kommt nach Hause** eine Person geht/kommt dorthin, wo sie wohnt **5** *gesprochen nur Singular* alle Menschen, die in einem Haus wohnen oder sind *„Durch den Knall wachte das ganze Haus auf"* **ID** **frei Haus** so, dass für den Transport nichts bezahlt werden muss ⟨*etwas frei Haus liefern*⟩; **das Haus hüten** zu Hause bleiben (meist weil man krank ist)

die **Haus·apo·the·ke** Medikamente und andere Dinge (z. B. Pflaster), die man zu Hause bereithält

die **Haus·ar·beit** **1** *nur Singular* im Haus regelmäßig notwendige Arbeiten wie Putzen, Waschen, Kochen usw. **2** ≈ Hausaufgabe

der **Haus·arzt** der Arzt, zu dem man regelmäßig geht, wenn man krank ist (und der einen auch

H

zu Hause besucht) • *hierzu* **Haus·ärz·tin** *die*

die **Haus·auf·ga·be★** eine Arbeit, die ein Schüler zu Hause machen soll ⟨*jemandem eine Hausaufgabe aufgeben; viele, wenig Hausaufgaben aufhaben, aufbekommen; die/seine Hausaufgaben machen*⟩

**haus·ba·cken** *ADJEKTIV; abwertend* sehr einfach und ohne Besonderheit ⟨*eine Kleidung, Ansichten; hausbacken aussehen, gekleidet sein*⟩

der **Haus·be·such** ein Besuch von einem Arzt o. Ä. bei in dem Haus oder in der Wohnung einer Person, um ihr dort zu helfen

die **Haus·durch·su·chung** eine Aktion, bei der Polizisten jemandes Haus oder Wohnung durchsuchen, z. B. um gestohlene Gegenstände zu finden

**hau·sen** (*hauste, hat gehaust*) **1** **irgendwo hausen** irgendwo unter schlechten Bedingungen wohnen *„Sie hausten in einer armseligen Wellblechhütte in den Slums"* **2** **jemand/etwas haust (irgendwie)** jemand/etwas bewirkt große Unordnung (und Zerstörungen) ⟨*hausen wie die Vandalen*⟩ *„Die Einbrecher haben in der Wohnung fürchterlich gehaust"*

der **Häu·ser·block** mehrere große Mietshäuser, die aneinandergebaut sind

die **Haus·frau★** eine (meist verheiratete) Frau, die für die eigene Familie die Arbeit im Haus macht und oft keinen anderen Beruf ausübt *„Sie ist als Hausfrau und Mutter stärker belastet als in ihrem erlernten Beruf"* • *hierzu* **haus·frau·lich** *ADJEKTIV*

der **Haus·frie·dens|bruch** eine (strafbare) Handlung, bei der jemand illegal z. B. die Wohnung oder das Grundstück einer fremden Person betritt

der **Haus·ge·brauch** **ID** **für den Hausgebrauch** **a** für die eigene Familie (oder den eigenen Haushalt) gedacht *„Wir musizieren nur für den Hausgebrauch"* **b** so, dass es für die eigenen Ansprüche ausreicht *„Ich bin kein großer Techniker, aber für den Hausgebrauch reicht es"*

**haus·ge·macht** *ADJEKTIV* von jemandem selbst hergestellt *„hausgemachte Marmelade"*

die **Haus·ge·mein·schaft** **1** alle Bewohner eines Hauses (vor allem eines Mietshauses) *„Die gesamte Hausgemeinschaft war bei der Versammlung anwesend"* **2** die sozialen Beziehungen in einer Hausgemeinschaft *„Wir haben eine gute, intakte Hausgemeinschaft"*

der **Haus·halt★** (-(*e*)*s*, -*e*) **1** *meist Singular* alle Arbeiten (z. B. Kochen, Putzen, Waschen, Einkaufen), die in einem Haus oder einer Wohnung getan werden müssen ⟨(*jemandem*) *den Haushalt besorgen, erledigen, führen, machen; jemandem im Haushalt helfen*⟩ *„Am Wochenende machen wir alle gemeinsam den Haushalt"* **K** Haushaltsführung, Haushaltskasse **2** *meist Singular* die Wohnung und die Möbel und Gegenstände, die dazugehören *„Nach dem Tod unserer Großmutter mussten wir ihren Haushalt auflösen"* mussten wir alle Gegenstände aus ihrer Wohnung entfernen **K** Haushaltsauflösung **3** alle Personen, die in einer Wohnung zusammenleben, meist eine Familie *„Die Broschüren wurden an alle privaten Haushalte verschickt"* **K** Privathaushalt **4** *admin* die Einnahmen und Ausgaben einer Gemeinde/eines Landes/Staates oder einer (öffentlichen) Institution ⟨(*über*) *den Haushalt beraten; den Haushalt beschließen*⟩ ≈ Etat *„Der Bundestag berät den Haushalt für das kommende Jahr"* **K** Haushaltsausschuss, Haushaltsdefizit; Staatshaushalt

die **Haus·häl·te·rin** (-, -*nen*) eine Angestellte, welche den täglichen Haushalt führt

der **Haus·halts|ar·ti·kel** *meist Plural* ein Gegenstand, den man im Haushalt braucht *„Töpfe, Gläser und Geschirr finden Sie in unserer Abteilung für Haushaltsartikel"*

die **Haus·halts|hil·fe** meist eine Frau, die jemandem stundenweise gegen Bezahlung im Haushalt hilft **i** ≠ Haushälterin

die **Haus·halts|wa·ren** *Plural* ≈ Haushaltsartikel **K** Haushaltswarengeschäft

der **Haus·herr** *meist Singular* der Gastgeber bei einem Fest oder einer Party *„Der Hausherr führte seine Gäste ins Wohnzimmer"* • *hierzu* **Haus·her·rin** *die*

**häus·lich** *ADJEKTIV* **1** im eigenen Haus, in der eigenen Familie ⟨*das Glück, die Umgebung, Pflichten, Sorgen*⟩ *„Die häuslichen Arbeiten verrichtet er meist am Wochenende"* **2** gern zu Hause und bei der Familie

die **Haus·manns|kost** ein einfaches Essen

der **Haus·meis·ter★** eine Person, die in einem größeren Haus (z. B. einem Mietshaus oder einer Firma) für die Reinigung, kleinere Reparaturen und Ordnung sorgt • *hierzu* **Haus·meis·te·rin** *die*

der **Haus·müll** die Abfälle, die in privaten Haushalten entstehen die **Haus·ord·nung** Vorschriften, welche das Zusammenleben in einem Haus (vor allem in einem Mietshaus) regeln ⟨*die Hausordnung beachten, einhalten; gegen die Hausordnung verstoßen*⟩

der **Haus·rat** (-s) alle Dinge, die man zum Wohnen und Leben braucht ≈ Einrichtung K Hausratsversicherung

der **Haus·schuh**★ ein bequemer Schuh, den man zu Hause trägt

das **Haus·tier**★ ein Tier, das man in einer Wohnung oder einem Wohnhaus hält, z. B. ein Hund, eine Katze „*Hunde, Katzen, Kühe, Ziegen und Schafe sind Haustiere*"

das **Haus·ver·bot** das Verbot, jemandes Haus oder jemandes Wohnung zu betreten ⟨*bei jemandem/irgendwo Hausverbot haben; jemandem Hausverbot erteilen*⟩

die **Haus·wirt·schaft** 1 alle Arbeiten, die man in einem Haus oder einer Wohnung tun muss ⟨*bei jemandem die Hauswirtschaft führen*⟩ ≈ Haushalt 2 *nur Singular* ein Fach an Schulen, in dem die Schüler in allen Arbeiten unterrichtet werden, die notwendig sind, um einen Haushalt zu führen K Hauswirtschaftsschule

die **Haut**★ (-, *Häu·te*) 1 *nur Singular* die Haut schützt unseren Körper als äußere Schicht ⟨*sich* (*Dativ*) *die Haut abschürfen, aufschürfen, eincremen; fettige, trockene Haut haben*⟩ „*Deine Haut ist ja so braun, warst du in Urlaub?*" K Hautcreme, Hautfarbe, Hautkrebs; Kopfhaut 2 Häute nennt man die Felle von Tieren, die abgezogen, aber noch nicht zerschnitten und zu Leder verarbeitet sind K Büffelhaut, Schlangenhaut 3 die äußere Schicht von Würsten, manchen Früchten und anderen Dingen „*die sieben Häute der Zwiebel*" | „*Die Haut des Flugzeugs besteht aus Aluminium*" K Wursthaut 4 eine dünne Schicht, die sich auf der Oberfläche einer Flüssigkeit gebildet hat „*Der Pudding hat beim Abkühlen eine Haut bekommen*"

**häu·ten** (*häutete, hat gehäutet*) 1 **ein Tier häuten** von einem geschlachteten Tier die Haut (ab)ziehen ⟨*einen Hasen, eine Kuh häuten*⟩ 2 **etwas häuten** die Haut einer Frucht o. Ä. entfernen ⟨*Mandeln, einen Pfirsich häuten*⟩ 3 **ein Tier häutet sich** ein Tier streift die oberste Schicht der Haut ab „*Eidechsen und Schlangen häuten sich*"

**haut·eng** *ADJEKTIV* so eng am Körper (anliegend), dass sich dessen Formen deutlich zeigen ⟨*ein Pullover, ein Kleid, Jeans*⟩

**haut·nah** *ADJEKTIV* so, dass man es direkt und intensiv fühlen/wahrnehmen kann ⟨*ein Bericht; etwas hautnah miterleben*⟩ „*In den Nachrichten waren hautnahe Bilder vom Kriegsschauplatz zu sehen*"

die **Ha·xe** (-, -*n*); *süddeutsch* ≈ Hachse K Kalbshaxe, Schweinshaxe

**Hbf** Abkürzung für *Hauptbahnhof*

die **Heb·am·me** (-, -*n*) eine Frau, die beruflich bei Geburten hilft

der **He·bel**★ (-s, -) 1 ein einfacher Griff, mit dem man ein Gerät oder eine Maschine z. B. ein- oder ausschalten kann ⟨*einen Hebel bedienen, betätigen,* (*her*)*umlegen, herunterdrücken, hochdrücken*⟩ K Bremshebel, Schalthebel 2 ein einfaches Werkzeug in Form einer Stange oder eines Bretts, mit dem man schwere Gegenstände heben und fortbewegen kann ⟨*den Hebel* (*irgendwo*) *ansetzen*⟩ K Hebelarm, Hebelwirkung

**he·ben**★ (*hob, hat gehoben*) 1 **jemanden/etwas heben** jemanden/etwas nach oben bewegen „*Sie hob den Kopf und lauschte aufmerksam*" 2 **jemanden/etwas irgendwohin heben** jemanden/etwas hochnehmen und an einen anderen Ort, in eine andere Lage bringen „*Sie hob das Baby aus der Wiege*" 3 **etwas hebt etwas** *geschrieben* etwas verbessert, steigert etwas ↔ senken „*Der berufliche Erfolg hat ihr Selbstbewusstsein gehoben*" 4 **etwas hebt sich** *geschrieben* etwas wird nach oben bewegt, geht in die Höhe ↔ senken „*Im Theater hob sich langsam der Vorhang*" 5 **etwas hebt sich** *geschrieben* etwas wird besser, steigert sich ↔ sinken „*Im Lauf des Abends hob sich die Stimmung auf der Party*" • zu (3) **He·bung** *die*

**he·cheln** (*hechelte, hat gehechelt*) **ein Tier hechelt** meist ein Hund atmet heftig mit offenem Maul, sodass die Zunge heraushängt

der **Hecht** (-(*e*)*s*, -*e*) 1 ein Raubfisch mit langem Kopf und starken Zähnen, der bis zu 1,50 Meter lang ist und im Süßwasser lebt ⟨*einen Hecht angeln, fangen*⟩ 2 **ein toller Hecht** *gesprochen* ein Mann, der sehr bewundert wird, weil er sehr mutig ist und männlich wirkt

das **Heck** (-*s*, -*e*/-*s*) der hinterste Teil eines Schiffes, Autos oder Flugzeugs K Heckfenster, Heckscheibe, Hecktür ℹ zu *Heckscheibe* → Abbildung, S. 391: **Das Auto**

die **He·cke** (-, -*n*) eine Reihe von Büschen oder

Sträuchern, die zusammen eine Grenze bilden ⟨*eine Hecke pflanzen; die Hecke schneiden, stutzen*⟩ **K** Heckenschere; Dornenhecke, Gartenhecke

das **Heer★** (-(e)s, -e) **1** der Teil der Armee eines Landes, der vor allem auf dem Land kämpft **2** **ein Heer von Personen/Dingen** eine sehr große Anzahl von Personen oder Dingen *„Jeden Sommer strömt ein Heer von Touristen in Richtung Süden"*

die **He·fe** (-) eine helle, braune Masse aus sehr kleinen Pilzen, die einen Teig locker und weich macht *„die Hefe in den Teig rühren und den Teig gehen lassen"* **K** Hefekuchen, Hefeteig; Backhefe

H

das **Heft★** (-(e)s, -e) **1** Hefte bestehen aus mehreren Blättern Papier und einem dünnen Umschlag; man benutzt sie vor allem in der Schule zum Schreiben *„Der Lehrer sammelt die Hefte mit den Hausaufgaben ein"* **K** Diktatheft, Rechenheft, Schulheft, Vokabelheft **2** ein Heft mit einem gedruckten Text, z. B. als Broschüre, Prospekt oder Werbung **3** die einzelne Folge einer Zeitschrift, die regelmäßig erscheint *„Die Zeitschrift erscheint jährlich in zwölf Heften"* **K** Comicheft, Programmheft

**hef·ten** (*heftete, hat geheftet*) **1** **etwas heften** Blätter mit Fäden oder Klammern zu einem Heft oder Buch zusammenfügen *„eine Broschüre heften"* **2** **etwas irgendwohin heften** etwas mit einer Nadel oder Klammer an etwas befestigen *„ein Poster an die Wand heften"*

der **Hef·ter** (-s, -) ein kleines Gerät, mit dem man Klammern in Papiere drückt, um sie aneinander festzumachen

**hef·tig★** ADJEKTIV **1** von großer Intensität, sehr stark ⟨*ein Gewitter, ein Regen, ein Sturm, ein Schlag, ein Stoß, Schmerzen, eine Kontroverse, ein Streit, ein Kampf;* (*eine*) *Abneigung,* (*eine*) *Leidenschaft; heftig weinen, erschrecken, aneinandergeraten; sich heftig* (*mit jemandem*) *streiten*⟩ ≈ gewaltig **2** plötzlich und mit viel Kraft ⟨*eine Bewegung*⟩ ≈ ruckartig **3** so, dass der Betreffende leicht wütend wird ⟨*heftig reagieren*⟩

die **Heft·klam·mer** eine kleine Klammer aus Draht, mit der man mehrere Blätter Papier verbindet

das **Heft·pflas·ter** ein kleiner Streifen aus Plastik o. Ä. und Stoff, den man über kleinere Wunden klebt ⟨*ein Heftpflaster über eine Wunde kleben; ein Heftpflaster abziehen*⟩

**he·gen** (*hegte, hat gehegt*) **1** **Tiere/Pflanzen hegen** sich (beruflich) um Tiere oder Pflanzen kümmern, damit es ihnen gut geht *„Der Förster hegt das Wild"* **2** **jemanden hegen (und pflegen)** *geschrieben* sich intensiv und mit viel Liebe um eine Person kümmern, die krank ist oder Hilfe braucht *„Die Mutter hegte und pflegte ihren Sprössling"* **3** **etwas hegen** *geschrieben* etwas fühlen, aber nicht offen aussprechen, nicht deutlich zeigen ⟨*Abscheu, Hass, Groll, Misstrauen, einen Verdacht, Widerwillen gegen jemanden/etwas hegen; Zweifel an etwas* (*Dativ*) *hegen*⟩ *„sich einen lang gehegten Wunsch erfüllen"*

der/das **Hehl** **ID** **kein(en) Hehl aus etwas machen** *geschrieben* etwas (vor allem Gefühle) deutlich zeigen *„Er machte kein(en) Hehl aus seiner maßlosen Enttäuschung"*

der **Heh·ler** (-s, -) eine Person, die Dinge kauft (und wiederverkauft), obwohl sie genau weiß, dass diese gestohlen sind • *hierzu* **Heh·le·rin** *die*

die **Hei·de**[1]; (-) eine meist sandige, trockene Landschaft, in der Büsche, Gräser und Sträucher wachsen *„die Lüneburger Heide"* **K** Heideland

der **Hei·de**[2]; (-n, -n); *veraltend, oft abwertend* eine Person, die keiner der großen christlichen Religionen angehört ⟨*die Heiden bekehren*⟩ **❶** a) meist von Christen verwendet; b) *der Heide; den, dem, des Heiden* • *hierzu* **Hei·din** *die*

die **Hei·del·bee·re** **1** ein niedriger Strauch, an dem kleine dunkelblaue bis schwarze Beeren wachsen, aus denen man vor allem Saft oder Marmelade herstellt ≈ Blaubeere **K** Heidelbeerstrauch **2** die Frucht der Heidelbeere ⟨*Heidelbeeeren pflücken, einkochen*⟩

**Hei·den-** *im Substantiv, betont, nicht produktiv; gesprochen* **eine Heidenangst, eine Heidenarbeit, ein Heidengeld, ein Heidenlärm, ein Heidenspaß** *und andere* sehr viel, sehr groß oder sehr intensiv *„Wir hatten einen Heidenrespekt vor diesem Lehrer"* **❶** a) meist mit unbestimmtem Artikel; b) Beide Teile dieser Wörter werden betont.

**heid·nisch** ADJEKTIV die Heiden betreffend ⟨*ein Kult, ein Brauch*⟩

**hei·kel** ADJEKTIV (*heikler, heikelst-*) **1** ⟨*ein Mensch*⟩ nur dann zufrieden, wenn alles so ist, wie man es will ≈ anspruchsvoll *„Was Sauberkeit angeht, ist Ilse sehr heikel"* **2** *meist attributiv* so, dass über die genannte Sache viel gestritten wird und man deshalb vorsichtig darüber sprechen muss ⟨*ein Thema, ein Problem, eine Frage, eine Angelegenheit*⟩ *„Der Redner schnitt das heikle Problem der Rassendiskriminierung an"*

**heil**★ *ADJEKTIV meist prädikativ* **1** gesund und ohne Verletzung ⟨*(bei etwas) heil davonkommen*⟩ *„Sie hat den schweren Unfall heil überstanden"* **2** *gesprochen* nach einer Verletzung wieder gesund ↔ krank **3** *gesprochen* ohne Schaden oder Beschädigung ↔ kaputt *„Mir ist das Glas auf den Boden gefallen, aber es ist heil geblieben"*

das **Heil** (-(e)s); *geschrieben* **1** etwas, das für jemanden ein sehr großes Glück bedeutet ⟨*sein Heil in etwas (Dativ) suchen, finden*⟩ **2** (in manchen Religionen) die Erlösung von den Sünden ⟨*das ewige Heil*⟩

der **Hei·land** (-(e)s) **der Heiland** Jesus Christus ⟨*der gegeißelte, gekreuzigte Heiland*⟩

die **Heil·an·stalt** ein Krankenhaus für Menschen, die chronisch oder psychisch krank sind ⟨*jemanden in eine Heilanstalt einweisen*⟩ **K** Lungenheilanstalt, Nervenheilanstalt

**hei·len**★ (*heilte, hat/ist geheilt*) **1 jemanden (von etwas) heilen** (*hat*) einen Kranken wieder gesund machen *„Der Arzt hat den Patienten (von seinem Leiden/seinen Beschwerden) geheilt"* **2 etwas heilen** (*hat*) eine Erkrankung oder Krankheit durch eine Behandlung oder Medikamente beseitigen *„Diese Krankheit kann nach dem heutigen Stand der Medizin nicht geheilt werden"* **3 etwas heilt** (*ist*) etwas wird gesund ⟨*Verletzungen, Wunden*⟩ *„Die Brandwunde ist gut geheilt"* • *zu (1)* **heil·bar** *ADJEKTIV*

**heil·froh** *ADJEKTIV meist prädikativ; gesprochen* sehr erleichtert oder froh, dass etwas vorbei ist, dass etwas Schlimmes nicht geschehen ist o. Ä. *„Wir waren alle heilfroh, dass/als die Prüfungen endlich vorbei waren"*

**hei·lig**★ *ADJEKTIV* **1** durch den Bezug zu (einem) Gott und zur Religion von besonderem Wert oder besonderer Würde ⟨*die Sakramente, die Messe, die Taufe*⟩ *„Der Ganges ist für die Hindus ein heiliger Fluss"* **2** von der katholischen Kirche als Heilige/Heiliger anerkannt *„die heilige Elisabeth"* ⓘ Abkürzung: *hl.* **3** *geschrieben* von höchstem Wert *„Die Freiheit ist ein heiliges Gut"* **4 jemandem ist nichts heilig** jemand hat vor nichts Respekt (oder Ehrfurcht)

(der) **Hei·lig·abend** der 24. Dezember ⓘ man sagt: *Er kommt (an) Heiligabend/am Heiligen Abend nach Hause*; → auch **Weihnachten**

der/die **Hei·li·ge**★ (*-n, -n*) eine Person, die im Sinne der katholischen Kirche ein sehr frommes und tugendhaftes Leben gelebt hat und die verehrt wird *„Franz von Assisi wird als Heiliger verehrt"* **K** Heiligenbild

das **Hei·lig·tum** (*-s, Hei·lig·tü·mer*) **1** ein Ort, an dem ein Gott verehrt wird *„das Heiligtum des Apollo in Delphi"* **2** ein Gegenstand, den man verehrt

die **Heil·kun·de** (-) die Wissenschaft, die sich mit der Heilung von Krankheiten beschäftigt ≈ Medizin

der **Heil·prak·ti·ker** eine Person, die (beruflich) Kranke behandeln und heilen darf (obwohl sie kein Arzt ist), aber meist andere Methoden anwendet als die traditionelle Medizin • *hierzu* **Heil·prak·ti·ke·rin** *die*

**heil·sam** *ADJEKTIV* einer Person nützlich, indem es ihr zeigt, dass ihr Verhalten oder Denken falsch war oder ist ⟨*eine Erfahrung, ein Schock*⟩

die **Hei·lung**★ (*-, -en*) der Vorgang des Heilens *„die Heilung eines Kranken"* **K** Heilungsaussichten, Heilungschance, Heilungsprozess

**heim**★ *ADVERB; gesprochen* dorthin, wo man wohnt ⓘ → auch **heim-**

das **Heim**★ (*-(e)s, -e*) **1** *nur Singular* das Haus oder die Wohnung, in dem/der jemand lebt (und sich wohlfühlt) ⟨*ein behagliches, gemütliches, trautes Heim*⟩ ≈ Zuhause *„Sie richtete sich ihr Heim geschmackvoll ein"* **2** ein Haus, in dem Personen oder Tiere leben und betreut werden, weil sie Hilfe brauchen ⟨*in ein Heim kommen, eingewiesen werden; in einem Heim untergebracht sein*⟩ *„Das Kind ist in einem/im Heim aufgewachsen"* **K** Altersheim, Kinderheim, Tierheim, Pflegeheim **3** ein Haus, in dem sich die Mitglieder eines Klubs oder Vereins treffen *„Alle Mitglieder haben geholfen, das neue Heim zu bauen"* **K** Vereinsheim

**heim-**★ (*im Verb, betont und trennbar, begrenzt produktiv; Diese Verben werden so gebildet: heimbringen, brachte heim, heimgebracht*) **heimfinden, heimgehen, heimmüssen; jemanden heimbegleiten, heimbringen, heimfahren, heimholen, heimschicken** *und andere* bezeichnet die Richtung zur eigenen Wohnung, zum eigenen Haus hin *„Am Dienstag kommt sie wieder heim"* Am Dienstag

H

kommt sie wieder dahin zurück, wo sie zu Hause ist

die **Heim·ar·beit** *meist Singular* eine meist einfache Arbeit, die man für eine Firma zu Hause gegen Bezahlung macht ⟨*etwas in Heimarbeit anfertigen*⟩

die **Hei·mat★** (-) **1** das Land, die Gegend oder der Ort, wo man (geboren und) aufgewachsen ist, wo man eine sehr lange Zeit gelebt hat und wo man sich (wie) zu Hause fühlt ⟨*seine Heimat verlieren; (irgendwo) eine neue Heimat finden*⟩ *„Nach zwanzig Jahren kehrten sie in ihre alte Heimat zurück"* **K** Heimatland, Heimatmuseum, Heimatort **2** das Land, die Gegend oder der Ort, wo etwas von Anfang an war *„Australien ist die Heimat des Kängurus"* • *zu* (1) **hei·mat·los** *ADJEKTIV*

**heim·ge·hen** (*ist*) **1** *gesprochen, euphemistisch* ≈ sterben ❶ meist im Perfekt **2** **es geht heim (bei jemandem)** *gesprochen* die Reise nach Hause (z. B. nach dem Urlaub) beginnt *„Wir fliegen am Montag nach Deutschland zurück. Und wann geht es bei euch heim?"* ❶ weitere Verwendungen → **heim-**

**hei·misch** *ADJEKTIV* **1** *meist attributiv* zur Heimat gehörig *„die heimische Tier- und Pflanzenwelt"* | *„die heimische Bevölkerung"* **2** **irgendwo heimisch** so, dass es aus der genannten Gegend stammt *„Der Tiger ist in Indien heimisch"*

**heim·keh·ren** (*ist*) (nachdem man längere Zeit fort war) in die Heimat zurückkommen *„von einer Expedition in den Urwald wieder heil heimkehren"* • *hierzu* **Heim·keh·rer** *der;* **Heim·keh·re·rin** *die*

**heim·lich★** *ADJEKTIV* so, dass es andere Leute nicht sehen, hören oder bemerken *„ein heimliches Treffen im Wald"* | *„eine heimliche Vereinbarung treffen"* • *hierzu* **Heim·lich·keit** *die*

das **Heim·spiel** ein Spiel/Match auf dem eigenen Sportplatz (und nicht auf dem des Gegners) ⟨*ein Heimspiel haben*⟩

**heim·su·chen** (*hat*); *geschrieben* **1** **jemanden heimsuchen** in das Haus oder die Wohnung einer anderen Person eindringen und diese belästigen oder schädigen *„von Einbrechern heimgesucht werden"* **2** **etwas sucht jemanden/etwas heim** etwas hat einen schädlichen Einfluss auf jemanden oder auf eine Gegend ⟨*Krankheiten, Epidemien*⟩ *„Sie wurden von einem Erdbeben heimgesucht"* ❶ meist im Passiv

die **Heim·tü·cke** (-) **1** eine gemeine und hinterhältige Handlungsweise, mit der man jemandem schaden will *„unter der Heimtücke von Neidern leiden müssen"* **2** die Eigenschaft einer Krankheit, erst dann bemerkt zu werden, wenn sie schon sehr schlimm ist *„die Heimtücke von Aids"* • *hierzu* **heim·tü·ckisch** *ADJEKTIV*

**heim·wärts** *ADVERB* in der Richtung zu dem Ort, wo man wohnt oder wo man geboren wurde ⟨*heimwärts ziehen, fahren*⟩

das **Heim·weh★** (-s) **Heimweh (nach jemandem/etwas)** (wenn man weit weg von zu Hause ist) der starke Wunsch, nach Hause, in die Heimat zurückzukehren ⟨*Heimweh haben, bekommen*⟩

der **Heim·wer·ker** (-s, -) eine Person, die zu Hause handwerkliche Arbeiten macht (z. B. tapeziert oder repariert) • *hierzu* **Heim·wer·ke·rin** *die*

**heim·zah·len** (*hat*) **jemandem etwas heimzahlen** einer Person etwas Böses tun, weil diese selbst auch etwas Böses getan hat ≈ rächen *„Ich werde ihm seine boshaften Bemerkungen schon noch gewaltig heimzahlen!"*

der **Hei·ni** (-s, -s); *gesprochen, abwertend* ein Mann, den man ablehnt oder für dumm hält

die **Hei·rat★** (-, -en) **die Heirat (mit jemandem)** die Verbindung zur Ehe *„die Heirat des reichen Geschäftsmannes mit einer jungen Schauspielerin"* **K** Heiratsabsichten, Heiratsannonce, Heiratsurkunde

**hei·ra·ten★** (*heiratete, hat geheiratet*) **(jemanden) heiraten** als Mann oder Frau gemeinsam mit dem Partner zum Standesamt (und in die Kirche) gehen und dort in einer Zeremonie erklären, dass man das Leben zusammen verbringen will ⟨*kirchlich, standesamtlich heiraten*⟩ *„Er heiratet morgen (seine langjährige Freundin)"*

**hei·ser** *ADJEKTIV* so, dass die Stimme (z. B. wegen einer Erkältung) sehr rau klingt ⟨*heiser sein; sich heiser schreien*⟩ *„Er war so erkältet, dass seine Stimme ganz heiser klang"* • *hierzu* **Hei·ser·keit** *die*

**heiß★** *ADJEKTIV* (*heißer, heißest-*) **1** mit/von sehr hoher Temperatur, sehr warm ⟨*glühend, kochend, siedend heiß*⟩ ↔ kalt *„ein heißes Bad nehmen"* | *„An heißen Tagen gehe ich gern schwimmen"* **2** sehr intensiv ⟨*eine Liebe, eine Sehnsucht, ein Verlangen, ein Wunsch*⟩ *„Das*

*Kind hat seinen heiß geliebten Teddy verloren"* [K] heißgeliebt [3] mit heftigen Worten und starken Gefühlen ⟨*eine Debatte, eine Diskussion, ein Kampf, eine Kontroverse*⟩ [4] so, dass es zu Streit oder Konflikten führt ⟨*ein Thema*⟩ ≈ brisant [5] *meist attributiv* mit sehr guten Aussichten auf Erfolg, auf den Sieg ⟨*ein Favorit*⟩ *„ein heißer Tipp beim Pferderennen"* [6] mit einem schnellen, erregenden Tanzrhythmus (wie z. B. bei Rockmusik) ⟨*Musik, Rhythmen*⟩ [7] *gesprochen* sehr gut, sehr schön ≈ toll [8] **jemandem ist heiß** jemand schwitzt

**hei·ßen★** (*hieß, hat geheißen*) [1] (*Name* +) **heißen** den genannten Namen haben *„Wie heißen Sie?" – „Ich heiße Helga Huber" | „Wie heißt er denn mit Vornamen/Nachnamen?"* [2] **etwas heißt ...** etwas entspricht einem Wort, Satz o. Ä. einer anderen Sprache *„Wasser" heißt im Lateinischen „aqua"* [3] **etwas heißt ...** etwas hat einen Sinn, eine Bedeutung, Konsequenzen *„Das heißt also, du hast morgen keine Zeit für mich?"* [4] **es heißt, (dass) ...** man vermutet, behauptet, dass ... *„Es heißt, er habe geheiratet/dass er geheiratet habe"* [5] **irgendwo heißt es, (dass) ...** es steht irgendwo geschrieben, dass ... *„In der Reklame hieß es, die Uhr sei wasserdicht"* [6] **irgendwo/irgendwann heißt es** +*Partizip Perfekt*/(**zu**) +*Infinitiv* es ist sinnvoll oder notwendig, etwas zu tun *„Jetzt heißt es zugreifen/zugegriffen"*

der **Heiß·hun·ger ein Heißhunger (auf etwas** (*Akkusativ*)) ein sehr starker Appetit (auf die genannte Speise) • *hierzu* **heiß·hung·rig** *ADJEKTIV*

die **-heit** (-, *-en*); *im Substantiv, unbetont, sehr produktiv* [1] **Besonnenheit, Freiheit, Geborgenheit, Nacktheit, Raffiniertheit, Schönheit** *und andere nur Singular* macht aus einem Adjektiv oder Partizip ein Substantiv, mit dem man den genannten Zustand oder die genannte Eigenschaft bezeichnet *„Durch dieses Werk hat der Dichter Berühmtheit erlangt"* [2] **Neuheit, Seltenheit, Unebenheit, Unklarheit, Verrücktheit** *und andere* bezeichnet eine Person oder Sache, welche die genannte Eigenschaft hat oder im genannten Zustand ist *„Bei der Oscarverleihung kann man viele Berühmtheiten sehen"* ⓘ Besonders auf Adjektive, die auf *-bar, -ig, -lich, -sam* enden, folgt *-keit*: *Heiterkeit, Lebendigkeit, Unvereinbarkeit* usw.

**hei·ter★** *ADJEKTIV* [1] froh und von innerer Ruhe und Humor bestimmt ⟨*ein Mensch, ein Gemüt, ein Wesen; in einer heiteren Laune, Stimmung sein; etwas stimmt jemanden heiter*⟩ [2] mit blauem Himmel und Sonnenschein ⟨*ein Tag, Wetter*⟩ *„Morgen wird das Wetter heiter bis wolkig"*

die **Hei·ter·keit** (-) der Zustand, in dem jemand froh und heiter ist ⟨*Heiterkeit ausstrahlen, um sich verbreiten; von Heiterkeit erfüllt sein*⟩

**heiz·bar** *ADJEKTIV* mit einer Heizung ⟨*ein Keller, ein Raum*⟩

**hei·zen★** (*heizte, hat/ist geheizt*) [1] **(etwas) heizen** (*hat*) einen Raum oder ein Haus usw. mithilfe eines Ofens oder einer Heizung warm machen ⟨*ein Haus, ein Schwimmbad, eine Wohnung, ein Zimmer heizen*⟩ *„In unserem Schlafzimmer wird nicht geheizt"* [K] Heizkosten [2] **irgendwie/(mit) etwas heizen** (*hat*) auf die genannte Weise oder mit dem genannten Brennstoff in einem Ofen, einer Heizung Wärme erzeugen ⟨*mit Holz, Kohle, Pellets, Gas, Öl heizen; elektrisch heizen*⟩ *„den Ofen mit Pellets heizen"* [K] Heizöl

der **Heiz·kör·per** [1] ein Gerät (als Teil einer Heizung), durch das heißes Wasser oder heißer Dampf geleitet wird, um einen Raum zu heizen ≈ Heizung [2] ein elektrisches Gerät, das wie ein Heizkörper aussieht und das man (vorübergehend) in einen Raum stellt, um ihn zu heizen ≈ Radiator

die **Heiz·kos·ten** *Plural* die Kosten für das Heizen einer Wohnung *„Die Mieter müssen mit Nachzahlungen bei den Heizkosten rechnen"* [K] Heizkostenabrechnung

die **Heiz·pe·ri·o·de** die Zeit des Jahres, in der man Häuser und Wohnungen heizen muss

die **Hei·zung★** (-, *-en*) [1] eine technische Anlage, mit der man Räume bzw. Häuser heizt und die meist mit Gas, Öl oder Elektrizität betrieben wird ⟨*die Heizung anstellen, abstellen, bedienen, warten*⟩ *„Die Heizung ist außer Betrieb"* [K] Heizungskeller; Gasheizung, Ölheizung [2] *gesprochen* ≈ Heizkörper *„Er legt die Socken zum Trocknen auf die Heizung"* [3] *nur Singular* das Heizen *„Die Heizung des großen Hauses kommt sehr teuer"*

der/das **Hek·tar** (-s, -) das Maß für eine Fläche von 10000 $m^2$ *„3 Hektar Ackerland"* [K] Hektarertrag ⓘ Abkürzung: *ha*

die **Hek·tik** (-) große Eile, die nervös macht ⟨*irgendwo herrscht Hektik; etwas voller Hektik tun*⟩ *„In der Hektik (des Aufbruchs) hat er seinen Reisepass vergessen" | „die Hektik des All-*

H

*tags"*

**hẹk·tisch** *ADJEKTIV* mit großer Eile, Nervosität und Unruhe ⟨*eine Atmosphäre, ein Mensch*⟩

der/das **Hẹk·to·li·ter**, **Hek·to·li̲·ter** 100 Liter ⓘ Abkürzung: *hl*

der **Hẹld**★ (*-en, -en*) **1** eine Person, die mit sehr großem Mut eine gefährliche Aufgabe löst (und damit anderen Menschen hilft) *„Die Feuerwehrleute, die ihr Leben riskiert hatten, wurden als Helden gefeiert"* **K** Heldenmut, Heldentat **2** **der Held des Tages, des Abends** eine Person, die wegen einer besonderen (z. B. sportlichen) Leistung für kurze Zeit sehr bewundert wird *„Vielen Dank für die Hilfe, du bist mein Held!"* **3** die männliche Hauptperson in einem literarischen Werk *„der tragische Held des Dramas"* **K** Filmheld, Märchenheld • *zu* (1) **hẹl·den·haft** *ADJEKTIV*; **Hẹl·din** *die*

**hẹl·fen**★ (*hilft, half, hat geholfen*) **1** **(jemandem) (bei etwas) helfen** eine Person unterstützen, damit sie ihr Ziel (schneller und leichter) erreicht ⟨*jemandem bereitwillig, freiwillig, spontan, finanziell, mit Rat und Tat helfen*⟩ *„Hilfst du mir bei den Hausaufgaben?"* **2** **etwas hilft (jemandem) (bei/gegen etwas)** etwas bringt (jemandem) bei einer Krankheit Besserung oder Heilung *„Vitamin C hilft bei Erkältungen"* **3** **etwas hilft nicht(s)** *gesprochen* etwas kann eine unangenehme Situation nicht ändern oder verhindern *„Du musst jetzt ins Bett. Da hilft alles nichts!"* **4** **sich** (*Dativ*) **nicht (mehr) zu helfen wissen** in einer schwierigen Situation nicht (mehr) wissen, was man tun soll • *zu* (1) **Hẹl·fer** *der*; *zu* (1) **Hẹl·fe·rin** *die*

der **He·li·kọp·ter** (*-s, -*) ≈ Hubschrauber

**hẹll**★ *ADJEKTIV* **1** mit (viel) Licht ⟨*ein hell erleuchtetes Fenster*⟩ *„Die Kerze brennt hell"* **2** **es wird hell** die Sonne kommt hervor, der Morgen dämmert **3** mit Weiß vermischt ⟨*Farben*⟩ *„ein helles Rot"* **K** hellblau, hellgrün *usw.* **4** Stimmen von kleinen Kindern klingen hell ⟨*ein Ton, eine Stimme, ein Lachen*⟩ ≈ hoch *„Das Glöckchen hat einen hellen Klang"* **5** *meist attributiv* sehr intensiv, groß ⟨*in heller Aufregung, Begeisterung, Empörung, Freude, Panik*⟩ *„Das ist doch heller Wahnsinn, so schnell Auto zu fahren!"* • *zu* (1,3,4) **Hẹl·lig·keit** *die*

**hẹll·hö·rig** *ADJEKTIV* **1** misstrauisch und deswegen aufmerksam ⟨*hellhörig werden; etwas macht jemanden hellhörig*⟩ **2** ⟨*ein Haus, eine Wohnung*⟩ so gebaut, dass man fast alle Geräusche hört, die aus einem anderen Zimmer oder Haus kommen

**hẹll·se·hen** *nur im Infinitiv* (so tun, als ob man in der Lage sei zu) wissen, was in der Zukunft passieren wird bzw. was gerade an einem weit entfernten Ort passiert ⟨*hellsehen können*⟩ • *hierzu* **Hẹll·se·her** *der*; **Hẹll·se·he·rin** *die*; **hẹll·se·he·risch** *ADJEKTIV*

**hẹll·wạch** *ADJEKTIV* ganz wach, überhaupt nicht müde ⟨*hellwach sein, daliegen*⟩

der **Hẹlm** (*-(e)s, -e*) eine harte Kopfbedeckung aus Metall, Plastik o. Ä., welche den Kopf vor Verletzungen schützt ⟨*der Helm eines Bauarbeiters, eines Ritters, eines Soldaten; einen Helm aufsetzen, tragen, abnehmen*⟩ **K** Schutzhelm, Sturzhelm; Fahrradhelm

das **Hẹmd**★ (*-(e)s, -en*) **1** ein Kleidungsstück für den Oberkörper mit einem festen Kragen, Ärmeln und einer (meist durchgehenden) Reihe von Knöpfen ⟨*ein bügelfreies, kurzärmeliges, langärmeliges Hemd; ein Hemd anziehen, zuknöpfen, aufknöpfen, ausziehen; Hemd und Krawatte tragen*⟩ ≈ Oberhemd *„Er trägt einen Pullover über dem Hemd"* **K** Hemd(s)ärmel, Hemdenkragen; Herrenhemd, Seidenhemd ⓘ → Abbildung, S. 293: **Die Kleidung** **2** ein Kleidungsstück für den Oberkörper (meist aus Baumwolle) ohne Kragen und oft ohne Ärmel, das zur Unterwäsche gehört ≈ Unterhemd *„Im Winter trägt sie ein warmes Hemd unter der Bluse"*

**hẹm·men** (*hemmte, hat gehemmt*); *geschrieben* **1** **jemand/etwas hemmt etwas** jemand/etwas macht durch einen Widerstand die Bewegung einer Sache langsamer (und bringt sie zum völligen Stillstand) *„Die Bäume hemmten die Lawine/den Lauf der Lawine"* **2** **etwas hemmt jemanden in etwas** (*Dativ*) etwas stört jemanden (z. B. in einer Tätigkeit oder einem Entwicklungsprozess) *„Die schwere Krankheit hat das Kind in seiner körperlichen Entwicklung gehemmt"* **3** **jemand/etwas hemmt etwas (in etwas** (*Dativ*)**)** jemand/etwas stört oder verzögert den Ablauf oder die Entwicklung einer Sache *„den technischen Fortschritt hemmen"*

das **Hẹmm·nis** (*-ses, -se*); *geschrieben* etwas, das jemanden/etwas in einer Bewegung, Entwicklung oder Tätigkeit hindert ⟨*etwas bedeutet ein (großes) Hemmnis für jemanden/etwas; alle Hemmnisse überwinden*⟩ ≈ Hindernis die **Hẹmm·schwel·le** moralische Bedenken, Angst o. Ä., die jemanden daran hindern, etwas zu tun ⟨*eine Hemmschwelle überwinden*⟩

die **Hẹm·mung** (-, *-en*) **1** *nur Plural* ein Gefühl, unfähig oder weniger wert zu sein als andere Leute, wodurch man sehr schüchtern, ängstlich und unsicher wird ⟨*große, starke Hemmungen haben; unter Hemmungen leiden*⟩ *„Sie hat Hemmungen, einen Bikini anzuziehen, weil sie sich für zu dick hält"* **2** *meist Plural* eine Scheu davor, Dinge zu tun, die sittlich oder moralisch nicht (völlig) von anderen Leuten akzeptiert werden ⟨*keine Hemmungen haben, kennen*⟩ ≈ Skrupel • *zu* (2) **hẹm·mungs·los** *ADJEKTIV*

der **Hẹngst** (-(*e*)*s*, *-e*) das männliche Tier bei Pferd, Esel, Zebra, Kamel o. Ä. **K** Hengstfohlen; Zuchthengst

der **Hẹn·kel**★ (-*s*, -) ein schmaler Griff in Form eines Bogens an einem Behälter ⟨*der Henkel einer Kanne, einer Tasse; die Henkel eines Korbs, einer Tasche; etwas am Henkel fassen, nehmen*⟩

der **Hẹn·ker** (-*s*, -) eine Person, die einen Verbrecher als Strafe tötet (hinrichtet), der von einem Gericht zum Tod verurteilt worden ist • *hierzu* **Hẹn·ke·rin** *die*

die **Hẹn·ne** (-, *-n*) ein weibliches Huhn

die **He·pa·ti̱·tis** (-) eine Entzündung der Leber ≈ Gelbsucht

**he̱r**★ *ADVERB* **1** **etwas ist** *+Zeitangabe* **her** etwas war/geschah vor der genannten Zeit *„Es ist drei Jahre her, dass wir uns das letzte Mal gesehen haben"* **2** **von irgendwo her** von dem genannten Ort in Richtung auf den Sprecher zu *„Er hat mich von der anderen Straßenseite her gerufen"* **3** **wo ist jemand/etwas her?** *gesprochen* aus welchem Ort, Land kommt jemand, woher stammt etwas? **4** **von etwas her** unter dem genannten Gesichtspunkt betrachtet *„Die Wohnung ist von der Größe her nicht für mich geeignet"* **5** **her mit** *+Substantiv/Pronomen*! *gesprochen* verwendet als (aggressive oder unhöfliche) Aufforderung, dem Sprecher etwas zu geben oder zu bringen *„Her mit dem Geld!"* **ID** **hinter jemandem her sein** **a** *gesprochen* jemanden verfolgen oder nach jemandem suchen *„Die Polizei ist hinter ihm her"* **b** *gesprochen, oft abwertend* eine Liebesbeziehung zur genannten Person haben wollen; **hinter etwas her sein** *gesprochen, oft abwertend* etwas unbedingt haben wollen *„Er ist hinter ihrem Geld her"*

**he̱r-**★ (*im Verb, betont und trennbar, sehr produktiv; Diese Verben werden so gebildet: herkommen, kam her, hergekommen*) **1** **herdürfen, herkommen, hersehen**; **jemanden/etwas herholen, herschicken**; **sich hertrauen** *und andere* bezeichnet die Richtung von irgendwo zum Sprecher oder Erzähler hin *„Bring bitte den Hammer her!"* Bring den Hammer bitte zu mir, hierher ⓘ vergleiche auch **hin-** **2** **hinter/neben/vor jemandem herfahren, hergehen, herlaufen, herschwimmen** *und andere* drückt in Verbindung mit Verben der Bewegung aus, dass dieselbe Richtung eingehalten wird *„Sie kletterte auf den Baum und ihr Bruder kletterte hinter ihr her"* Ihr Bruder kletterte nach ihr in dieselbe Richtung, auch auf den Baum

**he·rab** [hɛ'rap] *ADVERB* bezeichnet die Richtung von irgendwo (oben) nach unten, häufig zum Sprecher oder Erzähler hin ⟨*von oben herab; vom Himmel herab*⟩ ⓘ → auch **hinab**

**he·rab-** [hɛ'rap-] (*im Verb, betont und trennbar, begrenzt produktiv; Diese Verben werden so gebildet: herabfallen, fiel herab, herabgefallen*) **herabsehen, herabsteigen**; **etwas baumelt, fällt, hängt herab**; **etwas herabwerfen** *und andere* bezeichnet die Richtung von irgendwo (oben) nach unten, häufig zum Sprecher oder Erzähler hin *„Die Katze traut sich nicht mehr vom Baum herab"* Die Katze traut sich nicht, vom Baum zu uns nach unten zu klettern ⓘ vergleiche auch **hinab-**

**he·rạb·las·sen** (*hat*) **1** **jemanden/etwas herablassen** ein Seil o. Ä. dazu benutzen, um jemanden, sich selbst oder etwas nach unten zu bringen ≈ herunterlassen *„Der Bergsteiger ließ sich an einem Seil (von der Felswand) zu seinen Kameraden herab"* ⓘ weitere Verwendungen → **herab-** **2** **sich zu etwas herablassen** *ironisch* etwas tun, obwohl man es für unter der eigenen Würde hält *„sich dazu herablassen, mit jemandem zu sprechen"* **3** **eine Person lässt sich zu jemandem herab** *ironisch* eine Person spricht mit jemandem oder nimmt Kontakt auf, obwohl sie glaubt, das sei unter ihrer Würde

**he·rạb·las·send** *ADJEKTIV* so, dass jemand glaubt, viel besser zu sein als andere Leute und dies auch durch das eigene Verhalten zeigt ⟨*ein Verhalten; jemanden herablassend behandeln, grüßen*⟩

**he·rạb·set·zen** (*hat*) **1** **etwas herabsetzen** etwas auf eine niedrigere Stufe, ein niedrigeres

Niveau bringen ⟨*die Geschwindigkeit, die Kosten, die Preise herabsetzen*⟩ **2** **jemanden/etwas herabsetzen** eine Person oder Sache zu Unrecht kritisieren, ihnen einen geringeren Wert zuschreiben, als sie haben ⟨*jemandes Leistungen, jemandes Verdienste, jemandes Wert herabsetzen*⟩ *„jemanden vor allen Leuten herabsetzen und demütigen"* • *hierzu* **He·rab·set·zung** *die*

**he·ran**★ [hɛ'ran] *ADVERB* bezeichnet die Richtung von irgendwoher zu einem Objekt hin und zugleich oft näher zum Sprecher oder Erzähler hin *„Etwas weiter rechts/an die Seite heran"* ⓘ *Heran* wird in der gesprochenen Sprache zu *ran* abgekürzt.

**he·ran-** [hɛ'ran-] (*im Verb, betont und trennbar, sehr produktiv; Diese Verben werden so gebildet: herankommen, kam heran, herangekommen*) **(an jemanden/etwas) heranfahren, herangehen, herantreten; eine Person/Sache (an jemanden/etwas) heranführen, heranlassen** *und andere* bezeichnet die Richtung von irgendwoher zu einem Ziel hin oder näher zum Sprecher oder Erzähler hin *„Auf der Safari kamen die Elefanten bis auf wenige Meter an uns heran"* Die Elefanten kamen ganz in unsere Nähe ⓘ *Heran-* wird in der gesprochenen Sprache zu *ran-* abgekürzt.

**he·ran·füh·ren** (*hat*) **1** **jemanden an etwas** (*Akkusativ*) **heranführen** einer Person etwas zeigen und deren Interesse dafür wecken *„die Mitarbeiter an neue Technologien heranführen"* **2** **etwas führt an etwas** (*Akkusativ*) **heran** etwas führt in die Nähe einer Sache *„Der Weg führt an den Fluss heran"* ⓘ weitere Verwendungen → **heran-**

**he·ran·ge·hen** (*ist*) **an etwas** (*Akkusativ*) **herangehen** ⟨*mit Eifer, Elan, Freude, Lust, Unlust an eine Arbeit herangehen*⟩ ≈ beginnen ⓘ weitere Verwendungen → **heran-**

**he·ran·kom·men** (*ist*) **1** **(an etwas** (*Akkusativ*)**) herankommen** es schaffen, mit der Hand einen Gegenstand zu berühren *„Kommst du an die Bücher heran, die oben im Regal stehen?"* **2** **an etwas** (*Akkusativ*) **herankommen** es schaffen, etwas zu bekommen *„In vielen Großstädten kommen Jugendliche leicht an Rauschgift heran"* **3** **an jemanden/etwas herankommen** es schaffen, genauso gut wie eine andere Person zu sein oder deren Leistungen zu erreichen ⓘ weitere Verwendungen → **heran-**

**he·ran·las·sen** (*hat*) **eine Person an jemanden/etwas heranlassen** zulassen, dass eine Person bei jemandem sein darf, etwas genau ansieht oder es in die Hand nimmt *„Er lässt niemanden an seine Münzsammlung heran"* ⓘ a) meist verneint; b) weitere Verwendungen → **heran-**

**he·ran·rei·chen** (*hat*) **1** **(an etwas** (*Akkusativ*)**) heranreichen** einen Punkt erreichen, (an etwas) herankommen *„Das Kind kann an den Schalter nicht heranreichen"* **2** **an jemanden/etwas heranreichen** genau so viel leisten wie eine andere Person

**he·ran·tas·ten** (*hat*) **sich an etwas** (*Akkusativ*) **herantasten** durch intensives (vorsichtiges) Suchen etwas allmählich verstehen oder zu einer Lösung kommen *„sich an den Kern eines Problems herantasten"* ⓘ weitere Verwendungen → **heran-**

**he·ran·wach·sen** (*ist*) **jemand wächst (zu etwas) heran** ein Mensch oder ein Tier wird allmählich erwachsen

**he·ran·zie·hen**★ **1** **eine Person/Sache (an jemanden/etwas) heranziehen; eine Person/Sache (zu jemandem/etwas) heranziehen** (*hat*) eine Person oder Sache in die Richtung, Nähe zu einer anderen Person, sich selbst oder einer Sache ziehen *„Ich zog ihn näher an mich/zu mir heran und flüsterte ihm etwas ins Ohr"* **2** **jemanden zu etwas heranziehen** (*hat*) dafür sorgen, dass jemand etwas tut *„die Kinder zu Arbeiten im Haushalt heranziehen"* **3** **etwas heranziehen** (*hat*) sich um junge Tiere oder Pflanzen kümmern, bis sie groß sind *„Tomatenpflanzen heranziehen"*

**he·rauf** [hɛ'rau̯f] *ADVERB* bezeichnet die Richtung von irgendwo (unten) nach oben, häufig zum Sprecher oder Erzähler hin *„Vom Tal bis zu uns herauf wanderte er zwei Stunden"* ⓘ a) vergleiche auch **hinauf**; b) *Herauf* wird in der gesprochenen Sprache zu *rauf* abgekürzt.

**he·rauf-** [hɛ'rau̯f-] (*im Verb, betont und trennbar, sehr produktiv; Diese Verben werden so gebildet: heraufkommen, kam herauf, heraufgekommen*) **(irgendwohin) herauffahren, heraufsehen, heraufsteigen; jemanden/etwas (irgendwohin) heraufbringen, heraufholen, heraufschicken, herauftragen** *und andere* bezeichnet die Richtung von irgendwo (unten) nach oben, häufig zum Sprecher oder Erzähler hin *„Der Briefträger kam zu uns in den vierten Stock herauf"* Er kam in den vierten

Stock, wo wir wohnen ⓘ a) Anstelle einer Richtungsangabe (*in den vierten Stock*) steht häufig nur eine Angabe im Akkusativ: *Sie kam den Berg herauf; Er führte sie die Treppe herauf*. b) vergleiche auch **hinauf-**; c) *Herauf-* wird in der gesprochenen Sprache zu *rauf-* abgekürzt.

**he·rauf·be·schwö·ren** (*beschwor herauf, hat heraufbeschworen*) **etwas heraufbeschwören** durch unüberlegte Handlungen eine schlimme oder gefährliche Situation entstehen lassen ⟨*eine Krise, einen Krieg, ein Unheil heraufbeschwören*⟩ *„durch aggressives Verhalten einen Streit heraufbeschwören"*

**he·rauf·set·zen** (*hat*) **etwas heraufsetzen** ⟨*die Miete, den Preis heraufsetzen*⟩ ≈ erhöhen

**he·raus★** [hɛ'raus] *ADVERB* **1** bezeichnet die Richtung von irgendwo (drinnen) nach draußen, häufig aus der Sicht des Sprechers oder Erzählers *„Heraus mit dir (aus dem Haus)!"* ⓘ *Heraus* wird in der gesprochenen Sprache zu *raus* abgekürzt; vergleiche auch **hinaus**. **2** **etwas ist heraus** *gesprochen* etwas ist (allgemein) bekannt *„Inzwischen ist heraus, wer die Autos aufgebrochen hat"* **3** **aus etwas heraus sein** *gesprochen* die genannte Phase des Lebens hinter sich haben *„Unser Sohn ist aus dem Alter heraus, in dem er heimlich geraucht hat"*

**he·raus-** [hɛ'raus-] (*im Verb, betont und trennbar, sehr produktiv; Diese Verben werden so gebildet: herausfahren, fuhr heraus, herausgefahren*) **(aus etwas) herausfahren, herauskommen, herauslaufen**; **jemanden/etwas (aus etwas) herausbringen, herauslassen, heraustragen, herauswerfen**; **etwas (aus etwas) herausnehmen, herausstrecken** *und andere* bezeichnet die Richtung von irgendwo (drinnen) nach draußen, häufig zum Sprecher oder Erzähler hin *„Aus dem Loch im Eimer sickerte Wasser heraus"* Das Wasser floss langsam durch ein Loch nach außen ⓘ a) vergleiche auch **hinaus-**; b) *Heraus-* wird in der gesprochenen Sprache zu *raus-* abgekürzt

**he·raus·ar·bei·ten** (*hat*) **etwas herausarbeiten** die wichtigen Teile oder Aspekte einer Sache ganz deutlich zeigen *„in einem Aufsatz die Gründe der Arbeitslosigkeit herausarbeiten"* • *hierzu* **He·r·aus·ar·bei·tung** *die*

**he·raus·be·kom·men** (*bekam heraus, hat herausbekommen*) **1** **etwas (aus etwas) herausbekommen** es schaffen, etwas aus etwas anderem zu entfernen *„den Nagel nicht aus dem Brett herausbekommen"* **2** **etwas herausbekommen** (beim Bezahlen) die Summe Geld zurückbekommen, die man zu viel gegeben hat *„Wenn ein Buch 18,90 € kostet, und man mit einem Zwanzigeuroschein bezahlt, bekommt man 1,10 € heraus"* **3** **etwas (aus jemandem) herausbekommen** es schaffen, etwas Unbekanntes zu erfahren, indem man sucht, forscht oder Personen fragt *„Hast du die Wahrheit aus ihr herausbekommen?"* **4** **etwas herausbekommen** *gesprochen* eine mathematische Aufgabe lösen *„eine Bruchrechnung nicht herausbekommen"*

**he·raus·fin·den★** (*hat*) **1** **etwas herausfinden** etwas, das man wissen will, durch Suchen und Forschen entdecken *„Habt ihr schon herausgefunden, wie der neue Drucker funktioniert?"* **2** **(aus etwas) herausfinden** es schaffen, den Weg nach draußen zu finden *„Er hat sich im Wald verirrt und findet nicht mehr heraus"*

**he·raus·for·dern** (*hat*) **1** **jemanden (zu etwas) herausfordern** jemanden (vor allem einen Sportler) dazu auffordern, gegen einen zu kämpfen o. Ä. *„den Weltmeister im Schwergewicht zum Titelkampf herausfordern"* **2** **etwas herausfordern** durch das eigene Verhalten erreichen, dass etwas meist Negatives entsteht ⟨*eine bedrohliche Situation, eine Gefahr, eine Krise, Protest, herbe Kritik herausfordern*⟩ **3** **jemanden herausfordern** ≈ provozieren *„jemanden herausfordernd ansehen"* • zu (1) **He·r·aus·for·de·rer** *der*

die **He·raus·for·de·rung★** (-, *-en*) **1** ein Kampf, bei dem ein Sportler gegen den Titelverteidiger (um den Meistertitel) kämpft und ihn so herausfordert **2** eine schwierige oder außergewöhnliche Aufgabe, die jemanden reizt *„Es war für ihn eine Herausforderung, Japanisch zu lernen"*

**he·raus·ge·ben** (*hat*) **1** **jemanden/etwas herausgeben** eine Person, die man gefangen genommen hat, oder etwas, was man an sich genommen hat, wieder zurückgeben *„Der Dieb gab seine Beute freiwillig heraus"* **2** **etwas herausgeben** für die Veröffentlichung einer Zeitung, Zeitschrift oder eines Buches verantwortlich sein **3** **(jemandem) etwas herausgeben** einer Person das Geld zurückgeben, das sie zu viel gezahlt hat *„Die Kassiererin hat mir zu wenig herausgegeben!"* ⓘ weitere Verwendungen → **heraus-** **4** **(jemandem) auf etwas**

(*Akkusativ*) **herausgeben** einer Person Wechselgeld zurückgeben, weil sie (mit einem Geldschein) zu viel bezahlt hat *„Können Sie mir auf fünfzig Euro herausgeben?"* • *zu* (2) **He·r·aus·ge·ber** *der*; *zu* (1,2) **He·r·aus·ga·be** *die*

**he·raus·grei·fen** (*hat*) **jemanden/etwas (aus Dingen/einer Menge) herausgreifen** eine Person oder Sache aus einer Menge, Anzahl auswählen *„aus der Klasse einen Schüler herausgreifen, um ihn zu prüfen"*

**he·raus·ha·ben** (*hat*); *gesprochen* **1** **etwas heraushaben** die Lösung gefunden haben ⟨*den Trick, den Dreh heraushaben*⟩ *„Er hatte bald heraus, wie die Maschine funktioniert"* **2** **etwas heraushaben** durch Suchen, Fragen und Forschen erfahren, was unbekannt war *„Die Kripo hat schnell herausgehabt, wer den Einbruch verübt hatte"*

**he·raus·hal·ten** (*hat*) **jemanden/etwas (aus etwas) heraushalten** versuchen, dass jemand, man selbst oder etwas nicht in eine schwierige Situation kommt *„Aus diesem Streit halte ich mich heraus"* ⓘ weitere Verwendungen → **heraus-**

**he·raus·kom·men**★ (*ist*) **1** **(aus etwas) herauskommen** aus einem Gebiet, Gebäude o. Ä. nach draußen kommen *„Er kam den ganzen Tag nicht aus seinem Zimmer heraus"* **2** **etwas kommt heraus** etwas wird zum Verkauf in den Handel gebracht *„Das neue Automodell kommt nächstes Jahr heraus"* **3** **etwas kommt heraus** etwas wird (allgemein) bekannt *„ Es ist nie herausgekommen, wer die Bankräuber waren"* **4** **etwas kommt (bei etwas) heraus** *gesprochen* etwas ist das Ergebnis einer Sache *„Bei unserer Diskussion ist nichts Vernünftiges herausgekommen"* **5** **groß herauskommen** *gesprochen* (vor allem als Künstler) großen Erfolg in der Öffentlichkeit haben

**he·raus·neh·men** (*hat*) **1** **(jemandem) etwas herausnehmen** (als Arzt o. Ä.) jemandem ein inneres Organ entfernen ⟨*jemandem die Mandeln, den Blinddarm herausnehmen*⟩ ⓘ weitere Verwendungen → **heraus-** **2** **sich** (*Dativ*) **etwas herausnehmen** *gesprochen* etwas tun, das andere Leute frech finden *„Er nimmt sich dem Chef gegenüber ziemlich viele Freiheiten heraus"* ⓘ weitere Verwendungen → **heraus-**

**he·raus·ra·gen** (*hat*) **jemand/etwas ragt (aus etwas) heraus** jemand/etwas ist viel besser als der Durchschnitt ⟨*aus der Gruppe, Masse, Menge herausragen*⟩ *„herausragende Leistungen vollbringen"* | *„Mozart und Bach waren herausragende Komponisten"* ⓘ weitere Verwendungen → **heraus-**

**he·raus·re·den** (*hat*) **sich (aus etwas) herausreden** *gesprochen* versuchen, andere Leute davon zu überzeugen, dass man unschuldig ist (obwohl man schuldig ist) *„Erst wollte er sich herausreden, aber dann gab er doch zu, dass er den Unfall verursacht hatte"*

**he·raus·rü·cken** *gesprochen* **1** **etwas herausrücken** (*hat*) etwas hergeben, nachdem man lange gezögert hat *„Nach langem Hin und Her rückte sein Vater endlich fünfzig Euro heraus"* **2** **mit etwas herausrücken** (*ist*) etwas sagen oder verraten, nachdem man zuerst gezögert hat ⟨*mit einer Bitte, einer Frage herausrücken*⟩ *„Nun rück schon heraus damit, was ist los?"*

**he·raus·stel·len** (*hat*) **1** **jemanden/etwas herausstellen** deutlich zeigen, wie wichtig oder gut jemand, man selbst oder etwas ist *„Der Politiker stellte die Grundsätze seiner Partei deutlich heraus"* **2** **etwas stellt sich heraus** etwas wird (zum Schluss) deutlich *„In der Verhandlung stellte sich heraus, dass der Angeklagte unschuldig war"* | *„Es wird sich noch herausstellen, wer von uns beiden recht hat"* ⓘ weitere Verwendungen → **heraus-**

**he·raus·su·chen** (*hat*) **etwas (aus etwas) heraussuchen** in einer Menge suchen und etwas Passendes auswählen *„Ich habe dir eine günstige Zugverbindung herausgesucht"*

**he·raus·win·den** (*hat*) **sich (aus etwas) herauswinden** es schaffen, sich mit Tricks oder Ausreden aus einer unangenehmen Situation zu befreien

**herb** ADJEKTIV **1** mit einem Geschmack oder Geruch, der nicht süß, sondern leicht bitter oder sauer ist ⟨(*ein*) *Wein, ein Parfüm*⟩ **2** sehr streng ⟨*Kritik, Worte*⟩ **3** sehr schlimm *„herbe Verluste hinnehmen müssen"*

**her·bei** ADVERB bezeichnet die Richtung (von irgendwoher) zu einem Objekt und häufig auch zum Sprecher oder Erzähler hin

**her·bei-** (*im Verb, betont und trennbar, begrenzt produktiv; Diese Verben werden so gebildet: herbeieilen, eilte herbei, herbeigeeilt*) **herbeikommen, herbeilaufen**; **jemanden/etwas herbeibringen, herbeiholen, herbeischaffen** *und andere* bezeichnet die Richtung (von irgendwoher) zu einem Objekt und häufig auch zum Sprecher oder Erzähler hin *„Als er mich sah, eilte er herbei"* Als er mich sah, eilte er zu mir

**her·bei·füh·ren** (*hat*) **etwas herbeiführen** bewirken, dass etwas (meist Wichtiges, Entscheidendes) passiert ⟨*eine Entscheidung, das Ende herbeiführen; etwas führt den Tod herbei*⟩ *„Dem Vermittler gelang es, ein klärendes Gespräch zwischen den zerstrittenen Parteien herbeizuführen"*

**her·bei·re·den** (*hat*) **etwas herbeireden** etwas Unangenehmes verursachen, indem man unnötig oft darüber redet ⟨*Probleme, Schwierigkeiten herbeireden*⟩

die **Her·ber·ge** (-, -*n*); *veraltend* ein meist einfaches Gasthaus, in dem man schlafen und essen kann ■K Jugendherberge

das **Her·bi·zid** (-(*e*)*s*, -*e*) ein chemisches Mittel, mit dem man Unkraut vernichtet

der **Herbst**★ (-(*e*)*s*, -*e*); *meist Singular* die Jahreszeit zwischen Sommer und Winter, in der die Blätter der Laubbäume bunt werden ⟨*ein regnerischer, stürmischer Herbst*⟩ *„Die Sonne scheint nicht mehr so stark. Es wird langsam Herbst"* ■K Herbstanfang, Herbstnebel; Frühherbst, Spätherbst • *hierzu* **herbst·lich** *ADJEKTIV*

der **Herd**★ (-(*e*)*s*, -*e*) ■1 ein großes Gerät in der Küche, auf dem man kochen kann ⟨*ein elektrischer Herd; den Herd anschalten, ausschalten; eine Pfanne, einen Topf auf den Herd stellen, vom Herd nehmen*⟩ ■K Herdplatte; Elektroherd, Gasherd ■2 **der Herd** (+*Genitiv*) der Ort, an dem eine Krankheit oder eine unangenehme Entwicklung beginnt oder zuerst auftritt ⟨*der Herd der Unruhen, des Aufruhrs, des Erdbebens, der Seuche*⟩ ≈ Ausgangspunkt ■K Brandherd, Krankheitsherd, Krisenherd

die **Her·de** (-, -*n*) **eine Herde** (+*Genitiv*) eine Gruppe großer (pflanzenfressender) Tiere derselben Art, die miteinander leben ⟨*eine Herde Kühe, Pferde, Schafe, Schweine, Ziegen; in der Herde lebende Tiere; die Herde hüten*⟩ *„eine Herde durstiger Elefanten"* ■K Schafherde, Viehherde ⓘ vergleiche auch **Rudel**

**he·rein**★ [hɛ'rain] *ADVERB* ■1 bezeichnet die Richtung von irgendwo (draußen) nach drinnen, häufig zum Sprecher oder Erzähler hin *„Bis in mein Zimmer herein drang der Lärm"* ⓘ a) vergleiche auch **hinein**; b) *Herein* wird in der gesprochenen Sprache zu *rein* abgekürzt. ■2 **Herein!** verwendet, um einer Person zu erlauben, ins Zimmer zu kommen, nachdem sie an der Tür geklopft hat

**he·rein-** [hɛ'rain-] (*im Verb, betont und trennbar, sehr produktiv; Diese Verben werden so gebildet: hereinkommen, kam herein, hereingekommen*) **(irgendwohin) hereinfahren, hereinfallen, hereinkommen**; **jemanden/etwas (irgendwohin) hereinbringen, hereinholen, hereintragen** *und andere* bezeichnet die Richtung von irgendwo (draußen) nach drinnen, häufig zum Sprecher oder Erzähler hin *„Als ich das Fenster öffnete, flog eine Wespe herein"* Eine Wespe flog von draußen zu mir ins Zimmer ⓘ a) vergleiche auch **hinein-**; b) *Herein-* wird in der gesprochenen Sprache zu *rein-* abgekürzt

**he·rein·bit·ten** (*hat*) **jemanden hereinbitten** jemanden bitten, ins Zimmer zu kommen

**he·rein·bre·chen** (*ist*) **etwas bricht (über jemanden/etwas) herein** etwas geschieht oder beginnt plötzlich und unerwartet (und betrifft jemanden) ⟨*ein Unglück, eine Katastrophe bricht über jemanden herein; die Nacht, der Winter bricht herein*⟩

**he·rein·fal·len** (*ist*); *gesprochen* ■1 **auf jemanden/etwas hereinfallen** von jemandem/durch etwas getäuscht oder betrogen werden ⟨*auf einen Betrüger, einen Trick hereinfallen*⟩ ■2 **(bei/mit etwas) hereinfallen** durch etwas einen Nachteil oder Schaden haben *„Mit dem neuen Auto ist er ganz schön hereingefallen"* ⓘ weitere Verwendungen → **herein-**

**he·rein·le·gen** (*hat*) **jemanden hereinlegen** *gesprochen* jemanden betrügen oder täuschen *„Der Händler hat mich hereingelegt: Das Gerät funktioniert nicht"* ⓘ weitere Verwendungen → **herein-**

**her·fah·ren** ■1 (*ist*) von irgendwoher mit dem Auto, Fahrrad, Zug, Bus o. Ä. kommen *„Bist du mit dem Auto hergefahren?"* ■2 **hinter, neben, vor jemandem/etwas herfahren** (*ist*) hinter, neben, vor jemandem/etwas in dieselbe Richtung fahren *„Ich zeig dir den Weg, fahr einfach hinter mir her"* ■3 **jemanden/etwas herfahren** (*hat*) jemanden/etwas meist mit dem Auto von irgendwoher bringen *„Er hat die Möbel hergefahren"* • zu (1) **Her·fahrt** *die*

**her·fal·len** (*ist*) ■1 **über jemanden herfallen** jemanden plötzlich mit brutaler Gewalt angreifen ■2 **über jemanden/etwas herfallen**

*gesprochen* jemanden/etwas stark kritisieren **3** **über etwas herfallen** etwas voller Gier essen ⟨*über das Essen, den Kuchen, den Braten, das Dessert herfallen*⟩

**her·fin·den** (*hat*) eine andere Person findet den Weg an den Ort, an dem man selbst ist *„Hast du leicht hergefunden?"*

der **Her·gang** *meist Singular* die Art, wie etwas geschehen ist ≈ Ablauf, Verlauf *„den Hergang des Unfalls schildern"*

**her·ge·ben** (*hat*) **1** **etwas hergeben** jemandem etwas reichen *„Gib mir das Buch her!"* **2** **etwas hergeben** etwas verschenken oder verkaufen ⟨*etwas freiwillig, ungern hergeben*⟩ **3** **etwas/sich für etwas hergeben** etwas/sich für etwas zur Verfügung stellen ⟨*seinen Namen für einen guten Zweck hergeben; sich für eine niedrige Arbeit hergeben*⟩



**her·ge·hen** (*ist*) **1** **neben, hinter, vor jemandem/etwas hergehen** neben, hinter, vor jemandem/etwas in dieselbe Richtung gehen *„Sie ging neben ihm her und hielt ihn bei der Hand"* **2** **es geht irgendwie her** *gesprochen* etwas geschieht, verläuft in der genannten Weise *„Auf der Party ging es laut her"*

**her·ha·ben** (*hat*) verwendet, um danach zu fragen, warum oder woher jemand einen Besitz, eine Eigenschaft o. Ä. hat oder zu sagen, dass man darüber erstaunt ist *„Wo hat er nur die vielen Autos her?"* | *„Ich weiß wirklich nicht, wo du immer deine guten Ideen herhast"*

**her·hal·ten** (*hat*) **1** **etwas herhalten** etwas so halten, dass es in die Nähe des Sprechers kommt **2** **eine Person/Sache muss (als etwas) herhalten; eine Person/Sache muss für jemanden/etwas** *gesprochen* eine Person oder Sache muss (an Stelle von einer anderen Person oder Sache) eine Funktion übernehmen ⟨*etwas muss als Beweis, Vorwand herhalten; jemand muss als Opfer herhalten*⟩ *„Sie muss für ihre beiden erkrankten Kollegen herhalten"*

**her·hö·ren** (*hat*); *gesprochen* aufmerksam auf das hören, was der Sprecher sagt *„Hört mal alle her!"*

der **He·ring**★ (*-s, -e*) **1** ein silbern glänzender Meeresfisch, der in großen Gruppen vor allem in nördlichen Meeren lebt und gern gegessen wird ⟨*gesalzene, gepökelte, geräucherte, marinierte Heringe*⟩ **K** Heringsfilet; Brathering **2** einer von mehreren kleinen Stäben aus Metall, die man in die Erde steckt, um die Schnüre eines Zeltes daran zu befestigen

**her·kom·men** (*ist*) **1** von irgendwoher (meist zum Sprecher) kommen *„Komm sofort her zu mir!"* **2** verwendet, um nach der Herkunft oder dem Ursprung zu fragen oder das Erstaunen darüber auszudrücken, dass jemand/etwas da ist *„Wo kommt er eigentlich her?"* Wo ist er geboren und aufgewachsen? | *„Ich weiß nicht, wo der Fleck auf dem Hemd herkommt"*

**her·kömm·lich** ADJEKTIV *meist attributiv* ⟨*Methoden, Verfahren*⟩ so, wie sie seit Langem bekannt sind (und angewendet werden) ≈ traditionell ↔ modern, neu • *hierzu* **her·kömm·li·cher·wei·se** ADVERB

die **Her·kunft**★ (*-, Her·künf·te*); *meist Singular* **1** das Land, die Familie, die soziale Schicht usw., in denen jemand geboren und aufgewachsen ist ⟨*adeliger, bäuerlicher, bürgerlicher Herkunft sein*⟩ ≈ Abstammung *„der Herkunft nach Schotte sein"* **2** der Ort oder Bereich, an bzw. in dem etwas entstanden ist oder produziert worden ist ⟨*die Herkunft eines Wortes, eines Kunstwerkes, einer Ware*⟩ ≈ Ursprung *„Dieser Käse ist holländischer Herkunft"* **K** Herkunftsland, Herkunftsort

**her·lei·ten** (*hat*) **1** **etwas (aus etwas) herleiten** durch logische Schlüsse zu einem Resultat kommen ⟨*eine Formel, einen Rechtsanspruch herleiten*⟩ **2** **etwas leitet sich von/aus etwas her** etwas hat in etwas den Ursprung *„Das Wort „Demokratie" leitet sich vom griechischen „demos" her"*

**her·ma·chen** (*hat*); *gesprochen* **1** **jemand/etwas macht (et)was/viel/(gar) nichts** *usw.* **her** jemand/etwas ist schön/sehr schön/(überhaupt) nicht schön und macht deshalb einen/keinen guten guten Eindruck) *„Mit ihrer flotten neuen Frisur macht sie ziemlich was her"* **2** **sich über etwas** (*Akkusativ*) **hermachen** etwas mit viel Energie (zu tun) beginnen ⟨*sich über die Arbeit, das Essen hermachen*⟩ **3** **sich über jemanden/etwas hermachen** jemanden/etwas stark kritisieren

**her·neh·men** (*hat*) verwendet, um nach dem Ursprung zu fragen oder Erstaunen darüber auszudrücken, dass jemand etwas hat *„Wo nimmt sie bloß die Geduld her?"*

das **He·ro·in** (*-s*) ein starkes Rauschgift in Form eines weißen Pulvers, das sich Süchtige oft in den Arm spritzen ⟨*(sich (Dativ)) Heroin spritzen*⟩ **K** heroinabhängig, heroinsüchtig

**he·ro·isch** ADJEKTIV; *geschrieben* sehr tapfer oder mutig ⟨*ein Entschluss, eine Tat, ein*

*Kampf; sich heroisch zur Wehr setzen*〉 ≈ heldenhaft

der **Hẹr·pes** (-) eine ansteckende Krankheit, die schmerzhafte kleine Blasen auf der Haut verursacht (z. B. an den Lippen) **K** Herpesbläschen, Herpesvirus

der **Hẹrr★** (*-n, -en*) **1** verwendet als höfliche Bezeichnung für eine erwachsene männliche Person (mit der man nicht befreundet ist oder die man nicht näher kennt) 〈*ein junger, älterer, freundlicher Herr*〉 ↔ Dame *„Die Herren fordern die Damen zum Tanzen auf"* **K** Herrenfahrrad, Herrenhemd, Herrenschuh **2 Herr** (*+Titel*) *+Name*/; **Herr** *+Titel* verwendet als höfliche Anrede oder Bezeichnung für eine erwachsene männliche Person ↔ Frau *„Guten Tag, Herr Dr. Müller!"* | *„Hast du schon mit Herrn Huber gesprochen?"* **3 Herr (über jemanden/etwas)** eine Person, die große Macht über Menschen, Tiere und Dinge hat 〈*ein gütiger, strenger, gerechter Herr*〉 *„Der Hund gehorcht seinem Herrn aufs Wort"* **K** Burgherr, Landesherr **4** Gott als die Person, die über alles regiert (meist in Religionen mit nur einem Gott) 〈*der Herr im Himmel; den Herrn loben, preisen*〉 • *zu* (3) **Hẹr·rin** *die*

der **Hẹrr·gott** *nur Singular gesprochen* 〈*unser Herrgott; der liebe Herrgott* (*im Himmel*)〉 ≈ Gott

**he̱r·rich·ten** (*hat*) **1 etwas herrichten** etwas für einen Zweck fertig machen *„die Betten für die Gäste herrichten"* **2 etwas herrichten** etwas, das kaputt oder alt ist, wieder in Ordnung bringen ≈ renovieren *„die alte Kirche wieder herrichten"* **3 jemanden herrichten** jemanden oder sich selbst durch Frisieren, Schminken o. Ä. schön machen *„sich ein bisschen herrichten, weil man ausgehen will"*

**hẹr·risch** ADJEKTIV; *abwertend* so, dass eine Person jemanden auf unfreundliche Art zwingt, ihr zu gehorchen 〈*eine Person, eine Frau; ein herrisches Wesen haben*〉

**hẹrr·lich★** ADJEKTIV in hohem Maß schön, gut oder angenehm 〈*Wetter, ein Tag, Sonnenschein, ein Essen, ein Ausblick; etwas klingt, riecht, schmeckt herrlich*〉 • *hierzu* **Hẹrr·lich·keit** *die*

die **Hẹrr·schaft★** (*-, -en*) **1 die Herrschaft (über jemanden/etwas)** *nur Singular* (das Recht und) die Macht einer Person oder Gruppe, ein Land zu regieren und wichtige Entscheidungen zu treffen 〈*die Herrschaft des Volkes, des Diktators, des Staates; die Herrschaft an sich reißen, antreten, ausüben, innehaben; an die Herrschaft gelangen, kommen*〉 *„Dieses Schloss wurde während der Herrschaft von Kaiserin Maria-Theresia erbaut"* während ihrer Regierungszeit **K** Alleinherrschaft, Gewaltherrschaft, Weltherrschaft **2** *gesprochen nur Plural* alle (anwesenden) Damen und Herren *„Meine Herrschaften, ich begrüße Sie herzlich!"* **3 unter jemandes Herrschaft** während der Zeit, in der eine Person (z. B. ein König oder ein Diktator) herrscht **4 die Herrschaft über etwas** (*Akkusativ*) **verlieren** etwas nicht mehr unter Kontrolle haben *„Er verlor die Herrschaft über seinen Wagen und fuhr in den Straßengraben"* • *zu* **hẹrr·schaft·lich** ADJEKTIV

**hẹrr·schen★** (*herrschte, hat geherrscht*) **1 (über jemanden/etwas) herrschen** ein Land regieren (vor allem als Köni) *„Alexander der Große herrschte über ein riesiges Reich"* **2 etwas herrscht** etwas hat großen Einfluss (vor allem auf die Politik) 〈*die herrschende Klasse, Schicht, Partei*〉 *„In unserer Zeit herrscht das Geld"* **3 etwas herrscht** etwas bestimmt (als Zustand) die Lage oder das Verhalten der Menschen 〈*es herrscht Armut, Not, Schweigen, Freude, Trauer; die herrschenden Verhältnisse, Ansichten*〉 *„Nach der langen Trockenheit herrscht nun eine große Hungersnot"*

der **Hẹrr·scher★** (*-s, -*) **ein Herrscher (über Personen/ein Land)** eine Person, welche die Macht über ein Land, einen großen Besitz o. Ä. hat **K** Alleinherrscher • *hierzu* **Hẹrr·sche·rin** *die*

**hẹrrsch·süch·tig** ADJEKTIV; *abwertend* so, dass man andere Leute immer unter Kontrolle haben will • *hierzu* **Hẹrrsch·sucht** *die*

**he̱r·schau·en** (*hat*); *süddeutsch* Ⓐ Ⓒⓗ in jemandes Richtung sehen *„Schaut bitte mal alle zu mir her"* | *„Wenn niemand herschaut, laufen wir schnell weg"*

**he̱r·schen·ken** (*hat*) **etwas herschenken** *süddeutsch* Ⓐ ≈ verschenken

**he̱r·stel·len★** (*hat*) **1 etwas herstellen** ein Produkt machen 〈*etwas maschinell, industriell, von Hand herstellen*〉 ≈ produzieren *„Diese Firma stellt Autos her"* **2 etwas herstellen** bewirken, dass etwas entsteht 〈*eine telefonische Verbindung, einen Kontakt herstellen*〉 **3 etwas herstellen** etwas von irgendwo bringen und in die Nähe des Sprechenden stellen • *zu* (1) **He̱r·stel·ler** *der*; *zu* (1) **He̱r·stel·le·rin**

*die*

die **Her·stel·lung**★ (-) **1** der Vorgang, bei dem Waren produziert werden ≈ Produktion *„Bei der Herstellung von Aluminium wird viel Energie benötigt"* **K** Herstellungskosten; Autoherstellung, Papierherstellung **2** der Vorgang, bei dem etwas hergestellt wird oder entsteht *„auf die Herstellung der Internetverbindung warten"*

**he·rü·ber** [hɛ'ryːbɐ] *ADVERB* bezeichnet die Richtung von irgendwo (drüben) auf die Seite des Sprechers oder Handelnden hin *„Wie lange dauert eine Schiffsreise von Amerika herüber nach Europa?"* ⓘ a) vergleiche auch **hinüber**; b) *Herüber* wird in der gesprochenen Sprache zu *rüber* abgekürzt.

**he·rü·ber-** [hɛ'ryːbɐ̯-] (*im Verb, betont und trennbar, begrenzt produktiv; Diese Verben werden so gebildet: herübergehen, ging herüber, herübergegangen*) **(irgendwohin) herüberfahren, herübergehen, herüberklettern; jemanden/etwas (irgendwohin) herüberbringen, herüberholen, herüberlassen, herüberschicken** *und andere* bezeichnet die Richtung von irgendwo (drüben) zur Seite des Sprechers, Erzählers oder Handelnden hin *„Sie kam über die Brücke zu mir herüber"* Sie kam vom anderen Ufer über die Brücke auf die Seite, auf der ich war ⓘ a) vergleiche auch **hinüber-**; b) *Herüber-* wird in der gesprochenen Sprache zu *rüber-* abgekürzt.

**he·rum**★ [hɛ'rʊm] *ADVERB* **1** (in Bezug auf Bewegungen) in einem Bogen oder Kreis um sich selbst/jemanden/etwas ⟨*nach rechts, nach links, im Kreis herum*⟩ **K** linksherum, rechtsherum **2** **um jemanden/etwas herum** (in Bezug auf eine Lage, Anordnung) in einem Bogen oder Kreis um jemanden/etwas *„Der Weg um den See herum ist verschneit"* **K** ringsherum, rundherum **3** **um jemanden/etwas herum** in der Umgebung oder Nähe von jemandem/etwas *„Alle um sie herum wussten von ihrem Leid"* **4** **um** *+Zeit- oder Maßangabe* **herum** *gesprochen* als ungefähre Angabe verwendet *„Ich komme um vier herum bei dir vorbei"* **5** **verkehrt herum** mit der falschen Seite nach außen, vorne, oben o. Ä. *„Du hast den Pullover verkehrt herum an"* **6** **etwas ist herum** *gesprochen* etwas ist zu Ende, vorüber *„Die Pause ist gleich herum"*

**he·rum-**★ [hɛ'rʊm-] (*im Verb, betont und trennbar, sehr produktiv; Diese Verben werden so gebildet: herumgehen, ging herum, herumgegangen*) **1** **um jemanden/etwas herumgehen, herumlaufen, herumreiten; etwas um jemanden/etwas herumbinden, herumlegen** *und andere* bezeichnet eine Bewegung oder Anordnung in einem Kreis oder mit jemandem/etwas als Mittelpunkt *„Wir saßen/standen alle um das Feuer herum"* Wir bildeten sitzend/stehend einen Kreis, mit dem Feuer in der Mitte **2** **etwas herumbiegen, herumdrehen, herumdrücken, herumwerfen** *und andere* bezeichnet eine Bewegung in die andere (entgegengesetzte) Richtung *„Sie riss das Steuer herum, um dem Felsen auszuweichen"* Sie drehte heftig am Steuer des Bootes und lenkte es so in eine andere Richtung **3** **(irgendwo) herumfahren, herumgehen, herumirren, herumlaufen** *und andere* so, dass man über Richtung und Ziel spontan entscheidet *„Wir spazierten stundenlang in der Stadt herum"* Wir spazierten ohne bestimmtes Ziel durch die Stadt **4** **(irgendwo) herumbrüllen, herumschreien, herumsitzen, herumstehen** *und andere* drückt aus, dass etwas ohne konkrete Absicht, ohne Zweck oder ohne Konzentration geschieht *„Er blätterte lustlos in der Zeitschrift herum"* Er sah die Zeitschrift nur kurz durch, ohne viel zu lesen

**he·rụm·är·gern** (*hat*) **sich (mit jemandem/etwas) herumärgern** *gesprochen* mit jemandem/etwas immer wieder Probleme haben und sich ärgern

**he·rụm·er·zäh·len** (*hat*) **etwas herumerzählen** *meist abwertend* etwas vielen Leuten erzählen *„Du musst nicht überall herumerzählen, dass er seinen Job verloren hat"*

**he·rụm·fah·ren** *gesprochen* **1** (*ist*) ohne Ziel von einem Ort zum anderen fahren *„Wir sind in der Stadt herumgefahren"* **2** **um jemanden/etwas herumfahren** (*ist*) in einem Bogen an jemandem/etwas vorbeifahren *„um ein Hindernis herumfahren"* **3** **jemanden/etwas herumfahren** (*hat*) jemanden/etwas von einem Ort zum anderen fahren *„Wir haben die Gäste in der Stadt herumgefahren"*

**he·rụm·füh·ren** (*hat*) **1** **jemanden (irgendwo) herumführen** eine Person von einem Platz zum anderen führen, um ihr etwas zu zeigen ⟨*jemanden in der Stadt, im Haus, in der Bibliothek, im Museum herumführen*⟩ **2** **eine Person um jemanden/etwas herumführen** eine Person in einem Kreis um jemanden oder etwas führen oder in einem Bogen an jemandem/etwas vorbeiführen ⟨*jemanden um den See, um ein Hindernis herumführen*⟩ **3** **etwas führt um etwas herum** etwas umgibt etwas in Form eines geschlossenen Kreises *„Der Wanderweg führt um den ganzen See herum"*

**he·rụm·ge·hen**★ (*ist*); *gesprochen* **1** **um jemanden/etwas herumgehen** in einem Kreis um jemanden/etwas gehen oder in einem Bogen an jemandem/etwas vorbeigehen ⟨*um ein Hindernis herumgehen*⟩ **2** **(irgendwo) herumgehen** ohne festgelegten Weg (hin und her) gehen *„Wir gingen in der Wohnung herum und sahen uns alles genau an"* **3** **etwas geht herum**; **jemand lässt etwas herumgehen** etwas wird von einer Person zur anderen weitergegeben *„Er ließ eine Liste herumgehen, in die wir uns eintragen konnten"* **4** **etwas geht jemandem im Kopf herum** jemand muss lange Zeit immer wieder an etwas denken **5** **etwas geht (irgendwie) herum** ein Zeitraum vergeht (irgendwie) *„Das Wochenende ging schnell herum"*

**he·rụm·kom·man·die·ren** (*hat*) **jemanden herumkommandieren** *gesprochen* jemandem ständig Befehle geben *„die Angestellten herumkommandieren"*

**he·rụm·kom·men** (*ist*); *gesprochen* **1** **um etwas herumkommen** einer unangenehmen Sache entgehen können *„Um diese Prüfung wirst du nicht herumkommen"* ⓘ meist verneint **2** **(in der ganzen Welt) viel/weit herumkommen** durch häufige Reisen viel sehen und erleben **3** **um etwas herumkommen** es schaffen, um etwas herumzugehen oder herumzufahren *„Er kam mit dem großen Auto nicht um die enge Kurve herum"*

**he·rụm·lau·fen** (*ist*); *gesprochen* **1** **um jemanden/etwas herumlaufen** in einem Kreis um jemanden/etwas laufen oder in einem Bogen an jemandem/etwas vorbeilaufen **2** **irgendwo herumlaufen** (ohne einen Zweck) von einem Ort zum anderen (hin und her) laufen *„in der Stadt herumlaufen"* **3** **irgendwie herumlaufen** auf die genannte Art gekleidet sein oder die genannte Kleidung tragen *„Sie läuft den ganzen Tag nur in Jogginghosen herum"*

**he·rụm·lie·gen** *hat/süddeutsch* Ⓐ Ⓒⓗ *ist*, *gesprochen* **Dinge liegen irgendwo herum** verschiedene Dinge liegen meist unordentlich irgendwo *„Überall liegen Zeitschriften herum"*

**he·rụm·re·den** (*hat*) **(um etwas) herumreden** *gesprochen* von unwichtigen Dingen sprechen, um nicht über das eigentliche (meist unangenehme) Thema reden zu müssen ⟨*um den heißen Brei (= ein unangenehmes Thema) herumreden*⟩

**he·rụm·rei·chen** (*hat*); *gesprochen* **1** **etwas herumreichen** etwas nacheinander mehreren Leuten geben, reichen *„die Schnapsflasche in der Runde herumreichen"* **2** **etwas reicht um etwas herum** etwas ist lang genug, um einen Kreis um etwas bilden zu können *„Die Schnur reicht nicht um das Paket herum"*

**he·rụm·rei·ten** (*ist*); *gesprochen* **1** **auf etwas** (*Dativ*) **herumreiten** *abwertend* immer wieder von derselben (unangenehmen) Sache sprechen **2** **auf jemandem herumreiten** jemanden ständig kritisieren

**he·rụm·schla·gen** (*hat*) **sich mit jemandem/etwas herumschlagen** *gesprochen* mit jemandem/etwas Schwierigkeiten und Ärger haben ⟨*sich mit Problemen, Zweifeln herumschlagen; sich mit dem Chef, der Vermieterin, den Nachbarn herumschlagen (müssen)*⟩

**he·rụm·schlep·pen** (*hat*); *gesprochen* **1** **etwas (mit sich** (*Dativ*)**) herumschleppen** etwas (meist einen schweren Gegenstand) lange Zeit bei sich tragen ⟨*einen Rucksack, einen Koffer, Bücher mit sich (Dativ) herumschleppen*⟩ **2** **etwas mit sich** (*Dativ*) **herumschleppen** ein Problem, Sorgen, Kummer o. Ä. haben **3** **etwas mit sich** (*Dativ*) **herumschleppen** seit längerer Zeit eine Krankheit haben *„Diesen Schnupfen schleppe ich schon lange mit mir herum"*

**he·rụm·schrei·en** (*hat*); *gesprochen, abwertend* laut schreien oder schimpfen, ohne sich zu beherrschen

**he·rụm·sit·zen** *hat/süddeutsch* Ⓐ Ⓒⓗ *ist* **1** **Personen sitzen um jemanden/etwas herum** Personen sitzen in einem Kreis, mit jemandem/etwas in der Mitte *„Wir saßen um das Lagerfeuer herum"* **2** *gesprochen* (längere Zeit) irgendwo sitzen, ohne etwas Nützliches zu tun *„Sitz doch nicht immer nur in deinem Zimmer herum, geh doch mal raus an die frische Luft"*

**he·rụm·spre·chen** (*hat*) **etwas spricht sich herum** etwas wird von einer Person einer anderen Person weitergesagt und so allgemein bekannt *„Ein Skandal spricht sich in einer so kleinen Stadt schnell herum"*

**he·rụm·ste·hen** *hat/süddeutsch* Ⓐ Ⓒⓗ *ist*;

*gesprochen* **1** **Personen stehen um jemanden/etwas herum** mehrere Personen stehen in einem Kreis, mit jemandem/etwas in der Mitte *„Um den Verletzten standen viele Schaulustige herum"* **2** irgendwo stehen, ohne etwas Nützliches zu tun *„in der Kneipe herumstehen"* **3** **etwas steht irgendwo herum** etwas steht (unordentlich) irgendwo und stört *„In der Küche steht viel Geschirr herum, das noch nicht gespült ist"*

**he·rụm·strei·ten** (*hat*) **eine Person streitet sich mit jemandem herum**; **Personen streiten sich herum** *gesprochen* zwei oder mehrere Personen streiten immer wieder

**he·rụm·tra·gen** (*hat*); *gesprochen* **1** **jemanden/etwas herumtragen** jemanden/etwas tragen und dabei hin und her gehen *„das Baby herumtragen, bis es einschläft"* **2** **etwas mit sich** (*Dativ*) **herumtragen** etwas immer bei sich haben *„Ich will doch meinen Ausweis nicht immer mit mir herumtragen"*

**he·rụm·trei·ben** (*hat*) **sich (irgendwo) herumtreiben** *gesprochen, abwertend* einmal hier und einmal dort sein und nichts Nützliches tun *„Hast du dich heute wieder auf der Straße herumgetrieben, statt in die Schule zu gehen?"* • *hierzu* **He·rụm·trei·ber** *der*

**he·rụm·zie·hen** (*ist*); *gesprochen* von einem Ort zum anderen ziehen und nirgends lange bleiben *„in der Welt herumziehen"*

**he·run·ter★** [hɛˈrʊntɐ] *ADVERB* bezeichnet die Richtung von irgendwo (oben) nach unten, häufig zum Sprecher oder Erzähler hin *„Herunter mit dir!"* komm von dort herunter

**he·run·ter-** [hɛˈrʊntɐ-] (*im Verb, betont und trennbar, sehr produktiv; Diese Verben werden so gebildet: herunterblicken, blickte herunter, heruntergeblickt*) **1** **(irgendwohin) herunterfallen, herunterklettern, herunterkommen**; **jemanden/etwas (irgendwohin) herunterbringen, herunterholen, herunterstoßen, herunterwerfen**; **(etwas) herunterschlucken** *und andere* bezeichnet die Richtung von irgendwo oben nach unten, häufig zum Sprecher oder Erzähler hin *„Er beugte sich aus dem Fenster und rief zu uns herunter: „Ich komme gleich!"* Wir standen vor dem Haus und er rief uns von oben etwas zu ⓘ a) *Herunter-* wird in der gesprochenen Sprache zu *runter-* abgekürzt. b) Anstelle einer Richtungsangabe (*zu uns*) steht häufig nur eine Angabe im Akkusativ: *Sie kam den Berg herunter; Er führte die alte Frau die Treppe herunter.* **2** **etwas (von etwas) herunterkratzen, heruntermachen, herunterreißen, herunterschaben** *und andere gesprochen* drückt aus, dass etwas (durch die genannte Handlung) entfernt, beseitigt wird *„Wie bekommen wir diese Farbspritzer von der Wand herunter?"* Wie können wir sie entfernen? ⓘ *Herunter-* wird in der gesprochenen Sprache zu *runter-* abgekürzt.

**he·rụn·ter·ge·hen** (*ist*); *gesprochen* **1** sich nach unten bewegen, sinken ⟨*der Vorhang, die Jalousie, der Rolladen, die Preise, die Zinsen*⟩ **2** **(mit etwas) heruntergehen** etwas in der Höhe reduzieren ≈ senken *„Der Händler mit den Preisen stark heruntergegangen"* **3** **(von etwas) heruntergehen** vom genannten Ort entfernt werden können *„Der Dreck geht nicht herunter"* **4** **(von etwas) heruntergehen** sich vom genannten Ort nach unten entfernen *„Gehst du wohl vom Baum herunter!"*

**he·rụn·ter·kom·men** (*ist*) durch schlechte Pflege in einen sehr schlechten Zustand geraten *„Das alte Schloss ist völlig heruntergekommen"*

**he·rụn·ter·la·den** (*hat*) **etwas herunterladen** etwas aus dem Internet in den Speicher des eigenen Computers holen ⟨*Informationen, ein Programm herunterladen*⟩

**he·rụn·ter·ma·chen** (*hat*); *gesprochen* **jemanden/etwas heruntermachen** jemanden/etwas sehr negativ beurteilen *„Die Kritiker haben den neuen Film total heruntergemacht"*

**he·rụn·ter·schlu·cken** (*hat*) **etwas herunterschlucken** *gesprochen* etwas nicht sagen *„eine bissige Bemerkung herunterschlucken"* ⓘ weitere Verwendungen → **herunter-**

**he·rụn·ter·se·hen** (*hat*) **auf jemanden heruntersehen** ≈ verachten ⓘ weitere Verwendungen → **herunter-**

**he·rụn·ter·set·zen** (*hat*) **etwas heruntersetzen** ≈ herabsetzen *„eine Ware im Preis heruntersetzen"*

**he·rụn·ter·spie·len** (*hat*) **etwas herunterspielen** (mit Absicht) etwas als weniger wichtig oder weniger schlimm beschreiben, als es in Wirklichkeit ist *„das Ausmaß der Katastrophe herunterspielen"*

**he·rụn·ter·stu·fen** (*hat*) **1** **etwas herunterstufen** etwas auf ein niedrigeres Niveau senken ⟨*die Gehälter, die Löhne herunterstufen*⟩ **2** **jemanden herunterstufen** (als Arbeitgeber) eine Person in eine niedrigere Gehalts- oder Lohngruppe einordnen, sodass sie weniger Geld als vorher bekommt

**her·vor★** *ADVERB* von irgendwo (drinnen, hinten, unten oder dazwischen) nach draußen, vorn

**her·vor-** (*im Verb, betont und trennbar, begrenzt produktiv; Diese Verben werden so gebildet: hervorstrecken, streckte hervor, hervorgestreckt*) **(irgendwo) hervorkommen, hervortreten; jemanden (irgendwo) hervorlocken; etwas (irgendwo) hervorholen, hervorziehen** *und andere* bezeichnet eine Bewegung oder Handlung, bei der eine Person, ein Tier oder eine Sache, die vorher versteckt war, sichtbar wird oder nach vorn kommt *„Der Jung sprang hinter dem Baum/aus dem Gebüsch hervor und rief: „Buh!"*

**her·vor·brin·gen** (*hat*) **1 etwas bringt etwas hervor** etwas bewirkt, dass etwas wächst *„Die Kakteen brachten große Blüten hervor"* **2 etwas hervorbringen** Laute produzieren oder von sich geben *„auf einem Instrument Töne hervorbringen"* **3 etwas bringt jemanden/etwas hervor** etwas ist die Heimat einer Person, der Ursprung einer Sache oder bietet die Möglichkeiten, dass sich jemand/etwas zu etwas entwickeln kann *„Österreich hat große Musiker hervorgebracht"*

**her·vor·ge·hen** (*ist*); *geschrieben* **1 etwas geht aus etwas hervor** man kann etwas an etwas erkennen, erfährt etwas aus einer Quelle *„Aus unseren Akten geht hervor, dass Sie rechtzeitig informiert wurden"* **2 aus etwas als Sieger hervorgehen** am Ende eines Vorgangs Sieger sein ⟨*aus einem Kampf, einem Wettstreit als Sieger hervorgehen*⟩

**her·vor·he·ben** (*hat*) **etwas hervorheben** etwas stark betonen ⟨*etwas lobend hervorheben*⟩ *„Ich möchte insbesondere Ihre Treue und Ihr Pflichtbewusstsein hervorheben"*

**her·vor·ra·gend★** *ADJEKTIV* **1** (in Bezug auf Leistung, Talent o. Ä.) viel besser als der Durchschnitt *„Sie ist eine hervorragende Ärztin"* **2** sehr wichtig oder gut ⟨*ein Ereignis, eine Position, eine Stellung*⟩

**her·vor·ru·fen★** (*hat*) **etwas ruft (bei jemandem) etwas hervor** etwas hat die genannte Wirkung *„Zugluft ruft oft Erkältungen hervor"* | *„Das Konzert rief einen Sturm der Begeisterung hervor"*

**her·vor·ste·hen** (*hat*) **1 etwas steht hervor** etwas ist teilweise sichtbar oder wird nicht ganz von anderen Dingen verdeckt *„Das Brett steht aus/unter dem Stapel hervor"* **2 etwas steht hervor** etwas steht deutlich nach vorn oder nach außen ⟨*Backenknochen, Zähne*⟩

**her·vor·tun** (*hat*) **1 sich (als etwas) hervortun** etwas ungewöhnlich gut machen und damit andere Leute beeindrucken ⟨*sich ganz/nicht besonders/sonderlich hervortun*⟩ *„Sie hat sich als Flötistin hervorgetan"* **2 sich (mit etwas) hervortun** *gesprochen, abwertend* (vor anderen Leuten) die eigenen Leistungen, Fähigkeiten bewusst betonen *„Sie tut sich bei jeder Gelegenheit mit ihren Spanischkenntnissen hervor"*

der **Her·weg** der Weg von irgendwo zu dem Ort, an dem sich der Sprecher befindet ↔ Hinweg

das **Herz★** (*-ens, -en*) **1** das Organ im Inneren der Brust, welches das Blut durch die Adern pumpt ⟨*das Herz schlägt, pocht, hämmert, arbeitet, funktioniert*⟩ **K** Herzbeschwerden, Herzschwäche, herzkrank **2** das Herz als Zentrum der Gefühle ⟨*ein gütiges, reines, fröhliches, warmes, weiches, gutes, hartes Herz haben*⟩ **3** ein Symbol für die Liebe, das ein Herz darstellen soll, oder ein so geformter Gegenstand *„ein Herz aus Lebkuchen"* **K** Herzform **4** *nur Singular* das geografische Zentrum von etwas ≈ Mittelpunkt *„Innsbruck liegt im Herzen Europas"* **5** *ohne Artikel, nur Singular* eine Spielfarbe im Kartenspiel *„Herz ist Trumpf"* **K** Herzass, Herzbube **6** eine Karte der Spielfarbe Herz ⟨*ein kleines/niedriges, großes/hohes Herz ausspielen, zugeben*⟩ ❶ In dieser Bedeutung lautet der Plural *Herz*: *vier Herz auf der Hand haben* **ID jemand/etwas liegt einer Person am Herzen** jemand/etwas ist für eine Person sehr wichtig; **etwas auf dem Herzen haben** eine Bitte, einen Wunsch haben und mit jemandem darüber sprechen wollen; **jemandem etwas ans Herz legen** jemanden bitten, einer Sache große Aufmerksamkeit zu schenken; **jemand/etwas bricht einer Person das Herz** jemand/etwas macht eine Person sehr traurig oder unglücklich; **alles, was das Herz begehrt** alles, was man sich wünscht; **Sie sind 'ein Herz und 'eine Seele** zwei Menschen mögen sich sehr • zu (3) **herz·för·mig** *ADJEKTIV*

der **Herz·an·fall** starke Herzschmerzen, die plötzlich auftreten. Bei einem Herzanfall spürt man Angst und kann nicht gut atmen ⟨*einen Herzanfall bekommen, haben*⟩

**her·zei·gen** (*hat*) **etwas herzeigen** *gespro-*

*chen* jemandem etwas zeigen

**her·zens·gut** ADJEKTIV sehr gütig und herzlich ⟨*ein Mensch*⟩ • *hierzu* **Her·zens·gü·te** *die*

**Her·zens·lust nach Herzenslust** wie es sich jemand gerade wünscht *„Auf der Party konnte jeder nach Herzenslust essen, trinken und tanzen"*

**herz|er·grei·fend** ADJEKTIV ⟨*eine Liebesgeschichte*⟩ so, dass sie den Zuhörer o. Ä. emotional sehr bewegt (und zum Weinen bringt)

der **Herz·feh·ler** ein (angeborener) Defekt am Herzen, durch den das Herz nicht normal arbeitet ⟨*einen Herzfehler haben; jemanden wegen eines Herzfehlers operieren*⟩

**herz·haft** ADJEKTIV **1** ⟨*ein Händedruck, ein Kuss; herzhaft gähnen, lachen*⟩ ≈ intensiv, kräftig **2** ⟨*Speisen*⟩ ≈ kräftig, nahrhaft *„Es gab ein herzhaftes Frühstück mit Eiern, Speck und Schwarzbrot"*

**her·zie·hen** **1** **etwas herziehen** *gesprochen* (*hat*) etwas von irgendwo zu einem selbst ziehen *„den Tisch ein bisschen näher (zu sich) herziehen"* **2** **jemanden/etwas hinter sich** (*Dativ*) **herziehen** (*hat*) jemanden/etwas ziehen (und so mit sich führen) *„einen Schlitten hinter sich herziehen"* **3** (*ist*) den Wohnort wechseln und an den Ort ziehen, in dem man sich gerade befindet *„Sie sind erst vor Kurzem aus Hamburg hergezogen"* **4** **über jemanden/etwas herziehen** *gesprochen* (*hat/ist*) in boshafter Weise über eine Person sprechen, die nicht anwesend ist *„Die Angestellten ziehen immer über ihre Chefin her"*

die **Herz·kam·mer** einer der beiden Teile des Herzens, welche das Blut zur Lunge oder in den Körper pumpen ⟨*die linke, rechte Herzkammer*⟩

das **Herz·klop·fen** (-s) **Herzklopfen haben** sehr aufgeregt sein ⟨*vor Angst, Aufregung, Freude Herzklopfen haben*⟩

**herz·lich**★ ADJEKTIV **1** freundlich und liebevoll ⟨*Worte, ein Blick, ein Lächeln; jemanden herzlich begrüßen, empfangen; jemanden herzlich zu etwas beglückwünschen; jemandem herzlich danken*⟩ **2** drückt in formelhaften Redewendungen aus, dass man etwas wirklich meint oder so empfindet ⟨*Herzlichen Dank!; Herzlichen Glückwunsch!; Herzliche Grüße!; Herzliches Beileid!*⟩ • *zu* (1) **Herz·lich·keit** *die*

**herz·los** ADJEKTIV ohne Mitleid, ohne Mitgefühl ⟨*ein Mensch; herzlos handeln*⟩ • *hierzu* **Herz·lo·sig·keit** *die*

der **Her·zog** (-(e)s, *Her·zö·ge*) **1** ein Adelstitel, der höher als der des Grafen, aber niedriger als der des Königs ist **2** eine Person, welche den Titel Herzog trägt *„der Herzog von York"* • *hierzu* **Her·zo·gin** *die*

das **Her·zog·tum** (-s, *Her·zog·tü·mer*) das Gebiet, in dem ein Herzog herrscht

der **Herz·schlag** **1** ein einzelner Schlag des Herzens *„56 Herzschläge pro Minute"* **2** *nur Singular* das wiederholte, rhythmische Schlagen des Herzens ⟨*einen schnellen, langsamen, unregelmäßigen Herzschlag haben*⟩ ≈ Pulsschlag **3** *meist Singular* das plötzliche Ende der Tätigkeit des Herzens ⟨*an einem Herzschlag sterben; einen Herzschlag erleiden; einem Herzschlag erliegen*⟩ ≈ Herzversagen

der **Herz|schritt·ma·cher** ein Gerät, das man in den Körper einpflanzt, um die Tätigkeit eines schwachen Herzens zu unterstützen

das **Herz·ver·sa·gen** (-s); *geschrieben* die Tatsache, dass das Herz aufhört zu schlagen

**herz·zer·rei·ßend** ADJEKTIV so, dass es großes Mitleid erregt ⟨*ein Geschrei, ein Gejammer, ein Anblick; herzzerreißend weinen, heulen*⟩

**he·te·ro·gen** ADJEKTIV so, dass die einzelnen Teile nicht zueinanderpassen oder (sehr) unterschiedlich sind *„ein heterogenes Gemisch aus Wasser und Öl"* | *„eine heterogene Klasse"* • *hierzu* **He·te·ro·ge·ni·tät** *die*

**he·te·ro·se·xu·ell** ADJEKTIV so, dass das sexuelle Interesse einer Person auf eine Person des anderen Geschlechts gerichtet ist ⟨*eine Beziehung*⟩ ↔ homosexuell

die **Het·ze** (-) **1** *gesprochen* eine Situation, in der man etwas sehr schnell und unter großem Druck tut **2** **eine Hetze (gegen jemanden/etwas)** *abwertend* Äußerungen und Handlungen, die Aggression, Wut o. Ä. gegen jemanden/etwas zu erzeugen sollen ⟨*politische, antisemitische, rassistische Hetze; eine Hetze gegen jemanden/etwas betreiben, veranstalten*⟩ **K** Judenhetze

**het·zen**★ (*hetzte, hat/ist gehetzt*) **1** **jemanden hetzen** (*hat*) Menschen oder Tiere verfolgen, um sie zu fangen ⟨*das Wild (mit Hunden) hetzen*⟩ *„Die Hunde hetzten den Hasen"* **2** **einen Hund auf jemanden hetzen** (*hat*) einem Hund befehlen, einen Menschen oder ein anderes Tier zu verfolgen und zu fangen **3** **(ge-**

**gen jemanden/etwas) hetzen** *abwertend* (*hat*) so über jemanden/etwas sprechen, dass bei anderen Personen Aggressionen gegen diese Person oder Sache entstehen *„Die Demonstranten hetzten lautstark gegen die Flüchtlinge"* [K] Hetzkampagne, Hetzrede [4] **(jemanden) hetzen** *gesprochen* (*hat*) eine Person immer wieder auffordern, etwas schneller zu tun *„Hetz (mich) doch nicht so!"* [5] (*hat*) sich sehr beeilen *„hetzen müssen, um alles rechtzeitig zu erledigen"* • *zu* (3) **Het·zer** *der*

die **Hetz·jagd** [1] eine Art der Jagd, bei der man Tiere mit Hunden hetzt ⟨*eine Hetzjagd veranstalten*⟩ [2] **eine Hetzjagd (auf jemanden)** die systematische Verfolgung einer Person (um sie zu fangen) [3] **eine Hetzjagd (auf jemanden)** wiederholte Äußerungen (z. B. in der Presse), um jemandes Ruf oder Ansehen zu schaden

das **Heu** (-(*e*)*s*) geschnittenes und getrocknetes Gras, das man als Futter für Tiere verwendet ⟨*Heu machen*⟩ [K] Heuernte, Heugabel, Heuhaufen

die **Heu·che·lei** (-, -*en*) [1] *nur Singular* das Heucheln *„Ihr Mitleid ist doch nur Heuchelei!"* [2] eine Äußerung oder Handlung, mit der man etwas heuchelt

**heu·cheln** (*heuchelte, hat geheuchelt*) **(etwas) heucheln** so tun, als ob man Gefühle oder Eigenschaften hätte, die man in Wirklichkeit gar nicht hat ⟨*Sympathie, Mitgefühl, Mitleid, Reue, Interesse heucheln*⟩ • *hierzu* **Heuch·ler** *der*; **Heuch·le·rin** *die*; **heuch·le·risch** *ADJEKTIV*

**heu·er**★ *ADVERB*; *süddeutsch* Ⓐ Ⓒⓗ in diesem Jahr

**heu·len** (*heulte, hat geheult*) [1] **ein Tier heult** ein Tier gibt die langen (klagenden) Laute von sich, wie es z. B. Wölfe oder Hunde nachts tun [2] **etwas heult** etwas erzeugt lange und laute (durchdringende) Töne ⟨*eine Sirene, ein Motor*⟩ [K] Heulton [3] **der Wind/Sturm heult** der Wind oder Sturm weht sehr stark und macht dadurch laute Geräusche [4] *gesprochen* ⟨*vor Angst, Schmerz, Wut heulen; jemandem ist zum Heulen zumute*⟩ ≈ weinen *„Hör endlich auf zu heulen!"*

der **Heu·schnup·fen** *nur Singular* eine Krankheit, die durch eine Allergie gegen Blütenstaub verursacht wird und die wie ein Schnupfen ist

die **Heu·schre·cke** (-, -*n*) ein Insekt, das fliegen und sehr weit springen kann *„Die Heuschrecken fielen in Schwärmen über die Felder her und vernichteten die Ernte"* [K] Heuschreckenplage, Heuschreckenschwarm

**heu·te**★ *ADVERB* [1] der gegenwärtige Tag oder am gegenwärtigen Tag ⟨*heute früh/Morgen, Mittag, Abend, Nacht; ab, bis, seit heute; von heute ab/an*⟩ *„Heute scheint die Sonne"* [2] in der Gegenwart *„Heute besitzen viele Leute ein Auto"*

**heu·ti·g-**★ *ADJEKTIV meist attributiv* [1] heute, an diesem Tag (stattfindend) *„das heutige Konzert"* [2] von heute, von diesem Tag *„In der heutigen Zeitung ist ein langer Bericht über den Unfall"* [3] zur gegenwärtigen Zeit (Epoche) gehörend ⟨*die Generation, die Jugend, die Technik*⟩ *„der heutige Stand der Wissenschaft"* [4] **am heutigen/der heutige Tag** ≈ heute *„Am heutigen Tag wollen wir feiern"*

**heut·zu·ta·ge**★ *ADVERB* in der Gegenwart

die **He·xe** (-, -*n*) [1] (in Märchen) eine meist alte und hässliche Frau, die zaubern kann und böse ist *„Die böse Hexe verzauberte den Prinzen in einen Frosch"* [K] Hexenhäuschen [2] *historisch* eine Frau, von der man glaubte, dass sie mit dem Teufel verbündet sei *„Sie wurde als Hexe angeklagt und auf dem Scheiterhaufen verbrannt"* [K] Hexenverbrennung

**he·xen** (*hexte, hat gehext*) ≈ zaubern *„Ich kann doch nicht hexen!"* ich bin auch nur ein Mensch

der **He·xen·schuss** *nur Singular* ein sehr starker, plötzlicher Schmerz im Rücken

**hg.**, **hrsg.** Abkürzung für *herausgegeben*; in Quellenangaben vor den Namen von Herausgebern verwendet

**Hg.**, **Hrsg.** Abkürzung für *Herausgeber(in)*

**hi!** [hai] als Gruß unter jungen Leuten verwendet ≈ hallo *„Hi, wie gehts?"*

**hieb** *Präteritum, 1. und 3. Person Singular* → hauen

der **Hieb** (-(*e*)*s*, -*e*) [1] ein starker Schlag (vor allem mit einer Waffe oder einer Axt) ⟨*jemandem einen Hieb versetzen*⟩ *„Ein einziger Hieb mit der Axt genügte, und der Baum fiel um"* [K] Peitschenhieb [2] *meist Plural* eine Bemerkung, die jemanden scharf kritisiert ⟨*Hiebe austeilen, einstecken*⟩ *„Bei seiner Ansprache teilte er nach allen Seiten Hiebe aus"* [K] Seitenhieb [3] *gesprochen nur Plural* Schläge, die jemand in einem Kampf oder zur Strafe bekommt ≈ Prügel Schläge [ID] **es setzt Hiebe** *gesprochen* jemand bekommt Prügel

**hielt** *Präteritum, 1. und 3. Person Singular*

H

→ halten

**hier**★ *ADVERB* **1** an diesem Ort, an dieser Stelle (an welcher sich der Sprecher befindet) *„Wo ist denn Petra? Vorhin war sie noch hier!"* | *„Komm rauf! Hier oben ist es warm!"* **2** **(gleich) hier** *+Richtungsangabe* von dieser Stelle aus (an der sich der Sprecher befindet) in die genannte Richtung *„Gleich hier um die Ecke wohnt ein Freund von mir"* **3** in diesem Zusammenhang, an dieser Stelle (bei einer Unterhaltung, einer Diskussion, einer Rede, einem Vortrag) *„Dieser Einwand tut hier nichts zur Sache"* **4** in diesem Fall *„Hier liegt ein Irrtum vor"*

**hie·ran**, **hie·ran** *ADVERB betont* verwendet, um auf etwas hinzuweisen, das man jemandem zeigt oder gerade (mit der Präposition *an*) erwähnt hat *„Hieran kannst du das Bild hängen"* an diesen Haken | *„Hieran kann kein Zweifel bestehen"* an dieser Tatsache

die **Hie·rar·chie**★ (-, *-n* [-'çiːən]) **1** eine strenge Ordnung (meist in einem Staat oder einer Organisation), die von oben nach unten geht und in der jeder einen festgelegten (hohen oder niedrigen) Rang hat ⟨*die staatliche, kirchliche Hierarchie; in einer Hierarchie aufsteigen, absteigen*⟩ **K** Staatshierarchie **2** alle Mitglieder in einer Hierarchie, die einen hohen Rang haben • *zu* (1) **hie·rar·chisch** *ADJEKTIV*

**hie·rauf** *ADVERB*, **hie·rauf** *betont* verwendet, um auf etwas hinzuweisen, das man jemandem zeigt und das in der Nähe des Sprechers ist oder das gerade (mit der Präposition *auf*) erwähnt wurde *„Hierauf schlief einst König Ludwig"* auf diesem Bett | *„Hierauf bezog sich seine Kritik"* auf diese Aussage

**hie·raus**, **hie·raus** *ADVERB betont* verwendet, um auf etwas hinzuweisen, das man jemandem zeigt und das in der Nähe des Sprechers ist oder das gerade (mit der Präposition *aus*) erwähnt wurde *„Hieraus wurde früher feierlich getrunken"* aus diesem Kelch | *„Hieraus ergaben sich große Probleme"* aus dieser Tatsache

**hier·be·hal·ten** (*behält hier, behielt hier, hat hierbehalten*) **1** **jemanden/etwas hierbehalten (können)** eine Person oder Sache bei sich lassen (und auf sie aufpassen) *„Kannst du meinen Hund hierbehalten, während ich beim Arzt bin?"* **2** **jemanden hierbehalten (müssen)** jemanden nicht weggehen lassen (z. B. aus einem Krankenhaus, einer Polizeistation) *„Wenn die Wunde nicht ausheilt, müssen wir Sie noch eine Woche hierbehalten"*

**hier·bei**, **hier·bei**★ *ADVERB betont* verwendet, um auf etwas hinzuweisen, das man jemandem zeigt oder das man gerade (mit der Präposition *bei*) erwähnt hat *„Hierbei handelt es sich um einen Fehler"* bei diesem Fall | *„Hierbei kam es zu Krawallen"* bei diesem Anlass

**hier·blei·ben** (*blieb hier, ist hiergeblieben*) an diesem Ort (an dem der Sprecher ist) bleiben *„Mir gefällt es in dem Garten, ich möchte noch eine Weile hierbleiben"*

**hier·durch**, **hier·durch** *ADVERB betont* verwendet, um auf etwas hinzuweisen, das man jemandem zeigt oder das man vorher (mit der Präposition *durch*) erwähnt hat *„Hierdurch ist der Fuchs in den Stall gekommen"* durch dieses Loch | *„Hierdurch wird bestätigt, dass Frau Meier in unserer Firma ein Praktikum macht"* durch diesen Brief

**hier·für**, **hier·für**★ *ADVERB betont* verwendet, um auf etwas hinzuweisen, das man jemandem zeigt oder das man vorher (mit der Präposition *für*) erwähnt hat *„Die Vorbereitungen hierfür sind abgeschlossen"* für dieses Fest | *„Die Beweise hierfür sind eindeutig"* für diese Tatsache

**hier·ge·gen**, **hier·ge·gen** *ADVERB betont* verwendet, um auf etwas hinzuweisen, das man jemandem zeigt oder das man vorher (mit der Präposition *gegen*) erwähnt hat *„Hiergegen lehnte er die Leiter"* gegen diese Wand | *„Hiergegen protestieren wir"* gegen diese Maßnahme

**hier·her** *ADVERB*, **hier·her**, **hier·her**★ *betont* **1** an diesen Ort, nach hier *„Sie wird nach der Feier hierher (in unsere Wohnung) kommen"* **2** **bis hierher** bis zu diesem Zeitpunkt, bis zu diesem Stadium o. Ä. *„Bis hierher habe ich den Text verstanden, aber jetzt wirds schwierig"* ❶ vergleiche auch **hierhin**

**hier·hin**, **hier·hin**★ *ADVERB betont* an diesen Ort hin (auf den der Sprecher hinweist) ↔ dorthin *„Stellen Sie den Schrank bitte hierhin!"* | *„(Füllen Sie das Glas) bis hierhin, bitte!"*

**hie·rin** *ADVERB*, **hie·rin** *betont* **1** in diesem (vorher genannten) Gegenstand, Raum o. Ä. *„Hierin (in diesem Gebäude) befand sich früher die Bibliothek"* **2** in dieser (vorher genannten) Tatsache, Angelegenheit *„Hierin (in diesem Punkt) liegt das Problem"*

**hier·las·sen** (*lässt hier, ließ hier, hat hiergelassen*) **jemanden/etwas hierlassen** jemanden/etwas an dem Ort lassen, an dem sich der Sprecher befindet ↔ wegbringen *„Du kannst deine Tasche hierlassen und sie später wieder abholen"*

**hier·mit** *ADVERB*, **hier·mit★** *betont* **1** verwendet, um auf etwas hinzuweisen, das man jemandem zeigt oder das man vorher (mit der Präposition *mit*) erwähnt hat *„Nimm dies, hiermit wirst du das Glas aufbekommen"* mit diesem Gerät wirst du das Glas öffnen können | *„Hiermit beschäftigt sie sich schon lange"* mit diesem Thema **2** drückt aus, dass etwas dadurch wirklich wird, dass man es sagt *„Hiermit taufe ich dich auf den Namen „Admiral"* dieses Schiff | *„Hiermit erkläre ich die Ausstellung für eröffnet"*

**hie·rü·ber**, **hie·rü·ber** *ADVERB betont* verwendet, um auf etwas hinzuweisen, das man jemandem zeigt oder das man vorher (mit der Präposition *über*) erwähnt hat *„Hierüber können wir gehen"* über diese Brücke | *„Hierüber schrieb er ein Buch"* über dieses Thema

**hie·run·ter**, **hie·run·ter** *ADVERB betont* verwendet, um auf etwas hinzuweisen, das man jemandem zeigt oder das man zuvor (mit der Präposition *unter*) erwähnt hat *„Hierunter lag der Schlüssel"* unter diesem Stein | *„Hierunter verstehen wir Folgendes"* unter diesem Begriff | *„Hierunter litt er sehr"* unter dieser Beleidigung

**hier·von**, **hier·von** *ADVERB betont* verwendet, um auf etwas hinzuweisen, das man jemandem zeigt oder das man vorher (mit der Präposition *von*) erwähnt hat *„Unser Haus ist nicht weit hiervon entfernt"* von diesem Ort | *„Hiervon nahm sie zehn Stück"* von diesen Tabletten | *„Hiervon hängt alles ab"* von dieser Bedingung

**hier·zu** *ADVERB*, **hier·zu★** *betont* **1** als Zusatz oder Ergänzung zu dieser (vorher genannten) Sache *„Hierzu passen rote Schuhe"* zu diesem Kleid **2** zu diesem (vorher genannten) Zweck *„Er möchte in die USA reisen. Hierzu braucht er ein Visum"* **3** zu diesem (vorher genannten) Sachverhalt, zu dieser Angelegenheit *„Hierzu habe ich mir noch keine Meinung gebildet"* zu diesem Problem

**hier·zu·lan·de**, **hier zu Lan·de** *ADVERB*; *veraltend* in diesem Land oder diesem Gebiet (in dem sich der Sprecher befindet) *„Das ist hierzulande so üblich"*

**hie·sig** *ADJEKTIV meist attributiv* in/aus dieser Gegend (in der sich der Sprecher befindet) ⟨*die Bevölkerung, die Sitten, die Gebräuche*⟩

**hieß** *Präteritum, 1. und 3. Person Singular* → heißen

**hie·ven** (*hievte, hat gehievt*) **etwas (irgendwohin) hieven** etwas Schweres meist nach oben ziehen

die **Hil·fe★** (-, *-n*) **1** *nur Singular* der Vorgang, jemandem zu helfen ⟨*jemandem zu Hilfe eilen, kommen; jemandem (seine) Hilfe anbieten; jemanden um Hilfe bitten; um Hilfe flehen, rufen, schreien*⟩ **K** Hilferuf, Hilfsaktion **2** eine Person, die hilft *„Keine Angst, gleich kommt Hilfe"* **3** *oft Plural* etwas, das man als Unterstützung bekommt, meist Geld ⟨*Hilfen beantragen, beziehen, erhalten*⟩ **K** Entwicklungshilfe, Sozialhilfe, Wirtschaftshilfe **4** eine Person, die bei einer Arbeit hilft, meist ohne dafür ausgebildet zu sein *„Die alte Dame sucht eine Hilfe für den Haushalt"* **K** Haushaltshilfe, Küchenhilfe, Putzhilfe **5** **Erste/erste Hilfe** die ersten und meist sehr wichtigen medizinischen Maßnahmen, mit denen man einem verletzten Menschen hilft (bevor der Arzt da ist) ⟨*jemandem Erste/erste Hilfe leisten*⟩ **K** Erste-Hilfe--Kurs **6** **mit Hilfe** → mithilfe **7** **etwas zu Hilfe nehmen** etwas benutzen, um dadurch etwas zu erreichen *„einen Stock zu Hilfe nehmen, um etwas aus dem Bach zu fischen"*

**hil·fe·su·chend** ≈ Hilfe suchend

**hilf·los★** *ADJEKTIV* **1** nicht fähig, sich selbst zu helfen *„Nach dem Unfall war sie im Auto eingeklemmt und völlig hilflos"* **2** unbeholfen, ungeschickt *„Seine hilflosen Ausreden wirkten eher peinlich"* • *hierzu* **Hilf·lo·sig·keit** *die*

**hilf·reich** *ADJEKTIV* **1** so, dass man anderen Menschen eine große Hilfe ist ⟨*ein Mensch; jemandem hilfreich zur Hand gehen, zur Seite stehen*⟩ **2** ⟨*ein Hinweis, ein Umstand*⟩ ≈ nützlich

**Hilfs-** *im Substantiv, betont, nicht produktiv* **1** **Hilfskraft, Hilfspersonal** *und andere* ohne Ausbildung für den ausgeübten Beruf *„Wir haben zwei Hilfsarbeiter eingestellt"* **2** **Hilfsgeistliche**; **Hilfspolizist** *und andere* so, dass jemand nicht ständig in einem Beruf arbeitet oder (noch) nicht voll ausgebildet ist *„Er arbeitet nebenher als Hilfslehrer"*

**hilfs·be·reit★** *ADJEKTIV* gern bereit zu helfen ⟨*ein Mensch*⟩ *„Der Junge ist alten Menschen gegenüber sehr hilfsbereit"* • *hierzu* **Hilfs·be·reit·schaft** *die*

H

das **Hịlfs·mit·tel** **1** etwas, das eine Arbeit einfacher macht ⟨*ein (un)erlaubtes, (un)geeignetes, technisches Hilfsmittel; ein Hilfsmittel anwenden, benutzen*⟩ **2** *nur Plural* Geld oder Gegenstände, Personen helfen sollen, die in Not ist *„Nach dem Erdbeben trafen die Hilfsmittel von überall ein"*

das **Hịlfs·verb** ein Verb, mit dem man z. B. die zusammengesetzten Zeiten und das Passiv eines Verbs bildet ❶ Die Hilfsverben im Deutschen sind *haben*, *sein* und *werden*

**hịlft** *Präsens, 3. Person Singular* → helfen

die **Hịm·bee·re** eine rote Beere, die man essen kann und die aus vielen kleinen Teilen besteht **K** Himbeereis, Himbeerstrauch ❶ vergleiche auch → Erdbeere

der **Hịm·mel**★ (-s, -) **1** *nur Singular* der Luftraum über der Erde *„Am Himmel funkeln die Sterne"* **K** himmelblau; Sternenhimmel, Wolkenhimmel **2** *nur Singular* der Ort, an dem (im Glauben mancher Religionen) Gott ist und an den die Menschen nach dem Tod kommen wollen ⟨*in den Himmel kommen*⟩ ≈ Paradies ↔ Hölle **3** *gesprochen* verwendet in Ausrufen der Verwunderung und des Schreckens und in Flüchen *„Um Himmels willen!"* | *„(Ach) du lieber Himmel!"*

(die) **Hịm·mel·fahrt** *nur Singular* **1** (nach christlichem Glauben) die Rückkehr von Jesus Christus in den Himmel **2** **(Christi) Himmelfahrt** ein katholischer Feiertag (am 40. Tag nach Ostern)

das **Hịm·mel·reich** ≈ Himmel

der **Hịm·mels·kör·per**★ ein Objekt im Weltraum (Stern, Planet, Mond usw.), das man (meist nachts) am Himmel sehen kann

die **Hịm·mels·rich·tung**★ **1** eine Richtung, mit der man sich auf der Erde orientiert (und die sich auf die Lage der Erdpole bezieht) *„Nord, Süd, West und Ost sind die Himmelsrichtungen"* **2** **aus allen Himmelsrichtungen** von allen Seiten, von überall her **3** **in alle Himmelsrichtungen** nach allen Seiten, überallhin

**hịmm·lisch** ADJEKTIV **1** ⟨*ein Tag, ein Wetter, eine Ruhe*⟩ ≈ herrlich, wunderbar **2** im oder aus dem Himmel ⟨*Mächte, die Engel, ein Wesen*⟩

**hịn**★ ADVERB ORT: **1** in Richtung vom Sprecher oder einem bereits erwähnten Ort weg auf ein Ziel zu ↔ her *„Der Weg zum Stadion hin wird neu geteert"* **2** verwendet, um eine räumliche Ausdehnung auszudrücken *„Der Kanal erstreckt sich über viele Kilometer hin"* **3** **hin und zurück** für Hinfahrt und Rückfahrt oder -flug *„Bitte einmal (eine Fahrkarte nach) Frankfurt hin und zurück"* **4** **hin und her** ohne bestimmte Richtung bzw. mit ständig wechselnder Richtung ⟨*hin und her gehen, fahren, laufen*⟩ ≈ herum- *„Er war so nervös, dass er ständig hin und her ging"* ❶ In der Bedeutung „hin und zurück" wird zusammengeschrieben: *zwischen Augsburg und München hin- und herfahren, hin- und herpendeln* usw. ZEIT, STADIUM: **5** während eines Zeitraums, mit der genannten Dauer *„Die Entwicklung vollzog sich über mehrere Monate hin"* **6** **hin und wieder** ≈ manchmal *„So etwas kann schon hin und wieder vorkommen"* GRUND, ZIEL, ZWECK: **7** **auf etwas** (*Akkusativ*) **hin** aus dem genannten Grund oder Anlass ⟨*auf einen Verdacht, eine Vermutung, einen Hinweis, einen Vorschlag hin*⟩ **8** **auf etwas** (*Akkusativ*) **hin** um die genannte Sache zu finden oder auszuschließen *„einen Plan auf Fehler hin überprüfen"* MIT SEIN: **9** **hin sein** *gesprochen* hingegangen, hingefahren o. Ä. sein *„Als er so traurig war, ist sie zu ihm hin und hat ihn getröstet"* **10** **hin sein** *gesprochen* sehr erschöpft sein *„Nach dem Training war er völlig hin"* **11** **hin sein** *gesprochen!* tot sein *„Die Katze rührt sich nicht mehr. Die ist hin"* **12** **etwas ist hin** *gesprochen* etwas ist kaputt, funktioniert nicht mehr *„Sein Auto ist hin"* **13** **(von jemandem/etwas) ganz hin sein** *gesprochen* von jemandem/etwas begeistert sein

**hịn-**★ (*im Verb, betont und trennbar, sehr produktiv; Diese Verben werden so gebildet: hinfahren, fuhr hin, hingefahren*) **(irgendwohin) hingehen, hinkommen, hinreisen, hinsehen**; **jemanden/etwas (irgendwohin) hinbringen, hinlegen, hinstellen** *und andere* bezeichnet die Richtung zu einem Ziel, häufig vom Sprecher, Erzähler oder Handelnden weg *„Morgen fahre ich zu ihr hin, um sie zu besuchen"* ❶ vergleiche auch **her-**

**hi·nạb** ADVERB; *geschrieben* ≈ hinunter *„Ins Tal hinab geht man mehrere Stunden"*

**hi·nạb-** *im Verb, betont und trennbar, begrenzt produktiv; geschrieben* ≈ hinunter-

**hi·nauf**★ ADVERB bezeichnet die Richtung von unten nach oben, weg vom Sprecher oder Erzähler *„Vom Tal bis zur Skihütte hinauf braucht man eine Stunde"* ❶ a) vergleiche auch **herauf**; b) *Hinauf* wird in der gesprochenen Sprache zu *rauf* abgekürzt.

**hi·nauf-** (*im Verb, betont und trennbar, sehr produktiv; Diese Verben werden so gebildet: hinaufgehen, ging hinauf, hinaufgegangen*) **(irgendwohin) hinaufklettern, hinaufkommen, hinaufsehen; jemanden/etwas (irgendwohin) hinaufbringen, hinaufschicken, hinauftragen** *und andere* bezeichnet die Richtung von unten nach (irgendwo) oben, häufig weg vom Sprecher oder Erzähler *„Er ging zur Hütte hinauf"* Er ging auf den Berg, nach oben zur Hütte ❶ a) Anstelle einer Richtungsangabe (*zur Hütte*) steht häufig nur eine Angabe im Akkusativ: *Er ging den Berg hinauf.* b) *Hinauf-* wird in der gesprochenen Sprache zu *rauf-* abgekürzt. c) vergleiche auch **herauf-**

**hi·nauf·ge·hen** (*ist*) **1** **etwas geht hinauf** *gesprochen* etwas wird höher ‹*die Miete, der Preis*› ≈ steigen **2** **(mit etwas) hinaufgehen** *gesprochen* etwas erhöhen, steigern ‹*mit dem Preis, der Geschwindigkeit hinaufgehen*› ❶ weitere Verwendungen → **hinauf-**

**hi·nauf·set·zen** (*hat*) **etwas hinaufsetzen** ‹*die Miete, den Preis hinaufsetzen*› ≈ erhöhen ❶ weitere Verwendungen → **hinauf-**

**hi·nauf·trei·ben** (*hat*) **etwas hinauftreiben** bewirken, dass etwas höher wird, steigt ‹*die Preise hinauftreiben*› ❶ weitere Verwendungen → **hinauf-**

**hi·naus**★ *ADVERB* **1** bezeichnet die Richtung von drinnen nach irgendwo draußen, häufig weg vom Sprecher oder Erzähler *„(zur Tür) hinaus ins Freie gehen"* **2** **hinaus** +*Richtungsangabe* in Richtung auf einen freien Raum *„hinaus aufs Land/Meer fahren"* | *„(eine Wohnung) nach hinten/zur Straße hinaus"* **3** **über etwas** (*Akkusativ*) **hinaus** so, dass eine Grenze, ein Maß o. Ä. überschritten wird *„jemanden über die Dauer eines Vertrags hinaus beschäftigen"* **4** **auf/über etwas** (*Akkusativ*) **hinaus** eine unbestimmte, längere Zeit lang *„Das Konzert ist auf Wochen hinaus ausverkauft"* **5** **über etwas** (*Akkusativ*) **hinaus sein** *gesprochen* die genannte Zeit oder Phase hinter sich haben *„Er ist über das Alter hinaus, in dem man jeden Abend in die Disko geht"* ❶ *Hinaus* wird in der gesprochenen Sprache zu *raus* abgekürzt; vergleiche auch **heraus**.

**hi·naus-** (*im Verb, betont und trennbar, sehr produktiv; Diese Verben werden so gebildet: hinaustragen, trug hinaus, hinausgetragen*) **1** **hinausgehen, hinausklettern, hinaussehen; jemanden/etwas (aus/zu etwas) hinausbringen, hinausfahren, hinausschaffen; sich/etwas hinausbeugen, hinauslehnen** *und andere* bezeichnet die Richtung von drinnen nach draußen, häufig vom Sprecher, Erzähler oder Handelnden weg *„Die Sanitäter trugen den Verletzten (aus dem Haus/zur Tür) hinaus"* ❶ *Hinaus-* wird in der gesprochenen Sprache zu *raus-* abgekürzt; vergleiche auch **heraus-**. **2** **über etwas** (*Akkusativ*) **hinausragen, hinausreichen, hinausschauen, hinauswachsen** *und andere* drückt aus, dass eine Grenze überschritten wird *„Seine Forderungen gehen weit über das hinaus, was möglich ist"* Er verlangt viel mehr, als er bekommen kann

**hi·naus·ge·hen** (*ist*) **1** von drinnen nach draußen gehen *„Sie ging zur Tür/aus dem Haus hinaus"* **2** **etwas geht über etwas** (*Akkusativ*) **hinaus** etwas ist größer als das genannte Maß *„Diese Arbeit geht über meine Kräfte hinaus"*

**hi·naus·kom·men** (*ist*) **1** von drinnen nach draußen kommen *„Sie kam zur Tür/aus dem Haus hinaus"* **2** **etwas kommt auf etwas** (*Akkusativ*) **hinaus; etwas kommt 'darauf hinaus, dass ...** etwas hat das genannte Ergebnis ❶ weitere Verwendungen → **hinaus-**

**hi·naus·lau·fen** (*ist*) **1** von drinnen nach draußen laufen *„Sie lief zur Tür/aus dem Haus hinaus"* **2** **etwas läuft auf etwas** (*Akkusativ*) **hinaus** etwas hat das genannte Ergebnis *„Der Plan läuft auf eine Modernisierung der Fabrik hinaus"*

**hi·naus·schie·ben** (*hat*) **etwas hinausschieben** etwas nicht sofort tun, sondern zögern, noch damit warten ‹*den Abschied, eine Entscheidung hinausschieben*› ❶ weitere Verwendungen → **hinaus-**

**hi·naus·wach·sen** (*ist*) **über sich (selbst) hinauswachsen** die eigenen bisherigen Leistung sehr steigern ❶ weitere Verwendungen → **hinaus-**

**hi·naus·wer·fen** (*hat*); *gesprochen* **jemanden hinauswerfen** jemanden zwingen, einen Raum oder ein Gebäude zu verlassen oder aus der Wohnung auszuziehen ❶ weitere Verwendungen → **hinaus-**

**hi·naus·wol·len** (*hat*) **1** **auf etwas** (*Akkusativ*) **hinauswollen** eine Absicht, ein Ziel haben ≈ beabsichtigen *„Worauf willst du mit dieser Frage hinaus?"* **2** **jemand will hoch hinaus** jemand ist sehr ehrgeizig und und möchte viel leisten, um eine hohe Position im Beruf o. Ä. zu bekommen ❶ weitere Verwendungen → **hinaus-**

**hi·naus·zie·hen** **1** **jemanden/etwas (aus/zu etwas) hinausziehen** (*hat*) an jemandem/etwas ziehen und so nach draußen bringen *„Zieh mich bitte aus dem Wasser hinaus" | „Die Ochsen zogen den Karren zum Tor hinaus"* **2** **(aus/zu etwas) hinausziehen** (*ist*) sich als Gruppe irgendwohin bewegen, aus etwas heraus *„Die Musikanten zogen zum Tor/aus dem Dorf hinaus"* **3** **etwas zieht sich hinaus** (*hat*) etwas dauert länger als erwartet

**hi·naus·zö·gern** (*hat*) **1** **etwas hinauszögern** etwas nicht tun wollen und daher auf einen späteren Zeitpunkt verschieben ‹*den Abschied, eine Entscheidung hinauszögern*› **2** **etwas zögert sich hinaus** etwas findet später statt als erwartet oder geplant *„Der Beginn des Konzerts zögert sich noch etwas hinaus."*

der **Hin·blick★** **im/in Hinblick auf etwas** (*Akkusativ*) etwas betreffend *„Im/In Hinblick auf unser gestriges Gespräch möchte ich Ihnen noch die versprochenen Dokumente geben"*

**hin·der·lich** *ADJEKTIV meist prädikativ* **(jemandem/etwas) hinderlich**; **(für jemanden/etwas) hinderlich** so, dass jemand/etwas behindert, gestört wird *„alles vermeiden, was der Entwicklung hinderlich sein könnte" | „Die Maßnahme war eher hinderlich als förderlich"*

**hin·dern★** (*hinderte, hat gehindert*) **jemand/etwas hindert eine Person/Sache an etwas** (*Dativ*) jemand/etwas bewirkt, dass eine Person etwas nicht tut oder nicht tun kann oder dass etwas nicht geschieht *„Der Gipsverband hindert sie am Schwimmen"*

das **Hin·der·nis★** (*-ses, -se*) **1** etwas, das einen Weg versperrt und das Weiterkommen schwer oder unmöglich macht ‹*ein Hindernis aufbauen, errichten, umgehen, überwinden/nehmen, überspringen*› *„Ohne die Fähre wäre der Fluss für uns ein unüberwindliches Hindernis gewesen"* **K** Hindernislauf, Hindernisrennen **2** **ein Hindernis (für jemanden/etwas)** etwas, das es schwierig macht, etwas zu tun ‹*ein Hindernis beseitigen/aus dem Weg räumen/überwinden; jemandem Hindernisse in den Weg legen*› *„Das Inserat lautete: „Reparaturen Tag und Nacht, Entfernung kein Hindernis"*

der **Hin·de·rungs·grund** ein Grund, der etwas schwierig oder unmöglich macht ‹*etwas ist für jemanden kein Hinderungsgrund*›

**hin·deu·ten** (*hat*) **etwas deutet auf etwas** (*Akkusativ*) **hin** etwas bewirkt, dass man etwas vermutet, annimmt ≈ hinweisen *„Alle Indizien deuten darauf hin, dass er der Gesuchte ist"* ⓘ weitere Verwendungen → **hin-**

der **Hin·du** (-(s), -(s)) eine Person, die an die Lehre des Hinduismus glaubt

der **Hin·du·is·mus** (-) eine Religion, die vor allem in Indien verbreitet ist und deren Anhänger an die Wiedergeburt glauben • *hierzu* **hin·du·is·tisch** *ADJEKTIV*

**hin·durch★** *ADVERB* **1** **durch etwas hindurch** verwendet, um die räumliche Präposition *durch* zu verstärken *„Ich höre die Musik durch die Wand hindurch"* **2** *räumliche Angabe+* **hindurch** verwendet, um eine Strecke, eine Distanz o. Ä. zu bezeichnen *„Die ganze Stadt hindurch hielt der Bus nur ein einziges Mal"* **3** *Zeitangabe+* **hindurch** verwendet, um einen Zeitraum zu bezeichnen, von dessen Anfang bis zu dessen Ende etwas dauert oder getan wird ≈ während *„Sie wachte die ganze Nacht hindurch an seinem Bett"*

**hin·durch-** (*im Verb, betont und trennbar, begrenzt produktiv; Diese Verben werden so gebildet: hindurchfahren, fuhr hindurch, hindurchgefahren*) **(durch etwas) hindurchfahren, hindurchgehen, hindurchkriechen**; **etwas dringt, fließt durch etwas hindurch**; **jemanden/etwas (durch etwas) hindurchlassen, hindurchschieben** *und andere* bezeichnet die Richtung in etwas hinein und (am anderen Ende) wieder hinaus *„Sie zwängte sich durch die Lücke in der Hecke hindurch"* Sie zwängte sich auf der einen Seite zwischen die Sträucher und auf der anderen Seite der Hecke wieder nach draußen

**hi·nein★** *ADVERB* **1** bezeichnet die Richtung von draußen nach (irgendwo) drinnen, häufig weg vom Sprecher oder Erzähler *„Hinein (ins Bett) mit dir!"* ⓘ *Hinein* wird in der gesprochenen Sprache zu *rein* abgekürzt; vergleiche auch **herein**. **2** **bis in etwas** (*Akkusativ*) **hinein** verwendet, um die Präposition *in* zu verstärken *„Das Fest dauerte bis in die späte Nacht hinein"*

**hi·nein-** (*im Verb, betont und trennbar, sehr produktiv; Diese Verben werden so gebildet: hineinfahren, fuhr hinein, hineingefahren*) **(irgendwohin) hineinfahren, hineinfallen, hineinsehen, hineinspringen**; **jemanden/etwas (irgendwohin) hineinbringen, hineinlassen, hineintragen** *und andere* bezeichnet die Richtung von draußen nach (irgendwo) drinnen, häufig weg vom Sprecher oder Erzähler *„Sie führte das Pferd in den Stall hinein"* ❶ *Hinauf-* wird in der gesprochenen Sprache zu *rein-* abgekürzt; vergleiche auch **herein-**

**hi·nein·fin·den** (*hat*) **sich in etwas** (*Akkusativ*) **hineinfinden** sich mit etwas vertraut machen *„sich schnell in eine neue Arbeit hineinfinden"* ❶ weitere Verwendungen → **hinein-**

**hi·nein·ge·hen** (*ist*) **1** **(irgendwohin) hineingehen** von draußen nach drinnen gehen *„Mir ist kalt, gehen wir doch wieder (ins Haus) hinein"* **2** **etwas geht in etwas** (*Akkusativ*) **hinein** *gesprochen* etwas hat in einem Behälter oder Raum Platz oder passt in eine Form *„In den Tank gehen 50 Liter (Benzin) hinein"* | *„Der Schlüssel geht nicht ins Loch hinein"*

**hi·nein·spie·len** (*hat*) **etwas spielt (in etwas** (*Akkusativ*)**) (mit) hinein** etwas gehört zu den Ursachen oder wichtigen Aspekten einer Sache *„Viele Gesichtspunkte spielen in die Entscheidung mit hinein, die Fabrik hier zu bauen"*

**hi·nein·stei·gern** (*hat*) **1** **sich (in etwas** (*Akkusativ*)**) hineinsteigern** ein heftiges Gefühl immer stärker werden lassen ⟨*sich in (eine) Wut hineinsteigern*⟩ **2** **sich (in etwas** (*Akkusativ*)**) hineinsteigern** sich mit etwas so intensiv beschäftigen, dass man immer daran denkt ⟨*sich in ein Problem, eine Sache hineinsteigern*⟩

**hi·nein·ver·set·zen** (*versetzte sich hinein, hat sich hineinversetzt*) **sich in jemanden/etwas hineinversetzen** ≈ hineindenken *„Versetz dich doch einmal in meine Lage hinein: Was würdest du denn tun?"*

**hi·nein·zie·hen** **1** **jemanden/etwas (in etwas** (*Akkusativ*)**) hineinziehen** (*hat*) an jemandem/etwas ziehen und so nach drinnen bringen *„Er zog den Hund hinter sich ins Haus hinein"* **2** **jemanden in etwas** (*Akkusativ*) **(mit) hineinziehen** (*hat*) bewirken, dass jemand in die (unangenehme) Situation kommt, in der man selbst ist *„Ich möchte nicht in Ihre Angelegenheiten hineingezogen werden!"*

die **Hin·fahrt** die Fahrt zu einem Ort oder Reiseziel ↔ Rückfahrt *„Als er nach Irland fuhr, machte er auf der Hinfahrt ein paar Tage in England halt"*

**hin·fal·len** (*ist*) beim Gehen, Stehen o. Ä. zu Boden fallen ⟨*der Länge nach hinfallen; sich hinfallen lassen*⟩ ≈ stürzen *„Er stolperte über die Teppichkante und fiel hin"*

**hin·fah·ren** **(irgendwohin) hinfahren** (*ist*) zu einem Ziel fahren, vom Sprecher, Erzähler o. Ä. weg *„Wo wollen wir in den Ferien hinfahren?"*

**hin·fäl·lig** ADJEKTIV **1** nicht mehr nötig oder gültig, weil sich die Umstände geändert haben ⟨*eine Entscheidung, ein Plan, eine Regelung*⟩ **2** *geschrieben* alt und schwach ⟨*ein Greis; hinfällig werden*⟩

der **Hin·flug** der Flug zu einem Ort oder zu einem Reiseziel ↔ Rückflug

**hing** *Präteritum, 1. und 3. Person Singular* → hängen

die **Hin·ga·be** *nur Singular* der leidenschaftliche Einsatz, Eifer, mit dem man etwas tut, das einem sehr wichtig ist ⟨*etwas mit/voller Hingabe tun*⟩ *„Erfolg hatte sie nur durch absolute Hingabe an ihre Arbeit"*

**hin·ge·ben** (*hat*) **1** **(jemandem/etwas) etwas hingeben; etwas (für jemanden/etwas) hingeben** *geschrieben* (jemandem/etwas) etwas opfern *„Er gab sein Hab und Gut für die Armen hin"* **2** **sich einer Sache** (*Dativ*) **hingeben** etwas mit Eifer und voller Aufmerksamkeit tun ⟨*sich einer Arbeit, einer Aufgabe hingeben*⟩ **3** **sich einer Sache** (*Dativ*) **hingeben** sich nicht gegen ein Gefühl, einen Gedanken o. Ä. wehren ⟨*sich Illusionen, (ganz/völlig) seinem Schmerz hingeben*⟩ *„Sie gab sich der trügerischen Hoffnung hin, er könne wieder gesund werden"*

die **Hin·ge·bung** (-) ≈ Hingabe • *hierzu* **hin·ge·bungs·voll** ADJEKTIV

**hin·ge·gen**★ BINDEWORT *geschrieben* verwendet, um einen Gegensatz auszudrücken ≈ dagegen *„Eulen können nachts sehr gut sehen, am Tag hingegen sind sie fast blind/hingegen sind sie am Tag fast blind"*

**hin·ge·hen** (*ist*) **(irgendwohin) hingehen** (*ist*) zu einem Ziel gehen, vom Sprecher, Erzähler o. Ä. weg *„Wo wollen wir heute Abend hingehen?"*

**hin·ge·hö·ren** (*hat*); *gesprochen* **1** **etwas gehört da/dort/hier hin** wenn etwas irgendwo hingehört, ist es an der richtigen Stelle oder dort, wo es immer aufbewahrt wird *„Wo gehört das Messer hin?" – „Es gehört dort hin, in die Schublade"* **2** **da/dort/hier hingehören** zu anderen Personen gehören oder passen *„Ich fühle mich hier nicht wohl. Ich gehöre hier einfach nicht hin"*

**hin·ge·ris·sen** ADJEKTIV **(von jemandem/etwas) hingerissen** von jemandem/etwas fasziniert und begeistert ⟨*hingerissen lauschen, zuhören*⟩ *„Sie war von seinem Charme hingerissen"*

**hin·hal·ten** (*hat*) **1 jemandem etwas hinhalten** etwas so halten, dass eine andere Person es nehmen oder sehen kann *„An der Grenze hielt er dem Beamten seinen Ausweis hin"* **2 jemanden hinhalten** jemanden darauf warten lassen, dass man ein Versprechen einlöst, ihm Bescheid gibt o. Ä. *„Ich lasse mich nicht länger hinhalten. Wenn ich mein Geld nicht bald bekomme, gehe ich vor Gericht"*

**hin·hö·ren** (*hat*) konzentriert auf etwas hören ⟨*genau, kaum, nicht richtig hinhören*⟩ ≈ zuhören

H

**hin·ken** (*hinkte, hat/ist gehinkt*) **1 jemand hinkt** (*hat*) jemand geht mit ungleichmäßigen Schritten, wenn sich ein Bein nicht so leicht bewegen lässt wie das andere ⟨*auf/mit dem linken, rechten Bein hinken*⟩ **2 ein Vergleich hinkt** (*hat*) ein Vergleich passt nicht, trifft nicht zu

**hin·kom·men** (*ist*) **1 (irgendwohin) hinkommen** an einen Ort kommen *„Als ich hinkam, war das Fest schon fast vorbei"* | *„Wo kommt der Koffer hin?"* Wohin soll ich den Koffer tun? **2 jemand kommt (mit etwas) an etwas** (*Akkusativ*) **hin** *gesprochen* jemand berührt etwas versehentlich *„Komm ja nicht an die Stromleitung hin!"* **3 etwas kommt hin** *gesprochen* etwas ist richtig *„Das sind dann zusammen dreißig Euro, kommt das hin?"*

**hin·läng·lich** ADJEKTIV *meist attributiv* so, dass es genügt ⟨*etwas ist hinlänglich bekannt*⟩

**hin·le·gen★** (*hat*) **1 etwas hinlegen** *gesprochen* etwas sehr gut (meisterhaft) tun ⟨*einen Tanz, eine Vorführung hinlegen*⟩ *„Der Schlagzeuger legte ein Solo hin, dass alle staunten"* **2 sich hinlegen** sich auf ein Bett o. Ä. legen, um zu ruhen/schlafen *„sich für ein Stündchen hinlegen"* ❶ weitere Verwendungen → **hin-**

**hin·ma·chen★** (*hat*); *gesprochen* **1 irgendwo hinmachen** Kot oder Urin an einem Ort ausscheiden, der nicht dafür vorgesehen ist *„Die Katze hat hier irgendwo im Wohnzimmer hingemacht"* **2** ≈ sich beeilen *„Jetzt mach doch mal hin, wir kommen noch zu spät!"* **3 etwas hinmachen** etwas irgendwo befestigen *„Wo wollen wir das Regal hinmachen?"* **4 etwas hinmachen** ≈ zerstören

**hin·neh·men★** (*hat*) **1 etwas hinnehmen** sich gegen etwas nicht wehren ⟨*etwas schweigend, wortlos, geduldig hinnehmen*⟩ *„Seine Beleidigungen nehme ich nicht länger hin!"* **2 etwas als etwas hinnehmen** akzeptieren, dass etwas so ist, wie es ist, und es nicht verändern wollen ⟨*etwas als gegeben, selbstverständlich, unvermeidlich hinnehmen; etwas als Tatsache hinnehmen*⟩ ❶ weitere Verwendungen → **hin-**

**hin·pas·sen** (*hat*) **jemand/etwas passt irgendwo hin** *gesprochen* jemand/etwas passt zu einer Umgebung, findet dort genügend Platz *„Das Bild/Sofa passt da nicht hin"*

**hin·rei·chend** ADJEKTIV so, dass es genügt ⟨*hinreichend über etwas informiert sein*⟩ ≈ ausreichend

die **Hin·rei·se** die Reise an einen bestimmten Ort ⟨*auf der Hinreise*⟩ ↔ Rückreise

**hin·rei·ßen sich zu etwas hinreißen lassen** etwas Unüberlegtes tun, weil man emotional heftig reagiert *„Er ließ sich dazu hinreißen, im Streit seinen Bruder zu schlagen"*

**hin·rei·ßend** ADJEKTIV sehr schön, sehr gut ⟨*eine Frau, ein Mädchen; hinreißend aussehen, singen*⟩

**hin·rich·ten** (*hat*) **jemanden hinrichten** eine Person töten, nachdem sie von einem Gericht wegen eines Verbrechens zum Tode verurteilt wurde ⟨*jemanden mit der Giftspritze hinrichten; jemanden öffentlich hinrichten (lassen)*⟩ • *hierzu* **Hin·rich·tung** *die*

**hin·schrei·ben** (*hat*) **1 etwas (irgendwohin) hinschreiben** etwas an die genannte Stelle schreiben *„Schreib die Rechnung da hin, auf die Tafel!"* **2** *gesprochen* einen Brief o. Ä. an eine Person, Firma oder Institution schreiben

**hin·set·zen★** (*hat*) **1 jemanden (irgendwohin) hinsetzen** jemanden oder sich selbst auf einen Platz setzen *„Setz dich dort aufs Sofa hin!"* | *„Jetzt setzt euch doch endlich mal hin!"* **2 sich hinsetzen und lernen/lesen/rechnen/schreiben** beginnen, eine geistige Arbeit konzentriert zu tun *„Wenn du nicht durchfallen willst, musst dich jetzt endlich mal hinsetzen und lernen"*

die **Hin·sicht★** (-, -en); *meist Singular* **1 in … Hinsicht** unter einem Aspekt, unter dem etwas betrachtet wird ⟨*in dieser, gewisser, mancher, vieler, jeder Hinsicht; in künstlerischer, wirtschaftlicher, wissenschaftlicher Hinsicht*⟩ *„In finanzieller Hinsicht geht es ihm gut"* **2 in Hinsicht auf etwas** (*Akkusativ*) verwendet, um sich auf das Genannte zu beziehen *„Gibt es in Hinsicht auf den Vertrag noch irgendwelche Fragen?“*

**hịn·sicht·lich**★ *PRÄPOSITION mit Genitiv; geschrieben* verwendet, um sich auf das Genannte zu beziehen *„Hinsichtlich der Qualität unserer Produkte gibt es keine Klagen“* ⓘ → Anhang, S. 1113: **Präpositionen**

das **Hịn·spiel** das erste von zwei Spielen zwischen denselben Mannschaften ↔ Rückspiel

**hịn·stel·len** (*hat*) **jemanden/etwas als etwas hinstellen** behaupten, dass jemand, man selbst oder etwas die genannte Eigenschaft hat, obwohl es nicht wahr ist ⟨*jemanden als Dummkopf, Trottel, Versager, Genie, Vorbild hinstellen*⟩ *„Er stellt sich immer als naiv und harmlos hin, dabei ist er sehr schlau“* | *„Sie hat das Problem als unwichtig hingestellt“* ⓘ weitere Verwendungen → **hin-**

**hịn·stre·cken** (*hat*) **jemandem etwas hinstrecken** etwas mit ausgestrecktem Arm so halten, dass es nahe bei jemandem ist *„jemandem die Hand hinstrecken“*

**hịn·ten**★ *ADVERB* 1 an einem Ort, der relativ weit/am weitesten vom Ziel entfernt ist *„sich in der Schlange hinten anstellen“* 2 dort(hin), wo (oft aus der Blickrichtung des Sprechers) das Ende eines Gegenstandes, Raumes usw. ist *„Das Register ist hinten im Buch“* 3 auf der Seite des Körpers, an welcher der Rücken ist *„Er schaute über seine Schulter nach hinten“*

**hịn·ter**★ *PRÄPOSITION* 1 *mit Dativ* auf der Seite, die weiter entfernt oder hinten ist *„im Auto hinter dem Fahrer sitzen“* | *„ein Garten hinter dem Haus“* ⓘ → Anhang, S. 1113: **Präpositionen** 2 *mit Akkusativ* in Richtung auf die Seite, die weiter entfernt oder hinten ist *„sich hinter das Lenkrad setzen“* ⓘ → Anhang, S. 1113: **Präpositionen** 3 *mit Dativ* in einer Reihenfolge oder Hierarchie nach jemandem/etwas *„Er steht hinter mir auf der Liste“* 4 *mit Dativ* drückt aus, dass eine Zeit vorbei oder eine Handlung abgeschlossen ist *„Puh, das hätten wir jetzt endlich hinter uns“* 5 *mit Akkusativ* drückt aus, dass eine Phase oder Handlung abgeschlossen wird *„Ich wollte die Arbeit so schnell wie möglich hinter mich bringen“*

**hịn·te·r-**★ *ADJEKTIV meist attributiv, ohne Komparativ* da, wo hinten ist ⟨*das Ende, die Seite, der Teil*⟩ ↔ vorder- *„sich in die hinterste Reihe setzen“* | *„die Lösungen im hinteren Teil des Buches“* K Hinterausgang, Hinterrad, Hinterseite

das **Hịn·ter·bein** eines der hinteren Beine eines Tieres

der/die **Hin·ter·blie·be·ne** (*-n, -n*); *geschrieben* ein Mitglied der Familie eines Toten, vor allem dessen Kind oder Ehepartner K Hinterbliebenenrente ⓘ *ein Hinterbliebener; der Hinterbliebene; den, dem, des Hinterbliebenen*

**hin·ter·ei·nạn·der**★ *ADVERB* 1 eine Person/Sache hinter die andere oder hinter der anderen ⟨*sich hintereinander aufstellen; hintereinander herfahren, hergehen, herlaufen*⟩ 2 in einer ununterbrochenen Reihenfolge ≈ nacheinander *„Es regnet nun schon an fünf Wochenenden hintereinander“*

**hin·ter·ei·nạn·der-** (*im Verb, betont und trennbar, wenig produktiv; Diese Verben werden so gebildet: hintereinanderfahren, fuhren hintereinander, hintereinandergefahren*) **Personen/Autos fahren hintereinander**; **Personen gehen, setzen sich, stellen sich hintereinander**; **Personen/Dinge liegen, stehen hintereinander** *und andere* drückt aus, dass mehrere Personen oder Dinge in einer Reihe (einer/eines hinter dem anderen) sind oder kommen *„Die drei Mädchen saßen im Bus hintereinander“* Ein Mädchen saß im Bus, hinter ihm das zweite Mädchen, dahinter das dritte Mädchen

**hin·ter·fra·gen** (*hinterfragte, hat hinterfragt*) **etwas hinterfragen** *geschrieben* prüfen, warum etwas so ist, wie es ist, oder was es bedeutet ⟨*Klischees, Vorurteile hinterfragen*⟩

der **Hịn·ter·ge·dan·ke** eine verborgene Absicht ⟨*einen Hintergedanken bei etwas haben*⟩

**hin·ter·ge·hen** (*hinterging, hat hintergangen*) **jemanden hintergehen** jemandes Vertrauen missbrauchen ≈ betrügen *„Sein Geschäftspartner hat ihn hintergangen“*

der **Hịn·ter·grund**★ 1 *meist Singular* der Bereich des Blickfelds oder eines Bildes, der relativ weit entfernt ist, hinter den Personen und Dingen, die man betrachtet *„Das Foto zeigt im Vordergrund eine Stadt und im Hintergrund die Berge“* 2 die Dinge, die man nicht richtig wahrnimmt, weil die Aufmerksamkeit auf andere Dinge gerichtet ist *„Bei der Aufnahme des Interviews hört man im Hintergrund ein Stimmengewirr“* K Hintergrundgeräusche 3 *nur Singular* die allgemeine Situation, die einen Einfluss auf die Entwicklung einer Person/Sache hat

**hin·ter·grün·dig** *ADJEKTIV* mit einer Bedeutung, die nicht deutlich gezeigt wird ⟨*eine Frage, jemandes Humor, ein Lächeln; hintergründig lächeln*⟩

der **Hin·ter·halt** (-(*e*)*s*, -*e*); *meist Singular* ein Ort, an dem sich jemand versteckt, um eine andere Person zu überfallen, wenn diese dort vorbeikommt ⟨*im Hinterhalt liegen; in einen Hinterhalt geraten*⟩ *„Er wurde durch einen Schuss aus dem Hinterhalt getötet"*

**hin·ter·häl·tig** *ADJEKTIV* nach außen hin freundlich, aber mit bösen Absichten

die **Hin·ter·hand** *meist Singular* das hintere Bein eines großen Tieres (z. B. eines Pferdes)

H

**hin·ter·her** *ADVERB*, **hin·ter·her** ★ **1** später als das zuerst genannte Ereignis oder die zuerst genannte Tätigkeit ≈ danach *„Wir wollen erst ins Kino und 'hinterher essen gehen"* **2** so, dass sich eine Person oder Sache hinter jemandem/etwas in die gleiche Richtung bewegt *„Beide sprangen ins Wasser: das Kind voraus, und der Hund hinter'her"* **3** **mit etwas/in etwas** (*Dativ*) **hinter'her sein** *gesprochen* mit der Arbeit langsamer sein als eine andere Person ⟨*in der Entwicklung, mit der Arbeit hinterher sein*⟩

**hin·ter·her-** (*im Verb, betont und trennbar, wenig produktiv; Diese Verben werden so gebildet: hinterherlaufen, lief hinterher, hinterhergelaufen*) **(jemandem/etwas) hinterherfahren, hinterhergehen, hinterherrennen; (jemandem) etwas hinterhertragen, hinterherwerfen** *und andere* drückt aus, dass eine Person oder Sache sich in die gleiche Richtung bewegt wie eine andere Person oder Sache zuvor *„Sie ging durch den Garten, und ihr Hund lief ihr hinterher"* und ihr Hund lief hinter ihr in die gleiche Richtung

**hin·ter·her|lau·fen** (*ist*) **(jemandem/etwas) hinterherlaufen** *gesprochen* sich eifrig bemühen, jemanden für sich zu gewinnen oder etwas zu bekommen *„Er läuft den Mädchen hinterher"* | *„Ich habe keine Lust mehr, ständig Aufträgen hinterherzulaufen"* ❶ weitere Verwendungen → **hinterher-**

der **Hin·ter·hof** ein meist dunkler Hof zwischen mehreren Häusern

der **Hin·ter·kopf** der hintere Teil des Kopfes *„einen Schlag auf den Hinterkopf bekommen"*

das **Hin·ter·land** *nur Singular* ein Gebiet um eine große Stadt herum oder hinter einer Grenze, das von der Stadt oder der Umgebung wirtschaftlich, politisch, kulturell usw. beeinflusst wird *„Truppen aus dem Hinterland an die Front verlegen"*

**hin·ter·las·sen** ★ (*hinterlässt, hinterließ, hat hinterlassen*) **1** **etwas hinterlassen** Spuren o. Ä. produzieren, die noch da sind, wenn man wieder fort ist oder wenn etwas vorbei ist ≈ zurücklassen *„Der Einbrecher hat überall Fingerabdrücke hinterlassen"* **2** **jemandem etwas hinterlassen** bestimmen, dass eine Person etwas bekommt, wenn man selbst tot ist ≈ vererben *„jemandem ein Haus hinterlassen"*

die **Hin·ter·las·sen·schaft** (-, -*en*) **1** das, was eine Person einer anderen Person vererbt ≈ Erbe **2** *gesprochen, humorvoll* der Kot von Tieren

**hin·ter·le·gen** (*hinterlegte, hat hinterlegt*) **etwas irgendwo hinterlegen** einer Person etwas geben, damit sie es aufbewahrt *„den Schlüssel beim Hausmeister hinterlegen"* | *„das Geld im Safe hinterlegen"*

der **Hin·ter·leib** der hintere Teil des Körpers von Insekten

die **Hin·ter·list** *nur Singular* **1** die Absicht, eine Person zu täuschen und ihr dadurch zu schaden ⟨*voller Hinterlist sein*⟩ **2** eine Handlung, mit der man eine Person täuschen und ihr schaden will ⟨*eine gemeine Hinterlist*⟩ • zu (1) **hin·ter·lis·tig** *ADJEKTIV*

der **Hin·ter·mann** **1** **jemandes Hintermann** eine Person, die hinter einer anderen Person ist ⟨*sich zum Hintermann umdrehen*⟩ **2** *meist Plural* eine Person, die für etwas verantwortlich ist, aber nicht bekannt wird ⟨*die Hintermänner eines Terroranschlags*⟩

der **Hin·tern** ★ (-*s*, -); *gesprochen* **1** der hintere Teil des Körpers, auf dem man sitzt ⟨*auf den Hintern fallen; jemanden/jemandem in den Hintern treten, kneifen*⟩ ≈ Gesäß **2** **ein paar auf den Hintern bekommen/kriegen** Schläge auf den Hintern bekommen

**hin·ter·rücks** *ADVERB* **1** von hinten ⟨*jemanden hinterrücks erschießen, erstechen, überfallen*⟩ **2** ohne dass die betroffene Person es weiß ⟨*jemanden hinterrücks anschuldigen, verleumden*⟩

das **Hin·ter·teil** *gesprochen* ≈ Gesäß, Hintern

das **Hin·ter·tref·fen** **ins Hintertreffen geraten/kommen** in einem Wettbewerb, Vergleich o. Ä. in eine ungünstige Position kommen

**hin·ter·trei·ben** (*hintertrieb, hat hintertrieben*) **etwas hintertreiben** heimlich und auf unfaire Weise versuchen, etwas zu verhindern *„jemandes Beförderung hintertreiben, indem* *man schlecht über ihn redet"*

die **Hịn·ter·tür★** eine Tür auf der hinteren Seite eines Hauses

**hin·ter·zie̲·hen** (*hinterzog, hat hinterzogen*) **etwas hinterziehen** Geld, das einem nicht gehört, heimlich für sich behalten ⟨*Staatsgelder, Steuern hinterziehen*⟩ • *hierzu* **Hin·ter·zie̲·hung** *die*

**hịn·tre·ten** (*ist*) **irgendwohin hintreten** den Fuß an die genannte Stelle setzen *„Wo man hier auch hintritt, überall ist es schmutzig"*

**hịn·tun** (*hat*) **etwas da/dort/hier hintun** *gesprochen* etwas an die Stelle legen oder stellen, auf die man meist mit dem Finger zeigt *„Wo soll ich das Buch hintun?" – „Du kannst es dort hintun"*

**hi·nü̲·ber** *ADVERB* **1** bezeichnet die Richtung von irgendwo nach einer anderen, gegenüberliegenden Seite hin, oft weg vom Sprecher oder Erzähler *„Der Wald erstreckt sich nach rechts hinüber"* ⓘ *Hinüber* wird in der gesprochenen Sprache zu *rüber* abgekürzt; vergleiche **herüber** **2** **etwas ist hinüber** *gesprochen, humorvoll* etwas ist kaputt oder verdorben *„Das Radio ist hinüber" | „Die Milch war schon hinüber, deshalb habe ich sie weggeschüttet"* **3** **jemand ist hinüber** *gesprochen* ⚠ jemand oder ein Tier ist tot

**hi·nü̲·ber-** (*im Verb, betont und trennbar, begrenzt produktiv; Diese Verben werden so gebildet: hinüberschwimmen, schwamm hinüber, hinübergeschwommen*) **(irgendwohin) hinübergehen, hinüberklettern, hinüberspringen, hinübersteigen; etwas führt, hängt, reicht (irgendwohin) hinüber** *und andere* bezeichnet die Richtung nach einer anderen, gegenüberliegenden Seite hin, häufig weg vom Sprecher oder Erzähler *„Das Kind schwamm über den Fluss/ans andere Ufer/zum anderen Ufer hinüber"* Das Kind schwamm von dieser Seite des Flusses/Sees zur anderen, gegenüberliegenden Seite ⓘ *Hinüber-* wird in der gesprochenen Sprache zu *rüber* abgekürzt; vergleiche **herüber**.

**hịn- und he̲r-** (*im Verb, betont und trennbar, wenig produktiv; Diese Verben werden so gebildet: hin- und herlaufen, lief hin und her, hin- und hergelaufen*) **hin- und herfahren, hin- und herfliegen, hin- und hergehen, hin- und herschwingen** *und andere* bezeichnet eine Bewegung zu einem Ort, Ziel hin und wieder zum Ausgangspunkt zurück *„Er pendelt täglich zwischen Rosenheim und München hin und her"* Er fährt täglich von Rosenheim nach München und wieder nach Rosenheim zurück

**hi·nụn·ter★** *ADVERB* bezeichnet die Richtung von oben nach (irgendwo) unten, häufig weg vom Sprecher oder Erzähler *„Wir sahen vom Turm hinunter zu ihr" | „Zur Talstation hinunter wandert man zwei Stunden"*

**hi·nụn·ter-** (*im Verb, betont und trennbar, sehr produktiv; Diese Verben werden so gebildet: hinuntergehen, ging hinunter, hinuntergegangen*) **(irgendwohin) hinunterfahren, hinunterfallen, hinunterklettern, hinunterspringen; jemanden/etwas (irgendwohin) hinunterbringen, hinunterstoßen, hinuntertragen; etwas fließt, hängt, reicht, rollt (irgendwohin) hinunter** *und andere* bezeichnet die Richtung von oben nach (irgendwo) unten, häufig vom Sprecher oder Erzähler weg *„Sie schaffte die Kartons vom Wohnzimmer in den Keller hinunter"* Sie brachte die Kartons, die oben im Wohnzimmer waren, nach unten in den Keller ⓘ a) *Hinunter-* wird in der gesprochenen Sprache zu *runter-* abgekürzt. b) Anstelle einer Richtungsangabe (*vom Wohnzimmer, in den Keller*) steht häufig nur eine Angabe im Akkusativ: *Er kam den Berg/die Treppe hinunter.* c) vergleiche auch **herunter-**

**hi·nụn·ter·schlu·cken** (*hat*) **etwas hinunterschlucken** *gesprochen* dem Wunsch, ein Gefühl zu zeigen oder etwas zu sagen, nicht nachgeben ⟨*eine Bemerkung, einen Kommentar hinunterschlucken; den Ärger, die Tränen, die Wut hinunterschlucken*⟩ ⓘ weitere Verwendungen → **hinunter-**

**hin·wẹg★** *ADVERB* **1** **über jemanden/etwas hinweg** verwendet, um zu sagen, dass sich etwas über ein Hindernis o. Ä. bewegt *„Der Ball flog über das Tor hinweg ins Aus"* **2** **über etwas** (*Akkusativ*) **hinweg** für die Dauer des genannten Zeitraums *„Sie hatten sich über Jahre hinweg nicht gesehen"* **3** **über jemandes Kopf hinweg; über jemanden hinweg** ohne diejenige Person zu berücksichtigen, die wegen ihrer Stellung in einer Hierarchie hätte gefragt o. Ä. werden müssen **4** **über etwas** (*Akkusativ*) **hinweg sein** *gesprochen* etwas überwunden haben

der **Hịn·weg** der Weg, die Reise (von zu Hause o. Ä. weg) zu einem Ziel hin ↔ Rückweg

**hin·wẹg-** (*im Verb, betont und trennbar, wenig produktiv; Diese Verben werden so gebildet:*

H

*hinwegspringen, sprang hinweg, hinweggesprungen*) **(über etwas** (*Akkusativ*)**) hinwegfliegen, hinwegspringen, hinwegsehen**; **etwas (über etwas** (*Akkusativ*)**) hinwegwerfen** *und andere* drückt eine Bewegung aus, die (mit einem gewissen Abstand) von einer Seite über ein Hindernis o. Ä. zur anderen führt ≈ hinüber- *„Das Pferd sprang über alle Hindernisse hinweg"* Das Pferd sprang über die Hindernisse, ohne sie zu berühren

**hin·weg·kom·men** (*ist*) **über etwas** (*Akkusativ*) **hinwegkommen** ‹*über eine Enttäuschung, jemandes Tod, einen Verlust hinwegkommen*› ≈ überstehen, überwinden

**hin·weg·se·hen** (*hat*) **1 über jemanden hinwegsehen** so tun, als ob man jemanden nicht sähe ≈ ignorieren **2 über etwas** (*Akkusativ*) **hinwegsehen** etwas nicht wichtig nehmen und deswegen nicht kritisieren o. Ä. *„über kleine Mängel/die Unordnung hinwegsehen"* ❶ weitere Verwendungen → **hinweg-**

**hin·weg·set·zen sich über etwas** (*Akkusativ*) **hinwegsetzen** (*hat*) etwas absichtlich nicht beachten (und z. B. etwas Verbotenes trotzdem tun) ‹*sich über ein Verbot, jemandes Bedenken, jemandes Einwände hinwegsetzen*›

der **Hin·weis★** (*-es, -e*) **1 ein Hinweis (auf etwas** (*Akkusativ*)**)** eine Äußerung, die eine Person auf etwas aufmerksam machen soll ‹*ein deutlicher, freundlicher, bibliografischer Hinweis; jemandem einen Hinweis geben; einen Hinweis beachten; einem Hinweis folgen*› *„Die Polizei erhielt anonyme Hinweise auf den Täter, die zu seiner Verhaftung führten"* **K** Hinweistafel **2 ein Hinweis für/auf etwas** (*Akkusativ*) eine Tatsache, aus der man logische Schlüsse ziehen kann ‹*ein Hinweis liegt vor, existiert*› *„Wir haben keinen Hinweis dafür/darauf, dass diese Krankheit ansteckend sein könnte"* **3 ein Hinweis für/zu etwas** eine Erklärung, Erläuterung, die bei einer Tätigkeit helfen soll ≈ Rat *„Hinweise für die/zur Bedienung eines elektrischen Geräts"*

**hin·wei·sen★** (*hat*) **1 (jemanden) auf etwas** (*Akkusativ*) **hinweisen** (jemanden) auf eine Tatsache aufmerksam machen *„Ich möchte (Sie) darauf hinweisen, dass das Rauchen hier verboten ist"* **2 etwas weist auf etwas** (*Akkusativ*) **hin** etwas erweckt einen Eindruck oder macht eine Schlussfolgerung möglich *„Die Schäden am Auto weisen eindeutig auf überhöhte Geschwindigkeit hin"* **3 ein Schild weist auf etwas hin** ein Schild zeigt in die Richtung, wo etwas ist

**hin·wen·den** (*hat*) **sich (an jemanden) hinwenden** *gesprochen* bei jemandem Rat, Hilfe, Trost, Auskunft suchen *„Hier sind so viele Büros. Wo muss ich mich nun hinwenden?"* ❶ meist im Fragesatz; weitere Verwendungen → **hin-**

**hin·wer·fen** (*hat*) **1 etwas hinwerfen** *gesprochen* ≈ hinschmeißen **2 etwas hinwerfen** etwas kurz und rasch sagen ‹*eine Frage, einen Satz, ein Wort hinwerfen*› *„eine flüchtig hingeworfene Bemerkung"* **3 sich hinwerfen** sich auf den Boden fallen lassen ❶ weitere Verwendungen → **hin-**

**hin·wie·de·rum** ADVERB; *geschrieben* verwendet, um zu sagen, dass man nun über eine andere Person oder Situation spricht, meist so, dass dabei ein Gegensatz formuliert wird *„Bakterien können gut mit Antibiotika bekämpft werden, bei Viruserkrankungen hinwiederum helfen sie nicht"*

**hin·wir·ken** (*hat*) **auf etwas** (*Akkusativ*) **hinwirken** alles tun, um ein Ziel zu erreichen *„auf eine Einigung der streitenden Parteien hinwirken"* | *„darauf hinwirken, dass die Umwelt besser geschützt wird"*

**hin·zie·hen★ 1 irgendwohin hinziehen** (*ist*) sich als Gruppe zu einem Ziel bewegen, vom Sprecher, Erzähler o. Ä. weg *„Wo ziehen die Kraniche im Winter hin?"* **2 irgendwohin hinziehen** (*ist*) an einen anderen Ort gehen, um dort zu leben **3 etwas zieht sich hin** (*hat*) etwas dauert unangenehm oder unnötig lange oder geschieht später als erwartet *„Die Sitzung zog sich bis zum Abend hin"*

**hin·zu-** (*im Verb, betont und trennbar, wenig produktiv; Diese Verben werden so gebildet: hinzugeben, gab hinzu, hinzugegeben*) **eine Person/Sache (zu jemandem/etwas) hinzubekommen, hinzunehmen, hinzurechnen, hinzuzählen**; **etwas hinzuverdienen** *und andere* drückt aus, dass eine Gruppe von Personen oder eine Menge von Dingen durch eine Person oder Sache ergänzt wird ≈ dazu- *„Die Suppe schmeckt fade. Gib noch ein bisschen Salz hinzu"* Gib noch ein bisschen Salz in die Suppe, damit sie besser schmeckt

**hin·zu·fü·gen★** (*hat*) **1 (einer Sache** (*Dativ*)**) etwas hinzufügen** etwas als Zusatz, Ergänzung in/zu etwas geben *„einer Geschichte eine Fortsetzung hinzufügen"* **2 einer Sache**

(*Dativ*)) **etwas hinzufügen** etwas noch zusätzlich sagen *„Er hatte seiner Rede nichts mehr hinzuzufügen"*

**hin·zu̲·kom·men**★ (*ist*) **1** **jemand kommt hinzu** jemand kommt dorthin, wo schon andere Leute sind *„Sie kamen gerade hinzu, als der Unfall passierte"* **2** **jemand kommt (zu einer Person) hinzu** jemand kommt zu einer anderen Person und tut das, was diese auch tut *„Zuerst waren wir zu dritt, aber dann kamen (zu unserer Gruppe) noch Peter und Susi hinzu"* **3** **etwas kommt (zu etwas) hinzu** etwas ereignet sich auch noch oder muss auch noch erwähnt werden ⟨*es kommt hinzu/hinzu kommt, dass …*⟩ *„Er war völlig erschöpft. Hinzu kam, dass er Fieber hatte"* **4** **etwas kommt (zu etwas) hinzu** etwas wird zu etwas dazugegeben *„Zu den zwei Eigelb kommen drei Esslöffel Zucker hinzu"*

**hin·zu̲·sto·ßen** (*ist*) zu einer Gruppe kommen und mitmachen

**hin·zu̲·tun** (*hat*) **etwas (zu etwas) hinzutun** *gesprochen* ≈ hinzufügen

**hin·zu̲·zie·hen** (*hat*) **jemanden (bei etwas) hinzuziehen** jemanden (zusätzlich) um Rat bitten, etwas fragen o. Ä. ⟨*einen Arzt, einen Experten hinzuziehen*⟩

das **Hịrn** (-(*e*)*s*, -*e*) **1** das Gehirn (als Organ) ⟨*das menschliche Hirn*⟩ **K** Großhirn, Kleinhirn **2** das Gehirn eines geschlachteten Tieres, das man gebraten oder gebacken essen kann **K** Kalbshirn **3** *gesprochen* ⟨*das Hirn anstrengen; sich* (*Dativ*) *das Hirn zermartern; kein Hirn haben* (= *dumm sein*)⟩ ≈ Verstand

das **Hịrn·ge·spinst** *abwertend* eine absurde Idee

der **Hịrn·schlag** ein plötzliches Auftreten von Lähmungen usw., wenn die Adern an einer Stelle des Gehirns nicht mehr genug Blut durchlassen

der **Hịrn·tod** der Zeitpunkt, zu dem das Gehirn aufhört zu funktionieren und jemand nicht mehr lebensfähig ist, auch wenn das Herz noch schlägt

der **Hịrsch** (-(*e*)*s*, -*e*) ein relativ großes Tier mit glattem, braunem Fell, das in Wäldern lebt und Gras frisst. Das männliche Tier hat ein Geweih auf dem Kopf **K** Hirschart, Hirschgeweih

die **Hịr·se** (-, -*n*) **1** ein Getreide mit kleinen, runden gelben Körnern **2** die Körner der Hirse **K** Hirsebrei

der **Hịr·te** (-*n*, -*n*) eine Person, die eine Herde von Tieren (auf der Weide) bewacht ⟨*der Hirte hütet, weidet die Schafe*⟩ **K** Hirtenhund, Hirtenstab ❶ *der Hirte; den, dem, des Hirten* • *hierzu* **Hịr·tin** *die*

**hịs·sen** (*hisste, hat gehisst*) **etwas hissen** eine Fahne, eine Flagge oder ein Segel an einer Stange/an einem Mast nach oben ziehen und festmachen

der **His·to̲·ri·ker** (-*s*, -) ein Wissenschaftler im Fach Geschichte • *hierzu* **His·to̲·ri·ke·rin** *die*

**his·to̲·risch**★ ADJEKTIV **1** in Bezug auf die Geschichte der Menschheit, eines Landes o. Ä. ⟨*eine Entwicklung, Studien*⟩ *„Die Schlacht ist historisch belegt"* Es gibt Beweise dafür, dass sie wirklich stattgefunden **2** mit einem Thema aus der Geschichte der Menschheit, eines Landes o. Ä. ⟨*ein Roman, ein Film*⟩ **3** (meist im kulturellen oder politischen Bereich) von außergewöhnlicher Bedeutung ⟨*ein Augenblick, ein Moment, ein Ereignis*⟩ *„Der Bau der Berliner Mauer am 13. August 1961 war ein historisches Ereignis"* **4** *meist attributiv* ⟨*eine Stätte, eine Landschaft, ein Ort*⟩ so, dass dort (meist politisch) wichtige Dinge geschehen sind

der **Hịt**★ (-(*s*), -*s*); *gesprochen* **1** ein Lied, das sehr populär und erfolgreich ist ⟨*einen Hit komponieren, schreiben*⟩ *„Der Schlager wurde ein Hit/zu einem Hit"* **K** Hitliste **2** ein Produkt, das sehr viele Leute kaufen *„Hausröcke sind der Hit der Saison"* **K** Verkaufshit

die **Hịt·ze**★ (-) **1** eine hohe Temperatur, eine große Wärme ⟨*etwas bei mäßiger, mittlerer, starker Hitze kochen, braten, backen*⟩ *„Der Ofen strahlt große Hitze aus"* **K** Hitzeeinwirkung **2** ein Wetter mit hohen Temperaturen, die meist als unangenehm empfunden werden ⟨*es herrscht* (*eine*) *brütende, drückende, glühende, große, lastende, schwüle, sengende, tropische Hitze*⟩ *„Die Luft flimmert vor Hitze"* **K** Hitzewelle; Mittagshitze, Sommerhitze

**hịt·ze·frei** ADJEKTIV **hitzefrei bekommen/kriegen, haben** nicht in die Schule gehen müssen, weil es draußen sehr heiß ist

**hịt·zig** ADJEKTIV **1** leicht (emotional) erregbar und mit heftigen Reaktionen ⟨*ein Mensch; ein hitziges Temperament haben*⟩ **2** mit erregten Worten (geführt) ⟨*eine Debatte, eine Diskussion, ein Wortgefecht; hitzig über etwas* (*Akkusativ*) *streiten*⟩

der **Hịtz·kopf** eine Person, die sehr schnell ärgerlich wird und zu streiten beginnt • *hierzu* **hịtz·köp·fig** ADJEKTIV

der **Hịtz·schlag** das plötzliche Versagen des

Kreislaufs, wenn man zu lange in großer Hitze war

das **HIV** [haːǀiː'fau]; (-(s)) das Virus, von dem man Aids bekommt K HIV-Infektion, HIV-Infizierte(r), HIV-Test

die **H-Milch** ['haː-] eine Milch, die speziell behandelt wird, damit sie lange hält

der **HNO-Arzt** [haːǀɛn'ǀoː-] Kurzwort für *Hals-Nasen-Ohrenarzt*

**hob** *Präteritum, 1. und 3. Person Singular* → heben

das **Hob·by**★ ['hɔbi]; (-s, -s) etwas, das man (regelmäßig) in der Freizeit zum Vergnügen tut ⟨*ein Hobby haben; etwas als Hobby betreiben*⟩ *„Ihre Hobbys sind Reiten und Skifahren"*

**Hob·by-** *im Substantiv, betont, begrenzt produktiv* **der Hobbyfotograf, der Hobbygärtner, der Hobbykoch** *und andere* verwendet, um zu sagen, dass jemand etwas nicht beruflich, sondern als Hobby macht *„Petra ist eine begnadete Hobbygärtnerin"* Petra arbeitet gern und oft mit sehr großem Erfolg in ihrem Garten

der **Ho·bel** (-s, -) **1** ein Werkzeug mit einer scharfen Klinge, die dünne Stücke (Späne) von Gegenständen aus Holz wegnimmt und so die Oberfläche glatt macht **2** ein Küchengerät mit einer scharfen Klinge, mit dem man z. B. Gemüse in dünne Scheiben schneiden kann K Gurkenhobel

**ho·beln** (*hobelte, hat gehobelt*) **1** **(etwas) hobeln** Holz mit einem Hobel glatt machen **2** **etwas hobeln** Gemüse mit einem Hobel in dünne Scheiben schneiden ⟨*eine Gurke, Kraut hobeln*⟩

**hoch**★ *ADJEKTIV* (*höher, höchst-*) RÄUMLICH: **1** bezeichnet eine relativ große Ausdehnung oder Länge nach oben ↔ niedrig, flach *„ein hoher Berg"* | *„Der Schrank ist so hoch, dass er nicht durch die Tür geht"* K Hochhaus ℹ a) *Das Haus ist hoch*; aber: *das hohe Haus*; b) Menschen und Tiere sind *groß*, nicht *hoch* **2** verwendet, um das Maß der Ausdehnung nach oben zu nennen *„ein zweitausend Meter hoher Berg"* **3** in relativ großer Entfernung über dem Boden, dem Meeresspiegel o. Ä. ↔ niedrig, tief *„Mittags steht die Sonne hoch am Himmel"* K Hochland, Hochnebel MENGE, INTENSITÄT, AUSMAß: **4** **hoch** + *Substantiv* in der Menge, im Ausmaß, in der Intensität o. Ä. den Durchschnitt übertreffend *„Der Patient hat hohes Fieber/hohen Blutdruck"* | *„Die Mieten und Preise sind zu hoch"* **5** **hoch** + *Verb/Partizip* das normale, übliche Maß übertreffend ≈ sehr *„Hoch geehrtes/geschätztes Publikum!"* | *„eine hoch komplizierte Angelegenheit"* | *„hoch konzentriert zuhören"* ℹ Viele dieser Adjektive können auch mit *hoch* zuammengeschrieben werden: *hochbegabt, hochkompliziert* usw.; vergleiche **hoch-**. **6** **etwas ist zu hoch gegriffen** eine Zahl oder Menge wird überschätzt NIVEAU, STADIUM: **7** auf einem guten Niveau ⟨*Ansprüche, Ideale, ein Lebensstandard, Ziele*⟩ **8** in einer Hierarchie relativ weit oben ⟨*ein Gast, ein Offizier, ein Rang; etwas auf höherer Ebene entscheiden*⟩ AKUSTISCH: **9** Stimmen von kleinen Kindern und Töne wie das Pfeifen von Geräten sind hoch ⟨*eine Stimme, ein Ton*⟩ ≈ hell ↔ dunkel, tief MATHEMATISCH: **10** *Zahl* + **hoch** + *Zahl* verwendet, um eine mathematische Potenz auszudrücken *„zehn hoch drei ist tausend* ($10^3$ *= 1.000)"* ID **etwas ist jemandem/für jemanden zu hoch** *gesprochen* jemand versteht etwas nicht; **es wird höchste Zeit** die Zeit wird knapp, Personen müssen sich beeilen

das **Hoch**★ (-s, -s) Kurzwort für *Hochdruckgebiet* ⟨*ein ausgedehntes, kräftiges, stabiles Hoch*⟩ ↔ Tief *„Das Hoch verdrängt die Wolken"*

**hoch-**[1]★ *im Adjektiv, betont, sehr produktiv* **hochaktuell, hocherfreut, hochgebildet, hochgiftig, hochintelligent, hochinteressant, hochkonzentriert, hochmodern, hochschwanger** *und andere* verwendet, um Adjektive zu verstärken ≈ sehr (stark) *„hochanständige Leute"* | *„ein hochempfindliches Messgerät"* | *„einen hochroten Kopf bekommen"* | *„ein hochwirksames Mittel"* ℹ Die hier genannten Adjektive müssen immer, die unter *hoch* genannten Adjektive können auch mit *hoch* zusammengeschrieben werden.

**hoch-**[2]★ (*im Verb, betont und trennbar, sehr produktiv; Diese Verben werden so gebildet: hochsteigen, stieg hoch, hochgestiegen*) **etwas hochbinden, hochklappen, hochwerfen**; **jemanden/etwas (irgendwohin) hochheben, hochreißen, hochtragen**; **etwas rankt sich hoch, wächst hoch** *und andere* bezeichnet die Richtung von unten nach oben *„Er stieg ins oberste/zum obersten Stockwerk hoch"* Er ging alle Treppen nach oben bis ins oberste Stockwerk ℹ Anstelle einer Richtungsangabe (*ins oberste/zum obersten Stockwerk*) steht häufig nur eine Angabe im Akkusativ: *Sie stieg die Treppe hoch; Er zog den Schlitten den Berg* *hoch.*

**Hoch-**★ *im Substantiv, betont, nicht produktiv* **das/der Hochbarock, die Hochgotik, das Hochmittelalter, die Hochrenaissance** *und andere* verwendet, um den Höhepunkt oder die Mitte eines Zeitraums zu bezeichnen *„im Hochsommer"* in der heißesten Zeit des Sommers

die **Hoch·ach·tung** (-) **die Hochachtung (vor jemandem/etwas)** eine sehr große Achtung, ein sehr großer Respekt vor jemandem/etwas ⟨*Hochachtung vor jemandem/etwas haben; seine Hochachtung zum Ausdruck bringen*⟩

**hoch·ar·bei·ten** (*hat*) **sich hocharbeiten** im Beruf langsam von einer niederen zu einer relativ hohen Position kommen *„Er hat sich vom Kellner zum Direktor des Hotels hochgearbeitet"*

der **Hoch·be·trieb** *nur Singular* **irgendwo herrscht Hochbetrieb** in einem Geschäft, Gasthaus o. Ä. sind sehr viele Leute (die dort einkaufen, essen usw.)

die **Hoch·burg** ein Ort, an dem meist eine politische, religiöse oder kulturelle Bewegung sehr stark vertreten ist

**hoch·deutsch** *ADJEKTIV* deutsch, wie man in Nachrichten oder höflich mit Fremden spricht (ohne Dialekt usw.)

das **Hoch·deutsch** (-(*s*)) die deutsche Sprache, wie man sie in Nachrichten oder höflich mit Fremden spricht (ohne Dialekt usw.) *„Viele Schulkinder müssen lernen, ihren Dialekt abzulegen und Hochdeutsch zu sprechen"*

der **Hoch·druck** *meist Singular* **1** ein hoher Druck in einer Flüssigkeit *„Im Behälter herrscht Hochdruck"* **2** hoher Luftdruck **K** Hochdruckzone **3** **mit/unter Hochdruck** konzentriert und mit großer Eile ⟨*etwas mit Hochdruck betreiben; unter Hochdruck arbeiten*⟩

**hoch·fah·ren** **1** **(irgendwohin) hochfahren** (*ist*) nach oben fahren (z. B. auf einen Berg oder in ein höheres Stockwerk) *„Fahren wir mit dem Aufzug hoch oder nehmen wir die Treppe?"* **2** (*ist*) schnell (vom Stuhl oder vom Bett) aufstehen, weil man erschrocken ist **3** **jemanden/etwas (irgendwohin) hochfahren** (*hat*) jemanden/etwas mit einem Fahrzeug nach oben transportieren *„frische Lebensmittel in ein Bergdorf/zur Alm hochfahren"* **4** **etwas hochfahren** (*hat*) einen Computer anschalten, starten ⟨*den Computer, den PC hochfahren*⟩ **5** **etwas hochfahren** (*hat*) die Leistung einer Maschine, eines Reaktors o. Ä. langsam steigern

die **Hoch·form** *nur Singular* ein sehr guter körperlicher Zustand, in dem man gute Leistungen bringt ⟨*in Hochform sein; zur Hochform auflaufen*⟩

das **Hoch·ge·bir·ge** ein Gebirge mit steilen Hängen und spitzen Felsgipfeln, die meist über 2000 Meter liegen

das **Hoch·ge·fühl** *meist Singular* ein starkes Gefühl großer Freude oder des Stolzes

**hoch·ge·hen** (*ist*) **1** **etwas geht hoch** etwas bewegt sich nach oben ⟨*die Schranke, der Vorhang (im Theater)*⟩ **2** **etwas geht hoch** *gesprochen* ⟨*eine Bombe, eine Mine*⟩ ≈ explodieren **3** **etwas hochgehen lassen** in einem Gebäude o. Ä. eine Bombe explodieren lassen und es so zerstören ❶ weitere Verwendungen → **hoch-**

der **Hoch·ge·nuss** ein sehr großer Genuss *„Dieser edle Wein ist ein Hochgenuss"*

**hoch·ge·stellt** *ADJEKTIV* **1** **eine hochgestellte Zahl** eine Zahl in kleiner Schrift, die (im Verhältnis zur normalen Schrift) nach oben versetzt ist **2** in einer Hierarchie relativ weit oben ⟨*eine Persönlichkeit*⟩

**hoch·gra·dig** *ADJEKTIV meist attributiv* in hohem Grad, Maß ⟨*Erregung, Nervosität; etwas ist hochgradig veraltet*⟩ ≈ äußerst *„Der Erdboden war durch Chemikalien hochgradig verseucht"*

**hoch·hal·ten** (*hat*) **1** **jemanden/etwas hochhalten** jemanden/etwas hoch in die Luft halten *„ein Schild hochhalten"* **2** **etwas hochhalten** etwas Wichtiges weiter in Erinnerung behalten oder tun ⟨*jemandes Andenken, Bräuche, Traditionen hochhalten*⟩

das **Hoch·haus**★ ein sehr hohes Haus mit vielen Etagen und Wohnungen

**hoch·kom·men**★ (*ist*); *gesprochen* **1** **(irgendwohin) hochkommen** nach oben kommen *„Kommst du mit hoch auf den Berg/zur Alm?"* ❶ Anstelle einer Richtungsangabe steht meist eine Angabe im Akkusativ: *Wer kommt denn da die Treppe hoch?* **2** eine berufliche Karriere machen *„Der Chef lässt niemanden neben sich hochkommen"*

die **Hoch·kon·junk·tur** *meist Singular* **1** eine Phase in der Konjunktur, in der es der Wirtschaft sehr gut geht ≈ Boom ⟷ Rezession **2** **etwas hat (gerade) Hochkonjunktur** etwas ist gerade sehr beliebt oder wird oft gekauft

**hoch·le·ben** **jemanden/etwas hochleben**

H

**lassen** jemanden/etwas feiern, indem man ein Hoch ausbringt

**hoch·le·gen** (*hat*) **die Beine hochlegen** die Füße im Sitzen auf einen Stuhl o. Ä. legen, nicht am Boden lassen

der **Hoch·mut** ein Denken oder Handeln, das zeigt, dass sich der Betreffende für besser, klüger oder schöner hält als andere Menschen ≈ Arroganz • *hierzu* **hoch·mü·tig** *ADJEKTIV*

**hoch·nä·sig** *ADJEKTIV; gesprochen, abwertend* ≈ hochmütig, eingebildet

**hoch·neh·men** (*hat*) **1** **jemanden/etwas hochnehmen** jemanden/etwas vom Boden, Tisch o. Ä. nehmen (und in den Händen oder auf dem Arm irgendwohin tragen) ⟨*ein Kind hochnehmen*⟩ *„eine schwere Kiste hochnehmen und wegtragen"* **2** **jemanden hochnehmen** *gesprochen* eine Person auf freundliche, gutmütige Weise verspotten (ohne sie zu demütigen)

**hoch·pro·zen·tig** *ADJEKTIV* (*höherprozentig, höchstprozentig*) ⟨*Alkohol, eine Lösung*⟩ so, dass sie einen großen Anteil (Prozentsatz) von einer Sache enthalten

**hoch·ran·gig** *ADJEKTIV* (*höherrangig, höchstrangig*) mit einem hohen Rang ⟨*ein Offizier*⟩

die **Hoch·rech·nung** eine (vorläufige) Rechnung, bei der man mit bereits vorhandenen Daten versucht, das (endgültige) Ergebnis vorherzusagen (z. B. bei Wahlen) *„Die ersten Hochrechnungen haben ergeben, dass die Regierungspartei viele Wählerstimmen verloren hat"* • *hierzu* **hoch·rech·nen** (*hat*)

die **Hoch·sai·son** **1** *meist Singular* ≈ Hauptsaison **2** **etwas hat Hochsaison** ein Geschäft verkauft mehr Waren als sonst im Jahr oder eine Ware wird sehr oft gekauft *„Vor Weihnachten haben die Geschäfte/haben Luxuswaren Hochsaison"*

**hoch·schät·zen** ≈ hoch schätzen

**hoch·schre·cken** (*schreckt/schrickt hoch, schreckte/schrak hoch, ist hochgeschreckt*) (aus Angst o. Ä.) sehr schnell aus dem Liegen oder Sitzen aufspringen *„Er schreckte aus dem Schlaf hoch"*

die **Hoch·schu·le★** eine Institution, an der man als Erwachsener wissenschaftliche Fächer studieren kann **K** Hochschulabschluss, Hochschulbildung, Hochschulstudium • *hierzu* **Hoch·schü·ler** *der;* **Hoch·schü·le·rin** *die*

die **Hoch·schul|rei·fe** *admin* ⟨*die Hochschulreife haben*⟩ ≈ Abitur

**hoch·schwan·ger** *ADJEKTIV* im 8. oder 9. Monat der Schwangerschaft ⟨*hochschwanger sein*⟩

die **Hoch·see** *nur Singular* die Teile des Meeres, die weit von der Küste entfernt sind **K** Hochseefischerei, Hochseeflotte

die **Hoch·span·nung** **1** eine hohe elektrische Spannung **K** Hochspannungsleitung **2** *nur Singular* eine sehr große Erwartung und Spannung *„Vor seinem Auftritt herrschte Hochspannung im Saal"*

die **Hoch·spra·che** *meist Singular* die (vor allem geschriebene) Form einer Sprache, die als Standard angesehen wird und keine regionalen Merkmale hat • *hierzu* **hoch·sprach·lich** *ADJEKTIV*

der **Hoch·sprung** *nur Singular* eine Disziplin in der Leichtathletik, bei der man über eine Latte springen muss, die immer höher gelegt wird • *hierzu* **Hoch·sprin·ger** *der;* **Hoch·sprin·ge·rin** *die*

**höchst★** *ADVERB* verwendet vor Adjektiven, um ein Maximum der genannten Eigenschaft auszudrücken ⟨*höchst erfreut, gefährlich, interessant, leichtsinnig, naiv, ungenau, unwahrscheinlich, zufrieden*⟩

**hoch·sta·peln** (*hat*) **1** so tun, als hätte man eine hohe gesellschaftliche Position und viel Geld, obwohl es nicht wahr ist, um so (vor allem finanzielle) Vorteile zu bekommen **2** so tun, als hätte man ein großes Wissen oder bedeutende Dinge getan, obwohl es nicht wahr ist • *hierzu* **Hoch·stap·ler** *der;* **Hoch·stap·le·rin** *die;* **Hoch·sta·pe·lei** *die*

**höchs·tens★** *ADVERB* **1** **höchstens** *+Zahl* auf keinen Fall mehr, wahrscheinlich aber weniger (als die Zahl angibt) ≈ maximal *„Das Auto darf höchstens 10.000 Euro kosten"* **2** drückt aus, dass nur das Genannte überhaupt in Frage kommt (und dass auch das nicht wahrscheinlich ist) *„Höchstens ein Wunder könnte ihn jetzt noch retten"* wahrscheinlich kann er nicht mehr gerettet werden

der **Höchst·fall** **im Höchstfall** im besten Fall *„Im Höchstfall können wir 500 Stück verkaufen"*

die **Höchst·form** *nur Singular* der Zustand, in dem jemand (vor allem beim Sport) am meisten leisten kann ⟨*in Höchstform sein; sich in Höchstform befinden*⟩

die **Höchst·ge·schwin·dig·keit** *meist Singular* die höchste Geschwindigkeit, die möglich oder erlaubt ist

die **Hoch·stim·mung** *meist Singular* eine sehr gute (fröhliche oder optimistische) Stimmung ⟨*in Hochstimmung sein; es herrscht Hochstimmung*⟩

das **Höchst·maß ein Höchstmaß (an etwas** (*Dativ*)) ein sehr hoher Grad (einer Sache) ≈ Maximum *„Diese Arbeit fordert ein Höchstmaß an Konzentration"*

der **Höchst·stand** *meist Singular* der höchste Stand, das höchste Niveau ⟨*etwas erreicht den Höchststand; etwas ist auf dem (technischen, wissenschaftlichen) Höchststand*⟩

**höchst|wahr·schein·lich** *ADVERB* sehr wahrscheinlich *„Sie werden höchstwahrscheinlich zu spät kommen"*

**hoch·trei·ben** (*hat*) **etwas hochtreiben** (bewusst) bewirken, dass Preise oder Aktienkurse steigen ⓘ weitere Verwendungen → **hoch-**

das **Hoch·was·ser★** *nur Singular* **1** die Situation, wenn vor allem ein Fluss so viel Wasser hat, dass es zu einer Überschwemmung kommen kann *„Der Fluss hat Hochwasser"* **2** der Vorgang, bei dem große Mengen Wasser (vor allem aus einem Fluss oder wegen starken Regens) über eine Fläche fließen und meist Schaden anrichten ≈ Überschwemmung **K** Hochwassergefahr, Hochwasserschutz **3** der höchste Stand des Wassers zur Zeit der Flut (am Meer) ↔ Ebbe, Niedrigwasser

**hoch·wer·tig** *ADJEKTIV* von hoher Qualität ⟨*Produkte, Nahrungsmittel, Lebensmittel, Stahl, Textilien; sich hochwertig ernähren* (= *mit hochwertigen Lebensmitteln*)⟩ *„hochwertige Stoffe"*

die **Hoch·zeit**[1]**★**; (-, *-en*) **1** *meist Singular* die Zeremonie, bei der ein Mann und eine Frau auf dem Standesamt oder in der Kirche erklären, dass sie heiraten wollen ⟨*die kirchliche, standesamtliche Hochzeit*⟩ **K** Hochzeitsfoto, Hochzeitsgeschenk, Hochzeitskleid, Hochzeitsreise **2** eine Feier, die am Tag der Hochzeit stattfindet ⟨*Hochzeit feiern, halten; eine Hochzeit ausrichten; (jemanden) zur Hochzeit (ein)laden*⟩ **K** Hochzeitsfeier

die **Hoch·zeit**[2]; *geschrieben* ≈ Blütezeit

der **Hoch·zeits|tag** **1** der Tag der Hochzeit **2** ein Jahrestag einer Hochzeit *„den fünften Hochzeitstag feiern"*

die **Ho·cke** (-) die Körperhaltung, in der man hockt ⟨*in der Hocke sitzen; in die Hocke gehen*⟩

**ho·cken★** (*hockte, hat/ist gehockt*) **1** **(irgendwo) hocken** (*hat/süddeutsch* Ⓐ Ⓒⓗ *ist*) *die Knie so beugen, dass man auf den Unterschenkeln sitzt „Sie hockte auf dem Boden und pflückte Erdbeeren"* **2** **irgendwo hocken** *gesprochen, meist abwertend* (*hat/süddeutsch* Ⓐ Ⓒⓗ *ist*) *längere Zeit immer nur an ein und demselben Ort bleiben „Sie hockt jeden Abend zu Hause und geht nie aus"* **3** **sich irgendwohin hocken** (*hat*) sich in hockender Stellung an einen Platz setzen *„Er hockte sich vor die Katze und kraulte sie"*

der **Ho·cker★** (-s, -) ein Stuhl ohne Lehne (oft mit drei Beinen) *„auf einem Hocker am Klavier sitzen"* **K** Barhocker

der **Hö·cker** (-s, -) Kamele haben Höcker auf dem Rücken, die wie Hügel aussehen *„ein Kamel mit zwei Höckern"*

der **Ho·den** (-s, -); *meist Plural* der Teil der Geschlechtsorgane bei Männern, in dem die Samen produziert werden

der **Hof★** (-(*e*)*s*, *Hö·fe*) **1** eine Fläche hinter einem Haus oder zwischen Häusern, die von Mauern o. Ä. umgeben ist (und die von den Hausbewohnern zu verschiedenen Zwecken benutzt wird) ⟨*auf dem/im Hof spielen; Fahrräder im Hof abstellen*⟩ **K** Hinterhof, Schulhof **2** das Haus eines Bauern mit Scheune, Ställen, Garten, Feldern usw. *„Nur noch wenige Höfe im Dorf werden bewirtschaftet"* **K** Hofhund; Bauernhof **3** der Ort und die Häuser, in denen ein König, Fürst o. Ä. lebt und von wo aus er ein Gebiet regiert ⟨*der königliche, kaiserliche Hof; am Hof leben*⟩ **K** Hofdame, Hofnarr; Kaiserhof, Königshof **4** *nur Singular* die Personen, die am Hof eines Herrschers leben ≈ Hofstaat *„Die Schauspieltruppe führte ihr Stück vor dem Hof des Königs auf"*

**hof·fen★** (*hoffte, hat gehofft*) **1** **etwas hoffen** den Wunsch haben, dass etwas geschehen wird, und gleichzeitig glauben, dass es geschehen kann *„Ich hoffe, dass es morgen schönes Wetter gibt"* | *„Hoffen wir das Beste!"* **2** **(auf etwas** (*Akkusativ*)**) hoffen** den Wunsch haben, dass etwas geschehen wird *„Ich hoffe auf ein baldiges Wiedersehen!"*

**hoff·ent·lich★** *ADVERB* so, dass man etwas sehr stark wünscht *„Hoffentlich hatte er keinen Unfall!"* | *„Du hast doch hoffentlich nicht vor, diesen Mann zu heiraten?"*

die **Hoff·nung★** (-, *-en*) **1** **eine Hoffnung (auf**

H

**etwas** (*Akkusativ*)) der starke Wunsch oder Glaube, dass etwas geschehen wird ⟨*eine begründete, berechtigte, falsche, schwache Hoffnung; jemandem/sich selbst Hoffnung(en) machen;* (*keine, wenig*) *Hoffnung haben; die Hoffnung aufgeben, verlieren*⟩ *„Es gibt kaum noch Hoffnung, dass er wieder gesund wird"* **2** eine Person, eine Handlung oder ein Vorhaben, von denen man eine gute Leistung oder Hilfe erwartet *„Du bist/Das ist meine letzte Hoffnung!"*

der **Hoff·nungs·schim·mer** *geschrieben* ein bisschen Hoffnung

**ho·fie·ren** (*hofierte, hat hofiert*) **jemanden hofieren** sehr hilfsbereit und höflich zu einer Person sein und ihr schmeicheln ⟨*den Chef, einen Gönner hofieren*⟩

**höf·lich**★ ADJEKTIV **höflich (zu jemandem)** mit einem Verhalten, das auf die Gefühle und die Ehre anderer Menschen Rücksicht nimmt und den sozialen Normen entspricht ⟨*eine Antwort, ein Benehmen, ein Gruß; ausgesucht, übertrieben höflich sein;* (*jemanden*) *höflich um etwas bitten; jemanden höflich grüßen; sich höflich bedanken*⟩ *„Er war so höflich, mir die Tür aufzuhalten"*

die **Höf·lich·keit** (-, -en) **1** **Höflichkeit (jemandem gegenüber)** *nur Singular* ein höfliches Benehmen ⟨*jemanden mit ausgesuchter, großer, übertriebener Höflichkeit begrüßen, behandeln*⟩ **K** Höflichkeitsbesuch, Höflichkeitsfloskel **2** *meist Plural* höfliche, aber meist unwichtige Worte ⟨*Höflichkeiten austauschen*⟩

**ho·h-** → hoch

die **Hö·he**★ ['høːə]; (-, -n) **1** die Ausdehnung einer Sache nach oben ↔ Tiefe *„Dieser Berg hat eine Höhe von 3000 Metern"* **K** Höhenangabe, Höhenunterschied **2** die Entfernung nach oben, die etwas von der Erdoberfläche oder vom Meeresspiegel hat ⟨*etwas fliegt, liegt in großer Höhe*⟩ *„etwas aus großer Höhe fallen lassen"* | *„Der Ort liegt in sechshundert Metern Höhe* (*über dem Meeresspiegel*)*"* **K** Augenhöhe; Flughöhe, Meereshöhe **3** eine (mathematische) Größe, die sich messen oder berechnen und in Zahlen darstellen lässt ⟨*die Höhe eines Betrags, eines Lohnes, einer Steuer, des Druckes, der Temperatur*⟩ **K** Preishöhe, Temperaturhöhe **4** die Frequenz, die ein Geräusch hat ⟨*die Höhe eines Tons*⟩ *„beim Singen nicht die richtige Höhe treffen"* **K** Tonhöhe **5** *nur Singular* ein relativ gutes Niveau ⟨(*etwas hat*) *eine beachtliche, beträchtliche Höhe*⟩ **6** **auf der Höhe** +*Genitiv*/**von jemandem/etwas**; **auf gleicher Höhe (mit jemandem/etwas)** auf derselben (gedachten) Linie wie jemand/etwas *„Die beiden Pferde befinden sich kurz vor der Ziellinie auf gleicher Höhe"* **7** **auf der Höhe** +*Genitiv* am höchsten Punkt einer Entwicklung ≈ Höhepunkt *„Er befindet sich auf der Höhe seines Ruhms"* **ID** **nicht (ganz) auf der Höhe sein** *gesprochen* nicht ganz gesund sein

die **Ho·heit** (-, -en) **1** **die Hoheit (über etwas** (*Akkusativ*)) *nur Singular* das Recht (eines Staates), ein Gebiet zu regieren, und die Verpflichtung, es zu schützen ⟨*die Hoheit über ein Land, ein Meeresgebiet, die Hoheit eines Landes anerkennen; ein Land steht unter jemandes Hoheit*⟩ ≈ Souveränität *„Die eroberten Gebiete wurden unter die Hoheit der Siegermächte gestellt"* **K** Hoheitsgebiet, Hoheitsgewässer; Gerichtshoheit **2** verwendet als Anrede und Titel von Angehörigen einer adeligen regierenden Familie *„Herzlich willkommen, Eure Hoheit!"*

die **Hö·hen·angst** *meist Singular* die Angst davor, z. B. von einer Brücke oder einem Berg nach unten zu sehen

die **Hö·hen·luft** *nur Singular* die Luft im Hochgebirge mit relativ wenig Sauerstoff ⟨*die Höhenluft nicht vertragen; sich an die Höhenluft gewöhnen, anpassen* (*müssen*)⟩

der **Hö·he·punkt**★ **der Höhepunkt** +*Genitiv*/**der Höhepunkt in etwas** (*Dativ*) der wichtigste (und schönste) Teil einer Entwicklung oder eines Vorgangs ⟨*der dramatische, musikalische Höhepunkt; etwas erreicht einen Höhepunkt; auf dem Höhepunkt der Karriere, Laufbahn sein*⟩ *„Die Wahl zum Präsidenten stellte den Höhepunkt* (*in*) *seiner politischen Laufbahn dar"*

**hö·her** ['høːɐ] *Komparativ* → hoch

**hohl**★ ADJEKTIV **1** innen leer, ohne Inhalt ⟨*ein Baum, ein Zahn*⟩ *„Die Mauer klingt an dieser Stelle hohl"* **K** Hohlkörper, Hohlraum **2** so, dass etwas, das normalerweise flach oder gerade ist, nach innen gebogen ist ⟨*ein hohles Kreuz, hohle Wangen haben*⟩ ≈ konkav *„Sie schöpfte mit der hohlen Hand Wasser aus dem Bach"* **K** Hohlspiegel

die **Höh·le**★ (-, -n) ein Raum unter der Erde oder in einem Berg, Felsen usw. ⟨*eine* (*unterirdische*) *Höhle entdecken, erforschen*⟩ *„Die Steinzeitmenschen lebten in Höhlen"* **K** Bärenhöhle,

Erdhöhle

das **Hohl·kreuz** eine Wirbelsäule, die im Bereich des unteren Rückens stark nach vorn gebogen ist ⟨*ein Hohlkreuz haben, machen*⟩

der **Hohn** (-(*e*)*s*) böser Spott, der mit Verachtung gemischt ist ⟨*beißender, blanker, kalter, offener, unverhüllter Hohn; jemand/etwas erntet nur Spott und Hohn*⟩ **K** Hohngelächter

**höh·nisch** *ADJEKTIV* voller Hohn ⟨*höhnisch grinsen, lachen*⟩

**ho·len★** (*holte, hat geholt*) **1** **jemanden/etwas holen** dorthin gehen, wo eine Person oder Sache ist, und sie mit sich zurückbringen *„Kartoffeln aus dem Keller holen"* **2** **etwas aus etwas holen** etwas aus einem Behälter nehmen *„den Schlüssel aus der Tasche holen"* **3** **jemanden holen** eine Person (durch einen Anruf) veranlassen zu kommen, damit sie das tut, was ihre Aufgabe, ihr Beruf ist ⟨*den Arzt, den Klempner, die Polizei holen*⟩ ≈ rufen **4** **etwas holen** *gesprochen* ≈ einkaufen *„Brötchen holen"* **5** **Atem/Luft holen** viel Luft in die Lunge bringen (meist nach einer Anstrengung), kräftig einatmen **6** **sich** (*Dativ*) **etwas holen** *gesprochen* sich mit etwas infizieren und krank werden ⟨*sich* (*Dativ*) *die Grippe, einen Schnupfen holen*⟩ **7** **sich** (*Dativ*) **etwas holen** sich etwas geben lassen ⟨*sich* (*Dativ*) *Anregungen,* (*einen*) *Rat, Tipps* (*von jemandem*) *holen*⟩

die **Höl·le★** (-) **1** der Ort, von dem man (in manchen Religionen) glaubt, dass dort nach dem Tod die Seelen der Menschen für ihre Sünden bestraft werden ⟨*in die Hölle kommen*⟩ ↔ Himmel **K** Höllenfeuer, Höllenqualen **2** ein Ort oder ein Zustand, in dem man sehr viel leidet ⟨*etwas ist für jemanden die Hölle*⟩ **ID** **Hier ist die Hölle los** *gesprochen* Hier ist großer Lärm und ein (hektisches) Durcheinander

**höl·lisch** *ADJEKTIV; gesprochen* in negativer Weise über das normale Maß hinausgehend ⟨*Angst, Schmerzen, eine Hitze, ein Lärm, ein Tempo; höllisch aufpassen müssen; es ist höllisch heiß, kalt*⟩ *„Die Wunde tut höllisch weh"*

der **Ho·lo·caust** ['ho:lokaust]; (-(*s*), -*s*) **1** *historisch* der Massenmord an den Juden zur Zeit des Nationalsozialismus **2** das Töten einer sehr großen Zahl von Menschen ⟨*ein atomarer Holocaust*⟩ ≈ Massenvernichtung

**hol·pern** (*holperte, hat/ist geholpert*) **1** **ein Fahrzeug holpert irgendwohin** (*ist*) ein Fahrzeug bewegt sich auf einem unebenen Weg ruckartig auf und ab ⟨*ein Karren, ein Wagen*⟩ *„Die Kutsche holperte über das Pflaster"* unser Wagen holperte **2** **etwas holpert** (*hat*) etwas bewegt sich während einer Fahrt ruckartig auf und ab *„Da sein Anhänger zu sehr holperte, fiel die Ladung herunter"*

**holp·rig** *ADJEKTIV* **1** voller Löcher und Unebenheiten ⟨*eine Gasse, ein Pfad, ein Weg*⟩ ≈ uneben *„auf einem holprigen Pflaster fahren"* **2** so, dass man noch viele Pausen beim Sprechen macht oder machen muss ⟨*holprig lesen, sprechen, vortragen*⟩ *„Mein Italienisch ist noch ziemlich holprig"*

der **Ho·lun·der** (-*s*) **1** ein Strauch oder kleiner Baum mit kleinen schwarzen Beeren **K** Holunderblüte **2** die Beeren des Holunders, aus denen man Marmelade macht oder deren Saft man trinkt **K** Holunderbeere, Holundersaft

das **Holz★** (-*es, Höl·zer*) **1** *nur Singular* das Material, aus dem Äste und Stämme von Bäumen bestehen und aus dem man z. B. Möbel und Papier macht ⟨*gemasertes, hartes, weiches, dürres, trockenes Holz; Holz hacken, sägen, spalten, stapeln;* (*etwas aus*) *Holz schnitzen*⟩ *„ein Schrank aus massivem Holz"* | *„Holz für ein Lagerfeuer sammeln"* **K** Holzbrett, Holzhaus, Holzklotz, Holzsplitter; Eichenholz; Brennholz **2** *meist Plural* eine spezielle Sorte Holz *„Mahagoni und Teak sind edle Hölzer"* **K** Edelhölzer **3** **Holz machen** Bäume fällen oder Brennholz klein hacken

**höl·zern** *ADJEKTIV* **1** *meist attributiv* aus Holz ⟨*eine Brücke, ein Spielzeug*⟩ **2** ⟨*Bewegungen*⟩ ungeschickt und steif und nicht elegant *„sich hölzern verbeugen"*

der **Holz·fäl·ler** (-*s*, -) eine Person, die beruflich im Wald Bäume fällt • *hierzu* **Holz·fäl·le·rin** *die*

**hol·zig** *ADJEKTIV* so hart wie Holz ⟨*ein Stängel*⟩

die **Holz·koh·le** *meist Singular* eine sehr leichte Kohle, die man beim Grillen oder zum Zeichnen verwendet **K** Holzkohlengrill

der **Holz·weg** **ID** **auf dem Holzweg sein** falsche Vorstellungen von jemandem/etwas haben

die **Home·page★** ['hoʊmpeɪtʃ]; (-, -*s* [-peɪdʒɪz]) eine Information im Internet, mit der sich vor allem eine Firma, eine Organisation selbst beschreibt bzw. die erste Seite dieser Information ⟨*eine Homepage basteln, erstellen, aufrufen, besuchen, lesen; Informationen, Fotos auf die*

*Homepage stellen〉 „Besuchen Sie auch unsere Homepage im Internet!"*

der **Ho·mo** (-s, -s); *gesprochen* Kurzwort für *Homosexuelle(r)*

**ho·mo·gen** ADJEKTIV; *geschrieben* so, dass die einzelnen Teile gut zueinanderpassen, weil sie gleichartig sind 〈*eine Gruppe, eine Masse, eine Gesellschaftsschicht*〉 ≈ einheitlich ↔ heterogen • *hierzu* **Ho·mo·ge·ni·tät** *die*

die **Ho·möo·pa·thie** [homøopa'ti:]; (-) eine Heilmethode, bei der Krankheiten durch sehr kleine Mengen derjenigen Substanz geheilt werden, welche die Krankheit verursacht

**ho·mo·se·xu·ell★** ADJEKTIV mit sexueller Neigung zu Menschen des gleichen Geschlechts 〈*Beziehungen, eine Veranlagung; homosexuell veranlagt sein*〉 ⓘ Man bezeichnet vor allem Männer als *homosexuell*, Frauen meist als *lesbisch*. • *hierzu* **Ho·mo·se·xu·a·li·tät** *die*

der **Ho·nig★** (-s) Bienen produzieren süßen Honig 〈*Milch, Tee, ein Brot mit Honig*〉 **K** Honigglas; Bienenhonig, Blütenhonig

das **Ho·no·rar** (-s, -e) das Geld, das man Ärzten, Autoren, Rechtsanwälten usw. für ihre Dienste zahlt 〈*ein Honorar fordern, vereinbaren, zahlen, kassieren*〉 **K** Honorarabrechnung; Arzthonorar, Autorenhonorar

**ho·no·rie·ren** (*honorierte, hat honoriert*) **1** **jemanden (für etwas) honorieren** jemandem für eine Leistung ein Honorar bezahlen 〈*sich (Dativ) etwas honorieren lassen*〉 *„einen Rechtsanwalt für seine Bemühungen honorieren"* **2** **etwas (mit etwas) honorieren** etwas anerkennen und belohnen *„Seine Bemühungen um den Naturschutz wurden nicht honoriert"*

der **Hop·fen** (-s) **1** eine Pflanze, die an langen Stangen hochwächst und deren Frucht verwendet wird, um Bier herzustellen 〈*Hopfen anbauen*〉 **2** die Frucht des Hopfens 〈*Hopfen pflücken, dörren*〉 *„Hopfen, Malz und Gerste sind wichtige Zutaten bei der Herstellung von Bier"* **K** Hopfenernte

**hopp!** *gesprochen* **1** **Hopp, hopp!** sehr schnell (und mit wenig Sorgfalt) *„Fürs Kochen nimmt er sich nicht viel Zeit, das geht bei ihm immer hopp, hopp!"* **2** **Hopp(, hopp)!** verwendet, um einer Person zu sagen, dass sie sich beeilen soll *„Hopp, komm schon, sonst verpassen wir die Straßenbahn!"*

**hop·peln** (*hoppelte, ist gehoppelt*) **ein Tier hoppelt (irgendwohin)** wenn Hasen, Kaninchen usw. hoppeln, bewegen sie sich langsam mit kleinen Sprüngen fort

**hop·sen** (*hopste, ist gehopst*) **(irgendwohin) hopsen** *gesprochen* hüpfen (und sich dadurch fortbewegen) *„Die Kinder hopsten durch das Zimmer"* • *hierzu* **hops!**

**hör·bar** ADJEKTIV so, dass man es hören kann *„ein kaum hörbares Geräusch"*

das **Hör·buch** eine CD, auf der jemand ein Buch vorliest

**hor·chen** (*horchte, hat gehorcht*) **1** heimlich bei etwas zuhören 〈*an der Tür, an der Wand horchen*〉 *„Er horchte an der Tür, um zu erfahren, was sie über ihn sagten"* **2** sehr aufmerksam (angestrengt) auf Geräusche achten *„Er hielt die Uhr an sein Ohr und horchte, ob sie noch tickte"*

die **Hor·de** (-, -n) **eine Horde** (+*Genitiv*); **eine Horde von Personen** *meist abwertend* eine Gruppe von Personen, in der es keine klare Ordnung gibt und die oft als Bedrohung empfunden wird 〈*eine lärmende, wilde Horde; eine Horde Fußballfans, Rocker*〉

**hö·ren★** (*hörte, hat gehört*) **1** **(jemanden/etwas) hören** Laute oder Geräusche mit den Ohren wahrnehmen 〈*ein Geräusch, einen Knall, einen Schrei, einen Ton hören; gut, schlecht, schwer hören*〉 *„Hast du ihn schon singen gehört?"* **K** Hörtest, hörbehindert **2** **etwas hören** Geräusche bewusst wahrnehmen, aufmerksam verfolgen 〈*Musik, ein Konzert, Radio, eine CD hören*〉 ≈ anhören **3** **etwas (über jemanden/etwas) hören** etwas über jemanden/etwas erfahren bzw. herausfinden, dass etwas geschehen ist *„Ich habe schon von den Nachbarn gehört, dass du umziehen willst"* **4** **jemanden (zu etwas) hören** *admin* eine Person veranlassen oder ihr erlauben, zu einem Thema etwas zu sagen 〈*den Angeklagten, einen Sachverständigen, einen Zeugen hören*〉 **5** **auf jemanden/etwas hören** dem Rat einer Person folgen 〈*auf die Eltern, auf einen Freund, auf einen Rat hören*〉 **6** **von jemandem/etwas hören** Informationen über jemanden/etwas bekommen *„Ich habe schon von seiner abenteuerlichen Reise gehört"* **7** **von jemandem hören** nach längerer Zeit (wieder) einen Brief, Anruf o. Ä. von jemandem bekommen **ID** **(et)was/nichts von sich** (*Dativ*) **hören lassen** zu einer Person (keinen) Kontakt haben *„Tschüs! Und lass mal wieder was von dir hören!"*; **Na, hör mal/Na, hören Sie mal!**

verwendet, um zu protestieren

das **Hö·ren·sa·gen** **vom Hörensagen** nicht aus eigener Erfahrung, sondern aus den Erzählungen anderer Leute ⟨*jemanden/etwas nur vom Hörensagen kennen; etwas vom Hörensagen wissen*⟩

der **Hö·rer★** (-s, -) **1** eine Person, die Musik o. Ä. im Radio hört **K** Hörerwunsch; Radiohörer **2** der Teil des Telefons, den man gegen das Ohr hält und in den man hineinspricht ⟨*den Hörer abnehmen, auflegen*⟩ **K** Telefonhörer • *zu* (1) **Hö·re·rin** *die*

das **Hör·ge·rät** ein Gerät für Schwerhörige, das ihnen hilft, besser zu hören

**hö·rig** ADJEKTIV **1** **jemandem hörig sein** immer das tun, was eine andere Person will **2** *historisch* rechtlich und wirtschaftlich vollkommen von einer anderen Person (meist einem Fürsten o. Ä.) abhängig

der **Ho·ri·zont**, **Ho·ri·zont★**; (-(e)s, -e) **1** *nur Singular* die Linie in der Ferne, an der sich Himmel und Erde/Meer zu berühren scheinen *„Die Sonne versinkt am Horizont"* **2** *meist Singular* der Bereich, den ein Mensch mit dem Verstand beurteilen, verstehen kann ⟨*einen beschränkten, engen, großen, weiten Horizont haben; etwas erweitert jemandes Horizont; geht über jemandes Horizont hinaus*⟩ *„(Das) Reisen erweitert den Horizont"*

**ho·ri·zon·tal** ADJEKTIV parallel zum Boden ≈ waagrecht ↔ vertikal, senkrecht *„in horizontaler Lage"* | *„etwas verläuft horizontal"*

das **Hor·mon** (-s, -e) eine Substanz, welche der Körper selbst bildet und die Prozesse (z. B. das Wachstum) steuert **K** Hormonmangel, Hormonpräparat; Sexualhormon, Wachstumshormon • *hierzu* **hor·mo·nal** ADJEKTIV; **hor·mo·nell** ADJEKTIV

das **Horn★** (-(e)s, *Hörner*) **1** Hörner sind oben am Kopf von Rindern, Ziegen o. Ä. Tiere benutzen ihre Hörner meist zum Kampf ⟨*ein gerades, krummes, spitzes, stumpfes Horn; die Hörner einer Kuh, einer Ziege*⟩ *„Der Torero wurde von einem Horn des Stiers verletzt"* ❶ Hirsche, Rentiere usw. haben keine *Hörner*, sondern ein *Geweih*. **2** *nur Singular* das Material, aus dem Haare, Nägel und die äußere Schicht der Haut bestehen **3** ein Musikinstrument aus Blech, in das man bläst ⟨*das Horn blasen*⟩ **K** Hornsignal; Jagdhorn **4** ein Gerät, das bei Autos laute akustische Signale gibt, vor allem die Hupe oder das Martinshorn ⟨*das Horn ertönen lassen*⟩

das **Hörn·chen★** (-s, -) ein süßes Gebäck, das wie ein Horn gebogen ist **K** Nusshörnchen

die **Horn·haut** *meist Singular* **1** die harte, trockene Haut, die man z. B. an der Ferse oder innen auf der Hand bekommt ⟨*eine Hornhaut bekommen*⟩ **2** die durchsichtige äußere Haut über dem Augapfel **K** Hornhautentzündung

die **Hor·nis·se** (-, -n) ein Insekt, das wie eine große Wespe aussieht **K** Hornissennest

das **Ho·ro·skop** (-(e)s, -e) eine Aussage über jemandes Schicksal und Zukunft, die ein Astrologe (nach der Position der Sterne) macht ⟨*jemandem (s)ein Horoskop stellen*⟩ *„Er liest regelmäßig sein Horoskop in der Wochenzeitung"* | *„Er ließ sich von einer berühmten Astrologin sein Horoskop erstellen"*

**hor·rend** ADJEKTIV; *abwertend* viel zu hoch, viel schlimmer, höher, stärker als üblich *„Die Preise sind horrend gestiegen"*

der **Hor·ror** (-s) **1** ≈ Entsetzen, Grauen **K** Horrorfilm, Horrorvideo **2** **(einen) Horror (vor jemandem/etwas) haben** *gesprochen* Angst und Abscheu vor jemandem/etwas haben *„Ich habe (einen) Horror vor Spinnen/vor der Schule"*

der **Hör·saal** ein großer Raum in der Universität für Vorträge und Vorlesungen

das **Hör·spiel** ein Theaterstück, das im Radio gesendet wird ⟨*ein Hörspiel anhören*⟩ **K** Hörspielautor

der **Hort** (-(e)s, -e) eine Einrichtung, in der Kinder betreut werden, während die Eltern tagsüber arbeiten **K** Hortkind; Kinderhort

**hor·ten** (*hortete, hat gehortet*) **Dinge horten** große Mengen einer Sache sammeln, die wertvoll oder schwer zu bekommen ist *„Waren für schlechtere Zeiten horten"*

die **Hör·wei·te** **jemand/etwas ist in/außer Hörweite** eine Person/Sache ist innerhalb/außerhalb des Bereichs, bis zu dem jemand sie hören kann

das **Hös·chen** (-s, -) **1** eine kleine Hose **K** Kinderhöschen, Strampelhöschen **2** eine Unterhose für Frauen

die **Ho·se★** (-, -n) **1** ein Kleidungsstück, das jedes Bein separat bedeckt und von der Taille bis zu den Oberschenkeln, Knien oder den Füßen reicht ⟨*eine lange, kurze, (haut)enge, weite Hose; eine Hose waschen, bügeln, anziehen, tragen; in eine Hose schlüpfen*⟩ *„Als es kühler wurde, zog er seine kurze Hose aus und schlüpfte in eine lange"* **K** Hosentasche; Jeanshose, Lederhose, Radlerhose, Sporthose

H

ⓘ Die Pluralform wird in der gesprochenen Sprache oft auch für eine einzelne Hose verwendet: *Er hat lange Hosen an;* → Abbildung, S. 293: **Die Kleidung** **2** Kurzwort für *Unterhose* *„Eine Garnitur Unterwäsche besteht aus Hemd und Hose" | „Das Kind hat in die Hose gemacht"* **ID** **(irgendwo ist) tote Hose** *gesprochen* so, dass (an dem genannten Ort) nichts Interessantes geschieht *„Abends ist in diesem Kaff doch nur tote Hose. Kein Kino, keine einzige Kneipe hat offen!"*

der **Ho·sen·an·zug** ein Kleidungsstück für Frauen, das aus einer langen Hose und einer (dazu passenden) Jacke besteht

H

der **Ho·sen·trä·ger** (-s, -); *meist Plural* zwei schmale Bänder (meist aus Gummi), die oben an der Hose befestigt werden und über beide Schultern gehen, um zu verhindern, dass die Hose nach unten rutscht

die **Hos·tess** (-, *-en*) **1** eine junge Frau, die vor allem bei Messen oder Reisen die Gäste und Besucher begleitet und informiert **2** ≈ Prostituierte

die **Hos·tie** ['hɔstiə]; (-, *-n*) eine Oblate, die bei der christlichen Feier des Abendmahls gegessen wird ⟨*die Hostien verteilen*⟩

das **Ho·tel★** (-s, -s) **1** ein Haus, in dem man gegen Bezahlung schlafen (und essen) kann ⟨*ein erstklassiges, teures, vornehmes, kleines, schäbiges Hotel; in einem Hotel absteigen, übernachten*⟩ *„Das Hotel „Royal" ist während der Messe ausgebucht"* **K** Hotelbar, Hotelhalle, Hotelrechnung, Hotelzimmer; Luxushotel **2** **Hotel Mama** *humorvoll* verwendet, um die Situation zu beschreiben, wenn erwachsene Kinder noch bei den Eltern wohnen und sich bedienen lassen

die **Hot·line** ['hɔtlaɪn]; (-, -s) eine Telefonnummer, unter der z. B. Computerhersteller Rat und Auskunft anbieten

**Hr.** Abkürzung für *Herr*

**Hrn.** Abkürzung für *Herrn* oder *Herren*

**hübsch★** *ADJEKTIV* **1** mit einer äußeren Form, die man schön findet ⟨*eine Frau, ein Mädchen, ein Gesicht, ein Kleid; hübsch aussehen; sich hübsch machen*⟩ ≈ schön **2** so (angenehm), dass man es gern hört ⟨*eine Melodie, eine Stimme*⟩ **3** *gesprochen* relativ gut, aber noch nicht perfekt ⟨*eine Leistung*⟩ ⓘ Mit *hübsch* drückt man oft ein nur schwaches Lob aus. **4** *gesprochen, oft ironisch* das normale Maß, die normale Menge deutlich übersteigend ⟨*ein hübsches Sümmchen (Geld); ein hübsches Stück Arbeit*⟩ *„Das hat eine hübsche Stange Geld gekostet"* ziemlich viel Geld

der **Hub·schrau·ber** (-s, -) ein Flugzeug ohne Flügel (dafür mit einem Rotor auf dem Dach), das senkrecht startet und landet ≈ Helikopter

der **Huf★** (-(e)s, -e) der harte, unterste Teil des Fußes z. B. eines Pferdes oder Esels ⟨*einem Pferd die Hufe beschlagen; ein Pferd scharrt mit den Hufen*⟩ **K** Hufgeklapper; Pferdehuf

das **Huf·ei·sen** ein gebogenes Stück Eisen, das man am Huf eines Pferdes mit Nägeln befestigt ⟨*einem Pferd die Hufeisen anpassen, abnehmen*⟩ *„Das Pferd hat ein Hufeisen verloren"*

die **Hüf·te★** (-, *-n*) einer der beiden seitlichen Teile (am Körper des Menschen) zwischen Oberschenkel und Taille ⟨*breite, runde, schmale Hüften haben*⟩ *„die Arme in die Hüften stemmen"* **K** Hüftgelenk, Hüftknochen, Hüftumfang ⓘ → Abbildung, S. 294: **Der Körper**

das **Huf·tier** ein Tier mit Hufen *„Antilopen sind Huftiere"*

der **Hü·gel★** (-s, -) bei einem Hügel ist das Land nicht flach, sondern höher als die Umgebung ⟨*ein bewaldeter Hügel; einen Hügel hinaufsteigen*⟩ *„Rom wurde auf sieben Hügeln erbaut"* **K** Hügelkette, Hügellandschaft; Ameisenhügel; Sandhügel • *hierzu* **hü·gel·reich** *ADJEKTIV*

**hü·ge·lig**, **hüg·lig** *ADJEKTIV* mit (vielen) Hügeln ⟨*ein Gebiet, eine Gegend, eine Landschaft*⟩

das **Huhn★** (-(e)s, *Hüh·ner*) **1** Hühner sind Vögel, die wegen ihrer Eier und ihres Fleisches gehalten werden ⟨*Hühner picken Körner, baden im Sand, kratzen/scharren im Mist, sitzen auf der Stange; ein Huhn schlachten, rupfen, braten*⟩ **K** Hühnerbrühe, Hühnerei, Hühnerfleisch, Hühnerstall, Hühnersuppe ⓘ Ein *Huhn*, das gebraten und gegessen wird, bezeichnet man meist als *Hähnchen* oder *Hühnchen*. **2** ein weibliches Huhn ⟨*ein Huhn gackert, legt Eier, brütet*⟩ ≈ Henne ↔ Hahn **3** das Fleisch eines Huhns *„Reis mit Huhn"*

das **Hühn·chen** (-s, -) ein Huhn, das man (meist gebraten) isst

das **Hüh·ner·au·ge** eine schmerzende dicke Stelle an der Haut eines Zehs, die vor allem durch zu enge Schuhe entsteht **K** Hühneraugenpflaster

die **Hül·le★** (-, *-n*) eine Hülle bedeckt einen Gegenstand, meist von allen Seiten zum Schutz vor

Staub, Hitze oder Beschädigung ⟨*eine Hülle aus Plastik, Stoff; etwas mit einer Hülle bedecken, umgeben; etwas in eine Hülle tun/stecken; etwas aus einer Hülle nehmen*⟩ *„die Dokumente in eine schützende Hülle stecken"* [K] Schutzhülle [ID] **in Hülle und Fülle** in großen Mengen *„Greift zu, es ist Essen in Hülle und Fülle da"*

**hül·len** (*hüllte, hat gehüllt*) [1] **jemanden/etwas in etwas** (*Akkusativ*) **hüllen** etwas um eine Person, eine Sache oder sich selbst legen (um sie oder sich selbst zu bedecken, zu wärmen oder zu schützen) *„jemanden/sich in eine Decke hüllen"* | *„eine Vase in Geschenkpapier hüllen"* [2] **etwas um jemanden/etwas hüllen** etwas um jemanden/etwas wickeln *„ein Tuch um seine Schultern hüllen"* [3] **jemand/etwas ist in etwas** (*Akkusativ*) **gehüllt** etwas umgibt eine Person oder Sache so, dass man sie kaum noch sehen kann *„Der Berggipfel ist in Nebel/Wolken gehüllt"*

die **Hül·se** (-, *-n*) [1] ein kleines Rohr, in das man etwas steckt, damit es geschützt ist ⟨*die Hülse eines Bleistifts, einer Patrone, eines Thermometers*⟩ [K] Metallhülse, Patronenhülse [2] der längliche, schmale Teil verschiedener Früchte (z. B. Bohnen, Erbsen), in dem die Samen reif werden

die **Hül·sen·frucht** (-, *Hül·sen·früch·te*); *meist Plural* (eine Gemüsepflanze mit) Samen, die in einer Hülse wachsen *„Bohnen und Erbsen sind Hülsenfrüchte"*

**hu·man** ADJEKTIV; *geschrieben* [1] gut zu anderen Menschen ⟨*ein Vorgesetzter; jemandes Einstellung*⟩ ≈ freundlich [2] so, dass die Würde des Menschen geachtet/respektiert wird ≈ menschenwürdig *„Der Stadtrat versucht, die Wohnviertel humaner zu gestalten"*

**Hu·man-** *im Substantiv, betont, begrenzt produktiv; geschrieben* **die Humanbiologie, die Humangenetik, die Humanmedizin** *und andere* den Menschen betreffend

**hu·ma·nis·tisch** ADJEKTIV **ein humanistisches Gymnasium** Ⓓ ein Gymnasium, in dem die Schüler Latein und Griechisch lernen

**hu·ma·ni·tär** ADJEKTIV mit der Absicht, dem Ziel, Menschen zu helfen, die arm oder krank sind ⟨*Aufgaben, Bestrebungen, Zwecke, Einrichtungen; aus humanitären Gründen*⟩ ≈ karitativ, wohltätig *„Das Rote Kreuz ist eine humanitäre Organisation"*

die **Hu·ma·ni·tät** (-) die Eigenschaft, human und friedlich zu sein ≈ Menschlichkeit *„Seine Humanität zeigt sich darin, dass er sich um die Armen kümmert"*

die **Hum·mel** (-, *-n*) ein Insekt, das wie eine dicke, dicht behaarte Biene aussieht ⟨*die Hummel brummt*⟩

der **Hu·mor★** (*-s*) [1] die Fähigkeit, unangenehme Dinge heiter und gelassen zu ertragen ⟨*jemand hat viel, wenig, keinen Humor*⟩ *„Auch in den schwierigsten Situationen behält er seinen Humor"* [2] die Fähigkeit, selbst Witze zu machen und auch zu lachen, wenn man selbst das Ziel von Witzen ist ⟨(*keinen*) *Sinn für Humor haben*⟩ • *hierzu* **hu·mor·los** ADJEKTIV; **hu·mor·voll** ADJEKTIV

**hu·mo·ris·tisch** ADJEKTIV voll Humor, mit Witzen und Späßen ⟨*eine Darbietung, eine Erzählung, eine Zeichnung*⟩

**hum·peln** (*humpelte, hat/ist gehumpelt*) (*hat*) (wegen Schmerzen) mit einem Fuß nicht richtig auftreten können und deshalb ungleichmäßig gehen ≈ hinken *„Nach seinem Unfall hat er eine Woche lang gehumpelt"*

der **Hu·mus** (-) die oberste, fruchtbare Erdschicht des Bodens ⟨*den Humus abtragen*⟩ [K] Humusbildung, Humusschicht • *hierzu* **hu·mus·reich** ADJEKTIV

der **Hund★** (*-(e)s, -e*) [1] ein Tier, das als Haustier gehalten wird, dem Menschen bei der Jagd hilft und das Haus bewacht ⟨*ein struppiger, reinrassiger, herrenloser, streunender, treuer, bissiger Hund; ein Hund bellt, knurrt, jault, winselt, hechelt, beißt; ein Hund wedelt mit dem Schwanz; einen Hund an die Leine nehmen, an die Kette legen, in einen Zwinger sperren, ausführen,* (*zur Jagd*) *abrichten*⟩ *„Manche Hunde werden dazu ausgebildet, Blinde zu führen"* | *„mit dem Hund Gassi/spazieren gehen"* [K] Hundefutter, Hundehütte, Hundeleine; Blindenhund, Hirtenhund, Jagdhund, Schlittenhund [2] **ein scharfer Hund** ein Hund, der so dressiert ist, dass er auf Befehl angreift [3] *gesprochen* als negative Bezeichnung oder als Schimpfwort für einen Mann verwendet ⟨*ein dummer, fauler, feiger, gemeiner Hund*⟩ *„So ein blöder Hund!"* [4] **ein armer/scharfer Hund** *gesprochen* ein bedauernswerter/strenger Mensch *„Du bist wirklich ein armer Hund!"* [5] **ein dicker Hund** *gesprochen* ein grober Fehler oder eine Tat, über die man erstaunt ist und die man für sehr frech hält

**hun·de·mü·de** *ADJEKTIV; gesprochen* sehr müde ⟨*hundemüde sein*⟩

**hun·dert★** *ZAHLWORT* **1** (als Zahl) 100 ❶ → Anhang, S. 1098: **Zahlen** **2** → Hundert³

die **Hun·dert¹★**; (-, *-e*) **1** die Zahl 100 **2** *nur Singular* jemand/etwas mit der Nummer 100

das **Hun·dert²★**; (-s, -) eine Menge von 100 Personen oder Dingen ⟨*das erste, zweite Hundert; jemand/etwas macht das Hundert voll*⟩

**Hun·dert³**, **hun·dert★** *Zahlwort; nur in dieser Form; gesprochen* ⟨*ein paar, einige Hundert*⟩ ≈ Hunderte *„Das hast du jetzt schon Hundert Mal gesagt"* sehr oft ❶ wie ein Adjektiv oder Substantiv verwendet

H

**Hun·der·te**, **hun·der·te** *Zahlwort* **1** **Hunderte Personen/Dinge** (*Genitiv*); **Hunderte von Personen/Dingen** (*Dativ*) eine große unbestimmte Zahl von Personen oder Dingen *„Zu Hunderten säumten die Zuschauer die Straßen"* | *„Hunderte kleiner Kinder/von Kindern erkrankten"* **2** **etwas geht in die Hunderte** eine Menge ist deutlich mehr als 100 (Personen, Dinge, Euro usw.) *„Die Kosten für die Reparatur gehen in die Hunderte"*

der **Hun·der·ter** (-s, -) **1** *gesprochen* die Zahl 100 **2** *gesprochen* ein Geldschein im Wert von 100 Euro, Franken o. Ä. *„Der Fernseher kostete mich ein paar Hunderter"* **3** *nur Plural* (in einer Zahl mit mehreren Stellen) die dritte Stelle (von rechts bzw.) vor dem Komma *„beim Addieren alle Hunderter, alle Zehner und alle Einer untereinanderschreiben"* **K** Hunderterstelle

**hun·dert·pro** *ADVERB; gesprochen* absolut sicher *„Bist du dir sicher?" – „Hundertpro!"*

**hun·dert·pro·zen·tig** *ADJEKTIV* **1** so, dass es 100 % einer Menge umfasst ⟨*Alkohol; ein Gewinn*⟩ ❶ Abkürzung: *100%ig* **2** ⟨*ein Erfolg, eine Sicherheit; etwas rentiert sich hundertprozentig*⟩ ≈ völlig, total **3** *gesprochen nur adverbiell* ganz gewiss, ganz sicher ⟨*sich hundertprozentig auf jemanden verlassen können*⟩ *„Es ist hundertprozentig so, wie ich es dir erzählt habe"*

**hun·derts·t-** *ADJEKTIV* **1** in einer Reihenfolge an der Stelle hundert ≈ 100. *„der hundertste Teilnehmer an einem Wettbewerb"* **2** **der hundertste Teil (von etwas)** ≈ $\frac{1}{100}$

die **Hun·de·steu·er** eine (kommunale) Steuer, welche der Besitzer eines Hundes zahlen muss

die **Hün·din** (-, *-nen*) ein weiblicher Hund

die **Hunds·ta·ge** *Plural* die heißesten Tage des Sommers in Europa

der **Hun·ger★** (-s) **1** das Bedürfnis, etwas zu essen ⟨*großen, viel, keinen Hunger haben; Hunger bekommen, verspüren; seinen Hunger stillen*⟩ *„Hast du noch Hunger?" – „Nein, ich bin schon satt."* **K** Bärenhunger **2** ein Mangel an Nahrungsmitteln, der lange dauert und dazu führt, dass man an Gewicht verliert (und schließlich stirbt) ⟨*Hunger leiden; an, vor Hunger sterben*⟩ *„In vielen Teilen der Welt herrscht (großer) Hunger"* **K** Hungertod

**hun·gern** (*hungerte, hat gehungert*) nur wenig oder nichts essen können, weil man nicht genug oder keine Lebensmittel hat *„Nach dem Krieg mussten viele Menschen hungern"*

die **Hun·gers·not** eine Situation, in welcher die Menschen nicht genug zu essen haben ⟨*eine Hungersnot droht irgendwo, herrscht irgendwo*⟩

der **Hun·ger·streik** die Weigerung (über lange Zeit), etwas zu essen, um dadurch ein (meist politisches) Ziel zu erreichen ⟨*in den Hungerstreik treten*⟩ *„Die Häftlinge traten in den Hungerstreik, um bessere Bedingungen zu erzwingen"*

**hun·grig★** *ADJEKTIV* Menschen oder Tiere in dem Zustand, dass sie etwas essen wollen ⟨*hungrig wie ein Bär, Löwe, Wolf (sein)*⟩

die **Hu·pe** (-, *-n*) man drückt auf die Hupe, wenn man (z. B. als Autofahrer) andere Personen mit einem lauten Ton warnen will ⟨*die Hupe betätigen; auf die Hupe drücken*⟩ **K** Hupsignal; Autohupe

**hu·pen★** (*hupte, hat gehupt*) mit einer Hupe einen Signalton erzeugen ⟨*das Auto, das Taxi, der Fahrer; ärgerlich, laut, ungeduldig hupen*⟩ *„Vor Schulen und Krankenhäusern ist das Hupen verboten"* **K** Hupverbot

**hüp·fen★** (*hüpfte, ist gehüpft*) mit einem oder beiden Füßen kleine Sprünge machen (und sich dadurch fortbewegen) ⟨*in die Höhe hüpfen; auf einem Bein hüpfen*⟩ *„Die Kinder hüpften den Weg entlang"* | *„Der Vogel hüpfte von Ast zu Ast"*

die **Hür·de★** (-, *-n*) **1** **eine Hürde (für etwas)** etwas, das eine Person daran hindert, ihr Ziel bequem und einfach zu erreichen ⟨*bürokratische Hürden überwinden (müssen)*⟩ *„Das fehlende Abitur erwies sich als (unüberwindliche) Hürde für seine berufliche Karriere"* **2** eine Konstruktion aus Holzteilen, über welche die Läufer bzw. die Pferde bei manchen sportlichen Wettkämpfen springen müssen ⟨*eine Hürde* *aufstellen, überspringen, überwinden, reißen*⟩ K Hürdenlauf, Hürdenläufer, Hürdenrennen

die **Hu·re** (-, *-n*); *abwertend* ≈ Prostituierte

**hur·ra!** verwendet als Ausruf der Begeisterung oder des Beifalls ⟨*Hurra/hurra rufen*⟩ *„Hurra! Morgen beginnen die Ferien!"* K Hurraruf

**hu·schen** (*huschte, ist gehuscht*) **irgendwohin huschen** sich sehr schnell und leise irgendwohin bewegen *„Eine Eidechse huschte über den Weg"*

**hus·ten**★ (*hustete, hat gehustet*) 1 Luft mehrere Male kräftig und ziemlich laut aus dem geöffneten Mund ausstoßen ⟨*heftig, krampfhaft, laut husten*⟩ 2 **Blut/Schleim husten** stark husten und dabei Blut oder Schleim aus der Lunge hochbringen und ausspucken

der **Hus·ten**★ (*-s*) 1 eine Krankheit, bei der man oft und heftig husten muss ⟨*einen starken, trockenen, chronischen Husten bekommen, haben; Husten haben; an Husten leiden*⟩ K Hustenbonbon, Hustensaft, Hustentee 2 das Husten K Hustenanfall, Hustenreiz

der **Hut**¹★; (*-(e)s, Hü·te*) 1 ein Kleidungsstück mit einer stabilen Form, das man auf dem Kopf trägt ⟨*einen Hut aufsetzen, tragen, aufhaben/auf dem Kopf haben; den Hut abnehmen*⟩ K Hutkrempe; Cowboyhut, Strohhut, Sonnenhut 2 **ein alter Hut** etwas, das nicht mehr neu und interessant ist, sondern das schon jeder kennt ID **mit jemandem/etwas nichts am Hut haben** *gesprochen* jemanden/etwas nicht mögen

die **Hut**² ID **(vor jemandem/etwas) auf der Hut sein** (gegenüber einer anderen Person oder einer Sache) vorsichtig sein

**hü·ten**★ (*hütete, hat gehütet*) 1 **ein Tier hüten** aufpassen, dass einem Tier auf der Weide nichts passiert und dass es nicht wegläuft ⟨*Gänse, Kühe, Schafe, Ziegen hüten*⟩ K Hütejunge 2 **das Bett hüten** das Bett nicht verlassen, weil man krank ist 3 **sich vor jemandem/etwas hüten** vorsichtig sein, um sich vor anderen Personen oder Gefahren zu schützen *„Die Mutter sagte zu Rotkäppchen: „Hüte dich vor dem bösen Wolf!"* 4 **sich hüten zu** *+Infinitiv* etwas aus einem bestimmten Grund (z. B. aus Vorsicht) nicht tun *„Er kann nicht schweigen, deshalb werde ich mich hüten, ihm noch einmal ein Geheimnis zu erzählen!"*

die **Hüt·te**★ (-, *-n*) 1 ein kleines, einfaches Haus, das oft nur aus einem Zimmer besteht ⟨*eine Hütte aus Holz, Lehm, Wellblech*⟩ K Holzhütte, Jagdhütte 2 eine Hütte in den Bergen, in der Bergsteiger, Skifahrer usw. essen, übernachten oder Schutz suchen können ⟨*die Nacht in einer Hütte verbringen*⟩ K Hüttenwirt; Berghütte, Skihütte 3 eine Industrieanlage, in der Metalle aus Erzen bzw. Glas oder Schwefel gewonnen werden K Eisenhütte, Glashütte, Stahlhütte

die **Hy·ä·ne** (-, *-n*) ein Raubtier in Afrika und Asien, das einem Hund ähnlich sieht ID **wie eine Hyäne/die Hyänen** *abwertend* rücksichtslos und habgierig

der **Hyd·rant** (*-en, -en*) Hydranten stehen an Straßen, damit die Feuerwehr daran Schläuche anschließen und Wasser holen kann ⓘ *der Hydrant; den, dem, des Hydranten*

die **Hyd·ro·kul·tur** ['hy:-] eine oder mehrere Pflanzen, die in einem Behälter mit porösen, leichten braunen Steinen (statt Erde) wachsen

die **Hy·gi·e·ne** [hy'gi̯e:nə]; (-) 1 die Wissenschaft, die sich damit beschäftigt, wie man (vor allem durch Sauberkeit und Körperpflege) die Gesundheit erhalten und fördern kann K Hygienevorschrift 2 alle Maßnahmen, mit denen man Infektionskrankheiten verhindert und den Körper sauber hält ≈ Körperpflege *„In einem Krankenhaus muss ganz besonders auf Hygiene geachtet werden"* K Hygieneartikel; Körperhygiene

**hy·gi·e·nisch** [hy'gi̯e:nɪʃ] ADJEKTIV 1 die Hygiene betreffend ⟨*eine Maßnahme, eine Vorschrift*⟩ 2 sehr sauber und ohne gefährliche Bakterien und Viren ⟨*eine Verpackung*⟩ *„Lebensmittel müssen hygienisch verpackt sein"*

die **Hym·ne** ['hymnə]; (-, *-n*) **eine Hymne (an/auf jemanden/etwas)** ein feierliches Lied oder Gedicht, in dem man z. B. Gott oder das eigene Land ehrt und lobt *„eine Hymne auf die Freiheit"* K Nationalhymne

**hy·per-** ['hy:pɐ-] *im Adjektiv, betont und unbetont, begrenzt produktiv; meist abwertend* **hypergenau, hyperkorrekt, hypermodern, hypersensibel** *und andere* äußerst, in übertriebenem Maß ≈ über-

der **Hyper·link** ['haipɐ-]; (*-s, -s*) wenn man im Computer auf einen Hyperlink klickt, wird man an eine andere Stelle im Text oder Internet weitergeleitet

die **Hyp·no·se** ['hyp[illegible]]; (-) im Zustand der Hypnose ist man sehr entspannt und nimmt nicht bewusst wahr, was man tut und sagt ⟨*jemanden in Hypnose versetzen; unter Hypnose* *stehen; aus der Hypnose erwachen〉* ≈ Trance • *hierzu* **hyp·no·tisch** *ADJEKTIV*

**hyp·no·ti·sie·ren** (*hypnotisierte, hat hypnotisiert*) **jemanden hypnotisieren** bewirken, dass jemand in Hypnose gerät 〈*einen Patienten hypnotisieren*〉

die **Hy·po·thek** (-, *-en*) ein Kredit, den meist eine Bank einer Person gibt, weil diese als Pfand eine Wohnung oder ein Haus bieten kann 〈*eine Hypothek* (*auf das Haus*) *aufnehmen; eine Hypothek abtragen, tilgen*〉

die **Hy·po·the·se** (-, *-n*); *geschrieben* etwas, das man zur (wissenschaftlichen) Erklärung eines Phänomens oder Problems vorläufig behauptet, das aber noch nicht bewiesen ist 〈*eine Hypothese aufstellen, widerlegen*〉 • *hierzu* **hy·po·the·tisch** *ADJEKTIV*

die **Hys·te·rie** (-, *-n* [-'riːən]) ein Zustand, in dem jemand aus Nervosität, Angst oder übertriebener Begeisterung nicht mehr vernünftig denken und handeln kann **K** Massenhysterie

**hys·te·risch** *ADJEKTIV meist abwertend* in einem Zustand der Hysterie 〈*hysterisch sein, reagieren*〉 *„Jetzt werde doch nicht gleich hysterisch!"*

# I

das **I, i** [iː]; (-, *-/gesprochen auch -s*) der neunte Buchstabe des Alphabets 〈*ein großes I; ein kleines i*〉

**i. A.** Abkürzung für *im Auftrag* → Auftrag

der **IC®** [i'tseː]; (*-s, -s*) Abkürzung für *Intercity*

der **ICE®** [itse'|eː]; (*-s, -s*) Abkürzung für *Intercityexpress*

**ich★** *PRONOMEN 1. Person Singular* verwendet, um die eigene Person, also sich selbst (als Sprecher/Sprecherin oder Schreiber/Schreiberin) zu bezeichnen *„Du und ich, wir beide zusammen schaffen das schon!"* | *„Ich bin müde"* | *„Ich Arme/Armer!"*

**ide·al★** [ide'aːl] *ADJEKTIV* so, dass man es sich nicht besser vorstellen kann ≈ perfekt *„Das Wetter war ideal zum Skifahren"* **K** Idealfall, Idealgewicht

das **Ide·al★** [ide'aːl]; (*-s, -e*) ein hohes (moralisches) Ziel, das jemand erreichen will 〈*ein hohes Ideal; seine Ideale verwirklichen, realisieren*〉 *„Freiheit, Gleichheit und Brüderlichkeit waren die Ideale der Französischen Revolution"*

**ide·a·li·sie·ren** (*idealisierte, hat idealisiert*) **jemanden/etwas idealisieren** *geschrieben* eine Person oder Sache besser oder schöner darstellen, als sie wirklich ist • *hierzu* **Ide·a·li·sie·rung** *die*

der **Ide·a·lis·mus** (-) **1** der Wille, nur das Gute wahrzunehmen, aber nicht das Schlechte 〈*jugendlicher, schwärmerischer Idealismus*〉 ↔ Realismus **2** das Bemühen, Ideale zu verwirklichen (ohne auf den eigenen Vorteil zu achten) ↔ Egoismus *„Er denkt nur noch an das Geld. Den anfänglichen Idealismus hat er ganz verloren"* • *hierzu* **Ide·a·list** *der;* **Ide·a·lis·tin** *die;* **ide·a·lis·tisch** *ADJEKTIV*

die **Idee★** (-, *-n* [i'deː(ə)n]) **1** ein meist spontaner Gedanke, wie man ein Problem lösen könnte, was man tun könnte o. Ä. 〈*eine gute Idee; eine Idee haben; auf eine Idee eingehen*〉 ≈ Einfall *„Die Situation schien ausweglos, aber plötzlich hatte ich eine Idee"* **2** *oft Plural* ein allgemeiner Gedanke, Vorschlag oder Plan 〈*fortschrittliche, neuartige, konstruktive, revolutionäre Ideen; eine Idee weiterentwickeln, verwerfen, vertreten, nachvollziehen*〉 *„Die Ideen des neuen Managers wurden mit Skepsis aufgenommen"* **3** **eine Idee** *+Komparativ gesprochen* in sehr kleinem Maß, sehr wenig *„Die Hose müsste eine Idee länger sein"*

**ide·ell** [ide'ɛl] *ADJEKTIV* **ein ideeller Wert** ein Wert, der nicht in Geld o. Ä. ausgedrückt werden kann, sondern der nur für die betroffene Person von Bedeutung ist *„Diese Uhr ist ein Erbstück und hat für mich einen hohen ideellen Wert"*

**iden·ti·fi·zie·ren★** (*identifizierte, hat identifiziert*) **1** **eine Person/etwas (als jemanden/etwas) identifizieren** eine Person oder etwas meist an einigen Merkmalen wiedererkennen *„Der Zeuge konnte den Täter identifizieren"* **2** **eine Person/etwas mit etwas identifizieren** eine Person oder Sache mit einer anderen Person oder Sache gedanklich verbinden *„Er wird immer mit einer Figur identifiziert, die er als junger Mann gespielt hat"* **3** **sich mit jemandem/etwas identifizieren** mit jemandem/etwas völlig einverstanden sein *„Mit den Zielen dieser Organisation kann ich mich nicht identifizieren"* • *hierzu* **Iden·ti·fi·ka·ti·on** *die;* **Iden·ti·fi·zie·rung** *die*

**iden·tisch**★ *ADJEKTIV; geschrieben* **1** ohne irgendeinen Unterschied ≈ gleich *„Die Aussagen der beiden Zeugen waren identisch"* **2** **eine Person/Sache ist mit jemandem/etwas identisch; Personen/Dinge sind identisch** es handelt sich nicht um zwei verschiedene Personen/Dinge, sondern nur um eine

die **Iden·ti·tät**★ (-, *-en*); *meist Singular; geschrieben* **1** **jemandes Identität** Name, Geburtsdatum, Adresse usw. einer Person als Beweis dafür, wer man ist ⟨*seine Identität beweisen, nachweisen, belegen; jemandes Identität feststellen, überprüfen*⟩ *„Die Polizei stellte die Identität des Verhafteten fest"* **2** die vollständige Gleichheit *„die Identität von zwei Dokumenten"* **3** die innere Einheit, das Wesen von jemandem/etwas *„die österreichische Identität"*

die **Ideo·lo·gie**★ (-, *-n* [-'giːən]) **1** alle Ansichten und Werte einer sozialen Gruppe oder einer Gesellschaft *„die Ideologie des Bürgertums"* **2** eine (umfangreiche) politische Theorie als Grundlage einer Staatsform ⟨*die westliche, östliche, kommunistische Ideologie; eine Ideologie begründen, vertreten*⟩ • *hierzu* **ideo·lo·gisch** *ADJEKTIV*

der **Idi·ot** (*-en, -en*) verwendet als Schimpfwort für eine Person, die man für ganz dumm, ungeschickt o. Ä. hält ≈ Dummkopf • *hierzu* **idi·o·tisch** *ADJEKTIV*

**idi·o·ten·si·cher** *ADJEKTIV; gesprochen, humorvoll* ganz einfach zu verstehen oder zu bedienen ⟨*ein Gerät, eine (Bedienungs)Anleitung*⟩

das **Idol** (*-s, -e*) eine Person, die sehr verehrt wird und für viele ein Vorbild ist ⟨*ein Idol anbeten, vergöttern, umschwärmen*⟩ *„ein Idol der Jugend"*

das **Idyll** [i'dʏl]; (*-s, -e*) der Zustand eines einfachen, friedlichen und harmonischen Lebens ⟨*ein dörfliches, ländliches, häusliches Idyll*⟩

**idyl·lisch** [i'dʏl-] *ADJEKTIV* **1** wie in einem Idyll **2** ruhig und landschaftlich schön

**-ie·ren, -i·sie·ren** *im Verb nach Adjektiv oder Substantiv, betont, sehr produktiv* **etwas halbieren, komplettieren; etwas atomisieren, bagatellisieren, legalisieren, modernisieren, ritualisieren** *und andere* oft verwendet, um eine Aktion zu bezeichnen, durch die eine Person oder Sache in den genannten Zustand gebracht wird

**-ig** *im Adjektiv, unbetont, sehr produktiv* **1** **eifrig, fleißig, geizig, gierig, mutig** *und andere* mit der genannten Sache oder Eigenschaft *„ein zweiseitiger Brief"* **2** **flegelig, milchig, riesig** *und andere* in der Art wie das Genannte *„eine bullige Figur haben"* **3** **bergig, bröselig, klumpig, kugelig** *und andere* mit der genannten Form oder Beschaffenheit *„Der Boden war feucht und schwammig"*

der **Igel** (*-s, -*) ein kleines Tier mit vielen Stacheln auf dem Rücken

der **Ig·no·rant** (*-en, -en*); *geschrieben, abwertend* ein dummer, unwissender Mensch ❶ *der Ignorant; den, dem, des Ignoranten* • *hierzu* **Ig·no·ran·tin** *die*

**ig·no·rie·ren** (*ignorierte, hat ignoriert*) **jemanden/etwas ignorieren** jemanden/etwas absichtlich nicht sehen oder erkennen wollen *„Seine Ideen wurden von den Kollegen ignoriert"*

I

die **IHK** [i|ha'kaː]; (-) Abkürzung für *Industrie- und Handelskammer*

**ihm**★ *PRONOMEN 3. Person Singular* (*er* und *es*), *Dativ „Wir geben ihm das Buch morgen zurück"* | *„Das Handy ist ins Wasser gefallen, aber es hat ihm nicht geschadet"* ❶ → Anhang, S. 1111: **Pronomen**

**ihn**★ *PRONOMEN 3. Person Singular* (*er*), *Akkusativ „Wir werden ihn morgen treffen"* ❶ → Anhang, S. 1111: **Pronomen**

**ih·nen**★ *PRONOMEN 3. Person Plural* (*sie*), *Dativ „Meine Eltern sind nicht zu Hause. Ich telefoniere dann später mit ihnen"* ❶ → Anhang, S. 1111: **Pronomen**

**Ih·nen**★ *PRONOMEN Höflichkeitsform der 2. Person Singular und Plural* (*Sie*), *Dativ „Darf ich Ihnen noch ein Stück Kuchen anbieten?"* ❶ → Anhang, S. 1111: **Pronomen**

**ihr**★ [iːɐ̯] *ARTIKEL* **1** *3. Person Singular* (*sie*) *ihr* verwendet man in einer Situation, in welcher man von einer Person (oder Sache) mit *sie* reden würde. Man bezeichnet damit Dinge, Zustände, Vorgänge, Handlungen oder Personen, welche mit dieser Person (oder Sache) in Zusammenhang sind *„Petra und ihre Mutter"* **2** *3. Person Plural* (*sie*) *ihr* verwendet man in einer Situation, in welcher man von mehreren Personen (oder Dingen) mit *sie* reden würde. Man bezeichnet damit Dinge, Zustände, Vorgänge, Handlungen oder Personen, welche mit diesen Personen (oder Dingen) in Zusammenhang sind *„Familie Meier mit ihren Kindern"*

*PRONOMEN* **3** *2. Person Plural* (*sie*) verwendet, um eine Gruppe von Personen anzureden, von denen man (fast) alle mit *du* anredet *„Kommt ihr mit zum Baden?"* | *„Was macht ihr heute?"* ❶ → Anhang, S. 1111: **Pronomen** und S. 1075: **Anrede** **4** *3. Person Singular* (*sie*), *Dativ „Meine Mutter ist nicht hier. Kann ich ihr etwas ausrichten?"* ❶ → Anhang, S. 1111: **Pronomen** **5** *3. Person Singular und Plural* (*sie*) verwendet, um sich auf eine (oft bereits erwähnte) Sache oder Person zu beziehen, die zu der Person oder den Personen gehört, über die man mit *sie* spricht *„Unsere Kinder spielen oft mit (den) ihren"* mit den Kindern von Sabine/ von Familie Schmitt ❶ → weitere Beispiele unter **mein** **6** *3. Person Singular und Plural* (*ihr*), *Genitiv „Wir erinnern uns ihrer"* ❶ → Anhang, S. 1111: **Pronomen**

I

**Ihr**★ *ARTIKEL* **1** *zur höflichen Anrede mit Sie* *Ihr* verwendet man in einer Situation, in welcher man eine Person oder mehrere Personen mit *Sie* anspricht. Man bezeichnet damit Dinge, Zustände, Vorgänge, Handlungen oder Personen, welche mit der angesprochenen Person bzw. den angesprochenen Personen in Zusammenhang sind *„Sind das Ihre Schlüssel, Frau Kunze?"*
*PRONOMEN* **2** *2. Person Plural* verwendet als höfliche Form der Anrede *ihr* in Briefen *„Ich freue mich darauf, dass Ihr nächste Woche zu Besuch kommt"* **3** *historisch 2. Person Höflichkeitsform* verwendet als höfliche und respektvolle Anrede für einen Richter oder einen König *„Ihr habt gerufen, mein König?"*

**ih·rer·seits** *ADVERB* was sie (Singular oder Plural) betrifft *„Sie war/waren ihrerseits sehr zufrieden"*

**ih·res·glei·chen** *PRONOMEN nur in dieser Form; oft abwertend* Leute wie sie (Singular oder Plural) *„Ich kenne sie und ihresgleichen"*

**ih·ret·we·gen** *ADVERB* **1** aus einem Grund, der sie betrifft *„Machst du dir ihretwegen Sorgen?"* **2** mit ihrer Erlaubnis oder Zustimmung *„Sie sagt/sagen, ihretwegen können wir tun, was wir wollen"*

**il·le·gal**★ *ADJEKTIV* gegen das Gesetz ↔ legal *„Er wurde wegen illegalen Waffenbesitzes verhaftet"* • *hierzu* **Il·le·ga·li·tät** *die*

die **Il·lu·si·on**★ (-, *-en*); *oft Plural* **eine Illusion über jemanden/etwas** eine falsche, meist zu optimistische Vorstellung von etwas ⟨*Illusionen haben; sich* (*Dativ*) *Illusionen machen; sich Illusionen hingeben, von einer Illusion verabschieden*⟩ *„Es ist eine Illusion zu glauben, dass ..."*

**il·lu·so·risch** *ADJEKTIV* nur in der Vorstellung, nicht realisierbar *„Du willst das ganz alleine schaffen? Das ist doch illusorisch!"*

die **Il·lust·ra·ti·on** [-ˈtsi̯oːn]; (-, *-en*) **1** ein Bild, Foto o. Ä. zu einem Text *„die Illustrationen in einem Lexikon"* **2** das Herstellen und Verwenden von Bildern ≈ Bebilderung *„die Illustration eines Kinderbuchs"* **3** das Erklären mit Beispielen ≈ Veranschaulichung

**il·lust·rie·ren** (*illustrierte, hat illustriert*) **1** **etwas illustrieren** Bilder (Abbildungen) für etwas machen ⟨*ein Buch, einen Text, ein Lexikon illustrieren; eine illustrierte Zeitschrift*⟩ **2** **etwas illustrieren** etwas erläutern, verdeutlichen *„Er illustrierte seinen Vortrag mit Tabellen"* • *zu* (2) **Il·lust·rie·rung** *die*

die **Il·lust·rier·te**★ (*-n, -n*) eine Zeitschrift, die sehr viele Bilder enthält ❶ im Genitiv und Dativ Singular: *der Illustrierten*

**im**★ *PRÄPOSITION mit Artikel* **1** in dem *„im Garten sein"* | *„im Bett liegen"* ❶ In Wendungen wie *im Grunde genommen, im Gegenteil* und *im Großen und Ganzen* kann *im* nicht durch *in dem* ersetzt werden. **2** **im** *+substantivierter Infinitiv* in Bezug auf, in Hinsicht auf *„Im Rechnen ist er sehr gut, aber im Schreiben von Aufsätzen hat er Schwierigkeiten"* **3** **im** *+substantivierter Infinitiv* während einer Aktion, eines Vorgangs *„Im Gehen drehte er sich noch einmal um und winkte uns zu"*

das **Image**★ [ˈɪmɪtʃ, ˈɪmɪdʒ]; (-(*s*), *-s* [ˈɪmɪdʒɪz]) das Bild von jemandem/etwas, das in der Öffentlichkeit herrscht (und oft extra zu diesem Zweck erzeugt wurde) ⟨*ein angekratztes, angeschlagenes, ramponiertes Image; ein positives Image aufbauen; um ein gutes Image bemüht sein; ein schlechtes Image aufpolieren, korrigieren, verbessern, loswerden*⟩ *„das Image der Unbestechlichkeit"*

**ima·gi·när** *ADJEKTIV* nur in der Vorstellung/ Fantasie vorhanden ↔ wirklich, real

der **Im·biss**★ (*-es, -e*) ein kleines (oft kaltes) Essen ⟨*einen Imbiss zubereiten, (ein)nehmen*⟩ **K** Imbissbude, Imbissstand

die **Imi·ta·ti·on** [-ˈtsi̯oːn]; (-, *-en*) **1** das Imitieren, das Nachahmen **2** etwas, das nachgeahmt oder einer Sache nachgebildet wurde ↔ Original *„Dieser Schmuck ist nicht echt, sondern eine gut gemachte Imitation"*

**imi·tie·ren** (*imitierte, hat imitiert*) **1** **jemanden/etwas imitieren** ≈ nachahmen *„Er kann sehr gut Politiker/Vogelstimmen imitieren"*

**2** **etwas imitieren** etwas künstlich herstellen *„imitiertes Leder"*

der **Im·ker** (-s, -) eine Person, die (meist beruflich) Bienen hält, um Honig zu produzieren • *hierzu* **Im·ke·rin** *die*

**im·mens** *ADJEKTIV* sehr groß ⟨*Kosten, Schäden, Schwierigkeiten, Summen; ein Aufwand, eine Bedeutung*⟩

**im·mer★** *ADVERB* **1** zu jeder Zeit ↔ nie *„Er war mir immer ein guter Freund"* | *„Sie ist höflich wie immer"* **2** **immer wenn** jedes Mal *„Immer wenn ich ihn treffe, grüßt er freundlich"* **3** **für/auf immer** von einem Zeitpunkt an auf unbegrenzte Zeit *„Er kommt nicht wieder! Er ist für immer fortgegangen"* **4** **immer noch/noch immer** (schon seit relativ langer Zeit und) auch jetzt noch *„Er hält immer noch den Weltrekord im Hochsprung"*
*PARTIKEL* **5** *betont oder unbetont* vor einem Komparativ verwendet, um eine ständige Steigerung auszudrücken *„Das Flugzeug stieg immer höher"* höher und noch höher | *„Es kommen immer mehr Leute"* **6** **wann, wo, wie, was** *usw.* **(auch) immer** *betont* gleichgültig, wann/wo/wie/was usw. *„Wo immer ich (auch) bin, was immer ich (auch) tue, ich denke nur an dich"*

**im·mer·hin★** *PARTIKEL betont und unbetont* **1** drückt Anerkennung für einen positiven Umstand in einer ansonsten negativen Situation aus ≈ wenigstens *„Er hat zwar nicht gewonnen, aber immerhin ist er Zweiter geworden"* **2** drückt aus, dass eine Sache ein Umstand ist, der berücksichtigt werden sollte ≈ schließlich *„Das kann ich ihm nicht antun, er ist immerhin mein bester Freund"*

**im·mer·zu** *ADVERB; gesprochen* ≈ immer *„Mein kleiner Bruder ärgert mich immerzu"*

der **Im·mig·rant** (-*en*, -*en*) eine Person, die in ein Land gekommen ist, um dort zu leben und zu arbeiten ≈ Einwanderer ❶ *der Immigrant; den, dem, des Immigranten* • *hierzu* **Im·mig·ran·tin** *die;* **Im·mig·ra·ti·on** *die;* **im·mig·rie·ren** (*ist*)

die **Im·mo·bi·lie★** [-i̯ə]; (-, -*n*); *meist Plural* eine unbewegliche Sache (meist ein Haus, eine Wohnung oder ein Grundstück) als Eigentum ⟨*mit Immobilien handeln*⟩ **K** Immobilienbesitz, Immobilienhandel, Immobilienmakler

**im·mun** *ADJEKTIV meist prädikativ* **1** **immun gegen etwas sein** so, dass man sich mit einer Krankheit nicht (mehr) anstecken kann *„Ich habe als Kind Masern gehabt, jetzt bin ich immun dagegen"* **2** **immun gegen etwas sein** *gesprochen* unempfindlich gegen etwas sein *„Gegen solche Versuchungen bin ich immun"*

die **Im·mu·ni·tät** (-) **1** **die Immunität (gegen etwas)** der Zustand, gegen Krankheitserreger immun zu sein *„Immunität gegen einen Grippevirus besitzen"* **2** als Diplomat oder Abgeordneter vor strafrechtlicher Verfolgung geschützt ⟨*Immunität genießen; jemandes Immunität aufheben*⟩

der **Im·pe·ra·tiv** [-ti:f]; (-*s*, -*e* [-v-]); *meist Singular* eine Form des Verbs, mit der man eine Bitte, Aufforderung, Warnung, einen Befehl o. Ä. ausdrückt (z. B.: *Komm mal bitte her!; Seid ruhig!*) ≈ Befehlsform • *hierzu* **im·pe·ra·ti·visch** [-v-] *ADJEKTIV*

das **Im·per·fekt** (-*s*, -*e*); *meist Singular* ⟨*das Verb steht im Imperfekt; das Imperfekt bilden; etwas ins Imperfekt setzen*⟩ ≈ Präteritum

der **Im·pe·ri·a·lis·mus** (-) das Streben eines Staates, das eigene Gebiet oder die eigene (politische, wirtschaftliche) Macht immer weiter auszudehnen *„der koloniale Imperialismus"* • *hierzu* **im·pe·ri·a·lis·tisch** *ADJEKTIV*

**imp·fen★** (*impfte, hat geimpft*) **(jemanden) (gegen etwas) impfen** einer Person ein Medikament geben oder einen Impfstoff in ihren Körper spritzen, damit sie vor einer Krankheit geschützt ist *„Kinder gegen Tuberkulose und Kinderlähmung impfen"* **K** Impfaktion, Impfbescheinigung, Impfschutz • *hierzu* **Imp·fung** *die*

der **Impf·pass** ein Dokument, in dem alle Impfungen eingetragen werden, die jemand bekommt

der **Impf·stoff** ein Medikament, mit dem jemand geimpft wird

**im·po·nie·ren** (*imponierte, hat imponiert*) **(jemandem) imponieren** ≈ beeindrucken *„Diese Vorführung hat mir sehr imponiert"* | *„Er hat ein sehr imponierendes Auftreten"*

der **Im·port★** (-(*e*)*s*, -*e*) **1** *nur Singular* die Einfuhr von Waren aus dem Ausland (die dann im Inland weiterverkauft werden) ≈ Einfuhr ↔ Export *„Der Import von japanischen Autos hat stark zugenommen"* **K** Importhandel **2** *meist Plural* eine Ware, die im Ausland gekauft wurde *„Importe aus der Dritten Welt"*

**im·por·tie·ren** (*importierte, hat importiert*) **1** **etwas importieren** Waren im Ausland kaufen, um sie dann im Inland weiterzuverkaufen ↔ exportieren, ausführen **2** **(irgendwoher) importieren** Waren aus einem fremden Land einführen *„Wir importieren aus Fernost"* • *hierzu* **Im·por·teur** [-'tøːɐ̯] *der*; **Im·por·teu·rin** [-'tøːrɪn] *die*

**im·po·sant** *ADJEKTIV* sehr eindrucksvoll ⟨*ein Auftreten, eine Erscheinung; ein Bau, ein Gebäude*⟩

**im·po·tent** *ADJEKTIV* (als Mann) nicht fähig, Sex zu haben bzw. ein Kind zu zeugen • *hierzu* **Im·po·tenz** *die*

**im·prä·g·nie·ren** (*imprägnierte, hat imprägniert*) **1** **etwas imprägnieren** Textilien (chemisch) so behandeln, dass kein Wasser eindringen kann ⟨*eine Jacke, Leder, einen Mantel imprägnieren*⟩ **2** **etwas imprägnieren** Holz o. Ä. (chemisch) behandeln, um es länger haltbar zu machen • *hierzu* **Im·prä·g·nie·rung** *die*

**im·pro·vi·sie·ren** [-v-] (*improvisierte, hat improvisiert*) **(etwas) improvisieren** etwas ohne Vorbereitung, spontan tun *„Er hatte sich auf die Prüfung schlecht vorbereitet und musste improvisieren"* • *hierzu* **Im·pro·vi·sa·ti·on** *die*

der **Im·puls** (*-es, -e*) **1** *meist Plural* ≈ Anregung, Anstoß *„Von ihm gingen wertvolle Impulse für die Arbeit unserer Firma aus"* **2** ein spontaner innerer Drang, etwas zu tun ⟨*etwas aus einem Impuls heraus tun; einem plötzlichen Impuls folgen*⟩ **3** *meist Plural* ein kurzer Stromstoß ⟨*etwas sendet Impulse (aus); etwas empfängt Impulse*⟩

**im·pul·siv** [-'ziːf] *ADJEKTIV* **1** einem spontanen Impuls folgend ⟨*eine Bewegung, eine Reaktion; impulsiv reagieren*⟩ **2** (im Charakter) so, dass man oft spontanen Impulsen folgt ⟨*ein Mensch, ein Charakter*⟩ ≈ spontan *„Er ist sehr impulsiv und überlegt meist nicht lange, bevor er etwas tut"* • *hierzu* **Im·pul·si·vi·tät** *die*

**im·stan·de, im Stan·de imstande sein zu** *+Infinitiv* fähig sein, etwas zu tun *„Er ist durchaus imstande, die Arbeit allein zu machen"* | *„Vor Aufregung war sie nicht imstande zu sprechen"*

**in**[1] ★ *PRÄPOSITION* ORT: **1** *mit Dativ* verwendet mit der Bezeichnung für einen Raum, einen Behälter o. Ä., um zu sagen, dass jemand oder etwas dort ist *„im Bett liegen"* | *„die alten Fotos in der Schachtel"* ❶ → Anhang, S. 1113: **Präpositionen** **2** *mit Akkusativ* nennt die Richtung von außen nach innen *„ins Haus gehen"* ❶ → Anhang, S. 1113: **Präpositionen** **3** *mit Dativ* verwendet mit der Bezeichnung für einen Ort, ein Land, eine Gegend o. Ä., um sagen, dass jemand oder etwas dort ist *„in Italien"* | *„in Hamburg"* **4** *mit Akkusativ* nennt die Richtung einer Bewegung zu einem Land, einem Ort usw. hin *„ins Schwimmbad gehen"* ZEIT: **5** *mit Dativ* verwendet, um eine Zeit zu nennen, während der etwas geschieht *„In diesem Sommer bleibe ich zu Hause"* **6** *mit Dativ* verwendet, um eine Zeit zu nennen, nach welcher etwas geschehen wird *„In zwei Stunden ist Mittagspause"* **7** **(bis) in** + *Akkusativ* **(hinein/zurück)** nennt eine Dauer bis nach dem Beginn des genannten Zeitraums *„Sie arbeitete bis spät in die Nacht"* **8** *mit Akkusativ* drückt aus, dass für jemanden die genannte Zeit oder Phase des Lebens beginnt *„in (den) Urlaub fahren"* ZUGEHÖRIGKEIT: **9** *mit Dativ* nennt die Gruppe, Institution o. Ä., zu der jemand gehört *„Mitglied in einer Partei sein"* **10** *mit Akkusativ* drückt aus, dass eine Person Mitglied einer Gruppe, Institution o. Ä. wird *„Sie ist schon mit fünf in die Schule gekommen"* **11** *mit Dativ* nennt das Medium, das eine Information oder Unterhaltung anbietet *„Dieses Lied wird oft im Radio gespielt"* **12** *mit Dativ* nennt das Fach, die Tätigkeit oder den Bereich, auf die sich eine Aussage bezieht *„Sie hat eine Eins in Biologie"* SITUATION, ZUSTAND, FORM: **13** *mit Dativ* nennt die Situation, den Zustand oder die Form, die für jemanden/etwas gilt *„Der Aufzug ist nicht in Betrieb"* | *„im Notfall"* **14** **in Dollar/Gramm/Kilo/Metern/Litern/...** verwendet, um die benutzte Maßeinheit oder Währung zu nennen *„Wie viel sind zwanzig Grad Fahrenheit in Celsius?"* | *„Das kostet hundert Yen." – „Was ist das in Euro umgerechnet?"* **15** **in Massen/Mengen/Scharen/...** verwendet zur Bezeichnung einer großen Menge oder Zahl *„Am Strand gab es Muscheln in Haufen/Massen zu finden"* ART UND WEISE: **16** *mit Dativ* drückt aus, wie etwas geschieht oder getan wird *„In aller Eile packte sie die Koffer"* ERGÄNZUNG: **17** *mit Akkusativ/Dativ* verwendet mit manchen Substantiven, Adjektiven und Verben, um eine Ergänzung anzuschließen *„in jemanden verliebt sein"*

**in**[2] ★ *ADVERB* **etwas ist in** *gesprochen* etwas ist modern, aktuell *„Kurze Röcke sind in"* | *„Surfen ist in"*

**in-** *im Adjektiv, betont, begrenzt produktiv; geschrieben* **Inakzeptabel, indiskret, inhu-**

**man, inkonsequent, instabil** *und andere* so, dass eine Person oder Sache eine Eigenschaft nicht hat oder nicht so ist ❶ a) In Verbindung mit Fremdwörtern steht *in-*. b) Vor Wörtern, die mit *l* beginnen, steht *il-* (z. B. *illegal*), vor Wörtern mit *m* oder *p* steht *im-* (z. B. *immateriell, impotent*), vor Wörtern mit *r* steht *ir-* (z. B. *irreal*).

die **-in**★ (-, *-nen*); *im Substantiv, unbetont, sehr produktiv* **Ärztin, Köchin, Lehrerin, Sportlerin, Bärin, Hündin, Löwin** *und andere* verwendet, um aus maskulinen Bezeichnungen für Personen und Tiere die femininen Formen zu bilden ❶ Endet die männliche Bezeichnung auf zwei *-er*, fällt die letzte Silbe weg: *Wanderer – Wanderin, Zauberer – Zauberin.*

der **In·be·griff** (-(*e*)*s*) **der Inbegriff** *+Genitiv Singular* eine Person oder Sache, die eine Eigenschaft in so großem Maße besitzt, dass sie als Symbol für diese Eigenschaft gilt *„Die Biene ist der Inbegriff des Fleißes"* | *„Die Göttin Venus ist der Inbegriff der Schönheit"*

**in·be·grif·fen**★ *ADJEKTIV meist prädikativ* **(in etwas** (*Dativ*)**) inbegriffen** in etwas enthalten, schon dabei *„In diesem Preis ist die Mehrwertsteuer inbegriffen"* | *„Die Reise kostet zweitausend Euro, Vollpension inbegriffen"*

**in·dem**★ *BINDEWORT* der Nebensatz mit *indem* nennt ein Mittel oder eine Methode, um das, was im Hauptsatz gesagt wird, zu erreichen *„Er verschloss die Tür, indem er einen Riegel vorschob"* | *„Wir können das Problem nicht beseitigen, indem wir es ignorieren"*

**in·des(·sen)** *ADVERB geschrieben* **1** ≈ jedoch, aber *„Die Bürger forderten Neuwahlen. Der Präsident indes war anderer Ansicht"* | *„Der Minister warnte indessen davor, allzu optimistisch zu sein"* **2** ≈ inzwischen *„Auch Professor Schulze war indessen angekommen"*

der **In·dex**★ (-(*es*), *-e*/*In·di·ces* [-tseːs]) **1** (*Plural Indexe*/*Indices*) eine alphabetische Liste von Namen oder Begriffen am Schluss eines Buches ⟨*etwas steht im Index; etwas im Index nachschlagen*⟩ **2** (*Plural Indexe*) eine Liste von Büchern, Filmen, Computerspielen o. Ä., die verboten sind ⟨*etwas kommt auf den Index; etwas steht auf dem Index*⟩ **3** (*Plural: Indices*) eine Zahl oder ein Buchstabe in kleiner Schrift, mit denen man verschiedene Begriffe, Werte oder Größen unterscheidet, wenn sie die gleiche Bezeichnung haben ⟨*ein hochgestellter, tiefgestellter Index*⟩ *„Bei den mathematischen Größen „$n^3$" und „$x_2$" sind „3" und „2" Indizes"* **4** (*Plural: Indices*) eine hochgestellte Zahl oder ein Symbol in einem Text, die auf eine Anmerkung am Ende der Seite oder des Textes verweisen ⟨*einen Index setzen*⟩ **5** **der Index** *+Genitiv Plural* (*Plural: Indices*) eine Statistik, die das Verhältnis der aktuellen Höhe von Preisen, Kosten usw. zu ihrer Höhe zu einem früheren Zeitpunkt ausdrückt *„der Index der Lebenshaltungskosten ist gefallen/gestiegen"* **K** Aktienindex, Preisindex

der **In·di·a·ner** (-s, -) die Indianer haben schon in Amerika gelebt, bevor die Weißen aus Europa kamen **K** Indianerhäuptling, Indianerstamm • *hierzu* **In·di·a·ne·rin** *die*; **in·di·a·nisch** *ADJEKTIV*

die **In·di·ka·ti·on** [-'tsioːn]; (-, *-en*) **1** eine Situation, in der es vernünftig ist, für die Heilung eine Behandlungsmethode anzuwenden **K** Operationsindikation **2** ein (rechtlich anerkannter) Grund dafür, dass eine Frau eine Schwangerschaft abbrechen darf ⟨*die medizinische, ethische, soziale Indikation*⟩

der **In·dio** (-s, -s) Indios haben in Süd- und Mittelamerika gelebt, als die Weißen aus Europa kamen

**in·di·rekt**★ *ADJEKTIV* **1** in sehr höflichen Worten und sehr vorsichtig formuliert ⟨*etwas indirekt sagen, zum Ausdruck bringen*⟩ **2** **eine indirekte Beleuchtung** eine Beleuchtung mit Lampen, die nicht direkt in den Raum strahlen, sondern versteckt angebracht sind

**in·dis·ku·ta·bel**, **in·dis·ku·ta·bel** *ADJEKTIV* so schlecht, dass es überhaupt nicht in Frage kommt ⟨*ein Vorschlag; etwas ist vollkommen indiskutabel*⟩ ❶ *indiskutabel → eine indiskutable Leistung*

der **In·di·vi·du·a·list** [-v-]; (*-en*, *-en*) eine Person, die ganz nach den eigenen Vorstellungen leben möchte • *hierzu* **In·di·vi·du·a·lis·tin** *die*; **in·di·vi·du·a·lis·tisch** *ADJEKTIV*

**in·di·vi·du·ell**★ [-vi'duɛl] *ADJEKTIV*; *geschrieben* **1** in Bezug auf eine einzelne Person ⟨*Bedürfnisse, Eigenschaften, ein Geschmack, ein Stil, Wünsche*⟩ **2** für die einzelne Person gemacht, geplant o. Ä. ⟨*etwas individuell gestalten*⟩

das **In·di·vi·du·um**★ [-'viːduʊm]; (-s, *In·di·vi·du·en* [-duən]) **1** *geschrieben* der Mensch als einzelne Person **2** ein Tier als einzelnes Exemplar einer Art **3** *abwertend* eine Person, die nicht sympathisch ist *„ein verdächtiges Indivi-*

*duum"*

das **In·diz**★ (*-es, In·di·zi·en* [-iən]) [1] *meist Plural* etwas, das darauf hindeutet, dass jemand ein Verbrechen begangen hat ⟨*die Indizien sprechen gegen jemanden; jemanden aufgrund von Indizien verhaften, verurteilen*⟩ [K] Indizienprozess [2] *geschrieben* etwas, dass ein Entwicklung oder ein Ereignis in der Zukunft erkennen lässt ⟨*ein sicheres Indiz für etwas*⟩

**in·dust·ri·a·li·sie·ren** (*industrialisierte, hat industrialisiert*) **etwas industrialisieren** irgendwo eine Industrie aufbauen *„als Deutschland industrialisiert wurde"* ⓘ meist im Passiv • *hierzu* **In·dust·ri·a·li·sie·rung** *die*

die **In·dust·rie**★ (-, *-n* [-'tri:ən]) *meist Singular* alle Betriebe der Wirtschaft, die mithilfe von Maschinen große Mengen an Waren oder Rohstoffen produzieren ⟨*die chemische, pharmazeutische Industrie*⟩ *„Die Übergänge zwischen Industrie und Handwerk sind fließend"* [K] Industriebetrieb, Industriegebiet, Industriestadt, Industrieunternehmen, Industriezweig; Autoindustrie, Metallindustrie

**in·dust·ri·ell**★ *ADJEKTIV meist attributiv* die Industrie betreffend ⟨*die Entwicklung, die Fertigung, die Produktion*⟩

der/die **In·dust·ri·el·le** (*-n, -n*) eine Person, die einen Industriebetrieb besitzt ≈ Unternehmer [K] Großindustrielle ⓘ *ein Industrieller; der Industrielle; den, dem, des Industriellen*

die **In·dust·rie- und Han·dels·kam·mer** Ⓓ eine Organisation, welche die Interessen von Industrie und Handel einer Region vertritt ⓘ Abkürzung: *IHK*

**in·ei·nan·der** *ADVERB* eine Person oder Sache in die andere Person oder Sache oder der anderen Person oder Sache (drückt eine Gegenseitigkeit aus) *„Sie sind ineinander verliebt"* Er liebt sie, und sie liebt ihn | *„Die beiden Farben gehen ineinander über"*

**in·ei·nan·der-** (*im Verb, betont und trennbar, begrenzt produktiv; Diese Verben werden so gebildet: ineinandergreifen, griffen ineinander, ineinandergegriffen*) **Dinge passen, stecken ineinander**; **Dinge ineinanderschieben, ineinanderstecken** *und andere* drückt aus, dass sich zwei oder mehrere Dinge (miteinander) vermischen oder auf andere Weise eine Einheit bilden ↔ auseinander- *„Die beiden Flüsse fließen ineinander"* Die beiden Flüsse vereinigen sich und bilden dann einen Fluss

**in·fam** *ADJEKTIV; geschrieben, abwertend* böse und unverschämt ⟨*eine Lüge*⟩ ≈ gemein

**in·fan·til** *ADJEKTIV; abwertend* nicht reif und erwachsen, sondern wie ein Kind ⟨*ein Verhalten*⟩

der **In·farkt** (*-(e)s, -e*) bei einem Infarkt bekommt ein Organ (meist das Herz) nicht mehr genug Blut und funktioniert nicht mehr oder nur noch schlecht ⟨*einen Infarkt erleiden, haben*⟩ [K] Herzinfarkt

der **In·fekt** (*-(e)s, -e*) [1] ≈ Infektion [2] **ein grippaler Infekt** ≈ Grippe

die **In·fek·ti·on**★ [-'tsio:n]; (-, *-en*) [1] das Übertragen einer Krankheit durch Bakterien, Viren usw. ≈ Ansteckung [K] Infektionsgefahr [2] eine Krankheit, die durch Infektion übertragen wird ⟨*eine Infektion haben*⟩ [K] Virusinfektion

das **In·fer·no** (*-s, -s*); *meist Singular; geschrieben* **das Inferno** (*+Genitiv*) verwendet, um etwas zu bezeichnen, das ganz schrecklich ist ⟨*das Inferno der Flammen, des Krieges*⟩

der **In·fi·ni·tiv** [-ti:f]; (*-s, -e* [-və]) die Grundform eines Verbs, in der es ins Wörterbuch eingetragen wird, z. B. *gehen, spazieren* ⟨*ein substantivierter Infinitiv; ein Verb steht im Infinitiv*⟩

**in·fi·zie·ren** (*infizierte, hat infiziert*) **jemanden infizieren** eine andere Person oder sich selbst mit einer Krankheit anstecken

die **In·fla·ti·on**★ [-'tsio:n]; (-, *-en*); *meist Singular* eine wirtschaftliche Situation, in welcher die Preise stark steigen und das Geld weniger wert wird [K] Inflationsrate

die **In·fo** (-, *-s*) *gesprochen* Kurzwort für *Information „Ich habe eine wichtige Info für euch"* | *„zwei Seiten mit Infos über alle Spielfilme der Woche"* [K] Infostand, Infoveranstaltung

**in·fol·ge**★ *PRÄPOSITION mit Genitiv; geschrieben* gibt den Grund, die Ursache von etwas an ≈ wegen *„Infolge des starken Regens kam es zu Überschwemmungen"* | *„Die Rettungsmannschaften mussten infolge starker Stürme umkehren"* ⓘ auch zusammen mit *von*: *infolge von einigen Zwischenfällen*

die **In·for·ma·tik** (-) die (mathematische) Wissenschaft, die sich mit Computern und ihrer Anwendung beschäftigt • *hierzu* **In·for·ma·ti·ker** *der*; **In·for·ma·ti·ke·rin** *die*

die **In·for·ma·ti·on**★ [-'tsio:n]; (-, *-en*) [1] **Informationen (über jemanden/etwas)** *meist Plural* die Fakten, Details o. Ä., die man bekommt, wenn man Bücher oder Zeitungen liest, Radio hört, sich nach etwas erkundigt o. Ä.

⟨*Informationen* (*von jemandem*) *einholen, erhalten;* (*mit jemandem*) *Informationen austauschen; Informationen zurückhalten, an jemanden weitergeben; jemandem Informationen geben*⟩ *„Ich brauche dringend einige Informationen"* **K** Informationsmaterial, Informationsstand; Presseinformation, Produktinformation **2** *nur Singular* die Stelle, an der man Informationen bekommen kann *„Herr Maier bitte zur Information!" | „Ich frage mal an der Information."* **3** **die Information (über jemanden/etwas)** *nur Singular* der Vorgang, wenn jemand Informationen bekommt *„Zu ihrer Information legen wir unserem Brief eine Broschüre bei"*

**in·for·ma·tiv** [-'ti:f] *ADJEKTIV; geschrieben* ⟨*ein Gespräch, ein Vortrag*⟩ so, dass sie (wichtige) Informationen enthalten

**in·for·mie·ren**★ (*informierte, hat informiert*) **jemanden (über eine Person/Sache) informieren** jemandem oder sich selbst Informationen über eine andere Person, zu einem Thema o. Ä. beschaffen *„sich über die Preise informieren" | „sich informieren, wie etwas funktioniert"*

**in·fra·ge** *ADVERB*, **in Fra·ge** **1** **eine Person/Sache kommt (für jemanden/etwas) infrage** eine Person oder Sache ist für etwas geeignet *„Für diese Stelle kommt nur ein Bewerber mit langjähriger Berufserfahrung infrage"* **2** **etwas stellt etwas infrage** etwas gefährdet etwas, macht etwas ungewiss *„Der Regen stellt unser Gartenfest am Wochenende infrage"* **3** **etwas infrage stellen** Zweifel an etwas haben oder äußern

die **Inf·ra·struk·tur** *geschrieben* alle Elemente, die notwendig sind, damit sich in einem Gebiet eine Wirtschaft entwickeln kann, z. B. Straßen, Eisenbahnen, Wohnsiedlungen, öffentliche Gebäude usw. *„eine Region mit gut/schwach entwickelter Infrastruktur"*

die **In·fu·si·on** (-, *-en*) bei einer Infusion bekommt man Flüssigkeiten über einen Schlauch in eine Ader ⟨*jemandem eine Infusion geben; eine Infusion bekommen*⟩ **K** Infusionsschlauch

**Ing.** Abkürzung für *Ingenieur*

der **In·ge·ni·eur**★ [ɪnʒe'ni̯øːɐ̯]; (*-s, -e*) eine Person, die (an der Universität oder Fachhochschule) ein technisches Fach studiert hat **K** Bauingenieur, Elektroingenieur ⓘ Abkürzung: *Ing.* • *hierzu* **In·ge·ni·eu·rin** [-'ni̯øː-] *die*

der **Ing·wer** ['ɪŋvɐ]; (*-s*) eine (asiatische) Pflanze, deren Wurzel als Gewürz verwendet wird

der **In·ha·ber**★ (*-s, -*) **1** der Eigentümer vor allem eines Geschäftes oder Lokals *„Das Lokal hat den Inhaber gewechselt"* **K** Firmeninhaber, Lizenzinhaber **2** eine Person, die ein Amt, eine Funktion o. A. hat **K** Amtsinhaber • *hierzu* **In·ha·be·rin** *die*

**in·ha·lie·ren** (*inhalierte, hat inhaliert*) **(etwas) inhalieren** etwas tief einatmen, vor allem aus medizinischen Gründen ⟨*ätherische Öle inhalieren*⟩ *„Wegen seiner Bronchitis soll er täglich inhalieren"* • *hierzu* **In·ha·la·ti·on** *die*

die **Ini·ti·a·ti·ve**★ [-tsi̯a'tiːvə]; (*-, -n*) **1** *nur Singular* der Wunsch und die Bereitschaft, eigene Ideen zu entwickeln (und zu realisieren) ⟨*Initiative haben, besitzen; jemandem mangelt es an Initiative*⟩ **2** eine Anregung, die eine Person gibt und so etwas verändert ⟨*etwas geht auf jemandes Initiative zurück*⟩ **K** Eigeninitiative, Privatinitiative **3** **die Initiative ergreifen** in einer Sache aktiv werden **4** **eine Initiative (für/gegen etwas)** eine Gruppe von Menschen, die sich aktiv für ein (politisches) Ziel oder gegen einen Missstand einsetzen ⟨*eine Initiative gründen*⟩ *„Er ist Mitglied einer Initiative für Umweltschutz"* **K** Bürgerinitiative

die **In·jek·ti·on** [-'tsi̯oːn]; (*-, -en*) der Vorgang, wenn jemand eine Spritze mit einem Medikament bekommt **K** Injektionsspritze

**in·klu·si·ve**★ [-və] *PRÄPOSITION mit Genitiv* so, dass etwas schon dabei ist, nicht extra gerechnet wird ≈ einschließlich *„Der Preis beträgt neunzig Euro inklusive Mehrwertsteuer"* **K** Inklusivangebot, Inklusivpreis ⓘ Abkürzung: *inkl.* oder *incl.*; auch nach dem Substantiv verwendet: *Mehrwertsteuer inklusive*; c) → Anhang, S. 1113: **Präpositionen**

**in·kon·ti·nent** *ADJEKTIV* nicht fähig, Urin und/oder Kot zurückzuhalten, bis man auf der Toilette ist ⟨*im Alter inkontinent werden*⟩ • *hierzu* **In·kon·ti·nenz** *die*

das **In·land**★ *nur Singular* das Gebiet, das innerhalb der Grenzen des eigenen Staates ist ↔ Ausland *„Waren im Inland verkaufen"* **K** Inlandsflug

der **In·line·skate** ['ɪnlaɪnskeːt]; (*-s, -s*); *meist Plural* ≈ Inliner

**in·line·ska·ten** ['ɪnlaɪnskeːtn̩] (*inlineskatete, hat inlinegeskatet*) mit Inlinern fahren

**in·ne·ha·ben** (*hat inne, hatte inne, hat innegehabt*) **etwas innehaben** *geschrieben* ein Amt ausüben oder eine wichtige Position haben

⟨*ein Amt, einen Posten, einen Rang innehaben*⟩

**in·nen★** *ADVERB* in dem Bereich, der in einem Raum, Körper usw. liegt ↔ außen *„Die Kokosnuss ist außen braun und innen weiß"* | *„Die Tür geht nach innen auf"* | *„Hast du schon einmal einen Computer von innen gesehen?"*

der **In·nen·ar·chi·tekt** ein Architekt, der Räume einrichtet und gestaltet • *hierzu* **In·nen·ar·chi·tek·tin** *die*; **In·nen·ar·chi·tek·tur** *die*

der **In·nen·mi·nis·ter★** der Minister, der für die öffentliche Ordnung, die Polizei usw. zuständig ist • *hierzu* **In·nen·mi·nis·te·rin** *die*; **In·nen·mi·nis·te·ri·um** *das*

die **In·nen·po·li·tik** die politischen Aktivitäten, die in das Aufgabengebiet des Innenministers fallen ↔ Außenpolitik • *hierzu* **in·nen·po·li·tisch** *ADJEKTIV*

die **In·nen·stadt★** das Zentrum meist einer relativ großen Stadt, in dem die meisten Geschäfte sind ≈ City

**in·ne·r-**[1]**★** *ADJEKTIV meist attributiv* **1** innen oder auf der Innenseite befindlich ↔ äußer- *„die inneren Teile eines Radios"* **2** jemandes Gefühle und Gedanken betreffend ↔ äußerlich *„Seine innere Unruhe war ihm nicht anzusehen, er wirkte sehr gelassen"* **3** das eigene Land (das Inland) betreffend ⟨*Angelegenheiten, Probleme*⟩ **4** als notwendiger Bestandteil in einer Sache enthalten ⟨*der Aufbau, die Ordnung, der Zusammenhang*⟩

**in·ner-**[2]**★** *im Adjektiv, betont, begrenzt produktiv* **innerbetrieblich, innerkirchlich, innerparteilich, innerschulisch, innerstaatlich** *und andere* so, dass etwas innerhalb eines Systems oder einer Organisation stattfindet

das **In·ne·re** (-*n*) der innere Bereich *„das Innere eines Hauses"* | *„Im Innersten hoffte sie, dass er ihr nicht glauben möge"* ❶ *sein Inneres; das Innere; dem, des Inneren*

die **In·ne·rei·en** *Plural* die inneren Organe von Tieren, die man essen kann (z. B. Leber, Herz, Magen)

**in·ner·lich★** *ADJEKTIV* **1** innerhalb eines Körpers, Raumes o. Ä. *„ein Medikament zur innerlichen Anwendung"* **2** *meist adverbiell* die Psyche, die Gedanken und Gefühle betreffend *„Äußerlich wirkte er ruhig, aber innerlich war er sehr nervös"*

**in·nig** *ADJEKTIV* **1** mit einem intensiven Gefühl ⟨*eine Beziehung, eine Freundschaft, eine Umarmung; jemanden heiß und innig* (= *leidenschaftlich*) *lieben*⟩ **2** **jemandes inniger/innigster Wunsch** jemandes größter Wunsch

**ins★** *PRÄPOSITION mit Artikel* in das ❶ In Wendungen wie *sich ins Fäustchen lachen*, *etwas ins Leben rufen* kann *ins* nicht durch *in das* ersetzt werden.

der **In·sas·se** (-*n*, -*n*); *admin* **1** eine Person, die in einem Fahrzeug sitzt *„Vier Insassen des Busses wurden bei dem Unfall schwer verletzt"* **K** Insassenversicherung **2** eine Person, die in einem Heim lebt oder im Gefängnis ist ⟨*die Insassen eines Altersheims*⟩ **K** Gefängnisinsasse ❶ *der Insasse; den, dem, des Insassen* • *hierzu* **In·sas·sin** *die*

die **In·schrift** etwas, das auf Stein, Holz oder Metall geschrieben ist ⟨*eine Inschrift auf einem Denkmal, einem Grabstein, in einem Tempel, über einer Tür; irgendwo eine Inschrift anbringen*⟩ **K** Denkmalsinschrift, Grabinschrift

das **In·sekt★** (-(*e*)*s*, -*en*) ein kleines Tier, das sechs Beine und keine Knochen hat, z. B. eine Fliege, eine Ameise ⟨*blutsaugende, lästige, nützliche Insekten*⟩ **K** Insektenplage, Insektenspray, Insektenstich

das **In·sek·ti·zid** (-(*e*)*s*, -*e*); *geschrieben* ein chemisches Mittel, mit dem störende Insekten bekämpft werden

die **In·sel★** (-, -*n*) ein (meist relativ kleines) Stück Land, das von Wasser umgeben ist ⟨*eine Insel im Meer, im See, im Fluss; auf einer Insel leben, sein*⟩ *„Im Mittelmeer gibt es viele Inseln"* **K** Inselbewohner, Inselgruppe, Inselstaat; Felseninsel

das **In·se·rat★** (-(*e*)*s*, -*e*) eine Anzeige in einer Zeitung ⟨*ein Inserat aufgeben, in die Zeitung setzen*⟩ **K** Zeitungsinserat

**in·se·rie·ren** (*inserierte, hat inseriert*) **(etwas) inserieren** etwas in einem Inserat, einer Anzeige zum Verkauf anbieten *„Ich rufe wegen des Fernsehers an, den Sie inseriert haben"* • *hierzu* **In·se·rent** *der*; **In·se·ren·tin** *die*

**ins·ge·samt★** *ADVERB* so, dass alles mitgezählt ist ≈ zusammen *„Sie spielt in der Woche insgesamt zwanzig Stunden Tennis"* | *„Ich hatte zwei Wasser und ein Achtel Wein, was macht das insgesamt?"*

**in·so·fern, in·so·fern★** *BINDEWORT* **1** ['---] in diesem Punkt, in dieser Sache *„Paul ist ein guter Schüler, insofern stimme ich Ihnen zu, aber sein Benehmen ist sehr schlecht"* **2** **insofern** ['---] **(… , als)** in der genannten Art oder aus dem genannten Grund *„Er hatte in-*

*sofern noch Glück bei dem Unfall, als er sich nur die Hand gebrochen hat"* **3** **insofern** [--'-] (**als**) verwendet, um eine Aussage auf eine einzige Möglichkeit einzuschränken ≈ wenn *„Ich werde kommen, insofern (als) es mir möglich ist"*

die **In·spek·ti·on** [-'tsio:n]; (-, *-en*) **1** das Inspizieren *„Bei der Inspektion der Hotelküche wurden hygienische Mängel festgestellt"* **2** die regelmäßige Prüfung (Wartung) eines Autos 〈*ein Auto zur Inspektion bringen; das Auto muss zur Inspektion*〉

der **In·spek·tor** (*-s, In·spek·to·ren*) **1** eine Person, die etwas (amtlich) prüft und kontrolliert *„Ein Inspektor von der Versicherung wird den Schaden schätzen"* **2** Ⓓ ein Beamter im öffentlichen Dienst, der eine gehobene Laufbahn beginnt **K** Zollinspektor • *hierzu* **In·spek·to·rin** *die*

**in·spi·zie·ren** (*inspizierte, hat inspiziert*) **jemanden/etwas inspizieren** (als Vertreter eines Amtes o. Ä.) Truppen o. Ä./etwas (vor allem Räume) genau prüfen, um festzustellen, ob alles in Ordnung ist ≈ kontrollieren

der **In·stal·la·teur** [-'tø:ɐ]; (*-s, -e*) eine Person, die beruflich Geräte anschließt, Leitungen und Rohre verlegt und repariert **K** Elektroinstallateur

**in·stal·lie·ren**★ (*installierte, hat installiert*) **1** **etwas installieren** technische Geräte, Leitungen und Rohre in ein Gebäude o. Ä. einbauen 〈*eine Gasleitung, eine Heizung, einen Herd, Wasserrohre installieren*〉 **2** **etwas installieren** ein Programm vor der ersten Benutzung in einem Computer teilweise oder ganz auf der Festplatte einrichten • *hierzu* **In·stal·la·ti·on** *die*

**in·stand** ADVERB **1** **etwas instand setzen/bringen** ≈ reparieren *„ein baufälliges Haus wieder instand setzen"* ❶ Ⓒⓗ auch: *etwas instand stellen.* **2** **etwas instand halten** dafür sorgen, dass etwas in einem guten Zustand bleibt ≈ pflegen *„den Garten instand halten"* • *zu* (1) **In·stand·set·zung** *die; zu* (2) **In·stand·hal·tung** *die*

die **In·stanz** (*-, -en*) **1** ein Amt oder eine Behörde, die für etwas zuständig ist 〈*eine gesetzgebende, höhere, übergeordnete, politische, staatliche Instanz*〉 *„Ein Gesetz muss durch mehrere Instanzen gehen, bis es endgültig verabschiedet wird"* **K** Instanzenweg **2** ein Gericht auf der genannten Stufe in der Hierarchie der Gerichte 〈*die erste, zweite, dritte, letzte Instanz*〉 *„Er wurde in erster Instanz zu zwei Jahren Haft verurteilt und in zweiter Instanz schließlich freigesprochen"*

der **In·stinkt** (*-(e)s, -e*) **1** *meist Singular* die (lebensnotwendigen) Verhaltensweisen, mit denen ein Tier geboren wird und die es nicht lernen muss *„ein Tier folgt seinem Instinkt"* **K** Instinkthandlung **2** ein sicheres Gefühl für die richtige Entscheidung in einer bestimmten Situation 〈*ein feiner, untrüglicher, kaufmännischer, politischer Instinkt; Instinkt beweisen, zeigen, haben*〉 *„Mit seinem erstaunlichen Instinkt für lohnende Geschäfte gelang es ihm, viel Geld zu verdienen"*

**in·stink·tiv** [-'ti:f] ADJEKTIV vom Instinkt, von Gefühlen, nicht vom Verstand geleitet (gesteuert) 〈*ein Verhalten, ein Wissen; instinktiv handeln, reagieren; etwas instinktiv richtig machen*〉 ↔ rational *„Tiere haben eine instinktive Angst vor Feuer"*

das **In·sti·tut**★ (*-(e)s, -e*) ein Institut beschäftigt sich mit der Lehre oder Erforschung eines Fachgebiets *„ein Institut für Meeresbiologie"* **K** Forschungsinstitut

die **In·sti·tu·ti·on**★ [-'tsio:n]; (*-, -en*) **1** eine Gruppe von Leuten, die gemeinsam eine Funktion erfüllen oder Tätigkeiten ausüben im Auftrag des Staates, der Kirche, der Gesellschaft o. Ä. *„Er arbeitet bei der Caritas, einer kirchlichen Institution"* **2** eine Gewohnheit, Sitte o. Ä., die es schon lange gibt 〈*eine feste, soziale Institution; die Institution der Ehe, der Familie, der Taufe*〉

das **In·stru·ment**★ (*-(e)s, -e*) **1** ein Gegenstand, mit dem man Musik macht 〈*ein Instrument lernen, beherrschen, spielen, stimmen*〉 *„Sie spielt zwei Instrumente: Klavier und Gitarre"* **K** Musikinstrument, Blasinstrument, Saiteninstrument, Schlaginstrument **2** ein Gegenstand, mit dem (auch komplizierte) mechanische Tätigkeiten ausgeführt werden 〈*feinmechanische, medizinische, optische Instrumente*〉 *„die Instrumente des Chirurgen"* **3** **ein Instrument** (*+Genitiv*) etwas, das man als Hilfe benutzt, um etwas anders zu tun oder um etwas zu erreichen *„Presse und Fernsehen sind Instrumente der Nachrichtenübermittlung"* **K** Machtinstrument

**in·stru·men·tal** ADJEKTIV nur mit Musikinstrumenten, ohne Gesang 〈*Musik, ein Stück*〉 ↔ vokal **K** Instrumentalmusik, Instrumentalstück

das **In·su·lin** (-s) ein Hormon, für die Ernährung der Körperzellen wichtig ist *„Viele Diabetiker müssen sich Insulin spritzen"* **K** Insulinmangel, Insulinpräparat

**in·sze·nie·ren** (*inszenierte, hat inszeniert*) **1** **etwas inszenieren** als Regisseur ein Drama im Theater einstudieren und aufführen *„Der neue Regisseur inszenierte als erstes Stück Schillers „Räuber"* **2** **etwas inszenieren** *oft abwertend* dafür sorgen, dass es Aufregung gibt, um so Aufmerksamkeit zu bekommen ⟨*einen Aufstand, einen Skandal inszenieren*⟩ • *hierzu* **In·sze·nie·rung** *die*

**in·takt** *ADJEKTIV* **1** *ohne Steigerung* ⟨*ein technisches Gerät*⟩ so, dass es funktioniert, keine großen Fehler (Mängel) oder Schäden hat *„Der Kühlschrank ist alt, aber immer noch intakt"* **2** harmonisch, ohne große Probleme ⟨*eine Beziehung, eine Ehe*⟩

die **In·teg·ra·ti·on**★ [-'tsjo:n]; (-, *-en*); *geschrieben* die Prozesse, die zu einem friedlichen Zusammenleben führen (vor allem, wenn Menschen aus verschiedenen Ländern und verschieden Kulturen beteiligt sind *„die Integration von Immigranten in die Bevölkerung"* **K** Integrationspolitik

**in·teg·rie·ren**★ (*integrierte, hat integriert*) **1** **jemanden (in etwas** (*Akkusativ*)**) integrieren** jemanden oder sich selbst zum Mitglied einer Gruppe machen *„ein neues Schulkind in die Klasse integrieren"* **2** **etwas in etwas** (*Akkusativ*) **integrieren** etwas zu einem Teil eines Ganzen werden lassen *„eine Küchenzeile mit integriertem Kühlschrank"*

der **In·tel·lekt** (-(*e*)*s*); *geschrieben* ⟨*der menschliche Intellekt, ein scharfer Intellekt*; *jemandes Intellekt schulen*⟩ ≈ Verstand

**in·tel·lek·tu·ell** *ADJEKTIV* **1** *meist attributiv* in Bezug auf den Verstand ⟨*jemandes Fähigkeiten*⟩ ↔ körperlich, physisch **2** so, dass Wissen, Verstand und geistige Arbeit stark betont werden

der/die **In·tel·lek·tu·el·le** (*-n, -n*) eine Person, die aufgrund ihrer (akademischen) Ausbildung dazu fähig ist, eine eigene und kritische Meinung vor allem zu politischen Problemen zu haben ❶ *ein Intellektueller; der Intellektuelle; den, dem, des Intellektuellen*

**in·tel·li·gent**★ *ADJEKTIV* ⟨*ein Kind, ein Tier, eine Frage*⟩ so, dass sie (viel) Intelligenz haben oder zeigen ≈ klug

die **In·tel·li·genz**★ (-) **1** die Fähigkeit eines Menschen (oder Tieres) zu denken und vernünftig zu handeln ⟨(*eine*) *geringe, durchschnittliche, große Intelligenz*⟩ **K** Intelligenztest **2** Lebewesen, die Intelligenz haben *„Gibt es Intelligenz auf anderen Planeten?"*

der **In·tel·li·genz·quo·ti·ent** ein Zahlenwert, mit dem beurteilt wird, wie intelligent eine Person im Vergleich zu anderen ist ⟨*einen hohen, niedrigen Intelligenzquotienten haben*⟩ ❶ Abkürzung: *IQ*

**in·ten·siv**★ [-'zi:f] *ADJEKTIV* **1** mit viel Arbeit, Energie, Aufmerksamkeit (verbunden) *„einen Kranken intensiv betreuen"* **2** so, dass es sehr deutlich wahrgenommen werden kann ⟨*eine Farbe, ein Gefühl, ein Schmerz, eine Strahlung*⟩ ≈ stark ↔ schwach *„Mittags ist die Sonne am intensivsten"* • *hierzu* **In·ten·si·tät** *die*

**-in·ten·siv** [-zi:f] *im Adjektiv, unbetont, begrenzt produktiv* **1** **arbeitsintensiv, personalintensiv, pflegeintensiv, zeitintensiv** *und andere* so, dass viel von dem im ersten Wortteil Genannten nötig ist **2** **geruchsintensiv, kostenintensiv, lärmintensiv, stressintensiv** *und andere* so, dass viel von der negativen, im ersten Wortteil genannten Sache dabei entsteht

die **In·ten·ti·on** [-'tsjo:n]; (-, *-en*); *geschrieben* ⟨*etwas entspricht jemandes Intentionen*⟩ ≈ Absicht, Wille • *hierzu* **in·ten·ti·o·nal** *ADJEKTIV*

**in·ter·ak·tiv** *ADJEKTIV* so, dass der Anwender eines Computerprogramms während des Programmablaufs immer wieder Fragen beantworten und aktiv werden muss

der **In·ter·ci·ty**® [-'sɪti]; (*-s, -s*) ein schneller Zug, der nur zwischen großen Städten verkehrt ❶ Abkürzung: *IC*

der **In·ter·ci·ty·ex·press**® [-'sɪti-]; Ⓓ der schnellste Zug der Deutschen Bahn ❶ Abkürzung: *ICE*

**in·te·res·sant**★ *ADJEKTIV* **1** so, dass jemand Interesse daran findet ⟨*ein Buch, eine Person, ein Problem; etwas interessant finden*⟩ **2** so, dass viele Leute es haben wollen ⟨*ein Angebot, ein Geschäft*⟩ **3** **sich interessant machen (wollen)** *abwertend* ungewöhnliche Dinge sagen oder tun, um von anderen Personen bemerkt zu werden

das **In·te·res·se**★ [ɪntəˈrɛsə]; (*-s, -n*) **1** **Interesse (an jemandem/etwas)** *nur Singular* der

Wunsch, mehr über eine Person oder eine Sache zu wissen oder etwas zu tun o. Ä. ⟨*wenig, großes Interesse haben, zeigen; Interesse für jemanden/etwas aufbringen; etwas weckt jemandes Interesse; etwas ist für jemanden von Interesse*⟩ *„Ich habe kein Interesse daran, ihn wiederzusehen"* **2** **Interesse (an etwas** (*Dativ*)**)** *nur Singular* der Wunsch, etwas zu kaufen **3** *nur Plural* die Dinge, mit denen sich eine Person gern beschäftigt und die ihr Spaß machen ⟨*geistige, handwerkliche, gemeinsame Interessen*⟩ **K** Interessengebiet **4** *meist Plural* die wirtschaftlichen und politischen Bedürfnisse, die eine Person, ein Staat oder eine Gruppe hat ⟨*jemandes Interessen durchsetzen, wahrnehmen, vertreten*⟩ **K** Interessengemeinschaft, Interessenkonflikt, Interessenvertretung **5** **etwas ist/liegt in jemandes Interesse** etwas bringt jemandem einen Vorteil o. Ä. *„Es liegt in deinem eigenen Interesse, den Vorfall der Polizei zu melden"*

die **In·te·res·sen·grup·pe** eine Organisation, welche vor allem die politischen Interessen ihrer Mitglieder vertritt

der **In·te·res·sent** (*-en, -en*) **1** **ein Interessent (für etwas)** eine Person, die etwas kaufen oder mieten will *„Es haben schon viele Interessenten für die Wohnung angerufen"* **2** eine Person, die bei etwas mitmachen oder an etwas teilnehmen will *„Unsere Skikurse haben bisher immer zahlreiche Interessenten gefunden"* ⓘ *der Interessent; den, dem, des Interessenten* • *hierzu* **In·te·res·sen·tin** *die*

**in·te·res·sie·ren★** (*interessierte, hat interessiert*) **1** **eine Person/Sache interessiert jemanden** eine Person oder Sache ist so, dass man mehr über sie wissen möchte *„Am meisten interessieren mich alte Briefmarken"* **2** **sich für etwas interessieren** etwas gern haben oder tun wollen, mehr über etwas wissen wollen o. Ä. ⟨*sich für Musik, für Sport, für den Preis einer Reise interessieren*⟩ **3** **sich für jemanden interessieren** mehr über jemanden wissen wollen, jemanden näher kennenlernen wollen o. Ä. *„Es sieht so aus, als ob sich dein Bruder für meine Schwester interessiert"*

**in·te·res·siert★** *ADJEKTIV* **(an jemandem/etwas) interessiert** mit Interesse ⟨*jemandem interessiert zuhören, zusehen*⟩ *„ein interessierter und aufmerksamer Schüler"*

die **In·ter·jek·ti·on** [-'tsio:n]; (*-, -en*) ein Wort wie „oh", „pfui", „au" usw., das meist als Ausruf gebraucht wird

**in·tern★** *ADJEKTIV; geschrieben* ⟨*Angelegenheiten, eine Regelung*⟩ so, dass sie nur einen Betrieb oder eine Institution betreffen *„eine Sache auf einer internen Sitzung besprechen"* **K** betriebsintern, gewerkschaftsintern, universitätsintern

das **In·ter·nat★** (*-(e)s, -e*) eine Schule, in der die Schüler auch wohnen ⟨*ins Internat kommen; im Internat sein*⟩ **K** Internatsschüler

**in·ter·na·ti·o·nal, in·ter·na·ti·o·nal★** *ADJEKTIV* ⟨*ein Abkommen, die Beziehungen, ein Kongress, eine Meisterschaft*⟩ so, dass mehrere Nationen, Staaten beteiligt sind *„Das Rote Kreuz ist eine internationale Organisation"* | *„Dieser Führerschein ist international gültig"*

das **In·ter·net★** (*-s, -s*); *meist Singular* mit dem Computer, Smartphone usw. gehen wir ins Internet, um dort Informationen zu bekommen, Daten auszutauschen und Kontakte zu pflegen ⟨*das Internet nutzen; ins Internet gehen; im Internet surfen; etwas aus dem Internet herunterladen, ins Internet stellen*⟩ **K** Internetadresse, Internetanschluss, Internetseite

der **In·ter·net·auf·tritt** eine Webseite, mit der sich eine Firma, Behörde, Organisation o. Ä. im Internet darstellt

der **In·ter·nist** (*-en, -en*) ein Arzt mit einer Spezialausbildung für die Krankheiten des Herzens, des Magens und des Darms • *hierzu* **In·ter·nis·tin** *die*

der **In·ter·pret** (*-en, -en*) eine Person, die etwas interpretiert • *hierzu* **In·ter·pre·tin** *die*

**in·ter·pre·tie·ren★** (*interpretierte, hat interpretiert*) **1** **etwas (als etwas) interpretieren** jemandes Verhalten, Worten o. Ä. eine Bedeutung zusprechen ≈ deuten *„Sein Schweigen kann man als Feindseligkeit interpretieren"* **2** **etwas interpretieren** versuchen, den tieferen Sinn einer Sache zu erklären ⟨*ein Gedicht, einen Gesetzestext, einen Roman interpretieren*⟩ ≈ deuten **3** **jemanden/etwas (irgendwie) interpretieren** das Werk eines Komponisten o. Ä. (auf die genannte Weise) spielen oder singen *„Chopin wurde von Rubinstein sehr einfühlsam interpretiert"* • *hierzu* **In·ter·pre·ta·ti·on** *die*

die **In·ter·punk·ti·on** [-'tsio:n]; (-) das Setzen von Kommas, Punkten usw. in einem geschriebenen Text ⟨*eine fehlerhafte, schlechte Interpunktion; die Regeln der Interpunktion*⟩ ≈ Zeichensetzung **K** Interpunktionsfehler, Interpunktionsregel

das **In·ter·vall** [-v-]; (-s, -e) **1** *geschrieben* **ein Intervall (zwischen Dingen)** *meist Plural* die Zeit zwischen zwei Ereignissen *„Die Intervalle zwischen seinen Fieberanfällen werden immer kürzer"* **2** der Abstand zwischen zwei Tönen (in Bezug auf die Höhe) *„das Intervall der Oktave"* **3** **in Intervallen** *geschrieben* in zeitlichen Abständen immer wieder ⟨*etwas findet in Intervallen statt, kehrt in Intervallen wieder*⟩

das **In·ter·view★** [-vjuː]; (-s, -s) **ein Interview mit jemandem (zu etwas)** ein Gespräch, das ein Reporter oder Journalist mit einer Person führt und das dann in der Zeitung erscheint oder im Fernsehen gezeigt wird ⟨*ein Interview verabreden, machen, senden*⟩ **K** Interviewpartner

I

**in·tim★** *ADJEKTIV* **1** private, persönliche Dinge betreffend ⟨*ein Gespräch, ein Problem, Gedanken*⟩ **2** *meist attributiv* den Bereich des Körpers betreffend, in dem die Geschlechtsorgane sind ⟨*die Hygiene*⟩ **K** Intimbereich, Intimpflege **3** **mit jemandem intim sein/werden** mit jemandem sexuelle Kontakte haben/bekommen **4** *meist attributiv* sehr genau, detailliert ⟨*intime Kenntnis von etwas besitzen/haben*⟩

**in·to·le·rant, in·to·le·rant★** *ADJEKTIV* **intolerant (gegen jemanden/etwas; gegenüber jemandem/etwas)** nicht tolerant ⟨*eine Einstellung, eine Haltung*⟩ • *hierzu* **In·to·le·ranz** *die*

**in·tran·si·tiv** [-tiːf] *ADJEKTIV* ohne Akkusativobjekt ⟨*ein Verb* (= *ein Verb, das kein Akkusativobjekt haben kann*)*; ein Verb intransitiv verwenden*⟩

die **Int·ri·ge** (-, -n); *abwertend* ein meist geheimer und komplizierter Plan, mit dem man jemandem schaden will ⟨*Intrigen einfädeln, aufdecken; einer Intrige zum Opfer fallen*⟩

die **In·tu·i·ti·on** [-ˈtsjoːn]; (-, -en) **1** das Ahnen oder Verstehen von Zusammenhängen o. Ä. aufgrund eines Gefühls oder Instinkts ⟨*Intuition haben*⟩ **2** etwas, das man durch Intuition fühlt oder weiß ⟨*eine Intuition haben; einer Intuition folgen*⟩ • *hierzu* **in·tu·i·tiv** *ADJEKTIV*

die **In·va·si·on** (-, -en) **1** das Eindringen einer Armee in ein fremdes Land (z. B. im Krieg) **2** **eine Invasion (von Personen/Tieren)** *humorvoll oder abwertend* die Ankunft von vielen Menschen oder Tieren in einem Gebiet, einem Ort *„eine Invasion von Touristen"*

das **In·ven·tar** [-v-]; (-s, -e) **1** alles, was ein Betrieb, eine Firma besitzt, oder die Gegenstände, mit denen ein Haus o. Ä. eingerichtet ist *„den Wert des Inventars schätzen"* **2** eine Liste, in welcher das Inventar steht ⟨*ein Inventar aufstellen, führen; etwas steht im Inventar*⟩

die **In·ven·tur** (-, -en) die genaue Erfassung aller Waren (am Ende des Jahres), die in einem Geschäft, einer Firma, einem Lager o. Ä. sind ⟨*Inventur machen; wegen Inventur geschlossen*⟩

**in·ves·tie·ren★** [-v-] (*investierte, hat investiert*) **1** **(etwas) (in etwas** (*Akkusativ*)**) investieren** Geld meist relativ lange zur Verfügung stellen, damit eine Firma neue Maschinen kaufen kann oder sich vergrößern kann ⟨*Geld, Kapital in die Entwicklung neuer Produkte investieren*⟩ **2** **etwas (in jemanden/etwas) investieren** etwas geben oder zur Verfügung stellen, damit eine Person oder ein Vorhaben einen Vorteil davon hat ⟨*viel Geduld, Liebe, Zeit in jemanden/etwas investieren*⟩ *„Sie hat sehr viel Mühe in diese Arbeit investiert"*

die **In·ves·ti·ti·on★** [-ˈtsjoːn]; (-, -en) **1** das Investieren oder etwas, das man investiert hat ⟨*eine gewinnbringende Investition*⟩ *„die Konjunktur durch Investitionen beleben"* **2** etwas, wofür man Geld ausgegeben hat (meist in der Hoffnung, dadurch Geld zu verdienen, zu sparen o. Ä.) *„Der Computer war eine gute Investition"*

**in·wie·fern, in·wie·fern** *FRAGEWORT* in welcher Art und Weise, bis zu welchem Grad *„Inwiefern hat er recht?"* **❶** auch in indirekten Fragen: *Ich würde gern wissen, inwiefern sich die beiden Vorschläge unterscheiden*

**in·wie·weit, in·wie·weit** *FRAGEWORT* ≈ inwiefern

**in·zwi·schen★** *ADVERB* **1** während der Zeit, in der etwas geschieht *„Geht ruhig spazieren, ich koche inzwischen das Essen"* **2** drückt aus, dass zwischen einem Zeitpunkt in der Vergangenheit und jetzt ein Stand oder Zustand erreicht worden ist *„Ich habe vor vier Jahren begonnen, Russisch zu lernen. Inzwischen kann ich russische Zeitungen lesen"*

der **i-Punkt** [ˈiː-] der Punkt auf dem kleinen i

der **IQ** [iːˈkuː, aɪˈkjuː]; (-(s), -(s)) Abkürzung für *Intelligenzquotient*

**ir·disch** *ADJEKTIV* in Bezug auf das alltägliche Leben (im Gegensatz zum religiösen Leben oder einem Leben nach dem Tod) ⟨*das Glück,*

Freuden⟩

**ir·gend**★ *PARTIKEL betont* **1** **irgend so ein/eine**; **irgend so etwas** *gesprochen, oft abwertend* drückt aus, dass man (oft aus Mangel an Interesse) eine Person oder Sache nicht genau nennen oder beschreiben kann, etwas nicht genau weiß *„Da war irgend so ein Vertreter, der nach dir gefragt hat"* **2** *geschrieben* drückt aus, dass alle vorhandenen Möglichkeiten genutzt werden (sollen) *„Kommen Sie bitte, so rasch es irgend geht"* so bald wie möglich

**ir·gend·ein**★ *ARTIKEL/PRONOMEN* **1** die genannte Person oder Sache, die man aber nicht (genauer) kennt, nicht (genauer) bestimmen kann oder will *„Irgendeine Frau hat angerufen"* | *„Irgendein Geschenk werde ich bestimmt finden"* ℹ → Anhang, S. 1108: **Artikel** **2** als Pronomen verwendet; der Bezug zur jeweiligen Person oder Sache ergibt sich aus der Situation *„Irgendeiner wird schon noch kommen"* ℹ Als Plural für *irgendein* verwendet man *irgendwelche*.

**ir·gend·et·was**, **ir·gend·et·was**★ **1** verwendet vor einem Adjektiv, um eine Sache zu bezeichnen, welche die genannte Eigenschaft hat, aber sonst nicht näher beschrieben wird ≈ etwas *„Gibt es irgendetwas Neues?"* **2** verwendet, um eine Sachen oder Tätigkeiten zu bezeichnen und dabei zu betonen, dass man diese nicht kennt ≈ etwas *„Ist dir irgendetwas aufgefallen?"*

**ir·gend·je·mand** *PRONOMEN*, **ir·gend·je·mand**★ **1** verwendet, um eine Person zu bezeichnen, von der man nur sehr wenig oder gar nichts weiß *„Irgendjemand muss das Geld doch aus der Kasse genommen haben"* **2** **nicht irgendjemand** [--'--] **sein** eine Person sein, der bekannter oder wichtiger ist als andere *„Er ist nicht irgendjemand, sondern unser Bürgermeister!"*

**ir·gend·wann**, **ir·gend·wann**★ *ADVERB* zu einer Zeit, die man (noch) nicht kennt *„Irgendwann wird noch ein Unglück geschehen!"* | *„Er möchte irgendwann nach Indien reisen"*

**ir·gend·was**, **ir·gend·was**★ *PRONOMEN*; *gesprochen* ≈ irgendetwas

**ir·gend·wel·ch-**, **ir·gend·wel·ch-**★ verwendet als Pluralform für *irgendein/irgendeine* *„Gibt es irgendwelche Probleme?"*

**ir·gend·wer**, **ir·gend·wer**★ *PRONOMEN*; *gesprochen* ≈ irgendjemand *„Kennst du irgendwen, der ein Auto kaufen möchte?"*

**ir·gend·wie** *ADVERB*, **ir·gend·wie**★ **1** auf eine unbekannte Art *„Wir müssen das Problem irgendwie lösen"* **2** *gesprochen* unter einem Aspekt, aus einer Sicht, die man nicht nennen kann *„Irgendwie hast du schon recht"*

**ir·gend·wo** *ADVERB*, **ir·gend·wo**★ an irgendeinem Ort, an irgendeiner Stelle *„Wir werden irgendwo am Meer Urlaub machen"*

**ir·gend·wo·her** *ADVERB*, **ir·gend·wo·her**★ **1** von irgendeinem Ort *„Irgendwoher kommt Rauch – Ich glaube, es brennt"* **2** durch irgendwelche (nicht näher bekannten) Umstände *„Ich werde schon noch irgendwoher Geld bekommen"*

**ir·gend·wo·hin**, **ir·gend·wo·hin**★ *ADVERB* an irgendeinen Ort *„Ich möchte irgendwohin, wo nie Winter ist"*

die **Iro·nie** (-) Ironie ist, wenn man bewusst das Gegenteil von dem sagt, was man meint (vor allem, um auf witzige Art Ärger oder Kritik auszudrücken)

**iro·nisch**★ *ADJEKTIV* voller Ironie ⟨*ein Lächeln, eine Bemerkung; ironisch lächeln; etwas ironisch meinen*⟩

**irr** *ADJEKTIV meist prädikativ* geisteskrank, verrückt, wahnsinnig ⟨*jemanden für irr halten*⟩ ℹ → auch **irre**

**ir·ra·ti·o·nal**, **ir·ra·ti·o·nal** *ADJEKTIV*; *geschrieben* nicht den Gesetzen der Vernunft folgend oder durch sie erklärbar ⟨*ein Verhalten; irrational handeln*⟩

**ir·re** *ADJEKTIV* **1** ≈ irr **2** *gesprochen* ungewöhnlich und sehr gut ≈ toll *„Der Film war echt irre"* **3** *gesprochen* sehr groß, sehr intensiv *„eine irre Hitze"* **4** *gesprochen* verwendet, um Verben, Adverbien oder Adjektive zu verstärken ≈ sehr *„sich irre freuen"* | *„irre aufgeregt sein"*

der/die **Ir·re**[1]; (-n, -n); *gesprochen, oft abwertend* eine Person, die psychisch oder geistig krank ist **ID** **wie ein Irrer** *gesprochen* sehr schnell ⟨*fahren, rennen*⟩ ℹ *ein Irrer; der Irre; den, dem, des Irren*

die **Ir·re**[2]; (-) **in die Irre** in eine falsche Richtung, auf einen falschen Weg ⟨*jemanden in die Irre führen, locken; in die Irre gehen*⟩ *„Demagogen haben das Volk mit schönen Reden in die Irre geführt"*

**ir·re·al** *ADJEKTIV*; *geschrieben* **1** nicht realistisch **2** ⟨*Forderungen, Vorstellungen*⟩ so, dass niemand sie verwirklichen kann

**ir·re·füh·ren** (*führte irre, hat irregeführt*) **jemanden irreführen** (absichtlich) bewirken, dass eine Person eine falsche Vorstellung von jemandem oder etwas bekommt *„jemanden durch falsche Informationen irreführen"* ❶ oft im Partizip Präsens: *eine irreführende Behauptung* • *hierzu* **Ir·re·füh·rung** *die*

**ir·ren**★ (*irrte, hat/ist geirrt*) 1 **sich (mit/in etwas** (*Dativ*)**) irren** (*hat*) etwas Falsches für echt, wahr oder richtig halten *„Du hast dich geirrt – er hat im Juni Geburtstag, nicht erst im Juli"* 2 **sich in jemandem irren** (*hat*) einen falschen Eindruck von einer Person haben *„Leider habe ich mich in ihm geirrt: er ist lange nicht so ehrlich wie ich dachte"* 3 **irgendwohin irren** (*ist*) in einem Gebiet von einem Punkt zum anderen (hin und her) gehen, fahren, ohne das Ziel, den richtigen Weg zu finden *„durch die Straßen/durch den Wald irren"* ID **Irren ist menschlich** Alle Menschen machen Fehler

**ir·rig** *ADJEKTIV* auf einem Irrtum beruhend ⟨*eine Annahme, eine Ansicht; in der irrigen Annahme, dass …*⟩ ≈ falsch • *hierzu* **ir·ri·ger·wei·se** *ADVERB*

**ir·ri·tie·ren** (*irritierte, hat irritiert*) 1 **eine Person oder Sache irritiert jemanden** eine Person oder Sache macht jemanden unsicher oder nervös oder verwirrt jemanden *„Ihr Lächeln irritierte ihn"* 2 **eine Person/Sache irritiert jemanden** eine Person oder Sache stört jemanden bei einer Tätigkeit *„Er machte Fehler, weil ihn der Lärm irritierte"*

der **Irr·sinn** (*-s*) *abwertend* eine sinnlose, oft gefährliche Handlung *„der Irrsinn des Wettrüstens"*

der **Irr·tum**★ (*-s, Irr·tü·mer*) 1 ein Fehler, der dadurch entsteht, dass man sich nicht richtig konzentriert, informiert o. Ä. und eine Situation nicht richtig beurteilt ⟨*ein kleiner, großer, schwerer, bedauerlicher, folgenschwerer, verhängnisvoller Irrtum; einem Irrtum erliegen, unterliegen, verfallen; jemandem unterläuft ein Irrtum; ein Irrtum liegt vor*⟩ ≈ Versehen *„Diese Annahme beruht auf einem Irrtum"* 2 **im Irrtum sein**; **sich im Irrtum befinden** sich irren

**irr·tüm·lich** *ADJEKTIV* auf einem Irrtum beruhend ⟨*eine Annahme, eine Entscheidung; etwas irrtümlich glauben*⟩ • *hierzu* **irr·tüm·li·cher·wei·se** *ADVERB*

**-isch** *im Adjektiv, unbetont, sehr produktiv* 1 **arabisch, bayrisch, griechisch, russisch, schwäbisch, spanisch**; **biologisch, kaufmännisch, kommunistisch, modisch, psychisch, studentisch** *und andere* verwendet, um Adjektive zu bilden, mit denen man sagt, dass eine Person oder Sache zu jemandem oder etwas gehört oder einen Bezug zu jemandem oder etwas hat 2 **anarchistisch, angeberisch, dämonisch, diktatorisch, teuflisch, tyrannisch** *und andere oft abwertend* drückt eine Ähnlichkeit zur genannten Person/Sache aus ❶ Diese Adjektive auf *-istisch* gehören zu Substantiven, die auf *-ist*(*in*) enden.

der/das **Is·chi·as** ['ɪʃi̯as, 'ɪsçi̯as]; (-) Schmerzen im Bereich des Ischiasnervs ⟨*Ischias haben; an/unter Ischias leiden*⟩

der **Is·lam, Is·lam**★; (-(*s*)) der Glaube, der auf der Lehre Mohammeds beruht; die moslemische Religion • *hierzu* **is·la·misch** *ADJEKTIV*

der **-is·mus** (-, *-is·men*); *im Substantiv, betont, sehr produktiv; nur Singular* 1 **Buddhismus, Katholizismus, Kapitalismus, Kommunismus, Sozialismus, Expressionismus, Impressionismus** *und andere* verwendet, um Religionen, politische oder philosophische Strömungen und Systeme, Kunststile o. Ä. zu bezeichnen ❶ Zu vielen dieser Wörter gibt es Adjektive auf *-istisch.* 2 **Egoismus, Idealismus, Optimismus, Perfektionismus, Rassismus** *und andere* verwendet, um eine persönliche Einstellung auszudrücken ❶ Zu vielen dieser Wörter gibt es Adjektive auf *-istisch.* 3 **Alkoholismus, Autismus, Masochismus, Sadismus, Voyeurismus** *und andere* verwendet, um eine Veranlagung oder Krankheit zu bezeichnen ❶ Zu vielen dieser Wörter gibt es Adjektive auf *-istisch.*

die **Iso·la·ti·on** [-'tsi̯oːn]; (-, *-en*); *meist Singular* 1 das Material, mit dem etwas gegen Strom, Hitze usw. isoliert ist *„Die Isolation des Kabels war defekt"* 2 der Zustand, ohne Kontakt zu einer Gemeinschaft zu sein *„die Isolation in der Großstadt"* 3 das Isolieren und Verhindern von Kontakt bei ansteckenden Krankheiten *„die Isolation von Typhuskranken auf einer Quarantänestation"*

der **Iso·la·tor** (*-s, Iso·la·to·ren*) ein Gegenstand vor allem aus Porzellan, der gegen elektrischen Strom isoliert

**iso·lie·ren**★ (*isolierte, hat isoliert*) 1 **etwas isolieren** etwas an der äußeren Seite mit einer Schicht eines geeigneten Materials bedecken, um es oder die Umgebung vor elektrischem Strom, Hitze, Kälte, Lärm o. Ä. zu schützen ⟨*Leitungen, Rohre, Räume, Wände isolieren*⟩

**K** Isolierband, Isolierglas **2** **jemanden (von Personen/etwas) isolieren** verhindern, dass jemand Kontakt mit anderen Personen bekommt ⟨*einen Häftling, Infizierte, Cholerakranke isolieren*⟩ **K** Isolierstation **3** **etwas isoliert** etwas schützt gegen Strom, Hitze, Kälte, Lärm o. Ä. *„Gummi isoliert gegen elektrischen Strom"*

**isst** *Präsens, 2. und 3. Person Singular* → essen

**ist** *Präsens, 3. Person Singular* → sein

# J

das **J, j** [jɔt, Ⓐ jeː]; (-, -/*gesprochen auch -s*) der zehnte Buchstabe des Alphabets ⟨*ein großes J; ein kleines j*⟩

**ja★** PARTIKEL **1** *meist betont* verwendet, um eine Frage positiv zu beantworten ↔ nein *„Hast du Lust, mit uns baden zu gehen?" – „Ja, klar/sicher/gern"* | *„Willst du noch ein Glas Wein?" – „Ja, bitte!"* | *„Ich gehe jetzt ins Bett" – „Ja, tu das"* **2** *betont und unbetont* verwendet, um zu sagen, dass man zuhört, z. B. am Telefon oder wenn jemand relativ lange redet *„Ja, … ja, ich verstehe, …"* **3** **ja?** *betont* verwendet, um zu sagen, dass man darüber erstaunt ist, was eine andere Person sagt, oder dass man das Gesagte nicht ganz glaubt *„Ich darf jetzt doch mitfahren!" – „Ja, ehrlich?"* **4** **… ja?** *betont* verwendet am Ende des Satzes, wenn man vom Gesprächspartner Zustimmung erwartet und man eine Bitte/Aufforderung o. Ä. freundlicher ausdrücken will *„Du hilfst mir doch, ja?"* **5** *unbetont* verwendet, um dem Gesagten besonderen Nachdruck zu geben ≈ wirklich *„Da hast du ja eine schöne Bescherung angerichtet!"* Das ist wirklich schlimm **6** *unbetont* verwendet im Aussagesatz, um einem Teil einer Aussage oder eines Sachverhalts zuzustimmen und um dazu, oft in Verbindung mit *aber*, eine Einschränkung zu machen ≈ zwar *„Ich kann es ja versuchen (aber ich glaube nicht, dass es funktioniert)"* **7** *unbetont* verwendet, um zu sagen, dass etwas bekannt ist, um an etwas zu erinnern oder um zu sagen, dass man Zustimmung erwartet ≈ doch *„Du weißt ja, wie er ist"* | *„Mach dir keine Sorgen, du hast ja noch genug Zeit"* **8** *unbetont* verwendet, um Erstaunen darüber auszudrücken, dass etwas der Fall ist *„Du bist ja ganz nass!"* **9** *betont* verwendet, um eine Aufforderung zu verstärken und gleichzeitig eine Warnung oder Drohung auszusprechen ≈ bloß *„Mach das ja nicht noch mal!"*

(das) **Ja★** (-(s), -(s)) **1** die Antwort „ja" oder eine Zustimmung ⟨*mit Ja antworten, stimmen; beim Ja bleiben*⟩ ↔ Nein **2** **Ja/ja zu etwas sagen** sagen, dass man mit etwas einverstanden ist *„Der Stadtrat sagte Ja zu dem Antrag der Bürger, ein Schwimmbad zu bauen"*

die **Jacht** (-, *-en*) ein schnelles Schiff mit Segeln oder Motor, das man zum Sport oder Vergnügen benutzt **K** Jachthafen, Jachtklub

die **Ja·cke★** (-, *-n*) ein Kleidungsstück für den Oberkörper, das vorne offen ist und mit Knöpfen oder Reißverschluss geschlossen werden kann **K** Jackentasche; Lederjacke; Anzugjacke; Regenjacke ❶ → Abbildung, S. 293: **Die Kleidung**

das **Ja·ckett** [ʒa-, ʃa-]; (-s, *-s*) ≈ Anzugjacke, Sakko

die **Jagd★** (-) **1** **die Jagd (auf ein Tier)** das Jagen von einem Tier ⟨*Jagd auf ein Tier machen*⟩ *„Wir haben einen Leoparden bei der Jagd auf Antilopen beobachtet"* **K** Jagdgewehr, Jagdhund, Jagdschein, Jagdtrophäe; Bärenjagd **2** **die Jagd auf jemanden** das Jagen oder Verfolgen von Personen *„Jagd auf Terroristen machen"* **K** Verbrecherjagd **3** ein Gebiet, in dem man jagen kann ⟨*eine Jagd haben, pachten*⟩ **K** Jagdhütte **4** **auf die/zur Jagd gehen** Tiere jagen

**ja·gen★** (*jagte, hat/ist gejagt*) **1** **(ein Tier) jagen** (*hat*) (als Mensch oder Tier) Tiere verfolgen, um sie zu fangen oder zu töten ⟨*Elefanten, Enten, Füchse, Hasen, Wildschweine jagen*⟩ **2** **jemanden jagen** (*hat*) eine Person verfolgen, um sie gefangen zu nehmen ⟨*Bankräuber, Terroristen, Verbrecher jagen*⟩ **3** **jemanden irgendwohin jagen** (*hat*) Personen oder Tieren Angst machen o. Ä., damit sie irgendwohin gehen ≈ vertreiben *„Sie jagte die Kinder in den Garten, weil sie in der Wohnung zu viel Krach machten"* **4** **ein Ereignis/ein Termin/… jagt das andere/den anderen** (*hat*) mehrere Ereignisse/Termine/… folgen schnell aufeinander **5** **irgendwohin jagen** (*ist*) schnell irgendwohin fahren oder rennen ≈ rasen *„mit 80 Stundenkilometern durch die Innenstadt jagen"*

der **Jä·ger** (-s, -) **1** eine Person, die (beruflich oder in der Freizeit) Tiere jagt **K** Großwildjäger **2** *gesprochen* ≈ Jagdflugzeug **K** Düsenjäger • *zu*

(1) **Jä·ge·rin** *die*

**jäh** *ADJEKTIV meist attributiv; geschrieben* plötzlich und unerwartet (und meist heftig) ⟨*eine Bewegung, ein Schmerz, ein Windstoß; einen jähen Tod finden*⟩

das **Jahr** ★ (-(e)s, -e) **1** die Zeit vom 1. Januar bis 31. Dezember ⟨*voriges, letztes, vergangenes Jahr*⟩ *„das Jahr 1903"* | *„im Jahr 1839"* | *„Dieses Jahr fehlt uns das Geld, um wegzufahren"* **K** Jahresabonnement, Jahresbeginn, Jahresbeitrag, Jahreseinkommen, Jahresende; Schaltjahr **2** ein Zeitraum von ungefähr 365 Tagen, ab einem beliebigen Zeitpunkt des Kalenderjahres *„Sie ist 10 Jahre (alt)"* | *„Heute vor zwei Jahren haben wir uns kennengelernt"*

das **-jahr** ★ *im Substantiv, unbetont, sehr produktiv* **1** **Baujahr, Erscheinungsjahr, Geburtsjahr, Sterbejahr, Todesjahr, Gründungsjahr** *und andere* ein Jahr, in dem das, was im ersten Wortteil ausgedrückt wird, geschehen ist/geschieht **2** **ein gutes/schlechtes Obstjahr, Bienenjahr, Weinjahr** *und andere* ein Jahr, in dem die Bedingungen für das Genannte sehr gut oder schlecht sind **3** **Dienstjahre, Ehejahre, Jugendjahre, Kinderjahre, Lehrjahre, Studienjahre** *und andere meist Plural* eine Zeit, die als Teil des Lebens einer Person charakterisiert wird **4** **Haushaltsjahr, Geschäftsjahr, Kalenderjahr, Kirchenjahr, Schuljahr, Studienjahr** *und andere* eine Zeit von 365 Tagen, die an unterschiedlich festgelegten Tagen beginnt

**jah·re·lang** ★ *ADJEKTIV meist attributiv* mehrere oder viele Jahre (dauernd) *„Unser jahrelanges Warten hat sich jetzt endlich gelohnt"* | *„Wir haben jahrelang gespart, um uns ein neues Auto kaufen zu können"*

die **Jah·res·kar·te** eine Fahrkarte oder eine Eintrittskarte (z. B. für den Zoo, das Schwimmbad), die ein Jahr lang und für beliebig viele Fahrten, Besuche usw. gültig ist

der **Jah·res·tag** ★ ein Tag, an dem man sich an ein Ereignis erinnert, das genau vor einem oder mehreren Jahren stattgefunden hat *„Der Jahrestag der Französischen Revolution wird immer groß gefeiert"*

die **Jah·res·zahl** die Zahl, die ein Jahr innerhalb einer Zeitrechnung hat (wenn es mit einem wichtigen Ereignis verbunden wird) *„Jahreszahlen der Geschichte auswendig lernen"*

die **Jah·res·zeit** ★ einer der vier Teile des Jahres, die sich durch das Wetter voneinander unterscheiden ⟨*die kalte, warme Jahreszeit*⟩ *„Die vier Jahreszeiten sind Frühling, Sommer, Herbst und Winter"* • *hierzu* **jah·res·zeit·lich** *ADJEKTIV*

der **Jahr·gang** ★ **1** alle Menschen, die im selben Jahr geboren sind *„als die geburtenstarken Jahrgänge in die Schule kamen"* **2** das Jahr, in dem jemand geboren ist *„Wir sind beide Jahrgang '80"* | *„Er ist mein Jahrgang"* Er ist im selben Jahr geboren **3** verwendet, um das Jahr der Herstellung oder der Veröffentlichung zu bezeichnen ⟨*der Jahrgang einer Zeitschrift, eines Weins*⟩ *„die Jahrgänge einer Zeitschrift"* | *„Wir nehmen den Beaujolais, Jahrgang 2013"* ❶ Abkürzung: *Jg*

das **Jahr·hun·dert** ★ (-s, -e) ein Zeitraum von 100 Jahren (nach der Zeitrechnung z. B. in Europa) ⟨*das kommende, vergangene Jahrhundert; im nächsten, vorigen Jahrhundert*⟩ *„Das 3. Jahrhundert vor/nach Christi Geburt"* **K** jahrhundertealt, jahrhundertelang ❶ Abkürzung: *Jh.*

die **Jahr·hun·dert|wen·de** der Übergang von einem Jahrhundert zum nächsten *„Dieses Foto stammt noch aus der Zeit um die vorletzte Jahrhundertwende"*

**jähr·lich** ★ *ADJEKTIV meist attributiv* in jedem Jahr, jedes Jahr (wieder) stattfindend, fällig o. Ä. *„ein jährliches Einkommen von 35.000 Euro haben"* | *„Die Weltmeisterschaften finden jährlich statt"*

der **Jahr·markt** Jahrmärkte finden einmal oder mehrmals im Jahr in Städten statt; es gibt Verkaufsstände und oft auch Karussells, Bierzelte, Losbuden usw.

das **Jahr·tau·send** ★ (-s, -e) ein Zeitraum von tausend Jahren

das **Jahr·zehnt** ★ (-s, -e) ein Zeitraum von zehn Jahren

**jäh·zor·nig** *ADJEKTIV* ⟨*Menschen*⟩ so, dass sie oft plötzlich wütend werden • *hierzu* **Jäh·zorn** *der*

die **Ja·lou·sie** [ʒalu'ziː]; (-, -n [-'ziːən]) Jalousien bestehen aus waagerechten kleinen Brettern oder dünnen Streifen aus Plastik innen oder außen vor dem Fenster; man lässt sie nachts oder bei starkem Sonnenlicht herunter ❶ *Rollläden* sind stabile Jalousien außen vor dem Fenster, die besonders nachts geschlossen werden; *Rollos* sind aus einem Stück Stoff.

der **Jam·mer** (-s) **1** **der Jammer (über etwas); der Jammer um jemanden/etwas** großer Kummer, der sich meist in lautem Klagen äußert *„Der Jammer im Dorf war groß, als der Fluss alles überschwemmte"* 2 ein Zustand des Leids ⟨*ein Bild des Jammers bieten*⟩ ≈ Elend K Jammergestalt

**jäm·mer·lich** *ADJEKTIV* 1 in einem Zustand, der Mitleid oder Verachtung hervorruft *„Nach dem Erdbeben war die Stadt in einem jämmerlichen Zustand"* 2 so, dass es großen Kummer ausdrückt ⟨*Geschrei, Weinen; jämmerlich heulen, schreien, weinen*⟩

**jam·mern** (*jammerte, hat gejammert*) **(über jemanden/etwas) jammern** (meist mit vielen Worten und in klagendem Ton) über die eigenen Sorgen und Schmerzen sprechen *„Er jammert schon wieder (darüber), dass er kein Geld hat"* | *„ Ich bin so einsam!", jammerte sie"*

der **Jän·ner** (*-s, -*); *meist Singular*; Ⓐ ≈ Januar

der **Ja·nu·ar**★ (*-s, -e*); *meist Singular* der erste Monat des Jahres; ⟨*im Januar; Anfang, Mitte, Ende Januar; am 1., 2., 3. Januar*⟩ ❶ Abkürzung: *Jan.*

der **Jar·gon** [ʒar'gõː]; (*-s, -s*) die besonderen Ausdrücke, die man benutzt, wenn man z. B. über ein Hobby oder mit Kollegen über den Beruf spricht K Fußballjargon, Künstlerjargon, Studentenjargon

der **Ja·sa·ger** (*-s, -*); *abwertend* eine Person, die mit der Meinung oder den Plänen anderer Leute immer einverstanden ist • *hierzu* **Ja·sa·ge·rin** *die*

die **Ja·stim·me** die Entscheidung für eine Person oder Sache, die jemand bei einer Wahl oder Abstimmung trifft *„Der Antrag wurde mit zwanzig Jastimmen bei zwei Neinstimmen und einer Enthaltung angenommen"*

**jä·ten** (*jätete, hat gejätet*) 1 **(etwas) jäten** kleine Pflanzen, die als störend empfunden werden, mit der Hand entfernen ⟨*Unkraut jäten*⟩ 2 **(etwas) jäten** von einer Fläche das Unkraut mit der Hand entfernen ⟨*ein Beet jäten*⟩

**jauch·zen** (*jauchzte, hat gejauchzt*); *geschrieben* mit lauter (hoher) Stimme jubeln ⟨*vor Freude jauchzen*⟩

**jau·len** (*jaulte, hat gejault*) **ein Hund jault** ein Hund gibt lange, laute Töne von sich, die traurig klingen ❶ Hunde jaulen, Wölfe *heulen*.

die **Jau·se** (*-, -n*); Ⓐ ≈ Imbiss, Snack K Jausenbrot, Jausenzeit • *hierzu* **Jau·sen** (*hat*)

**ja·wohl** *PARTIKEL betont* 1 **Jawohl!** verwendet, um energisch Zustimmung auszudrücken 2 **Jawohl!** verwendet, um zu sagen, dass man einem Befehl folgen wird

das **Ja·wort** **jemandem das/sein Jawort geben** *geschrieben* jemanden heiraten

der **Jazz**★ [dʒɛs]; (*-*) eine Art der modernen Musik, die aus der afroamerikanischen Musik entstanden ist. Beim Jazz wird der Rhythmus stark betont und oft improvisiert K Jazzband, Jazzfan, Jazzfestival, Jazzgitarrist, Jazzmusik, Jazzsänger, Jazztrompeter

**je**★ *ADVERB* 1 irgendwann in der Vergangenheit oder Zukunft ≈ jemals *„Das ist das Schönste, was ich je gehört habe"* | *„Wirst du dich je ändern?"* 2 verwendet, um die Zahl von Personen/Sachen zu nennen, die auf jede Person/Sache kommt ≈ jeweils *„Gruppen von/zu je fünf (Personen) bilden"* 3 **je nach etwas** verwendet, um die Bedingung zu nennen, von der eine Auswahl oder Entscheidung abhängt *„Je nach Saison gibt es Erdbeer-, Kirsch- oder Zwetschgenkuchen"*

*BINDEWORT* 4 **je** + *Komparativ* **…, desto/umso** + *Komparativ* **…** die Größe oder Intensität der einen genannten Sache hat Folgen für die Größe oder Intensität der anderen genannten Sache *„Je mehr ich lerne, desto weniger kann ich mir merken"* | *„Man lernt ein Land umso besser kennen, je mehr man dort herumreist"* ❶ *Desto* drückt oft eine widersprüchliche, nicht zu erwartende Aussage aus: *Je reicher die Leute, desto geiziger sind sie oft* und *umso* eine parallele: *Je mehr er aß, umso dicker wurde er.* 5 **je nachdem ob/wie/wie viel/…** verwendet, um die Bedingung zu nennen, von der eine Entscheidung abhängt *„Er kommt um zehn oder elf Uhr, je nachdem ob er den früheren Zug erreicht oder nicht"*

*PRÄPOSITION mit Akkusativ oder Nominativ* 6 **je** + *Substantiv* für jede einzelne Person oder Sache ≈ pro *„Wir kauften ein Paar Würstchen je Kind"* 7 **je** + *Zeitangabe* drückt aus, dass etwas für den genannten Zeitraum gilt ≈ pro *„acht Euro je Stunde verdienen"* ❶ Das folgende Substantiv wird ohne Artikel verwendet. ID **Ach/O je!** *gesprochen* drückt Bedauern oder Erschrecken aus *„O je, das Brot ist verschimmelt!"*

die **Jeans**★ [dʒiːnz]; (*-, -*) eine Hose aus festem Baumwollstoff, meist mit vier gerade geschnittenen Hosentaschen ⟨*eine Jeans/ein Paar Jeans tragen*⟩ ≈ Bluejeans

**je·de** → jeder

**je·den·falls**★ *PARTIKEL unbetont* 1 so, dass

etwas unabhängig von den Bedingungen geschieht, getan wird oder so (und nicht anders) ist *„Meinst du, es wird regnen? Ich nehme jedenfalls einen Schirm mit"* **2** verwendet, um eine Aussage einzuschränken (sodass sie nur für eine spezielle Person oder unter einer besonderen Bedingung gültig ist) *„Wir hatten tolles Wetter im Urlaub, jedenfalls in der ersten Woche"*

**je·der**, **je·de**, **je·des**★ *ARTIKEL* **1** verwendet, um deutlich zu machen, dass man auf die einzelnen Mitglieder oder Teilnehmer einer Gruppe oder die einzelnen Teile einer Menge hinweist *„Ich lese jedes Buch, das sie schreibt"* *PRONOMEN* **2** alle einzelnen Mitglieder einer Gruppe oder Menge *„Jeder in meiner Klasse, der genug Geld hat, kauft sich ein Smartphone"*

**je·der·mann**★ *PRONOMEN* **1** **etwas ist nicht jedermanns Sache/Geschmack** *gesprochen* nicht alle Menschen finden die genannte Sache gut oder angenehm *„Früh aufstehen ist nicht jedermanns Sache"* **2** *veraltend* jeder einzelne Mensch ≈ jeder *„wie jedermann weiß"* ❶ meist im Nominativ verwendet

**je·der·zeit**★ *ADVERB* **1** zu jeder beliebigen Zeit ≈ immer *„Sie können sich jederzeit an mich wenden"* **2** sehr bald *„Die Lawine kann jederzeit abgehen"*

**je·des** → jeder

**je·doch**★ *ADVERB* verwendet, um einen Gegensatz oder Widerspruch auszudrücken ≈ aber *„Er wurde um einen Beitrag gebeten, er lehnte jedoch ab"* | *„Die Polizei suchte ihn überall, fand ihn jedoch nicht"* ❶ Mit *jedoch* kann auch ein Nebensatz eingeleitet werden, diese Verwendung findet man eher in geschriebenen Texten: *Die Polizei suchte ihn überall, jedoch sie fand ihn nicht.*

**jeg·li·cher**, **jeg·li·che**, **jeg·li·ches**★ *ARTIKEL* mit abstrakten Begriffen verwendet, um zu betonen, dass wirklich jeder/jede/jedes gemeint ist *„Nach seinem schweren Unfall war ihm jegliche Freude am Motorradfahren vergangen"* | *„Ihm fehlt jeglicher Ehrgeiz"* ❶ Der Gebrauch als Pronomen für Personen ist veraltet.

**je·her**★ **seit/von jeher** seit man sich erinnern kann *„Wir kennen uns schon seit jeher"*

**jein** *PARTIKEL*; *humorvoll* verwendet, um zu sagen, dass man sich nicht zwischen ja und nein entscheiden kann

**je·mals**★ *ADVERB* zu irgendeinem Zeitpunkt in der Vergangenheit oder Zukunft *„Wirst du das jemals lernen?"* | *„Hast du schon jemals so etwas Schönes gesehen?"*

**je·mand**★ *PRONOMEN* (*jemanden, jemandem, jemandes*) verwendet, um eine Person zu bezeichnen, welche man nicht kennt oder die man nicht näher beschreiben will oder kann *„Jemand muss doch wissen, wo Karin ist"* | *„Heute habe ich jemanden getroffen, den ich seit zehn Jahren nicht mehr gesehen habe"* | *„Da musst du jemand anders/anderen fragen"* ❶ In der gesprochenen Sprache verwendet man oft *jemand* anstelle von *jemanden* und *jemandem*: *Ich habe jemand getroffen*

**je·ner** *ARTIKEL*, **je·ne**, **je·nes** **1** mit *jener* weist man darauf hin, dass eine Person oder Sache vom Standpunkt des Sprechers relativ weit entfernt ist *„Jenes Bild, das Sie dort sehen, ist von Monet"* ❶ Vor allem in der gesprochenen Sprache wird meist *dieser ... da* oder *der/die/das ... da* anstelle von *jener* verwendet: *Der Mann da; Dieser Mann da;* → Anhang, S. 1109: **Artikel**. **2** man verwendet *jener*, um einen Gegensatz zu *dieser* auszudrücken *„Dieser Zug fährt nach München, jener nach Stuttgart"* ❶ → Anhang, S. 1109: **Artikel** **3** verwendet, um auf einen Zeitpunkt in der Vergangenheit hinzuweisen, von dem bereits gesprochen wurde *„Es war der 23. Dezember. An jenem Abend beschlossen sie zu heiraten"* ❶ → Anhang, S. 1109: **Artikel** **4** die genannte Art einer Sache *„Hier ist eine Liste jener Kräuter, die gut gegen Husten sind"* ❶ → Anhang, S. 1109: **Artikel**

**jen·seits**★ *PRÄPOSITION mit Genitiv* **1** auf derjenigen Seite der genannten Sache, die vom Standpunkt des Sprechers, des Erzählers (oder des Subjekts) weiter entfernt ist ⟨*jenseits des Flusses; jenseits des Gebirges; jenseits der Grenze*⟩ *„Wir befinden uns hier in Kufstein. Jenseits der Alpen liegt die Po-Ebene"* ❶ auch zusammen mit *von*: *jenseits von Afrika* **2** die Grenzen einer Sache überschreitend *„jenseits des Gesetzes"*

das **Jen·seits**★ (-) **1** der Bereich, der (vor allem nach dem Glauben der Christen) außerhalb dieser Welt liegt und in den man kommt, wenn man stirbt **2** **jemanden ins Jenseits befördern** *gesprochen* jemanden töten

**jet·zi·g-**★ *ADJEKTIV meist attributiv* jetzt existierend, bestehend o. Ä. ≈ momentan *„ihr jetziger Freund"*

**jetzt**★ *ADVERB* **1** genau zu dem Zeitpunkt, zu dem man spricht *„Ich habe jetzt leider keine

*Zeit für dich. Komm bitte später wieder"* **2** im Zeitraum der Gegenwart *„Viele Leute gehen jetzt joggen, um etwas für ihre Gesundheit zu tun"*

*PARTIKEL betont und unbetont* **3** *gesprochen* in Fragesätzen verwendet, um Verärgerung, Ungeduld oder Verwunderung auszudrücken *„Jetzt habe ich schon wieder vergessen, sie anzurufen!"*

**je·weils★** *ADVERB* **1** für jede einzelne Person oder Sache ≈ je *„Für die Testfragen gibt es jeweils maximal vier Punkte"* **2** jedes Mal zum genannten Zeitpunkt ≈ immer *„Die Miete ist jeweils am Monatsersten zu zahlen"*

**Jh.** Abkürzung für *Jahrhundert*

der **Job★** [dʒɔp]; (-s, -s) **1** eine Arbeit, mit der man für relativ kurze Zeit Geld verdient *„Im Sommer hat er einen Job als Kellner"* **K** Jobvermittlung; Ferienjob **2** *gesprochen* ⟨*seinen Job verlieren; einen neuen Job suchen*⟩ ≈ Arbeitsstelle **K** Jobsuche **3** *gesprochen* eine Tätigkeit, mit der man den eigenen Lebensunterhalt verdient ≈ Arbeit *„In meinem Job muss man hart arbeiten"*

**jọb·ben** [ˈdʒɔbn̩] (*jobbte, hat gejobbt*) durch einen Job Geld verdienen ⟨*jobben gehen*⟩ *„In den Ferien jobbt er als Briefträger"*

die **Jọb·bör·se** [ˈdʒɔb-] ein Angebot zur Vermittlung von Arbeitsplätzen und Jobs ⟨*eine Jobbörse im Internet*⟩

das **Jọb·cen·ter** [ˈdʒɔb-] Ⓓ eine staatliche Behörde, deren Aufgabe es ist, sich um Menschen zu kümmern, die schon lange arbeitslos sind *„Das Arbeitslosengeld II wird vom Jobcenter ausgezahlt"*

der **Jo·ckey** [ˈdʒɔke, ˈdʒɔkeɪ]; (-s, -s) eine Person, die (meist beruflich) bei Pferderennen reitet

das **Jod** (-(e)s) ein chemisches Element, das man z. B. verwendet, um Wunden zu desinfizieren oder die Schilddrüse zu behandeln **K** Jodtinktur **i** Chemisches Zeichen: *J* • *hierzu* **jod·hal·tig** *ADJEKTIV*

**jo·deln** (*jodelte, hat gejodelt*) in schnellem Wechsel von sehr hohen und tiefen Tönen einzelne Silben singen (wie es in den Alpen typisch ist)

das/der **Jo·ga** (-(s)) **1** eine indische Philosophie, die lehrt, wie man durch Meditation und Übungen zufrieden leben kann ⟨*ein Anhänger des Joga*⟩ **2** die Übungen des Joga **K** Jogaübung

**jog·gen★** [ˈdʒɔgn̩] (*joggte, hat/ist gejoggt*) in einem relativ langsamen, aber gleichmäßigen Tempo ziemlich lange Strecken laufen (um fit zu bleiben) • *hierzu* **Jọg·ger** *der;* **Jọg·ge·rin** *die*

das **Jog·ging★** [ˈdʒɔgɪŋ]; (-s) die Tätigkeit oder der Sport des Joggens **K** Jogginghose, Jogginschuhe

der **Jo·ghurt, Jo·gurt★** [ˈjoːgʊrt] *besonders* Ⓐ *das;* (-(s), -s) ein Produkt aus Milch, das durch Bakterien leicht sauer und dick geworden ist und das man oft mit Früchten isst **K** Joghurtbecher; Fruchtjoghurt, Erdbeerjoghurt **i** → Abbildung, S. 195: **Beim Frühstück**

die **Jo·hạn·nis·bee·re** *meist Plural* kleine rote, schwarze oder weiße Beeren, die sauer schmecken. Aus Johannisbeeren macht man Marmelade oder Saft

**joh·len** (*johlte, hat gejohlt*) **(etwas) johlen** mit lauter und unangenehmer Stimme schreien *„Nach dem Sieg ihrer Mannschaft zogen die Fans johlend davon"*

der **Jong·leur** [ʒɔŋˈ(g)løːɐ̯]; (-s, -e) eine Person, die gut jonglieren kann und ihr Können in einem Zirkus o. Ä. zeigt • *hierzu* **Jong·leu·rin** [ʒɔŋˈ(g)løːrɪn] *die*

**jong·lie·ren** [ʒɔŋˈ(g)liːrən] (*jonglierte, hat jongliert*) **(mit etwas) jonglieren** mehrere Gegenstände schnell hintereinander in die Luft werfen und wieder auffangen ⟨*mit Bällen, Keulen, Reifen jonglieren*⟩

das **Jour·nal** [ʒʊr-]; (-s, -e) **1** eine Zeitschrift mit Bildern zur Unterhaltung oder Information ≈ Illustrierte **K** Modejournal **2** eine Radio- oder Fernsehsendung mit ausführlichen Berichten zu verschiedenen Themen

der **Jour·na·lịs·mus** [ʒʊr-]; (-) **1** die Tätigkeit von Journalisten **K** Sensationsjournalismus **2** die Art, wie Journalisten berichten, schreiben ⟨*billiger Journalismus*⟩

der **Jour·na·lịst★** [ʒʊr-]; (-en, -en) eine Person, die Berichte usw. für Zeitungen, Fernsehen oder Rundfunk macht *„Als Star wird er ständig von Journalisten verfolgt"* **K** Fernsehjournalist, Rundfunkjournalist, Sportjournalist **i** *der Journalist; den, dem, des Journalisten* • *hierzu* **Jour·na·lis·tin** *die*

der **Ju·bel★** (-s) große Freude, vor allem wenn sie von vielen Menschen lebhaft gezeigt wird ⟨*in Jubel ausbrechen*⟩ *„Die Sieger wurden mit großem Jubel empfangen"* **K** Jubelruf, Jubelschrei

**ju·beln** (*jubelte, hat gejubelt*) **(über etwas**

J

(*Akkusativ*)) **jubeln** die Freude laut und lebhaft zeigen *„Der Torschütze jubelte über seinen Treffer"*

das **Ju·bi·lä·um**★ (-s, *Ju·bi·lä·en*) ein Tag, an dem man ein Ereignis feiert, das genau vor einer Zahl von Jahren stattgefunden hat ⟨*ein Jubiläum begehen/feiern, haben*⟩ *„zum fünfzigjährigen Jubiläum einer Firma gratulieren"* | *„ein Jubiläum zum hundertjährigen Bestehen eines Vereins"* K Jubiläumsfeier; Dienstjubiläum, Geschäftsjubiläum ❶ nicht für Geburtstage und Hochzeitstage verwendet

**ju·cken**★ (*juckte, hat gejuckt*) KÖRPERLICH: **1** **etwas juckt (jemanden)**; **jemanden juckt es irgendwo** ein unangenehmes Gefühl an einer Stelle der Haut haben, sodass man sich dort kratzt *„Mein Fuß juckt"* K Juckreiz **2** **etwas juckt (jemanden)** etwas ist der Grund für ein unangenehmes Gefühl an einer Stelle auf der Haut, an der man sich dann kratzt ⟨*eine Narbe, ein Pullover, ein Schal*⟩ *„Die Mückenstiche juckten (mich) sehr"* K Juckpulver PSYCHISCH: **3** **etwas juckt jemanden nicht** *gesprochen* etwas bewirkt bei einer Person kein Interesse, keine Sorge, keinen Ärger o. Ä. *„Es juckt mich nicht, dass du mich nicht magst"* **4** **etwas juckt jemanden** *gesprochen* etwas ist so interessant, dass es jemand gern tun würde *„Es juckt mich schon lange, Surfen zu lernen"*

der **Ju·de**★ (-n, -n) eine Person, die zu der Religion gehört, welche das Alte Testament der Bibel als wichtigste Grundlage hat *„Viele Juden leben heute in Israel"* ❶ Die Juden, die in Israel leben, werden als *Israelis* bezeichnet. • *hierzu* **Jü·din** *die*; **jü·disch** *ADJEKTIV*

das **Ju·den·tum**★ (-s) **1** alle Juden **2** die Religion und Kultur der Juden ⟨*sich zum Judentum bekennen*⟩

das **Ju·do** ['ju:do]; (-(s)) ein Sport, bei dem man versucht, den Gegner mit besonderen Griffen abzuwehren und ihn zu Boden zu werfen

die **Ju·gend**★ (-) **1** die Zeit des Lebens, in der man kein Kind mehr, aber noch kein Erwachsener ist *„In der/seiner Jugend war er sehr sportlich"* K Jugendfreund, Jugendsünde, Jugendzeit **2** die typischen Eigenschaften, die ein Mensch während der Jugendzeit hat *„mit der Unbekümmertheit der Jugend"* **3** **die Jugend** alle Menschen im Alter von etwa 13 bis 21 Jahren ⟨*die heranwachsende, heutige Jugend; die Jugend von heute*⟩ K Jugendarbeitslosigkeit, Jugendbuch, Jugendkriminalität

**ju·gend·frei** *ADJEKTIV* für Jugendliche moralisch vertretbar und deshalb für sie gesetzlich erlaubt ⟨*ein Film*⟩ *„Pornofilme sind nicht jugendfrei"*

**ju·gend·ge·fähr·dend** *ADJEKTIV* für Jugendliche moralisch gefährlich ⟨*ein Buch, ein Film, Schriften*⟩

das **Ju·gend·heim** eine Einrichtung für die Erziehung, Erholung oder Freizeitgestaltung Jugendlicher

die **Ju·gend·her·ber·ge**★ eine Art einfaches Hotel, in dem vor allem Jugendliche billig übernachten können

**ju·gend·lich** *ADJEKTIV* **1** im Alter von Jugendlichen ⟨*ein Publikum, ein Zuschauer*⟩ **2** (vor allem in Bezug auf ältere Menschen) von einer Art, die für junge Menschen typisch ist ⟨*Elan, Frische, Leichtsinn, Schwung, Übermut*⟩ • *hierzu* **Ju·gend·lich·keit** *die*

der/die **Ju·gend·li·che**★ (-n, -n) eine Person, die kein Kind mehr, aber noch kein Erwachsener ist

der **Ju·gend·schutz** die Gesetze o. Ä., die bestimmen, ob, wann oder wie lange Kinder und Jugendliche arbeiten dürfen, wie sie vor Alkohol, Pornografie usw. geschützt werden K Jugendschutzgesetz

der **Ju·gend·stil** *nur Singular* ein Stil in der (europäischen) Kunst und im Kunsthandwerk am Ende des 19. und Anfang des 20. Jahrhunderts K Jugendstilbau, Jugendstilmöbel

die **Ju·gend·stra·fe** eine Gefängnisstrafe, die ein Jugendlicher bekommt

der **Ju·li**★ (-(s), -s); *meist Singular* der siebente Monat des Jahres ⟨*im Juli; Anfang, Mitte, Ende Juli; am 1., 2., 3. Juli*⟩ ❶ Am Telefon wird meist *Julei* verwendet, um eine Verwechslung mit *Juni* zu vermeiden.

**jung**★ *ADJEKTIV* (*jünger, jüngst-*) **1** (in Bezug auf einen Menschen, ein Tier oder eine Pflanze) so, dass sie erst seit relativ kurzer Zeit leben ↔ alt *„Sie ist noch zu jung, um wählen zu gehen"* | *„Junge Hunde nennt man Welpen"* | *„Er ist schon achtzig, aber er tanzt wie ein Junger"* K Jungtier, Jungwähler **2** vor relativ kurzer Zeit *„In jüngster Zeit war sie immer so traurig"* | *„Ist das eine Untersuchung jüngeren Datums?" – „Ja, sie ist nur zehn Tage alt."* ❶ meist im Komparativ oder Superlativ verwendet **3** **Jung und Alt**; **die Alten und die Jungen** junge und alte Menschen ≈ alle

der **Jun·ge**[1]★; (-n, -n/*gesprochen Jungs*) **1** ein Jugendlicher oder ein Kind männlichen Geschlechts ↔ Mädchen **K** Jungenstreich **2** *gesprochen* (*Plural: Jungs*) (vor allem von Männern) verwendet als Anrede für Freunde oder Kollegen *„Machts gut, Jungs!"* • *zu* (1) **jụn·gen·haft** *ADJEKTIV*

das **Jụn·ge**[2] ★; (*-n, -n*) ein sehr junges Tier *„Unsere Katze kriegt Junge"* **K** Hundejunge ❶ *ein Junges; das Junge; dem, des Jungen*

der **Jụ̈n·ger** [ˈjʏŋɐ]; (*-s, -*) einer der Männer, die Jesus Christus folgten

die **Jụng·frau** **1** ein Mädchen oder eine Frau, die noch nie Sex hatte ❶ Wenn ein Mann als *Jungfrau* bezeichnet wird, ist dies abwertend gemeint **2** *nur Singular* das Sternzeichen für die Zeit vom 24. August bis 23. September **3** eine Person, die in der Zeit vom 24. August bis 23. September geboren ist *„Er ist (eine) Jungfrau"*

der **Jụng·ge·sel·le** (*-n, -n*) ein Mann, der (noch) nicht verheiratet ist *„Er ist schon vierzig und immer noch Junggeselle"* **K** Junggesellenleben ❶ *der Junggeselle; den, dem, des Junggesellen* • *hierzu* **Jụng·ge·sel·lin** *die*

der **Jụ̈ng·ling** (*-s, -e*); *veraltend* ein fast erwachsener junger Mann **K** Jünglingsalter

der/die **Jụ̈ngs·te** (*-n, -n*) jemandes jüngster Sohn oder jüngste Tochter *„Unsere Jüngste kommt jetzt in die Schule"* ❶ unser Jüngster; der Jüngste; den, dem, des Jüngsten

der **Ju̱·ni** ★ (*-(s), -s*); *meist Singular* der sechste Monat des Jahres ⟨*im Juni; Anfang, Mitte, Ende Juni; am 1., 2., 3. Juni*⟩ ❶ Am Telefon wird meist *Juno* verwendet, um eine Verwechslung mit *Juli* zu vermeiden.

**ju̱·ni·or** *ADJEKTIV nur in dieser Form Name+* **junior** verwendet, um den Sohn zu bezeichnen (wenn Vater und Sohn den gleichen Vornamen haben) ↔ senior *„Huber junior"* | *„Hermann Löns junior"*

der **Ju̱·ni·or** (*-s, Ju·ni·o̱·ren*) **1** **der/jemandes Junior** *humorvoll meist Singular* verwendet als Bezeichnung für den jüngsten Sohn einer Familie *„Unser Junior kommt dieses Jahr in die Schule"* **2** *nur Singular* (in einer Firma) der Sohn des Besitzers oder der jüngere Partner ↔ Senior **K** Juniorchef • *zu* (2) **Ju·ni·o̱·rin** *die*

der **-jun·kie** [dʒaŋkɪ]; (*-s, -s*); *im Substantiv, begrenzt produktiv, gesprochen* **Facebookjunkie, Nachrichtenjunkie, Serienjunkie** *und andere* eine Person, die sich übertrieben viel mit einer Sache beschäftigt oder etwas ungewöhnlich stark genießt *„Hochhausklettern ist ein Extremsport für echte Adrenalinjunkies"* für Leute, die es lieben, wenn der Körper durch die Angst viel Adrenalin produziert

der **Ju̱·pi·ter** (*-s*) der fünfte und größte Planet unseres Sonnensystems

**Ju̱·ra** *ohne Artikel* die Wissenschaft, die sich mit Gesetz und Recht beschäftigt und Studienfach an der Universität ist ⟨*Jura studieren*⟩ ≈ Rechtswissenschaft **K** Jurastudent, Jurastudium

der **Ju·rịst** ★ (*-en, -en*) eine Person, die Rechtswissenschaft studiert hat und auf diesem Gebiet arbeitet, z. B. als Rechtsanwalt oder Richter • *hierzu* **Ju·rịs·tin** *die*

die **Ju·ry** ★ [ʒyˈriː, ˈʒyːri]; (*-, -s*) eine Gruppe von Personen, die in einem Wettbewerb die Leistungen der Teilnehmer beurteilt *„Der letzte Turner bekam von der Jury die beste Note"*

die **Jus·ti̱z** ★ (*-*) **1** der Teil der staatlichen Verwaltung, der die geltenden Gesetze anwendet und durchsetzt **K** Justizminister **2** eine Behörde, die für die Justiz verantwortlich ist ⟨*jemanden der Justiz ausliefern, übergeben*⟩ **K** Justizbeamte(r), Justizbehörde

die **Jus·ti̱z·voll·zugs|an·stalt** *admin* ≈ Gefängnis ❶ Abkürzung: *JVA*

das/der **Ju·we̱l**[1]; (*-s, -en*); *meist Plural* ein sehr wertvoller Edelstein **K** Juwelendiebstahl, Juwelenraub

das **Ju·we̱l**[2]; (*-s, -e*); *meist Singular* eine Person oder Sache, die man als sehr wertvoll empfindet *„Ihr Mann ist ein wahres Juwel"* | *„Der Dom ist ein Juwel gotischer Baukunst"*

der **Ju·we·li̱er** (*-s, -e*) eine Person, die beruflich Schmuck herstellt oder verkauft **K** Juweliergeschäft, Juwelierladen • *hierzu* **Ju·we·li̱e·rin** *die*

der **Jụx** (*-es*); *gesprochen* ⟨*einen Jux machen; etwas aus Jux sagen, tun*⟩ ≈ Spaß, Scherz

die **JVA** [jɔtvau̯ˈ|aː]; (*-, -s*) Abkürzung für *Justizvollzugsanstalt* ≈ Gefängnis

# K

das **K, k** [kaː]; (-, -/*gesprochen auch* -*s*) der elfte Buchstabe des Alphabets ⟨*ein großes K; ein kleines k*⟩

das **Ka·ba·rett★** [kabaˈrɛt, -ˈreː, ˈkabarɛt, ˈkabare]; (-*s*, -*s*) **1** *nur Singular* das Kabarett kritisiert auf der Bühne politische und soziale Verhältnisse und Ereignisse auf witzige Art ⟨*Kabarett machen*⟩ **2** die Personen, die das Kabarett gestalten • *zu* (2) **Ka·ba·ret·tịst** *der*; *zu* (2) **Ka·ba·ret·tis·tin** *die*

das **Ka̲·bel★** (-*s*, -) **1** Kabel für elektrische Leitungen bestehen aus langen Drähten mit einer schützenden Schicht aus Kunststoff ⟨*Kabel verlegen*⟩ *„den Drucker mit einem Kabel an den Computer anschließen"* **K** Stromkabel, Telefonkabel, Verlängerungskabel **2** ein sehr dickes Seil aus starken Drähten (z. B. bei einer Seilbahn, einer Hängebrücke) **3** *nur Singular* eine Technik, mit welcher Signale für Fernsehen und Radio mit Kabeln übertragen und empfangen werden (statt über Antenne oder Satellit) ⟨*Programme, Sender via/über Kabel empfangen, verbreiten*⟩ **K** Kabelfernsehen, Kabelnetz

der **Ka̲·bel·an·schluss** ein Anschluss an das Netz des Kabelfernsehens

der **Ka̲·bel·jau** (-*s*, -*e*/-*s*) ein Fisch, der vor allem im nördlichen Teil des Atlantiks gefangen wird

der **Ka̲·bel·sa·lat** *gesprochen* ein Durcheinander von Kabeln *„der Kabelsalat unter meinem Schreibtisch"*

die **Ka·bi̲·ne★** (-, -*n*) **1** ein kleiner Raum (z. B. zum Umkleiden), der durch einen Vorhang oder eine dünne Wand von anderen Räumen getrennt ist *„Sie können das Kleid noch nicht anprobieren – die Kabinen sind alle besetzt"* **K** Duschkabine, Umkleidekabine **2** ein Raum auf einem Schiff, in dem Passagiere wohnen und schlafen **K** Kabinendeck; Luxuskabine **3** der Raum in einem Flugzeug, in dem die Passagiere sitzen

das **Ka·bi·nẹtt★** (-*s*, -*e*) alle Minister einer Regierung ⟨*ein Kabinett bilden, einberufen, umbilden, auflösen; das Kabinett tagt*⟩ **K** Kabinettsbeschluss, Kabinettssitzung

die **Kạ·chel** (-, -*n*) eine dünne (meist viereckige) Platte aus (gebranntem) Ton, die man vor allem auf Wände oder Böden (z. B. im Bad, in der Küche) klebt ≈ Fliese

der **Kạ·chel·ofen** ein Ofen, der mit Kacheln bedeckt ist und die Wärme gut speichert

die **Kạ·cke** (-); *gesprochen* ⚠ **1** ≈ Exkremente, Kot **K** kackbraun **2** eine schlechte oder unangenehme Sache *„So eine Kacke!"* • *zu* (1) **kạ·cken** (*hat*)

der **Ka·da̲·ver** [-vɐ]; (-*s*, -) der Körper eines toten Tieres ≈ Aas

der **Ka̲·der** Ⓒⓗ *das*; (-*s*, -) eine Elitegruppe (einer Organisation), die für ihre Aufgabe sehr gut ausgebildet oder speziell geschult wurde *„Er gehört zum Kader der Nationalmannschaft"*

der **Kä̲·fer★** (-*s*, -) **1** Käfer sind Insekten mit dünnen Flügeln zum Fliegen und harten Flügeln zum Schutz der dünnen Flügel ⟨*ein Käfer summt, brummt, schwirrt durch die Luft, krabbelt auf dem Boden*⟩ **2** *gesprochen* ein früher sehr verbreitetes Automodell der Firma „Volkswagen" ⟨*einen Käfer fahren*⟩

das **Kạff** (-*s*, -*s*/-*e*); *gesprochen, abwertend* ein kleiner, langweiliger Ort

der **Kạf·fee**, **Kaf·fe̲e̲★**; (-*s*, -*s*); *meist Singular* **1** *nur Singular* ein dunkelbraunes Getränk, das aus gebrannten, dann gemahlenen Bohnen und kochendem Wasser gemacht wird, etwas bitter schmeckt und anregend wirkt ⟨*starker, schwacher, dünner, koffeinfreier Kaffee; Kaffee machen, kochen, aufgießen, aufbrühen, filtern*⟩ *„Nehmen Sie Ihren Kaffee mit Milch und Zucker?" – „Nein, schwarz."* **K** Kaffeekanne, Kaffeetasse; Filterkaffee ❶ zu *Kaffeekanne* → Abbildung, S. 489: **Behälter und Gefäße** **2** die Bohnen, aus denen man Kaffee macht ⟨*Kaffee rösten, mahlen*⟩ *„einen Teelöffel Kaffee pro Tasse in den Filter füllen"* **K** Kaffeebohnen, Kaffeesorte **3** *nur Singular* eine Pflanze, deren Samen wie Bohnen aussehen und aus denen man Kaffee macht ⟨*Kaffee anbauen, ernten*⟩ **K** Kaffeebaum, Kaffeeplantage **4** *nur Singular* eine kleine Mahlzeit am Nachmittag, bei der Kaffee getrunken (und süßes Gebäck gegessen) wird ⟨*jemanden zum Kaffee einladen*⟩ **K** Kaffeepause

die **Kạf·fee·kas·se** ein Behälter, in dem in einem Büro o. Ä. Kleingeld für Getränke und andere Kleinigkeiten gesammelt wird bzw. das Geld in diesem Behälter *„Die Strafe zahlt der Konzern doch aus der Kaffeekasse!"* sie ist lächerlich gering

der **Kä̲·fig★** (-*s*, -*e*) **1** ein Raum mit Gittern o. Ä., in dem Tiere (gefangen) gehalten werden *„Der*

K

*Tiger ist aus seinem Käfig ausgebrochen"* K Raubtierkäfig, Löwenkäfig 2 ein Kasten mit Stäben oder Gittern als Wänden, in dem man kleine Tiere hält K Hamsterkäfig, Vogelkäfig

**kahl** *ADJEKTIV* (*kahler, kahlst-*) 1 (fast) ohne Haare ⟨*ein Kopf, ein Schädel; jemanden kahl scheren*⟩ *„Mein Vater wird allmählich kahl"* 2 ohne Blätter ⟨*ein Ast, ein Baum, ein Strauch*⟩ *„Die Heuschrecken haben alles kahl gefressen"* alle Blätter abgefressen 3 ohne Bäume und Sträucher ⟨*ein Berg, eine Gegend, eine Landschaft*⟩ 4 ohne Bilder, Möbel o. Ä. ⟨*eine Wand, ein Zimmer*⟩ ≈ leer • *hierzu* **Kahl·heit** *die*

der **Kahn** (-(e)s, *Käh·ne*) 1 ein offenes, flaches Boot zum Rudern *„mit dem Kahn über den See rudern"* K Kahnfahrt 2 ein offenes flaches Schiff für Flüsse, das mit Waren beladen wird K Lastkahn

der **Kai** (-s, -s) das Ufer im Hafen, an dessen Mauer die Schiffe liegen, wenn sie be- und entladen werden ⟨*ein Schiff macht am Kai fest, liegt am Kai*⟩ K Kaimauer

der **Kai·ser**★ (-s, -) 1 der oberste (weltliche) Herrscher, den es in einer Monarchie geben kann K Kaiserkrone, Kaiserreich ℹ → auch **König** 2 *nur Singular* der Titel des Kaisers ⟨*jemanden zum Kaiser ernennen, wählen, krönen; jemanden als Kaiser ausrufen*⟩ *„Kaiser Maximilian, der letzte Ritter"* • *hierzu* **Kai·se·rin** *die*; *zu* (1) **Kai·ser·tum** *das*; **kai·ser·lich** *ADJEKTIV*

der **Kai·ser·schnitt** eine Operation, bei welcher die Gebärmutter einer schwangeren Frau durch einen Schnitt vom Bauch aus geöffnet wird, um das Kind herauszuholen K Kaiserschnittgeburt, Kaiserschnittoperation

der/das **Ka·jak** (-s, -s) ein schmales Boot mit einer kleinen Öffnung für eine oder zwei Personen, das man mit Paddeln bewegt

der **Ka·kao**★ [ka'kau]; (-s) 1 ein braunes Pulver, das aus großen Samenkörnern des Kakaobaums gewonnen wird und aus dem man Schokolade macht ⟨*stark/schwach entölter Kakao*⟩ K Kakaopulver 2 der Samen, aus dem man Kakao macht ⟨*Kakao rösten*⟩ K Kakaobohnen 3 die Pflanze, an der Kakao wächst ⟨*Kakao anbauen*⟩ K Kakaobaum, Kakaoplantage 4 ein Getränk aus Milch, Kakao und Zucker ⟨*eine Tasse Kakao*⟩

der **Kak·tus** (-/-ses, *Kak·te·en* [-'te:ən], *gesprochen auch -se*) eine (tropische) Pflanze mit dicken (fleischigen) Blättern oder Polstern und vielen Stacheln, die meist in trockenen Regionen wächst ⟨*Kakteen züchten*⟩ K Kakteenzucht

der **Ka·lau·er** (-s, -) ein einfacher, nicht sehr intelligenter Witz (der oft durch ein Spiel mit Worten entsteht) • *hierzu* **ka·lau·ern** (*hat*)

das **Kalb** (-(e)s, *Käl·ber*) 1 ein junges Rind K Kalbfleisch, Kalb(s)leder, Kalbsbraten 2 verwendet als Bezeichnung für das Junge einiger Säugetiere (z. B. des Elefanten) K Giraffenkalb, Hirschkalb

**ka·len·da·risch** *ADJEKTIV* nach dem Datum, welches der Kalender nennt *„der kalendarische Beginn des Winters am 21. Dezember"*

der **Ka·len·der**★ (-s, -) 1 eine Übersicht eines Jahres mit allen Tagen, Wochen und Monaten auf einem Blatt, in einem Heft, Block oder Buch *„wichtige Termine im Kalender vormerken"* K Terminkalender 2 die Einteilung der Zeit nach astronomischen Einheiten wie Tag, Monat, Jahr *„der gregorianische Kalender"*

das **Ka·len·der·jahr**★ die Zeit zwischen dem 1. Januar und dem 31. Dezember eines Jahres (im Unterschied z. B. zu einem Schuljahr)

das **Ka·li·ber** (-s, -) 1 der innere Durchmesser von Rohren (vor allem beim Lauf von Gewehren usw.) 2 der äußere Durchmesser von Gewehr-, Pistolenkugeln o. Ä. *„eine Kugel vom Kaliber 32"* 3 **vom selben Kaliber** *meist abwertend* von der gleichen Art, mit dem gleichen (schlechten) Charakter *„Die beiden sind vom selben Kaliber"*

der **Kalk** (-(e)s) ein weißes Pulver (aus Kalkstein), das man beim Bauen braucht (vor allem um die Mauern mit einer weißen Schicht zu bedecken) • *hierzu* **kalk·hal·tig** *ADJEKTIV*

die **Kal·ku·la·ti·on** [-'tsio:n]; (-, -en) das Berechnen (meist der Kosten für etwas) *„die Kalkulation der Kosten für ein neues Projekt"*

**kal·ku·lie·ren** (*kalkulierte, hat kalkuliert*) 1 **etwas kalkulieren** schon vorher berechnen, welche Kosten entstehen, welche Preise man verlangen muss *„die Kosten für ein Buch kalkulieren"* 2 **(etwas) kalkulieren** eine Situation schnell beurteilen ⟨*schnell, scharf, falsch kalkulieren*⟩ • *hierzu* **kal·ku·lier·bar** *ADJEKTIV*

die **Ka·lo·rie** (-, -n [-'ri:ən]) *gesprochen meist Plural* eine Maßeinheit, mit der man angibt, wie viel Energie ein Nahrungsmittel im Körper erzeugt *„Schokolade hat viele Kalorien"* K Kaloriengehalt • *hierzu* **ka·lo·ri·en·arm** *ADJEKTIV*; **ka·lo·ri·en·reich** *ADJEKTIV*

**ka·lo·ri·en·be·wusst** *ADJEKTIV* so, dass man

beim Essen darauf achtet, nicht zu viele Kalorien zu sich nehmen ⟨*kalorienbewusst leben, essen; sich kalorienbewusst ernähren*⟩

die **Ka·lo·ri̲·en·bom·be** *gesprochen* eine Speise oder ein Getränk, die viele Kalorien enthalten

**kạlt**★ *ADJEKTIV* (*kälter, kältest-*) **1** mit/von (sehr oder relativ) niedriger Temperatur, sehr kühl ↔ heiß *„Draußen ist es kalt, zieh doch einen Mantel an"* | *„Iss schnell, sonst wird die Suppe kalt"* **K** bitterkalt, eiskalt **2** drückt aus, dass Speisen entweder ohne Kochen zubereitet wurden (z. B. Salat) oder längere Zeit vor dem Servieren/Essen zubereitet wurden und daher nicht warm sind *„Zwischen vierzehn und achtzehn Uhr servieren wir nur kalte Speisen"* **3** ohne freundliche Gefühle ⟨*ein Lächeln, ein Mensch; kalt bleiben, lächeln*⟩ ↔ herzlich **4** wenn das Licht oder die Farben kalt sind, empfindet man seine Umgebung als kühl und ungemütlich ⟨*ein Blau, ein Grün, ein Weiß*⟩ **5** **jemandem ist kalt** jemand friert **6** **etwas kalt stellen** Getränke oder Speisen an einen Ort stellen, wo sie kalt werden **7** so, dass in der Miete die Heizungskosten noch nicht enthalten sind *„Die Wohnung kostet 850 Euro kalt"* **K** Kaltmiete

**kạlt·blü·tig** *ADJEKTIV* **1** *abwertend* ohne Skrupel (und Mitleid) ⟨*ein Verbrecher; jemanden kaltblütig ermorden, umbringen*⟩ ⓘ *Heißblütig* wird im Sinne von *temperamentvoll* gebraucht. **2** in einer gefährlichen Situation fähig, ganz ruhig zu bleiben und vernünftig und mutig zu handeln *„der Gefahr kaltblütig ins Auge sehen"* **3** ⟨*Tiere*⟩ so, dass sich ihre Körpertemperatur an die Temperatur der Umgebung anpasst • *zu* (1,2) **Kạlt·blü·tig·keit** *die*

die **Kạ̈l·te**★ (-) **1** eine niedrige Temperatur (der Luft, des Wassers), die man als unangenehm empfindet, weil man friert ⟨*es herrscht* (*eine*) *eisige, grimmige, schneidende Kälte; vor Kälte zittern*⟩ ↔ Hitze *„Bei dieser Kälte brauchst du unbedingt Schal und Mütze"* **2** Temperaturen unter null Grad (Celsius) *„20 Grad Kälte"* −20 °C **3** das Fehlen von Freundlichkeit und Mitgefühl für andere Personen *„In seinen Worten lag eine eisige Kälte"* **K** Gefühlskälte

**kạlt·las·sen** (*lässt kalt, ließ kalt, hat kaltgelassen*) **eine Person/Sache lässt jemanden kalt** eine Person oder Sache bewirkt bei jemandem kein Mitgefühl *„Das Elend ließ ihn kalt"*

**kạlt·ma·chen** (*machte kalt, hat kaltgemacht*) **jemanden kaltmachen** *gesprochen* jemanden töten, ermorden

**kạlt·stel·len** (*stellte kalt, hat kaltgestellt*) **jemanden kaltstellen** *gesprochen* (durch meist unfaires Handeln) einer Person ihre Macht oder ihren Einfluss nehmen *„einen lästigen Konkurrenten kaltstellen"* ⓘ aber: *Getränke kalt stellen* (getrennt geschrieben)

das **Kạl·zi·um** (-s) ein sehr weiches, silbriges Leichtmetall, das z. B. in Knochen, Zähnen und Kreide vorkommt ⓘ chemisches Zeichen: *Ca*

**ka̲m** *Präteritum, 1. und 3. Person Singular* → kommen

das **Ka·me̲l** (-s, -e) **1** ein großes Tier mit einem oder zwei Höckern am Rücken, das in der Wüste oder Steppe lebt ⟨*auf einem Kamel reiten*⟩ **K** Lastkamel **2** *gesprochen, abwertend* verwendet als Schimpfwort ≈ Dummkopf

die **Kạ·me·ra**★ (-, -s) **1** ein Apparat zum Filmen ⟨*die Kamera läuft; die Kamera zeigt etwas*⟩ *„Er hat die Hochzeit mit seiner kleinen Kamera gefilmt"* **K** Kameraeinstellung, Kamerateam; Fernsehkamera **2** ein Gerät, mit dem man Fotos macht *„Die Kamera in meinem Handy macht gute Bilder"* **K** Digitalkamera, Fotokamera, Handykamera **ID** **vor der Kamera stehen** (als Schauspieler) in einem Film mitspielen oder im Fernsehen auftreten

der **Ka·me·ra̲d** (-en, -en) **1** eine Person, mit der man längere Zeit (oft in wichtigen Abschnitten des Lebens) zusammen war (vor allem in der Schule) und der man deshalb vertraut ⟨*jemandem ein guter Kamerad sein*⟩ **K** Klassenkamerad ⓘ vergleiche **Freund** und **Genosse** **2** eine Person, mit der man viel Zeit gemeinsam verbringt, weil man die gleichen Interessen hat **K** Spielkamerad, Sportkamerad • *hierzu* **Ka·me·ra̲·din** *die*

die **Ka·mịl·le** (-, -n); *meist Singular* eine duftende Blume, deren Blüten in der Mitte gelb sind und weiße Blütenblätter haben; Kamille wird als Tee bei Entzündungen und Problemen mit dem Magen verwendet **K** Kamillenblüte, Kamillentee

der **Ka·mi̲n**★ (-s, -e) **1** manche Häuser haben einen offenen Kamin, in dem man Feuer macht, um davor zu sitzen ⟨*vor dem, am Kamin sitzen*⟩ *„Im Kamin prasselte ein Feuer"* **K** Kaminfeuer **2** *besonders süddeutsch* Ⓐ Ⓒⓗ ein meist eckiges Rohr auf dem Dach eines Hauses, aus dem der Rauch aus der Heizung kommt ≈ Schornstein

der **Kạmm**★ (-(e)s, *Käm·me*) Kämme sind lang

und flach und man benutzt sie zum Kämmen der Haare *„Er fuhr sich schnell mit dem Kamm durch die Haare"* ⓘ vergleiche **Bürste**

**käm·men★** (*kämmte, hat gekämmt*) **jemanden kämmen**; **jemandem die Haare kämmen** die eigenen oder jemandes Haare mit einem Kamm glatt und ordentlich machen und ihnen so die gewünschte Frisur geben *„Kämm dir die Haare nach hinten – das steht dir gut"*

die **Kam·mer★** (-, *-n*) 1 ein kleiner Raum (ohne oder mit kleinem Fenster) zum Lagern von Vorräten, Geräten usw. *„Das Bügelbrett steht in der Kammer neben dem Bad"* K Abstellkammer, Besenkammer 2 die Mitglieder eines Parlaments oder ein Teil eines Parlaments K Abgeordnetenkammer 3 eine Organisation, die für die Interessen eines Berufsstandes arbeitet K Ärztekammer, Handelskammer

die **Kam·mer·mu·sik** *meist Singular* klassische Musik für eine kleine Zahl von Instrumenten oder Sängern • *hierzu* **Kam·mer·mu·si·ker** *der*

die **Kam·pag·ne★** [-'panjə]; (-, *-n*) **eine Kampagne (für, gegen jemanden/etwas)** eine Aktion mit dem Zweck, in der Öffentlichkeit für eine Person oder Sache zu werben oder (meist aus politischen Gründen) gegen eine Person, Pläne oder Absichten zu kämpfen ⟨*eine Kampagne starten, führen*⟩ *„Die Kampagne gegen das Rauchen hatte Erfolg"* K Pressekampagne, Werbekampagne

der **Kampf★** (*-(e)s, Kämp·fe*) 1 **der Kampf (gegen jemanden/mit jemandem)** eine militärische Aktion im Krieg K Kampfflugzeug, Kampfgebiet; Luftkampf 2 **der Kampf (gegen jemanden/mit jemandem)** eine Situation, in der Personen oder Tiere mit körperlicher Kraft gegeneinander kämpfen ⟨*jemanden zum Kampf herausfordern; ein Kampf Mann gegen Mann*⟩ 3 **der Kampf (für/gegen jemanden/etwas)** der intensive Einsatz, mit dem man ein Ziel erreichen oder etwas verhindern will *„der Kampf gegen die Umweltverschmutzung/für den Frieden"* 4 **der Kampf (um jemanden/etwas)** der intensive Einsatz, mit dem man versucht, ein Ziel zu erreichen oder jemanden/etwas zu bekommen, zu behalten oder zu retten *„der Kampf ums Überleben"* • *hierzu* **kampf·be·reit** ADJEKTIV, **kampf·los** ADJEKTIV

der **-kampf** *im Substantiv, unbetont, nicht produktiv* **Dreikampf, Fünfkampf, Zehnkampf** *und andere* ein sportlicher Wettkampf (vor allem der Leichtathletik) mit der genannten Zahl von Disziplinen

**kämp·fen★** (*kämpfte, hat gekämpft*) 1 **(gegen jemanden/mit jemandem) kämpfen** im Krieg mit Waffen versuchen, feindliche Soldaten zu besiegen ⟨*tapfer, erbittert gegen die Eindringlinge, die feindliche Armee kämpfen*⟩ 2 **(gegen jemanden/mit jemandem) kämpfen** (körperliche) Gewalt gegen eine andere Person anwenden und so versuchen, sie zu besiegen (auch mithilfe von Waffen) *„Die beiden jungen Burschen kämpften verbissen miteinander"* 3 **für jemanden/etwas kämpfen**; **gegen jemanden/etwas kämpfen** sich sehr stark (angestrengt) bemühen, etwas zu erreichen bzw. zu verhindern *„für die Rechte von Minderheiten kämpfen"* | *„dagegen kämpfen, dass eine Autobahn gebaut wird"* 4 **um jemanden/etwas kämpfen** sich ganz intensiv darum bemühen, etwas zu erreichen, jemanden/etwas zu behalten o. Ä. *„Er kämpfte darum, die Kontrolle nicht zu verlieren"* 5 **(mit sich** (*Dativ*)**) kämpfen** lange und intensiv über die positiven und negativen Aspekte einer unangenehmen Sache, eines privaten Problems o. Ä. nachdenken, um sich richtig zu entscheiden *„Er kämpfte lange (mit sich), bevor er sich entschloss, seiner Frau die Wahrheit zu sagen"*

der **Kämp·fer** (*-s, -*) eine Person, die (vor allem als Soldat, Sportler o. Ä.) für ein Ziel oder gegen jemanden oder etwas kämpft • *hierzu* **Kämp·fe·rin** *die*

**kämp·fe·risch** ADJEKTIV bereit (und von dem Wunsch erfüllt), für ein Ziel auch aggressiv zu kämpfen ⟨*eine Haltung, ein Einsatz; sich kämpferisch zeigen*⟩

die **Kampf·hand·lung** *meist Plural* eine militärische Aktion im Kampf ⟨*die Kampfhandlungen beenden, einstellen*⟩

**kampf·lus·tig** ADJEKTIV ≈ kampfeslustig

der **Kampf·rich·ter** ein Experte, der bei einem sportlichen Wettkampf die Leistungen der Sportler bewertet und darauf achtet, dass die Regeln eingehalten werden • *hierzu* **Kampf·rich·te·rin** *die*

der **Kampf·sport** eine Sportart wie z. B. Boxen, Ringen oder Judo

**kam·pie·ren** (*kampierte, hat kampiert*) **irgendwo kampieren** für kurze Zeit meist in einem Zelt im Freien wohnen

der **Ka·nal★** (*-s, Ka·nä·le*) 1 Kanäle sind künstlich geschaffene Flüsse, vor allem für den Verkehr von Schiffen [2] durch Kanäle unter der Erde fließt schmutziges Wasser von den Straßen und Häusern weg *„Die Abwässer der Stadt werden durch unterirdische Kanäle in die Kläranlage geleitet"* [K] Kanaldeckel; Abwasserkanal [3] ein Bereich der Funkwellen, in dem man den gewünschten Sender empfangen kann ⟨*einen Kanal wählen, einstellen, empfangen, hören*⟩

die **Ka·na·li·sa·ti·on** [-'tsi̯oːn]; (-, *-en*) ein System von Gräben und Kanälen unter der Erde, durch welche das gebrauchte schmutzige Wasser abgeleitet wird [K] Kanalisationsnetz; Abwasserkanalisation

**ka·na·li·sie·ren** (*kanalisierte, hat kanalisiert*) [1] **einen Ort kanalisieren** in einer Stadt, einem Dorf usw. Kanäle für Abwässer bauen [2] **etwas kanalisieren** *geschrieben* etwas in eine Richtung lenken (und für ein Ziel benutzen) *„die Unzufriedenheit der Bevölkerung kanalisieren"*

der **Ka·na·ri·en·vo·gel** [-ri̯ən-] ein gelber oder rötlicher kleiner Vogel, den man als Haustier in Käfigen hält

der **Kan·di·dat**★ (*-en, -en*) [1] **ein Kandidat (für etwas)** eine Person, die sich um eine Stelle oder um ein Amt bewirbt, vor allem in politischen Wahlen ⟨*der Kandidat einer Partei; einen Kandidaten benennen, aufstellen/nominieren, wählen*⟩ ≈ Bewerber *„Er war der aussichtsreichste Kandidat für das Amt des Präsidenten"* [K] Kandidatenliste; Gegenkandidat [2] ein Schüler, Student o. Ä., der (gerade) das Examen machen will *„Heute werden die ersten zehn Kandidaten mündlich geprüft"* • *hierzu* **Kan·di·da·tin** *die*

die **Kan·di·da·tur**★ (-, *-en*) **die Kandidatur (für etwas)** die Bewerbung oder Nominierung als Kandidat für eine Wahl ⟨*eine Kandidatur annehmen, unterstützen, ablehnen; seine Kandidatur zurückziehen*⟩ *„Wir unterstützen seine Kandidatur für den Bundestag"*

**kan·di·die·ren**★ (*kandidierte, hat kandidiert*) **(für etwas) kandidieren** sich als Kandidat um ein öffentliches Amt bewerben *„Er kandidierte bei den Wahlen für unsere Partei"*

der **Kạn·dis·zu·cker** große, feste Kristalle aus weißem, gelbem oder braunem Zucker

das **Kạ̈n·gu·ru** (*-s, -s*) Kängurus leben in Australien; sie hüpfen aufrecht auf ihren großen Hinterbeinen und tragen ihre Jungen in einem Beutel am Bauch

das **Ka·nin·chen** (*-s, -*) Kaninchen sehen aus wie Hasen, leben in Höhlen unter der Erde und bekommen viele Junge [K] Kaninchenfell, Kaninchenstall, Kaninchenzucht

## Behälter und Gefäße

| | |
|---|---|
| **1 die Flasche** | **16 der Salzstreuer** |
| **2 die Teekanne** | **17 die Salatschüssel** |
| **3 die Kaffeekanne** | **18 die Packung** |
| **4 das (Vorrats)Glas** | **19 die (Plastik)Tüte, Ⓐ das (Plastik-) Sackerl** |
| **5 die kleine Schüssel** | **20 die Tasse** |
| **6 das Glas** | **21 der Korb** |
| **7 das Gurkenglas** | **22 die Suppenschüssel** |
| **8 der (Stiel)Topf** | **23 die Vase** |
| **9 die (Brat)Pfanne** | **24 der Wasserkocher** |
| **10 das Sieb** | **25 die (Konserven-) Dose** |
| **11 die Pfeffermühle** | **26 die Platte** |
| **12 die Karaffe** | |
| **13 die Dose (Cola®)** | |
| **14 die Tube** | |
| **15 der Kochtopf** | |

- Nenne alle Gegenstände auf dem Regal im ersten Bild.
- Was macht der Koch im ersten Bild rechts? Beschreibe mit wenigen Worten.
- Erkläre, warum die beiden Köche im unteren Bild streiten.

der **Ka·nịs·ter** (*-s, -*) ein großer Behälter aus Blech oder Plastik, in dem man Wasser, Öl oder Benzin aufbewahrt [K] Benzinkanister, Wasserkanister

**kạnn** *Präsens, 1. und 3. Person Singular* → können

das **Kạ̈nn·chen** (*-s, -*) [1] eine kleine Kanne [K] Milchkännchen, Sahnekännchen [2] **ein Kännchen Kaffee/Tee/Schokolade** die Menge eines warmen Getränks (die man in einem Lokal bestellt), die in einer kleinen Kanne serviert wird und ungefähr dem Inhalt von zwei Tassen entspricht

die **Kạn·ne** (-, *-n*) ein relativ hohes Gefäß, mit dem man Flüssigkeiten gut in kleinere Gefäße gießen kann *„eine Kanne Kaffee"* [K] Gießkanne; Kaffeekanne, Milchkanne

**kạnn·te** *Präteritum, 1. und 3. Person Singular* → kennen

der **Ka·non** (*-s, -s*) ein Lied, bei dem zwei oder mehrere Stimmen kurz nacheinander anfangen, dieselbe Melodie zu singen

die **Ka·no·ne** (-, *-n*) [1] eine große Waffe mit einem langen Rohr, aus der man sehr große Ku-

1
2
3
4
5
6
7
8
9
10
11
12
13
14
15
16
17
18
19
20
21
22
23
24
25
26

1
2
3
4
5
6
octágono
7
8
9
10
11
12
13
14
15
16
17
18
19
20
21
22
23
24
25
octágono
26
27
28
29
30
31
32

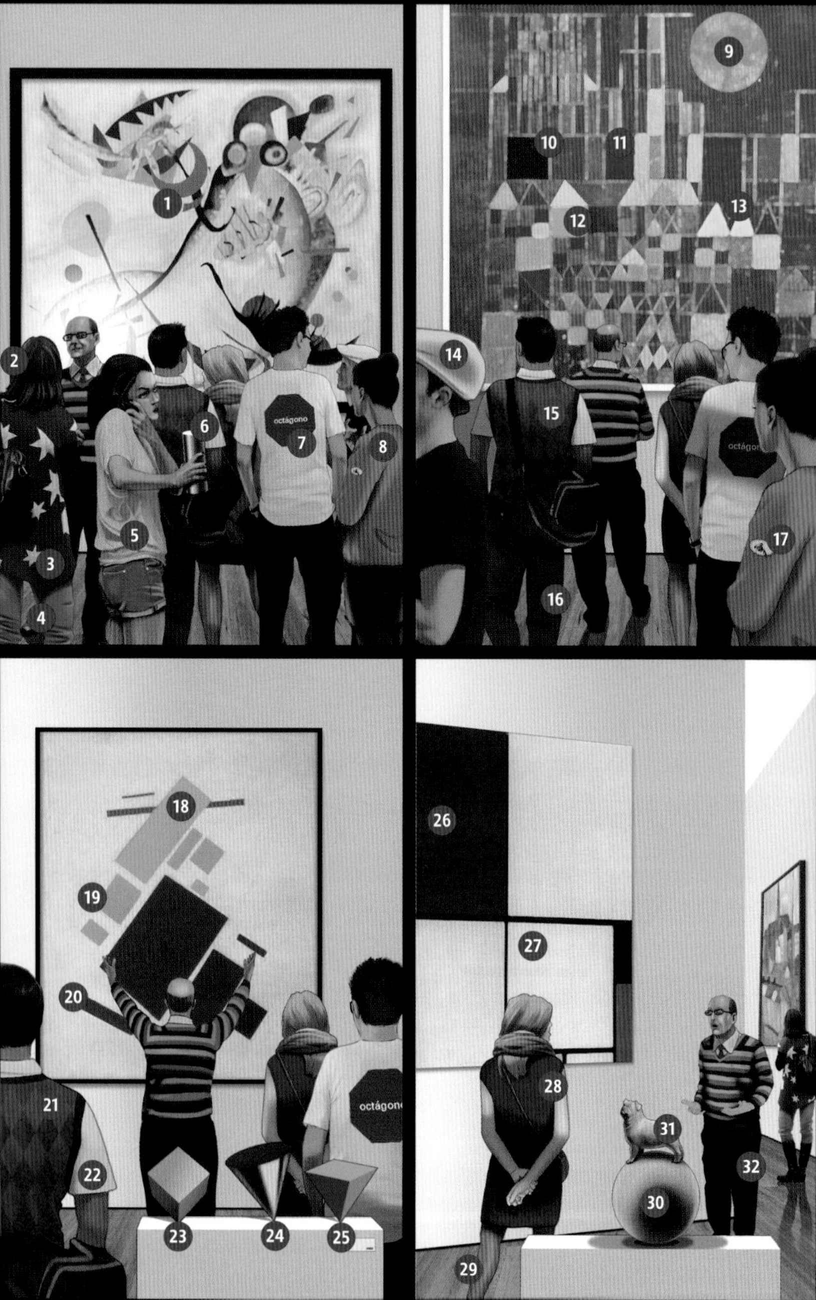

## Formen und Farben

| | | | |
|---|---|---|---|
| 1 | **beige** | 17 | **oval** |
| 2 | **pink** | 18 | **das Rechteck** |
| 3 | **der Stern** | | |
| 4 | **grün** | 19 | **ocker** |
| 5 | **(blass)lila, fliederfarben** | 20 | **dunkelblau** |
| | | 21 | **die Raute** |
| 6 | **der Zylinder** | 22 | **gelb** |
| 7 | **das Achteck** | 23 | **der Würfel** |
| 8 | **orange** | 24 | **der Kegel** |
| 9 | **der Kreis** | 25 | **die Pyramide** |
| 10 | **das Quadrat** | 26 | **dunkelrot** |
| 11 | **(hell)rot** | 27 | **weiß** |
| 12 | **türkis** | 28 | **blau** |
| 13 | **das Dreieck** | 29 | **rosa** |
| 14 | **hellblau** | 30 | **die Kugel** |
| 15 | **violett** | 31 | **grau** |
| 16 | **braun** | 32 | **schwarz** |

■ Beschreibe die Kleidung des Mädchens mit den pinken Haaren.
■ Schau dir die Wortliste drei Minuten lang an und gib das Wörterbuch dann deinem Partner / deiner Partnerin. Er / Sie nennt dir fünf verschiedene Formen. Zeichne sie auf ein Blatt Papier. Tauscht danach die Rollen.
■ Welches Bild im Museum gefällt dir am besten? Erkläre, warum.

geln schießt ⟨*eine Kanone laden, abfeuern*⟩ ≈ Geschütz **K** Kanonenkugel **2** *gesprochen* ≈ Revolver *„Gib die Kanone her!"* **3** *gesprochen* eine Person, die etwas (meist eine Sportart) sehr gut kann *„Er ist eine Kanone im Tennis"* **K** Sportskanone

die **Kan·te★** (-, -*n*) **1** die Linie, mit der sich zwei Flächen in einem Winkel berühren ⟨*eine scharfe Kante*⟩ *„Ein Würfel hat 6 Flächen und 12 Kanten"* | *„Ich habe mich an einer Kante des Tisches gestoßen"* **K** Bettkante, Tischkante **2** der äußere Rand, an dem etwas endet *„Die Kanten der Hemdsärmel sind schon etwas abgestoßen"* beschädigt

**kan·tig** ADJEKTIV **1** mit Kanten ⟨*ein Stein, ein Fels*⟩ **2** **ein kantiges Gesicht** ein Gesicht mit ausgeprägtem Kinn und hervorstehenden Backenknochen

die **Kan·ti·ne★** (-, -*n*) eine Art Restaurant in einem Betrieb, einer Kaserne o. Ä. *„mittags in der Kantine essen"* **K** Kantinenessen

der **Kan·ton★** (-*s*, -*e*) das Gebiet der Schweiz ist in 23 Kantone mit eigener Verwaltung eingeteilt *„der Kanton Uri"* **K** Kantonsgericht, Kantonsregierung **i** Abkürzung: *Kt.* • *hierzu* **kan·to·nal** ADJEKTIV

das **Ka·nu, Ka·nu**; (-*s*, -*s*) **1** ein schmales, oben offenes Boot der Ureinwohner Nordamerikas, dessen Spitze vorn und hinten nach oben zeigt **2** ein Boot, das wie ein Kanu aussieht **K** Kanusport

die **Kan·zel** (-, -*n*) **1** der Teil der Kirche (oft seitlich des Altars oder auf einer Säule), wo der Pfarrer die Predigt hält **2** die Kabine vorne im Flugzeug, in welcher der Pilot sitzt ≈ Cockpit **K** Pilotenkanzel

die **Kanz·lei** (-, -*en*) das Büro eines Rechtsanwalts oder die Dienststelle in einem Amt

der **Kanz·ler★** (-*s*, -) **1** Kurzwort für *Bundeskanzler* **K** Kanzleramt, Kanzlerkandidat **2** Kurzwort für *Reichskanzler* **3** der oberste Beamte der Verwaltung einer Universität • *hierzu* **Kanz·le·rin** *die*

das **Kap** (-*s*, -*s*) ein Teil einer Felsenküste, der weit ins Meer ragt **i** vor allem in geografischen Namen, z. B.: *Kap der Guten Hoffnung, Kap Horn*

die **Ka·pa·zi·tät★** (-, -*en*) **1** die Menge an Waren oder Substanzen, die in einem Zeitraum produziert oder verarbeitet werden kann ⟨*ausreichende, freie, nicht (aus)genutzte, vorhandene, zusätzliche Kapazitäten; die Kapazität ausbauen, voll (aus)nutzen, reduzieren*⟩ *„Das Unternehmen betreibt Kraftwerke mit einer Kapazität von 2,5 Gigawatt"* **2** die maximale Menge oder Anzahl, die Platz hat o. Ä. *„Das Krankenhaus hat eine Kapazität von 300 Betten"* | *„eine Festplatte mit 10 Gigabyte Kapazität"* **3** die Leistungen, die einer Person oder Sache möglich sind *„Verfügen Sie noch über freie Kapazitäten für dieses Projekt?"* Haben Sie Zeit, um an diesem Projekt zu arbeiten? **4** ein Experte, der ein Fachgebiet ausgezeichnet beherrscht und dafür bekannt ist *„Er ist eine Kapazität auf dem Gebiet der Neurochirurgie"*

die **Ka·pel·le** (-, -*n*) **1** eine kleine Kirche (manchmal als Raum in einem Schloss oder in einer großen Kirche) **2** *veraltend* ein (relativ kleines) Orchester, das vor allem Musik zur Unterhaltung und zum Tanz spielt **K** Blaskapelle, Musikkapelle

**ka·pie·ren★** (*kapierte, hat kapiert*); *gesprochen* **etwas kapieren** wissen oder erkennen,

K

wie etwas ist oder warum es so ist ≈ verstehen, begreifen *„Ich habe versucht, Physik zu lernen, aber ich kapiere das alles einfach nicht“* | *„Kapier doch endlich, dass es nicht so weitergehen kann!“*

das **Ka·pi·tal★** (-s, *-e/-ien* [-i̯ən]) **1** das Geld, die Maschinen usw., die eine Firma besitzt ⟨*die Gesellschaft erhöht ihr Kapital*⟩ **2** Geld, das Gewinn bringt, z. B. in Form von Zinsen ⟨*das Kapital* (*gut, gewinnbringend*) *anlegen; das Kapital aufbrauchen*⟩ ≈ Vermögen **K** Kapitalanlage, Kapitalertrag

der **Ka·pi·ta·lis·mus★** (-) ein gesellschaftliches System, in dem Fabriken usw. nicht dem Staat, sondern Firmen gehören und in dem Angebot und Nachfrage die Preise bestimmen • *hierzu* **ka·pi·ta·lis·tisch** *ADJEKTIV*

der **Ka·pi·ta·list** (*-en, -en*) **1** *oft abwertend* ein reicher privater Unternehmer (der einen möglichst hohen Gewinn machen will) **2** ein Anhänger des Kapitalismus **i** *der Kapitalist; den, dem, des Kapitalisten* • *hierzu* **Ka·pi·ta·lis·tin** *die*

das **Ka·pi·tal·ver·bre·chen** ein sehr schweres Verbrechen (wie z. B. Mord oder Entführung) • *hierzu* **Ka·pi·tal·ver·bre·cher** *der*

der **Ka·pi·tän★** (-s, *-e*) **1** die Person, die auf einem Schiff das Kommando hat **2** der verantwortliche Pilot eines Flugzeugs, das Passagiere befördert **3** Kurzwort für *Mannschaftskapitän* *„der Kapitän der Nationalmannschaft“*

das **Ka·pi·tel★** (-s, -) ein Abschnitt eines (längeren) Textes, der eine inhaltliche Einheit bildet (und eine Überschrift, einen Titel hat) *„Der Roman hat 10 Kapitel“* **K** Kapitelüberschrift; Schlusskapitel **i** Abkürzung: *Kap.*

die **Ka·pi·tu·la·ti·on** [-'tsi̯oːn]; (-, *-en*) die offizielle Erklärung einer der Krieg führenden Parteien, dass sie zu kämpfen aufhört und sich geschlagen gibt *„die Kapitulation Deutschlands im Zweiten Weltkrieg“*

**ka·pi·tu·lie·ren** (*kapitulierte, hat kapituliert*) **1** **eine Armee/ein Land kapituliert** eine Armee oder ein Land hört auf zu kämpfen, weil sie besiegt sind **2** **(vor etwas** (*Dativ*)**) kapitulieren** keine Hoffnung mehr auf Erfolg haben und daher nichts mehr tun ⟨*vor einer schwierigen Aufgabe, den Schwierigkeiten kapitulieren*⟩ ≈ aufgeben

der **Kap·lan** (-s, *Kap·lä·ne*) ein Priester, der einem katholischen Pfarrer in der Gemeinde hilft

der **Ka·po** (-s, -s); *gesprochen* eine Person, die bei Arbeiten Aufsicht führt und Befehle erteilen darf (z. B. ein Vorarbeiter, Aufseher oder Offizier)

die **Kap·pe★** (-, *-n*) **1** Kappen für den Kopf sind meist eng und aus festem Material; viele haben vorn einen Schirm, der die Augen vor der Sonne schützt ⟨*eine Kappe tragen, aufsetzen*⟩ **K** Badekappe, Baseballkappe **2** ein Stück Metall, Plastik o. Ä., mit dem man etwas schützt oder verschließt (z. B. eine Flasche) **K** Radkappe, Verschlusskappe

**kap·pen** (*kappte, hat gekappt*) **1** **etwas kappen** ein Stück von etwas abschneiden und dies dadurch kürzer machen *„Der Sturm hat die Spitzen der Bäume gekappt“* **2** **etwas kappen** etwas in zwei Teile schneiden ⟨*die Taue, die Leinen kappen*⟩ ≈ zerschneiden

die **Kap·sel** (-, *-n*) **1** ein kleiner, runder oder ovaler Behälter aus dünnem, aber festem Material **K** Gummikapsel, Metallkapsel **2** ein Medikament (meist in Form von Pulver), das von einer Hülle umgeben ist (die sich dann im Magen auflöst) **3** (bei Pflanzen) die Hülle, in welcher der Samen ist **K** Samenkapsel

**ka·putt★** *ADJEKTIV; gesprochen* **1** in einem so schlechten Zustand, dass es nicht mehr benutzt werden kann ⟨*ein Gerät, eine Maschine; etwas kaputt machen, schlagen*⟩ ≈ defekt *„die kaputte Fensterscheibe austauschen“* | *„Er hat das neue Auto kaputt gefahren“* **2** in schlechtem Zustand, mit großen Schäden oder Problemen *„Mit meinen kaputten Bandscheiben darf ich nicht schwer heben“* **3** völlig erschöpft und müde ⟨*sich kaputt fühlen*⟩ *„Ich war nach der Arbeit ganz kaputt“* **4** in so schlechtem Zustand, dass sich die Partner nicht mehr lieben und verstehen ⟨*eine Beziehung, eine Ehe*⟩

**ka·putt·ge·hen★** (*ging kaputt, ist kaputtgegangen*); *gesprochen* **1** **etwas geht kaputt** etwas zerbricht o. Ä., gerät in einen so schlechten Zustand, dass es nicht mehr zu gebrauchen ist **2** **etwas geht kaputt** etwas löst sich (auf) ⟨*eine Beziehung, eine Ehe*⟩ **3** **(an etwas) kaputtgehen** wegen etwas die Freude am Leben oder die Gesundheit verlieren

**ka·putt·ma·chen★** (*machte kaputt, hat kaputtgemacht*); *gesprochen* **1** **etwas macht jemanden kaputt** etwas fordert so viel Kraft (durch Anstrengungen) von einer Person, dass sie dabei ihre körperlichen oder psychischen Kräfte verliert *„Die Sorgen um ihren kranken Sohn machen sie noch kaputt“* **i** aber: *das*

K

*Fahrrad kaputt machen/kaputtmachen* **2** **(jemandem) etwas kaputtmachen** etwas (für jemanden) ruinieren *„Wir hatten so viel Spaß miteinander und du hast jetzt alles kaputtgemacht"* **3** **sich kaputtmachen** alle Kräfte für etwas verbrauchen und dadurch die eigene Gesundheit ruinieren *„Du solltest nicht so viel arbeiten. – Du machst dich doch kaputt!"*

die **Ka·pu·ze** (-, *-n*) eine Kopfbedeckung, die an einem Mantel, einem Anorak o. Ä. festgemacht ist

der **Ka·ra·bi·ner·ha·ken** ein (geschlossener) Haken (z. B. an der Hundeleine) mit einer Feder, die verhindert, dass er sich von selbst öffnet

die **Ka·raf·fe** (-, *-n*) eine schöne (gewölbte) Flasche, in der man z. B. Likör oder Wein serviert

die **Ka·ram·bo·la·ge** [-'la:ʒə]; (-, *-n*) ein Zusammenstoß von mehreren Fahrzeugen, meist Autos ⟨*es kommt zu einer Karambolage*⟩ *„eine Karambolage im Nebel"* **K** Massenkarambolage

der **Ka·ra·mell** Ⓒ *das*; (-*s*) eine braune (klebrige) Substanz, die entsteht, wenn man Zucker erhitzt **K** Karamellbonbon, Karamellpudding • *hierzu* **ka·ra·mell·far·ben** *ADJEKTIV*

das **Ka·rat** (-(*e*)*s*, -(*e*)) **1** eine Maßeinheit, in der man das Gewicht von Edelsteinen angibt *„ein Diamant von einem Karat"* **2** eine Maßeinheit, mit der man angibt, wie hoch der Anteil von Gold (in einer Legierung) ist *„Reines Gold hat 24 Karat"* ⓘ Nach Zahlenangaben lautet der Plural *Karat*.

die **Ka·ra·wa·ne** (-, *-n*) eine Gruppe von Reisenden, die mit Kamelen durch unbewohnte Gebiete (Asiens oder Afrikas) ziehen

der **Kar·di·nal** (-*s*, *Kar·di·nä·le*) ein Priester, der in der Hierarchie der katholischen Kirche direkt unter dem Papst steht

die **Kar·di·nal·zahl** eine Zahl wie 1, 2, 3 usw., die eine Menge benennt (im Gegensatz zu einer Reihenfolge) ≈ Grundzahl

der **Kar·frei·tag** der Freitag vor Ostern

**karg** *ADJEKTIV* (*karger/kärger*, *kargst-/kärgst-*) wenig fruchtbar ⟨*ein Boden*⟩

**ka·riert** *ADJEKTIV* **1** mit einem Muster aus Vierecken ⟨*ein Stoff*⟩ **2** mit Linien, die Quadrate oder Rechtecke bilden ⟨*ein Schreibblock, Papier*⟩

die **Ka·ri·es** [-i̯ɛs]; (-) eine Erkrankung der Zähne, bei welcher die äußere, harte Substanz (der Zahnschmelz) zerstört wird ⟨*Karies haben*⟩

die **Ka·ri·ka·tur** (-, *-en*) eine (meist witzige) Zeichnung, auf der charakteristische Merkmale oder Eigenschaften einer Person oder Sache übertrieben dargestellt werden ⟨*eine politische Karikatur*⟩ **K** Zeitungskarikatur

**ka·ri·ta·tiv**, **ka·ri·ta·tiv** [-f] *ADJEKTIV* mit dem Ziel, armen oder kranken Menschen zu helfen ⟨*eine Organisation; sich karitativ betätigen, engagieren*⟩ ≈ wohltätig *„Das Rote Kreuz ist eine karitative Organisation"*

der **Kar·ne·val**★ [-val]; (-*s*, -*e*/-*s*); *meist Singular* im Karneval (im Januar und Februar) tragen die Menschen auf fröhlichen Festen lustige Kleider ≈ Fasching *„Der Rosenmontag ist der Höhepunkt des Karnevals am Rhein"* **K** Karnevalskostüm, Karnevalsumzug, Karnevalsverein • *hierzu* **kar·ne·va·lis·tisch** *ADJEKTIV*

das **Kar·ni·ckel** (-*s*, -); *gesprochen* ≈ Kaninchen

das **Ka·ro** (-*s*, -*s*) **1** eines von vielen Vierecken, die als Muster auf Papier oder auf Stoffe gedruckt werden **K** Karomuster, Karostoff **2** eine Spielfarbe im internationalen Kartenspiel oder eine Karte dieser Farbe ⓘ → Beispiele **Herz**

die **Ka·ros·se·rie** (-, *-n* [-'ri:ən]) die Teile aus Blech, die einem Auto die äußere Form geben **K** Autokarosserie

die **Ka·rot·te**★ (-, *-n*) die dicke, längliche, orange Wurzel einer Pflanze, die man als Gemüse isst ≈ Möhre **K** Karottengemüse, Karottensaft

der **Karp·fen** (-*s*, -) ein dicker, großer Fisch, der in Teichen lebt ⟨*Karpfen züchten, kochen, braten*⟩ **K** Karpfenteich, Karpfenzucht

die **Kar·re** (-, *-n*) **1** ein kleiner Wagen zum Schieben (meist mit einem oder zwei Rädern und langen Griffen), auf dem man z. B. Erde transportiert **K** Sackkarre, Schubkarre **2** *gesprochen, abwertend* ein altes Auto, Motorrad o. Ä. in schlechtem Zustand

der **Kar·ren** (-*s*, -) ≈ Karre **ID** **jemanden vor seinen Karren spannen** *gesprochen* eine andere Person für sich arbeiten lassen oder ausnutzen

die **Kar·ri·e·re**★ [-'ri̯e:rə]; (-, *-n*) der Weg, der im Beruf zu Erfolg und zu einer guten Position führt ⟨*eine glänzende, steile, große Karriere vor sich* (*Dativ*) *haben; jemandem die Karriere verderben*⟩ **K** Beamtenkarriere

der **Kar·sams·tag** der Tag vor Ostersonntag

die **Kar·te**★ (-, *-n*) **1** ein rechteckiges Stück aus dickem, festem Papier, auf das man etwas schreibt **K** Karteikarte **2** eine Karte (oft mit einem gedruckten Bild), die dazu dient, Grüße zu schreiben ⟨*jemandem aus dem Urlaub, zum Geburtstag, an Weihnachten eine Karte schi-*

K

*cken, schreiben*⟩ **K** Ansichtskarte, Geburtstagskarte, Weihnachtskarte **3** eine von verschiedenen Karten mit Zahlen und/oder Symbolen, die beim Kartenspiel verwendet werden ⟨*die Karten mischen, geben; gute, schlechte Karten haben; Karten spielen*⟩ **K** Spielkarten **4** eine grafische Darstellung eines Gebietes mit Einzelheiten wie Bergen, Straßen, Flüssen usw. (auf Papier oder einem Bildschirm) ⟨*etwas auf der Karte suchen*⟩ ≈ Landkarte **K** Europakarte, Straßenkarte **5** (in Restaurants, Bars o. Ä.) eine Liste, auf der Speisen, Getränke usw. und deren Preise stehen ⟨*die Karte verlangen, studieren*⟩ **K** Eiskarte, Getränkekarte, Speisekarte **6** Kurzwort für *Eintrittskarte* ⟨*Karten kaufen, bestellen, reservieren lassen*⟩ **K** Kartenbestellung, Karten(vor)verkauf; Kinokarte, Konzertkarte **7** Kurzwort für *Fahrkarte* ⟨*eine Karte lösen; die Karte entwerten (lassen), vorzeigen, kontrollieren*⟩ ≈ Ticket **K** Monatskarte, Wochenkarte, Rückfahrkarte **8** Kurzwort für *Kreditkarte* oder *Bankkarte* ⟨*mit Karte zahlen*⟩ **9** **die Gelbe/Rote Karte** eine gelbe oder rote Karte, die der Schiedsrichter hochhält, um zu signalisieren, dass ein Spieler wegen eines Fouls o. Ä. verwarnt wird (gelb) bzw. das Feld verlassen muss (rot) **ID** **jemandem die Karten legen** jemandem mithilfe von Spielkarten die Zukunft voraussagen

K

die **Kar·tei** (-, *-en*) eine Kartei besteht aus Kästen, in denen viele Karten oder Ordner mit Informationen sind ⟨*eine Kartei anlegen, führen; in der Kartei nachsehen*⟩ **K** Karteikarte, Karteikasten; Mitgliederkartei, Patientenkartei

das **Kar·tell** (-s, *-e*) mehrere große Firmen, die ihre Preise miteinander absprechen, um die Konkurrenz auszuschalten *„Große Firmen bilden häufig ein Kartell"* **K** Kartellamt, Kartellgesetz, Kartellrecht

das **Kar·ten·spiel** **1** ein Gesellschaftsspiel mit Karten (wie Skat oder Bridge) ⟨*ein Kartenspiel machen*⟩ **2** alle Karten, die man für ein bestimmtes Kartenspiel braucht • *zu* (1) **Kar·ten·spie·ler** *der*; *zu* (1) **Kar·ten·spie·le·rin** *die*

die **Kar·tof·fel**★ (-, *-n*) **1** Kartoffeln sind braun und wachsen unter der Erde. Man isst sie gekocht oder gebraten ⟨*festkochende, mehlige Kartoffeln; Kartoffeln schälen, kochen, in Scheiben schneiden*⟩ **K** Kartoffelbrei, Kartoffelpüree, Kartoffelschalen, Kartoffelsuppe **2** die Pflanze, an welcher die Kartoffeln wachsen ⟨*Kartoffeln anbauen, pflanzen*⟩

der **Kar·tof·fel·puf·fer** (-s, -) Kartoffelpuffer macht man aus rohen, geriebenen Kartoffeln, Eiern und Mehl; sie werden in der Pfanne gebraten

der **Kar·tof·fel·sa·lat** gekochte, in Scheiben geschnittene Kartoffeln, die man mit Zwiebeln, Mayonnaise usw. zubereitet und kalt als Salat isst

der **Kar·ton**★ [-'tɔŋ, -'tõ, -'toːn]; (-s, -s) **1** ein Behälter aus Pappe, der die Form eines Kastens hat ≈ Schachtel **2** *nur Singular* das dicke, steife Papier, aus dem Kartons gemacht werden ≈ Pappe

das **Ka·rus·sell** (-s, *-e*/*-s*) (auf Volksfesten o. Ä.) ein großes, rundes Gestell mit hölzernen Pferden, kleinen Autos o. Ä., das sich im Kreis dreht, und auf dem man mitfahren kann ⟨(*mit dem*) *Karussell fahren*⟩ **K** Kettenkarussell, Kinderkarussell

die **Kar·wo·che** die Woche vor Ostern

**ka·schie·ren** (*kaschierte, hat kaschiert*) **etwas kaschieren** Fehler oder Mängel (geschickt) verbergen ⟨*seine Unkenntnis, seine Unsicherheit kaschieren*⟩

der **Kä·se**★ (-s) **1** ein festes (weißes oder gelbes) Produkt aus Milch, das man (in vielen Sorten) meist zu Brot isst *„Der Camembert ist ein französischer Käse"* **K** Käseaufschnitt, Käsebrot; Hartkäse, Schafskäse **i** Als Plural wird *Käsesorten* verwendet. **2** *gesprochen, abwertend* ≈ Unsinn *„Was er da erzählt, ist Käse"*

der **Kä·se·ku·chen** ein Kuchen, dessen Teig zu einem großen Teil aus Quark besteht

die **Ka·ser·ne** (-, *-n*) ein Komplex von Häusern, in dem Soldaten untergebracht sind **K** Kasernenhof

das **Ka·si·no** (-s, -s) **1** Kurzwort für *Spielkasino* **2** ein Speiseraum für Offiziere **K** Offizierskasino

der **Kas·per** (-s, -) eine bunt gekleidete Handpuppe mit einer großen Nase und Zipfelmütze, die eine lustige, freche männliche Person darstellt **K** Kaspertheater

die **Kas·sa** (-, *Kas·sen*); Ⓐ ≈ Kasse

die **Kas·se**★ (-, *-n*) **1** ein Kasten aus Stahl, in dem Geld aufbewahrt wird ⟨*Geld aus der Kasse nehmen*⟩ **2** ein Gerät, das in Geschäften dazu dient, die gekauften Waren zu registrieren und auszurechnen, wie viel der Kunde bezahlen muss ⟨*das Wechselgeld in der Kasse; etwas in die Kasse tippen*⟩ **3** (in einem Supermarkt, Theater, Kino usw.) die Stelle, an der man die gekauften Waren bzw. den Eintritt bezahlt ⟨*zur Kasse gehen; sich an der Kasse anstellen*⟩ K Kinokasse, Theaterkasse 4 der Ort (meist in einer Bank), an dem man Geld einzahlen oder bekommen kann K Kassenraum 5 Kurzwort für *Krankenkasse „Die Kosten für das Krankenhaus zahlt die Kasse"* ID **gut/schlecht oder knapp bei Kasse sein** viel/wenig Geld (zur Verfügung) haben

die **Kas·set·te** (-, -*n*) ein kleiner Behälter aus Metall, in den man wertvolle Dinge oder Geld einschließen kann K Geldkassette, Schmuckkassette

**kas·sie·ren★** (*kassierte, hat kassiert*) 1 **(etwas) kassieren** von einer Person Geld für eine Ware, Leistung o. Ä. fordern und nehmen ⟨*die Miete, den Strom, das Fahrgeld kassieren*⟩ *„Die Kellnerin hatte vergessen, bei uns zu kassieren"* 2 **etwas kassieren** *gesprochen* (aufgrund von Autorität oder Macht) einer Person etwas wegnehmen ⟨*jemandes Pass, Führerschein kassieren*⟩ 3 **etwas kassieren** *gesprochen* etwas Unangenehmes bekommen oder erleiden ⟨*eine Niederlage, eine Ohrfeige kassieren*⟩

der **Kas·sie·rer** (-*s*, -) 1 eine Person, bei der man (z. B. in einer Bank) Geld einzahlen oder bekommen kann *„Der Kassierer hatte seinen Schalter schon geschlossen"* K Bankkassierer 2 ≈ Kassenwart • *hierzu* **Kas·sie·re·rin** *die*

die **Kas·ta·nie★** [-ni̯ə]; (-, -*n*) 1 ein Baum, dessen braune, harte Früchte in einer grünen, stacheligen Hülle stecken K Kastanienbaum 2 die Frucht der Kastanie. Es gibt eine Sorte Kastanien, die man essen kann ⟨*Kastanien rösten; heiße Kastanien essen*⟩ *„das Wild mit Kastanien füttern"* K Esskastanie • *zu* (1) **kas·ta·ni·en·braun** *ADJEKTIV*

das **Käst·chen** (-*s*, -) 1 ein kleiner rechteckiger Behälter (meist aus Metall oder Holz) 2 eines von vielen kleinen Quadraten, die auf Rechenpapier gedruckt sind

der **Kas·ten★** (-*s*, *Käs·ten*) 1 ein meist rechteckiger Behälter aus Holz, Metall o. Ä. (meist mit Deckel) der zum Aufbewahren oder Transportieren von Sachen dient K Briefkasten, Geigenkasten, Werkzeugkasten 2 **ein Kasten** (+*Substantiv*) ein rechteckiger Behälter ohne Deckel, der speziell für den Transport von Flaschen gemacht ist ⟨*ein Kasten Bier, Limo, Mineralwasser*⟩ 3 *gesprochen, abwertend* ein meist (altes) Auto, das nicht mehr gut fährt 4 *gesprochen, abwertend* ein (altes) Radio oder Fernsehgerät

**kast·rie·ren** (*kastrierte, hat kastriert*) **jemanden kastrieren** bei einem männlichen Tier die Hoden entfernen, damit es unfruchtbar ist • *hierzu* **Kast·ra·ti·on** *die*

der **Ka·sus** (-, - [-zuːs]) ≈ Fall

der **Kat** (-*s*, -*s*); *gesprochen* Kurzwort für *Katalysator*

der **Ka·ta·log★** (-(*e*)*s*, -*e*) 1 in einem Katalog sind (in systematischer Ordnung) alle Gegenstände genannt, die sich in einem Museum, Lager, einer Bibliothek oder bei einer Ausstellung befinden *„der alphabetische Katalog einer Bibliothek"* K Bibliothekskatalog 2 ein Buch oder dickes Heft, in dem alle Stücke einer Ausstellung, eines Museums oder alle Waren einer Firma (mit ihren Preisen) verzeichnet sind ⟨*im Katalog blättern; etwas aus dem Katalog bestellen*⟩ K Katalogpreis

**ka·ta·lo·gi·sie·ren** (*katalogisierte, hat katalogisiert*) **etwas katalogisieren** etwas (mit einer Nummer) in einen Katalog aufnehmen • *hierzu* **Ka·ta·lo·gi·sie·rung** *die*

der **Ka·ta·ly·sa·tor** (-*s*, *Ka·ta·ly·sa·to·ren*) Autos mit Katalysator produzieren weniger schädliche Abgase als andere Autos K Katalysatortechnik

**ka·ta·pul·tie·ren** (*katapultierte, hat katapultiert*) **jemanden/etwas irgendwohin katapultieren** jemanden/etwas (mit oder wie mit einem Katapult) irgendwohin schleudern oder schießen *„Beim Aufprall wurde er aus dem Auto katapultiert"*

**ka·ta·stro·phal** [-'faːl] *ADJEKTIV* sehr schlimm ⟨*ein Fehler, ein Irrtum, eine Wirkung, Folgen*⟩ *„In dem Erdbebengebiet herrschen katastrophale Zustände"*

die **Ka·ta·stro·phe★** [-fə]; (-, -*n*) 1 ein natürliches Ereignis oder ein Krieg mit schlimmen Folgen für ein Gebiet oder die Menschen, die dort leben ⟨*eine atomare, humanitäre, kosmische, nationale, globale Katastrophe*⟩ *„Die Dürre war eine verheerende Katastrophe für das Land"* K Erdbebenkatastrophe, Naturkatastrophe 2 eine Situation oder ein Ereignis mit schlimmen Folgen für jemanden *„Es wäre eine Katastrophe für die Firma, wenn sie diesen Auftrag verliert"* ID **jemand/etwas ist eine Katastrophe** jemand/etwas ist sehr schlecht, nicht zu gebrauchen *„Der Sänger/Das Essen war eine einzige Katastrophe"*

der **Ka·ta·stro·phen·schutz** 1 eine Organisa-

K

tion, die (vor allem medizinische und technische) Hilfe leistet, wenn sich eine Katastrophe ereignet hat **2** die Maßnahmen, die Katastrophen verhindern sollen

die **Ka·te·go·rie★** (-, -n [-'riːən]) eine Gruppe, in die man Dinge oder Personen aufgrund gemeinsamer Merkmale einordnet ⟨*etwas gehört, zählt zu einer Kategorie*⟩ *„Kleidung ist im Katalog in mehrere Kategorien unterteilt: für Damen, Herren und Kinder, für Freizeit, Sport, festliche Anlässe usw."* **K** Preiskategorie, Warenkategorie

**ka·te·go·risch** *ADJEKTIV; geschrieben* sehr bestimmt und mit viel Nachdruck ⟨*ein Nein; etwas kategorisch ablehnen, fordern, verneinen; (jemandem) etwas kategorisch verbieten*⟩

der **Ka·ter** (-s, -) **1** eine männliche Katze **2** die Kopfschmerzen und die Übelkeit, die man hat, wenn man am Tag vorher zu viel Alkohol getrunken hat ⟨*einen Kater bekommen, haben*⟩ **K** Katerfrühstück

K

die **Ka·the·dra·le** (-, -n) eine große Kirche (die zu einem Bistum, zum Sitz eines Bischofs gehört) *„die Kathedrale von Westminster"* **i** Mit *Kathedrale* werden meist Kirchen in England, Frankreich und Spanien bezeichnet. In Deutschland verwendet man *Dom* oder *Münster*: *der Kölner Dom, das Ulmer Münster*.

der **Ka·the·ter** (-s, -) ein dünner Schlauch, mit dem ein Arzt die Organe des Körpers (z. B. die Harnblase) entleert oder untersucht *„einen Katheter in die Blase einführen"* **K** Blasenkatheter, Herzkatheter

der **Ka·tho·lik, Ka·tho·lik**; (-en, -en) ein Mitglied der katholischen Kirche ⟨*ein gläubiger, praktizierender Katholik*⟩ • *hierzu* **Ka·tho·li·kin, Ka·tho·li·kin** *die*

**ka·tho·lisch★** *ADJEKTIV* zu der christlichen Religion gehörig, deren höchster Vertreter der Papst in Rom ist ⟨*die Kirche, ein Priester, ein Dogma; katholisch sein*⟩ **i** Abkürzung *kath.*

der **Ka·tho·li·zis·mus** (-) die Lehre der katholischen Kirche ⟨*zum Katholizismus übertreten; sich zum Katholizismus bekennen*⟩

das **Kätz·chen** (-s, -) eine kleine oder junge Katze

die **Kat·ze★** (-, -n) **1** ein Haustier mit scharfen Zähnen und Krallen, das Mäuse fängt ⟨*die Katze miaut, schnurrt, faucht, kratzt, putzt sich, macht einen Buckel; anschmiegsam, falsch, zäh wie eine Katze*⟩ **K** Hauskatze; Katzenfell **2** eine der verschiedenen Tierarten, die mit der Katze verwandt sind *„Tiger und Löwen sind Katzen"* **K** Raubkatze, Wildkatze • *zu* (1) **kat·zen·ar·tig** *ADJEKTIV*

das **Kat·zen·au·ge** **1** das Auge einer Katze **2** *gesprochen* eine kleine Scheibe (z. B. hinten am Fahrrad), die Licht reflektiert

**kau·en★** (*kaute, hat gekaut*) **1** **(etwas) kauen** feste Nahrung mit den Zähnen kleiner machen (zerbeißen) ⟨*etwas gut, gründlich kauen*⟩ *„Es ist ungesund, beim Essen nicht richtig zu kauen"* **2** **an/auf etwas** (*Dativ*) **kauen** (meist weil man nervös ist) auf etwas herumbeißen ⟨*an den Fingernägeln, auf einem Bleistift kauen*⟩

**kau·ern** (*kauerte, hat/süddeutsch* Ⓐ Ⓒⓗ *ist gekauert*) **(irgendwo) kauern** mit gebeugten Knien so auf den Fersen sitzen, dass die Beine fest an den Körper gedrückt sind **K** Kauerstellung

der **Kauf★** (-(e)s, *Käu·fe*) das Kaufen ⟨*ein Kauf auf Raten, Kredit; etwas zum Kauf anbieten*⟩ *„Vom Kauf dieser Spülmaschine kann man nur abraten"* **K** Hauskauf

**kau·fen★** (*kaufte, hat gekauft*) **1** **(etwas) kaufen** etwas dadurch bekommen, dass man Geld dafür zahlt ⟨*etwas neu, alt, gebraucht kaufen; bei jemandem kaufen; etwas für teures (=viel) Geld kaufen*⟩ *„Sie kauft ihre Eier auf dem Markt"* **K** Kaufpreis, Kaufvertrag **2** **(sich** (*Dativ*)**) etwas kaufen** etwas für sich selbst kaufen *„Hast du dir schon wieder neue Schuhe gekauft?"* **3** **jemanden kaufen** *gesprochen* ≈ bestechen **4** **sich** (*Dativ*) **jemanden kaufen** *gesprochen* einer Person Vorwürfe machen und sie bestrafen

der **Käu·fer★** (-s, -) eine Person, die etwas kauft bzw. gekauft hat **K** Käuferschicht • *hierzu* **Käu·fe·rin** *die*

die **Kauf·frau** eine Frau mit einer abgeschlossenen kaufmännischen Lehre **i** vergleiche **Kaufmann**

das **Kauf·haus★** ein großes Geschäft (meist mit mehreren Stockwerken), in dem man viele verschiedene Waren kaufen kann

die **Kauf·kraft** **1** **die Kaufkraft (des Geldes)** der Wert des Geldes (einer Währung) in Bezug auf die Menge der Waren, die man dafür kaufen kann ⟨*die Kaufkraft des Euro, des Dollars; die Kaufkraft steigt, fällt, bleibt konstant*⟩ **2** **jemandes Kaufkraft** jemandes Fähigkeit, Waren o. Ä. zu bezahlen ⟨*eine geringe, hohe Kaufkraft; die Kaufkraft der Bevölkerung, der Arbeitnehmer*⟩

**käuf·lich** *ADJEKTIV* so, dass man es für Geld bekommen, kaufen kann ⟨*etwas käuflich erwerben*⟩ *„Die Bilder dieser Galerie sind nur zum Teil käuflich"*

der **Kauf·mann** (-(e)s, *Kauf·leu·te*) eine Person, die eine spezielle (kaufmännische) Lehre abgeschlossen hat und deren Beruf es ist, Dingen zu kaufen und zu verkaufen *„Er arbeitet als Kaufmann bei einer Bank"* **K** Bankkaufmann, Industriekaufmann, Diplomkaufmann ❶ vergleiche **Kauffrau**

**kauf·män·nisch★** *ADJEKTIV meist attributiv* **1** in Bezug auf den Beruf des Kaufmanns ⟨*eine Lehre, eine Ausbildung*⟩ **2** mit Aufgaben im Bereich von Einkauf und Verkauf ⟨*ein Angestellter, ein Direktor, ein Leiter*⟩ **3** so, wie es der Kaufmann lernt ⟨*das Rechnen, eine Buchführung*⟩ **4** in der Art eines (erfolgreichen) Kaufmanns ⟨*Geschick, ein Instinkt; kaufmännisch denken, handeln*⟩

der **Kau·gum·mi** eine weiche Masse, meist als Streifen, die man lange kauen kann, die dabei klebrig wird und nach Pfefferminz, einer Frucht o. Ä. schmeckt ⟨*Kaugummi kauen*⟩

**kaum★** *ADVERB* **1** nur zu einem geringen Grad *„jemanden kaum kennen"* **2** nur mit Mühe oder Schwierigkeiten *„Die Portion war so groß, dass ich sie kaum geschafft habe"* Nur mit Mühe konnte ich alles aufessen **3** verwendet, um zu sagen, dass man etwas nicht glaubt (für nicht wahrscheinlich hält) *„Es ist schon spät – jetzt wird sie kaum noch kommen"* **4** verwendet, um zu sagen, dass zwischen zwei Ereignissen nur sehr wenig Zeit liegt *„Ich hatte kaum mit der Arbeit angefangen, da wurde ich schon unterbrochen"* **5** nicht oft oder nur in kleiner Menge ≈ selten *„Er ist kaum zu Hause"* nur selten

die **Kau·ti·on** [-ˈtsjoːn]; (-, *-en*) **1** Geld, die man als Sicherheit zahlen (hinterlegen) muss, wenn man z. B. eine Wohnung oder ein Fahrzeug mietet *„Der Vermieter verlangt drei Monatsmieten (als) Kaution"* **2** Geld, die man als Bürgschaft zahlen muss, damit ein Gefangener aus der Untersuchungshaft entlassen wird ⟨*eine Kaution für jemanden stellen, zahlen; jemanden gegen Zahlung einer Kaution auf freien Fuß setzen*⟩

der **Ka·va·lier** (-s, -e) ein Mann, der sich vor allem Frauen gegenüber sehr höflich und taktvoll benimmt ⟨*ganz, immer Kavalier sein; (den) Kavalier spielen*⟩ *„Als guter Kavalier half er der Dame gleich aus dem Mantel"*

das **Ka·va·liers·de·likt** eine verbotene Handlung, die aber von der Gesellschaft toleriert wird *„Steuerhinterziehung wird oft als Kavaliersdelikt betrachtet"* | *„Schwarzfahren ist kein Kavaliersdelikt!"*

der **Ka·vi·ar** [-v-]; (-s) eine Delikatesse aus kleinen runden Eiern von Fischen (vor allem vom Stör) ⟨*echter, roter, schwarzer, russischer Kaviar*⟩

der **Ke·gel** (-s, -) **1** ein Körper, der einen Kreis als Grundfläche hat und nach oben immer schmaler wird ⟨*ein spitzer, stumpfer Kegel*⟩ **2** etwas mit der Form eines Kegels, z. B. ein Berg oder das Licht eines Scheinwerfers **K** Lichtkegel **3** eine der neun Holzfiguren, die man beim Kegeln umstößt ⟨*die Kegel aufstellen, abräumen, umwerfen; die Kegel fallen*⟩ • zu (2) **ke·gel·för·mig** *ADJEKTIV*

**ke·geln** (*kegelte, hat gekegelt*) (im Spiel) eine schwere Kugel so über eine Bahn rollen lassen, dass sie möglichst viele der neun Figuren (Kegel) am Ende der Bahn umwirft

die **Keh·le★** (-, *-n*) **1** der vordere (äußere) Teil des Halses *„Vor Schreck griff sie sich an die Kehle"* **2** durch die Kehle im Hals kommen die Luft und die Speisen in den Körper ⟨*eine entzündete, heisere, raue Kehle haben*⟩ ≈ Rachen, Schlund

der **Kehl·kopf** das (knorpelige) Organ im Hals (am oberen Ende der Luftröhre), in dem die Töne (und die Stimme) erzeugt werden **K** Kehlkopfentzündung, Kehlkopfkrebs

die **Keh·re** (-, *-n*) eine Biegung oder Kurve, bei der sich eine Straße ganz in die Gegenrichtung wendet *„eine Passstraße mit vielen Kehren"*

**keh·ren★** (*kehrte, hat/ist gekehrt*) **1** **(etwas aus etwas/von etwas/irgendwohin) kehren** (*hat*) Schmutz mit dem Besen entfernen ⟨*die Straße, Treppe kehren; den Staub, das Laub von der Straße kehren*⟩ **K** Kehrbesen, Kehrschaufel **2** **etwas irgendwohin kehren** (*hat*) etwas so drehen oder wenden, dass es in die genannte Richtung zeigt *„Er kehrte seine Hosentaschen nach außen, um zu zeigen, dass sie leer waren"* | *„Sie saß mit dem Gesicht zur Tür gekehrt da"*

die **Kehr·sei·te** der negative Aspekt (Nachteil) einer Sache *„Kein Privatleben mehr zu haben, war die Kehrseite seines Erfolgs"*

die **Kehrt·wen·dung** **1** eine Bewegung, mit der jemand beginnt, in die entgegengesetzte Richtung zu gehen ⟨*eine Kehrtwendung machen*⟩

K

„*Er machte eine Kehrtwendung und lief nach Hause*" **2** die plötzliche, vollständige Änderung der eigenen Meinung ⟨*eine Kehrtwendung machen, vollziehen*⟩

**kei·fen** (*keifte, hat gekeift*); *gesprochen, abwertend* **(etwas) keifen** mit schriller Stimme schimpfen „*ein keifendes Weib*" ❶ vor allem in Bezug auf Frauen verwendet

der **Keil** (-(*e*)*s*, -*e*) meist ein spitzes Stück Holz oder Metall in Form eines Dreiecks, das als Werkzeug dient „*Er trieb einen Keil in den Baumstamm, um ihn zu spalten*" • *hierzu* **keil·för·mig** *ADJEKTIV*

der **Keim** (-(*e*)*s*, -*e*) **1** *meist Plural* Keime sind Bakterien usw., die Krankheiten erzeugen **K** Keimträger **2** das, was sich als Erstes aus dem Samen oder der Zwiebel einer Pflanze entwickelt ⟨*eine Pflanze bildet, treibt Keime*⟩ **K** Keimblatt

**kei·men** (*keimte, hat gekeimt*) **etwas keimt** etwas bildet einen Keim oder Trieb ⟨*die Saat, der Samen, die Zwiebeln*⟩ • *hierzu* **Kei·mung** *die*

**keim·frei** *ADJEKTIV* ohne Krankheitserreger ≈ steril „*Lebensmittel keimfrei verpacken*"

die **Keim·zel·le** **1** eine Zelle, die eine Befruchtung möglich macht „*Die männliche Samenzelle und die weibliche Eizelle sind Keimzellen*" **2** der Ausgangspunkt einer Sache, aus dem sich ein größeres Ganzes entwickelt „*die Familie als Keimzelle des Staates*"

**kein**★ *ARTIKEL* **1** nicht ein (Einziger, Einziges), nicht eine (Einzige) „*Es sind keine sauberen Tassen mehr da*" | „*Es regnete keinen einzigen Tag*" ❶ → Anhang, S. 1108: **Artikel** **2** so, dass von dem Genannten nichts da ist „*Wir haben kein Geld*" | „*Sie hat keine Zeit*" ❶ → Anhang, S. 1108: **Artikel** **3** **kein** +*Zahl gesprochen* so, dass ein Zeitraum, eine Zahl oder eine Menge nicht ganz erreicht wird „*Die Fahrt hat keine halbe Stunde gedauert*" ❶ → Anhang, S. 1108: **Artikel** **4** **kein** +*Adjektiv* verwendet, um zu sagen, dass das Gegenteil der genannten Eigenschaft zutrifft „*Keine schlechte Idee!*" Das ist eine gute Idee! ❶ → Anhang, S. 1108: **Artikel**
*PRONOMEN* **5** niemand, nicht einer/eine/eines ↔ jeder „*Das glaubt dir keiner!*" **6** nicht einer/eine/eines davon „*Gefällt dir das rote Tuch besser als das blaue?*" – „*Mir gefällt kein(e)s von beiden*" **7** verwendet, um zu betonen, dass von dem Genannten überhaupt nichts da ist „*Lust habe ich keine*"

**kei·ner·lei**★ *nur in dieser Form* überhaupt kein/keine „*Das macht mir keinerlei Vergnügen*" | „*Sie hat keinerlei Lust, diese Stellung anzutreten*" | „*Wir haben darauf keinerlei Einfluss*"

**kei·nes·falls**★ *ADVERB* unter keinen Umständen ≈ niemals „*Keinesfalls wird dieses Geheimnis verraten*" | „*Nimmst du mein Angebot an?*" – „*Keinesfalls!*"

**kei·nes·wegs**★ *ADVERB* etwas ist überhaupt nicht der Fall „*Ich hatte keineswegs die Absicht, dich zu kränken*" | „*War sie verärgert?*" – „*Keineswegs!*"

**kein·mal** *ADVERB* nicht ein einziges Mal „*Er hat mir keinmal widersprochen*"

die **-keit** (-, -*en*); *im Substantiv, unbetont, sehr produktiv* **1** **Freundlichkeit, Fruchtbarkeit, Heiserkeit, Übelkeit, Wirksamkeit** *und andere nur Singular* macht Substantive aus Adjektiven, die einen Zustand oder eine Eigenschaft benennen **2** **Flüssigkeit, Möglichkeit, Notwendigkeit, Sehenswürdigkeit, Spitzfindigkeit** *und andere* eine Person oder Sache mit der genannte Eigenschaft oder in dem genannten Zustand ❶ Oft tritt zwischen das Adjektiv und *-keit* noch ein *-ig*: *Boshaftigkeit, Helligkeit, Müdigkeit, Schnelligkeit*; vergleiche **-heit**.

der **Keks** *besonders* Ⓐ *auch das*; (-(*es*), -(*e*)) ein kleines, flaches Gebäck, das in Dosen oder Packungen verkauft wird und lange haltbar ist „*eine Mischung aus Keksen und Waffeln*" **K** Keksdose; Butterkeks, Schokoladenkeks ❶ selbst gebackene Kekse nennt man *Plätzchen*

der **Kelch** (-(*e*)*s*, -*e*) ein meist verziertes Glas zum Trinken, mit rundem Fuß und einem Stiel „*Wein in kostbaren Kelchen*" **K** Trinkkelch • *hierzu* **kelch·för·mig** *ADJEKTIV*

die **Kel·le** (-, -*n*) **1** ein Löffel mit langem Stiel, mit dem man Suppe oder Soße aus dem Topf oder der Schüssel nimmt (schöpft) **K** Suppenkelle **2** eine Metallplatte mit einem Griff, mit der Maurer Zement oder Putz auf die Mauer streichen **K** Maurerkelle **3** ein Stab mit einer runden Scheibe am Ende, mit dem z. B. Polizisten im Verkehr Signale geben ⟨*ein Polizist hebt die Kelle, winkt mit der Kelle*⟩

der **Kel·ler**★ (-*s*, -) **1** der Teil eines Hauses, der ganz oder teilweise unter der Oberfläche der Erde liegt ⟨*etwas aus dem Keller holen; etwas in den Keller bringen*⟩ „*Kartoffeln im Keller lagern*" **K** Kellerfenster, Kellergewölbe, Kellertreppe **2** ein Raum im Keller eines Hauses

*„Jeder Mieter hat seinen eigenen Keller"* K Heizungskeller, Vorratskeller; Kellerabteil

der **Kẹll·ner**★ (-s, -) ein Mann, der den Gästen in einem Restaurant, in einer Bar o. Ä. die Getränke oder das Essen bringt ⟨*den/nach dem Kellner rufen*⟩ K Aushilfskellner, Oberkellner ⓘ Früher hat man *Kellner* mit „Herr Ober" und *Kellnerinnen* mit „Fräulein" angeredet. Besonders Letzteres ist heute nicht mehr üblich und die direkte Anrede wird vermieden. Man sagt stattdessen nur „Zahlen, bitte" usw. • *hierzu* **Kẹll·ne·rin** *die*; **kẹll·nern** (*hat*)

**kẹn·nen**★ (*kannte, hat gekannt*) 1 **jemanden/etwas kennen** durch Erfahrung wissen, wie eine Person oder Sache ist ⟨*jemandes Schwächen, Stärken kennen*⟩ *„Ich kenne München gut, ich habe mehrere Jahre dort gelebt"* ⓘ *Kennen* und *wissen* haben eine sehr ähnliche Bedeutung. Man *kennt* Personen/Dinge besonders aus eigener Erfahrung und man *weiß* Dinge, weil man Informationen darüber gehört oder gelesen hat. 2 **jemanden kennen** eine Person schon getroffen (und mit ihr gesprochen) haben ⟨*jemanden flüchtig, gut, persönlich, vom Sehen, von früher, von der Arbeit/Schule kennen*⟩ *„Woher kennen wir uns bloß?" – „Ich glaube, wir kennen uns vom Studium her"* 3 **jemanden/etwas kennen** wissen, wer jemand oder was etwas ist ⟨*jemanden dem Namen nach kennen*⟩ *„Ich kenne dieses Spiel, das haben meine Eltern immer gespielt"* 4 **etwas kennen** etwas wissen und deshalb nennen können ⟨*jemandes Adresse, Alter, Name, Telefonnummer kennen; den Grund für etwas kennen*⟩ *„Ich kenne ein nettes Lokal in der Nähe"* 5 **etwas kennen** etwas schon einmal erlebt haben *„Kennst du dieses Glücksgefühl?"*

**kẹn·nen·ler·nen**, **kẹn·nen ler·nen**★ (*lernte kennen, hat kennengelernt/kennen gelernt*) 1 **jemanden kennenlernen** einer Person zum ersten Mal begegnen und mit ihr sprechen *„Die beiden haben sich im Urlaub kennengelernt"* 2 **jemanden/etwas kennenlernen** Erfahrungen mit jemandem/etwas machen

der **Kẹn·ner** (-s, -) eine Person, die von einer Sache sehr viel versteht *„Er ist ein Kenner der feinen Küche"* | *„Das ist Musik für Kenner"* • *hierzu* **Kẹn·ne·rin** *die*

**kẹnnt·lich** ADJEKTIV **jemanden/etwas (irgendwie) kenntlich machen** an jemandem/etwas ein Zeichen anbringen *„Vögel durch Fußringe kenntlich machen"* | *„gefährliche Straßenabschnitte durch Warnschilder kenntlich machen"* • *hierzu* **Kẹnnt·lich·ma·chung** *die*

die **Kẹnnt·nis**★ (-, -se) 1 *meist Plural* das gesamte Wissen auf einem Gebiet, das man durch Erfahrung und Lernen hat ⟨*eingehende, gründliche Kenntnisse; seine Kenntnisse auffrischen, erweitern, vertiefen*⟩ K Fachkenntnisse, Sprachkenntnisse 2 *nur Singular* der Zustand, über eine Sache informiert zu sein *„Ohne Kenntnis der genauen Umstände kann ich keine Entscheidung treffen"* 3 **etwas zur Kenntnis nehmen** erkennen lassen, dass man etwas gehört hat, aber nichts dazu sagen *„Ich habe Ihren Einwand zur Kenntnis genommen. – Darf ich nun mit meinem Vortrag fortfahren?"*

das **Kẹnn·wort** (-(e)s, *Kenn·wör·ter*) 1 ein Wort, das als Erkennungszeichen für etwas dient, mit dem man etwas registriert oder speichert *„Senden Sie die Lösung des Rätsels unter dem Kennwort „Osterpreisrätsel" an die Redaktion"* 2 ein Wort, das geheim ist und das man nennen muss, um zu beweisen, dass man zu einer Gruppe gehört oder dass man etwas tun darf ⟨*jemanden nach dem Kennwort fragen; das Kennwort verlangen, nennen, eingeben, ändern; das Kennwort heißt „..."*⟩

das **Kẹnn·zei·chen** 1 ein Schild mit einer Kombination von Buchstaben und Zahlen am Auto, Motorrad usw. ⟨*das polizeiliche, amtliche Kennzeichen*⟩ *„Welches Kennzeichen hatte das Auto, das den Unfall verursachte?"* K Autokennzeichen 2 etwas Besonderes, an dem man jemanden oder etwas erkennen und von anderen Personen oder Dingen unterscheiden kann ⟨*besondere, typische Kennzeichen*⟩ ≈ Merkmal *„Sein auffälligstes Kennzeichen ist die Narbe im Gesicht"* 3 ein Symbol, das dazu dient, dass man jemanden/etwas erkennen kann

**kẹnn·zeich·nen** (*kennzeichnete, hat gekennzeichnet*) 1 **ein Tier/etwas (irgendwie) kennzeichnen** an etwas (oder jemandem) ein Kennzeichen anbringen *„Vögel mit Fußringen/durch Ringe kennzeichnen"* | *„Waren mit/durch Etiketten kennzeichnen"* ⓘ meist nicht auf Personen bezogen 2 **etwas als etwas kennzeichnen** darauf hinweisen, dass eine Sache eine Eigenschaft hat oder etwas ist *„Schleichwerbung ist Werbung, die nicht als solche gekennzeichnet ist"* 3 **etwas kennzeichnet jemanden/etwas (als etwas)** etwas ist ein typi-

K

sches Merkmal einer Person/Sache *„Sein Verhalten kennzeichnet ihn als verantwortungsbewussten Menschen"* • *zu* (1,2) **Kẹnn·zeich·nung** *die*

**kẹn·tern** (*kenterte, ist gekentert*) **etwas kentert** ein Boot o. Ä. wird z. B. durch Sturm oder Wellen umgeworfen

die **Ke·ra̱·mik** (-, *-en*) **1** *nur Singular* Ton, der durch große Hitze in einem Ofen sehr hart geworden ist *„Ist die Vase aus Porzellan?" – „Nein, aus Keramik"* **2** etwas, das aus Keramik hergestellt ist *„eine Ausstellung alter Keramiken"* **K** Keramikfliesen, Keramikvase • *hierzu* **Ke·ra̱·mi·ker** *der;* **Ke·ra̱·mi·ke·rin** *die;* **ke·ra̱·misch** *ADJEKTIV*

die **Kẹr·be** (-, *-n*) eine kleine Vertiefung (in Form eines „V") in der Oberfläche von Holz ⟨*eine Kerbe in etwas* (*Akkusativ*) *hauen, machen, schlagen, schneiden, schnitzen*⟩ ⓘ vergleiche auch **Scharte** • *hierzu* **kẹr·ben** (*hat*)

der **Kẹr·ker** (*-s, -*) *historisch* ein Raum, in dem früher Personen unter grausamen Bedingungen gefangen gehalten wurden ⟨*jemanden in den Kerker werfen*⟩

der **Kẹrl** (*-s, -e/norddeutsch -s*); *gesprochen* **1** ein Junge oder Mann ⟨*ein hübscher, dummer, frecher, unverschämter, komischer Kerl*⟩ *„So ein blöder Kerl!"* **K** Prachtkerl ⓘ In Verbindung mit negativen Adjektiven wird *Kerl* meist als Schimpfwort verwendet. **2** **ein richtiger/ganzer Kerl** ein Mann, auf den man sich verlassen kann (auch in schwierigen Situationen) **3** **ein feiner/netter Kerl** ein Mann oder eine Frau, die sehr sympathisch, liebenswert sind *„Susi ist ein wirklich feiner Kerl!"*

der **Kẹrn**★ (*-(e)s, -e*) **1** der innere Teil einer Frucht, aus dem eine neue Pflanze wachsen kann und der eine (harte) Schale hat ⟨*der Kern einer Aprikose, eines Pfirsichs, einer Pflaume; die Kerne eines Apfels, einer Melone, einer Sonnenblume*⟩ **K** Kirschkern, Kürbiskern, Pfirsichkern **2** der weiche innere, meist essbare Teil einer Nuss, eines Kerns ⟨*die Kerne von Haselnüssen, Mandeln, Pistazien, Sonnenblumen*⟩ ↔ Schale *„geröstete und gesalzene Kerne von Mandeln"* **3** der (wichtigste) Teil in der Mitte von etwas ⟨*der Kern der Erde, einer Körperzelle, einer Stadt*⟩ ↔ Rand **K** Erdkern, Zellkern **4** das Wesentliche, der wichtigste Teil einer Sache ⟨*der Kern einer Aussage, eines Problems*⟩ **K** Kernfrage, Kerngedanke **5** der innere, positiv geladene Teil eines Atoms, um den die Elektronen kreisen ⟨*einen Kern spalten*⟩ **K** Kernspaltung; Atomkern **6** **der (harte) Kern** die Mitglieder einer Gruppe, die sich am meisten für ihre Ziele und Aktivitäten interessieren und am aktivsten sind • *zu* (1) **kẹrn·los** *ADJEKTIV*

**kẹrn·ge·sụnd** *ADJEKTIV* vollkommen gesund

**kẹr·nig** *ADJEKTIV* **1** mit (vielen) Kernen *„kernige Orangen"* **2** stark, sportlich und gesund ⟨*ein Typ*⟩ ⓘ vor allem für Männer verwendet

die **Kẹrn·kom·pe·tenz** **1** eine grundlegende Fähigkeit, die nötig ist *„Der Kindergarten fördert soziale Kernkompetenzen"* **2** ein Gebiet, auf dem sich eine Firma o. Ä. sehr gut auskennt *„Der Verlagskonzern will sich wieder mehr auf seine Kernkompetenzen konzentrieren"*

das **Kẹrn·obst** Obst mit relativ weichen, kleinen Kernen (z. B. Äpfel oder Birnen)

die **Kẹrn·zeit** *meist Singular* die Stunden eines Arbeitstages, an denen alle Mitarbeiter eines Betriebes mit gleitender Arbeitszeit anwesend sein müssen

das **Ke·ro·si̱n** [-z-]; (*-s*) das Benzin, das Flugzeuge benutzen

die **Kẹr·ze**★ (-, *-n*) ein Gegenstand aus Wachs o. Ä. (meist in der Form einer Stange) mit einem Docht in der Mitte, den man anzündet, um Licht zu haben ⟨*eine Kerze anstecken/anzünden, löschen/ausmachen; eine Kerze brennt* (*herunter*), *leuchtet, flackert, tropft, verlischt/geht aus*⟩ *„eine Kerze aus echtem Bienenwachs"* **K** Kerzenschein, Kerzenständer; Geburtstagskerze

**kẹss** *ADJEKTIV* (*kesser, kessest-*) **1** (auf lustige Weise) ein bisschen frech (und ohne Respekt) ⟨*eine Antwort*⟩ ⓘ vor allem in Bezug auf Kinder und Jugendliche verwendet **2** auf angenehme Art etwas anders als normal üblich (und deshalb auffällig) ⟨*eine Frisur, ein Kleid*⟩

der **Kẹs·sel**★ (*-s, -*) **1** eine Kanne aus Metall, in der man Wasser heiß macht ⟨*den Kessel aufsetzen, vom Herd nehmen*⟩ **K** Teekessel, Wasserkessel **2** *historisch* ein Topf ohne Deckel, den man über ein Feuer hängt, um darin Wasser oder Suppen zu kochen **3** ein großer (geschlossener) Behälter aus Metall für Gase oder Flüssigkeiten *„Der Heizer schürte das Feuer unter dem Kessel der Lokomotive"* **K** Dampfkessel, Heizkessel

der/das **Ket·chup**, **Ket·schup** ['kɛtʃap]; (*-s, -s*) eine gewürzte, dicke Soße aus Tomaten und Gewürzen (die meist in Flaschen verkauft wird) ⟨*Pommes frites, Würstchen mit Ketchup*⟩ **K**

Tomatenketchup

die **Ket·te★** (-, *-n*) **1** eine (lange) Reihe von Ringen aus Metall, die fest aneinanderhängen ⟨*die Glieder einer Kette; einen Hund an die Kette legen*⟩ *„Die Privatparkplätze sind mit Ketten abgesperrt"* **K** Kettenglied **2** eine Kette, die dazu dient, die Kraft von einem Teil einer Maschine oder eines Fahrzeugs auf einen anderen zu übertragen ⟨*die Kette eines Fahrrads spannen, ölen*⟩ **K** Kettenfahrzeug, Kettensäge; Fahrradkette **i** → Abbildung, S. 392: **Das Fahrrad** **3** ein Schmuck (in Form eines Bandes aus Gold, Silber oder einer Reihe von Steinen, Perlen o. Ä.), den man meist um den Hals oder das Handgelenk trägt ⟨*eine goldene, silberne Kette; eine Kette umlegen, tragen, ablegen/abnehmen*⟩ **K** Kettenanhänger; Goldkette, Perlenkette; Halskette **4** mehrere Geschäfte, Restaurants, Hotels o. Ä., die sich an verschiedenen Orten befinden, aber zum gleichen Unternehmen gehören *„eine bekannte Kette von preiswerten Supermärkten"* **K** Hotelkette, Kaufhauskette **5** **eine Kette** *+Genitiv*/**von Dingen** eine ununterbrochene Reihe von Dingen oder Ereignissen gleicher Art *„Die Kette der Unfälle an dieser Kreuzung reißt nicht ab"* **K** Bergkette **6** eine Reihe von Personen, die sich an den Händen halten oder die etwas von einer Person zur nächsten Person reichen *„Die Polizisten bildeten eine Kette, um die Demonstranten zurückzudrängen"* **K** Menschenkette

die **Ket·ten·re·ak·ti·on** [-'tsi̯oːn] **1** eine Folge von (chemischen, physikalischen) Vorgängen, die von selbst nacheinander ablaufen, wenn sie einmal begonnen haben ⟨*etwas löst eine Kettenreaktion aus*⟩ **2** eine Reihe von Ereignissen, die auf einen einzelnes Ereignis folgen und nicht vermieden werden können

**keu·chen** (*keuchte, hat gekeucht*) (vor allem vor Anstrengung) laut und tief atmen (schnaufen) *„Der Marathonläufer kam keuchend am Ziel an"*

der **Keuch·hus·ten** eine Kinderkrankheit, bei der man oft und lange (krampfartig) hustet

die **Keu·le** (-, *-n*) **1** eine längliche Waffe aus Holz, die an einem Ende dünn und am anderen Ende dick ist ⟨*die Keule schwingen; jemanden mit einer Keule erschlagen*⟩ **2** ein Sportgerät in Form einer Keule, die man bei der Gymnastik verwendet **3** der Oberschenkel von Tieren, den man isst ⟨*eine gebratene Keule*⟩ **K** Hühnerkeule, Lammkeule

**keusch** ADJEKTIV (*keuscher, keuschest-*); *veraltend* so, dass die betreffende Person frei von sexuellen Bedürfnissen ist, die moralischen Grundsätzen widersprechen ⟨*eine Nonne, eine Seele; keusch leben*⟩ • *hierzu* **Keusch·heit** *die*

das **Key·board** ['kiːbɔːd]; (-s, -s) ein elektronisches Tasteninstrument (ähnlich einem Klavier)

das **Kfz** [kaː|ɛf'tsɛt]; (-, -(s)); *gesprochen* Abkürzung für *Kraftfahrzeug* **K** Kfz-Steuer, Kfz-Versicherung, Kfz-Werkstatt

die **KG** [ka'geː]; (-, -s) Abkürzung für *Kommanditgesellschaft*

**ki·chern** (*kicherte, hat gekichert*) leise und mit hohen Tönen lachen ⟨*(verlegen) vor sich hin kichern*⟩ *„Als der Lehrer stolperte, kicherten die Kinder schadenfroh"*

**ki·cken** (*kickte, hat gekickt*); *gesprochen* Fußball spielen • *hierzu* **Ki·cker** *der*

**kid·nap·pen** [-nɛpn̩] (*kidnappte, hat gekidnappt*) **jemanden kidnappen** *gesprochen* eine Person entführen und als Geisel nehmen *„Der gekidnappte Fabrikant wurde gegen ein hohes Lösegeld wieder freigelassen"* • *hierzu* **Kid·nap·per** *der*; **Kid·nap·pe·rin** *die*

der **Kie·fer**[1]; (-s, -) die beiden Knochen des Schädels, aus denen die (oberen und unteren) Zähne wachsen ⟨*die Kiefer öffnen, schließen*⟩ **K** Kiefergelenk; Oberkiefer, Unterkiefer

die **Kie·fer**[2]; (-, *-n*) ein Baum, dessen Nadeln in Büscheln wachsen **K** Kiefernholz, Kiefernmöbel, Kiefernwald

der **Kiel** (-(e)s, *-e*) **1** der Kiel ist die Kante in der Mitte des Bodens bei Booten und Schiffen, die am tiefsten im Wasser liegt **K** Bootskiel **2** der harte Teil in der Mitte einer Vogelfeder **K** Federkiel

die **Kie·me** (-, *-n*); *meist Plural* eine der Spalten am Kopf eines Fisches, durch die er atmet ⟨*ein Fisch bewegt die Kieme*⟩ **K** Kiemenatmung

der **Kies★** (*-es*) **1** viele kleine Steine, die am Fluss, am Rand der Straße oder auf Fußwegen liegen ⟨*feiner, grober Kies*⟩ **K** Kiesweg **2** *gesprochen* ⟨*viel, wenig, ein Haufen Kies*⟩ ≈ Geld

der **Kiez** (*-es, -e*); *regional* **1** ein Stadtteil, dessen Bewohner sich als Gemeinschaft fühlen, die sich von anderen Stadtteilen unterscheidet **2** ein Stadtteil, in dem es viele Nachtlokale und Bordelle gibt

**kif·fen** (*kiffte, hat gekifft*); *gesprochen* Haschisch rauchen • *hierzu* **Kif·fer** *der*; **Kif·fe·rin** *die*

K

**ki·ke·ri·ki!** verwendet, um das Krähen eines Hahnes zu imitieren

der **Kil·ler** (-s, -); *gesprochen* eine Person (ein Mörder), die in jemandes Auftrag andere Menschen tötet und dafür bezahlt wird • *hierzu* **Kil·le·rin** *die*

das **Ki·lo**★ (-s, -/-s); *gesprochen* Kurzwort für *Kilogramm* „*zwei Kilo Fleisch*" | „*überflüssige Kilos abspecken*" durch eine Diät verlieren ❶ Nach Zahlen ist der Plural *Kilo*. • *hierzu* **ki·lo·wei·se** *ADVERB*

**Ki·lo-** *im Substantiv, betont, nicht produktiv* **Kilobyte, Kilogramm, Kilohertz, Kilojoule, Kilowatt, Kilometer** *und andere* verwendet, um das Tausendfache einer Maßeinheit zu bezeichnen

das **Ki·lo·gramm**★ tausend Gramm ❶ Abkürzung: *kg*

der **Ki·lo·me·ter**★ **1** tausend Meter; „*Bis zum Flughafen sind es noch 20 Kilometer*" ❶ Abkürzung: *km* **2** *gesprochen* (bei Geschwindigkeiten) Kilometer pro Stunde ≈ Stundenkilometer „*In der Stadt sind nur 50 Kilometer erlaubt*"

das **Ki·lo·me·ter|geld** **1** das Geld pro Kilometer, das man (z. B. von der Firma) für Fahrten bekommt, die mit dem Beruf zu tun haben **2** das Geld, das man für ein Leihauto pro Kilometer bezahlen muss

**ki·lo·me·ter|lang** *ADJEKTIV* **1** mehrere Kilometer lang ⟨*ein Stau*⟩ **2** *gesprochen* sehr lang

der **Ki·lo·me·ter|zäh·ler** ein Gerät in einem Fahrzeug, das anzeigt, wie viele Kilometer es schon gefahren ist

das **Kind**★ (-(e)s, -er) **1** ein junger Mensch, der noch wächst und noch nicht selbstständig und von den Eltern unabhängig ist ⟨*ein Kind erwarten, bekommen, zur Welt bringen, in die Welt setzen, gebären, aufziehen, großziehen, erziehen*⟩ ↔ Erwachsene(r) „*Mit vierzehn ist sie eigentlich kein Kind mehr*" **K** Kindesmisshandlung, Kinderarzt, Kinderbuch, Kinderlied; Schulkind ❶ Ein Kind unter etwa 18 Monaten wird *Baby* genannt, von ca. 18 Monaten bis 4 Jahre spricht man von *Kleinkind*, ab ca. 12 Jahren sagt man *Jugendliche(r)*. **2** **(mein/dein/...) Kind** der Sohn oder die Tochter der genannten Person ⟨*ein eigenes, leibliches, (un)eheliches, (il)legitimes, angenommenes, adoptiertes Kind; ein Kind haben*⟩ „*Unsere Kinder sind schon erwachsen*" **K** Kind(e)smutter, Kind(e)svater; Waisenkind **3** **von Kind an/auf** seit der Zeit, als man noch ein Kind war „*Ich war von Kind an ein Einzelgänger*"

der **Kin·der·gar·ten**★ **1** im Kindergarten spielen und lernen Kinder zwischen 3 und 6 Jahren gemeinsam, bevor sie in die Schule kommen ❶ → Anhang, S. 1092: **Schule und Ausbildung** **2** das Haus, in dem ein Kindergarten untergebracht ist • *zu* (1) **Kin·der·gärt·ner** *der*; *zu* (1) **Kin·der·gärt·ne·rin** *die*

das **Kin·der·geld**★ *nur Singular* Geld, das Eltern vom Staat bekommen (als Hilfe für die Erziehung ihrer Kinder)

der **Kin·der·hort** im Kinderhort werden Kinder nachmittags nach der Schule betreut

die **Kin·der·krank·heit** **1** eine Infektionskrankheit, die vor allem Kinder bekommen „*Masern, Mumps und Windpocken zählen zu den Kinderkrankheiten*" **2** Probleme, die ein neues Projekt, Modell o. Ä. am Anfang macht

die **Kin·der·krip·pe** in der Kinderkrippe werden Kinder unter drei Jahren während des Tages betreut

**kin·der·leicht** *ADJEKTIV*; *gesprochen* sehr leicht, einfach

das **Kin·der·mäd·chen** eine (meist junge) Frau, die von einer Familie dafür bezahlt wird, dass sie (täglich) für die Kinder sorgt

der **Kin·der·sitz** im Kindersitz im Auto sind kleine Kinder bei Unfällen besser geschützt

das **Kin·der·spiel** ein Spiel für Kinder oder ein Spiel, das Kinder spielen **ID** **etwas ist ein Kinderspiel (für jemanden)** *gesprochen* etwas ist sehr einfach, kein Problem für jemanden „*Das Auto zu reparieren ist doch ein Kinderspiel für mich!*"

der **Kin·der·wa·gen** im Kinderwagen liegen Babys, wenn man mit ihnen spazieren geht

die **Kind·heit**★ (-, -en); *meist Singular* die Zeit, in der jemand ein Kind ist ⟨*eine glückliche, schöne, unbeschwerte, freudlose, traurige Kindheit haben, erleben*⟩ „*Er verbrachte seine Kindheit bei seiner Großmutter in Amerika*" **K** Kindheitserinnerung, Kindheitstraum

**kin·disch** *ADJEKTIV*; *abwertend* (als Erwachsene(r)) mit einem Benehmen wie ein Kind ⟨*ein Benehmen; jemandes Trotz*⟩ „*Du bist manchmal sehr kindisch!*"

**kind·lich** *ADJEKTIV* wie ein Kind ⟨*ein Aussehen, eine Handschrift, eine Naivität; kindlich wirken*⟩ ↔ erwachsen • *hierzu* **Kind·lich·keit** *die*

das **Kinn**★ (-(e)s, -e) der Teil des Gesichts unterhalb

des Mundes (der ein bisschen vorsteht) ⟨*ein eckiges, rundes, spitzes, fliehendes Kinn*⟩ [K] Kinnbart, Kinnspitze ⓘ → Abbildung, S. 294: **Der Körper**

das **Ki·no★** (-*s*, -*s*) [1] ein Raum oder Haus, in dem (vor einem Publikum) Filme gezeigt werden ⟨*etwas wird im Kino gespielt/gezeigt; etwas kommt, läuft im Kino; ins Kino gehen*⟩ [K] Kinofilm, Kinokarte, Kinoprogramm [2] *nur Singular* eine Vorstellung im Kino *„Das Kino beginnt um halb neun"*

der **Ki̱·no·gän·ger** (-*s*, -) eine Person, die (oft) ins Kino geht • *hierzu* **Ki·no·gän·ge·rin** *die*

der **Ki̱·osk**, **Kị·osk★**; (-(*e*)*s*, -*e*) ein kleines Haus (eine Bude oder ein Stand), in dem vor allem Zigaretten, Zeitschriften und Süßigkeiten verkauft werden ⟨*etwas am Kiosk kaufen*⟩ [K] Zeitungskiosk

die **Kịp·pe** (-, -*n*); *gesprochen* [1] der Rest einer gerauchten Zigarette [2] Kurzwort für *Müllkippe*

**kịp·pen** (*kippte, hat/ist gekippt*) [1] **etwas kippen** (*hat*) etwas in eine schräge Lage bringen *„die Ladefläche des Lkw kippen, um die Erde abzuladen"* | *„das Fenster nachts kippen, um frische Luft hereinzulassen"* [K] Kippfenster, Kippschalter [2] **etwas irgendwohin kippen** (*hat*) etwas aus einem Gefäß irgendwohin schütten *„Wasser in den Ausguss kippen"* [3] **jemand/etwas kippt** (*ist*) eine Person/Sache bewegt sich so aus einer aufrechten Position, dass sie umfällt *„ein Regal so ungleichmäßig beladen, dass es (nach hinten/vorne) kippt"* • *zu* (1) **kịpp·bar** *ADJEKTIV*

die **Kịr·che★** (-, -*n*) [1] ein großes Gebäude, in dem Christen den Gottesdienst abhalten ⟨*eine evangelische, katholische Kirche; eine romanische, gotische, barocke, moderne Kirche*⟩ *„eine Kirche mit drei Schiffen, einem Turm, einem Chor und einer Apsis"* [K] Kirchengemeinde, Kirchenglocke, Kirchturm; Barockkirche ⓘ Sehr kleine Kirchen heißen *Kapelle*, große Kirchen von Bischöfen heißen *Dom*, *Kathedrale* oder *Münster*. [2] eine religiöse Gemeinschaft, vor allem mit christlichem Glauben ⟨*die evangelische, griechisch-orthodoxe, lutherische, katholische Kirche; einer Kirche angehören; aus der Kirche austreten*⟩ ≈ Konfession *„Der Papst ist das Oberhaupt der römisch-katholischen Kirche"* [K] Kirchenaustritt, Kirchenrecht [3] *nur Singular* die Messe oder der Gottesdienst (in einer christlichen Kirche) ⟨*in die Kirche gehen*⟩ *„Samstags ist um 19 Uhr Kirche"* [K] Kirchenbesuch, Kirchenlied, Kirchgang

die **Kịr·chen·steu·er** eine Steuer, welche die (katholische oder evangelische) Kirche in manchen Ländern von ihren Mitgliedern fordert (und die in Deutschland der Staat einzieht)

**kịrch·lich★** *ADJEKTIV* [1] *meist attributiv* in Bezug auf die (katholische, evangelische) Kirche ⟨*ein Amt, ein Fest, ein Ritus*⟩ [2] nach den Ritualen der (katholischen, evangelischen) Kirche ⟨*eine Trauung; kirchlich heiraten, kirchlich beerdigt werden*⟩

die **Kịrch·weih** (-, -*en*) ein Fest auf dem Land mit einem Jahrmarkt, das zur Erinnerung an die Einweihung der Dorfkirche gefeiert wird

die **Kịr·mes** (-, -*sen*) ≈ Kirchweih

die **Kịr·sche** (-, -*n*) eine kleine, weiche, runde, meist rote Frucht mit einem harten Kern in der Mitte [K] Kirschkuchen, Kirschmarmelade

das **Kịs·sen★** (-*s*, -) Kissen sind weich. Meist legt man den Kopf darauf oder setzt sich darauf ⟨*ein weiches Kissen; den Kopf auf ein Kissen legen*⟩ *„Er legte ein Kissen auf den Stuhl"* [K] Kissenbezug; Federkissen; Sofakissen; Kopfkissen

die **Kịs·te★** (-, -*n*) [1] ein rechteckiger Behälter aus Holz ⟨*eine Kiste mit Büchern; etwas in eine Kiste tun, verpacken; Kisten aufeinanderstapeln*⟩ [K] Obstkiste, Weinkiste [2] **eine Kiste** +*Substantiv* die Menge, die in eine Kiste passt *„eine Kiste Äpfel kaufen"* [3] *gesprochen, abwertend* ein (altes) Fahrzeug, vor allem ein Auto • *zu* (2) **kịs·ten·wei·se** *ADVERB*

die **Ki̱·ta** (-, -*s*) Kurzwort für *Kindertagesstätte*: eine Einrichtung, in der Kinder tagsüber betreut werden

der **Kịtsch** (-(*e*)*s*); *abwertend* etwas, das keinen künstlerischen Wert hat, geschmacklos oder sentimental ist *„Diese imitierte Barockstatue ist der reinste Kitsch"* • *hierzu* **kịt·schig** *ADJEKTIV*

der **Kịt·tel** (-*s*, -) ein Mantel aus dünnem Stoff, den man bei der Arbeit trägt [K] Arbeitskittel, Arztkittel, Malerkittel

**kịt·ten** (*kittete, hat gekittet*) **etwas kitten** etwas mit Kitt (oder ähnlichen Materialien) reparieren oder kleben *„eine zerbrochene Kaffeekanne kitten"*

der **Kịt·zel** (-*s*, -) [1] das Gefühl, das man hat, wenn die Haut leicht gereizt (gekitzelt) wird ⓘ ein *Kitzel* ist ein eher angenehmes Gefühl, *Juckreiz* ein störendes. [2] ein angenehmes Gefühl, das eine Person hat, wenn sie etwas Gefährliches oder Verbotenes tut ⟨*einen Kitzel verspüren*⟩ [K] Nervenkitzel

K

**kịt·ze·lig** *ADJEKTIV* **1** **jemand ist kitzelig** eine Person reagiert sehr schnell (empfindlich), wenn sie gekitzelt wird *„an den Fußsohlen ist er besonders kitzelig"* **2** kompliziert und mit Problemen ⟨*eine Angelegenheit, eine Situation*⟩

**kịt·zeln** (*kitzelte, hat gekitzelt*) **1** **jemanden kitzeln** eine Person so berühren, dass sie lachen muss (weil die Sinne gereizt werden) ⟨*jemanden an den Fußsohlen, am Bauch, mit einer Feder, mit einem Grashalm kitzeln*⟩ **2** **etwas kitzelt (jemanden)** etwas verursacht bei jemandem durch eine leichte Berührung einen Juckreiz *„Lass das, das kitzelt!"* | *„Das Haar kitzelte sie an der Nase"*

**klạf·fen** (*klaffte, hat geklafft*) **etwas klafft** etwas bildet eine tiefe, weite Spalte ⟨*eine klaffende Wunde*⟩ *„Ein Riss klafft in der Wand"*

**klạ̈f·fen** (*kläffte, hat gekläfft*) **ein Hund kläfft** *abwertend* ein Hund bellt laut und mit unangenehm hoher Stimme • *hierzu* **Klạ̈f·fer** *der*

die **Kla̲·ge**★ (-, -n) **1** *geschrieben* laute Worte, mit denen man zu erkennen gibt, dass man Kummer oder Schmerzen hat *„in laute Klagen ausbrechen"* **2** **Klage (über jemanden/etwas)** Worte, mit denen man zu erkennen gibt, dass man unzufrieden oder ängstlich ist ⟨*Klagen werden laut, sind zu hören, kommen jemandem zu Ohren*⟩ ≈ Beschwerde *„Das Betragen Ihres Sohnes gibt keinen Anlass zur Klage"* **3** **Klage (auf etwas** (*Akkusativ*)**); Klage (gegen jemanden/etwas)** die Einleitung eines Zivilprozesses vor Gericht ⟨*jemand erhebt Klage; das Gericht prüft eine Klage, weist eine Klage ab*⟩ *„Seine Klage auf Schmerzensgeld gegen den Hersteller des Medikaments hatte Erfolg"* **K** Klageschrift; Räumungsklage ❶ Bei Strafprozessen heißt dies *Anklage*

**kla̲·gen**★ (*klagte, hat geklagt*) **1** **jemandem sein Leid/seine Not klagen** jemandem erzählen, dass man Kummer, Sorgen oder Schmerzen hat **2** **(etwas) klagen** *geschrieben* mit Lauten oder Worten zu erkennen geben, dass man Kummer oder Schmerzen hat ⟨*laut, heftig klagen*⟩ ≈ jammern *„mit klagender Stimme"* **K** Klagelied ❶ Das Objekt ist meist ein Satz **3** **über jemanden/etwas klagen** einer Person sagen, dass man Sorgen hat oder mit etwas nicht zufrieden ist *„Sie klagte beim Doktor über starke Schmerzen"* **4** **(gegen jemanden/etwas) (auf etwas** (*Akkusativ*)**) klagen** versuchen, das eigene Recht in einem Prozess bei Gericht durchzusetzen ⟨*vor Gericht klagen; auf Schmerzensgeld, Schadenersatz, Unterlassung, Wiedergutmachung klagen*⟩ *„Mein Rechtsanwalt riet mir, gegen den Nachbarn zu klagen"* • *zu* (4) **Klä̲·ger** *der*; *zu* (4) **Klä̲·ge·rin** *die*

**klä̲g·lich** *ADJEKTIV* **1** so, dass damit Schmerz oder Angst ausgedrückt wird ⟨*kläglich weinen*⟩ **2** so, dass man Mitleid bekommt ⟨*ein Anblick*⟩ **3** so klein, dass man ganz enttäuscht ist ⟨*eine Ausbeute, ein Rest*⟩ **4** sehr schlecht ⟨*eine Leistung, ein Ergebnis*⟩ **5** **kläglich scheitern, versagen** so scheitern, versagen, dass es einen sehr schlechten Eindruck macht

**klạmm** *ADJEKTIV* (*klammer, klammst-*) **1** etwas feucht und deshalb unangenehm kühl ⟨*Bettzeug, Wäsche*⟩ **2** vor Kälte steif und unbeweglich ⟨*Finger*⟩

die **Klạm·mer**★ (-, -n) **1** ein kleiner Gegenstand, mit dem man zwei Dinge so aneinanderpresst, dass sie zusammenbleiben *„Wäsche mit Klammern an der Leine befestigen"* | *„zwei Blätter mit Klammern aneinanderheften"* **K** Büroklammer, Wäscheklammer **2** eines von zwei Zeichen, mit denen man ein Wort oder einen Satz (zur Erklärung) einfügt ⟨*eckige, runde, geschweifte, spitze Klammern; etwas in Klammern setzen*⟩ ❶ Die Zeichen sind [eckige], (runde), {geschweifte} und ⟨spitze⟩ Klammern.

der **Klạm·mer·af·fe** (-n, -n); *gesprochen* das Zeichen @ in E-Mail-Adressen

**klạm·mern** (*klammerte, hat geklammert*) **1** **etwas an etwas** (*Akkusativ*) **klammern** etwas mit Klammern an etwas befestigen *„Wäsche an die Leine klammern"* | *„eine Notiz an eine Mappe klammern"* **2** **etwas klammern** etwas mit Klammern schließen ⟨*eine Wunde klammern*⟩ **3** **sich an jemanden/etwas klammern** sich an jemandem/etwas so kräftig festhalten, wie man kann *„Das Äffchen klammerte sich an seine Mutter"* **4** **sich an etwas** (*Akkusativ*) **klammern** etwas nicht aufgeben wollen ⟨*sich an eine Hoffnung, eine Vorstellung klammern*⟩

die **Kla·mọt·te** (-, -n); *gesprochen nur Plural* irgendein Teil der Kleidung *„sich neue Klamotten kaufen"*

**klạng** *Präteritum, 1. und 3. Person Singular* → klingen

der **Klạng**★ (-(e)s, *Klän·ge*) **1** ein meist angenehmer Ton ⟨*ein heller, hoher, lieblicher, metallischer, reiner, süßer, tiefer, voller, war-*

*mer, weicher Klang*⟩ **2** ein Unterton oder eine Assoziation *„Dieses Wort hat für mich einen angenehmen Klang – Es weckt in mir schöne Erinnerungen"* **3** *nur Plural* die Musik(stücke) oder Melodien, die man hört ⟨*aufregende, moderne, romantische Klänge ertönen, hören (können), spielen*⟩ • *zu* (1) **klang·lich** *ADJEKTIV*

**Klapp-** *im Substantiv, betont, begrenzt produktiv* **das Klappbett, das Klappmesser, das Klapprad, der Klappsitz, der Klappstuhl, der Klapptisch** *und andere* zum Zusammenklappen, so dass die genannte Sache nur wenig Platz braucht

die **Klap·pe** (-, *-n*) **1** ein Deckel, der an einer Seite befestigt ist und den man zum Öffnen nach oben klappt *„die Klappe am Briefkasten öffnen"* **2** *gesprochen, abwertend* ≈ Mund **3** *gesprochen* ≈ Bett **ID** **Halt die Klappe!** *gesprochen, abwertend* Sei still!

**klap·pen**★ (*klappte, hat/ist geklappt*) **1** **etwas klappt** *gesprochen* (*hat*) etwas gelingt so, wie man es geplant und sich gewünscht hat ≈ funktionieren *„Hoffentlich klappt unser Plan!"* **2** **etwas klappt irgendwohin** (*ist*) etwas bewegt sich (als Klappe) von selbst in die genannte Richtung *„Der Kinositz klappte plötzlich nach hinten"* **3** **etwas irgendwohin klappen** (*hat*) etwas Festes, Steifes (das mit etwas auf einer Seite verbunden ist) in eine andere Richtung drehen, wenden *„den Mantelkragen nach oben klappen"*

die **Klap·per** (-, *-n*) ein Spielzeug für ganz kleine Kinder, das klappert, wenn man es schüttelt

**klap·pern** (*klapperte, hat geklappert*) **1** **etwas klappert** etwas macht kurz hintereinander Geräusche, die hell und hart klingen *„Die Fensterläden klappern im Wind"* **2** **jemand klappert mit etwas** jemand bewegt etwas so, dass es kurz hintereinander Geräusche macht, die hell und hart klingen etwas klappern **3** **mit den Zähnen klappern** so stark frieren, dass die Zähne vibrierend aufeinanderstoßen

**klapp·rig** *ADJEKTIV; gesprochen* so alt und abgenutzt, dass einige Teile locker geworden sind (und klappern) ⟨*ein Auto, ein Fahrrad*⟩

**klar**★ *ADJEKTIV* (*klarer, klarst-*) **1** so sauber, dass man gut hindurchsehen kann ⟨*Wasser, ein See, eine Fensterscheibe*⟩ ↔ trübe **2** ohne Wolken, Nebel o. Ä. ⟨*ein Himmel, eine Nacht, Sicht, Wetter*⟩ ↔ bedeckt **3** wach und intelligent ⟨*Augen, ein Blick; klar denken können*⟩ **4** so, dass man genau versteht, was gemeint ist ⟨*eine Antwort; sich klar ausdrücken; etwas wird (jemandem) klar*⟩ ≈ verständlich *„Er hat mir ganz klar (und deutlich) gesagt, was er will"* **5** so, dass der Unterschied (Abstand) zu anderen Personen deutlich ist ⟨*ein Vorsprung; jemanden klar besiegen*⟩ ≈ eindeutig *„Er hat das Rennen klar gewonnen"* **6** **sich** (*Dativ*) **über etwas klar/im Klaren sein** etwas genau wissen und deshalb sicher darüber urteilen können **ID** **(Na) klar!** *gesprochen* drückt deutliche Zustimmung aus *„Hilfst du mir?" – „Na klar!"*

die **Klär·an·la·ge** ein technisches System (mit Becken und Röhren), in dem schmutziges Wasser (Abwasser) gereinigt wird

**klä·ren**★ (*klärte, hat geklärt*) **1** **etwas klären** ein Problem o. Ä. untersuchen oder analysieren und dabei zu einer Antwort kommen ⟨*eine Frage, ein Problem, einen Mordfall klären*⟩ *„Er muss noch klären, ob der Raum für die Sitzung frei ist"* **2** **etwas klären** eine Flüssigkeit von Schmutz befreien ⟨*Abwässer, Wasser klären*⟩ **3** **etwas klärt sich** etwas wird so, dass man gut hindurchsehen kann ⟨*das Wasser*⟩ **4** **etwas klärt sich** etwas wird so deutlich, dass man es erkennen/verstehen kann ⟨*eine Frage, ein Problem, ein Missverständnis*⟩ *„Es hat sich geklärt, wer es getan hat"* • *hierzu* **Klä·rung** *die*

die **Klar·heit**★ *meist Singular* **1** der Zustand oder die Eigenschaft, klar und durchsichtig zu sein *„die Klarheit des Wassers"* **2** der Zustand oder die Eigenschaft, verständlich zu sein *„die Klarheit seiner Ausführungen"* **3** **über etwas** (*Akkusativ*) **Klarheit gewinnen** eine Sache immer besser verstehen, sodass am Ende keine Zweifel mehr existieren **4** **sich** (*Dativ*) **über etwas** (*Akkusativ*) **Klarheit verschaffen** sich über etwas genau informieren

die **Kla·ri·net·te** (-, *-n*) ein Musikinstrument aus Holz, mit Klappen aus Metall

**klar·kom·men** (*kam klar, ist klargekommen*) **(mit jemandem/etwas) klarkommen** *gesprochen* mit jemandem/etwas keine Probleme haben, etwas gut bewältigen können ⟨*mit einer Arbeit, einer Aufgabe, einem Problem klarkommen*⟩

**klar·ma·chen** (*machte klar, hat klargemacht*) **1** **(jemandem) etwas klarmachen** einer Person etwas so genau erklären, dass sie es versteht, lernt oder einsieht *„Er machte allen klar, dass es so nicht weitergehen könne"* **2**

**sich** (*Dativ*) **etwas klarmachen** intensiv über etwas nachdenken, bis man es versteht

**kla̱r·se·hen** (*sieht klar, sah klar, hat klargesehen*); *gesprochen* ≈ verstehen *„Ich habe das lange nicht erkannt, aber jetzt sehe ich klar!"*

**kla̱r·stel·len** (*stellte klar, hat klargestellt*) **etwas klarstellen** etwas so deutlich sagen, dass es andere Leute es richtig verstehen (und erkennen) *„Ich möchte ein für alle Mal klarstellen, dass ich mir das nicht gefallen lasse!"* • *hierzu* **Kla̱r·stel·lung** *die*

der **Kla̱r·text im Klartext** ehrlich, klar und deutlich ⟨*etwas bedeutet, heißt im Klartext, dass …*⟩

**kla̱r·wer·den** ≈ klar werden

**klạs·se**★ *ADJEKTIV nur in dieser Form; gesprochen* so gut, dass es (die Leute) begeistern kann ≈ toll *„eine klasse Frau"* | *„ein klasse Buch"* | *„Das Essen war einfach klasse! Er spielt klasse Tennis"*

K

die **Kla̱s·se**★ (-, -*n*) IN DER SCHULE: **1** eine Gruppe von Kindern, die ungefähr gleich alt sind und deshalb in der Schule gemeinsam unterrichtet werden *„Er unterrichtet die Klasse in Englisch"* | *„die Klasse 5a"* **K** Schulklasse **2** ein Zeitraum von einem Jahr innerhalb einer mehrjährigen Schulausbildung, während dessen das dafür vorgeschriebene Wissen gelehrt wird ⟨*eine Klasse wiederholen, überspringen*⟩ *„Er ging nach der zehnten Klasse von der Schule ab"* **3** der Raum, in dem eine Klasse unterrichtet wird ⟨*die Klasse betreten, verlassen*⟩ **K** Klassenzimmer IN EINER HIERARCHIE: **4 die Klasse** (+*Genitiv Plural*) eine soziale Schicht ⟨*die arbeitende, herrschende Klasse; die Klasse der Arbeiter, der Bauern*⟩ **K** Klassengesellschaft, Klassenunterschied; Arbeiterklasse **5 die Klasse (von Dingen)** eine Kategorie innerhalb einer Einteilung nach der Qualität ⟨*ein Abteil erster, zweiter Klasse; erster, zweiter Klasse fahren, fliegen*⟩ **K** Gewichtsklasse, Handelsklasse, Preisklasse

die **Kla̱s·sen·ar·beit**★ ein schriftlicher Test für Schüler ⟨*eine Klassenarbeit haben, schreiben*⟩

der **Kla̱s·sen·leh·rer** der Lehrer, der für eine Schulklasse verantwortlich ist • *hierzu* **Kla̱s·sen·leh·re·rin** *die*

der **Kla̱s·sen·spre·cher** ein Schüler, der von den anderen Schülern der Klasse gewählt wird, damit er ihre Interessen (gegenüber den Lehrern) vertritt • *hierzu* **Kla̱s·sen·spre·che·rin** *die*

**klas·si·fi·zi̱e·ren** (*klassifizierte, hat klassifiziert*) **Personen/Dinge (nach etwas) klassifizieren** Personen oder Dinge nach ihren Merkmalen in Gruppen einteilen • *hierzu* **Klas·si·fi·zi̱e·rung** *die*; **Klas·si·fi·ka·ti·o̱n** *die*

die **Kla̱s·sik** (-) **1** eine Epoche, in welcher die Kunst, die Literatur usw. eines Volkes ihren Höhepunkt erreicht hat ⟨*die deutsche, französische Klassik*⟩ *„Die bedeutendsten Vertreter der deutschen Klassik sind Goethe und Schiller"* **2** die griechische und römische Antike **3** der Zeitraum, in dem Haydn, Mozart und Beethoven Musik komponierten **4** Musik (wie) aus der Zeit der Klassik ⟨*Klassik hören*⟩

der **Kla̱s·si·ker** (-*s*, -) **1** ein Künstler (vor allem Dichter) der Klassik **2** ein Buch eines (wichtigen) Autors, das auch nach langer Zeit noch viel gelesen wird *„Alice im Wunderland" ist ein Klassiker der Kinderliteratur"*

**kla̱s·sisch**★ *ADJEKTIV* **1** die griechische und römische Antike betreffend ⟨*das Altertum, die Sprachen; klassische Philologie unterrichten*⟩ **2** zu der besten Kunst oder Literatur in einem Land gehörig ⟨*die Dichter; ein Drama*⟩ **3** zu derjenigen Art von Musik gehörig, die von wichtigen Komponisten früherer Zeiten (vor allem der Klassik im 18. und 19. Jahrhundert) geschaffen wurde ⟨*Musik, ein Musikstück, ein Konzert*⟩ **4** nicht von der Mode abhängig (und so, dass es lange Zeit als schön empfunden wird) ≈ zeitlos *„ein klassisches Kostüm"* **5** so, wie etwas in den meisten Fällen ist oder vorkommt ⟨*ein Beispiel, ein Beweis, ein Fehler*⟩ ≈ typisch *„Der Professor demonstrierte den Studenten den klassischen Fall einer Malariaerkrankung"*

der **Kla̱tsch** (-(*e*)*s*); *abwertend* das (vor allem Negative), was manche Leute über andere Leute erzählen *„In Boulevardzeitungen steht viel Klatsch über prominente Leute"* **K** Klatschkolumnist, Klatschzeitung

die **Kla̱t·sche** *gesprochen* eine deutliche Niederlage ⟨*eine deftige, derbe, herbe Klatsche einstecken/hinnehmen müssen, kassieren*⟩

**kla̱t·schen**★ (*klatschte, hat geklatscht*) **1 etwas klatscht (irgendwohin)** Wasser trifft etwas mit Schwung und einem lauten Geräusch *„Die Wellen klatschten gegen den Bug des Schiffes"* **2 (in die Hände) klatschen** die Handflächen laut (mehrmals) gegeneinanderschlagen *„Der Trainer klatschte (in die Hände), um seine Mannschaft anzufeuern"* **3 (über**

**jemanden) klatschen** *abwertend* viel (meist Negatives) über andere Leute reden *„über seine Nachbarn klatschen"* [4] **(Beifall) klatschen** vor allem im Theater oder Konzert zeigen, dass man etwas gut findet, indem man in die Hände klatscht ⟨*begeistert, stürmisch (Beifall) klatschen*⟩ [5] **etwas irgendwohin klatschen** *gesprochen* eine feuchte, weiche Masse so an/gegen etwas werfen, dass sie dort hängen bleibt *„Teig an die Wand klatschen"*

die **Klaue** (-, *-n*) [1] *meist Plural* die Füße und langen Krallen von Bären, Löwen, Adlern usw. *„Der Habicht packte die Maus mit seinen Klauen"* [2] *meist Plural* die Hufe, vor allem bei Kühen, Ziegen, Schafen [3] *gesprochen, abwertend nur Singular* eine sehr schlechte Handschrift *„Seine Klaue kann kein Mensch lesen"*

**klau·en** (*klaute, hat geklaut*); *gesprochen* **((jemandem) etwas) klauen** einer Person etwas (meist einen kleinen Gegenstand) wegnehmen, das ihr gehört ≈ stehlen *„Wer hat meinen Füller geklaut?"*

die **Klau·sel** (-, *-n*) eine (oft zusätzliche) Regel, Bestimmung in einem Vertrag, in einer Vereinbarung ⟨*eine aufhebende, einschränkende Klausel; eine Klausel in einen Vertrag setzen*⟩ [K] Zusatzklausel

die **Klau·sur** (-, *-en*) [1] eine schriftliche Prüfung vor allem an der Universität ⟨*eine Klausur schreiben, ablegen*⟩ [2] die (inneren) Räume eines Klosters, die Fremde nicht betreten dürfen [3] **Personen tagen in Klausur** eine Gruppe hat eine Sitzung o. Ä., von welcher die Öffentlichkeit ausgeschlossen ist [K] Klausurtagung

das **Kla·vier** ★ [-v-]; (-*s*, *-e*) ein großes Musikinstrument mit weißen und schwarzen Tasten ⟨*Klavier spielen; jemanden auf dem/am Klavier begleiten*⟩ ≈ Piano [K] Klavierkonzert, Klavierlehrer, Klavierspieler ⓘ → auch **Flügel**

das **Kle·be·band** ein Band aus Plastik mit einer Schicht Klebstoff *„ein Paket mit Klebeband verschließen"*

**kle·ben** ★ (*klebte, hat geklebt*) [1] **etwas kleben** etwas, das zerbrochen oder gerissen ist, mit Klebstoff verbinden (und so reparieren) *„eine zerbrochene Vase kleben"* [2] **etwas (irgendwohin) kleben** etwas (mit Klebstoff) irgendwo befestigen *„Plakate an die Wand kleben"* [3] **jemandem eine kleben** *gesprochen* jemandem eine Ohrfeige geben [4] **etwas klebt** etwas ist klebrig [5] **etwas klebt irgendwo** etwas löst sich nicht von einer Stelle, weil es selbst oder die Stelle klebrig ist *„Der Zettel blieb am nassen Fenster kleben"* [6] **an jemandem kleben** *gesprochen* immer bei einer Person sein wollen *„Die kleine Maria klebt immer an ihrer Mutter"*

der **Kle·ber** (-*s*, -); *gesprochen* ≈ Klebstoff

**kleb·rig** ★ ADJEKTIV ⟨*Bonbons, Finger, Hände*⟩ an der Oberfläche so, dass sie kleben

der **Kleb·stoff** ★ eine Flüssigkeit oder eine Masse, mit der man Gegenstände fest miteinander verbinden kann ⟨*Klebstoff auftragen; etwas mit Klebstoff bestreichen*⟩

**kle·ckern** (*kleckerte, hat/ist gekleckert*); *gesprochen* **(etwas) (irgendwohin) kleckern** (*hat*) eine dicke Flüssigkeit oder weiche Masse (ohne Absicht) irgendwohin fallen oder tropfen lassen (und so Flecken machen) *„Er hat Soße auf seine Hose gekleckert"*

der **Klecks** (-*es*, *-e*) [1] ein Fleck, der von einer farbigen Flüssigkeit (z. B. Tinte) kommt *„beim Malen Kleckse auf den Fußboden machen"* [K] Farbklecks, Tintenklecks [2] eine kleine Menge einer dicken Flüssigkeit oder weichen Masse *„Würstchen mit einem Klecks Senf"*

der **Klee** (-*s*) eine kleine Pflanze mit drei (selten auch vier) runden Blättern, die meist von Kühen gefressen wird [K] Kleeernte, Kleefeld

das **Kleid** ★ (-(*e*)*s*, *-er*) [1] ein Kleidungsstück für Frauen, das den ganzen Körper bedeckt und frei über die Beine hängt ⟨*ein langärmliges, kurzärmliges, ärmelloses, hochgeschlossenes, tief ausgeschnittenes, schulterfreies Kleid; ein Kleid anziehen, tragen, anhaben, ausziehen*⟩ [K] Sommerkleid, Abendkleid, Cocktailkleid ⓘ → Abbildung, S. 293: **Die Kleidung** [2] *nur Plural* ⟨*seine Kleider anziehen/anlegen, ausziehen/ablegen, wechseln*⟩ ≈ Kleidung [K] Kleiderschrank, Kleiderständer

**klei·den** (*kleidete, hat gekleidet*) [1] **jemanden irgendwie kleiden** jemandem oder sich selbst die genannte Art von Kleidung anziehen ⟨*sich elegant, sportlich, modisch, nach der neuesten Mode, altmodisch, schick kleiden*⟩ *„Sie kleidet ihre Kinder immer hübsch und trotzdem praktisch"* [2] **etwas kleidet jemanden (irgendwie)** etwas lässt jemanden gut aussehen *„Der Hut kleidet sie (gut)"* ⓘ kein Passiv

der **Klei·der·bü·gel** ein Gegenstand (meist aus Holz oder Plastik) in Form eines Bogens, über den man Kleider, Hosen und Hemden hängt

der **Klei·der·schrank** ein hoher Schrank, in dem

man Kleidung aufbewahrt

die **Klei·dung**★ (-) alles, was man (als Kleid, Rock, Mantel, Hut, Schuhe usw.) am Körper trägt, um ihn zu bedecken K Winterkleidung; Berufskleidung, Sportkleidung

das **Klei·dungs·stück** ein einzelnes Teil der Kleidung, z. B. ein Hemd, ein Rock

**klein**★ *ADJEKTIV* (*kleiner, kleinst-*) MAẞE: **1** so, dass die Länge, die Höhe, die Größe, der Umfang, das Volumen o. Ä. relativ gering ist ⟨*klein gedruckt, gemustert, gewachsen, kariert*⟩ ↔ groß *„Er hat nur eine kleine Wohnung"* | *„Schreib doch nicht immer so klein, das kann man ja kaum lesen!"* K Kleinstaat ❶ Die hier genannten Adjektive können auch mit *klein* zusammengeschrieben werden: *kleingedruckt* usw. **2** mit Verb verwendet, um zu sagen, dass etwas kleiner wird und kleine Stücke entstehen ⟨*Holz klein hacken, machen; etwas klein mahlen, schneiden*⟩ ❶ Diese Verben können auch mit *klein* zusammengeschrieben werden: *etwas kleinschneiden.* MENGE, DAUER, UMFANG: **3** mit relativ wenigen Personen, Tieren oder Dingen ⟨*eine Familie, eine Gruppe, eine Herde, ein Verein*⟩ *„Wir treffen uns regelmäßig im kleinen Kreis"* **4** in der Menge oder im Wert gering ⟨*ein Betrag, ein Gewinn, eine Summe, ein Verlust, ein Geldschein*⟩ **5** *meist attributiv* zeitlich relativ kurz ⟨*eine Pause, eine Weile, ein Zeitraum*⟩ *„Warten Sie bitte einen kleinen Moment"* **6** *meist attributiv* mit wenig Aufwand, Kosten usw. verbunden ⟨*eine Feier, ein Fest, ein Imbiss*⟩ BEDEUTUNG: **7** von geringer Bedeutung, nicht wichtig ⟨*ein Fehler, ein Irrtum, ein Missgeschick, ein Unterschied*⟩ ALTER: **8** *gesprochen nur attributiv* jünger als die Person, über die gesprochen wird *„Ist das deine kleine Schwester?"* **9** *gesprochen* relativ jung, noch (lange) nicht erwachsen ⟨*ein Kind, ein Junge, ein Mädchen*⟩ *„Als ich klein war, wollte ich Ärztin werden"* | *„Das schmeckt den Kleinen und den Großen"* ANDERE VERWENDUNGEN: **10** in der Form, die man z. B. innerhalb eines Wortes verwendet (*a, b, c* usw. im Unterschied zu *A, B, C* usw.) ⟨*Buchstaben*⟩ ↔ groß ❶ → auch **kleinschreiben** ID **es klein haben** *gesprochen* das passende Kleingeld haben; **von klein an/auf** seit der Kindheit; **bis ins Kleinste** so, dass alle Details berücksichtigt werden

die **Klein·fa·mi·lie** eine Familie, in der nur die Eltern mit ihren Kindern zusammenleben (also ohne Großeltern, Tanten, Onkel usw.)

das **Klein·ge·druck·te** (*-n*) die Bestimmungen und Bedingungen meist auf der Rückseite von Verträgen (die klein gedruckt, aber trotzdem wichtig sind) *„auch das Kleingedruckte lesen"* ❶ *Kleingedrucktes; das Kleingedruckte; dem, des Kleingedruckten*

das **Klein·geld**★ *nur Singular* Geld in Form von (kleinen) Münzen *„dem Straßenmusikanten etwas Kleingeld in den Hut werfen"*

das **Klein·holz** *nur Singular* Holz, das in kleine Stücke (Scheite) gehackt ist ⟨*Kleinholz machen*⟩

die **Klei·nig·keit**★ (-, *-en*) **1** etwas, das nicht sehr teuer ist *„der Nachbarin eine Kleinigkeit zum Geburtstag schenken"* **2** *meist Plural* unwichtige Details *„sich über jede Kleinigkeit aufregen"* **3** **eine Kleinigkeit essen** etwas (z. B. ein Brot, eine Suppe o. Ä.) essen

das **Klein·kind** ein Kind, das etwa zwischen 18 Monaten und 4 Jahren alt ist

der **Klein·kram** *oft abwertend* **1** kleine Dinge mit wenig Wert *„eine Schublade voller Kleinkram"* **2** Aufgaben oder Angelegenheiten, die nicht wichtig sind *„Ich kann mich doch nicht um solchen Kleinkram kümmern!"*

der **Klein·krieg** *nur Singular* **Kleinkrieg (mit jemandem)** ein Streit über unwichtige Dinge, den man lange (oder dauernd) führt ⟨*einen ständigen Kleinkrieg führen*⟩ *„Ihre Ehe war ein dauernder Kleinkrieg"*

**klein·krie·gen** (*kriegte klein, hat kleingekriegt*); *gesprochen* **1** **jemanden kleinkriegen** bewirken, dass jemand den Mut oder das Selbstvertrauen verliert *„Er lässt sich durch nichts kleinkriegen"* **2** **etwas kleinkriegen** etwas in sehr kleine Teile teilen

**klein·laut** *ADJEKTIV* plötzlich still oder im Verhalten bescheiden (nachdem man vorher sehr selbstbewusst, frech o. Ä. war) ⟨*kleinlaut sein, werden*⟩

**klein·lich** *ADJEKTIV*; *abwertend* **1** nicht großzügig oder tolerant und davon überzeugt, dass jede Kleinigkeit äußerst wichtig ist ⟨*Bestimmungen, ein Mensch, Überlegungen* ⟩ **2** ≈ geizig

**klein·ma·chen** (*machte klein, hat kleingemacht*); *gesprochen* **1** **(jemandem) etwas kleinmachen** jemandem einen Geldschein gegen kleinere Scheine oder Münzen tauschen ≈ wechseln *„jemandem einen Hunderteuroschein kleinmachen"* **2** **etwas kleinmachen** in kleine Teile schneiden, hacken o. Ä. ≈ zerkleinern

**klein·schrei·ben** (*schrieb klein, hat kleingeschrieben*) **1** **etwas kleinschreiben** ein Wort mit einem kleinen Buchstaben beginnen **2** **etwas kleinschreiben** etwas als unwichtig behandeln • *zu* (1) **Klein·schrei·bung** *die*

die **Klein·stadt** eine Stadt, die weniger als etwa 20 000 Einwohner hat • *hierzu* **Klein·städ·ter** *der*; **Klein·städ·te·rin** *die*; **klein·städ·tisch** *ADJEKTIV*

**klein·wüch·sig** *ADJEKTIV* deutlich kleiner als die meisten Personen *„der Bundesverband Kleinwüchsige Menschen und ihre Familien e. V."*

der **Kleis·ter** (*-s, -*) ein einfaches Mittel, mit dem man Papier, Holz o. Ä. kleben kann (und das man aus Stärke oder Mehl und Wasser macht) ⟨*Kleister anrühren*⟩ *„die Tapeten mit Kleister einstreichen"* **K** Tapetenkleister

die **Klem·me** (*-, -n*) **1** ein kleiner Gegenstand (meist mit einer elastischen Feder), mit dem man kleine Dinge aneinanderpresst oder irgendwo befestigt *„Notizzettel mit einer Klemme zusammenhalten"* **2** ein kleiner Gegenstand aus Plastik (mit Schrauben darin), mit dem man elektrische Kontakte herstellt (z. B. wenn man eine Lampe anschließt) **3** *gesprochen* eine schwierige Lage, Situation ⟨*in der Klemme sitzen, stecken; sich aus der Klemme ziehen können*⟩

**klem·men** (*klemmte, hat geklemmt*) **1** **etwas irgendwohin klemmen** etwas so zwischen zwei Dinge schieben oder drücken, dass es dort bleibt *„die Bücher unter den Arm klemmen und zur Schule gehen"* **2** **sich** (*Dativ*) **etwas (in etwas** (*Dativ*)**) klemmen** mit dem Finger o. Ä. so zwischen zwei Dinge geraten, dass man sich dabei verletzt ⟨*sich* (*Dativ*) *den Finger in der Tür, in der Schublade klemmen*⟩ **3** **etwas klemmt** etwas lässt sich nicht mehr (oder nur sehr schwer) bewegen ⟨*eine Tür, ein Fenster, eine Schublade, ein Schloss*⟩

der **Klemp·ner** (*-s, -*) ein Handwerker, der Rohrleitungen aus Metall herstellt oder zusammenbaut und die Wasserversorgung in Häusern installiert

der **Kle·rus** (*-*); *geschrieben* alle (christlichen) Geistlichen

das **Klet·ter·ge·rüst** eine Konstruktion meist aus mehreren miteinander verbundenen Stangen, an denen Kinder (z. B. auf dem Spielplatz) klettern können

**klet·tern★** (*kletterte, ist geklettert*) **1** **(irgendwohin) klettern** nach oben (bzw. unten), über ein Hindernis gelangen, indem man Füße und Hände benutzt ⟨*auf einen Baum, auf einen Berg, über eine Mauer, über einen Zaun, nach oben klettern*⟩ ≈ steigen **K** Kletterwand **2** **etwas klettert (irgendwohin)** *gesprochen* etwas wird mehr oder größer ⟨*die Preise, die Löhne*⟩ *„Das Thermometer kletterte auf 33 Grad"* Das Thermometer zeigte eine immer höhere Temperatur an, bis 33 Grad erreicht waren **3** **eine Pflanze klettert irgendwohin** eine Pflanze wächst an einer anderen Pflanze, an einer Wand oder Stange nach oben **K** Kletterpflanze • *zu* (1) **Klet·te·rer** *der*

die **Klet·ter·pflan·ze** eine Pflanze, die z. B. an einer Mauer oder einer Stange in die Höhe wächst

die **Klet·ter·wand** eine Wand mit vielen kleinen Griffstellen, an der man das Klettern im Gebirge üben kann

der **Klett·ver·schluss®** ein Verschluss an Kleidern oder Schuhen aus zwei Bändern, die aneinander haften

**klick!** verwendet für das Geräusch, wenn man auf eine Taste der Maus oder den Auslöser einer Kamera drückt ⟨*etwas macht klick*⟩

der **Klick** (*-s, -s*) **1** **ein Klick (auf etwas** (*Akkusativ*)**)** die Aktion oder das Auswählen eines Objekts durch Drücken einer Taste der Computermaus *„Das Spiel wird durch einen Klick auf das Logo gestartet"* **K** Doppelklick **2** das Öffnen einer Internetseite (durch Klicken auf einen Link)

**kli·cken★** (*klickte, hat geklickt*) **1** **etwas klickt** etwas klingt wie der kurze, metallische Ton, den man hört, wenn ein Foto gemacht wird ⟨*die Fotoapparate, die Kameras*⟩ **2** **auf etwas** (*Akkusativ*) **klicken** ein Objekt auf dem Monitor auswählen, indem man auf eine Taste der Maus drückt

der **Kli·ent** [kli'ɛnt]; (*-en, -en*) der Kunde eines Rechtsanwalts, Psychologen usw. ❶ *der Klient; den, dem, des Klienten* • *hierzu* **Kli·en·tin** *die*

die **Kli·en·tel** [kliɛn'teːl]; (*-, -en*) alle Klienten eines Anwalts usw.

das **Kliff** (*-(e)s, -e*) eine steile Wand aus Felsen an einer Küste

das **Kli·ma★** (*-s, -ta/fachsprachlich Kli·ma·te*) **1** die Wetterbedingungen, die für eine Region oder geografische Zone meist im Zeitraum eines Jahres typisch sind ⟨*ein mildes, warmes, kaltes, feuchtes, trockenes, tropisches Klima*⟩

K

**K** Klimawandel, Klimazone; Tropenklima **2** *nur Singular* die Art und Weise, wie Menschen in einer Gruppe miteinander umgehen ⟨*irgendwo herrscht ein gutes, herzliches, schlechtes, frostiges, unfreundliches Klima*⟩ ≈ Atmosphäre *„Bei den Gesprächen der beiden Delegationen herrschte ein freundliches Klima"*

die **Kli·ma·an·la·ge**★ ein Apparat, der die Temperatur und die Feuchtigkeit der Luft in einem Raum regelt

**kli·ma·neut·ral** *ADJEKTIV* ohne negative Auswirkungen auf das Klima

**kli·ma·tisch** *ADJEKTIV* durch das Klima bestimmt ⟨*die Verhältnisse, (die) Einflüsse*⟩

**kli·ma·ti·sie·ren** (*klimatisierte, hat klimatisiert*) **etwas ist klimatisiert** die Temperatur und die Feuchtigkeit der Luft in einem Haus, Raum o. Ä. ist (durch eine Klimaanlage) reguliert

der **Kli·ma·wan·del** eine Veränderung des Klimas, vor allem die aktuelle, von Menschen verursachte, globale Erwärmung

der **Klimm·zug** eine Turnübung, bei der man an einer Stange hängt, sich mit den Händen hält und den Körper langsam hochzieht ⟨*Klimmzüge machen*⟩

**klim·pern** (*klimperte, hat geklimpert*) **1** **Dinge klimpern** kleine Dinge aus Metall wie Münzen oder Schlüssel stoßen aneinander und erzeugen helle Töne **2** **mit etwas klimpern** Gegenstände aus Metall so bewegen, dass sie sich berühren und man helle Töne hört ⟨*mit Geldstücken, mit Schlüsseln klimpern*⟩ **3** **(auf etwas** (*Dativ*)**) klimpern** *gesprochen* meist auf der Gitarre oder dem Klavier einige Töne spielen

die **Klin·ge** (-, -*n*) **1** der Teil eines Messers oder einer Stichwaffe, mit dem man schneidet bzw. sticht ⟨*eine scharfe, stumpfe, rostige Klinge; die Klinge eines Dolches, eines Degens*⟩ **2** Kurzwort für *Rasierklinge* ⟨*die Klinge wechseln; eine neue Klinge einlegen*⟩

die **Klin·gel**★ (-, -*n*) vor allem Türen und Fahrräder haben eine Klingel, mit der man ein akustisches Signal geben kann *„Er drückte so lange auf die Klingel, bis sie ihm die Tür öffnete"* | *„Ich erschrak, als ein Radfahrer hinter mir seine Klingel betätigte"* **K** Fahrradklingel, Türklingel

**klin·geln**★ (*klingelte, hat geklingelt*) **1** eine Klingel ertönen lassen ⟨*(an der Haustür) klingeln; bei jemandem klingeln*⟩ ≈ läuten **2** **etwas klingelt** etwas gibt helle (metallische) Töne von sich ⟨*der Wecker, das Telefon*⟩ **3** **es klingelt** eine Klingel ist zu hören *„Hat es nicht gerade geklingelt? Schaust du bitte mal, ob wer vor der Tür steht?"*

der **Klin·gel·ton** der Ton oder die Tonfolge, mit der ein Telefon klingelt *„sich neue Klingeltöne fürs Handy herunterladen"*

**klin·gen**★ (*klang, hat geklungen*) **1** **etwas klingt** etwas gibt helle, schöne Töne von sich ⟨*die Glocken, die Gläser*⟩ **2** **etwas klingt irgendwie** etwas wirkt durch den Klang in der genannten Weise ⟨*ein Lied, eine Melodie klingt lustig, traurig, schwermütig; jemandes Stimme klingt sanft, zärtlich, abweisend*⟩ **3** **jemand/etwas klingt irgendwie** die Aussagen einer Person erwecken den genannten Eindruck *„Du klingst müde"*

die **Kli·nik**★ (-, -*en*) ein Krankenhaus (das auf die Behandlung von wenigen Krankheiten spezialisiert ist) *„Er wurde mit dem Krankenwagen in die Klinik gebracht"* **K** Klinikaufenthalt; Kinderklinik; Herzklinik, Nervenklinik

das **Kli·ni·kum** (-*s*, *Kli·ni·ken*) ein sehr großes Krankenhaus

**kli·nisch** *ADJEKTIV meist attributiv* **1** in einer Klinik ⟨*eine Behandlung; eine Ausbildung*⟩ **2** **klinisch tot** so, dass Lunge und Herz nicht mehr funktionieren

die **Klin·ke** (-, -*n*) Kurzwort für *Türklinke*

**klipp** **ID** **klipp und klar** *gesprochen* ≈ deutlich, unmissverständlich *„jemandem klipp und klar die Meinung sagen"*

die **Klip·pe** (-, -*n*) ein großer Felsen im Meer (vor der Küste) oder am Meer

**klir·ren** (*klirrte, hat geklirrt*) **etwas klirrt** etwas gibt ein helles, vibrierendes Geräusch von sich ⟨*die Ketten, die Gläser*⟩ *„Bei dem leichten Erdbeben klirrten die Fenster"*

**klir·rend** *ADJEKTIV meist attributiv* sehr stark, sehr intensiv ⟨*Frost, Kälte*⟩

das **Kli·schee** (-*s*, -*s*); *geschrieben, abwertend* **1** eine feste Vorstellung, die nicht (mehr) der Realität entspricht ⟨*in Klischees denken*⟩ *„das Klischee, dass Frauen nicht einparken können"* **2** ein Ausdruck, der schon lange und zu oft verwendet wird und daher nicht mehr viel aussagt ⟨*in Klischees reden*⟩ • *hierzu* **kli·schee·haft** *ADJEKTIV*

das **Klo**★ (-*s*, -*s*); *gesprochen* ≈ Toilette, WC **K** Klobürste, Klodeckel, Klopapier

die **Klo·a·ke** (-, -*n*) ein meist unterirdischer Kanal, in dem das schmutzige Wasser (Abwasser) unter der Erde abfließt

**klo·big** *ADJEKTIV* sehr groß, schwer und grob (gebaut) ⟨*ein Tisch, ein Schrank, Hände, eine Gestalt*⟩

die **Klo·bril·le** *gesprochen* ein Sitz (aus Kunststoff oder Holz) für das Klosett, der wie ein flacher Ring aussieht

**klop·fen★** (*klopfte, hat geklopft*) **1** **(an etwas** (*Dativ/Akkusativ*)**) klopfen** (mit dem gekrümmten Finger) mehrere Male leicht meist an eine Tür schlagen, wenn man ein Zimmer betreten will ⟨*an der/an die Tür, ans Fenster klopfen*⟩ **2** **an/auf etwas** (*Akkusativ*)**/gegen etwas klopfen** mehrere Male leicht an/auf/gegen etwas schlagen ⟨*jemandem freundschaftlich, gönnerhaft auf die Schulter klopfen*⟩ **3** **das Herz klopft** das Herz schlägt deutlich spürbar (weil man Angst hat, aufgeregt oder verliebt ist) *„Sie öffnete mit klopfendem Herzen die Tür"* **4** **etwas in etwas** (*Akkusativ*) **klopfen** etwas mit einem Hammer o. Ä. in etwas schlagen *„einen Nagel ins Brett klopfen"* **5** **es klopft** eine Person klopft mit der Hand an die Tür, weil sie in das Zimmer oder Haus kommen will *„Es hat geklopft." – „Sieh bitte nach, wer da ist."*

das **Klopf·zei·chen** **Klopfzeichen geben** klopfen und dadurch ein Signal geben

der **Klöp·pel** (-s, -) **1** der Teil in einer Glocke, der sich bewegt, gegen die Wand der Glocke schlägt und so den Ton erzeugt **2** ein Stock mit dickem Ende, mit dem man z. B. ein Xylophon zum Klingen bringt

der **Klops** (-*es*, -*e*); *norddeutsch* ein Kloß aus Hackfleisch *„Königsberger Klopse"*

das **Klo·sett** (-(*e*)*s*, -*e*/-*s*) ≈ Toilette

der **Kloß★** (-*es*, *Klö·ße*) eine Speise in Form einer Kugel, die aus einem Teig (von Kartoffeln, Grieß, Brot oder Fleisch) gemacht ist ≈ Knödel **K** Fleischkloß, Grießkloß, Kartoffelkloß ℹ → **Knödel**

das **Klos·ter★** (-*s*, *Klös·ter*) mehrere Gebäude mit einer Kirche, die zusammengehören und in denen Mönche oder Nonnen leben **K** Klostergarten, Klosterkirche, Klosterpforte

der **Klotz** (-*es*, *Klöt·ze*) ein großes, dickes Stück Holz o. Ä., meist ein Stück von einem Baum(stamm) ⟨*Klötze spalten*⟩

der **Klub★** (-*s*, -*s*) eine Gruppe von Menschen, die gleiche (gemeinsame) Interessen haben (z. B. im Sport) ⟨*einen Klub gründen; einem Klub beitreten; aus einem Klub austreten*⟩ ≈ Verein **K** Klubhaus, Klubmitglied; Tennisklub

die **Kluft**[1]; (-, *Klüf·te*) **1** eine tiefe, große Spalte in einem Berg oder Felsen **2** ein tiefer Gegensatz zwischen zwei Personen, ihren Meinungen und Haltungen *„Zwischen ihnen bestand eine tiefe Kluft"*

die **Kluft**[2]; (-, -*en*); *meist Singular*; *gesprochen* die Kleidung, die man bei der Arbeit, auf einer Veranstaltung oder beim Sport trägt *„Das ist ihre alte Kluft fürs Skifahren"* **K** Arbeitskluft

**klug★** *ADJEKTIV* (*klüger, klügst-*) **1** mit viel Wissen und der Fähigkeit, den Verstand gut zu nutzen ⟨*ein Mensch*⟩ ≈ intelligent *„In der Schule war sie die Klügste ihrer Klasse"* **2** von der Vernunft und Logik bestimmt ⟨*eine Entscheidung*⟩ *„Er war klug genug zu wissen, wann er schweigen musste"* • hierzu **Klug·heit** *die*; zu (2) **klu·ger·wei·se** *ADVERB*

der **Klum·pen** (-*s*, -) eine kleine Masse ohne eine spezielle Form ⟨*ein Klumpen Erde, Ton, Teig; ein Klumpen Blei, Gold*⟩ **K** Goldklumpen, Tonklumpen • *hierzu* **klum·pig** *ADJEKTIV*

**km/h** [kaː|ɛmˈhaː] Abkürzung für *Stundenkilometer*

**knab·bern** (*knabberte, hat geknabbert*) **1** **(etwas) knabbern** kleine Stücke einer Sache (z. B. Schokolade, Nüssen) essen *„Vor dem Fernseher knabbert er gern (Salzstangen)"* **2** **an etwas** (*Dativ*) **knabbern** kleine Stücke von etwas Hartem (ab)beißen *„Der Hase knabbert an der Mohrrübe"*

der **Kna·be** (-*n*, -*n*) **1** *admin veraltend* ≈ Junge *„Knaben und Mädchen"* **2** **alter Knabe** *gesprochen humorvoll* meist als Anrede verwendet für einen Mann, den man gut kennt ℹ *der Knabe; den, dem, des Knaben*

das **Knä·cke·brot** *meist Singular* ein Vollkornbrot, das in dünnen, knusprigen Scheiben gebacken ist

**kna·cken** (*knackte, hat geknackt*) **1** **etwas knacken** eine Frucht öffnen, die mit einer harten Schale umgeben ist ⟨*Nüsse, Mandeln knacken*⟩ **2** **etwas knacken** *gesprochen* etwas mit Gewalt öffnen ⟨*ein Schloss, einen Geldschrank, einen Safe, ein Auto knacken*⟩ **3** **etwas knackt** etwas macht einen Ton, ein Geräusch wie trockenes Holz, das zerbrochen wird ⟨*das Bett, die Holztreppe, die Dielen, das Gebälk, die dürren Äste, die trockenen Zweige*⟩ **4** **irgendwo knackt es** etwas gibt einen knackenden Ton von sich *„Es knackt im Radio/im Telefon"*

**kna·ckig** *ADJEKTIV*; *gesprochen* **1** so frisch

K

und fest, dass es knackt, wenn man hineinbeißt ‹*Karotten, Salat(blätter), Äpfel, Birnen*› **2** fest (straff) und elastisch, meist von sexuell anregend ‹*ein Körper, ein Po*›

der **Knạcks** (*-es, -e*); *gesprochen* **1** ein knackender Ton *„Plötzlich gab es einen Knacks, und der Ast brach ab"* **2** ein Riss in einem Gegenstand aus Porzellan oder Glas ≈ Sprung *„Das Glas hat einen Knacks"* **3** ‹*ein körperlicher, seelischer Knacks; einen Knacks haben, abbekommen*› ≈ Schaden, Defekt

**knạck·sen** (*knackste, hat geknackst*) **etwas knackst** ≈ knacken

der **Knạll**★ (*-(e)s, -e*); *meist Singular* ein kurzes lautes Geräusch, wie es z. B. von einem Schuss oder einer Explosion kommt ‹*ein lauter, ohrenbetäubender Knall*›

**knạl·len**★ (*knallte, hat/ist geknallt*) **1 etwas knallt** (*hat*) etwas gibt einen Knall von sich ‹*ein Schuss, ein Sektkorken, die Peitsche*› **2 mit etwas knallen** (*hat*) mit etwas das Geräusch eines Knalls erzeugen ‹*mit der Peitsche knallen*› **3 irgendwohin knallen** *gesprochen* (*ist*) aus einer schnellen Bewegung heraus plötzlich gegen etwas stoßen oder auf etwas fallen *„Der Ball knallte an den Pfosten"* **4 etwas irgendwohin knallen** *gesprochen* (*hat*) etwas schnell (und heftig) irgendwohin werfen oder gegen etwas schlagen ‹*eine Tür ins Schloss knallen*› **5 jemandem eine knallen** *gesprochen* (*hat*) jemandem mit der Hand ins Gesicht schlagen

der **Knạl·ler** (*-s, -*); *gesprochen* **1** Knaller explodieren laut; man benutzt sie vor allem bei Feuerwerken ≈ Böller, Kracher **2** eine sensationell gute Sache oder Person ≈ Knüller *„Die Party war ein echter Knaller"*

**knạll·hạrt** ADJEKTIV; *gesprochen* **1** ≈ brutal *„In dem Film spielt er einen knallharten Gangster"* **2** *meist adverbiell* ohne Rücksicht auf jemandes Gefühle *„Ich habe ihm knallhart meine Meinung gesagt!"*

**knạpp**★ ADJEKTIV (*knapper, knappst-*) **1** so wenig, dass es kaum für das Nötigste ausreicht ‹*Vorräte, Reserven, ein Warenangebot; jemandes Lohn, jemandes Rente*› ≈ gering **2** so, dass das Ergebnis gerade noch erreicht wird ‹*ein Sieg, eine Niederlage; knapp gewinnen, verlieren*› ↔ eindeutig *„Der Vorsitzende wurde nur mit knapper Mehrheit wiedergewählt"* **3 knapp** *+Mengen-/Zeitangabe* etwas weniger (als die genannte Zahl), nicht ganz *„Es waren knapp/knappe zwanzig Personen in dem Zimmer"* **4** *nur adverbiell* sehr nahe, dicht bei jemandem/etwas *„Der Schuss ging knapp am Ziel vorbei"* **5** ‹*Kleider*› so eng (oder klein), dass sie nicht (mehr) richtig passen **6** so kurz, dass nur das Wichtigste gesagt wird ‹*ein Überblick, eine Schilderung; etwas knapp zusammenfassen*› • *zu* (1,2,6) **Knạpp·heit** *die*

**knạp·sen** (*knapste, hat geknapst*) **(mit etwas) knapsen (müssen)** *gesprochen* sparen (müssen) oder das Geld so einteilen (müssen), dass es ausreicht

die **Knạr·re** (*-, -n*); *gesprochen* ein Gewehr oder eine Pistole

**knạr·ren** (*knarrte, hat geknarrt*) **etwas knarrt** etwas macht ein Geräusch, wie es entsteht, wenn jemand über alte Bretter geht

der **Knạst** (*-(e)s*); *gesprochen* **1** ‹*im Knast sitzen; in den Knast wandern*› ≈ Gefängnis **2** die Zeit, die jemand im Gefängnis sitzen muss *„zwei Jahre Knast"*

der **Kna̲tsch** (*-es*); *gesprochen* Ärger oder Streit ‹*Knatsch miteinander haben; es gibt Knatsch*›

**knạt·tern** (*knatterte, hat geknattert*) **etwas knattert** wenn etwas knattert, knallt es immer wieder kurz und laut ‹*ein Motorrad*›

das/der **Knä̲u̲·el** (*-s, -*) die Form, die entsteht, wenn man einen langen Faden um sich selbst wickelt ‹*ein Knäuel Garn, Wolle*›

**kna̲u̲·se·rig** ADJEKTIV; *gesprochen* ≈ geizig

**kna̲u̲·sern** (*knauserte, hat geknausert*) **(mit etwas) knausern** *gesprochen* (mit etwas) übertrieben sparsam umgehen ‹*mit seinem Geld, mit Material knausern*›

**kna̲u̲t·schen** (*knautschte, hat geknautscht*); *gesprochen* **1 etwas knautschen** etwas ohne Absicht so zusammendrücken, dass es Falten bildet ‹*die Zeitung, eine Tischdecke, einen Rock knautschen*› **2 etwas knautscht** etwas bekommt Falten *„Mein neuer Rock knautscht leicht"* **K** Knautschfalte

der **Kne̲·bel** (*-s, -*) ein Stück Stoff, das meist einem Gefesselten fest in den Mund gesteckt wird, damit er nicht schreien kann

**kne̲·beln** (*knebelte, hat geknebelt*) **jemanden knebeln** jemandem einen Knebel in den Mund stecken *„die Gefangenen fesseln und knebeln"* • *hierzu* **Kne̲·be·lung** *die*

der **Knẹcht** (*-(e)s, -e*) *veraltend* ein Arbeiter, der bei einem Bauern angestellt ist **K** Stallknecht

**kne̲i̲·fen** (*kniff, hat gekniffen*) **1 jemanden (in etwas** (*Akkusativ*)**) kneifen** *norddeutsch* jemandes Haut an einer Stelle so mit den Fingern zusammendrücken, dass es wehtut ‹*jemanden in den Arm, in den Hintern kneifen*› ≈ zwicken **2** **etwas kneift (jemanden)** etwas drückt sich in die Haut oder das Fleisch einer Person und tut ihr deshalb weh ‹*ein Gummiband*› *„Die Hose kneift (mich) am Bauch"* **3** **(vor etwas** (*Dativ*)**) kneifen** *gesprochen* etwas nicht tun, weil man Angst hat oder faul ist

die **Knei·pe★** (-, -*n*); *gesprochen* ein einfaches Lokal, in das man geht, um etwas (vor allem alkoholische Getränke) zu trinken ‹*in die Kneipe gehen; in der Kneipe sitzen*› **K** Kneipenwirt; Studentenkneipe

die **Kne·te** (-) **1** eine bunte weiche Masse, aus der Kinder Figuren formen **2** *gesprochen* ≈ Geld

**kne·ten** (*knetete, hat geknetet*) **1** **(etwas) kneten** einen Teig so lange fest mit den Händen drücken, bis er richtig ist **2** **etwas (aus etwas) kneten** etwas aus einer weichen Masse mit den Händen formen *„Figuren aus Ton kneten"*

der **Knick** (-(*e*)*s*, -*e*) **1** eine Stelle, an der etwas, das vorher gerade verlaufen ist, stark abbiegt ≈ Biegung *„Das Rohr hat einen Knick"* | *„Die Straße macht hier einen scharfen Knick"* **2** eine Stelle auf einem Blatt Papier o. Ä., an der es (scharf) gefaltet ist und eine Linie bildet

**kni·cken** (*knickte, hat/ist geknickt*) **1** **etwas knicken** (*hat*) etwas an einer Stelle so biegen, dass eine Kante entsteht *„Der Wind hat die Blumen geknickt"* | *„Bitte nicht knicken!"* (Aufschrift auf Briefen) **2** **etwas knickt** (*ist*) etwas biegt sich so stark, dass eine Kante entsteht *„Die Bäume knickten bei dem starken Sturm"*

das **Knie★** (-*s*, - ['kniː(ə)]) **1** das Gelenk in der Mitte des Beines, mit dem man das Bein abbiegt ‹*die Knie anziehen, beugen, durchdrücken; jemandem schlottern, zittern die Knie*› *„Ihr Rock reicht gerade bis zum Knie"* | *„sich bei einem Sturz die Knie aufschlagen"* **K** Kniegelenk ❶ → Abbildung, S. 294: **Der Körper** **2** die Stelle einer Hose, die das Knie bedeckt ‹*ausgebeulte, durchgescheuerte, geflickte Knie*› **ID** **in die Knie gehen** **a** aus dem Stand die Knie beugen, bis sie den Boden berühren **b** den Widerstand aufgeben, weil man keine Kraft mehr hat

die **Knie·keh·le** die Rückseite des Knies

**knie·en** ['kniː(ə)n] (*kniete, hat/süddeutsch* Ⓐ Ⓒⓗ *ist gekniet*) **1** **(irgendwo) knien** eine Haltung einnehmen, bei welcher der Körper aufrecht ist und meist beide Knie am Boden sind *„auf dem Boden knien"* **2** **sich irgendwohin knien** die Beine beugen, bis man irgendwo kniet *„Er kniete sich vor den Altar"*

die **Knie·schei·be** der flache, fast runde Knochen vorn am Knie

der **Knie·strumpf** ein Strumpf, der bis zum Knie reicht

**knie·tief** *ADJEKTIV* vom Boden bis zu den Knien *„knietief im Schnee stehen"*

**kniff** *Präteritum, 1. und 3. Person Singular* → kneifen

der **Kniff** (-(*e*)*s*, -*e*) **1** das Kneifen *„ein Kniff in den Arm"* **2** eine Methode oder Idee, die eine Arbeit viel leichter macht **3** eine Methode, andere Leute zu täuschen, um selbst einen Vorteil zu haben ≈ List, Trick

**kniff·lig** *ADJEKTIV*; *gesprochen* sehr kompliziert ‹*eine Angelegenheit, eine Aufgabe, eine Bastelarbeit*›

**knip·sen** (*knipste, hat geknipst*); *gesprochen* **1** **(jemanden/etwas) knipsen** ≈ fotografieren **2** **etwas knipsen** (mit einer Zange) ein Loch in etwas machen ≈ lochen *„eine Fahrkarte knipsen"*

der **Knirps** (-*es*, -*e*); *gesprochen* ein kleiner Junge

**knir·schen** (*knirschte, hat geknirscht*) **1** **etwas knirscht** etwas macht das Geräusch, das man hört, wenn z. B. jemand über Kies geht **2** **mit den Zähnen knirschen** die Zähne so aufeinanderbeißen und hin- und herbewegen, dass ein knirschendes Geräusch entsteht

**knis·tern** (*knisterte, hat geknistert*) **etwas knistert** etwas macht das (leichte) Geräusch, das entsteht, wenn z. B. Holz brennt ‹*Papier, Seide*› *„das Feuer knistert im Ofen"*

**knis·ternd** *ADJEKTIV meist attributiv* ‹*eine Atmosphäre, eine Spannung*› so, dass die Erregung der Betroffenen sehr deutlich zu spüren ist

**knit·tern** (*knitterte, hat geknittert*) **1** **etwas knittern** Falten in Stoff oder Papier machen **2** **etwas knittert** etwas bekommt Falten *„Dieser Stoff knittert leicht"*

**kno·beln** (*knobelte, hat geknobelt*) **1** **(um etwas) knobeln** mit Würfeln o. Ä. spielen, um so zu entscheiden, wer (als Verlierer) etwas tun muss oder (als Gewinner) etwas tun darf *„Wir knobelten darum, wer abspülen muss"* **2** **an/über etwas** (*Dativ*) **knobeln** lange und intensiv über die Lösung einer Aufgabe oder eines Problems nachdenken *„an einem Rätsel knobeln"*

der **Knob·lauch★** (-(*e*)*s*) eine Pflanze mit einer

Art Zwiebel, die intensiv riecht und als Gewürz dient *„eine Soße mit viel Knoblauch"* **K** Knoblauchbrot, Knoblauchbutter

der **Knö·chel★** (-s, -) **1** einer von zwei Knochen, die man am Fuß rechts und links vom Gelenk sieht ⟨*sich* (*Dativ*) *den Knöchel umbiegen, verstauchen*⟩ *„ein Nachthemd, das bis zu den Knöcheln reicht"* **K** Fußknöchel **i** → Abbildung, S. 294: **Der Körper** **2** eines der Gelenke in am Beginn und in der Mitte des Fingers **K** Fingerknöchel

der **Kno·chen★** (-s, -) **1** einer der vielen festen, vor allem harten Teile des Körpers (von Mensch und Wirbeltieren), aus denen das Skelett besteht *„Knochen bestehen hauptsächlich aus Kalk"* **K** Knochenbruch; Oberarmknochen, Schädelknochen **2** *gesprochen nur Plural* alle Glieder des Menschen, meist die Arme oder Beine ⟨*sich* (*Dativ*) *die Knochen brechen*; *jemandem tun sämtliche Knochen weh*⟩

das **Kno·chen·ge·rüst** *nur Singular* alle Knochen eines Körpers ≈ Skelett

**kno·chig** *ADJEKTIV* so, dass die Knochen deutlich zu sehen sind ⟨*ein Gesicht, eine Hand*⟩

der **Knö·del★** (-s, -); *süddeutsch* Ⓐ eine Speise in Form einer Kugel, die meist aus Hefeteig, Grieß, Kartoffeln oder Brot gemacht wird ≈ Kloß **K** Grießknödel, Kartoffelknödel, Semmelknödel

die **Knol·le** (-, -n) ein runder, dicker Teil einer Pflanze, der an den Wurzeln wächst und die Nährstoffe speichert **K** Kartoffelknolle, Wurzelknolle

der **Knopf★** (-(e)s, *Knöp·fe*) **1** ein kleiner, meist runder Gegenstand an Kleidern, mit dem man sie öffnet und schließt ⟨*einen Knopf aufmachen, zumachen, annähen, verlieren*⟩ *„An deinem Hemd ist ein Knopf offen"* **K** Hosenknopf, Manschettenknopf **2** ein kleines, meist rundes Teil an einer Maschine oder einem Gerät, auf das man drückt oder an dem man dreht, um sie/es in Funktion zu setzen ⟨(*auf*) *einen Knopf drücken*; *einen/an einem Knopf drehen*⟩ *„den Knopf am Radio drehen und den richtigen Sender suchen"* **K** Knopfdruck

**knöp·fen** (*knöpfte, hat geknöpft*) **etwas knöpfen** etwas mit oder an den Knöpfen öffnen oder schließen *„eine Hose zum Knöpfen"* | *„Diese Bluse wird hinten geknöpft"*

das **Knopf·loch★** ein kleines Loch (ein Schlitz) in der Kleidung o. Ä., durch das man einen Knopf steckt

der **Knor·pel** (-s, -) eine feste, aber elastische Substanz, die einzelne Knochen und Gelenke miteinander verbindet • *hierzu* **knor·pe·lig, knorp·lig** *ADJEKTIV*

die **Knos·pe** (-, -n) der Teil einer Pflanze, aus dem sich die Blüten oder Blätter entwickeln ⟨*die Knospen sprießen, brechen auf, entfalten sich*⟩ **K** Blütenknospe, Rosenknospe

**kno·ten** (*knotete, hat geknotet*) **1** **(sich** (*Dativ*)**) Dinge knoten** Fäden, Bänder o. Ä. (durch einen Knoten) aneinanderbinden *„(sich) die Schnürsenkel knoten"* **2** **(sich** (*Dativ*)**) etwas um/an etwas** (*Akkusativ*) **knoten** etwas mit einem Knoten binden und so irgendwo befestigen *„sich ein Tuch um den Hals knoten"*

der **Kno·ten★** (-s, -) **1** ein Knoten entsteht, wenn man zwei Fäden o. Ä. zusammenbindet ⟨*einen Knoten knüpfen, schlingen, lösen, aufmachen*; *einen Knoten in etwas* (*Akkusativ*) *machen*; *einen Knoten nicht* (*mehr*) *aufbekommen*⟩ **2** eine Frisur für Frauen, bei der das lange Haar hinten am Kopf zu einer Kugel gedreht wird ⟨*einen Knoten tragen*⟩ **K** Haarknoten **3** Knoten unter der Haut sind hart und rund und könnten Krebs sein ≈ Geschwulst *„einen Knoten in der Brust haben"* **4** die Geschwindigkeit von Schiffen und Wind wird in Knoten gemessen (1 Knoten oder 1 Seemeile pro Stunde entspricht ca. 1,8 km/h) *„Das Schiff fährt mit/macht 20 Knoten"* **i** Abkürzung: *kn*

das **Know-how, Know·how** [nou'hau]; (-(s)) das Wissen (darum), wie man etwas praktisch (technisch) macht, damit es funktioniert ⟨*das technische Know-how*⟩

**knül·len** (*knüllte, hat geknüllt*) **etwas knüllen** Papier oder Stoff (mit der Hand) zusammendrücken

der **Knül·ler** (-s, -); *gesprochen* etwas (Besonderes), das großes Aufsehen erregt und viele Leute anzieht oder begeistert ≈ Sensation *„Der Film ist ein echter Knüller!"*

**knüp·fen** (*knüpfte, hat geknüpft*) **1** **etwas an etwas** (*Akkusativ*) **knüpfen** etwas durch einen Knoten an etwas festmachen *„die Wäscheleine an den Haken in der Wand knüpfen"* **2** **etwas an etwas** (*Akkusativ*) **knüpfen** etwas mit etwas verbinden, in Zusammenhang bringen ⟨*Hoffnungen, Erwartungen an etwas knüpfen*⟩ *„Bedingungen an die Erlaubnis knüpfen"* **3** **Kontakte (zu jemandem) knüpfen** Kontakt mit jemandem aufnehmen (meist um etwas zu erreichen) **4** **ein Netz/einen Teppich knüpfen** Fäden oder Schnüre durch Knoten so verbinden, dass ein Netz/Teppich entsteht

der **Knüp·pel** (-s, -) ein kurzer, dicker Stock *„jemanden mit einem Knüppel schlagen"* **K** Gummiknüppel, Holzknüppel

**knur·ren** (*knurrte, hat geknurrt*) **1** **ein Hund knurrt** ein Hund gibt aus der Kehle drohende Laute von sich **2** **jemandem knurrt der Magen (vor Hunger)** jemand hat großen Hunger (sodass der Magen laute Geräusche macht)

**knus·pe·rig** *ADJEKTIV*, **knusp·rig** frisch gebraten oder gebacken, mit einer harten Oberfläche ⟨*ein Brötchen, eine Kruste; etwas knusperig braten*⟩

**knut·schen** (*knutschte, hat geknutscht*); *gesprochen* **eine Person knutscht jemanden/mit jemandem**; **Personen knutschen (miteinander)** ein verliebtes Paar küsst sich

**k.o.** [ka:'|o:] *ADJEKTIV meist prädikativ* **1** durch einen Schlag des Gegners beim Boxen nicht mehr fähig, aufzustehen und weiterzukämpfen ⟨*k.o. gehen, sein; jemanden k.o. schlagen*⟩ **2** *gesprochen* ganz müde und erschöpft

die **Ko·a·li·ti·on**★ [-'tsjo:n]; (-, *-en*) **1** **eine Koalition (mit einer Partei/zwischen Parteien** ein Bündnis zwischen Parteien, die zusammen eine Regierung bilden (wollen) ⟨*Parteien gehen eine Koalition ein*⟩ *„eine Koalition zwischen CDU, CSU und FDP"* **K** Koalitionspartner **2** **eine große Koalition** eine Koalition zwischen den Parteien, die am meisten Sitze in einem Parlament haben (sodass nur eine sehr schwache Opposition übrig bleibt)

der **Koch**★ (-(*e*)*s*, *Kö·che*) eine Person, die (beruflich) in einem Hotel oder Restaurant die Speisen macht, kocht **K** Chefkoch, Meisterkoch, Schiffskoch • *hierzu* **Kö·chin** *die*

**ko·chen**★ (*kochte, hat gekocht*) **1** **(etwas) kochen** Nahrung zum Essen vorbereiten, indem man sie heiß macht *„das Mittagessen kochen"* | *„Bohnen sollte man nie roh, sondern nur gekocht essen"* **K** Kochbuch, Kochrezept, Kochtopf **2** **Kaffee/Tee kochen** Kaffee/Tee zubereiten **3** **etwas kochen** Essen in heißem Wasser kochen *„Soll ich die Eier braten oder kochen?"* **4** **etwas kocht** etwas hat/erreicht die Temperatur (ungefähr 100 °C), bei der Wasser Blasen macht und zu Dampf wird ⟨*etwas zum Kochen bringen*⟩ ≈ sieden *„kochend heißer Kaffee"* | *„Die Suppe fünf Minuten kochen lassen"* **5** **(vor Wut) kochen** *gesprochen* sehr wütend sein

der **Ko·cher** (-s, -) ein kleines Gerät, auf dem man (warmes Essen) kochen kann **K** Campingkocher, Gaskocher

der **Koch·löf·fel**★ ein großer Löffel aus Holz, mit dem man das Essen beim Kochen umrührt

die **Koch·ni·sche** eine kleine Küche als Teil eines Zimmers in einer kleinen Wohnung

das **Koch·salz** Salz, das man essen kann ≈ Natriumchlorid **K** Kochsalzlösung **i** chemisches Zeichen: *NaCl*

**Kode** [ko:t, koʊd], **ko·die·ren** *usw.* → Code, codieren *usw.*

der **Kö·der** (-s, -) ein Stück Nahrung, das man irgendwohin legt oder irgendwo befestigt, um ein Tier anzulocken und zu fangen ⟨*einen Köder auslegen*⟩ *„der Köder an einer Angel"* **K** Angelköder

**kö·dern** (*köderte, hat geködert*) **1** **ein Tier ködern** versuchen, ein Tier (mit einem Köder) anzulocken und zu fangen **2** **jemanden ködern** versuchen, jemanden mit einem verlockenden Angebot für sich oder für eine Sache zu gewinnen

das **Kof·fe·in** (-s) eine Substanz, die im Kaffee und Tee vorkommt und bewirkt, dass man sich wach und aktiv fühlt • *hierzu* **kof·fe·in·frei** *ADJEKTIV*; **kof·fe·in·hal·tig** *ADJEKTIV*

der **Kof·fer**★ (-s, -) Koffer benutzt man zum Transport auf Reisen ⟨*einen Koffer packen, auspacken*⟩ *„seinen Koffer am Schalter aufgeben"* **K** Kofferanhänger, Kofferschlüssel

der **Kof·fer·ku·li** ein kleiner Wagen, der auf einem Bahnhof, an einem Flughafen o. Ä. bereitsteht, damit man damit das Gepäck transportieren kann

der **Kof·fer·raum**★ der Raum hinten im Auto, in den man das Gepäck legt **K** Kofferraumdeckel **i** → Abbildung, S. 391: **Das Auto**

der **Kog·nak** ['kɔnjak]; (-s, -s); *gesprochen* ≈ Weinbrand **K** Kognakglas

der **Kohl**★ (-(*e*)*s*) Kohl ist ein Gemüse mit dicken, festen Blättern, die bei mehreren Arten eine Kugel bilden (den Kohlkopf) **K** Kohlkopf, Kohlsuppe; Grünkohl, Rotkohl, Weißkohl

die **Koh·le**★ (-, *-n*) **1** *nur Singular* eine harte, braune oder schwarze Substanz (aus der Erde), die man vor allem zum Heizen verwendet ⟨*Kohle abbauen, fördern*⟩ **K** Kohlebergwerk, Kohlekraftwerk **2** *meist Plural* eine meist kleine Menge Kohle *„einen Eimer Kohlen aus dem*

K

*Keller holen"* **K** Kohlenkeller **3** *gesprochen* ≈ Geld *„Er hat viel Kohle mit dem Geschäft verdient"* **4** *nur Singular* ein Stift aus Holzkohle, mit dem man zeichnet ⟨*mit Kohle zeichnen*⟩ **K** Kohlestift, Kohlezeichnung

das **Koh·len·di·oxid** (-(*e*)*s*) ein Gas, das aus Kohlenstoff und Sauerstoff besteht. Menschen und Tiere produzieren Kohlendioxid, wenn sie ausatmen, und Pflanzen produzieren aus Kohlendioxid Sauerstoff ❶ chemische Formel: $CO_2$

das **Koh·len·hyd·rat** (-(*e*)*s*, -*e*) eine Substanz wie z. B. Zucker, welche den Körper mit Energie versorgt

die **Koh·len·säu·re** *nur Singular* die Säure, die z. B. die Bläschen in der Limonade entstehen lässt ❶ chemische Formel: $H_2CO_3$ • *hierzu* **koh·len·säu·re·hal·tig** *ADJEKTIV*

der **Koh·len·stoff** *nur Singular* ein sehr häufiges chemisches Element, aus dem z. B. Diamanten bestehen ❶ chemisches Zeichen: *C*

K

der **Kohl·ra·bi** (-(*s*), -(*s*)) ein Kohl, dessen Knolle man roh oder gekocht als Gemüse isst

die **Ko·je** (-, -*n*) **1** ein schmales Bett in einem Schiff **2** *gesprochen* ≈ Bett *„Liegst du immer noch in der Koje?"*

das **Ko·ka·in** (-*s*) eine Substanz, die man früher als Mittel gegen starke Schmerzen verwendet hat und die heute verboten ist, weil sie süchtig macht ⟨*Kokain schnupfen*⟩

**ko·kett** *ADJEKTIV* (von Frauen) mit einem Verhalten, das auf spielerische Weise zum Ziel hat, auf einen Mann attraktiv zu wirken *„die Augen kokett niederschlagen"*

die **Ko·kos·nuss** Kokosnüsse wachsen an Palmen; sie haben eine sehr harte Schale und sind groß und innen weiß

der **Kol·ben** (-*s*, -) **1** ein Metallstab (in einem Motor oder einer Dampfmaschine), der in einer engen Röhre (dem Zylinder) auf- und abbewegt wird und so die Energie weitergibt **K** Kolbenstange **2** eine Frucht in Form eines Stabes, die aus den Blüten mancher Pflanzen entsteht **K** Maiskolben

die **Ko·lik** (-, -*en*) ein starker Schmerz im Bauch, der ganz plötzlich kommt (und wie ein Krampf wirkt) **K** Gallenkolik, Nierenkolik

der **Kol·laps** (-*es*, -*e*) ein plötzlicher Anfall von Schwäche, weil nicht mehr genug Blut ins Gehirn kommt ⟨*einen Kollaps erleiden*⟩ **K** Kreislaufkollaps

das **Kol·leg** (-*s*, -*s*) eine Schule, in der sich Erwachsene (nachträglich) auf das Abitur oder eine ähnliche Prüfung vorbereiten

der **Kol·le·ge★** (-*n*, -*n*) Kollegen sind Personen mit dem gleichen Beruf oder am gleichen Arbeitsplatz auf ungefähr der gleichen Stufe der Hierarchie *„mit den Kollegen gut auskommen"* ❶ auch als Anrede verwendet: *Herr Kollege* • *hierzu* **Kol·le·gin** *die*

**kol·le·gi·al** *ADJEKTIV* freundlich und gleich bereit zu helfen (wie ein guter Kollege) ⟨*ein Verhalten; kollegial denken, handeln*⟩ • *hierzu* **Kol·le·gi·a·li·tät** *die*

die **Kol·lek·te** (-, -*n*) **1** das Sammeln von Geld in der Kirche (meist während eines Gottesdienstes) **2** das Geld, das durch eine Kollekte gesammelt wird

die **Kol·lek·ti·on** [-'tsio:n]; (-, -*en*) eine Auswahl von neuen Kleidermodellen, die für den Verkauf zusammengestellt wird ⟨*eine Kollektion* (*von*) *Krawatten, Hemden*⟩ **K** Herbstkollektion, Sommerkollektion

der **Kol·ler** (-*s*, -); *gesprochen* ⟨*einen Koller kriegen, haben*⟩ ≈ Wutanfall

**ko·lo·ni·al** *ADJEKTIV meist attributiv* in Bezug auf eine oder mehrere Kolonien **K** Kolonialpolitik, Kolonialreich

die **Ko·lo·nie★** (-, -*n* [-'ni:ən]) **1** Kolonien waren früher Gebiete, die europäische Staaten in anderen Erdteilen in Besitz genommen und regiert haben ⟨*eine Kolonie in Übersee*⟩ *„die ehemaligen britischen Kolonien"* **K** Kronkolonie **2** eine Siedlung, die von Auswanderern gegründet wird **3** eine Gruppe von Menschen mit gleicher Herkunft, gleichem Beruf, gleicher Religion o. Ä., die an demselben Ort leben *„eine Kolonie von Künstlern"* **K** Künstlerkolonie

**ko·lo·ni·sie·ren** (*kolonisierte, hat kolonisiert*) **1** **ein Land kolonisiert etwas** ein Land macht ein anderes Land, ein Gebiet zu einer Kolonie **2** **Personen kolonisieren etwas** Siedler machen ein Gebiet bewohnbar und nutzen es wirtschaftlich • *hierzu* **Ko·lo·ni·sa·ti·on** *die*; **Ko·lo·ni·sie·rung** *die*

die **Ko·lon·ne** (-, -*n*) **1** eine lange Reihe von Autos, die hintereinanderfahren ⟨*Autos bilden eine Kolonne; sich in eine Kolonne einreihen;* (*in einer*) *Kolonne fahren*⟩ **K** Autokolonne **2** eine Gruppe von Menschen, die gemeinsam dieselbe Arbeit zu tun haben **K** Arbeitskolonne, Putzkolonne

der **Ko·loss** (-*es*, -*e*) **1** eine Person, die sehr groß und schwer ist ≈ Riese *„ein Koloss von einem Mann"* **2** ein sehr großes Gebäude, Werk oder

Fahrzeug (vor allem ein Flugzeug oder Panzer) K Stahlkoloss

das **Kölsch** (-(s)) **1** der Dialekt, den die Kölner sprechen **2** ein helles Bier, das vor allem in Köln getrunken wird

die **Ko·lum·ne** (-, *-n*) **1** ein Teil einer Zeitung oder Zeitschrift, in dem derselbe Journalist regelmäßig zu verschiedenen Themen Beiträge schreibt K Zeitungskolumne **2** *geschrieben* eine Reihe von Zeilen in einer Zeitung oder eine Reihe von Zahlen, die (in einer Spalte) untereinanderstehen • *zu* (1) **Ko·lum·nist** *der*

das **Ko·ma** (-s, -s/-ta); *meist Singular* der Zustand, in dem sich ein Mensch befindet, wenn er (vor allem mit schweren Verletzungen) sehr lange ohne Bewusstsein ist ⟨*im Koma liegen; wieder aus dem Koma erwachen*⟩

der **Kom·bi** (-s, -s) ein Auto mit einem relativ hohen und langen Gepäckraum, das von hinten beladen wird K Kombiwagen

die **Kom·bi·na·ti·on**★ [-'tsjo:n]; (-, *-en*) **1** eine geistige Leistung, durch die Fakten, Wissen und Beobachtungen logisch und sinnvoll miteinander verbunden werden K Kombinationsvermögen **2** die Zusammenstellung verschiedener Dinge zu einer Einheit *„eine geschmackvolle Kombination von Farben"* K Kombinationsmöglichkeit; Farbkombination **3** eine feste Reihenfolge von Zahlen, die man auf einem Schloss einstellen muss, um z. B. einen Safe zu öffnen K Zahlenkombination

**kom·bi·nie·ren** (*kombinierte, hat kombiniert*) **1** **(etwas) kombinieren** aus vorhandenen Anzeichen einen logischen Schluss ziehen *„Er kombinierte sofort, dass hier etwas nicht stimmte"* **2** **etwas mit etwas kombinieren** verschiedene Dinge zu einem (harmonischen) Ganzen verbinden *„ein grünes Kleid mit einer gelben Jacke kombinieren"* • *zu* (2) **kom·bi·nier·bar** ADJEKTIV

der **Ko·met** (*-en, -en*) ein Himmelskörper, der sich in einer sehr langen, elliptischen Bahn um die Sonne bewegt und der am Himmel wie ein Stern mit leuchtendem Schwanz zu sehen ist K Kometenbahn, Kometenschweif ℹ *der Komet; den, dem, des Kometen*

der **Kom·fort**★ [-'fo:ɐ̯]; (-s) Geräte, Maschinen, Einrichtungen, Möbel o. Ä., die das Leben angenehm und bequem machen *„eine Wohnung, ein Auto mit allem/jedem Komfort"*

**kom·for·ta·bel** ADJEKTIV mit viel Komfort ℹ *komfortabel → eine komfortable Wohnung*

die **Ko·mik** (-) das, was man an einer Situation, einem Witz o. Ä. lustig findet, was einen zum Lachen bringt ⟨*die unfreiwillige Komik einer Situation; etwas entbehrt nicht der Komik* (= *ist komisch*)⟩ K Situationskomik

der **Ko·mi·ker** (-s, -) ein Künstler (vor allem ein Schauspieler), welcher andere Leute zum Lachen bringt • *hierzu* **Ko·mi·ke·rin** *die*

**ko·misch**★ ADJEKTIV **1** so, dass sie zum Lachen anregen ⟨*eine Situation, eine Geschichte, ein Film, ein Clown*⟩ ≈ witzig **2** ungewöhnlich und daher so, dass man Misstrauen, Ablehnung oder Zweifel empfindet ⟨*ein Mensch, ein Verhalten, eine Art, ein Gefühl*⟩ ≈ seltsam *„Er gefällt mir nicht. Er hat so eine komische Art zu reden"*

das **Ko·mi·tee** (-s, -s) eine Gruppe von Personen, die mit einem vorher festgelegten Ziel an einer gemeinsamen Aufgabe arbeiten und Entscheidungen treffen ⟨*einem Komitee angehören; das Komitee tagt, tritt zusammen*⟩ *„das Internationale Olympische Komitee"* K Festkomitee, Streikkomitee, Wahlkomitee

das **Kom·ma**★ (-s, -s/-ta) **1** das Zeichen, das in geschriebenen Texten Satzteile voneinander trennt ⟨*ein Komma setzen*⟩ *„Einschübe kann man zwischen zwei Kommas oder Gedankenstriche setzen"* K Kommafehler ℹ Zeichen: , **2** ein Komma, das in einer Reihenfolge von Zahlen die ganze Zahl von den Dezimalstellen trennt *„eine Zahl bis auf zwei Stellen hinter/nach dem Komma ausrechnen"*

der **Kom·man·dant** (*-en, -en*) eine Person, die vor allem auf einem Schiff, in einem Flugzeug, in einer Stadt o. Ä. der Leiter einer Gruppe von Personen ist ℹ *der Kommandant; den, dem, des Kommandanten*

**kom·man·die·ren** (*kommandierte, hat kommandiert*) **1** **etwas kommandieren** einen Befehl, ein Kommando geben *„Halt!", kommandierte er"* ℹ Das Objekt ist meist ein Satz. **2** **(Soldaten) kommandieren** als Offizier eine Gruppe von Soldaten leiten **3** **(jemanden) kommandieren** *abwertend* jemandem Befehle geben (ohne das Recht dazu zu haben) *„Sie kommandiert gern"*

das **Kom·man·do**★ (-s, -s) **1** ein kurzer Befehl ⟨*ein Kommando geben, erteilen*⟩ *„Auf das Kommando „los!" beginnt das Rennen"* **2** die Macht, in einer Gruppe von Soldaten die Befehle geben zu können ⟨*das Kommando haben/führen, unter jemandes Kommando ste-*

*hen, einem Kommando folgen〉* **3** eine Gruppe von Personen, die meist nach militärischem Vorbild organisiert ist und eine Aufgabe erfüllen soll **K** Einsatzkommando, Polizeikommando

die **Kọm·ma·stel·le** eine Ziffer, die rechts vom Komma steht ≈ Dezimalstelle *„eine Zahl mit vier Kommastellen, z. B. 3,1416"*

**kọm·men★** *(kam, ist gekommen)* ZIEL: **1** Wenn eine Person oder Sache (zu mir) kommt, bewegt sie sich zu dem Ort, an dem ich selbst bin. *„Mein Cousin kommt morgen zu uns"* | *„Kommst du jetzt endlich?"* Beeil dich, ich will nicht länger warten! **2** Wenn eine Person oder Sache irgendwohin kommt, erreicht sie ihr Ziel. *„Ist mein Paket schon gekommen?"* | *„Wie kommt man von hier zum Flughafen?"* **3** wenn eine Person mit mir kommt, bewegt sie sich zum gleichen Ziel *„Kommst du mit mir ins Kino?"* **4** **(einer Person) jemanden/etwas kommen lassen** veranlassen, dass jemand/etwas (zu einer Person) kommt oder gebracht wird *„Ich lass dir gleich ein Taxi kommen"* **5** **etwas kommt irgendwohin** etwas gehört an den genannten Ort, soll dorthin gebracht werden *„Das Geschirr kommt in die Spülmaschine"* AUSGANGSPUNKT, HERKUNFT: **6** **irgendwoher kommen** sich vom genannten Ort zum Sprecher oder Ziel bewegen *„Der Zug kommt aus Kempten und fährt weiter nach München"* **7** **irgendwoher kommen** aus dem genannten Land, der genannten Stadt o. Ä. stammen *„Ich komme aus Schottland"* INSTITUTION: **8** drückt aus, dass jemand eine Ausbildung, eine Arbeit oder einen Aufenthalt in einer Institution beginnt bzw. wieder beendet *„Mein Sohn kommt bald in die Schule/aufs Gymnasium/an die Uni"* | *„Verbrecher kommen ins Gefängnis"* REIHENFOLGE: **9** **an die Reihe kommen** der Nächste sein (der bedient, behandelt o. Ä. wird) **10** **etwas kommt irgendwo/irgendwann** etwas befindet sich in einer Reihenfolge an der genannten Position *„Nach dem Bahnhof kommt gleich rechts ein großes Krankenhaus"* ERSCHEINEN, GESCHEHEN: **11** **etwas kommt** etwas geschieht, erscheint, entsteht oder wird sichtbar *„Bei unserem Baby kommen jetzt die ersten Zähne"* ART UND WEISE: **12** **etwas kommt irgendwie** etwas geschieht auf die genannte Art und Weise *„Ihre Antwort kam nur zögernd"* GEDANKE: **13** **jemandem kommt etwas** ein Gedanke entsteht in jemandes Kopf *„Mir kommen langsam Zweifel"* URSACHE: **14** **etwas kommt daher, dass ...** etwas hat den genannten Grund oder die genannte Erklärung *„Ich kann nicht mehr laufen" – „Das kommt daher, dass du so viel rauchst"* ℹ In Fragen sagt man *woher* oder *wie*: *Woher/Wie kommt es, dass wir uns so selten sehen?* AUFFORDERUNG: **15** *gesprochen* im Imperativ verwendet, um eine Aufforderung zu verstärken *„Ach, komm, lass das!"* MIT PRÄPOSITION: **16** **an etwas** *(Akkusativ)* **kommen** etwas Gewünschtes bekommen, erreichen *〈an die Macht, an die Regierung kommen〉* **17** **auf etwas** *(Akkusativ)* **kommen** sich an etwas erinnern *„Ich komme einfach nicht mehr auf seinen Namen"* **18** **auf jemanden/etwas kommen** die Idee haben, jemanden/etwas zu berücksichtigen o. Ä. *„Der Job interessiert mich schon, aber wie sind Sie ausgerechnet auf mich gekommen?"* **19** **auf etwas** *(Akkusativ)* **kommen** die richtige Antwort oder Lösung finden **20** **hinter etwas** *(Akkusativ)* **kommen** *gesprochen* etwas, das man wissen will, herausfinden *〈hinter ein Geheimnis kommen〉* **21** **um etwas kommen** etwas Positives verlieren oder nicht bekommen *〈um das eigene Geld kommen〉 „Der Fahrer ist ums Leben gekommen"* der Fahrer ist gestorben **22** **zu etwas kommen** etwas (meist Positives) bekommen, ein Ziel erreichen *„Wie ist er plötzlich zu so viel Geld gekommen?"* **23** **zu etwas kommen** die Zeit oder Gelegenheit finden, etwas zu tun *„Ich komme einfach zu nichts!"* Ich habe für viele Dinge keine Zeit **24** **zu etwas kommen** verwendet, um ein Verb zu umschreiben *„zu einem Entschluss kommen"* sich entschließen | *„jemandem zu Hilfe kommen"* jemandem helfen **25** **es kommt zu etwas** etwas Unangenehmes geschieht *„Es kam zu schweren Unruhen"*

der **Kom·men·tar★** *(-s, -e)* **1** **ein Kommentar (zu etwas)** ein Text bzw. eine kurze Ansprache, in denen Journalisten in der Zeitung, im Fernsehen o. Ä. ihre Meinung zu einem Ereignis sagen **K** Fernsehkommentar **2** die mündliche Beschreibung eines Ereignisses für ein Publikum (z. B. eines Fußballspiels im Radio) **3** **ein Kommentar (zu etwas)** *oft abwertend* eine persönliche Meinung, Bemerkung *„Er muss zu allem seinen Kommentar abgeben"* • zu (1,2) **Kom·men·ta·tor** *der;* (-s, *Kom·men·ta·to·ren*); zu (1,2) **Kom·men·ta·to·rin** *die;* zu (3) **kom·men·tar·los** ADJEKTIV

**kom·men·tie·ren★** *(kommentierte, hat*

*kommentiert)* **1** **(etwas) kommentieren** einen Kommentar schreiben oder sprechen *„Wer kommentiert (das Spiel)?"* **2** **etwas kommentieren** die eigene Meinung zu etwas sagen

**kom·mer·zi·ell★** *ADJEKTIV* auf Gewinn, Profit gerichtet ‹*Interessen; ein Unternehmen*›

der **Kom·mis·sar** (-s, -e) **1** ein Dienstgrad bei der Kriminalpolizei *„Der Kommissar ist dem Mörder auf der Spur"* **K** Hauptkommissar, Kriminalkommissar **2** eine Person, die vom Staat für eine Aufgabe besondere Rechte (Vollmachten) erhalten hat ≈ Bevollmächtigte(r) • *hierzu* **Kom·mis·sa·rin** *die*

**kom·mis·sa·risch** *ADJEKTIV meist attributiv* nur für kurze Zeit als Vertretung für eine andere Person ‹*der Direktor, der Geschäftsführer, der Leiter, eine Leitung, ein Vorsitz; etwas kommissarisch leiten*›

die **Kom·mis·si·on★** (-, -en) **1** eine Gruppe von Personen (innerhalb einer größeren Organisation), die offiziell den Auftrag hat, gemeinsam eine Aufgabe oder ein Problem zu lösen ‹*Personen bilden eine Kommission*› *„Die Kommission ist damit beauftragt, die Ursachen für die Katastrophe herauszufinden"* **K** Prüfungskommission **2** **in Kommission** so, dass ein Geschäft etwas gegen eine Gebühr für den Besitzer verkauft ‹*etwas in Kommission nehmen, verkaufen, haben*› **3** **die Europäische Kommission** die Regierung und öffentliche Verwaltung der Europäischen Union • *zu* (2) **Kom·mis·si·o·när** *der*

die **Kom·mo·de★** (-, -n) ein niedriger Schrank (mit Schubladen), meist für Wäsche

**kom·mu·nal★** *ADJEKTIV* in Bezug auf die Gemeinde, Kommune **K** Kommunalpolitik, Kommunalverwaltung, Kommunalwahlen

die **Kom·mu·ne★** (-, -n) eine Stadt, ein Dorf o. Ä. als Gebiet mit eigener Verwaltung ≈ Gemeinde *„die finanziellen Probleme der Kommunen"*

die **Kom·mu·ni·ka·ti·on★** [-'tsjo:n]; (-, -en); *meist Singular* **die Kommunikation** (+*Genitiv*/**von etwas**); **die Kommunikation (mit jemandem/zwischen Personen** (*Dativ*) das Austauschen und Weitergeben von Informationen durch Sprache, Zeichen, Gesten usw. ‹*etwas erleichtert, erschwert, stört, verbessert die Kommunikation*› ≈ Verständigung *„Der Vorstand hatte Mühe mit der Kommunikation seiner Ziele"* | *„Die Kommunikation mit ihr war mühsam"* | *„Während des Sturmes brach die Kommunikation zwischen Festland und Insel zusammen"* **K** Kommunikationsbereitschaft, Kommunikationsmittel, Kommunikationsproblem • *hierzu* **kom·mu·ni·ka·ti·ons·fä·hig** *ADJEKTIV*

die **Kom·mu·ni·on** (-, -en) das Empfangen der Hostie ‹*die Kommunion (= die Hostie) empfangen; zur Kommunion gehen*›

der **Kom·mu·nis·mus★** (-) eine politische Bewegung und Ideologie, die sich gegen den Kapitalismus richtet und vor allem von den Regierungen Osteuropas vertreten wurde • *hierzu* **Kom·mu·nist** *der;* **Kom·mu·nis·tin** *die*

**kom·mu·ni·zie·ren★** (*kommunizierte, hat kommuniziert*) **jemand kommuniziert mit einer Person; Personen kommunizieren (miteinander)** *geschrieben* zwei oder mehrere Personen teilen sich ihre Gefühle und Gedanken mit oder tauschen Informationen aus (durch Sprache, Schrift, Gesichtsausdrücke, Gesten usw.) *„Durch das Telefon wurde es möglich, mit weit entfernten Personen ohne Zeitverzögerung zu kommunizieren"*

der **Ko·mö·di·ant** (-en, -en) ein Schauspieler, der lustige Rollen in Komödien spielt ❶ *der Komödiant; den, dem, des Komödianten*

die **Ko·mö·die★** [-dja]; (-, -n) **1** ein lustiges Theaterstück oder ein lustiger Film, meist mit einem glücklichen Ende ↔ Tragödie *„die Komödien Molières"* **2** ein kleines Theater, in dem regelmäßig Komödien aufgeführt werden

**kom·pakt** *ADJEKTIV* **1** fest und dicht, mit wenig Zwischenräumen ‹*eine Masse*› ↔ lose **2** klein, aber sehr praktisch, mit vielen Funktionen **K** Kompaktanlage, Kompaktkamera

die **Kom·pa·nie** (-, -n [-'ni:ən]) eine kleine militärische Einheit (mit meist 100 – 250 Soldaten) **K** Kompaniefeldwebel

der **Kom·pa·ra·tiv★** [-f]; (-s, -e) eine Form des Adjektivs oder Adverbs, die eine Steigerung ausdrückt *„Der Komparativ zu „gut" ist „besser"* → Superlativ

der **Kom·pass** (-es, -e) ein kleines Gerät mit einer magnetischen Nadel, die immer nach Norden zeigt **K** Kompassnadel

**kom·pa·ti·bel** *ADJEKTIV* **1** so, dass elektronische Geräte wie Computer usw. zusammen mit einer Software oder anderen Geräten benutzt werden können ‹*Computer, Endgeräte, Handys, Programme, Systeme*› *„Die beiden Geräte sind nicht kompatibel"* **2** *geschrieben* (für die genannten Zwecke) miteinander vereinbar ‹*Konzepte, Positionen, Vorstellungen*›

K

*„Die Blutgruppe des Babys war nicht mit der seiner Mutter kompatibel"* ❶ *kompatibel → kompatible Geräte* • *hierzu* **Kom·pa·ti·bi·li·tät** *die*

**kom·pen·sie·ren** (*kompensierte, hat kompensiert*) **etwas (durch etwas) kompensieren** *geschrieben* eine Schwäche, einen Fehler o. Ä. durch etwas anderes ausgleichen *„Er versuchte, seine Aufregung durch lautes Sprechen zu kompensieren"*

**kom·pe·tent** *ADJEKTIV* mit dem Wissen und der Fähigkeit dazu, das Richtige/Notwendige zu tun *„Sie fühlte sich nicht kompetent genug, um die Frage beantworten zu können"*

die **Kom·pe·tenz★** (-, *-en*) **1** das Wissen oder das fachliche Können auf einem Gebiet **2** das Recht, Entscheidungen oder Anordnungen zu treffen und Befehle zu erteilen **K** Kompetenzbereich

**kom·plett★** *ADJEKTIV* **1** mit allen Teilen, die dazugehören ≈ vollständig *„ein komplettes Kaffeeservice für sechs Personen"* **2** *gesprochen meist attributiv* im höchsten Maße ⟨*Unsinn, Blödsinn, Wahnsinn*⟩ ≈ völlig *„Der redet, als wäre er komplett verrückt"*

**kom·plex★** *ADJEKTIV* mit vielen Faktoren, Aspekten usw., die beachtet werden müssen ⟨*ein Problem, Zusammenhänge*⟩ ≈ kompliziert *„Demokratie" ist ein sehr komplexer und vieldeutiger Begriff"* • *hierzu* **Kom·ple·xi·tät** *die*

der **Kom·plex** (*-es, -e*) **1** eine Verbindung aus mehreren Dingen, die eng zusammenhängen (und eine Einheit bilden) ⟨*ein Komplex von Fragen, Maßnahmen, Problemen*⟩ **K** Maßnahmenkomplex **2** eine Gruppe von Gebäuden, die miteinander verbunden sind *„Hier entsteht ein neuer Komplex von Wohnhäusern"* **K** Gebäudekomplex

die **Kom·pli·ka·ti·on** [-'tsio:n]; (-, *-en*); *meist Plural* etwas, das einen Prozess (eine Entwicklung) stört ≈ Problem *„Beim Bau des Tunnels ergaben sich unvorhergesehene Komplikationen"* | *„Die Operation verlief ohne Komplikationen"* • *hierzu* **kom·pli·ka·ti·ons·los** *ADJEKTIV*

das **Kom·pli·ment** (*-(e)s, -e*) **ein Kompliment (über etwas** (*Akkusativ*)**)** freundliche Worte, mit denen man (oft nur aus Höflichkeit) einer Person eine Freude machen oder ihr Bewunderung zeigen will ⟨*jemandem ein Kompliment machen*⟩ *„Er machte ihr ein Kompliment über das neue Kleid"*

der **Kom·pli·ze** (*-n, -n*) eine Person, die jemandem bei einem Verbrechen hilft *„Der Dieb verriet die Namen seiner Komplizen"* ❶ *der Komplize; den, dem, des Komplizen* • *hierzu* **Kom·pli·zin** *die*; **Kom·pli·zen·schaft** *die*

**kom·pli·ziert★** *ADJEKTIV* **1** mit vielen Aspekten und schwer zu verstehen, zu lösen oder damit umzugehen ⟨*eine Angelegenheit, ein Problem, eine Situation, ein Vorgang, Zusammenhänge*⟩ ≈ schwierig *„ein langwieriges und kompliziertes Verfahren"* **2** mit vielen technischen Details und daher schwer zu bedienen ⟨*ein Gerät, eine Maschine, Technik*⟩ **3** so, dass die medizinische Behandlung schwierig ist ⟨*ein Knochenbruch, eine Operation*⟩

das **Kom·plott** (*-(e)s, -e*); *abwertend* **ein Komplott (gegen jemanden)** ein geheimer Plan, gemeinsam etwas zu tun, das jemandem (vor allem einer Regierung) schadet ⟨*ein Komplott anzetteln, schmieden, aufdecken*⟩

**kom·po·nie·ren** (*komponierte, hat komponiert*) **(etwas) komponieren** ein Musikstück schreiben *„eine Oper komponieren"*

der **Kom·po·nist** (*-en, -en*) eine Person, die (beruflich) Musikstücke schreibt ❶ *der Komponist; den, dem, des Komponisten* • *hierzu* **Kom·po·nis·tin** *die*

die **Kom·po·si·ti·on★** [-'tsio:n]; (-, *-en*) **1** *nur Singular* das Komponieren *„die Komposition einer Sinfonie"* **2** etwas, das jemand komponiert hat ≈ Musikstück *„Die „Brandenburgischen Konzerte" gehören zu Bachs bekanntesten Kompositionen"*

der **Kom·post★** (*-(e)s, -e*); *meist Singular* **1** sehr fruchtbare Erde, die aus den Resten von Pflanzen entsteht, wenn man sie mehrere Monate auf einem Haufen im Freien gelagert hat **K** Komposterde **2** ein kleiner Hügel aus Resten von Pflanzen, den man im Garten hat, um daraus Erde zu machen *„Eierschalen auf den Kompost tun"* **K** Komposthaufen • *zu* (1) **kom·pos·tie·ren** (*hat*)

das **Kom·pott** (*-(e)s, -e*) Obst, das mit Zucker und Wasser gekocht wurde und das man dann meist als Nachspeise isst **K** Kompottschüssel, Kompottteller; Kirschkompott

der **Kom·pro·miss★** (*-es, -e*) **ein Kompromiss (mit jemandem) (über etwas** (*Akkusativ*)**)** die Einigung bei Verhandlungen oder bei einem Streit, wobei jeder der Partner einen Teil der Forderungen der anderen Personen akzeptiert ⟨*ein fairer, fauler* (= *ungerechter*) *Kompromiss;*

*einen Kompromiss schließen, eingehen, aushandeln; Personen einigen sich auf einen Kompromiss* ⟩ *„Wer in der Politik Erfolg haben will, der muss auch bereit sein, Kompromisse einzugehen"* **K** Kompromisslösung, Kompromissvorschlag; kompromissbereit

**kon·den·sie·ren** (*kondensierte, hat/ist kondensiert*) **etwas kondensiert (irgendwo)** (*hat/ist*) etwas geht vom gasförmigen in den flüssigen Zustand über *„An den kalten Fensterscheiben kondensiert das Wasser aus der feuchten Luft im Badezimmer"*

die **Kon·dẹns·milch** dickflüssige, haltbare Milch in Dosen oder Tüten, die für den Kaffee benutzt wird ≈ Dosenmilch

das **Kon·dẹns·was·ser** Wasser, das irgendwo kondensiert

die **Kon·di·ti·on** [-ˈtsi̯oːn]; (-, *-en*) **1** *nur Singular* die Fähigkeit des Körpers, etwas zu leisten ≈ Form, Verfassung *„Er treibt regelmäßig Sport und hat deswegen (viel/eine gute) Kondition"* **K** Konditionsschwäche, Konditionstraining **2** *meist Plural* eine der Bedingungen für die Lieferung oder den Verkauf einer Ware **K** Sonderkonditionen

der **Kon·di·tor** (*-s, Kon·di·to·ren*) eine Person, die beruflich Torten, Kuchen usw. backt und verkauft • *hierzu* **Kon·di·to·rin** *die*

die **Kon·di·to·rei** (-, *-en*) ein Geschäft, in dem man Torten, Kuchen usw. kaufen kann

**Kon·do·lẹnz-** *im Substantiv, betont, nicht produktiv* **der Kondolenzbesuch, der Kondolenzbrief, die Kondolenzkarte, das Kondolenzschreiben** *und andere* so, dass man damit jemandem (bei einem Todesfall) Mitgefühl oder Beileid ausdrückt

das **Kon·dom**★ (*-s, -e*) eine Hülle aus Gummi, die ein Mann vor dem Sex als Schutz vor einer Infektion oder zur Verhütung einer Schwangerschaft über den Penis zieht

das **Kon·fẹkt** (*-(e)s*) Pralinen o. Ä.

die **Kon·fe·rẹnz**★ (-, *-en*) **eine Konferenz (über etwas** (*Akkusativ*)**)** ein Treffen, bei dem mehrere oder viele Personen über verschiedene Themen reden und diskutieren **K** Konferenzbeschluss, Konferenzdolmetscher, Konferenzteilnehmer • *hierzu* **kon·fe·rie·ren** (*hat*)

die **Kon·fes·si·on**★ (-, *-en*) **1** eine religiöse Gruppe innerhalb des Christentums, z. B. die Katholiken oder die Protestanten **2** die Religionsgemeinschaft, der man offiziell angehört ≈ Bekenntnis

das **Kon·fẹt·ti** (*-(s)*) viele kleine Stücke buntes Papier, die man vor allem im Karneval in die Luft wirft

die **Kon·fir·ma·ti·on** [-ˈtsi̯oːn]; (-, *-en*) eine Feier (mit dem ersten Abendmahl) in der evangelischen Kirche, durch die Jugendliche als erwachsene Mitglieder in die kirchliche Gemeinde aufgenommen werden • *hierzu* **kon·fir·mie·ren** (*hat*)

die **Kon·fi·tü·re**★ (-, *-n*) eine Marmelade, in der manche Früchte noch ganz sind **K** Erdbeerkonfitüre

der **Kon·flịkt**★ (*-(e)s, -e*) **ein Konflikt mit jemandem/zwischen Personen** (*Dativ*) eine schwierige Situation, die dadurch entsteht, dass Personen oder Gruppen verschiedene Wünsche, Bedürfnisse usw. haben ⟨*ein offener, schwelender Konflikt; Personen tragen einen Konflikt aus; ein Konflikt eskaliert, spitzt sich zu; einen Konflikt entschärfen, beilegen, lösen, schlichten*⟩ *„Hätte sich dieser Konflikt zwischen Eltern und Schule vermeiden lassen?"* **K** Konfliktsituation

**kon·fọrm** *ADJEKTIV* (meist in den Meinungen oder Beurteilungen) übereinstimmend, gleich ⟨*Ansichten, Auffassungen*⟩

**kon·fron·tie·ren** (*konfrontierte, hat konfrontiert*) **eine Person mit jemandem/etwas konfrontieren** eine Person in eine Situation bringen, in der sie sich mit jemandem oder etwas beschäftigen muss (meist obwohl es ihr unangenehm ist) *„Sie konfrontierte ihren Vater damit, dass sie Schauspielerin werden wollte"* • *hierzu* **Kon·fron·ta·ti·on** *die*

**kon·fus** *ADJEKTIV* (*konfuser, konfusest-*) verwirrt, durcheinander ⟨*konfus reden*⟩ *„Sein Gerede macht mich ganz konfus"*

der **Kon·grẹss** (*-es, -e*) **1** ein offizielles Treffen von Fachleuten, bei dem Meinungen, Informationen usw. ausgetauscht werden ⟨*ein medizinischer, wissenschaftlicher, internationaler Kongress*⟩ ≈ Tagung **2** das Parlament in den USA (das aus Senat und Repräsentantenhaus besteht)

der **Kö·nig**★ (*-s, -e*) **1** der männliche Herrscher eines Landes mit einer Monarchie *„der König von Spanien"* **K** Königskrone, Königsschloss ⓘ auch als Titel verwendet: *König Ludwig II. ließ Schloss Neuschwanstein erbauen* **2** die wichtigste Figur im Schachspiel ⟨*den König schachmatt setzen*⟩ ⓘ vergleiche **Dame** **3** eine Spielkarte, auf der ein König abgebildet ist *„Ass,*

König, Dame, Bube"

die **Kö·ni·gin**★ (-, -nen) **1** eine Frau als Herrscherin eines Landes mit einer Monarchie *„Nach mehr als drei Jahrzehnten auf dem Thron dankte die niederländische Königin Beatrix ab"* ❶ auch als Titel verwendet: *Königin Elisabeth II. von Großbritannien* **2** die Ehefrau eines Königs **3** das weibliche Tier, das in einem Insektenvolk die Eier legt **K** Bienenkönigin

**kö·nig·lich** *ADJEKTIV meist attributiv* von einem König, einer Königin ⟨*ein Erlass, die Familie, das Schloss*⟩

das **Kö·nig·reich** ein Staat, an dessen Spitze ein König/eine Königin steht (z. B. Großbritannien)

das **Kö·nig·tum** (-, *Kö·nig·tü·mer*); *meist Singular* ein Staat, der von einem König oder einer Königin regiert wird

**kon·ju·gie·ren** (*konjugierte, hat konjugiert*) **etwas konjugieren** die Formen eines Verbs bilden, die z. B. von den Kategorien wie Zahl, Tempus, Person usw. verlangt werden ≈ beugen ❶ Substantive und Adjektive werden *dekliniert* • *hierzu* **Kon·ju·ga·ti·on** [-'tsio:n] *die*

die **Kon·junk·ti·on** [-'tsio:n]; (-, -*en*) ein Wort wie *und, oder, aber, weil*, das Teile von Sätzen miteinander verbindet. Konjunktionen werden nicht flektiert ≈ Bindewort

der **Kon·junk·tiv** [-f]; (-*s*, -*e*) eine Form (ein Modus) eines Verbs, die vor allem in der indirekten Rede und in Sätzen, die mit *wenn* beginnen, verwendet wird *„Ich sei" und „ich wäre" sind die Formen Konjunktiv I und II der ersten Person Singular von „sein"*

die **Kon·junk·tur** (-, -*en*) die allgemeine wirtschaftliche Situation und Entwicklung eines Landes ⟨*etwas belebt, steigert die Konjunktur; eine stabile, steigende, fallende, rückläufige Konjunktur*⟩ **K** Konjunkturaufschwung, Konjunkturlage, Konjunkturschwankung; Hochkonjunktur • *hierzu* **kon·junk·tu·rell** *ADJEKTIV*

**kon·kret**★ *ADJEKTIV* (*konkreter, konkretest-*) **1** bis ins Detail genau ⟨*ein Beispiel, eine Vorstellung, ein Vorschlag, eine Meinung; etwas konkret formulieren*⟩ ≈ präzise *„Kannst du mir das mit einem konkreten Beispiel erklären?"* **2** ⟨*die Welt, die Wirklichkeit*⟩ so, dass man sie mit den Sinnen wahrnehmen, erfassen kann ↔ abstrakt

der **Kon·kur·rent** (-*en*, -*en*) eine Person, welche die gleichen Waren oder Leistungen anbietet oder das gleiche Ziel erreichen will wie eine andere Person (und diese deshalb für einen Gegner hält) ⟨*ein gefährlicher Konkurrent*⟩ ≈ Rivale ❶ *der Konkurrent; den, dem, des Konkurrenten* • *hierzu* **Kon·kur·ren·tin** *die*

die **Kon·kur·renz**★ (-, -*en*) **1** **die Konkurrenz (mit jemandem/um jemanden/etwas)** *nur Singular* die Situation, die entsteht, wenn mehrere Personen das gleiche Ziel erreichen wollen oder mehrere Hersteller, Händler o. Ä. die gleichen Leistungen oder Waren verkaufen wollen ⟨*ernst zu nehmende, scharfe Konkurrenz; jemandem Konkurrenz machen*⟩ *„Die zunehmende Konkurrenz im Computerbereich drückt auf die Preise"* **K** Konkurrenzkampf **2** *nur Singular* alle Hersteller, Händler o. Ä., welche die gleichen oder ähnliche Waren oder Leistungen anbieten ⟨*zur Konkurrenz gehen; bei der Konkurrenz kaufen; starke Konkurrenz haben*⟩ *„Für dieses Auto zahlen Sie bei der Konkurrenz 1.000 Euro mehr"* **K** Konkurrenzunternehmen **3** *nur Singular* alle anderen Personen, die (z. B. in einem Wettkampf, bei einer Bewerbung) das gleiche Ziel erreichen wollen wie man selbst ⟨*gegen starke, große Konkurrenz antreten, bestehen*⟩ **4** **außer Konkurrenz** so, dass eine Person an einem Wettbewerb teilnimmt, ihre Leistung aber nicht offiziell bewertet wird ⟨*außer Konkurrenz starten, teilnehmen, antreten*⟩

**kon·kur·rie·ren** (*konkurrierte, hat konkurriert*) **eine Person/Sache konkurriert mit jemandem/etwas (um jemanden/etwas)**; **Personen/Firmen** *o. Ä.* **konkurrieren (um jemanden/etwas)** verschiedene Personen, Firmen o. Ä. versuchen im Wettbewerb, jemanden oder etwas für sich zu gewinnen *„um den Pokal konkurrierende Vereine"* ❶ vergleiche **rivalisieren**

der **Kon·kurs** (-*es*, -*e*) **1** die Unfähigkeit einer Firma, Waren, Leistungen oder Schulden zu bezahlen ⟨*jemand/eine Firma geht in Konkurs, meldet den Konkurs an, erklärt den Konkurs, steht (kurz) vor dem Konkurs*⟩ ❶ → auch **Bankrott** **2** ein gerichtliches Verfahren wegen eines Konkurses ⟨*den Konkurs eröffnen*⟩ **K** Konkursverfahren, Konkursverwalter

**kön·nen**[1]★ (*kann, konnte, hat können*); *Modalverb* **1** *Infinitiv* + **können** die Fähigkeit haben, etwas zu tun *„Sie kann sehr gut Gitarre spielen"* | *„Pinguine können nicht fliegen"* **2** *Infinitiv* + **können** die Möglichkeit haben, etwas zu tun *„Am Sonntag können wir mal ausschlafen"* **3** *Infinitiv* + **können** die Erlaubnis

K

haben, etwas zu tun *„Kann ich noch ein Stück Kuchen haben?"* **4** **etwas kann** + *Infinitiv* etwas ist als Möglichkeit vorhanden oder denkbar *„Das hätte leicht schiefgehen können"* | *„Bei dem Wetter könnte der Zug Verspätung haben"* **5** *Infinitiv* + **können** es gibt gute Gründe dafür, etwas zu tun *„Sie kann einem leidtun"*

**kọ̈n·nen**[2]★ (*kann, konnte, hat gekonnt*) **1** **(etwas) können** *gesprochen* das Wissen, die Übung oder die nötigen Eigenschaften für etwas haben *„Eine Strophe des Gedichtes kann ich schon (auswendig)"* | *„Sie rief so laut (wie) sie konnte"* **2** **(etwas) können** *gesprochen* die Möglichkeit oder Gelegenheit für etwas haben *„Wir treffen uns morgen, Mittwoch kann ich nicht"* **3** **nicht(s) für etwas können** *gesprochen* an etwas nicht schuld sein *„Ich kann nichts dafür, dass du dein Geld verloren hast"* **4** **irgendwohin können** *gesprochen* die Erlaubnis oder die Möglichkeit haben, irgendwohin zu gehen oder fahren *„Ich bin fertig. Du kannst jetzt ins Bad"* **5** **etwas kann irgendwohin** etwas darf oder soll irgendwohin gebracht werden *„Kann die Zeitung in den Papierkorb?"* **6** noch die Energie für etwas haben *„Ich kann nicht mehr"* ❶ oft verneint

der **Kọ̈n·ner** (*-s, -*) eine Person, die auf einem technischen oder wissenschaftlichen Fachgebiet sehr gute Kenntnisse oder Fähigkeiten hat ⟨*ein echter, wahrer, wirklicher Könner sein*⟩ • *hierzu* **Kọ̈n·ne·rin** *die*

der **Kon·sẹns** (*-es, -e*); *geschrieben* eine Übereinstimmung der Meinungen ⟨*über etwas (Dativ) besteht (kein) Konsens*⟩

**kon·se·quẹnt**★ *ADJEKTIV* **1** ohne Widersprüche ⟨*konsequent denken, handeln*⟩ **2** *meist adverbiell* so, dass man sich von etwas nicht abbringen lässt ⟨*einen Plan, ein Ziel konsequent verfolgen*⟩

die **Kon·se·quẹnz**★ (*-, -en*) **1** *meist Plural* etwas meist Unangenehmes, das auf eine andere Handlung logisch folgt ≈ Folge *„Der Unfall wird rechtliche Konsequenzen haben"* **2** eine Handlung, die sich (meist notwendig) aus einem Zustand ergibt **3** *nur Singular* ein konsequentes Verhalten ⟨*etwas mit (aller) Konsequenz verfolgen*⟩

**kon·ser·va·tiv** [-va'ti:f], **kọn·ser·va·tiv**★ *ADJEKTIV* so, dass man die bestehende gesellschaftliche Ordnung und die Verhältnisse bewahren, nicht ändern will ⟨*Haltungen, Vorstellungen, eine Partei, ein Politiker*⟩ ↔ progressiv • *hierzu* **Kon·ser·va·ti·ve** *der/die*

die **Kon·sẹr·ve** [-və]; (*-, -n*) eine Dose oder ein Glas mit haltbar gemachten Lebensmitteln ⟨*eine Konserve öffnen*⟩ *„Erbsen aus der Konserve essen"* **K** Konservenbüchse, Konservenfabrik; Obstkonserve

**kon·ser·vie·ren** [-v-] (*konservierte, hat konserviert*) **1** **etwas konservieren** Lebensmittel dadurch haltbar machen, dass man sie z. B. trocknet, gefriert oder erhitzt und luftdicht verpackt **2** **etwas konservieren** durch eine spezielle Behandlung verhindern, dass vor allem alte Kunstgegenstände zerfallen, zerstört werden

die **Kon·ser·vie·rung** [-v-]; *nur Singular* das Konservieren (vor allem von Lebensmitteln)

der **Kon·so·nạnt** (*-en, -en*) einer der Laute aus der großen Gruppe von Lauten in der Sprache, die nicht zu den Vokalen gehören (z. B. *b, k, s, v, t*) ⟨*ein stimmhafter, stimmloser Konsonant*⟩ ❶ *der Konsonant; den, dem, des Konsonanten*

**kon·stạnt**★ *ADJEKTIV* so, dass sich etwas nicht ändert ⟨*eine Geschwindigkeit, eine Leistung, eine Temperatur*⟩ *„Der Umsatz blieb über Jahre hinweg konstant"* • *hierzu* **Kon·stạnz** *die*

die **Kon·stạn·te** (*-, -n*) eine Größe, die sich nicht ändert, die gleich bleibt ↔ Variable

die **Kons·tel·la·ti·on** [-'tsio:n]; (*-, -en*) *geschrieben* eine Situation, in der verschiedene Faktoren zusammentreffen ⟨*eine (un)günstige Konstellation*⟩

die **Kon·sti·tu·ti·on** [-'tsio:n]; (*-, -en*) *meist Singular* der allgemeine, vor allem körperliche Zustand einer Person ⟨*die körperliche, psychische, seelische Konstitution; eine kräftige, schwache Konstitution haben*⟩

**kon·stru·ie·ren**★ (*konstruierte, hat konstruiert*) **1** **etwas konstruieren** etwas planen und (nach diesem Plan) bauen ⟨*ein Flugzeug, ein Auto, eine Rakete, ein Schiff, eine Brücke, ein Hochhaus konstruieren*⟩ **2** **etwas konstruieren** eine geometrische Figur zeichnen ⟨*ein Dreieck, ein Trapez, einen Kegel konstruieren*⟩ • zu (1) **Kon·struk·teur** [-'tø:ɐ̯] *der*

die **Kon·struk·ti·on**★ [-'tsio:n]; (*-, -en*) **1** das Konstruieren *„Die Konstruktion eines so großen Gebäudekomplexes dauert sicher einige Jahre"* **K** Konstruktionsfehler **2** das Zeichnen und Konstruieren geometrischer Figuren **3** das Zusammenfügen von Wörtern zu einem Satz *„die Konstruktion komplizierter Sätze"* **K** Satzkonst-

K

ruktion

**kon·struk·tiv**, **kon·struk·tiv** [-f] *ADJEKTIV*; *geschrieben* mit dem Ziel, dass etwas entwickelt oder verbessert wird ⟨*ein Vorschlag, Kritik*⟩ ↔ destruktiv

der **Kon·sul** (*-s, -n*) eine Person, die beruflich im Ausland die wirtschaftlichen Interessen ihres Heimatlandes vertritt und z. B. Visa erteilt • *hierzu* **Kon·su·lin** *die*

das **Kon·su·lat★** (*-(e)s, -e*) die Behörde eines Konsuls oder das Gebäude, in dem diese Behörde ist **K** Konsulatsgebäude

der **Kon·sum★** (*-s*); *geschrieben* **der Konsum (von/an etwas** (*Dativ*)**)** das Verbrauchen (Konsumieren) von Waren (vor allem durch Essen und Trinken) *„einen hohen Konsum an Zucker haben"* | *„Der Konsum von exotischen Früchten ist stark gestiegen"* | *„Nach dem Reaktorunfall wurde vom Konsum frischer Milch abgeraten"* **K** Konsumgüter, Konsumverhalten, Konsumverzicht; Alkoholkonsum, Fleischkonsum, Tablettenkonsum

der **Kon·su·ment** (*-en, -en*) ≈ Verbraucher ❶ *der Konsument; den, dem, des Konsumenten* • *hierzu* **Kon·su·men·tin** *die*

die **Kon·sum·gü·ter** *Plural* Waren (wie Nahrung, Kleider, Möbel usw.), die man (im Alltag) für das Leben und die Wohnung braucht

**kon·su·mie·ren** (*konsumierte, hat konsumiert*) **etwas konsumieren** *geschrieben* etwas essen, trinken oder verbrauchen ⟨*Bier, Alkohol, Tabak, Tabletten konsumieren; Lebensmittel konsumieren*⟩

der **Kon·takt★** (*-(e)s, -e*) **1** **Kontakt (mit/zu jemandem/etwas)** die Beziehung, die man zu Personen hat, die man kennt, und die man durch Treffen, Gespräche usw. pflegt ⟨*mit/zu jemandem Kontakt aufnehmen, bekommen, haben; den Kontakt pflegen, abbrechen, aufgeben, verlieren*⟩ *„nach dem Umzug neue Kontakte knüpfen"* **K** Kontaktanzeige **2** das Austauschen von Informationen o. Ä. ⟨*brieflicher, persönlicher, telefonischer Kontakt; (den) Kontakt aufnehmen, herstellen, aufrechterhalten; den Kontakt stören, abbrechen; (mit jemandem) in Kontakt kommen; mit jemandem in Kontakt stehen, bleiben*⟩ *„Die beiden Behörden stehen in engem Kontakt"* tauschen oft Informationen aus **K** Kontaktaufnahme **3** *geschrieben* die Berührung eines Körpers mit einer Sache *„Vermeiden Sie jeden Kontakt mit dem giftigen Stoff!"* **K** Hautkontakt, Körperkontakt **4** **mit etwas in Kontakt kommen** das Kennenlernen von jemandem/etwas *„Unsere Jugendlichen sind zum Teil mit revolutionären Ideen in Kontakt gekommen"* **5** ein elektrisches Teil, das man so bewegen kann, dass der Strom fließt bzw. unterbrochen wird ⟨*einen Kontakt reinigen, erneuern, auswechseln*⟩

**kon·takt·freu·dig** *ADJEKTIV* ⟨*Menschen*⟩ so, dass sie viele Kontakte suchen und finden und dadurch viele Freunde haben

die **Kon·takt·lin·se** *meist Plural* eine kleine Scheibe, die direkt auf dem Auge liegt und wie eine Brille funktioniert

der **Kon·text** (*-(e)s, -e*); *geschrieben* ≈ Zusammenhang **K** kontextabhängig, kontextfrei

der **Kon·ti·nent**, **Kon·ti·nent★**; (*-(e)s, -e*) eine der großen Landflächen der Erde ≈ Erdteil *„Die sechs Kontinente sind Afrika, Amerika, Asien, Australien, Europa und die Antarktis"* • *hierzu* **kon·ti·nen·tal** *ADJEKTIV*

**kon·ti·nu·ier·lich** *ADJEKTIV*; *geschrieben* ohne Unterbrechung *„Der Profit der Firma steigt kontinuierlich an"* • *hierzu* **Kon·ti·nu·i·tät** *die*

das **Kon·to★** (*-s, -s/Kon·ten*) wenn ich ein Konto bei einer Bank habe, dann verwaltet sie mein Geld ⟨*ein Konto eröffnen, sperren lassen, überziehen, ausgleichen, auflösen; die Bank richtet ein Konto für jemanden ein, führt ein Konto für jemanden; etwas von einem Konto abheben, abbuchen, abziehen; etwas auf ein Konto einzahlen, überweisen; etwas einem Konto gutschreiben; ein Konto mit etwas belasten*⟩ *„fünftausend Euro auf dem Konto haben"* | *„Ich habe mein Konto um hundert Euro überzogen"* Ich bin mit hundert Euro im Minus | *„Ist das Gehalt schon auf mein(em) Konto eingegangen?"* **K** Kontoinhaber, Kontonummer, Kontostand; Bankkonto; Girokonto, Sparkonto

der **Kon·to·aus·zug** auf dem Kontoauszug steht, wie viel Geld man gerade (auf dem Konto) hat **K** Kontoauszugsdrucker

die **Kon·to·füh·rung** das Verwalten eines Kontos durch eine Bank **K** Kontoführungsgebühren

**kon·tra** *PRÄPOSITION mit Akkusativ* ≈ gegen ↔ pro *„der Prozess Schmidt kontra Müller"*

das **Kon·tra** (*-s, -s*) **1** **das Pro und Kontra** *+Genitiv* → Pro **2** **jemandem Kontra geben** jemandem (mit scharfen Worten) widersprechen

der **Kon·tra·bass** das größte Streichinstrument (mit den tiefsten Tönen) ≈ Bassgeige der **Kon·tra·hent** (-en, -en) *geschrieben* ein Gegner in einem politischen oder sportlichen Kampf • *hierzu* **Kon·tra·hen·tin** *die*

der **Kon·trakt** (-(e)s, -e); *geschrieben* ≈ Vertrag

**kon·trär** *ADJEKTIV; geschrieben* 〈*Ziele, Charaktere, Meinungen*〉 ≈ gegensätzlich

der **Kon·trast★** (-(e)s, -e) **1** ein starker, auffälliger Unterschied, Gegensatz 〈*ein farblicher, scharfer, starker Kontrast*〉 *„der Kontrast zwischen seinen Worten und seinen Taten"* **K** Farbkontrast **2** der Unterschied zwischen den hellen und dunklen Teilen eines Fotos, Fernsehbildes o. Ä. 〈*den Kontrast einstellen, regulieren*〉 **K** Helligkeitskontrast

die **Kon·trol·le★** (-, -n) **1** die Handlungen, mit denen man jemanden/etwas (regelmäßig) prüft, um festzustellen, ob alles in Ordnung ist 〈*eine strenge, gründliche Kontrolle; Kontrollen durchführen, verschärfen; die Kontrollen abschaffen*〉 ≈ Überprüfung *„die Kontrolle des Gepäcks beim Zoll"* **K** Kontrollgang; Passkontrolle **2** **die Kontrolle (über jemanden/etwas)** die Aufsicht über jemanden/etwas bzw. die Beherrschung einer Situation 〈*die Kontrolle über jemanden/etwas haben, ausüben, verlieren*〉 *„Er verlor die Kontrolle (über sich)"* die Selbstbeherrschung | *„die Kontrolle der Regierung durch das Parlament"* | *„Wir haben die Epidemie unter Kontrolle"* im Griff **3** **die Kontrolle (über jemanden/etwas)** die Macht über jemanden/etwas 〈*die Kontrolle über jemanden/etwas verlieren*〉 *„Sie hat die Kontrolle über das ganze Firmenimperium"*

der **Kon·trol·leur** [-'løːɐ̯]; (-s, -e) eine Person, die etwas kontrolliert und prüft **K** Lebensmittelkontrolleur • *hierzu* **Kon·trol·leu·rin** *die*

**kon·trol·lie·ren★** (*kontrollierte, hat kontrolliert*) **1** **(jemanden/etwas) kontrollieren** prüfen, ob alles in Ordnung ist und richtig gemacht wird *„An der Grenze wurden unsere Pässe kontrolliert"* **2** **etwas kontrollieren** sehr großen Einfluss auf etwas haben ≈ beherrschen *„Der Firmenkonzern kontrolliert den gesamten Markt"*

**kon·tro·vers** [-v-] *ADJEKTIV; geschrieben* **1** gegensätzlich, einander widersprechend 〈*Meinungen, Standpunkte; kontrovers diskutieren*〉 **2** 〈*eine These*〉 ≈ umstritten

die **Kon·tro·ver·se** [-v-]; (-, -n); *geschrieben* **eine Kontroverse (mit jemandem/zwischen Personen** (*Dativ*)**) (über etwas** (*Akkusativ*)**)** ≈ Auseinandersetzung

die **Kon·tur** (-, -en); *meist Plural* eine Linie, welche die Grenzen von Personen oder Dingen zeigt ≈ Umriss

die **Kon·ven·ti·on★** [-vɛn'tsi̯oːn]; (-, -en) **1** *geschrieben* eine traditionell anerkannte Regel des sozialen Verhaltens, die in einer Gesellschaft als Norm gilt 〈*gegen Konventionen verstoßen*〉 **2** ein Vertrag zwischen mehreren Staaten ≈ Abkommen *„die Genfer Konvention zum Schutz der Menschenrechte"*

**kon·ven·ti·o·nell** [-vɛn'tsi̯o-] *ADJEKTIV; geschrieben* **1** wie es den gesellschaftlichen Konventionen entspricht 〈*Ansichten, Kleidung*〉 ≈ herkömmlich *„Ist biologisch angebautes Gemüse wirklich gesünder als konventionell angebautes?"* **2** 〈*Waffen, Kriege*〉 in der Art, wie sie vor der Erfindung von Atomwaffen üblich waren

die **Kon·ver·sa·ti·on** [kɔnvɛrza'tsi̯oːn]; (-, -en) **eine Konversation (mit einer Person) (über jemanden/etwas)** *geschrieben* ein höfliches Gespräch vor allem bei einem Besuch, auf einer Feier o. Ä. 〈*eine geistreiche, höfliche, gepflegte Konversation*〉 *„Er fühlte sich verpflichtet, beim Essen mit den Tischnachbarn Konversation zu machen"*

**kon·ver·tie·ren** [-v-] (*konvertierte, hat/ist konvertiert*) **1** **(zu etwas) konvertieren** *geschrieben* (*hat/ist*) die bisherige Religion aufgeben und einer anderen folgen *„vom Christentum zum Islam konvertieren"* **2** **(etwas) konvertieren** (*hat*) Daten so verändern, dass man sie mit einem anderen Computerprogramm verwenden kann

der **Kon·voi**, **Kon·voi** [-v-]; (-s, -s) mehrere Fahrzeuge (vor allem Autos oder LKWs), die zusammengehören und hintereinanderfahren **K** Hilfskonvoi

das **Kon·zent·rat** (-(e)s, -e) **ein Konzentrat (aus etwas)** eine Flüssigkeit, der man viel Wasser entzogen hat und die deshalb viel mehr wirksame Substanzen enthält als sonst üblich *„Orangensaft aus Konzentrat, Zucker und Wasser herstellen"* **K** Fruchtsaftkonzentrat

die **Kon·zent·ra·ti·on★** [-'tsi̯oːn]; (-, -en) **1** **die Konzentration (auf jemanden/etwas)** *nur Singular* der Zustand, in dem man sehr aufmerksam und konzentriert ist 〈*hohe, große Konzentration*〉 *„Sein Beruf als Fluglotse erfordert enorme Konzentration und ständige geistige Anspannung"* **K** Konzentrationsschwäche **2** *nur Singular* die Fähigkeit, sich konzentrieren zu können und sich beim Denken nicht stören zu lassen *„Die Konzentration der Schüler lässt vor den Ferien erfahrungsgemäß stark nach"* **3** **die Konzentration auf etwas** das Sammeln, Konzentrieren von Gedanken oder Kräften auf eine Sache, ein Ziel *„die Konzentration darauf, ein Ziel zu erreichen"* **4** die Menge der wirksamen Substanz(en) in einer Lösung oder einem Gemisch ⟨*eine hohe, geringe, niedrige Konzentration*⟩ *„Der Arzt hat mir dieses Medikament in einer hohen Konzentration verordnet"*

das **Kon·zent·ra·ti·ons·la·ger** [-'tsio:ns-] **1** *historisch* ein Lager, in dem die Nationalsozialisten (in Deutschland und in Gebieten, die im Krieg erobert wurden) sehr viele Menschen (aus rassistischen und politischen Gründen) gefangen hielten, folterten und ermordeten ⓘ Abkürzung: *KZ* **2** ein Lager, in dem politische Gefangene unter sehr schlechten Bedingungen leben ≈ Internierungslager

**kon·zent·rie·ren★** (*konzentrierte, hat konzentriert*) **1** **sich (auf jemanden/etwas) konzentrieren** für (kurze) Zeit intensiv über jemanden/etwas nachdenken ⟨*sich sehr, stark konzentrieren*⟩ *„Bei diesem Lärm kann ich mich nicht (auf meine Aufgabe) konzentrieren"* **2** **etwas konzentriert sich auf jemanden/etwas** etwas richtet sich ganz auf eine Person oder Sache ⟨*jemandes Aufmerksamkeit, jemandes Bemühungen*⟩ **3** **etwas/sich (auf jemanden/etwas) konzentrieren** die ganze Energie und alle Kräfte für lange Zeit auf eine Person oder Sache richten ⟨*sich ganz, völlig auf jemanden/etwas konzentrieren*⟩ *„Sie hat ihren Beruf aufgegeben und konzentriert sich jetzt ganz auf ihr Baby"*

**kon·zent·riert** *ADJEKTIV* so, dass man das geistiges Vermögen, die Aufmerksamkeit sehr stark auf eine Person oder Sache lenkt ⟨*konzentriert nachdenken, zuhören, arbeiten*⟩ *„Er wirkt/ist sehr konzentriert bei seiner Arbeit"*

das **Kon·zept★** (-(e)s, -e); *geschrieben* **1** **ein Konzept (für etwas)** ein schriftlicher Plan für einen Text ⟨*ein Konzept ausarbeiten, entwerfen*⟩ ≈ Entwurf *„Mein Aufsatz liegt bislang nur im Konzept vor"* **2** **ein Konzept (für etwas)** ein Programm für ein (meist größeres und langfristiges) Ziel ⟨*ein Konzept ausarbeiten, entwickeln, überdenken, verwerfen*⟩ *„ein Konzept für den Abbau der Arbeitslosigkeit"*

der **Kon·zern★** (-s, -e) mehrere große Firmen, die sich zu einer größeren Einheit zusammengeschlossen haben und zentral geleitet werden, aber rechtlich selbstständig sind ⟨*ein multinationaler Konzern*⟩ **K** Industriekonzern, Medienkonzern

das **Kon·zert★** (-(e)s, -e) **1** eine Veranstaltung, auf der Künstler Musik spielen oder singen ⟨*in ein/zu einem Konzert gehen; auf einem Konzert spielen; ein Konzert geben*⟩ **K** Konzertsaal; Rockkonzert, Sinfoniekonzert **2** Musik, die für ein Orchester und meist ein Soloinstrument komponiert ist *„ein Konzert für Violine und Orchester"* **K** Violinkonzert

die **Kon·zes·si·on** (-, -en) *admin* die (schriftliche) Erlaubnis von einer Behörde, ein Gasthaus, ein Geschäft o. Ä. führen zu dürfen ⟨*eine Behörde erteilt, entzieht jemandem eine Konzession*⟩ ≈ Lizenz

**kon·zi·pie·ren** (*konzipierte, hat konzipiert*) **etwas konzipieren** *geschrieben* ein Konzept, einen Plan für etwas machen *„einen Text konzipieren"* | *„Die Schule ist für dreihundert Schüler konzipiert"*

die **Ko·ope·ra·ti·on** [ko|opera'tsio:n]; (-, -en); *geschrieben* **Kooperation (mit jemandem/etwas)** gemeinsames Handeln, um ein Ziel zu erreichen ⟨*zur Kooperation bereit sein*⟩ ≈ Zusammenarbeit **K** Kooperationsbereitschaft

**ko·ope·rie·ren** [ko|o-] (*kooperierte, hat kooperiert*) **eine Person/eine Gruppe kooperiert mit jemandem/einer Gruppe; Personen/Gruppen kooperieren (miteinander)** *geschrieben* zwei oder mehrere Personen, Firmen, Institutionen o. Ä. arbeiten (vor allem politisch oder wirtschaftlich) zusammen • *hierzu* **ko·ope·ra·tiv** *ADJEKTIV*

die **Ko·or·di·na·te** [ko|ɔr-]; (-, -n) **1** eine der Zahlen, mit denen man die Lage eines Punktes in einer Ebene oder in einem Raum angibt **K** Koordinatenkreuz **2** eine der Zahlen (Längengrad und Breitengrad), mit denen man die Lage eines Ortes auf der Erde angibt

das **Ko·or·di·na·ten·sys·tem** [ko|ɔr-] ein System aus zwei oder drei geraden Linien, die im rechten Winkel zueinander stehen und sich in einem Punkt schneiden, und mit deren Hilfe man Koordinaten berechnet o. Ä.

**ko·or·di·nie·ren** [ko|ɔr-] (*koordinierte, hat koordiniert*) **etwas (mit etwas) koordinieren** *geschrieben* verschiedene Abläufe, Termine o. Ä. aufeinander abstimmen, damit alles gut funktioniert *„Er koordiniert das Projekt"* • *hierzu* **Ko·or·di·na·ti·on** *die*; **Ko·or·di-**

**nie·rung** *die*

der **Kopf**★ (-(e)s, *Köp·fe*) **1** der Teil des Körpers von Menschen und Tieren, in dem Gehirn, Augen, Ohren, Mund und Nase sind ⟨*mit dem Kopf nicken; mit erhobenem, gesenktem Kopf*⟩ **K** Kopfnicken, Kopfstütze, Kopfverletzung **ℹ** → Abbildung, S. 294: **Der Körper** **2** **ein kluger/schlauer/... Kopf** ein Mensch mit guten geistigen Fähigkeiten **3** **der Kopf** *+Genitiv* eine Person oder Gruppe, die etwas leiten *„Wer ist der Kopf der Bande?"* **4** anstelle von *Person* verwendet, wenn man Zahlen oder Mengen nennt *„Wir haben pro Kopf 15 Euro Eintritt gezahlt"* für jeden von uns **5** der obere runde Teil mancher Pflanzen, den man essen kann ⟨*ein Kopf Kohl, Salat*⟩ **K** Kopfsalat **6** der vordere oder obere, meist runde Teil von etwas ⟨*der Kopf eines Nagels, einer Pfeife, einer Stecknadel, eines Streichholzes*⟩ **7** der oberste Teil eines Textes, z. B. Titel und Datum einer Zeitung, die Adresse am Anfang eines Briefes o. Ä. **K** Kopfzeile; Briefkopf **8** **den Kopf schütteln** den Kopf hin und her bewegen und dadurch ausdrücken, dass man etwas verneint, ablehnt, nicht versteht o. Ä. **K** Kopfschütteln, kopfschüttelnd **9** **Kopf an Kopf** eng, dicht zusammen, (in einem Rennen, Wettbewerb o. Ä.) dicht beieinander *„Sie gingen Kopf an Kopf durchs Ziel"* **K** Kopf-an-Kopf-Rennen **10** **von Kopf bis Fuß** ganz und gar, völlig ⟨*nackt von Kopf bis Fuß*⟩ **ID** **nicht auf den Kopf gefallen sein** ziemlich schlau, nicht dumm sein; **etwas steht auf dem Kopf** etwas hängt oder steht so, dass die obere Seite unten ist ⟨*ein Bild*⟩; **etwas auf den Kopf stellen** **a** die obere Seite einer Sache nach unten drehen ⟨*ein Bild*⟩ **b** *gesprochen* etwas gründlich durchsuchen oder durcheinanderbringen ⟨*ein Haus, Zimmer*⟩ *„Ich habe das ganze Haus auf den Kopf gestellt, aber die Schlüssel habe ich nicht gefunden"* **c** *gesprochen* etwas so (falsch) darstellen, dass es so wirkt, als ob das Gegenteil richtig wäre ⟨*die Tatsachen, die Wahrheit auf den Kopf stellen*⟩; **aus dem Kopf** auswendig ⟨*etwas aus dem Kopf aufsagen, können, wissen*⟩; **etwas im Kopf behalten/haben** sich etwas merken und nicht vergessen *„Ich habe die Telefonnummer leider nicht im Kopf"*; **etwas im Kopf rechnen** etwas ohne Hilfsmittel, ohne es aufzuschreiben, rechnen; **jemandem den Kopf verdrehen** erreichen, dass sich jemand in einen verliebt; **den Kopf verlieren** in Panik geraten; **Kopf hoch!** verwendet, um jemandem Mut zu machen oder jemanden zu trösten

der **Kopf·ball** ein Stoß des Balles mit dem Kopf

das **Köpf·chen** (-s, -) *gesprochen* die Fähigkeit, gute Ideen zu haben ⟨*Köpfchen haben*⟩ ≈ Verstand *„eine Aufgabe mit Köpfchen lösen"*

**köp·fen** (*köpfte, hat geköpft*) **1** **jemanden köpfen** einem Menschen den Kopf mit einem Beil, einem Schwert o. Ä. abschlagen und diesen so töten **2** **etwas köpfen** den oberen Teil von etwas abschlagen oder abschneiden ⟨*die Blumen, ein Ei köpfen*⟩

der **Kopf·hö·rer**★ Kopfhörer steckt man in die Ohren oder setzt man auf den Kopf, um vor allem Musik zu hören, ohne andere Personen zu stören ⟨*den/die Kopfhörer aufsetzen, abnehmen*⟩

das **Kopf·kis·sen** ein weiches Kissen für den Schlaf **K** Kopfkissenbezug, Kopfkissenhülle

**kopf·los** ADJEKTIV nicht mehr fähig, klar zu denken (sondern verwirrt) *„kopflos hin und her laufen"*

der **Kopf·sa·lat** eine Pflanze, deren hellgrüne Blätter man als Salat isst

der **Kopf·schmerz** *meist Plural* ein Schmerz in dem Teil des Kopfes, in dem das Gehirn ist ⟨*Kopfschmerzen haben*⟩ ≈ Kopfweh **K** Kopfschmerzmittel, Kopfschmerztablette

der **Kopf·stand** eine Turnübung, bei der man auf dem Kopf steht und sich mit den Händen abstützt ⟨*einen Kopfstand machen*⟩

**kopf·ste·hen** (*stand kopf, hat/süddeutsch* Ⓐ Ⓒⓗ *ist kopfgestanden*) **etwas steht kopf** es herrscht große Aufregung und Durcheinander *„Das ganze Dorf stand kopf, als die Olympiasiegerin heimkehrte"*

das **Kopf·stein·pflas·ter** ein Straßenbelag aus kleinen (runden oder viereckigen) Steinen

das **Kopf·tuch** ein Tuch, mit dem (besonders moslemische) Frauen ihre Haare bedecken

**kopf·über** ADVERB mit dem Kopf voran ⟨*kopfüber ins Wasser springen, die Treppe herunterfallen*⟩

das **Kopf·weh** *nur Singular; gesprochen* ⟨*Kopfweh haben*⟩ ≈ Kopfschmerzen

das **Kopf·zer·bre·chen** (*-s*) die intensive (und angestrengte) Überlegung, durch die man ein schwieriges Problem zu lösen sucht ⟨*jemand/etwas bereitet jemandem Kopfzerbrechen, sich* (*Dativ*) *über etwas* (*Akkusativ*) (*kein*) *Kopfzerbrechen machen*⟩

die **Ko·pie**★ (-, *-n* [-'piː(ə)n]) **1** ein weiteres Ex-

K

emplar eines Textes o. Ä., das eine Art Foto auf normalem Papier ist ⟨*eine beglaubigte Kopie*⟩ *„Bitte machen Sie vom Vertrag drei Kopien!"* K Farbkopie 2 die genaue Nachahmung eines Gegenstands (oft eines Kunstwerks) ⟨*die Kopie eines Gemäldes, einer Statue, eines Schlüssels; eine Kopie anfertigen, machen*⟩ ↔ Original 3 eine zweite Datei mit demselben Inhalt wie eine andere, die man zur Sicherheit an einem anderen Ort speichert ⟨*eine Kopie machen, ziehen*⟩ K Sicherungskopie

**ko·pie·ren★** (*kopierte, hat kopiert*) **(etwas) kopieren** eine Kopie von etwas machen (anfertigen)

der **Ko·pie·rer★** (*-s, -*) Kurzwort für *Kopiergerät* K Fotokopierer

das **Ko·pier·ge·rät** ein Gerät, das Fotokopien von Texten oder Bildern herstellt K Fotokopiergerät

der **Ko·pi·lot** der zweite Pilot eines Flugzeugs • *hierzu* **Ko·pi·lo·tin** *die*

die **Kop·pel**; (*-, -n*) eine Weide mit einem Zaun *„Pferde auf die Koppel führen"*

**kop·peln** (*koppelte, hat gekoppelt*) 1 **etwas an/mit etwas koppeln** ein Gerät oder Fahrzeug an ein anderes hängen und so verbinden *„den Wohnwagen ans Auto koppeln"* 2 **etwas an/mit etwas koppeln** *geschrieben* etwas an eine Voraussetzung binden, von ihr abhängig machen *„ein Angebot an bestimmte Voraussetzungen koppeln"* • *zu* (2) **Kop·pe·lung**, **Kopp·lung** *die*

die **Ko·ral·le** (*-, -n*); *meist Plural* 1 eines von vielen kleinen Tieren, die an einer Stelle im Meer mit warmem Wasser in großer Zahl leben und (hohe) Wände und Türme aus einer harten weißen oder rötlichen Substanz (Kalk) bilden K Korallenkolonie 2 ein Gebilde aus abgestorbenen Korallen K Korallenriff 3 ein kleines Stück Koralle, das man als Schmuck trägt *„ein Armband aus rosa Korallen"* K Korallenkette

der **Ko·ran** (*-s*) das heilige Buch des Islam K Koranschule

der **Korb★** (*-(e)s, Kör·be*) 1 ein leichter Behälter, der aus gebogenen Stäben, geflochtenen Streifen o. Ä. gemacht ist ⟨*einen Korb flechten*⟩ *„einen Korb mit Wäsche in den Garten tragen"* K Drahtkorb, Weidenkorb; Brotkorb, Papierkorb, Wäschekorb 2 **ein Korb** ⟨*Äpfel, Eier, Fische, Brennholz*⟩ die Menge einer Sache, die in einem Korb Platz hat 3 ein Ring aus Metall mit einem Netz, in den man beim Basketball o. Ä. den Ball wirft, um Punkte zu bekommen 4 der gelungene Versuch, den Ball durch den Korb zu werfen ⟨*einen Korb erzielen, werfen*⟩

die **Kor·del** (*-, -n*) eine dicke Schnur zum Binden und Schmücken

der **Kork** (*-(e)s, -e*) ein leichtes, braunes Material aus Baumrinde, aus dem man vor allem Korken und Isoliermaterial macht K Korkplatte

der **Kor·ken** (*-s, -*) ein kleines, rundes Stück Kork oder Plastik, mit dem man Flaschen verschließt ⟨*den Korken herausziehen*⟩ K Sektkorken

der **Kor·ken·zie·her** (*-s, -*) ein Gerät mit einem Griff und einer festen Spirale aus Metall, mit dem man den Korken aus der Flasche zieht

das **Korn**[1]**★**; (*-(e)s, Kör·ner*) 1 der feste Samen, aus dem die Pflanze (vor allem Getreide) wächst ⟨*Vögel picken Körner (auf), fressen Körner*⟩ *„Hühner mit Körnern füttern"* K Saatkorn, Samenkorn, Reiskorn 2 etwas von der Form eines Korns ⟨*ein paar Körner Salz, Sand*⟩ K Hagelkorn, Sandkorn 3 *nur Singular* Getreide, aus dem man Brot macht ⟨*Korn anbauen, ernten, dreschen*⟩ K Kornfeld

der **Korn**[2]; (*-s*); *gesprochen* ein stark alkoholisches Getränk, das aus Getreide hergestellt wird

der **Kör·per★** (*-s, -*) 1 die Haut, die Muskeln, die Knochen usw., aus denen ein Mensch oder Tier besteht ⟨*der männliche, weibliche, menschliche, tierische Körper; ein gut gebauter, athletischer, durchtrainierter, muskulöser, zarter, schwacher, gebrechlicher, verbrauchter Körper; am ganzen Körper zittern*⟩ *„Er rieb sich am ganzen Körper mit Sonnenöl ein"* K Körpergröße, Körperkontakt, Körperpflege, Körperteil, Körpertemperatur 2 der Körper ohne Arme, Beine, Hals und Kopf ≈ Rumpf, Leib *„Beim Boxen sind Schläge auf den Körper unterhalb der Gürtellinie verboten"* K Oberkörper 3 eine (dreidimensionale) Figur ↔ Fläche *„Eine Kugel ist ein runder Körper"* K Hohlkörper 4 ein Gegenstand, ein Stück Materie K Himmelskörper

**kör·per·be·hin·dert** ADJEKTIV mit einem körperlichen Mangel oder Schaden, der einen Menschen bei vielen Aktivitäten einschränkt • *hierzu* **Kör·per·be·hin·der·te** *der/die*; **Kör·per·be·hin·de·rung** *die*

**kör·per·lich★** ADJEKTIV *meist attributiv* in Bezug auf den Körper ⟨*Arbeit, Anstrengung, Ertüchtigung, Liebe; körperlich behindert sein*⟩ ≈ physisch *„in guter körperlicher Verfassung sein"* | *„Er war zwar körperlich anwesend, aber mit seinen Gedanken weit weg"* der **Kör·per·teil★** Arme, Beine, Hände, Füße, Kopf, Bauch, Brust und Rücken sind die wichtigsten Körperteile

**kor·rekt★** *ADJEKTIV* **1** genau so, wie es den gesellschaftlichen Normen entspricht ⟨*ein Handeln, ein Benehmen; sich korrekt benehmen, verhalten, kleiden*⟩ **2** ohne Fehler ⟨*ein Ergebnis; etwas korrekt aussprechen*⟩ **3** *gesprochen!* verwendet, um Anerkennung auszudrücken • *zu* (1,2) **Kor·rekt·heit** *die*; *zu* (1,2) **kor·rek·ter·wei·se** *ADVERB*

der **Kor·rek·tor** (*-s, Kor·rek·to·ren*); *geschrieben* eine Person, die vor allem beim Druck eines Buches oder einer Zeitung die Fehler berichtigt

die **Kor·rek·tur** (*-, -en*) die Verbesserung eines Textes, der Fehler hat ⟨*Korrekturen anbringen, vornehmen*⟩ *„Lehrer machen ihre Korrekturen meist mit roter Farbe"* **K** Korrekturzeichen

der **Kor·res·pon·dent** (*-en, -en*) ein Journalist, der für die Presse, den Rundfunk oder das Fernsehen (regelmäßig aus einem Land oder einer Stadt) berichtet *„Wir schalten um zu unserem Korrespondenten nach Moskau"* **K** Korrespondentenbericht; Auslandskorrespondent • *hierzu* **Kor·res·pon·den·tin** *die*

die **Kor·res·pon·denz** (*-, -en*); *geschrieben* **1** *nur Singular* das Schreiben und der Austausch von Briefen ⟨*mit jemandem eine rege, lebhafte Korrespondenz führen, haben, unterhalten; die Korrespondenz erledigen*⟩ ≈ Briefwechsel **2** die Briefe, die jemand geschrieben und bekommen hat *„Die Kopien der gesamten Korrespondenz wurden in einem speziellen Ordner gesammelt"* **K** Handelskorrespondenz

**kor·res·pon·die·ren** (*korrespondierte, hat korrespondiert*); *geschrieben* **mit jemandem korrespondieren**; **Personen korrespondieren (miteinander)** einer Person regelmäßig Briefe schreiben und von ihr welche bekommen

der **Kor·ri·dor** (*-s, -e*) ein Gang in einem Haus, einer Wohnung ≈ Flur

**kor·ri·gie·ren★** (*korrigierte, hat korrigiert*) **1** **(etwas) korrigieren** einen Text lesen und dabei die Fehler feststellen und markieren *„Die Lehrerin korrigiert die Aufsätze"* **2** **jemanden/etwas korrigieren** einen Fehler bemerken und beseitigen oder darauf hinweisen ⟨*jemandes Aussprache, einen Fehler korrigieren*⟩

**kor·rupt** *ADJEKTIV* (*korrupter, korruptest-*), *abwertend* ≈ bestechlich *„ein korrupter Beamter"*

die **Kor·rup·ti·on** [-'tsio:n]; (*-, -en*); *abwertend* **1** Vorgänge, bei denen sich Beamte, Politikern usw. bestechen lassen ⟨*Fälle von Korruption aufdecken*⟩ ≈ Bestechung **K** Korruptionsaffäre **2** *meist Singular* das Verhalten, wenn sich jemand bestechen lässt ≈ Bestechlichkeit *„die Korruption in der Regierung bekämpfen"*

das **Kor·sett** (*-s, -s/-e*) **1** ein fester Gipsverband um den Körper (vor allem bei Verletzungen des Rückens) **2** ein sehr enges Kleidungsstück mit festen Stäben, das Frauen vor allem früher unter den Kleidern trugen, um schlank auszusehen ⟨*ein Korsett tragen; das Korsett schnüren*⟩

**ko·scher** *ADJEKTIV* **1** so, wie es die Religion den Juden vorschreibt ⟨*Fleisch, Speisen, koscher essen, kochen*⟩ **2** **eine Person/etwas ist (jemandem) nicht ganz koscher** *abwertend* ⟨*Personen, Geschäfte, Vorgänge*⟩ so, dass man ihnen nicht (ganz) vertrauen kann

die **Kos·me·tik★** (-) die Anwendung von Cremes, Lippenstift, Puder usw., um den Körper, vor allem das Gesicht zu pflegen und schöner zu machen **K** Kosmetikkoffer

**kos·me·tisch** *ADJEKTIV* **1** dafür bestimmt oder geeignet, den Körper und das Gesicht zu pflegen oder das Aussehen zu verbessern ⟨*eine Creme, eine Operation*⟩ *„Cremes und andere kosmetische Produkte"* **2** das Aussehen betreffend *„eine Operation aus kosmetischen Gründen"* **3** nur oberflächlich, nichts Wichtiges betreffend ⟨*eine Änderung, eine Korrektur, eine Maßnahme, eine Verbesserung*⟩ *„Die Steuerreform war lediglich eine kosmetische Korrektur, eine gerechtere Aufteilung der Lasten hat sie nicht gebracht"*

der **Kos·mos** (-); *geschrieben* das ganze Weltall ≈ Universum

die **Kost** (-) **1** das, womit sich jemand ernährt ⟨*einfache, leichte, bekömmliche, fleischlose, salzarme, vegetarische Kost*⟩ ≈ Nahrung, Essen **K** Rohkost, Tiefkühlkost **2** **(freie) Kost und Logis** Unterkunft und Essen, für die man (nichts) zahlen muss

**kost·bar★** *ADJEKTIV* **1** von sehr hoher Qualität oder selten und deshalb sehr teuer *„ein kostbarer Teppich"* **2** sehr wichtig für jemanden, sodass man sorgfältig damit umgeht *„Meine Zeit ist mir zu kostbar, um sie mit solchem Unsinn zu verbringen"*

die **Kost·bar·keit** (*-, -en*) **1** ein seltener, teurer und kostbarer Gegenstand *„In der königlichen Schatzkammer lagern viele erlesene Kostbarkeiten"* **2** *nur Singular* ein sehr hoher Wert

K

*„Der Ring ist von großer Kostbarkeit"*

**kọs·ten★** (*kostete, hat gekostet*) **1** **etwas kostet etwas** etwas hat den genannten Preis *„Die Eier kosten zwanzig Cent pro/das Stück"* ❶ kein Passiv **2** **etwas kostet jemanden etwas** (*Akkusativ*) etwas ist die Ursache, der Grund dafür, dass jemand etwas verliert ⟨*etwas kostet jemanden Haus und Hof, viel Kraft und Nerven, die Stellung*⟩ *„Seine Unachtsamkeit im Straßenverkehr kostete ihn das Leben"* ❶ kein Passiv **3** **(etwas) kosten**; **von etwas kosten** eine kleine Menge von etwas essen oder trinken, um zu prüfen, wie etwas schmeckt ≈ probieren *„einen Löffel Suppe kosten"*

die **Kọs·ten★** *Plural* **die Kosten (für etwas)** das Geld, das man ausgibt oder ausgeben muss ⟨*erhebliche, gestiegene, hohe, geringe, niedrige Kosten; die anfallenden, entstehenden, laufenden Kosten; Kosten sparen; etwas verursacht Kosten; keine Kosten scheuen; (jemandem) die Kosten (für etwas) ersetzen, erstatten*⟩ *„die Kosten für Miete und Heizung"* | *„Durch den Kauf moderner Maschinen sanken die Kosten der Produktion"* **K** Kostensenkung, Kostensteigerung; Benzinkosten, Personalkosten, Reparaturkosten

**kọs·ten·los★** *ADJEKTIV* so, dass man nichts dafür zahlen muss ≈ gratis *„Der Eintritt für Kinder unter sechs Jahren ist kostenlos"*

der **Kọs·ten|vor·an·schlag** **ein Kostenvoranschlag (für etwas)** die (ungefähre) Angabe des Preises aufgrund von Berechnungen, den eine Arbeit oder Leistung (voraussichtlich) kosten wird ⟨*einen Kostenvoranschlag machen, aufstellen, erstellen*⟩

**kọ̈st·lich** *ADJEKTIV* **1** so, dass es sehr gut schmeckt (und riecht) **2** sehr witzig und amüsant ⟨*eine Idee, ein Einfall, ein Witz*⟩ *„Ihre Art, die Politiker nachzumachen, war köstlich"* • *hierzu* **Kọ̈st·lich·keit** *die*

**kọst·spie·lig** *ADJEKTIV* sehr teuer *„Eine Weltreise ist eine kostspielige Angelegenheit"* • *hierzu* **Kọst·spie·lig·keit** *die*

das **Kos·tüm★** (*-s, -e*) **1** ein Kostüm für Frauen besteht aus Rock und Jacke aus demselben Stoff *„Wenn sie ins Büro muss, zieht sie gern ein klassisches Kostüm an"* **2** vor allem im Fasching oder als Schauspieler im Theater zieht man ein Kostüm an, um wie eine andere Person auszusehen *„Ich habe verschiedene Kostüme für dich zur Auswahl: Willst du als Cowboy, als Indianer oder vielleicht als Ritter gehen?"* **K** Kostümball; Faschingskostüm

der **Kot★** (*-(e)s*) ein Produkt der Verdauung bei Mensch und Tier, das den Darm (in fester Form) verlässt **K** Fliegenkot, Tierkot, Vogelkot

das **Ko·te·lett★** [kɔ'tlɛt, 'kɔtlɛt]; (*-s, -s*) ein Stück Fleisch mit einem Rippenknochen vom Schwein, Kalb oder Lamm, das man brät oder grillt **K** Lammkotelett

der **Kot·flü·gel** das Blech seitlich am Auto, das die Räder schützt ❶ → Abbildung, S. 391: **Das Auto**

**kọt·zen** (*kotzte, hat gekotzt*); *gesprochen* ▲ ≈ erbrechen **K** kotzelend, kotzübel **ID** **zum Kotzen** *gesprochen* ▲ sehr unangenehm, abscheulich *„Das Wetter ist zum Kotzen!"*

die **Krạb·be** (*-, -n*) ein Tier (eine Art Krebs) mit rundem Körper und zehn Beinen, das im Meer lebt **K** Krabbenfang, Krabbenfischerei

**krạb·beln** (*krabbelte, ist/hat gekrabbelt*) **1** (*ist*) (vor allem als kleines Kind) sich auf Händen und Knien vorwärtsbewegen *„Das Baby krabbelte zum Tisch und zog sich daran hoch"* ❶ vergleiche **kriechen** **2** **ein Tier krabbelt (irgendwo)** (*ist*) ein Insekt, eine Spinne oder ein Krebs bewegt sich auf vielen Beinen am Boden fort

der **Krạch★** (*-(e)s, Krä·che*) **1** *abwertend nur Singular* unangenehm laute Geräusche ≈ Lärm *„Müsst ihr denn solchen Krach machen?"* **2** *meist Singular* das Geräusch, das entsteht, wenn zwei harte Dinge zusammenstoßen ≈ Knall *„Es gab einen lauten Krach, als die Tür zuschlug"* **3** **Krach (mit jemandem)** *gesprochen* ≈ Streit, Ärger *„Sie kriegt Krach mit ihren Eltern, wenn sie zu spät nach Hause kommt"* **K** Ehekrach

**krạ·chen★** (*krachte, hat/ist gekracht*) **1** **etwas kracht** (*hat*) etwas macht ein kurzes lautes Geräusch, wie zwei harte Gegenstände, die heftig zusammenstoßen ⟨*ein Donner, eine Explosion, ein Gewehr, ein Schuss*⟩ *„Das Auto stieß laut krachend gegen den Zaun"* **2** **irgendwohin krachen** (*ist*) mit einem lauten Geräusch gegen etwas stoßen oder irgendwohin fallen ⟨*auf den/zu Boden krachen*⟩ **3** **es kracht (irgendwo)** *gesprochen* irgendwo gibt es Streit

**krạ̈ch·zen** (*krächzte, hat gekrächzt*) **1** **ein Vogel krächzt** ein Vogel produziert raue Laute ⟨*eine Krähe, ein Papagei, ein Rabe*⟩ **2** **(etwas) krächzen** etwas mit leiser und rauer Stimme sagen bzw. so reden (z. B. wenn man erkältet ist) ❶ Das Objekt ist oft ein Satz. • *zu* (2) **Krạch·zer** *der*

**krạft★** *PRÄPOSITION mit Genitiv; admin geschrieben* wegen etwas ≈ aufgrund *„etwas kraft seines Amtes entscheiden"*

die **Krạft★** (-, *Kräf·te*) **1** die Fähigkeit, etwas Schweres (vor allem mit Hilfe der Muskeln) zu heben oder tragen bzw. etwas Anstrengendes zu leisten ⟨(*viel, wenig*) *Kraft haben*⟩ ≈ Stärke *„Mit letzter Kraft schleppte er sich durchs Ziel und brach zusammen"* **K** Kraftanstrengung, Kraftaufwand; Muskelkraft **2** die Fähigkeit, etwas mit Hilfe des Verstands zu tun, zu bewirken ⟨*geheimnisvolle, telepathische Kräfte haben*⟩ *„jemanden nach besten Kräften beraten"* **K** Geisteskraft, Urteilskraft, Vorstellungskraft **3** die seelische, emotionale Fähigkeit, eine unangenehme schwierige Situation zu bewältigen, zu ertragen o. Ä. ⟨*etwas geht über jemandes Kräfte, übersteigt jemandes Kräfte*⟩ *„die Kraft haben, einer Versuchung zu widerstehen"* **K** Willenskraft **4** die Fähigkeit einer Sache, etwas zu bewirken *„Im Winter hat die Sonne nur wenig Kraft"* **K** Heilkraft, Zauberkraft **5** in der Physik sind Kräfte die Ursache für Bewegungen oder für Veränderungen der Form ⟨*eine elektrische, elektromagnetische, magnetische, anziehende, abstoßende Kraft*⟩ **K** Kraftübertragung; Bremskraft, Schwerkraft **6** eine Person, die für eine andere Person arbeitet (vor allem in einem Betrieb oder Haushalt) ⟨*eine tüchtige, zuverlässige Kraft brauchen*⟩ **K** Arbeitskraft, Hilfskraft, Schreibkraft **7** *meist Plural* eine Gruppe von Menschen, die großen Einfluss auf die Gesellschaft hat ⟨*fortschrittliche, liberale, revolutionäre Kräfte*⟩ **8** **aus eigener Kraft** ohne fremde Hilfe ⟨*etwas aus eigener Kraft erreichen, schaffen, tun*⟩ **9** **in/außer Kraft** gültig und wirksam/nicht mehr gültig, nicht mehr wirksam ⟨*ein Gesetz, eine Regelung, ein Vertrag tritt, ist in/außer Kraft; etwas in/außer Kraft setzen*⟩ • *zu* (1,3) **krạft·los** *ADJEKTIV*; *zu* (1) **krạft·voll** *ADJEKTIV*

der **Krạft·fah·rer** *admin* **1** eine Person, die beruflich Lastwagen oder Busse fährt **K** Berufskraftfahrer **2** eine Person, die ein Auto fährt • *hierzu* **Krạft·fah·re·rin** *die*

das **Krạft|fahr·zeug** *admin* ein Fahrzeug mit einem Motor, das auf Straßen (nicht auf Schienen) fährt (ein Auto oder Motorrad) **K** Kraftfahrzeugsteuer, Kraftfahrzeugversicherung ❶ Abkürzung: *Kfz*

**kräf·tig★** *ADJEKTIV* **1** gesund und stark ⟨*ein Kind, ein Mensch, ein Tier, eine Pflanze*⟩ *„Er ist nach langer Krankheit noch nicht kräftig genug, anstrengende Arbeit zu verrichten"* **2** mit relativ viel körperlicher Kraft ⟨*ein Händedruck, ein Hieb, ein Schlag*⟩ ≈ stark *„die Flasche vor Gebrauch kräftig schütteln"* **3** von intensiver Wirkung ⟨*eine Farbe, eine Fleischbrühe, ein Geschmack; ein Hoch, ein Licht, ein Tief, ein Wind*⟩ ≈ stark

die **Krạft·pro·be** eine Handlung, mit der zwei oder mehrere Personen prüfen (und entscheiden) wollen, wer der Stärkere ist ⟨*es auf eine Kraftprobe ankommen lassen; jemanden zu einer Kraftprobe herausfordern*⟩

der **Krạft·sport** ≈ Schwerathletik

der **Krạft·stoff** ≈ Treibstoff **K** Kraftstoffpumpe, Kraftstoffverbrauch

das **Krạft·werk★** ein technischer Betrieb, in dem elektrische Energie erzeugt wird **K** Atomkraftwerk, Kohlekraftwerk, Wasserkraftwerk

K

der **Kra̲·gen★** (-s, -/*süddeutsch* Ⓐ Ⓒⓗ*Krä·gen*) der (feste) Teil eines Hemds, einer Bluse o. Ä., der um den Hals geht ⟨*ein enger, weiter, steifer, mit Pelz besetzter Kragen*⟩ *„den obersten Knopf des Hemdes am Kragen offen lassen"* | *„Als Schutz gegen den kalten Wind schlug er den Kragen seines Mantels hoch"* **K** Kragenknopf; Rollkragen; Hemdenkragen, Mantelkragen

die **Krä·he** ['krɛːə]; (-, -*n*) ein schwarzer, relativ großer Vogel (der mit den Raben verwandt ist)

**krä·hen** ['krɛːən] (*krähte, hat gekräht*) **ein Hahn kräht** ein Hahn gibt die Laute von sich, die für seine Art typisch sind

die **Krạl·le★** (-, -*n*) der scharfe, spitze und meist gebogene Nagel an den Füßen mancher Tiere, z. B. bei Katzen und Vögeln ⟨*scharfe, spitze, stumpfe Krallen*⟩

**krạl·len** (*krallte, hat gekrallt*) **etwas/sich an/in etwas** (*Akkusativ*) **krallen** (mit den Fingern oder Zehen wie) mit Krallen nach etwas greifen und sich irgendwo festhalten *„seine Finger in die Erde krallen"* **ID** **sich** (*Dativ*) **etwas krallen** *gesprochen, abwertend* etwas rücksichtslos oder egoistisch für sich nehmen; **sich** (*Dativ*) **jemanden krallen** *gesprochen, oft abwertend* **a** jemanden am Arm fassen und festhalten (und oft ermahnen oder kritisieren) **b** dafür sorgen, dass man selbst jemandes Hilfe, Aufmerksamkeit oder Liebe bekommt und niemand sonst

der **Kra̲m** (-*s*); *gesprochen, abwertend* **1** (alte) Sachen ohne Wert, die man nicht mehr braucht *„Der ganze Dachboden ist voll von altem Kram"* **2** etwas (vor allem eine Arbeit), für das man kein Interesse hat *„Ich muss den Kram da noch schnell fertig machen, dann können wir gehen"*

der **Kṛampf** (-(e)s, *Krämp·fe*) der Zustand, in dem sich Muskeln (vor allem als Reaktion auf Überanstrengung) zusammenziehen und starr werden (so dass es wehtut) *„einen Krampf in den Waden haben"* **K** Muskelkrampf, Magenkrampf

die **Kṛampf·ader** eine kranke, erweiterte Vene, die vor allem an den Beinen sichtbar ist und wie eine dicke blaue Schnur aussieht ⟨*Krampfadern bekommen, haben; ein Arzt verödet Krampfadern*⟩

**kṛampf·haft** *ADJEKTIV* **1** so starr oder mit (unkontrollierten) Bewegungen wie im Krampf ⟨*Zuckungen, ein Schluchzen, ein Weinen*⟩ **2** sehr angestrengt und mit sehr starkem Willen *„krampfhaft (über etwas) nachdenken"*

K

der **Kran** (-(e)s, *Krä·ne*) Kräne sind sehr hohe Maschinen, die vor allem auf Baustellen große und schwere Dinge heben und bewegen **K** Kranführer

**kṛank**★ *ADJEKTIV* (*kränker, kränkst-*) **1** in dem Zustand, in dem sich ein Mensch oder ein Tier nicht wohlfühlt, schwach ist oder Schmerzen, Fieber o. Ä. hat ⟨*geistig, körperlich, schwer, unheilbar krank sein; krank im Bett liegen; sich krank fühlen, stellen (= so tun als wäre man krank)*⟩ *„Ich habe gehört, du bist krank, was hast du denn?" – „Grippe!"* **K** alkoholkrank, herzkrank, krebskrank, suchtkrank **2** ⟨*Pflanzen*⟩ so, dass sie Parasiten haben, nicht gut wachsen, die Blätter verlieren o. Ä. *„Der Baum ist an der Wurzel krank"* **3** psychisch schwach und leidend ⟨*vor Eifersucht, Einsamkeit, Heimweh, Liebe krank sein*⟩ *„Ich war ganz krank vor Sehnsucht nach dir!"* Ich habe unter der Sehnsucht nach dir gelitten **K** gemütskrank

der/die **Kṛan·ke**★ (*-n, -n*) eine Person, die krank ist *„einen Kranken pflegen"* **K** Krankenbesuch, Krankengymnastik, Krankenpflege ❶ *ein Kranker; der Kranke; den, dem, des Kranken*

**kṛan·ken** (*krankte, hat gekrankt*) **etwas krankt an etwas** (*Dativ*) es gibt einen erkennbaren Grund dafür, dass etwas nicht oder nicht richtig funktioniert *„Die Sache krankt daran, dass sich niemand verantwortlich fühlt"*

**krạ̈n·ken** (*kränkte, hat gekränkt*) **jemanden kränken** etwas tun oder sagen, was die Gefühle eines anderen verletzt ⟨*gekränkt sein; sich (in seiner Ehre, Eitelkeit, in seinem Stolz) gekränkt fühlen*⟩ *„Seine böse Bemerkung hat mich zutiefst gekränkt"* • *hierzu* **Krạ̈n·kung** *die*

das **Kṛan·ken·geld** Geld, das man von der Krankenversicherung statt dem Lohn oder Gehalt bekommt, wenn man mehr als sechs Wochen so krank ist, dass man nicht arbeiten kann

das **Kṛan·ken·haus**★ ein Gebäude, in dem Kranke liegen (die längere Zeit gepflegt und behandelt werden) ⟨*im Krankenhaus liegen; ins Krankenhaus müssen, kommen; jemanden ins Krankenhaus bringen*⟩ ≈ Klinik **K** Krankenhausaufenthalt

die **Kṛan·ken·kas·se**★ ein Unternehmen der gesetzlichen Krankenversicherung *„Zahlt die Krankenkasse für diese Behandlung?"* ❶ → Anhang, S. 1096: **Versicherung**

der **Kṛan·ken·pfle·ger** ein Mann, der beruflich kranke Menschen pflegt ❶ vergleiche **Krankenschwester** • *hierzu* **Kṛan·ken·pfle·ge·rin** *die*

die **Kṛan·ken·schwes·ter**★ eine Frau, die (meist im Krankenhaus) beruflich kranke Menschen pflegt ❶ vergleiche **Krankenpfleger**

die **Kṛan·ken·ver·si·che·rung** **1** eine Institution, an die man jeden Monat eine feste Summe bezahlen muss und die dafür die medizinischen Kosten bezahlt, die bei einer Krankheit entstehen ⟨*die gesetzliche, eine private Krankenversicherung*⟩ **2** der Vertrag, den man mit einer Krankenversicherung schließt *„Sie konnte sich die teure Krankenversicherung nicht mehr leisten"* **K** Reisekrankenversicherung, Zusatzkrankenversicherung

der **Kṛan·ken·wa·gen** ein besonders ausgerüstetes Auto mit Sanitätern (und Notarzt), das Kranke oder Verletzte ins Krankenhaus bringt ≈ Ambulanz, Rettung(swagen)

**kṛank·haft** *ADJEKTIV* **1** zu einer Krankheit gehörig oder durch sie bewirkt ⟨*ein Prozess, eine Wucherung, ein Zustand*⟩ *„eine krankhafte Vergrößerung"* **2** so stark ausgeprägt, dass der Betreffende nicht mehr normal (sondern übertrieben) handelt und reagiert ⟨*Ehrgeiz, Eifersucht*⟩ *„Er ist krankhaft eifersüchtig und lässt seine Frau keinen Augenblick aus den Augen"*

die **Kṛank·heit**★ (*-, -en*) **1** wenn Menschen, Tiere oder Pflanzen eine Krankheit bekommen, geht es ihnen nicht gut ⟨*eine leichte, schwere, akute, chronische Krankheit; eine Krankheit* *verhüten, bekommen, haben, bekämpfen, heilen, (aus)kurieren, loswerden; eine Krankheit bricht aus; sich von einer Krankheit erholen〉 „Kinder gegen Krankheiten wie Tetanus, Masern, Mumps und Röteln impfen"* **K** Krankheitserreger; Geschlechtskrankheit; Infektionskrankheit; Kinderkrankheit **2** die Zeit, in der ein Mensch oder Tier an einer Krankheit leidet *„Während seiner zweiwöchigen Krankheit konnte er nicht arbeiten"* **K** Krankheitsdauer ❶ vergleiche **Leiden** und **Beschwerde(n)**

das **Krank·heits·bild** die Symptome, die bei einer Krankheit auftreten ≈ Syndrom

**krank·mel·den** (*meldete krank, hat krankgemeldet*) **jemanden krankmelden** der Schule, dem Arbeitgeber o. Ä. mitteilen, dass jemand oder man selbst krank ist und zu Hause bleiben muss

**krank·schrei·ben** (*schrieb krank, hat krankgeschrieben*) **jemanden krankschreiben** (als Arzt) schriftlich bestätigen, dass jemand krank ist und deshalb nicht arbeiten oder zur Schule gehen kann 〈*sich krankschreiben lassen*〉 *„für eine Woche krankgeschrieben sein"*

der **Kranz** (*-es, Krän·ze*) ein ringförmiges Gebilde aus Blumen, Zweigen o. Ä. 〈*einen Kranz winden, binden, flechten; einen Kranz auf ein Grab legen; einen Kranz an einem Denkmal niederlegen*〉 *„Im Advent haben wir immer einen Kranz aus Tannenzweigen mit vier Kerzen"* **K** Blumenkranz, Trauerkranz

der **Krap·fen** (*-s, -*); *süddeutsch* Ⓐ ein rundes Gebäck aus Hefeteig, das in heißem Fett gebacken wird

**krass** ADJEKTIV (*krasser, krassest-*); *abwertend* **1** auffällig und extrem 〈*ein Beispiel, ein Gegensatz, ein Unterschied, ein Widerspruch*〉 **2** *gesprochen* verwendet, um Erstaunen und ein positives oder negatives Urteil auszudrücken *„Er hat tausend Euro gewonnen, echt krass!"*

der **Kra·ter** (*-s, -*) ein tiefes Loch in der Erde, das durch eine Explosion, eine Bombe o. Ä. entstanden ist **K** Kraterlandschaft, Kratersee

**krat·zen★** (*kratzte, hat gekratzt*) **1** **jemanden (irgendwo) kratzen; jemandem etwas kratzen** die Fingernägel, Krallen o. Ä. mit leichtem Druck auf der Haut hin und her bewegen (vor allem weil sie gereizt ist und juckt) 〈*sich blutig, wund kratzen*〉 *„Die Katze kratzte sich am/hinterm Ohr"* **2** **jemanden kratzen** die Haut (an einer Stelle) mit einem spitzen oder scharfen Gegenstand verletzen *„Die Katze hat mich gekratzt"* **K** Kratzwunde **3** **etwas aus/von etwas kratzen; etwas in etwas** (*Akkusativ*) **kratzen** einen Gegenstand so über eine Oberfläche bewegen, dass etwas entfernt wird oder Schäden entstehen *„mit einem Nagel ein Muster ins Holz kratzen"* | *„Farbe von der Wand kratzen"* **4** **etwas kratzt (jemanden)** etwas reizt die Haut o. Ä. und ist deshalb unangenehm *„Sein Bart kratzt beim Küssen"* | *„Hustenbonbons lutschen, weil man ein Kratzen im Hals verspürt"* **5** **ein Tier kratzt irgendwo** ein Tier reibt die Krallen o. Ä. an einem Gegenstand *„Der Hund kratzte an der Tür"*

der **Krat·zer** (*-s, -*) **1** eine kleine Wunde oder kaputte Stelle, die durch Kratzen entstanden sind *„ein Kratzer im Lack"* **K** Hautkratzer **2** ein kleines Gerät zum Kratzen **K** Topfkratzer

**krau·len** (*kraulte, hat/ist gekrault*) **1** **jemanden (irgendwo) kraulen; jemandem etwas kraulen** (*hat*) eine Person, sich selbst oder ein Tier (liebevoll) streicheln, indem man die Fingerspitzen fest über die Haut bewegt 〈*ein Tier am/den Bauch, am/den Kopf, hinter den Ohren kraulen*〉 **2** **kraulen** (*hat/süddeutsch* Ⓐ Ⓒⓗ *ist*); **irgendwohin kraulen** (*ist*) mit dem Bauch nach unten schwimmen und dabei die Arme abwechselnd in einem Bogen durch die Luft nach vorn und anschließend durchs Wasser nach hinten bewegen ❶ vergleiche **Brustschwimmen**

**kraus** ADJEKTIV (*krauser, krausest-*) krause Haare haben viele kleine Locken • *hierzu* **kraus·haa·rig** ADJEKTIV

**kräu·seln** (*kräuselte, hat gekräuselt*) **etwas kräuselt sich** etwas bildet kleine Falten, Wellen, Locken o. Ä. *„Meine Haare kräuseln sich, wenn sie nass werden"*

das **Kraut** (*-(e)s, Kräu·ter*) **1** *meist Plural* kleine Pflanzen, deren Blätter (und manchmal auch Blüten) man als Medizin oder Gewürz verwendet 〈*Kräuter anbauen, sammeln, trocknen; eine Arznei, ein Tee aus Kräutern; etwas mit Kräutern würzen*〉 *„Für diese Soße braucht man Petersilie, Dill, Basilikum und andere Kräuter"* **K** Kräuteressig, Kräuterquark, Kräutertee; Heilkräuter, Küchenkräuter **2** *nur Singular* die Blätter und Stiele einer (essbaren) Pflanze, die nicht gegessen werden *„das Kraut der Bohnen nach der Ernte stehen lassen"* **3** *besonders süddeutsch* Ⓐ *nur Singular* verwendet als Bezeichnung für manche Arten von Kohl (Rotkohl, Weißkohl, Sauerkohl) *„Würstchen mit Kraut"* **K**

K

Krautsalat; Blaukraut, Sauerkraut, Weißkraut

der **Kra·wall** (-s, -e) **1** *meist Plural* laute Aktivitäten aus politischen Gründen, bei denen auch Gewalt angewendet wird ≈ Aufruhr *„Bei der Demonstration kam es zu blutigen Krawallen"* **2** *gesprochen nur Singular* großer Lärm ⟨*Krawall machen*⟩ ≈ Krach

die **Kra·wat·te**★ (-, -n) ein langer, schmaler Streifen Stoff, den man unter dem Hemdkragen um den Hals legt und vorne zu einem Knoten bindet (und den Männer zu Anzügen tragen) ⟨*eine Krawatte tragen, umhaben; sich* (*Dativ*) *eine Krawatte umbinden*⟩ **K** Krawattenknoten

**kre·a·tiv** [-f] *ADJEKTIV* mit neuen und originellen Ideen (die auch realisiert werden) ⟨*Fähigkeiten, Ideen, Lösungen; etwas kreativ gestalten*⟩ *„der kreative Umgang mit Farben"* • *hierzu* **Kre·a·ti·vi·tät** *die*

der **Krebs**★ (-es, -e) **1** *nur Singular* eine gefährliche Krankheit, bei der die Zellen mancher Organe im Körper unnatürlich stark wachsen ⟨*Krebs im Früh-, Spät-, Endstadium*⟩ *„Wenn Krebs früh genug erkannt wird, kann er oft noch geheilt werden"* **K** Krebskranke(r), krebskrank; Lungenkrebs **2** ein Tier mit acht Beinen und einer harten Schale (dem Panzer), das im Wasser lebt. Die zwei vorderen Beine sehen wie Zangen aus und werden auch Scheren genannt *„Krebse werden leuchtend rot, wenn sie gekocht werden"* **K** krebsrot **3** *nur Singular* das Sternzeichen für die Zeit vom 22. Juni bis 22. Juli • *zu* (1) **krebs·er·re·gend** *ADJEKTIV*

der **Kre·dit**, **Kre·dit**★; (-(e)s, -e) **1** Geld, das man von einer Bank leiht und für das man Zinsen zahlt ⟨*einen Kredit aufnehmen, zurückzahlen; eine Bank räumt jemandem einen Kredit ein, gewährt jemandem einen Kredit*⟩ ≈ Darlehen **K** Kreditgeber, Kreditinstitut **2** *nur Singular* die Möglichkeit, für eine Ware oder Leistung später zu zahlen ⟨*etwas auf Kredit kaufen; jemandem Kredit geben, gewähren; bei jemandem Kredit haben*⟩ *„Beim Bäcker um die Ecke habe ich immer Kredit"*

die **Kre·dit·kar·te**, **Kre·dit·kar·te**★ mit einer Kreditkarte kann man z. B. beim Einkaufen, im Hotel oder Restaurant ohne Bargeld bezahlen

**kre·dit·wür·dig**, **kre·dit·wür·dig** *ADJEKTIV* in einer so guten (finanziellen) Situation, dass man Kredite (vor allem von den Banken) bekommt

die **Krei·de**★ (-, -n) **1** *nur Singular* eine Substanz aus weichem, weißem Kalkstein **K** Kreidefelsen **2** ein Stück Kreide, das man zum Schreiben oder Zeichnen verwendet ⟨*weiße, bunte, farbige Kreide; ein Stück Kreide*⟩ *„etwas mit Kreide an die Tafel schreiben"* **K** Kreidezeichnung **3** **bleich/weiß wie Kreide werden** vor allem vor Schreck (oder Übelkeit) blass werden **K** kreideweiß

**kre·ie·ren** [kreˈiːrən] (*kreierte, hat kreiert*) **etwas kreieren** (vor allem in der Mode) ein neues Muster oder Modell machen *„eine neue Kollektion kreieren"*

der **Kreis**★ (-es, -e) **1** eine geschlossene Linie, die so um einen Punkt herum verläuft, dass sie an jeder Stelle gleich weit davon entfernt ist (oder die Fläche, die innerhalb dieser Linie liegt) ⟨*einen Kreis* (*mit einem Zirkel*) *zeichnen; der Durchmesser, die Fläche, der Radius, der Umfang eines Kreises*⟩ **K** Kreislinie; kreisrund **2** **in einem/im Kreis** so, dass dabei eine Art Kreis entsteht ⟨*sich im Kreis bewegen, drehen, umsehen; in einem/im Kreis* (*um jemanden/etwas herum*) *gehen, laufen; Personen sitzen, stehen im Kreis* (*um jemanden/etwas herum*)⟩ **3** mehrere Personen, die (oft) zusammen sind, um gemeinsam etwas zu tun ⟨*ein geselliger Kreis*⟩ ≈ Runde *„Er verbrachte Weihnachten im Kreis seiner Freunde"* **K** Arbeitskreis, Familienkreis **4** mehrere Personen (oder auch Dinge), die ein gemeinsames Merkmal haben ⟨*der Kreis der Interessenten, Kunden, Leser, Verdächtigen; ein Kreis von Problemen, Themen*⟩ *„Ist im Kreis der Nachbarn keiner, der da helfen könnte?"* **K** Kundenkreis; Problemkreis, Themenkreis **5** Kurzwort für *Landkreis* **K** Kreiskrankenhaus, Kreismeisterschaft, Kreissparkasse **ID** **jemandem dreht sich alles im Kreis**(e) jemandem ist schwindlig • *zu* (1) **kreis·för·mig** *ADJEKTIV*

**krei·schen** (*kreischte, hat gekreischt*) **1** **(etwas) kreischen** (etwas) mit lauter und hoher Stimme schreien ⟨*vor Schreck, vor Vergnügen kreischen*⟩ *„Achtung!", kreischte sie"* ❶ Das Objekt ist meist ein Satz **2** **etwas kreischt** etwas klingt laut und schrill ⟨*die Säge kreischt*⟩

der **Krei·sel** (-s, -) ein kleines Spielzeug für Kinder, das sich auf einer Spitze im Kreis dreht, wenn man ihm Schwung gibt ⟨*den Kreisel aufziehen, tanzen lassen; etwas dreht sich wie ein Kreisel*⟩ • *hierzu* **krei·seln** (*hat/ist*)

**krei·sen** (*kreiste, hat/ist gekreist*) **1** (*hat/ist*) sich so fortbewegen, dass ein Kreis oder Bogen entsteht *„Die Erde kreist um die Sonne"* ❶

Wenn sich etwas auf der gleichen Stelle im Kreis bewegt, dann *dreht* es sich oder es *rotiert.* **2** **mit etwas kreisen** (*hat*) etwas so bewegen, dass ein Kreis oder Bogen entsteht ⟨*mit den Armen, den Beinen, dem Kopf kreisen*⟩

der **Kreis·lauf** **1** die Art der Bewegung, bei der etwas immer wieder zum Ausgangspunkt zurückkehrt, sich ständig wiederholt, ein (geschlossenes) System bildet **K** Geldkreislauf, Wasserkreislauf **2** *meist Singular* die Bewegung des Blutes im Körper ⟨*der Kreislauf versagt; einen schwachen Kreislauf haben; etwas regt den Kreislauf an; belastet den Kreislauf*⟩ ≈ Zirkulation **K** Kreislaufkollaps, Kreislaufschwäche; Blutkreislauf

die **Kreis·sä·ge** eine Maschine mit einer runden Säge

der **Kreiß·saal** der Raum in einem Krankenhaus, in dem Frauen Kinder bekommen (gebären) *„die Entbindung im Kreißsaal"*

die **Kreis·stadt** die Stadt, in der sich die Behörden eines Landkreises befinden

der **Kren** (-(*e*)*s*); *süddeutsch* Ⓐ ≈ Meerrettich

**kre·pie·ren** (*krepierte, ist krepiert*) **jemand krepiert** *gesprochen* ▲ ein Mensch oder ein Tier stirbt

die **Kres·se** (-, -*n*); *meist Singular* eine kleine Pflanze, deren Blätter ziemlich scharf schmecken und als Salat gegessen werden oder als Gewürz dienen

**kreuz** **ID** **kreuz und quer** ohne Plan, Ordnung oder System *„mit dem Auto kreuz und quer durch die Stadt fahren"* | *„Die Stifte liegen kreuz und quer in der Schachtel"*

das **Kreuz**★ (-*es*, -*e*) **1** die Zeichen x oder +, die man z. B. schreibt, um eine Stelle auf einem Plan, einer Karte o. Ä. genau zu markieren oder um eine von mehreren Möglichkeiten auf einem Formular zu wählen ⟨*ein Kreuz machen*⟩ **2** eine Sache mit der Form eines Kreuzes ⟨*etwas bildet ein Kreuz*⟩ **K** Drehkreuz, Fensterkreuz **3** ein Kreuz, das als Symbol verwendet wird (z. B. in der christlichen Religion oder in Verbindung mit dem Namen eines Toten, dem Datum des Todes) *„Die Schweizer Flagge zeigt ein weißes Kreuz auf rotem Grund"* **K** Grabkreuz, Warnkreuz **4** *historisch* ein Gerüst mit einem langen senkrechten und einem kurzen waagrechten Balken, an dem früher Menschen aufgehängt und getötet wurden ⟨*jemanden ans Kreuz schlagen, vom Kreuz abnehmen*⟩ *„Jesus Christus starb am Kreuz"* **K** Kreuzestod **5** der untere Teil des Rückens ⟨*jemandem tut das Kreuz weh; aufs Kreuz fallen*⟩ **K** Kreuzschmerzen **6** eine Spielfarbe im internationalen Kartenspiel oder eine Karte dieser Farbe ⓘ → Beispiele **Herz** **7** **das Rote Kreuz** eine Organisation, die vor allem bei Unfällen, Katastrophen, im Krieg o. Ä. Kranke, Verwundete und Menschen in Not betreut. Das Zeichen ist ein rotes Kreuz auf weißem Grund **K** Rotkreuzhelfer **8** **über Kreuz** so, dass dabei eine Art Kreuz entsteht ⟨*Dinge liegen über Kreuz*⟩ *„Er legte Messer und Gabel über Kreuz auf seinen Teller"* • *zu* (1) **kreuz·för·mig** ADJEKTIV

**kreu·zen**★ (*kreuzte, hat/ist gekreuzt*) **1** **etwas kreuzt etwas** (*hat*) zwei Wege, Fahrbahnen o. Ä. überschneiden sich (meist in Form eines Kreuzes) **2** **die Arme/Beine kreuzen** (*hat*) die Arme oder die Beine so übereinanderlegen, dass eine Art Kreuz entsteht **3** **ein Tier/eine Pflanze mit einem Tier/einer Pflanze kreuzen; Tiere/Pflanzen (miteinander) kreuzen** (*hat*) bewirken, dass Tiere oder Pflanzen verschiedener Arten miteinander Nachkommen bekommen, sodass eine neue Art entsteht *„Wenn man Pferde und Esel (miteinander) kreuzt, erhält man Maultiere und Maulesel"* **4** **etwas kreuzt irgendwo** (*hat/ist*) ein Schiff fährt hin und her, nicht direkt zu einem Ziel hin *„Vor der Küste kreuzt eine große Jacht"* **5** **etwas kreuzt sich mit etwas; Dinge kreuzen sich** (*hat*) zwei oder mehrere Straßen, Bahnlinien o. Ä. überschneiden sich an einem Punkt

der **Kreu·zer** (-*s*, -) **1** ein großes, schnelles Kriegsschiff **2** ein Segel- oder Motorschiff, mit dem man relativ lange Reisen machen kann

die **Kreuz·fahrt** eine Urlaubsreise auf einem großen, schönen Schiff, bei der man in verschiedenen Häfen an Land geht und kleine Ausflüge macht

das **Kreuz·feu·er** **ID** **im Kreuzfeuer (der Kritik) stehen, ins Kreuzfeuer (der Kritik) geraten** von verschiedenen Seiten (öffentlich) scharf kritisiert werden

**kreu·zi·gen** (*kreuzigte, hat gekreuzigt*) **jemanden kreuzigen** *historisch* eine Person zur Strafe an ein großes Kreuz hängen und sie so töten *„Jesus wurde gekreuzigt"* • *hierzu* **Kreu·zi·gung** *die*

die **Kreuz·spin·ne** eine große Spinne, deren Rücken als Muster ein Kreuz zeigt

die **Kreu·zung**★ (-, -*en*) **1** eine Stelle, an der sich

K

zwei (oder mehrere) Straßen schneiden und an der man von einer Straße auf die andere wechseln kann ⟨*an der Kreuzung stehen bleiben, halten, abbiegen; eine Kreuzung überqueren; über die Kreuzung fahren, gehen*⟩ **2** das Züchten von Tieren oder Pflanzen (durch eine Mischung der Arten) **3** ein Tier oder eine Pflanze, die durch Kreuzen entstanden sind *„Die Nektarine ist eine Kreuzung aus Pfirsich und Pflaume"*

das **Kreuz·ver·hör** eine Form des Verhörs, bei der Zeugen vor Gericht durch den Staatsanwalt und den Verteidiger intensiv befragt werden, um möglichst viele Informationen zu bekommen ⟨*jemanden ins Kreuzverhör nehmen; jemand einem Kreuzverhör unterziehen*⟩

das **Kreuz·wort|rät·sel** ein gedrucktes Rätselspiel, bei dem man (oft in Zeitungen und Zeitschriften) Wörter erraten muss, die man in ein Muster von Kästchen einträgt. Manche Wörter muss man von links nach rechts und andere von oben nach unten einsetzen ⟨*ein Kreuzworträtsel machen, lösen, ausfüllen*⟩

das **Kreuz·zei·chen** das Zeichen eines Kreuzes, das Katholiken machen, indem sie die rechte Hand zur Stirn hin, dann anschließend zur Brust und zur linken und rechten Schulter bewegen ⟨*das/ein Kreuzzeichen machen*⟩

der **Kreuz·zug** *historisch* eine lange Reise von christlichen Soldaten und Pilgern als Teil eines religiösen Krieges (im Mittelalter) gegen islamische Völker am Mittelmeer

**krib·beln** (*kribbelte, hat gekribbelt*); *gesprochen* **1** **etwas kribbelt** etwas juckt oder kitzelt *„Meine Haut kribbelt am Rücken"* **2** **es kribbelt jemandem/jemanden irgendwo** es juckt jemandem/jemanden in der Nase, auf der Haut, auf dem Rücken o. Ä.

**krie·chen★** (*kroch, ist gekrochen*) **1** sich auf Händen und Knien fortbewegen ⟨*durch ein Loch, ins Zelt, auf allen vieren kriechen*⟩ ⓘ vergleiche **krabbeln** **2** sich so fortbewegen, dass der Bauch den Boden berührt *„Der Hund kroch winselnd näher zu uns"* ⓘ vergleiche **robben** **3** **irgendwohin kriechen** sich an einen Ort begeben, wo sehr wenig Platz ist oder der Körper von etwas (Schützendem) bedeckt wird ⟨*unter die Decke, ins Bett, hinter den Ofen/Schrank kriechen*⟩ **4** **der Verkehr kriecht** die Autos usw. bewegen sich sehr langsam vorwärts **K** Kriechtempo **5** **(vor jemandem) kriechen** *abwertend* sich sehr (übertrieben) demütig benehmen und so zeigen, dass man alles tut, was eine andere Person verlangt **6** **eine kriechende Pflanze** eine Pflanze, die am Boden entlangwächst

das **Kriech·tier** ≈ Reptil

der **Krieg★** (-(e)s, -e) **1** **ein Krieg (gegen jemanden/mit jemandem)**; **ein Krieg (zwischen Ländern/Völkern/...)** eine Situation, bei der verschiedene Länder oder Teile eines Volkes mit Waffen gegeneinander kämpfen ⟨*ein blutiger, grausamer, unerklärter, offener, verlorener/aussichtsloser Krieg; ein Land rüstet zum/für den Krieg, bereitet einen Krieg vor, fängt einen Krieg an, erklärt einem Land den Krieg, befindet sich mit einem Land im Krieg; ein Land führt, beendet, gewinnt, verliert einen Krieg; irgendwo ist/herrscht Krieg; in den Krieg ziehen*⟩ ↔ Frieden *„Viele Soldaten fallen im Krieg, und viele Zivilisten kommen im Krieg um"* **K** Kriegserklärung, Kriegsfilm, Kriegsschiff, Kriegstote, Kriegsverbrecher **2** **der Kalte Krieg** *historisch* die Situation, in der die NATO und die ehemaligen Sowjetunion mit Krieg drohten und wenig verhandelten, aber nicht mit Waffen gegeneinander kämpften **3** **ein Heiliger/heiliger Krieg** ein Krieg, der mit religiösen Ideen begründet wird

**krie·gen★** (*kriegte, hat gekriegt*); *gesprochen* **etwas kriegen** ≈ bekommen *„Hat die Polizei den Einbrecher (zu fassen) gekriegt?"* | *„Ich kriege noch dreißig Euro von dir"* ⓘ kein Passiv

**krie·ge·risch** ADJEKTIV **1** ⟨*ein Volk*⟩ so (aggressiv), dass es oft und gern kämpft **2** in der Form eines Krieges ⟨*Aktionen, Auseinandersetzungen, Konflikte*⟩

der **Kri·mi★** (-s, -s); *gesprochen* Kurzwort für *Kriminalroman*, *Kriminalfilm* oder *Kriminalgeschichte* ⟨*einen Krimi lesen, anschauen, ansehen*⟩

**Kri·mi·nal-** *im Substantiv, betont, begrenzt produktiv* **der Kriminalfilm, der Kriminalroman, der Kriminalprozess, die Kriminalstatistik** *und andere* mit Kriminalität, Verbrechen als Thema

der **Kri·mi·nal·be·am·te** ein Beamter (bei) der Kriminalpolizei • *hierzu* **Kri·mi·nal·be·am·tin** *die*

die **Kri·mi·na·li·tät★** (-) **1** verbrecherische (kriminelle) Aktivitäten ⟨*zur Kriminalität neigen; in die Kriminalität absinken*⟩ **2** alle Verbrechen, die (z. B. in einem Land pro Jahr) passieren ⟨*eine Stadt o. Ä. hat eine hohe, steigende*

*Kriminalität; die Kriminalität bekämpfen*⟩

die **Kri·mi·nal·po·li·zei** der Teil der Polizei, welcher die Aufgabe hat, Verbrechen zu untersuchen

**kri·mi·nell★** *ADJEKTIV* **1** die eigenen Ziele mit Verbrechen verfolgen ⟨*Menschen, Organisationen*⟩ ≈ verbrecherisch **2** ⟨*Handlungen*⟩ so, dass sie ein Verbrechen darstellen ≈ strafbar **3** **kriminell werden** (zum ersten Mal) etwas tun, das als Verbrechen bestraft wird **4** *gesprochen* ⟨*ein Leichtsinn, eine Rücksichtslosigkeit*⟩ so, dass sie zu einem Unglück führen könnten ≈ unverantwortlich *„Wie er Auto fährt, das ist ja kriminell!"* • *zu* (1) **Kri·mi·nel·le** *der/die*

der **Krin·gel** (-s, -) **1** ein kleiner, nicht exakt gezeichneter Kreis *„aus Langeweile Kringel an den Heftrand malen"* **2** ein Gebäck oder Keks mit der Form eines Kreises **K** Schokoladekringel

die **Kri·po** (-); *gesprochen* Kurzwort für *Kriminalpolizei*

die **Krip·pe** (-, -n) **1** ein Gestell, in das man das Futter für Hirsche, Rehe, Pferde usw. legt *„eine Krippe mit Heu"* **K** Futterkrippe **2** ein Modell mit Figuren, einem Stall und einer Krippe, mit dem die Geburt von Jesus Christus dargestellt wird *„unter dem Christbaum eine Krippe aufstellen"* **K** Weihnachtskrippe **3** *gesprochen* Kurzwort für *Kinderkrippe*

die **Kri·se★** (-, -n) eine schwierige, unsichere oder gefährliche Situation oder Zeit (die vieles ändern kann) ⟨*eine finanzielle, politische, wirtschaftliche, seelische Krise; in einer Krise sein, stecken; eine Krise durchmachen, überwinden*⟩ *„Die enorme Steigerung der Ölpreise führte zu einer wirtschaftlichen Krise"* **K** Ehekrise, Bankenkrise, Finanzkrise

das **Kri·sen·ge·biet** eine Region, in der es politische Konflikte gibt und in der es zu Kämpfen kommen kann

der **Kri·sen·herd** ≈ Krisengebiet

der **Kris·tall**[1]; (-s, -e) eine chemische Substanz in einer festen Form mit vielen kleinen Flächen, die oft wie helles Glas schimmern *„kleine durchsichtige Kristalle aus Eis"* **K** Salzkristall, Zuckerkristall • *hierzu* **kris·tal·lisch** *ADJEKTIV*

das **Kris·tall**[2]; (-s) farbloses, meist geschliffenes Glas von hoher Qualität **K** Kristallglas, Kristallkugel

das **Kri·te·ri·um★** (-s, *Kri·te·ri·en* [-riən]) **ein Kriterium (für etwas)** ein Merkmal, nach dem man eine Frage entscheidet oder etwas beurteilt ⟨*Kriterien aufstellen*⟩ *„Nach welchen Kriterien entscheidet die Jury?"*

die **Kri·tik★** (-, -en) **1** **Kritik (an jemandem/etwas)** *nur Singular* die Beurteilung einer Person/Sache nach Kriterien bzw. die Worte, mit denen diese Beurteilung ausgedrückt wird ⟨*harte, konstruktive, negative, sachliche, schonungslose Kritik; Kritik äußern, üben, vorbringen; keine Kritik vertragen*⟩ *„Der Reporter übte Kritik an dem Einsatz der Polizei"* **2** **eine Kritik (von jemandem/etwas) (über eine Person/Sache)** ein Bericht in einer Zeitung, im Radio usw., in dem ein Buch, Film o. Ä. beurteilt wird ⟨*eine gute, schlechte, vernichtende Kritik; eine Kritik schreiben, verfassen*⟩ *„Über seinen neuen Film konnte man in den Zeitungen nur gute Kritiken lesen"* **K** Filmkritik, Literaturkritik, Musikkritik • *hierzu* **Kri·ti·ker** *der*; **Kri·ti·ke·rin** *die*

**kri·tisch★** *ADJEKTIV* **1** ⟨*ein Beobachter, eine Einschätzung, ein Kommentar, ein Leser*⟩ so, dass sie jemanden/etwas genau prüfen und streng beurteilen *„sich kritisch mit etwas auseinandersetzen"* **2** negativ in der Beurteilung (von jemandem/etwas) ⟨*eine Äußerung, eine Bemerkung*⟩ *„Er äußerte sich kritisch zu den neuen Beschlüssen der Regierung"* **3** so, dass die Gefahr besteht, dass sich etwas negativ entwickelt oder ein schlechtes Ende hat ⟨*eine Lage, eine Situation, ein Stadium, ein Zeitpunkt*⟩ ≈ gefährlich *„Der Kranke befindet sich in einem äußerst kritischen Zustand, es ist fraglich, ob er die Nacht überlebt"*

**kri·ti·sie·ren★** (*kritisierte, hat kritisiert*) **jemanden/etwas kritisieren** Kritik an jemandem/etwas äußern *„Sein Verhalten wurde von der Geschäftsleitung scharf/hart kritisiert"*

**krit·zeln** (*kritzelte, hat gekritzelt*) **1** **(etwas) (irgendwohin) kritzeln** etwas so hastig oder mit kleinen Buchstaben schreiben, dass es schwer zu lesen ist *„Schnell kritzelte sie noch eine Nachricht für ihn auf einen Zettel"* **2** **(etwas) irgendwohin kritzeln** etwas z. B. aus Langeweile oder Nervosität auf einen Zettel o. Ä. zeichnen *„beim Telefonieren Schnörkel und Männchen auf ein Papier kritzeln"*

**kroch** *Präteritum, 1. und 3. Person Singular* → kriechen

der **Kro·kant** (-(e)s) eine harte braune Substanz aus Zucker und Mandeln oder Nüssen **K** Krokantpraline, Krokantschokolade

die **Kro·ket·te** (-, -n); *meist Plural* eine kleine

K

Rolle aus paniertem Kartoffelbrei, die in Fett gebacken wurde

das **Kro·ko·dil** (-s, -e) ein großes Tier (Reptil), das in manchen warmen Ländern im und am Wasser lebt. Krokodile haben scharfe Zähne und eine sehr harte Haut **K** Krokodilleder

der **Kro·kus** (-, -se) eine kleine, meist weiße, gelbe oder violette Blume, die im Frühling blüht

die **Kro·ne**★ (-, -n) **1** ein Schmuck aus Gold und Edelsteinen, den ein König, eine Königin usw. (als Zeichen ihres Amtes) zu besonderen Anlässen auf dem Kopf tragen **K** Kaiserkrone, Königskrone **2** die Familie eines Königs, Kaisers o. Ä. *„Der englischen Krone gehören große Reichtümer"* **K** Kronjuwelen **3** Kurzwort für *Baumkrone* **4** eine feste Schicht (meist aus Kunststoff oder Edelmetall), die vom Zahnarzt auf den Rest eines kaputten Zahnes gesetzt wird **K** Goldkrone, Porzellankrone **5** *nur Singular* eine Person oder Sache, die perfekt ist *„Manche bezeichnen den Menschen als „Krone der Schöpfung"* **6** die Währung in manchen Ländern wie z. B. Dänemark und Schweden

**krö·nen** (*krönte, hat gekrönt*) **1 jemanden (zu etwas) krönen** eine Person zum König o. Ä. machen und ihr dabei die Krone aufsetzen *„Karl der Große wurde im Jahre 800 zum Kaiser gekrönt"* ❶ meist im Passiv **2 etwas krönt etwas** etwas ist der Höhepunkt einer Sache ⟨*der krönende Abschluss einer Arbeit, eines Festes*⟩ • *hierzu* **Krö·nung** *die*

der **Kron·zeu·ge** eine Person, die für ein Verbrechen, an dem sie selbst beteiligt war, nicht oder nur wenig bestraft wird, weil durch ihre Aussage in einem Prozess andere Verbrecher verurteilt werden können **K** Kronzeugenregelung • *hierzu* **Kron·zeu·gin** *die*

der **Kropf** (-(e)s, *Kröp·fe*) eine dicke Stelle am Hals, die jemand bekommt, wenn die Schilddrüse zu groß wird ⟨*einen Kropf bekommen, haben, operieren lassen*⟩

die **Krö·te** (-, -n) **1** ein Tier, das wie ein Frosch mit Warzen aussieht **2** *gesprochen nur Plural* eine kleine Menge Geld ⟨*ein paar, die letzten Kröten*⟩

die **Krü·cke** (-, -n) ein Stock mit einem Griff (für die Hand) und einem Teil, der unter den Arm passt, für eine Person, die am Fuß oder Bein verletzt ist und schlecht gehen kann ⟨*an Krücken gehen*⟩

der **Krug** (-(e)s, *Krü·ge*) **1** ein Gefäß aus Glas, Porzellan o. Ä. für Flüssigkeiten mit einem oder zwei Henkeln ⟨*ein irdener, gläserner Krug*⟩ *„Bier aus einem Krug trinken"* **K** Bierkrug, Weinkrug, Glaskrug, Tonkrug, Zinnkrug, Maßkrug **2** die Menge Flüssigkeit, die in einen Krug passt *„einen Krug Wein bestellen"*

der **Krü·mel** (-s, -) ein sehr kleines Stück (vor allem vom Brot, vom Kuchen, vom Tabak) **K** Brotkrümel, Kuchenkrümel

**krumm**★ ADJEKTIV (*krummer/krümmer, krummst-/krümmst-*) **1** (in Bezug auf etwas mit länglicher Form) so, dass es nicht ganz gerade ist, sondern einen Bogen hat ⟨*schief und krumm; krumm und bucklig; krumm sitzen*⟩ ↔ gerade *„Ohne Lineal wird die Linie krumm"* **2** *gesprochen meist attributiv* nicht ehrlich ⟨*ein krummes Ding drehen; auf die krumme Tour*⟩ ≈ betrügerisch • *zu* (1) **krumm·bei·nig** ADJEKTIV

**krüm·men**★ (*krümmte, hat gekrümmt*) **1 etwas krümmen** etwas Gerades krumm machen ≈ biegen *„den Rücken krümmen"* **2 etwas krümmt sich** etwas ist/wird krumm ⟨*eine Linie, eine Fläche*⟩ *„etwas hat eine gekrümmte Oberfläche"* **3 sich (vor etwas** (*Dativ*)**) krümmen** den Rücken krumm machen ⟨*sich vor Schmerzen krümmen*⟩

**krumm·neh·men** (*nimmt krumm, nahm krumm, hat krummgenommen*) **(jemandem) etwas krummnehmen** *gesprochen* sich über jemandes Verhalten ärgern

die **Krüm·mung** (-, -en) eine bogenförmige Abweichung von einem geraden Verlauf ⟨*etwas hat eine Krümmung*⟩ *„die natürliche Krümmung des Rückens"* | *„die Krümmung der Erdoberfläche"*

der **Krüp·pel** (-s, -) **1** *meist abwertend* ein Mensch, dessen Körper nicht wie üblich gewachsen ist, der Missbildungen o. Ä. hat **2** ≈ Invalide

die **Krus·te** (-, -n) eine harte Schicht auf etwas Weichem ⟨*eine harte, knusprige, zähe Kruste; die Kruste eines Bratens, eines Brotes*⟩ *„Auf der Wunde hat sich eine Kruste aus geronnenem Blut gebildet"* **K** Blutkruste, Brotkruste, Hautkruste

das **Kru·zi·fix, Kru·zi·fix**; (-es, -e) eine Darstellung des Kreuzes, an dem Jesus Christus gestorben ist

**Kto.** Abkürzung für *Konto*

der **Kü·bel** (-s, -) **1** ein (größeres) rundes, weites Gefäß mit einem oder zwei Henkeln **K** Kübelpflanze; Blumenkübel **2** *süddeutsch* Ⓐ ≈ Eimer

**kü·beln** (*kübelte, hat gekübelt*); *gesprochen* **es kübelt (wie aus Eimern)** es regnet sehr stark

**Ku·bik, Ku·bik** *ohne Artikel, Plural; gesprochen* (Kurzwort für *Kubikzentimeter*) verwendet, um die Größe des Hubraums eines Fahrzeugs anzugeben *„ein Motorrad mit 500 Kubik"*

der **Ku·bik·me·ter, Ku·bik·me·ter★** eine Einheit, mit der das Volumen gemessen wird. Ein Kubikmeter ist 1 Meter hoch, 1 Meter lang und 1 Meter breit ❶ Abkürzung (nach Zahlen): $m^3$

die **Ku·bik·zahl, Ku·bik·zahl** eine Zahl mit einer hochgestellten 3 *„Die Zahl 8 lässt sich als Kubikzahl von 2 darstellen"* $8 = 2^3$

die **Kü·che★** (-, -*n*) **1** ein Raum, der so eingerichtet ist (mit Herd, Kühlschrank usw.), dass man dort Speisen zubereiten kann *„eine Wohnung mit Küche und Bad"* **K** Küchengerät, Küchenschrank, Küchenwaage; Großküche **2** die Möbel, mit denen eine Küche eingerichtet ist *„eine neue Küche kaufen"* **K** Einbauküche **3** eine Art, das Essen zu kochen ⟨*die französische, gutbürgerliche, italienische Küche; eine gute/vorzügliche, eine schlechte/miserable Küche*⟩ **4** *nur Singular* die Personen, die in der Küche eines Hotels, Restaurants o. Ä. arbeiten **K** Küchenhilfe, Küchenpersonal **5** **kalte/warme Küche** kaltes/warmes Essen *„ein Lokal mit durchgehend warmer Küche"*

der **Ku·chen★** (-*s*, -) ein relativ großes, süßes Gebäck ⟨*einen Kuchen backen, machen, anschneiden; ein Stück Kuchen abschneiden, essen; jemanden zu Kaffee und Kuchen einladen*⟩ *„Zum Geburtstag gibt es einen verzierten Kuchen mit Kerzen"* **K** Kuchenblech, Kuchenform, Kuchengabel, Kuchenteig; Apfelkuchen, Erdbeerkuchen, Schokoladenkuchen *usw.*

der **Kü·chen·chef** der Koch, welcher die Arbeit in der Küche eines Restaurants leitet • *hierzu* **Kü·chen·che·fin** *die*

die **Kü·chen·ma·schi·ne** ein elektrisches Gerät (mit einem Behälter), das Teig rühren, Gemüse o. Ä. zerkleinern, Sahne (steif) schlagen usw. kann

der **Ku·ckuck** (-*s*, -*e*) ein Vogel, der Eier in fremde Nester legt und von anderen Vögeln brüten lässt ⟨*der Kuckuck ruft*⟩ **K** Kuckucksruf

die **Ku·ckucks·uhr** eine Uhr, bei der ein kleiner Vogel (aus Holz) jede halbe und/oder volle Stunde erscheint und die Zeit so angibt, dass der Ruf des Kuckucks imitiert wird

die **Ku·fe** (-, -*n*) der schmale, lange Teil, auf dem Schlitten oder Schlittschuhe über Schnee oder Eis gleiten

die **Ku·gel★** (-, -*n*) **1** ein runder, meist relativ kleiner Körper, der leicht rollt (und im Gegensatz zu einem Ball nicht elastisch ist) ⟨*eine Kugel rollt*⟩ *„Murmeln sind kleine bunte Kugeln aus Glas, mit denen Kinder spielen"* **K** kugelrund; Eisenkugel, Glaskugel, Holzkugel, Plastikkugel, Stahlkugel **2** eine schwere Kugel aus Metall, die man im Sport (beim Kugelstoßen) schleudert oder beim Kegeln rollt ⟨*die Kugel schieben*⟩ **3** ein kleiner Gegenstand aus Metall, den man mit einem Gewehr, einer Pistole o. Ä. (ab)schießt ⟨*von einer Kugel getroffen, durchbohrt, gestreift, verfehlt werden; jemandem eine Kugel in/durch den Kopf schießen, jagen*⟩ **K** Kugelhagel; Pistolenkugel • *zu* (1) **ku·gel·för·mig** ADJEKTIV; *zu* (1) **ku·ge·lig** ADJEKTIV

das **Ku·gel·la·ger** der Teil in einer Maschine, einem Fahrzeug o. Ä., in dem kleine Stahlkugeln die Reibung verringern

der **Ku·gel·schrei·ber★** ein Stift zum Schreiben mit einer Mine, die Farbe enthält ≈ Kuli

**ku·gel·si·cher** ADJEKTIV ≈ kugelfest

das **Ku·gel·sto·ßen** (-*s*) eine Sportart (der Leichtathletik), bei der man eine schwere Kugel möglichst weit wirft (stößt) • *hierzu* **Ku·gel·sto·ßer** *der*; **Ku·gel·sto·ße·rin** *die*; **ku·gel·sto·ßen**

die **Kuh★** (-, *Kü·he* ['ky:ə]) **1** ein Rind ⟨*die Kuh muht, käut wieder; Kühe halten*⟩ **K** Kuhglocke, Kuhstall **2** ein weibliches Rind ⟨*die Kuh gibt Milch; eine Kuh melken*⟩ **K** Kuhmilch **3** *gesprochen, abwertend* verwendet als Schimpfwort für eine Frau, über die man sich ärgert ⟨*blöde Kuh*⟩

die **Kuh·haut** **ID** **Das geht auf keine Kuhhaut!** Das geht zu weit, das ist unerträglich!

**kühl★** ADJEKTIV **1** mit/von relativ niedriger Temperatur, aber nicht richtig kalt ↔ warm *„Im September sind die Nächte oft schon kühl"* **2** höflich, aber nicht freundlich ⟨*ein Empfang; jemanden kühl ansehen, behandeln, grüßen*⟩ **3** so, dass der Betreffende ohne Gefühle, Emotionen und nur mit dem Verstand urteilt und entscheidet ⟨*kühl und sachlich; nüchtern und kühl*⟩ **4** **jemandem ist kühl** jemand friert ein bisschen

die **Kühl·box** ein Behälter, in dem Getränke und Speisen kühl bleiben

die **Küh·le** (-) **1** eine kühle Temperatur ≈ Frische *„Der Ventilator sorgt im Sommer für angeneh-*

K

*me Kühle"* **2** eine wenig freundliche Art *„die Kühle eines unfreundlichen Empfangs"* **3** ≈ Sachlichkeit *„die Kühle des Verstandes"*

das **Kühl·ele·ment** ein flacher Gegenstand aus meist blauem Plastik, der mit einer Flüssigkeit gefüllt ist. Das Kühlelement wird eingefroren und dann in eine Kühlbox oder -tasche gelegt, um die Lebensmittel darin kühl zu halten

**küh·len★** (*kühlte, hat gekühlt*) **1** **etwas kühlt etwas** etwas senkt die Temperatur einer Sache, macht etwas kühl ⟨*ein Motor wird mit Wasser, mit Luft gekühlt*⟩ **K** Kühlwasser **2** **etwas kühlt (etwas)** etwas macht etwas kühl *„Die Salbe kühlt"* **3** **(etwas) kühlen** etwas kühl machen *„Getränke im Kühlschrank/in einem Eimer mit Eiswasser kühlen"*

der **Küh·ler** (-s, -) der Teil eines Motors, der dazu dient, die Temperatur des Motors niedrig zu halten

der **Kühl·schrank★** ein Gerät, in dem man Lebensmittel kühlt und sie frisch hält ⟨*an den Kühlschrank gehen*⟩

die **Küh·lung** (-, -en) **1** *nur Singular* das Kühlen *„die Kühlung von Getränken"* **2** *nur Singular* die angenehme Frische von etwas, das kühlt *„Der Regen brachte kaum Kühlung"*

**kühn** ADJEKTIV **1** so, dass der Betreffende trotz einer Gefahr keine Furcht zeigt, sondern handelt ⟨*ein Held, eine Tat*⟩ ≈ mutig **2** ganz neu, ungewöhnlich oder alles andere übertreffend ⟨*ein Gedanke, eine Idee, ein Plan*⟩ • *hierzu* **Kühn·heit** *die*

das **Kü·ken** (-s, -) **1** ein junges Huhn **2** ein junger Vogel ≈ Junges **K** Entenküken

**ku·lant** ADJEKTIV (*kulanter, kulantest-*) großzügig und entgegenkommend ⟨*ein Kaufmann*⟩ *„Der Händler war kulant und hat die Reparatur umsonst ausgeführt"* • *hierzu* **Ku·lanz** *die*

der **Ku·li, Ku·li**; (-s, -s); *gesprochen* ≈ Kugelschreiber

**ku·li·na·risch** ADJEKTIV *meist attributiv* in Bezug auf gutes Essen ⟨*Genüsse*⟩

die **Ku·lis·se★** (-, -n) **1** die Gegenstände auf einer Bühne, die zeigen sollen, an welchem Ort die Handlung z. B. eines Theaterstücks spielt ⟨*eine Kulisse aufbauen, abbauen*⟩ ≈ Bühnenbild **2** die Umgebung, der Hintergrund *„Die Alpen bildeten eine malerische Kulisse für den neuen Film"*

der **Kult** (-(e)s, -e) **1** eine einfache Religion ⟨*ein heidnischer, indianischer, uralter Kult*⟩ **2** sehr große oder übertriebene Begeisterung für eine Sache oder Person *„Das Buch ist Kult!"* das muss man gelesen haben **K** Kultfilm, Kultroman; Jugendkult

**kul·ti·vie·ren** (*kultivierte, hat kultiviert*); *geschrieben* **1** **etwas kultivieren** einen Boden so bearbeiten, dass man darauf Getreide, Gemüse o. Ä. anbauen kann ⟨*den Boden, Brachland, das Moor kultivieren*⟩ **2** **Pflanzen kultivieren** Pflanzen züchten und anbauen **3** **etwas kultivieren** etwas sorgfältig pflegen und so behandeln, dass es auf ein hohes Niveau kommt *„Ihr Benehmen ist sehr kultiviert"* vornehm und gebildet

die **Kul·tur★** (-, -en) **1** *nur Singular* Elemente der menschlichen Gesellschaft wie Kunst, Wissenschaft, Religion, Sprache usw. **K** Kulturgeschichte, Kulturgut ❶ vergleiche **Zivilisation** **2** die Stufe oder die Art der Kultur, die ein Volk in während eines Zeitraums in der Geschichte erreicht hat ⟨*eine primitive, hoch entwickelte Kultur; die östliche, westliche, abendländische Kultur*⟩ **3** die (künstlerischen und wissenschaftlichen) Aufgaben, Aktivitäten und Produkte, die zu einer Kultur gehören ⟨*die Kultur fördern*⟩ **K** Kulturpolitik, Kulturveranstaltung **4** *nur Singular* die Bildung eines Menschen, wie sie im Benehmen, Geschmack usw. zum Ausdruck kommt ⟨*ein Mensch von Kultur, mit wenig Kultur*⟩ **5** *nur Singular* das Züchten und Anbauen von Pflanzen *„Durch Kultur und Veredelung wurde der Reis zu einem der wichtigsten Nahrungsmittel für den Menschen"* **K** Kulturpflanze **6** Bakterien o. Ä., die für wissenschaftliche oder medizinische Zwecke in einem kleinen Behälter gezüchtet werden ⟨*eine Kultur ansetzen, beobachten*⟩ ≈ Zucht **K** Bakterienkultur • *zu* (4) **kul·tur·los** ADJEKTIV

der **Kul·tur·beu·tel★** eine kleine Tasche, in die man Seife, Zahnbürste und ähnliche Dinge tut, wenn man verreist

**kul·tu·rell★** ADJEKTIV *meist attributiv* **1** ⟨*eine Errungenschaft, die Entwicklung, der Fortschritt*⟩ so, dass sie die menschliche Kultur fördern **2** in Bezug auf die allgemeine Kultur einer Gesellschaft, vor allem der Kunst ⟨*ein Ereignis, Interessen, eine Veranstaltung*⟩

der **Küm·mel** (-s, -) **1** *nur Singular* eine Pflanze mit graubraunen, länglichen Samen, die als Gewürz für Brot, Käse usw. verwendet werden **2** *nur Singular* der Samen des Kümmels als Gewürz ⟨*Brot, Bratkartoffeln mit Kümmel*⟩ **K** Kümmelkäse **3** *gesprochen* ein Schnaps mit dem Geschmack von Kümmel

der **Kum·mer**★ (-s) **1** **Kummer (über jemanden/etwas)** psychisches Leiden, große Sorgen (meist wegen eines Schicksalsschlags o. Ä.) ⟨*Kummer empfinden, haben; jemand/etwas bereitet, macht jemandem Kummer; etwas erspart jemandem Kummer*⟩ ↔ Freude **2** **Kummer (mit jemandem/etwas)** ein Problem, das Ärger, Schwierigkeiten oder Enttäuschungen bereitet ⟨*Kummer gewöhnt sein*⟩ *„Mit seiner Tochter hat er nur Kummer"*

**küm·mer·lich** ADJEKTIV **1** ⟨*Menschen, Tiere, Pflanzen*⟩ nicht so groß und kräftig wie andere *„Auf dem schlechten Boden gedeihen nur wenige kümmerliche Bäume"* **2** ⟨*ein Ergebnis, ein Ertrag, ein Lohn, ein Rest*⟩ so, dass sie weit hinter den Erwartungen und Wünschen zurückliegen

**küm·mern**★ (*kümmerte, hat gekümmert*) **1** **etwas kümmert jemanden** etwas macht einer Person Sorgen oder interessiert sie *„Es kümmert ihn nicht, dass er so unbeliebt ist"* ❶ oft verneint oder in Fragen **2** **etwas kümmert (vor sich hin)** etwas wächst schlecht *„Die Pflanzen kümmern in dem dunklen Raum"* **3** **sich um jemanden kümmern** auf eine Person oder ein Tier aufpassen oder pflegen, wenn sie Hilfe brauchen ⟨*sich um einen Kranken, die Kinder, ein Tier kümmern*⟩ **4** **sich um etwas kümmern** die notwendigen Arbeiten ausführen ⟨*sich um den Haushalt kümmern*⟩ *„Wer kümmert sich um Ihre Blumen, wenn Sie im Urlaub sind?"* **5** **sich um etwas kümmern** sich mit etwas in Gedanken beschäftigen ⟨*sich um die eigenen Angelegenheiten kümmern*⟩ *„Er kümmert sich nicht darum, wie es mir geht"* ❶ oft verneint

der **Kum·pel** (-*s*, -/*gesprochen auch* -*s*) *gesprochen* ⟨*ein (alter) Kumpel von jemandem*⟩ ≈ Freund, Kamerad

**künd·bar** ADJEKTIV **1** ⟨*ein Darlehen, eine Hypothek, ein Vertrag*⟩ so, dass man sie kündigen kann *„Die Versicherung ist frühestens nach Ablauf eines Jahres kündbar"* **2** *meist prädikativ* so, dass der Betreffende entlassen werden kann *„Als Beamter ist er nicht kündbar"*

der **Kun·de**★; (-*n*, -*n*) eine Person, die in einem Geschäft etwas kauft oder Dienste in Anspruch nimmt ⟨*ein alter, guter Kunde; ein Kunde einer Bank, der Bahn, der Post, eines Friseurs; einen Kunden bedienen*⟩ *„Kunden haben, die man regelmäßig beliefert"* **K** Kundenberatung; Stammkunde, Geschäftskunde ❶ vergleiche **Klient** und **Patient** • *hierzu* **Kun·din** *die*

die **-kun·de** (-); *im Substantiv, unbetont, begrenzt produktiv* **Erdkunde, Heilkunde, Heimatkunde, Pflanzenkunde, Sozialkunde, Sternkunde, Vogelkunde** *und andere* verwendet, um eine Wissenschaft oder ein Schulfach zu bezeichnen • *hierzu* **-kund·lich** ADJEKTIV

der **Kun·den·dienst** *meist Singular* **1** alle Leistungen (vor allem Lieferung und Reparatur), die eine Firma ihren Kunden anbietet *„Die kostenlose Lieferung gehört bei uns zum Kundendienst"* **2** die Stelle oder die Einrichtung, die Geräte, Maschinen (einer Firma oder eines Geschäfts) pflegt und repariert ⟨*den Kundendienst anrufen, holen, kommen lassen*⟩ *„Autos sollten regelmäßig zum Kundendienst"*

die **Kun·den·kar·te** eine kleine Karte aus Plastik für Kunden eines Geschäfts o. Ä. Mit der Kundenkarte kann man Rabatte oder Prämien bekommen

**kund·ge·ben** (*gab kund, hat kundgegeben*) **etwas kundgeben** *geschrieben* ≈ bekanntgeben

die **Kund·ge·bung** (-, -*en*) eine Veranstaltung, vor allem als Teil einer Demonstration, bei der eine (politische) Meinung öffentlich verkündet wird ⟨*eine Kundgebung veranstalten; an einer Kundgebung teilnehmen*⟩ *„Der Demonstrationszug endete mit einer Kundgebung am Rathausplatz"* **K** Massenkundgebung

**kun·dig** ADJEKTIV so, dass der Betreffende über etwas viel weiß ⟨*eine Beratung, ein Führer*⟩

**kün·di·gen**★ (*kündigte, hat gekündigt*) **1** **(etwas) kündigen** einen Vertrag o. Ä. zu einem Termin auflösen, beenden ⟨*eine Arbeit, einen Kredit, eine Wohnung kündigen; (etwas) fristgerecht, fristlos kündigen*⟩ *„Hiermit kündige ich das Mietverhältnis zum 1. Oktober"* | *„Er hat (seine Stelle) gekündigt und sich einen neuen Job gesucht"* **2** **jemandem kündigen** (als Arbeitgeber) einen Arbeitsvertrag lösen ≈ entlassen *„Die Firma kündigte ihm fristlos"* **3** **jemandem kündigen** (als Vermieter) den Vertrag mit dem Mieter lösen

die **Kün·di·gung**★ (-, -*en*) **1** die Lösung eines Vertrags ⟨*eine fristgerechte, fristlose, ordnungsgemäße, sofortige Kündigung; jemandem die Kündigung aussprechen*⟩ **K** Kündigungsfrist, Kündigungsschutz **2** ein Schreiben, das die Kündigung enthält ⟨*jemandem eine/die Kündigung schicken*⟩ **K** Kündigungsschreiben **3** die Frist, bis zu der eine Kündigung wirksam wird ⟨*ein Vertrag mit monatlicher, vierteljährlicher, sechsmonatiger, jährlicher Kündigung*⟩

die **Kụnd·schaft**[1]; (-, *-en*) **1** *meist Singular* die Kunden eines Geschäfts, Betriebs *„Wir haben eine große Kundschaft"* **2** eine Person, die in einem Laden einkauft ≈ Kunde *„Es ist Kundschaft da!"*

die **Kụnd·schaft**[2]; (-); *veraltend* die Suche nach Informationen ⟨*auf Kundschaft gehen; jemanden auf Kundschaft schicken, senden*⟩ • *hierzu* **Kụnd·schaf·ter** *der*; **Kụnd·schaf·te·rin** *die*

**kụnd·tun** (*tat kund, hat kundgetan*) **etwas kundtun** *geschrieben* ⟨*seine Meinung, einen Entschluss, Missfallen kundtun*⟩ ≈ mitteilen

**künf·tig** *ADJEKTIV meist attributiv* in Bezug auf die Zukunft *„Ich will das künftig anders machen"*

die **Kụnst**★ (-, *Küns·te*) **1** (eine der) Tätigkeiten von Menschen, durch die sie Werke schaffen oder Dinge tun, die einen ästhetischen Wert haben, und für die man eine besondere Begabung braucht (z. B. Malerei, Musik und Literatur) ⟨*Kunst und Kultur; die Kunst fördern*⟩ **K** Kunststil, Kunstwerk; Baukunst, Dichtkunst, Schauspielkunst **2** die (Tätigkeiten und) Produkte der Architektur, Bildhauerei, Malerei, Grafik und des Kunsthandwerks als Objekt der Betrachtung, der Kritik o. Ä. ⟨*Kunst studieren*⟩ **K** Kunstausstellung, Kunstgeschichte, Kunsthochschule **3** die Fähigkeit, etwas sehr gut oder etwas Schwieriges tun zu können ≈ Geschicklichkeit *„die Kunst, mit wenig Worten viel zu sagen"* **4** *ohne Artikel, nur Singular* etwas, das nicht von selbst (natürlich) entstanden ist, sondern vom Menschen nachgemacht wurde ⟷ Natur **K** Kunstdünger, Kunstfaser, Kunstleder **5** Kurzwort für *Kunsterziehung* **K** Kunstlehrer

der **Kụnst·feh·ler** der Fehler, den ein Arzt bei einer Operation o. Ä. macht ⟨*ein ärztlicher Kunstfehler*⟩ *„Das Kind ist aufgrund eines Kunstfehlers seit seiner Geburt behindert"*

der **Künst·ler**★ (-s, -) eine Person, die Tätigkeiten im Bereich der Kunst ausübt und Kunstwerke schafft ⟨*ein bildender, darstellender, freischaffender, namhafter, berühmter, unbekannter Künstler*⟩ *„Goethe war ein großer Künstler"* **i** nicht verwechseln: *Artisten* treten im Zirkus auf • *hierzu* **Künst·le·rin** *die*

**künst·le·risch**★ *ADJEKTIV meist attributiv* in Bezug auf die Kunst *„ein Bild mit künstlerischem Wert"*

der **Künst·ler·na·me** der Name, den Künstler selbst wählen und unter dem sie bekannt sind *„Bob Dylan ist der Künstlername von Robert Zimmermann"*

**künst·lich**★ *ADJEKTIV* **1** von Menschen als Ersatz hergestellt ⟨*Blumen, ein Farbstoff, Licht, Zähne*⟩ ⟷ natürlich *„ein Pudding mit künstlichem Vanillegeschmack"* **2** mit Hilfe von Geräten, Maschinen o. Ä. ⟨*Beatmung, Befruchtung*⟩ *„Sie wird künstlich ernährt/künstlich am Leben erhalten"* **3** nicht wirklich empfunden, nicht echt *„Sie begrüßte uns mit künstlicher Fröhlichkeit"*

der **Kụnst·stoff**★ ein Material, das durch chemische Verfahren hergestellt wird ⟨*Folien, Kleidung, Spielzeug, Tüten aus Kunststoff*⟩ ≈ Plastik *„Teller aus Kunststoff zerbrechen nicht so leicht wie Teller aus Porzellan"* | *„Nylon ist ein Kunststoff"*

das **Kụnst·stück** eine geschickte (artistische) Leistung, die ein Akrobat, ein Zauberer, ein dressiertes Tier usw. vorführt ⟨*ein Kunststück einüben, vorführen, Kunststücke machen; jemandem ein Kunststück zeigen*⟩ *„Sein Hund kann viele Kunststücke, wie auf den Hinterbeinen laufen oder durch einen Reifen springen"*

das **Kụnst·werk**★ ein Produkt künstlerischer Arbeit (Gestaltung) ⟨*ein architektonisches, geniales, sprachliches Kunstwerk*⟩ *„die berühmten Kunstwerke der Antike bewundern"* | *„Dieser Roman/Dieses Bild ist ein großes Kunstwerk"* **K** Filmkunstwerk, Sprachkunstwerk

das **Kụp·fer**★ (-s) ein relativ weiches, rötliches Metall, das Strom gut leitet ⟨*ein Dach, ein Draht, ein Kessel, eine Münze aus Kupfer; eine Legierung aus Kupfer und Zinn*⟩ **K** Kupferblech, Kupferdraht, Kupferkessel **i** chemisches Zeichen: *Cu* • *hierzu* **kụp·fer·far·ben** *ADJEKTIV*

der **Ku·pon** [ku'põː]; (*-s, -s*) → Coupon

die **Kụp·pe** (-, *-n*) **1** ein relativ flacher, runder Berggipfel ⟨*eine bewaldete Kuppe*⟩ *„Auf der Kuppe des Berges steht eine Kirche"* **2** das runde Ende eines Fingers *„Die Kuppen der Finger zeigen Linien, die bei jedem Menschen anders sind"* **K** Fingerkuppe

die **Kụp·pel** (-, *-n*) meist ein Dach mit der Form

einer halben Kugel K Kuppelbau, Kuppeldach

die **Kupp·lung** (-, *-en*) 1 mit der Kupplung in einem Auto o. Ä. kann die Verbindung zwischen Motor und Getriebe (vor allem zum Schalten) unterbrochen werden K Kupplungspedal 2 ein Pedal, mit dem man die Kupplung eines Autos (beim Anlassen, Schalten o. Ä.) benutzt ⟨*die Kupplung treten, loslassen, langsam kommen lassen* (= *loslassen*)⟩ 3 mit der Kupplung hängt man einen Wagen an ein Fahrzeug, damit ihn das Fahrzeug zieht ⟨*eine Kupplung einhängen, abhängen*⟩ *„Die Waggons eines Zuges sind durch Kupplungen miteinander verbunden"* K Anhängerkupplung

die **Kur★** (-, *-en*) 1 eine Heilbehandlung von Ärzten über eine Zeit von mehreren Wochen mit einer Diät, viel Sport usw., um gesund zu bleiben oder zu werden ⟨*eine Kur machen*⟩ K Kurmittel; Bäderkur 2 ein Aufenthalt in einem Ort mit besonderem Klima, Heilquellen o. Ä. oder in einer Klinik, bei dem man eine Kur macht ⟨(*irgendwo*) *zur/auf Kur sein; zur/auf Kur gehen, fahren*⟩ K Kurarzt, Kurgast, Kurklinik

die **Kür** (-, *-en*) ein Programm mit mehreren Übungen, das ein Sportler frei wählt (z. B. beim Bodenturnen, Eiskunstlauf)

die **Kur·bel** (-, *-n*) eine kurze Stange, die man im Kreis dreht, um einen Mechanismus in Bewegung zu setzen *„Bei den ersten Autos wurde der Motor mit einer Kurbel gestartet"*

**kur·beln** (*kurbelte, hat gekurbelt*) 1 **etwas irgendwohin kurbeln** etwas mit einer Kurbel bewegen *„das Fenster nach oben kurbeln"* 2 eine Kurbel drehen *„Früher musste man beim Auto lange kurbeln, bis der Motor ansprang"*

der **Kür·bis** (*-ses, -se*) eine niedrige Pflanze mit sehr großen runden, meist gelben Früchten, die man als Gemüse isst ⟨*Kürbis anbauen, anpflanzen*⟩ K Kürbiskern

**kü·ren** (*kürte, hat gekürt*) **jemanden zu etwas küren** eine Person auswählen, die einen Ehrentitel o. Ä. bekommen soll *„Sie wurde zur Miss World gekürt"*

der **Ku·rier** (*-s, -e*) eine Person, die eilige Briefe, Papiere usw. mit dem Auto, Fahrrad oder Flugzeug abholt und liefert *„Mit der Post kommen die Papiere nicht mehr rechtzeitig an, die müssen wir per Kurier schicken"* K Kurierdienst

**ku·rie·ren** (*kurierte, hat kuriert*) 1 **eine Person/Sache kuriert jemanden (von etwas)** ein Arzt o. Ä. behandelt jemanden erfolgreich oder eine Behandlung ist erfolgreich *„Die Massagen haben ihn von seinen Rückenschmerzen kuriert"* 2 **jemand/etwas kuriert etwas** jemand/etwas heilt eine Krankheit, Schmerzen o. Ä. *„ein Magengeschwür durch strenge Diät kurieren"* 3 **etwas kuriert jemanden (von etwas)** etwas bewirkt, dass jemand das Verhalten ändert und manche Fehler nicht mehr macht *„Seit er einmal tausend Euro verloren hat, ist er von seiner Wettleidenschaft kuriert"*

**ku·ri·os** ADJEKTIV; *geschrieben* ⟨*eine Idee, ein Vorfall*⟩ ≈ seltsam • *hierzu* **Ku·ri·o·si·tät** *die*

der **Kurs★** (*-es, -e*) 1 ein Unterricht in einem speziellen Fachgebiet über mehrere Stunden, durch den man (z. B. an der Volkshochschule) Kenntnisse erwerben kann ⟨*einen Kurs absolvieren, belegen, besuchen, machen, abhalten, geben*⟩ *„einen Kurs in Spanisch belegen"* K Computerkurs, Sprachkurs, Tanzkurs 2 die Richtung, in die sich vor allem ein Schiff oder Flugzeug bewegt ⟨*jemand/ein Schiff schlägt/hält einen Kurs ein, ändert den Kurs, kommt/weicht vom Kurs ab*⟩ *„Das Schiff nahm Kurs auf den Hafen"* K Kursänderung 3 der Preis, den Aktien (Wertpapiere, Devisen usw.) haben, wenn sie (an der Börse) gehandelt werden ⟨*etwas hat einen hohen, niedrigen Kurs; ein Kurs fällt, bleibt gleich, steigt, zieht an*⟩ *„Wenn du Geld schon vor dem Urlaub hier umtauschst, bekommst du einen besseren Kurs"* K Kursanstieg; Aktienkurs, Börsenkurs, Devisenkurs 4 die politischen Ziele, die jemand, eine Partei o. Ä. verfolgt *„Die Regierung steuert einen neuen Kurs"* K Kurswechsel

**kur·sie·ren** (*kursierte, hat kursiert*) 1 **etwas kursiert** etwas ist in Umlauf ⟨*das Geld, ein Schreiben*⟩ 2 **das Gerücht kursiert, dass ...** man erzählt sich, dass ...

**kur·siv** [-'ziːf] ADJEKTIV so, dass die Buchstaben nach rechts geneigt sind ⟨*eine Schrift; etwas kursiv schreiben, setzen*⟩ K Kursivdruck, Kursivschrift

die **Kur·ve★** [-və]; (-, *-n*) 1 eine (regelmäßig gekrümmte) Linie ohne Ecken, in der Form eines Bogens ↔ Gerade *„Das Flugzeug beschrieb/flog eine weite Kurve"* 2 eine Stelle, an der eine Straße eine Kurve hat ⟨*eine Straße mit vielen, engen, scharfen, gefährlichen Kurven; eine Kurve schneiden, voll ausfahren*⟩ K Linkskurve, Rechtskurve 3 eine Linie, die den Verlauf einer Entwicklung grafisch abbildet *„eine Kurve, welche die Höhe des Umsatzes einer Firma über mehrere Jahre hinweg zeigt"* K Fieberkurve

**kur·ven** [-v-] (*kurvte, ist gekurvt*); *gesprochen* 1 **jemand/etwas kurvt irgendwohin** jemand/etwas fährt oder fliegt Kurven *„um die Ecke kurven"* 2 **irgendwohin kurven** (ohne Ziel) umherfahren ⟨*durch eine Stadt, durch ein Land kurven*⟩

**kur·vig** [-v-] *ADJEKTIV* mit vielen Kurven ⟨*eine Straße, eine Strecke*⟩ ↔ gerade

**kurz**★ *ADJEKTIV* (*kürzer, kürzest-*) 1 von einer relativ geringen räumlichen Ausdehnung ⟨*etwas kurz scheren, schneiden; kurz geschnitten, geschoren*⟩ ↔ lang *„Er hat ganz kurze Haare"* | *„Der kürzeste Weg nach Hause führt durch die Stadt"* K Kurzstrecke 2 so, dass etwas nur wenig Zeit braucht, nicht lange dauert *„Ich kann leider nur kurz bleiben"* | *„Schon nach kurzer Zeit war er mit der Arbeit fertig"* K Kurzurlaub 3 **kurz vor/hinter oder nach etwas** (*Dativ*) (räumlich) nicht weit vor/hinter etwas ↔ weit *„Er stolperte kurz vor dem Ziel"* 4 mit nur wenigen Zeilen oder Worten und wenigen Details ⟨*eine Ansprache, eine Notiz, eine Übersicht, eine Zusammenfassung*⟩ ≈ knapp ↔ ausführlich K Kurzform, Kurzmeldung 5 **seit/vor Kurzem oder kurzem** seit/vor kurzer Zeit *„Sie haben vor Kurzem geheiratet"* ID **sich kurz fassen** etwas in wenigen Worten sagen; **jemand/etwas kommt zu kurz** jemand/etwas wird zu wenig beachtet, wird benachteiligt; **kurz und bündig** präzise und genau; **kurz und schmerzlos** schnell und ohne (aus Rücksicht) zu zögern

die **Kurz·ar·beit** *meist Singular* eine Arbeitszeit, die kürzer ist als normal, weil es im Betrieb gerade nicht genug Arbeit gibt ⟨*Kurzarbeit haben, machen*⟩ • *hierzu* **Kurz·ar·bei·ter** *der*; **Kurz·ar·bei·te·rin** *die*

**kurz·är·me·lig**, **kurz·ärm·lig** *ADJEKTIV* mit kurzen Ärmeln ⟨*ein Hemd, ein Pullover*⟩

**kurz·at·mig** *ADJEKTIV* so, dass der Betreffende nur mit Mühe atmen kann

die **Kür·ze** (-, *-n*); *meist Singular* 1 die geringe Länge einer Sache *„die Kürze des Weges"* 2 die geringe Dauer einer Sache *„die Kürze der Feier"* 3 die geringe Entfernung oder räumliche Ausdehnung einer Sache *„die Kürze des Abstands"* 4 **in Kürze** ≈ bald *„Sie werden in Kürze von uns hören"*

**kür·zen**★ (*kürzte, hat gekürzt*) 1 **etwas kürzen** etwas kürzer machen, indem man etwas davon abschneidet ⟨*Ärmel, einen Rock, einen Mantel kürzen*⟩ 2 **(jemandem) etwas kürzen** einer Person von etwas, das sie regelmäßig bekommt, weniger geben ⟨*(jemandem) den Etat, das Gehalt, die Rationen, die Rente kürzen*⟩ ↔ erhöhen 3 **(etwas) kürzen** etwas kürzer machen, indem man Teile des Textes entfernt ⟨*einen Aufsatz, eine Rede, einen Roman kürzen*⟩ • *hierzu* **Kür·zung** *die*

**kur·zer·hand** *ADVERB* schnell und ohne zu zögern (oder zu überlegen) *„Als es ihm langweilig wurde, verließ er kurzerhand den Saal"*

**kür·zer·tre·ten** (*tritt kürzer, trat kürzer, hat/ist kürzergetreten*); *gesprochen* 1 weniger Geld ausgeben 2 weniger tun *„Nach seinem Herzinfarkt muss er kürzertreten"*

**kurz·fas·sen** (*fasste sich kurz, hat sich kurzgefasst*) **sich kurzfassen** etwas in wenigen Worten ausdrücken *„Bitte fassen Sie sich kurz!"*

**kurz·fris·tig** *ADJEKTIV* 1 so, dass es nicht vorher angekündigt wurde ⟨*eine Abreise, eine Absage, eine Änderung*⟩ *„ein Rennen wegen schlechten Wetters kurzfristig verschieben"* 2 relativ kurze Zeit gültig ⟨*ein Abkommen, ein Kredit, ein Vertrag*⟩ 3 in (möglichst) kurzer Zeit, rasch *„kurzfristig eine Entscheidung treffen"*

die **Kurz·ge·schich·te** eine kurze Erzählung mit einer meist alltäglichen Handlung und einem überraschenden Schluss

**kurz·hal·ten** (*hält kurz, hielt kurz, hat kurzgehalten*) **jemanden kurzhalten** *gesprochen* einer Person nur wenig Geld oder Freiheit geben (weil man sie streng erziehen will) ⟨*die Kinder kurzhalten*⟩

**kurz·le·big** *ADJEKTIV* so, dass es nur kurze Zeit existiert oder funktioniert ⟨*ein Gerät, eine Mode*⟩

**kürz·lich**★ *ADVERB* vor wenigen Tagen

der **Kurz·schluss** eine (unabsichtliche) Verbindung zwischen zwei elektrischen Leitungen, die eine Störung bewirkt ⟨*ein Gerät hat einen Kurzschluss*⟩ *„Als sie den Staubsauger einschalten wollte, gab es einen Kurzschluss und das Licht ging aus"*

**kurz·sich·tig**★ *ADJEKTIV* 1 so, dass eine Person nur die Dinge gut sehen kann, die nahe bei ihr sind ↔ weitsichtig 2 so, dass dabei wichtige Konsequenzen oder Aspekte nicht beachtet werden ⟨*ein Entschluss, ein Verhalten; kurzsichtig handeln*⟩ ≈ unüberlegt • *hierzu*

K

**Kur·sich·tig·keit** *die*

**kur·wei·lig** ADJEKTIV so, dass dabei die Zeit schnell vergeht ‹*ein Abend, eine Beschäftigung, eine Geschichte*› ≈ unterhaltsam, interessant ↔ langweilig

das **Kurz·wort** ein Wort, das aus Teilen eines oder mehrerer Wörter gebildet ist *„Uni ist ein Kurzwort für Universität, Kripo für Kriminalpolizei"*

**kurz·zei·tig** ADJEKTIV *meist attributiv* ≈ kurz *„Milch wird durch kurzzeitiges Erhitzen pasteurisiert"*

**Ku·schel-** *im Substantiv, begrenzt produktiv* **die Kuscheldecke, die Kuschelecke, das Kuschelkissen** *und andere* gut zum Kuscheln geeignet

**ku·scheln** (*kuschelte, hat gekuschelt*) **1** **sich an jemanden kuscheln; sich in etwas** (*Akkusativ*) **kuscheln** jemanden/etwas so mit dem (ganzen) Körper berühren, dass man sich geborgen fühlt und nicht friert *„Das Kind kuschelte sich in eine Decke/an seine Mutter und schlief ein"* **2** **eine Person kuschelt mit jemandem; Personen kuscheln** zwei Personen berühren sich zärtlich

das **Ku·schel·tier** ein Tier zum Spielen aus weichem Stoff

die **Ku·si·ne** (-, -*n*) → Cousine

der **Kuss★** (-*es, Küs·se*) eine Berührung mit den Lippen, mit der man Freundschaft, Liebe oder Zärtlichkeit ausdrückt oder jemanden begrüßt ‹*ein flüchtiger, inniger, leidenschaftlicher, zärtlicher Kuss; jemandem einen Kuss geben; jemandes Gesicht mit Küssen bedecken*› *„Sie begrüßten sich mit einem Kuss auf die Wange"* **K** Abschiedskuss, Gutenachtkuss

**küs·sen★** (*küsste, hat geküsst*) **jemanden (irgendwohin) küssen** jemandem einen oder mehrere Küsse geben *„Zum Abschied küsste er sie flüchtig auf die Wange"*

die **Küs·te★** (-, -*n*) der Bereich, an dem Meer und Land sich berühren ‹*eine flache, steile, steinige, felsige Küste*› *„Wir verbrachten unseren Urlaub an der Küste"* **K** Küstenbewohner, Küstengebiet

die **Kut·sche** (-, -*n*); *besonders historisch* ein Wagen, der von Pferden gezogen wird und Fahrgäste transportiert ‹*eine Kutsche fährt vor; in eine Kutsche steigen; in einer Kutsche sitzen, fahren*› **K** Hochzeitskutsche, Postkutsche, Pferdekutsche

der **Kut·scher** (-*s*, -); *besonders historisch* eine Person, die (beruflich) eine Kutsche lenkt *„Der Kutscher knallt mit der Peitsche"*

die **Kut·te** (-, -*n*) ein langes, weites Kleidungsstück mit Kapuze, das z. B. Mönche tragen **K** Mönchskutte

der **Kut·ter** (-*s*, -) ein Schiff, mit dem man in der Nähe der Küste Fische fängt **K** Fischkutter

das **Ku·vert★** [ku'veːɐ̯]; (-*s*, -*s*) eine Hülle, in die man einen Brief steckt, bevor man ihn verschickt ‹*ein Kuvert zukleben, adressieren, frankieren, öffnen, aufreißen*› ≈ Briefumschlag **K** Briefkuvert

das **KZ** [ka'tsɛt]; (-*s*, -*s*) Abkürzung für *Konzentrationslager* **K** KZ-Häftling

# L

das **L, l** [ɛl]; (-, -/*gesprochen auch*-*s*) der zwölfte Buchstabe des Alphabets ‹*ein großes L; ein kleines l*›

**la·bil** ADJEKTIV **1** ‹*ein Gleichgewicht, eine Lage, eine Situation*› so, dass sie sich leicht verändern können ↔ stabil **2** ‹*eine Gesundheit, ein Kreislauf*› so, dass die betroffene Person leicht krank werden kann **3** ‹*ein Charakter, ein Mensch*› so, dass man sich nicht auf sie verlassen kann

das **La·bor** (-*s*, -*s*/-*e*) ein Raum, in dem man vor allem technische und medizinische Versuche und Untersuchungen macht ‹*ein chemisches, medizinisches Labor*› **K** Laboruntersuchung, Laborversuch; Chemielabor, Versuchslabor, Zahnlabor

der **La·bo·rant** (-*en*, -*en*) eine Person, die beruflich in einem Labor arbeitet **K** Chemielaborant ℹ *der Laborant; den, dem, des Laboranten* • *hierzu* **La·bo·ran·tin** *die*

das **La·by·rinth** (-(*e*)*s*, -*e*) ein kompliziertes System von Straßen, Gängen und Wegen, in dem man leicht die Orientierung verliert

die **La·che, La·che**; (-, -*n*) Flüssigkeit, die sich an einer Stelle vor allem am Boden angesammelt hat **K** Wasserlache

**lä·cheln★** (*lächelte, hat gelächelt*) den Mund etwas breiter machen, um zu zeigen, dass man sich freut oder dass man etwas lustig findet ‹*freudig, vergnügt, hämisch lächeln; über jemanden/etwas lächeln*› *„Als sie ihn sah, lächelte sie und gab ihm die Hand"* | *„Er lächelte über ihre Schüchternheit"* das **Lạ̈·cheln**★ (-s) der Vorgang, bei dem jemand lächelt *„Viele Kollegen finden das freundliche Lächeln an ihr so sympathisch"*

**lạ·chen**★ (*lachte, hat gelacht*) **1** **(über etwas** (*Akkusativ*)**) lachen** den Mund öffnen und dabei kurz hintereinander mehrere Laute erzeugen, um zu zeigen, dass man sich freut oder lustig ist ⟨*laut, schallend, fröhlich, triumphierend, schadenfroh, dreckig lachen; über das ganze Gesicht, aus vollem Halse lachen*⟩ *„Er erzählte einen Witz, und alle lachten laut"* **2** **über jemanden/etwas lachen** wegen ihrer Eigenschaften oder Meinungen beleidigende Bemerkungen über eine Person machen *„Alle lachen über seinen Sprachfehler"*

das **Lạ·chen**★ (-s) der Vorgang, bei dem jemand lacht ⟨*sich* (*Dativ*) *das Lachen verbeißen, verkneifen; jemanden* (*mit etwas*) *zum Lachen bringen*⟩ *„Als er anfing zu lachen, lachten alle mit – sein Lachen ist wirklich ansteckend"*

**lạ̈·cher·lich**★ ADJEKTIV **1** so unpassend, dass es stört oder dass man es nicht ernst nehmen kann ⟨*ein Vorhaben; jemandes Verhalten, jemandes Getue*⟩ ≈ seltsam *„Es ist einfach lächerlich, sich über solche Kleinigkeiten aufzuregen"* **2** viel zu klein oder gering ⟨*ein Betrag, eine Summe, eine Ausgabe; jemandes Verdienst*⟩ *„Dieses Buch habe ich mir für lächerliche fünf Euro gekauft"* • *hierzu* **Lạ̈·cher·lich·keit** *die*

**lạch·haft** ADJEKTIV *meist prädikativ; abwertend* ⟨*Pläne; jemandes Verhalten, jemandes Vorhaben*⟩ so, dass man sie nicht ernst nehmen kann, sich aber trotzdem darüber ärgert

der **Lachs** [laks]; (*-es, -e*) **1** ein großer Fisch, der in den nördlichen Meeren lebt und der sich in Flüssen vermehrt **K** Seelachs **2** das rosafarbene Fleisch des Lachses, das man essen kann ⟨*geräucherter Lachs*⟩ *„Zu Silvester gibt es Brötchen mit Lachs und Kaviar"* **K** Lachsbrötchen; Räucherlachs

der **Lạck** (*-(e)s, -e*) eine Flüssigkeit, die man über Holz, Metall oder über eine Farbe streicht, damit das Material geschützt ist ⟨*farbloser, matter, glänzender Lack; Lack auftragen, auf etwas* (*Akkusativ*) *spritzen*⟩ **K** Lackfehler, Lackschaden

**la·ckie·ren** (*lackierte, hat lackiert*) **1** **(etwas) lackieren** Lack auf etwas streichen oder spritzen ⟨*die Möbel, die Fensterrahmen, das Auto lackieren*⟩ *„Ich habe den alten Schrank neu lackiert"* **2** **sich** (*Dativ*) **die Fingernägel lackieren** Nagellack auf die Fingernägel streichen

der **La·ckie·rer** (*-s, -*) eine Person, die beruflich (z. B. Autos) lackiert • *hierzu* **La·ckie·re·rin** *die*

der **Lạck·schuh** *meist Plural* Schuhe aus glänzendem Leder

das **La·de·ge·rät** ein Gerät, mit dem man Akkus wieder aufladen kann

**la·den**★ (*lädt/veraltend ladet, lud, hat geladen*) ZUM TRANSPORT: **1** **etwas irgendwohin laden** etwas, das man transportieren will, in ein Fahrzeug bringen ≈ aufladen, einladen *„Getreide in einen Frachter laden"* | *„Säcke auf einen Karren laden"* **2** **etwas aus/von etwas laden** etwas, das transportiert wurde, aus einem Fahrzeug nehmen *„die Kisten aus dem Waggon laden"* **3** **etwas lädt etwas** etwas nimmt etwas auf, um es zu transportieren *„Das Flugzeug hatte zu viel geladen"* **K** Ladefläche, Laderaum PERSONEN: **4** **jemanden laden** *geschrieben* jemanden auffordern, vor Gericht zu erscheinen ⟨*Zeugen, jemanden als Zeugen laden*⟩ ≈ vorladen ANDERE VERWENDUNGEN: **5** **etwas laden** elektrischen Strom in eine Batterie schicken, damit diese wieder funktioniert ≈ aufladen **6** **eine Schuld/eine Verantwortung auf sich laden** *geschrieben* schuldig/für etwas verantwortlich werden **7** **(etwas) laden** Munition in eine Waffe tun *„Die Pistole war nicht geladen"* **8** **etwas lädt** wenn ein Computerprogramm lädt oder wenn Daten laden, dann werden sie an eine Stelle kopiert, an der man sie benutzen kann *„Laden Filme im Internet bei dir auch so langsam?"*

der **La·den**★ (*-s, Lä·den*) **1** ein Raum oder Haus, in dem man Waren (wie z. B. Gemüse oder Bücher) kaufen kann ⟨*ein teurer Laden; einen Laden aufmachen, einrichten, schließen; im Laden bedienen*⟩ ≈ Geschäft *„Mein Vater kauft seinen Tee im Laden an der Ecke"* **K** Buchladen, Gemüseladen, Schreibwarenladen **2** Kurzwort für *Fensterladen* **3** Kurzwort für *Rollladen*

der **La·den·dieb** eine Person, die etwas aus einem Geschäft stiehlt, während es geöffnet ist *„Jeder Ladendieb wird angezeigt!"* • *hierzu* **La·den·die·bin** *die*; **La·den|dieb·stahl** *der*

der **La·den·schluss** *meist Singular* der Zeitpunkt, ab dem in Geschäften nichts mehr verkauft werden darf *„kurz vor Ladenschluss noch zum Einkaufen gehen"* **K** Ladenschlussgesetz

der **La·den·tisch** ein Tisch in einem Geschäft,

hinter dem der Verkäufer steht

die **La·de·sta·ti·on** [-tsio:n] ein elektrisches Gerät, in das man ein dazu gehörendes Gerät stellt, um dessen Akku aufzuladen, z. B. für eine elektrische Zahnbürste oder ein Funktelefon

**lä·diert** *ADJEKTIV; gesprochen* mit einer Beschädigung oder Verletzung *„Mein Knie ist leicht lädiert"*

**lädt** *Präsens, 3. Person Singular* → laden

die **La·dung★** (-, *-en*) **1** die Dinge, die mit einem Fahrzeug transportiert werden ⟨*eine Ladung aufnehmen; die Ladung löschen* (= *abladen*)⟩ ≈ Fracht *„eine Ladung Kohlen transportieren"* **K** Getreideladung, Holzladung **2** *gesprochen* eine relativ große Menge einer Flüssigkeit *„Ich bekam eine Ladung Wasser ab, als das Auto durch die Pfütze fuhr"* **3** die Menge Munition (in einer Waffe) oder die Menge an Sprengstoff *„eine Ladung Dynamit"* **K** Sprengstoffladung **4** die Menge elektrischen Stroms, die in etwas ist ⟨*eine elektrische, positive, negative Ladung*⟩ *„Elektronen haben negative Ladung"* **5** eine Aufforderung, vor Gericht oder zu einer Behörde zu kommen

**lag** *Präteritum, 1. und 3. Person Singular* → liegen

die **La·ge★** (-, *-n*) **1** die Art und Weise, in der sich jemand/etwas im Raum befindet ≈ Position *„die Lage des Kindes im Mutterleib/bei der Geburt"* **K** Schräglage **2** *meist Singular* der Ort, an dem etwas in Bezug auf die Umgebung liegt *„ein Haus in sonniger Lage am Hang"* | *„ein Bungalow in ruhiger Lage am Stadtrand"* **K** Lageplan **3** die äußeren Umstände, in denen sich jemand befindet ⟨*in einer günstigen, beneidenswerten, herrlichen, schlechten, misslichen Lage sein*⟩ ≈ Situation *„Um sie zu verstehen, musst du dich einmal in ihre Lage versetzen"* **K** Lagebericht, Lagebesprechung; Rechtslage, Wirtschaftslage **4** eine Masse oder ein Material in einer sehr flachen und breiten Form ≈ Schicht *„Blumen zwischen zwei Lagen Papier in einem Buch pressen"* **ID** **(nicht) in der Lage sein, etwas zu tun** (nicht) dazu fähig sein, etwas zu tun

das **La·ger★** (-s, -) **1** ein Raum oder eine Halle, wo man Waren abstellt, die man im Augenblick nicht braucht ⟨*etwas auf Lager haben*⟩ *„Ich schau mal im Lager nach, ob wir diese Größe noch da haben"* **K** Lagerarbeiter, Lagerhalle; Getränkelager **2** mehrere Zelte oder Hütten, die man aufbaut, damit Menschen dort (meist vorübergehend) übernachten und leben können ⟨*ein Lager errichten, aufbauen, aufschlagen, abbrechen, auflösen*⟩ *„Die Truppen schlugen ihr Lager am Rand des Waldes auf"* **K** Lagerleben; Flüchtlingslager; Zeltlager

das **La·ger·feu·er** ein Feuer, das man im Freien macht, um sich zu wärmen oder um sich etwas zu essen zu machen *„Abends saßen wir ums Lagerfeuer und sangen Lieder"*

der **La·ge·rist** (*-en, -en*) eine Person, die in einem Lager mit Waren arbeitet • *hierzu* **La·ge·ris·tin** *die*

**la·gern★** (*lagerte, hat gelagert*) **1** **etwas lagern** etwas, das man im Augenblick nicht braucht, an eine Stelle tun, an der es bleiben kann ≈ aufbewahren *„Holz muss trocken gelagert werden"* **2** **jemanden/etwas irgendwie lagern** jemanden/etwas in die genannte Stellung bringen *„den Ohnmächtigen fachgerecht lagern"* **3** **etwas lagert irgendwo** etwas ist an der genannten Stelle, an der Waren bleiben können, bis sie verkauft oder verbraucht werden *„Der Weinbrand lagert in alten Holzfässern"* • *hierzu* **La·ge·rung** *die*

die **La·gu·ne** (-, *-n*) ein Teil des Meeres, der durch Felsen oder ein Stück Land vom übrigen Meer getrennt ist *„Venedig ist auf Pfählen in einer Lagune gebaut"*

**lahm** *ADJEKTIV* **1** ⟨*Körperteile*⟩ so beschädigt, dass man sie nicht mehr (wie normal) bewegen kann *„Er ist (auf beiden Beinen) lahm"* **2** ⟨*ein Körperteil*⟩ so müde, dass er kaum noch bewegt werden kann ≈ kraftlos *„Mein Arm ist ganz lahm vom Kofferschleppen"* • *hierzu* **Lahm·heit** *die*

**lah·men** (*lahmte, hat gelahmt*) **ein Pferd lahmt** ein Pferd ist auf einem Fuß lahm

**läh·men** (*lähmte, hat gelähmt*) **1** **etwas lähmt jemanden/etwas** etwas bewirkt, dass man einen Körperteil nicht mehr bewegen kann *„Seit dem Unfall ist er in der linken Gesichtshälfte gelähmt"* **2** **etwas lähmt jemanden/etwas** etwas bewirkt, dass jemand die Energie verliert oder dass etwas nicht mehr funktioniert *„vor Angst (wie) gelähmt sein"*

**lahm·le·gen** (*legte lahm, hat lahmgelegt*) **etwas legt etwas lahm** etwas bewirkt, dass etwas stoppt oder nicht mehr funktioniert ⟨*den Verkehr, die Wirtschaft, den Handel, die Verhandlungen lahmlegen*⟩ *„Durch einen Unfall war der Verkehr auf der Autobahn stundenlang lahmgelegt"* die **Läh·mung** (-, *-en*) der Zustand, in dem man etwas (vor allem einen Körperteil) nicht mehr bewegen kann **K** Lähmungserscheinung

der **Laib** (-(*e*)*s*, *-e*) ein rundes Stück Brot oder Käse (das noch nicht angeschnitten ist) *„ein Stück aus dem Laib Käse herausschneiden"* **K** Brotlaib, Käselaib

der **Laich** (-(*e*)*s*, *-e*) die Menge Eier, die vor allem Fische und Frösche ins Wasser legen

der **Laie** (*-n*, *-n*) eine Person, die auf einem speziellen Gebiet keine besonderen Kenntnisse hat ↔ Fachmann *„Auf dem Gebiet der Astrophysik bin ich völliger Laie"* ❶ *der Laie; den, dem, des Laien* • *hierzu* **lai·en·haft** ADJEKTIV

das **La·ken** (*-s*, *-*) ≈ Betttuch **K** Bettlaken

die **Lak·rịt·ze** (-, *-n*) **1** *nur Singular* eine süße, schwarze Masse, die man isst **2** ein Stück aus Lakritze ⟨*Lakritze kauen, essen*⟩ **K** Lakritzschnecke

**lạl·len** (*lallte, hat gelallt*) **(etwas) lallen** Laute sehr undeutlich und ohne Pause dazwischen aussprechen ⟨*ein Baby; ein Betrunkener*⟩

die **La·mẹl·le** (-, *-n*) **1** eine von vielen dünnen, aneinandergereihten Platten, z. B. an einem Heizkörper **2** eine der dünnen Häute an der Unterseite eines Pilzes

**la·men·tie·ren** (*lamentierte, hat lamentiert*) **(über etwas** (*Akkusativ*)**) lamentieren** *abwertend* ≈ jammern

das **La·mẹt·ta** (*-s*) sehr dünne, schmale und lange Streifen aus Metall, mit denen man den Weihnachtsbaum schmückt ⟨*den Weihnachtsbaum mit Lametta behängen*⟩

das **Lạmm** (*-s, Läm·mer*) **1** das Junge des Schafs ⟨*das Lamm blökt; jemand ist brav, sanft, unschuldig wie ein Lamm*⟩ **2** *nur Singular* das Fleisch des Lamms **K** Lammbraten, Lammkeule, Lammkotelett

die **Lạm·pe**★ (-, *-n*) **1** ein (meist elektrisches) Gerät (z. B. an der Decke oder an der Wand), das Licht erzeugt *„eine Lampe an die Decke hängen"* **K** Schreibtischlampe **2** das Teil eines technischen Geräts, das künstliches Licht erzeugt *„Glühbirnen, Neonröhren und Scheinwerfer sind Lampen"* **K** Glühlampe

das **Lạm·pen·fie·ber** die starke Nervosität kurz vor einem öffentlichen Auftritt (z. B. als Sänger, Redner) ⟨*Lampenfieber haben*⟩

der **Lam·pi·on** ['lampi̯ɔŋ]; (*-s*, *-s*) bunte Lampions aus Papier o. Ä. haben ein Licht in der Mitte *„Für das Sommerfest schmückten sie den Garten mit Lampions"*

das **LAN** [laːn]; (-(*s*), *-s*) ein Netzwerk von Computern innerhalb einer Wohnung o. Ä. **K** LAN-Kabel

das **Lạnd**[1]★; (-(*e*)*s*) **1** der Teil der Erde, der nicht vom Wasser bedeckt ist ⟨*auf dem Land, an Land*⟩ ↔ Wasser *„Ein Frosch kann im Wasser, aber auch an Land leben"* **K** Landmasse; Festland **2** ein Gebiet oder eine Fläche, auf der man Pflanzen anbaut ⟨*fruchtbares, karges, sumpfiges Land; das Land bearbeiten, fruchtbar machen, bebauen*⟩ ≈ Acker **K** Ackerland, Weideland **3** **das Land** das Gebiet außerhalb der großen Städte, in dem man Landwirtschaft betreibt ⟨*auf dem Land leben; vom Land kommen*⟩ ↔ Stadt *„Viele Menschen ziehen vom Land in die Stadt, um dort Arbeit zu suchen"* **K** Landbevölkerung, Landleben **4** **an Land gehen** ein Schiff verlassen und festen Boden betreten

das **Lạnd**[2]★; (-(*e*)*s*, *Län·der*) **1** ein Gebiet, das eine Regierung hat und politisch selbstständig ist ≈ Staat *„Spanien, Schweden und Frankreich sind europäische Länder"* **K** Landesgrenze, Landeshauptstadt, Landeswährung; Urlaubsland **2** Ⓓ Ⓐ ein Teil eines Landes, der eine eigene Regierung und Verfassung hat, über dem aber die Bundesregierung steht ≈ Bundesland *„das Land Hessen"* | *„das Land Vorarlberg"* **K** Landesparlament, Landespolitik

der **Lạn·de·an·flug** der Vorgang, bei dem ein Flugzeug so tief fliegt, dass es auf einem Flughafen landen kann *„ein Unfall beim Landeanflug auf dem Flughafen von Athen"*

die **Lạn·de·bahn** eine breite Bahn oder Piste, auf der Flugzeuge landen

**lạn·den**★ (*landete, hat/ist gelandet*) **1** **jemanden/etwas landen** (*hat*) jemanden/etwas aus der Luft oder aus dem Wasser an Land bringen ⟨*Truppen, Fallschirmjäger, ein Flugzeug*⟩ **2** **etwas landen** *gesprochen* (*hat*) Erfolg haben ⟨*einen Sieg, einen Erfolg, einen Treffer, einen Coup*⟩ **3** (*ist*) aus der Luft oder aus dem Wasser an Land kommen ⟨*ein Flugzeug, ein Ballon, ein Schiff, eine Fähre, ein Fallschirmspringer, ein Drachenflieger, ein Vogel*⟩ *„Wir landeten pünktlich in Amsterdam und flogen von dort weiter nach Boston"* **K** Landeerlaubnis, Landeplatz **4** **irgendwo landen** *gesprochen* (*ist*) an die genannte Stelle kommen, ohne dass dies so geplant war *„Er fuhr mit seinem Motorrad zu schnell in die Kurve und landete in einer Wiese"* das **Län·der·spiel** ein Spiel zwischen den Nationalmannschaften von zwei verschiedenen Ländern **K** Eishockeyländerspiel, Fußballländerspiel

der **Lan·des|haupt·mann** Ⓐ der Chef der Regierung eines Bundeslandes *„der Landeshauptmann von Tirol"* • *hierzu* **Lan·deshaupt·frau** *die*

die **Land·flucht** *nur Singular* die Situation, wenn viele Menschen vom Land in die Stadt ziehen, weil sie dort Arbeit suchen

das **Land·ge·richt** ein Gericht, das über dem Amtsgericht steht

die **Land·kar·te**★ eine große Karte, die eine Gegend, ein Land oder die Welt in einem Maßstab darstellt ⟨*sich nach der Landkarte orientieren; etwas auf der Landkarte suchen*⟩ *„Dieser Bach ist nicht auf der Landkarte eingezeichnet"*

der **Land·kreis**★ Ⓓ ein Bezirk, der mehrere Dörfer oder/und kleine Städte umfasst, die zusammen verwaltet werden

**länd·lich**★ *ADJEKTIV* **1** so, dass etwas nicht in den großen Städten ist, sondern in den kleineren Orten ⟨*Gemeinden, Orte*⟩ ↔ städtisch **2** vor allem so wie es in einer bäuerlichen Gegend ist ⟨*Sitten, Bräuche, die Tracht, die Sprache, die Atmosphäre, die Lebensweise*⟩

der **Land·rat**★ Ⓓ der Beamte, welcher die Verwaltung eines Landkreises leitet. Der Landrat wird von der Bevölkerung gewählt. **K** Landratswahl • *hierzu* **Land·rä·tin** *die*

das **Land·rats|amt** Ⓓ die Behörde, die einen Landkreis verwaltet

die **Land·schaft**★ (-, *-en*) ein Teil der Oberfläche der Erde (mit Bäumen, Blumen und Häusern), so wie der Betrachter ihn sieht ⟨*eine hügelige, gebirgige, karge, malerische Landschaft*⟩ *„die sumpfige Landschaft der Camargue"* **K** Berglandschaft, Sumpflandschaft

die **-land·schaft** *im Substantiv, begrenzt produktiv* **Medienlandschaft, Parteienlandschaft, Schullandschaft** *und andere* die Vielfalt, die es auf dem genannten Gebiet gibt

**land·schaft·lich** *ADJEKTIV meist attributiv* auf die Landschaft bezogen

die **Land·stra·ße** eine Straße zwischen kleinen Dörfern *„Sie können die Autobahn bis Würzburg nehmen, aber die Landstraße ist schöner"*

der **Land·tag**★ (-(e)s), Ⓓ **1** das Parlament eines Bundeslandes *„der Bayerische Landtag"* **K** Landtagsabgeordnete(r), Landtagswahl **2** das Gebäude, in dem der Landtag zusammenkommt **K** Landtagsgebäude

die **Lan·dung**★ (-, *-en*) der Vorgang, bei dem ein Flugzeug landet ⟨*eine sanfte, harte, geglückte, missglückte Landung; zur Landung ansetzen; die Landung vorbereiten*⟩ ↔ Start **K** Bruchlandung, Notlandung

der **Land·weg** der Weg, den man auf dem Land (und nicht in der Luft oder auf dem Wasser) zurücklegt *„auf dem Landweg von Hamburg in die Türkei fahren"*

der **Land·wirt** (-(e)s, *-e*) eine Person, die selbstständig auf einem Bauernhof arbeitet und diesen leitet *„Ein Landwirt kann sich auf Ackerbau oder auf Viehzucht spezialisieren"* ❶ *Bauer* kann auch abwertend verwendet werden, *Landwirt* aber nicht. • *hierzu* **Land·wir·tin** *die*

die **Land·wirt·schaft**★ (-, *-en*) **1** *nur Singular* der Anbau von Pflanzen und die Zucht von Tieren mit dem Ziel, die Bevölkerung mit Getreide, Kartoffeln, Fleisch, Milch usw. zu versorgen ⟨*die Landwirtschaft fördern, subventionieren, ankurbeln*⟩ **2** ein Bauernhof ⟨*eine Landwirtschaft betreiben*⟩

**land·wirt·schaft·lich** *ADJEKTIV meist attributiv* zur Landwirtschaft gehörig ⟨*Produkte, Maschinen, Erzeugnisse, ein Betrieb*⟩

**lang**★ *ADJEKTIV* (*länger, längst-*) AUSDEHNUNG: **1** mit einer relativ großen Ausdehnung von einem Ende bis zum anderen ↔ kurz *„Die Donau ist viel länger als der Rhein"* | *„Sie hat lange blonde Haare"* **2** mit der genannten Ausdehnung von einem Ende bis zum anderen (die größer ist als die in die andere Richtung) ≈ breit *„eine vier Meter lange Schlange"* **3** *gesprochen* ⟨*ein Mensch*⟩ ≈ groß ZEIT, UMFANG: **4** so, dass es sich über einen relativ großen Zeitraum erstreckt ↔ kurz *„ein langes Gespräch mit jemandem führen"* | *„Im Frühjahr werden die Tage wieder länger und die Nächte kürzer"* **K** jahrelang, tagelang, stundenlang **5** mit viel Text, Inhalt, Details ⟨*ein Bericht, ein Brief, ein Gedicht*⟩ ↔ kurz **6** mit der genannten Dauer oder Seitenzahl *„Die E-Mail war nur zwei Zeilen lang"* | *„Wir haben zwei Stunden lang auf dich gewartet!"* **7** **lang und breit** mit vielen Details ⟨*etwas lang und breit erzählen*⟩ ≈ ausführlich **8** **seit Langem/langem** seit langer Zeit *„Wir haben uns seit Langem nicht mehr gesehen"*

**lang·är·me·lig**, **lang·ärm·lig** *ADJEKTIV* ⟨*ein Kleid, ein Pullover*⟩ mit langen Ärmeln

**lang·at·mig** *ADJEKTIV* mit zu vielen unwichtigen Details ⟨*langatmig reden; jemandes Ausführungen*⟩

**lan·ge**★ *ADVERB* (*länger, längst-*) **1** während einer relativ langen Zeit ↔ kurz *„Gestern Nachmittag schwammen wir lange im See"* **2** seit einem Zeitpunkt, der weit in der Vergangenheit liegt *„Ich habe schon lange darauf gewartet, dass du mich mal besuchst"* ❶ In der gesprochenen Sprache wird statt *lange* häufig *lang* verwendet: *Ihr habt euch ganz schön lang miteinander unterhalten.*

die **Län·ge**★ (-, *-n*) **1** die Ausdehnung von einem Ende bis zum anderen *„die Länge eines Hosenbeins messen"* | *„ein Flugzeug von 50 Metern Länge"* **2** die zeitliche Dauer *„Der Film hat eine Länge von fast drei Stunden"* **3** die Anzahl der Seiten oder Zeilen eines Schreibens ≈ Umfang

**lan·gen** (*langte, hat gelangt*); *gesprochen* **1 irgendwohin langen** mit der Hand irgendwohin fassen, um etwas zu greifen *„in eine Dose langen, um ein Bonbon herauszuholen"* **2 etwas langt** etwas ist in genügendem Maß vorhanden ⟨*Vorräte*⟩ *„Das Brot dürfte noch bis Ende der Woche langen"* **3 es langt (jemandem)** *gesprochen* jemandes Geduld ist zu Ende *„Hört endlich auf mit euren dummen Witzen, mir langt's jetzt!"*

**län·ger** ['lɛŋɐ] *ADJEKTIV* **1** *Komparativ* → lang, lange **2** *meist attributiv* relativ lang/lange Zeit *„Ich habe schon längere Zeit nichts von ihr gehört"*

die **Lan·ge·wei·le**★ (-) das unangenehme Gefühl, das man hat, wenn man nichts oder nichts Sinnvolles zu tun hat ⟨*entsetzliche, furchtbare, tödliche Langeweile haben, verspüren*⟩

**lang·fris·tig** *ADJEKTIV* **1** ⟨*Verträge, Abkommen, Vereinbarungen, Kredite, Maßnahmen*⟩ so, dass sie ziemlich lange Zeit dauern oder gültig sind **2 langfristig gesehen** wenn man die Entwicklung über eine lange Zeit betrachtet *„Langfristig gesehen können wir uns diesen Luxus nicht leisten"*

**lang·ge·hen** (*ging lang, ist langgegangen*) **irgendwo langgehen** *gesprochen* an einer Strecke entlanggehen *„die Straße langgehen"*

**lang·haa·rig** *ADJEKTIV* mit langen Haaren

**lang·jäh·rig** *ADJEKTIV meist attributiv* seit vielen Jahren dauernd oder vorhanden ⟨*ein Mitarbeiter, eine Bekanntschaft, eine Rivalität, ein Geschäftspartner*⟩

der **Lang·lauf** (-(*e*)*s*) eine Sportart, bei der man auf schmalen Skiern relativ lange Strecken im Wald und auf Feldern zurücklegt **K** Langlaufski; Skilanglauf • *hierzu* **lang·lau·fen** (*hat*)

**lang·le·big** *ADJEKTIV* ⟨*Geräte, Motoren, Apparate*⟩ fähig, lange Zeit voll zu funktionieren • *hierzu* **Lang·le·big·keit** *die*

**läng·lich**★ *ADJEKTIV* relativ lang und nicht sehr breit *„ein länglicher Streifen Land"*

**längs** *ADVERB* der längeren Seite nach *„ein Schnitt längs durch den Stoff"* **K** Längsrichtung

**lang·sam**★ *ADJEKTIV* **1** mit geringer Geschwindigkeit ⟨*das Tempo, die Geschwindigkeit, die Fahrt, ein Rennen, ein Prozess, ein Vorgang*⟩ ↔ schnell *„langsam und vorsichtig durch die Straßen fahren"* **2** so, dass ein Mensch etwas mit geringer Geschwindigkeit tut ↔ schnell *„Es macht keinen Spaß, mit ihm zusammenzuarbeiten, weil er so langsam ist"* **3** so, dass ein Mensch nicht schnell denkt ⟨*ein Schüler*⟩ **4** langsam und ohne Unterbrechung ≈ allmählich *„eine langsame Steigerung der Produktion"*

der **Lang·schlä·fer** eine Person, die morgens (oft) spät aufsteht • *hierzu* **Lang·schlä·fe·rin** *die*

**längst**★ *ADVERB* **1** schon seit langer Zeit *„Das war für ihn nichts Neues. Er wusste es längst"* **2 längst nicht** verwendet, um die Verneinung zu verstärken *„Die Verhandlungen sind noch längst nicht erfolgreich abgeschlossen"*

**längs·tens** *ADVERB* nicht längere Zeit als ≈ höchstens *„Unsere Besprechung wird längstens eine Stunde dauern"*

**lang·wei·len** (*langweilte, hat gelangweilt*) **1 eine Person/Sache langweilt jemanden** eine Person oder Sache ruft bei jemandem Langeweile hervor *„Mit seinen alten Anekdoten langweilte er die anderen Gäste"* **2 sich langweilen** Langeweile haben

**lang·wei·lig**★ *ADJEKTIV* so uninteressant, dass man dabei Langeweile hat ⟨*ein Gesprächspartner, ein Roman, ein Film, eine Vorlesung, ein Vortrag*⟩ *„Du musst nicht bleiben, wenn dir langweilig ist!"*

**lang·wie·rig** *ADJEKTIV* mit so viel Mühe und Schwierigkeiten verbunden, dass es lange Zeit dauert ⟨*Verhandlungen, Beratungen, eine Krankheit, eine Verletzung*⟩ • *hierzu* **Lang·wie·rig·keit** *die*

die **Lap·pa·lie** [la'paːli̯ə]; (-, *-n*) etwas, das völlig unwichtig ist ⟨*sich wegen einer Lappalie aufregen*⟩

der **Lap·pen** (-*s*, -) **1** ein kleines Stück Stoff oder

Leder, mit dem man putzt *„eine Flüssigkeit mit einem Lappen aufwischen"* **K** Stofflappen **2** *gesprochen* ≈ Führerschein *„Die Polizei hat ihm den Lappen abgenommen"*

**läp·pisch** *ADJEKTIV; gesprochen, abwertend* **1** so einfach oder dumm, dass man sich ärgert ⟨*eine Idee, ein Einfall, ein Witz, eine Geschichte, ein Spiel*⟩ **2** sehr gering ⟨*eine Summe, ein Geldbetrag*⟩

der/das **Lap·top** ['lɛp-]; (-s, -s) ein kleiner Computer, den man vor allem für die Reise nutzt

die **Lär·che** (-, -n) ein hellgrüner Nadelbaum, welcher die Nadeln im Herbst verliert

der **Lärm**★ (-s) laute und unangenehme Geräusche ⟨*ein furchtbarer, ohrenbetäubender Lärm; Lärm machen, verursachen*⟩ *„Manchmal machen die Kinder ziemlich viel Lärm"* | *„der Lärm der Straße"* **K** Lärmbekämpfung, Lärmschutz; lärmempfindlich; Motorenlärm, Verkehrslärm

**lär·men** (*lärmte, hat gelärmt*) Lärm machen ⟨*Kinder, ein Radio, ein Motorrad*⟩

die **Lar·ve**★ [-fə]; (-, -n) ein Tier, das wie ein Wurm aussieht und aus dem später ein Käfer, Schmetterling o. Ä. wird *„Aus dem Ei entsteht eine Larve, aus der Larve eine Puppe und aus der Puppe ein Schmetterling"* **K** Insektenlarve

**las** *Präteritum, 1. und 3. Person Singular* → lesen

**lasch** *ADJEKTIV* ohne Energie und Ehrgeiz ⟨*eine Spielweise; jemandes Verhalten*⟩ • *hierzu* **Lasch·heit** *die*

der **La·ser** ['le:zɐ]; (-s, -) ein Gerät, das einen sehr schmalen Lichtstrahl erzeugt, mit dem man z. B. Metalle schneidet oder Menschen operiert **K** Lasermedizin, Lasershow, Laserstrahl

**las·sen**★ (*lässt, ließ, hat jemanden/etwas gelassen oder hat jemanden/etwas +Infinitiv lassen*) ERLAUBEN, ZULASSEN: **1** **jemanden** *+Infinitiv* **lassen** einer Person oder einem Tier erlauben oder möglich machen, das Genannte zu tun ↔ verbieten *„Die Eltern ließen die Kinder nicht ins Kino gehen"* ℹ kein Passiv **2** **jemanden irgendwohin lassen** jemandem erlauben, irgendwohin zu gehen *„die Kinder nicht mit schmutzigen Schuhen ins Haus lassen"* **3** **jemandem etwas lassen** jemandem erlauben, etwas weiter zu benutzen, noch nicht zurückzugeben *„Ich lasse dir das Fahrrad heute noch, aber morgen brauche ich es selbst"* WIRKUNG: **4** **etwas** *+Infinitiv* **lassen**; **etwas irgendwohin** (*+Infinitiv*) **lassen** bewirken, dass etwas irgendwohin gelangt oder dass es etwas tut *„ein Glas fallen lassen"* | *„Wasser in die Wanne (laufen) lassen"* **5** **eine Person/etwas lässt jemanden/etwas** *+Infinitiv* eine Person oder Sache bewirkt, dass etwas geschieht *„Er hat mich stundenlang warten lassen"* ℹ kein Passiv **6** **eine Person/Sache lässt jemanden/etwas irgendwie/** *+Infinitiv* eine Person oder Sache verändert einen Zustand nicht, etwas hat keine Wirkung *„Lass mich in Ruhe!"* AUFTRAG, BEFEHL, AUFFORDERUNG: **7** **jemanden etwas** *+Infinitiv* **lassen** einer Person oder einem Tier einen Auftrag oder Befehl geben *„Ich lasse meinen Sohn immer den Rasen mähen"* ℹ kein Passiv **8** **jemanden/etwas** *+Infinitiv* **lassen**; **jemandem etwas** *+Infinitiv* **lassen** dafür sorgen, dass etwas mit einer Person/Sache geschieht (weil man jemandem den Auftrag dafür gegeben hat) *„Ich muss mir mal wieder die Haare schneiden lassen"* **9** **Lass/Lasst uns** *+Infinitiv*! verwendet als freundliche Aufforderung, etwas gemeinsam zu tun *„Es ist schon spät! Lass uns doch nach Hause gehen!"* ℹ kein Passiv NICHT HANDELN: **10** **jemanden/etwas irgendwo** (*+Infinitiv*) **lassen** jemanden/etwas nicht von einer Stelle wegbringen, entfernen *„Lass die Koffer einfach im Flur (stehen)"* **11** **etwas (sein) lassen** *gesprochen* mit etwas aufhören oder etwas, das man tun wollte, doch nicht tun *„Mensch, lass das (bleiben/sein), du weißt, dass es mich ärgert!"* ℹ zu 13 und 14: In diesen Verwendungen wird in der gesprochenen Sprache auch nach Infinitiv *hat gelassen* verwendet: *Sie hat alles liegen und stehen (ge)lassen, wo es war* MÖGLICHKEIT: **12** **etwas/es lässt sich (irgendwie)** *+Infinitiv* eine Sache oder Situation ist so, dass etwas (auf die genannte Art) möglich ist oder geschieht *„Mit dem neuen Mittel ließen sich die Flecken entfernen"* ℹ Diese Konstruktion wird oft einer Passivkonstruktion mit *können* vorgezogen: *Das Fenster kann nur schwer geöffnet werden → Das Fenster lässt sich schwer öffnen.*

**läs·sig** *ADJEKTIV* **1** ganz entspannt, bequem oder normal und nicht förmlich ⟨*Kleidung, ein Verhalten*⟩ *„Sie ist immer sehr lässig gekleidet"* **2** *gesprochen* ohne große Schwierigkeiten ⟨*etwas lässig bewältigen, bestehen*⟩ *„Er bestand die Führerscheinprüfung ganz lässig"* • *zu (1)* **Läs·sig·keit** *die*

die **Last**★ (-, -en) **1** etwas Schweres, das eine Person oder ein Tier trägt oder das ein Fahrzeug transportiert *„Ich darf keine schweren Lasten tragen"* K Lastesel, Lasttier; Lastenaufzug 2 *meist Singular* eine Sache oder Person, die jemandem viel Arbeit, Mühe und Schwierigkeiten macht *„Das Leben wurde mir zur Last"* 3 **jemandem zur Last fallen** jemandem viel Arbeit und Mühe machen (und somit auf die Nerven gehen) ≈ belästigen

das **Last·au·to** ≈ Lastwagen

**las·ten** (*lastete, hat gelastet*) 1 **etwas lastet auf jemandem/etwas** etwas liegt als Last auf jemandem oder einem Tier 2 **etwas lastet auf jemandem** etwas (zum Beispiel ein früheres Erlebnis) macht jemandem große Probleme ⟨*ein Verdacht, eine Schuld, ein Verbrechen, ein Fluch*⟩

der **Las·ter** (-*s*, -) 1 *gesprochen* ≈ Lastwagen 2 (oft in Bezug auf Sexualität) eine Verhaltensweise oder eine Gewohnheit, die als (moralisch) schlecht oder unangenehm empfunden wird ⟨*ein Laster haben; ein Laster bekämpfen*⟩ ≈ Fehler, Makel *„Er hat zwei Laster: Er raucht und trinkt zu viel"*

L

**läs·tern** (*lästerte, hat gelästert*) **(über jemanden/etwas) lästern** *abwertend* böse Bemerkungen über jemanden/etwas machen *„Sie lästerte darüber, dass er schwer wie ein Elefant sei"* • *hierzu* **Läs·te·rer** *der*; **Läs·te·rin** *die*; **Läs·te·rung** *die*

**läs·tig★** *ADJEKTIV* **(jemandem) lästig** ⟨*eine Person, eine Sache*⟩ so, dass sie eine Person stören und ihr auf die Nerven gehen *„Ich bin froh, wenn ich mit diesen lästigen Einkäufen fertig bin"* | *„Diese Mücken sind sehr lästig!"*

der **Last|kraft·wa·gen** *admin* ≈ Lastwagen ❶ Abkürzung: *Lkw*

die **Last·schrift** die Abbuchung eines Betrags von jemandes Bankkonto *„Gebühren durch/per Lastschrift einziehen"* K Lastschriftverfahren

der **Last·wa·gen★** ≈ Lkw *„ein Lastwagen mit Anhänger"* | *„Ziegel mit dem Lastwagen zur Baustelle fahren"* K Lastwagenfahrer

das **La·tein** (-*s*) die Sprache der alten Römer ⟨*das klassische Latein*⟩

**la·tei·nisch** *ADJEKTIV* 1 ⟨*die Grammatik; ein Text*⟩ in Bezug auf die Sprache des alten Rom 2 ⟨*die Schrift; Buchstaben*⟩ in Bezug auf die Schrift, die im antiken Rom verwendet wurde und die Grundlage der Druckschrift im Deutschen, Französischen usw. ist

**la·tent** *ADJEKTIV; geschrieben* ⟨*eine Erkrankung, eine Gefahr, eine Krise*⟩ vorhanden, aber noch nicht wirksam oder sichtbar

die **La·ter·ne** (-, -*n*) 1 eine Lampe, die nachts die Straße beleuchtet ≈ Straßenlampe K Straßenlaterne 2 eine Hülle (oft aus Papier oder Metall und Glas), welche die Flamme einer Kerze vor Wind schützt K Laternenlicht

die **Lat·te** (-, -*n*) 1 ein schmales und relativ langes Stück Holz mit vier Kanten *„Die Dachplatten werden an Latten befestigt"* K Lattenzaun; Zaunlatte 2 die Stange, die das Tor beim Fußball usw. oben begrenzt 3 **eine (ganze, lange) Latte von etwas** *gesprochen* sehr viele einzelne Dinge ⟨*eine* (*ganze, lange*) *Latte von Qualifikationen, Vorstrafen haben*⟩

der **Latz** (-*es, Lät·ze*) 1 ein Tuch, das man (vor allem Kindern) beim Essen um den Hals bindet, damit sie ihre Kleidung nicht schmutzig machen ⟨*einem Kind einen Latz umbinden*⟩ 2 ein Stück Stoff (an einer Hose, einem Rock oder einer Schürze), mit dem man die Kleidung meist über der Brust bedeckt, um sich nicht schmutzig zu machen

**lau** *ADJEKTIV* (in Bezug auf die Temperatur) weder warm noch kalt (aber angenehm) ⟨*die Wassertemperatur, ein Lüftchen, die Luft, der Abend*⟩ ≈ mild ID **für lau** *gesprochen* ≈ kostenlos

das **Laub** (-(*e*)*s*) die Blätter von Bäumen oder Sträuchern ⟨*das Laub verfärbt sich, fällt vom Baum; das Laub zusammenfegen, zusammenkehren*⟩ K Laubbesen, Laubhaufen

der **Laub·baum★** ein Baum, der Blätter hat (die im Herbst abfallen) *„Buche, Birke und Eiche sind Laubbäume"*

der **Laub·frosch** ein kleiner, hellgrüner Frosch, der meistens auf Schilf oder Sträuchern lebt

der **Lauch** (-(*e*)*s*) eine Gemüsesorte, die einen langen, weißen Stängel und grüne Blätter hat und ähnlich wie eine Zwiebel schmeckt ≈ Porree K Lauchgemüse, Lauchsuppe

**lau·ern** (*lauerte, hat gelauert*) 1 **auf jemanden/etwas lauern** sich verstecken und warten, bis eine Person/Sache kommt, um sie zu fangen oder anzugreifen *„Die Katze sitzt vor dem Mauseloch und lauert auf die Maus"* 2 **auf etwas** (*Akkusativ*) **lauern** ungeduldig darauf warten, dass etwas passiert, das zum eigenen Vorteil ist *„darauf lauern, dass der Konkurrent einen Fehler macht"*

der **Lauf★** (-(*e*)*s, Läu·fe*) 1 *nur Singular* die Fortbewegung mit den Füßen, die schneller ist als das Gehen *„Er übersprang den Zaun in vollem

*Lauf"* K Laufstil 2 ein Wettbewerb, bei dem man eine Strecke laufen muss *„Wegen einer Verletzung konnte er zum zweiten Lauf nicht antreten"* K Hürdenlauf; Kurzstreckenlauf, Marathonlauf 3 *nur Singular* die Art und Weise, wie etwas verläuft, stattfindet *„den Lauf einer Entwicklung beeinflussen"* 4 *nur Singular* die Bahn oder die Strecke, auf der sich z. B. ein Fluss, die Erde oder ein Stern bewegt *„der Lauf der Mosel bei Trier"* K Oberlauf, Unterlauf 5 (bei Schusswaffen) das Rohr, durch das die Kugel nach außen schießt 6 **im Laufe** *+Genitiv* innerhalb des genannten Zeitraumes *„Ich werde Sie im Laufe der nächsten Woche anrufen"*

die **Lauf·bahn** (-, *-en*) die Entwicklung, die eine Person vor allem im Beruf macht ⟨*eine berufliche, künstlerische, wissenschaftliche, handwerkliche Laufbahn; eine Laufbahn durchlaufen, einschlagen*⟩ ≈ Karriere

**Lauf·band** *das* ein breites Band, das mechanisch bewegt wird. Laufbänder gibt es z. B. als Sportgerät, auf dem man das Laufen trainiert, oder am Flughafen zur Beförderung von Personen über längere Wegstrecken oder bei der Ausgabe des Gepäcks bei der Ankunft

**lau·fen**★ (*läuft, lief, ist/hat gelaufen*) FORTBEWEGUNG: MENSCH, TIER: 1 (*ist*) sich mithilfe der Beine schnell fortbewegen (sodass beide Füße kurze Zeit in der Luft sind) ≈ rennen *„Er lief so schnell er konnte"* 2 **(etwas) laufen** (*ist/hat*) in einem sportlichen Wettkampf laufen *„Sie läuft die hundert Meter in zwölf Sekunden"* K Lauftraining 3 *gesprochen* (*ist*) sich mithilfe der Beine von einem Ort zum anderen bewegen ≈ gehen *„Fahren wir mit dem Bus oder wollen wir laufen?"* 4 **gegen/in etwas** (*Akkusativ*) **laufen** (*ist*) beim Gehen oder Laufen mit jemandem/etwas zusammenstoßen *„Das Kind ist mir ins Auto gelaufen"* 5 **Rollschuh/Schlittschuh/Ski/... laufen** (*ist*) sich auf Rollschuhen/Schlittschuhen/Skiern/... bewegen *„Kannst du Ski laufen?"* ❶ kein Passiv FORTBEWEGUNG: SACHE: 6 **etwas läuft irgendwo(hin)** (*ist*) etwas bewegt sich irgendwo(hin) *„Das Seil läuft über Rollen"* 7 **etwas läuft irgendwohin** (*ist*) eine Flüssigkeit bewegt sich irgendwohin ≈ fließen *„Er ließ Wasser in den Eimer laufen"* 8 **jemandem läuft die Nase** (*ist*) jemandes Nase tropft BETRIEB, FUNKTION: 9 **etwas läuft (irgendwie)** (*ist*) eine Maschine, ein Gerät oder ein Motor ist in Betrieb (und funktioniert auf die genannte Weise) *„Seit der Reparatur läuft der Geschirrspüler wieder einwandfrei"* 10 **etwas läuft irgendwann/irgendwo** (*ist*) etwas steht auf dem Programm und wird gezeigt *„Was läuft gerade im Kino?"* ENTWICKLUNG, VORGANG: 11 **etwas läuft irgendwie** (*ist*) etwas entwickelt sich oder geschieht auf die genannte Weise *„Die Verhandlungen sind sehr günstig für uns gelaufen"* ID **Na, wie läuft's?** *gesprochen* Wie geht es dir?; **etwas ist gelaufen** *gesprochen* etwas ist nicht mehr zu ändern

**lau·fend**★ ADJEKTIV 1 *nur attributiv* zurzeit ablaufend, stattfindend oder erscheinend ⟨*das Jahr, der Monat, die Nummer einer Zeitschrift*⟩ 2 *meist attributiv* so, dass es in regelmäßigen Abständen auftritt, vorkommt ⟨*die Kosten, die Ausgaben*⟩ ≈ ständig *„die laufenden Kosten so gering wie möglich halten"* ID **auf dem Laufenden sein/bleiben** über das aktuelle Geschehen gut informiert sein/bleiben

der **Läu·fer** (-s, -) 1 ein Sportler, der an einem Wettbewerb im Laufen teilnimmt *„Die acht Läufer, die sich für den Endlauf qualifiziert haben, stehen nun am Start"* K Marathonläufer 2 die Figur beim Schach, die man nur diagonal bewegen darf 3 ein relativ langer und schmaler Teppich • *zu* (1) **Läu·fe·rin** *die*

die **Lau·fe·rei** (-, *-en*); *gesprochen* die Situation, in der man viel herumlaufen muss, um Dinge zu erledigen *„Ich hatte viel Lauferei, bis ich alle Papiere zusammenhatte"*

**läu·fig** ADJEKTIV bereit, sich mit einem männlichen Hund zu paaren ⟨*eine Hündin*⟩

die **Lauf·ma·sche** ein Loch vor allem in einer Strumpfhose, das immer größer wird, weil sich Maschen lösen

der **Lauf·schritt im Laufschritt** mit schnellen Schritten

der **Lauf·steg** ein schmaler, erhöhter Weg aus Brettern o. Ä., auf dem Modelle auf und ab gehen, um neue Kleidung vorzuführen

**läuft** *Präsens, 3. Person Singular* → laufen

das **Lauf·werk**★ ein Teil des Computers, der Daten speichern oder lesen kann *„Mein erster Computer hatte noch ein Laufwerk für Disketten"* K Festplattenlaufwerk, DVD-Laufwerk

die **Lau·ge** (-, *-n*) Wasser, das mit Seife oder Waschmittel gemischt ist K Seifenlauge

die **Lau·ne**★ (-, *-n*) 1 die Stimmung, in der jemand zu einem Zeitpunkt ist ⟨*gute, schlechte Laune haben; jemandem die (gute) Laune verderben*⟩ *„Wenn die Sonne scheint, habe ich*

L

*gleich gute Laune"* **2** *nur Plural* die schnell wechselnden Stimmungen, die jemand hat *„Ich habe unter den Launen meiner Kollegin zu leiden"*

**lau·nen·haft** *ADJEKTIV* mit vielen verschiedenen Launen *„ein launenhafter Mensch"* • *hierzu* **Lau·nen·haf·tig·keit** *die*

**lau·nisch** *ADJEKTIV* **1** mit vielen verschiedenen Launen **2** schlechter Laune *„Heute war der Chef wieder mal furchtbar launisch!"*

die **Laus** (-, *Läu·se*) ein kleines Insekt, das vom Blut von Menschen und Tieren oder vom Saft von Pflanzen lebt ⟨*Läuse haben; eine Laus zerdrücken*⟩ **K** Blattlaus, Kopflaus

der **Lausch·an·griff** das geheime Abhören von Telefongesprächen von Personen, die unter Verdacht stehen, Verbrechen zu begehen o. Ä.

**lau·schen** (*lauschte, hat gelauscht*) **1** sich stark konzentrieren, damit man etwas hört ≈ horchen *„an der Tür lauschen"* **2** **jemandem/etwas lauschen** jemandem/etwas konzentriert zuhören *„dem Gesang der Vögel lauschen"*

**lau·sig** *ADJEKTIV; gesprochen, abwertend* **1** sehr schlecht oder sehr unangenehm ⟨*das Wetter, ein Vortrag, eine Rede; lausig kalt*⟩ **2** von geringer Bedeutung *„Du wirst dich doch nicht wegen der paar lausigen Cent aufregen!"*

**laut★** *ADJEKTIV* **1** so, dass die Klänge oder Geräusche auch von Weitem gehört werden können ↔ leise *„Stelle bitte das Radio leiser, die Musik ist doch viel zu laut!"* | *„Das Kind fing laut zu schreien an"* **2** ⟨*eine Straße, eine Gegend, ein Viertel, die Nachbarn*⟩ so, dass es viel Lärm gibt ↔ ruhig **3** **etwas wird laut** etwas wird der Öffentlichkeit bekannt ⟨*Klagen, Beschwerden, Wünsche*⟩

*PRÄPOSITION mit Dativ/Genitiv* **4** drückt aus, dass eine Information von einer kompetenten Person oder einem offiziellen Text stammt ≈ gemäß *„Laut Arzt/Attest hat sie eine Virusgrippe"* | *„Laut Fahrplan müsste der Bus schon längst da sein"* ℹ → Anhang, S. 1113: **Präpositionen**

der **Laut★** (-(e)s, -e) **1** etwas, das man kurze Zeit hören kann und das mit dem Mund erzeugt worden ist ⟨*ein schriller, sanfter, klagender Laut; einen Laut von sich (Dativ) geben, erzeugen*⟩ **2** **keinen Laut mehr von sich** (*Dativ*) **geben** nichts mehr sagen

**lau·ten★** (*lautete, hat gelautet*) **etwas lautet .../etwas lautet irgendwie** etwas besteht aus den genannten Worten, Zahlen o. Ä. oder hat den beschriebenen Inhalt *„Der Originaltext dieses Liedes lautete anders als die moderne Version"* | *„Die Aufschrift lautet: „Vorsicht Gift"*

**läu·ten★** (*läutete, hat geläutet*) **1** **etwas läuten** die Töne einer Glocke klingen lassen *„Der Mesner läutet die Glocke zum Gebet"* **2** **etwas läutet** eine Glocke erzeugt Töne **3** **etwas läutet** *besonders süddeutsch* Ⓐ etwas klingelt ⟨*der Wecker, die Türglocke, die Klingel, das Telefon*⟩ **4** **irgendwo läuten** *besonders süddeutsch* Ⓐ an jemandes Tür die Klingel ertönen lassen ⟨*bei jemandem, an jemandes Wohnungstür läuten*⟩ ≈ klingeln **5** **es läutet (an der Tür)** die Klingel an der Tür läutet

**lau·ter[1]★** *nur in dieser Form; gesprochen* nichts anderes als das Genannte ≈ nur *„Auf der Party traf ich lauter sympathische Leute"* | *„Er hat lauter Unsinn im Kopf"* | *„Aus lauter Dankbarkeit brachte er mir ein Geschenk"*

**lau·ter[2]** *ADJEKTIV meist attributiv; geschrieben* ⟨*ein Charakter, ein Mensch, Absichten, Motive*⟩ ≈ ehrlich, aufrichtig • *hierzu* **Lau·ter·keit** *die*

**laut·lich** *ADJEKTIV meist attributiv* in Bezug auf die Laute der Sprache ⟨*Veränderungen, Gemeinsamkeiten*⟩

**laut·los** *ADJEKTIV* ohne dass ein Geräusch zu hören ist *„Der Fuchs schlich sich lautlos an die Beute heran"*

die **Laut·schrift** ein System von Zeichen, mit denen man die Laute einer Sprache notiert ⟨*die internationale Lautschrift*⟩

der **Laut·spre·cher★** (-s, -) ein Gerät, das Stimmen oder Musik (meist lauter) wiedergibt *„die beiden Lautsprecher der Stereoanlage"* | *„auf dem Bahnhof die Durchsage über Lautsprecher nicht verstehen"* **K** Lautsprecherbox

**laut·stark** *ADJEKTIV* sehr laut und heftig ⟨*Beifall, Proteste, eine Auseinandersetzung; etwas lautstark verkünden*⟩

die **Laut·stär·ke★** die Stärke, Intensität des Schalls ⟨*die Lautstärke messen*⟩ *„die hohe Lautstärke, mit der ein Flugzeug startet"*

**lau·warm★** *ADJEKTIV* nicht richtig warm, aber auch nicht kalt ⟨*das Wasser, ein Getränk, das Essen*⟩ *„Lauwarmes Bier schmeckt nicht"*

die **La·va** [-v-]; (-) die flüssige Masse, die an die Erdoberfläche kommt, wenn ein Vulkan ausbricht ⟨*glühende, erkaltete Lava*⟩ **K** Lavamasse, Lavastrom

der **La·ven·del** [-v-]; (-s) eine Pflanze (die vor al-

L

lem im Gebiet des Mittelmeers wächst) mit schmalen Blättern, aus deren Blüten man ein gut riechendes Öl gewinnt

die **La·wi·ne** (-, *-n*) eine große Masse meist aus Schnee und Eis, die von einem Berg ins Tal rutscht und dabei immer größer wird ⟨*eine Lawine geht ab, geht nieder, donnert ins Tal; eine Lawine begräbt, verschüttet jemanden/etwas*⟩ *„Die Skifahrer wurden unter einer Lawine begraben“* **K** Lawinengefahr, Lawinenunglück, Lawinenwarnung

**lax** *ADJEKTIV* nicht streng in den eigenen Prinzipien ⟨*eine Auffassung, eine Einstellung, eine Haltung*⟩ • *hierzu* **Lax·heit** *die*

das **La·za·rett** [-ts-]; (-*s*, -*e*) eine Art Krankenhaus für (verwundete) Soldaten **K** Feldlazarett

**lea·sen** ['li:zn̩] (*leaste, hat geleast*) **etwas leasen** meist ein Auto über eine ziemlich lange Zeit mieten, wobei das Geld, das man bezahlt, vom Kaufpreis abgezogen wird, wenn man das Auto am Ende dieser Zeit kauft ⟨*ein Auto leasen*⟩ • *hierzu* **Lea·sing** *das*

**le·ben**★ (*lebte, hat gelebt*) **1** auf der Welt sein und einen funktionierenden Organismus haben ≈ am Leben sein ↔ tot sein *„Leben deine Großeltern noch?“* | *„Wie lange leben Hunde eigentlich?“* **2** **irgendwann leben** als Mensch auf der Welt sein (und in der Gesellschaft eine Funktion haben) *„Der Physiker Heinrich Hertz lebte im 19. Jahrhundert“* **3** **irgendwie leben** sein Dasein auf der Welt in der genannten Weise gestalten oder in der genannten Situation verbringen ⟨*allein, gefährlich, gesund leben; in Armut, in Frieden leben*⟩ *„in ärmlichen Verhältnissen leben“* **4** **irgendwo leben** an einem Ort oder bei jemandem die meiste Zeit sein ⟨*auf dem Land, in der Stadt leben*⟩ *„Frösche leben auf dem Land und im Wasser“* **5** **von etwas leben** etwas als Nahrung zu sich nehmen ≈ sich von etwas ernähren *„Während des Krieges lebten viele Leute hauptsächlich von Kartoffeln“* **6** **von etwas leben** irgendwoher Geld bekommen, um sich Essen, Kleidung usw. kaufen zu können *„Von seinem Gehalt kann er sehr gut leben“* | *„Die Menschen auf der Insel leben hauptsächlich vom Tourismus“* **7** **für jemanden/etwas leben** seine ganze Energie und Kraft in jemanden/etwas stecken *„Die Mutter lebte ausschließlich für ihre beiden Söhne“* **ID** **leben wie Gott in Frankreich** ein schönes Leben haben, weil man gut zu essen hat

das **Le·ben**★ (-*s*, -); *meist Singular* **1** der Zustand, wenn ein Mensch, ein Tier oder einer Pflanze lebt ⟨*die Entstehung des Lebens; am Leben sein/bleiben; jemandem das Leben retten; das Leben verlieren*⟩ ↔ Tod **2** der Zeitraum, während dessen jemand lebt ⟨*ein kurzes, langes Leben*⟩ *„Mit 80 Jahren stieg er zum ersten Mal in seinem Leben in ein Flugzeug“* **K** Lebensabschnitt, Lebenserfahrung **3** die Art und Weise zu leben ⟨*ein einfaches, bewegtes, erfülltes, glückliches, schönes Leben führen/haben; jemandem das Leben angenehm, schwer, unerträglich machen*⟩ **K** Lebensbedingungen, Lebensverhältnisse, Lebensweise; Großstadtleben, Landleben, Studentenleben **4** die täglichen Ereignisse und Einflüsse, die man erlebt ⟨*das Leben meistern; mit dem Leben nicht mehr zurechtkommen*⟩ **K** Alltagsleben, Familienleben **5** alle Handlungen und Vorgänge in einem Bereich *„Vor Weihnachten herrscht reges Leben in den Straßen der Stadt“* | *„Nach seiner Wahlniederlage zog er sich aus dem politischen Leben zurück“* **K** Nachtleben **6** **das ewige Leben** (gemäß einiger Religionen) das Leben nach dem Tod **7** **das werdende Leben** das kleine Kind im Bauch einer schwangeren Frau **ID** **sich durchs Leben schlagen** *gesprochen* nur mit Mühe so viel Geld verdienen, dass man sich ernähren kann; **für mein/sein** *usw.* **Leben gern** sehr gern; **Nie im Leben!**, **Im Leben nicht!** *gesprochen* verwendet, um eine Behauptung oder einen Vorschlag abzulehnen; **ums Leben kommen** als Folge eines Unfalls oder eines Unglücks sterben

**le·ben·dig**★ *ADJEKTIV* **1** so, dass eine Person oder ein Tier lebt ↔ tot **2** voller Schwung und Temperament ⟨*ein Kind*⟩ ≈ lebhaft ↔ ruhig **3** interessant und lebhaft vorgetragen o. Ä. ⟨*eine Schilderung, eine Erzählung*⟩ • *hierzu* **Le·ben·dig·keit** *die*

die **Le·bens·er·war·tung** *meist Singular* die Zahl der Jahre, welche die Menschen im Durchschnitt leben ⟨*eine geringe, hohe Lebenserwartung haben; die Lebenserwartung steigt, sinkt*⟩ *„Warum haben Frauen eine höhere Lebenserwartung als Männer?“*

**le·bens·feind·lich** *ADJEKTIV* ⟨*eine Kälte, eine Umgebung*⟩ so, dass kaum ein Tier oder eine Pflanze darin leben kann

die **Le·bens·ge·fahr**★ *nur Singular* eine große Gefahr für das Leben eines Menschen ⟨*in Lebensgefahr sein, geraten, schweben; außer*

*Lebensgefahr sein〉 „Der Patient ist inzwischen außer Lebensgefahr“* • *hierzu* **le·bens·ge·fähr·lich** *ADJEKTIV*

der **Le·bens·ge·fähr·te** **1** ein Mann, mit dem eine Frau zusammenlebt, ohne dass sie verheiratet sind ℹ *ein Lebensgefährte; der Lebensgefährte; den, dem, des Lebensgefährten* **2** ein homosexueller Mann, der mit einem anderen Mann zusammenlebt, ohne dass in einer eingetragenen Lebenspartnerschaft sind • *hierzu* **Le·bens·ge·fähr·tin** *die*

die **Le·bens·hal·tungs|kos·ten** *Plural* das Geld, das man für Kleidung, Nahrung, Wohnung usw. ausgeben muss 〈*die Lebenshaltungskosten steigen, sinken; die Lebenshaltungskosten sind hoch, niedrig*〉

das **Le·bens·jahr★** ein Jahr im Leben eines Menschen 〈*ein Lebensjahr vollenden*〉 *„Kinder ab dem vollendeten vierten Lebensjahr zahlen den halben Preis“*

**le·bens·läng·lich** *ADJEKTIV meist attributiv* für den Rest des Lebens, bis zum Tode 〈*eine Haftstrafe*〉

der **Le·bens·lauf★** eine Tabelle für eine Bewerbung, in der eine Person die beruflich wichtigen Ereignisse ihres Lebens nennt 〈*ein tabellarischer Lebenslauf; einen Lebenslauf schreiben, verfassen*〉

die **Le·bens·mit·tel★** *Plural* die Dinge, die man jeden Tag isst und trinkt, um sich zu ernähren, wie z. B. Brot, Gemüse und Fleisch **K** Lebensmittelgeschäft, Lebensmittelindustrie ℹ vergleiche **Nahrungsmittel**

**le·bens·mü·de** *ADJEKTIV* ohne den Willen weiterzuleben **ID** **Du bist wohl lebensmüde!** *gesprochen, ironisch* verwendet, wenn jemand etwas Gefährliches tut, ohne die Gefahr zu erkennen

der **Le·bens·part·ner** eine Person, mit der man eine sexuelle Beziehung hat und zusammenlebt, ohne verheiratet zu sein • *hierzu* **Le·bens·part·ne·rin** *die*

der **Le·bens·raum** **1** *nur Singular* der Bereich, in dem jemand frei leben und arbeiten kann 〈*jemandes Lebensraum einschränken*〉 **2** der Raum oder Ort, der dort lebenden Pflanzen oder Tieren günstige Bedingungen zum Leben bietet ≈ Biotop

der **Le·bens·stan·dard** der Grad des Wohlstands einer Person oder einer sozialen Gruppe 〈*einen niedrigen, hohen Lebensstandard haben, genießen*〉

der **Le·bens·un·ter·halt** *nur Singular* das Geld, das man braucht, um Nahrung, Kleidung und Wohnung zu bezahlen *„Manche Studenten verdienen ihren Lebensunterhalt als Taxifahrer“*

die **Le·bens·ver·si·che·rung** eine Versicherung, bei der eine vorher festgelegte Geldsumme ausbezahlt wird, wenn die Versicherungszeit zu Ende ist oder wenn der Versicherte stirbt 〈*eine Lebensversicherung abschließen, ausbezahlt bekommen*〉 **K** Lebensversicherungsgesellschaft, Lebensversicherungssumme

**le·bens·wert** *ADJEKTIV* **das Leben ist lebenswert** das Leben ist so schön, dass man gerne lebt

**le·bens·wich·tig** *ADJEKTIV* absolut notwendig, damit jemand leben kann 〈*Medikamente, Organe, Vitamine*〉

das **Le·bens·zei·chen** **1** irgendeine Nachricht oder ein Hinweis, dass eine Person noch lebt, die man lange nicht gesehen hat *„Er durchquert auf einem Motorrad die Sahara, und seine Eltern haben seit Wochen kein Lebenszeichen von ihm bekommen“* **2** ein Zeichen oder Beweis, dass jemand noch lebt *„Der Verletzte gab kein Lebenszeichen mehr von sich“*

die **Le·ber★** (-, *-n*) **1** ein großes, rotbraunes inneres Organ, welches das Blut reinigt und giftige Substanzen im Körper unschädlich macht *„Wenn man viel Alkohol trinkt, schadet man der Leber“* **2** die Leber eines Tieres, die man isst 〈*gebratene, gegrillte Leber*〉 *„in Zwiebeln gebratene Leber mit Kartoffelpüree“* **K** Leberpastete, Leberwurst; Kalbsleber

der **Le·ber·kä·se** *meist Singular* ein gebackener Teig aus fein gemahlenem Fleisch, den man in Scheiben kalt oder warm isst

die **Le·ber·wurst** eine Wurst aus der Leber vom Kalb und vom Schwein 〈*eine grobe, feine Leberwurst*〉 **K** Zwiebelleberwurst

das **Le·be·we·sen★** (-s, -) Menschen, Tiere, Pflanzen, Pilze, Bakterien, Viren usw. leben und sind daher Lebewesen 〈*einzellige, mehrzellige, vielzellige, pflanzliche, tierische Lebewesen*〉

**leb·haft★** *ADJEKTIV* **1** voller Schwung und Temperament 〈*ein Kind*〉 ≈ munter *„Ihr kleiner Sohn ist so lebhaft, dass sie kaum noch mit ihm fertig wird“* **2** interessant und mit Schwung (vorgetragen) 〈*eine Diskussion, eine Unterhaltung*〉 *„Die Debatte kam lange Zeit nicht so recht in Schwung. Erst gegen Ende wurde sie etwas lebhafter“* **3** *meist attributiv* sehr klar und deutlich, mit vielen Details *„Ich habe sehr* *lebhafte Erinnerungen an meine Kindheit"*

der **Leb·ku·chen** ein Gebäck in runder oder viereckiger Form, das süß und würzig schmeckt und zu Weihnachten gegessen wird ⟨*Lebkuchen backen*⟩

**leb·los** ADJEKTIV tot oder so, als ob es tot wäre ⟨*ein Mensch, ein Körperteil*⟩ *„Der Motorradfahrer stürzte und blieb leblos liegen"*

**lẹch·zen** (*lechzte, hat gelechzt*) **nach etwas lechzen** *geschrieben* ein starkes Verlangen nach etwas haben ⟨*nach Macht, Anerkennung lechzen; nach Rache, Vergeltung lechzen*⟩

das **Lẹck** (-(*e*)*s*, -*e*/-*s*) ein kleines Loch oder ein Riss in einem Behälter oder in einem Schiff ⟨*ein Leck bekommen, abdichten*⟩

**lẹ·cken** (*leckte, hat geleckt*) **1** **(etwas) lecken** etwas durch die Bewegung der Zunge in den Mund bringen *„Die Katze leckte ihre Milch"* **2** **ein Tier leckt etwas/sich** ein Tier bewegt die Zunge über etwas/den eigenen Körper, um es/sich sauber zu machen ≈ ablecken *„Die Katzenmutter leckt ihre Jungen"* **3** **an etwas** (*Dativ*) **lecken** die Zunge über eine Stelle bewegen *„Als er die Hand ausstreckte, leckte die Kuh daran"* **4** **etwas leckt** etwas hat ein Leck ⟨*ein Behälter, ein Schiff*⟩

**lẹ·cker★** ADJEKTIV so, dass es sehr gut aussieht oder sehr gut schmeckt ⟨*etwas riecht, schmeckt lecker; etwas sieht lecker aus*⟩

die **Le·cke·rei** (-, -*en*) etwas (meist Süßes), das gut schmeckt

das **Le·der★** (-*s*) **1** die Haut von Tieren, die getrocknet und so bearbeitet wurde, dass sie haltbar ist. Aus Leder macht man Schuhe, Taschen und Jacken ⟨*weiches, glattes, geschmeidiges Leder; Leder gerben, verarbeiten, färben*⟩ *„eine Jacke aus echtem Leder"* **K** Ledergürtel, Lederhose; Kunstleder, Wildleder **ⓘ** Als Plural wird *Ledersorten* verwendet. **2** **das Leder** *humorvoll* der Fußball

**le·dern** ADJEKTIV **1** *meist attributiv* aus Leder hergestellt **2** so fest, dass es dem Leder ähnlich ist ⟨*Haut, Gesichtshaut*⟩

**le·dig★** ADJEKTIV nicht verheiratet *„Ist sie ledig, verheiratet oder geschieden?"*

**le·dig·lich★** PARTIKEL *betont und unbetont* nichts mehr als, nichts anderes als oder niemand anders als ≈ nur *„Die Demonstranten wollten nicht provozieren, sondern lediglich auf die Gefahren der Atomkraft aufmerksam machen"* | *„Lediglich Renate war gekommen, niemand sonst"*

**leer★** ADJEKTIV **1** ohne Inhalt ⟨*etwas leer machen, räumen*⟩ *„Sobald sein Glas leer war, bestellte er sich ein neues"* | *„ein Glas in einem Zug leer trinken"* **2** ohne Möbel und Menschen, die darin wohnen oder arbeiten ⟨*ein Haus, eine Wohnung, ein Zimmer*⟩ ≈ unbewohnt *„Die Wohnung steht schon seit Monaten leer"* **3** ohne oder nur mit sehr wenigen Menschen ⟨*ein Bus, ein Saal, Straßen, ein Zugabteil*⟩ *„Während der Sommermonate ist die Stadt fast leer"* **K** menschenleer **4** so, dass darauf nichts geschrieben oder gedruckt ist ⟨*ein Blatt* (*Papier*)⟩ **5** *meist attributiv* wertlos und ohne Inhalt ⟨*Gerede, Sprüche*⟩ ≈ sinnlos **K** inhaltsleer **6** *meist attributiv* so, dass etwas sehr wahrscheinlich nicht wahr wird ⟨*Drohungen, Versprechungen*⟩ **7** *meist attributiv* ohne Ausdruck oder Gefühl ⟨*ein Blick; jemanden mit leeren Augen anstarren*⟩

die **Lee·re★**; (-) **1** der Zustand, in dem nichts ist und alles leer ist *„die Leere des Weltalls"* **2** **gähnende Leere** vollkommene Leere *„Es herrschte gähnende Leere"*

**lee·ren★** (*leerte, hat geleert*) **1** **etwas leeren** ein Gefäß oder einen Behälter leer machen ≈ ausleeren *„Der Briefkasten wird jeden Tag zweimal geleert"* **2** **etwas leert sich** so, dass immer weniger Menschen an dem genannten Ort sind *„Nach Ende des Konzerts leerte sich der Saal allmählich"*

**leer·ge·fegt** ADJEKTIV ≈ leer gefegt

der **Leer·lauf** (-(*e*)*s*, *Leer·läu·fe*) das Laufen eines Motors oder einer Maschine, ohne dass ein Gang eingelegt ist ⟨*in den Leerlauf schalten*⟩ *„Das Auto rollte im Leerlauf langsam auf die Ampel zu"*

**leer·räu·men** ≈ leer räumen

die **Leer·tas·te** die lange Taste auf einer Computertastatur, mit der man Leerzeichen eingeben kann ⟨(*auf*) *die Leertaste drücken*⟩

die **Lee·rung** (-, -*en*) das Leeren *„nächste Leerung um 10:30 Uhr"*

das **Leer·zei·chen** die Stelle zwischen Wörtern in einem Text, die frei bleibt

**le·gal** ADJEKTIV (im Rahmen des Gesetzes) erlaubt ⟨*etwas auf legale Weise, auf legalem Wege tun*⟩ ≈ gesetzlich ↔ illegal • *hierzu* **Le·ga·li·tät** *die*

**le·ga·li·sie·ren** (*legalisierte, hat legalisiert*) **etwas legalisieren** etwas für legal erklären *„In manchen Ländern ist die Prostitution legalisiert worden"* • *hierzu* **Le·ga·li·sie·rung** *die*

**le·gen★** *(legte, hat gelegt)* **1** **jemanden/etwas irgendwohin legen** eine Person, sich selbst oder eine Sache so irgendwohin bringen, dass sie/man dort liegt ⟨*sich ins Bett legen; sich auf die Seite, auf den Bauch legen; sich in die Sonne, in den Schatten legen*⟩ *„Er legte das Messer und die Gabel neben den Teller"* | *„Als es ihnen in der Sonne zu heiß wurde, legten sie sich in den Schatten"* **2** **etwas legen** etwas an einer Stelle oder auf einer Fläche befestigen ⟨*Schienen, Rohre, Kabel, Fliesen*⟩ ≈ verlegen **3** **jemanden/sich schlafen legen** ein Kind zu Bett bringen oder selbst ins Bett gehen, um zu schlafen ℹ *Legen* ist ein transitives Verb, *liegen* ist intransitiv: *Er legte sein Fahrrad/sich unter einen Baum*, aber: *Sein Fahrrad/Er lag unter einem Baum* **4** **ein Tier legt (ein Ei/Eier)** ⟨*ein Huhn, ein Vogel*⟩ produziert ein Ei/Eier **5** **etwas legt sich** etwas wird in der Stärke oder Intensität schwächer ⟨*der Wind, der Sturm, der Zorn, die Wut, die Aufregung, die Empörung*⟩ ≈ nachlassen *„Nachdem sich der Sturm gelegt hatte, fuhren sie auf den See hinaus"*

**le·gen·där** ADJEKTIV **1** durch eine Legende bekannt, aber nicht unbedingt wahr *„Romulus und Remus sind legendäre Gestalten"* **2** so unwahrscheinlich oder erstaunlich wie in einer Legende *„Im Kaukasus erreichte eine Frau das legendäre Alter von 118 Jahren"* **3** so, dass man noch lange Zeit später davon wie von einer Legende spricht *„der legendäre erste Auftritt der Beatles in Hamburg"*

die **Le·gen·de★** (-, -n) **1** eine Geschichte vom Leben und Leiden eines Heiligen **K** Heiligenlegende **2** eine Geschichte, die seit langer Zeit erzählt wird und an der meist einige Dinge übertrieben oder nicht wahr sind **3** die Erklärung der Zeichen und Symbole, vor allem in einer Landkarte oder Abbildung

**le·ger** [le'ʒɛːɐ̯] ADJEKTIV **1** so, wie man sich unter Freunden und in der Familie benimmt ⟨*der Umgangston, Verhalten, Umgangsformen; jemandes Benehmen*⟩ **2** nicht sehr vornehm, aber trotzdem passend ⟨*jemandes Kleidung*⟩ *„Ganz leger mit einem Pullover bekleidet ging er ins Theater"*

die **Leg·gings, Leg·gins**; (-, -) eine eng anliegende lange Hose aus weichem Stoff für Frauen

die **Le·gie·rung** (-, -en) eine Mischung aus zwei oder mehr Metallen *„Bronze ist eine Legierung aus Kupfer und Zinn"* **K** Aluminiumlegierung, Goldlegierung *usw.*

die **Le·gis·la·tur·pe·ri·o·de** die Dauer, für die Mitglieder eines Parlaments gewählt sind

**le·gi·tim** ADJEKTIV **1** vom Gesetz erlaubt, so geregelt ≈ gesetzlich, rechtmäßig *„legitime Mittel bei etwas einsetzen"* **2** *geschrieben* ⟨*Forderungen*⟩ ≈ berechtigt, begründet

der **Lehm** (-(e)s) schwere gelbbraune Erde, die kein Wasser durchlässt und aus der man vor allem Ziegelsteine herstellt *„Ziegel aus Lehm brennen"* • *hierzu* **leh·mig** ADJEKTIV

die **Leh·ne★** (-, -n) der Teil eines Stuhls oder Sessels oder einer Bank, auf den man die Arme oder den Rücken stützen kann *„ein Stuhl mit einer hohen Lehne"* **K** Lehnsessel, Lehnstuhl; Armlehne, Rückenlehne, Stuhllehne

**leh·nen★** *(lehnte, hat gelehnt)* **1** **etwas/sich an/gegen etwas** (*Akkusativ*) **lehnen** eine Sache oder den eigenen Körper so stellen/halten, dass sie schräg sind und von der genannten Sache gestützt werden *„die Leiter an den Baum lehnen"* | *„Er lehnte sich mit dem Rücken an eine Säule"* **2** **an etwas** (*Dativ*) **lehnen** in schräger Lage an etwas Stabilem stehen *„Die Leiter lehnt an der Wand"* **3** **sich irgendwohin lehnen** sich auf etwas stützen und den Oberkörper darüberbeugen *„sich aus dem Fenster lehnen und auf die Straße schauen"*

das **Lehr·amt** *meist Singular* die Arbeit als Lehrer an einer staatlichen Schule *„Er studiert Deutsch und Englisch für das Lehramt an Gymnasien"* **K** Lehramtsanwärter

die **Leh·re★** (-, -n) **1** die Ausbildung zu einem Beruf als Handwerker oder Angestellter ⟨*eine Lehre anfangen, machen, beenden; in die Lehre gehen*⟩ *„Er macht gerade eine Lehre als Schreiner"* **K** Lehrjahr; Bäckerlehre, Maurerlehre **2** eine Erfahrung, die man gemacht hat und aus der man etwas gelernt hat ⟨*etwas ist jemandem eine Lehre; eine Lehre aus etwas ziehen; jemandem eine Lehre geben, erteilen; eine heilsame, bittere Lehre*⟩ *„Dieser Vorfall wird ihm immer eine Lehre sein"* **3** die Prinzipien, auf denen eine Philosophie und eine Religion basieren ⟨*eine philosophische, christliche Lehre*⟩ *„die Lehre des Aristoteles"* **4** das Wissen und die Theorien auf einem Gebiet der Wissenschaft *„die Lehre von den Gravitationskräften"* **K** Farbenlehre **5** *nur Singular* das Lehren von Forschungsergebnissen vor allem an einer Universität ⟨*Forschung und Lehre*⟩ **K** Lehrauftrag, Lehrveranstaltung

**leh·ren★** *(lehrte, hat gelehrt)* **1** **(jemanden)**

**etwas lehren**; **jemanden** + *Infinitiv* **lehren** einer Person (nach einem Plan) Informationen geben und mit ihr üben, damit sie Wissen und spezielle Fähigkeiten bekommt ⟨*jemanden lesen, schreiben, rechnen, schwimmen, tauchen, segeln, Ski fahren, Rad fahren, tanzen lehren*⟩ ≈ beibringen, unterrichten *„Der Deutschlehrer lehrt die Kinder Rechtschreibung und Grammatik"* **K** Lehrbuch, Lehrfilm **2** **(etwas) lehren** Schülern oder Studenten Kenntnisse in einem Fach geben ⟨*an einer Hochschule, Universität lehren*⟩ ≈ unterrichten *„Er lehrt Mathematik und Biologie an einem Gymnasium"*

der **Leh·rer**★ (-s, -) eine Person, die an einer Schule Unterricht gibt ⟨*ein strenger, erfahrener Lehrer*⟩ *„Er ist Lehrer für Mathematik und Physik an einem Gymnasium"* | *„Wen habt ihr als Lehrer in Sport?"* **K** Lehrerkonferenz, Lehrermangel, Lehrerzimmer; Berufsschullehrer, Grundschullehrer; Deutschlehrer, Sportlehrer • *hierzu* **Leh·re·rin** *die*

der **Lehr·gang** (-(e)s, *Lehr·gän·ge*) eine (berufliche) Ausbildung, in der in relativ kurzer Zeit ein spezielles Wissen vermittelt wird ⟨*auf Lehrgang gehen; einen Lehrgang machen, absolvieren; jemanden auf Lehrgang/zu einem Lehrgang schicken*⟩ ≈ Kurs **K** Computerlehrgang, Fortbildungslehrgang

die **Lehr·kraft** (-, *Lehr·kräf·te*); *admin* ein Lehrer oder eine Lehrerin *„Wir brauchen mehr Lehrkräfte"*

der **Lehr·ling**★ (-s, -e); *gesprochen* eine Person, die eine Berufsausbildung macht **i** Man verwendet anstatt *Lehrling* meist *der/die Auszubildende* oder in gesprochener Sprache *Azubi*.

der **Lehr·plan** eine Liste der einzelnen Wissensgebiete und Themen, welche die Schüler in einer vorgeschriebenen Zeit durcharbeiten sollen ⟨*einen Lehrplan erstellen; sich (streng) an den Lehrplan halten*⟩

**lehr·reich** *ADJEKTIV* so, dass man daraus viel lernen kann ⟨*eine Erfahrung, ein Beispiel; etwas ist sehr lehrreich für jemanden*⟩

die **Lehr·stel·le** eine Arbeitsstelle für einen Lehrling ⟨*sich um/für eine Lehrstelle bewerben*⟩

der **Leib**★ (-(e)s, -er) *veraltend* der Körper eines Menschen oder Tiers (vor allem der Teil von der Schulter bis zum Becken) ⟨*am ganzen Leib zittern*⟩ **K** Leibesumfang, Leibschmerzen **ID** **etwas am eigenen Leib erfahren** selbst eine bestimmte Erfahrung machen; **bei lebendigem Leib** während jemand noch lebt, bevor er stirbt *„Sie verbrannten bei lebendigem Leib"*; **jemandem eine Person vom Leib halten** *gesprochen* verhindern, dass eine Person Kontakt zu jemandem bekommt *„Haltet mir bloß die Reporter vom Leib!"*

**leib·haf·tig** *ADJEKTIV meist attributiv* ⟨*eine Person, eine Sache*⟩ so, dass man sie vor sich stehen hat oder dass man sie sich genau vorstellen kann *„Sie war völlig überrascht, als der berühmte Schauspieler plötzlich leibhaftig vor ihr stand"* | *„Er sah aus wie der leibhaftige Tod"*

**leib·lich** *ADJEKTIV meist attributiv* verwendet, um zu sagen, dass die genannte Person der natürliche Vater oder die natürliche Mutter eines Kindes bzw. ein natürlicher Verwandter von jemandem ist ⟨*der Vater, die Mutter, die Eltern, die Schwester, der Bruder, die Geschwister*⟩

der **Leib·wäch·ter** (-s, -) eine Person, die eine berühmte Person (vor Attentaten) schützt • *hierzu* **Leib·wäch·te·rin** *die*

die **Lei·che**★ (-, -n) der Körper eines toten Menschen ⟨*eine Leiche entdecken, finden, bergen, identifizieren*⟩ *„die Leiche eines Ertrunkenen"* **K** Leichenwagen; leichenblass **ID** **Er/Sie geht über Leichen** *abwertend* Er/Sie hat keine Skrupel bei der Durchführung von Plänen

der **Leich·nam** (-s); *geschrieben* ≈ Leiche *„Der Leichnam des verstorbenen Dichters wurde feierlich beigesetzt"*

**leicht**★ *ADJEKTIV* GEWICHT, DICKE: **1** mit relativ wenig Gewicht ↔ schwer *„auf die Reise nur leichtes Gepäck mitnehmen"* | *„Holz schwimmt, weil es leichter ist als Wasser"* **K** Leichtmetall; federleicht **2** aus dünnem Stoff und daher leicht und nicht warm ⟨*ein Anzug, eine Bluse, ein Hemd*⟩ **3** **leicht bekleidet** mit dünner und wenig Kleidung am Körper INTENSITÄT, WIRKUNG: **4** von geringer Intensität ≈ schwach *„Bei dem Unfall wurden zwei Personen schwer und drei (Personen) leicht verletzt"* | *„In der Nacht gab es leichte Schneefälle"* **K** Leichtverletzte **5** so, dass vor allem Magen und Darm wenig belastet werden *„leicht verdauliche Speisen"* | *„Nach meiner Operation durfte ich nur leichte Kost essen"* ANSTRENGUNG, BELASTUNG: **6** so, dass man nur wenig Kraft dazu braucht ⟨*eine Arbeit*⟩ ↔ schwer **7** so, dass es wenig Arbeit, Mühe oder Probleme macht ≈ einfach ↔ schwierig *„Diese Aufgabe*

L

*ist so leicht für ihn, dass er sich dabei gar nicht anzustrengen braucht"* | *„Die Gebrauchsanweisung ist in leicht verständlicher Sprache geschrieben"* **8** **jemand/etwas ist leicht zu** *+Infinitiv* es ist leicht, (mit jemandem/etwas) etwas zu tun *„Er ist leicht einzuschüchtern"* GESCHWINDIGKEIT, WAHRSCHEINLICHKEIT: **9** *nur adverbiell* so, dass etwas relativ schnell geschieht oder aus geringem Anlass *„Leicht verderbliche Speisen müssen gekühlt und schnell verzehrt werden"* | *„Er wird sehr leicht wütend"* **10** *nur adverbiell* mit relativ großer Wahrscheinlichkeit *„Das hätte leicht schiefgehen können"* • *zu* (1 – 4) **Leicht·heit** *die; zu* (7,8) **Leich·tig·keit** *die*

die **Leicht·ath·le·tik** (-) die Sportarten Laufen, Gehen, Springen, Stoßen und Werfen ⟨*Leichtathletik betreiben*⟩ *„Hochspringen, Diskuswerfen, Kugelstoßen und Hürdenlauf sind Disziplinen der Leichtathletik"* • *hierzu* **leicht·ath·le·tisch** ADJEKTIV; **Leicht·ath·let** *der*; **Leicht·ath·le·tin** *die*

**leicht·fal·len** (*fällt leicht, fiel leicht, ist leichtgefallen*) **etwas fällt jemandem leicht** etwas macht jemandem keine Mühe oder Schwierigkeiten *„Es fiel ihm nicht leicht, von zu Hause auszuziehen"*

**leicht·gläu·big** ADJEKTIV bereit, etwas schnell und unkritisch zu glauben ↔ misstrauisch *„Er ist sehr leichtgläubig. Er glaubt einfach alles, was man ihm erzählt"* • *hierzu* **Leicht·gläu·big·keit** *die*

**leicht·neh·men** (*nimmt leicht, nahm leicht, hat leichtgenommen*) **etwas leichtnehmen** sich nicht viele Sorgen machen, wenn man etwas tut ❶ aber: *alles zu leicht nehmen* (= getrennt geschrieben)

der **Leicht·sinn★** (*-es*) leichtsinniges Verhalten ↔ Vorsicht

**leicht·sin·nig** ADJEKTIV so, dass man nicht genug auf Gefahren achtet ↔ vorsichtig *„Beim Bergsteigen darf man nicht leichtsinnig werden"*

**leicht·tun** (*tat sich leicht, hat sich leichtgetan*) **sich** (*Akkusativ/Dativ*) **(bei etwas) leichttun** *gesprochen* keine Schwierigkeiten bei etwas haben

**leid** ADJEKTIV **es leid sein/werden (zu** *+Infinitiv*); **es leid sein/werden, dass/wenn ...**; **jemanden/etwas leid haben/sein/werden** jemanden/etwas nicht mehr mögen oder nicht mehr ertragen können *„Ich bin es jetzt leid, ständig von ihm geärgert zu werden"*

das **Leid★** (*-(e)s*) sehr große seelische Schmerzen ⟨*bitteres, schweres, tiefes, unsägliches Leid; jemandem Leid zufügen*⟩ ≈ Qual *„Trauer und Leid sind ein Teil des Lebens"*

**lei·den★** (*litt, hat gelitten*) **1** **(etwas) leiden** körperliche, seelische Schmerzen oder sehr unangenehme Verhältnisse ertragen müssen ⟨*Hunger, Durst, heftige Schmerzen, große Not*⟩ *„Hoffentlich muss sie nicht mehr lange leiden"* | *„Er sah sie mit leidendem Blick an"* **2** **jemanden/etwas gut/nicht leiden können** eine Person/Sache sehr/nicht mögen *„Ich kann ihn überhaupt nicht leiden, weil er so ein Angeber ist"* **3** **an etwas** (*Dativ*) **leiden** eine Krankheit haben ⟨*an Asthma, Depressionen, Diabetes, Krebs leiden*⟩ **4** **unter etwas** (*Dativ*) **leiden** große Probleme oder Kummer wegen etwas haben *„Als er im Ausland studierte, litt er sehr unter seiner Einsamkeit"* **5** **etwas leidet unter etwas** (*Dativ*)/**durch etwas** etwas nimmt durch den Einfluss einer Sache Schaden *„Die Bilder haben unter der ständigen Feuchtigkeit sehr gelitten"* | *„Sein Ruf als Politiker hat durch den Skandal ziemlich gelitten"*

das **Lei·den★** (*-s, -*) **1** eine lange und schlimme Krankheit ⟨*ein langes, schweres, unheilbares, chronisches Leiden*⟩ *„Der Patient starb nach langem, schwerem Leiden"* **K** Herzleiden **2** *nur Plural* das Gefühl von Schmerzen und Kummer *„die Freuden und Leiden des Alltags"* **K** Leidensmiene

die **Lei·den·schaft★** (*-, -en*) **1** ein seelischer Zustand, in dem jemand starke Gefühle (wie Liebe, Hass oder Zorn) empfindet ⟨*eine heftige, wilde ungezügelte Leidenschaft*⟩ *„Sie arbeiten voller Leidenschaft an der Verwirklichung ihrer Idee"* **2** **jemandes Leidenschaft (zu einer Person/für eine Person)** *nur Singular* die starke Liebe, die man für eine Person empfindet ⟨*eine große, stürmische Leidenschaft*⟩ ≈ Verlangen *„In Filmen geht es oft um Liebe und Leidenschaft"* **3** **jemandes Leidenschaft (für etwas)** *nur Singular* die Liebe zu Dingen oder Tätigkeiten, die man sehr interessant findet ⟨*die Leidenschaft für etwas entdecken*⟩ ≈ Begeisterung *„Er hat eine ungeheure Leidenschaft für schnelle Autos"* **K** Spielleidenschaft

**lei·den·schaft·lich** ADJEKTIV *meist attributiv* **1** voller Leidenschaft und starker Gefühle ⟨*ein Wunsch, ein Verlangen, ein Streit*⟩ ≈ heftig **2** voll starker Liebe für jemanden ⟨*jemanden* *leidenschaftlich umarmen, küssen*⟩ 3 voller Begeisterung für etwas ≈ begeistert *„Sie ist eine leidenschaftliche Bergsteigerin"*

der **Lei·dens·ge·nos·se** eine Person, welche die gleichen Probleme oder Leiden hat wie eine andere Person • *hierzu* **Lei·dens·ge·nos·sin** *die*

**lei·der**★ *ADVERB* 1 verwendet, um sagen, dass man etwas bedauert, etwas schade findet *„Leider müssen wir unseren Ausflug verschieben, da unser Sohn krank ist"* 2 **leider (ja/nein)** verwendet als Antwort auf eine Frage, wenn man etwas bedauert *„Hast du diesen tollen Job bekommen?" – „Leider nein."*

der/die **Leid·tra·gen·de** (*-n, -n*) eine Person, welche die unangenehmen Folgen einer Sache ertragen muss *„Bei einer Scheidung sind die Leidtragenden meistens die Kinder"* ❶ *ein Leidtragender; der Leidtragende; den, dem, des Leidtragenden*

**leid·tun** (*tut leid, tat leid, hat leidgetan*) **eine Person/Sache tut jemandem leid** eine Person, eine Situation oder ein Zustand wird von jemandem bedauert *„Die armen Leute, die bei diesem Wetter arbeiten müssen, können einem wirklich leidtun!"* | *„Es tut mir echt leid, aber ich kann heute Abend nicht kommen"* | *„Es tut mir so leid, dass ich das gesagt habe"*

**lei·ern** (*leierte, hat geleiert*) **(etwas) leiern** etwas schnell und ohne Betonung sagen oder singen ⟨*ein Gedicht, ein Lied leiern*⟩

**lei·hen**★ (*lieh, hat geliehen*) 1 **jemandem etwas leihen** einer Person eine Sache für eine Zeit geben, damit sie diese (kostenlos) benutzen kann ≈ verleihen ↔ ausleihen *„Ihr Vater lieh ihr das Auto"* K Leihbücherei, Leihgebühr 2 **sich** (*Dativ*) **etwas (von jemandem) leihen** von einer Person für kurze Zeit eine Sache bekommen, damit man sie (kostenlos) benutzen kann ≈ ausleihen ↔ verleihen *„Das Motorrad gehört ihm nicht. Er hat es sich von seinem Freund geliehen"*

der **Leih·wa·gen** ≈ Mietwagen

**leih·wei·se** *ADVERB* **jemandem etwas leihweise überlassen** jemandem etwas leihen

der **Leim** (*-(e)s, -e*) ein Klebstoff, mit dem man Holz und Papier klebt ⟨*Leim auftragen; Leim anrühren*⟩ K Holzleim

**lei·men** (*leimte, hat geleimt*) **etwas leimen** Teile eines Gegenstandes aus Holz mit Leim zusammenkleben *„einen kaputten Stuhl leimen"*

das **-lein**★ (*-s, -*); *im Substantiv, unbetont, sehr produktiv; oft humorvoll* **Häslein, Häuslein, Hündlein, Kätzlein, Kindlein** *und andere* verwendet, um zu sagen, dass die genannte Sache klein und niedlich ist ≈ -chen ❶ a) oft mit Umlaut und manchmal mit leicht geändertem Wortende: *Blümlein, Vöglein*; b) Bei Wörtern, die auf *-l* oder *-l(e)* enden, wird meist *-chen* verwendet: *Bällchen, Kerlchen, Röllchen, Spielchen.*

die **Lei·ne** (*-, -n*) 1 ein dünnes Seil, an das man vor allem die nasse Wäsche hängt, damit sie trocknet ⟨*Wäsche an die Leine hängen*⟩ K Wäscheleine 2 ein dünnes Band meist aus Leder, an dem man vor allem einen Hund führt ⟨*den Hund an die Leine nehmen, an der Leine führen*⟩ K Hundeleine

das **Lei·nen** (*-s*) ein sehr fester und glatter Stoff (aus Flachs) *„Die Tischdecke ist aus Leinen"* | *„ein in Leinen gebundenes Buch"* K Leineneinband

das **Lein·tuch** (*-(e)s, Lein·tü·cher*) ≈ Betttuch, Laken

die **Lein·wand** 1 eine große weiße Fläche, auf der man Filme und Dias zeigt ⟨*die Leinwand aufstellen, abbauen*⟩ K Filmleinwand, Kinoleinwand 2 ≈ Kino *„die Stars der Leinwand"* K Leinwandstar 3 eine Fläche aus Leinen, auf die ein Maler malt *„die Ölfarben auf eine Leinwand auftragen"*

**lei·se**★ *ADJEKTIV* 1 so, dass man es kaum hört ⟨*Geräusche, Musik, eine Stimme*⟩ ↔ laut *„Die Musik ist mir zu laut! Kannst du nicht das Radio etwas leiser stellen?"* 2 *meist attributiv* kaum vorhanden, nicht stark ausgeprägt ⟨*eine Hoffnung, ein Verdacht, eine Vermutung*⟩ *„Er hatte nicht die leiseste Ahnung von unserem Plan"* Er wusste überhaupt nichts von dem Plan

die **Leis·te** (*-, -n*) 1 ein sehr schmales, dünnes und langes Stück aus Holz, Metall oder Kunststoff, mit dem man Ränder bedeckt K Holzleiste, Fußbodenleiste 2 ein schmaler Streifen der Bildschirmanzeige eines Computers, auf dem Symbole angeordnet sind, auf die man klicken kann K Menüleiste 3 eine der beiden Stellen am Körper des Menschen, an denen der Rumpf in den Oberschenkel übergeht ⟨*sich (Dativ) die Leiste zerren; an der Leiste operiert werden*⟩ K Leistengegend

**leis·ten**★ (*leistete, hat geleistet*) 1 **etwas leisten** etwas tun oder erreichen, das Mühe kostet *„Wenn man ausgeruht ist, kann man bessere Arbeit leisten"* | *„Er hat im Leben schon* *ziemlich viel geleistet"* **2** **etwas leistet etwas** etwas hat die genannte Stärke *„ein Automotor, der 120 PS leistet"* **3** **etwas leisten** jemandem helfen oder nützlich sein ⟨*Amtshilfe, Beihilfe, Erste Hilfe leisten; etwas leistet jemandem gute Dienste*⟩ **4** **etwas leisten** *geschrieben* verwendet zusammen mit einem Substantiv, um ein Verb zu umschreiben *„jemandem Ersatz leisten"* jemandem etwas ersetzen | *„(keinen) Widerstand leisten"* sich (nicht) wehren **5** **sich** (*Dativ*) **etwas leisten** etwas tun, was andere Personen stört, gegen Regeln verstößt oder Probleme verursacht ⟨*sich* (*Dativ*) *eine unverschämte Bemerkung, einen üblen Scherz, einen Fehler leisten*⟩ *„Du kannst es dir nicht leisten, so oft zu spät zu kommen"* **6** **sich etwas leisten** etwas kaufen oder tun, um sich zu belohnen oder um sich eine Freude zu machen *„Können wir uns jetzt eine Pause leisten?"* **7** **sich** (*Dativ*) **etwas leisten können** genug Geld haben, um etwas zu bezahlen *„Wie kann er sich so ein großes Haus leisten?"*



der **Leis·ten·bruch** der Zustand, wenn ein Teil des Darms an der Leiste nach außen gedrückt wird ⟨*einen Leistenbruch bekommen, haben*⟩ *„wegen eines Leistenbruchs operiert werden"*

die **Leis·tung★** (-, *-en*) **1** der Vorgang, bei dem eine Person etwas mit Erfolg tut oder das Ergebnis dieses Vorgangs ⟨*eine Leistung bieten, (er)bringen, vollbringen, zeigen; eine Leistung anerkennen, honorieren, würdigen*⟩ *„Die Mannschaft zeigte beim letzten Spiel eine schwache Leistung"* **K** Leistungsdruck; Arbeitsleistung **❶** auch ironisch: *Zwanzig Fehler auf einer Seite, das ist schon eine (ordentliche) Leistung!* (= das ist sehr viel) **2** die physikalische Arbeit, die ein Gerät o. Ä. innerhalb eines festgelegten Zeitraums leistet *„Das Auto bringt eine Leistung von 76 Kilowatt"* **K** Motorenleistung **3** *nur Singular* das, was eine Person oder Sache leisten kann *„ein Elektronenmikroskop mit einer enormen Leistung"* **K** Leistungsvergleich, Leistungsvermögen; leistungsstark **4** *meist Plural* etwas, auf das man (oft aufgrund eines Vertrags) Anspruch hat, vor allem Geld oder Dienste *„staatliche Leistungen für Arbeitslose"* | *„Diese Behandlung gehört nicht zu den Leistungen der Krankenkasse"* wird nicht von der Krankenkasse gezahlt **K** Kassenleistung; Sozialleistungen

die **Leis·tungs·ge·sell·schaft** *meist Singular* eine Gesellschaft, in welcher der Einzelne oder Gruppen nur an der Leistung gemessen werden

der **Leis·tungs·sport** professionell betriebener Sport, bei dem gute Leistungen das Wichtigste sind **K** Hochleistungssport • *hierzu* **Leis·tungs·sport·ler** *der*

der **Leit·ar·ti·kel** (-*s*, -) der Artikel meist in einer Zeitung, welcher die Meinung der Redaktion o. Ä. zu einem wichtigen aktuellen Thema oder Ereignis wiedergibt

**lei·ten★** (*leitete, hat geleitet*) **1** **jemanden/etwas leiten** über die Tätigkeit einer Gruppe von Menschen bestimmen und dafür verantwortlich sein ⟨*einen Betrieb, ein Unternehmen, eine Firma, eine Versammlung, eine Sitzung, eine Diskussion, eine Debatte, ein Orchester, einen Chor leiten*⟩ **2** **etwas irgendwohin leiten** bewirken, dass etwas (vor allem eine Flüssigkeit) an einen Ort kommt *„das Regenwasser in ein Becken leiten"* **3** **etwas leitet (etwas)** etwas transportiert Wärme oder elektrische und akustische Schwingungen weiter ⟨*etwas leitet die Wärme, den Strom, den Schall*⟩ *„Metalle leiten den elektrischen Strom"* **K** Leitfähigkeit

der **Lei·ter[1]★**; (-*s*, -) **1** eine Person, die eine Gruppe von Menschen leitet ⟨*der Leiter eines Betriebs, einer Filiale, eines Unternehmens, einer Firma, einer Sitzung, einer Diskussion, eines Chors*⟩ ≈ Chef, Vorsitzender **K** Filialleiter, Heimleiter, Chorleiter, Kursleiter **2** vor allem ein Metall, das elektrischen Strom leitet *„Kupfer ist ein guter Leiter"* • zu (1) **Lei·te·rin** *die*

die **Lei·ter[2]★**; (-, -*n*) zwei lange parallele Stangen (Holme) aus Holz oder Metall, die durch mehrere kurze Stücke (Sprossen) miteinander verbunden sind und mit deren Hilfe man irgendwo hinaufsteigen kann ⟨*auf die Leiter steigen; auf der Leiter stehen*⟩ **K** Leiterholm, Leitersprosse

der **Leit·fa·den** ein Buch o. Ä., das ein Wissensgebiet für Laien beschreibt

die **Leit·li·nie** [-ni̯ə] Gedanken oder Prinzipien, welche das Handeln bestimmen ≈ Konzept *„die Leitlinien einer Werbekampagne festlegen"*

die **Leit·plan·ke** ein langer Streifen aus Metall oder Beton entlang einer Straße, der Fahrzeuge aufhalten soll, die von der Fahrbahn abkommen ⟨*gegen die Leitplanke prallen*⟩

die **Lei·tung★** (-, *-en*) **1** *nur Singular* die Funktion oder die Aufgabe, etwas zu leiten ⟨*die Leitung übernehmen; jemandem die Leitung anvertrauen, übergeben*⟩ *„Ab dem 1. Januar übernimmt Herr Huber die Leitung der Firma"* **2** *nur Singular* die Personen, die eine Firma oder eine Institution leiten ≈ Führung **K** Unternehmensleitung **3** ein Rohr oder ein System von Röhren, das Flüssigkeiten oder Gase irgendwohin leitet ⟨*eine Leitung legen, anzapfen*⟩ **K** Leitungswasser; Gasleitung, Wasserleitung, Rohrleitung **4** Drähte oder Kabel, die elektrischen Strom leiten ⟨*eine Leitung legen, ziehen; eine Leitung steht unter Strom*⟩ **K** Leitungsmast; Hochspannungsleitung **5** das Kabel, das eine telefonische Verbindung herstellt ⟨*die Leitung ist frei, besetzt, unterbrochen, überlastet; es knackt in der Leitung; eine Störung in der Leitung*⟩ **K** Telefonleitung

die **Lek·ti·on** [-'tsio:n]; (-, *-en*) **1** ein inhaltlich zusammengehöriger Teil eines Lehrbuchs ⟨*eine Lektion durchnehmen, behandeln*⟩ *„Lektion 14 besteht aus einem Lesestück, aus einem Dialog und aus grammatischen Übungen"* **2** etwas, durch das man lernt, sich in Zukunft anders zu verhalten (vor allem eine unangenehme Erfahrung, eine Strafe oder ein Tadel) ⟨*jemandem eine Lektion (in Sachen ...) erteilen*⟩

der **Lek·tor** (-s, *Lek·to·ren*) ein Angestellter in einem Verlag, der Manuskripte beurteilt oder sie bearbeitet, bevor sie in Druck gehen • *hierzu* **Lek·to·rin** *die*

die **Lek·tü·re**★ (-, *-n*); *meist Singular* **1** etwas zum Lesen ⟨*eine spannende, unterhaltsame, amüsante, langweilige, humorvolle Lektüre*⟩ *„sich zwei Romane als Lektüre mit in den Urlaub nehmen"* **K** Urlaubslektüre **2** das Lesen im Unterricht *„mit der Lektüre von Schillers „Die Jungfrau von Orléans" beschäftigt sein"*

die **Len·de** (-, *-n*) **1** der Teil des Körpers zwischen der Wirbelsäule und der Hüfte **K** Lendenwirbel **2** (bei Schwein und Rind) das Fleisch aus der hinteren Gegend der Wirbelsäule **K** Lendenbraten; Schweinelende

**len·ken**★ (*lenkte, hat gelenkt*) **1** **(etwas) lenken** die Richtung eines Fahrzeugs bestimmen ⟨*ein Auto, einen Bus, ein Fahrrad, ein Fahrzeug, einen Wagen lenken*⟩ ≈ steuern *„Unser Sohn hat schon gelernt, (das Fahrrad) mit einer Hand zu lenken"* **2** **etwas lenken** die Entwicklung einer Sache bestimmen ⟨*die Verhandlungen, eine Debatte, die Wirtschaft, den Staat lenken*⟩ ≈ führen **3** **etwas auf jemanden/etwas lenken** bewirken, dass sich ein Gespräch oder jemandes Aufmerksamkeit auf eine andere Person oder ein anderes Thema konzentriert *„versuchen, das Gespräch auf ein anderes Thema zu lenken"* • *zu* (1,2) **lenk·bar** *ADJEKTIV*

der **Len·ker** (-s, -) die Stange am Fahrrad oder Motorrad, mit der man das Fahrzeug lenkt **K** Fahrradlenker **i** → Abbildung, S. 392: **Das Fahrrad**

das **Lenk·rad** der Fahrer eines Autos dreht am Lenkrad, um das Auto zu steuern

die **Lenk·stan·ge** ≈ Lenker

die **Len·kung** (-, *-en*) **1** *nur Singular* das Bestimmen einer Entwicklung *„die Lenkung der Wirtschaft durch den Staat"* **2** alle Teile, die zum Lenken eines Fahrzeugs nötig sind *„Die Lenkung geht schwer"*

der **Le·o·pard** [leo-]; (*-en, -en*) ein großes Tier (eine Raubkatze) mit einem gelblichen Fell mit runden schwarzen Flecken (das vor allem in Asien und Afrika lebt) **i** *der Leopard;den, dem, des Leoparden*

der **-ler** (-s, -); *im Substantiv, unbetont, sehr produktiv* **1** **Künstler, Sportler, Völkerkundler, Wissenschaftler** *und andere* bezeichnet eine Person, welche das Genannte tut oder sich damit beschäftigt **2** **CDUler, SPDler**; **Erstklässler, Zweitklässler**; **Nordstaatler, Provinzler, Ruheständler** *und andere* bezeichnet eine Person, die zu einer Gruppe, einer Kategorie oder einem Gebiet gehört • *hierzu* **-le·rin** *die*

die **Ler·che** (-, *-n*) ein kleiner bräunlicher Vogel, der steil in die Höhe fliegen kann ⟨*die Lerche trillert, jubiliert*⟩

**ler·nen**★ (*lernte, hat gelernt*) **1** **(von jemandem) etwas lernen** durch Erfahrung das eigene Verhalten ändern ⟨*Pünktlichkeit, Verlässlichkeit, Anstand, Sauberkeit lernen*⟩ *„Er hat nie gelernt, pünktlich zu sein"* **K** Lernprozess **2** **einen Beruf lernen** eine Ausbildung für einen Beruf machen ⟨*Bäcker, Schreiner, Maurer, Bankkaufmann lernen*⟩ *„Ich glaube, Paul hat Maler gelernt"* **3** **(etwas) lernen** ein besonderes Wissen erwerben, so dass man etwas beherrscht ⟨*eine Fremdsprache, Vokabeln lernen; Auto fahren, Rad fahren, Ski fahren, schwimmen, tauchen, kochen lernen; ein Gedicht auswendig lernen*⟩ *„Sie lernt Spanisch an der Volkshochschule"* | *„Er sitzt ständig im Zimmer und lernt"* **4** **(etwas) aus etwas lernen** aufgrund von Erfahrungen das Verhalten ändern ⟨*aus der Erfahrung, aus Fehlern, aus der Geschichte lernen*⟩ *„Ich habe aus dieser Geschichte gelernt, dass ich mich nicht auf mein Glück verlassen sollte"* **i** In der gesprochenen Sprache kommt oft die Form *jemandem*

L

*etwas lernen* (= jemandem etwas lehren) vor. Im geschriebenen Deutsch gilt dies als falsch. • *zu* (1,3) **lern·bar** *ADJEKTIV*; *zu* (3) **Ler·ner** *der*

**les·bar** *ADJEKTIV* **1** so, dass man es (gut) lesen kann ⟨*eine Inschrift; jemandes Handschrift*⟩ **2** in (leicht) verständlicher Sprache geschrieben *„ein gut lesbarer Aufsatz"* • *hierzu* **Les·bar·keit** *die*

**les·bisch★** *ADJEKTIV* (von Frauen) mit homosexuellen Neigungen ⟨*eine Frau; Liebe*⟩

die **Le·se** (-, *-n*) die Ernte der Weintrauben **K** Weinlese

das **Le·se·buch** ein Buch für Schüler mit Gedichten, Geschichten und Ausschnitten aus längeren Texten

**le·sen★** (*liest, las, hat gelesen*) WÖRTER, TEXTE: **1** **(etwas) lesen** etwas Geschriebenes ansehen und den Inhalt erfassen *„in der Schule das Lesen und Schreiben lernen"* | *„jemandes Handschrift nicht lesen können"* **K** Lesebrille **2** **(etwas) in etwas lesen** Teile einer Sache lesen (und so Informationen bekommen) *„Wie kommst du denn darauf?" – „Das habe ich in der Zeitung gelesen."* **3** **etwas liest sich irgendwie** etwas ist in der genannten Weise geschrieben *„Dieser Krimi liest sich sehr spannend"* NOTEN, HANDLINIEN USW.: **4** **Noten lesen** Noten ansehen und daraus die Melodie erkennen *„Obwohl er keine Noten lesen kann, spielt er ausgezeichnet Trompete"* EINZELN: **5** **etwas lesen** die Früchte einzeln von einer Pflanze abnehmen und sammeln ⟨*Trauben, Wein, Ähren lesen*⟩

der **Le·ser★** (*-s, -*) **1** eine Person, die gerade etwas liest *„Der Leser wird in dem Zeitungsartikel mehrere Male direkt angesprochen"* **2** eine Person, die etwas regelmäßig liest ⟨*ein jugendlicher, erwachsener, kritischer, aufmerksamer, unbedarfter Leser*⟩ *„die Leser einer Tageszeitung"* **K** Zeitungsleser • *hierzu* **Le·se·rin** *die*

**le·ser·lich** *ADJEKTIV* so deutlich, dass man es gut lesen kann ⟨*jemandes Handschrift*⟩ • *hierzu* **Le·ser·lich·keit** *die*

die **Le·sung★** (-, *-en*) **1** eine Veranstaltung, bei der Autoren einen Teil aus einem ihrer Werke vorlesen **K** Dichterlesung **2** der Teil des christlichen Gottesdienstes, in dem ein Stück aus der Bibel vorgelesen wird

**letz·t-★** *ADJEKTIV meist attributiv* **1** so, dass es ganz am Ende einer Reihenfolge kommt *„Z" ist der letzte Buchstabe des deutschen Alphabets"* | *„als Letzter ins Ziel kommen"* **2** direkt vor dem jetzigen Zeitpunkt *„Letzte Woche war es sehr warm"* **3** am Ende als Rest übrig geblieben *„Das ist der letzte Rest von unserem Kuchen"* **4** **in letzter Zeit/in der letzten Zeit** in dem Zeitraum direkt vor dem jetzigen Zeitpunkt *„Sie hat sich in letzter Zeit sehr verändert"*

das **Letz·te★** **ID** **sein Letztes geben** die ganze Kraft und Energie in etwas stecken; **bis ins Letzte** sehr gründlich und mit vielen Einzelheiten *„Die Reise war bis ins Letzte geplant"*

der/die **Letz·te·re** (*-n, -n*) von zwei Personen oder Sachen diejenige, die man zuletzt genannt hat ↔ Erstere *„Verona und Florenz sind sehr schöne Städte. Letztere ist aber von Touristen sehr überlaufen"*

**letzt·jäh·ri·g-** *ADJEKTIV meist attributiv* aus dem oder vom letzten Jahr ⟨*ein Modell*⟩ *„die letztjährige Tour de France"*

**letzt·lich** *ADVERB* so, dass etwas am Ende geschieht oder irgendwie ist *„Der Plan wirkt auf den ersten Blick ganz interessant, aber letztlich halte ich ihn für undurchführbar"*

die **Leuch·te** (-, *-n*) ≈ Lampe *„eine Leuchte am Schreibtisch befestigen"* **K** Deckenleuchte

**leuch·ten★** (*leuchtete, hat geleuchtet*) **1** **etwas leuchtet** etwas verbreitet Licht ⟨*eine Lampe, eine Leuchte, eine Laterne, ein Stern, der Mond, eine Farbe*⟩ ≈ scheinen *„In der Ferne sah er ein Licht leuchten"* **K** Leuchtbuchstabe, Leuchtfarbe, Leuchtrakete **2** **jemandes Augen leuchten** jemandes Augen drücken Freude aus *„Ihre Augen leuchteten vor Glück"* **3** **irgendwohin leuchten** den Lichtstrahl einer Lampe irgendwohin richten *„jemandem mit einer Lampe ins Gesicht leuchten"*

der **Leuch·ter** (*-s, -*) **1** eine Lampe mit mehreren Glühbirnen **2** ein Gerät, auf das man mehrere Kerzen stecken kann ⟨*ein mehrarmiger Leuchter*⟩ **K** Kerzenleuchter

das **Leucht·mit·tel** der Teil einer elektrischen Lampe, der leuchtet und den man auswechseln kann (z. B. Glühbirnen und Leuchtröhren)

die **Leucht·röh·re** eine Lampe in Form einer Röhre, die mit Gas gefüllt ist.*Leuchtröhren* verwendet man z. B. für Leuchtreklame

der **Leucht·stift** ein Stift mit leuchtender Farbe, mit dem man Teile eines Textes, die man für wichtig hält, markieren kann ≈ Textmarker

der **Leucht·turm** ein Turm an der Küste, an dessen Lichtsignalen sich Schiffe orientieren können

**leug·nen** (*leugnete, hat geleugnet*) **1** **(etwas) leugnen** sagen, dass etwas nicht wahr ist, was eine andere Person von einem selbst behauptet ⟨*eine Tat, ein Verbrechen leugnen; hartnäckig leugnen*⟩ *„Er leugnete, dass er an dem Banküberfall beteiligt war"* **2** **etwas leugnen** sagen, dass etwas nicht wahr ist *„Ich kann nicht leugnen, dass ich auch Popmusik mag"* ❶ meist verneint

die **Leu·kä·mie** (-, *-n* [-ˈmiːən]); *meist Singular* eine gefährliche Krankheit, bei der sich die weißen Blutkörperchen zu stark vermehren ⟨*an Leukämie leiden, sterben*⟩ ≈ Blutkrebs

die **Leu·te★** *Plural* **1** eine Gruppe von Menschen *„Auf dem Bahnsteig standen viele Leute und warteten auf den Zug"* ❶ → **Person** **2** **die Leute** die Menschen in der Nachbarschaft oder Umgebung *„Die Leute werden bald über sie reden"* **3** die Menschen, die für jemanden (in einem Team) arbeiten ≈ Mitarbeiter *„Der Trainer stellt eine neue Mannschaft aus vielen neuen Leuten zusammen"* **4** **unter (die) Leute kommen** *gesprochen* viele Kontakte zu anderen Menschen haben **5** **vor allen Leuten** in der Öffentlichkeit ⟨*jemanden vor allen Leuten blamieren, bloßstellen, beschimpfen, demütigen*⟩

der **Leut·nant** (-s, -s) ein Offizier mit dem niedrigsten Rang

das **Le·xi·kon** (-s, *Le·xi·ka*) ein Buch mit Wörtern (Stichwörtern) in alphabetischer Reihenfolge, über die man sachliche Informationen findet ⟨*ein enzyklopädisches Lexikon*⟩ **K** Tierlexikon

die **Li·bel·le** (-, *-n*) ein Insekt mit einem langen, schlanken Körper mit bunten Farben und vier Flügeln, das am Wasser lebt

**li·be·ral★** ADJEKTIV so, dass sie persönliche Freiheiten der Menschen kaum einschränken ⟨*ein Vorgesetzter, ein Chef, eine Gesinnung, eine Haltung, eine Einstellung*⟩ • *hierzu* **Li·be·ra·li·tät** *die;* **li·be·ra·li·sie·ren** (*hat*)

**-lich★** *im Adjektiv, unbetont, sehr produktiv* **1** **bestechlich, erträglich, verzeihlich** *und andere nach Verbstamm* drückt aus, dass etwas gemacht werden kann *„Es ist begreiflich/verständlich, dass du dich ärgerst"* Ich kann das verstehen **2** **unbeschreiblich, unerklärlich, unvermeidlich** *und andere nach un- + Verbstamm* drückt aus, dass etwas nicht geschehen oder gemacht werden kann *„eine unauflösliche Verbindung"* eine Verbindung, die nicht gelöst werden kann **3** **ärgerlich, bedrohlich, gefährlich** *und andere nach Verbstamm oder Substantiv* drückt aus, dass eine Person oder Sache die genannte Wirkung hat **4** **beruflich, elterlich, fremdsprachlich** *und andere nach Substantiv* in Bezug auf jemanden/etwas oder so, dass es zu jemandem/etwas gehort *„ein kirchlicher Kindergarten"* **5** **freundlich, herbstlich, kindlich** *und andere nach Substantiv* in der Art, wie jemand/etwas ist *„väterliche Gefühle für jemanden haben"* **6** **abenteuerlich, ängstlich, leidenschaftlich** *und andere nach Substantiv* mit/voll etwas *„ein schmerzlicher Verlust"* **7** **fröhlich, jungfräulich, männlich** *und andere nach Substantiv oder Adjektiv* mit der genannten Eigenschaft oder im genannten Zustand **8** **ältlich, gelblich, dicklich** *und andere nach Adjektiv* drückt aus, dass der genannte Zustand, die Eigenschaft nur schwach vorhanden ist *„Sie grinste ein wenig dümmlich"* **9** **monatlich, stündlich, täglich** *und andere nach Zeitangabe* verwendet, um zu sagen, dass sich etwas im genannten Abstand wiederholt *„der vierteljährliche Bericht"*

**licht★** ADJEKTIV **1** mit relativ großen Zwischenräumen ⟨*ein Wald: ein Hain, das Unterholz; jemandes Haare*⟩ ↔ dicht **2** *meist attributiv* von einer inneren Seite zur anderen inneren Seite gemessen ⟨*der Abstand: die Höhe, die Breite, die Weite*⟩ *„eine Tür mit einer lichten Höhe von 2 Metern"* **3** *geschrieben meist attributiv* mit viel Licht ⟨*eine Wohnung*⟩ ≈ hell

das **Licht★** (-(e)s, *-er*) **1** *nur Singular* das, was die Umgebung oder einen Körper hell macht ⟨*helles, grelles, diffuses, wärmendes, schwaches, fahles, ultraviolettes Licht; das Licht blendet jemanden, erhellt einen Raum; etwas gegen das Licht halten*⟩ ≈ Helligkeit *„Das Licht war so grell, dass sie eine Sonnenbrille aufsetzen musste"* **K** Lichtstrahl; Kerzenlicht, Sonnenlicht **2** **(das) Licht** *nur Singular* das elektrisch erzeugte Licht ⟨*das Licht anmachen, einschalten, anlassen, ausmachen, ausschalten, löschen; das Licht brennt*⟩ *„Ich sah, dass sie noch auf war, weil in ihrem Zimmer Licht brannte"* **K** Lichtschalter **3** *nur Plural* die Lampen und Glühbirnen, die leuchten ⟨*die Lichter der Großstadt*⟩ **K** Lichterglanz **4** **das ewige Licht** eine Lampe (in einer katholischen Kirche), die immer rot leuchtet **ID** **etwas kommt ans Licht** etwas wird bekannt das **Licht·bild** *admin* ≈ Passbild

der **Licht·blick** etwas, das eine Person (vor allem in einer schlechten Zeit) freut und ihr Hoffnung macht *„Eine Eins in Sport war der einzige Lichtblick in seinem Zeugnis"*

**lich·ten** (*lichtete, hat gelichtet*) **1** **den Anker lichten** den Anker hochziehen, damit das Schiff abfahren kann **2** **etwas lichtet sich** etwas wird immer weniger ⟨*der Nebel; die Reihen der Zuschauer*⟩ *„Gegen Ende des Spiels lichteten sich die Reihen der Zuschauer"*

die **Lich·ter·ket·te** ein Kabel, an dem viele kleine Lampen hängen *„die Terrasse/den Weihnachtsbaum mit einer Lichterkette schmücken"*

die **Licht·ge·schwin·dig·keit** *nur Singular* die Geschwindigkeit, mit der sich Licht (im Vakuum) ausbreitet

die **Licht·hu·pe** ein Hebel, durch den man an einem Auto die Scheinwerfer kurz aufleuchten lassen kann, um jemanden zu warnen ⟨*die Lichthupe betätigen*⟩

der **Licht·schutz|fak·tor** (oft mit einer Zahl) verwendet, um anzugeben, wie sehr ein Sonnenöl oder eine Sonnencreme die Haut schützt ⟨*ein hoher, niedriger Lichtschutzfaktor; Lichtschutzfaktor 6*⟩

die **Lich·tung** (-, *-en*) eine Stelle im Wald, an der keine Bäume sind

das **Lid** (-(*e*)*s*, *-er*) die (bewegliche) Haut, mit der man das Auge schließen kann ⟨*die Lider senken, aufschlagen*⟩ *„Am vorderen Rand des Lides befinden sich die Wimpern"* **K** Augenlid

**lieb**★ *ADJEKTIV* **1** **lieb (zu jemandem)** freundlich und angenehm (im Verhalten) ≈ nett *„Ich fand es ganz lieb von dir, dass du mir geholfen hast"* **2** *meist attributiv* so, dass etwas Freundlichkeit oder Liebe zeigt ⟨*Worte, ein Brief*⟩ ≈ liebevoll ↔ böse *„liebe Grüße an jemanden senden, ausrichten"* **3** *meist attributiv* verwendet, um Personen oder Dinge zu beschreiben, die man sehr schätzt oder liebt ⟨*mein lieber Mann; meine liebe Frau; meine lieben Eltern; ein lieber Freund*⟩ **4** *meist attributiv* verwendet, um eine Person, die man gut kennt, (in einem Brief) anzureden *„Lieber Franz"* | *„Ihr Lieben"* | *„Liebe Frau Seeger"* ❶ → auch **geehrt** und **verehrt** **5** **eine Person hat jemanden lieb**; **Personen haben sich lieb** eine Person liebt jemanden oder Personen lieben sich gegenseitig **6** **etwas wäre jemandem lieb** jemand hätte es gern, wenn die genannte Sache der Fall wäre *„Es wäre mir lieb, wenn du mir beim Abspülen helfen könntest"*

die **Lie·be**★ (-) **1** **die Liebe (zu jemandem)** die starken Gefühle der Zuneigung zu einer Person, die zur eigenen Familie gehört oder die man sehr schätzt ↔ Hass *„die Liebe der Eltern zu ihren Kindern"* **K** Liebesbedürfnis, Liebesentzug, Liebesmangel **2** **die Liebe (zu jemandem)** die intensiven Gefühle für eine Person, von der man auch sexuell angezogen wird ⟨*körperliche, innige, leidenschaftliche, eine heimliche Liebe*⟩ ≈ Zuneigung *„Er hat sie nicht aus Liebe, sondern ihres Geldes wegen geheiratet"* **K** Liebeserklärung, Liebesfilm, Liebesgeschichte **3** **die Liebe (zu etwas)** das starke Interesse für etwas, das man mag oder gerne tut ≈ Begeisterung *„seine Liebe zur Malerei entdecken"* **K** Freiheitsliebe, Heimatliebe **4** eine andere Person, für die man Liebe empfindet *„Mit 16 war seine große Liebe eine Schülerin aus der Parallelklasse"*

**lie·ben**★ (*liebte, hat geliebt*) **1** **eine Person liebt jemanden**; **Personen lieben sich** eine Person empfindet Liebe für eine andere Person; Personen empfinden Liebe füreinander ↔ hassen *„Ich liebe meine Kinder über alles"* | *„Sie liebten einander sehr und wollten nie voneinander getrennt sein"* **2** **etwas lieben** etwas sehr gernhaben oder sehr gern tun ≈ mögen *„Sie liebt Sonne, Sand und Meer"* **3** **eine Person liebt jemanden**; **Personen lieben sich** zwei Menschen haben Sex miteinander

**lie·bens·wert** *ADJEKTIV* freundlich und nett ≈ sympathisch *„Unser Nachbar ist ein liebenswerter Mensch"*

**lie·bens·wür·dig** *ADJEKTIV* freundlich, höflich (und hilfsbereit) ≈ sympathisch *„ein liebenswürdiger Mensch"* • *hierzu* **Lie·bens·wür·dig·keit** *die*

**lie·ber**★ *ADJEKTIV* **1** *Komparativ* → lieb **2** *Komparativ* → gern **3** **eine Person/Sache ist jemandem lieber (als eine Person/Sache)** jemand zieht eine Person oder Sache einer anderen Person oder Sache vor *„Ein Auto ist ja ganz praktisch, aber in der Stadt ist mir ein Fahrrad lieber"*

*ADVERB* **4** (mit einem Verb im Konjunktiv) verwendet, um sagen, dass etwas sinnvoller oder vernünftiger wäre ≈ besser *„Das hättest du lieber nicht sagen sollen! Jetzt ist er beleidigt"* | *„Lass das lieber bleiben, das gibt nur Ärger!"*

der **Lie·bes·brief** ein Brief, in dem man zärtliche Dinge an eine Person schreibt, die man liebt der **Lie·bes·kum·mer** *nur Singular* der Kummer, den man hat, wenn man eine Person liebt, von der man nicht geliebt wird

das **Lie·bes·paar** ein Mann und eine Frau, die sich lieben, aber (noch) nicht verheiratet sind

**lie·be·voll**★ *ADJEKTIV* 1 so, dass jemand einer anderen Person hilft und sich um sie kümmert ⟨*eine Betreuung, eine Pflege*⟩ ≈ fürsorglich 2 voller Liebe und zärtlich ⟨*ein Lächeln, eine Umarmung, ein Blick*⟩

der **Lieb·ha·ber** (-s, -) 1 eine Person, die sich sehr für etwas interessiert und davon begeistert ist *„ein Liebhaber klassischer Musik"* K Kunstliebhaber, Musikliebhaber, Pferdeliebhaber 2 ein Mann als Sexualpartner ⟨*ein guter, schlechter Liebhaber sein*⟩ • *zu* (1) **Lieb·ha·be·rin** *die*

**lieb·lich** *ADJEKTIV* 1 so, dass etwas sanft und schön wirkt ⟨*ein Gesicht, ein Mädchen, ein Anblick*⟩ 2 so, dass etwas angenehm riecht oder klingt ⟨*ein Duft, ein Gesang, Töne*⟩ 3 sehr mild und leicht süß ⟨*Wein*⟩ ↔ trocken

der **Lieb·ling**★ (-s, -e) 1 verwendet als Anrede für einen Menschen, den man sehr liebt (wie z. B. das eigene Kind, die eigene Ehefrau oder den eigenen Ehemann) *„Bist du bald fertig, Liebling? Das Theater fängt in einer halben Stunde an"* 2 **der Liebling** *+Genitiv* eine Person, die andere Leute sehr nett finden *„Der Eiskunstläufer war der Liebling des Publikums"*

**Lieb·lings-** *im Substantiv, betont, sehr produktiv* **die Lieblingsbeschäftigung, der Lieblingsdichter, das Lieblingsfach, das Lieblingslied, die Lieblingsspeise, das Lieblingsthema** *und andere* drückt aus, dass man jemanden oder etwas viel lieber mag als alles andere *„Grün ist meine Lieblingsfarbe"*

**lieb·los** *ADJEKTIV* 1 ohne Liebe ⟨*ein Mensch, ein Blick, eine Umarmung, ein Kuss*⟩ 2 so, dass man sich nicht um eine Person kümmert und sehr unfreundlich zu ihr ist ⟨*jemanden lieblos behandeln*⟩ 3 *nur adverbiell* ohne dass man sich Mühe gegeben hat *„ein lieblos zubereitetes Essen"*

**liebs·t-** *ADJEKTIV* 1 *Superlativ* → lieb 2 **am liebsten** *Superlativ* → gern 3 **eine Person/Sache ist jemandem am liebsten** jemand mag eine Person oder Sache mehr als alle anderen *„Georg ist mir von allen meinen Freunden am liebsten"*

das **Lied**★ (-(e)s, -er) eine Melodie, die man zusammen mit einem Text singt ⟨*ein einstimmiges, mehrstimmiges, lustiges Lied; ein Lied singen, anstimmen, summen, trällern; die Strophen eines Liedes*⟩ K Liederbuch; Kinderlied, Volkslied ID **Davon kann ich ein Lied singen** *gesprochen* Ich kenne diese Probleme sehr genau

**lie·der·lich** *ADJEKTIV* 1 nicht fähig, etwas in Ordnung zu halten *„Er ist so liederlich, dass er nie etwas findet, wenn er es sucht"* 2 *abwertend* schlecht in Bezug auf die Sitten ⟨*einen liederlichen Lebenswandel führen*⟩

**lief** *Präteritum, 1. und 3. Person Singular* → laufen

der **Lie·fe·rant** (-en, -en) 1 eine Firma, die ihre Kunden mit der genannten Ware versorgt ↔ Abnehmer *„Das Weingut zählt zu den bevorzugten Lieferanten unseres Restaurants"* 2 eine Person, deren Aufgabe es ist, Waren zu den Geschäften oder Kunden zu bringen *„dem Lieferanten ein Trinkgeld geben"* ⓘ *der Lieferant; den, dem, des Lieferanten* • *zu* (2) **Lie·fe·ran·tin** *die*

der **-lie·fe·rant** *im Substantiv, unbetont, begrenzt produktiv* **Energielieferant, Ideenlieferant, Vitaminlieferant** *und andere* eine Person oder Sache, von der man etwas bekommt *„Fleisch ist ein wichtiger Eisenlieferant für den Körper"*

**lie·fern**★ (*lieferte, hat geliefert*) 1 **((jemandem) etwas) liefern** jemandem die bestellte oder gekaufte Ware bringen ⟨*etwas sofort, pünktlich, termingemäß liefern; per Post, frei Haus liefern*⟩ *„Wir können (Ihnen die Möbel) erst in sechs Wochen liefern"* K Lieferbedingungen, Liefertermin, Lieferzeit 2 **((jemandem) etwas) liefern** Waren und Rohstoffe haben, um sie zu verkaufen *„Die arabischen Staaten liefern Erdöl"* 3 zusammen mit einem Substantiv verwendet, um ein Verb zu umschreiben *„den Beweis (für etwas) liefern"* etwas beweisen | *„Sie liefern sich einen Kampf"* sie kämpfen miteinander • *zu* (1) **lie·fer·bar** *ADJEKTIV*

die **Lie·fe·rung**★ (-, -en) 1 das Liefern einer Ware ⟨*eine sofortige, termingemäße Lieferung*⟩ *„Die Lieferung der Ware erfolgt in zwei Wochen"* 2 die Ware, die man liefert oder die geliefert wird ⟨*eine beschädigte, defekte Lieferung; die Lieferung beanstanden, zurücksenden*⟩

der **Lie·fer·wa·gen** ein kleiner Lastwagen, mit dem man Waren liefert

die **Lie·ge** (-, -n) ein einfaches Bett, das man zusammenklappen kann, wenn man es nicht braucht *„bei Bekannten auf einer Liege übernachten"*

**lie·gen**★ (*lag, hat/süddeutsch Ⓐ Ⓒⓗ ist gelegen*) LAGE: PERSON, TIER: **1** mit dem ganzen Körper den Boden oder eine waagrechte Fläche berühren ⟨*hart, weich, bequem, flach, ruhig liegen; auf dem Bauch, auf dem Rücken, auf der Seite liegen*⟩ ↔ sitzen, stehen *„Die Kinder liegen in der Sonne"* LAGE: SACHE, ORT: **2** **etwas liegt (irgendwo)** etwas ist in horizontaler Lage irgendwo *„Das Buch lag auf seinem Schreibtisch"* **3** **etwas liegt irgendwo/irgendwie** etwas ist am genannten (geografischen) Ort oder in der genannten (geografischen) Lage *„Köln liegt am Rhein"* | *„Hannover liegt südlich von Hamburg, 250 km von hier"* SITUATION: **4** **jemand/etwas liegt irgendwo** jemand/etwas ist in einer Reihenfolge an der genannten Stelle ⟨*an der Spitze, in Führung liegen*⟩ *„Wer liegt denn zurzeit auf dem ersten Platz in der Bundesliga?"* **5** **etwas liegt bei jemandem** etwas gehört zu den Dingen, für die jemand zuständig ist *„Die Schuld liegt nicht bei mir"* **6** **etwas liegt an jemandem/etwas** etwas wird von jemandem/etwas verursacht *„Ich glaube, das schlechte Bild des Fernsehers liegt am Wetter"*

**lie·gen blei·ben**, **lie·gen·blei·ben** (*blieb liegen, ist liegen geblieben/liegengeblieben*) **1** **jemand/etwas bleibt liegen** eine Person oder ein Fahrzeug kann wegen einer Panne nicht weiterfahren *„Unser Auto blieb mitten auf der Autobahn liegen"* **2** **etwas bleibt liegen** etwas wird von jemandem an einem Ort vergessen *„In der Garderobe sind Handschuhe liegen geblieben"*

**lie·gen las·sen**, **lie·gen·las·sen** (*ließ liegen, hat liegen lassen/liegenlassen*) **1** **etwas liegen lassen** vergessen, etwas (wieder) mitzunehmen *„seinen Schirm im Zug liegen lassen"* **2** **etwas rechts/links liegen lassen** links/rechts an einem Gebäude vorbeigehen oder -fahren *„Du lässt den Bahnhof rechts liegen und fährst immer geradeaus bis zum Theater"* **3** **jemanden links liegen lassen** *gesprochen* jemanden absichtlich nicht beachten ❶ Im Perfekt gesprochen auch *liegen gelassen*

der **Lie·ge·stuhl** Liegestühle aus Holz und Stoff benutzt man im Freien zum bequemen Sitzen; man kann sie danach zuammenklappen *„Die Urlauber bräunten sich in ihren Liegestühlen am Strand"*

der **Lie·ge·wa·gen** ein Wagen eines Zuges, dessen Sitze man nachts auseinanderklappen kann, um darauf zu liegen ⟨*die Nacht im Liegewagen verbringen*⟩ **K** Liegewagenkarte, Liegewagenschaffner ❶ vergleiche **Schlafwagen**

**lieh** *Präteritum, 1. und 3. Person Singular* → leihen

**ließ** *Präteritum, 1. und 3. Person Singular* → lassen

**liest** *Präsens, 2. und 3. Person Singular* → lesen

der **Lift**★ (-(*e*)*s*, -*e*) **1** eine Kabine, mit der Dinge oder Personen nach oben transportiert werden ⟨(*mit dem*) *Lift fahren; den Lift nehmen*⟩ ≈ Aufzug **2** ein Lift transportiert Skifahrer auf einen Berg **K** Schlepplift, Sessellift

**lif·ten** (*liftete, hat geliftet*) **jemanden/etwas liften** jemandes Haut (meist des Gesichts) straffer und glatter machen *„Ist sein Gesicht geliftet?"* | *„Die Schauspielerin ließ sich bei einem Spezialisten liften"*

die **Li·ga** (-, *Li·gen*) eine Anzahl von Mannschaften, die im Verlauf einer Saison jeweils gegeneinander spielen, um zu sehen, wer der Beste ist ⟨*in eine höhere Liga aufsteigen; in eine niedrigere Liga absteigen*⟩ **K** Regionalliga, Bundesliga

**li·iert** [li'i:ɐ̯t] ADJEKTIV **ID** **mit jemandem liiert sein** *geschrieben* mit jemandem eine sexuelle Beziehung haben

der **Li·kör** (-*s*, -*e*) ein ziemlich süßes, relativ starkes alkoholisches Getränk (mit unterschiedlichen Aromen) **K** Likörglas; Eierlikör, Himbeerlikör

**li·la** ADJEKTIV *nur in dieser Form* ≈ violett *„Sie trägt ein lila Kleid"* **K** lilafarben ❶ In der gesprochenen Sprache wird das Adjektiv auch dekliniert: *Sie trägt ein lilanes Kleid.*

die **Li·lie** ['li:li̯ə]; (-, -*n*) eine Blume mit weißen Blüten, die gut riechen

das **Li·mit** (-*s*, -*s*) **das Limit (für etwas)** die obere oder untere Grenze für eine Größe, eine Menge oder eine Leistung ⟨(*jemandem*) *ein Limit setzen; ein Limit festsetzen, anheben, absenken*⟩ ≈ Beschränkung *„Das untere Limit für den Verkauf des Bildes beträgt 3.000 €"* **K** Gewichtslimit, Preislimit, Tempolimit • *hierzu* **li·mi·tie·ren** (*hat*)

die/das **Li·mo** (-, -(*s*)); *gesprochen* ≈ Limonade

die **Li·mo·na·de**★ (-, -*n*) ein Getränk (ohne Alkohol) aus Saft, Zucker und Wasser, das Kohlensäure enthält *„Kinder trinken gern Limona-*

L

*de"* **K** Orangenlimonade, Zitronenlimonade

die **Li·mou·si·ne** [-mu-]; (-, -n) **1** ein sehr großes und luxuriöses Auto ⟨*in einer Limousine vorfahren*⟩ *„die Limousine des Staatspräsidenten"* **2** ein Auto mit festem Dach und Kofferraum

**lin·dern** (*linderte, hat gelindert*) **etwas lindern** eine schlechte Situation oder eine Krankheit etwas angenehmer machen ⟨*jemandes Schmerzen, eine Krankheit lindern; das Elend, die Not lindern*⟩ • *hierzu* **Lin·de·rung** *die*

das **Li·ne·al** ★ (-s, -e) ein gerades Stück Holz, Metall oder Plastik, mit dem man gerade Striche ziehen und kurze Abstände messen kann *„mit dem Lineal ein Rechteck zeichnen"* **K** Zeichenlineal

die **Li·nie** ★ ['liːni̯ə]; (-, -n) **1** ein relativ langer und meist gerader Strich ⟨*eine gepunktete, gestrichelte Linie; eine Linie zeichnen, ziehen*⟩ *„mit dem Lineal Linien auf ein Blatt Papier zeichnen"* **2** eine Linie von Personen oder Dingen ≈ Reihe *„Köln, Bonn und Koblenz liegen in einer Linie entlang des Rheins"* **3** der Weg, den ein Bus, Zug, Schiff, Flugzeug o. Ä. regelmäßig fährt oder fliegt (oder der Bus usw. selbst, der diesen Weg fährt) ⟨*eine Linie einrichten, stilllegen*⟩ *„Die Linie 3 fährt zum Stadion"* Der Bus, die Straßenbahn usw. mit der Nummer 3 fährt zum Stadion **K** Linienbus, Linienflugzeug; Buslinie, Eisenbahnlinie, Fluglinie **4** die Prinzipien, nach denen man (vor allem in der Politik) handelt ⟨*sich an eine klare Linie halten; eine/keine klare Linie erkennen lassen*⟩ **K** Leitlinie, Richtlinie **5** jede Linie, die im Sport das Spielfeld selbst oder im Spielfeld einen Raum begrenzt **K** Auslinie, Mittellinie **ID** **in erster Linie** so, dass etwas für jemanden/etwas in großem Maße gilt; **auf ganzer Linie**, **auf der ganzen Linie** im höchsten möglichen Maß ⟨*versagen*⟩ ≈ völlig

**li·niert** *ADJEKTIV* mit Linien ⟨*ein Blatt Papier, ein Heft*⟩

**link** *ADJEKTIV; gesprochen, abwertend* so, dass andere Leute betrogen werden ⟨*eine Tour, ein Typ; linke Geschäfte machen*⟩

der **Link** (-s, -s) Kurzwort für *Hyperlink*

**lin·k-** ★ *ADJEKTIV meist attributiv* **1** auf der Seite, auf der das Herz ist *„sich den linken Arm brechen"* | *„mit der linken Hand schreiben"* **2** mit den Prinzipien des Kommunismus, des Sozialismus oder einer sozialdemokratischen Partei ⟨*eine Zeitung; ein Abgeordneter*⟩

die **Lin·ke**[1] ★; (-n, -n) **1** *nur Singular* die linke Hand ↔ Rechte **2** ein Schlag mit der linken Hand ⟨*jemandem eine Linke verpassen*⟩ **3** *nur Singular* alle politischen Gruppen, die sich für die Rechte der Arbeiter und armen Leute einsetzen ↔ Rechte

der/die **Lin·ke**[2] ★; (-n, -n); *gesprochen* eine Person, die einer kommunistischen, sozialistischen oder sozialdemokratischen Partei angehört oder deren Ideen gut findet

**links** ★ *ADVERB* **1** **links (von jemandem/etwas)** auf der Seite, auf der das Herz ist ⟨*nach links abbiegen; von links nach rechts*⟩ ↔ rechts *„Fahren Sie geradeaus und biegen Sie nach der Ampel links ab!"* | *„Links seht ihr das Rathaus und rechts die Kirche"* **2** so, dass die Prinzipien des Sozialismus, des Kommunismus oder der Sozialdemokratie anerkannt und vertreten werden ⟨*Parteien, Gruppen, Personen; links sein, wählen*⟩

*PRÄPOSITION mit Genitiv* **3** auf der linken Seite von etwas *„links des Rheins/der Autobahn"* ⓘ auch zusammen mit *von*: *Links von dem Fluss verläuft die alte Straße*

der **Links·hän·der** (-s, -) eine Person, die mit der linken Hand geschickter ist als mit der rechten ↔ Rechtshänder • *hierzu* **Links·hän·de·rin** *die*; **links·hän·dig** *ADJEKTIV*

die **Links·kur·ve** eine Kurve nach links *„in einer scharfen Linkskurve riskant überholen"*

die **Lin·se** ★ (-, -n) OPTISCH: **1** eine runde, leicht gebogene Scheibe aus Glas oder Plastik, die Lichtstrahlen in eine andere Richtung lenkt ⟨*eine Linse schleifen*⟩ *„Linsen verwendet man in Kameras und in Mikroskopen"* **2** der Teil des Auges, der die Form und Funktion einer Linse hat **3** *gesprochen* ein System von optischen Linsen, meist bei einer Kamera ⟨*jemand/etwas läuft jemandem vor die Linse*⟩ ≈ Objektiv PFLANZLICH: **4** eine Pflanze, deren essbare Samen die Form einer kleinen Linse haben **5** die flachen, runden, braunen oder roten Samen der Linse, die man isst *„Heute gibt es Eintopf: Linsen mit Speck"* **K** Linseneintopf

die **Lip·pe** ★ (-, -n) der obere oder der untere Rand des Mundes ⟨*die Lippen öffnen, runden, (zum Kuss) spitzen, aufeinanderpressen*⟩ *„Sie setzte das Glas an die Lippen und nahm einen Schluck"* | *„Er biss sich beim Essen auf/in die Lippe"* **K** Oberlippe, Unterlippe ⓘ → Abbildung, S. 294. **Der Körper**

der **Lip·pen·stift** Lippenstift ist die rote Farbe, mit der viele Frauen ihre Lippen betonen bzw. ein Stift, der diese Farbe enthält ⟨*Lippenstift* *auftragen*⟩

**lis·peln** (*lispelte, hat gelispelt*) beim Sprechen eines „s" mit der Zunge die Zähne berühren, sodass man anstatt „s" eine Art englisches „th" spricht

die **List**★ (-, -*en*) eine Handlung, durch die man jemanden täuscht, um ein Ziel zu erreichen ⟨*eine List ersinnen, anwenden; zu einer List greifen*⟩ ≈ Trick *„Die Betrüger brachten die alte Frau mit einer List dazu, sie ins Haus zu lassen"*

die **Lis·te**★ (-, -*n*) **1** eine schriftliche Zusammenstellung von mehreren Personen oder Dingen, die meist etwas gemeinsam haben und die untereinandergeschrieben sind ⟨*eine Liste machen, erstellen, anlegen, führen; jemanden/etwas in eine Liste aufnehmen, auf eine Liste setzen, von einer Liste streichen; jemanden/sich in eine Liste eintragen*⟩ **K** Anwesenheitsliste, Einkaufsliste, Gästeliste **2** ein Blatt Papier, auf dem eine Liste steht *„Auf dem Tisch lag eine Liste, in die sich jeder Besucher eintragen konnte"* **3** eine Liste der Kandidaten für eine Wahl ⟨*jemanden auf die Liste setzen*⟩ **K** Listenplatz



**lis·tig** ADJEKTIV so, dass in jemand/etwas ein Trick oder eine List steckt ⟨*ein Fuchs, ein Plan, ein Vorgehen*⟩

der/das **Li·ter**★ (-*s*, -) die Einheit, mit der man das Volumen von Flüssigkeiten und Gasen angibt; 1 Liter = 1000 cm$^3$ ⟨*ein halber Liter; ein viertel Liter*⟩ *„einen Liter Milch kaufen"* | *„Das Auto verbraucht sechs Liter Benzin auf 100 Kilometer"* **K** Literflasche (i) Abkürzung (nach Zahlen): *l*

**li·te·ra·risch** ADJEKTIV zur Literatur gehörig oder die Literatur betreffend ⟨*Werke, Gattungen; jemandes Interesse*⟩

die **Li·te·ra·tur**★ (-, -*en*) **1** alle Gedichte, Dramen, Geschichten und Romane (die von relativ hoher Qualität sind) ⟨*die moderne, zeitgenössische, triviale, anspruchsvolle Literatur*⟩ *„die deutschsprachige Literatur"* **K** Literaturnobelpreis, Literaturwissenschaft **2** **die Literatur (zu/über etwas)** *nur Singular* alles, was über ein Thema oder Fachgebiet geschrieben wurde ⟨*die wirtschaftliche, juristische, psychologische, medizinische Literatur*⟩ **K** Literaturverzeichnis; Fachliteratur

**li·ter·wei·se** ADJEKTIV **1** in Mengen von einem Liter *„Wir verkaufen Milch nur literweise"* **2** in großen Mengen ⟨*etwas literweise kaufen, trinken*⟩

**litt** *Präteritum, 1. und 3. Person Singular* → leiden

**live**★ [laif] ADJEKTIV *nur in dieser Form* **1** **etwas live übertragen/senden** ein Ereignis im Radio oder im Fernsehen genau zu der Zeit übertragen, zu der es stattfindet *„Das Fußballspiel wird live übertragen"* **K** Livereportage, Livesendung **2** **(etwas) live singen/spielen** etwas wirklich singen/spielen, ohne Hilfe von Tonaufnahmen

der **Live·stream** ['laifstri:m]; (-*s*, -*s*) ein Radioprogramm, Film o. Ä. im Internet, die man anhört oder ansieht, ohne sie auf dem eigenen Computer zu speichern

die **Li·zenz**★ (-, -*en*) **1** **die Lizenz (für etwas)** die offizielle Erlaubnis (vom Staat oder einer Institution), ein Geschäft zu eröffnen, ein Buch herauszugeben, ein Patent zu nutzen o. Ä. ⟨*eine Lizenz beantragen, erwerben, erteilen*⟩ ≈ Genehmigung *„ein Buch in Lizenz vertreiben"* **K** Lizenzgebühr **2** die Erlaubnis, eine Sportart beruflich zu betreiben oder als Trainer oder Schiedsrichter zu arbeiten

der **Lkw, LKW**★ ['ɛlka:ve:]; (-(*s*), -*s*) Lastkraftwagen ein großes Fahrzeug mit Motor, mit dem man große und schwere Dinge transportiert **K** Lkw-Fahrer, Lkw-Führerschein

die **Lkw-Maut** [ɛlka:'ve:-] eine Gebühr, damit Lastwagen eine Straße benutzen dürfen *„die Lkw-Maut auf deutschen Autobahnen"*

das **Lob**★ (-(*e*)*s*) die positive Reaktion auf eine Leistung oder eine Tat, die Worte der Anerkennung ⟨*ein großes, unverdientes Lob; Lob ernten; voll des Lobes für jemanden/etwas sein*⟩ *„Sie bekam viel Lob für ihren guten Aufsatz in der Schule"*

die **Lob·by** [-bɪ]; (-, -*s*) **1** eine Gruppe von Personen mit gleichen Interessen, die versucht, Politiker so zu beeinflussen, dass sie einen Vorteil davon hat *„Kinder haben keine Lobby"* **2** die Halle eines Hotels direkt nach dem Eingang, wo man sich anmeldet und die Zimmerschlüssel bekommt

**lo·ben**★ (*lobte, hat gelobt*) **jemanden/etwas (für etwas) loben** sagen, dass jemand etwas sehr gut gemacht hat oder dass etwas sehr gut ist ⟨*sich lobend über jemanden/etwas äußern; jemanden/etwas lobend erwähnen*⟩ ↔ tadeln, rügen *„Der Firmenchef lobte den Mitarbeiter für seinen Fleiß"* • *hierzu* **lo·bens·wert** ADJEKTIV

das **Loch**★ (-(*e*)*s*, *Lö·cher*) eine Stelle, an der nichts mehr ist, an der aber vorher noch Material war ⟨*ein großes, tiefes Loch; ein Loch (in etwas)* *reißen, graben, machen, bohren; ein Loch zumachen, zufüllen, zuschütten*〉 *„Der Zahnarzt bohrt das Loch im Zahn aus und füllt es mit einer Plombe“* | *„Der Dieb grub ein Loch in den Boden und versteckte darin die Beute“* [ID] **jemandem ein Loch/Löcher in den Bauch fragen** *gesprochen* jemandem immer wieder Fragen stellen, weil man etwas ganz genau wissen will

**lọ·chen** (*lochte, hat gelocht*) **etwas lochen** mit einem Gerät ein Loch oder Löcher in etwas machen 〈*eine Fahrkarte, ein Blatt Papier lochen*〉

der **Lọ·cher** (*-s, -*) ein Gerät, mit dem man zwei Löcher in ein Blatt Papier macht (damit man es in einen Ordner heften kann)

**lö̤·che·rig** *ADJEKTIV* mit mehreren Löchern 〈*Socken, Strümpfe*〉

die **Lọ·cke** (*-, -n*) mehrere Haare, die (zusammen) eine runde Form haben 〈*Locken haben; das Haar in Locken legen*〉 *„Unsere Tochter hat glattes Haar, aber unser Sohn hat Locken“* [K] Lockenfrisur, Lockenkopf

**lọ·cken★** (*lockte, hat gelockt*) [1] **jemanden (irgendwohin) locken** versuchen, durch Rufe oder durch etwas Angenehmes zu bewirken, dass eine Person oder ein Tier in die Nähe (oder den genannten Ort) kommt *„Die Ente lockt die Küken zum Nest“* | *„mit Käse eine Maus in die Falle locken“* [K] Lockruf [2] **etwas lockt jemanden irgendwohin** etwas bringt eine Person dazu, zum genannten Ort zu gehen (meist weil es sehr angenehm ist) *„Das warme Sommerwetter lockte viele Menschen an die Seen“*

der **Lọ·cken·wick·ler** (*-s, -*) eine kleine Rolle aus Plastik oder Metall, um die man Haare wickelt, damit Locken entstehen

**lọ·cker★** *ADJEKTIV* [1] nicht gut befestigt 〈*ein Zahn, eine Schraube, ein Nagel, ein Knopf*〉 ↔ fest [2] so, dass viele kleine Löcher (Zwischenräume) in einer Masse oder einem Material sind 〈*der Schnee, der Teig; locker stricken*〉 ↔ fest [3] nicht kräftig gespannt oder gezogen 〈*ein Seil, ein Strick, eine Schnur, ein Knoten*〉 [4] *meist prädikativ* nicht fest und gespannt 〈*die Muskeln, die Beine, die Arme*〉 [5] so, dass man viele Freiheiten hat 〈*eine Beziehung, eine Vorschrift, die Disziplin*〉 ↔ streng [6] *gesprochen* entspannt und freundlich ≈ lässig *„Man kann sich gut mit ihm unterhalten, weil er ein ziemlich lockerer Typ ist“* • zu (5,6) **Lọ·cker·heit** *die*

**lọ·cker·las·sen** (*lässt locker, ließ locker, hat lockergelassen*) **nicht lockerlassen** *gesprochen* etwas so lange versuchen, bis man das Ziel erreicht hat *„Jetzt hast du die Arbeit bald fertig, du darfst nur nicht lockerlassen!“* ⓘ aber: *das Seil locker lassen* (getrennt geschrieben)

**lọ·ckig** *ADJEKTIV* mit vielen Locken 〈*jemandes Haar*〉 ↔ glatt

**lo̲·dern** (*loderte, hat gelodert*) **etwas lodert** etwas brennt mit großen und hohen Flammen 〈*Flammen, ein Feuer*〉

der **Lö̤f·fel★** (*-s, -*) [1] mit einem (großen) Löffel isst man z. B. Suppe, mit einem kleinen Löffel tut man Zucker in den Kaffee 〈*ein silberner Löffel; den Löffel ablecken*〉 [K] Löffelstiel; Esslöffel, Kaffeelöffel, Suppenlöffel, Teelöffel [2] die Menge der Substanz, die auf einen Löffel passt 〈*ein gestrichener, gehäufter Löffel Zucker*〉 *„fünf Löffel Mehl“*

**lö̤f·feln** (*löffelte, hat gelöffelt*) **etwas löffeln** etwas mit dem Löffel essen *„Die Kinder löffelten hungrig ihre Suppe“*

**lo̲g** *Präteritum, 1. und 3. Person Singular* → lügen

die **Lo̲·ge** ['lo:ʒə]; (*-, -n*) der Teil eines Theaters, Kinos o. Ä. mit den teuersten Plätzen, der von den anderen Plätzen abgegrenzt ist [K] Logenplatz

die **Lo̲·gik★** (*-*) eine Denkweise, bei der jeder Gedanke sinnvoll oder notwendigerweise zum nächsten führt 〈*eine strenge, konsequente Logik*〉 *„In dem Satz „Er aß sehr viel, weil er keinen Hunger hatte“ fehlt die Logik“*

**lo̲·gisch★** *ADJEKTIV* [1] so, dass es den Prinzipien der Logik entspricht 〈*eine Schlussfolgerung, ein Zusammenhang; logisch denken, handeln*〉 [2] *gesprochen meist prädikativ* so, dass man keinen weiteren Grund dafür nennen muss *„Es ist doch völlig logisch, dass du kein Geld hast, wenn du so teure Hobbys hast“*

das **Lo̲·go** (*-s, -s*) ein Symbol, das als Warenzeichen für eine Firma verwendet wird *„Trikots mit den Logos der Sponsoren“*

der **Lo̲hn★** (*-(e)s, Löh·ne*) [1] das Geld, das vor allem Arbeiter für ihre Arbeit (jeden Tag, jede Woche oder jeden Monat) bekommen 〈*einen festen Lohn haben; die Löhne erhöhen, kürzen, auszahlen*〉 [K] Lohnerhöhung; Arbeitslohn, Nettolohn ⓘ → Anhang, S. 1075: **Arbeit** [2] **der Lohn (für etwas)** *auch ironisch nur Singular* das, was man für die eigene Mühe oder für die eigene Leistung oder Tat bekommt 〈*ein kö-*

niglicher, fürstlicher, angemessener Lohn⟩ *„Als Lohn für das gute Zeugnis bekam er ein Fahrrad"*

**loh·nen★** (*lohnte, hat gelohnt*) **etwas lohnt sich** etwas bringt einen materiellen oder ideellen Vorteil oder Gewinn ≈ rentieren *„Es lohnt sich nicht mehr, den alten Fernseher reparieren zu lassen"*

die **Lohn·steu·er** die Steuer, die ein Arbeiter, Angestellter oder Beamter für das Geld, das er verdient, an den Staat zahlen muss

die **Lok** (-, *-s*) Kurzwort für *Lokomotive*

**lo·kal★** *ADJEKTIV meist attributiv; geschrieben* nur einen Ort oder eine Stelle betreffend ⟨*die Behörden, die Medien, die Nachrichten; eine Betäubung; jemanden lokal betäuben*⟩ ≈ örtlich **K** Lokalnachrichten, Lokalzeitung

das **Lo·kal★** (*-s, -e*) ein Raum oder Räume, in denen man für Geld etwas essen und trinken kann ⟨*in einem Lokal einkehren*⟩ ≈ Gaststätte *„nach einer Wanderung in einem Lokal etwas essen"* **K** Speiselokal, Tanzlokal

der **Lok·füh·rer** Kurzwort für *Lokomotivführer*

die **Lo·ko·mo·ti·ve★** [-və]; (-, *-n*) eine Maschine, die auf einem Eisenbahngleis die Wagen zieht **K** Dampflokomotive, Elektrolokomotive

der **Lo·ko·mo·tiv·füh·rer** [-f-] eine Person, die beruflich eine Lokomotive fährt

**los★** *ADJEKTIV* **1** nicht mehr an etwas befestigt ⟨*ein Nagel, eine Schraube, ein Brett, eine Latte, ein Knopf*⟩ ≈ ab **2** **jemanden/etwas los sein** *gesprochen* von einer (unangenehmen) Person/Sache befreit sein ⟨*die Erkältung, den Schnupfen, den Husten, die Schmerzen los sein*⟩ *„Nach zwei Stunden war ich unseren lästigen Nachbarn endlich wieder los"* **3** **etwas los sein** *gesprochen* etwas nicht mehr haben, weil man es verloren oder ausgegeben hat *„Jetzt bin ich schon wieder fünfzig Euro los!"* **4** **irgendwo/irgendwann ist viel/wenig/nichts/(et)was los** *gesprochen* irgendwo/irgendwann geschieht viel, wenig usw. meist Interessantes *„In diesem kleinen Dorf ist absolut nichts los"*

*ADVERB* **5** verwendet, um jemanden aufzufordern, schneller zu gehen oder etwas schneller zu machen *„Los, beeil dich endlich!"* **ID** **Auf die Plätze/Achtung – fertig – los!** verwendet als Kommando beim Start zu einem Wettlauf; **Was ist denn mit dir los?** *gesprochen* **a** Hast du Probleme? **b** Bist du krank?; **Was ist (denn) los?** **a** Was ist passiert? **b** verwendet, um verärgert zu sagen, dass man sich gestört fühlt

das **Los★** (*-es, -e*) **1** ein Stück Papier mit einer Nummer, das man kauft, um (bei einer Lotterie) etwas zu gewinnen ⟨*ein Los kaufen, ziehen*⟩ *„Er kaufte fünf Lose, und alle waren Nieten"* **K** Losnummer, Losverkäufer **2** ein Stück Papier o. Ä., das dazu verwendet wird, eine zufällige Entscheidung zu treffen ⟨*ein Los ziehen; etwas durch Los ermitteln; das Los entscheidet*⟩ *„Da zwei Teilnehmer dieselbe Punktzahl haben, wird durch Los ermittelt, wer in das Finale kommt"* **K** Losentscheid **3** *geschrieben* die Ereignisse, die das Leben oder das Glück von einer Person bestimmen, ohne dass man daran etwas ändern kann ⟨*ein schweres Los haben; ein schreckliches Los erleiden*⟩ ≈ Schicksal **4** **das große Los** der größte Gewinn in einer Lotterie ≈ Hauptgewinn

**los-★** (*im Verb, betont und trennbar, sehr produktiv; Diese Verben werden so gebildet: losgehen, ging los, losgegangen*) **1** **losfahren, losfliegen, losrennen, losschwimmen** *und andere* drückt aus, dass eine Bewegung von einem Ort weg beginnt *„Als er an der Haltestelle ankam, fuhr der Bus gerade los"* hatte der Bus schon die Türen geschlossen und zu fahren begonnen **2** **losschreien, losbrüllen, losschlagen** *und andere* drückt aus, dass eine Handlung plötzlich beginnt *„Als er dem Kind das Spielzeug wegnahm, schrie es los"* fing es an zu schreien **3** **etwas losbinden, loslösen, losmachen** *und andere* drückt aus, dass eine Verbindung getrennt wird *„Er schraubte den Deckel los"* Er drehte am Deckel und öffnete so das Glas/die Flasche

**-los** *im Adjektiv, unbetont, sehr produktiv* **arbeitslos, chancenlos, respektlos, sinnlos, ziellos, zwecklos** *und andere* ohne die genannte Sache ❶ Mit *los-* wird oft ein als negativ empfundener Zustand beschrieben, mit *frei-* ein positiver: *fehlerfrei, schadstofffrei.*

**lö·schen★** (*löschte, hat gelöscht*) **1** **etwas löschen** bewirken, dass etwas nicht mehr brennt ⟨*ein Feuer, einen Brand, eine Kerze löschen*⟩ ↔ anzünden **K** Löschfahrzeug, Löschwasser **2** **etwas löschen** das Genannte oder dessen Inhalt entfernen ⟨*einen Eintrag, Daten, ein Konto löschen*⟩ *„Hast du den Satz mit der Pfeiltaste oder mit Steuerung plus Z gelöscht?"* **K** Löschtaste **3** **das Licht löschen** alle Lampen ausschalten **4** **etwas löscht den Durst** ein Getränk bewirkt, dass man keinen

Durst mehr hat *„Mineralwasser löscht den Durst"* **5** **den Durst (mit etwas) löschen** etwas trinken *„Er löschte seinen Durst mit Limonade"* • *zu* (1,2) **Lö·schung** *die*

**lo·se**★ *ADJEKTIV* **1** nicht mehr an etwas befestigt ⟨*eine Schraube, ein Nagel, ein Knopf*⟩ ↔ fest **2** nicht aneinander befestigt ⟨*Blätter*⟩ ≈ einzeln *„Seine Hefte bestehen nur noch aus losen Blättern"* **3** (noch) nicht verpackt ⟨*Bonbons lose verkaufen*⟩ **4** *meist attributiv* leicht provozierend ⟨*lose Sprüche, Reden führen; ein loses Mundwerk haben*⟩ ≈ frech

das **Lö·se·geld** *nur Singular* die Summe Geld, die man bezahlen muss, damit ein Gefangener freigelassen wird ⟨*ein Lösegeld fordern, zahlen, hinterlegen*⟩ *„Die Entführer des Kindes verlangten eine halbe Million Euro Lösegeld"*

**lo·sen** (*loste, hat gelost*) **(um etwas) losen** etwas durch ein Los entscheiden *„Meine beiden Söhne losten* (*darum*)*, wer mit meinem Auto fahren durfte"*

**lö·sen**★ (*löste, hat gelöst*) **1** **etwas (von/aus etwas) lösen** etwas von der Sache/Stelle trennen, an der es befestigt ist ≈ entfernen *„Er löst die Tapeten von der Wand"* **2** **etwas lösen** etwas, das fest ist, lockerer machen (und so etwas öffnen oder entfernen) ⟨*einen Knoten, eine Schraube lösen*⟩ **3** **etwas lösen** durch Nachdenken und entsprechendem Handeln zu einem sinnvollen Ergebnis kommen ⟨*ein Problem, ein Rätsel, einen Fall, eine mathematische Aufgabe lösen*⟩ **4** **eine Fahrkarte lösen** eine Fahrkarte kaufen **5** **etwas (in etwas** (*Dativ*)**) lösen** eine Substanz in eine Flüssigkeit geben, damit sich eine Mischung bildet ⟨*Salz, Zucker in Wasser lösen*⟩ **6** **etwas löst etwas** etwas beseitigt etwas teilweise oder ganz ⟨*etwas löst Krämpfe, Schmerzen, Hemmungen, Spannungen*⟩ **7** **etwas löst sich (von etwas)** etwas trennt sich von der Sache/Stelle, an der es befestigt (fest) ist ⟨*die Farbe, eine Lawine, die Tapete*⟩ **8** **etwas löst sich** etwas wird immer lockerer und ist zum Schluss lose ⟨*eine Schraube, ein Knoten*⟩ **9** **sich von jemandem lösen** die enge Bindung an eine Person geringer werden lassen *„Wenn die Kinder älter werden, lösen sie sich von ihren Eltern"* **10** **etwas löst sich** etwas bildet mit einer Flüssigkeit eine Mischung *„Salz löst sich in Wasser, Fett nicht"*

**los·fah·ren**★ (*ist*) **(von etwas) losfahren** eine Fahrt beginnen und einen Ort verlassen ≈ abfahren *„Wir fuhren in Genf um drei Uhr los"*

**los·ge·hen**★ (*ist*) **1** einen Ort zu Fuß verlassen *„Wenn wir den Zug noch erreichen wollen, müssen wir jetzt losgehen"* **2** **etwas geht los** *gesprochen* etwas beginnt ⟨*eine Veranstaltung, das Theater, ein Theaterstück, das Kino, ein Film, ein Spiel, ein Konzert*⟩ *„Das Fest geht um 3 Uhr los"* **3** **etwas geht los** jemand schießt aus Versehen mit einer Waffe oder etwas explodiert ⟨*ein Schuss, eine Bombe*⟩ **4** **(mit etwas) auf jemanden losgehen** *gesprochen* jemanden (mit einer Waffe o. Ä.) angreifen *„Plötzlich gingen zwei Männer mit dem Messer aufeinander los"*

**los·las·sen**★ (*hat*) **1** **jemanden/etwas loslassen** eine Person/Sache, die man mit der Hand hält, nicht länger halten *„Du darfst die Zügel nicht loslassen!"* **2** **ein Tier (auf jemanden) loslassen** einem Tier befehlen oder es ihm möglich machen, jemanden anzugreifen *„Er ließ den Hund auf den Dieb los"* **3** **jemanden auf Personen loslassen** *gesprochen* eine Person mit schlechten Fähigkeiten ohne Aufsicht arbeiten lassen *„Ist es nicht schlimm, so einen unmöglichen Trainer auf die Kinder loszulassen?"* **4** **jemanden nicht mehr loslassen** *gesprochen* versuchen, eine Person als Partner zu behalten

**los·le·gen** (*hat*) **(mit etwas) loslegen** *gesprochen* etwas (mit viel Energie) beginnen *„Morgens um sieben legten die Handwerker gleich los mit der Arbeit"* | *„Du kannst gleich loslegen mit deiner Erzählung"*

**lös·lich** *ADJEKTIV* so, dass man es mit Wasser mischt, damit es sich auflöst ⟨*Kaffee, ein Pulver, eine Tablette, Tee*⟩

**los·ma·chen** (*hat*) **jemanden/etwas (von etwas) losmachen** jemanden/etwas von etwas trennen, befreien

die **Lö·sung**★ (-, *-en*) **1** das Lösen ⟨*eines Problems, eines Falles, eines Rätsels, einer Aufgabe*⟩ *„einen Detektiv mit der Lösung eines Falles beauftragen"* **K** Lösungsmöglichkeit, Lösungsvorschlag; Problemlösung **2** das, womit ein Problem gelöst wird oder werden kann ⟨*eine elegante Lösung; die Lösung finden*⟩ *„vergeblich versuchen, die Lösung einer mathematischen Aufgabe zu finden"* **K** Lösungswort

**los·wer·den** (*ist*); *gesprochen* **1** **jemanden/etwas loswerden** sich von einer unangenehmen Person oder Sache trennen ⟨*einen Besu-*

L

*cher, einen Eindringling loswerden*⟩ **2** **etwas loswerden** etwas verkaufen können *„schlecht gewordene Ware nicht mehr loswerden"*

das **Lot** (-(*e*)*s*, -*e*) ein Stück Metall, das an einer Schnur hängt und mit dessen Hilfe man feststellen kann, ob etwas senkrecht oder wie tief es ist

**lö·ten** (*lötete, hat gelötet*) **(etwas) löten** zwei Teile aus Metall durch ein anderes, flüssig gemachtes Metall verbinden ⟨*einen Draht, eine elektrische Leitung löten*⟩

die **Lo·ti·on** [lo'tsi̯o:n]; (-, -*en*) eine Flüssigkeit (ähnlich wie Milch), mit der man die Haut pflegt

der **Löt·kol·ben** ein elektrisches Gerät, mit dem man Metalle lötet

der **Lot·se** (-*n*, -*n*) eine Person, die Schiffe durch einen gefährlichen Teil eines Meeres, Hafens, Flusses o. Ä. leitet oder Flugzeuge dirigiert **K** Fluglotse ℹ *der Lotse; den, dem, des Lotsen* • *hierzu* **Lot·sin** *die*

**lot·sen** (*lotste, hat gelotst*) **1** **etwas lotsen** ein Schiff durch eine gefährliche Stelle des Meeres, Hafens, Flusses usw. oder ein Flugzeug (vom Boden aus) auf die richtige Bahn leiten *„ein Schiff durch die Felsen lotsen"* **2** **jemanden irgendwohin lotsen** einer Person den Weg zu ihrem Ziel zeigen *„jemanden durch den Verkehr der Großstadt lotsen"*

die **Lot·te·rie**★ (-, -*n* [-'ri:ən]) bei einer Lotterie werden Zahlen oder Lose gezogen und so Gewinner von Preisen ermittelt ⟨*an einer Lotterie teilnehmen; in der Lotterie spielen*⟩ ≈ Verlosung *„Lose für eine Lotterie kaufen"* **K** Lotteriegewinn, Lotterielos

das **Lot·to** (-*s*) beim Lotto kreuzt man 6 von 49 Zahlen auf einem Blatt Papier an; man gewinnt, wenn mindestens 3 der gewählten Zahlen in der Lotterie gezogen werden ⟨*Lotto spielen; drei, vier, fünf, sechs Richtige im Lotto haben*⟩ **K** Lottoannahmestelle, Lottogewinn, Lottozahlen

der **Lö·we**★ (-*n*, -*n*) **1** Löwen sind große Raubtiere in Afrika mit gelbbraunem Fell. Die männlichen Tiere haben eine Mähne am Kopf ⟨*der Löwe brüllt; die Mähne des Löwen; der Löwe reißt seine Beute*⟩ **K** Löwenkäfig, Löwenmähne **2** *nur Singular* das Sternzeichen für die Zeit vom 23. Juli bis 23. August ℹ → auch **Sternzeichen** **3** eine Person, die in der Zeit vom 23. Juli bis 23. August geboren ist *„Sie ist (ein) Löwe"* • *zu* (1) **Lö·win** *die*

der **Lö·wen·zahn** *nur Singular* eine Pflanze, die vor allem auf Wiesen wächst, eine runde Blüte aus vielen gelben, spitzen Blütenblättern hat und deren Stängel einen weißen Saft enthält

**lo·yal** [lo̯a'ja:l] *ADJEKTIV; geschrieben* **1** **loyal (gegenüber jemandem/etwas)** ⟨*Staatsbürger, Truppen*⟩ so, dass sie die Prinzipien einer Institution (vor allem des Staates) respektieren ≈ treu **2** **loyal (gegenüber jemandem/etwas)** ⟨*ein Kollege, ein Geschäftspartner*⟩ so, dass sie aufrichtig und fair sind (und sich daran halten, was vereinbart wurde) *„Verträge loyal erfüllen"* • *hierzu* **Lo·ya·li·tät** *die*

**lt.** Abkürzung für *laut „lt. §1 der Satzung"* | *„lt. Sommerflugplan"*

der **Luchs** [lʊks]; (-*es*, -*e*) ein Tier (eine Raubkatze) mit gelbem Fell und schwarzen Flecken, das in Europa vorkommt **ID** **aufpassen wie ein Luchs** sehr aufmerksam sein und alles genau beobachten

die **Lü·cke**★ (-, -*n*) **1** eine Stelle, an der etwas fehlt, das dort sein sollte ⟨*eine Lücke entsteht; eine Lücke lassen, schließen, füllen*⟩ *„Die Kinder krochen durch eine Lücke im Zaun"* **K** Zahnlücke **2** das Fehlen einer Sache, die nützlich wäre ≈ Mangel *„Der Angeklagte konnte von einer Lücke im Gesetz profitieren und wurde freigesprochen"* **K** Gesetzeslücke, Wissenslücke

**lud** *Präteritum, 1. und 3. Person Singular* → laden

die **Luft**★ (-, *Lüf·te*) **1** *nur Singular* die Mischung aus Gasen, welche die Erde umgibt und die Menschen und Tiere zum Atmen brauchen *„Ich muss ein bisschen nach draußen, an die frische Luft"* **K** Luftblase, Luftfeuchtigkeit; Frischluft, Heißluft, Meeresluft **2** *nur Singular* der Bereich über der Oberfläche der Erde *„einen Ball in die Luft werfen"* | *„Ein Pfeil fliegt durch die Luft"* **3** **die Luft anhalten** absichtlich nicht atmen **4** **keine Luft bekommen/kriegen** nicht atmen können **5** **Luft holen** tief und hörbar einatmen **6** **etwas fliegt in die Luft** *gesprochen* etwas wird durch eine Explosion zerstört **7** **etwas in die Luft jagen** *gesprochen* etwas mit Sprengstoff zerstören **ID** **jemand geht in die Luft** *gesprochen* jemand wird sehr schnell wütend; **etwas liegt in der Luft** etwas steht (als Gefahr, Drohung) direkt bevor *„Da lag Streit in der Luft"*; **jemand/etwas löst sich in Luft auf** jemand/etwas verschwindet plötzlich; **Es herrscht dicke Luft** *gesprochen* Es herrscht eine gespannte Atmosphäre, bald gibt es Streit oder Ärger

der **Luft·bal·lon** eine Hülle aus Gummi, die man

mit Luft füllt und die ein Spielzeug für Kinder ist

**lụft·dicht** *ADJEKTIV* so, dass keine Luft hinein oder hinaus kann ⟨*eine Verpackung*⟩

der **Lụft·druck** *meist Singular* der Druck, welchen die Luft auf die Erde ausübt ⟨*der Luftdruck steigt, fällt*⟩

**lüf·ten** (*lüftete, hat gelüftet*) **1** **(etwas) lüften** die Fenster öffnen, damit frische Luft in das Zimmer kommt ⟨*ein Zimmer, einen Raum lüften*⟩ **2** **ein Geheimnis lüften** jemandem ein Geheimnis verraten

die **Lụft·fahrt** **1** das Fliegen mithilfe von Flugzeugen, Hubschraubern usw. **2** *nur Singular* der Bereich von Industrie und Wirtschaft, der mit der Fortbewegung durch die Luft zusammenhängt

**lụf·tig** *ADJEKTIV* aus leichtem Stoff, welcher die Luft gut durchlässt ⟨*Kleidung; luftig angezogen sein*⟩

die **Lụft·li·nie** *nur Singular* die kürzeste Distanz zwischen zwei Orten auf der Oberfläche der Erde *„500 Kilometer Luftlinie"*

die **Lụft·mat·rat·ze** Luftmatratzen füllt man mit Luft, um z. B. im Zelt oder im Wasser darauf zu liegen ⟨*eine Luftmatratze aufblasen; die Luft aus der Luftmatratze lassen*⟩

die **Lụft·post** *nur Singular* die Post, die mit dem Flugzeug transportiert wird **K** Luftpostbrief

die **Lụft·pum·pe** ein Gerät, mit dem man Luft in einen Reifen o. Ä. pumpen kann

die **Lụft·röh·re** durch die Luftröhre kommt die Luft vom Mund und von der Nase in die Lunge

die **Lüf·tung** (-, *-en*) ein System aus Rohren, durch die frische Luft in die Räume eines Gebäudes geleitet wird

die **Lụft·waf·fe** *meist Singular* der Teil einer Armee, der in der Luft kämpft ↔ Heer, Marine

der **Lụft·zug** *meist Singular* eine Bewegung der Luft, vor allem in einem Haus, einer Höhle o. Ä. *„ein Luftzug ließ die Kerze flackern"*

die **Lü̲·ge★** (-, *-n*) Lügen erzählt man, wenn man die Wahrheit nicht sagen will ⟨*eine grobe, glatte, faustdicke Lüge; Lügen erzählen, verbreiten*⟩ *„Was du da sagst, ist eine glatte Lüge!"*

**lü̲·gen★** (*log, hat gelogen*) etwas sagen, das nicht wahr oder richtig ist, um jemanden zu täuschen *„Glaube kein Wort von dem, was er sagt, er lügt nämlich ständig"* | *„Ich müsste lügen, wenn ich sagen wollte, dass ich mit deiner Leistung zufrieden bin"* • *hierzu* **Lü̲g·ner** *der;* **Lü̲g·ne·rin** *die*

die **Lu̲·ke** (-, *-n*) **1** ein kleines Fenster oder eine kleine (verschließbare) Öffnung im Keller oder auf dem Dachboden **K** Dachluke **2** (vor allem auf Schiffen) eine Öffnung, durch die man ein- oder aussteigen kann ⟨*die Luken dichtmachen*⟩

**luk·ra·ti̲v** [-f] *ADJEKTIV; geschrieben* ⟨*ein Angebot, ein Geschäft*⟩ so, dass sie viel Geld einbringen

der **Lụmp** (*-en, -en*); *abwertend* eine Person mit schlechtem Charakter, die vor allem andere Leute betrügt

der **Lụm·pen** (*-s, -*) **1** ein altes Stück Stoff, das meist schmutzig und zerrissen ist **2** *abwertend meist Plural* ein sehr altes Kleidungsstück

die **Lụn·ge★** (-, *-n*) das Organ in der Brust des Menschen und mancher Tiere, das beim Atmen die Luft aufnimmt und sie wieder abgibt *„In der Lunge gibt das Blut Kohlendioxid ab und nimmt frischen Sauerstoff auf"* **K** Lungenentzündung, Lungenkrebs; Raucherlunge

die **Lu̲·pe** (-, *-n*) ein rundes und gebogenes Stück Glas (eine Linse), durch das man kleine Dinge größer sieht ⟨*eine Lupe vergrößert; etwas mit der Lupe lesen*⟩ *„einen Käfer unter der Lupe betrachten"* **K** Leselupe **ID** **jemanden/etwas unter die Lupe nehmen** jemanden/etwas genau beobachten und prüfen

die **Lụst★** (-, *Lüs·te*) **1** **Lust (auf etwas** (*Akkusativ*)**)** *nur Singular* der (meist momentane) Wunsch, etwas zu haben ⟨*große, keine Lust auf etwas haben*⟩ *„Ich hätte jetzt Lust auf ein Stück Kuchen mit Schlagsahne"* **2** **Lust (zu etwas)** *nur Singular* der (meist momentane) Wunsch, etwas zu tun ⟨*keine Lust mehr haben*⟩ *„Ich habe nicht die geringste Lust zu einer Wanderung!"* **3** **die Lust (an etwas** (*Dativ*)**)** *nur Singular* die Freude und Zufriedenheit, die man bei einer Tätigkeit bekommt ⟨*Lust an etwas haben, gewinnen; die Lust an etwas verlieren; jemandem vergeht die Lust an etwas*⟩ ≈ Vergnügen *„Bei diesem schlechten Wetter könnte einem die Lust am Reisen vergehen!"* **4** **die Lust (auf jemanden/etwas)** der starke Wunsch nach Sex ⟨*die Lust/Lüste befriedigen, stillen*⟩ **K** Lustgewinn; Liebeslust

**lụ̈s·tern** *ADJEKTIV* voller Verlangen nach Sex

**lụs·tig★** *ADJEKTIV* **1** so, dass es jemanden heiter macht oder zum Lachen bringt ⟨*ein Witz, eine Geschichte, ein Erlebnis, eine Begebenheit*⟩ ≈ witzig *„Auf der Feier ging es sehr lustig zu"* **2** so, dass ein Mensch guter Laune ist und Freude verbreitet ≈ fröhlich *„Auf dem Betriebs-*

*fest waren alle recht lustig"* **3** **sich über jemanden/etwas lustig machen** über jemanden/etwas Späße machen *„Die Leute machen sich darüber lustig, dass er so viele Sommersprossen hat"*

**lụst·los** ADJEKTIV ohne Lust *„Sie stocherte lustlos in ihrem Essen herum"*

**lụt·schen** (*lutschte, hat gelutscht*) **1** **etwas lutschen** etwas Essbares im Mund langsam auflösen lassen ⟨*ein Bonbon, ein Eis lutschen*⟩ **2** **an etwas** (*Dativ*) **lutschen** etwas in den Mund nehmen und daran saugen ⟨*am Daumen lutschen*⟩

der **Lụt·scher** (-s, -) ein großes Bonbon an einem Stiel, das man lutscht oder an dem man leckt

**lu·xu·ri·ö̲s** ADJEKTIV mit viel Luxus ⟨*ein Auto, eine Wohnung, ein Hotel, ein Lebensstil; ein luxuriöses Leben führen*⟩

der **Lụ·xus**★ (-) **1** alle Dinge von sehr guter Qualität, die man nicht unbedingt zum Leben braucht und die meist sehr teuer sind, die aber trotzdem (meist zum Vergnügen) gekauft werden ⟨*im Luxus leben*⟩ **K** Luxusartikel **2** **großen Luxus treiben** viel Geld für Dinge ausgeben, die Luxus sind

die **Ly·rik** ['ly:-]; (-) eine Form der Dichtung in Versen, meist mit einem Reim oder Rhythmus *„die romantische Lyrik"* | *„die Lyrik des Expressionismus"* **K** Liebeslyrik • *hierzu* **Ly·ri·ker** ['ly:-] *der*; **Ly·ri·ke·rin** ['ly:-] *die*; **ly·risch** ['ly:-] ADJEKTIV

# M

das **M**, **m** [ɛm]; (-, -/*gesprochen auch* -s) der dreizehnte Buchstabe des Alphabets ⟨*ein großes M; ein kleines m*⟩

**mạch·bar** ADJEKTIV **etwas ist (nicht) machbar** etwas kann (nicht) erreicht, durchgeführt werden

**mạ·chen**★ (*machte, hat gemacht*) ENTSTEHEN LASSEN: **1** **etwas machen** durch Arbeit und aus verschiedenen Materialien etwas Neues entstehen lassen *„Tee, Kaffee, das Essen machen"* | *„aus Brettern eine Kiste machen"* ❶ *Machen* steht oft anstelle eines anderen Verbs, welches die Tätigkeit genauer bezeichnen würde. **2** **etwas machen** bewirken, dass etwas entsteht ⟨*Feuer, Lärm, Musik, Dummheiten, Blödsinn, Späße, Witze*⟩ *„In seinem Diktat machte er zehn Fehler"* **3** **jemandem etwas machen** bewirken, dass jemand die genannte Sache hat ⟨*jemandem (kaum, wenig, viel) Arbeit, Freude, Kummer, Mühe, Mut, Sorgen machen*⟩ ≈ verursachen *„Die Kinder machen ihr viel Freude"* TUN, HANDELN: **4** **etwas machen** eine Tätigkeit, Handlung ausführen ⟨*die Arbeit, die Hausaufgaben, ein Experiment, einen Versuch machen*⟩ ≈ tun *„Was machst du morgen Nachmittag?"* **5** **etwas irgendwie machen** in der genannten Art und Weise handeln ⟨*etwas gut, schlecht, richtig, falsch, sorgfältig, schlampig, verkehrt machen*⟩ **6** **etwas machen** zusammen mit einem Substantiv verwendet, um ein Verb zu umschreiben *„eine Bemerkung machen"* etwas sagen | *„ein Foto (von jemandem/etwas) machen"* (jemanden/etwas) fotografieren | *„eine Reise machen"* verreisen | *„einen Spaziergang machen"* spazieren gehen VERÄNDERN: **7** **eine Person/Sache macht jemanden/etwas** +*Adjektiv* eine Person oder Sache bewirkt, dass jemand/etwas in den genannten Zustand kommt *„jemanden nass machen"* | *„ein Brett kürzer machen"* | *„Dieser Lärm macht mich ganz krank"* ❶ oft auch Zusammenschreibung möglich: *jemanden krankmachen, nassmachen, etwas ganzmachen, kaputtmachen* **8** **jemand/etwas macht eine Person/Sache zu jemandem/etwas** jemand/etwas bewirkt, dass eine Person oder Sache sich irgendwie verändert *„den Garten zum Spielplatz machen"* **9** **jemanden zu etwas machen** jemandem die genannte Funktion geben ⟨*jemanden zum Direktor, Vorsitzenden, Leiter machen*⟩ ≈ ernennen PRÜFUNG: **10** **etwas machen** in eine Prüfung gehen, um das eigene Wissen oder Können zu zeigen und ein Zeugnis zu bekommen ⟨*eine Prüfung, das Abitur, die mittlere Reife, das Examen machen*⟩ ERGEBNIS, SUMME: **11** **etwas macht etwas** *gesprochen* eine Rechnung ergibt die genannte Zahl oder Summe *„Fünf mal sieben macht fünfunddreißig"* (5 × 7 = 35) ❶ kein Passiv IN FESTEN WENDUNGEN: **12** **das Bett/die Betten machen** die Kissen und die Bettdecken schütteln und das Bett/die Betten wieder in einen ordentlichen Zustand bringen **13** **(eine) Pause machen** die Arbeit für kurze Zeit unterbrechen (um sich zu erholen) **14** **etwas macht (jemandem) Spaß** etwas gibt jemandem Freude und Vergnügen

*„Rad fahren macht (ihm) großen Spaß"* ⓘ kein Passiv **15** **sich** (*Dativ*) **Sorgen machen** voll Angst und Sorge sein MIT ES: **16** **es (mit jemandem) machen** *gesprochen* ⚠ Sex mit jemandem haben ANFANGEN: **17** **sich an etwas** (*Akkusativ*) **machen** mit einer Tätigkeit (vor allem mit einer Arbeit) anfangen **18** **sich auf die Reise/den Weg machen** eine Reise beginnen oder einen Ort verlassen *„Es ist schon spät. Ich mache mich jetzt auf den Weg nach Hause!"* **ID** **(Das) macht nichts!** Das ist nicht schlimm!; **Nun 'mach schon!**, **Mach doch mal!** *gesprochen* Beeile dich!; **Machs 'gut!** *gesprochen* verwendet, um sich von einer Person zu verabschieden (und um ihr Glück zu wünschen)

der **Mạ·cher** (-*s*, -) eine Person, die sehr aktiv ist, die Initiative ergreift und gute Ideen selbst oder mithilfe anderer Leute in die Tat umsetzt • *hierzu* **Mạ·che·rin** *die*

der **-ma·cher** *im Substantiv, unbetont, sehr produktiv* **1** **Filmemacher, Korbmacher, Hutmacher, Uhrmacher, Werkzeugmacher** *und andere* verwendet, um eine Person danach zu bezeichnen, was sie in ihrem Beruf produziert *„sein großer Auftritt als Liedermacher"* **2** **Angstmacher, Meinungsmacher, Panikmacher, Stimmungsmacher** *und andere* verwendet, um eine Person nach der Wirkung zu bezeichnen, die ihr Verhalten (auf andere Leute) hat *„Der alte Miesmacher verdirbt jedes Mal die gute Stimmung"* **3** **Muntermacher, Weichmacher, Weißmacher** *und andere* verwendet, um etwas nach der Wirkung zu bezeichnen, die es hat *„Torten sind ein echter Dickmacher"* • *hierzu* **-ma·che·rin** *die*

der **Ma·cho** ['matʃo]; (-*s*, -*s*); *meist abwertend* ein Mann, der glaubt, dass Männer stark und hart sein müssten, keine Gefühle zeigen dürften und den Frauen überlegen seien

die **Mạcht**★ (-, *Mäch·te*) **1** **Macht (über jemanden/etwas)** *nur Singular* die Möglichkeit oder Fähigkeit, über Personen oder Dinge zu bestimmen oder sie zu beeinflussen ⟨*(große) Macht über jemanden/etwas haben, ausüben; die eigene Macht gebrauchen, missbrauchen, ausspielen, ausbauen*⟩ *„Ich werde alles tun, was in meiner Macht steht, um Ihnen zu helfen"* **K** Machtgier, Machtmissbrauch; Führungsmacht **2** *nur Singular* die Kontrolle über ein Land, vor allem als Regierung ⟨*an der Macht sein; an die/zur Macht kommen, gelangen; die Macht übernehmen, an sich reißen, ergreifen*⟩ **K** Machtantritt, Machtergreifung, Machtübernahme; Staatsmacht **3** *nur Singular* eine große physische oder psychische Kraft, mit der etwas auf jemanden/etwas wirkt ⟨*sich mit (aller) Macht gegen etwas stemmen/wehren, für etwas einsetzen; die Macht der Liebe, der Gewohnheit, des Geldes*⟩ **4** ein Staat, der meist politisch oder wirtschaftlich sehr stark ist ⟨*eine ausländische, feindliche, verbündete Macht*⟩ **K** Großmacht, Kolonialmacht, Industriemacht **5** *meist Plural* ein Wesen, von dem man glaubt, dass es besondere (meist geheimnisvolle) Kräfte oder Fähigkeiten hat ⟨*die Mächte der Finsternis, des Bösen; dunkle, geheimnisvolle Mächte; an überirdische Mächte glauben*⟩

**mạ̈ch·tig**★ *ADJEKTIV* **1** mit viel Einfluss und Macht ⟨*ein Herrscher, ein Land, ein Feind*⟩ *„Im Mittelalter war die Kirche eine mächtige Institution"* **2** sehr groß oder stark ⟨*ein Baum, ein Berg, Schultern; mächtiges Glück haben*⟩

der **Mạcht·kampf** ein Streit, bei dem man versucht, einem Gegner die eigene Stärke oder Macht zu zeigen (und über ihn zu triumphieren) *„Die Diskussion um höhere Löhne ist zu einem Machtkampf zwischen Regierung und Gewerkschaft geworden"*

**mạcht·los** *ADJEKTIV* nicht fähig, an einer Sache etwas zu ändern oder sich gegen jemanden/etwas zu wehren *„So sind die Gesetze nun mal, da bin ich machtlos"*

die **Mạ·cke** (-, -*n*); *gesprochen* **1** eine Besonderheit im Verhalten eines Menschen, die ein bisschen verrückt erscheint ⟨*eine Macke haben*⟩ **2** etwas, das nicht ganz in Ordnung ist ≈ Fehler, Schaden

das **Mä̱d·chen**★ (-*s*, -) **1** ein Kind weiblichen Geschlechts oder eine Jugendliche ⟨*ein kleines, liebes, hübsches Mädchen*⟩ ↔ Junge **K** Mädchenschule; Bauernmädchen, Schulmädchen ⓘ Als Pronomen verwendet man auch *sie* (anstatt *es*). **2** *gesprochen* eine junge Frau *„Hoffentlich sind genug Mädchen auf der Party"* **3** *veraltend* eine Frau, die in einem fremden Haushalt oder in einem Hotel arbeitet ≈ Hausangestellte **K** Dienstmädchen, Kindermädchen, Zimmermädchen • *zu* (1) **mä̱d·chen·haft** *ADJEKTIV*

der **Mä̱d·chen·na·me**★ ein Vorname, den man einem Mädchen gibt *„Anna ist ein Mädchenname"*

die **Ma̱·de** (-, -*n*) eine Larve, die wie ein Wurm aussieht und z. B. in Käse oder in Äpfeln vorkommt **K** Fliegenmade

**mag** *Präsens, 1. und 3. Person Singular* → mögen

das **Ma·ga·zin** (-s, -e) **1** eine Zeitschrift, die mit aktuellen Berichten und Fotos vor allem der Information dient ≈ Journal **K** Modemagazin, Nachrichtenmagazin **2** eine Sendung im Radio oder Fernsehen, die über aktuelle Ereignisse und Probleme berichtet **3** (vor allem in Geschäften, Bibliotheken und Museen) ein großer Raum, in welchem die Dinge gelagert werden, die man im Moment nicht braucht oder zeigt ≈ Lager **K** Büchermagazin **4** der Behälter bei Schusswaffen, in welchem die Patronen sind

die **Magd** [maːkt]; (-, *Mäg·de*); *veraltend* **1** eine Frau, die als Arbeiterin auf einem Bauernhof angestellt ist **2** eine Frau, die im (fremden) Haushalt Arbeiten wie Putzen, Waschen und Einkaufen macht **K** Küchenmagd

der **Ma·gen★** (-s, *Mä·gen*) das Organ, in dem die Nahrung nach dem Essen bleibt, bis sie in den Darm kommt ⟨*einen leeren, knurrenden, vollen, empfindlichen Magen haben*; *sich* (*Dativ*) *den Magen verderben, vollschlagen* (= *viel essen*); *jemandem tut der Magen weh*⟩ **K** Magengeschwür, Magenschmerzen **ID** **jemandem knurrt der Magen** jemand hat Hunger

**ma·ger★** *ADJEKTIV* **1** (von Tieren und Menschen) mit wenig Muskeln und wenig Fett ≈ dünn ↔ dick *„Durch die lange Krankheit ist sie sehr mager geworden"* **2** mit wenig oder gar keinem Fett ⟨*Fleisch, Schinken, Käse*⟩ ≈ fettarm ↔ fett **K** Magermilch, Magerquark

die **Ma·gie** *nur Singular* **1** eine Kunst, die versucht, mit geheimen und übernatürlichen Kräften Menschen und Ereignisse zu beeinflussen ⟨*Magie betreiben, ausüben*⟩ **2** die Kunst, durch Tricks überraschende Effekte zu produzieren (z. B. im Zirkus) *„ein Meister der Magie"*

der **Ma·gier** [-gi̯ɐ]; (-s, -) **1** ein Mann mit der übernatürlichen Fähigkeit, Magie zu betreiben ≈ Zauberer **2** eine Person, die im Zirkus Zaubertricks vorführt ≈ Zauberkünstler • *hierzu* **Ma·gi·e·rin** *die*

**ma·gisch** *ADJEKTIV* **1** *ohne Steigerung* in der Magie verwendet ⟨*eine Formel, eine Handlung, ein Zeichen*⟩ **2** mit einer starken Wirkung, die man kaum erklären kann ⟨*Licht, eine Wirkung, eine Anziehungskraft*; *von etwas magisch angezogen werden*⟩

das **Mag·ne·si·um** (-s) ein silberweißes Metall, das mit grellem weißem Licht verbrennt **K** Magnesiumlampe, Magnesiumlicht **i** chemisches Zeichen: *Mg*

der **Mag·net** (-s/-en, -e(n)) **1** ein Stück Metall (vor allem Eisen), das andere Eisenstücke anzieht oder abstößt ⟨*jemanden/etwas wie ein Magnet anziehen*⟩ *„Sie sammelte die Stecknadeln mit einem Magneten vom Boden auf"* **2** **ein Magnet (für jemanden/etwas)** eine Person oder Sache, die für viele Menschen eine Attraktion darstellt *„Der Stephansdom ist ein Magnet für Touristen aus aller Welt"* **K** Publikumsmagnet **i** *der Magnet; den, dem Magnet/Magneten, des Magnets/Magneten*

**mag·ne·tisch★** *ADJEKTIV* mit der Wirkung, Metalle anzuziehen ⟨*Eisen, ein Stab, eine Nadel*⟩ **K** elektromagnetisch

**mä·hen** [ˈmɛːən] (*mähte, hat gemäht*) **1** alle Pflanzen eines Feldes oder einer Fläche abschneiden ⟨*eine Wiese, ein Feld mähen*; *den Rasen mähen*⟩ **K** Mähmaschine **2** **ein Schaf mäht** ein Schaf gibt die typischen Laute seiner Art von sich ≈ blöken

das **Mahl** (-(e)s, *Mäh·ler/Mah·le*); *meist Singular*; *geschrieben* eine festliche Gelegenheit, bei der sich Leute treffen und miteinander essen ⟨*sich zu einem festlichen Mahl versammeln*⟩ **K** Festmahl

**mah·len★** (*mahlte, hat gemahlen*) **1** **etwas mahlen** Körner zu Pulver machen ⟨*Getreide zu Mehl mahlen*; *Kaffee grob, fein mahlen*; *Pfeffer mahlen*⟩ **2** **etwas mahlen** durch Mahlen herstellen ⟨*Mehl mahlen*⟩

die **Mahl·zeit★** **1** die Nahrung, die man (regelmäßig) zu einer Tageszeit isst (und die oft aus mehreren Gängen besteht) ⟨*eine warme Mahlzeit zubereiten, essen, verzehren, einnehmen, zu sich* (*Dativ*) *nehmen*⟩ **K** Hauptmahlzeit, Zwischenmahlzeit **2** **(Gesegnete) Mahlzeit!** *gesprochen* verwendet, um jemandem vor dem Essen einen guten Appetit zu wünschen **3** **Mahlzeit!** *gesprochen* in der Mittagszeit verwendet, um jemanden (vor allem Arbeitskollegen) zu grüßen

die **Mäh·ne** (-, -n) die langen (und meist dichten) Haare am Kopf oder Hals mancher Tiere, vor allem bei Löwen und Pferden

**mah·nen★** (*mahnte, hat gemahnt*) **1** **jemanden (wegen etwas) mahnen** eine Person daran erinnern, dass sie noch Geld zahlen oder etwas tun muss *„Der Händler mahnte ihn wegen der noch nicht bezahlten Rechnung"* **K** Mahnbescheid **2** **(jemanden) zu etwas**

**mahnen** jemanden auffordern, sich in der genannten Weise zu verhalten ⟨*(jemanden) zur Ruhe, Geduld mahnen*⟩ „*Er mahnte uns, leise zu sein*"

die **Mahn·ge·bühr** eine Summe Geld, die man als Strafe zahlen muss, wenn man eine Mahnung bekommen hat

das **Mahn·mal** (-s, -e) eine Statue, Inschrift o. Ä., die dazu dient, die Menschen an etwas Schlimmes zu erinnern, von dem man möchte, dass es nicht wieder geschieht „*Für die Opfer des Konzentrationslagers wurde ein Mahnmal errichtet*"

die **Mah·nung★** (-, -en) **1** ein Brief, den man bekommt, wenn man eine Rechnung, die Steuern o. Ä. nicht rechtzeitig bezahlt ⟨*die erste, letzte Mahnung; eine Mahnung bekommen, erhalten; jemandem eine Mahnung schicken*⟩ **K** Mahnbescheid **2** **eine Mahnung (zu etwas)** eine Äußerung, mit welcher eine Person aufgefordert oder daran erinnert wird, ihre Pflicht zu erfüllen ⟨*eine ernste Mahnung; eine Mahnung befolgen, beherzigen, überhören*⟩

der **Mai★** (-s, -e); *meist Singular* **1** der fünfte Monat des Jahres ⟨*im Mai; Anfang, Mitte, Ende Mai; am 1., 2., 3. Mai*⟩ „*Am siebten Mai hat Gabi Geburtstag*" **2** **der Erste Mai** ein Feiertag, an dem sich die Arbeiter in vielen Ländern versammeln, um gemeinsam zu demonstrieren ≈ Maifeiertag ❶ im sozialdemokratischen Sprachgebrauch auch als *Tag der Arbeit* bezeichnet.

der **Mai·baum** der Stamm eines Baumes, der bunt bemalt und mit Bändern geschmückt ist. Der Maibaum wird im Mai in Dörfern aufgestellt

der **Mai·kä·fer** ein Käfer mit braunen Flügeln, der Blätter von Bäumen frisst und vor allem im Mai fliegt

die **Mail** [meɪl]; (-, -s); *gesprochen* ⟨*eine Mail senden, bekommen*⟩ ≈ E-Mail • *hierzu* **mai·len** (*hat*)

die **Mail·box** ['meɪl-]; (-, -en) **1** in der Mailbox werden die E-Mails gespeichert, die man bekommt oder schreibt **2** auf die Mailbox eines Handys oder Telefons kann man Nachrichten sprechen, wenn man jemanden nicht erreicht

der **Mais** (-es) **1** eine hohe Pflanze mit großen gelben Körnern und großen Blättern, die auf Feldern angebaut wird ⟨*Mais anbauen, ernten*⟩ **K** Maisfeld, Maiskolben **2** die Körner dieser Pflanze, die man als Getreide oder Gemüse verwendet **K** Maismehl

die **Ma·jes·tät** (-, -en) *besonders historisch* der Titel und die Anrede für Kaiser und Könige „*Ihre Majestät die Königin betritt den Saal*"

die **Ma·jo·nä·se★** → Mayonnaise

**ma·ka·ber** *ADJEKTIV* so, dass man etwas trotz des Zusammenhangs mit dem Tod lustig findet ⟨*ein Humor, ein Scherz, ein Witz; etwas wirkt makaber*⟩ „*Ein Aschenbecher in Form eines Totenkopfes ist makaber*"

der **Ma·kel** (-s, -); *geschrieben* ein Fehler, den eine Person/Sache hat, durch den sie weniger wert ist ⟨*etwas weist einen Makel auf; ohne Makel sein; etwas als Makel empfinden*⟩ „*Sie empfindet es als Makel, keine Fremdsprache zu können*" • *hierzu* **ma·kel·los** *ADJEKTIV*

**mä·keln** (*mäkelte, hat gemäkelt*) **(an jemandem/etwas) mäkeln** (mit jemandem/etwas) unzufrieden sein und es deutlich sagen „*Sie mäkelt ständig am Essen*" • *hierzu* **mä·ke·lig** *ADJEKTIV*

das **Make-up★** [meːk'|ap]; (-s, -s) kosmetische Produkte, die vor allem Frauen verwenden, um das Gesicht schöner zu machen ⟨*ein dezentes, gekonntes, kein Make-up (tragen)*⟩ ≈ Schminke

M

der **Mak·ler★** (-s, -) eine Person, die für andere Leute Geschäfte macht, indem sie Häuser, Wohnungen o. Ä. an Käufer oder Mieter vermittelt ⟨*einen Makler aufsuchen, einschalten*⟩ **K** Maklergebühren; Immobilienmakler, Börsenmakler • *hierzu* **Mak·le·rin** *die*

**mal★** *ADVERB* **1** *gesprochen* irgendwann in der Vergangenheit oder Zukunft ≈ einmal „*Er war mal ein guter Sportler*"

*PARTIKEL* **2** *gesprochen* verwendet, um jemanden freundlich oder höflich zu etwas aufzufordern, auch in Form einer Frage „*Schau mal, da drüben sind Rehe!*" | „*Gibst du mir bitte mal das Salz?*"

*BINDEWORT* **3** multipliziert mit „*vier mal vier ist sechzehn*" 4 × 4 = 16

das **Mal[1]★**; (-(e)s, -e) die Gelegenheit, bei der man etwas tut oder bei der etwas geschieht ⟨*jedes, manches Mal; das erste, zweite, dritte, letzte, nächste, x-te Mal; beim/zum ersten, zweiten, dritten, letzten, nächsten, x-ten Mal*⟩ „*Wir sprechen ein anderes Mal weiter*" | „*Sie fliegt zum dritten Mal nach Amerika*" | „*Wir sind schon einige/mehrere Male mit dem Schiff gefahren*"

das **Mal[2]★**; (-(e)s, *Ma·le/Mä·ler*) ein Fleck auf der Haut **K** Brandmal, Wundmal

**-mal** *im Adverb, betont, begrenzt produktiv* **einmal, eineinhalbmal/anderthalbmal, zweimal, dreimal**; **keinmal, manchmal, vielmal, x-mal, zigmal** *und andere* die genannte Zahl oder Menge von Wiederholungen *„Er hat mich viermal besucht"*

die **Ma·la·ria** (-) eine gefährliche tropische Krankheit, die durch Mücken übertragen wird K Malariaerreger, malariakrank

**ma·len★** (*malte, hat gemalt*) 1 **(etwas) malen** mit Farbe ein Bild herstellen ⟨*ein Aquarell, ein Bild, ein Porträt malen; in Öl, mit Wasserfarben, mit Wachskreiden malen*⟩ K Malfarbe 2 **(etwas) malen** *besonders süddeutsch* flüssige Farbe auf einer Fläche verteilen ⟨*Türen, Wände, die Wohnung malen (lassen)*⟩ ≈ streichen 3 **jemanden/etwas malen** mit Farbe von jemandem/etwas ein Bild machen *„Der Präsident ließ sich von einem bekannten Künstler malen"*

der **Ma·ler★** (-s, -) 1 eine Person, die (als Künstler) Bilder malt *„Vincent van Gogh ist ein berühmter Maler"* K Landschaftsmaler, Kunstmaler 2 eine Person, die (als Handwerker) Wände, Fenster usw. streicht ⟨*den Maler bestellen, kommen lassen*⟩ K Malerfarbe, Malerpinsel • *hierzu* **Ma·le·rin** *die*

die **Ma·le·rei★** (-, -*en*) 1 *nur Singular* die Kunst, Bilder zu malen ⟨*die abstrakte, gegenständliche, realistische, moderne, zeitgenössische Malerei*⟩ *„die Malerei des Impressionismus, der Gotik"* 2 ein gemaltes Bild *„Die Ausstellung zeigt Malereien von Magritte"* K Landschaftsmalerei, Ölmalerei, Höhlenmalerei, Barockmalerei

das **Mal·heur** [ma'løːɐ̯]; (-s, -*e*/-*s*); *gesprochen* ein kleiner unangenehmer Vorfall *„Mir ist da ein kleines Malheur passiert: Ich habe den Kaffee verschüttet"*

**mal·neh·men** (*nahm mal, hat malgenommen*) **((etwas) mit etwas) malnehmen** ≈ multiplizieren

das **Malz** (-*es*) Getreide (meist Gerste), nachdem es im Wasser gelegen hat und anschließend getrocknet und geröstet worden ist K Malzbonbon

das **Mal·zei·chen** die Zeichen · oder x, die man in Multiplikationen verwendet

die **Ma·ma★** (-, -*s*); *Kindersprache* verwendet als Anrede oder Bezeichnung für die Mutter

das **Mam·mut** (-*s*, -*s*/-*e*) *historisch* eine Art Elefant mit langen Haaren, der vor langer Zeit gelebt hat und jetzt ausgestorben ist K Mammutknochen, Mammutskelett

**mamp·fen** (*mampfte, hat gemampft*) **(etwas) mampfen** *gesprochen* etwas essen (und dabei mit vollen Backen kauen)

**man**[1]**★** *PRONOMEN* 1 verwendet, um irgendeine Person oder eine Gruppe von Personen zu bezeichnen, die man nicht genauer bestimmen kann oder will *„Man hat mir das Fahrrad gestohlen"* ⓘ *Man* wird oft anstelle einer Passivkonstruktion verwendet, wie z. B. in *Ich wurde beleidigt.* → *Man hat mich beleidigt.*; → auch **frau**. 2 verwendet, um sich selbst zu bezeichnen (und um zu sagen, dass eine Aussage auch für andere Leute gilt) *„Von meinem Platz aus konnte man nichts sehen"* | *„Man kann nie wissen, wozu das gut ist"* 3 verwendet, um die Mehrheit der Bevölkerung, die Öffentlichkeit, die Gesellschaft oder die Behörden, Polizei usw. zu bezeichnen *„Man hat ihn zu einer Geldstrafe verurteilt"* 4 verwendet, um einer Person zu sagen, was sie tun muss (z. B. in Rezepten oder Gebrauchsanweisungen) *„Man nehme vier Eier und vermenge sie mit 300 g Mehl"* ⓘ *Man* wird nur im Nominativ verwendet. Im Akkusativ wird *einen*, im Dativ *einem* verwendet: *Man lernt gerne, wenn es einen interessiert*; *Man weiß nie, was einem noch geschieht*. Es gibt keine Genitivform.

**man**[2] *PARTIKEL unbetont; norddeutsch, gesprochen* verwendet, um eine Aussage zu verstärken ≈ mal *„Lass man gut sein, ist nicht so schlimm!"* | *„Nun reg dich man nicht auf!"*

**ma·na·gen★** ['mɛnɛdʒn̩] (*managte, hat gemanagt*) **jemanden managen** dafür sorgen, dass meist ein Künstler oder Sportler immer wieder neue Verträge bekommt und gut bezahlt wird

der **Ma·na·ger★** ['mɛnɛdʒɐ]; (-s, -) 1 eine von meist mehreren Personen, die ein großes (industrielles) Unternehmen leiten 2 eine Person, die dafür sorgt, dass ein Künstler oder Sportler neue Verträge bekommt und gut bezahlt wird • *hierzu* **Ma·na·ge·rin** *die*

**manch★** *ARTIKEL* 1 verwendet, um über eine oder mehrere einzelne Personen oder Sachen zu sprechen. Deren Anzahl ist unbestimmt, aber meist nicht sehr groß ≈ einige *„Manche Menschen sind recht seltsam"* | *„Manche seiner Kollegen halten Markus für schlampig"* ⓘ Es gibt einen meist formellen oder literarischen Gebrauch von *manch* (ohne Flexion), z. B.

*manch fröhlicher Abend, manch ein Dichter, das Schöne an manch kleinen Ideen.* PRONOMEN **2** eine einzelne oder mehrere einzelne Personen oder Sachen, die aus dem Zusammenhang bekannt sind *„Manche sind ganz anderer Meinung"* | *„Er hat auf seiner Reise manches erlebt"*

**manch·mal★** *ADVERB* von Zeit zu Zeit, in manchen Fällen *„Manchmal besuche ich meine Großmutter"* | *„Manchmal fährt er mit dem Auto"*

der **Man·dant** (-*en*, -*en*) eine Person, die einen Rechtsanwalt damit beauftragt hat, sie (vor Gericht) zu vertreten ≈ Klient *„Der Verteidiger beantragt Freispruch für seinen Mandanten"* ❶ *der Mandant; den, dem, des Mandanten* • *hierzu* **Man·dan·tin** *die*

die **Man·da·ri·ne** (-, -*n*) eine Frucht, die wie eine Orange aussieht, aber kleiner und süßer ist

das **Man·dat★** (-(*e*)*s*, -*e*) **1** *geschrieben* der Auftrag von einer Person an einen Rechtsanwalt, diese juristisch zu beraten oder (vor Gericht) zu vertreten ⟨*jemandem ein Mandat erteilen*⟩ *„Der Anwalt übernahm das Mandat"* **2** das Amt eines Abgeordneten im Parlament ⟨*das Mandat niederlegen*⟩ ≈ Sitz *„Die Partei hat 40 Mandate verloren"*

die **Man·del** (-, -*n*) **1** ein ziemlich langer, flacher und essbarer Kern in einer harten Schale, aus dem man z. B. Marzipan herstellt ⟨*bittere, süße, gesalzene Mandeln*⟩ **2** **gebrannte Mandeln** eine Süßigkeit aus Mandeln, die mit gebranntem Zucker überzogen sind **3** eines von zwei Organen im oberen hinteren Teil des Halses (des Rachens), die Infektionen abwehren ⟨*eitrige, entzündete, gerötete, geschwollene Mandeln; sich* (*Dativ*) *die Mandeln herausnehmen lassen*⟩ **K** Mandelentzündung; Rachenmandel • *zu* (1) **man·del·för·mig** *ADJEKTIV*

die **Ma·ne·ge** [-ʒə]; (-, -*n*) ein meist runder Platz im Zirkus(zelt), auf welchem die Artisten auftreten *„Der Clown stolperte in die Manege"* **K** Zirkusmanege

der **Man·gel**[1]★; (-*s*, *Män·gel*) **1** **ein Mangel (an jemandem/etwas)** *nur Singular* der Zustand, in dem etwas Wichtiges nicht ausreichend vorhanden ist *„ein Mangel an Lebensmitteln"* **K** Ärztemangel, Geldmangel **2** *meist Plural* ein Materialfehler an einer Ware ⟨*leichte, schwere Mängel; Mängel feststellen, beanstanden, beheben, beseitigen*⟩ *„Ein gebrauchtes Auto weist oft Mängel auf"*

die **Man·gel**[2]; (-, -*n*) ein Gerät, bei dem Wäsche zwischen zwei Walzen gepresst und glatt gemacht wird **K** Heißmangel

**man·gel·haft** *ADJEKTIV* **1** nicht gut genug, mit vielen Mängeln ⟨*eine Ware, ein Wissen, eine Ausbildung, Kenntnisse, Leistungen*⟩ *„Die Idee war gut, die Ausführung aber mangelhaft"* **2** Ⓓ verwendet als Bezeichnung für die schlechte Schulnote 5 (auf der Skala von 1 – 6 bzw. von sehr gut bis ungenügend) ⟨*„mangelhaft" (in etwas (Dativ)) haben, bekommen*⟩ ❶ Mit dieser Note hat man die Prüfung o. Ä. nicht bestanden.

**man·geln** (*mangelte, hat gemangelt*) **es mangelt jemandem an Personen/etwas** eine Person hat nicht die Personen oder Dinge, welche sie braucht *„Es mangelt ihm am nötigen Humor"*

**man·gels** *PRÄPOSITION; admin mit Genitiv* weil etwas nicht vorhanden ist *„Mangels finanzieller Unterstützung konnte die Expedition nicht durchgeführt werden"*

die **Man·gel·wa·re** *meist Singular* eine Ware, die viele Leute haben möchten, die es aber nur in geringer Menge gibt

die **Ma·nie** (-, -*n* [-ˈniːən]); *meist Singular; geschrieben* **1** der psychische Zwang, immer wieder eine Reihe von Dinge tun zu müssen (auch wenn man es gar nicht will) ⟨*etwas wird bei jemandem zur Manie*⟩ **2** eine Phase einer psychischen Krankheit, in welcher der Kranke sehr selbstbewusst und übertrieben lebhaft ist • *hierzu* **ma·nisch** *ADJEKTIV*

die **Ma·nie·ren** *Plural* die Art und Weise, wie man sich benimmt ⟨*gute, schlechte, feine, keine Manieren haben; jemandem Manieren beibringen*⟩ ≈ Benehmen **K** Tischmanieren

die **Ma·ni·kü·re** (-, -*n*); *meist Singular* die Pflege der Hände (vor allem der Fingernägel) ⟨*Maniküre machen*⟩

**ma·ni·pu·lie·ren** (*manipulierte, hat manipuliert*) **1** **jemanden manipulieren** eine Person absichtlich beeinflussen, ohne dass sie es merkt, um zu erreichen, dass sie in der gewünschten Weise denkt und handelt *„Durch die Werbung wird der Käufer oft manipuliert"* **2** **etwas manipulieren** etwas in betrügerischer Weise (leicht) verändern, um sich dadurch einen Vorteil zu verschaffen ⟨*Rechnungen, Stimmzettel manipulieren*⟩ **3** **etwas manipulieren** vor allem an einem Gerät oder Fahrzeug etwas so verändern, dass ein Schaden entsteht oder

M

dass ein Unfall passiert ≈ sabotieren

das **Man·ko** (-s, -s) ein Nachteil (der verhindert, dass etwas völlig positiv ist) *„Das neue Auto hat nur ein Manko: Es ist ein bisschen teuer"*

der **Mann**★ (-(e)s, *Män·ner/Mann*) **1** *Plural Männer* eine erwachsene männliche Person ⟨*ein alleinstehender, geschiedener, verheirateter Mann*⟩ ↔ Frau **K** Männerchor **2** *Plural Männer* Kurzwort für *Ehemann* ⟨*ihr ehemaliger, zukünftiger, geschiedener, verstorbener Mann*⟩ *„Kann ich mal Ihren Mann sprechen?"* **3** *meist Plural; (Plural: Mann)* die (männlichen) Personen einer Gruppe oder auf einem Schiff *„Die Besatzung besteht aus hundert Mann"* | *„Alle Mann an Deck!"* ⓘ oft zusammen mit Zahlen **ID** **seinen Mann stehen** die eigenen Aufgaben und Pflichten gut erfüllen ≈ sich bewähren; **(Mein lieber) Mann!** *gesprochen* verwendet als Ausdruck der Überraschung oder des Ärgers *„Mann, Mann, Mann, was ist das für ein Blödsinn!"*

das **Männ·chen** (-s, -) ein männliches Tier ↔ Weibchen ⓘ vor allem dann verwendet, wenn es keine eigene Bezeichnung für das männliche Tier gibt **ID** **ein Tier macht Männchen** ein Tier sitzt auf den hinteren Pfoten und hält den Körper aufrecht *„Der Hund macht Männchen"*

**männ·lich**★ ADJEKTIV **1** *ohne Steigerung* Männer und Jungen sind männlich, sie gehören zum männlichen Geschlecht ↔ weiblich **2** *ohne Steigerung* (bei Tieren) von dem Geschlecht, das keine Junge bekommen bzw. keine Eier legen kann **3** (bei Pflanzen) von der Sorte, die keine Früchte bildet **4** zu Männern oder Jungen gehörend ⟨*Sexualhormone, eine Stimme, ein Vorname*⟩ **5** mit Eigenschaften, die als typisch für Männer gelten ↔ feminin *„Sie findet Männer mit Bart sehr männlich"* **6** *ohne Steigerung* in der Grammatik mit dem Artikel *der* verwendet ≈ maskulin

die **Männ·lich·keit** (-) Verhalten, Aussehen oder Eigenschaften, die traditionell von Männern erwartet werden

die **Mann·schaft**★ (-, *-en*) **1** die Sportler, die (in einem Wettkampf) zusammengehören ⟨*eine Mannschaft aufstellen, bilden*⟩ ≈ Team **K** Mannschaftssport(art); Fußballmannschaft **2** alle Menschen, die während der Fahrt auf einem Schiff oder während des Fluges in einem Flugzeug arbeiten ≈ Besatzung, Crew **3** eine Gruppe von Leuten, die in einer Abteilung oder in einem Bereich eng zusammenarbeiten ⟨*eine dynamische, junge Mannschaft*⟩ ≈ Team **K** Rettungsmannschaft

das **Ma·no·me·ter** (-s, -) ein technisches Gerät, mit dem man den Druck von Flüssigkeiten oder Gasen messen kann

das **Ma·nö·ver** [-v-]; (-s, -) **1** eine militärische Übung (in der Landschaft), bei der Angriff und Verteidigung geübt werden ⟨*ein Manöver abhalten, durchführen; ins Manöver ziehen*⟩ **K** Heeresmanöver **2** *abwertend* eine Aktion, mit der man eine Situation geschickt für sich ausnutzt ⟨*ein geschicktes, plumpes Manöver*⟩ *„Durch ein raffiniertes Manöver lenkte er die Aufmerksamkeit der Medien auf sich"* **K** Ablenkungsmanöver **3** eine geschickte und schnelle Bewegung (mit der man die Richtung eines Fahrzeugs ändert) **K** Ausweichmanöver

**ma·növ·rie·ren** [-v-] (*manövrierte, hat manövriert*) **etwas irgendwohin manövrieren** meist ein Fahrzeug geschickt an eine Stelle lenken *„das Auto in eine Parklücke manövrieren"*

die **Man·sar·de** (-, *-n*) ein Zimmer oder eine Wohnung unter dem Dach mit meist schrägen Wänden

der **Mansch** (-(e)s); *gesprochen, abwertend* eine Masse von zerkleinertem, zerquetschtem Essen *„ein Mansch aus Kartoffeln und Gemüse"* • *hierzu* **man·schig** ADJEKTIV

**man·schen** (*manschte, hat gemanscht*); *gesprochen, abwertend* im Mansch herumrühren

die **Man·schet·te** (-, *-n*) **1** das steife Stück Stoff am (langen) Ärmel meist eines Hemdes oder einer Bluse (das man zuknöpfen kann) **K** Manschettenknopf **2** Manschetten aus Gummi, Metall usw. dienen dazu, Verbindungen von Rohren usw. fest oder dicht zu machen **K** Manschettendichtung

der **Man·tel**★ (-s, *Män·tel*) **1** Mäntel trägt man über der anderen Kleidung, wenn es kalt ist; sie reichen bis zu den Oberschenkeln, den Knien oder den Knöcheln ⟨*jemandem aus dem, in den Mantel helfen; den Mantel ablegen*⟩ **K** Manteltasche; Pelzmantel, Regenmantel, Wintermantel ⓘ → Abbildung, S. 293: **Die Kleidung** **2** die äußere Hülle aus dickem Gummi, die den Schlauch eines Reifens umgibt *„der Mantel eines Autoreifens"* **3** die äußere Hülle, die etwas (als Schutz) umgibt

**ma·nu·ell** ADJEKTIV; *geschrieben* mit den Händen (gemacht) ⟨*Arbeit; etwas manuell*

M

*herstellen, verpacken*⟩ ↔ maschinell

das **Ma·nu·skript** (-(e)s, -e) ein Text, der mit der Hand oder mit dem Computer geschrieben ist und gedruckt werden soll *„ein Manuskript an einen Verlag schicken"*

die **Map·pe★** (-, -n) **1** ein Stück Karton oder Plastik, das so gefaltet ist, dass man z. B. Dokumente, Briefe oder Zeichnungen hineinlegen oder dort aufbewahren kann ⟨*eine Mappe anlegen, aufschlagen*⟩ **K** Arbeitsmappe **2** eine flache Tasche (aus Leder), in der meist Dokumente, Bücher oder Hefte getragen werden **K** Aktenmappe, Schulmappe

der **Ma·ra·thon** (-s, -s) ein Wettlauf über 42 Kilometer **K** Marathonlauf, Marathonläufer

das **Mär·chen★** (-s, -) **1** eine (im Volk überlieferte) Erzählung, in der Personen wie z. B. Hexen, Riesen oder Zwerge und unwirkliche Ereignisse vorkommen ⟨*(jemandem) Märchen erzählen, vorlesen*⟩ *„das Märchen von Rotkäppchen und dem bösen Wolf"* **K** Märchenerzähler, Märchenprinz; Weihnachtsmärchen **2** eine Geschichte, die sich jemand (meist als Ausrede) ausgedacht hat und die nicht wahr ist ≈ Lüge *„Erzähl mir doch keine Märchen!"*

**mär·chen·haft** ADJEKTIV **1** sehr schön ⟨*eine Landschaft; ein Anblick*⟩ **2** so (ungewöhnlich), dass man es sich kaum vorstellen kann ⟨*Glück, Reichtum, eine Karriere*⟩

der **Mar·der** (-s, -) ein kleines Tier, das klettern kann und das man wegen des Pelzes züchtet

die **Mar·ga·ri·ne★** (-) ein Fett (ähnlich wie Butter), das aus dem Öl von Pflanzen gemacht wird **K** Backmargarine, Diätmargarine **i** Als Plural wird *Margarinesorten* verwendet.

der **Ma·ri·en·kä·fer** [ma'riːən-] ein kleiner, rundlicher Käfer mit roten Flügeln und schwarzen Punkten

die **Ma·ril·le** (-, -n); Ⓐ ≈ Aprikose **K** Marillenknödel

die **Ma·ri·na·de** (-, -n) eine Soße aus Essig, Öl und Gewürzen, mit der man meist Fleisch oder Fisch würzt oder haltbar macht oder Salat anmacht *„Heringe in (eine) Marinade einlegen"* • *hierzu* **ma·ri·nie·ren** (*hat*)

die **Ma·ri·ne** (-, -n); *meist Singular* **1** der Teil der Armee, der im Krieg auf dem Meer kämpft ⟨*zur Marine gehen; bei der Marine dienen, sein*⟩ **2** alle militärischen Schiffe eines Staates *„Die Marine läuft aus"* **K** Marinestützpunkt; Kriegsmarine

die **Ma·ri·o·net·te** (-, -n) eine Puppe, deren Körperteile man an Fäden oder Drähten bewegen kann ⟨*mit Marionetten spielen*⟩ **K** Marionettentheater

die **Mark**[1]★; (-, -); *historisch* die ehemalige Währung Deutschlands **K** D-Mark **i** Abkürzung: *DM*

das **Mark**[2]★; (-s) **1** die weiche Masse in den Knochen und in der Wirbelsäule **K** Knochenmark **2** ein Brei aus weichen Früchten und Gemüsearten **K** Himbeermark, Tomatenmark

**mar·kant** ADJEKTIV (*markanter, markantest-*) (im positiven Sinn) auffallend ⟨*Gesichtszüge, eine Erscheinung, eine Persönlichkeit*⟩

die **Mar·ke★** (-, -n) **1** ein Stück Papier oder Blech, mit dem etwas bestätigt wird oder das zeigt, das man ein Recht auf etwas hat **K** Briefmarke, Steuermarke **2** ein Zeichen, das einen gemessenen Wert zeigt oder eine Stelle kennzeichnet ≈ Markierung *„Das Hochwasser stieg über die Marke des Vorjahres"* **K** Bestmarke **3** eine Sorte einer Ware mit einem Namen ⟨*eine bekannte, führende, eingetragene, gesetzlich geschützte Marke*⟩ **K** Markenname, Markenware; Automarke

das **Mar·ken·zei·chen** ein Symbol für die Waren einer Marke, das offiziell registriert ist und das andere Hersteller nicht verwenden dürfen ⟨*ein bekanntes, eingetragenes, geschütztes Markenzeichen*⟩ ≈ Warenzeichen

das **Mar·ke·ting** (-(s)) alles, was eine Firma tut, um die eigenen Produkte gut zu verkaufen

**mar·kie·ren★** (*markierte, hat markiert*) **1** **etwas (mit/durch etwas) markieren** ein Zeichen oder Symbol auf etwas machen, damit man es schnell und deutlich erkennen kann *„eine Textstelle mit einem roten Stift markieren"* **2** **etwas markieren** durch Zeichen oder Symbole etwas deutlich machen *„Weiße Linien markieren das Spielfeld"*

die **Mar·kie·rung** (-, -en) ein Zeichen oder ein Symbol, mit dem man etwas deutlich erkennbar macht ⟨*eine farbige, gut sichtbare Markierung*⟩ **K** Wegmarkierung

die **Mar·ki·se** (-, -n) ein Tuch, das (über ein Gestell gespannt) dazu dient, Fenster oder Balkons vor der Sonne zu schützen ≈ Sonnendach

der **Markt★** (-(e)s, Märk·te) **1** wenn Markt ist, bauen die Händler Stände auf einem Platz in der Stadt auf und verkaufen dort ihre Waren ⟨*auf den/zum Markt gehen*⟩ *„Der Markt wird auf der Wiese neben dem Bahnhof abgehalten"* **K** Marktstand, Markttag; Fischmarkt, Weihnachtsmarkt, Wochenmarkt **2** der Platz (in einer

M

Stadt), auf dem der Markt stattfindet K Marktplatz 3 ein Gebiet oder Land, in dem Leute etwas kaufen wollen, oder eine Gruppe von Leuten, die etwas kaufen wollen ⟨*der ausländische, inländische, internationale Markt; neue Märkte erschließen*⟩ K Marktanteil 4 **der Markt (für etwas)** das Interesse an einer Ware und der Wunsch, sie zu kaufen ≈ Nachfrage *„Der Markt für Smartphones ist im Moment sehr groß"* 5 die Bedingungen, die für den Kauf, den Verkauf und den Preis von Waren wichtig sind K Marktforschung, Marktlage, Marktstudie 6 **der schwarze Markt** der Handel mit Waren, die (gesetzlich) verboten oder rationiert sind *„der schwarze Markt für pornografische Videos"* K Schwarzmarkt 7 **etwas auf den Markt bringen/werfen** etwas (vor allem in großer Menge) herstellen und zum Kauf anbieten

die **Mạrkt·lü·cke** ein Bereich, in dem es bisher noch keine geeigneten Waren gab ⟨*eine Marktlücke suchen, finden, entdecken; in eine Marktlücke stoßen*⟩

der **Mạrkt·wert** *nur Singular* der momentane (durchschnittliche) Wert eines Menschen oder einer Ware auf dem Markt *„der Marktwert eines Spitzensportlers"*

M

die **Mạrkt·wirt·schaft** 1 **die (freie) Marktwirtschaft** ein Wirtschaftssystem, in welchem die Produktion und der Preis von Waren von Angebot und Nachfrage bestimmt werden ↔ Planwirtschaft 2 **die soziale Marktwirtschaft** ein ziemlich freies Wirtschaftssystem, in welches der Staat aber auch eingreift, vor allem um soziale Missstände zu verhindern

die **Mar·me·la̲·de**★ (-, *-n*) eine süße Masse aus gekochtem Obst, die man auf das Brot streicht ⟨*Marmelade kochen; ein Glas Marmelade*⟩ *„In der Marmelade sind im Gegensatz zur Konfitüre keine ganzen Früchte"* K Marmeladenbrot, Marmeladenglas; Aprikosenmarmelade

der **Mạr·mor** (-s, *-e*); *meist Singular* ein harter, wertvoller Stein, aus dem man vor allem Treppen und Statuen macht ⟨*weißer, schwarzer Marmor*⟩ K Marmorsäule, Marmortreppe

die **Ma·ro̲·ne** (-, *-n*) 1 eine essbare Kastanie *„geröstete Maronen"* 2 ein essbarer Pilz mit einer braunen Kappe

der **Mạrs** (-) der vierte Planet des Sonnensystems (zwischen Erde und Jupiter) K Marssonde

**mạrsch** verwendet, um jemanden aufzufordern zu gehen oder etwas schnell zu tun *„Marsch, ins Bett!"* | *„Marsch, an die Arbeit!"*

der **Mạrsch**[1]; (-es, *Mär·sche*) 1 das Gehen mit kurzen und schnellen Schritten in einer Gruppe ⟨*jemanden in Marsch setzen*⟩ *„Nach einem anstrengenden Marsch erreichten die Soldaten wieder die Kaserne"* K Marschgepäck, Marschverpflegung 2 eine Wanderung, bei der man eine ziemlich lange Strecke geht ⟨*einen ausgedehnten Marsch machen*⟩ *„Nach dem kilometerlangen Marsch waren wir ziemlich kaputt"* K Fußmarsch 3 ein Musikstück im Rhythmus eines Marsches ⟨*einen Marsch spielen, blasen*⟩

die **Mạrsch**[2]; (-, *-en*) ein sehr fruchtbares Gebiet an der Küste (der Nordsee), das durch Deiche geschützt ist

**mar·schi̲e̲·ren** (*marschierte, ist marschiert*) 1 *gesprochen* eine lange Strecke ziemlich schnell zu Fuß gehen *„Wir waren lange durch hügeliges Gelände marschiert, bevor wir an einen See kamen"* 2 wenn Soldaten marschieren, machen sie alle gleichzeitig die gleichen Schritte

das **Mạr·tins·horn** ein akustisches Warnsignal an den Autos der Polizei, der Feuerwehr o. Ä.

der **Mạ̈r·ty·rer** (-s, -) eine Person, die wegen ihrer (meist politischen oder religiösen) Überzeugungen verfolgt und getötet wird ⟨*jemanden zum Märtyrer machen*⟩ K Märtyrertod • *hierzu* **Mạ̈r·ty·re·rin** *die*

der **Mạ̈rz**★ (-(*es*), *-e*); *meist Singular* der dritte Monat des Jahres ⟨*im März; Anfang, Mitte, Ende März; am 1., 2., 3. März*⟩ *„Ostern ist dieses Jahr im März"*

das/der **Mạr·zi·pan** (-s, *-e*); *meist Singular* eine weiche Masse aus Mandeln und Puderzucker, aus der man Süßigkeiten macht K Marzipankartoffel, Marzipanschweinchen

die **Mạ·sche** (-, *-n*) 1 eine der Schlingen, aus denen ein (gestricktes oder gehäkeltes) Kleidungsstück besteht ⟨*eine lose, feste Masche; eine Masche stricken, häkeln; Maschen aufnehmen, zunehmen, abnehmen; eine Masche fallen lassen*⟩ 2 *nur Plural* die Schlingen eines Netzes *„Als sie die Netze einholten, zappelten viele Fische in den Maschen"* 3 *gesprochen meist Singular* eine besondere, geschickte Art, etwas zu tun ⟨*eine raffinierte Masche*⟩ ≈ Trick *„Er versucht es immer wieder mit derselben alten Masche, aber darauf fällt keiner mehr rein!"*

die **Ma·schi̲·ne**★ (-, *-n*) 1 ein (mechanisches)

Gerät, das Energie umformt und so die Arbeit für den Menschen leichter macht ⟨*eine Maschine bauen, konstruieren, reparieren; eine Maschine in Betrieb nehmen, anschalten, bedienen, ausschalten, warten*⟩ *„die Massenproduktion von Gütern mithilfe von Maschinen"* [K] Maschinenfabrik, Maschinenöl; Bohrmaschine, Kaffeemaschine ⓘ → auch **Apparat** [2] verwendet anstelle der genauen Bezeichnung für diejenige Maschine, die aus dem Zusammenhang bekannt ist *„Die (schmutzigen) Hosen kommen in die Maschine"* ≈ Waschmaschine [3] ≈ Flugzeug *„Die Maschine aus New York hat heute Verspätung"* [4] *gesprochen* ≈ Motorrad *„eine schwere Maschine"*

**ma·schi·nell** *ADJEKTIV* mithilfe von Maschinen ⟨*etwas maschinell herstellen, fertigen, produzieren*⟩

der **Ma·schi·nen·bau** *nur Singular* die Herstellung von Maschinen

das **Ma·schi·nen·ge·wehr** ein Gewehr, das ohne Unterbrechung schießt, solange man den Abzug drückt ⓘ Abkürzung: *MG*

**ma·schi·nen·les·bar** *ADJEKTIV* so, dass es ein Computer lesen kann ⟨*ein Antrag, ein Ausweis, ein Formular, ein Vordruck*⟩ *„Bitte knicken Sie den Vordruck nicht! Er ist sonst nicht mehr maschinenlesbar"*

die **Ma·sern** (-); *Plural* eine ansteckende Krankheit (vor allem bei Kindern), bei der man hohes Fieber hat und sich rote Flecken auf der Haut bilden ⟨*Masern haben*⟩

die **Mas·ke**★ (-, *-n*) [1] etwas, mit dem man in Theaterstücken oder bei manchen Festen das Gesicht ganz oder zum Teil bedeckt ⟨*eine bunte, tragische, komische Maske; eine Maske aufsetzen, tragen, abnehmen*⟩ *„Auf der Karnevalsfeier trugen viele Leute Masken"* [2] etwas, das man zum Schutz (z. B. vor giftigen Gasen) vor dem Gesicht trägt ⟨*eine Maske aufsetzen, tragen, abnehmen*⟩ *„Der Qualm war so dicht, dass der Feuerwehrmann seine Maske aufsetzen musste"* [K] Atemmaske, Gasmaske [3] eine Schicht aus Creme und Kräutern o. Ä., die man auf das Gesicht streicht *„eine Maske, welche die Haut glatt und schön macht"* [K] Gesichtsmaske

der **Mas·ken·ball** ein Fest, auf welchem die Menschen tanzen und Kostüme oder Masken tragen

der **Mas·ken·bild·ner** (-s, -) eine Person, die beruflich Schauspieler schminkt und frisiert • *hierzu* **Mas·ken·bild·ne·rin** *die*

**mas·kie·ren** (*maskierte, hat maskiert*) [1] **jemanden maskieren** jemandem oder sich selbst selbst eine Maske aufsetzen oder ein Kostüm anziehen ≈ verkleiden *„sich als Clown maskieren"* [2] **sich maskieren** das Gesicht so verdecken oder verändern, dass man nicht erkannt werden kann *„Die Bankräuber hatten sich gut maskiert"* • *hierzu* **Mas·kie·rung** *die*

das **Mas·kott·chen** (-s, -) etwas, das einer Person Glück bringen soll (und das sie deshalb oft bei sich hat) ≈ Talisman

**mas·ku·lin** *ADJEKTIV*, **mas·ku·lin** [1] ⟨*ein Mann*⟩ mit Eigenschaften, die als typisch für Männer gelten ≈ männlich *„Er hat eine sehr maskuline Figur"* [2] *ohne Steigerung* in der Grammatik mit dem Artikel *der* verwendet *„Das Substantiv „Baum" ist im Deutschen maskulin"*

**maß** *1. und 3. Person Singular* → messen

das **Maß**[1]★; (*-es, -e*) [1] eine Einheit, mit der man Größen, Gewichte und Mengen messen kann *„Das Maß für die Bestimmung der Länge ist der Meter"* [K] Flächenmaß, Längenmaß [2] ein Gegenstand (der z. B. einen Meter Länge, ein Liter Volumen oder ein Kilo Gewicht hat), mit dem man die Länge, das Volumen oder das Gewicht von Dingen und Substanzen bestimmen kann [K] Metermaß [3] eine Zahl, die man durch Messen erhält *„die Maße eines Schrankes abmessen"* [4] *Adjektiv* + **Maß** die genannte Menge oder Intensität ⟨*ein erträgliches, hohes Maß; das übliche Maß; in geringem, hohem, beträchtlichem Maße*⟩ [5] **in/mit Maßen** in einem vernünftigen Maß, nicht zu viel ⟨*in/mit Maßen trinken, rauchen, essen*⟩ [6] **über alle Maßen** viel mehr oder besser/schlimmer als normal ≈ extrem *„Er ist über alle Maßen frech"* [ID] **ohne Maß und Ziel** ohne vernünftige Grenzen ≈ maßlos; **Jetzt ist das Maß aber voll!** *gesprochen* Meine Geduld ist jetzt zu Ende!

die **Maß**[2], **Mass**; (-, -); *süddeutsch* Ⓐ ein Liter Bier [K] Maßkrug

die **Mas·sa·ge**★ [ma'saːʒə]; (-, *-n*) eine Behandlung, bei der die Muskeln mit den Händen geknetet und geklopft werden ⟨*jemandem Massagen verschreiben, eine Massage verabreichen*⟩ *„Eine Massage lockert die Muskeln"* [K] Massagepraxis; Fußmassage, Gesichtsmassage, Rückenmassage

das **Mas·sa·ker** (-s, -) **ein Massaker (an jemandem)** das Töten vieler (meist wehrloser) Menschen ⟨*ein Massaker anrichten, verüben*⟩ *„ein Massaker unter der Bevölkerung anrichten"*

M

die **Maß·ar·beit** **1** *meist Singular* eine sehr genau gemachte Arbeit **2** die Herstellung von Kleidungsstücken nach den Maßen einer Person

die **Mas·se**★ (-, -*n*) **1** eine (meist zähe oder breiige) Menge eines Materials ohne feste Form *„die glühende Masse des Lavastroms"* **K** Knetmasse, Teigmasse **2** *oft abwertend* eine große Zahl von Menschen als Gruppe ⟨*die breite, namenlose Masse; in der Masse untergehen*⟩ ≈ Volk *„Die Schaulustigen standen in Massen an der Unfallstelle"* **K** Massenarbeitslosigkeit, Massenentlassungen, Massentourismus; Menschenmasse **3** *oft abwertend* eine große Anzahl oder Menge einer Sache *„Dieses Jahr treten die Mücken in Massen auf"* **K** Massenproduktion, Massenware **4** **eine Masse** (+*Substantiv*) *gesprochen* sehr viel(e) ≈ eine Menge *„Er hat eine ganze Masse DVDs"* **5** die Eigenschaft der Materie, ein Gewicht zu haben und andere Körper anzuziehen *„Je geringer die Masse eines Planeten ist, desto geringer ist die Anziehungskraft"*

die **Maß·ein·heit**★ eine festgelegte Einheit, mit der man Größen, Mengen und Gewichte messen kann *„Meter, Kilogramm und Ampere sind Maßeinheiten"*

**mas·sen·haft** *ADJEKTIV meist attributiv; gesprochen* in großer Menge oder Zahl *„das massenhafte Auftreten von Mücken in Sumpfgebieten"* | *„Jedes Jahr kommen massenhaft Touristen nach Pompeji"*

das **Mas·sen·me·di·um** (-*s*, -*me·di·en* [-i̯ən]); *meist Plural* ein Kommunikationsmittel, das Information und Unterhaltung an viele vermittelt *„die Massenmedien Fernsehen, Rundfunk und Presse"*

**mas·sen·wei·se** *ADVERB*; *gesprochen* in großer Menge oder Zahl *„Tiere massenweise abschießen"*

der **Mas·seur** [ma'søːɐ̯]; (-*s*, -*e*) eine Person, die beruflich andere Personen massiert • *hierzu* **Mas·seu·rin** *die*

**maß·ge·bend** *ADJEKTIV* von großer Bedeutung ⟨*ein maßgebender Anteil an etwas* (*Dativ*); *eine maßgebende Rolle spielen*⟩ *„Deine Meinung ist hier leider nicht maßgebend"*

**maß·geb·lich** *ADJEKTIV* wichtig und mit großem Einfluss ⟨*maßgeblich an etwas* (*Dativ*) *beteiligt sein*⟩

**mas·sie·ren** (*massierte, hat massiert*) **(jemanden) massieren** jemandem eine Massage geben *„Nach dem Sport lässt er sich regelmäßig massieren"*

**mas·sig** *ADVERB gesprochen* in großer Menge *„Schau, hier gibt es massig Erdbeeren!"*

**mä·ßig** *ADJEKTIV* **1** ganz bewusst nicht zu viel ⟨*mäßig essen, trinken, rauchen*⟩ **2** auf ein relativ geringes Maß beschränkt *„Die Weinernte war dieses Jahr nur mäßig"*

**-mä·ßig** *im Adjektiv, unbetont, sehr produktiv* **1** **rechtmäßig, vorschriftsmäßig** *und andere* der im ersten Wortteil genannten Sache entsprechend *„Der Zug verkehrt ab heute wieder planmäßig"* **2** **bedeutungsmäßig, größenmäßig, mengenmäßig** *und andere* in Bezug auf die genannte Sache *„Der Gegner ist uns zahlenmäßig überlegen"* **3** **bärenmäßig, lehrbuchmäßig** *und andere* so wie die genannte Person/Sache

**mä·ßi·gen** (*mäßigte, hat gemäßigt*) **1** **etwas mäßigen** bewirken, dass etwas weniger intensiv ist als vorher ⟨*den Zorn, das Temperament, die Begierde, die Worte, den Ton*⟩ **2** **sich (bei/in etwas** (*Dativ*)**) mäßigen** etwas weniger oft und weniger intensiv tun ⟨*sich beim Essen, Trinken, Rauchen mäßigen*⟩

**mas·siv**★ [ma'siːf] *ADJEKTIV* **1** stabil und kräftig (gebaut) ⟨*ein Baum, ein Haus, Mauern*⟩ **2** sehr stark und heftig *„Bevor er nachgab, musste massiver Druck auf ihn ausgeübt werden"* **3** nur aus einem einzigen Material *„die kleine Statue aus massivem Gold"* ❶ Wenn man von Möbeln spricht, sagt man: *Dieser Schrank ist massive Kiefer* oder *Dieser Schrank ist Kiefer massiv*.

**maß·los** *ADJEKTIV* über das normale Maß weit hinausgehend ⟨*Enttäuschung, Überschätzung, Übertreibung; maßlos übertreiben; maßlos enttäuscht sein*⟩ ↔ mäßig, maßvoll *„Sie ärgerte sich maßlos über seine Arroganz"*

die **Maß·nah·me**★ (-, -*n*) **eine Maßnahme (zu, gegen etwas)** eine Handlung, die man ausführt, um ein Ziel zu erreichen ⟨*gezielte Maßnahmen treffen, ergreifen, einleiten, durchführen*⟩ *„Die Regierung leitete Maßnahmen zum Abbau der Arbeitslosigkeit ein"* **K** Gegenmaßnahme, Vorsichtsmaßnahme

**maß·re·geln** (*maßregelte, hat gemaßregelt*) **jemanden maßregeln** meist einen Mitarbeiter streng tadeln (und bestrafen) *„Der Beamte wurde für sein Vorgehen gemaßregelt"* • *hierzu* **Maß·re·ge·lung** *die*

der **Maß·stab**★ **1** das Verhältnis der Größen auf Landkarten oder bei Modellen zu den Größen in der Realität ⟨*etwas in verkleinertem, vergrößertem Maßstab darstellen, zeichnen*⟩ *„ein Stadtplan im Maßstab* (von) *1 : 50000"* [2] eine Norm, nach der jemand/etwas beurteilt wird ⟨*strenge, neue Maßstäbe anlegen, setzen; etwas dient als Maßstab*⟩ ≈ Kriterium *„Selbst wenn man hohe Maßstäbe anlegt, war das eine tolle Leistung"* [3] ein Stab aus Holz mit Strichen für Millimeter und Zentimeter, mit dem man die Länge von Dingen misst ≈ Meterstab, Zollstock • *zu* (1) **maß·stab(s)|ge·treu** *ADJEKTIV*

**maß·voll** *ADJEKTIV* so, dass dabei ein (vernünftiges) Maß eingehalten wird ⟨*maßvoll trinken, essen*⟩ ↔ maßlos

der **Mast**[1]; (-(e)s, -e/-en) [1] eine hohe senkrechte Stange (aus Holz oder Metall) auf einem Schiff, an welcher die Segel festgemacht werden ⟨*einen Mast aufrichten, kappen, umlegen*⟩ [2] eine hohe Stange, die vor allem Fahnen, Antennen oder elektrische Leitungen trägt ⟨*Masten aufstellen*⟩ [K] Fahnenmast, Laternenmast, Hochspannungsmast

die **Mast**[2]; (-, -en); *meist Singular* das Füttern von Tieren, die fett werden sollen ⟨*die Mast von Schweinen, Gänsen*⟩ [K] Mastgans; Gänsemast, Schweinemast

**mäs·ten** (*mästete, hat gemästet*) **ein Tier mästen** einem Tier viel Futter geben, damit es fett wird, bevor es geschlachtet wird ⟨*Schweine, Hühner, Gänse, Rinder mästen*⟩

der **Mas·ter** (-s, -s) ein höherer Abschluss, den man an einer europäischen Hochschule machen kann (wenn man schon einen Bachelor hat)

das **Ma·te·ri·al**★ (-s, -ien [-i̯ən]) die Substanz, aus der etwas hergestellt ist oder wird ⟨*hochwertiges, minderwertiges Material; kostbare, teure, billige Materialien*⟩ *„Bei uns werden nur hochwertige Materialien verarbeitet"* [K] Materialfehler; Baumaterial, Verpackungsmaterial

die **Ma·te·ri·al·er·mü·dung** der Zustand, in dem ein Material wegen langer Belastung leicht zerbricht o. Ä. *„Als Ursache für den Flugzeugabsturz wurde Materialermüdung genannt"*

die **Ma·te·rie** [-i̯ə]; (-, -n) [1] *nur Singular* etwas, das als Masse vorhanden ist (im Gegensatz zu Vakuum und Energie) ⟨*lebende, tote Materie*⟩ *„In der Physik unterscheidet man zwischen fester, flüssiger und gasförmiger Materie"* [2] *meist Singular* ein thematischer Bereich (z. B. einer Diskussion, eines Fachgebietes, einer Untersuchung) ⟨*eine komplizierte, schwierige Materie*⟩ *„Ich habe meinen Arbeitsplatz gewechselt und muss mich mit der neuen Materie erst vertraut machen"*

**ma·te·ri·ell** *ADJEKTIV* [1] die Dinge betreffend, die jemand zum Leben braucht oder haben möchte ⟨*materielle Bedürfnisse, Lebensbedingungen, Werte*⟩ ↔ ideell *„Viele Menschen denken nur an materielle Dinge wie Geld und Autos"* [2] in Bezug auf den Geldwert einer Sache ⟨*ein Schaden*⟩ *„Das Lager ist abgebrannt. Verletzt wurde niemand, aber der materielle Verlust geht in die Millionen"* [3] in Bezug auf die Materie *„Jeder materielle Körper im Universum ist an Raum und an Zeit gebunden"*

(die) **Ma·the** (-); *gesprochen* vor allem von Schülern verwendet für das Schulfach Mathematik [K] Mathelehrer, Mathenote

die **Ma·the·ma·tik** (-), **Ma·the·ma·tik**★ die Wissenschaft, die sich mit den Zahlen, Mengen und dem Berechnen von Formeln beschäftigt ⟨*Mathematik studieren*⟩ *„Algebra und Geometrie sind Gebiete der Mathematik"* [K] Mathematiklehrer, Mathematikstudium, Mathematikunterricht ⓘ als Schul- oder Studienfach oft abgekürzt zu *Mathe* • *hierzu* **ma·the·ma·tisch** *ADJEKTIV*

die **Ma·t·rat·ze** (-, -n) der Teil eines Bettes, der mit weichem Material gefüllt ist und auf dem man liegt ⟨*eine Matratze klopfen, lüften*⟩ [K] Schaumstoffmatratze

der **Mat·ro·se**★ (-n, -n) [1] eine Person, die beruflich als Seemann auf einem Schiff arbeitet ⟨*als Matrose anheuern*⟩ [2] der unterste Dienstgrad bei der Marine [K] Matrosenmütze, Matrosenuniform

der **Matsch** (-es, -e); *meist Singular; gesprochen* eine Mischung aus Wasser, Schmutz und Schnee oder Erde ⟨*in den Matsch fallen, im Matsch versinken*⟩ [K] Schneematsch • *hierzu* **mat·schig** *ADJEKTIV*

**matt**★ *ADJEKTIV* (*matter, mattest-*) [1] (meist körperlich) erschöpft und schwach *„Nach dem Jogging war er matt und ausgelaugt"* [2] von geringer Intensität ⟨*eine Stimme, ein Lächeln*⟩ *„Als ihn der Chef tadelte, grinste er nur matt"* [3] ohne Glanz *„Wie möchten Sie Ihre Fotos – matt oder glänzend?"* [K] Mattgold [4] so, dass es nur schwach leuchtet oder reflektiert ⟨*Licht, Farben*⟩ *„In seinen Bildern wechseln matte und leuchtende Farbtöne ab"* • *zu* (1) **Matt·heit** *die; zu* (1) **Mat·tig·keit** *die*

die **Mat·te** (-, -n) [1] eine Unterlage für den Fußboden, die meist aus grobem Material geflochten oder gewebt ist *„Die Hütte war mit Matten aus Bast ausgelegt"* **2** ≈ Fußmatte *„sich die Schuhe auf der Matte abtreten"* **3** eine weiche Unterlage, die z. B. beim Turnen oder auf den Boden gelegt wird **ID** **auf der Matte stehen** *gesprochen* (meist am Morgen) bereit sein, etwas zu tun *„Er steht jeden Morgen um 5 Uhr auf der Matte"*

die **Ma·tu·ra** (-, *-en*); Ⓐ Ⓒⓗ ≈ Abitur • *hierzu* **Ma·tu·rant** *der;* **Ma·tu·ran·tin** *die*

die **Mau·er★** (-, *-n*) **1** Mauern sind aus Steinen oder Beton; sie bilden die Grenze von Grundstücken usw. ⟨*eine hohe, niedrige Mauer; eine Mauer bauen, errichten, einreißen, niederreißen*⟩ *„Er hat sich um das Grundstück eine zwei Meter hohe Mauer ziehen lassen"* **K** Gartenmauer, Steinmauer, Ziegelmauer **2** eine Mauer als Teil eines Hauses ≈ Wand *„Unsere Altbauwohnung hat dicke/solide Mauern. Da hören wir von unseren Nachbarn nichts"* ❶ Von außen spricht man meist von *Mauern* (*ein Fahrrad an die Mauer lehnen*), von innen spricht man meist von *Wänden* (*ein Bild an die Wand hängen*). **3** **die (Berliner) Mauer** eine Mauer, die von 1961 bis 1989 den östlichen Teil Berlins vom westlichen trennte

**mau·ern** (*mauerte, hat gemauert*) **(etwas) mauern** etwas mit Steinen und Mörtel bauen *„eine Wand, eine Treppe mauern"*

das **Maul★** (-(*e*)*s, Mäu·ler*) **1** der Teil des Kopfes von Tieren, mit dem sie die Nahrung aufnehmen ⟨*das Maul eines Fisches, eines Hundes, eines Löwen*⟩ **2** *gesprochen* ⚠ ≈ Mund **ID** **das Maul halten** *gesprochen* ⚠ nicht reden *„Halts Maul!"* Sei still!

der **Maul·korb** mit einem Maulkorb sorgt man dafür, dass ein Hund niemanden beißen kann

der **Maul·wurf** (-(*e*)*s, Maul·wür·fe*) ein Tier mit einem kurzen schwarzen Pelz und kräftigen Vorderbeinen, das Gänge unter der Erde gräbt **K** Maulwurfshügel

der **Mau·rer** (-*s*, -) eine Person, die beruflich auf einer Baustelle die Mauern baut **K** Maurermeister • *hierzu* **Mau·re·rin** *die*

die **Maus★** (-, *Mäu·se*) **1** ein kleines Nagetier mit langem Schwanz ⟨*die Maus piepst*⟩ *„Unsere Katze hat gerade eine Maus gefangen"* **K** Mausefalle, Mauseloch; Feldmaus, Wühlmaus **2** ein kleines technisches Gerät, mit dem man einen Pfeil auf dem Bildschirm eines Computers steuern kann **K** Maustaste

der **Maus·klick** (-*s*, -*s*) das Drücken einer Taste der Maus ⟨*etwas per Mausklick anwählen, auswählen*⟩

die **Maut** (-, *-en*) das Geld, das man bezahlen muss, wenn man auf manchen Straßen fährt ⟨*Maut bezahlen*⟩ **K** Mautgebühr, Mautstelle

**ma·xi·mal★** ADJEKTIV verwendet, um die oberste Grenze (das Maximum) anzugeben ≈ höchstens *„die maximal erlaubte Geschwindigkeit"* | *„das maximal zulässige Gewicht"* | *„Im Lift haben maximal fünf Personen Platz"*

das **Ma·xi·mum** (-*s, Ma·xi·ma*) die größte Anzahl oder Menge einer Sache ↔ Minimum *„Das Auto bietet ein Maximum an Komfort"*

die **Ma·yon·nai·se** [majɔ'ne:zə]; (-, *-n*) eine dicke gelbliche Soße aus Eiern, Öl und Gewürzen *„den Salat mit Mayonnaise anmachen"*

die **Me·cha·nik** (-, *-en*); *meist Singular* **1** die Wissenschaft davon, wie äußere Kräfte auf Körper und Systeme wirken ⟨*die Gesetze der Mechanik*⟩ **2** die Art und Weise, wie die verschiedenen Teile einer Maschine zusammen funktionieren *„die komplizierte Mechanik einer Uhr"*

der **Me·cha·ni·ker★** (-*s*, -) eine Person, die beruflich Maschinen repariert, zusammenbaut und überprüft **K** Automechaniker, Kfz-Mechaniker

**me·cha·nisch★** ADJEKTIV **1** *meist attributiv* in Bezug auf die Mechanik ⟨*Vorgänge, Energie, Kräfte*⟩ **2** mit Maschinen ⟨*ein Verfahren*⟩ ≈ maschinell

der **Me·cha·nis·mus★** (-, *Me·cha·nis·men*) **1** die verschiedenen Teile einer technischen Konstruktion, die so zusammenwirken, dass die Maschine funktioniert *„Der Mechanismus der Uhr muss repariert werden"* **2** die Art und Weise, wie die Teile eines Ganzen zusammen funktionieren ⟨*ein biologischer, ein psychischer Mechanismus*⟩ ≈ Ablauf

der **Me·cha·tro·ni·ker** (-*s*, -) ein Handwerker, der Maschinen und elektrische und elektronische Anlagen baut, repariert und wartet • *hierzu* **Me·cha·tro·ni·ke·rin** *die*

**me·ckern** (*meckerte, hat gemeckert*) **1** **(über jemanden/etwas) meckern** *gesprochen, abwertend* ≈ schimpfen *„Er meckert ständig über das Essen"* **2** **ein Tier meckert** eine Ziege macht die Laute, die für ihre Art typisch sind

die **Me·dail·le★** [me'daljə]; (-, *-n*) ein rundes Stück Metall, das jemand für besondere Leistungen (vor allem im Sport) bekommt **K** Medaillengewinner; Goldmedaille, Silbermedaille,

Bronzemedaille

die **Me·di·en★** [-di̯ən]; *Plural* → Medium

das **Me·di·ka·ment★** (-(e)s, -e) ein Mittel (z. B. Tropfen, Tabletten), das ein Arzt einem kranken Patienten gibt, damit dieser wieder gesund wird ⟨*ein Medikament einnehmen; jemandem ein Medikament verschreiben, verabreichen; Nebenwirkungen von Medikamenten*⟩ ≈ Arznei **K** Medikamentenmissbrauch

**me·di·ka·men·tös** *ADJEKTIV* mit Medikamenten ⟨*eine Behandlung*⟩

**me·di·ter·ran** *ADJEKTIV; geschrieben* typisch für das Gebiet des Mittelmeers ⟨*das Klima, die Vegetation*⟩

**me·di·tie·ren** (*meditierte, hat meditiert*) **1** **(über etwas** (*Akkusativ*)**) meditieren** intensiv über etwas nachdenken **2** **(über etwas** (*Akkusativ*)**) meditieren** sich (aus religiösen Gründen) stark konzentrieren, um Ruhe zu finden • *zu* (2) **Me·di·ta·ti·on** *die*

**me·di·um** ['miːdiəm] *ADJEKTIV meist prädikativ* ⟨*ein Filet, ein Steak*⟩ so, dass es nicht ganz gar gebraten, sondern innen noch rosa ist

das **Me·di·um★** (-s, *Me·di·en* [-di̯ən]) **1** ein Mittel, mit dem man Informationen weitergeben kann *„die digitalen Medien Internet, Telefon und Fernsehen"* **K** Massenmedium **2** eine Substanz (z. B. Luft oder Wasser), in der ein physikalischer Vorgang abläuft **3** **soziale Medien** Angebote (z. B. im Internet), bei denen die Benutzer Informationen austauschen und veröffentlichen können

die **Me·di·zin★** (-, -en) **1** *nur Singular* die Wissenschaft, die sich damit beschäftigt, wie der Körper des Menschen funktioniert, wie man Krankheiten erkennt und behandelt ⟨*Medizin studieren*⟩ **K** Tiermedizin, Zahnmedizin **2** ⟨*eine Medizin einnehmen; jemandem eine Medizin verordnen, verschreiben*⟩ ≈ Medikament • *zu* (1) **me·di·zi·nisch** *ADJEKTIV*

das **Meer★** (-(e)s, -e) **1** eine große Menge von salzigem Wasser, die einen Teil der Erde bedeckt ⟨*das weite, glatte, raue, offene Meer; auf das Meer hinausfahren; ans Meer fahren; am Meer sein; im Meer baden*⟩ **K** Meerwasser, Meeresfisch, Meeresgrund **2** **ein Meer von etwas** eine sehr große Menge der genannten Sache *„ein Meer von Blumen/Fahnen"* **K** Lichtermeer **3** **über dem Meer** verwendet zur Angabe der Höhe über dem Meeresspiegel *„600 Meter über dem Meer"*

die **Meer·en·ge** eine Stelle, an welcher das Meer sehr schmal ist *„Die Beringstraße ist eine Meerenge"*

die **Mee·res·früch·te** *Plural* kleine Meerestiere, z. B. Muscheln, Tintenfische, Krebse, die man isst

der **Mee·res·spie·gel** *meist Singular* die durchschnittliche Höhe des Meeres, die man als Grundlage für die Messung von Höhen auf dem Land benutzt *„München liegt 518, Hamburg nur 6 Meter über dem Meeresspiegel"*

der **Meer·ret·tich** (-s, -e) eine Pflanze, deren Wurzeln man als scharfes Gewürz verwendet **K** Meerrettichsoße

das **Meer·schwein·chen** ein kleines Nagetier ohne Schwanz, das bei Kindern ein sehr beliebtes Haustier ist und das man oft zu wissenschaftlichen Versuchen verwendet

das **Me·ga·fon**, **Me·ga·phon** [-f-]; (-s, -e) eine Art Röhre, die an einem Ende weiter wird und welche die Stimme lauter macht, wenn man hineinspricht

das **Mehl★** (-(e)s) **1** gemahlenes Getreide, aus dem man Brot, Kuchen usw. herstellt ⟨*weißes, dunkles, grobes Mehl*⟩ **K** Roggenmehl, Vollkornmehl, Weizenmehl ⓘ Als Plural wird *Mehlsorten* verwendet. **2** ein Pulver, das entsteht, wenn man Holz sägt oder Knochen mahlt **K** Sägemehl, Knochenmehl

**meh·lig** *ADJEKTIV* **1** mit Mehl bedeckt *„Sie hatte mehlige Hände vom Backen"* **2** trocken und mürbe (und nicht saftig und fest) ⟨*Obst, Kartoffeln*⟩

die **Mehl·spei·se** eine Speise aus Mehl (Eiern und Milch) *„Strudel, Nudeln und Knödel sind Mehlspeisen"*

**mehr★** *nur in dieser Form* **1** verwendet als Komparativ von *viel* und *viele „Die Reise hat mehr (Geld) gekostet als geplant"* | *„Heute waren mehr Zuschauer im Stadion als gestern"* **2** verwendet, um eine Menge zu bezeichnen, die größer ist als eine gedachte Menge *„Möchtest du mehr Milch im Kaffee?"* **K** Mehrkosten, Mehrverbrauch ⓘ oft mit einem Substantiv verwendet

*ADVERB* **3** verwendet mit Verben, um eine höhere Intensität auszudrücken *„Du solltest dich mehr schonen!"* **4** **mehr als** +*Adjektiv* ≈ sehr, äußerst *„Es war mehr als dumm von ihm, so viele Schulden zu machen"* **5** **mehr** +*Substantiv* **als** +*Substantiv*; **mehr** +*Adjektiv* **als** +*Adjektiv* die genannte Person oder Sache ist eher das eine als das andere *„Mehr erschöpft*

M

*als erholt kamen sie aus dem Urlaub zurück"* **6** drückt zusammen mit einem verneinenden Ausdruck aus, dass etwas, das bisher vorhanden war, nun nicht da ist *„Wir haben nichts mehr zu trinken"* | *„Als ich ankam, war niemand mehr da"* **7** **mehr oder minder/weniger** wenn man das Ganze betrachtet *„Die Expedition war mehr oder weniger sinnlos"*

**mehr-** *im Adjektiv, begrenzt produktiv* **1** **mehrdimensional, mehrfarbig, mehrsprachig, mehrteilig** *und andere* mit mehreren der genannten Dinge *„ein mehrbändiger Roman"* **2** **mehrstündig, mehrtägig, mehrwöchig** *und andere* mehr als zwei der genannten Zeitabschnitte dauernd

**mehr·deu·tig** *ADJEKTIV* so, dass man es in mehr als einer Art und Weise verstehen kann ⟨*eine Bemerkung*⟩ *„Der Titel des Romans ist mehrdeutig"*

**meh·re·r-**★ *ARTIKEL* **1** mehr als zwei der genannten Dinge oder Personen *„Sie probierte mehrere Hosen an, bevor sie eine kaufte"* *PRONOMEN* **2** mehr als zwei Personen oder Dinge *„Ich kenne mehrere, die dort arbeiten"*



**mehr·fach**★ *ADJEKTIV meist attributiv* mehr als einmal oder zweimal *„der mehrfache deutsche Meister im Boxen"* | *„Er ist mehrfach vorbestraft"*

die **Mehr·heit**★ (-, *-en*) **1** der größere Teil einer Gruppe, die größere Zahl in einer Gruppe (vor allem von Menschen) ⟨*in der Mehrheit sein*⟩ ↔ Minderheit *„Die Mehrheit der Deutschen fährt mindestens einmal im Jahr in Urlaub"* **2** **eine Mehrheit (von etwas)** *meist Singular* der Unterschied in der Zahl zwischen einer größeren und einer kleineren Gruppe, vor allem von Stimmen oder Mandaten ⟨*die Mehrheit haben, bekommen*⟩ *„Sie gewann die Wahl mit einer Mehrheit von 13 zu 12 Stimmen"* **K** Mehrheitsbeschluss; Dreiviertelmehrheit **3** **die absolute Mehrheit** mehr als 50 % der Stimmen oder Mandate und deshalb mehr als alle anderen Kandidaten zusammen **4** **die einfache/relative Mehrheit** weniger als 50 % der Stimmen oder Mandate, aber mehr als jede andere Partei oder Gruppe • *zu* (1) **mehr·heit·lich** *ADJEKTIV*

**mehr·mals**★ *ADVERB* mehr als zweimal *„Ich habe mehrmals bei euch angerufen"*

**mehr·spra·chig**★ *ADJEKTIV* so, dass zwei oder mehr Sprachen verwendet werden ⟨*ein Text, Kommunikation; mehrsprachig aufwachsen*⟩ • *hierzu* **Mehr·spra·chig·keit** *die*

**Mehr·weg-** *im Substantiv, betont, nicht produktiv* **der Mehrwegbehälter, das Mehrwegsystem, die Mehrwegverpackung** *und andere* verwendet für Verpackungen für Waren, die mehrmals gereinigt und wieder benutzt werden *„Das Pfand für die Mehrwegflaschen wird bei der Rückgabe ausbezahlt"*

die **Mehr·wert|steu·er**★ *nur Singular* das Geld, das der Käufer zusätzlich zum Preis für die Produkte oder Dienstleistungen zahlen muss und das der Verkäufer an den Staat als Steuer abgeben muss *„Die Preise sind inklusive Mehrwertsteuer"* **K** Mehrwertsteuergesetz ❶ Abkürzung: *MwSt.* oder *MWSt.*

die **Mehr·zahl** **1** ≈ Plural ↔ Einzahl **2** *nur Singular* ≈ Mehrheit *„Die Mehrzahl der Demonstranten war friedlich"*

**mei·den** (*mied, hat gemieden*) **jemanden/etwas meiden** mit jemandem/etwas keinen Kontakt haben wollen, also z. B. jemanden nicht sehen oder treffen wollen *„Seit ihrem Streit meiden Peter und Hans einander"* | *„Er mied die Straße, in der er den Unfall hatte"*

die **Mei·le** (-, *-n*) die Einheit, mit der in manchen Ländern große Entfernungen gemessen werden *„Eine Meile entspricht 1609 Metern"*

die **-mei·le** *im Substantiv, begrenzt produktiv* **Einkaufsmeile, Kneipenmeile, Partymeile** *und andere* eine Straße in der Stadt, in der viele Personen für bestimmte Aktivitäten zusammenkommen *„Tausende von Zuschauern verfolgten die Spiele der Fußballweltmeisterschaft auf der Berliner Fanmeile am Brandenburger Tor"*

**mein**★ *ARTIKEL* **1** *1. Person Singular* (*ich*) mit *mein* werden solche Dinge, Zustände, Vorgänge, Handlungen oder Personen näher bezeichnet, welche mit dem Sprecher oder der Sprecherin selbst in Zusammenhang sind *„Ich habe meine Hand verletzt"* | *„Meiner Mutter habe ich ein Parfüm geschenkt"* | *„In meinem Hotel gibt es eine Sauna und ein Schwimmbad"* das Hotel, in dem ich übernachte *PRONOMEN* **2** *1. Person Singular* (*ich*) verwendet, um sich auf eine (oft bereits erwähnte) Sache oder Person zu beziehen, die zu dem Sprecher gehört *„Ist das dein Bleistift oder meiner?"* | *„Das rote Auto dort ist mein(e)s"* ❶ Die Formen des Pronomens ohne Artikel werden wie das Adjektiv des Typs A gebildet, die Formen mit Artikel wie Typ B; → Anhang,

S. 1108: **Artikel**. Die Formen der übrigen Personen werden nach demselben Muster gebildet. Der Gebrauch wie in *Dieses Buch ist mein* ist veraltet. **3** *1. Person Singular (ich), Genitiv „Wer erinnert sich meiner?"* ⓘ → Anhang, S. 1111: **Pronomen**

der **Mein·eid** eine Lüge, die man (meist in einer Gerichtsverhandlung) verwendet, obwohl man geschworen hat, die Wahrheit zu sagen ⟨*einen Meineid leisten, schwören; jemanden wegen Meineides verurteilen*⟩

**mei·nen★** (*meinte, hat gemeint*) **1** **(etwas) (zu etwas) meinen** eine Meinung zu etwas haben *„Ich meine, dass wir jetzt gehen sollten"* **2** **etwas meinen** etwas ausdrücken wollen *„Du verstehst mich falsch, ich meine das ganz anders"* **3** **jemanden/etwas meinen** sich auf die genannte Person oder Sache beziehen *„Er meinte nicht Markus, sondern Bernd"* **ID** **etwas gut/ böse meinen** eine gute/böse Absicht bei etwas haben; **Das war nicht so gemeint** Es war keine böse Absicht dabei; **es 'gut mit jemandem meinen** wollen, dass es einer Person gut geht (und ihr deshalb helfen); **Was meinen Sie damit?** Was wollen Sie damit sagen?

**mei·ner·seits** *ADVERB* **1** was mich betrifft *„Ich meinerseits habe nichts dagegen"* **2** **Ganz meinerseits!** verwendet als Reaktion auf die Sätze „Ich freue mich, Sie kennenzulernen!" oder „War nett/Hat mich gefreut, Sie kennengelernt zu haben!"

**mei·nes·glei·chen** *PRONOMEN nur in dieser Form* Leute wie ich *„Er hat für meinesgleichen wenig Verständnis"*

**mei·net·we·gen★** *ADVERB* **1** so, dass die Person, die gerade spricht, mit dem Genannten einverstanden ist oder dass es ihr egal ist *„Kann ich morgen dein Auto haben?" – „Meinetwegen!" | „Meinetwegen kann er machen, was er will"* **2** so, dass der Sprecher für etwas verantwortlich ist oder der Grund für etwas ist *„Ihr braucht meinetwegen kein großes Fest zu machen"*

die **Mei·nung★** (-, *-en*) **1** **jemandes Meinung (zu etwas); jemandes Meinung (über eine Person/Sache)** das, was jemand über eine Person oder Sache denkt ⟨*jemanden nach der Meinung fragen; sich (Dativ) eine Meinung bilden*⟩ ≈ Auffassung, Ansicht *„Bist du auch der Meinung, dass Christine übertreibt?" | „Was/Wie ist ihre Meinung zum Ausgang der Wahlen?"* **K** Meinungsbildung **2** **jemandes Meinung nach** so wie jemand die Situation beurteilt *„Meiner Meinung nach war seine Entscheidung ungerecht"* **3** **eine schlechte, gute/hohe Meinung von jemandem haben** glauben, dass jemand schlecht bzw. gut ist **4** **'einer Meinung sein** dieselbe Meinung wie andere Personen haben **ID** **jemandem (gehörig) die Meinung sagen** einer Person deutlich sagen, was man von ihr oder ihren Aktionen hält

die **Mei·nungs·frei·heit** *nur Singular* das Recht, frei und öffentlich zu sagen, welche Meinung man hat

die **Mei·nungs·ver·schie·den·heit** (-, *-en*); *meist Plural* **1** **Meinungsverschiedenheiten (über etwas** (*Akkusativ*)**)** unterschiedliche Meinungen zu einem Thema **2** ein kleiner Streit, der entsteht, wenn es zu einer Sache verschiedene Meinungen gibt ⟨*eine Meinungsverschiedenheit haben*⟩

die **Mei·se** (-, *-n*) ein kleiner, bunter Singvogel

der **Mei·ßel** (-s, -) eine kurze Stange aus Metall mit einem scharfen Ende, mit der man (mit einem Hammer) z. B. Steine spalten oder formen kann

**meist★** *ADVERB* **1** in den meisten Fällen, die meiste Zeit *„Anette ist meist in Brüssel unterwegs"*

*ADJEKTIV* **2** *Superlativ* die größte Anzahl, Menge einer Sache *„Sie hat immer das meiste Glück von allen"* **K** meistgenannt, meistverkauft ⓘ → auch **viel** **3** *meist attributiv* der größte Teil von einzelnen Dingen *„Die meisten Artikel in diesem Geschäft sind sehr teuer"*

**meis·tens★** *ADVERB* in den meisten Fällen, fast immer *„Er steht meistens um 7 Uhr auf"*

der **Meis·ter★** (-s, -) **1** eine Person, die in einem Handwerk junge Menschen ausbilden und selbst ein Geschäft führen darf **K** Meisterprüfung, Meistertitel; Bäckermeister, Schneidermeister, Schreinermeister **2** **den Meister machen** die Prüfung machen, durch die man Meister in einem Handwerk wird **3** eine Person, die etwas sehr gut kann ≈ Fachmann *„Er ist ein Meister auf seinem Gebiet"* **4** ein Sportler oder eine Mannschaft, die einen offiziellen Wettkampf gewonnen haben *„Er wurde deutscher Meister im Marathonlauf"* **K** Meistertitel; Europameister, Weltmeister • zu (1) **Meis·te·rin** *die*

**meis·tern** (*meisterte, hat gemeistert*) **etwas meistern** ein meist schwieriges Problem lösen *„Er hat die schwierige Situation sehr gut gemeistert"*

M

die **Meis·ter·schaft**★ (-, -en) *oft Plural* ein Wettkampf, bei dem die Sportler einen Titel gewinnen können *„Dieses Jahr finden die deutschen Meisterschaften im Schwimmen in Hamburg statt"* K Fußballmeisterschaft, Europameisterschaft, Weltmeisterschaft

das **Meis·ter·werk** etwas, das an Qualität sehr viel besser ist als vergleichbare Objekte *„Die Golden Gate Bridge ist ein Meisterwerk der Architektur"*

**mel·den**★ (*meldete, hat gemeldet*) 1 **etwas melden** eine Nachricht (im Fernsehen, im Radio oder in der Zeitung) mitteilen *„Der Korrespondent meldet neue Unruhen aus Südamerika"* 2 **eine Person/Sache (jemandem/bei jemandem) melden** einer zuständigen Person oder Institution Informationen über jemanden/etwas geben ⟨*einen Unfall bei der Polizei melden; einen Schaden bei der Versicherung melden*⟩ 3 **jemanden zu/für etwas melden** der zuständigen Stelle mitteilen, dass jemand an etwas teilnehmen will ≈ anmelden *„einen Sportler für einen Wettkampf melden"* 4 **sich (bei jemandem) melden** (wieder) Kontakt mit jemandem aufnehmen *„Ich melde mich nach dem Urlaub bei dir"* 5 **sich melden** in der Schule dem Lehrer zeigen, dass man etwas sagen möchte, indem man die Hand hebt 6 **sich zu/für etwas melden** sagen, dass man (freiwillig) bei etwas mitarbeiten oder mitmachen will *„Wer meldet sich freiwillig zum Geschirrspülen?"*

die **Mel·de·pflicht** die Pflicht, etwas offiziell bei einer Behörde zu melden *„Bei manchen Krankheiten besteht Meldepflicht"* • *hierzu* **mel·de·pflich·tig** ADJEKTIV

die **Mel·dung**★ (-, -en) 1 etwas, das im Fernsehen, Radio oder in der Zeitung gemeldet oder mitgeteilt wird ⟨*eine amtliche Meldung*⟩ ≈ Nachricht *„Und nun die letzten Meldungen des Tages"* K Suchmeldung 2 die Informationen, die man einer Institution über jemanden/etwas gibt ⟨(*jemandem*) *Meldung machen, erstatten*⟩ *„Der Polizei liegt noch keine Meldung über den Unfall vor"* K Feuermeldung, Krankmeldung, Vermisstenmeldung, Positionsmeldung 3 **eine Meldung (für/zu etwas)** die (oft schriftliche) Erklärung, dass man bei etwas mitmachen will *„die Meldung für einen Wettkampf zurückziehen"* 4 eine Feststellung oder Frage, die auf dem Bildschirm eines Computers, Handys usw. erscheint K Fehlermeldung

**mel·ken** (*melkt, melkte, hat gemelkt/veraltend milkt, molk, hat gemolken*) **(ein Tier) melken** Milch von einem weiblichen Tier nehmen ⟨*Kühe, Schafe, Ziegen melken*⟩ K Melkmaschine

die **Me·lo·die**★ (-, -n [-'diːən]) 1 eine Folge von musikalischen Tönen, die ein Ganzes bilden ⟨*eine Melodie spielen, singen; eine schöne Melodie hören*⟩ *„Wer hat den Text zu dieser Melodie geschrieben?"* 2 *oft Plural* ein Teil aus einer größeren musikalischen Komposition *„Melodien aus dem Musical „West Side Story"*

die **Me·lo·ne** (-, -n) eine große runde Frucht mit sehr saftigem Fleisch K Honigmelone, Wassermelone

die **Me·moi·ren** [me'moaːrən]; *nur Plural* ein Bericht über die Erlebnisse und Ereignisse des eigenen Lebens, die eine Person schreibt, wenn sie alt ist

die **Men·ge**★ (-, -n) 1 ein Teil einer Sache, die man nicht zählen kann, oder mehrere Personen bzw. Dinge, die als Einheit angesehen werden *„Eine kleine Menge dieses Medikaments genügt"* 2 eine große Anzahl (von Personen/Dingen) ≈ viele *„eine Menge Fehler machen"* 3 eine große Zahl von Menschen an einem Ort ⟨*durch die Menge gehen; in der Menge verschwinden; sich unter die Menge mischen*⟩ K Menschenmenge, Zuschauermenge 4 mehrere Dinge, die (in der Mathematik) zusammen als Einheit gesehen werden *„die Menge der positiven Zahlen"* 5 **eine/jede Menge** *gesprochen* sehr viel *„noch eine Menge lernen müssen"* | *„Kinder machen jede Menge Arbeit"* 6 **in rauen Mengen** *gesprochen* sehr viel 7 **eine ganze Menge** *gesprochen* relativ viel(e)

der **Men·gen·ra·batt** ein Rabatt, den man bekommt, wenn man eine große Menge einer Ware kauft ⟨*Mengenrabatt bekommen; jemandem Mengenrabatt einräumen, gewähren*⟩

der **Me·nis·kus** (-, *Me·nis·ken*) eine Scheibe (aus Knorpel) im Knie ⟨*sich* (*Dativ*) *den Meniskus verletzen*⟩ K Meniskusoperation, Meniskusverletzung

die **Men·sa**★ (-, *Men·sen*) in der Mensa an der Hochschule können die Studenten billig essen

der **Mensch**★ (-en, -en) 1 *nur Singular* das Lebewesen, das sprechen und denken kann *„Biologisch gesehen gehört der Mensch zu den Säugetieren"* K Steinzeitmensch 2 ein Mann, eine Frau oder ein Kind als Individuum ≈ Person

M

*„Auf der Erde gibt es ungefähr 6 Milliarden Menschen"* [K] Menschenmenge [3] **kein Mensch** *gesprochen* ≈ niemand *„Ich habe keinem Menschen davon erzählt"* [ID] **('auch) nur ein Mensch sein** ebenso wie alle anderen Menschen Fehler haben oder Fehler machen

das **Mẹn·schen·ge·den·ken** [ID] **seit Menschengedenken** schon sehr lange, schon seit sehr langer Zeit

das **Mẹn·schen·le·ben** [1] *geschrieben* das Leben eines Menschen *„Das Unglück kostete drei Menschenleben"* [2] die Zeit, die ein Mensch lebt ⟨*ein Menschenleben lang*⟩

die **Mẹn·schen·rech·te★** *Plural* die grundsätzlichen Rechte einer Person, wie sie in vielen Staaten in der Verfassung enthalten sind ⟨*der Schutz, eine Verletzung, die Verwirklichung der Menschenrechte*⟩ *„Das Recht auf Leben und persönliche Freiheit, die Versammlungs-, die Presse- und die Glaubensfreiheit gehören zu den Menschenrechten"* [K] Menschenrechtsabkommen, Menschenrechtsverletzung

der **Mẹn·schen·ver·stand der gesunde Menschenverstand** die natürliche Fähigkeit, Dinge vernünftig zu beurteilen (die man nicht in der Schule lernt und welche die Menschen in unterschiedlichem Maße besitzen)

die **Mẹn·schen·wür·de** das Recht, das jeder Mensch hat, als Person respektiert und behandelt zu werden ⟨*die Menschenwürde achten, verletzen; gegen die Menschenwürde verstoßen*⟩ • *hierzu* **mẹn·schen·wür·dig** *ADJEKTIV*

die **Mẹnsch·heit★** (-) alle Menschen zusammen *„Das Penizillin ist eine Erfindung zum Wohl der gesamten Menschheit"* [K] Menschheitsgeschichte, Menschheitstraum

**mẹnsch·lich★** *ADJEKTIV* [1] in Bezug auf den Menschen ⟨*die Sprache*⟩ ↔ tierisch [2] so, dass eine Person auf andere Menschen Rücksicht nimmt und die Probleme anderer Menschen verstehen kann ⟨*eine Person; menschlich sein, handeln, denken*⟩ ≈ human ↔ unmenschlich *„Der neue Chef ist sehr menschlich"* [3] so, dass jeder Mensch diese Eigenschaft hat und man sie deshalb akzeptieren muss ⟨*eine menschliche Schwäche; Irren ist menschlich*⟩ • *zu* (2) **Mẹnsch·lich·keit** *die*

die **Mens·tru·a·ti·on** [-'tsjoːn] (-, -en) die Blutung aus der Gebärmutter, die eine Frau etwa alle vier Wochen hat, wenn sie nicht schwanger ist ≈ Monatsblutung, Periode [K] Menstruationsbeschwerden

**men·tal** *ADJEKTIV; geschrieben* in Bezug auf den Verstand, das Denken ⟨*Fähigkeiten*⟩ ≈ geistig

die **Men·ta·li·tät** (-, *-en*) das, was typisch für das Denken einer Person oder einer Gruppe ist *„die Mentalität der Leute an der Küste"*

das **Me·nü★** (-s, -s) [1] ein Essen aus mehreren Gängen (zu einem festgelegten Preis) ⟨*ein Menü zusammenstellen*⟩ *„Das Menü bestand aus drei Gängen: der Suppe, der Hauptspeise und der Nachspeise"* [2] eine Liste mehrerer Programme, Dateien oder Funktionen, aus denen der Benutzer eines Computers auswählen kann

der **Me·ri·di·an** (-s, -e) eine gedachte Linie auf der Erdoberfläche, die vom Südpol zum Nordpol geht

das **Mẹrk·blatt** ein kurzer, gedruckter Text mit Erklärungen und Hinweisen, meist zu einem Formular oder einer Verordnung

**mẹr·ken★** (*merkte, hat gemerkt*) [1] **etwas merken** etwas sehen oder bewusst wahrnehmen und verstehen *„Der Hund hat sofort gemerkt, dass wir ihm helfen wollten"* [2] **sich** (*Dativ*) **etwas merken** etwas nicht vergessen ⟨*sich (Dativ) Zahlen, Namen, Daten merken; sich (Dativ) etwas nicht merken können*⟩ *„Deine Telefonnummer kann ich mir gut merken"* | *„Merkt euch endlich, dass ihr pünktlich sein müsst!"*

**mẹrk·lich** *ADJEKTIV* deutlich wahrnehmbar ⟨*Veränderungen, eine Besserung; merklich erholt, erschöpft sein*⟩ *„Es ist merklich kühler geworden"*

das **Mẹrk·mal★** (-(e)s, -e) eine besondere Eigenschaft einer Person oder Sache, mit der man sie leicht von anderen Personen oder Sachen unterscheiden kann ⟨*ein charakteristisches, typisches, wesentliches Merkmal; keine besonderen Merkmale haben, aufweisen*⟩ ≈ Kennzeichen [K] Geschlechtsmerkmal, Unterscheidungsmerkmal

der **Mer·kur** (-) der Planet, welcher der Sonne am nächsten ist

**mẹrk·wür·dig★** *ADJEKTIV* anders als das Normale und so, dass es Aufmerksamkeit oder Misstrauen weckt ≈ seltsam, eigenartig *„Heute Morgen sind die Straßen so merkwürdig ruhig"* • *hierzu* **mẹrk·wür·di·ger·wei·se** *ADVERB*; **Mẹrk·wür·dig·keit** *die*

der **Mẹss·be·cher** ein Becher, in den eine begrenzte Menge einer Sache passt *„Geben Sie* *zwei Messbecher Waschpulver in die Waschmaschine"*

die **Mẹs·se★** (-, -n) **1** eine religiöse Feier der Katholiken, bei der sie Brot und Wein als Körper und Blut von Jesus Christus verehren ⟨*zur Messe gehen, die Messe halten*⟩ **K** Messwein; Frühmesse **2** ein relativ langes Musikstück, das einzelne Teile der Messe musikalisch darstellt *„die Messe in h-Moll von Bach"* **3** eine Ausstellung, auf der neue Artikel vorgestellt werden **K** Messegelände, Messestand; Buchmesse

**mẹs·sen★** (*misst, maß, hat gemessen*) **1 etwas messen** die Größe oder Menge einer Sache feststellen *„Ich muss erst messen, wie hoch und wie breit das Fenster ist"* **K** Messergebnis, Messgerät, Messwert **2 eine Person/Sache an jemandem/etwas messen** eine Person oder Sache beurteilen, indem man sie mit einer anderen Person oder Sache vergleicht *„Du solltest deinen Sohn nicht immer an deiner Tochter messen"* **3 eine Person misst sich mit jemandem**; **Personen messen sich** Personen stellen durch einen Wettkampf fest, wer besser ist

M

das **Mẹs·ser★** (-s, -) Messer haben einen Griff und einen flachen Teil aus Metall (die *Klinge*). Man benutzt sie zum Schneiden oder als Waffe ⟨*ein scharfes, stumpfes, spitzes Messer; mit Messer und Gabel essen; etwas mit dem Messer abschneiden, (zer)schneiden*⟩ *„Die scharfe Seite des Messers heißt Schneide, die stumpfe Messerrücken"* **K** Brotmesser, Küchenmesser

**mẹs·ser·schạrf** *ADJEKTIV* sehr schnell und intelligent ⟨*jemandes Verstand; messerscharf kombinieren*⟩

der **Mes·si̱·as** (-) **1** von Christen als Bezeichnung für Jesus Christus verwendet **2** eine Person, die Gott nach jüdischem Glauben schicken wird, um die Menschen von der Sünde zu erlösen

das **Mẹs·sing** (-s) ein Metall, das aus Kupfer und Zink besteht *„ein Türschild aus Messing"* **K** Messinggriff, Messingleuchter

der **Mẹss·ner** (-s, -); *süddeutsch* Ⓐ ≈ Kirchendiener

die **Mẹs·sung** (-, -en) **1** das Messen **2** der Wert, den man beim Messen feststellt

der **Me̱t** (-(e)s) ein alkoholisches Getränk, das aus Honig gemacht wird ≈ Honigwein

das **Me·tạll★** (-s, -e) Metalle wie Eisen, Gold und Silber sind hart; man macht sie sehr heiß und flüssig, um sie zu formen ⟨*Metalle bearbeiten, gießen, härten, schweißen*⟩ **K** Metallplatte; Edelmetall, Leichtmetall, Schwermetall

**me·tạl·lisch** *ADJEKTIV* **1** aus Metall ⟨*Rohstoffe, ein Stromleiter, ein Überzug*⟩ **2** in irgendeiner Eigenschaft einem Metall ähnlich ⟨*ein Glanz, eine Stimme, ein Klang; etwas glänzt, klingt, schimmert metallisch*⟩ *„ein Mineral von metallischer Härte"*

die **Me·ta·pher** [me'tafɐ]; (-, -n) ein bildlicher Ausdruck, mit dem man einen indirekten Vergleich herstellt *„Die zarte Knospe ihrer jungen Liebe" ist eine Metapher"*

die **Me·ta·sta̱·se** (-, -n) ein Tumor, der sich aus einem anderen Tumor gebildet hat und an einer anderen Körperstelle erscheint

der **Me·te·o̱r** (-s, -e) Meteore geraten aus dem Weltraum in die Atmosphäre der Erde verbrennen dabei

die **Me·te·o·ro·lo·gi̱e** (-) die Wissenschaft, die sich mit dem Wetter und dessen Voraussetzungen beschäftigt • *hierzu* **Me·te·o·ro·lo̱·ge** *der*; **Me·te·o·ro·lo̱·gin** *die*; **me·te·o·ro·lo̱·gisch** *ADJEKTIV*

der **Me̱·ter★** (-s, -) eine Einheit, mit der man messen kann, wie lang, breit, hoch etwas ist *„Es gibt selten Menschen, die über 2 Meter groß sind"* | *„Ein Meter hat hundert Zentimeter, ein Kilometer hat tausend Meter"* **K** meterdick, meterhoch, meterlang **ℹ** Abkürzung: m; fachsprachlich veraltet auch: *das Meter*

der **Me̱·ter·stab** eine 1,5 Meter lange Stange aus Holz, die zusammengeklappt werden kann und mit der man Längen misst

die **Me̱·ter·wa·re** ein Stoff, Vorhang o. Ä., dessen Preis pro Meter angegeben wird und der so verkauft wird

die **Me·tho̱·de★** (-, -n) die Art und Weise, in der man etwas tut, um ein Ziel zu erreichen ⟨*eine moderne, wissenschaftliche Methode; eine Methode entwickeln, einführen*⟩ ≈ Verfahren **K** Behandlungsmethode

**me·tho̱·disch** *ADJEKTIV* **1** *meist attributiv* in Bezug auf die angewandte Methode ⟨*ein Fehler*⟩ **2** exakt und nach logischen Prinzipien ⟨*ein Vorgehen, Untersuchungen*⟩

das **Me·tier** [me'ti̯e:]; (-s, -s) ein Gebiet, in der man sehr gut oder erfahren ist *„Das ist nicht mein Metier"*

**me̱t·risch** *ADJEKTIV meist attributiv* in Bezug auf das System, in dem man in Metern und Kilogramm misst ⟨*ein Maß, das System*⟩

die **Me̱t·ro** (-, -s) die Untergrundbahn in manchen Städten *„die Metro in Paris"* die **Met·ro·po·le** (-, -n) **1** *geschrieben* ≈ Hauptstadt **2** **die Metropole** + *Genitiv* eine Stadt, die ein wichtiges Zentrum für etwas ist *„Mailand ist die Metropole der italienischen Mode"*

der **Metz·ger**★ (-s, -); *besonders süddeutsch* Ⓐ Ⓒⓗ ein Mann, der beruflich Tiere schlachtet, Fleisch und Wurst verkauft ≈ Fleischer • *hierzu* **Metz·ge·rin** *die*

die **Metz·ge·rei**★ (-, -en); *besonders süddeutsch* Ⓐ Ⓒⓗ ein Geschäft, in dem man Fleisch und Wurst kaufen kann ≈ Fleischerei

die **Meu·te·rei** (-, -en) Meuterei ist, wenn vor allem Matrosen oder Gefangene sich weigern, weiter zu gehorchen und selbst die Macht übernehmen wollen *„eine Meuterei gegen den Kapitän"*

**meu·tern** (*meuterte, hat gemeutert*) **1** **(gegen jemanden) meutern** an einer Meuterei teilnehmen **2** *gesprochen* meist in lauten Worten sagen, dass man sehr unzufrieden ist *„Die Gäste meuterten, als sie nach einer Stunde immer noch kein Essen bekommen hatten"* • *zu* (1) **Meu·te·rer** *der*

**MEZ** [ɛmeːˈtsɛt] *nach Uhrzeiten* Mitteleuropäische Zeit die Uhrzeit, die in Mitteleuropa gilt

**Mi** Abkürzung für *Mittwoch*

**mi·au·en** (*miaute, hat miaut*) die Laute, die eine Katze macht *„die Katze miaut"* • *hierzu* **mi·au!**

**mich**★ *PRONOMEN 1. Person Singular (ich), Akkusativ „Könntest du mich zum Bahnhof bringen?" | „Ich würde mich freuen, wenn du kommst"* ⓘ → Anhang, S. 1111: **Pronomen**

**mi·cke·rig**, **mick·rig** *ADJEKTIV; gesprochen, abwertend* (im Vergleich mit jemandem/etwas) sehr klein, schwach oder unwichtig *„ein mickriger Kerl" | „eine mickrige Summe Geld"*

**mied** *Präteritum, 1. und 3. Person Singular* → meiden

der **Mief** (-(e)s); *gesprochen, abwertend* der schlechte Geruch alter und meist warmer Luft *„Mach bitte das Fenster auf, hier ist ein schrecklicher Mief!"* • *hierzu* **mie·fen** (*hat*)

die **Mie·ne** (-, -n) ein Ausdruck im Gesicht, der anderen Leuten zeigt, wie man sich gerade fühlt ⟨*eine heitere, fröhliche, feierliche Miene aufsetzen*⟩ **K** Leidensmiene, Unschuldsmiene

**mies** *ADJEKTIV* (*mieser, miesest-*); *gesprochen* **1** *abwertend* so schlecht, dass man sich ärgert *„Das Wetter war echt mies" | „sich mies gegenüber jemandem verhalten"* **2** in einem schlechten Zustand ⟨*sich mies fühlen*⟩ ≈ krank

die **Mie·se** *Plural; gesprochen* **1** die Schulden, die eine Person auf ihrem Bankkonto hat ⟨*in die Miesen kommen; in den Miesen sein*⟩ **2** die Minuspunkte bei einem Spiel

**mies·ma·chen** (*machte mies, hat miesgemacht*) **1** **jemanden/etwas miesmachen** *abwertend* über eine Person/Sache nur negativ sprechen und damit bewirken (wollen), dass andere Leute auch so denken *„Er muss immer alles miesmachen"* **2** **jemandem etwas miesmachen** etwas so sehr kritisieren, dass jemand keine Freude mehr daran hat *„Von dir lass ich mir das Auto nicht miesmachen!"* • *hierzu* **Mies·ma·cher** *der*

die **Mie·te**★ (-, -n) **1** das Geld, das man jeden Monat (an den Eigentümer) zahlt, um in einer Wohnung oder in einem Haus wohnen zu können ⟨*die Miete (be)zahlen, überweisen, erhöhen, kassieren; in/zur Miete wohnen*⟩ *„Er bezahlt monatlich 650 Euro Miete für die Wohnung"* **K** Mietvertrag; Monatsmiete ⓘ Für eine Fläche Land zahlt man *Pacht.* **2** das Geld, das man zahlt, wenn man sich ein Auto, ein Boot o. Ä. leiht ≈ Leihgebühr **K** Mietwagen

**mie·ten**★ (*mietete, hat gemietet*) **etwas mieten** gegen Bezahlung eine Wohnung, ein Haus, ein Büro o. Ä. bewohnen und benutzen dürfen ⟨*eine Wohnung, ein Zimmer, einen Saal, einen Laden mieten*⟩ ⓘ → auch **leasen** und **leihen** • *hierzu* **Mie·ter** *der*; **Mie·te·rin** *die*

das **Miets·haus**★ ein relativ großes Haus mit vielen Wohnungen, die man mieten kann

die **Miet·woh·nung** eine Wohnung, für die man Miete zahlt

die **Mig·rä·ne** (-, -n) sehr starke Kopfschmerzen, die oft sehr lange dauern ⟨*an Migräne leiden; Migräne haben*⟩ **K** Migräneanfall

der **Mig·rant** (-en, -en) eine Person, die (aus ihrer Heimat) in ein anderes Land auswandert • *hierzu* **Mig·ran·tin** *die*

die **Mig·ra·ti·on** [-ˈtsjoːn]; (-, -en) der Vorgang, (aus der Heimat) in ein anderes Land auszuwandern

der **Mig·ra·ti·ons·hin·ter·grund** [-ˈtsjoːns-] in Statistiken zur Beschreibung einer Bevölkerungsgruppe verwendet, die aus Einwanderern und ihren Nachkommen besteht ⟨*Personen mit Migrationshintergrund*⟩

**Mik·ro-** *im Substantiv, betont, begrenzt produktiv* **der Mikrocomputer, der Mikrokos-**

M

**mos, der Mikroprozessor** *und andere* sehr klein (oder kleiner als normal) ↔ Makro- *„mit Mikrowellen das Essen erhitzen"*

das **Mik·ro·fon** ★ [-f-]; (-s, -e) z. B. im Radio und Fernsehen benutzt man Mikrofone, damit Stimmen lauter zu hören sind und aufgenommen werden können ⟨*ins Mikrofon sprechen, singen*⟩

das **Mik·ro·skop** (-s, -e) ein Gerät, das kleine Dinge optisch größer macht, damit man sie untersuchen kann ⟨*ins Mikroskop schauen; etwas unter dem Mikroskop untersuchen*⟩ K Elektronenmikroskop

der **Mik·ro·wel·len|herd** ein Gerät, mit dem man das Essen sehr schnell heiß (und gar) machen kann

die **Mil·be** (-, -n) ein sehr kleines Tier, das (mit den Spinnen verwandt ist und als Parasit) auf Pflanzen, Tieren und Menschen lebt K Hausstaubmilbe

die **Milch** ★ (-) 1 die weiße Flüssigkeit, die Babys und sehr junge Tiere bei ihrer Mutter trinken ⟨*Milch haben, saugen, trinken*⟩ K Muttermilch 2 die Milch von Kühen, Ziegen und Schafen, die man trinkt und aus der man Butter, Käse o. Ä. macht ⟨*frische, warme, saure, kondensierte, entrahmte, pasteurisierte, homogenisierte, entfettete, fettarme Milch; Milch geben*⟩ K Milchflasche, Milchreis; Kuhmilch, Vollmilch ❶ → Abbildung, S. 195: **Beim Frühstück** 3 eine weiße Flüssigkeit von manchen Pflanzen (z. B. bei der Kokosnuss und beim Löwenzahn) K Kokosmilch 4 eine weiße, flüssige Creme, die man auf die Haut tut K Sonnenmilch

das **Milch·glas** 1 ein Glas, aus dem man Milch trinkt 2 ein trübes Fensterglas, durch das man nichts Genaues erkennen kann

die **Milch·pro·duk·te** *Plural* alles, was aus Milch gemacht ist, z. B. Butter, Käse, Joghurt

die **Milch·scho·ko·la·de** eine hellbraune Schokolade, die mit viel Milch gemacht wird

die **Milch·stra·ße** *meist Singular* ein breiter heller Streifen aus Sternen, den man in der Nacht am Himmel sieht ≈ Galaxie

der **Milch·zahn** einer der ersten Zähne, die Kinder haben und die sie verlieren, wenn sie etwa sechs Jahre alt sind

**mild** ADJEKTIV, **mil·de** ★ 1 (freundlich und) voller Verständnis für andere Menschen ⟨*ein Urteil, eine Strafe, ein Richter; mild urteilen, jemanden mild behandeln*⟩ ≈ gütig ↔ streng 2 weder sehr kalt, noch sehr heiß ⟨*das Klima, das Wetter, ein Abend*⟩ ↔ rau 3 nicht sehr intensiv im Geschmack ⟨*ein Käse, eine Zigarre; etwas mild würzen*⟩ ↔ scharf 4 so, dass es der Haut nicht schadet ⟨*eine Seife, eine Creme*⟩ • *zu* (1) **Mil·de** *die*

**mil·dern** (*milderte, hat gemildert*) **etwas mildern** etwas so verändern, dass es weniger schlimm und deshalb leichter zu ertragen ist ⟨*jemandes Leid, jemandes Not, jemandes Schmerzen, eine Strafe, ein Urteil mildern*⟩

das **Mi·li·eu** ★ [mi'li̯øː]; (-s, -s) alles, was von außen die Entwicklung eines Menschen beeinflusst, vor allem die Familie, Freunde, Arbeitskollegen und die gesellschaftliche Umgebung ⟨*das soziale, häusliche Milieu*⟩ ≈ Umwelt K Arbeitermilieu, Hafenmilieu

**mi·li·tant** ADJEKTIV (*militanter, militantest-*) entschlossen und bereit, für ein (meist politisches) Ziel zu kämpfen (indem man z. B. demonstriert und dabei auch Gewalt anwendet) ⟨*eine Organisation, Anhänger, Gegner*⟩ *„Militante Oppositionelle besetzten das Rathaus"*

das **Mi·li·tär** ★; (-s) alle Soldaten eines Landes ⟨*beim Militär sein; das Militär einsetzen*⟩ ≈ Armee K Militärflugzeug, Militärstützpunkt

**mi·li·tä·risch** ★ ADJEKTIV 1 in Bezug auf das Militär ⟨*Einrichtungen, Stützpunkte, eine Intervention*⟩ ↔ zivil 2 ⟨*die Disziplin, die Ordnung*⟩ so, dass sie den Prinzipien folgen, die im Militär gelten *„In diesem Internat herrscht militärische Disziplin"*

**Mill.** 1 Abkürzung für *Million* 2 Abkürzung für *Millionen*

das **Mil·le** (-, -); *historisch, gesprochen* tausend (Euro) *„Gib mir 5 Mille, dann gehört das Boot dir"*

**Mil·li-** *im Substantiv vor Maßeinheiten, betont, nicht produktiv* **das Millibar, das Milligramm, der Milliliter** *und andere* der tausendste Teil der genannten Einheit (1/1000) *„fünf Millimeter abmessen"*

der **Mil·li·ar·där** (-s, -e) eine Person, die Dinge und Geld im Wert von mindestens einer Milliarde hat

die **Mil·li·ar·de** ★ (-, -n) tausend Millionen (1 000 000 000) ❶ Abkürzung: *Md.* oder *Mrd.*

der **Mil·li·me·ter, Mil·li·me·ter** die kleinste Maßeinheit, die auf einem Lineal, Maßband o. Ä. angegeben ist. Ein Meter hat tausend Millimeter ❶ Abkürzung: *mm*

die **Mil·li·on** ★ (-, -en) 1 tausend mal tausend (1 000 000) *„Österreich hat über 7 Millionen*

*Einwohner"* ℹ Abkürzung: *Mill.* oder *Mio.* **2** **Millionen** + *Genitiv*; **Millionen von Personen/Dingen** eine riesige Anzahl oder Summe von Personen/Dingen ⟨*Millionen von Menschen, Autos; Millionen toter Fische*⟩

der **Mil·li·o·när** (-s, -e) eine Person, die Dinge und Geld im Wert von mindestens einer Million hat

**mil·li·ons·t-** *ADJEKTIV* **1** in einer Reihenfolge an der Stelle 1 000 000 ≈ 1 000 000. **2** **der millionste Teil (von etwas)** ≈ 1/1000000

das **Mil·li·ons·tel** (-s, -) 1/1000000

die **Milz** (-, -en) ein Organ in der Nähe des Magens (das weiße Blutkörperchen produziert)

**mi·men** (*mimte, hat gemimt*) **1** **etwas mimen** *abwertend* so tun, als ob man ein Gefühl oder eine Eigenschaft hätte ⟨*Herzlichkeit, Zuverlässigkeit mimen*⟩ ≈ vortäuschen **2** **jemanden/etwas mimen** als (oder wie ein) Schauspieler eine Rolle spielen

die **Mi·mik** (-) die Bewegungen im Gesicht einer Person, wenn diese spricht, lacht, traurig ist usw. ⟨*eine lebhafte, feine, sprechende Mimik haben*⟩ • *hierzu* **mi·misch** *ADJEKTIV*

**min·der** *ADJEKTIV meist attributiv* **1** relativ schlecht **2** nicht sehr groß oder wichtig *ADVERB* **3** ≈ weniger **K** minderbegabt

die **Min·der·heit★** (-, -en) **1** *nur Singular* der kleinere Teil einer Gruppe ⟨*in der Minderheit sein*⟩ ↔ Mehrheit **2** eine kleine Gruppe von Menschen in einem Staat, die sich von den meisten Menschen (in ihrer Hautfarbe, Kultur, Religion o. Ä.) unterscheidet ⟨*eine soziale, religiöse, sprachliche Minderheit*⟩ **K** Minderheitenrecht

**min·der·jäh·rig** *ADJEKTIV* ⟨*eine Person*⟩ noch nicht so alt, dass sie vor dem Gesetz für ihre Taten verantwortlich ist ↔ volljährig • *hierzu* **Min·der·jäh·rig·keit** *die*; **Min·der·jäh·ri·ge** *der/die*

**min·dern** (*minderte, hat gemindert*) **etwas mindern** bewirken, dass etwas geringer, kleiner, weniger wird ⟨*die Lautstärke, das Tempo mindern; den Wert einer Sache mindern*⟩ ≈ reduzieren • *hierzu* **Min·de·rung** *die*

**min·der·wer·tig** *ADJEKTIV* **1** von schlechter Qualität ⟨*Obst, Fleisch, Papier*⟩ ↔ hochwertig **2** **sich minderwertig fühlen** das Gefühl haben, nicht so gut zu sein wie andere Leute • *zu* (1) **Min·der·wer·tig·keit** *die*; *zu* (2) **Min·der·wer·tig·keits|ge·fühl** *das*

**min·des·t-** *ADJEKTIV* **1** *nur attributiv* verwendet, um zu sagen, dass von etwas nur ganz wenig da ist *„Er war wütend ohne den mindesten Grund"* ℹ meist verneint **2** **das Mindeste/mindeste** das wenigste *„Das ist doch das Mindeste, was man von dir erwarten kann!"*

**min·des·tens★** *PARTIKEL betont und unbetont vor einer Zahl* nicht weniger, sondern mehr als (die Zahl angibt) *„Er ist mindestens 1,85 Meter groß und wiegt mindestens 100 kg"* | *„Mindestens 60.000 Zuschauer waren im Stadion"*

das **Min·dest·halt·bar·keits|da·tum** das Datum, bis zu dem Lebensmittel o. Ä. mindestens haltbar sind

die **Mi·ne** (-, -n) UNTER DER ERDE: **1** eine Anlage unter der Erde, in der man Stoffe wie z. B. Gold, Diamanten, Kupfer gewinnt ⟨*in einer Mine arbeiten; eine Mine stilllegen, schließen*⟩ ≈ Bergwerk **2** einer der Gänge unter der Erde in einer Mine ⟨*eine Mine stürzt ein, eine Mine graben*⟩ ≈ Stollen **K** Goldmine, Silbermine ℹ Wird Kohle gewonnen, spricht man meist von *Zeche* oder *Grube*, wird Gold oder Silber gewonnen, spricht man von *Mine*, bei Salz und Eisenerz spricht man von *Bergwerk*. ZUM SCHREIBEN: **3** ein dünner Stab in einem Bleistift oder Kugelschreiber, aus welchem die Farbe kommt ⟨*eine neue, rote, blaue Mine einsetzen; die Mine abbrechen, auswechseln*⟩ **K** Bleistiftmine ALS WAFFE: **4** eine Bombe, die man in den Boden oder unter Wasser legt, wo sie explodiert, wenn sie berührt wird ⟨*eine Mine detoniert, explodiert; Minen legen, suchen, entschärfen; auf eine Mine treten, fahren*⟩ **K** Minenfeld; Landmine

das **Mi·ne·ral★** (-s, -e/*Mi·ne·ra·li·en* [-i̯ən]) **1** ein fester Stoff (wie z. B. Salz oder Diamanten), der in der Erde gebildet wurde **2** *nur Plural* Salze (meist in Wasser gelöst), von denen ein Bestandteil ein Mineral ist (wie z. B. Natrium oder Kalium) *„Dieses Getränk enthält sieben wichtige Mineralien"* **K** Mineralstoffe • *hierzu* **mi·ne·ral·hal·tig** *ADJEKTIV*

das **Mi·ne·ral·was·ser★** Wasser aus einer Quelle, das viele Mineralien enthält ⟨*ein Mineralwasser bestellen*⟩

**Mi·ni-** *im Substantiv, betont, begrenzt produktiv* **1** **die Minieisenbahn, das Miniformat, der Minipreis, der Ministaat** *und andere* im Vergleich zu etwas anderem (von derselben Art) sehr klein *„mit einer Minikamera fotografieren"* **2** **das Minikleid, die Mini-**

M

**mode** *und andere* so kurz, dass nur ein kleiner Teil der Oberschenkel bedeckt ist ↔ Maxi- *„Sie trägt einen superengen Minirock"*

das **Mị·ni·golf** ein Spiel mit Bahnen aus Beton mit verschiedenen Hindernissen; man versucht, mit einem Schläger einen kleinen Ball in ein Loch zu treffen **K** Minigolfplatz

der **Mị·ni·job** eine Arbeit, die man nur wenige Stunden im Monat ausübt und bei der man höchstens eine vorgeschriebene Summe verdienen darf

**mi·ni·mal★** *ADJEKTIV* **1** so klein, dass es nicht wichtig ist oder dass man es kaum erkennen kann ⟨*ein Vorsprung, Unterschiede, Temperaturschwankungen*⟩ **2** so, dass es nicht mehr kleiner oder weniger sein könnte ⟨*ein Aufwand, Kosten*⟩ ↔ maximal *„die Verschmutzung der Luft minimal halten"*

**mi·ni·mal·in·va·siv** *ADJEKTIV* ohne großen Schnitt, mithilfe kleiner Instrumente ⟨*ein Eingriff, eine Operation, ein Verfahren*⟩

das **Mị·ni·mum★** (-s, *Mi·ni·ma*) **ein Minimum (an etwas** (*Dativ*)**)** die kleinste Anzahl oder Menge einer Sache, die möglich, notwendig oder akzeptabel ist ⟨*etwas auf ein Minimum reduzieren; ein Minimum an Leistung, Aufwand*⟩ ≈ Mindestmaß ↔ Maximum

M

der **Mị·ni·rock** ein sehr kurzer Rock

der **Mi·nịs·ter★** (-s, -) eine Person, die als Mitglied der Regierung ein Ministerium leitet ⟨*jemanden zum Minister ernennen; einen Minister entlassen*⟩ **K** Außenminister, Verteidigungsminister, Wirtschaftsminister • *hierzu* **Mi·nịs·te·rin** *die*

das **Mi·nis·te̲·ri·um★** (-s, *Mi·nis·te·ri·en* [-i̯ən]) eine der höchsten Behörden in einem Staat, die für einen Bereich der Verwaltung verantwortlich ist *„das Ministerium für Wissenschaft und Forschung"* | *„ein Sprecher des Ministeriums"* **K** Finanzministerium, Innenministerium, Justizministerium

der **Mi·nịs·ter·prä·si·dent★** **1** der Chef der Regierung in vielen Bundesländern Deutschlands **2** Ⓓ verwendet als Bezeichnung für den Chef der Regierung in manchen Staaten (auch wenn er offiziell anders heißt)

der **Mi·nist·rạnt** (*-en, -en*) ein Kind, welches dem Priester bei der Messe hilft • *hierzu* **Mi·nist·rạn·tin** *die*

**mi̲·nus★** *BINDEWORT* **1** das Zeichen −, das eine Subtraktion anzeigt ↔ plus *„drei minus zwei ist* (*gleich*) *eins"* 3 − 2 = 1 **K** Minuszeichen *ADVERB* **2** verwendet, um Temperaturen unter null Grad zu bezeichnen *„In der Nacht hatte es fünf Grad minus"* **3** verwendet für Zahlen, die kleiner als null sind *„10 weniger 13 ist minus 3"* 10 − 13 = −3

das **Mi̲·nus** (-) **1** ein Geldbetrag, der auf einem Konto, bei einer Abrechnung o. Ä. fehlt *„ein Minus von zehn Euro"* **2** **im Minus sein** Schulden haben **3** **ein Minus machen** weniger Geld einnehmen, als man ausgegeben hat ≈ Verlust *„Bei dem Konzert machte der Veranstalter ein ziemliches Minus"*

der **Mi̲·nus·pol** der Pol (z. B. einer Batterie) mit negativer elektrischer Ladung ↔ Pluspol

die **Mi·nu̲·te★** (-, *-n*) **1** einer der 60 Teile einer Stunde; *„Es ist fünf Minuten vor/nach elf* (*Uhr*)*"* | *„zehn Minuten zu spät kommen"* **K** Minutenzeiger, minutenlang; Spielminute ❶ Abkürzung: *Min.* oder *min.* **2** ein kurzer Zeitraum ⟨*keine ruhige Minute haben*⟩ ≈ Moment *„Warte noch eine Minute, dann können wir gehen"* **3** **in letzter Minute**; **in der letzten Minute** so kurz vor einem festgesetzten Zeitpunkt, dass es fast schon zu spät ist **4** **bis zur letzten Minute** bis zum letztmöglichen Zeitpunkt *„Sie wartet mit dem Kofferpacken immer bis zur letzten Minute"* **5** einer der 60 Teile des Grades in einem Winkel *„ein Winkel von 41 Grad 12 Minuten"* **6** **auf die Minute (genau)** *gesprochen* zu der festgelegten oder verabredeten Zeit ≈ pünktlich

die **Mịn·ze** (-, *-n*) eine kleine Pflanze, deren Blätter ein starkes Aroma haben ≈ Pfefferminze

**Mio.** **1** Abkürzung für *Million* **2** Abkürzung für *Millionen*

**mi̲r★** *PRONOMEN 1. Person Singular* (*ich*), *Dativ „Bitte gib mir noch ein wenig Zeit"* | *„So eine schöne Überraschung lasse ich mir gefallen"* ❶ → Anhang, S. 1111: **Pronomen**

die **Mịsch·bat·te·rie** ein Wasserhahn, den man so einstellen kann, dass das Wasser mit der gewünschten Temperatur herauskommt

das **Mịsch·brot** ein Brot, das aus einer Mischung von Roggen- und Weizenmehl gebacken wird

**mị·schen★** (*mischte, hat gemischt*) **1** **etwas (mit etwas) mischen** wenn man Dinge mischt, bringt man sie ohne Ordnung zusammen und kann sie nicht mehr leicht trennen ⟨*Farben, den Salat, Wasser mit Wein mischen*⟩ **K** Mischfutter **2** **etwas mischen** etwas durch mischen herstellen ⟨*eine Arznei, einen Cocktail, Gift mischen*⟩ **K** Mischgetränk **3** **etwas in/unter**

**etwas** (*Akkusativ*) **mischen** eine kleine Menge einer Sache zu etwas anderem geben *„Salz in/unter den Teig mischen"* **4** **(etwas) mischen** eine Reihenfolge so verändern, dass keine Ordnung besteht ⟨*Karten, Lose*⟩ **5** **etwas mischt sich mit etwas** etwas kommt so mit etwas zusammen, dass man die einzelnen Teile nicht mehr leicht trennen kann *„In ihrer Erinnerung mischten sich Wirklichkeit und Traum"* **6** **sich unter die Menge/das Volk/die Zuschauer mischen** in eine Menschenmenge gehen (meist um unauffällig zu sein)

der **Mịsch·masch** (-(e)s, -e); *meist Singular; gesprochen, oft abwertend* etwas, das aus verschiedenen Dingen besteht, die nicht zueinanderpassen *„Seit er in Amerika lebt, spricht er einen Mischmasch aus Deutsch und Englisch"*

die **Mịsch·ma·schi·ne** eine Maschine, die man auf Baustellen verwendet, um Sand, Zement, Wasser o. Ä. zu mischen **K** Betonmischmaschine

das **Mịsch·pult** ein Gerät, mit dem man z. B. bei einem Konzert den Klang und die Lautstärke der verschiedenen Stimmen und Instrumente regelt

die **Mị·schung★** (-, -en) **eine Mischung (aus/von etwas)** etwas, in dem verschiedene Dinge vorkommen ⟨*eine gelungene, bunte Mischung*⟩ **K** Kaffeemischung

**mi·se·ra̲·bel** ADJEKTIV (*miserabler, miserabelst-*) **1** *abwertend* so schlecht, dass man sich darüber ärgert ⟨*ein Vortrag, eine Leistung, ein Wein, ein Wetter*⟩ *„Das war ein miserabler Film!"* **2** sehr schlecht oder krank ⟨*sich miserabel fühlen; es geht jemandem (gesundheitlich/wirtschaftlich) miserabel*⟩ ≈ elend

die **Mi·se̲·re** (-, -n) eine sehr schwierige Situation ⟨*eine wirtschaftliche, finanzielle Misere; eine Misere überwinden*⟩ ≈ Notlage

**miss·ạch·ten★** (*missachtete, hat missachtet*) **etwas missachten** (mit Absicht) anders handeln, als es durch Regeln bestimmt ist ⟨*ein Gesetz, eine Verkehrsregel missachten; die Vorfahrt missachten*⟩ • *hierzu* **Miss·ạch·tung** *die*

die **Mịss·bil·dung** ein Körperteil, der nicht die normale, gesunde Gestalt hat

der **Mịss·brauch★** *meist Singular* **1** der falsche oder nicht erlaubte Gebrauch ⟨*der Missbrauch von Medikamenten, eines Amtes, der Macht*⟩ **K** Medikamentenmissbrauch **2** **sexueller Missbrauch** ein Verbrechen, bei der ein Erwachsener ein Kind oder ein Mann eine Frau zum Sex zwingt

**miss·bra̲u̲·chen** (*missbrauchte, hat missbraucht*) **1** **etwas missbrauchen** etwas nicht für den eigentlichen Zweck verwenden, sondern so, dass die Folgen schlecht oder schädlich sind ⟨*Rechte missbrauchen; Alkohol, Tabletten missbrauchen*⟩ *„Er hat sein Amt missbraucht, um sich zu bereichern"* **2** **jemanden missbrauchen** jemanden zum Sex zwingen ⟨*ein Kind, eine Frau (sexuell) missbrauchen*⟩

der **Mịss·er·folg★** ein schlechtes Ergebnis für jemanden ⟨*einen Misserfolg haben, erleben, wettmachen; etwas ist ein Misserfolg*⟩ ↔ Erfolg

**miss·fạl·len** (*missfällt, missfiel, hat missfallen*) **jemandem missfallen** *geschrieben* jemandem nicht gefallen • *hierzu* **Mịss·fal·len** *das*

das **Mịss·ge·schick** ein Ereignis, das peinlich oder ärgerlich ist und an dem man selbst schuld ist ⟨*jemandem passiert, widerfährt ein Missgeschick*⟩

**miss·glụ̈·cken** (*missglückte, ist missglückt*) **etwas missglückt (jemandem)** jemand hat bei etwas keinen Erfolg ⟨*ein Plan, eine Arbeit*⟩

der **Mịss·griff** eine Handlung oder Entscheidung, die falsch war ⟨*einen Missgriff tun, machen*⟩ ≈ Fehler *„Es war ein Missgriff, diesen tüchtigen Mann zu entlassen"*

die **Mịss·gunst** *nur Singular* das Gefühl, dass man nicht will, dass es einer anderen Person besser geht als einem selbst ≈ Neid • *hierzu* **mịss·güns·tig** ADJEKTIV

**miss·hạn·deln** (*misshandelte, hat misshandelt*) **jemanden misshandeln** einen Menschen oder ein Tier grausam und brutal behandeln ⟨*ein Kind, einen Gefangenen, einen Hund misshandeln*⟩ • *hierzu* **Miss·hạnd·lung** *die*

die **Mis·si·o̲n★** (-, en) **1** *geschrieben* ein sehr wichtiger und ernster Auftrag ⟨*eine historische, politische Mission; eine geschichtliche Mission haben, erfüllen; in geheimer Mission*⟩ **K** Militärmission **2** *nur Singular* die Verbreitung eines religiösen Glaubens (vor allem des christlichen Glaubens) in einem Land, in dem ein anderer Glaube herrscht **K** Missionsschwester, Missionsstation

der **Mis·si·o·na̲r** (-s, -e) eine Person (vor allem ein Pfarrer oder Priester), welche ihren eigenen Glauben in einem Land verbreitet, in welchem die meisten Leute einen anderern Glauben ha-

M

ben • *hierzu* **Mis·si·o·na·rin** *die*

**miss·mu·tig** *ADJEKTIV* so, dass man dabei merkt, dass sich jemand ärgert ⟨*ein missmutiges Gesicht machen; missmutig aussehen*⟩ ↔ fröhlich

der **Miss·stand** (-(*e*)*s*, *Miss·stän·de*); *meist Plural* ein Zustand, in dem vieles falsch, schlecht und oft auch illegal ist ⟨*auf soziale Missstände hinweisen; Missstände (in der Wirtschaft) aufdecken, beseitigen*⟩

**misst** *Präsens, 3. Person Singular* → messen

**miss·trau·en** (*misstraute, hat misstraut*) **jemandem/etwas misstrauen** kein Vertrauen zu jemandem/in etwas haben ⟨*Fremden misstrauen*⟩

das **Miss·trau·en**★ (-*s*) **Misstrauen (gegen jemanden/etwas)** der Zweifel daran, ob man jemandem/etwas vertrauen kann ⟨*tiefes Misstrauen; jemandem/etwas mit Misstrauen begegnen; Misstrauen hegen, einer Person/Sache entgegenbringen*⟩ ↔ Vertrauen

**miss·trau·isch**★ *ADJEKTIV* **misstrauisch (gegen jemanden/etwas)** voll von Misstrauen ⟨*misstrauisch sein, werden; etwas macht jemanden misstrauisch*⟩

M

das **Miss·ver·ständ·nis**★ **1** eine falsche Interpretation (die aber nicht absichtlich ist) ⟨*ein Missverständnis aufklären, beseitigen; etwas führt zu Missverständnissen*⟩ *„Hier liegt (wohl) ein Missverständnis vor"* **2** *meist Plural* ein kleiner, nicht sehr schlimmer Streit *„Missverständnisse kommen hier immer wieder vor"*

**miss·ver·ste·hen**★ (*missverstand, hat missverstanden*) **1** **jemanden/etwas missverstehen** eine Äußerung oder eine Handlung von einer Person anders verstehen, als diese es wollte **2** **jemanden/etwas missverstehen** nicht richtig hören, was jemand gesagt hat

der **Mist** (-(*e*)*s*) **1** eine Mischung aus Kot, Urin und Stroh, die man als Dünger verwendet **K** Mistgabel, Misthaufen **2** *gesprochen, abwertend* etwas, das sehr schlecht, dumm oder wertlos ist ⟨*Mist machen, erzählen, reden*⟩ *„So ein Mist!"* **ID** **Mist bauen** *gesprochen* (einen) Fehler machen

der **Mist·kü·bel** Ⓐ ≈ Abfalleimer

**mit**★ *PRÄPOSITION mit Dativ* MITTEL: **1** verwendet, um das Mittel, Werkzeug, Fahrzeug usw. zu bezeichnen, das man benutzt *„mit Messer und Gabel essen"* | *„mit einem neuen Programm arbeiten"* ZUSAMMEN: **2** Personen sind zusammen und tun dasselbe oder begleiten einander ↔ ohne *„Hast du Lust, mit uns in die Stadt zu gehen?"* **3** Personen oder Dinge gehören zusammen ↔ ohne *„Würstchen mit Kartoffelsalat"* | *„Die Übernachtung mit Frühstück kostet 40 Euro"* ART UND WEISE: **4** leitet eine Beschreibung ein, wie etwas geschieht oder getan wird *„seine Arbeit mit Freude machen"* | *„Mit großen Schritten verließ er den Raum"* ZEIT: **5** zu dem genannten Zeitpunkt *„Mit 19 Jahren machte sie das Abitur"* RICHTUNG: **6** drückt aus, dass die Richtung bei beiden gleich ist ⟨*mit der Strömung schwimmen; mit dem Wind fahren*⟩ ↔ gegen ALS ERGÄNZUNG: **7** verwendet, um Ergänzungen anzuschließen *„mit dem Gegner kämpfen"* | *„Wir sind mit seiner Arbeit nicht zufrieden"* *ADVERB* **8** *gesprochen* so, dass eine Personen oder Sache bei anderen ist, zu anderen gehört ≈ auch *„Warst du mit dabei, als der Unfall passierte?"* ⓘ *mit* kann auch weggelassen werden

**mit-**★ (*im Verb, betont und trennbar, sehr produktiv; Diese Verben werden so gebildet: mitgehen, ging mit, mitgegangen*) **1** **(bei jemandem) mitessen, mitfahren, mitlachen, mitregieren, mitreisen** *und andere* drückt aus, dass jemand etwas (gleichzeitig) mit einer oder mehreren Personen zusammen tut *„Sie ließen den Jungen nicht (mit ihnen) mitspielen"* Sie wollten ohne ihn spielen **2** **jemanden/etwas mitschleifen, mitschleppen, mittragen, mitziehen** *und andere* drückt aus, dass man eine Person oder Sache auf einem Weg bei sich hat *„Auf die Wanderung nahmen wir alle einen Rucksack mit"* Alle hatten auf der Wanderung einen Rucksack dabei

**mit·ar·bei·ten**★ (*hat*) **1** **(irgendwo) mitarbeiten** einen Teil einer Arbeit machen ⟨*an/bei einem Projekt mitarbeiten*⟩ **2** im Unterricht zuhören, Fragen stellen und freiwillig Fragen beantworten ≈ mitmachen • *hierzu* **Mit·ar·beit** *die*

der **Mit·ar·bei·ter**★ **1** eine Person, die in einem Betrieb angestellt ist ⟨*einen neuen Mitarbeiter suchen, ausbilden; ein Unternehmen mit 50 Mitarbeitern*⟩ ⓘ Der Chef sagt *meine Mitarbeiter*, die Angestellten sprechen von ihren *Kollegen*. **2** eine Person, die an einer Zeitung, einem Projekt o. Ä. mitarbeitet, ohne fest angestellt zu sein ⟨*ein freier, ständiger Mitarbeiter beim Rundfunk*⟩ • *hierzu* **Mit·ar·bei·te·rin** *die*

**mit·be·kom·men** (*bekam mit, hat mitbekommen*) **1** **etwas (von etwas) mitbekommen** *gesprochen* etwas hören, sehen, verstehen o. Ä. *„Hast du überhaupt mitbekommen, was ich gesagt habe?"* **2** **etwas (von etwas) mitbekommen** *gesprochen* ≈ erfahren *„Hast du mitbekommen, dass er ein Fest machen will?"* **3** **etwas (von jemandem) mitbekommen** etwas von jemandem bekommen, das man auch mitnimmt *„Er hat von seiner Mutter ein bisschen Geld für den Ausflug mitbekommen"*

**mit·be·stim·men** (*bestimmte mit, hat mitbestimmt*) **(über etwas** (*Akkusativ*)**) mitbestimmen** etwas zusammen mit anderen Leuten entscheiden ⟨*mitbestimmen dürfen*⟩

die **Mit·be·stim·mung**★ *nur Singular* **die Mitbestimmung (über etwas** (*Akkusativ*)**)** das Recht der Mitarbeiter in einem Betrieb, zusammen mit der Leitung des Unternehmens über Dinge zu entscheiden, die den Betrieb betreffen ⟨*die betriebliche Mitbestimmung*⟩ *„Die Gewerkschaften kämpfen um mehr Mitbestimmung"* **K** Mitbestimmungsgesetz, Mitbestimmungsrecht

**mit·brin·gen** (*hat*) **1** **jemanden/etwas mitbringen** jemanden/etwas bei sich haben, wenn man irgendwohin kommt *„einen Freund nach Hause mitbringen"* **2** **(jemandem) etwas mitbringen** etwas (als Geschenk) bei sich haben, wenn man jemanden besucht *„einer Freundin Blumen mitbringen"*

das **Mit·bring·sel** (-s, -); *gesprochen* ein kleines Geschenk, das man jemandem von einer Reise mitbringt

**mit·den·ken** (*hat*) so arbeiten, dass man sich genau überlegt, was zu tun ist *„Für diese Arbeit brauchen wir jemanden, der mitdenken kann"*

**mit·ei·nan·der**★ ADVERB eine Person/Sache mit der anderen ≈ gemeinsam *„Die Kinder spielen/streiten miteinander"* | *„Waren wir nicht miteinander verabredet?"*

**mit·er·le·ben** (*erlebte mit, hat miterlebt*) **etwas miterleben** dabei sein, wenn etwas geschieht *„Er hat den Krieg noch miterlebt"* | *„Hast du schon einmal miterlebt, wie ein Unfall passiert ist?"*

der **Mit·es·ser** (-s, -) ein kleiner weißer oder schwarzer Punkt auf der Haut, wo eine Pore verstopft ist ⟨*einen Mitesser haben, ausdrücken*⟩ ⓘ Mitesser sind kleiner als *Pickel*

**mit·fah·ren**★ (*ist*) dabei sein, wenn jemand/etwas irgendwohin fährt *„nach Kanada, mit den Eltern, in den Urlaub mitfahren"* • *hierzu* **Mit·fah·rer** *der*; **Mit·fah·re·rin** *die*

**mit·ge·ben** (*hat*) **jemandem etwas mitgeben** einer Person, die weggeht, etwas geben, was diese dann mit sich nimmt *„den Kindern Brot (in die Schule) mitgeben"*

das **Mit·ge·fühl** das traurige Gefühl, das man spürt, wenn andere Leute Schmerzen, Trauer o. Ä. haben ⟨*Mitgefühl haben, zeigen; sein Mitgefühl äußern*⟩

**mit·ge·hen** (*ist*) mit jemandem irgendwohin gehen *„Willst du nicht zur Party mitgehen?"*

das **Mit·glied**★ eine Person, die zu einer Gruppe, z. B. zu einem Verein oder zu einer Partei, gehört ⟨*ein aktives, passives, zahlendes, langjähriges Mitglied*⟩ **K** Mitgliedsausweis, Mitgliedsbeitrag; Familienmitglied, Parteimitglied, Vereinsmitglied

**mit·ha·ben** (*hat*) **etwas mithaben** *gesprochen* etwas bei sich haben ≈ dabeihaben *„Hast du deinen Ausweis mit?"*

**mit·hal·ten** (*hat*) **(mit jemandem) mithalten** genauso gut wie eine andere Person (bei einer Tätigkeit) sein *„Nach einer Stunde Rudern konnte er (mit den anderen) nicht mehr mithalten"*

**mit·hel·fen**★ (*hat*) jemandem helfen, etwas zu tun *„Ihre Kinder müssen zu Hause viel mithelfen"* • *hierzu* **Mit·hil·fe** *die*

**mit·hil·fe**, **mit Hil·fe** PRÄPOSITION *mit Genitiv* **1** mit jemandes Unterstützung *„Der Umzug gelang problemlos mithilfe einiger Freunde"* **2** so, dass man etwas dafür benutzt *„mithilfe des neuen Computers die Aufgaben schneller lösen"* ⓘ auch zusammen mit *von*: *mithilfe von Alkohol desinfizieren*

**mit·hö·ren** (*hat*) **1** **(etwas) mithören** zufällig ein Gespräch o. Ä. hören, das man nicht hören soll *„Die Wände sind so dünn, dass die Nachbarn jeden Streit mithören"* **2** **(etwas) mithören** eine Person überwachen, indem man heimlich ihren Gesprächen zuhört

**mit·kom·men** (*ist*) **1** **(mit jemandem) mitkommen** mit jemandem zusammen irgendwohin gehen oder kommen *„Will er mit uns auf die Party mitkommen?"* **2** **(mit jemandem) mitkommen** *gesprochen* das machen können, was verlangt wird ⟨*in der Schule, im Unterricht gut, schlecht, nicht mitkommen*⟩ **3** **(mit jemandem) mitkommen** *gesprochen* genauso schnell etwas machen können wie eine andere Person *„Geh nicht so*

M

*schnell, ich komme nicht mehr mit"*

der **Mịt·laut** ≈ Konsonant ↔ Selbstlaut

das **Mịt·leid★** das Gefühl, dass man einer Person helfen oder sie trösten möchte, wenn man sieht, dass sie traurig oder in Not ist ⟨*Mitleid mit jemandem haben; Mitleid empfinden*⟩ • *hierzu* **mịt·leid·er·re·gend** *ADJEKTIV*; **mịt·lei·dig** *ADJEKTIV*

**mịt·ma·chen★** (*hat*); *gesprochen* **1** **etwas mitmachen** an etwas teilnehmen *„einen Wettbewerb mitmachen"* **2** **(bei etwas/an etwas** (*Dativ*)**) mitmachen** an etwas teilnehmen

der **Mịt·mensch** (*-en, -en*); *meist Plural* die Menschen, mit denen man zusammen in der Gesellschaft lebt

**mịt·neh·men★** (*hat*) **1** **jemanden/etwas (irgendwohin) mitnehmen** jemanden/etwas bei sich haben, wenn man irgendwohin geht, fährt o. Ä. *„Nimm bitte den Brief mit, wenn du in die Stadt gehst"* **2** **etwas nimmt jemanden/etwas mit** etwas belastet jemanden/etwas so stark, dass es negative Folgen hat ⟨*arg mitgenommen aussehen*⟩ *„Die Ereignisse der letzten Woche haben sie arg mitgenommen"*

M

**mịt·re·den** (*hat*) **1** **(mit jemandem) mitreden können**; **(bei etwas) mitreden können** in einem Gespräch etwas Sinnvolles sagen können, weil man vom Thema etwas weiß *„Bei diesem Thema kann ich leider nicht mitreden, ich verstehe nichts davon"* **2** **(bei etwas) mitreden** (etwas) mitbestimmen

**mit·sạmt** *PRÄPOSITION mit Dativ* gemeinsam, zusammen mit ≈ mit *„Er kam mitsamt der ganzen Familie"* | *„Sie verkaufte die Wohnung mitsamt den Möbeln"*

**mịt·schrei·ben★** (*hat*) **1** **(etwas) mitschreiben** etwas schreiben, während es jemand spricht *„mitschreiben, was jemand diktiert"* **2** **(etwas) mitschreiben** an einer schriftlichen Prüfung teilnehmen ⟨*die Klausur mitschreiben*⟩

**mịt·schul·dig** *ADJEKTIV* **(an etwas** (*Dativ*)**) mitschuldig** ⟨*eine Person*⟩ so, dass sie einen Teil der Schuld hat *„Er war an dem Unfall mitschuldig"* • *hierzu* **Mịt·schuld** *die*

der **Mịt·schü·ler** ein Kind, das zusammen mit anderen Kindern in dieselbe Klasse oder auf dieselbe Schule geht ⟨*meine, deine Mitschüler; ein Mitschüler von jemandem/ + Genitiv*⟩ *„Ich habe heute zufällig einen ehemaligen Mitschüler (von mir) wiedergetroffen"* • *hierzu* **Mịt·schü·le·rin** *die*

**mịt·spie·len** (*hat*) **1** mit anderen Leuten zusammen spielen *„in einer Band mitspielen"* | *„Wir spielen Karten! Spielst du mit?"* **2** **jemandem übel/hart/schlimm/grausam mitspielen** einer anderen Person das Leben oder eine Situation schwer machen und ihr schaden *„Diese schreckliche Krankheit spielt ihm übel mit"* **3** **(bei etwas) mitspielen** nichts gegen jemanden/etwas tun, etwas nicht verhindern *„Wenn das Wetter mitspielt, gehe ich morgen baden"* | *„Ich würde gerne allein in Urlaub fahren, aber da spielen meine Eltern nicht mit"* • *zu* (1) **Mịt·spie·ler** *der*; *zu* (1) **Mịt·spie·le·rin** *die*

das **Mịt·spra·che·recht** das Recht, bei einer Entscheidung mitbestimmen zu dürfen ⟨*jemandem ein Mitspracherecht einräumen, zugestehen*⟩

der **Mịt·tag★** (*-s, -e*) **1** *nur Singular* zwölf Uhr am Tag ⟨*vor, gegen, nach Mittag; jeden Mittag*⟩ *„Es ist Mittag, die Kirchturmuhr schlägt gerade zwölf"* **2** die Tageszeit zwischen ungefähr 11 und 13 Uhr ⟨*gegen, über* (= *während*) *Mittag*⟩ *„Viele Geschäfte schließen über Mittag"* **K** Mittagessen, Mittagspause, Mittagszeit **3** **(zu) Mittag essen** ungefähr zwischen 12 und 13 Uhr etwas essen • *zu* (2) **mịt·täg·lich** *ADJEKTIV*

**mịt·tags★** *ADVERB* ungefähr zwischen 11 und 13 Uhr

der **Mịt·tags·tisch** **1** ein Tisch, auf dem das Mittagessen steht ⟨*am Mittagstisch sitzen*⟩ **2** das Angebot einer warmen Mahlzeit am Mittag *„ein Café mit täglich wechselndem Mittagstisch"*

die **Mịt·te★** (*-, -n*); *meist Singular* **1** der Teil, der z. B. bei einem Kreis von allen Teilen des Randes gleich weit entfernt ist ⟨*in die Mitte gehen; in der Mitte sein, stehen, liegen*⟩ ≈ Mittelpunkt *„Kirschen haben in der Mitte einen harten Kern"* | *„Zur/Gegen Mitte des Monats wurde das Wetter besser"* **K** Mittsommer; Monatsmitte, Stadtmitte **2** **Mitte** *+Zeitangabe* in der Mitte des genannten Zeitraumes *„Der Vertrag gilt bis Mitte April"* | *„Er kommt Mitte nächster Woche"* **3** **Mitte** *+Zahl* ungefähr so alt wie die genannte Zahl plus etwa 4 bis 6 Jahre ⟨*Mitte zwanzig, dreißig, vierzig sein*⟩ **4** eine Gruppe von Leuten, die keine extremen politischen Meinungen haben ⟨*eine Koalition, eine Partei, ein Politiker der Mitte*⟩ **5** **die goldene Mitte** ein Kompromiss, ein Standpunkt o. Ä. zwischen zwei Extremen **6** **in/aus jemandes Mitte** in/

aus einer Gruppe von Personen, die zusammen sind *„In unserer Mitte befindet sich ein Verräter"*

**mịt·tei·len★** *(hat)* **1 jemandem etwas mitteilen** etwas sagen, schreiben o. Ä., damit eine andere Person es erfährt ⟨*jemandem etwas brieflich, schriftlich, mündlich, telefonisch, offiziell, vertraulich mitteilen*⟩ *„Er teilte uns mit, dass er verreisen würde" | „Es wurde mir nicht mitgeteilt, wann er fährt" | „Sie hat uns ihre neue Adresse noch nicht mitgeteilt"* **2 sich jemandem mitteilen** mit jemandem über die eigenen Gefühle, Gedanken sprechen

die **Mịt·tei·lung★** (-, *-en*) etwas, das man jemandem sagt ⟨*eine vertrauliche Mitteilung; (jemandem) eine Mitteilung machen*⟩ ≈ Nachricht **K** Mitteilungsbedürfnis, Mitteilungsdrang

das **Mịt·tel★** (-s, -) **1 ein Mittel (zu etwas)** etwas, mit dessen Hilfe man etwas tun oder erreichen kann ⟨*ein einfaches, sicheres, wirksames, untaugliches, unfaires Mittel; politische, rechtliche, unlautere, Mittel; ein Mittel anwenden, einsetzen, benutzen; zu einem Mittel greifen*⟩ *„Schweigen ist ein gutes Mittel, um sie zu ärgern/wenn man sie ärgern will/mit dem man sie ärgern kann"* **K** Transportmittel, Verkehrsmittel, Hilfsmittel **2 ein Mittel (für/zu etwas)** eine (chemische) Substanz als Mittel *„In der Flasche ist ein Mittel zum/für das Reinigen von Pinseln"* **K** Desinfektionsmittel, Frostschutzmittel, Reinigungsmittel, Waschmittel **3 ein Mittel (für/gegen etwas/(zu etwas)** ⟨*ein Mittel für/gegen Kopfschmerzen, Grippe (ein)nehmen, schlucken*⟩ ≈ Medikament *„Der Arzt verschrieb ihr ein Mittel zum Einreiben"* **K** Arzneimittel, Schlafmittel **4** *nur Plural* das Geld, das jemand für einen Zweck hat ⟨*knappe, flüssige, finanzielle, private, staatliche Mittel*⟩ ≈ Kapital *„Der Kindergarten wird aus/mit öffentlichen Mitteln finanziert"* **5 das (arithmetische) Mittel (aus etwas)** die Zahl, die man erhält, wenn man mehrere Zahlen zusammenzählt und danach durch ihre Anzahl teilt ⟨*etwas liegt im, über, unter dem Mittel; das Mittel errechnen, bilden*⟩ ≈ Durchschnitt *„Das Mittel aus den Zahlen zwei, sechs und sieben ist fünf"* **K** Jahresmittel

**mịt·tel-★** *im Adjektiv, betont, begrenzt produktiv* **mitteldick, mittelfein, mittelgroß, mittellang** *und andere* von durchschnittlichem Umfang oder Format

**Mịt·tel-★** *im Substantiv, betont, sehr produktiv* **1 Mitteleuropa, der Mittelfinger, die Mittellinie, das Mittelstück, der Mittelteil** *und andere* in der Mitte, im Zentrum (befindlich) *„der Mittelstreifen zwischen zwei Fahrbahnen"* **2 die Mittelgröße, die Mittelstrecke, der Mittelwert** *und andere* von mittlerer, durchschnittlicher Größe, Höhe o. Ä.

das **Mịt·tel·al·ter★** (-s) (in der europäischen Geschichte) der Zeitraum zwischen dem Ende der Antike und der Renaissance, den man meist vom 6. bis zum 15. Jahrhundert rechnet ⟨*das frühe hohe, späte, Mittelalter*⟩ ⓘ Abkürzung: *MA* • *hierzu* **mịt·tel·al·ter·lich** *ADJEKTIV*

das **Mịt·tel·feld 1** der Teil des Spielfelds in der Mitte **K** Mittelfeldspieler **2** die Läufer, Fahrer usw., die bei einem Rennen nach den schnellsten Teilnehmern kommen **3** der Bereich durchschnittlicher Qualität oder Leistungen

**mịt·tel·fris·tig** *ADJEKTIV* gültig oder vorgesehen für einen Zeitraum, der weder kurz noch lang ist ⟨*eine Lösung, eine Maßnahme, eine Regelung*⟩

die **Mịt·tel·klas·se** *meist Singular* verwendet als Bezeichnung für eine Ware (vor allem ein Auto) mit mittlerem Preis und mittlerer Qualität ⟨*ein Wagen der unteren, oberen Mittelklasse*⟩ **K** Mittelklassewagen

**mịt·tel·los** *ADJEKTIV* ohne Geld, Vermögen und Besitz ≈ arm

das **Mịt·tel·maß** *oft abwertend* ≈ Durchschnitt • *hierzu* **mịt·tel·mä·ßig** *ADJEKTIV*

das **Mịt·tel·meer** *nur Singular* das Meer, das zwischen Europa und Afrika liegt **K** Mittelmeerländer

der **Mịt·tel·punkt★ 1** (in einem Kreis oder in einer Kugel) der Punkt, der von allen Punkten des Kreises oder von der Oberfläche einer Kugel gleich weit entfernt ist ≈ Zentrum **2** eine Person oder Sache, die von allen beachtet wird ⟨*ein geistiger, kultureller Mittelpunkt*⟩ **3 im Mittelpunkt (der Aufmerksamkeit) stehen** von allen beachtet werden

**mịt·tels** *PRÄPOSITION mit Genitiv; geschrieben* ≈ mit, mithilfe *„mittels eines engmaschigen Drahtes"*

die **Mịt·tel·schicht** *meist Singular* der Teil der Bevölkerung, der relativ gebildet ist und dem es finanziell gut geht ⟨*zur Mittelschicht gehören*⟩

die **Mịt·tel·schu·le** Ⓓ eine Hauptschule mit der Möglichkeit, die 10. Klasse zu besuchen und einen Realschulabschluss zu machen

der **Mịt·tel·stand** *nur Singular* **1** der Bereich der

Wirtschaft, der mittelgroße Betriebe (mit ungefähr 50 bis 500 Angestellten) umfasst **2** ≈ Mittelschicht • *zu* (1) **mịt·tel·stän·disch** *ADJEKTIV*

die **Mịt·tel·stu·fe** die achte bis zehnte Klasse an Schulen

der **Mịt·tel·weg** *meist Singular* ⟨*einen Mittelweg suchen, finden, gehen*⟩ ≈ Kompromiss

**mịt·ten★** *ADVERB* **1** in der oder in die Mitte hinein ⟨*mitten darin, darunter/dazwischen, hindurch, hinein; mitten auf, in etwas* (*Akkusativ/Dativ*)⟩ *„Das Brett brach mitten durch"* | *„Der Schuss traf mitten ins Schwarze/traf ihn mitten in den Bauch"* **2** **mitten in etwas** (*Dativ*) im Verlauf der genannten Tätigkeit, die meist unterbrochen wird ≈ während *„Er schlief mitten im Film ein"* während er den Film sah

**mit·ten·drịn** *ADVERB; gesprochen* **1** (in der Mitte) zwischen anderen Personen oder Dingen *„In dem Fach lag allerlei Zeug und der gesuchte Schlüssel mittendrin"* **2** mitten in einer Tätigkeit *„Er sagte ein Gedicht auf und blieb mittendrin stecken"*

**mit·ten·dụrch** *ADVERB* in der Mitte durch ⟨*mittendurch brechen, fahren, fliegen, führen*⟩

(die) **Mịt·ter·nacht★** (-) der Zeitpunkt in der Nacht, an dem ein neuer Kalendertag beginnt; 0 Uhr bzw. 24 Uhr ⟨*vor, gegen, um, nach Mitternacht*⟩ *„(Um) Mitternacht fährt die letzte U-Bahn"* **K** Mitternachtsstunde ❶ → Anhang, S. 1100: **Die Zeit** • *hierzu* **mịt·ter·nächt·lich** *ADJEKTIV*

**mịt·tig** *ADJEKTIV* in der Mitte *„ein mittiger Sitzplatz in der ersten Reihe"* | *„mittig gescheitelte Haare"*

**mịtt·le·r-★** *ADJEKTIV meist attributiv* **1** innen, in der Mitte *„Der mittlere Teil des Bratens ist noch nicht ganz gar"* **2** weder sehr gut noch sehr schlecht ≈ durchschnittlich *„mittlere Leistungen bringen"* **3** dem mathematischen Durchschnitt entsprechend ≈ durchschnittlich *„Die mittlere Jahrestemperatur ist in den letzten Jahren gestiegen"*

**mitt·ler·wei·le★** *ADVERB* in der Zwischenzeit

der **Mịtt·woch★** (-s, -e) der dritte Arbeitstag der Woche ⟨*letzten, diesen, nächsten Mittwoch; Mittwoch früh*⟩ **K** Mittwochmorgen; mittwochabends; Aschermittwoch ❶ Abkürzung: *Mi*

**mịtt·wochs★** *ADVERB* jeden Mittwoch *„Sie gehen mittwochs immer kegeln"*

**mit·ụn·ter** *ADVERB; geschrieben* ≈ manchmal

**mịt·wir·ken** (*hat*) **1** **bei/an etwas** (*Dativ*) **mitwirken** helfen, damit etwas getan werden kann **2** **in etwas** (*Dativ*) **mitwirken** (als Schauspieler) bei etwas mitspielen ⟨*in einem Film, Theaterstück mitwirken*⟩ **3** **etwas wirkt bei etwas mit** etwas ist bei etwas wichtig, von Bedeutung *„Bei dieser Entscheidung wirkten verschiedene Faktoren mit"* • *zu* (1,2) **Mịt·wir·kung** *die; zu* (1,2) **Mịt·wir·ken·de** *der/die*

der **Mịt·wis·ser** (-s, -) eine Person, die etwas über ein Verbrechen weiß, es aber nicht der Polizei sagt • *hierzu* **Mịt·wis·se·rin** *die*

**mịt·zäh·len★** (*hat*) **1** **jemanden/etwas mitzählen** jemanden/etwas beim Zählen berücksichtigen *„Es kommen zwanzig Gäste, Kinder nicht mitgezählt"* **2** **etwas zählt mit** etwas ist in einer Zahl enthalten *„Bei der Berechnung des Urlaubes zählen die Feiertage nicht mit"*

der **Mị·xer** (-s, -) ein elektrisches Gerät, mit dem man Nahrungsmittel kleiner machen oder mischen kann *„mit dem Mixer Eiweiß zu Schnee schlagen"* **K** Handmixer • *hierzu* **mị·xen** (*hat*)

**Mo** Abkürzung für *Montag*

das **Mọb·bing** (-s) die Handlungen, bei denen Mitarbeiter eines Unternehmens o. Ä. einen Kollegen so ungerecht behandeln, dass er vor Ärger krank wird oder die Stelle aufgibt • *hierzu* **mọb·ben** (*hat*)

das **Mö̱·bel★** (-s, -); *meist Plural* Dinge wie Schränke, Stühle, Tische usw., die man in einer Wohnung, einem Büro o. Ä. benutzt ⟨*die Möbel umstellen*⟩ *„Das Haus war mit schönen alten Möbeln eingerichtet/ausgestattet"* **K** Möbelfabrik, Möbelgeschäft; Gartenmöbel, Küchenmöbel; Polstermöbel, Sitzmöbel

das **Mö̱·bel·stück★** ein einzelnes Möbel ⟨*ein neues, praktisches Möbelstück*⟩ ❶ *Möbelstück* wird oft als Singularform zu dem Plural *die Möbel* verwendet.

**mo·bi̱l★** *ADJEKTIV* **1** nicht an einen festen Ort gebunden ⟨*eine Bücherei, jemandes Besitz, jemandes Kapital*⟩ ≈ beweglich **2** bereit, in Aktion zu treten (vor allem Militär und Polizei) ⟨*Truppen, Verbände*⟩ **3** **(jemanden/etwas) mobil machen** ≈ mobilisieren • *zu* (1) **Mo·bi·li·tä̱t** *die*

der **Mo·bi̱l·funk** (-s) ein Telefonnetz, das über Funksignale funktioniert, und über das man mit Handys und Smartphones telefonieren kann **K** Mobilfunknetz, Mobilfunkmast

**mo·bi·li·si̱e̱·ren** (*mobilisierte, hat mobili-*

M

*siert)* **1** **jemanden mobilisieren** jemanden dazu bringen, für einen Zweck aktiv zu werden *„Um den Brand zu löschen, wurden alle Feuerwehrleute aus der Umgebung mobilisiert"* **2** **etwas mobilisieren** bewirken, dass etwas (für einen Zweck) zur Verfügung steht ⟨*alle Kräfte mobilisieren*⟩ **3** **(etwas) mobilisieren** in der Armee solche Vorbereitungen machen, dass bald ein Krieg geführt werden kann ⟨*die Streitkräfte, die Truppen mobilisieren*⟩ • *hierzu* **Mo·bi·li·sie·rung** *die*

das **Mo·bil·te·le·fon★** *geschrieben* ≈ Handy ❶ → Anhang, S. 1094: **Am Telefon**

**möb·lie·ren** (*möblierte, hat möbliert*) **etwas möblieren** Möbel in einen Raum stellen, damit man darin wohnen kann ⟨*eine Wohnung neu, modern möblieren; ein dürftig, altmodisch möbliertes Zimmer*⟩ ≈ einrichten

**möb·liert★** *ADJEKTIV* **ein möbliertes Zimmer** ein Zimmer, das der Besitzer mit den Möbeln darin vermietet

**moch·te** *Präteritum, 1. und 3. Person Singular* → mögen

das **Mo·dal·verb** ein Verb, das man mit einem anderen Verb (*im Infinitiv ohne zu*) verbindet, um einen Willen, eine Erlaubnis, eine Fähigkeit oder eine Wahrscheinlichkeit auszudrücken

die **Mo·de★** (-, *-n*) **1** Kleidung, Frisuren und Schmuck, wie sie in einem begrenzten Zeitraum üblich und beliebt sind ⟨*eine kleidsame, praktische, verrückte Mode; die neuesten Pariser Moden vorführen, tragen*⟩ **K** Modeschöpfer, Modezeitschrift, Modenschau; Frühjahrsmode **2** die Situation, dass eine Sache eine Zeit lang vielen Leuten gut gefällt oder von vielen Leuten getan wird ⟨*etwas kommt, gerät, ist in Mode/aus der Mode; etwas ist, wird (große) Mode*⟩ *„Das Grillen ist schon längere Zeit groß in Mode"* **K** Modeartikel, Modefarbe

**mo·de·be·wusst** *ADJEKTIV* ⟨*Menschen*⟩ so, dass sie sich nach der Mode richten *„Sie kleidet sich/ist modebewusst"*

das **Mo·del** (*-s, -s*) ≈ (Foto)Modell

das **Mo·dell★** (*-s, -e*) **1** ein kleiner Gegenstand, der einen großen Gegenstand genau darstellt ≈ Kopie *„Ein Modell des Kölner Domes im Maßstab eins zu tausend"* **K** Modellauto, Modelleisenbahn; Flugzeugmodell, Schiffsmodell **2** eine Person/Sache, die so gut oder perfekt ist, dass sie ein Vorbild ist ≈ Muster **K** Modellfall, Modellprojekt **3** das erste Exemplar einer Ware, die später in großer Menge hergestellt werden soll ⟨*ein Modell vorführen*⟩ **4** eine der Arten eines technischen Geräts ≈ Typ *„Bei dieser Uhr handelt es sich um ein älteres Modell, das nicht mehr hergestellt wird"* **K** Automodell, Staubsaugermodell **5** jemand, dessen Beruf es ist, sich fotografieren, malen, zeichnen zu lassen ⟨*als Modell arbeiten*⟩ **K** Aktmodell, Fotomodell **6** ein Kleidungsstück, das nur einmal hergestellt wurde und sehr teuer ist *„Der Mantel ist ein Modell von einem italienischen Modeschöpfer"* **K** Modellkleid

**mo·del·lie·ren** (*modellierte, hat modelliert*) **(etwas) modellieren** aus einer weichen Substanz mit der Hand Gegenstände formen ⟨*eine Figur, ein Gesicht, ein Tier, eine Vase (in/aus Ton, Wachs) modellieren*⟩

das **Mo·dem★** (*-s, -s*) ein Gerät, mit dessen Hilfe ein Computer zur Übermittlung von Daten an das Telefonnetz angeschlossen werden kann **K** DSL-Modem, Kabelmodem

der **Mo·de·ra·tor** (*-s, Mo·de·ra·to·ren*) eine Person, die im Rundfunk oder Fernsehen Sendungen moderiert • *hierzu* **Mo·de·ra·to·rin** *die*

**mo·de·rie·ren** (*moderierte, hat moderiert*) **(etwas) moderieren** im Rundfunk oder Fernsehen als Sprecher (Moderator) eine Sendung gestalten, indem man informiert, unterhält und Kommentare gibt ⟨*eine Sendung moderieren*⟩ • *hierzu* **Mo·de·ra·ti·on** *die*

**mo·dern[1]★** *ADJEKTIV* **1** so, wie es im Augenblick zur Kultur und Technik passt ≈ zeitgemäß ↔ veraltet *„nach modernen Methoden arbeiten"* **2** zur jetzigen Zeit gehörig ⟨*Kunst, ein Stil*⟩ ≈ aktuell *„Die moderne Staatsform ist die Demokratie, die Monarchie gehört der Vergangenheit an"* **3** so, wie es gerade Mode ist ⟨*eine Frisur, ein Haus, ein Kleid*⟩ *„Es ist gerade modern, im Dirndl aufs Oktoberfest zu gehen"* • *zu* (1,2) **Mo·der·ni·tät** *die*

**mo·dern[2]★** (*moderte, hat/ist gemodert*) **etwas modert** etwas wird von Bakterien o. Ä. aufgelöst und riecht deshalb unangenehm ⟨*das Holz, das Laub*⟩ ≈ faulen

**mo·der·ni·sie·ren** (*modernisierte, hat modernisiert*) **(etwas) modernisieren** etwas auf den neuesten Stand der Technik bringen ⟨*einen Betrieb, eine Fabrik, ein altes Haus modernisieren*⟩ • *hierzu* **Mo·der·ni·sie·rung** *die*

**mo·disch★** *ADJEKTIV* so, wie es gerade Mode ist ⟨*eine Frisur, ein Kleid; sich modisch kleiden*⟩ ↔ altmodisch

**mod·rig** *ADJEKTIV* mit dem Geruch von fau-

M

lendem Holz ⟨*ein Keller, die Luft*⟩

das **Mo·dul** (-s, -e) ein Teil eines elektrischen Gerätes mit einer Funktion, das man mit anderen Teilen kombinieren und leicht austauschen kann *„die Module in einem Computer auswechseln"*

der **Mo·dus**, **Mo·dus**; (-, *Mo·di*) *geschrieben* die Art und Weise, wie man handelt und wie man etwas durchführt *„Nach einer langen Krise haben sie einen Modus gefunden, der beiden ein unabhängiges Leben ermöglicht"*

das **Mo·fa** (-s, -s) ein Fahrrad mit Motor, das höchstens 25 Kilometer pro Stunde fahren darf ⟨*(ein) Mofa fahren*⟩

**mo·geln** (*mogelte, hat gemogelt*) **(bei etwas) mogeln** *gesprochen* (meist bei Spielen) kleine Tricks anwenden, die gegen die Spielregeln verstoßen ⟨*beim Versteckenspielen, Würfeln, Pokern, bei einem Test mogeln*⟩ *„Wer mogelt, darf nicht mehr mitspielen!"*

**mö·gen[1]★** *MODALVERB* (*mag, mochte, hat mögen*) **1** *Infinitiv* + **mögen** den Wunsch haben, etwas zu tun ≈ wollen *„Sie möchte nach dem Abitur studieren"* | *„Möchtest du mit uns wandern?"* ℹ Der Konjunktiv II (die Formen mit *möcht-*) wird oft an Stelle des Präsens verwendet. Für die Vergangenheit verwendet man dann *wollen*: *Gestern wollte ich ins Kino gehen, heute möchte ich lieber zu Hause bleiben* **2** *Infinitiv* + **mögen** verwendet, um zu sagen, dass etwas möglich oder wahrscheinlich ist ≈ können *„Er mag mit seiner Behauptung durchaus recht haben"*

**mö·gen[2]★** (*mag, mochte, hat gemocht*) **1** **jemanden mögen** jemanden nett und sympathisch finden *„Die Schüler mögen ihre neue Lehrerin sehr"* **2** **etwas mögen** etwas gut oder angenehm finden *„Magst du die Musik von Beethoven?"* **3** **etwas mögen** im Indikativ oder im Konjunktiv II verwendet, um zu sagen, dass jemand etwas haben will *„Mein Sohn möchte zu Weihnachten ein Fahrrad"* **4** **irgendwohin mögen** den Wunsch haben, irgendwohin zu gehen, zu fahren o. Ä. *„Ich mag/möchte jetzt nach Hause!"* **5** Lust haben, etwas zu tun *„Morgen gehen wir in den Zoo. Magst du?"* | *„Schmeckt gut, die Marmelade. Möchtest du auch mal?"* ℹ Als Vollverb ist die Form im Perfekt *gemocht*; als Modalverb zusammen mit einem Infinitiv ist es *mögen*: *Die Kinder haben noch nicht ins Bett gemocht/ins Bett gehen mögen.*

**mög·lich★** *ADJEKTIV* **1** so, dass es getan werden kann ⟨*so bald, gut, schnell wie/als möglich; jemandem etwas möglich machen*⟩ *„Er wollte alles tun, was ihm möglich war, um ihr zu helfen"* **2** so, dass es vielleicht getan wird, geschieht oder existiert ⟨*etwas liegt im Bereich, im Rahmen des Möglichen*⟩ ≈ vorstellbar *„Er ist sicher schon da." – „Schon möglich!"* **3** so, dass etwas richtig ist oder akzeptiert werden kann ⟨*eine Antwort, eine Lösung*⟩ *„Auf diese Frage gibt es mehrere mögliche Antworten"* **4** **alle möglichen Personen/Dinge**; **alles Mögliche** *gesprochen* viele verschiedene Personen oder Dinge *„Sie kennt alle möglichen Leute"* **5** **sein Möglichstes tun** alles tun, was man tun kann

**mög·li·cher·wei·se★** *ADVERB* ≈ vielleicht

die **Mög·lich·keit★** (-, *-en*) **1** etwas, das (theoretisch) sein oder geschehen kann (aber nicht muss) ⟨*es besteht die Möglichkeit, dass …; mit einer Möglichkeit rechnen; an einer Möglichkeit zweifeln*⟩ ↔ Notwendigkeit *„Es besteht die Möglichkeit, dass auf anderen Planeten auch Menschen leben"* **2** **die Möglichkeit (zu +Infinitiv)** eine (günstige) Situation, in der etwas möglich ist ⟨*eine Möglichkeit ergreifen; die, kaum, wenig, keine Möglichkeit haben*⟩ ≈ Gelegenheit *„Es gibt keine Möglichkeit, sein Leben zu retten"* **K** Verdienstmöglichkeiten **3** eine Art, wie man etwas tun kann ≈ Alternative *„Er probierte verschiedene Möglichkeiten, bevor er die richtige Lösung fand"* **4** *nur Plural* die Fähigkeit, etwas zu tun ⟨*die finanziellen, intellektuellen Möglichkeiten*⟩

**mög·lichst★** *ADVERB* **1** **möglichst** *+Adjektiv/Adverb* in dem Maße, wie es unter den jeweiligen Umständen maximal möglich ist *„Er versuchte, die Fragen möglichst schnell zu beantworten"* Er versuchte, die Fragen so schnell wie möglich zu beantworten **2** wenn es möglich ist *„Versuche doch möglichst, heute pünktlich zu kommen"*

der **Mohn** (-s) **1** eine Pflanze mit meist großen roten Blüten. Aus manchen Arten von Mohn kann man Opium gewinnen **K** Mohnblume ℹ Die Blume, die in Europa als Unkraut wächst, ist *Klatschmohn*; Opium wird aus *Schlafmohn* gewonnen **2** die Samenkörner des Mohns ⟨*Mohn mahlen*⟩ *„ein Brötchen mit Mohn bestreuen"* **K** Mohnkuchen

die **Möh·re** (-, *-n*) ≈ Karotte ℹ → Abbildung, S. 196: **Obst und Gemüse**

**moin!**, **Moin! moin(, moin)!**; **Moin(, Moin)!**

als lockere Form der Begrüßung verwendet ≈ hallo, hi

die **Mo·le** (-, -*n*) eine Mauer, welche den Hafen vor den Wellen schützt

das **Mo·le·kül** (-*s*, -*e*) eines der Teilchen, in die man eine Substanz zerlegen kann, ohne dass sie ihre chemischen Eigenschaften verliert, und das aus zwei oder mehr Atomen besteht *„Ein Molekül des Wassers besteht aus zwei Wasserstoffatomen und einem Sauerstoffatom"* **K** Wassermolekül, Zuckermolekül

die **Mol·ke·rei** (-, -*en*) ein Betrieb, der Butter, Käse, Joghurt usw. aus Milch herstellt **K** Molkereiprodukt

das **Moll** (-) Tonarten, die vom zweiten zum dritten Ton Halbtöne haben ↔ Dur **K** Molltonart, Molltonleiter

**mol·lig** *ADJEKTIV; gesprochen* **1** angenehm dick ≈ rundlich *„Im Barock galten mollige Frauen als besonders schön"* **2** weich und warm ⟨*ein Pullover*⟩ **3** angenehm warm *„Hier am Ofen ist es mollig warm"*

der **Mo·ment**[1]★; (-(*e*)*s*, -*e*) **1** ein Zeitpunkt oder ein sehr kurzer Zeitraum ⟨*der entscheidende, richtige Moment; einen Moment warten, zögern, Zeit haben; im letzten Moment*⟩ ≈ Augenblick **2** **im Moment** ≈ jetzt **ID** **Moment (mal)!** **a** *gesprochen* verwendet, um eine plötzliche Idee einzuleiten *„Moment (mal), da fällt mir etwas ein!"* **b** *gesprochen* verwendet, um jemandem zu sagen, dass er etwas nicht tun darf *„He! Moment mal, wo wollen Sie denn hin?"*

das **Mo·ment**[2]★; (-(*e*)*s*, -*e*) etwas, das für ein Geschehen sehr wichtig ist ⟨*das auslösende, entscheidende, treibende Moment*⟩ ≈ Faktor *„Seine Entschuldigung brachte ein versöhnliches Moment in die Diskussion"* **K** Überraschungsmoment, Verdachtsmoment

**mo·men·tan**★ *ADJEKTIV meist attributiv* in der Gegenwart *„Sein momentaner Zustand/Die momentane Lage ist beunruhigend"* | *„Ich kann mich momentan nicht erinnern"*

die **Mo·nar·chie** (-, -*n* [-iːən]) eine Staatsform, in der ein König oder Kaiser herrscht

der **Mo·nat**★ (-*s*, -*e*) **1** einer der zwölf Teile eines Jahres ⟨*der heißeste, schönste, kürzeste Monat im Jahr; die kältesten Monate des Jahres; jeden Monat; im nächsten, letzten, kommenden Monat*⟩ *„Die Miete muss bis zum 3. des Monats gezahlt werden"* **K** Monatslohn, monatelang; Sommermonat ❶ die Monate sind *Januar, Februar,März, April, Mai, Juni, Juli, August, September, Oktober, November, Dezember* **2** ein Zeitraum von (ungefähr) vier Wochen ⟨*in vor, einem Monat; nach zwei Monaten; für mehrere Monate*⟩ *„Seine Tochter ist jetzt drei Monate alt"* **ID** **im dritten/vierten** *usw.* **Monat sein** *gesprochen* seit drei/vier usw. Monaten schwanger sein; **zwei/drei** *usw.* **Monate/Jahre bekommen** *gesprochen* zu zwei/drei usw. Monaten/Jahren Gefängnis verurteilt werden

**-mo·na·tig** *im Adjektiv, unbetont, begrenzt produktiv, meist attributiv* **einmonatig, zweimonatig, dreimonatig** *und andere* die genannte Zahl von Monaten dauernd ⟨*ein Aufenthalt*⟩

**mo·nat·lich**★ *ADJEKTIV meist attributiv* **1** jeden Monat stattfindend, pro Monat *„Sein monatliches Einkommen beträgt dreitausend Euro"* **2** so, dass es einen Monat dauert *„etwas geschieht in monatlichen Abständen"*

der **Mönch** (-*s*, -*e*) ein Mann, welcher der Religion in besonderer Weise das ganze Leben lang dient (z. B. auch nicht heiratet und meist in einem Kloster lebt) ⟨*buddhistische, christliche Mönche*⟩ **K** Mönchsgewand, Mönchskutte; Benediktinermönch

der **Mond**★ (-(*e*)*s*, -*e*) **1** *nur Singular* der große, runde Körper, der sich in 28 Tagen um die Erde dreht und in der Nacht am Himmel zu sehen ist ⟨*zum Mond fliegen*⟩ **K** Mondfähre, Mondlandung, Mondrakete **2** der Mond, wie man ihn zu manchen Zeiten sehen kann ⟨*abnehmender, zunehmender Mond; der Mond geht auf/unter, steht am Himmel; die Scheibe, Sichel des Mondes*⟩ **K** Mondaufgang, Mondsichel; Halbmond, Vollmond **3** etwas, das die Form eines Halbkreises hat

die **Mond·fins·ter·nis** der Vorgang, bei welchem der volle Mond in den Schatten der Erde tritt ⟨*eine partielle, totale Mondfinsternis*⟩

der **Mond·schein** das Licht des Mondes

**mo·nie·ren** (*monierte, hat moniert*) **etwas (an etwas** (*Dativ*)**) monieren** *geschrieben* Fehler an etwas bemerken und tadeln ⟨*eine Rechnung monieren; Mängel monieren*⟩

der **Mo·ni·tor, Mo·ni·tor**★; (-*s*, -*e*/*auch Mo·ni·to·ren*) **1** ein Bildschirm, auf dem man beobachten kann, was eine Kamera filmt *„Die Polizei beobachtet den Verkehr am Monitor"* **K** Monitorüberwachung **2** der Bildschirm eines Computers **K** Farbmonitor

**mo·no** *ADJEKTIV meist prädikativ* nur auf ei-

M

nem Kanal aufgenommen oder zu hören ↔ stereo

der **Mo·no·log** (-s, -e) eine (lange) Rede einer einzelnen Person ohne Partner (vor allem in Theaterstücken oder Filmen) ⟨*einen Monolog halten*⟩

das **Mo·no·pol** (-s, -e) **das Monopol (auf etwas** (*Akkusativ*)**)** Firmen oder Institutionen haben ein Monopol, wenn nur sie eine Ware oder Dienstleistung anbieten (dürfen) *„Die Herstellung und der Verkauf von Zündhölzern war lange Zeit ein staatliches Monopol"* **K** Monopolinhaber, Monopolstellung

**mo·no·ton** *ADJEKTIV* so, dass dasselbe ständig wiederholt wird und somit langweilig ist ⟨*Arbeit, Musik*⟩ ≈ eintönig *„die monotone Arbeit am Fließband"* • *hierzu* **Mo·no·to·nie** *die*

das **Mons·ter** (-s, -) ein Wesen, das jemandem Angst macht (weil es so groß, hässlich oder böse ist) ≈ Ungeheuer **K** Monsterfilm • *hierzu* **mons·ter·haft** *ADJEKTIV*

**monst·rös** *ADJEKTIV* (*monströser, monströsest-*) **1** *geschrieben* mit Eigenschaften eines Monsters **2** viel zu groß und meist auch hässlich *„ein monströses Bauwerk"*

das **Monst·rum** (-s, *Monst·ren*) **1** ≈ Monster **2** **ein Monstrum (von etwas)** *gesprochen* etwas, das viel zu groß und meist auch hässlich ist ⟨*ein Monstrum von einem Koffer, Kasten, Kürbis*⟩

der **Mon·tag**★ (-s, -e) der erste Arbeitstag der Woche ⟨*am Montag; letzten, diesen, nächsten Montag; Montag früh*⟩ **K** Montagabend; montagmittags; Ostermontag, Pfingstmontag ⓘ Abkürzung: *Mo*

die **Mon·ta·ge** [-'taːʒə]; (-, -n) **1** das Montieren *„Bei der Montage der Waschmaschine fehlte ein Schlauch"* **K** Montageanleitung **2** ein Bild o. Ä., das aus verschiedenen Teilen zusammengesetzt wird ⟨*Fotos, Zeitungsausschnitte zu einer Montage zusammenfügen, kleben*⟩ **K** Fotomontage **3** **auf Montage** *gesprochen* längere Zeit von zu Hause weg, um mit der Montage auf einer Baustelle Geld zu verdienen ⟨*auf Montage gehen, sein*⟩

**mon·tags**★ *ADVERB* jeden Montag *„Das Restaurant hat montags Ruhetag"*

der **Mon·teur** [-'tøːɐ̯]; (-s, -e) eine Person, die beruflich etwas montiert • *hierzu* **Mon·teu·rin** [-'tøːrɪn] *die*

**mon·tie·ren** (*montierte, hat montiert*) **1** **etwas montieren** mehrere Teile fest miteinander verbinden, sodass ein fertiges Gerät oder eine Konstruktion entsteht *„am Fließband Autos montieren"* **2** **etwas montieren** etwas meist mit Schrauben an einem Ort befestigen ↔ abmontieren *„einen Gepäckträger (auf das/dem Autodach) montieren"*

das **Mo·nu·ment** (-s, -e) **ein Monument (für jemanden/etwas)** ≈ Denkmal, Mahnmal *„ein Monument für die Opfer des Zweiten Weltkriegs errichten"*

das **Moor** (-s, -e) ein Gebiet mit einem sehr nassen und weichen Boden, auf dem vor allem Gras und Moos wachsen ⟨*im Moor versinken, Torf stechen*⟩ **K** Moorboden, Moorpflanze • *hierzu* **moo·rig** *ADJEKTIV*

das **Moos** (-es, -e) eine Pflanze, die auf feuchtem Boden oder auf Bäumen wächst und dort kleine, grüne Polster bildet *„Der Baumstumpf war von Moos überwachsen"* **K** Moospolster, moosgrün

das **Mo·ped**★ (-s, -s) ein Fahrzeug mit zwei Rädern und einem Motor, das höchstens 40 Kilometer pro Stunde fahren darf ⟨*(ein) Moped fahren*⟩ **K** Mopedfahrer, Mopedführerschein

der **Mops** (-es, *Möp·se*) ein kleiner Hund mit kurzen Haaren und Beinen, einem dicken Körper und einer breiten, flachen Schnauze

**mop·sen** (*mopste, hat gemopst*) **(jemandem) etwas mopsen** *gesprochen* etwas wenig Wertvolles nehmen, was einem nicht gehört *„Wer hat mir meinen Bleistift gemopst?"*

die **Mo·ral**★ (-) **1** die Regeln, die in einer Gesellschaft bestimmen, welches Verhalten eines Menschen als gut und welches als schlecht gilt ⟨*die bürgerliche, christliche, sozialistische Moral; gegen die Moral verstoßen; die Moral verletzen*⟩ ≈ Ethik **K** Moralvorstellungen **2** die Art, wie sich jemand nach den Regeln der Moral richtet ⟨*eine lockere, strenge Moral haben*⟩ *„Er hat eine doppelte Moral: Die Ansprüche, die er an andere stellt, gelten nicht für ihn selbst"*

**mo·ra·lisch**★ *ADJEKTIV* **1** *meist attributiv* in Bezug auf die Moral ⟨*Druck, Zwang, Bedenken, Skrupel*⟩ ≈ sittlich *„Er fühlte sich moralisch dazu verpflichtet, ihr zu helfen"* **2** so, dass man sich an die Regeln der Moral hält ⟨*ein Lebenswandel, ein Verhalten*⟩

der **Mo·rast** (-(e)s, -e/*Mo·räs·te*); *meist Singular* ein Boden, der (meist nach einem starken Regen) sehr nass und weich ist ⟨*im Morast stecken bleiben, versinken*⟩ ≈ Schlamm • *hierzu* **mo·ras·tig** *ADJEKTIV*

der **Mord**★ (-es, -e) **der Mord (an jemandem)**

nach deutschem Recht ist es Mord, wenn man jemanden aus Hass, Eifersucht, Habgier, Grausamkeit oder zur sexuellen Befriedigung absichtlich tötet ⟨*einen Mord begehen, verüben, aufklären*⟩ **K** Mordverdacht, Mordversuch; Massenmord, Raubmord **ID** **Mord und Totschlag** *gesprochen* ein schlimmer, gefährlicher Streit

der **Mör·der**★ (-s, -) eine Person, die einen Mord begangen hat ⟨*der mutmaßliche Mörder*⟩ • *hierzu* **Mör·de·rin** *die*

**mör·de·risch** *ADJEKTIV* **1** so, dass jemand dabei getötet wird/werden soll ⟨*ein Kampf, ein Treiben; in mörderischer Absicht (auf jemanden losgehen)*⟩ **2** in negativer Weise das normale Maß überschreitend ⟨*Gedränge, Geschrei, Hitze, Kälte, Tempo*⟩ ≈ schrecklich *„Es war mörderisch heiß"*

die **Mord·kom·mis·si·on** eine Abteilung der Kriminalpolizei, die sich mit der Aufklärung von Morden beschäftigt

**Mords-** *im Substantiv, betont, sehr produktiv; gesprochen* **der Mordsdurst, das Mordsglück, der Mordskrach, der Mordsspaß, das Mordsspektakel, die Mordswut** *und andere* drückt aus, dass etwas sehr groß, sehr stark oder sehr intensiv ist *„Die Kinder haben einen Mordshunger"*

**mords·mä·ßig** *ADJEKTIV; gesprochen* **1** *meist attributiv* sehr stark, groß oder intensiv *„eine mordsmäßige Wut haben"* **2** verwendet, um Adjektive oder Verben zu verstärken ≈ sehr *„Ich habe ihn mordsmäßig gern"*

**mor·gen**★ *ADVERB* **1** an dem Tag, der auf heute folgt ⟨*morgen Abend, früh, Mittag, Nachmittag; bis, für morgen*⟩ *„Sie hat morgen Geburtstag"* **2** die/in der Zukunft *„die Gesellschaft, die Technik von morgen"* **3** **morgen (in einer Woche, in einem Jahr** *usw.*) am gleichen Tag der Woche/des Monats wie am folgenden Tag, nur eine Woche, ein Jahr usw. später *„Er hat morgen in einem Monat Geburtstag"*

der **Mor·gen**[1]★; (-s, -) **1** die Tageszeit vom Aufgehen der Sonne bis ungefähr 11 Uhr ⟨*ein kühler, strahlender, trüber Morgen; der Morgen bricht an, graut; am (frühen/späten) Morgen; früh/spät am Morgen*⟩ ↔ Abend **K** Morgendämmerung, Morgensonne, Morgenspaziergang; Sonntagmorgen, Wintermorgen **2** am Morgen ⟨*gestern, heute Morgen*⟩ ❶ mit Namen von Wochentagen zusammengeschrieben: *Sie kam Montagmorgen* **3** *historisch* früher als Maß für die Größe eines Feldes oder Gebietes verwendet. Ein Morgen hat etwa 3000 $m^2$ ⟨*ein Morgen Acker, Land*⟩ **4** **Guten Morgen!** verwendet als Gruß am Morgen • *zu* (1) **mor·gend·lich** *ADJEKTIV*

das **Mor·gen**[2]★; (-s) ≈ Zukunft *„Sie glaubte, es gäbe kein Morgen für sie"*

das **Mor·gen·grau·en** (-s) die Zeit kurz vor dem Aufgang der Sonne ≈ Morgendämmerung

**mor·gens**★ *ADVERB* am Morgen ↔ abends

**mor·gi·g-**★ *ADJEKTIV meist attributiv* den Tag betreffend, der auf heute folgt *„Er hat Angst vor dem morgigen Tag"*

das **Mor·phi·um** [-f-]; (-s) ein Schmerzmittel, das aus Opium hergestellt wird und süchtig machen kann ≈ Morphin

**morsch** *ADJEKTIV* (*morscher, morschest-*) durch Feuchtigkeit oder hohes Alter weich und brüchig geworden ⟨*Holz, ein Balken, ein Brett, eine Treppe*⟩

der **Mör·tel** (-s) eine Mischung aus Sand, Zement und Wasser, die beim Bauen die Steine zusammenhält ⟨*den Mörtel anrühren*⟩

das **Mo·sa·ik** (-s, -e/-en) ein Bild oder Muster aus bunten Glasstücken oder kleinen Steinen ⟨*etwas mit einem Mosaik auslegen*⟩ **K** Mosaikbild, Mosaikfußboden; Wandmosaik • *hierzu* **mo·sa·ik·ar·tig** *ADJEKTIV*

die **Mo·schee** (-, -n [-ˈʃeːən]) ein Gebäude, in welchem die Moslems Gott verehren *„Vor dem Betreten einer Moschee muss man die Schuhe ausziehen"*

**mo·sern** (*moserte, hat gemosert*) **(über jemanden/etwas) mosern** *gesprochen* (über jemanden/etwas) nörgeln, meckern

der **Mos·lem** (-s, -s) → Muslim

der **Most** (-(e)s, -e); *meist Singular* **1** ein Saft aus Obst, vor allem aus Trauben **K** Apfelmost **2** *süddeutsch* Ⓐ Ⓒⓗ ein Most, in dem sich schon etwas Alkohol gebildet hat

das **Mo·tel**, **Mo·tel**; (-s, -s) ein Hotel direkt an der Autobahn oder an einer wichtigen Straße

das **Mo·tiv**★ [-f]; (-(e)s, -e) **1** **ein Motiv (für etwas)** ein Grund oder eine Ursache dafür, dass jemand etwas tut ⟨*ein persönliches, politisches, religiöses Motiv*⟩ *„Welches Motiv hatte er für den Mord?"* **K** Tatmotiv **2** etwas, das ein Maler, Fotograf, Bildhauer usw. künstlerisch darstellt ⟨*ein schönes, reizvolles Motiv abgeben*⟩ *„Stillleben sind ein beliebtes Motiv der Malerei"*

**mo·ti·vie·ren** [-v-] (*motivierte, hat motiviert*)

M

**(jemanden) (zu etwas) motivieren** jemanden oder sich selbst zu etwas anregen oder Motive geben, etwas zu tun *„einem Kind eine Belohnung versprechen, um es zum Lernen zu motivieren“* • *hierzu* **Mo·ti·va·ti·on** *die*

der **Mo·tor, Mo·tor★**; (*-s, Mo·to·ren*) eine Maschine, die ein Fahrzeug oder ein Gerät antreibt, in Bewegung setzt ⟨*der Motor springt an, läuft, heult (auf), dröhnt, setzt aus, streikt, stirbt ab; einen Motor anlassen/anwerfen/starten, warm werden lassen, laufen lassen, drosseln, abwürgen, ausstellen/abstellen/ausschalten*⟩ *„Das Taxi wartet mit laufendem Motor vor der Tür“* K Motorboot, Motoröl, Motorsäge, Motorengeräusch; Benzinmotor, Dieselmotor, Elektromotor

die **Mo·tor·hau·be** eine Klappe an einem Auto über dem Motor, die man öffnen kann ⟨*die Motorhaube öffnen, hochklappen, schließen; unter der Motorhaube nachsehen*⟩ ℹ → Abbildung, S. 391: **Das Auto**

**mo·to·ri·siert** *ADJEKTIV* mit einem Auto, Motorrad o. Ä., das man benutzt ⟨*ein Verkehrsteilnehmer*⟩

das **Mo·tor·rad, Mo·tor·rad★** ein Fahrzeug mit zwei Rädern und einem Motor, das sehr schnell fahren kann K Motorradfahrer, Motorradhelm, Motorradrennen

der **Mo·tor·rol·ler** ein Fahrzeug mit zwei (kleinen) Rädern und einem Motor ⟨*(einen) Motorroller fahren*⟩ *„ein flotter italienischer Motorroller“*

die **Mot·te** (*-, -n*) ein kleiner Nachtschmetterling, dessen Raupen oft Stoffe, Wolle usw. fressen ⟨*etwas ist von Motten zerfressen*⟩ K Mottengift, mottenzerfressen

das **Mot·to** (*-s, -s*) ein Gedanke, der meist in einem kurzen Satz formuliert ist, an den man sich hält ⟨*sich (Dativ) etwas als Motto wählen; etwas unter ein bestimmtes Motto stellen*⟩ *„Sie handelt immer nach dem Motto „leben und leben lassen“* | *„Das Seminar steht unter dem Motto „Alternative Energiequellen“*

**mot·zen** (*motzte, hat gemotzt*) **(über etwas** (*Akkusativ*)**) motzen** *gesprochen, abwertend* ≈ schimpfen

das **Moun·tain·bike** ['mauntn̩baik]; (*-s, -s*) ein stabiles Fahrrad mit breiten Reifen und vielen Gängen

die **Mö·we** (*-, -n*) ein Vogel mit meist heller Farbe, der am Meer lebt und Fische oder Abfälle frisst ⟨*eine Möwe kreischt, schreit, umkreist ein Schiff*⟩

**Mrd.** 1 Abkürzung für *Milliarde* 2 Abkürzung für *Milliarden*

die **Mü·cke★** (*-, -n*) ein kleines Insekt mit Flügeln, das am Wasser lebt. Manche Mücken saugen Blut ⟨*von einer Mücke gebissen, gestochen werden*⟩ *„In der Dämmerung tanzen die Mücken“* K Mückenplage, Mückenstich; Stechmücke

die **Mu·cki·bu·de** *gesprochen, humorvoll* ≈ Fitnessstudio

der **Mucks** (*-es, -e*); *meist Singular* **keinen Mucks machen/sagen** *gesprochen* kein Wort sagen und kein Geräusch machen

**mü·de★** *ADJEKTIV* 1 **müde (von etwas)** so, dass eine Person oder ein Tier schlafen will ⟨*zum Umfallen müde sein*⟩ ↔ wach *„Er war so müde, dass er früh ins Bett ging“* 2 so, dass sie nach einer Anstrengung keine Kraft, keine Energie mehr haben ⟨*ein Mensch, ein Tier*⟩ ≈ erschöpft *„Nach der langen Sitzung klang seine Stimme sehr müde“*

die **Mü·dig·keit★** (*-*) der Zustand, in dem man am liebsten schlafen möchte ⟨*bleierne, chronische, große, ständige, wohlige Müdigkeit; vor Müdigkeit einschlafen*⟩

der **Muf·fel** (*-s, -*); *gesprochen, abwertend* eine Person, die unfreundlich ist und oft schlechte Laune hat

der **-muf·fel** (*-s*); *im Substantiv, unbetont, begrenzt produktiv* **Automuffel, Bademuffel, Fußballmuffel, Krawattenmuffel, Modemuffel** *und andere* eine Person, welche das, was im Substantiv erwähnt wird, nicht (tun) mag oder ablehnt *„Karl ist ein echter Tanzmuffel“*

**muf·fig** *ADJEKTIV* ⟨*Luft, ein Keller, Kleidung*⟩ so, dass sie schlecht riechen, weil sie z. B. lange nicht gewaschen oder sauber gemacht worden sind oder mit frischer Luft in Berührung gekommen sind

die **Mü·he★** ['my:ə]; (*-, -n*); *meist Singular* eine große geistige oder körperliche Anstrengung ⟨*etwas bereitet/macht jemandem, kostet jemanden viel, wenig Mühe; sich (Dativ) große Mühe geben; sich (Dativ) die Mühe machen, etwas zu tun*⟩ *„Ich konnte die Schrift nur mit Mühe lesen“* | *„Sie hatte Mühe, nicht einzuschlafen“* • *hierzu* **mü·he·los** *ADJEKTIV*; **mü·he·voll** *ADJEKTIV*

**mu·hen** ['mu:ən] (*muhte, hat gemuht*) **eine Kuh muht** eine Kuh gibt die Laute von sich, die für ihre Art typisch sind • *hierzu* **muh!**

die **Müh·le** (-, -*n*) **1** ein Gerät, mit dem man Getreide, Kaffeebohnen o. Ä. sehr klein machen kann 〈*eine Mühle mit Handbetrieb; etwas durch die Mühle drehen*〉 „*Kaffee mit der Mühle mahlen*" **K** Getreidemühle, Kaffeemühle, Pfeffermühle **2** ein Gebäude, in dem man Mehl macht 〈*die Mühle geht, klappert, steht*〉 „*Getreide zum Mahlen in die Mühle bringen*" **K** Wassermühle, Windmühle

die **Müh·sal** (-, -*e*); *geschrieben* ein Zustand lang anhaltender großer Mühe

**müh·sam**★ *ADJEKTIV* mit viel Mühe oder großer Anstrengung verbunden 〈*etwas in mühsamer Kleinarbeit tun; sich mühsam beherrschen*〉 „*Es ist eine mühsame Arbeit, all die Scherben zu einer Vase zusammenzusetzen*"

**müh·se·lig** *ADJEKTIV; geschrieben* sehr mühsam 〈*eine Arbeit, ein Leben*〉

die **Mul·de** (-, -*n*) eine Stelle, an der eine Fläche etwas nach unten geht 〈*eine flache, kleine Mulde im Boden, im Gelände; in einer Mulde liegen*〉 „*Das Mehl in eine Schüssel schütten und in die Mitte eine Mulde drücken*"

der **Mull** (-*s*) **1** ein dünner, leichter und weicher Stoff aus Baumwolle, der wie ein Netz aussieht **2** ein Stück Stoff, das man zwischen eine Wunde und den Verband legt **K** Mullbinde

der **Müll**★ (-*s*) **1** alle festen Stoffe, die ein Haushalt, ein Betrieb usw. nicht mehr braucht und wegwirft 〈*Müll fällt an, wird abgeholt, wird beseitigt*〉 ≈ Abfall „*Für die Entsorgung von Müll und Abwässern ist die Stadt zuständig*" **K** Müllbeutel, Mülleimer, Müllsack; Atommüll, Hausmüll, Verpackungsmüll **2** **etwas in den Müll tun/werfen** etwas in einen Mülleimer oder eine Mülltonne tun

die **Müll·ab·fuhr** (-) die kommunale Einrichtung, welche den Müll abholt 〈*bei der Müllabfuhr arbeiten, sein*〉

der **Mül·ler** (-*s*, -) eine Person, die beruflich in einer Mühle Getreide mahlt • *hierzu* **Mül·le·rin** *die*

die **Müll·kip·pe** ein Platz, zu dem man den Müll bringen darf 〈*etwas auf die Müllkippe bringen*〉 ≈ Müllhalde

die **Müll·ton·ne** ein großer Behälter für Abfälle

die **Müll·tren·nung** *nur Singular* das Sortieren von Müll nach verschiedenen Stoffen (z. B. Glas, Plastik), um so diese Stoffe wieder neu verwerten zu können

**mul·mig** *ADJEKTIV; gesprochen* von (leichter) Angst erfüllt 〈*jemandem ist/wird mulmig* (*zumute*)*; ein mulmiges Gefühl im Bauch haben*〉 „*Als er tiefer in die finstere Höhle kam, wurde ihm mulmig*"

der **Mul·ti** (-*s*, -*s*); *gesprochen* ein Konzern, der Betriebe in mehreren Ländern hat **K** Medienmulti, Ölmulti

das **Mul·ti·kul·ti** (-*s*); *gesprochen* durch Einwanderung entstehende kulturelle Vielfalt in einem Land 〈*Multikulti als gescheitert ansehen*〉 **i** Dieses Wort wurde zuerst von Personen verwendet, die neue kulturelle Einflüsse begrüßen; das Wort wird aber auch abwertend gebraucht. • *hierzu* **mul·ti·kul·ti** *ADJEKTIV*

**mul·ti·kul·tu·rell** *ADJEKTIV* 〈*eine Gesellschaft*〉 mit Angehörigen mehrerer Kulturen

(das) **Mul·ti·me·dia** (-(*s*)) das gleichzeitige Verwenden und Zusammenwirken mehrerer Medien in einer Veranstaltung oder in einem Computer (z. B. Musik, Grafiken, Filme) **K** Multimediashow

der **Mul·ti·pli·ka·tor** (-*s*, *Mul·ti·pli·ka·to·ren*) eine Zahl, mit der eine andere multipliziert wird

**mul·ti·pli·zie·ren**★ (*multiplizierte, hat multipliziert*) **(etwas mit etwas) multiplizieren** eine Zahl um eine andere vervielfachen ≈ malnehmen ↔ dividieren „*fünf multipliziert mit acht ist* (*gleich*)*/macht vierzig*" 5 × 8 = 40 • *hierzu* **Mul·ti·pli·ka·ti·on** *die*

der **Mul·ti·vi·ta·min·saft** [-v-] ein Saft aus mehreren verschiedenen Obst- oder Gemüsesorten

die **Mu·mie** [-i̯ə]; (-, -*n*) der Körper eines Toten, der durch besondere Methoden vor dem Verfall geschützt worden ist 〈*eine ägyptische, vertrocknete Mumie*〉 • *hierzu* **mu·mi·en·haft** *ADJEKTIV*

der **Mumm** (-*s*); *gesprochen* 〈*Mumm* (*in den Knochen*) *haben; jemandem fehlt der Mumm zu etwas*〉 ≈ Mut

der **Mumps** (-) eine ansteckende Krankheit, bei welcher die Drüsen am Hals sehr dick werden 〈*Mumps haben*〉

der **Mund**★ (-(*e*)*s*, *Mün·der*) mit dem Mund essen, sprechen und küssen wir 〈*ein breiter, großer, lächelnder, sinnlicher, voller, zahnloser Mund; den Mund öffnen/aufmachen, schließen/zumachen, spitzen, verziehen; sich* (*Dativ*) *den Mund abwischen; aus dem Mund riechen; etwas in den Mund nehmen, schieben, stecken*〉 **K** Mundgeruch **i** → Abbildung, S. 294: **Der Körper**; Tiere haben ein *Maul*, Vögel einen *Schnabel*. **ID** **Halt (endlich) den Mund!** *ge-*

*sprochen, abwertend* verwendet, um jemanden ungeduldig aufzufordern zu schweigen; **sich** (*Dativ*) **den Mund verbrennen** etwas sagen und deshalb Nachteile haben; **nicht auf den Mund gefallen sein** in jeder Situation eine passende Antwort haben; **jemand/etwas ist in aller Munde** eine Person oder Sache ist so bekannt, dass man oft über sie spricht; **mit offenem Mund** staunend ⟨*dastehen, zuhören*⟩; **jemandem über den Mund fahren** jemanden aggressiv beim Reden unterbrechen

die **Mund·art** eine Variante einer Sprache, die nur in einer begrenzten Region gesprochen wird ⟨*Mundart sprechen*⟩ ≈ Dialekt **K** Mundartdichter, Mundartsprecher • *hierzu* **mund·art·lich** *ADJEKTIV*

**mün·den** (*mündete, hat/ist gemündet*) **etwas mündet in etwas** (*Akkusativ*) etwas geht in etwas anderes über *„Der Rhein mündet in die Nordsee"*

die **Mund·har·mo·ni·ka** ein kleines Musikinstrument, in das man bläst und das man dabei vor dem Mund hin- und herbewegt ⟨*Mundharmonika spielen*⟩

M

**mün·dig** *ADJEKTIV* **1** *meist prädikativ* ⟨*ein junger Mann, eine junge Frau*⟩ so alt, dass sie vor dem Gesetz als Erwachsene gelten *„In der Bundesrepublik Deutschland wird man mit achtzehn Jahren mündig"* **2** fähig, selbstständig vernünftige Entscheidungen zu treffen ⟨*ein Bürger*⟩ ↔ unmündig *„Als mündiger Mensch lässt man sich nicht manipulieren"*

**münd·lich★** *ADJEKTIV* gesprochen und nicht geschrieben ⟨*eine Prüfung; etwas mündlich vereinbaren*⟩

die **Mün·dung** (-, *-en*) die Stelle, an der ein Fluss o. Ä. in ein anderes Gewässer fließt *„An der Mündung teilt sich der Fluss in ein Delta"* **K** Flussmündung

der **Mund·win·kel** eine der zwei Stellen, an denen die obere und die untere Lippe zusammenkommen ⟨*hängende Mundwinkel haben; jemandes Mundwinkel zucken*⟩

die **Mu·ni·ti·on★** [-'tsi̯oːn]; (-, *-en*); *meist Singular* **1** Sprengstoffe (vor allem Bomben und Minen) und Kugeln, Patronen o. Ä. für Waffen ⟨*die Munition verschießen; die Munition geht aus*⟩ **K** Munitionslager **2** **scharfe Munition** Munition, die nicht für das Üben, sondern für das Kämpfen bestimmt ist

**mun·keln** (*munkelte, hat gemunkelt*) **(etwas) (über jemanden) munkeln** Dinge über andere Leute erzählen, die man oft nicht sicher weiß *„Im Dorf wird schon lange über ihn und seine Freundinnen gemunkelt"* **i** Als Objekt steht entweder ein *dass* -Satz oder ein Pronomen wie *viel, allerhand,einiges*.

das **Müns·ter** (*-s*, -) eine große Kirche, die zu einem Kloster (oder einer Diözese) gehört *„das Ulmer Münster"*

**mun·ter★** *ADJEKTIV* **1** lebhaft und voll Energie ⟨*ein Baby, ein Kind, ein Tier*⟩ **2** fröhlich, heiter ⟨*ein Augenzwinkern, ein Lied, ein Mensch*⟩ **3** *meist prädikativ* wach, nicht schläfrig ⟨*munter werden, sein, bleiben; jemanden munter machen, halten*⟩ ↔ müde **4** *meist prädikativ* in guter körperlicher Verfassung ⟨*gesund und munter sein*⟩ ↔ krank • *zu* (1 – 3) **Mun·ter·keit** *die*

**mun·ter·ma·chen** ≈ munter machen

die **Mün·ze★** (-, *-n*) Münzen aus Metall sind flach, meist rund und werden als Geld benutzt ⟨*eine antike, ausländische Münze; Münzen prägen, in Umlauf bringen, sammeln*⟩ ≈ Geldstück ↔ Banknote *„Der Bettler hatte ein paar Münzen im Hut"* **K** Münztelefon; Goldmünze

**mür·be** *ADJEKTIV* **1** so, dass es leicht in mehrere Teile zerfällt, weil es sehr alt ist ⟨*Holz, Leder, ein Stoff*⟩ **2** leicht zu kauen ⟨*ein Braten, das Fleisch, ein Steak; etwas mürbe klopfen*⟩ ≈ zart ↔ zäh **3** *meist prädikativ* nach ziemlich langem Widerstand bereit nachzugeben oder aufzugeben *„Er bettelte so lange, bis ich ganz mürbe war"*

**mür·be·ma·chen** (*machte mürbe, hat mürbegemacht*) **jemanden mürbemachen** so lange auf eine Person wirken, bis sie bereit ist, den Widerstand aufzugeben *„Das Weinen des Kindes machte ihn schließlich so mürbe, dass er das Spielzeug doch noch kaufte"*

der **Mür·be·teig**, **Mürb·teig** ein Kuchenteig, der nach dem Backen relativ hart ist und leicht zu Krümeln zerbricht ⟨*Kekse, ein Tortenboden aus Mürbeteig*⟩

der **Murks** (*-es*); *gesprochen, abwertend* etwas, bei dem jemand Fehler gemacht hat ⟨*etwas ist Murks; Murks bauen/machen/produzieren*⟩ • *hierzu* **murk·sen** (*hat*)

die **Mur·mel** (-, *-n*) eine kleine, bunte Kugel meist aus Glas, mit der Kinder spielen

**mur·meln** (*murmelte, hat gemurmelt*) **(etwas) murmeln** etwas sehr leise und undeutlich sagen ⟨*eine Entschuldigung, ein Gebet, einen Gruß murmeln*⟩ *„leise vor sich hin murmeln"*

**mur·ren** *(murrte, hat gemurrt)* **(über etwas** *(Akkusativ)*) **murren** über etwas schimpfen oder mit etwas nicht einverstanden sein *„über eine Strafe murren"* | *„etwas ohne Murren akzeptieren/ertragen"*

**mür·risch** *ADJEKTIV* mit schlechter Laune, unfreundlich und abweisend 〈*ein mürrisches Gesicht machen*〉

das **Mus** *(-es, -e)*; *meist Singular* eine weiche Masse meist aus gekochtem (oder zerdrücktem) Obst *„Bananen zu Mus zerdrücken"* **K** Apfelmus, Pflaumenmus

die **Mu·schel★** *(-, -n)* **1** ein Weichtier, das im Wasser lebt und durch eine harte Schale geschützt ist 〈*nach Muscheln tauchen; Muscheln essen*〉 *„Die Auster ist eine Muschel, in der man manchmal Perlen findet"* **K** Muschelschale **2** die Schale einer Muschel 〈*Muscheln sammeln, suchen*〉 **K** Muschelsammlung

das **Mu·se·um★** *(-s, Mu·se·en* [-'ze:(ə)n]) ein Gebäude, in dem (künstlerisch oder historisch) interessante Objekte aufbewahrt und ausgestellt werden 〈*ein naturkundliches, technisches Museum; ins Museum gehen*〉 *„Im Museum für moderne Kunst ist zurzeit eine Ausstellung über experimentelle Fotografie zu sehen"* **K** Museumsaufseher, Museumsführer, Museumskatalog; Naturkundemuseum

die **Mu·sik★** *(-, -en)* **1** *meist Singular* Töne, die rhythmisch zu Melodien angeordnet sind 〈*leise, gedämpfte, untermalende, elektronische, instrumentale, ernste, geistliche, klassische, moderne Musik; Musik machen, spielen, hören*〉 *„Das Orchester spielt Musik von Mozart"* **K** Musikinstrument; Blasmusik, Volksmusik, Kirchenmusik **2** *ohne Artikel, nur in dieser Form* ein Fach in der Schule, in dem Musik unterrichtet wird **K** Musiklehrer

**mu·si·ka·lisch★** *ADJEKTIV* **1** mit einer Begabung für Musik 〈*ein Kind, ein Mensch*〉 **2** *meist attributiv* in Bezug auf Musik 〈*ein Genie, ein Genuss, ein Talent*〉

der **Mu·si·kant** *(-en, -en)* ein Musiker, der Tanz- oder Volksmusik spielt **K** Dorfmusikant, Straßenmusikant **i** *der Musikant; den, dem, des Musikanten* • *hierzu* **Mu·si·kan·tin** *die*

der **Mu·si·ker★** *(-s, -)* eine Person, die (meist beruflich) ein Instrument spielt *„Die Musiker setzten sich auf ihre Plätze und begannen zu spielen"* **K** Berufsmusiker, Hobbymusiker • *hierzu* **Mu·si·ke·rin** *die*

**mu·sisch** *ADJEKTIV meist attributiv* **1** in Bezug auf die Kunst 〈*eine Begabung, die Erziehung*〉 **2** mit einer Begabung für Kunst 〈*ein Mensch*〉

**mu·si·zie·ren★** *(musizierte, hat musiziert)* auf einem Instrument Musik machen, spielen 〈*im Familienkreis, miteinander musizieren*〉

der **Mus·kel★** *(-s, -n)*; *meist Plural* **1** einer der elastischen Teile des Körpers bei Mensch und Tier, der sich zusammenziehen kann, um einen Teil des Körpers oder ein Organ zu bewegen 〈*kräftige, starke, schlaffe Muskeln; einen Muskel anspannen; sich* (*Dativ*) *einen Muskel zerren*〉 **K** Muskelkraft, Muskelzerrung; Beinmuskel **2** **Muskeln haben** vor allem in den Armen viel Kraft haben

der **Mus·kel·ka·ter** *(-s)* der Schmerz, den man spürt, wenn man Muskeln bewegt, die man (meist am Tag zuvor) zu stark belastet hat 〈(*einen*) *Muskelkater haben*〉 *„Von der Bergtour hat er (einen) Muskelkater in den Beinen"*

die **Mus·ku·la·tur** *(-, -en)* die Muskeln eines Körpers oder eines Körperteils 〈*eine kräftige Muskulatur haben*〉 **K** Bauchmuskulatur, Beinmuskulatur, Rückenmuskulatur

**mus·ku·lös** *ADJEKTIV* (*muskulöser, muskulösest-*) mit kräftigen Muskeln 〈*Arme, Beine, ein Mensch, eine Statur*〉

das **Müs·li** *(-s, -s)* eine Mischung aus Haferflocken, Rosinen, gemahlenen Nüssen usw., die man mit Obst und Milch o. Ä. zum Frühstück isst

der **Mus·lim** *(-s, -s/Mus·li·me)* eine Person, deren Religion dem Koran des Propheten Mohammed folgt • *hierzu* **Mus·li·ma** *die*, **Mus·li·min** *die*; **mus·li·misch** *ADJEKTIV*

**muss** *Präsens, 1. und 3. Person Singular* → müssen

das **Muss** *nur in dieser Form* **etwas ist ein (absolutes) Muss** etwas, das man unbedingt tun, erleben oder haben sollte, was nicht fehlen sollte *„Diese Ausstellung ist ein Muss für alle Freunde moderner Malerei"*

die **Mu·ße** *(-)* **die Muße (für/zu etwas)** die Zeit und Ruhe, die nötig ist, um sich ohne Hast mit etwas zu beschäftigen oder das zu tun, für was man sich interessiert 〈*genügend, keine Muße haben; jemandem fehlt die Muße*〉 *„Er findet nie Zeit und Muße, in ein Konzert zu gehen"* | *„Zum Lesen fehlt ihm die Muße"* **K** Mußestunde

**müs·sen**[1]**★** *(musste, hat müssen)*; *Modalverb* **1** *Infinitiv* + **müssen** jemand hat den Auftrag, Befehl oder die Pflicht, etwas zu tun *„Du musst* *nicht mitkommen, wenn du nicht magst"* **2** *Infinitiv* + **müssen** etwas ist notwendig *„Ich muss jeden Tag 80 Kilometer zur Arbeit fahren"* **3** *Infinitiv* + **müssen** man hält etwas für angebracht oder wünschenswert *„Ich müsste dringend abnehmen"* | *„So einen schönen Tag muss man einfach genießen!"* **4** *Infinitiv* + **müssen** jemand kann nicht anders handeln *„Als sie ihn sah, musste sie einfach lachen"* **5** *Infinitiv* + **müssen** jemand ist zu etwas gezwungen *„Ich musste die ganze Zeit draußen warten"* **6** *Infinitiv* + **müssen** drückt eine Vermutung aus *„Er muss weit über 80 sein"* **ⓘ** Mit dem Konjunktiv II drückt man aus, dass man sich ziemlich sicher ist, recht zu haben: *Wenn ich richtig gerechnet habe, müssten wir noch 250 Euro haben* **7** *Infinitiv* + **müsste(n)** verwendet, um zu sagen, dass ein Wunsch nicht erfüllt werden kann *„Ist das schön heute! So müsste es immer sein!"* **8** *Infinitiv* + **müssen** verwendet, um Ärger auszudrücken *„Muss es denn ausgerechnet jetzt regnen?"*

**müs·sen**[2]★ (*musste, hat gemusst*) **1** **(etwas) müssen**; **mal müssen** *Kindersprache* das Bedürfnis haben, den Darm oder die Blase zu leeren ⟨*Aa, Pipi, groß, klein müssen*⟩ **2** **jemand muss irgendwohin** irgendwohin gehen, fahren o. Ä. müssen *„Musst du heute ins Büro?"* **3** **etwas muss irgendwohin** etwas muss an einen Ort gebracht werden *„Der Brief muss zur Post"*

**mü·ßig** *ADJEKTIV; geschrieben* **1** ohne (sinnvolle) Tätigkeit ⟨*müßig dastehen, herumsitzen*⟩ ≈ faul *„anderen Leuten müßig bei der Arbeit zusehen"* **2** ohne Nutzen und Sinn ⟨*eine Frage, ein Gedanke*⟩ *„Da sie ja doch tut, was sie will, ist es müßig, ihr Ratschläge zu geben"* • *hierzu* **Mü·ßig·keit** *die*

**mus·te** *Präteritum, 1. und 3. Person Singular* → müssen

das **Mus·ter**★ (*-s, -*) **1** eine Kombination oder Reihenfolge von Farben, Zeichen usw., die sich wiederholt (meist als Verzierung einer Oberfläche) ⟨*ein auffälliges, buntes, (un)regelmäßiges Muster; ein Muster aus Farben, Karos, Streifen; das Muster eines Kleides, eines Stoffes; ein Muster entwerfen*⟩ *„Der Teppich hat ein Muster aus orientalischen Ornamenten"* **K** Blumenmuster, Strickmuster, Tapetenmuster **2** **ein Muster** (+ *Genitiv*/**von etwas**) eine kleine Menge eines Materials oder ein Exemplar einer Sache, die dazu dienen zu zeigen, wie das Material/etwas ist ⟨*ein Muster anfordern; sich* (*Dativ*) (*ein*) *Muster zeigen lassen*⟩ ≈ Warenprobe *„In diesem Katalog finden Sie Muster der Möbelstoffe, in denen das Sofa lieferbar ist"* **K** Musterbuch, Musterstück; Stoffmuster, Warenmuster **3** die Art, wie etwas (immer wieder) geschieht, abläuft ⟨*etwas läuft nach einem (bestimmten, festen) Muster ab; einem Muster folgen*⟩ ≈ Schema **K** Handlungsmuster, Verhaltensmuster **4** **ein Muster (für etwas)** etwas, das so gestaltet ist, dass es (gut und richtig ist und) nachgeahmt werden kann ≈ Vorlage *„Hier hast du ein Muster, nach dem du deine Geschäftsbriefe verfassen kannst"* **K** Musterbrief **5** eine schriftliche Anleitung, nach der man etwas nähen, stricken usw. kann *„Ich habe diesen Pullover nach einem Muster aus einer Zeitschrift gestrickt"* **K** Schnittmuster, Strickmuster

**mus·ter·gül·tig** *ADJEKTIV* so korrekt und ohne Fehler, dass jemand/etwas ein Vorbild ist ⟨*ein Schüler, ein Benehmen, eine Ordnung*⟩

**mus·tern** (*musterte, hat gemustert*) **jemanden/etwas mustern** eine Person oder Sache aufmerksam betrachten, um sie richtig beurteilen zu können ⟨*jemanden/etwas kritisch, misstrauisch, neugierig, verstohlen mustern*⟩

der **Mut**★ (*-(e)s*) **1** **der Mut (für/zu etwas)** die Eigenschaft oder Bereitschaft, etwas zu tun, das gefährlich ist oder sein kann ⟨*(den) Mut haben, etwas zu tun; Mut beweisen; all seinen Mut zusammennehmen; den Mut verlieren*⟩ *„Es gehört Mut dazu, Löwen zu dressieren"* **2** Optimismus und das Vertrauen darauf, dass etwas gut oder wieder besser wird ⟨*(neuen) Mut fassen; jemandem Mut geben, machen; den Mut sinken lassen*⟩ ≈ Zuversicht *„Als sie vor Trauer fast verzweifelte, sprach er ihr Mut zu"* • *zu* (2) **mut·los** *ADJEKTIV*

**mu·tig**★ *ADJEKTIV* mit viel Mut und ohne Angst ⟨*ein Mensch, eine Tat, ein Wort; mutig für jemanden/etwas eintreten*⟩ *„Es war sehr mutig von ihm, diese unpopuläre Entscheidung zu treffen"*

die **Mut·pro·be** eine Handlung, mit der eine Person beweisen soll, dass sie Mut hat ⟨*eine Mutprobe ablegen, bestehen, machen*⟩

die **Mut·ter**[1]★; (*-, Müt·ter*) **1** eine Frau, die ein Kind geboren hat ⟨*jemandes leibliche Mutter; wie eine Mutter zu jemandem sein*⟩ *„Sie ist Mutter von zwei Kindern"* **K** Mutterliebe, Mutterrolle **2** eine Frau, die Kinder so versorgt, als

M

wäre sie ihre Mutter *„Er bekam eine neue Mutter, als sein Vater wieder heiratete"* **K** Pflegemutter, Stiefmutter **3** ein weibliches Tier, das Junge hat *„Katzen sind gute Mütter"* **K** Muttertier; Hundemutter, Vogelmutter **4** **die Mutter Gottes** (in der christlichen Religion) Maria, die Mutter von Jesus Christus oder ein Abbild von ihr **K** Muttergottes

die **Mụt·ter**[2]★; (-, *-n*) ein kleines Stück Metall mit sechs Ecken und einem runden Loch (mit Gewinde), das auf eine Schraube geschraubt wird, um diese zu befestigen ⟨*eine Mutter festschrauben, lösen, abschrauben*⟩ **K** Schraubenmutter

**mụ̈t·ter·lich** *ADJEKTIV* **1** *meist attributiv* zu einer Mutter gehörig **2** wie eine Mutter ⟨*mütterlich aussehen, wirken, für jemanden sorgen*⟩

die **Mụt·ter·milch** die Milch, die nach der Geburt eines Kindes in der Brust einer Frau entsteht

die **Mụt·ter·schaft** (-, *-en*); *meist Singular* der Zustand, Mutter zu sein

der **Mụt·ter·schutz** **1** alle Gesetze, mit denen Frauen, die im Beruf sind, vor und nach der Geburt ihres Babys vor Nachteilen geschützt werden sollen **2** eine Zeit, in der eine Frau wegen der Geburt ihres Babys ihren Beruf nicht ausübt

die **Mụt·ter·spra·che** die Sprache, die ein Kind lernt, wenn es zu sprechen beginnt *„Die meisten Österreicher haben Deutsch als Muttersprache"* • *hierzu* **mụt·ter·sprach·lich** *ADJEKTIV*

der **Mụt·ter·tag** der zweite Sonntag im Mai, an dem viele Kinder ihrer Mutter Karten mit Gedichten schenken, die sie im Kindergarten oder in der Schule gebastelt haben, und im Haushalt helfen

die **Mụt·ti** (-, *-s*); *gesprochen Kindersprache* eine liebevolle Bezeichnung oder Anrede für die Mutter *„Hallo Mutti!"*

**mu̲t·wil·lig** *ADJEKTIV* bewusst und mit (böser) Absicht ⟨*eine Beschädigung; jemandem mutwillig schaden, wehtun*⟩

die **Mụ̈t·ze**★ (-, *-n*) Mützen sind aus Wolle oder Stoff; man trägt sie auf dem Kopf, besonders als Schutz vor Kälte ⟨*eine warme Mütze; eine Mütze aufsetzen, abnehmen, vom Kopf ziehen; eine Mütze stricken*⟩ *„Weil der Wind so stark wehte, zog er sich die Mütze tief in die Stirn"* **K** Wollmütze

**MwSt, MWSt** Abkürzung für *Mehrwertsteuer*

**mys·te·ri·ö̲s** *ADJEKTIV* (*mysteriöser, mysteriösest-*) ⟨*ein Blick, ein Mensch, ein Vorfall*⟩ so, dass man sie sich nicht erklären kann *„Sie ist unter mysteriösen Umständen umgekommen"*

die **My·tho·lo·gi̲e** (-, *-n* [-'giːən]); *geschrieben* alle Mythen (eines Volkes) ⟨*die antike, griechische Mythologie*⟩ ≈ Sage • *hierzu* **my·tho·lo̲·gisch** *ADJEKTIV*

der **My·thos** ['myːtɔs]; (-, *My·then*) **1** eine sehr alte Geschichte, die meist religiöse oder magische Vorstellungen enthält ≈ Sage *„der Mythos von der Erschaffung der Welt"* **2** eine Vorstellung (von einer Person, einer Sache, einer Situation usw.), die meist sehr positiv ist, aber in Wirklichkeit oft anders ist ≈ Legende *„der Mythos von der Tüchtigkeit der Deutschen"* • *hierzu* **my·thisch** ['myː-] *ADJEKTIV*

# N

das **N, n** [ɛn]; (-, *-/gesprochen auch -s*) der vierzehnte Buchstabe des Alphabets ⟨*ein großes N; ein kleines n*⟩

**nạ!**★ **1** verwendet, um eine Frage auszudrücken oder einzuleiten *„Na (wie gehts)?"* | *„Na, bist du bald fertig?"* **2** verwendet, um eine Aufforderung oder Feststellung einzuleiten und Ärger oder Ungeduld auszudrücken *„Na endlich!"* **3** **Na, na(, na)!** verwendet, um jemandes Handlung oder Worte (auch im Scherz) zu kritisieren *„Na, na, na, das tut man aber nicht!"* **4** **Na 'also!**; **Na 'bitte!** verwendet, um zu sagen, dass man schon längere Zeit darauf gewartet hat, dass jemand etwas tut, einsieht o. Ä. *„Na also, warum nicht gleich so!"* **5** **na 'gut**; **na 'ja**; **na 'schön** verwendet, um zu sagen, dass man etwas akzeptiert, obwohl man etwas anderes lieber getan oder gehabt hätte *„Na gut, dann bleibe ich eben hier"* **6** **Na 'so was!** verwendet, um Erstaunen auszudrücken **7** **Na 'und?** verwendet, um auf unhöfliche Weise zu sagen, dass einen etwas nicht interessiert **8** **Na, 'warte!** verwendet, um jemandem zu drohen

die **Na̲·be** (-, *-n*) das kurze Rohr in der Mitte eines Rades, durch welches die Achse geht **K** Radnabe

der **Na̲·bel** (-s, -) die kleine runde und meist vertiefte Stelle am Bauch des Menschen **K**

N

Bauchnabel ℹ → Abbildung, S. 294: **Der Körper**

die **Na·bel·schnur** über die Nabelschnur bekommt der Embryo im dem Bauch der Mutter die Nahrung ⟨*die Nabelschnur durchtrennen*⟩

**nach★** *PRÄPOSITION mit Dativ* ZEIT: **1** später als der genannte Zeitpunkt oder Vorgang ↔ vor *„Schon wenige Minuten nach dem Unfall war die Polizei da"* **2** *gesprochen* nennt die Zahl der Minuten, die zur genannten Uhrzeit noch hinzukommen ↔ vor *„Gut, dann treffen wir uns (um) Viertel nach acht am Brunnen"* ℹ nur mit Angaben zur vollen oder halben Stunde verwendet RICHTUNG: **3** in die genannte Richtung ↔ von *„von Osten nach Westen reisen"* | *„nach einer Fliege schlagen"* ℹ Ist das Ziel eine Person, wird *zu* verwendet: *zu Peter, zu den Großeltern fahren*; ist das Ziel ein Land oder eine Gegend (mit Artikel), wird *in* verwendet: *in den Iran fliegen; in die Bretagne, in die Toskana fahren*; ist das Ziel eine Insel mit Artikel, verwendet man *auf* (+ *Akkusativ*): *auf die Kanarischen Inseln fliegen*; ist das Ziel ein Fluss, See oder Meer, verwendet man *an* (+ *Akkusativ*) oder *zu*: *an die/zur Nordsee fahren* REIHENFOLGE: **4** eine Person oder Sache ist in einer Reihenfolge der/die/das Nächste ↔ vor *„Nach dem Mont Blanc ist der Monte Rosa der höchste Berg Europas"* ZIEL: **5** nennt das Ziel einer Handlung oder eines Gefühls *„die Suche nach Erdöl"* | *„sich nach jemandem sehnen"* ZUORDNUNG, ENTSPRECHUNG: **6** drückt aus, dass jemand etwas gesagt oder geschrieben hat *„einen Vers frei nach Goethe zitieren"* **7** so zubereitet, wie es irgendwo oder bei jemandem üblich ist *„Fischfilet nach Marseiller Art"* **8** was man sieht, hört usw. ist der Grund für eine Vermutung oder erinnert an etwas *„Die Wolken sehen ganz nach einem Gewitter aus"* Es wird wohl ein Gewitter geben | *„Die Seife riecht nach Flieder"* so ähnlich wie Flieder **9** **nach etwas**; **etwas nach** wie es der genannten Sache entspricht *„sich der Größe nach aufstellen"* **ID** **nach und nach** im Laufe der Zeit, allmählich *„die Schulden nach und nach abbezahlen"*; **nach wie vor** noch immer; **(Bitte) nach Ihnen!** verwendet, um jemandem höflich zu sagen, dass er etwas als Erster tun kann

**nach-★** (*im Verb, betont und trennbar, sehr produktiv; Diese Verben werden so gebildet: nachgehen, ging nach, nachgegangen*) **1** **jemandem/etwas nachfahren, nachlaufen**; **jemandem etwas nachrufen, nachwerfen** *und andere* drückt aus, dass das Ziel einer Handlung sich räumlich oder zeitlich schon vom Handelnden entfernt hat *„Die Kinder rannten der Katze nach"* Die Katze rannte weg und die Kinder rannten hinterher **2** **etwas nachspülen, nachrechnen**; **jemanden nachbehandeln, nachuntersuchen** *und andere* drückt aus, dass etwas ein zweites Mal geschieht, oft um das Ergebnis zu prüfen oder zu verbessern *„Bevor er die Rechnung abschickte, rechnete er das Ergebnis nach"* Er rechnete noch einmal, um zu prüfen, ob das Ergebnis richtig war **3** **etwas nachbauen, nacherzählen, nachmalen, nachsprechen** *und andere* drückt aus, dass sich eine Person an einem Vorbild oder Original orientiert, das sie imitieren will *„Der Lehrer sagte einen Satz, und die Schüler sprachen ihn nach"* Die Schüler wiederholten den Satz so, wie der Lehrer ihn gesagt hatte **4** **etwas nachbereiten, nachholen**; **(etwas) nachfeiern, nachlernen** *und andere* drückt aus, dass man etwas später (als erwartet oder üblich) tut *„Sie löste die Fahrkarte im Zug nach"* Sie kaufte die Fahrkarte erst im Zug **5** **etwas wirkt/hallt/klingt nach** drückt aus, dass etwas nach dem eigentlichen oder geplanten Ende noch weitergeht *„Die Narkose wirkte noch nach und er fühlte sich ziemlich benommen"* **6** **nachdenken, nachforschen, nachfragen**; **etwas nachlesen** *und andere* drückt aus, dass man etwas intensiv und gründlich tut

**nach·ah·men★** (*ahmte nach, hat nachgeahmt*) **jemanden/etwas nachahmen** sich mit Absicht so verhalten, dass es einer Person oder einer Sache (ganz oder zum Teil) sehr ähnlich ist ≈ imitieren *„einen Politiker/das Bellen eines Hundes nachahmen"* • *hierzu* **Nach·ah·mung** *die*; **Nach·ah·mer** *der*

der **Nach·bar★** (*-n/-s, -n*) **1** eine Person, die direkt neben einer anderen Person oder in deren Nähe wohnt ⟨*einen neuen Nachbarn bekommen; jemandes Nachbar werden*⟩ **K** Zimmernachbar **2** eine Person, neben der man z. B. im Konzert, im Kino oder in der Schule sitzt oder steht **K** Banknachbar • *hierzu* **Nach·ba·rin** *die*

die **Nach·bar·schaft★** (-) **1** alle Personen, die direkt neben einer anderen Person oder in deren Nähe wohnen *„Die ganze Nachbarschaft spricht schon von dem Unfall"* **2** das Gebiet in der (näheren) Umgebung von jemandem/etwas ≈ Nähe *„In unserer Nachbarschaft gibt es eine*

N

*Schule und ein Krankenhaus"* **3** die Beziehungen zwischen den Nachbarn ⟨*gute Nachbarschaft halten*⟩ **K** Nachbarschaftshilfe • *zu* (3)

**nach·bar·schaft·lich** *ADJEKTIV*

**nach·bes·sern** (*hat*) **etwas nachbessern** etwas (noch einmal) bearbeiten, um es besser zu machen ≈ korrigieren • *hierzu* **Nach·bes·se·rung** *die*

**nach·be·stel·len** (*bestellte nach, hat nachbestellt*) **(etwas) nachbestellen** eine Ware (bei Bedarf) noch einmal bestellen *„Für dieses Service können Sie auch einzelne Teile nachbestellen"*

**nach·boh·ren** (*hat*) durch wiederholtes Fragen versuchen, von jemandem eine Antwort zu bekommen *„Er will mir nicht die Wahrheit sagen. Da muss ich noch nachbohren!"*

**nach·dem**★ *BINDEWORT* **1** (*meist mit einem Verb im Plusquamperfekt*) so, dass die Handlung des Nebensatzes schon beendet ist, wenn die Handlung des Hauptsatzes beginnt *„Nachdem er gegessen hatte, schaute er noch ein wenig fern"* **2** *gesprochen* verwendet, um den Grund für etwas zu nennen ≈ weil *„Nachdem ich nicht da war, kann ich nichts dazu sagen"*

**nach·den·ken**★ (*hat*) **(über jemanden/etwas) nachdenken** sich eine Situation vorstellen und dabei an wichtige Einzelheiten oder Probleme denken ⟨*angestrengt, scharf nachdenken*⟩ *„Ich muss erst mal darüber nachdenken!"*

**nach·denk·lich** *ADJEKTIV* **1** ⟨*ein Mensch*⟩ oft in Gedanken vertieft **2** so, dass sich zeigt, dass die betroffene Person gerade über etwas nachdenkt *„ein nachdenkliches Gesicht machen"*

der **Nach·druck**[1]★; (-(*e*)*s*, -*e*) die unveränderte (zweite usw.) Ausgabe eines Buches o. Ä.

der **Nach·druck**[2]★; (-(*e*)*s*) die Mittel (sprachliche oder andere), mit denen man deutlich macht, dass man etwas für sehr wichtig hält ⟨*etwas mit Nachdruck verlangen, fordern, sagen, erklären; mit Nachdruck auf etwas hinweisen*⟩ *„Ich spreche mich mit allem Nachdruck für ein Verbot von Atomwaffen aus"*

**nach·drück·lich** *ADJEKTIV* mit Nachdruck ⟨*eine Forderung, eine Drohung; jemanden nachdrücklich warnen; (jemanden) nachdrücklich auf etwas (Akkusativ) hinweisen*⟩

**nach·ei·fern** (*eiferte nach, hat nachgeeifert*) **jemandem (in etwas** (*Dativ*)**) nacheifern** versuchen, etwas genauso zu machen oder so zu werden wie eine Person, die man als Vorbild hat *„dem großen Bruder nacheifern"*

**nach·ei·nan·der**, **nach·ei·nan·der**★ *ADVERB* eine Person/Sache nach der anderen, in kurzen (zeitlichen oder räumlichen) Abständen ↔ gleichzeitig *„Kurz nacheinander landeten vier Flugzeuge"*

die **Nach|er·zäh·lung** ein Text, in welchem der Inhalt einer Geschichte noch einmal erzählt wird (meist als sprachliche Übung in der Schule) ⟨*eine Nacherzählung machen, schreiben*⟩

die **Nach·fol·ge** *nur Singular* das Übernehmen der Arbeit oder der Funktion einer anderen Person ⟨*die Nachfolge regeln; jemandes Nachfolge antreten*⟩ *„Nach dem plötzlichen Tod des Präsidenten gab es Streit um dessen Nachfolge"* **K** Nachfolgeorganisation, Nachfolgeregelung • *hierzu* **Nach·fol·ger** *der*; **Nach·fol·ge·rin** *die*

**nach·fol·gen** (*ist*) **1** **jemandem nachfolgen** einer Person folgen, um sie einzuholen oder (später) an denselben Ort zu kommen *„Er fliegt schon morgen, und die Familie folgt ihm dann später nach"* **2** **jemandem nachfolgen** die Arbeit und Funktion einer anderen Person übernehmen ⟨*jemandem im Amt nachfolgen*⟩

**nach·for·dern** (*hat*) **etwas nachfordern** etwas zusätzlich oder nachträglich fordern, verlangen oder bestellen, weil man (nicht genug bekommen hat und) mehr davon haben will *„Geld nachfordern"* • *hierzu* **Nach·for·de·rung** *die*

**nach·for·schen** (*hat*) intensiv versuchen, zu Informationen oder Kenntnissen über jemanden/etwas zu kommen ≈ ermitteln *„Es wurde lange nachgeforscht, bis man wusste, wie sich das Schiffsunglück ereignet hatte"* • *hierzu* **Nach·for·schung** *die*

die **Nach·fra·ge**★ **die Nachfrage (nach etwas)** *nur Singular* der Wunsch oder das Bedürfnis (der Konsumenten), Produkte zu kaufen ⟨*es herrscht, besteht enorme, große, rege, lebhafte, geringe Nachfrage nach etwas; die Nachfrage sinkt, steigt*⟩ *„Die Nachfrage nach Konzertkarten übersteigt das Angebot"*

**nach·fra·gen** (*hat*) **1** **(bei jemandem) nachfragen** eine Person (meist bei einer Institution) fragen, welche die gewünschte Information geben kann *„beim Finanzamt wegen der Steuer nachfragen"* **2** noch eine oder mehrere Fragen stellen, bis man eine Antwort bekommt *„Der Journalist musste immer wieder nachfra-*

N

*gen, um die nötigen Informationen zu bekommen"*

**nach·fül·len**★ *(hat)* **1** **(etwas) nachfüllen** etwas in einen Behälter füllen, der (teilweise) leer geworden ist *„Die Kiste ist fast leer. Wir müssen wieder (Kartoffeln) nachfüllen"* **2** **(jemandem) (etwas) nachfüllen** ein Trinkglas, das (teilweise) leer geworden ist, wieder füllen

der **Nach·füll|pack** *(-s, -e)* ein Behälter oder eine Packung vor allem mit Wasch- oder Putzmittel, das in den eigentlichen Behälter nachgefüllt wird

**nach·ge·ben**★ *(hat)* **1** **(jemandem/etwas) nachgeben** auf Bitten oder Drängen anderer Leute etwas erlauben oder tun, zu dem man vorher nicht bereit war ⟨*dem Drängen, Betteln der Kinder nachgeben; der Versuchung nachgeben*⟩ *„Nach langer Diskussion gab ich schließlich nach und ließ meine Tochter nach Kanada fliegen"* **2** **etwas gibt nach** etwas biegt sich, zerbricht oder zerreißt bei zu starker Belastung *„Das Brett hielt dem Gewicht der Maschine nicht mehr stand und gab nach"*

**nach·ge·hen**★ *(ist)* **1** **jemandem nachgehen** einer Person folgen, um sie einzuholen oder um in dieselbe Richtung zu gehen **2** **einer Sache** *(Dativ)* **nachgehen** etwas, das nicht klar ist, prüfen und versuchen, es aufzuklären *„Die Polizei ging der Sache mit den aufgebrochenen Autos nach"* **3** **einer Sache** *(Dativ)* **nachgehen** eine Arbeit, Tätigkeit o. Ä. regelmäßig machen, ausüben ⟨*seinen Geschäften, Hobbys, einem illegalen Gewerbe, einer geregelten Arbeit nachgehen*⟩ **4** **eine Uhr geht nach** eine Uhr zeigt eine spätere Zeit an, als es tatsächlich ist *„Meine Uhr geht schon wieder zehn Minuten nach"*

**nach·gie·big** *ADJEKTIV* **(jemandem gegenüber) nachgiebig** schnell bereit nachzugeben (vor allem um Konflikte zu vermeiden) *„Wenn du nur ein bisschen nachgiebiger wärst, hätten wir nicht so oft Streit!"* • *hierzu* **Nach·gie·big·keit** *die*

**nach·ha·ken** *(hat)* mehrmals Fragen zu einem Problem stellen, weil jemand dazu nicht alles sagen will *„Der Richter musste bei der Vernehmung des Zeugen immer wieder nachhaken"*

**nach·hal·tig** *ADJEKTIV* **1** von starker und langer Wirkung ⟨*ein Erfolg, ein Erlebnis; jemanden nachhaltig beeinflussen*⟩ **2** das, was vorhanden ist, so sparsam verbrauchen, dass immer genug Neues hinzukommt oder nachwächst • *hierzu* **Nach·hal·tig·keit** *die*

**nach·hau·se** *ADVERB* nach Hause **K** Nachhauseweg

**nach·her** *ADVERB*, **nach·her**★ **1** so, dass die eine Handlung etwas später als die andere Handlung eintreten wird oder eintrat ≈ später ↔ vorher *„Ich muss jetzt Geld von der Bank holen." – „Das kannst du doch noch nachher machen."* **2** **Bis nachher!** verwendet, um sich von einer Person zu verabschieden, die man wahrscheinlich sehr bald wiedersieht

die **Nach·hil·fe** **Nachhilfe (in etwas** *(Dativ)***)** *nur Singular* zusätzlicher Unterricht, den ein Schüler (gegen Geld) von einem anderen Schüler, einem Studenten oder einem Lehrer bekommt ⟨*Nachhilfe bekommen; (jemandem) Nachhilfe geben, erteilen*⟩ **K** Nachhilfelehrer, Nachhilfeschüler, Nachhilfestunde

**Nach·hi·nein** **ID** **im Nachhinein** nach einem Zeitpunkt oder Zeitraum, oder nachdem eine Handlung schon vorbei ist ↔ im Voraus *„Im Nachhinein hat sich dann doch gezeigt, dass er gelogen hatte"*

**nach·ho·len** *(hat)* **etwas nachholen** etwas, das man versäumt hat oder das nicht stattgefunden hat, später tun oder durchführen ⟨*eine Prüfung, Versäumtes nachholen*⟩ *„Das Match, das abgesagt werden musste, wird nächsten Samstag nachgeholt"* **K** Nachholspiel

der **Nach·kom·me** *(-n, -n)* jedes der Kinder, Enkel, Urenkel usw. einer Person ⟨*keine Nachkommen haben; ohne Nachkommen sterben*⟩ ↔ Vorfahr

**nach·kom·men** *(ist)* **1** etwas später als die anderen Leute kommen *„Geht schon mal voraus. Ich komme gleich nach!"* **2** **jemandem nachkommen; (bei/mit etwas) nachkommen** in dem gleichen Tempo wie die anderen Leute mitmachen können ⟨*beim Diktat, mit der Produktion gut, nicht nachkommen*⟩ *„Kannst du nicht ein bisschen langsamer gehen, ich komme (dir) nicht nach!"* **3** **einer Sache** *(Dativ)* **nachkommen** *geschrieben* das tun, was jemand von einem wünscht

der **Nach·lass** *(-es, Nach·läs·se)* **1** alle Dinge, die von jemandem nach dem Tod zurückbleiben ≈ Erbe *„Ihr Nachlass bestand zum größten Teil aus Grundstücken"* **K** Nachlassverwalter **2** die Summe, um welche der Preis einer Ware (für einen einzelnen Kunden) reduziert wird ⟨*einen Nachlass gewähren, bekommen*⟩ ≈ Rabatt *„bei*

N

*Barzahlung einen Nachlass von 3 % bekommen"* **K** Preisnachlass

**nach·las·sen** (*hat*) **1** **etwas lässt nach** etwas wird weniger intensiv ⟨*Schmerzen, das Fieber, eine Spannung, der Druck, der Wind, der Sturm, der Regen*⟩ *„Wenn der Regen nicht bald nachlässt, müssen wir uns irgendwo unterstellen"* **2** in der eigenen Leistung oder Qualität schlechter werden ⟨*die Sehkraft, das Gehör, das Gedächtnis, die Augen; jemandes Fleiß, jemandes Leistungsvermögen*⟩ *„Du lässt nach: Früher hast du viel schneller reagiert!"* **3** **(jemandem) etwas nachlassen** den Preis einer Sache reduzieren *„Da das Gerät einen Kratzer hatte, ließ der Händler mir 5 % vom Preis nach"*

**nach·läs·sig** ADJEKTIV ohne Interesse oder Sorgfalt ⟨*nachlässig arbeiten, gekleidet sein; mit etwas nachlässig umgehen*⟩ *„Fehlende oder nachlässige Kontrollen stellen ein hohes Risiko dar"* • *hierzu* **Nach·läs·sig·keit** *die*

**nach·lau·fen** (*ist*) **1** **jemandem nachlaufen** einer Person zu Fuß folgen, um sie zu fassen oder einzuholen **2** **jemandem/etwas nachlaufen** sich ständig und übertrieben eifrig bemühen, jemanden/etwas für sich zu gewinnen ⟨*einem Mann, einer Frau nachlaufen*⟩

**nach·le·sen** (*hat*) **etwas nachlesen** etwas (das man schon besprochen oder gehört hat, noch einmal) in einem Buch nachschlagen und lesen *„den Text eines Vortrages nachlesen"*

**nach·lö·sen** (*hat*) **(etwas) nachlösen** eine Fahrkarte erst im Zug kaufen

**nach·ma·chen** (*hat*) **1** **(jemandem) etwas nachmachen** genau das tun oder machen, was eine andere Person tut oder macht *„Kinder machen den Eltern alles nach"* **2** **jemanden/etwas nachmachen** mit Absicht so handeln oder sich so verhalten, dass man typische Eigenschaften einer anderen Person zeigt *„Er kann gut einen Schimpansen nachmachen"* **3** **etwas nachmachen** etwas so herstellen, dass es wie das Original aussieht ≈ kopieren *„Diese Münzen sind nicht aus römischer Zeit. Sie sind nur nachgemacht"*

der **Nach·mit·tag**★ **1** die Zeit zwischen Mittag und Abend (von ca. 13 – 17 Uhr) ⟨*am frühen, späten Nachmittag*⟩ *„Er verbrachte den ganzen Nachmittag am See"* | *„Habt ihr auch am Nachmittag Schule oder nur am Vormittag?"* **K** Nachmittagsunterricht; Montagnachmittag, Spätnachmittag **2** am Nachmittag ⟨*gestern, heute, morgen Nachmittag*⟩ ↔ Vormittag ❶ mit den Namen von Wochentagen zusammengeschrieben: *Sie kam Mittwochnachmittag*

**nach·mit·tags**★ ADVERB am Nachmittag oder während des Nachmittags ↔ vormittags *„Die Post ist nachmittags erst ab drei Uhr wieder geöffnet"*

die **Nach·nah·me** (-) **per/gegen Nachnahme** gegen Bezahlung (der Ware) bei der Lieferung *„ein Buch per Nachnahme schicken"* **K** Nachnahmegebühr

der **Nach·na·me**★ ≈ Familienname

**nach·prü·fen** (*hat*) **etwas nachprüfen** (noch einmal) kontrollieren, um zu sehen, ob etwas vorhanden, richtig, wahr o. Ä. ist *„Vor jeder längeren Fahrt solltest du nachprüfen, ob der Wagen noch genug Öl hat"* | *„die Aussagen eines Zeugen nachprüfen"* | *„eine Messung nachprüfen"*

**nach·rech·nen** (*hat*) **(etwas) nachrechnen** rechnen, um etwas zu erfahren oder um zu prüfen, ob die erste Rechnung richtig war *„Rechne (das) mal nach! Da ist irgendwo ein Fehler"*

**nach·rei·chen** (*hat*) **(jemandem) etwas nachreichen** etwas später (nach dem gesetzten Termin) abgeben, einreichen

die **Nach·richt**★ (-, -*en*) **1** **eine Nachricht (von einer Person/Sache) (über jemanden/etwas); eine Nachricht (von einer Person) (an/für jemanden)** eine meist kurze Information über ein aktuelles Ereignis, das jemanden interessiert ⟨*eine eilige, aktuelle, brandheiße* (= *sehr aktuelle*) *Nachricht; eine Nachricht überbringen, übermitteln, weiterleiten, verbreiten, bringen; jemandem eine Nachricht hinterlassen;* (*eine*) *Nachricht erhalten*⟩ *„Neben dem Telefon liegt eine Nachricht von Klaus an Renate"* **K** Todesnachricht **2** *nur Plural* eine Sendung im Radio oder Fernsehen, die über die wichtigsten (meist politischen) Ereignisse informiert ⟨(*sich* (*Dativ*)) *die Nachrichten ansehen; etwas kommt in den Nachrichten*⟩ *„In den Nachrichten habe ich gehört, wer die Wahl gewonnen hat"* **K** Nachrichtensprecher; Abendnachrichten, Lokalnachrichten

**nach·rü·cken** (*ist*) **(irgendwohin) nachrücken** jemandes Amt o. Ä. übernehmen *„Weil ein Mitglied des Parlaments ausschied, rückte sie nach"*

der **Nach·ruf** (-(*e*)*s*, -*e*) **ein Nachruf (auf jemanden)** ein Text, mit dem man die persönlichen Qualitäten (und Verdienste) einer Person würdigt, die vor Kurzem gestorben ist ⟨*einen Nachruf auf jemanden schreiben; einen Nachruf in die Zeitung setzen*⟩

**nach·rüs·ten** (*hat*) **etwas (mit etwas) nachrüsten** ein Gerät, eine Maschine usw. technisch ändern, um es zu verbessern *„den Computer mit einer besseren Grafikkarte nachrüsten"* • *hierzu* **Nach·rüs·tung** *die*

**nach·sa·gen** (*hat*) **1** **(jemandem) etwas nachsagen** etwas wiederholen, was eine andere Person gesagt hat *„Der Lehrer hat das Wort vorgesagt, und die Schüler mussten es nachsagen"* **2** **jemandem etwas nachsagen** etwas von einer Person behaupten (das oft nicht wahr ist) *„Ihm wird nachgesagt, er sei ein Lügner"*

**nach·schen·ken**★ (*hat*) **(jemandem) (etwas) nachschenken** einer Person wieder etwas zu trinken geben, wenn ihre Tasse oder ihr Glas (fast) leer ist *„Darf ich dir noch (einen Schluck) nachschenken?"*

**nach·schla·gen**★ **(etwas) nachschlagen** (*hat*) ein Wort oder einen Text in einem Buch suchen, um sich über etwas zu informieren ≈ nachlesen *„unter dem Stichwort „Pyramide" in einer Enzyklopädie nachschlagen"*

der **Nach·schub** **1** **der Nachschub (an etwas** (*Dativ*)**)** das Essen, die Kleidung und die Munition, mit denen die Truppen (im Krieg) versorgt werden ⟨*Nachschub (an Material) anfordern*⟩ **2** neues, zusätzliches Material

**nach·se·hen** (*hat*) **1** **jemandem/etwas nachsehen** den Blick auf eine Person oder Sache richten, die sich immer weiter wegbewegt *„einem Zug nachsehen, der aus dem Bahnhof fährt"* **2** **(etwas) nachsehen** etwas betrachten, um es zu prüfen, um Fehler zu finden oder um Informationen zu bekommen *„nachsehen, ob Post im Briefkasten ist"* | *„im Wörterbuch nachsehen, wie man „Chanson" ausspricht"* **3** **jemandem etwas nachsehen** jemandes Fehler oder Schwäche(n) ohne Tadel akzeptieren *„Warum siehst du ihm immer seine Fehler nach?"*

das **Nach·se·hen** **ID** **das Nachsehen haben** nicht das bekommen oder erreichen, was man will *„Am Ende des Rennens hatte der Favorit das Nachsehen und musste sich mit dem fünften Platz begnügen"*

**nach·sen·den** (*sandte/sendete nach, hat nachgesandt/nachgesendet*) **(jemandem) etwas nachsenden** etwas an eine Person senden, die inzwischen an einem anderen Ort ist *„jemandem die Post an den Urlaubsort nachsenden"* • *hierzu* **Nach·sen·dung** *die*

die **Nach·sicht** Verständnis oder Geduld beim Beurteilen einer Person oder Sache ⟨*mit jemandem Nachsicht haben; um Nachsicht bitten*⟩ ≈ Toleranz *„Mit Drogenhändlern kennt das Gesetz keine Nachsicht"* • *hierzu* **nach·sich·tig** *ADJEKTIV*

die **Nach·sil·be** ≈ Suffix ↔ Vorsilbe, Präfix

**nach·sit·zen** (*hat*) (zur Strafe) länger als die anderen Schüler in der Schule bleiben (müssen) ⟨*nachsitzen müssen; jemanden nachsitzen lassen*⟩ *„Die Lehrerin ließ ihn nachsitzen, weil er seine Hausaufgaben nicht gemacht hatte"*

die **Nach·spei·se**★ eine meist süße Speise, die man nach dem Essen (der Hauptmahlzeit) bekommt ≈ Dessert *„Wollt ihr Pudding oder ein Eis als Nachspeise?"*

das **Nach·spiel** *meist Singular* die (meist unangenehmen) Folgen einer Handlung oder eines Vorfalls ⟨*etwas hat ein gerichtliches Nachspiel*⟩ ≈ Konsequenzen, Folgen *„Das wird noch ein Nachspiel haben!"*

**nach·spre·chen** (*hat*) **(jemandem) (etwas) nachsprechen** die Worte, die jemand gesagt hat, genau wiederholen ⟨*eine Eidesformel nachsprechen*⟩

**nächs·t-**★ *ADJEKTIV* **1** *Superlativ* → nahe **2** *meist attributiv* so, dass etwas in einer Reihe als Erstes folgt *„Biegen Sie nach der nächsten Ampel rechts ab!"* **3** *meist attributiv* zeitlich direkt folgend *„Wir haben vor, nächstes Jahr nach Kanada zu fliegen"* **4** **Der Nächste, bitte!** verwendet, um jemandem zu sagen, dass er an die Reihe kommt

**nach·stel·len** (*hat*) **1** **etwas nachstellen** ein Gerät wieder richtig einstellen **2** **etwas nachstellen** eine Szene oder Situation so darstellen wie im Original oder wie sie geschehen ist **3** **jemandem/einem Tier nachstellen** einer Person oder einem Tier heimlich folgen *„Siehst du den Mann dort? Ich glaube, er stellt mir nach"*

die **Näch·ten·lie·be** die Liebe, Rücksicht und Achtung, mit der man sich (nach der christlichen Lehre) um die Mitmenschen kümmern soll ⟨*sich in Nächstenliebe üben; etwas aus reiner, christlicher Nächstenliebe tun*⟩

**nächs·tens** in naher Zukunft ≈ bald

**nächst·ge·le·gen** *ADJEKTIV meist attributiv*

am wenigsten weit entfernt *„die nächstgelegene Haltestelle"*

die **Nacht**★ (-, *Näch·te*) 1 der Teil eines Tages, während dessen es völlig dunkel ist ⟨*eine finstere, klare, sternenklare, mondhelle, laue Nacht; bei Nacht; in der Nacht; die Nacht bricht herein; es wird Nacht*⟩ ↔ Tag *„die Nacht vom Montag auf Dienstag"* | *„bis spät in die Nacht arbeiten"* K Nachtarbeit, Nachtfrost; Sommernacht, Sonntagnacht 2 in der Nacht ⟨*gestern, heute, morgen Nacht*⟩ ❶ mit den Namen von Wochentagen zusammengeschrieben: *Montagnacht* 3 **die Heilige Nacht** die Nacht vor dem 25. Dezember 4 **Gute Nacht!** als Gruß verwendet, wenn jemand ins Bett geht, um zu schlafen ID **bei Nacht und Nebel** *gesprochen* ganz heimlich (und oft bei Nacht); **über Nacht** a die ganze Nacht lang *„Kann ich über Nacht bei euch bleiben?"* b innerhalb sehr kurzer Zeit *„Der unbekannte junge Sänger wurde über Nacht zum Superstar"*

der **Nach·teil**★ (-s, -e) 1 die ungünstigen negativen Auswirkungen, die eine Sache hat oder haben könnte ⟨*etwas ist für jemanden/etwas von Nachteil; jemandem erwachsen, entstehen (aus etwas) Nachteile*⟩ ↔ Vorteil *„Dieses Haus hat den Nachteil, dass es zu klein ist"* 2 **(jemandem gegenüber) im Nachteil sein** in einer schlechteren oder ungünstigeren Situation sein als eine andere Person

das **Nacht·hemd**★ ein Kleidungsstück, das wie ein sehr langes Hemd aussieht und das vor allem Frauen nachts im Bett tragen ⟨*ein seidenes Nachthemd*⟩

die **Nach·ti·gall** (-, -en) ein kleiner Vogel, der nachts singt und wegen seines schönen Gesangs bekannt ist ⟨*die Nachtigall schlägt* (= *singt*)⟩

der **Nach·tisch**★ *nur Singular* eine meist süße Speise, die man nach der Hauptmahlzeit isst ≈ Dessert *„Es gibt Eis zum Nachtisch"*

der **Nacht·klub**★ ein Lokal, das nachts sehr lange geöffnet hat (und auch erotische Unterhaltung bietet) K Nachtklubbesitzer

das **Nacht·le·ben** (vor allem in einer Großstadt) die verschiedenen Möglichkeiten, am Abend auszugehen und sich zu amüsieren *„Das Wiener Nachtleben hat neben vielem anderen auch erstklassigen Jazz zu bieten"*

der **Nach·trag** (-(e)s, *Nach·trä·ge*) **ein Nachtrag (zu etwas)** ein Text, den man später zu einem schon vorhandenen Text hinzufügt

**nach·tra·gend** *ADJEKTIV* mit der Neigung, sich lange über jemanden/etwas zu ärgern *„Seine Mutter ist sehr nachtragend. Sie verzeiht ihm nicht den kleinsten Fehler"*

**nach·träg·lich** *ADJEKTIV meist attributiv* nach dem (eigentlichen) Zeitpunkt (stattfindend) ⟨*Glückwünsche, eine Bemerkung; etwas nachträglich einreichen*⟩ *„Dein Geburtstag liegt zwar etwas länger zurück, aber ich wünsche dir nachträglich noch alles Gute"*

die **Nacht·ru·he** 1 *geschrieben* der Schlaf während der Nacht *„Flugzeuglärm störte ihn in seiner Nachtruhe"* 2 die Zeit zwischen 22 und 6 Uhr, während der man leise sein soll, damit die anderen Leute schlafen können ⟨*die Nachtruhe einhalten, stören*⟩

**nachts**★ *ADVERB* in oder während der Nacht *„Wenn ich abends Kaffee trinke, kann ich nachts nicht einschlafen"* | *„Ich bin erst um drei Uhr nachts nach Hause gekommen"*

der **Nacht·tisch** ein kleiner Tisch oder Schrank neben dem Bett, auf den man z. B. den Wecker stellt

**nach|voll·zie·hen** (*vollzog nach, hat nachvollzogen*) **etwas nachvollziehen** sich denken oder vorstellen (können), wie etwas gewesen ist ⟨*jemandes Gedanken, Handlungsweise nachvollziehen*⟩ • *hierzu* **nach|voll·zieh·bar** *ADJEKTIV*

der **Nach·weis** (-es, -e) 1 eine Handlung, ein Argument oder eine Tatsache, die zeigen, dass etwas richtig war/ist *„Der wissenschaftliche Nachweis, dass es Leben auf anderen Planeten gibt, ist noch nicht gelungen"* 2 die Dokumente, mit denen man etwas nachweisen kann *„den Nachweis seiner/für seine Arbeitsunfähigkeit erbringen"* K Identitätsnachweis

**nach·wei·sen**★ (*hat*) 1 **etwas nachweisen** (mit Dokumenten) zeigen, dass man etwas hat ⟨*ein festes Einkommen, einen festen Wohnsitz nachweisen*⟩ 2 **etwas nachweisen** mit Argumenten oder Dokumenten zeigen, dass das, was man behauptet, wahr ist *„die Existenz von etwas nachweisen"* 3 **jemandem etwas nachweisen** beweisen, dass jemand etwas getan hat ⟨*jemandem einen Mord, einen Diebstahl nachweisen*⟩ • *hierzu* **nach·weis·bar** *ADJEKTIV*

**nach·wer·fen** (*hat*) **jemandem etwas nachwerfen** es jemandem sehr leicht machen, etwas zu kaufen oder ein Ziel zu erreichen *„Tomaten sind im Moment sehr billig, sie werden einem fast nachgeworfen"* ❶ weitere Verwendungen → nach-

**nach·wir·ken** (*hat*) **etwas wirkt nach** etwas hat auch später noch eine Wirkung *„Die Krankheit wirkt immer noch nach"* • *hierzu* **Nach·wir·kung** *die*

der **Nach·wuchs**★ (*-es*) **1** das Kind oder die Kinder (in einer Familie) ⟨(*keinen*) *Nachwuchs bekommen, haben*⟩ *„Unser Nachwuchs kommt bald in die Schule"* **2** neugeborene Tiere *„Die Eisbären haben bald Nachwuchs"*

**nach·zie·hen** (*hat*) **1** **ein Bein nachziehen** ein Bein langsamer als das andere bewegen und deshalb hinken *„Er hat ein steifes Bein, das er beim Gehen immer nachzieht"* **2** **etwas nachziehen** mit einem Stift eine Linie (noch einmal) zeichnen und so kräftiger machen ⟨*eine Linie, einen Strich, die Lippen, die Augenbrauen* (*beim Schminken*) *nachziehen*⟩ **3** **etwas nachziehen** an etwas (mit einem Schraubenzieher) noch einmal drehen, um es fester zu machen ⟨*eine Schraube, eine Mutter nachziehen*⟩ **4** (z. B. in einer Geschäftsbranche) dem Beispiel einer anderen Person oder Firma folgen *„Wenn der eine Laden die Preise erhöht, ziehen die anderen Läden bald nach"*

der **Na·cken**★ (-*s*, -) der hintere Teil des Halses ⟨*einen steifen Nacken haben*⟩ **K** Nackenschmerzen, Nackenwirbel **i** → Abbildung, S. 294: **Der Körper** **ID** **jemandem im Nacken sitzen** **a** jemandem Angst oder Sorgen machen ⟨*die Gläubiger, ein Termin*⟩ **b** eine Person verfolgen und ihr schon ganz nahe sein ⟨*der Feind, die Verfolger*⟩

**nackt**★ *ADJEKTIV* ohne Kleidung am Körper ⟨*nackt baden, daliegen; sich nackt ausziehen*⟩ *„Er arbeitete mit nacktem Oberkörper"* **K** Nacktbaden, Nacktfoto

die **Na·del**★ (-, -*n*) **1** ein dünner, spitzer Gegenstand, mit dem man näht ⟨*eine Nadel einfädeln; einen Faden in die Nadel einfädeln/auf die Nadel fädeln; sich mit/an einer Nadel stechen*⟩ **K** Nadelöhr, Nadelspitze; Häkelnadel, Nähnadel, Stricknadel **2** ein kleiner Gegenstand mit einer Nadel, den man irgendwo (z. B. als Schmuck) befestigt ⟨*sich* (*Dativ*) *die Haare mit Nadeln aufstecken; eine silberne Nadel am Anzug tragen*⟩ **K** Haarnadel, Krawattennadel **3** der Teil einer Spritze, mit dem man jemandem in die Haut sticht ⟨*die Nadel sterilisieren*⟩ **K** Injektionsnadel **4** ein kleiner, dünner Zeiger bei einem Gerät ⟨*die Nadel schlägt aus, pendelt, steht still, zittert*⟩ *„Die Nadel des Kompasses zeigt nach Norden"* **K** Kompassnadel, Magnetnadel, Tachometernadel **5** *meist Plural* die schmalen grünen Teile etwa in der Form einer Nadel an manchen Arten von Bäumen ⟨*ein Baum verliert die Nadeln*⟩ *„Tannen, Fichten und Kiefern haben Nadeln"* **K** Tannennadel • *zu* (1) **na·del·för·mig** *ADJEKTIV*

der **Na·del·baum** ein Baum, dessen Blätter wie dünne Nadeln aussehen und die meist auch im Winter grün sind ↔ Laubbaum *„Fichten, Tannen, Kiefern und Pinien sind Nadelbäume"*

der **Na·gel**★ (-*s*, *Nä·gel*) **1** ein kleiner spitzer Stab aus Metall mit einem flachen Kopf. Man schlägt Nägel mit dem Hammer z. B. in Holz oder in eine Wand, um etwas daran festzumachen *„einen Nagel in die Wand schlagen und ein Bild daran aufhängen"* **2** der harte, flache Teil am Ende von Fingern und Zehen ⟨(*jemandem/sich*) *die Nägel schneiden, feilen, polieren, lackieren; an den Nägeln kauen; kurze, lange,* (*un*)*gepflegte Nägel*⟩ **K** Nagelfeile, Nagelschere; Fingernagel, Zehennagel **i** Hunde, Katzen, Vögel usw. haben *Krallen*.

**na·geln** (*nagelte, hat genagelt*) **etwas irgendwohin nageln** etwas mit Nägeln befestigen oder zusammenbauen bzw. Nägel in etwas schlagen ⟨*eine Kiste, einen Sarg aus Brettern nageln*⟩ *„ein Brett vor ein Fenster nageln"*

**na·gel·neu** *ADJEKTIV*; *gesprochen* ganz neu *„ein nagelneuer Anzug"*

**na·gen** (*nagte, hat genagt*) **an etwas** (*Dativ*) **nagen** mit den Zähnen sehr kleine Stücke von etwas Hartem entfernen *„Der Hund nagte an einem Knochen"*

das **Na·ge·tier** ein kleines Säugetier, das Pflanzen frisst und sehr scharfe, lange Vorderzähne hat *„Mäuse, Biber und Hasen sind Nagetiere"*

**nah** → nahe

**na·he**★ ['naːə] *PRÄPOSITION mit Dativ* **1** *geschrieben* nicht weit entfernt von ↔ fern *„nahe der Universität/nahe dem Bahnhof wohnen"*
*ADJEKTIV* (*näher, nächst-*) **2** **nahe (bei/an jemandem/etwas)** (räumlich) nicht weit entfernt (von einer Person oder Sache) ↔ fern *„in die nahe Stadt gehen"* | *„nahe beim Bahnhof wohnen"* **3** nicht so weit ≈ kurz *„der nächste Weg"* | *„Wenn wir die Abkürzung nehmen, haben wir es näher"* **4** nicht weit in der Zukunft ⟨*das Ende, der Abschied, die Abreise; in naher Zukunft; etwas steht nahe bevor*⟩ ≈ fern *„Der Tag, an dem die Entscheidung fallen wird, rückt immer näher"* **5** *attributiv oder adverbiellso,*

dass die Beziehung eng ist ‹*ein Angehöriger, ein Verwandter, ein Freund*› *„mit jemandem nahe verwandt/befreundet sein"* 6 **aus/von nah und fern** von überall her 7 **nahe d(a)ran sein zu** *+Infinitiv* bereit sein, etwas zu tun; etwas fast schon tun *„Er war nahe daran, aus dem Verein auszutreten"* 8 **einer Sache** (*Dativ*) **nahe sein** kurz davor sein, etwas zu erleben, das gefährlich oder unangenehm ist ‹*dem Tod, den Tränen, der Verzweiflung, dem Ruin, dem Untergang*› ID **von Nahem/nahem** a aus geringer Entfernung *„Von Nahem kann man die Kratzer im Lack sehen"* b genau, im Detail *„Von Nahem betrachtet ist der Vorschlag doch nicht so gut"*

die **Nä·he★** ['nɛ:ə]; (-) 1 eine kleine räumliche Entfernung, von einem Punkt aus gesehen ‹*etwas aus der Nähe betrachten, (an)sehen; in der Nähe von jemandem/etwas wohnen; in jemandes Nähe bleiben; in nächster, unmittelbarer, greifbarer Nähe*› *„Ganz in unserer Nähe gibt es einen See"* K Bodennähe, Stadtnähe 2 eine Zeit, die (von einem Zeitpunkt aus gesehen) nicht weit in der Zukunft liegt ‹*etwas liegt, ist in unmittelbarer Nähe; etwas rückt in greifbare Nähe*› *„Unser Urlaub ist inzwischen in greifbare Nähe gerückt"* 3 eine enge Beziehung zu einer Person ‹*jemandes Nähe suchen; Angst vor Nähe haben*›

**na·he·brin·gen** (*brachte nahe, hat nahegebracht*) **jemandem etwas nahebringen** bewirken, dass sich jemand für etwas interessiert und es versteht *„Die Ausstellung versucht, den Besuchern die Kunst des Fernen Ostens nahezubringen"*

**na·he·ge·hen** (*ging nahe, ist nahegegangen*) **etwas geht jemandem nahe** etwas bewirkt bei jemandem Trauer oder Mitleid *„Ihr tragisches Schicksal ging ihm nahe"* ❶ aber: *jemandem sehr nahe gehen* (= getrennt geschrieben)

**na·he·kom·men** (*kam nahe, ist nahegekommen*) 1 **Personen/sie kommen sich** (*Dativ*) **nahe** zwei Personen beginnen, einander zu verstehen 2 **etwas kommt einer Sache** (*Dativ*) **nahe** etwas ist fast so wie etwas anderes ‹*etwas kommt der Wahrheit nahe*› *„Seine Beschreibung kommt einer Beleidigung nahe"* ❶ aber: *jemandem/etwas sehr nahe kommen*

**na·he·le·gen** (*legte nahe, hat nahegelegt*) 1 **jemandem etwas nahelegen** jemanden höflich, aber bestimmt auffordern, etwas zu tun *„Einige Mitglieder legten dem Vorstand den Rücktritt nahe"* | *„jemandem nahelegen, zurückzutreten"* 2 **etwas legt etwas nahe** etwas lässt etwas als wahrscheinlich erscheinen *„Sein Verhalten legt den Verdacht nahe, dass er mehr darüber weiß, als er zugibt"*

**na·he·lie·gend** ADJEKTIV (*näherliegend, nächstliegend-/naheliegendst-*) sehr gut verständlich *„Aus naheliegenden Gründen schweigt er zu den Vorwürfen"* | *„In seiner Situation war es das Nächstliegende, zu schweigen"* ❶ In der gesprochenen Sprache wird oft mit *naheliegender, naheliegendst-* gesteigert.

**nä·hen★** ['nɛ:ən] (*nähte, hat genäht*) 1 **(etwas) nähen** etwas herstellen, indem man Stoffteile mit Nadel und Faden verbindet ‹*ein Kleid, einen Rock, einen Bettbezug nähen; mit der Hand, mit der Maschine nähen*› *„Sie näht gern"* K Nähfaden, Nähmaschine, Nähnadel 2 **etwas nähen** etwas reparieren, indem man die Teile mit Nadel und Faden verbindet ‹*ein Loch, einen Riss nähen*› *„Die Hose ist geplatzt und muss genäht werden"* 3 **etwas an/auf etwas** (*Akkusativ*) **nähen** etwas mit Nadel und Faden irgendwo befestigen *„einen Knopf an/auf den Mantel nähen"* 4 **etwas/jemanden nähen** eine Wunde mit einem Faden schließen *„Der Riss über dem Auge muss genäht werden"*

die **Nah|er·ho·lung** die Möglichkeit, sich in der Nähe (einer Stadt in einem Park, Wald o. Ä.) auszuruhen und zu erholen K Naherholungsgebiet, Naherholungszentrum

**nä·her·kom·men** (*kam näher, ist nähergekommen*) 1 **jemandem näherkommen** ≈ nahekommen *„Auf dem Ausflug kamen sich die beiden näher"* 2 **jemand kommt einer Sache** (*Dativ*) **näher** jemand findet allmählich die Wahrheit, die Ursache oder den Grund für eine Sache heraus 3 **etwas kommt einer Sache** (*Dativ*) **näher** etwas entspricht einer Sache mehr als etwas anderes, ist wahrscheinlicher, glaubwürdiger o. Ä. *„Das kommt der Sache/den Tatsachen/der Wahrheit schon näher"* ❶ aber: *die Zuschauer auffordern, näher zu kommen* (= getrennt geschrieben)

**nä·hern★** ['nɛ:ɐn] (*näherte sich, hat sich genähert*) 1 **sich (jemandem/etwas) nähern** räumlich näher zu einer Person oder Sache kommen *„Wir nähern uns den Alpen"* 2 **jemand/etwas nähert sich einer Sache** (*Dativ*) jemand/etwas hat etwas bald erreicht *„etwas nähert sich dem Ende"*

N

**na·he·ste·hen** (*stand nahe, hat/süddeutsch* Ⓐ Ⓒⓗ *ist nahegestanden*) **1** **jemandem nahestehen** eine tiefe persönliche Beziehung zu jemandem haben *„Sie steht ihrem Bruder immer noch nahe, obwohl sie sich selten sehen"* **2** **jemandem/etwas nahestehen** ähnliche Ideen und Ziele haben wie jemand/etwas *„Diese Zeitung steht der CDU nahe"* ❶ aber: *jemandem/etwas sehr nahe stehen* (= getrennt geschrieben)

**na·he·zu** *PARTIKEL betont und unbetont* ≈ fast, beinahe *„Es ist nahezu unmöglich, alles richtig zu machen"*

**nahm** *Präteritum, 1. und 3. Person Singular* → nehmen

**Nah·ost** *ohne Artikel; nur in dieser Form* der Nahe Osten *„Unruhen in Nahost"* → Osten

**nahr·haft★** *ADJEKTIV* mit vielen Nährstoffen, die man braucht, um gesund und kräftig zu sein *„Reis und Brot sind sehr nahrhaft"*

der **Nähr·stoff** (-(e)s, -e); *meist Plural* die vielen Substanzen, die Lebewesen brauchen, um zu leben und zu wachsen • *hierzu* **nähr·stoff·arm** *ADJEKTIV*; **nähr·stoff·reich** *ADJEKTIV*

die **Nah·rung★** (-) alles, was Menschen oder Tiere essen und trinken (müssen), um zu leben (und zu wachsen) ⟨*Nahrung zu sich (Dativ) nehmen; Nahrung suchen*⟩ **K** Nahrungssuche; Babynahrung, Kindernahrung, Tiernahrung

das **Nah·rungs·mit·tel★** etwas, was man als Mensch isst oder trinkt, um zu leben ≈ Lebensmittel **K** Nahrungsmittelindustrie, Nahrungsmittelvergiftung

der **Nähr·wert** der Wert (in Bezug auf Vitamine, Mineralien, Kalorien usw.) eines Nahrungsmittels für den Körper ⟨*etwas hat einen hohen, niedrigen Nährwert*⟩ *„Milch hat einen hohen Nährwert"*

die **Naht** (-, *Näh·te*) **1** die Linie, die entsteht, wenn man zwei Stücke Stoff o. Ä. mit einem Faden verbindet ⟨*eine einfache, doppelte Naht*⟩ *„Die Jeans sind schon so alt, dass die Nähte aufgehen/aufplatzen"* **K** Ziernaht **2** die Stelle, an der eine Wunde genäht worden ist *„Die Naht ist gut verheilt"* **3** die Linie, die entsteht, wenn man beim Schweißen, Löten o. Ä. zwei Stücke Metall o. Ä. miteinander verbindet ⟨*eine Naht schweißen*⟩ **ID** **etwas platzt aus allen Nähten** *gesprochen* etwas braucht so viel Platz, dass der vorhandene Raum zu eng wird

der **Nah·ver·kehr** **1** der Verkehr von Zügen und Autos auf kurzen Strecken, vor allem in der Nähe einer großen Stadt **2** **der öffentliche Nahverkehr** der Nahverkehr mit Bussen, Straßenbahnen usw.

das **Näh·zeug** (-s) alles, was man zum Nähen braucht (z. B. Nadel, Schere und Faden)

**na·iv** [na'i:f] *ADJEKTIV* **1** voller Vertrauen und ohne Gedanken an etwas Böses ⟨*ein Mensch; naiv wie ein Kind sein*⟩ **2** *meist abwertend* nicht fähig, Situationen richtig zu erkennen und sich ihnen gegenüber entsprechend zu verhalten *„Es war ziemlich naiv von ihm zu glauben, er würde so zu viel Geld kommen"* • *hierzu* **Na·ivi·tät** [-v-] *die*

der **Na·me★** (-ns, -n) **1** das Wort (oder die Wörter), unter dem man eine Person oder Sache kennt und durch das man sie identifizieren kann ⟨*jemandem/etwas einen Namen geben; den Namen nennen, sagen, angeben, verschweigen*⟩ *„Jeder nennt sie Nini, aber ihr wirklicher Name ist Martina"* **K** Familienname, Frauenname, Männername, Vorname **2** **im Namen** *+Genitiv*; **in jemandes Namen** aufgrund der Autorität einer Institution, oder so, dass es ausdrücklich dem Willen der genannten Personen entspricht ⟨*im Namen des Gesetzes, des Volkes, der Regierung, seiner Eltern; im eigenen Namen*⟩ *„Im Namen des Gesetzes: Sie sind verhaftet!"* **ID** **jemanden nur dem Namen nach kennen** eine Person nicht persönlich kennen, aber schon von ihr gehört haben

der **Na·mens·tag** der Tag im Jahr, welcher dem Heiligen gewidmet ist, dessen Namen man hat ⟨*Namenstag haben*⟩

**nam·haft** *ADJEKTIV* **1** *meist attributiv* berühmt oder bekannt, bedeutend ⟨*ein Wissenschaftler, ein Gelehrter, ein Fotograf*⟩ **2** *meist attributiv* ziemlich groß ⟨*eine Summe, eine Spende, ein Betrag*⟩

**näm·lich★** *ADVERB* **1** verwendet, um eine Aussage noch genauer oder konkreter zu formulieren *„Nächstes Jahr, nämlich im Mai, fliegen wir in die USA"* **2** verwendet, um etwas zu begründen, was man vorher gesagt hat *„Er ist gut gelaunt! Er hat nämlich seine Prüfung bestanden"*

**nann·te** *Präteritum, 1. und 3. Person Singular* → nennen

**Na·no-** *im Substantiv, begrenzt produktiv* **1** **der/das Nanometer, die Nanosekunde** *und andere* drückt zusammen mit Maßeinheiten den milliardsten Teil ($10^{-9}$) aus *„Unterschiede im*

*Nanobereich"* **2** **der Nanochip, das Nanoformat, das Nanoteilchen** *und andere* winzig klein

**na·nu!** verwendet, um Überraschung oder Verwunderung auszudrücken *„Nanu, wer kommt denn da? Dich habe ich ja noch gar nicht erwartet!"*

der **Napf** (-(e)s, *Näp·fe*) eine kleine, meist flache Schüssel, in der man z. B. Hunden und Katzen das Futter gibt **K** Futternapf, Trinknapf

die **Nar·be** (-, -n) eine Stelle auf der Haut, an der man sieht, dass dort einmal eine Wunde war ⟨*etwas hinterlässt eine Narbe, verheilt ohne Narbe*⟩ *„Von dem Unfall ist eine Narbe an der Stirn zurückgeblieben"* **K** Brandnarbe, Operationsnarbe

die **Nar·ko·se** (-, -n); *meist Singular* der Zustand, in den man eine Person bringt, damit sie keine Schmerzen hat oder sich nicht bewegt, wenn ein Arzt sie operiert ⟨*in (der) Narkose liegen; aus der Narkose erwachen; jemandem eine Narkose geben*⟩ ≈ Anästhesie **K** Narkosearzt, Narkosemittel; Teilnarkose, Vollnarkose

der **Narr** (-en, -en) **1** eine Person, die nicht richtig nachdenkt und sich ganz falsch und unvernünftig verhält *„Er war ein Narr, ihren Lügen zu glauben"* **2** eine Person, die sich ein buntes lustiges Kleid anzieht und so Karneval feiert **3** *historisch* eine Person, die am Hof eines Königs oder Fürsten die Aufgabe hatte, die Menschen zum Lachen zu bringen **K** Hofnarr • zu (1,2) **När·rin** *die*

der **-narr** *im Substantiv, unbetont, begrenzt produktiv* **Büchernarr, Computernarr, Hundenarr, Pferdenarr, Waffennarr** *und andere* eine Person, welche das Genannte so gern mag, dass sie sich fast die ganze Zeit damit beschäftigt ≈ -freak

die **Nar·zis·se** (-, -n) eine Blume mit langen, schmalen Blättern und weißen oder gelben Blüten, die im Frühling blüht

**na·schen** (*naschte, hat genascht*) **(etwas) naschen** von etwas, das man sehr gern mag (vor allem Süßigkeiten), eine kleine Menge essen ⟨*Schokolade, Kekse, Bonbons naschen*⟩ *„Ich nasche unheimlich gern"*

die **Na·se★** (-, -n) **1** der Teil des Gesichts, mit dem man riecht (und atmet) ⟨*durch die Nase atmen; sich (Dativ) die Nase putzen, zuhalten; jemandem läuft, rinnt, blutet die Nase; eine verstopfte Nase haben; in der Nase bohren*⟩ **K** Nasenbluten, Nasenring ❶ → Abbildung, S. 294: **Der Körper** **2** die Fähigkeit, etwas zu riechen ⟨*eine gute, feine Nase haben*⟩ ≈ Geruchssinn **3** **pro Nase** *gesprochen* für jede einzelne Person *„Das Essen kostet 20 Euro pro Nase"* **ID** **auf die Nase fallen** *gesprochen* mit etwas keinen Erfolg haben ≈ scheitern; **jemandem etwas aus der Nase ziehen** *gesprochen* jemandem so oft Fragen stellen, bis er etwas sagt (was er vorher nicht sagen wollte); **etwas fährt jemandem vor der Nase weg/davon** *gesprochen* ⟨*der Zug, der Bus, die Straßenbahn*⟩ fährt weg, kurz bevor jemand hinkommt (und einsteigen kann)

**nä·seln** (*näselte, hat genäselt*) durch die Nase sprechen ⟨*eine näselnde Stimme, Sprechweise*⟩ *„Er näselt, weil er starken Schnupfen hat"*

das **Na·sen·loch** (-s, *Na·sen·lö·cher*); *meist Plural* die zwei Öffnungen der Nase

die **Na·sen·spit·ze** *meist Singular* der weiche Teil am vorderen Ende der Nase **ID** **jemandem etwas an der Nasenspitze ansehen** *gesprochen* die Stimmung o. Ä. einer Person an ihrem Gesicht erkennen

das **Nas·horn** ein großes, schweres Tier, das eine dicke graue Haut und ein oder zwei Hörner auf der Nase hat ≈ Rhinozeros

**nass★** ADJEKTIV (*nasser/nässer, nassest-/nässest-*) **1** voll oder bedeckt mit Wasser (oder einer anderen Flüssigkeit) *„Die Straßen sind nass vom Regen"* ❶ Im Unterschied zu *nass* bezieht sich *feucht* auf eine kleinere Menge an Flüssigkeit, z. B. ist Gras nach einem Regen nass, ein paar Stunden später nur noch feucht. **2** mit viel Regen ⟨*das Wetter, ein Sommer*⟩ **3** *meist prädikativ* noch nicht ganz trocken ⟨*die Farbe, die Tinte*⟩ ≈ frisch **4** **sich nass machen** (vor allem als kleines Kind) Urin in die Hose oder ins Bett fließen lassen

die **Näs·se** (-) **1** der Zustand oder die Eigenschaft, nass zu sein ⟨*etwas vor Nässe schützen*⟩ **2** **überfrierende Nässe** Glatteis, das auf nassen Straßen entsteht, wenn es kälter wird

die **Na·ti·on★** [-'tsio:n]; (-, -en) **1** alle Menschen, die Gemeinsamkeiten in Sprache und Kultur haben und innerhalb gemeinsamer politischer Grenzen leben ⟨*die deutsche, italienische, französische Nation*⟩ ≈ Volk **2** ≈ Staat *„An den Olympischen Spielen nehmen Sportler der verschiedensten Nationen teil"* **K** Industrienation **3** **die Vereinten Nationen** eine internationale Organisation, die für den Frieden auf der Welt arbeitet; ❶ Abkürzung: *UNO* oder *UN*

N

**na·ti·o·nal★** [-tsio-] *ADJEKTIV* **1** *meist attributiv* in Bezug auf eine Nation ⟨*die Selbstbestimmung, die Souveränität, die Interessen*⟩ **K** Nationalmuseum **2** *meist attributiv* die Angelegenheiten innerhalb eines Staates betreffend ⟨*auf nationaler Ebene; den nationalen Notstand ausrufen*⟩

die **Na·ti·o·nal·hym·ne** das offizielle Lied eines Landes, das zu feierlichen Anlässen gespielt wird *„Unter den Klängen der Nationalhymne nahm der Sportler die Medaille entgegen"*

**na·ti·o·na·lis·tisch** [-tsio-] *ADJEKTIV; meist abwertend* davon überzeugt, dass das eigene Heimatland viel besser usw. ist als andere Länder

die **Na·ti·o·na·li·tät★** [-tsio-]; (-, *-en*) die Zugehörigkeit (eines Bürgers) zu einem Staat ≈ Staatsangehörigkeit

der **Na·ti·o·nal·rat** *nur Singular* das direkt gewählte Parlament in Österreich und der Schweiz

der **Na·ti·o·nal·so·zi·a·lis·mus★** (-) **1** die politische (faschistische) Bewegung, die nach dem 1. Weltkrieg in Deutschland entstand und mit der Hitler an die Macht kam **2** die Diktatur Hitlers in Deutschland von 1933 – 1945, welche die Ideologie dieser Bewegung hatte • *hierzu* **Na·ti·o·nal·so·zi·a·list** *der;* **na·ti·o·nal·so·zi·a·lis·tisch** *ADJEKTIV*

N

die **Na·tur★** (-, *-en*) **1** *nur Singular* alles was es gibt, das der Mensch nicht geschaffen hat (z. B. die Erde, die Pflanzen und Tiere, das Wetter usw.) ⟨*die Gesetze, Wunder der Natur*⟩ *„Die Niagarafälle sind ein Wunderwerk der Natur"* **K** Naturkatastrophe, Naturwunder **2** *nur Singular* Wälder, Wiesen o. Ä., die nur wenig oder nicht vom Menschen verändert worden sind (oft im Gegensatz zur Stadt) ⟨*die freie, unberührte Natur*⟩ *„Viele Tiere kann man nur noch im Zoo besichtigen, weil sie in freier/in der Natur kaum noch vorkommen"* **K** Naturfreund **3** *nur Singular* ein Material, das vom Menschen in dem natürlichen Zustand belassen wurde *„Ihre Haare sind nicht gefärbt, das ist Natur"* **K** Naturfaser, Naturfarbe, Naturlocken, Naturseide **4** die Eigenschaften, die jemanden von anderen Menschen unterscheiden ≈ Wesen *„Es liegt nicht in ihrer Natur, unehrlich zu sein"*

**na·tur·be·las·sen** *ADJEKTIV* nicht vom Menschen verändert ⟨*eine Landschaft, Milch*⟩

die **Na·tur·ge·wal·ten** *Plural* die starken Kräfte wie Wind, Sturm usw., die in der Natur wirken *„Bei Sturm und eisiger Kälte kämpften sie gegen die Naturgewalten"*

**na·tür·lich★** *ADJEKTIV* **1** so, wie es normal in der Welt vorkommt, ohne dass der Mensch es beeinflusst ↔ künstlich *„Die Stadt hat einen natürlichen Hafen"* **2** so, dass es von Geburt an vorhanden ist ⟨*eine Begabung, ein Charme, Locken*⟩ ↔ erlernt *„Tiere haben eine natürliche Scheu vor Feuer"* **3** so, dass eine Person entspannt ist und so aussieht, spricht und handelt, wie es ihrem Wesen entspricht ↔ gekünstelt *„eine natürliche junge Frau"* **4** so, wie man vermutet, dass es der Natur entspricht und der Umwelt oder Gesundheit nicht schadet ⟨*eine Ernährung, eine Lebensweise*⟩ **5** den Gesetzen der Physik, Chemie usw. entsprechend ↔ übernatürlich *„Es muss eine natürliche Erklärung für dieses Ereignis geben"* **6** **ein natürlicher Tod** ein Tod, den kein Mensch oder Unglück bewirkt hat ⟨*eines natürlichen Todes sterben*⟩

*ADVERB* **7** verwendet, um zu sagen, dass der Sprecher etwas für ganz klar und logisch hält ≈ selbstverständlich *„Natürlich habe ich ihm vertraut, sonst hätte ich den Vertrag ja nicht unterschrieben"* **8** so, wie man es erwartet (geahnt oder befürchtet) hat *„Wir hatten uns sehr auf den Ausflug gefreut. Natürlich hat es dann geregnet"* • *zu* (1 – 4) **Na·tür·lich·keit** *die*

der **Na·tur·schutz** *nur Singular* die Maßnahmen und Gesetze, durch die man seltene Tiere und Pflanzen erhalten will *„Das Edelweiß steht unter Naturschutz und darf nicht gepflückt werden"* **K** Naturschutzgebiet, Naturschutzgesetz • *hierzu* **Na·tur·schüt·zer** *der*

**na·tur·trüb** *ADJEKTIV* nicht gefiltert und daher nicht klar ⟨*Apfelsaft, Bier*⟩

die **Na·tur·wis·sen·schaft** die Wissenschaften (wie z. B. Physik, Chemie, Biologie), die sich mit den Erscheinungen in der Natur befassen • *hierzu* **Na·tur·wis·sen·schaft·ler** *der;* **Na·tur·wis·sen·schaft·le·rin** *die;* **na·tur·wis·sen·schaft·lich** *ADJEKTIV*

der/das **Na·vi** [-v-]; (-s, -s); *gesprochen* Kurzwort für *Navigationsgerät*

die **Na·vi·ga·ti·on** [naviga'tsio:n]; (-) das Berechnen und Bestimmen des Kurses von Schiffen, Flugzeugen o. Ä. • *hierzu* **na·vi·gie·ren** *(hat)*

das **Na·vi·ga·ti·ons·ge·rät** ein Gerät, in das man eine Adresse eingeben kann, damit es anzeigt, wie man dorthin kommt der **Na·zi★** (-s, -s); *gesprochen, abwertend* eine Person, welche der rechtsradikalen und rassistischen Ideologie des Nationalsozialismus folgt ≈ Nationalsozialist **K** Naziherrschaft, Naziregime, Naziverbrechen

der **NC** [ɛn'tseː]; (-s, -s); *gesprochen* Abkürzung für *Numerus clausus*

**n. Chr.** Abkürzung für *nach Christus* → Christus

**ne!**, **nee!** [neː] *PARTIKEL; gesprochen* ≈ nein

der **Ne·bel★** (-s, -) die Wolken (aus Dunst), die sich über dem Boden bilden und durch die man nicht (weit) sehen kann ⟨*dichter, feuchter, undurchdringlicher Nebel; der Nebel fällt, senkt sich auf etwas* (*Akkusativ*), *steigt, verzieht sich*⟩ *„Bei Nebel muss man langsam fahren"* **K** Nebelscheinwerfer, Nebelschwaden; Bodennebel, Frühnebel

**ne·ben★** *PRÄPOSITION* **1** *mit Dativ* an einer Seite der genannten Person/Sache *„Monika steht neben ihrem Freund"* ❶ → Anhang, S. 1113: **Präpositionen** **2** *mit Akkusativ* zur Seite der genannten Person/Sache hin *„Der Bräutigam stellte sich neben die Braut"* ❶ → Anhang, S. 1113: **Präpositionen** **3** *mit Dativ* zusätzlich zu jemandem/etwas ≈ außer *„Im Supermarkt gibt es neben Lebensmitteln auch Gegenstände des täglichen Bedarfs zu kaufen"* **4** *mit Dativ* verglichen mit der genannten Person/Sache *„Neben dir sehe ich ja schon alt aus"*

**Ne·ben-★** *im Substantiv, betont, begrenzt produktiv* **der Nebeneffekt, der Nebeneingang, der Nebenjob** *und andere* drückt aus, dass das, was im Substantiv erwähnt wird, zusätzlich zu etwas anderem existiert, das wichtiger ist *„das Nebenfach in der Schule/im Studium"* | *„die Nebenfiguren im Film"* | *„die Nebenstrecke der Bahn"*

**ne·ben·an★** *ADVERB* im Nachbarhaus, Nachbarzimmer oder in der Nachbarwohnung *„nach nebenan gehen"* | *„Er wohnt im Haus nebenan"* | *„die Kinder von nebenan"*

**ne·ben·bei★** *ADVERB* **1** zusätzlich zu einer anderen, wichtigeren Tätigkeit ≈ außerdem *„Er ist Lehrer und verdient sich nebenbei ein paar Euro mit Nachhilfestunden"* **2** verwendet, um eine Einschränkung oder Ergänzung zu machen ⟨*etwas nebenbei bemerken*⟩ *„Sie haben geheiratet. Nebenbei gesagt, hat mich das nicht überrascht"*

der **Ne·ben·be·ruf** ein Beruf, den man zusätzlich zu einem anderen Beruf ausübt ↔ Hauptberuf *„Er ist im Nebenberuf Schauspieler"* • hierzu **ne·ben·be·ruf·lich** *ADJEKTIV*

**ne·ben·ei·nan·der★** *ADVERB* **1** eine Person/Sache neben die andere oder neben der anderen *„Die Schüler stellen sich der Größe nach nebeneinander auf"* **2** gleichzeitig oder zusammen mit einer anderen Person oder Sache ⟨*friedlich nebeneinander bestehen, existieren, herleben*⟩ ≈ miteinander

**ne·ben·ei·nan·der-** (*im Verb, betont und trennbar, wenig produktiv; Diese Verben werden so gebildet: nebeneinanderliegen, lagen nebeneinander, nebeneinandergelegen*) **1** **Personen/Dinge stehen/liegen nebeneinander**; **Personen sitzen nebeneinander** *und andere* drückt aus, dass eine Person/Sache neben einer oder mehreren anderen ist *„Die Bücher stehen im Regal nebeneinander"* Ein Buch steht im Regal, und daneben stehen noch andere Bücher **2** **Dinge nebeneinanderhalten, nebeneinanderlegen, nebeneinanderstellen** *und andere* drückt aus, dass durch eine Bewegung oder einen Vorgang eine Person/Sache neben eine andere kommt *„Lisa und Susi setzten sich nebeneinander"* Sie setzten sich so, dass Lisa neben Susi saß (und Susi also auch neben Lisa)

**ne·ben·her-** (*im Verb, betont und trennbar, wenig produktiv; Diese Verben werden so gebildet: nebenhergehen, ging nebenher, nebenhergegangen*) **1** **nebenherfahren, nebenhergehen, nebenherlaufen, nebenherrennen** *und andere* drückt aus, dass sich Personen/Dinge nebeneinander gleichzeitig in die gleiche Richtung bewegen *„Seine Mutter ging zu Fuß, und er fuhr mit dem Fahrrad nebenher"* Er fuhr neben seiner Mutter in die Richtung, in die sie ging **2** **etwas läuft/geht nebenher**; **etwas nebenhermachen** drückt aus, dass etwas gleichzeitig mit etwas anderem, das wichtiger ist, getan wird *„Sie arbeitet im Büro, der Haushalt läuft so nebenher"* Sie arbeitet im Büro und auch im Haushalt, aber die Arbeit im Büro ist wichtiger für sie

die **Ne·ben·höh·len** *Plural* die zwei hohlen Räume unter den Augen auf beiden Seiten der Nase ⟨*verstopfte Nebenhöhlen haben*⟩ **K** Nebenhöhlenentzündung

der **Ne·ben·job** [-dʒɔp] eine Arbeit für wenige Stunden in der Woche oder nur für eine kurze Zeit im Jahr, mit der man zusätzliches Geld verdient ⟨*Nebenjobs für Schüler, Studenten, Hausfrauen, Rentner*⟩

N

die **Ne̲·ben·kos·ten** ★ *Plural* die Kosten, die zusätzlich zu etwas entstehen *„Zur Miete kommen noch die Nebenkosten für Heizung und Wasser hinzu"*

die **Ne̲·ben·rol·le** eine kleine Rolle in einem Theaterstück, Film o. Ä.

die **Ne̲·ben·sa·che** etwas, das nicht sehr wichtig ist ⟨*etwas ist Nebensache*⟩ *„Wie das Gerät aussieht, ist Nebensache, Hauptsache es funktioniert!"* • *hierzu* **ne̲·ben·säch·lich** ADJEKTIV

die **Ne̲·ben·sai·son** die Zeit vor oder nach der Hauptsaison

der **Ne̲·ben·satz** ein Satzteil, der zwar ein Subjekt und Verb enthält, aber nicht allein stehen kann und von einem anderen Satzteil abhängig ist ↔ Hauptsatz *„In dem Satz „Ich ging zu Bett, weil ich müde war" ist „weil ich müde war" der Nebensatz"*

die **Ne̲·ben·stra·ße** ★ eine kleine, nicht sehr wichtige Straße (mit wenig Verkehr) ≈ Seitenstraße ↔ Hauptstraße

die **Ne̲·ben·wir·kung** eine (meist schwächere) Wirkung, die zusammen mit einer anderen auftritt (und oft unerwartet oder nicht gewollt ist) *„Diese Tabletten können auch unangenehme Nebenwirkungen haben"*

**ne̲b·lig** ★ ADJEKTIV mit Nebel (verbunden), von Nebel umgeben ⟨*Wetter*⟩

**nẹ·cken** (*neckte, hat geneckt*) **jemanden necken** Personen oder Tiere aus Spaß ein bisschen ärgern, ohne dass sie wütend werden

der **Nẹf·fe** ★ (*-n, -n*) der Sohn des Bruders oder der Schwester (oder des Bruders oder der Schwester des Ehepartners)

**ne̲·ga·tiv**, **nẹ·ga·tiv** ★ [-f] ADJEKTIV **1** ⟨*eine Antwort, ein Bescheid*⟩ so, dass sie „nein" ausdrücken ↔ positiv **2** ⟨*eine Haltung, eine Einstellung*⟩ so, dass sie Ablehnung ausdrücken ↔ positiv *„Er hat eine negative Einstellung zur Arbeit. Am liebsten würde er gar nichts tun"* **3** nicht so, wie es sein sollte ⟨*ein Einfluss, ein Ergebnis; etwas wirkt sich negativ aus*⟩ ≈ ungünstig **4** ⟨*ein Befund*⟩ so, dass eine (vermutete) Krankheit oder ein vermuteter Zustand nicht bestätigt wird ↔ positiv *„Der AIDS-Test fiel bei ihm negativ aus"* **5** **eine negative Zahl** eine Zahl, die kleiner als null ist und mit einem Minuszeichen bezeichnet wird *„Minus fünf (–5) ist eine negative Zahl"*

der **Ne̲·ger** (*-s, -*); *gesprochen* ⚠ ein rassistisches Wort für Menschen afrikanischer Abstammung und dunkler Hautfarbe ≈ Schwarze • *hierzu* **Ne̲·ge·rin** *die*

**ne̲h·men** ★ (*nimmt, nahm, hat genommen*) MIT DER HAND: **1** **etwas nehmen** etwas mit der Hand greifen und es festhalten, von irgendwo entfernen oder zu sich holen *„eine Tasse aus dem Schrank nehmen"* | *„ein Glas in die Hand nehmen"* FÜR SICH: **2** **(sich** (*Dativ*)**) etwas nehmen** etwas mit der Hand greifen, um es zu haben *„Hast du dir das letzte Stück Kuchen genommen?"* **3** **(sich** (*Dativ*)**) etwas nehmen** eine Sache verwenden, auf die man Anspruch hat oder die vorhanden ist *„Sie nahm (sich) ein paar Tage Urlaub"* WÄHLEN: **4** **jemanden/etwas nehmen** eine von mehreren Möglichkeiten wählen, sich für jemanden/etwas entscheiden *„Der grüne Pullover gefällt mir am besten, den nehme ich"* **5** **(sich** (*Dativ*)**) jemanden nehmen** einer Person eine Aufgabe geben und sie dafür bezahlen ⟨(*sich* (*Dativ*)) *einen Anwalt, eine Haushaltshilfe nehmen*⟩ ESSEN, TRINKEN, SCHLUCKEN: **6** **etwas nehmen** eine Medizin o. Ä. schlucken ⟨*Drogen, Gift, Hustensaft, die Pille, Tabletten nehmen*⟩ WEGNEHMEN, ENTFERNEN, BEFREIEN: **7** **einer Person jemanden/etwas nehmen** *geschrieben* bewirken, dass eine Person eine andere Person oder eine Sache nicht mehr hat ≈ wegnehmen *„Robin Hood nahm von den Reichen und gab es den Armen"* **8** **jemandem/etwas etwas nehmen** verhindern, dass eine Person oder Sache etwas hat *„einem anderen Auto die Vorfahrt nehmen"* **9** **etwas von jemandem nehmen** jemanden von etwas Unangenehmem befreien ⟨*die Angst, die Last, die Sorge von jemandem nehmen*⟩ **10** **etwas aus/von etwas nehmen** etwas von irgendwo entfernen, wegnehmen *„die Suppe vom Herd nehmen"* **11** **sich** (*Dativ*) **das Leben nehmen** Selbstmord begehen ALS BEISPIEL: **12** **etwas nehmen** sich etwas als Beispiel vorstellen *„Nicht alle Vögel können fliegen. Nimm z. B. den Pinguin, der hat nicht einmal richtige Flügel"* VERSTEHEN, BEHANDELN: **13** **jemanden/etwas irgendwie nehmen** jemanden/etwas in der beschriebenen Weise verstehen und behandeln *„jemanden ernst nehmen"* MIT PRÄPOSITION: **14** **etwas an sich nehmen** etwas bei sich aufbewahren *„Ich habe die Dokumente an mich genommen"* **15** **etwas auf sich nehmen** etwas Unangenehmes freiwillig ertragen ⟨*viel Mühe, die Schuld, eine Verant-*

*wortung auf sich nehmen〉 „Er nahm einen weiten Weg auf sich, um sie zu besuchen"* ZUR UMSCHREIBUNG: **16** **etwas nehmen** verwendet, um ein Verb zu umschreiben *„Abschied (von jemandem) nehmen"* sich (von jemandem) verabschieden | *„etwas in Anspruch nehmen"* z. B. ein Recht, eine Leistung beanspruchen | *„ein Bad nehmen"* baden | *„jemanden/etwas in Empfang nehmen"* jemanden/etwas empfangen **ID** **es mit etwas genau nehmen** viel Wert auf Sorgfalt, Pünktlichkeit, Ehrlichkeit o. Ä. legen

der **Neid**★ (-(e)s) das Gefühl der Unzufriedenheit darüber, dass andere Leute etwas haben, das man selbst nicht hat, aber gern hätte *〈der pure Neid; etwas aus Neid tun; Neid empfinden〉 „Er platzte fast vor Neid, als sie mit dem neuen Auto vorfuhr"* • *hierzu* **neid·los** *ADJEKTIV*; **neid·voll** *ADJEKTIV*

**nei·disch** *ADJEKTIV* **neidisch (auf jemanden/etwas) sein** Unzufriedenheit darüber empfinden, dass eine andere Person etwas hat, das man selbst nicht hat, aber gern hätte

**nei·gen** *(neigte, hat geneigt)* **1** **zu etwas neigen** so sein, dass der genannte Zustand leicht eintreten kann oder dass man das Genannte oft tut *〈zu Depressionen, Erkältungen, Übertreibungen, Übergewicht neigen〉 „Eisen neigt dazu, schnell zu rosten"* **2** **zu etwas neigen** die genannte Meinung einer anderen Meinung vorziehen *„Er neigt dazu, das Projekt aufzugeben"* ℹ → auch **geneigt** **3** **etwas neigen** etwas aus einer senkrechten Lage in eine schräge (Lage) bringen *〈den Kopf zur Seite, den Oberkörper nach vorn neigen〉* **4** **sich irgendwohin neigen** den Oberkörper aus der senkrechten Lage in eine schräge (Lage) bringen ↔ sich aufrichten *„Sie neigte sich aus dem Fenster"* **5** **etwas neigt sich (irgendwohin)** etwas ändert die senkrechte oder waagrechte Lage oder Richtung nach unten *„Das Segelboot neigte sich zur Seite, als es vom Wind erfasst wurde"*

die **Nei·gung**★ (-, -en) **1** *meist Singular* der Grad, in dem sich eine Linie/Fläche senkt *〈etwas hat eine leichte, starke Neigung〉* ≈ Gefälle *„Die Neigung der Straße beträgt zehn Grad"* **K** Neigungswinkel **2** **eine Neigung (für etwas)** ein starkes Interesse (für etwas) ≈ Vorliebe *„Er hat eine Neigung für moderne Kunst"*

**nein**★ *PARTIKEL meist betont* als Antwort verwendet, um zu sagen, dass man eine Bitte, Aufforderung o. Ä. ablehnt oder dass man einer Aussage nicht zustimmt ↔ ja *„Willst du noch ein Stück Kuchen?" „Nein danke!"*

das **Nein**★ (-(s)) **1** die Antwort „nein" *〈ein eindeutiges, klares Nein; mit Nein stimmen; beim Nein bleiben〉* **2** **(zu etwas) Nein/nein sagen** sagen, dass man etwas nicht will, etwas nicht akzeptiert *„Er hat ihr einen Vorschlag gemacht, aber sie hat Nein dazu gesagt"*

die **Nein·stim·me** die Entscheidung gegen eine Person oder Sache, die jemand bei einer Wahl oder Abstimmung trifft *„Der Antrag wurde mit zwanzig Neinstimmen bei drei Jastimmen und einer Enthaltung abgelehnt"*

der **Nek·tar** (-s) **1** eine süße Flüssigkeit, die Blüten produzieren *„Viele Insekten saugen Nektar aus den Blüten"* **2** ein Getränk aus Früchten, die gepresst und mit Wasser vermischt werden **K** Orangennektar

die **Nek·ta·ri·ne** (-, -n) eine süße Frucht, die aussieht wie ein Pfirsich mit glatter Haut

die **Nel·ke** (-, -n) **1** eine Blume, die meist sehr stark riecht und weiße, rosa oder rote Blüten hat *〈eine Nelke im Knopfloch tragen〉* **2** die getrocknete Blüte eines tropischen Baumes, die man als Gewürz verwendet *„einen Schweinebraten mit Nelken spicken"* **K** Gewürznelke

**nen·nen**★ *(nannte, hat genannt)* **1** **jemanden/etwas** *+Name* **nennen** einer Person oder Sache einen Namen geben *„Sie nannten ihre Tochter Christa"* **2** **jemanden** *+Name* **nennen** eine Person mit ihrem Namen ansprechen *〈jemanden bei/mit dem Vornamen/Nachnamen nennen〉 „Du kannst mich ruhig Robbi nennen, wie alle meine Freunde"* **3** **jemanden/etwas** *+Adjektiv/Substantiv* **nennen** sagen, dass eine Person oder Sache die genannte Eigenschaft hat oder dass sie etwas ist *„Das nenne ich ein schönes Fest"* | *„Fleißig kann man ihn nicht gerade nennen"* Er ist ein bisschen faul **4** **(jemandem) etwas nennen** (jemandem) etwas sagen *„Er wollte die Gründe für seine Entscheidung nicht nennen"* | *„Kommen wir auf das vorher genannte Problem zu sprechen"* **5** **sich** *+Name* **nennen** etwas als Name haben *„Und wie nennt sich eure Band?"* **6** **jemand/etwas nennt sich etwas** eine Person oder Sache hat einen Namen, den sie nicht verdient *„Jeden Tag Regen! Das nennt sich nun Sommer!"* ℹ Das Substantiv steht meist im Nominativ: *Und so was nennt sich mein Freund!*

**nen·nens·wert** *ADJEKTIV* so interessant oder wichtig, dass es sich lohnt, darüber zu sprechen

N

*„Es gab keine nennenswerten Schwierigkeiten"* ⓘ meist verneint

der **Nẹn·ner** (-s, -) in der Mathematik die Zahl, die bei einem Bruch unter dem Strich steht ↔ Zähler *„Der Nenner von ⅕ ist 5"*

das **Ne̲·on** (-s) ein Gas, mit dem man Leuchtröhren füllt und Licht erzeugt [K] Neonlampe, Neonlicht, Neonröhre ⓘ chemisches Zeichen: *Ne*

die **Ne̲·on·far·be** (-, -n); *meist Plural* sehr bunte Farben, die auffällig stark leuchten *„modische Kleidung in Neonfarben"*

der **Nẹrv**★ [-f]; (-s, -en [-f-]) [1] Nerven leiten die Informationen zwischen den einzelnen Teilen des Körpers und dem Gehirn weiter ⟨*den Nerv eines Zahnes abtöten, betäuben, ziehen*⟩ [K] Nervengift, Nervensystem; Geschmacksnerv, Sehnerv [2] *nur Plural* die psychische Verfassung ⟨*gute, schlechte, schwache Nerven haben; die Nerven behalten, verlieren; mit den Nerven herunter, am Ende, fertig sein*⟩ *„Als Dompteur im Zirkus braucht man starke Nerven"* [K] Nervenbelastung, Nervenzusammenbruch [ID] **jemandem auf die Nerven gehen/fallen, jemandem den (letzten) Nerv töten** *gesprochen* jemanden sehr stören oder lästig sein; **Du hast (vielleicht) Nerven!** *gesprochen* Ich halte das, was du tust/sagst, für frech oder unverschämt

**nẹr·ven** [-f-] (*nervte, hat genervt*); *gesprochen* **jemand/etwas nervt (jemanden)** eine Person oder Sache stört jemanden sehr *„Die Musik nervt mich, mach sie bitte aus"*

der **Nẹr·ven·arzt** [-f-] [1] ein Arzt mit einer speziellen Ausbildung für Krankheiten der Nerven ≈ Neurologe [2] *gesprochen* ein Arzt mit einer speziellen Ausbildung für psychische Krankheiten ≈ Psychiater • *hierzu* **Nẹr·ven·ärz·tin** *die*

**nẹrv·lich** [-f-] *ADJEKTIV meist attributiv* in Bezug auf die Nerven ⟨*eine Anstrengung, eine Belastung; etwas ist nervlich bedingt*⟩

**ner·vö̲s**★ [-v-] *ADJEKTIV* [1] (wegen einer starken psychischen Belastung) voller innerer Unruhe oder Anspannung ⟨*etwas macht jemanden nervös*⟩ *„In der Prüfung machte er einen nervösen Eindruck"* [2] in Bezug auf die Nerven ⟨*eine Störung, Zuckungen*⟩ • *zu* (1) **Ner·vo·si·tä̲t** *die*

das **Nẹst**★ (-(e)s, -er) [1] der Platz, an den ein Vogel die Eier legt und sie ausbrütet ⟨*ein Vogel sitzt in/auf dem Nest, verlässt das Nest*⟩ *„Die Schwalbe baut ihr Nest aus Lehm"* [K] Vogelnest, Amselnest [2] eine kleine Höhle, die Insekten, Mäuse usw. bauen oder graben, um dort zu leben [K] Mäusenest, Wespennest

**nẹtt**★ *ADJEKTIV* (*netter, nettest-*) [1] im Verhalten freundlich und angenehm ⟨*ein Mensch, ein Junge, ein Mädchen; nett zu jemandem sein*⟩ ≈ sympathisch *„Es war nett von dir, mich zu besuchen/dass du mich besucht hast"* [2] so, dass es angenehm wirkt ⟨*nett aussehen; sich nett anziehen*⟩ ≈ hübsch *„Durch die hellen Möbel und die Blumen ist das Zimmer ganz nett geworden"* ⓘ *Nett* wird auch ironisch mit negativer Bedeutung verwendet: *„Er hat dir 100 Euro geklaut? Das ist ja ein netter Freund!"*

**nẹt·ter·we̲i·se** *ADVERB* aus Freundlichkeit *„Er hat mir netterweise sein Auto geliehen"*

**nẹt·to**★ *ADVERB* [1] ohne die Verpackung *„Der Inhalt dieser Dose wiegt 250 g netto/netto 250 g"* [K] Nettogewicht [2] (von Löhnen, Gehältern o. Ä.) nachdem Steuern oder andere Kosten abgezogen sind *„Er verdient 1.600 Euro netto im Monat/Er verdient netto 1.600 Euro"* [K] Nettobetrag, Nettoeinkommen, Nettolohn

das **Nẹtz**★ (-es, -e) AUS FÄDEN: [1] ein elastisches Material aus Fäden, Seilen, Drähten o. Ä., die miteinander verknüpft sind ⟨*ein feines, weitmaschiges, grobmaschiges Netz; ein Netz knüpfen, flicken, ausbessern*⟩ *„Die Artisten arbeiten mit/ohne Netz"* [K] Fliegennetz, Moskitonetz [2] ein Netz, mit dem man Fische fängt ⟨*die Netze auswerfen, einholen; ein Fisch geht jemandem ins Netz*⟩ [K] Fisch(er)netz [3] ein Netz, das (z. B. im Tennis) das Spielfeld in zwei Teile trennt oder (z. B. beim Fußball) einen Teil des Tors bildet ⟨*den Ball über das Netz/ins Netz schlagen, ins Netz schießen*⟩ [K] (Tisch)Tennisnetz [4] ein Netz, in dem man Dinge transportiert oder etwas (z. B. Gepäck) aufbewahrt *„die Waren ins Netz packen"* [K] Einkaufsnetz, Gepäcknetz [5] ein Netz, das eine Spinne macht, um kleine Tiere zu fangen ⟨*die Spinne sitzt im Netz*⟩ [K] Spinnennetz AUS VERBINDUNGEN: [6] ein System (vor allem von Straßen, Schienen, Kanälen o. Ä.), durch das Menschen und Waren (einfach und schnell) in viele Richtungen und an viele Orte kommen können *„Deutschland hat ein gut ausgebautes Netz von Autobahnen"* [K] Kanalnetz, Schienennetz, Straßennetz [7] ein System (von Apparaten und Leitungen), mit dem man Gas, elektrischen Strom, Nachrichten o. Ä. verteilt und transportiert ⟨*ein Haus, ein Gerät an das (öffentliche) Netz anschließen;*

*das Netz überlasten, stark belasten*〉 *„ein Kraftwerk vom Netz nehmen"* es abschalten, vom Stromnetz trennen | *„Fotos ins Netz stellen"* im Internet veröffentlichen K Funknetz, Kabelnetz, Stromnetz 8 eine Gruppe von Personen oder Institutionen, die an verschiedenen Orten arbeiten, aber miteinander durch eine Organisation verbunden sind K Spionagenetz 9 **das soziale Netz** ein System von sozialen Hilfen, das die Bürger eines Landes bei Krankheit, Arbeitslosigkeit usw. unterstützt ID **kein Netz haben** an einem Ort mit dem Handy keine Signale empfangen

der **Netz·an·schluss** 1 über den Netzanschluss erfolgt der Anschluss ans Stromnetz 2 die Möglichkeit, ein elektrisches Gerät (durch eine Leitung) mit Strom zu versorgen

die **Netz·haut** die Schicht des (menschlichen) Auges, die für das Licht empfindlich ist

die **Netz·kar·te** eine Fahrkarte für Zug, Bus und Straßenbahn, mit der man in einem begrenzten Gebiet so oft fahren kann, wie man will

das **Netz·teil** ein kleines Gerät, das den Strom aus der Steckdose für ein elektrisches Gerät so ändert, dass man es damit benutzen kann

das **Netz·werk** ≈ Netz K Computernetzwerk, Servicenetzwerk

**neu**★ *ADJEKTIV* 1 erst seit kurzer Zeit (für jemanden) vorhanden oder vor kurzer Zeit hergestellt ↔ alt *„eine neue Methode ausprobieren"* | *„Die Disco wurde gerade erst neu eröffnet"* K Neuanschaffung, Neueröffnung 2 so, dass es noch kein anderer vorher benutzt oder in Besitz gehabt hat 〈*etwas ist so gut wie neu; etwas sieht neu aus*〉 ↔ gebraucht K Neuwagen 3 so, dass etwas zwar schon benutzt wurde, jetzt aber wieder sauber, gewaschen ist ≈ sauber, frisch *„nach dem Duschen ein neues Hemd anziehen"* 4 (aktuell und) vorher nicht bekannt 〈*eine Entdeckung, eine Erfindung, Erkenntnisse*〉 *„einen neuen Stern entdecken"* K Neuentdeckung 5 **etwas ist jemandem neu** jemand hat von etwas noch nichts gewusst 6 nicht lange zurückliegend, in letzter Zeit geschehen und noch aktuell 〈*in neuerer, neuester Zeit; die neuesten Nachrichten, Ereignisse, Meldungen; etwas, nichts Neues wissen, hören, erfahren*〉 *„Weißt du schon das Neueste? Gabi hat gestern ein Baby bekommen!"* 7 erst seit kurzer Zeit bekannt bzw. an einem Ort oder in einer Position 〈*die Freundin, Bekannte; neu in einem Betrieb, in einer Stadt sein*〉 *„Der Neue macht seine Arbeit gut, obwohl er erst seit zwei Wochen bei uns arbeitet"* 8 *nur adverbiell* noch einmal und dabei anders als vorher 〈*etwas neu überarbeiten, formulieren, schreiben*〉 *„den Park neu gestalten"* K Neubearbeitung, Neugestaltung 9 **seit Neuestem/neuestem** seit sehr kurzer Zeit 10 **von Neuem/neuem** wieder, noch einmal *„Er hat es noch nie geschafft, aber er versucht es jeden Tag von Neuem"*

der **Neu·bau** (*-s, -ten*) 1 *meist Singular* das Bauen eines Hauses, vor allem, wenn es ein altes ersetzt *„In der Gemeinde wird über den Neubau des Krankenhauses diskutiert"* 2 ein Haus, das erst vor Kurzem gebaut worden ist 〈*in einem Neubau wohnen*〉 K Neubauwohnung

**neu·er·dings** *ADJEKTIV* seit kurzer Zeit, in letzter Zeit *„Kurt ist neuerdings Vegetarier"*

die **Neu·e·rung** (*-, -en*) eine Veränderung, die etwas Neues an die Stelle von einer Sache bringt, die es vorher gegeben hat *„In diesem Jahr wurden in unserem Betrieb verschiedene Neuerungen eingeführt"*

**neu·ge·bo·ren** *ADJEKTIV meist attributiv* 1 vor Kurzem auf die Welt gekommen 〈*ein Kind*〉 2 **wie neugeboren** frisch und voller Energie *„Nach der Sauna fühle ich mich immer wie neugeboren"*

die **Neu·gier**, **Neu·gier·de**; (-) **die Neugier (auf jemanden/etwas)** der Wunsch, etwas Bestimmtes zu wissen, kennenzulernen oder zu erfahren 〈*kindliche, wissenschaftliche Neugier; vor Neugier brennen; etwas aus reiner, purer Neugier tun; etwas weckt, erregt, befriedigt jemandes Neugier; von Neugier gepackt werden*〉

**neu·gie·rig**★ *ADJEKTIV* **neugierig (auf jemanden/etwas)** voller Neugier *„ein neugieriges Kind"* | *„Jetzt bin ich aber neugierig, wie du das Problem lösen willst"* | *„Ich bin neugierig darauf, was er sagen wird"*

die **Neu·heit** (*-, -en*) vor allem ein Produkt, das erst seit Kurzem auf dem Markt ist *„Auf der Messe gibt es wieder einige interessante Neuheiten zu sehen"* K Weltneuheit

die **Neu·ig·keit**★ (*-, -en*) eine Information oder Nachricht, die neu ist (und von der nur wenige Menschen etwas wissen) 〈*(interessante) Neuigkeiten haben, erzählen, wissen, erfahren, verbreiten*〉

das **Neu·jahr**, **Neu·jahr**★; *nur Singular* 1 der erste Tag des neuen Jahres (der in vielen Ländern ein Feiertag ist) ⟨*Neujahr feiern; jemandem zu Neujahr Glück wünschen*⟩ **K** Neujahrsempfang, Neujahrstag **2** **Prosit Neujahr!** verwendet, um jemandem bei einem Glas Sekt, Wein o. Ä. zu Beginn des neuen Jahres alles Gute zu wünschen

**neu·lich**★ *ADVERB* zu einem Zeitpunkt, der noch nicht weit in der Vergangenheit liegt *„Ich habe ihn neulich gesehen"*

der **Neu·ling** (-s, -e) eine Person, die erst seit kurzer Zeit in einer Gruppe ist oder erst beginnt, sich mit etwas zu beschäftigen ≈ Anfänger *„einen Neuling im Betrieb haben"*

**neu·mo·disch** *ADJEKTIV; gesprochen, abwertend* modern, aber nicht nach dem Geschmack des Sprechers *„Dieses neumodische Plastikzeug taugt nichts"*

der **Neu·mond** *nur Singular* die Zeit, in der man den Mond nicht sehen kann, weil er zwischen Sonne und Erde steht

**neun**★ *ZAHLWORT* (als Zahl, Ziffer) 9 ❶ → Anhang, S. 1098: **Zahlen** und Beispiele unter **vier**

die **Neun** (-, -en) **1** die Zahl 9 **2** jemand/etwas mit der Nummer 9

der **Neu·ner** (-s, -); *gesprochen* **1** die Ziffer 9 **2** etwas, das mit der Zahl 9 bezeichnet wird, meist ein Bus

N

**neun·hun·dert** *ZAHLWORT* (als Zahl) 900

**neunt** *ADJEKTIV* **1** in einer Reihenfolge an der Stelle neun ≈ 9. ❶ → Beispiele unter **viert-** **2** **der neunte Teil (von etwas)** ≈ 1/9 **3** **zu neunt** (mit) insgesamt 9 Personen *„zu neunt in Urlaub fahren"* | *„Wir waren zu neunt"*

**neun·tau·send** *ZAHLWORT* (als Zahl) 9000

**neun·tel** *ADJEKTIV meist attributiv; nur in dieser Form* den 9. Teil einer Menge bildend ≈ 1/9

das **Neun·tel** (-s, -) der 9. Teil (1/9) einer Menge

**neun·tens** *ADVERB* verwendet bei einer Aufzählung, um anzuzeigen, dass etwas an 9. Stelle kommt

**neun·zehn**★ *ZAHLWORT* (als Zahl) 19 ❶ → Anhang, S. 1098: **Zahlen**

**neun·zig**★ *ZAHLWORT* **1** (als Zahl) 90 ❶ → Anhang, S. 1098: **Zahlen** **2** **Anfang/Mitte/Ende neunzig sein** ungefähr 90 bis 93/94 bis 96/97 bis 99 Jahre alt sein

**neun·zi·ger** *ADJEKTIV meist attributiv; nur in dieser Form* die zehn Jahre (eines Jahrhunderts oder Menschenlebens) von 90 bis 99 betreffend *„eine Frau in den/ihren Neunzigern"* | *„in den neunziger Jahren des vorigen Jahrhunderts"* **K** Neunzigerjahre

der **Neu·schnee** der Schnee, der frisch gefallen ist *„In den Bergen gibt es fast 30 cm Neuschnee"*

**neut·ral**★ *ADJEKTIV* **1** weder für noch gegen einen der Gegner in einem Streit ⟨*ein Beobachter, ein Bericht; neutral bleiben; sich neutral verhalten*⟩ ≈ unparteiisch **2** ⟨*ein Land, ein Staat*⟩ so, dass sie, wenn andere Krieg führen, keiner Seite helfen *„die neutrale Schweiz"* **3** ⟨*ein Ort, ein Gebiet, ein Gewässer*⟩ so, dass sie keinem der Gegner in einem Streit gehören **4** ohne besondere (auffällige) Eigenschaften (sodass es mit vielen Dingen kombiniert werden kann) ⟨*eine Farbe; geschmacklich/im Geschmack neutral*⟩

**neu·wer·tig** *ADJEKTIV* gebraucht, aber noch fast neu ⟨*ein Auto, ein Fahrrad*⟩

die **Neu·zeit** *nur Singular* die Epoche in der Geschichte, die im 16. Jahrhundert beginnt und in der wir jetzt leben ↔ Mittelalter, Altertum • *hierzu* **neu·zeit·lich** *ADJEKTIV*

**nicht**★ *PARTIKEL* ZUR VERNEINUNG: **1** verwendet, um eine verneinte Aussage zu machen *„Schnee ist nicht schwarz, sondern weiß"* **2** **nicht** *+Adjektiv/Partizip Perfekt* verwendet, um die genannte Eigenschaft zu verneinen *„eine nicht amtliche Stellungnahme"* | *„ein nicht leitendes Metall"* ❶ *Un-* drückt oft eine Wertung aus, *nicht* bezeichnet nur das Fehlen der genannten Eigenschaft: *nicht selbstständig* und *unselbstständig*, *nicht organisiert* und *unorganisiert*; viele dieser Verbindungen werden vor allem in Fachsprachen auch zusammengeschrieben: *nichtamtlich, nichtehelich*. **3** verwendet zur Verneinung anstelle eines ganzen Ausdrucks *„Wer mag ein Stück Kuchen?" – „Ich nicht!"* **4** **nicht ein** keine einzelne Person oder keine einzelne Sache ≈ kein *„Nicht eine Flasche von diesem Wein war gut"* ZUR ABTÖNUNG: **5** *unbetont* in Fragen verwendet, wenn man eine positive Antwort erwartet *„Ist diese Aussicht nicht wunderbar?"* **6** **..., nicht (wahr)?** *betont und unbetont* am Ende des Satzes verwendet, wenn man möchte, dass andere Leute zustimmen *„Diese Aussicht ist wunderbar, nicht?"* | *„Du bleibst doch noch, nicht wahr?"* **7** *unbetont* in Ausrufen verwendet, um (auch ironisch) zu betonen, dass man überrascht ist *„Was du nicht sagst!"* Was du da sagst, weiß ich schon längst **8** **nicht doch** → doch **9** **nicht einmal** → einmal

*BINDEWORT* **10** **nicht, dass ...** *meist ironisch*

kurz für „es ist nicht so, dass …" *„Nicht, dass ich etwa neugierig bin, aber ich würde gern wissen, was er macht"*

**Nicht-** *im Substantiv, betont, sehr produktiv; besonders in Fachtexten* **1** **die Nichtanerkennung, die Nichtbefolgung, die Nichteinmischung, die Nichterfüllung, das Nichterscheinen** *und andere* drückt aus, dass die genannte Handlung nicht geschieht *„Bei Nichtgefallen bekommen Sie Ihr Geld zurück"* | *„Die Nichtbeachtung dieser Vorschriften kann mit einem Bußgeld geahndet werden"* **2** **der Nichtchrist, der Nichtfachmann, das Nichtmetall, der Nichtschwimmer, der Nichttänzer** *und andere* drückt aus, dass jemand/etwas nicht das ist, was der zweite Teil des Wortes bezeichnet *„Nichtmitglieder müssen höhere Eintrittspreise bezahlen"*

die **Nich·te★** (-, *-n*) die Tochter des Bruders oder der Schwester (oder des Bruders oder der Schwester des Ehepartners)

**nich·tig** *ADJEKTIV* **1** *geschrieben* ⟨*ein Vorwand, ein Anlass, Dinge, Gründe*⟩ ≈ unwichtig, bedeutungslos **2** (vor allem in einem gerichtlichen Verfahren) nicht wichtig oder nicht zu berücksichtigen ⟨*etwas für nichtig erklären*⟩

der **Nicht·rau·cher★** eine Person, die nicht die Gewohnheit hat, zu rauchen ↔ Raucher **K** Nichtraucherschutz • *hierzu* **Nicht·rau·che·rin** *die*

**nichts★** *PRONOMEN nur in dieser Form* **1** keine Sache oder keine Menge von irgendetwas *„Kannst du bitte das Licht einschalten? Ich sehe nichts"* | *„Er hat überhaupt nichts zu tun"* **2** *gesprochen* überhaupt nicht ⟨*etwas hilft, nutzt, schadet nichts*⟩ **3** zusammen mit Pronomen oder als Substantiv verwendeten Adjektiven drückt *nichts* aus, dass die genannte Sache oder Eigenschaft fehlt, abwesend ist *„Heute haben wir nichts Neues gelernt"* **4** **wie nichts** *gesprochen* sehr schnell und ohne Mühe *„Mit einem guten Auto bist du dort wie nichts"* **ID** **nichts als …, nichts wie …** *gesprochen* nur das Genannte und nichts anderes ≈ nur *„Mit ihm hat man nichts als Ärger"*; **Nichts da!** *gesprochen* Das tun wir/tust du/… nicht!; **Nichts wie weg/raus!** *gesprochen* Lass uns (von hier) verschwinden! *„Es brennt! Nichts wie raus!"*

das **Nichts** (-) **1** das völlige Fehlen von allem **2** **vor dem Nichts stehen** alles verloren haben, was man zum Leben braucht

**nichts·ah·nend** *ADJEKTIV* ≈ nichts ahnend → ahnen

**nichts·sa·gend, nichts sa·gend** *ADJEKTIV* ohne besonderen Inhalt und deshalb langweilig ⟨*eine Äußerung, ein Gespräch, eine Antwort, ein Gesicht*⟩ *„Der Politiker gab ein nichtssagendes Interview"*

das **Nicht|zu·tref·fen·de** **Nichtzutreffendes streichen** auf Formularen verwendet, um zu sagen, dass man durchstreichen soll, was nicht zutrifft

das **Ni·ckel** (-s) ein schweres Metall, das weiß wie Silber glänzt **ℹ** chemisches Zeichen: *Ni*

**ni·cken★** (*nickte, hat genickt*) den Kopf (mehrere Male) kurz nach vorn beugen, um „ja" auszudrücken oder um zu zeigen, dass man mit etwas einverstanden ist ⟨*beifällig, zustimmend, freudig, anerkennend, zufrieden (mit dem Kopf) nicken; jemanden mit einem (kurzen) Nicken grüßen*⟩ *„Ich fragte sie, ob sie mitkommen wolle, und sie nickte"* | *„Immer wenn der Redner etwas sagte, was ihr gefiel, nickte sie mit dem Kopf"*

**nie★** *ADVERB* **1** zu keiner Zeit ⟨*nie lügen, Zeit haben; etwas nie ganz verstehen*⟩ ↔ immer *„Ich werde nie vergessen, wie schön der Urlaub war"* **2** kein einziges Mal *„Er war noch nie in London"* | *„Wenn ich anrufe, ist sie nie da"* **3** auf keinen Fall, unter keinen Umständen *„Diesen Mann wirst du nie dazu bringen, Geschirr zu spülen"* **4** **nie wieder/nie mehr** (in Zukunft) nicht noch einmal *„Du wirst nie wieder so viel Glück haben!"* **5** **Nie und nimmer!** *gesprochen* auf keinen Fall

**nie·der** *ADJEKTIV meist attributiv* **1** auf einer der unteren Stufen einer Hierarchie ⟨*der Adel, ein Beamter*⟩ **2** *süddeutsch* Ⓐ Ⓒⓗ, *gesprochen* ⟨*ein Raum, eine Tür*⟩ ≈ niedrig ↔ hoch

**nie·der-** (*im Verb, betont und trennbar, begrenzt produktiv; Diese Verben werden so gebildet: niederschreiben, schrieb nieder, niedergeschrieben*) **1** **etwas niederlegen, niederstellen, niederdrücken; sich niedersetzen, niederknien** *und andere nieder-* bezeichnet eine Richtung von oben nach unten zum Boden *„Türen öffnet man, indem man die Türklinke niederdrückt"* **2** **etwas niederbrennen; jemanden/etwas niederschlagen, niedertrampeln; jemanden niederknüppeln, niederprügeln** *und andere nieder-* drückt aus, dass eine Person oder Sache (durch die im Verb genannte Tätigkeit) so getroffen, zerstört o. Ä.

N

wird, dass sie zum Schluss am Boden liegt *„Er hat den Einbrecher einfach niedergeknallt/niedergeschossen"* Er hat auf den Einbrecher geschossen und so getroffen, dass er zu Boden fiel

**Nie·der-** *im Substantiv, betont, nicht produktiv* **Niederbayern, die Niederlande, Niederösterreich, Niedersachsen** *und andere* bezeichnet den tiefer gelegenen Teil eines Gebietes, Landes oder Flusses *„eine Kreuzfahrt auf dem Niederrhein"*

der **Nie·der·gang** *nur Singular; geschrieben* der Prozess, bei dem etwas ganz an Bedeutung verliert (und schließlich zugrunde geht) *„der Niedergang des Inkareiches"*

**nie·der·ge·schla·gen** *ADJEKTIV* sehr traurig und ohne Energie ⟨*einen niedergeschlagenen Eindruck machen*⟩ ≈ deprimiert *„Sie ist so niedergeschlagen, weil ihre Katze gestorben ist"*

die **Nie·der·la·ge**★ die Situation, wenn man einen Wettkampf, Streit o. Ä. verliert ⟨*eine schwere, militärische, vernichtende, knappe, klare Niederlage; eine Niederlage hinnehmen, einstecken, erleiden (müssen); jemandem eine Niederlage beibringen, bereiten*⟩ ↔ Sieg *„Nach der klaren Niederlage mit 0 : 3 hat unsere Mannschaft keine Chance mehr auf den Titel"*

N

**nie·der·las·sen** (*hat*) **1** **sich irgendwo(hin)** (*Dativ/Akkusativ*) **niederlassen** sich auf etwas setzen, wenn man es sich bequem machen möchte *„sich auf einem Sofa/auf das Sofa niederlassen"* **2** **sich irgendwo niederlassen** an einen Ort ziehen, um dort zu wohnen oder zu arbeiten *„sich auf dem Land niederlassen"* **3** **sich als etwas niederlassen** als Arzt, Anwalt o. Ä. eine Praxis eröffnen *„sich als Tierarzt niederlassen"*

die **Nie·der·las·sung** (-, *-en*) der Teil einer Firma, der an einem anderen Ort ist als die Zentrale ≈ Filiale *„Unsere Firma hat Niederlassungen im ganzen Land"*

**nie·der·le·gen**★ **1** **jemanden/etwas (irgendwohin) niederlegen** jemanden/etwas (hinunter) auf etwas legen *„das Buch auf den Tisch niederlegen"* **2** **etwas niederlegen** etwas nicht mehr tun oder ausüben ⟨*ein Amt, ein Mandat niederlegen*⟩ **3** **die Waffen niederlegen** nicht mehr kämpfen

**nie·der·ma·chen** (*hat*); *gesprochen* **jemanden niedermachen** *abwertend* jemanden scharf kritisieren

der **Nie·der·schlag** *meist Plural* (die Menge an) Regen, Schnee usw., (die) der auf die Erde fällt ⟨*geringe, leichte, starke, einzelne Niederschläge*⟩ *„Am späten Nachmittag kann es zu Niederschlägen kommen"*

**nie·der·schla·gen**★ (*hat*) **1** **jemanden niederschlagen** eine Person mit so viel Kraft schlagen, dass sie zu Boden fällt *„jemanden mit einem Stock niederschlagen"* **2** **etwas niederschlagen** einen Aufstand, eine Revolte mit Gewalt beenden **3** **etwas schlägt sich irgendwo nieder** eine dünne Schicht (von Dampf) bildet sich (z. B. auf einem Fenster) *„Wenn es im Raum wärmer ist als draußen, schlägt sich Wasserdampf innen an den Fenstern nieder"*

die **Nie·der·tracht** (-); *geschrieben* eine Art zu denken und zu handeln, die (bewusst) böse ist ⟨*etwas aus Niedertracht tun, sagen*⟩ *„Er hat das Spielzeug aus purer Niedertracht kaputt gemacht"* • *hierzu* **nie·der·träch·tig** *ADJEKTIV*

**nied·lich** *ADJEKTIV* verwendet, um zu sagen, dass ein kleines Tier, ein kleines Kind oder deren Verhalten so nett, sympathisch oder rührend ist, dass man Freude empfindet

**nied·rig**★ *ADJEKTIV* **1** nicht sehr hoch (im Vergleich zu anderen Dingen) ⟨*eine Mauer, ein*

## Verben der Bewegung und der Ruhe

| | |
|---|---|
| 1 **hinausgehen** | 10 **kriechen** |
| 2 **schieben, drücken** | 11 **balancieren** |
| 3 **hocken** | 12 **fliegen** |
| 4 **sitzen** | 13 **stehen** |
| 5 **folgen** | 14 **fallen** |
| 6 **hinaufgehen, hinaufsteigen** | 15 **gehen** |
| | 16 **laufen, rennen** |
| 7 **verfolgen** | 17 **hineingehen** |
| 8 **werfen** | 18 **hinuntergehen, hinuntersteigen** |
| 9 **springen** | |

- Nenne alle Verben der Bewegung aus dem letzten Bild.
- Schreibe die Geschichte der beiden Jungen auf. Verwende mindestens zehn Verben aus der Liste.
- Spielt Pantomime: Eine Person ahmt die Verben aus der Liste nach. Die anderen müssen das richtige Verb erraten.
- Was passiert mit den beiden Jungen, wenn sie festgenommen werden? Diskutiert darüber.

13
14
15
16
17
18

# Auf zum Sport

## Auf zum Sport

| | | | |
|---|---|---|---|
| 1 | **das Kanu** Kanu fahren | 13 | **das Skateboard** Skateboard fahren |
| 2 | **das Paddel** paddeln | 14 | **die Sporttasche** |
| 3 | **die kurze Sporthose** | 15 | **der Volleyball** Volleyball spielen |
| 4 | **die Fußballschuhe** *Plural* | 16 | **der Tennisschläger** Tennis spielen |
| 5 | **die Sportschuhe** *Plural* | 17 | **die Joggingschuhe, die Laufschuhe** *Plural* |
| 6 | **der Tennisball** | 18 | **die Jogginghose** joggen |
| 7 | **die Inlineskates** *Plural* inlineskaten | 19 | **der Fußball** Fußball spielen |
| 8 | **der Basketball** Basketball spielen | 20 | **die Reitkappe, der Reithelm** |
| 9 | **der (Kletter)Helm** | 21 | **der (Reit)Sattel** |
| 10 | **der Klettergurt** | 22 | **die Reitstiefel** *Plural* reiten |
| 11 | **das (Kletter)Seil** | | |
| 12 | **der Karabinerhaken** klettern | | |

- Nenne alle Sportarten, die man mit den Dingen auf dem unteren Bild machen kann.
- Nenne alle Sportarten, für die man einen Helm braucht.
- Erzähle deinem Partner / deiner Partnerin,
  - welchen Sport du machst,
  - welche Sportarten du gerne ausprobieren würdest.

*Berg, ein Haus, eine Zimmerdecke, eine Brücke*⟩ ↔ hoch *„Der Schreibtisch ist zu niedrig für mich"* **K** Niedrigwasser **2** nicht weit über dem Boden ⟨*etwas fliegt, hängt niedrig*⟩ ≈ tief ↔ hoch *„Die Zweige sind so niedrig, dass man die Äpfel mit der Hand pflücken kann"* **3** im Ausmaß, Umfang, Wert oder Grad relativ gering ⟨*ein Einkommen, eine Miete, Preise, Löhne, eine Geschwindigkeit, Temperaturen, eine Zahl; die Kosten, die Ausgaben niedrig halten, zu niedrig ansetzen*⟩ ↔ hoch **4** moralisch von sehr geringem Wert ⟨*Beweggründe, eine Gesinnung, Instinkte, Motive, Triebe*⟩ ↔ edel

**nie·mals★** *ADVERB* kein einziges Mal, zu keiner Zeit ≈ nie *„Ich hatte noch niemals solche Angst wie gestern"* | *„Das werde ich niemals tun"* ❶ *Niemals* ist eine Verstärkung von *nie.*

**nie·mand★** *PRONOMEN* kein (einziger) Mensch ≈ keiner *„Hat heute jemand angerufen?" – „Nein, niemand."* | *„Er wollte mit niemandem von uns sprechen"* | *„Ich habe niemanden gesehen"* | *„Sie möchte niemand anderen sehen als dich"* ❶ nur allein verwendet; in der gesprochenen Sprache verwendet man oft *niemand* anstelle von *niemanden* und *niemandem*: *Ich habe niemand gesehen*

die **Nie·re** (-, *-n*) **1** eines der beiden Organe, welche den Urin produzieren **K** Nierensteine **2** *meist Plural* die Niere von Tieren, die man essen kann ⟨*saure, geschmorte Nieren*⟩ **K** Nierenrollbraten

**nie·seln** (*nieselte, hat genieselt*) **es nieselt** es regnet (oft stundenlang) leicht und mit feinen Tropfen **K** Nieselregen

**nie·sen★** (*nieste, hat geniest*) die Luft plötzlich und laut (nach einer Reizung) aus der Nase stoßen (vor allem wenn man Schnupfen hat) ⟨*laut, heftig niesen (müssen)*⟩ *„Wenn jemand niest, sagt man meist „Gesundheit"*

die **Nie·te** (-, *-n*) **1** ein Los, mit dem man nichts gewinnt ⟨*eine Niete ziehen*⟩ **2** eine Art Nagel, mit dem man zwei Teile (z. B. aus Metall) verbindet. Wenn sie befestigt ist, hat die Niete zwei dicke flache Enden *„Jeans haben oft Nieten an den Ecken der Taschen"* **3** *gesprochen, abwertend* eine Person, von der man glaubt, dass sie nichts kann und zu nichts fähig ist *„Er ist eine totale Niete, er kann nicht einmal einen Nagel in die Wand schlagen"*

der **Ni·ko·laus** (-, *-e/gesprochen Ni·ko·läu·se*) **1** ein Mann mit langem, weißem Bart und einem langen, roten Mantel, der Kindern am 6. Dezember kleine Geschenke bringt ⟨*der Nikolaus kommt*⟩ **2** *ohne Artikel* der 6. Dezember *„Heute ist Nikolaus"*

das **Ni·ko·tin** (*-s*) eine schädliche Substanz im Tabak, die eine stimulierende Wirkung auf die Nerven hat *„Nikotin macht süchtig"* **K** Nikotingehalt • *hierzu* **ni·ko·tin·arm** *ADJEKTIV*; **ni·ko·tin·frei** *ADJEKTIV*; **ni·ko·tin·hal·tig** *ADJEKTIV*

das **Nil·pferd** ≈ Flusspferd

**nimmt** *Präsens, 3. Person Singular* → nehmen

**nip·pen** (*nippte, hat genippt*) **(an etwas** (*Dativ*)**) nippen** eine sehr kleine Menge von etwas trinken (meist um den Geschmack zu prüfen) *„an einer Tasse Tee nippen"*

**nir·gends★** *ADVERB* an keinem Ort, an keiner

Stelle ↔ überall *„Ich kann den Schlüssel nirgends finden"* | *„Er war nirgends so gern wie zu Hause"*

**nir·gend·wo★** *ADVERB* an keinem Ort, an keiner Stelle

**nir·gend|wo·her** *ADVERB* von keinem Ort, von keiner Stelle, von keiner Person, von keiner Ursache o. Ä. *„Woher hast du das?" – „Nirgendwoher, das habe ich selbst gemacht."*

**nir·gend|wo·hin** *ADVERB* an keinen Ort, an keine Stelle *„Wo soll ich das hinstellen?" – „Nirgendwohin, das kommt in den Müll."*

**-nis** *im Substantiv, unbetont, nicht produktiv* **1** **das Ärgernis, das Hindernis, die Vorkommnisse** *und andere* verwendet, um aus einem Verb oder Adjektiv ein Substantiv zu machen *„die Schrecknisse des Krieges"* **2** **das Begräbnis, die Fäulnis, die Finsternis** *und andere* drückt die Vorgänge, Zustände o. Ä. aus, welche das Verb oder Adjektiv beschreiben *„Die Erlaubnis wurde verweigert"* **3** **die Erkenntnis, das Ereignis, das Vermächtnis** *und andere* drückt das Resultat der genannten Handlung aus *„die Ersparnisse verjubeln"*

die **Ni·sche** (-, *-n*) ein kleiner freier Raum oder eine freie Ecke in der Mauer oder Wand *„einen Schrank in eine Nische stellen"*

N

**nis·ten** (*nistete, hat genistet*) **ein Tier nistet (irgendwo)** ein Tier hat irgendwo ein Nest *„Die Möwen nisten auf dem Felsen"* | *„In dem Baum nistet ein Eichhörnchen"* **K** Nistplatz

das **Ni·veau★** [ni'vo:]; (-s, *-s*); *meist Singular* **1** eine Stufe auf einer (gedachten) Skala, mit der etwas bewertet oder gemessen wird ⟨*das geistige, künstlerische Niveau; das Niveau halten, steigern*⟩ *„Die Preise haben jetzt ihr höchstes Niveau seit Langem erreicht"* **K** Niveauunterschied; Preisniveau **2** **jemand/etwas hat Niveau** eine Person ist sehr intelligent und gebildet bzw. eine Sache ist geistig anspruchsvoll **3** eine (gedachte) Linie oder Fläche parallel zur (Oberfläche der) Erde ≈ Höhe *„Die Brücke hat das gleiche Niveau wie/ein höheres Niveau als die Straße"*

**ni·veau·los** [ni'vo:-] *ADJEKTIV* von schlechter Qualität

**nix** *gesprochen* ≈ nichts

**nö** *PARTIKEL; gesprochen* ≈ nein

**no·bel** *ADJEKTIV* **1** *geschrieben* großzügig und tolerant ⟨*ein Charakter, eine Geste, eine Haltung*⟩ *„Dass er den Flüchtlingen hilft, ist schon ein nobler Zug"* **2** *meist humorvoll* sehr vornehm und für die meisten Leute zu teuer ⟨*ein Hotel, Kleidung, ein Lokal*⟩ **K** Nobelrestaurant

**noch★** *PARTIKEL* ZEIT: **1** *betont und unbetont* drückt aus, dass ein Zustand zum genannten Zeitpunkt andauert, aber bald zu Ende sein kann ⟨*immer noch*⟩ *„Hast du dein altes Fahrrad noch?"* | *„Ich habe heute noch gar nichts gegessen"* **2** *unbetont* bevor etwas geschieht, vor einem Zeitpunkt *„Können Sie das noch vor Montag erledigen?"* | *„Ich muss erst noch abwaschen, dann können wir gehen"* **3** *unbetont* drückt aus, dass etwas geplant ist oder wahrscheinlich geschehen wird *„Ich komme noch darauf zurück"* | *„Sie kommt bestimmt noch!"* **4** *unbetont* drückt aus, dass etwas vor kurzer Zeit der Fall war *„Gestern war er noch gesund, aber heute liegt er im Krankenhaus"* **5** *unbetont* drückt aus, dass etwas sehr schnell geschehen ist *„Sie starb noch am Unfallort"* **6** *unbetont* verwendet, um vor möglichen Folgen zu warnen, um zu drohen oder zu mahnen *„Du kommst noch zu spät!"* MENGE: **7** *unbetont* drückt aus, dass eine Menge gering ist, nur ein Rest von etwas ist *„Ich habe nur noch zwanzig Euro"* **8** *betont und unbetont* drückt aus, dass jemand/etwas zu einer Menge hinzukommt *„Noch ein Bier, bitte!"* | *„Und was hat sie noch gesagt?"* WERTUNG: **9** *unbetont* drückt aus, dass etwas im Vergleich mit etwas anderem relativ positiv ist *„Da hast du noch Glück gehabt! Der Unfall hätte viel schlimmer ausgehen können"* **10** *unbetont* drückt aus, dass man nur geringe Ansprüche stellt und sich ärgert, wenn diese nicht erfüllt werden *„Das wirst du ja noch für mich tun können!"* **11** **Auch 'das noch!** *unbetont* verwendet, wenn in einer unangenehmen Situation zusätzlich etwas Unangenehmes geschieht IN KOMBINATION: **12** **noch (viel)** + *Komparativ betont und unbetont* verwendet, um eine Steigerung zu verstärken *„Die alte Wohnung war schon sehr schön, aber diese hier ist noch schöner"* **13** **noch (ein)mal** *betont und unbetont* ein weiteres Mal *„Könnten Sie das noch einmal wiederholen?"* **14** **noch nie** *unbetont* bis jetzt nicht *„Ich war noch nie in Amerika"*

*BINDEWORT* **15** → weder

**noch·mal** *ADVERB; gesprochen* noch einmal, ein weiteres Mal

**noch·mals★** *ADVERB* noch einmal *„Er versuchte nochmals, sie anzurufen"*

der **No·ma·de** (*-n, -n*) eine Person, die nicht

ständig am gleichen Ort lebt, sondern z. B. mit dem Vieh herumzieht **K** Nomadenvolk • *hierzu* **no·ma·disch** *ADJEKTIV*

der **No·mi·na·tiv** [-f]; (-s, -e) der Kasus, in welchem das Subjekt des Satzes steht ⟨*ein Wort steht im Nominativ*⟩ *„In dem Satz „Der Ball flog durch das Fenster" steht „der Ball" im Nominativ"*

**no·mi·nie·ren** (*nominierte, hat nominiert*) **1** **jemanden (für etwas) nominieren** jemanden zum Kandidaten für eine Wahl bestimmen **2** **jemanden (für etwas) nominieren** jemanden (als Teilnehmer) für einen sportlichen Wettbewerb melden • *hierzu* **No·mi·nie·rung** *die*

die **Non·ne** (-, -n) eine Frau, die ihr ganzes Leben lang Gott dienen will, nicht heiratet und meist in einem Kloster lebt ≈ Klosterfrau

die **Nop·pe** (-, -n) eine von vielen kleinen, dicken (biegsamen) Stellen auf einer Oberfläche, die verhindern, dass etwas darauf rutscht *„Die Seife liegt auf einem Stück Gummi mit Noppen"*

**Nord**★ *ohne Artikel; nur in dieser Form* die Richtung, die auf der Landkarte oben ist ⟨*Wind aus, von Nord; ein Kurs nach Nord*⟩ ↔ Süd *„Die Position des Schiffes ist 56 Grad Nord und ein Grad West"*

**nord·deutsch** *ADJEKTIV* **1** in Bezug auf den nördlichen Teil Deutschlands **2** in Bezug auf die Sprache dieses Gebietes ⟨*ein Ausdruck, ein Wort*⟩ • *zu* (1) **Nord·deut·sche** *der/die; zu* (1) **Nord·deutsch·land** (*das*)

der **Nor·den**★ (-s) **1** die Richtung, die auf der Landkarte oben ist ⟨*der Wind weht aus/von Norden, aus, in Richtung Norden*⟩ ↔ Süden *„Der Polarstern steht im Norden" | „Die Nadel im Kompass zeigt nach Norden"* **K** Nordküste, Nordseite **2** der Teil eines Gebietes, der im Norden ist *„Er wohnt im Norden des Landes"* **K** Nordafrika, Nordeuropa

**nörd·lich**★ *ADJEKTIV meist attributiv* **1** nach Norden (gerichtet) ⟨*ein Kurs; in nördliche Richtung fahren*⟩ **2** von Norden nach Süden ⟨*ein Wind; der Wind kommt, weht aus nördlicher Richtung*⟩ **3** im Norden ⟨*die Erdhalbkugel, ein Land, die Seite, der Teil*⟩ *„Im nördlichen Kanada ist es jetzt schon sehr kalt"*
*PRÄPOSITION mit Genitiv* **4** (in der genannten Entfernung) weiter im Norden als etwas ↔ südlich *„Die Stadt liegt fünf Kilometer nördlich der Grenze"* ❶ Folgt ein Wort ohne Artikel, verwendet man *nördlich von*: *nördlich von Italien.*

**Nord·ost** *ohne Artikel; nur in dieser Form* ≈ Nordosten ❶ Abkürzung: *NO*

der **Nord·os·ten** **1** die Richtung zwischen Norden und Osten ⟨*der Wind weht aus/von Nordosten*⟩ ❶ Abkürzung: *NO* **2** **der Nordosten** der Teil eines Gebietes, der im Nordosten ist ≈ Nordostteil *„der Nordosten eines Landes"*

**nord·öst·lich** *ADJEKTIV meist attributiv* **1** nach Nordosten (gerichtet) oder von Nordosten (kommend) ⟨*in nordöstliche Richtung; aus nordöstlicher Richtung*⟩ **2** im Nordosten ⟨*die Seite, der Teil*⟩
*PRÄPOSITION mit Genitiv* **3** (in der genannten Entfernung) weiter im Nordosten als etwas *„ein Berg (fünf Kilometer) nordöstlich der Stadt"* ❶ Folgt ein Wort ohne Artikel, verwendet man *nordöstlich von*: *nordöstlich von Spanien.*

der **Nord·pol** *nur Singular* der nördlichste Punkt auf der Erde ↔ Südpol

die **Nord·see** (-) der Teil des Atlantischen Ozeans zwischen Großbritannien, Norwegen und Dänemark

der **Nord·wes·ten** **1** die Richtung zwischen Norden und Westen ⟨*der Wind weht aus/von Nordwesten*⟩ ❶ Abkürzung: *NW* **2** der Teil eines Gebietes, der im Nordwesten ist *„der Nordwesten eines Landes"*

**nord·west·lich** *ADJEKTIV meist attributiv* **1** nach Nordwesten (gerichtet) oder von Nordwesten (kommend) ⟨*in nordwestlicher Richtung; aus nordwestlicher Richtung*⟩ **2** im Nordwesten ⟨*die Seite, der Teil*⟩
*PRÄPOSITION mit Genitiv* **3** (in der genannten Entfernung) weiter im Nordwesten als etwas *„ein Kloster (zehn Kilometer) nordwestlich des Dorfes"* ❶ Folgt ein Wort ohne Artikel, verwendet man *nordwestlich von*: *nordwestlich von Dänemark.*

der **Nord·wind** ein Wind, der von Norden kommt

**nör·geln** (*nörgelte, hat genörgelt*) **(über jemanden/etwas) nörgeln** *abwertend* jemanden/etwas wegen kleiner Dinge immer wieder kritisieren • *hierzu* **Nörg·ler** *der;* **nörg·le·risch** *ADJEKTIV;* **nör·ge·lig** *ADJEKTIV*

die **Norm**★ (-, -en) **1** *meist Plural* eine allgemein anerkannte Regel, nach der sich die Leute verhalten sollen ⟨*ethische, gesellschaftliche, moralische Normen; sich an Normen halten*⟩ **2** das, was als normal oder üblich empfunden wird ⟨*jemand/etwas entspricht der Norm, weicht von der Norm ab*⟩ **3** eine Regel, wie etwas hergestellt, getan werden soll, aussehen soll ⟨*technische Normen*⟩ K Industrienorm, DIN-Norm

**nor·mal★** *ADJEKTIV* **1** so, wie es die allgemeine Meinung für üblich oder gewöhnlich hält ↔ unnormal *„Ist es normal, dass ein Kind mit 14 Jahren schon arbeiten muss?"* K Normalgewicht, Normaltemperatur **2** geistig und körperlich gesund ↔ anormal *„Ihre Angst vor Fremden ist doch nicht mehr normal!"*

**nor·ma·ler·wei·se★** *ADVERB* so wie es sonst (üblich) ist oder sein sollte *„Normalerweise müsste ich jetzt zur Arbeit gehen, aber heute habe ich frei"*

**nor·ma·li·sie·ren** (*normalisierte, hat normalisiert*) **etwas normalisiert sich** etwas wird normal *„Sie war sehr krank, aber inzwischen hat sich ihr Zustand wieder normalisiert"*

die **Nor·ma·li·tät** (-, *-en*) der Zustand, der normal ist *„Nach der ganzen Aufregung ist jetzt wieder Normalität eingekehrt"*

**nor·men** (*normte, hat genormt*) **etwas normen** eine Norm aufstellen, die sagt, welche Größe/Form, welches Gewicht usw. die Produkte haben sollen ≈ vereinheitlichen *„Die Papierformate sind genormt"* • *hierzu* **Nor·mung** *die*

die **Nos·tal·gie** (-) eine Stimmung, in der man sich nach früheren Zeiten und deren Kultur, Kunst oder Lebensart sehnt K Nostalgiegefühl • *hierzu* **nos·tal·gisch** *ADJEKTIV*

die **Not★** (-, *Nö·te*) **1** *nur Singular* der Zustand, in dem jemand sehr arm ist und nicht genug Geld und Essen zum Leben hat ⟨*große, schlimme Not; in Not geraten, sein; jemandes Not lindern*⟩ ≈ Armut ↔ Reichtum *„Weil es seit Jahren nicht mehr geregnet hat, herrscht hier große Not"* K Hungersnot **2** *meist Singular* eine (schlimme) Situation, in der man Hilfe braucht ⟨*Rettung aus/in höchster Not; jemandem in der Stunde der Not beistehen*⟩ K Notsignal, Notsituation **3** der Zustand, in dem jemand seelisch leidet oder verzweifelt ist ⟨*jemandem seine Not/Nöte klagen*⟩ ≈ Verzweiflung *„Er wusste sich in seiner Not nicht mehr zu helfen"* **4** **ohne Not** ohne wichtigen Grund ≈ unnötig *„jemandem ohne Not wehtun"* **5** **zur Not** wenn es nicht anders geht ≈ notfalls *„Zur Not kann ich noch was kochen, aber ich würde lieber im Restaurant essen"* **6** **mit knapper Not/mit Mühe und Not** gerade noch *„den Zug mit knapper Not erreichen"*

der **No·tar** (-s, *-e*) ein Jurist, der beruflich bestätigt (beglaubigt), dass Dokumente echt sind, der Testamente ausarbeitet usw. • *hierzu* **No·ta·rin** *die*

**no·ta·ri·ell** *ADJEKTIV meist attributiv* von einem Notar (gemacht) ⟨*eine Bestätigung; etwas notariell beglaubigen, beurkunden lassen*⟩

der **Not·arzt** ein Arzt, der in einem Notfall (mit dem Krankenwagen) zu einem Unfall kommt oder den man rufen kann, wenn andere Ärzte keinen Dienst haben (z. B. am Wochenende) K Notarztdienst, Notarztwagen • *hierzu* **Not·ärz·tin** *die*

die **Not|auf·nah·me** eine Abteilung eines Krankenhauses, in der Patienten behandelt werden, die einen Unfall hatten oder plötzlich Hilfe brauchen

der **Not|aus·gang★** ein Ausgang, durch den man schnell nach draußen kommt, wenn z. B. ein Feuer ausbricht

die **Not·brem·se** eine Bremse in einem Zug, die man ziehen kann, wenn man eine Gefahr bemerkt ⟨*die Notbremse betätigen, ziehen*⟩

der **Not·dienst** der Dienst (als Arzt, Apotheker o. Ä.) außerhalb der normalen Arbeitszeit (vor allem für Notfälle) ≈ Bereitschaftsdienst

**not·dürf·tig** *ADJEKTIV* nicht richtig, sondern nur so, dass es gerade noch hält oder funktioniert ⟨*etwas notdürftig flicken, reparieren*⟩

die **No·te★** (-, *-n*) FÜR MUSIK: **1** ein geschriebenes Zeichen, das einen Ton in einem Musikstück darstellt ⟨*Noten lesen können; nach Noten singen, spielen*⟩ K Viertelnote, Achtelnote **2** *nur Plural* ein Blatt oder Heft mit Noten, die ein oder mehrere Musikstücke darstellen K Notenheft, Notenständer **3** **eine ganze/halbe Note** eine Note, die eine Dauer von vier/zwei Taktschlägen hat FÜR BEWERTUNGEN: **4** eine Zahl oder eine Bezeichnung, mit der die Leistung eines Schülers, Studenten usw. (in einer Skala) bewertet wird ⟨*eine gute, schlechte Note in etwas* (*Dativ*)⟩ *„Der Aufsatz wurde mit der Note 3/„befriedigend" bewertet"* K Notendurchschnitt, Notenvergabe; Prüfungsnote, Schulnote EIGENSCHAFT: **5** **eine** *+Adjektiv* **Note** *nur Singular* der gute Eindruck, die (besondere) Qualität, die etwas hat ⟨*einer Sache eine besondere, festliche Note geben, verleihen*⟩ *„Ein selbst verfasstes Gedicht ist ein Geschenk mit einer persönlichen Note"*

das **Note·book** ['noʊtbʊk]; (-s, -s) ein kleiner, tragbarer PC

das **No·ten·blatt** ein Blatt, auf dem Musiknoten

stehen

der **No·ten·schlüs·sel** ein Zeichen, das am Beginn einer Zeile mit Notenlinien steht und den Bereich der Töne bezeichnet, in welchem die Noten stehen ⓘ Die beiden Notenschlüssel heißen *Bassschlüssel* und *Violinschlüssel*

der **Not·fall**★ **1** eine (unerwartete) Situation, in der man (schnell) Hilfe braucht (oft von einem Arzt oder der Polizei o. Ä.) **2** **im Notfall** wenn es sein muss, wenn die Situation es erfordert *„Bremse nur im Notfall ziehen!"*

**not·falls** *ADVERB* wenn es wirklich notwendig sein sollte *„Wenn der letzte Zug schon weg ist, kann ich notfalls auch mit dem Taxi nach Hause kommen"*

**not·ge·drun·gen** *ADVERB* weil die Situation es notwendig macht(e) *„Da das Hotel geschlossen hatte, mussten wir notgedrungen im Auto übernachten"*

**no·tie·ren**★ (*notierte, hat notiert*) **1** **(sich** (*Dativ*)**) etwas notieren** etwas auf einen Zettel schreiben, damit man es nicht vergisst ⟨*eine Adresse, eine Telefonnummer*⟩ **2** **etwas notiert irgendwie** etwas hat den genannten Preis oder Kurs an der Börse *„Der Dollar notiert heute höher als gestern, über dem Kurs des Vortages"* • *zu* (2) **No·tie·rung** *die*

**nö·tig**★ *ADJEKTIV* **1** **nötig für jemanden/ etwas; nötig zu etwas** so, dass es gebraucht wird oder getan werden muss ⟨*etwas macht etwas nötig; etwas ist nötig; etwas für nötig halten; das Nötige veranlassen; alles Nötige tun*⟩ *„mit der nötigen Vorsicht vorgehen"* | *„Wenn nötig, bleibe ich noch ein bisschen und helfe dir"* **2** *gesprochen* so, dass etwas bald geschehen, getan werden muss ⟨*nötig* (*auf die Toilette*) *müssen; etwas nötig brauchen*⟩ ≈ dringend **ID** **etwas nicht nötig haben** etwas nicht tun müssen (und stolz darauf sein, es nicht tun zu müssen) *„Ich habe es nicht nötig, ihn um Verzeihung zu bitten"*; **Das ist doch nicht nötig!**, **Das wäre doch nicht nötig gewesen!** verwendet, um sich höflich zu bedanken

**nö·ti·gen** (*nötigte, hat genötigt*) **jemanden (zu etwas) nötigen** jemanden durch Drohung oder Gewalt dazu bringen, etwas zu tun (und sich dadurch auch strafbar machen) • *hierzu* **Nö·ti·gung** *die*

die **No·tiz**★ (-, *-en*) etwas, das man aufgeschrieben hat ⟨*Notizen machen*⟩ *„Das geht aus einer Notiz im Tagebuch hervor"* **K** Notizblock, Notizbuch; Aktennotiz

die **Not·la·ge** eine schlimme Situation ⟨*eine wirtschaftliche, finanzielle Notlage*⟩

die **Not·lö·sung** eine Lösung, die man in einer schlechten Situation nur deshalb wählt, weil man keine bessere (Lösung) findet

der **Not·ruf**★ **1** ein Telefonanruf o. Ä., mit dem man die Polizei, die Feuerwehr oder einen Arzt um Hilfe in einem Notfall bittet ⟨*einen Notruf empfangen, entgegennehmen*⟩ **2** eine Telefonnummer für Notrufe

die **Not·ruf|num·mer** eine Telefonnummer, unter der man im Notfall die Polizei, Feuerwehr oder einen Notarzt erreicht *„Die einheitliche Notrufnummer in Deutschland ist 112"*

die **Not·ruf|säu·le** eine Säule mit einem Telefon an der Autobahn o. Ä., von der aus man bei einem Unfall oder einer Panne die Polizei anrufen kann

der **Not·stand** *meist Singular* eine Situation, in der ein Staat oder Menschen in Gefahr sind und in der deswegen besondere Gesetze gelten **K** Notstandsgebiet

die **Not·wehr** (-) die Anwendung von Gewalt, die nicht bestraft wird, wenn damit ein Angriff abgewehrt wird ⟨*in/aus Notwehr handeln; Notwehr geltend machen*⟩

**not·wen·dig**★ *ADJEKTIV* so, dass es dringend gebraucht wird oder dringend gemacht werden muss ≈ nötig *„eine notwendige Reparatur vornehmen"* • *hierzu* **Not·wen·dig·keit** *die*

**not·wen·di·ger|wei·se** *ADVERB* so (zwingend), dass es nicht verhindert werden kann ⟨*etwas führt notwendigerweise zu etwas*⟩

der/das **Nou·gat** ['nu:-] → Nugat

der **No·vem·ber**★ [-v-]; (*-s*, -); *meist Singular* der elfte Monat des Jahres ⟨*im November; Anfang, Mitte, Ende November; am 1., 2., 3. November; ein nebliger, kalter, stürmischer November*⟩ *„Am ersten November ist Allerheiligen"* **K** Novembertag ⓘ Abkürzung: *Nov.*

die **NPD** [ɛnpe'de:]; (-), **Na·ti·o·nal·de·mok·ra·ti·sche Par·tei Deutsch·lands** eine nationalistische Partei in Deutschland *„Ein Verbot der NPD wird immer wieder gefordert"*

**Nr.** Abkürzung für *Nummer*

**Nu** **ID** **im Nu** *gesprochen* in sehr kurzer Zeit *„Ich bin im Nu wieder da"*

die **Nu·an·ce** ['nÿã:sə]; (-, *-n*) **1** ein sehr kleiner Unterschied in Farbe, Helligkeit, Bedeutung o. Ä. ⟨*stilistische, sprachliche, farbliche Nuancen*⟩ ≈ Abstufung *„Rot gibt es in vielen Nu-*

N

ancen" **2** **eine Nuance (von etwas)** ein kleines bisschen *„Dieses Blau ist eine Nuance heller als das andere"*

**nụch·tern** *ADJEKTIV* **1** mit leerem Magen, weil man vorher nichts gegessen oder getrunken hat *„Bitte kommen Sie zur Blutabnahme nüchtern"* **2** nicht von den Wirkungen des Alkohols beeinflusst ⟨*nicht mehr ganz nüchtern; völlig, vollkommen nüchtern sein*⟩ *„Nach zwei Gläsern Wein war er nicht mehr ganz nüchtern"* **3** von sachlichen Überlegungen und nicht vom Gefühl geleitet ⟨*die Sache nüchtern betrachten, beurteilen*⟩ ≈ sachlich • *hierzu* **Nụch·tern·heit** *die*

die **Nu̲·del★** (-, -*n*); *meist Plural* ein Nahrungsmittel aus Mehl und Wasser (und Eiern), das man in Wasser kocht und mit einer Soße, in Suppen oder mit Fleisch isst *„Lange dünne Nudeln nennt man Spaghetti"* **K** Nudelsalat, Nudelsuppe; Bandnudel

der/das **Nu̲·gat** (-*s*) eine weiche, braune Masse aus gemahlenen Nüssen, Zucker und Kakao, mit der viele Pralinen gefüllt sind **K** Nugatfüllung

**nuk·le·a̲r** *ADJEKTIV meist attributiv* so, dass dabei Atomenergie verwendet wird ⟨*Energie, Waffen, ein Krieg, eine Explosion*⟩ **K** Nuklearwaffen

N

**nụll★** *ZAHLWORT* **1** (als Ziffer) 0 **2** beim Sport verwendet, um zu sagen, dass keine Punkte oder Tore erzielt wurden *„Das Spiel endete null zu null (0 : 0) unentschieden"* **3** **null (Grad (Celsius))** die Temperatur (auf der Celsiusskala), bei der Wasser beginnt, zu Eis zu werden ⟨*Temperaturen über, unter null; die Temperatur sinkt (auf 10 Grad) unter null, steigt auf 10 Grad über null*⟩ ≈ 0 °C **4** **null Uhr** *geschrieben* der Zeitpunkt in der Nacht, zu dem ein neuer Kalendertag beginnt ≈ Mitternacht *„Der Zug kommt um null Uhr zweiundzwanzig (00:22 Uhr) an"* ℹ Man sagt auch *24 Uhr* oder (in der gesprochenen Sprache) *12 Uhr nachts*. Für die Angabe der Uhrzeit zwischen Mitternacht und ein Uhr verwendet man immer *null Uhr*: *null Uhr 16* (= 00:16 Uhr).

*ADJEKTIV nur in dieser Form* **5** *gesprochen* ≈ kein *„Von Mathe hast du wohl null Ahnung, was?"*

die **Nụll★** (-, -*en*) **1** die Ziffer 0 *„Die Zahl 100 hat zwei Nullen"* **2** *gesprochen, abwertend meist Singular* eine Person, die nichts kann und nichts erreicht hat ≈ Versager

der **Nụll·punkt** **1** der Punkt auf einer Skala, an dem auf der einen Seite die negativen und auf der anderen Seite die positiven Werte beginnen **2** (auf der Celsius-Skala) die Temperatur, bei der Wasser zu Eis wird **3** ein Punkt, wo alles sehr schwierig und hoffnungslos ist oder aussieht ⟨*auf dem Nullpunkt (angelangt) sein; etwas sinkt auf den Nullpunkt*⟩ ≈ Tiefpunkt *„Meine Konzentration hat heute ihren völligen Nullpunkt erreicht, ich kann keinen klaren Gedanken fassen"*

der **Nụll·ta·rif** **zum Nulltarif** ohne, dass man etwas bezahlen muss *„Die erste Fahrt mit der neuen U-Bahn war zum Nulltarif"*

der **Nụ·me·rus cla̲u̲·sus** (-) eine Regelung, die nur einer begrenzten Anzahl von Personen erlaubt, ein bestimmtes Fach an einer Universität o. Ä. zu studieren ℹ Abkürzung: *NC*

die **Nụm·mer★** (-, -*n*) **1** eine Zahl, die den Platz einer Person/Sache in einer Reihe oder Liste angibt ⟨*eine hohe, niedrige Nummer*⟩ *„Ich wohne in der Maximilianstraße Nummer 41"* **K** Bestellnummer, Hausnummer, Kontonummer ℹ Abkürzung: *Nr.* **2** eine Person oder Sache mit der angegebenen Nummer *„Die Nummer 666 gewinnt eine Reise nach Kalifornien"* **3** die Reihe von Ziffern, die man wählt, um zu telefonieren ⟨*jemandem seine Nummer geben; jemandes Nummer haben; jemandes Nummer wählen*⟩ *„Ich bin unter der Nummer 2859 erreichbar"* **K** Telefonnummer, Privatnummer, Handynummer **4** die Ziffern und Buchstaben auf einem Schild, das Autos, Motorräder usw. haben müssen ≈ Kennzeichen **K** Nummernschild; Autonummer **5** die Zahl, mit der man die Größe von Kleidern, Schuhen usw. angibt ≈ Größe *„Damenschuhe Nummer 38"* | *„Haben Sie dieses Kleid eine (halbe) Nummer größer?"* **K** Schuhnummer **6** ein Heft einer Zeitschrift oder Zeitung ≈ Ausgabe *„In der Nummer von der letzten Woche war ein interessanter Artikel"* **7** ein Beitrag, Stück in einem Programm ⟨*eine Nummer vorführen*⟩ *„Unsere nächste Nummer: Gino und Gina auf dem Trapez!"* **K** Kabarettnummer, Zirkusnummer **ID** **auf Nummer Sicher/sicher gehen** *gesprochen* kein Risiko eingehen

**num·me·ri̲e̲·ren** (*nummerierte, hat nummeriert*) **etwas nummerieren** etwas (*Dativ*) eine Nummer geben und es so in eine Reihenfolge bringen ⟨*Seiten nummerieren; die Plätze im Kino, Theater sind nummeriert*⟩ • *hierzu* **Num·me·ri̲e̲·rung** *die*

**nun**★ *ADVERB* [1] in dem Moment, in dem der Sprecher etwas sagt ⟨*von nun ab/an*⟩ ≈ jetzt „*Kommen wir nun zum Programm der nächsten Woche*" [2] in der Gegenwart ≈ heutzutage „*Früher war an dieser Stelle eine schöne Wiese, nun stehen hier Hochhäuser*" [3] **Was nun?** verwendet, um zu sagen, dass man nicht weiß, was gerade geschieht oder was getan werden soll
*PARTIKEL unbetont* [4] in Fragen verwendet, um zu sagen, dass man ungeduldig auf eine Information wartet „*Hat sie den Job nun bekommen oder nicht?*" [5] **nun (ein)mal** drückt aus, dass man an einer Sache nichts ändern kann „*Du kannst nun mal nicht alles haben!*" [6] leitet einen Satz ein, mit dem man ein neues Thema anfängt „*Nun, habt ihr euch schon überlegt, wohin ihr in Urlaub fahrt?*" [7] **nun gut/ja** drückt aus, dass man jemandem zwar zustimmt, aber Bedenken oder Einwände hat „*Nun gut, wenn es sein muss, bezahle ich dir die Eintrittskarte*"

**nur**★ *ADVERB* [1] verwendet, um zu betonen, dass eine Aussage genau auf die genannte Sache/Person o. Ä. zutrifft und auf nichts anderes (und dass das wenig ist). *Nur* bezieht sich auf den Teil des Satzes, der direkt folgt ≈ bloß „*Nur Hans hat Kuchen gekauft* (*und sonst niemand*)" | „*Hans hat nur den Kuchen gekauft* (*und nichts anderes*)" | „*Hans hat den Kuchen nur gekauft* (*und nicht gegessen*" | „*Ihre neuen Schuhe kosteten nur 40 Euro*" ❶ Auch *erst* drückt aus, dass etwas weniger ist, als man erwartet hat oder erwarten kann. *Erst* betont jedoch die Erwartung, dass noch etwas dazukommt oder kommen könnte: *Er hat bis jetzt erst zweimal gewonnen; Um acht Uhr waren erst fünf Gäste da.* [2] verwendet, um eine Aussage durch einen Gegensatz, Widerspruch oder eine Einschränkung zu ergänzen ≈ aber „*Das Konzert war toll, nur war die Musik ein bisschen zu laut*" [3] **nur noch** (+ *Komparativ*) *unbetont* verwendet, um zu sagen, dass etwas eine negative Wirkung haben könnte „*Wenn du an dem Mückenstich kratzt, juckt er nur noch mehr*" [4] **nur 'so** *gesprochen* ohne wirklichen Grund ⟨*etwas nur so sagen, tun*⟩ „*Warum hast du das denn getan?*" – „*Ach, nur so, ich weiß nicht.*" [5] **nur 'so** + *Verb* sehr, in hohem Maße „*Sie zitterte nur so vor Angst*" [6] **nicht nur …, sondern auch …** verwendet, um zu sagen, dass zu der einen Sache noch etwas anderes hinzukommt „*Er ist nicht nur ein guter Schauspieler, sondern auch ein guter Sänger*"
*PARTIKEL* [7] *betont und unbetont* in Fragen verwendet, um zu sagen, dass man nicht weiß, was (jetzt) zu tun ist „*Wo ist denn nur mein 'Schlüssel?*" | „*Was kann da nur 'passiert sein?*" [8] *unbetont* verwendet, um eine Aussage zu betonen „*Sie geht spazieren, so oft sie nur kann*" [9] *unbetont* verwendet, um eine Person zu beruhigen, zu trösten oder ihr Mut zu machen „*Nur Mut, das schaffst du schon!*" [10] *betont* verwendet, um aus einer Aufforderung eine Drohung oder Warnung zu machen „*Glaub nur nicht, dass ich mir das gefallen lasse!*" [11] *betont* verwendet, um zu sagen, dass man etwas dringend wünscht „*Wenn es doch nur schon Abend wäre!*" ❶ Statt *nur* kann man fast immer auch *bloß* verwenden, aber *nur* ist viel häufiger.

**nu·scheln** (*nuschelte, hat genuschelt*); *gesprochen* **(etwas) nuscheln** so reden, dass man den Mund kaum bewegt und deshalb schwer zu verstehen ist „*Was nuschelst du da? Ich verstehe kein Wort!*"

die **Nuss**★ (-, *Nüs·se*) [1] eine trockene Frucht mit einem Kern, der in einer harten Schale steckt ⟨*Nüsse knacken*⟩ „*Das Eichhörnchen sammelt Nüsse für den Winter*" [K] Nussschale [2] der Kern dieser Frucht, den man meist essen kann [K] Nussschokolade, Nusstorte [3] **eine harte Nuss** ein schwieriges Problem

der **Nuss·kna·cker** (-s, -) ein Gerät, mit dem man die Schale einer Nuss öffnet

die **Nut·te** (-, -*n*); *gesprochen, abwertend* ≈ Prostituierte • *hierzu* **nut·tig** *ADJEKTIV; abwertend*

**nutz·bar** *ADJEKTIV* so, dass man es verwenden kann ⟨*eine Energie, Rohstoffe, eine Idee*⟩

**nüt·ze jemand/etwas ist zu nichts nütze** jemand ist keine Hilfe oder etwas ist so, dass man nichts Sinnvolles damit tun kann „*Viele Produkte, die die Industrie auf den Markt bringt, sind doch zu gar nichts nütze!*"

**nut·zen**★ (*nutzte, hat genutzt*); *besonders süddeutsch* Ⓐ → nützen

**nüt·zen**★ (*nützte, hat genützt*) [1] **etwas (zu etwas) nützen** etwas (für den genannten Zweck) sinnvoll verwenden ⟨*eine Gelegenheit, eine Chance, die Freiheit*⟩ „*die Wasserkraft zur Erzeugung von Strom nützen*" | „*den Keller für sein Hobby nützen*" [2] **etwas nützt (jemandem/etwas) (etwas/viel)** etwas bringt einer Person oder Sache einen Vorteil oder hilft ir-

N

gendwie *„Ein günstiger Kredit würde der Firma viel nützen"* 3 **etwas nützt (jemandem/etwas) wenig/nichts** etwas bringt einer Person oder Sache keinen Vorteil oder hilft nicht *„Seine Ratschläge nützen uns wenig"*

der **Nụt·zen**★ (-s) 1 ein Vorteil oder Gewinn, den jemand von einer Sache oder Tätigkeit hat ⟨*der praktische, unmittelbare, gesellschaftliche, wirtschaftliche Nutzen; einen, keinen Nutzen von etwas haben*⟩ *„Der praktische Nutzen dieser Erfindung wird enorm sein"* 2 **etwas ist (jemandem/etwas) von Nutzen** etwas ist für jemanden/etwas ein Vorteil *„Bei der Bewerbung um den Job werden dir deine Erfahrungen auf diesem Gebiet von Nutzen sein"*

der **Nụt·zer** (-s, -) eine Person, die ein Gerät oder Programm benutzt oder einen Dienst in Anspruch nimmt K Computernutzer, Internetnutzer • *hierzu* **Nụt·ze·rin** *die*

**nụ̈tz·lich**★ *ADJEKTIV* 1 so, dass das Genannte einen Vorteil für eine Person oder eine Situation hat ⟨*ein Hinweis, eine Beschäftigung, ein Geschenk, Pflanzen, Tiere; (allerlei) Dinge; jemand/etwas erweist sich als nützlich*⟩ *„Gummistiefel werden uns bei diesem Regen sehr nützlich sein"* 2 **jemandem (bei etwas) nützlich sein; sich (bei jemandem/etwas) nützlich machen** jemandem helfen *„Er hat sich bei der Gartenarbeit nützlich gemacht"* • *zu (1)* **Nụ̈tz·lich·keit** *die*

**nụtz·los** *ADJEKTIV* ohne Nutzen ⟨*Bemühungen, eine Anstrengung*⟩ *„Es ist völlig nutzlos, ihr Ratschläge zu geben, sie ignoriert sie einfach"*

die **Nụt·zung** (-) das Verwenden einer Sache zu einem Zweck *„die landwirtschaftliche Nutzung des Bodens"*

# O

das **O**, **o** [oː]; (-, -/*gesprochen auch* -s) der fünfzehnte Buchstabe des Alphabets ⟨*ein großes O; ein kleines o*⟩ • *hierzu* **o̲-för·mig**, **O̲-för·mig** *ADJEKTIV*

das **Ö**, **ö** [øː]; (-, -/*gesprochen auch* -s) der Umlaut des o ⟨*ein großes Ö; ein kleines ö*⟩

**o̲!** verwendet mit einem anderen Wort, um Erschrecken oder Bedauern auszudrücken ⟨*O ja!, O weh!, O Gott!, O doch!, O nein!*⟩ ❶ → auch **oh**

die **Oa̲·se** (-, -n) eine Stelle in der Wüste, an der es relativ viel Wasser und deshalb auch Bäume und andere Pflanzen gibt *„Viele Karawanen rasten in der Oase"*

**ọb**★ *BINDEWORT* 1 verwendet, um einen Nebensatz einzuleiten, der Zweifel oder eine Frage ausdrückt *„Wissen Sie, ob heute noch ein Zug nach Berlin fährt?"* | *„Sie konnte sich nicht entscheiden, ob sie ihn anrufen sollte oder nicht"* 2 **(egal) ob ... oder nicht** etwas geschieht auf jeden Fall oder muss geschehen *„Ob er will oder nicht, er muss den Schaden ersetzen"* 3 **ob ... ob (... ob)** etwas gilt für alle genannten Personen oder Dinge *„Ob Alt, ob Jung, ob Arm, ob Reich: Alle sind willkommen"* 4 **Und 'ob!** *gesprochen* verwendet, um eine positive Antwort zu verstärken *„Kannst du Tischtennis spielen?" – „Und ob (ich das kann)!"* 5 **als ob** → als

die **ÖBB** [øbeˈbeː]; (-) Abkürzung für *Österreichische Bundesbahnen*

der/die **Ọb·dach·lo·se** (-n, -n) eine Person, die (aus Not oder nach einer Katastrophe) keine Wohnung hat *„Das Rote Kreuz stellt den Obdachlosen Zelte zur Verfügung"* K Obdachlosenheim ❶ *ein Obdachloser; der Obdachlose; den, dem, des Obdachlosen* • *hierzu* **ọb·dach·los** *ADJEKTIV*; **Ọb·dach·lo·sig·keit** *die*

**o̲ben**★ *ADVERB* 1 an einer hohen oder höheren Stelle ⟨*ganz, hoch, weit oben; oben auf dem Berg, am Gipfel*⟩ *„Das Buch steht im Regal rechts oben"* | *„Was fliegt da oben am Himmel?"* 2 auf der höher gelegenen Seite oder an der Oberfläche *„den Sack oben zubinden"* | *„Kork schwimmt im Wasser oben"* 3 am Anfang der Seite *„der erste Absatz auf Seite fünf oben"* 4 weiter vorn im Text *„Die Werte haben sich, wie oben angegeben, verschlechtert"* 5 *gesprochen* weiter im Norden (gelegen) *„hoch oben im Norden"* 6 *gesprochen* von höherem Status oder in höherer dienstlicher Position *„Die Anweisung kommt von oben"* 7 **oben ohne** *gesprochen, humorvoll* (als Frau) mit nacktem Oberkörper ⟨*sich oben ohne sonnen*⟩ ID **von oben bis unten** a ≈ überall *„von oben bis unten schmutzig sein"* b ≈ gründlich *„ein Haus von oben bis unten durchsuchen"*

**oben·a̲uf** *ADVERB; geschrieben* 1 auf allen anderen Dingen ⟨*etwas liegt, sitzt, steht obenauf*⟩ 2 **wieder obenauf sein** wieder gesund sein oder Selbstvertrauen haben *„Er hat das berufliche Tief überwunden und ist wieder obenauf"*

**oben·drein** *ADVERB* ≈ zusätzlich, außerdem *„Sie war laut und obendrein auch noch frech"*

der **Ober★** (-s, -) **1** ein Mann, der in einem Restaurant das Essen und die Getränke an den Tisch bringt ≈ Kellner **2** **(Herr) Ober!** verwendet als höfliche Anrede für den Kellner (in einem Restaurant)

**obe·r-★** *ADJEKTIV meist attributiv, kein Komparativ* **1** über etwas anderem oder höher als eine andere Sache (gelegen, befindlich) ↔ unter- *„Die oberen Stockwerke sind per Aufzug zu erreichen"* **2** in einer Hierarchie höher als die anderen ↔ unter- *„die Schüler der oberen Klassen"* | *„der oberste Gerichtshof"* **3** *nur Superlativ* sehr wichtig und deshalb in einer Hierarchie an der höchsten Stelle ⟨*das oberste Gebot*⟩

**Ober-★** *im Substantiv, betont, sehr produktiv* **1** **der Oberarm, der Oberkiefer, die Oberlippe, der Oberschenkel** *und andere* bezeichnet den oberen Teil eines Körperteils *„den Oberkörper vorbeugen"* **2** **der Oberbürgermeister, der Oberförster, der Oberleutnant, der Oberstaatsanwalt** *und andere* bezeichnet einen höheren Rang als das Grundwort *„vor dem Oberlandesgericht klagen"* **3** **die Oberaufsicht, die Oberherrschaft, die Oberhoheit** *und andere* bezeichnet ein Amt oder eine Position in der Hierarchie auf höchster Ebene *„den Oberbefehl/das Oberkommando über ein Heer haben"* **4** **Oberbayern, Oberfranken, Oberösterreich, die Oberpfalz, Oberschlesien** *und andere* bezeichnet den höher gelegenen Teil eines Gebietes, Landes oder Flusses *„Basel liegt am Oberrhein"* **5** **der Oberangeber, der Obergauner, der Oberspinner** *gesprochen, abwertend* verstärkt abwertende Bezeichnungen oder Schimpfwörter *„So ein Obermist!"*

der **Ober·be·griff** ein Begriff, unter dem man viele andere zusammenfassen kann *„Gehölze" ist der Oberbegriff für Bäume und Sträucher"*

die **Ober·flä·che★** (-, -n) **1** die Seite eines Materials oder eines Körpers, die man (von außen) sieht *„Porzellan hat eine glatte Oberfläche"* **2** die oberste Schicht einer Flüssigkeit oder Masse *„Der Wind kräuselt die Oberfläche des Sees"* **K** Wasseroberfläche

**ober·fläch·lich★** *ADJEKTIV* **1** nur an der Oberfläche ⟨*eine Verletzung, eine Wunde*⟩ **2** nicht gründlich und detailliert ⟨*eine Darstellung, Kenntnisse; etwas nur oberflächlich behandeln, betrachten*⟩ **3** kurz, flüchtig und nicht intensiv ⟨*eine Bekanntschaft; etwas nur oberflächlich kennen*⟩ • *hierzu* **Ober·fläch·lich·keit** *die*

die **Ober·gren·ze** der höchste Wert, der nicht überschritten werden darf oder kann

**ober·halb★** *PRÄPOSITION mit Genitiv* weiter oben als die genannte Höhe, Sache ≈ über *„Oberhalb 2000 Meter geht der Regen in Schnee über"* | *„Oberhalb dieser Preisgrenze ist das Angebot nicht mehr interessant"* ℹ auch zusammen mit *von*: *oberhalb von Afrika*

die **Ober·hand** *geschrieben* **ID** **die Oberhand gewinnen/bekommen** stärker (als andere Leute) werden oder sich (gegen andere Leute) durchsetzen ≈ siegen; **die Oberhand haben/behalten** mehr Macht oder Einfluss als andere Leute haben

das **Ober·haupt** *geschrieben* eine Person, die in einer Gruppe den höchsten Rang hat ⟨*das geistliche, politische, weltliche Oberhaupt; das Oberhaupt der Familie*⟩ *„Der Papst ist das Oberhaupt der katholischen Kirche"* **K** Familienoberhaupt, Kirchenoberhaupt

die **Ober·lei·tung** ein Draht, der über Masten gespannt ist und aus dem Straßenbahnen und elektronische Lokomotiven den elektrischen Strom nehmen

der **Ober·schen·kel** der Teil des Beins zwischen Knie und Hüfte ↔ Unterschenkel, Wade **K** Oberschenkelknochen ℹ → Abbildung, S. 294: **Der Körper**

die **Ober·schicht** *nur Singular* der Teil der Bevölkerung mit der höchsten sozialen Stellung *„Das Land wurde von einer dünnen Oberschicht beherrscht"*

die **Ober·sei·te** die obere Seite, die man sieht

die **Ober·stu·fe** die zwei höchsten Klassen eines Gymnasiums **K** Oberstufenlehrer

das/der **Ober·teil** das/der obere Teil ℹ *Das Oberteil* ist häufiger als *der Oberteil*, vor allem wenn es sich um ein Einzelstück handelt: *das Oberteil eines Bikinis.*

die **Ober·wei·te** der Umfang des Oberkörpers (von Frauen), wie er in Höhe der Brust gemessen wird

das **Ob·jekt★** (-(e)s, -e) **1** Objekte kann man sehen und anfassen oder damit etwas tun ≈ Ding *„verschiedene Objekte auf dem Bildschirm an-*

O

*klicken"* **K** Flugobjekt, Tauschobjekt **2** Objekte sind Gebiete oder Themen, über die man spricht oder nachdenkt ⟨*ein lohnendes Objekt; ein Objekt der Forschung*⟩ ≈ Gegenstand *„Als Olympiasieger ist er ein Objekt allgemeiner Neugier"* … wollen alle Leute mehr über ihn wissen **K** Forschungsobjekt, Versuchsobjekt, Sammlerobjekt **3** ein Gebäude oder Grundstück, das man kaufen oder verkaufen will ≈ Immobilie *„Der Makler bietet mehrere interessante Objekte an"* **4** Objekte sind Ergänzungen des Verbs, meist im Dativ oder im Akkusativ ⟨*das direkte, indirekte Objekt*⟩ *„In dem Satz „Er las das Buch mit Interesse" ist „das Buch" das direkte Objekt"* **K** Objektsatz; Akkusativobjekt, Dativobjekt, Präpositionalobjekt

**ob·jek·tiv**, **ob·jek·tiv**★ [-f] *ADJEKTIV* von Fakten und nicht von persönlichen Gefühlen oder Wünschen bestimmt ⟨*ein Grund, eine Meinung, ein Urteil; etwas objektiv berichten, darstellen, schildern*⟩ ≈ sachlich

das **Ob·jek·tiv** [-f]; (-(*e*)*s*, -*e*) ein System von Linsen bei optischen Geräten (z. B. einer Kamera) *„das Objektiv wechseln"*

die **Ob·la·te** (-, -*n*) eine dünne, runde Scheibe aus Mehl und Wasser, die wie eine Waffel meist mit einer Füllung gegessen wird oder als Boden für ein kleines Gebäck bzw. als Hostie in einem christlichen Gottesdienst dient **K** Oblatenlebkuchen



die **Oboe** (-, -*n*) ein Blasinstrument aus Holz mit hohem Klang, in das man durch ein dünnes Rohr hineinbläst ⟨(*die*) *Oboe spielen*⟩ • *hierzu* **Obo·ist** *der*; **Obo·is·tin** *die*

**obs·kur** *ADJEKTIV geschrieben, abwertend* unbekannt und daher verdächtig ⟨*ein Lokal, eine Tätigkeit*⟩ *„obskure Geschäfte machen"*

das **Obst**★ (-(*e*)*s*) die meist süßen und saftigen Früchte (von Bäumen und Sträuchern), die man (roh) essen kann, wie z. B. Äpfel, Bananen oder Pfirsiche ⟨*frisches, eingemachtes, gedörrtes Obst; Obst einkochen*⟩ **K** Obstbaum, Obstgarten, Obstsalat; Beerenobst

**obs·zön** *ADJEKTIV* so, dass im sexuellen Bereich die guten Sitten verletzt werden ⟨*eine Anspielung, ein Bild, ein Witz, Verhalten*⟩

**ob·wohl**★ *BINDEWORT* der Nebensatz mit *obwohl* beschreibt eine Situation, die normalerweise nicht zu den Umständen passt, die im Hauptsatz genannt werden *„Er ist überhaupt nicht müde, obwohl er die ganze Nacht nicht geschlafen hat"* | *„Obwohl es schon Herbst ist, kann man noch im Freien sitzen"* ⓘ Der Nebensatz kann auch verkürzt werden: *Er hat, obwohl widerwillig, am Ende dann doch nachgegeben.*

der **Och·se** ['ɔksə]; (-*n*, -*n*) ein kastriertes männliches Rind (Stier) *„Ochsen vor den Pflug spannen"* **K** Ochsenkarren, Ochsenschwanz

der/das **Ocker** (-*s*) ein Farbton zwischen gelb und braun **K** ockergelb • *hierzu* **ocker** *ADJEKTIV*

**öde** *ADJEKTIV* **1** ⟨*eine Gegend, eine Landschaft*⟩ so, dass dort keine oder nur wenige Bäume und Sträucher wachsen können ≈ kahl **2** ⟨*ein Dasein, ein Gespräch, ein Leben, ein Tag*⟩ ≈ langweilig

**oder**★ *BINDEWORT* **1** verwendet, um zu sagen, dass es mehrere Möglichkeiten gibt *„In diesem See kann man schwimmen, surfen oder segeln"* ⓘ Abkürzung: *od.* **2** verwendet, wenn nur eines von zwei Dingen möglich ist oder gewählt werden kann *„Ja oder nein?"* | *„Du hast die Wahl: Komm mit oder bleib hier"* ⓘ → auch **entweder** **3** drückt aus, dass jemand/etwas auch anders genannt, bezeichnet werden kann *„elektronische Datenverarbeitung oder kurz EDV"* **4** nennt die unangenehmen Folgen, die es haben würde, wenn jemand etwas nicht tut *„Ihr benehmt euch sofort anständig, oder ihr fliegt raus!"* **5** **…, oder?** *gesprochen* verwendet am Ende eines Satzes, wenn der Sprecher Zustimmung erwartet oder darauf hofft *„Wir machen jetzt eine Kaffeepause, oder?"* **6** **oder so (was/ähnlich)** *gesprochen* verwendet, um zu sagen, dass man etwas nicht genau weiß *„Er heißt Michalski oder so ähnlich"*

der **Ofen**★ (-*s*, *Öfen*) **1** ein Gerät, in dem man (z. B. mit Holz) Feuer macht, um ein Zimmer zu heizen ⟨*den Ofen anheizen, schüren, ausgehen lassen; der Ofen zieht nicht; der Ofen raucht, glüht*⟩ **K** Ofenrohr; Ölofen, Kachelofen **2** ein Gerät (meist ein Teil des Herds), in dem man Kuchen backt oder einen Braten zubereitet *„ein Hähnchen im Ofen braten"* **K** Backofen, Elektroofen

**ofen·frisch** *ADJEKTIV* gerade aus dem Backofen geholt ⟨*Brot, Brötchen*⟩

**of·fen**★ *ADJEKTIV* GEÖFFNET: **1** wenn etwas offen ist, kann man hinein- oder hinausgehen, etwas hineintun oder herausnehmen usw. ↔ zu *„bei offenem Fenster schlafen"* | *„Du brauchst keinen Schlüssel, die Tür/das Auto ist offen"* **2** so, dass Kunden oder Besucher hineindürfen ⟨*Banken, Behörden, Geschäfte,*

*Parks, Zoos*⟩ ↔ geschlossen *„Die Läden sind bis 20 Uhr offen"* FREI: **3** so, dass man ohne Hindernis weiterfahren kann ⟨*die Straße, der Pass, der Grenzübergang, die Grenze*⟩ ↔ gesperrt **4** so, dass viel Raum ist und man weit sehen kann *„aus dem Hafen aufs offene Meer hinausfahren"* **5** noch nicht an andere vergeben ⟨*ein Angebot, ein Arbeitsplatz, eine Stellung*⟩ ↔ besetzt NICHT VERPACKT, BEDECKT, GESCHLOSSEN USW.: **6** nicht vom Hersteller (in genormten Mengen) verpackt ⟨*etwas offen kaufen, verkaufen*⟩ *„Beim Bauern bekommt man die Milch offen"* man bringt eine Milchkanne mit, die der Bauer füllt **7** so, dass man die Flammen berühren könnte ⟨*ein Feuer, ein Kamin*⟩ **8** so, dass die Haut nicht heil, sondern wund ist ⟨*eine Wunde*⟩ NICHT ERLEDIGT: **9** noch nicht bezahlt ⟨*eine Rechnung, ein Betrag*⟩ EHRLICH, DEUTLICH: **10** so, dass man ehrlich ist und seine Gefühle nicht versteckt ⟨*etwas offen bekennen, gestehen, sagen, zeigen, zugeben*⟩ *„Sie sagte ihm offen ihre Meinung"* ZUGÄNGLICH: **11** **offen für jemanden/etwas**; **gegenüber jemandem/etwas offen** bereit, etwas Neues zu akzeptieren und sich damit zu beschäftigen *„offen für alles Neue sein"*

**of·fen·bar**[1]★ *ADJEKTIV; geschrieben* ⟨*eine Absicht, eine Lüge*⟩ so, dass sie jeder deutlich sehen und leicht verstehen kann ≈ klar *„Etwas ist/wird jemandem offenbar"*

**of·fen·bar**[2]★ *ADVERB* wie es den Eindruck macht, wie es scheint ≈ anscheinend *„Er sitzt den ganzen Tag in der Kneipe herum. Offenbar hat er nichts zu tun"*

**of·fen·ba·ren** (*offenbarte, hat offenbart*) **1** **(jemandem) etwas offenbaren** *geschrieben* (jemandem) etwas sagen, das vorher geheim war ⟨*ein Geheimnis, die Wahrheit offenbaren*⟩ *„Er hat ihr seine Liebe offenbart"* **2** **sich (jemandem) offenbaren** *geschrieben* (mit jemandem) offen über etwas Persönliches sprechen ⟨*sich einem Freund offenbaren*⟩

**of·fen·hal·ten** (*hält offen, hielt offen, hat offengehalten*) **1** **jemandem etwas offenhalten** etwas so regeln, dass man es später noch tun kann *„sich einen Ausweg offenhalten"* **2** **die Augen offenhalten** ≈ aufpassen, achtgeben **3** **die Ohren offenhalten** versuchen, aus Gesprächen Informationen zu bekommen *„Halt doch mal die Ohren offen, ob jemand eine Wohnung zu vermieten hat"* ❶ aber: *eine Tür, ein Geschäft offen halten* (= getrennt geschrieben)

die **Of·fen·heit** (-, -*en*); *meist Singular* **1** das Verhalten, seine Gefühle und Einstellungen offen und ehrlich zu zeigen *„Probleme in schonungsloser Offenheit darlegen"* **2** die Bereitschaft, Neues zu akzeptieren und sich damit zu beschäftigen *„viel Wert auf Offenheit und Toleranz legen"*

**of·fen·kun·dig** *ADJEKTIV*, **of·fen·kun·dig** **1** so, dass es jeder deutlich erkennen kann *„ein offenkundiger Fall von Korruption"* **2** so, dass es jeder weiß ⟨*etwas wird offenkundig*⟩ ≈ bekannt *„Seit es in der Zeitung stand, ist es offenkundig, dass die Firma in Schwierigkeiten ist"*

**of·fen·las·sen** (*lässt offen, ließ offen, hat offengelassen*) **1** **etwas offenlassen** etwas frei lassen ⟨*einen Platz, eine Stelle in einer Liste offenlassen*⟩ ❶ aber: *ein Fenster, ein Geschäft offen lassen* (= getrennt geschrieben) **2** **etwas offenlassen** etwas ohne Antwort oder Lösung lassen ⟨*eine Frage offenlassen*⟩ *„Er hat (es) noch offengelassen, ob er morgen mitfährt"*

**of·fen·sicht·lich**, **of·fen·sicht·lich**★ *ADJEKTIV* so, dass es jeder sehen und erkennen kann *„Seine Angst war offensichtlich, er zitterte am ganzen Körper"*

**of·fen·siv** [-f] *ADJEKTIV* mit der Absicht, anzugreifen (statt sich nur zu verteidigen) ⟨*eine Kriegsführung, eine Taktik, eine Strategie*⟩ ↔ defensiv

die **Of·fen·si·ve** [-və]; (-, -*n*) **1** ⟨*eine Offensive planen, einleiten, eröffnen*⟩ ≈ Angriff ↔ Defensive **2** Maßnahmen, die schnell zu einem Ziel führen sollen ⟨*eine Offensive ergreifen*⟩ *„eine Offensive gegen Drogenmissbrauch"*

**of·fen·ste·hen** (*stand offen, hat/süddeutsch Ⓐ Ⓒⓗ ist offengestanden*) **etwas steht jemandem offen** jemand hat die Möglichkeit, etwas zu tun *„Ihm stehen noch alle Möglichkeiten/alle Türen offen"* | *„Es steht dir offen, ob du mit uns fahren möchtest"* | *„Es steht dir offen, hierzubleiben"* ❶ aber: *eine Tür, den Hemdkragen offen stehen lassen* (= getrennt geschrieben)

**öf·fent·lich**★ *ADJEKTIV* **1** so, dass alle Personen daran teilnehmen, zuhören und ihre Meinung sagen dürfen ⟨*ein Vortrag, Wahlen, ein Auftritt; etwas öffentlich bekannt geben, erklären*⟩ **2** so, dass es jeder benutzen darf ⟨*Anlagen, ein Park, Toiletten, die Verkehrs-*

O

*mittel; etwas ist öffentlich zugänglich⟩* ↔ privat **3** *meist attributiv* von allen oder für alle ⟨*ein Ärgernis, die Meinung, die Sicherheit, das Wohl; etwas liegt im öffentlichen Interesse*⟩ **4** so, dass es jeder weiß ≈ bekannt *„Missstände öffentlich machen"* **5** *meist attributiv* mit der Regierung oder ihren Leistungen für die Menschen verbunden ⟨*die Gelder, die Gebäude, die Ordnung, eine Schule*⟩ ≈ staatlich **6** **der öffentliche Dienst** → Dienst

die **Öf·fent·lich·keit**★ (-) alle Leute, die in einer Stadt, einem Land o. Ä. wohnen ⟨*die Öffentlichkeit alarmieren, informieren*⟩ *„Diese Bilder sollten der Öffentlichkeit zugänglich sein"* | *„Unsere Zeitung brachte die Nachricht an die Öffentlichkeit"*

**of·fi·zi·ell**★ ADJEKTIV **1** im Auftrag der Regierung oder eines Amtes (gemacht) ⟨*eine Bekanntmachung, eine Mitteilung, die Linie, der Kurs*⟩ ≈ amtlich ↔ inoffiziell *„Von offizieller Seite ist der Rücktritt des Ministers noch nicht bestätigt worden"* **2** öffentlich und feierlich ≈ förmlich *„Der Empfang hatte einen sehr offiziellen Charakter"* **3** so, wie es öffentlich gesagt wird (aber nicht wahr sein muss) ↔ inoffiziell *„Offiziell ist er krank, aber in Wirklichkeit ist er beim Skifahren"*

der **Of·fi·zier**★ (-s, -e) eine Person, die beim Militär einen hohen Rang hat und Befehle erteilen kann ⟨*ein hoher, verdienter Offizier; ein Offizier der Luftwaffe*⟩ **K** Offiziersrang, Offiziersuniform; Marineoffizier • *hierzu* **Of·fi·zie·rin** *die*

O

**öff·nen**★ (*öffnete, hat geöffnet*) **1** **etwas (mit etwas) öffnen** wenn man etwas öffnet, ist es danach offen ≈ aufmachen ↔ schließen *„jemandem höflich die Tür öffnen"* | *„Er öffnete den Mund, als wollte er etwas sagen"* **2** **etwas öffnen** wenn eine Grenze oder Straße geöffnet wird, kann/darf man sie wieder benutzen ↔ sperren **3** **etwas öffnen** wenn man einen Fallschirm, Regenschirm o. Ä. öffnet, kann man ihn benutzen **4** **jemand/etwas öffnet (etwas)** wenn ein Geschäft, ein Museum, eine Behörde usw. öffnet oder geöffnet wird, dürfen Besucher oder Kunden hinein ≈ aufmachen ↔ schließen *„Der Zoo ist/hat täglich von acht bis achtzehn Uhr geöffnet"* **5** **etwas öffnet sich** wenn sich etwas öffnet, ist es danach offen ↔ schließen *„Das Tor öffnet sich automatisch/von selbst, wenn man auf diesen Knopf drückt"*

der **Öff·ner** (-s, -) ein kleines Gerät, mit dem man z. B. Dosen oder Flaschen öffnen kann *„ein Öffner für Bierflaschen"* **K** Dosenöffner, Flaschenöffner

die **Öff·nung**★ (-, -en) eine Stelle, an der etwas offen ist oder die nach innen führt ≈ Loch *„Er kroch durch eine kleine Öffnung im Zaun in den Garten"*

die **Öff·nungs·zeit**★ (-, -en); *meist Plural* die Zeit, in der ein Geschäft, ein Museum o. Ä. offen hat

**oft**★ ADVERB (*öfter, öftest-*) **1** viele Male, immer wieder ≈ häufig ↔ selten *„Das ist mir schon oft passiert"* **2** in vielen Fällen ≈ häufig ↔ selten *„Es ist oft schwer, seinen Akzent zu verstehen"* **3** in (regelmäßigen) kurzen Abständen *„Die U-Bahnen verkehren recht oft"* **4** verwendet, um zu fragen oder anzugeben, in welchen Abständen oder wie viele Male etwas geschieht ⟨*so oft; wie oft*⟩ *„Wie oft hast du schon angerufen?" – „Zweimal."* | *„Wie oft fahren die Busse von hier zum Bahnhof?" – „Alle zehn Minuten."*

**öf·ter**★ ADVERB **1** *Komparativ* → oft **2** mehrere oder einige Male *„Ich habe diesen Film schon öfter gesehen"*

**öf·ters**★ ADVERB sehr viele Male, immer wieder

**oft·mals** ADVERB; *geschrieben* ≈ oft, häufig

**oh!** verwendet, um Freude, Überraschung, Entsetzen o. Ä. auszudrücken *„Oh, das ist aber lieb von dir!"* | *„Oh, so spät ist es schon!"* ℹ aber: *o Gott!, o ja!, o weh!*

**oh·ne**★ PRÄPOSITION *mit Akkusativ* **1** verwendet, um zu sagen, dass die genannte Person/Sache nicht vorhanden, nicht dabei ist, nicht benutzt wird o. Ä. ↔ mit *„ein Zimmer ohne Fenster"* | *„ohne Besteck, nur mit den Fingern essen"* | *„Er ist ohne seine Frau in Urlaub gefahren"* **2** **ohne Weiteres/weiteres** so, dass es keine Probleme gibt, keine Mühe nötig ist oder man keine Erlaubnis braucht *„Eine Ameise kann ohne Weiteres Dinge tragen, die schwerer sind als sie selbst"*
BINDEWORT **3** **ohne zu** + *Infinitiv*; **ohne dass** das Genannte ist nicht der Fall oder nicht geschehen *„Sie hat uns geholfen, ohne es zu wissen/ohne dass sie es wusste"*

**oh·ne·hin**★ PARTIKEL *betont und unbetont* völlig unabhängig von allem *„Es macht nichts, wenn es keine Karten für die Vorstellung gibt. Ich habe ohnehin keine Zeit"*

die **Ohn·macht** (-, -en) **1** ein Zustand, in dem

jemand (meist für kurze Zeit) ohne Bewusstsein ist ≈ Bewusstlosigkeit **2** **in Ohnmacht fallen** das Bewusstsein verlieren

**ohn·mäch·tig** *ADJEKTIV* (für eine kurze Zeit) ohne Bewusstsein ⟨*ohnmächtig werden*⟩ ≈ bewusstlos *„Sanitäter trugen das ohnmächtige Mädchen an die frische Luft"*

**oho!** verwendet, um zu sagen, dass man erstaunt ist (und sich oft ein bisschen ärgert) *„Oho! Sag das noch mal und du kannst was erleben!"* **ID** *Adjektiv* + **aber oho!** klein, alt, jung o. Ä., aber nicht zu unterschätzen *„Klein, aber oho!"*

das **Ohr★** (-(*e*)*s*, -*en*) mit den Ohren hören Menschen und Tiere ⟨*sich* (*Dativ*) *die Ohren zuhalten*⟩ **K** Ohrenarzt, Ohrenschmerzen ❶ → Abbildung, S. 294: **Der Körper** **ID** **bis über beide Ohren in Arbeit, Schulden** *usw.* **stecken** *gesprochen* sehr viel Arbeit, Schulden usw. haben; **viel um die Ohren haben** *gesprochen* viele verschiedene Dinge zu tun haben; **jemandem kommt etwas zu Ohren** jemand erfährt etwas (meist etwas, das er nicht wissen sollte); **Mach/Sperr deine Ohren auf!** *gesprochen* drückt Ärger darüber aus, dass jemand nicht zuhört oder nicht tut, was man sagt

das **Öhr** (-(*e*)*s*, -*e*) das schmale Loch am Ende einer Nadel, durch das man den Faden zieht **K** Nadelöhr

die **Ohr·fei·ge** ein Schlag, den man jemandem mit der offenen Hand ins Gesicht gibt ⟨*eine Ohrfeige bekommen; jemandem eine Ohrfeige geben*⟩

das **Ohr·läpp·chen** der untere, weiche Teil des menschlichen Ohrs ⟨*jemanden am Ohrläppchen zupfen; sich* (*Dativ*) *die Ohrläppchen stechen lassen*⟩

die **Ohr·mu·schel** der Teil des (menschlichen) Ohrs, den man sieht

der **Ohr·ring★** Ohrringe sind Schmuckstücke für das Ohr

**oje!, oje·mi·ne!** verwendet, um Bedauern auszudrücken *„Oje, jetzt hab ich den Kaffee verschüttet!"* | *„Ich kann nicht kommen, ich bin krank." – „Oje, hoffentlich ist es nichts Schlimmes!"*

**o.k.★** [o'ke:] *gesprochen ADJEKTIV nur prädikativ* **1** so, wie man es sich wünscht *„Ihre Arbeit ist völlig o.k."* **2** so, dass man zufrieden sein kann, aber nicht begeistert ist *„Wie hat dir das Buch gefallen?" – „Nun, ich finds ganz o.k."* *PARTIKEL betont* **3** verwendet als Antwort auf einen Vorschlag o. Ä., um Zustimmung auszudrücken *„Gehst du morgen mit uns schwimmen?" – „Ja, o.k."*

das **O.K.** [o'ke:, o'keɪ]; (-(*s*), -*s*); *gesprochen* ≈ Einverständnis, Zustimmung *„Der Chef hat sein O.K. zu deinem Vorschlag gegeben"*

**okay, Okay** [o'ke:, o'keɪ] → o.k., O.K.

**Öko-** *im Substantiv, betont, begrenzt produktiv* **die Ökobewegung, das Ökohaus, das Ökoprodukt** *und andere* drückt aus, dass die genannte Person/Sache versucht, die Umwelt zu schonen ≈ Bio- *„den Ökotourismus fördern"*

die **Öko·lo·gie** (-) das (funktionierende) System der Beziehungen von Lebewesen zueinander und zu ihrer Umwelt

**öko·lo·gisch★** *ADJEKTIV* **1** das natürliche System aus Lebewesen und Umwelt betreffend ⟨*der Kreislauf*⟩ **2** dem natürlichen Gleichgewicht und der Umwelt nicht schadend ⟨*Grundsätze, Methoden*⟩ ≈ biologisch

die **Öko·no·mie** (-, -*n*) **1** das wirtschaftliche System (eines Landes) ≈ Wirtschaft *„die Ökonomie der Schweiz"* **K** Handelsökonomie **2** der sorgfältige und sparsame Verbrauch von Geld, Kraft, Energie

**öko·no·misch★** *ADJEKTIV* **1** in Bezug auf die Ökonomie oder Wirtschaft ⟨*die Grundlagen, die Strukturen, das System*⟩ ≈ wirtschaftlich **2** so, dass dabei Mittel und Kräfte sparsam, aber wirkungsvoll eingesetzt werden ⟨*eine Arbeitsweise, eine Produktion*⟩ ≈ wirtschaftlich

die **Öko·steu·er** *gesprochen* eine Steuer, die man beim Kauf von Stoffen zahlen muss, die die Umwelt belasten (z. B. Benzin und Heizöl)

der **Öko·strom** *gesprochen* elektrischer Strom aus Sonnen-, Wind- oder Wasserenergie usw., dessen Produktion die Umwelt nicht so belastet

die **Ok·ta·ve** [-və]; (-, -*n*) **1** der Abstand (Intervall) von acht Tönen der Tonleiter ⟨*eine Oktave höher, tiefer singen, greifen*⟩ **2** die acht Töne, die zu einer Tonleiter gehören

der **Ok·to·ber★** (-*s*, -); *meist Singular* der zehnte Monat des Jahres ⟨*im Oktober; Anfang, Mitte, Ende Oktober; am 1., 2., 3. Oktober*⟩ ❶ Abkürzung: *Okt.*

das **Ok·to·ber·fest** ein großes Fest mit Bierzelten, Achterbahnen, Karussells usw., das jedes Jahr im September in München stattfindet

das **Öl★** (-(*e*)*s*, -*e*) **1** Öle sind flüssiges Fett; sie werden zum Kochen verwendet oder dafür, dass Maschinen leichter laufen ⟨*ein tierisches, pflanzliches Öl; ranziges Öl; ätherische Öle*⟩

*„eine Salatsoße aus Essig und Öl"* **K** Salatöl, Schmieröl, Speiseöl; Olivenöl **2** *nur Singular* Öl ist ein Kurzwort für *Erdöl.* Es bezeichnet auch flüssige Produkte aus Erdöl ⟨*nach Öl bohren; Öl fördern; mit Öl heizen*⟩ **K** Ölheizung, Ölquelle, Öltank; Heizöl, Rohöl **3** Kurzwort für *Ölfarbe „Er malt in Öl"* **K** Ölgemälde • *zu* (1,2) **öl·hal·tig** *ADJEKTIV*

**ölen** (*ölte, hat geölt*) **etwas ölen** Öl in oder auf meist bewegliche Teile von einem Gerät oder einer Maschine tun, damit sie sich leichter bewegen ⟨*ein Fahrrad, einen Motor, eine Nähmaschine, ein Schloss, eine Tür ölen*⟩

die **Öl·far·be** eine Farbe in Form einer weichen Masse, mit der Künstler Bilder malen

der **Öl·film** eine dünne Schicht aus Öl meist auf dem Wasser *„Der Teich ist mit einem Ölfilm bedeckt"*

**ölig** *ADJEKTIV* **1** wie Öl ⟨*eine Flüssigkeit; etwas glänzt ölig*⟩ **2** mit Öl bedeckt oder beschmutzt *„Er wischte seine öligen Hände an der Hose ab"*

**oliv** [-f] *ADJEKTIV nur in dieser Form* graugrün *„Die Jacke ist oliv"* **K** olivgrün

die **Oli·ve** [-və]; (-, *-n*) die Frucht des Olivenbaums, die man essen kann und aus der man auch Öl macht ⟨*grüne, schwarze Oliven*⟩ **K** Olivenöl

der **Öl·wech·sel** das Entfernen von altem Öl aus einem Motor und das Nachfüllen von neuem Öl ⟨*einen Ölwechsel vornehmen; der Ölwechsel ist fällig*⟩

O

die **Olym·pi·a·de**★ (-, *-n*); *gesprochen* ein internationaler Wettkampf zwischen den besten Sportlern der Welt, der alle vier Jahre (jeweils in einem anderen Land) stattfindet ⟨*an der Olympiade teilnehmen; für die Olympiade trainieren*⟩ ≈ Olympia ❶ offizielle Bezeichnung: *die Olympischen Spiele*

das **Öl·zeug** wasserdichte, meist gelbe Kleidung für die Seefahrt

die **Oma**★ (-, *-s*); *gesprochen Kindersprache* verwendet als Anrede oder Bezeichnung für die Großmutter

das **Ome·lett** [ɔm'lɛt]; (-(*e*)*s*, *-s*/*-e*) Eier, die man mit Milch zu Schaum rührt und in der Pfanne brät. Omeletts füllt man z. B. mit Pilzen oder Marmelade **K** Champignonomelett, Schinkenomelett

der **Om·ni·bus**★ (*-ses, -se*) ≈ Bus **K** Omnibusfahrer, Omnibushaltestelle, Omnibuslinie

der **On·kel**★ (*-s*, *-/gesprochen auch -s*) **1** der Bruder der Mutter oder des Vaters oder der Ehemann der Tante *„(mein) Onkel Kurt"* **2** *Kindersprache* als Bezeichnung oder Anrede für fremde Männer verwendet *„zum Onkel Doktor gehen"* | *„Gib dem Onkel brav die Hand!"*

**on·line**★ ['ɔnlaɪn] *ADJEKTIV meist prädikativ* im/ins Internet oder in Verbindung mit dem Internet ⟨*jemand, ein Angebot, ein Computer geht, ist online*⟩ *„Wann geht die Website online?"* **K** Onlineangebot, Onlinebetrieb, Onlinerecherche

der **OP** [o'peː]; (*-s, -s*) Abkürzung für *Operationssaal* **K** OP-Schwester

der **Opa**★ (*-s, -s*); *gesprochen Kindersprache* verwendet als Anrede oder Bezeichnung für den Großvater ⟷ Oma

die **Oper**★ (-, *-n*) **1** eine Art Theaterstück mit Musik, bei dem ein großes Orchester spielt und die Darsteller ihren Text singen ⟨*eine Oper aufführen, dirigieren, inszenieren, komponieren*⟩ *„Verdis bekannteste Oper ist „Aida"* **K** Opernarie, Opernsänger **2** eine kulturelle Einrichtung, welche die Aufführung von Opern organisiert *„Nach ihrer Ausbildung als Sängerin will sie an die Oper gehen"* **K** Staatsoper

die **Ope·ra·ti·on**★ [-'tsi̯oːn]; (-, *-en*) **1** der Vorgang, bei dem ein Arzt eine Person oder ein Tier operiert ⟨*eine gefährliche, harmlose, komplizierte, kosmetische, Operation*⟩ *„Die Operation wurde unter Vollnarkose durchgeführt"* **K** Herzoperation, Schönheitsoperation **2** relativ große, geplante Kampfhandlungen ⟨*eine militärische, strategische Operation*⟩ *„die Operationen einer Heeresgruppe leiten"* **K** Operationsplan

der **Ope·ra·ti·ons·saal** der Raum in einer Klinik o. Ä., in dem Operationen ausgeführt werden

die **Ope·ret·te** (-, *-n*) eine Art lustige Oper *„Die „Fledermaus" ist eine der beliebtesten Operetten von Johann Strauß"* **K** Operettenkomponist, Operettenmusik, Operettensänger

**ope·rie·ren**★ (*operierte, hat operiert*) **1** **(jemanden/etwas) operieren** als Arzt den Körper eines Menschen oder eines Tieres durch Schnitte öffnen, um eine Krankheit oder Verletzung zu behandeln ⟨*einen entzündeten Blinddarm, einen Herzfehler, einen Tumor operieren; ein frisch Operierter*⟩ *„Er muss operiert werden"* **2** eine militärische Operation durchführen

das **Op·fer**★ (*-s, -*) **1** eine Person, die (durch einen Unfall, eine Katastrophe, ein Verbrechen o. Ä.) Schaden erleidet, verletzt wird oder stirbt *„Op-*

*fer eines Justizirrtums/einer Verwechslung werden" | „Die Pest forderte zahllose Opfer. Die meisten Opfer waren in den Städten zu beklagen"* **K** Kriegsopfer, Unfallopfer; Todesopfer **2** eine Sache, auf die wir verzichten oder die wir für andere Personen oder für Dinge tun, die uns wichtig sind *⟨ein großes, schweres Opfer; ein Opfer für jemanden/etwas bringen⟩ „Nur unter großen finanziellen Opfern konnte sie ihre Kinder studieren lassen"* **K** Opferbereitschaft; opferbereit, opferwillig **3** Tiere, Menschen oder Dinge, die Personen in einer Zeremonie einem Gott geben *„versuchen, die Götter durch Opfer zu versöhnen"* **K** Opfergabe, Opferlamm **4** eine kleine Summe Geld, die man der Kirche schenkt ≈ Spende **K** Opferbüchse, Opfergeld **5** **etwas fällt jemandem/etwas zum Opfer** etwas wird von einer Person oder Sache beschädigt oder zerstört

**op·fern** (*opferte, hat geopfert*) **1** **(jemandem) (etwas) opfern** einem Gott ein Opfer bringen *„den Göttern ein junges Tier opfern"* **2** **etwas (für jemanden/etwas) opfern**; **jemandem/etwas etwas opfern** für einen Menschen oder eine Sache etwas tun oder geben, auf etwas Wertvolles verzichten *⟨viel Zeit und Geld opfern⟩ „Für sein Hobby opfert er sein ganzes Taschengeld"* **3** **sich (für jemanden) opfern** etwas für jemanden tun, obwohl man dabei Schaden nimmt oder das Leben verliert *„Er opferte sich, um seine Kinder zu retten"* • *zu* (1) **Op·fe·rung** *die*

das **Opi·um** (*-s*) eine Droge, die aus einer Sorte Mohn gemacht wird **K** Opiumschmuggel, Opiumsucht

die **Op·po·si·ti·on★** [-'tsio:n]; (*-, -en*); *meist Singular* **1** die Parteien in einem Parlament, die nicht an der Regierung beteiligt sind *⟨ein Mitglied, Angehöriger der Opposition⟩ „Die Opposition lehnt das Gesetz ab"* **2** die Menschen, die gemeinsam eine andere als die offizielle Meinung, Lehre oder Politik haben *„Die Opposition probt den gewaltlosen Widerstand"* **3** *geschrieben* Handlungen, mit denen man sich gegen eine entgegengesetzte Meinung wehrt *⟨jede Opposition unterdrücken; etwas aus Opposition tun⟩* ≈ Widerstand *„Es gibt mehr Opposition als Zustimmung zu den Sparvorschlägen"*

die **Op·tik** (-) **1** das Gebiet der Physik, das sich mit dem Licht und dessen Wahrnehmung beschäftigt **2** *geschrieben* der visuelle Eindruck, den etwas macht *„Die Blumen am Fenster haben die Optik des Raumes verbessert"*

der **Op·ti·ker** (*-s, -*) eine Person, die beruflich Brillen, Mikroskope, Ferngläser usw. macht, repariert und verkauft **K** Augenoptiker • *hierzu* **Op·ti·ke·rin** *die*

**op·ti·mal★** ADJEKTIV so gut, wie es in einer Situation überhaupt möglich ist *⟨die Lösung, der Zustand; etwas optimal gestalten, nutzen, verwerten⟩* • *hierzu* **op·ti·mie·ren** (*hat*)

der **Op·ti·mis·mus** (-) eine Einstellung zum Leben oder eine Denkweise, bei der jemand (immer) das Beste erwartet oder nur das Gute sieht *⟨gedämpfter, unerschütterlicher Optimismus; sich (Dativ) den Optimismus bewahren; voller Optimismus sein⟩* ↔ Pessimismus • *hierzu* **Op·ti·mist** *der*; **Op·ti·mis·tin** *die*; **op·ti·mis·tisch** ADJEKTIV

die **Op·ti·on★** [-'tsio:n]; (*-, -en*) eine von mehreren Möglichkeiten, unter denen man wählen kann *„Im Menü „Layout" gibt es mehrere Optionen für die Darstellung der Tabelle"*

**op·tisch★** ADJEKTIV **1** mit dem Auge wahrgenommen *⟨ein Eindruck, ein Reiz, eine Täuschung⟩* ≈ visuell **2** *meist attributiv* mit Linsen, Spiegeln o. Ä. (ausgestattet) *⟨Geräte, Instrumente⟩*

das **Ora·kel** (*-s, -*) ein geheimnisvoller Spruch, mit dem jemand etwas darüber sagt, was in der Zukunft geschehen wird *⟨ein Orakel verkünden, auslegen, deuten⟩*

**oral** ADJEKTIV *meist attributiv* so, dass es durch den Mund in den Körper gelangt *⟨ein Medikament; etwas oral einnehmen, verabreichen⟩*

die **Oran·ge[1]★** [o'rã:ʒə, o'raŋʒə]; (*-, -n*) eine süße, runde Frucht mit dicker, rotgelber Schale, die in warmen Ländern wächst und die innen in Spalten unterteilt ist *⟨eine Orange auspressen, schälen⟩* **K** Orangenlimonade, Orangensaft, Orangenscheibe

das **Oran·ge[2]★** [o'rã:ʒ, o'raŋʒ]; (-) die Farbe, die entsteht, wenn man Gelb mit Rot mischt *⟨ein helles, kräftiges, leuchtendes Orange⟩*

**oran·ge** [o'rã:ʒ, o'raŋʒ] ADJEKTIV von der Farbe Orange *„ein Bauarbeiter mit oranger Jacke"* **K** orangerot **i** a) aber: vor dem Substantiv wird das *e* am Wortende gesprochen; b) die flektierten Formen werden nur in der gesprochenen Sprache verwendet. Um sie zu vermeiden, verwendet man *orangefarben* oder *orangefarbig*.

das **Or·ches·ter★** [ɔr'kɛstɐ]; (*-s, -*) eine ziemlich

O

große Gruppe von Musikern, die gemeinsam mit einem Dirigenten Musik machen und Konzerte geben ⟨*ein sinfonisches Orchester; ein Orchester dirigieren, leiten*⟩ **K** Orchesterkonzert; Streichorchester, Sinfonieorchester

die **Or·chi·dee** [-'de:(ə)]; (-, *-n*) eine Blume der tropischen Länder, die sehr schöne Blüten hat

der **Or·den★** (-s, -) **1** meist ein kleines Stück Metall an einem farbigen Band, das jemand (als Auszeichnung) für eine besondere Tat oder Leistung bekommt ⟨*jemandem einen Orden verleihen, an die Brust heften*⟩ *„Für seine Tapferkeit wurde der Soldat mit einem Orden ausgezeichnet"* **K** Ordensverleihung; Verdienstorden **2** eine Gruppe von Menschen, die gemeinsam nach festen Regeln ihrer Religion vor allem in einem Kloster leben ⟨*einem Orden beitreten, angehören*⟩ *„Franz von Assisi gründete den Orden der Franziskaner"* **K** Ordensbruder, Ordensschwester

**or·dent·lich★** *ADJEKTIV* **1** ⟨*eine Wohnung, ein Zimmer*⟩ so, dass alle Dinge darin (gepflegt, sauber und) an ihrem Platz sind ↔ unordentlich *„die Wäsche ordentlich in den Schrank legen"* **2** ⟨*Menschen*⟩ so, dass sie dafür sorgen, dass ihre Sachen ordentlich sind ↔ unordentlich *„ein ordentlicher und fleißiger Schüler"* **3** so, wie es den Normen der Gesellschaft entspricht ⟨*ein Benehmen, ein Beruf, Leute; sich ordentlich benehmen; ein ordentliches Leben führen*⟩ ≈ anständig **4** so, wie es dem Zweck entspricht (und wie man es sich daher wünscht) ≈ richtig *„Vor der Arbeit brauche ich erst einmal ein ordentliches Frühstück"* **5** sehr stark, sehr intensiv *„Gestern hat es ordentlich geregnet"* | *„Ich bin ordentlich nass geworden"* **6** *meist attributiv* mit den normalen Aufgaben, Rechten und Pflichten ⟨*ein Gericht, ein Mitglied, ein Professor*⟩ ↔ außerordentlich

die **Or·der** (-, *-n*) **1** *meist Singular* ≈ Befehl **2** ein Auftrag, mit dem ein Kunde eine Ware bestellt **K** Orderbuch **3** der Auftrag an eine Bank o. Ä., an der Börse Wertpapiere (meist Aktien) zu kaufen ⟨*eine Order platzieren*⟩

die **Or·di·na̲l·zahl** ≈ Ordnungszahl

**or·di·nä̲r** *ADJEKTIV* **1** *abwertend* (vor allem in Bezug auf sexuelle Dinge) nicht so zurückhaltend, höflich o. Ä., wie es den Normen der Gesellschaft entsprechen würde ⟨*Menschen, Witze, Wörter; ordinär lachen, sprechen*⟩ ≈ unanständig **2** *meist attributiv* nicht von besonderer Art *„Das ist kein besonderer Stoff, sondern ganz ordinäre Baumwolle"*

**ọrd·nen★** (*ordnete, hat geordnet*) **Dinge (irgendwie) ordnen** Dinge in eine Reihenfolge oder an ihre Plätze bringen, sodass sie leicht zu finden sind ≈ sortieren *„die Briefmarkensammlung nach Ländern ordnen"*

der **Ọrd·ner★** (-s, -) **1** eine Mappe aus dicker Pappe oder Plastik, in der man Papiere aufbewahrt oder ordnet ⟨*einen Ordner anlegen; Rechnungen in einem Ordner abheften*⟩ **K** Aktenordner **2** ein Teil eines elektronischen Datenträgers (einer Festplatte o. Ä.), dem man einen Namen gibt und in dem man Dateien ablegen kann ⟨*einen Ordner anlegen; eine Datei in einem Ordner abspeichern, ablegen*⟩ **3** eine Person, die bei einer großen Veranstaltung den Teilnehmern die Plätze zeigt und Auskunft gibt *„den Anweisungen der Ordner folgen"* **K** Saalordner

die **Ọrd·nung★** (-, *-en*) **1** *nur Singular* der Zustand, in dem alle Dinge an ihrem Platz sind ⟨*Ordnung halten, machen, schaffen; etwas in Ordnung bringen, halten; für Ordnung sorgen*⟩ *„In seinem Schrank herrscht Ordnung"* **K** Ordnungsliebe, ordnungsliebend **2** *nur Singular* der Zustand, in dem jemand gesund ist, etwas funktioniert oder alles so ist, wie es sein soll ⟨*alles ist in bester, schönster Ordnung; etwas kommt, ist in Ordnung; etwas in Ordnung bringen, halten*⟩ *„Herbert war krank, aber jetzt ist er wieder in Ordnung"* | *„Er entschuldigte sich und brachte die Sache damit in Ordnung"* **3** *nur Singular* der Zustand, in dem die Menschen sich nach Gesetzen und Regeln richten ⟨*die öffentliche Ordnung; für Ordnung sorgen; die Ordnung bewahren, gefährden*⟩ *„Es herrscht Ruhe und Ordnung im Land"* **4** die Gesetze und Regeln, nach denen sich die Menschen richten ⟨*die demokratische, öffentliche, verfassungsmäßige Ordnung; gegen die Ordnung verstoßen*⟩ **K** Prüfungsordnung, Studienordnung **5** das Prinzip, nach dem Dinge angeordnet werden ⟨*eine alphabetische, chronologische, systematische Ordnung*⟩ ≈ Reihenfolge **6** **in Ordnung** drückt aus, dass man mit etwas zufrieden oder einverstanden ist ≈ o.k. *„Findest du es in Ordnung, dass er so frech ist?"* | *„Wir treffen uns im Schwimmbad." – „(Ist/Geht) in Ordnung!"*

**ọrd·nungs·ge·mäß** *ADJEKTIV* so, wie es sein muss und den Regeln entspricht ⟨*ein Verhalten*⟩ *„ein Auto ordnungsgemäß parken"* die **Ord·nungs·wid·rig·keit** eine Handlung, die gegen amtliche Vorschriften verstößt, aber nicht kriminell ist, und für die man eine kleine Strafe zahlen muss ⟨*eine Ordnungswidrigkeit begehen*⟩ *„Falsches Parken ist eine Ordnungswidrigkeit"* • *hierzu* **ord·nungs·wid·rig** ADJEKTIV

die **Ord·nungs·zahl** eine Zahl, mit der man eine Stelle in einer Reihenfolge bezeichnet, wie z. B. *erster, zweiter, ...* bzw. *1., 2., ...* ≈ Ordnungszahl ↔ Grundzahl, Kardinalzahl

der **ORF** [oːǀɛrˈǀɛf]; (-) **1** Abkürzung für *Österreichischer Rundfunk*, die staatlichen Radio- und Fernsehsender in Österreich **2** die Fernsehprogramme des ORF *„Was kommt heute im ORF?"*

das **Or·gan** ★ (-s, -e) **1** Augen, Ohren, Herz, Lunge, Magen usw. sind wichtige Organe ⟨*die inneren Organe; ein Organ spenden, verpflanzen*⟩ **K** Organspende; Sinnesorgan, Verdauungsorgan **2** eine Abteilung (z. B. einer Regierung oder Verwaltung) für besondere Aufgaben ⟨*ein ausführendes, gesetzgebendes, staatliches, untergeordnetes, zentrales Organ*⟩ **K** Kontrollorgan, Parteiorgan, Verwaltungsorgan

die **Or·ga·ni·sa·ti·on** ★ [-ˈtsi̯oːn]; (-, -en) **1** eine Gruppe von Menschen mit einem gemeinsamen Ziel oder einer gemeinsamen Aufgabe (z. B. ein Verein, ein Geschäft oder eine Partei) ⟨*eine kirchliche, militärische, politische Organisation; Mitglied einer Organisation sein*⟩ *„Das Rote Kreuz ist eine humanitäre Organisation"* **K** Hilfsorganisation **2** *nur Singular* das Organisieren und Planen *„für die Organisation eines Festes verantwortlich sein"* **K** Organisationstalent **3** *nur Singular* der Aufbau und der Ablauf nach einem festen Plan ⟨*die Organisation der Arbeit, eines Betriebes, der Verwaltung*⟩ **K** Organisationsform

**or·ga·nisch** ADJEKTIV in Bezug auf jemandes Organe ⟨*ein Defekt, ein Leiden; organisch gesund, krank sein*⟩

**or·ga·ni·sie·ren** ★ (*organisierte, hat organisiert*) **1** **(etwas) organisieren** etwas, an dem meist viele Personen beteiligt sind, planen, vorbereiten und durchführen ⟨*eine Ausstellung, ein Fest, eine Tagung, eine Veranstaltung, den Widerstand organisieren*⟩ **2** **jemanden/etwas organisieren** dafür sorgen, dass jemand kommt oder dass etwas da ist ≈ besorgen *„Organisierst du die Getränke für die Feier?"* • *hierzu* **Or·ga·ni·sie·rung** *die*

**or·ga·ni·siert** ADJEKTIV **1** *meist attributiv* von einer Verbrecherorganisation (wie z. B. der Mafia) systematisch geplant und durchgeführt ⟨*die Kriminalität, das Verbrechen*⟩ **2** *meist attributiv* in Form von Gruppen oder Organisationen ⟨*Verbrecherbanden; eine Protestbewegung, der Widerstand*⟩

der **Or·ga·nis·mus** ★ (-, *Or·ga·nis·men*); *geschrieben* **1** der Körper eines Menschen oder Tieres (als ein System von Organen) *„Sein Organismus ist durch die Operation geschwächt"* **2** ein (meist sehr kleines) Lebewesen ⟨*mikroskopische, winzige Organismen*⟩ **K** Mikroorganismus

der **Or·gas·mus** (-, *Or·gas·men*) der (kurze) Zustand des höchsten sexuellen Genusses ⟨*einen Orgasmus bekommen, haben; zum Orgasmus kommen*⟩ ≈ Höhepunkt

die **Or·gel** (-, -n) ein sehr großes Musikinstrument mit vielen unterschiedlich hohen und dicken Pfeifen, das meist in Kirchen steht ⟨*die/auf der Orgel spielen*⟩ *„ein Konzert für Orgel und Violine"* **K** Orgelkonzert, Orgelmusik, Orgelpfeife

die **Or·gie** [-gi̯ə]; (-, -n) **1** ein wildes Fest, bei dem viel gegessen und viel Alkohol getrunken wird, oft mit sexuellen Aktivitäten ⟨*nächtliche, wilde, wüste Orgien feiern*⟩ **K** Rauschgiftorgie **2** *gesprochen* etwas, das man in übertriebenem Maße tut *„Am Sonntag haben wir ganz viel Kuchen gegessen. Das war eine Orgie!"* **K** Fressorgie, Sauforgie

der **Ori·ent** [ˈoːri̯ɛnt, oˈri̯ɛnt]; (-s) **1** **der (Vordere) Orient** das Gebiet von Ägypten, dem Iran und den Ländern dazwischen **K** Orientteppich **2** der Orient und das Gebiet der Länder im Osten vom Iran bis Bangladesch ≈ Morgenland ↔ Okzident

**ori·en·ta·lisch** ADJEKTIV im Orient oder in Bezug auf den Orient ⟨*ein Basar, ein Märchen, ein Tanz*⟩

**ori·en·tie·ren** ★ [ori̯ɛn-] (*orientierte, hat orientiert*) **1** **sich (nach/an etwas** (*Dativ*)**) orientieren** herausfinden, wo man ist und in welche Richtung man gehen will ⟨*sich nach dem Kompass, nach den Sternen, am Stand der Sonne orientieren*⟩ *„Ohne Stadtplan kann ich mich schlecht orientieren"* **2** **sich an jemandem/etwas orientieren** *geschrieben* sich nach einer Person, nach Bedingungen o. Ä. richten ⟨*sich an einem Ideal, einem Vorbild orientieren*⟩ *„Die Produktion muss sich an der Nachfrage orientieren"*

**ori·gi·nal** ADJEKTIV *nur in dieser Form meist*

O

*adverbiell* nicht verändert oder nachgemacht ≈ echt *„original Südtiroler Wein"*

das **Ori·gi·nal★** (-(e)s, -e) **1** ein literarisches oder künstlerisches Werk in der (ursprünglichen) Form, wie es der Künstler selbst geschaffen hat *„Die Ausstellung zeigt Dürers Aquarelle im Original"* **2** das erste Exemplar eines geschriebenen Textes ⟨*ein Original kopieren, vergrößern, verkleinern; von einem Original Kopien herstellen; eine Urkunde im Original vorlegen*⟩ ≈ Vorlage ↔ Kopie

**Ori·gi·nal-** *im Substantiv, betont, begrenzt produktiv* **1** **die Originalaufnahme, die Originalausgabe, die Originalfassung, das Originalgemälde, der Originaltext** *und andere* drückt aus, dass etwas so von einem Künstler geschaffen wurde **2** **die Originalflasche, die Original(ver)packung, der Originalverschluss** *und andere* in der ursprünglichen Form, nicht verändert oder neu gemacht *„Der Film wurde im Originalton Süd gesendet"* im bayrischen oder österreichischen Dialekt

**ori·gi·nell** *ADJEKTIV* neu, ungewöhnlich und meist witzig ⟨*ein Gedanke, ein Gedicht, ein Einfall, eine Idee*⟩

der **Or·kan** (-s, -e) ein starker Sturm, der großen Schaden anrichtet ⟨*ein Orkan bricht los, tobt/wütet irgendwo*⟩ *„Der Sturm steigerte sich zum Orkan"* | *„Orkane verwüsteten weite Landstriche"* **K** Orkanstärke, orkanartig

das **Or·na·ment** (-(e)s, -e); *geschrieben* ein Muster, mit dem man Stoffe und Bauwerke schmückt ⟨*mit Ornamenten geschmückt, verziert*⟩ *„ein Teppich mit verschlungenen Ornamenten"* **K** Pflanzenornament, Tierornament • *hierzu* **or·na·men·tal** *ADJEKTIV*; **or·na·ment·ar·tig** *ADJEKTIV*

der **Ort★** (-(e)s, -e) **1** ein Gebiet oder eine Lage im Raum, die man bestimmen und beschreiben kann ⟨*an einem Ort*⟩ ≈ Platz *„Ort und Zeit eines Unfalls melden"* | *„Er ist abgereist und hält sich an einem unbekannten Ort auf"* **K** Aufenthaltsort, Unglücksort **2** *nur Singular* die Lage im Raum, wo etwas normalerweise ist ⟨*an einem Ort*⟩ ≈ Stelle, Platz *„Ich habe das Buch nicht gefunden, es steht nicht an seinem Ort"* **3** ein Dorf oder eine Stadt ⟨*in einem Ort*⟩ ≈ Ortschaft *„Orte mit mehr als 50000 Einwohnern"* **K** Ortsmitte, Ortsteil; ortsfremd; Geburtsort, Wohnort, Ferienort **4** die Einwohner eines Dorfes oder einer Stadt *„Der ganze Ort protestierte gegen die geplante neue Straße"* **5** **an Ort und Stelle** genau da, wo etwas geschieht/geschehen ist *„Der Minister informierte sich an Ort und Stelle über das Ausmaß der Katastrophe"* **6** **vor Ort** *geschrieben* genau da, wo etwas geschieht/geschehen ist

**or·tho·dox** *ADJEKTIV* **1** zu einer Gruppe von Menschen gehörig, die sich sehr streng an die Vorschriften ihrer Religion halten ⟨*ein Jude, ein Moslem*⟩ **2** *meist attributiv* zu der Form der christlichen Religion gehörig, die in Osteuropa verbreitet ist **K** griechisch-orthodox, russisch-orthodox **3** *geschrieben, oft abwertend* ⟨*eine Haltung, ein Wissenschaftler*⟩ so, dass die betreffende Person an alten Meinungen und Lehren festhält und nichts Neues zulässt ↔ unorthodox

die **Or·tho·gra·fie**, **Or·tho·gra·phie** [-'fiː]; (-, -n [-'fiːən]); *meist Singular* ⟨*die Regeln der Orthografie; Fehler in der Orthografie machen*⟩ ≈ Rechtschreibung *„die Orthografie des Deutschen"* | *„die deutsche Orthografie"* **K** Orthografie-/Orthographie-, fehler • *hierzu* **or·tho·gra·fisch**, **or·tho·gra·phisch** *ADJEKTIV*

die **Or·tho·pä·die** (-) das Gebiet der Medizin, das sich mit den Knochen und mit der Haltung und der Bewegung des Körpers beschäftigt • *hierzu* **or·tho·pä·disch** *ADJEKTIV*

**ört·lich★** *ADJEKTIV* **1** einen Ort oder nur einen Teil eines Gebiets betreffend ⟨*eine Besonderheit, Gegebenheiten, Veränderungen, Aufheiterungen, Gewitter, Schauer*⟩ ≈ lokal *„Örtlich ist mit Gewittern zu rechnen"* **2** *meist attributiv* in Bezug auf die Gemeinde in einem Ort ⟨*die Behörden, die Feuerwehr*⟩ ≈ lokal **3** auf eine Körperstelle beschränkt ⟨*eine Betäubung; jemanden örtlich betäuben*⟩ ≈ lokal

die **Ort·schaft★** (-, -en) ein Ort mit wenigen Häusern *„Können wir in der nächsten Ortschaft eine Pause machen?"*

die **Orts·kran·ken·kas·se die (Allgemeine) Ortskrankenkasse** Ⓓ eine regional organisierte gesetzliche Krankenkasse bzw. der Verband dieser Krankenkassen mit sehr vielen Mitgliedern ❶ Abkürzung: *AOK*

**orts·kun·dig** *ADJEKTIV* ⟨*ein Führer*⟩ so, dass er sich in dem Gebiet oder Ort gut auskennt, in dem er gerade ist

die **Öse** (-, -n) ein kleiner Ring aus Metall, in den man einen Haken einhängen oder durch den man eine Schnur ziehen kann ⟨*Haken und Ösen*⟩

**Ost**★ *ohne Artikel; nur in dieser Form* die Richtung, in der die Sonne am Morgen zu sehen ist ⟨*Wind aus/von Ost; ein Kurs Richtung Ost*⟩ ↔ West **K** Nordost, Südost

der **Ost·block** *nur Singular; historisch* die Sowjetunion und vor allem die europäischen Staaten, die mit ihr verbündet waren **K** Ostblockland, Ostblockstaat

(das) **Ost·deutsch·land** **1** der östliche Teil Deutschlands (vor allem vor 1949 oder nach 1990) **2** *gesprochen, historisch* ≈ DDR • *hierzu* **ost·deutsch** *ADJEKTIV*

der **Os·ten**★ (-s) **1** die Richtung, die auf der Landkarte nach rechts zeigt ↔ Westen *„Die Sonne geht im Osten auf"* **K** Ostseite, Ostteil **2** der Teil eines Gebietes, der im Osten liegt ↔ Westen *„Er wohnt im Osten des Landes"* **K** Ostafrika, Osteuropa **3** **der Nahe Osten** das Gebiet von Ägypten, dem Iran und den Ländern dazwischen ≈ Orient **4** **der Mittlere Osten** das Gebiet der Länder im Osten vom Iran bis einschließlich Bangladesch ≈ Orient **5** **der Ferne Osten** das Gebiet von China, Japan, Indonesien und den Ländern dazwischen ≈ Südostasien • *zu* (1) **fern·öst·lich** *ADJEKTIV*

das **Os·ter·ei** **1** ein (hart) gekochtes Ei, das bunt bemalt ist und oft zu Ostern für Kinder versteckt wird ⟨*Ostereier bemalen, färben, verstecken, suchen, essen*⟩ **2** ein Ei aus Schokolade o. Ä., das man zu Ostern kaufen kann

der **Os·ter·ha·se** **1** ein Hase, von dem kleine Kinder glauben, dass er ihnen zu Ostern Eier und Süßigkeiten bringt **2** eine Figur aus Schokolade o. Ä. in der Form eines Hasen, die man zu Ostern kaufen kann

das **Os·ter·lamm** **1** ein Lamm, das zu Ostern gegessen wird **2** ein süßes Gebäck in der Form eines kleinen Lamms, das zu Ostern gegessen wird

(das) **Os·tern**★ (-, -) **1** das Fest im Frühling, mit dem die Christen die Auferstehung von Jesus Christus feiern ⟨*vor, zu/an, über, nach Ostern*⟩ *„Letztes Jahr hat es (zu/an) Ostern geschneit"* **K** Osterferien, Ostermontag ℹ *Ostern* wird meist ohne Artikel verwendet. In der gesprochenen Sprache werden Adjektive in der Form des Plurals verwendet: *letzte Ostern* (= am letzten Osterfest). **2** **Frohe/Fröhliche Ostern!** verwendet, um jemandem ein schönes Osterfest zu wünschen

(das) **Ös·ter·reich** der Staat in Mitteleuropa mit der Hauptstadt Wien *„in Österreich leben"* • *hierzu* **Ös·ter·rei·cher** *der;* **Ös·ter·rei·che·rin** *die;* **ös·ter·rei·chisch** *ADJEKTIV*

**öst·lich**★ *ADJEKTIV meist attributiv* **1** in die Richtung nach Osten ⟨*ein Kurs; in östliche Richtung fahren*⟩ **2** von Osten nach Westen ⟨*ein Wind; der Wind kommt, weht aus östlicher Richtung*⟩ **3** im Osten ⟨*ein Land, die Seite, der Teil*⟩

*PRÄPOSITION mit Genitiv* **4** (in der genannten Entfernung) weiter im Osten als etwas ↔ westlich *„fünf Kilometer östlich der Grenze leben"* ℹ Folgt ein Wort ohne Artikel, verwendet man *östlich von*: *östlich von Köln*.

die **Ost·see** (-) das Meer zwischen Dänemark, Schweden, Finnland und den Ländern südlich von ihnen

**ost·wärts** *ADVERB* nach Osten

der **Ost·wind** ein Wind aus Osten ⟨*ein eisiger Ostwind*⟩

die **Ost·zo·ne** Ⓓ, *historisch* **1** der Teil Deutschlands, der nach 1945 von den Sowjets besetzt wurde und dem Gebiet der ehemaligen DDR entsprach **2** *gesprochen* früher als Bezeichnung für die DDR verwendet

der **Ot·ter**[1]; (-s, -) ein kleines Säugetier mit glänzendem Fell, das am und im Wasser lebt und Fische frisst **K** Fischotter

die **Ot·ter**[2]; (-, -n) eine giftige Schlange ≈ Viper *„Die bekannteste Otter ist die Kreuzotter"*

**out** [aut] *ADJEKTIV* **ID** **etwas ist out** *gesprochen* etwas ist nicht mehr beliebt, nicht mehr in Mode

**ou·ten** ['autn̩] (*outete, hat geoutet*); *gesprochen* **1** **sich outen** öffentlich sagen, dass man selbst homosexuell ist **2** **sich als etwas outen** *oft humorvoll* offen eine peinliche Tatsache über sich selbst aussprechen ⟨*sich als Alkoholiker outen*⟩ *„Ich muss mich jetzt mal als Schlagerfan outen"*

der **Out·put** ['autpʊt]; (-s, -s) **1** die Daten und Informationen, die ein Computer als Ergebnis liefert ↔ Input **2** die Leistung eines technischen Gerätes

**oval**★ [-v-] *ADJEKTIV* mit einer Form wie ein Ei, wenn man es sich flach vorstellt ⟨*ein Gesicht, ein Spiegel, ein Tisch, eine Rennbahn*⟩

die **Ova·ti·on** [ova'tsio:n]; (-, *-en*); *meist Plural; geschrieben* **stehende Ovationen** begeisterter Beifall, bei dem das Publikum aufsteht

der **Over·all** ['o:vərɔ:l]; (-s, -s) Arbeitskleidung in einem Stück, die den ganzen Körper bedeckt *„ein Mechaniker im blauen Overall"*

O

der **Oze·an** (-s, -e) ein großes Meer zwischen Kontinenten ⟨*der Atlantische, der Indische, der Pazifische/Stille Ozean*⟩ **K** Ozeandampfer

das/der **Ozon** (-s) ein giftiges blaues Gas, das eine Form von Sauerstoff ist *„Das Ozon in den hohen Schichten der Atmosphäre hält einen Teil der schädlichen ultravioletten Strahlen von der Erde ab"* **K** Ozonloch, Ozonschicht **i** chemische Formel: $O_3$

das **Ozon·loch** Gebiete in den hohen Regionen der Erdatmosphäre (vor allem über der Antarktis), in denen die Ozonschicht zerstört ist

der **Ozon·wert** (-(e)s, -e); *meist Plural* der Anteil an Ozon in der Atemluft im Freien, der von besonderen Messstationen täglich gemessen wird

# P

das **P**, **p** [peː]; (-, -/*gesprochen auch* -s) der sechzehnte Buchstabe des Alphabets ⟨*ein großes P; ein kleines p*⟩

**paar★** *nur in dieser Form* **1** **ein paar** verwendet, um eine geringe Anzahl (von Personen, Dingen usw.) anzugeben ≈ wenige *„Hast du ein paar Minuten Zeit?"* | *„Vom Kuchen sind nur noch ein paar Stücke übrig"* **2** **ein paar** *+Zahl* mehr als zwei ⟨*ein paar hundert, tausend, Millionen*⟩ ≈ mehrere

das **Paar★** (-(e)s, -/-e) **1** (*Plural Paar*) zwei Dinge, die zusammengehören ⟨*ein, zwei, drei Paar Handschuhe, Ohrringe, Schuhe, Strümpfe, Würstchen*⟩ **2** (*Plural Paare*) zwei Menschen, die einander lieben, miteinander verwandt sind oder zusammen arbeiten ⟨*ein ungleiches, unzertrennliches Paar*⟩ *„Dieses Paar gewann letztes Jahr den Eiskunstlauf!"* **K** Brautpaar, Ehepaar, Liebespaar

**paa·ren** (*paarte sich, hat sich gepaart*) **Tiere paaren sich** ein männliches und ein weibliches Tier haben Sex *„Die Enten paarten sich, und bald darauf legte das Weibchen Eier"*

**paar·mal** ADVERB **ein paarmal** wenige Male *„Ich hab den Film schon ein paarmal gesehen"*

die **Paa·rung★** (-, -en) der Vorgang, bei dem zwei Tiere ein junges Tier entstehen lassen

die **Pacht** (-, -en) **1** *nur Singular* das Pachten ⟨*etwas in Pacht haben, nehmen*⟩ **K** Pachtvertrag **2** das Geld, das eine Person bekommt, von der man etwas pachtet ⟨*die Pacht erhöhen, senken, kassieren*⟩ **3** der Vertrag, mit dem man etwas pachtet ⟨*die Pacht kündigen, verlängern*⟩

**pach·ten** (*pachtete, hat gepachtet*) **etwas pachten** jemandem Geld dafür geben, dass man ein Stück Land, einen Raum o. Ä. (mit allen Rechten) nutzen darf ⟨*einen Garten, ein Grundstück, einen Hof, ein Lokal pachten*⟩ • *hierzu* **Päch·ter** *der*; **Päch·te·rin** *die*

das **Päck·chen★** (-s, -) **1** eine kleine Packung oder ein kleines Paket ⟨*ein Päckchen Backpulver, Kaugummi*⟩ **2** etwas (meist in einem Karton o. Ä. Verpacktes), das man mit der Post schickt und das weniger als zwei Kilogramm wiegt ⟨*ein Päckchen aufgeben, bekommen*⟩

**pa·cken★** (*packte, hat gepackt*) **1** **etwas (in etwas** (*Akkusativ*)**) packen** Dinge in Schachteln, Kisten usw. legen, um sie irgendwohin zu transportieren oder darin aufzubewahren ⟨*die Sachen, die Schulsachen packen*⟩ ≈ einpacken *„Kleider in den Koffer packen"* **2** **jemanden/etwas packen** jemanden/etwas greifen und sehr fest halten ↔ loslassen *„Der Löwe packte die Antilope im Genick"* **3** **etwas packt jemanden** jemand spürt plötzlich eine starke emotionale Reaktion ⟨*jemanden packt die Wut, die Verzweiflung, die Angst, die Leidenschaft*⟩ **4** **etwas packen** *gesprochen* etwas gerade noch schaffen, erreichen oder ertragen ⟨*eine Hürde, eine Prüfung packen*⟩ *„Der Stress wird mir zu viel, ich pack das nicht mehr"* **5** **jemanden irgendwohin packen** jemanden irgendwohin legen und zudecken ⟨*ein Kind, einen Kranken ins Bett, aufs Sofa packen*⟩ **6** **(etwas) packen** etwas mit Kleidung und anderen Dingen füllen, die man auf eine Reise o. Ä. mitnehmen will ⟨*einen Koffer, ein Paket, einen Rucksack, eine Schultasche packen*⟩ ↔ auspacken *„Er verreist morgen und hat noch nicht mit dem Packen angefangen"*

**pa·ckend** ADJEKTIV ⟨*ein Roman, ein Film*⟩ so, dass man nicht aufhören kann, sie zu lesen oder anzusehen

das **Pack·pa·pier** dickes braunes Papier, das man benutzt, um Pakete und Päckchen zu verpacken

die **Pa·ckung★** (-, -en) **1** die Menge oder Zahl von Dingen gleicher Art, die zusammen in einer Hülle verkauft werden ⟨*eine Packung Eier, Milch, Kaffee, Kekse, Zigaretten*⟩ **2** die Hülle oder der Behälter, in denen diese Dinge sind ⟨*eine Packung aufreißen, aufschneiden, öff-*

P

*nen*⟩ ≈ Verpackung *„Nimm die Sorte in/mit der roten Packung"* **K** Frischhaltepackung, Zellophanpackung **3** ein Tuch mit warmer und feuchter Erde, das man um einen Körperteil legt, damit man keine Schmerzen mehr hat ⟨*jemandem eine schmerzlindernde, warme Packung machen*⟩ **K** Fangopackung, Moorpackung, Kurpackung

das **Pad** [pet]; (-*s*, -*s*) **1** Kurzwort für *Mauspad* **2** ein kleines Polster in der Kleidung **K** Schulterpad **3** ein flacher runder Beutel mit einer kleinen Portion Kaffeepulver oder Tee für Maschinen, die einzelne Tassen frisch zubereitet **K** Kaffeepad

der **Pä·da·go·ge** (-*n*, -*n*) **1** *geschrieben* ≈ Lehrer **2** ein Wissenschaftler, der sich mit Pädagogik beschäftigt • *hierzu* **Pä·da·go·gin** *die*

die **Pä·da·go·gik** (-) die Wissenschaft, die sich mit dem Unterrichten und Erziehen beschäftigt **K** Schulpädagogik, Sozialpädagogik • *hierzu* **pä·da·go·gisch** *ADJEKTIV*

das **Pad·del** (-*s*, -) ein Stock (mit einem breiten, flachen Teil an einem oder beiden Enden), den man ins Wasser taucht, um so ein kleines Boot zu bewegen **i** Ein *Ruder* ist am Boot befestigt, ein *Paddel* nicht.

der **Pa·ge** ['pa:ʒə]; (-*n*, -*n*) ein (junger) Diener, der eine Uniform trägt **K** Hotelpage **i** *der Page; den, dem, des Pagen*

das **Pa·ket**★ (-(*e*)*s*, -*e*) **1** etwas, das man mit einer Schnur zusammengebunden oder zusammen in eine Schachtel/einen Karton getan hat *„Er band die Zeitungen zu einem Paket zusammen"* **K** Bücherpaket **2** ein Paket, das man mit der Post schickt und das mehr als zwei Kilogramm wiegt ⟨*ein Paket aufgeben, bekommen; jemandem ein Paket schicken*⟩ ↔ Päckchen **K** Paketannahme; Postpaket **3** mehrere Dinge oder eine große Menge einer Ware in derselben Packung ⟨*ein Paket Waschpulver*⟩ ≈ Packung **i** Ein *Paket* ist meist größer als eine *Packung*.

der **Pakt** (-(*e*)*s*, -*e*) ⟨*einen Pakt mit jemandem, einem Staat schließen*⟩ ≈ Bündnis

der **Pa·last** (-(*e*)*s*, *Pa·läs·te*) ein großes, teures Gebäude, in dem ein König, Fürst o. Ä. lebt ⟨*ein prunkvoller Palast; der Palast des Königs, des Maharadschas*⟩ *„der Buckingham-Palast in London"* **K** Palastwache; Königspalast

die **Pa·let·te** (-, -*n*) **1** eine Platte, die ein Maler in der Hand hält und auf der er die Farben mischt **2** ein Gestell aus mehreren Brettern, auf das man in einem Lager Waren legt, um sie leichter transportieren zu können *„eine Palette mit dem Gabelstapler anheben"*

die **Pal·me** (-, -*n*) ein Baum ohne Äste, der nur ganz oben große Blätter hat und in tropischen Ländern wächst **K** Dattelpalme, Kokospalme

der **Palm·sonn·tag** der Sonntag vor Ostern

die **Pam·pe** (-, -*n*); *besonders norddeutsch, gesprochen, oft abwertend* ein dicker Brei

das **Pamph·let** [pam'fle:t]; (-(*e*)*s*, -*e*); *geschrieben, abwertend* **ein Pamphlet (gegen jemanden/etwas)** ein Text mit oft politischem Inhalt, in dem etwas sehr stark und aggressiv gefordert oder kritisiert wird ≈ Streitschrift

**pam·pig** *ADJEKTIV*; *gesprochen, abwertend* sehr unhöflich ⟨*pampig werden*⟩

**pa·nie·ren** (*panierte, hat paniert*) **etwas panieren** etwas vor dem Braten in Ei und Paniermehl tauchen ⟨*Blumenkohl, Fisch, ein Kotelett, ein Schnitzel panieren*⟩

das **Pa·nier·mehl** grobes Mehl aus geriebenem Weißbrot zum Panieren

die **Pa·nik**★ (-, -*en*); *meist Singular* eine Angst, die so stark ist, dass man nicht mehr denken kann und meist nur noch davonlaufen will ⟨(*eine*) *Panik bricht aus; in Panik geraten; Panik erfasst, ergreift jemanden; jemanden in Panik versetzen*⟩ *„Als das Feuer ausbrach, rannten alle voller Panik zum Ausgang"* **K** Panikstimmung • *hierzu* **pa·nik·ar·tig** *ADJEKTIV*

**pa·nisch** *ADJEKTIV* voller Panik ⟨*eine Angst, eine Reaktion, ein Schrecken*⟩

die **Pan·ne**★ (-, -*n*) **1** ein plötzlicher Schaden an einem Fahrzeug, aufgrund dessen man dann nicht weiterfahren kann ⟨*eine Panne haben, beheben*⟩ *„Das Auto hatte eine Panne und musste abgeschleppt werden"* **K** Pannenhilfe; Autopanne, Reifenpanne **2** ein Fehler oder technisches Problem *„Bei dem Empfang gab es mehrere Pannen: Erst funktionierte das Mikrofon des Redners nicht, und dann kam der Dolmetscher auch noch zu spät"*

der **Pan·nen·dienst** eine Organisation, die Autofahrern hilft, wenn sie eine Panne haben

das **Pa·no·ra·ma** (-*s*, *Pa·no·ra·men*) der weite Blick, den man von einem meist hoch gelegenen Aussichtspunkt hat *„Auf dem Gipfel bot sich uns ein fantastisches Panorama"*

**pan·schen** (*panschte, hat gepanscht*) **(Wein) panschen** Wein so herstellen, dass man Stoffe verwendet, die nicht erlaubt sind (wie z. B. Zucker, Chemikalien oder Wasser)

der **Pan·ter**, **Pan·ther**; (-*s*, -) ein schwarzer Leo-

P

pard

der **Pan·tọf·fel** (-s, -n) ein Schuh, der hinten offen ist und den man im Haus trägt ⟨*warme, weiche Pantoffeln; in die Pantoffeln schlüpfen*⟩ K Filzpantoffel

die **Pan·to·mi·me**[1]; (-, -n) eine Art einfaches Theaterstück mit vielen Gesten und Bewegungen, aber ohne Worte K Pantomimenspiel • *hierzu* **pan·to·mi·misch** ADJEKTIV

der **Pan·to·mi·me**[2]; (-n, -n) eine Person, die eine Pantomime vorführt

der **Pạn·zer** (-s, -) 1 eine harte Schale, welche den Körper mancher Tiere oder Insekten bedeckt und schützt ⟨*der Panzer eines Käfers, eines Krebses, einer Schildkröte*⟩ 2 ein schweres militärisches Fahrzeug, das sich auf zwei breiten Ketten (= Raupen) vorwärtsbewegt ⟨*einen Panzer lenken*⟩ K Panzerfahrer 3 *historisch* die Kleidung aus Metall, die ein Ritter trug ⟨*einen Panzer anlegen, tragen*⟩ ≈ Rüstung

das **Pạn·zer·glas** sehr hartes, dickes Glas, das nicht bricht, wenn man darauf schießt

der **Pạ·pa**, **Pa·pa**★; (-s, -s); *Kindersprache* als Anrede oder Bezeichnung für den Vater verwendet

der **Pa·pa·gei**, **Pạ·pa·gei**; (-en/-s, -en) ein meist bunter Vogel mit gebogenem Schnabel, der in tropischen Ländern lebt und lernen kann, Wörter zu sprechen „*Aras und Wellensittiche sind Papageien*"

das **Pa·pier**★ (-(e)s, -e) 1 *nur Singular* das dünne, meist weiße Material, auf das man schreibt, zeichnet und druckt ⟨*holzfreies Papier; ein Blatt, Bogen, Stück Papier; auf Papier malen, schreiben, zeichnen*⟩ „*Papier wird aus Holz gemacht*" K Papierfetzen, Papierschnipsel; Briefpapier, Zeitungspapier 2 ein Material, ähnlich wie Papier, das zu verschiedenen Zwecken benutzt wird K Papierserviette; Filterpapier, Packpapier, Klopapier 3 ein Text mit wichtigen Informationen, den jemand aufbewahrt (z. B. eine Rechnung oder ein Vertrag) oder der für Fachleute bestimmt ist ⟨*ein amtliches, vertrauliches Papier; Papiere ordnen, durchsehen*⟩ ≈ Dokument K Arbeitspapier 4 *nur Plural* offizielle Dokumente wie Ausweis, Pass, Führerschein usw. ⟨*falsche/gefälschte Papiere; die Papiere vorzeigen; die Papiere sind (nicht) in Ordnung*⟩ K Ausweispapiere, Autopapiere

der **Pa·pier·korb** ein Behälter für Abfälle aus Papier ❶ vergleiche **Abfalleimer**

der **Pa·pier·kram** *gesprochen, abwertend* (offizielle) Briefe, Formulare o. Ä. (die man als lästig empfindet)

der **Pa·pier·krieg** *gesprochen, abwertend* Papierkrieg ist, wenn man viele lästige Briefe an Behörden oder Firmen schreiben, Formulare ausfüllen o. Ä. muss

der **Pa·pier·stau** die Situation, wenn Papier im Drucker oder Kopierer feststeckt und nicht mehr weitertransportiert werden kann

die **Pạp·pe**★ (-, -n); *meist Singular* dickes, stabiles und steifes Papier „*eine Schachtel aus Pappe*" K Pappbecher, Pappkarton

die **Pạp·pel** (-, -n) ein hoher, schmaler Laubbaum, den man vor allem neben Straßen pflanzt

**pạp·pen** (*pappte, hat gepappt*); *gesprochen* 1 **etwas an/auf etwas** (*Akkusativ*) **pappen** ≈ kleben „*ein Schild auf ein Glas Marmelade pappen*" 2 **etwas pappt** etwas klebt an etwas 3 **etwas pappt** etwas ist feucht und lässt sich gut formen

**pap·per·la·pạpp!** verwendet, um zu sagen, dass man etwas Gesagtes für Unsinn hält

**pạp·pig** ADJEKTIV; *gesprochen* 1 sehr weich (und feucht) ⟨*ein Brötchen*⟩ 2 feucht und leicht zu formen

der/die **Pap·ri·ka** (-s/-, -(s)) 1 (*der*) eine Pflanze mit großen, hohlen Früchten von grüner, gelber oder roter Farbe, die als Gemüse gegessen werden K Paprikaschote 2 (*der/die*) die Frucht des Paprikas ⟨*gedünstete(r), gefüllte(r) Paprika*⟩ ≈ Paprikaschote „*Paprika in einen gemischten Salat schneiden*" 3 (*der*) ein rotes Pulver, das man als (scharfes) Gewürz verwendet „*Gulasch mit Paprika würzen*" 4 (CH) ≈ Peperoni

der **Papst**★ (-es, *Päps·te*) der höchste Priester der römisch-katholischen Kirche ⟨*eine Audienz beim Papst*⟩ „*Papst Franziskus betete für die Opfer des Bürgerkriegs*" K Papstkrone, Papstwahl • *hierzu* **päpst·lich** ADJEKTIV

die **Pa·ra·de** (-, -n) 1 ein Ereignis, bei dem Soldaten festlich gekleidet sind und sich in Reihen aufstellen oder durch die Straßen ziehen ⟨*eine Parade abhalten*⟩ K Militärparade 2 das Abwehren eines Schusses durch den Torwart beim Fußball oder eines Angriffs beim Fechten ⟨*eine glänzende Parade*⟩

das **Pa·ra·de·bei·spiel** ein sehr gutes Beispiel

der **Pa·ra·dei·ser** (-s, -); (A) ≈ Tomate

das **Pa·ra·dies**★ (-es, -e) 1 (in der Bibel) der schöne Ort, an dem Adam und Eva gelebt haben ⟨*ein Leben wie im Paradies*⟩ 2 der Ort, an dem nach Vorstellung der katholischen Kirche Gott und die Engel leben ⟨*ins Paradies eingehen*⟩ ≈ Himmel ↔ Hölle **3** ein sehr schöner und angenehmer Ort *„Diese Insel ist ein wahres Paradies"* **4** **ein Paradies (für jemanden)** ein Ort, an dem es alles gibt, was jemand braucht *„ein Paradies für Urlauber"* **K** Kinderparadies, Urlaubsparadies • *zu* (1 – 3) **pa·ra·die·sisch** *ADJEKTIV*

**pa·ra·dox** *ADJEKTIV* so, dass es einen Widerspruch in sich enthält oder dass darin zwei Dinge nicht zusammenpassen *„Es ist paradox, dass es in einem so reichen Land so viel Armut gibt"* • *hierzu* **pa·ra·do·xer·wei·se** *ADVERB*

der **Pa·ra·graf**, **Pa·ra·graph** [-f]; (*-en, -en*) ein Teil eines Gesetzes, Vertrages o. Ä., der eine Nummer trägt ⟨*Paragraf eins, zwei, drei des Grundgesetzes, der Straßenverkehrsordnung, des Strafgesetzes*⟩ ❶ Vor einer Zahl hat *Paragraf* keine Endung und wird ohne Artikel gebraucht: *gegen Paragraf 3 verstoßen*. Abkürzung: *§*

**pa·ral·lel**★ *ADJEKTIV* ⟨*Linien*⟩ so, dass sie an jeder Stelle gleich weit voneinander entfernt sind *„etwas verläuft parallel zu etwas"* **K** Parallelstraße

die **Pa·ral·le·le** (*-, -n*) **eine Parallele (zu etwas)** eine Linie, die zu einer anderen parallel ist

der **Pa·ra·me·ter** *geschrieben* einer der Faktoren, die Einfluss auf einen Prozess oder ein Geschehen haben *„Die Zinsen sind ein wichtiger Parameter bei der Berechnung der wirtschaftlichen Entwicklung"*

der **Pa·ra·sit** (*-en, -en*) **1** ein Tier oder eine Pflanze, die auf oder in anderen leben und von ihnen die Nahrung nehmen ≈ Schmarotzer *„Wanzen und Misteln sind Parasiten"* **K** Baumparasit, Darmparasit **2** *abwertend* ein fauler Mensch, der andere Leute für sich arbeiten lässt ≈ Schmarotzer

**pa·rat** *ADJEKTIV meist prädikativ* so, dass man es (zur Hand) hat, wenn man es braucht ⟨*etwas parat haben, halten, legen; eine Antwort, eine Ausrede parat haben*⟩

das **Pär·chen** (*-s, -*) zwei junge Leute, die verliebt sind ≈ Liebespaar

das **Par·don** [par'dõ:]; (*-s*) **kein Pardon kennen** *geschrieben* keine Rücksicht nehmen, schonungslos handeln

das **Par·füm**★ (*-s, -s/-e*) eine Flüssigkeit, die man auf die Haut gibt, um gut zu riechen ⟨*(ein) Parfüm auftragen, auftupfen, benutzen*⟩ **K** Parfümflasche

die **Par·fü·me·rie** (*-, -n* [-'ri:ən]) ein Geschäft, das Parfüm verkauft

der **Pa·ri·ser** (*-s, -*) **1** eine Person, die in der Stadt Paris wohnt oder dort geboren ist **2** *gesprochen* ⚠ ein Kondom ❶ oft als ordinäres Wort empfunden

der **Park**★ (*-(e)s, -s*) eine ziemlich große und gepflegte Fläche mit Gras, Blumen und Bäumen in einer Stadt, wo man sich erholen kann ⟨*in den Park gehen; im Park spielen, spazieren gehen*⟩ **K** Parkanlage, Parkbank; Schlosspark, Stadtpark

das **Park-and-Ride-Sys·tem** [pa:(r)kənd'raɪd-] ein System, bei dem man das Auto auf einem großen Parkplatz am Stadtrand, Bahnhof o. Ä. abstellen und mit dem Zug, Bus o. Ä. weiterfahren kann

**par·ken**★ (*parkte, hat geparkt*) **1** **(etwas) parken** ein Auto oder Motorrad dorthin stellen, wo man aussteigen will *„das Auto direkt vor dem Haus parken"* **K** Parkbucht, Parkgebühr **2** **jemand/etwas parkt irgendwo** jemandes Auto ist irgendwo geparkt *„Ich parke hier um die Ecke"*

das **Par·kett** (*-(e)s, -e*) **1** ein Fußboden aus vielen schmalen Holzstücken ⟨*glattes Parkett; (ein) Parkett verlegen*⟩ **K** Parkettboden **2** *meist Singular* die Plätze in der Höhe der Bühne (in einem Theater oder in einem Kino) ⟨*im Parkett sitzen*⟩ **K** Parkettsitz **3** *nur Singular* ein Bereich des öffentlichen Lebens ⟨*sich aufs internationale, politische Parkett wagen*⟩

das **Park·haus**★ ein Gebäude, in dem viele Autos stehen können

die **Park·lü·cke** ein Platz zwischen anderen parkenden Autos

der **Park·platz**★ **1** ein großer Platz, auf dem viele Autos geparkt werden können **2** ein kleiner Platz zwischen zwei anderen parkenden Autos, auf den noch ein weiteres Auto passt ≈ Parklücke *„Ich habe keinen Parkplatz gefunden"*

die **Park·schei·be** eine Scheibe mit einer Art Uhr, auf der man den Zeitpunkt einstellt, zu dem man das Auto dort abstellt, wo man nur begrenzte Zeit parken darf *„Die Parkscheibe legt man sichtbar ins Auto"*

das **Park·ver·bot** eine Stelle, an welcher das Parken verboten ist ❶ vergleiche **Halteverbot**

das **Par·la·ment**★ (*-(e)s, -e*) eine Institution in einer Demokratie. Das Parlament beschließt die Gesetze, die Mitglieder werden (in den meisten

P

Ländern) vom Volk gewählt ⟨*ein Parlament einberufen, auflösen, wählen; die Mehrheit im Parlament haben; ins Parlament gewählt werden, einziehen*⟩ *„Der Bundestag ist das höchste Parlament in Deutschland"* **K** Parlamentsabgeordnete(r), Parlamentsmitglied, Parlamentswahlen

**par·la·men·ta·risch** *ADJEKTIV meist attributiv* **1** mit einem Parlament ⟨*eine Demokratie, eine Monarchie*⟩ **2** in Bezug auf das Parlament ⟨*eine Aufgabe, eine Tätigkeit*⟩ **3** im Parlament ⟨*die Mehrheit, die Opposition*⟩

die **Pa·ro·die** (-, *-n* [-'di:ən]) **eine Parodie (auf jemanden/etwas); eine Parodie von jemandem/etwas** eine meist lustige oder komische Nachahmung einer Person oder eines Textes • *hierzu* **pa·ro·die·ren** (*hat*)

der **Part** (-s, -s) der Teil, den eine Person in einem Musik- oder Theaterstück spielt, singt oder tanzt ⟨*jemandes Part übernehmen*⟩

die **Par·tei**★ (-, *-en*) **1** eine Organisation mit einem politischen Programm, die von Menschen mit gemeinsamen politischen Zielen gebildet wurde *„Die Sozialdemokratische Partei ist die älteste Partei Deutschlands"* **K** Parteimitglied, Parteiprogramm; Regierungspartei **2** eine Gruppe von Menschen, die in einem Streit die gleiche Meinung haben *„Bei der Debatte bildeten sich zwei Parteien"* **3** der Gegner in einem Streit vor Gericht ⟨*die klagende, beklagte, gegnerische Partei*⟩ **4** die Mieter einer Wohnung in einem Haus mit mehreren Wohnungen *„ein Haus mit sechs Parteien"* **ID** **für jemanden/etwas Partei ergreifen/nehmen** jemanden/etwas in einem Streit o. Ä. unterstützen

**par·tei·isch** *ADJEKTIV; abwertend* nicht objektiv, sondern für oder gegen einen der Gegner in einem Streit ⟨*eine Haltung, ein Richter, ein Zeuge*⟩

der **Par·tei·tag** die Tagung, auf der eine Partei über ihr Programm diskutiert

der **Par·tei·ver·kehr** *nur Singular; süddeutsch* Ⓐ ≈ Publikumsverkehr

die **Par·tie**★ (-, *-n* [-'ti:ən]) **1** ein Teil von Körperteilen, der nicht deutlich von anderen Teilen abgegrenzt ist ≈ Bereich *„Die untere Partie ihres Gesichtes ist verletzt"* **K** Halspartie, Nackenpartie **2** ein einzelnes Spiel (vor allem bei Brett- und Kartenspielen) ⟨*eine Partie Billard, Bridge, Domino, Schach spielen, gewinnen, verlieren*⟩ **K** Schachpartie

das **Par·ti·kel**[1], **Par·ti·kel**; (-s, -) ein sehr kleiner Teil einer Substanz ⟨*ein radioaktives, winziges Partikel*⟩ **K** Aschepartikel, Staubpartikel

die **Par·ti·kel**[2], **Par·ti·kel**; (-, *-n*) bezeichnet Wörter, die nicht verändert werden und die meist keine syntaktische Funktion haben

die **Par·ti·tur** (-, *-en*) die schriftliche Form eines Musikstücks mit Noten für alle Instrumente und Sänger ⟨*eine Partitur lesen*⟩

das **Par·ti·zip** (-s, *-ien* [-i̯ən]) **1** **das Partizip Präsens; das Partizip des Präsens** die Form des Verbs, die auf -(*e*)*nd* endet und oft wie ein Adjektiv vor einem Substantiv verwendet wird *„In „die schlafenden Kinder" ist „schlafend" ein Partizip Präsens"* **2** **das Partizip Perfekt; das Partizip des Perfekts** die Form des Verbs, die im Perfekt oder im Passiv verwendet wird *„In den Sätzen „Sie hat gewonnen" und „Das Kind wurde entführt" sind „gewonnen" und „entführt" die Partizipien des Perfekts"*

der **Part·ner**★ (-s, -) **1** einer von zwei Menschen, oder eine von zwei Gruppen, die etwas gemeinsam tun, besprechen o. Ä. *„jemandes Partner beim Kartenspiel sein"* **K** Briefpartner, Gesprächspartner, Koalitionspartner, Vertragspartner **2** eine Person, die mit einer anderen Person ein sehr enges Verhältnis hat, mit ihr zusammen lebt o. Ä. ⟨*den Partner wechseln*⟩ *„in einer Heiratsanzeige den Partner fürs Leben suchen"* **K** Partnersuche; Ehepartner, Lebenspartner **3** einer von mehreren Besitzern eines Geschäfts oder einer Firma ≈ Teilhaber **K** Geschäftspartner • *hierzu* **Part·ne·rin** *die*

die **Part·ner·schaft**★ (-, *-en*) **1** eine (oft gute oder intime) Beziehung, die man zu einem Partner hat ⟨*in Partnerschaft mit jemandem leben*⟩ **2** eine freundschaftliche Beziehung zwischen zwei Städten, Universitäten o. Ä. meist aus verschiedenen Ländern **K** Städtepartnerschaft

die **Part·ner·stadt** eine Stadt, die zu einer Stadt in einem anderen Land in regelmäßigem Kontakt steht (damit sich die Leute der verschiedenen Länder und Kulturen besser kennenlernen) *„Jinan ist die chinesische Partnerstadt von Augsburg"*

**par·tout** [-'tu:] *ADVERB; gesprochen* **1** ⟨*etwas partout tun, haben wollen*⟩ ≈ unbedingt **2** **partout nicht** überhaupt nicht (obwohl sich jemand sehr anstrengt) ⟨*sich partout nicht erinnern können*⟩

die **Par·ty**★ [-ti]; (-, *-s*) ein privates Fest mit Essen, Trinken, Musik usw. ⟨*eine Party geben; auf ei-*

*ne/zu einer Party eingeladen sein, gehen*⟩ **K** Partykeller; Gartenparty, Geburtstagsparty

der **Pạss★** (-es, *Päs·se*) **1** ein Dokument, das man für die Reise in viele Länder braucht und das Informationen darüber gibt, wer man ist und zu welchem Staat man gehört ⟨*einen Pass beantragen, ausstellen, aushändigen, verlängern, einziehen*⟩ **K** Passkontrolle; Reisepass **ℹ** vergleiche **Personalausweis** **2** eine Straße oder ein Weg, auf denen man ein Gebirge überqueren kann *„ein Pass über die Alpen"* | *„Wegen Lawinengefahr mussten mehrere Pässe gesperrt werden"* **K** Passstraße **3** ein Wurf oder Zuspiel, mit dem man den Ball einem Spieler der eigenen Mannschaft weitergibt ⟨*jemandem einen Pass geben*⟩

die **Pas·sa̲·ge** [-ʒə]; (-, *-n*) **1** eine kurze Straße mit Geschäften und einem Dach für Fußgänger **K** Einkaufspassage **2** eine meist enge Stelle, durch die jemand geht oder fährt ≈ Durchgang **3** das Durchfahren, Passieren einer Stelle *„Der Kanal ist für die Passage großer Schiffe nicht tief genug"* **4** ein Teil eines Textes oder eines Musikstücks *„Passagen aus einem Buch zitieren"*

der **Pas·sa·gier★** [-ˈʒiːɐ̯]; (*-s, -e*) **1** eine Person, die mit einem Flugzeug oder Schiff reist **K** Passagierflugzeug **2** **ein blinder Passagier** eine Person, die sich auf einem Flugzeug oder Schiff versteckt (um kostenlos zu reisen) • *zu* (1) **Pas·sa·gi̲e·rin** *die*

das **Pạss·amt** eine Behörde, die Pässe ausstellt

der **Pas·sạnt** (*-en, -en*) eine Person, die (zufällig) irgendwo vorbeigeht (meist wenn etwas passiert) • *hierzu* **Pas·sạn·tin** *die*

das **Pạss·bild** ein Foto, das nur den Kopf einer Person zeigt und das in einem Pass oder Ausweis verwendet wird

**pạs·sen★** (*passte, hat gepasst*) **1** **etwas passt (jemandem)** etwas hat die richtige Größe oder Form, sodass man es gut tragen kann ⟨*Kleidung: das Hemd, die Hose, die Schuhe; etwas passt ausgezeichnet, wie angegossen*⟩ **2** **etwas passt (irgendwohin)** etwas kann von der Form, Größe oder Menge her irgendwo untergebracht oder irgendwohin gestellt werden *„Der Schlüssel passt nicht ins Schloss"* | *„In den Topf passen drei Liter Wasser"* **3** **etwas passt (zu etwas)** etwas macht zusammen mit einer anderen Sache einen harmonischen Eindruck *„Die Schuhe passen sehr gut zum neuen Kleid"* **4** **zu jemandem passen** ähnliche Eigenschaften und Interessen haben wie die genannte Person ≈ zusammenpassen *„Sie passt gut zu ihm, sie ist genauso ehrgeizig wie er"* **5** **etwas passt jemandem** etwas ist so, wie es jemand will oder möchte *„Passt es dir, wenn ich dich morgen besuche?"* **6** **etwas passt zu jemandem** etwas ist so, wie man es von jemandem erwarten kann *„Was ist denn mit dir? Diese Faulheit passt gar nicht zu dir!"* **7** **passen müssen** auf etwas keine Antwort wissen, ein Problem nicht lösen können **8** **etwas zu jemandem passen** den Ball zu einem Spieler der eigenen Mannschaft werfen oder schießen

**pạs·send★** *ADJEKTIV* so, dass etwas genau zutrifft ⟨*eine Bemerkung, Worte*⟩ **ID** **es passend haben/machen** einer Person die exakte Summe Geld (in Scheinen und Münzen) geben, die er haben möchte *„Haben Sie es passend? Ich kann nämlich nicht wechseln"*

das **Pạss·fo·to** ≈ Passbild

**pas·si̲e·ren[1]★** (*passierte, ist passiert*) **1** **etwas passiert** etwas ist in einer Situation plötzlich da und bewirkt eine oft unangenehme Veränderung ⟨*ein Unfall, ein Unglück*⟩ *„Da kommt die Feuerwehr! Da muss was passiert sein!"* **2** **etwas passiert jemandem** jemand erlebt etwas ⟨*etwas Komisches, Merkwürdiges, Seltsames*⟩ *„Stell dir vor, was mir gestern passiert ist: Ich bin im Lift stecken geblieben!"* **3** **etwas passiert jemandem** jemand tut etwas ohne Absicht ⟨*etwas Dummes, ein Missgeschick*⟩ *„Weißt du, was mir gerade passiert ist? Ich habe meinen Schlüssel verloren"* **4** **etwas passiert mit jemandem/etwas** etwas wird mit einer Person oder Sache getan *„Was passiert mit den Abfällen?" – „Die kommen hier in den Eimer."* **5** **etwas passiert jemandem** etwas bewirkt, dass jemand verletzt ist ⟨*jemandem passiert ein Unglück, ein Unfall*⟩ *„Ist ihm bei dem Unfall etwas passiert?"* **ID** **Das kann jedem (mal) passieren** Das ist nicht so schlimm; **Nichts passiert!** verwendet als höfliche Antwort auf eine Entschuldigung von einer Person, von der man aus Versehen gestoßen wurde

**pas·si̲e·ren[2]★** (*passierte, hat passiert*); *geschrieben* **1** **etwas passieren** von einem Ende bis zum anderen gehen oder fahren *„Das Schiff passierte den Panamakanal"* **2** **jemanden/etwas passieren** an jemandem oder der genannten Stelle vorbeigehen oder -fahren ⟨*eine Grenze passieren*⟩ **3** **etwas passieren** etwas durch ein Sieb gießen oder drücken ⟨*gekochte*

*Beeren/Tomaten, eine Soße passieren*⟩

die **Pas·si·on** (-, *-en*) **1** **eine Passion (für etwas)** ≈ Leidenschaft, Vorliebe *„Musik ist seine große Passion"* **2** die Geschichte vom Leiden und Tod Christi **K** Passionsspiel

**pas·siv**, **pas·siv★** [-f] *ADJEKTIV* **1** *oft abwertend* so, dass der Betreffende akzeptiert, was geschieht, ohne zu reagieren oder ohne Interesse daran ⟨*sich passiv verhalten; passiv bleiben*⟩ ↔ aktiv *„nicht passiv zusehen, sondern sich aktiv beteiligen"* **2** **passives Wahlrecht** → Wahlrecht • *zu* (1) **Pas·si·vi·tät** [-v-] *die*

das **Pas·siv★** [-f]; (-s) im Passiv wird die Person oder Sache, mit der etwas geschieht, zum Subjekt des Satzes ↔ Aktiv *„In dem Satz „Das Fenster wird geschlossen" steht das Verb im Passiv"* **K** Passivbildung, Passivkonstruktion, Passivsatz; Vorgangspassiv • *hierzu* **pas·si·visch** [-v-] *ADJEKTIV*

das **Pass·wort** ein Wort, das meist geheim ist und das man in den Computer eingeben muss, um ein Programm zu starten, Daten abzurufen o. Ä. ⟨*ein Passwort eingeben*⟩ **❶** In Anlehnung an die englische Aussprache auch mit langem *a* gesprochen

die **Pas·te** (-, *-n*) **1** eine weiche Masse, die aus Puder und einer Flüssigkeit oder aus Fett besteht ⟨*eine Paste auf die Haut, eine Wunde auftragen*⟩ **K** Schuhpaste **2** eine weiche Masse, die z. B. aus klein gemachtem Fleisch oder Fisch besteht und aufs Brot gestrichen wird **K** Sardellenpaste

P

das **Pas·tell** (-s, *-e*) *nur Singular* ein blasser, heller Farbton *„eine Farbe in zartem Pastell"* **K** Pastellfarbe

die **Pas·te·te** (-, *-n*) **1** ein rundes Gebäck (aus Blätterteig), das mit Fleisch, Gemüse o. Ä. gefüllt wird **K** Hühnerpastete **2** eine weiche Masse aus feinem Fleisch oder Leber, die man meist aufs Brot streicht **K** Gänseleberpastete

der **Pas·tor**, **Pas·tor**; (-s, *-en* [-'to:rən]); *besonders norddeutsch* ein evangelischer Pfarrer • *hierzu* **Pas·to·rin** *die*

der **Pa·te** (-n, *-n*) eine Person mit der Aufgabe, den Eltern eines Kindes bei der religiösen Erziehung zu helfen **K** Firmpate, Taufpate • *hierzu* **Pa·tin** *die*

**pa·tent** *ADJEKTIV; gesprochen* **1** gut und praktisch ⟨*eine Idee, eine Lösung*⟩ **2** tüchtig und sympathisch ⟨*ein Bursche, ein Mädel*⟩

das **Pa·tent** (-(e)s, *-e*) **1** **ein Patent (für etwas)** das Recht, eine Erfindung als Einziger wirtschaftlich zu nutzen ⟨*ein Patent anmelden, erwerben*⟩ **K** Patentamt, Patentrecht **2** ein Dokument, das beweist, dass man einen Beruf ausüben darf ⟨*ein Patent als Kapitän, Steuermann haben*⟩

**pa·ten·tie·ren** (*patentierte, hat patentiert*) **etwas patentieren** etwas rechtlich (durch ein Patent) schützen ⟨*sich* (*Dativ*) *eine Erfindung patentieren lassen*⟩

der **Pa·ter** (-s, *-/Pat·res*) ein katholischer Priester, der zu einem Orden gehört

**pa·the·tisch** *ADJEKTIV; oft abwertend* voller Pathos ⟨*eine Geste, ein Stil; etwas klingt pathetisch*⟩

das **Pa·thos** (-); *oft abwertend* ein allzu leidenschaftlicher, feierlicher Stil (z. B. einer Rede)

der **Pati·ent★** [pa'tsiɛnt]; (*-en, -en*) eine Person, die von einem Arzt behandelt wird ⟨*einen Patienten pflegen, heilen*⟩ **K** Kassenpatient, Privatpatient • *hierzu* **Pa·ti·en·tin** *die*

die **Pa·ti·en·ten·ver·fü·gung** eine Erklärung zur gewünschten medizinischen Versorgung, die man für den Fall schreibt, dass man einmal so krank sein sollte, dass man sich nicht mehr dazu äußern kann **❶** vergleiche **Vorsorgevollmacht**

der **Pat·ri·ot** (*-en, -en*); *auch abwertend* eine Person, die ihr Heimatland liebt und bereit ist, es zu verteidigen • *hierzu* **Pat·ri·o·tin** *die*; **Pat·ri·o·tis·mus** *der*; **pat·ri·o·tisch** *ADJEKTIV*

der **Pat·ron** (-s, *-e*) ein christlicher Heiliger, von dem man glaubt, er beschütze eine Berufsgruppe besonders ≈ Schutzheiliger **K** Schutzpatron • *hierzu* **Pat·ro·nin** *die*

die **Pat·ro·ne** (-, *-n*) **1** Gewehre und Pistolen schießen mit Patronen auf ein Ziel **2** eine kleine Röhre aus Plastik, die mit Tinte gefüllt ist ⟨*eine neue Patrone in den Füller einlegen*⟩ **K** Tintenpatrone

die **Pat·rouil·le** [pa'trʊljə]; (-, *-n*) eine Gruppe von Soldaten oder Polizisten, die patrouilliert

**pat·rouil·lie·ren** [patrʊ'li:rən] (*patrouillierte, hat/ist patrouilliert*) **(irgendwo) patroullieren** (*ist*) (als Soldat, Polizist o. Ä.) ein Gebiet kontrollieren oder bewachen, indem man regelmäßig dort herumgeht oder -fährt ≈ patroullieren

**patsch!** verwendet für das Geräusch, das entsteht, wenn z. B. etwas ins Wasser fällt oder jemand eine Ohrfeige bekommt

die **Pat·sche** (-, *-n*); *meist Singular; gesprochen* eine unangenehme Situation ⟨*in die Patsche* *geraten; in der Patsche sitzen; jemandem aus der Patsche helfen*⟩

**pạt·zen** (*patzte, hat gepatzt*); *gesprochen* einen kleinen Fehler machen

der **Pạt·zer** (-*s*, -); *gesprochen* ein kleiner Fehler

**pạt·zig** ADJEKTIV; *gesprochen* unhöflich und frech, vor allem weil man wütend ist ⟨*eine Antwort; patzig sein, werden*⟩

die **Pau·ke** (-, -*n*) eine große Trommel, die wie eine halbe Kugel aussieht ⟨*Pauke spielen*⟩ K Paukenschlag ID **auf die Pauke hauen** a *gesprochen* laut und lustig feiern b *gesprochen* etwas klar, deutlich und laut kritisieren c *abwertend* sich mit vielen Worten selbst loben

**pau·ken** (*paukte, hat gepaukt*) **(etwas) pauken** *gesprochen* intensiv und lange lernen ⟨*für eine/vor einer Prüfung pauken; Deutsch, Mathe, Vokabeln pauken*⟩

**pau·schal★** ADJEKTIV 1 *meist attributiv* in Bezug auf das Ganze und nicht auf einzelne Teile ⟨*etwas pauschal abrechnen, zahlen*⟩ ≈ insgesamt K Pauschalangebot, Pauschalbetrag 2 so, dass man sich dabei sehr allgemein ausdrückt, ohne Details zu berücksichtigen ⟨*etwas pauschal verurteilen, beurteilen*⟩

die **Pau·scha·le** (-, -*n*) eine Summe Geld, die man als Ganzes für eine Leistung bekommt oder zahlt ⟨*eine monatliche Pauschale*⟩ K Fahrkostenpauschale, Heizkostenpauschale, Monatspauschale

die **Pau·schal·rei·se** eine Reise, bei der man vorher einen festen Preis für Fahrt, Hotel und Essen bezahlt ⟨*eine Pauschalreise buchen, machen*⟩

die **Pau·se★** (-, -*n*) eine meist kurze Zeit, in der man eine Tätigkeit (z. B. eine Arbeit oder den Unterricht) unterbricht, z. B. um sich auszuruhen ⟨*eine kleine, kurze Pause; eine Pause einlegen, machen; sich* (Dativ) *keine Pause gönnen; etwas ohne Pause tun*⟩ *„In der Pause spielen die Kinder im Schulhof"* | *„beim Sprechen eine Pause machen, um nachzudenken"* K Pausenraum; Frühstückspause, Mittagspause; Erholungspause

**pau·sen·los** ADJEKTIV 1 ohne Pause *„pausenlos im Einsatz sein"* 2 *gesprochen, meist abwertend meist adverbiell* sehr oft, in kurzen Abständen *„Er kommt mich pausenlos besuchen"*

**pau·sie·ren** (*pausierte, hat pausiert*) eine Arbeit oder Tätigkeit für (relativ) kurze Zeit nicht tun *„Nach der Verletzung musste er fünf Wochen mit dem Training pausieren"*

der **Pa·vil·lon** ['pavɪljɔŋ] CH *das*; (-*s*, -*s*) ein kleines, meist rundes und oft offenes Haus, das meist Parks oder Gärten steht *„Das Konzert findet im Pavillon statt"* K Musikpavillon

der **Pa·zi·fik** (-*s*) der Ozean zwischen dem amerikanischen Kontinent und Asien bzw. Australien

der **PC★** [pe:'tse:]; (-*s*, -*s*) Personal Computer ein einzelner Computer, der meist bei einer Person zu Hause unter dem Schreibtisch steht

das **Pẹch★** (-*s*) 1 etwas Unangenehmes oder Schlechtes, das jemandem passiert und an dem niemand Schuld hat ↔ Glück *„Sie hatte das Pech, den Zug zu versäumen"* 2 eine schwarze Masse, die gut klebt und mit der man z. B. Dächer oder Schiffe vor Wasser schützen kann ⟨*etwas mit Pech abdichten, bestreichen*⟩ K pechschwarz

der **Pẹch·vo·gel** *gesprochen* eine Person, die sehr oft Pech hat

das **Pe·dal★** (-*s*, -*e*) auf Pedale drückt man mit dem Fuß, um einen Mechanismus zu betätigen ⟨*die Pedale eines Fahrrads, eines Autos, einer Orgel; aufs Pedal drücken, steigen, treten; den Fuß vom Pedal nehmen*⟩ K Bremspedal, Gaspedal, Kupplungspedal, Fahrradpedal ❶ → Abbildung, S. 392: **Das Fahrrad**

**pe·dạn·tisch** ADJEKTIV; *abwertend* zu genau und ordentlich ⟨*ein Mensch, eine Ordnung*⟩ • *hierzu* **Pe·dạnt** *der*; **Pe·dạn·tin** *die*

der **Pe·gel** (-*s*, -) 1 die Höhe, bis zu der (in einem Fluss oder See) das Wasser steht ⟨*der Pegel steigt, fällt*⟩ ≈ Wasserstand K Pegelstand 2 die Lautstärke, die erreicht wird K Geräuschpegel, Lärmpegel 3 ein Gerät zum Messen des Wasserstandes

**pei·len** (*peilte, hat gepeilt*) **etwas peilen** mit einem Kompass oder mit elektrischen Geräten feststellen, wo oder in welcher Entfernung etwas ist ⟨*ein Schiff, eine Station, den Standpunkt eines Schiffes peilen*⟩ • *hierzu* **Pei·lung** *die*

**pein·lich★** ADJEKTIV 1 unangenehm und so, dass man sich dabei schämt ⟨*Fragen, eine Situation, ein Vorfall; etwas ist jemandem/für jemanden peinlich*⟩ *„Es war ihm sehr peinlich, dass er den Geburtstag seiner Frau vergessen hatte"* 2 sehr genau und mit größter Aufmerksamkeit (gemacht) ⟨*peinlich genau, peinlich korrekt, peinlich sauber*⟩ ≈ sorgfältig • *zu* (1) **Pein·lich·keit** *die*

die **Peit·sche** (-, -*n*) eine lange Schnur an einem

P

Stock, mit der man vor allem Tiere schlägt, um sie anzutreiben ‹*die Peitsche schwingen; jemanden/ein Tier mit der Peitsche schlagen*›

**peit·schen** (*peitschte, hat/ist gepeitscht*) **1** **jemanden peitschen** (*hat*) eine Person mit der Peitsche schlagen, vor allem um sie zu bestrafen **2** **ein Tier peitschen** (*hat*) ein Tier mit der Peitsche antreiben **3** **etwas peitscht irgendwohin** (*ist*) etwas schlägt (vor allem bei starkem Wind) mit großer Kraft oder Wucht gegen etwas ‹*der Regen, die Wellen*› *„Der Regen peitschte gegen die Scheiben"*

die **Pel·le** (-, *-n*); *norddeutsch* die dünne Haut von Kartoffeln, Obst, Wurst o. Ä. ≈ Schale **ID** **jemandem auf die Pelle rücken** *gesprochen* **a** sich sehr nah zu jemandem setzen **b** immer wieder mit einer Bitte, einer Forderung o. Ä. zu jemandem kommen

**pel·len** (*pellte, hat gepellt*); *norddeutsch* **1** **etwas pellen** ‹*Orangen, Kartoffeln pellen*› ≈ schälen **2** **etwas pellt sich** etwas schält sich ‹*die Haut*›

das **Pel·let** (-*s*, -*s*); *meist Plural* ein Stäbchen aus zusammengepresstem Material als Brennstoff für besondere Heizungen **K** Pelletheizung

die **Pell·kar·tof·fel** (-, -*n*); *meist Plural* Kartoffeln, die mit der Schale gekocht wurden

der **Pelz**★ (-*es*, -*e*) **1** die Haut mit den dicht wachsenden Haaren mancher Tiere (wie z. B. von Bären, Füchsen o. Ä.) ‹*ein dichter, dicker, zottiger Pelz; einem Tier den Pelz abziehen*› ≈ Fell **K** Schafspelz **2** *nur Singular* ein Pelz, aus dem man Kleidungsstücke macht *„ein Mantel aus Pelz"* **K** Pelzmantel, Pelzmütze **3** ein Mantel oder eine Jacke aus Pelz ‹*einen Pelz tragen; ein echter Pelz*›

**pel·zig** ADJEKTIV **1** mit einer weichen, rauen Oberfläche ‹*etwas fühlt sich pelzig an*› *„Die Haut von Pfirsichen ist pelzig"* **2** ohne Gefühl *„Nach der Spritze vom Zahnarzt fühlte sich mein Mund pelzig an"*

das **Pen·del** (-*s*, -) **1** ein Gewicht, das an einem Punkt hängt, frei schwingt und dazu dient, etwas zu messen ‹*ein Pendel schwingt, schlägt aus*› **2** ein Gewicht, das hin- und herschwingt und so regelt, wie schnell eine Uhr geht ‹*das Pendel in Bewegung setzen*› **K** Pendeluhr

**pen·deln** (*pendelte, hat/ist gependelt*) **1** **etwas pendelt** (*ist*) etwas hängt an etwas und schwingt (langsam) hin und her **2** **jemand pendelt** (*ist*) jemand fährt regelmäßig von einem Ort zum anderen, vor allem von der Wohnung zum Arbeitsplatz *„von Augsburg nach München pendeln"* • zu (2) **Pend·ler** *der*; zu (2) **Pend·le·rin** *die*

**pe·net·rant** ADJEKTIV; *abwertend* **1** so intensiv, dass man es unangenehm findet ‹*es riecht, schmeckt penetrant nach etwas*› **2** immer wieder lästig und störend ≈ aufdringlich *„Seine Art, bei jeder Gelegenheit zu zeigen, wie reich er ist, ist wirklich penetrant"*

**peng!** verwendet, um das Geräusch eines Schusses oder Knalls zu imitieren

**pe·ni·bel** ADJEKTIV übertrieben genau und ordentlich

der **Pe·nis**★ (-, -*se*) das Organ beim Mann und bei verschiedenen männlichen Tieren, aus dem der Samen und der Urin kommen

**pen·nen** (*pennte, hat gepennt*); *gesprochen* ≈ schlafen

der **Pen·ner** (-*s*, -); *gesprochen, abwertend* **1** ≈ Landstreicher, Obdachlose(r) **2** eine Person, die wenig leistet oder langweilig ist

die **Pen·si·on**★ [pɛn'zi̯oːn, pã-, paŋ-]; (-, -*en*) **1** das Geld, das ein Beamter jeden Monat vom Staat bekommt, wenn er (meist aus Gründen des Alters) aufgehört hat zu arbeiten ‹*eine hohe, niedrige, schöne Pension haben, bekommen*› ❶ Arbeiter und Angestellte bekommen eine *Rente* **2** die Zeit im Leben eines Beamten, in der er eine Pension bekommt ‹*in Pension sein; in Pension gehen*› ≈ Ruhestand **3** ein Haus, in dem man (vor allem im Urlaub) schlafen und essen kann ‹*in einer Pension wohnen, unterkommen, übernachten*›

**pen·si·o·nie·ren** [pɛn-, pã-, paŋ-] (*pensionierte, hat pensioniert*) **jemanden pensionieren** bestimmen, dass jemand (vor allem ein Beamter) wegen des Alters aufhört zu arbeiten und eine Pension bekommt ‹*ein pensionierter Beamter*› • *hierzu* **Pen·si·o·nie·rung** *die*

das **Pen·sum** (-*s*, *Pen·sen*); *meist Singular* die Arbeit, die man in einer vorgeschriebenen Zeit machen muss ‹*sein Pensum erfüllen, schaffen, erledigen; sein tägliches, übliches Pensum (an Arbeit)*› **K** Arbeitspensum, Pflichtpensum, Unterrichtspensum; Tagespensum, Wochenpensum

der **Pep** (-); *gesprochen* ≈ Schwung *„eine Show mit Pep"* • *hierzu* **pep·pig** ADJEKTIV

die **Pe·pe·ro·ni** (-, -(*s*)); *meist Plural* kleine, scharfe Pfefferschoten

**per**★ PRÄPOSITION *mit Akkusativ* **1** verwendet, um das Mittel zu nennen, mit dem jemand/

P

etwas von einem Ort zu einem anderen gelangt ⟨*per Bahn, per Schiff, per Luftpost, per Autostopp*⟩ ≈ mit ❶ Das folgende Substantiv wird ohne Artikel verwendet. **2** *geschrieben* verwendet, um das Mittel zu nennen, das man zu einem Zweck verwendet ⟨*Einschreiben, Nachname*⟩ *„etwas per Vertrag regeln"* ❶ Das folgende Substantiv wird ohne Artikel verwendet. **3** *geschrieben* verwendet, um anzugeben, wie etwas gemessen oder gezählt wird ≈ pro *„ein Preis von fünf Euro per Stück/per Kilo"* ❶ Das folgende Substantiv wird ohne Artikel verwendet. **ID** **(mit jemandem) per du/per Sie sein** zu jemandem „du"/„Sie" sagen

**per·fekt**★ *ADJEKTIV* (*perfekter, perfektest-*) **perfekt (in etwas** (*Dativ*)**)** so, dass niemand/nichts besser sein kann *„Im Umgang mit Computern ist sie inzwischen fast perfekt"*

das **Per·fekt**★ (-s, -e); *meist Singular* die Form des Verbs, die mit *sein* oder *haben* gebildet wird *„In dem Satz „Er ist nach Italien gefahren" ist „ist gefahren" das Perfekt von „fahren"* **K** Perfektform ❶ Als Plural verwendet man meist *Perfektformen*.

die **Per·fek·ti·on** [-'tsi̯oːn]; (-) der Zustand, wenn etwas perfekt ist, nicht besser sein könnte *„Er spielt Cello mit höchster Perfektion"*

die **Per·fo·ra·ti·on** [-'tsi̯oːn]; (-, -en) eine Reihe kleiner Löcher, die es möglich machen, dass man ein Blatt Papier leicht abreißen kann *„ein Kalenderblatt an der Perforation abreißen"*

das **Per·ga·ment** (-(e)s, -e) **1** *nur Singular* ein Material (aus Tierhäuten), das man früher statt Papier verwendete *„eine mittelalterliche Urkunde aus Pergament"* **2** ein Stück Pergament mit einer alten Schrift darauf

das **Per·ga·ment·pa·pier** ein sehr festes Papier, das leicht durchsichtig ist und Fett nicht durchlässt *„Brote in Pergamentpapier wickeln"*

die **Pe·ri·o·de** (-, -n) **1** ein relativ langer Zeitraum, der charakteristische Ereignisse aufweist *„eine längere Periode mit trockenem Wetter"* **K** Frostperiode, Wachstumsperiode **2** ≈ Menstruation *„Meine Frau hat (gerade) ihre Periode"*

**pe·ri·o·disch** *ADJEKTIV meist adverbiell* so, dass es in regelmäßigen Zeitabständen immer wieder vorkommt ⟨*etwas erscheint periodisch*⟩

die **Pe·ri·phe·rie** [-f-]; (-, -n) **1** *geschrieben* ein Gebiet, das am Rand liegt ⟨*an der Peripherie einer Stadt wohnen*⟩ ↔ Zentrum **2** die Geräte, die an den Computer angeschlossen werden **K** Peripheriegerät

die **Per·le**★ (-, -n) **1** eine kleine, harte weiße Kugel, die man in manchen Muscheln findet ⟨*echte, künstliche Perlen; Perlen züchten; nach Perlen tauchen*⟩ **K** Perlenkette, Perlentaucher; Zuchtperle **2** eine kleine Kugel aus Glas, Holz o. Ä., die meist mit anderen eine Kette bildet

**per·len** (*perlte, hat/ist geperlt*) **etwas perlt (irgendwo)** (*hat*) etwas bildet Tropfen oder Blasen, die wie Perlen aussehen ⟨*jemandem perlt der Schweiß auf der Stirn*⟩

**per·ma·nent** *ADJEKTIV; geschrieben* ⟨*ein Zustand, eine Bedrohung*⟩ ≈ ständig, dauernd

**per·plex** *ADJEKTIV meist prädikativ; gesprochen* so überrascht von etwas, dass man nicht mehr reagieren kann ⟨*völlig perplex sein*⟩ ≈ verblüfft

der **Per·ser** (-s, -) **1** ein Einwohner von Persien **2** Kurzwort für *Perserteppich* • *zu* (1) **Per·se·rin** *die*

die **Per·son**★ (-, -en) **1** ein einzelner Mensch *„ein Auto mit Platz für fünf Personen"* **2** ein Mensch mit einer besonderen Eigenschaft ⟨*eine intelligente, hässliche, interessante Person*⟩ **K** Personenbeschreibung ❶ nur mit einem Adjektiv, das eine Wertung ausdrückt **3** *nur Singular* eine grammatische Form des Verbs oder des Pronomens, die zeigt, wer spricht (die erste Person), wen man anspricht (die zweite Person) oder über wen man spricht (die dritte Person) ⟨*die erste, zweite, dritte Person Singular/Plural*⟩

das **Per·so·nal**★ (-s) die Personen, die bei einer Firma o. Ä. beschäftigt sind ⟨*geschultes Personal; Personal einstellen, entlassen*⟩ **K** Hauspersonal, Hotelpersonal; Pflegepersonal, Verwaltungspersonal

der **Per·so·nal·aus·weis** ein Dokument mit Angaben zur Person, das man braucht, um gegenüber Behörden zu beweisen, wer man ist

die **Per·so·na·li·en** [-li̯ən]; *Plural* die Angaben zur Person wie z. B. der Name, das Geburtsdatum und die Adresse ⟨*jemandes Personalien aufnehmen*⟩

**per·sön·lich**★ *ADJEKTIV* **1** *meist attributiv* in Bezug auf die eigene Person *„Die Bilder stammen aus meinem persönlichen Besitz"* | *„Der Gutschein gilt nur für Sie persönlich"* **2** *meist attributiv* so, dass es eine Person in ihrem privaten Bereich betrifft ≈ privat *„Darf ich Ihnen eine ganz persönliche Frage stellen?"* **3** so, dass eine Beziehung oder ein Kontakt direkt von

P

Person zu Person besteht ⟨*ein Gespräch; persönliche Beziehungen zu jemandem haben; jemanden persönlich kennen*⟩ **4** *meist attributiv* so, dass jemand etwas selbst tut *„Zur Einweihung des neuen Jugendzentrums kam der Minister persönlich"* **ID** **etwas persönlich nehmen** etwas als Beleidigung verstehen

die **Per·sön·lich·keit★** (-, *-en*) **1** *nur Singular* alle charakteristischen, individuellen Eigenschaften eines Menschen *„In ihrem Beruf konnte sie ihre Persönlichkeit voll entfalten"* **2** eine Person, die in der Öffentlichkeit bekannt ist ⟨*eine Persönlichkeit des öffentlichen Lebens*⟩ ≈ Prominente(r)

die **Per·spek·ti·ve★** [-v-]; (-, *-n*) **1** eine Art, Linien zu zeichnen, bei der das Bild dann räumlich wirkt ⟨*die Perspektive eines Gemäldes, einer Zeichnung stimmt (nicht)*⟩ **2** der Punkt, von dem aus man etwas betrachtet ≈ Blickwinkel *„etwas aus verschiedenen Perspektiven fotografieren"* **3** die (subjektive) Art, wie man etwas beurteilt ⟨*eine neue Perspektive eröffnet sich, tut sich auf*⟩ **K** Erzählperspektive **4** die Möglichkeiten, die sich in der Zukunft bieten ⟨*keine Perspektive mehr haben*⟩ *„Mit dem Lottogewinn eröffneten sich ihm ungeahnte Perspektiven"*

die **Pe·rü·cke** (-, *-n*) eine Kopfbedeckung aus künstlichen oder echten Haaren ⟨*eine Perücke tragen*⟩ **K** Perückenmacher

**per·vers** [-v-] *ADJEKTIV; abwertend* **1** (vor allem im sexuellen Bereich) so weit von der Norm entfernt, dass es als nicht natürlich bewertet wird ⟨*Neigungen*⟩ **2** *gesprochen* ≈ widerlich *„Seine politischen Ideen finde ich geradezu pervers"*

der **Pes·si·mis·mus** (-) eine Einstellung zum Leben oder eine Denkweise, bei der jemand (immer) das Schlimmste erwartet oder nur das Schlechte sieht ↔ Optimismus • *hierzu* **Pes·si·mist** *der;* **Pes·si·mis·tin** *die;* **pes·si·mis·tisch** *ADJEKTIV*

die **Pest** (-) **1** eine ansteckende Krankheit, an der im Mittelalter sehr viele Menschen starben ⟨*die Pest haben; die Pest bricht aus*⟩ **K** Pestbeule **2** **wie die Pest** *gesprochen, abwertend* ⟨*jemanden/etwas wie die Pest hassen; wie die Pest stinken*⟩ ≈ sehr

die **Pe·ter·si·lie** [-liə]; (-, *-n*); *meist Singular* eine kleine Gartenpflanze, deren grüne Blätter (und Wurzeln) man als Gewürz verwendet ⟨*ein Bund Petersilie; etwas mit Petersilie garnieren*⟩ *„Petersilie auf die Suppe streuen"* **K** Petersilienkartoffeln, Petersilienwurzel

die **Pe·ti·ti·on** [-'tsio:n]; (-, *-en*) ein Schreiben an eine Regierung oder Behörde, mit dem man um etwas bittet ⟨*eine Petition abfassen, einreichen; jemandem eine Petition überreichen*⟩ **K** Petitionsausschuss

der **Pfad** (-(e)s, *-e*) **1** ein schmaler Weg **2** die Folge von Laufwerk, Verzeichnis und Dateinamen, die man an einem Computer eingeben muss, um eine Datei zu öffnen oder ein Programm zu starten

der **Pfad·fin·der** (-s, -) *nur Plural* eine Organisation von jungen Menschen, die durch die Gemeinschaft lernen sollen, wie man sich in einer Gruppe verhält und wie man anderen Menschen hilft ⟨*bei den Pfadfindern sein*⟩

der **Pfahl** (-(e)s, *Päh·le*) ein (dicker) Stab aus Holz, den man mit einem Ende in die Erde schlägt ⟨*einen Pfahl einschlagen, in den Boden rammen*⟩

das **Pfand** (-(e)s, *Pfän·der*) **1** etwas (Wertvolles), das man jemandem als Garantie dafür gibt, dass man ein Versprechen hält ⟨*jemandem ein Pfand geben; ein Pfand einlösen, auslösen; etwas als Pfand behalten*⟩ **2** Pfand ist Geld, das man zurückbekommt, wenn man z. B. eine leere Flasche im Geschäft zurückgibt, ein Schließfach wieder leer macht usw. ⟨*Pfand zahlen*⟩ *„Auf dieser Bierflasche ist Pfand"* **K** Pfandflasche

**pfän·den** (*pfändete, hat gepfändet*) **etwas pfänden** einer Person etwas wegnehmen, um damit deren Schulden zu bezahlen ⟨*der Gerichtsvollzieher pfändet jemandes Möbel, einen Teil von jemandes Einkommen*⟩ • *hierzu* **Pfän·dung** *die*

die **Pfan·ne★** (-, *-n*) ein meist rundes und flaches Gefäß mit einem langen Stiel, in dem man z. B. Fleisch und Kartoffeln braten kann *„ein Schnitzel in der Pfanne braten"* **K** Bratpfanne

der **Pfann·ku·chen★** **1** *süddeutsch* ein flacher, weicher Kuchen, den man in der Pfanne bäckt ⟨*ein gefüllter Pfannkuchen; Pfannkuchen backen*⟩ ≈ Eierkuchen **2** *norddeutsch* ein kleiner, runder, weicher Kuchen, der in heißem Fett gebacken wird und meist mit Marmelade gefüllt ist ≈ Berliner, Krapfen

das **Pfarr·amt** das Haus mit der Wohnung eines Pfarrers und dem Büro der Gemeindeverwaltung

die **Pfar·rei** (-, *-en*) **1** ≈ Gemeinde **2** ≈ Pfarrhaus

P

der **Pfar·rer★** (-s, -) ein Mann, der in einer christlichen Kirche den Gottesdienst hält und sich um die Gläubigen kümmert ⟨*ein evangelischer, katholischer Pfarrer*⟩ • *hierzu* **Pfar·re·rin** *die*

der **Pfau** (-(e)s/Ⓐ *auch -en, -e*) ein Vogel, dessen Schwanz sehr lange und bunte Federn hat, die er (wie einen Fächer) ausbreiten kann ⟨*der Pfau schlägt ein Rad; eitel wie ein Pfau*⟩ **K** Pfauenfeder ❶ *der Pfau; den, dem Pfau/Pfauen, des Pfau(e)s/ Pfauen*

der **Pfef·fer★** (-s) kleine Körner, die man (meist gemahlen) als scharfes Gewürz verwendet ⟨*eine Prise Pfeffer; Salz und Pfeffer*⟩

die **Pfef·fer·min·ze** *meist Singular* eine Pflanze, deren Blätter intensiv schmecken und aus denen man z. B. Tee macht **K** Pfefferminzgeschmack, Pfefferminztee

die **Pfef·fer·müh·le** ein Gerät, mit dem man die Körner des Pfeffers mahlen kann

**pfef·fern** (*pfefferte, hat gepfeffert*) **etwas pfeffern** etwas mit Pfeffer würzen ⟨*das Fleisch, den Salat pfeffern*⟩

die **Pfei·fe★** (-, -n) **1** ein einfaches Musikinstrument, das Töne erzeugt, wenn man Luft hineinbläst ⟨*auf der Pfeife spielen*⟩ **K** Orgelpfeife **2** ein kleines Instrument, mit dem man einen hohen Ton erzeugt, wenn man Luft hineinbläst ⟨*die Pfeife eines Schiedsrichters*⟩ **K** Trillerpfeife **3** ein schmales Rohr mit einem dicken runden Ende, mit dem man Tabak raucht ⟨*Pfeife rauchen; sich (Dativ) eine Pfeife anzünden*⟩ **K** Pfeifenraucher, Pfeifentabak; Wasserpfeife **4** *gesprochen, abwertend* eine Person, die nichts kann und die man deshalb nicht brauchen kann ≈ Versager

**pfei·fen★** (*pfiff, hat gepfiffen*) **1 (etwas) pfeifen** einen Ton oder mehrere Töne produzieren, indem man die Lippen rund und spitz macht und Luft hindurchpresst ⟨*ein Lied, eine Melodie pfeifen*⟩ **2 (etwas) pfeifen** mit einer Pfeife einen hohen Ton als Signal geben ⟨*ein Polizist, ein Schiedsrichter; ein Foul, ein Tor pfeifen*⟩ **3 jemandem pfeifen** pfeifen, um eine Person oder ein Tier zu sich zu rufen ⟨*seinem Hund pfeifen*⟩ **4 etwas pfeift** etwas produziert hohe Töne ⟨*eine Lokomotive, der Teekessel*⟩

der **Pfeil★** (-(e)s, -e) **1** ein dünner, gerader Stab, der vorne eine Spitze hat und den man meist mit einem Bogen abschießt ⟨*mit Pfeil und Bogen jagen, schießen, kämpfen*⟩ **2** ein Zeichen, (das aussieht wie ein Pfeil und) das in eine Richtung zeigt *„Ein Pfeil zeigt den Weg zum Ausgang"* **K** Pfeilrichtung

der **Pfei·ler** (-s, -) eine dicke, senkrechte Säule aus Holz, Stein oder Metall, die ein Haus oder eine Brücke stützt ~ Träger *„Die Brücke wird von mächtigen Pfeilern getragen"* **K** Brückenpfeiler

das **Pferd★** (-(e)s, -e) **1** ein großes Tier mit einem Schwanz aus langen Haaren. Man reitet auf Pferden oder lässt sie Wagen ziehen ⟨*aufs Pferd steigen; auf einem Pferd reiten; vom Pferd steigen, absitzen, fallen*⟩ **K** Pferdekoppel, Pferderennen, Pferdestall; Rennpferd **2** *gesprochen* eine Figur im Schachspiel ≈ Springer

der **Pfer·de·schwanz** **1** der Schwanz des Pferdes **2** eine Frisur, bei der man lange Haare hinten am Kopf zusammenbindet und nach unten fallen lässt

**pfiff** *Präteritum, 1. und 3. Person Singular* → pfeifen

der **Pfiff** (-(e)s, -e) ein hoher kurzer (und schriller) Ton, den man durch Pfeifen erzeugt *„Wenn der Pfiff des Schiedsrichters ertönt, ist das Spiel aus"* **K** Schlusspfiff

der **Pfif·fer·ling** (-s, -e) ein kleiner essbarer, gelber Pilz **ID** **keinen/nicht 'einen Pfifferling** *gesprochen* überhaupt nichts ⟨*keinen/nicht einen Pfifferling wert sein*⟩

(das) **Pfings·ten★** (-, -) die zwei Feiertage im Mai oder Juni (50 Tage nach Ostern), an denen die christliche Kirche feiert, dass der Heilige Geist zu den Menschen gekommen ist ⟨*zu/an Pfingsten*⟩ **K** Pfingstferien, Pfingstmontag, Pfingstsonntag ❶ *Pfingsten* wird meist ohne Artikel verwendet. In der gesprochenen Sprache werden Adjektive in der Form des Plurals verwendet: *letzte Pfingsten* (= am letzten Pfingstfest)

der **Pfir·sich** (-s, -e) eine süße, runde Frucht mit saftigem, gelbem Fleisch, einer rotgelben, rauen Haut und einem großen Kern in der Mitte **K** Pfirsichbaum, Pfirsichkern

die **Pflan·ze★** (-, -n) ein Lebewesen (wie z. B. ein Baum oder eine Blume), das meist in der Erde wächst und Wurzeln, Blätter und Blüten hat ⟨*eine Pflanze wächst, gedeiht, welkt, geht ein, stirbt ab; die Pflanzen gießen, düngen*⟩ **K** Pflanzenfett; Topfpflanze; Salatpflanze

**pflan·zen★** (*pflanzte, hat gepflanzt*) **etwas (irgendwohin) pflanzen** Samen streuen oder kleine Pflanzen mit Wurzeln in die Erde stecken, damit sie dort wachsen ⟨*Salat, Bohnen,*

P

*Bäume, Sträucher, Blumen pflanzen*⟩

der **Pflạn·zen·fres·ser** (-s, -) ein Tier, das von Pflanzen lebt • *hierzu* **pflạn·zen·fres·send** *ADJEKTIV*

das **Pflạn·zen·öl** ein Öl, das man aus den Samen oder Früchten von Pflanzen macht

**pflạnz·lich** *ADJEKTIV* **1** *meist attributiv* in Bezug auf Pflanzen **2** aus Pflanzen gemacht

das **Pflạs·ter**★ (-s, -) **1** die feste Oberfläche einer Straße, eines Platzes o. Ä., die aus großen Steinen, aus Asphalt o. Ä. besteht ⟨*ein gutes, schlechtes, holpriges Pflaster*⟩ **K** Pflasterstein; Kopfsteinpflaster, Straßenpflaster **2** **ein gefährliches/teures Pflaster** ein Ort, der gefährlich/teuer ist *„Düsseldorf ist ein teures Pflaster"* **3** ein Streifen, den man über eine Wunde klebt, damit kein Schmutz hineinkommt ⟨*ein Pflaster auf eine Wunde kleben*⟩ **K** Heftpflaster • *zu* (1) **pflạs·tern** (*hat*)

die **Pflau·me**★ (-, -n) eine süße, dunkelblaue, rötliche oder gelbe Frucht mit einer glatten Haut und einem relativ großen Kern in der Mitte ⟨*getrocknete Pflaumen*⟩ **K** Pflaumenkuchen, Pflaumenmus

die **Pfle·ge**★ (-) **1** alles, was eine Person tut, wenn sie sich um die Gesundheit eines Menschen oder Tieres kümmert ⟨*Pflege brauchen*⟩ *„Es war ihrer guten Pflege zu verdanken, dass er so schnell gesund wurde"* **K** Pflegeheim, pflegebedürftig; Krankenpflege **2** **ein Kind in Pflege nehmen** ein (fremdes) Kind in die eigene Familie aufnehmen und versorgen **3** das, was man tut, damit etwas in einem guten Zustand bleibt **K** Pflegemittel; Körperpflege, Zahnpflege **4** **die Pflege** *+Genitiv* das, was man tut, um etwas zu fördern oder in gutem Zustand zu halten ⟨*die Pflege nachbarschaftlicher, freundschaftlicher, gesellschaftlicher Beziehungen*⟩

der **Pfle·ge·fall** eine Person, die so krank oder schwach ist, dass sie ohne Pflege nicht leben kann ⟨*ein Pflegefall sein; zum Pflegefall werden*⟩ *„Seit dem Herzinfarkt ist Peter ein Pflegefall"*

**pfle·ge·leicht** *ADJEKTIV* so, dass es wenig Pflege braucht ⟨*ein Stoff, eine Bluse, ein Hemd o. Ä.*⟩

**pfle·gen**★ (*pflegte, hat gepflegt*) **1** **jemanden pflegen** für kranke oder alte Menschen oder Tiere, alles tun, was nötig ist, damit sie gesund werden oder damit es ihnen gut geht **2** **etwas pflegen** alles tun, was nötig ist, damit etwas in einem guten Zustand bleibt *„das Auto/den Garten/den Teppich pflegen"* **3** **etwas/sich pflegen** sich um das eigene Aussehen kümmern (indem man sich schön anzieht, frisiert usw.) ⟨*die Haare, das Gesicht, die Fingernägel pflegen*⟩

der **Pfle·ger** **1** Kurzwort für *Krankenpfleger* **2** Kurzwort für *Tierpfleger* • *hierzu* **Pfle·ge·rin** *die*

die **Pfle·ge·ver·si·che·rung** eine Versicherung, die Geld zahlt, wenn jemand im Alter gepflegt werden muss

die **Pflịcht**★ (-, -en) etwas, das man tun muss, weil es die Gesellschaft, die Moral, das Gesetz, der Beruf o. Ä. verlangt ⟨*eine sittliche, staatsbürgerliche Pflicht; seine Pflicht tun, erfüllen; die Pflicht haben zu +Infinitiv*⟩ *„Es ist eine moralische Pflicht, Menschen in Not zu helfen"* **K** Pflichtgefühl; Meldepflicht, Schulpflicht, Schweigepflicht

**pflịcht·be·wusst** *ADJEKTIV* so, dass eine Person genau weiß, was ihre Pflicht ist, und entsprechend handelt ⟨*ein Mensch*⟩ • *hierzu* **Pflịcht·be·wusst·sein** *das*

das **Pflịcht·fach** ein Fach, das man im Rahmen einer Ausbildung lernen muss

das **Pflịcht·ge·fühl** *meist Singular* die Bereitschaft und der Wunsch, die Dinge, die getan werden sollten, auch selbst zu tun

**-pflịch·tig** *im Adjektiv, unbetont, begrenzt produktiv* **anzeigepflichtig, gebührenpflichtig, rezeptpflichtig, schulpflichtig, sozialversicherungspflichtig, steuerpflichtig** *und andere* drückt aus, dass das, was im ersten Wortteil genannt wird, notwendig ist oder getan werden muss *„ein verschreibungspflichtiges Medikament"* | *„bei einem Unfall schadensersatzpflichtig sein"*

die **Pflịcht·ver·si·che·rung** eine Versicherung, die man haben muss, weil es das Gesetz verlangt (z. B. die Krankenversicherung) • *hierzu* **pflịcht·ver·si·chert** *ADJEKTIV*

der **Pflọck** (-(e)s, *Pflö·cke*) ein meist rundes, dickes Stück Holz o. Ä., das man in die Erde schlägt, um etwas daran zu befestigen ⟨*einen Pflock in die Erde treiben/schlagen*⟩

**pflụ̈·cken**★ (*pflückte, hat gepflückt*) **etwas pflücken** Blätter oder Früchte abreißen oder abschneiden und sammeln ⟨*Äpfel, Kirschen, Erdbeeren, Tee, Baumwolle, Blumen pflücken*⟩

der **Pflug** (-(e)s, *Pflü·ge*) ein Gerät, mit dem man auf einem Acker den Boden locker macht, in-

P

dem man ihn aufreißt und umdreht

**pflü·gen** (*pflügte, hat gepflügt*) **(etwas) pflügen** den Boden mit einem Pflug locker machen

die **Pfor·te** (-, -*n*) **1** eine kleine Tür in einer Mauer oder in einem Zaun **K** Gartenpforte **2** ein Eingang zu einem Gebäude, der von jemandem (dem Pförtner) bewacht wird ⟨*sich an der Pforte melden*⟩

der **Pfos·ten** (-*s*, -) eine dicke Stange aus Holz oder Metall, die etwas stützt oder hält **K** Bettpfosten, Torpfosten; Holzpfosten

die **Pfo·te** (-, -*n*) ein Fuß (mit Zehen), wie ihn viele Säugetiere haben *„Katzen haben Pfoten mit scharfen Krallen"* **K** Hasenpfote, Hundepfote

der **Pfropf** (-(*e*)*s*, -*e*) etwas, das sich in einem Rohr oder in einer Ader so festsetzt, dass die Flüssigkeit nicht mehr fließen kann *„Im Abflussrohr hat sich ein Pfropf aus Haaren gebildet"* **K** Blutpfropf, Wattepfropf

**pfui!** verwendet, um zu sagen, dass man etwas als schmutzig, unmoralisch oder eklig empfindet ⟨*Pfui/pfui rufen, sagen*⟩ *„Pfui, fass dieses dreckige Ding nicht an!"* | *„Pfui Teufel!"*

das **Pfund★** (-(*e*)*s*, -/-*e*) **1** eine Einheit, mit der man das Gewicht misst. Ein Pfund hat 500 Gramm; ⟨*ein halbes, ganzes Pfund*⟩ *„fünf Pfund Zwiebeln"* **i** Nach einer Zahl ist der Plural *Pfund*: *das Baby wiegt schon 12 Pfund*, aber: *Er bringt erhebliche Pfunde auf die Waage* (= er wiegt sehr viel); Abkürzung: *Pfd.* **2** die Einheit des Geldes in einigen Ländern ⟨*etwas in Pfund zahlen*⟩ *„Ein Pfund Sterling hat 100 Pence"* **K** Pfundnote **i** Nach einer Zahl ist der Plural *Pfund*: *das Kleid hat bloß 30 Pfund gekostet.* • zu (1) **pfund·wei·se** *ADVERB*

der **Pfusch** (-(*e*)*s*) *abwertend* eine schlecht gemachte Arbeit ⟨*Pfusch machen, bauen*⟩

die **Pfüt·ze** (-, -*n*) das Wasser, das sich bei Regen an einer Stelle am Boden sammelt ⟨*in eine Pfütze treten; Pfützen bilden sich*⟩ **K** Regenpfütze, Wasserpfütze

das **Phä·no·men★** [f-]; (-*s*, -*e*); *geschrieben* etwas, das irgendwo (z. B. in der Natur) vorkommt und von Menschen beobachtet wird ⟨*ein physikalisches, psychologisches, gesellschaftliches Phänomen; ein Phänomen beobachten, beschreiben, untersuchen, erklären*⟩ *„das Phänomen der Gravitation"*

**phä·no·me·nal** [f-] *ADJEKTIV* so gut, dass jeder darüber erstaunt ist ⟨*eine Leistung*⟩ ≈ erstaunlich

**Phan·ta·sie**, **phan·tas·tisch** [f-] → Fantasie, fantastisch

das **Phan·tom** [f-]; (-*s*, -*e*) etwas, das es nur in jemandes Fantasie gibt ⟨*einem Phantom nachjagen*⟩

das **Phan·tom·bild** [f-] eine Zeichnung von einem Verbrecher, welche die Polizei aufgrund von Zeugenaussagen macht, um damit nach ihm zu suchen

die **Pha·se★** [f-]; (-, -*n*) ein Teil einer Entwicklung oder eines Ablaufs ⟨*eine Phase durchlaufen, durchmachen; in einer kritischen Phase sein; eine schwierige Phase haben*⟩ ≈ Abschnitt *„Er steckt gerade in einer depressiven Phase"* | *„Der Wahlkampf geht jetzt in die entscheidende Phase"* **K** Anfangsphase, Endphase, Entwicklungsphase

der **Phi·lo·soph** [filo'zo:f]; (-*en*, -*en*) eine Person, die intensiv über die Grundprobleme des Lebens nachdenkt und darüber diskutiert • *hierzu* **Phi·lo·so·phin** [filo'zo:fɪn] *die*

die **Phi·lo·so·phie** [filozo'fi:]; (-, -*n* [-'fi:ən]) **1** *meist Singular* die Wissenschaft, die sich damit beschäftigt, wie Menschen denken und handeln und den Sinn und Zweck des Lebens untersucht ⟨*Philosophie betreiben, lehren, studieren*⟩ **2** ein System von Antworten auf Fragen, welche die Philosophie stellt ⟨*die materialistische, idealistische, buddhistische Philosophie*⟩ *„die Philosophie Platons"* | *„die Philosophie Hegels"* **3** die Art und Weise, wie jemand das Leben und den eigenen Platz darin sieht ⟨*sich* (*Dativ*) *eine eigene Philosophie zurechtlegen*⟩ ≈ Weltanschauung *„Ihre Philosophie ist: Zu viel arbeiten ist ungesund"* **K** Lebensphilosophie

**phi·lo·so·phie·ren** [filozo'fi:rən] (*philosophierte, hat philosophiert*) **(über etwas** (*Akkusativ*)**) philosophieren** über philosophische Probleme nachdenken und reden ⟨*über Gott und die Welt, über den Sinn des Lebens philosophieren*⟩

**phi·lo·so·phisch** [filo'zo:fɪʃ] *ADJEKTIV* **1** in Bezug auf die Philosophie ⟨*Probleme, Fragestellungen, Schriften, ein System, das Denken*⟩ **2** so, dass der Betreffende offensichtlich lange und intensiv nachgedacht hat ⟨*ein Mensch, eine Bemerkung, eine Betrachtungsweise*⟩

die **Pho·bie** [f-]; (-, -*n*) eine krankhafte Angst meist vor bestimmten Gegenständen, Tieren oder Situationen

die **Phra·se** [f-]; (-, -*n*) *abwertend* ein Ausdruck oder Satz, der so oft benutzt worden ist, dass er

P

die ursprüngliche Bedeutung verloren hat ⟨*eine dumme, hohle, leere Phrase*⟩ ≈ Klischee

der **pH-Wert** [pe'ha:-] eine Zahl, die ausdrückt, in welchem Maße eine feste oder flüssige Substanz die Eigenschaften einer Säure oder einer Base hat ⟨*ein niedriger, hoher, neutraler pH-Wert*⟩ *„den pH-Wert des Bodens ermitteln/messen"*

die **Phy·sik**, **Phy·sik★** [f-]; (-) **1** die Wissenschaft, die sich mit der Materie, ihrer Bewegung und mit den Kräften, die auf sie wirken, beschäftigt ⟨*Physik studieren*⟩ *„Die Optik, die Mechanik und die Akustik sind Gebiete der Physik"* **K** Astrophysik, Kernphysik **2** ein Fach in der Schule, in dem die Kinder etwas über Physik lernen **K** Physiklehrer, Physikstunde • *zu* (1) **Phy·si·ker** ['fy:] *der*; *zu* (1) **Phy·si·ke·rin** ['fy:] *die*

**phy·si·ka·lisch** [f-] *ADJEKTIV meist attributiv* in Bezug auf die Physik

**phy·sisch★** ['fy:-] *ADJEKTIV*; *geschrieben* den Körper (des Menschen) oder Teile davon betreffend ⟨*eine Krankheit, ein Schmerz*⟩ ≈ körperlich ↔ psychisch

der **Pi·a·nist** (*-en, -en*) eine Person, die beruflich Klavier spielt **K** Konzertpianist • *hierzu* **Pi·a·nis·tin** *die*

das **Pi·a·no** (*-s, -s*) **1** ≈ Klavier **2** ≈ Flügel

der **Pi·ckel** (*-s, -*) **1** eine kleine, runde Erhebung auf der Haut, die meist rot (und entzündet) ist **K** Eiterpickel **2** eine spitze Hacke, mit der man Löcher in Eis, Steine und Straßen schlägt

**pi·cken** (*pickte, hat gepickt*) **1 ein Vogel pickt etwas** ein Vogel stößt mit dem Schnabel nach etwas, um es zu fressen ⟨*ein Huhn, eine Taube pickt Körner*⟩ **2 etwas aus etwas picken** etwas mit dem Schnabel oder den Fingerspitzen aus etwas nehmen *„Rosinen aus dem Kuchen picken"*

das **Pick·nick★** (*-s, -s*) ein Essen im Freien (z. B. am Waldrand) während eines Ausflugs ⟨*(ein) Picknick machen*⟩ **K** Picknickkorb

**piep!** verwendet, um die Laute von jungen Vögeln zu imitieren

**pie·pen** (*piepte, hat gepiept*) **ein Tier/etwas piept** ein Tier/etwas piepst **ID Bei dir piepts wohl!** *gesprochen* Ich glaube, du spinnst

der **Pie·per** (*-s, -*) ein kleines Gerät, das piept, wenn es ein Funksignal empfängt, und das z. B. Ärzte tragen, wenn sie ständig erreichbar sein sollen

**pieps!** → piep!

**piep·sen** (*piepste, hat gepiepst*) **ein Tier/etwas piepst** ein Tier/ein Apparat o. Ä. produziert einen leisen, hohen Ton ⟨*ein Vogel, eine Maus, eine Armbanduhr, ein elektronisches Gerät*⟩

der **Piep·ser** (*-s, -*) ≈ Pieper

der/die **Pier** (*-s/-, -s*) eine Art Brücke, die in einen See oder ins Meer geht. Am Pier halten Schiffe, damit man sie z. B. beladen kann ⟨*am/an der Pier festmachen, liegen*⟩

das **Pier·cing** [-s-]; (*-s*) das Durchbohren der Haut, der Lippen o. Ä., um Schmuck zu befestigen • *hierzu* **pier·cen** (*hat*); **ge·pierct** *ADJEKTIV*

die **Pi·e·tät** [pi:ə'tɛ:t]; (-); *geschrieben* die Rücksicht auf religiöse Gefühle anderer Leute oder auf ihre Trauer um Tote ⟨*die Pietät wahren*⟩ • *hierzu* **pi·e·tät·los** *ADJEKTIV*

das **Pik** (*-s, -*) eine Spielfarbe im internationalen Kartenspiel oder eine Karte dieser Farbe ❶ → Beispiele unter **Herz**

**pi·ken** (*pikte, hat gepikt*) **jemand/etwas pikt (eine Person)** *norddeutsch, gesprochen* ≈ stechen

**pik·sen** ≈ piken

der **Pil·ger** (*-s, -*) eine Person, die eine (weite) Reise zu einem heiligen Ort macht, um dort zu beten **K** Pilgerreise • *hierzu* **Pil·ge·rin** *die*

**pil·gern** (*pilgerte, ist gepilgert*) **irgendwohin pilgern** als Pilger zu einer religiösen Stätte reisen ≈ wallfahren *„nach Jerusalem/Lourdes/Mekka pilgern"*

die **Pil·le★** (*-, -n*) **1** eine kleine Tablette, die man schluckt, ohne sie zu kauen ⟨*eine Pille (ein)nehmen, schlucken*⟩ **K** Pillenschachtel **2 die Pille** eine Pille, die eine Frau regelmäßig nimmt, um nicht schwanger zu werden ≈ Antibabypille

der **Pi·lot★** (*-en, -en*) eine Person, die ein Flugzeug, einen Hubschrauber o. Ä. steuert **K** Flugzeugpilot, Hubschrauberpilot • *hierzu* **Pi·lo·tin** *die*

das **Pils** (*-, -*) ein Bier, das relativ bitter ist und meist in einem Glas mit Stiel serviert wird ⟨*Pils vom Fass*⟩

der **Pilz★** (*-es, -e*) **1** Pilze wachsen vor allem im Wald; manche kann man essen, andere sind giftig ⟨*ein essbarer, (un)genießbarer, giftiger Pilz; Pilze suchen, sammeln, essen*⟩ *„Champignons sind Pilze, die wild im Wald und auf der Wiese wachsen, aber auch gezüchtet werden"* **K** Pilzsuppe; Giftpilz **2** Pilze bestehen aus vielen feinen Fäden, die unter der Erde, auf Pflanzen, auf Lebensmitteln usw. wachsen und oft schädlich sind *„Meine Rosen haben einen Pilz"* **K** Fußpilz, Hefepilz, Schimmelpilz

**pin·ge·lig**, **ping·lig** *ADJEKTIV; gesprochen, meist abwertend* ≈ pedantisch

der **Pin·gu·in** ['pɪŋguiːn]; *(-s, -e)* ein großer Vogel, der in der Antarktis lebt und nicht fliegen, aber gut schwimmen kann

**pink** *ADJEKTIV meist prädikativ* leuchtend rosa

**pin·nen** *(pinnte, hat gepinnt)* **etwas irgendwohin pinnen** etwas z. B. mit Stecknadeln an der Wand o. Ä. befestigen ⟨*ein Plakat, eine Notiz an die Wand pinnen*⟩

die **Pinn·wand** eine rechteckige Fläche aus ziemlich weichem Material, die an der Wand hängt und an der man mit Stecknadeln Notizen, Fotos usw. befestigt

der **Pin·sel** *(-s, -)* mit einem Pinsel verteilt man flüssige Farbe auf Papier, auf einer Wand o. Ä. ⟨*mit dem Pinsel einen Strich ziehen, etwas anstreichen, Farbe auftragen*⟩ **K** Pinselstiel; Malerpinsel

die **Pin·zet·te** *(-, -n)* mit einer Pinzette kann man sehr kleine Dinge greifen *„Haare mit der Pinzette auszupfen"*

der **Pi·o·nier** *(-s, -e)* **1** eine Person, die zu den Ersten gehört, die Siedlungen in einem Land gründen *„die amerikanischen Pioniere"* **K** Pionierzeit **2** eine Person, die etwas als Erster tut und damit ein Vorbild gibt **K** Pionierarbeit **3** ein Soldat einer Truppe, die z. B. Wege oder Brücken für eine Armee macht • *hierzu* **Pi·o·nie·rin** *die*

der **Pi·pi·fax** *(-); gesprochen* dummes oder unwichtiges Zeug

der **Pi·rat** *(-en, -en)* eine Person, die auf dem Meer fremde Schiffe (überfällt und) ausraubt ⟨*von Piraten überfallen, gekapert werden*⟩ **K** Piratenflagge, Piratenschiff

das **Pis·soir** [pi'so̯aːɐ̯]; *(-s, -e/-s)* eine (öffentliche) Toilette für Männer

die **Pis·ta·zie** [-tsi̯ə]; *(-, -n)* **1** eine Pflanze mit kleinen grünen Samen, die wie Nüsse schmecken **K** Pistazienkerne **2** der Samen der Pistazie ⟨*gesalzene Pistazien*⟩

die **Pis·te** *(-, -n)* **1** der Hang eines Berges, auf dem man Ski fährt ⟨*abseits, außerhalb der Pisten fahren; die Piste verlassen*⟩ **K** Skipiste **2** eine Art Straße, auf der Flugzeuge starten und landen ≈ Rollbahn **3** ein nicht befestigter Weg für Autos in der Wüste, Steppe oder im Urwald ⟨*eine holprige, staubige Piste*⟩ **K** Sandpiste **4** eine Strecke für Motorrad- oder Autorennen ⟨*von der Piste abkommen*⟩ **K** Rennpiste

die **Pis·to·le** *(-, -n)* eine kurze Schusswaffe ⟨*eine Pistole laden, (ent)sichern, ziehen, auf jemanden richten, abschießen; mit der Pistole auf jemanden zielen, schießen*⟩ **K** Pistolengriff, Pistolenkugel, Gaspistole

die **Piz·za**★ [-ts-]; *(-, -s/Piz·zen)* eine flache, runde Speise aus Hefeteig, auf den man Käse, Tomaten o. Ä. legt und den man im Ofen bäckt ⟨*eine Pizza backen*⟩ **K** Pizzabäcker, Pizzarestaurant

die **Piz·ze·ria** [-ts-]; *(-, -s/Piz·ze·ri·en* [-'riːən]) ein (meist italienisches) Restaurant, in dem man vor allem Pizzas essen kann

der **Pkw**, **PKW**★ ['peːkaːveː, peːkaː'veː]; *(-(s), -s)* Personenkraftwagen ein Auto (für Personen) **K** Pkw-Fahrer

**plä·die·ren** *(plädierte, hat plädiert)* **1** **für/gegen etwas plädieren** Argumente für oder gegen etwas bringen *„Der Redner plädierte dafür, härter gegen Terroristen vorzugehen"* **2** (vor Gericht) ein Plädoyer halten

das **Plä·do·yer** [plɛdo̯a'jeː]; *(-s, -s)* die Rede des Staatsanwalt oder der Verteidiger vor Gericht, bevor das Urteil gesprochen wird

die **Pla·ge** *(-, -n)* **1** etwas, das für jemanden (lange) unangenehm und belastend ist ⟨*eine schreckliche, lästige Plage*⟩ ≈ Qual *„Ihre Allergie ist eine richtige Plage für sie"* **K** Mückenplage **2** eine Arbeit, die schwer und anstrengend ist

**pla·gen** *(plagte, hat geplagt)* **1** **etwas plagt jemanden** etwas ist für jemanden (meist ziemlich lange Zeit) unangenehm und belastend, weil Arbeit, Probleme oder Schmerzen damit verbunden sind ⟨*die Hitze, der Durst, Schmerzen, Gedanken*⟩ *„Die Mücken plagten uns sehr"* **2** **sich (mit etwas) plagen** viel Mühe mit etwas haben ⟨*sich in der Schule plagen; sich mit Problemen plagen müssen*⟩

das **Pla·kat**★ *(-(e)s, -e)* ein großes Blatt mit einem Bild, mit Werbung oder mit Informationen, das man an eine Stelle klebt, an der es viele Leute sehen ⟨*Plakate kleben; etwas auf Plakaten ankündigen*⟩ **K** Plakatkunst, Plakatwerbung; Filmplakat, Wahlplakat, Werbeplakat

die **Pla·ket·te** *(-, -n)* eine kleine, flache, meist runde Scheibe aus Plastik, Metall o. Ä., die man irgendwo aufklebt oder ansteckt und auf der Zeichen oder Worte stehen ⟨*eine Plakette anstecken, tragen*⟩ *„eine Plakette mit der Aufschrift „Atomkraft – nein danke!"*

der **Plan**★ *(-(e)s, Plä·ne)* **1** ein Plan beschreibt

genau, was man wann tun will oder soll ⟨*einen Plan, Pläne machen*⟩ *„Er überließ nichts dem Zufall, sondern hatte einen genauen Plan, wie alles gemacht werden sollte"* **K** Fahrplan, Terminplan, Zeitplan **2** die feste Absicht, etwas zu tun ⟨*einen Plan, Pläne haben*⟩ *„Sie fassten den Plan, sich ein Haus zu kaufen"* **K** Fluchtplan, Zukunftsplan **3** eine Zeichnung, die zeigt, wie etwas gebaut ist oder gebaut werden soll ⟨*einen Plan zeichnen, entwerfen, ausarbeiten*⟩ ≈ Entwurf *„Die Pläne für den Umbau unseres Hauses sind inzwischen fertig"* **K** Bauplan **4** eine Zeichnung, die meist eine Stadt in einem kleinen Maßstab darstellt ≈ Karte *„ein Plan von Salzburg"* **K** Lageplan, Stadtplan **ID** **etwas steht auf dem Plan** etwas ist geplant, steht bevor; **etwas geht/verläuft nach Plan** etwas funktioniert so, wie man es gewünscht und geplant hat

die **Pla·ne** (-, *-n*) eine große Decke aus Stoff oder Plastik, die man (zum Schutz) über etwas legt ⟨*etwas mit einer Plane abdecken, zudecken*⟩ **K** Plastikplane, Regenplane, Zeltplane

**pla·nen**★ (*plante, hat geplant*) **1** **etwas planen** sich gut überlegen, wie man etwas machen will ⟨*den Urlaub planen*⟩ *„Wir müssen genau planen, was wir tun wollen"* **2** **etwas planen** die Absicht haben, etwas zu tun *„Wir planen, nächstes Jahr nach Japan zu fliegen"* **3** **etwas planen** eine Zeichnung, ein Modell o. Ä. einer Sache machen, damit man weiß, wie man sie bauen muss ⟨*ein Haus, einen Garten, eine Straße planen*⟩ ≈ entwerfen

der **Pla·net**★ (*-en, -en*) Planeten drehen sich um Sonnen; unser Planet heißt Erde *„Merkur, Mars und Venus sind die nächsten Planeten in unserem Sonnensystem"* • *hierzu* **pla·ne·ta·risch** ADJEKTIV

das **Pla·ne·ta·ri·um** (*-s, Pla·ne·ta·ri·en* [-i̯ən]) **1** eine Gerät, mit dem man ein Bild des Himmels mit allen Sterne und Planeten erzeugen kann **2** ein Gebäude mit einer Kuppel, in dem ein Planetarium steht

**pla·nie·ren** (*planierte, hat planiert*) **(etwas) planieren** etwas mit Maschinen eben machen ⟨*den Boden, ein Gelände planieren*⟩

die **Plan·ke** (-, *-n*) ein dickes und breites Brett **K** Schiffsplanke

**plan·mä·ßig** ADJEKTIV **1** genau wie es im Plan steht *„Die Arbeiten verliefen planmäßig"* **2** so, wie es im Fahrplan oder Flugplan steht ⟨*die Ankunft, die Abfahrt*⟩ *„Der Zug aus Athen kam planmäßig in Salzburg an"*

die **Plan·ta·ge** [plan'taːʒə]; (-, *-n*) ein großes Stück Land (oft in tropischen Ländern), auf dem man Pflanzen anbaut **K** Plantagenbesitzer; Baumwollplantage, Kaffeeplantage

**plant·schen** (*plantschte, hat geplantscht*) im Wasser spielen und dabei die Hände und Füße so bewegen, dass das Wasser spritzt *„Die Kinder plantschten mit größtem Vergnügen im Wasser"*

die **Pla·nung** (-, *-en*) die Handlungen, durch die ein Plan entsteht ⟨*eine gründliche, kurzfristige, langfristige, rechtzeitige Planung*⟩ **K** Planungsstadium; Fehlplanung, Städteplanung, Wirtschaftsplanung

**plap·pern** (*plapperte, hat geplappert*); *gesprochen* schnell und viel reden, ohne etwas Wichtiges zu sagen ⟨*Kinder*⟩

**plär·ren** (*plärrte, hat geplärrt*); *gesprochen, meist abwertend* **1** **(etwas) plärren** (etwas) mit lauter und unangenehmer Stimme singen oder rufen **2** laut und lange weinen ⟨*kleine Kinder, Säuglinge*⟩

das **Plas·tik**[1]★; (*-s*) ein künstliches Material. Man kann es so herstellen, dass es weich und dünn ist (wie z. B. für Folien) oder biegsam oder hart **K** Plastikflasche, Plastikfolie, Plastiktüte

die **Plas·tik**[2]★; (-, *-en*) eine Figur, die von einem Künstler gemacht worden ist *„Plastiken von Rodin und Henry Moore"* **K** Steinplastik

**plas·tisch** ADJEKTIV **1** so (gestaltet), dass es nicht wie eine Fläche, sondern als Raum wirkt ⟨*die plastische Wirkung eines Bildes, eines Reliefs*⟩ **2** so, dass man es sich genau vorstellen kann ⟨*eine Erzählung*⟩ **3** **plastische Chirurgie** Chirurgie, bei der jemandes Aussehen verbessert oder verändert wird

das **Pla·tin** (*-s*) ein sehr hartes grauweißes Metall, das sehr wertvoll ist **K** Platinschmuck **ℹ** chemisches Zeichen: *Pt*

**pla·to·nisch** ADJEKTIV nur geistig und nicht sexuell ⟨*Liebe, eine Beziehung*⟩

**plat·schen** (*platschte, hat/ist geplatscht*) **1** **etwas platscht irgendwohin** (*hat/ist*) etwas erzeugt das kurze, helle Geräusch, das entsteht, wenn Wasser auf etwas fällt ⟨*die Wellen, das Wasser*⟩ *„Der Regen platscht gegen die Fenster"* **2** **irgendwohin platschen** (*ist*) mit einem kurzen, hellen Geräusch ins Wasser fallen • *zu* (1) **platsch!**

**plät·schern** (*plätscherte, hat/ist geplätschert*) **1** **etwas plätschert**; **etwas plätschert**

**irgendwohin** (*hat/ist*) etwas fließt, fällt oder bewegt sich (irgendwohin) und macht dabei ein leises, helles Geräusch ⟨*das Wasser, der Bach, der Regen*⟩ **2** (*hat*) Wasser so bewegen, dass es leise, helle Geräusche macht *„Die Kinder plätschern im Wasser"*

**plạtt** ADJEKTIV (*platter, plattest-*) **1** flach und breit ⟨*etwas platt drücken, walzen*⟩ **2** ohne Luft ⟨*ein Reifen*⟩ **3** **platt sein** *gesprochen* sehr erstaunt sein *„Über ihr ungewöhnliches Geschenk war er einfach platt"* **ID** **einen Platten haben** in einem Reifen am Fahrrad, Auto o. Ä. keine Luft mehr haben

das **Plạtt** (-(*s*)) die Dialekte, die im Norden Deutschlands gesprochen werden und welche dem Holländischen relativ ähnlich sind ⟨*Platt sprechen*⟩ ≈ Niederdeutsch **K** Plattdeutsch

**plạtt·drü·cken** ≈ platt drücken

die **Plạt·te**★ (-, -*n*) **1** ein flaches, dünnes, meist rechteckiges Stück aus einem harten Material ⟨*eine Platte aus Stein, Holz*⟩ **K** Eisplatte, Glasplatte; Tischplatte **2** eine (runde) Fläche meist auf einem Herd, auf der man kochen kann ⟨*einen Topf auf die Platte stellen; die Platte einschalten, ausschalten*⟩ **K** Herdplatte, Kochplatte **3** Kurzwort für *Schallplatte* ⟨*eine Platte auflegen, anhören, spielen*⟩ **K** Plattenaufnahme, Plattensammlung; Langspielplatte **4** ein großer und flacher Teller, auf dem man Speisen serviert ⟨*eine Platte herumreichen*⟩ *„eine Platte mit kaltem Braten"* **K** Tortenplatte **5** verschiedene Speisen, die zusammen auf einer Platte serviert werden ⟨*eine Platte für zwei Personen*⟩ **K** Aufschnittplatte, Grillplatte, Käseplatte

die **Plạtt·form** eine Fläche (z. B. auf einem Turm), von der man nach unten sehen kann **K** Aussichtsplattform

der **Plạtz**★ (-*es, Plät·ze*) **1** eine große Fläche (in einem Dorf oder in einer Stadt), die vor einem Gebäude oder zwischen mehreren Häusern liegt ⟨*über den Platz gehen, fahren*⟩ *„Auf dem Platz vor dem Rathaus steht ein großer Brunnen"* **K** Platzkonzert; Bahnhofsplatz, Rathausplatz **2** eine große Fläche im Freien, die einen Zweck hat **K** Campingplatz, Parkplatz, Sportplatz **3** **Platz (für jemanden/etwas)** *nur Singular* ein Raum oder Bereich, in dem man sein kann oder den man mit etwas füllen kann ⟨*Platz haben, machen, schaffen, (frei) lassen*⟩ *„Haben wir in diesem kleinen Auto zu fünft Platz?"* | *„Der Schrank nimmt viel Platz weg"* **K** Platzbedarf, Platzmangel **4** ein Ort, an dem man sein oder bleiben möchte *„ein schöner Platz für ein Picknick"* **5** der Ort, an dem eine Person oder Sache war und wo sie auch sein soll *„Sie stellte das Buch wieder an seinen Platz zurück"* **6** ein Sitz (oder eine Stelle, an der man stehen kann) ⟨*Plätze reservieren (lassen); einen guten, schlechten Platz haben*⟩ *„Er stand auf und bot mir seinen Platz an"* **K** Platzreservierung; Sitzplatz, Stehplatz, Fensterplatz **7** eine verfügbare Stelle (meist bei einer Institution) ⟨*einen Platz im Kindergarten, Altersheim bekommen*⟩ **K** Arbeitsplatz, Heimplatz, Studienplatz **8** die Position, die jemand in einem Wettkampf erreicht ⟨*der erste, zweite Platz; auf den ersten Platz kommen; den ersten Platz belegen, machen*⟩ ≈ Rang **K** Tabellenplatz **9** **(einer Person/für eine Person) Platz machen** die eigene Position o. Ä. so ändern, dass sich noch eine andere Person (zu jemandem) setzen kann oder dass eine andere Person vorbeigehen kann **ID** **Platz nehmen** sich setzen *„Bitte nehmen Sie Platz!"*

die **Plạtz·angst** *meist Singular* die Angst, die manche Menschen bekommen, wenn sie in einem geschlossenen Raum oder mit zu vielen Menschen in einem Raum sind ⟨*Platzangst haben, bekommen*⟩ ≈ Klaustrophobie

das **Plạ̈tz·chen** (-*s*, -) ein kleines, flaches, süßes Gebäck ⟨*Plätzchen backen*⟩ **K** Weihnachtsplätzchen

**plạt·zen**★ (*platzte, ist geplatzt*) **1** **etwas platzt** etwas geht plötzlich (oft mit einem Knall) kaputt, meist weil der Druck im Inneren zu stark geworden ist ⟨*der Reifen, der Luftballon, die Naht*⟩ **2** **etwas platzt** etwas führt nicht zu dem Ergebnis, das man geplant oder gewünscht hat ⟨*eine Konferenz, die Verhandlungen, die Verlobung*⟩ ≈ scheitern **3** **etwas platzt** etwas findet nicht statt ⟨*jemand lässt einen Termin, eine Verabredung platzen*⟩ **4** **in etwas** (*Akkusativ*) **platzen** plötzlich irgendwohin kommen und stören ⟨*in eine Veranstaltung, in eine Besprechung platzen*⟩ **5** **vor etwas (fast/ schier) platzen** *gesprochen* von einem oft negativen Gefühl erfüllt sein ⟨*vor Eifersucht, Neid, Neugier, Stolz, Wut platzen*⟩

**plat·zie·ren** (*platzierte, hat platziert*) **1** **etwas irgendwohin platzieren** auf eine Stelle zielen und den Ball so schießen oder werfen, dass er dorthin kommt *„den Ball in die rechte untere Ecke platzieren"* **2** **sich platzieren** in einem sportlichen Wettkampf auf einen Rang

P

kommen ⟨*sich unter den ersten fünf (Läufern) platzieren*⟩

die **Plat·zie·rung** (-, *-en*) das Ergebnis eines Wettkampfs, das zeigt, ob jemand im Vergleich zu den anderen Teilnehmern gut oder schlecht war ⟨*die genaue Platzierung bekannt geben*⟩

die **Platz·kar·te** eine Karte, mit der man sich z. B. im Zug einen Sitzplatz reserviert

die **Platz·pat·ro·ne** eine Patrone ohne Kugel (für Pistolen und Gewehre), die nur knallt

der **Platz·re·gen** ein sehr starker Regen, der nicht lange dauert ⟨*ein Platzregen geht nieder*⟩

der **Platz·ver·weis** die Entscheidung des Schiedsrichters, dass ein Spieler das Spielfeld verlassen muss ⟨*einen Platzverweis verhängen*⟩

die **Platz·wun·de** eine Wunde, die entsteht, wenn die Haut (nach einem Stoß oder Schlag) reißt

**plau·dern★** (*plauderte, hat geplaudert*) **(mit einer Person) (über jemanden/etwas) plaudern**; **(mit einer Person) (von jemandem/etwas) plaudern** mit jemandem auf angenehme und freundliche Art sprechen, ohne etwas sehr Wichtiges, Ernstes oder Offizielles zu sagen ⟨*nett, gemütlich mit der Nachbarin plaudern*⟩ *„über die Erlebnisse im Urlaub plaudern"*

**plau·si·bel** *ADJEKTIV* (*plausibler, plausibelst-*) so klar und verständlich, dass man es gut verstehen kann ⟨*etwas klingt plausibel*⟩ ≈ verständlich *„Nenn mir nur einen plausiblen Grund dafür!"*

**plei·te** *ADJEKTIV meist prädikativ; gesprochen* **1** ohne Geld, sodass die Rechnungen nicht mehr bezahlt werden können ⟨*ein Unternehmen, eine Firma, ein Geschäftsmann*⟩ ≈ bankrott **2** so, dass man im Moment kein Geld hat *„Kannst du mir 100 Euro borgen? Ich bin nämlich total pleite"*

die **Plei·te** (-, *-n*); *gesprochen* **1** der Zustand, in dem ein Geschäft kein Geld mehr hat ⟨(*kurz*) *vor der Pleite stehen*⟩ ≈ Bankrott **2** etwas, das ohne Erfolg geblieben ist *„Das Konzert war eine totale Pleite! Es kamen nur 200 Zuschauer"* **3** **Pleite machen** Bankrott machen

das **Ple·xi·glas®** *nur Singular* ein harter, durchsichtiger Kunststoff

die **Plom·be** (-, *-n*) **1** ein kleines Stück Metall oder Plastik. Man klebt es auf etwas, das verschlossen oder verpackt ist, um zu zeigen, dass die so verschlossene Sache nicht geöffnet werden darf ⟨*etwas mit einer Plombe versiegeln, sichern, verschließen*⟩ **K** Zollplombe **2** ≈ Füllung *„eine Plombe aus Amalgam"* **K** Goldplombe, Zahnplombe • *zu* (2) **plom·bie·ren** (*hat*)

**plötz·lich★** *ADJEKTIV* sehr schnell und überraschend ⟨*eine Bewegung, eine Wende, ein Entschluss, ein Wetterumschwung*⟩ *„Ich erschrak, als der Hund plötzlich zu bellen anfing"* **ID** **aber ein bisschen plötzlich!** verwendet, um jemandem auf sehr unhöfliche Art zu sagen, dass er sich beeilen soll

**plump** *ADJEKTIV* (*plumper, plump(e)st-*) **1** so dick und schwer, dass man sich nicht leicht und geschickt bewegen kann **2** nicht höflich und ohne Rücksicht auf die spezielle Situation ⟨*eine Anspielung, ein Annäherungsversuch*⟩ **3** wenig intelligent und in der Absicht leicht zu erkennen ⟨*eine Lüge, ein Täuschungsmanöver*⟩

**plump·sen** (*plumpste, ist geplumpst*) **irgendwohin plumpsen** schwer (und laut) zu Boden oder ins Wasser fallen • *hierzu* **plumps!**

der **Plun·der** (-*s*); *abwertend* wertlose Dinge, die man nicht braucht

**plün·dern** (*plünderte, hat geplündert*) **(etwas) plündern** aus Geschäften und Häusern Dinge stehlen (vor allem im Krieg oder während einer Katastrophe) • *hierzu* **Plün·de·rer** *der*; **Plün·de·rung** *die*

der **Plu·ral** (-*s, -e*); *meist Singular* die Form eines Wortes, die zeigt, dass von zwei oder mehr Personen oder Dingen gesprochen wird ⟨*den Plural eines Wortes bilden*⟩ ≈ Mehrzahl ↔ Singular *„Männer" ist der Plural von „Mann"* **K** Pluralbildung, Pluralendung, Pluralform **ⓘ** Als Mehrzahl wird statt *Plurale* oft *Pluralformen* verwendet. Abkürzung: *Pl.* oder *Plur.*

**plus★** *BINDEWORT* **1** das Zeichen +, das eine Addition anzeigt ≈ und ↔ minus *„Drei plus zwei ist (gleich) fünf"* 3 + 2 = 5 **K** Pluszeichen

*PRÄPOSITION* (*mit Genitiv*) **2** zusätzlich zu einer Summe oder Menge ≈ zuzüglich ↔ minus *„Die Wohnung kostet 650 Euro plus Nebenkosten"* **ⓘ** meist ohne Artikel und ohne Genitivendung verwendet: *plus Trinkgeld*

*ADVERB* **3** verwendet, um zu sagen, dass ein Wert größer als null ist ↔ minus *„Am Morgen waren es fünf Grad plus"* +5 °C | *„Minus zwei mal minus zwei ist plus vier"* −2 × −2 = +4

das **Plus** (-) ein finanzieller Gewinn ↔ Minus *„Dieses Jahr konnte die Firma ein beträchtliches Plus verbuchen"*

P

der **Plüsch**, **Plüsch**; (-(e)s) dicker, weicher Stoff, aus dem z. B. das Fell von Spielzeugtieren gemacht wird **K** Plüschdecke, Plüschtier

der **Plus·pol** der Pol mit positiver elektrischer Ladung (vor allem an einer Batterie) ↔ Minuspol

das **Plus·quam·per·fekt★** (-(e)s, -e); *meist Singular* die Form des Verbs, die mit dem Präteritum von *sein* oder *haben* und dem Partizip Perfekt gebildet wird ⟨*ein Verb ins Plusquamperfekt setzen*⟩ *„Er hatte gegessen" ist das Plusquamperfekt zu „er isst"*

das **Plus·zei·chen** das Zeichen +, das eine Addition ausdrückt oder das anzeigt, dass eine Zahl positiv ist ↔ Minuszeichen

**PLZ** Abkürzung für *Postleitzahl*

der **Po★** (-s, -s); *gesprochen!* der hintere Teil des Körpers, auf dem man sitzt ≈ Gesäß **K** Pobacke

der **Pö·bel** (-s); *abwertend* verwendet als Bezeichnung für eine Gruppe von Menschen, die man als ungebildet oder aggressiv betrachtet

**po·chen** (*pochte, hat gepocht*) **1** **etwas pocht** etwas ist in (regelmäßigen) Abständen deutlich zu spüren ⟨*ein pochender Schmerz*⟩ **2** **auf etwas** (*Akkusativ*) **pochen** energisch darauf hinweisen, dass man etwas hat und auch in Zukunft haben will ⟨*auf sein Recht pochen*⟩

das **Po·dest** (-(e)s, -e) eine kleine, leicht erhöhte Fläche, auf der z. B. ein Denkmal oder ein Redner steht **K** Siegerpodest

das **Po·di·um** (-s, *Po·di·en* [-i̯ən]) eine erhöhte Fläche, auf der z. B. ein Dirigent oder ein Redner steht oder wie sie das Theater hat

die **Po·e·sie** [poe'ziː]; (-); *geschrieben* **1** die Kunst, Gedichte zu schreiben ≈ Lyrik **2** alle Gedichte ≈ Dichtung **3** die faszinierende Schönheit ⟨*die Poesie der Liebe*⟩ • *hierzu* **po·e·tisch** *ADJEKTIV*

der **Po·et** [po'eːt]; (-en, -en); *geschrieben* ≈ Dichter ❶ *der Poet; den, dem, des Poeten* • *hierzu* **Po·e·tin** [po'eːtɪn] *die*

die **Poin·te** ['po̯ɛ̃ːtə]; (-, -n) ein überraschender Schluss, den eine Geschichte oder ein Witz hat ⟨*die Pointe verderben, nicht verstehen*⟩

der **Po·kal** (-s, -e) ein Becher aus Metall, den vor allem Sportler nach dem Sieg in einem Wettkampf bekommen **K** Pokalsieger

**po·kern** (*pokerte, hat gepokert*) **1** Poker spielen **2** **(um etwas) pokern** ein meist hohes (finanzielles) Risiko eingehen ⟨*hoch pokern*⟩

der **Pol** (-s, -e) **1** der Punkt auf einem Planeten (vor allem der Erde), der am weitesten im Süden oder Norden ist, und das Gebiet um ihn herum *„An den Polen herrscht ein kaltes Klima"* **K** Nordpol, Südpol **2** eine der beiden Stellen an einem Gerät, einer Batterie, einem Kabel o. Ä., an welcher der Strom heraus- oder hineinfließt *„die Pole einer Batterie"* **K** Minuspol, Pluspol **3** eines der beiden Enden eines Magneten

**po·lar** *ADJEKTIV* in Bezug auf einen der Pole der Erde **K** Polarexpedition, Polarforscher

der **Po·lar·kreis** die Polarkreise trennen die kalten Gebiete um den Nordpol und Südpol der Erde von den Zonen mit gemäßigtem Klima

die **Po·li·ce** [po'liːsə]; (-, -n) ein Dokument, das beweist, dass man eine Versicherung abgeschlossen hat **K** Versicherungspolice

der **Po·lier** (-s, -e) ein Handwerker, der auf einer großen Baustelle die Arbeiten der Bauarbeiter organisiert und überwacht

**po·lie·ren** (*polierte, hat poliert*) **etwas polieren** etwas reiben, damit es glänzend wird ⟨*einen Spiegel, einen Tisch, das Auto polieren*⟩ **K** Poliermittel, Poliertuch

die **Po·li·tes·se** (-, -n) eine Angestellte einer Gemeinde, die kontrolliert, ob die Autos richtig parken

die **Po·li·tik**, **Po·li·tik★**; (-) **1** der Teil des öffentlichen Lebens, der das Zusammenleben der Menschen in einem Staat und die Beziehungen der Staaten untereinander bestimmt **2** eine Form der Politik mit einer besonderen Ideologie oder einem besonderen Programm ⟨*eine konservative, eine liberale Politik; die Politik einer Partei, eines Staates, einer Regierung*⟩ **K** Außenpolitik, Innenpolitik, Finanzpolitik **3** eine Vorgehensweise, die eine Person oder eine Institution anwendet, um erfolgreich zu sein ≈ Taktik **K** Gehaltspolitik, Preispolitik

der **Po·li·ti·ker**, **Po·li·ti·ker★**; (-s, -) eine Person, die ein politisches Amt hat • *hierzu* **Po·li·ti·ke·rin** *die*

**po·li·tisch** *ADJEKTIV*, **po·li·tisch★** **1** in Bezug auf die Politik ⟨*der Gegner, die Lage, eine Partei; jemandes Gesinnung, jemandes Überzeugung*⟩ *„jemanden aus politischen Gründen verfolgen"* **K** außenpolitisch, innenpolitisch, parteipolitisch **2** aus politischen Gründen ⟨*ein Häftling, ein Verfolgter*⟩

die **Po·li·tur** (-, -en) ein Mittel (meist eine Flüssigkeit), mit dem man z. B. Möbel poliert **K** Autopolitur, Möbelpolitur

die **Po·li·zei★** (-, -en); *meist im Singular* **1** eine staatliche Institution, deren Aufgabe es ist, die Menschen und ihr Eigentum zu schützen, Ver-

P

brechen zu verhindern und aufzuklären ⟨*(Beamter) bei der Polizei sein; jemanden bei der Polizei anzeigen*⟩ **K** Polizeibeamte(r), Polizeinotruf; Bundespolizei, Kriminalpolizei **2** ein einzelner Polizist oder mehrere Polizisten ⟨*die Polizei holen, rufen, verständigen*⟩ *„Die Polizei hat den Dieb gefasst"*

das **Po·li·zei·re·vier** das Gebäude der Polizei, die ein bestimmtes Gebiet kontrolliert

der **Po·li·zist★** (*-en, -en*) ein Mitglied der Polizei **K** Bahnpolizist, Kriminalpolizist, Verkehrspolizist ❶ *der Polizist; den, dem, des Polizisten* • *hierzu* **Po·li·zis·tin** *die*

der **Pol·len** (*-s, -*) der feine Staub, den eine Blüte produziert und mit dem eine andere Blüte befruchtet wird ≈ Blütenstaub **K** Pollenallergie

das **Pols·ter★** Ⓐ Ⓒⓗ *der;* (*-s, -*) **1** ein kleiner, weicher Gegenstand, auf dem man bequem sitzen oder liegen kann ⟨*sich (Dativ) ein Polster unter den Kopf legen*⟩ ≈ Kissen **K** Polstersessel; Sitzpolster **2** Geld, das man gespart und zur Verfügung hat ⟨*ein dickes finanzielles Polster*⟩

der **Pol·ter·abend** der Abend vor der Hochzeit, den man meist mit Freunden feiert *„Am Polterabend wird nach altem Brauch Geschirr zerschlagen"*

**pol·tern** (*polterte, hat/ist gepoltert*) **1** **etwas poltert** (*hat*) etwas macht beim Fallen laute und dumpfe Geräusche **2** **es poltert** (*hat*) man kann das Geräusch des Polterns hören

der **Po·lyp** [po'ly:p]; (*-en, -en*) **1** *gesprochen* ≈ Krake, Tintenfisch ❶ *der Polyp; den, dem, des Polypen* **2** ein kleines Tier, das im Wasser lebt und wie eine Pflanze aussieht

die **Pom·mes** ['pɔməs]; *Plural; gesprochen* ≈ Pommes frites

die **Pommes frites** [pɔm'frɪt(s)]; *Plural* Kartoffeln, die in lange, dünne Stücke geschnitten sind und in Fett gebacken werden ⟨*eine Portion Pommes frites*⟩

das **Po·ny**[1] ['pɔni]; (*-s, -s*) ein kleines Pferd

der **Po·ny**[2] ['pɔni]; (*-s, -s*) eine Frisur, bei welcher die glatten Haare vom Kopf her auf die Stirn fallen ⟨*einen Pony haben, tragen*⟩ **K** Ponyfrisur

der **Po·pel** (*-s, -*); *gesprochen* ein kleines Stück der weichen Masse (= Schleim), die sich in der Nase bildet

**po·pe·lig** *ADJEKTIV; gesprochen, abwertend* lächerlich klein, billig, wenig

**po·pu·lär** *ADJEKTIV* bekannt und beliebt ⟨*eine Auffassung, ein Politiker, ein Sänger, ein Schlager, eine Theorie*⟩

die **Po·re** (*-, -n*); *meist Plural* eine sehr kleine Öffnung, vor allem in der Haut oder in einem Schwamm ⟨*große, verstopfte Poren; jemandem bricht der Schweiß aus allen Poren*⟩

der **Por·no** (*-s, -s*); *gesprochen* ein Buch, ein Film o. Ä., die Pornografie enthalten ⟨*einen Porno ansehen*⟩ **K** Pornoheft, Pornofilm

die **Por·no·gra·fie, Por·no·gra·phie** [-gra'fi:]; (*-*) **1** eine Darstellung der Sexualität, welche die moralischen Vorstellungen der Gesellschaft verletzt **2** ein Buch, Film o. Ä., die Pornografie enthalten • *hierzu* **por·no·gra·fisch, por·no·gra·phisch** *ADJEKTIV*

**po·rös** *ADJEKTIV* mit sehr kleinen Löchern, sodass Wasser oder Luft durchkommt ⟨*eine Dichtung, ein Gestein*⟩

das **Por·tal** (*-s, -e*) **1** das große Tor zu einem wichtigen Gebäude **K** Kirchenportal **2** eine Seite im Internet mit verschiedenen Angeboten zu einem Thema *„Auf diesem Portal kann man Videos ansehen, die die Benutzer hochgeladen haben"* **K** Internetportal; Jobportal

das **Porte·mon·naie★** [pɔrtmɔ'ne:]; (*-s, -s*) eine kleine Tasche für das Geld, das man bei sich hat ≈ Geldbeutel **K** Lederportemonnaie

der **Por·ti·er** [pɔr'ti̯e:]; (*-s, -s*) ≈ Pförtner **K** Hotelportier

die **Por·ti·on★** [-'tsi̯o:n]; (*-, -en*) **1** die Menge Essen, die für eine Person bestimmt ist ⟨*eine Portion Eis, Kartoffelsalat, Pommes frites*⟩ **2** **eine Portion Kaffee/Tee** zwei Tassen (ein Kännchen) Kaffee/Tee • *zu* (1) **por·ti·o·nie·ren** (*hat*); *zu* (1) **por·ti·ons·wei·se** *ADJEKTIV*

das **Por·to★** (*-s, -s*) das Geld, das man zahlen muss, wenn man einen Briefe, Pakete usw. (mit der Post) schicken will **K** Briefporto, Paketporto

das **Por·trät★** [-'trɛ:]; (*-s, -s*) ein Bild oder Foto, auf dem man Kopf und Brust eines Menschen sieht ⟨*von jemandem ein Porträt machen, malen*⟩ **K** Porträtfoto; Familienporträt

das **Por·zel·lan★** (*-s, -e*) **1** eine harte weiße Substanz, aus der Teller und Tassen gemacht sind ⟨*Porzellan brennen*⟩ **K** Porzellanfigur, Porzellangeschirr, Porzellantasse **2** ein Gegenstand aus Porzellan ⟨*chinesisches, kostbares, feines Porzellan*⟩ **K** Porzellanfabrik

die **Po·sau·ne** (*-, -n*) ein großes Blasinstrument aus Metall mit einem langen Rohr, das man beim Spielen verschieben kann, um so den Ton zu ändern

die **Po·se** (*-, -n*) die Haltung, in der eine Person

sitzt, steht oder liegt, vor allem wenn sie fotografiert oder gemalt wird ⟨*eine Pose einnehmen, annehmen*⟩

die **Po·si·ti·on**★ [-'tsi̯oːn]; (-, *-en*) **1** die Aufgabe oder die Funktion, die jemand in einem Betrieb oder in einer Organisation hat ⟨*eine leitende, verantwortungsvolle, wichtige Position haben*⟩ *„Ein Mann in seiner Position kann sich solche Fehler nicht leisten"* **K** Führungsposition, Machtposition **2** eine der Stellen in einer Reihenfolge oder Hierarchie ⟨*in führender, zweiter, letzter Position sein/liegen*⟩ *„der Läufer an dritter Position"* **K** Spitzenposition **3** *meist Singular* der Ort oder die Stelle, an denen etwas (zu einem Zeitpunkt) in Bezug auf die Umgebung ist ⟨*die Position eines Flugzeugs, Schiffs*⟩ ≈ Standort **K** Ausgangsposition **4** die Lage oder Stellung des Körpers oder eines Gegenstands ⟨*eine liegende, sitzende, stehende Position*⟩ **5** die Situation, in der jemand ist ⟨*sich in einer günstigen, starken, schwachen Position befinden*⟩ ≈ Lage

**po·si·tiv** *ADJEKTIV*, **po·si·tiv**★ [-f] **1** so, dass der Betreffende etwas akzeptiert, bestätigt oder „ja" dazu sagt ⟨*eine Antwort, ein Bescheid, eine Haltung*⟩ ↔ negativ *„Er hat eine positive Einstellung zur Arbeit"* **2** angenehm oder so, wie es sein sollte ⟨*ein Einfluss, ein Ergebnis*⟩ *„Er zeichnete ein positives Bild ihres Charakters. Sie sei intelligent und selbstbewusst"* **3** mit einem Ergebnis eines medizinischen Tests, das einen Verdacht bestätigt ⟨*ein Befund*⟩ ↔ negativ *„Der Krebstest war positiv"* **4** größer als null ⟨*eine Zahl*⟩

die **Post**®★ (-) **1** eine große Firma (in Deutschland), die vor allem Briefe und Pakete befördert ⟨*etwas mit der Post schicken*⟩ **K** Postauto, Poststempel **2** ein Geschäft, zu dem man geht, um Briefmarken zu kaufen und Briefe, Pakete usw. zu verschicken ⟨*etwas auf die/zur Post bringen*⟩ ≈ Postfiliale *„Wann macht die Post auf?"* **3** die Briefe, Pakete usw., die vor allem von der Post® befördert werden ⟨*die Post austragen, zustellen, lesen, bearbeiten; Post bekommen*⟩ *„Ist Post für mich da?" – „Für dich ist heute keine Post gekommen."* **K** Eilpost, Luftpost

das **Post·amt**★ *historisch* ein Raum, in dem man Briefe und Pakete abgeben und telefonieren kann ℹ heute sagt man *Postfiliale*

der **Post·bo·te** ≈ Briefträger • *hierzu* **Post·bo·tin** *die*

**pos·ten** ['poːstn̩, 'poʊstn̩] (*postete, hat gepostet*); *gesprochen* **(etwas) posten** im Internet in einem Forum o. Ä. einen Beitrag schreiben oder veröffentlichen ⟨*ein Bild, ein Video, einen Kommentar, eine Frage posten*⟩ • *hierzu* **Post** *der*

der **Pos·ten**★ (-s, -) **1** die Stellung und Funktion, die jemand in einem Betrieb, einer Institution o. Ä. hat ⟨*ein ruhiger, wichtiger, verantwortungsvoller Posten*⟩ ≈ Position *„Als Beamter hat er einen sicheren Posten"* **K** Ministerposten, Vorstandsposten **2** die Stelle, an der vor allem ein Soldat steht, wenn er etwas bewacht ⟨*seinen Posten beziehen, verlassen; auf dem Posten bleiben*⟩ **K** Beobachtungsposten **3** ein Soldat, Polizist o. Ä., der etwas bewacht ⟨*Posten aufstellen, verstärken, ablösen, abziehen*⟩ ≈ Wache **K** Grenzposten, Streikposten, Wachposten **4** **Posten stehen** etwas als Posten bewachen **5** eine größere Menge von einer Ware *„einen größeren Posten Hosen auf Lager haben"* **K** Restposten **6** eine einzelne Sache auf einer Liste *„die einzelnen Posten einer Rechnung nachprüfen"* **K** Einzelposten

das **Post·fach**★ **1** ein Schließfach bei der Post, in dem Briefe usw. gelagert werden, bis man sie abholt. Große Firmen und Behörden haben Postfächer statt eines Briefkastens am Eingang **2** ein Speicherplatz für die E-Mails, die man bekommt oder verschickt

**pos·tie·ren** (*postierte, hat postiert*) **jemanden irgendwo postieren** jemanden oder sich selbst an einen Ort stellen, um etwas zu bewachen *„einen Polizisten am Eingang postieren"*

die **Post·kar·te**★ eine Karte mit einem Bild, die man jemandem aus dem Urlaub schickt

die **Post·leit·zahl**★ die Zahl, mit der man auf Briefen, Paketen o. Ä. einen Ort kennzeichnet

**post·wen·dend** *ADJEKTIV meist adverbiell* **1** mit der nächsten Postsendung ⟨*etwas postwendend zurückschicken*⟩ **2** *gesprochen* ≈ sofort

**po·tent** *ADJEKTIV* **1** fähig zum Sex (und dazu, Kinder zu zeugen) ⟨*ein Mann*⟩ **2** mit viel Geld ⟨*ein Geldgeber, ein Geschäftspartner*⟩

die **Po·tenz** (-, *-en*) **1** die Zahl, die man erhält, wenn man eine Zahl (mehrere Male) mit sich selbst multipliziert ⟨*die zweite, dritte Potenz; mit Potenzen rechnen*⟩ *„Die fünfte Potenz von zehn wird als* $10^5$ *(„zehn hoch fünf") geschrieben"* **2** *nur Singular* die Fähigkeit (eines Mannes) zum Sex (und dazu, Kinder zu zeugen)

P

↔ Impotenz

**po·ten·zi·ẹll** *ADJEKTIV; geschrieben* ⟨*eine Bedrohung, eine Gefahr*⟩ ≈ möglich

das **Pou·let** [pu'leː]; (*-s, -s*); ⒸⒽ ≈ Hühnchen

**PR** [peː'|ɛr] *ohne Artikel* Public Relations alles, womit man über ein Produkt oder über eine Institution informiert, um für sie zu werben ⟨*für PR zuständig sein*⟩ **K** PR-Abteilung, PR-Manager

die **Prạcht** (-) große, strahlende Schönheit oder sehr großer Aufwand ⟨*verschwenderische, üppige Pracht*⟩ *„Der Garten zeigt sich im Sommer in seiner ganzen/vollen Pracht"* **K** Blütenpracht, Farbenpracht

**prạ̈ch·tig** *ADJEKTIV* **1** mit großer Pracht ⟨*eine Kirche, ein Schloss; eine Uniform*⟩ **2** sehr gut ⟨*das Wetter, ein Buch; sich prächtig mit jemandem verstehen; prächtig gedeihen*⟩

das **Prä·di·ka̲t** (*-(e)s, -e*) **1** eine Bezeichnung, die aussagt, von welch guter Qualität etwas ist *„ein Qualitätswein mit Prädikat"* **2** der Teil des Satzes, der etwas über das Subjekt aussagt (meist das Verb oder das Verb plus Objekt) *„In dem Satz „Sie besuchte ihren Freund" ist „besuchte ihren Freund" das Prädikat"*

**prä̲·gen**★ (*prägte, hat geprägt*) **1 etwas (auf/in etwas** (*Akkusativ*)**) prägen** ein Bild oder eine Schrift in festes Material pressen ⟨*ein Zeichen auf/in etwas prägen; geprägtes Silber, Papier*⟩ **2 Münzen prägen** Münzen herstellen **3 etwas prägt jemanden** etwas hat einen starken Einfluss auf den Charakter einer Person ⟨*von der Umwelt, den Eltern, Freunden geprägt sein*⟩

**prag·ma̲·tisch** *ADJEKTIV* so, dass sich der Betreffende an den gegebenen Tatsachen und an der konkreten Situation orientiert (anstatt Prinzipien zu folgen) ⟨*pragmatisch denken, handeln*⟩ ≈ praktisch

**präg·nạnt** *ADJEKTIV* so formuliert, dass das Wichtigste mit wenigen Worten genau gesagt wird

die **Prä̲·gung**★ (*-, -en*) **1** das Herstellen von Münzen **K** Münzprägung **2** das Bild oder die Schrift, die in etwas geprägt ist **3** ein Wort oder Begriff, die neu entstanden sind *„Das Wort „Super-GAU" ist eine Prägung des 20. Jahrhunderts"* **K** Neuprägung **4** durch den genannten Einfluss geprägt, bestimmt *„eine Demokratie westlicher Prägung"*

**pra̲h·len**★ (*prahlte, hat geprahlt*) **(mit etwas) prahlen** mit übertriebenem Stolz erzählen, was man alles hat oder geleistet hat (oder haben will) ≈ angeben *„gern mit seinen Erfolgen prahlen"* • *hierzu* **pra̲h·le·risch** *ADJEKTIV*

**prak·ti·ka̲·bel** *ADJEKTIV* ⟨*eine Lösung, ein Vorschlag*⟩ so, dass man sie gut anwenden kann *„Ihre Idee hat sich als praktikable Alternative erwiesen"*

der **Prak·ti·kạnt**★ (*-en, -en*) eine Person, die ein Praktikum macht **K** Praktikantenstelle • *hierzu* **Prak·ti·kạn·tin** *die*

der **Prạk·ti·ker** (*-s, -*) eine Person mit praktischer Erfahrung oder eine Person, die sehr praktisch veranlagt ist ⟨*ein reiner Praktiker sein*⟩

das **Prạk·ti·kum**★ (*-s, Prak·ti·ka*) ein Teil einer Ausbildung, den man in einem Betrieb o. Ä. macht, um dort praktische Erfahrungen zu sammeln ⟨*ein Praktikum machen, absolvieren*⟩ **K** Betriebspraktikum, Schulpraktikum

**prạk·tisch**★ *ADJEKTIV* **1** in Bezug auf die konkrete Praxis ⟨*Erfahrungen, der Unterricht, ein Beispiel, ein Werkzeug*⟩ ↔ theoretisch **2** für einen Zweck gut geeignet ⟨*Hinweise, Ratschläge, Kleidung*⟩ ↔ unpraktisch *„Diese Schuhe sind nicht modisch, dafür aber sehr praktisch"* **3** fähig, die Probleme des täglichen Lebens gut zu lösen ⟨*praktisch denken; praktisch veranlagt sein*⟩ ≈ geschickt ↔ unpraktisch **4 ein praktischer Arzt** ein Arzt, der sich (anders als z. B. ein Augenarzt) nicht spezialisiert hat ≈ Allgemeinarzt **5** *nur adverbiell* so gut wie, mehr oder weniger *„Das Dorf wurde durch das Erdbeben praktisch völlig zerstört"*

**prak·ti·zi̲e̲·ren** (*praktizierte, hat praktiziert*) **1 etwas praktizieren** etwas im Alltag, in der Praxis anwenden ⟨*eine Methode praktizieren*⟩ **2 (etwas) praktizieren** so leben, dass man die Regeln einer Religion beachtet ⟨*ein praktizierender Katholik, Jude, Moslem*⟩ **3 (als Arzt) praktizieren** als Arzt (in der eigenen Praxis) arbeiten ⟨*als Frauenarzt, Zahnarzt praktizieren*⟩

die **Pra·li̲·ne** (*-, -n*) ein kleines Stück Schokolade, das mit einer Masse gefüllt ist ⟨*eine Schachtel (mit) Pralinen*⟩ **K** Pralinenschachtel

**prạll** *ADJEKTIV* (*praller, prallst-*) **1** sehr voll und deshalb so, dass die Oberfläche fest und gespannt ist ⟨*prall gefüllt sein*⟩ ↔ schlaff **K** prallgefüllt **2 in der prallen Sonne liegen** ohne Schutz in der Sonne liegen

**prạl·len** *prallte, ist geprallt* **(mit etwas) gegen etwas prallen** mit großer Kraft und Geschwindigkeit gegen etwas stoßen *„Bei dem*

*Unfall prallte er mit dem Kopf gegen die Scheibe"*

die **Prä·mie★** [-iə]; (-, -*n*) **1** eine Summe Geld, die jemand einmal (als Preis) für eine besondere Leistung bekommt *„eine Prämie für das Gewinnen eines neuen Abonnenten"* **K** Fangprämie, Leistungsprämie **2** das Geld, das jemand (regelmäßig) für die Versicherung zahlt ⟨*die Prämie ist fällig*⟩ **K** Versicherungsprämie

**prä·mie·ren** (*prämierte, hat prämiert*) **jemanden/etwas (für etwas) prämieren** jemandem/etwas für eine besondere Leistung einen Preis geben ⟨*einen Film, ein Buch, eine Schauspielerin prämieren*⟩ • *hierzu* **Prämie·rung** *die*

die **Pran·ke** (-, -*n*) einer der Vorderfüße eines Löwen, Bären o. Ä. ≈ Tatze **K** Prankenhieb

das **Prä·pa·rat** (-(*e*)*s*, -*e*) ein Heilmittel, vor allem ein Medikament, das chemisch hergestellt ist **K** Hormonpräparat, Vitaminpräparat

die **Prä·po·si·ti·on** [-'tsio:n]; (-, -*en*) ein Wort, das nicht flektiert wird. Es steht meist vor einem Substantiv oder Pronomen und bestimmt den Kasus und das Verhältnis dieses Wortes zum Rest des Satzes ≈ Verhältniswort *„Die Präposition „auf" im Satz „Das Buch lag auf dem Tisch" nennt die räumliche Lage des Buches"*

die **Prä·rie** (-, -*n* [-'ri:ən]) eine weite, flache Landschaft in Nordamerika, die mit Gras bewachsen ist

das **Prä·sens★** (-) eine grammatische Kategorie beim Verb. Die Formen des Präsens z. B. von *gehen* sind *ich gehe, du gehst, er geht, wir gehen* usw. Mit dem Präsens wird z. B. ausgedrückt, dass etwas gerade geschieht oder immer der Fall ist ⟨*das Verb steht im Präsens*⟩ ❶ Als Plural wird *Präsensformen* verwendet.

**prä·sent** ADJEKTIV *geschrieben meist prädikativ* ⟨*stets präsent sein*⟩ ≈ anwesend

das **Prä·sent** (-(*e*)*s*, -*e*); *geschrieben* ≈ Geschenk **K** Präsentkorb

die **Prä·sen·ta·ti·on★** [-'tsio:n]; (-, -*en*) eine Veranstaltung, bei der etwas Neues der Öffentlichkeit vorgestellt wird **K** Buchpräsentation, Plattenpräsentation

**prä·sen·tie·ren★** (*präsentierte, hat präsentiert*) **1** **(jemandem) etwas präsentieren** *geschrieben oder ironisch* jemandem etwas anbieten oder geben ⟨*jemandem ein Geschenk, die Rechnung präsentieren*⟩ **2** **(einer Person) jemanden/etwas präsentieren** jemanden, sich selbst oder eine Sache einer anderen Person bewusst und stolz zeigen *„den Eltern die neue Freundin präsentieren"*

die **Prä·senz** (-); *geschrieben* die Situation, dass sich Personen an einem Ort befinden ≈ Anwesenheit *„eine starke militärische Präsenz im Krisengebiet"* | *„Die Polizei will bei Demonstrationen künftig mehr Präsenz zeigen"*

der **Prä·si·dent★** (-*en*, -*en*) **1** die Person, die in einer Republik den höchsten politischen Rang hat ⟨*jemanden zum Präsidenten wählen*⟩ ≈ Staatsoberhaupt *„der Präsident der Vereinigten Staaten"* **K** Bundespräsident, Staatspräsident **2** eine Person, die eine Organisation oder Institution leitet ⟨*der Präsident der Universität, des Fußballclubs*⟩ ≈ Vorsitzende(r) **K** Polizeipräsident, Vereinspräsident • *hierzu* **Prä·si·den·tin** *die*

das **Prä·si·di·um** (-*s*, *Prä·si·di·en* [-diən]) **1** die Gruppe, die eine Organisation leitet ≈ Vorstand **2** das Gebäude oder Büro eines Polizeipräsidenten **K** Polizeipräsidium

**pras·seln** (*prasselte, hat geprasselt*) **etwas prasselt (irgendwohin)** etwas fällt mit vielen lauten, kurzen Geräuschen irgendwohin *„Es blitzt und donnert, und der Regen prasselt auf die Dächer"*

**pras·sen** (*prasste, hat geprasst*) viel Geld ausgeben, um gut leben zu können

das **Prä·te·ri·tum★** (-*s*, *Prä·te·ri·ta*) eine grammatische Kategorie beim Verb. Das Präteritum wird vor allem in Erzählungen verwendet und drückt aus, dass eine Handlung vorbei ist. Die Formen des Präteritums z. B. von *lachen* sind *ich lachte, du lachtest, er lachte, wir lachten* usw. ⟨*das Verb steht im Präteritum*⟩ *„Das Präteritum von „er tut" ist „er tat"*

**prä·ven·tiv** [-f] ADJEKTIV dazu bestimmt, etwas Unangenehmes (vor allem eine Krankheit) zu verhindern ⟨*Maßnahmen*⟩ • *hierzu* **Prä·ven·ti·on** *die*

die **Pra·xis★** (-, *Pra·xen*) **1** *nur Singular* das konkrete Tun und Handeln ⟨*etwas in die Praxis umsetzen*⟩ ↔ Theorie *„eine Theorie in der Praxis erproben"* **2** *nur Singular* die Erfahrung, die jemand in einem Bereich (z. B. im Beruf) hat ⟨(*viel, wenig, keine*) *Praxis haben*⟩ *„Dafür brauchen wir jemanden mit langjähriger Praxis"* **K** Berufspraxis, Fahrpraxis **3** *nur Singular* die Art und Weise, wie etwas über einen ziemlich langen Zeitraum überall gemacht wird ⟨*die geschäftliche, wirtschaftliche Praxis*⟩ ❶ → auch **Praktik** **4** die Räume, in denen ein

P

Arzt arbeitet **K** Arztpraxis

**prä·zis**, **prä·zi·se** *ADJEKTIV* genau ⟨*eine Antwort, eine Beschreibung, eine Formulierung; etwas präzis beschreiben, formulieren, berechnen*⟩ • *hierzu* **Prä·zi·si·on** *die*

**pre·di·gen** (*predigte, hat gepredigt*) **1** als Pfarrer in der Kirche die Predigt sprechen ⟨*gut, schlecht, schwach, eindringlich predigen*⟩ **2** **(jemandem) etwas predigen** *gesprochen* einer Person immer wieder sagen, wie sie sich verhalten soll ⟨*Sparsamkeit, Moral predigen*⟩

der **Pre·di·ger** (*-s, -*) eine Person, die in einem Gottesdienst die Predigt hält • *hierzu* **Pre·di·ge·rin** *die*

die **Pre·digt** (*-, -en*) die Rede (über ein religiöses Thema), die ein Pfarrer in der Kirche hält ⟨*eine Predigt halten*⟩ **K** Sonntagspredigt

der **Preis★** (*-es, -e*) **1** **der Preis (für etwas)** die Summe Geld, für die jemand etwas kauft, verkauft oder anbietet ⟨*ein hoher, niedriger, günstiger, fairer, angemessener Preis; die Preise steigen, sinken, schwanken, sind stabil; die Preise kalkulieren, erhöhen, reduzieren, senken; einen Preis fordern, verlangen; den Preis herunterhandeln; etwas sinkt, steigt im Preis*⟩ **K** Preisnachlass, Preissteigerung, Preisverfall; Eintrittspreis, Fahrpreis, Kaufpreis **2** **etwas über/unter (dem) Preis verkaufen** etwas teurer/billiger verkaufen, als es kosten sollte **3** eine Belohnung (meist in Form eines Pokals, einer Geldsumme o. Ä.), die eine Person bekommt, wenn sie in einem Spiel oder in einem Wettbewerb gewinnt ⟨*der erste, zweite, dritte Preis; einen Preis gewinnen, stiften, bekommen, verleihen*⟩ **K** Preisverleihung; Buchpreis, Geldpreis, Literaturpreis **ID** **um jeden Preis** auf jeden Fall, egal was es kostet oder was man dafür tun muss ≈ unbedingt *„Er will um jeden Preis gewinnen"*

das **Preis|aus·schrei·ben** (*-s, -*) ein Wettbewerb, bei dem diejenige Person einen Preis gewinnen kann, welche die gestellten Aufgaben gelöst hat ⟨*an einem Preisausschreiben teilnehmen; bei einem Preisausschreiben mitmachen*⟩

die **Prei·sel·bee·re** eine kleine rote Beere, die an sehr niedrigen Sträuchern im Wald wächst und die man meist zu Wild isst **K** Preiselbeermarmelade

**prei·sen** (*pries, hat gepriesen*) **jemanden/etwas preisen** *geschrieben* ≈ loben *„Der Kritiker pries die Inszenierung in den höchsten Tönen"*

die **Preis·fra·ge** **1** eine Frage, die man in einem Preisausschreiben o. Ä. beantworten muss **2** eine Entscheidung, die davon abhängt, wie hoch der Preis ist *„Ob wir diese Wohnung kaufen, ist eine Preisfrage"*

**preis·ge·krönt** *ADJEKTIV* ⟨*ein Dichter, ein Film, ein Roman*⟩ so gut, dass sie einen oder mehrere Preise bekommen haben

die **Preis·la·ge** die Höhe des Preises für eine Ware oder Leistung *„ein Hotel mittlerer Preislage"*

**preis·lich** *ADJEKTIV meist attributiv* in Bezug auf den Preis ⟨*ein preislich günstiges Angebot*⟩

das **Preis·rät·sel** ein Rätsel (meist in einer Zeitschrift), bei dem man einen Preis gewinnen kann

das **Preis·schild** ein kleines Schild, welches den Preis einer Ware zeigt

der **Preis·trä·ger** eine Person, die einen Preis bekommen hat • *hierzu* **Preis·trä·ge·rin** *die*

**preis·wert★** *ADJEKTIV* billig im Verhältnis zur Qualität ⟨*preiswert einkaufen*⟩ ≈ günstig ↔ teuer

**prel·len** (*prellte, hat geprellt*) **1** **sich (***Dativ***) etwas prellen** so stark gegen etwas stoßen, dass eine Prellung entsteht ⟨*sich (Dativ) das Knie, die Schulter prellen*⟩ **2** **jemanden (um etwas) prellen** *gesprochen* einer Person etwas, auf das sie ein Recht hat, nicht geben ⟨*jemanden um die Belohnung, um sein Geld prellen*⟩ ≈ betrügen *„Er hat ihn um 200 Euro geprellt"* **3** **die Zeche prellen** die Rechnung für Essen oder Trinken nicht bezahlen

die **Prel·lung** (*-, -en*) eine Verletzung (durch einen Stoß oder Schlag), bei der ein großer, blauer Fleck auf der Haut entsteht ⟨*Prellungen erleiden*⟩

die **Pre·mi·e·re** [pre'mi̯eːrə]; (*-, -n*) die erste öffentliche Vorführung eines Theaterstücks, Films o. Ä. ⟨*etwas hat Premiere*⟩ ≈ Erstaufführung **K** Premierenabend; Filmpremiere

der **Pre·mi·er·mi·nis·ter** [prə'mi̯eː-] die Person, die in einigen Ländern die Regierung leitet ⟨*der britische, französische Premierminister*⟩ • *hierzu* **Pre·mi·er·mi·nis·te·rin** *die*

das **Pre·paid·han·dy** [priː'peːthɛndɪ, priː'peɪd-] ein Handy, für das man ein Guthaben kauft. Wenn das Guthaben verbraucht ist, muss man ein neues Guthaben kaufen

die **Pre·paid·kar·te** [priː'peːt-] eine Karte oder eine Quittung mit einem Code für ein Guthaben für ein Prepaidhandy

P

**prẹ·schen** (*preschte, ist geprescht*) **(irgendwohin) preschen** *gesprochen* sehr schnell irgendwohin laufen oder fahren

die **Prẹs·se**★ (-, *-n*) FÜR NACHRICHTEN, INFORMATIONEN: **1** die Zeitungen und Zeitschriften in einem Land oder Gebiet ⟨*die ausländische, deutsche, englische, internationale Presse; etwas steht in der Presse*⟩ **K** Pressebericht, Pressefotograf, Pressemeldung; Auslandspresse, Lokalpresse **2** die Redakteure, Journalisten usw. bei Fernsehen, Rundfunk und Zeitungen ⟨*die Presse einladen; einen Empfang für die Presse geben*⟩ **K** Presseempfang, Pressegespräch **3** **eine gute/schlechte Presse haben** von den Zeitungen gut/schlecht beurteilt werden GERÄT, MASCHINE: **4** eine Maschine, die etwas mit hohem Druck klein oder glatt macht und formt **K** Schrottpresse, Strohpresse **5** ein Gerät, mit dem man den Saft aus Obst drückt **K** Obstpresse, Saftpresse, Zitronenpresse **6** eine Maschine, die etwas (z. B. die Seiten einer Zeitung) druckt **K** Druckerpresse

die **Prẹs·se·er·klä·rung** ein gedruckter Text (zu einem aktuellen Ereignis), den jemand der Presse übergibt ⟨*eine Presseerklärung abgeben*⟩

die **Prẹs·se·frei·heit** *nur Singular* das Recht, Informationen frei zu sammeln und zu verbreiten

die **Prẹs·se·kon·fe·renz** ein Treffen, bei dem jemand (meist ein Pressesprecher) den Journalisten Informationen zu einem aktuellen Ereignis gibt ⟨*auf einer Pressekonferenz*⟩

**prẹs·sen**★ (*presste, hat gepresst*) **1** **etwas pressen** Früchte oder Teile von Pflanzen kräftig drücken, damit man Saft oder Öl bekommt ⟨*Trauben, Zitronen, Oliven pressen*⟩ **2** **etwas pressen** mit starkem Druck etwas herstellen oder in eine Form bringen **3** **etwas pressen** etwas durch starken Druck glatt oder flach machen *„in einem Buch Blumen pressen"* **4** **jemanden/etwas irgendwohin pressen** eine Person oder Sache mit Kraft fest irgendwohin drücken *„Das Kind presste die Puppe fest an sich und wollte sie nicht loslassen"*

der **Prẹs·se·spre·cher** ein Vertreter einer Behörde, Firma, Partei o. Ä., dessen Aufgabe es ist, Informationen an die Presse weiterzugeben • *hierzu* **Prẹs·se·spre·che·rin** *die*

**pres·si̲e̲·ren**★ (*pressierte, hat pressiert*); *besonders süddeutsch* Ⓐ ⒸⒽ, *gesprochen* **es pressiert (jemandem) (mit etwas)** etwas ist (für jemanden) sehr eilig *„Ich hab keine Zeit, mir pressierts"*

die **Prẹss·luft** Luft, die unter starkem Druck steht und mit der man Maschinen antreibt ≈ Druckluft **K** Presslufthammer

das **Pres·ti·ge** [prɛs'tiːʒ]; (-s) das Ansehen, das jemand, eine Institution o. Ä. in der Öffentlichkeit hat ⟨*viel, ein hohes Prestige haben; (an) Prestige gewinnen, verlieren*⟩ *„Dieser Beruf ist mit einem hohen Prestige verbunden"* **K** Prestigedenken, Prestigeverlust

**prị·ckeln** (*prickelte, hat geprickelt*) **etwas prickelt** etwas verursacht ein Gefühl, als ob viele feine Nadeln leicht in die Haut stechen würden *„Meine Finger prickeln vor Kälte"*

**pri̲e̲s** *Präteritum, 1. und 3. Person Singular* → preisen

der **Pri̲e̲s·ter**★ (-s, -) **1** ein Mann, der in der katholischen Kirche die Messe hält und sich um die Gläubigen kümmert ⟨*jemanden zum Priester weihen*⟩ **2** eine Person, die ein religiöses Amt hat *„die Priester im Tempel des Zeus"* • *zu* (2) **Pri̲e̲s·te·rin** *die*

**pri̲·ma**★ *ADJEKTIV nur in dieser Form; gesprochen* sehr gut *„ein prima Sportler"* | *„Das Wetter ist prima"*

**pri·mä̲r** *ADJEKTIV; geschrieben* so sehr wichtig, dass es sofort getan, behandelt oder beschlossen werden muss *„Die primäre Frage ist, ob wir das Projekt überhaupt finanzieren können"*

**pri·mi·ti̲v** [-f] *ADJEKTIV* **1** sehr einfach ⟨*eine Waffe, Werkzeuge, eine Methode*⟩ **2** nur mit den Dingen ausgestattet, die man unbedingt zum Leben braucht ⟨*eine Unterkunft, Verhältnisse; primitiv leben*⟩ *„Wir waren recht primitiv untergebracht, ohne fließendes Wasser und Elektrizität"* **3** *abwertend* geistig oder intellektuell auf niedrigem Niveau ⟨*ein Kerl, ein Witz*⟩ • *hierzu* **Pri·mi·ti·vi·tä̲t** [-v-] *die*

die **Pri̲m·zahl** eine ganze Zahl, die man nur durch 1 und sich selbst teilen kann, z. B. 11, 19, 37

die **Prịnt·me·di·en** [-di̯ən]; *nur Plural* Zeitungen, Zeitschriften und Bücher im Gegensatz zu Radio, Fernsehen usw.

der **Prịnz**★ (*-en, -en*) der Sohn oder ein anderer naher Verwandter eines Königs oder eines Fürsten • *hierzu* **Prin·zẹs·sin** *die*

das **Prin·zi̲p**★ (-s, *Prin·zi·pi·en* [-pi̯ən]) **1** eine Regel o. Ä., nach der eine Person oder Gruppe lebt ⟨*demokratische, sittliche Prinzipien; Prinzipien haben; den Prinzipien treu bleiben,* *untreu werden*⟩ ≈ Grundsatz *„Er hat es sich zum Prinzip gemacht, keinen Schüler zu bevorzugen"* **K** prinzipientreu; Gleichheitsprinzip, Leistungsprinzip, Mehrheitsprinzip **2** die wissenschaftlichen Regeln und Gesetze, auf denen etwas beruht *„Er erklärte uns, nach welchem Prinzip die Maschine funktioniert"* **K** Ordnungsprinzip **3** **aus Prinzip** weil man manche Prinzipien hat ≈ prinzipiell *„Ich rauche aus Prinzip nicht"* **4** **im Prinzip** im Grunde, eigentlich *„Im Prinzip hast du recht, aber es geht trotzdem nicht"* **5** **es geht (jemandem) ums Prinzip** für jemanden ist eine Idee wichtiger als ein konkreter Fall *„Einem unfreundlichen Kellner gebe ich kein Trinkgeld, da geht es mir ums Prinzip"*

**prin·zi·pi·ẹll** *ADJEKTIV* **1** grundsätzlich, wesentlich ⟨*ein Unterschied*⟩ **2** *meist adverbiell* (nur) in Bezug auf die theoretischen Grundlagen *„Prinzipiell können wir schon mit dem Auto hinfahren, aber mit dem Zug ist es schneller und bequemer"*

die **Pri·o·ri·tä̱t** (-, *-en*); *geschrieben* **1** **Priorität (vor etwas)** *nur Singular* die größere Bedeutung, die eine Sache bekommt (als andere Sachen) ⟨*etwas* (*Dativ*) *Priorität einräumen*⟩ ≈ Vorrang *„Der Schutz der Umwelt muss absolute Priorität vor den Interessen der Wirtschaft und der Industrie haben"* **2** **Prioritäten setzen** entscheiden, was wichtig ist und was nicht *„Wir können nicht alles gleichzeitig machen, darum müssen wir Prioritäten setzen"*

die **Pri̱·se** (-, *-n*) eine kleine Menge einer Substanz, die zwischen zwei Fingern Platz hat ⟨*eine Prise Salz, Pfeffer, Zucker, Tabak*⟩

die **Prịt·sche** (-, *-n*) **1** ein einfaches Bett, das aus Brettern gemacht ist ⟨*auf einer Pritsche liegen, schlafen*⟩ **2** die Fläche auf einem Lastwagen, auf der man die Waren transportiert

**pri·va̱t** ★ [-v-] *ADJEKTIV* **1** nur für eine Person selbst und nicht für andere Leute ⟨*die Angelegenheiten, die Interessen, ein Vergnügen*⟩ *„Ich möchte mit niemandem darüber sprechen, das ist eine rein private Sache"* **K** Privatbesitz, Privateigentum, Privatsphäre **2** außerhalb des beruflichen oder dienstlichen Bereiches ⟨*ein Brief, Mitteilungen, ein Gespräch*⟩ **K** Privatbrief, Privatgespräch **3** nicht vom Staat oder einer öffentlichen Institution finanziert oder geführt ⟨*ein Unternehmen, eine Schule, eine Klinik, eine Krankenkasse*⟩ **K** Privatklinik, Privatschule **4** nur für eine kleine Gruppe von Personen ⟨*eine Party, eine Veranstaltung*⟩ ↔ öffentlich **K** Privatweg

der **Pri·va̱t·de·tek·tiv** [-v-] ein Detektiv, der nicht für die Polizei, sondern für eine einzelne Person arbeitet *„Sherlock Holmes ist der berühmteste Privatdetektiv in der Literatur"* • *hierzu* **Pri·va̱t·de·tek·ti·vin** *die*

**pri·va·ti·si̱e̱·ren** [-v-] (*privatisierte, hat privatisiert*) **etwas privatisieren** ein (staatliches) Unternehmen zu einem privaten machen ⟨*eine Firma privatisieren*⟩ • *hierzu* **Pri·va·ti·si̱e̱·rung** *die*

der **Pri·va̱t·pa·ti·ent** [-v-] ein Mitglied einer privaten Krankenversicherung. Ein Arzt kann von ihm mehr Geld verlangen als von anderen Patienten • *hierzu* **Pri·va̱t·pa·ti·en·tin** *die*

das **Pri·vi·le̱g** [-v-]; (*-s, -ien* [-i̯ən]) ein besonderer Vorteil, den nur eine einzelne Person oder eine ausgewählte Gruppe von Personen hat ⟨(*besondere*) *Privilegien haben, genießen; der Abbau, die Abschaffung von Privilegien; mit besonderen Privilegien ausgestattet sein*⟩ ≈ Vorrecht *„Früher war gute Schulbildung ein Privileg der Reichen"* • *hierzu* **pri·vi·le·gi̱e̱rt** *ADJEKTIV*

**pro̱** ★ *PRÄPOSITION mit Akkusativ oder Dativ* **1** für jede einzelne Person oder Sache *„Das Zimmer kostet 50 Euro pro Nacht und Person"* **2** drückt aus, dass etwas für den genannten Zeitraum gilt *„Die Putzfrau kommt einmal pro Woche"* ℹ Das folgende Substantiv wird ohne Artikel verwendet.

das **Pro̱** (-) **das Pro und Kontra** *+Genitiv* alle Argumente, die für und gegen etwas aufgeführt werden können *„das Pro und Kontra des Tourismus diskutieren"*

**pro̱-** *im Adjektiv, betont, begrenzt produktiv* **proarabisch, proamerikanisch, prokommunistisch, proindustriell, prowestlich** *und andere* mit einer positiven Einstellung zu der im zweiten Wortteil genannten Sache, Ideologie o. Ä. ↔ anti-

die **Pro̱·be** ★ (-, *-n*) **1** die Handlung, durch die man feststellt, ob etwas die gewünschte Eigenschaft hat oder ob es funktioniert ⟨*eine Probe machen, vornehmen, bestehen*⟩ ≈ Test *„Wir machen zuerst eine Probe, damit wir sehen, ob die Farbe stimmt"* **K** Probealarm, Probefahrt, Probezeit **2** eine kleine Menge einer Sache, an der man erkennen kann, wie sie ist ⟨*eine Probe von etwas nehmen; eine Probe entnehmen, untersuchen*⟩ ≈ Muster *„Die Astronauten* *brachten Proben vom Mond mit"* **K** Probeexemplar, Probepackung; Blutprobe, Bodenprobe, Textprobe **3** das Proben, Üben (vor der Aufführung vor dem Publikum) ⟨*eine Probe abhalten*⟩ *„Die Theatergruppe hat dreimal in der Woche Probe"* **K** Chorprobe, Orchesterprobe, Theaterprobe **4** *gesprochen* eine (schriftliche) Prüfung in der Schule ⟨*eine Probe haben, schreiben*⟩ **K** Probeturnen **5** **(auf/zur) Probe** für kurze Zeit, um zu sehen, ob man mit einer Person oder Sache zufrieden ist ⟨*jemanden auf Probe anstellen, beschäftigen*; (*ein Auto*) *Probe fahren*⟩ *„eine Zeitung 14 Tage zur Probe abonnieren"* **6** **die Probe machen** prüfen, ob man richtig gerechnet hat, indem man dieselbe Rechnung auf eine andere Weise noch einmal rechnet **K** Rechenprobe **7** **jemanden/etwas auf die Probe stellen** testen, ob jemand/etwas stark belastet werden kann *„Das lange Warten stellte meine Geduld hart auf die Probe"*

der **Pro·be·lauf** der Test, ob eine Maschine, eine Methode funktioniert ⟨*einen Probelauf machen, starten*⟩

**pro·ben** (*probte, hat geprobt*) **(etwas) proben** etwas so oft tun, bis man es gut kann ⟨*ein Theaterstück proben*⟩ ≈ üben *„Die Feuerwehr probt* (*das Löschen von Bränden*) *für den Ernstfall"* | *„Das Orchester probt täglich"*

**pro·bie·ren** ★ (*probierte, hat probiert*) **1** **etwas probieren** versuchen, ob oder wie etwas (in der Praxis) geht ⟨*ein Kunststück, ein neues Verfahren probieren*⟩ ≈ testen *„probieren, wie schnell ein Auto fahren kann"* **2** **(etwas) probieren** eine kleine Menge von etwas essen oder trinken, um den Geschmack zu prüfen *„einen neuen Wein probieren"* **3** **(etwas) probieren** etwas anziehen, um zu sehen, ob es passt, gut aussieht *„ein Kleid, Schuhe probieren"* **4** **(etwas) probieren** (meist ohne Erfolg) versuchen, etwas zu tun ⟨*einen Trick probieren*⟩ *„Er probierte, die Tür mit dem falschen Schlüssel zu öffnen"*

das **Prob·lem** ★ (*-s, -e*) **1** eine schwierige Aufgabe, über die man nachdenken muss, um sie zu lösen ⟨*ein großes, schwieriges, technisches Problem*⟩ ≈ Schwierigkeit *„Wir wollen ein Haus bauen. Das Problem liegt nur noch darin, den richtigen Platz dafür zu finden"* **K** Problemlösung **2** *meist Plural* Ärger, Schwierigkeiten ⟨*Probleme* (*mit jemandem/etwas*) *haben; jemandem Probleme machen*⟩ *„Mit den alten Nachbarn gab es nichts als Probleme. Wir sind froh, dass sie umgezogen sind"* **K** Alkoholprobleme **ID** **Kein Problem!** *gesprochen* **a** Das ist nicht schwierig **b** als höfliche Antwort verwendet, wenn sich eine andere Person für einen kleinen Fehler entschuldigt • *hierzu* **prob·lem·los** ADJEKTIV

**prob·le·ma·tisch** ADJEKTIV ⟨*eine Beziehung, eine Lösung*⟩ so, dass sie Probleme mit sich bringen

das **Pro·dukt** ★ (*-(e)s, -e*) **1** etwas, das Menschen erzeugen oder herstellen **K** Industrieprodukt, Naturprodukt **2** die Zahl, die man erhält, wenn man Zahlen miteinander multipliziert *„27 ist das Produkt von 3 mal 9"* 27 = 3 × 9

die **Pro·dukt·haf·tung** die Pflicht des Herstellers einer Ware, Schäden wiedergutzumachen, die jemandem durch Fehler an der Ware entstehen

die **Pro·duk·ti·on** ★ [-ˈtsi̯oːn]; (*-, -en*) **1** das Herstellen von Waren (meist in großer Menge) ⟨*die industrielle, maschinelle Produktion*⟩ ≈ Herstellung **K** Produktionskosten; Autoproduktion, Serienproduktion **2** die Menge oder der Umfang der Waren, die (innerhalb eines begrenzten Zeitraums) hergestellt werden ⟨*die Produktion ankurbeln, erhöhen, steigern, drosseln, reduzieren*⟩ **K** Jahresproduktion **3** *nur Singular* der Vorgang, bei dem etwas entsteht *„die Produktion der weißen Blutkörperchen"* **4** ein Film, eine Reportage o. Ä. *„eine Produktion des Westdeutschen Rundfunks"* **K** Fernsehproduktion

**pro·duk·tiv** [-f] ADJEKTIV **1** ⟨*ein Unternehmen, ein Industriezweig*⟩ so, dass sie viel produzieren und auch rentabel arbeiten **2** ⟨*eine Arbeit, eine Sitzung*⟩ so, dass viele konkrete Ergebnisse dabei herauskommen • *hierzu* **Pro·duk·ti·vi·tät** [-v-] *die*

der **Pro·du·zent** (*-en, -en*) **1** ein Mensch, eine Firma oder ein Land, die etwas (für den Markt) produzieren ≈ Hersteller, Erzeuger **2** eine Person, die die Organisation und Geschäfte leitet, wenn ein Film oder Theaterstück produziert wird **K** Filmproduzent

**pro·du·zie·ren** ★ (*produzierte, hat produziert*) **1** **etwas produzieren** Waren (in großer Menge) herstellen ⟨*Kunststoffe, Stahl, Autos, Lebensmittel, Maschinen produzieren*⟩ **2** **etwas produziert etwas** etwas bewirkt, dass etwas entsteht *„Die Drüsen im Mund produzieren Speichel"* **3** **etwas produzieren** einen Kinofilm herstellen oder ein Theaterstück auf

P

die Bühne bringen

**pro·fan** *ADJEKTIV; geschrieben* ⟨*eine Angelegenheit, eine Sorge*⟩ ≈ alltäglich

**pro·fes·si·o·nell** *ADJEKTIV* **1** *meist attributiv* ⟨*ein Fußballer, ein Sportler*⟩ so, dass sie die genannte Tätigkeit oder den genannten Beruf ausüben **2** so (gut), wie es ein Fachmann macht ⟨*eine Arbeit*⟩ *„eine professionell ausgeführte Reparatur"* • *zu* (2) **Pro·fes·si·o·na·li·tät** *die*

der **Pro·fes·sor**★ (-s, *Pro·fes·so·ren*) **1** ein Titel für Lehrer an der Universität ⟨*zum Professor ernannt werden*⟩ **K** Universitätsprofessor ❶ Abkürzung *Prof.* **2** eine Person, die diesen Titel trägt ⟨*ein ordentlicher, außerordentlicher Professor*⟩ *„Er ist Professor für Geschichte"* **K** Gastprofessor • *hierzu* **Pro·fes·so·rin** *die*

der **Pro·fi**★ (-s, -s) eine Person, die eine Sportart beruflich ausübt ↔ Amateur **K** Profiboxer, Profifußballer; Golfprofi, Tennisprofi • *hierzu* **pro·fi·haft** *ADJEKTIV*

das **Pro·fil**★ (-s, -e) **1** ein Gesicht oder ein Kopf von der Seite gesehen ⟨*ein feines, markantes Profil (haben)*⟩ ↔ Vorderansicht **K** Profilbild **2** das Muster aus hohen und tiefen Linien auf einem Reifen oder einer Schuhsohle ⟨*ein gutes, schwaches, abgefahrenes Profil*⟩ *„Die Reifen seines Autos haben kaum noch Profil"* **K** Profilsohle, Profiltiefe; Reifenprofil **3** *geschrieben* die (positiven) Eigenschaften, die typisch für eine Person oder Sache sind und diese von anderen Personen oder Sachen unterscheiden ⟨*ein Beruf/ein Künstler mit einem unverwechselbaren Profil*⟩ *„Die Partei bemühte sich um ein klares Profil"* **K** Berufsprofil, Verlagsprofil

der **Pro·fit**, **Pro·fit**; (-(e)s, -e) das Geld, das jemand oder eine Firma bei einem Geschäft verdient ⟨*Profit machen; hohe Profite erzielen; etwas mit Profit verkaufen*⟩ ≈ Gewinn ↔ Verlust **K** Profitgier • *hierzu* **pro·fi·ta·bel** *ADJEKTIV*

**pro·fi·tie·ren**★ (*profitierte, hat profitiert*) **1** **von etwas profitieren** einen Vorteil von etwas haben *„von seiner guten Allgemeinbildung profitieren"* **2** **bei etwas profitieren** bei einem Geschäft o. Ä. Gewinn machen

die **Prog·no·se**★ (-, -n) **eine Prognose (zu etwas)** *geschrieben* eine begründete Aussage darüber, wie sich etwas wahrscheinlich entwickeln wird ⟨*eine Prognose stellen, wagen*⟩ ≈ Vorhersage *„die Prognosen zum Ausgang einer Wahl"* | *„Die Prognose dieser Krankheit ist günstig"* **K** Wahlprognose, Wirtschaftsprognose

das **Pro·gramm**★ (-s, -e) **1** das, was ein Theater, Kino, Fernsehsender, eine Institution o. Ä. der Öffentlichkeit anbietet ⟨*etwas in das Programm aufnehmen; etwas aus dem Programm nehmen; etwas steht auf dem Programm*⟩ *„die Fernsehzeitschrift mit dem Programm der nächsten zwei Wochen"* **K** Programmänderung, Programmhinweis; Fernsehprogramm, Kinoprogramm, Veranstaltungsprogramm **2** die einzelnen Punkte bei einer Veranstaltung ⟨*das Programm eines Konzerts, eines Kabaretts, einer Tagung*⟩ **K** Abendprogramm, Festprogramm **3** ein Heft oder Blatt, das Informationen über das Programm gibt **K** Programmheft, Programmzeitschrift **4** ein Kanal eines Radio- oder Fernsehsenders *„Im ersten Programm kommt heute ein Krimi"* **5** ein Plan, der sagt, wann man was machen muss oder will *„Der Minister hatte bei seinem Besuch in Prag ein umfangreiches Programm zu absolvieren"* **K** Arbeitsprogramm, Forschungsprogramm, Trainingsprogramm **6** eine Reihe von Befehlen, die einem Computer gegeben werden, damit er die gewünschten Aufgaben macht (und die auch auf DVDs o. Ä. gekauft werden können) ⟨*ein Programm schreiben, kaufen, kopieren, installieren*⟩ **K** Computerprogramm, Grafikprogramm, Textverarbeitungsprogramm **7** alle Arbeitsabläufe einer Maschine, die durch vorgegebene Befehle gesteuert werden *„eine Waschmaschine mit mehreren Programmen"* **8** die Waren, die ein Betrieb herstellt und verkauft ≈ Sortiment **K** Möbelprogramm, Verlagsprogramm **ID** **etwas steht auf dem Programm** etwas ist geplant

**pro·gram·mie·ren** (*programmierte, hat programmiert*) **(etwas) programmieren** ein Programm für Computer schreiben ⟨*einen Computer programmieren*⟩ **K** Programmiersprache • *hierzu* **Pro·gram·mie·rung** *die*

der **Pro·gram·mie·rer** (-s, -) eine Person, die beruflich Programme für Computer schreibt • *hierzu* **Pro·gram·mie·re·rin** *die*

**pro·gres·siv**, **pro·gres·siv** [-f] *ADJEKTIV* ⟨*eine Haltung, eine Gesinnung, eine Einstellung*⟩ ≈ fortschrittlich ↔ konservativ

das **Pro·jekt**★ (-(e)s, -e) eine Arbeit, die genau geplant werden muss und ziemlich lange dauert ⟨*ein Projekt initiieren, entwerfen, verwirklichen, in Angriff nehmen*⟩ **K** Projektleiter; Bauprojekt, Forschungsprojekt, Großprojekt

P

der **Pro·jek·tor** (-s, *Pro·jek·to·ren*) ein Gerät, mit dem man Bilder projizieren kann K Diaprojektor, Filmprojektor

**pro·ji·zie·ren** (*projizierte, hat projiziert*) **etwas irgendwohin projizieren** *geschrieben* ein Bild oder die Bilder eines Films mit einem Gerät beleuchten, sodass man sie auf einer Wand sehen kann ⟨*Dias, einen Film an die Wand, auf die Leinwand projizieren*⟩

der **Pro·mi** (-s, -s); *gesprochen* Kurzwort für *Prominente*

das **Pro·mil·le** (-(s), -) ein Tausendstel, vor allem verwendet, um anzugeben, wie viel Alkohol jemand im Blut hat *„Autofahren mit mehr als 0,3 Promille (Alkohol im Blut) ist strafbar"* K Promillegrenze, Promillewert ⓘ Symbol: ‰

**pro·mi·nent**★ ADJEKTIV ⟨*ein Politiker, ein Schauspieler*⟩ bei sehr vielen Leuten bekannt • *hierzu* **Pro·mi·nen·te** *der/die*

**pro·mo·vie·ren** (*promovierte, hat promoviert*) den Titel des Doktors erwerben • *hierzu* **Pro·mo·ti·on** *die*

**prompt** ADJEKTIV ⟨*eine Antwort, eine Bedienung, eine Lieferung*⟩ so, dass sie ohne Zögern erfolgen

das **Pro·no·men** (-s, -/*Pro·no·mi·na*) ein Wort, das man statt eines Substantivs benutzt und das sich auf dieselbe Person oder Sache bezieht wie das Substantiv (z. B. *er* oder *sie*) ≈ Fürwort

die **Pro·pa·gan·da** (-) *oft abwertend* Informationen, die eine Partei oder Regierung verbreitet, um die Meinung der Menschen zu beeinflussen ⟨*Propaganda (be)treiben, machen*⟩ K Propagandafilm, Propagandamaterial; Wahlpropaganda

das **Pro·pan** (-s) ein Gas, das man zum Kochen und Heizen benutzt K Propangas

der **Pro·pel·ler** (-s, -) ein Teil eines Flugzeugs, das aus meist zwei langen, flachen Metallteilen besteht, die sich so schnell drehen, dass dadurch das Flugzeug fliegen kann ⟨*den Propeller anwerfen*⟩ K Propellerflugzeug, Propellermaschine

der **Pro·phet** [-f-]; (-*en*, -*en*) (vor allem im Alten Testament) eine Person, welche den Menschen die Lehre Gottes erklärt und von der man glaubt, Gott habe sie geschickt *„der Prophet Elias"*

**pro·phe·zei·en** [-f-] (*prophezeite, hat prophezeit*) **(jemandem) etwas prophezeien** vorhersagen, was in der Zukunft geschehen wird ⟨*jemandem eine gute, schlechte Zukunft prophezeien*⟩ • *hierzu* **Pro·phe·zei·ung** *die*

**pro·phy·lak·tisch** [-f-] ADJEKTIV; *geschrieben* ⟨*eine Behandlung, Maßnahmen*⟩ so, dass sie eine Krankheit verhindern • *hierzu* **Prophy·la·xe** *die*

die **Pro·por·ti·on** [-'tsjo:n], (-, -*en*), *meist Plural* das Verhältnis der Größe eines Teils zur Größe des Ganzen ⟨*ausgewogene Proportionen*⟩ *„Auf der Zeichnung stimmen die Proportionen nicht ganz: Im Vergleich zum Körper ist der Kopf zu groß"*

**pro·por·ti·o·nal** [-tsjo-] ADJEKTIV **proportional (zu etwas)** *geschrieben* entsprechend dem Anteil am Ganzen *„Die Sitze im Parlament werden proportional verteilt"* Jede Partei bekommt die Zahl der Sitze, die ihrem Anteil am Wahlergebnis entspricht

die **Pro·sa**★ (-) die geschriebene Sprache (aber nicht solche Texte, die in Versen und Reimen geschrieben sind) *„Kurzgeschichten und Romane sind Prosa"* K Prosatext, Prosaübersetzung

der **Pros·pekt**★ (-(*e*)*s*, -*e*) ein Heft mit Text und Bildern, das über eine Ware informiert K Farbprospekt, Reiseprospekt

**prost!**★ verwendet, bevor man in Gesellschaft den ersten Schluck eines alkoholischen Getränks trinkt

die **Pros·ti·tu·ier·te** (-, -*n*) eine Frau, die mit ihren sexuellen Kontakten Geld verdient

die **Pros·ti·tu·ti·on** [-'tsjo:n]; (-) sexuelle Handlungen, für die eine Person Geld verlangt und bekommt ⟨*der Prostitution nachgehen*⟩

das **Pro·te·in** (-s, -*e*) Haare, Haut und Muskeln der Körper von Tieren und Menschen bestehen aus Protein; Proteine sind ein wichtiger Teil der Nahrung ≈ Eiweiß • *hierzu* **pro·te·in·arm** ADJEKTIV; **pro·te·in·hal·tig** ADJEKTIV; **pro·te·in·reich** ADJEKTIV

der **Pro·test**★ (-(*e*)*s*, -*e*) **Protest (gegen jemanden/etwas)** Worte, Handlungen o. Ä., die deutlich zum Ausdruck bringen, dass man mit jemandem/etwas nicht einverstanden ist ⟨*heftige, scharfe Proteste; es hagelt Proteste*⟩ *„Er verließ unter lautem Protest den Saal"* | *„Aus Protest gegen die Politik der Regierung trat er aus der Partei aus"* K Protestaktion, Protestkundgebung, Protestrufe

der **Pro·tes·tant** (-*en*, -*en*) ein Mitglied einer christlichen Kirche, welche den Protestantismus vertritt • *hierzu* **Pro·tes·tan·tin** *die*

der **Pro·tes·tan·tis·mus** (-) die Lehre der christlichen Kirchen, die sich im 16. Jahrhundert (nach der Reformation) von der katholischen Kirche getrennt haben • *hierzu* **pro·tes·tan·tisch** *ADJEKTIV*

**pro·tes·tie·ren** ★ (*protestierte, hat protestiert*) **(gegen jemanden/etwas) protestieren** deutlich zum Ausdruck bringen, dass man mit jemandem/etwas nicht einverstanden ist *„gegen eine schlechte Behandlung protestieren"* | *„Er protestierte dagegen, dass seine Miete erhöht wurde"*

die **Pro·the·se** (-, *-n*) ein künstlicher Körperteil ⟨*eine Prothese tragen*⟩ **K** Beinprothese, Zahnprothese

das **Pro·to·koll** ★ (-*s*, -*e*) **1** ein Text, in dem genau steht, was in einer Sitzung (z. B. im Gericht oder bei geschäftlichen Verhandlungen) gesagt wurde ⟨*ein Protokoll anfertigen, schreiben; etwas ins Protokoll aufnehmen*⟩ **K** Gerichtsprotokoll, Sitzungsprotokoll **2** ein Text, in dem ein (wissenschaftlicher) Versuch o. Ä. genau beschrieben wird **K** Versuchsprotokoll **3** die Regeln, nach denen sich Diplomaten und Politiker bei offiziellen Anlässen verhalten sollen ⟨*das Protokoll schreibt etwas vor*⟩ **4** **(das) Protokoll führen** ein Protokoll schreiben **K** Protokollführer **5** **etwas zu Protokoll geben** sagen, dass etwas ins Protokoll geschrieben werden soll **6** **etwas zu Protokoll nehmen** etwas ins Protokoll schreiben

der **Pro·to·typ** das erste Exemplar einer Maschine o. Ä., das hergestellt wird

**prot·zen** (*protzte, hat geprotzt*) **(mit etwas) protzen** *abwertend* deutlich zeigen, dass man etwas hat, auf das man sehr stolz ist ⟨*mit dem Geld, Wissen protzen*⟩ *„Er protzt immer* (*damit*), *dass er sich die teuersten Hotels leisten kann"*

der **Pro·vi·ant** [-v-]; (-*s*, -*e*); *meist Singular* das Essen, das man auf einen Ausflug oder eine Reise mitnimmt oder das Soldaten im Krieg bei sich tragen ⟨*reichlich Proviant einpacken, mitnehmen*⟩ **K** Proviantkorb

der **Pro·vi·der** [proˈvaɪdɐ]; (-*s*, -) ein Unternehmen, das Dienste der Telekommunikation, z. B. den Zugang zum Internet, anbietet

die **Pro·vinz** ★ [-v-]; (-, -*en*) **1** (in manchen Staaten) ein relativ großes Gebiet mit eigener Verwaltung **K** Provinzhauptstadt **2** *oft abwertend nur Singular* ein Gebiet, in dem es (im Gegensatz zu großen Städten) wenig kulturelle oder gesellschaftliche Ereignisse gibt ⟨*in der Provinz leben; aus der Provinz kommen*⟩

die **Pro·vi·si·on** [-v-]; (-, -*en*) das Geld, das eine Person dafür bekommt, dass sie im Auftrag einer anderen Person etwas verkauft hat ⟨*eine Provision kassieren, einstreichen*⟩ *„Für jede Versicherung, die er abschließt, bekommt unser Vertreter zehn Prozent Provision"* **K** Vermittlungsprovision, Verkaufsprovision

**pro·vi·so·risch** [-v-] *ADJEKTIV* nur so lange verwendet, bis man etwas Besseres hat ⟨*eine Reparatur, ein Verband*⟩

**pro·vo·kant** [-v-] *ADJEKTIV; geschrieben* so, dass man jemanden mit etwas provozieren will ⟨*ein Auftreten, ein Verhalten*⟩

die **Pro·vo·ka·ti·on** [provokaˈtsi̯oːn]; (-, -*en*) eine Handlung, eine Aussage o. Ä., mit der man jemanden ärgert und so zu einer Reaktion auffordert ⟨*etwas als Provokation auffassen, verstehen*⟩

**pro·vo·zie·ren** ★ [-v-] (*provozierte, hat provoziert*) **1** **jemanden (zu etwas) provozieren** eine Person absichtlich ärgern, damit sie sich nicht mehr beherrschen kann ⟨*jemandem provozierende Fragen stellen; sich nicht provozieren lassen*⟩ *„Der Schüler versuchte, den Lehrer dazu zu provozieren, ihn zu schlagen"* **2** **etwas provozieren** durch die eigenen Handlungen bewirken, dass etwas (Negatives) geschieht ⟨*einen Eklat, einen Krieg, Proteste, eine Schlägerei, Widerspruch provozieren*⟩ *„provozierende Thesen formulieren"*

die **Pro·ze·dur** (-, -*en*) eine Reihe von meist langen und unangenehmen Handlungen ⟨*eine langwierige, umständliche, lästige Prozedur*⟩

das **Pro·zent** ★ (-(*e*)*s*, -/-*e*) **1** einer von hundert Teilen einer Menge *„Zehn Prozent von fünfzig Euro sind fünf Euro"* ❶ Nach einer Zahl lautet der Plural *Prozent*: *zehn Prozent*. Symbol: % **2** *gesprochen nur Plural* eine Preissenkung um einen Teil der Summe ⟨*bei jemandem Prozente kriegen*⟩ *„Mein Freund hat ein Computergeschäft und gibt mir Prozente, wenn ich bei ihm einkaufe"*

der **Pro·zent·satz** ein Anteil einer Menge (in Prozenten ausgedrückt) *„Ein hoher Prozentsatz der Wähler ist für das neue Gesetz"*

**pro·zen·tu·al** *ADJEKTIV meist attributiv* in Prozenten ausgedrückt ⟨*ein Anteil, eine Beteiligung*⟩

der **Pro·zess** ★ (-*es*, -*e*) **1** das Verfahren, bei dem ein Gericht ein Verbrechen oder einen Streit untersucht und beurteilt ⟨*ein öffentlicher Prozess; einen Prozess anstrengen, gegen jemanden führen, gewinnen, verlieren, wieder*

P

*aufnehmen〉 „Bis zum Prozess sitzt er in Untersuchungshaft"* **K** Prozesskosten; Strafprozess, Zivilprozess **2** **jemandem den Prozess machen** jemanden vor Gericht bringen **3** ein Vorgang, der aus mehreren Phasen besteht, in dem eine (allmähliche) Veränderung stattfindet *〈ein chemischer, natürlicher Prozess; einen Prozess beobachten, beschleunigen, hemmen, steuern, beeinflussen〉 „Dieser Prozess dauerte tausend Jahre"* **K** Alterungsprozess, Entwicklungsprozess

**pro·zes·sie·ren** (*prozessierte, hat prozessiert*) **(mit jemandem) prozessieren; gegen jemanden prozessieren** einen Zivilprozess (gegen jemanden) führen *„wegen eines Vertragsbruchs prozessieren"*

die **Pro·zes·si·on** (-, *-en*) eine religiöse Feier, bei der (katholische) Priester und die Gläubigen hintereinander durch die Stadt oder das Dorf gehen **K** Fronleichnamsprozession

der **Pro·zes·sor** (*-s, Pro·zes·so·ren*) der Prozessor ist der Teil des Computer o. Ä., der die Rechen- und Steuerprozesse ausführt

**prü·de** *ADJEKTIV 〈ein Mensch〉* so, dass er es als unangenehm empfindet, über sexuelle Dinge zu sprechen • *hierzu* **Prü·de·rie** *die*

**prü·fen**★ (*prüfte, hat geprüft*) **1** **jemanden/etwas prüfen** feststellen, ob jemand/etwas eine gewünschte Eigenschaft (im richtigen Maß) hat *〈jemanden/etwas gründlich, oberflächlich prüfen〉* ≈ testen *„prüfen, ob eine Rechnung stimmt"* | *„mit dem Finger die Temperatur des Wassers prüfen"* **K** Prüfgerät **2** **etwas prüfen** darüber nachdenken, ob man etwas annimmt oder ablehnt *〈ein Angebot, einen Antrag (eingehend) prüfen〉* **3** **etwas prüft jemanden** *geschrieben* etwas belastet einen Menschen psychisch stark *〈das Leben; das Schicksal hat jemanden hart, schwer geprüft〉* **4** **(jemanden) prüfen** einer Person Fragen stellen, um zu erfahren, ob sie etwas gelernt hat *〈einen Schüler, einen Studenten prüfen; jemanden mündlich, schriftlich, streng prüfen〉 „ein staatlich geprüfter Dolmetscher"*

der **Prü·fer** (-s, -) **1** eine Person, die einen Studenten o. Ä. prüft *〈ein erfahrener, gefürchteter, strenger Prüfer〉* **2** eine Person, deren Beruf es ist, etwas zu prüfen

der **Prüf·ling** (-s, *-e*) eine Person, die geprüft wird

der **Prüf·stand** die Stelle, an der man vor allem eine Maschine mit Messgeräten prüft *〈etwas kommt auf den Prüfstand; etwas auf dem Prüfstand erproben, testen〉*

die **Prü·fung**★ (-, *-en*) **1** eine mündliche oder schriftliche Aufgabe, mit welcher die Kenntnisse einer Person oder ihre Fähigkeiten beurteilt werden *〈eine mündliche, schriftliche, schwierige Prüfung; sich auf eine Prüfung vorbereiten; auf/für eine Prüfung lernen; eine Prüfung machen, ablegen, schreiben, bestehen; durch eine Prüfung fallen〉* ≈ Test, Examen **K** Prüfungsfragen; Abschlussprüfung, Fahrprüfung, Sprachprüfung **2** *nur Singular* eine Untersuchung, mit der man feststellt, ob etwas richtig ist o. Ä. *„Die genaue Prüfung der Rechnung hat einen Fehler ergeben"* **K** Bremsprüfung, Qualitätsprüfung **3** eine Situation, in der ein Mensch psychisch stark belastet wird *〈eine harte, schwere Prüfung zu bestehen haben〉* **K** Schicksalsprüfung

der **Prü·gel** (-s, -) **1** *nur Plural* mehrere Schläge, die jemand in einem Kampf oder als Strafe bekommt *〈Prügel austeilen, bekommen/kriegen/beziehen〉* **K** Prügelstrafe **2** ein relativ dicker und kurzer Stab, mit dem man jemanden schlägt

die **Prü·ge·lei** (-, *-en*) ein Streit, bei dem Menschen sich kräftig schlagen ≈ Schlägerei

**prü·geln** (*prügelte, hat geprügelt*) **1** **jemanden prügeln** jemanden (voller Wut) mehrere Male kräftig schlagen **2** **sich (mit jemandem) prügeln** kämpfen und sich dabei gegenseitig kräftig schlagen *„Er prügelte sich mit dem Nachbarsjungen"* **3** **sich um etwas prügeln** *gesprochen* mit allen Mitteln versuchen, etwas zu bekommen, das man will *〈sich um die letzten Karten, Plätze prügeln〉*

der **Prunk** (*-(e)s*) eine viel zu kostbare Ausstattung oder Verzierung (meist eines Gebäudes o. Ä.) *〈verschwenderischer Prunk; der Prunk eines Festes, einer Kirche, eines Schlosses〉* • *hierzu* **prun·ken** (*hat*); **prunk·voll** *ADJEKTIV*

**prus·ten** (*prustete, hat geprustet*) Luft durch fast geschlossene Lippen pressen, sodass ein lautes Geräusch entsteht und kleine Tropfen Flüssigkeit aus dem Mund kommen *〈vor Lachen prusten; prustend aus dem Wasser auftauchen〉*

**PS** [peːˈ|ɛs] **1** (Abkürzung für *Pferdestärke*) eine Einheit, mit der man die Leistung von Automotoren angibt *„ein Auto mit 70 PS"* ❶ Statt *PS* wird heute offiziell *Kilowatt* (*KW*) verwendet (1 PS = 0,736 KW). Man spricht aber häufiger von *PS* als von *Kilowatt*. **2** (Abkürzung für *Post-*

P

*skript*) als Einleitung verwendet, wenn man ganz am Ende eines Briefes noch eine Bemerkung hinzufügen will *„PS: Die CD bringe ich dir nächste Woche mit"*

**pseu·do-**, **Pseu·do-** *im Adjektiv und Substantiv, betont, begrenzt produktiv; oft abwertend* **der Pseudochrist, die Pseudowissenschaft**; **pseudomodern, pseudodemokratisch, pseudowissenschaftlich** *und andere* drückt aus, dass eine Person oder Sache in Wirklichkeit nicht das ist, was sie zu sein vorgibt oder zu sein scheint

das **Pseu·do·nym** [-'ny:m]; (-s, *-e*) ein Name, den eine Person statt des eigenen Namens hat, um nicht erkannt zu werden ⟨*unter einem Pseudonym schreiben, veröffentlichen, reisen*⟩ ≈ Deckname

**pst!** verwendet, um jemanden aufzufordern, still zu sein

die **Psy·che** ['psy:çə]; (-, *-n*); *geschrieben* das seelische oder geistige Leben des Menschen ⟨*eine kindliche, kranke, labile Psyche; die menschliche Psyche*⟩ ↔ Körper

der **Psy·chi·a·ter** (-s, -) ein Arzt, der Krankheiten der Psyche feststellt und behandelt ⟨*zu einem Psychiater gehen*⟩ *„Das Gericht forderte das Gutachten eines Psychiaters an"* • *hierzu* **Psy·chi·a·te·rin** *die*

die **Psy·chi·at·rie** (-, *-n*) **1** *nur Singular* das Gebiet der Medizin, das sich mit seelischen Krankheiten beschäftigt **2** eine Klinik oder eine Abteilung, in der psychisch kranke Menschen behandelt werden • *hierzu* **psy·chi·at·risch** *ADJEKTIV*

**psy·chisch★** ['psy:-] *ADJEKTIV* in Bezug auf die Psyche ⟨*eine Belastung, ein Druck, eine Krankheit; psychisch gesund/krank sein*⟩ ≈ seelisch ↔ physisch

der **Psy·cho·lo·ge** (*-n, -n*) eine Person, die Psychologie studiert hat und meist Menschen mit psychischen Problemen hilft **K** Diplompsychologe, Schulpsychologe • *hierzu* **Psy·cho·lo·gin** *die*

die **Psy·cho·lo·gie★** (-) die Wissenschaft, die sich mit dem seelischen Verhalten beschäftigt ⟨*Psychologie studieren*⟩ **K** Kinderpsychologie, Sozialpsychologie

**psy·cho·lo·gisch** *ADJEKTIV meist attributiv* in Bezug auf die Psychologie ⟨*ein Experiment, ein Gutachten*⟩

**PTT** [pe:te:'te:] Ⓒⓗ Abkürzung für *Post, Telefon, Telegraf*

**pu·ber·tär** *ADJEKTIV* **1** während der Pubertät (auftretend) *„Akne ist eine pubertäre Erscheinung"* **2** *abwertend* für die Pubertät typisch ⟨*ein Verhalten*⟩

die **Pu·ber·tät** (-) die Zeit, in der sich der Körper des Menschen von dem eines Kindes zu dem eines Erwachsenen verändert ⟨*in der Pubertät sein*⟩ **K** Pubertätserscheinung

das **Pub·lic Vie·wing** ['pablık 'vju:ıŋ]; (*-s, -s*) beim Public Viewing wird ein Ereignis live auf einer großen Leinwand im Freien gezeigt, damit viele Menschen gemeinsam zuschauen können

**pub·lik** *ADJEKTIV meist prädikativ; geschrieben* in der Öffentlichkeit bekannt ⟨*etwas ist/wird publik; etwas publik machen*⟩

die **Pub·li·ka·ti·on** [-'tsio:n]; (-, *-en*); *geschrieben* ein Werk, das jemand veröffentlicht hat *„die neueste Publikation des bekannten Autors"*

das **Pub·li·kum★** (-s) **1** die Menschen, die bei einer Veranstaltung zuhören und zuschauen ⟨*das Publikum klatscht (Beifall)*⟩ **K** Publikumsliebling; Fernsehpublikum **2** die Menschen, die sich für Bücher, Filme, Theater usw. interessieren ⟨*ein breites Publikum erreichen*⟩ **3** die Gäste, die ein Lokal, Hotel oder einen Ort besuchen

der **Pub·li·kums·ver·kehr** *meist Singular* **1** wenn eine Behörde Publikumsverkehr hat, können Bürger kommen und Anträge stellen usw. ≈ Parteiverkehr *„Publikumsverkehr von 8 – 12 Uhr"* **2** die Leute, die zu einer Behörde oder Bank kommen

**pub·li·zie·ren** (*publizierte, hat publiziert*) **1** **(etwas) publizieren** ein Buch oder einen Text (Aufsatz) drucken lassen, damit die Leute es/ihn lesen können ≈ veröffentlichen **2** **etwas publizieren** *geschrieben* etwas bekannt machen

der **Puck** (*-s, -s*) die kleine runde Scheibe, mit der man beim Eishockey spielt

der **Pud·ding★** (*-s, -e/-s*) eine weiche, süße Speise, die entsteht, wenn man ein besonderes Pulver mit Milch und Zucker mischt und kocht ⟨*Pudding kochen, machen, essen*⟩ *„Pudding mit Vanillegeschmack"* **K** Puddingpulver; Grießpudding, Schokoladenpudding, Vanillepudding

der **Pu·del** (*-s, -*) ein Hund, der ein Fell mit dichten, kleinen Locken hat ⟨*einen Pudel scheren*⟩

der **Pu·der★** *gesprochen auch das*; (*-s, -*) ein Pulver, das man auf die Haut gibt, um sie zu färben oder zu pflegen ⟨*Puder auftragen; sich mit*

P

*Puder schminken*⟩ **K** Puderdose; Gesichtspuder, Kinderpuder

**pụff!** verwendet, um das Geräusch zu imitieren, das z. B. bei einem Schuss entsteht oder wenn etwas platzt

das/der **Pụff**[1]; (-s, -s); *gesprochen* ⚠ ≈ Bordell

der **Pụff**[2]; (-(e)s, Püf·fe); *gesprochen* ein leichter Stoß (vor allem mit der Faust) ⟨*jemandem einen Puff geben*⟩

der **Pụf·fer** (-s, -) ein rundes Stück aus Eisen, das bei Waggons und Lokomotiven Stöße vorn und hinten abfängt

**pu̲h!** verwendet als Ausruf, wenn einem z. B. etwas unangenehm erscheint *„Puh, hier stinkts!"*

**pu̲·len** (*pulte, hat gepult*); *norddeutsch, gesprochen* **1** **etwas aus/von etwas pulen** etwas mit den Fingern entfernen *„Rosinen aus dem Kuchen pulen"* **2** **an/in etwas** (*Dativ*) **pulen** versuchen, etwas mit den Fingern aus etwas zu entfernen ⟨*in der Nase pulen*⟩

der **Pụl·li** (-s, -s); *gesprochen* ≈ Pullover

der **Pul·lo̲·ver**★ (-s, -) ein Kleidungsstück (oft aus Wolle), das man über Hemd oder Bluse zieht ⟨*ein selbst gestrickter, warmer, weicher Pullover; einen Pullover stricken*⟩ **K** Rollkragenpullover ❶ → Abbildung, S. 293: **Die Kleidung**

der **Pụls** (-es) **1** die rhythmische Bewegung, mit welcher das Herz das Blut durch den Körper befördert ⟨*jemandem den Puls fühlen, messen*⟩ *„Der Puls des Bewusstlosen war kaum noch spürbar"* **K** Pulsschlag **2** die Zahl der Schläge des Pulses pro Minute ⟨*ein hoher, niedriger Puls*⟩ *„Er hatte einen Puls von hundertfünfzig/hatte hundertfünfzig Puls"* **K** Pulsfrequenz

**pul·si̲e·ren** (*pulsierte, hat pulsiert*) **etwas pulsiert** etwas fließt rhythmisch ⟨*das Blut pulsiert durch die Adern*⟩

das **Pụlt** (-(e)s, -e) **1** ein kleiner, hoher Tisch, hinter den man sich stellt, wenn man z. B. eine Rede hält oder ein Orchester dirigiert ⟨*am Pult stehen*⟩ **K** Rednerpult **2** ein Tisch, an dem ein Kind bzw. ein Lehrer in der Schule sitzt ⟨*sich ans/hinter das Pult setzen*⟩ **K** Lehrerpult

das **Pụl·ver**★ [-fe, -ve]; (-s, -) **1** eine Substanz aus vielen sehr kleinen Körnern ⟨*etwas zu Pulver zermahlen, zerreiben, zerstoßen*⟩ *„ein Pulver für/gegen Kopfschmerzen in Wasser auflösen und einnehmen"* | *„Gips ist ein Pulver, das man mit Wasser anrührt"* **K** Backpulver, Kakaopulver, Waschpulver **2** ein schwarzes Pulver, das leicht explodiert und in Schusswaffen verwendet wird *„Das Pulver ist feucht geworden"* **K** Schießpulver, Schwarzpulver **3** *gesprochen* ≈ Geld • *zu* (1) **pụl·ve·rig**, **pụlv·rig** ADJEKTIV

die **Pụm·pe** (-, -n) ein Gerät, mit dem man Flüssigkeiten, Luft o. Ä. (durch Ansaugen oder durch Druck) durch Rohre leitet ⟨*eine handbetriebene, elektrische Pumpe*⟩ **K** Benzinpumpe, Luftpumpe, Wasserpumpe

**pụm·pen** (*pumpte, hat gepumpt*) **(etwas irgendwohin) pumpen** Flüssigkeiten oder Luft mit einer Pumpe irgendwohin leiten *„Luft in einen Reifen pumpen"* | *„Wasser aus einem Brunnen pumpen"*

der **Pumps** [pœmps]; (-, -) ein eleganter Schuh für Frauen mit Absatz ❶ → Abbildung, S. 293: **Die Kleidung**

der **Punk** [paŋk]; (-s, -s) **1** eine Bewegung junger Menschen, die gegen die (bürgerliche) Gesellschaft protestieren und ihren Protest durch bunte Kleidung, Frisuren und Musik usw. zeigen **K** Punkmusik, Punkrock **2** ein junger Mensch als Mitglied oder Anhänger dieser Bewegung

der **Pụnkt**★ (-(e)s, -e) GRAFISCH, OPTISCH: **1** eine kleine runde Stelle *„ein rotes Kleid mit gelben Punkten"* **K** Farbpunkt, Lichtpunkt **2** das grafische Zeichen, das am Ende eines Satzes oder einer Abkürzung steht ⟨*einen Punkt setzen*⟩ *„Hier müsste eigentlich ein Punkt stehen"* **K** Doppelpunkt, Strichpunkt RÄUMLICH: **3** die Stelle oder der Ort, wo etwas geschieht, sich jemand/etwas befindet o. Ä. *„Von diesem Punkt aus kann man das ganze Tal überblicken"* **K** Aussichtspunkt, Haltepunkt, Treffpunkt **4** in der Geometrie eine genau festgelegte Stelle in einer Ebene oder auf einer Geraden ⟨*Punkte berechnen*⟩ *„zwei Linien schneiden/treffen sich in einem Punkt"* **K** Mittelpunkt, Schnittpunkt ZEITLICH: **5** eine bestimmte Stelle innerhalb eines zeitlichen Ablaufs ≈ Moment *„An diesem Punkt des Films sollte eigentlich die Musik einsetzen"* **K** Zeitpunkt **6** **Punkt** + *Zeitangabe* genau die genannte/zur genannten Uhrzeit *„Es ist jetzt Punkt zwölf (Uhr)"* IN EINEM ABLAUF: **7** eine Stufe oder ein Stadium eines Ablaufs, Vorgangs ⟨*einen Punkt erreichen, überschreiten*⟩ **K** Gefrierpunkt, Schmelzpunkt, Höhepunkt **8** **der tote Punkt** ein Zeitpunkt, zu dem man sehr erschöpft ist und gern aufgeben würde ⟨*an einem toten Punkt anlangen; den toten Punkt überwinden*⟩ ZUR BEWERTUNG: **9** eine der Einheiten, mit denen man im Spiel oder Wett-

P

kampf Leistungen und Erfolge misst und bewertet ⟨*einen Punkt erzielen, gewinnen, holen, machen, verlieren*⟩ „*vier Punkte Vorsprung/Rückstand haben*" IM GESPRÄCH O. Ä.: **10** eines von mehreren Dingen, die besprochen oder genannt werden ⟨*die Punkte einer Tagesordnung, auf einer Liste; ein strittiger, wichtiger Punkt*⟩ „*Wir waren uns in allen wesentlichen Punkten einig*" **K** Programmpunkt, Tagesordnungspunkt, Vertragspunkt **11** **der springende Punkt** der entscheidende Aspekt einer Sache **12** **jemandes wunder Punkt** ein Thema, bei dem jemand schnell gekränkt oder beleidigt reagiert **ID** **etwas auf den Punkt bringen** das Entscheidende kurz und deutlich nennen • *zu* (1) **punkt·för·mig** *ADJEKTIV*

**pụnk·ten** (*punktete, hat gepunktet*) einen Punkt oder mehrere Punkte bei einem Spiel oder Wettkampf erzielen

**pụ̈nkt·lich★** *ADJEKTIV* genau zu der Zeit, die festgelegt oder verabredet war ⟨*pünktlich sein, ankommen, eintreffen, zahlen*⟩ • *hierzu* **Pụ̈nkt·lich·keit** *die*

**punk·tu·ẹll** *ADJEKTIV*; *geschrieben* nur in Bezug auf einen Punkt, Fall o. Ä. oder auf wenige Teile ⟨*etwas tritt punktuell auf*⟩ „*eine punktuelle Einigung erreichen*"

der **Pụnsch** (*-es, -e*) ein heißes Getränk aus Wein, Rum und Gewürzen

die **Pu·pịl·le** (*-, -n*) der kleine schwarze Teil in der Mitte des Auges, durch welchen das Licht ins Auge kommt ⟨*die Pupillen verengen sich, weiten sich*⟩

P

die **Pụp·pe★** (*-, -n*) **1** eine kleine Figur, die wie ein Mensch aussieht und mit der meist Kinder spielen ⟨*mit Puppen spielen*⟩ **K** Puppenhaus, Puppenwagen **2** eine Puppe, mit der man Theaterstücke aufführt **K** Puppenspieler; Handpuppe, Marionettenpuppe **3** die Raupe in einer festen Hülle, bevor sie zum Schmetterling wird

**pur★** *ADJEKTIV* (*purer, purst-*) **1** *meist attributiv* ⟨*Gold, Silber*⟩ so, dass sie nicht mit etwas anderem gemischt sind ≈ rein **2** *direkt nach dem Substantiv* ohne Wasser oder Eis ⟨*ein Whisky pur; etwas pur trinken*⟩ **3** *meist attributiv* nichts anderes als das Genannte ⟨*Blödsinn, Zufall*⟩ „*Er sagte das aus purer Bosheit*"

das **Pü·ree** (*-s, -s*) eine weiche Masse, die entsteht, wenn man z. B. Kartoffeln oder ein Gemüse weich kocht und dann rührt oder zerquetscht ≈ Brei **K** Erbsenpüree, Kartoffelpüree

der **Pụr·zel·baum** eine Turnübung von Kindern, bei der sie ihre Hände auf den Boden stützen und sich dann nach vorn rollen ⟨*einen Purzelbaum machen, schlagen*⟩

**pụr·zeln** (*purzelte, ist gepurzelt*) **1** **irgendwohin purzeln** das Gleichgewicht verlieren und (mit dem Kopf voraus) fallen, ohne sich zu verletzen ⟨*auf den Boden, in den Schnee, vom Stuhl purzeln*⟩ **2** **die Preise purzeln** die Preise fallen schnell und stark

die **Pus·te** (*-*); *gesprochen* **aus der Puste kommen/sein** nach einer körperlichen Anstrengung nur mit Mühe normal atmen können **ID** **jemandem geht die Puste aus** **a** jemand kann nicht mehr normal atmen (meist bei einer körperlichen Anstrengung) **b** jemand hat nicht mehr genug Kraft oder Geld für etwas

**pus·ten** (*pustete, hat gepustet*) **1** **etwas irgendwohin pusten** etwas bewegen, indem man kurz und kräftig bläst „*Staub vom Tisch pusten*" **2** **(irgendwohin) pusten** (kurz und) kräftig blasen „*pusten, damit die Suppe kühler wird*"

die **Pu·te** (*-, -n*) ein (weiblicher) Truthahn **K** Putenfleisch, Putenschinken, Putenwurst

der **Pu·ter** (*-s, -*) ≈ Truthahn

der **Pụtsch** (*-es, -e*) der heimlich geplante Versuch (oft einer militärischen Gruppe), die Regierung eines Landes mit Gewalt zu übernehmen ⟨*einen Putsch planen; durch einen Putsch an die Macht kommen*⟩ **K** Putschversuch; Militärputsch • *hierzu* **pụt·schen** (*hat*); **Put·schịst** *der*

der **Pụtz** (*-es*) eine Mischung aus Sand, Wasser und Gips o. Ä., mit der man die Ziegel einer Mauer bedeckt (damit die Oberfläche der Mauer glatt ist) ⟨*der Putz blättert, bröckelt, fällt ab*⟩ **K** Außenputz, Rauputz **ID** **auf den Putz hauen** *gesprochen* **a** sehr laut und fröhlich feiern **b** sich sehr laut bei jemandem über etwas beschweren

**pụt·zen★** (*putzte, hat geputzt*) **1** **etwas putzen** die Oberfläche einer Sache durch Reiben und Wischen sauber machen ⟨*eine Brille, ein Fenster, Schuhe, Silber, (sich (Dativ)) die Zähne putzen*⟩ ≈ reinigen **2** **etwas putzen** Schmutz und Teile, die man nicht isst, von Gemüse o. Ä. entfernen ⟨*Pilze, Salat, Spinat putzen*⟩ **3** **(jemandem) die Nase putzen** mit einem Taschentuch die Nase von Schleim befreien **4** **(etwas) putzen** *besonders süddeutsch*

Ⓒⓗ Räume, Fußböden (mit Wasser und Putzmittel) sauber machen ⟨*das Bad, die Küche, den Laden, die Treppe putzen*⟩ **K** Putztag, Putztuch **5** **ein Tier putzt sich** ein Tier reinigt das Fell oder pflegt die Federn ⟨*eine Katze, ein Vogel*⟩

die **Putz·frau** *oft abwertend* eine Frau, die Wohnungen o. Ä. sauber macht und dafür Geld bekommt ≈ Raumpflegerin

**put·zig** ADJEKTIV klein und lieb ⟨*ein Äffchen, ein Hündchen, ein Kätzchen*⟩

das **Putz·mit·tel**★ eine Flüssigkeit, die man verwendet, um etwas sauber zu machen

das **Puz·zle** ['pazl̩, 'pasl̩]; (-s, -s) ein Spiel, bei dem man aus vielen kleinen Teilen ein Bild zusammensetzt ⟨*ein Puzzle legen, zusammensetzen*⟩ **K** Puzzlespiel • *hierzu* **puz·zeln** (*hat*)

das **PVC** [pe:fau'tse:]; (-(s)) Polyvinylchlorid ein Kunststoff, aus dem z. B. Folien bestehen

der **Py·ja·ma**★ [py'dʒa:ma]; (-s, -s) das Oberteil und die Hose, die man anzieht, wenn man ins Bett geht ≈ Schlafanzug **K** Pyjamaparty

die **Py·ra·mi·de** (-, -n) **1** eine geometrische Figur mit einer meist viereckigen Grundfläche und dreieckigen Seiten, die sich an der Spitze in einem Punkt treffen **2** eine große Pyramide aus Stein wie z. B. in Ägypten oder Südamerika „*die Pyramiden von Gizeh besichtigen*"

# Q

das **Q, q** [ku:]; (-, -/*gesprochen auch* -s) der siebzehnte Buchstabe des Alphabets ⟨*ein großes Q; ein kleines q*⟩

der **Qua·der** (-s, -) **1** ein Körper, der von sechs Rechtecken begrenzt ist **2** ein Steinblock in Form eines Quaders **K** Quaderstein

das **Quad·rat** (-(e)s, -e) **1** ein Rechteck mit vier gleich langen Seiten **2** die zweite Potenz einer Zahl „*Das Quadrat von 3 ist 9*" | „*Den Ausdruck „a Quadrat" schreibt man $a^2$*" • *zu* (1) **quad·ra·tisch** ADJEKTIV

die **Quad·rat·wur·zel** die Zahl, welche die genannte Zahl zum Ergebnis hat, wenn man diese mit sich selbst multipliziert „(*Die*) *Quadratwurzel aus fünfundzwanzig ist fünf*" $\sqrt{25} = 5$; fünf mal fünf ist fünfundzwanzig **i** mathematisches Zeichen: √

**qua·ken** (*quakte, hat gequakt*) **eine Ente/ein Frosch quakt** eine Ente, ein Frosch geben die Laute von sich, die für ihre Art typisch sind • *hierzu* **quak!**

die **Qual** (-, -en) **1** *meist Plural* starker körperlicher oder seelischer Schmerz ⟨*Qualen erleiden, erdulden*⟩ „*Er starb unter großen Qualen*" **2** *meist Singular* etwas, das schwer zu ertragen ist „*Sie machten uns den Aufenthalt zu einer Qual*"

**quä·len**★ (*quälte, hat gequält*) **1** **jemanden quälen** einer Person oder einem Tier absichtlich Schmerzen zufügen „*Der Täter quälte das Opfer*" **2** **eine Person/etwas quält jemanden** eine Person oder Sache bereitet jemandem seelische Schmerzen ⟨*quälende Gedanken, Ungewissheit, Zweifel*⟩ „*Es quälte sie zu wissen, dass er sie hasste*" **3** **jemanden (mit etwas) quälen** eine Person nicht in Ruhe lassen und sie mit Bitten, Fragen o. Ä. belästigen „*Das Kind quälte sie so lange, bis sie ihm ein Eis kauften*"

die **Quä·le·rei** (-, -en) etwas, das eine Person sehr anstrengt oder ihr sehr schwerfällt „*Tanzen ist für mich eine einzige Quälerei, ich bin einfach zu ungeschickt*"

der **Qua·li** (-(s), -s) *gesprochen* (Kurzwort für *qualifizierender Hauptschulabschluss*) der Abschluss, den man an der Hauptschule machen kann

die **Qua·li·fi·ka·ti·on** [-'tsio:n]; (-, -en) **1** die Voraussetzungen (meist in Form von Zeugnissen o. Ä.) für eine Tätigkeit „*Als Qualifikation für diese Stelle ist das Abitur notwendig*" **2** eine Leistung, die man erbringen muss, um an bestimmten Wettkämpfen teilnehmen zu können „*die Qualifikation für die Deutsche Meisterschaft schaffen*" **K** Qualifikationsrunde

**qua·li·fi·zie·ren** (*qualifizierte, hat qualifiziert*) **sich (für etwas) qualifizieren** die nötige Leistung bringen und bei einem Wettkampf teilnehmen dürfen „*Er hat sich für die Weltmeisterschaft qualifiziert*"

**qua·li·fi·ziert** ADJEKTIV **1** *geschrieben* ⟨*ein Mitarbeiter*⟩ mit der Ausbildung oder den Kenntnissen, die man für eine Aufgabe braucht **2** *geschrieben* ⟨*eine Arbeit*⟩ so, dass man dafür besondere Kenntnisse braucht **3** *geschrieben* ⟨*ein Urteil, ein Kommentar*⟩ sinnvoll und nützlich

die **Qua·li·tät**★ (-, -en) **1** *meist Plural* herausragende Fähigkeiten oder Eigenschaften „*Für diese Aufgabe benötigen wir jemanden mit besonderen Qualitäten*" **2** *meist Singular* der sehr hohe Grad guter Eigenschaften „*Wir ach-*

*ten sehr auf Qualität"* **K** Qualitätsarbeit, Qualitätsprodukt **3** *meist Singular* die typische Beschaffenheit (meist eines Materials, einer Ware o. Ä.) *„ein Stoff von hervorragender/schlechter Qualität"* **K** Qualitätskontrolle

die **Qual·le** (-, *-n*) ein kleines, durchsichtiges Tier, das im Meer lebt und etwa die Form eines Schirms hat

der **Qualm** (-s) ein dichter, wolkiger Rauch, der meist als unangenehm empfunden wird ⟨*beißender, dicker Qualm; der Qualm einer Zigarre*⟩

**qual·men** (*qualmte, hat gequalmt*) **etwas qualmt** etwas gibt dichten Rauch ab ⟨*ein Schornstein, eine Zigarre, eine Lokomotive*⟩

**qual·voll** *ADJEKTIV* mit Qualen (verbunden) ⟨*eine Krankheit, eine Strapaze, ein Tod; qualvoll sterben*⟩

die **Quan·ti·tät**★ (-, *-en*) die Menge oder Anzahl, in der etwas vorhanden ist *„Auf die Qualität, nicht auf die Quantität kommt es an"* • *hierzu* **quan·ti·ta·tiv** *ADJEKTIV*

die **Qua·ran·tä·ne** [ka-]; (-, *-n*) bei der Quarantäne werden einzelne Personen oder Tiere vorübergehend von anderen getrennt; damit soll verhindert werden, dass sich eine Krankheit verbreitet ⟨*in Quarantäne kommen; unter Quarantäne sein/stehen; aus der Quarantäne entlassen werden; die Quarantäne aufheben*⟩ **K** Quarantänestation

der **Quark**★ (-s) **1** ein weiches, weißes Nahrungsmittel, das aus saurer Milch gemacht wird **K** Quarkkuchen **2** *gesprochen, abwertend* ≈ Unsinn *„Rede keinen Quark!"*

Q

das **Quar·tal** (-s, *-e*) eines der vier Viertel eines Kalenderjahres *„Der März ist der letzte Monat des ersten Quartals"*

das **Quar·tett** (-(e)s, *-e*) **1** eine Komposition für vier Stimmen oder Instrumente **2** eine Gruppe von vier Sängern oder Musikern **K** Streichquartett **3** ein Kartenspiel für Kinder, bei dem man jeweils vier zusammengehörige Karten sammelt und ablegt

das **Quar·tier** (-s, *-e*) **1** *veraltend* eine (zeitweilige) Unterkunft, Wohnung ⟨*ein Quartier suchen, nehmen, beziehen*⟩ **K** Urlaubsquartier **2** Stadtviertel *„Er wohnt in einem noblen Quartier"* **3** eine Unterkunft für Soldaten ⟨*irgendwo Quartier beziehen, machen*⟩

der **Quarz** (*-es, -e*) ein hartes Mineral, das man z. B. bei der Herstellung von Uhren verwendet **K** Quarzlampe, Quarzuhr ℹ chemische Formel: $SiO_2$

**qua·si** *ADVERB* mehr oder weniger ≈ sozusagen *„Er hat mich quasi gezwungen zu unterschreiben"* | *„Wir sind quasi zusammen aufgewachsen"* **K** quasioffiziell

**quas·seln** (*quasselte, hat gequasselt*); *besonders norddeutsch, gesprochen, meist abwertend* **(etwas) quasseln** lange über unwichtige Sachen reden *„Er quasselt wieder mal dummes Zeug"*

der **Quatsch**★ (-(e)s); *gesprochen, abwertend* ⟨*Quatsch machen, reden*⟩ ≈ Unsinn

**quat·schen**★ (*quatschte, hat gequatscht*); *gesprochen* **1** **(etwas) quatschen** *abwertend* (viel) dummes Zeug reden *„Quatsch doch keinen Blödsinn!"* Das stimmt nicht! **2** **mit jemandem quatschen** sich mit jemandem unterhalten *„Wir haben lange miteinander gequatscht"* **3** **etwas quatscht** etwas macht ein klatschendes Geräusch *„Der nasse Boden quatschte unter unseren Füßen"*

das **Queck·sil·ber** ein silbrig glänzendes Metall, das z. B. in Thermometern verwendet wird **K** Quecksilberdampf, Quecksilbervergiftung ℹ chemisches Zeichen: *Hg* • *hierzu* **queck·silb·rig** *ADJEKTIV*

die **Quel·le**★ (-, *-n*) **1** eine Stelle, an der Wasser aus der Erde kommt ⟨*eine heiße, sprudelnde, versiegte Quelle*⟩ **K** Quellwasser **2** der Ursprung eines Baches oder Flusses *„der Lauf der Donau von der Quelle bis zur Mündung"* **3** ein Text, den man wissenschaftlich verwertet oder in einem anderen Text zitiert **K** Quellenangabe, Quellentext

**quel·len** (*quillt, quoll, ist gequollen*) **1** **etwas quillt irgendwohin/irgendwoher** etwas kommt in relativ großer Menge durch eine enge Öffnung ⟨*Blut, Rauch, Tränen, Wasser o. Ä.*⟩ *„Blut quillt aus der Wunde"* **2** **etwas quillt** etwas wird größer, weil es Feuchtigkeit aufnimmt ⟨*Bohnen, Erbsen, Linsen*⟩ *„Reis quillt beim Kochen"*

**quen·geln** (*quengelte, hat gequengelt*) **1** leise und klagend weinen ⟨*Kinder*⟩ **2** immer wieder (weinerlich) Wünsche oder Klagen äußern ⟨*Kinder*⟩ *„Hör endlich auf zu quengeln!"*

**quer**★ *ADVERB* **1** **quer durch/über etwas** (*Akkusativ*) von einer Ecke einer Fläche diagonal zu einer anderen, (schräg) von einem Teil oder Ende einer Fläche zu einem anderen *„quer über den Rasen laufen"* **2** horizontal oder der kürzeren Seite nach von einer Seite einer Fläche zur anderen oder rechtwinklig zu einer Linie ⟨*etwas quer durchschneiden, durchstreichen*⟩ ↔ längs *„Das Auto stand quer zur Fahrbahn"* **K** Querbalken, Querlinie **3** **kreuz und quer** durcheinander, planlos in verschiedene Richtungen *„Hier liegt alles kreuz und quer herum"* | *„Er lief kreuz und quer durch die Stadt"*

die **Que·re** (-) die Richtung/Lage, die quer zu etwas ist *„etwas der Quere nach durchschneiden"* **ID** **jemandem in die Quere kommen** **a** jemanden stören **b** jemandes Weg kreuzen

die **Que·re·le** (-, -*n*); *meist Plural* ein relativ kleiner, aber meist unangenehmer Streit

die **Quer·flö·te** eine Flöte, die beim Blasen quer gehalten wird

das **Quer·for·mat** ein Format, bei welchem die Breite größer ist als die Höhe ↔ Hochformat *„ein Bild im Querformat"*

**quer·le·gen** (*legte sich quer, hat sich quergelegt*) **sich querlegen** sich weigern, bei einem Plan mitzumachen oder etwas zu erlauben

der **Quer·schnitt** **1** die Darstellung eines geometrischen Körpers, wenn man sich vorstellt, er sei senkrecht zur Längsachse durchgeschnitten *„der Querschnitt eines Kegels"* **2** eine Auswahl von verschiedenen Dingen, die für einen Bereich, eine Gruppe o. Ä. charakteristisch sind *„ein Querschnitt durch die gesamte Literaturgeschichte"*

**quet·schen** (*quetschte, hat gequetscht*) **1** **(jemandem) etwas quetschen** einen Körperteil durch starken Druck verletzen *„Ich quetschte mir den Finger in der Tür"* **2** **sich irgendwohin quetschen** sich mit Mühe irgendwohin zwängen (wo wenig Platz ist) *„Sie quetschten sich zu fünft in das Auto"* • zu (1) **Quet·schung** *die*

**quie·ken** (*quiekte, hat gequiekt*) ⟨*Ferkel, Mäuse*⟩ die Laute von sich geben, die für ihre Art typisch sind • *hierzu* **quiek!**

**quiet·schen** (*quietschte, hat gequietscht*) **etwas quietscht** etwas gibt durch Reibung einen hellen, schrillen Ton von sich ⟨*eine Tür, ein Schrank*⟩

**quillt** *Präsens, 3. Person Singular* → quellen

der **Quirl** (-(*e*)*s*, -*e*) ein Gerät, dessen unterer Teil sich schnell dreht und das man z. B. in einen Teig hält, um ihn zu mischen *„Eier mit dem Quirl schaumig rühren"* | *„die Zutaten mit einem Quirl verrühren"* • *hierzu* **quir·len** (*hat*)

**quitt** ADJEKTIV *meist prädikativ; gesprochen* **eine Person ist mit jemandem quitt**; **Personen sind quitt** es herrscht eine ausgeglichene Situation, in der niemand einer anderen Person Geld, Dank, einen Gefallen oder eine Revanche schuldet *„Er hat 'dich beleidigt, du hast 'ihn beleidigt, jetzt seid ihr quitt"*

**quit·tie·ren** (*quittierte, hat quittiert*) **(etwas) quittieren** durch Unterschrift den Empfang einer Sache (vor allem von Geld) bestätigen ⟨*einen Betrag, eine Rechnung quittieren*⟩ *„Würden Sie bitte hier unten quittieren?"*

die **Quit·tung★** (-, -*en*) **1** mit einer Quittung bestätigt man schriftlich, dass man Geld oder Waren bekommen hat ⟨*jemandem eine Quittung (über 30 Euro) ausstellen*⟩ **K** Quittungsblock **2** unangenehme Folgen eines (schlechten) Verhaltens ⟨*die Quittung dafür/für etwas bekommen*⟩ *„Hier hast du die Quittung für deinen Leichtsinn"*

das **Quiz** [kvɪs]; (-) ein unterhaltsames Spiel (z. B. im Radio oder Fernsehen), bei dem Kandidaten Fragen beantworten oder Rätsel lösen müssen ⟨*ein Quiz veranstalten, gewinnen; an einem Quiz teilnehmen*⟩ **K** Quizsendung

**quoll** *Präteritum, 3. Person Singular* → quellen

die **Quo·te★** (-, -*n*) eine Anzahl im Verhältnis zu einer Gesamtmenge ⟨*eine hohe, niedrige Quote; eine Quote ermitteln, berechnen*⟩ ≈ Anteil *„Die Quote der Verkehrsunfälle sank um drei Prozent"*

# R

das **R, r** [ɛr]; (-, -/*gesprochen auch* -*s*) der achtzehnte Buchstabe des Alphabets ⟨*ein großes R; ein kleines r*⟩

der **Ra·batt★** (-(*e*)*s*, -*e*) **Rabatt (auf etwas** (*Akkusativ*)) wenn man Rabatt bekommt, bekommt man Waren zu einem güntigeren Preis als andere Kunden ⟨*jemandem (einen) Rabatt gewähren, geben*⟩ *„Als Angestellter bekommt er zehn Prozent Rabatt auf alle Waren des Hauses"* **K** Rabattmarke; Mengenrabatt

der **Rab·bi** (-(*s*), -*s*) verwendet als Titel für einen jüdischen Religionslehrer und Prediger

der **Rab·bi·ner** (-*s*, -) ein jüdischer Religionslehrer und Prediger

der **Ra·be** (-*n*, -*n*) ein großer schwarzer Vogel mit schwarzem Schnabel und einer lauten, rauen

Stimme ‹*der Rabe krächzt*› ⓘ *der Rabe; den, dem, des Raben*

**ra·bi·at** *ADJEKTIV* (*rabiater, rabiatest-*) brutal und ohne Rücksicht ‹*ein Bursche; rabiat werden*› ≈ grob

die **Ra·che★** (-) **Rache (an jemandem) (für etwas)** eine Handlung, mit der man eine Person (außerhalb des Gesetzes) bestraft, von der man selbst oder ein Freund beleidigt oder geschädigt wurde ‹*blutige, grausame Rache; jemandem Rache schwören; etwas aus Rache tun; Rache an jemandem nehmen*› **K** Racheakt, Rachegedanken

der **Ra·chen** (-s, -) **1** der innere Teil des Halses, der am Ende des Mundes beginnt **K** Rachenentzündung **2** der offene Mund eines gefährlichen Tieres ≈ Maul *„Der Dompteur steckte seinen Kopf in den Rachen des Löwen"*

**rä·chen, rä·chen★** (*rächte, hat gerächt*) **1 jemanden rächen** wenn man einen Menschen rächt, dann bestraft man (außerhalb des Gesetzes) diejenige Person, die ihm etwas Böses getan hat **2 etwas rächen** wenn man ein Unrecht rächt, dann bestraft man (außerhalb des Gesetzes) diejenige Person, die dafür verantwortlich war ‹*einen Mord, ein Verbrechen rächen*› **3 sich (an jemandem) (für etwas) rächen** eine Person für etwas bestrafen, das sie einer anderen Person getan hat *„Für diese Beleidigung werde ich mich noch (an ihm) rächen"* **4 etwas rächt sich** etwas hat unangenehme Folgen ‹*jemandes Faulheit, Leichtsinn, Unaufmerksamkeit, Übermut*› • *zu* (1 – 3) **Rä·cher** *der; zu* (1 – 3) **Rä·che·rin** *die*

das **Rad★** (-(*e*)*s, Rä·der*) **1** der runde Teil eines Fahrzeugs, der sich im Mittelpunkt (um die Achse) dreht und so das Fahrzeug rollen lässt **K** Ersatzrad, Hinterrad, Vorderrad **2** ein rundes Teil einer Maschine (meist mit Zacken) ‹*die Räder eines Getriebes, Uhrwerks*› **K** Lenkrad, Zahnrad, Wasserrad **3** Kurzwort für *Fahrrad* ‹(*mit dem*) *Rad fahren*› *„einen Ausflug mit dem Rad machen"* **K** Radfahrer, Radrennen, Radweg; Rennrad **4** eine Turnübung ‹(*ein*) *Rad schlagen*› **5 ein Pfau schlägt ein Rad** ein männlicher Pfau breitet die Schwanzfedern aus • *zu* (3) **Rad·fah·rer** *der; zu* (3) **Rad·fah·re·rin** *die*

der/das **Ra·dar, Ra·dar**; (-s) **1** eine technische Methode, durch die man messen kann, wo ein Gegenstand ist, wohin und wie schnell er sich bewegt *„durch Radar feststellen, wo sich ein Flugzeug befindet"* | *„die Geschwindigkeit eines Fahrzeugs mit Radar messen"* **K** Radarkontrolle, Radarstation **2** ein Gerät, das mit Radar arbeitet **K** Radargerät

die **Ra·dar·fal·le** ein (oft verstecktes) Gerät am Straßenrand, das Fotos von Fahrzeugen macht, die zu schnell daran vorbeifahren ≈ Blitzer

der **Ra·dau** (-s); *gesprochen* ‹*Radau machen*› ≈ Lärm

**ra·deln** (*radelte, ist geradelt*); *besonders süddeutsch* Ⓐ, *gesprochen* mit dem Fahrrad fahren

der **Rä·dels·füh·rer** *abwertend* eine Person, die andere Leute dazu verführt, aggressiv zu handeln oder gegen Gesetze zu verstoßen ‹*der Rädelsführer einer Bande*› • *hierzu* **Rä·dels·füh·re·rin** *die*

**ra·die·ren** (*radierte, hat radiert*) **(etwas) radieren** etwas, das man mit Bleistift geschrieben oder gezeichnet hat, durch Reiben mit einem Stück Gummi entfernen ‹*einen Fehler, einen Strich radieren*›

der **Ra·dier·gum·mi** ein kleiner Gegenstand aus Gummi o. Ä. zum Radieren

das **Ra·dies·chen** [ra'di:sçən]; (-s, -) eine kleine Pflanze mit einer runden dicken Wurzel, die außen rot und innen weiß ist, scharf schmeckt und roh gegessen wird ‹*ein Bund Radieschen*›

**ra·di·kal★** *ADJEKTIV* **1** so, dass etwas starke Veränderungen mit sich bringt ‹*Änderungen, Reformen, eine Methode*› *„ein radikaler Bruch mit der Tradition"* **2** in sehr starkem Maße *„Sie hat sich radikal verändert"* **3** *abwertend* so, dass eine Gruppe extreme Positionen vertritt (und oft bereit ist, Gewalt anzuwenden, um ihre Ziele zu erreichen) ‹*die Linke, die Rechte, eine Terrororganisation*› **4** so, dass jemand mit großem Einsatz gegen oder für etwas kämpft ‹*ein Gegner, ein Verfechter*› • *zu* (1 – 3) **Ra·di·ka·li·tät** *die; zu* (2,3) **Ra·di·ka·lis·mus** *der*

der/die **Ra·di·ka·le** (-*n*, -*n*) eine Person mit extremen und radikalen politischen Meinungen und Zielen **K** Linksradikale, Rechtsradikale

das **Ra·dio★** (-s, -s) **1** ein Gerät, das elektromagnetische Wellen empfängt und diese als Töne wiedergibt ‹*das Radio läuft, spielt; das Radio anmachen, einschalten, ausmachen, ausschalten*› **K** Radioantenne; Autoradio **2** *nur Singular* eine Institution, die ein Programm sendet, das man mit einem Radio empfangen kann *„Sie arbeitet beim Radio"* **K** Radiosender

R

**3** *nur Singular* das Programm, das man mit dem Radio empfangen kann ⟨*Radio hören; etwas im Radio bringen, hören*⟩ **K** Radioprogramm

**ra·dio·ak·tiv★** [-f] *ADJEKTIV* in einem Zustand, in dem Atome zerfallen und dabei Energie abgeben, die Menschen, Tieren und Pflanzen schadet ⟨*Abfälle, ein Element, ein Stoff, die Strahlung, der Zerfall*⟩ *„Uran ist radioaktiv"* • *hierzu* **Ra·dio·ak·ti·vi·tät** *die*

die **Ra·dio·lo·gie** (-) die Wissenschaft, die sich mit Röntgenstrahlen und Radioaktivität und mit deren Anwendung vor allem in der Medizin beschäftigt

der **Ra·di·us** (-, *Ra·di·en* [-di̯ən]) die Entfernung vom Mittelpunkt eines Kreises oder einer Kugel zum Rand ≈ Halbmesser

der **Rad·ler** (-s, -); *süddeutsch* Ⓐ, *gesprochen* **1** ≈ Radfahrer **2** ein Getränk aus Bier und Limonade • *zu* (1) **Rad·le·rin** *die*

**raf·fen** (*raffte, hat gerafft*) **1** **etwas (an sich) raffen** *abwertend* so viel von etwas nehmen, wie man bekommen kann ⟨*Besitz, Geld, Schmuck raffen*⟩ **2** **etwas raffen** *gesprochen* ≈ kapieren

die **Raf·fi·ne·rie** (-, *-n* [-'riːən]) eine Fabrik, die Erdöl oder Zucker reinigt und bearbeitet **K** Ölraffinerie, Zuckerraffinerie • *hierzu* **raf·fi·nie·ren** (*hat*)

die **Raf·fi·nes·se** (-, *-n*) **1** *nur Singular* die Eigenschaft, raffiniert zu sein ⟨*die Raffinesse eines Betrügers, eines Plans*⟩ ≈ Schlauheit **2** *meist Plural* ein besonderes technisches Detail an einem Gerät *„ein Sportwagen mit allen Raffinessen"*

**raf·fi·niert** *ADJEKTIV* **1** sehr klug ausgedacht oder geschickt angewendet ⟨*ein Plan, ein System, eine Technik*⟩ *„Durch die raffinierte Anordnung der Möbel sieht der Raum größer aus"* **2** schlau und geschickt ⟨*ein Gauner, Machenschaften, ein Trick*⟩ ≈ clever

die **Ra·ge** ['raːʒə]; (-) **in Rage** in einem/einen wütenden Zustand ⟨*in Rage kommen; jemanden in Rage bringen*⟩

**ra·gen** (*ragte, hat/ist geragt*) **etwas ragt irgendwohin** etwas reicht weiter nach oben, außen usw. als die Umgebung *„Ein Nagel ragt aus der Wand"*

das **Ra·gout** [ra'guː]; (-s, -s) kleine Stücke Fleisch oder Fisch in einer Soße **K** Fischragout, Lammragout, Rehragout

der **Rahm★** (-(e)s); *süddeutsch* Ⓐ Ⓒⓗ ⟨*süßer, saurer Rahm*⟩ ≈ Sahne **K** Rahmschnitzel, Rahmsoße, Rahmspinat

**rah·men** (*rahmte, hat gerahmt*) **etwas rahmen** einen Rahmen um etwas machen ⟨*ein Bild, ein Dia, ein Fenster, einen Spiegel rahmen*⟩ • *hierzu* **Rah·mung** *die*

der **Rah·men★** (-s, -) **1** ein fester Rand, den man z. B. um Bilder oder Spiegel macht, um sie zu schmücken oder zu befestigen **K** Bilderrahmen; Goldrahmen **2** der Teil einer Tür oder eines Fensters, der fest mit der Wand verbunden ist **K** Fensterrahmen, Türrahmen **3** der (untere) Teil eines Fahrzeugs, an dem die Achsen befestigt sind **K** Fahrradrahmen **4** **ein Rahmen (für etwas)** *nur Singular* die Umgebung und der Zusammenhang, in denen etwas stattfindet oder geschieht ⟨*ein feierlicher, würdiger Rahmen*⟩ *„Die Konzerte bildeten den Rahmen für die Verleihung der Preise"* **5** *nur Singular* der Bereich, innerhalb dessen etwas geschieht ⟨*im Rahmen des Möglichen liegen, bleiben*⟩ *„Veränderungen in kleinem/großem Rahmen"* **6** **im Rahmen** *+Genitiv* wegen oder als Teil einer Sache *„Im Rahmen der Zweihundertjahrfeier finden zahlreiche Veranstaltungen statt"*

**Rah·men-** *im Substantiv, betont, begrenzt produktiv* **das Rahmenabkommen, die Rahmenbestimmung, das Rahmengesetz, der Rahmenplan** *und andere* drückt aus, dass etwas nur die allgemeinen Grundlagen enthält und keine Details *„die Rahmenbedingungen festlegen"*

die **Ra·ke·te★** (-, *-n*) **1** Raketen sehen wie Rohre mit einer Spitze aus und können von der Erde weg in den Weltraum fliegen ⟨*eine mehrstufige, (un)bemannte Rakete; eine Rakete zünden, starten*⟩ *„mit einer Rakete zum Mond fliegen"* **K** Raketenstart; Mondrakete **2** eine Rakete, die als Waffe benutzt wird und Bomben transportiert ⟨*Raketen stationieren, abfeuern, abschießen, auf ein Ziel richten*⟩ *„die Zahl der atomaren Raketen begrenzen"* **K** Atomrakete, Luftabwehrrakete **3** eine kleine Rakete, die in der Luft explodiert und als Feuerwerk oder Signal verwendet wird **K** Feuerwerksrakete

die **Ram·me** (-, *-n*) ein Gerät, das man dazu benutzt, etwas in den Boden zu stoßen oder den Boden flach und fest zu machen

**ram·men** (*rammte, hat gerammt*) **1** **etwas irgendwohin rammen** etwas mit kräftigen Schlägen in den Boden schlagen ⟨*Pfähle in den Boden rammen*⟩ **2** **jemanden/etwas ram-**

R

**men** beim Fahren an jemandes Auto/etwas stoßen und es beschädigen

die **Rạm·pe** (-, -n) **1** eine schräge Fläche, über die Fahrzeuge zu einer höheren oder tieferen Ebene fahren können **2** eine erhöhte Fläche vor einem Gebäude, auf der man Waren besser aus einem Lastwagen laden kann

das **Rạm·pen·licht im Rampenlicht stehen** oft in der Öffentlichkeit auftreten und viel beachtet werden

**ram·po·niert** *ADJEKTIV* in schlechtem Zustand ≈ angeschlagen, mitgenommen *„Du siehst so ramponiert aus, hast du letzte Nacht nicht geschlafen?"*

der **Rạmsch** (-es); *abwertend* Dinge von sehr schlechter Qualität (die ein Geschäft verkauft) **K** Ramschladen, Ramschware

**rạn** *ADVERB; gesprochen* → heran

**rạn-** *im Verb; gesprochen* → heran-

der **Rạnd**★ (-(e)s, *Rän·der*) **1** der Bereich, wo etwas aufhört oder anfängt ⟨*der obere, untere, äußere, innere, linke, rechte Rand*⟩ ↔ Mitte *„ein Glas bis zum Rand füllen"* **K** Kraterrand, Stadtrand, Tellerrand **2** der seitliche, obere oder untere Teil eines Blattes Papier, auf den man normalerweise nichts schreibt **K** Randnotiz **3** ein Strich oder schmaler Streifen außen am Rand von Flächen *„ein Briefumschlag mit schwarzem Rand"* | *„der gezackte Rand einer Briefmarke"* **K** Fettrand, Kalkrand, Trauerrand **4** **am Rande** zusätzlich zu etwas, das wichtiger ist ⟨*etwas nur am Rande bemerken, erwähnen; etwas spielt sich (nur ganz) am Rande ab*⟩ **K** Randbemerkung, Randfigur **ID** → zurande

die **Ran·da̲·le** (-) **Randale machen** *gesprochen* ≈ randalieren

**ran·da·li̲e̲·ren** (*randalierte, hat randaliert*) Lärm machen, andere Leute stören und Sachen mit Absicht beschädigen *„randalierende Fans"* • *hierzu* **Ran·da·li̲e̲·rer** *der*

der **Rạnd·stein** *süddeutsch* Ⓐ Ⓒⓗ ≈ Bordstein

der **Rạnd·strei·fen** der äußere Teil der Straße (vor allem bei einer Autobahn), auf dem man nicht fahren, bei einer Panne aber das Auto abstellen darf

**rạnd·vọll** *ADJEKTIV* ⟨*ein Auto, ein Glas, ein Programm*⟩ so, dass nichts anderes mehr darin Platz hat

**rạng** *Präteritum, 1. und 3. Person Singular* → ringen

der **Rạng**★ (-(e)s, *Rän·ge*) **1** jede der Stufen in einer Ordnung (Hierarchie), die durch soziale oder dienstliche Wichtigkeit gekennzeichnet ist ⟨*einen hohen, niedrigen Rang haben, einnehmen, bekleiden*⟩ *„der Rang eines Leutnants"* **K** Rangfolge, Ranghöchste(r); Dienstrang, Offiziersrang **2** der Platz, den man in einem Wettkampf erreicht *„den ersten/letzten Rang belegen"* **3** der hintere und höher liegende Teil des Raumes, in dem man im Kino oder Theater sitzt

**rạn·ge·hen** (*ging ran, ist rangegangen*); *gesprochen* **1** **an etwas** (*Akkusativ*) **rangehen** an etwas herangehen **2** sich ohne Zweifel oder Zögern bemühen, ein Ziel zu erreichen *„Er hat sie gerade erst kennengelernt und gleich zum Essen eingeladen. Der geht ganz schön ran!"*

**rạn·geln** (*rangelte, hat gerangelt*) **(mit jemandem) (um etwas) rangeln** mit einer Person kämpfen, ohne ihr wehtun zu wollen *„Die Kinder rangelten um die besten Plätze"*

**ran·gie·ren** [raŋ'ʒiːrən] (*rangierte, hat rangiert*) **(etwas) rangieren** Eisenbahnwagen auf ein anderes Gleis bringen, um neue Züge zusammenzustellen **K** Rangierbahnhof, Rangierlok

**rạn·hal·ten** (*hat*); *gesprochen* **sich (mit etwas) ranhalten** sich (mit einer Arbeit) beeilen *„Wenn wir uns (mit der Arbeit) ranhalten, werden wir rechtzeitig fertig"*

die **Rạn·ke** (-, -n) ein langer, dünner und biegsamer Teil einer Pflanze, mit dem sie sich irgendwo festhält ⟨*die Ranken des Efeus, der Erbse, des Weines*⟩

**rạn·ken** (*rankte, hat/ist gerankt*) **1** **etwas rankt irgendwo** (*ist*) etwas wächst an einer Stelle und hält sich mit Ranken fest ⟨*Pflanzen*⟩ **2** **etwas rankt sich irgendwohin** (*hat*) etwas wächst an etwas entlang oder in die Höhe *„An der Mauer rankt sich Efeu in die Höhe"*

**rạn·las·sen** (*hat*); *gesprochen* **1** **jemanden (an eine Person/etwas) ranlassen** zulassen, dass jemand oder ein Tier in die Nähe einer Person oder Sache kommt **2** **jemanden ranlassen** einer Person die Gelegenheit geben zu zeigen, was sie kann

**rạnn** *Präteritum, 3. Person Singular* → rinnen

**rạnn·te** *Präteritum, 1. und 3. Person Singular* → rennen

der **Rạn·zen** (-s, -) eine Tasche, die ein Schüler auf dem Rücken trägt ⟨*den Ranzen packen, tragen*⟩ **K** Schulranzen

**rạn·zig** *ADJEKTIV* so, dass das Fett darin alt ist und schlecht riecht und schmeckt ⟨*Butter,*

*Nüsse, Öl*⟩

der **Rạp·pe** (*-n, -n*) ein schwarzes Pferd

der **Rạp·pel** (*-s*); *gesprochen* ein (nervöser) Zustand, in dem jemand für kurze Zeit unvernünftige Dinge tut ⟨*einen Rappel kriegen, haben*⟩

der **Rạp·pen**★ (*-s, -*) die kleinste Einheit des Geldes in der Schweiz; *„Ein Franken hat 100 Rappen"* ⓘ Abkürzung: *Rp*

**rar** ADJEKTIV (*rarer, rarst-*) **1** nicht oft vorkommend ≈ selten *„Eulen sind in unseren Wäldern inzwischen rar geworden"* ⓘ *Selten* wird häufiger verwendet als *rar.* **2** *meist prädikativ* nicht in genügender Menge vorhanden ⟨*Lebensmittel, Rohstoffe*⟩ ≈ knapp

die **Ra·ri·tät** (*-, -en*) ein Gegenstand, von dem es nur wenige Stücke gibt und der deshalb wertvoll ist ⟨*Raritäten sammeln*⟩

**rar·ma·chen** (*machte sich rar, hat sich rargemacht*) **sich (bei jemandem) rarmachen** weniger Kontakt zu jemandem haben als früher, weil man keine Zeit oder Lust mehr dazu hat

**ra·sạnt** ADJEKTIV (*rasanter, rasantest-*) sehr schnell ⟨*eine Fahrt, ein Tempo, ein Sportwagen; eine Entwicklung, ein Wachstum*⟩ *„das rasante Wachstum der industriellen Produktion"*

**rạsch**★ ADJEKTIV (*rascher, raschest-*) so, dass ein Vorgang oder eine Handlung nur kurze Zeit dauert ≈ schnell *„eine rasche Auffassungsgabe haben"* | *„rasche Fortschritte machen"* | *„Ich gehe nur rasch Zigaretten holen, ich bin gleich wieder da"*

**rạ·scheln** (*raschelte, hat geraschelt*) **1** **etwas raschelt** etwas macht das Geräusch, das man hört, wenn der Wind trockene Blätter bewegt ⟨*das Laub, das Stroh, die Seide; etwas rascheln hören*⟩ **2** **mit etwas rascheln** etwas so bewegen, dass es raschelt

**ra·sen**★ (*raste, hat/ist gerast*) **1** **(vor etwas** (*Dativ*)**) rasen** (*hat*) wütend und laut sprechen und sich dabei wild benehmen ⟨*vor Wut, Zorn, Eifersucht, Schmerzen rasen; jemanden zum Rasen bringen*⟩ ≈ toben **2** **(irgendwohin) rasen** (*ist*) sehr schnell fahren oder laufen *„Das Auto raste in die Zuschauer"* **3** **der Puls/das Herz rast** (*ist*) der Puls/das Herz schlägt sehr schnell • zu (2) **Ra·ser** *der*; zu (2) **Ra·se·rin** *die; gesprochen, abwertend*

der **Ra·sen**★ (*-s, -*); *meist Singular* eine gepflegte Fläche mit dichtem, kurzem Gras (vor allem in Gärten und Parks) ⟨*ein gepflegter Rasen; den Rasen mähen, sprengen*⟩

der **Ra·sen·mä·her** (*-s, -*) ein Gerät, mit dem man den Rasen mäht **K** Benzinrasenmäher

die **Ra·se·rei** (*-*) *gesprochen, abwertend* sehr schnelles und unvorsichtiges Fahren

der **Ra·sier·ap·pa·rat** ein Gerät zum Rasieren

**ra·sie·ren**★ (*rasierte, hat rasiert*) **jemanden rasieren; (jemandem) etwas rasieren** die Haare so kurz wie möglich über der Haut abschneiden (bei Männern vor allem im Gesicht) ⟨*jemanden/sich nass, trocken rasieren; jemandem/sich den Bart rasieren*⟩ *„Ich rasiere mich nicht mehr, ich will mir einen Bart wachsen lassen"* **K** Rasiermesser, Rasierpinsel, Rasierschaum

die **Ra·sier·klin·ge** ein kleines, sehr dünnes Stück Metall mit scharfen Kanten zum Rasieren

das **Ra·sier·was·ser** eine Flüssigkeit (die Alkohol enthält und angenehm riecht), die man nach dem Rasieren aufs Gesicht tut ≈ Aftershave

die **Rạs·pel**[1]; (*-, -n*) ≈ Reibe

der **Rạs·pel**[2]; (*-s, -n*); *meist Plural* ein kleines Stück Apfel, Käse, Schokolade o. Ä., das man mit einer Reibe gemacht hat **K** Kokosraspel, Schokoraspel

**rạs·peln** (*raspelte, hat geraspelt*) **(etwas) raspeln** etwas mit einer Raspel klein machen ⟨*Äpfel, Schokolade, Nüsse, Karotten raspeln; etwas grob, fein raspeln*⟩

die **Rạs·se**★ (*-, -n*) **1** *meist abwertend* eine der großen Gruppen, in welche die Menschen aufgrund der verschiedenen Hautfarben eingeteilt werden ⟨*die schwarze, gelbe, weiße, rote Rasse*⟩ **K** Rassendiskriminierung, Rassenhass, Rassenhetze ⓘ Diese Art der Einteilung ist wissenschaftlich nicht akzeptabel. **2** eine Gruppe von Tieren, die sich durch einige Merkmale von anderen Tieren (derselben Art) unterscheiden ⟨*eine neue Rasse (von Kühen, Hunden ) züchten; zwei Rassen (miteinander) kreuzen*⟩ **K** Hunderasse, Pferderasse

die **Rạs·sel** (*-, -n*) ein einfaches Spielzeug für Babys, das ein rasselndes Geräusch macht **K** Babyrassel

**rạs·seln** (*rasselte, hat/ist gerasselt*) (*hat*) harte, kurze Geräusche machen wie kleine Teile aus Metall, die an etwas stoßen ⟨*die Kette, der Wecker*⟩ *„Die Gefangenen rasselten mit ihren Ketten"*

**rạs·sig** ADJEKTIV; *gesprochen* ⟨*eine Frau*⟩ schön und voller Temperament

R

der **Ras·sịs·mus** (-); *abwertend* eine der Ideologien, welche die Fähigkeiten und Eigenschaften des Menschen in Verbindung mit der Hautfarbe und anderen biologischen Merkmalen sieht • *hierzu* **Ras·sịst** *der*; **Ras·sịs·tin** *die*; **ras·sịs·tisch** *ADJEKTIV*

die **Rạst** (-, *-en*); *meist Singular* eine Pause, die man bei Wanderungen macht ⟨*(eine) Rast machen*⟩

**rạs·ten** (*rastete, hat gerastet*) beim Wandern eine Pause machen

der/das **Rạs·ter** (-s, -) **1** ein Gitter aus Linien oder Punkten, mit dem man ein Bild in einzelne Punkte aufteilt ⟨*ein feines, grobes Raster*⟩ **2** ein System von Begriffen, in das eine Person das, was sie sieht, erlebt, hört usw., einordnet ⟨*in kein/keinen Raster passen*⟩

das **Rạst·haus** ≈ Raststätte

**rạst·los** *ADJEKTIV* **1** ⟨*ein Mensch*⟩ so, dass er nie eine Pause macht *„rastlos arbeiten"* **2** sehr aktiv und unruhig ⟨*Augen; das Treiben der Stadt*⟩ • *hierzu* **Rạst·lo·sig·keit** *die*

der **Rạst·platz** **1** ein Platz, an dem man während einer Wanderung eine Pause machen kann **2** ein Parkplatz an einer Autobahn (mit einem Gasthaus)

die **Rạst·stät·te★** ein Gasthaus an einer Autobahn

die **Ra·sur** (-, *-en*) **1** das Rasieren **K** Nassrasur, Trockenrasur **2** die Art, wie jemand/etwas rasiert ist ⟨*eine glatte, schlechte Rasur*⟩

**rät** *Präsens, 3. Person Singular* → raten

der **Rat**[1]**★**; (-(e)s) das, was man (aufgrund von Erfahrung oder Kenntnissen) einer Person sagt, damit sie weiß, was sie tun soll ⟨*jemandem einen Rat geben; jemanden um Rat bitten, fragen; einem Rat folgen; auf jemandes Rat hören; auf jemandes Rat hin (etwas tun)*⟩ ≈ Ratschlag *„Mein Rat wäre, mit dem Zug statt mit dem Auto zu fahren"* **i** Als Plural wird *Ratschläge* verwendet.

der **Rat**[2]**★**; (-(e)s, *Rä·te*) **1** eine Gruppe von Menschen, die in einer Organisation o. Ä. Probleme diskutieren und dann entscheiden ⟨*jemanden in den Rat wählen; im Rat sitzen*⟩ **K** Ratsbeschluss, Ratsmitglied, Ratssitzung; Aufsichtsrat, Betriebsrat, Stadtrat **2** eine Person, die Mitglied eines Rats ist **3** *nur Singular* der Titel eines ziemlich hohen Beamten **K** Regierungsrat, Studienrat • *zu* (2,3) **Rä·tin** *die*

die **Ra·te** (-, *-n*) **1** Raten sind Teile einer größeren Summe, die man so oft zahlt, bis alles bezahlt ist ⟨*etwas auf Raten kaufen; etwas in Raten abzahlen, bezahlen, zahlen*⟩ *„Sie zahlt ihr Auto in monatlichen Raten von/zu 150 Euro ab"* **K** Monatsrate **2** **die Rate an/von Personen/Dingen**; **die Rate** + *Genitiv* die Häufigkeit der Fälle oder Größe oder Größe einer Menge, meist in Prozent ausgedrückt *„Dieser Studiengang hat eine hohe Rate an Studienabbrechern"* **K** Geburtenrate, Inflationsrate

**ra·ten★** (*rät, riet, hat geraten*) **1** **jemandem (zu) etwas raten** einer Person (aufgrund von Erfahrung) sagen, was sie in einer Situation tun soll ≈ vorschlagen *„Der Arzt hat ihr zu einer Kur geraten"* | *„Ich habe ihm geraten, neue Reifen zu kaufen"* **2** **(etwas) raten** versuchen, eine richtige Antwort oder ein richtiges Urteil zu geben, obwohl man kein genaues Wissen von einer Sache hat ⟨*richtig, gut, falsch, schlecht raten*⟩ *„Ich habe keine Ahnung, aber lass mich mal raten"* **K** Ratespiel

die **Ra·ten·zah·lung** **1** das Zahlen einer (fälligen) Rate ⟨*eine Ratenzahlung leisten*⟩ **2** das Zahlen in Raten ⟨*etwas auf Ratenzahlung kaufen*⟩

der **Rat·ge·ber** (-s, -) **1** eine Person, die anderen Leuten gute Ratschläge gibt **2** **ein Ratgeber (für etwas)** ein kleines Buch, in dem man Tipps und Informationen über etwas findet *„ein Ratgeber für den Garten"* • *zu* (1) **Rat·ge·be·rin** *die*

das **Rat·haus★** das Gebäude, in dem der Bürgermeister und die Verwaltung eines Ortes sind **K** Rathausplatz, Rathaussaal

die **Ra·ti·on** [ra'tsio:n]; (-, *-en*) die kleine Menge an Lebensmitteln, die jeder bekommt (weil die Vorräte knapp sind) ⟨*die Rationen kürzen, erhöhen*⟩ **K** Brotration, Tagesration

**ra·ti·o·nal** [ratsio-] *ADJEKTIV* vom Verstand und nicht von Gefühlen geleitet ⟨*rational denken, handeln*⟩ *„eine rationale Entscheidung fällen"* • *hierzu* **Ra·ti·o·na·li·tät** *die*

**ra·ti·o·nẹll** [-tsio-] *ADJEKTIV* so, dass mit wenig Kraft und Material ein gutes Ergebnis erreicht wird ⟨*eine Arbeitsweise, eine Methode; rationell arbeiten, wirtschaften; die Arbeitskraft, seine Energie rationell einsetzen*⟩

**ra·ti·o·nie·ren** [-tsio-] (*rationierte, hat rationiert*) **etwas rationieren** regeln, dass jeder nur eine kleine Menge von etwas bekommt (weil nicht genug davon vorhanden ist) *„Wegen der großen Hitze musste das Wasser rationiert werden"*

R

**rat·los** *ADJEKTIV* so, dass der Betroffene nicht weiß, was er tun soll ⟨*ein Blick, ein Achselzucken; ratlos sein, dastehen*⟩ • *hierzu* **Rat·lo·sig·keit** *die*

**rat·sam** *ADJEKTIV meist prädikativ* gut und richtig ⟨*etwas für ratsam halten*⟩ *„Heute ist es sicher ratsam, einen Schirm mitzunehmen" | „Ich halte es für ratsam, dass wir die Arbeit anders verteilen"*

**rat·schen** (*ratschte, hat geratscht*); *süddeutsch* Ⓐ, *gesprochen* **jemand ratscht mit jemandem**; **Personen ratschen (miteinander)** Personen unterhalten sich ≈ plaudern *„Mir ist das Essen angebrannt, weil ich mit dem Postboten ins Ratschen gekommen bin"*

der **Rat·schlag★** ≈ Rat ❶ *Ratschläge* wird als Plural von *Rat* verwendet: *jemandem gute Ratschläge geben.*

das **Rät·sel★** (-s, -) **1** eine komplizierte Frage, bei der man raten oder lange nachdenken muss, um die Antwort zu finden ⟨*ein leichtes, einfaches, schweres, schwieriges Rätsel; ein Rätsel lösen, raten*⟩ **K** Rätselfrage **2** ein Spiel mit solchen Fragen, das man in verschiedenen Formen z. B. in Zeitschriften findet **K** Rätselheft; Kreuzworträtsel, Silbenrätsel **3** etwas, das man nicht erklären kann ⟨*etwas ist, bleibt jemandem ein Rätsel*⟩ ≈ Geheimnis *„Es ist mir ein Rätsel, wo sie so lange bleibt"*

**rät·sel·haft** *ADJEKTIV* **1** ⟨*auf rätselhafte Weise; unter rätselhaften Umständen*⟩ so, dass man sie nicht erklären kann **2** **etwas ist jemandem rätselhaft** etwas ist so, dass es jemand nicht verstehen kann *„Es ist mir absolut rätselhaft, wie ich meine Uhr verlieren konnte"*

**rät·seln** (*rätselte, hat gerätselt*) **(darüber) rätseln, wie/wo/was** usw. (durch Nachdenken) versuchen, eine Erklärung für etwas zu finden *„Wir haben lange gerätselt, was diese Zeichen wohl bedeuten"*

die **Rat·te** (-, -*n*) ein Nagetier mit einem dünnen Schwanz, das wie eine große Maus aussieht **K** Rattengift

**rat·tern** (*ratterte, hat gerattert*) **etwas rattert** etwas macht die Geräusche, die z. B. entstehen, wenn große Metallstücke schnell und oft gegeneinanderstoßen ⟨*das Maschinengewehr, der Zug*⟩

**rau★** *ADJEKTIV* (*rauer-, rauest-*) **1** relativ hart und nicht glatt, sodass man einen Widerstand spürt, wenn man mit dem Finger darüberstreicht ⟨*eine Oberfläche*⟩ *„die rauen Stellen eines Bretts mit dem Hobel glätten"* **2** kalt und mit viel Wind ⟨*ein Klima, ein Wetter, ein Winter*⟩ ≈ streng ↔ mild **3** grob, ohne Taktgefühl ⟨*Sitten, ein Ton*⟩ **4** **ein rauer Hals** ein entzündeter Hals, der die Stimme rau klingen lässt • *hierzu* **Rau·heit** *die*

der **Raub** (-*es*) **1** das Wegnehmen eines Gegenstandes von jemandem (unter Androhung oder Anwendung von Gewalt) **K** Raubüberfall; Bankraub **2** die Entführung eines Menschen **K** Menschenraub

**Raub-** *im Substantiv, betont, nicht produktiv* **1** **der Raubfisch, die Raubkatze, das Raubtier, der Raubvogel, das Raubwild** *und andere* bezeichnet Tierarten, die andere Tiere fangen und fressen **2** **der Raubdruck, die Raubpressung** *und andere* drückt aus, dass etwas illegal produziert wurde *„die Raubkopie eines Computerprogramms"*

der **Raub·bau** **1** **Raubbau (an etwas** (*Dativ*)**)** die zu intensive Nutzung eines Teils der Natur (z. B. eines Ackers), durch die Schaden entsteht **2** **mit etwas Raubbau treiben** etwas so belasten, dass man es schädigt ≈ ruinieren

**rau·ben** (*raubte, hat geraubt*) **1** **((jemandem) etwas) rauben** jemandem etwas mit Gewalt oder Drohungen wegnehmen *„Die Täter schlugen ihn nieder und raubten ihm das ganze Geld"* **2** **ein Tier raubt ein Tier** ein Tier fängt (und frisst) ein anderes Tier ⟨*der Wolf raubt Schafe*⟩ **3** **etwas raubt jemandem etwas** etwas bewirkt, dass jemand etwas nicht hat oder nicht bekommt ⟨*etwas raubt jemandem den Schlaf, die Ruhe*⟩

der **Räu·ber** (-s, -) **1** eine Person, die raubt oder geraubt hat **K** Räuberbande; Bankräuber **2** ein Tier, das Eier und junge Tiere frisst **K** Nesträuber • *zu* (1) **Räu·be·rin** *die*

die **Raub·ko·pie** eine illegale Kopie der Daten einer gekauften CD-ROM, DVD o. Ä.

das **Raub·tier★** jedes Säugetier mit starken Zähnen, das andere Tiere jagt und frisst *„Tiger und Wölfe sind Raubtiere"* **K** Raubtiergehege, Raubtierkäfig

der **Raub·vo·gel** ein Vogel, der Tiere jagt und frisst ≈ Greifvogel

der **Rauch★** (-(*e*)*s*) **1** die Wolken, die entstehen und in die Luft steigen, wenn etwas verbrennt ⟨*aus dem Kamin kommt Rauch, steigt Rauch auf*⟩ **K** Rauchwolke **2** der Rauch einer Zigarette o. Ä. ⟨*den Rauch inhalieren*⟩ **K** Pfeifenrauch, Zigarrenrauch

**rau·chen**★ (*rauchte, hat geraucht*) **1** **(etwas) rauchen** an einer brennenden Zigarette, Pfeife o. Ä. saugen und den Tabakrauch einatmen ⟨*eine Zigarette, Pfeife, eine Zigarre, einen Joint rauchen*⟩ *„Darf man hier rauchen?"* **K** Rauchverbot **2** **(etwas) rauchen** die Gewohnheit haben zu rauchen ⟨*sich (Dativ) das Rauchen abgewöhnen; zu rauchen aufhören*⟩ **3** **etwas raucht** etwas produziert Rauch und lässt ihn nach außen kommen ⟨*der Kamin, der Ofen*⟩ **4** **es raucht (irgendwo)** es entsteht Rauch *„Da drüben raucht es, wir sollten die Feuerwehr holen"*

der **Rau·cher**★ (-*s*, -) eine Person, die die Gewohnheit hat, Tabak (meist als Zigarette, Zigarre o. Ä.) zu rauchen ⟨*ein starker Raucher sein*⟩ • *hierzu* **Rau·che·rin** *die*

**Räu·cher-** *im Substantiv, betont, begrenzt produktiv* **der Räucheraal, der Räucherfisch, der Räucherlachs, der Räucherspeck** *und andere* ≈ geräuchert

**räu·chern** (*räucherte, hat geräuchert*) **1** **etwas räuchern** etwas haltbar machen, indem man es im Rauch hängen lässt ⟨*Fisch, Fleisch, Speck, Schinken räuchern*⟩ **2** **(mit etwas) räuchern** Dinge verbrennen, die gut riechen ⟨*mit Weihrauch räuchern*⟩ **K** Räucherstäbchen

**rauf**★ *ADVERB; süddeutsch, gesprochen* → herauf, hinauf

**rauf-**★ *im Verb, betont und trennbar, sehr produktiv; gesprochen* → herauf-, hinauf-

**rau·fen** (*raufte, hat gerauft*) **1** **eine Person rauft (mit jemandem)**; **Personen raufen** zwei oder mehrere Personen kämpfen ohne Waffen (auch zum Spaß) *„Wo sind denn die Kinder?" – „Die raufen schon wieder im Garten."* **2** **Personen raufen sich (um etwas)** Personen kämpfen ohne Waffen, um etwas zu bekommen *„Die Kinder rauften sich um den Ball"*

die **Rau·fe·rei** (-, -*en*) ≈ Schlägerei, Prügelei

der **Raum**★ (-*(e)s*, *Räu·me*) **1** der Teil eines Gebäudes, der einen Fußboden, Wände und eine Decke hat ≈ Zimmer *„eine Wohnung mit vier Räumen: Küche, Bad, Wohnzimmer und Schlafzimmer"* **K** Raumaufteilung, Raumtemperatur; Aufenthaltsraum, Kellerraum, Lagerraum **2** ein Bereich mit drei Dimensionen (mit Länge, Breite und Höhe/Tiefe) *„Das Weltall ist ein luftleerer Raum"* **K** Hohlraum, Luftraum, Zwischenraum **3** *nur Singular* der Raum oder die Fläche, die man zu einem Zweck benutzen kann ⟨*viel/wenig Raum beanspruchen, einnehmen; auf engem/engstem Raum zusammenleben*⟩ ≈ Platz *„Im Auto ist/Das Auto hat nicht genug Raum für so viele Koffer"* **K** Raummangel **4** *meist Singular* ein Teil der Erdoberfläche, vor allem eines Landes ≈ Gebiet *„Er sucht eine neue Stelle im süddeutschen Raum/im Raum Süddeutschland"* **K** Sprachraum, Wirtschaftsraum **5** *nur Singular* der Weltraum außerhalb der Atmosphäre der Erde ≈ All, Kosmos **K** Raumfahrer, Raumfähre, Raumstation

**räu·men** (*räumte, hat geräumt*) **1** **etwas irgendwohin räumen** etwas (von irgendwo wegnehmen und) an einen anderen Platz bringen *„die Wäsche aus dem/in den Schrank räumen"* **2** **etwas räumen** von einem Raum oder Ort weggehen *„Die Polizei forderte die Demonstranten auf, die Straße zu räumen"* **3** **etwas räumen** die eigenen Sachen aus einer Wohnung o. Ä. wegnehmen und diese verlassen ⟨*eine Wohnung, ein Haus räumen*⟩ **4** **etwas räumen** eine Straße o. Ä. wieder frei machen (z. B. nach einem Unfall) *„Die Polizei räumte die Unglücksstelle"* **5** **etwas räumen** etwas zur Seite schieben oder schaffen, weil es im Weg ist ⟨*Schnee räumen*⟩ • *hierzu* **Räu·mung** *die*

die **Raum·fahrt**★ *nur Singular* die Erforschung des Weltraums mit Raketen und Sonden ⟨*die bemannte, unbemannte Raumfahrt*⟩ **K** Raumfahrtprogramm

der **Raum·in·halt** der Platz, den ein Raum oder Körper hat oder braucht ≈ Volumen

**räum·lich**★ *ADJEKTIV* **1** *meist attributiv* in Bezug die einzelnen Räume ⟨*die Aufteilung, Gestaltung eines Hauses*⟩ **2** in Bezug auf den Raum als Dimension ⟨*die Lage eines Körpers; etwas räumlich und zeitlich einordnen*⟩ **3** *meist attributiv* in Bezug auf den vorhandenen Platz ⟨*die Enge, die Nähe*⟩ **4** so, dass man den (optischen) Eindruck eines Raumes hat ⟨*eine Darstellung*⟩ ≈ dreidimensional **5** so, wie in einem Raum (wirkend) ⟨*das Hören, das Sehen*⟩ *„der räumliche Klang einer Stereoanlage"*

die **Räum·lich·keit** (-, -*en*) **1** *meist Plural* die Räume in einem Gebäude *„Wir haben endlich passende Räumlichkeiten für unsere Tagung gefunden"* **2** *nur Singular* eine Gestaltung, bei der man den optischen Eindruck oder Klang eines Raumes hat ⟨*die Räumlichkeit eines Klangs, einer Perspektive, einer Zeichnung*⟩

das **Raum·schiff** ein Fahrzeug, mit dem man

R

durch den Weltraum fliegen kann

die **Räu·mungs·kla·ge** eine Klage vor Gericht, mit der ein Vermieter erreichen will, dass jemand aus einer Wohnung oder aus einem Haus ziehen muss

der **Räu·mungs·ver·kauf** das Verkaufen aller Waren, wenn jemand das Geschäft aufgibt

das **Rau·nen** (-s); *geschrieben* das gleichzeitige, leise Sprechen (vieler Leute) *„Als sie erschien, ging ein Raunen durch den Saal"* • *hierzu* **rau·nen** (*hat*)

die **Rau·pe** (-, -*n*) **1** die Larve eines Schmetterlings, die einen länglichen Körper und viele Füße hat ⟨*eine Raupe verpuppt sich*⟩ **2** eine Art Kette zum Bewegen von Maschinen oder Fahrzeugen ⟨*etwas bewegt sich auf Raupen*⟩ **K** Raupenfahrzeug **3** ein Fahrzeug mit Raupen statt Rädern **K** Planierraupe

**raus★** *ADVERB; gesprochen* → heraus, hinaus

**raus-★** *im Verb, betont und trennbar, sehr produktiv; gesprochen* → heraus-, hinaus-

der **Rausch★** (-*es*, *Räu·sche*) **1** der Zustand, in den man kommt, wenn man zu viel Alkohol trinkt ⟨*einen Rausch bekommen, haben*⟩ **2** **ein Rausch** (+*Genitiv*) *nur Singular* ein Zustand, in dem ein Gefühl so stark ist, dass man nicht mehr vernünftig denken oder bewusst handeln kann ⟨*in einen Rausch geraten*⟩ *„von einem Rausch der Leidenschaft erfasst werden"* **K** Siegesrausch

**rau·schen** (*rauschte, hat/ist gerauscht*) **1** **etwas rauscht** (*hat*) etwas macht ein gleichmäßiges Geräusch, wie man es z. B. bei einem schnell fließenden Fluss hört ⟨*der Bach, das Meer, die Wellen, der Wind*⟩ **2** **etwas rauscht irgendwohin** (*ist*) etwas bewegt sich (schnell) und rauscht dabei *„Der Bach rauscht zu Tal"*

**rau·schend** *ADJEKTIV* **1** sehr laut und intensiv ⟨*Beifall*⟩ ≈ stark **2** ⟨*ein Fest*⟩ mit viel Luxus und Prunk

das **Rausch·gift** eine Substanz, die man nimmt, um angenehme Gefühle zu haben, und die süchtig macht ⟨*Rauschgift nehmen; von Rauschgift abhängig sein*⟩ ≈ Droge *„Morphium und Heroin sind Rauschgifte"* **K** Rauschgifthandel, Rauschgiftsucht; rauschgiftsüchtig

**räus·pern** (*räusperte sich, hat sich geräuspert*) **sich räuspern** durch eine Art kurzes Husten die Kehle reinigen, um eine klare Stimme zu haben

**raus·schmei·ßen** (*hat*); *gesprochen* **1** **etwas rausschmeißen** etwas wegwerfen **2** **jemanden rausschmeißen** jemanden aus einem Raum entfernen (lassen) **3** **jemanden rausschmeißen** als Arbeitgeber einem Mitarbeiter kündigen • *zu* (2,3) **Raus·schmiss** *der*

die **Rau·te** (-, -*n*) ein Viereck mit jeweils zwei gleich langen parallelen Seiten, das keinen rechten Winkel hat ≈ Rhombus **K** Rautenform, Rautenmuster

die **Raz·zia** (-, *Raz·zien* [-i̯ən]) eine überraschende Aktion der Polizei, bei welcher die Leute in einem Lokal, Haus o. Ä. kontrolliert werden ⟨*eine Razzia durchführen, veranstalten; jemanden bei einer Razzia festnehmen*⟩

das **Re·a·genz·glas** ein sehr schmales, hohes Glas, in dem ein Chemiker Stoffe mischt, heiß macht usw.

**re·a·gie·ren★** (*reagierte, hat reagiert*) **1** **(auf jemanden/etwas irgendwie) reagieren** in der genannten Weise handeln (als Antwort auf eine Handlung, Bemerkung o. Ä.) *„Sie hat blitzschnell reagiert und so einen Unfall vermieden"* **2** **etwas reagiert (mit etwas)** etwas verändert sich (chemisch), wenn eine Mischung entsteht oder etwas in Kontakt mit einer anderen Substanz kommt *„Wenn Säuren mit Laugen reagieren, entstehen Salze"*

die **Re·ak·ti·on★** [-'tsi̯oːn]; (-, -*en*) **1** **eine Reaktion (auf jemanden/etwas)** die Handlung, mit der jemand auf etwas reagiert ⟨*eine heftige, spontane, unerwartete Reaktion; keine Reaktion zeigen*⟩ *„Wie war ihre Reaktion, als sie von dem Unfall hörte?"* **K** Reaktionsgeschwindigkeit **2** eine Veränderung im Körper von Menschen, Tieren aufgrund äußerer Einflüsse ⟨*eine allergische Reaktion*⟩ **3** **eine Reaktion (mit etwas)** der (chemische) Prozess, der abläuft, wenn sich Substanzen verändern ⟨*eine chemische, heftige, thermische, saure Reaktion*⟩ *„Bei der Reaktion von Eisen mit/und Sauerstoff entsteht Rost"*

**re·ak·ti·o·när** [-tsi̯o-] *ADJEKTIV; abwertend* gegen soziale und politische Verbesserungen ⟨*eine Einstellung, ein Politiker; reaktionär denken*⟩

der **Re·ak·tor** (-*s*, *Re·ak·to·ren*) im Reaktor wird aus radioaktivem Material Strom erzeugt **K** Reaktorsicherheit, Reaktorunfall; Atomreaktor, Kernreaktor

**re·al★** [re'aːl] *ADJEKTIV* **1** *geschrieben* so, wie etwas in Wirklichkeit ist ≈ wirklich *„Ich bilde mir das nicht ein, das ist ein reales Problem"* **2** ⟨*eine Einschätzung, eine Beurteilung; real*

R

*denken; etwas real einschätzen*〉 ≈ realistisch **3** in Bezug auf den tatsächlichen Wert des Geldes 〈*das Einkommen, der Zinsertrag*〉 **K** Reallohn

**re·a·li·sie·ren**★ (*realisierte, hat realisiert*) **1** **etwas realisieren** *geschrieben* etwas tun, das man (schon lange) geplant hat 〈*einen Plan, ein Projekt, ein Vorhaben realisieren*〉 ≈ verwirklichen **2** **etwas realisieren** etwas bewusst erkennen 〈*eine Gefahr, ein Problem*〉 *„Er hat noch nicht realisiert, dass er in Gefahr ist/wie gefährlich das ist"* • *zu* (1) **re·a·li·sier·bar** ADJEKTIV; *zu* (1) **Re·a·li·sie·rung** *die*

**re·a·lịs·tisch**★ ADJEKTIV **1** 〈*eine Beurteilung, eine Einschätzung*〉 so, dass sie an der Wirklichkeit orientiert sind ≈ sachlich ↔ unrealistisch *„Wann kann man realistisch mit der Beendigung des Projekts rechnen?"* **2** 〈*eine Darstellung, ein Film*〉 so, dass sie die Welt zeigen, wie sie wirklich ist ↔ realitätsfern

die **Re·a·li·tät**★ (-, *-en*) **1** *nur Singular* das, was es (nach allgemeiner Ansicht) wirklich auf der Welt gibt ≈ Wirklichkeit *„In der Realität sieht manches anders aus, als man es sich vorgestellt hat"* **K** Realitätssinn **2** **die Realität** *+Genitiv nur Singular* die tatsächliche Existenz, das Bestehen einer Sache 〈*die Realität einer Sache anzweifeln, bestreiten, beweisen*〉 • *zu* (1) **re·a·li·täts·fern** ADJEKTIV

die **Re·al·schu·le**★ eine Schule für die Vorbereitung auf wirtschaftliche und technische Berufe. Wer die Realschule (nach der 10. Klasse) mit Erfolg beendet hat, macht eine Lehre oder kann auf die Fachoberschule gehen 〈*auf die Realschule gehen*〉 **K** Realschulabschluss, Realschullehrer ❶ → Anhang, S. 1092: **Schule und Ausbildung** • *hierzu* **Re·al·schü·ler** *der*

R

die **Re·ani·ma·ti·on** [-'tsi̯oːn]; (-, *-en*) ≈ Wiederbelebung

die **Re·be** (-, *-n*) der Zweig, an welchem die Weintrauben wachsen **K** Rebstock; Weinrebe

der **Re·bẹll** (*-en, -en*) eine Person, die versucht, einen bestehenden Zustand mit Gewalt zu ändern • *hierzu* **Re·bẹl·lin** *die*

**re·bel·lie·ren** (*rebellierte, hat rebelliert*) **(gegen jemanden/etwas) rebellieren** versuchen, bestehende Zustände mit Gewalt zu ändern 〈*gegen die Regierung, einen Vorgesetzten, einen Befehl, einen Zustand rebellieren*〉

**rẹ·chen** (*rechte, hat gerecht*); *besonders süddeutsch* Ⓐ Ⓒⓗ **1** **(etwas) rechen** etwas mit dem Rechen glatt und sauber machen 〈*ein Beet, einen Weg rechen*〉 **2** **(etwas) rechen** etwas mit dem Rechen entfernen 〈*Gras, Laub rechen*〉

der **Rẹ·chen** (-s, -); *besonders süddeutsch* Ⓐ Ⓒⓗ eine Stange, die unten viele Stäbe hat, mit der man den Boden glatt macht oder Laub und Gras sammelt *„mit dem Rechen das gemähte Gras zusammensammeln"* **K** Heurechen, Laubrechen

die **Rẹ·chen·schaft** (-) **1** **Rechenschaft (über etwas** (*Akkusativ*)**)** ein Bericht o. Ä. darüber, wie oder warum man etwas getan hat 〈*jemandem Rechenschaft ablegen, geben; von jemandem Rechenschaft fordern, verlangen*〉 *„Einmal im Jahr legt der Vorstand des Vereins Rechenschaft darüber ab, wofür er das Geld ausgegeben hat"* **K** Rechenschaftsbericht **2** **jemanden (für etwas) zur Rechenschaft ziehen** eine Person dazu zwingen, Rechenschaft zu geben und die Folgen dafür zu tragen, wenn sie ihre Pflicht nicht erfüllt hat

die **Re·cher·che**★ [re'ʃɛrʃə]; (-, *-n*); *meist Plural* die intensive Suche nach Informationen vor allem für einen Zeitungsbericht 〈*eine Recherche machen*〉 ≈ Nachforschung, Ermittlung • *hierzu* **re·cher·chie·ren** (*hat*)

**rẹch·nen**★ (*rechnete, hat gerechnet*) **1** mithilfe von Zahlen herausfinden, wie groß etwas ist, wie viel etwas kostet usw. 〈*im Kopf, schriftlich rechnen; mit großen/kleinen Zahlen, mit Brüchen, mit Prozenten rechnen*〉 *„in der Schule Lesen, Schreiben und Rechnen lernen"* ❶ → auch **Rechen-** **2** **mit jemandem/etwas rechnen** es für möglich oder wahrscheinlich halten, dass jemand kommt oder dass etwas geschieht *„Was, du bist schon da! Mit dir hatte ich noch gar nicht gerechnet"* **3** **auf jemanden/etwas rechnen**; **mit jemandem/etwas rechnen** hoffen und erwarten, dass eine Person kommt und hilft oder mitmacht *„Ich rechne fest mit deiner Hilfe"* **4** **jemanden/etwas (zu etwas) rechnen** jemanden/etwas berücksichtigen *„Ich zahle fast 800 Euro Miete, Heizkosten nicht gerechnet"* **5** **jemanden zu etwas rechnen** eine Person als Teil einer Gruppe ansehen *„Ich rechne ihn zu meinen Freunden"*

der **Rẹch·ner** (-s, -) ≈ Computer

**rẹch·ne·risch** ADJEKTIV *meist attributiv* **1** durch Rechnen (entstanden) 〈*eine Größe, ein Mittelwert*〉 **2** in Bezug auf das Rechnen

die **Rẹch·nung**★ (-, *-en*) **1** das Rechnen mit

Zahlen und Mengen 〈*eine Rechnung stimmt, geht auf, ist falsch*〉 K Bruchrechnung, Prozentrechnung **2** **eine Rechnung (für etwas) (über etwas** (*Akkusativ*)) eine Liste, auf der steht, wie viel Geld man für Waren oder Leistungen bezahlen muss 〈*jemandem eine Rechnung (aus)stellen, schreiben; etwas auf die Rechnung setzen*〉 „*eine Rechnung für einen Kühlschrank über 550 Euro*" K Rechnungsnummer; Hotelrechnung, Stromrechnung **3** *nur Singular* etwas, das man für möglich oder wahrscheinlich hält ≈ Schätzung „*Nach meiner Rechnung werden wir in etwa zehn Minuten ankommen*" **4** **(jemandem) etwas in Rechnung stellen** eine Ware oder Leistung auf eine Rechnung schreiben

**rẹcht**★ *ADJEKTIV* **1** **recht (für jemanden/etwas)** für eine Person oder einen Zweck passend ≈ richtig ↔ falsch „*Hier ist nicht der rechte Ort für so ein Gespräch*" **2** **etwas ist (jemandem) recht** jemand ist mit etwas einverstanden „*Ist es dir recht, wenn ich mitkomme?*" **3** **recht (und billig)** moralisch richtig ≈ gerecht ↔ unrecht „*Es war nicht recht, dass du sie angelogen hast*" | „*Es ist nur recht und billig, wenn Frauen den gleichen Lohn für gleiche Arbeit fordern*" **4** *meist attributiv* so, wie man es sich wünscht oder erwartet „*keine rechte Freude an etwas haben*" | „*Ich habe eigentlich nicht* (so) *recht verstanden, was er sagen wollte*" ❶ meist verneint **5** *meist attributiv* verwendet, um ein Adjektiv, Adverb, Substantiv oder Verb zu verstärken (ist stärker als „ziemlich", aber nicht so stark wie „sehr") „*Er gibt sich recht viel Mühe*" | „*Er ist ein rechter Angeber*" **6** **recht/Recht haben** bei einem (juristischen) Streit o. Ä. derjenige sein, der im Recht ist **7** **recht/Recht haben** etwas sagen, das den Tatsachen entspricht „*Ich weiß nicht, ob du mit dieser Behauptung recht hast*" **8** **recht/Recht behalten/bekommen** die Bestätigung bekommen, dass man recht hat **9** **jemandem recht/Recht geben** einer Person sagen, dass ihre Meinung richtig ist oder war ≈ zustimmen ID **nichts Rechtes mit jemandem/etwas anzufangen wissen/anfangen können** a nicht wissen, was man mit jemandem/etwas tun kann oder soll b jemanden/etwas nicht mögen; **es jemandem nicht recht machen können, jemandem nichts recht machen können** nichts tun können, was eine andere Person gut findet oder was ihr gefällt; **Man kann es nicht allen recht machen** Man kann nichts auf eine solche Weise tun, dass es allen gefällt; **Das geschieht dir recht!** *gesprochen* Das ist die gerechte Strafe; **(irgendwo) nach dem Rechten sehen** (irgendwo) nachsehen, ob alles in Ordnung ist (und es in Ordnung halten); **Du kommst mir gerade recht** a *gesprochen* Dich kann ich jetzt gerade sehr gut gebrauchen b *ironisch* Dich kann ich gerade jetzt überhaupt nicht gebrauchen (weil ich beschäftigt bin o. Ä.)

das **Rẹcht**★ (-(*e*)s, -*e*) **1** *nur Singular* die Regeln für das Zusammenleben der Menschen in einem Staat, die in Gesetzen festgelegt sind 〈*das Recht anwenden, verletzen, brechen; das Recht auf seiner Seite haben, wissen*〉 „*Nach geltendem Recht ist die Beschaffung von Heroin strafbar*" K Rechtsauffassung, Rechtsberatung, Rechtslage; Arbeitsrecht, Familienrecht, Strafrecht **2** **das Recht (auf etwas**(*Akkusativ*)) der (moralisch oder gesetzlich gegebene) Anspruch (auf etwas) 〈*die demokratischen, elterlichen, vertraglichen Rechte; ein Recht geltend machen, ausüben, missbrauchen, wahrnehmen; sein Recht fordern, wollen, bekommen; jemandes Rechte wahren, verletzen*〉 „*Die Verfassung garantiert das Recht des Bürgers auf freie Meinungsäußerung*" | „*Mit welchem Recht gibst du mir Befehle?*" K Aufenthaltsrecht, Wahlrecht **3** *nur Singular* das, was die Moral oder das Gesetz erlauben 〈*Recht tun; Recht daran tun, etwas zu tun*〉 ↔ Unrecht „*Ein Kind muss lernen, zwischen Recht und Unrecht zu unterscheiden*" K Rechtsempfinden **4** **zu Recht** mit gutem Grund **5** **Recht sprechen** als Richter Urteile sprechen **6** **im Recht sein** bei einem Streit o. Ä. derjenige sein, der das Recht auf seiner Seite hat **7** **von Rechts wegen** *admin* wie es das Recht regelt ID **alle Rechte vorbehalten** drückt aus, dass ein Text, ein Film usw. nicht kopiert, öffentlich gezeigt usw. werden darf, ohne vorher um Erlaubnis zu fragen • zu (2) **rẹcht·los** *ADJEKTIV*

**rẹch·t-**★ *ADJEKTIV meist attributiv* **1** auf der Seite, auf der das Herz nicht ist „*jemandem die rechte Hand geben*" | „*auf der rechten Straßenseite*" **2** mit den Prinzipien von konservativen oder nationalistischen Parteien 〈*ein Abgeordneter, eine Partei, eine Zeitung*〉 ❶ → auch **rechts**

die **Rẹch·te**[1]★; (-*n*, -*n*) **1** *nur Singular* die rechte Hand **2** (beim Boxen) ein Schlag mit der rechten Hand **3** *nur Singular* alle Parteien und politischen Gruppen mit konservativen bis hin zu nationalistischen Prinzipien **4** **zu jemandes Rechten** rechts von jemandem *„Zu meiner Rechten sehen Sie den Dom"*

der/die **Rech·te²★**; (*-n, -n*); *gesprochen* eine Person, die einer konservativen oder nationalistischen Partei angehört oder deren Prinzipien gut findet

das **Recht·eck★** eine geometrische Figur mit vier Seiten (von denen jeweils zwei gleich lang und parallel sind) und vier Winkeln von je 90° ❶ Bei einem *Quadrat* sind alle vier Seiten gleich lang. • *hierzu* **recht·eckig** *ADJEKTIV*

**rech·tens** **ID** **etwas ist rechtens** etwas ist rechtmäßig *„Die Kündigung war rechtens"*

**recht·fer·ti·gen★** (*rechtfertigte, hat gerechtfertigt*) **1** **etwas (mit etwas) rechtfertigen** die Gründe für eine Handlung, Äußerung o. Ä. nennen *„Die Firma rechtfertigte die Entlassung der Arbeiter mit der schlechten Konjunkturlage"* **2** **etwas rechtfertigt etwas** etwas ist ein ausreichender Grund für etwas ⟨*etwas ist (durch etwas) gerechtfertigt*⟩ *„Die gute Qualität des Stoffs rechtfertigt den hohen Preis"* • *hierzu* **Recht·fer·ti·gung** *die*

**recht·ha·be·risch** *ADJEKTIV*; *abwertend* ⟨*eine Person*⟩ so, dass sie immer recht haben will

**recht·lich★** *ADJEKTIV meist attributiv* in Bezug auf Recht und Gesetz ⟨*die Gleichstellung, die Grundlage*⟩ *„Kann man dem Mieter nach der rechtlichen Lage kündigen?"* | *„Ist das denn rechtlich zulässig?"*

**recht·mä·ßig★** *ADJEKTIV* Recht und Gesetz entsprechend ⟨*der Besitzer, der Eigentümer, eine Kündigung, ein Vorgehen*⟩ • *hierzu* **Recht·mä·ßig·keit** *die*

**rechts★** *ADVERB* **1** **rechts (von jemandem/etwas)** auf der Seite, auf der das Herz nicht ist ⟨*nach rechts abbiegen; sich rechts einordnen; von rechts kommen*⟩ ↔ links *„Rechts von uns sehen Sie das Museum"* **2** (von Parteien, Gruppen oder Personen) so, dass sie konservative oder nationalistische Prinzipien anerkennen und vertreten ⟨*rechts sein, wählen*⟩ ↔ links *PRÄPOSITION mit Genitiv* **3** rechts von etwas ↔ links *„rechts der Straße/des Weges"* ❶ auch verwendet mit *von*: *rechts von der Halle soll ein Schwimmbad gebaut werden*

der **Rechts·an·spruch** **ein Rechtsanspruch (auf etwas** (*Akkusativ*)**)** ein Anspruch, den jemand nach dem geltenden Gesetz hat

der **Rechts·an·walt★** jemand, dessen Beruf es ist, andere über die Gesetze zu informieren und Leute in einem Gerichtsprozess zu vertreten ⟨*sich (Dativ) einen Rechtsanwalt nehmen; einen Rechtsanwalt konsultieren*⟩ **K** Rechtsanwaltskanzlei • *hierzu* **Rechts·an·wäl·tin** *die*

**recht·schaf·fen** *ADJEKTIV* **1** so, dass sie auf ehrliche Weise versuchen, ihre Ziele zu erreichen ⟨*ein Mensch; rechtschaffen sein, handeln*⟩ **2** *nur adverbiell* mit sehr viel Mühe ⟨*sich rechtschaffen um etwas bemühen*⟩ **3** *meist attributiv* so, dass jemand guten Grund dafür hat ⟨*ein Hunger, eine Müdigkeit; rechtschaffen müde sein*⟩ • *zu* (1) **Recht·schaf·fen·heit** *die*

die **Recht·schrei·bung** *meist Singular* die richtige Art und Weise, wie man die Wörter einer Sprache schreibt ≈ Orthografie *„die Regeln der Rechtschreibung beherrschen"* **K** Rechtschreibfehler, Rechtschreibreform, Rechtschreibregel

**rechts·ext·rem** *ADJEKTIV* ≈ rechtsextremistisch

**rechts·ext·re·mis·tisch** *ADJEKTIV* mit extremen, undemokratischen und vor allem nationalistischen Ideen ≈ rechtsradikal • *hierzu* **Rechts·ext·re·mis·mus** *der*

der **Rechts·hän·der** (*-s, -*) eine Person, die mit der rechten Hand geschickter ist als mit der linken • *hierzu* **Rechts·hän·de·rin** *die*; **rechts·hän·dig** *ADJEKTIV*

**rechts·he·rum** *ADVERB* nach rechts ⟨*etwas rechtsherum drehen*⟩

**rechts·kräf·tig** *ADJEKTIV* durch ein Gericht endgültig entschieden ⟨*ein Urteil*⟩

die **Rechts·kur·ve** eine Kurve nach rechts *„eine scharfe Rechtskurve"*

die **Recht·spre·chung** *nur Singular* alle Entscheidungen, die Richter fällen

der **Rechts·staat** ein Staat, welcher die Rechte der Bürger schützt und dessen Richter vom Staat unabhängig handeln können • *hierzu* **rechts·staat·lich** *ADJEKTIV*

der **Rechts·ver·kehr** das (vorschriftsmäßige) Fahren auf der rechten Seite der Straße ↔ Linksverkehr *„In Deutschland herrscht Rechtsverkehr"*

der **Rechts·weg** die Schritte, die jemand unternimmt, um die Klärung eines Problems auf juristischem Weg zu erreichen ⟨*den Rechtsweg einschlagen, beschreiten*⟩

**rechts·wid·rig** *ADJEKTIV* so, dass man gegen

das geltende Recht verstößt • *hierzu* **Rẹchts·wid·rig·keit** *die*

**rẹcht·win·ke·lig**, **rẹcht·wink·lig** *ADJEKTIV* mit einem Winkel von 90° ⟨*ein Dreieck*⟩

**rẹcht·zei·tig**★ *ADJEKTIV* **1** früh genug ⟨*etwas rechtzeitig schaffen, fertig bekommen, beenden*⟩ *„Lass uns rechtzeitig losgehen, damit wir uns nicht beeilen müssen"* **2** ≈ pünktlich

das **Rẹck** (-(e)s, -e) ein Turngerät, das aus einer waagerechten Stange (in etwa 2,50 m Höhe) und Stützen für diese Stange besteht ⟨*am Reck turnen; vom Reck abgehen; eine Übung am Reck*⟩ **K** Reckstange, Reckübung

**rẹ·cken** (*reckte, hat gereckt*) **etwas/sich recken** ≈ strecken

das **Re·cyc·ling** [ri'saiklɪŋ]; (-s) eine Technik, mit der man aus bereits gebrauchten Gegenständen (z. B. aus Papier, Glas oder Metall) neue Gegenstände herstellt *„das Recycling von leeren Dosen und Flaschen"* **K** Recyclingpapier; Glasrecycling • *hierzu* **re·cy·celn** [ri'saik(ə)ln] (*hat*); **re·cy·cel·bar** [ri'saikəl-] *ADJEKTIV*

der **Re·dak·teur** [-'tøːɐ̯]; (-s, -e) eine Person, die bei einer Zeitung, beim Fernsehen usw. die Texte aussucht und bearbeitet, bevor sie veröffentlicht werden *„der verantwortliche/zuständige Redakteur für Kunst und Kultur"* **K** Chefredakteur; Nachrichtenredakteur, Sportredakteur; Fernsehredakteur, Zeitungsredakteur • *hierzu* **Re·dak·teu·rin** [-'tøːrɪn] *die*

die **Re·dak·ti·on**★ [-'tsioːn]; (-, -en) **1** die Tätigkeit eines Redakteurs ⟨*die Redaktion haben*⟩ **2** alle Redakteure einer Zeitung, beim Fernsehen oder beim Rundfunk **K** Sportredaktion, Fernsehredaktion **3** die Büros der Redakteure • *zu* (1) **re·dak·ti·o·nẹll** *ADJEKTIV*

die **Re̲·de**★ (-, -n) **1** **eine Rede (an jemanden/vor jemandem) (über eine Person/Sache)** das Sprechen vor Zuhörern (meist zu einem besonderen Anlass) ⟨*eine Rede (frei) halten, vom Blatt ablesen*⟩ **K** Redekunst; Festrede, Grabrede, Wahlrede **2** **die direkte Rede** ein Satz, der eine Äußerung wörtlich wiedergibt (und in Anführungszeichen gesetzt wird) **3** **die indirekte Rede** ein Nebensatz, der eine Äußerung sinngemäß wiedergibt und der im Konjunktiv steht **ID** **von jemandem/etwas ist die Rede** jemand/etwas ist Thema einer Rede oder eines Gesprächs *„Beim gestrigen Vortrag war viel von Psychologie die Rede"*; **Davon kann nicht die/keine Rede sein** das trifft überhaupt nicht zu, wird nicht geschehen o. Ä.; **etwas ist nicht der Rede wert** etwas ist nicht wichtig, nicht schlimm; **eine Person (wegen etwas) zur Rede stellen** eine Person zwingen, ihr Verhalten zu erklären

**re̲·den**★ (*redete, hat geredet*) **1** **(etwas) (über jemanden/etwas) reden**; **(etwas) (von jemandem/etwas) reden** sagen, was man (über eine Person oder Sache) denkt ⟨*ununterbrochen, dauernd, deutlich, kein Wort reden; Gutes, Schlechtes, Unsinn reden*⟩ *„Er redet nur von Autos und Motorrädern"* **2** **jemand redet mit einer Person (über jemanden/etwas)**; **Personen reden miteinander (über jemanden/etwas)** Personen haben ein Gespräch (über jemanden/etwas) *„Was ist los, redest du nicht mehr mit mir?"* | *„Wir können gut miteinander über alles reden"* ℹ *Sprechen* ist gehobener als *reden*. **3** **(über jemanden/etwas) reden** Schlechtes über andere Menschen sagen ⟨*die Leute reden lassen*⟩ ≈ tratschen *„Über den neuen Nachbarn wird viel geredet"* **ID** **mit sich** (*Dativ*) **reden lassen** bereit , über etwas zu diskutieren und nachzugeben

die **Re̲·dens·art** (-, -en) eine Meinung oder Aussage, die schon viele Leute oft mit den gleichen Worten gesagt haben ≈ Redewendung *„Was sich neckt, das liebt sich" ist eine beliebte Redensart"*

die **Re̲·de·wen·dung**★ **1** ≈ Redensart **2** mehrere Wörter, die zusammen eine feste Bedeutung haben, die oft bildlich oder übertragen ist *„Die Redewendung „jemanden im Regen stehen lassen" bedeutet, dass man ihm in einer unangenehmen Situation nicht hilft"*

**re̲d·lich** *ADJEKTIV; geschrieben meist adverbiell* sehr, wirklich ⟨*sich redlich bemühen; sich (Dativ) redliche Mühe geben*⟩ *„Den Erfolg hat sie sich redlich verdient"*

der **Re̲d·ner** (-s, -) eine Person, die eine Rede hält ⟨*ein guter, schlechter Redner*⟩ **K** Rednerpult • *hierzu* **Re̲d·ne·rin** *die*

**re·du·zie̲·ren**★ (*reduzierte, hat reduziert*) **1** **etwas (um etwas) (auf etwas** (*Akkusativ*)**) reduzieren** eine Zahl oder Menge kleiner machen ⟨*etwas auf ein Minimum reduzieren*⟩ *„Der ursprüngliche Preis von 300 € wurde um ein Drittel auf 200 € reduziert"* **2** **etwas reduziert sich (um etwas) (auf etwas** (*Akkusativ*)**)** etwas wird in der Zahl oder Menge kleiner *„Die Unfälle haben sich seit Einführung der Geschwindigkeitsbeschränkung auf die Hälfte reduziert"* • *hierzu* **Re·du·zie̲·rung** *die*; *zu* (1)

**re·du·zier·bar** *ADJEKTIV*

die **Ree·de·rei** (-, *-en*) eine Firma, die Waren oder Personen mit Schiffen transportiert

**re·ell** *ADJEKTIV* wirklich vorhanden ⟨*eine Chance, Aussichten*⟩ *„reelle Chancen haben, eine Stelle zu bekommen"*

das **Re·fe·rat★** (-(*e*)*s*, *-e*) **1** **ein Referat (über jemanden/etwas)** der Text, den eine Person über ein Thema geschrieben hat und den sie ihren Kollegen vorliest ⟨*ein Referat halten*⟩ ≈ Vortrag **2** ein wissenschaftlicher Bericht über ein Thema ⟨*ein Referat schreiben, verfassen*⟩ **3** ein Teil einer Behörde mit einer festgelegten Aufgabe *„das Referat für Jugend und Sport"* **K** Kulturreferat

die **Re·fe·renz** (-, *-en*); *meist Plural; geschrieben* eine schriftliche Information über den Charakter, die Fähigkeiten o. Ä. einer Person, vor allem wenn sie eine Arbeitsstelle sucht ⟨*gute Referenzen haben*⟩ ≈ Empfehlung

**re·flek·tie·ren** (*reflektierte, hat reflektiert*) **etwas reflektiert (etwas)** etwas wirft Strahlen oder Wellen, die darauffallen, wieder zurück ⟨*etwas reflektiert Töne, Strahlen, die Hitze*⟩ *„ein reflektierendes Nummernschild"* • *hierzu* **Re·flek·tor** *der*; (*-s, Reflek·to·ren*)

der **Re·flex** (*-es, -e*) eine schnelle Reaktion des Körpers auf einen äußeren Einfluss, die man nicht kontrollieren kann ⟨*einen Reflex auslösen*⟩ **K** Reflexbewegung; Hustenreflex

die **Re·fle·xi·on** (-, *-en*) der Vorgang, bei dem Strahlen o. Ä. reflektiert werden *„Die Reflexion der Sonnenstrahlen bewirkt, dass es in Bodennähe wärmer ist als in der Höhe"*

die **Re·form★** (-, *-en*) eine Veränderung (vor allem in einer Organisation oder in der Gesellschaft), durch die man einige Zustände besser machen will ⟨*eine politische, soziale Reform; Reformen vorschlagen, durchführen*⟩ **K** Reformpläne; reformbedürftig; Schulreform, Steuerreform, Währungsreform • *hierzu* **Re·for·mer** *der*; **Re·for·me·rin** *die*

die **Re·for·ma·ti·on** [-'tsio:n]; (-) eine religiöse und soziale Bewegung im 16. Jahrhundert, die von Martin Luther ausging und dazu geführt hat, dass es heute eine protestantische Kirche gibt • *hierzu* **Re·for·ma·tor** *der*; (*-s, Re·for·ma·to·ren*); **re·for·ma·to·risch** *ADJEKTIV*

**re·for·mie·ren** (*reformierte, hat reformiert*) **etwas reformieren** etwas durch eine Reform verändern (und verbessern)

der **Re·frain** [rə'frɛ̃:]; (*-s, -s*) ein Teil eines Liedes, der am Ende jeder Strophe wiederholt wird

das **Re·gal★** (*-s, -e*) Regale bestehen aus mehreren Brettern übereinander, auf die man Dinge stellen und legen kann ⟨*etwas ins/auf das Regal stellen, legen; etwas liegt, steht im Regal; etwas aus dem/vom Regal nehmen*⟩ **K** Regalbrett, Regalfach; Bücherregal

die **Re·gat·ta** (-, *Re·gat·ten*) ein Rennen für Segel- oder Ruderboote **K** Ruderregatta, Segelregatta

**re·ge** *ADJEKTIV* (*reger, regst-*) **1** mit viel Bewegung, Aktivität und Energie ⟨*Verkehr; der Handel, der Absatz; ein Briefwechsel, eine Diskussion, eine Nachfrage*⟩ **2** so, dass der Betreffende Zusammenhänge schnell versteht ⟨*eine rege Intelligenz, Fantasie, Vorstellungskraft haben*⟩ ≈ lebhaft

die **Re·gel★** (-, *-n*) **1** ein Prinzip oder eine Ordnung, die sagt, wie man manche Dinge tun muss ⟨*strenge, grammatische, mathematische Regeln; sich an eine Regel halten; gegen eine Regel verstoßen*⟩ ≈ Vorschrift **K** Grundregel, Spielregel, Verkehrsregel **2** *nur Singular* etwas, das (bei jemandem oder etwas) immer so ist ist ⟨*etwas bildet, ist die Regel*⟩ *„Dass sie zu spät kommt, ist bei ihr die Regel"* **3** *gesprochen nur Singular* ⟨*die Regel haben, (nicht) bekommen*⟩ ≈ Menstruation **K** Regelblutung, Regelzyklus **4** **in der Regel/in aller Regel** in den meisten Fällen, wie sonst auch ≈ normalerweise *„In der Regel ist er schon vor acht Uhr zu Hause"*

der **Re·gel·fall** *meist Singular* **1** der gewöhnliche und normale Fall **2** **im Regelfall** ≈ meistens

**re·gel·mä·ßig★** *ADJEKTIV* **1** so, dass es im gleichen Abstand immer wieder vorkommt, stattfindet o. Ä. *„die Mahlzeiten regelmäßig einnehmen"* | *„das regelmäßige Erscheinen einer Zeitschrift"* **2** so, dass die Formen (vor allem von Verben) einem Muster entsprechen, das oft vorkommt *„Das Verb „trinken" ist unregelmäßig (trank, getrunken), „winken" ist regelmäßig (winkte, gewinkt)"* • *hierzu* **Re·gel·mä·ßig·keit** *die*

**re·geln★** (*regelte, hat geregelt*) **1** **etwas regeln** etwas (mit Regeln) in eine Ordnung bringen ⟨*etwas ist genau geregelt*⟩ *„Der Polizist regelt den Verkehr"* **2** **etwas regeln** etwas so einstellen, dass es angenehm oder praktisch ist ⟨*die Lautstärke regeln*⟩ ≈ regulieren

**re·gel·recht** *ADJEKTIV meist attributiv* ≈ wirklich, tatsächlich *„Das ist doch regelrechter Unsinn!"* | *„Er war regelrecht wütend"*

die **Re·ge·lung★** (-, *-en*) **1** die Handlungen,

durch die man etwas regelt K Temperaturregelung 2 eine festgelegte Vereinbarung ≈ Vorschrift K Preisregelung, Sonderregelung

**re·gel·wid·rig** ADJEKTIV nicht so, wie es in den Regeln vorgeschrieben ist ⟨*sich regelwidrig verhalten*⟩

**re·gen★** (*regte, hat geregt*) 1 **etwas regen** *geschrieben* einen Teil des Körpers (ein wenig) bewegen ⟨*die Finger, einen Arm, ein Bein regen*⟩ 2 **sich regen** sich (ein wenig) bewegen *„Er schlief ganz ruhig und regte sich überhaupt nicht"* 3 **etwas regt sich (bei jemandem)** ein Wunsch, ein Gefühl o. Ä. macht sich bei jemandem bemerkbar ⟨*Eifersucht, Angst, ein Zweifel, Mitleid*⟩ *„Bei ihm regte sich der Wunsch, ein bisschen mehr von der Welt zu sehen"*

der **Re·gen★** (-s) das Wasser, das (in Tropfen) aus den Wolken zur Erde fällt ⟨*ein leichter, starker, heftiger, anhaltender, kurzer Regen*⟩ *„Ich glaube, wir bekommen bald Regen"* K Regenschauer, Regentropfen, Regenwolke; Dauerregen, Nieselregen ❶ Als Plural wird *Regenfälle* verwendet

der **Re·gen·bo·gen** Lichteffekte mit verschiedenen Farben am Himmel in Form eines großen Bogens, der entsteht, wenn es noch leicht regnet und die Sonne wieder scheint

die **Re·gen·bo·gen|haut** der farbige Teil des Auges um die Pupille ≈ Iris

**re·ge·ne·rie·ren** (*regenerierte, hat regeneriert*) 1 **etwas regeneriert etwas** *geschrieben* etwas gibt jemandem wieder neue Kräfte ⟨*etwas regeneriert jemandes Gesundheit, jemandes Kräfte*⟩ 2 **sich regenerieren** *geschrieben* wieder neues Leben, neue Kräfte bekommen *„Er hat sich im Urlaub körperlich regeneriert"* • *hierzu* **Re·ge·ne·ra·ti·on** *die*

der **Re·gen·wald★** ein dichter, feuchter Wald in sehr warmen Ländern ⟨*der tropische Regenwald*⟩

der **Re·gen·wurm** ein Wurm, der in der Erde lebt und bei Regen an die Oberfläche kommt

die **Re·gie★** [re'ʒiː]; (-) die Anweisungen des Regisseurs an die Schauspieler ⟨*unter jemandes Regie spielen*⟩ K Regieassistent ID **(die) Regie führen** a für die Inszenierung eines Theaterstücks o. Ä. verantwortlich b ein Projekt leiten

**re·gie·ren★** (*regierte, hat regiert*) 1 **(jemanden/etwas) regieren**; **über jemanden/etwas regieren** die höchste Macht über ein Land oder ein Volk haben ⟨(*über*) *ein Land, ein Reich, einen Staat, ein Volk regieren*⟩ 2 **(jemanden/etwas) regieren** *oft humorvoll* über jemanden/etwas so viel Macht haben, dass man alles bestimmt *„Wer regiert bei euch die/in der Küche?"*

die **Re·gie·rung★** (-, *-en*) 1 mehrere Personen, die (in Demokratien als gewählte Vertreter des Volks) in einem Staat, Land o. Ä. die Macht haben *„Die Regierung hat das Vertrauen der Wähler verloren"* K Bundesregierung, Militärregierung, Staatsregierung 2 **an der Regierung sein** in einem Staat, Land o. Ä. (meist als gewählte Vertreter des Volks) die Macht haben

das **Re·gime★** [re'ʒiːm]; (-s, - [-mə],/-s); *oft abwertend* mit Regime bezeichnet man vor allem solche Regierungen, die nicht demokratisch sind ⟨*ein autoritäres, undemokratisches, diktatorisches Regime; unter dem Regime des Diktators*⟩ K Regimegegner, Regimekritiker; Militärregime, Naziregime, Terrorregime

das **Re·gi·ment** (-(*e*)*s*, *-er*) eine ziemlich große militärische Einheit (die aus mehreren Bataillonen besteht) K Artillerieregiment

die **Re·gi·on★** (-, *-en*) 1 ein ziemlich großes Gebiet mit den typischen Merkmalen ⟨*die arktische, tropische Region*⟩ 2 ein kleines Gebiet innerhalb eines Staates mit eigenen Behörden ≈ Bezirk • *hierzu* **re·gi·o·nal** ADJEKTIV

der **Re·gis·seur★** [reʒɪ'søːɐ̯]; (-s, *-e*) eine Person, die in einem Theaterstück oder Film den Schauspielern sagt, wie sie ihre Rolle spielen sollen • *hierzu* **Re·gis·seu·rin** *die*

das **Re·gis·ter** (-s, -) 1 eine alphabetische Liste von Wörtern am Ende eines Buches o. Ä., die angibt, auf welcher Seite im Buch ein Begriff behandelt wird ≈ Index K Namenregister, Stichwortregister 2 ein Buch oder eine Liste (in einem Amt) mit wichtigen Informationen ⟨*ein amtliches, kirchliches Register*⟩ K Handelsregister

**re·gist·rie·ren★** (*registrierte, hat registriert*) 1 **jemanden/etwas registrieren** Namen oder Zahlen in eine (meist amtliche) Liste schreiben ⟨*Besucher, Einwohner registrieren*⟩ 2 **etwas registrieren** jemanden/etwas wahrnehmen ≈ bemerken *„Ein schlaues Kind: Es registriert einfach alles"* 3 **etwas registriert etwas** etwas misst etwas und zeichnet es auf *„Der Seismograf registriert die Stöße, die bei einem Erdbeben auftreten"*

**re·g·le·men·tie·ren** (*reglementierte, hat reglementiert*) **etwas reglementieren** *ge-*

R

*schrieben* etwas durch meist sehr genaue und strenge Vorschriften regeln • *hierzu* **Re·g·le·men·tie·rung** *die*

der **Reg·ler** (-s, -) der Teil bei einem Gerät, mit dem man die Lautstärke, Temperatur, Frequenz o. Ä. steuern kann K Helligkeitsregler, Kontrastregler, Lautstärkeregler

**reg·nen★** (*regnete, hat geregnet*) **es regnet** Regen fällt zur Erde ⟨*es regnet leicht, stark, heftig, in Strömen*⟩

**reg·ne·risch** *ADJEKTIV* mit viel Regen ⟨*ein Wetter, ein Tag*⟩

**re·gu·lär** *ADJEKTIV* 1 den Normen, Regeln, Vorschriften o. Ä. entsprechend ⟨*Öffnungszeiten, Arbeitszeiten, eine Ausbildung, ein Vertrag*⟩ 2 **der reguläre Preis** der normale, nicht herabgesetzte Preis

**re·gu·lie·ren** (*regulierte, hat reguliert*) **etwas regulieren** etwas so ändern, wie man es für einen Zweck haben will ⟨*die Temperatur, eine Maschine, einen Flusslauf regulieren*⟩ • *hierzu* **Re·gu·lie·rung** *die*

die **Re·gung** (-, -*en*); *geschrieben* 1 eine leichte Bewegung 2 ein Gefühl, das man plötzlich empfindet K Gefühlsregung

das **Reh★** [reː]; (-(*e*)*s*, -*e* [ˈreːə]) ein Tier mit braunem Fell und Hufen, das im Wald lebt ⟨*ein scheues Reh*⟩ K Rehbock; rehbraun

die **Rei·be** (-, -*n*) ein Gerät aus Metall oder Plastik mit einer rauen Oberfläche, mit dem man z. B. Karotten oder Schokolade in sehr kleine Stücke reibt

der **Rei·be·ku·chen** *besonders norddeutsch* ≈ Kartoffelpuffer

**rei·ben★** (*rieb, hat gerieben*) 1 **etwas (an etwas** (*Dativ*)**) reiben** etwas fest auf etwas anderes drücken und es dabei hin und her bewegen *„Die Katze rieb ihren Kopf an meinem Bein"* 2 **sich** (*Dativ*) **etwas reiben** mit der Hand an einem Körperteil reiben ⟨*sich* (*Dativ*) *die Nase, die Augen reiben*⟩ 3 **etwas irgendwie reiben** Schmutz o. Ä. von etwas entfernen, indem man es reibt ⟨*einen Tisch, das Fenster sauber/trocken reiben*⟩ 4 **etwas aus/von etwas reiben** etwas von irgendwo durch Reiben entfernen *„Sie rieb einen Fleck aus/von ihrem Rock"* 5 **etwas reiben** etwas mit einem Gerät mit rauer Oberfläche reiben, um kleine Stücke daraus zu machen ⟨*Kartoffeln, Äpfel reiben*⟩

die **Rei·bung★** (-, -*en*) die bremsende Wirkung, die entsteht, wenn sich bei einer Bewegung Dinge berühren *„Reibung erzeugt Wärme"* K Reibungsfläche, Reibungswiderstand

**rei·bungs·los** *ADJEKTIV* ohne Probleme ⟨*ein Ablauf; etwas funktioniert, verläuft reibungslos*⟩

**reich★** *ADJEKTIV* 1 mit viel Geld oder Besitz ↔ arm *„Er ist so reich, dass er sich ein Schloss kaufen konnte"* 2 mit großen Mengen und großem Aufwand ⟨*etwas ist reich geschmückt, verziert*⟩ *„ein reich gedeckter Tisch"* 3 in großer Menge vorhanden ⟨*Beute, Auswahl*⟩ 4 **reich an etwas** (*Dativ*) **sein** sehr viel von etwas haben *„Alaska ist reich an Bodenschätzen"* | *„Er ist reich an Erfahrungen"*

das **Reich★** (-(*e*)*s*, -*e*) 1 das (meist große) Gebiet, in dem ein König, Kaiser, Diktator o. Ä. herrscht *„das Reich Karls des Großen"* | *„das Römische Reich"* K Kaiserreich, Königreich, Weltreich 2 **das Reich** +*Genitiv* ein Teil der gedanklichen oder realen Welt ⟨*das Reich der Träume, der Fantasie, der Musik*⟩ K Märchenreich, Pflanzenreich, Tierreich 3 **das Deutsche Reich** *historisch* verwendet als inoffizielle Bezeichnung für den deutschen Staat vor 1806 und als offizielle Bezeichnung für den deutschen Staat von 1871 bis 1945 4 **das Dritte Reich** *historisch* die Zeit des Nationalsozialismus in Deutschland von 1933 bis 1945 5 **jemandes Reich** der Bereich, in dem man nicht gestört werden will und den man liebt ⟨*sein eigenes kleines Reich haben*⟩

**-reich** *im Adjektiv; sehr produktiv* **fettreich, kalorienreich, vitaminreich, nährstoffreich, sauerstoffreich, niederschlagsreich, ideenreich** *und andere* mit einer großen Menge von der genannten Sache

**rei·chen★** (*reichte, hat gereicht*); *geschrieben* 1 **jemandem etwas reichen** jemandem etwas geben *„Können Sie mir bitte das Buch reichen?"* 2 **etwas reichen** etwas servieren *„nach dem Essen Tee und Kaffee reichen"* 3 **jemand/etwas reicht bis irgendwohin** jemand/etwas kommt (wegen der Länge, Breite, Größe o. Ä.) bis zu dem genannten Punkt *„Der Mantel reichte ihr bis über die Knie"* 4 **irgendwohin reichen** etwas mit der Hand erreichen können 5 **etwas reicht (jemandem)**; **etwas reicht (für jemanden/etwas)** etwas ist genug für jemanden/etwas *„Unser Geld reicht nicht für eine teure Wohnung"* ID **Mir reichts!**, **Jetzt reichts mir!** *gesprochen* ich habe jetzt keine Lust mehr

**reich·hal·tig** *ADJEKTIV* mit vielen Dingen, unter denen man wählen kann ⟨*eine Auswahl,* *eine Speisekarte, ein Angebot*⟩

**reich·lich★** *ADJEKTIV* **1** mehr als genug oder üblich *„Er gab dem Kellner ein reichliches Trinkgeld"* ⓘ Vor einem Substantiv ohne Artikel ist die Form immer *reichlich*: *Ich habe reichlich Kleingeld.* **2** verwendet, um Adjektive und Verben zu verstärken ≈ sehr *„Sie kommt immer reichlich spät"*

der **Reichs·kanz·ler** *historisch* **1** *1871 – 1918* der höchste Beamte der Regierung, der vom Kaiser ernannt wurde **2** *1919 – 1933* der Vorsitzende der Regierung des Deutschen Reiches **3** *1933 – 1945* der diktatorische Führer im Dritten Reich

der **Reichs·tag** *nur Singular* **1** das Parlament im ehemaligen Deutschen Reich und manchen europäischen Staaten ⟨*der dänische, finnische, schwedische Reichstag*⟩ **2** das Gebäude, in dem sich der Reichstag versammelt **3** das Gebäude in Berlin, in dem sich der Bundestag versammelt

der **Reich·tum★** (*-s, Reich·tü·mer*) **1** eine große Menge Geld oder Besitz ↔ Armut **2** **Reichtum (an etwas** (*Dativ*)) *nur Singular* eine große Menge von etwas *„sein Reichtum an Erfahrungen"* **K** Einfallsreichtum, Ideenreichtum

die **Reich·wei·te** **1** die Entfernung, in der man etwas noch mit der Hand erreichen kann *„Ich legte mir das Handy in Reichweite"* **2** eine Entfernung, in der ein Ziel erreicht werden kann *„Flugzeuge mit großer Reichweite"* **3** eine Entfernung, in der ein Sender oder ein Funksignal empfangen werden kann

**reif★** *ADJEKTIV* **1** so weit entwickelt, dass man es ernten (und essen) kann ⟨*Tomaten, Obst, Getreide*⟩ ↔ unreif, grün **2** so lange gelagert, dass der Geschmack gut ist ⟨*Käse, Wein, Cognac*⟩ **3** so vernünftig, wie man es von einem Erwachsenen erwartet ⟨*eine Frau, ein Mann*⟩ ↔ unreif *„Ihr Sohn ist sehr reif für sein Alter"* **4** klug und vernünftig gedacht oder gemacht ⟨*ein Urteil, ein Kunstwerk, eine Idee, eine Leistung, eine Arbeit*⟩ **5** **für etwas reif sein** etwas dringend benötigen *„Wir sind reif für einen Urlaub"* **6** **körperlich reif** alt genug, um Kinder bekommen zu können ≈ geschlechtsreif

der **Reif★** (*-(e)s, -e*) **1** *nur Singular* eine dünne weiße Schicht Eis, die z. B. auf Gras und Zweigen entsteht, wenn es nachts sehr kalt ist **K** Frühreif **2** ein kreisförmiges Schmuckstück, das Frauen am Handgelenk oder am Arm tragen **K** Armreif

die **Rei·fe** (-) **1** der Zustand, in dem jemand/etwas reif ist ⟨*jemandes geschlechtliche, körperliche, geistige, politische, sittliche Reife*⟩ *„Für diese Aufgabe fehlt ihm die nötige Reife"* **K** Geschlechtsreife **2** der Zustand, in dem etwas reif ist *„Diese Traubensorte erreicht ihre Reife im Oktober"* **3** Ⓓ **(die) mittlere Reife** der Abschluss, den man nach Bestehen der letzten Klasse in der Realschule oder der 10. Klasse im Gymnasium hat ⟨*(die) mittlere Reife machen, haben*⟩

**rei·fen★** (*reifte, ist gereift*) **1** **etwas reift** etwas wird reif ⟨*Obst, Getreide, Käse, Wein*⟩ **2** **jemand reift** körperlich erwachsen und erfahren im Arbeiten und Denken *„Hans ist in den letzten Jahren sehr gereift"*

der **Rei·fen★** (*-s, -*) **1** die Räder von Autos, Fahrrädern usw. haben Reifen aus Gummi, die mit Luft gefüllt sind ⟨*den Reifen aufpumpen, flicken, wechseln*⟩ *„An seinem Fahrrad ist ein Reifen geplatzt"* **K** Reifenpanne, Reifenwechsel; Autoreifen, Sommerreifen, Winterreifen ⓘ → Abbildung, S. 391: **Das Auto** und S. 392: **Das Fahrrad** **2** ein Ring aus Gummi, Holz oder Metall **K** Fassreifen, Gummireifen, Metallreifen

die **Rei·he★** ['raiə]; (*-, -n*) **1** **eine Reihe (von Personen/Dingen)** mehrere Dinge oder Menschen, die nebeneinander oder hintereinander in einer Linie stehen ⟨*eine Reihe von Bäumen, von Häusern; Personen stellen sich in einer Reihe auf, stehen in einer Reihe, bilden eine Reihe*⟩ **K** Baumreihe, Häuserreihe, Sitzreihe **2** **eine Reihe** *+Genitiv*; **eine Reihe von Personen/Dingen** eine ziemlich große Zahl oder Menge von Personen/Sachen *„Nach einer Reihe von Jahren haben wir uns wiedergesehen"* ⓘ Wenn *eine Reihe* als unbestimmte Zahlangabe verwendet wird, steht das Verb meist im Singular: *Eine Reihe von Kindern war krank.* **3** eine Zahl von Veröffentlichungen, Sendungen o. Ä., die zusammen eine Einheit bilden **K** Buchreihe, Fernsehreihe, Vortragsreihe **4** **in unsere(n)/eure(n)/ihre(n) Reihen** als Teil einer Gruppe von Menschen *„Sie nahmen ihn in ihre Reihen auf"* | *„Wir haben einen Verräter in unseren Reihen"* **5** **jemand ist an der Reihe/kommt an die Reihe; die Reihe ist an jemandem** eine Person ist die Nächste, die bedient, behandelt wird oder die etwas tun darf oder muss *„Jetzt bin ich an der Reihe!"* **6** **der Reihe nach** eine Person/Sache nach der anderen *„sich der Reihe nach an der Kasse an-*

R

*stellen"* **7** **außer der Reihe** als Ausnahme (innerhalb des normalen Ablaufs) *„Weil er heftige Schmerzen hatte, nahm ihn der Arzt außer der Reihe dran"* **ID** **etwas auf die Reihe kriegen** **a** *gesprochen* etwas verstehen **b** *gesprochen* mit einem Problem o. Ä. fertig werden

**rei·hen** (*reihte, hat gereiht*) **1** **Dinge (auf etwas** (*Akkusativ*)**) reihen** gleiche oder ähnliche Dinge so zusammenbringen, dass eine Reihe entsteht *„Perlen auf eine Schnur reihen"* **2** **etwas reiht sich an etwas** (*Akkusativ*) etwas folgt (in einer Reihe) auf etwas *„Ein schönes Erlebnis reihte sich an das andere"*

die **Rei·hen·fol·ge★** die (zeitliche) Ordnung, nach der Dinge oder Handlungen aufeinanderfolgen ⟨*eine geänderte, umgekehrte Reihenfolge; die Reihenfolge ändern; in alphabetischer Reihenfolge*⟩

das **Rei·hen·haus** ein Haus (meist für eine Familie) in einer Reihe von (gleichen) aneinandergebauten Häusern ⟨*in einem Reihenhaus wohnen*⟩

**reih·um** *ADVERB* von einer Person zu einer anderen Person oder eine Person nach der anderen ⟨*etwas reihum gehen lassen, geben; reihum fragen, blicken*⟩ *„Der Lehrer ließ das Bild in der Klasse reihum gehen"* | *„Die Schüler wurden reihum aufgerufen, um eine Aufgabe zu lösen"*

der **Reim★** (*-(e)s, -e*) **1** der gleiche (oder ähnliche) Klang von Wörtern oder Silben am Ende von zwei oder mehr Zeilen eines Gedichts **K** Reimpaar **2** ein kurzes Gedicht mit Wörtern, die sich reimen ⟨*ein lustiger Reim*⟩ **K** Kinderreim **ID** **sich** (*Dativ*) **keinen Reim auf etwas** (*Akkusativ*) **machen können** etwas nicht verstehen

**rei·men** (*reimte, hat gereimt*) **etwas reimt sich (auf etwas); etwas reimt sich mit etwas** etwas klingt am Ende genauso wie ein anderes Wort *„Sonne" reimt sich auf „Wonne"*

**rein★** *ADJEKTIV* **1** nicht mit anderen Substanzen oder Fasern gemischt ⟨*Gold, Silber, Alkohol, Baumwolle, Wolle; chemisch rein*⟩ ≈ pur *„Das Kleid ist aus reiner Seide"* **2** ganz sauber ⟨*ein Hemd, Wäsche, Luft, Wasser*⟩ **3** nicht mit anderen Farben gemischt *„ein reines Blau"* **K** reinweiß **4** so, dass die Töne genau getroffen werden ⟨*ein Klang, eine Stimme, ein Ton*⟩ *„jemand singt rein"* **5** ohne an die eigenen Vorteile oder sexuelle Dinge zu denken ⟨*Gedanken, eine Liebe; ein reines Herz haben*⟩ **6** *meist attributiv* nichts anderes als *„Es war der reine Zufall, dass wir uns heute getroffen haben"* | *„Rein rechtlich gesehen, ist der Vertrag in Ordnung"* **7** **etwas ist der/die/das reinste** *+ Substantiv oft ironisch oder humorvoll* verwendet, um eine Aussage zu verstärken *„Im Vergleich zu Joggen ist Arbeiten für mich die reinste Erholung"*

*PARTIKEL betont und unbetont* **8** verwendet, um eine Aussage zu verstärken *„Sie glaubt mir rein gar nichts"*

*ADVERB* **9** *gesprochen* → hinein, herein **ID** **etwas ins Reine bringen** etwas in Ordnung bringen; **etwas ins Reine schreiben** etwas noch einmal schreiben, damit es schön und sauber ist • *zu* (1 – 5) **Rein·heit** *die*

**rein-** *im Verb; gesprochen* → hinein-, herein-

der **Rein·fall** ⟨*(mit etwas) einen Reinfall erleben*⟩ ≈ Enttäuschung, Misserfolg *„Die Party war der größte Reinfall"*

der **Rein·ge·winn** das Geld, das als Gewinn bleibt, nachdem man die Steuern und die eigenen Kosten gezahlt hat

**rein·hän·gen** (*hängte rein, hat reingehängt*) **sich (in etwas** (*Akkusativ*)**) reinhängen** *gesprochen* sich stark bei einer Sache engagieren ❶ weitere Verwendungen → **hinein-**

**rein·hau·en** (*haute rein, hat reingehauen*); *gesprochen* **1** **jemandem ein paar/eine reinhauen** jemandem ins Gesicht schlagen **2** **(ordentlich) reinhauen** viel essen **3** **etwas haut rein** etwas zeigt große Wirkung

**rei·ni·gen★** (*reinigte, hat gereinigt*) **etwas reinigen** Schmutz von etwas entfernen ⟨*die Nägel, eine Wunde reinigen; die Kleider (chemisch) reinigen lassen; einen Anzug zum Reinigen bringen*⟩

der **Rei·ni·ger** (*-s, -*) ein chemisches Mittel, mit dem man Dinge sauber machen kann **K** Badreiniger, Fleckenreiniger, WC-Reiniger

die **Rei·ni·gung★** (*-, -en*) **1** *nur Singular* der Vorgang, bei dem man etwas sauber macht **K** Reinigungskraft, Reinigungsmittel **2** ein Betrieb, in dem Kleider usw. (chemisch) gereinigt werden ⟨*etwas in die Reinigung bringen*⟩

**rein·lich** *ADJEKTIV* mit dem Willen, alles sauber zu halten ⟨*Menschen, Tiere*⟩ *„Katzen sind reinliche Tiere"*

der **Reis★** (*-es*) **1** eine Getreidepflanze, die man in warmen Ländern auf nassen Feldern anbaut ⟨*Reis anbauen, pflanzen, ernten*⟩ **K** Reisernte, Reisfeld, Reiskorn, Reispflanze **2** die gelbwei-

R

ßen, länglichen Körner des Reises, die man in Wasser kocht und essen kann ⟨*(un)geschälter, polierter Reis; Reis kochen*⟩ K Reisauflauf, Reisgericht, Reismehl, Reissuppe; Milchreis, Naturreis, Langkornreis, Rundkornreis

die **Rei·se**★ (-, -n) **1** **eine Reise (irgendwohin)** eine meist lange Fahrt (mit dem Auto, Schiff, Flugzeug o. Ä.) von einem Ort zum anderen ⟨*auf einer Reise; eine weite, lange, große, kurze, kleine, angenehme, interessante Reise; eine Reise buchen, antreten, machen; Gute Reise!*⟩ *„Wohin geht die Reise?"* K Reisegepäck, Reisescheck, Reiseziel; Schiffsreise, Dienstreise, Geschäftsreise ⓘ *Eine Reise nach* sagt man, wenn der Orts- oder Ländername ohne Artikel gebraucht wird: *eine Reise nach Frankreich, Athen usw.*; wenn der bestimmte Artikel beim Ländernamen verwendet wird, sagt man *eine Reise in*: *eine Reise in die USA.* **2** **auf der Reise** während der Reise ≈ unterwegs *„Wir haben auf der Reise viele Leute kennen gelernt"*

das **Rei·se·bü·ro**★ ein Geschäft, in dem man Reisen buchen kann

der **Rei·se·füh·rer** ein Buch, das über alles informiert, was in einem Land oder in einer Stadt (für den Touristen) wichtig ist *„ein zuverlässiger Reiseführer"*

der **Rei·se·lei·ter** eine Person, die eine Gruppe von Menschen auf einer Reise begleitet und für die Organisation verantwortlich ist • hierzu **Rei·se·lei·te·rin** *die*

**rei·sen**★ (*reiste, ist gereist*) **(irgendwohin) reisen** eine lange Fahrt von einem Ort zum anderen machen ⟨*mit dem Zug, mit dem Auto reisen; durchs Land, ins Ausland, um die Welt reisen*⟩

der **Rei·se·pass** ≈ Pass

das **Rei·sig** (-s) dünne, trockene Zweige, die unter Bäumen am Boden liegen ⟨*Reisig sammeln*⟩ K Reisigbesen, Reisigbündel

**rei·ßen**★ (*riss, hat/ist gerissen*) BESCHÄDIGEN: **1** **etwas (in etwas** (*Akkusativ*)**) reißen** (*hat*) aus etwas zwei oder mehrere Teile machen, indem man es kräftig in zwei verschiedene Richtungen zieht ⟨*etwas in Fetzen, in Stücke, in Streifen reißen*⟩ *„Vor Wut riss er den Brief in tausend Stücke"* **2** **etwas reißt** (*ist*) etwas trennt sich plötzlich in zwei Teile oder bekommt ein Loch, weil eine Person oder Sache daran zieht *„Du darfst nicht so fest ziehen, sonst reißt die Schnur"* **3** **etwas reißt ein Loch in etwas** (*Akkusativ*) (*hat*) etwas explodiert so, dass ein Loch entsteht *„Die Mine riss ein tiefes Loch in die Erde"* IN EINE RICHTUNG: **4** **eine Person/Sache reißt (jemandem) eine Sache aus/von etwas** (*hat*) eine Person oder Sache zieht schnell und kräftig an einer Sache, sodass sie von einer Stelle entfernt wird *„Sie riss mir den Brief aus der Hand/aus den Händen"* | *„Der starke Wind riss ihm den Hut vom Kopf"* **5** **jemanden/etwas irgendwohin reißen** an einer Person/Sache plötzlich und schnell ziehen, sodass sie sich irgendwohin bewegt ⟨*jemanden zu Boden reißen*⟩ *„Als er den Radfahrer sah, riss der Fahrer das Lenkrad nach links"* **6** **an etwas** (*Dativ*) **reißen** (*hat*) (immer wieder) schnell und kräftig an etwas ziehen (ohne es kaputt zu machen) *„Der Hund bellte laut und riss an seiner Kette"* SONSTIGE VERWENDUNGEN: **7** **etwas an sich reißen** (*hat*) mit Gewalt oder mit einem Trick in den Besitz einer Sache kommen ⟨*die Macht, Geld, einen Auftrag an sich reißen*⟩ **8** **jemanden aus etwas reißen** (*hat*) jemanden bei etwas stören ⟨*jemanden aus dem Schlaf, aus den Träumen, aus den Gedanken, aus der Konzentration reißen*⟩ **9** **sich um jemanden/etwas reißen** (*hat*) alles versuchen, um jemanden/etwas zu bekommen *„Die Leute haben sich förmlich um die Konzertkarten gerissen"*

**rei·ße·risch** ADJEKTIV; *abwertend* auf billige Art so interessant gemacht, dass viele Leute darauf aufmerksam werden ⟨*eine Überschrift, Schlagzeilen, eine Aufmachung; etwas reißerisch aufmachen*⟩

der **Reiß·na·gel** ein kurzer, dünner Nagel, den man leicht mit einem Finger in Holz o. Ä. drücken kann, weil er einen flachen breiten Kopf hat *„ein Plakat mit Reißnägeln an die Wand heften"*

der **Reiß·ver·schluss**★ viele Kleidungsstücke haben einen Reißverschluss zum Auf- und Zumachen; er besteht aus zwei Reihen von kleinen Zähnen aus Metall oder Plastik und einem beweglichen Teil, das die Zähne zusammenfügen und wieder trennen kann ⟨*den Reißverschluss aufmachen/aufziehen/öffnen, zumachen/schließen/hochziehen; der Reißverschluss klemmt*⟩

die **Reiß·zwe·cke** ≈ Reißnagel

**rei·ten**★ (*ritt, hat/ist geritten*) **(auf einem Tier) reiten** (*ist*) auf einem Tier sitzen und sich tragen lassen ⟨*auf einem Pferd, einem Esel, einem Kamel reiten; im Schritt, im Galopp, im*

*Trab reiten*〉 **K** Reitlehrer, Reitsport, Reitstiefel, Reitstunde • *hierzu* **Rei·ter** *der*; **Rei·te·rin** *die*

der **Reiz**★ (*-es, -e*) **1** etwas, das bewirkt, dass ein Sinnesorgan darauf reagiert 〈*ein schwacher, starker, mechanischer, akustischer, optischer Reiz*〉 *„Die Pupillen reagieren auf optische Reize, indem sie größer oder kleiner werden"* **K** Brechreiz, Hustenreiz **2** die verlockende Wirkung 〈*der Reiz des Neuen, des Verbotenen; den Reiz verlieren*〉 ≈ Anziehungskraft *„die besonderen Reize des Waldes im Herbst"*

**reiz·bar** ADJEKTIV 〈*ein Mensch*〉 so, dass er sehr schnell ärgerlich und aggressiv wird *„leicht reizbar sein"* • *hierzu* **Reiz·bar·keit** *die*

**rei·zen**★ (*reizte, hat gereizt*) **1** **etwas reizt jemanden** etwas ist für eine Person so interessant, dass sie es tun oder haben möchte *„Es würde mich sehr reizen, surfen zu lernen"* **2** **jemanden reizen** eine Person oder ein Tier (lange) so behandeln, dass sie böse reagiert *„Mich wundert nicht, dass der Hund dich gebissen hat. Du hast ihn ja lange genug gereizt"* ❶ → auch **gereizt** **3** **etwas reizt (etwas)** etwas verursacht Schmerzen und macht etwas wund 〈*etwas reizt die Augen, die Schleimhaut, den Magen, jemandes Nerven*〉 **K** Reizgas

**rei·zend** ADJEKTIV **1** im Verhalten sehr freundlich und angenehm 〈*ein Mädchen, eine Frau, Leute; etwas reizend finden*〉 ≈ nett, lieb *„Es ist reizend von dir, dass du mir Blumen bringst"* **2** so, dass etwas angenehm wirkt und gefällt 〈*eine Stadt, ein Häuschen, ein Kleid, ein Abend; reizend aussehen*〉 ≈ hübsch, nett

die **Rei·zung** (*-, -en*) **1** *nur Singular* die Wirkung von Reizen auf die Organe des Körpers *„Bei andauernder Reizung der Haut durch chemische Mittel können Krankheiten entstehen"* **2** eine leichte Entzündung **K** Blinddarmreizung

**reiz·voll** ADJEKTIV **1** interessant und schön 〈*eine Gegend, ein Gesicht, ein Kontrast*〉 **2** 〈*eine Aufgabe, ein Thema*〉 so, dass sie jemandes Interesse wecken *„Für Kinder ist es reizvoll, etwas zu tun, das verboten ist"*

die **Re·kla·me**★ (-) **1** **Reklame (für etwas)** mit Reklame versucht man, Produkte zu verkaufen, indem man sie lobt und positiv darstellt 〈*Reklame machen*〉 ≈ Werbung *„Sie macht Reklame für teure Parfums"* **K** Kinoreklame, Zeitungsreklame **2** ein Prospekt, ein kurzer Film, ein Bild o. Ä., mit denen Reklame gemacht wird 〈*sich* (*Dativ*) *die Reklame ansehen, anschauen*〉 *„Heute war der Briefkasten wieder voller Reklame"* **K** Reklameplakat

**re·kla·mie·ren**★ (*reklamierte, hat reklamiert*) **(etwas) (bei jemandem/etwas) reklamieren** sich (bei einer Firma, in einem Geschäft o. Ä.) beschweren, weil eine Ware Fehler hat (und in Ordnung gebracht werden muss) *„Der Kunde hat reklamiert, dass der Fernseher nicht richtig funktioniert"* • *hierzu* **Re·kla·ma·ti·on** *die*

**re·kons·tru·ie·ren** (*rekonstruierte, hat rekonstruiert*) **1** **etwas rekonstruieren** etwas, von dem es nur Reste oder Beschreibungen gibt, neu bauen *„einen antiken Tempel rekonstruieren"* **2** **etwas rekonstruieren** (aufgrund von Berichten oder Beschreibungen) versuchen, später festzustellen, wie etwas war oder geschehen ist 〈*den Tathergang, den Unfall, ein Gespräch rekonstruieren*〉 • *hierzu* **re·kons·tru·ier·bar** ADJEKTIV; **Re·kons·truk·ti·on** *die*

der **Re·kord**★ (*-(e)s, -e*) **1** (vor allem im Sport) die beste Leistung, die jemand bis zu dem jeweiligen Zeitpunkt erreicht hat 〈*ein europäischer, olympischer, persönlicher Rekord; einen Rekord aufstellen, halten, verbessern, brechen*〉 *„Er verbesserte seinen Rekord im Hochsprung um zwei Zentimeter"* **K** Rekordleistung; Weltrekord **2** die höchste Zahl, die bis zu einem Zeitpunkt erreicht wurde 〈*einen neuen Rekord erreichen*〉 *„Der Rekord der diesjährigen Kältewelle liegt bei minus 30 Grad Celsius"* **K** Rekordergebnis, Rekordgewinn

der **Re·kor·der** (*-s, -*) ein Gerät, mit dem man Musik, Filme o. Ä. aufnehmen und wieder abspielen kann **K** Festplattenrekorder

der **Rek·rut** (*-en, -en*) ein Soldat, der neu beim Militär ist und noch ausgebildet werden muss 〈*Rekruten ausbilden*〉 **K** Rekrutenausbildung, Rekrutenzeit ❶ *der Rekrut; den, dem, des Rekruten* • *hierzu* **Rek·ru·tin** *die*

**rek·ru·tie·ren** (*rekrutierte, hat rekrutiert*); *geschrieben* **jemanden rekrutieren** jemanden für eine Aufgabe, Tätigkeit usw. holen *„Mitarbeiter für ein Projekt rekrutieren"* • *hierzu* **Rek·ru·tie·rung** *die*

der **Rek·tor** (*-s, Rek·to·ren*) **1** Ⓓ eine Person, die eine Grund-, Haupt- oder Realschule leitet **2** der Leiter einer Universität • *hierzu* **Rek·to·rin** *die*

das **Rek·to·rat** (*-s, -e*) die Räume für den Rektor und dessen Mitarbeiter die **Re·la·ti·on** [-'tsi̯oːn]; (-, *-en*) **die Relation (zwischen Dingen** (*Dativ*)) *geschrieben* die Beziehung oder Verbindung, die es zwischen (zwei) Dingen, Tatsachen, Begriffen usw. gibt ⟨*eine Relation besteht, stimmt; etwas in* (*die richtige*) *Relation* (*zu etwas*) *bringen*⟩ *„die Relation zwischen Leistung und Lohn"*

**re̦·la·tiv, re·la·ti̱v★** [-f] ADJEKTIV **1** von verschiedenen Bedingungen abhängig und bestimmt ⟨*Werte, Größen, Begriffe*⟩ ↔ absolut *„Es ist alles relativ"* wie man etwas beurteilt, hängt davon ab, in welchem Zusammenhang man es sieht **2** **relativ** + *Adjektiv* im Vergleich zu anderen Personen, Dingen oder Gelegenheiten ≈ ziemlich *„ein relativ heißer Sommer"* **3** **relative Mehrheit** → Mehrheit • *zu* (1) **Re·la·ti·vi·tä̱t** *die*

das **Re·la·ti̱v·pro·no·men** [-f-] ein Pronomen das einen Nebensatz einleitet und anstelle eines Substantivs aus dem Hauptsatz steht (z. B. welcher oder der, die, das)

der **Re·la·ti̱v·satz★** [-f-] ein Nebensatz, der durch ein Relativpronomen eingeleitet wird *„In dem Satz „Gestern traf ich die Frau, die neben mir wohnt, in der Stadt" ist „die neben mir wohnt" ein Relativsatz"*

**re·le·va̦nt★** [-v-] ADJEKTIV **relevant (für jemanden/etwas)** wichtig (im Zusammenhang mit dem Genannten) ⟨*Daten, Fragen, Informationen; gesellschaftlich, historisch, politisch relevant*⟩ ↔ irrelevant *„Vertreter aller gesellschaftlich relevanten Gruppen"* | *„Diese Faktoren sind für die Auswertung des Experiments nicht relevant"* • *hierzu* **Re·le·va̦nz** *die*

das **Re·li·ef** [re'li̯ɛf]; (-s, *-s*) **1** ein Bild auf Stein, Metall o. Ä., dessen Figuren und Muster höher oder tiefer als ihre Umgebung sind, wie z. B. bei einer Münze **K** Steinrelief, Tonrelief **2** eine Landkarte, bei der Gebirge usw. wie bei einem Relief gezeichnet sind **K** Reliefkarte

die **Re·li·gi·o̱n★** (-, *-en*) **1** *nur Singular* der Glaube an einen Gott oder mehrere Götter, mit dem man sich den Sinn des Lebens erklärt *„Karl Marx bezeichnete Religion als „Opium fürs Volk"* **2** eine besondere Form von Religion mit ihren eigenen Überzeugungen, Ritualen, Traditionen ⟨*die jüdische, christliche Religion*⟩ ≈ Glaube *„Der Buddhismus ist eine der großen Religionen der Welt"* **K** Religionsfreiheit, Religionskrieg; Naturreligion **3** *nur Singular, ohne Artikel* ein Fach in der Schule, in dem die Grundlagen einer Religion unterrichtet werden **K** Religionslehrer, Religionsunterricht

**re·li·gi·ö̱s★** ADJEKTIV **1** in Bezug auf die Religion ⟨*ein Bekenntnis, Überzeugungen, eine Zeremonie*⟩ **2** so, dass ein Mensch entsprechend der Lehre einer Religion lebt, denkt und handelt ≈ gläubig *„Meine Tante ist sehr religiös"*

das **Re·li̦kt** (-(e)s, *-e*) etwas, das von einer früheren Zeit oder von einem früheren Zustand übrig geblieben ist *„die Relikte der Vergangenheit"*

die **Re̱·ling** (-) das Geländer auf dem Deck eines Schiffes ⟨*an der Reling stehen*⟩

die **Re·mou·la̱·de** [-mu-]; (-, *-n*) eine kalte Soße aus Ei, Öl und Kräutern, die man oft zu Fisch isst **K** Remouladensoße

**re̦m·peln** (*rempelte, hat gerempelt*) **jemanden rempeln** jemanden (meist mit Absicht) mit dem Arm oder mit dem Körper stoßen

der **Re̦mp·ler** (-s, -) ein Stoß mit dem Arm oder Körper ⟨*jemandem einen Rempler geben*⟩

die **Re·nais·sance** [rənɛ'sãːs]; (-, *-n*) ein Stil der (europäischen) Kunst vom 15. bis 17. Jahrhundert, bei dem man die antike griechische und römische Kunst, Literatur, Wissenschaft usw. studierte und zu imitieren versuchte ⟨*die Malerei, die Architektur der Renaissance*⟩ **K** Renaissancebau, Renaissancemaler, Renaissancestil

das **Ren·dez·vous** [rãde'vuː]; (-, - [rãde'vuːs]) **ein Rendezvous (mit jemandem)** ein Treffen von zwei Leuten, die zusammen ausgehen wollen ⟨*mit jemandem ein Rendezvous haben; sich zu einem Rendezvous verabreden*⟩

die **Ren·di̱·te** (-, *-n*) der Gewinn, den ein Wertpapier (jedes Jahr) bringt

**re̦n·nen★** (*rannte, hat/ist gerannt*) **1** **(irgendwohin) rennen** (*ist*) sich schnell auf den Füßen fortbewegen (sodass beide Füße kurze Zeit in der Luft sind) ⟨*mit jemandem um die Wette rennen; um sein Leben rennen*⟩ ≈ laufen *„Er ist so schnell gerannt, dass er jetzt völlig außer Atem ist"* **2** **in etwas** (*Akkusativ*) **rennen** (*ist*) in eine gefährliche Situation kommen (ohne dass man es merkt) ⟨*ins Unglück, ins Verderben rennen*⟩

das **Re̦n·nen★** (-s, -) ein Wettkampf, bei dem man versucht, schneller als andere Leute zu laufen, zu fahren oder zu reiten ⟨*ein Rennen machen, veranstalten, abhalten, gewinnen, verlieren*⟩ **K** Rennfahrer, Rennrad; Autorennen, Pferderennen

der **Re̦n·ner** (-s, -); *gesprochen* ein Produkt, von dem in kurzer Zeit viel verkauft wird *„Dieses*

R

*Buch ist ein absoluter Renner"*

**re·nom·mi̲ert** *ADJEKTIV geschrieben* sehr bekannt und angesehen *„ein renommierter Künstler"*

**re·no·vi̲e·ren★** [-v-] (*renovierte, hat renoviert*) **(etwas) renovieren** alte Gebäude oder Teile davon erneuern ⟨*ein Gebäude, eine Villa, eine Kirche, Altbauten, eine Wohnung renovieren*⟩ • *hierzu* **Re·no·vi̲e·rung** *die*

**ren·ta̲·bel★** *ADJEKTIV* so, dass man davon einen finanziellen Gewinn hat ⟨*ein Geschäft, ein Betrieb; rentabel wirtschaften, arbeiten*⟩ *„Ist das eine rentable Geldanlage?"* • *hierzu* **Ren·ta·bi·li·tä̲t** *die*

die **Rẹn·te★** (-, *-n*) **1** eine Summe Geld, die eine Person jeden Monat vom Staat bekommt, wenn sie ein festgelegtes Alter erreicht hat und nicht mehr arbeiten muss ⟨*eine Rente beziehen, bekommen*⟩ **K** Rentenempfänger; Altersrente **i** Ein Beamter bekommt eine *Pension*, andere Leute bekommen eine *Rente*. **2** *nur Singular* die Zeit im Leben eines Arbeiters oder eines Angestellten, in der er (meist aus Altersgründen) nicht mehr arbeitet und eine Rente bekommt ⟨*in Rente gehen*⟩ **3** eine Summe Geld, die jemand regelmäßig von einer Versicherung, von einer anderen Person oder aus angelegtem Kapital bekommt **K** Witwenrente

die **Rẹn·ten·ver·si·che·rung** eine staatliche Einrichtung, an die man einen Beitrag zahlt, solange man arbeitet, um im Alter eine Rente zu bekommen

**ren·ti̲e·ren** (*rentierte sich, hat sich rentiert*) **etwas rentiert sich (für jemanden)** etwas bringt jemandem Gewinn *„Das Hotel rentiert sich nicht"* | *„Es rentiert sich doch gar nicht, für drei Tage so weit zu fahren"*

der **Rẹnt·ner★** (-s, -) eine Person, die eine Rente bekommt und nicht mehr arbeiten muss **K** Frührentner • *hierzu* **Rẹnt·ne·rin** *die*

**re·pa·ra̲·bel** *ADJEKTIV* so, dass etwas repariert werden kann ⟨*ein Schaden*⟩

die **Re·pa·ra·tu̲r★** (-, *-en*) der Vorgang, bei dem etwas Kaputtes wieder in Ordnung gebracht wird ⟨*etwas zur Reparatur bringen; eine Reparatur vornehmen, machen (lassen)*⟩ *„Der Motor ist schon so alt, dass sich eine Reparatur nicht mehr lohnt"* **K** Reparaturarbeiten, Reparaturkosten; reparaturbedürftig; Autoreparatur, Schuhreparatur

**re·pa·ri̲e·ren★** (*reparierte, hat repariert*) **etwas reparieren** einen kaputten Gegenstand wieder in Ordnung bringen ⟨*etwas notdürftig reparieren*⟩ ≈ richten *„das Fahrrad/Auto selber reparieren"* | *„den Fernseher reparieren lassen"*

das **Re·per·toire** [repɛrˈto̯aːɐ̯]; (-s, -s) alle Musikstücke, Theaterstücke usw., die ein Künstler oder ein Theater spielen oder zeigen kann *„Der Chor hat auch moderne Lieder in seinem Repertoire"*

die **Re·por·ta·ge** [-ˈtaːʒə]; (-, *-n*) **eine Reportage (über jemanden/etwas)** ein Bericht (im Radio, im Fernsehen oder in der Zeitung) über ein aktuelles Thema ⟨*eine Reportage (über etwas) machen, bringen, schreiben*⟩ **K** Fernsehreportage, Zeitungsreportage; Sportreportage

der **Re·pọr·ter** (-s, -) eine Person, die beruflich über aktuelle Ereignisse berichtet **K** Fernsehreporter, Radioreporter; Gerichtsreporter • *hierzu* **Re·pọr·te·rin** *die*

der **Re·prä·sen·tạnt** (*-en, -en*); *geschrieben* eine Person, die eine Gruppe von Menschen, eine Institution o. Ä. in der Öffentlichkeit vertritt *„ein Repräsentant der Kirche"* • *hierzu* **Re·prä·sen·tạn·tin** *die*

die **Re·prä·sen·ta·ti·on** [-ˈtsi̯oːn]; (-, *-en*); *geschrieben* **1** die Vertretung eines Staates, einer Institution o. Ä. *„die Repräsentation einer Partei durch ihren Vorsitzenden"* **2** *nur Singular* das, womit sich der Staat öffentlich repräsentiert, und die damit verbundenen Kosten *„Der Abgeordnete hat das große Auto zur Repräsentation"*

**re·prä·sen·ta·ti̲v** [-f] *ADJEKTIV; geschrieben* **1 repräsentativ (für jemanden/etwas)** für eine Gruppe oder eine Richtung (in der Kunst, im Denken) typisch *„ein repräsentativer Vertreter des Impressionismus"* **2 repräsentativ (für jemanden/etwas)** so, dass das Gesamtbild einer Gesellschaft o. Ä. mit den verschiedenen Meinungen der Menschen enthalten ist ⟨*eine Erhebung, eine Umfrage, eine Auswahl*⟩ *„Diese Meinungsumfrage ist nicht repräsentativ, weil nur ein kleiner Teil der Betroffenen befragt wurde"*

**re·prä·sen·ti̲e·ren** (*repräsentierte, hat repräsentiert*); *geschrieben* **1 etwas repräsentieren** für ein Land, für eine Institution o. Ä. in der Öffentlichkeit sprechen ⟨*jemanden/etwas nach außen, im Ausland repräsentieren*⟩ ≈ vertreten *„Als Botschafterin repräsentiert sie ihr Land gut"* **2 etwas (mit etwas) repräsentieren** ein typischer Vertreter von etwas sein *„Mit ihren Anschauungen repräsentiert sie*

R

*ihre Generation"* **3** sich in der Öffentlichkeit so verhalten, wie es der eigenen, hohen gesellschaftlichen Stellung entspricht

die **Re·pres·sa·lie** [-liə]; (-, *-n*); *meist Plural; geschrieben, oft abwertend* eine Maßnahme, mit der auf jemanden Druck ausgeübt werden soll

die **Re·pro·duk·ti·on** [-'tsio:n]; (-, *-en*) ein Bild, das durch Fotografieren oder Drucken eines Originalbildes entstanden ist ≈ Kopie ↔ Original *„eine Reproduktion eines Rembrandt-Bildes"*

**re·pro·du·zie·ren** (*reproduzierte, hat reproduziert*) **etwas reproduzieren** eine Kopie von etwas machen ⟨*ein Bild, ein Foto, ein Gemälde*⟩

das **Rep·til★** (-s, *-ien* [-iən]) ein Tier, dessen Körper von Schuppen oder Horn bedeckt ist und das Eier legt. Der Körper von Reptilien ändert die Temperatur je nach der Umgebung *„Schlangen, Krokodile und Eidechsen sind Reptilien"*

die **Re·pub·lik**, **Re·pub·lik★**; (-, *-en*) ein Staat, dessen Oberhaupt ein Präsident (anstelle eines Königs oder einer Königin) ist und dessen Regierung vom Volk gewählt wird ⟨*eine demokratische, sozialistische, parlamentarische Republik*⟩ ↔ Monarchie, Diktatur *„die Republik Österreich"* **K** Bundesrepublik, Volksrepublik

das **Re·qui·sit** (-s, *-en*) *meist Plural* die Gegenstände, die man bei einem Theaterstück für die Bühne oder bei einem Film braucht

das **Re·ser·vat** [-v-]; (-(*e*)*s*, *-e*) **1** ein Stück Land (vor allem in den USA), auf welchem die Ureinwohner leben ⟨*in einem Reservat leben*⟩ **K** Indianerreservat **2** ein Stück Land (vor allem in Afrika), auf dem man keine Tiere jagen darf **K** Wildreservat

die **Re·ser·ve★** [-və]; (-, *-n*) **1** **Reserve (an etwas** (*Dativ*)) *meist Plural* Dinge, die man aufbewahrt, um sie später einmal zu gebrauchen ⟨*finanzielle Reserven;* (*keine*) *Reserven haben, anlegen*⟩ ≈ Vorrat *„Reserven an Getreide"* **K** Reservekanister; Geldreserve, Wasserreserve **2** *nur Singular* die Männer, die als Soldaten bereits ausgebildet wurden, aber nicht mehr in der Armee sind ⟨*Soldaten, Offiziere der Reserve*⟩ **K** Reserveoffizier

**re·ser·vie·ren★** [-v-] (*reservierte, hat reserviert*) **(jemandem/für jemanden) etwas reservieren** einen Platz oder ein Zimmer für jemanden frei halten ⟨*etwas für jemanden/etwas reservieren*⟩ *„ein Hotelzimmer reservieren lassen"* • *hierzu* **Re·ser·vie·rung** *die*

**re·ser·viert** [-v-] *ADJEKTIV* **(jemandem gegenüber) reserviert** meist aufgrund eines Vorfalls bewusst distanziert ⟨*sich reserviert verhalten*⟩ *„Nach dem Streit war sie mir gegenüber ziemlich reserviert"*

das **Re·ser·voir** [-'voa:ɐ̯], (-s, *-e*) ein großes Becken, in dem man Wasser sammelt, um die Umgebung damit zu versorgen ⟨*ein Reservoir anlegen*⟩ **K** Wasserreservoir

die **Re·si·denz** (-, *-en*) **1** ein Haus, in dem eine wichtige Persönlichkeit wohnt *„die Residenz des Erzbischofs"* **K** Sommerresidenz **2** eine Stadt, in der ein König, ein Präsident, ein Fürst o. Ä. wohnt und regiert **K** Residenzstadt

**re·sig·nie·ren** (*resignierte, hat resigniert*) in Bezug auf eine Sache die Hoffnung aufgeben *„Du darfst doch nicht gleich resignieren! Du wirst es schon schaffen"* • *hierzu* **Re·sig·na·ti·on** *die*

**re·sis·tent** *ADJEKTIV* **resistent (gegen etwas)** ⟨*Pflanzen, Bakterien*⟩ so, dass ihnen eine Krankheit, ein Gift o. Ä. nicht schaden kann *„Die Bakterien sind gegen den Impfstoff resistent"* • *hierzu* **Re·sis·tenz** *die*

**re·so·lut** *ADJEKTIV* so, dass eine Person genau weiß, was sie will und sich auch durchsetzt ⟨*resolut auftreten*⟩

die **Re·so·nanz** (-, *-en*) **1** die Klänge, die man hört, wenn Teile des Objekts, welches den Klang erzeugt, auch schwingen **K** Resonanzkörper **2** **die Resonanz (auf jemanden/etwas)** die Reaktionen, die auf einen Vorschlag o. Ä. folgen ⟨*etwas findet Resonanz*⟩ *„Sein Vorschlag stieß beim Publikum auf keine Resonanz"*

der **Res·pekt★** (-(*e*)*s*) **1** **Respekt (vor jemandem/etwas)** eine Haltung, die zeigt, dass man eine Person (z. B. aufgrund ihres Alters oder ihrer Position) oder etwas (z. B. eine Leistung) sehr achtet ⟨*großen, keinen, ziemlichen, nicht den geringsten Respekt vor jemandem/etwas haben; jemandem Respekt erweisen*⟩ *„Jürgen hat vor den Lehrern keinen Respekt mehr"* **2** **Respekt (vor jemandem/etwas)** das unangenehme Gefühl, das man bekommt, wenn man in Gefahr ist ≈ Angst *„Ich habe großen Respekt vor Hunden"* • *zu* (1) **res·pekt·los** *ADJEKTIV; zu* (1) **res·pekt·voll** *ADJEKTIV*

**res·pek·ta·bel** *ADJEKTIV meist attributiv oder prädikativ* **1** so, dass man Respekt vor jemandem/etwas hat *„Wir haben es alle sehr respektabel gefunden, wie sie sich verhalten hat"* **2** sehr gut ⟨*eine Leistung*⟩ *„respektables Verhal-*

R

ten"

**res·pek·tie·ren★** (respektierte, hat respektiert) **1** **jemanden/etwas respektieren** vor jemandem/etwas Respekt haben *„die Eltern und Lehrer respektieren"* **2** **etwas respektieren** akzeptieren, dass eine Person gute Gründe für etwas hat (auch wenn man selbst eine andere Meinung hat) ⟨*jemandes Meinung, Wünsche respektieren*⟩ **3** **etwas respektieren** Rücksicht auf etwas nehmen ⟨*jemandes Gefühle respektieren*⟩

das **Res·sort** [rɛ'soːɐ̯]; (-s, -s) **1** ein genau begrenzter Bereich von Aufgaben und Kompetenzen, für die jemand verantwortlich ist **2** eine Abteilung in einer Institution, die einen begrenzten Bereich an Aufgaben und Kompetenzen hat ⟨*ein Ressort leiten*⟩ *„das Ressort „Umweltschutz"* **K** Ressortleiter

die **Res·sour·cen** [rɛ'sʊrsn̩]; *Plural; geschrieben* **1** alles, was ein Land hat, um die Menschen zu ernähren, um Waren zu produzieren usw. (vor allem Rohstoffe und Geld) ⟨*die natürlichen Ressourcen*⟩ **2** das Geld, über das ein Betrieb verfügen kann ⟨*über beachtliche Ressourcen verfügen*⟩

der **Rest★** (-(e)s, -e) **1** das, was übrig (geblieben) ist ⟨*ein kläglicher, kleiner Rest*⟩ *„Es ist noch ein Rest (von dem) Kuchen da"* **K** Restbetrag, Stoffreste **2** *nur Singular* das, was noch fehlt, damit etwas vollständig oder abgeschlossen ist ⟨*der Rest des Tages, des Weges*⟩ *„Den Rest der Arbeit können Sie morgen machen"* **K** Restforderung **3** die Zahl, die bei einer Division übrig bleibt, wenn die Rechnung nicht genau aufgeht *„23 geteilt durch 7 ist 3, Rest 2"*

R

das **Res·tau·rant★** [rɛsto'rãː]; (-s, -s) ein Lokal, in dem man essen und trinken kann ❶ → Anhanhg, S. 1089: **Im Lokal**

die **Res·tau·ra·ti·on** [-'tsjoːn]; (-, -en) *geschrieben* die Arbeit, durch die alte Kunstwerke restauriert werden *„die Restauration eines Bildes/Bauwerks"*

der **Res·tau·ra·tor** (-s, Re·stau·ra·to·ren) eine Person, die (beruflich) etwas restauriert • *hierzu* **Res·tau·ra·to·rin** *die*

**res·tau·rie·ren** (restaurierte, hat restauriert) **etwas restaurieren** Kunstwerke (z. B. wertvolle Bilder), Gebäude, Möbel o. Ä. wieder in ihren ursprünglichen Zustand bringen • *hierzu* **Res·tau·rie·rung** *die*

**rest·los** ADJEKTIV *meist adverbiell* **1** ≈ völlig *„Er war von deiner Idee restlos begeistert"* **2** so, dass nichts übrig bleibt *„etwas restlos aufessen"*

der **Rest·pos·ten** das, was von einer vorher großen Menge an Waren übrig ist und noch verkauft werden kann

**res·trik·tiv** [-f] ADJEKTIV; *geschrieben* ⟨*Maßnahmen*⟩ so, dass sie verhindern, dass etwas ein festgesetztes Maß überschreitet *„Die Regierung verfolgt eine restriktive Wirtschaftspolitik"*

das **Re·sul·tat★** (-(e)s, -e); *geschrieben* **1** das Ergebnis oder der Ausgang von jemandes Bemühungen ⟨*ein gutes, schlechtes Resultat erreichen, erzielen*⟩ **2** das, was am Schluss einer mathematischen Rechnung steht ≈ Ergebnis

das **Re·sü·mee** (-s, -s); *geschrieben* eine inhaltliche Zusammenfassung am Schluss eines Textes oder Ablaufs *„Und, wie lautet dein Resümee? Warst du mit dem Kurs zufrieden?"*

die **Re·tour·kut·sche** [re'tuːɐ̯-] eine Beleidigung, ein Vorwurf o. Ä. als Reaktion auf eine Beleidigung, einen Vorwurf o. Ä.

**ret·ro** ADJEKTIV; *gesprochen* an frühere Zeiten erinnernd, einen früheren Stil nachahmend *„Die Musik ist ja voll retro!"* **K** Retrodesign, Retrostil

**ret·ten★** (rettete, hat gerettet) **1** **jemanden retten** jemanden oder sich selbst helfen, aus einer gefährlichen Situation heraus in Sicherheit zu kommen ⟨*jemanden aus einer Gefahr retten*⟩ *„Er konnte sich und seine Kinder gerade noch aus dem brennenden Haus retten"* **2** **jemandem das Leben retten** verhindern, dass jemand in einer gefährlichen Situation stirbt **3** **etwas retten** verhindern, dass etwas zerstört wird oder verloren geht *„Er konnte im Krieg seinen Besitz nicht mehr retten"* **ID** **sich vor Personen/Dingen nicht (mehr) retten können** zu viel von jemandem/etwas haben oder bekommen *„Sie konnte sich vor Verehrern nicht mehr retten"*; **nicht mehr zu retten sein** ganz verrückt sein; **Bist du noch zu retten?** *gesprochen* Du spinnst wohl!

der **Ret·ter** (-s, -) eine Person, die jemanden oder etwas rettet ⟨*der Retter in der Not*⟩ **K** Lebensretter • *hierzu* **Ret·te·rin** *die*

der **Ret·tich** (-s, -e) eine Pflanze mit meist weißer oder roter Wurzel, die man roh isst und die scharf schmeckt

die **Ret·tung★** (-, -en) **1** die Situation, wenn eine Person, eine Sache oder ein Tier gerettet wird *„Das war Rettung in höchster Not!"* **K** Rettungshubschrauber, Rettungswagen **2** Ⓐ ≈ Rettungswagen

das **Ret·tungs·boot** ein kleines Boot, das man

benutzt, wenn ein Schiff untergeht

der **Ret·tungs·dienst** Ärzte, Sanitäter o. Ä., die bei Unfällen o. Ä. helfen ⟨*den Rettungsdienst alarmieren, rufen*⟩

der **Ret·tungs·ring** ein großer Ring aus leichtem Material, der jemanden vor dem Ertrinken retten kann

der **Ret·tungs·schwim·mer** eine Person, die gelernt hat, Menschen aus dem Wasser zu retten, wenn diese nicht (mehr) selbst schwimmen können • *hierzu* **Ret·tungs·schwim·me·rin** *die*

die **Reue★** (-) das Gefühl des Bedauerns, dass man etwas getan hat, das falsch oder schlecht war ⟨*ehrliche, tiefe Reue zeigen*⟩

**reu·en** (*reute, hat gereut*) **etwas reut jemanden** eine Person ärgert sich, weil sie etwas Falsches getan hat *„Es hat mich schon längst gereut, dass ich ihm Geld geliehen habe"*

**reu·mü·tig** *ADJEKTIV* voll Reue

die **Re·van·che** [re'vã:ʃ(ə)]; (-, *-n*) **1** die Chance, nach einem verlorenen Spiel noch einmal zu spielen ⟨*vom Gegner Revanche fordern*⟩ **K** Revanchespiel **2** ≈ Rache

**re·van·chie·ren** [revã'ʃi:rən] (*revanchierte sich, hat sich revanchiert*) **1 sich (an jemandem) (für etwas) revanchieren** eine andere Person verfolgen und bestrafen, weil man durch ihr Verhalten einen Schaden erlitten hatte *„Er revanchierte sich mit einem bösen Foul an seinem Gegner"* **2 sich (bei jemandem) (für etwas) (mit etwas) revanchieren** jemandem als Dank für etwas Schönes (z. B. ein Geschenk) später auch eine Freude machen *„Ich werde mich bei dir für deine Hilfe revanchieren"*

das **Re·vier** [-v-]; (-s, *-e*) **1** ein Gebiet mit festen Grenzen (in dem jemand meist für Ordnung sorgt) *„Der Förster betreut den Wald in seinem Revier"* **K** Jagdrevier **2** ein Gebiet, das ein Tier gegen andere Tiere derselben Art verteidigt ⟨*ein Tier markiert, verteidigt das Revier*⟩

die **Re·vi·si·on** (-, *-en*) die Überprüfung einer Sache ⟨*die Revision eines Urteils, eines Vertrags, eines Textes*⟩ **K** Kassenrevision

die **Re·vol·te** [-v-]; (-, *-n*) der (auch gewaltsame) Widerstand einer Gruppe mit ähnlichen Interessen gegen eine Autorität ≈ Aufstand *„Im Gefängnis ist eine Revolte ausgebrochen"*

die **Re·vo·lu·ti·on★** [revolu'tsio:n]; (-, *-en*) **1** die Aktionen, durch die eine Gruppe von Personen meist mit Gewalt versucht, an die Macht in einem Land zu kommen ⟨*eine Revolution unterdrücken, niederschlagen*⟩ *„die Französische Revolution von 1789"* **K** Revolutionsführer **2** eine radikale Änderung der Entwicklung *„eine technische Revolution"* | *„die industrielle Revolution im 19. Jahrhundert"* • *zu* (1) **Re·vo·lu·ti·o·när** *der*, *zu* (1) **Re·vo·lu·ti·o·nä·rin** *die*

**re·vo·lu·ti·o·när** [revolutsio-] *ADJEKTIV* **1** von Ideen bestimmt, die zu einer Revolution führen können ⟨*Ideen, Gedanken, Ziele*⟩ **2** mit der Wirkung, etwas radikal zu ändern ⟨*eine Entdeckung, eine Erfindung*⟩

**re·vo·lu·ti·o·nie·ren** [revolutsio-] (*revolutionierte, hat revolutioniert*) **etwas revolutionieren** etwas vollständig ändern ⟨*eine revolutionierende Entdeckung, Erfindung, Idee*⟩ *„Die Entdeckung des Insulins revolutionierte die Medizin"*

der **Re·vol·ver** [re'vɔlvɐ]; (-s, -) eine Pistole, bei der nach jedem Schuss die nächste Kugel automatisch in den Lauf kommt ⟨*den Revolver laden, abdrücken, ziehen*⟩ **K** Revolverkugel, Revolverschuss

das **Re·zept★** (-(e)s, *-e*) **1** eine schriftliche Anweisung vom Arzt, welche Medizin oder Behandlung ein Patient bekommen soll ⟨*jemandem ein Rezept ausstellen*⟩ *„ein Rezept in der Apotheke vorlegen"* | *„Dieses Medikament gibt es nur auf Rezept"* **K** Rezeptgebühr **2** eine genaue Beschreibung, nach der man Essen zubereiten kann *„ein Kochbuch mit ausgezeichneten Rezepten"* **K** Backrezept, Kochrezept

**re·zept·frei** *ADJEKTIV* ⟨*Medikamente, Tabletten, Pillen, Tropfen*⟩ so, dass man sie ohne Rezept bekommt ↔ rezeptpflichtig

die **Re·zep·ti·on★** [-'tsio:n]; (-, *-en*) die Stelle in einem Hotel, zu der die Gäste gehen, wenn sie ankommen *„Bitte geben Sie Ihren Schlüssel an der Rezeption ab!"*

**re·zept·pflich·tig** *ADJEKTIV* ⟨*Medikamente*⟩ so, dass man sie nur mit einem Rezept bekommt ≈ verschreibungspflichtig ↔ rezeptfrei

die **Re·zes·si·on** (-, *-en*) eine Situation, in der es meist einem Land wirtschaftlich schlecht geht ⟨*eine krisenhafte, leichte, starke Rezession*⟩ ↔ Aufschwung *„Die Banken versuchen, die Rezession mit ihrer Zinspolitik zu stoppen"*

die **Rhe·to·rik** (-) die Kunst, so zu sprechen oder zu schreiben, dass es viele Leute überzeugt *„eine glänzende Rhetorik"* • *hierzu* **rhe·to·risch** *ADJEKTIV*

das **Rheu·ma** (-s) eine Krankheit, bei der man Schmerzen in den Gelenken, Muskeln und Seh-

R

nen hat **K** Rheumamittel, Rheumapflaster; Gelenkrheuma • *hierzu* **rheu·ma·tisch** *ADJEKTIV*

**rhyth·misch★** ['rʏt-] *ADJEKTIV* **1** in einem gewissen Takt ⟨*eine Melodie, ein Tanz; rhythmisch in die Hände klatschen, tanzen*⟩ **2** *meist attributiv* in Bezug auf den Rhythmus (der Musik) *„Ihr Sohn zeigt im Musikunterricht ein gutes rhythmisches Gefühl"*

der **Rhyth·mus★** ['rʏt-]; (-, *Rhyth·men*) **1** die (bewusst gestaltete) Gliederung von Elementen einer Melodie oder eines Tanzes ⟨*den Rhythmus ändern, wechseln, beibehalten; aus dem Rhythmus kommen*⟩ ≈ Takt *„einen Rhythmus trommeln"* | *„nach einem bestimmten Rhythmus tanzen"* **K** Herzrhythmus, Klopfrhythmus, Sprechrhythmus, Tanzrhythmus **2** **der Rhythmus von etwas (und etwas)** *geschrieben* die regelmäßige Folge, in der etwas passiert *„der Rhythmus von Tag und Nacht/von Ebbe und Flut"* **K** Arbeitsrhythmus, Jahresrhythmus, Schlafrhythmus, Tagesrhythmus

**rich·ten★** (*richtete, hat gerichtet*) RICHTUNG: **1** **etwas irgendwohin richten** eine Sache in eine Richtung bewegen *„den Blick auf den Boden/zum Himmel richten"* **2** **etwas richtet sich irgendwohin** etwas bewegt sich in eine Richtung *„Alle Blicke richteten sich auf mich"* ZIEL, ZIELPERSON: **3** **jemand richtet etwas auf eine Person/Sache**; **etwas richtet sich auf eine Person/Sache** eine Person oder Sache wird zum Mittelpunkt der Aufmerksamkeit o. Ä. *„Sie richtete ihre ganze Aufmerksamkeit auf die Gäste"* | *„Unsere Hoffnungen richten sich jetzt auf den neuen Impfstoff"* **4** **etwas richtet sich an jemanden/etwas** etwas ist für jemanden/etwas bestimmt *„Unser Angebot richtet sich vor allem an ältere Mitbürger"* **5** **etwas richtet sich gegen jemanden/etwas** etwas Negatives hat eine Person/Sache als Ziel *„Ihre Kritik richtete sich vor allem gegen die älteren Kollegen"* IN ORDNUNG BRINGEN: **6** **etwas richten** *besonders süddeutsch* Ⓐ Ⓒⓗ etwas (wieder) in Ordnung bringen oder reparieren *„Kann man die Uhr wieder richten?"* ALS RICHTER, HENKER: **7** **(über jemanden/etwas) richten** *geschrieben* als Richter ein (oft negatives) Urteil über jemanden/etwas sprechen **8** **jemanden richten** entscheiden, dass eine Person den Tod verdient hat und sie töten *„Nach der Tat richtete der Amokläufer sich selbst"* SONSTIGE VERWENDUNGEN: **9** **etwas (für jemanden/etwas) richten**; **(jemandem) etwas richten** etwas (für eine Person oder den genannten Zweck) vorbereiten *„das Abendessen für die Familie richten/der Familie das Abendessen richten"* **10** **etwas richtet sich nach etwas** etwas hängt von etwas ab *„Die Preise richten sich nach der Nachfrage"* **11** **jemand richtet sich nach einer Person/Sache** jemand verhält sich so, wie es eine andere Person will oder wie es die Situation bestimmt *„Wann möchtest du fahren?" – „Da richte ich mich ganz nach dir."*

der **Rich·ter★** (-s, -) **1** eine Person (ein Jurist), die im Gericht das Urteil fällt ⟨*der Richter verkündet ein Urteil*⟩ *„Er ist Richter am Landgericht"* **K** Amtsrichter, Jugendrichter, Strafrichter **2** eine Person, die man gebeten hat, über ein Problem zu entscheiden • *hierzu* **Rich·te·rin** *die*

die **Rich·ter·ska·la** eine Skala, auf der man die Stärke von Erdbeben messen kann *„Das Erdbeben erreichte die Stärke 5 auf der nach oben offenen Richterskala"*

**rich·tig★** *ADJEKTIV* **1** ohne (logische) Fehler oder Irrtümer ⟨*eine Lösung, eine Rechnung; richtig rechnen; etwas richtig machen, schreiben, übersetzen, messen*⟩ ≈ korrekt ↔ falsch **2** so, wie es den Regeln der Moral entspricht ⟨*etwas (nicht) richtig finden; etwas für richtig halten; nicht wissen, was richtig und was falsch ist*⟩ ≈ gut ↔ falsch *„Es war vollkommen richtig, dass er sich entschuldigt hat"* **3** in einer Situation oder für einen Zweck am besten (geeignet) ⟨*richtig reagieren*⟩ *„zum richtigen Zeitpunkt das Richtige tun"* **4** *meist attributiv* nicht gefälscht oder kopiert ≈ echt *„Ist das richtiges Leder oder Kunstleder?"* **5** ganz so, wie man es sich vorstellt oder wünscht *„Ein Meter Schnee, das ist endlich mal ein richtiger Winter!"* | *„Das macht richtig Spaß"* **6** verwendet, um eine Aussage zu verstärken ≈ wirklich *„Er ist ein richtiger Faulpelz"* | *„Ich war darüber richtig erschrocken"* **7** (in einer Antwort) verwendet, um zu sagen, dass man sich plötzlich an etwas erinnert *„Das haben wir doch neulich erst besprochen." – „Richtig, jetzt fällt's mir wieder ein."*

**rich·tig·ge·hend** *PARTIKEL betont und unbetont, oft; ironisch* verwendet, um eine (überraschende) Aussage zu betonen ≈ regelrecht *„Nur zehn Minuten zu spät? Das ist ja richtiggehend pünktlich für dich!"*

R

die **Rich·tig·keit** (-) die korrekte oder ordnungsgemäße Beschaffenheit einer Sache ⟨*etwas auf seine Richtigkeit prüfen*⟩ *„die Richtigkeit der Rechnung überprüfen" | „die Richtigkeit von jemandes Aussagen bezweifeln/bestätigen/beweisen" | „ein Dokument auf seine Richtigkeit prüfen"*

**rich·tig·stel·len** (*stellte richtig, hat richtiggestellt*) **etwas richtigstellen** etwas, das jemand schon gesagt hat, korrigieren ⟨*einen Irrtum, eine Behauptung richtigstellen*⟩ • *hierzu* **Rich·tig·stel·lung** *die*

die **Richt·li·nie★** *meist Plural* ein Text, in dem genau steht, wie man etwas machen soll ⟨*Richtlinien ausgeben, erlassen; sich an die Richtlinien halten; die Richtlinien beachten, einhalten, außer Acht lassen*⟩

die **Rich·tung★** (-, *-en*) **1** die (gedachte) Linie einer Bewegung auf ein Ziel zu, die (gedachte) Linie vom Sprecher zum Punkt, zu dem er hinsieht oder auf den er zeigt ⟨*in die falsche, richtige, gleiche, entgegengesetzte, eine andere Richtung gehen; in südliche/südlicher Richtung fahren; die Richtung (ein)halten, beibehalten, ändern, wechseln*⟩ *„Die Nadel des Kompasses zeigt in Richtung Norden" | „In welcher Richtung liegt der Hafen?"* **K** Fahrtrichtung, Gegenrichtung, Himmelsrichtung, Windrichtung **2** die Wendung zu einem Ziel hin ⟨*einer Sache eine neue, andere Richtung geben; etwas in eine Richtung lenken*⟩ *„Die Entwicklung der Technik hat in den letzten Jahrzehnten eine gefährliche Richtung genommen"* **3** die Ansichten und Meinungen, die meist von einer Gruppe gemeinsam vertreten werden ⟨*eine politische, literarische Richtung*⟩ *„Der Kubismus ist eine Richtung (in) der Malerei des 20. Jahrhunderts"* **K** Kunstrichtung, Stilrichtung **4** **aus allen Richtungen** von überall her *„Aus allen Richtungen strömten die Menschen in die Stadt"*

**rich·tung·wei·send** ADJEKTIV so, dass sie die weitere Entwicklung bestimmen

der **Richt·wert** die Zahl oder Menge, die etwas ungefähr erreichen sollte *„Der Richtwert in der Produktion ist 100 Stück pro Stunde"*

**rieb** *Präteritum, 1. und 3. Person Singular* → reiben

**rie·chen★** (*roch, hat gerochen*) **1** **(jemanden/etwas) riechen** den Geruch von jemandem/etwas mit der Nase wahrnehmen *„Riech mal! Was für ein Duft!"* **2** **etwas riechen** *gesprochen* ⟨*die Gefahr riechen*⟩ ≈ vorhersehen *„Ich konnte doch nicht riechen, dass du so früh kommst!"* ⓘ kein Passiv **3** **jemand/etwas riecht (nach etwas)** jemand/etwas hat den beschriebenen Geruch haben ⟨*gut, schlecht, stark, süßlich riechen*⟩ *„Ihre Kleider riechen nach Rauch" | „Die Wohnung riecht nach frischer Farbe" | „Die Blüte der Rose riecht sehr süßlich"* **4** **(an etwas** (*Dativ*)**) riechen** versuchen, den Geruch einer Sache zu erkennen *„an einer Blume riechen"* **5** **etwas riecht nach etwas** *gesprochen* etwas weckt den genannten Verdacht *„Die Sache riecht nach Korruption"*

der **Rie·cher** (*-s, -*); *gesprochen* **einen Riecher (für etwas) haben** die Fähigkeit haben, Möglichkeiten (richtig) zu erkennen ⟨*einen guten, den richtigen, keinen schlechten Riecher (für etwas) haben*⟩ *„einen Riecher fürs Geschäft haben"*

**rief** *Präteritum, 1. und 3. Person Singular* → rufen

der **Rie·gel** (*-s, -*) **1** ein Stab als Teil eines Schlosses. Man schiebt den Riegel in eine Halterung ⟨*etwas mit einem Riegel sichern, verschließen*⟩ **K** Fensterriegel, Türriegel **2** ein schmales, langes Stück Schokolade oder einer anderen Süßigkeit ⟨*ein Riegel Schokolade*⟩ **K** Müsliriegel

der **Rie·men★** (*-s, -*) ein langes, schmales Band meist aus Leder (mit dem man etwas befestigt oder trägt) **K** Lederriemen, Tragriemen

der **Rie·se** (*-n, -n*) (in Märchen) ein Wesen, das sehr groß und stark ist • *hierzu* **Rie·sin** *die*

**rie·seln** (*rieselte, hat/ist gerieselt*) **etwas rieselt irgendwohin** (*ist*) kleine Körnchen (meist Sand, Salz, Zucker) oder Flocken (Schnee) fallen langsam nach unten *„In der Wohnung rieselt der Putz schon von den Wänden"*

**Rie·sen-** *im Substantiv, betont, sehr produktiv; gesprochen* **das Riesenbaby, das Riesendefizit, die Riesendummheit, der Riesenerfolg, der Riesenfortschritt, die Riesenportion, der Riesenschreck, der Riesenskandal, die Riesenwut** *und andere* extrem groß

das **Rie·sen·rad** ein großes Rad (in einem Vergnügungspark), an dem viele Sitze hängen, in denen man aufrecht sitzen bleibt, während sich das Rad dreht ⟨*(mit dem) Riesenrad fahren*⟩ *„das Riesenrad im Wiener Prater"*

**rie·sig★** ADJEKTIV **1** sehr groß ⟨*ein Haus, ein Berg, ein Land, eine Summe, Angst*⟩ **2** *ge-*

R

*sprochen meist prädikativ* so, dass es jemandem sehr gut gefällt ⟨*ein Film, eine Party*⟩ ≈ toll *„Die Show war riesig"* **3** *gesprochen* in sehr hohem Maße ⟨*sich riesig freuen, ärgern; riesig nett, freundlich, interessant sein*⟩

**riet** *Präteritum, 1. und 3. Person Singular* → raten

das **Riff** (-*(e)s*, -*e*) eine Reihe von Felsen im Meer (vor der Küste) **K** Fels(en)riff, Korallenriff

**ri·go·ros** *ADJEKTIV; geschrieben* sehr streng und hart ⟨*Maßnahmen; gegen jemanden/etwas rigoros vorgehen*⟩

die **Ril·le★** (-, -*n*) eine lange, schmale Spur in der Oberfläche eines harten Materials *„die Rillen einer Schallplatte"* | *„Durch das Wasser waren im Laufe der Zeit viele kleine Rillen in den Felsen entstanden"*

das **Rind★** (-*(e)s*, -*er*) **1** ein großes, schweres Tier mit Hörnern, das Gras frisst. Die weiblichen Tiere (Kühe) geben Milch ⟨*Rinder züchten*⟩ **K** Rinderherde, Rinderzucht **2** *gesprochen nur Singular* das Fleisch von einem Rind, das man isst **K** Rindfleisch, Rinderbraten

die **Rin·de** (-, -*n*) **1** die harte und raue Oberfläche am Stamm eines Baums **K** Birkenrinde, Eichenrinde **2** die ziemlich harte Schicht, die Käse und Brot außen haben ⟨*eine knusprige, harte Rinde*⟩ • *hierzu* **rin·den·los** *ADJEKTIV*

der **Ring★** (-*(e)s*, -*e*) **1** ein kleiner Gegenstand meist aus Gold oder Silber, der die Form eines Kreises hat und den man als Schmuck an einem Finger trägt ⟨*jemandem/sich einen Ring anstecken, an den Finger stecken; einen Ring (am Finger) tragen*⟩ *„ein goldener Ring"* **K** Ehering **2** etwas, das ungefähr die Form eines Rings hat ⟨*die olympischen Ringe*⟩ **K** Dichtungsring, Gummiring, Nasenring, Ohrring **3** eine Gruppe von Menschen, die illegale Geschäfte machen *„ein internationaler Ring von Waffenschmugglern"* **K** Schmugglerring, Spionagering **4** der viereckige Platz, auf dem Boxer o. Ä. kämpfen ⟨*in den Ring klettern, steigen*⟩ **K** Boxring • *zu* (2) **ring·för·mig** *ADJEKTIV*

das **Ring·buch** eine Mappe mit zwei oder vier Metallringen für Papier

der **Rin·gel** (-*s*, -) etwas, was die Form einer Spirale oder eines Rings hat *„Socken mit weißen und roten Ringeln"* **K** Ringellocke

**rin·gen★** (*rang, hat gerungen*) **1** **(mit jemandem) ringen** mit einer anderen Person kämpfen und dabei versuchen, sie zu Boden zu drücken oder zu werfen *„Die beiden rangen miteinander, bis ihnen die Luft ausging"* **2** **um etwas ringen** mit großer Mühe und Geduld versuchen, etwas zu erreichen ⟨*um Anerkennung, Erfolg, Freiheit, Unabhängigkeit ringen*⟩ **3** **mit etwas ringen** sich mit etwas Schwierigem auseinandersetzen ⟨*mit einem Problem ringen*⟩ **4** **mit sich** (*Dativ*) **ringen, (ob, wie, bevor o. Ä. ...)** versuchen, die eigenen Zweifel und Bedenken zu überwinden *„Ich habe lange mit mir gerungen, bevor ich beschloss, die Firma zu verlassen"* **5** **nach Atem/Luft ringen** nur mit Mühe atmen können, weil man zu wenig Luft bekommt **6** **nach Worten ringen** (mit großer Mühe) die richtigen, passenden Worte suchen

das **Rin·gen** (-*s*) ein sportlicher Kampf, bei dem man mit jemandem um den Sieg ringt

der **Ring·fin·ger** der Finger zwischen dem kleinen Finger und dem Mittelfinger *„den Ehering am rechten Ringfinger tragen"*

der **Ring·kampf** ein sportlicher Kampf, bei dem zwei Leute miteinander ringen ⟨*einen Ringkampf austragen*⟩ • *hierzu* **Ring·kämp·fer** *der*

**rings** *ADVERB* **rings um jemanden/etwas** (in einem Kreis oder Bogen) auf allen Seiten von jemandem/etwas *„Die Gäste saßen rings um den Tisch"*

**rings·he·rum** *ADVERB* (in einem Kreis oder Bogen) auf allen Seiten *„Wir wohnen so richtig auf dem Land, ringsherum gibt es nur Wiesen und Felder"*

die **Rin·ne** (-, -*n*) **1** ein schmaler Graben, in dem meist Wasser fließt **K** Wasserrinne **2** oben offene Rinnen aus Holz oder Metall benutzt man, um Wasser irgendwohin zu leiten **K** Dachrinne

**rin·nen** (*rann, hat/ist geronnen*) **1** **etwas rinnt (irgendwohin)** (*ist*) etwas fließt gleichmäßig mit wenig Druck ⟨*das Blut, Tränen, ein Bach, der Schweiß*⟩ *„Das Regenwasser rinnt vom Dach"* **2** **etwas rinnt** (*hat*) etwas ist nicht dicht, sodass Flüssigkeit nach außen kommt ⟨*die Kanne, die Flasche, die Packung, der Wasserhahn*⟩

der **Rinn·stein** ein kleiner Graben oder Kanal am Rand einer Straße, in welchem das Regenwasser fließt

das **Ripp·chen** (-*s*, -) ein Stück Schweinefleisch mit dem Rippenknochen, das leicht geräuchert ist *„Rippchen mit Sauerkraut"*

die **Rip·pe★** (-, -*n*) einer der 24 Knochen, die in Paaren (von der Wirbelsäule ausgehend) den

Brustkorb bilden ⟨(sich (Dativ)) eine Rippe brechen⟩ **K** Rippenbruch

das **Ri·si·ko★** (-s, Ri·si·ken/ gesprochen auch -s) **1** **ein Risiko (für jemanden)** die Gefahr, dass bei einer Aktion o. Ä. etwas Schlimmes oder Unangenehmes passiert ⟨ein finanzielles Risiko; ein, kein Risiko auf sich nehmen⟩ ≈ Wagnis *„Als Geschäftsmann scheut er kein Risiko"* **2** **ein Risiko eingehen** etwas tun, das mit einem Risiko verbunden ist *„Bei Nebel fahre ich lieber langsam, ich möchte kein Risiko eingehen"* • zu (1) **ri·si·ko·frei** ADJEKTIV; zu (1) **ri·si·ko·los** ADJEKTIV; zu (1) **ri·si·ko·reich** ADJEKTIV

der **Ri·si·ko·fak·tor** **1** einer von mehreren Faktoren, die zu einer (meist gefährlichen) Krankheit führen können *„Rauchen und fette Ernährung sind Risikofaktoren"* **2** etwas, das einen Plan o. Ä. verhindern oder stören könnte *„Das Wetter ist hier der einzige Risikofaktor"*

**ris·kant★** ADJEKTIV mit einem (großen) Risiko (verbunden) ⟨ein Plan, ein Geschäft⟩ ≈ gefährlich *„Es ist ziemlich riskant, mit diesem alten Auto so weit zu fahren"*

**ris·kie·ren★** (riskierte, hat riskiert) **1** **etwas riskieren** etwas tun oder sagen, das möglicherweise negative Folgen haben könnte ⟨viel, wenig, nichts riskieren; das Leben, den Ruf, die Stellung riskieren⟩ *„Wenn wir ohne Schirm weggehen, riskieren wir, dass wir nass werden/ nass zu werden"* **2** **einen Blick riskieren** sich etwas kurz ansehen, weil es interessant ist oder neugierig macht

die **Ris·pe** (-, -n) ein Stiel einer Pflanze (z. B. ein Grashalm), aus dem nach mehreren Seiten kurze Stiele mit Blüten oder Früchten wachsen **K** Rispentomaten

**riss** *Präteritum, 1. und 3. Person Singular* → reißen

der **Riss★** (-es, -e) eine lange, dünne Öffnung, die (in der Oberfläche) entsteht, wenn etwas reißt oder bricht *„einen Riss in der Hose haben"* | *„Seit dem Erdbeben sind feine Risse an den Wänden"* **K** Mauerriss, Muskelriss

**ris·sig** ADJEKTIV mit vielen Rissen *„von der Arbeit auf dem Feld rissige Hände bekommen"*

**ritt** *Präteritum, 1. und 3. Person Singular* → reiten

der **Ritt** (-(e)s, -e) das Reiten auf einem Pferd **K** Geländeritt

der **Rit·ter** (-s, -) **1** *historisch* (im Mittelalter) ein Mann (aus einer hohen sozialen Schicht), der dazu ausgebildet wurde, vom Pferd aus zu kämpfen ⟨ein Ritter und sein Knappe⟩ **K** Ritterburg, Ritterrüstung **2** **jemanden zum Ritter schlagen** jemanden zum Ritter machen, ernennen **K** Ritterschlag • zu (1) **Rit·ter·tum** *das*

**ritt·lings** ADVERB wie auf einem Pferd, mit der Lehne vor sich ⟨rittlings auf einem Stuhl sitzen⟩

das **Ri·tu·al★** (-s, -e) **1** eine (meist religiöse) Handlung, die nach festen Regeln in einer vorgegebenen Reihenfolge abläuft ⟨ein christliches, heidnisches Ritual⟩ ≈ Zeremonie **K** Begräbnisritual **2** die Regeln, nach denen Rituale ablaufen ⟨etwas geschieht nach einem festen, strengen Ritual⟩ **3** *humorvoll* ein Vorgang, der immer wieder auf die gleiche Weise ausgeführt wird (und der so ein Gefühl des Normalen oder der Ordnung erzeugt) *„Zu unserem abendlichen Ritual gehört, dass wir den Kindern vorlesen"*

der **Ritz** (-es, -e) eine schmale, lange und flache Vertiefung in einer Oberfläche, die mit einem harten Gegenstand (z. B. einem Messer) gemacht wurde ⟨ein Ritz auf der Haut, auf der Tischplatte⟩

die **Rit·ze** (-, -n) eine sehr schmale und lange Öffnung (Lücke) in einem Material oder zwischen zwei Dingen *„Das Licht dringt durch die Ritzen der Fensterläden"*

**rit·zen** (ritzte, hat geritzt) **etwas (in etwas (Akkusativ)) ritzen** eine lange, sehr schmale und flache Vertiefung in etwas machen ⟨Buchstaben in eine Bank, in einen Baum ritzen⟩ ≈ kratzen

der **Ri·va·le** [-v-]; (-n, -n) **1** ein Mann, der sich um die Liebe derselben Frau bemüht wie ein anderer Mann ⟨einen Rivalen ausstechen (= übertreffen)⟩ **2** ein Konkurrent im Beruf • zu (2) **Ri·va·lin** *die*

die **Rob·be** (-, -n) ein Säugetier, das in kalten Meeren lebt und Flossen und sehr kurze Haare hat **K** Robbenbaby, Robbenfell, Robbenjagd

**rob·ben** (robbte, ist gerobbt) sich auf dem Bauch liegend mit Armen und Beinen fortbewegen *„Die Soldaten robbten durch den Schlamm"*

die **Ro·be** (-, -n) **1** ein weiter schwarzer Mantel, den ein Richter oder Priester trägt ≈ Amtstracht, Talar **K** Amtsrobe, Richterrobe **2** *geschrieben* ein festliches, langes Kleid ≈ Abendkleid **K** Abendrobe

der **Ro·bo·ter** (-s, -) eine Maschine, die meist in der Industrie gebraucht wird, um programmierbare Arbeiten auszuführen *„Ein großer Teil der Karosserie wird von Robotern zusammengeschweißt"*

**ro·bust** *ADJEKTIV* so, dass jemand/etwas viel aushält und dabei nicht krank wird oder kaputtgeht o. Ä. ⟨*jemandes Gesundheit, ein Material ein Motor*⟩ ≈ kräftig, stabil ↔ empfindlich • *hierzu* **Ro·bust·heit** *die*

**roch** *Präteritum, 1. und 3. Person Singular* → riechen

**rö·cheln** (*röchelte, hat geröchelt*) ein lautes Geräusch machen, weil man Schwierigkeiten beim Atmen hat ⟨*ein röchelnder Atem*⟩ *„Der Bewusstlose röchelte"*

der **Rock**[1]★; (-(*e*)*s*, *Röcke*) ein Kleidungsstück für Frauen, das von der Hüfte frei herunterhängt ⟨*ein enger, weiter, langer, kurzer Rock*⟩ *„Sie trägt lieber Röcke als Kleider oder Hosen"* **K** Rocklänge; Faltenrock, Minirock ❶ → Abbildung, S. 293: **Die Kleidung**

der **Rock**[2]★; (-(*s*)) moderne rhythmische Musik, die meist mit elektrischen Instrumenten gespielt wird ⟨*Rock hören, spielen*⟩ **K** Rockband, Rockkonzert, Rockmusik

**ro·cken** (*rockte, hat gerockt*); *gesprochen* **1** Rockmusik machen oder zu Rockmusik tanzen **2** **jemand/etwas rockt (jemanden)** etwas (meist Musik) versetzt Personen in Begeisterung *„Das rockt!"*

der **Ro·cker** (-*s*, -) ein Mitglied einer Gruppe von jungen Leuten, die durch ihre Kleidung aus Leder, durch ihre Motorräder und ihr Verhalten meist aggressiv wirken **K** Rockerbande • *hierzu* **Ro·cke·rin** *die*

**ro·deln** (*rodelte, ist gerodelt*); *süddeutsch* Ⓐ mit einem flachen Schlitten fahren **K** Rodelbahn, Rodelschlitten; Rennrodeln

**ro·den** (*rodete, hat gerodet*) **(etwas) roden** Bäume mit den Wurzeln entfernen, damit man etwas anderes pflanzen oder Häuser bauen kann ⟨*Bäume, ein Gelände, einen Wald roden*⟩ • *hierzu* **Ro·dung** *die*

der **Rog·gen** (-*s*) eine Getreidepflanze, aus deren Körnern man Mehl für dunkles Brot macht **K** Roggenbrot, Roggenmehl

**roh**★ *ADJEKTIV* **1** nicht gekocht und nicht gebraten ⟨*ein Ei, Fleisch, Gemüse*⟩ *„Das Steak ist innen noch roh"* **2** nicht oder nur wenig bearbeitet ⟨*ein Diamant, ein Entwurf, ein Fell, Holz, Marmor*⟩ *„Rohe Bretter sind rau, sie müssen erst noch gehobelt werden"* **K** Rohdiamant, Rohöl **3** *abwertend* so, dass sich eine Person nicht darum kümmert, ob jemand Schmerzen hat oder ob etwas beschädigt wird ⟨*ein Bursche, ein Spaß, Worte*⟩ ≈ rücksichtslos ↔ vorsichtig *„Er packte sie roh am Arm und zerrte sie mit sich"*

der **Roh·bau das Haus ist im Rohbau** von dem Haus sind erst die Mauern und das Dach fertig gebaut

die **Roh·kost** Obst und Gemüse, das nicht gekocht ist **K** Rohkostdiät, Rohkostsalat

der **Roh·ling** (-*s*, -*e*); *abwertend* ein Stück Material (z. B. Metall, Holz, Ton, Porzellan usw.), das noch nicht bearbeitet ist und deshalb noch nicht die endgültige Form hat *„Schlüsselrohling"* | *„Tonrohling"*

das **Rohr**★ (-(*e*)*s*, -*e*) **1** ein langes, rundes Stück Metall, Plastik o. Ä., das innen hohl und an beiden Enden offen ist ⟨*ein verkalktes, verstopftes Rohr; Rohre verlegen*⟩ **K** Rohrbruch, Rohrzange; Abflussrohr, Wasserrohr **2** *nur Singular* eine Pflanze mit einem langen, festen, hohlen Stängel ⟨*Körbe, ein Stock aus Rohr*⟩ **K** Rohrzucker; Bambusrohr, Zuckerrohr **3** *süddeutsch* Ⓐ der Teil des Herdes, in dem man Kuchen o. Ä. backt ⟨*den Kuchen ins Rohr schieben*⟩ ≈ Backofen **K** Backrohr

die **Röh·re**★ (-, -*n*) **1** ein relativ dünnes Rohr, durch das etwas strömt oder das am Ende geschlossen sein kann **K** Glasröhre, Luftröhre **2** eine geschlossene Röhre, in der Elektronen fließen ⟨*eine Röhre prüfen, auswechseln*⟩ **K** Bildröhre, Elektronenröhre, Leucht(stoff)röhre, Röntgenröhre **3** der Teil des Herds, in dem man Kuchen o. Ä. backt oder Fleisch brät ⟨*einen Braten, einen Kuchen in die Röhre schieben*⟩ ≈ Backofen **K** Backröhre

der **Roh·stoff**★ eine Substanz (wie z. B. Erdöl oder Kohle), die in der Natur vorkommt und die in der Industrie bearbeitet oder verwendet wird ⟨*ein an Rohstoffen armes/reiches Land*⟩ **K** Rohstoffmangel, Rohstoffreserve • *hierzu* **roh·stoff·arm** *ADJEKTIV*

der **Rol·la·tor** (-*s*, *Rol·la·to·ren*) ein Gestell mit vier Rädern und zwei Griffen, das man vor sich herschiebt, wenn man schlecht gehen kann

der **Roll·bra·ten** ein Braten aus einem flachen Stück Fleisch, das zusammengerollt und gebunden wird **K** Kalbsrollbraten

die **Rol·le**★ (-, -*n*) **1** etwas (meist Langes und Dünnes), das kreisförmig übereinandergewickelt wurde ⟨*eine Rolle Draht, Garn, Klebeband, Klopapier*⟩ **K** Garnrolle, Kabelrolle, Tapetenrolle

R

2 eine Packung, in der kleine runde Gegenstände aufeinandergestapelt sind ⟨*eine Rolle Drops, Euromünzen*⟩ 3 ein breites, kleines Rad ⟨*ein Teewagen auf Rollen; etwas läuft auf Rollen*⟩ *„Das Kabel der Seilbahn läuft über Rollen"* 4 eine Turnübung, bei der man sich mit dem Körper über den Kopf hinweg nach vorn oder hinten bewegt ⟨*eine Rolle vorwärts, rückwärts; eine Rolle machen, turnen*⟩ ❶ Kinder machen einen *Purzelbaum*, Sportler eine *Rolle* 5 die Gestalt (mit Dialogen und Gesten), die ein Schauspieler in einem Theaterstück, Film o. Ä. spielt ⟨*eine Rolle (mit jemandem) besetzen; ein Stück mit verteilten Rollen lesen*⟩ *„Er hat die Rolle des Hamlet sehr gut gespielt"* | *„Sie hat in dem Film eine Rolle als Diebin"* K Doppelrolle, Hauptrolle, Nebenrolle 6 die Aufgaben, die jemand/etwas bei einer Tätigkeit oder im Leben hat *„Sie fühlte sich in ihrer Rolle als Lehrerin nicht wohl"* K Rollenkonflikt, Rollentausch; Beschützerrolle, Mutterrolle, Vaterrolle ID **etwas spielt (k)eine Rolle** etwas ist in einer Situation, für jemanden (nicht) wichtig, hat (k)eine Bedeutung *„Er ist zwar alt, aber für mich spielt das keine Rolle. Hauptsache, er kann was"*

**rol·len★** (*rollte, hat/ist gerollt*) 1 **etwas (irgendwohin) rollen** (*hat*) etwas so bewegen, dass es sich um die (horizontale) Achse dreht *„ein Fass vom Wagen rollen"* 2 **etwas irgendwohin rollen** (*hat*) etwas auf Rollen oder Rädern irgendwohin bewegen *„ein Bett in den Operationssaal rollen"* 3 **etwas (zu etwas) rollen** (*hat*) etwas in eine runde Form bringen, indem man es dreht *„Teig zu einer Wurst/einer Kugel rollen"* 4 **etwas in etwas** (*Akkusativ*) **rollen** (*hat*) eine Hülle um etwas wickeln *„einen Fisch in Zeitungspapier rollen"* 5 **(mit) etwas rollen** (*hat*) etwas im Kreis bewegen ⟨*die Augen, den Kopf rollen*⟩ *„Er rollte genervt die Augen/mit den Augen"* 6 **etwas rollt** (*ist*) etwas bewegt sich fort und dreht sich um die eigene Achse *„Der Ball rollt auf die Straße"* | *„Der Felsblock kam ins Rollen"* 7 **etwas rollt** (*ist*) etwas bewegt sich auf Rollen oder Rädern ⟨*ein Wagen, ein Zug*⟩ 8 **etwas rollt** (*ist*) etwas fließt (meist gleichmäßig) *„Tränen rollten über ihr Gesicht"*

der **Rol·ler** (-s, -) 1 ein Fahrzeug für Kinder, das zwei Räder, einen Lenker und ein Brett hat, auf dem man steht ⟨*Roller fahren*⟩ 2 Kurzwort für *Motorroller*

der **Roll·kra·gen** ein meist hoher, (und nach unten gebogener) Kragen an einem Pullover K Rollkragenpulli, Rollkragenpullover

der **Roll·la·den★** (-s, -/*Roll·lä·den*) ein Rollladen besteht aus schmalen, waagrechten Latten (aus Holz oder Plastik), die man außen vor dem Fenster auf- und abrollen kann ⟨*den Rollladen herunterlassen, hinaufziehen*⟩

der **Roll·mops** das Fleisch eines Herings, das um eine Gurke oder Zwiebel gerollt ist

das **Rol·lo, Rol·lo**; (-s, -s) eine Art Vorhang aus festem Material, der sich automatisch nach oben aufrollt, wenn man kurz an einer Schnur zieht ⟨*ein Rollo herunterziehen, hochziehen*⟩

der **Roll·stuhl★** ein Stuhl auf Rädern für Menschen, die nicht gehen können ⟨*im Rollstuhl fahren*⟩ K Rollstuhlfahrer ID **an den Rollstuhl gefesselt sein** nicht mehr gehen können und deshalb im Rollstuhl sitzen müssen

die **Roll·trep·pe** eine Treppe, deren Stufen sich automatisch nach oben oder unten bewegen ⟨*die Rolltreppe nehmen; (mit der) Rolltreppe fahren*⟩

der **Ro·man★** (-s, -e) eine lange Geschichte in Form eines Buches, meist mit erfundenen Personen und Ereignissen ⟨*ein Roman in Fortsetzungen*⟩ *„Buddenbrooks" ist der wohl berühmteste Roman von Thomas Mann"* K Romanautor, Romanfigur; Abenteuerroman, Kriminalroman, Liebesroman

die **Ro·ma·nik** (-) ein Stil der (europäischen) Kunst in der Zeit von ungefähr 1000 bis 1250

**ro·ma·nisch** ADJEKTIV 1 zu den Sprachen gehörig, die sich aus dem Lateinischen entwickelt haben *„Französisch, Italienisch und Spanisch sind romanische Sprachen"* 2 in Bezug auf die Romanik *„Romanische Kirchen erkennt man an den runden Bögen und den Säulen"*

die **Ro·man·tik** (-) 1 ein Stil der (europäischen) Kunst und Literatur in der ersten Hälfte des 19. Jahrhunderts, in dem man Gefühle stark betonte und die Natur und die Vergangenheit bewunderte ⟨*die Märchen, die Malerei der Romantik*⟩ *„Der Maler Caspar David Friedrich ist ein bedeutender Vertreter der Romantik"* 2 der romantische Charakter, die romantische Atmosphäre (einer Sache) ⟨*keinen Sinn für Romantik haben*⟩ *„die Romantik eines Sommerabends"*

der **Ro·man·ti·ker** (-s, -) *oft abwertend* eine Person, welche die Menschen, die Welt und die Zukunft für besser hält, als sie sind • *hierzu*

R

**Ro·man·ti·ke·rin** *die*

**ro·man·tisch** *ADJEKTIV* **1** im Stil der Romantik ⟨*ein Bild, ein Gedicht, ein Künstler, ein Maler*⟩ *„die romantischen Gedichte von Joseph von Eichendorff"* **2** so, dass etwas (durch die Atmosphäre) zum Träumen einlädt, an Liebe oder Abenteuer denken lässt ⟨*eine Burg, eine Landschaft*⟩ *„Der Garten sieht im Mondlicht sehr romantisch aus"* | *„Ein Abendessen im Kerzenlicht? Wie romantisch!"*

der **Rö·mer** (-s, -) **1** ein Einwohner der Stadt Rom **2** *historisch* ein Bürger des Römischen Reiches **3** ein Weinglas mit einem Fuß aus braunem oder grünem Glas und einem Kelch, der wie eine halbe Kugel aussieht • *zu* (1,2) **Rö·me·rin** *die*; *zu* (1,2) **rö·misch** *ADJEKTIV*

**rö·misch-ka·tho·lisch** *ADJEKTIV* in Bezug auf die katholische Kirche, welche der Papst in Rom leitet ⟨*ein Geistlicher, der Glaube, die Kirche*⟩ ❶ Abkürzung: *r.-k.*

**rönt·gen★** (*röntgte* ['rœŋ(k)tə, 'rœnçtə], *hat geröntgt*) **jemanden/etwas röntgen** jemanden/etwas mithilfe von Röntgenstrahlen untersuchen, um ein Bild von den Knochen und inneren Organen des Körpers zu machen *„Beim Röntgen des Beines stellte sich heraus, dass es gebrochen war"* **K** Röntgenbild, Röntgengerät, Röntgenuntersuchung

die **Rönt·gen·strah·len** *Plural* unsichtbare Strahlen, die sehr viel Energie haben und die durch feste Körper dringen können *„Am Flughafen wird das Handgepäck mit Röntgenstrahlen durchleuchtet"*

**ro·sa** *ADJEKTIV nur in dieser Form* von der hellen roten Farbe vieler Rosen ⟨*eine Nelke, eine Rose*⟩ *„das rosa Fleisch des Lachses"* **K** rosarot ❶ In der gesprochenen Sprache wird *rosa* oft dekliniert: *ein rosanes Kleid.* • *hierzu* **Ro·sa** *das*

die **Ro·se★** (-, -n) ein kleiner Strauch mit Dornen und großen, meist rosa oder roten Blüten **K** Rosenstrauch, Rosenstrauß, Rosenzüchter; Heckenrose, Kletterrose

der **Ro·sen·kohl** ein Kohl, der mehrere kleine Köpfe aus Blättern hat, die am Stamm wachsen

der **Ro·sen·kranz** **1** eine Kette mit einem Kreuz und vielen Perlen, mit denen Katholiken die Gebete zählen, die sie sprechen **2** die Gebete, die man mit einem Rosenkranz in der Hand betet ⟨*einen Rosenkranz beten*⟩

der **Ro·sen·mon·tag** der Montag vor Aschermittwoch **K** Rosenmontagsball, Rosenmontagszug

**ro·sig** *ADJEKTIV* **1** mit rosa Farbe ⟨*ein Baby, ein Ferkel, ein Gesicht, die Haut, die Wangen*⟩ **2** sehr positiv ⟨*etwas in rosigem Licht, in den rosigsten Farben schildern*⟩

die **Ro·si·ne** (-, -n) die getrocknete kleine Frucht des Weins ⟨*ein Kuchen mit Rosinen*⟩ **K** Rosinenbrötchen

der **Ros·ma·rin** (-s) eine Gewürzpflanze mit schmalen, harten Blättern

das **Ross** (-es, -e/Rös·ser) **1** *geschrieben Plural Rosse* ein (wertvolles) meist starkes Pferd **2** *süddeutsch* Ⓐ Ⓒⓗ, *gesprochen Plural Rösser* ≈ Pferd **3** **hoch zu Ross** *humorvoll* auf einem Pferd (reitend)

der **Rost** (-(e)s, -e) **1** *nur Singular* eine meist rotbraune Substanz, die sich an der Oberfläche von Eisen o. Ä. bildet, wenn es lange feucht ist ⟨*etwas setzt Rost an; etwas wird von Rost zerfressen/zersetzt*⟩ **K** Rostfleck, Rostschutzmittel, rostbraun **2** ein Gitter aus Holz oder Metall, auf das man etwas legt oder mit dem man etwas abdeckt *„einen Rost über ein Feuer legen und darauf Würstchen braten"* **K** Rostbratwurst • *zu* (1) **rost·be·stän·dig** *ADJEKTIV*

**ros·ten** (*rostete, hat/ist gerostet*) **etwas rostet** etwas wird von einer Schicht Rost bedeckt *„Eisen rostet, wenn es feucht gelagert wird"*

**rös·ten** (*röstete, hat geröstet*) **1** **etwas rösten** etwas so stark erhitzen, dass es braun und knusprig wird ⟨*Brot/Fisch/Fleisch über einem Feuer, auf einem Grill rösten; frisch gerösteter Kaffee*⟩ **K** Röstkaffee **2** **etwas rösten** ⟨*Brot, Kartoffeln in der Pfanne rösten*⟩ ≈ braten **K** Röstkartoffeln

**rost·frei** *ADJEKTIV* ⟨*ein Messer, eine Spüle, Stahl*⟩ so, dass sie nicht rosten, wenn sie feucht werden

**ros·tig** *ADJEKTIV* ⟨*Eisen, ein Nagel*⟩ mit Rost

**rot★** *ADJEKTIV* (*röter/roter, rötest-/rotest-*) **1** von der Farbe des Blutes und reifer Tomaten ⟨*rot gestreift, glühend*⟩ *„ein roter Himmel bei Sonnenuntergang"* **K** blutrot, feuerrot **2** von der ziemlich dunklen Farbe, die ein Körperteil hat, wenn viel Blut darin fließt ⟨*Backen*⟩ **3** *gesprochen* mit kommunistischen oder sozialistischen Prinzipien und Ideen ⟨*die Fahne, eine Partei, ein Politiker*⟩ **4** **rot sein/werden** ein rotes Gesicht bekommen, weil man sich schämt oder verlegen ist

das **Rot★** (-s, -/*gesprochen* -s) **1** eine rote Farbe *„das leuchtende Rot der Mohnblume"* **2** das

R

rote Licht einer Ampel *„Er fuhr bei Rot über die Kreuzung"*

die **Rö·te** (-) die Eigenschaft, von roter Farbe zu sein *„die Röte des Himmels bei Sonnenuntergang"*

die **Rö·teln** *nur Plural* eine Krankheit, bei der man kleine rote Flecken am Körper bekommt *„Wenn eine Frau in der Schwangerschaft Röteln bekommt, ist das sehr gefährlich für den Embryo"*

**ro·tie·ren** (*rotierte, hat rotiert*) **1** **etwas rotiert** etwas dreht sich im Kreis um etwas ⟨*ein Propeller*⟩ *„ein Rasenmäher mit rotierenden Messern"* **2** *gesprochen* vor einem wichtigen Ereignis oder unter Zeitdruck allzu aktiv und nervös werden ⟨*ins Rotieren kommen*⟩ *„Sie fängt vor jeder Prüfung zu rotieren an"*

der **Rot·kohl** ein Kohl mit violetten Blättern, die beim Kochen dunkelrot werden ≈ Blaukraut

**röt·lich★** *ADJEKTIV* von leicht roter Farbe ⟨*ein Blond, ein Braun, ein Farbton*⟩

das **Rot·licht** **1** ein Signal mit rotem Licht (bei welchem der Verkehr anhalten muss) ⟨*bei Rotlicht über eine Kreuzung fahren*⟩ **2** eine Lampe, die warmes rotes Licht gibt ⟨*jemanden mit Rotlicht bestrahlen*⟩

das **Rot·licht|vier·tel** eine Gegend in einer Stadt, in der es viele Bordelle gibt

der **Ro·tor** (*-s, Ro·to·ren*); *meist Plural* die schmalen, flachen und langen Metallstücke, die sich sehr schnell drehen und so einen Hubschrauber bewegen **K** Rotorblatt

**rot·se·hen** (*sieht rot, sah rot, hat rotgesehen*); *gesprochen* wütend werden und die Beherrschung verlieren

der **Rot·wein** Wein, der aus blauen oder roten Trauben gemacht wird

der **Rotz** (*-es*); *gesprochen* ▲ die Flüssigkeit, die sich in der Nase bildet

die **Rou·la·de** [ru-]; (-, *-n*) eine dünne Scheibe Fleisch, die mit Speck, Zwiebeln, Gurken und Gewürzen gefüllt, zusammengerollt und gebraten wird **K** Rinderroulade

die **Rou·te★** ['ruːtə]; (-, *-n*) der übliche Weg von einem Ort zum anderen ⟨*eine Route nehmen, wählen*⟩ *„die Route um das Kap der Guten Hoffnung von Europa nach Asien"*

der **Rou·ten·pla·ner** ['ruː-]; (*-s, -*) ein Dienst im Internet, bei dem man sich anzeigen lassen kann, welche Route man mit dem Auto zu einem Ziel fahren kann und wie lange das voraussichtlich dauert

der **Rou·ter** ['ruːtɐ, 'rautɐ]; (*-s, -*) ein Gerät, das einen oder mehrere Computer mit dem Internetanschluss des Hauses verbindet

die **Rou·ti·ne★** [ru-]; (-) **1** **Routine (in etwas** (*Dativ*)**)** die Fähigkeit, etwas geschickt oder gut zu machen, weil man schon seit langer Zeit Erfahrung darin hat *„Er hat noch keine Routine im Autofahren"* **2** *meist abwertend* etwas, das man schon so oft getan hat, dass man es richtig macht, aber kein Interesse mehr daran hat ⟨*etwas wird zur Routine*⟩ **K** Routinearbeit

der **Row·dy** ['raudi]; (*-s, -s*); *abwertend* ein Jugendlicher, der sich aggressiv und unhöflich benimmt ⟨*ein randalierender Rowdy*⟩ • *hierzu* **row·dy·haft** *ADJEKTIV*; **Row·dy·tum** *das*

**rub·beln** (*rubbelte, hat gerubbelt*) **(etwas) rubbeln** *gesprochen* kräftig an etwas reiben *„den Stoff rubbeln, damit der Fleck herausgeht"*

die **Rü·be** (-, *-n*) **1** eine Pflanze mit einer sehr dicken Wurzel, die man vor allem als Futter für Tiere verwendet ⟨*Rüben anbauen, pflanzen*⟩ **K** Rübenzucker; Futterrübe, Zuckerrübe **2** **eine Rote Rübe** eine Rübe mit runder, roter Wurzel ≈ Rote Bete **3** **eine Gelbe Rübe** *besonders süddeutsch* Ⓐ ≈ Möhre, Karotte **4** *gesprochen, abwertend* ⟨*eins auf die Rübe kriegen*⟩ ≈ Kopf

**rü·ber★** *ADVERB*; *gesprochen* → herüber, hinüber

**rü·ber-★** *im Verb, betont und trennbar, sehr produktiv*; *gesprochen* → herüber-, hinüber-

**rü·ber·brin·gen** (*hat*); *gesprochen* **1** **jemanden/etwas rüberbringen** ≈ herüberbringen, hinüberbringen **2** **etwas rüberbringen** etwas so darstellen, dass es andere Leute verstehen, erkennen o. Ä.

**rü·ber·kom·men** (*ist*); *gesprochen* **1** ≈ herüberkommen *„Er kam zu mir rüber"* **2** ≈ hinüberkommen *„Ist sie über den Fluss rübergekommen?"* **3** **mit etwas rüberkommen** etwas nach langem Zögern hergeben ≈ herausrücken *„Jetzt komm mit dem Geld rüber!"* **4** **etwas kommt rüber** etwas wird deutlich oder erkennbar *„Die Angst der Menschen ist in diesem Film gut rübergekommen"*

die **Rub·rik** (-, *-en*) **1** ein Teil einer Zeitung, Liste o. Ä., der eine besondere Überschrift hat ⟨*etwas in eine Rubrik eintragen*⟩ ≈ Spalte *„Die Nachricht stand in/unter der Rubrik „Vermischtes""* **2** ≈ Kategorie

der **Ruck** (*-(e)s, -e*); *meist Singular* eine plötzliche und kräftige kurze Bewegung *„sich mit einem Ruck losreißen"*

**Rụck-★** *im Substantiv, betont, sehr produktiv* **1** **die Rückabwicklung, die Rückerstattung, die Rückführung** *und andere* verwendet, um Substantive aus Verben mit *zurück-* zu bilden *„die Rückeroberung eines besetzten Gebiets"* das Zurückerobern | *„die Rückgabe eines ausgeliehenen Buches"* das Zurückgeben | *„die Rückzahlung von Steuern"* das Zurückzahlen **2** **die Rückantwort, die Rückfahrkarte, die Rückfahrt, der Rückflug, der Rückmarsch, die Rückreise, der Rückweg** *und andere* so, dass etwas von einem Ziel oder Empfänger wieder zurück zum Ausgangsort oder zum Absender geht *„Rücklauf des Wassers"* **3** **die Rückansicht, das Rücklicht, die Rückleuchte, die Rückseite, der Rücksitz** *und andere* im oder am hinteren Teil einer Sache, den hinteren Teil einer Sache betreffend *„die Rückbank eines Autos"* | *„die Rückfront eines Gebäudes"* | *„die Rücklehne des Stuhls"* ❶ zu *Rücklicht* → Abbildung, S. 391: **Das Auto** und S. 392: **Das Fahrrad**

**rụck·ar·tig** *ADJEKTIV* **1** mit einem Ruck **2** ⟨*Bewegungen*⟩ kurz und ungleichmäßig

der **Rụck·blick** **1** **ein Rückblick (auf etwas** (*Akkusativ*)) ein Bericht über etwas in der Vergangenheit *„ein Rückblick auf das vergangene Geschäftsjahr"* **2** **im Rückblick** wenn man Vergangenes heute beurteilt ≈ rückblickend *„Im Rückblick scheint mir die Entscheidung nicht richtig gewesen zu sein"*

**rụ·cken★** (*rückte, hat/ist gerückt*) **1** **etwas (irgendwohin) rücken** (*hat*) etwas (meist Schweres) mit kurzen, kräftigen Bewegungen ein bisschen verschieben oder ziehen *„einen Stuhl näher an den Tisch rücken"* **2** **irgendwohin rücken** (*ist*) (im Sitzen) sich irgendwohin bewegen *„Wenn Sie ein wenig (zur Seite) rücken, habe ich auf der Bank auch noch Platz"* **3** **etwas rückt in den Mittelpunkt/Vordergrund** (*ist*) etwas wird zum Mittelpunkt des Interesses **4** **ein Ziel rückt in weite Ferne/in greifbare Nähe** (*ist*) ein Ziel ist kaum mehr zu erreichen/ist fast erreicht **5** **ein Zeitpunkt rückt näher** (*ist*) ein Zeitpunkt kommt näher

der **Rụ·cken★** (-s, -) **1** die Seite des Körpers (zwischen Hals und Gesäß), die beim Menschen hinten ist ⟨*ein breiter, gebeugter, krummer, steifer Rücken; einen runden Rücken machen; auf dem Rücken liegen; jemandem den Rücken zudrehen, zuwenden*⟩ *„Er setzte sich mit dem Rücken zur Tür"* **K** Rückenmuskeln, Rückenschmerzen, Rückenlehne; Pferderücken ❶ → Abbildung, S. 294: **Der Körper** **2** **(mit jemandem/etwas) im Rücken** so, dass die genannte Person oder Sache hinter jemandem ist *„Mit dem Fenster im Rücken saß er am Tisch"* **3** die obere Seite einer Sache ⟨*der Rücken eines Berges, eines Messers*⟩ **4** der schmale Teil eines Buchs, den man sieht, wenn das Buch im Regal steht **ID** **hinter jemandes Rücken** so, dass jemand nichts davon weiß oder bemerkt; **einer Person in den Rücken fallen** etwas tun oder sagen, das einer Person schadet, nachdem man sie vorher unterstützt hat oder mit ihr befreundet war; **jemandem läuft es kalt über den Rücken, jemandem läuft es eiskalt/heiß und kalt den Rücken hinunter** jemand bekommt sehr große Angst, ist über etwas entsetzt

das **Rụ·cken·mark** die vielen Nerven in der Wirbelsäule

**rụ·cken·schwim·men** *nur im Infinitiv* so schwimmen, dass der Rücken nach unten und der Bauch nach oben zeigt

der **Rụ·cken·wind** ein Wind, der von hinten kommt ⟨*Rückenwind haben*⟩

die **Rụ̈ck·er·stat·tung** **die Rückerstattung** (+*Genitiv*); **die Rückerstattung von etwas** (*Dativ*) das Zurückgeben von Geld an eine Person, die etwas gezahlt hat, dies aber nicht zahlen musste *„die Rückerstattung von beruflich bedingten Fahrkosten durch den Arbeitgeber"* | *„eine Rückerstattung für eine nicht benutzte Fahrkarte"* • *hierzu* **rụ̈ck·er·stat·ten** (*hat*)

die **Rụ̈ck|fahr·kar·te★** eine Fahrkarte, für die Fahrt zu einem Ziel und wieder zurück

die **Rụ̈ck·fahrt★** die Fahrt zurück (von einem Ort oder Ziel) *„Auf der Rückfahrt hatten wir eine Panne"*

der **Rụ̈ck·fall** **1** die Situation, wenn eine Person, die schon fast gesund war, wieder richtig krank wird ⟨*einen Rückfall befürchten, bekommen, erleiden, vermeiden*⟩ **2** **ein Rückfall (in etwas** (*Akkusativ*)) die Situation, wenn eine Person wieder etwas Schlechtes tut, was sie schon lange nicht mehr getan hat ⟨*ein Rückfall in alte Fehler, in alte Gewohnheiten*⟩

**rụ̈ck·fäl·lig** *ADJEKTIV* so, dass jemand etwas Schlechtes oder Illegales wieder tut ⟨*ein Dieb, ein Süchtiger, ein Täter; rückfällig werden*⟩

die **Rụ̈ck·fra·ge** eine Frage, die man jemandem stellt, um Einzelheiten zu klären, die in einem

R

früheren Gespräch nicht deutlich geworden sind • *hierzu* **rück·fra·gen** (*hat*)

das **Rück·ga·be·recht** das Recht, eine gekaufte Ware zurückzugeben, wenn sie nicht in Ordnung ist oder wenn sie einem nicht gefällt

der **Rück·gang★** *meist Singular* der Prozess, bei dem etwas (wieder) weniger wird ⟨*etwas befindet sich im Rückgang*⟩ *„der Rückgang der Säuglingssterblichkeit"*

**rück·gän·gig** ADJEKTIV **1** so, dass sich die Zahl oder Menge verringert *„eine rückgängige Geburtenzahl"* **2** **einen Beschluss/einen Vertrag rückgängig machen** erklären, dass ein Beschluss, ein Vertrag nicht mehr gültig ist

das **Rück·grat** **1** *meist Singular* ⟨*sich* (*Dativ*) *das Rückgrat brechen, verletzen*⟩ ≈ Wirbelsäule **2** *nur Singular* der Mut, bei den eigenen Überzeugungen zu bleiben und sie zu vertreten ⟨*Rückgrat beweisen, haben, zeigen; ein Mensch ohne Rückgrat*⟩

der **Rück·griff** **ein Rückgriff (auf jemanden/etwas)** der erneute Einsatz einer Person, der erneute Gebrauch einer Sache, die man früher benutzte *„ein Rückgriff auf alte Methoden"*

der **Rück·halt** *nur Singular* eine Person, die einer anderen Person hilft, weil diese unsicher oder verzweifelt ist ⟨*ein moralischer Rückhalt; an jemandem einen festen Rückhalt haben*⟩

die **Rück·kehr★** (-) **1** das Zurückkommen (nach einer ziemlich langen Abwesenheit) *„Flüchtlingen die Rückkehr in die Heimat ermöglichen"* **2** die Wiederaufnahme einer früheren Tätigkeit o. Ä. ⟨*die Rückkehr zu alten Gewohnheiten*⟩ *„Frauen die Rückkehr in den alten Beruf erleichtern"* • *zu* (1) **Rück·keh·rer** *der*; *zu* (1) **Rück·keh·re·rin** *die*

die **Rück·la·ge** (-, *-n*); *meist Plural* Geld, das jemand/ein Betrieb für schlechte Zeiten spart ⟨*Rücklagen bilden*⟩

**rück·läu·fig** ADJEKTIV ≈ rückgängig

die **Rück·mel·dung** **1** **die Rückmeldung (zu etwas)** die Mitteilung, dass man wieder da ist *„die Rückmeldung zur Arbeit"* **2** eine Reaktion aus dem Publikum ≈ Feedback

die **Rück·nah·me** (-, *-n*) **1** die Erklärung, dass eine Aussage, eine Behauptung o. Ä. nicht mehr gültig ist ⟨*die Rücknahme einer Anschuldigung, eines Einspruchs, einer Klage, eines Vorwurfs*⟩ **2** das Zurücknehmen einer gekauften Ware durch den Verkäufer

die **Rück·rei·se** die Reise von einem Ort oder Ziel zurück (nach Hause)

der **Rück·ruf** **1** ein Telefonanruf als Antwort auf einen verpassten Anruf ⟨*um Rückruf bitten*⟩ **2** eine Aktion, bei der eine Firma ihre Kunden auffordert, eine Ware zurückzugeben, die gefährliche Fehler haben kann **K** Rückrufaktion

der **Rück·sack★** eine Tasche, die man an Riemen auf dem Rücken trägt ⟨*einen Rucksack packen, umhängen, auf dem Rücken tragen, ablegen; etwas im Rucksack verstauen*⟩ **K** Rucksackreisende, Rucksacktourist

der **Rück·schlag** bei einem Rückschlag wird eine positive Entwicklung plötzlich wieder schlechter ⟨*einen Rückschlag erleben, erleiden, hinnehmen müssen*⟩

der **Rück·schluss** (*-es, Rück·schlüs·se*); *meist Plural* **Rückschlüsse (auf jemanden/etwas)** eine logische Folgerung aus einer Tatsache oder einer Situation ⟨*Rückschlüsse aus etwas ziehen*⟩

der **Rück·schritt** *meist Singular* eine Entwicklung zu einem (früheren) schlechteren Zustand hin ⟨*eine Maßnahme, ein Zustand bedeutet einen Rückschritt*⟩ ↔ Fortschritt

die **Rück·sicht★** (-, *-en*) **1** **Rücksicht (auf jemanden/etwas)** *meist Singular* ein Verhalten, mit dem man sich bemüht, einer Sache oder Person nicht zu schaden oder jemandes Bedürfnisse, Gefühle oder Wünsche zu berücksichtigen **2** **(auf jemanden/etwas) Rücksicht nehmen** jemanden/etwas mit Rücksicht behandeln *„Du solltest etwas mehr Rücksicht auf deine kleine Schwester nehmen!"*

die **Rück·sicht·nah·me** *meist Singular* ein Verhalten, das sich an den Gefühlen o. Ä. anderer Leute orientiert

**rück·sichts·los** ADJEKTIV **rücksichtslos (gegen jemanden/etwas)** ohne die Gefühle, Bedürfnisse o. Ä. von anderen Menschen zu beachten ⟨*ein Mensch; jemandes Verhalten*⟩ ≈ egoistisch • *hierzu* **Rück·sichts·lo·sig·keit** *die*

**rück·sichts·voll** ADJEKTIV so, dass jemand das eigene Verhalten an den Gefühlen, Bedürfnissen o. Ä. von anderen Leuten orientiert *„sich rücksichtsvoll benehmen"*

der **Rück·spie·gel** ein kleiner Spiegel im Auto, in dem man die Straße und die Autos hinter sich sehen kann

das **Rück·spiel** das zweite (von zwei) Spielen zwischen denselben beiden Mannschaften (in einem Wettbewerb) ↔ Hinspiel

die **Rück·spra·che** **die Rücksprache (mit je-**

R

**mandem**) ein Gespräch, bei dem man versucht, mit einer anderen Person Fragen und Probleme zu klären ⟨*mit jemandem Rücksprache nehmen, halten*⟩ *„Diese Frage kann ich erst nach Rücksprache mit dem Chef entscheiden"*

der **Rụ̈ck·stand**★ **1** ein schädlicher Rest von Stoffen, der nach ihrer Verarbeitung übrig bleibt ⟨*ein chemischer Rückstand*⟩ *„Im Kalbfleisch wurden Rückstände verbotener Medikamente gefunden"* **2** **Rückstände (in etwas** (*Dativ*)**)** *meist Plural* eine Summe Geld, die noch nicht bezahlt worden ist ⟨*Rückstände eintreiben, fordern*⟩ ≈ Schulden **3** das, was noch fehlt, um eine Norm zu erreichen ⟨*einen Rückstand aufholen; mit etwas im Rückstand sein*⟩ ↔ Vorsprung *„den Rückstand in der Produktion aufholen"* | *„Er ist mit der Miete im Rückstand"*

**rụ̈ck·stän·dig** *ADJEKTIV* **1** nicht den modernen sozialen und politischen Verhältnissen entsprechend ≈ altmodisch ↔ fortschrittlich *„Deine Ansichten sind völlig rückständig!"* **2** nicht so weit entwickelt wie andere(s) ⟨*ein Land*⟩

der **Rụ̈ck·stau** ein Stau, der entsteht, weil Wasser o. Ä. nicht abfließen kann bzw. Fahrzeuge eine Straße nicht verlassen können *„ein Rückstau an der Flussmündung/an der Autobahnauffahrt"*

der **Rụ̈ck·strah·ler** ein kleines rotes Glas hinten am Fahrrad oder am Auto, das Licht reflektiert

der **Rụ̈ck·tritt**★ **1** das Aufgeben eines Amtes *„Nach dem Skandal bot der Innenminister seinen Rücktritt an"* **K** Rücktrittserklärung **2** bei einem Rücktritt sagt man, dass man einen Vertrag nicht einhalten will oder kann **K** Rücktrittsrecht; Reiserücktritt **3** *nur Singular* eine Bremse am Fahrrad, bei der man die Pedale nach hinten bewegt ⟨*ein Fahrrad mit/ohne Rücktritt*⟩ **K** Rücktrittbremse

**rụ̈ck·ver·si·chern** (*rückversicherte sich, hat sich rückversichert*) **sich rückversichern** genaue Informationen einholen, bevor man sich entscheidet ❶ meist im Infinitiv oder Partizip Perfekt

**rụ̈ck·wärts**★ *ADVERB* so, dass ein Teil, der normalerweise hinten ist, bei einer Bewegung vorn ist ⟨*rückwärts einparken*⟩ ↔ vorwärts **K** Rückwärtsbewegung

**rụ̈ck·wärts-** (*im Verb, betont und trennbar, wenig produktiv; Diese Verben werden so gebildet: rückwärtsgehen, ging rückwärts, rückwärtsgegangen*) **1** **rückwärtsgehen, rückwärtslaufen, rückwärtsfahren** *und andere* bezeichnet eine Bewegung von vorne nach hinten, mit dem Rücken oder hinteren Teil voran ↔ vorwärts- *„Die Katze ließ den Hund nicht aus den Augen und ging ein paar Schritte rückwärts"* Die Katze wandte ihr Gesicht und ihre Brust dem Hund zu, während sie ein paar Schritte nach hinten machte **2** **rückwärtslaufen, rückwärtslesen, rückwärtsschreiben** drückt aus, dass ein Vorgang in umgekehrter Reihenfolge abläuft, vom Ende zum Anfang hin *„Er ließ den Film rückwärtslaufen bis zu der Szene, die er noch einmal sehen wollte"* Er spulte den Film zurück an eine frühere Stelle

der **Rụ̈ck·wärts·gang** der Gang im Auto, mit dem man rückwärtsfahren kann ⟨*den Rückwärtsgang einlegen*⟩

**rụ̈ck·wir·kend** *ADJEKTIV* von einem Zeitpunkt an gültig, der in der Vergangenheit liegt *„Ihre Gehaltserhöhung gilt rückwirkend seit dem 1. April"*

der **Rụ̈ck·zie·her** (*-s, -*) **einen Rückzieher machen** etwas Geplantes oder Vereinbartes (meist im letzten Moment) wieder rückgängig machen *„Er hat kurz vor Vertragsabschluss einen Rückzieher gemacht"*

der **Rụ̈ck·zug**★ **1** das Verlassen eines Gebiets, in dem gekämpft wird (vor allem während der Gegner angreift) ⟨*den Rückzug antreten, befehlen*⟩ **K** Truppenrückzug **2** **der Rückzug (aus etwas)** das Verlassen eines meist wichtigen Bereiches, in dem man gearbeitet hat ⟨*der Rückzug aus dem politischen, öffentlichen Leben*⟩

**rü̲·de** *ADJEKTIV* im Benehmen oder Verhalten unfreundlich und ohne Rücksicht auf andere Leute ⟨*eine Attacke, ein Foul, eine Methode, ein Umgangston*⟩ ↔ höflich

der **Rü̲·de** (*-n, -n*) ein männlicher Hund, Fuchs oder Wolf ❶ *der Rüde; den, dem, des Rüden*

das **Ru̲·del** (*-s, -*) eine Gruppe von wilden Tieren, die zusammenleben ⟨*ein Rudel Wölfe, Hirsche, Gämsen*⟩ • *hierzu* **ru̲·del·wei·se** *ADJEKTIV*

das **Ru̲·der** (*-s, -*) **1** eine Stange mit einem breiten, flachen Teil am Ende, mit der man ein Boot bewegt ⟨*die Ruder auslegen, eintauchen, einziehen*⟩ **K** Ruderboot ❶ Im Gegensatz zum *Paddel* ist ein *Ruder* am Boot befestigt. **2** mit einem Ruder aus Holz oder Metall lenkt man ein Schiff in die gewünschte Richtung **K** Steuerruder

R

**ru·dern**★ (*ruderte, hat/ist gerudert*) **1** **jemanden/etwas (irgendwohin) rudern** (*hat*) jemanden/etwas mit einem Boot mithilfe von Rudern an eine Stelle bringen *„das Vieh und den Proviant ans andere Ufer rudern"* **2** **(irgendwohin) rudern** (*ist*) sich in einem Boot mit Rudern durch das Wasser bewegen ⟨*stromabwärts, über den Fluss, über den See rudern*⟩ **3** **(mit den Armen) rudern** (*hat*) mit den Armen kreisförmige Bewegungen machen, um das Gleichgewicht nicht zu verlieren

das **Ru·dern** (*-s*) die sportliche Disziplin, bei der man rudert

der **Ruf**★ (*-(e)s, -e*) **1** laute Töne, mit denen ein Mensch oder Tier ein Signal geben will *„Niemand hörte die Rufe des Ertrinkenden" | „der Ruf einer Eule"* **K** Warnruf, Hilferuf **2** *geschrieben* **der Ruf (nach etwas)** *nur Singular* der oft dringende Wunsch, etwas zu tun oder etwas zu bekommen ⟨*der Ruf nach Freiheit, Frieden*⟩ **3** *nur Singular* das Urteil der Allgemeinheit oder die (gute) Meinung über eine Person oder Sache ⟨*einen guten, schlechten Ruf haben*⟩ ≈ Reputation

**ru·fen**★ (*rief, hat gerufen*) **1** **jemanden/etwas rufen** mit einem Ruf oder am Telefon jemanden bitten zu kommen ⟨*den Arzt, die Polizei, die Feuerwehr, ein Taxi rufen; jemanden zu sich* (*Dativ*) *rufen*⟩ **2** **etwas rufen** etwas mit lauter Stimme sagen *„Hurra" rufen"* **3** **jemanden** *+Name* **rufen** eine Person bei dem genannten Namen nennen *„Sein richtiger Name ist Georg, aber alle rufen ihn „Schorsch""* **4** (meist laute) Töne oder Wörter von sich geben (mit denen man etwas signalisieren will) ⟨*um Hilfe rufen*⟩ ≈ schreien **5** **nach jemandem/etwas rufen** jemanden bitten zu kommen *„nach dem Kellner rufen"* **6** **etwas ruft jemandem etwas ins Gedächtnis/in Erinnerung** etwas bewirkt, dass jemand sich an etwas erinnert **ID** **Du kommst/Das kommt mir wie gerufen!** Du kommst/Das kommt genau zur richtigen Zeit

der **Ruf·mord** der Versuch, jemandes guten Ruf zu zerstören ⟨*Rufmord betreiben*⟩ ≈ Verleumdung

die **Ruf·num·mer** ≈ Telefonnummer

die **Rü·ge** (*-, -n*) eine Äußerung, mit der man jemanden scharf kritisiert ⟨*eine scharfe, strenge Rüge; jemandem eine Rüge erteilen; eine Rüge bekommen*⟩ ≈ Tadel

die **Ru·he**★ ['ruːə]; (*-*) **1** der Zustand, wenn sich eine Person oder Sache nicht bewegt ↔ Bewegung *„ein Körper in Ruhe"* **K** Ruhezustand **2** ein Zustand, in dem es vor allem keine störenden Geräusche gibt ⟨*um Ruhe bitten*⟩ ↔ Lärm *„Ich bitte um Ruhe für den nächsten Redner"* **K** Ruhestörung; Nachtruhe **3** der psychische Zustand, wenn man entspannt ist und keine Sorgen hat ≈ Entspannung *„Wenn du nachts so lange unterwegs bist, finde ich einfach keine Ruhe"* **ID** **sich nicht aus der Ruhe bringen lassen** meist trotz Ärger oder Provokationen ruhig bleiben; **in (aller) Ruhe** ohne sich zu ärgern, sich aufzuregen oder sich zu beeilen ⟨*jemandem etwas in Ruhe sagen*⟩; **jemanden (mit etwas) in Ruhe lassen** jemanden (mit etwas) nicht stören; **etwas in Ruhe lassen** *gesprochen* etwas nicht anfassen; **Immer mit der Ruhe!** drückt aus, dass sich jemand beruhigen und nicht so schnell handeln soll; **Ruhe bewahren** auch in einer schwierigen oder gefährlichen Situation ruhig bleiben

**ru·he·los** ['ruːə-] *ADJEKTIV* ohne Ruhe zu finden ⟨*jemandes Leben, ein Mensch*⟩ ≈ rastlos

**ru·hen**★ ['ruːən] (*ruhte, hat geruht*) **1** *geschrieben* nicht arbeiten oder sich nicht bewegen, um sich so zu erholen ≈ ausruhen *„im Schatten eines Baumes ruhen"* **2** **etwas ruht** etwas ist nicht aktiv, in Bewegung oder in Funktion ⟨*eine Maschine, ein Betrieb, ein Prozess, die Arbeit, der Verkehr, die Verhandlungen, die Waffen*⟩ **3** **etwas ruht irgendwo** etwas liegt auf einer Person oder Sache und wird von ihr gestützt oder gehalten *„Ihr Kopf ruhte an seiner Schulter"* **4** **jemandes Blick ruht auf einer Person/Sache** jemand sieht (meist längere Zeit) auf eine Person/Sache

der **Ru·he·stand**★ ['ruːə-]; *nur Singular* die Zeit im Leben eines Menschen, in der er nicht mehr (beruflich) arbeiten muss ⟨*in den Ruhestand gehen, treten; in den Ruhestand versetzt werden; im Ruhestand sein*⟩ ≈ Rente • *hierzu* **Ru·he·ständ·ler** *der*; **Ru·he·ständ·le·rin** *die*

der **Ru·he·tag** ['ruːə-] ein Tag, an dem ein Restaurant o. Ä. geschlossen ist *„Am Mittwoch haben wir Ruhetag"*

die **Ru·he·zei·ten** ['ruːə-]; *Plural* die Stunden des Tages, während derer man die Nachbarn nicht mit lauter Musik oder anderen lauten Geräuschen stören darf

**ru·hig**★ ['ruːɪç, -ɪk] *ADJEKTIV* **1** so, dass sich Personen oder Dinge wenig oder gar nicht be-

R

wegen ↔ unruhig *„ruhig auf dem Stuhl sitzen und warten"* | *„Das Meer ist heute ganz ruhig"* ➊ → auch **ruhigstellen** **2** mit wenig Lärm ⟨*ein Zimmer, eine Wohnung, eine Lage; ruhig wohnen; etwas liegt ruhig, ist ruhig gelegen*⟩ ↔ laut **3** so, dass Personen wenig Lärm machen und deshalb andere nicht stören ⟨*Mieter, Nachbarn*⟩ ≈ leise ↔ laut *„Sei mal kurz ruhig, ich möchte hören, was das Radio meldet!"* **4** so, dass wenig (Aufregendes) geschieht (und man wenig Arbeit oder Sorgen hat) ⟨*irgendwo geht es ruhig zu; ein ruhiges Leben führen; einen ruhigen Posten haben*⟩ ↔ hektisch *„Der Tag verlief ruhig, ohne besondere Vorkommnisse"* **5** so, dass eine Person nicht nervös, aufgeregt, hektisch o. Ä. ist ⟨*ein ruhiges Gewissen haben; ruhig antworten, bleiben, reagieren*⟩ *„Bleib ganz ruhig, es wird dir bestimmt nichts passieren!"*

*PARTIKEL betont und unbetont* **6** so, dass man keine Bedenken haben muss, sich keine Sorgen machen muss *„Du darfst ihm ruhig vertrauen"* **7** *gesprochen* in Aussagesätzen verwendet, um zu sagen, dass man nichts dagegen hat, wenn jemand etwas tut ≈ meinetwegen *„Der soll sich ruhig beschweren, das ist mir egal"* **8** *gesprochen* drückt aus, dass man ungeduldig ist, weil jemand etwas bisher nicht getan hat *„Du könntest ruhig auch einmal die Wäsche waschen!"*

der **Ruhm**★ (-(e)s) der Zustand, in dem eine Person wegen ihrer Leistungen von vielen Leuten geschätzt wird ⟨*zu Ruhm gelangen, kommen; auf dem Höhepunkt des Ruhmes*⟩ ≈ Ansehen *„es als Künstler zu internationalem Ruhm bringen"* **K** ruhmreich

R

**rüh·men** (*rühmte, hat gerühmt*) **1** **jemanden/etwas rühmen** mit großer Bewunderung über jemanden/etwas sprechen **2** **sich (einer Sache** (*Genitiv*)**) rühmen** deutlich zeigen, dass man stolz auf etwas ist *„Er kann sich rühmen, einer der besten Golfspieler der Welt zu sein"*

das **Rühr·ei** eine Speise aus Eiern, die man kräftig rührt und dann in der Pfanne brät

**rüh·ren**★ (*rührte, hat gerührt*) MIT EINEM LÖFFEL O. Ä.: **1** **(etwas) rühren** mit einem Löffel o. Ä. eine Flüssigkeit, einen Teig o. Ä. im Kreis bewegen und so mischen ⟨*den Brei, die Suppe, den Teig rühren*⟩ *„die Soße rühren, damit sie nicht anbrennt"* **K** Rührkuchen, Rührteig **2** **etwas in etwas** (*Akkusativ*) **rühren** etwas zu einer Flüssigkeit hinzufügen und dabei rühren *„Kakaopulver in eine Creme rühren"* BEWEGEN: **3** **jemand rührt etwas/sich; etwas rührt sich** eine Person oder Sache macht eine kleine Bewegung *„Es war windstill und kein Blatt rührte sich"* ➊ kein Passiv **4** **sich irgendwohin rühren** einen Ort verlassen *„Warte hier auf mich und rühr dich nicht von der Stelle!"* ➊ meist verneint **5** **etwas rührt sich** irgendwo geschehen Dinge, ist etwas los *„Lange ging es bei dem Projekt nicht vorwärts, aber jetzt rührt sich endlich was"* PSYCHISCH: **6** **etwas rührt jemanden** etwas bewirkt, dass jemand Mitleid, Dankbarkeit oder Sympathie empfindet ⟨*zu Tränen gerührt sein; ein rührender Anblick; eine rührende Szene*⟩ *„Es ist rührend, wie sie sich um ihren kleinen Bruder kümmert"* | *„Er war zutiefst gerührt"* ➊ meist im Passiv mit dem Hilfsverb *sein* oder Partizip Präsens SICH MELDEN: **7** **sich (bei jemandem) rühren** *gesprochen* einer Person sagen, dass man etwas möchte oder mit ihr Kontakt aufnehmen *„Wenn ihr was braucht, rührt euch bitte"* • *zu* (6) **Rüh·rung** *die*

der **Ru·in** (*-s*) der Zustand, in dem jemand das eigene Geld, das eigene Ansehen, die Position usw. verloren hat ⟨*jemandes finanzieller, wirtschaftlicher Ruin*⟩ • *hierzu* **ru·i·nös** *ADJEKTIV*

die **Ru·i·ne** (*-, -n*) die Reste eines Gebäudes, nachdem es zerstört ist *„die Ruine einer alten Burg"*

**ru·i·nie·ren** (*ruinierte, hat ruiniert*) **jemanden/etwas ruinieren** bewirken, dass jemand/etwas großen Schaden hat *„Rauchen ruiniert die Gesundheit"*

**rülp·sen** (*rülpste, hat gerülpst*); *gesprochen* mit einem lauten Geräusch Luft aus dem Magen durch den Mund pressen

**rum** *ADVERB; gesprochen* → herum

der **Rum** (*-s*) ein sehr starkes alkoholisches Getränk, das man aus Zucker(rohr) macht ⟨*Tee, Cola mit Rum*⟩ **K** Rumflasche, Rumfass

**rum-** *im Verb; gesprochen* → herum-

der **Rum·mel** (*-s*) **1** viel Bewegung und Lärm (vor allem weil viele Menschen an einem Ort sind) *„Der Rummel in der Stadt hat mich geschafft!"* **K** Weihnachtsrummel **2** *norddeutsch* ⟨*auf den Rummel gehen*⟩ ≈ Jahrmarkt **K** Rummelplatz

der **Rumpf** (*-(e)s, Rümp·fe*) **1** der Körper des Menschen ohne Kopf, ohne Arme und ohne Beine **2** der Hauptteil eines Flugzeugs, in welchem die Passagiere sitzen **3** der Hauptteil eines Schiffs, der im Wasser schwimmt

**rụ̈mp·fen** (*rümpfte, hat gerümpft*) **(über etwas** (*Akkusativ*)**) die Nase rümpfen** die Nase ein wenig hochziehen und damit zeigen, dass man etwas nicht gut findet

**rụms!** verwendet, um das dumpfe Geräusch nachzuahmen, das entsteht, wenn etwas fällt oder rutscht

**rụnd★** ADJEKTIV (*runder, rundest-*) **1** von der (auch ungefähren) Form eines Kreises oder einer Kugel ⟨*ein Tisch, ein Turm, ein Gesicht, ein Fenster, einen runden Kopf haben*⟩ ↔ eckig **K** Rundbau; kreisrund, kugelrund **2** von teilweiser runder Form ⟨*Wangen; Backen, ein Bauch; dick und rund sein*⟩ ≈ rundlich ↔ schlank **3** *meist attributiv* so, dass man eine Zahl oder eine Summe durch 10, 100 o. Ä. teilen kann *„100 Euro sind eine runde Summe"* **4** so, dass man die genannte Zahl nicht genau kennt ⟨*eine Million*⟩ ≈ ungefähr *„Es waren rund 10000 Zuschauer im Stadion"*
ADVERB **5** **rund um jemanden/etwas** in einem Bogen oder Kreis um jemanden/etwas *„einen Spaziergang rund um den Wald machen"* **6** **rund um etwas** mit etwas als Thema *„eine Sendung rund um den Garten"*

die **Rụn·de★** (-, -n) **1** ein Weg, ein Flug, eine Fahrt o. Ä. bei denen man wieder dorthin kommt, wo man angefangen hat, und die meist ungefähr die Form eines Kreises haben ⟨*eine Runde machen, gehen, fliegen*⟩ *„Das Kind fuhr zehn Runden mit dem Karussell"* **2** eine Strecke in Form eines Kreises oder Ovals, auf der Lauf- oder Fahrwettbewerbe stattfinden *„Sein Wagen hatte schon nach der zweiten Runde einen Motorschaden"* **3** eine kleine Gruppe von Personen, die sich gut kennen und die sich oft treffen *„in fröhlicher Runde Karten spielen"* **K** Skatrunde **4** die meist alkoholischen Getränke, die jemand für alle Personen einer Gruppe bezahlt ⟨*eine Runde (Bier, Schnaps, Wein) ausgeben, spendieren, schmeißen (= zahlen)*⟩ **5** einer von mehreren Abschnitten eines Wettkampfes *„Unsere Mannschaft schied in der zweiten Runde aus"* **ID** **eine Runde drehen** kurz weggehen oder wegfahren; **irgendwie über die Runden kommen** die eigenen (meist finanziellen) Schwierigkeiten irgendwie lösen können

**rụn·den** (*rundete, hat gerundet*) **etwas runden** eine Zahl auf eine runde Zahl bringen (ohne Kommastellen oder mit Nullen am Ende) **K** aufrunden, abrunden

die **Rụnd·fahrt** eine Fahrt, bei der man durch eine Stadt oder durch ein Land fährt und die interessanten Dinge betrachtet *„eine Rundfahrt durch Andalusien machen"* **K** Stadtrundfahrt

der **Rụnd·funk★** (-s) **1** die Technik, mit der man Wort und Ton (über elektromagnetische Wellen) über große Entfernungen senden kann ≈ Radio **2** eine Institution, die Radio- und Fernsehprogramme sendet ⟨*beim Rundfunk sein, arbeiten*⟩ *„der Norddeutsche Rundfunk"* **K** Rundfunkgebühren, Rundfunkprogramm, Rundfunksender **3** das Programm des Rundfunks, das man mit dem Fernseher oder dem Radio empfangen kann ⟨*etwas im Rundfunk bringen, hören*⟩

das **Rụnd·funk|ge·rät** ein Gerät, mit dem man Rundfunk empfangen kann ≈ Radio

der **Rụnd·gang** **1** eine Strecke, auf der man zu Fuß an mehreren Punkten eines Gebäudes oder Ortes vorbeikommt **K** Stadtrundgang **2** das Gehen auf einer solchen Strecke ⟨*einen Rundgang machen*⟩ *„Der Hausmeister kontrolliert auf seinem Rundgang, ob alles in Ordnung ist"*

**rụnd·ge·hen** (*ging rund, ist rundgegangen*) **es geht rund** *gesprochen* es gibt viel Aufregung, Lärm und Bewegung *„Bei uns in der Firma gehts zurzeit richtig rund"*

**rụnd·he·rụm** ADVERB **1** an allen Seiten *„Jetzt hat man rundherum einen Zaun gezogen"* **2** ≈ überall *„Die Luft ist nach der Gasexplosion rundherum verpestet"* **3** ⟨*rundherum glücklich, zufrieden sein; rundherum nass werden*⟩ ≈ völlig, ganz

**rụnd·lich★** ADJEKTIV ein wenig dick ⟨*eine Frau, Formen, Backen, Arme, Schultern*⟩ ↔ schlank • *hierzu* **Rụnd·lich·keit** *die*

das **Rụnd·schrei·ben** ein Brief oder eine E-Mail, die an mehrere Empfänger gleichzeitig verschickt werden

**rụnd·ụm** ADVERB ganz, völlig ⟨*rundum glücklich, zufrieden sein*⟩

die **Rụn·dung** (-, -en) der runde Teil eines Gegenstandes oder einer Form

**rụn·ter★** ADVERB; *gesprochen* → herunter, hinunter

**rụn·ter-★** *im Verb, betont und trennbar, sehr produktiv; gesprochen* → herunter-, hinunter-

**rụp·fen** (*rupfte, hat gerupft*) **1** **etwas (von/aus etwas) rupfen** kurz und schnell an etwas ziehen, um es zu entfernen, abzureißen *„Blätter vom Baum rupfen"* **2** **etwas rupfen** die Fe-

R

dern eines toten Vogels entfernen, bevor man ihn kocht ⟨*ein Huhn, eine Ente rupfen*⟩

**rup·pig** *ADJEKTIV; abwertend* ⟨*ein Mensch, ein Charakter*⟩ mit einem groben, schlechten Benehmen

der **Ruß** (*-es, -e*) das schwarze, fette Pulver, das entsteht, wenn man etwas verbrennt *„eine von Ruß geschwärzte Küche"* | *„den Ruß aus dem Ofen entfernen"* K rußgeschwärzt; Ofenruß

der **Rüs·sel** (*-s, -*) 1 die sehr lange Nase des Elefanten 2 die Nase eines Schweines 3 mit dem Rüssel saugen manche Insekten Nahrung auf *„der Rüssel einer Fliege"* K Saugrüssel

**ru·ßen** (*rußte, hat gerußt*) **etwas rußt** etwas produziert Ruß ⟨*ein Ofen, eine Lampe*⟩

**rüs·ten** (*rüstete, hat gerüstet*) 1 **etwas/sich (für etwas) rüsten** etwas/sich selbst auf etwas vorbereiten *„Ich bin gut für diese Aufgabe gerüstet"* ℹ oft im Passiv mit dem Hilfsverb *sein* 2 **ein Land rüstet (zum Krieg)** ein Land bereitet sich auf einen Krieg vor, indem es Waffen produziert und Soldaten ausbildet

**rüs·tig** *ADJEKTIV* trotz hohen Alters noch sehr aktiv und körperlich fit ⟨*ein Mann, eine Frau*⟩

**rus·ti·kal** *ADJEKTIV* von einer kräftigen und einfachen Art, wie sie auf dem Land üblich ist ⟨*Möbel, Stoffe, Kleidung*⟩ *„ein rustikal eingerichtetes Zimmer"*

die **Rüs·tung** (*-, -en*) 1 alle Waffen und Geräte, die für die Armee produziert werden ⟨*die atomare, nukleare Rüstung*⟩ *„viel Geld für die Rüstung ausgeben"* K Rüstungsindustrie, Rüstungspolitik 2 *historisch* eine Kleidung aus Metall für Ritter, welche diese im Kampf trugen ⟨*die Rüstung anlegen*⟩ K Ritterrüstung

die **Ru·te** (*-, -n*) 1 ein langer und dünner Zweig (meist ohne Blätter) K Weidenrute 2 ein langer, dünner Stab mit einer Schnur und einem Haken, mit dem man Fische fängt K Angelrute

die **Rutsch·bahn** ein Gerät, auf dem Kinder auf einer glatten, schrägen Fläche nach unten rutschen können

die **Rut·sche** (*-, -n*) 1 ein Rohr o. Ä., in dem man etwas herunterrutschen lässt 2 ≈ Rutschbahn

**rut·schen**★ (*rutschte, ist gerutscht*) 1 aus dem Gleichgewicht kommen und meist hinfallen, weil man auf eine glatte Stelle getreten ist oder den Halt verloren hat *„auf einem steilen Abhang ins Rutschen kommen"* K Rutschgefahr 2 **etwas rutscht** ein Kleidungsstück o. Ä. ist zu weit und passt nicht richtig und bewegt sich deshalb nach unten *„Meine Hose rutscht"* | *„Die*

## Am Bahnhof

1 **das Taxi**
2 **die Reisetasche**
3 **die Hinweisschilder** *Plural*: **zu den Zügen**, **das Reisezentrum**, **die S-Bahn**, **die U-Bahn**, **die Trambahn, die Straßenbahn**, **der Bus**
4 **der Fahrkartenautomat**
5 **die Fahrkarte**
6 **das (Gepäck-)Schließfach**
7 **die Abfahrt**: **die Zeit**, **über**, **das Ziel**, **das Gleis**
8 **der Ausgang**
9 **die Hinweisschilder** *Plural*: **die Touristeninformation**, **die Autovermietung**, **der Aufzug**, **das Parkhaus**, **der Parkplatz**, **die Toiletten** *Plural*
10 **der Waggon**
11 **der Zug**
12 **der Gepäckwagen, der Kofferkuli**
13 **der Bahnsteig**
14 **der Koffer**
15 **der Rucksack**
16 **der ICE**
17 **der Zugbegleiter**
18 **das Gepäck**

Wenn man mit der Bahn fahren will, erkundigt man sich im Internet oder am Bahnhof nach den Zugverbindungen. Man kauft (oder löst) eine Fahrkarte (z. B. nach Berlin, 2. Klasse, hin und zurück, für eine Person, morgen oder am Freitag). Wenn man sicher einen Platz in einem Zug bekommen will, muss man ihn reservieren. Die Platzreservierung kostet meistens extra. Man sollte rechtzeitig und pünktlich vor Abfahrt des Zuges am Bahnsteig sein. Wenn man eingestiegen ist und das Gepäck verstaut hat, kann man die Fahrt in Ruhe genießen. Wenn der Zugbegleiter kommt, zeigt man ihm die Fahrkarte.

Es gibt verschiedene Arten von Zügen: ICE (Intercity-Express), EC (Eurocity), IC (Intercity), Regionalbahn, S-Bahn und viele andere.

- Was siehst du auf dem unteren Bild? Nenne alle Dinge.
- Welche Unterschiede gibt es zwischen einem deutschen Bahnhof und einem Bahnhof in einem anderen Land? Erkläre sie deinem Partner / deiner Partnerin.
- Schreibe eine Gedankenblase für das Mädchen im unteren Bild (mindestens 50 Wörter).

R

1 2 3
zu den Zügen
Reisezentrum
S U
Tram Bus Taxi
WC

zu den Gleisen 1-10
Fahrkarten
Tickets/Billets/Biglietti
DB BAHN
4 5 6

7
Abfahrt Departure / Départ
Zeit Über Ziel Gleis

| Zeit | Zug | Ziel | Gleis |
|---|---|---|---|
| 11:55 | IC 2083 | Berchtesgaden | 10 |
| 11:58 | ICE 596 | Stuttgart Hbf | 8 |
| 12:07 | ICE 585 | München Hbf | 9 |
| 12:10 | IC 1979 | Frankfurt/M | 6 |
| 12:15 | ICE 2805 | Dortmund Hbf | 5 |
| 12:21 | ICE 78 | Hamburg-Altona | 7 |
| 12:38 | ICE 787 | München Hbf | 10 |
| 12:44 | ICE 692 | Berlin Ostbahnhof | 2 |

etwa 20 Minuten später

8 Stuttgart Hbf
12:07 ICE 585 Kassel-Wilhelmshöhe Würzburg Hbf München Hbf

Gleis 11 - 16
Ausgang City 8
U
S
Tram Bus Taxi
Touristeninformation 9
P WC
A A
10 11 12 13 14 15 16 17 18

# Am Flughafen

1 2 3 4 5 6 7

Mietwagen
Taxi
Ausgang
Bahn
Bus
Parkplatz
Abflug
Flugsteige A-D
Ankunft
Check-in
Zoll
8

Information
9 10 11 12 13 14 15 16

## Am Flughafen

| | | | |
|---|---|---|---|
| 1 | das Flugzeug | | die U-Bahn |
| 2 | der Trolley, der Rollkoffer | | der Bus |
| | | | der Parkplatz |
| 3 | der Gepäckwagen, der Kofferkuli | | der Abflug |
| | | | der Flugsteig, das Gate |
| 4 | die Reisetasche | | die Ankunft |
| 5 | der Rucksack | | der Check-in |
| 6 | das Gepäckband | | der Zoll |
| 7 | die Gepäckausgabe | 9 | der Informationsschalter |
| 8 | die Hinweisschilder *Plural*: | 10 | die Polizei |
| | der Mietwagen | 11 | die Rolltreppe |
| | das Taxi | 12 | das (Flug)Ticket |
| | der Ausgang | 13 | der Koffer |
| | der Zug | 14 | das Handgepäck |
| | die S-Bahn | 15 | die Reisende |
| | | 16 | der Reisende |

Beim Einchecken im Flughafen wirst du immer nach dem Pass oder Ausweis gefragt, manchmal auch nach dem Ticket oder Buchungsbeleg. Du erhältst eine Bordkarte und erfährst, wann das Boarding ist und zu welchem Flugsteig oder Gate du gehen musst. Das Handgepäck kannst du behalten, das andere Gepäck stellst du auf das Band. Bei der Sicherheitskontrolle musst du deine Taschen und alle metallischen Gegenstände auf das Band legen.

- Schreibe alle Dinge auf, die man als Handgepäck mit in das Flugzeug nehmen darf.
- Erzähle deinem Partner / deiner Partnerin von deinem letzten Flug und verwende mindestens fünf Wörter aus der Liste.
- Spielt die Szene am Informationsschalter: Du möchtest wissen, wo der Check-in und die Flugsteige sind. Dein Partner / Deine Partnerin erklärt dir den Weg.

*Brille rutschte mir von der Nase"* **3** (zum Spaß) eine Rutschbahn o. Ä. benutzen **4** *gesprochen* zur Seite rücken (damit noch jemand Platz hat) *„Rutsch doch mal, ich möchte mich auch hinsetzen!"*

**rutsch·fest** ADJEKTIV ⟨*ein Stoff, ein Teppich, der Boden, ein Material*⟩ so, dass man damit oder darauf nicht rutscht

**rut·schig** ADJEKTIV ⟨*eine Straße, der Boden*⟩ so (glatt), dass man sehr leicht darauf rutschen und stürzen kann

**rüt·teln** (*rüttelte, hat gerüttelt*) **1** **jemanden/etwas rütteln** jemanden/etwas mit kurzen, kräftigen Bewegungen hin und her bewegen *„Ich musste ihn (an der Schulter) rütteln, um ihn aufzuwecken"* **2** **an etwas** (*Dativ*) **rütteln** einen Teil einer Sache mit kurzen und kräftigen Bewegungen hin und her bewegen *„Er rüttelte an der Tür"*

# S

das **S, s** [ɛs]; (-, -) **1** der neunzehnte Buchstabe des Alphabets ⟨*ein großes S; ein kleines s*⟩ **2** **ein scharfes S** das Zeichen *ß*

**s.** Abkürzung für *siehe* → sehen

**S.** Abkürzung für *Seite*

**Sa** Abkürzung für *Samstag*

der **Saal**★ (-(*e*)*s, Sä·le*) ein sehr großer Raum z. B. für Feste, Versammlungen oder Vorträge **K** Saalmiete; Festsaal, Gerichtssaal, Konferenzsaal

die **Saat** (-, *-en*) **1** *nur Singular* die Pflanzensamen, die man auf einer meist großen Fläche verteilt ⟨*die Saat geht auf*⟩ **K** Saatkorn **2** das Verteilen von Samen auf einer großen Fläche

**sab·bern** (*sabberte, hat gesabbert*); *gesprochen* beim Sprechen oder Essen Speichel aus dem Mund fließen lassen

der **Sä·bel** (-s, -) ein leicht gebogenes Schwert

die **Sa·bo·ta·ge** [-'ta:ʒə]; (-) die Handlung(en), durch die jemand aus meist politischen Gründen etwas Wichtiges behindert, zerstört oder beschädigt ⟨*Sabotage ausüben, verüben; jemanden wegen Sabotage verurteilen*⟩ *„Man nimmt an, dass der Brand in der Chemiefabrik auf Sabotage zurückgeht"* **K** Sabotageakt, Sabotagetätigkeit

**sa·bo·tie·ren** (*sabotierte, hat sabotiert*) **(etwas) sabotieren** etwas bewusst stören, behindern oder verhindern ⟨*eine geplante Aktion, eine Wahlversammlung, die Vorstandswahl sabotieren*⟩ • *hierzu* **Sa·bo·teur** [-'tø:ɐ̯] *der*

der **Sach·be·ar·bei·ter** eine Person, die (z. B. in einem Betrieb, in einer Behörde) ein Sachgebiet bearbeitet *„Er ist Sachbearbeiter beim Finanzamt"* • *hierzu* **Sach·be·ar·bei·te·rin** *die*

die **Sach·be·schä·di·gung** das absichtliche Zerstören von Dingen, die einer anderen Person

S

gehören

das **Sach·buch** ein Buch, das über ein Thema informiert oder Ratschläge gibt K Sachbuchautor, Sachbuchverlag ℹ Ein *Sachbuch* ist weniger wissenschaftlich als ein *Fachbuch*.

die **Sa·che★** (-, -n) GEGENSTÄNDLICH: 1 etwas, was man sehen und anfassen kann und was nicht lebt ≈ Ding ℹ Juristisch gelten auch Tiere und Pflanzen als Sachen. 2 *nur Plural* die verschiedenen Gegenstände, die jemandem gehören oder die man für einen Zweck braucht ≈ Zeug *„Hast du deine Sachen aufgeräumt?"* K Sportsachen 3 *nur Plural* alles, was man am Körper trägt, um ihn zu bedecken ≈ Kleider *„Er hat keine warmen Sachen für den Winter"* K Sommersachen 4 *nur Plural* Lebensmittel oder Getränke der genannten Art *„Auf der Party gab es lauter gute/leckere Sachen"* K Knabbersachen ANGELEGENHEIT: 5 das Thema einer Diskussion oder von Verhandlungen ⟨*zur Sache kommen; etwas zur Sache sagen*⟩ 6 ein Streit oder eine Angelegenheit, über die vor Gericht entschieden wird ⟨*zur Sache aussagen, befragt werden*⟩ ≈ Fall 7 **eine gute Sache** ein Vorgang, ein Erfolg oder ein Ziel, die für viele Menschen wertvoll und wichtig sind ⟨*sich für eine gute Sache einsetzen*⟩ 8 **etwas ist jemandes Sache** jemand ist selbst für etwas verantwortlich *„Es ist seine Sache, wen er einlädt/ob er sich ein neues Auto kauft/wie viel er spendet"* 9 **etwas ist nicht jemandes Sache** etwas gefällt jemandem nicht *„Krimis sind nicht jedermanns Sache"* SONSTIGE VERWENDUNGEN: 10 *gesprochen nur Plural* die Entfernung in Kilometern, die ein Fahrzeug in einer Stunde fährt ≈ Stundenkilometer *„Auf der neuen Strecke rasen die Züge mit 300 Sachen durch die Gegend"* ID **(nicht/ganz) bei der Sache sein** sich (nicht/ganz) auf etwas konzentrieren; **jemandes sieben Sachen** *gesprochen* alles, was jemandem gehört; **seine Sache (nicht) gut machen** etwas (nicht) so machen, wie es eine andere Person will; **Mach keine 'Sachen!**, **Du machst 'Sachen!** *gesprochen* Ich kann kaum glauben, was du da sagst; **Mach keine 'Sachen!** *gesprochen* Tu das nicht, das ist gefährlich/dumm/falsch!

das **Sach·ge·biet** ein Gebiet, das einen Arbeits- oder Wissensbereich umfasst ⟨*für ein Sachgebiet zuständig sein*⟩

**sach·ge·mäß** ADJEKTIV so, wie es in einem Fall, bei dem betreffenden Gegenstand richtig ist ⟨*eine Behandlung, Lagerung, Pflege*⟩ *„Der Film reißt, wenn der Projektor nicht sachgemäß bedient wird"*

**sach·ge·recht** ADJEKTIV ≈ sachgemäß

**sach·kun·dig** ADJEKTIV ⟨*ein Urteil, eine Stellungnahme*⟩ so, dass gute Kenntnisse und Erfahrung auf einem Gebiet deutlich erkennbar sind *„Wir besichtigten die Fabrik unter der sachkundigen Führung des Ingenieurs"* • *hierzu* **Sach·kun·di·ge** *der/die*

die **Sach·la·ge** *meist Singular; geschrieben* die Verhältnisse in einer Situation ⟨*die Sachlage erörtern, prüfen; ohne Kenntnis der Sachlage*⟩ *„Die Sachlage ist so kompliziert, dass ich sie nicht beurteilen kann"*

**sach·lich★** ADJEKTIV 1 auf die Sache bezogen, um die es geht, und nicht von Gefühlen bestimmt ⟨*Berichterstattung, Kritik; sachlich argumentieren; etwas sachlich beurteilen*⟩ ≈ objektiv *„Seine Kritik ist nie sachlich, sondern rein emotional"* 2 *meist attributiv* in Bezug auf die Tatsachen, um die es geht ⟨*etwas ist sachlich falsch/richtig/zutreffend*⟩ *„Der Antrag wurde nicht aus sachlichen, sondern aus formalen Gründen abgelehnt"*

**säch·lich** ADJEKTIV mit dem Artikel *das* verbunden (und daher mit den entsprechenden Formen) ⟨*die Form, die Endung, ein Substantiv*⟩

der **Sach·scha·den★** ein Schaden an Sachen, Gegenständen ⟨*hoher, leichter Sachschaden*⟩ *„Bei dem Einsturz der Brücke entstand großer Sachschaden"*

**sacht** ADJEKTIV, **sach·te** (*sachter, sachtest-*) 1 langsam und vorsichtig ⟨*etwas sacht hinstellen, berühren*⟩ ≈ behutsam *„Sacht deckte sie das schlafende Kind zu"* 2 leicht und kaum spürbar ⟨*ein Streicheln, ein Windhauch*⟩ ≈ sanft

der **Sach·ver·halt★** (-(e)s, -e); *meist Singular* die Tatsachen und ihre Zusammenhänge ⟨*der genaue, wahre Sachverhalt; den Sachverhalt klären, schildern*⟩

der **Sach·ver·stand** ≈ Sachkenntnis

der/die **Sach·ver·stän·di·ge** (-n, -n) eine Person, die ein Fachgebiet so gut kennt, dass sie bei Fragen dazu ein sachkundiges Urteil abgeben kann und darf ≈ Experte K Sachverständigengutachten ℹ *ein Sachverständiger; der Sachverständige; den, dem, des Sachverständigen*

der **Sack★** (-(e)s, *Sä·cke*) 1 ein großer, weicher Behälter aus Stoff oder Plastik ⟨*etwas in Säcke*

S

*abfüllen⟩ „einen Sack (voll) Kartoffeln in den Keller tragen"* **K** Sackkarre; Plastiksack, Mehlsack, Müllsack **2** die Menge, die in einen Sack hineinpasst *„zehn Sack/Säcke Getreide/Zement"* ⓘ Als Maßangabe bleibt *Sack* im Plural oft unverändert. **3** *gesprochen* ⚠ verwendet als Schimpfwort für Männer *„Steh endlich auf, du fauler Sack!"* **K** Drecksack **4** *gesprochen* ⚠ ≈ Hodensack **ID** **mit Sack und Pack** mit allem, was einem selbst gehört ⟨*mit Sack und Pack ausziehen, fortgehen*⟩ • *zu* (2) **sack·wei·se** *ADJEKTIV*

der **Sack|bahn·hof** *gesprochen* ein Bahnhof, in welchem die Gleise enden ≈ Kopfbahnhof *„Victoria Station" in London und der Münchener Hauptbahnhof sind Sackbahnhöfe"*

**sa·cken** (*sackte, ist gesackt*) **irgendwohin sacken** nach unten sinken *„Er griff sich ans Herz und sackte auf einen Stuhl / zu Boden"*

die **Sack·gas·se** eine meist kurze Straße, die vor einem Grundstück, Haus o. Ä. endet, sodass man auf ihr nicht weiterfahren kann

der **Sa·dist** (*-en, -en*) eine Person, die Freude daran hat, Menschen oder Tiere zu quälen (und sich dadurch sexuell befriedigt) • *hierzu* **Sa·dis·tin** *die*; **Sa·dis·mus** *der*; **sa·dis·tisch** *ADJEKTIV*

**sä·en★** (*säte, hat gesät*) **1** **(etwas) säen** Samen auf einem Feld oder Beet verteilen ⟨*Blumen, Getreide, Hafer, Rasen, Weizen säen*⟩ **2** **Hass/Neid/Zwietracht säen** *geschrieben* bewirken, dass Hass/Neid/Streit entsteht und sich verbreitet **ID** **Personen/Dinge sind dünn gesät** von manchen Personen/Dingen findet man nur eine kleine Zahl ≈ selten *„Solche Jobs sind dünn gesät"*

der **Safe** [ze:f, seɪf]; (*-s, -s*) ein Fach oder ein Schrank aus Stahl zum sicheren Aufbewahren von Geld und Wertsachen ≈ Tresor **K** Safeschlüssel; Banksafe, Wandsafe

der **Saft★** (*-(e)s, Säf·te*) **1** eine Flüssigkeit, die man aus Obst oder Gemüse gewinnt und die man trinken kann ⟨*frisch gepresster, reiner Saft; Saft auspressen, einkochen, in Flaschen abfüllen, trinken*⟩ **K** Saftpresse; Apfelsaft, Orangensaft, Tomatensaft **2** eine Flüssigkeit, die in Pflanzen enthalten ist *„Im Frühjahr steigt der Saft in den Bäumen nach oben, und sie bekommen neue Blätter"* **3** die Flüssigkeit, die Fleisch verliert, wenn man es kocht oder brät ⟨*etwas im eigenen Saft schmoren*⟩ **K** Bratensaft, Fleischsaft **4** *gesprochen* elektrischer Strom

**saf·tig★** *ADJEKTIV* **1** voll Saft ⟨*Obst, Gemüse, Fleisch, Schinken*⟩ ↔ trocken **2** kräftig, voll Saft und deshalb leuchtend grün ⟨*Gras, Laub, Wiesen*⟩ ↔ dürr *„das saftige Grün der Buchen im Mai"* **3** *gesprochen* sehr hoch ⟨*Preise, eine Rechnung, eine Strafe*⟩

der **Saft·la·den** *gesprochen, abwertend* ein Geschäft oder Betrieb, in dem wegen schlechter Organisation nichts gut funktioniert

die **Sa·ge** (*-, -n*) eine sehr alte Erzählung von Helden, Kämpfen oder ungewöhnlichen Ereignissen ⟨*deutsche, griechische, klassische Sagen*⟩ *„Der Sage nach wurde Rom von Romulus und Remus gegründet"* **K** Sagenbuch; Heimatsage, Heldensage **ID** **um jemanden/etwas ranken sich viele Sagen** eine Person/Sache kommt in vielen Sagen oder Geschichten vor

die **Sä·ge★** (*-, -n*) ein Werkzeug, mit dem man Holz oder Metall schneidet **K** Handsäge, Kreissäge, Motorsäge

das **Sä·ge·mehl** *nur Singular* das Pulver, das entsteht, wenn man Holz sägt

**sa·gen★** (*sagte, hat gesagt*) MÜNDLICHE ÄUSSERUNG: **1** **(jemandem) etwas sagen**; **etwas (zu jemandem) sagen** jemandem etwas mitteilen, indem man Wörter und Sätze ausspricht ⟨*Bitte/bitte, Danke/danke, Ja/ja, Nein/nein sagen; Guten/guten Morgen, Auf/auf Wiedersehen sagen; etwas Dummes, Falsches sagen; kein Wort sagen; etwas auf Deutsch, Englisch, Französisch sagen*⟩ *„Komm mit!", sagte er"* | *„Los, nun sag endlich, wo du gestern warst!"* **2** **etwas zu etwas sagen** eine Meinung zu einem Thema äußern ≈ meinen *„Wir fahren am Sonntag nach Paris. Was sagst du dazu?"* **3** **etwas sagen** etwas sagen, von dem andere nicht wissen, ob es wahr ist ≈ behaupten *„Das wollte ich damit nicht sagen!"* **4** **(et)was/nichts von etwas sagen** *gesprochen* von etwas sprechen/nicht sprechen *„Ich wollte dir die DVD leihen, von Schenken habe ich nichts gesagt!"* VERWENDUNG: **5** **etwas zu jemandem/etwas sagen** einen Namen verwenden, wenn man von oder zu jemandem spricht *„Früher sagte man zu Tuberkulose „Schwindsucht"* **6** **man sagt etwas** es ist üblich, das genannte Wort zu verwenden *„In Norddeutschland sagt man „Sonnabend" statt „Samstag"* BEDEUTUNG: **7** **etwas hat wenig/nichts zu sagen** etwas bedeutet nichts Schlimmes oder Besonderes *„Es riecht etwas seltsam, aber das hat nichts zu sagen, es*

S

*schmeckt trotzdem gut"* **8** **etwas sagt etwas/nichts über jemanden/etwas** etwas lässt ein/kein Urteil über jemanden/etwas zu *„Er hat zwar einen zu hohen Blutdruck, aber das sagt nichts über seine Kondition"* ANDERE VERWENDUNGEN: **9** **(jemandem) (et)was/nichts zu sagen haben** *gesprochen* wichtige Dinge entscheiden oder anderen Personen Aufträge und Befehle geben dürfen *„Du hast mir/hier gar nichts zu sagen!"* **10** **sich** (*Dativ*) **etwas sagen** in Gedanken einen Entschluss, eine Erkenntnis o. Ä. in Worte fassen *„Als er mit starken Kopfschmerzen aufwachte, sagte er sich: „Nie wieder trinke ich so viel Alkohol!"* **ID** **Sag bloß!**, **'Was du nicht sagst!**, **'Was Sie nicht sagen!** *gesprochen* **a** als Reaktion verwendet, wenn jemand etwas Erstaunliches erzählt *„Frau Kunze hat Drillinge bekommen." – „Sag bloß!"* **b** als ironische Reaktion verwendet, wenn jemand etwas erzählt, das schon lange bekannt ist oder nicht anders zu erwarten war *„Klaus hat natürlich wieder gefehlt." – „Sag bloß!"*; **sich** (*Dativ*) **nichts sagen lassen** Ratschläge o. Ä. nicht befolgen; **Ich würde sagen, (dass) ...** *gesprochen* Meine Meinung ist, dass ... *„Also, ich würde sagen, das ist ein guter Vorschlag"*; **unter uns gesagt** Was ich jetzt sage, sollen andere nicht hören; **Sag mal, ...?**, **Sagen Sie mal, ...?** *gesprochen* verwendet, um eine Frage einzuleiten; **etwas sagt jemandem (et)was/nichts** etwas ist jemandem bekannt/nicht bekannt

**sä·gen** (*sägte, hat gesägt*) **1** **(etwas) sägen** mit einer Säge Holz o. Ä. schneiden *„Äste vom Baum sägen"* **K** Sägespäne **2** **etwas sägen** etwas durch Arbeit mit der Säge herstellen *„Bretter sägen" | „ein Loch in die Tür sägen"*

**sa·gen·haft** *ADJEKTIV* **1** nur aus Erzählungen bekannt (aber nicht wirklich existierend) *„Das sagenhafte Ungeheuer von Loch Ness"* **2** *gesprochen* ⟨*Wetter; sagenhaft reich, schön*⟩ ≈ großartig *„sagenhaftes Glück haben"*

das **Sä·ge·werk** ein Betrieb, in dem man aus Baumstämmen Bretter und Balken macht

**sah** *Präteritum, 1. und 3. Person Singular* → sehen

die **Sah·ne**★ (-) **1** die gelbliche Schicht, die sich auf Milch bildet (und die viel Fett enthält) ⟨*die Sahne abschöpfen*⟩ **2** Sahne, die man in Flaschen und Bechern kaufen kann ⟨*saure, süße Sahne; Sahne schlagen*⟩ **K** Sahnejoghurt, Sahnekännchen; Kaffeesahne **3** steif geschlagene Sahne ⟨*Eis, Obsttorte mit Sahne*⟩ ≈ Schlagsahne **K** Sahnetorte

**sah·nig** *ADJEKTIV* **1** mit viel Sahne ⟨*Milch, eine Creme*⟩ **2** mit dem Geschmack oder dem Aussehen von Sahne ⟨*etwas schmeckt sahnig*⟩

die **Sai·son**★ [zɛ'zõ:, zɛ'zɔŋ]; (-, -s/*süddeutsch* Ⓐ *auch -en* [zɛ'zo:nən]); *meist Singular* **1** die Zeit in jedem Jahr, in der die meisten Touristen kommen *„Nach der Saison sind die Hotelpreise günstiger"* **K** Hauptsaison, Sommersaison, Wintersaison **2** **(die) Saison (für jemanden/etwas)** die Zeit in jedem Jahr, in der spezielle Personen, Sachen oder Tätigkeiten häufig sind ⟨*etwas hat Saison*⟩ *„Die Monate Mai und Juni sind die Saison für Liebhaber von Spargelgerichten"* **K** Saisonarbeiter, Saisonartikel; Badesaison, Jagdsaison **3** die Zeit im Jahr, in sehr viele Konzerte stattfinden und Theaterstücke gezeigt werden ≈ Spielzeit *„Zu Beginn der nächsten Saison soll das neue Theater fertig sein"* **K** Konzertsaison, Theatersaison **4** die Zeit im Jahr, in der man eine spezielle Mode trägt *„In der kommenden Saison trägt man wieder Hüte"* **K** Herbstsaison, Sommersaison **5** die Zeit, in der regelmäßige Wettkämpfe in einer Sportart stattfinden ≈ Spielzeit **K** Saisonstart; Bundesligasaison • zu (1 – 3) **sai·son·be·dingt** *ADJEKTIV*

**sai·so·nal** [zɛzo'na:l] *ADJEKTIV* von der Saison abhängig oder von ihr bedingt *„saisonale Schwankungen in der Zahl der Arbeitslosen"*

die **Sai·te** (-, -*n*) Gitarren, Geigen usw. haben dünne, lange Saiten, die die Töne erzeugen ⟨*eine Saite ist gerissen, gesprungen; mit dem Bogen über die Saiten streichen; an den Saiten zupfen; in die Saiten greifen; die Saiten zum Klingen bringen*⟩ **K** Saiteninstrument; Harfensaite, Klaviersaite

der **Sak·ko**, **Sak·ko** *süddeutsch* Ⓐ *auch das*; (-s, -s) eine (vornehme und elegante) Jacke für einen Mann ≈ Jackett

das **Sak·ra·ment** (-(*e*)*s*, -*e*) eine wichtige religiöse Zeremonie in der christlichen Kirche ⟨*das Sakrament der Taufe, des Abendmahls*⟩

die **Sa·la·mi** (-, -*s*) eine haltbare, harte, geräucherte Wurst ⟨*ein Brot, eine Pizza mit Salami*⟩

der **Sa·lat**★ (-(*e*)*s*, -*e*) **1** eine Speise, die man kalt isst und die man aus Blattpflanzen, Gemüse, Fisch, Fleisch, Nudeln o. Ä. und einer Soße aus Essig und Öl oder Mayonnaise macht ⟨*ein bunter, gemischter Salat; einen Salat anmachen, mischen*⟩ **K** Salatschüssel; Fleischsalat,

Gurkensalat, Kartoffelsalat **2** eine grüne Pflanze, aus deren Blättern man Salat macht ≈ Kopfsalat **K** Salatblatt, Salatkopf **ID** **Da/Jetzt haben wir den Salat!** *gesprochen* jetzt ist das Unangenehme passiert (vor dem ich gewarnt habe)

die **Sal·be★** (-, *-n*) ein Präparat (das viel Fett enthält), das man z. B. auf entzündete oder verletzte Stellen der Haut streicht ⟨*eine kühlende, schmerzlindernde Salbe; eine Salbe dick, dünn auftragen*⟩ **K** Salbentube; Augensalbe; Wundsalbe

der **Sal·bei** (-*s*) eine kleine Pflanze mit rauen Blättern, die man als Gewürz oder zur Zubereitung von Tee verwendet **K** Salbeiblätter, Salbeitee

der **Sal·do** (-*s*, *-s/Sal·di/Sal·den*) die Differenz zwischen Einnahmen und Ausgaben oder Guthaben und Forderungen (auf einem Konto)

**Sä·le** *Plural* → Saal

der **Sa·lon** [za'lõ:, za'loŋ, za'lo:n]; (-*s*, -*s*) ein modernes, schönes Geschäft für Körperpflege **K** Frisiersalon, Hundesalon, Kosmetiksalon

**sa·lopp** ADJEKTIV **1** bewusst locker ⟨*ein Typ, eine Ausdrucksweise; sich salopp ausdrücken, benehmen, kleiden*⟩ ≈ leger **2** bequem und sportlich ⟨*eine Jacke, eine Hose*⟩

der **Sal·to** (-*s*, *-s/geschrieben Sal·ti*) ein Sprung, bei welchem die Beine über den Kopf nach vorn oder hinten kommen, bevor man wieder auf dem Boden landet ⟨*einen Salto (vorwärts, rückwärts) machen, springen; ein doppelter, dreifacher Salto*⟩ ≈ Überschlag

**Sa·lü!** *besonders* ⒸⒽ, *gesprochen* verwendet, um jemanden zu begrüßen

das **Salz★** (-(*e*)*s*, -*e*) **1** *nur Singular* kleine weiße Kristalle, die ähnlich wie Meerwasser schmecken und sich leicht in Wasser auflösen. Man verwendet Salz, um das Essen zu würzen oder um Lebensmittel zu konservieren **K** Salzbergwerk, Salzkorn; Kochsalz, Meersalz **2** eine chemische Substanz, die aus der Verbindung einer Säure mit einer Lauge oder mit einem Metall entsteht *„Salpeter ist ein Salz der Salpetersäure"* **K** Kalisalz, Mineralsalz • *hierzu* **salz·hal·tig** ADJEKTIV

**sal·zen** (*salzte, hat gesalzt/gesalzen*) **etwas salzen** Salz in Speisen oder Lebensmittel geben *„Die Suppe ist zu stark gesalzen"* ❶ *du salzt*

**sal·zig★** ADJEKTIV mit dem Geschmack von Salz ⟨*ein salziger Geschmack; etwas schmeckt salzig*⟩ *„Meerwasser schmeckt salzig"*

die **Salz·kar·tof·feln** *Plural* Kartoffeln, die geschält und dann in gesalzenem Wasser gekocht werden

die **Salz·säu·re** eine sehr scharfe Säure, die aus Wasserstoff und Chlor besteht ❶ chemische Formel: *HCl*

die **Salz·stan·ge** ein längliches, dünnes, trockenes Gebäck, das mit Salz bestreut ist und das man zu Bier oder Wein isst

der **Salz·streu·er** (-*s*, -) ein kleiner Behälter mit Löchern im Deckel, mit dem man Salz ins Essen streut

das **Salz·was·ser** *nur Singular* **1** Wasser, in das man Salz getan hat ⟨*Nudeln in Salzwasser kochen; mit Salzwasser gurgeln*⟩ **2** das salzige Wasser im Meer ≈ Meerwasser ↔ Süßwasser

der **Sa·men★** (-*s*, -) **1** eines von vielen kleinen Körnern, die von Pflanzen produziert werden und aus denen neue Pflanzen von derselben Art wachsen ⟨*Samen aussäen, in die Erde legen/stecken; die Samen keimen, gehen auf*⟩ *„Die Samen der Sonnenblume enthalten Öl"* **K** Samenkorn; Blumensamen, Gemüsesamen **2** *nur Singular* ≈ Sperma

**Sam·mel-** *im Substantiv, betont, begrenzt produktiv* **das Sammellager, die Sammelunterkunft, der Sammeltransport** *und andere* verwendet für Dinge, die mehrere Personen gemeinsam benutzen oder die sie gemeinsam machen ↔ Einzel-

**sam·meln★** (*sammelte, hat gesammelt*) **1** **Dinge sammeln** als Hobby über längere Zeit Dinge derselben Art kaufen o. Ä., weil sie interessant, schön oder wertvoll sind ⟨*Briefmarken, Münzen, altes Porzellan, Autogramme, Mineralien, Schmetterlinge sammeln*⟩ **K** Sammelalbum, Sammelleidenschaft **2** **Dinge sammeln** in einem Gebiet, oder Wald herumgehen und möglichst viele Beeren, Pilze, Kräuter usw. suchen und mitnehmen *„am Strand Muscheln sammeln"* **3** **Dinge sammeln** dafür sorgen, dass Dinge der gleichen Art an einem Ort zusammenkommen, damit man sie verwenden kann ⟨*Altkleider, Altpapier, leere Flaschen sammeln*⟩ *„den Müll getrennt sammeln"* **K** Sammelaktion, Sammelstelle **4** **Dinge sammeln** sich bemühen, allmählich viele Dinge einer Art zu bekommen ⟨*Anregungen, Beweise, Daten, Ideen, Informationen sammeln*⟩ **5** **etwas sammelt Dinge** etwas ist so, dass viele Dinge zusammenkommen *„Mit dem geringen Stromverbrauch konnte das Gerät im Test Pluspunkte sammeln"* **6** **Erfah-**

S

**rungen/Eindrücke sammeln** viel erleben und sich so persönlich weiterentwickeln *„in einem Praktikum erste Berufserfahrungen sammeln"* **7** **(etwas) sammeln** Personen bitten, Geld, Kleider o. Ä. für einen guten Zweck zu geben ⟨*Geld, Kleider, Spenden, Unterschriften*⟩ *„für das Rote Kreuz sammeln"* **8** **Personen sammeln sich (irgendwo)** Personen kommen an einem Ort zusammen *„Die Teilnehmer des Umzuges sammeln sich nach der Messe auf dem Kirchplatz"* **K** Sammelplatz, Sammelpunkt

der **Sạmm·ler** (-s, -) eine Person, die (als Hobby) Dinge sammelt ⟨*ein eifriger, leidenschaftlicher, passionierter Sammler*⟩ **K** Briefmarkensammler, Münzsammler • *hierzu* **Sạmm·le·rin** *die*

die **Sạmm·lung★** (-, *-en*) **1** der Vorgang des Sammelns ⟨*eine Sammlung durchführen, organisieren, veranstalten*⟩ *„Die Sammlung von Spenden für die Flüchtlinge brachte 200000 Euro"* **K** Altglassammlung, Unterschriftensammlung **2** eine (meist relativ große) Menge von Dingen derselben Art, die jemand gesammelt hat **K** Briefmarkensammlung, Kunstsammlung, Münz(en)sammlung

der **Sạms·tag★** (-s, *-e*) der sechste Tag der Woche ⟨*am Samstag; letzten, diesen, nächsten Samstag; Samstag früh*⟩ ≈ Sonnabend **K** Samstagabend; samstagmittags **i** Abkürzung: *Sa*

**sạms·tags★** *ADVERB* an jedem Samstag ≈ sonnabends *„Die Banken sind samstags geschlossen"*

**sạmt★** *PRÄPOSITION mit Dativ* zusammen mit ≈ einschließlich *„sein Auto samt Zubehör verkaufen"*

der **Sạmt** (-(*e*)*s*, *-e*); *meist Singular* ein weicher Stoff, der auf einer Seite viele kurze Fäden hat ⟨*sich in Samt und Seide kleiden; ein Vorhang, ein Rock aus Samt*⟩ *„Die Haut eines reifen Pfirsichs ist weich wie Samt"* **K** Samtband, Samtvorhang • *hierzu* **sạmt·ar·tig** *ADJEKTIV*; **sạmt·weich** *ADJEKTIV*

**sạ̈mt·lich★** **1** alle(s), alles an/von ≈ ganz *„Er hat sein sämtliches Vermögen verloren"* **2** ≈ alle *„mit sämtlichen zur Verfügung stehenden Mitteln"*

das **Sa·na·to̲·ri·um** (-s, *Sa·na·to·ri·en* [-i̯ən]) ein Krankenhaus, in dem man sich von einer schweren Krankheit erholen kann **K** Sanatoriumsaufenthalt

der **Sạnd★** (-(*e*)*s*) eine lockere Masse aus kleinen Körnern, die es am Ufer von Meeren und in der Wüste gibt ⟨*feiner, grober, lockerer Sand; Sand streuen; im Sand buddeln, spielen*⟩ *„Die Kinder bauen eine Burg aus Sand"* **K** Sanddüne, Sandkorn, Sandstrand, Sandwüste; Streusand, Wüstensand **ID** **etwas verläuft im Sande** etwas bleibt ohne Erfolg und wird langsam vergessen; **etwas in den Sand setzen** mit etwas keinen Erfolg haben; **wie Sand am Meer** in großen Mengen oder in großer Zahl

die **San·da̲·le★** (-, *-n*) ein offener Schuh, der nur mit Riemen am Fuß gehalten wird

**sạn·dig** *ADJEKTIV* **1** voll Sand ⟨*Hände, Schuhe, die Kleidung*⟩ **2** mit einem hohen Anteil an Sand ⟨*ein Acker, ein Boden*⟩

der **Sạnd·kas·ten** ein niedriger Kasten (mit einem Rand aus Holz), der Sand enthält, mit dem Kinder spielen können

das **Sạnd·männ·chen** (-s) eine erfundene Figur, welche Kindern abends Sand in die Augen streut, damit sie müde werden und einschlafen

das **Sạnd·pa·pier** *meist Singular* ein Papier, das auf einer Seite eine Schicht feiner Körner hat; wenn man damit raue Flächen reibt, werden diese glatt ≈ Schleifpapier

der **Sạnd·sack** ein Sack, der mit Sand gefüllt ist. Mit Sandsäcken baut man Schutzmauern bei Überschwemmungen, in Kriegssituationen o. Ä.

der **Sạnd·stein** *meist Singular* ein weicher Stein aus Sand und Ton oder Kalk **K** Sandsteinplatte

der **Sạnd·sturm** ein Sturm in einem trockenen Gebiet, bei dem viel Sand durch die Luft fliegt

**sạnd·te** *Präteritum, 1. und 3. Person Singular* → senden

die **Sạnd·uhr** ein Gerät aus zwei Gläsern. Aus dem oberen Glas rinnt Sand in das untere Glas. So kann man die Zeit messen *„Ich benutze zum Eierkochen eine kleine Sanduhr"*

das **Sand·wich★** ['zɛntvɪtʃ]; (-(*e*)*s*, -(*e*)*s*) zwei Scheiben Weißbrot mit Wurst oder Käse und Tomaten oder Salat dazwischen **K** Käsesandwich, Schinkensandwich

**sạnft★** *ADJEKTIV* (*sanfter, sanftest-*) **1** ruhig, freundlich und voller Liebe ⟨*Augen, ein Herz, ein Mensch, eine Stimme, ein Wesen; sanft lächeln, reden*⟩ ↔ aggressiv **2** angenehm, weil nicht zu stark oder intensiv ⟨*eine Berührung, ein Hauch, ein Wind, Licht, Musik, Töne, Rhythmen, Farben, ein Rot, ein Grün; jemanden sanft berühren, streicheln*⟩ **3** vorsichtig und indirekt ⟨*eine Ermahnung, ein Tadel, Druck, Gewalt, Zwang*⟩ **4** friedlich und ruhig ⟨*ein Schlaf, ein Tod, ein Ende; sanft schlafen,*

S

*schlummern*⟩ ↔ unruhig **5** nicht steil, sondern angenehm und allmählich steigend bzw. fallend ⟨*ein Hügel, eine Steigung, ein Anstieg, Abhänge, etwas steigt sanft an*⟩ ≈ leicht • *zu* (1) **Sanft·heit** *die*

**sang** *Präteritum, 1. und 3. Person Singular* → singen

der **Sän·ger**★ (*-s, -*) eine Person, die (auch beruflich) an einer Oper, in einem Chor, in einer Band o. Ä. singt ⟨*sich als/zum Sänger ausbilden lassen*⟩ **K** Chorsänger, Opernsänger, Schlagersänger • *hierzu* **Sän·ge·rin** *die*

**sa·nie·ren** (*sanierte, hat saniert*) **1** **etwas sanieren** ein altes Gebäude oder Teile einer Stadt in einen modernen Zustand bringen ⟨*alte Wohnungen, einen Altbau, ein Stadtviertel sanieren*⟩ **2** **etwas sanieren** etwas wieder rentabel machen ⟨*einen Betrieb, ein Unternehmen sanieren*⟩ • *hierzu* **Sa·nie·rung** *die*

**sa·ni·tär** *ADJEKTIV nur attributiv* in Bezug auf die Hygiene und die Körperpflege ⟨*Artikel; die Einrichtungen, die Verhältnisse*⟩

der **Sa·ni·tä·ter** (*-s, -*) eine Person, die (beruflich) verletzten Personen am Ort des Unfalls hilft und diese ins Krankenhaus bringt ⟨*ein Sanitäter des Roten Kreuzes*⟩ • *hierzu* **Sa·ni·tä·te·rin** *die*

**sank** *Präteritum, 1. und 3. Person Singular* → sinken

**Sankt** *ohne Artikel, unbetont, nur in dieser Form* als Teil des Namens von Heiligen verwendet und davon abgeleiteten Namen von Kirchen und Ortschaften *„Sankt Nikolaus"* der heilige Nikolaus | *„Sankt Pauli"* ein Ortsteil von Hamburg | *„Sankt Helena"* eine Insel **ℹ** Abkürzung: *St.*

die **Sank·ti·on** [-'tsio:n]; (*-, -en*) **Sanktionen (gegen jemanden/etwas)** *nur Plural* Maßnahmen, mit denen man versucht, eine Person, einen Staat, eine Firma o. Ä. zu dem gewünschten Verhalten zu zwingen ⟨*Sanktionen beschließen, gegen ein Land verhängen*⟩ *„Die wirtschaftlichen Sanktionen gegen das Land waren bisher wenig wirksam"*

die **Sar·di·ne** (*-, -n*) ein kleiner Fisch, der meist in Öl eingelegt ist und in Dosen verkauft wird **K** Sardinenbüchse; Ölsardine

der **Sarg** (*-(e)s, Sär·ge*) der Kasten (aus Holz), in dem ein Toter ins Grab gelegt wird ⟨*einen Toten in den Sarg legen, im Sarg aufbahren*⟩ **K** Sargschmuck, Sargträger

der **Sar·kas·mus** (*-, Sar·kas·men*); *geschrieben* Spott, der ausdrückt, dass man sich über etwas ärgert und bei dem man das Gegenteil von dem sagt, was man wirklich meint • *hierzu* **sar·kas·tisch** *ADJEKTIV*

**saß** *Präteritum, 1. und 3. Person Singular* → sitzen

der **Sa·tan** (*-s*) ≈ Teufel

der **Sa·tel·lit**, **Sa·tel·lit**; (*-en, -en*) ein technisches Gerät, das sich im Kreis um die Erde bewegt und das dazu dient, das Wetter zu beobachten, Nachrichten über weite Entfernungen zu übermitteln o. Ä. ⟨*ein (un)bemannter Satellit*⟩ *„Die Olympischen Spiele werden in alle Welt über/per/via Satellit übertragen"* **K** Satellitenbild, Satellitenfernsehen; Spionagesatellit **ℹ** *der Satellit; den, dem, des Satelliten*

die **Sa·tel·li·ten·schüs·sel** eine Antenne in Form einer großen Schüssel, über die man Fernseh- und Rundfunksignale von Satelliten empfangen kann

der **Sa·tin** [za'tɛ̃:]; (*-s*) ein glatter, feiner Stoff, der wie Seide glänzt ⟨*eine Bluse aus Satin*⟩

die **Sa·ti·re** (*-, -n*) **eine Satire (auf jemanden/etwas)** *nur Singular* Spott und scharfe Kritik, mit denen man die Fehler einer Person oder Gruppe in witziger Form übertreibt ⟨*eine politische Satire*⟩ • *hierzu* **sa·ti·risch** *ADJEKTIV*

**satt**★ *ADJEKTIV* (*satter, sattest-*) **1** nicht mehr hungrig, weil man genug gegessen hat ⟨*satt sein, werden*⟩ *„Möchtest du noch etwas essen?" – „Nein danke, ich bin schon satt!"* **2** *meist attributiv* kräftig und leuchtend ⟨*eine Farbe, ein Farbton*⟩ *„das satte Grün der Wiesen"*

der **Sat·tel** (*-s, Sät·tel*) **1** ein Sitz aus Leder, den man zum Reiten auf den Rücken eines Pferdes legt ⟨*den Sattel auflegen, abnehmen, festschnallen*⟩ **K** Satteldecke, Sattelgurt, Satteltasche **2** der Teil eines Fahrrads oder Motorrads, auf dem man sitzt ⟨*den Sattel höher, tiefer stellen*⟩ **ℹ** → Abbildung, S. 392:**Das Fahrrad**

**sat·tel·fest** *ADJEKTIV meist prädikativ* mit sehr guten Kenntnissen *„In der Grammatik ist er absolut sattelfest"*

**sat·teln** (*sattelte, hat gesattelt*) **(ein Tier) satteln** einem Tier einen Sattel zum Reiten auflegen

**satt·ha·ben** (*hat satt, hatte satt, hat sattgehabt*); *gesprochen* **jemanden/etwas satthaben** jemanden/etwas nicht mehr ertragen können *„Ich habe deine Angeberei endgültig satt!"*

die **Sät·ti·gung** (*-*) **1** der Zustand, in dem jemand satt ist **K** Sättigungsgefühl **2** der Zustand, in

S

dem so viele Produkte auf dem Markt sind, dass man sie nicht mehr verkaufen kann ⟨*die Sättigung des Marktes*⟩

der **Sạtz**★ (*-es, Sät·ze*) **1** mehrere Wörter (zu denen meist ein Verb gehört), die zusammen eine Feststellung, eine Frage, einen Befehl o. Ä. bilden. Ein geschriebener Satz fängt mit einem Großbuchstaben an und hört mit dem Zeichen . oder *!* oder *?* auf ⟨*einen Satz bilden, konstruieren, umformen, analysieren; in ganzen Sätzen antworten; mitten im Satz abbrechen; jemandem etwas in kurzen, knappen Sätzen mitteilen; mit wenigen Sätzen die Situation schildern*⟩ **K** Satzanfang, Satzende, Satzteil; Aussagesatz, Befehlssatz, Fragesatz **2** ein Teil eines Wettkampfes (z. B. beim Tennis) *„Er gewann das Tennismatch mit 3 : 1 Sätzen"* **3** eine feste Anzahl von Gegenständen der gleichen Art, die zusammengehören ⟨*ein Satz Winterreifen, Schüsseln, Schraubenschlüssel*⟩ *„Von jeder neuen Briefmarkenserie kauft er sich einen ganzen Satz"* **K** Werkzeugsatz **4** die Summe Geld, die für mehrere regelmäßige Zahlungen festgesetzt ist ⟨*ein hoher, ermäßigter Satz*⟩ ≈ Tarif **K** Beitragssatz, Steuersatz, Zinssatz **5** *meist Singular* die kleinen festen Teilchen, die in einer Flüssigkeit nach unten sinken und sich am Boden eines Gefäßes sammeln **K** Kaffeesatz; Bodensatz **6** ein großer Sprung ⟨*einen Satz machen*⟩ **7** *nur Singular* das Erfassen (Setzen) eines Textes, bevor man ihn druckt ⟨*das Manuskript ist im Satz, geht in (den) Satz*⟩

die **Sạt·zung** (*-, -en*) die Regeln, die für einen Verein o. Ä. formuliert werden und an die sich alle halten müssen **K** Vereinssatzung

das **Sạtz·zei·chen** ein Zeichen wie z. B. ein Komma, ein Punkt o. Ä., das zur Gliederung eines Satzes verwendet wird

S

die **Sau** (*-, -en/Säue*) **1** ein weibliches Schwein **K** Wildsau **2** *gesprochen* ▲ verwendet als Schimpfwort für eine Person, die schmutzig, ordinär o. Ä. ist **ID** **keine Sau** *gesprochen* ▲ ≈ niemand

**sau·ber**★ *ADJEKTIV* **1** ohne Schmutz ↔ schmutzig *„Jetzt ist der Fußboden endlich wieder sauber"* **2** sehr sorgfältig und genau ⟨*eine Arbeit; etwas sauber (ab)schreiben*⟩ ↔ schlampig *„Er arbeitet sauber und gewissenhaft"* **3** ohne Fehler ↔ unsauber *„Die hohen Töne hat er nicht sauber gesungen"* **4** *gesprochen, ironisch meist attributiv* verwendet, um zu sagen, dass man eine Person oder Sache sehr negativ beurteilt *„Seine sauberen Freunde haben ihn zu dem Diebstahl überredet"* | *„Das hast du ja wieder sauber hingekriegt!"* **5** **ein Kind ist sauber** ein Kind braucht keine Windeln mehr **6** **etwas sauber halten** dafür sorgen, dass etwas sauber, ordentlich oder frei von von etwas bleibt ⟨*die Wohnung, ein Zimmer, die Gewässer, die Luft sauber halten*⟩ *„Haltet den Wald sauber!"* **7** **(etwas) (mit etwas) sauber machen** den Schmutz (von etwas) entfernen ⟨*die Badewanne, den Herd, ein Zimmer sauber machen*⟩ ≈ putzen • *zu* (1,2) **Sau·ber·keit** *die*; *zu* (6,7) **Sau·ber·hal·tung** *die*

**säu·ber·lich** *ADJEKTIV meist attributiv* sehr sorgfältig und genau ⟨*etwas säuberlich aufstellen, ausschneiden, eintragen, ordnen, trennen, unterscheiden*⟩ ≈ sauber

**sau·ber·ma·chen** ≈ sauber machen

**säu·bern** (*säuberte, hat gesäubert*) **etwas säubern** den Schmutz von etwas entfernen ⟨*den Teppich mit einem Staubsauger säubern*⟩

die **Sau·ce** ['zo:s(ə)]; (*-, -n*) → Soße

**sau·er**★ *ADJEKTIV* (*saurer, sauerst-*) **1** mit dem Geschmack von Essig oder von Zitronen ⟨*etwas schmeckt sauer*⟩ ↔ süß *„Die Äpfel sind noch ganz sauer und noch nicht reif"* **2** mit Essig zubereitet oder haltbar gemacht ⟨*Bohnen, Gurken*⟩ **K** Sauerbraten **3** (durch Gärung dick geworden und) mit saurem Geschmack ⟨*Sahne*⟩ ↔ süß *„die Soße mit saurem Rahm anrühren"* **K** Sauermilch, Sauerrahm **4** verdorben und mit saurem Geschmack ⟨*Milch*⟩ ↔ frisch *„Im Sommer wird die Milch schnell sauer"* **i** saure Milch **5** **sauer (auf jemanden)** *gesprochen* (über jemanden) verärgert *„Er ist sauer, weil er nicht ins Kino darf"* **6** mit viel Mühe oder Ärger ⟨*sauer erspartes, verdientes Geld; jemandem das Leben sauer machen*⟩ ↔ leicht

die **Sau·e·rei** (*-, -en*); *gesprochen, abwertend* ≈ Schweinerei

das **Sau·er·kraut** *nur Singular* Weißkohl, der in Streifen geschnitten und mit Salz haltbar gemacht wird. Sauerkraut schmeckt sauer und wird meist warm gegessen

**säu·er·lich** *ADJEKTIV* **1** ein wenig sauer ⟨*ein Apfel, Wein*⟩ *„Die Suppe schmeckte säuerlich"* **2** ⟨*ein Gesicht, eine Miene*⟩ so, dass sie deutlich zeigen, dass der Betroffene unzufrieden ist oder dass er sich ärgert *„säuerlich lächeln"* der **Sau·er·stoff**★ (-(*e*)*s*) Sauerstoff ist das Gas in der Luft, das wir brauchen, um leben zu können K Sauerstoffgerät, Sauerstoffmangel ⓘ chemisches Zeichen: *O* • *hierzu* **sau·er·stoff|arm** *ADJEKTIV*; **sau·er·stoff|reich** *ADJEKTIV*

**sau·fen** (*säuft, soff, hat gesoffen*) **1** **(etwas) saufen** *gesprochen, abwertend* große Mengen von alkoholischen Getränken trinken **2** **ein Pferd, eine Kuh o. Ä. säuft (etwas)** ein Pferd, eine Kuh o. Ä. trinkt große Mengen *„dem Pferd einen Eimer Wasser zu saufen geben"* • *zu* (1) **Säu·fer** *der*; *zu* (1) **Säu·fe·rin** *die*

**sau·gen**★ (*saugte/sog, hat gesaugt/gesogen*) **1** **etwas (aus etwas) saugen** durch sehr enge Öffnungen oder mit den Lippen eine Flüssigkeit in den Mund ziehen oder aufnehmen *„Saft durch einen Strohhalm saugen"* | *„Die Baumwurzeln saugen die Feuchtigkeit aus dem Boden"* **2** **(etwas) saugen** *gesprochen* (*saugte, hat gesaugt*) mit einem Staubsauger Staub oder Schmutz von etwas entfernen *„Er saugt (den Teppich) jede Woche"* **3** **an etwas** (*Dativ*) **saugen** die Lippen fest an etwas drücken und dabei Luft, Rauch oder Flüssigkeit in den Mund ziehen *„Das Baby saugt an der Brust der Mutter"*

**säu·gen** (*säugte, hat gesäugt*) **ein Tier säugt (ein Tier)** ein Tier lässt das Junge (aus dem Euter oder den Zitzen) Milch trinken *„Das Schaf säugt sein Lamm"*

der **Sau·ger** (-*s*, -) Sauger aus Gummi sind so geformt, dass ein Baby gut daran saugen kann; sie werden für Trinkflaschen benutzt oder um ein Baby zu beruhigen

das **Säu·ge·tier**★ ein Tier, dessen Junge Milch von der Mutter trinken *„Elefanten sind die größten Säugetiere an Land"*

**saug·fä·hig** *ADJEKTIV* ⟨*ein Material, ein Papier, Windeln*⟩ so, dass sie viel Flüssigkeit in sich aufnehmen können

der **Säug·ling**★ (-*s*, -*e*) ein kleines Kind, das noch Milch an der Brust der Mutter oder aus der Flasche trinkt ≈ Baby K Säuglingsnahrung, Säuglingspflege

die **Säu·le**★ (-, -*n*) ein starker Pfosten (meist aus Stein), der das Dach eines großen Gebäudes (z. B. eines Tempels) stützt K Säulenhalle

der **Saum** (-(*e*)*s*, *Säu·me*) der Rand an einem Stück Stoff, der gefaltet und festgenäht ist, damit er schön aussieht und nicht kaputtgeht K Rocksaum

**säu·mig** *ADJEKTIV*; *geschrieben* ⟨*ein Schuldner, ein Zahler*⟩ so, dass sie etwas nicht pünktlich zahlen *„bei der Zahlung des Beitrags säumig sein"*

die **Sau·na** (-, -*s*/*Sau·nen*) ein Raum, der mit Holz verkleidet ist und den man sehr stark heizt. Man geht für kurze Zeit hinein, um kräftig zu schwitzen

die **Säu·re**★ (-, -*n*) **1** *nur Singular* der saure Geschmack einer Sache ⟨*eine erfrischende, milde Säure*⟩ **2** eine chemische Verbindung, die Metalle angreift und einen sauren Geschmack hat K Kohlensäure, Zitronensäure

**säu·re·hal·tig** *ADJEKTIV* mit Säure

der **Sau·ri·er** [-ri̯ɐ]; (-*s*, -) ein sehr großes Reptil (mit einem langen Schwanz und einem langen Hals), das vor vielen Millionen Jahren lebte K Flugsaurier

der **Saus** ID **in Saus und Braus leben** sehr viel Geld für Vergnügungen und Luxus ausgeben

**sau·sen** (*sauste, hat/ist gesaust*) **1** **(irgendwohin) sausen** *gesprochen* (*ist*) sich sehr schnell irgendwohin bewegen *„Jetzt muss ich sausen, sonst komme ich zu spät zum Bahnhof!"* **2** **etwas saust** (*hat*) etwas macht ein Geräusch, das abwechselnd stärker und schwächer wird ⟨*der Wind, der Sturm*⟩

der **Sau·stall** *nur Singular*; *gesprochen, abwertend* **1** eine schmutzige oder sehr unordentliche Wohnung **2** ein Zustand, über den man sich sehr ärgert

das **Sa·xo·fon**, **Sa·xo·phon** [-f-]; (-*s*, -*e*) ein Blasinstrument aus Metall mit einem kräftigen Klang, das vor allem in der Jazzmusik verwendet wird

**SB-** [ɛs'beː] *im Substantiv, begrenzt produktiv* **die SB-Backstation, die SB-Kasse, der SB-Möbelmarkt** *und andere* mit Selbstbedienung *„die Kontoauszugsdrucker und Geldautomaten im SB-Bereich der Bank"*

die **S-Bahn** ['ɛs-] Schnellbahn ein schneller elektrischer Zug in einer Großstadt und ihrer Umgebung K S-Bahn-Station

die **SBB** [ɛsbe'beː]; (-) Abkürzung für *Schweizerische Bundesbahnen*

der **Scan·ner** ['skɛnɐ]; (-*s*, -) **1** ein Gerät, das von Bildern oder Texten eine Kopie für den Computer macht **2** ein Gerät, mit dem man z. B. am Flughafen prüfen kann, ob Waffen im Gepäck oder in der Kleidung versteckt sind **3** ein Gerät, das Strichcodes abtastet und die Daten an eine Kasse o. Ä. weitergibt • *hierzu* **scan·nen** (*hat*)

**sch!** [ʃ] verwendet, um jemanden aufzufordern, leise zu sein

die **Scha·be** (-, *-n*) ein flaches, schwarzes Insekt mit Flügeln, das in Ritzen und Spalten (vor allem in alten oder schmutzigen Häusern) lebt K Küchenschabe

**scha·ben** (*schabte, hat geschabt*) 1 **(etwas) schaben** die äußerste Schicht von etwas entfernen, indem man einen scharfen Gegenstand mehrere Male kräftig über die Oberfläche zieht oder schiebt ⟨*Karotten, Leder schaben*⟩ 2 **(etwas aus/von etwas) schaben** ein Material von etwas entfernen, indem man einen harten Gegenstand kräftig über dessen Oberfläche zieht oder schiebt *„den Teig aus der Schüssel schaben"* | *„den alten Lack von der Tür schaben"*

der **Scha·ber** (*-s, -*) ein kleines Gerät zum Schaben K Teigschaber

**schä·big** ADJEKTIV 1 alt und gebraucht (und deshalb nicht mehr schön) *„eine schäbige alte Tasche"* 2 nicht der Moral entsprechend ⟨*ein Verhalten, eine Ausrede*⟩ ↔ vornehm *„Es war ziemlich schäbig von ihr, ihm nicht die Wahrheit zu sagen"* 3 *gesprochen* sehr klein *„jemandem ein schäbiges Trinkgeld geben"*

die **Schab·lo·ne** (-, *-n*) eine feste Form (aus Plastik, Pappe oder Metall), mit der man immer wieder die gleiche Figur oder den gleichen Buchstaben zeichnen oder schreiben kann K Zeichenschablone

(das) **Schach★** (*-s*) ein Spiel (für zwei Personen), bei dem jeder Spieler 16 Figuren auf einem Brett bewegt und versucht, den König des Gegners schachmatt zu setzen ⟨*Schach spielen*⟩ K Schachfigur, Schachmeisterschaft, Schachspiel, Schachturnier ID **jemanden in Schach halten** jemanden daran hindern, etwas zu tun, was für andere Leute gefährlich sein könnte

das **Schach·brett** ein Brett mit 64 (quadratischen) weißen und schwarzen Feldern, auf dem man Schach spielt K Schachbrettmuster

**schach·matt** ADJEKTIV in einer Lage, in der man beim Schach den König nicht mehr retten kann und damit das Spiel verliert

der **Schacht** (*-(e)s, Schäch·te*) 1 eine meist relativ schmale Öffnung, die von oben (senkrecht) in die Erde führt ⟨*einen Schacht bohren, graben, ausheben*⟩ *„durch einen Schacht in den Kanal steigen"* K Brunnenschacht, Lüftungsschacht 2 ein Schacht, durch den man in ein Bergwerk kommt K Förderschacht, Rettungsschacht 3 ein sehr hoher, sehr enger, dunkler Raum *„Der Lift ist im Schacht stecken geblieben"* K Aufzugsschacht, Lichtschacht

die **Schach·tel★** (-, *-n*) 1 ein ziemlich kleiner (rechteckiger) Behälter (meist aus Pappe) mit einem Deckel *„eine Schachtel voll alter Rechnungen"* | *„eine Schachtel mit Pralinen"* K Pappschachtel, Schuhschachtel, Streichholzschachtel 2 **eine Schachtel Dinge** eine Schachtel mit der Menge einer Ware, die hineinpasst und so verkauft wird ⟨*eine Schachtel Kekse, Streichhölzer*⟩ → Packung

der **Schach·tel·satz** *meist abwertend* ein langer, komplizierter Satz mit vielen Nebensätzen

der **Schach·zug** eine (geschickte) Handlung, mit der man ein Ziel erreicht ⟨*ein geschickter, raffinierter, genialer, diplomatischer Schachzug*⟩ ❶ meist mit einem wertenden Adjektiv verwendet

**scha·de★** ADJEKTIV *nur prädikativ* 1 verwendet, um zu sagen, dass man enttäuscht ist und etwas bedauert ⟨*etwas ist schade; etwas schade finden*⟩ *„Es ist wirklich schade, dass du jetzt schon gehen musst"* 2 **jemand/etwas ist für eine Person/Sache zu schade** eine Person/Sache ist zu gut, um mit der anderen Person/Sache zusammen zu sein *„Deine neuen Schuhe sind viel zu schade für dieses schlechte Wetter"* 3 **sich** (*Dativ*) **für etwas zu schade sein** glauben, dass eine Tätigkeit unter der eigenen Würde ist *„Er ist sich für nichts zu schade"*

der **Schä·del** (*-s, -*) 1 die Knochen, die dem Kopf seine Form geben K Schädeldecke, Schädelknochen; Totenschädel 2 *gesprochen* ≈ Kopf ID **jemandem brummt der Schädel** *gesprochen* jemand hat Kopfschmerzen

**scha·den★** (*schadete, hat geschadet*) **eine Person/Sache schadet jemandem/etwas** eine Person oder Sache bringt für eine Person, Sache oder eine Situation einen Nachteil, Schaden oder Verlust ↔ nutzen *„Es schadet dem Kind, wenn die Mutter während der Schwangerschaft raucht"* | *„Die lange Hitze hat den Pflanzen sehr geschadet"* ❶ → auch schädigen ID **etwas/das würde ihm/ihr nicht(s) schaden** etwas wäre sehr gut für ihn/sie

der **Scha·den★** (*-s, Schä·den*) 1 die negativen Folgen eines Vorgangs, bei dem etwas ganz oder teilweise zerstört oder kaputt gemacht wird ⟨*ein materieller, finanzieller Schaden; einen Schaden verursachen, feststellen; einen*

S

*Schaden wiedergutmachen, beheben, ausbessern; für einen Schaden aufkommen, haften (müssen)〉 „Das Feuer richtete einen Schaden in Höhe von einer Million Euro an"* **K** Schadenshöhe; Motorschaden, Personenschaden, Sachschaden; Hagelschaden, Hochwasserschaden, Sturmschaden **2** die Folge eines Unfalls (z. B. in Form einer Verletzung oder Störung der Körperfunktionen) 〈*organische, innere, bleibende, dauerhafte Schäden*〉 *„von einem Unfall bleibende Schäden davontragen"* **K** Bandscheibenschaden, Gehörschaden **3** **etwas leidet/nimmt Schaden** *geschrieben* etwas wird zerstört oder beschädigt **4** **zu Schaden kommen** verletzt werden *„Die Autos wurden stark beschädigt, aber Personen kamen nicht zu Schaden"*

der **Scha·den·er·satz** *nur Singular* ein meist finanzieller Ausgleich für einen Schaden, der von jemandem schuldhaft verursacht wurde 〈*Schadenersatz verlangen, erhalten; jemanden auf Schadenersatz verklagen; (jemandem) Schadenersatz leisten, zahlen (müssen); Anspruch auf Schadenersatz*〉 **K** Schadenersatzanspruch, Schadenersatzforderung • *hierzu* **scha·den·er·satz|pflich·tig** *ADJEKTIV*

die **Scha·den·freu·de** *nur Singular* die Freude, die eine Person daran hat, dass jemandem etwas Unangenehmes passiert

**scha·den·froh** *ADJEKTIV* voll Schadenfreude 〈*schadenfroh sein, grinsen, lachen*〉

**schad·haft** *ADJEKTIV* mit Fehlern oder Mängeln ≈ defekt *„die schadhaften Stellen des Daches ausbessern"*

**schä·di·gen** (*schädigte, hat geschädigt*) **jemand/etwas schädigt etwas** jemand/etwas beeinflusst etwas negativ 〈*jemandes Ruf, Ansehen schädigen*〉 *„Seine Aussagen haben das Ansehen der Regierung geschädigt"* ❶ *Schädigen* kommt nur mit bestimmten, meist abstrakten Substantiven vor wie z. B. in *jemandes Ruf, Ansehen, Namen, Renommee schädigen*; *schaden* kommt mit abstrakten und konkreten Substantiven vor: *etwas schadet jemandes Ruf, Ansehen, Gesundheit, der Natur, den Zähnen* • *hierzu* **Schä·di·gung** *die*

**schäd·lich★** *ADJEKTIV* **schädlich (für jemanden/etwas)** mit negativen Folgen für jemanden/etwas 〈*Einflüsse, Stoffe, Wirkungen ein Zusatz; etwas wirkt sich schädlich aus*〉 *„Alkohol ist schädlich für die Gesundheit"* | *„Die schädliche Wirkung von radioaktiven Strahlen zeigt sich oft erst nach vielen Jahren"* **K** gesundheitsschädlich • *hierzu* **Schäd·lich·keit** *die*

der **Schäd·ling** (*-s, -e*) ein Tier oder eine Pflanze, die anderen Lebewesen schaden oder sie vernichten 〈*Schädlinge bekämpfen, vernichten*〉 **K** Schädlingsbefall, Schädlingsbekämpfung; Holzschädling, Pflanzenschädling

**schad·los** *ADJEKTIV* **ID** **sich an etwas** (*Dativ*) **schadlos halten** *meist humorvoll* sehr viel von etwas (als Ersatz) nehmen *„Wenn es keinen Kaffee mehr gibt, werde ich mich eben am Wasser schadlos halten"*

der **Schad·stoff** eine Substanz, die Pflanzen, Tieren und Menschen schadet 〈*etwas ist mit Schadstoffen belastet; Schadstoffe aus der Luft, aus dem Wasser filtern*〉 *„die Schadstoffe in den Abgasen der Autos"* **K** Schadstoffbelastung • *hierzu* **schad·stoff|arm** *ADJEKTIV*; **schad·stoff|frei** *ADJEKTIV*

das **Schaf★** (*-(e)s, -e*) **1** ein Tier, aus dessen dichten und lockigen Haaren man Wolle macht 〈*die Schafe hüten, scheren*〉 **K** Schaffell, Schafherde, Schafwolle, Schaf(s)käse **2** **das schwarze Schaf** eine Person, eine Firma oder Institution, die sich von den anderen Mitgliedern einer Gemeinschaft negativ unterscheiden 〈*das schwarze Schaf (in) der Familie, in der Branche sein*〉

der **Schä·fer** (*-s, -*) eine Person, die beruflich Schafe hütet und züchtet • *hierzu* **Schä·fe·rin** *die*

der **Schä·fer·hund** ein großer Hund, der wie ein Wolf aussieht und oft als Wachhund oder bei der Polizei eingesetzt wird

**schaf·fen¹★** (*schaffte, hat geschafft*) **1** **etwas schaffen** eine schwierige Aufgabe mit Erfolg meistern 〈*die Arbeit, die Prüfung, das Pensum schaffen; etwas allein, ohne fremde Hilfe (nicht) schaffen; etwas spielend leicht schaffen*〉 *„Meinst du, er schafft es, einen neuen Job zu finden?"* **2** **etwas schaffen** *gesprochen* gerade noch rechtzeitig vor Abfahrt zum Zug, Bus o. Ä. kommen *„Wenn wir laufen, schaffen wir die U-Bahn vielleicht noch"* **3** **jemanden/etwas irgendwohin schaffen** *gesprochen* jemanden/etwas irgendwohin bringen *„die Verletzten ins Krankenhaus schaffen"* **4** **etwas schafft jemanden** *gesprochen* etwas macht jemanden sehr müde oder nervös *„Diese Wanderung hat mich völlig geschafft"* | *„Ich bin total geschafft"* **5** **etwas schaffen** verwendet

S

zusammen mit einem Substantiv, um ein Verb zu umschreiben *„etwas schafft (jemandem) Erleichterung"* etwas erleichtert (jemandem) etwas | *„Ordnung schaffen"* etwas ordnen **ID** **eine Person/Sache macht jemandem zu schaffen** eine Person oder Sache macht jemandem viel Arbeit, Sorgen oder Schwierigkeiten

**schaf·fen**[2]★ (*schuf, hat geschaffen*) **1** **etwas schaffen** etwas durch (kreative) Arbeit entstehen lassen ⟨*ein literarisches Werk schaffen*⟩ *„Für die Entwicklung dieses Gerätes mussten mehrere neue Arbeitsplätze geschaffen werden"* **2** **Gott schuf jemanden/etwas** *geschrieben* Gott erschuf jemanden/etwas *„Gott schuf die Menschen und die Tiere"* **3** **sich** (*Dativ*) **Freunde/Feinde schaffen** etwas tun, damit andere Personen zu Freunden/Feinden werden

der **Schaff·ner** (-s, -); *gesprochen* eine Person, die beruflich in Zügen, Bussen o. Ä. die Fahrkarten (verkauft und) kontrolliert **K** Eisenbahnschaffner • *hierzu* **Schaff·ne·rin** *die*

die **-schaft** (-, *-en*); *im Substantiv, unbetont, sehr produktiv* **1** **Bereitschaft, Feindschaft, Gefangenschaft, Mitgliedschaft, Mutterschaft, Präsidentschaft, Schwangerschaft, Vaterschaft** *und andere nach Adjektiv oder Substantiv, meist Singular* verwendet, um einen Zustand oder eine Funktion auszudrücken **2** **Arbeiterschaft, Kundschaft, Nachkommenschaft, Schülerschaft, Verwandtschaft, Wählerschaft** *und andere nach Substantiv* verwendet, um alle Personen in einer Gruppe zu bezeichnen **3** **Erbschaft, Errungenschaft, Hinterlassenschaft** *und andere* verwendet, um das Ergebnis von manchen Handlungen zu bezeichnen

**schä·kern** (*schäkerte, hat geschäkert*) **(mit jemandem) schäkern** *gesprochen, humorvoll* ≈ flirten

**schal**★ *ADJEKTIV* (*schaler, schalst-*) ⟨*Getränke*⟩ ohne oder mit wenig Geschmack (weil sie zu lange offen gestanden haben)

der **Schal**★ (*-s, -s/-e*) ein langes (schmales) Stück aus Stoff oder Wolle, das man um den Hals legt ⟨(*einen*) *Schal tragen, umlegen*⟩ **K** Seidenschal, Wollschal

die **Scha·le**★ (-, *-n*) **1** die äußere, feste Schicht von Obst, Kartoffeln, Zwiebeln usw. ⟨*eine dicke, dünne Schale*⟩ **K** Bananenschale, Kartoffelschale, Zwiebelschale **2** die harte Schicht, in der eine Nuss steckt ⟨*die Schale aufknacken, aufbrechen*⟩ **3** Krebse, Muscheln usw. haben eine harte Schale, die ihren weichen Körper schützt **K** Schalentier; Muschelschale **4** eine relativ flache Schüssel *„eine Schale aus Ton"* | *„eine Schale mit Obst"* **K** Glasschale; Obstschale **ID** **sich in Schale werfen/schmeißen** *gesprochen* sich schön und elegant anziehen

**schä·len** (*schälte, hat geschält*) **1** **etwas schälen** die äußere Schicht (Schale) von etwas entfernen ⟨*Kartoffeln, Äpfel schälen*⟩ **2** **die Haut schält sich** die Haut löst sich (z. B. nach einem Sonnenbrand) in kleinen Teilen ab

der **Schall**★ (*-(e)s*) **1** Schwingungen und Wellen, man hören kann *„Schall breitet sich langsamer aus als Licht"* **K** Schallgeschwindigkeit, Schallwelle **2** ein lautes, hallendes Geräusch

die **Schall·däm·mung** *meist Singular* Maßnahmen, die verhindern, dass sich Lärm ausbreitet • *hierzu* **schall·däm·mend** *ADJEKTIV*

der **Schall·dämp·fer** (-s, -) ein Gerät, das verhindert, dass eine Maschine o. Ä. großen Lärm macht *„ein Motorrad/Gewehr mit Schalldämpfer"*

**schall·dicht** *ADJEKTIV* so (isoliert), dass kein Schall herein- oder hinausdringen kann

**schal·lend** *ADJEKTIV* so, dass es laut klingt ⟨*Gelächter*⟩

die **Schall·mau·er** **ein Flugzeug durchbricht die Schallmauer** ein Flugzeug verursacht einen lauten Knall, wenn es die Geschwindigkeit des Schalls erreicht

**schalt** *Präteritum, 1. und 3. Person Singular* → schelten

**schal·ten**★ (*schaltete, hat geschaltet*) **1** **(etwas) irgendwie schalten** ein Gerät (mit einem Schalter) anders einstellen ≈ stellen *„den Herd höher schalten"* | *„aufs zweite Programm schalten"* **K** Schalttafel, Schaltzentrale **2** (z. B. beim Autofahren) einen anderen Gang wählen *„auf ebener Strecke in den fünften Gang schalten"* **3** **irgendwohin schalten** während einer Sendung im Fernsehen oder Radio vom Studio zu einem anderen Ort wechseln *„Wir schalten zu den Kollegen im Sportstadion!"* **4** **die Ampel/ein Signal schaltet auf Gelb, Grün, Rot** die Ampel/das Signal wechselt zum gelben, grünen, roten Licht *„Obwohl die Ampel schon auf Rot schaltete, fuhr er über die Kreuzung"*

der **Schal·ter**★ (-s, -) **1** mit einem Schalter macht man das elektrische Licht und Geräte an und

S

aus ⟨*den Schalter betätigen*⟩ **K** Lichtschalter, Stromschalter **2** am Schalter werden die Kunden in Banken, Bahnhöfen usw. bedient ⟨*der Schalter ist geschlossen, offen, (nicht) besetzt*⟩ *„Fahrkarten am Schalter lösen"* **K** Schalterhalle; Bankschalter, Fahrkartenschalter

der **Schạlt·he·bel** **1** die kurze Stange, mit der man z. B. in einem Auto die Gänge einlegt **2** ein Schalter in der Form eines Hebels

das **Schạlt·jahr** ein Jahr, das 366 Tage hat *„Alle vier Jahre ist ein Schaltjahr"*

die **Schạl·tung** (-, *-en*) **1** mit einer Schaltung kann man bei einem Fahrrad, einem Auto o. Ä. die verschiedenen Gänge wählen **K** Gangschaltung, Lenkradschaltung **2** die Teile, die in einem elektrischen Gerät (als Einheit) den Strom fließen lassen und ihn wieder stoppen

die **Scham** (-) **1** das unangenehme Gefühl, das man hat, wenn man gegen die Moral oder die Sitten verstoßen hat ⟨*tiefe Scham empfinden*⟩ **2** *geschrieben* der Teil des Körpers mit den Geschlechtsorganen **K** Schamhaare

**schä·men**★ (*schämte sich, hat sich geschämt*) **1** **sich (wegen etwas) schämen**; **sich (für etwas) schämen** ein sehr unangenehmes Gefühl haben, weil man etwas getan hat, das gegen die Moral oder gegen die Sitten verstößt *„Er schämt sich wegen seiner Lügen/für seine Lügen"* **2** **sich schämen** ein unangenehmes Gefühl haben, wenn man nackt ist oder wenn man über sexuelle Dinge spricht *„Sie duscht nie mit den anderen zusammen, weil sie sich schämt"* **3** **sich jemandes/etwas schämen** *geschrieben* eine Person oder Situation als sehr peinlich und nicht akzeptabel empfinden ⟨*sich seiner Vergangenheit schämen*⟩

**scham·los** *ADJEKTIV* **1** unanständig und ohne Scham ⟨*eine Person, Blicke, Ausdrücke, Reden*⟩ **2** ⟨*eine Frechheit, eine Übertreibung; jemanden schamlos anlügen, ausbeuten, ausnutzen*⟩ ≈ unverschämt *„Manager, die sich schamlos bereichern"* • zu (2) **Scham·lo·sig·keit** *die*

die **Schạn·de** (-) etwas, das einen großen Verlust des Ansehens oder der Ehre (meist wegen unmoralischen Verhaltens o. Ä.) bringt ⟨*etwas als Schande bezeichnen, empfinden; jemand/etwas bringt jemandem Schande; jemand/etwas bringt Schande über jemanden; jemand macht jemandem/etwas Schande; jemandem eine Schande ersparen wollen*⟩ *„Es ist keine Schande, gegen so einen starken Gegner zu verlieren"* | *„Zu meiner Schande muss ich gestehen, dass ich deinen Geburtstag völlig vergessen habe"* **K** Schandtat; Familienschande

**schạ̈n·den** (*schändete, hat geschändet*) **etwas schänden** etwas, das (meist aus religiösen Gründen) sehr respektiert wird, schmutzig machen oder beschädigen ⟨*einen Friedhof, ein Grab, eine Kirche schänden*⟩ • *hierzu* **Schạ̈n·dung** *die*

der **Schạnd·fleck** etwas, was dem Aussehen von Dingen sehr schadet *„Das hässliche Hochhaus ist ein Schandfleck in der Altstadt"*

**schạ̈nd·lich** *ADJEKTIV* **1** schlecht und böse ⟨*eine Lüge, eine Tat; jemanden schändlich behandeln*⟩ **2** so, dass man sich darüber ärgert *„das schändliche Ausmaß der Umweltverschmutzung"*

die **Schạnd·tat** eine böse Tat ⟨*eine Schandtat begehen; jemandem eine Schandtat zutrauen*⟩

die **Schänke** → Schenke

die **Schạn·ze** (-, *-n*) **1** Kurzwort für *Sprungschanze* **2** *historisch* ein Wall aus Erde, mit dem man eine militärische Anlage schützt

die **Schar** (-, *-en*) **1** **eine Schar Personen/Tiere**; **eine Schar von Personen/Tieren** eine Gruppe von Menschen oder Tieren *„eine Schar Neugieriger"* | *„Eine Schar kleiner Kinder spielte im Hof"* **K** Vogelschar **2** **Scharen von Personen/Tieren** verwendet, um eine große Zahl von Menschen oder Tieren zu bezeichnen *„Scharen von Gläubigen kommen zu Ostern nach Rom"*

**scha·ren** (*scharte, hat geschart*) **1** **Personen um sich scharen** mehrere oder viele Menschen um sich versammeln *„Sie scharte die Kinder um sich"* **2** **Personen scharen sich um jemanden/etwas** eine Gruppe von Menschen versammelt sich um jemanden/etwas *„Die Kinder scharten sich/Die Truppe scharte sich ums Feuer"*

**schạrf**★ *ADJEKTIV* (*schärfer, schärfst-*) MESSER USW.: **1** wenn Dinge scharf sind, kann man damit gut schneiden oder stechen (und sich auch verletzen) ⟨*eine Axt, eine Klinge, eine Kralle, ein Messer, ein Zahn*⟩ ↔ stumpf *„Er hat sich an einer scharfen Kante geschnitten"* INTENSIV: **2** wenn Speisen scharf sind, wird es im Mund heiß und man möchte etwas trinken *„Das Gulasch ist sehr scharf"* **3** scharfe Flüssigkeiten greifen die Haut und die Oberfläche mancher Dinge an ⟨*eine Lauge, eine Säure, ein Putzmittel*⟩ ≈ ätzend **4** wenn etwas unangenehm intensiv ist, kann man es auch *scharf*

S

nennen ⟨*Frost, ein Geruch, Licht, ein Pfiff, ein Wind*⟩ **5** eng und stark gebogen ⟨*eine Wendung, eine Kurve*⟩ **6** **ein scharfes S** das Zeichen *ß* WAHRNEHMUNG: **7** scharfe Augen, Ohren und Nasen sehen, hören und riechen sehr gut **8** sehr genau, so dass man jeden Fehler, jedes Problem o. Ä. sofort erkennt ⟨*scharf aufpassen, hinsehen, nachdenken*⟩ ≈ genau OPTISCH: **9** wenn ein Bild scharf ist, kann man es gut erkennen ↔ verschwommen *„Mit diesem Fotoapparat kann ich gestochen scharfe Bilder machen"* sehr scharfe Bilder AUSFÜHRUNG: **10** sehr streng und ohne Gnade ⟨*eine Kritik, ein Tadel, ein Urteil; jemanden scharf angreifen, bewachen, kritisieren*⟩ ↔ mild **11** mit viel Kraft oder Schwung und hoher Geschwindigkeit ⟨*scharf anfahren, bremsen; ein Ritt, ein Tempo*⟩ **12** *meist adverbiell* sehr nahe, sehr dicht ⟨*scharf rechts fahren; scharf an jemandem/etwas vorbeifahren*⟩ GEFÄHRLICH: **13** wenn ein Hund scharf ist, hat er gelernt, auf Befehl sofort anzugreifen **14** wenn Munition, Schüsse oder Waffen scharf sind, dienen sie nicht zum Üben, sondern zum Kampf und zum Töten *„Vorsicht, hier wird scharf geschossen!"* SEXUELL: **15** *gesprochen* sexuell erregt ⟨*jemanden scharf machen*⟩ VERLANGEN: **16** **auf etwas** (*Akkusativ*) **scharf sein** *gesprochen* etwas unbedingt haben oder tun wollen *„Er ist ganz scharf auf Erdnüsse"* **17** **auf jemanden scharf sein** *gesprochen* ein starkes (meist sexuelles) Verlangen nach einer Person haben *„Ich glaube, er ist scharf auf dich"* • *zu* (1,2,7,9) **Schär·fe** *die*

der **Schạrf·blick** *nur Singular* die Fähigkeit, Zusammenhänge, jemandes Absichten o. Ä. zu erkennen oder zu durchschauen ⟨*(seinen) Scharfblick beweisen*⟩

**schär·fen** (*schärfte, hat geschärft*) **1** **etwas schärfen** etwas scharf machen ⟨*eine Axt, ein Messer schärfen*⟩ ≈ schleifen *„Die Katze schärfte ihre Krallen am Baum"* **2** **etwas schärft etwas** etwas macht etwas genauer oder leistungsfähiger ⟨*etwas schärft jemandes Bewusstsein, Verstand*⟩

der **Schạrf·schüt·ze** eine Person, die (beim Schießen) ein Ziel auch aus großer Entfernung trifft ⟨*Scharfschützen postieren*⟩ • *hierzu* **Schạrf·schüt·zin** *die*

der **Schạrf·sinn** (*-(e)s*) die Fähigkeit, alles Wichtige sofort mit dem Verstand zu erkennen ⟨*Scharfsinn beweisen; etwas mit Scharfsinn beurteilen*⟩ • *hierzu* **schạrf·sin·nig** ADJEKTIV

der/das **Schạr·lach** (*-s*) **1** eine leuchtende, helle rote Farbe **K** scharlachrot **2** *nur: der Scharlach* eine ansteckende Krankheit; bei Scharlach bekommt der Patient eine leuchtend rote Zunge, hohes Fieber und Kopf- und Halsschmerzen

der **Schạr·la·tan** (*-s, -e*); *abwertend* eine Person, die behauptet, Fähigkeiten zu haben, die sie in Wirklichkeit nicht hat ≈ Schwindler *„Dieser angebliche Wahrsager ist doch in Wirklichkeit ein Scharlatan!"*

das **Schar·nier** (*-s, -e*) das bewegliche Verbindungsteil zwischen Fenster/Tür und Rahmen oder zwischen Gefäß und Deckel ⟨*die Scharniere quietschen; die Scharniere ölen*⟩

**schạr·ren** (*scharrte, hat gescharrt*) **1** **ein Tier scharrt (irgendwo)** ein Tier bewegt die Hufe, die Krallen o. Ä. so auf dem Boden hin und her, dass dabei kleine Löcher entstehen *„Die Hühner scharren im Mist/im Stroh"* **2** **ein Tier scharrt etwas** ein Tier macht etwas durch Scharren ⟨*eine Höhle, ein Loch in den Boden scharren*⟩

der/das **Schạsch·lik** (*-s, -s*) kleine Stücke Fleisch, die zusammen mit Zwiebeln, Paprika, Speck usw. auf einem Spieß gebraten oder gegrillt werden

der **Schạt·ten**★ (*-s, -*) **1** *nur Singular* ein Bereich, den das Licht (der Sonne) nicht erreicht und der deswegen dunkel (und kühl) ist ⟨*im Schatten liegen, sitzen*⟩ *„Mir ist es zu heiß in der prallen Sonne, ich setze mich jetzt in den Schatten"* **2** die dunklere Fläche, die hinter einer Person/Sache entsteht, wenn diese vom Licht beschienen wird *„Gegen Mittag werden die Schatten kürzer und gegen Abend wieder länger"* **ID** **eine Person/etwas stellt eine andere Person/etwas anderes in den Schatten** jemand macht oder kann etwas viel besser als eine andere Person, etwas ist viel besser als etwas anderes; **über seinen Schatten springen** endlich den Mut haben, etwas zu tun, das man nicht gern tut oder das sehr schwierig ist; **jemand hat einen Schatten** *gesprochen* jemand ist nicht ganz normal, ist verrückt

die **Schạt·ten·sei·te** **1** die Seite (der Straße o. Ä.), die im Schatten liegt **2** *meist Plural* ≈ Nachteile *„Dieser Plan hat natürlich auch seine Schattenseiten"*

die **Schat·tie·rung** (*-, -en*) ≈ Nuance, Abstufung *„Rot in allen Schattierungen"*

**schạt·tig** ADJEKTIV ⟨*ein Ort, ein Plätzchen*⟩

so, dass sie im Schatten liegen oder viel Schatten bieten ↔ sonnig *„schattig und kühl"*

der **Schạtz★** (*-es, Schät·ze*) **1** eine große Menge an wertvollen Münzen, Schmuck o. Ä. ⟨*einen Schatz anhäufen, hüten, suchen, finden*⟩ *„Die Piraten vergruben ihren Schatz auf einer einsamen Insel"* **K** Schatzinsel, Schatzkiste, Schatzsucher; Goldschatz, Piratenschatz **2** **ein Schatz (an etwas** (*Dativ*)**)** eine große Menge an wertvollen Dingen *„Das Museum besitzt einen großen Schatz an alten Gemälden"* **K** Bücherschatz, Kunstschatz **3** etwas (Abstraktes), das sehr wichtig oder wertvoll ist *„Gesundheit ist ein kostbarer Schatz"* **4** *gesprochen* verwendet als liebevolle Anrede für den Ehepartner, die eigenen Kinder o. Ä. **5** *gesprochen* eine Person, die sehr nett und hilfsbereit ist *„Du hast viel für mich getan. Du bist ein* (*wahrer*) *Schatz!"*

**schạ̈t·zen★** (*schätzte, hat geschätzt*) MASSE, WERT, KOSTEN USW.: **1** **jemanden/etwas (auf etwas** (*Akkusativ*)**) schätzen** etwas Messbares (z. B. das Alter eines Menschen, die Länge oder das Gewicht von Sachen) nach eigener Meinung aufgrund äußerer Tatsachen ungefähr bestimmen ⟨*jemandes Alter, die Dauer, das Gewicht, die Höhe, die Länge, den Preis einer Sache schätzen*⟩ *„Er schätzte sie auf Mitte zwanzig"* **2** **etwas (auf etwas** (*Akkusativ*)**) schätzen** (als Experte) feststellen, wie viel Geld etwas wert ist oder wie viel etwas kosten darf ⟨*ein Grundstück, ein Haus, einen Unfallschaden schätzen*⟩ **K** Schätzpreis, Schätzwert VERMUTUNG: **3** **schätzen (, dass ...)** *gesprochen* denken, dass etwas wahrscheinlich ist ≈ vermuten *„Ich schätze, dass er morgen kommt"* | *„Meinst du, es regnet morgen?" – „Ich schätze, ja/Ich schätze schon."* ⓘ meist in der ersten Person verwendet ANERKENNUNG: **4** **jemanden/etwas schätzen** eine Person oder Sache sehr mögen *„Er schätzt gutes Essen"* **5** **etwas zu schätzen wissen** den Wert von etwas Gutem erkennen *„Ich weiß ihre Hilfe sehr zu schätzen"* • *zu* (1,2) **Schạ̈t·zung** *die*

**schạ̈t·zungs·wei·se** *ADVERB* verwendet, um die Einschätzung des Sprechers (in Bezug auf etwas Messbares) anzugeben ≈ etwa, ungefähr *„Wir werden in schätzungsweise drei Stunden da sein"*

die **Schau** (*-, -en*) **1** eine Veranstaltung, auf der Tiere, Pflanzen oder Waren gezeigt werden ⟨*etwas auf einer Schau ausstellen, vorführen, zeigen*⟩ ≈ Ausstellung, Messe **K** Gartenschau, Modenschau **2** *meist Singular* eine Veranstaltung, z. B. im Fernsehen oder Theater, bei der Künstler auftreten ≈ Show **3** *gesprochen, abwertend* Handlungen, mit denen man versucht, die Aufmerksamkeit der Leute auf sich zu ziehen ⟨*etwas ist nur Schau*⟩ ≈ Show *„Ihre Hochzeit war eine einzige große Schau!"* **4** **etwas zur Schau stellen** etwas auf einer Ausstellung oder Schau zeigen

der **Schau·der** (*-s, -*) ein starkes Gefühl der Angst oder des Ekels

**schau·der·haft** *ADJEKTIV; abwertend* sehr unangenehm ⟨*ein Anblick, ein Geschmack, ein Wetter*⟩ ≈ widerlich, grässlich

**schau·dern** (*schauderte, hat geschaudert*) **1** (vor Angst, Kälte o. Ä.) zittern *„Allein der Gedanke ließ/machte sie schaudern"* **2** **jemanden/jemandem schaudert (es)** jemand zittert vor Angst oder Ekel

**schau·en★** (*schaute, hat geschaut*) **1** **irgendwie schauen** den genannten Gesichtsausdruck haben ⟨*finster, freundlich, müde, spöttisch schauen*⟩ *„Schau doch nicht so (böse), da kriegt man ja Angst!"* **2** **irgendwohin schauen** *besonders süddeutsch* Ⓐ irgendwohin sehen *„aus dem Fenster schauen"* **3** **irgendwohin schauen** nachsehen, ob etwas irgendwo ist *„Ich kann meine Brille nicht finden" – „Schau doch mal auf den Nachttisch/in die Schublade!"* **4** **(nach etwas) schauen** prüfen, ob etwas in dem gewünschten Zustand ist ≈ nachsehen *„Schaust du mal nach den Blumen, ob die Wasser brauchen?"* | *„Schau mal, ob der Kuchen schon fertig ist!"*

der **Schau·er★** (*-s, -*) **1** ein kurzer (und meist starker) Regen ⟨*örtliche, gewittrige, vereinzelte Schauer*⟩ *„am Nachmittag vereinzelt Schauer, ansonsten sonnig und trocken"* **K** Hagelschauer, Regenschauer **2** ein starkes Gefühl der Angst, bei dem man zittert

die **Schau·fel★** (*-, -n*) **1** ein Gerät, das aus einem langen Stiel und einem breiten, dünnen Stück Metall, Plastik o. Ä. besteht und dazu dient, Erde, Sand o. Ä. hochzuheben und zu bewegen *„Er nahm die Schaufel und füllte den Sand in die Schubkarre"* **K** Schneeschaufel **2** **eine Schaufel** *+Substantiv* die Menge der genannten Sache, die auf eine Schaufel passt *„eine Schaufel Sand aufs Feuer werfen, um es zu löschen"* **3** ein Teil eines Gerätes, der wie eine Schaufel aussieht **K** Schaufelrad

**schau·feln** (*schaufelte, hat geschaufelt*)

S

**1** **(etwas irgendwohin) schaufeln** etwas mit einer Schaufel, in den hohlen Händen o. Ä. irgendwohin bewegen *„Er schaufelte die Erde in einen Eimer"* **2** **etwas schaufeln** etwas durch Schaufeln herstellen ⟨*ein Grab, eine Höhle, ein Loch schaufeln*⟩

das **Schau·fens·ter★** das große Fenster, in dem ein Geschäft die Waren zeigt ⟨*etwas im Schaufenster ausstellen; etwas liegt, steht im Schaufenster*⟩ *„Ich habe ein tolles Kleid im Schaufenster gesehen"* **K** Schaufensterdekoration, Schaufensterpuppe

die **Schau·kel** (-, -*n*) ein Sitz (vor allem für Kinder), der an Seilen oder Ketten hängt und mit dem man hin- und herschwingen kann **K** Gartenschaukel, Kinderschaukel

**schau·keln** (*schaukelte, hat geschaukelt*) **1** **jemanden/etwas schaukeln** jemanden/etwas hin- und herschwingen ⟨*ein Kind auf den Armen, in der Wiege schaukeln*⟩ **2** **etwas schaukeln** *gesprochen* etwas, das problematisch ist, lösen oder in Ordnung bringen **3** sich mit einer Schaukel o. Ä. hin- und herbewegen, auf etwas nach oben und nach unten schwingen **4** **etwas schaukelt** etwas schwankt, etwas bewegt sich auf und ab ⟨*ein Boot, ein Schiff*⟩ *„Lampions schaukeln im Wind"*

das **Schau·kel·pferd** ein kleines Pferd aus Holz, auf dem Kinder schaukeln können

der **Schau·kel·stuhl** ein Stuhl, der unten gebogene Teile hat und mit dem man schaukeln kann

der/die **Schau·lus·ti·ge** (-*n*, -*n*); *meist abwertend* eine Person, welche bei einem Unfall, Brand o. Ä. zusehen will *„Die Schaulustigen behindern die Arbeit der Polizei am Unfallort"* **i** *ein Schaulustiger; der Schaulustige; den, dem, des Schaulustigen* • *hierzu* **Schau·lust** *die*

S

der **Schaum★** (-(*e*)*s*, *Schäu·me*); *meist Singular* eine weiche und leichte Masse aus vielen kleinen Luftblasen, die sich manchmal an der Oberfläche einer Flüssigkeit bildet ⟨*der Schaum des Bieres, der Wellen; Eiweiß zu Schaum schlagen*⟩ **K** Schaumbad; Seifenschaum, Rasierschaum **ID** **Schaum schlagen** *abwertend* die eigenen Fähigkeiten, Leistungen oder den eigenen Besitz stark übertrieben darstellen, um wichtig zu erscheinen ≈ angeben

**schäu·men** (*schäumte, hat geschäumt*) **1** **etwas schäumt** etwas entwickelt Schaum ⟨*das Bier, die Seife, der Sekt, das Wasser*⟩ **2** **vor Wut schäumen** ganz wütend sein

der **Schaum·gum·mi** Gummi, der sehr weich ist (weil er viele Luftblasen enthält) und der für Polster o. Ä. verwendet wird **K** Schaumgummikissen, Schaumgummimatratze

der **Schaum·stoff** ein Kunststoff, der leicht und porös ist, weil er viele Luftblasen enthält

der **Schau·platz** der Ort, an dem etwas geschieht oder geschah *„der Schauplatz eines Verbrechens"*

**schau·rig** ADJEKTIV; *geschrieben* sehr unangenehm, weil man Angst hat oder sich ekelt ⟨*ein Wetter, ein Anblick*⟩

das **Schau·spiel** **1** ein Stück meist aus mehreren Akten, das man auf der Bühne spielt ≈ Theaterstück **K** Schauspielschule **2** ein beeindruckender Anblick, den ein Ereignis bietet ⟨*ein erhabenes, eindrucksvolles, fesselndes Schauspiel*⟩ **K** Naturschauspiel

der **Schau·spie·ler★** eine Person, die (beruflich) in einem Film, Theaterstück o. Ä. Personen darstellt **K** Filmschauspieler, Volksschauspieler • *hierzu* **Schau·spie·le·rin** *die*; **schau·spie·le·risch** ADJEKTIV

die **Schau·ta·fel** eine Tafel, auf der etwas (als Information o. Ä.) dargestellt ist *„eine Schautafel mit den chemischen Elementen"*

der **Scheck** (-*s*, -*s*) **1** *historisch* ein Formular einer Bank, das man früher anstelle von Bargeld verwenden konnte. Man schrieb die Summe darauf, die dann vom Konto abgebucht wurde. Der Empfänger konnte sich das Geld auf dem eigenen Konto gutschreiben lassen *„Er gab mir einen Scheck über dreihundert Euro"* **2** ≈ Gutschein **K** Bilderscheck, Urlaubsscheck

die **Scheck·kar·te** *historisch* eine Karte für den Inhaber eines Bankkontos, die garantierte, dass die Bank die Schecks bis zu einer festgelegten Summe bezahlt

**schef·feln** (*scheffelte, hat gescheffelt*) **etwas scheffeln** *gesprochen, oft abwertend* viel Geld verdienen ⟨*Geld, Millionen, ein Vermögen scheffeln*⟩

die **Schei·be★** (-, -*n*) **1** ein flacher, runder Gegenstand *„Früher dachte man, die Erde sei eine Scheibe"* **K** Töpferscheibe, Zielscheibe **2** ein flaches Stück Glas als Teil eines Fensters o. Ä. ⟨*eine blanke, zerbrochene, zerkratzte Scheibe*⟩ **K** Fensterscheibe, Glasscheibe, Windschutzscheibe **3** ein meist dünnes, flaches (und rundes) Stück, das von einem Lebensmittel abgeschnitten ist ⟨*Brot, Eier, Wurst, Zitronen in Scheiben schneiden*⟩ *„Er schnitt sich eine dicke*

*Scheibe Käse ab"* **K** Brotscheibe, Wurstscheibe, Zitronenscheibe

der **Schei·ben·wi·scher** (-s, -) ein Stab aus Metall und Gummi, der sich bei Regen über die Windschutzscheibe eines Autos hin- und herbewegt und das Regenwasser zur Seite schiebt ❶ → Abbildung, S. 391: **Das Auto**

die **Schei·de** (-, *-n*) **1** ≈ Vagina **2** eine schmale Hülle für ein Messer oder Schwert

**schei·den**★ (*schied, hat/ist geschieden*) **1 sie werden/ihre Ehe wird geschieden** ihre Ehe wird durch ein Gerichtsurteil beendet *„Sie lassen sich scheiden/Sie lässt sich von ihm scheiden"* **2 jemand ist geschieden** jemandes Ehe ist durch ein Gerichtsurteil beendet *„Sind Sie ledig, verheiratet, verwitwet oder geschieden?"* **3 aus etwas scheiden** *geschrieben* eine Funktion, eine Tätigkeit endgültig aufgeben ⟨*aus dem Amt, dem Berufsleben scheiden*⟩

die **Schei·dung**★ (-, *-en*) die Auflösung einer Ehe durch ein Gericht ⟨*die Scheidung beantragen, aussprechen*⟩ **K** Ehescheidung

der **Schein**★ (*-(e)s, -e*) AUS PAPIER: **1** ein Dokument, das etwas offiziell bestätigt, z. B. dass man etwas tun darf *„Ohne die entsprechenden Scheine darf ich Ihnen die Dinge nicht aushändigen"* **K** Angelschein, Garantieschein, Lieferschein, Lottoschein **2 ein (kleiner/großer) Schein** ein Geldschein (mit niedrigem/hohem Wert) ≈ Banknote *„Die Entführer forderten eine halbe Million Euro in kleinen Scheinen"* **K** Zehneuroschein, Zwanzigeuroschein LICHT, GLANZ: **3** *nur Singular* das Licht, das sich auf einer Fläche verbreitet *„Er saß im Schein der Lampe und las"* **K** Feuerschein, Kerzenschein, Mondschein, Sonnenschein NUR ÄUßERLICH, NICHT WIRKLICH: **4** etwas, das nicht so ist, wie es aussieht *„Ihre Freundlichkeit war nur Schein, in Wirklichkeit wollten sie uns nur ausnutzen"* **5** der äußere Eindruck ⟨*der Schein spricht für/gegen jemanden/etwas; den (äußeren) Schein wahren, aufrechterhalten*⟩ **6 zum Schein** um jemanden zu täuschen *„Sie ist zum Schein weggegangen und hat ihn dann heimlich beobachtet"* **7 der Schein trügt** die Realität ist anders als der äußere Eindruck

**schein·bar**★ ADJEKTIV nur dem äußeren Eindruck nach, aber nicht in Wirklichkeit ⟨*ein Gegensatz, ein Widerspruch*⟩ *„Er nahm die Botschaft scheinbar gelassen hin, aber innerlich war er sehr erregt"* ❶ *Er hat nur scheinbar seine Meinung geändert* bedeutet, dass er nur so tat, als hätte er die eigene Meinung geändert (aber dies in Wirklichkeit nicht getan hat); *Er hat anscheinend seine Meinung geändert* bedeutet, dass es so aussieht, als ob er die eigene Meinung geändert habe. In der gesprochenen Sprache werden aber *scheinbar* und *anscheinend* oft synonym gebraucht.

**schei·nen**★ (*schien, hat geschienen*) LICHT: **1 etwas scheint** etwas verbreitet Licht und ist am Himmel zu sehen ⟨*der Mond, die Sonne*⟩ **2 etwas scheint irgendwohin** etwas sendet Lichtstrahlen in eine Richtung *„Die Sonne schien mir ins Gesicht"* EINDRUCK: **3 etwas scheint (jemandem) irgendwie**; **etwas scheint (jemandem) zu** *+Infinitiv* etwas macht (auf jemanden) den genannten Eindruck *„Seine Erzählung schien (mir) recht unglaubwürdig"* | *„Wie es scheint, bist du ja wieder ganz gesund"* **4 jemand scheint irgendwie (zu** *+Infinitiv*); **jemand scheint etwas zu** *+Infinitiv* eine Person vermittelt den Eindruck, dass sie so ist, wie im Adjektiv oder im Substantiv beschrieben *„Er scheint sehr glücklich (zu sein)"*

**schein·hei·lig** ADJEKTIV; *gesprochen, abwertend* so, dass der Betreffende dabei den Eindruck erweckt, er habe positive Eigenschaften (wie z. B. Unschuld, Freundlichkeit, Ehrlichkeit) ⟨*ein Blick, ein Gesichtsausdruck*⟩

der **Schein·wer·fer** (*-s, -*) eine sehr helle Lampe, die einen Teil der Umgebung beleuchtet *„Die Bühne wird von Scheinwerfern angestrahlt"* **K** Autoscheinwerfer, Suchscheinwerfer ❶ → Abbildung, S. 391: **Das Auto**

der **Scheiß** *ohne Genitiv; nur Singular; gesprochen, abwertend* etwas, worüber man sich ärgert oder das man für völlig unwichtig hält

die **Schei·ße** (-); *gesprochen* ▲ **1** ≈ Kot **2** *abwertend* etwas, worüber man sich ärgert ⟨*etwas ist große Scheiße*⟩ *„(So eine) Scheiße! Ich hab den Zug verpasst!"*

**schei·ßen** (*schiss, hat geschissen*); *gesprochen* ▲ den Darm entleeren ⟨*vor Angst in die Hosen scheißen*⟩

das **Scheit** (*-(e)s, -e/süddeutsch* Ⓐ Ⓒⓗ *-er*) ein Stück Holz, das man im Ofen verbrennt ⟨*ein paar Scheite auflegen, nachlegen*⟩ **K** Scheitholz; Holzscheit

der **Schei·tel** (*-s, -*) **1** die Linie auf dem Kopf, die dadurch entsteht, dass man an dieser Stelle die Haare nach links und nach rechts kämmt ⟨*einen Scheitel ziehen*⟩ **K** Mittelscheitel **2** der

S

(höchste) Punkt eines Bogens, einer Kurve oder eines Winkels ⟨*der Scheitel einer Flugbahn, eines Gewölbes*⟩ • *zu* (1) **schei·teln** (*hat*)

**schei·tern★** (*scheiterte, ist gescheitert*) **1** **(mit etwas) (an jemandem/etwas) scheitern** (aus einem bestimmten Grund) ein Ziel nicht erreichen ⟨*mit einem Plan, einem Projekt, einem Vorhaben scheitern*⟩ *„Sie wollten ein neues Kraftwerk bauen, sind aber mit ihren Plänen am Widerstand der Bevölkerung gescheitert"* **2** **etwas scheitert (an jemandem/etwas)** etwas misslingt, etwas wird kein Erfolg *„Ihr Plan, ein eigenes Geschäft zu kaufen, ist an der Finanzierung gescheitert"*

**schel·ten** (*schilt, schalt, hat gescholten*); *geschrieben* **(jemanden) schelten** jemandem deutlich sagen, dass man sich über ihn ärgert ↔ loben

das **Sche·ma** (*-s, -ta/-s/Sche·men*) **1** eine Zeichnung mit den wichtigsten Merkmale einer Sache *„das Schema einer elektrischen Schaltung"* **2** *oft abwertend* eine Vorstellung, die man davon hat, wie etwas geschehen soll und nach der man immer wieder handelt ⟨*nach einem bestimmten Schema arbeiten, vorgehen*⟩

die **Sche·men** *Plural* **1** undeutlich erkennbare Umrisse von Personen oder Dingen *„Im Nebel waren die Bäume nur als Schemen zu erkennen"* **2** → Schema • *zu* (1) **sche·men·haft** *ADJEKTIV*

die **Schen·ke** (*-, -n*) ein meist kleines, einfaches Lokal, in dem man Getränke bekommt **K** Waldschenke

der **Schen·kel** (*-s, -*) **1** der Teil des Beines zwischen Hüfte und Knie ≈ Oberschenkel **2** das gebratene oder gekochte Bein eines Tieres **K** Entenschenkel, Hühnerschenkel

**S**

**schen·ken★** (*schenkte, hat geschenkt*) **1** **(jemandem) etwas schenken** einer Person etwas geben, das sie behalten kann (als Zeichen der Anerkennung, Freundschaft oder Liebe) ⟨*jemandem etwas als/zum Andenken, zum Geburtstag, zu Weihnachten schenken*⟩ *„Er schenkte ihr zum Abschied eine Kette"* **2** **etwas schenkt jemandem etwas** etwas bewirkt, dass jemand etwas sehr Positives bekommt ⟨*jemandem neue Kraft, neuen Lebensmut schenken*⟩ **3** **jemandem/etwas etwas schenken** *geschrieben* verwendet zusammen mit einem Substantiv, um ein Verb zu umschreiben *„jemandem/etwas keine Aufmerksamkeit schenken"* jemanden/etwas nicht beachten | *„jemandem die Freiheit schenken"* jemanden oder ein Tier freilassen | *„jemandem sein Vertrauen schenken"* jemandem vertrauen **ID** **etwas ist (halb/fast) geschenkt** *gesprochen* etwas ist sehr billig

die **Schen·kung** (*-, -en*) Geld oder etwas Wertvolles, was jemand einer anderen Person gibt und das sie behalten darf ⟨*eine Schenkung machen*⟩ **K** Schenkungssteuer

**schep·pern** (*schepperte, hat gescheppert*); *gesprochen* **1** **etwas scheppert** etwas macht das Geräusch, das entsteht, wenn Dinge aus Metall zu Boden fallen ⟨*Büchsen, Eimer, Milchkannen*⟩ **2** **es scheppert** es gibt einen Unfall, Autos stoßen zusammen

die **Scher·be** (*-, -n*) ein Stück eines gebrochenen Gegenstandes aus Glas oder Porzellan *„Er hat sich an einer Scherbe geschnitten"* **K** Scherbenhaufen; Glasscherbe, Tonscherbe

die **Sche·re★** (*-, -n*) **1** ein Gerät zum Schneiden. Scheren haben zwei Teile, die in der Mitte beweglich verbunden sind, und Löcher für die Finger ⟨*eine scharfe, spitze, stumpfe Schere*⟩ **K** Drahtschere, Nagelschere, Papierschere **2** der Teil des Körpers, mit dem ein Krebs, Skorpion o. Ä. Dinge greifen kann *„die kräftigen Scheren des Hummers"*

**sche·ren¹** (*schor, hat geschoren*) **jemanden/etwas scheren** die Haare (oder das Fell von Tieren) sehr kurz schneiden ⟨*jemandes Kopf, jemandes Haare, einen Pudel, ein Schaf scheren*⟩

**sche·ren²** (*scherte, hat geschert*); *gesprochen* **1** **etwas schert jemanden** etwas ist so, dass es jemand beachtet oder interessiert *„Es scherte sie nicht, dass das Essen kalt war"* ❶ meist verneint oder in einer Frage **2** **sich um jemanden/etwas scheren** jemanden/etwas beachten *„Sie scherte sich nicht um das Verbot"* ❶ meist verneint oder in einer Frage

die **Sche·re·rei** (*-, -en*); *meist Plural* Mühe und Ärger ⟨*Scherereien mit jemandem/etwas haben*⟩ ≈ Unannehmlichkeit

der **Scherz★** (*-es, -e*) etwas, das man sagt oder tut, um andere Menschen zum Lachen zu bringen ⟨*einen Scherz machen*⟩ ≈ Witz **K** Scherzartikel; Aprilscherz

**scher·zen** (*scherzte, hat gescherzt*); *geschrieben* **(über jemanden/etwas) scherzen** einen Scherz, Scherze machen

**scherz·haft** *ADJEKTIV* als Scherz gemeint, nicht (ganz) ernst gemeint ⟨*eine Frage, eine*

*Übertreibung*⟩

**scheu** ADJEKTIV (verwendet in Bezug auf Tiere) bereit zu fliehen, wenn Menschen kommen ⟨*ein Reh, ein Vogel*⟩ *„Der Lärm hier macht die Pferde scheu"*

die **Scheu** (-) **1** **die Scheu (vor jemandem/etwas)** die Eigenschaft, scheu zu sein *„Die Rehe ließen sich ohne Scheu streicheln"* **2** **die Scheu (vor jemandem/etwas)** die Angst vor dem Kontakt mit jemandem/etwas **K** Menschenscheu **3** **die Scheu (vor jemandem/etwas)** die Abneigung gegen etwas **K** Wasserscheu

**scheu·chen** (*scheuchte, hat gescheucht*) **1** **ein Tier (irgendwohin) scheuchen** mit lautem Rufen oder kräftigen Bewegungen einem Tier Angst machen (damit es flieht) *„Wespen vom Kuchen scheuchen"* **2** **jemanden scheuchen** jemandem befehlen, etwas sehr schnell zu tun ≈ hetzen

**scheu·en** (*scheute, hat gescheut*) **1** **etwas scheuen** versuchen, etwas zu vermeiden ⟨*Auseinandersetzungen, Kämpfe scheuen*⟩ *„Sie hat den weiten Weg nicht gescheut, um ihn zu besuchen"* **2** **ein Pferd scheut (vor etwas** (*Dativ*)**)** ein Pferd erschrickt und gehorcht nicht mehr *„Das Pferd scheute vor dem Hindernis"*

**scheu·ern** (*scheuerte, hat gescheuert*) **1** **etwas scheuern** etwas durch kräftiges Reiben (mit Lappen, Wasser und Putzmittel) sauber machen ⟨*das Bad, den Fußboden, einen Kochtopf, eine Pfanne scheuern*⟩ **K** Scheuerlappen, Scheuermittel **2** **etwas scheuert jemanden wund; etwas scheuert jemandem etwas wund** etwas reibt so, dass dadurch etwas beschädigt oder jemand verletzt wird *„Die Schuhe haben mir die Fersen wund gescheuert"* **3** **sich** (*Dativ*) **etwas scheuern** sich an einem Körperteil verletzen, weil dort etwas Raues o. Ä. reibt *„sich die Knie wund scheuern"*

die **Scheu·ne** (-, -*n*) ein Gebäude, in dem ein Bauer Heu und Stroh aufbewahrt **K** Scheunentor

das **Scheu·sal** (-*s*, -*e*); *abwertend* ein gemeiner oder brutaler Mensch

**scheuß·lich** ADJEKTIV **1** sehr hässlich ⟨*scheußlich aussehen*⟩ **2** unangenehm (intensiv) ⟨*ein Geschmack, ein Lärm, ein Wetter; etwas riecht, schmeckt scheußlich*⟩ • *hierzu* **Scheuß·lich·keit** *die*

**Schi** → Ski

die **Schịcht★** (-, -*en*) **1** eine Masse (meist eine Substanz) in einer relativ flachen und breiten Form, die über oder unter etwas anderem liegt ≈ Lage *„Pflanzensamen mit einer dünnen Schicht Erde bedecken"* **K** Eisschicht, Luftschicht, Fettschicht, Schutzschicht **2** der Teil der Bevölkerung, der ungefähr gleich viel verdient und in ähnlichen Verhältnissen lebt ⟨*eine soziale, die besitzende, gebildete Schicht*⟩ **K** Arbeiterschicht, Mittelschicht **3** der Abschnitt des Arbeitstages in einem Betrieb o. Ä., in dem durchgehend gearbeitet wird ⟨*die Schicht wechseln*⟩ *„Die Schicht dauert von zwei bis zehn Uhr"* **K** Schichtarbeit, Schichtdienst; Frühschicht, Nachtschicht

**schịch·ten** (*schichtete, hat geschichtet*) **Dinge schichten** etwas in Schichten aufeinanderlegen *„Holz schichten"*

**schịck★** ADJEKTIV **1** elegant und modern ⟨*ein Anzug, ein Kleid, ein Auto, ein Apartment*⟩ **2** so, dass es der Mode entspricht ≈ in *„Es gilt als schick, Golf zu spielen"* • *zu* (2) **Schịck** *der*

**schi·cken★** (*schickte, hat geschickt*) **1** **(jemandem) etwas schicken; etwas (an jemanden/irgendwohin) schicken** etwas irgendwohin/zu jemandem bringen lassen ⟨*jemandem einen Brief, ein Paket, Blumen schicken; einen Brief, ein Paket, Blumen an jemanden schicken*⟩ *„Ich habe mir die Bücher nach Hause schicken lassen"* **2** **jemanden (irgendwohin/zu einer Person) schicken** jemanden auffordern oder bitten, irgendwohin zu gehen *„die Kinder ins Bett schicken"* | *„Die Firma schickt ihn oft ins Ausland"* **3** **etwas schickt sich** *geschrieben* etwas ist gutes Benehmen *„Es schickt sich nicht, beim Essen die Ellenbogen auf dem Tisch zu haben"* ❶ oft verneint

**schịck·lich** ADJEKTIV; *geschrieben* den guten Sitten entsprechend und in einer Situation angemessen *„Damals galt es für Frauen nicht als schicklich, Hosen zu tragen"* • *hierzu* **Schịck·lich·keit** *die*

das **Schịck·sal★** (-*s*, -*e*) **1** *nur Singular* eine (höhere) Macht, von der manche glauben, sie könne das Leben eines Menschen bestimmen *„Das Schicksal war sehr grausam zu ihr/hat sie hart getroffen"* **2** die Ereignisse, die das Leben oder das Glück einer Person bestimmen, ohne dass sie daran etwas ändern kann ⟨*ein schweres, trauriges Schicksal haben, sich mit seinem Schicksal abfinden*⟩ ≈ Los **K** Schicksalsgefährte ❶ → auch **Zufall** und **Verhängnis** **3** **eine Person ist jemandes Schicksal** eine Person ist

S

für das Leben einer anderen Person sehr wichtig

der **Schick·sals·schlag** ein sehr schlimmes Ereignis, welches das Leben eines Menschen sehr negativ verändert

das **Schie·be·dach** der Teil des Daches (bei manchen Autos), den man öffnen kann

**schie·ben★** (*schob, hat geschoben*) **1** **(etwas (irgendwohin)) schieben** etwas über den Boden bewegen, indem man mit den Händen oder dem eigenen Körper (von hinten) drückt ↔ ziehen *„den Einkaufswagen durch den Supermarkt schieben" | „den Kuchen in den Ofen schieben"* **K** Schiebetür **2** **etwas irgendwohin schieben** etwas langsam irgendwohin bewegen *„das Kinn nach vorn schieben" | „Er schob sich einen Kaugummi in den Mund"* **3** **etwas auf jemanden/etwas schieben** eine Person/Sache für ein Problem, einen Fehler o. Ä. verantwortlich machen (meist obwohl sie es nicht ist) ⟨*die Schuld, die Verantwortung, einen Verdacht auf jemanden schieben*⟩ **4** **etwas (weit) von sich** (*Dativ*) **schieben** mit einer Sache nichts zu tun haben wollen (und dies sagen) *„Er schob den Vorschlag/Vorwurf weit von sich"* **5** **etwas schiebt sich irgendwohin** etwas bewegt sich langsam irgendwohin *„Eine Wolke schob sich vor die Sonne"*

der **Schie·ber** (-s, -) eine Person, die mit verbotenen Waren handelt ≈ Schwarzhändler **K** Waffenschieber • *hierzu* **Schie·be·rin** *die*

die **Schie·bung** (-, *-en*); *meist Singular; gesprochen* eine Handlung, durch die eine Person einen ungerechten Vorteil hat ≈ Manipulation

**schied** *Präteritum, 1. und 3. Person Singular* → scheiden

das **Schieds·ge·richt** **1** ein Gremium, das versucht, eine Lösung für einen internationalen Konflikt zu finden (weil es von den beteiligten Staaten/Gruppen darum gebeten wurde) **2** ≈ Jury

der **Schieds·rich·ter** die Person, die darauf achtet, dass die Spieler sich an die Regeln des Sports halten ⟨*der Schiedsrichter leitet die Partie, pfeift das Spiel an/ab, verwarnt einen Spieler, stellt einen Spieler vom Platz*⟩ **K** Fußballschiedsrichter • *hierzu* **Schieds·rich·te·rin** *die*

**schief★** *ADJEKTIV* nicht gerade, nicht parallel zu einer (gedachten) Linie oder Fläche *„eine schiefe Mauer" | „Das Bild hängt schief an der Wand"* ❶ Was *schief* ist, sollte eigentlich *gerade* sein; *schräg* hat eine sehr ähnliche Bedeutung, ist aber neutral: *Die meisten Häuser haben schräge Dächer, nicht flache*

der **Schie·fer** (-s, -) ein dunkelblaues Gestein mit dünnen, flachen Stücken, mit dem man Dächer deckt **K** Schieferdach, Schieferplatte

**schief·ge·hen** (*ging schief, ist schiefgegangen*) **etwas geht schief** *gesprochen* etwas hat nicht das gute Ergebnis, das man erwartet hat *„Die Prüfung ist total schiefgegangen"*

**schief·lie·gen** (*lag schief, hat schiefgelegen*) **(mit etwas) schiefliegen** *gesprochen* mit der eigenen Meinung nicht recht haben *„Damit liegst du aber schief!"*

**schie·len** (*schielte, hat geschielt*) **1** einen Sehfehler haben, bei welchem die Augen von der normalen, parallelen Lage abweichen **2** **irgendwohin schielen** *gesprochen* heimlich versuchen, etwas zu sehen ⟨*durch das Schlüsselloch schielen*⟩

**schien** *Präteritum, 1. und 3. Person Singular* → scheinen

das **Schien·bein** der vordere Knochen des Beines unter dem Knie ⟨*jemandem gegen das Schienbein treten; sich* (*Dativ*) *das Schienbein brechen*⟩ **K** Schienbeinbruch, Schienbeinschoner, Schienbeinschützer

die **Schie·ne★** (-, *-n*) **1** Züge und Straßenbahnen fahren auf Schienen aus Stahl *„Die Straßenbahn ist aus den Schienen gesprungen"* **K** Schienennetz, Schienenverkehr; Straßenbahnschiene **2** eine Vorrichtung, auf der etwas (z. B. ein Wagen, ein Fahrzeug) meist auf Rollen bewegt werden kann *„die Schiene in einer Gardinenstange"* **3** eine Stütze, die dazu dient z. B. einen gebrochenen Arm ruhig zu stellen **K** Armschiene

der **Schie·nen·er·satz·ver·kehr** Busse, die anstelle von Zügen oder Straßenbahnen fahren, wenn die Gleise wegen einer Baustelle oder eines Unfalls blockiert sind ❶ Abkürzung: *SEV*

**schier** *ADVERB* ⟨*etwas ist schier unmöglich*⟩ ≈ beinahe, fast

**schie·ßen★** (*schoss, hat/ist geschossen*) MIT EINER WAFFE: **1** **(mit etwas) (auf jemanden/etwas) schießen** (*hat*) versuchen, jemanden/etwas mit einer Kugel oder einem Pfeil zu treffen ⟨*mit einer Pistole, mit einem Gewehr, mit Pfeil und Bogen schießen*⟩ *„Die Terroristen schossen auf den Präsidenten"* **K** Schießsport, Schießübung **2** **jemandem (etwas) irgendwohin schießen** (*hat*) eine Person oder sich selbst mit einer Kugel oder einem Pfeil verletzen

S

*„Der Polizist schoss dem Bankräuber (eine Kugel) ins Bein"* **3** **ein Tier schießen** (*hat*) ein Tier durch einen Schuss aus einer Waffe töten MIT DEM FUß ODER SCHLÄGER: **4** **(etwas irgendwohin) schießen** (*hat*) den Ball mit dem Fuß oder mit einem Schläger irgendwohin fliegen lassen *„den Ball ins Tor/ins Aus schießen"* | *„Schieß doch endlich!"* **5** **ein Tor schießen** (*hat*) beim Fußball, Eishockey o. Ä. ins Tor treffen MIT HOHER GESCHWINDIGKEIT: **6** **irgendwohin schießen** *gesprochen* (*ist*) sich mit sehr hoher Geschwindigkeit in eine Richtung bewegen *„Er schoss mit seinem Auto plötzlich um die Kurve"* | *„Plötzlich kam er in mein Zimmer geschossen"* **7** **etwas schießt irgendwohin** (*ist*) etwas fließt mit sehr starkem Druck in die genannte Richtung *„Das Wasser schoss aus dem Rohr"*

die **Schie·ße·rei** (-, *-en*) eine Situation, in der zwei oder mehrere Personen aufeinander schießen

das **Schieß·pul·ver** ein explosives Material aus verschiedenen Substanzen in der Form eines Pulvers

das **Schiff**★ (-(*e*)*s*, *-e*) **1** ein großes Fahrzeug für das Wasser **K** Schiffsreise; Fährschiff, Rettungsschiff, Segelschiff **2** ein langer Raum in einer Kirche *„eine Kathedrale mit drei Schiffen"* **K** Kirchenschiff, Mittelschiff, Seitenschiff

der **Schiff·bruch** das Sinken oder die starke Beschädigung eines Schiffes, in deren Folge alle Menschen von Bord gehen müssen ⟨*Schiffbruch erleiden*⟩ • *hierzu* **schiff·brü·chig** ADJEKTIV; **Schiff·brü·chi·ge** *der/die*

die **Schiff·fahrt** *meist Singular* der gesamte Verkehr der Schiffe auf dem Wasser **K** Schifffahrtslinie, Schifffahrtsweg; Binnenschifffahrt, Küstenschifffahrt

die **Schiffs·schrau·be** eine Art Propeller hinten am Schiff unter der Wasseroberfläche

die **Schi·ka·ne** (-, *-n*) eine Handlung, durch die jemand unnötige Arbeit oder Schwierigkeiten bekommt • *hierzu* **schi·ka·nös** ADJEKTIV

**schi·ka·nie·ren** (*schikanierte, hat schikaniert*) **jemanden schikanieren** (vor allem als Vorgesetzter) einer Person unnötige Arbeit geben oder ihr Schwierigkeiten machen *„Der Chef schikaniert die ganze Abteilung"*

das **Schild**[1]★; (-(*e*)*s*, *-er*) **1** eine Tafel oder eine Platte, auf der etwas geschrieben oder gezeichnet ist ⟨*ein Schild anbringen, aufstellen*⟩ **K** Messingschild, Warnschild, Verkehrsschild, Firmenschild, Nummernschild **2** ein kleines Stück Papier an Stoff oder Waren, auf dem der Preis, die Größe o. Ä. steht ≈ Etikett *„das Schild von einem neuen Kleid/von einer Flasche entfernen"* **K** Preisschild

der **Schild**[2]★; (-(*e*)*s*, *-e*) **1** *historisch* eine große Platte aus Metall, Holz oder Leder, die (im Altertum und im Mittelalter) Soldaten trugen, um sich vor Pfeilen, Speeren, Stößen o. Ä. zu schützen **K** Schutzschild **2** eine äußere Hülle aus isolierendem Material, die z. B. vor Hitze oder Radioaktivität schützt

die **Schild·drü·se** ein Organ im vorderen Teil des Halses, das Hormone produziert, die für das Wachstum und für die Entwicklung des Körpers sehr wichtig sind **K** Schilddrüsenhormon

**schil·dern** (*schilderte, hat geschildert*) **(jemandem) etwas schildern** etwas so erzählen, dass sich der Leser oder Zuhörer die Situation oder die Atmosphäre gut vorstellen kann ⟨*etwas anschaulich, lebhaft schildern*⟩ *„In dem Vortrag schilderte er die Eindrücke einer Islandreise"* • *hierzu* **Schil·de·rung** *die*

die **Schild·krö·te** ein Tier mit einem harten Panzer, das im Wasser oder auf dem Land lebt und sehr alt werden kann **K** Landschildkröte, Meeresschildkröte, Riesenschildkröte

das **Schilf** (-(*e*)*s*, *-e*) *meist Singular* eine Pflanze mit dünnen, langen und starken Stängeln, die ähnlich wie Gras ist und die an nassen Stellen wächst *„Schilf wächst am Ufer eines Sees"* **K** Schilfdach, Schilfmatte

**schil·lern** (*schillerte, hat geschillert*) **etwas schillert** etwas glänzt in verschiedenen Farben ⟨*ein Kleid, ein Stoff, Seide; ein Käfer, ein Schmetterling; etwas schillert in allen Farben*⟩

**schilt** *Präsens, 3. Person Singular* → schelten

der **Schim·mel** (-*s*, -) **1** *nur Singular* eine weiche, meist weiße oder grüne Schicht aus sehr kleinen Pilzen, die sich z. B. auf Brot und Obst bildet, wenn diese zu lange in feuchter Umgebung waren **K** Schimmelbelag **2** ein weißes Pferd • *zu* (1) **schim·me·lig**, **schimm·lig** ADJEKTIV

der **Schim·mer** (-*s*) **1** der schwache Schein eines Lichts ⟨*ein matter, heller Schimmer*⟩ *„der sanfte Schimmer des Goldes"* | *„der Schimmer des Meeres am Abend"* **K** Kerzenschimmer, Lichtschimmer **2** **ein Schimmer** *+Substantiv*; **ein Schimmer von etwas** eine geringe Menge einer Sache ⟨*ein Schimmer (von) Anstand, Hoffnung*⟩ **K** Hoffnungsschimmer

**schim·mern** (*schimmerte, hat geschimmert*)

S

**etwas schimmert** etwas verbreitet ein schwaches Licht ‹*die Lampe, das Licht, die Kerze, das Mondlicht*›

der **Schim·pan·se** (-*n*, -*n*) ein afrikanischer Menschenaffe mit braunem Fell ❶ *der Schimpanse; den, dem, des Schimpansen*

**schimp·fen**★ (*schimpfte, hat geschimpft*) **1** **(jemanden) schimpfen** Ärger oder Wut über eine Person oder Sache (sehr laut) und deutlich sagen *„Sie hat Peter geschimpft, weil er seine Hausaufgaben nicht gemacht hat"* **2** **auf jemanden/etwas schimpfen**; **über jemanden/etwas schimpfen** deutlich und sehr laut sagen, warum man sich ärgert *„auf die rücksichtslose Fahrweise der anderen Autofahrer schimpfen"*

das **Schimpf·wort**★ (-(*e*)*s*, *Schimpf·wör·ter*) ein derbes Wort, mit dem man Ärger oder Verachtung ausdrückt oder jemanden beleidigt ‹*Schimpfwörter gebrauchen*›

die **Schin·del** (-, -*n*) ein dünnes, kleines Brett aus Holz. Mit Schindeln deckt man z. B. ein Dach **K** Schindeldach

**schin·den** (*schindete, hat geschunden*) **1** **jemanden schinden** Personen oder Tiere quälen, indem man sie sehr hart arbeiten lässt **2** **Zeit schinden** auf unfaire Weise versuchen, Zeit zu gewinnen **3** **(bei jemandem) Eindruck schinden** sich mit allen Mitteln bemühen, jemanden zu beeindrucken **4** **(bei jemandem) Mitleid schinden** mit allen Mitteln versuchen, in jemandem ein Gefühl des Mitleids zu erwecken • *zu* (1) **Schin·der** *der*

der **Schin·ken**★ (-*s*, -) geräuchertes, gekochtes oder getrocknetes Fleisch vom Bein eines Schweins ‹*roher, gekochter, geräucherter Schinken; fetter, magerer, saftiger Schinken*› **K** Schinkenbrot; Räucherschinken

die **Schip·pe** (-, -*n*); *besonders norddeutsch* ≈ Schaufel **ID** **jemanden auf die Schippe nehmen** *gesprochen* mit jemandem einen Spaß machen

**schip·pen** (*schippte, hat geschippt*) **(etwas) schippen** ‹*Schnee, Kohlen schippen*› ≈ schaufeln

der **Schi·ri** (-*s*, -*s*); *gesprochen* Kurzwort für *Schiedsrichter*

der **Schirm**★ (-(*e*)*s*, -*e*) **1** ein Stück Stoff, das über einen Rahmen gespannt ist und vor Sonne und Regen schützt; man hält den Schirm über den Kopf oder stellt ihn in einen Ständer ‹*den Schirm aufspannen, öffnen, schließen*› **K** Regenschirm, Sonnenschirm **2** der Teil der Lampe (meist aus Stoff oder Kunststoff), der über und seitlich der Glühbirne ist, damit diese nicht blendet **K** Lampenschirm **3** der Teil einer Mütze, der Augen und Stirn (meist gegen die Sonne) schützt **K** Schirmmütze **4** Kurzwort für *Bildschirm, Radarschirm, Fallschirm* o. Ä. ‹*etwas auf dem Schirm sehen*›

der **Schirm·stän·der** in den Schirmständer stellt man nasse Regenschirme, wenn man ins Haus kommt

**schiss** *Präteritum, 1. und 3. Person Singular* → scheißen

der **Schiss** *gesprochen* ⚠ **Schiss haben** Angst haben

**schlab·bern** (*schlabberte, hat geschlabbert*); *gesprochen* **ein Tier schlabbert (etwas)** ein Tier nimmt Wasser o. Ä. mit schnellen Bewegungen der Zunge auf und macht dabei laute Geräusche

die **Schlacht**★ (-, -*en*) ein schwerer Kampf zwischen militärischen Einheiten (Truppen) im Krieg ‹*eine blutige, entscheidende Schlacht*› *„die Schlacht von Verdun im 1. Weltkrieg"* **K** Schlachtschiff; Seeschlacht, Straßenschlacht

**schlach·ten** (*schlachtete, hat geschlachtet*) **(ein Tier) schlachten** ein Tier töten, damit dessen Fleisch gegessen werden kann ‹*ein Huhn, ein Kalb, ein Rind, ein Schwein schlachten*› **K** Schlachttier, Schlachtvieh • *hierzu* **Schlach·tung** *die*

der **Schlach·ter** (-*s*, -); *norddeutsch* ≈ Fleischer, Metzger • *hierzu* **Schlach·te·rei** *die*

das **Schlacht·feld** ein Gelände, auf dem es eine Schlacht gegeben hat

der **Schlacht·hof** ein Betrieb (in einer Stadt), in dem sehr viele Schweine und Kühe geschlachtet werden

der **Schlacht·plan** **einen Schlachtplan aushecken** *gesprochen* sich eine Strategie überlegen, wie man ein Ziel am besten erreicht

der **Schlaf**★ (-(*e*)*s*) **1** der Zustand, in dem ein Mensch oder Tier ruht und schläft ‹*ein leichter, (un)ruhiger, fester, tiefer, traumloser Schlaf*› **K** Schlafmangel, Schlaftablette **2** **keinen Schlaf finden (können)** *geschrieben* (aus Angst, vor Sorgen o. Ä.) nicht (ein)schlafen können • *zu* (1) **schlaf·los** ADJEKTIV; *zu* (1) **Schlaf·lo·sig·keit** *die*

der **Schlaf·an·zug** ≈ Pyjama **K** Schlafanzughose

die **Schlä·fe** (-, -*n*) die Stelle am Kopf zwischen Ohr und Stirn

S

**schla·fen** ★ (*schläft, schlief, hat geschlafen*) **1** mit geschlossenen Augen ausruhen und die Umwelt nicht mehr bewusst wahrnehmen ⟨*gut, schlecht, fest, tief, (un)ruhig schlafen*⟩ **2** **schlafen gehen**; **sich schlafen legen** sich zum Schlafen in ein Bett legen ⟨*früh/zeitig, spät schlafen gehen*⟩ **3** **irgendwo schlafen** irgendwo über Nacht bleiben ⟨*im Hotel, bei Freunden schlafen*⟩ ≈ übernachten **4** nicht konzentriert und nicht aufmerksam sein ⟨*im Unterricht schlafen*⟩ ↔ aufpassen *„Letzten Monat wäre das Heizöl billig gewesen, aber da habe ich geschlafen"* **5** **mit jemandem schlafen** mit jemandem Sex haben • *zu* (2) **Schla·fen·ge·hen** *das*

der **Schlä·fer** (-s, -) **1** eine Person, die gerade oder auf bestimmte Weise schläft *„Meine Kinder sind schlechte Schläfer"* sie schlafen zu wenig und schlafen schlecht ein **2** ein Terrorist, der ein unauffälliges Leben führt und auf seinen Einsatz wartet

**schlaff** (*schlaffer, schlaffst-*) **1** locker nach unten hängend, nicht gespannt ⟨*ein Seil*⟩ ↔ straff **2** so locker, dass es ungesund oder alt aussieht ⟨*Haut*⟩ ↔ straff **3** ohne Kraft ⟨*ein Händedruck; sich schlaff fühlen*⟩

die **Schlaf·ge·le·gen·heit** ein Platz (meist ein Bett oder eine Couch) zum Schlafen

das **Schlaf·mit·tel** ein Medikament, das man nimmt, um gut zu schlafen

**schläf·rig** ADJEKTIV so müde, dass man einschlafen könnte ⟨*schläfrig werden*⟩ *„Der Wein hat mich schläfrig gemacht"* • *hierzu* **Schläf·rig·keit** *die*

der **Schlaf·sack** eine dicke, weiche Hülle, in der man beim Camping schläft

**schläft** *Präsens, 3. Person Singular* → schlafen

**schlaf·trun·ken** ADJEKTIV; *geschrieben* noch nicht richtig wach ⟨*jemanden schlaftrunken ansehen*⟩

der **Schlaf·wa·gen** ein Eisenbahnwagen mit Betten

das **Schlaf·zim·mer** ★ das Zimmer (in einem Haus oder einer Wohnung), in dem man schläft **K** Schlafzimmerschrank; Elternschlafzimmer, Kinderschlafzimmer

der **Schlag** ★ (-(e)s, *Schlä·ge*) **1** eine schnelle, heftige Berührung mit der Hand oder mit einem Gegenstand ⟨*ein leichter, heftiger Schlag; zu einem Schlag ausholen; jemandem (mit einem Stock, mit der Faust) einen Schlag (ins Gesicht, in den Magen) versetzen*⟩ **K** Faustschlag ❶ → auch **Stoß** und **Tritt** **2** *nur Plural* Schläge, die jemand in einem Kampf oder zur Strafe bekommt ⟨*jemandem Schläge androhen; Schläge bekommen*⟩ ≈ Prügel **3** eine kurze Bewegung in einer Reihe einzelner meist rhythmischer Stöße (die mit einem Geräusch verbunden sind) *„die gleichmäßigen Schläge des Herzens"* **K** Herzschlag, Pulsschlag **4** der Stoß, den der Körper bekommt, wenn elektrischer Strom durch ihn fließt ⟨*einen leichten, tödlichen Schlag bekommen*⟩ **K** Blitzschlag, Stromschlag **5** ein großes persönliches Unglück, das jemanden (plötzlich) trifft *„Der Tod seiner Frau war ein harter Schlag für ihn"* **K** Schicksalsschlag **6** ein akustisches Signal, mit dem eine Uhr die Uhrzeiten (z. B. die volle Stunde) angibt **K** Glockenschlag **7** *gesprochen* Kurzwort für *Schlaganfall* ⟨*einen Schlag erleiden; jemanden hat der Schlag getroffen*⟩ **ID** **Schlag auf Schlag** so, dass sehr viel innerhalb einer kurzen Zeit passiert; **etwas ist (für jemanden) ein Schlag ins Gesicht** etwas ist eine schwere Beleidigung (für jemanden); **ein Schlag unter die Gürtellinie** eine sehr ungerechte Handlung, eine Gemeinheit; **Mich trifft der Schlag!** *gesprochen* verwendet als Ausdruck großer (oft unangenehmer) Überraschung

die **Schlag·ader** eine Ader, in welcher das Blut vom Herzen zu einem Organ fließt ≈ Arterie ↔ Vene **K** Halsschlagader, Hauptschlagader

der **Schlag·an·fall** eine Störung der Tätigkeit des Gehirns (meist weil es zu wenig Blut bekommt), die Lähmungen von Körperteilen zur Folge haben kann ⟨*einen Schlaganfall bekommen, erleiden, haben*⟩ ≈ Gehirnschlag

**schlag·ar·tig** ADJEKTIV *meist attributiv* sehr schnell, ganz plötzlich *„eine schlagartige Wetterbesserung"* | *„Als er eintrat, verstummte schlagartig das Gespräch"*

der **Schlag·baum** eine Schranke (vor allem an einer Grenze) ⟨*den Schlagbaum öffnen, herunterlassen*⟩

der **Schlag·boh·rer** eine elektrische Bohrmaschine, bei welcher der Bohrer sich schnell dreht und sich gleichzeitig vor- und zurückbewegt

**schla·gen** ★ (*schlägt, schlug, hat/ist geschlagen*) MIT GEWALT: **1** **jemanden (irgendwohin) schlagen**; **jemandem (etwas) irgendwohin schlagen** (*hat*) eine Person mit der Hand oder mit einem Gegenstand (mehr-

S

mals) kräftig treffen, um ihr wehzutun ⟨*jemanden k.o., bewusstlos, blutig, krankenhausreif schlagen*⟩ *„jemanden mit einem Stock schlagen"* **2** **eine Person schlägt sich mit jemandem; Personen schlagen sich** (*hat*) zwei Personen kämpfen mit Fäusten gegeneinander ≈ sich prügeln *„Die beiden haben sich auf dem Schulhof geschlagen"* **3** **etwas irgendwie schlagen** (*hat*) etwas durch kräftige Stöße absichtlich beschädigen oder zerstören ⟨*etwas kaputt, kurz und klein, zu Kleinholz schlagen*⟩ MIT KRAFT: **4** **(etwas) irgendwohin schlagen** (*hat*) etwas mit der Hand oder einem Gegenstand mit Kraft treffen (und so irgendwohin treiben, entfernen oder entstehen lassen) *„mit der flachen Hand auf den Tisch schlagen"* | *„einen Nagel in die Wand schlagen"* MIT SCHWUNG: **5** **(mit etwas) irgendwohin schlagen** (*ist*) mit einem Körperteil kräftig gegen etwas stoßen *„Er stolperte und schlug mit dem Kopf gegen den Schrank"* **6** **ein Ei irgendwohin schlagen** (*hat*) ein Ei gegen etwas stoßen, um die Schale zu öffnen und den Inhalt in eine Pfanne, eine Schüssel o. Ä. zu geben *„Ich schlage mir schnell ein paar Eier in die Pfanne"* Ich brate mir ein paar Spiegeleier **7** **etwas schlagen** (*hat*) eine flüssige Masse kräftig rühren, damit sie fest wird ⟨*Sahne (steif) schlagen*⟩ **8** **ein Vogel schlägt mit den Flügeln** (*hat*) ein Vogel macht schnelle, kräftige Bewegungen mit den Flügeln RHYTHMISCH: **9** **etwas schlagen** (*hat*) mit der Hand oder mit einem Stock rhythmisch auf eine Pauke, Trommel o. Ä. schlagen und so Töne erzeugen **10** **das Herz/der Puls schlägt** (*hat*) das Herz pumpt rhythmisch Blut durch den Körper TON, LAUT: **11** **eine Uhr schlägt** (+ *Uhrzeit*) (*hat*) eine Uhr zeigt durch Töne die volle Stunde an *„Die Turmuhr schlug (zwölf/Mitternacht)"* BESIEGEN: **12** **jemanden/eine Mannschaft schlagen** (*hat*) in einem Wettkampf gegen jemanden/eine Mannschaft o. Ä. gewinnen *„Inter Mailand schlug Bayern München 3 : 1"* **13** **sich geschlagen geben** (*hat*) aufhören zu kämpfen, weil man nicht mehr gewinnen kann SONSTIGE VERWENDUNGEN: **14** **etwas schlagen** (*hat*) Bäume oberhalb der Wurzel absägen oder mit einer Axt abschlagen ⟨*einen Baum, Holz, einen Wald schlagen*⟩ ≈ fällen **15** **sich irgendwie schlagen** (*hat*) (z. B. in einem Wettkampf oder einer Prüfung) die genannte Leistung bringen ⟨*sich ordentlich, tapfer, wacker schlagen*⟩

**schla·gend** *ADJEKTIV* ⟨*ein Argument, ein Beweis*⟩ so klar und logisch, dass sie eindeutig richtig sind

der **Schla·ger** (-s, -) ein Lied mit einer einfachen Melodie und einem einfachen Text, das (oft nur für kurze Zeit) sehr bekannt und beliebt ist ≈ Hit **K** Schlagersänger

der **Schlä·ger**★ (-s, -) **1** ein Sportgerät, mit dem man z. B. beim Tennis den Ball schlägt **K** Tennisschläger **2** *abwertend* ein brutaler Mensch, der sich oft mit anderen Menschen prügelt **K** Schlägerbande, Schlägertyp • *zu* (2) **Schlä·ge·rin** *die*

die **Schlä·ge·rei** (-, -*en*) ein Streit, bei dem sich mehrere Leute prügeln

**schlag·fer·tig** *ADJEKTIV* fähig, schnell und mit passenden (meist witzigen) Worten zu antworten ⟨*ein Mensch*⟩ • *hierzu* **Schlag·fer·tig·keit** *die*

das **Schlag·in·stru·ment** ein Musikinstrument, mit dem man durch Schlagen oder Klopfen Töne erzeugt *„Die Pauke und die Trommel sind Schlaginstrumente"*

die **Schlag·kraft** *nur Singular* **1** die Fähigkeit, eine überzeugende Wirkung zu haben ⟨*die Schlagkraft eines Arguments*⟩ **2** die Stärke, mit der man kämpfen kann ⟨*die militärische Schlagkraft*⟩ ≈ Kampfkraft, Kampfstärke • *hierzu* **schlag·kräf·tig** *ADJEKTIV*

das **Schlag·loch** ein ziemlich großes Loch in der Straße

das **Schlag·obers** (-); Ⓐ ≈ Schlagsahne

der **Schlag·ring** eine verbotene Waffe, welche die Fingerknöchel für Schläge mit der Faust mit Metall verstärkt

die **Schlag·sah·ne** **1** flüssige Sahne, die man zu einer weichen schaumigen Masse schlägt **2** die (gesüßte) weiche Masse, die man aus Schlagsahne geschlagen hat *„Obstkuchen mit Schlagsahne"*

die **Schlag·sei·te** *nur Singular* die schräge Lage eines Schiffes zu einer Seite hin ⟨*ein Schiff hat schwere, starke Schlagseite*⟩

der **Schlag·stock** ein kurzer Stock aus hartem Gummi (den Polizisten als Waffe verwenden)

das **Schlag·wort** (-(*e*)s, *Schlag·wör·ter/Schlag·wor·te*) **1** ein Begriff oder Spruch, der ein politisches Ziel formuliert *„Freiheit, Gleichheit, Brüderlichkeit!" waren die Schlagworte der Französischen Revolution"* **2** ein Wort (in Katalogen von Bibliotheken), welches den Inhalt eines Buches oder mehrerer Bücher beschreibt

S

**K** Schlagwortkatalog

die **Schlag·zei·le★** die Überschrift (in großen Buchstaben) in einer Zeitung über dem Text

das **Schlag·zeug** (-s, -e) die Schlaginstrumente (wie z. B. Trommeln und Becken), die von einem Musiker in einer Band oder in einem Orchester gespielt werden ⟨*Schlagzeug spielen*⟩ • *hierzu* **Schlag·zeu·ger** *der*

der **Schla·mạs·sel** (-); *gesprochen* eine ärgerliche, schwierige Lage ⟨*im Schlamassel sitzen/stecken*⟩ *„Da haben wir den Schlamassel!"* ℹ in Süddeutschland und Österreich auch *das Schlamassel*

der **Schlạmm** (-(e)s) eine feuchte Masse meist aus Wasser und Erde ⟨*im Schlamm waten, stecken bleiben*⟩ *„den Schlamm auf dem Boden des Sees aufwühlen"* • *hierzu* **schlạm·mig** *ADJEKTIV*

die **Schlạm·pe** (-, -n); *gesprochen, abwertend* **1** verwendet als Schimpfwort für eine unordentliche Frau **2** verwendet als Schimpfwort für eine Frau, die sexuelle Beziehungen zu mehreren Männern hat

**schlạm·pig** *ADJEKTIV; gesprochen, abwertend* **1** unordentlich oder schmutzig ⟨*schlampig aussehen, herumlaufen*⟩ **2** ohne Sorgfalt (gemacht) ⟨*eine Arbeit, eine Reparatur; schlampig arbeiten*⟩ ≈ nachlässig

**schlạng** *Präteritum, 1. und 3. Person Singular* → schlingen

die **Schlạn·ge★** (-, -n) **1** ein Reptil mit langem, schmalem Körper ohne Beine und mit einer Zunge, die vorne gespalten ist ⟨*die Schlange schlängelt sich, windet sich durch das Gras, züngelt, zischt*⟩ *„Die Schlange gilt oft als Verkörperung des Bösen"* **K** Schlangenbiss, Schlangenhaut; Giftschlange **2** eine Reihe von Menschen, die dicht hintereinanderstehen und auf etwas warten *„An der Kasse bildete sich eine lange Schlange"* **K** Warteschlange **3** **Schlange stehen** in einer langen Reihe stehen und warten, bis man an der Reihe ist *„vor der Kinokasse Schlange stehen"*

**schlạ̈n·geln** (*schlängelte sich, hat sich geschlängelt*) **1** **eine Schlange o. Ä. schlängelt sich irgendwohin** eine Schlange o. Ä. gleitet in Windungen am Boden entlang **2** **etwas schlängelt sich (irgendwohin)** etwas verläuft in vielen engen Kurven *„Der Pfad schlängelt sich durch den Dschungel"* **3** **sich irgendwohin schlängeln** sich zwischen Menschen oder Gegenständen, die sehr dicht nebeneinanderstehen, geschickt (und ohne anzustoßen) hindurchbewegen *„Er schlängelte sich durch die Menschenmenge nach vorn"*

die **Schlạn·gen·li·nie** eine Linie, die in vielen Windungen verläuft *„Der betrunkene Autofahrer fuhr in Schlangenlinien"*

**schlạnk★** *ADJEKTIV* (*schlanker, schlankst-*) mit einer schmalen Figur und schönen Proportionen ↔ dick, fett *„Sie will jetzt weniger essen, damit sie schlanker wird"* ℹ *Schlank* zu sein ist positiv, *dünn* und *mager* nicht • *hierzu* **Schlạnk·heit** *die*

**schlạpp** *ADJEKTIV* (*schlapper, schlappst-*) ohne Kraft und Energie, erschöpft ⟨*sich schlapp fühlen*⟩

die **Schlạp·pe** (-, -n); *gesprochen* ⟨*eine schwere Schlappe erleiden, einstecken müssen*⟩ ≈ Niederlage, Misserfolg

der **Schlạp·pen** (-s, -); *gesprochen* ein weicher und bequemer Hausschuh oder Pantoffel **K** der Badeschlappen

**schlạpp·ma·chen** (*machte schlapp, hat schlappgemacht*); *gesprochen* bei einer Tätigkeit nicht mehr weitermachen, weil man keine Kraft mehr hat *„Schon nach zwei Kilometern machte er schlapp"*

**schlau★** *ADJEKTIV* (*schlauer, schlaust-*) **1** mit dem Wissen, mit welchen methoden oder Tricks man das erreicht, was man will ⟨*ein Bursche*⟩ ≈ listig **2** **aus jemandem/etwas nicht schlau werden** *gesprochen* eine Person oder Situation nicht verstehen • *zu* (1) **Schlau·heit** *die*

der **Schlauch★** (-(e)s, *Schläu·che*) **1** eine Röhre aus Gummi oder Kunststoff, die man leicht biegen kann und durch die man Flüssigkeiten oder Gas leitet *„Die Feuerwehr rollte die Schläuche aus"* **K** Gartenschlauch, Wasserschlauch **2** ein runder Schlauch aus Gummi (in einem Auto- oder Fahrradreifen), der mit Luft gefüllt ist ⟨*einen Schlauch aufpumpen, flicken*⟩

das **Schlauch·boot** ein Boot aus Gummi oder Kunststoff, das mit Luft gefüllt ist

**schlau·chen** (*schlauchte, hat geschlaucht*) **etwas schlaucht (jemanden)** *gesprochen* etwas ist (körperlich) sehr anstrengend *„Die lange Wanderung in den Bergen hat mich ziemlich geschlaucht"*

die **Schlau·fe** (-, -n) **1** ein (schmales) Band (meist aus Stoff oder Leder) in Form eines Rings, an dem man sich festhalten oder mit dem man etwas tragen kann *„die Schlaufe an einem Ski-

*stock"* **K** Lederschlaufe **2** ein (schmales) Band aus Stoff oder ein dicker Faden, die an einem Rock oder an einer Hose angenäht sind und den Gürtel halten **K** Gürtelschlaufe

**schlẹcht**★ *ADJEKTIV* (*schlechter, schlechtest-*) LEISTUNG, QUALITÄT: **1** mit Mängeln, von oder mit geringer Qualität oder Leistung ↔ gut *„Die Straße ist in sehr schlechtem Zustand"* **2** so, dass eine Person ihre Aufgaben nicht gut erledigt (weil sie zu wenig weiß o. Ä.) **3** nicht so, wie man es sich wünschen würde, wie es einem gefallen würde ↔ gut *„Ich habe schlechte Nachrichten für dich"* **4** so, dass jemand mit einer Sache wenig Geld verdient *„ein schlecht bezahlter Job"* **5** mit weniger Ertrag oder Erfolg als normal ⟨*eine Ernte, ein Jahr*⟩ ↔ gut **6** **etwas ist/wird schlecht** etwas ist/wird ungenießbar, weil es schon zu alt ist ⟨*das Fleisch, die Wurst, die Milch*⟩ MORAL: **7** so, dass jemand Unrecht tut und anderen Menschen absichtlich schadet ⟨*ein Mensch, eine Tat; jemanden schlecht behandeln*⟩ ≈ böse ↔ gut **8** so, dass jemand nicht so handelt, wie es der Bezeichnung entsprechen würde ⟨*ein Freund, ein Christ, ein Demokrat*⟩ ↔ gut **9** nicht so, wie es in einer Gesellschaft üblich ist oder erwartet wird ⟨*ein Benehmen, Manieren, Umgangsformen*⟩ ↔ gut SITUATION, GESUNDHEIT: **10** **schlecht (für jemanden/etwas)** so, dass es jemandem/etwas schadet, nicht geeignet oder passend ist ≈ ungünstig ↔ gut *„Das feuchte Klima ist schlecht für die Gesundheit"* **11** *nur adverbiell* nur mit großer Mühe, nicht ohne Probleme ↔ gut, leicht *„Ich kann mir Namen so schlecht merken"* **12** **jemandem geht es schlecht** jemand ist krank oder fühlt sich seelisch nicht wohl **13** **jemandem geht es schlecht** jemand hat kein Geld und nichts zu essen **14** **jemandem ist/wird schlecht** jemand hat das Gefühl, sich erbrechen zu müssen **ID** **nicht schlecht** *gesprochen* ≈ sehr *„Ich habe nicht schlecht gestaunt, als ich sein neues Auto gesehen habe"*

**schlecht·hịn** *ADVERB* ≈ absolut, völlig *„Es war schlechthin unmöglich, den Auftrag rechtzeitig zu erledigen"*

die **Schlẹch·tig·keit** (-, *-en*) **1** *nur Singular* die Eigenschaft, böse, schlecht zu sein *„So viel Schlechtigkeit hätte ich ihm nicht zugetraut"* **2** *meist Plural* eine schlechte, böse Handlung

**schlẹcht·ma·chen** (*machte schlecht, hat schlechtgemacht*) **eine Person/Sache (bei jemandem) schlechtmachen** *gesprochen* etwas Negatives über eine Person oder Sache sagen, um ihr zu schaden *„Sie hat ihre Kollegin beim Chef schlechtgemacht"*

**schlẹ·cken** (*schleckte, hat geschleckt*); *besonders süddeutsch* Ⓐ Ⓒⓗ **1** **(etwas) schlecken** ≈ lecken *„Die Kinder schlecken Eis"* **2** **(etwas) schlecken** gerne Süßigkeiten essen ⟨*Bonbons, Pralinen, Schokolade schlecken*⟩ ≈ naschen **3** **an etwas** (*Dativ*) **schlecken** ≈ lecken

der **Schle̲·gel** (-s, -) ein Stock, mit dem man eine Trommel schlägt **K** Trommelschlegel

**schlei̲·chen**★ (*schlich, hat/ist geschlichen*) **(irgendwohin) schleichen** (*ist*) sich leise, langsam und vorsichtig fortbewegen (damit man nicht bemerkt wird) *„Sie schlich lautlos ins Zimmer"*

**schlei̲·chend** *ADJEKTIV meist attributiv* ⟨*eine Krankheit*⟩ so, dass sie langsam immer schlimmer wird

der **Schlei̲ch·weg** ein Weg, den nur sehr wenige Leute kennen und über den man meist schneller oder bequemer ans Ziel kommt

der **Schlei̲·er** (-s, -) **1** ein dünnes Stück Stoff oder Netz, das eine Frau vor dem Gesicht oder auf dem Kopf trägt *„In arabischen Ländern tragen viele Frauen einen Schleier"* **K** Brautschleier **2** eine Schicht aus kleinen Tropfen oder Staubkörnern in der Luft, welche die Sicht behindert **K** Dunstschleier, Nebelschleier

**schlei̲·er·haft** *ADJEKTIV; gesprochen* **etwas ist/bleibt jemandem schleierhaft** etwas ist so, dass es jemand nicht versteht, weil es unlogisch ist *„Es ist mir schleierhaft, wie er diese Strapazen erträgt"*

die **Schlei̲·fe**★ (-, *-n*) **1** ein Knoten mit zwei Schlingen ⟨*eine Schleife im Haar, am Kleid tragen*⟩ *„die Schnürsenkel zu Schleifen binden"* **K** Haarschleife, Kranzschleife, Samtschleife, Seidenschleife **2** eine Linie mit der Form einer Schlinge *„Der Fluss macht hier eine Schleife" | „Er flog mit dem Flugzeug eine Schleife am Himmel"* **K** Landeschleife

**schlei̲·fen**[1]★ (*schleifte, hat/ist geschleift*) **1** **jemanden/etwas (irgendwohin) schleifen** (*hat*) jemanden/etwas meist mit viel Mühe auf einer Fläche (meist auf dem Boden) irgendwohin ziehen *„einen schweren Sack schleifen"* **K** Schleifspur **2** **etwas irgendwohin schleifen** *gesprochen* (*hat*) etwas irgendwohin mitnehmen, obwohl es schwer oder lästig ist **3** **je-**

S

**manden irgendwohin schleifen** *gesprochen, humorvoll* (*hat*) eine Person dazu überreden, doch irgendwohin mitzugehen, nachdem sie das zuerst nicht wollte *„Letzte Woche habe ich meinen Mann ins Theater geschleift"* **4** **etwas schleift (irgendwo)** (*hat/ist*) etwas berührt bei einer Bewegung etwas anderes (sodass Reibung entsteht) *„Das lange Abendkleid schleifte am Boden"*

**schlei·fen**[2] (*schliff, hat geschliffen*) **(etwas) schleifen** die Oberfläche einer Sache durch Reiben mit einem harten Gegenstand glatt oder scharf machen ⟨*ein Beil, ein Messer, eine Schere, eine Sense schleifen; Diamanten schleifen*⟩ **K** Schleifmaschine, Schleifpapier, Schleifstein • *hierzu* **Schlei·fer** *der*

**schlei·fen las·sen**, **schlei·fen·las·sen** (*ließ schleifen, hat schleifen lassen/schleifenlassen*) **etwas schleifen lassen** *gesprochen* sich nicht so sehr um etwas bemühen wie sonst *„In der letzten Zeit hat er die Arbeit schleifen lassen"* ❶ Im Perfekt gesprochen auch *hat schleifen gelassen*

der **Schleim**★ (-(*e*)*s*, -*e*) **1** eine zähe, klebrige Flüssigkeit im Körper von Menschen und Tieren, die die Haut mancher Organe schützt *„Schnecken sondern Schleim ab"* **K** Schleimdrüse; Nasenschleim **2** ein Brei aus (gekochtem) Getreide, der gut für den Magen ist **K** Schleimsuppe; Haferschleim

die **Schleim·haut** die Haut von Organen des Körpers, die Schleim produziert **K** Magenschleimhaut, Mundschleimhaut, Nasenschleimhaut

**schlei·mig** ADJEKTIV **1** mit Schleim bedeckt ⟨*ein Fisch, eine Schnecke*⟩ **2** wie Schleim ⟨*ein Ausfluss, eine Substanz*⟩

**schlẹm·men** (*schlemmte, hat geschlemmt*) **(etwas) schlemmen** etwas sehr Gutes und meist Teures essen und es genießen *„Gestern Abend schlemmten wir in einem kleinen, aber feinen Restaurant"* **K** Schlemmerlokal, Schlemmermahlzeit • *hierzu* **Schlẹm·mer** *der*

**schlẹn·dern** (*schlenderte, ist geschlendert*) gemütlich, mit Zeit und Ruhe, spazieren gehen

der **Schlẹn·ker** (-*s*, -); *gesprochen* eine plötzliche, meist unerwartete Bewegung in eine andere Richtung *„Er machte mit dem Auto einen Schlenker nach links"*

**schlẹn·kern** (*schlenkerte, hat geschlenkert*) **etwas schlenkert** etwas hängt lose herab und bewegt sich hin und her *„Ihre Arme schlenkerten beim Gehen"*

**schlẹp·pen** (*schleppte, hat geschleppt*) **1** **jemanden/etwas (irgendwohin) schleppen** eine Person/etwas Schweres mit viel Mühe (irgendwohin) tragen ⟨*Kisten, Kohlen, einen Sack, Steine schleppen*⟩ *„Kartoffelsäcke in den Keller schleppen"* **2** **etwas (irgendwohin) schleppen** ein Fahrzeug mit der Hilfe eines anderen Fahrzeugs ziehen *„Das kaputte Auto musste zur Werkstatt geschleppt werden"* | *„Der Tanker wurde in den Hafen geschleppt"* **3** **jemanden irgendwohin schleppen** *gesprochen* jemanden zwingen, an einen Ort mitzukommen *„jemanden zum Zahnarzt schleppen"* **4** **sich irgendwohin schleppen** sich mit viel Mühe irgendwohin bewegen *„Er war zwar schwer verletzt, aber er konnte sich noch ans Telefon schleppen"*

**schlẹp·pend** ADJEKTIV **1** ⟨*eine Bewegung, Schritte*⟩ langsam und mit viel Mühe (z. B. weil der Betroffene krank oder erschöpft ist) *„Sein Gang ist sehr schleppend, seitdem er den Unfall hatte"* **2** langsam und mit Schwierigkeiten ↔ zügig *„Die Arbeit geht nur schleppend voran"*

der **Schlẹp·per** (-*s*, -) **1** ein schweres Fahrzeug (z. B. ein Traktor oder ein Schiff), das andere Fahrzeuge oder Anhänger zieht **2** ≈ Schleuser **K** Schlepperbande • *zu* (2) **Schlẹp·pe·rin** *die*

der **Schlẹpp·lift** ein Skilift, der Skifahrer, die auf Skiern stehen, den Berg hinaufzieht

die **Schleu·der** (-, -*n*) **1** eine einfache Waffe, mit der man (mit Hilfe eines Bandes) Steine o. Ä. weit schleudern kann **K** Steinschleuder **2** ein Gerät, das durch schnelles Drehen die Flüssigkeit aus Dingen schleudert, die in dem Gerät sind **K** Wäscheschleuder

**schleu·dern**★ (*schleuderte, hat/ist geschleudert*) **1** **jemanden/etwas (irgendwohin) schleudern** (*hat*) jemanden/etwas mit sehr viel Kraft in eine Richtung werfen ⟨*etwas in die Ecke schleudern*⟩ *„Bei dem Unfall wurde sie aus dem Auto geschleudert"* **2** **etwas schleudert (etwas)** (*hat*) eine Waschmaschine oder eine Wäscheschleuder bewegt nasse Wäsche so schnell, dass das Wasser entfernt wird ⟨*Wäsche schleudern*⟩ *„Hat die Maschine schon geschleudert?"* **3** **etwas schleudert (irgendwohin)** (*ist*) ein Fahrzeug kommt aus der Spur und rutscht nach rechts oder links weg *„Auf der glatten Fahrbahn kamen mehrere Autos ins*

S

*Schleudern"*

**schleu·nigst** *ADVERB* sehr schnell ⟨*etwas schleunigst tun; schleunigst das Weite suchen*⟩

die **Schleu·se** (-, *-n*) **1** eine Schleuse an einem Kanal o. Ä. besteht meist aus zwei Toren, mit denen man das Wasser höher und niedriger machen kann, um so Schiffen zu helfen, auf eine höhere oder niedrigere Ebene zu kommen **K** Schleusentor; Kanalschleuse **2** ein kleiner Raum, der dicht abgeschlossen werden kann, damit z. B. eine Person desinfiziert werden kann, bevor sie in einen anderen Raum gelangt

**schleu·sen** (*schleuste, hat geschleust*) **1** **etwas irgendwohin schleusen** etwas durch eine Schleuse bringen *„ein Schiff durch den Kanal schleusen"* **2** **jemanden/etwas irgendwohin schleusen** jemanden/etwas irgendwohin bringen, obwohl es illegal oder gefährlich ist *„Sie wollten mehrere Kilo Rauschgift durch den Zoll schleusen"*

der **Schleu·ser** (*-s, -*); *abwertend* eine Person, die viel Geld damit verdient, Personen illegal über Grenzen zu schaffen ≈ Schlepper

**schlich** *Präteritum, 1. und 3. Person Singular* → schleichen

die **Schli·che** *Plural* **jemandem auf die Schliche kommen**; **hinter jemandes Schliche kommen**; **jemandes Schliche durchschauen** herausfinden, welche heimliche Absicht jemand hat

**schlicht★** *ADJEKTIV* **1** einfach und ohne Schmuck oder viele Details ⟨*eine Feier, Kleidung, eine Mahlzeit*⟩ ↔ aufwendig *„Sie trägt nur schlichte Kleider"* **2** **schlicht (und einfach)** *nur adverbiell* ohne Zweifel ≈ eindeutig *„Das ist schlicht und einfach gelogen"* • *zu* (1) **Schlicht·heit** *die*

**schlich·ten** (*schlichtete, hat geschlichtet*) **(etwas) schlichten** als Unbeteiligter versuchen, einen Streit o. Ä. zu beenden, indem man versucht, Kompromisse zwischen den streitenden Parteien zu finden • *hierzu* **Schlich·ter** *der*

die **Schlich·tung** (-, *-en*) der Versuch einer dritten Person, einen Streit zwischen zwei Personen oder Parteien zu beenden **K** Schlichtungsverfahren

**schlicht·weg** *ADVERB* einfach, eindeutig *„Das ist schlichtweg gelogen!"*

der **Schlick** (*-(e)s*) Schlamm am Boden eines Flusses, eines Sees oder des Meeres

**schlief** *Präteritum, 1. und 3. Person Singular* → schlafen

**schlie·ßen★** (*schloss, hat geschlossen*) ÖFFNUNG, BEHÄLTER, RAUM USW.: **1** **etwas schließen** wenn man etwas schließt, ist es danach zu ≈ zumachen *„Schließt bitte die Fenster und Vorhänge, bevor wir das Licht anmachen"* **2** **etwas schließt sich** wenn sich etwas schließt, ist es danach zu *„Die Tür schloss sich hinter ihr"* **3** **etwas schließt irgendwie** etwas wird/ist auf die genannte Art oder Weise geschlossen *„Das Fenster schließt nicht richtig/nicht dicht"* EHE, FREUNDSCHAFT, VERTRAG: **4** **etwas schließen** etwas offiziell vereinbaren und sich dazu verpflichten ⟨*ein Abkommen, ein Bündnis, einen Vertrag, einen Waffenstillstand schließen*⟩ **5** **Personen schließen Freundschaft** Personen werden Freunde GESCHÄFT, LOKAL USW.: **6** **jemand/etwas schließt (etwas)** wenn ein Geschäft, ein Lokal, eine Firma o. Ä. schließt oder geschlossen wird, geben die Besitzer den Betrieb auf *„Die Gäste blieben aus und wir mussten (das Hotel) schließen"* **7** **jemand/etwas schließt (etwas)** wenn ein Geschäft, ein Museum, eine Behörde usw. schließt oder geschlossen wird, dürfen keine Besucher oder Kunden mehr hinein *„Wir schließen (den Laden) in 10 Minuten"* ANNAHME, SCHLUSSFOLGERUNG: **8** **etwas (aus etwas) schließen** aufgrund der vorhandenen Informationen annehmen, dass etwas der Fall ist ≈ folgern *„Aus seinen Andeutungen konnten wir schließen, dass die Firma finanzielle Schwierigkeiten hat"* **9** **aus/von etwas auf etwas** (*Akkusativ*) **schließen** aufgrund einer Information glauben, etwas zu wissen oder zu kennen *„Man sollte nicht von jemandes Aussehen auf den Charakter schließen"*

das **Schließ·fach★** ein Fach mit einer Tür und einem Schloss (z. B. am Bahnhof, im Schwimmbad, in der Bücherei), in dem man für eine begrenzte Zeit Dinge aufbewahrt

**schließ·lich★** *ADVERB* **1** nach langem Warten, nach langer Arbeit oder Diskussion ≈ endlich *„Sie diskutierten sehr lange, aber schließlich fanden sie doch eine Lösung für ihr Problem"*

*PARTIKEL* **2** *betont und unbetont* verwendet, um etwas nachträglich zu begründen oder erklären *„Du musst schon tun, was er sagt, schließlich ist er dein Chef"* | *„Ich werde mich nicht entschuldigen, schließlich habe ich den Streit nicht angefangen"*

S

**schliff** *Präteritum, 1. und 3. Person Singular* → schleifen

der **Schliff** (-(e)s, -e) **1** *nur Singular* das Schleifen **K** Schliffart **2** die (meist glatte) Oberfläche, die durch Schleifen entsteht ⟨*der Schliff der Diamanten, der Edelsteine*⟩ **K** Glasschliff

**schlimm**★ ADJEKTIV **1** sehr unangenehm ⟨*eine Erfahrung, ein Erlebnis, ein Fehler, Folgen, eine Nachricht, ein Unfall*⟩ *„Die lange Dürre hatte schlimme Auswirkungen auf die Getreideernte"* **2** so, dass eine Tat gegen alle moralischen Prinzipien verstößt ⟨*ein Verbrechen*⟩ ≈ entsetzlich

**schlimms·ten·falls** ADVERB wenn man die Sache von der ungünstigsten Seite betrachtet

die **Schlin·ge**★ (-, -n) die Form, wenn ein Faden, Seil, Draht o. Ä. einen Kreis (um etwas herum) bildet *„den gebrochenen Arm in einer Schlinge tragen"* **K** Drahtschlinge, Seilschlinge; Armschlinge

**schlin·gen** (*schlang, hat geschlungen*) **1** **etwas um etwas schlingen** etwas in Form einer Schlinge um etwas legen *„ein Seil um einen Ast schlingen"* **2** **(etwas) schlingen** etwas sehr schnell essen (ohne richtig zu kauen)

**schlin·gern** (*schlingerte, hat/ist geschlingert*) **etwas schlingert** ein Anhänger o. Ä. bewegt sich beim Fahren nach links und rechts

der **Schlips** (-es, -e) ≈ Krawatte **K** Seidenschlips

der **Schlit·ten** (-s, -) **1** ein Fahrzeug mit zwei Kufen, mit dem man auf Schnee und Eis fahren kann ⟨(*mit dem*) *Schlitten fahren*⟩ **K** Schlittenfahrt; Pferdeschlitten **2** *gesprochen* ein großes und teures Auto

der **Schlitt·schuh** ein Schuh mit einer schmalen Schiene aus Metall, mit dem man über das Eis gleiten kann ⟨*Schlittschuh laufen*⟩ **K** Schlittschuhläufer

der **Schlitz** (-es, -e) **1** eine sehr schmale Öffnung ≈ Spalt *„Bei Automaten wirft man das Geld in einen Schlitz"* **K** Briefkastenschlitz, Türschlitz **2** ein offener Einschnitt an einem Kleidungsstück **K** Rockschlitz

**schloss** *Präteritum, 1. und 3. Person Singular* → schließen

das **Schloss**★ (-es, *Schlös·ser*) **1** mit einem Schloss kann man verhindern, dass andere Personen eine Tür oder einen Behälter öffnen ⟨*das Schloss aufschließen, zuschließen*⟩ **K** Kofferschloss, Türschloss; Zahlenschloss **2** ein großes und wertvolles Gebäude, in dem Könige und Fürsten leben oder lebten *„die Schlösser König Ludwigs II."* **K** Schlossgarten, Schlosspark, Schlossbesichtigung; Königsschloss **i** Im deutschsprachigen Raum und Frankreich heißen solche Gebäude meist *Schloss*, in anderen Ländern meist *Palast*; *Burgen* sind nicht prächtig, sondern dienen dem Schutz vor Feinden **ID** **etwas fällt ins Schloss** etwas schließt sich ⟨*die Tür*⟩; **hinter Schloss und Riegel** ins oder im Gefängnis ⟨*jemanden hinter Schloss und Riegel bringen*⟩

der **Schlos·ser** (-s, -) eine Person, die beruflich aus Metall oder Eisen Produkte herstellt oder Maschinen repariert **K** Schlosserhandwerk; Maschinenschlosser • hierzu **Schlos·se·rin** *die*

der **Schlot** (-(e)s, -e/*Schlö·te*) ein sehr hoher Schornstein (meist bei einer Fabrik) **K** Fabrikschlot

**schlot·tern** (*schlotterte, hat geschlottert*) **(vor etwas** (*Dativ*)**) schlottern** sehr stark zittern, z. B. weil man sehr friert oder große Angst hat ⟨*vor Kälte, vor Angst schlottern; jemandem schlottern die Knie*⟩

die **Schlucht** (-, -en) ein sehr enges und tiefes Tal ⟨*eine tiefe, steile, felsige, dunkle Schlucht*⟩ **K** Bergschlucht, Felsenschlucht

**schluch·zen** (*schluchzte, hat geschluchzt*) wegen starker Gefühle weinen und dabei in kurzen Abständen einatmen, sodass dabei ein Geräusch entsteht ⟨*bitterlich, heftig, fassungslos schluchzen; mit schluchzender Stimme*⟩

der **Schluck**★ (-(e)s, -e) **1** die Menge einer Flüssigkeit, die man auf einmal schluckt ⟨*ein Schluck Wasser, Bier, Kaffee, Milch*⟩ *„ein Schluck kaltes Wasser/kalten Wassers"* **2** das Hinunterschlucken einer kleinen Menge Flüssigkeit *„in hastigen Schlucken trinken"*

der **Schluck·auf** (-s) ein unkontrolliertes Zucken des Zwerchfells, das meist über einen längeren Zeitraum wiederholt vorkommt. Das Atmen wird kurz unterbrochen und dabei kommt ein kurzes Geräusch aus dem Mund. ⟨(*einen*) *Schluckauf bekommen, haben*⟩

**schlu·cken**★ (*schluckte, hat geschluckt*) **1** **(etwas) schlucken** durch Zusammenziehen der Muskeln im Hals und Mund etwas vom Mund in den Magen gelangen lassen ⟨*einen Bissen, ein Medikament, Tabletten schlucken*⟩ *„beim Schwimmen Wasser schlucken"* **2** **etwas schluckt etwas** etwas verbraucht eine große Menge einer Sache *„Sein neues Auto schluckt 14 Liter Benzin auf 100 Kilometer"*

**schlu·dern** (*schluderte, hat geschludert*); *gesprochen, abwertend* eine Arbeit nicht ordentlich und genau machen ≈ schlampen • *hierzu* **schlu·de·rig**, **schlud·rig** *ADJEKTIV*

**schlug** *Präteritum, 1. und 3. Person Singular* → schlagen

**schlum·mern** (*schlummerte, hat geschlummert*) **1** ruhig schlafen **2** **etwas schlummert in jemandem** ein Talent ist bei jemandem vorhanden, jedoch noch nicht entdeckt oder gefördert worden *„In diesem Jungen schlummert eine große musikalische Begabung"*

**schlüp·fen** (*schlüpfte, ist geschlüpft*) **1** **irgendwohin schlüpfen** sich leise, schnell und gewandt irgendwohin bewegen *„heimlich durch die Tür schlüpfen"* **2** **ein Vogel, ein Insekt schlüpft** ein Vogel oder ein Insekt kriecht aus dem Ei, der Puppe oder der Larve *„Das Küken ist geschlüpft"* **3** **in etwas** (*Akkusativ*) **schlüpfen**; **aus etwas schlüpfen** ein Kleidungsstück schnell anziehen/ausziehen *„in den Pulli schlüpfen"* | *„aus dem Hemd schlüpfen"*

der **Schlüp·fer** (-s, -) eine Unterhose für Frauen

das **Schlupf·loch** **1** ein Ort, an dem man sich verstecken kann **2** ein Loch, durch das man/ein Tier irgendwohin schlüpfen kann

**schlüpf·rig** *ADJEKTIV* (in Bezug auf eine Oberfläche) glatt und feucht

der **Schlupf·win·kel** ≈ Schlupfloch

**schlür·fen** (*schlürfte, hat geschlürft*) **(etwas) schlürfen** eine Flüssigkeit mit lautem Geräusch in den Mund saugen *„heiße Suppe/den Tee schlürfen"*

der **Schluss**★ (*-es, Schlüs·se*) ENDE: **1** *nur Singular* der Zeitpunkt, an dem etwas aufhört oder die letzte Phase einer Sache ↔ Anfang *„kurz vor Schluss der Sitzung"* | *„Zum Schluss verbeugte sich der Pianist"* **K** Dienstschluss, Schulschluss **2** *meist Singular* der letzte Teil einer Sache ↔ Anfang *„ein Roman mit einem überraschenden Schluss"* **K** Schlussbericht, Schlussteil **3** **(mit etwas) Schluss machen** aufhören, etwas zu tun *„Machen wir Schluss für heute, ich bin müde"* **4** **eine Person macht Schluss mit jemandem**; **Personen machen Schluss (miteinander)** zwei Personen beenden eine Liebesbeziehung, trennen sich FOLGERUNG: **5** das Ergebnis eines Denkprozesses ⟨*ein falscher, kühner, naheliegender, voreiliger, zwingender Schluss*⟩ *„Die Versicherung kam zu dem Schluss, dass das Haus absichtlich in Brand gesteckt wurde"* **K** Schlussfolgerung **6** **einen Schluss ziehen** durch Nachdenken zu einem Ergebnis kommen **ID** **Schluss jetzt!** verwendet, um jemanden dazu aufzufordern, mit etwas aufzuhören

der **-schluss** *im Substantiv, unbetont, begrenzt produktiv* **Büroschluss, Geschäftsschluss, Ladenschluss, Schalterschluss** *und andere* der Zeitpunkt, an dem etwas geschlossen wird

der **Schlüs·sel**★ (-s, -) **1** einen Schlüssel dreht man in einem Schloss, um eine Tür zu öffnen/verschließen oder ein Auto zu starten ⟨*den Schlüssel ins Schloss/Loch stecken; den Schlüssel herumdrehen, abziehen; der Schlüssel klemmt, passt, steckt* (*im Schloss, in der Tür*)⟩ **K** Schlüsselloch; Autoschlüssel, Hausschlüssel, Schrankschlüssel **2** **der Schlüssel (zu etwas)** das Mittel, durch das etwas erreicht oder etwas verstanden werden kann ⟨*der Schlüssel zum Erfolg, zu einem Problem*⟩ **3** eine festgelegter Plan, nach dem etwas aufgeteilt oder verteilt wird *„der Schlüssel, nach dem die Förderungsgelder verteilt werden"*

das **Schlüs·sel·bein** einer der beiden Knochen, die vorne am Körper vom Hals zur Schulter gehen

der/das **Schlüs·sel·bund** (*-(e)s, -e*) mehrere Schlüssel, die an einem Ring o. Ä. zusammengehalten sind

**schlüs·sel·fer·tig** *ADJEKTIV* fertig gebaut, sodass man sofort einziehen kann ⟨*ein Haus*⟩

**schluss·fol·gern** (*schlussfolgerte, hat geschlussfolgert*) **etwas schlussfolgern** ≈ folgern *„Sie schlussfolgerte, dass er gelogen hatte"* • *hierzu* **Schluss·fol·ge·rung** *die*

**schlüs·sig** *ADJEKTIV* **1** logisch und überzeugend ⟨*eine Argumentation, ein Beweis*⟩ **2** **sich** (*Dativ*) **(über etwas** (*Akkusativ*)**) schlüssig sein** sich in Bezug auf etwas entschieden haben *„Bist du dir schon schlüssig* (*darüber*), *was wir jetzt machen sollen?"*

die **Schluss·leuch·te** ≈ Schlusslicht

das **Schluss·licht** **1** das Licht am hinteren Teil eines Autos o. Ä. ≈ Rücklicht **2** der Letzte in der Tabelle beim Sport

der **Schluss·strich** **einen Schlussstrich unter etwas** (*Akkusativ*) **ziehen** einen unangenehmen Zustand beenden

**schmach·ten** (*schmachtete, hat geschmachtet*); *geschrieben* **1** **irgendwo schmachten** irgendwo unter Hunger, Durst

S

oder Hitze leiden ⟨*im Gefängnis, im Kerker, in der Wüste schmachten*⟩ **2** **nach jemandem/etwas schmachten** sich sehr nach jemandem/etwas sehnen und daran leiden *„nach Freiheit schmachten"*

**schmäch·tig** *ADJEKTIV* dünn und schwach ⟨*eine Gestalt*⟩ *„Er ist klein und schmächtig"*

**schmack·haft** *ADJEKTIV* **1** mit gutem Geschmack ⟨*Essen*⟩ **2** **jemandem etwas schmackhaft machen** etwas so darstellen, dass jemand es für sehr positiv hält oder Lust darauf bekommt

**schmä·hen** (*schmähte, hat geschmäht*) **jemanden/etwas schmähen** *geschrieben* mit Verachtung über jemanden/etwas sprechen oder schimpfen **K** Schmährede, Schmähschrift • *hierzu* **Schmä·hung** *die*

**schmal** ★ *ADJEKTIV* (*schmäler/schmaler, schmälst-/schmalst-*) **1** von relativ geringer Ausdehnung in seitlicher Richtung oder zwischen zwei Seiten ⟨*Hüften, Schultern; ein Bett, ein Fluss, eine Straße*⟩ ↔ breit **2** *geschrieben* nicht ausreichend ⟨*ein Einkommen, eine Kost*⟩

**schmä·lern** (*schmälerte, hat geschmälert*) **1** **etwas schmälern** den Wert einer Sache kleiner machen ⟨*jemandes Erfolg, jemandes Verdienste schmälern*⟩ **2** **etwas schmälern** etwas kleiner machen ⟨*jemandes Einkommen, jemandes Rechte, jemandes Vergnügen*⟩ • *hierzu* **Schmä·le·rung** *die*

das **Schmalz**[1]; (*-es*) eine weiche, weiße Masse, die man aus dem heiß gemachten Fett von Tieren erhält **K** Gänseschmalz, Schweineschmalz

der **Schmalz**[2]; (*-es*); *gesprochen, abwertend* etwas, das sentimental ist • *hierzu* **schmal·zig** *ADJEKTIV*

**schma·rot·zen** (*schmarotzte, hat schmarotzt*) **1** *abwertend* von der Arbeit oder vom Geld anderer Leute leben **2** **ein Tier/eine Pflanze schmarotzt** ein Tier oder eine Pflanze lebt (als Parasit) auf oder in einem anderen Tier oder einer anderen Pflanze und nimmt ihnen Nahrung weg • *hierzu* **Schma·rot·zer** *der*

**schmat·zen** (*schmatzte, hat geschmatzt*) laut essen *„Hör auf zu schmatzen!"*

**schme·cken** ★ (*schmeckte, hat geschmeckt*) **1** **etwas schmecken** mit der Zunge den Geschmack von etwas erkennen oder spüren *„Ich habe sofort geschmeckt, dass die Milch nicht in Ordnung war"* **2** **etwas schmeckt irgendwie; etwas schmeckt nach etwas** etwas ruft das genannte Gefühl im Mund hervor oder hat den genannten Geschmack ⟨*etwas schmeckt gut, salzig, scharf, süß, sauer, bitter, angebrannt*⟩ *„Das Eis schmeckt nach Zitrone"* **3** **etwas schmeckt (jemandem)** etwas ruft (bei jemandem) ein angenehmes Gefühl im Mund hervor *„Der Kaffee schmeckt"* **4** **Lass es dir schmecken/Lasst es euch schmecken!** verwendet, um jemanden freundlich zum Essen aufzufordern

**schmei·cheln** (*schmeichelte, hat geschmeichelt*) **(jemandem) schmeicheln** eine Person übertrieben loben, damit sie freundlich ist oder damit man von ihr gemocht wird ⟨*jemandem mit schönen, vielen Worten schmeicheln*⟩ • *hierzu* **Schmeich·ler** *der*; **Schmeich·le·rin** *die*; **schmeich·le·risch** *ADJEKTIV*

**schmei·ßen** ★ (*schmiss, hat geschmissen*); *gesprochen* **1** **etwas irgendwohin schmeißen** etwas mit einer kräftigen Bewegung des Arms irgendwohin fliegen lassen ≈ werfen *„die Schultasche in die Ecke schmeißen"* **2** **mit etwas (nach jemandem/auf jemanden) schmeißen** etwas in in die Richtung fliegen lassen, in der sich eine Person befindet, um sie zu treffen ⟨*mit Steinen, mit faulen Eiern* (*nach jemandem*) *schmeißen*⟩ ≈ werfen **3** **mit etwas um sich schmeißen** etwas in großer Zahl oder Menge hergeben ⟨*mit Geld, Geschenken um sich schmeißen*⟩ **4** **sich irgendwohin schmeißen** sich mit viel Schwung irgendwohin fallen lassen ⟨*sich aufs Bett, in den Sessel schmeißen*⟩

**schmel·zen** (*schmilzt, schmolz, hat/ist geschmolzen*) **1** **etwas schmelzen** (*hat*) durch Wärme oder Hitze etwas Festes flüssig machen ⟨*Eis, Eisen, Gold, Silber schmelzen*⟩ **2** **etwas schmilzt** (*ist*) etwas wird durch Wärme oder Hitze flüssig *„In der Sonne ist der Schnee schnell geschmolzen"*

der **Schmerz** ★ (*-es, -en*) **1** *meist Plural* das unangenehme Gefühl im Körper, wenn man verletzt oder krank ist ⟨*ein bohrender, brennender, dumpfer, stechender Schmerz; ein Schmerz durchfährt jemanden, lässt nach, klingt ab; Schmerzen betäuben, lindern*⟩ *„Er hatte heftige Schmerzen im Bauch"* **K** Schmerztablette; Bauchschmerzen, Kopfschmerzen, Zahnschmerzen **2** **der Schmerz (über etwas** (*Akkusativ*)**)** *meist Singular* das Gefühl, wenn man sehr traurig ist oder psychisch unter etwas leidet ≈ Leid *„aus Schmerz über einen Verlust weinen"* **K** Abschieds-

S

schmerz

**schmẹr·zen** (*schmerzte, hat geschmerzt*) **1** **etwas schmerzt** etwas verursacht bei jemandem Schmerzen *„Mein gebrochenes Bein schmerzt"* **2** **etwas schmerzt jemanden** etwas macht jemanden sehr traurig *„Es schmerzt mich, dich so leiden zu sehen"*

das **Schmẹr·zens·geld** *meist Singular* Geld, das jemand für Schmerzen bekommt, die eine andere Person verursacht hat

**schmẹrz·haft** *ADJEKTIV* **1** mit großen körperlichen Schmerzen ‹*eine Behandlung, eine Krankheit, eine Wunde*› **2** mit großen seelischen Schmerzen ‹*eine Erfahrung, eine Trennung*›

**schmẹrz·lich** *ADJEKTIV* so, dass jemand dabei Trauer und Schmerz fühlt ‹*eine Erfahrung, eine Erinnerung, ein Verlust; jemanden/etwas schmerzlich vermissen*› *„Er hat die schmerzliche Erinnerung an seine Frau einfach nicht verkraftet"*

**schmẹrz·stil·lend** *ADJEKTIV* so, dass es körperliche Schmerzen beseitigt ‹*ein Mittel; etwas wirkt schmerzstillend*›

der **Schmẹt·ter·ling**★ (-s, -e) **1** ein Insekt mit großen, meist schönen, bunten Flügeln ‹*ein Schmetterling flattert*› *„Die Raupe verpuppt sich, und aus der Puppe schlüpft dann der Schmetterling"* **2** *ohne Artikel, nur Singular* ein Schwimmstil, bei dem man beide Arme gleichzeitig aus dem Wasser schwingt und die (geschlossenen) Beine wellenförmig bewegt ≈ Delfin **K** Schmetterlingsstil

**schmẹt·tern** (*schmetterte, hat geschmettert*) **jemanden/etwas irgendwohin schmettern** jemanden/etwas mit großer Kraft irgendwohin stoßen oder werfen *„Der Sturm schmetterte das Schiff gegen die Felsen"*

der **Schmi̱ed** (-(e)s, -e) eine Person, die beruflich Metall, vor allem Eisen, bearbeitet und formt, nachdem sie es stark erhitzt hat *„Der Schmied steht am Amboss"* **K** Goldschmied, Hufschmied, Kunstschmied • *hierzu* **Schmi̱e·din** *die*

die **Schmi̱e·de** (-, -n) das Haus oder der Betrieb, in dem ein Schmied arbeitet

**schmi̱e·gen** (*schmiegte, hat geschmiegt*) **etwas/sich irgendwohin schmiegen** einen Körperteil/sich gegen jemanden oder etwas Weiches, Warmes drücken, weil man zärtlich sein will oder damit man sich sicher und wohl fühlt ‹*sich in jemandes Arme, eng an jemanden, in eine Decke schmiegen*› *„Das Mädchen schmiegte die Wange an das weiche Fell der Katze"* ❶ kein Passiv

die **Schmi̱e·re** (-, -n); *meist Singular* Fett oder Öl, mit dem man etwas schmiert

**schmi̱e·ren**★ (*schmierte, hat geschmiert*) **1** **etwas schmieren** Fett oder Öl auf Teile einer Maschine oder eines Geräts geben, damit diese sich leichter und schneller bewegen ‹*eine Fahrradkette, eine Maschine, die Räder schmieren*› **K** Schmiermittel, Schmieröl **2** **etwas irgendwohin schmieren** *gesprochen* eine weiche Masse mit dem Messer oder der Hand verteilen ‹*Butter, Honig, Schmalz aufs Brot schmieren; sich (Dativ) Creme ins Gesicht, Pomade ins Haar schmieren*› ≈ streichen **3** **jemanden schmieren** *gesprochen, abwertend* jemanden bestechen *„Die beiden Polizisten waren geschmiert worden"* **K** Schmiergeld **4** **jemandem eine schmieren** *gesprochen* eine Person mit der Hand ins Gesicht schlagen **5** **(etwas) schmieren** *gesprochen, abwertend* einen Text schnell und ohne Sorgfalt schreiben (so dass er schwer zu lesen ist) *„Schmier doch nicht immer so!"* **K** Schmierpapier, Schmierzettel • *zu* (5) **Schmi̱e·rer** *der*

**schmi̱e·rig** *ADJEKTIV* **1** schmutzig und feucht oder klebrig ‹*eine Schmutzschicht*› *„Von dem verspritzten Fett ist der Herd ganz schmierig"* **2** *abwertend* auf unehrliche und unangenehme Art freundlich ‹*ein Kerl, ein Typ; schmierig grinsen*›

**schmịlzt** *Präsens, 3. Person Singular* → schmelzen

die **Schmịn·ke**★ (-) ein Puder oder eine Creme, die eine Frau oder ein Schauspieler auf das Gesicht aufträgt, um besser oder anders auszusehen ‹*Schminke auftragen, benutzen, abmachen*› ≈ Make-up **K** Schminktisch; Clownsschminke, Karnevalsschminke

**schmịn·ken**★ (*schminkte, hat geschminkt*) **jemanden/etwas schminken**; **jemandem etwas schminken** Schminke oder Make-up auftragen ‹(*sich* (*Dativ*)) *die Augen, die Lippen, das Gesicht schminken*› *„einen Schauspieler für den Auftritt schminken"* | *„Sie schminkt sich immer sehr stark"*

**schmịss** *Präteritum, 1. und 3. Person Singular* → schmeißen

der **Schmö̱·ker** (-s, -); *gesprochen* ein dickes, literarisch meist nicht wertvolles Buch

**schmö̱·kern** (*schmökerte, hat geschmökert*)

**(in etwas** (*Dativ*)**) schmökern** *gesprochen* in einem Buch blättern und lesen

**schmol·len** (*schmollte, hat geschmollt*) schweigen und ein beleidigtes Gesicht machen, weil man sich über jemanden ärgert **K** Schmollmund

**schmolz** *Präteritum, 1. und 3. Person Singular* → schmelzen

**schmo·ren** (*schmorte, hat geschmort*) **etwas schmoren** etwas kurze Zeit braten und dann zudecken und mit wenig Flüssigkeit gar werden lassen ⟨*einen Braten, Fleisch im eigenen Saft schmoren*⟩ **K** Schmorbraten

der **Schmuck**★ (-(*e*)*s*) **1** Dinge wie Ketten, Ringe, Armreifen o. Ä., die man am Körper trägt, um schöner auszusehen oder den eigenen Reichtum deutlich zu zeigen ⟨*kostbarer, echter, goldener, silberner Schmuck; Schmuck anlegen, tragen, ablegen*⟩ **K** Schmuckkästchen, Schmuckstück; Goldschmuck, Modeschmuck **2** alles, was eine Person oder eine Sache schöner macht *„Ihr einziger Schmuck waren ihre langen schwarzen Haare"* **K** Blumenschmuck, Christbaumschmuck • *zu* (2) **schmuck·los** *ADJEKTIV*

**schmü·cken**★ (*schmückte, hat geschmückt*) **etwas schmücken** sich selbst oder eine Sache schöner machen, indem man schöne Gegenstände hinzufügt bzw. trägt *„einen Tisch mit Blumen schmücken"*

**schmud·de·lig** *ADJEKTIV; gesprochen* schmutzig und nicht gepflegt ⟨*Kleider, ein Hemd, ein Restaurant, ein Lokal; schmuddelig aussehen*⟩

das **Schmud·del·wet·ter** *gesprochen* unangenehm regnerisches Wetter ⟨*herbstliches, winterliches, nasskaltes Schmuddelwetter*⟩

der **Schmug·gel**★ (-*s*) die Handlungen, durch die jemand Waren illegal über eine Landesgrenze bringt ⟨(*mit etwas*) *Schmuggel* (*be*)*treiben; vom Schmuggel leben*⟩ **K** Drogenschmuggel, Rauschgiftschmuggel, Waffenschmuggel

**schmug·geln** (*schmuggelte, hat geschmuggelt*) **(jemanden/etwas) (irgendwohin) schmuggeln** Personen oder Waren illegal in ein Land bringen oder aus einem Land ausführen ⟨*Drogen, Waffen, Geld, Tabak, Zigaretten schmuggeln*⟩ **K** Schmuggelware

der **Schmugg·ler** (-*s*, -) eine Person, die schmuggelt **K** Drogenschmuggler, Waffenschmuggler

**schmun·zeln** (*schmunzelte, hat geschmunzelt*) **(über jemanden/etwas) schmunzeln** lächeln, weil man jemanden/etwas lustig oder amüsant findet

**schmu·sen** (*schmuste, hat geschmust*) **(mit jemandem) schmusen** *gesprochen* jemanden zärtlich streicheln, küssen *„mit den Kindern schmusen"* • *hierzu* **Schmu·ser** *der;* **Schmu·se·rin** *die*

der **Schmutz**★ (-*es*) Substanzen wie z. B. nasse Erde oder Staub, Ruß usw., die bewirken, dass eine Person oder Sache nicht sauber ist ⟨*den Schmutz entfernen; etwas von Schmutz befreien, reinigen*⟩ *„den Schmutz von den Schuhen putzen"* **K** Schmutzfleck, Schmutzschicht; Straßenschmutz **ID** **jemanden/etwas durch/in den Schmutz ziehen**, **jemanden/etwas mit Schmutz bewerfen** schlechte Dinge über jemanden/etwas sagen

**schmut·zig**★ *ADJEKTIV* **1** voller Schmutz ⟨*Hände, Kleidung, die Wäsche*⟩ **2** so, dass dabei viel Schmutz entsteht ⟨*eine Arbeit*⟩ **3** so, dass sie auf unangenehme Art mit Sex zu tun haben ⟨*Witze, Bemerkungen*⟩ *„Du hast eine schmutzige Fantasie"* **4** verboten oder unmoralisch ⟨*Geschäfte*⟩

der **Schna·bel**★ (-*s*, *Schnä·bel*) **1** der Teil des Kopfes, mit dem Vögel die Nahrung aufnehmen ⟨*ein gekrümmter, breiter Schnabel*⟩ **K** Entenschnabel **2** *süddeutsch* Ⓐ Ⓒⓗ die schmale Öffnung an einer Kanne, aus der man die Flüssigkeit gießt *„der Schnabel einer Teekanne"* **K** Schnabeltasse • *zu* (1) **schna·bel·för·mig** *ADJEKTIV*

die **Schna·ke** (-, -*n*) eine große Mücke mit dünnem Körper und langen, dünnen Beinen und Flügeln ≈ Stechmücke **K** Schnakenplage, Schnakenstich

die **Schnal·le** (-, -*n*) **1** mit einer Schnalle (aus Metall oder Plastik) zieht man einen Riemen oder einen Gürtel enger **K** Gürtelschnalle **2** *süddeutsch* Ⓐ ≈ Klinke

**schnal·len** (*schnallte, hat geschnallt*) **1** **(sich** (*Dativ*)**) etwas irgendwohin schnallen** etwas mit Riemen oder mit Schnüren irgendwo befestigen *„den Koffer aufs Fahrrad schnallen"* **2** **etwas schnallen** *gesprochen* ≈ verstehen, kapieren

**schnal·zen** (*schnalzte, hat geschnalzt*) **(mit etwas) schnalzen** ein kurzes lautes Geräusch (wie einen kleinen Knall) erzeugen ⟨*mit der Zunge, mit den Fingern, mit der Peitsche schnalzen*⟩ **K** Schnalzlaut

S

**schnạpp!** verwendet, um das Geräusch wiederzugeben, mit dem z. B. eine Tür ins Schloss fällt

das **Schnạ̈pp·chen** (-s, -) etwas, das man zu einem sehr günstigen Preis kaufen kann

**schnạp·pen★** (*schnappte, hat/ist geschnappt*) **1** **(sich** (*Dativ*)**) jemanden/etwas schnappen** (*hat*) jemanden/etwas mit einer schnellen Bewegung nehmen und behalten ≈ packen *„Der Taschendieb schnappte meine Geldbörse und rannte davon"* **2** **ein Tier schnappt ein Insekt** *o. Ä.* (*hat*) ein Tier nimmt mit einer schnellen Bewegung ein Insekt o. Ä. mit dem Maul, meist um es zu fressen *„Der Frosch schnappte die Fliege"* **3** **jemanden schnappen** *gesprochen* (*hat*) ⟨*einen Dieb, einen Einbrecher schnappen*⟩ ≈ festnehmen, fangen **4** **ein Tier schnappt nach jemandem/etwas** (*hat*) ein Tier versucht mit einer schnellen Bewegung, jemanden/etwas mit dem Maul zu fangen *„Die Kinder fürchten sich vor dem kleinen Hund, weil er immer nach ihnen schnappt"* **5** **nach Luft schnappen** (*hat*) angestrengt versuchen, zu atmen **ID** **(ein bisschen) frische Luft schnappen** nach draußen gehen, um frische Luft zu bekommen

der **Schnạpp·schuss** ein Foto, bei welchem die Beteiligten nicht extra posieren, sondern etwas ganz natürlich machen ⟨*einen Schnappschuss von jemandem machen*⟩

der **Schnạps★** (*-es, Schnäp·se*) ein starkes alkoholisches Getränk, das aus Obst, Kartoffeln oder Getreide gemacht wird ⟨*Schnaps brennen*⟩ **K** Schnapsglas

die **Schnạps·idee** eine unrealistische, verrückte Idee

die **Schnạps·zahl** Schnapszahlen bestehen aus mehreren gleichen Ziffern *„Der Karneval beginnt mit einer Schnapszahl, am 11.11. um 11:11 Uhr"*

**schnạr·chen** (*schnarchte, hat geschnarcht*) mit einem (lauten) Geräusch durch die Nase und durch den Mund atmen, während man schläft

**schnạt·tern** (*schnatterte, hat geschnattert*) **Gänse/Enten schnattern** Gänse oder Enten geben (aufgeregt) die Laute von sich, die typisch für ihre Art sind

**schnau·ben** (*schnaubte/ veraltend schnob, hat geschnaubt/ veraltend hat geschnoben*) **ein Pferd schnaubt** ein Pferd macht ein lautes Geräusch, indem es kräftig durch die Nase atmet

**schnau·fen** (*schnaufte, hat geschnauft*) schwer und laut atmen *„Auf dem Weg zum Gipfel kamen wir alle ganz schön ins Schnaufen"*

die **Schnau·ze★** (-, *-n*) **1** das lange Maul mancher Tiere, das zusammen mit der Nase ein Ganzes bildet *„dem Hund einen Maulkorb über die Schnauze binden"* **K** Hundeschnauze **2** *gesprochen!, abwertend* ≈ Mund

**schnäu·zen** (*schnäuzte sich, hat sich geschnäuzt*) **sich schnäuzen** Luft kräftig durch die Nase pressen, damit die Flüssigkeit aus der Nase kommt

die **Schnẹ·cke** (-, *-n*) **1** ein kleines Tier mit einem weichen Körper und ohne Beine, das nur sehr langsam kriecht. Manche Schnecken haben eine harte, runde Schale (das Schneckenhaus) auf dem Rücken, in der sie sich verstecken können **K** Nacktschnecke, Weinbergschnecke **2** etwas mit der Form einer Spirale (wie bei einem Schneckenhaus) *„die Schnecke am Hals einer Geige"* **3** ein Gebäck in der Form einer Spirale **K** Mohnschnecke, Nussschnecke

das **Schnẹ·cken·haus** die harte Schale, die manche Schnecken auf dem Rücken tragen und die wie eine Spirale gewunden ist

der **Schnee★** (*-s*) **1** die weißen, weichen Flocken, die im Winter statt Regen auf die Erde fallen ⟨*es fällt Schnee*⟩ *„Auf der Zugspitze liegen/liegt bereits zwei Meter Schnee"* **K** Schneeball, Schneeflocke, Schneeschaufel, Schneesturm; Pulverschnee **i** Als Plural wird *Schneefälle* verwendet. → Abbildung, S. 832: **In den Bergen** **2** steif geschlagenes Eiweiß ⟨*das Eiweiß zu Schnee schlagen*⟩ **K** Ei(er)schnee **3** *gesprochen* Kokain in Form eines weißen Pulvers

der **Schnee·be·sen** ein Gerät mit einem Stiel und gebogenen Drähten, mit dem man Eiweiß zu einer lockeren Masse schlägt

das **Schnee·glöck·chen** (-s, -) eine kleine Blume mit weißen Blüten in der Form kleiner Glocken, die schon im Winter blüht

die **Schnee·ka·no·ne** ein Gerät, mit dem man künstlich Schnee erzeugt (damit man Ski fahren kann)

die **Schnee·ket·ten** *Plural* ein Netz aus Metallketten, die man über die Räder eines Autos o. Ä. spannt, damit sie nicht rutschen **K** Schneekettenpflicht

der **Schnee·mann** eine Figur, die aus Schnee gemacht wird ⟨*einen Schneemann bauen*⟩

der **Schnee·pflug** ein Gerät, mit dem man

S

Schnee, der auf der Straße liegt, zur Seite schiebt

die **Schn<u>ei</u>·de** (-, -*n*) der dünne, scharfe Teil eines Messers, einer Schere o. Ä., der schneidet ⟨*eine scharfe, stumpfe Schneide; die Schneide schleifen, schärfen*⟩

**schn<u>ei</u>·den**★ (*schnitt, hat geschnitten*) <u>MIT MESSER, SCHERE USW.:</u> **1 etwas (in etwas** (*Akkusativ*)**) schneiden** etwas mit einem Messer, einer Schere o. Ä. in Teile trennen ⟨*etwas klein schneiden*⟩ *„Wurst in Scheiben, in Stücke, in Würfel oder in Streifen schneiden"* **2 etwas schneiden** etwas mit einem Messer, einer Schere o. Ä. von etwas trennen ⟨*Blumen, Getreide schneiden*⟩ *„eine Annonce aus der Zeitung schneiden"* **3 etwas schneiden** etwas mit einem Messer, einer Schere oder einer Säge herstellen ⟨*Balken, Bretter schneiden*⟩ *„ein Loch ins Tischtuch schneiden"* **4 (jemandem) etwas schneiden** etwas mit einem Messer, einer Schere o. Ä. kürzer machen ⟨*die Hecke, die Sträucher; jemandem die Haare, die Nägel schneiden*⟩ *„Ich muss mir mal wieder die Haare schneiden lassen"* **5 jemanden (in etwas** (*Akkusativ*)**) schneiden; jemandem in etwas** (*Akkusativ*) **schneiden** jemanden oder sich selbst mit einem Messer oder mit einer Schere verletzen *„Pass auf, dass du dich an den Glasscherben nicht schneidest"* | *„Ich habe mich/mir in den Daumen geschnitten"* <u>BEIM FAHREN:</u> **6 eine Kurve schneiden** auf dem kürzesten Weg durch eine Kurve fahren <u>ANDERE VERWENDUNGEN:</u> **7 etwas schneidet gut/schlecht** ein Messer, eine Schere o. Ä. ist scharf/ist nicht scharf **8 etwas schneiden** aus Teilen von Filmen oder Tonaufnahmen die Version machen, die das Publikum sehen oder hören soll **9 etwas schneidet etwas; Linien** *o. Ä.* **schneiden sich** Linien o. Ä. treffen sich in einem Punkt, kreuzen sich *„Parallelen sind Geraden, die sich nicht schneiden"* **10 jemanden schneiden** eine Person absichtlich nicht ansehen und nicht mit ihr sprechen ≈ ignorieren *„Seit unserem kleinen Streit schneidet sie mich"* **11 Fratzen/ Grimassen schneiden** sein Gesicht so verziehen, dass es lächerlich oder abstoßend aussieht

der **Schn<u>ei</u>·der** (-*s*, -) eine Person, die beruflich aus Stoff Kleider, Mäntel, Jacken usw. macht **K** Schneidermeister • *hierzu* **Schn<u>ei</u>·de·rin** *die*

die **Schnei·de·r<u>ei</u>**★ (-, -*en*) **1** die Werkstatt, in der ein Schneider arbeitet **K** Änderungsschneiderei, Damenschneiderei, Herrenschneiderei, Maßschneiderei **2** *nur Singular* die Tätigkeit eines Schneiders

**schn<u>ei</u>·dern** (*schneiderte, hat geschneidert*) **(etwas) schneidern** (als Schneider) Kleider, Mäntel usw. machen ⟨*einen Anzug, ein Kostüm schneidern*⟩

der **Schn<u>ei</u>·der·sitz** *meist Singular* eine Sitzposition (vor allem am Boden), bei der man die Beine wie ein *X* übereinanderlegt

der **Schn<u>ei</u>·de·zahn** *meist Plural* einer der dünnen, breiten und scharfen Zähne vorne im Mund

**schn<u>ei</u>·en**★ (*schneite, hat geschneit*) **es schneit** Schnee fällt ⟨*es schneit heftig, stark, dicht, leicht*⟩

die **Schn<u>ei</u>·se** (-, -*n*) ein meist langer und schmaler Streifen (vor allem in einem Wald), in welchem die Bäume und Büsche entfernt wurden ⟨*eine Schneise* (*in den Wald*) *schlagen, hauen*⟩ **K** Waldschneise

**schnẹll**★ ADJEKTIV **1** mit hoher Geschwindigkeit ≈ rasch ↔ langsam *„zu schnell in eine Kurve fahren"* | *„Wenn du so schnell sprichst, verstehe ich dich nicht"* **2** so, dass es nur wenig Zeit braucht ≈ rasch *„schnell auf ein Ereignis reagieren"* | *„Die Nachricht breitete sich schnell aus"* **K** blitzschnell **3** so (gebaut), dass hohe Geschwindigkeiten möglich sind ⟨*ein Auto, ein Fahrrad, eine Straße, eine Strecke*⟩ ↔ langsam • *hierzu* **Schnẹl·lig·keit** *die*

die **Schnẹl·le** **ID auf die Schnelle** *gesprochen* **a** ohne es genau und sorgfältig zu machen **b** in kurzer Zeit

**schnẹl·len** (*schnellte, ist geschnellt*) **1 irgendwohin schnellen** sich schnell und plötzlich irgendwohin (meist nach oben) bewegen ⟨*in die Höhe, aus dem Wasser, in die Luft, durch die Luft schnellen*⟩ ≈ springen **2 etwas schnellt in die Höhe, nach oben** der (finanzielle) Wert, der Umfang o. Ä. einer Sache steigt in kurzer Zeit stark ⟨*die Preise, die Nachfrage*⟩ *„Der Dollarkurs schnellte innerhalb weniger Tage kräftig in die Höhe"*

der **Schnẹll·im·biss** ein Restaurant, in dem man das Essen sofort bekommt

**schnẹll·le·big** ADJEKTIV so, dass sich alles schnell verändert und nichts von Dauer ist ⟨*eine Zeit, eine Epoche*⟩

**schnẹlls·tens** ADVERB so schnell wie möglich *„Der Auftrag muss schnellstens erledigt werden"*

der **Schnịck·schnack** (-*s*); *gesprochen, meist*

S

*abwertend* **1** überflüssige, wertlose Gegenstände **2** sinnloses Gerede

**schnipp!** verwendet, um das Geräusch einer Schere wiederzugeben

das **Schnipp·chen** **ID** **jemandem ein Schnippchen schlagen** *gesprochen* verhindern, dass jemand etwas tun kann

**schnip·peln** (*schnippelte, hat geschnippelt*) **(etwas) schnippeln** *besonders norddeutsch* ≈ schneiden

**schnip·pen** (*schnippte, hat geschnippt*) **1** **etwas irgendwohin schnippen** etwas mit einer schnellen Bewegung eines Fingers irgendwohin befördern *„die Brotkrümel vom Tisch schnippen"* **2** **(mit den Fingern) schnippen** einen Finger mit einer schnellen Bewegung am Daumen reiben und so ein Geräusch erzeugen ≈ schnalzen

**schnip·pisch** ADJEKTIV; *abwertend* ohne Respekt und ein bisschen frech ⟨*eine Bemerkung, eine Antwort*⟩ ❶ meist auf Mädchen bezogen

der/das **Schnip·sel** (*-s, -*) ein kleines Stück Stoff oder Papier, das jemand abgeschnitten hat oder das abgerissen wurde

**schnitt** *Präteritum, 1. und 3. Person Singular* → schneiden

der **Schnitt★** (*-(e)s, -e*) **1** die Handlung, bei der man etwas schneidet *„mit einem Schnitt einen Apfel teilen"* **2** eine Öffnung oder eine Wunde, die durch Schneiden entstanden ist *„Sie hat einen tiefen Schnitt im Finger"* **K** Schnittwunde **3** die Form eines Kleidungsstücks oder einer Frisur ⟨*ein flotter, eleganter, modischer Schnitt*⟩ **K** Haarschnitt **4** **ein Schnitt (für etwas)** ein Stück Papier, nach dessen Form man Stoff für Kleidungsstücke schneidet **K** Schnittmuster **5** eine Zeichnung, die den inneren Aufbau einer Figur so zeigt, als hätte man sie in zwei Teile geschnitten **K** Längsschnitt, Querschnitt **6** das Schneiden und Zusammenfügen von Filmmaterial, wodurch der endgültige Film entsteht **7** *gesprochen* ⟨*im Schnitt*⟩ ≈ Durchschnitt *„Er hatte (im Zeugnis) einen Schnitt von 1,3"*

die **Schnit·te★** (*-, -n*); *norddeutsch* eine Scheibe Brot **K** Butterschnitte, Käseschnitte

der **Schnitt·lauch** *nur Singular* eine Pflanze in der Form von dünnen grünen Röhren, die man klein schneidet, um damit Salate und Suppen zu würzen

der **Schnitt·punkt** der Punkt, an dem sich zwei oder mehrere Linien treffen

die **Schnitt·stel·le** eine Schnittstelle ist nötig, damit Daten zwischen Computern, Programmen und zusätzlichen Geräten wie Drucker, Bildschirm usw. ausgetauscht werden können **K** Druckerschnittstelle

der **Schnitz** (*-es, -e*); *süddeutsch* ein kleines Stück von einem Apfel, einer Orange o. Ä. **K** Apfelschnitz

das **Schnit·zel★** (*-s, -*) **1** eine dünne Scheibe Fleisch ohne Knochen, die man meist in heißem Fett brät **K** Hähnchenschnitzel, Schweineschnitzel **2** **Wiener Schnitzel** eine dünne, panierte Scheibe Kalbfleisch, die in viel Fett gebraten wird ❶ Schnitzel aus Schweinefleisch werden in der gesprochenen Sprache ebenfalls *Wiener Schnitzel* genannt. **3** *auch: der Schnitzel* eines von vielen kleinen, unregelmäßigen Stücken Papier oder Holz **K** Hackschnitzel, Papierschnitzel

**schnit·zen** (*schnitzte, hat geschnitzt*) **(etwas) schnitzen** durch Schneiden und Schaben mit speziellen Messern meist aus einem Stück Holz einen Gegenstand machen *„einen Engel schnitzen"*

der **Schnit·zer** (*-s, -*) **1** eine Person, die beruflich schnitzt **K** Holzschnitzer **2** ein Fehler, den man macht, weil man nicht aufmerksam ist ⟨*ein grober Schnitzer*⟩ • *zu* (1) **Schnit·ze·rin** *die*

die **Schnit·ze·rei** (*-, -en*) eine Figur, die aus Holz geschnitzt ist *„afrikanische Schnitzerei"* **K** Elfenbeinschnitzerei, Holzschnitzerei

der **Schnor·chel** (*-s, -*) ein Rohr, durch das ein Taucher unter Wasser Luft bekommt • *hierzu* **schnor·cheln** (*hat*)

**schnor·ren** (*schnorrte, hat geschnorrt*) **(etwas) (von jemandem) schnorren** *gesprochen* eine Person (immer wieder) um kleine Geldsummen, Zigaretten o. Ä. bitten, die man ihr nicht zurückgibt • *hierzu* **Schnor·rer** *der*

**schnüf·feln** (*schnüffelte, hat geschnüffelt*) **1** **ein Hund o. Ä. schnüffelt** ein Hund o. Ä. atmet die Luft mit einem Geräusch mehrere Male und kurz hintereinander durch die Nase ein, um etwas zu riechen **2** **(in etwas (***Dativ***)) schnüffeln** *gesprochen, abwertend* im privaten Bereich von jemandem etwas suchen, ohne dass man die Erlaubnis dazu hat ⟨*in jemandes Zimmer, Taschen, Papieren schnüffeln*⟩ *„Er schnüffelte in alten Briefen seiner Frau"* **3** **(etwas) schnüffeln** (als Ersatz für Drogen) an Klebstoff riechen • *zu* (2,3) **Schnüff·ler** *der*; *zu* (2,3) **Schnüff·le·rin** *die* der **Schnul·ler** (-s, -) einen Schnuller steckt man einem Baby in den Mund, damit es daran saugen kann und ruhig wird

**schnup·fen** (*schnupfte, hat geschnupft*) **(etwas) schnupfen** Tabak o. Ä. in Form eines feinen Pulvers in die Nase ziehen ⟨*Tabak schnupfen*⟩ K Schnupftabak

der **Schnup·fen★** (-s) eine leichte Erkrankung, bei der sich Flüssigkeit, Schleim in der Nase bildet ⟨*sich (Dativ) einen Schnupfen holen; einen Schnupfen bekommen, haben*⟩

**schnup·pern** (*schnupperte, hat geschnuppert*) **ein Hund o. Ä. schnuppert (an jemandem/etwas)** ein Hund o. Ä. schnüffelt *„Ich wollte der Katze etwas zu fressen geben, aber sie schnupperte nur daran"*

die **Schnur★** (-, *Schnü·re*) **1** ein ziemlich dicker, fester Faden, mit dem man Dinge festmacht oder Pakete bindet **2** *gesprochen* ein elektrisches Kabel an einem Haushaltsgerät • *zu* (2) **schnur·los** *ADJEKTIV*

**schnü·ren** (*schnürte, hat geschnürt*) **etwas schnüren** etwas mit einer Schnur so befestigen, dass es nicht aufgeht ⟨*die Schuhe, die Stiefel, ein Paket schnüren*⟩ ≈ binden

**schnur·los** *ADJEKTIV* **ein schnurloses Telefon** ein Telefon, das über Funk mit einer Telefonanlage verbunden ist

der **Schnurr·bart** ein kleiner Bart zwischen Nase und Mund • *hierzu* **schnurr·bär·tig** *ADJEKTIV*

**schnur·ren** (*schnurrte, hat geschnurrt*) **eine Katze schnurrt** eine Katze macht das Geräusch, das für sie typisch ist, wenn sie sich sehr wohl fühlt

der **Schnür·sen·kel** (-s, -) die Schnur, mit der man Schuhe zubindet

**schob** *Präteritum, 1. und 3. Person Singular* → schieben

der **Schock★** (-(e)s, -s) **1** **ein Schock (für jemanden)** eine seelische Erschütterung, die durch ein unerwartetes und sehr unangenehmes Ereignis entsteht ⟨*ein leichter, schwerer Schock; einen Schock erleiden*⟩ *„Die Kündigung war ein Schock für ihn"* **2** der Zustand (vor allem nach einem Unfall), in dem jemand ganz anders als normalerweise reagiert ⟨*unter Schock stehen*⟩

**scho·cken** (*schockte, hat geschockt*) **(jemanden) schocken** *gesprochen* ≈ schockieren

**scho·ckie·ren** (*schockierte, hat schockiert*) **eine Person/Sache schockiert (jemanden)** eine Person oder Sache ruft in jemandem plötzlich sehr unangenehme Gefühle hervor (vor allem weil sie die Regeln der Moral verletzt oder weil etwas Schlimmes passiert) *„Ihre obszöne Art zu reden hat uns alle schockiert"*

**scho·ckiert** *ADJEKTIV* **schockiert (über jemanden/etwas)** ≈ empört, entsetzt

der **Schöf·fe** (-n, -n) eine Person, die ehrenamtlich zusammen mit anderen Leuten und einem Richter Fälle bei Gericht entscheidet, aber kein Jurist ist K Schöffengericht • *hierzu* **Schöf·fin** *die*

**Scho·ko-** *im Substantiv, betont, begrenzt produktiv; gesprochen* **das Schokoeis, der Schokoguss, der Schokokeks, der Schokoriegel, der Schokopudding** *und andere* aus Schokolade, mit (dem Geschmack von) Schokolade

der **Scho·ko·kuss** ein Stück Waffel mit weißem Zuckerschaum und Schokoladenüberzug

die **Scho·ko·la·de★** (-) **1** eine feste, süße, meist braune Substanz aus Milch, Kakao und Zucker ⟨*ein Stück, eine Tafel, ein Riegel Schokolade*⟩ K Schokoladeneis, Schokoladenpudding, Schokoladentorte; Milchschokolade, Nussschokolade **2** ein Getränk aus (heißer) Milch und Pulver aus Schokolade ⟨*heiße Schokolade*⟩ K Trinkschokolade

der **Scho·ko·rie·gel** eine klebrige Süßigkeit mit Schokolade in Form eines kurzen Stabes

die **Schol·le** (-, -n) **1** ein großes Stück Eis, das auf dem Wasser schwimmt (meist auf einem Fluss, einem See oder dem Meer) K Eisscholle **2** ein flacher, essbarer Fisch, der in der Nordsee und im Atlantik lebt

**schon, schon★** *ADVERB* ZEIT: **1** drückt aus, dass etwas sehr früh oder früher als erwartet geschieht ↔ erst *„Letztes Jahr schneite es schon im Oktober" | „Wir wollten uns erst um 8 Uhr treffen, aber er war schon um 7 Uhr da"* **2** drückt aus, dass etwas später als erwartet geschieht ↔ erst *„Es war schon Januar, als es endlich schneite"* **3** drückt aus, dass eine Handlung zum genannten Zeitpunkt abgeschlossen ist ↔ noch nicht *„Als wir das Auto ansehen wollten, war es schon verkauft"* **4** in der Vergangenheit, vor dem jetzigen Zeitpunkt oder vor einem anderen Ereignis ↔ noch nicht *„Warst du schon (einmal) in Japan?"* MENGE: **5** drückt aus, dass eine Menge größer als normal oder als erwartet ist ≈ bereits *„Wo bleibst du denn? Ich warte schon seit zwei Stunden auf*

S

*dich!"*
PARTIKEL VERSTÄRKUNG: **6** *unbetont* verwendet, um eine Aussage zu verstärken ≈ wirklich *„Er hat schon Glück gehabt, dass er bei dem Unfall nicht verletzt wurde"* **7** *unbetont* verwendet, wenn sich jemand beeilen oder etwas tun soll, aber zögert ≈ endlich *„Los, komm schon, in zehn Minuten geht unser Zug"* **8** *unbetont* drückt aus, dass man dringend auf etwas wartet *„Wenn (es) nur schon morgen wäre!"* ⓘ Das Verb steht immer im Konjunktiv II. **9** *unbetont* verwendet, wenn man jemandem Mut machen will *„Keine Angst, das schaffst du schon!"* **10** *betont* verwendet, um einer negativ formulierten Frage oder Behauptung zu widersprechen *„Weiß niemand die Antwort?/Die Antwort weiß bestimmt keiner." – „Doch, ich schon!"*

**schön**★ ADJEKTIV **1** so, dass es jemandem gefällt, wenn man es sieht, hört oder erlebt *„Hattet ihr schönes Wetter im Urlaub?"* | *„Er hat eine schöne Stimme"* **2** ziemlich groß, weit, hoch, schwer usw. *„Das wird ein schönes Stück Arbeit!"* **3** *ironisch* drückt aus, dass man etwas als störend oder ärgerlich empfindet *„Ein ganzer Monat ohne Fernseher! Das sind ja schöne Aussichten!"* **4** **etwas ist schön (von jemandem)** das Verhalten einer Person ist nett und freundlich *„Es ist schön von ihm, dass er seiner Frau oft Blumen bringt"* **5** verwendet in festen Wendungen, die einen Dank oder eine Bitte ausdrücken ⟨*danke schön; bitte schön; schönen Dank*⟩ **6** **sich (für jemanden/etwas) schön machen** für einen besonderen Anlass hübsche Kleider anziehen und das eigene Aussehen pflegen ⓘ meist in Bezug auf eine Frau, nur ironisch in Bezug auf einen Mann verwendet
PARTIKEL **7** **ganz schön** *+Adjektiv gesprochen* (im Vergleich zu den meisten anderen Dingen oder Personen) sehr ≈ ziemlich *„Der Junge ist ganz schön clever"* Der Junge ist sehr schlau **8** **(na) schön!** verwendet, um (widerwillig) zuzustimmen, etwas zu erlauben *„Na schön, wenn es unbedingt sein muss, kannst du das Auto haben"* ID **Das wäre ja noch schöner!** *gesprochen* verwendet, um etwas deutlich abzulehnen; **Das wäre zu schön, um wahr zu sein** Ich kann kaum glauben, dass das wahr ist (weil es nur Vorteile hat)

**scho·nen**★ (*schonte, hat geschont*) **1** **etwas schonen** etwas so behandeln, dass es möglichst lange in einem guten Zustand bleibt ⟨*das Auto, die Kleider, die Möbel schonen*⟩ **2** **jemanden schonen** von jemandem oder sich selbst keine Anstrengungen verlangen oder eine andere Person rücksichtsvoll behandeln *„sich nach einer schweren Operation schonen müssen"* • *hierzu* **Scho·nung** *die*

**scho·nend** ADJEKTIV **1** so, dass beim Verwenden kein Schaden entsteht ⟨*Waschmittel*⟩ *„Dieses Putzmittel ist mild und reinigt schonend"* **2** jemanden/etwas nur wenig belastend ⟨*Kaffee; der schonende Umgang mit etwas*⟩ K umweltschonend ID **jemandem etwas schonend beibringen** *oft ironisch* einer Person etwas Unangenehmes mit viel Rücksicht auf ihre Gefühle vermitteln

die **Schön·heit**★ (-, *-en*) **1** *nur Singular* die Eigenschaft, schön zu sein *„Ihre Schönheit ist unwiderstehlich"* K Schönheitsoperation, Schönheitspflege **2** eine meist weibliche Person, die sehr schön ist *„Seine Freundin ist eine richtige Schönheit"*

die **Schon·kost** *nur Singular* Nahrung, die man leicht verdauen kann und die Kranke essen ≈ Diät

**schön·ma·chen** ≈ schön machen

**schön·rech·nen** (*rechnete schön, hat schöngerechnet*) **etwas schönrechnen** Statistiken und Daten nicht neutral, sondern positiver beurteilen, als sie sind

**schön·re·den** (*redete schön, hat schöngeredet*) **etwas schönreden** eine Situation positiver darstellen, als sie ist

**scho·nungs·los** ADJEKTIV ⟨*eine Kritik, Offenheit*⟩ so, dass man Fehler neutral und ohne Rücksicht auf die Person beschreibt *„einen Skandal schonungslos aufdecken"*

der **Schopf** (*-(e)s, Schöp·fe*) die Haare auf jemandes Kopf *„einen dichten Schopf haben"* K Haarschopf

**schöp·fen** (*schöpfte, hat geschöpft*) **1** **etwas (aus etwas) (in etwas** (*Akkusativ*)**) schöpfen** mit der hohlen Hand oder mit einem (tiefen) Gefäß (z. B. einem Eimer) eine Flüssigkeit irgendwo herausholen *„Wasser aus dem Brunnen schöpfen"* K Schöpfkelle, Schöpflöffel **2** **etwas schöpfen** *geschrieben* in einer Situation in einen positiven geistigen Zustand kommen ⟨*Glauben, Hoffnung, Kraft, Mut schöpfen*⟩ *„Seit es dieses Medikament gibt, schöpfen viele Kranke wieder neuen Mut"*

der **Schöp·fer** (*-s, -*) **1** **der Schöpfer** (*+Genitiv*) eine Person, die ein sehr wichtiges Werk gemacht oder etwas Neues erfunden hat ⟨*der Schöpfer eines Gemäldes, einer Sinfonie, eines Kunstwerks*⟩ K Modeschöpfer **2** *nur Singular* Gott als diejenige Person, welche die Welt gemacht hat **3** ein großer Löffel, mit dem man Suppe auf den Teller gibt ≈ Schöpflöffel • *zu* (1) **Schöp·fe·rin** *die*

**schöp·fe·risch** *ADJEKTIV* mit neuen, kreativen Ideen ⟨*ein Mensch, eine Arbeit, eine Begabung; schöpferisch arbeiten, tätig sein*⟩

die **Schöp·fung** (-, *-en*) *nur mit dem bestimmten Artikel, nur Singular* das gesamte Universum (wie es nach christlichem Glauben von Gott geschaffen wurde) K Schöpfungsgeschichte

**schor** *Präteritum, 1. und 3. Person Singular* → scheren

der **Schorf** (-(*e*)*s*) eine Schicht aus getrocknetem Blut oder aus trockener Haut auf einer Wunde

die/das **Schor·le** (-/-*s*, -*n*/*s*) eine Mischung aus Wein oder Saft und Mineralwasser (= eine saure Schorle) oder Zitronenlimonade (= eine süße Schorle) K Apfelschorle, Weinschorle

der **Schorn·stein**★ der Teil am Dach eines Hauses, aus dem der Rauch der Heizung kommt ⟨*der Schornstein raucht, qualmt; den Schornstein fegen, reinigen*⟩ ≈ Kamin

**schoss** *Präteritum, 1. und 3. Person Singular* → schießen

der **Schoß** (-*es*, *Schö·ße*) **1** die Fläche, welche die Oberschenkel und der Unterleib bilden, wenn man auf einem Stuhl sitzt, und auf die sich z. B. ein Kind setzen kann ⟨*sich auf jemandes Schoß setzen*⟩ *„Komm, setz dich auf meinen Schoß!"* **2** **der Schoß** +*Genitiv geschrieben* der Schutz und die Hilfe, die eine Gruppe oder Organisation bietet *„in den Schoß der Familie/der Kirche zurückkehren"*

die **Scho·te** (-, -*n*) die meist schmale und lange Hülle, in der bei manchen Pflanzen die Samen sind K Erbsenschote, Paprikaschote, Vanilleschote

der **Schot·ter** (-*s*) eine Menge spitzer Steinstücke, die als Unterlage beim Bau von Straßen verwendet werden K Schotterstraße; Gleisschotter, Straßenschotter • *hierzu* **schot·tern** (*hat*)

**schräg**★ *ADJEKTIV* weder senkrecht noch parallel zu einer (gedachten) Linie oder Fläche ⟨*schräg neben, über, unter jemandem/etwas sein, liegen, stehen*⟩ *„Sie wohnt im Haus schräg gegenüber"* | *„Er lief schräg über die Wiese"* K Schräglage, Schrägstrich ❶ vergleiche **schief**

die **Schram·me** (-, -*n*) eine Stelle, an der eine glatte Fläche durch einen spitzen oder harten Gegenstand beschädigt (meist geritzt) oder verletzt ist ≈ Kratzer *„eine Schramme an der Stirn/am Auto haben"*

der **Schrank**★ (-(*e*)*s*, *Schrän·ke*) ein großes Möbelstück mit Türen, in dem man Kleider, Geschirr o. Ä. aufbewahrt ⟨*einen Schrank einräumen, ausräumen; etwas in einen Schrank legen, hängen; etwas im Schrank aufbewahren*⟩ K Schrankfach, Schranktür; Aktenschrank, Kleiderschrank; Küchenschrank, Wohnzimmerschrank

die **Schran·ke** (-, -*n*) eine (waagrechte) Stange, mit der man eine Straße o. Ä. sperren kann ⟨*die Schranken an einem Bahnübergang, Grenzübergang*⟩ ≈ Barriere *„Man muss den Pass vorzeigen, bevor man die Schranke passieren darf"* K Bahnschranke, Zollschranke

die **Schrau·be**★ (-, -*n*) **1** Schrauben dreht man in die Wand oder in Holz, um Dinge zu befestigen ⟨*eine Schraube eindrehen, anziehen, lockern, lösen, herausdrehen*⟩ *„ein Regal mit Schrauben an der Wand befestigen"* K Schraubenkopf, Schraubenmutter **2** eine Art Propeller, der ein Schiff antreibt K Schiffsschraube **3** eine Drehung um die eigene Längsachse beim Turnen, Schlittschuhlaufen oder Fliegen

**schrau·ben** (*schraubte, hat geschraubt*) **1** **etwas irgendwohin schrauben; etwas von/aus etwas** (*Dativ*) **schrauben** etwas (das ein Gewinde hat) irgendwo befestigen/entfernen, indem man daran dreht *„eine Glühbirne in die Lampe schrauben"* | *„einen Deckel vom Glas schrauben"* K Schraubdeckel, Schraubverschluss **2** **etwas irgendwohin schrauben; etwas von/aus etwas** (*Dativ*) **schrauben** etwas mithilfe von Schrauben irgendwo befestigen/entfernen *„ein Schild an die Tür schrauben"*

der **Schrau·ben·schlüs·sel** ein einfaches Werkzeug, mit dem man Schrauben festziehen oder lösen kann

der **Schrau·ben·zie·her** (-*s*, -) mit einem Schraubenzieher macht man Schrauben fest oder löst sie

der **Schraub·stock** ein Gerät, in dem man einen Gegenstand befestigen kann, den man bearbeiten will ⟨*etwas in den Schraubstock spannen*⟩

der **Schre·ber·gar·ten** ein kleiner Garten, der nicht direkt beim Haus ist, sondern neben vie-

S

len anderen kleinen Gärten z. B. am Stadtrand liegt

der **Schreck** ★ (-(e)s) **1** ein (oft kurzes) plötzliches starkes Gefühl der Angst (vor allem bei Gefahr) ⟨*jemand bekommt/kriegt einen Schreck*⟩ *„Er war vor Schreck wie gelähmt, als das Auto auf ihn zuraste"* **2** ein plötzliches, starkes und unangenehmes Gefühl, wenn man etwas Schlimmes sieht oder erfährt oder ein Fehler bewusst wird *„Ich bekam einen Schreck, als merkte, dass ich mein Geld zu Hause vergessen hatte"*

der **Schre·cken** ★ (-s, -) **1** *nur Singular* ein starkes Gefühl der Angst *„Ich sah zu meinem Schrecken eine riesige Spinne an der Wand"* ℹ Ein *Schreck* kann schnell vorbei sein, wenn man entdeckt, dass die Gefahr nicht wirklich besteht; ein *Schrecken* dauert oft längere Zeit. **2** **die Schrecken** *+Genitiv* die äußerst unangenehmen Auswirkungen einer Sache ⟨*die Schrecken des Krieges*⟩ **K** Schreckensnachricht

**schreck·haft** *ADJEKTIV* leicht zu erschrecken

**schreck·lich** ★ *ADJEKTIV* **1** ⟨*eine Ahnung, eine Katastrophe, ein Traum, ein Unfall, ein Verbrechen, ein Verdacht*⟩ so, dass sie Angst oder Entsetzen verursachen ≈ furchtbar *„Es ist etwas Schreckliches passiert! Dein Sohn hat einen Autounfall gehabt"* **2** sehr unangenehm ≈ furchtbar *„Die Hitze heute ist schrecklich"* **3** das normale Maß deutlich überschreitend ≈ unheimlich *„Er war schrecklich müde"* | *„Das tut schrecklich weh"*

die **Schreck·se·kun·de** eine kurze Zeit, in der jemand aus Schreck nicht reagieren kann

der **Schrei** (-(e)s, -e) ein lautes Geräusch, das ein Mensch oder Tier mit der Stimme macht (vor allem aus Angst oder wegen Schmerzen) ⟨*ein gellender, markerschütternder, erstickter, wilder Schrei*⟩ *„Mit einem Schrei des Entsetzens ergriff er die Flucht"* **K** Freudenschrei, Hilfeschrei

**schrei·ben** ★ (*schrieb, hat geschrieben*) **1** **(etwas) schreiben** Zeichen auf Papier o. Ä. machen, die Zahlen, Buchstaben oder Wörter darstellen ⟨*mit Bleistift, mit Kugelschreiber, mit Tinte schreiben; ordentlich, sauber, unleserlich schreiben*⟩ *„ein Wort an die Tafel schreiben"* | *„Rhythmus" schreibt man mit zwei „h"* **K** Schreibpapier, Schreibzeug **2** **(etwas) schreiben** einen schriftlichen Text verfassen ⟨*einen Aufsatz, einen Artikel, einen Bericht, einen Brief, ein Gedicht schreiben*⟩ *„Er schreibt regelmäßig für eine Zeitung"* | *„Der Krimi ist wirklich spannend geschrieben"* **3** **(jemandem) (etwas) schreiben** einer Person etwas in einem Brief o. Ä. mitteilen *„jemandem eine Karte zum Geburtstag/eine Postkarte aus dem Urlaub schreiben"* **4** **etwas (über etwas** (*Akkusativ*)**) schreiben** in einem schriftlichen Text etwas zu einem Thema sagen *„Er schreibt (in seinem Brief), dass er krank sei"* **5** **etwas schreiben** ⟨*ein Musical, eine Oper, eine Sinfonie, ein Lied*⟩ ≈ komponieren **6** **an etwas** (*Dativ*) **schreiben** gerade dabei sein, einen relativ langen Text zu produzieren *„Er schreibt schon seit Jahren an seiner Doktorarbeit"* **7** **etwas schreibt gut/schlecht** ein Stift o. Ä. funktioniert gut/schlecht *„Der Kugelschreiber schreibt schlecht"* **8** **jemand/etwas schreibt sich irgendwie** ein Name oder ein Wort wird mit den genannten Buchstaben richtig geschrieben *„Schreibt sich ‚Foto' mit ‚f' oder mit ‚ph'?"*

das **Schrei·ben** ★ (-s, -); *admin* eine schriftliche Mitteilung meist in einem Umschlag, die man mit der Post an jemanden schickt ⟨*ein amtliches, vertrauliches Schreiben; ein Schreiben abfassen, an jemanden richten*⟩ ≈ Brief *„Wir danken Ihnen für Ihr Schreiben und teilen Ihnen hiermit mit, dass …"* | *„Betrifft: Ihr Schreiben vom 2. März"*

**schreib·ge·schützt** *ADJEKTIV* so, dass man die Daten nicht (aus Versehen) verändern, überschreiben kann

die **Schreib·ma·schi·ne** eine Maschine, mit der man Buchstaben und andere Zeichen auf Papier bringt, indem man auf Tasten drückt ⟨*Schreibmaschine schreiben*⟩

die **Schreib·schrift** die Schrift, bei welcher die einzelnen Buchstaben eines Wortes miteinander verbunden werden

der **Schreib·tisch** ★ ein Tisch (oft mit Schubladen), an dem man sitzt, wenn man schreibt, am Computer arbeitet usw. **K** Schreibtischlampe, Schreibtischstuhl

die **Schrei·bung** (-, -en) ≈ Schreibweise, Orthografie

die **Schreib·wei·se** die Art und Weise, in der man ein Wort schreibt ⟨*eine veraltete, moderne Schreibweise*⟩ *„Für „Delphin" gibt es auch die Schreibweise „Delfin"*

**schrei·en** ★ (*schrie, hat geschrien*) **1** **(etwas) schreien** etwas mit sehr lauter Stimme rufen ⟨*Hurra/hurra, um Hilfe schreien*⟩ *„Die Musik war so laut, dass man schreien musste, um sich* *zu verständigen"* **2** (**vor etwas** (*Dativ*)) **schreien** (aus einem Grund) ein lautes Geräusch mit der Stimme produzieren ⟨*vor Angst, Schmerz, Wut schreien*⟩ *„Das Baby schrie vor Hunger"* **3** **nach jemandem/etwas schreien** mit lauter Stimme fordern, dass die genannte Person dorthin kommt, wo man selbst ist, oder dass man etwas bekommt *„Die jungen Vögel schreien nach Futter"*

der **Schrei·ner** (-s, -) ≈ Tischler • *hierzu* **Schrei·ne·rin** *die*

die **Schrei·ne·rei** (-, *-en*) ≈ Tischlerei

**schrei·ten** (*schritt, ist geschritten*) **1** aufrecht und mit langsamen Schritten gehen, vor allem bei feierlichen Anlässen *„Das Brautpaar schritt zum Altar"* **2** **zu etwas schreiten** mit der genannten Handlung beginnen ⟨*zur Abstimmung, zum Angriff, zur Tat schreiten*⟩

**schrie** *Präteritum, 1. und 3. Person Singular* → schreien

**schrieb** *Präteritum, 1. und 3. Person Singular* → schreiben

der **Schrieb** (-s, -e); *gesprochen, abwertend* ≈ Brief

die **Schrift**★ (-, *-en*) **1** das System der Zeichen, mit denen man die Laute und Wörter einer Sprache schreibt ⟨*die arabische, chinesische, griechische, kyrillische, lateinische Schrift*⟩ **K** Schriftzeichen; Blindenschrift, Geheimschrift **2** ein Wort oder mehrere Wörter, die irgendwo geschrieben stehen *„Die Schrift auf dem Schild über der Tür war kaum noch lesbar"* **K** Leuchtschrift, Neonschrift **3** die Art, wie jemand mit der Hand schreibt ⟨*eine kleine, ungelenke, unleserliche Schrift; die Schrift verstellen*⟩ *„Ich kann ihre Schrift einfach nicht lesen/entziffern"* **K** Handschrift, Schönschrift **4** eine von vielen möglichen Formen, in denen eine Schrift gedruckt werden kann *„Dieses Wort soll in kursiver Schrift erscheinen"* **K** Schriftart; Druckschrift, Kursivschrift, Zierschrift **5** ein geschriebener, meist gedruckter Text, oft mit wissenschaftlichem, religiösem oder politischem Inhalt ⟨*eine Schrift verfassen, herausgeben, veröffentlichen; die gesammelten Schriften eines Autors*⟩ **K** Schriftenreihe; Anklageschrift, Beschwerdeschrift, Bittschrift **6** **die (Heilige) Schrift** die Bibel **K** Schriftgelehrte(r)

**schrift·lich**★ *ADJEKTIV* in geschriebener Form ⟨*ein Antrag, eine Prüfung; jemandem etwas schriftlich geben; etwas schriftlich bekommen*⟩ **K** handschriftlich, maschinenschriftlich

der **Schrift·satz** ein geschriebener Antrag oder eine geschriebene Erklärung eines Rechtsanwalts in einem Gerichtsverfahren

der **Schrift·stel·ler**★ (-s, -) eine Person, die vor allem Romane oder Erzählungen schreibt ⟨*ein freier, zeitgenössischer Schriftsteller*⟩ ≈ Autor **K** Romanschriftsteller • *hierzu* **Schrift·stel·le·rin** *die*; **schrift·stel·le·risch** *ADJEKTIV*

das **Schrift·stück** ein offizieller, geschriebener Text ⟨*ein amtliches, wichtiges Schriftstück; ein Schriftstück aufsetzen, unterzeichnen, verlesen*⟩

**schrill** *ADJEKTIV* ⟨*ein Klingeln, ein Schrei, eine Stimme, ein Ton*⟩ so hoch und laut, dass sie unangenehm sind • *hierzu* **schril·len** (*hat*)

**schritt** *Präteritum, 1. und 3. Person Singular* → schreiten

der **Schritt**★ (-(*e*)*s, -e*) **1** die Bewegung, mit der man beim Gehen oder Laufen einen Fuß hebt und meist vor den anderen setzt ⟨*einen Schritt nach vorn, nach hinten, zur Seite machen; einen Schritt zurücktreten*⟩ *„Er stieg mit schweren, müden Schritten die Treppe hinauf"* **2** *nur Singular* die Art, wie jemand geht ⟨*jemanden am Schritt erkennen*⟩ ≈ Gang **K** Laufschritt ⓘ *Schritt* verwendet man besonders für den akustischen, *Gang* für den optischen Eindruck. **3** *nur Singular* die langsamste Art eines Pferdes zu gehen ⟨*ein Pferd* (*im*) *Schritt gehen lassen*⟩ **4** eine von mehreren Handlungen, die zu etwas nötig sind ≈ Maßnahme *„rechtliche Schritte gegen eine Firma einleiten"* | *„bei einer Versöhnung den ersten Schritt tun"* **5** **(im) Schritt** so schnell, wie ein Mensch geht ⟨(*im*) *Schritt fahren*⟩ **K** Schrittgeschwindigkeit, Schritttempo **ID** **Schritt für Schritt** langsam und ohne Unterbrechung ≈ allmählich; **einen Schritt zu weit gehen** etwas tun, das verboten ist oder das eine Norm verletzt • *zu* (4) **schritt·wei·se** *ADJEKTIV*

**schroff** *ADJEKTIV* (*schroffer, schroffst-*) sehr unfreundlich ⟨*eine Antwort, ein Verhalten; etwas schroff ablehnen*⟩

**schröp·fen** (*schröpfte, hat geschröpft*) **jemanden schröpfen** *abwertend* viel Geld von jemandem verlangen ⟨*die Kunden, die Klienten schröpfen*⟩

der/das **Schrot** (-(*e*)*s*) **1** grob gemahlene Getreidekörner ⟨*Getreide zu Schrot mahlen*⟩ **K** Schrotkorn, Schrotmühle **2** kleine Bleikugeln in einer Patrone ⟨*mit Schrot schießen*⟩ **K** Schrotflinte

der **Schrott** (-(*e*)*s*) **1** alte Dinge aus Metall, die man nicht mehr gebrauchen kann ⟨*mit Schrott handeln*⟩ **K** Schrotthändler, Schrottplatz **2** *gesprochen, abwertend* etwas, das schlecht oder nutzlos ist *„Das Buch ist doch Schrott!"* | *„Red keinen Schrott!"* **3** **etwas zu Schrott fahren** ein Fahrzeug bei einem Unfall so beschädigen, dass es nicht mehr repariert werden kann *„Er hat das neue Auto zu Schrott gefahren"*

**schrọt·ten** (*schrottete, hat geschrottet*); *gesprochen* **etwas schrotten** etwas völlig kaputt machen, ruinieren *„bei einem Unfall sein Fahrrad schrotten"*

**schrọtt·reif** *ADJEKTIV* so beschädigt oder alt, dass es nur noch als Schrott zu bezeichnen ist ⟨*ein Auto*⟩

**schrụb·ben** (*schrubbte, hat geschrubbt*) **(etwas) schrubben** *gesprochen* den Boden eines Zimmers reinigen, indem man ihn kräftig mit einer Bürste, einem Schrubber reibt ⟨*einen Fußboden, die Küche schrubben*⟩

der **Schrụb·ber** (*-s, -*) ein Besen mit kurzen, harten Borsten, mit dem man den Fußboden scheuert

**schrụmp·fen** (*schrumpfte, ist geschrumpft*) **1** **etwas schrumpft** etwas verliert Feuchtigkeit und wird dadurch kleiner ⟨*ein Apfel, Leder*⟩ **2** **etwas schrumpft** etwas wird kleiner oder weniger ⟨*Einkünfte, das Kapital, Vorräte*⟩

der **Schu̲b** (*-(e)s, Schü·be*) **1** die Kraft, die etwas antreibt, in Bewegung setzt *„der Schub, den eine Rakete beim Start braucht"* **K** Schubkraft **2** ein kurzer krankhafter Zustand, der plötzlich und sehr heftig kommt ⟨*ein depressiver, manischer Schub*⟩ ≈ Anfall *„Multiple Sklerose ist eine Krankheit, die in Schüben auftritt"*

die **Schu̲b·kar·re, Schu̲b·kar·ren** *der* ein kleiner Wagen mit nur einem Rad und zwei langen Griffen am hinteren Ende, den man vor sich her schiebt

die **Schụb·la·de**★ (*-, -n*) ein Kasten, der oben offen ist und den man aus einem Schrank, einer Kommode o. Ä. herausziehen kann ⟨*die Schublade klemmt; eine Schublade herausziehen, hineinschieben*⟩ **K** Nachttischschublade, Schreibtischschublade

der **Schụbs** (*-es, -e*); *gesprochen* ein leichter Stoß ⟨*jemandem einen Schubs geben*⟩

**schụb·sen** (*schubste, hat geschubst*) **jemanden (irgendwohin) schubsen** *gesprochen* jemanden leicht stoßen (und dadurch irgendwohin bewegen) *„jemanden von der Bank schubsen"*

**schụ̈ch·tern**★ *ADJEKTIV* mit wenig Selbstvertrauen und deswegen sehr zurückhaltend im Kontakt mit anderen Menschen ⟨*ein Mensch*⟩ • *hierzu* **Schụ̈ch·tern·heit** *die*

**schu̲f** *Präteritum, 1. und 3. Person Singular* → schaffen

der **Schụft** (*-(e)s, -e*); *humorvoll oder abwertend* eine Person, die böse ist ≈ Schurke

**schụf·ten** (*schuftete, hat geschuftet*); *gesprochen* schwer arbeiten

der **Schu̲h**★ (*-s, -e*) das Kleidungsstück für den Fuß, das meist aus Leder ist ⟨*der linke, rechte Schuh; Schuhe mit flachen, hohen Absätzen; der Schuh drückt, passt/sitzt; die Schuhe anziehen, (zu)binden, putzen*⟩ **K** Schuhcreme, Schuhsohle, Schuhgröße; Hausschuh, Turnschuh, Wanderschuh **ID** **jemandem etwas in die Schuhe schieben** jemandem die Schuld für etwas geben, das er nicht getan hat

der **Schu̲h·löf·fel** ein langer, flacher Stab, den man an der Ferse in den Schuh steckt, damit man ihn leichter anziehen kann

das **Schu̲h·werk** *nur Singular* ⟨*festes, gutes, stabiles Schuhwerk*⟩ ≈ Schuhe

der **Schu̲·ko·ste·cker**® Schutzkontaktstecker ein Stecker an einem elektrischen Gerät, der besonderen Schutz vor Stromschlag bietet

die **Schu̲l·ar·beit** **1** eine Aufgabe, die man in der Schule bekommt und zu Hause machen muss ⟨*(die/seine) Schularbeiten machen*⟩ ≈ Hausaufgabe **2** eine (angekündigte) schriftliche Prüfung in der Schule ≈ Klassenarbeit

die **Schu̲l·auf·ga·be** ≈ Schularbeit

die **Schu̲l·bank** *veraltend* ein Tisch in der Schule mit einer Bank für Schüler

die **Schu̲l·bil·dung**★ die Bildung, die Kinder in der Schule bekommen ⟨*eine abgeschlossene, gute Schulbildung haben*⟩

der **Schu̲l·bus** ein Bus, der Kinder in die Schule und nachher wieder nach Hause bringt

**schụld**★ *ADJEKTIV* **ID** **jemand/etwas ist (an etwas** (*Dativ*)**) schuld** jemand ist verantwortlich für etwas mit unangenehmen Folgen, etwas ist die Ursache von etwas Unangenehmem *„Du bist schuld daran, dass wir den Zug verpasst haben"* | *„Das trockene Wetter ist schuld daran, dass die Pflanzen nicht wachsen"*

die **Schụld**★ (*-*) **1** **die Schuld (an etwas** (*Dativ*)**/ für etwas)** die Situation, dass eine Person etwas Verbotenes, Böses oder Unmoralisches getan hat ⟨*die Schuld haben, tragen; seine Schuld*

S

*bekennen, leugnen*⟩ ↔ Unschuld *„Der Staatsanwalt konnte die Schuld des Angeklagten nicht beweisen"* [K] Schuldgeständnis ⓘ aber: *an etwas schuld sein* (kleingeschrieben) [2] **die Schuld (an etwas** (*Dativ*)**/für etwas)** die Situation, dass eine Person oder Sache die Ursache eines Fehlers, Unfalls, Problems o. Ä. ist *„Die Schuld an den heutigen Verspätungen der Züge tragen die starken Schneefälle "* [3] das quälende Bewusstsein, dass man für etwas Böses, Unmoralisches oder Verbotenes verantwortlich ist ⟨*eine schwere Schuld auf sich laden*⟩ *„Er wird mit seiner Schuld einfach nicht fertig"* [K] Schuldgefühl [ID] **jemandem/etwas (an etwas** (*Dativ*)**) (die) Schuld geben** eine Person/Sache als Ursache für etwas ansehen • *zu* (1) **schụld·haft** *ADJEKTIV*; *zu* (1) **schụld·los** *ADJEKTIV*

**schụl·den**★ (*schuldete, hat geschuldet*) [1] **(jemandem) etwas schulden** jemandem noch Geld zahlen müssen *„Du schuldest mir noch hundert Euro"* [2] **jemandem etwas schulden** aus moralischen o. Ä. Gründen zu etwas verpflichtet sein ⟨*jemandem eine Antwort, Dank, eine Erklärung, Respekt schulden*⟩

die **Schụl·den**★ *Plural* **Schulden (bei jemandem)** das Geld, das man jemandem noch zahlen muss ⟨*Schulden haben, machen; Schulden eintreiben, abzahlen, zurückzahlen, begleichen, tilgen; sich in Schulden stürzen; jemandes Schulden stunden, erlassen*⟩ *„Ich glaube, ich habe noch Schulden bei dir"* [K] Schuldenberg, Schuldenlast; Spielschulden, Steuerschulden [ID] **tief in Schulden stecken, bis über beide Ohren in Schulden stecken** *gesprochen* viele Schulden haben • *hierzu* **schụl·den·frei** *ADJEKTIV*

die **Schụl·den·fal·le** eine Situation, in der eine Person mehr Schulden hat, als sie zurückzahlen kann

**schụld·fä·hig** *ADJEKTIV* in einem (geistigen und psychischen) Zustand, in dem einer Person bewusst ist, wenn eine Handlung nicht richtig ist und bestraft werden kann ↔ schuldunfähig • *hierzu* **Schụld·fä·hig·keit** *die*

die **Schụld·fra·ge** die Frage, wer oder was die Verantwortung oder die Schuld an etwas hat ⟨*die Schuldfrage klären*⟩

**schụl·dig**★ *ADJEKTIV* [1] **(einer Sache** (*Genitiv*)**) schuldig** für etwas Böses, Unmoralisches, einen Fehler oder für ein Verbrechen verantwortlich ↔ unschuldig *„Er hat sich des schweren Betrugs schuldig gemacht"* [2] **der Richter/das Gericht spricht jemanden schuldig** der Richter, das Gericht erklärt in einem Urteil, dass jemand schuldig ist ≈ verurteilen ↔ freisprechen [3] **(jemandem) etwas schuldig sein/bleiben** jemandem Geld schulden *„Ich bin ihm noch fünfzig Euro schuldig"* [4] **jemandem etwas schuldig sein** moralisch verpflichtet sein, etwas für jemanden zu tun *„Ich werde ihn morgen mal besuchen. Das bin ich ihm schuldig"* • *zu* (1,2) **Schụl·di·ge** *der/die*

**schụl·dig·spre·chen** ≈ schuldig sprechen

der **Schụld·ner** (*-s, -*) eine Person, die jemandem Geld schuldet ↔ Gläubiger • *hierzu* **Schụld·ne·rin** *die*

der **Schụld·spruch** ein Gerichtsurteil, mit dem entschieden wird, dass der Angeklagte schuldig ist

die **Schu̲·le**★ (*-, -n*) [1] eine Institution, die dazu dient, Kindern Wissen zu vermitteln und sie zu erziehen ⟨*in die Schule kommen; in die/zur Schule gehen; die Schule besuchen; von der Schule gewiesen werden, fliegen, abgehen*⟩ *„Er ist in der Schule zweimal sitzen geblieben"* [K] Schulabschluss, Schulfreund, Schulklasse; Fahrschule, Skischule, Tanzschule [2] das Gebäude, in dem eine Schule ist *„Bei uns bauen sie eine neue Schule"* [K] Schulhaus, Schulhof [3] der Unterricht an einer Schule ⟨(*die*) *Schule schwänzen*⟩ *„Die Schule fängt um acht Uhr an und hört um ein Uhr auf"* [K] Schulbuch, Schulfach, Schulferien, Schulstunde [4] die Lehrer und Schüler einer Schule *„Alle Schulen der Stadt beteiligten sich an dem Sportfest"* [5] eine Richtung und Meinung in der Wissenschaft oder in der Kunst, die von einer Persönlichkeit bestimmt wird *„die Schule Leonardo da Vincis"*

**schu̲·len** (*schulte, hat geschult*) [1] **jemanden schulen** einer Person die Fähigkeiten lehren, welche sie vor allem beruflich nutzen kann ⟨*jemanden politisch, psychologisch schulen*⟩ *„Er wurde in Abendkursen geschult, wie man sich in Verhandlungen durchsetzt"* [2] **etwas schulen** durch Übung bewirken, dass etwas besser wird ⟨*das Auge, das Gedächtnis, das Gehör schulen*⟩ • *hierzu* **Schu̲·lung** *die*

der **Schü̲·ler**★ (*-s, -*) [1] ein Kind oder ein Jugendlicher, die zur Schule gehen ⟨*ein guter, schlechter, fleißiger Schüler*⟩ *„eine Klasse mit dreißig Schülern"* [K] Schüleraustausch; Realschüler [2] eine Person, die einen Beruf, eine

S

Kunst o. Ä. von jemandem lernt oder gelernt hat *„ein Schüler Einsteins"* **K** Meisterschüler • *hierzu* **Schü·le·rin** *die*

der **Schü·ler·lot·se** eine Person, die aufpasst, dass jüngere Schüler sicher über die Straße gehen können, indem er Autos anhält o. Ä. • *hierzu* **Schü·ler·lot·sin** *die*

das **Schul·geld** *meist Singular* das Geld, das man bezahlen muss, damit man eine Privatschule besuchen kann

das **Schul·heft** ein Heft, in welches die Schüler im Unterricht schreiben *„In Mathe haben wir ein Heft für die Hausaufgaben und ein Schulheft"*

das **Schul·jahr★** die Zeit (etwa ein Jahr), in der man in der jeweiligen Schulklasse ist und Unterricht hat *„Das neue Schuljahr beginnt nach den Sommerferien"* **K** Schuljahresbeginn, Schuljahresende

**schul·pflich·tig** ADJEKTIV *⟨ein Kind⟩* in dem Alter, in dem es zur Schule gehen muss • *hierzu* **Schul·pflicht** *die*

die **Schul·sa·chen** *Plural* Bücher, Hefte, Stifte usw., die ein Kind in der Schule braucht *⟨die Schulsachen einpacken⟩*

die **Schul·ter★** (-, -n) **1** einer der beiden Teile des Körpers neben dem Hals, mit denen die Arme verbunden sind *„Sie schaute ihm über die Schulter und fragte: „Was liest du denn da?"* **i** → Abbildung, S. 294: **Der Körper** **2** der Teil eines Kleidungsstückes, der die Schulter bedeckt *⟨eine gefütterte, wattierte Schulter⟩* **K** Schulterteil **3** **mit den Schultern zucken** die Schultern kurz hochziehen, um zu sagen, dass man etwas nicht weiß oder dass man kein Interesse hat **ID** **etwas auf die leichte Schulter nehmen** etwas nicht ernst genug nehmen

**schul·ter·frei** ADJEKTIV *⟨ein Kleid, ein Abendkleid⟩* so, dass sie die Schultern nicht bedecken

**schul·tern** (*schulterte, hat geschultert*) **etwas schultern** etwas auf die Schulter legen und so tragen *⟨ein Gewehr, einen Rucksack schultern⟩*

die **Schul·tü·te** eine große spitze Tüte mit Süßigkeiten und kleinen Geschenken, die ein Kind zum ersten Schultag bekommt

**schum·meln** (*schummelte, hat geschummelt*); *gesprochen* bei Spielen mit Tricks versuchen, einen Vorteil zu bekommen

der **Schund** (-(e)s); *abwertend* etwas (meist Geschriebenes), dessen Qualität sehr schlecht ist *„Was liest du denn da für einen Schund?"* **K** Schundheft, Schundliteratur

**schun·keln** (*schunkelte, hat geschunkelt*) **Menschen schunkeln** mehrere Menschen bewegen im Rhythmus der Musik den Oberkörper hin und her und hängen sich dabei mit den Armen bei den Nachbarn ein **K** Schunkellied

die **Schup·pe** (-, -n) **1** *meist Plural* eine der vielen kleinen flachen Platten, welche den Körper von Fischen, Reptilien und Insekten bedecken *„ein Fisch mit bunten Schuppen"* **K** Fischschuppe, Hautschuppe **2** *nur Plural* ein kleines Stück Haut, das sich von der Kopfhaut löst und in den Haaren hängt *⟨Schuppen haben⟩ „ein Shampoo gegen Schuppen benutzen"* **3** *meist Plural* etwas, das wie eine Schuppe aussieht *„die Schuppen eines Tannenzapfens"*

der **Schup·pen** (-s, -) ein kleines Haus aus Holz, in dem man Geräte, Werkzeuge usw. aufbewahrt *„den Rasenmäher in den Schuppen stellen"* **K** Bootsschuppen, Geräteschuppen, Holzschuppen

**schü·ren** (*schürte, hat geschürt*) **etwas schüren** mit einem Stock in einem Feuer rühren, damit die Flammen größer werden *⟨ein Feuer, den Ofen schüren⟩*

**schür·fen** (*schürfte, hat geschürft*) **1** **etwas schürfen** *⟨Erz, Kohle schürfen⟩* ≈ abbauen **2** **sich** (*Dativ*) **etwas schürfen** die Haut durch Reiben an einem rauen Gegenstand verletzen *⟨sich (Dativ) die Haut, das Knie schürfen⟩* **K** Schürfwunde **3** **(nach etwas) schürfen** in der Erde graben, um etwas zu finden *⟨nach Gold, Silber schürfen⟩*

der **Schur·ke** (-n, -n); *abwertend* eine Person, die böse Dinge tut *⟨ein ausgemachter, gemeiner Schurke⟩* ≈ Schuft **K** Schurkenstreich, Schurkentat

die **Schür·ze** (-, -n) ein einfaches Kleidungsstück, das man sich vor (die Brust und) den Bauch bindet, um bei der Arbeit die Kleidung nicht schmutzig zu machen *⟨eine Schürze umbinden⟩* **K** Küchenschürze; Gummischürze, Lederschürze

der **Schuss★** (-es, *Schüs·se*) **1** **ein Schuss (auf jemanden/etwas)** das Schießen mit einer Waffe *⟨ein gezielter, scharfer Schuss; ein Schuss fällt, löst sich, geht los; einen Schuss auf jemanden/etwas abgeben, abfeuern⟩* **K** Schusswunde; Startschuss, Warnschuss **2** die Patrone oder Kugel, mit der geschossen wurde *⟨ein Schuss sitzt, trifft sein Ziel, geht daneben; ein Schuss streckt jemanden nieder⟩* **3** eine Verletzung, die jemand oder ein Tier durch ei-

S

nen Schuss bekommt **K** Bauchschuss, Kopfschuss, Streifschuss **4** das Schießen eines Balles *„ein Schuss aufs Tor"* **5** der Ball, den man schießt *„Der Schuss ging ins Aus"* **6** **ein Schuss** *+Substantiv nur Singular* eine kleine Menge (vor allem einer Flüssigkeit) *„einen Schuss Essig in den Salat tun"* | *„einen Schuss Fantasie für etwas brauchen"* **7** *nur Singular* die Form des Skifahrens, bei der man sehr schnell (ohne Kurven) den Berg hinunterfährt ⟨*(im) Schuss fahren*⟩ **K** Schussfahrt **8** **in/im Schuss** *gesprochen* in gutem Zustand ⟨*jemanden/etwas in Schuss bringen, halten*⟩ *„Unser Auto ist schon zehn Jahre alt und noch sehr gut in Schuss"* **9** **weit(ab) vom Schuss** *gesprochen* weit weg vom Mittelpunkt des Geschehens (z. B. von der Stadtmitte) ≈ abseits *„Ich würde dich ja gern öfter besuchen, aber du wohnst so weitab vom Schuss"*

der **Schụs·sel** (-s, -); *gesprochen, meist abwertend* eine Person, die sich nicht konzentrieren kann und deswegen Dinge vergisst und Fehler macht • *hierzu* **schụs·se·lig**, **schụss·lig** *ADJEKTIV*; **schụs·seln** (*hat*)

die **Schüs·sel** (-, -n) **1** ein meist tiefes, rundes Gefäß, das oben offen ist und in dem man vor allem Speisen auf den Tisch stellt *„eine Schüssel voll Suppe"* **K** Salatschüssel, Suppenschüssel, Porzellanschüssel **2** **eine Schüssel** (*+Substantiv*) die Menge, die in eine Schüssel passt *„eine Schüssel Salat/Reis essen"*

**schụss·fest** *ADJEKTIV* ⟨*Glas, eine Weste*⟩ so stabil, dass sie durch ein Geschoss nicht kaputtgehen ≈ kugelsicher

die **Schụss·li·nie** die gedachte Linie von der Waffe zum Ziel ⟨*in die Schusslinie geraten, aus der Schusslinie gehen*⟩

die **Schụss·waf·fe**★ eine Waffe, mit der man schießen kann

der **Schu̲s·ter**★ (-s, -) eine Person, die beruflich Schuhe macht und repariert ≈ Schuhmacher • *hierzu* **Schu̲s·te·rin** *die*

der **Schụtt** (-(e)s) Steine, Reste von Mauern usw., die man nicht mehr braucht ⟨*ein Haufen Schutt; Schutt abladen verboten!*⟩ *„Nach dem Erdbeben waren die Straßen von Schutt bedeckt"* **K** Schutthalde, Schutthaufen; Bauschutt **ID** **etwas liegt in Schutt und Asche** Städte oder Gebäude sind völlig zerstört

der **Schụ̈t·tel·frost** der Zustand, in dem man stark zittert und friert, wenn man Fieber hat

**schụ̈t·teln**★ (*schüttelte, hat geschüttelt*) **1** **jemanden/etwas schütteln** eine Person oder Sache kräftig und schnell hin und her bewegen, sodass sie schwankt oder zittert *„eine Saftflasche vor dem Öffnen schütteln"* | *„Er schüttelte den Baum, um die Äpfel zu ernten"* **2** **etwas irgendwohin schütteln** etwas durch Schütteln von einem Gegenstand entfernen *„Krümel vom Tischtuch schütteln"* | *„Äpfel vom Baum schütteln"* **3** **den Kopf schütteln** den Kopf hin und her bewegen, um eine Frage mit „nein" zu beantworten oder um Verwunderung auszudrücken **4** **sich schütteln** schnelle und kurze Bewegungen mit dem Oberkörper machen *„Der nasse Hund schüttelte sich"*

**schụ̈t·ten**★ (*schüttete, hat geschüttet*) **1** **etwas irgendwohin schütten** etwas aus einem Gefäß entfernen (und irgendwohin tun), indem man das Gefäß neigt oder (heftig) bewegt *„einen Eimer Wasser in/auf ein Feuer schütten"* | *„Zucker in eine Schüssel schütten"* **2** **es schüttet** *gesprochen* es regnet stark ≈ es gießt

der **Schụtz**★ (*-es*) **ein Schutz (gegen jemanden/etwas)**; **ein Schutz (vor jemandem/etwas)** etwas, das eine Gefahr o. Ä. abhält oder einen Schaden abwehrt *„Seine dünne Kleidung bot kaum Schutz vor dem Regen"* | *„Fett ist ein natürlicher Schutz gegen Kälte"* **K** Schutzhelm; schutzbedürftig, schutzsuchend; Brandschutz, Lärmschutz; Naturschutz, Umweltschutz **ID** **eine Person vor jemandem/etwas in Schutz nehmen, eine Person gegen jemanden/etwas in Schutz nehmen** einer Person helfen, der Vorwürfe gemacht werden

das **Schụtz·blech** ein gebogenes Blech über dem Rad eines Fahrrads, das verhindern soll, dass man schmutzig wird

der **Schụ̈t·ze** (-n, -n) **1** eine Person, die mit einer Waffe schießt **K** Bogenschütze, Scharfschütze **2** eine Person, welche (beim Fußball) den Ball ins Tor schießt *„der Schütze zum 4 : 3"* **K** Torschütze **3** *nur Singular* das Sternzeichen für die Zeit vom 23. November bis 21. Dezember **4** eine Person, die in der Zeit vom 23. November bis 21. Dezember geboren ist *„Sie ist (ein) Schütze"* • *zu* (1,2) **Schụ̈t·zin** *die*

**schụ̈t·zen**★ (*schützte, hat geschützt*) **1** **eine Person/Sache (vor jemandem/etwas) schützen**; **eine Person/etwas (gegen jemanden/etwas) schützen** verhindern, dass eine Person oder man selbst verletzt wird oder in Gefahr kommt bzw. dass eine Sache beschädigt wird ⟨*sich schützend vor jemanden*

S

*stellen〉 „Er schützt seine Augen mit einer dunklen Brille gegen die starke Sonne"* **2** **etwas schützen** versuchen, durch Gesetze zu verhindern, dass Menschen etwas zerstören oder dass Tier- und Pflanzenarten verschwinden *〈eine Landschaft, eine Pflanze, eine Tierart〉 „Wenn die Nashörner nicht wirksamer geschützt werden, sterben sie bald aus"* ❶ meist im Passiv **3** **etwas schützen** dafür sorgen, dass ein Autor, Erfinder o. Ä. einen finanziellen Vorteil davon hat, wenn dessen Idee verwirklicht wird *〈etwas ist gesetzlich, urheberrechtlich geschützt〉 „Erfindungen werden durch Patente geschützt"* ❶ meist im Passiv

der **Schụtz·en·gel Da hat er/sie einen (guten) Schutzengel gehabt!** er/sie hat Glück gehabt, dass ihm/ihr nichts (Schlimmeres) passiert ist

der **Schụ̈tz·ling** (-s, -e) eine Person, für die eine andere Person verantwortlich ist

**schụtz·los** *ADJEKTIV* ohne Schutz

die **Schụtz·mar·ke** ein Name oder ein Symbol für ein Produkt, das gesetzlich vor Nachahmung geschützt ist *〈eine eingetragene Schutzmarke〉* ≈ Warenzeichen

der **Schụtz·pat·ron** ein Heiliger, von dem man glaubt, dass er Personen, Gebäude o. Ä. schütze • *hierzu* **Schụtz·pat·ro·nin** *die*

**schwạch★** *ADJEKTIV (schwächer, schwächst-)* **1** mit wenig körperlicher Kraft ↔ stark, kräftig *„Ich bin noch zu schwach, um diese schweren Kisten zu tragen"* **K** altersschwach **2** nicht fähig, viel zu leisten oder große Belastungen zu ertragen *〈Augen, ein Gedächtnis, eine Gesundheit, ein Herz, eine Konstitution, Nerven, ein Motor〉 „Sie hat so schwache Nerven, dass sie sich wegen jeder Kleinigkeit aufregt"* **3** nicht fähig, andere Menschen zu führen oder sich selbst unter Kontrolle zu haben *〈ein Charakter, ein Wille〉* ↔ stark *„Bei Kuchen werde ich immer schwach"* Bei Kuchen kann ich der Versuchung nicht widerstehen **4** von schlechter Qualität ≈ schlecht *„eine schwache Theatervorstellung"* **5** in den Leistungen unter dem Durchschnitt *„In Biologie ist er recht schwach, aber in den anderen Fächern kommt er gut mit"* **6** mit nur geringer Konzentration und daher mit wenig Wirkung oder Geschmack *〈ein Kaffee, ein Tee; eine Lauge, eine Salzlösung, eine Säure〉* **7** nur in geringem Maß (vorhanden) *〈ein Anzeichen, Beifall, ein Druck, ein Duft, Erinnerungen, eine Gegenwehr, eine Hoffnung, ein Wind〉* ↔ stark *„Das ist ein schwacher Trost"* Das hilft nicht viel **8** meist *adverbiell* in geringer Zahl *〈eine Beteiligung; schwach besetzt, besiedelt, besucht, bevölkert〉* **9** verwendet für Verben, deren Formen in der Vergangenheit den Vokal nicht ändern und mit einem *t* gebildet werden ↔ stark *„Das Verb „glauben" wird schwach konjugiert* (*glaubte – geglaubt*)*"* **10** verwendet für männliche Substantive, die im Nominativ Singular immer auf *-(e)n* enden *„Die Substantive „der Rabe" und „der Patient" werden schwach dekliniert"* **11** verwendet für Adjektive, die im Dativ und Genitiv und im Plural immer auf *-en* enden *„Nach dem bestimmten Artikel und nach „dieser" und „jener" wird das Adjektiv schwach dekliniert"*

die **Schwạ̈·che★** (-, -n) **1** *nur Singular* der Mangel an körperlicher Kraft oder Leistungsfähigkeit ≈ Stärke *„Der Kranke konnte vor Schwäche fast nichts essen"* **K** Schwächeanfall; Kreislaufschwäche, Sehschwäche **2** **eine Schwäche (in etwas** *(Dativ)***)** eine mangelnde Begabung in etwas *„Seine Schwächen in Chemie und Physik konnte er durch intensives Lernen ausgleichen"* **3** ein (meist kleiner) charakterlicher Fehler *〈eine charakterliche, entschuldbare, kleine, persönliche, verzeihliche Schwäche〉* **K** Charakterschwäche **4** **eine Schwäche (für jemanden/etwas)** *nur Singular* der Zustand, wenn man jemanden/etwas so sehr mag, dass man sich nicht immer unter Kontrolle hat ≈ Vorliebe *„Anna hat eine Schwäche für Schokolade"*

**schwạ̈·cheln** *(schwächelte, hat geschwächelt)* **jemand/etwas schwächelt** eine Person oder Sache lässt in der Leistung oder etwas lässt im Wert o. Ä. vorübergehend nach *〈ein Schüler, ein Sportler, die Börse, eine Aktie, die Konjunktur〉*

**schwạ̈·chen** *(schwächte, hat geschwächt)* **1** **etwas schwächt (jemanden/etwas)** etwas macht jemanden körperlich schwach *„Das Fieber hat ihn so geschwächt, dass er eine ganze Woche im Bett liegen muss"* **2** **etwas schwächt etwas** etwas macht die Wirkung einer Sache geringer *〈etwas schwächt jemandes Einfluss, jemandes Macht, jemandes Position〉 „Der Skandal hat sein Ansehen sehr geschwächt"* • *hierzu* **Schwạ̈·chung** *die*

**schwạ̈ch·lich** *ADJEKTIV* körperlich schwach *〈ein Bürschchen, ein Kind〉*

der **Schwạ̈ch·ling** (-s, -e); *abwertend* eine Person, die sehr wenig Kraft hat der **Schwạch·punkt** ein Teil eines Systems, der für Störungen sehr anfällig ist

der **Schwạch·sinn** *nur Singular; gesprochen, abwertend* ≈ Blödsinn, Unsinn • *hierzu* **schwạch·sin·nig** *ADJEKTIV*

die **Schwạch·stel·le** ≈ Schwachpunkt

**schwa̱·feln** (*schwafelte, hat geschwafelt*) **(über etwas** (*Akkusativ*)**) schwafeln; von etwas schwafeln** *gesprochen, abwertend* viele Dinge erzählen, die unwichtig und wenig intelligent sind • *hierzu* **Schwa̱f·ler** *der*

der **Schwa̱·ger** (*-s, -/Schwä·ger*) der Ehemann von jemandes Schwester oder der Bruder von jemandes Ehepartner

die **Schwä̱·ge·rin** (*-, -nen*) die Ehefrau von jemandes Bruder oder die Schwester von jemandes Ehepartner

die **Schwạl·be** (*-, -n*) ein kleiner Vogel, der sehr schnell fliegen kann und der schmale, spitze Flügel und einen Schwanz mit zwei Spitzen hat *„Die Schwalben haben sich Nester unter dem Dach gebaut"*

der **Schwạll** (*-(e)s, -e*); *meist Singular* **ein Schwall** *+Genitiv*; **ein Schwall von etwas** (*Dativ*) eine ziemlich große Menge einer Flüssigkeit oder eines Gases, die sich plötzlich irgendwohin bewegt *„ein Schwall heißen Dampfes"*

**schwạmm** *Präteritum, 1. und 3. Person Singular* → schwimmen

der **Schwạmm★** (*-(e)s, Schwäm·me*) Schwämme sind dick und weich, wenn sie feucht sind; man kann damit viel Wasser aufsaugen und Oberflächen reinigen *„sich mit einem Schwamm waschen"* K Badeschwamm, Tafelschwamm

**schwạm·mig** *ADJEKTIV* **1** dick und weich *„Er ist im Gesicht ziemlich schwammig geworden"* **2** *abwertend* so, dass etwas nicht völlig eindeutig ist ⟨*ein Begriff, eine Formulierung; etwas schwammig formulieren*⟩ ≈ vage

der **Schwa̱n** (*-(e)s, Schwä·ne*) ein großer weißer Vogel mit einem langen Hals, der auf Seen und Flüssen lebt K schwanenweiß ID **Du/Mein lieber Schwan!** *gesprochen* verwendet, um Erstaunen oder Ärger auszudrücken

**schwạnd** *Präteritum, 3. Person Singular* → schwinden

**schwạng** *Präteritum, 1. und 3. Person Singular* → schwingen

**schwan·ger★** ['ʃvaŋɐ] *ADJEKTIV* mit einem Kind im Bauch ⟨*eine Frau*⟩ *„Sie ist im fünften Monat schwanger"* ❶ Bei Tieren sagt man *trächtig* oder *tragend*.

die **Schwạn·ger·schaft★** (*-, -en*) der Zustand, schwanger zu sein ⟨*eine geplante, ungewollte Schwangerschaft; eine Schwangerschaft feststellen, unterbrechen*⟩ K Schwangerschaftsabbruch, Schwangerschaftstest

**schwạn·ken★** (*schwankte, hat/ist geschwankt*) **1 jemand/etwas schwankt** (*hat*) jemand/etwas bewegt sich auf der Stelle meist langsam hin und her oder auf und ab *„Die Bäume schwankten im Wind"* **2 jemand/etwas schwankt irgendwohin** (*ist*) jemand/etwas bewegt sich schwankend irgendwohin *„Nach der rasenden Fahrt mit dem Karussell schwankten wir zum Ausgang"* **3 etwas schwankt (zwischen Dingen** (*Dativ*)**)** (*hat*) etwas ändert sich immer wieder in der Qualität oder Menge ⟨*der Druck, die Preise, die Temperatur, eine Zahl*⟩ *„Der Dollarkurs schwankt in der letzten Zeit stark"*

die **Schwạn·kung** (*-, -en*); *meist Plural* Änderungen in der Qualität oder Menge ⟨*etwas unterliegt starken Schwankungen*⟩ K Druckschwankung, Kursschwankung, Temperaturschwankung

der **Schwạnz★** (*-es, Schwän·ze*) **1** der lange schmale (bewegliche) Teil am Ende des Körpers eines Tieres ⟨*ein buschiger, gestutzter Schwanz*⟩ *„Als der Hund mich sah, wedelte er mit dem Schwanz"* K Schwanzfeder; Kuhschwanz **2** *gesprochen* ⚠ ≈ Penis

**schwặn·zen** (*schwänzte, hat geschwänzt*) **(etwas) schwänzen** *gesprochen* nicht zur Schule gehen, weil man keine Lust hat ⟨*die Schule, eine Stunde schwänzen*⟩

**schwạp·pen** (*schwappte, hat/ist geschwappt*) **1 etwas schwappt** (*hat*) eine Flüssigkeit bewegt sich hin und her und macht dabei ein klatschendes Geräusch *„Er sprang ins Becken, dass das Wasser schwappte"* **2 etwas schwappt irgendwohin** (*ist*) eine Flüssigkeit bewegt sich irgendwohin und macht dabei ein klatschendes Geräusch *„Er stieß an den Eimer, und das Wasser schwappte auf den Boden"*

der **Schwạrm** (*-(e)s, Schwär·me*) **1 ein Schwarm** *+Substantiv*; **ein Schwarm von Tieren/Insekten** eine große Zahl von Fischen, Vögeln oder Insekten, die zusammen leben *„Hier gibt es Schwärme von Mücken"* K Bienenschwarm, Fischschwarm, Vogelschwarm **2** eine Person, von der jemand begeistert ist *„Der Popstar war der Schwarm aller jungen Mädchen"*

S

**schwär·men** (*schwärmte, hat/ist geschwärmt*) **1** **für jemanden/etwas schwärmen** (*hat*) jemanden sehr attraktiv oder etwas sehr gut finden *„Sie schwärmt für ihren Lehrer" | „Er schwärmt für Erdbeerkuchen"* **2** **(von jemandem/etwas) schwärmen** (*hat*) begeistert über jemanden/etwas sprechen *„Er schwärmt von Irland"* **3** **Tiere schwärmen** (*haben*) Insekten, Vögel, Fische o. Ä. kommen in großer Zahl zusammen, bewegen sich als Schwarm irgendwohin

die **Schwar·te** (-, *-n*) die dicke, feste Haut mit viel Fett, vor allem beim Schwein ⟨*eine geräucherte, knusprige Schwarte*⟩ **K** Speckschwarte

**schwarz**★ *ADJEKTIV* **1** die Farbe, wenn es überhaupt kein Licht gibt ↔ weiß *„schwarze Haare haben" | „sich aus Trauer schwarz kleiden"* **K** Schwarzbär; (kohl)rabenschwarz, pechschwarz **2** von sehr dunkler Farbe ⟨*Augen, eine Nacht, Pfeffer, Wolken*⟩ ↔ hell **K** schwarzbraun **3** (in Bezug auf Menschen einer afrikanischen Rasse) mit dunkler Haut ⟨*die Hautfarbe*⟩ **4** schmutzig und deswegen dunkel ⟨*Fingernägel, Hände, ein Kragen*⟩ ↔ sauber **5** *gesprochen* mit konservativen politischen Prinzipien ⟨*schwarz wählen*⟩ **6** *gesprochen* so, dass es nicht bei den Behörden gemeldet wird, um ein Verbot zu umgehen oder um Steuern und Gebühren zu vermeiden ⟨*der Markt; eine schwarze Kasse führen; schwarz verdientes Geld*⟩ ≈ illegal **K** Schwarzgeld, Schwarzhandel, Schwarzhändler **7** mit etwas Unangenehmem (verbunden) ⟨*Gedanken, ein Tag; für jemanden sieht es schwarz aus*⟩ **8** mit der Absicht, jemandem zu schaden ⟨*Gedanken, Pläne, eine Seele*⟩ ≈ böse **9** **schwarz auf weiß** in geschriebener (und gedruckter) Form (und somit beweisbar) ⟨*jemandem etwas schwarz auf weiß geben*⟩ ≈ schriftlich

S

das **Schwarz** (-(*es*)) die schwarze Farbe *„das schillernde Schwarz der Federn eines Raben"*

die **Schwarz·ar·beit** *meist Singular* (illegale) Arbeit, für die keine Steuern bezahlt werden (weil sie nicht angemeldet ist)

das **Schwarz·brot**★ ein dunkles Brot, das vor allem aus Roggenmehl gemacht wird

der/die **Schwar·ze**[1]; (*-n, -n*) *gesprochen* ▲ ein Mensch mit dunkler Hautfarbe ⓘ wird oft als rassistisch empfunden

das **Schwar·ze**[2]; (*-n*) der schwarze Teil in der Mitte einer Zielscheibe ⟨*ein Schuss ins Schwarze; das/ins Schwarze treffen*⟩ **ID** **ins Schwarze treffen** *gesprochen* genau das Richtige raten, sagen oder tun

**schwär·zen** (*schwärzte, hat geschwärzt*) **etwas schwärzen** etwas schwarz machen *„Das Gesicht des Schornsteinfegers war von Ruß geschwärzt"* ⓘ meist im Passiv mit dem Hilfsverb *sein* • *hierzu* **Schwär·zung** *die*

**schwarz·fah·ren** (*fuhr schwarz, ist schwarzgefahren*) mit Bus oder Bahn fahren, ohne eine Fahrkarte zu haben • *hierzu* **Schwarz·fah·rer** *der*; **Schwarz·fah·re·rin** *die*

**schwarz·ma·len** (*malte schwarz, hat schwarzgemalt*); *oft abwertend* die Zukunft pessimistisch darstellen • *hierzu* **Schwarz·ma·ler** *der*

**schwarz·se·hen** (*sieht schwarz, sah schwarz, hat schwarzgesehen*) **(für jemanden/etwas) schwarzsehen** die Zukunft für jemanden/etwas pessimistisch beurteilen *„Für unseren Ausflug sehe ich schwarz! Ich glaube, es gibt Regen"* • *hierzu* **Schwarz·se·her** *der*

**schwarz-weiß**, **schwarz·weiß** *ADJEKTIV* **1** mit schwarzen und weißen Flecken, Streifen usw. *„ein schwarz-weiß gestreiftes Hemd"* **2** schwarz, weiß und mit verschiedenen grauen Farben ⟨*ein Bild, ein Foto*⟩ **K** Schwarz-Weiß-Foto(grafie)

der **Schwatz** (*-es*) ein freundliches Gespräch über unwichtige Themen ⟨*einen Schwatz (mit jemandem) halten*⟩ ⓘ oft in der Verkleinerungsform *Schwätzchen*

**schwat·zen** (*schwatzte, hat geschwatzt*) **(mit jemandem) schwatzen** freundlich über unwichtige Themen reden *„Sie standen im Hof und schwatzten miteinander"* • *hierzu* **Schwät·zer** *der*; **Schwät·ze·rin** *die*

der **Schwät·zer** (-s, -); *gesprochen, abwertend* jemand, der sich für klug hält und viel redet, aber nichts weiß

**schwe·ben**★ (*schwebte, hat/ist geschwebt*) **1** **etwas schwebt (irgendwo)** (*hat/süddeutsch* Ⓐ Ⓒⓗ *ist*) *etwas bewegt sich kaum oder ruhig in der Luft oder im Wasser „Eine Wolke schwebte am Himmel"* **2** **etwas schwebt irgendwohin** (*ist*) etwas bewegt sich langsam durch die Luft ⟨*ein Ballon, eine Feder*⟩ **3** **in Lebensgefahr schweben**; **zwischen Leben und Tod schweben** (*hat/süddeutsch* Ⓐ Ⓒⓗ *ist*) *lebensgefährlich krank oder verletzt sein*

der **Schwe·fel** (*-s*) ein chemisches Element, das

gelb ist und als Gas unangenehm riecht **K** Schwefelbad, Schwefelgestank; schwefelgelb **i** chemisches Zeichen: *S* • *hierzu* **schwe·fel·hal·tig** *ADJEKTIV*

der **Schweif** (-(e)s, -e); *geschrieben* **1** der lange, buschige Schwanz eines Pferdes **2** eine Schicht aus Gas, die hinter einem Kometen zu sehen ist **K** Kometenschweif

**schwei·fen** (*schweifte, ist geschweift*) **1** **irgendwohin schweifen** *geschrieben* ohne festes Ziel irgendwohin wandern ⟨*in die Ferne, durch die Wälder schweifen*⟩ **2** **etwas schweift irgendwohin** etwas wechselt ohne Ziel die Richtung o. Ä. ⟨*den Blick, die Gedanken schweifen lassen*⟩

die **Schwei·ge·mi·nu·te** eine kurze Zeit, in der eine Gruppe von Menschen schweigt, um an ein wichtiges Ereignis oder eine wichtige Person zu erinnern ≈ Gedenkminute

**schwei·gen**★ (*schwieg, hat geschwiegen*) **1** kein Wort sagen **2** **(über etwas** (*Akkusativ*)**) schweigen**; **(zu etwas) schweigen** zu einem Thema nichts sagen, ein Geheimnis nicht verraten *„Ich habe lange über den Vorfall geschwiegen, aber jetzt fühle ich mich verpflichtet, Ihnen die Wahrheit zu sagen"*

das **Schwei·gen**★ (-s) **1** eine Situation, in der niemand etwas sagt *„Als er eine kurze Pause machte, herrschte gespanntes Schweigen im Saal"* **2** eine Situation, in der man über ein Thema nicht spricht *„Der Komplize bewahrte Schweigen über die Motive des Attentats"*

die **Schwei·ge·pflicht** *meist Singular* die Pflicht, über solche Dinge, die man im Beruf erfährt, nicht zu sprechen ⟨*die ärztliche Schweigepflicht; jemand/etwas unterliegt der Schweigepflicht; die Schweigepflicht verletzen*⟩

**schweig·sam** *ADJEKTIV* ⟨*ein Mensch*⟩ so, dass er nur wenig spricht *„Warum bist du heute so schweigsam?"* • *hierzu* **Schweig·sam·keit** *die*

das **Schwein**★ (-(e)s, -e) **1** ein Tier mit kurzen Beinen und dicker Haut, das man wegen des Fleisches züchtet ⟨*das Schwein grunzt, quiekt*⟩ **K** Schweinsleder; Hausschwein, Wildschwein **2** *nur Singular* das Fleisch eines Schweins, das man isst **K** Schweinebraten, Schweinefilet, Schweineschnitzel **3** *gesprochen, abwertend* verwendet als Schimpfwort für Personen, die rücksichtslos, unmoralisch oder vulgär sind oder die keinen Wert auf Sauberkeit und Hygiene legen **4** *gesprochen nur Singular* Glück, das man nicht verdient hat *„Da hast du noch mal Schwein gehabt, das hätte leicht schiefgehen können"*

die **Schwei·ne·rei** (-, -en); *gesprochen, abwertend* **1** Schmutz und Unordnung **2** etwas, über das man sich sehr ärgert **3** *meist Plural* etwas, das unmoralisch ist oder sexuellen Inhalt hat

der **Schwei·ne·stall** **1** ein Stall für Schweine **2** *gesprochen, abwertend* ein Raum, eine Wohnung o. Ä., in denen es sehr unordentlich oder schmutzig ist

der **Schweiß** (-es) **1** die salzige Flüssigkeit, die aus der Haut kommt, wenn es heiß ist *„Er wischte sich mit einem Taschentuch den Schweiß von der Stirn"* **K** Schweißausbruch; Angstschweiß **2** **in Schweiß gebadet sein** nass von Schweiß sein **K** schweißgebadet

der **Schweiß·bren·ner** ein Gerät, das eine sehr heiße Flamme erzeugt, mit der man Metalle schweißen kann

**schwei·ßen** (*schweißte, hat geschweißt*) **(etwas) schweißen** Teile aus Metall oder Kunststoff miteinander verbinden, indem man sie an einer Stelle sehr heiß macht und zusammenpresst ⟨*ein Rohr, einen Riss schweißen*⟩ **K** Schweißgerät, Schweißnaht

die **Schweiz** (-) **1** der Staat in Mitteleuropa mit der Hauptstadt Bern *„in der Schweiz leben"* **2** die Vertreter der Schweiz bei internationalen Veranstaltungen, Konferenzen usw. *„Silber für die Schweiz!"* • *zu* (1) **Schwei·zer** *der*; *zu* (1) **Schwei·ze·rin** *die*; *zu* (1) **Schwei·zer** *ADJEKTIV*

das **Schwei·zer·deutsch** (-) die deutsche Sprache, so wie sie in einem Teil der Schweiz gesprochen wird • *hierzu* **schwei·zer·deutsch** *ADJEKTIV*

**schwe·len** (*schwelte, hat geschwelt*) **etwas schwelt** etwas brennt (ohne sichtbare Flamme) schwach und entwickelt dabei viel Rauch **K** Schwelbrand

**schwel·gen** (*schwelgte, hat geschwelgt*) **1** **in etwas** (*Dativ*) **schwelgen** *geschrieben* etwas Angenehmes bewusst und intensiv genießen ⟨*in Erinnerungen, in Gefühlen, in Wonne schwelgen*⟩ **2** mit Genuss viel essen und trinken *„Wir haben auf der Party mal so richtig geschwelgt"*

die **Schwel·le** (-, -n) **1** der leicht erhöhte Teil des Fußbodens an der Türöffnung ⟨*über die Schwelle treten*⟩ **K** Türschwelle **2** ein Stück Holz, Beton o. Ä., das quer unter den Eisenbahnschienen liegt und an dem diese befestigt

S

sind **K** Bahnschwelle

**schwel·len** (*schwillt, schwoll, ist geschwollen*) **etwas schwillt** etwas wird größer und dicker als normal *„Sein Arm ist geschwollen, weil ihn eine Biene gestochen hat"*

die **Schwel·lung** (-, *-en*) **1** eine Stelle am Körper, die wegen einer Verletzung, eines Insektenstichs o. Ä. dicker als normal ist **2** *nur Singular* der Zustand, in dem etwas geschwollen ist ⟨*die Schwellung klingt ab, geht zurück*⟩

**schwem·men** (*schwemmte, hat geschwemmt*) **etwas schwemmt jemanden/etwas irgendwohin** die Strömung des Wassers befördert jemanden/etwas irgendwohin ⟨*ans Land, ans Ufer geschwemmt werden*⟩ *„Viele tote Seehunde wurden an den Strand geschwemmt"* ❶ meist im Passiv

**schwen·ken** (*schwenkte, hat/ist geschwenkt*) **1** **etwas schwenken** (*hat*) etwas in der Hand halten und durch die Luft bewegen ⟨*eine Fahne, einen Hut, ein Taschentuch schwenken*⟩ ≈ schwingen *„Sie schwenkte die Arme über dem Kopf, um ihn auf sich aufmerksam zu machen"* **2** **etwas (irgendwohin) schwenken** (*hat*) etwas in eine andere Richtung oder Stellung bewegen ≈ drehen *„Er schwenkte den Wasserhahn nach rechts"* **3** **etwas in etwas** (*Dativ*) **schwenken** (*hat*) etwas in eine Flüssigkeit tun und dort kurze Zeit hin und her bewegen *„Kartoffeln in heißem Fett schwenken"* | *„in Butter geschwenkte Bohnen"*

**schwer★** *ADJEKTIV* GEWICHT: **1** mit relativ hohem Gewicht ⟨*schwer beladen, bepackt sein*⟩ ⟷ leicht *„einen schweren Koffer schleppen"* **K** Schwermetall **2** mit dem genannten Gewicht *„ein zwanzig Tonnen schwerer Lastwagen"* INTENSITÄT: **3** (vor allem in negativer Weise) das normale Maß überschreitend ⟨*ein Gewitter, Schneefälle, ein Sturm, ein Unwetter, eine Gehirnerschütterung, eine Krankheit, ein Schock, eine Verletzung; eine Schuld, ein Verbrechen, ein Vergehen; schwer beeindruckt, beleidigt, bewaffnet, enttäuscht, krank, reich, verletzt, verwundet sein*⟩ ⟷ leicht *„Die Hitze macht ihm schwer zu schaffen"* **K** Schwerverbrecher ❶ Einige dieser Kombinationen können auch zusammengeschrieben werden, z. B.: *schwerkrank, schwerverletzt, schwerverwundet*. BELASTEND, SCHWIERIG: **4** mit viel Arbeit oder Mühe verbunden ⟨*eine Aufgabe, ein Beruf, ein Leben, eine Verantwortung*⟩ *„Der Kranke atmete schwer"* **5** so, dass man viel körperliche Kraft dazu braucht ⟨*eine Arbeit*⟩ ⟷ leicht **K** Schwerarbeit **6** so, dass Speisen lange brauchen, um verdaut zu werden ⟨*ein Essen, eine Kost*⟩ ⟷ leicht **7** **jemand/etwas ist schwer zu** *+Infinitiv* es ist schwierig, mit jemandem/etwas etwas zu tun *„Das Problem ist schwer zu lösen"* **8** **jemand/etwas macht (einer Person) etwas schwer** jemand/etwas bereitet (einer Person oder sich selbst) Probleme ⟨*sich* (*Dativ*) *und anderen das Leben schwer machen*⟩ • zu (2 – 6) **Schwe·re** *die*

**schwer·be·hin·dert, schwer be·hin·dert** *ADJEKTIV* mit einer ernsthaften (körperlichen oder geistigen) Behinderung ⟨*schwerbehindert sein*⟩ • *hierzu* **Schwer·be·hin·der·te** *der/die*

**schwe·re·los** *ADJEKTIV* ohne Gewicht *„Die Astronauten im Weltraum befinden sich im schwerelosen Zustand"*

**schwer·fal·len** (*fällt schwer, fiel schwer, ist schwergefallen*) **etwas fällt jemandem schwer** etwas macht jemandem viel Mühe oder Schwierigkeiten *„Es fiel ihm schwer, sich bei ihr zu entschuldigen"*

**schwer·fäl·lig** *ADJEKTIV* so, dass der Betreffende nicht fähig ist, schnell und geschickt zu denken oder sich zu bewegen ⟨*Bewegungen; schwerfällig denken, gehen, sprechen*⟩

**schwer·hö·rig** *ADJEKTIV* ⟨*ein Mensch*⟩ so, dass er schlecht hört *„Sprich lauter, er ist schwerhörig!"* **ID** **Bist du schwerhörig?** *gesprochen* verwendet, um Ungeduld auszudrücken, weil eine Person nicht sofort das tut, worum man sie gebeten hatte • *hierzu* **Schwer·hö·ri·ge** *der/die*; **Schwer·hö·rig·keit** *die*

die **Schwer·in·dust·rie** der Bergbau und die Industrie, die Eisen erzeugt und verarbeitet

die **Schwer·kraft** *nur Singular* die Anziehungskraft eines Planeten o. Ä., die bewirkt, dass alles ein Gewicht hat ⟨*jemand/etwas unterliegt der Schwerkraft; etwas ist der Schwerkraft unterworfen*⟩ ≈ Gravitation *„Mit dieser Vorrichtung lässt sich die Schwerkraft aufheben/überwinden"*

**schwer·lich** *ADVERB; geschrieben* wahrscheinlich nicht ≈ kaum *„Es wird dir schwerlich helfen, wenn du ihn beleidigst"*

die **Schwer·mut** (-) ein Zustand, in dem man so traurig ist, dass man nichts mehr tun will ⟨*in Schwermut verfallen*⟩ • *hierzu* **schwer·mü-**

S

**tig** *ADJEKTIV*

**schwer·neh·men** (*nimmt schwer, nahm schwer, hat schwergenommen*) **etwas schwernehmen** etwas sehr ernst nehmen und sich viele Sorgen darüber machen

der **Schwer·punkt**★ **1** der Punkt, der wichtig für das Gleichgewicht eines Körpers ist. Wenn man einen Gegenstand auf einer Spitze balancieren will, muss die Spitze genau unter dem Schwerpunkt sein **2** **der Schwerpunkt** (+*Genitiv*) etwas, das sehr wichtig ist und viel Zeit, Raum oder Aufmerksamkeit braucht *„Der Schwerpunkt ihrer Arbeit liegt in der Beratung"*

das **Schwert** (-(*e*)*s*, -*er*) eine Waffe mit einem langen, geschliffenen Teil (einer Klinge) aus Metall und einem kurzen Griff ⟨*das Schwert ziehen, zücken, in die Scheide stecken*⟩ *„Der Ritter war mit einem Schwert und einer Lanze bewaffnet"*

**schwer·tun** (*tat sich schwer, hat sich schwergetan*) **sich (bei/mit etwas) schwertun** Schwierigkeiten bei einer Tätigkeit haben/mit etwas Probleme haben *„Mit solchen Fremdwörtern tue ich mich immer schwer"*

**schwer·wie·gend**, **schwer wie·gend** *ADJEKTIV* (*schwerer wiegend/schwerwiegender, am schwersten wiegend/schwerwiegenst-*) **1** mit weitreichenden Auswirkungen ⟨*ein Entschluss, eine Entscheidung*⟩ **2** mit sehr unangenehmen Folgen ⟨*ein Fehler, eine Erkrankung*⟩

die **Schwes·ter**★ (-, -*n*) **1** eine weibliche Verwandte, die dieselben Eltern hat *„Wie viele Geschwister hast du?" – „Zwei Brüder und eine Schwester."* **2** ein weibliches Mitglied eines religiösen Ordens ≈ Nonne **K** Klosterschwester ❶ auch als Anrede verwendet: *Schwester Josefine* **3** eine Frau, die beruflich Kranke oder Alte pflegt und oft eine Art Uniform trägt *„Sie arbeitet als Schwester im Krankenhaus"* **K** Krankenschwester ❶ auch als Anrede verwendet: *Schwester Anna*

**schwieg** *Präteritum, 1. und 3. Person Singular* → schweigen

die **Schwie·ger·el·tern**★ die Eltern des Ehepartners

die **Schwie·ger·mut·ter**★ die Mutter des Ehepartners

der **Schwie·ger·sohn**★ der Ehemann der Tochter

die **Schwie·ger·toch·ter**★ die Ehefrau des Sohnes

der **Schwie·ger·va·ter**★ der Vater des Ehepartners

die **Schwie·le** (-, -*n*) eine dicke, harte Stelle an der Haut (vor allem an der Hand), die durch Druck entstanden ist *„vom Arbeiten Schwielen bekommen"* • hierzu **schwie·lig** *ADJEKTIV*

**schwie·rig**★ *ADJEKTIV* **1** ⟨*eine Aufgabe, eine Entscheidung, eine Frage*⟩ so, dass man über sie viel nachdenken muss und viel Energie für sie braucht ≈ schwer **2** so kompliziert, dass man vorsichtig sein muss, um eine Gefahr zu vermeiden ⟨*eine Lage, eine Situation*⟩

die **Schwie·rig·keit**★ (-, -*en*) **1** *nur Singular* die Eigenschaft, problematisch zu sein *„die Schwierigkeit einer Aufgabe"* **K** Schwierigkeitsgrad **2** *meist Plural* etwas, das jemandem große Probleme macht *„Beim Bau des Tunnels ergaben sich immer neue Schwierigkeiten"* **K** Zahlungsschwierigkeiten **ID** **(jemandem) Schwierigkeiten machen** jemanden in eine unangenehme Situation bringen *„Die Zollbeamten machten ihm an der Grenze Schwierigkeiten"*

**schwillt** *Präsens, 3. Person Singular* → schwellen

das **Schwimm·bad**★ ein großes Gebäude (oder eine große Fläche) mit Schwimmbecken *„Heute Nachmittag gehen wir ins Schwimmbad"*

das **Schwimm·be·cken** ein großes Becken, in dem man schwimmen kann ❶ Im Schwimmbad spricht man von *Schwimmbecken*, Hotels und Privathäuser haben einen *Swimmingpool*

**schwim·men**★ (*schwamm, hat/ist geschwommen*) **1** **schwimmen** (*hat/süddeutsch* Ⓐ Ⓒⓗ *ist*); **irgendwohin schwimmen** (*ist*) sich aus eigener Kraft durchs Wasser bewegen *„Fische schwimmen im Wasser"* | *„Sie ist ans andere Ufer geschwommen"* **K** Schwimmstil, Schwimmunterricht, Schwimmvogel; Brustschwimmen, Rückenschwimmen **2** **etwas schwimmt** (*hat/süddeutsch* Ⓐ Ⓒⓗ *ist*) *etwas liegt auf der Oberfläche einer Flüssigkeit und geht nicht unter „Die Kinder ließen Papierschiffe schwimmen"* **3** **etwas schwimmt** *gesprochen* (*hat*) etwas ist sehr nass oder von Wasser bedeckt ⟨*das Badezimmer, der Keller, der Tisch, der Fußboden*⟩ **4** **in etwas** (*Dativ*) **schwimmen** *gesprochen* (*ist*) sehr viel von etwas haben ⟨*in Geld schwimmen*⟩ **5** **ins Schwimmen kommen** etwas nicht genau wissen und deswegen unsicher werden *„Als ihn der Prüfer zu diesem Thema Fragen stellte, kam er ins*

S

Schwimmen"

der **Schwịm·mer** (-s, -) **1** eine Person, die schwimmen kann **2** eine Person, welche das Schwimmen als Sport betreibt • *hierzu* **Schwịm·me·rin** *die*

der **Schwịmm·flü·gel** *meist Plural* Kinder tragen im Wasser oft Schwimmflügel an den Armen, damit sie nicht untergehen

der **Schwịmm·rei·fen** ein Reifen (voll Luft), den Kinder, die nicht schwimmen können, im Wasser unter den Armen tragen

die **Schwịmm·wes·te** eine Weste zum Aufblasen oder aus Kork, die einen an der Wasseroberfläche hält ⟨*die Schwimmweste anlegen*⟩

der **Schwịn·del** (-s) **1** *abwertend* ≈ Betrug **2** ein (unangenehmes) Gefühl, bei dem man meint, alles drehe sich im Kreis *„Als Kind habe ich das Gefühl des Schwindels geliebt, heute wird mir auf Karussells nur schlecht"* **K** Schwindelgefühl • *zu* (1) **Schwịnd·ler** *der; zu* (1) **Schwịnd·le·rin** *die*

**schwịn·del·er·re·gend**, **Schwịn·del er·re̲·gend** *ADJEKTIV* **1** so, dass man dort Schwindel fühlt ⟨*in schwindelerregender Höhe*⟩ **2** sehr hoch ⟨*Preise, Kosten, Summen*⟩

**schwịn·del·frei** *ADJEKTIV* so, dass der Betreffende in großer Höhe nie Schwindel spürt *„Als Dachdecker muss man schwindelfrei sein"*

**schwịn·deln** (*schwindelte, hat geschwindelt*) *gesprochen* eine harmlose Lüge erzählen *„Ich bin schon fünf Jahre alt." – „Na, hast du da nicht ein bisschen geschwindelt?"*

**schwịn·den** (*schwand, ist geschwunden*) **etwas schwindet** etwas wird immer weniger *„Als sie zwei Wochen lang nicht anrief, schwand seine Hoffnung auf eine Versöhnung"*

**schwịnd·lig** *ADJEKTIV meist prädikativ* so, dass jemand Schwindel fühlt ⟨*jemandem ist, wird schwindlig*⟩ *„Beim Karussellfahren wird mir immer schwindlig"*

**schwịn·gen** ★ (*schwang, hat geschwungen*) **1** **etwas schwingen** etwas (in einem großen Bogen oder in mehreren Kreisen) schnell durch die Luft bewegen ⟨*die Arme, eine Axt, einen Hammer, eine Fahne, eine Peitsche schwingen*⟩ **2** **etwas schwingt** etwas bewegt sich im gleichen Abstand um einen Punkt (an dem etwas befestigt ist) hin und her ⟨*eine Glocke, ein Pendel, eine Schaukel*⟩ ≈ pendeln **3** **sich irgendwohin schwingen** sich festhalten und gleichzeitig mit einer schnellen Bewegung auf oder über etwas springen ⟨*sich aufs Pferd, aufs Fahrrad, in den Sattel, über die Mauer schwingen*⟩

die **Schwịn·gung** ★ (-, *-en*) eine Bewegung von einer Seite zur anderen, die sich regelmäßig wiederholt ⟨*die Dauer, Frequenz einer Schwingung*⟩ *„eine Gitarrensaite in Schwingungen versetzen"* | *„die Schwingungen eines Pendels"* **K** Schwingungsdauer, Schwingungsfrequenz

der **Schwịps** (*-es, -e*); *gesprochen* der Zustand, in dem man ein bisschen zu viel Alkohol getrunken hat ⟨*einen leichten, kleinen Schwips bekommen, haben*⟩

**schwịr·ren** (*schwirrte, hat/ist geschwirrt*) **ein Insekt/etwas schwirrt** (*ist*) ein Insekt/etwas bewegt sich mit einem leisen, vibrierenden Geräusch durch die Luft *„Pfeile schwirrten durch die Luft"*

**schwịt·zen** ★ (*schwitzte, hat geschwitzt*) **1** feuchte Haut haben, weil man intensiv arbeitet, weil es sehr heiß ist oder weil man Angst hat *„Er schwitzte vor Aufregung"* | *„in die Sauna gehen, um kräftig zu schwitzen"* **2** **etwas nass schwitzen** so schwitzen, dass Haut und Kleidung usw. dabei nass werden ⟨*das Bett, ein Hemd nass schwitzen*⟩ *„Ich war völlig nass geschwitzt"* **K** nassgeschwitzt

**schwọll** *Präteritum, 3. Person Singular* → schwellen

**schwö̲·ren** (*schwor, hat geschworen*) **1** **(etwas) schwören** vor Gericht feierlich erklären, dass man die Wahrheit sagt ⟨*einen Eid schwören*⟩ *„Der Zeuge musste mit erhobener Hand schwören, dass er die Wahrheit sagte"* ❶ Die Präteritumform *schwur* ist veraltet. **2** **(jemandem) etwas schwören** jemandem versichern, dass man die Wahrheit sagt oder dass man etwas sicher tun wird ⟨*jemandem Rache schwören*⟩ *„Ich schwöre (dir), dass ich dich nie betrügen werde"*

**schwu̲l** ★ *ADJEKTIV; gesprochen, auch abwertend* ≈ homosexuell ❶ Homosexuelle Männer sind *schwul*, homosexuelle Frauen sind *lesbisch* • *hierzu* **Schwu̲·le** *der*

**schwü̲l** *ADJEKTIV* unangenehm heiß und feucht ⟨*das Klima, die Luft*⟩ ≈ drückend *„Heute ist es so schwül, es wird sicher ein Gewitter geben"* • *hierzu* **Schwü̲·le** *die*

der **Schwụnd** (-(*e*)*s*) der Vorgang, bei dem etwas immer weniger oder schwächer wird **K** Gedächtnisschwund, Muskelschwund

der **Schwụng** ★ (-(*e*)*s*) **1** eine Bewegung mit

S

großer Geschwindigkeit und Kraft *„Auf dem steilen Berg kam der Schlitten ordentlich in Schwung"* wurde der Schlitten immer schneller **2** eine innere Kraft oder Begeisterung, die jemanden dazu bewegt, etwas zu tun ⟨*mit Schwung an die Arbeit gehen*⟩ **3** ein Zustand, in dem man fit und aktiv ist ⟨*etwas bringt, hält jemanden/etwas in Schwung*⟩ *„Du wirst sehen, diese Kur bringt dich wieder in Schwung"* **4** eine schnelle Bewegung des Körpers in einem Bogen oder im Kreis *„die eleganten Schwünge eines Skifahrers"* **5** **etwas kommt in Schwung** etwas entwickelt sich positiv, wird lebhafter oder funktioniert gut *„Jetzt kommt die Party langsam in Schwung"* **6** **ein Schwung** *+Substantiv gesprochen* eine relativ große Zahl einer Sache *„Er hat einen ganzen Schwung Comics zu Hause"* • *zu* (1 – 4) **schwung·voll** *ADJEKTIV*

der **Schwur** (-(*e*)*s*, *Schwü·re*) **1** das feierliche Versprechen, dass eine Aussage wahr ist ⟨*einen Schwur ablegen, leisten*⟩ *„die Hand zum Schwur erheben"* **2** *geschrieben* das, was man jemandem feierlich versprochen hat ⟨*einen Schwur halten, brechen*⟩ **K** Treueschwur

**scrol·len** ['skro:ln̩, 'skroʊln̩] (*scrollte, hat gescrollt*) die Bildschirmansicht eines größeren Dokuments nach unten oder oben verschieben *„am Mausrad drehen, um zur letzten Seite zu scrollen"*

**sechs**★ [zɛks] *ZAHLWORT* (als Zahl, Ziffer) 6 ℹ → Anhang, S. 1098: **Zahlen** und Beispiele unter **vier**

die **Sechs** [zɛks]; (-, *-en*) **1** die Zahl 6 **2** jemand/etwas mit der Ziffer/Nummer 6 **3** Ⓓ die schlechteste Schulnote (auf der Skala von 1 – 6), mit der man eine Prüfung nicht bestanden hat ≈ ungenügend **4** Ⓒⓗ die beste Note in der Schule ≈ sehr gut

der **Sech·ser** ['zɛksɐ]; (*-s, -*); *gesprochen* **1** ≈ Sechs **2** sechs richtige Zahlen im Lotto (mit denen man die höchste Summe gewinnt)

**sechs·hun·dert** [zɛks-] *ZAHLWORT* (als Zahl) 600

**sechst** ['zɛkst] *ADJEKTIV* **1** in einer Reihenfolge an der Stelle sechs ≈ 6. ℹ → Beispiele unter **viert-** **2** **der sechste Teil (von etwas)** ≈ 1/6 **3** **zu sechst** (mit) insgesamt sechs Personen *„Wir sind zu sechst"*

**sechs·tau·send** [zɛks-] *ZAHLWORT* (als Zahl) 6000

**sechs·tel** [zɛks-] *ADJEKTIV meist attributiv; nur in dieser Form* der sechste Teil einer Menge ≈ 1/6

das **Sechs·tel** [zɛks-]; (*-s, -*) der sechste Teil einer Menge oder Masse

**sechs·tens** [zɛks-] *ADVERB* verwendet bei einer Aufzählung, um anzuzeigen, dass etwas an 6. Stelle kommt

**sech·zehn**★ ['zɛçtse(:)n] *ZAHLWORT* (als Zahl) 16 ℹ → Anhang, S. 1098: **Zahlen**

**sech·zig**★ ['zɛçtsɪç, -ɪk] *ZAHLWORT* **1** (als Zahl) 60 ℹ → Anhang, S. 1098: **Zahlen** **2** **Anfang/Mitte/Ende sechzig sein** ungefähr 60 bis 63/64 bis 66/67 bis 69 Jahre alt sein

**sech·zi·ger** ['zɛçtsɪ-] *ADJEKTIV meist attributiv; nur in dieser Form* die zehn Jahre (eines Jahrhunderts oder Menschenlebens) von 60 bis 69 betreffend *„eine Frau in den/ihren Sechzigern"* | *„in den sechziger Jahren des 18. Jahrhunderts"* **K** Sechzigerjahre

**sech·zigs·t-** ['zɛçtsɪkst-] *ADJEKTIV* **1** in einer Reihenfolge an der Stelle 60 ≈ 60. **2** **der sechzigste Teil (von etwas)** ≈ 1/60

der **See**[1]★; (*-s, Se·en* ['ze:(ə)n]) eine relativ große Fläche Wasser auf dem Land ⟨*in einem See baden, schwimmen; auf einem See segeln, surfen; über den See rudern*⟩ *„Der Bodensee ist der größte See in Deutschland"* **K** Seeufer; Bergsee, Stausee

die **See**[2]★; (-) **1** ≈ Meer *„Er hat ein Haus an der See"* **K** Seebad, Seemöwe, Seewasser; Tiefsee **2** **die offene See** das Meer in relativ großer Entfernung vom Festland *„Das Boot trieb auf die offene See hinaus"* **3** **auf hoher See** auf dem Meer, weit vom Festland entfernt **4** **ein Schiff sticht in See** ein Schiff verlässt den Hafen

die **See·fahrt** **1** *nur Singular* die Schifffahrt auf dem Meer *„Die Erfindung des Dampfschiffes machte die Seefahrt schneller und sicherer"* **2** eine Fahrt übers Meer ⟨*eine Seefahrt machen*⟩

der **See·gang** *meist Singular* die Wellen, welche der Wind auf dem Meer erzeugt ⟨*leichten, hohen, starken, schweren Seegang haben*⟩

der **See·hund** eine Robbe, die im nördlichen Teil des Atlantiks lebt

**see·krank** *ADJEKTIV* mit einem schlechten Gefühl im Magen, wenn man auf einem Schiff fährt ⟨*seekrank sein, werden*⟩ • *hierzu* **See·krank·heit** *die*

die **See·le**★ (*-, -n*) **1** der Teil eines Menschen, von dem die Mitglieder vieler Religionen glauben, dass er nicht sterbe **K** Seelenfrieden, Seelenheil **2** *nur Singular* die Gefühle und das moralische Empfinden eines Menschen ≈ Psyche *„Wenn ich*

S

*Kinder leiden sehe, tut mir das in der Seele weh"* K Seelenqual, Seelenverwandtschaft 3 *veraltend nur Plural* die Menschen, die am selben Ort wohnen ≈ Einwohner *„ein Ort mit 300 Seelen"* 4 **eine arme/gute/treue Seele** ein armer/guter/treuer Mensch 5 **aus tiefster Seele** sehr stark und intensiv ⟨*jemanden aus tiefster Seele hassen, lieben, verachten*⟩ 6 **mit ganzer Seele** mit Begeisterung

der/das **Sel·fie** ['zɛlfi]; (-s, -s) ein Foto, das man mit dem Handy oder der Kamera von sich selbst macht

**see·lisch** *ADJEKTIV* in Bezug auf die Seele, Psyche ⟨*eine Belastung, das Gleichgewicht*⟩ ≈ psychisch

die **Seel·sor·ge** (-) die Beratung und Hilfe, die man von einem Pfarrer oder von der Kirche bekommt ⟨*in der Seelsorge tätig sein*⟩ • *hierzu* **Seel·sor·ger** *der*; **Seel·sor·ge·rin** *die*; **seel·sor·ge·risch** *ADJEKTIV*

der **See·mann** (-(e)s, *See·leu·te*) eine Person, die auf einem Schiff arbeitet, das auf dem Meer fährt K Seemannslied

die **See·mei·le** die Einheit, mit der Entfernungen auf dem Meer gemessen werden *„Eine Seemeile entspricht 1852 Metern"*

die **See·not** *nur Singular* eine Situation, in der ein Schiff in höchster Gefahr ist ⟨*ein Schiff gerät in Seenot; jemanden aus Seenot retten*⟩

das **See·pferd**, **See·pferd·chen** *das* ein kleiner Meeresfisch, dessen Kopf wie der Kopf eines Pferdes aussieht

die **See·ro·se** eine Blume mit großen Blüten und großen runden Blättern, die im Wasser wächst *„ein Teich mit Seerosen"*

der **See·stern** ein kleines Tier in der Form eines Sterns, das im Meer lebt

**see·tüch·tig** *ADJEKTIV* in einem so guten Zustand, dass man damit eine Reise auf dem Meer machen kann ⟨*ein Schiff*⟩

der **See·weg** **auf dem Seeweg** über das Meer *„Sie kamen auf dem Seeweg nach China"*

das **Se·gel**★ (-s, -) 1 ein großes Stück Stoff, das man so an einem Schiff, Boot oder Surfbrett befestigt, dass der Wind das Schiff usw. über das Wasser bewegt ⟨*der Wind bläht, schwellt die Segel; ein Segel hissen, aufziehen, einziehen, reffen, einholen, klarmachen* (= *einsatzbereit machen*)⟩ K Segelschiff 2 **(die) Segel setzen** die Segel aufrollen und am Mast hochziehen

das **Se·gel·boot** ein Boot mit Mast und Segel, das durch die Kraft des Windes fortbewegt wird

das **Se·gel|flug·zeug** ein leichtes Flugzeug, das ohne Motor fliegen kann *„Segelflugzeuge gleiten durch die Luft"*

**se·geln**★ (*segelte, hat/ist gesegelt*) 1 **segeln** (*hat/ist*); **irgendwohin segeln** (*ist*) mit einem Boot oder Schiff fahren, das Segel hat *„Er will einmal um die ganze Welt segeln"* 2 **jemand/etwas segelt** jemand fliegt in einem Segelflugzeug oder als Drachenflieger durch die Luft *„Der Drachenflieger segelte über die Bäume"* • *hierzu* **Seg·ler** *der*

der **Se·gen**★ (-s, -) 1 die Bitte um göttliche Hilfe oder um göttlichen Schutz für jemanden/etwas (meist in Form eines Gebets o. Ä. und oft von Gebärden begleitet) *„Der Gottesdienst endet mit dem Segen"* 2 der Schutz, um den Gläubige zu Gott beten ⟨*Gottes Segen*⟩ 3 **ein Segen (für jemanden/etwas)** etwas, das gut für jemanden/etwas ist ≈ Wohltat *„Nach der langen Trockenzeit ist der Regen ein wahrer Segen für das Land"* • *zu* **se·gens·reich** *ADJEKTIV*

**seg·nen** (*segnete, hat gesegnet*) 1 **jemanden/etwas segnen** (als Geistlicher) für eine Person oder Sache um den Schutz Gottes bitten und ihr so den Segen geben ⟨*die Hände segnend erheben, ausbreiten*⟩ *„Der Papst segnete die Gläubigen"* 2 **Gott segnet jemanden mit etwas** Gott gibt jemandem etwas Gutes *„Gott segnete ihre Ehe mit vielen Kindern"*

**seh·be·hin·dert** *ADJEKTIV* mit einer Störung der Augen, die bewirkt, dass man schlecht sieht • *hierzu* **Seh·be·hin·de·rung** *die*

**se·hen**★ ['ze:ən] (*sieht, sah, hat gesehen*)
MIT DEN AUGEN: 1 **jemanden/etwas sehen** mit den Augen erkennen, wo eine Person oder Sache ist und wie sie aussieht *„Als er sie sah, ging er auf sie zu und umarmte sie"* | *„Bei klarem Wetter kann man von hier aus die Berge sehen"* 2 **etwas sehen** sich etwas (aus Interesse) ansehen ⟨*einen Film, ein Theaterstück, eine Oper sehen*⟩ *„Rolf hat schon fast die ganze Welt gesehen"* ❶ kein Passiv 3 **(irgendwie) sehen** die Fähigkeit haben, Personen, Gegenstände usw. mit den Augen wahrzunehmen *„Sie sieht so schlecht, dass sie ohne Brille hilflos ist"* K Sehschärfe, Sehstörung, Sehtest 4 **irgendwohin sehen** die Augen auf eine Person oder Sache richten ⟨*aus dem Fenster sehen*⟩ *„Als er zum Himmel sah, erblickte er einen Ballon"*
PERSÖNLICH: 5 **jemanden sehen** jemanden (mit oder ohne Absicht) treffen ≈ begegnen

*„Hast du Werner wieder mal gesehen?" – „Na klar, den sehe ich doch jeden Morgen im Bus."* **6** **nach jemandem/etwas sehen** sich um eine Person oder Sache kümmern *„Sieh doch bitte nach den Pflanzen, wenn ich weg bin"* MIT DEM VERSTAND: **7** **etwas sehen** etwas (meist nach langer Zeit und durch eigene Erfahrungen) richtig beurteilen ≈ erkennen *„Siehst du jetzt, dass deine Reaktion übertrieben war?"* **8** **etwas irgendwie sehen** etwas in der genannten Art und Weise beurteilen ≈ einschätzen *„Er war der Einzige, der die wirtschaftliche Lage richtig sah"* **K** Sehweise **9** **sehen, ob/wie ...** versuchen, eine Lösung zu finden ≈ überlegen *„Dann will ich mal sehen, ob ich dir helfen kann"* SONSTIGE VERWENDUNGEN: **10** **sich nicht imstande/in der Lage sehen zu** + *Infinitiv geschrieben* der Meinung sein, dass man etwas (vor allem aufgrund der eigenen Fähigkeiten oder des eigenen Zustandes) nicht tun kann **ID** **siehe** + *Seitenangabe* verwendet in Texten und Fußnoten, um den Leser auf eine Stelle auf der genannten Seite hinzuweisen *„Siehe dazu die Tabelle auf Seite 24"*

**se·hens·wert★** ['ze:əns-] *ADJEKTIV* ⟨*ein Film, eine Ausstellung*⟩ so, dass es sich lohnt, sie anzusehen ≈ sehenswürdig

die **Se·hens·wür·dig·keit★** ['ze:əns-]; (-, *-en*) ein Gebäude, ein Platz o. Ä., die sehr schön, wertvoll oder interessant sind ⟨*Sehenswürdigkeiten besichtigen*⟩

die **Seh·ne★** (-, *-n*) Sehnen verbinden die Muskeln mit den Knochen ⟨*sich (Dativ) eine Sehne zerren*⟩ **K** Sehnenriss

**seh·nen** (*sehnte sich, hat sich gesehnt*) **sich nach jemandem/etwas sehnen** den starken Wunsch haben, dass jemand da ist oder dass man etwas bekommt *„sich nach einer Pause sehnen"* | *„Sie sehnte sich nach ihren Kindern"*

**sehn·lich** *ADJEKTIV meist attributiv* mit großer Sehnsucht ⟨*jemandes sehnlichster Wunsch; jemanden sehnlichst erwarten*⟩ ≈ sehnsüchtig ❶ oft im Superlativ

die **Sehn·sucht★** *meist Singular* der sehr starke Wunsch, dass jemand da wäre oder dass man etwas bekäme ⟨*Sehnsucht nach jemandem/etwas haben, verspüren*⟩ ≈ Verlangen *„die Sehnsucht nach Liebe und Geborgenheit"* • *hierzu* **sehn·süch·tig** *ADJEKTIV*; **sehn·suchts·voll** *ADJEKTIV*

**sehr★** *ADVERB* **1** verwendet, um ein Adjektiv oder ein Adverb zu verstärken *„ein sehr schönes Bild"* | *„Ich bin jetzt sehr müde"* **2** verwendet, um ein Verb zu verstärken *„Er freute sich sehr über mein Geschenk"* **3** verwendet, um Höflichkeitsformeln zu verstärken *„Bitte sehr!"* | *„Danke sehr!"*

das **Seh·ver·mö·gen** die Fähigkeit zu sehen ≈ Sehkraft

**seicht** *ADJEKTIV* so, dass das Wasser nicht tief ist *„an einer seichten Stelle durch den Bach waten"*

**seid** *Präsens, 2. Person Plural* → sein

die **Sei·de★** (-, *-n*) ein glänzender, teurer Stoff, den man aus dem Faden macht, den ein Insekt (die Seidenraupe) produziert *„ein Kleid aus reiner Seide"* **K** Seidenbluse, Seidenhemd, Seidenschal • *hierzu* **sei·den·ar·tig** *ADJEKTIV*

**sei·dig** *ADJEKTIV* weich und glänzend wie Seide ⟨*Haare, ein Fell; etwas fühlt sich seidig an*⟩

die **Sei·fe★** (-, *-n*) mit Seife und Wasser wäscht man sich die Hände ⟨*ein Stück Seife; flüssige Seife*⟩ **K** Seifenlauge, Seifenschaum; Flüssigseife; Lavendelseife

die **Sei·fen·bla·se** eine kleine Kugel aus Luft, die von einer dünnen Schicht aus Seife umgeben ist (und die schnell platzt)

das **Seil★** (-(*e*)*s*, *-e*) Seile werden aus mehreren Fäden oder Drähten gedreht; man kann damit schwere Dinge (z. B. Autos und Schiffe) ziehen oder befestigen ⟨*ein Seil spannen, um etwas binden; das Seil reißt*⟩ *„Wir mussten das Auto mit dem Seil abschleppen"* | *„Der Akrobat balancierte in 5 Meter Höhe auf dem Seil"* **K** Abschleppseil, Hanfseil, Stahlseil

die **Seil·bahn** eine technische Anlage mit Kabinen, die von Seilen durch die Luft auf einen Berg gezogen werden, um Personen oder Waren dorthin zu transportieren ⟨*mit der Seilbahn fahren*⟩

**seil·sprin·gen** *nur im Infinitiv* über ein Seil springen, das andere Personen oder man selbst immer wieder unter den Füßen weg nach oben schwingt • *hierzu* **Seil·sprin·gen** *das*

**sein**[1]**★** (*ich bin, du bist, er ist, wir sind, ihr seid, sie sind, er war, er ist gewesen, Konjunktiv I er sei, Konjunktiv II er wäre*) ZUR IDENTIFIKATION: **1** **jemand/etwas ist etwas** *Nominativ* verwendet, um festzustellen, um wen oder was es sich handelt oder zu welcher Kategorie jemand/etwas gehört *„Mama, bist du das?" Wer ist da? Du, Mama?* | *„Wale sind Säugetiere"* **2** **etwas ist etwas** eine Rechnung hat das genannte Ergebnis *„Zwei plus drei ist*

S

*fünf"* **3** **jemand ist es** eine Person ist die Schuldige oder diejenige, die gesucht wird *„Also, wer von euch beiden war es?"* **4** **etwas ist es** etwas ist das, was jemand sucht *„Das 'ist es! Ich habe die Lösung!"* ZUR NÄHEREN BESCHREIBUNG, ZUORDNUNG: **5** **jemand/etwas ist irgendwie** verwendet, um Zustände, Eigenschaften, Situationen zu beschreiben *„Das Essen ist gut"* | *„Die Anlage ist außer Betrieb"* **6** **jemand/etwas ist irgendwo** jemand/etwas kann irgendwo gefunden oder getroffen werden *„Wo warst du denn gestern Abend?"* | *„Weißt du, wo meine Brille ist?"* **7** **etwas ist irgendwann/irgendwo** etwas findet zur genannten Zeit oder am genannten Ort statt *„Weißt du noch, wann die erste Mondlandung war?"* ❶ meist im Präteritum **8** **jemand/etwas ist irgendwoher** jemand/etwas kommt oder stammt aus dem genannten Ort, Land o. Ä. *„Dem Akzent nach ist er wohl aus Berlin"* **9** **etwas ist von jemandem/etwas** etwas stammt von jemandem/etwas *„Ich weiß nicht, von wem dieser Brief ist"* **10** **etwas ist von jemandem** etwas gehört jemandem **11** **für/gegen jemanden/etwas sein** eine positive/negative Einstellung zu jemandem/etwas haben, jemanden/etwas wollen/nicht wollen *„Sie ist gegen Atomkraftwerke"* ANDERE VERWENDUNGEN: **12** **jemand ist (gerade) bei etwas/am** + *Infinitiv* jemand tut oder macht gerade etwas *„Ich bin gerade dabei, das Zimmer aufzuräumen"* **13** **etwas ist zu** + *Infinitiv geschrieben* etwas muss oder soll getan werden *„Die Fenster sind vom Mieter alle fünf Jahre zu streichen"* **14** **etwas ist zu** + *Infinitiv* etwas kann getan werden (wenn man die Voraussetzungen dazu hat) *„Ist unsere Welt noch zu retten?"* ❶ Diese Konstruktion wird oft statt einer Passivkonstruktion mit *können* verwendet. UNPERSÖNLICH: **15** **es ist** + *Zeitangabe* verwendet, um die Zeit anzugeben *„Es ist jetzt genau fünf Minuten nach vier Uhr"* | *„Ist heute Dienstag oder Mittwoch?"* **16** **jemandem ist** ⟨*schlecht, übel, schwindlig, mulmig*⟩ jemand fühlt sich schlecht, übel usw. *„Ich muss mich ein bisschen hinlegen, mir ist furchtbar schlecht"* **ID** **es 'sei denn, (dass) ...** außer wenn *„Er hat kaum eine Chance, den Titel zu gewinnen, es sei denn, er hat sehr viel Glück"*; **Das wars/wärs (für heute/für diesmal)** *gesprochen* das ist alles, was ich sagen, kaufen oder tun wollte; **Ist was?** *gesprochen* verwendet, um eine Person in provozierender Weise zu fragen, ob sie Wünsche, Beschwerden oder Kritik äußern will

**sein**[2]★ *HILFSVERB* **1** verwendet, um das Perfekt und das Plusquamperfekt von vielen Verben ohne Objekt zu bilden, vor allem von Verben, die eine Bewegung in eine Richtung beschreiben *„Die Preise sind gestiegen"* | *„Als er die Katze fangen wollte, war sie schon über den Zaun gesprungen"* ❶ Verben mit Objekt oder mit *sich* bilden das Perfekt und Plusquamperfekt mit *haben*, ebenso besonders Verben, die eine Dauer ausdrücken: *Ich habe sie beim Einkaufen getroffen; Er hatte sich sehr geschämt; Die Tulpen haben nicht lange geblüht* **2** *Partizip Perfekt* + **sein** verwendet, um die Form des Passivs zu bilden, die einen Zustand oder das Ergebnis einer Handlung bezeichnet *„Die Tür ist verschlossen"* | *„Die Renovierungsarbeiten sind inzwischen beendet"* ❶ Das Passiv, das einen Vorgang bezeichnet, wird mit *werden* gebildet. Man vergleiche: *Heute wird der neue Präsident gewählt* (= Heute wählt dasVolk den neuen Präsidenten: ein Vorgang) mit: *Der neue Präsident ist gewählt* (= Die Wahl ist zu Ende: ein Ergebnis, ein Zustand); vergleiche Hilfsverb **haben**

**sein**[3]★ *ARTIKEL* **1** *zur 3. Person Singular* (*er*) *sein* verwendet man in einer Situation, in welcher man von einer Person (oder Sache) mit *er* oder eine Sache mit *es* reden würde. Man bezeichnet damit Dinge, Zustände, Vorgänge, Handlungen oder Personen, welche mit dieser Person (oder Sache) in Zusammenhang sind *„Oliver und seine Mutter"* | *„Er hat mich gleich nach seiner Ankunft angerufen"* *PRONOMEN* **2** *zur 3. Person Singular* (*er*) verwendet, um sich auf eine (oft bereits erwähnte) Sache oder Person zu beziehen, die zu der Person gehört, über die man mit *er* spricht oder zu einer Sache, über die man mit *es* spricht *„Unsere Kinder spielen oft mit seinen"* | *„Die Berge haben 'ihre attraktive Seiten und das Meer die 'seinen"* ❶ → weitere Beispiele unter **mein** **3** *3. Person Singular* (*er*), *Genitiv „Wir erinnern uns seiner"* ❶ → Anhang, S. 1111: **Pronomen**

das **Sein** (-s); *geschrieben* die Existenz von materiellen und ideellen Dingen *„über das menschliche Sein nachdenken"*

**sei·ner·seits** *ADVERB* was ihn oder es betrifft *„Seinerseits gab es keinen Widerspruch"*

S

**sei·ner·zeit** *ADVERB* zu der (vergangenen) Zeit, über die man gerade spricht ≈ damals

**sei·nes·glei·chen** *oft abwertend* Leute wie er *„Ich kenne ihn und seinesgleichen"* ID **etwas sucht seinesgleichen** etwas ist so (gut oder schlecht), dass es nichts gibt, mit dem man es vergleichen kann

**sei·net·we·gen** *ADVERB* 1 aus einem Grund, der ihn betrifft *„Seinetwegen kommen wir immer zu spät"* 2 mit seiner Erlaubnis oder Zustimmung *„Seinetwegen können wir tun, was wir wollen"*

**sein las·sen**, **sein·las·sen** (*ließ sein, hat sein lassen/seinlassen*) **etwas sein lassen** *gesprochen* etwas nicht tun *„Komm, lass das jetzt sein, das machen wir später"* ❶ Im Perfekt gesprochen auch *sein gelassen*

**seit★** *PRÄPOSITION mit Dativ* 1 von dem genannten Zeitpunkt in der Vergangenheit bis zur Gegenwart *„seit 2010"* | *„seit dem letzten/seit letztem Monat"* | *„Seit wann bist du da?" – „Erst seit zehn Minuten."*

*BINDEWORT* 2 der Nebensatz mit *seit* nennt ein Ereignis in der Vergangenheit, das der Beginn der Situation oder Handlung des Hauptsatzes ist *„Seit er nicht mehr raucht, fühlt er sich viel wohler"*

**seit·dem★** *ADVERB* 1 von dem genannten Zeitpunkt in der Vergangenheit an *„Wir hatten letzte Woche einen Streit, seitdem hat er mich nicht mehr angerufen/er hat mich seitdem nicht mehr angerufen"*

*BINDEWORT* 2 der Nebensatz mit *seitdem* nennt ein Ereignis in der Vergangenheit, das der Beginn der Situation oder Handlung des Hauptsatzes ist *„Seitdem sie diesen Job hat, ist sie ein anderer Mensch"*

die **Sei·te★** (-, *-n*) RICHTUNG, TEIL: 1 der rechte oder linke Teil einer Sache oder eines Raumes ⟨*auf die/zur Seite gehen, treten; etwas zur Seite stellen*⟩ *„Hausnummer 64 müsste auf der rechten Seite der Straße sein"* K Seitenansicht, Seitenwand 2 der rechte oder linke Teil des Körpers von Menschen oder Tieren ⟨*auf der Seite liegen; sich auf die Seite legen*⟩ *„Er ist auf der linken Seite gelähmt"* K Seitenlage 3 **Seite an Seite** ≈ nebeneinander *„Sie gingen Seite an Seite durch die Straßen"* FLÄCHE: 4 eine der Flächen, die einen Körper oder Raum nach außen oder nach rechts, links, vorn oder hinten begrenzen *„die vier Seiten eines Schranks"* K Außenseite, Innenseite, Rückseite, Vorderseite 5 eine der beiden Flächen eines dünnen, flachen Gegenstandes *„die beiden Seiten einer Münze/einer Schallplatte"* IM BUCH, INTERNET USW.: 6 eine der beiden Flächen eines Blattes (in einem Buch, einem Heft, einer Zeitung), auf denen etwas gedruckt, geschrieben oder gezeichnet ist *„ein Roman mit über 300 Seiten"* | *„Das steht auf Seite 124"* K Seitenzahl; Buchseite, Druckseite, Titelseite ❶ Abkürzung: *S.* 7 eine Ansicht eines Angebots im Internet oder das Angebot selbst *„Sieh mal auf der Seite des Herstellers nach, ob du da was findest"* K Internetseite, Startseite, Webseite LINIE: 8 eine der Linien, die eine geometrische Figur begrenzen *„die Seiten eines Dreiecks/eines Trapezes"* ABSTRAKT: 9 ein Aspekt, unter dem man etwas sieht *„einen Vorfall von der heiteren Seite nehmen"* 10 eine von zwei Personen oder Gruppen, die zu einem Thema unterschiedliche Meinungen haben *„Man sollte immer beide Seiten hören"* 11 **auf der einen Seite …, auf der anderen Seite** einerseits …, andererseits → einerseits ID **etwas auf die Seite legen** Geld sparen; **jemandem zur Seite stehen** jemandem in einer schwierigen Situation helfen ⟨*jemandem mit Rat und Tat zur Seite stehen*⟩

**sei·tens★** *PRÄPOSITION mit Genitiv; geschrieben* von einer Partei, Gruppe, Position aus

der **Sei·ten·sprung** eine meist kurze sexuelle Beziehung, die eine Person mit einer anderen Person hat, obwohl sie einen einem festen Partner

das **Sei·ten·ste·chen** (-s) ein stechender Schmerz links oder rechts des Magens, den man manchmal bekommt, wenn man schnell läuft oder geht ⟨*Seitenstechen haben, bekommen*⟩

die **Sei·ten·stra·ße** ≈ Nebenstraße *„in eine Seitenstraße einbiegen"*

der **Sei·ten·strei·fen** der äußere rechte oder linke Streifen entlang einer Autobahn o. Ä., auf dem man nur bei Pannen anhalten darf

der **Sei·ten·wind** Wind, der von rechts oder links kommt

**seit·her★** *ADVERB* ≈ seitdem

**seit·lich★** *ADJEKTIV* 1 von der rechten oder linken Seite bzw. nach rechts oder nach links *„einem Hindernis seitlich ausweichen"* | *„Er stieß seitlich mit meinem Auto zusammen"*

*PRÄPOSITION mit Genitiv* 2 an der Seite der genannten Person oder Sache ≈ neben *„Die Kapelle steht seitlich der Kirche"* ❶ in der gesprochenen Sprache verwendet mit *von*: *Seitlich* *vom Bahnhof befinden sich die Busparkplätze*

**seit·wärts** *ADVERB* in die Richtung zu einer Seite hin *„sich seitwärts drehen"*

der **Sek·re·tär** (-s, -e) eine Person, deren Beruf es ist, ein Büro zu organisieren, Termine zu vereinbaren, Anrufe entgegenzunehmen usw. K Chefsekretär, Privatsekretär • *hierzu* **Sek·re·tä·rin** *die*

das **Sek·re·ta·ri·at** (-s, -e) der Raum, in dem ein Sekretär oder eine Sekretärin arbeitet *„im Sekretariat der Schule anrufen und mitteilen, dass ein Schüler krank ist"*

der **Sekt** (-(e)s, -e) Wein mit vielen Bläschen (aus Kohlensäure), den man meist bei besonderen Gelegenheiten trinkt ⟨*der Sekt perlt, schäumt; den Sekt kalt stellen*⟩ *„jemanden zu einem Glas Sekt einladen"* K Sektglas, Sektkorken, Sektkübel

die **Sek·te★** (-, -n); *oft abwertend* eine relativ kleine Gruppe von Personen mit einem Glauben, der nicht als Religion anerkannt ist K Sektenführer

der **Sek·tor** (-s, *Sek·to·ren*) 1 ein Teil eines Sachgebiets *„Die Industrie ist einer der wichtigsten Sektoren der Wirtschaft"* K Handelssektor, Wirtschaftssektor 2 die Fläche in einem Kreis, die durch zwei Linien eingeschlossen wird, die vom Mittelpunkt zum Kreisrand gehen ≈ Kreisausschnitt

die **Se·kun·de★** (-, -n) 1 einer der 60 Teile einer Minute *„Es ist jetzt genau 10 Uhr, 31 Minuten und 20 Sekunden"* K Sekundenzeiger; Hundertstelsekunde ❶ Abkürzung: *Sek.*, in technischen und wissenschaftlichen Texten *s*, in alten Texten: *sek.* oder *sec.* 2 *gesprochen* ein sehr kurzer Zeitraum ≈ Augenblick *„Ich bin in einer Sekunde wieder zurück"* 3 einer der 60 Teile einer Minute eines Winkels *„ein Winkel von 45 Grad, 8 Minuten und 13 Sekunden"*

**sel·b-★** *ARTIKEL* verwendet statt *derselbe* und *dasselbe*, wenn der bestimmte Artikel mit einer Präposition zu einem Wort verbunden ist *„am selben Platz"* an demselben Platz | *„ans selbe Ziel"* an dasselbe Ziel | *„im selben Zug"* in demselben Zug | *„vom selben Mann"* von demselben Mann | *„zum selben Zeitpunkt"* zu demselben Zeitpunkt

**sel·ber★** *PRONOMEN nur in dieser Form; betont und nachgestellt; gesprochen* betont, dass sich eine Aussage auf die genannte Person bezieht ≈ selbst *„Kevin selber hat das gesagt"* | *„Diesen Pullover habe ich selber gestrickt"*

**selbst★** *PRONOMEN nur in dieser Form, betont und nachgestellt* 1 verwendet, um zu betonen, dass eine Aussage sich auf die genannte Person oder Sache und auf keine andere bezieht *„Diesen kleinen Defekt kann ich selbst reparieren!"* 2 **selbst** + *Partizip Perfekt* drückt aus, dass etwas von der betreffenden Person gemacht wurde (und nicht gekauft ist oder von anderen Leuten gemacht wurde) *„der selbst gebackene Kuchen"* | *„die selbst gemachte Marmelade"* ❶ Die Adjektive können auch mit *selbst* zusammengeschrieben werden: *selbstgebacken* usw. *PARTIKEL* 3 drückt aus, dass eine Aussage auch auf eine Person oder Sache zutrifft, von der man das (vielleicht) nicht erwarten würde ≈ sogar *„Über diesen gelungenen Witz musste selbst unser strenger Lehrer lachen"*

**selbst-, Selbst-** *im Adjektiv und Substantiv, betont, sehr produktiv* 1 **die Selbstachtung, der Selbstbetrug, die Selbsteinschätzung, die Selbstironie, die Selbstkritik, das Selbstmitleid, das Selbstporträt**; **selbstkritisch, selbstzerstörerisch** *und andere* auf die eigene Person bezogen 2 **die Selbsthilfe, die Selbstschussanlage, die Selbstverwaltung, die Selbstklebefolie**; **selbstklebend** *und andere* drückt aus, dass etwas aus eigener Kraft und ohne Hilfe von außen geschieht

die **Selbst·be·die·nung★** *nur Singular* eine Form des Verkaufens, bei der die Kunden die Waren selbst aus dem Regal usw. nehmen *„eine Tankstelle mit Selbstbedienung"* | *„Hier gibt es keine Selbstbedienung!"* K Selbstbedienungsladen, Selbstbedienungsrestaurant

die **Selbst·be·frie·di·gung** *nur Singular* ≈ Masturbation, Onanie

die **Selbst·be·herr·schung** *nur Singular* die Kontrolle über die eigenen Gefühle, Wünsche und Triebe ⟨*keine Selbstbeherrschung haben; die Selbstbeherrschung verlieren*⟩

die **Selbst·be·stim·mung** *nur Singular* die Möglichkeit eines Menschen oder eines Volks, selbst entscheiden zu können, wie man (vor allem in Bezug auf die politische Ordnung) leben will K Selbstbestimmungsrecht

das **Selbst·be·wusst·sein★** *nur Singular* das Wissen um die eigenen Fähigkeiten und um den eigenen Wert in der Gesellschaft ⟨*kein, zu wenig, ein ausgeprägtes Selbstbewusstsein haben; jemandem fehlt es an Selbstbewusstsein*⟩ • *hierzu* **selbst·be·wusst** *ADJEKTIV*

**selbst·ge·fäl·lig** *ADJEKTIV; abwertend* davon

überzeugt, dass man schön, intelligent, gut usw. ist

**sẹlbst·ge·recht** *ADJEKTIV; abwertend* davon überzeugt, dass die eigenen Urteile, Meinungen usw. immer richtig sind • *hierzu* **Sẹlbst·ge·rech·tig·keit** *die*

das **Sẹlbst·ge·spräch** (lautes) Sprechen mit sich selbst ⟨*Selbstgespräche führen*⟩

die **Sẹlbst·hil·fe|grup·pe** eine Gruppe von Personen mit dem gleichen Problem, die sich zusammenschließen, um sich gegenseitig zu helfen (z. B. Alkoholiker, Süchtige, Eltern mit behinderten Kindern) ⟨*eine Selbsthilfegruppe gründen; sich einer Selbsthilfegruppe anschließen*⟩

die **Sẹlbst·jus·tiz** *nur Singular* Selbstjustiz ist, wenn Leute glauben, dass jemand etwas Verbotenes getan hat und ihn selbst bestrafen, statt das einem Gericht zu überlassen

der **Sẹlbst·laut** ≈ Vokal

**sẹlbst·los** *ADJEKTIV* so, dass der Betreffende nicht darauf achtet, ob er selbst einen Gewinn oder Vorteil hat ↔ egoistisch *„jemandem selbstlos helfen"*

der **Sẹlbst·mord★** die Handlung, bei der jemand sich selbst tötet ⟨*Selbstmord begehen; jemanden in den/zum Selbstmord treiben; (jemandem) mit Selbstmord drohen*⟩ ≈ Suizid **K** Selbstmordgedanken, Selbstmordversuch; selbstmordgefährdet • *hierzu* **Sẹlbst·mör·der** *der;* **Sẹlbst·mör·de·rin** *die*

die **Sẹlbst·si·cher·heit** *nur Singular* ⟨*jemandem die Selbstsicherheit nehmen; die Selbstsicherheit verlieren*⟩ ≈ Selbstbewusstsein • *hierzu* **sẹlbst·si·cher** *ADJEKTIV*

**sẹlbst·stän·dig★** *ADJEKTIV* **1** mithilfe der eigenen Fähigkeiten und ohne die Hilfe anderer Leute ⟨*ein Mensch; selbstständig arbeiten, urteilen, handeln, entscheiden*⟩ *„Unsere Kinder sind schon ganz selbstständig geworden"* **2** von keiner Person, Institution o. Ä. in den Entscheidungen abhängig *„Viele Staaten, die heute selbstständig sind, waren lange Zeit Kolonien"* **3** **sich selbstständig machen** einen eigenen Betrieb gründen *„Sobald sie die Meisterprüfung bestanden hat, möchte sie sich selbstständig machen"* • *hierzu* **Sẹlbst·stän·dig·keit** *die*

der/die **Sẹlbst·stän·di·ge** (*-n, -n*) eine Person, die einen eigenen Betrieb hat

**sẹlbst·ver·ständ·lich★** *ADJEKTIV* **1** so logisch und natürlich, dass man es nicht erklären und begründen muss *„Ich finde es selbstverständlich, ein kleines Geschenk mitzubringen, wenn man zum Essen eingeladen ist"* **2** verwendet in einer Antwort, um die eigene Zustimmung zu betonen *„Könntest du mir bitte helfen?" – „Aber selbstverständlich!"*

die **Sẹlbst·ver·ständ·lich·keit** (*-, -en*) etwas, das man nicht erklären oder begründen muss, etwas ganz Natürliches *„Vielen Dank für Ihre Hilfe!" – „Das ist doch eine Selbstverständlichkeit."*

die **Sẹlbst·ver·tei·di·gung** *nur Singular* alle Maßnahmen, mit denen man sich gegen einen Angriff verteidigt

das **Sẹlbst·ver·trau·en** das Vertrauen in die eigenen Fähigkeiten ⟨*ein gesundes, übertriebenes Selbstvertrauen haben; jemandes Selbstvertrauen stärken; voller Selbstvertrauen sein*⟩ *„Jedes Erfolgserlebnis hebt das Selbstvertrauen"*

**se̲·lig** *ADJEKTIV* **1** in einem Zustand, in dem man keine Probleme und keine Wünsche mehr hat *„Die Kinder waren selig, als die Ferien begannen"* **2** nach dem Tod bei Gott (im religiösen Glauben) • *hierzu* **Se̲·lig·keit** *die; zu* (2) **Se̲·li·ge** *der/die*

der **Sẹl·le·rie** (*-s*) eine Pflanze mit intensivem Geschmack. Man verwendet die Blätter, ihre dicken Stiele oder die dicke runde Wurzel als Gewürz für Suppen oder als Salat **K** Sellerieknolle

**sẹl·ten★** *ADJEKTIV* nur in kleiner Zahl, nicht oft vorkommend ≈ rar ↔ oft, häufig *„ein seltenes Mineral"* | *„Wir fahren sehr selten in die Stadt, vielleicht einmal im Monat"*

die **Sẹl·ten·heit** (*-, -en*) **1** *nur Singular* die geringe Häufigkeit, das seltene Vorkommen einer Sache *„Diese Tierart ist aufgrund ihrer Seltenheit geschützt"* **2** etwas, das selten vorkommt *„Solche Störungen sind leider keine Seltenheit"* die Störungen kommen häufig vor

**sẹlt·sam★** *ADJEKTIV* ungewöhnlich und nicht leicht zu verstehen oder zu erklären ⟨*ein Mensch, ein Vorfall, ein Ereignis, eine Begebenheit, eine Geschichte, eine Begegnung; jemand sieht seltsam aus, benimmt sich seltsam*⟩ ≈ merkwürdig *„Es ist schon seltsam, dass er sich nie wieder gemeldet hat"* • *hierzu* **Sẹlt·sam·keit** *die;* **sẹlt·sa·mer·wei·se** *ADVERB*

das **Se·mẹs·ter★** (*-s, -*) einer der beiden Abschnitte, in die das Jahr für Unterrichtszwecke an den Universitäten eingeteilt ist *„Ich bin jetzt im dritten Semester"* **K** Sommersemester,

Wintersemester

das **Se·mi·nar**★ (-s, -e) eine Form des Unterrichts vor allem an Universitäten, bei der die Teilnehmer mit Referaten und Diskussionen an einem Thema arbeiten ⟨*an einem Seminar teilnehmen*⟩

die **Sem·mel**★ (-, -n); *süddeutsch* Ⓐ ein kleines rundes Gebäck aus Weizen(mehl), das man mit Wurst, Marmelade o. Ä. zum Frühstück isst ⟨*frische Semmeln*⟩ ≈ Brötchen **K** Käsesemmel, Wurstsemmel ❶ → Abbildung, S. 195: **Beim Frühstück**

der **Se·nat** (-s, -e) **1** Ⓓ die Regierung der Bundesländer Bremen, Hamburg und Berlin **2** einer der beiden Teile des Parlaments in den USA **3** *historisch* ein Gremium im antiken Rom, dessen Mitglieder (die Patrizier) die Aufsicht über die Gesetzgebung, die Finanz- und die Außenpolitik hatten • *hierzu* **Se·na·tor** *der*; (-s, *Se·na·to·ren*); **Se·na·to·rin** *die*

**sen·den**★ (*sendete/sandte, hat gesendet/gesandt*) **1** **(etwas) senden** (*sendete*/Ⓒⓗ *sandte*) *eine Sendung im Fernsehen oder Radio bringen* „*Wegen einer Programmänderung senden wir den vorgesehenen Spielfilm erst um 21 Uhr*" | „*Wir senden rund um die Uhr*" **2** **(jemandem) etwas senden** (*sandte*) jemandem etwas per Post bringen lassen ≈ schicken „*jemandem ein Paket senden*" **3** **jemanden/etwas irgendwohin senden** *geschrieben* (*sandte*) jemandem sagen, dass er irgendwohin gehen soll ≈ schicken „*Deutschland sendet hunderte Helfer in das Krisengebiet*"

der **Sen·der**★ (-s, -) **1** eine Station, die Fernseh- und/oder Radiosendungen macht und sendet ⟨*ein öffentlicher, privater Sender*⟩ **K** Fernsehsender, Radiosender **2** ein Gerät, das elektromagnetische Wellen erzeugt und sendet

S

die **Sen·de·zeit** die Zeit, die für eine Sendung im Fernsehen (oder für einen Sender) vorgesehen ist „*eine Sportübertragung zur besten Sendezeit*"

die **Sen·dung**★ (-, -en) **1** **eine Sendung (über etwas** (*Akkusativ*)**)** ein abgeschlossener Teil des Programms im Fernsehen und Radio (über das genannte Thema) ⟨*eine Sendung hören, sehen*⟩ „*eine Sendung über das aktuelle Tagesgeschehen*" **K** Fernsehsendung, Livesendung, Nachrichtensendung **2** der Vorgang, durch den etwas irgendwohin geschickt wird „*Die Sendung der bestellten Ware wird sich verzögern*" **3** **eine Sendung** (+*Substantiv*) etwas, das jemandem (vor allem mit der Post) geschickt wird ⟨*den Empfang einer Sendung bestätigen*⟩ **K** Briefsendung, Postsendung

der **Senf**★ (-(e)s, -e); *meist Singular* **1** eine gelbbraune, meist scharfe Paste, die man in kleinen Mengen zu Würstchen und Fleisch isst ⟨*milder, scharfer, mittelscharfer, süßer Senf; ein Glas, eine Tube Senf*⟩ „*Frankfurter Würstchen mit Senf*" **K** Senfglas **2** eine gelbe Pflanze, die scharf schmeckende Samen produziert, aus denen man Senf macht **K** Senfkorn • *zu* (1) **senf·far·ben** *ADJEKTIV*

**sen·gend** *ADJEKTIV meist attributiv* sehr heiß, intensiv ⟨*Hitze, Sonne*⟩

**se·nil** *ADJEKTIV*; *abwertend* (aufgrund hohen Alters) mit geistigen Schwächen ⟨*ein Greis*⟩

der **Se·ni·or**★ (-s, *Se·ni·o·ren*) *meist Plural* ein alter Mensch, vor allem ein Rentner „*eine Tanzveranstaltung für die Senioren der Stadt*" **K** Seniorenheim • *hierzu* **Se·ni·o·rin** *die*

**sen·ken**★ (*senkte, hat gesenkt*) **1** **etwas senken** etwas nach unten bewegen ⟨*die Augen, den Blick, den Kopf, die Schultern senken*⟩ ↔ heben „*den Sarg ins Grab senken*" **2** **etwas senken** bewirken, dass etwas niedriger oder geringer wird ⟨*die Preise, die Kosten senken*⟩ ↔ erhöhen **3** **etwas senkt sich** etwas kommt nach unten „*Beim Ausatmen senkt sich der Brustkorb*" | „*Der Boden hat sich gesenkt*" der Boden liegt jetzt tiefer als zuvor • *hierzu* **Sen·kung** *die*

**senk·recht**★ *ADJEKTIV* **1** in einem Winkel von 90° (zu einer Ebene oder Fläche) ≈ vertikal „*Die beiden Linien stehen senkrecht aufeinander*" **2** in einer geraden Linie nach oben gehend ≈ vertikal „*Die Felswand ist extrem steil, fast senkrecht*" | „*Wenn kein Wind weht, steigt der Rauch senkrecht in die Höhe*" **K** Senkrechtstart

die **Senk·rech·te** (-n, -n) eine senkrechte Linie oder Richtung ↔ Waagrechte

die **Sen·sa·ti·on**★ [-'tsio:n]; (-, -en) ein ungewöhnliches Ereignis, das in der Öffentlichkeit große Aufregung verursacht „*Der erste Flug zum Mond war eine echte Sensation*" | „*Im Finale kam es zu einer Sensation: Der Außenseiter schlug den Favoriten mit 6 : 1*" **K** Sensationsmeldung; sensationshungrig

**sen·sa·ti·o·nell** [-tsio-] *ADJEKTIV* mit der Wirkung einer Sensation ⟨*eine Meldung, ein Ereignis, eine Entdeckung*⟩ ≈ spektakulär „*eine sensationell aufgemachte Story*" die **Sẹn·se** (-, -n) ein Gerät mit einer scharfen, spitzen und leicht gebogenen Schneide an einem langen Stiel, mit dem man Gras mäht ⟨*die Sense wetzen*⟩ **K** Sensenblatt, Sensengriff

**sen·si̱·bel** *ADJEKTIV* (*sensibler, sensibelst-*) *oft abwertend* so, dass ein Mensch auf Einflüsse stark reagiert und schnell verletzt ist *„Sei nicht so grob zu ihm, er ist sehr sensibel"* • *hierzu* **Sen·si·bi·li·tä̱t** *die*

der **Sẹn·sor** (-s, *Sen·so̱·ren*) **1** ein Schalter an elektrischen Geräten, den man nur leicht berühren muss **2** ein Gerät, das auf Änderungen von Wärme, Licht, Geräuschen usw. reagiert (und z. B. eine Tür öffnet oder die Heizung reguliert) *„Die Garagentür wird durch Sensoren geöffnet"*

**sen·ti·men·ta̱l** *ADJEKTIV; meist abwertend* ⟨*eine Geschichte, ein Lied, ein Gedicht*⟩ so, dass sie in übertriebener Weise die Gefühle ansprechen • *hierzu* **Sen·ti·men·ta·li·tä̱t** *die*

**se·pa·ra̱t** *ADJEKTIV* getrennt vom Rest, von den anderen Leuten oder Dingen ⟨*ein Eingang, eine Dusche, ein Raum; etwas ist auch separat erhältlich*⟩ *„etwas auf einem separaten Blatt ausrechnen"* | *„einen separaten Friedensvertrag aushandeln"*

der **Sep·tẹm·ber**★ (-s, -) der neunte Monat des Jahres ⟨*im September; Anfang, Mitte, Ende September; am 1., 2., 3. September*⟩ ❶ Abkürzung: *Sept.*

die **Se̱·rie**★ [-i̯ə]; (-, -n) **1** **eine Serie** (+*Genitiv*/**von Dingen**) eine Folge von Ereignissen ähnlicher Art, die nacheinander geschehen ≈ Reihe *„eine Serie von Unfällen"* **K** Erfolgsserie, Unfallserie **2** **eine Serie** (+*Genitiv*/**von Dingen**) eine Anzahl von gleichen Dingen aus derselben Produktion ⟨*eine Serie Briefmarken, Fotos*⟩ **3** ein Text oder eine Radio- oder Fernsehsendung, die in Teilen zu festgelegten Zeiten erscheinen *„eine fünfteilige Serie"* **K** Krimiserie **4** **etwas in Serie herstellen/fertigen** von einer Sache eine große Zahl gleicher Exemplare industriell produzieren **K** Serienproduktion **5** **etwas geht in Serie** etwas wird in einer großen Zahl gleicher Exemplare industriell hergestellt

**se̱·ri·en·mä·ßig** *ADJEKTIV* **1** in Serie (produziert) ⟨*etwas serienmäßig herstellen*⟩ **2** zu einer Serie gehörig *„Bei diesem Automodell ist das Navi serienmäßig"*

**se·ri·ö̱s**★ *ADJEKTIV* (*seriöser, seriösest-*) ⟨*ein Herr, eine Firma, ein Unternehmen, ein Geschäft*⟩ so, dass man ihnen glauben und vertrauen kann *„Das neue Geschäft macht einen sehr seriösen Eindruck"* • *hierzu* **Se·ri·o·si·tä̱t** *die*

der **Ser·ver** ['zøːɐ̯vɐ]; (-s, -) der zentrale Computer, mit dem mehrere Computer verbunden sind und in dem wichtige Programme und Daten für die anderen Computer gespeichert sind

das **Ser·vice**[1]★ [zɛr'viːs]; (-/-s, - [zɛr'viːsə]) mehrere zusammengehörige Teller, Tassen, Schüsseln usw. derselben Art *„ein 24-teiliges Service aus Porzellan"* **K** Kaffeeservice, Speiseservice, Teeservice

der **Ser·vice**[2]★ ['zøːɐ̯vɪs]; (-/-s, -s ['zøːɐ̯vɪsəs]) **1** eine oder alle zusätzlichen Leistungen, die eine Firma den Käufern einer Ware anbietet ≈ Kundendienst *„Die Firma hat einen guten/schlechten Service"* **K** Lieferservice, Reparaturservice **2** *nur Singular* die Art und Weise, wie Gäste in einem Restaurant, Hotel o. Ä. bedient werden *„Das Essen in diesem Lokal ist gut, aber der Service ist eine Katastrophe"* **3** *oft Plural* eine Firma oder Abteilung, die spezielle Dienstleistungen anbietet **K** Pannenservice, Partyservice

**ser·vi̱e̱·ren** [-v-] (*servierte, hat serviert*) **(etwas) servieren** Speisen und Getränke zum Tisch tragen und anbieten ⟨*das Essen, die Suppe, die Getränke, das Menü servieren*⟩ *„zum Wein Käse servieren"*

die **Ser·vi·ẹt·te** [-v-]; (-, -n) ein Stück Tuch oder Papier, mit dem man sich beim Essen den Mund und die Hände sauber macht ⟨*sich (Dativ) den Mund, die Hände mit einer Serviette abwischen; sich (Dativ) eine Serviette umbinden*⟩ **K** Papierserviette, Stoffserviette

**Sẹr·vus!** [-v-] *süddeutsch* Ⓐ verwendet zur Begrüßung oder zum Abschied unter Freunden oder Kollegen *„Servus! Wie gehts dir?"* | *„Bis morgen, Renate, Servus!"*

der **Sẹs·sel**★ (-s, -) ein Möbelstück zum Sitzen für eine Person, das weich gepolstert ist und meist Lehnen für die Arme und eine breite Lehne für den Rücken hat **K** Ledersessel

der **Sẹs·sel·lift** mit einem Sessellift können Personen auf Sitzen (die an einem Stahlseil hängen) einen Berg hinauf- oder hinunterfahren

**sẹss·haft** *ADJEKTIV* drückt aus, dass eine Person nicht von ihrem Heimatort wegziehen will ⟨*ein Volk; sesshaft werden*⟩

das **Sẹt**★ (-s, -s) **1** **ein Set** +*Substantiv*/**von Dingen** eine Gruppe von Dingen, die zusammengehören, vor allem gleiche Dinge unterschiedlicher Größe, Farbe o. Ä. ≈ Satz *„ein Set Kugel-*

S

*schreiber"* **2** ein Stück Stoff, Plastik o. Ä., das man auf den Tisch unter den Teller legt

**sẹt·zen★** (*setzte, hat/ist gesetzt*) PERSON: AUF EINEN STUHL USW.: **1 sich (irgendwohin) setzen** (*hat*) vom Stehen zum Sitzen kommen ⟨*sich aufs Pferd, aufs Rad, auf einen Stuhl, aufs Sofa, an den Tisch, ins Gras setzen*⟩ ↔ aufstehen *„Setzen Sie sich doch, ich komme gleich"* ⓘ Kommt jemand vom Liegen zum Sitzen, sagt man *sich aufsetzen.* **2 jemanden irgendwohin setzen** (*hat*) eine Person irgendwohin bringen, damit sie dort sitzt *„Ich setzte mir das Kind auf den Schoß"* AN EINEN ORT: **3 jemanden irgendwohin setzen** *gesprochen* (*hat*) jemanden zwingen, ein Haus, eine Wohnung o. Ä. zu verlassen oder einen Mitarbeiter entlassen ⟨*jemanden an die* (*frische*) *Luft, auf die Straße, vor die Tür setzen*⟩ **4 ein Tier irgendwohin setzen** (*hat*) ein Tier irgendwohin bringen, damit es dort bleibt oder etwas tut *„Vögel in einen Käfig setzen"* **5 etwas irgendwohin setzen** (*hat*) etwas so an eine Stelle bewegen, dass es sie berührt *„sich eine Mütze auf den Kopf setzen"* | *„sich die Brille auf die Nase setzen"* SCHREIBEN: **6 etwas (irgendwohin) setzen** (*hat*) etwas irgendwohin schreiben ⟨*ein Fragezeichen, ein Komma, einen Punkt setzen*⟩ *„einen Anzeige in die Zeitung setzen"* | *„seine Unterschrift unter einen Vertrag setzen"* FESTLEGEN: **7 (sich** (*Dativ*)**) etwas setzen** (*hat*) etwas als wichtig oder sinnvoll festlegen ⟨*sich* (*Dativ*) *ein Ziel setzen*⟩ **8 jemandem/etwas etwas setzen** (*hat*) Grenzen für jemanden/etwas festlegen *„Kindern Grenzen setzen"* | *„jemandem eine Frist/einen Termin setzen"* ZUSTAND ÄNDERN: **9** (*hat*) verwendet in festen Wendungen, die eine Änderung des Zustands beschreiben *„jemand/etwas setzt sich in Bewegung"* jemand/etwas fängt an, sich zu bewegen | *„etwas in/außer Betrieb setzen"* etwas einschalten/ausschalten | *„etwas in Brand setzen"* bewirken, dass etwas zu brennen anfängt ANDERE VERWENDUNGEN: **10 etwas setzen** (*hat*) einen Text (meist mit einem Computer) so erfassen, dass er gedruckt werden kann ⟨*ein Manuskript setzen*⟩ **11 (etwas) (auf jemanden/etwas) setzen** (*hat*) um Geld wetten, dass z. B. ein Pferd bei einem Rennen oder eine Zahl beim Roulette gewinnt *„zwanzig Euro im ersten Rennen auf Nummer drei setzen"* **12 (etwas) auf jemanden/etwas setzen** (*hat*) auf jemanden/etwas vertrauen ⟨*seine Hoffnung, sein Vertrauen auf jemanden/etwas setzen*⟩

der **Sẹt·zer** (-*s*, -) eine Person, deren Beruf es ist, Manuskripte für den Druck zu setzen • *hierzu* **Sẹt·ze·rin** *die*

die **Seu̲·che** (-, -*n*) eine (ansteckende) Krankheit, die sehr viele Menschen in kurzer Zeit bekommen ⟨*eine Seuche bricht aus*⟩ *„Eine der gefürchtetsten Seuchen des Mittelalters war die Pest"* **K** Seuchengebiet; Tierseuche, Viehseuche

**seu̲f·zen** (*seufzte, hat geseufzt*) so ausatmen, dass ein Geräusch entsteht (meist weil man leidet oder weil man erleichtert ist)

der **Seu̲f·zer** (-*s*, -) der Vorgang oder das Geräusch des Seufzens ⟨*ein tiefer, wohliger, zufriedener Seufzer; ein Seufzer der Erleichterung, des Bedauerns; einen Seufzer ausstoßen*⟩

der **Sẹx★** (-(*es*)) der körperliche Kontakt zwischen zwei Personen, um Kinder zu zeugen oder erotische Freude am Körper der anderen Person zu haben ⟨(*mit jemandem*) *Sex haben*⟩ **K** Sexfilm, Sexshop

die **Se·xu·a·li·tä̲t★** (-) alle Gefühle, Handlungen, Bedürfnisse, Fähigkeiten usw., die mit Sex verbunden sind

die **Se·xu·a̲l·kun·de** *nur Singular* ein Unterrichtsfach in der Schule, in welchem die Kinder lernen, wie sich Menschen fortpflanzen **K** Sexualkundeunterricht

das **Se·xu·a̲l·ver·bre·chen** ein Verbrechen, bei dem jemand einen anderen Menschen zu sexuellen Handlungen zwingt • *hierzu* **Se·xu·a̲l·ver·bre·cher** *der*; **Se·xu·a̲l·ver·bre·che·rin** *die*

**se·xu·ẹll★** *ADJEKTIV* in Bezug auf den Sex und die damit verbundenen Bedürfnisse und Handlungen ⟨*eine Belästigung, eine Beziehung, ein Missbrauch; Handlungen, Kontakte, Übergriffe; sexuell erregt sein; eine sexuell übertragbare Krankheit*⟩

**se·xy** ['sɛksi] *ADJEKTIV meist prädikativ; nur in dieser Form; gesprochen* attraktiv und sexuell aufregend

**sFr** Abkürzung für *Schweizer Franken*

das **Sham·poo** ['ʃampu]; (-*s*/-*s*) ein meist flüssiges Mittel, mit dem man sich die Haare wäscht *„ein Shampoo für trockenes Haar/gegen Schuppen"* **K** Schuppenshampoo, Trockenshampoo

**shọp·pen** [ʃ-] (*shoppte, hat geshoppt*) **(etwas) shoppen** zum Vergnügen einkaufen (gehen) • *hierzu* **Shop·ping** *das*

die **Shorts** [ʃo:ɐ̯ts]; *Plural* eine kurze Hose ⟨*Shorts*

S

*anziehen, tragen, anhaben*⟩

die **Show**★ [ʃoː, ʃoʊ]; (-, -s) Handlungen, mit denen man versucht, die Aufmerksamkeit anderer Leute zu bekommen ≈ Schau

der **Show·mas·ter** [ˈʃoːmaːste, ˈʃoʊ-]; (-s, -) eine Person, die (beruflich) Shows arrangiert und präsentiert • *hierzu* **Show·mas·te·rin** *die*

**sich**★ *PRONOMEN 3. Person Singular und Plural* **1** (*Akkusativ*) verwendet als direktes Objekt des Verbs, um sich auf das Subjekt des Satzes zu beziehen *„Er freut sich schon auf die Ferien" | „Die beiden Hotels befinden sich außerhalb der Stadt"* **2** (*Dativ*) verwendet, um sich auf das Subjekt des Satzes zu beziehen, wenn es noch ein anderes Objekt gibt *„Sie kaufte sich am Kiosk eine Zeitung" | „Er hat sich in den Finger geschnitten" | „Sie weiß sich immer zu helfen"* **3** (*Akkusativ und Dativ Plural*) drückt aus, dass die Handlung von zwei Personen/Sachen getan wird und die jeweils andere betrifft ≈ einander *„Nach fast zwanzig Jahren sahen sie sich wieder"* **4** *gesprochen* verwendet in einer unpersönlichen Konstruktion mit *es* anstatt einer Konstruktion mit *man „In diesem Viertel wohnt es sich recht gut"* In diesem Viertel wohnt man recht gut **5** **von ˈsich** (*Dativ*) **aus** ohne dass man jemanden auffordert, etwas zu tun *„Er hat von sich aus das Geschirr gespült"*

die **Si·chel** (-, -n) **1** ein Gerät mit einem kleinen Griff aus Holz und einem flachen, scharfen und gebogenen Stück aus Metall. Mit einer Sichel schneidet man (kleine Flächen von) Gras **2** ein Gegenstand, welcher die Form einer Sichel hat **K** Mondsichel • *zu* (2) **si·chel·för·mig** *ADJEKTIV*

**si·cher**★ *ADJEKTIV* **1** **(vor jemandem/etwas) sicher** vor Gefahren oder Risiken geschützt ⟨*ein Versteck, ein Weg, ein Arbeitsplatz, ein Einkommen; etwas aus sicherer Entfernung beobachten*⟩ *„Der Betrüger fühlte sich vor einer Entdeckung so sicher, dass er leichtsinnig wurde"* **K** erdbebensicher, fälschungssicher, krisensicher **2** so, dass Fehler oder Irrtümer fast nie vorkommen *„ein sicheres Urteil/einen sicheren Geschmack haben" | „sehr sicher Auto fahren"* **K** stilsicher, zielsicher **3** so, dass man sich darauf verlassen kann ⟨*ein Medikament, eine Methode, ein Verhütungsmittel; etwas aus sicherer Quelle wissen, erfahren*⟩ ≈ zuverlässig **4** mit stabilem Gleichgewicht, sodass jemand/etwas nicht leicht fällt oder kippt ⟨*sicher stehen, gehen; etwas hat einen sicheren Stand*⟩ **5** voller Vertrauen in die eigenen Fähigkeiten ⟨*ein Auftreten; sicher wirken*⟩ ≈ selbstbewusst **6** sehr wahrscheinlich ⟨*das Ende, der Tod, ein Sieg; es ist (so gut wie) sicher, dass ...*⟩ *„Sie hat sicher den Zug versäumt"* **7** **sich** (*Dativ*) **einer Sache** (*Genitiv*) **sicher sein**; **(sich** (*Dativ*)**) sicher sein, dass ...** von etwas überzeugt sein *„Du bist dir deines Erfolges aber sehr sicher!" | „Ich bin mir absolut sicher, dass sie meine DVD noch hat"*

**si·cher·ge·hen** (*geht sicher, ging sicher, ist sichergegangen*) so handeln, dass man kein Risiko hat *„Sie wollte sichergehen und fragte deshalb noch einen Arzt"* ❶ meist im Infinitiv

die **Si·cher·heit**★ (-, -en) **1** *nur Singular* der Zustand, in dem es keine Gefahr für Personen oder Dinge gibt ⟨*in Sicherheit sein; jemanden/etwas in Sicherheit bringen*⟩ ↔ Gefährdung, Unsicherheit *„Wir bewahren unser Geld in einem Safe auf, damit es in Sicherheit ist"* **2** *nur Singular* das zuverlässige Funktionieren, die verlässliche Wirkung einer Sache ≈ Zuverlässigkeit, Verlässlichkeit *„die Sicherheit einer Methode/eines Medikaments" | „ein technisches Gerät auf seine Sicherheit überprüfen"* **3** *nur Singular* die Fähigkeit, etwas sehr gut zu können ≈ Gewandtheit *„die Sicherheit in der Beherrschung einer Fremdsprache"* **K** Fahrsicherheit **4** *nur Singular* das Vertrauen in die eigenen Fähigkeiten ⟨*große Sicherheit zeigen, an den Tag legen*⟩ ≈ Selbstsicherheit *„Der Erfolg hat ihr Sicherheit gegeben"* **5** eine Sache von hohem Wert, die man als Garantie für ein Versprechen bekommt ⟨(*jemandem*) *Sicherheiten geben, leisten, stellen*⟩ ≈ Bürgschaft *„Die Bank verlangte den Wert des Hauses als Sicherheit für den Kredit"*

der **Si·cher·heits·ab·stand** die Distanz zwischen zwei Fahrzeugen, die groß genug ist, dass das hintere Fahrzeug noch halten kann, falls das erste plötzlich bremst

der **Si·cher·heits·gurt** der Sicherheitsgurt im Auto, Flugzeug usw. verhindert, dass man bei einem Unfall aus dem Sitz geschleudert wird ⟨*den Sicherheitsgurt anlegen*⟩

**si·cher·heits·hal·ber** *ADVERB* um ganz sicher zu sein, dass keine Gefahr entsteht, dass kein Fehler gemacht wird oder dass nichts versäumt wird *„Ich habe sicherheitshalber alle Türen und Fenster geschlossen"*

die **Si·cher·heits·lü·cke** eine Eigenschaft einer

S

Software, durch die Angriffe auf fremde Computersysteme und Daten möglich sind ⟨*Sicherheitslücken schließen* (= *beseitigen*)⟩

die **Si̩·cher·heits·na·del** eine gebogene Nadel, mit der man Teile aus Stoff aneinander befestigen kann ⟨*etwas mit einer Sicherheitsnadel befestigen*⟩

**si̩·cher·lich★** *ADVERB* mit großer Wahrscheinlichkeit

**si̩·chern★** (*sicherte, hat gesichert*) **1** **etwas (gegen etwas) sichern** etwas vor einer Gefahr schützen *„die Tür durch ein doppeltes Schloss gegen Einbruch sichern"* **2** **etwas sichern** alles tun, was nötig ist, damit etwas funktionieren oder existieren kann ⟨*die Menschenrechte, die Nahrungsmittelversorgung sichern; die Existenz, die Zukunft sichern*⟩ ≈ garantieren ↔ bedrohen **3** **etwas sichern** einen Text während der Bearbeitung speichern oder Dateien und Programme kopieren, damit sie bei Stromausfall, Absturz des Computers o. Ä. nicht verloren gehen **4** **jemandem etwas sichern** alles tun, was nötig ist, damit jemand oder man selbst etwas bekommt ⟨*sich* (*Dativ*) *den Sieg, einen Erfolg, einen Vorsprung sichern*⟩ **5** **Spuren sichern** (als Polizist o. Ä.) alles, was als Beweis für ein Verbrechen dienen kann, noch am Tatort untersuchen

**si̩·cher·stel·len** (*stellte sicher, hat sichergestellt*) **1** **etwas sicherstellen** dafür sorgen, dass etwas funktioniert oder vorhanden ist ≈ garantieren *„den reibungslosen Ablauf einer Veranstaltung sicherstellen"* **2** **etwas sicherstellen** im Auftrag einer Behörde etwas zu sich nehmen, um illegale Geschäfte zu verhindern *„Das gestohlene Auto wurde von der Polizei sichergestellt"* • *hierzu* **Si̩·cher·stel·lung** *die*

die **Si̩·che·rung** (-, *-en*) **1** ein kleines Gerät in einem elektrischen System. Es unterbricht den Strom, wenn zu starker Strom fließt o. Ä. ⟨*die Sicherung brennt durch; die Sicherung herausdrehen, auswechseln, ausschalten, einschalten*⟩ **K** Sicherungskasten **2** *nur Singular* die Maßnahmen, durch die man etwas vor Gefahr schützt **3** *nur Singular* die Maßnahmen, welche das Funktionieren oder die Existenz einer Sache garantieren *„die Sicherung seiner Existenz"* | *„die Sicherung der Arbeitsplätze"* **4** *nur Singular* die Handlungen, mit denen man nach einem Verbrechen Spuren sichert **K** Spurensicherung **5** das Speichern und Sichern von Dateien auf einem Computer **K** Sicherungsdatei, Sicherungskopie; Datensicherung

die **Si̩cht★** (-) **1** die Möglichkeit, Menschen und Dinge zu sehen (die vom Wetter, der Luft, dem eigenen Standort usw. abhängt) *„Auf der Autobahn herrscht starker Bodennebel, die Sicht beträgt weniger als 50 Meter"* **2** die Art, wie man jemanden/etwas beurteilt *„Aus der Sicht der Opposition war das Ergebnis der Wahl ein voller Erfolg"* **K** Sichtweise **3** **auf lange Sicht** für eine lange Zeit oder einen späten Zeitpunkt in der Zukunft ⟨*etwas auf lange Sicht planen*⟩

**si̩cht·bar★** *ADJEKTIV* **1** so, dass man es mit den Augen sehen kann ↔ unsichtbar *„Unter dem Mikroskop werden Bakterien sichtbar"* **2** *meist attributiv* so, dass es jeder leicht erkennen kann ≈ deutlich *„Ihr Gesundheitszustand hat sich sichtbar gebessert"* • *hierzu* **Si̩cht·bar·keit** *die*

**si̩ch·ten** (*sichtete, hat gesichtet*) **1** **jemanden/etwas sichten** *geschrieben* aus großer Entfernung jemanden/etwas sehen ⟨*Land, ein Schiff, einen Eisberg sichten*⟩ **2** **Dinge sichten** eine größere Menge einer Sache prüfen und ordnen ⟨*Material, Notizen, Akten, einen Nachlass sichten*⟩ • *hierzu* **Si̩ch·tung** *die*

**si̩cht·lich★** *ADJEKTIV meist attributiv* so, dass es jeder sehen oder bemerken kann ⟨*mit sichtlicher Freude, Begeisterung*⟩ ≈ offensichtlich, deutlich

**si̩·ckern** (*sickerte, ist gesickert*) **etwas sickert irgendwohin** etwas fließt langsam, Tropfen für Tropfen, irgendwohin *„Das Wasser sickert in den Boden"* | *„Durch den Verband sickert immer noch Blut"*

**sie★** *PRONOMEN* **1** *3. Person Singular* verwendet anstelle eines Substantivs, um eine Person oder Sache zu bezeichnen, deren grammatisches Geschlecht feminin ist *„Hast du Katrin gesehen?" – „Ja, sie ist im Garten."* | *„Du kannst die Uhr morgen holen, ich habe sie zum Uhrmacher gebracht"* ❶ → Anhang, S. 1111: **Pronomen** **2** *3. Person Plural* verwendet anstelle eines Substantivs, um mehrere Personen oder Sachen zu bezeichnen, von denen man spricht *„Meine Eltern sind da. Sie sind vor einer Stunde gekommen"* ❶ → Anhang, S. 1111: **Pronomen** **3** *gesprochen 3. Person Plural* verwendet, anstelle eines Substantivs, um mehrere Personen zu bezeichnen, die man nicht nennen kann oder will ≈ man *„Jetzt wollen sie schon wieder die Benzinpreise erhöhen"* | *„Mir haben sie gestern das Fahrrad gestohlen"*

S

**Sie**[1]★ *PRONOMEN 2. Person Singular und Plural, Höflichkeitsform* [1] verwendet als höfliche Anrede *„Guten Tag, Frau Wolff, kommen Sie doch herein!"* | *„Möchten Sie etwas zu trinken?"* [2] **zu jemandem Sie sagen**; **mit jemandem per Sie sein** jemanden mit *Sie* anreden ≈ siezen ⓘ → Anhang, S. 1111: **Pronomen** und S. 1075: **Anrede**

die **Sie**[2]; (-, *-s*); *gesprochen* ein Mensch oder Tier weiblichen Geschlechts *„Ist euer Hund eine Sie?"*

das **Sieb**★ (-*(e)s*, *-e*) man schüttet Dinge in ein Sieb, damit kleine Teile oder Flüssigkeiten von größeren Teilen getrennt werden ⟨*ein feines, grobes Sieb*⟩ *„die Nudeln ins Sieb schütten"* | *„Sand durch ein Sieb schütten"* [K] Drahtsieb, Mehlsieb, Teesieb

**sie·ben**[1]★ (*siebte, hat gesiebt*) **(etwas) sieben** etwas durch ein Sieb schütten und auf diese Art die festen von den flüssigen oder die großen von den kleinen Teilen trennen ⟨*Sand, Mehl sieben*⟩

**sie·ben**[2]★ *ZAHLWORT* (als Zahl, Ziffer) 7 ⓘ → Anhang, S. 1098: **Zahlen** und Beispiele unter **vier**

die **Sie·ben** (-, *-/-en*) [1] die Zahl 7 [2] jemand/etwas mit der Nummer 7

**sie·ben·hun·dert** *ZAHLWORT* (als Zahl) 700

**sie·ben·tau·send** *ZAHLWORT* (als Zahl) 7000

das **Sie·ben·tel** (-*s*, -) $1/7$ ≈ Siebtel

**siebt**★ *ADJEKTIV* [1] in einer Reihenfolge an der Stelle sieben ≈ 7. ⓘ → Beispiele unter **viert-** [2] **der siebte Teil (von etwas)** ≈ $1/7$ [3] **zu siebt** (mit) insgesamt sieben Personen *„Sie sind zu siebt in dem kleinen Wagen gefahren"*

**sieb·tel** *ADJEKTIV meist attributiv; nur in dieser Form* der siebte Teil einer Menge ≈ $1/7$

das **Sieb·tel** (-*s*, -) der siebte Teil einer Menge *„ein Siebtel der Strecke hinter sich haben"*

**sieb·tens** *ADVERB* verwendet bei einer Aufzählung, um anzuzeigen, dass etwas an 7. Stelle kommt

**sieb·zehn**★ *ZAHLWORT* (als Zahl) 17 ⓘ → Anhang, S. 1098: **Zahlen**

**sieb·zig**★ *ZAHLWORT* [1] (als Zahl) 70 [2] **Anfang/Mitte/Ende siebzig sein** ungefähr 70 bis 73/74 bis 76/77 bis 79 Jahre alt sein

**sieb·zi·ger** *ADJEKTIV meist attributiv; nur in dieser Form* die zehn Jahre (eines Jahrhunderts oder Menschenlebens) von 70 bis 79 betreffend *„Ein Mann in den/seinen Siebzigern"* | *„in den siebziger Jahren des 18. Jahrhunderts"* [K] Siebzigerjahre

**sie·den** (*siedeten, hat gesiedet*) [1] **etwas siedet** etwas hat die Temperatur, bei der Flüssigkeit zu Dampf wird ≈ kochen *„siedend heißes Öl"* [K] Siedepunkt [2] **etwas sieden** eine Flüssigkeit zum Kochen bringen ⟨*Wasser, Milch sieden*⟩

der **Sied·ler**★ (-*s*, -) eine Person, die in einer Gegend, in der noch keine Menschen sind, ein Haus baut und den Boden bebaut • *hierzu* **sie·deln** (*hat*); **Sied·le·rin** *die*

die **Sied·lung**★ (-, *-en*) [1] ein Ort, an dem Menschen Häuser bauen, um dort wohnen zu können ⟨*eine ländliche, städtische Siedlung*⟩ *„Viele deutsche Städte gehen auf römische Siedlungen zurück"* [2] eine Gruppe von Wohnhäusern mit Gärten, die ungefähr zur gleichen Zeit gebaut wurden [K] Wohnsiedlung

der **Sieg**★ (-*es*, *-e*) **ein Sieg (über jemanden/etwas)** das Ergebnis eines erfolgreich geführten Kampfes, Streits o. Ä. ⟨*ein knapper, deutlicher, haushoher, verdienter Sieg; den Sieg erringen, davontragen; sich* (Dativ) *den Sieg in etwas* (Dativ)*/bei etwas holen, sichern*⟩ ↔ Niederlage *„Nach dem Sieg im letzten Rennen war sie Weltmeisterin"*

das **Sie·gel** (-*s*, -) [1] das Muster, das ein Stempel o. Ä. in Wachs oder Papier macht, wenn man ihn daraufdrückt. Siegel verwendet man z. B. auf Urkunden [K] Dienstsiegel [2] der offizielle Stempel einer Behörde *„das Siegel der Universität"* [3] ein Streifen, den z. B. die Polizei über eine Wohnungstür klebt, um anzuzeigen, dass die Wohnung offiziell verschlossen wurde ⟨*ein Siegel anbringen, aufbrechen*⟩

**sie·gen**★ (*siegte, hat gesiegt*) **(gegen/über jemanden/etwas) siegen** in einem Kampf, Streit oder Wettbewerb Erfolg haben, stärker oder besser als jemand/etwas sein ≈ gewinnen ↔ verlieren *„Der Außenseiter siegte überraschend über den Favoriten"* | *„Beinahe hätte ich diesen viel zu teuren Fernseher gekauft, aber dann hat die Vernunft gesiegt"*

der **Sie·ger**★ (-*s*, -) eine Person, die in einem Kampf, Streit oder in einem Wettbewerb gewonnen hat ⟨*als Sieger aus einem Wettkampf hervorgehen*⟩ ≈ Gewinner *„dem Sieger einen Pokal überreichen"* [K] Siegerpokal; Olympiasieger, Turniersieger • *hierzu* **Sie·ge·rin** *die*

die **Sie·ger·eh·rung** die offizielle Feier, bei welcher die Besten eines sportlichen Wettbewerbs ihre Medaillen, Urkunden o. Ä. bekommen

S

**sie·ges·ge·wiss** ADJEKTIV; *geschrieben* ≈ siegessicher

**sie·ges·si·cher** ADJEKTIV fest davon überzeugt, dass man Erfolg haben wird ⟨*ein Auftreten, ein Blick; siegessicher auftreten, blicken, schauen, lächeln*⟩

**sieg·reich** ADJEKTIV **1** (vor allem in einem Wettbewerb) erfolgreich *„Sie haben das Turnier siegreich beendet"* **2** so, dass etwas mit einem Sieg endet *„eine siegreiche Schlacht"*

**sieht** *Präsens, 3. Person Singular* → sehen

**sie·zen★** (*siezte, hat gesiezt*) **jemanden siezen** jemanden mit *Sie* anreden ↔ duzen *„Obwohl sie sich schon seit mehreren Jahren kennen, siezen sie sich immer noch"* ❶ → Anhang, S. 1075: **Anrede**

das **Sig·nal★** (*-s, -e*) **1 ein Signal (für etwas)** etwas, das dazu dient, jemandem eine Warnung, eine Information oder einen Befehl zu geben, z. B. ein Ton oder eine Handlung ⟨*ein akustisches, optisches Signal; jemandem ein Signal geben*⟩ ≈ Zeichen **K** Signalglocke, Signallampe; Alarmsignal, Funksignal, Warnsignal **2** ein Gerät neben dem Gleis, das einem Lokführer zeigt, ob er weiterfahren kann oder halten muss *„Das Signal steht auf „Halt""*

**sig·na·li·sie·ren** (*signalisierte, hat signalisiert*) **(jemandem) etwas signalisieren** jemandem etwas durch ein Signal oder andere Handlungen mitteilen *„Ihr Blick signalisierte ihm, dass sie zur Versöhnung bereit war"*

die **Sig·nal·wir·kung etwas hat Signalwirkung** etwas hat Auswirkungen auf das Denken und Verhalten vieler Menschen und ruft eine Reaktion bei ihnen hervor *„Die Demonstration hatte Signalwirkung"* löste viele ähnliche Aktivitäten aus

**sig·nie·ren** (*signiert, hat signiert*) **(etwas) signieren** als Künstler seinen Namen auf ein Bild oder in ein Buch schreiben ⟨*Bilder, Bücher signieren*⟩

die **Sil·be★** (*-, -n*) eine von mehreren Einheiten, aus denen längere Wörter bestehen *„die Wörter „Mädchen" und „staubig" bestehen aus je zwei Silben: Mäd-chen, stau-big"* **K** Endsilbe, Nachsilbe, Vorsilbe ❶ Kurze Wörter wie *bald* oder *wenn* bestehen aus nur einer Silbe.

das **Sil·ber★** (*-s*) **1** ein relativ weiches, wertvolles Metall, das sehr hell glänzt, wenn man es poliert, und aus dem man vor allem Schmuck macht ⟨*echtes, reines, poliertes Silber; Gold und Silber*⟩ *„ein Ring aus Silber"* **K** Silberbarren, Silberkette, Silbermünze ❶ chemisches Zeichen: *Ag* **2** Besteck und/oder Geschirr aus Silber ⟨*das Silber putzen; von Silber speisen, essen*⟩ **K** Silberbesteck; Tafelsilber **3** *ohne Artikel* eine Medaille aus Silber, die der Zweite in einem wichtigen Wettkampf bekommt ⟨*Silber gewinnen, holen*⟩ ≈ Silbermedaille

**sil·bern★** ADJEKTIV *meist attributiv* aus Silber *„ein silbernes Armband"*

**silb·rig** ADJEKTIV ≈ silbern

das **Si·li·kon** (*-s, -e*) aus Silikon werden Imprägniermittel, Babysauger und Computerchips hergestellt

der/das **Si·lo** (*-s, -s*) ein Turm ohne Fenster, in dem Bauern Getreide und das Futter für ihr Vieh lagern **K** Futtersilo

der/das **-si·lo** *im Substantiv, unbetont, nicht produktiv; gesprochen, abwertend* **Autosilo, Betonsilo, Hotelsilo, Vorstadtsilo, Wohnsilo** *und andere* ein großes, hässliches Gebäude für eine große Zahl von Menschen oder Dingen

**Sil·ves·ter** [-v-] (*das/der*); (*-s, -*) der letzte Tag des Jahres, der 31. Dezember ⟨*Silvester feiern; zu Silvester/an Silvester*⟩ **K** Silvesternacht, Silvesterfeier

die **SIM-Karte** ['zɪm-] ein Chip, der als Prozessor und Speicher in Mobiltelefonen dient ⟨*eine SIM-Karte ins Handy einlegen*⟩

**sim·pel** ADJEKTIV (*simpler, simpelst-*); *gesprochen, oft abwertend* so, dass es jeder verstehen und machen kann ⟨*eine Arbeit, eine Aufgabe, eine Methode*⟩ ≈ einfach ↔ kompliziert, schwierig *„Komm her, ich zeig dir, wie das geht, es ist ganz simpel"* ❶ *eine simple Arbeit*

der/das **Sims** (*-es, -e*) der lange, schmale und waagrechte Teil einer Mauer z. B. unter dem Fenster **K** Fenstersims, Kaminsims

**sim·sen** (*simst, simste, hat gesimst*); *gesprochen* eine SMS versenden

der **Si·mu·lant** (*-en, -en*); *abwertend* eine Person, die so tut, als wäre sie krank • *hierzu* **Si·mu·lan·tin** *die*

der **Si·mu·la·tor** (*-s, Si·mu·la·to·ren*) ein Gerät, mit dem man eine Situation nachahmen kann **K** Flugsimulator

**si·mu·lie·ren** (*simulierte, hat simuliert*) **1 (etwas) simulieren** *abwertend* so tun, als ob man eine Krankheit hätte ⟨*eine Krankheit, Lähmungen, Gedächtnisschwund simulieren*⟩ ≈ vortäuschen **2 etwas simulieren** einen komplizierten Vorgang nachahmen, um etwas zu üben oder um eine Wirkung zu testen *„einen*

S

*Raumflug simulieren"* • zu (2) **Si·mu·la·ti·on** *die*

**sind** *Präsens, 1. und 3. Person Plural* → sein

die **Sin·fo·nie** (-, -*n* [-'niːən]) ein Musikstück aus meist vier Teilen (Sätzen), das für ein Orchester geschrieben ist *„die neunte Sinfonie von Beethoven"* **K** Sinfoniekonzert, Sinfonieorchester **i** Statt *Sinfonie* steht in älteren Texten und Musiktiteln auch *Symphonie*.

**sin·gen★** (*sang, hat gesungen*) **1** **(etwas) singen** eine Melodie oder ein Lied mit der Stimme produzieren ⟨*ein Lied singen*⟩ *„Weihnachtslieder singen"* **K** Singstimme **2** **jemanden in den Schlaf singen** leise singen, bis ein Kind einschläft **3** beruflich oder als Hobby regelmäßig singen *„im Kirchenchor/am Theater singen"* **4** **ein Vogel singt** ein Vogel gibt melodische Töne von sich

die **Sin·gle¹★** [sɪŋgl]; (-, -(*s*)) eine CD mit nur einem Musikstück

der **Sin·gle²★** [sɪŋgl]; (-(*s*), -*s*) eine Person, die nicht verheiratet ist und allein lebt ⟨(*ein*) *Single sein*⟩ **K** Singlehaushalt

der **Sin·gu·lar** ['zɪŋgu-]; (-*s*) **1** eine grammatische Form, die beim Verb zusammen mit den Pronomen *ich, du, er, sie, es* erscheint ↔ Plural **2** eine grammatische Form, die bei Substantiven, Adjektiven, Artikeln usw. erscheint und bei welcher das folgende Verb im Singular steht ↔ Plural *„der grüne Baum" und „die junge Frau" stehen im Singular"* **K** Singularform

der **Sing·vo·gel** ein Vogel, der Melodien hervorbringen kann *„Nachtigall und Lerche sind Singvögel"*

**sin·ken★** (*sank, ist gesunken*) **1** **(irgendwohin) sinken** sich langsam (aufgrund des eigenen Gewichts) nach unten bewegen ⟨(*erschöpft, getroffen*) *zu Boden/auf den Boden sinken; das Buch, die Arme sinken lassen*⟩ **2** **etwas sinkt** etwas kann nicht (mehr) auf dem Wasser schwimmen und verschwindet unter der Oberfläche ⟨*das Schiff, das Boot*⟩ ≈ untergehen **3** **etwas sinkt** etwas verliert (meist langsam) an Höhe, Wert usw.; etwas wird weniger ⟨*der Wasserspiegel, die Preise, das Fieber, die Temperaturen*⟩ ↔ steigen **4** **tief sinken** nicht mehr nach den Regeln der Moral handeln und die Anerkennung anderer Personen verlieren

der **Sinn★** (-(*e*)*s*, -*e*) **1** *meist Plural* die Fähigkeit zu sehen, zu hören, zu riechen, zu schmecken oder zu fühlen und so die Umwelt und den eigenen Körper wahrzunehmen ⟨*die fünf Sinne; etwas mit den Sinnen wahrnehmen*⟩ **K** Sinneseindruck, Sinnesstörung, Sinneswahrnehmung; Gleichgewichtssinn, Orientierungssinn, Tastsinn **2** **ein Sinn für etwas** *nur Singular* ein gutes Verständnis für die genannte Sache *„einen starken Sinn für Gerechtigkeit haben"* | *„Er hat keinen Sinn für Humor"* **K** Familiensinn, Geschäftssinn, Ordnungssinn **3** *nur Singular* die Interpretation, die man leisten muss, damit man einen Ausdruck oder Satz versteht ⟨*der verborgene, tiefere, wahre Sinn einer Sache; den Sinn einer Sache erfassen, ahnen, begreifen; etwas dem Sinn nach wiedergeben; etwas ergibt keinen Sinn*⟩ ≈ Bedeutung **4** *nur Singular* der Zweck, der Wert oder das Ziel einer Aktion oder Sache ⟨*nach dem Sinn des Lebens fragen*⟩ *„Ich kann keinen Sinn darin sehen, Fenster zu bauen, die man nicht öffnen kann"* **5** **der sechste/ein sechster Sinn** das sichere Gefühl für die jeweils richtige Entscheidung in einer Situation ≈ Instinkt **6** **etwas hat einen/macht Sinn** etwas ist sinnvoll und vernünftig *„Macht der Satz so überhaupt Sinn?"* **7** **etwas hat/macht viel/wenig/keinen Sinn** etwas ist sehr/wenig/nicht sinnvoll und vernünftig **i** zu 6 und 7: Die Formulierung *etwas macht Sinn* gilt als schlechter Stil. **ID** **jemand/etwas geht einer Person nicht mehr aus dem Sinn** eine Person muss immer wieder an jemanden/etwas denken; **nicht bei Sinnen sein**, **(wie) von Sinnen sein** (wegen starker Gefühle) nicht klar denken können und daher nicht vernünftig handeln; **etwas im Sinn haben** die Absicht haben, etwas zu tun; **im wahrsten Sinn/Sinne des Wortes** genau so, wie es jemand sagt

das **Sin·nes·or·gan** *meist Plural* ein Teil des Körpers (wie Nase, Auge, Ohr, Haut usw.), mit dem man die Umwelt wahrnehmen kann

der **Sin·nes·wan·del** *meist Singular* eine meist plötzliche Änderung der Meinung ⟨*einen* (*totalen*) *Sinneswandel vollziehen*⟩

**sinn·ge·mäß** *ADJEKTIV meist attributiv* so, dass die Bedeutung der Äußerung (und nicht die Äußerung selbst) wiedergegeben wird ⟨*etwas sinngemäß wiedergeben, übersetzen*⟩ ↔ wörtlich

**sin·nie·ren** (*sinnierte, hat sinniert*) **(über etwas** (*Akkusativ*)**) sinnieren** über etwas nachdenken, grübeln ⟨*vor sich hin sinnieren*⟩ *„über das Schicksal sinnieren"*

**sinn·lich** *ADJEKTIV* **1** in Bezug auf die Sinne oder mit den Sinnen ⟨*die Wahrnehmung, die*

S

*Erfahrung, Reize*⟩ **2** in Bezug auf den Körper (und nicht auf den Geist) ⟨*Genüsse, Freuden, Begierden*⟩ ≈ körperlich **3** so, dass es die Sexualität stark anspricht *„Sie hat einen sinnlichen Mund"* • *hierzu* **Sinn·lich·keit** *die*

**sinn·los★** *ADJEKTIV* **1** ohne sinnvolles Ziel oder Erfolg ⟨*ein Krieg, ein Opfer, Zerstörung*⟩ ↔ sinnvoll *„Es ist doch völlig sinnlos, ihm das zu erklären, er versteht das sowieso nicht"* **2** *meist attributiv* ohne vernünftigen Grund ⟨*sich sinnlos ärgern, aufregen*⟩ **3** ohne Überlegung oder Verstand ⟨*Gerede, Zeug*⟩ *„Es hat keinen Zweck, jetzt sinnlos draufloszuarbeiten. Wir müssen erst einen Plan machen"* • *hierzu* **Sinn·lo·sig·keit** *die*

**sinn·voll★** *ADJEKTIV* **1** so, dass es einen Nutzen oder einen Zweck hat ⟨*eine Erfindung*⟩ ≈ nützlich ↔ sinnlos **2** so, dass es den Betreffenden zufrieden macht ⟨*eine Tätigkeit, eine Arbeit, ein Leben*⟩ ↔ frustrierend

die **Sint·flut** *meist Singular* **1** in der Bibel ein starker Regen, mit dem Gott die Menschen für ihre Sünden bestrafte **2** *gesprochen* ein sehr starker Regen *„Das ist ja die reinste Sintflut!"* • *hierzu* **sint·flut·ar·tig** *ADJEKTIV*

der **Si·phon** ['zi:fõ, zi'fo:n]; (-s, -s) ein gebogenes Rohr unter einem Waschbecken. Im Rohr bleibt immer eine kleine Menge Wasser, sodass keine unangenehmen Gerüche aus dem Abfluss kommen

die **Sip·pe** (-, -n) eine Gruppe von mehreren Familien, die zusammen leben *„Während der Steinzeit lebten unsere Vorfahren in Sippen"* **K** Sippenverband

die **Si·re·ne** (-, -n) ein Gerät, das lange, laute Töne erzeugt, um vor einer Gefahr zu warnen ⟨*die Sirenen heulen*⟩ **K** Schiffssirene, Feuerwehrsirene

der **Si·rup** (-s) eine süße dicke Flüssigkeit, die man mit Wasser mischt und als Saft trinkt *„den Sirup mit Wasser verdünnen"* **K** Himbeersirup

die **Sit·te★** (-, -n) **1** *meist Plural* die Verhaltensweisen, die eine Gesellschaft traditionell angenommen hat ⟨*die Sitten und Gebräuche eines Volkes*⟩ ≈ Bräuche *„Bei uns gibt es die Sitte, ein Fest zu feiern, wenn das Dach eines Hauses fertig geworden ist"* **2** *meist Singular* die Normen, die in einer Gesellschaft bestimmen, was gut und richtig ist ⟨*die gute Sitte*⟩ ≈ Moral *„In vielen moslemischen Ländern verlangt die Sitte, dass Frauen einen Schleier tragen"* **3** *nur Plural* die Art, wie sich jemand vor anderen Leuten verhält *„etwas ist gegen die guten Sitten"* etwas ist unmoralisch **4** **etwas ist Sitte** etwas ist üblich *„In unserer Familie ist es Sitte, nach dem Essen einen Kaffee zu trinken"* • *zu* (2) **sit·ten·los** *ADJEKTIV*

**sitt·lich** *ADJEKTIV* **1** *meist attributiv* in Bezug auf die Sitte, die Moral ⟨*die Erziehung, Reife, der Verfall*⟩ **2** den Regeln der Sitte, der Moral entsprechend; moralisch vorbildlich ⟨*ein Mensch, Verhalten, Handeln; sich sittlich verhalten*⟩

die **Si·tu·a·ti·on★** [-'tsjo:n]; (-, -en) die Umstände, Bedingungen, Tatsachen, wie sie zu einem Zeitpunkt vorhanden sind ⟨*eine angespannte, ausweglose, gefährliche, kritische, schwierige, verfahrene Situation; jemandes berufliche, familiäre, finanzielle Situation; die politische, wirtschaftliche Situation eines Landes; einer Situation (nicht) gewachsen sein*⟩ ≈ Lage *„Der Brief hat ihn in eine peinliche Situation gebracht"* **K** Konfliktsituation, Krisensituation, Verkehrssituation • *hierzu* **si·tu·a·ti·ons·be·dingt** *ADJEKTIV*

der **Sitz★** (-es, -e) **1** etwas, auf dem man (z. B. im Auto oder im Theater) sitzen kann ⟨*bequeme, gepolsterte, weiche, lederne Sitze*⟩ **K** Sitzplatz; Autositz, Fenstersitz **2** ein Amt in einer (öffentlichen) Institution oder einem Gremium (mit dem Recht, bei Abstimmungen mitzumachen) ⟨*ein Sitz im Gemeinderat, im Aufsichtsrat, im Parteivorstand*⟩ *„Die Partei hat/gewann/verlor 20 Sitze im Parlament"* **K** Sitzverteilung **3** das Gebäude, in dem eine Institution, ein Betrieb o. Ä. arbeitet *„Die Firma hat ihren Sitz in Frankfurt/hat ihren Sitz nach Berlin verlegt"* **K** Regierungssitz, Wohnsitz

die **Sitz·ecke★** eine Gruppe von Möbeln zum Sitzen (und ein Tisch), die in einer Ecke eines Zimmers stehen

**sit·zen★** (*saß, hat/ist gesessen*) NICHT STEHEN ODER LIEGEN: **1** **irgendwo sitzen** (*hat/ besonders süddeutsch* Ⓐ Ⓒⓗ *ist*) *wenn man sitzt, ruht man auf einem Stuhl, dem Boden o. Ä. und der Oberkörper bleibt aufrecht* ⟨*bequem, weich, ruhig, still sitzen*⟩ *„Im Kino saß ein älterer Herr neben mir"* | *„Bleib ruhig sitzen, ich mach das schon"* **K** Sitzbank, Sitzkissen ⓘ *Sitzen* bezeichnet einen Zustand: *Sie saßen im Schatten des Baumes; sich setzen* bezeichnet einen Vorgang: *Nach dem Spaziergang setzten sie sich auf eine Bank.* **2** (*hat/süddeutsch* Ⓐ Ⓒⓗ *ist*) *sich lange Zeit irgendwo sitzend auf-*

S

*halten (und sich dabei mit etwas beschäftigen) „stundenlang vor dem Fernseher/hinterm Steuer sitzen"* fernsehen/Auto fahren | *„im Wartezimmer sitzen"* und warten | *„über den Büchern sitzen"* und lernen **3** **ein Tier sitzt irgendwo** (*hat/süddeutsch* Ⓐ ⒸⒽ *ist*) *ein Tier ist in einer ruhenden Position mit aufrechtem Körper „ein Vogel sitzt im Nest/auf einem Ast"* **K** Sitzstange **4** **eine sitzende Tätigkeit/Arbeit** eine Arbeit, bei der man viel sitzt ORT, GREMIUM USW.: **5** **irgendwo sitzen** (*hat/süddeutsch* Ⓐ ⒸⒽ *ist*) *Mitglied einer Institution oder eines Gremiums sein ⟨im Aufsichtsrat, im Bundestag, im Stadtrat sitzen⟩ „In wie vielen Bundesländern sitzt die Partei in der Regierung?"* **6** **etwas sitzt irgendwo/irgendwie** (*hat/süddeutsch* Ⓐ ⒸⒽ *ist*) *etwas befindet sich an einem Ort „Wo sitzt denn der Schmerz?" – „Ja, da am Rücken, etwas tiefer."* **7** **jemand sitzt** *gesprochen* (*hat*) jemand ist im Gefängnis *„Für seinen Banküberfall muss er (5 Jahre) sitzen"* KLEIDUNG: **8** **etwas sitzt (gut)** (*hat*) etwas hat die richtige Größe und Form und passt jemandem deshalb *„Die Jacke sitzt gut"* **9** **etwas sitzt schlecht** (*hat*) etwas hat nicht die richtige Größe und Form und passt jemandem deshalb nicht ANDERE VERWENDUNGEN: **10** **etwas sitzt** (*hat*) jemand hat etwas schon oft getan oder geübt und kann es daher gut *„die Tonleiter so lange üben, bis sie (richtig) sitzt"* **11** **etwas sitzt (tief)** (*hat*) etwas wirkt sehr stark in jemandem *„Mir sitzt noch die Angst in den Knochen"* | *„Das hat gesessen!"* die Kritik oder Beleidigung hat jemanden getroffen

**sit·zen blei·ben**, **sit·zen·blei·ben** (*blieb sitzen, ist sitzen geblieben/sitzengeblieben*) **1** **sitzen bleiben** eine Klasse in der Schule wiederholen müssen, weil die Leistungen zu schlecht waren *„in der fünften Klasse sitzen bleiben"* **2** **auf etwas** (*Dativ*) **sitzen bleiben** niemanden finden, der eine Ware kauft *„Er ist auf seinen Waren sitzen geblieben, weil er sie zu teuer angeboten hat"* ⓘ aber: *auf dem Stuhl sitzen bleiben* (immer getrennt geschrieben)

**sit·zen las·sen**, **sit·zen·las·sen** (*ließ sitzen, hat sitzen lassen/sitzenlassen*) **1** **jemanden sitzen lassen** jemanden verlassen *„Nach zehn Jahren Ehe hat ihr Mann sie und die Kinder sitzen lassen"* **2** **jemanden sitzen lassen** zu einer Verabredung nicht kommen *„Wir hatten eine Verabredung, aber sie hat mich sitzen lassen"* **3** **etwas nicht auf sich** (*Dativ*) **sitzen lassen** sich gegen einen Vorwurf oder eine Kritik verteidigen *„Eine solche Anschuldigung kann ich unmöglich auf mir sitzen lassen"* ⓘ Im Perfekt gesprochen auch: *hat sitzen gelassen*

die **Sitz·ge·le·gen·heit** etwas (wie z. B. ein Stuhl oder ein Hocker), auf dem man sitzen kann

der **Sitz·platz** ein Platz zum Sitzen (in einem Bus, Zug, Stadion o. Ä.) ⟨*jemandem einen Sitzplatz anbieten*⟩ ↔ Stehplatz

die **Sit·zung**★ (-, *-en*) ein Treffen von mehreren Personen, um etwas zu besprechen oder zu entscheiden ⟨*zu einer Sitzung gehen; bei/auf/in einer Sitzung sein*⟩ ≈ Konferenz **K** Sitzungssaal; Parlamentssitzung, Vorstandssitzung

die **Ska·la**★ [sk-]; (-, *-s/Ska·len*) **1** eine grafische Darstellung der Ergebnisse einer Messung durch ein Instrument (meist in Form von Strichen und Zahlen) ⟨*etwas von/auf einer Skala ablesen*⟩ *„Die Skala des Fieberthermometers reicht von 35 °C bis 42 °C"* **2** eine Menge oder eine grafische Darstellung verschiedener Werte, Farben o. Ä., mit denen man etwas messen oder vergleichen kann *„eine Skala von Blautönen"* **K** Bewertungsskala, Farb(en)skala, Notenskala

das **Skal·pell** [sk-]; (-*s*, -*e*) ein kleines, sehr scharfes Messer, mit dem Chirurgen, Zoologen und Botaniker arbeiten

der **Skan·dal**★ [sk-]; (-*s*, -*e*) **ein Skandal (um jemanden/etwas)** ein Ereignis, das viele Leute schockiert (und ärgert), weil es moralisch nicht akzeptabel ist ⟨*für einen Skandal sorgen; in einen Skandal verwickelt sein, werden; einen Skandal auslösen, aufdecken*⟩ *„der Skandal um die Vergabe des Bauauftrags"* | *„Diese Verschwendung von Steuergeldern ist ein Skandal!"* **K** Bestechungsskandal, Lebensmittelskandal, Missbrauchsskandal

**skan·da·lös** [sk-] ADJEKTIV (*skandalöser, skandalösest-*) moralisch nicht akzeptabel *„Es ist skandalös, wie sie ihre Kinder behandelt"*

**skan·die·ren** [sk-] (*skandierte, hat skandiert*) **Personen skandieren etwas** Personen sprechen oder rufen gemeinsam etwas, rhythmisch in einzelne Silben zerlegt *„Das Publikum skandierte: „Zu-ga-be, Zu-ga-be!"*

das **Skate·board** ['skeɪtbɔːd]; (-*s*, -*s*) ein kurzes Brett mit kleinen Rädern, auf dem man steht und fährt ⟨*Skateboard fahren*⟩

das **Ske·lett**★ [sk-]; (-*s*, -*e*) alle Knochen des Körpers eines Menschen oder Tiers *„das Skelett eines Mammuts im Museum"*

**skẹp·tisch**★ [sk-] *ADJEKTIV* so, dass man beim Denken immer überlegt, ob die Informationen echt und wahr sind oder richtig verstanden werden ⟨*ein Blick, eine Haltung; skeptisch sein, bleiben, werden, reagieren; jemanden/etwas skeptisch beurteilen; jemandem/etwas skeptisch gegenüberstehen; etwas macht jemanden skeptisch*⟩ *„Ich bin ziemlich skeptisch, ob das wohl gut gehen wird"* • *hierzu* **Skẹp·ti·ker** *der*; **Skẹp·ti·ke·rin** *die*

der **Sketch** [skɛtʃ]; (*-es, -e/-es*) eine kurze, witzige Szene auf der Bühne, im Fernsehen o. Ä.

der **Ski**★ [ʃiː]; (*-s, -/-er* [ˈʃiːɐ]) Ski sind zwei lange, schmale Bretter aus Kunststoff, mit denen man über Schnee gleiten kann ⟨*Ski fahren, laufen*⟩ **K** Skifahrer, Skigebiet, Skilift

der **Ski·lauf** [ʃiː-]; (*-s*) die Sportarten, bei denen die Sportler auf Skiern über den Schnee gleiten ⟨*alpiner, nordischer Skilauf*⟩

das **Ski·sprin·gen** [ʃiː-]; (*-s*) eine Sportart, bei der man auf Skiern eine Schanze hinunterfährt und dann durch die Luft fliegt • *hierzu* **Ski·sprin·ger** *der*

die **Skiz·ze** [ˈskɪtsə]; (*-, -n*) eine einfache, schnell gemachte Zeichnung, die mit wenigen Strichen das Wichtigste zeigt ⟨*eine Skizze machen, anfertigen*⟩ *„eine Skizze des geplanten Hauses"* **K** Skizzenblock • *hierzu* **skiz·zie·ren** (*hat*)

der **Skla·ve** [ˈsklaːvə, -fə]; (*-n, -n*) *historisch* eine Person, die einer anderen Person gehört, für welche sie arbeitet und nicht frei ist ⟨*Sklaven halten*⟩ **K** Sklavenhandel; Galeerensklave • *hierzu* **Skla·vin** *die*

die **Skla·ve·rei** [sklaːvəˈrai, -f-]; (*-*) **1** *historisch* die Praxis, Sklaven zu haben ⟨*die Sklaverei abschaffen*⟩ **2** *historisch* der Zustand, ein Sklave zu sein ⟨*aus der Sklaverei freikommen, entlassen werden, befreit werden*⟩ **3** *gesprochen, abwertend* schwere körperliche Arbeit

der/das **Skọn·to** [sk-]; (*-s, -s*) der Betrag, um welchen der Preis einer Ware (manchmal) reduziert wird, wenn man sie innerhalb kurzer Zeit bezahlt ⟨*jemandem 3 % Skonto gewähren; 3 % Skonto bekommen*⟩

der **Skor·pi·on** [sk-]; (*-s, -e*) **1** ein Tier, das mit den Spinnen verwandt ist, in den Tropen lebt und einen giftigen Stachel hat ⟨*von einem Skorpion gestochen werden*⟩ **2** *nur Singular* das Sternzeichen für die Zeit vom 24. Oktober bis 22. November **3** eine Person, die in der Zeit vom 24. Oktober bis 22. November geboren ist *„Sie ist (ein) Skorpion"*

der **Skru·pel** [sk-]; (*-s, -*); *meist Plural* die Gedanken und Gefühle, die jemanden daran hindern, etwas Böses zu tun ⟨*moralische Skrupel; (keine) Skrupel haben, etwas zu tun; keine Skrupel kennen; von Skrupeln geplagt*⟩ • *hierzu* **skru·pel·los** *ADJEKTIV*; **Skru·pel·lo·sig·keit** *die*

die **Skulp·tur**★ [sk-]; (*-, -en*) eine Figur (aus Bronze, Gips usw.), die ein Künstler gemacht hat **K** Holzskulptur, Marmorskulptur

**sky·pen** [ˈskaipn̩] (*skypte, hat geskypt*) mit jemandem (mithilfe des Programms Skype®) über das Internet telefonieren *„Als Martin in Japan war, haben wir oft miteinander geskypt"*

der **Sla·lom** (*-s, -s*) ein Wettkampf (beim Skifahren, Kanufahren), bei dem man zwischen senkrechten Stäben (Toren) hindurch viele Kurven fahren muss ⟨*einen Slalom fahren*⟩ **K** Slalomlauf, Slalomläufer, Slalomwettbewerb

der **Slịp**★ (*-s, -s*) eine kleine, enge Unterhose **K** Damenslip, Herrenslip

der **Slo·gan** [ˈsloːgn̩]; (*-s, -s*) ein Satz, der in der Werbung verwendet wird und den man sich gut merken kann **K** Werbeslogan

der **Sma·ragd** [sm-]; (*-(e)s, -e*) ein wertvoller, durchsichtiger, grüner Edelstein **K** smaragdgrün

das **Smart·phone** [ˈsmaɐ̯tfoːn, -foʊn]; (*-s, -s*) ein Mobiltelefon, mit dem man ins Internet kann

der **Smọg**★ [smɔk]; (*-(s)*) eine dichte Schicht aus Rauch, giftigen Gasen und oft auch Nebel in der Luft (über einer Stadt oder Fabrik) **K** Smogalarm

die **SMS** [ɛs|ɛmˈ|ɛs]; (*-, -*) Short Message Service eine kurze Nachricht, die man von einem Handy zu einem anderen sendet *„Sie hat mir gerade eine SMS geschrieben"*

der **Snack**★ [snɛk]; (*-s, -s*) eine kleine Mahlzeit ≈ Imbiss **K** Snackbar

der **Snea·ker** [ˈsniːkɐ]; (*-s, -*) *„ein bequemer, sportlich wirkender Schuh"*

der **Snọb** [sn-]; (*-s, -s*); *abwertend* **1** eine Person, die sehr stolz darauf ist, dass sie zu einer relativ hohen sozialen Schicht gehört (und andere Leute daher verachtet) **2** eine Person, die viel Wert auf exklusive Dinge (vor allem Kunstgegenstände) legt

**so**★ *ADVERB* ART ODER WEISE: **1** *betont und unbetont* verwendet, um die Art und Weise zu bezeichnen, auf die eine (meist schon bekannte) Handlung abläuft *„Wir machen das so und nicht anders"* **2** *betont* in diesem Zustand oder

S

in dieser Form *„So gefällt mir das Bild schon viel besser"* | *„Ich glaube nicht, dass man dieses Wort so schreiben kann"* **3** *betont* von der genannten Art *„Bei so schlechtem Wetter bleibt man besser zu Hause"* | *„So ein Motorrad wollte ich mir schon lange kaufen"* **4** *gesprochen unbetont* verwendet, um Personen oder Dinge zu bezeichnen, die man nicht genau nennen oder beschreiben kann *„Schilf, das sind so Gräser, die vor allem am Ufer von Seen wachsen"* **5** **oder so**; **und so** *gesprochen unbetont* verwendet, wenn man etwas nicht genau weiß oder sich nicht festlegen will *„Sie heißt Koslowski oder so"* **6** **'so und/oder 'so** auf diese und/oder andere Weise *„Das kann man so und so/so oder so sehen"* ZEIT, MENGE, UMFANG: **7** **so** *+Adjektiv/Adverb* **(wie)** *betont und unbetont* in diesem (hohen) Maß oder Umfang (wie jemand/etwas) *„Er ist so groß wie sein Bruder"* | *„so schnell wie möglich"* **8** **so viel wie** *+Adjektiv/Pronomen/Substantiv*; **so viel** *+Satz* in diesem hohen Maß oder Umfang (wie jemand/etwas) *„Er muss so viel wie möglich liegen, damit er gesund wird"* | *„Sie verdient doppelt so viel wie ich"* **9** **so wenig wie** *+Adjektiv/Pronomen/Substantiv*; **so wenig** *+Satz* in diesem geringen Maß oder Umfang (wie jemand/etwas) *„Ruhen Sie sich aus und arbeiten Sie so wenig wie möglich"* **10** **so weit** wenn man das Ganze betrachtet und Unwichtiges nicht berücksichtigt ≈ eigentlich *„So weit ist alles in Ordnung"* **11** **so weit sein** bereit sein, etwas zu tun *„Wir können jetzt gehen, ich bin so weit"* **12** **etwas ist so weit** etwas ist fertig oder bereit, etwas hat den genannten Punkt, das genannte Maß erreicht *„Endlich ist es so weit, das Haus ist fertig"* **13** **so** *+ Zeitangabe/Mengenangabe gesprochen unbetont* ≈ ungefähr *„So in einer halben Stunde bin ich fertig, dann können wir fahren"*
*BINDEWORT* **14** **so ... wie** verwendet, um einen Vergleich auszudrücken *„Das Haus sieht nicht so aus, wie ich es mir vorgestellt habe"* **15** **so** *+ Adjektiv + Infinitiv unbetont* verwendet, um die Voraussetzung für eine Handlung anzugeben *„Sie war so freundlich, mir zu helfen"* **16** **so** (*+ Adjektiv/ Adverb*), **dass ...** verwendet, um die Ursache und deren Folge zu nennen *„Er ist so schnell gerannt, dass er hingefallen ist"* ❶ Vor einem Adjektiv/Adverb ist so unbetont, steht es allein, wird es betont; vergleiche **sodass**
*PARTIKEL* **17** *betont* verwendet, um eine Geste zu begleiten, die deutlich macht, wie jemand/etwas ist oder war *„Wie groß war denn der Tisch?" – „So groß!"* **18** *betont* allein stehend oder einleitend als eine Art Kommentar verwendet, wenn man etwas gerade getan hat (und damit zufrieden ist) *„So, das hätten wir geschafft!"* **19** *betont* allein stehend verwendet, um zu zeigen, dass man gehört hat, was eine andere Person gesagt hat (und dass man daran kein Interesse hat) *„Unsere Nachbarn haben ein neues Auto gekauft." – „So."* **20** *betont* mit Fragezeichen bzw. steigender Stimme verwendet, um Erstaunen oder Zweifel auszudrücken *„Sie ist schon mit 34 Jahren Großmutter geworden." – „So?"* **ID** **So viel für heute** *gesprochen* Das ist im Moment genug

**So** Abkürzung für *Sonntag*

**so·bald★** *BINDEWORT* verwendet, um zu sagen, dass etwas sofort geschehen wird, wenn eine Voraussetzung erfüllt ist ≈ wenn *„Ich komme, sobald ich mit der Arbeit fertig bin"* | *„Sobald ich ihn sehe, sage ich ihm Bescheid"*

die **Sọ·cke★** (-, *-n*) ein kurzer Strumpf, der bis an oder über die Knöchel reicht ⟨*ein Paar Socken*⟩

der **Sọ·ckel** (-s, -) der flache untere Teil, auf dem ein Denkmal, ein Zaun, ein Möbelstück o. Ä. steht **K** Marmorsockel, Steinsockel

der **Sọ·cken** (-s, -); *süddeutsch* Ⓐ Ⓒⓗ ≈ Socke

das **So̲·da** (-s) **1** ein weißes Pulver, welches die wichtigste Substanz im Backpulver ist **2** Wasser mit Kohlensäure ⟨*ein Whisky (mit) Soda*⟩

**so·dạss★** *BINDEWORT* der Nebensatz mit *sodass* beschreibt eine Folge des Geschehens, welches vorher beschrieben wurde ≈ so dass *„Er war völlig verwirrt, sodass er nicht mehr wusste, was er sagte"*

das **So̲d·bren·nen** (-s) ein unangenehmes, brennendes Gefühl in der Brust und im Hals, das vom Magen kommt ⟨*Sodbrennen haben*⟩

**so·e̲ben** *ADVERB* **1** jetzt, in diesem Augenblick *„Soeben kommt er zur Tür herein"* **2** vor sehr kurzer Zeit *„Sie ist soeben aus dem Haus gegangen"*

das **So̲·fa★** (-s, -s) ein weiches, bequemes Möbelstück (mit einer Rückenlehne und Armlehnen), auf dem mehrere Personen sitzen können ≈ Couch **K** Sofakissen; Ledersofa, Wohnzimmersofa

**so·fẹrn★** *BINDEWORT* verwendet, um eine Voraussetzung zu bezeichnen ≈ wenn *„Die Fahrt dauert zwei Stunden, sofern es keinen Stau gibt"* | *„Sofern das Wetter schön bleibt, machen*

S

*wir morgen einen Ausflug"*

**soff** *Präteritum, 1. und 3. Person Singular* → saufen

**so·fort★** *ADVERB* **1** unmittelbar nach der ersten Handlung *„Ruf mich bitte sofort an, wenn du heimkommst"* **2** ohne zeitliche Verzögerung ≈ jetzt ↔ später *„Der Brief muss sofort zur Post!"* **3** in sehr kurzer Zeit *„Einen Moment noch, ich bin sofort fertig"*

**so·for·ti·g-** *ADJEKTIV meist attributiv* ohne dass Zeit zwischen zwei Handlungen oder Zuständen vergeht ⟨*mit sofortiger Wirkung*⟩ *„Lebensmittel, die für den sofortigen Verzehr bestimmt sind"*

die **Soft·ware★** [ˈsɔftvɛːɐ̯]; (-) die Informationen und Befehle (in Form von Programmen), mit denen ein Computer arbeiten kann **K** Lernsoftware

**sog** *Präteritum, 1. und 3. Person Singular* → saugen

der **Sog** (-(*e*)*s*) die Kraft, die einen Körper in die Richtung zieht, in die sich die Luft oder eine Flüssigkeit bewegt ⟨*etwas erzeugt einen Sog*⟩ *„in den Sog eines Strudels geraten"*

**so·gar**, **so·gar★** *PARTIKEL unbetont* **1** verwendet, um zu sagen, dass man weniger erwartet hat *„Er war bei dem Rennen nicht nur erfolgreich, er hat sogar klar gewonnen!"* **2** verwendet, um zu sagen, dass etwas ungewöhnlich ist *„Die Sonne scheint im Sommer am Nordpol sogar nachts"* **3** verwendet, um eine Steigerung auszudrücken *„Er war reich, sogar sehr reich"*

**so·ge·nannt-**, **so ge·nannt-** *ADJEKTIV nur attributiv* **1** drückt aus, dass die nachfolgende Bezeichnung neu ist und von einer Gruppe von Leuten verwendet wird *„der sogenannte Treibhauseffekt"* **2** drückt aus, dass jemand/etwas die nachfolgende Bezeichnung nicht verdient *„mein sogenannter Freund Klaus"*

die **Soh·le** (-, -*n*) **1** die untere Fläche des Fußes **K** Fußsohle **2** die untere Fläche des Schuhs, des Strumpfes o. Ä. *„Die Sohlen meiner Gummistiefel haben ein gutes Profil"* **K** Schuhsohle, Gummisohle **3** ein flaches Stück aus warmem Material, das man in die Schuhe legt

der **Sohn★** (-(*e*)*s*, *Söh·ne*) **1** jemandes männliches Kind **K** Arbeitersohn, Bauernsohn, Königssohn **2** **ein Sohn** *+Genitiv* eine Person, die in der genannten Umgebung aufgewachsen ist (und meist von ihr geprägt ist) *„Thomas Mann, ein berühmter Sohn Lübecks"* **3** **ein verlorener Sohn** ein Mann, welcher die eigenen Eltern enttäuscht, weil er nicht nach ihren Vorstellungen lebt oder handelt

die **So·ja** (-) ≈ Sojabohne **K** Sojaöl, Sojasoße

die **So·ja·boh·ne** eine Bohne, die vor allem in Asien wächst. Den Samen verwendet man meist als Gemüse, für Öl, als Ersatz für Fleisch und als Futter für Tiere

**so·lan·ge★** *BINDEWORT* **1** für die Dauer der Zeit, die in dem Satz genannt wird *„Solange sein Auto kaputt ist, fährt er mit dem Fahrrad"* | *„Das Wetter war herrlich, solange wir in Italien waren"* **2** verwendet, um eine Bedingung, Voraussetzung zu nennen *„Du darfst zuschauen, solange du mich nicht bei der Arbeit störst"* ⓘ Die Form *solang* findet man vor allem in älteren Texten und in der gesprochenen Sprache. Aber: *Ich bleibe so lange, bis du eingeschlafen bist* (getrennt geschrieben).

**so·lar** *ADJEKTIV; geschrieben* von der Sonne ⟨*Energie, Strahlung*⟩ **K** Solarenergie, Solarheizung

das **So·la·ri·um** (-*s*, *So·la·ri·en* [-i̯ən]) **1** ≈ Sonnenbank **2** ≈ Sonnenstudio

die **So·lar·zel·le** ein technisches Gerät, das Sonnenlicht in elektrischen Strom verwandelt **K** Solarzellenbatterie, Solarzellenrechner

**solch★** *ARTIKEL/PRONOMEN* **1** (Personen oder Dinge) von der schon genannten oder bekannten Art *„Solche Autos rosten schnell"* | *„Es gab Kuchen, Plätzchen und solche Sachen"* **2** verwendet, um zu betonen, dass etwas sehr intensiv, groß, stark o. Ä. ist *„Sie hatte solchen Hunger, dass sie nicht einschlafen konnte"* | *„Solcher Unsinn!"* ⓘ meist nach dem unbestimmten Artikel **3** verwendet ohne ein Substantiv, um von der gleichen Sache oder von Sachen ähnlicher Art zu sprechen, die vorher genannt wurden *„Ihr habt wirklich nette Nachbarn. Solche hätte ich auch gerne"*

der **Sol·dat★** (-*en*, -*en*) eine Person, die bei der Armee ist (aber nicht im Rang eines Offiziers) ⟨*ein Soldat zieht in den Krieg, fällt im Krieg*⟩ **K** Soldatenfriedhof, Soldatenuniform; Berufssoldat • *hierzu* **Sol·da·tin** *die*

**So·li**[1] *Plural* → Solo

der **So·li**[2]; (-*s*); *gesprochen* Kurzwort für *Solidaritätszuschlag*

**so·li·da·risch** *ADJEKTIV* **solidarisch (mit jemandem)** drückt aus, dass die Beteiligten gemeinsame Interessen haben und sich gegenseitig helfen ⟨*eine Gemeinschaft; solidarisch* *handeln; sich mit jemandem solidarisch fühlen, erklären* (= *erklären, dass man zu ihm hält*)⟩

die **So·li·da·ri·tät★** (-) **die Solidarität (mit jemandem)** das Vertrauen und Zusammenhalten von Personen mit ähnlichen Interessen oder Zielen **K** Solidaritätsgefühl

der **So·li·da·ri·täts·zu·schlag** *meist Singular* eine (zusätzliche) Steuer in Deutschland, mit welcher die wirtschaftliche Entwicklung Ostdeutschlands nach der Wiedervereinigung gefördert werden soll ⓘ Abkürzung: *Soli*

**so·li·de★** *ADJEKTIV* **1** sorgfältig und aus gutem, festem Material hergestellt ≈ stabil *„solide Mauern"* | *„solide (gearbeitete) Möbel"* **2** so, dass nichts Wichtiges fehlt ⟨*eine Ausbildung, eine Grundlage, ein Wissen*⟩ ≈ gründlich **3** ⟨*ein Unternehmen, eine Firma, ein Betrieb*⟩ in guten finanziellen Verhältnissen und so, dass man sich auf sie verlassen kann ≈ seriös

der **So·list** (*-en, -en*) ein Musiker, der ein Solo singt oder spielt • *hierzu* **So·lis·tin** *die*

das **Soll** (*-s*) **1** die Arbeit oder Leistung, die jemand (nach einem Plan) erfüllen muss ≈ Norm *„Ich habe mein Soll erfüllt, jetzt kann ich nach Hause gehen"* **2** Geld, das man der Bank schuldet oder das von einem Konto abgebucht wird ↔ Haben

die **Soll·bruch·stel·le** eine Schwäche, die eine Sache (vor allem eine Ware) absichtlich oder bekanntlich hat und die wahrscheinlich der Grund dafür ist, dass sie zerbricht, kaputtgeht o. Ä. ⟨*ein Gerät, Technik mit eingebauter Sollbruchstelle*⟩

**sol·len**[1]**★** *MODALVERB* (*sollte, hat Infinitiv+ sollen*) **1** *Infinitiv* + **sollen** drückt aus, dass eine Person gebeten wurde, das Genannte zu tun oder den Auftrag dazu bekommen hat *„Ich soll ihn um fünf Uhr vom Hotel abholen"* **2** *Infinitiv* + **sollen** drückt aus, dass etwas vernünftig oder sinnvoll ist *„Du solltest jetzt lieber nichts mehr trinken"* | *„Das hättest du nicht sagen sollen"* Es wäre besser gewesen, wenn du das nicht gesagt hättest **3** **soll ich/sollen wir** + *Infinitiv* verwendet, um einen Vorschlag in Form einer Frage zu machen *„Soll ich das Fenster aufmachen?"* **4** **du sollst nicht** + *Infinitiv* verwendet, um jemandem etwas zu verbieten *„Du sollst nicht alles anfassen!"* **5** **jemand/etwas soll** + *Infinitiv* etwas wird behauptet, aber man weiß nicht, ob die Information wahr ist *„Er soll ja sehr reich sein"* **6** **jemand/etwas soll** + *Infinitiv* etwas ist für die Zukunft geplant oder wird vorhergesagt *„Morgen soll es wieder wärmer werden"* **7** *Infinitiv* + **sollen** drückt eine feste Absicht oder Zustimmung aus *„Du sollst alles bekommen, was du brauchst. Dafür sorge ich!"* **8** *Infinitiv* + **sollen** man ist ratlos und weiß keine Antwort *„Was soll ich nur tun?"* **9** *Infinitiv* + **sollte(n)** verwendet, um einen Wunsch auszudrücken, der nicht erfüllt werden kann *„So sollte das Wetter immer sein!"* **10** **wenn/falls jemand/etwas** + *Infinitiv* **sollte** verwendet, um einen theoretischen Fall zu konstruieren *„Falls/Wenn meine Frau anrufen sollte, sagen Sie ihr, dass ich später heimkomme"*

**sol·len**[2]**★** (*sollte, hat gesollt*) **1** **irgendwohin sollen** *gesprochen* den Auftrag oder die Verpflichtung haben, irgendwohin zu gehen oder zu fahren *„Ich soll nach der Schule erst nach Hause, bevor ich zu dir darf"* **2** **etwas soll irgendwohin** es ist vereinbart oder vorgesehen, dass etwas irgendwohin gebracht wird *„Der Schrank soll neben das Fenster"* **ID** **Was soll's?** *gesprochen* drückt aus, dass man sich mit etwas abgefunden hat; **Was soll das/Was soll der Quatsch/Was soll der Unsinn?** *gesprochen* verwendet, um Ärger auszudrücken ⓘ Als allein stehendes Verb ist die Form im Perfekt *gesollt*; als Modalverb zusammen mit einem Infinitiv ist es *sollen*: *Sie hätte schon längst nach Hause gesollt/nach Hause gehen sollen.*

**so·lo** *ADJEKTIV nur adverbiell* in der Form eines Solos ⟨*solo singen, spielen*⟩

das **So·lo** (*-s, -s/So·li*) ein Teil eines Musikstückes oder Balletts, bei dem ein einzelner Künstler singt, spielt oder tanzt ⟨*ein Solo singen, spielen, tanzen*⟩ **K** Sologesang; Violinsolo

**so·mit, so·mit★** *ADVERB* verwendet, um zu sagen, dass etwas eine logische Folge ist ≈ also *„Das Erdöl wird teurer, und somit steigen die Preise"*

der **Som·mer★** (*-s, -*) die Jahreszeit nach dem Frühling, in der die Tage warm und lang sind **K** Sommeranfang, Sommerferien, Sommerkleid

**som·mer·lich** *ADJEKTIV* so, wie es im Sommer typisch ist oder sein sollte ⟨*Kleidung, Wetter; sommerlich warm*⟩

die **Som·mer·spros·se** (*-, -n*); *meist Plural* einer von mehreren kleinen braunen Flecken auf der Haut, die vor allem Menschen mit roten Haaren haben, oder welche die Leute bekommen, wenn die Sonne scheint • *hierzu* **som·mer·spros·sig** *ADJEKTIV*

S

die **Som·mer·zeit** der Zeitraum im Sommer, in welchem die Uhren um eine Stunde vorgestellt sind ⟨*(die Uhren) auf Sommerzeit (um)stellen; mitteleuropäische Sommerzeit*⟩ ↔ Winterzeit *„Ab nächsten Sonntag gilt die Sommerzeit, da bleibt es länger hell"*

die **Son·de** (-, -n) **1** ein sehr dünnes, bewegliches Rohr, das man jemandem z. B. durch den Mund in den Magen führt, um diesen medizinisch zu untersuchen ⟨*eine Sonde einführen*⟩ **K** Magensonde **2** Kurzwort für *Raumsonde* **K** Marssonde, Weltraumsonde

**Son·der-**★ *im Substantiv, betont, sehr produktiv* **1** **die Sonderfahrt, die Sondersendung, der Sonderurlaub, der Sonderzug** *und andere* zusätzlich zum Normalen und Gewohnten *„mit einer Sondermaschine fliegen"* | *„eine Sondersitzung einberufen"* **2** **die Sondererlaubnis, die Sondergenehmigung, die Sonderinteressen, die Sonderregelung** *und andere* nur für eine besondere Person oder Gruppe gültig oder sie betreffend **3** **der Sonderauftrag, der Sonderbeauftragte, der Sonderberichterstatter, die Sonderkommission** *und andere* mit einer speziellen Aufgabe oder Funktion

das **Son·der·an·ge·bot**★ **1** das Angebot einer Ware, die für eine kurze Zeit weniger kostet als sonst ⟨*etwas im Sonderangebot kaufen*⟩ **2** eine Ware, die im Sonderangebot zu kaufen ist ⟨*ein Sonderangebot kaufen*⟩

die **Son·der·aus·ga·be** **1** die Ausgabe eines Buches o. Ä., die meist nur einmal, aus einem Anlass, gemacht wird ⟨*eine Sonderausgabe herausbringen*⟩ **2** *meist Plural* Geldbeträge, die man für spezielle Zwecke (nicht regelmäßig) ausgibt ⟨*Sonderausgaben haben*⟩

**son·der·bar** *ADJEKTIV* nicht so, wie man es gewöhnt ist und deshalb überraschend und verwirrend ⟨*ein Mensch, ein Vorfall, eine Erklärung; sich sonderbar benehmen*⟩ *„Ich finde es sonderbar, dass sie plötzlich nicht mehr mit mir spricht"* • *hierzu* **son·der·ba·rer·wei·se** *ADVERB*; **Son·der·bar·keit** *die*

die **Son·der·be·hand·lung** eine besondere (meist bessere) Behandlung

der **Son·der·fall** etwas, das in kein Schema, keine Regel usw. passt und als einzelner Fall behandelt werden muss *„Führungen durch die Ausstellung nach 17 Uhr nur in Sonderfällen!"*

**son·der·lich** *ADJEKTIV meist attributiv* sehr groß, stark o. Ä. *„etwas ohne sonderliche Anstrengung schaffen"* | *„nicht sonderlich schön sein"* ❶ nur in Verbindung mit einer Verneinung o. Ä.

der **Son·der·ling** *abwertend* eine Person, die sich anders als die Mehrheit verhält und etwas merkwürdig wirkt

der **Son·der·müll** Müll, der auf besondere Art gelagert und vernichtet werden muss **K** Sondermüllbeseitigung, Sondermülldeponie

**son·dern**[1] (*sonderte, hat gesondert*) **eine Person/Sache (von jemandem/etwas) sondern** *geschrieben* ≈ trennen, entfernen

**son·dern**[2]★ *BINDEWORT* **1** verwendet, um nach einer verneinten Aussage das Zutreffende einzuleiten *„Wir sind im Sommer nicht wie geplant nach Italien, sondern nach Frankreich gefahren"* | *„Ich bin nicht mit dem Auto gefahren, sondern zu Fuß gegangen"* **2** **nicht nur …, sondern auch …** → nur

der **Son·der·preis**★ ein sehr billiger Preis *„Socken zum Sonderpreis von drei Euro"*

die **Son·der·schu·le** *veraltet* ≈ Förderschule

der **Son·der·wunsch** *meist Plural* ein spezieller Wunsch einer einzelnen Person *„keine Sonderwünsche berücksichtigen können"*

das **Son·der·zei·chen** Zeichen auf der Computertastatur, die keine Buchstaben oder Zahlen sind

der **Song** (-s, -s) ein Lied aus der Popmusik

der **Sonn·abend**★ *norddeutsch* ≈ Samstag • *hierzu* **sonn·abends** *ADVERB*

die **Son·ne**★ (-, -n) **1** *nur Singular* der große Stern am Himmel, den man am Tag sieht und von dem die Erde Wärme und Licht bekommt ⟨*die Sonne scheint, glüht, sticht*⟩ *„Die Sonne geht im Osten auf und im Westen unter"* **K** Sonnenaufgang, Sonnenenergie, Sonnenlicht **2** *nur Singular* das Licht und die Wärme der Sonne ⟨*keine Sonne vertragen; sich von der Sonne bräunen lassen*⟩ *„In meinem Zimmer habe ich den ganzen Tag Sonne"* **K** sonnengebräunt, sonnengereift **3** *nur Singular* ein Platz mit dem Licht der Sonne ⟨*in die Sonne gehen; in der Sonne liegen, sitzen*⟩ *„Hier bleiben wir, hier ist noch Sonne"*

**son·nen** (*sonnte sich, hat sich gesonnt*) **sich sonnen** (für längere Zeit) irgendwo sitzen oder liegen, wo man das Licht und die Wärme der Sonne am Körper spürt *„sich am Strand sonnen"*

das **Son·nen·bad** das Liegen in der Sonne ⟨*ein Sonnenbad nehmen*⟩ • *hierzu* **son·nen·ba-**

S

**den**

die **Son·nen·bank** eine Bank, auf die man sich legt, um braun zu werden, und bei der der ganze Körper mit hellem Licht bestrahlt wird ≈ Solarium

die **Son·nen·blu·me** eine Blume mit großen, gelben Blüten auf sehr hohen Stängeln, die flache Samen produziert, aus denen man Öl macht **K** Sonnenblumenkern, Sonnenblumenöl

der **Son·nen·brand** rote, schmerzhafte Haut, die davon kommt, dass man zu lange in der Sonne gewesen ist ⟨*einen Sonnenbrand haben, bekommen*⟩

die **Son·nen·bril·le** eine Brille mit dunklen Gläsern, welche die Augen vor starkem Sonnenlicht schützt

die **Son·nen·cre·me** [-kreːm] eine Creme, welche die Haut davor schützt, von der Sonne verbrannt zu werden

die **Son·nen·fins·ter·nis** der Vorgang, bei dem sich der Mond (von der Erde aus gesehen) vor die Sonne schiebt

**son·nen·klar** *ADJEKTIV; gesprochen* eindeutig, völlig klar ⟨*etwas ist jemandem sonnenklar*⟩

der **Son·nen·schein**★ *nur Singular* das Licht der Sonne, wenn sie auf die Erde scheint *„bei strahlendem Sonnenschein spazieren gehen"*

die **Son·nen·sei·te** *meist Singular* die Seite eines Hauses, einer Straße o. Ä., auf welcher das Licht der Sonne ist

der **Son·nen·stich** *meist Singular* Kopfschmerzen, Übelkeit usw., die man bekommt, wenn man zu lange in der Sonne war ⟨*einen Sonnenstich bekommen, haben*⟩

das **Son·nen·stu·dio** ein Geschäft mit Sonnenbänken ≈ Solarium

das **Son·nen·sys·tem**★ **1** *nur Singular* unsere Sonne und die Planeten, die um sie kreisen **2** ein Stern und die Planeten, die um ihn kreisen

die **Son·nen·uhr** ein Gerät aus einem Stab und einer Skala. Der Schatten des Stabes zeigt (wenn die Sonne scheint) auf der Skala an, wie viel Uhr es ist

die **Son·nen·wen·de** der Zeitpunkt (in einem Jahr), an welchem die Sonne am längsten oder am kürzesten scheint **K** Sommersonnenwende, Wintersonnenwende

**son·nig**★ *ADJEKTIV* **1** im Licht der Sonne *„sich auf eine sonnige Bank setzen"* **2** mit viel Sonnenschein ⟨*Wetter*⟩ *„in einem sonnigen Land Urlaub machen"* **3** immer fröhlich und optimistisch ⟨*ein Gemüt, ein Wesen*⟩

der **Sonn·tag**★ (-s, -e) der siebte Tag der Woche, an dem die meisten Leute nicht arbeiten ⟨*am Sonntag; letzten, diesen, nächsten Sonntag; Sonntag früh*⟩ *„Der Zug fährt täglich außer an Sonn- und Feiertagen"* **K** Sonntagabend; sonntagmittags; Sonntagsausflug, Sonntagsspaziergang; Ostersonntag, Pfingstsonntag ❶ Abkürzung: *So*

**sonn·täg·lich** *ADJEKTIV* **1** wie es dem üblichen Verhalten am Sonntag entspricht ⟨*sonntäglich angezogen sein*⟩ *„die sonntägliche Ruhe"* **2** *meist attributiv* ⟨*der Kirchgang, der Spaziergang*⟩ so, dass sie regelmäßig am Sonntag stattfinden

**sonn·tags** *ADVERB* jeden Sonntag *„Sonn- und feiertags geschlossen!"*

**sonst**★ *ADVERB/BINDEWORT* **1** in den meisten anderen Fällen *„Sag doch auch mal was, du bist doch sonst auch nicht so schweigsam"* **2** zusätzlich zu dem, was schon gesagt worden ist (in Fragen oder vor verneinten Satzteilen) *„Nur wir sind eingeladen, sonst niemand/keiner"* **3** verwendet, um nach Kritik etwas Positives zu sagen *„Die Nudeln waren etwas zu weich, aber sonst war das Essen ausgezeichnet"* **4** der Nebensatz mit *sonst* nennt eine unangenehme Folge, die mit der Handlung des Hauptsatzes verhindert werden kann oder konnte ≈ andernfalls *„Gib mir sofort das Geld, sonst werde ich böse"* | *„Wir müssen sofort aufbrechen, sonst verpassen wir den Zug"*

**sons·ti·g-** *ADJEKTIV meist attributiv* zusätzlich noch vorhanden *„Rauchen, Trinken und sonstige schlechte Gewohnheiten"* | *„Die Anzeige erschien in der Rubrik „Sonstiges"*

**so·oft** [zoˈ|ɔft] *BINDEWORT* immer wenn, jedes Mal wenn *„Er geht ins Kino, sooft er kann"* | *„Sooft ich sie sehe, freue ich mich"* ❶ aber: *Das passiert so oft, dass ich es kaum zählen kann* (getrennt geschrieben)

der **Sop·ran** (-s, -e) **1** *nur Singular* die höchste Singstimme bei Frauen und Jungen ⟨*Sopran singen*⟩ **K** Sopranstimme **2** *nur Singular* alle hohen Stimmen im Chor *„Der Sopran setzte zu spät ein"* **3** eine Frau (oder ein Junge) mit einer Sopranstimme • zu (3) **Sop·ra·nis·tin** *die*

die **Sor·ge**★ (-, -n) **1** *meist Plural* die unangenehmen Gedanken und Gefühle, die man hat, wenn man Probleme oder Angst hat ⟨*große, berufliche, finanzielle Sorgen*⟩ *„Wegen seiner hohen Schulden macht er sich so viele Sorgen,*

S

*dass er nachts nicht schlafen kann"* **K** Geldsorgen, Wohnungssorgen **2** **Sorgen (um jemanden/etwas)** die Angst, dass mit einer Person oder Sache etwas Unangenehmes geschehen könnte ⟨*sich* (*Dativ*) (*um jemanden/ etwas*) *Sorgen machen*⟩ *„Ich mache mir immer Sorgen um dich, wenn du allein mit dem Auto unterwegs bist"* **3** **die Sorge (für jemanden)** *nur Singular* alle Handlungen, mit denen man erreichen will, dass es jemandem gut geht *„die elterliche Sorge für die Kinder"* **K** Fürsorge **4** **eine Person/Sache macht jemandem Sorgen** das Verhalten einer Person oder eine Sache bewirkt, dass jemand Angst hat oder unruhig wird *„Das Examen macht mir große Sorgen"* **5** **für etwas Sorge tragen** *geschrieben* das tun, was nötig ist, damit die genannte Aufgabe erfüllt wird *„dafür Sorge tragen, dass die Termine eingehalten werden"* **ID** **Keine Sorge!** *gesprochen* verwendet, um jemandem Mut zu machen *„Keine Sorge, das wird schon klappen!"*

**sọr·gen★** (*sorgte, hat gesorgt*) **1** **für jemanden sorgen** alles tun, was eine Person braucht, damit es ihr gut geht ⟨*für die Kinder, den Ehepartner sorgen*⟩ **2** **für etwas sorgen** alles tun, was nötig ist, damit etwas geschieht, entsteht oder da ist ⟨*für das Essen, die Getränke sorgen*⟩ *„Sorgst du dafür, dass wir genügend Getränke für die Party haben?"* **3** **sich (um jemanden/etwas) sorgen** Angst haben, dass jemand oder eine Sache einen Schaden erleidet *„Ich sorge mich um seine Gesundheit"*

das **Sọr·gen·kind** ein Kind, mit welchem die Eltern viele Probleme und Sorgen haben

das **Sọr·ge·recht** *meist Singular* das Recht (meist der Eltern oder eines Elternteils), ein Kind bei sich zu haben und zu erziehen ⟨*jemandem wird das Sorgerecht entzogen*⟩ *„Nach der Scheidung wurde ihr das Sorgerecht für ihre beiden Töchter zugesprochen"*

S

die **Sọrg·falt★** (-) die gewissenhafte und sehr genaue Ausführung einer Aufgabe o. Ä. *„Er zeichnete den Plan mit größter Sorgfalt"* • *hierzu* **sọrg·fäl·tig** *ADJEKTIV*

**sọrg·los** *ADJEKTIV* **1** frei von Problemen und Sorgen ⟨*ein Dasein, ein Leben*⟩ **2** ohne die nötige Sorgfalt und Aufmerksamkeit ⟨*mit etwas sorglos umgehen*⟩ *„Es ist erschreckend, wie sorglos mit der Umwelt umgegangen wird"* • *hierzu* **Sọrg·lo·sig·keit** *die*

**sọrg·sam** *ADJEKTIV* **1** liebevoll und mit großer Aufmerksamkeit und Vorsicht *„die Verletzte sorgsam in eine Decke wickeln"* **2** ≈ sorgfältig

die **Sọr·te★** (-, -n) **eine Sorte** (+*Substantiv*) eine Gruppe von Pflanzen oder Dingen, die sich durch einige Eigenschaften von anderen Pflanzen oder Dingen der gleichen Art unterscheiden ⟨*etwas ist von einer bestimmten Sorte*⟩ *„eine billige Sorte Tee"* | *„eine Sorte Trauben ohne Kerne"* **K** Apfelsorte, Getreidesorte, Käsesorte

**sor·ti̲e̲·ren** (*sortierte, hat sortiert*) **Dinge (nach etwas) sortieren** Dinge mit ähnlichen Eigenschaften zu Gruppen mit gleichen Eigenschaften ordnen ⟨*etwas alphabetisch sortieren*⟩ *„Die Äpfel werden nach der Größe sortiert"* • *hierzu* **Sor·ti̲e̲·rung** *die*

das **Sor·ti·mẹnt** (-(e)s, -e) **ein Sortiment (an Waren** (*Dativ*)**)** alle Waren, die ein Geschäft anbietet ⟨*das Sortiment erweitern, ergänzen; etwas ins Sortiment aufnehmen, (nicht) im Sortiment haben, aus dem Sortiment nehmen*⟩ ≈ Warenangebot *„ein breites Sortiment an T-Shirts"* **K** Warensortiment

das **SOS** [ɛs|oː'|ɛs]; (-) ein internationales Zeichen, mit dem ein Kapitän um Hilfe ruft, wenn das Schiff in Not ist ⟨*SOS funken*⟩ **K** SOS-Signal

**so·se̲hr** *BINDEWORT* **sosehr (auch)** ≈ obwohl *„Sosehr wir uns auch anstrengten, wir hatten nie Erfolg"*

die **So̲·ße★** (-, -n) **1** eine meist relativ dicke (gekochte) Flüssigkeit, die man zu Fleisch, Gemüse o. Ä. isst *„Willst du noch etwas Soße über den Braten?"* **K** Soßenlöffel; Bratensoße, Rahmsoße, Salatsoße, Tomatensoße **i** Vor allem auf Speisekarten wird *Soße* auch *Sauce* geschrieben. **2** eine dicke, süße Flüssigkeit, die man zur Nachspeise isst **K** Schokoladensoße, Vanillesoße

**so̲·und·so̲** *gesprochen ADVERB* **1** verwendet, um eine Angabe zu einer Menge, einem Maß, einer Art o. Ä. zu machen, die man nicht näher beschreiben kann oder will *„Er meinte, das würde soundso viel kosten"*

*ADJEKTIV nur in dieser Form* **2** nach dem Substantiv verwendet, um eine Person oder Sache zu bezeichnen, die man nicht näher beschreibt *„Nach Paragraf soundso kann man Schadensersatz fordern"*

das **Sou·ve·nir★** [zuvəˈniːɐ̯]; (-s, -s) ein meist kleiner Gegenstand, den man von einer Reise mitbringt und der an die Reise erinnern soll ≈ Andenken **K** Souvenirladen

**sou·ve·rän** [zuvəˈrɛːn] *ADJEKTIV* **1** so, dass man die Situation bzw. den Gegner deutlich unter Kontrolle hat ⟨*souverän sein, wirken,* *lächeln; etwas souverän beherrschen*⟩ ≈ überlegen *„Obwohl sie von allen Seiten angegriffen wurde, trug sie ganz souverän ihre Argumente vor“* **2** von keinem anderen Staat regiert oder verwaltet ⟨*ein Staat*⟩ ≈ unabhängig **3** *historisch* mit unbegrenzter Macht ⟨*ein Herrscher*⟩ • *hierzu* **Sou·ve·rä·ni·tät** *die*

**so·viel★** *BINDEWORT* der Nebensatz mit *soviel* beschreibt, was man im Augenblick weiß *„Soviel ich weiß, sind die Geschäfte morgen geschlossen“* | *„Soviel mir bekannt ist, fällt der Unterricht heute aus“* ❶ aber: *Sie weiß so viel über Astronomie, das ist erstaunlich* (getrennt geschrieben)

**so·weit★** *BINDEWORT* **1** ≈ soviel **2** in dem Maße, wie *„Soweit ich dazu in der Lage bin, werde ich es auch machen“* ❶ aber: *Es geht uns so weit ganz gut* (getrennt geschrieben)

**so·we·nig** *BINDEWORT* **sowenig ... auch** drückt aus, dass die genannte Menge eigentlich zu klein ist, aber vielleicht doch ausreicht *„Sowenig Erfahrung er auch hat, er will immer alles besser wissen“* obwohl er nur sehr wenig Erfahrung hat | *„Sowenig Benzin wir auch haben, die paar Kilometer werden wir schon schaffen“* ❶ aber: *Es kostet so wenig Geld, dass ich es mir leisten kann* (getrennt geschrieben)

**so·wie★** *BINDEWORT* **1** (bei Aufzählungen verwendet) und auch *„Wir sahen Boston, New York und Washington sowie einige Städte im Süden“* **2** *gesprochen* ≈ sobald *„Ich komme, sowie ich mit der Arbeit fertig bin“*

**so·wie·so, so·wie·so★** *PARTIKEL betont und unbetont; gesprochen* unabhängig von allem ≈ ohnehin *„Es ist nicht schlimm, dass du das Buch vergessen hast, ich habe jetzt sowieso keine Zeit zum Lesen“*

**so·wohl★** **ID** **sowohl ... als/wie (auch)** das eine wie das andere *„Sie ist sowohl Sängerin als auch Schauspielerin“* | *„Ich mag beides, sowohl die Berge als auch das Meer“* ❶ Bei zwei Subjekten kann das Verb auch im Singular stehen: *Sowohl er als auch sie hört gern Musik.* Häufiger ist jedoch Plural: *Sowohl er als auch sie hören gern Musik.*

**so·zi·al★** *ADJEKTIV* **1** *meist attributiv* in Bezug auf die Art und Weise, in der die Menschen in der Gesellschaft zusammenleben ⟨*die Ordnung, der Fortschritt, die Verhältnisse, die Entwicklung*⟩ ≈ gesellschaftlich **2** *meist attributiv* in Bezug auf die Tatsache, dass Menschen zu verschiedenen Gruppen, Klassen oder Schichten gehören ⟨*Unterschiede, Schichten, das Gefälle, Gerechtigkeit; sozial aufsteigen, absteigen, sinken*⟩ *„Dieses Steuersystem fördert die sozialen Gegensätze: Die Armen werden ärmer, die Reichen reicher“* **K** Sozialprestige **3** *meist attributiv* in Bezug auf die finanzielle Situation der armen Menschen ⟨*das Elend, die Sicherheit*⟩ **4** so, dass Dinge dem Wohl der Gesellschaft, vor allem armen und schwachen Menschen dienen ⟨*die Errungenschaften, die Einrichtungen, die Leistungen*⟩ *„einen sozialen Beruf haben“* **K** Sozialpolitik **5** so, dass man das Wohl anderer Menschen, vor allem der armen und schwachen, als Ziel hat ⟨*sozial denken, handeln, empfinden*⟩ *„sehr sozial eingestellt sein“*

die **So·zi·al·ab·ga·ben** *Plural* das Geld, das man als Arbeitnehmer dem Staat zahlen muss, damit man bei Krankheit, Arbeitslosigkeit und im Alter finanziell gesichert ist

das **So·zi·al·amt★** die Behörde, bei der man die Sozialhilfe bekommt

die **So·zi·al·ar·beit** *nur Singular* die Arbeit, mit der staatliche oder private Institutionen versuchen, schlechte soziale Bedingungen besser zu machen und Menschen zu helfen, die in Not sind ⟨*Sozialarbeit machen*⟩ • *hierzu* **So·zi·al·ar·bei·ter** *der*; **So·zi·al·ar·bei·te·rin** *die*

der **So·zi·al·be·trü·ger** *abwertend* eine Person, die sich Sozialleistungen verschafft, auf die sie keinen Anspruch hat

die **So·zi·al·de·mo·kra·tie** *meist Singular* **1** eine politische Richtung, die versucht, Prinzipien des Sozialismus in einer freien Demokratie zu verwirklichen **2** die sozialdemokratischen Gruppen, Parteien (wie z. B. die SPD in Deutschland) und deren Ziele • *zu* (1) **So·zi·al·de·mo·krat** *der*; *zu* (1) **So·zi·al·de·mo·kra·tin** *die*; *zu* (1) **so·zi·al·de·mo·kra·tisch** *ADJEKTIV*

der **So·zi·al·fall** *oft abwertend* eine Person, die staatliche Unterstützung braucht, um leben zu können, weil sie nicht arbeiten kann oder will ⟨*ein Sozialfall sein*⟩

die **So·zi·al·hil·fe★** *nur Singular* Geld, das der Staat Menschen in Not gibt, damit sie Wohnung, Kleidung und Nahrung zahlen können **K** Sozialhilfeempfänger

der **So·zi·a·lis·mus★** (-) **1** (in den Theorien von Marx und Engels) die Entwicklungsstufe der Gesellschaft, die dem Kommunismus vorausgeht (und in der es z. B. kein Privateigentum an den wichtigsten Produktionsmitteln mehr gibt)

S

2 die tatsächliche Form des Sozialismus, wie sie z. B. in den Ländern des ehemaligen Ostblocks herrschte ⟨*der Sozialismus in der DDR, in Polen, in der Sowjetunion, in China*⟩ • *hierzu* **So·zi·a·list** *der*; **So·zi·a·lis·tin** *die*; **so·zi·a·lis·tisch** *ADJEKTIV*

die **So·zi·al·kun·de** *nur Singular*; Ⓓ ein Fach in der Schule, in welchem die Kinder politische und gesellschaftliche Zusammenhänge lernen

die **So·zi·al·leis·tun·gen** *Plural* alle Gelder und Maßnahmen des Staates und der Arbeitgeber für die Gesundheit, die Bildung und den Wohlstand der Bevölkerung

der **So·zi·al·plan** ein Plan bei Massenentlassungen in einem Betrieb, der soziale Härten vermeiden helfen soll (und in dem z. B. festgelegt ist, dass allein verdienende Familienväter nicht entlassen werden)

die **So·zi·al·ver·si·che·rung** ein System von (staatlichen) Versicherungen, die Arbeitgeber und Arbeitnehmer finanzieren und die Not und Armut im Fall von Krankheit, Arbeitslosigkeit oder im Rentenalter verhindern sollen K Sozialversicherungsbeitrag

die **So·zi·al·woh·nung★** eine relativ billige Wohnung, die nur Personen mieten dürfen, die ein niedriges Einkommen haben

**so·zu·sa·gen★** *ADVERB* wie man sagen könnte „*Paul ist in seiner Firma sozusagen Mädchen für alles*"

der **Spach·tel** *süddeutsch* Ⓐ *die*; (-*s*/-, -/-*n*) ein einfaches Werkzeug aus einem Griff und einem flachen Stück Metall, mit dem man Mörtel, Putz usw. auf Flächen verteilt und glatt macht K Spachtelmasse • *hierzu* **spach·teln** (*hat*)

der **Spa·gat** (-(*e*)*s*, -*e*) eine Übung (beim Ballett oder Turnen), bei der man (auf dem Boden) ein Bein waagrecht nach vorne und das andere waagrecht nach hinten streckt

die **Spa·get·ti**, **Spa·ghet·ti** [ʃpa'gɛti]; *Plural* lange dünne Nudeln

**spä·hen** ['ʃpɛːən] (*spähte, hat gespäht*) **(irgendwohin) spähen** heimlich und genau nach jemandem/etwas sehen ⟨*aus dem Fenster, durchs Schlüsselloch, durch einen Spalt spähen*⟩

das **Spa·lier** (-*s*, -*e*) zwei Reihen von Personen, die sich gegenüberstehen, damit eine Person zwischen den Reihen hindurchgehen kann (vor allem um sie zu ehren) „*Die Mitglieder des Vereins standen Spalier/bildeten ein Spalier*"

der **Spalt★** (-(*e*)*s*, -*e*) eine schmale, lange Öffnung „*ein Spalt in der Erde/im Holz/in einem Gletscher*" K spaltbreit; Gletscherspalt, Türspalt

die **Spal·te★** (-, -*n*) 1 eine lange Öffnung ⟨*eine breite, schmale, tiefe Spalte*⟩ „*eine Spalte in einem Felsen*" K Gletscherspalte, Türspalte 2 einer der schmalen Streifen mit gedrucktem Text auf derselben Seite (eines Buches oder einer Zeitung) „*Dieses Wörterbuch hat zwei Spalten pro Seite*" K Textspalte • *zu* (2) **spal·ten·wei·se** *ADJEKTIV*

**spal·ten** (*spaltete, hat gespalten/gespaltet*) 1 **etwas spalten** etwas der Länge nach (meist mit einem Werkzeug) in zwei oder mehrere Teile trennen „*ein Stück Holz mit der Axt spalten*" 2 **Atomkerne spalten** um Energie zu gewinnen, Atome in kleinere Partikel teilen 3 **jemand/etwas spaltet etwas** jemandes Handlungen oder ein Vorgang führen zur Trennung einer Gruppe „*Mit seiner Politik hat er die gesamte Partei gespalten*" 4 **etwas spaltet sich** etwas teilt sich (der Länge nach) ⟨*Haare, Fingernägel*⟩ • *hierzu* **Spal·tung** *die*; *zu* (1,2) **spalt·bar** *ADJEKTIV*

der/das **Spam** [spɛm]; (-*s*, -*s*); *meist Singular* unerwünschte E-Mail mit Werbung usw. „*Ich habe wieder jede Menge Spam bekommen*" K Spamfilter

der **Span** (-(*e*)*s*, *Spä·ne*); *meist Plural* kleine, dünne Streifen, die entstehen, wenn man Holz oder Metall verarbeitet ⟨*feine, grobe Späne*⟩ K Eisenspan, Holzspan

das **Span·fer·kel** das Fleisch eines sehr jungen Schweins, das als Ganzes auf einem Spieß gegrillt und als Delikatesse serviert wird

die **Span·ge** (-, -*n*) 1 ein kleines gebogenes Stück Metall oder Kunststoff (meist ein Schmuckstück), mit dem man die Haare oder ein Kleidungsstück befestigt „*Sie trug eine Spange im Haar*" 2 eine Konstruktion aus Metall, die man (vor allem als Jugendliche(r)) über schiefen Zähnen trägt, damit sie wieder gerade werden K Zahnspange

**spa·nisch** *ADJEKTIV* in Bezug auf das Land Spanien ID **etwas kommt jemandem spanisch vor** jemand findet etwas sehr seltsam und verdächtig

**spann** *Präteritum, 1. und 3. Person Singular* → spinnen

die **Span·ne** (-, -*n*) 1 der Gewinn beim Verkauf einer Ware (also der Unterschied zwischen dem Preis, den ein Händler selbst für eine Ware bezahlt, und dem, den er dafür verlangt) K Gewinnspanne 2 ≈ Zeitraum K Zeitspanne

**spa̩n·nen**★ (*spannte, hat gespannt*) **1** **etwas spannen** an den Enden oder Rändern von etwas ziehen (und diese irgendwo befestigen), sodass es fest und straff wird ⟨*etwas straff spannen; ein Netz, ein Seil spannen*⟩ **2** **den Bogen spannen** die Schnur eines Bogens ganz fest zu sich heranziehen, sodass man damit einen Pfeil abschießen kann **3** **ein Tier an/vor etwas** (*Akkusativ*) **spannen** ein Tier an einen Wagen o. Ä. binden, damit es ihn zieht **4** **etwas spannt** ein Kleidungsstück ist unangenehm eng *„Das Hemd spannt über dem Bauch"* **5** **etwas spannt sich** etwas wird straff *„Als das Auto losfuhr, spannte sich das Abschleppseil"*

**spa̩n·nend**★ *ADJEKTIV* so, dass man wissen will, wie sich die Situation weiterentwickelt ⟨*ein Film, ein Krimi, ein Thriller, ein Roman*⟩ ↔ langweilig *„Ich finde diese technischen Neuerungen sehr spannend"*

die **Spa̩n·nung**★ (-, *-en*) ZUSTAND: **1** der (meist nervöse) Zustand, in dem man ist, wenn man z. B. auf eine wichtige Entscheidung wartet oder eine gefährliche Situation überstehen muss *„Mit Spannung warteten wir auf ihren Anruf"* **2** *meist Plural* der Zustand, in dem ein Streit oder eine problematische, gefährliche Situation droht ⟨*soziale, politische, wirtschaftliche Spannungen*⟩ ≈ Krise *„Schon längere Zeit gab es Spannungen in ihrer Ehe. Jetzt lassen sie sich scheiden"* **3** der straffe Zustand, in dem ein Seil, eine Leine o. Ä. ist, wenn man an den Enden zieht ⟨*etwas hat genug, zu wenig Spannung*⟩ PHYSIKALISCH: **4** die Stärke der elektrischen Kraft ⟨*hohe, niedrige Spannung; die Spannung (in Volt) messen*⟩ *„Starkstrom hat eine Spannung von 380 Volt"* **K** Hochspannung **5** die Kraft in einem Körper, die bewirkt, dass die Form stabil bleibt *„die Spannung einer Brücke/eines Gewölbes"*

das **Spa̱r·buch** **1** ein Heft, in welches die Bank schreibt, wie viel Geld jemand auf einem Konto gespart hat und wie viel Zinsen er dafür bekommt **2** ein Konto, für das ein Heft über das gesparte Geld geführt wird ⟨*ein Sparbuch anlegen; etwas auf ein Sparbuch einzahlen; vom Sparbuch abheben*⟩

**spa̱·ren**★ (*sparte, hat gespart*) **1** **(etwas) sparen** Geld nicht ausgeben, sondern es für einen späteren Zweck (bei einer Bank o. Ä.) sammeln *„Ich habe schon tausend Euro gespart"* **K** Sparguthaben, Sparkonto **2** **(etwas) sparen** weniger von etwas verbrauchen oder ausgeben als bisher ⟨*Benzin, Energie, Öl, Strom, Wasser sparen*⟩ *„Er spart jetzt immer mit dem Zucker, weil er abnehmen will"* **K** Sparmaßnahme, Sparprogramm **3** **etwas spart etwas** etwas verursacht weniger Kosten oder Verbrauch *„Die neue Methode wird sicherlich Kosten sparen"* **4** **etwas an etwas** (*Dativ*) **sparen** weniger Geld als früher oder als erwartet für einen Zweck ausgeben *„Ich habe 100 Euro an der Reparatur gespart, weil ich sie selbst gemacht habe"* **5** **auf etwas** (*Akkusativ*)**/für etwas sparen** Geld sparen, um sich etwas zu kaufen *„auf ein neues Auto/für ein Haus sparen"* **6** **jemand spart an etwas** (*Dativ*)**/mit etwas** jemand verbraucht wenig(er) von etwas *„Für die Hochzeit haben sie an nichts gespart"* • zu (1) **Spa̱·rer** *der;* zu (1) **Spa̱·re·rin** *die*

der **Spa̩r·gel** (-s, -) eine Pflanze mit meist weißen Stängeln, die unter der Erde wachsen und die man als Gemüse isst **K** Spargelspitze, Spargelstange

die **Spa̱r·kas·se**★ eine Bank, über deren Geschäfte auch die Verwaltung einer Stadt, ein Landkreises o. Ä. entscheidet **K** Sparkassenfiliale; Kreissparkasse, Stadtsparkasse

**spä̱r·lich** *ADJEKTIV* nur in geringem, enttäuschendem Maß vorhanden ⟨*spärlich bekleidet, beleuchtet, besucht, möbliert*⟩ *„eine spärliche Ausbeute"* | *„spärliche Reste"*

**spa̱r·sam**★ *ADJEKTIV* **1** so, dass man wenig von etwas (meist Geld) verbraucht ⟨*sparsam leben, sein, wirtschaften*⟩ *„Sind die Schotten wirklich so sparsam?"* **2** ⟨*ein Auto, ein Motor, eine Maschine*⟩ so, dass sie sehr wenig Benzin, Energie o. Ä. brauchen, um zu funktionieren • *hierzu* **Spa̱r·sam·keit** *die*

**spar·ta̱·nisch** *ADJEKTIV* ohne Luxus, sehr einfach ⟨*eine Einrichtung; spartanisch leben*⟩

die **Spa̩r·te** (-, *-n*) der Teil einer Zeitung, der für ein spezielles Thema reserviert ist

der **Spa̱ß** (*-es, Spä·ße*), **Spa̩ss**★ (*-es, Späs·se*); *besonders* ⒸⒽ **1** etwas, das man sagt oder tut, damit andere Leute darüber lachen können ⟨*einen Spaß machen*⟩ ≈ Scherz *„über die Späße des Clowns lachen"* **2** **Spaß (an etwas** (*Dativ*)**)** *nur Singular* das Gefühl der Freude, das man bei etwas Angenehmem empfindet ⟨*etwas macht jemandem Spaß*⟩ ≈ Vergnügen *„Kinder haben viel Spaß daran, die Kleider anderer anzuziehen"* **K** Riesenspaß **3** **keinen Spaß verstehen** sehr ernst und ohne Humor sein

S

**spa·ßen** (*spaßte, hat gespaßt*) **(mit jemandem/etwas) spaßen** Späße machen **ID** **mit jemandem/etwas ist nicht zu spaßen** jemanden/etwas muss man sehr ernst nehmen (weil es Probleme geben könnte)

**spa·ßes·hal·ber** *ADVERB* um Spaß und Freude zu haben *„Er machte den Wettkampf nur spaßeshalber mit"*

**spät★** *ADJEKTIV* (*später, spätest-*) **1** am Ende eines Zeitabschnitts ⟨*spät am Abend*⟩ ↔ früh *„Es ist schon spät, ich muss ins Bett"* **K** Spätstadium, Spätschicht **2** nach der erwarteten oder üblichen Zeit ⟨*spät aufstehen, ins Bett gehen*⟩ ↔ früh *„einen späteren Zug nehmen"* **K** Spätfolgen **3** **zu spät** so, dass der Zeitpunkt vorbei ist, an dem etwas möglich war oder hätte geschehen sollen *„Jetzt ist es zu spät, um einen Ausflug zu machen/für einen Ausflug"* **ID** **Wie spät ist es?** Wie viel Uhr ist es?; **spät dran sein** *gesprochen* in Eile sein *„Beeil dich, wir sind spät dran!"*

der **Spa·ten** (*-s, -*) eine flache Schaufel aus Metall mit einem langen Stiel aus Holz, mit der man die Erde im Boden umgräbt **K** Spatenstich

**spä·ter★** *ADJEKTIV* **1** *Komparativ* → spät **2** *meist attributiv* in der Zukunft *„Eine spätere Einigung ist nicht ausgeschlossen"* **3** *nur adverbiell* nach Ablauf einer gewissen Zeit *„Zuerst haben wir uns gestritten und später wurden wir Freunde"* **ID** **Bis später!** *gesprochen* verwendet, wenn man sich von einer Person verabschiedet, die man schon bald wiedersehen wird

**spä·tes·tens★** *ADVERB* **spätestens** *+Zeitangabe* nicht später als zur genannten Zeit *„Ich gebe Ihnen die Manuskripte spätestens nächste Woche"* | *„Spätestens in fünf Tagen ist er zurück"*

der **Spatz** (*-en/-es, -en*) ein kleiner und häufiger Vogel mit braunen und grauen Federn

die **Spätz·le** *Plural; besonders süddeutsch* kleine rundliche Nudeln

**spa·zie·ren★** (*spazierte, ist spaziert*) **1** **(irgendwohin) spazieren** langsam (durch einen Park, einen Wald, die Straßen) gehen, ohne ein Ziel zu haben **K** Spazierweg **2** **(mit jemandem) spazieren gehen** in der freien Zeit langsam im Freien herumgehen, um Bewegung zu haben *„im Park/im Wald spazieren gehen"* **3** **(mit jemandem) spazieren fahren** (mit jemandem) im Auto o. Ä. zum Vergnügen (ohne festgelegtes Ziel) fahren

der **Spa·zier·gang★** **einen Spaziergang machen** langsam und ohne Ziel durch einen Wald, Park o. Ä. gehen • *hierzu* **Spa·zier·gän·ger** *der*; **Spa·zier·gän·ge·rin** *die*

der **Specht** (*-(e)s, -e*) ein Vogel mit einem langen Schnabel, mit dem er Löcher in Bäume macht, um so Insekten zu fangen ⟨*der Specht klopft, pocht*⟩ **K** Buntspecht, Grünspecht

der **Speck★** (*-(e)s*) **1** ein (gesalzenes und geräuchertes) Stück Schweinefleisch mit sehr viel Fett ⟨*fetter, geräucherter Speck*⟩ **K** Speckscheibe, Speckschwarte **2** das Fett von Tieren direkt unter der Haut (und im Spaß auch bei Menschen) **K** Speckbauch

**spe·ckig** *ADJEKTIV* glänzend vor Fett oder Schmutz ⟨*Leder; ein Kragen, ein Hut, ein Sessel*⟩

die **Spe·di·ti·on** [-'tsi̯oːn]; (*-, -en*) eine Firma, die (in Lastwagen) große Mengen von Waren transportiert **K** Speditionskaufmann • *hierzu* **Spe·di·teur** [-'tøːɐ̯] *der*; **Spe·di·teu·rin** [-'tøːrɪn] *die*

der **Speer** (*-(e)s, -e*) **1** ein langer Stab mit einer Spitze, der früher als Waffe verwendet wurde **K** Speerspitze **2** ein Speer, der als Sport möglichst weit geworfen werden soll **K** Speerwerfen

die **Spei·che** (*-, -n*) **1** eine von mehreren dünnen Stangen, welche die Felge eines Rades mit der Nabe verbinden *„Eine Speiche an meinem Fahrrad ist verbogen"* **i** → Abbildung, S. 392:**Das Fahrrad** **2** (im Unterarm) derjenige Knochen, der auf der Seite des Daumens ist ⟨*Speiche und Elle*⟩

der **Spei·chel** (*-s*) die Flüssigkeit, die sich im Mund bildet **K** Speicheldrüse, Speichelfluss • *hierzu* **spei·cheln** (*hat*)

der **Spei·cher★** (*-s, -*) **1** ein Gebäude, in dem man Vorräte aufbewahrt ≈ Lager **K** Kornspeicher **2** ein großer Behälter, in dem etwas gesammelt wird **K** Speicherbecken, Speicherkapazität; Wasserspeicher **3** der Raum direkt unter dem Dach eines Hauses, in dem niemand wohnt ≈ Dachboden **4** der Teil des Computers mit den Daten ⟨*der Speicher ist voll*⟩ **K** Arbeitsspeicher

**spei·chern★** (*speicherte, hat gespeichert*) **1** **etwas speichern** einen Vorrat irgendwo für lange Zeit aufbewahren ⟨*Vorräte, Getreide, Futter speichern*⟩ ≈ lagern **2** **etwas speichern** Informationen, Daten o. Ä. in einen Computer geben, damit sie dort bleiben und wieder verwendet werden können *„Daten auf einer Festplatte speichern"* **K** Speicherfunktion, Spei-

S

cherplatz • *hierzu* **Spei·che·rung** *die*

**spei·en** (*spie, hat gespien*) **1** **(etwas) speien** Flüssigkeit und Essen aus dem Magen durch den Mund herausbringen, wenn man sich sehr schlecht fühlt ≈ erbrechen **2** **etwas speit (etwas)** etwas wirft flüssiges und heißes Material nach oben ⟨*Vulkane speien Feuer und Lava*⟩

die **Spei·se★** (-, -*n*) etwas zum Essen, was zubereitet wurde ⟨*kalte, warme, köstliche, nahrhafte, verdorbene Speisen; eine Speise zubereiten*⟩ ≈ Gericht **K** Speiserest, Speisesaal, Speisesalz; Lieblingsspeise, Süßspeise; Vorspeise, Hauptspeise, Nachspeise

die **Spei·se·kam·mer** ein kleiner und kühler Raum (meist neben der Küche), in dem man Essen und Vorräte aufbewahrt

die **Spei·se·kar·te★** eine Liste mit den Speisen, die man in einem Restaurant essen kann

**spei·sen★** (*speiste, hat gespeist*) **1** **(etwas/irgendwie) speisen** *geschrieben* ⟨*gut, teuer, exklusiv speisen*⟩ ≈ essen *„Sie speisten Hummer in einem kleinen Lokal am Hafen"* **2** **jemanden speisen** *geschrieben* einer Person, die arm ist, etwas zu essen geben ⟨*die Armen speisen*⟩ **3** **etwas wird mit/aus etwas gespeist** etwas wird mit etwas versorgt *„Das Radiogerät wird mit Strom aus zwei Batterien gespeist"* • *zu* (2,3) **Spei·sung** *die*

die **Spei·se·röh·re** durch die Speiseröhre kommt das Essen vom Mund zum Magen

das **Spek·ta·kel**[1]; (-*s*, -) ein Ereignis, das sehr interessant oder spannend ist • *hierzu* **spek·ta·ku·lär** *ADJEKTIV*

der **Spek·ta·kel**[2]; (-*s*, -); *meist Singular* ≈ Lärm, Krach

das **Spekt·rum** (-*s*, *Spekt·ren/Spekt·ra*) **1** **das Spektrum** *+Genitiv*; **ein Spektrum von Dingen** *geschrieben* eine große Zahl von verschiedenen Phänomenen, Dingen und Möglichkeiten *„das breite Spektrum der klassischen Dichtung"* **2** die verschiedenen Farben, aus denen das weiße Licht gebildet ist **K** Farbspektrum

die **Spe·ku·la·ti·on** [-ˈtsi̯oːn]; (-, -*en*) **1** **Spekulationen (über etwas** (*Akkusativ*)**)** die Gedanken über etwas, was man nicht (genau) kennt und weiß ⟨*Spekulationen anstellen*⟩ **K** Fehlspekulation **2** **eine Spekulation (mit etwas)** ein Geschäft, bei dem man hofft, durch die Veränderung von Preisen viel Geld zu verdienen *„die Spekulation mit Aktien"* **K** Spekulationsgewinn; Börsenspekulation

**spe·ku·la·tiv** [-f] *ADJEKTIV* **1** so, dass sie durch Spekulation zustande gekommen sind ⟨*Gewinne, Verluste, Geschäfte*⟩ **2** so, dass etwas auf Vermutungen beruht ⟨*Ideen*⟩

**spe·ku·lie·ren** (*spekulierte, hat spekuliert*) **(mit etwas) spekulieren** Häuser, Grundstücke, Waren oder Wertpapiere kaufen und hoffen, dass ihr Wert steigt, damit man sie dann teuer verkaufen kann ⟨*an der Börse spekulieren; mit Aktien, Grundstücken spekulieren*⟩

**spen·da·bel** *ADJEKTIV* (*spendabler, spendabelst-*); *gesprochen* gern bereit, Geschenke zu machen oder jemanden (zum Essen) einzuladen ⟨*spendabel aufgelegt sein; sich spendabel zeigen*⟩ ≈ großzügig ↔ geizig *„ein spendabler Mensch"*

die **Spen·de★** (-, -*n*) mit Spenden unterstützt man Organisationen oder hilft Menschen in Not ⟨*eine freiwillige, großzügige Spende; um Spenden bitten; viele Spenden gehen ein*⟩ *„Spenden für die Flüchtlinge sammeln"* **K** Spendenaktion, Spendenkonto; Geldspende, Sachspende

**spen·den★** (*spendete, hat gespendet*) **1** **(etwas) (für jemanden/etwas) spenden** vor allem einer Organisation etwas geben, um anderen Leuten zu helfen ⟨*Geld, Lebensmittel, Medikamente spenden*⟩ *„für die Erdbebenopfer spenden"* **2** **etwas spendet etwas** *geschrieben* etwas (produziert und) gibt etwas ⟨*etwas spendet Licht, Wärme, Schatten*⟩ *„Der große Baum spendet im Sommer viel Schatten"* **3** **etwas spenden** etwas abgeben oder sich nehmen lassen, damit so anderen Menschen geholfen wird ⟨*Blut, Organe, eine Niere, Samen spenden*⟩ **4** **(jemandem) etwas spenden** *geschrieben* verwendet zusammen mit einem Substantiv, um ein Verb zu umschreiben *„(jemandem) den Segen spenden"* jemanden segnen | *„(jemandem) Trost spenden"* jemanden trösten

der **Spen·der** (-*s*, -) **1** eine Person, die (einer Organisation) eine Spende gibt oder gegeben hat **2** eine Person, die ein Organ oder Blut spendet oder gespendet hat **K** Spenderniere; Blutspender, Organspender • *hierzu* **Spen·de·rin** *die*

**spen·die·ren★** (*spendierte, hat spendiert*) **(jemandem) etwas spendieren** *gesprochen* meist ein Getränk oder ein Essen für jemanden bezahlen *„seinen Mitarbeitern ein Abendessen spendieren"* • *hierzu* **spen·dier·freu·dig**

S

*ADJEKTIV*

der **Speng·ler** (-s, -); *süddeutsch* Ⓐ Ⓒⓗ eine Person, die beruflich Dinge aus Metall (vor allem aus Blech) herstellt, repariert und einbaut ≈ Klempner **K** Karosseriespengler • *hierzu* **Speng·le·rei** *die*

der **Sper·ling** (-s, -e) ≈ Spatz

das **Sper·ma** (-s, *Sper·men/Sper·ma·ta*); *geschrieben* die Flüssigkeit mit Samenzellen, die von männlichen Geschlechtsorganen produziert wird

die **Sper·re**★ (-, -n) Sperren auf Straßen und Wegen sorgen dafür, dass niemand weitergehen oder -fahren kann ⟨*durch die Sperre gehen*⟩ **K** Straßensperre

**sper·ren**★ (*sperrte, hat gesperrt*) **1 etwas sperren** verhindern, dass man weitergehen oder -fahren kann ⟨*die Polizei sperrt eine Straße, ein Tal, einen Pass*⟩ *„Wegen eines Unfalls ist die Autobahn für den gesamten Verkehr gesperrt"* **K** Sperrgebiet **2 etwas sperren** verhindern, dass jemand etwas benutzen kann ⟨*ein Konto, das Sparbuch, das Telefon sperren*⟩ *„Ihm wurde der Strom gesperrt, weil er seine Rechnung nicht bezahlt hat"* **3 jemanden (für** *+Zeitangabe*) **sperren** jemandem (für die genannte Dauer) verbieten, an sportlichen Wettkämpfen teilzunehmen *„einen Spieler für acht Wochen sperren"* **4 jemanden irgendwohin sperren** eine Person oder ein Tier in einen Raum bringen, den sie nicht verlassen können ≈ einsperren *„den Löwen in einen Käfig sperren"* **5 sich gegen etwas sperren** sich weigern, etwas zu tun ⟨*sich gegen eine Vorschrift, eine Bestimmung, einen Vorschlag, einen Plan sperren*⟩

**sper·rig** *ADJEKTIV* von/mit einer Form, die viel Platz erfordert *„Die Kiste ist so sperrig, dass wir sie in unserem Auto nicht transportieren können"*

der **Sperr·müll** *nur Singular* Dinge, die so groß oder schwer sind, dass man sie nicht zum normalen Müll tun kann **K** Sperrmüllsammlung

der **Sperr·sitz** ein Sitzplatz in den besten, teuersten Reihen im Kino, Theater oder Zirkus

die **Sperr·stun·de** ≈ Polizeistunde

die **Spe·sen** *Plural* die Unkosten, die eine Person auf einer Dienstreise für Hotels, Essen, Fahrkarten usw. hat und die sie vom Arbeitgeber wiederbekommt ⟨*(hohe) Spesen haben, machen; jemandem die Spesen erstatten*⟩ **K** Spesenrechnung; Reisespesen, Tagesspesen

S

das **Spe·zi**®[1]; (-s, -) ein Getränk aus Orangenlimonade und Cola

der **Spe·zi**[2]; (-s, -(s)); *süddeutsch* Ⓐ, *gesprochen* ≈ Kumpel, Freund

**Spe·zi·al-**★ *im Substantiv, betont, begrenzt produktiv* **1 die Spezialausbildung, die Spezialdisziplin, das Spezialgebiet, die Spezialkenntnisse, das Spezialwissen** *und andere* in Bezug auf ein Teilgebiet eines Fachs **2 die Spezialanfertigung, die Spezialausführung, das Spezialfahrzeug, die Spezialkamera, das Spezialtraining** *und andere* mit einer besonderen Aufgabe oder Funktion und deshalb von ganz spezieller Art

**spe·zi·a·li·sie·ren**★ (*spezialisierte sich, hat sich spezialisiert*) **sich (auf etwas** (*Akkusativ*)**) spezialisieren** sich intensiv mit einem Teilgebiet eines Fachs beschäftigen *„sich nach dem Studium der Medizin auf Chirurgie spezialisieren"* • *hierzu* **Spe·zi·a·li·sie·rung** *die*

der **Spe·zi·a·list**★ (-en, -en) **1 ein Spezialist (für etwas)** eine Person, die über einen relativ kleinen Teil eines Fachgebiets sehr viel weiß ≈ Experte *„ein Spezialist für alte Handschriften"* **2 ein Spezialist (für etwas)** ein Arzt mit einer zusätzlichen Ausbildung für ein spezielles Gebiet ⟨*zu einem Spezialisten gehen*⟩ ≈ Facharzt *„ein Spezialist auf dem Gebiet der Neurochirurgie"* **K** Herzspezialist • *hierzu* **Spe·zi·a·lis·tin** *die*

die **Spe·zi·a·li·tät**★ (-, -en) **1** eine sehr gute Speise, die für ein Restaurant, ein Gebiet oder für ein Land typisch ist ⟨*eine Spezialität des Hauses*⟩ *„Pizza ist eine italienische Spezialität"* **2** *nur Singular* etwas, das jemand sehr gut kann oder sehr gern mag ⟨*etwas ist jemandes Spezialität*⟩ *„Griechische Vasen sind seine Spezialität"*

**spe·zi·ell**★ *ADJEKTIV* **1** *meist attributiv* von einer besonderen Art und deshalb von allen anderen verschieden ⟨*ein Fall, eine Bedeutung, ein Wunsch*⟩ **2** *nur adverbiell* in sehr hohem Maß *„Er liebt Italien, speziell die Toskana"*

die **Spe·zi·es** [ˈʃpeːtsi̯ɛs, ˈsp-]; (-, - [-eːs]); *geschrieben* ≈ Art, Sorte

**spe·zi·fisch** *ADJEKTIV* von einer ganz bestimmten Art, welche die eine Person oder Sache von anderen Personen oder Dingen unterscheidet ⟨*ein Problem, ein Merkmal*⟩ *„Eine spezifische Eigenschaft des Menschen ist seine Fantasie"*

die **Sphä·re** [ˈsfɛːrə]; (-, -n) ein Bereich, der jemanden interessiert oder in dem jemand aktiv ist ⟨*jemandes private, berufliche Sphäre*⟩ K Einflusssphäre, Interessensphäre, Privatsphäre

**spi·cken** (*spickte, hat gespickt*) 1 **etwas spicken** kleine Stücke Speck in ein Stück Fleisch stecken, bevor man es brät ⟨*Fleisch, den Braten spicken*⟩ *„gespickter Hasenbraten"* 2 **(etwas) (bei jemandem) spicken** *gesprochen* in der Schule bei einer Prüfung (vom Nachbarn) abschreiben K Spickzettel

**spie** *Präteritum, 1. und 3. Person Singular* → speien

der **Spie·gel★** (-s, -) ein flacher Gegenstand aus Glas, in dem man alles sieht, was vor diesem Glas ist ⟨*vor dem Spiegel stehen*⟩ K Rasierspiegel, Wandspiegel

der **-spie·gel** *im Substantiv, unbetont, begrenzt produktiv* 1 **Alkoholspiegel, Cholesterinspiegel, Hormonspiegel, Zuckerspiegel** *und andere* die Menge der genannten Substanz im Körper 2 **Grundwasserspiegel, Meeresspiegel, Wasserspiegel** *und andere* die Höhe der Oberfläche der genannten Sache

das **Spie·gel·bild** das Bild, das in einem Spiegel sieht (oder in einem Gegenstand, der wie ein Spiegel wirkt) *„sein Spiegelbild auf der Oberfläche eines Sees betrachten"*

das **Spie·gel·ei** ein gebratenes Ei, bei welchem das Eigelb in der Mitte liegt und außen herum das Eiweiß ist

**spie·gel·glatt** ADJEKTIV sehr glatt *„spiegelglatte Fahrbahnen im Winter"*

**spie·geln** (*spiegelte, hat gespiegelt*) 1 **etwas spiegelt etwas** *geschrieben* etwas ist ein Abbild einer Sache, zeigt etwas anderes auf *„Seine Romane spiegeln die gesellschaftlichen Zustände"* 2 **etwas spiegeln** (als Arzt o. Ä.) ein Organ mit einem Spiegel oder einer kleinen Kamera an einem Schlauch untersuchen ⟨*den Magen, den Darm, den Kehlkopf spiegeln*⟩ 3 **etwas spiegelt** etwas glänzt sehr *„das Parkett polieren, bis es vor Sauberkeit spiegelt"* 4 **etwas spiegelt sich in etwas** (*Dativ*) etwas ist in etwas deutlich (wie ein Spiegelbild) zu sehen *„Die Wolken spiegeln sich im Wasser"* • zu (2,4) **Spie·ge·lung** *die*

**spie·gel·ver·kehrt** ADJEKTIV so, dass das, was normalerweise rechts ist, links ist (und umgekehrt) ≈ seitenverkehrt

das **Spiel★** (-(e)s, -e) 1 *nur Singular* eine Aktivität ohne Zweck, die man freiwillig und zum Vergnügen macht (wie es z. B. Kinder tun) *„das Spiel mit den Puppen"* K Spielgefährte, Spielkamerad 2 etwas, womit man sich (meist mit anderen Leuten) nach festgelegten Regeln, aber zum Spaß beschäftigt ⟨*ein Spiel machen, spielen, gewinnen, verlieren*⟩ K Spielbrett, Spielkarte; Brettspiel, Kartenspiel, Versteckspiel 3 ein sportlicher Wettkampf zwischen zwei Menschen oder Mannschaften (z. B. beim Tennis oder Fußball) ⟨*ein Spiel machen, austragen, gewinnen, verlieren*⟩ ≈ Match *„Das Spiel steht 1 : 0"* | *„Das Spiel endete unentschieden/ging unentschieden aus"* K Spielbeginn, Spielende, Spielstand; Ballspiel, (Tisch-)Tennisspiel; Mannschaftsspiel 4 **die Olympischen Spiele** ≈ Olympiade 5 der Versuch, durch Glück (viel) Geld zu gewinnen ⟨*viel Geld im Spiel gewinnen, verlieren*⟩ K Spielautomat, Spielkasino; Glücksspiel 6 alle Gegenstände (Figuren, Brett, Würfel oder Karten usw.), die man für ein Spiel braucht ⟨*das Spiel aufstellen*⟩ K Spielesammlung; Schachspiel, Mensch-ärgere-dich-nicht-Spiel 7 *nur Singular* die Art und Weise, in der ein Musiker, Schauspieler, Sportler oder eine Mannschaft spielt ⟨*ein raffiniertes, technisch perfektes, offensives, defensives Spiel*⟩ 8 *nur Singular* eine Handlungsweise, bei der man nicht an die Folgen denkt ⟨*ein gefährliches, gewagtes, verwerfliches Spiel; das Spiel zu weit treiben*⟩

die **Spiel·bank** ein Unternehmen, in dem man Roulette oder andere Glücksspiele spielen kann, um Geld zu gewinnen

**spie·len★** (*spielte, hat gespielt*) SPIEL, SPORT: 1 **(etwas) spielen** ein Spiel der genannten Art machen ⟨*Fangen, Verstecken, Dame, Karten, Schach, Skat spielen; beim Spielen schwindeln*⟩ *„mit den Kindern im Garten Federball spielen"* 2 **mit etwas spielen** eine Sache zum Spielen benutzen *„mit Puppen/mit einem Ball/mit dem Computer spielen"* 3 **(etwas) spielen** etwas (regelmäßig) als Sport oder Hobby tun ⟨*Fußball, Tischtennis, Volleyball, Minigolf spielen*⟩ *„Der Stürmer ist verletzt und kann heute nicht spielen"* 4 **(gegen jemanden/eine Mannschaft)** (*+Resultat*) **spielen** ein Match oder ein Spiel machen (und das genannte Resultat erreichen) *„Stuttgart hat gegen Bremen nur unentschieden gespielt"* 5 **um etwas spielen** versuchen, in einem Spiel etwas (z. B. Geld) zu gewinnen ⟨*um Geld, um die Ehre spielen*⟩ MUSIK: 6 **(etwas) spielen** Musik machen ⟨*ein Instrument, Klavier, Geige, Flöte spielen; ein Lied, ein Musikstück, eine Sinfonie* *spielen*⟩ **7** **etwas spielen** eine Schallplatte, Kassette o. Ä. laufen lassen, um die Musik zu hören ⟨*eine Platte, eine Kassette, ein Lied spielen*⟩ THEATER: **8** **(jemanden/etwas) spielen** (als Schauspieler) eine Person/Rolle in einem Film oder Theaterstück darstellen ⟨*die Hauptrolle, eine Nebenrolle spielen*⟩ *„in Goethes „Faust" den Mephisto spielen"* **9** **Personen spielen etwas** eine Theatergruppe o. Ä. zeigt eine künstlerische Produktion dem Publikum, führt etwas auf ⟨*ein Theaterstück, eine Oper, ein Musical, einen Film spielen*⟩ *„Das Stadttheater spielt diesen Winter „Die Räuber" von Schiller"* ANDERE VERWENDUNGEN: **10** **etwas spielt irgendwann/irgendwo** die Handlung eines Romans o. Ä. findet zur genannten Zeit oder am genannten Ort statt *„Schnitzlers Drama „Der Reigen" spielt in Wien/um 1900"* **11** **etwas spielen** *oft abwertend* so tun, als ob man etwas wäre, was man in Wirklichkeit nicht ist ⟨*den Clown, den Boss, die Starke, die Überlegene spielen*⟩ **12** **mit jemandem/etwas spielen** jemanden/etwas ohne (den nötigen) Respekt behandeln oder benutzen ⟨*mit dem Leben, mit jemandes Gefühlen spielen*⟩

**spie·lend** *ADJEKTIV nur adverbiell* ohne Mühe ⟨*etwas spielend (er)lernen, bewältigen, schaffen*⟩

der **Spie·ler★** (-*s*, -) **1** eine Person, die bei einem Spiel mitmacht *„Eine Fußballmannschaft besteht aus elf Spielern"* **K** Fußballspieler, Schachspieler, Nationalspieler **2** eine Person, die (aus Gewohnheit) spielt, um Geld zu gewinnen **K** Lottospieler, Roulettespieler • *zu* (1) **Spie·le·rin** *die*

die **Spie·le·rei** (-, -*en*) **1** etwas, das man leicht, ohne große Mühe tun kann *„Einen Reifen wechseln? Das ist doch eine Spielerei!"* **2** *meist abwertend* eine Tätigkeit oder Sache, die man für sinnlos oder überflüssig hält *„Eine Uhr, die auch die Mondphase anzeigt, ist doch reine Spielerei!"*

**spie·le·risch★** *ADJEKTIV meist attributiv* zum Spaß und wie im Spiel *„Der Hund schnappte spielerisch nach meiner Hand"*

die **Spiel·far·be** eine der vier Serien von Karten beim Kartenspiel. Die Spielfarben sind beim internationalen Kartenspiel *Herz, Pik, Karo* und *Kreuz* und beim deutschen Kartenspiel *Herz, Blatt, Eichel* und *Schellen*

das **Spiel·feld** die (genau begrenzte) Fläche, auf der ein sportliches Spiel stattfindet

der **Spiel·film** ein Film, dessen Handlung erfunden ist und der zur Unterhaltung dient

das **Spiel·geld** imitiertes Geld, das in manchen Gesellschaftsspielen verwendet wird

die **Spiel·kar·te** eine Karte mit Bildern und Symbolen, die im Kartenspiel verwendet wird

das **Spiel·ka·si·no** ≈ Spielbank

der **Spiel·plan** das Programm eines Theaters

der **Spiel·platz★** ein Platz mit verschiedenen Geräten, an denen Kinder spielen können **K** Abenteuerspielplatz, Kinderspielplatz

der **Spiel·raum** die Möglichkeit, sich frei zu bewegen, kreativ zu sein oder frei zu entscheiden ⟨*genug, wenig, keinen Spielraum haben*⟩ *„Mein Terminkalender ist so voll, dass ich überhaupt keinen Spielraum mehr habe"*

die **Spiel·re·geln** *Plural* **1** die Regeln, an die man sich bei einem Spiel halten muss ⟨*die Spielregeln beachten, verletzen*⟩ **2** die Regeln für ein Verhalten, das zu einer Situation passt ⟨*sich an die Spielregeln halten; gegen die Spielregeln verstoßen*⟩ *„die Spielregeln der internationalen Diplomatie"*

die **Spiel·sa·chen** *Plural* ≈ Spielzeug

die **Spiel·stra·ße** *gesprochen* eine Straße, auf der Autos langsam fahren müssen, weil Kinder dort spielen dürfen

der **Spiel·ver·der·ber** (-*s*, -) eine Person, die anderen Leuten die Freude an etwas nimmt, weil sie nicht mitmacht • *hierzu* **Spiel·ver·der·be·rin** *die*

die **Spiel·wa·ren** *Plural* das Spielzeug, das man im Geschäft kaufen kann **K** Spielwarenhandlung

die **Spiel·zeit** *meist Singular* **1** die Zeit, während der ein Theaterstück, eine Oper, ein Film usw. im Programm ist **2** die Zeit, die z. B. ein Fußballspiel oder ein Eishockeyspiel normalerweise dauert

das **Spiel·zeug★** Spiele, Puppen und andere Dinge, mit denen Kinder spielen **K** Spielzeugauto, Spielzeugeisenbahn; Kinderspielzeug

der **Spieß** (-*es*, -*e*) eine Stange mit einem spitzen Ende, auf der man Fleisch (vor allem über einem Feuer) brät *„einen Ochsen am Spieß braten"*

der **Spie·ßer** (-*s*, -); *gesprochen, abwertend* eine Person, die ein ruhiges und sicheres Leben führen möchte, keine (politischen) Veränderungen will und immer das tut, was die Gesellschaft für richtig hält der **Spi·nat** (-(e)s) ein Gemüse mit breiten grünen Blättern

der **Spind** (-(e)s, -e) ein schmaler Schrank für die Kleidung, vor allem in Kasernen

die **Spin·ne★** (-, -n) ein kleines Tier mit acht Beinen, das Netze macht, um Insekten o. Ä. zu fangen ⟨*die Spinne spinnt, webt ihr Netz; die Spinne lauert, sitzt im Netz*⟩ K Spinnennetz, Spinnentier

**spin·nen** (*spann, hat gesponnen*) 1 **jemand spinnt** *gesprochen* jemand tut oder sagt verrückte Dinge *„Du willst auf diesen Berg steigen? Du spinnst wohl!"* 2 **(etwas) spinnen** Wolle o. Ä. drehen und so Fäden machen ⟨*Wolle, Flachs, Garn spinnen*⟩ 3 **ein Tier spinnt (etwas)** eine Spinne produziert Fäden und macht daraus ein Netz ⟨*eine Spinne spinnt ein Netz*⟩ • zu (1) **Spin·ner** *der*; zu (1) **Spin·ne·rin** *die*

die **Spin·ne·rei** (-, -en) 1 ein Betrieb, in dem man Garn herstellt K Baumwollspinnerei 2 *gesprochen, abwertend* eine Idee oder Sache, die man für sinnlos und unvernünftig hält

die **Spinn·we·be** (-, -n) ein Spinnennetz oder ein einzelner Faden davon

der **Spi·on** (-s, -e) 1 eine Person, die versucht, geheime Informationen (vor allem über einen Feind oder neue Produkte einer Firma) zu bekommen ≈ Agent 2 ein Loch in der Wohnungstür, durch das man sieht, wer draußen ist K Türspion • zu (1) **Spi·o·nin** *die*

die **Spi·o·na·ge** [-ˈnaːʒə]; (-) die Tätigkeit eines Spions ⟨*Spionage (be)treiben*⟩ K Spionageabwehr, Spionageaffäre; Betriebsspionage

**spi·o·nie·ren** (*spionierte, hat spioniert*) 1 als Spion arbeiten 2 **irgendwo spionieren** *abwertend* heimlich versuchen, etwas meist Neues zu erfahren *„neugierig in fremden Schubladen spionieren"*

die **Spi·ra·le★** (-, -n) 1 eine Linie, die um einen Punkt herum in immer größer werdenden Kreisen verläuft oder die um eine Achse herum in immer gleich großen Kreisen in eine Richtung verläuft ⟨*etwas verläuft in einer Spirale*⟩ K Spiralwindung 2 etwas (z. B. eine Feder oder Drähte) mit der Form einer Spirale *„die Spirale eines Tauchsieders"* K Spiralfeder; Heizspirale 3 eine Entwicklung, bei der sich zwei Faktoren, die voneinander abhängen, in die gleiche Richtung bewegen K Preis-Lohn-Spirale • zu (2) **spi·ral·för·mig** ADJEKTIV

**spi·ri·tu·ell** ADJEKTIV; *geschrieben* 1 in Bezug auf den menschlichen Verstand ⟨*eine Entwicklung, das Leben*⟩ ≈ geistig 2 ⟨*ein Lied*⟩ ≈ religiös, geistlich

die **Spi·ri·tu·o·se★** (-, -n); *meist Plural* Getränke, die sehr viel Alkohol enthalten, wie z. B. Schnaps, Whisky, Rum (nicht Bier und Wein)

der **Spi·ri·tus, Spi·ri·tus**; (-) eine Flüssigkeit mit 70 – 90 % Alkohol, mit der man Feuer macht K Brennspiritus

das **Spi·tal** (-s, *Spi·tä·ler*); Ⓐ Ⓒⓗ ≈ Krankenhaus

**spitz★** ADJEKTIV 1 ⟨*eine Ecke, ein Ende, ein Hut, ein Kragen*⟩ so (geformt), dass die Seiten an einem Ende immer schmaler werden und sich in einem Punkt treffen ↔ rund → Winkel K Spitzbogen 2 so, dass man sich leicht daran verletzen kann ⟨*ein Bleistift, ein Messer, eine Nadel, ein Nagel*⟩ ↔ stumpf

**spit·ze** ADJEKTIV *nur in dieser Form; gesprochen* sehr gut ≈ toll *„Sie ist eine spitze Frau"* | *„Das hast du spitze gemacht!"* ❶ aber: *Das ist einsame Spitze!* (großgeschrieben)

die **Spit·ze★** (-, -n) FORM: 1 ein spitzes Ende *„ein Bleistift mit einer abgebrochenen Spitze"* K Bleistiftspitze, Nadelspitze, Pfeilspitze 2 der höchste Punkt einer Sache, das hoch (und oft spitz) ist *„die Spitze des Kirchturms"* K Baumspitze, Bergspitze 3 der äußerste, schmale Teil, an dem etwas aufhört ≈ Ende *„Die Blätter der Pflanze sind an den Spitzen ganz braun"* K Nasenspitze, Zehenspitze; Spargelspitze VORNE: 4 der vorderste Teil in einer Reihe *„An der Spitze des Zuges befinden sich die Wagen der 1. Klasse"* 5 der erste und beste Platz in einer Reihenfolge (in Bezug auf Erfolg, Leistung, Macht oder Qualität) ≈ Führung *„Er setzte sich an die Spitze und gewann das Rennen"* | *„An der Spitze des Konzerns steht ein Generaldirektor"* K Spitzenposition; Parteispitze, Tabellenspitze MAXIMUM: 6 der höchste Punkt auf einer Skala, den etwas (innerhalb eines Zeitraums) erreicht ≈ Gipfel *„Die Verkehrsdichte erreicht ihre Spitze zu Anfang und Ende der Sommerferien"* K Spitzengeschwindigkeit, Spitzenleistung, Spitzenzeit; Bedarfsspitze, Belastungsspitze 7 *gesprochen* die höchste Geschwindigkeit, die ein Auto o. Ä. fahren kann ≈ Höchstgeschwindigkeit *„Sein Auto fährt fast zweihundert (Stundenkilometer) Spitze"* 8 **jemand/etwas ist einsame/absolute Spitze** *gesprochen* jemand/etwas ist sehr gut ❶ aber: *Das ist/Du bist spitze!* (kleingeschrieben) AM STOFF: 9 Spitzen aus dünnem Stoff oder aus

S

Fäden bilden Ornamente vor allem am Rand von Tischdecken K Spitzenbluse, Spitzendeckchen ÄUSSERUNG: 10 **eine Spitze (gegen jemanden/etwas)** eine Bemerkung, mit der man jemanden ärgern will

der **Spit·zel** (-s, -); *abwertend* eine Person, die heimlich Informationen zu bekommen versucht, welche sie an andere Leute weitergibt ⟨*als Spitzel für die Polizei tätig sein, arbeiten*⟩ K Polizeispitzel, Stasispitzel • *hierzu* **spit·zeln** (*hat*)

**spit·zen** (*spitzte, hat gespitzt*) 1 **etwas spitzen** etwas (mit einem Messer o. Ä.) spitz machen ⟨*einen Bleistift spitzen*⟩ 2 **den Mund/die Lippen spitzen** die Lippen vorschieben und rund machen, um zu pfeifen oder um jemanden zu küssen

**Spit·zen-** *im Substantiv, betont, sehr produktiv; gesprochen* **das Spitzenangebot, das Spitzenauto, die Spitzenleistung, die Spitzenmannschaft, die Spitzenqualität, das Spitzenwetter** *und andere* verwendet, um eine gute Qualität oder Leistung zu bezeichnen ≈ Super- *„eine Spitzenzeit fahren/laufen"* | *„ein Athlet der Spitzenklasse"*

der **Spit·zen·rei·ter** der Beste in einer Tabelle *„der Spitzenreiter der Fußball-Bundesliga"* • *hierzu* **Spit·zen·rei·te·rin** *die*

der **Spit·zer** (-s, -) ein kleines Gerät, mit dem man Bleistifte spitz macht K Bleistiftspitzer

**spitz·fin·dig** *ADJEKTIV; abwertend* so (genau), dass unwichtige Details zu stark betont werden ⟨*eine Unterscheidung, eine Erklärung*⟩ • *hierzu* **Spitz·fin·dig·keit** *die*

**spitz·krie·gen** (*kriegte spitz, hat spitzgekriegt*) **etwas spitzkriegen** *gesprochen* ≈ herausfinden, erfahren

S

der **Spitz·na·me** ein Name, den man zum Spaß oder aus Spott bekommt

der **Splitt** (-s) spitze kleine Steine, die man beim Bauen von Straßen verwendet K Rollsplitt

der **Split·ter** (-s, -) ein sehr kleines, spitzes Stück, das von Holz, Metall, Glas o. Ä. abgebrochen ist K Glassplitter, Holzsplitter, Knochensplitter

die **Split·ter·grup·pe** eine kleine Gruppe, die sich von einer großen (meist politischen) Gruppe getrennt hat ⟨*eine radikale Splittergruppe*⟩

**split·tern** (*splitterte, ist gesplittert*) **etwas splittert** etwas bricht auseinander und bildet dabei Splitter

der **Spoi·ler** ['ʃpɔylɐ, 'sp-]; (-s, -) ein Teil an einem Fahrzeug (meist einem Auto) das es beim schnellen Fahren zum Boden hin drücken soll K Heckspoiler

der **Spon·sor** ['ʃpɔnzɐ, 'sp-]; (-s, *Spon·so·ren*) eine Firma o. Ä., die einen Sportler, eine Veranstaltung usw. mit Geld unterstützt • *hierzu* **Spon·so·rin** *die*; **spon·sern** (*hat*)

**spon·tan** ★ *ADJEKTIV* schnell und einem plötzlichen inneren Antrieb folgend ⟨*ein Entschluss, eine Reaktion*⟩ ≈ impulsiv *„jemandem spontan Hilfe anbieten"* | *„Er ist nicht spontan genug"* • *hierzu* **Spon·ta·n(e·)i·tät** [-n(e)i'tɛːt] *die*

**spo·ra·disch** *ADJEKTIV meist adverbiell* nur manchmal oder an manchen Stellen ⟨*etwas tritt (nur) sporadisch auf; etwas kommt (nur) sporadisch vor*⟩ ≈ selten

der **Sport** ★ (-(e)s) 1 Sport macht man, damit man gesund und körperlich fit bleibt/wird oder um sich in Wettkämpfen mit anderen Personen zu vergleichen ⟨*Sport treiben*⟩ K Sporthalle, Sportnachrichten, Sportunfall; Leistungssport 2 ein Spiel oder eine Disziplin, die man als Sport betreibt *„Fußball ist ein sehr beliebter Sport"* K Sportart; Radsport, Wassersport, Wintersport ℹ Als Plural verwendet man **Sportarten**. 3 ein Fach in der Schule, in dem die Kinder Sportarten lernen und betreiben K Sportlehrer, Sportunterricht

das **Sport·fest** eine Veranstaltung mit Wettkämpfen in verschiedenen Sportarten (z. B. der Leichtathletik)

der **Sport·ler** ★ (-s, -) eine Person, die regelmäßig Sport treibt ⟨*ein Sportler trainiert*⟩ K Freizeitsportler, Profisportler • *hierzu* **Sport·le·rin** *die*

**sport·lich** ★ *ADJEKTIV* 1 *meist attributiv* in Bezug auf den Sport ⟨*Leistungen, ein Wettkampf; sich sportlich betätigen*⟩ 2 schlank und gesund ⟨*eine Erscheinung, eine Figur, ein Typ*⟩ 3 so, dass man sich an die Regeln hält und niemand einen Nachteil hat ⟨*ein Benehmen, ein Verhalten*⟩ ≈ fair 4 einfach und praktisch, aber trotzdem elegant ⟨*Kleidung, eine Frisur*⟩ • *zu* (1 – 3) **Sport·lich·keit** *die*

der **Sport·platz** ★ ein Platz (der meist einem Sportverein oder zu einer Schule gehört), auf dem man im Freien Ball spielen und Leichtathletik treiben kann

der **Sport·wa·gen** ein schnelles Auto (in dem meist nur zwei Personen Platz haben)

der **Spot** [spɔt]; (-s, -s) 1 eine kurze Sendung im Radio oder ein kurzer Film im Fernsehen oder

Kino, in denen für ein Produkt Werbung gemacht wird **K** Werbespot **2** eine Lampe, deren Licht auf einen Punkt konzentriert wird

der **Spott**★ (-(e)s) **Spott (über jemanden/etwas)** Worte oder Handlungen, mit denen man über jemanden/etwas spottet ⟨*seinen Spott mit jemandem treiben; für etwas (Hohn und) Spott ernten*⟩ **K** Spottgedicht, Spottlied

**spott·bil·lig** *ADJEKTIV; gesprochen* sehr billig ⟨*Waren*⟩

**spot·ten**★ (*spottete, hat gespottet*) **(über jemanden/etwas) spotten** verletzende Witze über Fehler oder Eigenschaften einer Person machen oder sie auf verletzende Weise nachahmen *„Er spottete über ihre neue Frisur"* • *hierzu* **Spöt·ter** *der*

**spöt·tisch** *ADJEKTIV* so, dass damit Spott ausgedrückt wird ⟨*eine Bemerkung, ein Lächeln; jemanden spöttisch ansehen*⟩

**sprach** *Präteritum, 1. und 3. Person Singular* → sprechen

die **Spra·che**★ (-, -n) **1** ein System von Lauten, von Wörtern und von Regeln für die Bildung von Sätzen, das man benutzt, um sich mit anderen Menschen zu verständigen ⟨*eine afrikanische, germanische, romanische, slawische Sprache; die deutsche, englische, französische Sprache; die geschriebene, gesprochene Sprache; eine Sprache (er)lernen, beherrschen, (fließend) sprechen, verstehen*⟩ *„Wie viele Sprachen sprichst du?" – „Zwei: Deutsch und Spanisch."* **K** Sprachkenntnisse, Sprachkurs; Sprachenschule; Fremdsprache, Landessprache, Muttersprache **2** *nur Singular* die Fähigkeit zu sprechen *„durch einen Schock die Sprache verlieren"* **K** Sprachfähigkeit, Sprachstörung **3** die Variante einer Sprache, die eine Gruppe von Menschen spricht ≈ Jargon *„die Sprache der Diebe/der Jugendlichen/der Juristen"* **K** Gaunersprache, Kaufmannssprache, Soldatensprache **4** die genannte Art, sich auszudrücken ⟨*eine gekünstelte, geschraubte, gestelzte, gewählte, gezierte, lebendige, klare, natürliche, schlichte Sprache*⟩ ≈ Stil **K** Sprachebene, Sprachstil; sprachgewandt **5** ein System von Symbolen, Bewegungen o. Ä., mit dem Bedeutungen, Anweisungen oder Gefühle ausgedrückt werden ⟨*die Sprache der Kunst, der Musik, der Malerei*⟩ *„In der Sprache der Blumen bedeuten rote Rosen „ich liebe dich""* **K** Gebärdensprache, Körpersprache, Programmiersprache **6** **eine lebende/tote Sprache** eine Sprache, die heute noch/nicht mehr gesprochen wird *„Latein ist eine tote Sprache"* **ID** **jemandem verschlägt es die Sprache** jemand ist so überrascht, dass er nicht mehr weiß, was er sagen soll

der **Sprach·feh·ler** **einen Sprachfehler haben** manche Laute nicht oder nur falsch produzieren können

**sprach·lich**★ *ADJEKTIV* in Bezug auf die Sprache *„ein Aufsatz mit vielen sprachlichen Fehlern"*

**sprach·los** *ADJEKTIV* so schockiert oder beeindruckt, dass man nichts mehr sagen kann ⟨*Erstaunen; vor Freude, Schreck, Überraschung sprachlos sein*⟩ • *hierzu* **Sprach·lo·sig·keit** *die*

**sprang** *Präteritum, 1. und 3. Person Singular* → springen

der/das **Spray** [ʃpreː, spreː, spreɪ]; (-s, -s) eine Flüssigkeit in einer Dose, die in sehr feinen Tropfen in der Luft verteilt wird, wenn man auf einen Knopf drückt ⟨*ein Spray versprühen, irgendwohin sprühen*⟩ **K** Spraydose; Deospray, Farbspray, Haarspray • *hierzu* **spray·en** (*hat*)

die **Sprech·an·la·ge** ein elektrisches Gerät, durch das man von innerhalb eines Gebäudes mit einer anderen Person sprechen kann, die vor dem Eingang des Hauses steht (und hereingelassen werden möchte)

die **Sprech·bla·se** eine gezeichnete Blase in einem Comic mit dem Text, den eine Figur spricht oder denkt

**spre·chen**★ (*spricht, sprach, hat gesprochen*) FÄHIGKEIT: **1** **(etwas) sprechen** die Fähigkeit haben, aus einzelnen Lauten Wörter oder Sätze zu bilden ⟨*noch nicht, nicht richtig sprechen (können); sprechen lernen*⟩ *„Ich konnte vor Aufregung kaum sprechen"* **2** **Deutsch, Englisch** *usw.* **(irgendwie) sprechen** eine Sprache verstehen und in dieser Sprache die eigenen Gedanken in Wörtern und Sätzen ausdrücken können ⟨*eine Sprache fließend, gebrochen, gut, passabel, perfekt sprechen*⟩ *„Sie spricht akzentfrei Deutsch"* ART UND WEISE: **3** **irgendwie sprechen** sich auf die genannte Art und Weise artikulieren ⟨*(un)deutlich, gestelzt, gewählt, leise, laut sprechen*⟩ *„Sie sprach mit hoher/zitternder Stimme"* **K** Sprechweise **4** **deutsch/englisch** *usw.* **sprechen** Worte und Sätze der genannten Sprache sagen *„Die Leute da drüben sprechen portugiesisch"* ÄUSSERUNG: **5** **etwas sprechen** etwas sagen *„Er sprach den ganzen*

S

*Abend kein Wort"* er sagte nichts 6 **ein Urteil sprechen** als Richter das Urteil öffentlich verkünden 7 **über jemanden/etwas sprechen**; **von jemandem/etwas sprechen** etwas über eine Person oder Thema sagen *„Wir haben neulich erst von dir gesprochen"* 8 **gut/schlecht über jemanden/etwas sprechen** etwas Positives/Negatives über jemanden/etwas sagen 9 **(vor/zu jemandem) sprechen** vor einem Publikum eine Rede, einen Vortrag o. Ä. halten, die eigene Meinung zu einem Thema äußern 10 **jemand spricht für Personen/im Namen von Personen** jemand sagt stellvertretend für andere Leute etwas GESPRÄCH: 11 **eine Person spricht jemanden/mit jemandem**; **Personen sprechen sich/miteinander** Personen haben ein Gespräch, eine Unterhaltung *„Ich muss Sie unbedingt sprechen!"* SACHE: 12 **etwas spricht für/gegen jemanden/etwas** etwas zeigt jemanden/etwas in einem positiven/negativen Licht *„Es spricht zumindest für ihn, dass er sich entschuldigt hat"* 13 **etwas spricht für/gegen jemanden/etwas** etwas lässt etwas wahrscheinlich/unwahrscheinlich erscheinen *„Die Indizien sprechen gegen ihn als Täter"* ID **Ich spreche aus Erfahrung** Ich habe das schon mal erlebt und weiß, wovon ich rede

der **Sprẹ·cher**★ (*-s, -*) 1 eine Person, die von einer Gruppe gewählt wurde, um deren Interessen zu vertreten K Klassensprecher, Schülersprecher 2 eine Person, der beruflich im Radio oder Fernsehen die Nachrichten liest, Sendungen ansagt usw. K Nachrichtensprecher 3 eine Person, die offizielle Mitteilungen einer Partei oder Regierung an die Öffentlichkeit weitergibt K Regierungssprecher • *hierzu* **Sprẹ·che·rin** *die*

die **Sprẹch·stun·de**★ die festgelegte Zeit, in der man z. B. zu einem Arzt, zu einem Lehrer o. Ä. gehen kann, um sich einen Rat zu holen oder um Fragen zu stellen ⟨*Sprechstunde haben*; *eine Sprechstunde abhalten*; *zu jemandem in die Sprechstunde gehen*⟩ K Elternsprechstunde, Vormittagssprechstunde

das **Sprẹch·zim·mer** ein Zimmer, in dem ein Arzt mit den Patienten spricht und sie untersucht

**sprei·zen** (*spreizte, hat gespreizt*) **die Arme/die Beine** *o. Ä.* **spreizen** die Arme, Beine, Finger o. Ä. so weit wie möglich in verschiedene Richtungen strecken *„Der Vogel spreizte die Flügel"*

**sprẹn·gen**★ (*sprengte, hat gesprengt*) DURCH EINE EXPLOSION: 1 **(etwas) sprengen** etwas durch eine Explosion zerstören ⟨*eine Brücke, einen Felsen, ein Haus sprengen*⟩ K Sprengkraft, Sprengladung, Sprengsatz 2 **etwas durch/in etwas** (*Akkusativ*) **sprengen** durch gezielte Explosionen Teile einer Sache zerstören, um Platz für etwas anderes zu schaffen *„einen Tunnel durch einen Berg sprengen"* DURCH DRUCK: 3 **etwas sprengt etwas** etwas zerstört etwas durch starken Druck von innen oder lässt es platzen *„Das Bier ist in der Flasche gefroren und hat sie gesprengt"* MIT WASSER: 4 **etwas irgendwohin sprengen** Wasser in kleinen Tropfen auf etwas verteilen *„Wasser auf den Rasen sprengen"* 5 **etwas sprengen** etwas nass machen, indem man Wasser in Tropfen darauf verteilt ⟨*den Garten, den Rasen sprengen*⟩ ANDERE VERWENDUNGEN: 6 **etwas sprengen** eine Veranstaltung so stören, dass sie abgebrochen werden muss 7 **etwas sprengt den Rahmen** etwas ist zu groß oder kompliziert für den geplanten Umfang eines Aufsatzes, einer Rede o. Ä. • *zu* (1,2,4) **Sprẹn·gung** *die*

der **Sprẹng·stoff**★ eine Substanz (z. B. Dynamit, Nitroglyzerin), mit der man eine Explosion machen kann K Sprengstoffanschlag

**sprịcht** *Präsens, 3. Person Singular* → sprechen

das **Sprịch·wort**★ (*-(e)s, Sprich·wör·ter*) ein bekannter Satz, den man gern als Rat oder allgemeine Erfahrung zitiert, wie z. B. „Man soll den Tag nicht vor dem Abend loben" ≈ Redewendung

**sprịch·wört·lich** ADJEKTIV 1 *meist attributiv* wie es im Sprichwort vorkommt *„Das war der sprichwörtliche Wink mit dem Zaunpfahl"* 2 allgemein bekannt *„Ihr Glück ist (fast) schon sprichwörtlich"*

**sprie·ßen** (*spross, ist gesprossen*) **etwas sprießt** etwas fängt an zu wachsen ⟨*ein Bart*; *die Saat, das Gras, Blumen*⟩

der **Sprịng·brun·nen** ein Brunnen (der als Schmuck dient), bei welchem das Wasser in die Höhe gespritzt wird

**sprịn·gen**★ (*sprang, ist/hat gesprungen*) MIT DEN BEINEN: 1 (*ist*) sich mit einem oder mit beiden Beinen kräftig vom Boden abstoßen, sodass man sich durch die Luft bewegt ⟨*hoch, weit springen können*; *in die Höhe, in die Luft,* *zur Seite springen⟩ „Das Pferd sprang mühelos über den Graben"* **2** **irgendwohin springen** (*ist*) sich fortbewegen, indem man springt *„Der Hund sprang aufgeregt durch den Garten"* **3** **aus dem Bett springen**; **auf die Beine/Füße springen** (*ist*) mit Schwung aufstehen BEWEGUNG: **4** **etwas springt irgendwohin** (*ist*) etwas wird mit Schwung durch die Luft geschleudert *„Der Ball springt gegen die Wand"* VORGANG: **5** **etwas springt (von etwas) auf etwas** (*Akkusativ*) (*ist*) etwas wechselt schnell und plötzlich die Position, den Zustand o. Ä. *„Die Ampel springt (von Grün) auf Gelb"* **6** **etwas springt** (*ist*) etwas zerfällt (durch Einwirkung von außen, z. B. starken Druck, Stöße, Hitze, Kälte) in zwei oder mehrere Teile oder bekommt Risse ⟨*Glas, das Eis, jemandes Lippen, eine Saite*⟩ *„Die Vase ist gesprungen"*

der **Sprin·ger** (-*s*, -) **1** ein Sportler, dessen Sprünge den Regeln einer sportlichen Disziplin folgen **K** Weitspringer, Skispringer **2** eine Schachfigur, die ein Feld in gerader und anschließend ein Feld in schräger Richtung bewegt werden kann • *zu* (1) **Sprin·ge·rin** *die*

das **Spring·seil** ein Seil mit Griffen an beiden Enden zum Seilspringen

der **Sprint** (-*s*, -*s*) ein schnelles Rennen über eine ziemlich kurze Strecke • *hierzu* **sprin·ten** (*ist*); **Sprin·ter** *der*; **Sprin·te·rin** *die*

der **Sprit** (-*s*); *gesprochen* ≈ Benzin, Treibstoff

die **Sprit·ze★** (-, -*n*) **1** ein kleines Instrument, dessen Röhre man meist mit einem flüssigen Medikament füllt, das durch eine dünne, hohle Nadel in den Körper gedrückt wird **2** das Zuführen eines Medikaments durch eine Spritze in den Körper eines Menschen oder Tieres ⟨*eine Spritze bekommen*⟩ ≈ Injektion **K** Betäubungsspritze **3** ein Gerät, mit dem man Flüssigkeiten o. Ä. irgendwohin spritzen kann **K** Blumenspritze, Wasserspritze

**sprit·zen★** (*spritzte, hat/ist gespritzt*) **1** **(etwas) irgendwohin spritzen** (*hat*) Flüssigkeit in Tropfen durch die Luft bewegen *„sich beim Malen Farbe aufs Hemd spritzen"* **2** **(etwas) (irgendwohin) spritzen** (*hat*) eine Flüssigkeit o. Ä. so durch eine enge Öffnung pressen, dass sie ihr Ziel schnell und in Form eines Strahls erreicht *„Wasser ins Feuer spritzen"* **K** Spritzbeutel, Spritzpistole **3** **((jemandem) etwas) (irgendwohin) spritzen** (*hat*) ein Medikament o. Ä. mit einer Spritze in den Körper eines Menschen oder eines Tieres bringen ⟨(*jemandem*) *ein Beruhigungsmittel, Betäubungsmittel, Schmerzmittel* (*in den Arm, das Gesäß, die Vene*) *spritzen; sich* (*Dativ*) *Heroin, Insulin spritzen*⟩ **4** **(etwas) (gegen etwas) spritzen** (*hat*) Gift (z. B. gegen schädliche Insekten) auf Pflanzen sprühen ⟨*Felder, Obstbäume, Rosen spritzen*⟩ *„Die Äpfel sind nicht gespritzt. Die Schale kann man ruhig mitessen"* **5** **jemanden nass spritzen** (*hat*) jemanden nass machen **6** **etwas spritzen** (*hat*) Farbe oder Lack auf etwas sprühen *„das Auto grün spritzen"* **K** Spritzlackierung **7** **(mit etwas) spritzen** (*hat*) Flüssigkeit in Tropfen durch die Luft bewegen, sodass jemand/etwas nass oder schmutzig wird ⟨*mit Wasser, Farbe spritzen*⟩ **8** **etwas spritzt** (*hat*); **etwas spritzt irgendwohin** (*ist*) etwas fliegt in vielen kleinen Tropfen durch die Luft ⟨*Wasser, heißes Fett*⟩ **9** **es spritzt** (*hat*) eine Flüssigkeit spritzt *„Es spritzte, als er das Steak in die Pfanne legte"*

der **Sprit·zer** (-*s*, -) etwas Flüssigkeit, die irgendwohin spritzt oder gespritzt wird *„ein paar Spritzer Spülmittel ins Wasser geben"* | *„Nach der Fahrt durch den Matsch war das Auto voller Spritzer"* **K** Blutspritzer, Wasserspritzer

**sprit·zig** ADJEKTIV **1** schwungvoll und unterhaltsam ⟨*eine Komödie, eine Rede*⟩ **2** leicht und erfrischend ⟨*ein Wein*⟩

die **Spritz·tour** *gesprochen* ein kurzer Ausflug meist mit dem Auto, den man zum Vergnügen macht

**sprö·de** ADJEKTIV **1** ⟨*ein Kunststoff, ein Material*⟩ so, dass sie leicht zerbrechen, wenn man sie biegt **2** trocken und voller Risse ⟨*Haut*⟩

**spross** *Präteritum, 3. Person Singular* → sprießen

der **Spross** (-*es*, -*e*(*n*)) ein neuer Teil, der aus einer Pflanze oder aus einem Samen wächst ⟨*etwas treibt einen Spross*⟩ ≈ Trieb **K** Bambussprossen, Sojasprossen

die **Spros·se** (-, -*n*) eine der waagrechten Stangen einer Leiter **K** Leitersprosse

der **Spröss·ling** (-*s*, -*e*); *gesprochen, humorvoll* jemandes Sohn

der **Spruch★** (-(*e*)*s*, *Sprü·che*) **1** ein Satz (oft mit einem Reim), den man sich gut merken kann und der eine allgemeine Regel, einen Wunsch oder eine Erfahrung ausdrückt ⟨*ein alter, weiser Spruch; einen Spruch lernen, aufsagen, beherzigen*⟩ *„Aus Schaden wird man klug" ist ein weiser Spruch"* **K** Trinkspruch, Werbespruch,

Zauberspruch **2** das Urteil, das ein Richter o. Ä. spricht **K** Freispruch, Schuldspruch, Richterspruch

**spruch·reif** *ADJEKTIV meist prädikativ* so (geplant), dass bald darüber entschieden werden kann ⟨*eine Angelegenheit, eine Sache*⟩

der **Spru·del** (-s, -) Mineralwasser mit Kohlensäure ⟨*Sprudel mit/ohne Geschmack*⟩ **K** Sprudelwasser

**spru·deln** (*sprudelte, hat/ist gesprudelt*) **etwas sprudelt** (*hat*); **etwas sprudelt irgendwohin** (*ist*) eine Flüssigkeit bewegt sich so, dass es Bläschen oder Schaum gibt ⟨*ein Bach, eine Quelle, Limonade, Sekt, (kochendes) Wasser*⟩ *„Frisches Wasser ist aus dem Felsspalt gesprudelt"*

**sprü·hen** [ˈʃpryːən] (*sprühte, hat/ist gesprüht*) **1** **etwas irgendwohin sprühen** (*hat*) eine Flüssigkeit durch eine enge Öffnung pressen, sodass sie sich in sehr kleine Tropfen verteilt *„Lack auf ein Auto sprühen"* **K** Sprühdose **2** **etwas sprüht** (*hat*); **etwas sprüht irgendwohin** (*ist*) etwas fliegt in sehr kleinen Tropfen oder als Funken durch die Luft ⟨*die Gischt, das Wasser, Funken*⟩ ≈ spritzen **K** Sprühregen

der **Sprung★** (-(e)s, *Sprün·ge*) **1** eine Bewegung, bei der jemand oder ein Tier springt ⟨*ein hoher, weiter Sprung*⟩ *„ein Sprung in die Luft/zur Seite"* | *„ein Sprung aus zwei Metern Höhe/von fünf Meter Weite"* **K** Freudensprung, Luftsprung **2** ein (oft plötzliche) Veränderung **K** Entwicklungssprung **3** ein sehr dünner Riss in einem harten Material, wie Holz, Glas oder Porzellan ⟨*etwas bekommt, hat einen Sprung*⟩ **ID** **nur einen Sprung** *gesprochen* nicht weit ⟨*etwas ist nur einen Sprung von irgendwo entfernt*⟩; **auf einen Sprung** *gesprochen* für kurze Zeit ⟨*auf einen Sprung irgendwohin gehen, bei jemandem vorbeikommen/-schauen*⟩

S

das **Sprung·brett** ein biegsames Brett, von dem man mit viel Schwung ins Wasser oder über ein Turngerät springen kann

**sprung·haft** *ADJEKTIV* plötzlich und schnell ⟨*ein Anstieg, eine Entwicklung*⟩

das **Sprung·tuch** ein festes Tuch, das Feuerwehrleute festhalten, damit man aus einem brennenden Haus springen kann, ohne sich zu verletzen

der **Sprung·turm** eine Konstruktion aus mehreren Sprungbrettern übereinander in einem Schwimmbad

die **Spu·cke** (-); *gesprochen* ≈ Speichel **ID** **jemandem bleibt die Spucke weg** *gesprochen* jemand kann vor Überraschung nichts sagen

**spu·cken** (*spuckte, hat gespuckt*) **1** **(etwas) (irgendwohin) spucken** etwas (vor allem Speichel) mit Druck durch fast geschlossene Lippen irgendwohin fliegen lassen ⟨*sich* (*Dativ*) *in die Hände spucken*⟩ *„Kirschkerne auf den Boden spucken"* **2** **(etwas) spucken** *gesprochen* ⟨*Blut, Galle spucken, spucken müssen*⟩ ≈ erbrechen, speien

der **Spuk** (-(e)s) das Erscheinen eines Geistes oder Gespenstes ⟨*ein geheimnisvoller, mitternächtlicher Spuk*⟩ *„Gespenster treiben ihren Spuk angeblich um Mitternacht"* **K** Spukschloss

**spu·ken** (*spukte, hat gespukt*) **1** **irgendwo spukt es** an einem Ort erscheinen Geister, Gespenster **2** **jemand spukt irgendwo** der Geist eines Verstorbenen geht nachts irgendwo umher

die **Spu·le** (-, -n) **1** eine Rolle, um die man einen Faden, einen Draht o. Ä. wickelt ⟨*etwas auf eine/von einer Spule wickeln*⟩ *„eine neue Spule in den Filmprojektor einlegen"* **K** Drahtspule, Garnspule **2** ein langer, dünner Draht, der mehrmals um eine Spule gewickelt ist und durch den elektrischer Strom fließt **K** Magnetspule

die **Spü·le** (-, -n) ein Möbelstück für die Küche mit einem oder zwei Becken, in denen man Geschirr spült

**spü·len★** (*spülte, hat gespült*) **1** **(etwas) spülen** Teller, Töpfe, Besteck usw. mit Wasser sauber machen ⟨*Geschirr, Gläser spülen*⟩ *„Wir teilen uns die Arbeit: Ich spüle, und du trocknest ab"* **K** Spülbecken, Spülmaschine, Spülmittel **2** **(etwas) spülen** etwas nach dem Waschen in Wasser bewegen, um die Seife oder das Waschmittel davon zu entfernen *„einen Pullover in/mit klarem Wasser spülen"* | *„Die Waschmaschine ist bald fertig, sie spült schon"* **3** **(etwas) spülen** etwas mit Wasser o. Ä. von Schmutz, Blut usw. befreien ⟨*die Augen, eine eitrige Wunde spülen*⟩ ≈ auswaschen *„beim Zahnarzt den Mund spülen"* **4** **etwas spült jemanden/etwas irgendwohin** Wassermassen bewegen jemanden/etwas irgendwohin *„Die Strömung spülte das Holz ans Ufer"* **5** einen Hebel bewegen o. Ä., damit Wasser die Toilette reinigt

die **Spü·lung** (-, *en*) **1** ein Gerät mit einem Behälter voll Wasser, mit dem man eine Toilette nach dem Benutzen reinigt **K** Toilettenspülung,

Wasserspülung 2 das Reinigen von Organen des Körpers mit einer Flüssigkeit K Darmspülung, Nasenspülung 3 eine Flüssigkeit, mit der man die Haare (zusätzlich zum Waschen) pflegen kann

die **Spur★** (-, *-en*) AM BODEN: 1 wenn eine Person auf weichem Boden geht, ein Tier läuft oder ein Fahrzeug fährt, sieht man danach die Spuren ⟨*Spuren im Schnee, im Sand; Spuren hinterlassen, suchen; einer Spur folgen; der Wind verweht die Spuren*⟩ K Spurensuche; Fußspur, Reifenspur, Schleifspur 2 ein Streifen einer Straße, auf dem Fahrzeuge in dieselbe Richtung fahren ⟨*die linke, mittlere, rechte Spur; die Spur wechseln; auf/in einer Spur fahren*⟩ K Spurwechsel; Fahrspur, Abbiegespur, Überholspur 3 eine Art unsichtbare Linie, auf der sich ein Auto bewegt, wenn es geradeaus fährt ⟨*das Auto hält die Spur (gut)/nicht, bricht aus der Spur aus, gerät aus der Spur*⟩ ZEICHEN: 4 die Zeichen (z. B. Schmutz oder Bluttropfen), an denen man erkennen kann, dass eine Person an einem Ort war oder was dort geschehen ist ⟨*deutliche Spuren hinterlassen; Spuren sichern, verwischen*⟩ *„Der Einbrecher zog Handschuhe an, um keine Spuren zu hinterlassen"* K Spurensicherung; Blutspur, Bremsspur, Ölspur 5 die Zeichen, die helfen, einen Verbrecher oder etwas Verschwundenes zu finden ⟨*einem Verbrecher, einem Betrug, einem Verbrechen auf die Spur kommen; von jemandem/etwas fehlt jede Spur*⟩ *„Die Spur der Juwelendiebe führt nach Italien"* 6 *nur Plural* die Folgen, die ein Ereignis o. Ä. für das spätere Verhalten oder die Entwicklung eines Menschen hat *„Ihre schwere Kindheit hat Spuren in ihrem Charakter hinterlassen"* 7 **eine heiße Spur** wichtige Zeichen, die bei der Aufklärung eines Verbrechens helfen MENGE: 8 **eine Spur** (*+Genitiv*/**von etwas**) eine sehr kleine Menge einer Sache *„nicht die leiseste Spur eines Zweifels haben/von Furcht empfinden"* | *„An der Soße fehlt noch eine Spur Pfeffer"* ID **nicht die/keine Spur** *gesprochen* überhaupt nicht *„Bist du müde?" – „Nicht die Spur!"*

**spür·bar** *ADJEKTIV* so, dass man es fühlen oder bemerken kann ⟨*eine Abkühlung, eine Erwärmung; eine Erleichterung, eine Verschlechterung; (es wird) spürbar kälter, wärmer*⟩ ≈ fühlbar, merklich

**spü·ren★** (*spürte, hat gespürt*) 1 **etwas spüren** mithilfe des Tastsinns und der Nerven wahrnehmen, dass etwas vorhanden ist ≈ fühlen *„die Wärme der Sonne auf der Haut spüren"* | *„Ich habe gar nicht gespürt, dass mich die Mücke gestochen hat"* 2 **etwas spüren** etwas empfinden, fühlen ⟨*Durst, Hunger, Mitleid spüren*⟩ *„Ich spürte, dass er traurig war"*

das **Spu·ren·ele·ment** eine Substanz, welche der Körper in sehr kleinen Mengen braucht, um nicht krank zu werden

**spur·los** *ADJEKTIV meist adverbiell* ohne Spuren zu hinterlassen ⟨*spurlos verschwinden; etwas geht spurlos (= ohne dass er es merkt) an jemandem vorüber*⟩

die **Spur·ril·le** (-, *-n*); *meist Plural* tiefe Stellen (Rinnen) in einer Straße, die dadurch entstanden sind, dass sehr viele Fahrzeuge die Straße benutzen *„Achtung, Spurrillen!"*

der **Spür·sinn** *nur Singular* 1 die Fähigkeit eines Hundes o. Ä., gut riechen zu können 2 die Fähigkeit, etwas zu ahnen ≈ Instinkt, Intuition

**spur·ten** (*spurtete, ist gespurtet*) auf dem letzten Teil einer Strecke so schnell wie möglich laufen *„die letzten fünfzig Meter spurten"* | *„Wir mussten ganz schön spurten, um den Zug noch zu erwischen"*

das **ß** [ɛsˈtsɛt]; (-, -) ein Zeichen, das man im Deutschen gemäß der Rechtschreibregeln statt ss verwendet ≈ scharfes S *„aß" schreibt man mit „ß", „muss" mit zwei „s"*

der **Staat★** (-(*e*)*s*, *-en*) 1 ein Land als politisches System (mit den Institutionen, Bürgern usw.) ⟨*ein demokratischer, feudaler, kapitalistischer, kommunistischer, totalitärer Staat*⟩ K Staatsbürger, Staatsgrenze, Staatsoberhaupt, Staatsregierung 2 die Regierung und Verwaltung eines Landes *„Dieses Theater wird vom Staat subventioniert"* K Staatsbank, Staatsform, Staatskasse, Staatsoper, Staatsverschuldung 3 eines der Länder eines Bundesstaats K Staatsminister 4 **die Vereinigten Staaten** die USA

**staa·ten·los** *ADJEKTIV* ohne Staatsangehörigkeit • *hierzu* **Staa·ten·lo·se** *der/die*; **Staa·ten·lo·sig·keit** *die*

**staat·lich★** *ADJEKTIV* 1 *meist attributiv* in Bezug auf den Staat als politische Einheit ⟨*die Souveränität, die Unabhängigkeit*⟩ ≈ national 2 *meist attributiv* in Bezug auf die Verwaltung eines Staates ⟨*Gelder, Institutionen, Maßnahmen*⟩ ≈ öffentlich *„ein staatlich gefördertes Projekt"* 3 im Besitz des Staates und von ihm verwaltet ⟨*ein Betrieb, ein Unternehmen*⟩ ↔ privat

S

der **Staats·akt** eine feierliche Veranstaltung der Regierung eines Staates

der/die **Staats·an·ge·hö·ri·ge** ein Bürger eines Staates ⟨*deutscher, österreichischer, Schweizer Staatsangehöriger sein*⟩

die **Staats·an·ge·hö·rig·keit★** die Rechte und Pflichten, die ein Bürger eines Staates hat ⟨*die deutsche, britische, österreichische Staatsangehörigkeit annehmen, besitzen, haben*⟩

der **Staats·an·walt★** eine Person, die im Auftrag des Staates Verbrechen untersucht und vor Gericht die Anklage vertritt • *hierzu* **Staats·an·wäl·tin** *die*

der **Staats·be·such** ein offizieller Besuch eines Mitglieds der Regierung eines Staates bei der Regierung eines anderen Staates

der **Staats·bür·ger** ≈ Staatsangehörige(r) • *hierzu* **Staats·bür·ge·rin** *die*

die **Staats·bür·ger·schaft** ≈ Staatsangehörigkeit

das **Staats·exa·men** ein Examen, das man an einer Universität macht und mit dem man als Jurist oder Lehrer in den Staatsdienst gehen kann

das **Staats|ober·haupt** eine Person, die an der Spitze eines Staates steht und ihn repräsentiert, wie z. B. der Bundespräsident der Bundesrepublik Deutschland oder der Präsident der USA

der **Staats·se·kre·tär** Ⓓ der höchste Beamte in einem Ministerium der Bundesrepublik Deutschland ❶ Der Minister selbst ist kein Beamter.

der **Stab★** (-(e)s, *Stä·be*) **1** ein langer, dünner, runder Gegenstand aus einem harten Material ≈ Stange *„die Stäbe eines Käfigs"* **K** Eisenstab, Gitterstab, Holzstab **2** ein langer, dicker Stock, wie man ihn bei manchen Berufen (als Symbol) und bei manchen Tätigkeiten verwendet **K** Bischofsstab, Pilgerstab

das **Stäb·chen** (-s, -) **1** ein kleiner Stab **2** *nur Plural* zwei dünne Stäbchen, mit denen man in machen Ländern in Asien isst ⟨*mit Stäbchen essen*⟩

**sta·bil★** *ADJEKTIV* **1** so, dass es große Belastungen aushält und nicht leicht kaputtgeht ≈ robust *„ein stabiler Stahlbau"* **2** ⟨*die Wirtschaft, die Wetterlage, die Regierung, die Preise*⟩ so, dass sich ihr Zustand wahrscheinlich nicht stark ändert **3** fähig, große (psychische und physische) Belastungen zu ertragen ⟨*jemandes Gesundheit, jemandes Psyche, jemandes Konstitution ist stabil*⟩ • *hierzu* **Sta·bi·li·tät** *die*

**sta·bi·li·sie·ren** (*stabilisierte, hat stabilisiert*) **1** **etwas stabilisieren** etwas stützen oder befestigen, damit es nicht umfällt *„ein Gerüst stabilisieren"* **2** **etwas stabilisieren** dafür sorgen, dass etwas in einem sicheren Zustand bleibt *„Die Regierung versucht, die Wirtschaft und die Preise zu stabilisieren"* **3** **etwas stabilisiert etwas** etwas trägt dazu bei, dass man (physische oder psychische) Belastungen ertragen kann ⟨*etwas stabilisiert den Kreislauf, den Gesundheitszustand*⟩ *„Knoblauch stabilisiert den Blutdruck"* **4** **etwas stabilisiert sich** etwas kommt in einen Zustand, in dem keine starken Änderungen mehr auftreten ⟨*die Preise, die wirtschaftliche Lage, die Aktienkurse*⟩ **5** **etwas stabilisiert sich** etwas kommt in einen Zustand, in dem man bestimmte (physische und psychische) Belastungen wieder ertragen kann *„Nach der schweren Herzoperation hat sich sein Kreislauf wieder stabilisiert"* ❶ meist im Perfekt

**stach** *Präteritum, 1. und 3. Person Singular* → stechen

der **Sta·chel★** (-s, -n) **1** einer von vielen spitzen und scharfen länglichen Teilen an einer Pflanze oder an einem Tier *„die Stacheln eines Kaktus/eines Igels"* ❶ → **Dorn** **2** der spitze Körperteil von manchen Tieren, mit denen sie andere Tiere und Menschen stechen und verletzen können ⟨*der Stachel einer Biene, eines Skorpions*⟩ **K** Giftstachel

die **Sta·chel·bee·re** eine kleine runde, grüne Frucht (meist mit Haaren auf der Haut), die an einem stachligen Strauch wächst und sauer schmeckt **K** Stachelbeerstrauch

der **Sta·chel·draht** ein Draht mit Stacheln, den man als Zaun verwendet *„sich die Hose am Stacheldraht zerreißen"* **K** Stacheldrahtzaun

**stach·lig** *ADJEKTIV* mit vielen Stacheln ⟨*ein Kaktus*⟩

das **Sta·di·on★** (-s, *Sta·di·en* [ˈʃtaːdi̯ən]) eine große Anlage für sportliche Veranstaltungen mit Tribünen für die Zuschauer. Manche Stadien sind ganz oder teilweise mit einem Dach bedeckt **K** Fußballstadion, Olympiastadion

das **Sta·di·um★** (-s, *Sta·di·en* [ˈʃtaːdi̯ən]) ein Zustand innerhalb einer Entwicklung ≈ Phase *„Krebs im vorgerückten Stadium"* **K** Anfangsstadium, Endstadium, Frühstadium

die **Stadt★** [ʃtat]; (-, *Städ·te* [ˈʃtɛ(ː)tə]) **1** eine große Menge von Häusern und anderen Gebäuden, in denen Leute wohnen und arbeiten,

S

mit einer eigenen Verwaltung ⟨*in die Stadt fahren, ziehen; im Zentrum, am Rande einer Stadt*⟩ *„Die Städte Bonn, Koblenz und Köln liegen am Rhein"* **K** Stadtmitte, Stadtpark, Stadtrand; Hafenstadt, Universitätsstadt; Großstadt, Kleinstadt **2** das Zentrum einer Stadt mit den Geschäften, Banken, usw. ≈ City *„zum Einkaufen in die Stadt fahren"* **K** Innenstadt **3** *nur Singular* die Personen, die in einer Stadt wohnen *„Die ganze Stadt hat über den Skandal geredet"* **4** *nur Singular* die Verwaltung einer Stadt mit Ämtern und Behörden ⟨*bei der Stadt angestellt sein, arbeiten*⟩

der **Stadt·füh·rer** ein kleines Buch (meist für Touristen) mit einer Karte und Informationen über eine Stadt

das **Stadt·ge·spräch** ein Thema, über das alle Bewohner einer Stadt sprechen ⟨*jemand/etwas ist Stadtgespräch; jemand/etwas wird (zum) Stadtgespräch*⟩

**städ·tisch** ★ *ADJEKTIV* **1** im Eigentum einer Stadt oder von einer Stadt verwaltet ⟨*eine Organisation, eine Schule, ein Altersheim*⟩ **2** so, wie es in der Stadt normal und üblich ist ↔ ländlich

die **Stadt·mau·er** eine Mauer (meist aus dem Mittelalter) um eine Stadt, die früher die Bewohner vor Feinden schützte

der **Stadt·plan** ★ ein Plan mit allen wichtigen Straßen und Plätzen einer Stadt

der **Stadt·rat** ★ **1** eine Art Parlament in einer Stadt, das über Verwaltung, Planung usw. entscheidet **2** ein Mitglied des Stadtrats • *zu* (2) **Stadt·rä·tin** *die*

die **Stadt|rund·fahrt** eine Fahrt durch eine Stadt, bei der man Touristen die interessanten Gebäude und Plätze zeigt ⟨*eine Stadtrundfahrt machen*⟩

der **Stadt·staat** eine Stadt mit den gleichen Rechten und Pflichten wie ein Bundesland oder ein Staat *„Die Stadtstaaten Bremen und Hamburg"* | *„Florenz und Venedig waren früher Stadtstaaten"*

der **Stadt·teil** ★ ein Gebiet in einer Stadt mit oft typischen Straßen, Gebäuden o. Ä. ≈ Bezirk

das **Stadt·vier·tel** ≈ Stadtteil

die **Stadt·wer·ke** *Plural* eine Firma, die einer Stadt gehört und diese mit Strom und Gas versorgt

die **Staf·fel** (-, *-n*) **1** eine Gruppe von meist vier Sportlern, die nacheinander in einem Wettkampf als Mannschaft antreten bzw. ein Wettkampf zwischen solchen Gruppen **K** Staffellauf; Schwimmstaffel **2** eine militärische Einheit bei der Luftwaffe **K** Fliegerstaffel

die **Staf·fe·lei** (-, *-en*) ein Rahmen aus Holz, welcher das Bild hält, das man gerade malt

**staf·feln** (*staffelte, hat gestaffelt*) **Dinge (nach etwas) staffeln** etwas nach Kategorien einteilen ⟨*die Gebühren, die Beiträge staffeln*⟩ *„Die Zuschüsse werden nach dem Einkommen, die Gehälter nach der Leistung gestaffelt"* **K** Staffelmiete, Staffeltarif • *hierzu* **Staf·fe·lung** *die*

**stag·nie·ren** (*stagnierte, hat stagniert*); *geschrieben* **etwas stagniert** etwas bleibt in der Entwicklung stehen ⟨*die Wirtschaft, eine Entwicklung*⟩ • *hierzu* **Stag·na·ti·on** *die*

**stahl** *Präteritum, 1. und 3. Person Singular* → stehlen

der **Stahl** ★ (-s) Eisen, das man sehr hart gemacht hat und aus dem man Werkzeuge und wichtige Teile für Bauwerke herstellt ⟨*rostfreier, veredelter Stahl; etwas ist hart wie Stahl*⟩ **K** Stahlblech, Stahlrohr; stahlhart

der **Stahl·be·ton** ein Material aus Stahlstäben und Beton, aus dem man vor allem Häuser und Brücken baut

**stäh·lern** *ADJEKTIV* **1** *meist attributiv* aus Stahl *„ein stählernes Gerüst"* **2** voller Kraft ⟨*Muskeln, ein Wille*⟩

der **Stall** ★ (-(*e*)*s, Stäl·le*) ein Raum oder Gebäude, in dem man Kühe, Schafe usw. hält und füttert ⟨*den Stall ausmisten*⟩ **K** Hühnerstall, Kuhstall, Schweinestall

der **Stamm** ★ (-(*e*)*s, Stäm·me*) **1** der dicke Teil eines Baumes, aus dem die Äste kommen **K** Baumstamm **2** eine Gruppe von Personen von derselben Art, Sprache, demselben Glauben und denselben Sitten, die in einem Gebiet meist unter der Leitung eines Häuptlings leben *„die germanischen Stämme"* | *„der Stamm der Hopi-Indianer"* **K** Stammeshäuptling, Stammessprache; Indianerstamm

der **Stamm·baum** eine Darstellung der verwandtschaftlichen Beziehungen zwischen den Mitgliedern einer Familie (vor allem über einen langen Zeitraum) ⟨*einen Stammbaum aufstellen*⟩ *„seinen Stammbaum bis ins Mittelalter zurückverfolgen können"* **K** Familienstammbaum

**stam·meln** (*stammelte, hat gestammelt*) **(etwas) stammeln** mit Pausen (stockend) und sehr undeutlich sprechen, meist weil man Angst

S

hat oder aufgeregt ist ⟨*eine Entschuldigung stammeln*⟩

**stạm·men**★ (*stammte, hat gestammt*) **1** **etwas stammt von jemandem/etwas** etwas ist von jemandem/etwas gemacht *„Das Bild stammt von Salvador Dali"* **2** **jemand stammt aus etwas** jemand kommt aus dem genannten Ort oder Land bzw. aus der genannten Familie *„Er stammt aus Ungarn"* **3** **etwas stammt aus etwas** etwas ist in der genannten Zeit entstanden *„Das Bauwerk stammt aus dem Barock"* ℹ selten im Partizip Perfekt

der **Stạmm·hal·ter** *humorvoll* jemandes erster Sohn

**stạ̈m·mig** ADJEKTIV mit viel Kraft (und fast etwas zu muskulös) ⟨*ein Junge; Beine*⟩

der **Stạmm·kun·de** eine Person, die sehr oft in demselben Geschäft einkauft • *hierzu* **Stạmm·kun·din** *die*; **Stạmm·kund·schaft** *die*

das **Stạmm·lo·kal** ein Lokal, in das jemand sehr oft und gern geht

der **Stạmm·tisch** **1** der Tisch in einem Lokal, der für die Stammgäste reserviert ist **2** eine Gruppe von Personen, die sich regelmäßig (meist in einem Lokal) trifft *„Unser Stammtisch trifft sich jeden Samstag"*

die **Stạmm·zel·le** eine Körperzelle, die sich zu Zellen mit unterschiedlichen Funktionen entwickeln kann *„Organe aus Stammzellen züchten"* **K** Stammzellenforschung

**stạmp·fen** (*stampfte, hat/ist gestampft*) **1** **etwas stampfen** (*hat*) etwas fest drücken und es auf diese Weise klein und flach machen, den Saft entfernen o. Ä. ⟨*Kartoffeln, Sauerkraut, Trauben stampfen*⟩ *„Gemüse zu Brei stampfen"* **2** **etwas irgendwohin stampfen** (*hat*) etwas kräftig mit dem Fuß nach unten treten ⟨*etwas in die Erde stampfen*⟩ **3** (*ist*) mit lauten und kräftigen Schritten gehen *„Er stampfte durch die Eingangshalle"*

**stạnd** *Präteritum, 1. und 3. Person Singular* → stehen

der **Stạnd**★ (-(*e*)*s*, *Stän·de*) **1** *nur Singular* der Zustand, wenn eine Person oder Sache steht *„Der Tisch hat einen festen/sicheren Stand"* Er wackelt nicht **2** der Tisch (oft mit einem Dach), an dem ein Händler auf einem Markt seine Waren verkauft **K** Imbissstand, Marktstand, Verkaufsstand **3** ein Ort für einen speziellen Zweck **K** Schießstand, Taxistand **4** eine Angabe, Größe oder Position, die man in Zahlen ausdrückt *„der Stand des Wassers/des Barometers/des Kilometerzählers"* | *„der Stand der Sonne"* **K** Ölstand, Wasserstand, Zählerstand **5** **der Stand** (+*Genitiv*/**von etwas**) *nur Singular* eine der Stufen innerhalb einer Entwicklung o. Ä. ⟨*etwas auf den neuesten Stand bringen*⟩ *„Das Spiel wurde beim Stand von 1 : 2 abgebrochen"* das Spiel wurde bei dem Ergebnis von 1 : 2 Toren o. Ä. abgebrochen **K** Endstand, Zwischenstand; Spielstand **6** *historisch* die gesellschaftliche Gruppe, zu der jemand gehörte ≈ Schicht *„Im Mittelalter konnte man die verschiedenen Stände an ihrer Kleidung erkennen"* **K** Ständeordnung; Standesunterschied, Standeszugehörigkeit; Adelsstand, Bauernstand, Bürgerstand **ID** **aus dem Stand** **a** ohne Anlauf ⟨*aus dem Stand weitspringen, werfen*⟩ **b** ohne sich darauf vorzubereiten

der **Stạn·dard**★ (-*s*, -*s*) **1** die Qualität auf einem bestimmten Niveau ⟨*ein hoher, niedriger Standard*⟩ **K** Lebensstandard **2** das, was die meisten Leute als normal betrachten und woran man sich halten muss oder sollte ≈ Norm **K** Standardausführung, Standardbrief

**stan·dar·di·sie·ren** (*standardisierte, hat standardisiert*) **etwas standardisieren** ≈ normen • *hierzu* **Stan·dar·di·sie·rung** *die*

das **Stạn·dard·werk** ein Buch, das für ein Fachgebiet sehr wichtig ist

das **Stand-by**, **Stand·by** ['stɛnt'bai̯]; (-(*s*), -*s*) der Zustand, wenn z. B. ein Fernseher bzw. ein Handy nicht in Betrieb sind, aber auf die Signale der Fernbedienung bzw. einen Anruf reagieren **K** Stand-by-Betrieb

der **Stạ̈n·der** (-*s*, -) eine Konstruktion aus Stangen, Latten oder Rohren, auf die man etwas stellt oder legt oder an die man etwas hängt *„die Ständer für Fahrräder am Bahnhof"* | *„die Wäsche zum Trocknen auf einen Ständer hängen"* **K** Fahrradständer, Notenständer, Schirmständer

das **Stạn·des·amt** die Behörde, vor der man die Ehe schließt und bei der man Geburten und Todesfälle meldet • *hierzu* **Stạn·des·be·am·te** *der*; **Stạn·des·be·am·tin** *die*

**stạnd·fest** ADJEKTIV **1** so, dass etwas sicher und fest steht ⟨*eine Leiter*⟩ **2** so, dass eine Person sich nicht leicht beeinflussen lässt • *hierzu* **Stạnd·fes·tig·keit** *die*

**stạnd·hal·ten** (*hält stand, hielt stand, hat standgehalten*) **1** **jemandem/etwas standhalten** sich von jemandem/etwas nicht beeinflussen lassen, nicht nachgeben ⟨*einem Gegner, einem Angriff, der Kritik, einer Versuchung standhalten*⟩ **2** **etwas hält einer Sache** (*Dativ*) **stand** etwas hält eine Belastung o. Ä. aus (und geht nicht kaputt) **3** **etwas hält einer Überprüfung** *o. Ä.* (*Dativ*) **stand** etwas zeigt sich als richtig o. Ä. *„Sein Alibi konnte einer genauen Überprüfung nicht standhalten"*

**stän·dig**★ *ADJEKTIV meist attributiv* **1** so, dass eine Person oder Sache immer oder meistens da ist ⟨*ein Begleiter, Lärm, Kritik*⟩ **2** *meist adverbiell* sehr oft, häufig ⟨*Unterbrechungen, Wiederholungen*⟩ ≈ andauernd *„Sie vergisst ständig etwas"*

der **Stand·ort** **1** ein Ort, an dem sich jemand gerade befindet **2** ein Ort, an dem sich eine Firma befindet oder an dem ein meist großes Gebäude steht bzw. stehen könnte *„An Flüssen gibt es meistens günstige Standorte für Fabriken"* **K** Standortverlegung **3** der Ort, an dem eine militärische Truppe stationiert ist **K** Standortkommandant

der **Stand·punkt**★ die Art, wie man ein Problem oder eine Situation beurteilt ⟨*ein klarer Standpunkt; einen Standpunkt einnehmen, vertreten; sich auf einen Standpunkt stellen; jemandes Standpunkt teilen*⟩ *„Sie steht auf dem Standpunkt, dass der Staat die Wirtschaft lenken sollte"*

die **Stand·spur** der schmale Streifen am Rand der Autobahn, auf dem man nur halten darf, wenn man eine Panne hat

die **Stan·ge**★ (-, *-n*) **1** ein langer, dünner, runder Gegenstand aus Holz oder Metall *„Die Bohnen wachsen an Stangen in die Höhe"* **K** Stangenbohne; Bambusstange, Bohnenstange, Eisenstange, Holzstange, Hopfenstange, Teppichstange **i** Eine *Stange* ist meist länger als ein *Stab.* Eine *Latte* ist nicht rund, sie hat Kanten. **2** **eine Stange** *+Substantiv* ein ganzes, längliches Stück einer Sache ⟨*eine Stange Vanille, Zimt*⟩ **K** Stangenbrot; Vanillestange, Zimtstange **3** **eine Stange Zigaretten** zehn Schachteln Zigaretten, die zusammen verpackt sind **4** **eine Stange Geld** *gesprochen* viel Geld **5** **von der Stange** in der Fabrik in Serien mit üblichen Größen (nicht nach Maß) gemacht *„ein Anzug von der Stange"*

der **Stän·gel**★ (-s, -) der lange, dünne Teil einer Pflanze, auf dem die Blüte ist ≈ Stiel

**stank** *Präteritum, 1. und 3. Person Singular* → stinken

**stan·zen** (*stanzte, hat gestanzt*) **1** **etwas (in/auf etwas** (*Akkusativ*)**) stanzen** (mit einer Maschine) ein Muster auf etwas machen *„ein Wappen ins Leder stanzen"* **2** **etwas aus etwas stanzen** aus einem dünnen Material Stücke mit der gleichen Form mit einer Maschine schneiden

der **Sta·pel** (-s, -) **ein Stapel** *+Substantiv* mehrere gleiche Dinge, die (ordentlich) aufeinandergelegt wurden ⟨*ein Stapel Bücher, Briefe, Wäsche; etwas auf einen Stapel legen, von einem Stapel nehmen, aus einem Stapel ziehen*⟩ **K** Bücherstapel, Holzstapel, Wäschestapel • *hierzu* **Sta·pel·lauf** *der*

**sta·peln** (*stapelte, hat gestapelt*) **1** **(Dinge) stapeln** mehrere gleiche Dinge so aufeinanderlegen, dass ein Stapel entsteht ⟨*Holz, Wäsche, Geschirr, Zeitungen stapeln*⟩ **2** **Dinge stapeln sich** eine große Menge von Dingen ist irgendwo (und liegt aufeinander) ⟨*Zeitungen, Briefe, das Geschirr*⟩ *„In seinem Zimmer stapeln sich die DVDs"*

**stap·fen** (*stapfte, ist gestapft*) **(irgendwohin/durch etwas) stapfen** beim Gehen auf sehr weichem Boden die Knie sehr hoch heben, um die Füße frei zu bekommen ⟨*durch den Schnee, Schlamm stapfen*⟩

der **Star**[1]★; (-(*e*)*s*, *-e*) **1** ein mittelgroßer, dunkler Singvogel mit hellen Punkten **2** **der graue Star** eine Krankheit der Augen, bei welcher die Linse des Auges trüb wird ⟨*den Star haben, bekommen*⟩ **3** **der grüne Star** eine Krankheit der Augen, bei welcher der Sehnerv durch zu hohen Druck im Auge allmählich zerstört wird

der **Star**[2]★ [ʃt-, st-]; (-s, -s) eine Person, die (vor allem in der Kunst oder im Sport) sehr berühmt ist **K** Filmstar, Fußballstar, Rockstar

**starb** *Präteritum, 3. Person Singular* → sterben

**stark**★ *ADJEKTIV* (*stärker, stärkst-*) KÖRPERLICH: **1** mit großer körperlicher Kraft ≈ kräftig ↔ schwach *„Er ist so stark, dass er die schwere Kiste allein tragen kann"* PSYCHISCH: **2** so, dass sich jemand gut durchsetzen kann und in schwierigen Situationen nicht den Mut oder die Kontrolle über sich selbst verliert ⟨*ein Charakter, ein Glaube, ein Wille*⟩ LEISTUNG, WIRKUNG: **3** so, dass etwas große Belastungen gut verträgt ⟨*Nerven, ein Herz*⟩ **4** so, dass etwas eine große Leistung bringt ⟨*ein Motor, eine Glühbirne*⟩ **5** mit (hoher Konzentration und daher) großer Wirkung ⟨*Zigaretten, ein Kaffee,*

S

ein Tee, ein Schnaps, ein Medikament› ↔ schwach MAẞ, MENGE: **6** intensiv, in hohem Maß (vorhanden) ↔ schwach, leicht *„Die Wunde blutete so stark, dass man einen Verband anlegen musste"* | *„Er ist ein starker Raucher"* er raucht viel **K** Starkstrom **7** *meist adverbiell* von/mit vielen Personen ‹*etwas ist stark besetzt, besiedelt, besucht, bevölkert*› *„Unsere Gruppe war auf der Veranstaltung stark vertreten"* viele von uns waren dort **8** dick und stabil *„Die Stadt war von starken Mauern umgeben"* **9** verwendet, um die Dicke oder den Umfang einer Sache anzugeben *„Das Seil ist 4 cm stark"* LOB, KRITIK: **10** *gesprochen* verwendet, um großes Lob auszudrücken ≈ toll *„Deine Frisur ist echt stark!"* **11** *gesprochen* verwendet, um Empörung auszudrücken ≈ heftig

die **Stär·ke**★ (-, *-n*) EIGENSCHAFT: **1** *nur Singular* große körperliche Kraft **2** *nur Singular* die Fähigkeit, auch in schwierigen Situationen die Kontrolle über sich selbst zu behalten **K** Charakterstärke, Nervenstärke, Willensstärke **3** *meist Singular* ein Maß, mit dem die Kraft oder die Energie einer Sache gemessen wird ≈ Intensität *„ein Erdbeben der Stärke 6,5 auf der Richterskala"* **K** Stromstärke, Windstärke **4** **jemandes Stärke** das, was jemand sehr gut kann, bzw. ein Gebiet, auf dem sich jemand sehr gut auskennt *„Chemie war noch nie seine Stärke"* **5** der Querschnitt oder Durchmesser einer Sache ‹*die Stärke eines Bretts, einer Mauer*› **K** Brettstärke, Wandstärke SUBSTANZ: **6** *nur Singular* eine Substanz (ähnlich dem Zucker), die ein wichtiger Bestandteil von Lebensmitteln wie Getreide, Reis und Kartoffeln ist **K** Stärkegehalt **7** *nur Singular* ein Mehl aus Stärke, mit dem man Soßen, Cremes usw. fester macht **K** Speisestärke **8** *nur Singular* ein weißes Pulver aus Stärke, mit dem man Wäsche steif macht **K** Wäschestärke

**stär·ken** (*stärkte, hat gestärkt*) **1** **etwas stärkt jemanden/etwas** etwas macht jemandes (körperliche) Kräfte größer *„Schlaf stärkt die Nerven"* **2** **jemanden/etwas stärken** jemandem/etwas neue Kraft geben, unterstützen ‹*jemandes Mut, Glauben, Willen, Position stärken*› **3** **etwas stärken** Wäsche mit Stärke steif machen ‹*den Hemdkragen, die Tischtücher stärken*› **4** **sich (mit etwas) stärken** etwas essen oder trinken

die **Stär·kung** (-, *-en*) **1** der Vorgang, bei dem jemand/etwas stärker und kräftiger gemacht wird **K** Stärkungsmittel **2** Essen und Trinken (wenn man etwas Anstrengendes tut) *„nach dem Rennen eine Stärkung zu sich nehmen"*

**starr**★ *ADJEKTIV* (*starrer, starrst-*) **1** ohne Bewegung ‹*ein Blick, eine Miene, ein Lächeln; starr geradeaus blicken*› *„Sie waren so erschrocken, dass sie ganz starr stehen blieben"* **2** so, dass man die einzelnen Teile nicht unabhängig voneinander bewegen kann ‹*Finger, Glieder, ein Körper*› ≈ steif ↔ beweglich *„Vom langen Warten in der Kälte waren meine Hände starr geworden"* **3** so, dass eine Veränderung und Anpassung an eine neue Situation nicht möglich ist ‹*jemandes Charakter, jemandes Haltung*› ≈ streng • *zu* (3) **Starr·heit** *die*; *zu* (1,2) **Star·re** *die*

**star·ren** (*starrte, hat gestarrt*) **(irgendwohin/auf jemanden/etwas) starren** den Blick lange auf jemanden/etwas richten, ohne die Augen

## Am Strand

| | | | |
|---|---|---|---|
| 1 | **der Strandkorb** | 19 | **das Motorboot** |
| 2 | **der Schwimmflügel** | 20 | **der Schatten** |
| 3 | **das Schlauchboot** | 21 | **der Sand** |
| 4 | **die Shorts** | 22 | **die Fähre** |
| 5 | **das (Ruder)Boot** | 23 | **die Muschel** |
| 6 | **der Wasserball** | 24 | **das Meer** |
| 7 | **der Surfer, die Surferin** | 25 | **die Luftmatratze** |
| 8 | **der Sonnenhut** | 26 | **die Taucherbrille** |
| 9 | **der Bikini** | 27 | **der Schnorchel** |
| 10 | **das Badetuch** | 28 | **die Badehose** |
| 11 | **der Sonnenschirm** | 29 | **der Badeanzug** |
| 12 | **die Badetasche** | 30 | **schwimmen** |
| 13 | **die Sonnenbrille** | 31 | **die Welle** |
| 14 | **der Liegestuhl** | 32 | **das Handtuch** |
| 15 | **die Sonnencreme** | 33 | **die Strandmatte** |
| 16 | **die Flipflops®** *Plural* | 34 | **der Beachvolleyball** |
| 17 | **sich sonnen** | 35 | **Beachvolleyball spielen** |
| 18 | **das Surfbrett** | 36 | **der Leuchtturm** |
| | | 37 | **die Dünen** *Plural* |

- Beschreibe das letzte Bild so genau wie möglich.
- Welche Dinge nimmst du normalerweise mit an den Strand? Tausche dich mit deinem Partner / deiner Partnerin aus.
- Spielt „Ich packe meinen Koffer und nehme mit..." und verwendet die Wörter aus der Liste.

S

1 2 3 4 5 6 7 8 9 10

11 12 13 14 15 16 17 18 19 20 21

22 23 24 25 26 27 28 29 30 31 32 33 34 35 36 37

# In den Bergen

## In den Bergen

| | |
|---|---|
| 1 die Seilbahn | 19 der Sessellift |
| 2 der Gipfel | 20 die Tanne |
| 3 der Sonnenschirm | 21 die Skistöcke *Plural* |
| 4 die (Berg)Hütte | 22 die Ski *Plural* |
| 5 die Terrasse | 23 das Snowboard |
| 6 der Liegestuhl | 24 die Bank |
| 7 der Wanderweg | 25 die Handschuhe *Plural* |
| 8 das Mountainbike | 26 die Skifahrerin |
| 9 der Wanderrucksack | 27 der Skifahrer |
| 10 die Trinkflasche | 28 der Schal |
| 11 die Wanderstöcke *Plural* | 29 der Skihelm |
| 12 die Brotzeit, Ⓐ die Jause | 30 die Skibrille |
| 13 die Wiese | 31 die Mütze |
| 14 die Kuh | 32 die Winterjacke |
| 15 die Wanderschuhe *Plural* | 33 der Schlitten |
| 16 der Bach | 34 der Schneemann |
| 17 die Blumen *Plural* | 35 der Schnee |
| 18 das Schaf | 36 die Skipiste |

- Erstelle eine Liste mit den Dingen, die man zum Skifahren braucht.
- Beschreibe das erste Bild und verwende möglichst viele Wörter aus der Liste.
- Würdest du lieber im Sommer oder im Winter in den Bergen sein? Erkläre, warum.

davon abzuwenden *„geistesabwesend ins Leere starren" | „unhöflich auf jemanden starren"*

der **Starr·sinn** *nur Singular; abwertend* ≈ Sturheit, Eigensinn • *hierzu* **starr·sin·nig** *ADJEKTIV*

der **Start★** (*-s, -s*) **1** beim Start verlässt ein Flugzeug oder eine Rakete den Boden und steigt in die Luft ⟷ Landung **K** Starterlaubnis, Startverbot; startbereit **2** der Beginn eines Rennens ⟨*das Zeichen zum Start geben; den Start wiederholen* (*müssen*)⟩ **K** Startpistole, Startsignal; Fehlstart **3** die Stelle, an der die Läufer oder Fahrer den Lauf oder das Rennen beginnen ⟷ Ziel **K** Startblock, Startlinie **4** der Beginn einer Tätigkeit oder Phase *„der Start ins Berufsleben"* **K** Startkapital; Berufsstart **5** **an den Start gehen**; **am Start sein** an einem Lauf oder Rennen teilnehmen ≈ starten

die **Start·bahn** eine Art breite Straße, auf welcher die Flugzeuge starten

**star·ten★** (*startete, hat/ist gestartet*) **1** **jemand/etwas startet** (*ist*) ein Flugzeug, eine Rakete bzw. deren Besatzung verlässt den Boden und steigt in die Luft ⟷ landen **2** **(für etwas) starten** (*ist*) an einem Rennen teilnehmen *„für Frankreich starten"* **3** (*ist*) eine Reise oder ein Rennen beginnen **4** **(etwas) starten** (*hat*) etwas beginnen oder stattfinden lassen ⟨*ein Rennen, den Film, ein Geschäft, eine Aktion starten*⟩ **5** **(etwas) starten** (*hat*) den Motor einschalten ⟨*das Auto, das Moped starten, den Motor starten*⟩ ≈ anlassen *„Der Wagen lässt sich schlecht starten"* **K** Startautomatik

**start·klar** *ADJEKTIV* bereit für einen Start

der **Start·schuss** der Schuss, der zeigt, dass ein Rennen beginnt *„den Startschuss zum Hürdenlauf* (*ab*)*geben"*

die **Sta·tik** (-) **1** die Kräfte, die bewirken, dass ein Gebäude fest steht und nicht einstürzt *„die Statik einer Brücke berechnen"* **2** die Lehre von der Statik **3** *geschrieben* der statische Zustand einer Sache, ohne Bewegung ⟷ Dynamik • *zu* (2) **Sta·ti·ker** *der*

die **Sta·ti·on★** [-ˈtsi̯oːn]; (*-, -en*) **1** ein Platz, an dem Züge und andere öffentliche Verkehrsmittel regelmäßig halten, damit die Leute ein- und aussteigen können ⟨*bei der nächsten Station aussteigen, umsteigen; drei Stationen* (*weit*) *fahren; ein Zug hält* (*nicht*) *an jeder Station*⟩ **K** Stationsvorsteher; Bergstation, Talstation, Endstation ⓘ *Station* verwendet man vor allem bei Zügen, Seilbahnen, Sesselliften u. Ä.; bei Bussen und Straßenbahnen verwendet man meistens *Haltestelle*. Das Gebäude, in dem man Fahrkarten für Züge kauft, heißt *Bahnhof*. **2** eine Abteilung in einem Krankenhaus ⟨*die neurologische, chirurgische, gynäkologische Station*⟩ **K** Stationsarzt, Stationsschwester; Kinderstation **3** Gebäude und technische Anlagen, die für eine Tätigkeit benötigt werden **K** Forschungsstation, Radiostation, Wetterstation **4** ein Punkt in einer Entwicklung *„die verschiedenen Stationen seiner Karriere"* **5** **(irgendwo) Station machen** eine Fahrt oder Reise unterbrechen

**sta·ti·o·när** [-tsi̯o-] *ADJEKTIV* im Krankenhaus ⟨*eine Behandlung; jemanden stationär behandeln*⟩ ⟷ ambulant

**sta·ti·o·nie·ren** [-tsi̯o-] (*stationierte, hat stationiert*) **jemand/etwas ist/wird irgendwo**

S

**stationiert** Soldaten/Waffen o. Ä. werden an einen Ort gebracht bzw. sind an einem Ort, um dort eingesetzt zu werden *„die auf Zypern stationierten UN-Soldaten"* • *hierzu* **Sta·ti·o·nie·rung** *die*

**sta·tisch** *ADJEKTIV* **1** *meist attributiv* in Bezug auf die Statik ⟨*die Gesetze, Berechnungen*⟩ **2** *geschrieben* ohne Bewegung und Veränderung ⟨*ein Zustand*⟩

die **Sta·tis·tik**★ (-, *-en*) meist eine Tabelle mit Zahlen, die zeigen, wie häufig manche Dinge irgendwo vorkommen ⟨*eine amtliche Statistik*⟩ *„Laut Statistik fahren Frauen vorsichtiger Auto als Männer"* **K** Unfallstatistik • *hierzu* **sta·tis·tisch** *ADJEKTIV*

das **Sta·tiv** [-f]; (*-s, -e*) ein Gerät mit drei Beinen, auf dem man eine Kamera befestigt, damit diese beim Fotografieren nicht wackelt

**statt**★ *BINDEWORT* **1** ≈ anstatt *„Sie drehte die Heizung auf, statt sich wärmer anzuziehen"*
*PRÄPOSITION mit Genitiv/ gesprochen auch Dativ* **2** ≈ anstatt *„Nimm doch das frische Brot statt des alten"* ℹ → Anhang, S. 1113: **Präpositionen**

**statt·des·sen**★ *ADVERB* so, dass nicht mehr das gerade Genannte der Fall ist, sondern das Folgende, Neue *„Sie hat das Joggen aufgegeben, stattdessen geht sie jetzt schwimmen"*

die **Stät·te** (-, *-n*); *geschrieben* **die Stätte** (+ *Genitiv*) ein Ort, eine Stelle, wo etwas meist Wichtiges passiert (ist) ⟨*eine historische Stätte*⟩ *„die Stätte des Wirkens des Dichters"* | *„die Stätten der Kindheit wiedersehen wollen"* **K** Arbeitsstätte, Brandstätte, Fundstätte, Gedenkstätte, Grabstätte, Heimstätte, Raststätte, Unglücksstätte, Zufluchtsstätte

**statt·fin·den**★ (*findet statt, fand statt, hat stattgefunden*) **etwas findet statt** etwas geschieht (als geplantes Ereignis) *„Die Trauung findet im Dom statt"* | *„Das Konzert hat bereits gestern stattgefunden"*

**statt·haft** *ADJEKTIV meist prädikativ; admin* ≈ erlaubt, zulässig

**statt·lich** *ADJEKTIV* **1** groß, kräftig und elegant *„Er ist eine stattliche Erscheinung"* **2** ziemlich hoch ⟨*eine Summe, ein Gewinn, ein Vermögen*⟩ **3** groß und eindrucksvoll ⟨*ein Haus*⟩

die **Sta·tue**★ [-tu̯ə]; (-, *-n*) eine Figur aus Metall, Stein o. Ä., welche einen Menschen oder ein Tieres darstellt *„eine Statue von König Ludwig aufstellen"* **K** Bronzestatue, Marmorstatue, Reiterstatue • *hierzu* **sta·tu·en·haft** *ADJEKTIV*

die **Sta·tur** (-) die Art, wie jemandes Körper gebaut, gewachsen ist ⟨*von kräftiger Statur sein*⟩ ≈ Körperbau

der **Sta·tus**★ (-) die gesellschaftliche oder rechtliche Stellung einer Person, einer Firma, eines Landes usw. ⟨*jemandes gesellschaftlicher, sozialer Status; der politische Status eines Landes*⟩ **K** Neutralitätsstatus, Rechtsstatus

das **Sta·tus·sym·bol** etwas, mit dem man anderen Leuten zeigen will, welche (hohe) Stellung man in der Gesellschaft hat oder wie viel Geld man hat *„ein Swimmingpool als Statussymbol"*

der **Stau**★ (*-(e)s, -s/-e*) **1** *Plural Staus* eine lange Reihe von Autos, die nicht oder nur sehr langsam weiterfahren können ⟨*im Stau stecken, stehen*⟩ *„ein Stau infolge eines Unfalls"* **K** Stauwarnung; Verkehrsstau **2** *meist Singular* eine Ansammlung einer großen Menge meist von Wasser, das nicht weiterfließen kann *„Durch quer liegende Bäume kam es zu einem gefährlichen Stau des Baches"* **K** Staubecken, Staumauer

der **Staub**★ (*-(e)s*) **1** die vielen kleinen Teilchen von verschiedenen Substanzen, die immer in der Luft sind und sich z. B. auf ebenen Flächen in Häusern und Wohnungen sammeln ⟨*feiner Staub*⟩ *„Als ich das Buch vom Regal nahm, war es mit einer Schicht Staub bedeckt"* **K** Staubschicht; Kohlenstaub **2** **Staub wischen** mit einem Tuch den Staub von den Möbeln entfernen **3** **Staub saugen** den Boden mit einem Staubsauger reinigen **ID** **sich aus dem Staub machen** *gesprochen* sich schnell und heimlich entfernen

**stau·ben** (*staubte, hat gestaubt*) **etwas staubt** etwas produziert Staub und/oder gibt Staub von sich *„Die Decken staubten sehr, als wir sie ausschüttelten"*

**staub·sau·gen** (*staubsaugte, hat gestaubsaugt*) **(etwas) staubsaugen** etwas mit einem Staubsauger reinigen

der **Staub·sau·ger**★ (*-s, -*) ein elektrisches Gerät, das den Staub von Teppichen und vom Fußboden saugt

das **Staub·tuch** ein weiches Tuch, mit dem man Staub von Möbeln entfernt

der **Stau·damm** eine große Mauer quer über ein ganzes Tal, hinter der man das Wasser eines Flusses oder eines Bachs sammelt (staut), vor allem, um elektrischen Strom oder Wasservorräte zu gewinnen die **Stau·de** (-, -n) eine Pflanze, deren Wurzeln im Winter in der Erde überleben, während der obere Teil abstirbt K Rhabarberstaude

**stau·en** (*staute, hat gestaut*) 1 **etwas stauen** Wasser sammeln, indem man durch eine Mauer o. Ä. verhindert, dass es weiterfließt ⟨*einen Bach stauen*⟩ 2 **etwas staut sich** eine große Menge einer Flüssigkeit kann nicht oder kaum weiterfließen *„Bei Krampfadern staut sich das Blut in den Venen der Beine"* 3 **etwas staut sich** viele Autos, LKWs o. Ä. stehen auf der Straße hintereinander und können nicht weiterfahren ⟨*Autos, LKWs stauen sich*⟩ *„Auf der A8 staut sich der Verkehr zwischen Stuttgart-Flughafen und Leonberg"* 4 **etwas staut sich** ein Gefühl wird sehr stark, weil man es unterdrückt ⟨*der Ärger, die Wut, der Zorn*⟩ • *zu* (1 – 3) **Stau·ung** *die*

**stau·nen★** (*staunte, hat gestaunt*) **(über jemanden/etwas) staunen** Überraschung, Verwunderung und Respekt empfinden *„Da staunst du, wie gut das schmeckt, was?"* | *„darüber staunen, dass jemand etwas kann"*

das **Steak★** [ʃteːk, st-]; (-s, -s) ein Stück Fleisch, das man relativ kurz brät *„Möchten Sie Ihr Steak englisch, medium oder durchgebraten?"* K Rindersteak, Schweinesteak, Filetsteak

**ste·chen★** (*sticht, stach, hat gestochen*) MIT SPITZE, STACHEL USW.: 1 **(etwas) irgendwohin stechen** einen spitzen Gegenstand in eine Oberfläche drücken *„in den Kuchen stechen, um zu sehen, ob er gar ist"* 2 **jemandem (etwas) irgendwohin stechen**; **jemanden (irgendwohin) stechen** eine Person oder sich selbst mit einem spitzen Gegenstand, den Stacheln einer Pflanze o. Ä. verletzen *„Ich habe mir/mich in den Finger gestochen"* | *„Ich habe mich an den Rosen gestochen"* 3 **ein Tier sticht** ein Tier hat einen Stachel, mit dem es Personen verletzen kann ⟨*Bienen, Wespen, Mücken*⟩ K Stechfliege, Stechmücke 4 **ein Tier sticht jemanden** ein Tier verletzt eine Person oder ein anderes Tier mit seinem Stachel *„von einem Skorpion gestochen werden"* 5 **etwas sticht** eine Pflanze hat Dornen oder Stacheln, etwas ist spitz ⟨*Dornen, Disteln, Rosen*⟩ BEIM KARTENSPIEL: 6 **(etwas) stechen** beim Kartenspiel eine Karte spielen, die einen höheren Wert hat als die, die ein anderer gespielt hat ANDERE VERWENDUNGEN: 7 **etwas sticht** etwas ist unangenehm intensiv ⟨*die Sonne; ein stechender Blick, Geruch*⟩ *„ein stechend riechend Gas"*

der **Steck·brief** eine kurze Beschreibung, welche die Polizei von einem Verbrecher gibt, um ihn zu finden

die **Steck·do·se★** ein kleiner Gegenstand mit zwei Öffnungen, der an eine elektrische Leitung angeschlossen ist. Man steckt den Stecker eines Gerätes in die Steckdose, um es mit Strom zu versorgen *„Steckdosen kindersicher machen"*

die **Steck·do·sen·leis·te** ein Gerät, das aus einer Reihe von mehreren Steckdosen besteht. Man steckt es in eine Steckdose in der Wand, um dann mehrere andere Geräte mit Strom versorgen zu können ≈ Mehrfachsteckdose

**ste·cken★** (*steckte, hat/ist gesteckt*) 1 **etwas irgendwohin stecken** (*hat*) etwas durch eine Öffnung (z. B. ein Loch oder einen Spalt) in etwas hineintun *„den Brief in den Umschlag stecken"* | *„das Hemd in die Hose stecken"* 2 **(jemandem) etwas irgendwohin stecken** (*hat*) etwas an dem genannten Platz befestigen *„jemandem einen Ring an den Finger stecken"* 3 **jemanden irgendwohin stecken** *gesprochen* (*hat*) jemanden an den genannten Platz bringen, an dem er bleiben muss ⟨*jemanden ins Gefängnis, ins Bett stecken*⟩ 4 **etwas in etwas** (*Akkusativ*) **stecken** *gesprochen* (*hat*) Geld oder Arbeit in etwas investieren *„sein Geld in ein Geschäft stecken"* 5 **etwas in Brand stecken** (*hat*) etwas anzünden 6 **jemand/etwas steckt irgendwo** (*hat/süddeutsch* Ⓐ Ⓒⓗ *auch ist*) *jemand/etwas ist an dem genannten Ort und bleibt dort „Die Wurzeln stecken fest in der Erde"* | *„im Schnee stecken bleiben"* ❶ In alten Texten findet man noch *stak* als Form des Präteritums. 7 **der Schlüssel steckt (irgendwo)** (*hat/süddeutsch* Ⓐ Ⓒⓗ *auch ist*) *der Schlüssel ist im Schloss* ⟨*den Schlüssel im Schloss, in der Tür stecken lassen*⟩ 8 **jemand/etwas steckt irgendwo** *gesprochen* (*hat*) jemand/etwas ist irgendwo *„Weißt du, wo die Kinder stecken?"* ❶ meist mit *wo* 9 **etwas steckt in jemandem** *gesprochen* (*hat*) jemand hat die genannten Fähigkeiten *„In ihr stecken musikalische Talente!"* 10 **etwas steckt in etwas** (*Dativ*) *gesprochen* (*hat*) etwas wurde für etwas gebraucht, investiert *„In dem Geschäft steckt eine Menge Geld"* 11 **jemand/etwas steckt hinter etwas** (*Dativ*) *gesprochen* (*hat*) jemand ist für etwas verantwortlich, etwas ist die eigentliche Ursache einer Sache *„Dahinter steckt bestimmt die Mafia"* 12 **in Schwierig-**

S

**keiten stecken** *gesprochen* (*hat*) meist finanzielle Schwierigkeiten haben

**stẹ·cken blei·ben**, **stẹ·cken·blei·ben** (*blieb stecken, ist stecken geblieben/steckengeblieben*) **1** *gesprochen* nicht mehr weitersprechen können (weil man vergessen hat, was man sagen wollte) *„Der Schauspieler blieb mitten im Satz stecken"* **2** **etwas bleibt irgendwo stecken** etwas kann sich nicht weiterentwickeln oder nicht fortgesetzt werden *„Das Projekt blieb im Anfangsstadium stecken"* ℹ aber: *im Schlamm stecken bleiben* (immer getrennt geschrieben)

das **Stẹ·cken·pferd** ein Stab (aus Holz) mit einem Pferdekopf, den Kinder als Spielzeug verwenden

der **Stẹ·cker**★ (*-s, -*) **1** mit einem Stecker verbindet man ein elektrisches Gerät mit dem Stromnetz. Ein Stecker ist aus Plastik und hat zwei Stifte aus Metall ⟨*den Stecker in die Steckdose/Wand stecken, (aus der Steckdose) ziehen*⟩ **K** Netzstecker **2** ein kleiner Stecker, mit dem man elektronische Geräte miteinander verbindet **K** Netzwerkstecker, Monitorstecker, USB-Stecker

der **Stẹ·ckerl·fisch** *süddeutsch* Ⓐ ein Fisch (meist eine Makrele), der auf einen Stock gespießt und über einem Feuer gebraten wurde ℹ Steckerlfische gibt es oft auf Dorffesten oder an Ständen, die von Ort zu Ort fahren.

die **Stẹck·na·del** eine Nadel, die man verwendet, um Stoffstücke aneinander zu befestigen, wenn man Kleider näht *„den Saum mit Stecknadeln abstecken"* **K** Stecknadelkopf

der **Steg** (*-(e)s, -e*) **1** vom Ufer von Seen führen oft Stege hinaus aufs Wasser; man kann darauf sitzen und liegen und Boote daran festbinden **2** eine schmale, einfache Brücke (meist aus Holz), auf der man über einen Bach gehen kann

**ste·hen**★ [ˈʃteːən] (*stand, hat/ süddeutsch* Ⓐ Ⓒⓗ *ist gestanden*) AUFRECHT, SENKRECHT: **1** **(irgendwo) stehen** Menschen und Tiere stehen in aufrechter Haltung auf ihren Beinen an einem Ort *„Der Zug war so voll, dass wir von Köln bis Stuttgart stehen mussten"* | *„Wollen wir uns hinsetzen oder stehen bleiben?"* **2** **etwas steht irgendwo** Dinge stehen (senkrecht) an einem Ort *„Auf dem Rathausplatz steht jetzt ein Denkmal"* | *„Die Gläser stehen schon auf dem Tisch"* OHNE BEWEGUNG: **3** **etwas steht** etwas ist nicht mehr in Bewegung oder in Funktion ⟨*eine Maschine, ein Motor, eine Uhr*⟩ **4** **stehen (bleiben)** nicht weitergehen oder -fahren ≈ anhalten *„an einer Ampel stehen (bleiben)"* | *„Wir standen stundenlang im Stau"* **5** **etwas bleibt stehen** ein Mechanismus hört auf, sich zu bewegen oder zu funktionieren *„Meine Uhr ist stehen geblieben"* SCHRIFT: **6** **jemand/etwas steht irgendwo** jemandes Name/etwas ist irgendwo gedruckt oder geschrieben *„Kannst du lesen, was auf dem Wegweiser steht?"* | *„Steht etwas Interessantes in der Zeitung?"* POSITION, STELLUNG: **7** **jemand/etwas steht irgendwo** jemand/etwas befindet sich in der genannten Position, Stellung *„Die Sonne steht schon recht tief und wird bald untergehen"* **8** **Wasser steht irgendwo** Wasser ist an der genannten Stelle (und erreicht die genannte Höhe) *„Nach den starken Regenfällen stand überall das Wasser auf den Wiesen"* **9** **etwas steht auf etwas** (*Dativ*) etwas zeigt durch eine Position eine Zeit, einen Wert o. Ä. an *„Der Zeiger steht auf 120 Kilogramm"* **10** **etwas steht offen** etwas ist geöffnet ⟨*ein Fenster, eine Tür, jemandes Augen, jemandes Mund*⟩ SITUATION, ZUSTAND: **11** **etwas steht irgendwie** in einem Ablauf oder einer Entwicklung ist die genannte Situation erreicht *„Die Aussichten/Chancen für einen Erfolg stehen gut"* **12** **ein Spiel/es steht irgendwie** in einem Spiel haben beide Seiten gerade jeweils die genannte Zahl an Punkten oder Toren *„Nach der ersten Halbzeit steht es 2 : 1 (zwei zu eins)"* **13** **um jemandes Gesundheit/jemanden steht es schlecht** jemand ist sehr krank, in einem schlechten Zustand **14** **jemand/etwas steht vor etwas** (*Dativ*) jemand/etwas ist in einer schwierigen Situation *„Unsere Firma steht vor dem Bankrott/Ruin"* wird wahrscheinlich Bankrott gehen **15** verwendet zusammen mit einem Substantiv, um ein Verb zu umschreiben *„unter Anklage stehen"* angeklagt sein | *„unter Aufsicht stehen"* beaufsichtigt werden | *„etwas steht zur Debatte/Diskussion"* etwas muss debattiert/diskutiert werden EINSTELLUNG, HALTUNG: **16** **auf jemanden/etwas stehen** *gesprochen* jemanden/etwas sehr gut finden (und deshalb haben wollen) **17** **(voll) hinter jemandem stehen** einer Person helfen, ihre Ziele zu erreichen **18** **zu etwas stehen** die Verantwortung für etwas übernehmen, das man getan oder versprochen hat *„Wenn du einen Fehler gemacht hast, solltest du auch dazu stehen"* **19** **zu jemandem stehen** einer Person, die Schwierigkeiten hat, helfen und sie

S

nicht allein lassen *„Trotz der Niederlage steht der Trainer zu seinen Spielern"* SONSTIGE VERWENDUNGEN: **20** **etwas steht jemandem** etwas passt gut zu Figur oder Aussehen einer Person ⟨*ein Kleidungsstück, eine Farbe, eine Frisur, eine Brille*⟩ *„Steht mir diese Bluse?"* **21** **etwas steht auf etwas** (*Akkusativ*) für eine Tat gibt es die genannte Strafe *„Auf Steuerhinterziehung stehen hohe Geldstrafen"* **ID** **Na, wie steht's?** *gesprochen* verwendet, um eine Person zu fragen, wie es ihr geht

**ste·hen·blei·ben** ≈ stehen bleiben

**ste·henlas·sen**, **ste·hen·las·sen** (*ließ stehen, hat stehen lassen/stehenlassen*) **1** **etwas stehen lassen** etwas nicht (ganz) essen *„Wenn Ihnen der Kuchen nicht schmeckt, können Sie ihn ruhig stehen lassen"* **2** **etwas irgendwo stehen lassen** etwas irgendwo vergessen und nicht mitnehmen *„Ich habe meinen Schirm im Geschäft stehen lassen"* **3** **jemanden stehen lassen** meist aus Ärger ein Gespräch mit jemandem plötzlich beenden und weggehen ❶ a) Im Perfekt gesprochen auch *hat stehen gelassen*; b) → auch **stehen**

die **Steh·lam·pe** eine Lampe, die auf dem Boden oder einem Tisch steht (und nicht an der Decke hängt)

**steh·len** ★ (*stiehlt, stahl, hat gestohlen*) **1** **((jemandem) etwas) stehlen** einer Person etwas (meist heimlich) nehmen und für sich behalten *„jemandem das Fahrrad stehlen"* | *„Ich glaube, er stiehlt"* **2** **jemand/etwas stiehlt (einer Person) etwas** eine Person oder Sache verhindert, dass eine Person etwas hat oder bekommt *„Die Sorgen stahlen ihm den Schlaf"*

der **Steh·platz** ein Platz (z. B. im Bus oder in einem Stadion) ohne Sitz

**steif** ★ ADJEKTIV **1** ziemlich hart, sodass man die Form nur schwer verändern kann ⟨*ein Kragen, Pappe; etwas ist steif gefroren; etwas ist steif wie ein Brett*⟩ ↔ weich **2** so, dass man es nicht oder nur schwer oder unter Schmerzen bewegen kann *„Seit dem Unfall hat er ein steifes Bein"* **3** angespannt und verkrampft und nicht sehr schön anzusehen ⟨*ein Gang, eine Haltung, Bewegungen*⟩ **4** sehr streng den gesellschaftlichen Regeln entsprechend ⟨*eine Atmosphäre*⟩ ≈ förmlich ↔ locker *„Bei dem Empfang ging es sehr vornehm und steif zu"* **5** **etwas steif schlagen** Eiweiß, Sahne o. Ä. so schnell rühren, dass sie zu Schaum oder fest werden • *zu* (1 – 4) **Steif·heit** *die*

**steif·schla·gen** ≈ steif schlagen

der **Steig·bü·gel** einer der zwei Bögen aus Metall, in die man die Füße steckt, wenn man auf einem Pferd sitzt

**stei·gen** ★ (*stieg, ist gestiegen*) **1** **irgendwohin steigen** an einen Ort gehen (vor allem klettern), der höher oder tiefer liegt ⟨*auf einen Berg, einen Turm, aufs Dach steigen; von einem Berg ins Tal, vom Dach steigen*⟩ **2** **irgendwohin steigen** sich mit einer Bewegung an/auf einen anderen Platz bringen *„aufs Fahrrad steigen"* | *„vom Pferd steigen"* | *„ins/aus dem Auto steigen"* **3** **jemand/etwas steigt** jemand bewegt sich (in einem Flugzeug o. Ä.)/etwas bewegt sich (meist durch die Luft) nach oben ⟨*ein Flugzeug, der Nebel; der Rauch steigt in die Luft; Drachen steigen lassen*⟩ *„Der Duft der angebratenen Zwiebeln stieg ihr in die Nase"* **K** Steigflug **4** **etwas steigt** etwas wird (im Niveau, Umfang oder Wert) höher oder größer ⟨*das Wasser, die Leistung, die Aktien, die Preise*⟩ ↔ sinken **5** **(jemandem) auf etwas** (*Akkusativ*) **steigen** *gesprochen* auf etwas treten *„auf die Bremse/aufs Gas steigen"* | *„jemandem auf den Fuß steigen"* **6** **in etwas** (*Akkusativ*) **steigen** *gesprochen* etwas anziehen, indem man bei den Füßen beginnt ⟨*in die Hose, in die Kleider steigen*⟩

**stei·gern** ★ (*steigerte, hat gesteigert*) **1** **etwas steigern** bewirken, dass etwas besser, größer, intensiver wird ⟨*die Leistung, die Produktion steigern*⟩ ≈ erhöhen *„Kleine Fehler steigern oft den Wert von Briefmarken"* **2** **etwas steigern** die Formen eines Adjektivs oder Adverbs bilden, mit denen man einen Vergleich ausdrückt ⟨*ein Adjektiv steigern*⟩ *„Gut" steigert man mit den Formen „besser" und „am besten"* **3** **etwas steigert sich** etwas wird besser oder intensiver ⟨*etwas steigert sich im Tempo*⟩ **4** **jemand steigert sich** eine Person verbessert die eigenen Leistung ⟨*jemand steigert sich notenmäßig, in der Leistung*⟩ • *hierzu* **stei·ger·bar** ADJEKTIV

die **Stei·ge·rung** ★ (-, *-en*) **1** ein Vorgang, durch den etwas besser, größer oder intensiver wird *„eine Steigerung des Umsatzes anstreben"* **K** Steigerungsrate; Leistungssteigerung, Umsatzsteigerung, Wertsteigerung **2** das Steigern von Adjektiven bzw. die Form, die so entsteht **K** Steigerungsform, Steigerungsstufe • *hierzu* **stei·ge·rungs·fä·hig** ADJEKTIV die **Stei·gung** (-, *-en*) **1** der Grad, in dem etwas (z. B. ein Weg) höher oder steiler wird *„Die Straße zum Pass hat eine Steigung von 14 %"* **K** Steigungswinkel **2** eine Strecke mit einem Weg, der nach oben geht *„an der Steigung in einen niedrigeren Gang schalten"*

**steil★** *ADJEKTIV* wenn etwas steil ist, ist es sehr schräg oder fast senkrecht *„Die Straße stieg steil an"* | *„Der Hang fiel steil ab"* | *„Er schoss den Ball steil in die Luft"* **K** Steildach, Steilhang, Steilküste • *hierzu* **Steil·heit** *die*

der **Stein★** (-(e)s, *-e*) **1** *nur Singular* das harte Material, aus dem Berge bestehen ⟨*hart wie Stein; etwas in Stein hauen, meißeln*⟩ **K** Steinblock, Steinboden, Steinbrocken; Kalkstein, Naturstein **2** ein relativ kleines Stück Stein *„Auf dem Acker liegen viele Steine"* **K** Steinhaufen, Steinwüste; Kieselstein, Pflasterstein, Grabstein **3** aus rechteckigen Steinen (Ziegeln oder Steinbrocken) baut man Mauern, Häuser und andere stabile Bauwerke **K** Steinhaus; Ziegelstein **4** ein einzelner, großer, harter Kern in einer Frucht *„der Stein in einem Pfirsich/in einer Pflaume"* **K** Steinobst **5** Kurzwort für *Edelstein* **6** Steine entstehen manchmal in Organen und verursachen starke Schmerzen **K** Gallenstein, Nierenstein **7** ein kleiner, meist runder Gegenstand, mit dem man bei Brettspielen spielt ⟨*einen Stein legen, ziehen*⟩ **K** Dominostein, Spielstein **ID** **jeden Stein umdrehen** überall intensiv suchen; **jemandem fällt ein Stein vom Herzen** jemand ist sehr erleichtert

der **Stein·bock** **1** ein Tier mit langen, nach hinten gebogenen Hörnern, das auf hohen Bergen lebt **2** *nur Singular* das Sternzeichen für die Zeit vom 22. Dezember bis 19. Januar **3** eine Person, die in der Zeit vom 22. Dezember bis 19. Januar geboren ist *„Sie ist (ein) Steinbock"*

S

der **Stein·bruch** eine Stelle, an der man Steine von den Felsen bricht (um Baumaterial zu gewinnen)

**stei·nern** *ADJEKTIV* **1** *meist attributiv* aus Stein ⟨*ein Boden*⟩ **2** ohne Gefühle ⟨*jemandes Herz, jemandes Miene*⟩

**stei·nig** *ADJEKTIV* **1** mit vielen Steinen ⟨*ein Weg, ein Gelände, ein Acker*⟩ **2** mit vielen Schwierigkeiten *„Bis zum Abitur hast du noch einen steinigen Weg vor dir"*

der **Stein·metz** (*-en, -en*) eine Person, die beruflich Steine bearbeitet

der **Stein·pilz** ein essbarer Pilz mit hellbrauner Kappe und dickem Stiel

**stein·reich** *ADJEKTIV; gesprochen* sehr reich

der **Stein·schlag** *meist Singular* das Abstürzen von Steinen, die sich von großen Felsen lösen und den Berg hinabrollen

die **Stein·zeit** *nur Singular* die (lange vergangene) Zeit, während welcher die Menschen Waffen und Werkzeuge aus Steinen machten **K** Steinzeitmensch • *hierzu* **stein·zeit·lich** *ADJEKTIV*

die **Stel·le★** (-, *-n*) ORT, PLATZ: **1** ein Ort, Punkt oder Platz, an dem eine Person oder Sache ist oder an dem etwas geschieht *„sich an der vereinbarten Stelle treffen"* **K** Feuerstelle, Unfallstelle; Bruchstelle **2** eine kleine Fläche am Körper oder an einem Gegenstand, die sich von ihrer Umgebung unterscheidet, weil dort ein Schaden oder eine Wunde ist ⟨*eine entzündete, geschwollene, gerötete Stelle auf der Haut*⟩ *„eine abgenutzte Stelle am Teppich"* **K** Druckstelle, Roststelle **3** der Platz, an dem eine Ziffer in einer Zahl steht ⟨*die erste, zweite, dritte Stelle*⟩ *„etwas bis auf zwei Stellen hinter/nach dem Komma genau ausrechnen"* POSITION: **4** die Position in einer Firma oder in einer Institution, in der man arbeitet ⟨*eine freie, offene Stelle; sich um eine Stelle bewerben; eine Stelle suchen, finden, bekommen, verlieren*⟩ *„Er hat eine Stelle als Verkäufer in einem Kaufhaus"* **K** Stellenangebot, Stellenanzeige, Stellenstreichungen; Assistentenstelle; Aushilfsstelle, Planstelle **5** die Position einer Person oder Sache in einer Reihenfolge oder Rangordnung *„im Wettrennen an erster Stelle sein/liegen"* SONSTIGE VERWENDUNGEN: **6** ein relativ kurzer Teil in einem Text oder einem musikalischen Werk *„eine Stelle aus einem Buch zitieren"* **K** Bibelstelle, Textstelle **7** **eine Stelle (für etwas)** eine Institution oder eine Abteilung, die im genannten Bereich arbeitet, bzw. ihr Büro ⟨*eine staatliche, kirchliche Stelle*⟩ **K** Beratungsstelle, Dienststelle, Geschäftsstelle **ID** **an jemandes Stelle** **a** (stellvertretend) für eine Person, um deren Aufgabe o. Ä. zu übernehmen *„Kannst du bitte an meiner Stelle auf die Kinder aufpassen?"* **b** in jemandes Lage, Situation *„An deiner Stelle wäre ich vorsichtig!"*; **auf der Stelle** *gesprochen* ≈ sofort *„Du kommst jetzt auf der Stelle her!"*

**stel·len★** (*stellte, hat gestellt*) ORT, LAGE: **1** **sich irgendwohin stellen** an eine Stelle gehen und dort stehen (bleiben) *„sich ans Fenster stellen"* **2** **jemanden/etwas irgendwohin stellen** eine Person oder Sache an eine Stelle bringen, wo sie dann steht *„die Blumen in eine Vase stellen"* | *„den Staubsauger in die Ecke stellen"* **3** **etwas kalt/warm stellen** etwas an einen Ort bringen, wo es kalt/warm bleibt oder wird *„Hast du den Sekt schon kalt gestellt?"* FUNKTION, ZUSTAND: **4** **etwas stellen** ein (technisches) Gerät in die Position bringen, in der es seine Funktion erfüllt ⟨*die Weichen, das Signal stellen*⟩ **5** **etwas irgendwie stellen** die Funktion eines (technischen) Gerätes verändern *„Kannst du das Radio nicht etwas leiser stellen?"* **6** **eine Uhr stellen** die Zeit, die eine Uhr anzeigt, ändern und so korrigieren **7** **den Wecker (auf** *+Uhrzeit*) **stellen** den Wecker so einstellen, dass er zu der genannten Uhrzeit läutet *„Er stellte den Wecker auf sieben Uhr"* MIT PRÄPOSITION: **8** **eine Person/Sache stellt jemanden/etwas irgendwohin** drückt aus, dass eine Person oder Sache in eine Position oder Situation kommt, in der etwas gilt oder geschieht *„etwas stellt hohe Anforderungen an jemanden/etwas"* hohe Anforderungen gelten in einer Situation für jemanden/etwas | *„etwas unter Strafe stellen"* etwas verbieten und eine Strafe dafür festlegen | *„jemanden vor Gericht stellen"* jemanden vor Gericht beschuldigen, etwas getan zu haben | *„etwas stellt jemanden vor Probleme"* etwas konfrontiert jemanden mit Problemen | *„sich zur Wahl stellen"* für eine Wahl kandidieren VORGANG, SITUATION: **9** **sich jemandem/etwas stellen** bereit sein, mit jemandem zu sprechen und unangenehme Fragen zu beantworten *„Nach der Gerichtsverhandlung stellte sich der Schauspieler den wartenden Journalisten"* **10** **sich (der Polizei) stellen** zur Polizei gehen und sagen, dass man etwas Verbotenes getan hat **11** **jemanden stellen** eine Person, die flieht, dazu zwingen, stehen zu bleiben, damit man sie festnehmen kann *„Nach kurzer Flucht wurde der Bankräuber von der Polizei gestellt und festgenommen"* **12** **(einer Person) jemanden/etwas (zur Verfügung) stellen** dafür sorgen, dass Personen, Geräte, Kleider o. Ä. für einen Zweck da sind *„Das Stadttheater stellte den Laienschauspielern die Kostüme"* **13** **(jemandem) etwas stellen** in Worte fassen, was man von einer Person will oder was sie tun soll ⟨*(jemandem) eine Aufgabe, eine Bedingung, eine Forderung, ein Ultimatum stellen; einen Antrag stellen*⟩ *„Er hat Strafanzeige gegen den Mann gestellt, der ihn beleidigt hat"* **14** **etwas stellen** aufgrund von Informationen zu einem Ergebnis kommen und dies zusammenfassen ⟨*eine Diagnose, eine Prognose stellen; jemandem ein Horoskop, eine Rechnung stellen*⟩ **15** **etwas stellen** zusammen mit einem Substantiv verwendet, um ein Verb zu umschreiben *„(jemandem) eine Frage stellen"* (jemanden) etwas fragen | *„jemandem etwas in Rechnung stellen"* jemandem etwas berechnen ZUR TÄUSCHUNG: **16** **sich irgendwie stellen** so tun, als wäre etwas der Fall ⟨*sich blind, dumm, schlafend, taub, tot stellen*⟩

der **Stẹl·len·wert** die Bedeutung, die jemand/etwas innerhalb eines Systems o. Ä. hat ⟨*jemand/etwas hat, besitzt einen hohen, niedrigen Stellenwert*⟩

**-stel·lig** *im Adjektiv, unbetont, begrenzt produktiv* **einstellig, zweistellig, dreistellig, vierstellig, mehrstellig** *und andere* mit der genannten Zahl oder Menge von Ziffern ⟨*eine Zahl, eine Summe*⟩

der **Stẹll·platz** ein Platz, den man mieten kann, um dort ein Fahrzeug hinzustellen **K** Tiefgaragenstellplatz

die **Stẹl·lung★** (-, *-en*) **1** die Art und Weise, wie man den Körper hält ⟨*eine Stellung einnehmen*⟩ **2** die Lage einer Sache in Bezug auf ihre Umgebung ≈ Position *„Wenn der Schalter in dieser Stellung ist, fließt Strom"* **K** Schalterstellung, Signalstellung, Weichenstellung **3** die Position, in der jemand in einer Firma/Institution arbeitet *„eine Stellung als Chauffeur"*

die **Stẹl·lung·nah·me** die Meinung, die jemand zu einem Thema hat und (meist öffentlich) sagt ⟨*eine Stellungnahme abgeben*⟩

der **Stẹll·ver·tre·ter★** eine Person, die für eine kurze Zeit die Aufgabe einer anderen Person (meist des Chefs) übernimmt • *hierzu* **Stẹll·ver·tre·te·rin** *die*

das **Stẹll·werk** ein Gebäude, von dem aus die Signale und die Weichen für die Züge gestellt werden

die **Stẹl·ze** (-, *-n*); *meist Plural* eine von zwei Stangen, an denen Teile (Stützen) befestigt sind, auf denen man gehen kann

**stẹm·men** (*stemmte, hat gestemmt*) **1** **etwas stemmen** etwas mit viel Kraft über den Kopf nach oben drücken ⟨*Gewichte stemmen*⟩ **2** **etwas/sich irgendwohin stemmen** etwas/sich (meist mit viel Kraft) gegen etwas drücken *„sich gegen die Tür stemmen"*

der **Stẹm·pel★** (-*s*, -) **1** ein kleiner Gegenstand,

S

mit dem man eine Schrift oder Zeichen auf Papier druckt **K** Stempelfarbe; Datumsstempel, Firmenstempel **2** der Text, die Symbole o. Ä., die mit einem Stempel auf Papier gedruckt werden *„ein Stempel im Pass/auf dem Briefumschlag"* **K** Poststempel **3** der mittlere Teil einer Blüte (der die weiblichen Samen produziert)

das **Stem·pel·kis·sen** ein Stück Filz mit feuchter Farbe in einem kleinen Kästchen, in das man einen Stempel drückt, damit er Farbe bekommt

**stem·peln** (*stempelte, hat gestempelt*) **1 etwas stempeln** mit einem Stempel Zeichen auf etwas drucken ⟨*eine Urkunde, ein Formular, einen Brief, eine Postkarte stempeln*⟩ *„ein Visum in einen Pass stempeln"* **2 (etwas) stempeln** *gesprochen* die Fahrkarte an einem Automaten entwerten

die **Step·pe** (-, *-n*) ein großes, flaches Gebiet (in trockenem Klima), auf dem fast nur Gras wächst (z. B. die Prärie in Nordamerika) **K** Steppengras

der **Stepp·tanz** ein Tanz, bei dem man viele schnelle und kleine Schritte macht und mit den Schuhen im Rhythmus auf den Boden schlägt • *hierzu* **Stepp·tän·zer** *der*

die **Ster·be·hil·fe** **1 aktive Sterbehilfe** etwas tun, damit eine Person, die todkrank ist und sterben will, schnell stirbt **2 passive Sterbehilfe** nichts tun, was das Leben einer Person, die sehr krank ist und sterben will, künstlich verlängert

**ster·ben**★ (*stirbt, starb, ist gestorben*) **1** aufhören zu leben ⟨*nach langem Leiden, durch einen Unfall, durch einen Mord sterben*⟩ *„Goethe starb 1832 in Weimar im Alter von 83 Jahren"* **2 an etwas** (*Dativ*) **sterben** aus dem genannten Grund sterben ⟨*an Krebs, an Malaria, an einem Herzinfarkt, an Altersschwäche sterben; an den Folgen eines Unfalls, einer Verletzung sterben*⟩ **3 für jemanden/etwas sterben** wegen einer Person/Sache (z. B. einer Idee, einer Überzeugung) getötet werden ⟨*für das Vaterland, für die Freiheit sterben*⟩ **4 vor etwas** (*Dativ*) **sterben** *gesprochen* etwas in hohem Maße empfinden ⟨*vor Angst, Hunger, Durst, Sehnsucht sterben; vor Neugier, Ungeduld, Langeweile* (*fast*) *sterben*⟩

**sterb·lich** *ADJEKTIV* **ID sterblich sein** einmal sterben müssen, nicht ewig leben können; **jemandes sterbliche Überreste** *geschrieben* der Körper eines Toten *„jemandes sterbliche Überreste der Erde anvertrauen"*

S

das **Ste·reo** ['ʃt-, 'st-]; (*-s*) eine Technik, Musik usw. so wiederzugeben, dass der Klang aus zwei Richtungen kommt und so räumlich wirkt ⟨*etwas in Stereo aufnehmen, senden*⟩ ↔ Mono **K** Stereolautsprecher

die **Ste·reo·an·la·ge** ['ʃt-, 'st-] eine Anlage aus einem Verstärker, einem Radio, einem CD-Player und einem Lautsprecher, mit der man Musik in Stereo hören kann

**ste·reo·typ** [-'ty:p] *ADJEKTIV; geschrieben* immer wieder in derselben Form (und daher nicht originell) ⟨*Antworten, Phrasen; stereotyp dieselben Worte wiederholen*⟩

**ste·ril** *ADJEKTIV* **1** frei von gefährlichen Bakterien und anderen kleinen Lebewesen ⟨*Instrumente, Tücher, ein Verband*⟩ ≈ keimfrei **2** nicht fähig, Kinder (bzw. Junge) zu bekommen oder zu zeugen ≈ unfruchtbar

**ste·ri·li·sie·ren** (*sterilisierte, hat sterilisiert*) **1 etwas sterilisieren** etwas steril machen *„die Instrumente für die Operation sterilisieren"* | *„sterilisierte Milch"* **2 jemanden sterilisieren** Menschen oder Tiere so operieren, dass sie keine Kinder/keine Junge mehr zeugen oder bekommen können *„die Katze sterilisieren lassen"* • *zu* (1) **Ste·ri·li·sa·ti·on** *die; zu* (2) **Ste·ri·li·sie·rung** *die*

der **Stern**★ (*-(e)s, -e*) **1** einer der kleinen hellen Punkte, die man nachts am Himmel sehen kann ⟨*die Sterne stehen am Himmel; Sonne, Mond und Sterne*⟩ *„In einer klaren Nacht ist der Himmel mit Sternen übersät"* **2** ein Stern, der selbst leuchtet, wie z. B. die Sonne **3** eine Figur mit meist fünf Zacken, die einen Stern darstellt *„die Sterne auf der Flagge der USA"* **K** Strohstern, Weihnachtsstern **4** ein Stern als Symbol für hohe Qualität *„ein Hotel mit fünf Sternen"* **K** Viersternehotel, Dreisternelokal; Sternekoch **ID Sterne sehen** *gesprochen* ein flimmerndes Licht vor den Augen sehen, vor allem nach einem Schlag auf den Kopf • *zu* (3) **stern·för·mig** *ADJEKTIV*

das **Stern·bild** eine Gruppe von Sternen am Himmel, in denen man eine Figur erkennen kann *„Das Sternbild des Großen Wagens"*

die **Stern·schnup·pe** (-, *-n*) wenn Brocken aus dem Weltall zur Erde fallen und dabei verbrennen, sieht man nachts eine Sternschnuppe am Himmel

die **Stern·stun·de** *geschrieben* ein Ereignis, das für die weitere Entwicklung sehr positiv ist *„Die Erfindung des Buchdrucks war eine der Stern-*

*stunden der Menschheit"*

die **Stern·war·te** (-, *-n*) ein Gebäude, von dem aus Wissenschaftler die Sterne beobachten ≈ Observatorium

das **Stern·zei·chen★** eines der zwölf Symbole, die ihren Namen von Gruppen von Sternen haben, von denen manche Leute glauben, dass sie Einfluss auf das Schicksal der Menschen hätten *„im Sternzeichen des Stiers geboren "* | *„Welches Sternzeichen hast du?" – „Ich bin Wassermann."* ⓘ Die zwölf Sternzeichen sind: Wassermann, Fische, Widder, Stier, Zwillinge, Krebs, Löwe, Jungfrau, Waage, Skorpion, Schütze und Steinbock

**ste·tig** *ADJEKTIV meist attributiv* gleichmäßig und ohne Unterbrechung ⟨*etwas steigt, wächst, sinkt stetig; etwas nimmt stetig ab*⟩ • *hierzu* **Ste·tig·keit** *die*

**stets★** *ADVERB; geschrieben* sehr oft, zu jeder Zeit ≈ immer *„Die Opposition hat stets mehr Geld für den staatlichen Wohnungsbau gefordert"*

das **Steu·er**[1]★; (*-s, -*) **1** der Teil eines Fahrzeugs, mit dem der Fahrer die Richtung bestimmt, in die das Fahrzeug sich bewegt (beim Auto das Lenkrad, beim Boot das Ruder) ⟨*am Steuer sitzen*⟩ **K** Steuerrad **2** **am/hinter dem Steuer sitzen** Auto fahren

die **Steu·er**[2]★; (*-, -n*) Steuern zahlt man (vom Einkommen, beim Einkauf usw.) an den Staat ⟨*die Steuern erhöhen, senken; jemand/etwas ist von der Steuer befreit*⟩ **K** Steuererhöhung, Steuersenkung; Einkommen(s)steuer, Hundesteuer, Kraftfahrzeugsteuer, Lohnsteuer, Mehrwertsteuer

der **Steu·er·be·ra·ter** eine Person, die beruflich für Geschäfte, Firmen und Privatpersonen ausrechnet, wie viel Steuern sie zahlen müssen und wie sie Steuern sparen können • *hierzu* **Steu·er·be·ra·te·rin** *die*

der **Steu·er·be·scheid** ein Brief, mit welchem das Finanzamt mitteilt, wie viel Steuern man zahlen muss

(das) **Steu·er·bord** *meist ohne Artikel; nur Singular* die rechte Seite eines Schiffs oder Flugzeugs, wenn man nach vorne blickt ↔ Backbord

die **Steu·er·er·klä·rung** Angaben für das Finanzamt über Gehalt, Ausgaben usw. im abgelaufenen Jahr (zur genauen Festlegung der Steuern) ⟨*die Steuererklärung machen, abgeben*⟩ *„Die Steuererklärung ist bald wieder fällig!"* **K** Einkommen(s)steuererklärung

**steu·er·frei★** *ADJEKTIV* so, dass man keine Steuern dafür zahlen muss ⟨*Beträge*⟩ *„Niedrige Einkommen bis zu einer bestimmten Höhe sind steuerfrei"*

die **Steu·er·gel·der** *Plural* das gesamte Geld, das ein Staat an Steuern einnimmt

der **Steu·er·mann** eine Person, die ein Boot oder ein Schiff steuert

**steu·ern★** (*steuerte, hat/ist gesteuert*) **1** **(etwas) steuern** (*hat*) so lenken, dass ein Fahrzeug sich in die gewünschte Richtung bewegt ⟨*ein Auto, ein Flugzeug, ein Schiff steuern*⟩ ≈ lenken **2** **etwas steuern** (*hat*) bestimmen, wie sich etwas entwickelt oder wie es verläuft ⟨*eine Entwicklung, ein Gespräch, eine Unterhaltung, einen Prozess steuern*⟩ **3** **etwas steuert etwas** (*ist*) etwas bewirkt, dass in einem System oder in einer Maschine Prozesse regelmäßig ablaufen *„eine elektronisch gesteuerte Rechenanlage"* **4** **irgendwohin steuern** (*ist*) die Richtung wählen, in die man sich bewegen will *„Das Flugzeug steuerte nach Süden"*

**steu·er·pflich·tig** *ADJEKTIV* so, dass man (dafür) Steuern zahlen muss ⟨*ein Einkommen, ein Gewinn*⟩

der **Steu·er·zah·ler** (*-s, -*) **1** eine Person, die Steuern zahlen muss **2** **der Steuerzahler** der normale Bürger • *zu* (1) **Steu·er·zah·le·rin** *die*

der **Ste·ward** ['stju:ɐt, 'ʃtu:-]; (*-s, -s*) **1** ein Mann, der sich beruflich auf Schiffen um die Passagiere kümmert **2** *gesprochen, oft abwertend* ≈ Flugbegleiter • *hierzu* **Ste·war·dess** ['stju:ɐdɛs, 'ʃtu:-, -'dɛs] *die*; (-, *Ste·war·des·sen*)

das **StGB** [ɛstege'be:]; (-) Abkürzung für *Strafgesetzbuch*

**sti·bit·zen** (*stibitzte, hat stibitzt*) **(jemandem) etwas stibitzen** *gesprochen, humorvoll* einer anderen Person etwas (von meist geringem Wert) wegnehmen, ohne dass diese es bemerkt

der **Stich★** (*-(e)s, -e*) **1** die Verletzung, die man bekommt, wenn man mit einem spitzen Gegenstand oder von einem Insekt gestochen wird **K** Stichwunde; Messerstich, Bienenstich, Mückenstich **2** ein kurzer, starker Schmerz *„vom schnellen Laufen Stiche in der Seite bekommen"* **3** das Stück Faden, das beim Nähen zwischen zwei Löchern (im Stoff) bleibt ⟨*mit großen Stichen nähen*⟩ **K** Zierstich **4** die Karten, die derjenige Spieler beim Kartenspielen bekommt,

S

der die Karte mit dem höchsten Wert auf den Tisch gelegt hat ⟨*einen Stich machen, bekommen*⟩ **5** **ein Stich ins Gelbe/Grüne/...** so, dass eine Farbe in eine andere Farbe übergeht *„blau mit einem Stich ins Violette"* **ID** **jemand hat einen Stich** jemand ist ein bisschen verrückt; **etwas hat einen Stich** etwas ist leicht verdorben und schmeckt deshalb nicht mehr gut ⟨*die Suppe, die Milch, die Sahne*⟩; **jemanden im Stich lassen** einer Person, die man gut kennt, in einer schwierigen Situation nicht helfen; **etwas im Stich lassen** von etwas weggehen und sich nicht mehr darum kümmern

**sti·cheln** (*stichelte, hat gestichelt*) **(gegen jemanden) sticheln** *abwertend* kleine böse Bemerkungen über eine Person machen, um sie zu ärgern

die **Stich·flam·me** eine helle Flamme, die kurz in die Höhe schießt (z. B. wenn etwas explodiert)

**stich·hal·tig** *ADJEKTIV* ⟨*ein Argument, eine Begründung*⟩ so gut, dass sie nicht durch andere Argumente widerlegt werden können • *hierzu* **Stich·hal·tig·keit** *die*

die **Stich·pro·be** ein Test, den man an einer kleinen repräsentativen Teilmenge macht, um so Informationen über das Ganze zu gewinnen ⟨*Stichproben machen, vornehmen*⟩ • *hierzu* **stich·pro·ben·wei·se** *ADVERB*

der **Stich·punkt** Stichpunkte sind einzelne Wörter und unvollständige Sätze, mit denen man die wichtigsten Inhalte z. B. eines Vortrags notiert ≈ Stichwort

**sticht** *Präsens, 3. Person Singular* → stechen

der **Stich·tag** ein (festgesetzter) Tag, den man als Grundlage für eine Berechnung o. Ä. nimmt *„Der 1. Januar ist oft der Stichtag für das Inkrafttreten neuer Gesetze"*



die **Stich·wahl** eine Wahl, bei der zwischen den zwei Kandidaten entschieden wird, die vorher die meisten Stimmen (aber nicht die absolute Mehrheit) hatten

das **Stich·wort**[1] ★; (-(*e*)*s, Stich·wör·ter*) ein Wort, das in einem Lexikon oder Wörterbuch erklärt wird *„ein Wörterbuch mit 66000 Stichwörtern"*

das **Stich·wort**[2] ★; (-(*e*)*s, Stich·wor·te*) **1** ein Wort, das für einen Schauspieler das Signal ist, auf die Bühne zu gehen oder etwas zu sagen ⟨*das Stichwort für jemandes Auftritt*⟩ **2** *meist Plural* ⟨*etwas in Stichworten festhalten*⟩ ≈ Stichpunkt • *zu* (2) **stich·wort·ar·tig** *ADJEKTIV*

der **Stick** [stɪk]; (*-s, -s*) ein kleines transportables Gerät, auf dem man Daten speichert oder das einen Computer per Funk mit dem Internet verbindet **K** USB-Stick; Internetstick

**sti·cken** (*stickte, hat gestickt*) **(etwas) sticken** mit einer Nadel und mit einem Faden Muster auf ein Stück Stoff machen *„Blumen auf eine Tischdecke sticken"* **K** Stickgarn, Stickmuster

**sti·ckig** *ADJEKTIV* **1** ⟨*Luft*⟩ verbraucht und mit schlechtem Geruch **2** ⟨*ein Raum, ein Zimmer*⟩ voll warmer und verbrauchter Luft

der **Stick·stoff** *nur Singular* ein Gas ohne Farbe und Geruch, das in großen Mengen in der Luft vorkommt **i** chemisches Zeichen: *N*

**Stief-** *im Substantiv, betont, nicht produktiv* **die Stiefmutter, der Stiefbruder, die Stiefgeschwister, das Stiefkind, die Stiefschwester, der Stiefsohn, die Stieftochter, der Stiefvater** nicht durch die Geburt mit einer Person oder miteinander verwandt, sondern dadurch, dass eine Person mit verschiedenen Partnern Kinder hat

der **Stie·fel** ★ (*-s, -*) Stiefel sind Schuhe, die auch einen Teil des Beines bedecken ⟨*ein Paar Stiefel*⟩ *„für den Spaziergang im Regen die Stiefel anziehen"* **K** Gummistiefel, Reitstiefel, Winterstiefel

die **Stie·fe·let·te** (*-, -n*) ein meist kurzer, eleganter Stiefel, welcher den Fuß und die Knöchel bedeckt

das **Stief·kind** ein Kind des Ehepartners, das dieser aus einer früheren Ehe hat

**stieg** *Präteritum, 1. und 3. Person Singular* → steigen

**stiehlt** *Präsens, 3. Person Singular* → stehlen

der **Stiel** ★ (*-(e)s, -e*) **1** der lange, feste, meist gerade Teil von z. B. Werkzeugen und Pfannen, an dem man sie hält *„Der Stiel des Hammers ist abgebrochen"* **K** Stielkamm; Besenstiel, Pfannenstiel **i** für (*Stiel*)*Topf* → Abbildung, S. 489: **Behälter und Gefäße**. Ein *Griff* ist meistens kürzer als ein *Stiel*. Ein *Henkel* ist rund oder gebogen (wie z. B. an einem Eimer). **2** der lange, dünne Teil von Blumen, an dem die Blätter und Blüten wachsen ≈ Stängel *„rote Rosen mit langen Stielen"* **K** Blumenstiel **3** das kleine Stück Holz, an dem eine Frucht am Baum oder am Strauch hängt *„Er aß den Apfel mitsamt Stiel"* **K** Pflaumenstiel **4** der dünne, lange Teil, der bei Wein- und Sektgläsern den oberen Teil mit dem unteren (auf dem das Glas steht) verbindet *„das Weinglas am Stiel halten"* K Stielglas • *zu* (2,4) **lang·stie·lig** *ADJEKTIV*

der **Stier** (-(e)s, -e) 1 das erwachsene männliche Rind, das fähig ist, Junge zu zeugen ≈ Bulle 2 *nur Singular* das Sternzeichen für die Zeit vom 21. April bis 20. Mai 3 eine Person, die in der Zeit vom 21. April bis 20. Mai geboren ist *„Sie ist (ein) Stier"*

**stieß** *Präteritum, 1. und 3. Person Singular* → stoßen

der **Stift**★; (-(e)s, -e) 1 Stifte sind kleine Stäbe; man steckt sie z. B. in Bretter, um diese miteinander zu verbinden *„die Seitenwände des Schrankes mit Stiften an der Bodenplatte befestigen"* K Metallstift 2 mit Stiften, die eine farbige Spitze haben, schreibt und zeichnet man ⟨*die Stifte spitzen*⟩ K Bleistift, Buntstift, Filzstift

**stif·ten** (*stiftete, hat gestiftet*) 1 **etwas stiften** etwas gründen und das nötige Geld dafür geben ⟨*ein Kloster, ein Krankenhaus, ein Forschungszentrum stiften*⟩ 2 **etwas (für etwas) stiften** Geld oder Dinge für einen meist wohltätigen Zweck geben ≈ spenden *„Für das Rennen hatte der Bürgermeister mehrere Preise gestiftet"* 3 **jemand/etwas stiftet etwas** jemand/etwas verursacht den genannten Zustand ⟨*Unruhe, Verwirrung, Chaos, Frieden stiften*⟩ • *zu* (1,2) **Stif·ter** *der; zu* (1,2) **Stif·te·rin** *die*

die **Stif·tung**★ (-, -en) 1 eine Organisation, die mit dem Geld, das ihr gegeben wurde, soziale Aufgaben erfüllt ⟨*eine private, öffentliche, wohltätige Stiftung*⟩ 2 eine sehr hohe Summe Geld, die jemand für einen guten Zweck gegeben hat und aus der andere Menschen regelmäßig unterstützt werden *„ein Stipendium aus einer Stiftung erhalten"*

der **Stil**★ [ʃtiːl, stiːl]; (-(e)s, -e) 1 die Art und Weise, in der jemand spricht oder schreibt ⟨*ein flüssiger, holpriger, schlechter Stil; einen eleganten, lebendigen, eigenwilligen, gepflegten Stil haben*⟩ K Stilebene; Sprachstil, Schreibstil 2 die Art, in der ein Kunstwerk o. Ä. gemacht ist, vor allem wenn sie typisch für den Künstler oder für eine Epoche ist ⟨*der gotische, klassizistische, impressionistische Stil; einen neuen, eigenen, persönlichen Stil entwickeln*⟩ *„Mode im Stil der 20er Jahre"* K Stilelement, Stilrichtung; Baustil, Malstil 3 die (typische) Art und Weise, wie sich jemand (im Sport) bewegt ⟨*den Stil verbessern*⟩ K Laufstil, Schwimmstil 4 *nur Singular* die Art und Weise, wie sich jemand verhält oder wie er handelt ⟨*jemandes politischer Stil; (etwas) im gleichen Stil weitermachen*⟩ K Arbeitsstil, Lebensstil 5 **jemand hat Stil** jemand versteht es, sich gut zu benehmen, sich geschmackvoll zu kleiden o. Ä. 6 **etwas hat Stil** etwas sieht gut und elegant aus ID **im großen Stil/großen Stils** in großem Umfang, Ausmaß

**stil·echt** *ADJEKTIV* genau dem Stil einer Epoche oder Kunstrichtung entsprechend *„stilechte Möbel"*

**still**★ *ADJEKTIV* 1 ohne Geräusche oder mit wenig Geräuschen ≈ ruhig ↔ laut *„Je weiter wir uns von der Stadt entfernten, desto stiller wurde es"* 2 so, dass man keine Geräusche verursacht ⟨*still bleiben, sein*⟩ ≈ leise ↔ laut *„Wir müssen uns ganz still verhalten, damit uns niemand hört"* 3 mit wenig oder keiner Bewegung ⟨*die Luft, ein See, ein Wasser; still (da)liegen, halten, sitzen, stehen*⟩ ≈ ruhig ↔ unruhig *„Du musst schon still halten/stehen, wenn ich dich kämmen soll"* K windstill 4 mit wenig Aktivität und Lust zum Sprechen ⟨*ein Kind; jemand hat eine stille Art; ein stilles Leben führen; still und bescheiden*⟩ ≈ ruhig, zurückgezogen 5 zwar nicht deutlich ausgesprochen, aber doch bemerkbar ⟨*ein Vorwurf; still leiden*⟩ 6 so, dass andere Leute davon nichts wissen ⟨*eine Hoffnung; in stillem Einvernehmen*⟩ ≈ heimlich

die **Stil·le**★ (-) der Zustand, in dem es ruhig und still ist ≈ Ruhe ↔ Lärm

**stil·len** (*stillte, hat gestillt*) 1 **(ein Baby) stillen** als Mutter ein Baby an der Brust Milch trinken lassen ⟨*ein Kind, den Säugling, das Baby stillen*⟩ *„Sie kann nicht stillen"* 2 **etwas stillen** bewirken, dass eine andere Person oder man selbst das bekommt, was diese oder man selbst haben möchte oder braucht ⟨*den Hunger, den Durst, die eigenen Wünsche, den Ehrgeiz, die Neugier, die Bedürfnisse stillen*⟩ *„Er hat einen Preis bekommen. Ich glaube, damit ist sein Bedürfnis nach Anerkennung jetzt gestillt"* 3 **etwas stillen** bewirken, dass etwas aufhört (zu fließen) ⟨*das Blut, die Tränen stillen*⟩ 4 **etwas stillt etwas** etwas schwächt etwas ab ⟨*etwas stillt den Schmerz, jemandes Zorn*⟩ • *zu* (1) **Stil·len** *das; zu* (2 – 4) **Stil·lung** *die*

**still·hal·ten** (*hält still, hielt still, hat stillgehalten*) nicht protestieren, sich nicht wehren ⓘ aber: *still halten, während man eine Spritze bekommt* (sich nicht bewegen: = getrennt ge-

S

schrieben)

**still·le·gen** (*legte still, hat stillgelegt*) **etwas stilllegen** eine Firma, einen Betrieb schließen und so mit der Produktion (für immer) aufhören • *hierzu* **Still·le·gung** *die*

**stil·los** *ADJEKTIV* **1** ohne einen Stil ⟨*ein Gebäude, ein Bild*⟩ **2** so, dass es nicht der Vorstellung von gutem Benehmen entspricht ≈ geschmacklos *„Wein aus der Flasche zu trinken, halte ich für stillos"*

das **Still·schwei·gen** (-s) **Stillschweigen (über etwas** (*Akkusativ*)**)** das Verhalten, über (geheime oder unangenehme) Dinge nicht zu sprechen ⟨*absolutes, eisernes, striktes Stillschweigen; Stillschweigen bewahren, vereinbaren; das Stillschweigen wahren; zu Stillschweigen verpflichtet sein*⟩ ≈ Diskretion

**still·schwei·gend** *ADJEKTIV meist attributiv* so, dass über (geheime oder unangenehme) Dinge nicht gesprochen wird ⟨*ein Einverständnis, eine Übereinkunft; etwas stillschweigend dulden, hinnehmen*⟩

der **Still·stand** *meist Singular* ein Zustand ohne Bewegung, Aktivität und Weiterentwicklung *„die Blutung zum Stillstand bringen"* | *„In der Forschung ist ein Stillstand eingetreten"*

**still·ste·hen** (*stand still, hat/ süddeutsch* Ⓐ Ⓒⓗ *ist stillgestanden*) **1** **etwas steht still** etwas ist ohne Bewegung, Aktivität oder Entwicklung ⟨*die Maschinen, der Betrieb, der Verkehr; jemandes Herz*⟩ **2** steif und ohne Bewegung stehen *„Kompanie, stillgestanden!"* ❶ aber: *Du musst jetzt mal still stehen* (= getrennt geschrieben)

**stil·voll** *ADJEKTIV* ⟨*eine Einrichtung; eine stilvoll eingerichtete Wohnung*⟩ ≈ geschmackvoll

S

das **Stimm·band** (-(e)s, *Stimm·bän·der*); *meist Plural* eines der beiden dünnen, elastischen Bänder im Hals (im Kehlkopf), die mit ihren Schwingungen stimmhafte Laute erzeugen und die Höhe der Stimme bestimmen **K** Stimmbandentzündung

**stimm·be·rech·tigt** *ADJEKTIV* mit dem Recht, bei einer Wahl oder Abstimmung zu wählen ⟨*ein Bürger, ein Mitglied*⟩ • *hierzu* **Stimm·be·rech·tig·te** *der/die*

der **Stimm·bruch** *meist Singular* die Phase in der Entwicklung eines jungen Mannes, in welcher seine Stimme tief wird ⟨*im Stimmbruch sein; sich im Stimmbruch befinden*⟩

die **Stim·me**★ (-, -*n*) AKUSTISCH: **1** die Töne, die jemand produziert, wenn er spricht oder singt ⟨*eine hohe, tiefe, laute, leise, volle, sonore, kräftige, piepsige, belegte, heisere, raue, männliche, weibliche Stimme*⟩ **2** die Fähigkeit, zu sprechen oder zu singen ⟨*die Stimme verlieren*⟩ *„Sie hat heute keine Stimme, weil sie erkältet ist"* **3** die Fähigkeit, gut zu singen ⟨*eine gute, schlechte Stimme haben*⟩ **K** Singstimme **4** einer der Teile einer Komposition, die gleichzeitig gespielt oder gesungen werden ⟨*die erste, zweite Stimme* (*eines Liedes*) *singen*⟩ **K** Sopranstimme **5** **die Stimme heben/senken** lauter/leiser sprechen **6** **die Stimme verstellen** so sprechen, als ob man eine andere Person wäre BEIM WÄHLEN: **7** das Recht, mit anderen Leuten zusammen etwas zu entscheiden oder eine Person zu wählen, indem man z. B. die Hand hebt oder einen Wahlzettel ausfüllt **8** die Entscheidung für eine Person oder Sache (bei einer Wahl oder Abstimmung) ⟨*jemandem seine Stimme geben*⟩ *„Der Antrag wurde mit 107 zu 100 Stimmen angenommen"* **K** Jastimme, Neinstimme **9** **seine Stimme abgeben** (vor allem in einer geheimen Wahl) wählen SONSTIGE VERWENDUNGEN: **10** *meist Plural* die Meinung von Leuten, wie sie in der Öffentlichkeit zu hören ist *„Es werden immer mehr Stimmen für einen besseren Schutz der Umwelt laut"*

**stim·men**★ (*stimmte, hat gestimmt*) **1** **(für/gegen jemanden/etwas) stimmen** sich bei einer Wahl oder Abstimmung für oder gegen eine Person oder Sache entscheiden ⟨*mit Ja, Nein stimmen*⟩ **2** **etwas stimmt** etwas ist richtig oder wahr ⟨*das Ergebnis, eine Rechnung, eine Äußerung*⟩ *„Stimmt es, dass Monika krank ist?"* | *„Sie behauptet, sie sei gestern zu Hause gewesen, aber das stimmt nicht"* **3** **etwas stimmt (jemanden) irgendwie** etwas erzeugt in jemandem ein das genannte Gefühl (eine Stimmung) ⟨*etwas stimmt jemanden heiter, traurig, optimistisch, hoffnungsvoll*⟩ **4** **(etwas) stimmen** ein Musikinstrument (z. B. durch Spannen und Verlängern der Saiten) so einstellen, dass die Töne die richtige Höhe haben ⟨*die Gitarre, das Klavier* (*tiefer, höher*) *stimmen*⟩ *„Die Musiker stimmen noch"* **ID** **Stimmt!** Das ist richtig!; **mit jemandem stimmt etwas nicht** **a** jemand macht den Eindruck, krank zu sein **b** jemand erregt den Verdacht, nicht ehrlich zu sein; **Stimmt so/schon!** *gesprochen* Den Rest können Sie (als

Trinkgeld) behalten!

**stịm·mig** *ADJEKTIV* so, dass alles harmonisch zueinanderpasst *„Dieses System ist (in sich) völlig stimmig"* • *hierzu* **Stịm·mig·keit** *die*

die **Stịm·mung★** (-, -*en*) **1** der seelische Zustand eines Menschen ⟨*(in) fröhlicher, ausgelassener, gedrückter, gereizter Stimmung sein*⟩ ≈ Laune **K** Stimmungsumschwung, Stimmungswechsel; Abschiedsstimmung, Aufbruchsstimmung, Weihnachtsstimmung **2** *nur Singular* fröhliche Stimmung und gute Laune ⟨*in Stimmung sein, kommen; jemandem die Stimmung verderben*⟩ **3** *nur Singular* die vorherrschende Stimmung, Atmosphäre in einer Gruppe *„Bei uns im Büro ist die Stimmung zurzeit sehr schlecht"* **4** die Wirkung auf die Gefühle einer Person *„Der Maler stellt in seinem Bild die Stimmung des Sonnenuntergangs dar"*

**stịm·mungs·voll** *ADJEKTIV* so schön und angenehm, dass es die Menschen froh (aber auch ein bisschen nachdenklich) macht ⟨*eine Atmosphäre, ein Gedicht; etwas stimmungsvoll vortragen*⟩

der **Stịmm·zet·tel** ein Formular, mit dem man bei einer Wahl oder bei einer Abstimmung einen Kandidaten oder eine Partei wählt

**sti·mu·li̲e̲·ren** (*stimulierte, hat stimuliert*); *geschrieben* **etwas stimuliert etwas** etwas regt etwas an *„Das Medikament stimuliert den Haarwuchs"* • *hierzu* **Sti·mu·li̲e̲·rung** *die*

**stịn·ken★** (*stank, hat gestunken*) **1** **jemand/etwas stinkt** jemand/etwas hat oder verbreitet einen sehr unangenehmen Geruch *„Faule Eier stinken"* **2** **etwas stinkt jemandem** *gesprochen* etwas ist so, dass sich jemand darüber ärgert *„Es stinkt mir, dass er mir nicht hilft"* **3** **etwas stinkt** *gesprochen* eine Handlung oder Tätigkeit ruft Zweifel, Angst oder Befürchtungen hervor ⟨*ein Angebot, eine Sache*⟩ *„Die Sache stinkt"*

**stịnk·sa̲u̲·er** *ADJEKTIV* **stinksauer (auf jemanden/etwas)** *gesprochen* sehr wütend, sehr ärgerlich (auf jemanden/etwas)

der **Sti·pen·di·a̲t** (-*en*, -*en*) eine Person, die ein Stipendium bekommt • *hierzu* **Sti·pen·di·a̲·tin** *die*

das **Sti·pen·di·ụm** (-*s*, *Sti·pen·di·en* [-di̯ən]) Geld o. Ä., das Schüler, Studenten, Wissenschaftler oder Künstler meist von Stiftungen oder Universitäten bekommen, damit sie ohne finanzielle Probleme arbeiten können

**stịrbt** *Präsens, 3. Person Singular* → sterben

die **Stịrn★** (-, -*en*); *meist Singular* der Teil des Kopfes zwischen den Augen und den Haaren ⟨*eine hohe, fliehende Stirn; die Stirn runzeln, in Falten legen/ziehen; sich (Dativ) den Schweiß von der Stirn wischen*⟩ *„Sie zog sich die Mütze tief in die Stirn"* **K** Stirnband, Stirnfalte **i** → Abbildung, S. 294: **Der Körper**

**stọ·chern** (*stocherte, hat gestochert*) **in etwas** (*Dativ*) **stochern** mit einem langen, spitzen Gegenstand mehrere Male in etwas stechen *„mit dem Feuerhaken in der Glut stochern"*

der **Stọck★** (-(*e*)*s*, *Stö·cke*) **1** ein langer, relativ dünner und harter Gegenstand aus Holz o. Ä., den man z. B. als Stütze (beim Gehen, Skifahren o. Ä.) verwendet oder um jemanden zu schlagen ⟨*am Stock gehen*⟩ **K** Spazierstock, Skistock, Wanderstock **2** eine Ebene eines Gebäudes über dem Erdgeschoss ≈ Etage *„Sie wohnt im dritten Stock"* **3** ein kleiner Strauch, den man in die Erde pflanzt **K** Blumenstock

**stọck-** *im Adjektiv, unbetont, begrenzt produktiv; gesprochen, oft abwertend* **stockbetrunken, stockdumm, stockdunkel, stockfinster, stockkonservativ, stocknüchtern, stocktaub** *und andere* (auf negative Weise) in hohem Maße

**stọ·cken** (*stockte, hat/ist gestockt*) **etwas stockt** (*hat*) etwas wird (mehrmals) für sehr kurze Zeit unterbrochen ⟨*die Arbeit, das Gespräch, der Verkehr; stockender Verkehr*⟩ *„Als sie plötzlich die Tür öffnete, stockte die Unterhaltung im Zimmer"*

**stọck·sa̲u̲·er** *ADJEKTIV* **stocksauer (auf jemanden/etwas)** *gesprochen* sehr verärgert (über jemanden/etwas)

das **Stọck·werk★** der Teil eines Gebäudes, der alle Räume umfasst, die auf gleicher Höhe liegen

der **Stọff★** (-(*e*)*s*, -*e*) SUBSTANZ: **1** ein Gas, eine Flüssigkeit oder eine feste Masse in einer Form mit den üblichen Eigenschaften **K** Baustoff, Brennstoff, Klebstoff, Süßstoff **2** *gesprochen nur Singular* Rauschgift oder Alkohol ⟨*sich (Dativ) Stoff besorgen*⟩ GEWEBE: **3** das (gewebte) Material, aus dem z. B. Kleidung, Tischdecken und Tücher bestehen ⟨*ein dünner, leichter, dicker, schwerer, gemusterter, knitterfreier, seidener, wollener Stoff*⟩ **K** Stoffmuster; Baumwollstoff, Seidenstoff THEMA: **4** eine Geschichte oder eine Idee, die das Thema und den Inhalt für einen Roman, einen Film, eine wissenschaftliche Arbeit usw. bieten ⟨*einen*

S

*Stoff bearbeiten, verfilmen⟩ „Der Putsch bot den Stoff für einen Dokumentarfilm"* **K** Gesprächsstoff, Lesestoff • *zu* (1,3,4) **stọff·lich** *ADJEKTIV*

der **Stọff·wech·sel** *meist Singular* die Vorgänge, bei denen die Zellen im Körper die Nahrung in andere Stoffe umwandeln **K** Stoffwechselprodukt, Stoffwechselstörung ❶ medizinische Bezeichnung: *Metabolismus*

**stö̲h·nen** (*stöhnte, hat gestöhnt*) (vor Schmerz oder Erregung) beim Ausatmen einen tiefen, langen Laut von sich geben *„Der Verletzte stöhnte vor Schmerz"*

der **Stọl·len** (-s, -) **1** ein waagrechter Gang unter der Erde, z. B. in einem Bergwerk ⟨*einen Stollen in den Fels treiben*⟩ ❶ Ein senkrechter Gang in einem Bergwerk ist ein *Schacht*. **2** einer der kleinen Teile an der Sohle von Fußballschuhen o. Ä., welche das Rutschen verhindern **3** ein länglicher Kuchen aus Hefeteig mit Rosinen, den man traditionell zu Ostern und Weihnachten isst **K** Christstollen

**stọl·pern** (*stolperte, ist gestolpert*) **1** **(über etwas** (*Akkusativ*)**) stolpern** beim Gehen mit dem Fuß gegen ein Hindernis stoßen und das Gleichgewicht verlieren *„Sie stolperte (über eine Baumwurzel) und fiel hin"* **2** **über jemanden/etwas stolpern** meist wegen eines Skandals (an dem man selbst schuld ist) die berufliche Stellung oder das Amt verlieren *„Der Minister stolperte über die Bestechungsaffäre"*

**stọlz★** *ADJEKTIV* **1** **stolz (auf jemanden/etwas)** voll Freude über etwas, das man besitzt, das man geleistet hat oder bei dem man geholfen hat ⟨*stolz auf die Kinder, den Erfolg sein*⟩ *„Er war sehr stolz darauf, dass er die Prüfung bestanden hatte"* **2** von sich selbst, vor allem von den eigenen Leistungen überzeugt ⟨*ein Mensch*⟩ ≈ selbstbewusst *„Sie war zu stolz, um ihn um Hilfe zu bitten"* **3** *abwertend* so, dass eine Person glaubt, sie sei besser, klüger oder schöner als andere Menschen *„Er ist wohl zu stolz, (um) uns zu grüßen!"* **4** *gesprochen meist attributiv* sehr hoch, zu teuer ⟨*eine Summe, ein Preis*⟩ ≈ beträchtlich

der **Stọlz★** (-*es*) **1** das Gefühl eines Menschen, wichtig und viel wert zu sein, das sich auch in dessen Haltung zeigt ⟨*jemandes Stolz verletzen*⟩ **2** **der Stolz (auf jemanden/etwas)** die große Freude und Zufriedenheit über etwas, das man besitzt, das man geleistet hat oder bei dem man geholfen hat ⟨*etwas erfüllt jemanden mit Stolz*⟩ *„Man sah ihm den Stolz auf seine Tochter an"* **K** Vaterstolz **3** *abwertend* das Gefühl einer Person, besser zu sein als andere Menschen und deshalb das Recht zu haben, diese zu verachten

**STOP** drückt auf Verkehrsschildern aus, dass man hier anhalten muss ❶ vergleiche **stopp!**

**stọp·fen★** (*stopfte, hat gestopft*) **1** **(etwas) stopfen** ein Loch in einem Kleidungsstück mit Nadel und Faden schließen ⟨*Socken, Strümpfe, einen Pullover an den Ellbogen stopfen*⟩ **K** Stopfgarn, Stopfnadel **2** **etwas stopfen** eine Öffnung o. Ä. verschließen, indem man sie mit etwas füllt ≈ abdichten *„ein Leck im Öltank stopfen"* **3** **etwas in etwas** (*Akkusativ*) **stopfen** etwas (ohne besondere Sorgfalt) kräftig irgendwohin drücken *„die Hemden in den Koffer stopfen"*

**stọpp!★** **1** man ruft *stopp!*, wenn man will, dass jemand sofort stehen bleibt oder aufhört, etwas zu tun ≈ halt! **2** Moment (mal)!

der **Stopp** [ʃtɔp, stɔp]; (-*s*, -*s*) **1** das Anhalten, das Stoppen eines Fahrzeugs *„ohne Stopp an der Ampel weiterfahren können"* **2** eine Pause, eine Unterbrechung während der Fahrt ⟨*einen kurzen Stopp einlegen*⟩ **3** eine (kurze) Unterbrechung einer Handlung, eines Vorgangs **K** Lieferungsstopp

die **Stọp·pel** (-, -*n*); *meist Plural* **1** der Rest eines Getreidehalms, der nach dem Mähen stehen geblieben ist **K** Stoppelfeld **2** *gesprochen* ein kurzes Barthaar **K** Bartstoppel • *hierzu* **stọp·pe·lig** *ADJEKTIV*

**stọp·pen★** (*stoppte, hat gestoppt*) **1** **jemanden/etwas stoppen** bewirken, dass eine Person oder Sache, die in Bewegung ist, hält ≈ anhalten *„Der Polizist stoppte den Motorradfahrer"* **2** **jemanden/etwas stoppen** bewirken, dass jemand aufhört, etwas zu tun, oder dass etwas aufhört *„die Produktion stoppen"* **K** Stopptaste **3** **(jemanden/etwas) stoppen** mit einer Stoppuhr die Zeit messen, die jemand für eine Strecke braucht ⟨*einen Rennfahrer, einen Lauf stoppen*⟩ **4** (aus der Bewegung heraus) zum Stehen kommen ≈ anhalten *„Der Autofahrer stoppte kurz vor der Ampel"*

das **Stọpp·schild** ein Verkehrsschild, auf dem „STOP" steht und an dem jedes Fahrzeug halten muss

die **Stọpp·uhr** eine Uhr, die man beim Sport (z. B. beim Wettlauf) verwendet, um Zeiten genau zu messen der **Stöp·sel** (-s, -) ein meist kleiner, runder Gegenstand, mit dem man eine Öffnung verschließt *„den Stöpsel aus der Badewanne ziehen"*

der **Storch** (-(e)s, *Stör·che*) ein großer Vogel mit schwarzen und weißen Federn, langen Beinen und einem langen, roten Schnabel. Der Storch baut sein Nest auf Dächern ⟨*der Storch klappert* (*mit dem Schnabel*)⟩ **K** Storchennest, Storchenschnabel

**stö·ren★** (*störte, hat gestört*) **1** **(jemanden) (bei etwas) stören** eine Person bei einer Tätigkeit unterbrechen (und sie dadurch ärgern) *„Entschuldigen Sie bitte, wenn ich Sie störe!"* | *„Störe ich (dich) gerade?"* **2** **(etwas) stören** sich mit Absicht so verhalten, dass etwas nicht normal verlaufen kann *„Die Schüler unterhielten sich und störten dadurch den Unterricht"* **3** **etwas stört (etwas)** etwas hat eine negative Wirkung auf etwas und verhindert den normalen Ablauf *„Elektromagnetische Wellen störten den Radioempfang"* **4** **etwas stört (jemanden)** etwas gefällt jemandem überhaupt nicht *„Mich stören seine schmutzigen Fingernägel"*

der **Stör·fall** ein Defekt, eine Störung in einer technischen Anlage (vor allem in einem Atomkraftwerk)

**stor·nie·ren** (*stornierte, hat storniert*) **etwas stornieren** einen Auftrag oder eine Buchung wieder rückgängig machen ⟨*eine Gutschrift, einen Betrag, einen Flug, eine Buchung stornieren*⟩ • *hierzu* **Stor·nie·rung** *die*

der/das **Stor·no** (-s, *Stor·ni*) das Stornieren **K** Stornogebühren, Stornokosten

**stör·risch** ADJEKTIV nicht bereit, das zu tun, was andere Leute wünschen

die **Stö·rung★** (-, *-en*) **1** Handlungen oder Dinge, die stören oder behindern *„nächtliche Störungen"* | *„Entschuldigen Sie bitte die Störung!"* **K** Ruhestörung **2** ein Fehler in der Funktion oder dem Ablauf einer Sache *„Durch den Vulkanausbruch kam es zu empfindlichen Störungen des Flugverkehrs"* **K** Empfangsstörung **3** ein körperlicher oder psychischer Zustand, der nicht normal ist und Probleme macht ⟨*eine seelische, psychische Störung*⟩ **K** Angststörung; Durchblutungsstörung, Schlafstörung

der **Stoß★** (-es, *Stö·ße*) **1** eine schnelle Bewegung, mit der etwas kurz und kräftig auf jemanden/etwas trifft ⟨*jemandem einen Stoß* (*in die Seite, in die Rippen*) *geben, versetzen*⟩ **K** Rippenstoß **2** *meist Plural* die kurzen, kräftigen Bewegungen bei einem Erdbeben *„Die Stöße erreichten die Stärke 7 auf der Richterskala"* **3** eine Menge von gleichen Dingen, die übereinandergelegt wurden ≈ Stapel *„ein Stoß Bücher/Handtücher"* **K** Holzstoß

der **Stoß·dämp·fer** (-s, -) eine Konstruktion an Fahrzeugen, die verhindert, dass sie zu stark auf und ab schwingen

**sto·ßen★** (*stößt, stieß, hat/ist gestoßen*) **1** **jemanden (irgendwohin) stoßen** (*hat*) einer Person an einer Stelle des Körpers einen Stoß geben *„Er hat mich mit dem Ellbogen in die Rippen gestoßen"* **2** **jemanden/etwas irgendwohin stoßen** (*hat*) jemanden/etwas mit einem kurzen und kräftigen Stoß an eine andere Stelle bewegen *„jemanden ins Wasser stoßen"* **3** **gegen/an etwas** (*Akkusativ*) **stoßen** (*hat*) etwas einen kurzen und kräftigen Stoß geben *„Voller Wut stieß er mit dem Fuß gegen die Tür"* **4** **an/gegen jemanden/etwas stoßen** (*ist*) in einer schnellen Bewegung jemanden/etwas ohne Absicht kurz und kräftig berühren (und sich selbst dabei wehtun oder verletzen) *„Er ist mit dem Kopf an die Decke gestoßen"* **5** **auf jemanden stoßen** (*ist*) jemandem zufällig begegnen *„Im Wald stießen wir auf einen Jäger"* **6** **auf etwas** (*Akkusativ*) **stoßen** (*ist*) etwas zufällig finden, entdecken ⟨*auf Erdöl stoßen*⟩ **7** **auf etwas** (*Akkusativ*) **stoßen** (*ist*) überraschend auf etwas Unangenehmes treffen ⟨*auf Schwierigkeiten,* (*bei jemandem*) *auf Widerstand, Ablehnung stoßen*⟩ **8** **sich (an etwas** (*Dativ*)**) stoßen** (*hat*) in einer schnellen Bewegung ohne Absicht etwas kurz und heftig berühren und sich dabei meist wehtun oder verletzen *„Sie hat sich an der Tischkante gestoßen"*

**stoß·fest** ADJEKTIV so, dass sie durch Stöße nicht beschädigt wird

die **Stoß·stan·ge** Autos haben vorne und hinten eine Stoßstange, die sie bei leichten Zusammenstößen schützen soll ❶ → Abbildung, S. 391: **Das Auto**

**stößt** *Präsens, 3. Person Singular* → stoßen

der **Stoß·ver·kehr** sehr starker Verkehr (zu einer bestimmten Tageszeit)

der **Stoß·zahn** einer der beiden langen Zähne, die z. B. ein Elefant hat

die **Stoß·zeit** der Zeitraum, in welchem der Verkehr (in der Stadt) am stärksten ist ≈ Hauptverkehrszeit

**stot·tern** (*stotterte, hat gestottert*) **1** (als Folge einer Sprachstörung) so sprechen, dass

S

man oft einzelne Laute oder Silben wiederholt **2** **etwas stottern** (meist aus Verlegenheit oder vor Aufregung) einzelne, nicht zusammenhängende Worte sprechen *„Sie stotterte eine Entschuldigung"*

**Str.** Abkürzung für *Straße*

die **Straf·an·stalt** *admin* ≈ Gefängnis

die **Straf·an·zei·ge** **Strafanzeige (gegen jemanden) erstatten** *admin* der Polizei oder dem Staatsanwalt melden, dass ein Delikt begangen wurde

die **Straf·ar·beit** eine zusätzliche Hausaufgabe o. Ä., die Schüler als Strafe von einem Lehrer bekommen

**straf·bar**★ *ADJEKTIV* **1** so, dass es gegen ein Gesetz ist und durch ein Gericht bestraft werden kann ⟨*eine Handlung*⟩ **2** **sich strafbar machen** *admin* etwas tun, das gegen ein Gesetz ist und durch ein Gericht bestraft werden kann *„Wer einem Verletzten nicht Erste Hilfe leistet, macht sich strafbar"*

die **Stra·fe**★ (-, *-n*) **1** eine Handlung oder Anordnung, durch die eine Person bestraft wird, z. B. indem man sie einsperrt, schlägt, ihr etwas verbietet oder sie Geld zahlen lässt ⟨*eine Strafe (über jemanden) verhängen*⟩ *„Zur Strafe durfte er nicht ins Kino gehen"* | *„Auf Raub stehen hohe Strafen"* **K** Gefängnisstrafe, Geldstrafe, Haftstrafe **2** **eine Strafe (be)zahlen müssen** *gesprochen* eine Geldbuße (z. B. für Falschparken) zahlen müssen

**stra·fen** (*strafte, hat gestraft*) so, dass man deutlich zeigt, dass man nicht einverstanden ist und Ärger empfindet ⟨*jemanden mit Missachtung, Verachtung strafen; strafende Blicke; jemanden strafend ansehen*⟩ **ID** **(mit jemandem/etwas) gestraft sein** *auch humorvoll* Sorgen oder Ärger mit jemandem/etwas haben *„Jetzt wird auch noch die Miete erhöht. Als ob ich nicht schon genug gestraft wäre!"*

**straff**★ *ADJEKTIV* (*straffer, straffst-*) **1** ⟨*ein Seil, eine Leine, eine Saite*⟩ fest gespannt und glatt, weil sie stark gezogen werden ↔ locker *„die Zügel straff anziehen"* **2** ohne Falten ⟨*die Haut*⟩ **3** streng und effektiv und mit dem Ziel, dass alle Arbeiten schnell, aber auch gut gemacht werden ⟨*eine Leitung, eine Organisation*⟩ *„Die Firma ist straff organisiert"*

**straf·fäl·lig** *ADJEKTIV* **straffällig werden** *admin* etwas Kriminelles tun (und dafür von einem Gericht bestraft werden)

**straf·fen** (*straffte, hat gestrafft*) **1** **etwas straffen** etwas straff machen ⟨*das Seil, die Zügel straffen*⟩ ≈ spannen **2** **etwas strafft** eine Creme o. Ä. macht die Haut straff ⟨*die Haut*⟩

der **Straf·ge·fan·ge·ne** eine Person, die verurteilt wurde und im Gefängnis ist ≈ Sträfling

das **Straf·ge·setz|buch** die Sammlung von Gesetzen, die festlegen, welche Handlungen auf welche Art bestraft werden ❶ Abkürzung: *StGB*

**sträf·lich** *ADJEKTIV* so, dass es schlimme Folgen haben könnte ⟨*Leichtsinn, eine Nachlässigkeit; jemanden/etwas sträflich vernachlässigen*⟩

der **Sträf·ling** (*-s, -e*) ≈ Strafgefangene(r)

das **Straf·man·dat**★ eine Strafe, die man bezahlen muss, wenn man z. B. falsch geparkt hat oder zu schnell gefahren ist ⟨*ein Strafmandat bekommen*⟩

das **Straf·maß** *meist Singular* die Art und die Höhe einer Strafe für eine Straftat ⟨*das Strafmaß festsetzen*⟩

**straf·mün·dig** *ADJEKTIV* alt genug, um wegen eines Verbrechens bestraft zu werden

der **Straf·pro·zess** ein Prozess, in dem über die Strafe für ein Delikt entschieden wird

der **Straf·raum** beim Fußball die rechteckige Fläche vor dem Tor, in der besondere Regeln gelten

das **Straf·recht** die Gesetze, welche die Strafen für Verbrechen bestimmen • *hierzu* **straf·recht·lich** *ADJEKTIV*

der **Straf·stoß** (beim Fußball) ein Schuss aus 11 Metern Entfernung auf das Tor, bei dem nur der Torwart des Gegners es verteidigen darf ≈ Elfmeter

die **Straf·tat**★ eine Tat, die verboten ist und für die man bestraft wird ⟨*eine Straftat begehen*⟩ ≈ Delikt • *hierzu* **Straf·tä·ter** *der*

der **Straf·voll·zug** *admin* der Teil des rechtlichen Apparats, der mit der Ausführung von Gerichtsurteilen, mit dem Aufenthalt von Sträflingen in Gefängnissen usw. zu tun hat

die **Straf·voll·zugs|an·stalt** *admin* ≈ Gefängnis

der **Straf·zet·tel**★ ein Zettel, auf dem steht, dass man eine Strafe zahlen muss, meist weil man das Auto falsch geparkt hat ⟨*einen Strafzettel bekommen*⟩

der **Strahl**★ (*-(e)s, -en*) **1** ein schmaler Streifen Licht, vor allem einer von vielen, die von einem einzigen Punkt ausgehen *„der Strahl einer Taschenlampe"* | *„die warmen Strahlen der Sonne"* **K** Laserstrahl **2** *nur Singular* ein schneller,

S

schmaler Strom einer Flüssigkeit oder eines Gases, der durch eine enge Öffnung gedrückt wird *„Ein Strahl Wasser schoss aus dem Loch im Rohr"* K Dampfstrahl, Wasserstrahl 3 *meist Plural* Energie (wie Licht, Elektrizität, Radioaktivität), die sich in der Form von Wellen irgendwohin bewegt K Strahlenquelle; Elektronenstrahl, Gammastrahlen, UV-Strahlen • *zu* (1) **strah·len·för·mig** *ADJEKTIV*

**strah·len★** (*strahlte, hat gestrahlt*) 1 **etwas strahlt** etwas sendet (helles) Licht aus ⟨*die Sonne, ein Scheinwerfer*⟩ ≈ leuchten 2 **(vor etwas** (*Dativ*)**) strahlen** sehr froh und glücklich aussehen ⟨*vor Begeisterung, Freude, Glück, Stolz strahlen*⟩ *„Sie strahlte vor Glück, als sie ihn sah"* 3 **etwas strahlt** etwas sendet radioaktive Strahlen aus *„Uran strahlt"*

der **Strah·ler** (-*s*, -) 1 eine Lampe 2 ein Gerät, das Wärme ausstrahlt K Heizstrahler

die **Strah·lung** (-, -*en*) die Situation, wenn Strahlen entstehen und sich ausbreiten ⟨*radioaktive, ultraviolette Strahlung; die Strahlung messen*⟩ K Strahlungsbelastung; Röntgenstrahlung

das **Sträh·chen** (-*s*, -) eine einzelne Haarsträhne, die in einer anderen Farbe gefärbt wurde

die **Sträh·ne** (-, -*n*) eine größere Menge langer und glatter Haare, die zusammen sind ⟨*graue Strähnen im Haar haben; jemandem Strähnen ins Haar färben; jemandem fällt eine Strähne in die Stirn, ins Gesicht*⟩ • *hierzu* **sträh·nig** *ADJEKTIV*

**stramm** *ADJEKTIV* (*strammer, strammst-*) 1 **ein Gummiband/eine Hose sitzt stramm** so fest gespannt, dass sie eng anliegen 2 kräftig ⟨*Beine, Waden; ein Junge*⟩ 3 **etwas stramm ziehen** etwas stark spannen, sodass es fest und straff ist ⟨*einen Gürtel, eine Leine stramm ziehen*⟩

**stram·peln** (*strampelte, hat/ist gestrampelt*) 1 (*hat*) die Beine kräftig und schnell hin und her oder auf und ab bewegen *„das Baby strampelte vor Vergnügen"* 2 **irgendwohin strampeln** *gesprochen* (*ist*) mit dem Fahrrad irgendwohin fahren

der **Strand★** (-(*e*)*s*, *Strän·de*) ein flaches Stück Ufer am Meer ⟨*am Strand liegen und sich sonnen; an den/zum Strand gehen*⟩ *„Das Hotel hat einen eigenen Strand"* K Strandbad, Strandcafé; Badestrand, Kiesstrand, Sandstrand

**stran·den** (*strandete, ist gestrandet*) **ein Schiff strandet** ein Schiff wird ans Ufer getrieben und kommt von dort nicht mehr weg

das **Strand·gut** *nur Singular* die Dinge (vor allem Teile von Schiffen und deren Ausrüstung), welche das Meer an den Strand trägt

der **Strand·korb** ein vorne offener Korb mit einer Bank, in den man sich setzt, damit man am Strand vor dem Wind oder der Sonne geschützt ist

der **Strang** (-(*e*)*s*, *Strän·ge*) 1 **ein Strang Garn/Wolle** mehrere Fäden, die so gedreht wurden, dass ein dickerer Faden daraus wurde 2 die Fasern von Muskeln, Nerven o. Ä., die zusammengehören K Muskelstrang, Nervenstrang

die **Stra·pa·ze** (-, -*n*) wenn etwas sehr anstrengend ist, ist es eine Strapaze ⟨*Strapazen aushalten, durchmachen, überstehen; etwas ist mit Strapazen verbunden; sich von den Strapazen erholen*⟩ ≈ Anstrengung *„Er war den Strapazen der Wanderung nicht gewachsen und musste umkehren"*

**stra·pa·zie·ren** (*strapazierte, hat strapaziert*) 1 **etwas strapazieren** etwas so oft benutzen, dass man Spuren der Abnutzung sieht *„ein strapazierter Teppichboden"* 2 **jemanden/etwas strapazieren** eine Person oder Sache so belasten, dass sie krank, schwach oder müde wird ⟨*jemandes Geduld, Nerven strapazieren*⟩

**stra·pa·zier·fä·hig** *ADJEKTIV* so, dass es lange hält, obwohl man es sehr oft und sehr intensiv benutzt ⟨*ein Bodenbelag, ein Stoff, ein Teppich*⟩

**stra·pa·zi·ös** *ADJEKTIV* ⟨*eine Arbeit, eine Reise, eine Wanderung*⟩ ≈ anstrengend, beschwerlich

die **Stra·ße★** (-, -*n*) 1 ein breiter Weg für Fahrzeuge mit Rädern, der meist eine glatte, harte Oberfläche hat K Straßenkreuzung, Straßenlampe, Straßenpflaster, Straßenschuh; Landstraße ℹ Abkürzung: *Str.* 2 verwendet als Teil von geografischen Namen für schmale Streifen Meer ≈ Meerenge *„die Straße von Gibraltar"* ID **auf der Straße sitzen/stehen** *gesprochen* keine Arbeit/keine Wohnung (mehr) haben; **(für/gegen jemanden/etwas) auf die Straße gehen** ≈ demonstrieren

die **Stra·ßen·bahn★** eine elektrische Bahn, die auf Schienen durch die Straßen einer (großen) Stadt fährt ⟨*mit der Straßenbahn fahren*⟩ K Straßenbahnhaltestelle

das **Stra·ßen·ca·fé** [kafeː] ein Café mit Stühlen und Tischen im Freien, direkt neben einer Straße

die **Stra·ßen·glät·te** *nur Singular* die Glätte auf

S

den Straßen (meist im Winter), die durch Eis oder Schnee verursacht wird *„erhöhte Gefahr von Straßenglätte"*

der **Stra·ßen·gra·ben** ein Graben neben einer Landstraße ⟨*in den Straßengraben fahren, rutschen*⟩

die **Stra·ßen·ver·kehrs|ord·nung** die Gesetze, welche den Verkehr auf der Straße regeln ❶ Abkürzung: *StVO*

die **Stra·te·gie★** (-, *-n* [-'gi:ən]) ein genauer Plan für die Handlungen, mit denen man ein Ziel erreichen will ⟨*eine Strategie ausarbeiten, anwenden; sich auf eine Strategie festlegen; Personen einigen sich auf eine Strategie; nach einer Strategie vorgehen*⟩ • *hierzu* **stra·te·gisch** ADJEKTIV

**sträu·ben** (*sträubte, hat gesträubt*) **1** **etwas sträubt sich** etwas richtet sich auf und steht vom Körper weg ⟨*das Fell, das Gefieder, die Federn*⟩ *„jemandem sträuben sich vor Angst/Entsetzen die Haare"* **2** **sich (gegen etwas) sträuben** etwas nicht wollen, sich dagegen wehren ⟨*sich mit Händen und Füßen sträuben*⟩ *„Er sträubte sich (dagegen), sein Zimmer aufzuräumen"* **3** **ein Tier sträubt das Fell** bei einem Tier richtet sich das Fell auf und steht vom Körper weg (z. B. weil das Tier Angst hat)

der **Strauch★** (-(*e*)*s, Sträu·cher*) eine Pflanze mit vielen dünnen Ästen, die direkt aus dem Boden wachsen ⟨*Sträucher pflanzen, beschneiden, abernten*⟩ ≈ Busch **K** Hasel(nuss)strauch, Himbeerstrauch, Rosenstrauch

**strau·cheln** (*strauchelte, ist gestrauchelt*) *geschrieben* ≈ stolpern

der **Strauß**[1]★; (*-es, Sträu·ße*) mehrere Blumen, die man zusammen in der Hand hält oder die man in eine Vase stellt **K** Blumenstrauß, Brautstrauß, Rosenstrauß

der **Strauß**[2]; (*-es, -e*) ein sehr großer Vogel, der vor allem in Afrika (aber auch in Südamerika und Australien) lebt und sehr schnell laufen, aber nicht fliegen kann ⟨*der Vogel Strauß*⟩ **K** Straußenei, Straußenfeder

**strea·men** ['stri:mn̩] (*streamte, hat gestreamt*) **etwas streamen** ein Angebot zum Anhören oder Ansehen im Internet zur Verfügung stellen, das man nicht vorher herunterladen muss ⟨*ein Radioprogramm, Filme, Videos streamen*⟩ • *hierzu* **Stream** *der*; **Streaming** *das*

**stre·ben★** (*strebte, hat/ist gestrebt*) **1** **nach etwas streben** (*hat*) mit großer Energie versuchen, etwas zu erreichen ⟨*nach Erfolg, Glück, Macht, Ruhm streben*⟩ **2** **irgendwohin streben** (*ist*) sich mit fester Absicht in Richtung auf ein Ziel bewegen *„mit schnellen Schritten ins Büro streben"* **3** *gesprochen, oft abwertend* (*hat*) fleißig lernen

**streb·sam** ADJEKTIV ⟨*ein Schüler*⟩ ≈ fleißig • *hierzu* **Streb·sam·keit** *die*

die **Stre·cke★** (*-, -n*) **1** der Weg zwischen zwei Punkten oder Orten *„die Strecke Frankfurt–New York fliegen"* | *„Für eine/Auf einer Strecke von hundert Kilometern braucht mein Auto nur sechs Liter Benzin"* **K** Autobahnstrecke, Bremsstrecke, Flugstrecke **2** eine Strecke mit Eisenbahnschienen ≈ Linie *„Wenn Sie von München nach Frankfurt fahren, können Sie die Strecke über Stuttgart oder die über Würzburg nehmen"* **K** Streckennetz, Streckensignal, Streckenwärter; Bahnstrecke, Hauptstrecke, Nebenstrecke **3** die Strecke, die man bei einem Rennen läuft, fährt usw. *„Mir liegen die langen Strecken mehr als die kurzen"* **K** Rennstrecke; Kurzstrecke, Langstrecke, Mittelstrecke **4** (in der Geometrie) die kürzeste Verbindung zwischen zwei Punkten **5** **auf offener/freier Strecke** außerhalb des Bahnhofs **6** **über weite Strecken (hin)** zu einem großen Teil *„Der Film war über weite Strecken langweilig"* **ID** **auf der Strecke bleiben** aufgeben müssen, keinen Erfolg haben; **ein Tier zur Strecke bringen** ein Tier auf der Jagd töten; **jemanden zur Strecke bringen** (als Polizist) einen Verbrecher verhaften

**stre·cken★** (*streckte, hat gestreckt*) **1** **etwas strecken** einen Körperteil so bewegen, dass er gerade wird ⟨*einen Arm, ein Bein, ein Knie, den Rücken strecken*⟩ *„Du musst das Bein strecken, dann vergeht der Krampf"* **2** **sich/etwas strecken** den Körper oder einen Körperteil dehnen und strecken, sodass man oder der Körperteil die volle Länge erreicht ⟨*die Glieder, Arme und Beine strecken*⟩ *„Sie streckte sich, um einen Apfel vom Baum zu pflücken"* **3** **etwas strecken** etwas mit einer Substanz mischen, damit es mehr wird ⟨*die Soße, Suppe (mit Wasser), Rauschgift strecken*⟩ ≈ verdünnen

**stre·cken·wei·se** ADVERB an mehreren Stellen *„Der Damm ist streckenweise reparaturbedürftig"* | *„Sein Vortrag war streckenweise sehr interessant"*

der **Streich** (-(*e*)*s, -e*) **1** eine Handlung, mit der

S

ein Kind jemanden zum Spaß ärgert, täuscht usw. ⟨*ein frecher, lustiger, übermütiger Streich*⟩ „*Kennst du Wilhelm Buschs Geschichte über die Streiche von Max und Moritz?*" **2** *geschrieben* ≈ Schlag, Hieb **3** **jemandem einen Streich spielen** jemanden mit einem Streich ärgern oder täuschen

die **Strei·chel·ein·hei·ten** *Plural; humorvoll* nette Worte, Zärtlichkeit, Lob usw., die jemand braucht, um sich wohlzufühlen ⟨*seine Streicheleinheiten bekommen; sich* (*Dativ*) *seine Streicheleinheiten holen*⟩

**strei·cheln★** (*streichelte, hat gestreichelt*) **jemanden/etwas streicheln** sanft und liebevoll die Hand auf einem Körperteil einer Person oder eines Tieres hin und her bewegen ⟨*das Fell eines Tieres, jemandes Haar, jemandes Hände, jemandes Wangen streicheln*⟩

**strei·chen★** (*strich, hat/ist gestrichen*) **1** **(etwas) streichen** (*hat*) mit einem Pinsel o. Ä. Farbe auf etwas verteilen ≈ anstreichen „*Vorsicht, die Tür ist frisch gestrichen!*" **2** **etwas irgendwohin streichen** (*hat*) eine weiche Masse irgendwo verteilen „*(mit dem Messer) Butter aufs Brot streichen*" **K** Streichkäse, Streichwurst **3** **etwas streichen** (*hat*) etwas mit einer dünnen Schicht Butter, Marmelade o. Ä. bedecken ⟨*ein Brot, ein Brötchen, eine Stulle streichen*⟩ ≈ schmieren **4** **(sich** (*Dativ*)**) etwas irgendwohin streichen** (*hat*) mit einer leichten Bewegung der Hand etwas irgendwohin bewegen „*Ich strich mir die Haare aus der Stirn/aus dem Gesicht*" **5** **etwas streichen** (*hat*) einen Teil eines geschriebenen Textes durch einen Strich ungültig machen ⟨*ein Wort, einen Satz, einen Absatz streichen*⟩ „*Nicht Zutreffendes streichen!*" **6** **etwas (aus etwas) streichen** (*hat*) bewirken, dass etwas nicht mehr gültig ist bzw. dass etwas, das geplant war, nicht (mehr) ausgeführt wird ⟨*einen Auftrag, einen Programmpunkt, ein Rennen streichen*⟩ „*Mein Vater hat mir das Taschengeld für zwei Wochen gestrichen*" **7** **durch/über etwas** (*Akkusativ*) **streichen** (*hat*) etwas leicht mit der Hand berühren und die Hand dabei in eine Richtung bewegen „*über die Tischdecke streichen, um sie zu glätten*" **8** **ein Tier streicht um etwas** (*ist*) ein Tier geht um etwas herum und wartet oder hofft dabei auf etwas „*Die Katze strich mir um die Beine*"

**streich·fä·hig** ADJEKTIV ⟨*Butter, Käse*⟩ so, dass man sie gut aufs Brot streichen kann • *hierzu* **Streich·fä·hig·keit** *die*

das **Streich·holz★** (*-es, Streich·höl·zer*) ein kleiner Stab aus Holz, dessen dickes Ende (den Kopf) man an einer rauen Fläche reibt, um eine Flamme zu bekommen ⟨*ein Streichholz anzünden*⟩ ~ Zündholz **K** Streichholzheftchen, Streichholzschachtel

das **Streich·inst·ru·ment★** ein Musikinstrument mit Saiten, über die man mit einem Bogen streicht, um Töne zu erzeugen, z. B. eine Geige oder ein Cello

die **Strei·chung** (*-, -en*) **1** die Handlung, mit der man ein Stück aus einem Text oder einen Namen oder eine Zahl aus einer Liste entfernt ⟨*Streichungen in einem Text vornehmen*⟩ **2** das Kürzen einer Summe Geld o. Ä., die jemandem zur Verfügung steht „*Streichungen am Etat vornehmen*"

die **Strei·fe** (*-, -n*) **1** meist zwei Polizisten, die durch ein Gebiet fahren, um zu prüfen, ob alles in Ordnung ist **K** Streifenwagen; Polizeistreife **2** eine Fahrt, welche die Streife macht ⟨*auf Streife gehen, müssen, sein*⟩

**strei·fen★** (*streifte, hat/ist gestreift*) **1** **eine Person/Sache streift jemanden/etwas** (*hat*) eine Person oder Sache geht bzw. fährt so nahe an einer anderen Person oder Sache vorbei, dass sie diese leicht berührt „*Der Schuss hat das Tier nur an der Schulter gestreift*" **K** Streifschuss **2** **etwas von etwas streifen** (*hat*) etwas mit leichtem Druck ziehend entfernen „*Farbe vom Pinsel streifen*" | „*den Ring vom Finger streifen*" **3** **etwas auf/über etwas** (*Akkusativ*) **streifen** (*hat*) ein enges Kleidungsstück o. Ä. anziehen, indem man daran zieht oder schiebt ⟨*einen Ring auf den Finger streifen; ein Hemd, ein Kleid über den Kopf streifen*⟩ **4** **etwas streifen** (*hat*) sich nur kurz mit etwas beschäftigen ⟨*ein Problem, ein Thema in einem Vortrag, einer Diskussion streifen*⟩ **5** **durch etwas streifen** (*ist*) ohne festes Ziel herumgehen ⟨*durchs Land, durch die Felder, Wälder, Wiesen streifen*⟩

der **Strei·fen★** (*-s, -*) **1** ein langer, schmaler Teil einer Fläche, der sich vor allem durch die Farbe vom Rest unterscheidet ⟨*ein Stoff mit feinen, schmalen, breiten, bunten, gelben, weißen Streifen*⟩ **K** Längsstreifen, Farbstreifen, Schmutzstreifen, Zebrastreifen **2** ein langes, schmales Stück „*ein schmaler Streifen Gras zwischen Feld und Straße*" | „*Papier in Streifen schneiden*" **K** Filzstreifen, Papierstreifen, Grasstreifen

der **Streif·zug** ein Ausflug, eine Fahrt ohne Ziel *„Streifzüge in die nähere Umgebung unternehmen"*

der **Streik**★ (-(e)s, -s) **1** **ein Streik (für etwas)** wenn Arbeiter oder Angestellte nicht arbeiten, um ihre Forderungen durchzusetzen, ist das ein Streik ⟨*in (den) Streik treten; zum Streik aufrufen; einen Streik ausrufen, abwenden, aussetzen, fortsetzen*⟩ *„ein Streik für kürzere Arbeitszeit"* | *„Die Gewerkschaft drohte mit (einem) Streik"* **K** Streikaufruf, Streikdrohung, Streikrecht; Warnstreik **2** Streik ist auch, wenn Personen sich aus Protest weigern, etwas zu tun oder einen Weg frei zu machen **K** Hungerstreik, Sitzstreik

der **Streik·bre·cher** eine Person, die während eines Streiks arbeitet und so den Erfolg des Streiks in Gefahr bringt • *hierzu* **Streik·bre·che·rin** *die*

**strei·ken**★ (*streikte, hat gestreikt*) **1** **(für etwas) streiken** einen Streik durchführen, bei einem Streik mitmachen *„für höhere Löhne streiken"* **2** **etwas streikt** etwas funktioniert plötzlich nicht mehr *„Bei dieser Kälte streikt mein Auto oft"*

der **Streik·pos·ten** eine Person, die während eines Streiks vor einem Betrieb steht, um zu verhindern, dass jemand hineingeht und arbeitet

der **Streit**★ (-(e)s) **ein Streit (mit jemandem) (um/über etwas** (*Akkusativ*)**)** ein Vorgang, bei dem man voller Ärger mit jemandem spricht, weil man eine andere Meinung, ganz andere Interessen oder andere Ziele hat ⟨*Streit suchen, mit jemandem haben; sich in einen Streit einmischen; sich aus einem Streit heraushalten*⟩ *„Es gab einen heftigen Streit darüber, wie es weitergehen sollte"* **K** Meinungsstreit, Rechtsstreit ⓘ Als Plural wird *Streitigkeiten* verwendet.

**strei·ten**★ (*stritt, hat gestritten*) **1** **(mit jemandem) (um/über etwas** (*Akkusativ*)**) streiten** voller Ärger mit einer Person sprechen (und sie aggressiv behandeln), weil man eine andere Meinung, ganz andere Interessen oder andere Ziele hat *„Er stritt mit seinem Bruder um das Spielzeug"* | *„Sie streiten immer wieder darüber, wer aufräumen muss"* **2** **eine Person streitet mit jemandem über etwas** (*Akkusativ*); **Personen streiten über etwas** (*Akkusativ*) Personen diskutieren über etwas (heftig) und haben verschiedene Meinungen *„Sie stritten über die Gefahren der Atomkraft"* **K** Streitgespräch **3** **für/gegen etwas streiten** *geschrieben* sich für/gegen etwas einsetzen ≈ kämpfen *„für Gerechtigkeit streiten"*

die **Strei·tig·kei·ten** *Plural* die Handlungen, bei denen Personen miteinander schimpfen und streiten

die **Streit·kräf·te** *Plural* alle militärischen Organisationen und Soldaten eines Landes

**streit·lus·tig** *ADJEKTIV* bereit, sich mit jemandem zu streiten *„jemanden streitlustig anschauen"* • *hierzu* **Streit·lust** *die*

der **Streit·wert** die Summe Geld, die für eine Sache festgesetzt wird, wegen der man vor Gericht geht *„Die Gebühren von Anwalt und Gericht richten sich nach dem Streitwert"*

**streng**★ *ADJEKTIV* **1** ohne Mitleid, ohne freundliche Gefühle oder Rücksicht ⟨*ein Blick, eine Strafe, ein Urteil, Worte; jemanden streng ansehen*⟩ **2** so, dass eine Person (oder eine Vorschrift) Ordnung, Disziplin und Gehorsam verlangt ⟨*Eltern, ein Lehrer, eine Erziehung*⟩ ≈ strikt *„streng mit/zu jemandem sein"* | *„Hier herrschen strenge Regeln/Sitten"* **3** *meist attributiv* so, dass es genau den Forderungen oder Regeln entspricht ⟨*eine Diät, eine Ordnung, eine Prüfung, eine Untersuchung; jemanden streng bewachen; etwas streng befolgen, einhalten; sich streng an etwas halten*⟩ ≈ strikt *„Das ist streng verboten"* **4** deutlich, klar ⟨*eine Trennung, eine Unterscheidung*⟩ **5** intensiv und unangenehm ⟨*ein Geruch, ein Geschmack*⟩ **6** mit sehr niedrigen Temperaturen ⟨*Frost, Kälte, ein Winter*⟩ **7** einfach, ohne Ornamente oder Schmuck ⟨*ein Aufbau, eine Schönheit, ein Stil*⟩ **8** **etwas streng nehmen** etwas genau befolgen *„Streng genommen ist das verboten, aber ausnahmsweise lasse ich es mal zu"* **K** strenggenommen • *zu* (2,5 – 7) **Stren·ge** *die*

der **Stress**★ (-es) **1** eine unangenehme, starke Belastung durch Probleme, zu viel Arbeit, Lärm usw. ⟨*Stress haben*⟩ *„Von all dem Stress hat er einen Herzinfarkt bekommen"* **2** **im Stress sein** *gesprochen* viel Arbeit und wenig Zeit haben • *zu* (1) **stress·frei** *ADJEKTIV*

**stres·sen** (*stresste, hat gestresst*) **1** **jemanden (mit etwas) stressen** bewirken, dass jemand Stress hat *„Er hat sie mit seinen Problemen gestresst"* **2** **etwas stresst (jemanden)** etwas verursacht Stress bei jemandem *„Diese*

*Art von Arbeit stresst (mich) ziemlich"*

**stres·sig★** *ADJEKTIV; gesprochen ‹eine Arbeit, ein Tag›* so, dass sie jemandem Stress verursachen

der **Stress·test** ein Test oder eine Situation, bei denen man feststellen kann, welche Belastungen eine Person oder Sache aushält

die **Streu** (-) Stroh o. Ä., mit dem man den Boden in einem Stall bedeckt

**streu·en** (*streute, hat gestreut*) **1** **Dinge (irgendwohin) streuen** mehrere kleine Dinge so werfen oder fallen lassen, dass sie sich über einer Fläche verteilen *„Salz in die Suppe streuen"* **2** **(etwas) streuen** im Winter Salz, Sand o. Ä. auf eine Straße, einen Weg streuen, damit diese nicht so glatt sind *„Dieser Fußweg wird im Winter nicht geräumt oder gestreut"* **K** Streusand

der **Streu·er** (*-s, -*) ein kleines Gefäß mit mehreren Löchern im Deckel, mit dem man Gewürze streuen kann

**streu·nen** (*streunte, hat/ist gestreunt*) **(irgendwo) streunen** (*hat*); **(irgendwohin) streunen** (*ist*) *oft abwertend* viel Zeit auf der Straße verbringen und dort ohne Ziel herumlaufen *„streunende Hunde" | „durch die Straßen streunen"* • *hierzu* **Streu·ner** *der*

die **Streu·sel** *Plural* kleine Stücke aus Butter, Zucker und Mehl, die man auf Kuchen streut **K** Streuselkuchen

die **Streu·ung** (*-, -en*) der Vorgang, bei dem etwas (meist proportional) verteilt oder verbreitet wird *‹die Streuung von Licht›* **K** Lichtstreuung

**strich** *Präteritum, 1. und 3. Person Singular* → streichen

der **Strich★** (*-(e)s, -e*) **1** eine meist gerade Linie, die man malt oder zeichnet *‹ein dicker, dünner, feiner Strich; einen Strich (durch, unter etwas) machen, (mit dem Lineal) ziehen› „etwas mit dicken roten Strichen durchstreichen"* **K** Bleistiftstrich, Pinselstrich **2** eine kurze Linie als (gedrucktes oder geschriebenes) Zeichen *„ein Strich auf dieser Waage bedeutet zehn Gramm"* **K** Anführungsstriche, Bindestrich, Schrägstrich **3** *gesprochen* eine Gegend (z. B. an einer Straße), in der Prostituierte auf Kunden warten **ID** **auf den Strich gehen** *gesprochen* als Prostituierte(r) (auf der Straße) arbeiten; **Das geht mir gegen den 'Strich!** *gesprochen* Das lehne ich ab, das stört mich

der **Strich·code** [-koːt, -koʊd] eine Reihe senkrechter Striche, mit der eine Ware markiert ist. Der Strichcode enthält Informationen, die ein Scanner lesen kann

der **Strich·punkt** das Zeichen ; ≈ Semikolon

der **Strick★** (*-(e)s, Stri·cke*) eine dicke Schnur oder ein Seil; Stricke verwendet man zum Binden *‹einen Strick um etwas binden› „jemandem mit einem Strick die Hände fesseln"*

**stri·cken** (*strickte, hat gestrickt*) **(etwas) stricken; an etwas stricken** mit zwei langen Nadeln und einem Faden aus Wolle Maschen machen und daraus z. B. einen Pullover herstellen *‹linke, rechte Maschen stricken› „Er strickt gerade eine / an einer Mütze"* **K** Strickgarn, Stricknadel **i** vergleiche **häkeln**

die **Strick·ja·cke** eine Jacke, die aus Wolle gestrickt ist und vorne einen Reißverschluss oder Knöpfe hat ≈ Strickweste

die **Strick·lei·ter** eine Leiter aus Stricken, wie man sie z. B. auf einem Schiff benutzt

**strikt★** *ADJEKTIV meist attributiv* so, dass keine Ausnahme oder Abweichung, kein Widerspruch geduldet wird *‹eine Anordnung, ein Befehl, Gehorsam; etwas strikt befolgen›* ≈ streng

**stritt** *Präteritum, 1. und 3. Person Singular* → streiten

**strit·tig** *ADJEKTIV ‹eine Frage, ein Problem, ein Punkt›* so, dass es darüber verschiedene Meinungen gibt

das **Stroh** (*-(e)s*) die trockenen, gelben Halme des Getreides, nachdem die Körner entfernt wurden *‹ein Ballen Stroh›* **K** Strohdach, Strohhut **ID** **etwas brennt wie Stroh** etwas brennt mit heller Flamme oder fängt leicht zu brennen an; **jemand hat nur Stroh im Kopf** *gesprochen* jemand ist dumm

**stroh·dumm** *ADJEKTIV; gesprochen* sehr dumm

der **Stroh·halm** ein kleines Rohr aus Plastik, durch das man Getränke in den Mund saugt

der **Stroh·mann** *abwertend* eine Person, die im Auftrag einer anderen Person, die anonym bleiben will, etwas kauft oder tut

der **Strom★** (*-(e)s, Strö·me*) ELEKTRISCH: **1** *meist Singular* eine fließende elektrische Ladung *‹den Strom einschalten, abschalten, ausschalten; etwas verbraucht viel Strom; Strom sparen›* ≈ Elektrizität **K** Stromausfall, Stromleitung, Stromrechnung **2** **etwas steht unter Strom** elektrischer Strom fließt durch ein Kabel, eine Leitung usw. FLUSS: **3** ein großer Fluss, der in ein Meer mündet *‹ein breiter, mächtiger*

*Strom; ein Fluss schwillt zu einem reißenden Strom an〉* **4** **mit dem/gegen den Strom** in die/entgegen der Richtung eines Flusses o. Ä. IN BEWEGUNG: **5** Wasser, das sich im Meer (wie ein Fluss) in eine Richtung bewegt ≈ Strömung **K** Golfstrom, Meeresstrom **6** eine große Menge einer Flüssigkeit oder eines Gases, die sich in eine Richtung bewegt 〈*es regnet in Strömen; Wasser fließt, Tränen fließen/rinnen in Strömen*〉 **K** Lavastrom, Luftstrom

**strö·men** (*strömte, ist geströmt*) **etwas strömt irgendwohin** ein Gas oder eine Flüssigkeit bewegt sich (meist in großen Mengen) in eine Richtung *„Gas strömt aus der Leitung"* | *„Blut strömt aus der Wunde"*

der **Strom·kreis** ein System von Drähten oder Leitungen, die so miteinander verbunden sind, dass elektrischer Strom fließen kann 〈*einen Stromkreis unterbrechen, schließen*〉

die **Strom·stär·ke** die Menge des elektrischen Stroms, die sich innerhalb eines kurzen Zeitraums durch eine Leitung bewegt *„Die Stromstärke wird in Ampere gemessen"*

die **Strö·mung★** (-, *-en*) die Bewegung, mit der das Wasser eines Flusses oder des Meeres o. Ä. fließt 〈*eine gefährliche, starke, reißende Strömung*〉

die **Stro·phe** [-fə]; (-, *-n*) ein abgeschlossener Teil des Textes in einem Lied oder in einem Gedicht *„ein Lied mit fünf Strophen"*

**strub·be·lig**, **strubb·lig** *ADJEKTIV; gesprochen* 〈*ein Fell, Haare; strubbelig aussehen*〉 ≈ struppig

der **Stru·del** (-s, -) **1** eine Stelle in einem Fluss o. Ä., an welcher das Wasser eine kreisförmige Bewegung macht und nach unten gezogen wird ≈ Wirbel **K** Wasserstrudel **2** *süddeutsch* Ⓐ ein Kuchen aus einer sehr dünnen Schicht Teig, die vor dem Backen mit Obst o. Ä. belegt und dann zusammengerollt wird **K** Apfelstrudel

die **Struk·tur★** [ʃtr-, str-]; (-, *-en*) **1** die Art, wie verschiedene Teile zusammen zu einem System geordnet sind 〈*etwas hat eine einfache, komplizierte Struktur; etwas in der Struktur verändern*〉 ≈ Aufbau, Gliederung *„die soziale Struktur eines Landes"* **2** die Oberfläche eines Stoffes o. Ä. mit einem Muster aus hohen und tiefen Stellen **K** Strukturtapete; Oberflächenstruktur

der **Strumpf★** (-(*e*)*s, Strümp·fe*) Strümpfe aus Stoff oder Wolle trägt man an den Füßen (und Beinen) 〈*eine Laufmasche, ein Loch im Strumpf haben; ein Paar Strümpfe*〉 *„Er zog die Schuhe aus und ging auf Strümpfen ins Zimmer"* **K** Nylonstrümpfe, Wollstrümpfe; Sportstrümpfe

die **Strumpf·ho·se★** ein enges Kleidungsstück für Frauen und Kinder, das den Unterleib, die Beine und die Füße bedeckt **K** Damenstrumpfhose, Kinderstrumpfhose

**strup·pig** *ADJEKTIV* so, dass die Haare relativ hart sind und in alle Richtungen durcheinander vom Kopf oder vom Körper abstehen 〈*Haare, ein Hund, ein Fell*〉

der **Stu·ben·ho·cker** *abwertend* eine Person, die am liebsten im Haus bleibt und nicht gern nach draußen geht • *hierzu* **Stu·ben·ho·cke·rin** *die*

der **Stuck** (-(*e*)*s*) Ornamente aus Gips o. Ä. an den Decken und Wänden eines Zimmers (in alten, vornehmen Häusern) 〈*etwas ist mit Stuck bedeckt, verziert*〉 **K** Stuckarbeiten, Stuckdecke

das **Stück★** (-(*e*)*s, -e*) **1** ein Teil eines größeren Ganzen *„einen Balken in Stücke sägen"* | *„ein kurzes Stück aus einem Buch vorlesen"* | *„Sie kauften sich ein Stück Land"* **K** Brotstück, Fleischstück, Kuchenstück **2** **ein Stück** *+Substantiv* ein Gegenstand aus der genannten Substanz oder der genannten Kategorie 〈*ein Stück Butter, Kohle, Seife, Zucker*〉 *„Die Eier kosten zwanzig Cent das/pro Stück"* **K** Stückzahl; Beweisstück, Fundstück, Gepäckstück, Kleidungsstück, Möbelstück **3** *Zahlwort* + **Stück** die genannte Zahl von Dingen/Tieren *„fünf Stück Vieh"* | *„Ich hätte gern sechs Stück von den Äpfeln da drüben"* **4** ein literarisches Werk, das meist im Theater gezeigt (aufgeführt) wird 〈*ein Stück schreiben, inszenieren, proben, aufführen*〉 ≈ Drama **K** Bühnenstück, Theaterstück **5** ein musikalisches Werk *„Das Orchester studiert Stücke von Mozart ein"* **6** **ein (kleines/kurzes) Stück** eine relativ kurze Entfernung *„Ich werde dich noch ein Stück begleiten"* **7** **ein ganzes/gutes/schönes Stück** ziemlich viel, weit o. Ä. 〈*ein gutes/schönes Stück Arbeit, Geld, Glück; ein ganzes/gutes Stück* (*weit*) *fahren, gehen müssen*〉 **8** **am/im Stück** ganz und nicht in Scheiben geschnitten 〈*Käse, Wurst, Fleisch am/im Stück kaufen*〉 **ID** **(Das ist) ein starkes 'Stück** (das ist) eine Unverschämtheit; **Stück für Stück** ein Stück nach dem anderen *„Sie hat die ganzen Pralinen Stück für Stück aufgegessen"* • *zu* (1 – 3) **stück·wei·se** *ADVERB*

S

der **Stu·dent★** (-en, -en) eine Person, die an einer Universität oder Hochschule studiert *„ein Student der Mathematik" | „Student im dritten Semester sein"* K Studentenausweis, Studentenwohnheim; Chemiestudent, Medizinstudent • *hierzu* **Stu·den·tin** *die*; **stu·den·tisch** *ADJEKTIV*

das **Stu·den·ten·fut·ter** eine Mischung aus (verschiedenen) Nüssen und Rosinen

die **Stu·die★** [-djə]; (-, -n) **eine Studie (zu etwas, über etwas** (*Akkusativ*)**)** eine schriftliche wissenschaftliche Arbeit *„eine Studie über die Ursachen des Waldsterbens"*

**Stu·di·en-** [-djən] *im Substantiv, betont, begrenzt produktiv* **die Studienberatung, der Studienbewerber, das Studienfach, die Studiengebühren, der Studienplatz, die Studienzeit** *und andere* in Bezug auf das Studium an einer Universität o. Ä.

**stu·die·ren★** (*studierte, hat studiert*) 1 **(etwas) studieren** eine Universität oder Hochschule besuchen und dort etwas lernen ⟨*Mathematik, Medizin, Sprachen studieren*⟩ *„Sie studiert im dritten Semester Biologie" | „Nach dem Abitur will sie studieren"* 2 **etwas studieren** etwas genau beobachten und untersuchen, um viele Informationen zu bekommen *„das Verhalten der Bienen studieren"* 3 **etwas studieren** etwas genau lesen ⟨*die Akten, den Fahrplan, die Speisekarte studieren*⟩ • *zu* (1) **Stu·die·ren·de** *der/die*

das **Stu·dio★** (-s, -s) ein Raum, in dem Sendungen (für Radio und Fernsehen) oder Filme (für das Kino) aufgenommen werden K Fernsehstudio, Filmstudio, Rundfunkstudio

das **Stu·di·um★** (-s, *Stu·di·en* [-djən]) 1 *nur Singular* eine Ausbildung an einer Universität o. Ä. *„das Studium der Biologie"* K Chemiestudium, Lehramtsstudium, Medizinstudium, Sprachenstudium 2 **das Studium** (+*Genitiv*) die intensive und wissenschaftliche Beschäftigung mit etwas *„das Studium alter Kulturen"* K Studienreise 3 **das Studium** (+*Genitiv*) das genaue Lesen eines Textes ⟨*das Studium der Akten, des Fahrplans*⟩ *„Er war so in das Studium seiner Zeitung vertieft, dass er uns nicht bemerkte"*

die **Stu·fe★** (-, -n) 1 eine von mehreren waagrechten, schmalen Flächen einer Treppe *„auf der untersten/obersten Stufe stehen" | „die Stufen zum Aussichtsturm hinaufgehen"* K Treppenstufe 2 eine Art Stufe in einer großen Fläche *„Der Meeresboden fällt in Stufen ab"* K Stufendach 3 der Zustand zu einem Zeitpunkt einer Entwicklung ⟨*eine niedrige, hohe Stufe*⟩ ≈ Stadium K Altersstufe, Entwicklungsstufe 4 ein Punkt auf einer Skala K Preisstufe, Rangstufe 5 der Teil einer Rakete, der diese für eine festgelegte Dauer antreibt ⟨*die erste, zweite, dritte Stufe zünden*⟩ K Raketenstufe

der **Stuhl★** (-(e)s, *Stüh·le*) 1 Stühle haben vier Beine und sind oft aus Holz, eine Person kann darauf sitzen ⟨*sich auf einen Stuhl setzen; auf einem Stuhl sitzen*⟩ K Drehstuhl, Gartenstuhl, Kinderstuhl, Liegestuhl, Rollstuhl 2 verwendet als medizinische Bezeichnung für Ausscheidungen aus dem Darm K Stuhluntersuchung 3 **der Heilige Stuhl** der Papst (und die römische Kurie) bzw. das Amt des Papstes

der **Stuhl·gang Stuhlgang haben** den Darm entleeren

die **Stul·le** (-, -n); *norddeutsch* eine Scheibe Brot (mit Butter und Käse, Wurst o. Ä.) K Butterstulle, Käsestulle, Wurststulle

**stül·pen** (*stülpte, hat gestülpt*) 1 **etwas auf/über etwas** (*Akkusativ*) **stülpen** einen Behälter o. Ä. mit der Öffnung nach unten drehen und über etwas anderes ziehen oder stellen *„dem Schneemann einen Eimer auf den Kopf stülpen" | „ein Glas über eine Fliege stülpen, um sie zu fangen"* 2 **etwas nach außen stülpen** die innere Seite einer Tasche o. Ä. nach außen wenden

**stumm★** *ADJEKTIV* 1 nicht fähig zu sprechen, weil man die Laute nicht produzieren kann *„von Geburt stumm sein"* K taubstumm 2 so voller Angst o. Ä., dass man nichts sagen kann ⟨*stumm vor Angst, Schreck, Wut sein*⟩ 3 **etwas bleibt stumm** etwas macht kein Geräusch, weil es nicht funktioniert oder nicht benutzt wird ⟨*der Fernseher, das Radio, das Telefon*⟩ • *zu* (1) **Stum·me** *der/die*

der **Stum·mel** (-s, -) ein kurzes Stück, das von etwas übrig geblieben ist K Bleistiftstummel, Kerzenstummel, Zigarettenstummel

**stumpf** *ADJEKTIV* (*stumpfer, stumpfst-*) 1 ⟨*ein Bleistift, eine Nadel, eine Spitze*⟩ am Ende rund oder nicht so spitz, wie sie sein sollten ↔ spitz 2 ⟨*ein Messer, eine Schere*⟩ so, dass man damit nicht gut schneiden kann ↔ scharf 3 → Winkel • *zu* **Stumpf·heit** *die*

der **Stumpf** (-(e)s, *Stümp·fe*) ein kurzes Stück, das als Rest bleibt, nachdem etwas abgetrennt wurde oder abgebrochen ist K Armstumpf,

S

Baumstumpf, Zahnstumpf

die **Stun·de★** (-, -n) **1** einer der 24 Teile, in die der Tag eingeteilt wird ⟨*eine halbe, ganze, knappe, volle Stunde*⟩ „*Er wollte in einer Stunde hier sein*" | „*Sie verdient fünfzehn Euro die Stunde/pro Stunde/in der Stunde*" **K** Stundengeschwindigkeit, Stundenlohn, Stundenzeiger; Dreiviertelstunde, Viertelstunde **i** Abkürzung: *Std.* oder in Wissenschaft und Technik *h*; *in drei viertel Stunden*, aber: *eine Dreiviertelstunde* (zusammengeschrieben) **2** die Zeit, zu der etwas geschieht „*in der Stunde der Not zu jemandem halten*" **K** Abschiedsstunde, Geburtsstunde, Todesstunde; Arbeitsstunden, Bürostunden, Geschäftsstunden **3** der Unterricht in einem Fach o. Ä., der ungefähr eine Stunde dauert ⟨*jemandem Stunden geben, erteilen; Stunden in etwas* (*Dativ*) *nehmen; eine Stunde schwänzen*⟩ „*In der ersten Stunde haben wir Mathe*" **K** Stundenzahl; Mathestunde, Klavierstunde, Reitstunde; Nachhilfestunde, Schulstunde **4** **jemandes große Stunde** der Zeitpunkt, an dem jemand Gelegenheit hat zu zeigen, was er kann **5** **die Stunde null** der Zeitpunkt, an dem etwas sehr Wichtiges geschieht und eine neue Epoche anfängt • *zu* (1 – 3) **stun·den·wei·se** ADJEKTIV

**stun·den** (*stundete, hat gestundet*) **(jemandem) etwas stunden** die Frist für etwas verlängern ⟨*jemandem einen Kredit, eine Rate, die Schulden stunden*⟩ • *hierzu* **Stun·dung** *die*

der **Stun·den·ki·lo·me·ter** *meist Plural* Kilometer pro Stunde (als Maß für die Geschwindigkeit eines Fahrzeugs)

**stun·den·lang★** ADJEKTIV *meist attributiv* **1** mehrere Stunden lang **2** sehr lange „*stundenlang mit jemandem telefonieren*"

der **Stun·den·plan** eine Liste mit den Zeiten, zu denen jemand etwas tun muss oder zu denen Schüler Unterricht haben ⟨*einen gedrängten, vollen Stundenplan haben*⟩

**-stün·dig** *im Adjektiv, unbetont, begrenzt produktiv* **einstündig, zweistündig, dreistündig, mehrstündig** *und andere* die genannte Zahl oder Menge von Stunden dauernd

**stünd·lich** ADJEKTIV *meist attributiv* jede Stunde einmal ⟨*etwas fährt, verkehrt stündlich*⟩

der **Stunk** (-s); *gesprochen, meist abwertend* ⟨*es gibt Stunk; (jemandem) Stunk machen*⟩ ≈ Streit, Ärger

**stu·pid, stu·pi·de** ADJEKTIV; *geschrieben, abwertend* **1** ⟨*eine Arbeit; stupides Auswendiglernen, Wiederholen*⟩ ≈ langweilig **2** ⟨*ein Gesichtsausdruck*⟩ ≈ dumm

**stur** ADJEKTIV (*sturer, sturst-*); *abwertend* nicht bereit, die eigene Meinung zu ändern und neue Argumente zu hören oder neue Verhältnisse zu berücksichtigen ⟨*stur an etwas festhalten, auf etwas bestehen; stur nach Vorschrift handeln*⟩ „*Markus ist nicht zu überzeugen, er bleibt stur bei seiner Meinung*" • *hierzu* **Stur·heit** *die*

der **Sturm★** (-(e)s, *Stür·me*) **1** ein sehr starker Wind ⟨*in einen Sturm geraten*⟩ „*Der heftige Sturm hat zahlreiche Bäume entwurzelt und Dächer abgedeckt*" **K** Sturmschaden, Sturmwarnung; Schneesturm **2** **ein Sturm** +*Genitiv* eine starke und oft unkontrollierte Reaktion ⟨*ein Sturm der Begeisterung, der Entrüstung*⟩ „*Die Entscheidung der Regierung löste einen Sturm der Entrüstung aus*" **K** Beifallssturm, Proteststurm **3** **der Sturm (auf etwas** (*Akkusativ*)**)** ein schneller Angriff im Krieg, mit dem man den Gegner überraschen will „*Die Truppen nahmen/eroberten die Stadt im Sturm*"

**stür·men★** (*stürmte, hat/ist gestürmt*) **1** **Truppen** *o. Ä.* **stürmen etwas** (*hat*) Truppen o. Ä. erobern im Krieg etwas durch einen schnellen Angriff ⟨*Truppen stürmen eine Brücke, eine Festung, eine Stellung*⟩ **2** **Personen stürmen etwas** (*hat*) viele Menschen drängen plötzlich irgendwohin „*Die Zuschauer stürmten die Bühne*" | „*Nach den Weihnachtstagen stürmten die Käufer die Geschäfte*" **3** **es stürmt** (*hat*) es herrscht starker Wind, Sturm „*In den Bergen stürmt und schneit es*"

der **Stür·mer** (-s, -) ein Spieler beim Fußball, dessen Aufgabe es ist, Tore zu schießen • *hierzu* **Stür·me·rin** *die*

**stür·misch** ADJEKTIV **1** mit (viel) Sturm ⟨*ein Monat, ein Tag, eine Überfahrt; Wetter*⟩ **2** voller Begeisterung ⟨*ein Applaus, eine Begrüßung, eine Umarmung*⟩ **3** sehr schnell ⟨*eine Entwicklung*⟩

der **Sturz★** (-es, *Stür·ze*) **1** der Vorgang, bei dem jemand zu Boden fällt ⟨*ein Sturz in die Tiefe, vom Fahrrad, beim Skifahren*⟩ **2** der Rücktritt vom Amt (der meist durch einen Skandal, eine gewaltsame Machtübernahme o. Ä. erzwungen wird) ⟨*jemandes Sturz herbeiführen*⟩ **3** **der Sturz** (+*Genitiv*) das plötzliche starke Sinken „*der Sturz der Kurse an der Börse*" **K** Preissturz, Temperatursturz

**stụ̈r·zen★** (*stürzte, hat/ist gestürzt*) **1** (*ist*) (beim Gehen oder im Stehen) das Gleichgewicht verlieren und deshalb zu Boden fallen ≈ hinfallen *„ausrutschen und schwer stürzen"* **2** **jemand/etwas stürzt irgendwohin** (*ist*) jemand/etwas fällt (aufgrund des Gewichts) nach unten *„aus dem Fenster/vom Dach/in die Tiefe stürzen"* **3** **irgendwohin stürzen** (*ist*) plötzlich und schnell irgendwohin laufen *„wütend aus dem Haus stürzen"* **4** **etwas stürzt** (*ist*) etwas sinkt plötzlich stark ‹*die Temperaturen, der Wasserspiegel, die Preise, die Kurse, Wertpapiere*› **5** **etwas stürzen** (*hat*) ein Gefäß mit der Öffnung so nach unten drehen, dass der Inhalt herausfällt ‹*den Kuchen, den Pudding (aus der Form auf einen Teller) stürzen*› **6** **jemanden stürzen** (*hat*) jemandem ein wichtiges Amt nehmen ‹*einen König, eine Regierung stürzen*› **7** **jemanden in etwas** (*Akkusativ*) **stürzen** (*hat*) jemanden oder sich selbst in eine sehr unangenehme Situation bringen ‹*jemanden/sich in den Ruin, ins Unglück, ins Verderben stürzen*› **8** **sich irgendwohin stürzen** (*hat*) von einer hohen Stelle aus in die Tiefe springen, um Selbstmord zu begehen *„sich aus dem Fenster/von einer Brücke stürzen"* **9** **sich auf jemanden stürzen** (*hat*) plötzlich schnell zu einer Person hinlaufen und sie angreifen, festhalten, verhaften o. Ä. *„Er stürzte sich auf sie und warf sie zu Boden"* **10** **ein Tier stürzt sich auf jemanden** (*hat*) ein Tier greift jemanden oder ein anderes Tier plötzlich und schnell an *„Der Hund stürzte sich auf die Katze"* **11** **sich auf jemanden/etwas stürzen** *gesprochen* (*hat*) sich mit Begeisterung einer Person oder Sache widmen *„sich auf eine Neuigkeit stürzen"* **12** **sich in etwas** (*Akkusativ*) **stürzen** (*hat*) anfangen, etwas intensiv und mit viel Freude zu tun ‹*sich in die Arbeit, ins Nachtleben, ins Vergnügen stürzen*›

der **Stụrz·flug** ein Flug (mit dem Flugzeug) fast senkrecht nach unten ‹*zum Sturzflug ansetzen; im Sturzflug nach unten gehen*›

der **Stụrz·helm** ein Helm, mit dem man beim Motorradfahren den Kopf schützt

der **Stụss** (*-es*); *gesprochen, abwertend* ‹*Stuss reden*› ≈ Unsinn

die **Stu̲·te** (*-, -n*) das weibliche Tier beim Pferd, Esel, Kamel o. Ä. **K** Eselstute, Zebrastute

die **Stụ̈t·ze★** (*-, -n*) ein Gegenstand, der verhindert, dass etwas schief steht, umfällt oder nach unten sinkt *„Pfähle als Stützen für einen jungen Baum verwenden"* | *„einem Verletzten eine Jacke als Stütze unter den Kopf legen"* **K** Buchstütze, Fußstütze, Kopfstütze

**stụt·zen** (*stutzte, hat gestutzt*) **etwas stutzen** etwas kürzer machen ‹*den Bart, jemandes Haare, eine Hecke stutzen*›

**stụ̈t·zen★** (*stützte, hat gestützt*) **1** **jemand/etwas stützt eine Person/Sache** jemand/etwas bewirkt, dass eine Person oder Sache ihre Lage, Form o. Ä. halten kann *„einen Kranken stützen, damit er nicht zusammenbricht"* | *„Die Brücke wird von acht Pfeilern gestützt"* **K** Stützmauer, Stützpfeiler, Stützverband **2** **etwas auf/in etwas** (*Akkusativ*) **stützen** einen Körperteil auf etwas legen oder gegen etwas drücken und ihm so Halt geben ‹*das Kinn, das Gesicht auf/in die Hände stützen; die Arme, die Hände in die Hüften, in die Seiten, auf den Tisch stützen*› **3** **etwas auf etwas** (*Akkusativ*)**/durch etwas stützen** mithilfe einer Sache zeigen, dass etwas richtig oder wahr ist ‹*eine Behauptung, einen Verdacht auf Beobachtungen auf/durch Beweise stützen*› **4** **etwas stützt etwas** etwas ist ein Beleg oder Zeichen dafür, dass etwas richtig oder wahr ist *„Die Versuchsergebnisse stützen seine These"* **5** **sich auf jemanden/etwas stützen** das Gewicht eines Körperteils auf einer anderen Person oder einer Sache ruhen lassen *„sich auf einen Stock stützen"* **6** **sich auf etwas** (*Akkusativ*) **stützen** etwas als wichtige Hilfe nehmen *„Bei dieser Arbeit kann ich mich auf meine Erfahrung stützen"* **7** **etwas stützt sich auf etwas** (*Akkusativ*) etwas hat etwas als Grundlage *„Ein Urteil stützt sich auf Indizien/Fakten"*

**stụt·zig** ADJEKTIV **stutzig werden** misstrauisch werden

der **Stụ̈tz·punkt** ein Ort, von dem aus man militärische Aktionen startet ‹*Truppen beziehen, errichten einen Stützpunkt*› **K** Flottenstützpunkt, Truppenstützpunkt

die **StVO** [ɛste:fau̯'|o:]; (-); Ⓓ Abkürzung für *Straßenverkehrsordnung*

das **Sty·ro·po̲r®** (*-s*) ein leichtes, weißes Material, das aus vielen kleinen, weichen Kugeln besteht. Styropor® wird als Material zum Verpacken und zum Isolieren verwendet

das **Sub·jẹkt★** (*-(e)s, -e*) der Teil eines Satzes, der bestimmt, ob das Verb eine Singularform oder eine Pluralform hat. Der Kasus für das Subjekt ist der Nominativ *„In dem Satz „Mein Onkel kaufte sich ein Motorrad" ist „mein Onkel" das*

Subjekt"

**sub·jek·tiv**, **sub·jek·tiv**★ [-f] ADJEKTIV von der eigenen, persönlichen Meinung oder Erfahrung bestimmt ⟨*eine Ansicht, ein Standpunkt*⟩ ↔ objektiv

**sub·stan·ti·ell** [-'tsi̯ɛl], **sub·stan·zi·ell** ADJEKTIV; *geschrieben* in Bezug auf die Substanz ⟨*ein Unterschied, eine Veränderung, eine Verbesserung*⟩ ≈ wesentlich, wichtig

das **Sub·stan·tiv** [-f]; (-s, -e [-və]) ein Wort, das ein Ding, einen Menschen, ein Tier, einen Begriff o. Ä. bezeichnet. Substantive werden im Deutschen mit einem großen Buchstaben am Wortanfang geschrieben. Die meisten Substantive haben eine Singular- und eine Pluralform und können mit einem Artikel (*der, die, das*) verbunden werden, der auch das Genus anzeigt

die **Sub·stanz**★ [-st-]; (-, -en) eine Flüssigkeit, ein Gas oder etwas Festes ≈ Stoff

**sub·til** ADJEKTIV **1** so, dass (viele) kleine Nuancen beachtet werden (müssen) ⟨*eine Unterscheidung, ein Unterschied*⟩ **2** sehr zurückhaltend und vorsichtig ⟨*Andeutungen, ein Hinweis, eine Vorgehensweise*⟩

**sub·tra·hie·ren** [-'hiːrən] (*subtrahierte, hat subtrahiert*) **(etwas (von etwas)) subtrahieren** eine Zahl um eine andere verringern ≈ abziehen ↔ addieren • *hierzu* **Sub·trak·ti·on** [-'tsi̯oːn] *die*

die **Sub·ven·ti·on** [-vɛn'tsi̯oːn]; (-, -en) Geld, das ein Betrieb o. Ä. vom Staat bekommt, damit er etwas billiger herstellen oder verkaufen kann „*ohne staatliche Subventionen nicht mehr konkurrenzfähig sein*" • *hierzu* **sub·ven·ti·o·nie·ren** (*hat*)

**sub·ver·siv** [-vɛr'ziːf] ADJEKTIV; *geschrieben* mit dem Ziel, durch geheime Tätigkeiten eine politische Ordnung allmählich zu ändern

die **Su·che**★ (-) **1** **die Suche (nach jemandem/etwas)** das Suchen ⟨*auf die Suche gehen*⟩ **2** **sich auf die Suche machen** anfangen, jemanden/etwas zu suchen

**su·chen**★ (*suchte, hat gesucht*) **1** **(jemanden/etwas) suchen** an verschiedenen Orten nachsehen, ob dort eine Person oder Sache ist „*den verlorenen Schlüssel suchen*" | „*Er wird von der Polizei gesucht*" **2** **etwas suchen** versuchen, etwas durch Nachdenken zu erfahren oder herauszufinden „*die Antwort auf eine Frage suchen*" | „*eine Lösung für ein Problem suchen*" **3** **jemanden/etwas suchen** sich bemühen, eine Person für sich zu gewinnen oder etwas zu bekommen ⟨*eine neue Arbeitsstelle, eine Wohnung suchen; Kontakt, jemandes Gesellschaft, jemandes Nähe suchen*⟩ „*Sie suchen noch Mechaniker. Wäre das nichts für dich?*" **4** **nach jemandem/etwas suchen** jemanden/etwas zu finden versuchen „*nach einem Vorwand/nach den richtigen Worten suchen*" **ID** **jemand hat irgendwo nichts zu 'suchen** *gesprochen* jemand gehört irgendwo nicht hin, ist nicht erwünscht; **Was suchst 'du denn hier?** *gesprochen* ich bin überrascht, dich hier zu sehen

der **Su·cher** (-s, -) der Teil einer Kamera, in dem man das, was man fotografieren oder filmen will, als kleines Bild sieht

die **Such·funk·ti·on** *meist Singular* eine Funktion eines Computerprogramms, mit der man Wörter oder Zeichen in einer Datei finden kann

die **Sucht**★ (-, *Süch·te*) **1** **die Sucht (nach etwas)** der Zustand, wenn man schädliche Gewohnheiten nicht ändern kann (vor allem das Rauchen, das Trinken von Alkohol, die Einnahme von Drogen) ⟨*an einer Sucht leiden*⟩ ≈ Abhängigkeit **K** Suchtkranke(r); Drogensucht, Tablettensucht **2** **die Sucht (nach etwas)** das sehr starke, übertriebene Verlangen, etwas zu tun „*die Sucht nach Abwechslung/nach Vergnügen*" **K** Genusssucht, Herrschsucht, Streitsucht

**süch·tig**★ ADJEKTIV **1** **süchtig (nach etwas)** so, dass man eine Sucht hat ⟨*süchtig werden, sein*⟩ „*Nimm keine Schlaftabletten, davon kann man süchtig werden*" **K** alkoholsüchtig, rauschgiftsüchtig, tablettensüchtig **2** **süchtig (nach etwas)** mit einem übertrieben starken Wunsch nach etwas ⟨*süchtig nach Erfolg, Glück, Vergnügen*⟩ **K** genusssüchtig, rachsüchtig, streitsüchtig • *hierzu* **Süch·ti·ge** *der/die*

der **Sud** (-(e)s, -e) die Flüssigkeit, die entsteht, wenn man Fleisch oder Fisch brät oder kocht, und aus der man meist Soßen macht **K** Bratensud

**Süd**★ *ohne Artikel; nur in dieser Form* die Richtung, in der man auf der nördlichen Erdkugel am Mittag die Sonne sieht ⟨*Wind aus/von Süd; ein Kurs Richtung Süd*⟩ ≈ Süden ↔ Nord

**süd·deutsch** ADJEKTIV in Bezug auf den südlichen Teil der Bundesrepublik Deutschland ⟨*ein Ausdruck, ein Dialekt*⟩ • *hierzu* **Süd·deut·sche** *der/die*; **Süd·deutsch·land** (*das*)

der **Sü·den**★ (-s) **1** die Richtung, die auf der

S

Landkarte nach unten zeigt ⟨*aus, in Richtung Süden; etwas zeigt nach Süden*⟩ ↔ Norden *„Mittags steht die Sonne im Süden"* **K** Südfenster, Südküste, Südseite **2** der Teil eines Gebietes, der im Süden liegt ↔ Norden *„Er wohnt im Süden des Landes/der Stadt"* **K** Südafrika, Südeuropa

die **Süd·frucht** *meist Plural* Obst wie z. B. Bananen, Ananas, Orangen, das in warmen Ländern wächst

**süd·lich★** *ADJEKTIV meist attributiv* **1** nach Süden (gerichtet) ⟨*ein Kurs; in südliche Richtung fahren*⟩ **2** von Süden nach Norden ⟨*ein Wind; der Wind kommt, weht aus südlicher Richtung*⟩ **3** im Süden ⟨*ein Land, die Seite, der Teil*⟩

*PRÄPOSITION mit Genitiv* **4** (in der genannten Entfernung) weiter im Süden als etwas ↔ nördlich *„Sie wohnen 50 Kilometer südlich der Grenze"* ❶ Folgt ein Wort ohne Artikel, verwendet man *südlich von*: *südlich von Europa*.

**Süd·ost** *ohne Artikel; nur in dieser Form* ≈ Südosten ❶ Abkürzung: *SO*

der **Süd·os·ten** **1** die Richtung zwischen Süden und Osten ⟨*der Wind weht aus/von Südosten; etwas zeigt nach Südosten*⟩ ❶ Abkürzung: *SO* **2** der Teil eines Gebietes, der im Südosten ist ≈ Südostteil *„Er wohnt im Südosten des Landes"* **K** Südostasien

**süd·öst·lich** *ADJEKTIV meist attributiv* **1** nach Südosten (gerichtet) oder von Südosten (kommend) ⟨*in südöstliche Richtung; aus südöstlicher Richtung*⟩ **2** im Südosten ⟨*die Seite, der Teil*⟩

*PRÄPOSITION mit Genitiv* **3** (in der genannten Entfernung) weiter im Südosten als etwas *„eine Straße (drei Kilometer) südöstlich der Stadt"* ❶ Folgt ein Wort ohne Artikel, verwendet man *südöstlich von*: *südöstlich von Italien*.

der **Süd·pol** *nur Singular* der südlichste Punkt auf der Erde ↔ Nordpol

**süd·wärts** *ADVERB* nach Süden

**Süd·west** *ohne Artikel; nur in dieser Form* ≈ Südwesten ❶ Abkürzung: *SW*

der **Süd·wes·ten** **1** die Richtung zwischen Süden und Westen ⟨*der Wind weht aus Südwesten; etwas zeigt nach Südwesten*⟩ **2** der Teil eines Gebietes, der im Südwesten ist **K** Südwestafrika

**süd·west·lich** *ADJEKTIV meist attributiv* **1** nach Südwesten (gerichtet) oder von Südwesten (kommend) ⟨*in südwestliche Richtung; aus südwestlicher Richtung*⟩ **2** im Südwesten ⟨*die Seite, der Teil*⟩

*PRÄPOSITION* **3** (in der genannten Entfernung) weiter im Südwesten als etwas *„eine Straße (vier Kilometer) südwestlich der Stadt"* ❶ Folgt ein Wort ohne Artikel, verwendet man *südwestlich von*: *südwestlich von Österreich*.

**sug·ge·rie·ren** (*suggerierte, hat suggeriert*); *geschrieben* **etwas suggeriert (jemandem) etwas** etwas bewirkt, dass bei jemandem der genannte Eindruck entsteht *„Diese Werbung suggeriert, dass Schokolade glücklich macht"*

die **Süh·ne** (-); *geschrieben* ⟨*für etwas Sühne leisten; jemandem etwas zur Sühne auferlegen, abverlangen*⟩ ≈ Buße **K** Sühneversuch

**süh·nen** (*sühnte, hat gesühnt*); *geschrieben* **1** **etwas sühnen** ⟨*eine Schuld, ein Verbrechen (mit dem Leben, dem Tod) sühnen*⟩ ≈ büßen **2** **etwas sühnen** ein Unrecht wiedergutmachen, indem man den Schuldigen bestraft

die **Sui·te** ['svi:t(ə)]; (-, *-n*) mehrere Zimmer in einem Hotel, die man zusammen mieten kann ⟨*eine Suite bewohnen, mieten*⟩ **K** Präsidentensuite

der **Sul·tan** (*-s, -e*) ein Fürst oder Herrscher in einem islamischen Land (meist in früherer Zeit)

die **Sül·ze** (-, *-n*) eine Speise aus kleinen Stücken von gekochtem Fleisch und Gemüse, die in Gelee gelegt sind

die **Sum·me★** (-, *-n*) **1** das Ergebnis, das man erhält, wenn man Zahlen zusammenzählt, addiert ↔ Differenz *„Die Summe von drei und/plus vier ist sieben"* 3 + 4 = 7 **K** Endsumme, Zwischensumme **2** die genannte Menge Geld ≈ Betrag *„Die Reparatur beläuft sich auf eine Summe von 250 €"* **K** Darlehenssumme, Geldsumme, Restsumme

**sum·men** (*summte, hat gesummt*) **1** **(etwas) summen** mit geschlossenen Lippen einen Laut machen wie ein langes *m* und dabei eine Melodie hervorbringen ⟨*ein Lied summen*⟩ **2** **ein Tier/etwas summt** ein Tier/etwas produziert einen gleichmäßigen, langen und leisen Laut ⟨*eine Biene, eine Mücke*⟩ *„Die Drähte der Hochspannungsleitung summen"* **K** Summton

**sum·mie·ren** (*summierte sich, hat sich summiert*) **Das/Es summiert sich**; **Dinge summieren sich (zu etwas/auf etwas** (*Akkusativ*)**)** verschiedene Dinge kommen zusammen und bilden insgesamt eine relativ große Menge ⟨*Kosten, Probleme*⟩ *„Der Kaufpreis des*

S

*Hauses ist gar nicht so hoch, aber die Kosten für Makler, Notar und Reparaturen summieren sich auf/zu über 80.000 Euro"*

der **Sumpf** (-(*e*)*s*, *Sümp·fe*) ein Gelände mit sehr feuchtem, weichem Boden, der oft mit Wasser bedeckt ist ⟨*im Sumpf stecken bleiben, einsinken*⟩ *„Die Everglades in Florida sind ein riesiger Sumpf, in dem Alligatoren und viele Wasservögel leben"*

der **Sund** (-(*e*)*s*, -*e*) ≈ Meerenge

die **Sün·de★** (-, -*n*) **1** eine Handlung, die gegen die Gesetze der Religion verstößt ⟨*eine schwere, große Sünde; für die Sünden büßen*⟩ **2** eine Handlung, die schlecht, unmoralisch oder nicht vernünftig ist *„die Sünden der Städteplaner"* • *zu* (1) **Sün·der** *der*; *zu* (1) **Sün·de·rin** *die*

**sünd·haft** *ADJEKTIV* **1** ⟨*ein Gedanke, ein Leben*⟩ so, dass sie unmoralisch sind **2** verwendet, um Adjektive zu verstärken ⟨*sündhaft teuer, schön, faul*⟩ ≈ sehr

**sün·di·gen** (*sündigte, hat gesündigt*) Sünden begehen ⟨*in Gedanken, mit Worten, mit Taten sündigen*⟩

**sünd·teu·er** *ADJEKTIV; gesprochen* sehr teuer

**su·per★** *ADJEKTIV nur in dieser Form; gesprochen* drückt aus, dass man etwas sehr gut findet ≈ toll *„Er singt super"* | *„Der Film war einfach super!"* | *„eine super Disco"*

das **Su·per★** (-*s*) das Benzin, mit dem die meisten Autos fahren ⟨*Super tanken*⟩ **K** Superbenzin ℹ meist ohne Artikel

**su·per-** *im Adjektiv, betont, sehr produktiv; gesprochen, oft humorvoll oder ironisch* **superbillig, superfein, superfleißig, superleicht, supermodern, superreich, superschlau** *und andere* das normale Maß weit übersteigend

**Su·per-** *im Substantiv, betont, sehr produktiv; gesprochen* **das Superauto, das Superbuch, das Superding, der Superfilm, die Superfrau, der Superpreis** *und andere* verwendet, um große Anerkennung auszudrücken

der **Su·per-GAU** [-gau]; (-(*s*), -*s*) ein Unfall, den man sich als noch schlimmer vorstellen muss als einen GAU *„Im Kernkraftwerk arbeitet man an einem Notfallplan für den Super-GAU"*

der **Su·per·la·tiv★** [-f]; (-*s*, -*e*) **1** die Form eines Adjektivs oder Adverbs, die das höchste Maß ausdrückt *„Der Superlativ von „reich" ist „am reichsten"* **2** *geschrieben meist Plural* eine Sache, ein Ereignis o. Ä., die zu den besten, größten o. Ä. gehören *„ein Festival der Superlative"*

der **Su·per·markt★** ein großes Geschäft vor allem für Lebensmittel, in dem man die Waren selbst aus dem Regal holt und zur Kasse bringt

**su·pi** *ADJEKTIV nur in dieser Form; gesprochen, auch ironisch* vor allem von jungen Mädchen verwendet, um Begeisterung auszudrücken ≈ super, toll

die **Sup·pe★** (-, -*n*) **1** ein flüssiges, gekochtes Essen, oft mit kleinen Stücken Fleisch, Gemüse usw. ⟨*eine klare, dicke, dünne Suppe*⟩ **K** Suppennudeln; Gemüsesuppe, Hühnersuppe, Kartoffelsuppe **2** *gesprochen, humorvoll* dichter Nebel

das **Sup·pen·grün** *nur Singular* Petersilie, Lauch, Sellerie und Karotten, die man zum Würzen in eine Suppe gibt

das **Surf·brett** ['sø:ɐ̯f-] ein langes, flaches Brett aus Holz oder Kunststoff (mit einem Segel), mit dem man über das Wasser gleitet

**sur·fen★** ['sø:ɐ̯fn̩] (*surfte, hat gesurft*) **1** auf einem Surfbrett mit einem Segel stehend über einen See oder das Meer segeln **K** windsurfen **2** auf einem Surfbrett ohne Segel über Wellen reiten **3** **(im Internet) surfen** ohne eine besondere Absicht interessante Informationen aus dem Internet lesen • *hierzu* **Sur·fer** *der*; *zu* (1,2) **Sur·fing** *das*

**sus·pekt** *ADJEKTIV* (*suspekter, suspektest-*) ⟨*eine Angelegenheit, jemandes Benehmen; eine Sache ist (jemandem) suspekt, kommt jemandem suspekt vor*⟩ so, dass sie Verdacht erregen *„Sein Verhalten von gestern kommt mir suspekt vor"*

**sus·pen·die·ren** (*suspendierte, hat suspendiert*) **jemanden (von etwas) suspendieren** bestimmen, dass eine Person ihre Arbeit so lange nicht mehr machen darf, bis eventuelle Vorwürfe gegen sie geklärt sind *„Beamte wegen Verdachts auf Bestechlichkeit vom Dienst suspendieren"* • *hierzu* **Sus·pen·die·rung** *die*

**süß★** *ADJEKTIV* (*süßer, süßest-*) **1** mit dem Geschmack von Zucker oder Honig *„Der Kaffee ist zu süß"* | *„der süße Geschmack reifer Trauben"* **K** zuckersüß **2** so nett, sympathisch oder rührend, dass man Freude empfindet *„Du hast mir Pralinen mitgebracht? Wie süß von dir!"* | *„Sieh mal, die süßen Kätzchen!"* **3** so angenehm oder schön, dass man Freude empfindet ⟨*eine Stimme, ein Klang, eine Wohnung, ein Kleid*⟩ *„Sie hat eine süße kleine Wohnung in der*

S

*Altstadt"* **4** mild und an süßen Geschmack erinnernd ⟨*ein Duft, ein Parfüm; etwas duftet süß*⟩ ≈ lieblich **5** *abwertend* auf unehrliche Art übertrieben freundlich ⟨*ein Lächeln, eine Miene, Reden*⟩

die **Sü·ße** (-); *geschrieben* der süße Geschmack oder Geruch einer Sache *„die fruchtige Süße des Weins"*

**sü·ßen** (*süßte, hat gesüßt*) **(etwas) süßen** etwas mit Zucker o. Ä. süß machen ⟨*etwas schwach, stark süßen*⟩ *„Süßt du mit Zucker oder Honig?"*

die **Sü·ßig·keit**★ (-, *-en*); *meist Plural* eine kleine süße Sache zum Essen, die vor allem aus Zucker oder Schokolade gemacht wird (z. B. Bonbons oder Pralinen)

**süß·lich** *ADJEKTIV* mit einem (meist unangenehmen) leicht süßen Geschmack oder Geruch ⟨*ein Geschmack, ein Geruch*⟩

**süß·sau·er** *ADJEKTIV* süß und gleichzeitig sauer im Geschmack ⟨*eine Speise, ein Gericht; süßsauer eingelegte Gurken*⟩

die **Süß·spei·se**★ eine süße Speise, die man vor allem als Dessert isst

der **Süß·stoff** eine meist künstlich hergestellte Substanz, die man statt Zucker verwendet, um Tee usw. süß zu machen

das **Süß·was·ser** *nur Singular* das Wasser in Flüssen und Seen, das nicht salzig schmeckt ↔ Meerwasser, Salzwasser **K** Süßwasserfisch

das **Sweat·shirt** ['svɛtʃøːɐ̯t]; (*-s, -s*) ein bequemer Pullover meist aus Baumwolle

der **Swim·ming·pool**★ [-puːl]; (*-s, -s*) ein Schwimmbecken in einem privaten Garten oder in einem Hotel

die **Sym·bi·o·se** (-, *-n*) eine Form des Zusammenlebens, bei der meist zwei Lebewesen voneinander abhängig sind und sich gegenseitig Vorteile bringen *„Viele Pilze leben in Symbiose mit Bäumen"* • *hierzu* **sym·bi·o·tisch** *ADJEKTIV*

das **Sym·bol**★ (*-s, -e*) **1** **ein Symbol (für etwas)** ein Ding oder Zeichen, das für etwas anderes (z. B. eine Idee) steht oder auf etwas hinweist ⟨*christliche, magische Symbole; ein Symbol des Friedens, der Hoffnung, der Macht*⟩ *„Die fünf Ringe sind das Symbol für die Olympischen Spiele"* **K** Symbolkraft; Statussymbol **2** ein Buchstabe, ein Zeichen oder eine Figur, die eine Zahl, ein chemisches Element, einen Rechenvorgang o. Ä. ausdrücken ⟨*ein mathematisches, chemisches, sprachliches Symbol*⟩ ≈ Zeichen *„Das Symbol der Addition ist ein +"*

**sym·bo·lisch**★ *ADJEKTIV* **1** ⟨*ein Ausdruck, eine Farbe, eine Geste*⟩ so, dass sie ein Symbol darstellen oder wie ein Symbol wirken *„etwas hat symbolische Bedeutung"* | *„Die Schlange hier hat symbolischen Charakter: Sie steht für das Böse"* **2** mithilfe von Symbolen ⟨*etwas symbolisch darstellen*⟩

**sym·bo·li·sie·ren** (*symbolisierte, hat symbolisiert*) **jemand/etwas symbolisiert etwas** jemand/etwas ist das Symbol für etwas *„Die Farbe Schwarz symbolisiert Trauer"* • *hierzu* **Sym·bo·li·sie·rung** *die*

die **Sym·met·rie** (-, *-n* [-'triːən]) die Eigenschaft einer Sache, symmetrisch zu sein **K** Symmetrieachse, Symmetrieebene

**sym·met·risch** *ADJEKTIV* so, dass etwas auf beiden Seiten einer (gedachten) Linie genau gleich aussieht *„der symmetrische Aufbau des Quadrats"* | *„Das menschliche Gesicht ist mehr oder weniger symmetrisch"*

die **Sym·pa·thie**★ (-, *-n* [-'tiːən]) **die Sympathie (für jemanden)** das Gefühl, dass man eine Person mag oder nett findet ⟨*Sympathie für jemanden empfinden*⟩ ↔ Antipathie

**sym·pa·thisch**★ *ADJEKTIV* **(jemandem) sympathisch** mit einer angenehmen Wirkung (auf (andere) Menschen) ⟨*ein Mensch, eine Stimme, ein Wesen; sympathisch aussehen, wirken*⟩ *„Unser neuer Nachbar ist mir nicht sympathisch"*

**sym·pa·thi·sie·ren** (*sympathisierte, hat sympathisiert*) **mit jemandem/etwas sympathisieren** einen Politiker, eine politische Gruppe oder Ideologie gut finden, aber nicht aktiv unterstützen

das **Symp·tom** (*-s, -e*) **ein Symptom (für/von etwas)** eine Veränderung im Zustand oder in der Funktion eines Organs oder im Aussehen eines Menschen oder anderen Lebewesens, die für eine spezielle Krankheit typisch ist ≈ Anzeichen *„ein Symptom für Krebs"* | *„Symptome von Unterernährung zeigen"* **K** Krankheitssymptom

**symp·to·ma·tisch** *ADJEKTIV*; *geschrieben* **symptomatisch (für etwas)** ≈ typisch, charakteristisch *„Diese Aussage ist symptomatisch für seine Denkweise"*

die **Sy·na·go·ge** (-, *-n*) der Raum oder das Gebäude, in dem Juden beten und den Gottesdienst feiern

**syn·chron** [zyn'kroːn] *ADJEKTIV* so, dass zwei oder mehrere Vorgänge zur gleichen Zeit und/

S

oder mit gleicher Geschwindigkeit ablaufen ⟨*Bewegungen, Vorgänge; zwei (oder mehr) Prozesse verlaufen synchron, laufen synchron ab*⟩ ≈ gleichzeitig • *hierzu* **Syn·chro·nie** *die*

das **Sy·no·nym** ['zʏ-, -'ny:m]; (*-s, -e/Sy·no·ny·ma*) **ein Synonym (für, von, zu etwas)** ein Wort, das (fast) die gleiche Bedeutung hat wie ein anderes Wort *„Streichholz" und „Zündholz" sind Synonyme"* **K** Synonymenwörterbuch

die **Syn·tax** ['zʏn-]; (-) die Regeln, mit denen man in einer Sprache aus Wörtern Sätze bilden kann **K** Syntaxfehler

(das) **Syn·the·tik** (*-s, -s*) ein synthetischer Stoff oder Kleidung o. Ä. daraus *„Das Kleid ist Synthetik"*

**syn·the·tisch**★ *ADJEKTIV* chemisch hergestellt, aber natürlichen Stoffen sehr ähnlich ⟨*ein Aroma, ein Edelstein, Fasern, Kautschuk, ein Material, ein Stoff, ein Treibstoff, eine Verbindung; etwas synthetisch herstellen, gewinnen*⟩ ≈ künstlich ↔ natürlich

das **Sys·tem**★ (*-s, -e*) **1** etwas, das man als eine Einheit sehen kann und das aus verschiedenen Teilen besteht, die miteinander zusammenhängen ⟨*ein biologisches, ökologisches, kompliziertes System*⟩ **K** Nervensystem, Planetensystem, Sonnensystem **2** die Gliederung und der Aufbau einer Regierung oder Gesellschaft ⟨*ein parlamentarisches, sozialistisches, demokratisches, totalitäres, korruptes System*⟩ **3** ein Bereich mit einer eigenen Ordnung und Organisation (meist als Teil eines größeren Systems **K** Finanzsystem, Schulsystem **4** die Prinzipien, nach denen etwas geordnet ist, damit man etwas finden kann ≈ Ordnung *„Nach welchem System sind die Bücher in dieser Bibliothek geordnet?"* **K** Dezimalsystem, Ordnungssystem

**sys·te·ma·tisch**★ *ADJEKTIV* sorgfältig nach einem genauen Plan organisiert ⟨*systematisch arbeiten, vorgehen; etwas systematisch aufbauen, absuchen, erfassen, untersuchen*⟩ *„ein systematisches Schulungsprogramm"*

die **Sze·ne**★ ['stse:-]; (*-, -n*) **1** einer der kurzen Abschnitte (eines Aktes) in einem Film oder Theaterstück ⟨*eine Szene aufnehmen, drehen, proben, spielen*⟩ *„Die letzte Szene des dritten Aktes spielt im Schlosspark"* **K** Schlussszene, Filmszene, Liebesszene **2** etwas Ungewöhnliches, das irgendwo passiert ⟨*eine ergreifende, erschütternde, komische, lustige Szene; eine Szene spielt sich ab*⟩ ≈ Ereignis **3** *meist Singular* heftige Vorwürfe oder Streit **K** Familienszene **4** *nur Singular* ein Bereich mit vielen (oft künstlerischen) Aktivitäten (und einem besonderen Lebensstil) ⟨*die literarische, politische Szene (einer Stadt)*⟩ **K** Kunstszene, Popszene, Drogenszene

# T

das **T, t** [te:]; (*-, -/gesprochen auch -s*) der zwanzigste Buchstabe des Alphabets ⟨*ein großes T; ein kleines t*⟩ • *hierzu* **T-för·mig** *ADJEKTIV*

der **Tab** [tap, tɛp]; (*-s, -s*) **1** ein Pulver für die Spül- oder Waschmaschine, das zu einer festen Form gepresst wurde **2** eines von mehreren Fenstern, die man in einem Computerprogramm (z. B. einem Browser) gleichzeitig öffnen kann

der **Ta·bak, Ta·bak**★; (*-s, -e*); *meist Singular* **1** eine Pflanze, die Nikotin enthält und deren Blätter man raucht **K** Tabakblatt, Tabakpflanze **2** die (getrockneten und klein geschnittenen) Blätter des Tabaks, die man z. B. in Zigaretten oder Pfeifen raucht ⟨*Tabak rauchen, kauen, schnupfen*⟩ **K** Tabakmischung; Kautabak, Schnupftabak

**ta·bel·la·risch** *ADJEKTIV* in Form von Tabellen ⟨*eine Aufstellung, eine Übersicht*⟩

die **Ta·bel·le**★ (*-, -n*) **1** eine Liste von Zahlen oder Fakten (meist mit mehreren Spalten) ⟨*etwas steht in einer Tabelle*⟩ **K** Lohntabelle, Steuertabelle **2** eine Liste meist der Mannschaften in einer Liga o. Ä. mit der Zahl der Spiele, den Punkten usw. Die beste Mannschaft steht oben und die schlechteste unten **K** Tabellenführer, Tabellenletzte(r)

das **Tab·let** ['tɛblət]; (*-s, -s*) ein flacher kleiner Computer, den man leicht transportieren kann

das **Tab·lett** (*-s, -s*) eine kleine Platte, auf der man Geschirr trägt und Speisen serviert ⟨*etwas auf einem Tablett servieren*⟩ **K** Holztablett, Silbertablett

die **Tab·let·te**★ (*-, -n*) ein Medikament von kleiner, runder, relativ flacher Form ⟨*eine Tablette einnehmen, schlucken, in Wasser auflösen*⟩ **K** tablettenabhängig; Schlaftablette, Schmerztablette

**ta·bu** *ADJEKTIV meist prädikativ* **etwas ist tabu (für jemanden)** etwas ist so, dass man nicht darüber spricht oder es nicht tut, weil es die Gesellschaft ablehnt ⟨*ein Bereich, ein Thema*⟩

T

das **Ta·bu** (-s, -s); *geschrieben* die Sitte oder Regel in einer Gesellschaft, über ein Thema nicht zu sprechen oder etwas nicht zu tun ⟨*ein Tabu errichten, brechen, verletzen; gegen ein Tabu verstoßen*⟩ [K] Tabuthema, Tabuwort

**ta·bu·i·sie·ren** [-bui-] (*tabuisierte, hat tabuisiert*) **etwas tabuisieren** *geschrieben* etwas zu einem Tabu machen ⟨*ein Thema tabuisieren*⟩ • *hierzu* **Ta·bu·i·sie·rung** *die*

der **Ta·bu·la·tor** (-s, *Ta·bu·la·to·ren*) eine Funktion auf der Computertastatur, welche den Cursor an eine vorher eingestellte Stelle bringt ⟨*den Tabulator einstellen*⟩ [K] Tabulatortaste

der **Ta·cho** (-s, -s); *gesprochen* Kurzwort für *Tachometer*

der/das **Ta·cho·me·ter** (-s, -) ein technisches Gerät, in einem Fahrzeug, welches die Geschwindigkeit misst und anzeigt *„Der Tachometer zeigt 120 km/h an"* [K] Tachometernadel, Tachometerstand

der **Ta·del** (-s, -) die Worte, mit denen jemand getadelt wird ⟨*ein gerechtfertigter, ein scharfer Tadel; einen Tadel aussprechen, verdienen; jemandem einen Tadel erteilen*⟩

**ta·del·los** ADJEKTIV ohne Fehler, sehr gut ⟨*eine Arbeit, ein Benehmen*⟩ *„Der neue Anzug sitzt tadellos"*

**ta·deln**★ (*tadelte, hat getadelt*) **jemanden (wegen etwas) tadeln**; **etwas tadeln** wenn Eltern oder Lehrer ein Kind oder Vorgesetzte einen Mitarbeiter tadeln, sagen sie deutlich, dass ein Verhalten falsch war ↔ loben

die **Ta·fel**★ (-, -n) [1] eine große Platte oder Fläche an der Wand, auf die man schreiben und malen kann ⟨*die Tafel abwischen, löschen*⟩ *„Der Lehrer schrieb das Wort an die Tafel"* [K] Schreibtafel, Wandtafel [2] **eine Tafel Schokolade** Schokolade in Form eines Rechtecks [K] Schokoladentafel [3] ein großer, langer Tisch, der für ein festliches Essen gedeckt ist ⟨*die Tafel decken, schmücken, abräumen; sich an die Tafel setzen*⟩ [K] Tafelsilber [4] eine Übersicht aus Bildern oder Tabellen, meist auf einer ganzen Seite eines Buches [K] Übersichtstafel [5] eine Einrichtung, die Lebensmittel kostenlos oder sehr billig an Personen verteilt, die arm sind

(der) **Ta·fel·spitz** *besonders süddeutsch* Ⓐ gekochtes Rindfleisch hoher Qualität

das **Ta·fel·was·ser** (-s, *Ta·fel·wäs·ser*) Mineralwasser (in Flaschen)

der **Tag**★ (-(e)s, -e) [1] der Zeitraum von 24 Stunden (zwischen 0:00 und 24:00 Uhr) *„Welchen Tag haben wir heute?/Was ist heute für ein Tag?"* | *„Es geht mir von Tag zu Tag besser, bald bin ich wieder gesund"* [K] Tagesablauf, Tageshälfte; Arbeitstag, Urlaubstag; Regentag; Wintertag [2] die Zeit zwischen Sonnenaufgang und Sonnenuntergang, in der es hell ist ⟨*es wird Tag; der Tag bricht an, graut*⟩ ↔ Nacht *„Kommen wir noch bei Tag(e)/am Tag an?"* [K] Tagesanbruch, Tagesanfang [3] *nur Plural* ein längerer Zeitraum, meist in der Vergangenheit oder in der Zukunft *„Der alte Mann hatte schon bessere Tage gesehen"* [4] **der Tag der (Deutschen) Einheit** der Nationalfeiertag der Bundesrepublik Deutschland am 3. Oktober (vor 1991 am 17. Juni) [5] **der Jüngste Tag** der Tag, an dem (nach christlichem Glauben) die Welt aufhört zu existieren [6] **(Guten) Tag!** verwendet als Gruß, wenn man jemanden trifft (und seltener auch beim Abschied) ℹ *Guten Tag!* sagt man zu Leuten, die man siezt, *Tag!* vor allem zu Freunden. [7] **über/unter Tage** (beim Bergbau) über/unter der Erde [8] **Tag für Tag** jeden Tag [9] **Tag und Nacht** ohne Unterbrechung ≈ immer *„Das Lokal hat Tag und Nacht geöffnet"* [ID] **am helllichten Tag** verwendet, um Erstaunen oder Entsetzen darüber auszudrücken, dass etwas bei Tag geschieht *„Er wurde am helllichten Tag auf der Straße überfallen"*; **heute** *usw.* **in acht/vierzehn Tagen** am gleichen Wochentag wie heute usw. in einer Woche/in zwei Wochen; **von einem Tag auf den anderen** plötzlich, unerwartet; **ein Unterschied wie Tag und Nacht** *gesprochen* ein sehr großer Unterschied; **(bei) jemandem (kurz) Guten/guten Tag sagen** *gesprochen* eine Person kurz besuchen, um mit ihr zu reden; **jeden Tag** bald ⟨*jemand/etwas muss jeden Tag kommen; jemanden/etwas jeden Tag erwarten*⟩; **eine Frau hat die/ihre Tage** *gesprochen!* eine Frau hat ihre Menstruation; **er/sie hat einen schlechten Tag** er/sie ist heute schlecht gelaunt oder nicht in Form; **ewig und drei Tage** *gesprochen* sehr lange; **eines (schönen) Tages** an irgendeinem Tag in der Zukunft *„Das wirst du eines Tages bereuen!"*

**tag·aus** ADVERB [ID] **tagaus, tagein** jeden Tag ≈ immer *„tagaus, tagein dasselbe tun müssen"*

das **Ta·ge·buch**★ ein Heft oder Buch, in dem man (täglich) über die eigenen Erlebnisse und Gedanken schreibt ⟨*ein Tagebuch führen*⟩ [K] Tagebuchschreiber

das **Ta·ge·geld** [1] die Summe Geld, die eine Firma oder Behörde einem Angestellten bei Dienstreisen pro Tag für Essen und Getränke zahlt **2** die Summe Geld, die eine Versicherung einer Person für jeden Tag zahlt, welchen diese im Krankenhaus bleiben muss

**tag·ein** *ADVERB* → tagaus

**ta·ge·lang**★ *ADJEKTIV* mehrere Tage dauernd ⟨*das Warten*⟩ *„Ich habe tagelang auf deinen Anruf gewartet"*

**ta·gen** (*tagte, hat getagt*) **Personen tagen**; **ein Gremium** *o. Ä.* **tagt** die Mitglieder einer Organisation o. Ä. halten eine wichtige und meist lange Sitzung, Versammlung oder einen Kongress ab ⟨*das Gericht, das Parlament*⟩

**Ta·ges-** *im Substantiv, betont, begrenzt produktiv* **1** **der Tagesbedarf, das Tagesgeschehen, der Tageskurs, die Tagesleistung, der Tagespreis, die Tagesproduktion, der Tagesumsatz, der Tagesverbrauch** *und andere* in Bezug auf einen einzelnen oder bestimmten Tag *„der Tagesbefehl an die Truppe"* | *„die Tageseinnahmen eines Lokals/Geschäfts"* | *„die Tagesform eines Sportlers"* **2** **der Tagesausflug, die Tagesfahrt, die Tagesreise, die Tageskarte, die Tagestour** *und andere* nur einen Tag dauernd oder gültig

die **Ta·ges·kar·te** **1** eine Speisekarte, die in Restaurants nur für den aktuellen Tag gilt *„Wir haben heute frische Steinpilze in Sahnesoße auf der Tageskarte"* **2** eine Fahrkarte oder Eintrittskarte, die einen Tag lang gültig ist ⟨*eine Tageskarte kaufen, lösen*⟩

das **Ta·ges·licht** *nur Singular* das natürliche Licht am Tag *„Diese Farbe will ich bei Tageslicht ansehen"*

die **Ta·ges·mut·ter** eine Frau, die während des Tages auf Kinder von berufstätigen Frauen aufpasst

die **Ta·ges·ord·nung**★ *meist Singular* eine Liste der Themen in der Reihenfolge, wie sie bei einer Sitzung oder Versammlung besprochen werden sollen ⟨*die Tagesordnung aufstellen; etwas auf die Tagesordnung setzen; etwas steht auf der Tagesordnung*⟩ **K** Tagesordnungspunkt **ID** **etwas ist an der Tagesordnung** *meist abwertend* etwas kommt immer wieder vor *„Nächtliche Überfälle sind hier an der Tagesordnung"*

die **Ta·ges·schau** eine Nachrichtensendung im Ersten Deutschen Fernsehen, die mehrmals am Tag gesendet wird

die **Ta·ges·zeit**★ ein der zeitlichen Abschnitte des Tages, z. B. der Morgen *„Um diese Tageszeit ist wenig/viel Betrieb"*

die **Ta·ges·zei·tung** eine Zeitung, die an jedem Werktag der Woche erscheint *„Wir haben eine Tageszeitung abonniert"*

**tag·hell** *ADJEKTIV* sehr hell (wie am Tag) *„Der Saal war taghell erleuchtet"*

**-tä·gig** *im Adjektiv, unbetont, begrenzt produktiv* **eintägig, zweitägig, dreitägig, halbtägig, ganztägig, mehrtägig** *und andere* die genannte Zahl von Tagen, den genannten Teil eines Tages dauernd

**täg·lich**★ *ADJEKTIV* so, dass es jeden Tag geschieht *„Er arbeitet täglich acht Stunden/acht Stunden täglich"* | *„Der Zug verkehrt täglich außer sonn- und feiertags"*

**tags** *ADVERB* **1** am Tag *„Sie arbeitet tags im Büro und nachts in einer Bar"* **2** **tags zuvor/davor** am vorhergehenden Tag **3** **tags darauf** am darauffolgenden Tag

**tags·über**★ *ADVERB* während des Tags, wenn es hell ist ↔ nachts *„Sie ist tagsüber nicht zu Hause"*

**tag·täg·lich** *ADJEKTIV* jeden Tag (ohne Ausnahme) geschehend ≈ täglich *„Die Arbeit in der Küche ist tagtäglich dieselbe"*

die **Ta·gung**★ (-, *-en*) ein Treffen von Fachleuten, Mitgliedern einer Institution o. Ä., bei dem man sich informiert und diskutiert und das meist mehrere Tage dauert ⟨*eine Tagung abhalten, veranstalten; an einer Tagung teilnehmen*⟩ **K** Tagungsort, Tagungsraum

die **Tail·le**★ ['taljə]; (-, *-n*) die schmalste Stelle in der Mitte des (menschlichen) Körpers *„Ihr enges Kleid betonte die Taille"* ℹ → Abbildung, S. 294: **Der Körper**

der **Takt**★ (*-(e)s, -e*) **1** *nur Singular* das Maß, das ein Musikstück rhythmisch in gleiche Einheiten teilt ⟨*nach dem Takt spielen; im Takt bleiben*⟩ **K** Dreivierteltakt, Walzertakt **2** ein kurzer Abschnitt eines Musikstücks, der durch den Takt bestimmt wird *„Sie hat ein paar Takte des Walzers auf dem Klavier gespielt"* **3** *nur Singular* das Gefühl für höfliches, rücksichtsvolles und anständiges Benehmen ⟨*viel, wenig, keinen Takt haben*⟩ • *zu* (3) **takt·los** *ADJEKTIV*; *zu* (3) **takt·voll** *ADJEKTIV*

die **Tak·tik**★ (-, *-en*) ein überlegtes Handeln nach einem Plan, mit dem man ein Ziel zu erreichen versucht ⟨*eine erfolgreiche Taktik; eine Taktik verfolgen, aufgeben; nach einer Taktik vorgehen*⟩

T

**tạk·tisch** *ADJEKTIV meist attributiv* **1** in Bezug auf die Taktik ⟨*ein Fehler*⟩ **2** einem Plan, einer Taktik folgend ⟨*taktisch vorgehen*⟩ ≈ planvoll, überlegt

der **Tạkt·stock** ein dünner, kurzer Stock, mit welchem der Dirigent einem Orchester den Takt anzeigt

das **Ta̲l★** (-(e)s, *Tä̲·ler*) das tief liegende Gelände, das zwischen Hügeln oder Bergen liegt, meist mit einem Fluss **K** Gebirgstal

der **Ta·la̲r** (-s, -e) Priester und Richter tragen Talare über ihrer normalen Kleidung ⟨*den Talar anlegen, tragen*⟩

das **Ta·lẹnt★** (-s, -e) **1** **Talent (für/zu etwas)** die (angeborene) Fähigkeit zu guten oder sehr guten Leistungen, vor allem im künstlerischen Bereich ⟨*kein, viel, wenig Talent haben*⟩ ≈ Begabung *„Er hat Talent für Musik/für Sprachen"* **2** eine Person, die viel Talent hat ⟨*ein viel versprechendes Talent*⟩ **K** Talentsuche; Musiktalent, Sprachtalent **3** **ein ewiges Talent** eine Person, die trotz ihres Talents nie den großen Erfolg hat

die **Ta̲l·fahrt** **1** eine Fahrt von einem Berg in das Tal hinunter *„eine Talfahrt mit der Seilbahn"* **2** eine negative wirtschaftliche Entwicklung (oft auch der Sturz von Kursen an der Börse) *„die Talfahrt des Dollars"*

der **Tạlg** (-(e)s) ein tierisches Fett, das z. B. zur Produktion von Kerzen und Seifen verwendet wird **K** Rindertalg • *hierzu* **tạl·gig** *ADJEKTIV*

der **Ta̲·lis·man** (-s, -e) ein kleiner Gegenstand, von dem man glaubt, dass er Glück bringt oder vor Unglück schützt

die **Ta̲l·soh·le** **1** die tiefste Stelle in einem Tal **2** der tiefste Punkt in einer negativen wirtschaftlichen Entwicklung

der **Tam·pon★** ['tampɔn, tam'po:n]; (-s, -s) ein kleiner Stab aus fester Watte, der Flüssigkeiten (z. B. Blut oder Speichel) aufsaugen soll

das **Tạn·dem** (-s, -s) ein Fahrrad für zwei Personen mit zwei Sätteln und zwei Paaren von Pedalen

der **Tạng** (-s) meist rote oder braune Pflanzen (Algen), die im Meer schwimmen und dicht wachsen

der **Tan·go** ['taŋgo]; (-s, -s) ein Tanz, der in Argentinien entstanden ist ⟨*einen Tango spielen, tanzen*⟩

der **Tạnk** (-s, -s) im Auto ist Benzin im Tank und im Tank im Keller Heizöl ⟨*den Tank füllen*⟩ **K** Tankdeckel, Tankfüllung; Trinkwassertank

die **Tạn·ke** (-, -n); *gesprochen* ≈ Tankstelle

**tạn·ken★** (*tankte, hat getankt*) **(etwas) tanken** Benzin oder andere Flüssigkeiten in einen Tank füllen ⟨*Benzin, Öl tanken*⟩ *„Ich muss noch (30 Liter) tanken"*

der **Tạn·ker** (-s, -) ein großes Schiff, das Erdöl transportiert **K** Tankerflotte

die **Tạnk·stel·le★** ein Geschäft, in dem Benzin und Öl für Kraftfahrzeuge verkauft werden **K** Tankstellenbesitzer, Tankstellenüberfall

die **Tạnk·uhr** ein technisches Gerät in Kraftfahrzeugen, das anzeigt, wie viel Benzin o. Ä. noch im Tank ist

der **Tạnk·wart** (-s, -e) eine Person, die beruflich an einer Tankstelle Benzin usw. verkauft • *hierzu* **Tạnk·war·tin** *die*

die **Tạn·ne** (-, -n) Tannen haben flache Nadeln und werden gern als Weihnachtsbaum benutzt **K** Tannennadeln, Tannenzapfen

die **Tạn·te★** (-, -n) die Schwester der Mutter oder des Vaters oder die Ehefrau des Onkels

der **Tạnz★** (-es, *Tän·ze*) **1** beim Tanz bewegen wir unseren Körper im Rhythmus der Musik **2** eine Art des Tanzes mit einem Partner und festgelegten Schritten ⟨*ein moderner, traditioneller Tanz*⟩ *„Rumba, Samba, Salsa und andere lateinamerikanische Tänze"* **K** Standardtanz, Volkstanz

**tạ̈n·zeln** (*tänzelte, hat/ist getänzelt*) **ein Pferd tänzelt** (*hat*) ein Pferd bewegt sich in kleinen, leichten Schritten *„Am Start wurde das Pferd nervös und tänzelte unruhig"*

**tạn·zen★** (*tanzte, hat getanzt*) **(etwas) (mit jemandem) tanzen** (mit jemandem) einen Tanz machen *„(einen) Tango/Walzer tanzen"* | *„Möchtest du mit mir tanzen?"* **K** Tanzfläche, Tanzkurs, Tanzmusik

der **Tạ̈n·zer** (-s, -) eine Person, die (auch beruflich) tanzt ⟨*ein geschmeidiger, berühmter Tänzer*⟩ **K** Balletttänzer • *hierzu* **Tạ̈n·ze·rin** *die*

die **Ta·pe̲·te** (-, -n) ein festes Papier meist mit Mustern, das auf Wände geklebt wird ⟨*eine gemusterte, abwaschbare Tapete; eine Rolle Tapeten*⟩ **K** Tapetenrolle ⓘ meist im Plural verwendet: *neue Tapeten fürs Wohnzimmer*

**ta·pe·zi̲e·ren** (*tapezierte, hat tapeziert*) **(etwas) tapezieren** Tapeten an eine Wand kleben ⟨*die Wand, das Zimmer (neu) tapezieren*⟩ **K** Tapezierarbeit, Tapeziertisch • *hierzu* **Ta·pe·zie·rer** *der*

**tạp·fer★** *ADJEKTIV* **1** ohne Angst, Furcht und bereit, gegen Gefahren und Schwierigkeiten mutig zu kämpfen **2** *meist prädikativ oder* *adverbiell* mit großer Selbstbeherrschung, ohne zu klagen ⟨*(die) Schmerzen tapfer ertragen*⟩ • *zu* (1) **Tạp·fer·keit** *die*

**tạp·pen** (*tappte, ist getappt*) **irgendwohin tappen** sich langsam, vorsichtig und unsicher fortbewegen *„Sie tappte durch die dunkle Wohnung"*

**tạp·sig** ADJEKTIV (von jungen Tieren) ungeschickt in den Bewegungen, aber so, dass es dabei nett wirkt

der **Ta·rif★** (-s, -e) **1** der festgesetzte Preis für etwas, das eine staatliche oder offizielle Institution (als Leistung) anbietet (z. B. eine Fahrt mit der Bahn) *„Die Post hat ihre Tarife erhöht"* **K** Tariferhöhung; Bahntarif, Sondertarif, Stromtarif **2** die Höhe (und Abstufung) der Löhne und Gehälter, über welche die Arbeitgeber und Gewerkschaften verhandeln ⟨*nach Tarif bezahlt werden*⟩ **K** Tariflohn, Tarifvertrag

der **Ta·rif·ver·trag** der Vertrag zwischen Arbeitgebern und Gewerkschaften, in welchem die Tarife festgelegt sind • *hierzu* **ta·rif·ver·trag·lich** ADJEKTIV

**tạr·nen** (*tarnte, hat getarnt*) **1** **jemanden/etwas tarnen** jemanden, sich selbst oder etwas mit Kleidung, Farben o. Ä. der Umgebung angleichen und so aus der Entfernung unsichtbar machen *„Die Polizei hatte die Radarfalle geschickt getarnt"* **K** Tarnfarbe **2** **etwas als etwas tarnen** etwas so gestalten, dass der wirkliche Zweck nicht zu erkennen ist *„Das Rauschgiftlabor war als Fotowerkstatt getarnt"* **3** **sich als etwas tarnen** eine neue Identität, eine andere Stellung o. Ä. annehmen *„Der Spion tarnte sich als Fotograf"* **K** Tarnname • *hierzu* **Tạr·nung** *die*

die **Tạ·sche★** (-, -n) **1** ein Behälter meist aus Leder oder Stoff mit einem Griff (oder einem Riemen zum Umhängen), in dem man Dinge bei sich trägt oder transportiert *„Er trug seiner Mutter die schwere Tasche nach Hause"* **K** Einkaufstasche, Ledertasche **2** ein kleiner Beutel in der Kleidung, in dem man kleine Dinge aufbewahren kann *„die Hände in die Taschen stecken"* **K** Hosentasche, Jackentasche, Manteltasche **ID** **etwas aus der eigenen Tasche bezahlen/finanzieren** etwas vom eigenen Geld bezahlen

das **Tạ·schen·buch★** ein relativ billiges Buch in einem kleinen Format und ohne festen Einband **K** Taschenbuchverlag

der **Tạ·schen·dieb** eine Person, die anderen Leuten Geld usw. aus der Tasche stiehlt *„Vor Taschendieben wird gewarnt"* • *hierzu* **Tạ·schen·die·bin** *die*

das **Tạ·schen·geld** *nur Singular* eine kleine Summe Geld, die eine Person für persönliche Ausgaben bekommt, weil sie selbst kein Geld verdient *„Ich gebe meinem Sohn dreißig Euro Taschengeld im Monat"*

die **Tạ·schen·lam·pe** eine kleine Lampe mit Batterie

das **Tạ·schen·mes·ser** ein kleines Messer meist mit mehreren Klingen, das man zusammenklappen und so in der Tasche tragen kann

der **Tạ·schen·rech·ner** ein kleines elektronisches Gerät, das man zum Rechnen benutzt

das **Tạ·schen·tuch★** ein kleines, viereckiges Stück Stoff o. Ä., das man zum Naseputzen o. Ä. in der Tasche bei sich trägt

die **Tạs·se★** (-, -n) **1** ein kleines Gefäß mit Henkel, meist aus Porzellan oder Keramik, aus dem man vor allem warme Getränke trinkt ⟨*aus einer Tasse trinken*⟩ **K** Kaffeetasse, Teetasse **2** der Inhalt einer Tasse ⟨*eine Tasse Tee, Kaffee, Schokolade trinken*⟩

die **Tas·ta·tur★** (-, -en) die Tasten eines Klaviers, eines Computers o. Ä.

die **Tạs·te★** (-, -n) Klaviere, Computer und viele andere Instrumente und Maschinen haben Tasten, die man drückt *„eine Taste auf dem Keyboard anschlagen/drücken"* | *„Wenn du auf diese Taste drückst, geht das Gerät aus"* **K** Tasteninstrument; Notruftaste

**tạs·ten** (*tastete, hat getastet*) **1** **(nach etwas) tasten** vorsichtig oder suchend nach etwas mit den Händen greifen *„Ich tastete im Dunkeln nach dem Lichtschalter"* **2** **sich irgendwohin tasten** sich vorsichtig oder suchend in eine Richtung bewegen *„Ich tastete mich langsam zur Tür"*

der **Tạst·sinn** *nur Singular* die Fähigkeit, etwas durch Berühren wahrzunehmen *„Blinde haben einen stark entwickelten Tastsinn"*

**tat** *Präteritum, 1. und 3. Person Singular* → tun

die **Tat★** (-, -en) **1** eine einzelne Handlung, mit der man etwas macht ⟨*eine böse Tat begehen; eine gute Tat vollbringen*⟩ *„Den Worten müssen jetzt Taten folgen!"* **2** Kurzwort für *Straftat* ⟨*eine Tat gestehen*⟩ **K** Tatmotiv, Tatort, Tatzeuge **ID** **in der Tat** betont, dass etwas wirklich oder wahr ist; **jemanden auf frischer Tat ertappen** an einen Ort kommen und sehen, dass jemand gerade ein Verbrechen begeht oder etwas Verbotenes tut

**ta·ten·los** *ADJEKTIV meist prädikativ* so, dass man in einer meist kritischen Situation nicht handelt und unbeteiligt bleibt ⟨*tatenlos (bei etwas) zusehen*⟩

der **Tä·ter**★ (-s, -) eine Person, die eine Straftat begangen hat ⟨*den Täter fassen, finden*⟩ „*Wer war der Täter?*" **K** Täterbeschreibung; Nachahmungstäter, Wiederholungstäter • *hierzu* **Tä·te·rin** *die*

**tä·tig**★ *ADJEKTIV* **jemand ist als etwas /irgendwo tätig** *meist prädikativ* jemand arbeitet in dem genannten Beruf oder ist irgendwo aktiv „*Sie ist als Juristin im Staatsdienst tätig*"

die **Tä·tig·keit**★ (-, -en) **1** die Arbeit in einem Beruf ⟨*eine gut/schlecht bezahlte, jemandes berufliche Tätigkeit*⟩ „*Sie sucht eine interessante Tätigkeit in der Industrie*" **K** Berufstätigkeit, Bürotätigkeit, Nebentätigkeit **2** das, was man tut, wenn man aktiv ist und sich mit etwas beschäftigt „*die verschiedenen Tätigkeiten bei der Pflege eines Behinderten*" **K** Denktätigkeit, Hilfstätigkeit **3** *meist Singular* das Funktionieren, Arbeiten eines Organs **K** Darmtätigkeit, Herztätigkeit, Hirntätigkeit

das **Tä·tig·keits·wort** ≈ Verb

die **Tat·kraft** *nur Singular* die Energie, die jemanden zum Handeln antreibt ⟨*Tatkraft entfalten, entwickeln, beweisen*⟩ • *hierzu* **tat·kräf·tig** *ADJEKTIV*

die **Tät·lich·keit** (-, -en); *meist Plural; admin* die Anwendung von körperlicher Gewalt gegen andere Menschen „*Wenn er provoziert wird, lässt er sich leicht zu Tätlichkeiten hinreißen*"

**tä·to·wie·ren** (*tätowierte, hat tätowiert*) **jemanden/etwas tätowieren**; **jemandem etwas irgendwohin tätowieren** jemandem mit einer Nadel und Farben (dauerhafte) Zeichnungen auf die Haut machen „*jemandes Arm tätowieren*" | „*Sie ist am Rücken tätowiert*" • *hierzu* **Tä·to·wie·rung** *die*

die **Tat·sa·che**★ (-, -n) etwas, das sich wirklich ereignet hat, das objektiv festgestellt wurde ⟨*etwas beruht auf Tatsachen, entspricht den Tatsachen; es ist eine Tatsache, dass*⟩ ≈ Fakt „*Du musst dich mit den Tatsachen abfinden*" **K** Tatsachenbericht

**tat·säch·lich, tat·säch·lich**★ *ADJEKTIV* **1** *meist attributiv* der Wirklichkeit entsprechend ⟨*der Grund, die Ursache*⟩ **2** *nur adverbiell* in Wirklichkeit (und nicht nur in der Fantasie) „*Er glaubt, dass es den Yeti tatsächlich gibt*"

**tät·scheln** (*tätschelte, hat getätschelt*) **jemanden/(jemandem) etwas tätscheln** mehrmals mit der Hand leicht und zärtlich auf jemandes Haut/auf das Fell eines Tieres o. Ä. schlagen „*Er tätschelte den Hals des Pferdes*"

die **Tat·ze** (-, -n) der Fuß (die Pfote) großer Raubtiere, z. B. von Bären **i** Löwen, Tiger usw. haben *Pranken*.

der **Tau**[1]; (-s) kleine Wassertropfen, die am frühen Morgen auf der Erde, auf den Pflanzen liegen (ohne dass es geregnet hat) **K** Tautropfen

das **Tau**[2]; (-(e)s, -e) ein dickes, starkes Seil (vor allem auf Schiffen) ⟨*ein Tau auswerfen, kappen*⟩

**taub**★ *ADJEKTIV* **1** *oft abwertend* nicht fähig zu hören ⟨*auf dem linken/rechten Ohr taub sein*⟩ ≈ gehörlos **2** ohne dass man mit den Nerven ein Gefühl spürt „*Meine Füße waren taub vor Kälte*" • *zu* (1) **Tau·be** *der/die*; *zu* (2) **Taub·heit** *die*

die **Tau·be** (-, -n) Tauben sind graue Vögel, die man oft auf den Plätzen von Städten sieht ⟨*die Taube girrt, gurrt*⟩ „*Die weiße Taube gilt als Symbol des Friedens*" **K** Taubenzucht; Brieftaube

**tau·chen**★ (*tauchte, hat/ist getaucht*) **1** **tauchen** (*hat/ist*); **irgendwohin tauchen** (*ist*) mit dem ganzen Körper (auch mit dem Kopf) unter Wasser sein und so schwimmen „*zum Grund des Schwimmbeckens tauchen*" | „*das Tauchen mit Sauerstoffflaschen*" **2** **nach etwas tauchen** (*hat/ist*) unter Wasser nach etwas suchen ⟨*nach Perlen, Schwämmen tauchen*⟩ **3** **ein U-Boot taucht** (*hat/ist*) es verschwindet ganz im Wasser **4** **jemanden (in etwas** (*Akkusativ*)**) tauchen** (*hat*) jemandes Kopf mit Gewalt unter Wasser drücken **5** **etwas in etwas** (*Akkusativ*) **tauchen** (*hat*) etwas in eine Flüssigkeit halten „*den Pinsel in die Farbe tauchen*"

der **Tau·cher** eine Person, die (als Sport oder beruflich) meist mit einer Ausrüstung taucht „*Die Taucher fanden das Wrack in 30 Metern Tiefe*" **K** Taucheranzug, Taucherbrille • *hierzu* **Tau·che·rin** *die*

**tau·en** (*taute, hat/ist getaut*) **1** **etwas taut** (*ist*) etwas wird flüssig (meist zu Wasser), weil es wärmer wird ⟨*Eis, Schnee, Wasser, Eiskrem*⟩ ≈ schmelzen **2** **es taut** (*hat*) die Temperatur im Freien liegt wieder über 0 °C, sodass Eis und Schnee schmelzen

das **Tauf·be·cken** ein Becken aus Stein oder

T

Metall für das Wasser, das bei der Taufe verwendet wird

die **Tau·fe** (-, *-n*) bei der Taufe mit Wasser werden vor allem Babys in die christliche Kirche aufgenommen 〈*die Taufe empfangen, erhalten*〉 **K** Taufpate

**tau·fen** (*taufte, hat getauft*) **1** **jemanden (auf den Namen ...) taufen** jemandem die Taufe (und dabei einen Namen) geben *„Der Pfarrer taufte das Baby auf den Namen Michael"* | *„Er ließ sich taufen"* **2** **etwas (auf den Namen ...) taufen** etwas (im Rahmen einer Feier) einen Namen geben *„Sie taufte das Schiff (auf den Namen Phoenix)"*

**tau·gen** (*taugte, hat getaugt*) **taugen (für/zu etwas)** geeignet, nützlich sein *„Er taugt nicht zu dieser/für diese Arbeit"* **i** meist verneint gebraucht

**taug·lich** *ADJEKTIV* **zu/für etwas tauglich** zu/für etwas geeignet oder brauchbar • *hierzu* **Taug·lich·keit** *die*

der **Tau·mel** (*-s*) der Zustand, wenn man wegen eines Schwindelgefühls Probleme hat, das Gleichgewicht zu halten • *hierzu* **tau·me·lig** *ADJEKTIV*

**tau·meln** (*taumelte, ist/hat getaumelt*) **1** (*hat/ist*) sich im Stehen von einer Seite zur anderen bewegen (und dabei fast umfallen) **2** **irgendwohin taumeln** (*ist*) schwankend irgendwohin gehen

der **Tausch** (*-(e)s*) **1** das Tauschen 〈*etwas zum Tausch anbieten*〉 **K** Tauschgeschäft, Tauschhandel **2** **im Tausch für/gegen etwas** als Gegenleistung für etwas *„Im Tausch für/gegen das Buch gebe ich dir eine Schallplatte"*

**tau·schen★** (*tauschte, hat getauscht*) **1** **(mit jemandem) (etwas) tauschen** jemandem etwas geben, um dafür etwas anderes zu bekommen, das ungefähr den gleichen Wert hat 〈*Briefmarken, die Plätze tauschen*〉 *„Ich habe das Asterix-Heft Nr. 2 und du hast Nummer 8. Wollen wir tauschen?"* **2** **etwas gegen etwas tauschen** verwendet, um zu sagen, was man gibt und was man (als Ersatz) dafür bekommt ≈ tauschen **3** **etwas (gegen etwas) tauschen** etwas an die Stelle von etwas anderem bringen, meist weil das zuerst Genannte kaputt ist 〈*ein Bauteil, ein Modul, einen Motor tauschen*)〉 ≈ ersetzen **4** **eine Person tauscht mit jemandem etwas**; **Personen tauschen etwas** Personen haben Kontakt, indem sie das Gleiche miteinander tun *„Sie tauschten Blicke"* Sie sahen sich gegenseitig kurz an | *„Er tauschte böse Worte mit seinem Kollegen"* Beide sagten dem anderen unfreundliche Dinge

**täu·schen★** (*täuschte, hat getäuscht*) **1** **jemanden (durch etwas) täuschen** (mit etwas) absichtlich einen falschen Eindruck bei jemandem erwecken *„Er täuscht sie durch seinen Charme"* **2** **etwas täuscht** etwas vermittelt einen falschen Eindruck *„Der erste Eindruck täuscht oft"* **3** **sich täuschen** etwas Falsches für wahr halten ≈ irren *„Du täuschst dich, er war es nicht"* **4** **sich in jemandem täuschen** von jemandem einen falschen Eindruck haben

**tau·send★** *ZAHLWORT* **1** (als Zahl) 1000 **2** → Tausend³

die **Tau·send¹★**; (-, *-en*) die Zahl 1000

das **Tau·send²★**; (*-s*, -) eine Menge von tausend Personen oder Dingen 〈*das erste, zweite Tausend; jemand/etwas macht das Tausend voll*〉

**Tau·send³**, **tau·send★** *ZAHLWORT nur in dieser Form*; *gesprochen* mehr als Tausend, sehr viele 〈*einige, ein paar, viele Tausend*〉 *„Zu der Demonstration werden mehrere tausend Menschen erwartet"* **K** tausendfach, tausendmal **i** alleine oder vor dem Substantiv verwendet

**Tau·sen·de**, **tau·sen·de** *ZAHLWORT* **1** **Tausende** (*+Genitiv Plural*); **Tausende von Personen/Dingen** eine sehr große Menge von Personen oder Dingen *„Das kann nur einer von/unter Tausenden"* | *„Sie waren zu Tausenden gekommen"* | *„Tausende kleiner Insekten/von kleinen Insekten"* **i** alleine oder wie ein Adjektiv verwendet **2** **etwas geht in die Tausende** etwas beträgt deutlich mehr als 1000 (Personen, Dinge, Euro usw.) *„Die Kosten gingen in die Tausende"* | *„Die Zahl der Todesopfer ging in die Tausende"*

der **Tau·sen·der** (*-s*, -); *gesprochen* **1** tausend Euro **2** ein Geldschein im Wert von tausend Euro **i** in älteren Texten auch Scheine im Wert von 1000 Mark, Schilling usw. **3** *nur Plural* (in einer Zahl mit mehreren Stellen) die vierte Stelle (von rechts bzw.) vor dem Komma *„beim Addieren alle Tausender, Hunderter, Zehner und Einer untereinanderschreiben"*

der **Tau·send·füß·ler** (*-s*, -) ein kleines Tier, das aussieht wie ein Wurm mit sehr vielen Beinen

**tau·send·mal** *ADVERB* **1** 1000 Mal **2** *gesprochen* sehr oft *„Das hab ich dir schon tausendmal erklärt!"* • *hierzu* **tau·send·ma·lig** *ADJEKTIV*

**tau·sends·t-** *ADJEKTIV* **1** in einer Reihenfolge

T

an der Stelle 1000 ≈ 1000. **2** **der tausendste Teil (von etwas)** ≈ 1/1000

das **Tau·sends·tel** (-s, -) der 1000. Teil einer Sache **K** Tausendstelsekunde

**tau·send·und·ein** *ZAHLWORT* (in Ziffern) 1001, meist übertreibend verwendet für eine große Zahl ⟨*das Märchen von tausendundeiner Nacht*⟩ *„tausendundein verschiedene Gründe haben"*

das **Tau·wet·ter** *meist Singular* relativ mildes Wetter, das auf Kälte folgt und Schnee und Eis schmelzen lässt

das **Tau·zie·hen** (-s) ein Wettkampf, bei dem zwei Mannschaften an den beiden Enden eines Seils ziehen und versuchen, den Gegner auf die eigene Seite zu ziehen

das **Ta·xi**★ (CH) *der*; (-s, -s) ein Auto, dessen Fahrer gegen Bezahlung Personen fährt ⟨*ein Taxi bestellen*⟩ **K** Taxifahrer, Taxiunternehmen

**ta·xie·ren** (*taxierte, hat taxiert*) **1** **jemanden/etwas taxieren** eine Person oder Sache kritisch betrachten, um sie beurteilen zu können **2** **etwas (auf etwas** (*Akkusativ*)**) taxieren** als Experte den Wert, den Preis einer Sache bestimmen ≈ schätzen *„Der Diamant wurde auf 5.000 Euro taxiert"*

der **Ta·xi·stand**★ eine Stelle, an der Taxis auf Kunden warten

die **Tbc** [te:be:'tse:]; (-) Abkürzung für *Tuberkulose*

das **Team**★ [ti:m]; (-s, -s) eine Gruppe von Personen, die gemeinsam etwas macht, an etwas arbeitet ⟨*ein Team von Fachleuten*⟩ ≈ Mannschaft **K** Teamarbeit; Expertenteam

das **Team·work** ['ti:mvøɐ̯k]; (-s) die Zusammenarbeit in der Gruppe ⟨*in Teamwork arbeiten*⟩

die **Tech·nik**★ (-, *-en*) **1** die Methode, etwas zu tun ⟨*handwerkliche, künstlerische, sportliche Techniken*⟩ **K** Arbeitstechnik, Maltechnik **2** *nur Singular* alle Mittel und Methoden, mit denen der Mensch die Kräfte der Natur und die Erkenntnisse der Naturwissenschaften für sich praktisch nutzt ⟨*der neueste Stand der Technik*⟩ **3** *nur Singular* die Maschinen und Geräte (eines Betriebs) *„eine Firma mit modernster Technik"*

der **Tech·ni·ker** (-s, -) ein Experte oder Handwerker auf einem Gebiet der Technik, vor allem im mechanischen, elektrischen oder elektronischen Bereich • *hierzu* **Tech·ni·ke·rin** *die*

**tech·nisch**★ *ADJEKTIV* **1** die Technik betreffend ⟨*ein Beruf, Daten, eine Errungenschaft, eine Neuerung, eine Störung; Probleme; jemandes Können; technisch einwandfrei*⟩ **2** **aus technischen Gründen** aus Gründen, die mit dem Ablauf oder mit den äußeren Umständen einer Sache zu tun haben *„Aus technischen Gründen fällt das Konzert aus"*

der/das **Tech·no** ['tɛkno]; (-s) moderne elektronische Tanzmusik mit schnellem, intensivem Rhythmus **K** Technofan, Technomusik

die **Tech·no·lo·gie** (-, *-n* [-'gi:ən]) **1** die Lehre, wie naturwissenschaftliche Erkenntnisse in der Produktion genutzt werden **2** alle technischen Kenntnisse • *hierzu* **tech·no·lo·gisch** *ADJEKTIV*

der **Ted·dy** [-i]; (-s, -s) ein kleiner Bär aus weichem Stoff als Spielzeug für Kinder **K** Teddybär

der **Tee**★ (-s, -s) **1** eine (asiatische) Pflanze, aus deren Blättern man ein heißes Getränk macht **K** Teeblatt **i** Der Plural wird nur in der Bedeutung „Teesorten" verwendet. **2** die getrockneten Blätter des Tees ⟨*schwarzer Tee*⟩ **K** Teedose, Teemischung **3** ein anregendes, heißes Getränk aus Tee ⟨*schwacher, starker Tee; Tee aufbrühen, kochen, machen, ziehen lassen, trinken; Tee mit Milch, Zitrone, Rum*⟩ **K** Teekanne, Teesieb; Schwarztee **4** ein heißes Getränk aus getrockneten Blättern, Blüten oder Früchten von Heilpflanzen **K** Früchtetee, Kräutertee, Pfefferminztee **5** ein Treffen (von Freunden) am Nachmittag, bei dem man Tee trinkt und Kuchen o. Ä. isst **K** Teegebäck

der **Tee·beu·tel** ein kleiner Beutel aus Papier, in dem eine kleine Menge Teeblätter sind (und den man in heißes Wasser hängt, um Tee zu machen)

der **Tee·löf·fel** **1** ein kleiner Löffel, mit dem man Getränke umrührt **2** die Menge einer Sache, die auf einen Teelöffel passt ⟨*ein gestrichener, gehäufter Teelöffel Backpulver, Salz, Zucker*⟩

der **Teen·ager** ['ti:n|e:dʒɐ]; (-s, -) ein Junge oder ein Mädchen im Alter von ungefähr 13 bis 19 Jahren

der **Teer** (-(*e*)*s*) eine schwarze, zähe oder flüssige Masse, die beim Bau von Straßen verwendet wird **K** Teerstraße • *hierzu* **teer·hal·tig** *ADJEKTIV*

der **Teich**★ (-(*e*)*s*, *-e*) ein relativ kleines, nicht sehr tiefes, stehendes Gewässer **K** Teichpflanze; Fischteich, Gartenteich

der **Teig**★ (-(*e*)*s*, *-e*) eine weiche Masse hauptsächlich aus Mehl, Fett und Wasser oder Milch, aus der z. B. Brot oder Kuchen gebacken wird ⟨*den Teig kneten, rühren, gehen lassen*⟩ **K**

T

Teigschüssel; Kuchenteig, Plätzchenteig

**tei·gig** *ADJEKTIV* **1** wie Teig ‹*eine Masse*› **2** nicht fertig gebacken *„Die Brötchen sind innen noch teigig"*

die **Teig·wa·ren** *Plural* alle Arten von Nudeln

der/das **Teil**★ (-(e)s, -e) **1** *nur: der Teil* ein Bereich, eine Menge oder ein Stück aus einem Ganzen *„ein Brot in zwei Teile schneiden"* | *„der nördliche Teil Italiens"* | *„Einen Teil des Geldes habe ich schon ausgegeben"* **K** Teilbereich, Teilerfolg, Teilstück **2** *nur: das Teil* ein einzelnes Stück meist einer Maschine oder eines Gerätes, das ersetzt werden kann, wenn es nicht funktioniert ‹*ein defektes Teil austauschen, ersetzen*› *„Er hat das Fahrrad in seine Teile zerlegt"* **K** Bauteil, Ersatzteil **3** *nur: das Teil* ein Ding, das mit anderen zusammen eine Einheit bildet *„ein Kaffeeservice mit 18 Teilen"* | *„Ein Bikini besteht aus zwei Teilen"* **4** *nur: der Teil* eine Person oder Sache, die zu einer Gruppe gehört *„Du bist genau wie ich Teil unserer Familie"* **5** **zum Teil** nicht ganz, aber ein bisschen; nicht immer, aber in einigen Fällen ≈ teilweise *„Zum Teil war es meine Schuld"* ❶ Abkürzung: *z. T.* **6** **zum/zu einem großen Teil**; **zum größten Teil** fast vollständig *„Die Anwesenden waren zum größten Teil für den Antrag"*

das **Teil·chen**★ (-s, -) ein sehr kleines Stück einer Sache **K** Holzteilchen, Metallteilchen

**tei·len**★ (*teilte, hat geteilt*) **1** **etwas (in etwas** (*Akkusativ*)**) teilen** aus einem Ganzen mehrere getrennte Teile machen *„einen Kuchen in zwölf Stücke teilen"* **2** **jemand teilt (sich** (*Dativ*)**) etwas mit jemandem**; **Personen teilen (sich) etwas** mehrere Personen geben jedem Mitglied der Gruppe den gleichen Teil von etwas *„Wir haben uns den Gewinn geteilt"* **3** **jemand teilt (sich** (*Dativ*)**) etwas mit jemandem**; **Personen teilen (sich) etwas** Personen benutzen etwas gemeinsam *„Ich teile mir jetzt die Wohnung mit Peter"* **4** **etwas teilen** dasselbe denken oder fühlen wie eine andere Person ‹*jemandes Ansicht, Meinung, Freude, Trauer teilen*› **5** **etwas teilen** Beiträge, vor allem Videos, in einem sozialen Netzwerk im Internet seinen Freunden empfehlen oder zur Verfügung stellen **6** **(eine Zahl durch eine Zahl) teilen** berechnen, wie oft eine kleinere Zahl in einer größeren Zahl enthalten ist *„9 geteilt durch 3 ist 3"* 9 : 3 = 3 **7** **etwas teilt sich** etwas geht in verschiedene Richtungen auseinander ‹*ein Fluss, eine Straße, ein Weg*›

der **Tei·ler** (-s, -) eine Zahl, durch die eine andere geteilt wird ≈ Divisor *„Der größte gemeinsame Teiler von 12 und 18 ist 6"*

der **Teil·ha·ber** (-s, -) eine Person, die an einer Firma finanziell beteiligt ist • *hierzu* **Teil·ha·be·rin** *die*

die **Teil·nah·me**★ (-) **1** der Vorgang, wenn man bei etwas mitmacht, an etwas teilnimmt *„Die Teilnahme an diesem Kurs ist Pflicht"* **K** Teilnahmebedingung **2** das traurige Gefühl, das man spürt, weil andere Leute Trauer haben oder leiden ≈ Mitgefühl • *zu* (2) **teil·nahms·voll** *ADJEKTIV*

**teil·nahms·los** *ADJEKTIV* ohne Interesse oder Reaktion *„teilnahmslos alles mit sich geschehen lassen"*

**teil·neh·men**★ (*nimmt teil, nahm teil, hat teilgenommen*) **(an etwas** (*Dativ*)**) teilnehmen** bei etwas dabei sein und mitmachen *„An der Sitzung nahmen 20 Personen teil"*

der **Teil·neh·mer**★ (-s, -) **ein Teilnehmer (an etwas** (*Dativ*)**)** eine Person, die bei etwas mitmacht, an etwas teilnimmt *„die Teilnehmer an einem Kurs/Preisausschreiben"* **K** Teilnehmerzahl; Kursteilnehmer • *hierzu* **Teil·neh·me·rin** *die*

**teils**★ *BINDEWORT* **teils ..., teils ...** verwendet, um zu sagen, dass zwei verschiedene Aussagen zutreffen *„Wir hatten teils schönes, teils schlechtes Wetter im Urlaub"* | *„Teils hatte ich Glück, teils Pech"* ❶ auch in Anfangsstellung mit Inversion von Subjekt und Prädikat

die **Tei·lung** (-, -en) **1** das Teilen **2** der Zustand, dass etwas geteilt ist *„die Teilung der Welt in Arm und Reich"*

**teil·wei·se**★ *ADJEKTIV meist attributiv* einzelne Teile betreffend *„eine teilweise Erneuerung des Motors"* | *„Die Stadt wurde im Krieg teilweise zerstört"* | *„Das stimmt nur teilweise"*

die **Teil·zeit** *nur Singular* eine geringere als die übliche Arbeitszeit ‹(*in*) *Teilzeit arbeiten*› **K** Teilzeitjob

der **Teint** [tɛ̃ː]; (-s, -s) die Farbe und der Zustand der Haut im Gesicht ‹*ein blasser, gesunder, zarter Teint*›

das **Te·le·fon**, **Te·le·fon**★; (-s, -e) das Telefon benutzen wir, um mit Personen zu sprechen, die sehr weit weg sind ‹*das Telefon klingelt, läutet; ans Telefon gehen; sich am Telefon mit Namen, mit „Hallo!" melden*› **K** Telefonanschluss, Telefongespräch, Telefonhörer; Festnetztelefon, Mobiltelefon ❶ Abkürzung: *Tel.*

T

das **Te·le·fo·nat** (-(e)s, -e) ein Gespräch am Telefon ⟨*ein Telefonat führen*⟩

die **Te·le·fo·nie** (-) die Kommunikation mithilfe des Telefons ⟨*herkömmliche, digitale, mobile Telefonie*⟩ K IP-Telefonie

**te·le·fo·nie·ren★** (*telefonierte, hat telefoniert*) 1 **(mit jemandem) telefonieren** (mit jemandem) am Telefon sprechen 2 **irgendwohin telefonieren; mit einem Ort telefonieren** *gesprochen* mit einer Person am Telefon sprechen, die sich an dem genannten Ort befindet ≈ anrufen *„Ich telefoniere mal schnell nach Hamburg"* | *„Frau Wolff telefoniert gerade mit Brasilien"*

**te·le·fo·nisch★** ADJEKTIV *meist attributiv* mithilfe des Telefons *„Sind Sie telefonisch erreichbar?"*

die **Te·le·fon·num·mer★** die Nummer, die man wählen muss, um jemanden am Telefon zu erreichen

die **Te·le·fon·zel·le** eine Kabine, in der sich ein öffentliches Telefon befindet ⟨*von einer Telefonzelle aus anrufen*⟩

die **Te·le·kom·mu·ni·ka·ti·on** *nur Singular* die Kommunikation über große Entfernungen durch Computer, Fernsehen, Radio, Telefon usw.

das **Te·le·skop** (-s, -e) ein optisches Gerät, mit dem man die Sterne betrachten kann ≈ Fernrohr

der **Tel·ler★** (-s, -) 1 auf den Teller legt man das Essen für eine Person *„Sie schöpfte sich Suppe auf ihren Teller"* K Porzellanteller; Frühstücksteller 2 **ein tiefer Teller** ein Teller, aus dem man Suppe isst 3 eine Portion, die auf einen Teller passt *„einen Teller Suppe essen"*

das **Tel·ler·fleisch** *süddeutsch* Ⓐ gekochtes Rindfleisch einfacher Qualität

der **Tel·ler·rand** der Rand eines Tellers *„die Gräten auf den Tellerrand legen"*

der **Tem·pel** (-s, -) ein Gebäude, in dem manche Religionen ihren Gott/ihre Götter verehren *„der Tempel von Jerusalem"* | *„ein buddhistischer Tempel"* K Tempelschändung, Tempeltanz

das **Tem·pe·ra·ment★** (-(e)s, -e) die typische Art, wie sich jemand verhält, als Folge des (individuellen) Charakters • *hierzu* **tem·pe·ra·ment·voll** ADJEKTIV

die **Tem·pe·ra·tur★** (-, -en) die Wärme (z. B. der Luft, des Wassers, eines Körpers), die man in Graden messen kann ⟨*die Temperatur fällt, sinkt, steigt, bleibt gleich; die Temperatur messen*⟩ *„Die Temperatur beträgt 25 °C"* | *„Bei Temperaturen um 20 Grad kann man schon im See baden"* K Temperaturanstieg, Temperaturrückgang, Temperaturunterschied; Körpertemperatur, Lufttemperatur, Wassertemperatur

das **Tem·po**[1]★; (-s, -s); *meist Singular* 1 die Geschwindigkeit einer Bewegung ⟨*mit hohem/niedrigem Tempo fahren*⟩ K Tempolimit 2 die Geschwindigkeit einer Handlung ⟨*ein hohes, scharfes Tempo vorlegen, anschlagen*⟩ *„das Tempo der Produktion verringern"* K Arbeitstempo

das **Tem·po**®[2]★; (-s, -s) Kurzwort für *Tempotaschentuch*

**tem·po·rär** ADJEKTIV für eine gewisse Zeit ≈ vorübergehend

der **Tem·po·sün·der** eine Person, die zu schnell (Auto, Motorrad) fährt (und deshalb bestraft wird) • *hierzu* **Tem·po·sün·de·rin** *die*

das **Tem·pus** (-, *Tem·po·ra*) eine Form des Verbs, die anzeigt, in welcher Zeit (Gegenwart, Vergangenheit oder Zukunft) die Handlung abläuft

die **Ten·denz★** (-, -en); *geschrieben* 1 **eine Tendenz (zu etwas)** eine Entwicklung in eine Richtung ⟨*eine steigende, fallende Tendenz*⟩ *„Die Tendenz geht dahin, mehr Teilzeitkräfte einzustellen"* 2 **eine Tendenz (zu etwas)** etwas, das man gerne oder oft tut oder für das man sich sehr interessiert *„Er hat die Tendenz, alles zu kritisieren"*

**ten·den·zi·ell** ADJEKTIV einer Tendenz folgend

das **Ten·nis★** (-) beim Tennis schlagen zwei (oder vier) Spieler einen kleinen Ball mit Schlägern über ein Netz ⟨*Tennis spielen*⟩ K Tennisball, Tennisplatz, Tennisschläger

der **Te·nor**[1]; (-s, *Te·nö·re*) 1 *nur Singular* die höchste Singstimme bei Männern *„Er singt Tenor"* | *„Er hat einen kräftigen Tenor"* 2 ein Sänger, der Tenor singt *„Er ist (ein) Tenor"*

der **Te·nor**[2]; (-s); *geschrieben* die allgemeine Einstellung, die in etwas zum Ausdruck kommt ⟨*der Tenor einer Rede, einer Diskussion, eines Kommentars*⟩

der **Tep·pich★** (-s, -e) Teppiche sind aus vielen Fäden gemacht; man legt sie auf den Fußboden ⟨*den Teppich saugen*⟩ *„den roten Teppich für einen Ehrengast ausrollen"* K Teppichhändler

der **Tep·pich·bo·den** ein Teppich, welcher den ganzen Boden eines Zimmers bedeckt ⟨*einen Teppichboden verlegen; ein Zimmer mit Teppichboden auslegen*⟩

der **Ter·min★** (-s, -e) 1 der Zeitpunkt, bis zu dem

etwas fertig sein soll ⟨*einen Termin festsetzen, vereinbaren, einhalten, überschreiten, verlegen, verschieben*⟩ K Termindruck, Terminplan; Abgabetermin 2 der Zeitpunkt, an dem etwas stattfinden soll ⟨*etwas auf einen anderen, späteren Termin verschieben*⟩ *„Was ist der früheste Termin, an dem Sie liefern können?"* K Liefertermin, Prüfungstermin, Zahlungstermin 3 eine Vereinbarung für ein Gespräch, eine Behandlung o. Ä. ⟨*einen Termin (beim Arzt ) haben*⟩ K Anwaltstermin • *zu* (1) **ter·min·ge·recht** *ADJEKTIV*; **ter·min·lich** *ADJEKTIV*

der/das **Ter·mi·nal★** ['tø:ɐ̯minl̩]; (-s, -s) 1 das Gebäude in einem Flughafen, in dem man eincheckt, auf das Flugzeug wartet usw. 2 ein Gerät mit einem Bildschirm, das mit einem Computer verbunden ist *„ein Computer mit vier Terminals"*

der **Ter·min·ka·len·der** ein Heft oder kleines Buch, in das man sich Termine notiert ⟨*etwas im Terminkalender notieren, eintragen*⟩

die **Ter·mi·no·lo·gie** (-, -n [-'gi:ən]); *geschrieben* alle Fachausdrücke eines wissenschaftlichen oder technischen Gebiets ≈ Fachwortschatz

der **Ter·mi·nus** (-, *Ter·mi·ni*); *geschrieben* ≈ Fachausdruck

das **Ter·pen·tin** (-s, -e) ein Öl, mit dem man Farben mischt oder Farbflecke von Gegenständen entfernt

das **Ter·rain** [tɛ'rɛ̃:]; (-s, -s) ein begrenztes Gebiet mit bestimmten topografischen Eigenschaften ⟨*ein sumpfiges, unwegsames, waldiges Terrain; das Terrain erkunden, sondieren*⟩ ≈ Gelände

das **Ter·ra·ri·um** (-s, *Terrarien* [-ri:ən]) ein Behälter oder ein Gebäude (im Zoo), in dem Reptilien und Amphibien gehalten werden

die **Ter·ras·se★** (-, -n) 1 eine meist leicht erhöhte Fläche mit Platten darauf, die neben einem Haus ist und auf der man sich sonnt o. Ä. *„Wir frühstücken im Sommer auf der Terrasse"* K Terrassencafé 2 eine horizontale Stufe an einem Hang *„Terrassen für den Weinbau anlegen"* K Reisterrasse, Weinterrasse

der **Ter·ri·er** [-ri̯ɐ]; (-s, -) ein meist relativ kleiner Hund mit kurzem, rauem Fell

die **Ter·ri·ne** (-, -n) eine Schüssel aus Porzellan o. Ä., in der Suppe serviert wird K Suppenterrine

das **Ter·ri·to·ri·um** (-s, *Ter·ri·to·ri·en* [-'to:ri̯ən]) 1 das Gebiet, das zu einem Staat gehört ≈ Hoheitsgebiet *„Wir befinden uns auf deutschem Territorium"* 2 ein Gebiet, das ein Tier als das eigene betrachtet und das es gegen andere Tiere derselben Art verteidigt

der **Ter·ror★** (-s) die systematische Verbreitung von Angst und Schrecken durch brutale Gewalt, um politische Ziele zu erreichen ⟨*Terror ausüben; der Kampf gegen den Terror*⟩ *„Die Extremisten überzogen das Land mit Terror"* K Terrorakt, Terroranschlag, Terrorherrschaft

der **Ter·ro·ris·mus★** (-) die Anwendung von Gewalt und Terror, um politische Ziele durchzusetzen

der **Ter·ro·rist★** (-en, -en) eine Person, die versucht, durch Terror ein (politisches) Ziel zu erreichen K Terroristenbekämpfung, Terroristengruppe • *hierzu* **Ter·ro·ris·tin** *die*; **ter·ro·ris·tisch** *ADJEKTIV*

die **Terz**; (-, -en) ein Intervall von drei Tonstufen

der **Test★** (-s, -s/-e) 1 die Überprüfung und Bewertung der Leistungen einer Person ⟨*einen Test bestehen*⟩ 2 die Überprüfung oder Messung der Funktionen einer Maschine o. Ä. K Testergebnis, Testfahrt, Testflug

das **Tes·ta·ment** (-(e)s, -e) 1 eine schriftliche Erklärung, in der eine Person bestimmt, wer ihr Vermögen nach ihrem Tod bekommen soll ⟨*ein Testament machen*⟩ 2 **das Alte und das Neue Testament** die Bibel

**tes·ta·men·ta·risch** *ADJEKTIV* durch ein Testament belegt ⟨*etwas testamentarisch festlegen, verfügen*⟩

**tes·ten★** (*testete, hat getestet*) **jemanden/etwas (auf etwas** (*Akkusativ*)**) testen** jemanden/etwas in einem Test prüfen *„ein Boot auf seine Wasserfestigkeit testen"* | *„jemanden auf seine Intelligenz testen"* • *hierzu* **Tes·ter** *der*; **Tes·te·rin** *die*

das **Tes·tos·te·ron** (-s) das männliche Sexualhormon

die **Test·per·son** eine Person, an der oder mit der etwas wissenschaftlich geprüft, getestet wird

**teu·er★** *ADJEKTIV* (*teurer, teuerst-*) 1 so, dass es viel Geld kostet ↔ billig *„ein teures Auto"* | *„ein teurer Abend"* 2 so, dass es schlimme (finanzielle) Folgen hat *„ein teurer Unfall"* | *„ein teurer Fehler"* 3 *nur adverbiell* so, dass man dadurch Nachteile bekommt ⟨*seinen Leichtsinn teuer bezahlen (müssen)*⟩

die **Teu·e·rung** (-, -en) ein (allgemeines) Steigen der Preise K Teuerungsrate

der **Teu·fel★** (-s, -) 1 *nur Singular* eine Gestalt (in

T

der christlichen Religion), die das Böse verkörpert ≈ Satan *„Der Teufel herrscht über die Hölle"* [K] Teufelswerk [2] ein böser Mensch ⟨*ein Teufel in Menschengestalt*⟩ [3] **ein armer Teufel** ein armer, bedauernswerter Mensch [ID] **etwas ist beim/zum Teufel** *gesprochen* etwas ist kaputt, verloren; **in Teufels Küche geraten/kommen** *gesprochen* in eine sehr unangenehme Situation kommen; **wie der Teufel** *gesprochen* wie wild *„Sie reitet wie der Teufel"*; **wer/wo/was zum Teufel** *gesprochen* in Fragen verwendet, um Ärger auszudrücken *„Wen zum Teufel interessiert das schon?"*; **irgendwo ist der Teufel los** *gesprochen* irgendwo gibt es viel Lärm oder große Aufregung; **der Teufel ist los, wenn ...** *gesprochen* es gibt Ärger oder Streit, wenn ...; **Pfui Teufel!** *gesprochen* verwendet, um Ekel oder Abscheu auszudrücken

der **Teu·fels·kreis** *nur Singular* bei einem Teufelskreis gibt es keine Hoffnung, weil alles, was man tut, die Situation noch schlimmer macht *„Wir müssen diesen Teufelskreis durchbrechen"*

**teuf·lisch** *ADJEKTIV* sehr böse, grausam ⟨*ein Plan, ein Verbrechen*⟩

der **Tẹxt**★ (*-(e)s, -e*) [1] eine Folge von Sätzen, die miteinander in Zusammenhang stehen [K] Textstelle [2] die Worte, die zu einem Musikstück gehören ⟨*der Text eines Liedes*⟩

die **Tẹxt·auf·ga·be** [1] eine Rechenaufgabe in Form eines Textes [2] eine Prüfung (in der Schule) mit verschiedenen Fragen und Aufgaben zu einem Text

**tẹx·ten** (*textete, hat getextet*) **(etwas) texten** einen Text vor allem für Lieder oder für Reklame schreiben • *hierzu* **Tẹx·ter** *der*; **Tẹx·te·rin** *die*

die **Tex·ti·li·en**★ [-li̯ən]; *Plural* alle Dinge, die (maschinell) gewebt oder gestrickt werden, also Kleidungsstücke, Wäsche, Stoffe usw.

das **The·a·ter**★ [te'a:tɐ]; (-s, -) [1] ein Gebäude, in dem Schauspiele, Opern o. Ä. aufgeführt werden [K] Theaterbühne, Theaterkasse [2] *nur Singular* eine Institution, die Schauspiele, Opern usw. aufführt [3] *nur Singular* eine Aufführung im Theater *„Das Theater beginnt heute um 20 Uhr"* [K] Theateraufführung, Theaterbesuch, Theatervorstellung [4] *gesprochen, abwertend nur Singulat* Streit und Zorn *„Wahrscheinlich gibt es heute wieder Theater zu Hause"* [ID] **(ein) Theater (um/wegen etwas) machen** bei einer (oft unwichtigen) Sache übertrieben heftig reagieren

das **The·a·ter·stück**★ ein Werk, z. B. eine Tragödie, das für die Aufführung in einem Theater geschrieben wurde ⟨*ein Theaterstück schreiben, verfassen, inszenieren, aufführen, vorführen*⟩

die **The·ke**★ (*-, -n*) [1] in Lokalen werden an der Theke die Getränke eingeschenkt *„ein Glas Wein an der Theke trinken"* [2] in Geschäften steht der Verkäufer hinter der Theke und bedient die Kunden [K] Ladentheke; Käsetheke, Wursttheke

das **The·ma**★ (*-s, The·men*) der zentrale Gedanke, über den man gerade spricht oder schreibt ⟨*ein wichtiges, zentrales, brisantes, heikles Thema; das Thema wechseln*⟩ [K] Themenbereich [ID] **Kein Thema!** [a] drückt aus, dass man die Wünsche einer Person gern erfüllt [b] es gibt keine Probleme, Widersprüche o. Ä. • *hierzu* **the·ma·tisch** *ADJEKTIV*

die **Theo·lo·gie** (*-, -n* [-'gi:ən]); *meist Singular* die Wissenschaft, die sich vor allem mit den Schriften einer Religion und deren Interpretation beschäftigt ⟨*die evangelische, jüdische, katholische, islamische Theologie*⟩ • *hierzu* **theo·lo·gisch** *ADJEKTIV*

**the·o·re·tisch**★ *ADJEKTIV* [1] die Theorie betreffend ⟨*Kenntnisse, Grundlagen, Voraussetzungen*⟩ [2] mithilfe einer Theorie ⟨*etwas theoretisch erklären, begründen*⟩ [3] nur in Gedanken (vorhanden), aber nicht in der Praxis, Wirklichkeit ⟨*eine Möglichkeit*⟩ *„Theoretisch ginge es, aber praktisch ist es zu schwierig"*

die **The·o·rie**★ (*-, -n* [-'ri:ən]) [1] **eine Theorie (über etwas** (*Akkusativ*)**/zu etwas)** eine wissenschaftliche Erklärung von Zusammenhängen und Tatsachen (in Bezug auf ein z. B. naturwissenschaftliches Phänomen), bei der von solchen Voraussetzungen/Hypothesen ausgegangen wird, die man als richtig erkennt und systematisiert ⟨*eine Theorie aufstellen, beweisen, verwerfen*⟩ *„eine Theorie der/über die/zur Entstehung der Erde"* [2] *nur Singular* eine Art des Denkens, die nur theoretische (und keine praktischen) Überlegungen berücksichtigt ↔ Praxis *„Das stimmt nur in der Theorie"*

der **The·ra·peut** (*-en, -en*) eine Person, die beruflich andere Leute durch eine Therapie heilt • *hierzu* **The·ra·peu·tin** *die*

die **The·ra·pie**★ (*-, -n* [-'pi:ən]) die Maßnahmen, die angewendet werden, um eine Krankheit zu heilen ⟨*eine gezielte, erfolgreiche Therapie; eine Therapie absetzen, anwenden*⟩ • *hierzu* **the·ra·peu·tisch** *ADJEKTIV*; **the·ra·pie·ren**

(*hat*)

das **Ther·mal·bad** ein Schwimmbad mit warmem, heilendem Wasser

das **Ther·mo·me·ter** *süddeutsch* Ⓐ ⒸⒽ *auch der*; (-s, -) ein Gerät, mit dem man Temperaturen misst *„Das Thermometer ist auf 17 °C gestiegen/gefallen"* **K** Außenthermometer, Fieberthermometer

die **Ther·mos·fla·sche®** ein (isolierter) Behälter, in dem man Getränke längere Zeit warm oder kalt halten kann

der **Ther·mos·tat** (-s/-en, -e(n)) ein Instrument, welches die Temperatur bei Geräten regelt, die Wärme produzieren **K** Thermostatventil; Heizungsthermostat ❶ *der Thermostat; den, dem Thermostat/Thermostaten; des Thermostats/Thermostaten*

die **The·se★** (-, -n) **1** eine Behauptung als Teil einer (meist wissenschaftlichen) Theorie ⟨*eine These aufstellen, verteidigen, verfechten, verwerfen*⟩ **2** die Erklärung, mit welcher man versucht, Gründe für einen Sachverhalt oder eine Situation zu geben ⟨*eine kühne, fragwürdige These*⟩ ≈ Behauptung

der **Thril·ler** ['θrɪlɐ]; (-s, -) ein spannender und aufregender Kriminalroman oder Film

der **Thron★** (-(e)s, -e) auf dem Thron sitzen Könige usw., wenn sie mit Untertanen sprechen **K** Kaiserthron, Königsthron

der **Thun·fisch** ein großer, essbarer Meeresfisch. Thunfisch wird oft in Stücken in Dosen mit Öl verkauft

der **Thy·mi·an** ['ty:-]; (-s) eine kleine Pflanze, deren Blätter man als Gewürz verwendet

der **Tick** (-s, -s) **1** *meist abwertend* eine seltsame, oft unangenehme Angewohnheit, die jemand hat **2** **einen Tick** + *Adjektiv* ein kleines bisschen *„Sie ist einen kleinen Tick besser als ihre Schwester"*

T

**ti·cken** (*tickte, hat getickt*) **etwas tickt** etwas produziert in regelmäßigen Abständen kurze, helle Töne ⟨*eine Uhr, ein Wecker, eine Zeitbombe*⟩ **ID** **Bei ihm/ihr** *usw.* **tickt es nicht richtig**, **Er/Sie** *usw.* **tickt nicht mehr richtig** *gesprochen* er/sie usw. ist verrückt

das **Ti·cket★** (-s, -s) **1** eine Fahrkarte für eine Reise mit der Bahn, dem Schiff oder dem Flugzeug **K** Bahnticket, Flugticket, Online-Ticket, Handy-Ticket **2** ≈ Eintrittskarte **K** Konzertticket **3** im Parkhaus bekommt man bei der Einfahrt ein Ticket und braucht eines bei der Ausfahrt, damit sich die Schranke öffnet **K** Parkticket

**tick·tack!** verwendet, um das Geräusch einer Uhr zu imitieren

die **Ti·de** (-, -n); *norddeutsch* das Steigen und Fallen des Wasserstands am Meer mit Ebbe und Flut

**tief★** *ADJEKTIV* RÄUMLICH: **1** bezeichnet eine relativ große Ausdehnung oder Länge nach unten ↔ flach, niedrig *„ein tiefer Brunnen"* | *„tief in den Schnee einsinken"* **2** verwendet, um das Maß der Ausdehnung nach unten zu nennen ↔ hoch *„Das Wasser ist nur fünfzig Zentimeter tief"* **3** in relativ geringer Entfernung über dem Meeresspiegel, dem Boden o. Ä. ≈ niedrig ↔ hoch *„Es schneite auch in tiefer gelegenen Teilen des Landes"* **4** weit nach unten, in Richtung zum Erdboden ⟨*eine Verbeugung; sich tief bücken, verneigen*⟩ **5** mit großer Ausdehnung nach hinten oder innen ⟨*eine Wunde*⟩ ↔ hoch, breit *„Die Höhle reicht tief in den Berg"* **6** verwendet, um das Maß der Ausdehnung nach hinten oder innen zu bezeichnen *„Der Schrank ist sechzig Zentimeter tief"* **7** an einem/einen Ort weit hinten oder innen ⟨*tief im Gebirge, Tal, Wald*⟩ NIVEAU, INTENSITÄT: **8** in der Menge, im Ausmaß, in der Intensität o. Ä. unter dem Durchschnitt ⟨*Temperaturen*⟩ ↔ hoch *„Die Zahl der Arbeitslosen hat ihren tiefsten Stand erreicht"* **K** Tiefstpreis **9** so, dass Gefühle intensiv sind ⟨*Glaube, Liebe, Trauer, Reue, Einsamkeit*⟩ *„Ich spreche Ihnen meinen tief empfundenen Dank aus"* **10** intensiv durchgeführt oder vorhanden ⟨*eine Bewusstlosigkeit, ein Schlaf; tief (durch)atmen, schlafen*⟩ ↔ oberflächlich ANDERE VERWENDUNGEN: **11** weit in Richtung Mitte eines Zeitraums oder des Höhepunkts *„bis tief in die Nacht"* **12** ⟨*ein Ton, eine Stimme*⟩ große Motoren, Donner und Stimmen von Männern klingen tief ≈ dunkel ↔ hoch

das **Tief★** (-s, -s) **1** eine Zone mit niedrigem Luftdruck (die oft Regen bringt) ↔ Hoch **2** **ein (seelisches) Tief haben** in sehr schlechter (gedrückter) Stimmung sein

die **Tie·fe★** (-, -n) **1** *meist Singular* die Ausdehnung eines Raumes, einer Schicht o. Ä. nach unten *„Das Meer hat hier eine Tiefe von tausend Metern"* **K** Meerestiefe, Wassertiefe **2** die Entfernung nach unten, die etwas von der Oberfläche hat *„Wir haben das Wrack des Schiffes in neunzig Meter Tiefe gefunden"* **3** **in die Tiefe** (weit) nach unten ⟨*in die Tiefe bli-*

*cken, fallen, stürzen*⟩ **4** die Ausdehnung von Möbeln nach hinten *„ein Schrank mit einer Tiefe von fünfzig Zentimetern/mit fünfzig Zentimeter Tiefe"* **5** die Ausdehnung nach innen ⟨*die Tiefe einer Höhle, Wunde*⟩ **6** ein Gebiet, das weit im Inneren liegt ⟨*in der Tiefe/den Tiefen des Waldes, des Gebirges, der Erde*⟩ **7** **die Tiefe** *+Genitiv* die große Stärke oder Intensität einer Sache ⟨*die Tiefe des Glaubens, der Liebe, der Reue, der Trauer, der Einsamkeit, des Schlafes, einer Farbe*⟩ **8** *nur Singular* der tiefe, dunkle Klang eines Tons oder einer Stimme

die **Tief·ga·ra·ge** eine Garage unter der Erde (meist für viele Autos)

**tief·ge·frie·ren** (*hat tiefgefroren*) **(etwas) tiefgefrieren** Lebensmittel konservieren, indem man sie (bei ungefähr −15 °C) gefrieren lässt *„tiefgefrorenes Gemüse"* ⓘ nur im Infinitiv und Partizip Perfekt, meist im Partizip Perfekt

**tief·küh·len** (*hat tiefgekühlt*) **(etwas) tiefkühlen** ≈ tiefgefrieren **K** Tiefkühltruhe, Tiefkühlschrank ⓘ nicht im Präteritum

der **Tief·punkt** **1** der schlechteste, negativste Punkt einer Entwicklung *„Die Exportwirtschaft ist auf ihrem absoluten Tiefpunkt angelangt"* **2** **ein seelischer Tiefpunkt** eine Zeit, in der es einem psychisch sehr schlecht geht

der **Tief·schlag** **1** (beim Boxen) ein verbotener Schlag unterhalb der Taille **2** ein Ereignis, ein Vorfall o. Ä., die jemandem einen (meist seelischen) Schaden zufügen ⟨*einen Tiefschlag bekommen*⟩

die **Tief·see** *nur Singular* der Bereich eines Ozeans, der tiefer als 4000 m unter dem Meeresspiegel liegt **K** Tiefseeforscher

der **Tief·stand** *meist Singular* der Tiefpunkt einer Entwicklung *„Der Tiefstand des Dollarkurses"*

der **Tie·gel** (*-s, -*) ein flacher Topf mit Stiel

das **Tier★** (*-(e)s, -e*) Tiere sind Lebewesen, die sich zum Unterschied von Pflanzen fortbewegen können ⟨*ein zahmes, wildes Tier; ein Tier züchten, halten, dressieren*⟩ *„Die Haltung von Tieren ist in diesem Haus verboten"* **K** Tierart, Tierarzt, Tierzucht

der **Tier·gar·ten★** ein Park, in dem man Tiere in Gehegen oder Käfigen sehen kann ≈ Zoo

das **Tier·heim** ein Gebäude, in dem solche Haustiere aufgenommen werden, die keinen Besitzer haben

**tie·risch** ADJEKTIV **1** charakteristisch für Tiere *„tierische Instinkte"* **2** von Tieren stammend *„tierische und pflanzliche Fette"* **3** *gesprochen* das normale Maß deutlich überschreitend ⟨*eine Arbeit, ein Vergnügen; Schmerzen; tierisch ernst, hart, schwer; tierisch schuften müssen*⟩

**tier·lieb** ADJEKTIV voll Verständnis und Liebe für Tiere • *hierzu* **Tier·lie·be** *die*

der **Tier·park** **1** ein Gelände, in dem Tiere in einer natürlichen Umgebung (ohne Käfig und oft ohne Zäune) gehalten werden **2** *gesprochen* ≈ Zoo

die **Tier·quä·le·rei** *meist Singular* das meist absichtliche Quälen von Tieren • *hierzu* **Tier·quä·ler** *der*

das **Tier·reich** *nur Singular* alle Tiere (Tierarten), die es auf der Erde gibt

der **Tier·schutz★** *nur Singular* alle Maßnahmen, um Tiere davor zu bewahren, misshandelt, getötet oder ausgerottet zu werden **K** Tierschutzgebiet, Tierschutzverein • *hierzu* **Tier·schüt·zer** *der*; **Tier·schüt·ze·rin** *die*

der **Tier·ver·such** ein (meist medizinisches) Experiment an lebenden Tieren **K** Tierversuchsgegner

der **Ti·ger★** (*-s, -*) die größte Raubkatze Asiens **K** Tigerfell, Tigerjagd

**til·gen** (*tilgte, hat getilgt*) **etwas tilgen** Geld, das man sich geliehen hat, zurückzahlen ⟨*einen Kredit, die Schulden tilgen*⟩ • *hierzu* **Til·gung** *die*

die **Tin·te★** (*-, -n*) eine meist blaue Flüssigkeit zum Schreiben oder Zeichnen **K** Tintenfleck, Tintenpatrone

der **Tin·ten·fisch** ein Tier, das im Meer lebt, acht Arme hat und sich bei Gefahr in eine Wolke dunkler Flüssigkeit hüllt

der **Tipp★** (*-s, -s*) **1** ein nützlicher Rat, ein guter Hinweis ⟨*jemandem einen Tipp geben*⟩ *„Tipps für den Anfänger/für den Garten"* **2** der Versuch, bei Wetten und Gewinnspielen den Gewinner bzw. die Gewinnzahlen vorher richtig zu raten *„der richtige Tipp im Lotto/beim Pferderennen"*

**tip·pen★** (*tippte, hat getippt*) **1** **(etwas) tippen** etwas auf einer Tastatur (meist am Computer) schreiben ⟨*einen Brief tippen*⟩ **K** Tippfehler **2** **(jemandem) irgendwohin tippen** jemanden/etwas (vor allem mit der Finger- oder Fußspitze) kurz und leicht berühren *„jemandem auf die Schulter tippen"* **3** **auf jemanden/etwas tippen** *gesprochen* eine Vermutung o. Ä. zum Ausdruck bringen *„Ich tippe (darauf), dass deine Lieblingsfarbe Rot ist"* | *„Ich tippe auf ihn als Sieger"* **4** am Lotto oder Toto

T

teilnehmen *„Sie tippt jede Woche (im Lotto)"* **K** Tippschein

die **Ti·ra·de** (-, *-n*); *abwertend* eine Rede oder ein Artikel mit aggressivem Inhalt **K** Schimpftirade

der **Tisch★** (-(*e*)*s*, *-e*) **1** Tische haben eine Platte, auf die man Dinge legt ⟨*sich an den Tisch setzen; am Tisch sitzen; den Tisch decken, abräumen*⟩ **K** Schreibtisch; Gartentisch, Küchentisch **2** **zu Tisch** *geschrieben* zum/beim Essen an einem Tisch ⟨*zu Tisch gehen, sein, sitzen; jemanden zu Tisch bitten*⟩ **3** **ein runder Tisch** eine Verhandlung, Sitzung o. Ä., bei der alle Personen gleichberechtigt sind **4** **am grünen Tisch**; **vom grünen Tisch aus** auf der theoretischen Ebene, ohne die konkrete Situation zu beachten **ID** **etwas unter den Tisch fallen lassen** etwas nicht (mehr) berücksichtigen; **etwas ist vom Tisch** etwas ist abgeschlossen, erledigt; **(mit etwas) reinen Tisch machen** mit klaren und deutliche Worten ein Problem nennen und dann lösen

die **Tisch·de·cke★** ein großes Tuch, das den Tisch (als Dekoration) ganz oder teilweise bedeckt

der **Tisch·ler** (-*s*, -); *besonders norddeutsch* Ⓐ eine Person, die beruflich z. B. Möbel und Fenster aus Holz herstellt ≈ Schreiner **K** Tischlerwerkstatt • *hierzu* **Tisch·le·rin** *die*

das **Tisch·ten·nis** ein Sport, bei dem zwei Spieler an einem Tisch stehen und einen kleinen weißen Ball mit Schlägern über ein Netz schlagen ≈ Pingpong **K** Tischtennisball, Tischtennisplatte, Tischtennisschläger

das **Tisch·tuch** ein großes Tuch, das den ganzen Tisch bedeckt ≈ Tischdecke

der **Ti·tel★** (-*s*, -) VON PERSONEN: **1** eine Bezeichnung, mit der eine Person geehrt wird oder die ihre berufliche Stellung anzeigt *„Ihr wurde der akademische Titel eines Dr. med. verliehen"* **K** Doktortitel **2** der Titel, den man bei einem sportlichen Wettbewerb gewinnt **K** Titelverteidiger(in); Weltmeistertitel VON BÜCHERN, ZEITSCHRIFTEN USW.: **3** der Name z. B. eines Buches, einer Zeitschrift oder eines Liedes ⟨*etwas trägt, hat den Titel „..."*⟩ **K** Buchtitel **4** die Überschrift eines meist relativ langen Zeitungsartikels, die den Inhalt zusammenfasst **5** die erste Seite einer Zeitung oder Zeitschrift **K** Titelbild, Titelblatt, Titelseite

der **Toast★** [to:st]; (-(*e*)*s*, *-s*) eine Scheibe geröstetes Weißbrot **K** Toastbrot 🛈 → Abbildung, S. 195: **Beim Frühstück**

**toas·ten** ['to:stn̩] (*toastete, hat getoastet*) **etwas toasten** vor allem Scheiben von Weißbrot (in einem Toaster) rösten

der **Toas·ter** ['to:-]; (-*s*, -) ein elektrisches Gerät, in dem Scheiben von Weißbrot geröstet werden

**to·ben** (*tobte, hat/ist getobt*) **1** (*hat*) (vor Wut o. Ä.) schreien und heftige Bewegungen machen *„Der Betrunkene tobte die halbe Nacht"* **2** (*hat*) (vor Begeisterung o. Ä.) schreien, sich ausgelassen benehmen *„Bei dem Rockkonzert tobten die Fans"* **3** (*hat/ist*) (beim Spielen) sehr viel Lärm machen und sich lebhaft bewegen *„Die Kinder sind durch die Straßen getobt"* **4** **etwas tobt** (*hat*) etwas ist in starker Bewegung (und richtet dabei großen Schaden an) ⟨*das Meer, ein Gewitter, ein Brand*⟩

die **Toch·ter★** (-, *Töch·ter*) **1** jemandes weibliches Kind **K** Adoptivtochter, Stieftochter **2** Kurzwort für *Tochtergesellschaft*

die **Toch·ter·fir·ma** ≈ Tochtergesellschaft

die **Toch·ter·ge·sell·schaft** Betriebe oder Firmen, die zu einer größeren Gesellschaft gehören und von dieser abhängig sind

der **Tod★** (-*es*) das Sterben, das Ende des Lebens ⟨*Tod durch Ersticken, Herzversagen, Ertrinken; jemand stirbt eines natürlichen, gewaltsamen Todes*⟩ *„jemand stürzt sich zu Tode/kommt bei einem Sturz zu Tode"* jemand stürzt und stirbt dadurch | *„Aids ist eine Krankheit, die meist zum Tod führt"* **K** Todesgefahr, Todesstrafe, Todesursache 🛈 Als Plural wird *Todesfälle* verwendet. **ID** **jemanden/etwas auf den Tod nicht ausstehen/leiden können** *gesprochen* eine Person/Sache überhaupt nicht mögen; **mit dem Tod(e) ringen** lebensgefährlich krank oder verletzt sein; **zu Tode** *gesprochen* ⟨*sich zu Tode erschrecken, langweilen, schämen; zu Tode erschöpft, erschrocken sein*⟩ ≈ sehr

**tod-** *im Adjektiv; betont; wenig produktiv; gesprochen* **todernst, todkrank, todtraurig, todunglücklich, todmüde, todschick** *und andere* ≈ äußerst, sehr *„ein todlangweiliger Film"* | *„etwas todsicher wissen"*

**tod·brin·gend** *ADJEKTIV* so, dass man (daran) sterben wird ⟨*eine Krankheit, eine Verletzung*⟩ ≈ tödlich

die **To·des·angst** **1** die Angst vor dem Sterben **2** eine sehr große Angst ⟨*Todesängste ausstehen*⟩

die **To·des·an·zei·ge** eine Anzeige in der Zeitung, die mitteilt, dass jemand gestorben ist

der **To·des·fall** der Tod eines Menschen *„ein To-*

*desfall in der Familie"*

der **Tod·feind** ein Feind oder Gegner, der voller Hass ist • *hierzu* **Tod·fein·din** *die*; **Tod·feind·schaft** *die*

**tod·krank** *ADJEKTIV* ⟨*ein Mensch*⟩ so krank, dass er sterben wird

**töd·lich**★ *ADJEKTIV* **1** so, dass man (daran oder dabei) stirbt ⟨*eine Krankheit, eine Verletzung, ein Gift; mit tödlichen Folgen; tödlich verunglücken*⟩ *„Bei dem Unfall wurde er tödlich verletzt"* **2** *gesprochen* verwendet, um Adjektive oder Verben mit negativer Bedeutung zu verstärken ⟨*tödlich beleidigt, erschrocken sein*⟩

die **Tod·sün·de** **1** (nach der katholischen Theorie) eine sehr schwere Sünde *„die sieben Todsünden"* **2** *gesprochen* eine große Dummheit

der **To·fu** (-(s)) eine Art Quark, den man aus Sojabohnen macht

das **To·hu·wa·bo·hu** (-(s), -s); *gesprochen* ≈ Durcheinander, Chaos

die **To·i·let·te**★ [to̯aˈlɛtə]; (-, -n) **1** auf die Toilette geht man, um Blase und Darm zu entleeren. Die Toilette ist am Fußboden befestigt und endet in einem Rohr ⟨*sich auf die Toilette setzen; die Toilette ist verstopft*⟩ **K** Toilettenspülung **2** ein Raum mit einer Toilette oder mehreren Toiletten ⟨*eine öffentliche Toilette; auf die/zur Toilette gehen, müssen*⟩ ≈ WC *„eine Wohnung mit Bad und separater Toilette"* **K** Damentoilette, Herrentoilette **3** *geschrieben* das Waschen, Frisieren und Ankleiden *„die morgendliche Toilette"* **K** Toilettentisch

das **To·i·let·ten·pa·pier** [to̯a-] Papier, mit dem man sich wischt, nachdem man Blase und Darm entleert hat

**to·le·rant**★ *ADJEKTIV* (*toleranter, tolerantest-*) **tolerant (gegenüber jemandem/etwas)**; **tolerant (gegen jemanden/etwas)** *geschrieben* so, dass man andere (religiöse, politische oder weltanschauliche) Meinungen, Haltungen oder Sitten respektiert oder duldet ↔ intolerant *„tolerant gegenüber der Jugend"*

die **To·le·ranz**★ (-) **Toleranz (gegenüber jemandem/etwas)**; **Toleranz (gegen jemanden/etwas)** *geschrieben* eine Einstellung, bei der man andere Meinungen o. Ä. respektiert oder duldet ⟨*Toleranz üben, zeigen*⟩ **K** Toleranzgrenze

**toll**★ (*toller, tollst-*) **1** *gesprochen* in Ausrufen verwendet, um Bewunderung auszudrücken ≈ super *„Das ist eine tolle Idee!"* | *„Sie singt wirklich toll!"* **2** *gesprochen* verwendet, um Adjektive und Verben zu verstärken *„Es regnet ganz toll"* | *„Sie ist toll verliebt"*

die **Toll·wut** eine meist tödliche Viruskrankheit bei Tieren, die durch den Biss eines erkrankten Tieres auf Menschen übertragen werden kann • *hierzu* **toll·wü·tig** *ADJEKTIV*

der **Töl·pel** (-s, -); *abwertend* ein dummer, ungeschickter Mensch • *hierzu* **töl·pel·haft** *ADJEKTIV*

die **To·ma·te**★ (-, -n) ein saftiges, rotes, meist rundes Gemüse, das man z. B. als Salat isst **K** Tomatenketchup, Tomatensaft, Tomatensalat, Tomatensoße

die **Tom·bo·la** (-, -s/*Tom·bo·len*) eine Verlosung, bei der man Gegenstände gewinnen kann, die gestiftet worden sind *„eine Tombola zugunsten des Roten Kreuzes"*

der **Ton**[1]★; (-(e)s, *Tö·ne*) AKUSTISCH: **1** etwas, das man hören kann ⟨*ein hoher, tiefer, leiser, lauter, schriller Ton*⟩ **K** Tonhöhe **2** ein genau festgelegter Ton, der in einem musikalischen System (Tonleiter) eine feste Stelle hat und durch einen Buchstaben bezeichnet wird ⟨*ein ganzer, halber Ton*⟩ **K** Tonfolge **3** die Qualität des Klangs einer Stimme oder eines Musikinstruments ⟨*ein heller, dunkler, voller, weicher Ton*⟩ **4** die Sprache, die Musik und Geräusche in Film, Fernsehen oder Radio *„Plötzlich sind Ton und Bild ausgefallen"* **K** Tonausfall, Tonstörung IM UMGANG: **5** *nur Singular* die Art und Weise, wie jemand mit anderen Menschen spricht ⟨*etwas in einem angemessenen, freundlichen, ruhigen Ton sagen; einen aggressiven, scharfen Ton anschlagen*⟩ **6** **etwas gehört zum guten Ton** *nur Singular* ein Verhalten ist nötig, wenn man höflich sein will VON FARBEN: **7** **Ton in Ton** in Farben, die sich nur wenig voneinander unterscheiden und gut zueinander passen **ID** **keinen Ton herausbringen, keinen Ton von sich** (*Dativ*) **geben** *gesprochen* (z. B. aus Angst oder Aufregung) kein Wort sagen

der **Ton**[2]★; (-s, -e) eine Erde, aus der man Gegenstände formt, die bei großer Hitze hart gemacht werden ⟨*Ton formen, brennen; etwas in Ton modellieren*⟩ **K** Tonfigur, Tongefäß

die **Ton·art**★ **1** eine der Tonleitern als System von Tönen, auf die ein Musikstück aufbaut *„die Tonart D-Dur"* **K** Durtonart, Molltonart **2** die Art und Weise, wie man mit anderen Menschen spricht

T

**tö·nen**★ (*tönte, hat getönt*) **1** **etwas tönt irgendwie/irgendwoher** etwas ist in der genannten Qualität oder aus der genannten Richtung zu hören *„Aus dem Lautsprecher tönte ein Lied"* **2** **etwas (irgendwie) tönen** etwas leicht färben *„Ich will mir die Haare (blond) tönen"*

der **To·ner** (-s, -) die Druckfarbe in Fotokopiergeräten, Computerdruckern o. Ä.

der **Ton·fall** *nur Singular* die Art zu sprechen, an der man z. B. erkennt, was er will oder welche Gefühle hat ⟨*ein aggressiver, fragender, ironischer, vorwurfsvoller Tonfall*⟩ *„Sie sprach mit einem eigenartigen singenden Tonfall"*

die **Ton·lei·ter** eine Folge von acht Tönen, die mit einem bestimmten Anfangston beginnt **K** C-Dur-Tonleiter, D-Dur-Tonleiter

**ton·los** ADJEKTIV ohne Ausdruck und Betonung in der Stimme

die **Ton·ne**★ (-, *-n*) **1** Tonnen sind die großen Behälter, in denen z. B. Müll oder Regenwasser gesammelt wird. Man nennt so auch die Menge, die in so einen Behälter passt *„eine Tonne (voll/ voller) Heringe"* | *„Die gelbe Tonne ist für Verpackungen und die schwarze für Restmüll"* **K** Altpapiertonne, Mülltonne; Regentonne **2** eine Maßeinheit, die 1000 kg bezeichnet *„Wie viele Tonnen wiegt ein so großes Schiff?"* ❶ Abkürzung: *t*

die **Tö·nung** (-, *-en*) **1** *nur Singular* das Tönen **2** eine farbliche Nuance ≈ Schattierung

**top-** *im Adjektiv, betont, begrenzt produktiv; gesprochen* **topaktuell, topfit, topmodern, topmodisch** *und andere* in sehr hohem Maße ≈ hoch-

**Top-** *im Substantiv, betont, begrenzt produktiv* **das Topangebot, der Topathlet, der Topmanager, das Topmodel, der Topstar** *und andere* drückt aus, dass eine Person oder Sache zu den Besten der genannten Kategorie gehört ≈ Spitzen- *„ein Sportler in Topform"*

der **Topf**★ (-(*e*)*s, Töp·fe*) **1** ein rundes, relativ tiefes Gefäß mit Griffen und Deckel, in dem man etwas kochen kann *„ein Topf aus Edelstahl"* | *„ein Topf voll Suppe"* **K** Topfdeckel **2** ein Gefäß aus Keramik, zum Aufbewahren von Nahrungsmitteln *„ein Topf mit Honig"* **K** Tontopf **3** die Menge einer Sache, die in einen Topf passt *„ein Topf Suppe"* | *„ein Topf Honig"* **4** Kurzwort für *Blumentopf* **K** Topfpflanze

der **Top·fen** (-s); *süddeutsch* Ⓐ ≈ Quark

der **Töp·fer** (-s, -) eine Person, die beruflich Gegenstände (meist Geschirr) aus Ton herstellt **K** Töpferware • *hierzu* **Töp·fe·rin** *die*

der **Topf·lap·pen** ein dicker Lappen, mit dem man heiße Töpfe (an den Griffen) anfassen kann

**top·pen** (*toppte, hat getoppt*); *gesprochen* **etwas toppen** ≈ übertreffen *„Diese Leistung kann nicht getoppt werden!"*

das **Tor**★; (-(*e*)*s, -e*) **1** eine große, breite Tür in einem Gebäude, einem Zaun oder einer Mauer ⟨*das Tor öffnen, schließen*⟩ *„die Tore der alten Stadtmauer"* **K** Torbogen, Toreinfahrt; Burgtor, Stadttor **2** eine Konstruktion aus Holzbalken und einem Netz, in die man z. B. beim Fußball mit dem Ball treffen soll ⟨*ins/das Tor treffen*⟩ **K** Torlatte, Torlinie, Torpfosten **3** der gelungene Versuch, mit dem Ball ins Tor zu treffen ⟨*ein Tor schießen*⟩ *„mit zwei Toren Vorsprung gewinnen"* **K** Torchance

der **Torf** (-(*e*)*s*) eine sehr leichte dunkle Erde (im Moor), die aus Pflanzenteilen entstanden ist und oft zum Heizen verwendet wird ⟨*Torf stechen* (= *abbauen*); *den Torf trocknen, pressen*⟩ **K** Torfgewinnung

der **Tor·hü·ter**★ ≈ Torwart • *hierzu* **Tor·hü·te·rin** *die*

**tö·richt** ADJEKTIV; *geschrieben* ≈ dumm, unvernünftig

**tor·keln** (*torkelte, hat/ist getorkelt*) (*hat/ist*) sich schwankend hin und her bewegen (z. B. weil man betrunken ist)

der **Tor·na·do** (-s, *-s*) ein heftiger Wirbelsturm (in Nordamerika)

der **Tor·pe·do** (-s, *-s*) ein sehr starkes, schnelles Geschoss, das unter Wasser auf feindliche Schiffe gelenkt wird **K** Torpedoboot

der **Tor·schüt·ze** ein Spieler, der ein Tor geschossen hat

die **Tor·te**★ (-, *-n*) ein Kuchen, der meist aus mehreren Schichten mit Sahne oder Creme besteht **K** Tortenplatte, Tortenstück; Obsttorte, Sahnetorte

der **Tor·ten·guss** ein Gelee, das man bei Obstkuchen über die Früchte gießt und das dann fest wird

die **Tor·tur** (-, *-en*) ein sehr unangenehmes, anstrengendes Erlebnis *„Die Reise in der Postkutsche war früher oft eine Tortur"*

der **Tor·wart**★ (-s, *-e*) der Spieler (z. B. beim Fußball oder Eishockey), der im Tor steht und verhindern soll, dass ein Gegner den Ball hineinschießt • *hierzu* **Tor·war·tin** *die*

**to·sen** (*toste, hat getost*) **etwas tost** etwas ist

sehr stark und laut ⟨*tosender Beifall; ein tosender Wasserfall*⟩ ❶ meist im Partizip Präsens

**tot**★ *ADJEKTIV* **1** gestorben, nicht mehr am Leben ⟨*tot umfallen, zusammenbrechen*⟩ *„Sie wurde von einem Auto überfahren und war sofort tot"* **2** Pflanzen oder Teile von Pflanzen, die nicht mehr wachsen ⟨*ein Ast, ein Baum*⟩ ≈ abgestorben **3** ohne Ausdruck von Gefühlen ⟨*Augen*⟩ **4** so, dass man keinen Ton hört, weil die Verbindung unterbrochen ist ⟨*die Leitung, das Telefon ist tot*⟩ **5** so, dass sie nirgendwo hinführen, vom Verkehr nicht genutzt werden können ⟨*ein Gleis, ein Flußssarm, eine Strecke*⟩

**tot-** (*im Verb, betont und trennbar, wenig produktiv; Diese Verben werden so gebildet: totschießen, schoss tot, totgeschossen*); *meist gesprochen* **1** **jemanden totschießen, tottrampeln, tottreten** *und andere* drückt aus, dass eine Person oder ein Tier durch die genannte Handlung stirbt *„Er fuhr eine Katze tot"* Er fuhr Auto und tötete dabei eine Katze **2** **sich totarbeiten, totärgern, totlachen** drückt aus, dass man etwas sehr intensiv tut *„Ich könnte mich (darüber) totärgern, dass ich das Haus nicht gekauft habe"* Ich ärgere mich sehr darüber

**to·tal**★ *ADJEKTIV meist attributiv oder adverbiell* ganz, ohne Ausnahme ⟨*ein Chaos, ein Misserfolg, eine Niederlage, ein Reinfall; total ausgehungert, erschöpft sein*⟩ ≈ völlig • *hierzu* **To·ta·li·tät** *die*

**to·ta·li·tär** *ADJEKTIV* in einem totalitären Staat sind Personen an der Macht, die das Volk brutal unterdrücken ⟨*ein Regime, ein Staat*⟩ • *hierzu* **To·ta·li·ta·ris·mus** *der*

der **To·tal·scha·den** ein so schwerer Schaden (an einem Auto o. Ä.), dass sich eine Reparatur nicht mehr lohnt *„An seinem Wagen entstand Totalschaden"*

der/die **To·te**★ (*-n, -n*) eine Person, die nicht mehr lebt *„Bei dem Unfall gab es drei Tote"* **K** Totenbahre; totenbleich; Krebstote, Verkehrstote ❶ Meint man die Person, spricht man von einem *Toten*; meint man den Körper, spricht man von einer *Leiche*.

**tö·ten**★ (*tötete, hat getötet*) **(jemanden) töten** bewirken, dass ein Mensch oder ein Tier stirbt ⟨*jemanden fahrlässig, vorsätzlich, mit einem Dolch, mit Gift töten*⟩

der **To·ten·kopf** **1** der Schädel eines Toten ohne Haut und Fleisch **2** ein Totenkopf als Zeichen, um vor einer Gefahr zu warnen (z. B. auf einer Flasche mit Gift)

der **To·ten·sonn·tag** der Sonntag vor dem ersten Advent, an dem man sich an die Verstorbenen erinnert (in der evangelischen Kirche)

das **To·to** (*-s*) ein Wettspiel, bei dem man versucht, die Ergebnisse von Fußballspielen (Sieg, Niederlage, Unentschieden) oder Pferderennen vorauszusagen ⟨(*im*) *Toto spielen; im Toto gewinnen*⟩ **K** Totogewinn, Totoschein; Fußballtoto, Pferdetoto

**tot·sa·gen** (*hat*) **jemanden/etwas totsagen** zu Unrecht behaupten, jemand sei tot/etwas sei vorbei

**tot·schwei·gen** (*hat*) **jemanden/etwas totschweigen** über eine Person oder Sache nichts sagen (damit sie vergessen wird)

die **Tö·tung** (-) das Töten ⟨*fahrlässige, versuchte, vorsätzliche Tötung; die Tötung auf Verlangen* (= *auf Wunsch des Menschen, den man tötet*)⟩ **K** Tötungsabsicht, Tötungsdelikt

die **Tour**★ [tuːɐ̯]; (*-, -en*) **1** eine Wanderung oder eine Fahrt, meist zum Vergnügen ⟨*eine Tour an den See, in die Berge machen, unternehmen*⟩ ≈ Ausflug **K** Tourenrad; Bergtour, Fahrradtour **2** eine relativ lange Fahrt oder Reise, bei der man wieder dahin zurückkommt, wo man angefangen hat *„eine Tour durch Europa machen"* **3** der Weg, den man zurücklegt (meist beim Wandern oder auf einer Reise) ≈ Route **K** Tourenkarte **4** *gesprochen, abwertend* eine (meist unangenehme) Vorgehensweise, mit der jemand etwas erreichen will ⟨*eine fiese, krumme* (= *unehrliche*), *miese Tour*⟩ *„Diesmal versucht er es auf die sanfte Tour"* **ID** **auf Tour gehen/sein** *gesprochen* zu einer beruflichen Reise als Künstler, Vertreter, Lastwagenfahrer o. Ä. aufbrechen/auf einer solchen Reise sein; **in 'einer Tour** *gesprochen* ständig, ohne Unterbrechung

der **Tou·ris·mus**★ [tu-]; (-) das (organisierte) Reisen, um sich zu erholen oder um andere Länder kennenzulernen *„Viele Gebiete leben vom Tourismus"* **K** Tourismusbranche, Tourismusgeschäft; Massentourismus

der **Tou·rist**★ [tu-]; (*-en, -en*) eine Person, die reist, um andere Länder kennenzulernen oder Urlaub zu machen • *hierzu* **Tou·ris·tin** *die*; **tou·ris·tisch** *ADJEKTIV*

die **Tour·nee** [tʊrˈneː]; (*-, -n* [-ˈneːən]) eine Folge von Konzerten, Theateraufführungen o. Ä. in verschiedenen Orten *„Die Berliner Philharmo-*

T

*niker gehen/sind auf Tournee"*

**to·xisch** *ADJEKTIV; geschrieben* ≈ giftig

der **Trab** (-s) eine der drei Arten, in denen ein Pferd o. Ä. geht. Der Trab liegt im Tempo zwischen Schritt und Galopp ⟨*ein leichter, scharfer Trab; ein Pferd fällt in Trab*⟩ **K** Trabrennen **ID** **jemanden auf/in Trab halten** *gesprochen* jemanden nicht zur Ruhe kommen lassen *„Meine Kinder halten mich auf Trab!"*

**tra·ben** (*trabte, hat/ist getrabt*) **ein Pferd trabt** (*hat/ist*) ein Pferd bewegt sich im Trab fort

die **Tracht** (-, *-en*) eine Kleidung, die für eine regionale Volksgruppe oder eine Berufsgruppe typisch ist *„Sie heirateten in Schwarzwälder Tracht"* **K** Trachtenanzug, Trachtenhut **ID** **eine Tracht Prügel bekommen/kriegen** *gesprochen* (meist als Strafe oder aus Rache) geschlagen werden

**trach·ten** (*trachtete, hat getrachtet*) **nach etwas trachten** sich bemühen, etwas zu erreichen ⟨*nach Ruhm, Gewinn trachten*⟩ *„Er trachtete danach, den Plan zu verhindern"*

**träch·tig** *ADJEKTIV* wenn ein weibliches Tier trächtig ist, hat es ein oder mehrere Junge im Bauch ⟨*eine Hündin, eine Katze, eine Stute*⟩

die **Tra·di·ti·on**★ [-ˈtsi̯oːn]; (-, *-en*) Verhaltensweisen und Handlungen, die es seit langer Zeit in einem Volk oder in einer Gruppe gibt und die bewahrt werden ⟨*eine alte, lebendige Tradition; eine Tradition pflegen; etwas ist (irgendwo) Tradition*⟩ *„Nach alter Tradition wird bei uns an Weihnachten ein Baum festlich geschmückt"* • *hierzu* **tra·di·ti·ons·ge·mäß** *ADJEKTIV*; **tra·di·ti·ons·reich** *ADJEKTIV*

**tra·di·ti·o·nell**★ [-tsi̯o-] *ADJEKTIV* gemäß einer Tradition, seit Langem üblich

**traf** *Präteritum, 1. und 3. Person Singular* → treffen

die **Trag·bah·re** ein Gestell, auf dem man Kranke, Verletzte oder Tote (liegend) transportiert

**trag·bar** *ADJEKTIV* **1** so klein und leicht, dass man es (leicht) tragen und an verschiedenen Orten benutzen kann *„ein tragbarer Fernseher"* **2** so, dass die betroffene Person/Sache noch toleriert werden kann *„Nach der Bestechungsaffäre ist der Vorsitzende für seine Partei nicht mehr tragbar"*

**trä·ge** *ADJEKTIV* langsam in der Bewegung und ohne Lust, aktiv zu werden ⟨*geistig träge*⟩ *„träge in der Sonne liegen"*

die **Tra·ge** (-, *-n*) ≈ Tragbahre

**tra·gen**★ (*trägt, trug, hat getragen*) PERSON: LAST, KLEIDUNG USW.: **1** **(jemanden/etwas (irgendwohin)) tragen** jemanden/etwas vor allem in der Hand, auf dem Arm oder am Rücken transportieren, irgendwohin bringen *„Sie trug ihr Kind auf dem/am Arm"* **K** Tragetasche **2** **etwas tragen** etwas (vor allem Kleidung) am Körper haben *„Sie trägt lieber Hosen als Röcke und Kleider"* **3** **etwas bei sich** (*Dativ*) **tragen** etwas dabei haben, wenn man irgendwohin geht *„Er trägt seinen Ausweis stets bei sich"* ℹ kein Passiv **4** **etwas trägt sich angenehm/bequem/...** es ist angenehm/bequem/..., etwas zu tragen *„Die neuen Schuhe tragen sich sehr bequem"* HAARE, KÖRPERTEIL: **5** **etwas (irgendwie) tragen** die genannte Frisur haben ⟨*einen Mittelscheitel, einen Pferdeschwanz, Zöpfe tragen*⟩ **6** **etwas irgendwie tragen** einen Körperteil in der genannten Haltung haben ⟨*den Arm in einer Schlinge, Schiene tragen*⟩ SACHE: LAST: **7** **etwas trägt (etwas)** etwas bewirkt, dass etwas oben bleibt, stützt es von unten ⟨*tragende Balken, Säulen, Wände*⟩ **8** **etwas trägt (jemanden/etwas)** etwas kann (mit dem genannten Gewicht) belastet werden *„Die Brücke trägt (Lasten bis zu) 12 Tonnen"* ℹ kein Passiv **9** **etwas trägt jemanden/etwas** etwas stützt und bewegt jemanden/etwas *„Er lief, so schnell die Füße ihn trugen"* UNANGENEHMES: **10** **etwas tragen** die Verantwortung für etwas haben oder übernehmen ⟨*die Folgen, die Kosten, das Risiko tragen*⟩ *„Wer trägt die Schuld/Verantwortung an dem Unfall?"* **11** **etwas (irgendwie) tragen** eine unangenehme Sache erleben (und auf die genannte Art damit umgehen) ⟨*etwas mit Fassung, Geduld, Gelassenheit, Würde tragen*⟩ UNTERSTÜTZUNG: **12** **etwas trägt sich (selbst)** etwas braucht keine finanzielle Hilfe mehr ⟨*ein Geschäft, ein Verein, ein Projekt*⟩ ANDERE VERWENDUNGEN: **13** **etwas irgendwohin tragen** etwas verbreiten, in einem Bereich oder zu einer Gruppe gelangen lassen

der **Trä·ger**★ (-s, -) **1** eine Person, die (beruflich) schwere Dinge trägt **K** Gepäckträger, Möbelträger, Sargträger **2** ein längliches Bauteil, das eine technische Konstruktion trägt **K** Betonträger, Stahlträger; Brückenträger **3** eine Konstruktion, die man auf dem Dach eines Autos befestigt, um darauf Dinge zu transportieren **K** Gepäckträger; Dachträger **4** ein Band aus Stoff, das an einem Kleidungsstück befestigt ist und über den Schultern liegt **K** Trägerkleid, Trägerschürze; Hosenträger, Schürzenträger **5** *admin* eine (öffentliche) Institution, die für etwas (vor allem die Kosten einer Sache) verantwortlich ist *„ein Kindergarten mit kirchlichem Träger"* **6** *besonders süddeutsch* ein Behälter zum Transportieren von Flaschen ⟨*ein Träger Bier, Limo, Wasser*⟩ ≈ Kasten • *zu* (1,5) **Trä·ge·rin** *die*

der **-trä·ger** *im Substantiv, unbetont, begrenzt produktiv* **1** **Bartträger, Brillenträger, Prothesenträger, Toupetträger, Uniformträger** *und andere* eine Person, welche die genannte Sache am Körper hat, trägt **2** **Preisträger, Titelträger** *und andere* eine Person, welche die genannte Sache bekommen oder gewonnen hat **3** **Datenträger, Energieträger, Informationsträger, Werbeträger** *und andere* etwas, das dazu dient, die im ersten Wortteil genannte Sache zu speichern, zu verbreiten o. Ä.

**trag·fä·hig** *ADJEKTIV* **1** stark genug, um ein größeres Gewicht tragen zu können ⟨*eine Brücke, ein Fundament*⟩ **2** so, dass man damit gut arbeiten kann ⟨*ein Kompromiss, ein Konzept, eine Lösung*⟩ • *hierzu* **Trag·fä·hig·keit** *die*

**tra·gisch★** *ADJEKTIV* mit großem Leid und Unglück verbunden ⟨*ein Schicksal, ein Unglücksfall*⟩ *„Die Erzählung endet tragisch"* **ID** **Das ist nicht so tragisch!** *gesprochen* Das ist nicht so schlimm

die **Tra·gö·die★** [-di̯ə]; (-, -*n*) **1** ein Schauspiel mit unglücklichem, tragischem Ende ↔ Komödie **2** ein schreckliches Ereignis *„Er wurde Zeuge einer Tragödie"*

**trägt** *Präsens, 3. Person Singular* → tragen

die **Trag·wei·te** (-); *geschrieben* der Grad, in dem sich eine Entscheidung o. Ä. auswirkt *„Er war sich der Tragweite seines Handelns nicht bewusst"* | *„Der Beschluss ist von großer Tragweite"*

der **Trai·ner★** ['trɛːnɐ, 'treɪ-]; (-*s*, -) eine Person, die Sportler auf Wettkämpfe vorbereitet • *hierzu* **Trai·ne·rin** ['trɛː-, 'treɪ-] *die*

**trai·nie·ren★** [trɛ'niːrən] (*trainierte, hat trainiert*) **1** **(etwas) trainieren** ein Programm mit gezielten körperlichen Übungen ausführen, um (bei einer Sportart) bessere Leistungen zu erreichen *„Er trainiert täglich (Hochsprung)"* **2** **etwas trainieren** mit Teilen oder Funktionen des Körpers gezielte Übungen machen, um diese zu höherer Leistung zu bringen *„Man kann auch das Gedächtnis trainieren"*

das **Trai·ning★** ['trɛːnɪŋ, 'treɪ-]; (-*s*) das systematische Ausführen eines Programms, um bei einer Sportart bessere Leistungen zu erreichen ⟨*ein hartes, regelmäßiges Training*⟩ **K** Trainingsmethode; Fußballtraining, Gedächtnistraining

der **Trai·nings·an·zug** ['trɛː-, 'treɪ-] ≈ Jogginganzug

der **Trakt** (-(*e*)*s*, -*e*) ein relativ großer Teil eines (meist öffentlichen) großen Gebäudes ≈ Flügel *„Im südlichen Trakt der Universität befindet sich die Bibliothek"* **K** Gebäudetrakt

**trak·tie·ren** (*traktierte, hat traktiert*) **1** **jemanden mit etwas traktieren** jemanden immer wieder mit etwas Unangenehmem stören *„jemanden mit Vorwürfen traktieren"* **2** **jemanden mit etwas traktieren** jemanden mit etwas misshandeln ⟨*jemanden mit Schlägen, mit dem Stock traktieren*⟩

der **Trak·tor** (-*s*, *Trak·to·ren*) ein schweres Fahrzeug in der Landwirtschaft, mit dem man z. B. den Pflug zieht

**träl·lern** (*trällerte, hat geträllert*) **(etwas) trällern** eine Melodie (meist ohne Text) fröhlich singen

**Tram** *die*/Ⓒⓗ *das*; (-, -*s*); *süddeutsch* Ⓐ Ⓒⓗ, *gesprochen* ≈ Straßenbahn

der **Tram·pel** (-*s*, -); *gesprochen, abwertend* ein ungeschickter Mensch

**tram·peln** (*trampelte, hat/ist getrampelt*) (*hat*) (meist aus Wut oder Begeisterung) mit beiden Füßen abwechselnd kurz und fest stampfen

**tram·pen** ['trɛmpn̩] (*trampte, ist getrampt*) **(irgendwohin) trampen** reisen, indem man (durch Handzeichen) die Autofahrer bittet, kostenlos mitfahren zu dürfen • *hierzu* **Tram·per** *der*; **Tram·pe·rin** *die*

das **Tram·po·lin** [-liːn]; (-*s*, -*e*) ein Trampolin ist mit Federn in einen Rahmen gehängt; man kann damit hohe Sprünge machen

der **Tran** (-(*e*)*s*) ein Öl, das aus dem Fett von Walen oder Robben gewonnen wird

die **Tran·ce** [trãːs(ə)]; (-, -*n*) ein Zustand (ähnlich wie der Schlaf), in dem man keinen eigenen Willen hat ⟨*in Trance fallen, geraten; jemanden in Trance versetzen*⟩ **K** Trancezustand

die **Trä·ne★** (-, -*n*); *meist Plural* ein Tropfen der klaren salzigen Flüssigkeit, die aus den Augen kommt, wenn man z. B. sehr traurig ist oder Schmerzen hat *„Der Rauch trieb uns die Tränen in die Augen"* **K** Tränenfluss, tränenüberströmt

**trä·nen** (*tränte, hat getränt*) **ein Auge tränt**;

T

**jemandem tränen die Augen** eine Person hat Tränen in einem oder beiden Augen (nicht weil sie traurig ist, sondern weil Wind, Rauch o. Ä. die Augen reizt)

das **Trä·nen·gas** *nur Singular* ein Gas, welches die Augen stark tränen lässt *„Die Polizei setzte gegen die Demonstranten Tränengas ein"*

**trank** *Präteritum, 1. und 3. Person Singular* → trinken

der **Trank** (-(e)s, *Trän·ke*); *meist Singular; geschrieben* ≈ Getränk K Zaubertrank

**trän·ken** (*tränkte, hat getränkt*) 1 **ein Tier tränken** einem Tier (z. B. einer Kuh oder einem Pferd) zu trinken geben 2 **etwas mit etwas tränken** etwas mit Flüssigkeit vollsaugen lassen *„die Wunde mit einem mit Alkohol getränkten Wattebausch desinfizieren"*

der **Trans·fer** (-s, -s) 1 *geschrieben* die Weitergabe, der Austausch einer Sache *„der technologische Transfer zwischen den führenden Industriestaaten"* K Technologietransfer, Wissenstransfer 2 die Zahlung einer größeren Summe Geld ins Ausland K Geldtransfer 3 der Weitertransport von Reisenden (z. B. vom Flughafen zum Hotel) • *zu* (2) **trans·fe·rie·ren** (*hat*)

die **Trans·fu·si·on** (-, *-en*) die Übertragung von Blut eines Spenders auf einen Menschen, der (z. B. bei einem Unfall) viel Blut verloren hat K Bluttransfusion

**tran·si·tiv** [-f] ADJEKTIV (von einem Verb) dadurch gekennzeichnet, dass es ein Objekt im Akkusativ haben muss (und ins Passiv gesetzt werden kann) ⟨*ein Verb; ein Verb transitiv verwenden*⟩

**trans·pa·rent** ADJEKTIV 1 das Licht durchlassend ⟨*Papier, Farbe*⟩ ≈ durchsichtig 2 gut zu verstehen und sinnvoll *„eine transparente Politik machen"* • *hierzu* **Trans·pa·renz** *die*

das **Trans·pa·rent** (-s, *-e*) ein breites Stück Papier oder Stoff, auf dem (politische) Parolen stehen und das man z. B. bei Demonstrationen trägt

der **Trans·port★** (-s, *-e*) das Transportieren *„der Transport von Waren ins Ausland"* K Transportkosten; Gütertransport, Krankentransport

der **Trans·por·ter** (-s, -) ein Lastwagen, Schiff oder Flugzeug, mit denen man große Mengen von Waren usw. transportieren kann

**trans·por·tie·ren★** (*transportierte, hat transportiert*) 1 **jemanden/etwas (irgendwohin) transportieren** jemanden/etwas (mit einem Fahrzeug) an einen anderen Ort bringen ⟨*Kranke, Verletzte, Vieh, Gepäck, Güter, Material, Waren transportieren*⟩ 2 **etwas transportiert (etwas)** etwas bewegt etwas (mechanisch) weiter *„Die Kamera transportiert (den Film) automatisch"*

das **Tra·pez** (*-es, -e*) eine Konstruktion aus einer waagrechten Stange, die an zwei Seilen hängt, die meist für akrobatische Übungen verwendet wird K Trapezkünstler

die **Tras·se** (-, *-n*) der (geplante) Verlauf einer Straße, Bahnlinie usw. ⟨*eine Trasse abstecken*⟩

**trat** *Präteritum, 1. und 3. Person Singular* → treten

der **Tratsch** (-(e)s); *gesprochen, meist abwertend* das Reden über andere Menschen o. Ä.

die **Trau·be★** (-, *-n*) 1 eine einzelne kleine runde Frucht des Weinstocks ⟨*weiße/grüne/rote/blaue, kernlose Trauben*⟩ K Traubensaft; Weintraube 2 mehrere Trauben (oder Blüten von Pflanzen) an demselben Stiel, die zusammen ungefähr die Form einer Pyramide bilden 3 **eine Traube von Menschen** viele Menschen, die dicht beieinanderstehen

der **Trau·ben·zu·cker** natürlicher Zucker, der z. B. in Obst und Honig vorkommt ≈ Glukose

**trau·en★** (*traute, hat getraut*) 1 **jemandem/etwas trauen** sicher sein, dass jemand nichts Falsches, Böses tut oder dass etwas keinen Nachteil enthält *„Ich traue seinen Versprechungen nicht"* 2 **sich trauen (zu** *+Infinitiv*) den Mut zu etwas haben *„Ich traue mich nicht, nachts allein spazieren zu gehen"* ❶ meist verneint oder in Fragen 3 **sich irgendwohin trauen** den Mut haben, irgendwohin zu gehen *„Er traute sich nicht in die dunkle Höhle"* 4 **ein Brautpaar trauen** als Priester oder Mitarbeiter des Standesamts die Zeremonie durchführen, mit der eine Ehe geschlossen wird ⟨*sich kirchlich/standesamtlich trauen lassen*⟩

die **Trau·er★** (-) **Trauer (um jemanden/über etwas)** ein tiefer seelischer Schmerz, den man z. B. empfindet, wenn ein geliebter Mensch stirbt oder wenn man von einer Person schwer enttäuscht wurde ⟨*tiefe Trauer; Trauer empfinden*⟩ K Traueranzeige, Trauerfeier, Trauerkarte ID **in stiller/tiefer Trauer** verwendet in Todesanzeigen meist vor den Namen der Angehörigen des Toten

der **Trau·er·fall** ein Todesfall (in der Familie) ⟨*einen Trauerfall (in der Familie) haben*⟩

**trau·ern** (*trauerte, hat getrauert*) **(um jemanden/über etwas** (*Akkusativ*)) **trauern**

tiefen seelischen Schmerz empfinden, z. B. weil ein geliebter Mensch gestorben ist *„Er trauerte um seine verstorbene Frau"*

**träu·feln** (*träufelte, hat geträufelt*) **etwas irgendwohin träufeln** eine Flüssigkeit in kleinen Tropfen in oder auf etwas geben *„jemandem Tropfen ins Ohr träufeln"*

der **Traum**★ (-(*e*)*s, Träu·me*) **1** Bilder, Gedanken, Gefühle, die man während des Schlafes hat *„Ich hatte heute Nacht einen seltsamen Traum"* | *„Meine Großmutter ist mir im Traum erschienen"* **2** ein großer Wunsch ⟨*ein Traum geht in Erfüllung, erfüllt sich, wird wahr*⟩ *„der Traum vom eigenen Haus"* **ID** **etwas fällt jemandem im 'Traum nicht ein**, **jemand denkt nicht im 'Traum daran zu** *+Infinitiv* verwendet, um zu sagen, dass jemand etwas überhaupt nicht tun will *„Ich denk ja nicht im Traum daran, deine Arbeit zu machen"*

das **Trau·ma** (-*s*, -*ta*); *geschrieben* ein schwerer seelischer Schock, der lange nachwirkt • *hierzu* **trau·ma·tisch** *ADJEKTIV*

**träu·men**★ (*träumte, hat geträumt*) **1** **(von jemandem/etwas) träumen** einen Traum haben (in dem jemand/etwas vorkommt) *„Er hat von seiner Prüfung geträumt"* **2** **von etwas träumen** den großen Wunsch haben, etwas zu haben, zu erleben o. Ä. *„Er träumt von einer Weltreise"* **3** unkonzentriert sein, nicht aufpassen *„Er träumt bei den Hausaufgaben"* • zu (3) **Träu·mer** *der*; zu (3) **Träu·me·rin** *die*

**traum·haft** *ADJEKTIV* **1** sehr groß, stark, schön usw. ⟨*ein Wetter, eine Reise, ein Glück, ein Kleid*⟩ **2** verwendet, um positive Adjektive und Verben zu verstärken ⟨*traumhaft schön; jemand spielt, singt traumhaft*⟩

**trau·rig**★ *ADJEKTIV* **1** **traurig (über etwas** (*Akkusativ*)) voll Kummer und Schmerz oder Trauer ↔ froh, fröhlich *„ein trauriges Gesicht machen"* | *„Bist du traurig darüber, dass wir ihn nicht wiedersehen werden?"* **2** ⟨*ein Ereignis, ein Film, ein Lied, eine Nachricht*⟩ so, dass sie den Betroffenen voll Kummer oder Schmerz machen ↔ lustig **3** so, dass der Betreffende es sehr schade oder beklagenswert findet *„Ich finde es sehr traurig, wenn ihr euch immer streitet"* **4** schlecht, meist wegen Armut oder Krankheit ⟨*eine Gegend, Verhältnisse, ein Zustand*⟩ **5** so, dass man sich darüber schämen sollte ⟨*eine traurige Figur machen*⟩ • zu (1) **Trau·rig·keit** *die*

der **Trau·ring** ≈ Ehering

der **Trau·schein** ein (amtliches) Dokument, auf dem steht, dass man geheiratet hat ≈ Heiratsurkunde

die **Trau·ung** (-, -*en*) eine Zeremonie, mit der Mann und Frau zu einem Ehepaar werden ⟨*die standesamtliche, kirchliche Trauung*⟩ ≈ Eheschließung

der **Trau·zeu·ge** eine Person, die bei der Trauung als Zeuge anwesend sein muss • *hierzu* **Trau·zeu·gin** *die*

der **Tre·cker** (-*s*, -); *besonders norddeutsch* ≈ Traktor

**tref·fen**★ (*trifft, traf, hat/ist getroffen*) TOR, ZIEL USW.: **1** **(jemanden/etwas) treffen**; **irgendwohin treffen** (*hat*) jemanden/etwas mit einem Schuss, Schlag oder Wurf erreichen (und oft verletzen oder beschädigen) ⟨*das/ins Tor, Ziel treffen*⟩ *„Er sank tödlich getroffen zu Boden"* ANDERE PERSONEN: **2** **jemanden treffen** (*hat*) mit jemandem (zufällig oder aufgrund einer Verabredung) zusammenkommen *„Ich habe sie beim Einkaufen getroffen"* ❶ kein Passiv **3** **eine Person trifft sich mit jemandem**; **Personen treffen sich** (*hat*) zwei oder mehrere Personen kommen (wie vereinbart) zusammen *„Er trifft sich mit seiner Freundin um fünf im Park"* BESCHLÜSSE, ENTSCHEIDUNGEN: **4** **etwas treffen** (*hat*) etwas beschließen (und entsprechend handeln) ⟨*Maßnahmen, Vorkehrungen, Vorsichtsmaßnahmen treffen*⟩ **5** **etwas treffen** *geschrieben* (*hat*) verwendet zusammen mit einem Substantiv, um ein Verb zu umschreiben *„eine Entscheidung (über jemanden/etwas) treffen"* etwas (über jemanden/etwas) entscheiden | *„Vorbereitungen (für/zu etwas) treffen"* etwas vorbereiten | *„eine Wahl treffen"* jemanden/etwas (aus)wählen MIT DER PRÄPOSITION AUF: **6** **auf jemanden treffen** (*ist*) jemanden als Gegner in einem Wettkampf bekommen *„Im Finale traf die englische Mannschaft auf die italienische"* **7** **auf etwas** (*Akkusativ*) **treffen** *geschrieben* (*ist*) etwas meist Unangenehmes und Unerwartetes erleben ⟨*auf Ablehnung, Schwierigkeiten, Widerstand treffen*⟩ SONSTIGE VERWENDUNGEN: **8** **(etwas) treffen** (*hat*) genau das herausfinden, was (am besten) passt *„in einem Gespräch den richtigen Ton/die richtigen Worte treffen"* **9** **jemand/etwas trifft eine Person/Sache** (*hat*) eine Person, ein Ereignis o. Ä. macht eine Person traurig oder verletzt ihre Gefühle ⟨*etwas trifft jemanden hart, schwer, tief, zutiefst*⟩

T

*„Mit dieser Beleidigung hast du ihn zutiefst getroffen“* ID **es trifft sich gut/bestens** *usw.*, **dass ...** a es ist ein schöner Zufall, dass ... b es passt gut, dass ...

das **Tref·fen★** (-s, -) ein Treffen ist, wenn zwei oder mehrere Personen verabreden, zusamenzukommen um miteinander zu sprechen oder etwas zu tun *„Sie vereinbarten regelmäßige Treffen“* K Arbeitstreffen; Familientreffen, Klassentreffen

**tref·fend** *ADJEKTIV* so, dass es genau passt ⟨*ein Vergleich*⟩ *„Sie hat ihn treffend beschrieben“*

der **Tref·fer★** (-s, -) 1 ein Schuss, Schlag, Wurf oder Stoß (im Sport oder Kampf), der sein Ziel erreicht 2 ein Los, das gewinnt ↔ Niete

der **Treff·punkt★** ein Ort, an dem zwei oder mehrere Personen zusammenkommen ⟨*einen Treffpunkt vereinbaren*⟩

**treff·si·cher** *ADJEKTIV* ⟨*ein Schütze*⟩ so, dass er das Ziel genau trifft

**trei·ben★** (*trieb, hat/ist getrieben*) BEWEGUNG: 1 **ein Tier (irgendwohin) treiben** (*hat*) man treibt Tiere durch Rufe, Schläge o. Ä. vor sich her an einen Ort *„das Vieh auf die Weide treiben“* 2 **etwas treibt jemanden/etwas irgendwohin** (*hat*) der Wind oder die Strömung bewegt jemanden/etwas irgendwohin *„Unser Boot wurde aufs offene Meer getrieben“* 3 **jemand/etwas treibt (irgendwohin)** (*ist/hat*) jemand/etwas wird vom Wind oder der Strömung irgendwohin bewegt *„Allerlei Abfälle trieben im Wasser“* K Treibholz ❶ mit Richtungsangabe: *ist getrieben* 4 **etwas treibt etwas** (*hat*) etwas bewirkt, dass sich eine Maschine bewegt ≈ antreiben *„Diese Turbinen werden durch Wasserkraft getrieben“* ENTSTEHUNG: 5 **etwas treibt (etwas)** (*hat*) etwas entwickelt Knospen, Blätter oder Blüten *„Der Kirschbaum treibt weiße Blüten“* 6 **etwas durch/in etwas** (*Akkusativ*) **treiben** (*hat*) etwas durch Bohrungen irgendwo entstehen lassen *„einen Tunnel durch den Berg treiben“* VERÄNDERUNG: 7 **eine Person/Sache treibt jemanden zu etwas / in etwas** (*Akkusativ*) (*hat*) eine Person oder Situation bringt jemanden in einen unangenehmen Zustand oder dazu, etwas Unangenehmes zu tun *„Der Hunger trieb ihn zum Diebstahl“* 8 **jemanden zu etwas treiben** (*hat*) jemanden ungeduldig zu etwas auffordern ⟨*jemanden zur Eile, zum Aufbruch treiben*⟩ ≈ drängen AKTIVITÄT: 9 **etwas treiben** (*hat*) sich mit etwas beschäftigen, etwas machen ⟨*Ackerbau und Viehzucht, (mit jemandem) Handel, Sport, Unsinn treiben*⟩ *„Na, was treibst du denn so?“* 10 **eine Person treibt es mit jemandem**; **Personen treiben es** *gesprochen* ⚠ (*hat*) zwei Personen haben (regelmäßig) Sex miteinander

das **Treib·haus** ein Haus aus Glas, in dem Pflanzen feucht und warm gehalten werden, damit sie schneller wachsen

der **Treib·haus|ef·fekt** *nur Singular* die Erwärmung der Atmosphäre der Erde (durch Schäden an der Umwelt)

der **Treib·stoff** meist Flüssigkeiten oder Gase, durch deren Verbrennung Energie für Motoren entsteht

der **Trend★** (-s, -s) **der Trend (zu etwas)** eine (allgemeine) Entwicklung in eine Richtung ≈ Tendenz *„Der (modische) Trend geht wieder zu kurzen Röcken“* K Trendwende

**tren·dy** [-di] *ADJEKTIV*; *gesprochen* modern und voll im Trend

**tren·nen★** (*trennte, hat getrennt*) 1 **eine Person oder Sache (von jemandem/etwas) trennen**; **Personen/Dinge voneinander trennen** dafür sorgen, dass Personen oder Dinge nicht mehr verbunden oder zusammen sind *„Sie trennte den Ärmel vom Mantel“* | *„zwei raufende Jungen (voneinander) trennen“* 2 **etwas von etwas trennen** verschiedene Dinge einzeln tun oder beurteilen, nicht miteinander verbinden *„Er trennt stets das Private vom Beruflichen“* 3 **etwas trennt eine Person/Sache von jemandem/etwas** etwas bildet eine Grenze, ein Hindernis zwischen zwei Personen, Dingen *„Die Straße von Messina trennt Sizilien von Italien“* 4 **etwas trennen** ein Wort in Silben zerlegen, für das am Ende einer Zeile nicht genug Platz ist *„Sprechen“ trennt man „spre-chen“* 5 **sich von etwas trennen** etwas weggeben, weglegen, auf etwas verzichten *„sich von einem spannenden Buch nicht trennen können“* 6 **eine Person trennt sich von jemandem**; **Personen trennen sich** zwei oder mehrere Personen gehen in unterschiedliche Richtungen auseinander *„Am Bahnhof trennte er sich von seinen Freunden“* 7 **eine Person trennt sich von jemandem**; **Personen trennen sich** ein Partner verlässt (endgültig) den anderen, beide Partner beenden (endgültig) ihre Beziehung *„Nach drei Jahren trennte er sich von seiner Freundin“*

T

die **Tren·nung★** (-, -en) **1** nach einer Trennung ist man allein und nicht mehr zusammen mit anderen Personen, die man mag *„Die Trennung schmerzt heute noch"* **2** die Auflösung einer Beziehung *„die Trennung von der Freundin"* **3** der Zustand, wenn Dinge voneinander unabhängig und nicht miteinander vermischt sind *„die Trennung von Staat und Kirche"* **4** das Trennen eines Wortes am Ende der Zeile **K** Trennungsstrich; Silbentrennung

die **Trep·pe★** (-, -n) mehrere Stufen, die aufeinanderfolgen und die z. B. die verschiedenen Etagen eines Hauses miteinander verbinden **K** Treppengeländer, Treppenstufe; Steintreppe

das **Trep·pen·haus★** der Teil eines Hauses, in dem sich meist nur die Treppe befindet

der **Tre·sen** (-s, -); *norddeutsch* ≈ Theke

der **Tre·sor** (-s, -e) ⟨*einen Tresor aufbrechen, knacken*⟩ ≈ Safe **K** Tresorraum; Banktresor

das **Tret·boot** ein Boot, das mit Pedalen fortbewegt wird

**tre·ten★** (*tritt, trat, hat/ist getreten*) MIT DEM FUẞ: **1 (jemanden irgendwohin) treten** (*hat*); **jemandem irgendwohin treten** (*ist*) jemandem oder einem Tier mit oder ohne Absicht einen Stoß mit dem Fuß geben *„Er trat ihn in den Rücken"* | *„Sie ist dem Hund auf den Schwanz getreten"* **2 etwas/irgendwohin treten** (*hat*) etwas in Bewegung oder Funktion setzen, indem man mit dem Fuß daraufdrückt ⟨(*auf*) *die Kupplung,* (*auf*) *die Bremse, aufs Gas,* (*auf*) *das Gaspedal,* (*in*) *die Pedale treten*⟩ **3 nach jemandem/etwas treten** (*hat*) versuchen, jemandem/etwas einen Stoß mit dem Fuß zu geben *„nach der Katze treten"* BEIM GEHEN: **4 irgendwohin treten** (*ist*) einige Schritte in die genannte Richtung machen *„Er trat auf die Bühne/vors Publikum"* **5 irgendwohin treten** (*ist*) beim Gehen den Fuß irgendwohin setzen ⟨*in eine Pfütze treten*⟩ ANDERE VERWENDUNGEN: **6 etwas tritt irgendwohin** (*ist*) etwas entsteht irgendwo, wird sichtbar *„Mir traten Tränen in die Augen"* **7 jemand tritt in etwas** (*Akkusativ*) (*ist*) jemand/etwas beginnt mit etwas, übernimmt eine Aufgabe o. Ä. ⟨*in Aktion, in Streik, in jemandes Dienste, in den Staatsdienst, in den Ruhestand treten; mit jemandem in einen Dialog, in Kontakt, in Verbindung, in Verhandlungen treten*⟩ **8 jemand/etwas tritt in etwas** (*Akkusativ*) (*ist*) eine Person oder Sache gelangt in den genannten Zustand, das genannte Stadium *„ein Gesetz tritt in/außer Kraft"* wird gültig/ungültig | *„Die Verhandlungen treten in die entscheidende Phase"* **9 etwas tritt über die Ufer** (*ist*) ein Fluss o. Ä. führt so viel Wasser mit sich, dass er breiter wird, als er sonst ist

**treu★** ADJEKTIV (*treuer, treu(e)st-*) **1** mit einer lange dauernden freundschaftliche Beziehung voll Vertrauen ⟨*ein Freund*⟩ **2** ohne sexuelle Beziehungen außerhalb der Ehe bzw. der festen Partnerschaft ⟨*jemandem treu sein, bleiben*⟩ **3** ⟨*ein Anhänger, ein Fan, ein Kunde, ein Mitarbeiter*⟩ so, dass sie über lange Zeit mit jemandem/etwas verbunden bleiben

die **Treue** (-) das Verhalten, treu zu sein **K** Treueschwur

der **Treu·hän·der** (-s, -) eine Person, die ein Vermögen verwaltet, das einer anderen Person gehört • *hierzu* **Treu·hän·de·rin** *die*; **treu·hän·de·risch** ADJEKTIV

**treu·los** ADJEKTIV eine treulose Person hilft ihren Freunden nicht oder betrügt ihren Partner sexuell

die **Tri·bü·ne** (-, -n) die Sitzreihen für Zuschauer, die in Stufen angeordnet sind, z. B. in einem Stadion **K** Tribünenplatz, Tribünenreihe; Zuschauertribüne

der **Tri·but** (-(e)s, -e); *historisch* eine Art Steuer, welche der Besiegte nach einem Krieg dem Sieger zahlen musste **ID etwas fordert einen hohen Tribut (an Menschenleben)** *geschrieben* ein Unfall, ein tragisches Ereignis verursacht viele Tote

der **Trich·ter** (-s, -) **1** eine Art Rohr, das oben weit und unten eng ist und mit dem man Flüssigkeiten in Flaschen oder enge Gläser füllt *„den Wein mit einem Trichter in Flaschen abfüllen"* **2** ein großes Loch im Erdboden, das durch die Explosion einer Bombe entstanden ist **K** Bombentrichter

der **Trick★** (-s, -s) **1** *abwertend* ein geschicktes Vorgehen, mit dem man jemanden betrügt *„auf die üblen Tricks von Betrügern hereinfallen"* **K** Trickbetrug, Trickdieb **2** ein Kunststück, mit dem ein Zauberer das Publikum unterhält ⟨*einen Trick vorführen*⟩ **K** Zaubertrick • *zu* (1) **trick·reich** ADJEKTIV

der **Trick·film** ein Film, der aus einer langen Serie fotografierter Zeichnungen besteht **K** Zeichentrickfilm

**trick·sen** (*trickste, hat getrickst*) einen Trick anwenden **ID Die Sache/Das werden wir schon tricksen** *gesprochen* das Problem wer-

T

den wir (mithilfe eines Tricks o. Ä.) lösen

**trieb** *Präteritum, 1. und 3. Person Singular* → treiben

der **Trieb** (-(e)s, -e) **1** ein starker Drang bei Menschen und Tieren, der darauf zielt, meist lebenswichtige Bedürfnisse (z. B. Essen oder Trinken) zu befriedigen ⟨*seine Triebe befriedigen, zügeln, zähmen, beherrschen*⟩ **K** Geschlechtstrieb, Spieltrieb **2** ein neu gewachsener Teil einer Pflanze ⟨*einen Trieb stutzen*⟩ ≈ Spross

die **Trieb·fe·der** der Grund, warum man etwas tut *„Eifersucht war die Triebfeder des Mordes"*

**trieb·haft** ADJEKTIV von Trieben bestimmt oder beherrscht ⟨*ein Mensch, ein Verhalten*⟩

der **Trieb·wa·gen** ein Eisenbahn-, Straßenbahn- oder U-Bahnwagen mit einem eigenen Motor

das **Trieb·werk** eine Maschine, die z. B. ein Flugzeug oder eine Rakete antreibt

**trie·fen** (*triefte/geschrieben troff, hat/ist getrieft*) **1** **jemand/etwas trieft (von/vor etwas** (*Dativ*)) (*hat*) jemand/etwas ist so nass, dass die Flüssigkeit heruntertropft ⟨*triefend nass*⟩ *„Du triefst ja vor Nässe!"* **2** **jemand/etwas trieft (von/vor etwas** (*Dativ*)) *meist abwertend* jemand/etwas zeigt etwas in übertriebenem Maße *„Er trieft vor Mitleid"*

**trifft** *Präsens, 3. Person Singular* → treffen

**trie·zen** (*triezte, hat getriezt*); *gesprochen* **jemanden triezen** jemanden ärgern (und dabei boshafte Freude empfinden)

**trif·tig** ADJEKTIV gut begründet und überzeugend ⟨*eine Erklärung, ein Beweis*⟩ *„triftige Gründe als Entschuldigung anführen"*

das **Tri·kot** [triˈkoː]; (-s, -s) ein Sporthemd **K** Radtrikot, Sporttrikot

der **Tril·ler** (-s, -) ein Klang, der durch die schnelle Wiederholung von zwei Tönen entsteht (z. B. beim Gesang der Lerche oder Nachtigall) **K** Trillerpfeife

T

**trim·men** (*trimmte, hat getrimmt*) **1** **jemanden auf/zu etwas trimmen** *gesprochen, abwertend* jemanden meist zu einem Verhalten zwingen (vor allem durch Worte) *„Sie wurden auf/zur Höflichkeit getrimmt"* ❶ oft im Passiv **2** **etwas auf etwas trimmen** *gesprochen, oft abwertend* etwas so (stark) verändern, dass es so aussieht oder so ist, wie man es wünscht *„Er hat sein Restaurant ganz auf rustikal getrimmt"*

**trin·ken★** (*trank, hat getrunken*) **1** **(etwas) trinken** eine Flüssigkeit, ein Getränk durch den Mund zu sich nehmen *„Er trank sein Glas (in einem Zug) leer"* **2** **(etwas) trinken** alkoholische Getränke (regelmäßig und in großen Mengen) zu sich nehmen **3** **auf jemanden/etwas trinken** beim Trinken von meist Sekt oder Wein die Gläser heben, um jemanden zu ehren, etwas zu feiern usw. *„(Wir trinken) auf die Gastgeber/auf ein gutes neues Jahr!"* • zu (1) **trink·fer·tig** ADJEKTIV

der **Trin·ker** (-s, -) eine Person, die regelmäßig und aus Gewohnheit viel Alkohol trinkt ≈ Alkoholiker • *hierzu* **Trin·ke·rin** *die*

das **Trink·geld★** eine relativ kleine Summe Geld, die man z. B. einem Kellner oder einem Taxifahrer zusätzlich gibt ⟨*(ein) Trinkgeld geben*⟩

das **Trink·was·ser★** trinkbares Wasser **K** Trinkwasseraufbereitung, Trinkwasserversorgung

das **Trio** (-s, -s) **1** eine Gruppe von drei Musikern **2** ein Musikstück für drei Instrumente *„ein Trio für Violine, Viola und Cello"*

der **Trip** (-s, -s); *gesprochen* **1** eine kurze Reise ≈ Ausflug **2** ein Rauschzustand nachdem man Drogen genommen hat, in dem man Halluzinationen hat ⟨*auf einem Trip sein*⟩

**trip·peln** (*trippelte, ist getrippelt*) mit kurzen, schnellen Schritten laufen *„Das kleine Kind trippelte durch das Zimmer"*

**trist** ADJEKTIV (*trister, tristest-*); *geschrieben* **1** mit Kummer und Schmerz ⟨*eine Miene*⟩ ≈ traurig **2** einfach und langweilig ⟨*ein Leben; in tristen Verhältnissen leben*⟩ **3** einsam und verlassen ⟨*eine Gegend, eine Landschaft*⟩ ≈ öde

**tritt** *Präsens, 3. Person Singular* → treten

der **Tritt★** (-(e)s, -e) **1** das Aufsetzen des (einzelnen) Fußes auf den Boden beim Gehen ≈ Schritt *„Man hörte Tritte auf der Treppe"* **2** ein Stoß mit dem Fuß ⟨*jemandem einen Tritt versetzen*⟩ **K** Fußtritt

das **Tritt·brett** eine Stufe zum Ein- und Aussteigen bei Bussen, Zügen o. Ä.

der **Tritt·brett|fah·rer** *abwertend* eine Person, welche die Ideen anderer Leute ausnutzt, um (ohne viel Arbeit) davon zu profitieren • *hierzu* **Tritt·brett|fah·re·rin** *die*

der **Tri·umph** [triˈʊmf]; (-(e)s, -e) **1** ein großer Erfolg oder Sieg *„Die Theatergruppe feierte auf ihrer Tournee viele Triumphe"* **2** *nur Singular* die Freude über einen Erfolg oder Sieg *„Er genoss seinen Triumph"*

**tri·um·phie·ren** [-f-] (*triumphierte, hat triumphiert*) **1** **(über jemanden/etwas) triumphieren** jemanden besiegen, in einer Sache

Erfolg haben ⟨*über seinen Feind, Rivalen triumphieren*⟩ ≈ siegen *„Sein Mut triumphierte über die Angst"* | *„Am Ende triumphierte die Gerechtigkeit"* 2 Stolz, Freude oder Hochmut über einen Sieg oder einen Erfolg deutlich zeigen ⟨*triumphierend grinsen, lächeln*⟩ ❶ meist im Partizip Präsens

**tri·vi·al** [-v-] *ADJEKTIV; geschrieben, meist abwertend* 1 nicht außergewöhnlich oder wichtig ⟨*eine Angelegenheit, eine Bemerkung*⟩ 2 von niedrigem (künstlerischem) Niveau K Trivialliteratur, Trivialroman • *hierzu* **Tri·vi·a·li·tät** *die*

**tro·cken★** *ADJEKTIV* (*trock(e)ner, trockenst-*) 1 ohne Feuchtigkeit, nicht nass *„Ist die Wäsche schon trocken?"* K Trockenfutter 2 so, dass es wenig regnet ⟨*ein Klima, die Jahreszeit, Wetter*⟩ 3 so, dass Teile von Pflanzen kein Wasser mehr in sich haben und nicht mehr wachsen ⟨*ein Ast, Holz, Blätter, Laub*⟩ ≈ abgestorben 4 mit nur wenig Fett ⟨*Haut, Haare*⟩ 5 ohne Butter, Wurst usw. *„trockenes/trocken Brot essen"* 6 nicht süß ⟨*ein Wein, ein Sekt, ein Sherry*⟩ 7 sachlich und daher oft langweilig und ohne Fantasie *„Das Buch/Sein Unterricht ist mir zu trocken"* 8 witzig und ironisch ⟨*ein Humor, eine Bemerkung*⟩ 9 **im Trockenen** nicht im Regen (sondern in einem Haus usw.) ID **jemand ist trocken** jemand trinkt (als früherer Alkoholiker) nichts Alkoholisches mehr • *zu* (1,2) **Tro·cken·heit** *die*

**tro·cken·le·gen** (*legte trocken, hat trockengelegt*) **etwas trockenlegen** aus einem sehr feuchten Erdboden das Wasser durch Kanäle ableiten ⟨*ein Moor, einen Sumpf trockenlegen*⟩

**tro·cken·rei·ben** ≈ trocken reiben

die **Tro·cken·zeit** die Jahreszeit (in den Tropen und Subtropen), in der es nicht regnet ↔ Regenzeit

**trock·nen★** (*trocknete, hat/ist getrocknet*) 1 **etwas trocknen** (*hat*) etwas Nasses oder Feuchtes trocken machen, indem man es reibt o. Ä. *„Sie trocknet ihre Haare"* 2 **etwas trocknen** (*hat*) etwas trocken werden lassen *„Ich trockne die Wäsche auf dem Balkon"* 3 **etwas trocknet** (*ist*) etwas wird allmählich trocken *„Die Wäsche trocknet im Wind"*

der **Trock·ner** (-s, -) eine Maschine, mit der man etwas trocknet K Haartrockner, Wäschetrockner

der **Trö·del** (-s); *abwertend* alte, gebrauchte, wertlose Dinge K Trödelmarkt

**trö·deln** (*trödelte, hat getrödelt*); *meist abwertend* sich bei einer Arbeit, Tätigkeit viel Zeit lassen *„Sie trödelt bei den Hausaufgaben"*

der **Tröd·ler** (-s, -) 1 eine Person, die mit Trödel handelt 2 *abwertend* eine Person, die sich sehr langsam bewegt oder sehr langsam arbeitet • *hierzu* **Tröd·le·rin** *die*

**troff** *Präteritum, 1. und 3. Person Singular* → triefen

**trog** *Präteritum, 3. Person Singular* → trügen

der **Trog** (-(e)s, *Trö·ge*) ein großes, längliches Gefäß, in das man das Futter oder Wasser z. B. für Schweine oder Pferde gibt K Futtertrog, Wassertrog

**trol·len** (*trollte sich, hat sich getrollt*) **sich irgendwohin trollen** *gesprochen* langsam von jemandem weggehen (meist weil man beleidigt ist oder sich schämt)

die **Trom·mel** (-, *-n*) 1 Trommeln sind Musikinstrumente, die innen hohl sind; man schlägt mit der Hand oder Stäben darauf, um Töne zu erzeugen ⟨*die Trommel schlagen*⟩ K Trommelschlag 2 ein runder Behälter, der sich dreht (z. B. bei einer Waschmaschine oder einem Revolver) K Wäschetrommel

das **Trom·mel·fell** eine dünne Haut (Membrane) im Ohr, welche die Schallwellen überträgt ⟨*jemandem platzt das Trommelfell*⟩

**trom·meln** (*trommelte, hat getrommelt*) 1 **(etwas) trommeln** den Rhythmus (zu einer Melodie) auf der Trommel spielen *„einen Marsch trommeln"* 2 **(mit etwas) irgendwohin trommeln** mit den Fäusten oder einem Gegenstand fest und immer wieder auf oder gegen etwas schlagen *„Er trommelte mit geballten Fäusten an/gegen die Tür"* • *zu* (1) **Tromm·ler** *der*; *zu* (1) **Tromm·le·rin** *die*

die **Trom·pe·te** (-, *-n*) ein Musikinstrument aus Blech, auf dem man bläst K Jazztrompete • *hierzu* **Trom·pe·ter** *der*; **Trom·pe·te·rin** *die*

die **Tro·pen★** *Plural* die heißen Gebiete um den Äquator (zwischen dem nördlichen und dem südlichen Wendekreis) K Tropeninsel, Tropensturm, Tropenwald

**tröp·feln★** (*tröpfelte, hat/ist getröpfelt*) 1 **etwas irgendwohin tröpfeln** (*hat*) eine Flüssigkeit in kleinen Tropfen langsam irgendwohin fallen lassen *„Medizin in ein Glas Wasser tröpfeln"* 2 **es tröpfelt** (*hat*) es regnet schwach

**trop·fen★** (*tropfte, hat/ist getropft*) 1 **etwas**

T

**irgendwohin tropfen** (*hat*) eine Flüssigkeit in einzelnen Tropfen (in (regelmäßigen) Abständen) irgendwohin fallen lassen *„Der Arzt tropfte ihr eine Tinktur in die Augen"* **2** **etwas tropft** (*hat*) etwas lässt einzelne Tropfen (in regelmäßigen Abständen) fallen ⟨*der Wasserhahn*⟩ **3** **etwas tropft irgendwoher/irgendwohin** (*ist*) etwas fällt in einzelnen Tropfen (in regelmäßigen Abständen) herunter *„Tau tropft von den Blättern"*

der **Trop·fen★** (-*s*, -) **1** eine sehr kleine Menge einer Flüssigkeit (in runder oder ovaler Form) **K** Regentropfen, Wassertropfen **2** *nur Plural* ein Medikament, das in einzelnen Tropfen genommen wird **K** Augentropfen • *zu* (1) **trop·fen·wei·se** *ADJEKTIV*

die **Tro·phäe** [tro'fɛːə]; (-, -*n*) **1** ein Pokal o. Ä. für den Sieger eines sportlichen Wettbewerbs **2** ein Teil eines getöteten Tieres (z. B. das Geweih, das Fell)

**tro·pisch★** *ADJEKTIV* charakteristisch für die Tropen ⟨*ein Klima, eine Pflanze*⟩

der **Trost** (-(*e*)*s*) etwas, das Kummer, Trauer und Leid leichter macht und wieder neuen Mut gibt ⟨*Trost* (*in etwas* (*Dativ*)) *suchen, finden; jemandem Trost spenden*⟩ **ID** **ein schwacher Trost** etwas, das eigentlich positiv oder erfreulich wäre, das aber in der jetzigen Situation wenig nutzt; **Bist du nicht ganz/recht bei Trost?** *gesprochen* Bist du verrückt?

**trös·ten★** (*tröstete, hat getröstet*) **1** **jemanden trösten** das Leid, den Kummer oder die Trauer einer Person leichter machen (indem man mit ihr spricht, ihr hilft o. Ä.) *„Sie tröstete das weinende Kind"* **2** **sich mit jemandem/etwas trösten** bei jemandem/in etwas (z. B. nach einem Verlust oder einer Enttäuschung) Trost finden *„Er tröstete sich mit Alkohol"*

**trost·los** *ADJEKTIV* **1** ohne Trost und Hoffnung ≈ verzweifelt *„Ihnen war trostlos zumute"* **2** sehr schlecht ⟨*Wetter*⟩ **3** hässlich und langweilig ⟨*eine Gegend*⟩

der **Trott** (-(*e*)*s*) **1** eine langsame Art zu gehen (bei Pferden) **2** *gesprochen, abwertend* Arbeit, die immer wieder gemacht werden muss *„der tägliche, ewig gleiche Trott"*

der **Trot·tel** (-*s*, -); *gesprochen, abwertend* ein dummer, ungeschickter Mensch

**trotz★** *PRÄPOSITION mit Genitiv/gesprochen auch Dativ* verwendet, um zu sagen, dass etwas geschieht oder etwas irgendwie ist, obwohl es Umstände gibt, die eine andere Wirkung oder Folge als wahrscheinlich erscheinen lassen *„Trotz des Regens gingen wir spazieren"* **❶** → Anhang, S. 1113: **Präpositionen**

der **Trotz★** (-*es*) dauernder und fester Widerstand gegen etwas, weil man selbst etwas anderes will ⟨*etwas aus Trotz* (*nicht*) *tun*⟩ **K** Trotzphase, Trotzreaktion

**trotz·dem★** *ADVERB* trotz der genannten Umstände ≈ dennoch *„Die Sonne schien, aber trotzdem war es kalt"*

**trot·zen** (*trotzte, hat getrotzt*) **1** den eigenen Trotz zeigen **2** **jemandem/etwas trotzen** jemandem/etwas Widerstand leisten ⟨*dem Feind, der Gefahr trotzen*⟩

**trüb**, **trü·be** *ADJEKTIV* (*trüber, trübst-*) **1** nicht durchsichtig, nicht klar ⟨*Wasser*⟩ *„Apfelsaft kann klar sein oder trüb"* **2** nicht hell (leuchtend) *„das trübe Licht eines nebligen Morgens im November"* **3** mit (grauen) Wolken, so, als ob es bald regnen würde ⟨*ein Himmel, Wetter*⟩ ≈ regnerisch *„Heute ist es trüb"* **4** mit Kummer und Schmerz ⟨*in trüber Stimmung sein*⟩ ≈ traurig • *zu* (1,2) **Trü·be** *die*

der **Tru·bel** (-*s*) ein lebhaftes, meist lautes Durcheinander vieler Menschen *„der Trubel auf einer Tanzfläche"* **K** Faschingstrubel, Weihnachtstrubel

**trü·ben** (*trübte, hat getrübt*) **1** **etwas trübt etwas** etwas macht etwas trübe *„Der aufgewühlte Sand trübt das Wasser"* **2** **etwas trübt etwas** etwas bewirkt, dass ein Gefühl, eine Beziehung zwischen Menschen nicht mehr so gut ist *„Nichts kann meine gute Laune trüben"* **3** **etwas trübt etwas** etwas macht etwas trübe *„Keine Wolke trübt den Himmel"* **4** **etwas trübt jemandes Urteil(skraft)** *geschrieben* etwas bewirkt, dass jemand etwas nicht mehr (so gut, gerecht) beurteilen kann **5** **etwas trübt sich** *geschrieben* etwas wird schlechter *„Unsere gute Beziehung/Freundschaft hat sich getrübt"* • *hierzu* **Trü·bung** *die*

die **Trüb·sal** (-); *geschrieben* ein Zustand, in dem man sich nicht freuen kann, immer traurig ist

**trüb·se·lig** *ADJEKTIV* ⟨*eine Gegend, eine Stimmung, ein Wetter*⟩ so, dass sie traurig oder pessimistisch machen

**tru·deln** (*trudelte, ist getrudelt*) **etwas trudelt (irgendwohin)** etwas fällt unkontrolliert und dreht sich dabei um die eigene Achse ⟨*Blätter, ein Flugzeug*⟩

die **Trüf·fel** *gesprochen auch der*; (-, -*n*) ein essbarer Pilz, der unter der Erde wächst

**trug** *Präteritum, 1. und 3. Person Singular* → tragen

das **Trug·bild** ein Bild, das nur in der Fantasie einer Person, aber nicht in der Wirklichkeit existiert (z. B. eine Fata Morgana)

**trü·gen** (*trog, hat getrogen*) **etwas trügt (jemanden)** etwas lässt einen falschen Eindruck entstehen ⟨*der Schein trügt (oft)*⟩ *„Wenn mich mein Gedächtnis nicht trügt, habe ich den Film schon einmal gesehen"*

**trü·ge·risch** ADJEKTIV auf Illusionen beruhend (und daher gefährlich) ⟨*ein trügerisches Gefühl; sich trügerischen Hoffnungen hingeben*⟩

die **Tru·he** ['tru:ə]; (-, *-n*) ein großer Kasten mit einem Deckel (den man aufklappen kann), in dem man früher Kleidung oder Geld aufbewahrt hat **K** Schatztruhe, Wäschetruhe

die **Trüm·mer** *Plural* die Reste, die einzelnen Teile eines zerstörten Ganzen *„Er wurde aus den Trümmern des abgestürzten Flugzeugs geborgen"* **K** Trümmerhaufen

der **Trumpf** (-(*e*)*s*, *Trümp·fe*) (beim Kartenspiel) jeweils die Farbe mit dem höchsten Wert ⟨*Trumpf (aus)spielen*⟩ *„Herz ist Trumpf"* **K** Trumpfass, Trumpfkarte

der **Trunk** (-(*e*)*s*) *geschrieben* ≈ Getränk

die **Trun·ken·heit** (-) **Trunkenheit am Steuer** *admin* verwendet als Bezeichnung für das Autofahren unter dem Einfluss von Alkohol *„Er verlor den Führerschein wegen Trunkenheit am Steuer"*

der **Trupp** (*-s, -s*) eine relativ kleine Gruppe von Soldaten oder Arbeitern, die zusammengehören, gemeinsam arbeiten o. Ä. **K** Bauarbeitertrupp, Suchtrupp

die **Trup·pe**★ (-, *-n*) **1** eine Gruppe von Schauspielern oder Artisten, die gemeinsam auftreten **K** Theatertruppe **2** ein Teil eines Heeres oder einer Armee ⟨*Truppen stationieren*⟩ **K** Truppeneinheit; Kampftruppe

der **Trut·hahn** **1** eine Art sehr großes Huhn mit nacktem rotem Hals **K** Truthahnbraten, Truthahnschinken, Truthahnschnitzel **2** das männliche Tier dieser Art ≈ Puter

**tschüs!**, **tschüss!** *gesprochen* verwendet, um sich in lockerer Form von jemandem zu verabschieden **ID** **Und tschüs(s)!** **a** als drohende Aufforderung an jemanden verwendet, zu verschwinden **b** als Kommentar verwendet, wenn man etwas wegwirft o. Ä.

das **T-Shirt**★ ['ti:ʃøɐ̯t]; (*-s, -s*) ein Hemd aus einem leichten Baumwollstoff, mit meist kurzen Ärmeln und ohne Kragen

der **TSV** [te:|ɛs'fau̯]; (-, *-s*) Turn- und Sportverein verwendet als Teil des Namens von Vereinen

die **TU** [te'|u:]; (-, *-s*) Abkürzung für *Technische Universität*

die **Tu·ba** (-, *Tu·ben*) ein großes Blasinstrument aus Blech, das sehr tiefe Töne erzeugt

die **Tu·be** (-, *-n*) ein kleiner länglicher Behälter (meist aus weichem Metall) z. B. für Zahnpasta, Senf, Klebstoff oder Salbe

die **Tu·ber·ku·lo·se** (-) eine schwere chronische Infektionskrankheit, die vor allem die Lunge angreift und das Gewebe schwinden lässt **K** Lungentuberkulose, Knochentuberkulose **i** Abkürzung: *Tb* oder *Tbc* • *hierzu* **tu·ber·ku·lös** ADJEKTIV

das **Tuch**★ (-(*e*)*s*, *-e*/*Tü·cher*) **1** (*Plural: Tücher*) ein Stück Stoff, mit dem man etwas bedeckt oder sauber macht **K** Kopftuch, Staubtuch **2** (*Plural: Tuche*) ein Stoff, aus dem vor allem Anzüge und Kostüme hergestellt werden

**tüch·tig** ADJEKTIV gute Leistungen bringend, die Aufgaben gut erfüllend ⟨*tüchtig im Beruf sein*⟩ • *hierzu* **Tüch·tig·keit** *die*

die **Tü·cke** (-, *-n*) **1** ein gemeiner Trick **2** die Eigenschaft, zu gemeinen Tricks zu neigen *„Sie ist voller Tücke"* **3** **etwas hat seine Tücken** etwas hat Fehler und Mängel und funktioniert nicht immer gut ⟨*eine Maschine, ein Gerät*⟩

**tüf·teln** (*tüftelte, hat getüftelt*) **(an etwas** (*Dativ*)**) tüfteln** mit viel Geduld daran arbeiten oder darüber nachdenken, wie man ein schwieriges Problem lösen kann *„Er tüftelt ewig am Motor seines Autos"* **K** Tüftelarbeit • *hierzu* **Tüft·ler** *der*; **Tüft·le·rin** *die*

die **Tu·gend** (-, *-en*) **1** *nur Singular* ein vorbildliches moralisches Verhalten **2** eine gute moralische Eigenschaft *„Ehrlichkeit ist eine Tugend"*

die **Tul·pe** (-, *-n*) eine Blume mit einer Blüte in der Form eines Kelchs *„Tulpen aus Holland"* **K** Tulpenbeet, Tulpenzwiebel

**tum·meln** (*tummelte sich, hat sich getummelt*) **Personen/Tiere tummeln sich irgendwo** mehrere Personen/Tiere bewegen sich lebhaft (und fröhlich) hin und her *„Die Kinder tummelten sich am Strand"*

der **Tu·mor**, **Tu·mor**; (*-s, -e* [-'mo:rə]) eine krankhafte Vergrößerung eines Organs oder im Organ ⟨*ein gutartiger, bösartiger Tumor*⟩ ≈ Geschwulst **K** Gehirntumor

T

der **Tụm·pel** (-s, -) ein kleiner Teich, der meist sumpfig und von Wasserpflanzen bedeckt ist ⟨*ein schlammiger, trüber Tümpel*⟩ K Froschtümpel

**tu̲n**★ (*tut, tat, hat getan*) 1 **etwas tun** eine Handlung ausführen, etwas machen *„Was tust du da?" – „Ich schreibe einen Brief!"* 2 **etwas tun** diejenige Arbeit machen, die unter den Umständen üblich ist *„Im Garten gibt es viel zu tun"* 3 **etwas (für jemanden/etwas) tun** aktiv werden, um jemandem zu helfen oder um etwas zu bewirken *„Der Verkäufer sagte: „Was kann ich für Sie tun?"* 4 **etwas (gegen jemanden/etwas) tun** aktiv werden, um eine Person oder Sache zu bekämpfen, etwas zu verhindern oder zu beseitigen *„Wir müssen endlich etwas (gegen dieses Problem) tun"* 5 **(jemandem) etwas tun** *gesprochen* eine Person oder sich selbst verletzen, zu jemandem böse sein ⟨*jemandem ein Leid tun*⟩ *„Hast du dir bei dem Sturz was getan?"* 6 **etwas irgendwohin tun** *gesprochen* etwas irgendwohin legen, stellen o. Ä. *„Kleider in einen Koffer tun"* 7 **Personen tun es** *gesprochen!* Personen oder Tiere haben Sex 8 **etwas tut es** *gesprochen* etwas erfüllt den gewünschten Zweck, ist ausreichend *„Ein Regenmantel wäre gut, aber ein Schirm tuts auch"* 9 **irgendwie tun** sich so benehmen, als ob etwas tatsächlich der Fall wäre (was es nicht ist) *„Er tat sehr interessiert, obwohl ihn das Thema langweilte"* 10 **es tut sich (et)was/viel/wenig/nichts** *gesprochen* es geschieht etwas/viel/wenig/nichts *„Hier tut sich abends einfach nichts!"* hier ist es sehr langweilig

*HILFSVERB* 11 *gesprochen* meist im Präsens oder im Präteritum verwendet, um ein anderes Verb zu betonen *„Lügen tu ich nie!"* ID **(etwas) mit jemandem/etwas zu tun haben** a im Zusammenhang, in Beziehung mit jemandem/etwas stehen *„Haben die Stürme etwas mit dem Treibhauseffekt zu tun?"* b mit jemandem/etwas Kontakt haben, sich (beruflich) mit etwas beschäftigen *„Sie hat in der Arbeit viel mit Computern zu tun"*; **es mit jemandem/etwas zu tun haben** jemanden/etwas vor sich haben *„Wir haben es hier mit einem interessanten Problem zu tun"*; **es mit jemandem zu tun bekommen/kriegen** *gesprochen* a Ärger mit jemandem bekommen b von jemandem bestraft werden; **Was tust 'du hier?** *gesprochen* Warum bist du hier?; **Das 'tut man nicht!** Das ist schlechtes Benehmen; **Das tut nichts** *gesprochen* Das ist nicht schlimm, schadet nicht, ist nicht wichtig; **ich kann tun, was ich will, ...** Egal, was ich tue, es ändert nichts an einer Situation; **jemand kann tun und lassen, was er will** jemand kann alles machen, was er will

das **Tu̲n**★ (-s); *geschrieben* das, was jemand tut ⟨*jemandes Tun missbilligen*⟩

**tụn·ken** (*tunkte, hat getunkt*) **etwas in etwas** (*Akkusativ*) **tunken** *norddeutsch* ≈ (ein)tauchen *„den Pinsel in die Farbe tunken"*

**tu̲n·lichst** *ADVERB*; *geschrieben* auf jeden Fall, unbedingt ⟨*etwas tunlichst vermeiden*⟩ *„Er sollte tunlichst keinen Alkohol mehr trinken"*

der **Tụn·nel**★ (-s, -) durch einen Tunnel kann man durch einen Berg oder unter einer Straße usw. hindurchfahren K Straßentunnel, Eisenbahntunnel

**tụp·fen** (*tupfte, hat getupft*) 1 **etwas auf etwas tupfen** meist eine Flüssigkeit auf eine Stelle bringen, indem man diese mehrmals leicht berührt *„Jod auf die Wunde tupfen"* 2 **(jemandem) etwas von etwas tupfen** etwas von einer Stelle entfernen, indem man diese Stelle (z. B. mit einem Tuch) mehrmals berührt *„Er tupfte sich den Schweiß von der Stirn"*

der **Tụp·fen** (-s, -) ein kleiner runder Punkt (als Teil eines Musters o. Ä.) *„ein weißer Rock mit blauen Tupfen"*

der **Tụp·fer** (-s, -) meist ein Stück Watte oder ein kleines Stück Stoff, mit dem man eine Flüssigkeit entfernen kann K Wattetupfer

die **Tü̲r**★ (-, *-en*) durch eine Tür kann man in ein Haus oder Zimmer gehen, in ein Fahrzeug steigen, etwas in einen Schrank tun usw. ⟨*die Tür öffnen, schließen; die Tür schließt nicht/schlecht*⟩ K Türrahmen, Türschild, Türschloss; Autotür, Gartentür, Haustür ID **mit der Tür ins Haus fallen** sich mit einem Problem, meist einer Bitte, sehr direkt an jemanden wenden; **jemanden vor die Tür setzen** a jemandem den Arbeitsplatz oder die Mietwohnung kündigen b jemanden (mit scharfen Worten oder Gewalt) zwingen, eine Wohnung, ein Haus o. Ä. zu verlassen; **etwas steht vor der Tür** etwas wird bald da sein *„Weihnachten steht vor der Tür"*; **etwas zwischen Tür und Angel besprechen** etwas kurz, in Eile besprechen; **jemandem die Tür weisen** eine Person auffordern, das Haus, die Wohnung oder das Zimmer zu verlassen (weil man sie nicht mehr sehen will) der **Tur·ban** (-s, -e) ein langer Schal, den sich Männer (z. B. in Indien) um den Kopf winden

die **Tur·bi·ne** (-, -n) eine Maschine, mit der man aus strömendem Wasser, Dampf oder Gas Energie gewinnt **K** Turbinenantrieb

**tur·bu·lent** ADJEKTIV ⟨*Szenen*⟩ dadurch gekennzeichnet, dass viele (aufgeregte, schreiende o. Ä.) Menschen daran beteiligt sind

**tür·ken** (*türkte, hat getürkt*); *gesprochen* ⚠ **etwas türken** ≈ fälschen, fingieren *„getürkte Papiere"* ⓘ von manchen Leuten als diskriminierend empfunden

der **Tür·kis** (-es, -e) **1** ein Halbedelstein mit einer hellen, blaugrünen Farbe **2** *nur Singular* die helle, blaugrüne Farbe, die ein Türkis hat • *zu* (2) **tür·kis** ADJEKTIV

die **Tür·klin·ke**★ ein beweglicher Griff, mit dem eine Tür geöffnet und geschlossen werden kann

der **Turm**★ (-(e)s, *Tür·me*) **1** ein hohes, aber schmales Bauwerk, das z. B. zu einer Kirche, einer Burg oder einem Schloss gehört **K** Turmuhr; Kirchturm **2** eine der beiden Figuren beim Schachspiel, die bei der Aufstellung in der hinteren Reihe ganz rechts und links stehen

**tür·men** (*türmte, hat/ist getürmt*) **1** **Dinge türmen sich (irgendwo)** (*hat*) Dinge bilden einen hohen Stapel *„Auf dem Schreibtisch türmten sich die Papiere"* **2** *gesprochen* (*ist*) ≈ fliehen, weglaufen *„Er ist aus dem Gefängnis getürmt"*

der **Turn·an·zug** ein einteiliges Kleidungsstück, das Frauen beim Turnen tragen

**tur·nen** (*turnte, hat/ist geturnt*) **(etwas) (an etwas** (*Dativ*)**) turnen** (*hat*) gymnastische Übungen an Turngeräten oder am Boden machen ⟨*eine Übung turnen*⟩

das **Tur·nen** (-s) ein Sport, bei dem an Turngeräten und am Boden gymnastische Übungen gemacht werden **K** Turnhalle, Turnverein • *hierzu* **Tur·ner** *der*; **Tur·ne·rin** *die*

das **Tur·nier**★ (-s, -e) **1** ein sportlicher Wettbewerb mit mehreren Wettkämpfen (meist in mehreren Runden) **K** Turniersieg; Reitturnier, Schachturnier **2** *historisch* ein Wettkampf zwischen Rittern

der **Turn·schuh**★ ein leichter Schuh aus Stoff oder Leder mit einer Gummisohle, den man beim Sport oder in der Freizeit trägt

der **Tür·öff·ner** ein Knopf, auf den man drückt, damit sich eine Tür öffnet oder öffnen lässt. Man hört dann an der Tür ein Summen

der **Tusch** (-(e)s, -e) ein kurzer, lauter Akkord, mit dem eine Musikkapelle die Zuhörer auf etwas aufmerksam macht ⟨*einen kräftigen Tusch spielen*⟩

die **Tu·sche** (-, -n) eine besondere, meist schwarze Tinte, die zum Schreiben und Zeichnen verwendet wird **K** Tuschfarbe, Tuschzeichnung

die **Tü·te**★ (-, -n) Tüten sind aus Papier oder Plastikfolie und man tut z. B. beim Einkaufen Dinge hinein **K** Bonbontüte; Papiertüte, Plastiktüte **ID** **Das kommt nicht in die Tüte!** *gesprochen* Das kommt nicht infrage!

**tu·ten** (*tutete, hat getutet*); *gesprochen* **etwas tutet** ein Schiff oder Zug warnt mit einem akustischen Signal davor, dass es/er kommt

der **TÜV** [tyf]; (-) Technischer Überwachungsverein eine Institution in Deutschland, welche die Sicherheit von technischen Geräten, vor allem von Fahrzeugen überprüft ⟨*durch den TÜV kommen (= mit dem Auto die Sicherheitsprüfung bestehen); zum TÜV müssen*⟩ *„das Auto beim TÜV vorführen"* | *„Bei mir ist der TÜV wieder fällig"*

der **TV**[1]★ [teːˈfau]; (-) Turnverein verwendet als Teil des Namens von Sportvereinen

das **TV**[2]★ [teːˈfau, tiːˈviː]; (-) Television das Fernsehen **K** TV-Gerät

**twit·tern** (*twitterte, hat getwittert*) **(etwas) twittern** eine kurze Nachricht über das Internet (mit dem Dienst Twitter®) verschicken

der **Typ**★ [tyːp]; (-s, -en) **1** eine Art von Menschen oder Dingen, die charakteristische Merkmale oder Eigenschaften gemeinsam haben *„Er ist der Typ von Mann, in den sich die Frauen gleich verlieben"* **2** eine Art von (meist technischen) Gegenständen, die durch charakteristische Merkmale von ähnlichen Arten unterschieden sind ≈ Modell *„Unsere Techniker entwickeln einen ganz neuen Typ"* **K** Typenbezeichnung **3** *gesprochen* verwendet als Bezeichnung für einen Mann ⟨*ein mieser, blöder, toller, irrer Typ*⟩ **ID** **eine Person ist jemandes Typ** *gesprochen* eine Person gefällt jemandem

der **Ty·phus** [ˈtyːfʊs]; (-) eine schwere Infektionskrankheit, bei der man Flecken auf der Haut, Fieber und Durchfall bekommt

**ty·pisch**★ [ˈtyː-] ADJEKTIV **typisch (für jemanden/etwas)** so, wie man es von jemandem/etwas erwartet ⟨*ein Beispiel, ein Verhalten*⟩ *„Er ist ein typischer Lehrer"* | *„Typisch Monika, sie kommt mal wieder zu spät!"* | *„Nadelbäume sind typisch für diese Gegend"*

der **Ty·rann** (-en, -en) **1** *abwertend* ein autoritärer

T

Mensch, der andere Leute zwingt, das zu tun, was er will **2** *historisch* ein (meist grausamer) Herrscher, der nur nach dem eigenen Willen regiert **K** Tyrannenherrschaft • *hierzu* **Ty·ran·nin** *die*; **ty·ran·nisch** *ADJEKTIV*

**ty·ran·ni·sie·ren** (*tyrannisierte, hat tyrannisiert*); *abwertend* **jemanden tyrannisieren** eine Person quälen, indem man sie immer wieder dazu zwingt, das zu tun, was man will

# U

das **U, u** [uː]; (-, -/*gesprochen auch*-s) der einundzwanzigste Buchstabe des Alphabets ⟨*ein großes U; ein kleines u*⟩

**u. a.** **1** Abkürzung für *und andere(s)* **2** Abkürzung für *unter anderem/anderen*

die **U-Bahn**★ *gesprochen* Un·ter·grund|bahn *die* ein Fahrzeug für den öffentlichen Verkehr in Großstädten, das unter der Erde auf Schienen fährt ⟨*mit der U-Bahn fahren; die U-Bahn nehmen*⟩ **K** U-Bahn-Netz, U-Bahn-Station

**übel**★ *ADJEKTIV* (*übler, übelst-*) **1** unangenehm (für die Sinnesorgane) ⟨*ein Geruch, ein Geschmack, ein Beigeschmack; etwas riecht, schmeckt übel*⟩ *„Was für ein übler Gestank!"* **2** so, dass es Nachteile für jemanden bringt ⟨*eine Lage, eine Situation*⟩ **3** böse und gemein ⟨*jemandem übel mitspielen; jemanden auf übelste Weise beschimpfen*⟩ ≈ schlimm **4** **jemandem ist übel** jemand hat das Gefühl, sich erbrechen zu müssen **5** **(jemandem) etwas übel nehmen** eine Tat oder das Verhalten einer Person nicht verzeihen **6** **übel gelaunt** in einer sehr schlechten Stimmung **ID** **Nicht übel!** *gesprochen* Das ist gut!

das **Übel** (-s, -) **1** etwas, das unangenehm oder schlimm ist *„das Übel der Arbeitslosigkeit beseitigen"* **2** *geschrieben* ≈ Krankheit, Leiden *„an einem unerträglichen Übel leiden"*

die **Übel·keit** (-, -*en*); *meist Singular* das Gefühl, dass es einem körperlich schlecht geht, dass man sich übergeben muss

**übel·neh·men** ≈ übel nehmen

der **Übel·tä·ter** *oft humorvoll* eine Person, die etwas Schlechtes getan hat • *hierzu* **Übel·tä·te·rin** *die*

**üben**★ (*übte, hat geübt*) **1** **(etwas) üben** etwas immer wieder tun, um es zu lernen, damit man es dann gut kann *„Sie übt jeden Tag (zwei Stunden Klavier)"* | *„Handstand üben"* **2** **etwas üben** *geschrieben* verwendet zusammen mit einem Substantiv, um ein Verb zu umschreiben *„(an jemandem/etwas) Kritik üben"* jemanden/etwas kritisieren

**über**[1]★ *PRÄPOSITION* ORT: **1** *mit Dativ* nennt eine Lage oder Position an einer höheren Stelle als die genannte Sache/Person ↔ unter *„Das Bild hängt über dem Schreibtisch"* ❶ → Anhang, S. 1113: **Präpositionen** **2** *mit Akkusativ* nennt die Richtung einer Bewegung hin zu einer höher gelegenen Stelle ↔ unter *„Er hängte ein Bild über die Couch"* ❶ → Anhang, S. 1113: **Präpositionen** **3** *mit Akkusativ* nennt einen Verlauf oder eine Bewegung von einer Seite zur anderen oder von oben nach unten *„Er ging über den Hof"* | *„Sie strich ihm über den Rücken"* **4** *mit Dativ* nennt eine Lage auf einer Sache, die völlig oder teilweise bedeckt wird ↔ unter *„Er trägt einen Pullover über dem Hemd"* **5** *mit Akkusativ* nennt eine Bewegung oder Größe höher als der höchste Punkt der genannten Sache/Person *„Sie sprang über den Zaun"* **6** *mit Akkusativ* nennt einen Ort, durch den man auf dem Weg zu einem Ziel kommt oder an dem man vorbeifährt *„Der Zug fährt über Ulm nach Stuttgart"* **7** *mit Akkusativ* drückt aus, dass etwas an der genannten Stelle nicht aufhört, eine Grenze überschreitet *„Der Fluss trat über die Ufer"* ZEIT: **8** *mit Akkusativ* nennt den Zeitraum, für den etwas gilt *„Kann ich heute über Nacht bei euch bleiben?"* NIVEAU, RANG: **9** *mit Dativ* in einer Reihenfolge oder Hierarchie höher als die genannte Person/Sache ↔ unter *„Über ihm ist nur noch die Chefin selbst"* **10** *mit Dativ* drückt aus, dass ein Wert oder Niveau höher ist als das Genannte ↔ unter *„Temperaturen über dem Gefrierpunkt"* MENGE, ZAHL: **11** *mit Akkusativ* mit einem Betrag von *„eine Rechnung über zweihundert Euro ausstellen"* **12** *mit Akkusativ* nennt eine Grenze, die überschritten wird ⟨*etwas geht über jemandes Kraft, Verstand, Vorstellungsvermögen*⟩ THEMA: **13** *mit Akkusativ* nennt das Thema einer Sache GRUND: **14** *mit Akkusativ* nennt den Grund für etwas *„sich über jemanden/etwas ärgern"* WEITERLEITUNG: **15** *mit Akkusativ* nennt das Medium oder die Person, die eine Nachricht weiterleiten *„einen Sender über Kabel/Satellit empfangen"* | *„Ich bin nicht zu Hause, aber du kannst mich über das

*Handy erreichen"* MACHTVERHÄLTNIS: **16** *mit Akkusativ* nennt die Person oder Sache, die in einer Beziehung schwächer oder abhängig ist *„über jemanden/etwas herrschen"*

**über**[2]★ *ADVERB* **1** verwendet, um zu sagen, dass ein Wert, eine Zahl o. Ä. überschritten wird ⟷ unter *„Sie ist schon über achtzig Jahre alt" | „Ich warte seit über einer Stunde auf dich"* **2** *Zeitangabe+* **über** verwendet, um einen Zeitraum zu bezeichnen, von dessen Anfang bis zu dessen Ende etwas dauert oder getan wird *„Es regnete den ganzen Tag über"*
*ADJEKTIV* **3** **etwas über haben** *gesprochen* etwas übrig haben

**über-**[1]★ *(im Verb, unbetont und nicht trennbar, sehr produktiv; Diese Verben werden so gebildet: überspringen, übersprang, übersprungen)* **1** **etwas überfliegen, überqueren, überschreiten, überspringen** *und andere* drückt aus, dass eine Bewegung von einem Punkt zum anderen über ein Gebiet hinweg führt **2** **etwas überdeckt, überflutet, überwuchert etwas; etwas überkleben, überziehen** *und andere* drückt aus, dass eine Fläche durch etwas bedeckt wird **3** **jemanden/etwas überbieten, überleben, überragen, übertönen; etwas überdauert etwas** *und andere* drückt aus, dass eine Person oder Sache größer, länger, stärker o. Ä. als eine andere ist **4** **etwas überladen, übersteigern; sich überanstrengen, überarbeiten; jemanden überfordern, überfüttern** *und andere* drückt aus, dass eine Handlung in übertriebenem oder extremem Maße abläuft

**über-**[2]★ *(im Verb, betont und trennbar, begrenzt produktiv; Diese Verben werden so gebildet: überhängen, hing über, übergehangen)* **1** **etwas hängt, quillt, schäumt, schwappt, sprudelt über** *und andere* drückt aus, dass etwas über eine Grenze oder über einen Rand hinausgeht *„Die Milch kochte über"* Die kochende Milch lief über den Rand des Topfes **2** **(irgendwohin) überlaufen, übertreten, überwechseln** *und andere* drückt aus, dass eine Handlung oder Bewegung von einer Seite zur anderen geht *„Er wechselte von der rechten auf die linke Fahrspur über"* Er verließ die rechte Fahrspur, dann fuhr er auf der linken weiter

**über-**[3] *im Adjektiv, betont, begrenzt produktiv* **überängstlich, übereifrig, überempfindlich, überkorrekt, überpünktlich** *und andere* verwendet, um zu sagen, dass etwas übertrieben oder extrem ist

**Über-** *im Substantiv, betont, begrenzt produktiv* **die Überbevölkerung, der Übereifer** *und andere* verwendet, um zu sagen, dass die Zahl oder Menge einer Sache zu groß ist *„das Überangebot an Waren"*

**über·all** *ADVERB*, **über·all**★ **1** an jedem Ort *„Der laute Knall war überall zu hören"* **2** in jeder Situation *„Du musst dich auch überall einmischen"* **3** bei allen Leuten

**über·all·hin**★ *ADVERB* zu allen Orten, in alle Richtungen

**über·an·stren·gen** *(überanstrengte, hat überanstrengt)* **jemand überanstrengt sich/etwas; etwas überanstrengt jemanden** eine Person macht etwas, das sie zu sehr anstrengt (und ihr gesundheitlich schadet) ⟨*die Augen, die Gelenke, das Herz überanstrengen*⟩ *„Er hat sich beim Joggen überanstrengt"* • *hierzu* **Über·an·stren·gung** *die*

**über·ar·bei·ten** *(überarbeitete, hat überarbeitet)* **1** **etwas überarbeiten** noch einmal an etwas arbeiten, um es besser zu machen ⟨*einen Aufsatz, einen Text überarbeiten*⟩ **2** **sich überarbeiten** so viel arbeiten, bis man erschöpft ist, die Gesundheit in Gefahr ist o. Ä. • *hierzu* **Über·ar·bei·tung** *die*

**über·aus, über·aus** *ADVERB; geschrieben* ≈ sehr *„überaus glücklich sein"*

**über·ba·cken** *(überbäckt/überbackt, überbackte, hat überbacken)* **etwas (mit etwas) überbacken** eine Speise mit einer Schicht Käse versehen und das Ganze dann im Ofen kurz backen *„den Auflauf mit Käse überbacken"*

der **Über·bau** *(-s, -ten)* die theoretische, ideologische Grundlage von Anschauungen

**über·be·wer·ten** *(überbewertete, hat überbewertet)* **jemanden/etwas überbewerten** eine Person oder Sache für besser oder wichtiger nehmen, als sie ist • *hierzu* **Über·be·wer·tung** *die*

**über·be·zahlt** *ADJEKTIV* **1** mit zu hohem Lohn ⟨*ein Manager, eine Stelle*⟩ **2** *gesprochen* zu teuer *„Mit 8.000 Euro ist der Gebrauchtwagen überbezahlt"*

**über·bie·ten** *(überbot, hat überboten)* **1** **jemanden überbieten** (vor allem auf einer Auktion) mehr Geld für etwas bieten als eine andere Person **2** **jemanden/etwas (an etwas (*Dativ*)) überbieten** besser sein, mehr von etwas bieten als ein anderer ⟨*einen Rekord*

U

*überbieten〉 „An Frechheit ist er kaum zu überbieten!"*

das **Über·bleib·sel** (-s, -); *gesprochen* ≈ Rest

der **Über·blick★** **1** **ein Überblick (über etwas** (*Akkusativ*)) die gute Aussicht von einer Stelle aus, die höher liegt als ihre Umgebung *„Von hier aus hat man einen guten Überblick über die ganze Stadt"* **2** **ein Überblick (über etwas** (*Akkusativ*)) eine kurze Zusammenfassung einer Sache *„Dieses Buch gibt einen Überblick über die deutsche Geschichte"* **3** *nur Singular* die Fähigkeit, wichtige Zusammenhänge zu erkennen 〈*jemandem fehlt der Überblick*〉

**über·bli·cken** (*überblickte, hat überblickt*) **1** **etwas überblicken** gut über eine meist große Fläche sehen können *„vom Turm aus die ganze Stadt überblicken können"* **2** **etwas überblicken** fähig sein, die Zusammenhänge einer Sache zu erkennen *„sein Fachgebiet überblicken"*

**über·brin·gen** (*überbrachte, hat überbracht*) **jemandem etwas überbringen** *geschrieben* (als Bote) jemandem etwas sagen oder geben 〈*jemandem eine Nachricht, jemandes Glückwünsche, einen Brief, ein Geschenk überbringen*〉 • *hierzu* **Über·brin·ger** *der*; **Über·brin·ge·rin** *die*; **Über·brin·gung** *die*

**über·de·cken** (*überdeckte, hat überdeckt*) **1** **etwas überdeckt etwas** etwas liegt wie eine Decke auf etwas *„Schnee überdeckte das ganze Gebirge"* **2** **etwas überdecken** ≈ verbergen, verdecken *„die gelbe Farbe durch die braune überdecken"* • *zu* (2) **Über·de·ckung** *die*

**über·den·ken** (*überdachte, hat überdacht*) **etwas überdenken** sehr genau über etwas nachdenken 〈*etwas noch einmal überdenken*〉

**über·dreht** *ADJEKTIV gesprochen* auf unnatürliche Art munter und lebhaft

der **Über·druss** (*-es*) **Überdruss (an etwas** (*Dativ*)) das Gefühl, genug von einer Person/Sache zu haben und sie nicht mehr zu mögen, als lästig zu empfinden *„Zu allem Überdruss fing es auch noch zu regnen an"*

**über·drüs·sig** *ADJEKTIV* **jemandes/etwas überdrüssig sein** *geschrieben* jemanden/etwas nicht mehr mögen, als lästig empfinden

**über·durch·schnitt·lich** *ADJEKTIV* besser als normal *„überdurchschnittliche Leistungen in der Schule"*

**über·ei·nan·der★** *ADVERB* Personen oder Sachen über die andere oder über der anderen *„Es ist so kalt, da ziehe ich zwei Pullover übereinander an"*

**über·ei·nan·der-** (*im Verb, betont und trennbar, wenig produktiv; Diese Verben werden so gebildet: übereinanderstapeln, stapelte übereinander, übereinandergestapelt*) **übereinanderlegen, übereinanderschichten, übereinanderstehen** *und andere übereinander-* drückt aus, dass sich eine Person/Sache auf oder über der anderen befindet, sich dorthin bewegt oder dorthin bewegt wird *„Klötze übereinanderstellen"* | *„Bücher liegen übereinander"*

**über·ei·nan·der·schla·gen** (*hat*) **die Beine übereinanderschlagen** beim Sitzen ein Bein über das andere legen

**über·ein·kom·men** (*kam überein, ist übereingekommen*) **mit jemandem übereinkommen zu** *+Infinitiv geschrieben* sich mit jemandem einigen, etwas zu tun *„Sie kamen überein, einen neuen Vertrag zu schließen"*

die **Über·ein·kunft** (-, *Über·ein·künf·te*); *geschrieben* 〈*zu einer Übereinkunft (mit jemandem) kommen*〉 ≈ Einigung, Vereinbarung

**über·ein·stim·men★** (*stimmte überein, hat übereingestimmt*) **1** **mit jemandem (in etwas** (*Dativ*)) **übereinstimmen** dieselbe Meinung haben wie eine andere Person *„Wir stimmen in allen wesentlichen Punkten überein"* **2** **etwas stimmt mit etwas überein**; **Dinge stimmen überein** zwei Dinge sind gleich oder sehr ähnlich, unterscheiden sich nicht oder wenig *„Die Aussagen der Zeugen stimmten völlig überein"* • *hierzu* **Über·ein·stim·mung** *die*

**über·emp·find·lich** *ADJEKTIV* zu empfindlich, zu sensibel *„Sie reagiert überempfindlich auf Kritik"* • *hierzu* **Über·emp·find·lich·keit** *die*

**über·fah·ren★** (*überfährt, überfuhr, hat überfahren*) **1** **jemanden überfahren** (mit einem Auto, einem LKW, einem Bus o. Ä.) über einen Menschen oder ein Tier fahren und dabei verletzen oder töten **2** **etwas überfahren** beim Autofahren ein Verkehrszeichen nicht beachten, nicht stehen bleiben o. Ä. 〈*eine rote Ampel, ein Haltesignal, ein Vorfahrtsschild überfahren*〉

die **Über·fahrt** eine Fahrt auf einem Schiff von einer Seite eines Gewässers zur anderen 〈*eine ruhige, stürmische Überfahrt*〉 *„die Überfahrt von Calais nach Dover"*

U

der **Über·fall★ ein Überfall (auf jemanden/etwas)** ein plötzlicher Angriff mit Waffen K Banküberfall, Raubüberfall

**über·fal·len★** (*überfällt, überfiel, hat überfallen*) **1 jemanden/etwas überfallen** jemanden/etwas plötzlich angreifen und mit Waffen bedrohen (meist um etwas zu rauben) ⟨*eine Bank, ein Land überfallen*⟩ *„Sie ist nachts überfallen worden"* **2 jemanden mit etwas überfallen** eine Person mit einer Bitte, einem Wunsch o. Ä. so überraschen, dass er nicht darüber nachdenken kann ⟨*jemanden mit einer Bitte, einer Frage, einem Vorschlag überfallen*⟩

**über·fäl·lig** *ADJEKTIV* **1 etwas ist überfällig** etwas ist nicht zum erwarteten (fahrplanmäßigen) Zeitpunkt angekommen ⟨*ein Flugzeug, ein Schiff ist überfällig*⟩ **2** zur richtigen Zeit noch nicht bezahlt o. Ä. ⟨*eine Rechnung, ein Wechsel*⟩

das **Über·fall·kom·man·do** eine Gruppe von Polizisten, die für schnelle Einsätze ausgebildet sind, bei denen Gewalt zu erwarten ist

**über·flie·gen** (*überflog, hat überflogen*) **1 etwas überfliegen** (mit einem Flugzeug) über ein Gebiet fliegen *„den Atlantik überfliegen"* **2 etwas überfliegen** etwas schnell und nicht genau lesen *„Sie hat den Bericht nur überflogen"*

**über·flü·geln** (*überflügelte, hat überflügelt*) **jemanden überflügeln** in einem Bereich wesentlich besser werden als eine andere Person

der **Über·fluss** *nur Singular* der Zustand, in dem man mehr von einer Sache hat, als man braucht ⟨*etwas im Überfluss haben*⟩ ≈ Luxus ↔ Mangel K Überflussgesellschaft

**über·flüs·sig★** *ADJEKTIV* nicht nötig ↔ notwendig *„Es ist ganz überflüssig, mich an mein Versprechen zu erinnern. Ich habe es nicht vergessen!"* • *hierzu* **über·flüs·si·ger·wei·se** *ADVERB*; **Über·flüs·sig·keit** *die*

**über·flu·ten** (*überflutete, hat überflutet*) **etwas überflutet etwas** etwas fließt über das Ufer und bedeckt ein Gebiet mit Wasser *„Der Fluss überflutete die Wiesen"* • *hierzu* **Über·flu·tung** *die*

**über·for·dern** (*überforderte, hat überfordert*) **jemanden überfordern** mehr von einer Person erwarten oder verlangen, als sie leisten kann ⟨*überfordert sein; sich überfordert fühlen*⟩ *„Schüler mit einer zu schwierigen Prüfung überfordern"* ❶ meist im Partizip Perfekt • *hierzu* **Über·for·de·rung** *die*

**über·fragt** *ADJEKTIV meist prädikativ* **überfragt sein; sich überfragt fühlen** eine Frage nicht beantworten können, weil man nicht genug Wissen hat *„Da bin ich überfragt"*

**über·füh·ren**[1] (*führte über, hat übergeführt*) **etwas in etwas** (*Akkusativ*) **überführen** etwas in einen anderen Zustand bringen *„Wasser in den gasförmigen Zustand überführen"*

**über·füh·ren**[2] (*überführte, hat überführt*) **1 jemanden (einer Sache** (*Genitiv*)**) überführen** beweisen, dass jemand etwas getan hat ⟨*jemanden eines Verbrechens, der Tat überführen*⟩ *„jemanden des Mordes überführen"* **2 jemanden/etwas (irgendwohin) überführen** jemanden/etwas (irgendwohin) transportieren ⟨*einen Kranken, einen Sarg, ein Auto überführen*⟩

die **Über·füh·rung** (-, *-en*) **1** der Transport einer Person oder Sache von einem Ort an einen anderen *„die Überführung des Sarges von Leipzig nach Hamburg"* **2** das Beweisen, dass jemand etwas getan hat ⟨*die Überführung eines Diebes, des Mörders, eines Verbrechers*⟩ *„die Überführung des Täters"* **3** eine Brücke, die über eine Straße o. Ä. führt K Bahnüberführung

**über·füllt** *ADJEKTIV* (gefüllt) mit zu vielen Personen oder Dingen ⟨*ein Bus, ein Zug, ein Regal*⟩ • *hierzu* **Über·fül·lung** *die*

die **Über·ga·be die Übergabe (von etwas an jemanden)** das Übergeben *„die Übergabe der Wohnungsschlüssel an die Nachmieter"* | *„die Übergabe der Stadt an den Feind"*

der **Über·gang★ 1 ein Übergang (über etwas** (*Akkusativ*)**)** ein Weg, auf dem man etwas überquert *„ein Übergang über die Bahn"* K Bahnübergang, Grenzübergang, Fußgängerübergang **2 der Übergang (von etwas zu etwas/in etwas** (*Akkusativ*)**)** die Entwicklung zu einem neuen Zustand ⟨*etwas befindet sich im Übergang*⟩ *„der Übergang vom Studium in den Beruf"* K Übergangsfrist, Übergangsphase, Übergangszeit • *zu* (2) **über·gangs·los** *ADJEKTIV*

**über·ge·ben★** (*übergibt, übergab, hat übergeben*) **1 jemandem etwas übergeben** einer Person etwas geben, das von diesem Zeitpunkt an ihr gehört *„jemandem einen Brief übergeben"* **2 eine Person jemandem übergeben** einen Verbrecher o. Ä. zu der zuständigen Behörde bringen ⟨*jemanden den*

U

*Behörden, der Justiz, der Polizei übergeben*⟩ **3** **sich übergeben** den Inhalt des Magens durch den Mund nach außen bringen ≈ erbrechen

**über·ge·hen**[1] (*ging über, ist übergegangen*) **1** **zu etwas übergehen** mit etwas aufhören und zu einem anderen Punkt o. Ä. kommen „*zu einem anderen Thema übergehen*" | „*zur Tagesordnung übergehen*" **2** **etwas geht in etwas** (*Akkusativ*) **über** etwas ändert langsam den Zustand „*Beim Erhitzen geht Wasser in Dampf über*" **3** **etwas geht in etwas** (*Akkusativ*) **über** etwas vermischt sich allmählich mit etwas, sodass es keine Grenze mehr gibt „*Das Gelb geht in ein Orange über*"

**über·ge·hen**[2] (*überging, hat übergangen*) **1** **jemanden übergehen** jemanden (mit Absicht) nicht beachten „*Er hat mich auf der Party völlig übergangen, weil er immer noch beleidigt war*" **2** **jemanden übergehen** jemanden bei etwas nicht berücksichtigen ⟨*jemanden bei einer Gehaltserhöhung, im Testament übergehen*⟩ **3** **etwas übergehen** etwas absichtlich nicht beachten ⟨*etwas mit Stillschweigen übergehen*⟩ „*Wir können ihre Einwände doch nicht einfach übergehen*"

**über·ge·ord·net** *ADJEKTIV* **1** wichtiger als etwas anderes ⟨*eine Aufgabe, ein Problem*⟩ „*eine Sache von übergeordneter Bedeutung*" **2** **(jemandem/etwas) übergeordnet** mit dem Recht, (jemandem) Befehle zu geben ⟨*eine Behörde, eine Instanz*⟩

das **Über·ge·wicht** **1** (*Gewichtsangabe* +) **Übergewicht haben** (um das genannte Gewicht) zu schwer sein „*Er hat 10 Kilogramm Übergewicht*" **2** **etwas hat Übergewicht** etwas ist zu schwer ⟨*der Brief, das Päckchen, das Paket hat Übergewicht*⟩ **3** **(das) Übergewicht bekommen** beim Vor- oder Zurückbeugen das Gleichgewicht verlieren und umfallen • *zu* (1)

**über·ge·wich·tig** *ADJEKTIV*

**über·grei·fen** (*hat*) **etwas greift auf etwas** (*Akkusativ*) **über** etwas erfasst auch etwas anderes ≈ ausdehnen „*Das Feuer griff auf die benachbarten Häuser über*"

**über·grei·fend** *ADJEKTIV* mehrere Bereiche betreffend und deshalb ziemlich wichtig ⟨*übergreifende Fragestellungen*⟩ **K** fächerübergreifend, themenübergreifend

der **Über·griff** **Übergriff (auf etwas** (*Akkusativ*)**)** eine Handlung, mit der sich jemand ohne Erlaubnis (oft mit Gewalt) in den Bereich oder die Angelegenheiten einer anderen Person einmischt

die **Über·grö·ße** ein Maß, ein Format (vor allem bei der Kleidung), das größer als die Norm ist „*Hemden in Übergrößen*"

**über·hand|neh·men** (*nimmt überhand, nahm überhand, hat überhandgenommen*) **etwas nimmt überhand** etwas wird so häufig, dass man es kaum oder nicht mehr ertragen kann

**über·hän·gen**[1] (*hing über, hat übergehangen*) **etwas hängt über** etwas ragt (als Teil) über etwas hinaus „*über den Zaun überhängende Zweige abschneiden*" ❶ meist im Partizip Präsens

**über·hän·gen**[2] (*hängte über, hat übergehängt*) **(jemandem) etwas überhängen** jemandem oder sich selbst etwas um die Schultern legen „*Ich muss mir noch eine Jacke überhängen*"

**über·häu·fen** (*überhäufte, hat überhäuft*) **jemanden mit etwas überhäufen** jemandem von etwas sehr viel oder zu viel geben ⟨*jemanden mit Geschenken, mit Ehrungen, mit Arbeit überhäufen*⟩ • *hierzu* **Über·häu·fung** *die*

**über·haupt**★ *PARTIKEL betont und unbetont* **1** insgesamt gesehen, also nicht nur in diesem Fall zutreffend „*Das war nett von ihr, sie ist ja überhaupt sehr sympathisch*" **2** verwendet in Fragen, um Zweifel zu formulieren. Man erwartet eher „nein" als Antwort „*Und dann haben sie mir gekündigt.*" – „*Dürfen die das überhaupt?*" **3** verwendet in Fragen, in denen es um etwas Wichtiges oder ein neues Thema geht „*Was will er denn überhaupt von dir?*" **4** verwendet, um eine Verneinung zu verstärken ≈ gar „*Das interessiert mich überhaupt nicht*" | „*Ich habe überhaupt keine Zeit*"

**über·heb·lich** *ADJEKTIV* ≈ anmaßend, arrogant • *hierzu* **Über·heb·lich·keit** *die*

**über·hitzt** *ADJEKTIV* zu heiß gemacht, zu heiß geworden „*ein überhitzter Motor*" • *hierzu* **Über·hit·zung** *die*

**über·höht** *ADJEKTIV* höher als angemessen oder erlaubt ⟨*Preise; mit überhöhter Geschwindigkeit fahren*⟩

**über·ho·len**★ (*überholte, hat überholt*) **1** **(jemanden/etwas) überholen** eine andere Person oder ein anderes Fahrzeug einholen und daran vorbeigehen, vorbeifahren „*Er hat versucht, mich in der Kurve zu überholen*" **2** **et-**

U

**was überholen** eine Maschine o. Ä. prüfen und reparieren, damit sie wieder gut funktioniert ⟨*ein Auto, einen Motor überholen*⟩ **3** **jemanden überholen** (in der Leistung) besser sein als eine andere Person *„Er hat mich im Studium längst überholt"* • *zu* (1,2) **Über·ho·lung** *die*

**über·holt** *ADJEKTIV* nicht mehr modern ⟨*Anschauungen, Ansichten, eine Methode, eine Theorie*⟩ ≈ veraltet

**über·hö·ren** (*überhörte, hat überhört*) **etwas überhören** etwas nicht hören können *„Das Radio lief so laut, dass sie das Klingeln des Telefons überhörte"*

**über·kom·men** (*überkam, hat überkommen*) **etwas überkommt jemanden** etwas entsteht plötzlich und intensiv in jemandem ⟨*jemanden überkommt Angst, Mitleid, Zorn*⟩

**über·la·den** (*überlädt, überlud, hat überladen*) **etwas überladen** mehr Last auf etwas laden, als es tragen oder transportieren kann oder darf *„einen Lkw überladen"* • *hierzu* **Über·la·dung** *die*

**über·la·gern** (*überlagerten sich, haben sich überlagert*) **1** **Gesteinsschichten überlagern sich** Gesteinsschichten liegen übereinander **2** **Sender überlagern sich** zwei oder mehrere Radiosender sind auf der gleichen Welle **3** **Interessen überlagern sich** Interessen sind teilweise gleich • *hierzu* **Über·la·ge·rung** *die*

**Über·land-** *im Substantiv, begrenzt produktiv* **der Überlandbus, die Überlandfahrt, die Überlandleitung** *und andere* drückt aus, dass längere Fahrten oder Transporte außerhalb von Städten gemacht werden

die **Über·län·ge** **1** eine Länge, die über das normale Maß hinausgeht **2** **etwas hat Überlänge** etwas dauert länger als normal *„Dieser Film hat Überlänge"*

**über·las·sen**★ (*überlässt, überließ, hat überlassen*) **1** **jemandem etwas überlassen** einer Person etwas geben, damit sie es behalten oder benutzen kann ⟨*jemandem etwas freiwillig, kostenlos, leihweise überlassen*⟩ **2** **jemandem eine Person/ein Tier überlassen** einer Person (für kurze Zeit) meist ein Kind oder Tier geben, damit sie sich darum kümmert *„den Großeltern das Enkelkind überlassen"* **3** **jemandem etwas überlassen** eine andere Person über etwas entscheiden oder etwas tun lassen *„Überlass das ruhig mir!"* **4** **etwas dem Zufall überlassen** nicht handeln, sondern abwarten, was geschieht

**über·las·tet** *ADJEKTIV* **1** **etwas ist überlastet** etwas ist mit zu viel Last beladen *„Der Lkw war völlig überlastet"* **2** **etwas ist überlastet** etwas ist zu sehr belastet und funktioniert deshalb nicht mehr gut ⟨*jemandes Herz, jemandes Kreislauf, das Verkehrsnetz ist überlastet*⟩ **3** **jemand ist überlastet** jemand hat zu viel Arbeit oder Sorgen *„Sie ist beruflich überlastet"* • *hierzu* **Über·las·tung** *die*

**über·lau·fen**[1] (*läuft über, lief über, ist übergelaufen*) **1** **etwas läuft über** eine Flüssigkeit fließt über den Rand eines Gefäßes *„Das Wasser ist übergelaufen"* **2** **etwas läuft über** ein Gefäß ist mit zu viel Flüssigkeit gefüllt, sodass diese über dessen Rand fließt *„die Badewanne läuft über"* **3** **jemand läuft über** jemand wechselt (z. B. im Krieg) auf die Seite des Gegners ⟨*zum Feind überlaufen*⟩ • *zu* (3) **Über·läu·fer** *der*

**über·lau·fen**[2] *ADJEKTIV* so, dass dort zu viele Menschen sind ↔ menschenleer *„Die Strände waren völlig überlaufen"*

**über·le·ben**★ (*überlebte, hat überlebt*) **1** **(etwas) überleben** in einer sehr gefährlichen Situation am Leben bleiben (obwohl man hätte sterben können) ⟨*ein Unglück, einen Autounfall, ein Erdbeben, einen Flugzeugabsturz überleben*⟩ *„Er hat als Einziger überlebt"* **K** Überlebenschance, Überlebenskampf **2** **jemanden (um etwas) überleben** länger als eine andere Person leben *„Sie hat ihren Mann (um zwei Jahre) überlebt"* • *hierzu* **Über·le·ben·de** *der/die*

**über·le·gen**[1]★ (*legte über, hat übergelegt*) **jemandem etwas überlegen** etwas über jemanden oder sich selbst legen *„jemandem eine Decke überlegen"*

**über·le·gen**[2]★ (*überlegte, hat überlegt*) **(etwas) überlegen; (sich** (*Dativ*) **etwas) überlegen** den Verstand benutzen, um zu einer Entscheidung oder einer Erkenntnis zu kommen ⟨(*lange*) *hin und her überlegen*⟩ ≈ nachdenken *„Er hat lange überlegt, bevor er sich entschieden hat"* | *„Sie hat sich eine kluge Antwort überlegt"* | *„Sie überlegte* (*sich*), *wie sie ihm helfen könnte"*

**über·le·gen**[3] *ADJEKTIV meist prädikativ* **(jemandem) (an/in etwas** (*Dativ*)**) überlegen sein** (auf einem Gebiet) besser als eine andere Person sein ⟨*jemandem haushoch überlegen* sein〉 *„Sie ist ihm an Intelligenz/im Rechnen weit überlegen"* • *hierzu* **Über·le·gen·heit** *die*

**über·legt★** *ADJEKTIV* so, dass man den Verstand benutzt hat 〈*überlegt handeln*〉

**über·lis·ten** (*überlistete, hat überlistet*) **jemanden überlisten** jemanden mit einem Trick täuschen • *hierzu* **Über·lis·tung** *die*

**überm** *PRÄPOSITION mit Artikel; gesprochen* über dem

die **Über·macht** *nur Singular* die große Überlegenheit in Bezug auf Zahl oder Stärke 〈*in der Übermacht sein; gegen eine Übermacht ankämpfen*〉 • *hierzu* **über·mäch·tig** *ADJEKTIV*

das **Über·maß** *nur Singular* **ein Übermaß (an etwas** (*Dativ*)**)** eine Menge einer Sache, die größer oder stärker ist als normal (oder angemessen) *„Die Europäische Union produziert ein Übermaß an Fleisch"*

**über·mit·teln** (*übermittelte, hat übermittelt*) **jemandem etwas übermitteln** *geschrieben* dafür sorgen, dass jemand (durch einen Boten oder durch technische Mittel) eine Nachricht o. Ä. bekommt 〈*jemandem eine Botschaft, eine Nachricht,* (*seine*) *Glückwünsche,* (*seine*) *Grüße* (*telefonisch, per Post*) *übermitteln*〉 • *hierzu* **Über·mitt·lung** *die*

**über·mor·gen★** *ADVERB* an dem Tag, der auf morgen folgt

die **Über·mü·dung** (-) der Zustand, in dem man sehr müde ist *„Vor Übermüdung schlief er beim Autofahren ein"*

der **Über·mut** ein Verhalten, bei dem man so ausgelassen oder fröhlich ist, dass man Dinge tut, die gefährlich sind oder die anderen Leuten schaden 〈*etwas im Übermut tun*〉 *„Aus/Vor lauter Übermut sprangen die Jungen von der Brücke ins Wasser"* • *hierzu* **über·mü·tig** *ADJEKTIV*

**über·nächs·t-** *ADJEKTIV nur attributiv* in der Reihenfolge nach dem/der nächsten *„Das Fest findet nicht nächste, sondern erst übernächste Woche statt"*

**über·nach·ten★** (*übernachtete, hat übernachtet*) **irgendwo/bei jemandem übernachten** nachts nicht bei sich zu Hause, sondern anderswo schlafen *„im Freien übernachten"* | *„nach einer Party bei einem Freund übernachten"* • *hierzu* **Über·nach·tung** *die*

die **Über·nah·me★** (-) das Übernehmen *„die Übernahme des Betriebs durch einen Konzern"* | *„die Übernahme der Amtsgeschäfte"* | *„Er erklärte sich zur Übernahme der Kosten bereit"* **K** Geschäftsübernahme, Kostenübernahme

**ü·ber·na·tür·lich★** *ADJEKTIV* 〈*Erscheinungen, Fähigkeiten, Kräfte*〉 so, dass man sie mit den Gesetzen der Natur nicht erklären kann

**über·neh·men★** (*übernimmt, übernahm, hat übernommen*) **1** **etwas übernehmen** eine Aufgabe bekommen und entsprechend handeln 〈*ein Amt, eine Funktion, eine Aufgabe übernehmen; die Verteidigung eines Angeklagten übernehmen*〉 **2** **etwas übernehmen** die Leitung einer Firma bekommen, die vorher eine andere Person gehabt hat *„Mein Sohn wird die Autowerkstätte bald übernehmen"* **3** **etwas übernehmen** für eine Sache bezahlen (obwohl man selbst nicht dazu verpflichtet wäre) 〈*die Kosten, Schulden übernehmen*〉 **4** **eine Firma übernimmt jemanden** eine Firma behält Mitarbeiter einer anderen Firma, die sie gekauft hat **5** **etwas übernehmen** etwas verwenden, das eine andere Person geschaffen oder sich ausgedacht hat *„eine Textstelle wörtlich übernehmen"* **6** **sich übernehmen** versuchen, mehr zu schaffen oder zu erreichen, als man (z. B. aufgrund der eigenen Kraft) schaffen/erreichen kann 〈*sich finanziell übernehmen*〉 *„Übernimm dich nicht beim Joggen!"*

**über·prü·fen★** (*überprüfte, hat überprüft*) **1** **etwas überprüfen** (nochmals) genau prüfen, ob etwas richtig ist oder richtig funktioniert 〈*eine Rechnung überprüfen*〉 ≈ kontrollieren *„Er überprüfte, ob alles richtig war"* **2** **ein Polizist überprüft jemanden/etwas** ein Polizist stellt fest, wer jemand ist (z. B. indem er dessen Pass ansieht) 〈*jemandes Identität, jemandes Personalien überprüfen*〉 ≈ kontrollieren • *hierzu* **Über·prü·fung** *die; zu* (1) **über·prüf·bar** *ADJEKTIV*

**über·que·ren★** (*überquerte, hat überquert*) **etwas überqueren** von einer Seite zur anderen Seite gehen, fahren o. Ä. 〈*eine Straße, die Schienen, den Fluss, den Atlantik überqueren*〉 *„Charles Lindbergh überquerte als Erster mit dem Flugzeug den Atlantik"* • *hierzu* **Über·que·rung** *die*

**über·ra·gen** (*überragte, hat überragt*) **1** **eine Person überragt jemanden** eine Person ist viel größer als eine andere Person 〈*jemanden um Haupteslänge überragen*〉 **2** **eine Sache überragt etwas** eine Sache ist viel höher als eine andere Sache *„Der Kirchturm überragt selbst die höchsten Häuser des Ortes"*

U

**3** **jemanden an etwas** (*Dativ*) **überragen** (in Bezug auf eine Fähigkeit) viel besser sein als eine andere Person *„Karl überragt seinen älteren Bruder an Ausdauer"*

**über·ra·gend** *ADJEKTIV* viel besser als eine andere Person oder Sache ⟨*eine Leistung*⟩ ≈ hervorragend *„Der Torwart war der überragende Mann auf dem Platz"*

**über·ra·schen**★ (*überraschte, hat überrascht*) **1** **etwas überrascht (jemanden)** etwas ist nicht erwartet oder geschieht unerwartet *„Das Angebot hat mich sehr überrascht"* | *„eine überraschende Nachricht"* **2** **eine Person überrascht jemanden** eine Person macht oder sagt etwas Unerwartetes *„Er überraschte uns mit seinen extremen politischen Ansichten"* **3** **jemanden (mit etwas) überraschen** eine Person besuchen oder ihr ein Geschenk machen, ohne dass sie vorher davon weiß *„Er hat seine Frau mit einem Blumenstrauß überrascht"* **4** **jemanden (bei etwas) überraschen** in dem Moment kommen, in dem jemand etwas tut, was verboten ist *„Der Einbrecher wurde von einem Nachbarn überrascht und flüchtete zu Fuß"*

**über·rascht**★ *ADJEKTIV ADJEKTIV* **(über jemanden/etwas) überrascht** nicht auf jemanden/etwas vorbereitet *„Er war überrascht, als sie ihn zur Party einlud"*

die **Über·ra·schung**★ (-, *-en*) **1** ein Ereignis, das unerwartet ist ⟨*etwas ist eine (un)angenehme, freudige, böse Überraschung*⟩ *„Der Sieg des Außenseiters war eine große Überraschung"* **K** Überraschungssieg **2** ein Geschenk (das man nicht erwartet hat) *„Ich habe eine kleine Überraschung für dich"*

**über·re·den**★ (*überredete, hat überredet*) **jemanden (zu etwas) überreden** so lange mit einer Person reden, bis sie etwas tut, das sie eigentlich nicht tun wollte *„jemanden zum Kauf eines Autos überreden"* | *„Sie überredete ihren Freund* (*dazu*)*, in Norwegen Urlaub zu machen"* ❶ ≠ überzeugen • *hierzu* **Über·re·dung** *die*

**über·rei·chen** (*überreichte, hat überreicht*) **(jemandem) etwas überreichen** auf feierliche Weise jemandem etwas geben ⟨*jemandem ein Geschenk, einen Preis, eine Urkunde überreichen*⟩

**über·rei·ßen** (*überriss, hat überrissen*); *gesprochen* **etwas überreißen** ≈ kapieren, verstehen *„Ich habe nicht rechtzeitig überrissen, dass das eine günstige Gelegenheit war"*

**über·reizt** *ADJEKTIV* wegen zu starker Belastung erregt oder nervös *„Meine Nerven sind überreizt"* • *hierzu* **Über·reizt·heit** *die*

der **Über·rest** (-(*e*)*s*, *-e*); *meist Plural* das, was von einem Ganzen noch übrig ist *„die Überreste einer alten Burg"*

**über·rum·peln** (*überrumpelte, hat überrumpelt*) **jemanden überrumpeln** eine Person mit etwas überraschen, sodass sie nicht reagieren kann, wie sie will ⟨*jemanden mit einer Frage, einem Angebot überrumpeln*⟩ • *hierzu* **Über·rum·pe·lung**, **Über·rump·lung** *die*

**über·run·den** (*überrundete, hat überrundet*) **1** **jemanden/etwas überrunden** in einem Wettrennen um eine ganze Runde weiter sein als eine andere Person und diese überholen **2** **jemanden überrunden** (plötzlich) bessere Leistungen bringen als eine andere Person

**übers**★ *PRÄPOSITION mit Artikel; besonders gesprochen* über das ❶ In Wendungen wie *jemanden übers Ohr hauen* und *jemanden übers Knie legen* kann *übers* nicht durch *über das* ersetzt werden.

**über·sät** *ADJEKTIV* **mit/von etwas übersät** auf der ganzen Fläche mit etwas bedeckt *„Der Strand war mit Dosen übersät"*

**über·schat·ten** (*überschattete, hat überschattet*) **etwas wird von etwas überschattet** ein an sich positives Ereignis wird durch ein Unglück o. Ä. gestört *„Die Olympischen Spiele wurden von einem Attentat überschattet"*

**über·schät·zen** (*überschätzte, hat überschätzt*) **jemanden/etwas überschätzen** eine Person, eine Sache oder sich selbst für besser halten, als sie oder man selbst wirklich ist ⟨*seine Kräfte überschätzen*⟩ *„Sie ist zwar sehr intelligent, du darfst aber ihre Fähigkeiten nicht überschätzen"* • *hierzu* **Über·schät·zung** *die*

**über·schau·bar** *ADJEKTIV* **1** ≈ übersichtlich *„Mit den vielen Korrekturen war der Text nicht mehr überschaubar"* **2** so klar oder begrenzt, dass man den Umfang oder die Konsequenzen sehen kann ⟨*ein Risiko*⟩ *„Die Folgen dieses Beschlusses waren kaum überschaubar"*

**über·schla·fen** (*überschläft, überschlief, hat überschlafen*) **etwas überschlafen** etwas nicht sofort, sondern erst am nächsten Tag oder später entscheiden *„Ich muss deinen Vorschlag erst mal überschlafen"*

**über·schla·gen**[1]★ (*überschlägt, über-*

U

*schlug, hat überschlagen)* **1** **jemand/etwas überschlägt sich** jemand/etwas dreht sich meist ohne Absicht um die horizontale Achse des eigenen Körpers *„Er stürzte vom Fahrrad und überschlug sich dabei"* **2** **jemandes Stimme überschlägt sich** jemandes Stimme wird plötzlich sehr hoch und schrill **3** **die Ereignisse überschlagen sich** innerhalb kurzer Zeit passieren viele ungewöhnliche oder aufregende Dinge **4** **etwas überschlagen** etwas schnell und ungefähr ausrechnen ⟨*etwas kurz, rasch, im Kopf überschlagen*⟩

**über·schla·gen**[2] (*schlägt über, schlug über, ist übergeschlagen*) **etwas schlägt in etwas** (*Akkusativ*) **über** etwas kommt in eine andere (extreme) Form *„Die Begeisterung der Fans schlug in Wut über, als das Konzert abgebrochen wurde"*

**über·schlä·gig** *ADJEKTIV* schnell geschätzt, nicht genau berechnet

**über·schnei·den** (*überschnitt sich, hat sich überschnitten*) **1** **etwas überschneidet sich mit etwas**; **Dinge überschneiden sich** geometrische Figuren haben einen Punkt bzw. eine Fläche gemeinsam *„Die beiden Linien überschneiden sich in einem Punkt"* **2** **etwas überschneidet sich mit etwas**; **Dinge überschneiden sich** Themen, Interessen o. Ä. sind teilweise gleich **3** **etwas überschneidet sich mit etwas**; **Dinge überschneiden sich** Sendungen, Veranstaltungen usw. finden zu einem Teil zur gleichen Zeit statt *„Wir versäumten den Anfang des Films, da er sich mit der Sendung im anderen Programm überschnitt"* • *hierzu* **Über·schnei·dung** *die*

**über·schrei·ben** (*überschrieb, hat überschrieben*) **(jemandem) etwas überschreiben** durch ein Dokument festlegen, dass man jemandem etwas schenkt, als Eigentum gibt *„Meine Eltern haben mir ein Grundstück überschrieben"* • *hierzu* **Über·schrei·bung** *die*

**über·schrei·ten**★ (*überschritt, hat überschritten*) **1** **etwas überschreiten** über eine Linie oder Grenze gehen oder fahren *„Die feindlichen Truppen hatten bereits die Grenze überschritten"* **2** **die Geschwindigkeit überschreiten** schneller fahren, als erlaubt ist **3** **etwas überschreitet etwas** etwas geht über ein festgelegtes Maß oder eine festgelegte Grenze hinaus *„Seine Faulheit überschreitet das erträgliche Maß"*

die **Über·schrift**★ die Worte, die über einem Text stehen und meist das Thema des Textes angeben ≈ Titel **K** Kapitelüberschrift

**über·schul·det** *ADJEKTIV* mit sehr hohen Schulden (belastet) ⟨*ein Betrieb, ein Hof, ein Unternehmen, ein Staat*⟩ • *hierzu* **Über·schul·dung** *die*

der **Über·schuss** **1** das Geld, das übrig bleibt, wenn man die Ausgaben von den Einnahmen abgezogen hat ⟨*Überschüsse erzielen*⟩ ≈ Gewinn **2** **ein Überschuss (an etwas** (*Dativ*)**)** *meist Singular* mehr von etwas, als man braucht *„einen Überschuss an Getreide und Gemüse erzielen"* • *zu* (2) **über·schüs·sig** *ADJEKTIV*

**über·schüt·ten** (*überschüttete, hat überschüttet*) **jemanden mit etwas überschütten** jemandem sehr viel von etwas geben ⟨*jemanden mit Geschenken, mit Lob, mit Kritik, mit Vorwürfen überschütten*⟩

der **Über·schwang** (-(*e*)*s*) übertriebene Begeisterung ⟨*jugendlicher Überschwang; im Überschwang der Gefühle*⟩

**über·schwem·men** (*überschwemmte, hat überschwemmt*) **ein Fluss überschwemmt etwas** Wasser aus einem Fluss bedeckt das umliegende Land *„Der reißende Fluss überschwemmte die Felder"*

die **Über·schwem·mung** ≈ Hochwasser **K** Überschwemmungsgebiet, Überschwemmungskatastrophe

**Über·see** *ohne Artikel* **aus/in/nach Übersee** aus/in einem Land/in ein Land auf der anderen Seite des Ozeans, vor allem Amerika **K** Überseehafen, Überseehandel

**über·se·hen**★ (*übersieht, übersah, hat übersehen*) **1** **jemanden/etwas übersehen** jemanden/etwas ohne Absicht nicht sehen *„beim Korrigieren eines Diktats ein paar Fehler übersehen"* | *„jemanden in einer Menschenmenge übersehen"* **2** **jemanden/etwas übersehen** jemanden/etwas ignorieren, nicht beachten

**über·set·zen**[1]★ (*übersetzte, hat übersetzt*) **(etwas) übersetzen** einen Text mündlich oder schriftlich in einer anderen Sprache wiedergeben ⟨*etwas frei, sinngemäß, wörtlich übersetzen*⟩ *„einen Roman vom Deutschen ins Englische übersetzen"*

**über·set·zen**[2]★ (*setzte über, hat/ist übergesetzt*) **1** **jemanden übersetzen** (*hat*) jemanden mit einem Boot oder einer Fähre von einem Ufer ans andere bringen *„Ein Fischer *setzte uns ans andere Ufer über"* **2** (*hat/ist*) mit einem Boot oder einer Fähre ans andere Ufer fahren

der **Über·sẹt·zer** eine Person, die (beruflich) übersetzt **K** Literaturübersetzer • *hierzu* **Über·sẹt·ze·rin** *die*

die **Über·sẹt·zung★** (-, *-en*) **1** ein übersetzter Text *„einen Roman in einer neuen Übersetzung herausgeben"* **2** *nur Singular* das Übersetzen *„Die Übersetzung von Redensarten ist oft sehr schwierig"* **K** Übersetzungsarbeit, Übersetzungsbüro, Übersetzungsfehler, Übersetzungsproblem **3** das Verhältnis, in dem die Kraft z. B. von den Pedalen eines Fahrrads oder einem Motor auf die Räder übertragen wird ⟨*eine große, kleine Übersetzung*⟩

die **Ü̲ber·sicht★** (-, *-en*) **1** *nur Singular* die Fähigkeit, Zusammenhänge zu erkennen ⟨*die Übersicht verlieren*⟩ **2** **eine Übersicht (über etwas** (*Akkusativ*)**)** eine kurze Zusammenfassung einer Sache (oft in Form einer Tabelle) *„Die Ansagerin gab eine Übersicht über das Abendprogramm"* **K** Übersichtskarte

**ü̲ber·sicht·lich** ADJEKTIV **1** so, dass man es gut überblicken kann ⟨*ein Gelände*⟩ **2** so geordnet oder gegliedert, dass man es gut und schnell lesen oder verstehen kann ⟨*eine Darstellung*⟩

**ü̲ber·sie·deln** (*siedelte über, ist übergesiedelt*), **über·si̲e̲·deln★** (*übersiedelte, ist übersiedelt*) **irgendwohin übersiedeln** an einen anderen Ort gehen (ziehen), um dort zu wohnen *„Sie ist von Düsseldorf nach Berlin übergesiedelt"* • *hierzu* **Ü̲ber·sie·de·lung**, **Ü̲ber·sied·lung** *die*

**ü̲ber·sinn·lich** ADJEKTIV so, dass man es mit den normalen Sinnen nicht verstehen kann ⟨*Kräfte*⟩

**über·spi̲e̲·len** (*überspielte, hat überspielt*) **etwas überspielen** durch geschicktes Verhalten verhindern, dass andere Leute etwas Unangenehmes bemerken ⟨*die eigene Unsicherheit überspielen*⟩

**über·spịtzt** ADJEKTIV übertrieben, aber so anschaulich, dass jeder versteht, was gemeint ist ⟨*etwas überspitzt formulieren*⟩

**ü̲ber·sprin·gen**[1] (*sprang über, ist übergesprungen*) **etwas springt über** etwas bewegt sich schnell von einem Ort zu einem anderen oder von einer Person zu einer anderen ⟨*Funken, Begeisterung*⟩ *„Die Begeisterung sprang auf das Publikum über"*

**über·sprịn·gen**[2] (*übersprang, hat übersprungen*) **1** **etwas überspringen** über etwas springen ⟨*ein Hindernis überspringen*⟩ *„Er übersprang den Graben mit einem Satz"* **2** **etwas überspringen** ≈ auslassen *„Er hat beim Lesen einige Seiten übersprungen"*

**über·ste̲·hen**[1]**★** (*überstand, hat überstanden*) **etwas (irgendwie) überstehen** eine unangenehme oder gefährliche Situation hinter sich bringen *„Sie hat die Operation gut überstanden"* | *„Heute war die letzte Prüfung. Das Schlimmste wäre damit überstanden"*

**ü̲ber·ste·hen**[2] (*stand über, hat übergestanden*) **etwas steht über** etwas ragt über einen Rand hinaus ⟨*ein Dach, ein Vorsprung steht über*⟩ *„Der Felsen stand einen Meter über"*

**über·stei̲·gen** (*überstieg, hat überstiegen*) **1** **etwas übersteigen** über etwas steigen ⟨*eine Absperrung, einen Zaun übersteigen*⟩ **2** **etwas übersteigt etwas** etwas geht über etwas hinaus ⟨*etwas übersteigt jemandes Fähigkeiten, jemandes finanzielle Möglichkeiten*⟩ *„Eine Bergtour würde meine Kräfte übersteigen"* **3** **etwas übersteigt etwas** etwas ist größer als etwas *„Die Kosten werden tausend Euro nicht übersteigen"*

**über·stịm·men** (*überstimmte, hat überstimmt*) **Personen überstimmen jemanden/etwas** eine Gruppe von Personen stimmt in einer Abstimmung mehrheitlich gegen jemanden/etwas *„Die Regierung überstimmte den Antrag"* | *„Die Gegner des Projekts wurden überstimmt"*

die **Ü̲ber·stun·de★** *meist Plural* (eine Stunde) Arbeit, die man zusätzlich zur normalen Arbeitszeit macht ⟨*Überstunden machen; Überstunden bezahlt/vergütet bekommen*⟩

**über·stụ̈r·zen** (*überstürzte, hat überstürzt*) **1** **etwas überstürzen** etwas zu früh oder zu schnell tun, ohne genügend darüber nachzudenken oder es genügend vorzubereiten *„eine Entscheidung überstürzen"* **2** **die Ereignisse überstürzen sich** es passieren in kurzer Zeit viele unerwartete oder aufregende Dinge

**ü̲ber·ta·rif·lich** ADJEKTIV besser, höher als im Tarif, Vertrag festgelegt ⟨*ein Gehalt, eine Leistung, ein Lohn; übertariflich bezahlt werden*⟩

**über·te̲u̲·ert** ADJEKTIV teurer, als es üblich wäre ⟨*Waren; etwas überteuert verkaufen*⟩

der **Ü̲ber·topf** ein Topf aus Porzellan oder Plastik (als Schmuck), in den man einen einfachen Blumentopf stellt

**über·tra·gen**[1]★ (*überträgt, übertrug, hat übertragen*) KRANKHEITEN USW.: **1** **etwas (auf jemanden) übertragen** eine Krankheit o. Ä. an jemanden weitergeben *„Malaria wird durch Insekten(stiche) übertragen“* ❶ meist im Passiv **2** **Blut übertragen** Blut einer Person in den Körper einer anderen bringen **3** **etwas überträgt sich (auf jemanden)** ein Krankheitserreger gelangt von einem Lebewesen zu einem anderen *„Die Tollwut kann sich auch auf Menschen übertragen“* MEDIEN: **4** **etwas übertragen** etwas, das irgendwo geschieht, dort aufnehmen und (gleichzeitig) im Radio oder Fernsehen senden *„die Debatte im Parlament live im Fernsehen übertragen“* **5** **etwas (auf etwas** (*Akkusativ*)**) übertragen** etwas von einem Datenträger auf einen anderen kopieren *„Die Daten werden auf eine externe Festplatte übertragen“* SCHRIFTLICH: **6** **etwas auf/in etwas** (*Akkusativ*) **übertragen** etwas an einer anderen Stelle noch einmal zeichnen oder schreiben *„eine Zwischensumme auf die nächste Seite übertragen“* **7** **etwas in etwas** (*Akkusativ*) **übertragen** etwas Geschriebenes in eine andere Form oder Sprache bringen *„einen Roman aus dem Französischen ins Spanische übertragen“* AUFGABE: **8** **etwas auf jemanden übertragen** ein Amt, Recht o. Ä. an jemanden weitergeben *„seine Fahrkarte auf jemanden übertragen“* **9** **jemandem etwas übertragen** jemandem eine Aufgabe geben *„jemandem die Leitung eines Projekts übertragen“* SONSTIGE VERWENDUNGEN: **10** **etwas überträgt sich (auf jemanden)** etwas beeinflusst auch andere Personen *„Ihre Begeisterung übertrug sich auf ihre Kollegen“* • *hierzu* **Über·tra·gung** *die*; *zu* (1) **Über·trä·ger** *der*

**über·tra·gen**[2]★ *ADJEKTIV* **in übertragener Bedeutung/im übertragenen Sinn** nicht im konkreten, ursprünglichen Sinn, sondern in einer neuen Bedeutung (bei der man aber an den ursprünglichen Sinn noch erinnert wird)

**über·tref·fen**★ (*übertrifft, übertraf, hat übertroffen*) **1** **jemanden/etwas übertreffen** in der Leistung oder Qualität besser sein als eine andere Person oder Sache *„Im Tennis ist sie nicht zu übertreffen“* **2** **jemanden/etwas an etwas** (*Dativ*) **übertreffen** eine Eigenschaft in höherem Maße als als eine andere Person oder Sache haben *„jemanden an Ausdauer/Fleiß übertreffen“* | *„Diese Brücke übertrifft alle anderen an Größe“* **3** **etwas übertrifft etwas** etwas ist größer als etwas, geht über etwas hinaus *„Das übertrifft meine schlimmsten Befürchtungen/meine kühnsten Hoffnungen“*

**über·trei·ben**★ (*übertrieb, hat übertrieben*) **1** **(etwas) übertreiben** etwas als größer, wichtiger, besser, schlechter usw. darstellen, als es ist ⟨*maßlos, schamlos übertreiben*⟩ *„Sie hat nicht übertrieben, als sie sagte, dass wir von dem Buch begeistert sein würden“* **2** **etwas übertreiben** etwas, das eigentlich positiv ist, zu oft, zu intensiv, zu lange o. Ä. tun *„Er übertreibt das Joggen“*

**über·tre·ten**[1] (*übertritt, übertrat, hat übertreten*) **etwas übertreten** gegen etwas verstoßen, sich nicht an etwas halten ⟨*ein Gebot, ein Gesetz, ein Verbot übertreten*⟩ • *hierzu* **Über·tre·tung** *die*

**über·tre·ten**[2] (*tritt über, trat über, hat/ist übergetreten*) **1** **ein Fluss tritt über** (*ist*) ein Fluss breitet sich über die Ufer aus (vor allem wegen starker Regenfälle o. Ä.) *„ein Fluss tritt über die Ufer“* **2** **zu etwas übertreten** (*ist*) von einer Organisation oder Religionsgemeinschaft zu einer anderen wechseln *„von der FDP zur CDU übertreten“* **3** **in eine andere Schule** (*Akkusativ*) **übertreten** (*ist*) in eine andere Schule wechseln *„von der Realschule ins Gymnasium übertreten“* **4** (*hat/ist*) beim Weitsprung über die Markierung treten, sodass der Sprung ungültig ist

**über·trie·ben**★ *ADJEKTIV* **1** zu groß, zu stark o. Ä. *„jemandes übertriebene Sparsamkeit“* *ADVERB* **2** zu (sehr) *„Sie ist übertrieben ängstlich“*

**über·vor·tei·len** (*übervorteilte, hat übervorteilt*) **jemanden übervorteilen** sich selbst ungerechte Vorteile gegenüber jemandem verschaffen *„Sie fühlte sich von ihm übervorteilt“* Sie fühlte sich benachteiligt • *hierzu* **Über·vor·tei·lung** *die*

**über·wa·chen** (*überwachte, hat überwacht*) **1** **jemanden überwachen** eine Person längere Zeit beobachten, um festzustellen, ob sie etwas Verbotenes tut *„Er wurde von der Polizei überwacht“* **2** **etwas überwachen** beobachten, ob etwas richtig abläuft ⟨*den Verkehr überwachen*⟩ ≈ kontrollieren *„Der Supermarkt wird mit Videokameras überwacht“* • *hierzu* **Über·wa·chung** *die*

**über·wäl·ti·gen** (*überwältigte, hat überwältigt*) **1** **jemanden überwältigen** bewirken, dass jemand sich nicht mehr wehren oder

U

flüchten kann *„Die Hausbewohner konnten den Einbrecher überwältigen"* 2 **etwas überwältigt jemanden** ein Gefühl o. Ä. ist so stark, dass sich jemand nicht dagegen wehren kann ⟨*von Angst, vom Schlaf überwältigt werden*⟩ *„Trauer überwältigte ihn"* • *hierzu* **Über·wäl·ti·gung** *die*

**über·wäl·ti·gend** *ADJEKTIV* 1 ungewöhnlich groß oder stark ⟨*eine Zahl, eine Menge*⟩ *„einen Antrag mit überwältigender Mehrheit annehmen"* 2 ungewöhnlich intensiv, mit sehr starker Wirkung ⟨*ein Anblick, ein Eindruck, ein Erlebnis*⟩

**über·wei·sen★** (*überwies, hat überwiesen*) 1 **etwas überweisen** Geld von einem Bankkonto auf ein anderes Bankkonto buchen lassen ⟨*jemandem/an jemanden Geld überweisen*⟩ 2 **eine Person (an jemanden/etwas) überweisen**; **eine Person (zu jemandem/etwas)** (als Arzt) einen Patienten zu einem anderen Arzt oder in eine Klinik schicken *„Mein Hausarzt hat mich an einen/zum Orthopäden überwiesen"*

die **Über·wei·sung** 1 das Überweisen ⟨*Überweisungen vornehmen*⟩ K Überweisungsauftrag, Überweisungsformular 2 **eine Überweisung (über** *+Zahlenangabe*) eine Geldsumme, die man überwiesen hat *„eine Überweisung über 350 Euro"* 3 ein Formular, mit dem man Geld überweist 4 das Überweisen eines Patienten an einen anderen Arzt K Überweisungsschein

**über·wie·gen** (*überwog, hat überwogen*) 1 **etwas überwiegt (etwas)** etwas ist wichtiger, stärker o. Ä. als etwas anderes *„Zurzeit überwiegt bei mir ein Gefühl der Unzufriedenheit"* 2 **Personen/Dinge überwiegen** die genannten Personen oder Dinge sind in größerer Zahl oder Menge vorhanden als andere Personen oder Dinge *„Bei den Arbeitslosen überwiegen die Frauen"*

**über·wie·gend** *ADJEKTIV*, **über·wie·gend★** 1 *meist attributiv* den größeren Teil einer Sache bildend *„die überwiegende Mehrheit der Bevölkerung"* die große Mehrheit 2 *nur adverbiell* hauptsächlich, vorwiegend, vor allem *„Es sind überwiegend Jugendliche, die das Lokal besuchen"*

**über·win·den★** (*überwand, hat überwunden*) 1 **etwas überwinden** mit etwas Schwierigem (körperlich) fertig werden ⟨*ein Hindernis, eine Steigung überwinden*⟩ *„eine große Entfernung zu Fuß überwinden"* 2 **etwas überwinden** es schaffen, ein unangenehmes Gefühl oder eine schlechte Eigenschaft verschwinden zu lassen ⟨*die Abneigung gegen jemanden/etwas überwinden; die Angst, Ekel, die Schüchternheit überwinden*⟩ ≈ bewältigen, meistern 3 **etwas überwinden** einen sehr schlimmen Zustand o. Ä. beseitigen oder eine Krankheit besiegen *„den Hunger in der Welt überwinden wollen"* 4 **jemanden überwinden** *geschrieben* ⟨*einen Feind, einen Gegner überwinden*⟩ ≈ besiegen 5 **sich (zu etwas) überwinden** sich dazu bringen, etwas zu tun oder zu sagen, das man eigentlich nicht tun oder sagen wollte *„Er überwand sich, ihr zu helfen, obwohl sie ihm sehr unsympathisch war"* • *hierzu* **Über·win·dung** *die*; *zu* (1 – 4)

**über·wind·bar** *ADJEKTIV*

**über·win·tern** (*überwinterte, hat überwintert*) **Tiere/Vögel überwintern irgendwo** Tiere/Vögel halten sich irgendwo während des Winters auf *„Igel überwintern unter Haufen von Blättern und Zweigen"* • *hierzu* **Über·win·te·rung** *die*

**über·wu·chern** (*überwucherte, hat überwuchert*) **etwas überwuchert etwas** Pflanzen wachsen sehr schnell und bedecken etwas *„Unkraut überwucherte die Beete"*

die **Über·zahl** **Personen sind in der Überzahl** eine Gruppe von Personen bildet die Mehrheit *„Bei der Versammlung waren die Männer in der Überzahl"*

**über·zäh·lig** *ADJEKTIV* mehr als man braucht; zu viele ⟨*Teile, Schrauben, Stifte, Geräte*⟩

**über·zeu·gen★** (*überzeugte, hat überzeugt*) 1 **jemanden (von etwas) überzeugen** durch Argumente bewirken, dass jemand etwas glaubt oder als richtig anerkennt ⟨*jemanden von der Notwendigkeit/der Richtigkeit einer Sache überzeugen*⟩ *„Er lässt sich einfach nicht (davon) überzeugen, dass Rauchen schädlich ist"* ❶ ≠ überreden 2 **eine Person/Sache überzeugt (jemanden)** eine Person oder Sache vermittelt einen positiven Eindruck *„Die Leistungen des Schülers überzeugen nicht"* 3 **sich von etwas überzeugen** etwas genau prüfen, um festzustellen, ob es wirklich wahr oder richtig ist *„Er hatte sich von der Richtigkeit ihrer Behauptungen persönlich überzeugt"*

**über·zeu·gend★** *ADJEKTIV* so, dass es jemanden überzeugt *„eine überzeugende Geschichte"* | *„überzeugend argumentieren"*

**über·zeugt★** *ADJEKTIV* 1 **von etwas über-**

U

**zeugt sein** keine Zweifel über etwas haben *„Wir sind von seiner Ehrlichkeit überzeugt"* | *„Er ist überzeugt (davon), das Richtige zu tun/dass er das Richtige tut"* **2** *meist attributiv* ganz sicher, dass etwas richtig oder gültig ist ⟨*ein Christ, ein Demokrat, ein Pazifist, ein Marxist*⟩

die **Über·zeu·gung★** (-, *-en*) eine feste Meinung, die man sich gebildet hat ⟨*der Überzeugung sein, dass ...; zu der Überzeugung gelangen/kommen, dass ...; gegen seine Überzeugung handeln; etwas aus (innerer) Überzeugung tun*⟩ **K** Überzeugungskraft

**über·zie·hen**[1]**★** (*überzog, hat überzogen*) **1** **etwas (mit etwas) überziehen** eine neue Schicht gleichmäßig auf einer Sache verteilen *„Die Torte war mit Zuckerguss überzogen"* **2** **etwas (mit etwas) überziehen** etwas in eine neue Hülle aus Stoff geben *„Das Sofa muss neu überzogen werden"* | *„die Betten frisch überziehen"* **3** **(das Konto) überziehen** mehr Geld vom Konto abheben oder überweisen, als dort vorhanden ist **4** **(etwas) überziehen** (bei einem Auftritt, einer Rede o. Ä.) mehr Zeit brauchen als geplant oder erlaubt ⟨*die Sendezeit überziehen*⟩

**über·zie·hen**[2] (*zog über, hat übergezogen*) **(jemandem) etwas überziehen** jemandem oder sich selbst ein Kleidungsstück (über ein anderes) anziehen *„Ich zog mir einen Mantel über"*

**über·zo·gen** ADJEKTIV ⟨*Erwartungen, Forderungen, Kritik*⟩ ≈ übertrieben

**Über·zug** **1** eine (dünne) Schicht, die einen Gegenstand gleichmäßig bedeckt ⟨*ein Überzug aus Schokolade, Zuckerguss, Kunststoff, Lack*⟩ **2** eine Hülle aus Stoff ≈ Bezug **K** Bettüberzug, Kissenüberzug

**üb·lich★** ADJEKTIV so, wie es meistens, normalerweise ist *„Es ist üblich, dass die ganze Familie zur Hochzeit eingeladen wird"* | *„Wir treffen uns wie üblich an der Haltestelle"* | *„Der Bus hat die übliche Verspätung"* • *hierzu* **üb·li·cher·wei·se** ADVERB

das **U-Boot** Unterseeboot ein Schiff, das tauchen und längere Zeit unter Wasser fahren kann **K** U-Boot-Besatzung, U-Boot-Hafen

**üb·rig★** ADJEKTIV **1** noch (als Rest) vorhanden ⟨*übrig bleiben; etwas übrig behalten, haben, lassen*⟩ *„Sind noch Brötchen vom Frühstück übrig (geblieben)?"* | *„Lass mir bitte ein Stück Kuchen übrig!"* **2** **im Übrigen** zusätzlich zu dem vorher Genannten ≈ außerdem *„Damit wäre der Fall erledigt. Im Übrigen würde ich Sie bitten, mich in Zukunft über so etwas früher zu informieren"*

**üb·ri·gens★** PARTIKEL *unbetont* verwendet, um eine Bemerkung einzuleiten. Man drückt damit aus, dass das neue Thema nicht sehr wichtig ist und dass man auch wieder zum alten Thema zurückkommen will *„Übrigens, da fällt mir ein, du schuldest mir noch zwanzig Euro"* | *„Das Buch, das du mir geliehen hast, war übrigens sehr gut"*

**üb·rig·ha·ben** (*hat übrig, hatte übrig, hat übriggehabt*) **etwas/viel/wenig/nichts für jemanden/etwas übrighaben** etwas/viel/wenig/kein Interesse an jemandem/etwas haben ❶ aber: *noch Geld übrig haben* (getrennt geschrieben)

die **Übung★** (-, *-en*) **1** *nur Singular* das Wiederholen gleicher oder ähnlicher Handlungen, damit man sie besser kann ⟨*etwas zur Übung tun; etwas erfordert viel Übung*⟩ **K** Übungsarbeit, Übungsaufgabe **2** **Übung (in etwas** (*Dativ*)**)** wenn man etwas oft tut und deshalb gut kann, hat man Übung darin ⟨*jemandem fehlt die Übung; in Übung kommen, sein, bleiben; aus der Übung kommen, sein*⟩ *„Er hat wenig Übung im Skifahren"* **3** eine Handlung oder Aufgabe, die man (mehrmals) macht, um besser zu werden *„Heute machen wir Übung 7 auf Seite 40"* **K** Übungsbuch; Fingerübung, Geschicklichkeitsübung, Sprechübung **4** eine (meist festgelegte) Reihenfolge von Bewegungen, z. B. beim Turnen *„eine Übung am Reck turnen"* **K** Gymnastikübung, Turnübung; Entspannungsübung **5** Handlungen, mit denen eine Armee, die Polizei oder die Feuerwehr ihre Aufgaben trainieren ⟨*eine militärische Übung*⟩ **K** Übungsgelände, Übungsplatz; Feuerwehrübung, Schießübung **6** eine Lehrveranstaltung an der Universität, in der praktische Dinge gemacht werden (wie z. B. Versuche oder Übersetzungen) **ID** **Übung macht den Meister** wenn man etwas oft tut, lernt man, es gut zu tun

das **Ufer★** (-s, -) **1** das Land am Rand eines Flusses, Sees, Meeres o. Ä. ⟨*ein flaches, steiles, befestigtes Ufer*⟩ *„ans Ufer geschwemmt werden"* **K** Uferpromenade; Flussufer, Seeufer **2** **ein Fluss tritt über die Ufer** ein Fluss hat mehr Wasser als normal und breitet sich über die Ufer aus

**uff!** verwendet, wenn man etwas anstrengend

U

findet oder wenn man erleichtert ist

die **U-Haft** Kurzwort für *Untersuchungshaft*

die **Uhr**★ (-, *-en*) **1** ein Gerät, mit dem man die Zeit misst ⟨*das Zifferblatt, die Zeiger einer Uhr; die Uhr tickt, geht vor/nach/genau/richtig*⟩ *„Auf/Nach meiner Uhr ist es jetzt fünf nach vier"* | *„Meine Uhr geht jeden Tag zehn Minuten vor"* **K** Uhrzeiger; Armbanduhr, Turmuhr, Eieruhr **2** verwendet, um die Uhrzeit anzugeben *„Beim Gongschlag war es vierzehn Uhr"* | *„Wann geht unser Zug?" – „Um 10 Uhr 24."* **3** **Wie viel Uhr ist es?** verwendet, um nach der Uhrzeit zu fragen **4** **rund um die Uhr** 24 Stunden pro Tag ⟨*rund um die Uhr arbeiten, geöffnet haben*⟩

der **Uhr·ma·cher** eine Person, die beruflich Uhren verkauft und repariert • *hierzu* **Uhr·ma·che·rin** *die*

der **Uhr·zei·ger|sinn** *nur Singular* die Richtung, in die sich die Zeiger einer Uhr drehen *„etwas im Uhrzeigersinn/gegen den Uhrzeigersinn/entgegen dem Uhrzeigersinn drehen"*

die **Uhr·zeit**★ die Zeit des Tages, die eine Uhr anzeigt *„Haben Sie die genaue Uhrzeit?" – „Ja, es ist jetzt genau acht Uhr fünfzehn."*

der **Uhu** ['u:hu]; (-s, -s) eine große europäische Eule

**UKW** [u:ka:'ve:] *ohne Artikel; nur in dieser Form* Ultrakurzwelle der Wellenbereich, in dem lokale und regionale Radiosender senden *„einen Sender auf UKW empfangen"* **K** UKW-Sender

**ul·kig** ADJEKTIV; *gesprochen* ≈ komisch, lustig *„eine ulkige Grimasse schneiden"*

das **Ul·ti·ma·tum** (-s, *Ul·ti·ma·ten*) **1** eine letzte Forderung unter Androhung schlimmer Konsequenzen, falls diese Forderung nicht rechtzeitig erfüllt wird ⟨*jemandem ein Ultimatum stellen*⟩ **2** der Zeitpunkt, bis zu dem ein Ultimatum erfüllt sein muss ⟨*ein Ultimatum läuft ab*⟩ *„Als das Ultimatum abgelaufen war, sprengten die Terroristen das entführte Flugzeug"*

**ul·tra-** *im Adjektiv, betont, begrenzt produktiv* **ultrakurz, ultrakonservativ, ultramodern, ultrarechts** *und andere* in extrem hohem Maß *„ein ultraflaches Smartphone"*

der **Ul·tra·schall** *nur Singular* Töne von so hoher Frequenz, dass der Mensch sie nicht hören kann *„eine Schwangere mit Ultraschall untersuchen, um die Entwicklung des Kindes zu beobachten"* **K** Ultraschallgerät, Ultraschalluntersuchung

**ul·tra·vi·o·lett** ADJEKTIV zum Bereich der Lichtstrahlen gehörig, die (im Farbspektrum) neben dem Violett liegen und nicht als Farbe sichtbar sind *„Die ultravioletten Strahlen bewirken, dass sich unsere Haut in der Sonne verfärbt"* • *hierzu* **Ul·tra·vi·o·lett** *das*

**um**★ PRÄPOSITION *mit Akkusativ* KREIS, BOGEN: **1** **um etwas (herum)** bezeichnet eine Bewegung oder eine Lage in der Form eines Kreises oder eines Bogens *„sich einen Schal um den Hals binden"* | *„einmal um das Haus (herum)laufen"* | *„Ein Auto bog um die Ecke"* **2** **'um sich** + *Verb* bezeichnet eine Bewegung, Wirkung o. Ä. von einem Punkt aus in alle Richtungen *„nervös um sich schauen"* | *„wild um sich schlagen"* ZEIT: **3** **um ein/zwei/... (Uhr)** verwendet zur Angabe der Uhrzeit, zu der etwas geschieht *„um zehn (Uhr) ins Bett gehen"* **4** **um** + *Zeitangabe* **(herum)** verwendet zur Angabe einer ungefähren Zeit *„Die Sitzung wird so um elf Uhr herum vorbei sein"* ZAHLENGRÖSSE: **5** nennt einen Betrag oder Wert (oft bei Vergleichen oder Veränderungen) *„sich um drei Euro verrechnen"* GRUND: **6** nennt den Grund für ein Gefühl *„sich Sorgen um jemanden machen"* ZWECK, ZIEL: **7** nennt den Zweck oder das Ziel einer Handlung, Sache *„um Hilfe rufen"* THEMA, GEGENSTAND: **8** nennt das Thema einer Sache *„eine Debatte um Steuererhöhungen"* | *„Bei diesem Tier handelt es sich um ein Insekt"* VERLUST: **9** nennt die Sache, die jemand/etwas verliert, nicht bekommt o. Ä. *„ums Leben kommen"* bei einem Unfall sterben ADVERB **10** **um (die)** + *Zahl* + *Substantiv* **(herum)** verwendet, um eine ungefähre Zahl zu nennen *„Die Reparatur wird um die 250 Euro kosten"* BINDEWORT **11** **um zu** + *Infinitiv* verwendet, wenn man eine Absicht oder einen Zweck bezeichnen will *„Er öffnete die Tür, um sie hereinzulassen"* **12** **zu** + *Adjektiv*, **um zu** + *Infinitiv* verwendet, wenn man den Grund nennen will, warum etwas nicht möglich ist *„Er ist zu krank, um zu arbeiten"* **ID** **Um Gottes/Himmels willen!** *gesprochen* **a** verwendet, um Überraschung oder Entsetzen auszudrücken **b** verwendet, um eine ausgesprochene Vermutung, eine Frage oder einen Vorschlag entschieden mit *nein* zu beantworten *„Du hast doch bestimmt riesigen Hunger" – „Um Gottes willen, nein!"*

**um-**[1] (*im Verb, betont und trennbar, sehr produktiv; Diese Verben werden so gebildet:*

U

*umwerfen, warf um, umgeworfen)* **1** **jemand/etwas fällt um, kippt um; etwas umbiegen, umkippen, umwerfen; jemanden/etwas umdrehen, umstoßen** *und andere* drückt aus, dass die Stellung oder Lage einer Person oder Sache verändert wird (z. B. von vorn nach hinten, von innen nach außen oder vom Stehen zum Liegen) *„Der Sturm knickte die Bäume um"* Der Sturm knickte die Bäume, sodass ihre Spitzen nicht mehr nach oben, sondern zum Boden gerichtet waren **2** **umsiedeln, umziehen; etwas umfüllen, umladen; jemanden umbetten, umsiedeln** *und andere* drückt aus, dass eine Bewegung von einem Ort an einen anderen, von einem Behälter in einen anderen führt *„Er pflanzte die Rosen in ein anderes Beet um"* Er nahm die Rosen aus dem einen Beet heraus und pflanzte sie in ein anderes **3** **(etwas) umbestellen, umbuchen; etwas umbenennen, umstellen; jemanden umkleiden** *und andere* drückt aus, dass eine Handlung in neuer, anderer Weise wiederholt wird, um einen Zustand zu ändern *„Die Schule wurde in ein Museum umgebaut"* Die Schule wurde so verändert, dass daraus ein Museum wurde

**um-**[2] *(im Verb, unbetont, nicht trennbar, begrenzt produktiv; Diese Verben werden so gebildet: umfließen, umfloss, umflossen)* **1** **etwas umfahren, umfliegen; jemanden/etwas umgehen, umlagern** *und andere* drückt eine Bewegung oder Lage in der Form eines Kreises oder eines Bogens aus *„Sie beschlossen, wegen der Staus die Innenstadt zu umfahren"* Sie fuhren nicht durch das Zentrum, sondern außen herum **2** **etwas umgrenzen, umrahmen, umzäunen; jemanden/etwas umfassen, umschlingen** *und andere* drückt aus, dass etwas auf allen Seiten um eine Person oder Sache herum entsteht oder wächst, gebaut oder angeordnet wird *„ein Grundstück umzäunen"* einen Zaun um ein Grundstück herum bauen | *„Efeu umrankt den Baum"* Efeu wächst (rankt) rund um den Baumstamm

**um·ar·men★** *(umarmte, hat umarmt)* **jemanden/etwas umarmen** die Arme (aus Freude oder in Liebe) um eine andere Person oder eine Sache legen • *hierzu* **Um·ar·mung** *die*

der **Um·bau★** *(-(e)s, -ten); meist Singular* das Umbauen *„Der Umbau des Museums wird vier bis fünf Monate dauern"*

**um·bau·en** *(hat)* **(etwas) umbauen** etwas durch Bauen verändern *„eine Mühle in ein/zu einem Wohnhaus umbauen"* | *„Wir bauen um! Wir bitten um Ihr Verständnis"*

**um·bin·den** *(hat)* **(jemandem) etwas umbinden** (jemandem oder sich selbst) etwas um einen Körperteil binden ⟨*sich (Dativ) einen Schal, ein Kopftuch, eine Schürze umbinden*⟩

**um·blät·tern** *(hat)* ein Blatt in einem Buch o. Ä. nach links legen, damit man zur nächsten Seite kommt

**um·brin·gen** *(hat); gesprochen* **jemanden umbringen** jemanden oder sich selbst töten

der **Um·bruch** eine große Änderung, meist im Bereich der Politik *„Die Gesellschaft befindet sich im Umbruch"*

**um·bu·chen** *(hat)* **1** **(jemanden/etwas) umbuchen** jemandes Buchung ändern *„eine Reise umbuchen"* | *„jemanden auf einen anderen Flug umbuchen"* **2** **(etwas) umbuchen** einen Geldbetrag auf ein anderes Konto buchen • *hierzu* **Um·bu·chung** *die*

**um·den·ken** *(hat)* (aufgrund einer veränderten Situation) über etwas nachdenken und die Meinung ändern *„Wir dürfen keine Abwässer mehr in die Flüsse leiten. Wir müssen umdenken!"*

**um·dis·po·nie·ren** *(disponierte um, hat umdisponiert)* anders entscheiden oder planen *„kurzfristig umdisponieren müssen"*

**um·dre·hen★** **1** **jemanden/etwas umdrehen** *(hat)* jemanden/etwas im Bogen oder im Kreis von einer Seite auf die andere Seite bewegen *„den Schlüssel zweimal (im Schloss) umdrehen"* | *„Er drehte die Verletzte um"* **2** *gesprochen (hat/ist)* sich wieder in die Richtung bewegen, aus der man gekommen ist ≈ umkehren *„Als der Weg plötzlich aufhörte, mussten wir umdrehen"* **3** **sich (nach jemandem/etwas) umdrehen** *(hat)* den Kopf und den Körper nach hinten drehen (um jemandem/etwas mit den Augen zu folgen) *„sich nach einer hübschen Frau umdrehen"*

die **Um·dre·hung** eine Bewegung um die eigene Achse, durch die ein vollständiger Kreis entsteht ⟨*eine halbe, volle Umdrehung; etwas macht eine Umdrehung*⟩ *„Langspielplatten spielt man mit 33 Umdrehungen pro Minute ab"* **K** Umdrehungsgeschwindigkeit, Umdrehungszahl

**um·ei·nan·der** *ADVERB* eine Person/Sache um die andere (drückt eine Gegenseitigkeit aus) *„Ute und Martin kümmern sich umeinander"* Ute kümmert sich um Martin, und Martin kümmert sich um Ute

**ụm·fah·ren**[1] (*fährt um, fuhr um, hat umgefahren*) **jemanden/etwas umfahren** beim Fahren so gegen eine Person oder Sache stoßen, dass sie umfällt *„ein Straßenschild umfahren"*

**um·fa̲h·ren**[2] (*umfuhr, hat umfahren*) **etwas umfahren** in einem Bogen um ein Hindernis o. Ä. fahren *„eine große Stadt umfahren, um nicht im Berufsverkehr stecken zu bleiben"*

die **Um·fa̲h·rung** (-, *-en*) **1** *meist Singular* das Umfahren **2** *süddeutsch* Ⓐ Ⓒⓗ ≈ Umgehungsstraße

**ụm·fal·len**★ (*ist*) **1** das Gleichgewicht verlieren und vom Stehen zum Liegen kommen *„Er fiel tot um"* | *„an ein Glas stoßen, sodass es umfällt"* **2** *gesprochen, abwertend* (unter psychischem Druck) nachgeben und das tun, was eine andere Person will ⟨*ein Zeuge fällt um*⟩ *„Der Angeklagte fiel kurz darauf um und legte ein Geständnis ab"*

der **Ụm·fang**★ **1** die Länge einer Linie, die um die äußerste Begrenzung eines Gegenstandes herum läuft *„den Umfang eines Kreises berechnen"* **K** Bauchumfang, Erdumfang, Kreisumfang **2** die Dimensionen oder die Reichweite von etwas (meist Negativem) ≈ Ausmaß *„ein Problem in seinem vollen Umfang erkennen"* **3** **etwas ist von beträchtlichem Umfang** sehr groß oder sehr viel ⟨*eine Menge, ein Wert, eine Summe, ein Problem, Maße*⟩ *„Die erforderlichen Arbeiten auf der Baustelle waren von beträchtlichem Umfang"* es musste sehr viel und sehr lange gearbeitet werden

**ụm·fang·reich** ADJEKTIV mit großem Umfang *„umfangreiche Nachforschungen anstellen"* | *„ein umfangreicher Bericht"*

**um·fạs·sen**★ (*umfasste, hat umfasst*) **etwas umfasst etwas** etwas enthält etwas in der genannten Menge oder Zahl *„Das Buch umfasst dreihundert Seiten"*

**um·fạs·send** ADJEKTIV **1** fast vollständig ⟨*ein Geständnis*⟩ **2** ⟨*Kenntnisse, Maßnahmen*⟩ ≈ umfangreich, weitreichend

das **Ụm·feld**★ *nur Singular* alle Einflüsse, die auf eine Person einwirken ⟨*das politische, soziale, wirtschaftliche Umfeld*⟩ *„das politische Umfeld einer terroristischen Vereinigung"*

**ụm·for·mu·lie·ren** (*formulierte um, hat umformuliert*) **etwas umformulieren** etwas anders formulieren *„einen Satz umformulieren"*

die **Ụm·fra·ge**★ bei einer Umfrage stellt man vielen Personen die gleichen Fragen zu einem Thema *„Eine Umfrage unter Schülern hat ergeben, dass viele auch außerhalb der Schule Sport treiben"*

**ụm·fül·len** (*hat*) **etwas (in etwas** (*Akkusativ*)) **umfüllen** etwas von einem Gefäß in ein anderes füllen *„Zucker aus der Tüte in ein Glas umfüllen"*

**ụm·funk·ti·o·nie·ren** [-tsio-] (*funktionierte um, hat umfunktioniert*) **etwas (in etwas** (*Akkusativ*)/**zu etwas) umfunktionieren** etwas für einen neuen, anderen Zweck verwenden *„eine alte Fabrik zu einer/in eine Diskothek umfunktionieren"*

der **Ụm·gang**★ *nur Singular* **1** **der Umgang (mit jemandem)** die regelmäßigen (freundschaftlichen) Kontakte zu jemandem ⟨*mit jemandem Umgang haben, pflegen*⟩ **2** die Art von Menschen, zu denen man regelmäßig Kontakt hat ⟨*guten, schlechten Umgang haben*⟩ **3** **der Umgang mit jemandem/etwas** das Behandeln von jemandem/die Handhabung einer Sache ⟨*Erfahrung im Umgang mit jemandem/etwas haben*⟩ *„geschickt im Umgang mit Werkzeugen sein"*

**ụm·gäng·lich** ADJEKTIV ⟨*ein Mensch, ein Charakter*⟩ freundlich, sodass man keine Schwierigkeiten mit ihnen hat • *hierzu* **Ụm·gäng·lich·keit** *die*

die **Ụm·gangs·for·men** *Plural* ⟨*gute Umgangsformen haben*⟩ ≈ Benehmen, Manieren

die **Ụm·gangs·spra·che** die Sprache, die man z. B. zu Hause und im Umgang mit Freunden verwendet ↔ Schriftsprache *„Kurze Formen wie „Ich glaub" oder „Ich habs kapiert" sind typisch für die Umgangssprache"* • *hierzu* **ụm·gangs·sprach·lich** ADJEKTIV

**um·ge̲·ben**★ (*umgibt, umgab, hat umgeben*) **1** **etwas umgibt jemanden/etwas** etwas ist auf allen Seiten rund um jemanden/etwas herum *„Hohe Mauern umgeben das Gefängnis"* **2** **sich mit Personen umgeben** oft die Gesellschaft der genannten Personen suchen *„Der Star umgibt sich gern mit Bewunderern"*

die **Um·ge̲·bung**★ (-, *-en*) **1** das Gebiet, das um einen Ort oder um eine Stelle herum liegt ⟨*die nächste, unmittelbare, nähere, weitere Umgebung*⟩ *„Die Stadt liegt in einer reizvollen Umgebung"* **2** der Ort, an dem man lebt, und die Menschen, mit denen man Kontakt hat ⟨*die gewohnte, vertraute Umgebung*⟩ ≈ Umwelt

U

**um·ge·hen**[1]★ (*ging um, ist umgegangen*) **1** **mit jemandem/etwas irgendwie umgehen** jemanden/etwas irgendwie behandeln *„mit jemandem streng umgehen"* | *„mit dem Werkzeug sorgfältig umgehen"* **2** **ein Gerücht geht um** ein Gerücht verbreitet sich

**um·ge·hen**[2]★ (*umging, hat umgangen*) **1** **jemanden/etwas umgehen** im Kreis oder Bogen um jemanden/etwas herum gehen oder fahren *„ein Hindernis umgehen"* **2** **etwas umgehen** etwas Unangenehmes vermeiden ⟨*Schwierigkeiten*⟩ *„Es lässt sich nicht umgehen, dass du dich bei ihm entschuldigst"* • *hierzu* **Um·ge·hung** *die*

**um·ge·hend** *ADJEKTIV meist attributiv* so schnell wie möglich *„Wir bitten um eine umgehende Antwort"*

die **Um·ge·hungs|stra·ße** eine Straße, die um einen Ort herumführt *„eine Umgehungsstraße bauen, um eine Stadt vom Durchgangsverkehr zu entlasten"*

**um·ge·kehrt**★ *ADJEKTIV* so, dass das Gegenteil der Fall ist (dass z. B. der Anfang das Ende ist) *„Es war alles genau umgekehrt!"* genau das Gegenteil war der Fall

**um·ge·stal·ten** (*hat*) **etwas umgestalten** einer Sache eine neue Form oder ein anderes Aussehen geben ⟨*einen Platz, einen Park umgestalten*⟩ • *hierzu* **Um·ge·stal·tung** *die*

**um·gra·ben** (*hat*) **(etwas) umgraben** (mit einem Spaten) die oberste Schicht der Erde nach unten bringen und dabei die Erde locker machen ⟨*ein Beet, den Boden, den Garten umgraben*⟩

**um·ha·ben** (*hat*) **etwas umhaben** *gesprochen* etwas um einen Teil des Körpers herum tragen *„einen Schal umhaben"*

der **Um·hang** ein weiter Mantel ohne Ärmel ≈ Cape

**um·hän·gen** (*hängte um, hat umgehängt*) **(jemandem) etwas umhängen** jemandem oder sich selbst etwas über die Schultern legen, sodass es um den Körper herum hängt ⟨*jemandem eine Decke, sich (Dativ) einen Mantel, ein Cape umhängen*⟩

**um·hau·en** (*hat*); *gesprochen* **1** **jemanden umhauen** einer Person einen kräftigen Schlag geben, sodass sie zu Boden fällt ≈ niederschlagen **2** **etwas haut jemanden um** etwas hat eine starke Wirkung auf jemanden *„Ein Glas Bier wird dich doch nicht gleich umhauen!"* | *„Es hat mich fast umgehauen, als ich von seinem Lottogewinn hörte"* **3** **einen Baum umhauen** ≈ fällen

**um·her** *ADVERB* in allen Richtungen ≈ ringsum *„Weit umher war alles leer"*

**um·her-** (*im Verb, betont und trennbar, begrenzt produktiv; Diese Verben werden so gebildet: umherlaufen, lief umher, umhergelaufen*) **umherblicken, umherfahren, umhergehen, umherirren, umherschleichen** *und andere* drückt aus, dass eine Bewegung ohne festes Ziel in verschiedene Richtungen geht *„Er stand auf dem Berg und blickte umher"* Er blickte in alle Richtungen, ohne etwas zu suchen

**um·hö·ren** (*hat*) **sich (nach etwas) umhören** verschiedenen Leuten Fragen stellen, um etwas über ein Thema zu erfahren *„sich nach einem neuen Job umhören"* | *„sich umhören, ob irgendwo eine Wohnung frei ist"*

**um·keh·ren** **1** (*ist*) sich wieder in die Richtung bewegen, aus der man gekommen ist *„auf halbem Weg/kurz vor dem Ziel umkehren"* **2** **etwas umkehren** (*hat*) etwas in das Gegenteil verändern ⟨*eine Entwicklung, eine Reihenfolge umkehren*⟩ **3** **etwas umkehren** die innere Seite nach außen oder die obere Seite nach unten drehen *„die Hosentaschen umkehren und ausleeren"* • *zu* (2) **um·kehr·bar** *ADJEKTIV*

**um·kip·pen** (*hat/ist*) **1** (*ist*) ≈ umfallen *„mit dem Stuhl nach hinten umkippen"* **2** *gesprochen* ohnmächtig werden *„Als sie das Blut sah, kippte sie um"* **3** **etwas umkippen** (*hat*) bewirken, dass etwas umfällt *„mit dem Arm ein Glas umkippen"*

**um·klei·den** (*hat*) **jemanden umkleiden** jemandem oder sich selbst andere Kleider anziehen **K** Umkleidekabine, Umkleideraum

**um·kni·cken** **1** **etwas umknicken** (*hat*) etwas so stark biegen, dass es an einer Stelle bricht *„Der Sturm hat die Telefonmasten umgeknickt"* **2** **etwas knickt um** (*ist*) etwas wird umgeknickt *„Die Blumen knickten im Wind um"* **3** **(mit dem Fuß) umknicken** mit dem Fuß aus Versehen so auf den Boden treten, dass sich das Fußgelenk stark zur Seite biegt und es wehtut

**um·kom·men** (*ist*) durch einen Unfall oder im Krieg sterben *„Bei der Überschwemmung sind mehr als hundert Menschen umgekommen"*

der **Um·kreis** *nur Singular* das Gebiet um etwas

herum ≈ Umgebung *„im Umkreis einer Stadt leben"*

**ụm·la·den** (*hat*) **etwas umladen** etwas in einen anderen Behälter oder in ein anderes Fahrzeug laden *„die Fracht vom Lastwagen in den Zug umladen"*

die **Ụm·la·ge** der Teil einer großen Summe Geld, den einzelne Mitglieder einer Gruppe, z. B. Mieter einer Wohnung in einem großen Haus, zahlen müssen *„Die Umlage für die Hausnebenkosten beträgt 50 Euro pro Monat"*

das **Ụm·land** *nur Singular* das Gebiet um eine Stadt herum, das wirtschaftlich und kulturell von ihr abhängig ist

der **Ụm·lauf** **1** *meist Singular* die Weitergabe von Geld, Neuigkeiten o. Ä. von einer Person oder einem Ort zur/zum anderen ⟨*etwas ist in/im Umlauf*⟩ *„alte Geldscheine aus dem Umlauf ziehen"* **2** ≈ Umkreisung *„der erste Umlauf eines Satelliten um die Erde"* **K** Umlaufbahn, Umlaufzeit

der **Ụm·laut**★ ein Vokal, den man mit zwei Punkten schreibt, wie *ä, ö, ü* und *äu*

**ụm·le·gen**★ (*hat*) **1** **etwas umlegen** die Lage einer Sache verändern, indem man sie auf die andere Seite dreht, kippt oder klappt ⟨*einen Hebel, einen Kragen, einen Schalter umlegen*⟩ *„die Lehnen der Rücksitze im Auto nach vorne umlegen"* **2** **jemanden umlegen** jemanden in eine andere Lage oder an einen anderen Ort legen *„einen Kranken in ein anderes Zimmer umlegen"* **3** **etwas umlegen** etwas auf einen anderen Zeitpunkt legen ⟨*einen Termin umlegen*⟩ **4** **(jemandem) etwas umlegen** jemandem oder sich selbst etwas um die Schultern oder den Hals legen *„Ich habe mir einen einen Schal umgelegt"* **5** **etwas auf Personen umlegen** die Kosten für etwas so teilen, dass mehrere Personen einen gleichen Anteil bezahlen *„die Wasserkosten auf die einzelnen Mieter umlegen"* **6** **jemanden umlegen** *gesprochen* ≈ erschießen

**ụm·lei·ten** (*hat*) **jemanden/etwas umleiten** jemanden/etwas in eine andere Richtung leiten ⟨*einen Bach, einen Fluss, den Verkehr umleiten*⟩ *„Die Bundesstraße 2 ist nach einem Unfall gesperrt. Die Polizei leitet den Verkehr um"* | *„Wir wurden auf eine Nebenstrecke umgeleitet"*

die **Ụm·lei·tung**★ **1** eine Strecke, über die der Verkehr geleitet wird, weil eine andere Straße gesperrt ist ⟨*eine/auf einer Umleitung fahren*⟩ **2** *nur Singular* das Umleiten *„die Umleitung eines Baches"*

**ụm·ler·nen** (*hat*) einen zweiten Beruf erlernen, meist weil man eine andere Arbeitsstelle sucht

**ụm·mel·den** (*hat*) **jemanden/etwas ummelden** jemanden, sich selbst oder etwas irgendwo abmelden und an einer anderen Stelle wieder anmelden *„Wenn du umziehst, musst du dich ummelden"*

**ụm·pflan·zen** (*hat*) **etwas umpflanzen** eine Pflanze an einen anderen Ort pflanzen

**ụm·pflü·gen** (*hat*) **etwas umpflügen** etwas mit dem Pflug bearbeiten ⟨*ein Feld umpflügen*⟩

**um·ra̲h·men** (*umrahmte, hat umrahmt*) **1** **etwas umrahmt etwas** etwas bildet einen Rahmen um etwas herum *„ein von Locken umrahmtes Gesicht"* **2** **etwas irgendwie umrahmen** etwas durch ein zusätzliches Programm am Anfang und Ende unterhaltsamer machen *„eine Preisverleihung musikalisch umrahmen"* • *hierzu* **Um·ra̲h·mung** *die*

**um·rạn·den** (*umrandete, hat umrandet*) **etwas umranden** einen Rand oder Kreis um etwas herum malen oder gestalten *„einen Tag im Kalender rot umranden"* | *„ein mit Steinen umrandetes Beet"* • *hierzu* **Um·rạn·dung** *die*

**ụm·räu·men** (*hat*) **(etwas) umräumen** Dinge aus einem Raum, Schrank o. Ä. an einen anderen Ort bringen *„das Geschirr in einen neuen Schrank umräumen"* | *„den Keller umräumen, um Platz zu schaffen"*

**ụm·rech·nen** (*hat*) **etwas (in etwas** (*Akkusativ*)**) umrechnen** durch eine Rechnung herausfinden, wie groß, wie teuer, wie viel o. Ä. etwas in einer anderen Maßeinheit oder Währung ist *„Zoll in Zentimeter umrechnen"* | *„Yen in Euro umrechnen"*

die **Ụm·rech·nung** *meist Singular* das Umrechnen **K** Umrechnungskurs, Umrechnungstabelle

**ụm·rei·ßen**[1] (*riss um, hat umgerissen*) **jemanden/etwas umreißen** jemanden/etwas durch eine plötzliche, kräftige Bewegung zu Boden reißen *„Der Sturm hat die Telefonmasten umgerissen"*

**um·re̲i̲·ßen**[2] (*umriss, hat umrissen*) **etwas umreißen** die wichtigsten Aspekte einer Sache kurz beschreiben *„einen Plan umreißen"*

**ụm·ren·nen** (*hat*) **jemanden/etwas umrennen** beim Rennen so gegen eine Person oder Sache stoßen, dass sie zu Boden fällt

**um·rin·gen** (*umringte, hat umringt*) **Personen umringen jemanden/etwas** Personen stehen in einem kleinen, engen Kreis um jemanden/etwas herum *„Die Schar der Fans umringte den Star"*

der **Um·riss** der Rand oder die Linie, die die äußere Form einer Person oder Sache gegen einen Hintergrund zeigen ≈ Konturen *„im Licht der Scheinwerfer die Umrisse eines Baumes erkennen"* ❶ Der Plural wird oft in der Bedeutung des Singulars verwendet.

**um·rüh·ren★** (*hat*) **(etwas) umrühren** in etwas rühren, um es gut zu mischen *„die Suppe von Zeit zu Zeit umrühren, damit sie nicht anbrennt"*

**ums★** *PRÄPOSITION mit Artikel* um das ❶ In Wendungen wie *ums Leben kommen* kann *ums* nicht durch *um das* ersetzt werden.

**um·sat·teln** (*hat*) **(auf etwas** (*Akkusativ*)**) umsatteln** *gesprochen* ein neues Studium, einen neuen Beruf anfangen *„auf EDV-Berater umsatteln"* | *„das Chemiestudium aufgeben und auf Physik umsatteln"*

der **Um·satz★** der Gesamtwert der Waren, die in einem begrenzten Zeitraum verkauft werden ⟨*der Umsatz steigt, sinkt, stagniert*⟩ *„Das Lokal macht einen Umsatz von durchschnittlich tausend Euro pro Abend"* | *„Der Umsatz an/von Computerspielen ist in den letzten Jahren stark zurückgegangen"* **K** Umsatzrekord, Umsatzrückgang, Umsatzsteuer

**um·schal·ten** (*hat*) **1** **etwas ((von etwas) auf etwas** (*Akkusativ*)**) umschalten** mit einem Schalter oder Hebel die Einstellung o. Ä. eines Gerätes ändern *„den Herd (auf eine höhere Stufe) umschalten"* **K** Umschalthebel **2** **((von etwas) auf/in etwas** (*Akkusativ*)**) umschalten** ein anderes Programm wählen *„vom ersten aufs dritte Programm umschalten"* **3** **etwas schaltet ((von etwas) auf etwas** (*Akkusativ*)**) um** etwas ändert (automatisch) die Einstellung *„Die Ampel schaltet von Grün auf Gelb um"*

der **Um·schlag★** **1** eine Hülle, in die man einen Brief steckt, um ihn mit der Post zu schicken ⟨*einen Brief, ein Schreiben in einen Umschlag stecken*⟩ **K** Briefumschlag **2** eine Hülle aus dickem Papier oder dünnem Plastik, mit der man ein Buch oder Heft vor Schmutz schützt *„Der Umschlag des Buches ist eingerissen"* **K** Schutzumschlag **3** *meist Plural* ein feuchtes Tuch, das man einem Kranken um einen Körperteil legt (um Fieber oder Schmerzen zu bekämpfen) ⟨*jemandem (heiße, warme, kalte, feuchte) Umschläge machen*⟩ **4** **ein Umschlag (in etwas** (*Akkusativ*)**)** eine plötzliche, starke Veränderung des Wetters oder der Stimmung *„der Umschlag seiner Stimmung in Melancholie"* **K** Stimmungsumschlag, Wetterumschlag **5** *nur Singular* das Laden von Waren von einem Fahrzeug auf ein anderes Fahrzeug (z. B. von einem Schiff auf die Bahn) **K** Umschlagbahnhof, Umschlaghafen; Güterumschlag

**um·schla·gen** **1** **etwas schlägt (in etwas** (*Akkusativ*)**) um** (*ist*) etwas ändert sich plötzlich völlig *„Seine Verehrung schlug in Hass um"* **2** **etwas umschlagen** (*hat*) Waren zum weiteren Transport von einem Fahrzeug auf ein anderes laden *„Im Hamburger Hafen werden jährlich mehrere Millionen Container umgeschlagen"* **3** **etwas umschlagen** (*hat*) den Rand eines Kleidungsstücks auf die andere Seite falten ⟨*den Kragen, die Manschetten umschlagen*⟩ ❶ weitere Verwendungen → **um-**

**um·schmei·ßen** (*hat*) **jemanden/etwas umschmeißen** *gesprochen* ≈ umwerfen

**um·schrei·ben**[1] (*umschrieb, hat umschrieben*) **etwas umschreiben** etwas mit anderen Worten sagen ≈ paraphrasieren *„einen schwierigen Begriff zu umschreiben versuchen"* • *hierzu* **Um·schrei·bung** *die*

**um·schrei·ben**[2] (*schrieb um, hat umgeschrieben*) **etwas umschreiben** einen Text stark verändern und noch einmal schreiben *„Auf Wunsch des Verlags schrieb er das erste Kapitel des Romans um"*

**um·schu·len** (*hat*) **1** **jemanden (zu etwas) umschulen** eine Person, die bereits einen Beruf hat (aber keine Arbeitsstelle findet), in einem neuen Beruf ausbilden ⟨*sich umschulen lassen*⟩ *„jemanden zum Krankenpfleger umschulen"* **2** eine Ausbildung in einem anderen Beruf machen *„Aus gesundheitlichen Gründen kann er nicht mehr als Koch arbeiten. Jetzt will er umschulen"* • *hierzu* **Um·schu·lung** *die*

**um·schüt·ten** (*hat*) **etwas umschütten** so gegen etwas stoßen, dass der Inhalt herausfließt *„eine Tasse Tee umschütten"*

**um·schwär·men** (*umschwärmten, haben umschwärmt*) **jemand wird von einer Gruppe umschwärmt** eine Person wird von vielen Menschen, die sie bewundern und verehren, umgeben *„Der Schlagersänger wird von vielen weiblichen Fans umschwärmt"*

der **Um·schwung** eine plötzliche, sehr starke

U

Änderung ⟨*ein politischer, wirtschaftlicher, klimatischer Umschwung; ein Umschwung findet statt, tritt ein*⟩ **K** Stimmungsumschwung, Wetterumschwung, Wirtschaftsumschwung

**um·se·hen** (*hat*) **1** **sich (irgendwo) umsehen** nach allen Seiten blicken und die nähere Umgebung genau betrachten ⟨*sich neugierig (in einer fremden Umgebung) umsehen*⟩ *„Sieh dich ruhig in meinem Zimmer um"* **2** **sich (nach jemandem/etwas) umsehen** den Kopf nach hinten drehen, um jemanden/etwas zu sehen *„Er hat sich noch mehrmals nach der Frau umgesehen"* **3** **sich (nach etwas) umsehen** etwas suchen *„sich nach einem Geburtstagsgeschenk für jemanden umsehen"*

**um·set·zen★** (*hat*) **1** **etwas (in die Praxis/Tat) umsetzen** so handeln, wie es einer Sache entspricht, damit sie Wirklichkeit wird ⟨*eine Idee, einen Plan, ein Vorhaben, einen Vorschlag umsetzen*⟩ **2** **etwas umsetzen** Waren verkaufen ≈ absetzen *„Die Firma hat in diesem Jahr Maschinen im Wert von 10 Millionen Euro umgesetzt"* **3** **jemanden umsetzen** jemandem einen anderen Sitzplatz geben *„einen Schüler umsetzen, weil er sich dauernd mit seinem Nachbarn unterhält"* **4** **etwas umsetzen** etwas an eine andere Stelle pflanzen, setzen ⟨*einen Baum, den Zaun umsetzen*⟩ **5** **etwas in etwas** (*Akkusativ*) **umsetzen** *gesprochen* etwas gegen etwas tauschen *„Sie setzt ihr ganzes Geld in Kleider um"* • *hierzu* **Um·set·zung** *die*

die **Um·sicht** (-) das ruhige, vorsichtige Beachten der gegebenen Situation, bei dem man an alle Konsequenzen einer Aktion denkt ⟨*bei etwas große Umsicht zeigen; mit Umsicht zu Werke gehen*⟩ • *hierzu* **um·sich·tig** *ADJEKTIV*

**um·sie·deln** **1** **jemanden umsiedeln** (*hat*) jemanden dazu zwingen, an einem anderen Ort zu wohnen *„Die Bevölkerung musste umgesiedelt werden, weil das Gebiet nach dem Unfall radioaktiv verseucht war"* ❶ meist im Passiv **2** **(irgendwohin) umsiedeln** (*ist*) in ein anderes Land, Gebiet, eine andere Stadt usw. (um)ziehen *„von Münster nach Berlin umsiedeln"* • *hierzu* **Um·sied·lung** *die*; *zu* (1) **Um·sied·ler** *der*; *zu* (1) **Um·sied·le·rin** *die*

**um·so★** *BINDEWORT* **umso** + *Komparativ* verwendet, um zu sagen, dass eine bereits vorhandene Eigenschaft oder ein Zustand noch verstärkt wird *„Das Haus gefällt mir. Wenn der Preis noch reduziert wird: Umso besser (ist es)!"* | *„Je länger sie das Bild ansah, umso schöner fand sie es"* | *„Nach dem Skandal ist es jetzt umso wichtiger, das Vertrauen der Wähler zurückzugewinnen"*

**um·sonst★** *ADVERB; gesprochen* **1** ohne dass es Geld kostet ⟨*etwas ist umsonst*⟩ ≈ kostenlos **2** ohne Geld oder ein Geschenk dafür zu bekommen *„In seiner Freizeit arbeitet er umsonst in einem Altersheim"* **3** ohne Erfolg ⟨*jemandes Anstrengungen, Bemühungen, alle Versuche sind umsonst*⟩ ≈ vergeblich

der **Um·stand★** **1** eine Tatsache oder ein Detail, die ein Geschehen oder eine Situation (mit) bestimmen ⟨*ein entscheidender, wichtiger, günstiger, glücklicher Umstand; die näheren Umstände einer Sache schildern*⟩ *„Den Patienten geht es den Umständen entsprechend (gut)"* dem Patienten geht es so gut, wie es einer Person gehen kann, die eine solche Krankheit bzw. Verletzung hat **2** **mildernde Umstände** Gründe, die einen Richter ein mildes Urteil fällen lassen **3** **unter Umständen** vielleicht, möglicherweise **4** **unter (gar) keinen Umständen** auf (gar) keinen Fall **5** *nur Plural* zusätzliche Arbeit, unnötiger Aufwand *„Mach dir meinetwegen keine großen Umstände"* Mach dir nicht viel Arbeit wegen mir **6** **eine Frau ist in anderen Umständen** *veraltend* eine Frau ist schwanger

**um·ständ·lich★** *ADJEKTIV* **1** *abwertend* ziemlich langsam und ungeschickt *„Komm, sei doch nicht so umständlich!"* **2** so, dass etwas viel Mühe macht und viel Zeit kostet ⟨*eine Methode, ein Verfahren*⟩ ≈ aufwändig

**Um·stands-** *im Substantiv, betont, nicht produktiv* **die Umstandshose, das Umstandskleid, die Umstandsmode** *und andere* (sehr weit und daher) für schwangere Frauen geeignet

das **Um·stands·wort** (-(e)s, *Um·stands·wör·ter*) ≈ Adverb

**um·stei·gen★** (*ist*) **1** **((von etwas) in etwas** (*Akkusativ*)**) umsteigen** von einem (öffentlichen) Fahrzeug in ein anderes steigen, um damit weiterzufahren *„Geht dieser Zug bis Dortmund durch, oder muss ich umsteigen?"* **K** Umsteigemöglichkeit **2** **((von etwas) auf etwas** (*Akkusativ*)**) umsteigen** von einer Sache zu etwas anderem oder etwas Neuem wechseln *„auf vegetarische Ernährung umsteigen"* • *hierzu* **Um·stieg** *der*

**ụm·stel·len**[1] (*stellte um, hat umgestellt*) **1** **(etwas) umstellen** etwas von einem Platz an einen anderen stellen *„Möbel umstellen"* **2** **(etwas) umstellen** einen Hebel o. Ä. anders stellen ⟨*die Weichen umstellen*⟩ **3** **(jemanden/etwas) ((von etwas) auf etwas** (*Akkusativ*)) **umstellen** etwas (für jemanden) ändern *„die Ernährung völlig umstellen"* | *„Wir müssen (die Buchhaltung) auf ein neues Programm umstellen"* **4** **sich ((von etwas) auf etwas** (*Akkusativ*)) **umstellen** sich veränderten Umständen oder Situationen anpassen ⟨*sich umstellen müssen*⟩ • *hierzu* **Ụm·stel·lung** *die*

**um·stẹl·len**[2] (*umstellte, hat umstellt*) **Personen umstellen jemanden/etwas** viele Personen stellen sich um jemanden oder etwas herum (z. B. um eine Person zu fangen) *„Hier spricht die Polizei: Das Haus ist umstellt, kommen Sie mit erhobenen Händen heraus!"*

**ụm·stim·men** (*hat*) **jemanden umstimmen** durch Argumente oder Bitten bewirken, dass jemand die Meinung ändert *„Robert will unbedingt Rennfahrer werden. Er lässt sich von niemandem umstimmen"* • *hierzu* **Ụm·stim·mung** *die*

**ụm·sto·ßen** (*hat*) **jemanden/etwas umstoßen** so kräftig gegen eine Person oder Sache stoßen, dass sie umfällt ≈ umwerfen *„eine Leiter umstoßen"* | *„jemanden versehentlich umstoßen"*

**um·strịt·ten**★ *ADJEKTIV* so, dass es Stimmen dafür, aber auch Stimmen dagegen gibt ⟨*eine Methode, eine Theorie, ein Autor, ein Gelehrter; etwas ist in der Fachwelt umstritten*⟩

der **Ụm·sturz** das Stürzen einer Regierung (meist durch Gewalt) und die Einführung eines neuen politischen Systems ⟨*einen Umsturz planen, vorbereiten; an einem Umsturz beteiligt sein*⟩ ≈ Putsch **K** Umsturzpläne, Umsturzversuch; Regierungsumsturz

**ụm·stür·zen etwas stürzt um** (*ist*) etwas fällt aus einer aufrechten Position (mit Wucht) zu Boden *„Bei dem Sturm sind mehrere Bäume umgestürzt"*

**ụm·tau·fen** (*hat*) **etwas umtaufen** *gesprochen* einer Sache einen anderen Namen geben

**ụm·tau·schen**★ (*hat*) **1** **etwas (gegen/in etwas** (*Akkusativ*)) **umtauschen** etwas, das man gekauft oder geschenkt bekommen hat, wieder in das Geschäft zurückbringen und etwas anderes dafür bekommen *„ein Geschenk umtauschen"* **2** **etwas (in etwas** (*Akkusativ*)) **umtauschen** Geld gegen Geld einer anderen Währung tauschen ≈ wechseln *„vor der Reise Geld umtauschen"* | *„Euro in Dollar umtauschen"* • *hierzu* **Ụm·tausch** *der*

**ụm·trie·big** *ADJEKTIV* aktiv und immer mit etwas beschäftigt ≈ betriebsam

der **Ụm·trunk** ein Treffen von mehreren Personen, bei dem man Bier oder Wein trinkt und sich dabei unterhält ⟨*einen Umtrunk halten*⟩

die **Ụm·wäl·zung** (-, -*en*) eine völlige Änderung der politischen oder gesellschaftlichen Verhältnisse

der **Ụm·weg** ein Weg zu einem Ziel, der länger ist als der direkte Weg dorthin ⟨*einen Umweg machen, fahren; das Ziel auf Umwegen erreichen*⟩ *„Auf der Heimfahrt haben wir einen Umweg über Dresden gemacht, um Susi zu besuchen"*

die **Ụm·welt**★ *nur Singular* **1** die Erde, die Luft, das Wasser und die Pflanzen als Lebensraum für die Menschen und Tiere *„gegen die Verschmutzung der Umwelt kämpfen"* **K** Umweltkatastrophe, Umweltverschmutzung **2** die gesellschaftlichen Verhältnisse, in denen eine Person lebt und von denen sie beeinflusst wird **K** Umwelteinflüsse **3** die Menschen, zu denen man Kontakt hat *„Die soziale Umwelt spielt bei der Entwicklung eines Kindes eine große Rolle"*

**ụm·welt|be·wusst** *ADJEKTIV* bemüht, der Umwelt und der Natur nicht zu schaden • *hierzu* **Ụm·welt|be·wusst·sein** *das*

der **Ụm·welt|schutz**★ *nur Singular* alle Anordnungen, Gesetze und Handlungen, mit denen man die Umwelt vor Verschmutzung und Zerstörung schützt *„Er setzt sich in seiner Freizeit für den Umweltschutz ein"* **K** Umweltschutzgesetz, Umweltschutzorganisation • *hierzu* **Ụm·welt|schüt·zer** *der*; **Ụm·welt|schüt·ze·rin** *die*

die **Ụm·welt|zo·ne** ein Gebiet in einer Großstadt o. Ä., in dem nur Fahrzeuge fahren dürfen, die die Luft nicht so stark verschmutzen und die einen entsprechenden Aufkleber haben

**um·wẹr·ben** (*umwirbt, umwarb, hat umworben*) **jemanden umwerben** *veraltend* mit Geschenken und höflichem Verhalten versuchen, jemandes Liebe oder Gunst zu gewinnen

**ụm·wer·fen** (*hat*) **1** **jemanden/etwas umwerfen** kurz und kräftig (mit oder ohne Absicht) gegen eine Person oder Sache stoßen, sodass diese zu Boden fällt *„ein volles Glas Wein umwerfen"* **2** **sich** (*Dativ*) **etwas umwerfen** sich ein Kleidungsstück mit einer schnellen Bewegung meist um den Hals oder um die Schultern legen ⟨*sich* (*Dativ*) *einen Schal, eine Jacke, einen Mantel umwerfen*⟩ **3** **etwas wirft jemanden um** *gesprochen* etwas überrascht jemanden sehr *„Die Erkenntnis, dass so etwas überhaupt möglich ist, warf sie um"* ❶ Wenn es sich um ein schlimmes Ereignis handelt, verwendet man *schockieren* oder *erschüttern*.

**ụm·wer·fend** *ADJEKTIV gesprochen* sehr beeindruckend *„Du siehst umwerfend aus!"*

**ụm·zie·hen★** **1** **(irgendwohin) umziehen** (*ist*) die Wohnung (und den Wohnort) wechseln *„von Wien nach Graz umziehen"* **2** **jemanden umziehen** (*hat*) jemandem oder sich selbst andere Kleidung anziehen *„Ich komme gleich, ich ziehe mich nur noch schnell um"*

der **Ụm·zug★** **1** das Wechseln der Wohnung (und des Wohnortes) *„der Umzug nach Köln"* **2** das Gehen vieler Menschen durch die Straßen (z. B. im Karneval) ⟨*einen Umzug machen/veranstalten*⟩

die **UN** [uː'|ɛn]; *Plural* Abkürzung für *Vereinte Nationen*

**ụn-** *im Adjektiv, meist betont, sehr produktiv* **unecht, unsicher, unabhängig, unappetitlich, unfair, unpopulär, unbedeutend** *und andere* drückt das Gegenteil des Adjektivs aus, dem es vorangestellt ist

**un·ab·dịng·bar, ụn·ab·ding·bar** *ADJEKTIV; geschrieben* unbedingt notwendig ⟨*eine Voraussetzung, eine Forderung*⟩

**ụn·ab·hän·gig★** *ADJEKTIV* **1** **(von jemandem/etwas) unabhängig** so, dass man keine Hilfe braucht *„von den Eltern finanziell unabhängig sein"* **2** so, dass die genannten Bedingungen nicht wichtig sind *„im Urlaub vom Wetter unabhängig sein"* **3** **von jemandem/etwas unabhängig** nicht von jemandem beeinflusst *„Die Wissenschaftler haben zur gleichen Zeit unabhängig voneinander das Virus entdeckt"* **4** mit eigener Regierung und Verwaltung ⟨*ein Staat*⟩ ≈ souverän • *hierzu* **Ụn·ab·hän·gig·keit** *die*

**ụn·ab·sicht·lich** *ADJEKTIV* ohne Absicht ⟨*jemanden unabsichtlich beleidigen, kränken, verletzen*⟩ ≈ versehentlich

**ụn·acht·sam** *ADJEKTIV* **1** ohne die nötige Konzentration *„unachtsam sein und einen Unfall verursachen"* **2** ohne Sorgfalt ⟨*etwas unachtsam behandeln*⟩ • *hierzu* **Ụn·acht·sam·keit** *die*

**ụn·an·ge·mes·sen** *ADJEKTIV; geschrieben* nicht zu den Verhältnissen oder Umständen passend ⟨*eine Forderung; etwas für unangemessen halten*⟩ • *hierzu* **Ụn·an·ge·mes·sen·heit** *die*

**ụn·an·ge·nehm★** *ADJEKTIV* **1** für jemanden schwierig oder ungünstig ⟨*in einer unangenehmen Lage sein*⟩ **2** so, dass man sich dabei körperlich unwohl fühlt ⟨*ein Geruch*⟩ ≈ übel **3** so, dass eine Person nicht nett und freundlich ist ⟨*ein Mensch*⟩ ≈ unsympathisch **4** **etwas ist jemandem unangenehm** jemand schämt sich für etwas, das passiert ist ≈ peinlich

**ụn·an·stän·dig** *ADJEKTIV* so, dass eine Person oder eine Handlung gegen die guten Sitten oder gegen die Moral verstoßen ⟨*ein Mensch, ein Witz*⟩ • *hierzu* **Ụn·an·stän·dig·keit** *die*

**ụn·ap·pe·tit·lich** *ADJEKTIV* **1** nicht appetitlich ⟨*eine Speise sieht unappetitlich aus, riecht unappetitlich*⟩ **2** schmutzig und ohne Pflege ≈ unästhetisch *„Seine schmutzigen Fingernägel sehen unappetitlich aus"* • *hierzu* **Ụn·ap·pe·tit·lich·keit** *die*

die **Ụn·art** ein Verhalten, das andere Menschen stört ⟨*eine Unart annehmen, haben*⟩ ≈ Unsitte *„Diese Unart musst du dir abgewöhnen!"*

**ụn·ar·tig** *ADJEKTIV* ohne das Verhalten, das Erwachsene von Kindern erwarten ≈ ungehorsam

**ụn·auf·fäl·lig** *ADJEKTIV* **1** nicht auffällig ⟨*eine Farbe, eine Kleidung*⟩ **2** *meist adverbiell* ohne von jemandem bemerkt zu werden ⟨*jemanden unauffällig beobachten*⟩ *„Er verließ unauffällig den Saal"*

**un·auf·hạlt·sam, ụn·auf·halt·sam** *ADJEKTIV* so, dass man es nicht stoppen kann ⟨*der Verfall eines Bauwerkes*⟩ *„Die Zeit geht unaufhaltsam weiter"*

**un·auf·hö̱r·lich, ụn·auf·hör·lich** *ADJEKTIV meist attributiv* andauernd, ohne Unterbrechung *„Das Telefon klingelt unaufhörlich"*

**ụn·auf·merk·sam** *ADJEKTIV* **1** ⟨*ein Schüler*⟩ so, dass er sich nicht gut konzentriert, nicht zuhört *„im Unterricht unaufmerksam sein"* **2** ⟨*ein Gastgeber*⟩ so, dass er sich nicht freundlich um die Gäste kümmert • *hierzu* **Ụn·auf·merk·sam·keit** *die*

**ụn·auf·rich·tig** *ADJEKTIV* nicht ehrlich • *hierzu* **Ụn·auf·rich·tig·keit** *die*

**un·aus·ste̱h·lich, ụn·aus·steh·lich** *ADJEKTIV* sehr unfreundlich, sehr schlecht gelaunt *„Du bist heute mal wieder unausstehlich!"*

**ụn·barm·her·zig** *ADJEKTIV* ohne Mitleid ⟨*jemanden unbarmherzig bestrafen*⟩
**ụn·be·ab·sich·tigt** *ADJEKTIV* ohne Absicht
**ụn·be·denk·lich** *ADJEKTIV* **1** so, dass man sich keine Sorgen darüber machen muss ≈ ungefährlich *„Die Therapie soll völlig unbedenklich sein"* **2** *meist adverbiell* ohne Bedenken (zu haben) ⟨*etwas unbedenklich tun können*⟩ • *hierzu* **Ụn·be·denk·lich·keit** *die*
**ụn·be·dingt**, **un·be·dịngt★** *ADVERB* **1** auf jeden Fall, unter allen Umständen *„etwas unbedingt wissen wollen"*
*ADJEKTIV meist attributiv* **2** *geschrieben* so, dass etwas immer und in jedem Fall gilt ≈ uneingeschränkt
**ụn·be·fan·gen** *ADJEKTIV* objektiv und ohne Vorurteile ⟨*ein Richter, ein Zeuge*⟩
**ụn·be·frie·di·gend** *ADJEKTIV* nicht zufriedenstellend ⟨*ein Ergebnis*⟩
**ụn·be·frie·digt** *ADJEKTIV* **(über etwas** (*Akkusativ*)**) unbefriedigt** mit etwas nicht zufrieden
**ụn·be·fris·tet** *ADJEKTIV* ohne zeitliche Begrenzung ⟨*ein Arbeitsvertrag*⟩
**ụn·be·fugt** *ADJEKTIV; geschrieben* **(zu etwas) unbefugt** ohne das Recht zu etwas ≈ unberechtigt • *hierzu* **Ụn·be·fug·te** *der/die*
**ụn·be·gabt** *ADJEKTIV* **unbegabt (für etwas)** ohne die nötigen Fähigkeiten für etwas
**un·be·greif·lich**, **ụn·be·greif·lich** *ADJEKTIV* **(jemandem/für jemanden) unbegreiflich** nicht erklärbar oder verständlich *„Dein Verhalten ist mir unbegreiflich"*
**ụn·be·grenzt**, **un·be·grẹnzt** *ADJEKTIV* ohne zeitliche Begrenzung ⟨*auf unbegrenzte Dauer; etwas gilt zeitlich unbegrenzt; etwas ist unbegrenzt gültig*⟩ *„Konserven sind nicht unbegrenzt haltbar"*
das **Ụn·be·ha·gen** (-s) ein unbestimmtes unangenehmes Gefühl (körperlicher oder seelischer Art) ⟨*ein körperliches Unbehagen; etwas bereitet jemandem Unbehagen; jemand (ver)spürt ein Unbehagen*⟩
**ụn·be·herrscht** *ADJEKTIV* ohne Kontrolle über die eigenen Emotionen ⟨*ein Mensch; unbeherrscht sein, reagieren*⟩
**ụn·be·hol·fen** *ADJEKTIV* (vor allem in den Bewegungen) ungeschickt und ohne Übung ⟨*sich unbeholfen bewegen; unbeholfen sein*⟩ • *hierzu* **Ụn·be·hol·fen·heit** *die*
**ụn·be·kannt★** *ADJEKTIV* **1** nicht bekannt oder nicht erkannt *„Ein unbekannter Mann hat die Bank ausgeraubt"* **2** nicht berühmt *„Nur relativ unbekannte Künstler waren bei der Ausstellung vertreten"* **3** **etwas ist jemandem unbekannt** jemand weiß, kennt etwas nicht *„Dieser Umstand war mir bis heute unbekannt"* **4** **eine Person ist jemandem unbekannt** eine Person kennt die genannte andere Person nicht *„Eine Frau Wilkens ist mir völlig unbekannt"*
**ụn·be·liebt** *ADJEKTIV* **(bei jemandem) unbeliebt** (von jemandem) nicht gern gesehen oder geschätzt *„ein bei den Schülern unbeliebtes Fach / unbeliebter Lehrer"* **ID** **sich (bei jemandem) unbeliebt machen** durch das eigene Verhalten bewirken, dass man von anderen Leuten nicht gemocht wird • *hierzu* **Ụn·be·liebt·heit** *die*
**ụn·be·mannt** *ADJEKTIV* ohne Menschen ⟨*ein Raumschiff, die Raumfahrt*⟩
**ụn·be·merkt** *ADJEKTIV* so, dass es niemand bewusst wahrnimmt *„Er verließ unbemerkt den Raum"*
**ụn·be·nutzt** *ADJEKTIV* (noch) nicht benutzt ≈ sauber, frisch *„ein unbenutztes Handtuch"*
**ụn·be·quem** *ADJEKTIV* **1** nicht bequem ≈ ungemütlich *„Auf diesem Sessel sitzt man sehr unbequem"* **2** ⟨*ein Kritiker, ein Politiker*⟩ so, dass sie sich nicht anpassen, sondern kritisch bleiben **3** ⟨*Fragen*⟩ so, dass sie dem Betroffenen Schwierigkeiten bereiten • *zu* (1) **Ụn·be·quem·lich·keit** *die*
**ụn·be·re·chen·bar** *ADJEKTIV*, **un·be·rẹ·chen·bar** **1** *abwertend* so, dass man nie genau weiß, wie sich jemand verhalten oder wie jemand reagieren wird *„Wenn er schlechter Laune ist, ist er unberechenbar"* **2** so, dass man es nicht vorher genau wissen oder planen kann *„das Wetter ist ein unberechenbarer Faktor in der Planung"*
**ụn·be·rech·tigt** *ADJEKTIV* so, dass es keinen Grund dafür gibt *„Die Kritik war völlig unberechtigt"* • *hierzu* **ụn·be·rech·tig·ter·wei·se** *ADVERB*
**ụn·be·rührt** *ADJEKTIV* **1** noch nicht benutzt *„Das Bett war noch unberührt, als ich zurückkam"* **2** **die unberührte Natur** die Natur in dem Zustand, bevor der Mensch sie verändert hat • *hierzu* **Ụn·be·rührt·heit** *die*
**un·be·schreib·lich**, **ụn·be·schreib·lich** *ADJEKTIV* so groß, so intensiv o. Ä., dass man es nicht oder kaum beschreiben kann *„Bei dem Unfall hat er unbeschreibliches Glück gehabt"*

| „Der Vortrag war unbeschreiblich langweilig"

**un·be·schwert** *ADJEKTIV* ohne Sorgen und Probleme und deshalb fröhlich und glücklich ⟨*eine Kindheit; etwas unbeschwert genießen*⟩

**un·be·stän·dig** *ADJEKTIV* **1** ⟨*ein Mensch*⟩ so, dass er oft die Meinungen, Haltungen, Pläne o. Ä. ändert **2** ⟨*das Wetter*⟩ so, dass es weder lange regnerisch noch lange sonnig o. Ä. bleibt ≈ wechselhaft

**un·be·stä·tigt, un·be·stä·tigt** *ADJEKTIV* **unbestätigten Meldungen zufolge** ... *geschrieben* nach Meldungen, die von offizieller Seite (noch) nicht bestätigt worden sind

**un·be·stech·lich, un·be·stech·lich** *ADJEKTIV* **1** so, dass man eine Person mit Geld o. Ä. nicht beeinflussen kann ⟨*ein Beamter, ein Polizist*⟩ ↔ korrupt **2** (in ihrem Urteil) durch nichts zu beeinflussen ⟨*ein Beobachter, ein Kritiker*⟩ • *hierzu* **Un·be·stech·lich·keit, Un·be·stech·lich·keit** *die*

**un·be·stimmt★** *ADJEKTIV* so, dass man etwas nicht genau bestimmen oder identifizieren kann ⟨*Ängste; einen unbestimmten Verdacht hegen*⟩

**un·be·tei·ligt, un·be·tei·ligt** *ADJEKTIV* **1** so, dass man kein Interesse an etwas zeigt „*Er stand unbeteiligt dabei, während alle anderen zu helfen versuchten*" **2** **(an etwas** (*Dativ*)**) unbeteiligt** so, dass man an etwas nicht teilnimmt „*Er war an dem Überfall unbeteiligt*"

**un·be·weg·lich, un·be·weg·lich** *ADJEKTIV* **1** *meist adverbiell* ohne sich zu bewegen ⟨*unbeweglich dastehen, in seiner Stellung verharren*⟩ **2** so, dass es sich nicht (mehr) bewegen lässt ≈ steif, starr „*Seit dem Unfall ist das Handgelenk unbeweglich*"

**un·be·wusst** *ADJEKTIV* **1** so, dass man die eigenen Gefühle nicht genau versteht ⟨*Ängste, Sehnsüchte, Abneigungen*⟩ ≈ instinktiv **2** *meist adverbiell* ohne sich darauf zu konzentrieren ⟨*etwas unbewusst wahrnehmen*⟩

**un·blu·tig** *ADJEKTIV* ohne, dass Menschen dabei verletzt oder getötet werden ⟨*ein Aufstand; etwas verläuft, endet unblutig*⟩ „*das unblutige Ende des Geiseldramas*"

**un·brauch·bar** *ADJEKTIV* **1** nicht mehr zu gebrauchen ≈ wertlos „*Das alte Fahrrad ist unbrauchbar*" **2** **(für etwas) unbrauchbar** für eine Tätigkeit nicht geeignet „*Er ist fürs Holzhacken unbrauchbar, weil er so ungeschickt ist*"

**und★** *BINDEWORT* **1** verwendet, um (in einer (das) Art Aufzählung) einzelne Wörter, Satzteile oder Sätze miteinander zu verbinden „*Susanne und Monika*" | „*Ich habe Klavier gespielt, und er hat gelesen*" **2** verwendet, um gleiche Verben miteinander zu verbinden und so zu sagen, dass ein Vorgang sehr lange dauert „*Der Regen wollte und wollte nicht aufhören*" | „*Er überlegte und überlegte, bis er den Fehler fand*" **3** verwendet, um ein Adjektiv mit dessen gesteigerter Form zu verbinden. Dadurch wird eine langsame Steigerung ausgedrückt „*Das Flugzeug stieg hoch und höher/höher und höher*" **4** verwendet, wenn man beim Rechnen Summen bildet ≈ plus ↔ minus „*Zwei und zwei ist/ergibt/macht vier*" 2 + 2 = 4 **5** verwendet, um einen Teilsatz einzuleiten, der einen Gegensatz oder einen Widerspruch zu dem Vorangehenden enthält „*Ich werde die Prüfung bestehen, und wenn sie noch so schwer ist!*" **6** verwendet zwischen Teilsätzen, um so auf eine gedankliche Verbindung hinzuweisen „*Es fehlte nicht viel, und ich hätte einen Unfall verursacht*" **7** **und so weiter** verwendet, um zu sagen, dass man eine Aufzählung um ähnliche Dinge erweitern könnte ❶ Abkürzung: *usw.* **8** **und Ähnliche(s)** ≈ und so weiter ❶ Abkürzung: *u. Ä.* **9** **und dergleichen** und ähnliche Dinge, die man nicht nennen kann oder will ❶ Abkürzung: *u. dergl.*

**un·dank·bar** *ADJEKTIV* **1** nicht dankbar ⟨*ein Mensch; undankbar sein*⟩ **2** so schwierig oder kompliziert, dass die Mühe sich nicht lohnt ⟨*eine Aufgabe*⟩ • *hierzu* **Un·dank·bar·keit** *die*

**un·de·fi·nier·bar, un·de·fi·nier·bar** *ADJEKTIV* ⟨*Laute, Geräusche, Gerüche, ein Farbton*⟩ so, dass man sie nicht genau bestimmen oder identifizieren kann

**un·denk·bar, un·denk·bar** *ADJEKTIV meist prädikativ* so schlimm, dass man es nicht für möglich hält ⟨*etwas für undenkbar halten; etwas ist, erscheint undenkbar*⟩

**un·deut·lich★** *ADJEKTIV* **1** schlecht zu erkennen ⟨*ein Foto; etwas nur undeutlich erkennen können*⟩ **2** ohne klare Formen ⟨*eine Schrift; undeutlich schreiben*⟩ **3** so gesprochen, dass man es schlecht versteht ⟨*eine Aussprache*⟩

**un·dicht** *ADJEKTIV* so, dass Wasser oder Luft hindurch kommen können ⟨*eine Leitung, ein Ventil, ein Dach, ein Fenster*⟩

**Un·ding** **ID** **Es ist ein Unding, ...** Es ist dumm, unpassend oder unsinnig, ...

**un·durch·drịng·lich**, **ụn·durch·dring·lich** *ADJEKTIV* so dicht, dass man nicht hindurchkommt ⟨*Dickicht, Gestrüpp, eine Hecke*⟩

**ụn·durch·läs·sig** *ADJEKTIV* **(für/gegen etwas) undurchlässig** so, dass Wasser, Luft o. Ä. nicht hindurchkommt **K** luftundurchlässig, wasserundurchlässig

**ụn·eben** *ADJEKTIV* nicht eben ⟨*Gelände, eine Straße, ein Weg*⟩ ≈ holperig

**ụn·echt** *ADJEKTIV* **1** nicht echt ⟨*Schmuck, Haare*⟩ ≈ nachgemacht, künstlich **2** nicht ehrlich ≈ falsch, künstlich *„Ihre Freundlichkeit/ihr Mitgefühl/ihr Lächeln war unecht"*

**ụn·ehe·lich** *ADJEKTIV* nicht in einer Ehe geboren ⟨*ein Kind; unehelich (geboren) sein*⟩

**ụn·ehr·lich** *ADJEKTIV* **1** nicht ehrlich **2** mit schlechten (oder kriminellen) Absichten ≈ betrügerisch *„Geld unehrlich erwerben"*

**ụn·ei·nig** *ADJEKTIV meist prädikativ* **(in etwas** (*Dativ*)**) uneinig** verschiedener Meinung *„In diesem Punkt sind wir beide uns noch uneinig/bin ich mit ihr uneinig"* • *hierzu* **Ụn·ei·nig·keit** *die*

**ụn·ein·sich·tig** *ADJEKTIV* nicht bereit, auf den guten Rat einer anderen Person zu hören oder eigene Fehler zu erkennen

**un·ẹnd·lich** *ADJEKTIV* **1** (scheinbar) ohne räumliche Grenzen *„die unendliche Weite des Ozeans"* **2** (scheinbar) ohne zeitliches Ende *„Die Zeit des Wartens schien ihm unendlich"* **3** sehr groß, stark, intensiv, viel *„unendliche Geduld mit jemandem haben"* **4** verwendet, um Adjektive und Verben zu verstärken ≈ sehr *„unendlich traurig über etwas sein"* **5** größer als jede beliebige Zahl/Größe ⟨*eine Größe, Reihe, Zahl*⟩ *„eine Reihe geht gegen unendlich"* hat kein Ende ❶ mathematisches Zeichen: ∞

**un·ent·behr·lich**, **ụn·ent·behr·lich** *ADJEKTIV* **für jemanden/etwas unentbehrlich** unbedingt notwendig ⟨*ein Bestandteil, ein Werkzeug, ein Helfer*⟩

**un·ent·gẹlt·lich**, **ụn·ent·gelt·lich** *ADJEKTIV* ohne, dass man Geld dafür bezahlen muss bzw. Geld dafür bekommt ⟨*etwas unentgeltlich tun*⟩ ≈ kostenlos *„eine unentgeltliche Reparatur"*

**ụn·ent·schie·den**★ *ADJEKTIV* **1** noch nicht entschieden ⟨*eine Frage, etwas ist noch unentschieden*⟩ **2** so, dass beide Spieler oder Mannschaften (noch) die gleiche Zahl von Punkten, Toren o. Ä. haben ⟨*ein Spiel steht, endet unentschieden*⟩ *„Die beiden Mannschaften trennten sich unentschieden"* • *zu* (2) **Ụn·ent·schie·den** *das*

**ụn·ent·schlos·sen** *ADJEKTIV* noch nicht zu einem Entschluss, einer Entscheidung gekommen ⟨*ein Mensch; unentschlossen sein, scheinen, wirken*⟩ *„Er war noch unentschlossen, ob er das Auto kaufen sollte oder nicht"*

**ụn·ent·schul·digt** *ADJEKTIV* ohne Entschuldigung ⟨*unentschuldigt fehlen, unentschuldigt dem Unterricht fernbleiben*⟩

**un·er·bịtt·lich**, **ụn·er·bitt·lich** *ADJEKTIV* **1** durch Bitten, Vorschläge o. Ä. anderer Leute nicht zu beeinflussen ⟨*unerbittlich sein, bleiben*⟩ **2** hart, heftig und durch nichts mehr zu verhindern *„Der Kampf tobte unerbittlich"*

**ụn·er·fah·ren** *ADJEKTIV* **(in etwas** (*Dativ*)**) unerfahren** ohne Erfahrung *„Mich hat ein junger, noch unerfahrener Arzt behandelt"*

**ụn·er·freu·lich** *ADJEKTIV* so, dass es eine Person traurig macht oder ärgert ⟨*eine Nachricht, ein Zwischenfall*⟩ *„jemandem eine unerfreuliche Mitteilung machen müssen"*

**ụn·er·heb·lich** *ADJEKTIV* **1** *meist prädikativ* ≈ egal *„Es ist unerheblich, wann das geschieht, Hauptsache, es wird erledigt"* **2** sehr klein und deshalb nicht wichtig ⟨*ein Schaden, eine Änderung, ein Unterschied*⟩ *„ein nicht unerhebliches Problem"*

**ụn·er·hört** *ADJEKTIV abwertend* ≈ empörend, skandalös *„Es ist wirklich unerhört, dass er sich nicht bedankt hat!"*

**un·er·klär·lich**, **ụn·er·klär·lich** *ADJEKTIV* **(jemandem) unerklärlich** so, dass man keine Gründe dafür finden kann ⟨*aus unerklärlichen Gründen*⟩ *„Eine unerklärliche Angst befiel sie"* | *„Es ist mir unerklärlich, wie das Unglück passieren konnte"*

**un·er·lạ̈ss·lich**, **ụn·er·läss·lich** *ADJEKTIV*; *geschrieben* **(für etwas) unerlässlich** unbedingt notwendig ⟨*eine Voraussetzung, eine Bedingung; etwas für unerlässlich halten*⟩

**un·er·mẹss·lich**, **ụn·er·mess·lich** *ADJEKTIV*; *geschrieben* so (groß), dass man es sich nicht oder kaum vorstellen kann ⟨*eine Fülle, ein Schmerz, ein Verlust; Schätze, Reichtümer*⟩ *„unermessliches Leid verursachen"* | *„die unermessliche Weite des arktischen Eises"*

**un·er·müd·lich**, **ụn·er·müd·lich** *ADJEKTIV* mit großer Geduld und mit viel Ehrgeiz ⟨*ein Helfer; mit unermüdlichem Fleiß; unermüdlich üben*⟩ ≈ ausdauernd

**un·er·sạ̈tt·lich**, **ụn·er·sätt·lich** *ADJEKTIV*

⟨*ein Verlangen, eine Begierde, Neugier, Habgier, ein Wissensdurst*⟩ so, dass man immer mehr davon bekommt

**un·er·schöpf·lich**, **un·er·schöpf·lich** *ADJEKTIV* **1** ⟨*Vorräte, Reserven; jemandes (finanzielle) Mittel*⟩ in so großer Menge vorhanden, dass sie (scheinbar) niemals ganz verbraucht werden **2** so, dass man immer wieder darüber sprechen kann ⟨*ein Thema*⟩

**un·er·schwing·lich**, **un·er·schwing·lich** *ADJEKTIV* **(für jemanden) unerschwinglich** so teuer, dass man es nicht kaufen kann *„ein unerschwinglicher Sportwagen"*

**un·er·träg·lich**, **un·er·träg·lich** *ADJEKTIV* **1** so unangenehm oder schlimm, dass man es kaum ertragen kann ⟨*eine Hitze, Schmerzen, ein Lärm; unerträglich heiß, kalt*⟩ *„Unsere Lage ist unerträglich"* **2** ≈ widerlich, unausstehlich *„Er ist heute mal wieder unerträglich!"*

**un·er·war·tet**, **un·er·war·tet**★ *ADJEKTIV* so, dass niemand daran gedacht hat oder darauf vorbereitet war ⟨*ein Besuch, eine Nachricht, ein Wiedersehen; etwas kommt (für jemanden) unerwartet*⟩ ≈ überraschend

**un·er·wünscht** *ADJEKTIV* nicht erwünscht ⟨*ein Besuch, Gäste; irgendwo unerwünscht sein*⟩

**un·fä·hig**★ *ADJEKTIV* **1** **(zu etwas) unfähig** nicht in der Lage, etwas (oder das Genannte) zu tun *„Er ist unfähig, eine Entscheidung zu treffen"* **2** für die Aufgaben nicht geeignet ⟨*ein Mitarbeiter*⟩ • *hierzu* **Un·fä·hig·keit** *die*

**un·fair**★ *ADJEKTIV* **1** nicht fair und nicht gerecht oder angemessen ⟨*ein Verhalten; zu unfairen Mitteln greifen*⟩ **2** nicht den Regeln des Sports entsprechend ⟨*ein Spieler; unfair kämpfen*⟩ *„Das Spiel war hart, aber nicht unfair"*

der **Un·fall**★ bei einem Unfall werden Menschen verletzt oder getötet und/oder Dinge beschädigt oder zerstört ⟨*ein leichter, schwerer, tödlicher Unfall; einen Unfall haben, verursachen, verschulden; in einen Unfall verwickelt sein; bei einem Unfall ums Leben kommen; bei einem Unfall tödlich verunglücken; ein Unfall ereignet sich*⟩ ≈ Unglück **K** Unfallfolgen, Unfallursache, Unfallversicherung; Arbeitsunfall, Autounfall, Sportunfall **i** Man spricht besonders dann von einem Unfall, wenn Menschen daran schuld sind, oder wenn Personen durch Vorsicht den Unfall hätten vermeiden können.

die **Un·fall·flucht** ⟨*Unfallflucht begehen*⟩ ≈ Fahrerflucht

**un·fass·bar**, **un·fass·bar** *ADJEKTIV* **(jemandem/für jemanden) unfassbar** so, dass man es weder rational noch emotional verarbeiten kann ⟨*etwas ist, scheint jemandem unfassbar*⟩ *„Es ist unfassbar, wie das Unglück geschehen konnte!"* | *„Der Tod seiner Frau war für ihn unfassbar"*

**un·fehl·bar**, **un·fehl·bar** *ADJEKTIV* in den eigenen Entscheidungen so sicher, dass man keinen Fehler macht ⟨*sich für unfehlbar halten*⟩ *„Kein Mensch ist unfehlbar"*

**un·för·mig** *ADJEKTIV* dick, breit und ohne schöne Proportionen ⟨*eine Gestalt; eine Nase*⟩

**un·frei·wil·lig** *ADJEKTIV* gegen den eigenen Willen, nicht freiwillig ⟨*ein Aufenthalt*⟩ *„Sie musste unfreiwillig mitgehen"*

**un·freund·lich**★ *ADJEKTIV* **1** nicht freundlich ⟨*jemanden unfreundlich behandeln*⟩ ≈ unhöflich **2** regnerisch und kalt ⟨*ein Klima*⟩ *„Das Wetter war recht unfreundlich"* • *zu* (1) **Un·freund·lich·keit** *die*

**un·frucht·bar** *ADJEKTIV* **1** keinen Nachwuchs zeugen können *„Die normalen Bienen sind unfruchtbar, nur die Königin kann Eier legen"* **2** so, dass dort wenig wächst ⟨*ein Boden, ein Land, ein Acker*⟩ • *hierzu* **Un·frucht·bar·keit** *die*

der **Un·fug** (-(e)s) **1** ≈ Unsinn *„Das ist doch Unfug, was du da sagst!"* **2** unpassendes oder übermütiges Benehmen, durch das andere Leute gestört werden ⟨*Unfug machen, treiben*⟩

die **-ung** (-, -en); *im Substantiv, unbetont, sehr produktiv* **1** **Berufung, Nummerierung, Prüfung, Schaffung, Tolerierung** *und andere* bezeichnet den Vorgang, den das Verb ausdrückt *„Die Impfung gegen Kinderlähmung sollte im ersten Lebensjahr erfolgen"* Die Kinder sollten im ersten Lebensjahr geimpft werden **2** **Gruppierung, Tagung, Überlegung, Verstopfung** *und andere* bezeichnet eine Sache, die durch den Vorgang entsteht, den das Verb ausdrückt *„An der nächsten Abzweigung musst du rechts abbiegen"* an der nächsten Straße, die abzweigt

**un·ge·ach·tet**, **un·ge·ach·tet** *PRÄPOSITION mit Genitiv; geschrieben* ≈ trotz *„ungeachtet der Tatsache, dass ..."*

**un·ge·bo·ren** *ADJEKTIV* **das ungeborene Kind** das Kind im Mutterleib

**un·ge·bräuch·lich** *ADJEKTIV* selten verwendet ⟨*ein Wort, ein Ausdruck, eine Methode*⟩

U

**ụn·ge·braucht** *ADJEKTIV* noch nicht gebraucht ≈ unbenutzt *„ein ungebrauchtes Taschentuch"*

**ụn·ge·bro·chen** *ADJEKTIV* trotz großer Leiden, Probleme, Schicksalsschläge o. Ä. nicht geschwächt ⟨*jemandes Mut, Lebenswille ist ungebrochen; mit ungebrochener Energie, Kraft*⟩

die **Ụn·ge·duld** **1** die Unfähigkeit, ruhig zu bleiben, wenn man auf jemanden/etwas wartet **2** **Ungeduld (über jemanden/etwas)** die Unfähigkeit, z. B. Fehler und Schwächen anderer Menschen oder Schwierigkeiten zu akzeptieren *„Er konnte seine Ungeduld über ihre Unaufmerksamkeit nicht verbergen"* • *hierzu* **ụn·ge·dul·dig** *ADJEKTIV*

**ụn·ge·eig·net** *ADJEKTIV* **(für/zu etwas) ungeeignet** für etwas nicht geeignet *„Er ist für den Beruf des Schauspielers denkbar ungeeignet"* | *„Diese Methode ist dazu völlig ungeeignet"*

**ụn·ge·fähr**, **un·ge·fähr**★ *ADJEKTIV* **1** nicht deutlich, nicht klar *„eine ungefähre Vorstellung von etwas haben"* | *„Bei dem Nebel konnten wir nur die ungefähren Umrisse der Berge erkennen"* **2** nicht genau, sondern vielleicht ein bisschen mehr/später oder ein bisschen weniger/früher *„Die Strecke ist ungefähr 10 Kilometer lang"* | *„Im Zimmer waren ungefähr 20 Personen"* | *„Er kommt so ungefähr um Mitternacht zurück"*

**ụn·ge·heu·er**, **un·ge·heu·er** *ADJEKTIV* **1** so groß, stark oder intensiv, dass man Angst bekommt *„eine ungeheure Menge Geld"* **2** verwendet, um Adjektive, Adverbien oder Verben zu verstärken ≈ sehr *„eine ungeheuer wichtige Nachricht bekommen"*

das **Ụn·ge·heu·er** (-s, -) ein großes und meist böses Tier, wie es in Märchen, Sagen und Mythen vorkommt

**ụn·ge·hor·sam** *ADJEKTIV* nicht den Wünschen der Eltern usw. gehorchend

der **Ụn·ge·hor·sam** (-s) ein Verhalten, das nicht den Wünschen der Eltern entspricht

**ụn·ge·le·gen** *ADJEKTIV* **1** **zu ungelegener Stunde** zu einem ungünstigen Zeitpunkt **2** **jemand/etwas kommt einem ungelegen** jemand/etwas kommt oder erscheint zu einem Zeitpunkt, zu dem man schon andere Pläne, Termine oder Probleme hat *„Sie/Ihr Besuch kommt mir sehr ungelegen"*

**ụn·ge·mein**, **un·ge·mein** *ADJEKTIV* **1** sehr groß, stark, intensiv o. Ä. ⟨*Freude, Wut*⟩ *„Er besitzt ungemeines Ansehen bei der Bevölkerung"* **2** verwendet, um Adjektive, Adverbien oder Verben zu verstärken ≈ sehr *„sich ungemein über etwas freuen"* | *„Das war ungemein wichtig"*

**ụn·ge·müt·lich** *ADJEKTIV* **1** so, dass man sich dort nicht wohlfühlt ⟨*ein Zimmer*⟩ **2** ohne Freundlichkeit und Verständnis ⟨*eine Atmosphäre*⟩ ≈ steif, gezwungen

**ụn·ge·nau** *ADJEKTIV* **1** nicht genau ⟨*eine Angabe, eine Messung*⟩ **2** nicht gewissenhaft, nicht sorgfältig ⟨*ungenau arbeiten*⟩ ≈ schlampig • *hierzu* **Ụn·ge·nau·ig·keit** *die*

**un·ge·niert**, **ụn·ge·niert** [-ʒe-] *ADJEKTIV* ohne Hemmungen ≈ unbefangen *„Sie gähnte ungeniert"*

**ụn·ge·nieß·bar**, **un·ge·nieß·bar** *ADJEKTIV* **1** so, dass es sehr schlecht schmeckt (und daher nicht gegessen wird) *„Diese Beeren/Pilze sind ungenießbar"* Sie sollten nicht gegessen werden **2** mit schlechtem Geschmack und schlecht zubereitet *„Das Essen in der Kantine ist heute mal wieder ungenießbar!"*

**ụn·ge·nü·gend** *ADJEKTIV* **1** nicht gut genug ≈ unzureichend *„Die Räume sind ungenügend belüftet"* **2** Ⓓ verwendet als Bezeichnung für die schlechteste Schulnote 6 (auf der Skala von 1 – 6 bzw. *sehr gut* bis *ungenügend*) ⟨*„ungenügend" in etwas* (*Dativ*) *haben, bekommen*⟩ ❶ → Anhang, S. 1091: **Noten**

**ụn·ge·pflegt** *ADJEKTIV* so, dass sich jemand nicht darum kümmert, dass etwas in gutem, ordentlichen oder sauberen Zustand bleibt ⟨*eine Frisur, Haare, Kleidung, Zähne*⟩ *„Der Garten wirkt sehr ungepflegt, nicht einmal der Rasen ist gemäht"*

**ụn·ge·ra·de** *ADJEKTIV* **eine ungerade Zahl** eine Zahl wie 1, 3, 5, 7 *usw.* (die man nicht ohne Rest durch 2 teilen kann)

**ụn·ge·recht** *ADJEKTIV* nicht gerecht ⟨*ein Lehrer, ein Richter; eine Note, eine Strafe, ein Urteil; jemanden ungerecht beurteilen, behandeln; ungerecht gegen jemanden sein*⟩ • *hierzu* **ụn·ge·rech·ter·wei·se** *ADVERB*

**ụn·ge·recht·fer·tigt** *ADJEKTIV* so, dass es keinen Grund dafür gibt ⟨*ein Verdacht; jemanden ungerechtfertigt beschuldigen, verdächtigen*⟩ *„Mein Misstrauen war ungerechtfertigt"*

die **Ụn·ge·rech·tig·keit** **1** *nur Singular* ungerechtes Verhalten *„jemandes Ungerechtigkeit* *kritisieren"* **2** *nur Singular* die ungerechte Beschaffenheit *„Was mich am meisten ärgert, ist die Ungerechtigkeit der ganzen Sache"* **3** *meist Plural* ungerechte Zustände ≈ Unrecht *„soziale Ungerechtigkeiten abschaffen"* **4** eine ungerechte Tat oder Behauptung *„sich jemandes Ungerechtigkeiten nicht gefallen lassen"*

**ụn·ge·reimt** *ADJEKTIV* ohne Sinn und ohne logischen Zusammenhang ⟨*ungereimtes Zeug erzählen*⟩ • *hierzu* **Ụn·ge·reimt·heit** *die*

**ụn·gern** *ADVERB* nicht gern ⟨*etwas (nur) ungern tun*⟩ ≈ widerwillig

**ụn·ge·rührt** *ADJEKTIV meist prädikativ* ohne ein freundliches Gefühl (wie Mitleid, Rücksicht usw.) ⟨*ungerührt bleiben*⟩

**ụn·ge·schickt** *ADJEKTIV* **1** nicht fähig, praktische Probleme schnell und einfach zu lösen ⟨*ein Mensch*⟩ **2** nicht klug, nicht diplomatisch *„Es war ungeschickt von dir, sie nicht einzuladen"* **3** nicht geschickt ⟨*eine Bewegung; sich (bei etwas) ungeschickt anstellen*⟩

**ụn·ge·schminkt** *ADJEKTIV* ohne Schminke oder Lippenstift

**ụn·ge·scho·ren** *ADJEKTIV* **ungeschoren bleiben**; **(noch einmal) ungeschoren davonkommen** bei etwas Glück haben und ohne Schaden oder Strafe bleiben

**ụn·ge·setz·lich** *ADJEKTIV* vom Gesetz nicht erlaubt ⟨*eine Handlung; ungesetzlich handeln; etwas Ungesetzliches tun*⟩

**ụn·ge·stört** *ADJEKTIV* durch niemanden, durch nichts gestört ⟨*ungestört arbeiten; ungestört sein wollen*⟩ *„Komm mit in mein Zimmer, dort können wir uns ungestört unterhalten"*

**ụn·ge·straft** *ADJEKTIV* ohne Strafe ⟨*(noch einmal) ungestraft davonkommen*⟩

**ụn·ge·stüm** *ADJEKTIV; geschrieben* sehr lebhaft und temperamentvoll ⟨*jemanden ungestüm begrüßen, umarmen*⟩

**ụn·ge·sund** *ADJEKTIV* **1** schlecht für die Gesundheit ⟨*ein Klima*⟩ ≈ schädlich *„Rauchen ist ungesund"* **2** so, dass es darauf hindeutet, dass der Betroffene krank ist ⟨*eine Gesichtsfarbe, eine Blässe*⟩ *„Du siehst ungesund aus"*

**ụn·ge·teilt** *ADJEKTIV* ⟨*etwas findet ungeteilte Beachtung, Zustimmung; jemandes ungeteilte Aufmerksamkeit haben*⟩ ≈ vollständig, ganz

das **Ụn·ge·tüm** (-s, -e) **1** ein großes und hässliches Tier, z. B. im Märchen ≈ Monster, Ungeheuer **2** *gesprochen* etwas, das (relativ) groß und hässlich ist ≈ Monstrum *„Was hat er da für ein Ungetüm (von einem Hut) auf dem Kopf?"*

**ụn·ge·wiss** *ADJEKTIV* **1** so, dass man nicht weiß, wie es sich entwickeln wird ⟨*ein Schicksal, eine Zukunft*⟩ ≈ unsicher, fraglich *„Es ist noch ungewiss, wie das Spiel ausgeht"* **2** **jemanden über etwas** (*Akkusativ*) **im Ungewissen lassen** jemandem nichts Genaues über etwas sagen • *zu* (1) **Ụn·ge·wiss·heit** *die*

**ụn·ge·wöhn·lich**★ *ADJEKTIV* **1** anders als sonst, anders als erwartet *„Er ist noch nicht im Büro." – „Das ist aber ungewöhnlich!"* **2** *nur adverbiell* stärker oder intensiver als normal *„Dieser Winter ist ungewöhnlich mild"*

**ụn·ge·wohnt** *ADJEKTIV* für jemanden fremd ⟨*ein Anblick, eine Umgebung; etwas ist für jemanden noch ungewohnt*⟩

**ụn·ge·wollt** *ADJEKTIV* ohne Absicht ⟨*eine Schwangerschaft; ungewollt schwanger werden, kinderlos bleiben*⟩ *„Mit seinem unglücklichen Vergleich hat er sie ungewollt beleidigt"*

**ụn·ge·zo·gen** *ADJEKTIV* so, dass ein Kind sich nicht verhält, wie es die Erwachsenen oder die Eltern wünschen ≈ unartig ↔ brav

**ụn·ge·zwun·gen** *ADJEKTIV* (im Verhalten) natürlich und ohne Hemmungen ⟨*ein Benehmen; frei und ungezwungen reden*⟩

**un·glaub·lich**, **ụn·glaub·lich** *ADJEKTIV* **1** *abwertend* ≈ empörend, skandalös, unerhört *„Das ist ja unglaublich, welche Frechheiten er sich erlaubt!"* **2** in so großem Maße, dass es schwer zu glauben ist *„unglaublich schnell"* | *„Bei dem Unfall hat er unglaubliches Glück gehabt!"*

**ụn·glaub·wür·dig** *ADJEKTIV* so, dass man etwas/einer Person nicht glauben kann ⟨*eine Aussage, ein Zeuge*⟩ *„Seine Darstellung ist/klingt unglaubwürdig"* • *hierzu* **Ụn·glaub·wür·dig·keit** *die*

**ụn·gleich** *ADJEKTIV* **1** unterschiedlich in Qualität und Anzahl ≈ verschieden(artig) *„Er hat zwei ungleiche Socken an"* | *„Die Bretter sind ungleich lang"* **2** **ein ungleicher Kampf** ein Kampf, bei dem einer der Gegner wesentlich stärker ist als der andere • *hierzu* **Ụn·gleich·heit** *die*

das **Ụn·glück**★ (-(e)s, -e) **1** ein plötzliches Ereignis, bei dem Menschen verletzt oder getötet und/oder Sachen schwer beschädigt oder zerstört werden (wie z. B. ein Erdbeben) ⟨*ein (schweres) Unglück geschieht, passiert, ereignet sich*⟩ *„Das Unglück hat mehrere Verletzte gefordert"* **K** Unglücksfall, Unglücksnachricht;

U

Zugunglück ⓘ Anstelle des Plurals *Unglücke* verwendet man meistens *Unglücksfälle.* **2** *nur Singular* ein Zustand, in dem Menschen (als Folge eines schlimmen Ereignisses) großen Kummer, Armut oder Krankheit ertragen müssen ⟨*jemanden/sich ins Unglück bringen/stürzen*⟩ *„Der Krieg hat Unglück über das Land gebracht"* **3** *nur Singular* etwas Unangenehmes oder Schlechtes, dass einer Person passiert, ohne dass jemand daran Schuld hat ≈ Pech *„Sie hat den Spiegel kaputt gemacht." – „Das bringt Unglück!"*

**un·glück·lich★** *ADJEKTIV* **1** traurig und deprimiert ⟨*zutiefst unglücklich sein*⟩ **2** (in der gegebenen Situation) nicht günstig ⟨*ein Zufall, ein Zeitpunkt, ein Zusammentreffen*⟩ **3** mit negativen Konsequenzen ⟨*eine Bewegung, ein Sturz*⟩ **4** undiplomatisch, sodass es falsch interpretiert werden kann ⟨*sich unglücklich ausdrücken*⟩

**un·gül·tig** *ADJEKTIV* den Vorschriften nicht entsprechend und daher nicht wirksam ⟨*eine Stimme, ein Stimmzettel, eine Wahl, eine Fahrkarte, eine Unterschrift; etwas für ungültig erklären*⟩ • *hierzu* **Un·gül·tig·keit** *die*

**Un·guns·ten** **ID** **zu jemandes Ungunsten** zu jemandes Nachteil *„sich zu seinen Ungunsten verrechnen"*

**un·güns·tig** *ADJEKTIV* **ungünstig (für jemanden/etwas)** (in der gegebenen Situation oder für einen Zweck) schlecht, mit Nachteilen verbunden *„zu einem ungünstigen Zeitpunkt"* | *„im ungünstigsten Fall"* | *„Die Bergleute mussten unter ungünstigen Bedingungen arbeiten"*

**un·gut** *ADJEKTIV meist attributiv* **1** **ein ungutes Gefühl (bei etwas) haben** instinktiv fühlen, dass etwas kein gutes Ende haben wird **2** ≈ schlecht *„Vater und Sohn haben ein ungutes Verhältnis zueinander"*

**un·halt·bar, un·halt·bar** *ADJEKTIV* **1** ⟨*Zustände*⟩ so (schlecht, ungünstig), dass sie unbedingt geändert werden müssen **2** ⟨*eine Behauptung, eine These, eine Theorie*⟩ so falsch oder schlecht, dass man sie nicht akzeptieren kann

**un·hand·lich** *ADJEKTIV* groß und schwer und deshalb schwierig zu verwenden *„Die Bohrmaschine/der Staubsauger/der Koffer ist sehr unhandlich"*

das **Un·heil** (-s); *geschrieben* ein Ereignis, das großen Kummer und großen Schaden bringt ⟨*jemand/etwas richtet Unheil an, stiftet Unheil; ein Unheil bricht (über jemanden) herein; das Unheil kommen sehen*⟩ *„Der Krieg hat großes Unheil über das Land gebracht"*

**un·heil·bar, un·heil·bar** *ADJEKTIV* ohne Aussicht auf Heilung ⟨*eine Krankheit; unheilbar krank sein*⟩

**un·heil·voll** *ADJEKTIV* ⟨*eine Entwicklung, eine Wirkung*⟩ so (bedrohlich), dass sie ein Unglück erwarten lassen

**un·heim·lich, un·heim·lich★** *ADJEKTIV* **1** so, dass es den Menschen Angst macht ⟨*eine Erscheinung, eine Gestalt*⟩ *„Mir ist unheimlich (zumute)"* ich habe Angst | *„Er ist mir ein bisschen unheimlich"* ich habe irgendwie Angst vor ihm **2** *gesprochen* das normale Maß weit übersteigend *„unheimlich alt sein"* | *„Ich hab eine unheimliche Angst vor der Prüfung"*

**un·höf·lich** *ADJEKTIV* nicht höflich ⟨*ein Kerl, eine Antwort; unhöflich zu/gegenüber jemandem sein*⟩

**uni** ['vni, y'ni:] *ADJEKTIV meist prädikativ; nur in dieser Form* von nur einer einzigen Farbe ⟨*Stoffe*⟩

die **Uni★** (-, -s); *gesprochen* Kurzwort für *Universität*

die **Uni·form, Uni·form★**; (-, -en) Kleidung, die in Stoff, Farbe und Form einheitlich gestaltet ist und die z. B. Polizisten oder Soldaten tragen ⟨(*eine*) *Uniform tragen; in Uniform sein, kommen*⟩ **K** Polizeiuniform, Schuluniform

**un·in·ter·es·sant** *ADJEKTIV* so, dass vor allem ein Angebot für jemanden nicht attraktiv ist ⟨*etwas ist für jemanden (völlig) uninteressant*⟩ *„Die Idee ist nicht uninteressant"* Die Idee ist vielleicht ganz gut

die **Uni·on★** (-, -en) **1** ein Zusammenschluss von mehreren Institutionen oder Staaten zu einer Organisation, die ihre gemeinsamen Interessen verfolgt ⟨*die Europäische Union*⟩ ≈ Vereinigung *„Die Staaten schlossen sich zu einer Union zusammen"* **2** **die Union** Ⓓ *nur Singular* die beiden Parteien CDU und CSU **K** Unionsparteien

**uni·ver·sal** [-v-] *ADJEKTIV; geschrieben* alle Bereiche umfassend *„Heute besitzt keiner ein universales Wissen"* | *„Die Lösung der Umweltprobleme ist von universalem Interesse"* **K** Universalbildung, Universalmittel

die **Uni·ver·si·tät★** [-v-]; (-, -en) eine Institution, an der verschiedene Wissenschaften gelehrt werden und an der Forschungen in diesen Wissenschaften gemacht werden ⟨*an der Uni-*

U

*versität studieren; auf die/zur Universität gehen⟩ „Er studiert Medizin an der Universität Heidelberg"* **K** Universitätsbibliothek, Universitätsklinik ⓘ → Anhang, S. 1092: **Schule und Ausbildung** • *hierzu* **uni·ver·si·tär** *ADJEKTIV*

das **Uni·ver·sum** [-v-]; (-s) ≈ (Welt)All

**un·ken** (*unkte, hat geunkt*) **etwas unken** *gesprochen* etwas Negatives voraussagen (weil man Pessimist ist) *„Da werden wir aber große Probleme haben.", unkte er"* ⓘ Das Objekt ist oft ein Satz.

**un·kennt·lich** *ADJEKTIV* so (verändert), dass es nicht mehr zu erkennen oder identifizieren ist

die **Un·kennt·nis** (-); *geschrieben* **Unkenntnis (über etwas** (*Akkusativ*)) die Situation, über etwas nichts zu wissen, etwas nicht zu kennen ⟨*in Unkenntnis der Sachlage, Situation; jemanden in Unkenntnis lassen*⟩ *„etwas aus Unkenntnis falsch machen"* | *„seine Unkenntnis auf diesem Gebiet war ihm peinlich"*

**un·klar**★ *ADJEKTIV* **1** nicht deutlich genug, damit man es verstehen kann ⟨*sich unklar ausdrücken*⟩ ≈ missverständlich **2** so, dass man noch nicht weiß, was geschehen ist oder wird *„Der Ausgang der Sache ist noch völlig unklar"* **3** ohne deutliche Umrisse ⟨*ein Bild*⟩ ≈ unscharf **4** **sich** (*Dativ*) **über etwas** (*Akkusativ*) **im Unklaren sein** etwas noch nicht wissen, über etwas (noch) Zweifel haben **5** **jemanden über etwas** (*Akkusativ*) **im Unklaren lassen** jemanden über etwas nicht genau oder richtig informieren • *zu (2,3)* **Un·klar·heit** *die*

**un·klug** *ADJEKTIV* mit wenig Aussichten auf Erfolg und nicht sinnvoll *„Es wäre taktisch unklug von dir, ihm jetzt zu widersprechen"*

die **Un·kos·ten** *Plural* Kosten, die man zusätzlich zu den normalen (laufenden) Kosten hat ⟨*etwas ist mit (großen, hohen) Unkosten verbunden; jemandem entstehen Unkosten; die Unkosten für etwas tragen*⟩ **ID** **sich (für jemanden/ etwas) in Unkosten stürzen** *gesprochen* viel Geld für jemanden/etwas ausgeben

das **Un·kraut** *nur Singular* Pflanzen, die (wild) neben den Pflanzen wachsen, die der Mensch angebaut hat ⟨*(das) Unkraut jäten*⟩

**un·längst** *ADVERB* vor kurzer Zeit *„Er hat mich unlängst besucht"*

**un·le·ser·lich** *ADJEKTIV* so geschrieben, dass man es sehr schlecht oder kaum lesen kann ⟨*eine Handschrift, eine Unterschrift; unleserlich schreiben*⟩ • *hierzu* **Un·le·ser·lich·keit** *die*

die **Un·men·ge** **eine Unmenge (von/an etwas** (*Dativ*)); **eine Unmenge** *+Substantiv gesprochen* sehr viel(e) (von/an etwas) *„Im Urlaub haben wir eine Unmenge (an/von) Geld verbraucht"*

**un·mensch·lich, un·mensch·lich** *ADJEKTIV* **1** brutal, grausam, ohne Mitgefühl gegenüber Menschen oder Tieren ⟨*jemanden/ein Tier unmenschlich behandeln, quälen*⟩ **2** so, dass man unter sehr schlechten Bedingungen leben muss ≈ menschenunwürdig

**un·mit·tel·bar**★ *ADJEKTIV* **1** so, dass in einer Reihenfolge oder Hierarchie keine andere Person/Sache dazwischenkommt ⟨*eine Folge, ein Nachfolger, ein Nachkomme*⟩ ≈ direkt *„Die Behörde untersteht unmittelbar dem Ministerium"* **2** ganz nahe (bei jemandem/etwas) ≈ direkt *„In unmittelbarer Nähe der Kirche hat es gebrannt"* **3** *nur adverbiell* kurze Zeit nach einem anderen Ereignis ⟨*unmittelbar danach, darauf*⟩

**un·mög·lich, un·mög·lich**★ *ADJEKTIV* **1** *meist prädikativ* so, dass man es nicht verwirklichen kann ⟨*etwas ist technisch unmöglich*⟩ ↔ machbar *„Was du von mir verlangst, ist völlig unmöglich!"* **2** *gesprochen, abwertend* (in der Art, im Benehmen) von den gesellschaftlichen Normen abweichend ⟨*ein Mensch; sich unmöglich benehmen*⟩

**un·mo·ti·viert** *ADJEKTIV* **1** ohne (erkennbaren) vernünftigen Grund *„Der Angriff war völlig unmotiviert"* **2** nicht bereit, sich anzustrengen *„Die Schüler wirkten gelangweilt und unmotiviert"*

**un·mün·dig** *ADJEKTIV* **1** ⟨*ein Kind*⟩ so, dass es vor dem Gesetz noch nicht als erwachsen gilt **2** nicht fähig, selbstständig Entscheidungen zu treffen

**un·nach·ahm·lich, un·nach·ahm·lich** *ADJEKTIV* meist auf positive Weise so, dass niemand es nachahmen kann ⟨*jemandes Mimik; jemandes unnachahmliche Art, etwas zu tun*⟩

**un·nah·bar, un·nah·bar** *ADJEKTIV* nicht bereit, andere Leute mit einem in persönlichen Kontakt treten zu lassen ⟨*unnahbar sein, wirken, erscheinen*⟩

**un·nö·tig**★ *ADJEKTIV* **1** nicht (unbedingt) notwendig ⟨*eine Maßnahme für unnötig halten*⟩ *„sich unnötig in Gefahr bringen"* **2** so, dass es Möglichkeiten gibt, das Genannte zu verhindern ⟨*ein Fehler, ein Missverständnis*⟩ •

hierzu **un·nö·ti·ger·wei·se** *ADVERB*

**un·nütz** *ADJEKTIV* ≈ unnötig, überflüssig *„Was hast du denn da wieder für unnützes Zeug gekauft?"*

**un·or·dent·lich** *ADJEKTIV* **1** so, dass jemand nicht auf Ordnung achtet *„Sie ist schrecklich unordentlich"* **2** ohne Ordnung (und Sauberkeit) ⟨*ein Zimmer, eine Wohnung*⟩ *„Auf meinem Schreibtisch sieht es immer so unordentlich aus!"*

die **Un·ord·nung**★ *nur Singular* der Zustand, in dem keine Ordnung und keine Übersicht herrscht ⟨*etwas in Unordnung bringen; irgendwo herrscht (eine große, schreckliche) Unordnung*⟩

**un·par·tei·isch** *ADJEKTIV* nicht für oder gegen einen der Gegner in einem Streit o. Ä., sondern neutral ⟨*ein Dritter, eine Haltung; unparteiisch sein, urteilen*⟩

**un·pas·send** *ADJEKTIV* **1** ⟨*eine Bemerkung*⟩ so, dass sie nicht zur gegebenen Situation passt **2** ⟨*im unpassend(st)en Augenblick kommen*⟩ ≈ ungünstig

**un·per·sön·lich** *ADJEKTIV* **1** so, dass jemand höflich, aber nicht freundlich ist ⟨*ein Gespräch, eine Unterhaltung*⟩ **2** ohne persönliche, individuelle Elemente *„Das Schreiben war sehr unpersönlich"*

**un·pünkt·lich** *ADJEKTIV* nicht pünktlich ⟨*unpünktlich sein, kommen*⟩ • *hierzu* **Un·pünkt·lich·keit** *die*

der **Un·rat** *nur Singular; geschrieben* ≈ Abfall, Müll

**un·re·a·lis·tisch** *ADJEKTIV* **1** nicht der Wirklichkeit entsprechend ⟨*eine Darstellung, eine Einschätzung (der Gegebenheiten)*⟩ **2** ⟨*Forderungen, Ansprüche, Wünsche*⟩ so, dass man sie nicht verwirklichen kann

**un·recht** *ADJEKTIV* **1** *geschrieben* moralisch und sittlich schlecht ⟨*eine Tat; unrecht handeln; etwas Unrechtes tun*⟩ ≈ verwerflich **2** nicht günstig ⟨*zu unrechter Zeit, im unrechten Augenblick kommen*⟩ **3** **unrecht/Unrecht haben** bei einem Streit o. Ä. nicht das Recht oder Gesetz auf seiner Seite haben **4** **unrecht/Unrecht haben** sich irren, etwas Falsches glauben *„mit einer Vermutung unrecht haben"* **5** **jemandem unrecht/Unrecht tun** jemanden ungerecht beurteilen oder behandeln

das **Un·recht**★ *nur Singular* **1** eine (oft böse) Handlung, durch die man anderen Leuten schadet ⟨*jemandem ein Unrecht antun, zufügen*⟩ **2** **zu Unrecht** obwohl ein Vorwurf o. Ä. nicht stimmt ⟨*jemanden zu Unrecht beschuldigen, verdächtigen, anklagen*⟩ **3** **im Unrecht sein** bei einem (juristischen) Streit o. Ä. nicht im Recht sein

**un·re·gel·mä·ßig**★ *ADJEKTIV* **1** nicht regelmäßig ⟨*etwas ist unregelmäßig geformt*⟩ **2** in unterschiedlichen Abständen oder Intervallen ⟨*jemandes Puls(schlag), Atmung*⟩ ↔ gleichmäßig **3** so, dass die Formen eines Wortes nicht nach der üblichen Art gebildet werden ⟨*eine Form, ein Plural, ein Verb*⟩

**un·reif** *ADJEKTIV* **1** (noch) nicht reif ⟨*Obst*⟩ **2** *meist abwertend* ohne viel Erfahrung, nicht so vernünftig wie andere Leute (mit mehr Erfahrung) ⟨*ein Mensch, ein Verhalten*⟩ *„Der neue Kollege wirkt noch etwas unreif"*

**un·rein** *ADJEKTIV* **1** mit Stoffen, die nicht hineingehören ⟨*Luft, Wasser*⟩ ≈ verschmutzt **2** mit Pickeln und Mitessern ⟨*Haut*⟩

**un·ren·ta·bel** *ADJEKTIV* ⟨*ein Betrieb*⟩ so, dass sie keinen Gewinn bringen *„ein unrentables Geschäft"*

die **Un·ru·he**★ (-, -n) **1** *nur Singular* ein Zustand, in dem man nervös ist, Sorgen hat o. Ä. *„Voll Unruhe blickte sie immer wieder auf die Uhr"* **2** *nur Singular* störende Geräusche, die dadurch entstehen, dass sich viele Menschen bewegen oder miteinander reden ↔ Stille *„Ich kann mich bei dieser Unruhe nicht konzentrieren"* **3** *nur Singular* die Situation, dass viele Leute unzufrieden sind *„Das neue Gesetz sorgte für Unruhe im Land"* **K** Unruhestifter **4** *nur Plural* Kämpfe auf der Straße aus Protest o. Ä. **K** Studentenunruhen

**un·ru·hig**★ *ADJEKTIV* **1** nervös (und voller Sorge oder Angst) *„Sie wurde unruhig, als das Kind nicht aus der Schule heimkam"* **2** durch ständige Störungen gekennzeichnet *„eine unruhige Nacht verbringen"* **3** ständig in Bewegung, laut usw. ⟨*ein Kind*⟩ **4** mit viel Verkehr, viel Lärm ⟨*eine Gegend, eine Straße*⟩

**uns**★ *ARTIKEL* **1** *zur 1. Person Plural (wir)* mit *uns* werden solche Dinge, Zustände, Vorgänge, Handlungen oder Personen näher bezeichnet, welche mit der Gruppe, zu welcher der Sprecher gehört, in Zusammenhang sind *„unsere Kinder"* | *„nach unserer Ankunft"* ❶ Wenn *uns* flektiert wird, fällt das zweite *e* in der gesprochenen Sprache oft weg: *unsre Mutter; Wir haben unsren Bus verpasst.*

*PRONOMEN* **2** *1. Person Plural (wir), Akkusativ*

U

*und Dativ „Kannst du uns anrufen?" | „Wir freuen uns sehr" | „Wir umarmten uns"* ❶ → Anhang, S. 1111: **Pronomen** **3** *zur 1. Person Plural (wir)* verwendet, um sich auf eine (oft bereits erwähnte) Sache oder Person zu beziehen, die zu der Gruppe gehört, bei denen der Sprecher ist *„Ihre Kinder spielen oft mit (den) unseren"* ❶ → weitere Beispiele unter **mein** **4** *1. Person Plural (wir), Genitiv „Wer erinnert sich unser?"* ❶ → Anhang, S. 1111: **Pronomen**

**ụn·sach·lich** *ADJEKTIV* von persönlichen Gefühlen oder Vorurteilen beeinflusst ⟨*eine Kritik; unsachlich werden*⟩ ↔ nüchtern, objektiv

**ụn·säg·lich**, **un·sä̲g·lich** *ADJEKTIV; geschrieben* ≈ unsagbar

**ụn·schäd·lich** *ADJEKTIV* nicht gefährlich oder giftig *„Dieses Mittel ist für Menschen absolut unschädlich"*

**ụn·scharf** *ADJEKTIV* so, dass man die Dinge nicht klar erkennen kann ⟨*ein Foto*⟩ ≈ verschwommen *„das Fernglas ist unscharf eingestellt"*

**ụn·schein·bar** *ADJEKTIV* (nicht sehr schön und daher) unauffällig ⟨*ein Aussehen*⟩ *„Die Nachtigall sieht unscheinbar aus, singt aber sehr schön"*

**un·schla̲g·bar** *ADJEKTIV* so, dass andere Leute (z. B. in einem Wettkampf) nicht besser sein oder siegen können ⟨*eine Leistung, eine Mannschaft*⟩ *„Im Geschichtenerzählen ist sie unschlagbar"*

**ụn·schlüs·sig** *ADJEKTIV* noch zu keiner Entscheidung gekommen ⟨*sich (Dativ) über etwas (Akkusativ) unschlüssig sein*⟩ *„Ich bin mir noch unschlüssig, ob ich das Bild kaufen soll oder nicht"*

die **Ụn·schuld**★ *nur Singular* die Tatsache, dass man (vor allem an einem Verbrechen) keine Schuld hat ⟨*jemandes Unschuld beweisen*⟩ *„Der Richter zweifelte an seiner Unschuld, musste ihn jedoch aus Mangel an Beweisen freisprechen"* **K** Unschuldsbeteuerung

**ụn·schul·dig**★ *ADJEKTIV* **1** so, dass man nichts Böses oder Falsches getan hat ⟨*unschuldig im Gefängnis sitzen*⟩ *„Der Angeklagte war unschuldig"* **2** **unschuldig (an etwas** (*Dativ*)**)** an etwas nicht beteiligt *„Bei dem Attentat wurden auch viele Unschuldige verletzt"* **3** noch nicht fähig, Böses zu erkennen ⟨*ein Kind*⟩ **4** ohne böse Absicht oder Folgen ⟨*eine Bemerkung, eine Frage, ein Vergnügen*⟩ ≈ harmlos

**ụn·ser**★ *ARTIKEL 1. Person Plural (wir)* unser verwendet man, um Dinge, Zustände, Vorgänge, Handlungen, Personen zu bezeichnen, die mit einer Gruppe, zu welcher der Sprecher gehört (*wir*), in Zusammenhang sind *„Morgen besuchen wir unseren Vater" | „Nach dem Essen gehen wir wieder in unser Hotel zurück"* das Hotel, in dem wir übernachten | *„Bei unserer Ankunft regnete es sehr stark"*

**ụn·ser·ei·ner** *gesprochen* jemand wie ich; Leute wie wir *„Das ist ein ganz vornehmes Lokal. Da wird unsereiner gar nicht reingelassen"*

**ụn·se·rer·se̲its** *ADVERB* was uns betrifft *„Unsererseits gibt es keine Bedenken"*

**ụn·se·ret·we̲·gen** *ADVERB* **1** aus einem Grund, der uns betrifft *„Das Treffen musste unseretwegen verschoben werden"* **2** mit unserer Erlaubnis oder Zustimmung *„Unseretwegen dürfen Sie ruhig hier parken"* Wir haben nichts dagegen, dass Sie hier parken

**ụn·si·cher**★ *ADJEKTIV* **1** so, dass noch nicht feststeht, wie es enden oder sein wird ⟨*ein Ausgang, eine Zukunft, eine Angelegenheit*⟩ *„Es ist noch unsicher, ob sie kommen wird"* **2** so, dass man sich darauf nicht verlassen kann ⟨*ein Ergebnis, eine Methode*⟩ **3** so, dass man etwas nicht genau weiß, sich einer Sache nicht (mehr) sicher ist *„Jetzt bin ich (mir) doch unsicher, ob ich die Tür wirklich abgeschlossen habe"* **4** so, dass eine Person Angst hat, dass andere Personen sie nicht mögen oder anerkennen ⟨*ein Auftreten, ein Blick; unsicher lächeln*⟩ ≈ schüchtern **5** so, dass man etwas (noch) nicht gut kann und Angst davor hat, Fehler zu machen ⟨*ein Autofahrer; unsicher auf den Beinen sein*⟩ *„Sie ist im Umgang mit kleinen Kindern noch ziemlich unsicher"* **6** ⟨*eine Gegend, eine Straße, Straßenverhältnisse*⟩ ≈ gefährlich • *hierzu* **Ụn·si·cher·heit** *die*

**ụn·sicht·bar** *ADJEKTIV* mit den Augen nicht wahrzunehmen *„eine unsichtbare Grenze" | „Luft ist unsichtbar"*

der **Ụn·sinn**★ *nur Singular* **1** eine Aussage, eine Handlung o. Ä., die nicht klug oder vernünftig ist *„Es war Unsinn, bei diesem schlechten Wetter zum Baden zu gehen" | „Du glaubst doch jeden Unsinn, den man dir erzählt!"* **2** etwas, das man aus Übermut tut ⟨*nichts als Unsinn im Kopf haben*⟩ *„zusammen mit Freunden viel Unsinn machen/treiben" | „Lass den Unsinn, das kitzelt!"* **3** **Unsinn!** *gesprochen* verwendet, um eine Vermutung oder Behauptung entschieden zurückzuweisen *„Ich bin so hässlich!" – „Unsinn, das stimmt doch gar nicht!"*

**un·sin·nig** *ADJEKTIV* **1** ohne Sinn ⟨*ein Gerede, ein Verhalten*⟩ **2** viel zu hoch ⟨*Forderungen*⟩

die **Un·sit·te** eine schlechte Angewohnheit *„Es ist eine gefährliche Unsitte, Auto zu fahren, wenn man eigentlich dafür zu müde ist"*

**un·sitt·lich** *ADJEKTIV* so, dass es gegen die (sexuelle) Moral verstößt ⟨*ein Antrag, ein Verhalten; sich jemandem unsittlich nähern*⟩

**un·so·zi·al** *ADJEKTIV* ohne Rücksicht auf andere Leute, vor allem Schwächere ⟨*ein Verhalten*⟩

**un·sport·lich** *ADJEKTIV* ohne Interesse oder Begabung für Sport *„Ich bin total unsportlich"*

**un·sterb·lich** *ADJEKTIV* **1** ⟨*die Götter, die Seele*⟩ so, dass sie ewig leben **2** ⟨*ein Künstler, ein Meisterwerk*⟩ so, dass sie immer bekannt und berühmt sein werden **3** *gesprochen* verwendet, um Adjektive oder Verben zu verstärken ⟨*sich unsterblich in jemanden verlieben*⟩ ≈ sehr

**un·still·bar, un·still·bar** *ADJEKTIV* ⟨*eine Sehnsucht, ein Verlangen*⟩ so, dass sie nicht erfüllt, gestillt werden können

die **Un·sum·me** (-, -n); *meist Plural* eine sehr große Summe Geld ⟨*etwas kostet, verschlingt Unsummen*⟩

**un·sym·pa·thisch**★ *ADJEKTIV* **1** **(jemandem) unsympathisch** nicht nett und angenehm ⟨*ein Mensch*⟩ **2** **etwas ist jemandem unsympathisch** etwas gefällt jemandem nicht *„Das heiße Wetter in Florida ist mir unsympathisch"*

die **Un·tat** eine böse und grausame Tat *„Eines Tages wirst du für deine Untaten büßen müssen!"*

**un·tä·tig** *ADJEKTIV meist prädikativ* ohne etwas zu tun ⟨*untätig herumstehen, zusehen müssen*⟩ ↔ aktiv • *hierzu* **Un·tä·tig·keit** *die*

**un·taug·lich** *ADJEKTIV* **untauglich (für etwas)** nicht für etwas geeignet, nicht zu etwas fähig ⟨*ein Mittel*⟩ *„Sie ist untauglich für schwere körperliche Arbeit"* **K** arbeitsuntauglich, dienstuntauglich

**un·ten**★ *ADVERB* **1** an einer Stelle, die (meist vom Sprecher oder vom Handelnden aus gesehen) tiefer als eine andere Stelle liegt *„Er ging nach unten in den Keller"* | *„Die Katze sah von unten zu dem Spatz hinauf"* **2** an dem Teil, der näher zum Boden hin liegt, an der Unterseite *„Die Papiere liegen ganz unten in meinem Schreibtisch"* **3** auf einem Blatt Papier oder in einem geschriebenen Text an einer Stelle, die tiefer liegt oder zu der man beim Lesen erst später kommt *„Die Unterschrift steht links unten, am Ende des Briefes"* | *„Auf der Landkarte ist Norden oben und Süden unten"* **4** von niedrigem sozialen Status, einer niedrigen Position in einer Hierarchie ⟨*sich von unten hocharbeiten, hochdienen, hochkämpfen*⟩

**un·ten·he·rum** *ADVERB; gesprochen* am oder im unteren Teil einer Sache, vor allem des Körpers

**un·ter**[1]★ *PRÄPOSITION* ORT: **1** *mit Dativ* nennt die Lage oder Position an einer tieferen Stelle als die genannte Sache/Person ↔ auf, über *„unter der Bettdecke liegen"* ❶ → Anhang, S. 1113: **Präpositionen** **2** *mit Akkusativ* nennt die Richtung einer Bewegung hin zu einer tiefer gelegenen Stelle ↔ auf, über *„einen Eimer unter den Wasserhahn halten"* | *„unter den Tisch kriechen"* ❶ → Anhang, S. 1113: **Präpositionen** **3** *mit Dativ* drückt aus, dass etwas von der genannten Sache völlig oder teilweise bedeckt ist ↔ über *„ein Hemd unter dem Pullover tragen"* GRUPPE, MENGE: **4** *mit Dativ* in einer Gruppe oder Menge mit anderen Personen/Dingen *„Ist einer unter euch, der die Antwort kennt?"* **5** *mit Dativ* drückt aus, dass an einer Handlung nur die genannte Gruppe von Personen beteiligt ist ≈ zwischen *„Es gab Streit unter den Schülern"* ZUORDNUNG, KATEGORIE: **6** *mit Dativ* drückt aus, dass jemand/etwas zu einer Kategorie o. Ä. gehört *„ein Bericht unter der Überschrift „Künstler der Gegenwart"* **7** *mit Akkusativ* drückt aus, dass die genannte Kategorie o. Ä. für etwas gewählt wird *„Sind Viren unter die Tiere zu rechnen?"* NIVEAU: **8** *mit Dativ* drückt aus, dass ein Wert oder Niveau niedriger ist als das Genannte ↔ über *„Eintritt frei für Kinder unter sechs Jahren"* **9** *mit Akkusativ* drückt aus, dass ein Wert oder Niveau niedriger wird als das Genannte ↔ über *„Die Temperaturen sinken nachts unter den Gefrierpunkt"* HERRSCHAFT, LEITUNG: **10** *mit Dativ* nennt einen Zustand, in dem die genannte Person, Gruppe oder Institution die Macht, Leitung o. Ä. hat *„Als Abteilungsleiter hat er 20 Mitarbeiter unter sich"* UMSTAND, ZUSTAND: **11** *mit Dativ* nennt einen Umstand, der für eine Handlung gilt *„unter Tränen gestehen"* | *„Sie rettete das Kind unter Gefahr für das eigene*

*Leben aus dem brennenden Haus"* **12** *mit Dativ* nennt den Zustand, in dem jemand/etwas ist *„Der Kessel steht unter Druck"*

**ụn·ter**[2]★ *ADVERB* weniger als ↔ über *„Ich bin noch unter 40"* ich bin noch nicht 40 Jahre alt | *„Es waren unter 100 Leute beim Konzert"*

**ụn·te·r-**[1]★ *ADJEKTIV meist attributiv, kein Komparativ* **1** tiefer als etwas anderes gelegen ↔ ober- *„ein Buch in die unterste Reihe des Regals stellen"* | *„den untersten Knopf der Bluse öffnen"* **2** an einer niedrigen Stelle in einer Skala, einer Hierarchie o. Ä. ↔ ober- *„Temperaturen im unteren Bereich"* | *„die unterste Schicht der Gesellschaft"*

**ụn·ter-**[2] *(im Verb, betont und trennbar, begrenzt produktiv; Diese Verben werden so gebildet: unterlegen, legte unter, untergelegt)* **1** **etwas unterlegen, unterhalten, unterschieben; jemanden/etwas untertauchen** *und andere* bezeichnet eine Bewegung nach unten, an eine tieferer Stelle als eine Sache/Person *„Er legte beim Malen Zeitungspapier unter, um die Tischdecke nicht schmutzig zu machen"* Er legte Zeitungspapier unter das Bild, das er malte **2** **jemanden unterbezahlen; etwas unterbelegen; (etwas) unterbelichten; jemanden/etwas unterbewerten** *und andere* drückt aus, dass ein Ausmaß oder eine Menge zu klein ist *„Wir werden alle unterbezahlt"* Wir bekommen alle zu wenig Geld ❶ Diese Verben kommen meist im Infinitiv und im Partizip Perfekt vor.

**un·ter-**[3] *(im Verb, unbetont und nicht trennbar, wenig produktiv; Diese Verben werden so gebildet: unterführen, unterführte, unterführt)* **etwas unterführen, unterfahren, unterqueren** *und andere* bezeichnet eine Bewegung unter einer Sache hindurch *„Beim Bau der neuen Straße musste eine Eisenbahnlinie unterführt werden"* Die Straße musste in einem Tunnel unter der Eisenbahnlinie hindurchgeführt (gebaut) werden

**Ụn·ter-** *im Substantiv, betont, begrenzt produktiv* **1** **der Unterarm, der Unterkiefer, die Unterlippe, der Unterschenkel** *und andere* bezeichnet den Teil eines Körperteils, der tiefer liegt **2** **der Unterbau, der Untergrund, die Unterseite, das Unterteil** bezeichnet Dinge, die unten sind oder nach unten gerichtet sind **3** **das Unterhemd, die Unterhose, der Unterrock, die Unterwäsche** bezeichnet Kleidung, die unter unter anderer Kleidung (direkt auf der Haut) getragen wird **4** **die Unterbeschäftigung, die Unterbezahlung, das Untergewicht, die Unterversorgung** *und andere* mit zu geringer Menge oder Leistung *„die Unterfunktion der Schilddrüse"*

der **Ụn·ter·arm** der Teil des Armes zwischen Hand und Ellbogen

**ụn·ter·be·setzt** *ADJEKTIV* mit weniger Personal, als normal ist und nötig wäre *„Das Büro/Die Firma ist unterbesetzt"*

**ụn·ter·be·wusst** *ADJEKTIV* im Unterbewusstsein (vorhanden)

das **Ụn·ter·be·wusst·sein** *nur Singular* die Gedanken und Gefühle, die man hat, ohne davon zu wissen

**un·ter·bie·ten** *(unterbot, hat unterboten)* **1** **jemanden/etwas unterbieten** für eine Ware oder eine Dienstleistung einen geringeren Preis als eine andere Person verlangen ⟨*ein Angebot, jemandes Preis unterbieten*⟩ **2** **etwas unterbieten** in einem Wettkampf für einen Lauf o. Ä. schneller sein als andere Leute ⟨*einen Rekord, die Bestzeit unterbieten*⟩

**un·ter·bịn·den** *(unterband, hat unterbunden)* **etwas unterbinden** Maßnahmen ergreifen, damit eine Person ihre eigenen Pläne nicht ausführen kann oder aufhören muss, etwas zu tun *„den Missbrauch eines Gesetzes unterbinden"*

**un·ter·blei·ben** *(unterblieb, ist unterblieben)* **etwas unterbleibt** etwas tritt nicht ein, wird nicht gemacht *„Eine rechtzeitige Versorgung des Kranken ist leider unterblieben"*

**un·ter·brẹ·chen**★ *(unterbricht, unterbrach, hat unterbrochen)* **1** **etwas unterbrechen** mit einer Handlung für kurze Zeit aufhören *„die Arbeit unterbrechen, um kurz zu telefonieren"* **2** **(jemanden/etwas) unterbrechen** bewirken, dass jemand aufhören muss zu sprechen (z. B. indem man selbst zu sprechen anfängt) ⟨*ein Gespräch, eine Unterhaltung unterbrechen*⟩ *„jemanden mit einer Zwischenfrage unterbrechen"* | *„Wo war ich stehen geblieben, als ich vorhin unterbrochen wurde?"* **3** **(etwas) unterbrechen** bewirken, dass etwas für kurze Zeit aufhört, nicht gleichmäßig weiterverläuft *„Am Montag war die Stromversorgung für kurze Zeit unterbrochen"* • *hierzu* **Un·ter·bre·chung** *die*

**ụn·ter·brin·gen**★ *(hat)* **1** **jemanden/etwas (irgendwo) unterbringen** einen Platz für jemanden/etwas finden *„Bringst du die Bücher* *noch im Koffer unter, oder ist er schon zu voll?"* | *„Sie konnte ihre Tochter nicht im Kindergarten unterbringen"* **2** **jemanden irgendwo unterbringen** eine Person eine Zeit lang irgendwo wohnen lassen oder ihr einen Arbeitsplatz verschaffen *„Flüchtlinge in Lagern unterbringen"* • *hierzu* **Ụn·ter·brin·gung** *die*

**un·ter·dẹs, un·ter·dẹs·sen**★ *ADVERB* ≈ inzwischen

**un·ter·drụ̈·cken** (*unterdrückte, hat unterdrückt*) **1** **jemanden unterdrücken** eine Person ungerecht behandeln (unter Anwendung von Gewalt o. Ä.), sodass sie sich nicht frei entwickeln kann *„eine Minderheit im Land unterdrücken"* **2** **etwas unterdrücken** etwas mit Gewalt verhindern ⟨*einen Aufstand, Unruhen unterdrücken*⟩ **3** **etwas unterdrücken** durch Selbstbeherrschung erreichen, dass man etwas nicht sagt oder zeigt ⟨*einen Schrei, ein Wort, eine Bemerkung, ein Gähnen, seine Wut unterdrücken*⟩ **4** **etwas unterdrücken** verhindern, dass etwas bekannt wird *„Die Regierung unterdrückte Informationen über den Unfall im Atomreaktor"* • *hierzu* **Un·ter·drụ̈·ckung** *die*; *zu* (1) **Un·ter·drụ̈·cker** *der*

**ụn·ter·durch·schnitt·lich** *ADJEKTIV* weniger oder schlechter als der Durchschnitt ⟨*eine Begabung, eine Leistung, eine Bezahlung*⟩

**un·ter·ei·nạn·der**★ *ADVERB* **1** eine Person oder Sache unter die andere oder unter der anderen *„mehrere Nägel untereinander in das Brett schlagen"* Nägel in einer geraden Linie von oben nach unten in das Brett schlagen **2** eine Person mit der anderen und umgekehrt *„sich untereinander gut verstehen"* | *„die Plätze untereinander tauschen"*

**un·ter·ei·nạn·der-** (*im Verb, betont und trennbar, wenig produktiv; Diese Verben werden so gebildet: untereinanderstehen, standen untereinander, untereinandergestanden*) **Dinge liegen, stehen untereinander**; **Dinge untereinanderlegen, untereinanderstellen** *und andere* bezeichnet eine Lage, bei der eine Sache oben ist und mehrere Dinge der gleichen Art darunter *„die Namen in der Liste untereinanderschreiben"* einen Namen in die Liste schreiben und weitere Namen darunter

**ụn·ter·ent·wi·ckelt** *ADJEKTIV* **1** **(geistig/körperlich) unterentwickelt** geistig/körperlich nicht so weit entwickelt, wie es normal ist ≈ zurückgeblieben **2** mit wenig Industrie usw. ⟨*ein Gebiet, ein Land*⟩

das **Un·ter·fạn·gen** (-s, -); *meist Singular* eine (geplante) Handlung, die gefährlich werden kann ⟨*ein gewagtes, schwieriges, sinnloses Unterfangen*⟩ ≈ Unternehmen

**un·ter·fọr·dern** (*unterforderte, hat unterfordert*) **jemanden unterfordern** einer Person weniger oder leichtere Aufgaben stellen, sie er bewältigen könnte *„sich in der Schule unterfordert fühlen"*

die **Un·ter·füh·rung** ein Weg oder eine Straße, die unter einer anderen Straße o. Ä. hindurchführen **K** Eisenbahnunterführung, Fußgängerunterführung

der **Ụn·ter·gang**★ **1** *meist Singular* das Verschwinden unter der Oberfläche des Wassers *„der Untergang der Titanic"* **2** das Verschwinden hinter dem Horizont ↔ Aufgang **K** Monduntergang, Sonnenuntergang **3** *nur Singular* bei einem Untergang wird alles schlechter und zerstört, bis nichts mehr existiert *„der Untergang des Römischen Reiches"* **4** *nur Singular* der Zustand, in dem man alles (meist Geld) verliert ≈ Ruin *„Das Glücksspiel war sein Untergang"*

**ụn·ter·ge·hen** (*ist*) **1** **jemand/etwas geht unter** jemand/etwas verschwindet unter der Oberfläche des Wassers ⟨*ein Schiff*⟩ *„Er schrie noch um Hilfe, dann ging er unter"* **2** **etwas geht unter** etwas verschwindet hinter dem Horizont ⟨*die Sonne, der Mond*⟩ **3** **jemand/etwas geht unter** etwas hört auf zu existieren, jemand/etwas wird vernichtet ⟨*eine Kultur, ein Reich, die Welt*⟩ *„Wenn wir so weitermachen, gehen wir alle unter!"* **4** **jemand/etwas geht (in etwas** (*Dativ*)**) unter** jemand/etwas wird nicht mehr bemerkt, weil jemand/etwas anderes zu viel Aufmerksamkeit auf sich lenkt *„Ihre leise Stimme ging in dem Lärm völlig unter"*

**ụn·ter·ge·ord·net** *ADJEKTIV* weniger wichtig als etwas anderes ⟨*von untergeordneter Bedeutung sein*⟩ ≈ zweitrangig

das **Ụn·ter·ge·schoss**, **Ụn·ter·ge·schoß** Ⓐ (in großen Gebäuden) eine Ebene, die unter der Erde (dem Erdgeschoss) liegt ⟨*das erste, zweite, dritte Untergeschoß; etwas liegt im Untergeschoß*⟩ ≈ Souterrain

das **Ụn·ter·ge·wicht** zu geringes Gewicht *„Anna hat zehn Kilo Untergewicht"* • *hierzu* **ụn·ter·ge·wich·tig** *ADJEKTIV*

die **Ụn·ter·gren·ze** der tiefste Wert o. Ä., der erlaubt oder möglich ist *„Sein Einkommen liegt an der Untergrenze dessen, wovon man leben* *kann"*

der **Ụn·ter·grund** **1** die oberste Schicht der Erde, auf/in der etwas wächst oder auf der man etwas baut *„Spargel braucht sandigen Untergrund"* | *„ein Haus auf festen Untergrund bauen"* **2** die Fläche, auf der jemand/etwas steht oder auf der sich jemand/etwas bewegt ≈ Fundament *„Die Maschine muss auf vollkommen ebenem Untergrund aufgestellt werden"* **3** eine Fläche, auf die man eine Farbe streicht, etwas klebt o. Ä. *„den Lack auf trockenem, staubfreiem Untergrund auftragen"* **4** ≈ Hintergrund *„ein blaues Muster auf gelbem Untergrund"* **5** *meist Singular* der Bereich, in dem Menschen heimlich illegale Dinge tun, um der Regierung oder dem Staat zu schaden ⟨*im Untergrund arbeiten, leben*⟩ **K** Untergrundbewegung

**ụn·ter·halb**★ *PRÄPOSITION mit Genitiv* tiefer als das Genannte ≈ unter *„Schläge unterhalb der Gürtellinie sind beim Boxen verboten"* | *„Die meisten Vitamine liegen direkt unterhalb der Schale des Apfels"* ❶ auch verwendet mit *von*: *unterhalb vom Gipfel*

der **Ụn·ter·halt** *meist Singular* **1** das, was man zum Leben braucht ⟨*für jemandes Unterhalt aufkommen, sorgen*⟩ ≈ Lebensunterhalt **K** Unterhaltskosten **2** das Geld, das jemand an eine andere Person für ihren Unterhalt zahlen muss (meist an den geschiedenen Ehepartner oder die Kinder) ⟨*jemandem Unterhalt zahlen*⟩ **K** Unterhaltsanspruch, Unterhaltsklage, Unterhaltspflicht **3** das Pflegen und Instandhalten einer Sache *„der Unterhalt eines Gebäudes"* **K** Unterhaltskosten

**un·ter·hạl·ten**¹★ (*unterhält, unterhielt, hat unterhalten*) **1** **jemand unterhält sich mit jemandem (über Personen/Dinge); Personen unterhalten sich (über Personen/Dinge)** zwei oder mehrere Personen sprechen miteinander (vor allem zum Vergnügen) über eine andere Person oder über ein Thema *„sich stundenlang mit einem Freund am Telefon unterhalten"* **2** **jemanden irgendwie unterhalten** jemanden oder sich selbst so beschäftigen, dass die Zeit angenehm schnell vergeht *„Ich habe mich auf dem Fest sehr gut unterhalten"* | *„In den Pausen wurde das Publikum mit Musik unterhalten"* **3** **etwas unterhalten** mit dem eigenen Geld dafür sorgen, dass etwas in gutem Zustand bleibt ⟨*eine Anlage, ein Gebäude, eine Straße unterhalten*⟩ **4** **jemanden unterhalten** Geld für die Kleidung, Nahrung und Wohnung einer Person zahlen *„eine große Familie zu unterhalten haben"* **5** **etwas unterhalten** dafür sorgen, dass etwas auch weiterhin existiert oder sich positiv entwickelt ⟨*Beziehungen, Kontakte zu jemandem unterhalten*⟩

**ụn·ter·hal·ten**² (*hält unter, hielt unter, hat untergehalten*) **etwas unterhalten** etwas unter etwas halten *„beim Essen einen Teller unterhalten, damit keine Krümel auf den Boden fallen"*

**un·ter·hạlt·sam** *ADJEKTIV* so, dass die Zeit dabei angenehm (schnell) vergeht ⟨*ein Abend, ein Buch, ein Film*⟩

die **Un·ter·hạl·tung**★ **1** ≈ Gespräch *„eine vertrauliche Unterhaltung mit jemandem haben"* **K** Privatunterhaltung **2** *nur Singular* die Zeit, welche man ohne Arbeit und Pflichten verbringt und Dinge tut, die Spaß machen ⟨*jemandem gute, angenehme Unterhaltung wünschen*⟩ *„zu jemandes Unterhaltung Witze und Geschichten erzählen"* **K** Unterhaltungselektronik, Unterhaltungsprogramm **3** *nur Singular* das Finanzieren und Organisieren *„die Unterhaltung einer Schule übernehmen"* **4** *nur Singular* das Pflegen, die Aufrechterhaltung einer Sache *„die Unterhaltung diplomatischer Beziehungen"*

der **Ụn·ter·händ·ler** eine Person, die z. B. als Vertreter eines Staates oder einer Gruppe mit deren Gegnern darüber spricht, wie man einen Krieg beenden oder einen Konflikt lösen kann ⟨*einen Unterhändler entsenden*⟩ • *hierzu* **Ụn·ter·händ·le·rin** *die*

das **Ụn·ter·hemd**★ ein Hemd (meist ohne Ärmel), das man unter der anderen Kleidung direkt auf der Haut trägt ↔ Oberhemd

die **Ụn·ter·ho·se**★ eine meist kurze Hose, die man unter einer anderen Hose, einem Rock o. Ä. direkt auf der Haut trägt ⟨*kurze, lange Unterhosen tragen*⟩

**ụn·ter·ir·disch** *ADJEKTIV* unter der Erde ⟨*ein Gang, ein Kanal*⟩

der **Ụn·ter·kie·fer** der untere, bewegliche Teil des Kiefers

**ụn·ter·kom·men** (*ist*) **1** **irgendwo unterkommen** einen Platz finden, wo man schlafen oder wohnen kann *„Alle Hotels waren belegt, aber wir sind bei Bekannten untergekommen"* **2** **bei jemandem unterkommen** im Haus oder in der Wohnung einer anderen Person schlafen und wohnen dürfen **3** **irgendwo**

**unterkommen** irgendwo eine Arbeit finden, angestellt werden *„Wenn es als Lehrer nicht klappt, versuche ich, bei einer Zeitung unterzukommen"*

der **Ụn·ter·kör·per** der untere Teil des Körpers (ab der Taille)

**ụn·ter·krie·gen** (*hat*) **eine Person/Sache kriegt jemanden unter** *gesprochen* eine Person oder Sache bewirkt, dass jemand den Mut verliert, aufgibt o. Ä. *„Lass dich von ihm nicht unterkriegen!"* ❶ meist verneint

die **Ụn·ter·kunft**★ (-, *Un·ter·künf·te*) ein Zimmer, eine Wohnung o. Ä., in denen man für kurze Zeit als Gast wohnt *„Bei dieser Arbeit wird eine Unterkunft kostenlos zur Verfügung gestellt"* K Notunterkunft

die **Ụn·ter·la·ge**★ **1** etwas, das zum Schutz unter jemanden/etwas gelegt wird *„eine Unterlage zum Schreiben"* | *„einen Verletzten auf eine weiche Unterlage legen"* K Filzunterlage, Schreibunterlage **2** *meist Plural* geschriebene Texte (Akten, Dokumente usw.), die man zum Arbeiten oder als Beweis braucht *„Unterlagen für eine Sitzung zusammenstellen"* | *„Haben Sie alle erforderlichen Unterlagen für Ihre Bewerbung dabei?"* K Bewerbungsunterlagen, Sitzungsunterlagen

**un·ter·lạs·sen** (*unterlässt, unterließ, hat unterlassen*) **1** **etwas unterlassen** etwas absichtlich nicht (mehr) tun *„Unterlassen sie bitte Ihre dummen Bemerkungen!"* ❶ meist im Imperativ **2** **etwas unterlassen** etwas, das nötig wäre, nicht tun ≈ versäumen *„Er hat es den Dieben leicht gemacht, weil er es unterließ, das Auto abzuschließen"* • *hierzu* **Un·ter·lạs·sung** *die*

**un·ter·lau·fen** (*unterläuft, unterlief, ist/hat unterlaufen*) **etwas unterläuft jemandem** (*ist*) etwas passiert jemandem (unabsichtlich) bei einer Tätigkeit ⟨*jemandem unterläuft ein Fehler, ein Irrtum, ein Versehen*⟩

**ụn·ter·le·gen**[1] (*legte unter, hat untergelegt*) **etwas unterlegen** etwas unter jemanden/etwas legen

**un·ter·le·gen**[2] (*unterlegte, hat unterlegt*) **etwas mit etwas unterlegen** etwas mit Musik oder einem Text (als Begleitung) ergänzen *„eine Szene mit dramatischer Musik unterlegen"* | *„ein Lied mit einem neuen Text unterlegen"*

**un·ter·le·gen**[3] ADJEKTIV **(jemandem/etwas) unterlegen** *meist prädikativ* schwächer als eine andere Person oder Sache ⟨*jemandem geistig, körperlich unterlegen sein*⟩ *„Das alte Modell ist dem neuen hinsichtlich der Leistung klar unterlegen"* • *hierzu* **Un·ter·le·gen·heit** *die*

der **Ụn·ter·leib** der untere Teil des menschlichen Körpers (vor allem der Teil um die Geschlechtsorgane) K Unterleibsoperation, Unterleibsschmerzen

**un·ter·lie·gen** (*unterlag, ist unterlegen*) **1** **(jemandem) unterliegen** in einem Wettkampf (von jemandem) besiegt werden *„dem Feind unterliegen"* **2** **jemand/etwas unterliegt einer Sache** (*Dativ*) jemand/etwas wird von etwas bestimmt *„Das Wetter im April unterliegt starken Schwankungen"*

die **Ụn·ter·lip·pe** die untere Lippe des Mundes *„sich auf die Unterlippe beißen"*

## In der Stadt

| | | | |
|---|---|---|---|
| 1 | die Bar, die Kneipe | 18 | die Fußgängerin |
| 2 | der Brunnen | 19 | der Stadtplan |
| 3 | der Park | 20 | der Fußgänger |
| 4 | die Touristeninformation | 21 | das Gebäude |
| 5 | das Museum | 22 | die Ampel |
| 6 | der Zoo, der Tierpark | 23 | die Gaststätte, das Lokal |
| 7 | der Kreisverkehr | 24 | der Bürgersteig |
| 8 | die Fußgängerzone | 25 | die Straße |
| 9 | der Parkplatz | 26 | der Bus |
| 10 | der Fluss | 27 | die U-Bahn-Station |
| 11 | die Brücke | 28 | der Balkon |
| 12 | die Kirche | 29 | das Verkehrsschild |
| 13 | die Straßenbahn | 30 | das Geschäft, der Laden |
| 14 | die Apotheke | 31 | das Schaufenster |
| 15 | die Treppe | 32 | der Zebrastreifen |
| 16 | der Briefkasten | 33 | die Kreuzung |
| 17 | das Café | | |

- Beschreibe deinem Partner / deiner Partnerin den Weg vom Parkplatz zur Touristeninformation.
- Erkläre deinem Partner / deiner Partnerin die folgenden Begriffe: Fußgängerzone, Bürgersteig, Zebrastreifen.
- Finde mindestens drei Unterschiede zwischen einer deutschen Stadt und einer Stadt in einem anderen Land. Erkläre deinem Partner / deiner Partnerin die Unterschiede.

1
2
3
4
5
6
7
8
9
10
11
12
13
14
15
16
17
18
19
20
CAFÉ MÜLLER
21
22
23
Gaststätte Zur Post
Holzstraße
24
25
26
27
28
29
30
MODA
31
32
33

# Die Bundesrepublik Deutschland

0 100 km

DÄNEMARK
Fünen
Seeland
Rønne
Bornholm (DÄNEMARK)
Ostsee
Sylt
Westerland
Tondern (Tønder)
Alsen
Møn
Ærø
Lolland
Falster
Nordsee
Nordfriesische Inseln
Flensburg
Langeland
Rügen
Kap Arkona
Schleswig
Kieler Bucht
Fehmarn
Sassnitz
Husum
Helgoland
Kiel
Mecklenburger Bucht
Stralsund
Pommersche Bucht
Deutsche Bucht
Nord-Ostsee-Kanal
Greifswald
Usedom
Neumünster
Lübeck
Rostock
Wollin
Wismar
Swinemünde (Świnoujście)
Ostfriesische Inseln
Cuxhaven
Westfries. Inseln
Wilhelmshaven
Hamburg
Schwerin
Schweriner See
Neubrandenburg
Bremerhaven
Stettin (Szczecin)
Emden
Müritz
Mecklenburgische Seenplatte
Uckermark
Lüneburg
Groningen
Oldenburg
Bremen
Lüneburger Heide
Küstenkanal
Elbe-Seitenkanal
Elbe
Oder
Wittenberge
NIEDERLANDE
POLEN
Weser
Aller
Warthe
Zwolle
Berlin
Mittellandkanal
Hannover
Wolfsburg
Frankfurt
Enschede
Potsdam
Arnheim (Arnhem)
Osnabrück
Hildesheim
Braunschweig
Magdeburg
Spree
Oder
Bielefeld
Leine
Neiße
Nimwegen (Nijmegen)
Münster
1142 Brocken
Harz
Dessau-Roßlau
Cottbus
Lippe
Paderborn
Hamm
Rhein
DEUTSCHLAND
Essen
Dortmund
Halle
Duisburg
Göttingen
Maas
Bochum
Ruhr
Kassel
Saale
Krefeld
Düsseldorf
Leipzig
Werra
Mönchengladbach
Schiefergebirge
Dresden
Görlitz
Fulda
Leverkusen
Erfurt
Jena
Chemnitz
Köln
Bonn
Gera
Aachen
Siegen
Großer Beerberg 982
Erzgebirge
Aussig (Ústí nad Labem)
Rheinisches
Thüringer Wald
Gießen
B.
747
Fulda
950
Rhön
1244 Keilberg
Koblenz
Eifel
Frankfurt
Prag (Praha)
Elbe
Wiesbaden
1051 Schneeberg
Eger (Cheb)
Mosel
Mainz
Main
TSCHECHISCHE REPUBLIK
LUX.
Trier
Darmstadt
Würzburg
Pilsen (Plzeň)
Luxemburg
Erlangen
Ludwigshafen
Mannheim
Fürth
Nürnberg
Saar
Neckar
Moldau
Saarbrücken
Heidelberg
Donau
Fränkische Alb
Naab
Böhmerwald
Großer Arber 1456
Metz
Karlsruhe
Heilbronn
Bayerischer Wald
FRANKREICH
Kanal
Regensburg
Budweis (Č. Budějovice)
Nancy
Pforzheim
Stuttgart
Esslingen
Ingolstadt
Straßburg (Strasbourg)
Rhein
Tübingen
Reutlingen
Isar
Passau
Mosel (Moselle)
Lech
Inn
Vogesen
Schwäbische Alb
Ulm
Augsburg
Linz
Schwarzwald
Iller
Donau
München
Freiburg
Ammersee
Chiemsee
ÖSTERREICH
1493 Feldberg
Starnberger See
Salzach
Mülhausen (Mulhouse)
Bayerische Alpen
Salzburg
Friedrichshafen
Konstanz
2713 Watzmann
Basel
2962 Zugspitze
Zürich
A l p e n
Doubs
Innsbruck
SCHWEIZ
Vaduz
LICHTENSTEIN
© westermann

**un·term**★ *PRÄPOSITION mit Artikel; gesprochen* unter dem

**un·ter·mau·ern** (*untermauerte, hat untermauert*) **etwas irgendwie untermauern** etwas (mit Argumenten) stützen, sodass es überzeugender wirkt *„eine These mit einer Statistik untermauern"*

die **Un·ter·mie·te (irgendwo) in/zur Untermiete wohnen** ein Zimmer in einer Wohnung von einer Person gemietet haben, welche die Wohnung selbst gemietet hat • *hierzu* **Un·ter·mie·ter** *der;* **Un·ter·mie·te·rin** *die*

**un·tern** *PRÄPOSITION mit Artikel; gesprochen* unter den

**un·ter·neh·men**★ (*unternimmt, unternahm, hat unternommen*) **1 etwas unternehmen** irgendwohin gehen oder fahren, um sich zu vergnügen ⟨*etwas, nichts, einen Ausflug, eine Reise unternehmen*⟩ *„Ich habe Lust, heute Abend etwas mit dir zu unternehmen"* **2 (et)was/nichts (gegen jemanden/etwas) unternehmen** etwas/nichts tun, um etwas zu verhindern oder jemanden daran zu hindern, etwas (Negatives) zu tun *„Er hat in dieser Angelegenheit nichts unternommen"* | *„etwas gegen die Luftverschmutzung unternehmen"* **3 einen Versuch unternehmen (zu** *+Infinitiv*) etwas versuchen **4 Schritte (gegen jemanden/etwas) unternehmen** so handeln, dass man Nachteile oder Schlechtes verhindert ⟨*erste, ernsthafte, konkrete, notwendige, rechtliche Schritte (gegen jemanden/etwas) unternehmen*⟩ • *zu* (1) **Un·ter·neh·mung** *die*

das **Un·ter·neh·men**★ (*-s, -*) **1** eine (komplexe) Aktion, mit der man ein Ziel erreichen will ⟨*ein gewagtes, schwieriges Unternehmen*⟩ **2** eine Firma, ein Betrieb (vor allem in der Industrie und im Handel) ⟨*ein Unternehmen gründen, aufbauen, führen, leiten*⟩

der **Un·ter·neh·mer**★ (*-s, -*) der Besitzer (und Leiter) einer Firma, eines Unternehmens **K** Unternehmerorganisation, Unternehmerverband • *hierzu* **Un·ter·neh·me·rin** *die;* **un·ter·neh·me·risch** *ADJEKTIV*

**un·ter·ord·nen** (*hat*) **1 sich (jemandem) unterordnen** eine Person als Anführer oder Leiter akzeptieren und das tun, was sie will ⟨*sich nicht unterordnen können*⟩ **2 eine Person/Sache jemandem/etwas unterordnen** eine Person oder Sache unter die Leitung von jemandem oder etwas stellen *„Die Behörde wurde dem Außenministerium untergeordnet"* ❶ oft im Passiv **3 etwas einer Sache unterordnen** etwas wegen einer wichtigeren Sache im Augenblick nicht behandeln oder beachten *„die persönlichen Interessen den Zielen der Partei unterordnen"*

die **Un·ter·re·dung** (*-, -en*) ein meist förmliches Gespräch zwischen wenigen Personen (um ein Problem zu klären) ⟨*jemanden um eine Unterredung bitten; mit jemandem eine (lange) Unterredung führen/haben*⟩

der **Un·ter·richt**★ (*-(e)s*) **Unterricht (in etwas** (*Dativ*)) Lehrer geben Schülern Unterricht, damit sie etwas lernen ⟨*Unterricht bekommen, nehmen; den Unterricht besuchen; der Unterricht fällt aus*⟩ *„jemandem Unterricht in Englisch geben"* | *„Unterricht im Geigespielen nehmen"* **K** Unterrichtsgegenstand, Unterrichtsmaterial; Deutschunterricht, Musikunterricht, Sportunterricht • *hierzu* **un·ter·richts·frei** *ADJEKTIV*

**un·ter·rich·ten**★ (*unterrichtete, hat unterrichtet*) **1 (etwas) (an etwas** (*Dativ*)) **unterrichten** (an einer Schule o. Ä.) das genannte Fach lehren *„Er unterrichtet (Musik) an der Volksschule"* **2 jemanden (in etwas** (*Dativ*)) **unterrichten** jemandem das nötige Wissen eines Faches vermitteln *„Sie unterrichtet die 11. Klasse (in Englisch)"* **3 jemanden (über etwas** (*Akkusativ*)**/von etwas) unterrichten** *geschrieben* jemandem sagen, dass etwas passiert ist ≈ informieren *„Hast du ihn vom Tod seines Vaters unterrichtet?"*

der **Un·ter·rock** ein Futter aus sehr dünnem Stoff für ein Kleid oder einen Rock

**un·ters** *PRÄPOSITION mit Artikel; gesprochen* unter das

**un·ter·sa·gen** (*untersagte, hat untersagt*) **(jemandem) etwas untersagen** jemandem etwas (offiziell) verbieten *„Mein Arzt hat mir strengstens untersagt zu rauchen"*

**un·ter·schät·zen** (*unterschätzte, hat unterschätzt*) **1 jemanden unterschätzen** eine Person oder sich selbst falsch beurteilen, weil man glaubt, dass diese oder man selbst weniger kann oder weiß, als es der Fall ist **2 etwas unterschätzen** etwas falsch beurteilen, weil man glaubt, dass es leichter, weniger wichtig, geringer o. Ä. ist, als es der Fall ist ⟨*eine Entfernung, eine Geschwindigkeit, eine Gefahr unterschätzen*⟩

**un·ter·schei·den**★ (*unterschied, hat unterschieden*) **1 jemanden/etwas von einer**

**Person/Sache unterscheiden**; **Personen/Dinge unterscheiden** erkennen, dass zwei oder mehrere Personen oder Dinge in einigen Merkmalen nicht gleich sind *„Er ist farbenblind: Er kann Rot von/und Grün nicht unterscheiden"* **2** **Dinge unterscheiden** Dinge, die in einigen Merkmalen nicht (oder nur zum Teil) gleich sind, in mehrere Gruppen einteilen *„Wir können hier drei Sorten von Getreide unterscheiden: Weizen, Gerste, Hafer"* **3** **etwas unterscheidet eine Person/Sache von jemandem/etwas** die eine Person oder Sache ist im genannten Merkmal anders als eine andere Person oder Sache *„Seine Direktheit unterscheidet ihn von den meisten anderen Kollegen"* **4** **zwischen Personen/Dingen unterscheiden (können)** die eine Person/Sache von der anderen genau trennen (und dabei bewerten) *„Er kann nicht zwischen Wichtigem und Unwichtigem unterscheiden"* **5** **eine Person/Sache unterscheidet sich (durch etwas/in etwas** (*Dativ*)**) von jemandem/etwas**; **Personen/Dinge unterscheiden sich** eine Person/Sache ist (im genannten Merkmal) anders als eine andere Person oder Sache *„Worin unterscheiden sich die beiden Bilder?"* • *zu* (1,2,4) **Un·ter·sch<u>ei</u>·dung** *die*

der **Ụn·ter·schen·kel** der Teil des Beines zwischen Knie und Fuß ≈ Wade ❶ → Abbildung, S. 294:**Der Körper**

die **Ụn·ter·schicht** die Gruppe von Menschen in der Gesellschaft, die arm sind, weniger gelernt haben als andere Leute

der **Ụn·ter·schied**★ (-(*e*)*s*, -*e*) **1** **der Unterschied (zwischen Personen/Sachen** (*Dativ*)**)** das (Merkmal), worin zwei oder mehrere Personen oder Sachen nicht gleich sind ⟨*ein kleiner, feiner, großer, gravierender Unterschied*⟩ *„Worin liegt/besteht der Unterschied zwischen dir und mir/uns beiden?"* **2** **(zwischen Personen/Sachen) einen Unterschied machen** verschiedene Personen oder Sachen unterschiedlich bewerten **3** **im Unterschied zu jemandem/etwas**; **zum Unterschied von jemandem/etwas** anders als jemand/etwas *„Im Unterschied zu mir geht sie gern ins Theater"* | *„Zum Unterschied von gestern ist es heute sehr warm"* **4** **ohne Unterschied** ohne Ausnahme *„alle ohne Unterschied"* **ID** **ein Unterschied wie Tag und Nacht** ein sehr großer Unterschied

**ụn·ter·schied·lich**★ ADJEKTIV in Bezug auf manche Merkmale anders (als eine andere Person oder Sache) ≈ verschieden ↔ gleich *„unterschiedliche Ansichten über etwas haben"* | *„Er behandelt seine Kinder unterschiedlich"*

**un·ter·schl<u>a</u>·gen** (*unterschlägt, unterschlug, hat unterschlagen*) **etwas unterschlagen** Geld oder wertvolle Dinge, die anderen Leuten gehören (vor allem solche, die man aufbewahren oder verwalten soll), an sich nehmen ⟨*Geld, einen Brief, Dokumente unterschlagen*⟩ ≈ veruntreuen • *hierzu* **Un·ter·schl<u>a</u>·gung** *die*

**un·ter·schr<u>ei</u>·ben**★ (*unterschrieb, hat unterschrieben*) **(etwas) unterschreiben** den eigenen Namen unter einen Brief, ein Dokument o. Ä. schreiben (z. B. um damit etwas zu bestätigen) ⟨*mit vollem Namen unterschreiben; einen Brief, einen Scheck, einen Vertrag unterschreiben*⟩

die **Ụn·ter·schrift**★ der eigene Name, den man unter einen Brief, ein Dokument o. Ä. schreibt ⟨*eine eigenhändige, elektronische, unleserliche Unterschrift; eine Unterschrift leisten; die Unterschrift unter etwas setzen; eine Unterschrift fälschen, verweigern; jemandem etwas zur Unterschrift vorlegen; etwas trägt jemandes Unterschrift*⟩ **K** Unterschriftsfälschung

der **Ụn·ter·set·zer** (-*s*, -) ein kleiner, flacher (oft runder) Gegenstand, auf den man meist Gläser oder Blumentöpfe stellt (z. B. um den Tisch zu schonen)

der **Ụn·ter·stand** eine Stelle, wo man sich (zum Schutz vor Regen, Schnee oder Gefahr) unterstellen kann

**un·ter·st<u>e</u>·hen** (*unterstand, hat unterstanden*) **jemandem/etwas unterstehen** jemanden zum Chef haben oder von einer Institution Anweisungen oder Befehle bekommen *„Dieses Amt untersteht unmittelbar dem Ministerium"*

**ụn·ter·stel·len**[1] (*stellte unter, hat untergestellt*) **1** **etwas (irgendwo) unterstellen** etwas in einen Raum stellen, um es dort aufzubewahren *„die Fahrräder im Keller unterstellen"* **2** **sich (irgendwo) unterstellen** sich zum Schutz gegen Regen, Schnee o. Ä. für kurze Zeit unter ein Dach o. Ä. stellen

**un·ter·stẹl·len**[2] (*unterstellte, hat unterstellt*) **1** **eine Person/Sache jemandem/etwas unterstellen** einer Person, einer Behörde o. Ä. erlauben, dass sie einer anderen Person oder Institution Befehle oder Anordnungen geben kann *„Die Werbeabteilung wird jetzt dem Verkaufsleiter unterstellt"* ❶ oft im Passiv **2** **je-**

U

**mandem etwas unterstellen** von jemandem etwas Negatives glauben oder behaupten, obwohl man es nicht beweisen kann ⟨*jemandem Egoismus, Eigennutz, böse Absichten unterstellen*⟩ *„Du willst mir doch wohl nicht unterstellen, dass ich das absichtlich getan habe!"*

**un·ter·strei·chen**★ (*unterstrich, hat unterstrichen*) **1** **etwas unterstreichen** einen Strich unter etwas Geschriebenes ziehen (um es so zu markieren) **2** **etwas unterstreichen** etwas Wichtiges durch Wiederholung o. Ä. betonen ⟨*Worte durch (lebhafte) Gesten unterstreichen*⟩ ≈ hervorheben *„Der Redner unterstrich die Bedeutung des Umweltschutzes"* • *hierzu* **Un·ter·strei·chung** *die*

die **Un·ter·stu·fe** die (drei) untersten Klassen einer Realschule oder eines Gymnasiums

**un·ter·stüt·zen**★ (*unterstützte, hat unterstützt*) **1** **jemanden unterstützen** einer Person helfen, indem man ihr etwas gibt, das sie braucht ⟨*jemanden finanziell, materiell, mit Rat und Tat unterstützen*⟩ **2** **jemanden (bei etwas) unterstützen** jemandem bei etwas helfen *„jemanden beim Bau seines Hauses unterstützen"* **3** **jemanden/etwas unterstützen** sich für eine Person oder Sache engagieren, damit sie Erfolg haben *„Er will unseren Plan unterstützen"* **4** **etwas unterstützt etwas** etwas hilft dabei, dass sich etwas anderes gut entwickelt *„Dieses Mittel unterstützt den Heilungsprozess"*

die **Un·ter·stüt·zung**★ (-, *-en*) **1** *meist Singular* eine Handlung oder ein Verhalten, mit dem man jemandem hilft ⟨*jemandem Unterstützung anbieten, zusagen*⟩ **2** *meist Singular* etwas, mit dem etwas anderes besser funktioniert oder effizienter wirkt *„ein Mittel zur Unterstützung der Abwehrkräfte"* **3** eine finanzielle Hilfe (meist vom Staat) ⟨*(eine) Unterstützung beantragen, bekommen, beziehen*⟩ **K** Arbeitslosenunterstützung

**un·ter·su·chen**★ (*untersuchte, hat untersucht*) **1** **etwas untersuchen** etwas genau prüfen, um herauszufinden, wie es funktioniert, wirkt o. Ä. ⟨*etwas gründlich, eingehend untersuchen*⟩ *„Er untersuchte, wie sich ein Reaktorunfall auswirken würde"* **2** **etwas untersuchen** versuchen, etwas aufzuklären *„Die Polizei untersucht den Mordfall"* **3** **etwas (auf etwas** (*Akkusativ*) **(hin)) untersuchen** etwas genau prüfen, um darin oder daran etwas zu finden *„die Luft auf Schadstoffe (hin) untersuchen"* | *„Die Polizei untersuchte das Glas auf Fingerabdrücke (hin)"* **4** **jemanden/etwas untersuchen** als Arzt einen Patienten/einen Körperteil genau betrachten und anfassen oder prüfen, um festzustellen, ob er krank oder verletzt ist *„jemandes Lunge genau untersuchen"*

die **Un·ter·su·chung**★ (-, *-en*) die Überprüfung, wie etwas funktioniert, ob etwas in Ordnung ist, wie etwas passiert ist o. Ä. ⟨*eine ärztliche, eine polizeiliche Untersuchung*⟩ ≈ Prüfung *„eine genaue Untersuchung der Unglücksursache"* | *„die Untersuchung des Bluts auf Cholesterin (hin)"* **K** Untersuchungsbefund, Untersuchungsergebnis; Blutuntersuchung, Herzuntersuchung

das **Un·ter·su·chungs|ge·fäng·nis** ein Gefängnis für Untersuchungsgefangene

die **Un·ter·su·chungs|haft** die (vorläufige) Haft eines Beschuldigten bis zu Beginn des Prozesses ⟨*jemanden in Untersuchungshaft nehmen; in Untersuchungshaft sein, sitzen; jemanden aus der Untersuchungshaft entlassen*⟩ ❶ Abkürzung: *U-Haft* • *hierzu* **Un·ter·su·chungs|häft·ling** *der*

**un·ter·tags** *ADVERB; süddeutsch* Ⓐ Ⓒⓗ während des Tages ≈ tagsüber

der **Un·ter·tan** (*-s/-en, -en*); *historisch* ein Einwohner eines Landes, das von einem König o. Ä. regiert wird *„Die Untertanen jubelten der jungen Königin zu"* • *hierzu* **Un·ter·ta·nin** *die*

die **Un·ter·tas·se**★ **1** ein kleiner, flacher Teller, auf den die Tasse gestellt wird **2** **eine fliegende Untertasse** *humorvoll* ≈ Ufo

das **Un·ter·teil** das untere Stück oder Teil einer Sache *„das Unterteil eines Schrankes/Bikinis"*

**un·ter·tei·len** (*unterteilte, hat unterteilt*) **etwas (in etwas** (*Akkusativ*)**) unterteilen** ein Ganzes in mehrere Teile (ein)teilen *„Die Strecke ist in drei Etappen unterteilt"* ❶ oft im Passiv mit dem Hilfsverb *sein* • *hierzu* **Un·ter·tei·lung** *die*

U

der **Un·ter·ton** **ein Unterton (von etwas)** etwas, das beim Reden mitklingt und dem Zuhörer die tieferen Gefühle des Sprechers andeutet ⟨*etwas mit einem Unterton von Furcht, Ironie, Spott sagen; in jemandes Stimme ist, liegt ein banger, drohender Unterton*⟩

**un·ter·ver·sorgt** *ADJEKTIV* **(mit etwas) unterversorgt** so, dass nicht genug von etwas Wichtigem verfügbar ist *„Das Herz des Kranken ist mit Sauerstoff unterversorgt"*

**un·ter·wan·dern** (*unterwanderten, haben unterwandert*) **Personen unterwandern eine Institution** Mitglieder einer extremen politischen Organisation o. Ä. nehmen über längere Zeit Stellen in einer Institution an, um die Arbeit dort für ihre Ziele zu missbrauchen *„Staatsfeinde haben die Behörde unterwandert"* • *hierzu* **Un·ter·wan·de·rung** *die*

die **Un·ter·wä·sche**★ *nur Singular* das, was man unter der Kleidung trägt (Unterhose, Unterhemd, Büstenhalter, Unterrock)

**un·ter·wegs**★ *ADVERB* **1** auf dem Weg zu einem Ziel *„Unterwegs traf sie ihren Bruder"* **2** **unterwegs sein** auf Reisen sein *„Er ist geschäftlich viel unterwegs"*

**un·ter·wei·sen** (*unterwies, hat unterwiesen*) **jemanden (in etwas** (*Dativ*)**) unterweisen** *geschrieben* jemanden erklären oder zeigen, wie etwas geht • *hierzu* **Un·ter·wei·sung** *die*

**un·ter·wer·fen** (*unterwirft, unterwarf, hat unterworfen*) **1** **Personen/etwas unterwerfen** ein Volk/ein Land o. Ä. im Krieg besiegen und dann über es herrschen ⟨*ein Volk, die Aufständischen, ein Land, ein Gebiet unterwerfen*⟩ **2** **sich (jemandem) unterwerfen** im Krieg aufhören zu kämpfen und den Feind als Herrscher akzeptieren ⟨*sich den Eindringlingen, den Eroberern, den Siegern unterwerfen*⟩ **3** **sich einer Sache** (*Dativ*) **unterwerfen** das akzeptieren oder tun, was eine andere Person verlangt ⟨*sich jemandes Anordnung, Befehl, Willen unterwerfen*⟩

**un·ter·wür·fig, un·ter·wür·fig** *ADJEKTIV; abwertend* von einer Art, die in übertriebener Weise zeigt, dass man bemüht ist, jemandem zu dienen ⟨*eine Haltung; sich unterwürfig verhalten*⟩

**un·ter·zeich·nen**★ (*unterzeichnete, hat unterzeichnet*); *geschrieben* **(etwas) unterzeichnen** (etwas) unterschreiben ⟨*ein Dokument, einen Vertrag*⟩ • *hierzu* **Un·ter·zeich·nung** *die*

**un·ter·zie·hen**[1] (*zog unter, hat untergezogen*) **etwas unterziehen** ein zusätzliches Kleidungsstück unter einem anderen (meist als Schutz vor Kälte) anziehen *„noch einen Pullover unterziehen"*

**un·ter·zie·hen**[2] (*unterzog, hat unterzogen*); *geschrieben* **1** **sich einer Sache** (*Dativ*) **unterziehen** etwas tun, das unangenehm oder mit Mühen verbunden ist *„sich einer Operation/einer Untersuchung unterziehen"* **2** **jemanden einem Verhör unterziehen** jemanden verhören **3** **jemanden/etwas einer Prüfung unterziehen** jemanden/etwas prüfen

**un·trag·bar, un·trag·bar** *ADJEKTIV* **1** nicht mehr akzeptabel, nicht mehr zu ertragen ⟨*Zustände*⟩ *„Wegen des Bestechungsskandals ist er für die Partei untragbar geworden"* **2** so, dass es nicht mehr finanziert werden kann ⟨*etwas ist finanziell untragbar*⟩ *„Die Kosten des Projekts sind untragbar"*

**un·trenn·bar, un·trenn·bar** *ADJEKTIV* so, dass die einzelnen Personen oder Dinge nicht voneinander getrennt werden können ⟨*mit jemandem/etwas untrennbar verbunden sein*⟩

**un·treu** *ADJEKTIV* mit sexuellen Beziehungen außerhalb der Ehe oder Partnerschaft ⟨*jemandem untreu sein, werden*⟩

die **Un·treue** **1** die Situation, wenn jemand einer anderen Person oder einer Sache untreu ist **2** das Veruntreuen von Geld, Vermögen o. Ä. *„Der Chef der Buchhaltung wurde wegen Untreue verurteilt"*

**un·über·legt** *ADJEKTIV* nicht (vorher) überlegt ⟨*eine Handlungsweise; unüberlegt handeln; etwas Unüberlegtes tun*⟩ ≈ leichtsinnig

**un·über·schau·bar, un·über·schau·bar** *ADJEKTIV* ≈ unübersehbar

**un·über·seh·bar, un·über·seh·bar** *ADJEKTIV* **1** ⟨*Fehler, Mängel*⟩ so (groß, deutlich o. Ä.), dass man sie einfach sehen muss **2** so groß, komplex o. Ä., dass man es nicht mit einem Blick umfassen kann *„Auf dem Platz hatte sich eine unübersehbare Menschenmenge versammelt"* **3** in den Folgen noch nicht abzuschätzen *„Die Auswirkungen des Unglücks sind derzeit noch unübersehbar"*

**un·über·treff·lich, un·über·treff·lich** *ADJEKTIV* so gut, dass niemand etwas Besseres leisten kann

**un·über·wind·bar, un·über·wind·bar** *ADJEKTIV* ≈ unüberwindlich

**un·über·wind·lich, un·über·wind·lich** *ADJEKTIV* **1** ⟨*eine Abneigung, Ängste*⟩ so, dass man sie nicht besiegen, nicht überwinden kann **2** ⟨*Hindernisse, Probleme, Schwierigkeiten*⟩ so groß, dass man sie nicht lösen, nicht überwinden kann **3** ⟨*Gegensätze*⟩ so, dass man sie nicht ausgleichen kann **4** ⟨*ein Gegner*⟩ so, dass er nicht zu besiegen ist

**un·üb·lich** *ADJEKTIV meist prädikativ* nicht üblich ⟨*ein Verfahren, ein Vorgehen*⟩ ≈ ungewöhnlich

**un·um·stöß·lich**, **ụn·um·stöß·lich** *ADJEKTIV* so, dass man es nicht mehr ändern kann ⟨*eine Tatsache*⟩ *„jemandes Entschluss steht unumstößlich fest"*

**un·um·strịt·ten**, **ụn·um·strit·ten** *ADJEKTIV* von allen anerkannt ⟨*eine Tatsache*⟩

**ụn·un·ter·bro·chen**, **un·un·ter·brọ·chen** *ADJEKTIV meist attributiv* ohne eine Pause oder Störung ≈ dauernd, ständig *„in ununterbrochener Reihenfolge"* | *„Es regnete ununterbrochen"* | *„Sie redet ununterbrochen"* | *„ununterbrochen im Einsatz sein"*

**un·ver·ạ̈n·der·lich**, **ụn·ver·än·der·lich** *ADJEKTIV* so, dass man es nicht ändern kann

**ụn·ver·än·dert**, **un·ver·ạ̈n·dert**★ *ADJEKTIV* ohne Veränderung ⟨*etwas unverändert lassen*⟩ ≈ gleichbleibend *„Ihr gesundheitlicher Zustand ist seit Tagen unverändert"*

**un·ver·ạnt·wort·lich**, **ụn·ver·ant·wort·lich** *ADJEKTIV* so, dass man es nicht rechtfertigen oder verantworten kann ⟨*Leichtsinn; jemandes Verhalten ist unverantwortlich*⟩

**un·ver·bẹs·ser·lich**, **ụn·ver·bes·ser·lich** *ADJEKTIV* ⟨*ein Optimist, ein Pessimist, ein Dickkopf, ein Nörgler*⟩ so stark durch eine Eigenschaft geprägt, dass man sie nicht ändern kann

**ụn·ver·blümt**, **un·ver·blümt** *ADJEKTIV* nicht vorsichtig oder schonend, sondern ganz deutlich, ganz ehrlich ⟨*Worte; jemandem unverblümt die Meinung sagen*⟩

**ụn·ver·dau·lich**, **un·ver·dau·lich** *ADJEKTIV* ⟨*Reste, Bestandteile (der Nahrung)*⟩ so, dass sie nicht verdaut werden

**un·ver·ein·bar**, **ụn·ver·ein·bar** *ADJEKTIV* **(mit etwas) unvereinbar** nicht miteinander zu vereinbaren ⟨*Gegensätze*⟩ *„Seine Anschauungen sind mit meinen unvereinbar"*

**ụn·ver·fro·ren**, **un·ver·fro·ren** *ADJEKTIV* frech, unverschämt

**ụn·ver·gess·lich**, **un·ver·gẹss·lich** *ADJEKTIV* **(jemandem) unvergesslich** ⟨*ein Abend, ein Augenblick, ein Erlebnis*⟩ so (schön, gut o. Ä.), dass man sie nicht vergisst

**ụn·ver·hält·nis·mä·ßig**, **un·ver·hạ̈lt·nis·mä·ßig** *ADVERB* über das normale Maß stark hinausgehend *„Das Kind ist für sein Alter unverhältnismäßig groß"*

**ụn·ver·hofft**, **un·ver·họfft** *ADJEKTIV* nicht erwartet ⟨*ein Besuch, ein Wiedersehen*⟩ ≈ überraschend

**ụn·ver·käuf·lich**, **un·ver·käuf·lich** *ADJEKTIV* **1** nicht für den Verkauf bestimmt *„Dieses Bild ist ein Erinnerungsstück und deshalb unverkäuflich"* **2** ⟨*Waren, Gegenstände*⟩ so, dass sie niemand kaufen will

**un·ver·kẹnn·bar**, **ụn·ver·kenn·bar** *ADJEKTIV* so deutlich (zu erkennen), dass es keine Zweifel gibt ≈ eindeutig *„Das ist unverkennbar ein Picasso"*

**ụn·ver·letzt** *ADJEKTIV* ohne eine Wunde, ohne Verletzung *„Der Verunglückte konnte unverletzt geborgen werden"*

**ụn·ver·mit·telt** *ADJEKTIV* ganz plötzlich *„Unvermittelt fing er an zu schreien"*

**ụn·ver·nünf·tig** *ADJEKTIV* ohne Vernunft ⟨*ein Verhalten*⟩ *„Wir mussten das so machen, alles andere wäre unvernünftig gewesen"*

**ụn·ver·schämt**★ *ADJEKTIV* **1** so frech, dass andere Menschen provoziert oder beleidigt werden ⟨*eine Person; unverschämt grinsen*⟩ *„Werd bloß nicht unverschämt!"* **2** *gesprochen* sehr groß, sehr intensiv *„unverschämtes Glück haben"* **3** *gesprochen* in sehr hohem Maße *„Das Kleid war unverschämt teuer"* | *„Sie sieht unverschämt gut aus"* • *zu* (1) **Ụn·ver·schämt·heit** *die*

**ụn·ver·schul·det**, **un·ver·schụl·det** *ADJEKTIV* so, dass die betroffene Person nicht selbst daran schuld oder dafür verantwortlich ist ⟨*Armut; unverschuldet in Not geraten*⟩

**ụn·ver·se·hens**, **un·ver·se·hens** *ADVERB* ganz plötzlich, ohne dass jemand vorher etwas bemerkt hatte

**ụn·ver·sehrt** *ADJEKTIV* **1** ohne eine Wunde, ohne Verletzung ⟨*unversehrt geborgen werden*⟩ **2** ohne Schaden ≈ unbeschädigt *„Das Dach blieb bei dem Sturm unversehrt"* **3** nicht geöffnet ⟨*ein Siegel, eine Packung*⟩

**ụn·ver·ständ·lich** *ADJEKTIV* **1** nicht deutlich zu hören oder zu verstehen *„im Schlaf unverständliche Worte vor sich hin murmeln"* **2** so, dass man es nicht begreifen, sich es nicht erklären kann ≈ unbegreiflich *„Es ist mir unverständlich, wie er einen so wichtigen Termin vergessen konnte"*

**ụn·ver·sucht**, **un·ver·sucht** *ADJEKTIV* **ID** **nichts unversucht lassen (, um …)** alles tun, was möglich ist, um ein Ziel zu erreichen *„Sie ließ nichts unversucht, um ihn zu erreichen"*

**ụn·ver·träg·lich**, **un·ver·träg·lich** *ADJEKTIV* (in Bezug auf Speisen) so, dass man sie nicht essen kann (weil sie schädlich sind)

**un·ver·wund·bar**, **un·ver·wund·bar** *ADJEKTIV* (in Bezug auf Menschen) so, dass sie nicht verletzt werden können

**un·ver·wüst·lich**, **un·ver·wüst·lich** *ADJEKTIV* **1** *⟨ein Material, ein Stoff⟩* so, dass sie nicht oder nur sehr schwer beschädigt oder zerstört werden können **2** so, dass sie durch nichts gestört oder kaputt gemacht werden

**un·ver·züg·lich**, **un·ver·züg·lich** *ADJEKTIV meist adverbiell; geschrieben* ≈ sofort

**un·voll·kom·men**, **un·voll·kom·men** *ADJEKTIV* **1** nicht so gut, wie es sein sollte oder könnte *⟨etwas nur unvollkommen beherrschen⟩* **2** *meist attributiv* nicht komplett *⟨eine Darstellung⟩* ≈ unvollständig

**un·voll·stän·dig**, **un·voll·stän·dig** *ADJEKTIV* nicht mit allen Teilen, die dazugehören *„ein unvollständiges Teeservice"* | *„Die Liste ist noch unvollständig"*

**un·vor·be·rei·tet** *ADJEKTIV* nicht vorbereitet *⟨eine Rede, ein Vortrag; etwas trifft jemanden unvorbereitet; unvorbereitet in eine Prüfung gehen⟩*

**un·vor·sich·tig** *ADJEKTIV* ohne die nötige Vorsicht, ohne Bedenken der Folgen *⟨eine Bemerkung⟩* • *hierzu* **Un·vor·sich·tig·keit** *die*; **un·vor·sich·ti·ger·wei·se** *ADVERB*

**un·wahr·schein·lich★** *ADJEKTIV* **1** so, dass es mit ziemlicher Sicherheit nicht passieren, eintreten, zutreffen o. Ä. wird *⟨etwas für unwahrscheinlich halten⟩* ≈ fraglich *„Es ist unwahrscheinlich, dass er heute noch anruft"* **2** *gesprochen* sehr groß, sehr intensiv *„Bei dem Unfall hat er unwahrscheinliches Glück gehabt"* **3** *gesprochen* in sehr hohem Maße *„Ich hab mich unwahrscheinlich gefreut, dass du mich besucht hast"* • *zu* (1) **Un·wahr·schein·lich·keit** *die*

**un·wei·ger·lich**, **un·wei·ger·lich** *ADJEKTIV meist attributiv* so, dass man es als logische Folge nicht vermeiden oder verhindern kann ≈ unvermeidlich

U

**un·weit** *PRÄPOSITION mit Genitiv* nicht weit weg von *„Das Dorf liegt unweit einer großen Stadt"* ❶ auch verwendet mit *von*: *unweit von unserem Hotel*

**un·we·sent·lich** *ADJEKTIV ⟨eine Änderung, ein Unterschied⟩* ≈ unwichtig

**un·wich·tig** *ADJEKTIV* nicht wichtig *⟨ein Detail, eine Kleinigkeit⟩ „Es ist vorerst unwichtig, ob du eine gute Note bekommst. Hauptsache, du bestehst die Prüfung"*

**un·wi·der·ruf·lich**, **un·wi·der·ruf·lich** *ADJEKTIV ⟨eine Entscheidung, ein Entschluss; etwas steht unwiderruflich fest⟩* ≈ endgültig, definitiv

**un·wi·der·steh·lich**, **un·wi·der·steh·lich** *ADJEKTIV* **1** so stark, dass sich jemand nicht dagegen wehren kann *⟨ein Verlangen, eine Begierde (nach etwas)⟩* **2** so (charmant oder attraktiv), dass niemand widerstehen kann *⟨ein Lächeln⟩ „Sein Charme ist unwiderstehlich"*

**un·wil·lig** *ADJEKTIV meist adverbiell* nicht gern (bereit zu etwas) ≈ widerwillig *„einen Befehl nur unwillig ausführen"*

**un·will·kür·lich**, **un·will·kür·lich** *ADJEKTIV* nicht gewollt, nicht bewusst *⟨eine Reaktion; unwillkürlich zusammenzucken; unwillkürlich lächeln, lachen müssen⟩*

**un·wirk·lich★** *ADJEKTIV; geschrieben* so, als ob es gar nicht wirklich existieren würde *⟨eine Situation, eine Szene; etwas kommt jemandem unwirklich vor⟩* • *hierzu* **Un·wirk·lich·keit** *die*

**un·wirk·sam** *ADJEKTIV* ohne Wirkung *⟨eine Methode, ein Mittel; etwas erweist sich als unwirksam⟩* • *hierzu* **Un·wirk·sam·keit** *die*

**un·wirt·schaft·lich** *ADJEKTIV* ohne oder mit nur wenig Gewinn *⟨eine Betriebsführung⟩* ↔ rentabel • *hierzu* **Un·wirt·schaft·lich·keit** *die*

**un·wis·send** *ADJEKTIV* **1** ohne das nötige Wissen, die nötige Erfahrung *⟨ein Kind; dumm und unwissend sein⟩* **2** über eine Tatsache, ein Ereignis o. Ä. nicht informiert *⟨sich unwissend geben, stellen⟩*

**un·wohl** *ADVERB* **1** nicht ganz gesund *⟨sich unwohl fühlen⟩* **2** **jemandem ist unwohl** jemand hat das Gefühl, sich erbrechen zu müssen **3** **sich irgendwo/bei jemandem/etwas unwohl fühlen** in jemandes Gegenwart nicht entspannt sein, eine Situation als unangenehm empfinden *⟨sich bei dem Gedanken unwohl fühlen, dass ...⟩ „Er fühlte sich in ihrer Gesellschaft unwohl"*

die **Un·wucht** (-, *-en*) ein Rad oder Reifen mit einer Unwucht dreht sich nicht ruhig und gleichmäßig

**un·wür·dig** *ADJEKTIV* **1** ohne die angemessene Würde, nicht menschenwürdig *⟨jemanden unwürdig behandeln⟩* **2** *geschrieben* **(jemandes/etwas) unwürdig** so, dass die betroffene Person etwas (aufgrund ihrer schlechten Eigenschaften, Leistungen o. Ä.) nicht verdient ⟨*sich jemandes Liebe, Vertrauen unwürdig erweisen*⟩ • *hierzu* **Un·wür·dig·keit** *die*

die **Un·zahl eine Unzahl** + *Genitiv*; **eine Unzahl von Personen/Dingen** eine sehr große Zahl oder Menge von Menschen oder Dingen ~ Unmenge *„Er besitzt eine Unzahl von Büchern/alter Bücher"* | *„Eine Unzahl von Menschen hatte sich auf dem Platz versammelt"*

**un·zäh·lig**, **un·zäh·lig** *ADJEKTIV meist attributiv* so viele, dass man sie nicht oder kaum zählen kann *„etwas unzählige Male versuchen"*

**un·zer·trenn·lich**, **un·zer·trenn·lich** *ADJEKTIV* ⟨*Freunde, ein Paar*⟩ so, dass sie alles gemeinsam machen *„Die beiden sind unzertrennlich"*

**un·zu·frie·den** *ADJEKTIV* **unzufrieden (mit jemandem/etwas)** (von jemandem, sich selbst oder etwas) enttäuscht, nicht glücklich über einen Zustand o. Ä. ⟨*unzufrieden sein, aussehen; ein unzufriedenes Gesicht machen*⟩ • *hierzu* **Un·zu·frie·den·heit** *die*

**un·zu·gäng·lich** *ADJEKTIV* **1** so, dass man nur schwer dorthin kommen kann ⟨*ein Gelände, ein Gebirge*⟩ **2** anderen Menschen gegenüber sehr reserviert, nicht kontaktfreudig ⟨*ein Mensch, ein Typ*⟩ • *hierzu* **Un·zu·gäng·lich·keit** *die*

**un·zu·läng·lich** *ADJEKTIV; geschrieben* nicht so gut, wie es sein sollte ≈ mangelhaft *„nur unzulängliche Kenntnisse in Geografie besitzen"* • *hierzu* **Un·zu·läng·lich·keit** *die*

**un·zu·läs·sig** *ADJEKTIV; geschrieben* verboten • *hierzu* **Un·zu·läs·sig·keit** *die*

**un·zu·rech·nungs·fä·hig** *ADJEKTIV* nicht verantwortlich für das eigene Handeln (weil man geistig verwirrt o. Ä. ist) • *hierzu* **Un·zu·rech·nungs·fä·hig·keit** *die*

**un·zu·rei·chend** *ADJEKTIV; geschrieben* nicht so gut, wie es sein sollte ≈ mangelhaft *„Die Bevölkerung wurde nur unzureichend mit Lebensmitteln versorgt"*

**un·zu·tref·fend** *ADJEKTIV; geschrieben* nicht für eine Person oder einen Fall gültig, richtig *„Unzutreffendes bitte streichen!"*

**un·zu·ver·läs·sig** *ADJEKTIV* ⟨*ein Mensch*⟩ so, dass man sich nicht auf ihn verlassen kann *„Von Karl darfst du nichts erwarten, er ist ziemlich unzuverlässig"* • *hierzu* **Un·zu·ver·läs·sig·keit** *die*

**üp·pig** *ADJEKTIV* **1** in großer Menge oder Fülle (vorhanden) ⟨*eine Vegetation, eine Blütenpracht; etwas blüht üppig*⟩ **2** aus vielen Speisen (bestehend) ⟨*ein Mahl*⟩ • *hierzu* **Üp·pig·keit** *die*

**ups!** verwendet, wenn man einen dummen Fehler gemacht hat ≈ hoppla *„Ups, das hätte ich jetzt nicht sagen sollen!"*

**Ur-** *im Substantiv, betont, begrenzt produktiv* **der Urmensch, die Urbevölkerung, das Urmeer, der Urzustand** *und andere* drückt aus, dass etwas am Anfang einer Entwicklung stand

**ur·alt** *ADJEKTIV* sehr alt

das **Uran** (-s) ein radioaktives Metall, das in Atomkraftwerken, für Atombomben o. Ä. verwendet wird **K** Uranvorkommen **i** chemisches Zeichen: *U*

der **Ur·ein·woh·ner** ein Mitglied des ersten Volkes, das ursprünglich in einem Gebiet gelebt hat • *hierzu* **Ur·ein·woh·ne·rin** *die*

der **Ur·en·kel** der Sohn von jemandes Enkel oder Enkelin • *hierzu* **Ur·en·ke·lin** *die*

die **Ur|groß·el·tern** *Plural* die Eltern des Großvaters oder der Großmutter

die **Ur|groß·mut·ter** die Mutter des Großvaters oder der Großmutter

der **Ur|groß·va·ter** der Vater des Großvaters oder der Großmutter

der **Ur·he·ber** (-s, -) ein Künstler (z. B. ein Autor, ein Dichter oder ein Komponist), der ein Werk geschaffen hat • *hierzu* **Ur·he·be·rin** *die*; **Ur·he·ber·schaft** *die*

der **Urin**★ (-s) die gelbliche Flüssigkeit, die in den Nieren gebildet wird und mit der Stoffe aus dem Körper ausgeschieden werden ⟨*Urin ausscheiden*⟩ **K** Urinprobe, Urinuntersuchung • *hierzu* **uri·nie·ren** (*hat*)

die **Ur·kun·de**★ (-, -*n*) ein (amtliches) Dokument, durch das etwas offiziell bestätigt wird ⟨*eine notariell beglaubigte Urkunde; eine Urkunde (über etwas (Akkusativ)) ausstellen, ausfertigen; eine Urkunde fälschen*⟩ **K** Urkundenfälschung; Geburtsurkunde, Heiratsurkunde

der **Ur·laub**★ (-(*e*)*s*, -*e*) **1** die Zeit, in der man (im Beruf) nicht arbeiten muss (damit man sich erholen kann) ⟨*in Urlaub gehen; Urlaub haben, machen; in/im Urlaub sein*⟩ *„im Urlaub ans Meer/in die Berge fahren"* **K** Urlaubsreise, Urlaubstag; Erziehungsurlaub **2** ein Erholungsaufenthalt weg von der Arbeit und weg von zu Hause ⟨*in Urlaub fahren; irgendwo Urlaub machen, auf/in Urlaub sein*⟩ ≈ Ferien *„ein kurzer Urlaub am Meer"* **K** Abenteuerurlaub,

Erholungsurlaub

der **Ur·lau·ber** (-s, -) eine Person, die gerade den Urlaub irgendwo verbringt ≈ Tourist *„Viele Urlauber gehen nach Spanien"* • *hierzu* **Ur·lau·be·rin** *die*

das **Ur·laubs·geld** eine Summe Geld, die der Arbeitgeber dem Arbeitnehmer für den Urlaub zusätzlich zum Lohn/Gehalt zahlt

die **Ur·ne** (-, *-n*) **1** ein Behälter, in dem die Asche eines Toten aufbewahrt (und beigesetzt) wird **K** Urnenbeisetzung, Urnengrab **2** Kurzwort für *Wahlurne „der Gang zu den Urnen"* **K** Urnengang

die **Ur·sa·che★ die Ursache** (*+Genitiv*) die Ursache sorgt dafür, dass etwas geschieht ⟨*die eigentliche, genaue, mögliche, wesentliche Ursache; aus unbekannter, ungeklärter Ursache; Ursache und Wirkung*⟩ ≈ Grund *„die Ursachen des Feuers ermitteln"* | *„Bewegungsmangel ist die häufigste Ursache für/von Rückenschmerzen."* **K** Todesursache, Unfallursache **ID Keine Ursache!** verwendet als Antwort, nachdem sich jemand bedankt hat

der **Ur·sprung★** der Zeitpunkt oder der Ort, an dem etwas (vor allem eine Entwicklung) angefangen hat *„Die Ursprünge des Tangos liegen in Argentinien"* | *„Das Wort „Philosophie" ist griechischen Ursprungs"* kommt aus dem Griechischen **K** Ursprungsland

**ur·sprüng·lich, ur·sprüng·lich★** *ADJEKTIV* **1** so, wie es zuerst, ganz am Anfang war *„den ursprünglichen Plan ändern"* **2** nicht (vom Menschen) verändert ⟨*eine Landschaft*⟩ • *zu* (2) **Ur·sprüng·lich·keit** *die*

das **Ur·teil★ 1 ein Urteil (über jemanden/etwas)** die Entscheidung eines Richters (am Ende eines Prozesses) ⟨*ein hartes, mildes, gerechtes Urteil*⟩ *„Das Urteil lautete auf zehn Jahre Haft"* **K** Urteilsbegründung, Urteilsverkündung; Gerichtsurteil **2 ein Urteil (über jemanden/etwas)** eine Aussage, mit der man eine Person oder Sache bewertet, nachdem man sie genau geprüft hat ⟨*ein fachmännisches Urteil*⟩

**ur·tei·len** (*urteilte, hat geurteilt*) **(irgendwie) (über jemanden/etwas) urteilen** nach einer genauen Prüfung die eigene Meinung über jemanden/etwas sagen ⟨(*un*)*gerecht,* (*un*)*parteiisch, sachlich, abfällig, hart, vorschnell urteilen*⟩

der **Ur·wald** ein dichter Wald (vor allem in den Tropen), den die Menschen nicht (landwirtschaftlich) nutzen ≈ Dschungel **K** Urwaldgebiet

die **Ur·zeit 1** die älteste Zeit in der Entwicklung der Erde oder Menschheit **2 seit Urzeiten** seit sehr langer Zeit

der **Ur·zu·stand** der ursprüngliche, nicht veränderte Zustand ⟨*etwas im Urzustand belassen*⟩

die **USA** [uː|ɛs'|aː]; *Plural* die Vereinigten Staaten von Amerika **i** in Komposita meist *US-*

**usw.** Abkürzung für *und so weiter* → und

das **Uten·sil** (-*s*, -*ien* [-i̯ən]); *meist Plural* Dinge, die man man für eine Tätigkeit braucht **K** Schminkutensilien, Schreibutensilien

# V

das **V, v** [fau]; (-, -/ *gesprochen* -*s*) der zweiundzwanzigste Buchstabe des Alphabets ⟨*ein großes V; ein kleines v*⟩ • *hierzu* **v-för·mig, V-för·mig** ['fau-] *ADJEKTIV*

**va·ge★** [v-] *ADJEKTIV* nicht genau oder nur schwer erkennbar ⟨*eine Andeutung, eine Beschreibung, eine Erinnerung, eine Vorstellung*⟩

die **Va·gi·na, Va·gi·na** [v-]; (-, *Va·gi·nen*) ≈ Scheide

das **Va·ku·um** ['vaːkuʊm]; (-*s*, *Va·ku·en*/*Va·kua*) ein Raum(inhalt), in dem (fast) keine Luft ist und ein sehr niedriger Druck herrscht ⟨*ein Vakuum erzeugen*⟩ **K** Vakuumverpackung, vakuumverpackt

der **Va·len·tins·tag** [v-] der 14. Februar. An diesem Tag ist es für viele Leute Sitte, der Freundin, der Mutter oder der Ehefrau Blumen zu schenken

die **Va·nil·le★** [va'nɪlə, va'nɪljə]; (-) ein Gewürz für süße Speisen, das aus den Früchten einer tropischen Pflanze gewonnen wird ⟨*echte, künstliche Vanille*⟩ **K** Vanilleeis, Vanillepudding, Vanillesoße

**va·ri·a·bel** [v-] *ADJEKTIV* (*variabler, variabelst-*); *geschrieben* ⟨*eine Größe, eine Kombination, ein Wert*⟩ ≈ veränderlich ↔ konstant *„variable Größen"*

die **Va·ri·ab·le** [v-]; (-*n*, -*n*) eine veränderliche Größe ↔ Konstante *„die Variablen „x" und „y" einer Gleichung"*

die **Va·ri·an·te★** [v-]; (-, -*n*) eine von mehreren Möglichkeiten oder eine leicht abweichende Form einer Sache *„regionale Varianten in der Aussprache"*

V

**va·ri·ie·ren** [vari'i:rən] (*variierte, hat variiert*) **1** **etwas variieren** etwas (meist nur wenig) verändern *„Er variiert das Programm immer wieder, je nachdem, vor welchem Publikum er spielt"* **2** **etwas variiert** etwas verändert sich, unterscheidet sich ein wenig *„Die Zahl unserer Mitarbeiter bleibt im Wesentlichen gleich, variiert aber je nach Jahreszeit"*

die **Va·se**★ [v-]; (-, *-n*) ein Gefäß (z. B. aus Glas oder Porzellan), in das man Wasser füllt und Blumen stellt *„eine Vase mit Tulpen"* **K** Blumenvase

der **Va·ter**★ [f-]; (-s, *Vä·ter*) **1** ein Mann, der ein Kind gezeugt hat ⟨*jemandes leiblicher Vater*⟩ *„Er ist Vater von drei Kindern"* **2** ein Mann, der Kinder so versorgt, als ob er der Vater wäre *„Sie bekamen einen neuen Vater, als ihre Mutter wieder heiratete"* **K** Heimvater, Pflegevater, Stiefvater **3** *nur Plural* ≈ Vorfahren *„Ob wir das Land unserer Väter jemals wiedersehen?"* **4** *nur Singular* verwendet als Anrede für einen katholischen Priester **5** *nur Singular* in christlichen Religionen verwendet als Bezeichnung für Gott ⟨*Im Namen des Vaters und des Sohnes und des Heiligen Geistes*⟩ **6** **der (geistige) Vater** *+Genitiv* der Mann, der etwas Wichtiges oder etwas Neues gemacht hat ⟨*der geistige Vater einer Idee, eines Plans; die Väter des Grundgesetzes, der Verfassung*⟩ **7** **der Heilige Vater** ≈ Papst

das **Va·ter·land** verwendet als Bezeichnung für das Land, in dem man geboren und aufgewachsen ist **K** Vaterlandsliebe, Vaterlandsverräter

**vä·ter·lich** [f-] *ADJEKTIV* **1** *meist attributiv* vonseiten des Vaters ⟨*die Erziehung, die Liebe, die Pflichten*⟩ **2** so, dass man wie ein guter Vater handelt ⟨*ein Freund*⟩ • *zu* (2) **Vä·ter·lich·keit** *die*

die **Va·ter·schaft** (-, *-en*); *meist Singular* die Tatsache, dass jemand Vater ist **K** Vaterschaftsnachweis

die **Va·ter·stadt** die Stadt, in der man geboren oder aufgewachsen ist ≈ Heimatstadt

der **Va·ter·tag** Ⓓ der 40. Tag nach Ostern, der ein Donnerstag und Feiertag (Christi Himmelfahrt) ist, an dem die Väter geehrt werden. Viele Männer feiern den Tag mit gemeinsamen Ausflügen, auf denen viel Alkohol getrunken wird

das **Va·ter·un·ser** (-s, -) ein Gebet, das mit den Worten „Vater unser" beginnt und von Christen gesprochen wird ⟨*ein/das Vaterunser aufsagen, beten, sprechen*⟩

der **Va·ti** [f-]; (-s, -s); *Kindersprache* ≈ Papa, Papi

**v. Chr.** Abkürzung für *vor Christus* → Christus

**ve·gan** [v-] *ADJEKTIV* ohne Produkte von Tieren (Fleisch, Eier und Milch) ⟨*Ernährung; vegan leben; sich vegan ernähren*⟩ • *hierzu* **Ve·ga·ner** *der;* **Ve·ga·ne·rin** *die*

der **Ve·ge·ta·ri·er**★ [vege'ta:ri̯ɐ]; (-s, -) eine Person, die kein Fleisch isst • *hierzu* **ve·ge·ta·risch** *ADJEKTIV;* **Ve·ge·ta·ri·e·rin** [vege'ta:ri̯ərɪn] *die*

die **Ve·ge·ta·ti·on** [vegeta'tsi̯o:n]; (-, *-en*); *meist Singular* die Pflanzen, die in einem begrenzten Gebiet wachsen ≈ Pflanzenwelt *„die Vegetation des Hochgebirges"* **K** Vegetationszone

das **Ve·hi·kel** [ve'hi:kl̩]; (-s, -) *oft abwertend* ein altes oder schlecht funktionierendes Fahrzeug ⟨*ein altmodisches, klappriges Vehikel*⟩

das **Veil·chen** [f-]; (-s, -) eine kleine, violette Blume, die im Frühling blüht und intensiv duftet **K** veilchenblau

das **Ve·lo** [v-]; (-s, -s); Ⓒⓗ ≈ Fahrrad

die **Ve·ne** [v-]; (-, *-n*) eine Ader, in der das Blut zum Herzen hin fließt **K** Venenentzündung • *hierzu* **ve·nös** *ADJEKTIV*

das **Ven·til** [v-]; (-s, *-e*) **1** der Teil eines Rohrs oder Schlauchs. Es dient dazu, das Fließen einer Flüssigkeit oder das Strömen eines Gases zu regeln *„das Ventil eines Fahrradreifens öffnen, um die Luft herauszulassen"* **K** Reifenventil, Sicherheitsventil ❶ → Abbildung, S. 392: **Das Fahrrad** **2** der Teil eines Musikinstruments, z. B. einer Trompete oder einer Orgel, der den Ton verändert

der **Ven·ti·la·tor** [v-]; (-s, *Ven·ti·la·to·ren*) ein Gerät mit einem kleinen Propeller, der die Luft so bewegt, dass frische, kühle Luft irgendwohin gelangt

**ver-**★ [f-] (*im Verb, unbetont und nicht trennbar, sehr produktiv; Diese Verben werden so gebildet: verhungern, verhungerte, verhungert*) **1** **etwas verbilligen, verdeutlichen, verflüssigen; (jemanden) verdummen** *und andere* macht aus einem Adjektiv ein Verb und drückt aus, dass eine Person oder Sache in den genannten Zustand kommt *„Der Fotograf vergrößerte das Foto"* Der Fotograf machte das Foto größer **2** **etwas verfilmen; jemanden versklaven; etwas verdunstet, verkorkst, versteppt** *und andere* macht aus einem Substantiv ein Verb und drückt aus, dass eine Person oder Sache zu dem Genannten wird *„Er*

V

*beabsichtigt, den Roman zu verfilmen"* Er will aus dem Roman einen Film machen **3** **jemanden verspotten**; **sich verplaudern**; **etwas versaufen, verschweigen** *und andere* verwendet, damit ein Verb, das kein Objekt haben konnte, jetzt eines bekommt *„Karl verspottet oft die Nachbarn"* Karl spottet oft über die Nachbarn **4** **etwas verdoppeln, verdreifachen, vervierfachen, verfünffachen**; **etwas verdoppelt, verdreifacht sich** *und andere* drückt aus, dass eine Menge im genannten Maße steigt **5** **sich verfahren, verhören, verlesen, verrechnen, vertippen** *und andere* drückt aus, dass man bei etwas einen Fehler macht **6** **verreisen**; **jemanden verjagen, verscheuchen, vertreiben**; **etwas verschieben** *und andere* drückt aus, dass eine Person, ein Tier, ein Fahrzeug o. Ä. einen Ort verlässt **7** **etwas verchromen, vergolden, versilbern**; **etwas verminen, verplomben** *und andere* drückt aus, dass etwas eine Schicht eines Materials oder eine Sache bekommt *„Er versiegelte den Brief"* Er machte ein Siegel auf den Brief

**ver·ạb·re·den★** (*verabredete, hat verabredet*) **1** **(mit jemandem) etwas verabreden** mit jemandem beschließen, dass man etwas gemeinsam tut ⟨*Aktionen, ein Treffen, einen Treffpunkt, einen Termin verabreden*⟩ ≈ vereinbaren *„Ich habe mit ihm verabredet, dass wir uns um zwei Uhr im Café treffen"* **2** **sich (mit jemandem) verabreden** mit jemandem beschließen, dass man sich in der Freizeit trifft *„sich mit der Freundin zum Radfahren/im Restaurant/auf einen Kaffee verabreden"*

**ver·ạb·scheu·en** (*verabscheute, hat verabscheut*) **jemanden/etwas verabscheuen** Abscheu gegen jemanden/etwas empfinden • *hierzu* **ver·ạb·scheu·ens·wert** *ADJEKTIV*; **ver·ạb·scheu·ungs·wür·dig** *ADJEKTIV*

**ver·ạb·schie·den★** (*verabschiedete, hat verabschiedet*) **1** **sich (von jemandem) verabschieden** sich mit einem Gruß von jemandem trennen *„sich mit einem Kuss von den Kindern verabschieden"* **2** **etwas verabschieden** (nach einer Debatte) etwas offiziell beschließen ⟨*ein Gesetz, einen Haushaltsplan verabschieden*⟩ • *hierzu* **Ver·ạb·schie·dung** *die*

**ver·ạch·ten★** (*verachtete, hat verachtet*) **jemanden/etwas verachten** jemanden/etwas für wertlos oder schlecht halten und deshalb stark ablehnen *„jemanden wegen seiner Feigheit verachten"* • *hierzu* **Ver·ạch·tung** *die*; **ver·ạch·tungs·voll** *ADJEKTIV*

**ver·ạ̈cht·lich** *ADJEKTIV* **1** voller Verachtung ⟨*ein Blick, ein Lächeln, Worte*⟩ **2** **jemanden/etwas verächtlich machen** voller Verachtung über jemanden/etwas sprechen

**ver·all·ge·mei·nern** (*verallgemeinerte, hat verallgemeinert*) **(etwas) verallgemeinern** von einer kleinen Zahl von Fällen oder Tatsachen ausgehend ein allgemeines Prinzip formulieren ⟨*eine Aussage, eine Beobachtung, ein Ergebnis, eine Feststellung verallgemeinern; vorschnell verallgemeinern*⟩ ≈ generalisieren • *hierzu* **Ver·all·ge·mei·ne·rung** *die*

**ver·ạl·ten** (*veraltete, ist veraltet*) **etwas ist veraltet** etwas ist nicht mehr auf dem neuesten Stand der Technik *„Aufgrund der schnellen Entwicklung war mein Computer schon nach kurzer Zeit veraltet"*

die **Ve·rạn·da** [v-]; (-, *Ve·ran·den*) ein Platz mit Dach (und Glaswänden) an einem Haus, an dem man vor Wind geschützt im Freien sitzen kann ⟨*sich auf die Veranda setzen*⟩

**ver·ạ̈n·der·lich** *ADJEKTIV* **1** so, dass es sich oft ändert ⟨*das Wetter ist/bleibt veränderlich*⟩ ≈ unbeständig **2** ≈ variabel

**ver·ạ̈n·dern★** (*veränderte, hat verändert*) **1** **jemanden/etwas verändern** bewirken, dass jemand/etwas anders wird ⟨*die Welt verändern wollen*⟩ *„Das Kind hat unser Leben sehr verändert"* **2** **sich verändern** anders werden ⟨*sich zum Vorteil/Nachteil, seinen Gunsten/Ungunsten verändern*⟩ **3** **sich (beruflich) verändern** den Arbeitsplatz wechseln

die **Ver·ạ̈n·de·rung★** **1** eine Handlung, durch die etwas anders wird ⟨*eine Veränderung vornehmen*⟩ **2** der Vorgang, der Prozess, durch den etwas anders wird ⟨*eine Veränderung tritt ein, geht in jemandem/etwas vor*⟩ **3** das Ergebnis einer Veränderung *„Es sind keine Veränderungen sichtbar"*

**ver·ạ̈ngs·tigt** *ADJEKTIV* voller Angst ⟨*ein Kind, ein Tier*⟩

**ver·ạn·lagt** *ADJEKTIV* **irgendwie veranlagt** mit der genannten körperlichen oder psychischen Eigenschaft oder Neigung geboren ⟨*krankhaft, praktisch, künstlerisch, musisch veranlagt sein*⟩

**ver·ạn·las·sen** (*veranlasste, hat veranlasst*) **1** **jemanden zu etwas veranlassen** bewirken, dass jemand etwas tut *„Was hat dich (dazu) veranlasst, die Firma zu verlassen?"* **2**

**etwas veranlassen** jemandem den Auftrag geben, etwas zu tun ≈ anordnen *„Ich werde veranlassen, dass Sie Ihre Papiere umgehend bekommen"* **3** **sich zu etwas veranlasst fühlen/sehen** glauben, dass man einen wichtigen Grund hat, etwas zu tun *„Die Behörden sehen sich (dazu) veranlasst, das Schwimmbad vorübergehend zu schließen"*

**ver·an·schau·li·chen** (*veranschaulichte, hat veranschaulicht*) **(jemandem) etwas veranschaulichen** jemandem eine schwierige Sache erklären, indem man einfache oder konkrete Beispiele gibt, Zeichnungen zeigt o. Ä.

**ver·an·stal·ten★** (*veranstaltete, hat veranstaltet*) **etwas veranstalten** etwas, das für viele Menschen bestimmt ist oder bei dem viele Personen mitmachen, organisieren und durchführen ⟨*eine Demonstration, ein Fest, ein Preisausschreiben, einen Basar veranstalten*⟩ • *hierzu* **Ver·an·stal·ter** *der*

die **Ver·an·stal·tung★** (-, -*en*) **1** *nur Singular* das Organisieren und Durchführen einer Sache ⟨*die Veranstaltung einer Tagung, eines Kongresses, eines Konzerts*⟩ **2** etwas, das organisiert und veranstaltet wird, z. B. ein Kongress ⟨*eine geschlossene, öffentliche Veranstaltung*⟩ **K** Veranstaltungskalender

**ver·ant·wor·ten** (*verantwortete, hat verantwortet*) **1** **etwas verantworten** eine Entscheidung o. Ä. vertreten und auch bereit sein, mögliche negative Folgen zu tragen ⟨*etwas zu verantworten haben; etwas nicht verantworten können*⟩ *„Kann die Firma eine solche Maßnahme verantworten?"* **2** **sich (für etwas) (vor jemandem) verantworten** sich zu Vorwürfen äußern und negative Folgen auf sich nehmen ≈ rechtfertigen *„sich für eine Tat vor Gericht verantworten müssen"*

**ver·ant·wort·lich★** ADJEKTIV **1** **für jemanden/etwas verantwortlich** mit der Pflicht, dafür zu sorgen, dass mit einer Person/Sache nichts Unangenehmes geschieht oder dass etwas (richtig) gemacht wird *„sich für den kleinen Bruder verantwortlich fühlen"* | *„dafür verantwortlich sein, dass eine Maschine gut funktioniert"* **2** **jemand/etwas ist für etwas verantwortlich** eine Person oder Sache ist schuld an etwas Negativem, ist die Ursache davon *„Das kalte Wetter ist für die schlechte Ernte verantwortlich"* **3** **jemanden/etwas für etwas verantwortlich machen** sagen, dass eine Person/Sache schuld an etwas Negativem ist

die **Ver·ant·wor·tung★** (-) **1** **die Verantwortung (für jemanden/etwas)** die Pflicht, dafür zu sorgen, dass einer anderen Person nichts passiert oder dass etwas in Ordnung ist, zustande kommt, verwirklicht wird o. Ä. ⟨*eine große, schwere Verantwortung; eine Verantwortung übernehmen, haben, tragen, ablehnen*⟩ **2** das Bewusstsein, Verantwortung zu haben, und die Bereitschaft, die Konsequenzen des eigenen Handelns zu tragen ⟨*ohne Gefühl für Verantwortung handeln*⟩ **K** Verantwortungsbewusstsein **3** **jemanden zur Verantwortung ziehen** jemanden die negativen Folgen einer Sache tragen lassen (weil er dafür verantwortlich war)

das **Ver·ant·wor·tungs·ge·fühl** *meist Singular* die Bereitschaft, Verantwortung zu übernehmen und entsprechend zu handeln

**ver·ar·bei·ten★** (*verarbeitete, hat verarbeitet*) **1** **etwas (zu etwas) verarbeiten** etwas als Material verwenden und daraus etwas herstellen ⟨*gut, schlecht verarbeitet sein*⟩ *„Holz zu einem Schrank verarbeiten"* | *„In einer Schmiede wird Metall verarbeitet"* **2** **etwas verarbeiten** etwas zu einem Zweck verändern und verwenden *„in einem Roman Märchenmotive verarbeiten"* **3** **etwas verarbeiten** etwas psychisch oder rational bewältigen ⟨*einen Eindruck, eine Enttäuschung, ein Erlebnis, eine Information verarbeiten*⟩ • *hierzu* **Ver·ar·bei·tung** *die*

**ver·är·gern** (*verärgerte, hat verärgert*) **jemanden verärgern** bewirken, dass sich jemand ärgert *„Sie war über die Bemerkungen sehr verärgert"* ❶ oft im Passiv mit dem Hilfsverb *sein*

**ver·ar·men** (*verarmte, ist verarmt*) arm werden und so in Not kommen

**ver·ar·schen** (*verarschte, hat verarscht*) **jemanden verarschen** *gesprochen* ⚠ ≈ veralbern

**ver·arz·ten** (*verarztete, hat verarztet*) **jemanden/etwas verarzten** einen Verletzten oder einen Kranken/einen verletzten Körperteil behandeln

**ver·ät·zen** (*verätzte, hat verätzt*) **jemanden/etwas verätzen** jemanden durch Säure o. Ä. verletzen oder etwas durch Säure o. Ä. beschädigen *„Die Säure verätzte ihm die Hände"* • *hierzu* **Ver·ät·zung** *die*

**ver·äu·ßern** (*veräußerte, hat veräußert*); *geschrieben* **etwas veräußern** ≈ verkaufen •

*hierzu* **Ver·äu·ße·rung** *die*

das **Verb** [v-]; (-*s*, -*en*) Verben beschreiben, was getan wird oder geschieht; ihre Form im Satz richtet sich nach der Person, nach der Zahl der Handelnden und nach der Zeit ‹*ein schwaches, starkes, unpersönliches, unregelmäßiges Verb; ein Verb im Aktiv, Passiv gebrauchen; ein Verb konjugieren*› ≈ Zeitwort *„Gebraucht" ist das Partizip Perfekt des Verbs „brauchen"* K Verbform; Hilfsverb, Modalverb

der **Ver·band**★ [f-]; (-(*e*)*s*, *Ver·bän·de*) FÜR WUNDEN: **1** ein Stück Stoff o. Ä., das man um den verletzten Teil des Körpers legt ‹*einen Verband anlegen, umbinden, abnehmen, wechseln, erneuern*› K Verbandskasten, Verbandszeug; Gipsverband ALS GRUPPE: **2** eine relativ große Organisation, die sich meist aus vielen kleineren Vereinigungen und Organisationen zusammensetzt ‹*einem Verband beitreten, angehören*› K Verbandsvorsitzende(r); Journalistenverband, Wohlfahrtsverband **3** ein Teil einer Armee, der aus verschiedenen Einheiten besteht, die gemeinsam kämpfen ‹*militärische, motorisierte Verbände*›

**ver·ban·nen** (*verbannte, hat verbannt*) **jemanden (irgendwohin) verbannen** zur Strafe jemanden zwingen, ein Land zu verlassen und an einem fremden Ort zu leben *„Napoleon wurde auf die Insel St. Helena verbannt"* • *hierzu* **Ver·bann·te** *der*

**ver·ber·gen**★ (*verbirgt, verbarg, hat verborgen*) **1 eine Person/Sache (vor jemandem/etwas) verbergen** eine Person oder Sache irgendwohin bringen, stecken oder tun, wo eine andere Leute sie nicht sehen oder finden kann ≈ verstecken *„ein Messer im Mantel verbergen"* **2 (jemandem) etwas verbergen; etwas vor jemandem verbergen** keine Informationen über etwas geben, etwas nicht zeigen *„Er hat (vor) seiner Frau verborgen, dass er schwer krank war"* **3 sich irgendwo verbergen** an einen Ort gehen, an dem man von anderen Leuten nicht gesehen wird *„Der Mond verbirgt sich hinter Wolken"*

**ver·bes·sern**★ (*verbesserte, hat verbessert*) **1 etwas verbessern** etwas so ändern, dass es besser wird *„durch fleißiges Lernen die Leistungen verbessern"* **2 etwas verbessern** die Fehler suchen und ändern, die z. B. in einem Text sind ‹*Fehler, einen Aufsatz, die Hausaufgaben, eine Schulaufgabe verbessern*› ≈ korrigieren **3 jemanden verbessern** jemandem sagen, welche Fehler er beim Sprechen oder Schreiben gemacht hat *„Hör endlich auf, mich ständig zu verbessern!"* **4 sich verbessern** sofort das richtige Wort oder die richtige Form sagen, nachdem man beim Sprechen einen Fehler gemacht hat **5 sich verbessern** besser werden *„Er hat sich in Latein sehr verbessert"*

die **Ver·bes·se·rung, Ver·bess·rung**★; (-, -*en*) **1** das Korrigieren, die Berichtigung *„die Verbesserung eines Fehlers"* **2** das Bessermachen *„die Verbesserung der Arbeitsbedingungen"* K Verbesserungsvorschlag **3** etwas, womit man sich/etwas verbessert *„Das neue Herstellungsverfahren stellt eine entscheidende Verbesserung gegenüber der alten Methode dar"* • *zu* (1,2) **ver·bes·se·rungs·be·dürf·tig** ADJEKTIV; *zu* (1,2) **ver·bes·se·rungs·fä·hig** ADJEKTIV

**ver·beu·gen** (*verbeugte sich, hat sich verbeugt*) **sich (vor jemandem) verbeugen** den Kopf und Oberkörper nach vorne beugen, um höflich zu grüßen oder zu danken ‹*sich vor dem Publikum verbeugen*› • *hierzu* **Ver·beu·gung** *die*

**ver·beult** ADJEKTIV mit Beulen, beschädigt *„eine verbeulte Stoßstange am Auto"*

**ver·bie·gen** (*verbog, hat verbogen*) **1 etwas verbiegen** die Form einer Sache verändern, indem man sie biegt ‹*ein Blech, einen Draht, einen Nagel, eine Stoßstange verbiegen*› **2 etwas verbiegt sich** etwas verliert die (gerade) Form *„Die Bretter des Regals haben sich verbogen"*

**ver·bie·ten**★ (*verbot, hat verboten*) **1 (jemandem) etwas verbieten** bestimmen, dass jemand etwas nicht tun darf oder dass es etwas nicht mehr geben darf ‹*Betreten, Durchfahrt, Fotografieren, Rauchen, Zutritt verboten!; etwas ist gesetzlich, polizeilich verboten*› ↔ erlauben *„Mein Vater wird mir verbieten, mit dem Moped nach Italien zu fahren"* | *„Der Film ist für Jugendliche unter sechzehn Jahren verboten"* **2 etwas verbietet (jemandem) etwas** etwas bewirkt, dass eine Person etwas nicht tut *„Sein Glaube verbietet ihm, Schweinefleisch zu essen"* **3 etwas verbietet sich (von selbst)** es ist ganz klar, dass etwas nicht getan werden darf *„In unserer Situation verbietet es sich von selbst, den Forderungen nachzugeben"*

**ver·bin·den**★ (*verband, hat verbunden*)

**1** **Dinge (zu etwas) verbinden; etwas mit/durch etwas (zu etwas) verbinden** zwei oder mehrere Gegenstände o. Ä. so zusammenbringen oder (aneinander) befestigen, dass sie eine Einheit bilden ↔ trennen *„zwei Schnüre durch einen Knoten verbinden"* **2** **Dinge (zu etwas) verbinden; etwas mit/durch etwas (zu etwas) verbinden** zwei oder mehrere Orte, Dinge o. Ä. in Kontakt miteinander bringen ↔ trennen *„Diese Eisenbahnlinie verbindet Hannover mit Bremen"* **3** **etwas mit etwas verbinden** die Gelegenheit nutzen und zusammen mit einer Sache auch eine andere tun *„eine Fahrt nach Köln mit einer Besichtigung des Doms verbinden"* **4** **eine Person/Sache mit jemandem/etwas verbinden** zwei oder mehrere Personen oder Dinge als zusammenhängend oder zusammengehörig ansehen *„ein Lied mit schönen Erinnerungen verbinden"* **5** **(jemandem) etwas verbinden; jemanden (an etwas** (*Dativ*)**) verbinden** jemandem oder sich selbst einen Verband anlegen *„jemandem den Arm verbinden"* | *„einen Verletzten (am Kopf) verbinden"* **6** **jemandem die Augen verbinden** jemandem ein Stück Stoff so vor die Augen binden, dass er nichts mehr sehen kann **7** **Substanzen verbinden sich (zu etwas); etwas verbindet sich mit etwas (zu etwas)** zwei oder mehrere (chemische) Substanzen o. Ä. kommen so (mit etwas) zusammen, dass Neues entsteht *„Wasserstoff verbindet sich mit Sauerstoff zu Wasser"*

**ver·bịnd·lich** *ADJEKTIV* so, dass man sich daran halten muss ⟨*eine Anordnung, eine Norm, eine Regel, eine Zusage*⟩ ≈ bindend • *hierzu* **Ver·bịnd·lich·keit** *die*

die **Ver·bịn·dung★** **1** **eine Verbindung (mit/zu jemandem/etwas** (*Dativ*)**); eine Verbindung zwischen Personen/Dingen** (*Dativ*) die Situation, wenn ein Kontakt zwischen Orten oder Personen z. B. mithilfe von Straßen, Routen, Fahrzeuge oder Medien möglich ist *„Das Telefon ist ihre einzige Verbindung zur Außenwelt"* **K** Verbindungsstraße, Verbindungsstück, Verbindungstür; Bahnverbindung, Busverbindung, Flugverbindung **2** **eine Verbindung (mit/zu jemandem/etwas); eine Verbindung (zwischen Personen/Dingen** (*Dativ*)**)** ein Zusammenhang oder eine Beziehung zwischen Personen oder Dingen ⟨*mit etwas in Verbindung stehen; jemanden/etwas mit einer Person/Sache in Verbindung bringen, setzen*⟩ *„Es lässt sich eine deutliche Verbindung zwischen Stress und Magengeschwüren feststellen"* **3** **eine Verbindung (mit/zu jemandem); eine Verbindung (zwischen Personen** (*Dativ*)**)** eine Beziehung zwischen Menschen, die sich treffen, Briefe schreiben o. Ä. ⟨*Verbindung mit jemandem aufnehmen, haben, halten; sich mit jemandem in Verbindung setzen*⟩ ≈ Kontakt *„Lass uns in Verbindung bleiben!"* **4** **eine Verbindung (mit jemandem/irgendwohin)** der Kontakt über ein Telefon oder Funk ⟨*die Verbindung ist unterbrochen*⟩ *„Die Verbindung war sehr schlecht. Ich konnte kaum verstehen, was er sagte"* **5** **eine Verbindung (aus etwas und etwas/von etwas mit etwas)** eine Substanz, die entsteht, wenn verschiedene Substanzen chemisch miteinander reagieren *„Kochsalz ist eine Verbindung aus Chlor und Natrium/von Chlor mit Natrium"* **K** Sauerstoffverbindung **6** *nur Singular* der Vorgang, meist zwei Dinge zusammenzubringen, zu verbinden *„Die Verbindung der beiden Aspekte ist ihm nicht gelungen"* **ID** **in Verbindung mit** **a** im Zusammenhang mit *„In Verbindung mit ihrer Tätigkeit als Dolmetscherin kommt sie oft nach Brüssel"* **b** zusammen mit *„Der Studentenausweis ist nur in Verbindung mit dem Personalausweis gültig"*

**ver·bịt·tert** *ADJEKTIV* wegen vieler Enttäuschungen unzufrieden und unfreundlich ⟨*ein Mann, eine Frau*⟩ • *hierzu* **Ver·bịt·te·rung**

der **Ver·bleib** (-(e)s); *geschrieben* **1** der Ort, an dem eine Person oder Sache ist, die man sucht *„Über den Verbleib des gestohlenen Schmucks sind noch keine näheren Einzelheiten bekannt"* **2** das Bleiben an einem Ort, in einer Gruppe oder Funktion usw. *„Über seinen weiteren Verbleib im Amt muss noch entschieden werden"*

**ver·blei·ben** (*verblieb, ist verblieben*) **1** **etwas verbleibt (jemandem)** etwas bleibt als Rest (für jemanden) übrig *„Nach Abzug der Steuern verbleiben Ihnen 10.000 €"* **2** **(mit jemandem) irgendwie verbleiben** eine Diskussion, ein Gespräch mit einer Vereinbarung beenden *„Wie seid ihr gestern verblieben?" – „Wir sind so verblieben, dass wir uns heute Abend noch einmal treffen."*

**ver·blẹn·det** *ADJEKTIV* durch eine Schicht bedeckt und nicht mehr sichtbar *„eine mit Holz verblendete Wand"* • *hierzu* **Ver·blẹn·dung** *die*

**ver·blị·chen** *ADJEKTIV* mit der Zeit blass ge-

V

worden ⟨*Farben*⟩

**ver·blüf·fen** (*verblüffte, hat verblüfft*) **(jemanden) verblüffen** eine Person mit etwas überraschen, womit sie überhaupt nicht gerechnet hat *„Er hat mich durch seine Ehrlichkeit verblüfft"* | *„zu einem verblüffenden Ergebnis kommen"* | *„über jemandes Verhalten verblüfft sein"* • *hierzu* **Ver·blüf·fung** *die*

**ver·blu·ten** (*verblutete, ist verblutet*) **ein Mensch/ein Tier verblutet** ein Mensch/ein Tier verliert so viel Blut, dass er/es stirbt

**ver·bor·gen** *ADJEKTIV* **1** weit weg von großen Orten und einsam ⟨*eine Landschaft, ein Dorf*⟩ **2** nicht leicht zu finden, hören, sehen usw. ⟨*eine Gefahr, ein Hinweis, ein Schatz, Talente*⟩

das **Ver·bot★** (-(*e*)*s*, -*e*) eine Vorschrift, ein Befehl, etwas nicht oder nicht länger zu tun ⟨*ein Verbot aussprechen, befolgen, beachten, einhalten, übertreten; jemandem ein Verbot erteilen; gegen ein Verbot verstoßen*⟩ **K** Verbotsschild; Einreiseverbot, Parkverbot, Rauchverbot • *hierzu* **ver·bots·wid·rig** *ADJEKTIV*

**ver·bo·ten★** *ADJEKTIV* nicht erlaubt *„Rauchen verboten!"* | *„In den Autos der Schmuggler fand man verbotene Waffen"*

**ver·bra·ten** (*verbrät, verbriet, hat verbraten*); *gesprochen* **etwas verbraten** etwas in großer Menge oder sinnloser Weise für einen Zweck ausgeben oder verbrauchen *„Dafür werden Millionen verbraten und für andere Zwecke ist dann kein Geld da"*

der **Ver·brauch** (-(*e*)*s*) **der Verbrauch (von/an etwas** (*Dativ*)**)** die Menge, die verbraucht wird ⟨*einen geringen, hohen Verbrauch an etwas haben*⟩ **K** Benzinverbrauch, Stromverbrauch ⓘ Zwischen *von/an* und der genannten Sache steht kein Artikel.

**ver·brau·chen★** (*verbrauchte, hat verbraucht*) **etwas verbrauchen** eine Menge einer Sache für einen Zweck verwenden (bis nichts mehr da ist) ⟨*Geld, Kraft, Material, Vorräte verbrauchen*⟩ *„im Urlaub zweitausend Euro verbrauchen"* | *„bei einer Arbeit viel Kraft verbrauchen"*

der **Ver·brau·cher★** (-*s*, -) eine Person, die Waren kauft und verbraucht ≈ Konsument **K** Verbraucherberatung, Verbraucherschutz • *hierzu* **Ver·brau·che·rin** *die*

**ver·braucht** *ADJEKTIV* **1** mit wenig Sauerstoff ⟨*Luft*⟩ **2** durch ein langes, anstrengendes Leben schwach und müde ⟨*ein Mensch; alt und verbraucht*⟩

**ver·bre·chen** (*verbricht, verbrach, hat verbrochen*) **etwas verbrechen** etwas Böses oder Schlechtes tun *„Warum bist du so wütend? Was habe ich denn* (*Schlimmes*) *verbrochen?"* ⓘ meist im Perfekt oder Plusquamperfekt

das **Ver·bre·chen★** (-*s*, -) **1** eine (böse) Tat, die gegen das Gesetz verstößt und die vom Staat bestraft wird ⟨*ein gemeines, brutales, schweres Verbrechen; ein Verbrechen begehen, verüben*⟩ *„Mord und andere schwere Verbrechen wurden früher mit dem Tod bestraft"* **K** Verbrechensbekämpfung; Gewaltverbrechen, Kriegsverbrechen **2** *abwertend* verwendet als Bezeichnung für eine Handlung, die man als sehr negativ für die Menschheit oder für die Natur hält *„Es ist ein Verbrechen, durch dieses schöne Tal eine Autobahn zu bauen"*

der **Ver·bre·cher★** (-*s*, -) eine Person, die (regelmäßig) Verbrechen begeht **K** Verbrecherjagd; Kriegsverbrecher, Schwerverbrecher • *hierzu* **Ver·bre·che·rin** *die*

**ver·brei·ten★** (*verbreitete, hat verbreitet*) **1** **etwas verbreiten** bewirken, dass es etwas in einem größeren Gebiet gibt als vorher *„Die Pollen der Blumen werden meist durch Bienen verbreitet"* **2** **etwas verbreiten** etwas in der Umgebung wirksam werden lassen *„Dein Parfüm verbreitet einen wunderbaren Duft"* **3** **etwas verbreiten** eine Nachricht vielen Menschen mitteilen *„*(*die Nachricht*) *verbreiten, dass die Firma geschlossen wird"* **4** **etwas (irgendwo) verbreiten** das genannte Gefühl in anderen Menschen entstehen lassen ⟨*Entsetzen, Angst und Schrecken verbreiten;* (*gute*) *Stimmung verbreiten*⟩ **5** **etwas verbreitet sich irgendwo/über etwas** (*Akkusativ*) etwas kommt an alle Stellen einer Fläche, eines Gebietes, eines Raumes o. Ä. und wird überall wirksam *„Die Seuche verbreitete sich schnell im ganzen/über das ganze Land"* **6** **etwas verbreitet sich (irgendwo)** etwas wird vielen Menschen bekannt ⟨*eine Nachricht, eine Neuigkeit, ein Gerücht verbreitet sich wie ein Lauffeuer* (= *sehr schnell*)⟩ • *hierzu* **Ver·brei·tung** *die*

**ver·brei·tet★** *ADJEKTIV* so, dass es in einem großen Gebiet oder bei vielen Menschen vorkommt *„Diese Ansicht ist sehr verbreitet"*

**ver·bren·nen★** (*verbrannte, hat/ist verbrannt*) **1** **jemand/etwas verbrennt** (*ist*) eine Person wird durch Feuer getötet, eine Sache wird durch Feuer zerstört *„Das Auto fing nach dem Unfall Feuer und verbrannte"* **2** **jemand/ etwas verbrennt** (*ist*) eine Person/Sache nimmt durch zu viel Hitze oder Sonnenstrahlen Schaden *„Ich habe den Braten vergessen, jetzt ist er verbrannt und ungenießbar"* **3** **jemanden/etwas verbrennen** (*hat*) mithilfe von Feuer bewirken, dass ein Körper oder eine Sache zerstört wird *„Gartenabfälle verbrennen"* **4** **sich** (*Dativ*) **etwas (an etwas** (*Dativ*)**) verbrennen** (*hat*) sich verletzen oder wehtun, weil man etwas Heißes berührt oder zu lange in der Sonne liegt *„Ich habe mir (am Ofen) die Finger verbrannt"* **5** **sich (an etwas** (*Dativ*)**/irgendwo) verbrennen** (*hat*) sich verletzen, indem man etwas Heißes berührt ⟨*sich an der Herdplatte verbrennen*⟩

die **Ver·bren·nung** (-, *-en*) **1** die Handlung, durch die absichtlich eine Person durch Feuer getötet oder eine Sache zerstört wird **K** Hexenverbrennung, Müllverbrennung **2** *nur Singular* der chemische Vorgang des Verbrennens *„die Verbrennung von Treibstoff zu Energie"* **3** eine Wunde, die man durch Feuer oder große Hitze bekommen hat ≈ Brandwunde *„schwere Verbrennungen davontragen"*

**ver·brin·gen★** (*verbrachte, hat verbracht*) **1** **etwas irgendwo verbringen** eine Zeit lang an einem Ort sein *„einen freien Tag am Meer verbringen"* **2** **etwas (irgendwie/irgendwo/ mit etwas) verbringen** während des genannten Zeitraums sich irgendwie beschäftigen oder irgendwo sein *„mit Freunden einen schönen Abend verbringen"* | *„Sie verbrachten den ganzen Tag mit Faulenzen/am Computer/vor dem Fernseher"*

**ver·bun·den★** *ADJEKTIV* **1** **etwas ist mit etwas verbunden** etwas hängt mit etwas zusammen, tritt mit etwas zusammen auf *„Der Aufbruch war mit großer Hektik verbunden"* **2** **falsch verbunden sein** die falsche Telefonnummer gewählt haben **3** **jemandem irgendwie verbunden** mit der genannten Beziehung zu jemandem ⟨*jemandem freundschaftlich, in Liebe verbunden sein*⟩ • *zu* (3) **Ver·bun·den·heit** *die*

**ver·bün·den** (*verbündete sich, hat sich verbündet*) **eine Person/Sache verbündet sich mit jemandem/etwas (gegen jemanden), Personen/Staaten verbünden sich (gegen jemanden/etwas)** zwei oder mehrere Personen, Staaten o. Ä. schließen ein Bündnis *„sich in einem Krieg mit einem Land gegen ein anderes verbünden"* ❶ oft im Passiv mit dem Hilfsverb *sein*: *Frankreich und Deutschland sind (miteinander) verbündet* • *hierzu* **Ver·bün·de·te** *der/die*

**ver·bürgt** *ADJEKTIV* als richtig bestätigt ⟨*eine Nachricht, eine Tatsache*⟩

**ver·bü·ßen** (*verbüßte, hat verbüßt*) **etwas verbüßen** eine Zeit lang zur Strafe im Gefängnis sein ⟨*eine Haftstrafe verbüßen*⟩

der **Ver·dacht★** (-(*e*)*s*) **1** **ein Verdacht (gegen jemanden)** das Gefühl oder der Gedanke, dass jemand etwas Verbotenes oder Illegales getan haben könnte ⟨*Verdacht schöpfen, hegen*⟩ *„jemanden wegen des Verdachts auf Drogenhandel verhaften"* **2** die Situation, in der sich eine Person befindet, die verdächtigt wird ⟨*in/ unter Verdacht stehen*⟩ *„Er steht in/im Verdacht, den Schmuck gestohlen zu haben"* **3** **ein Verdacht (auf etwas** (*Akkusativ*)**)** die Vermutung, dass etwas (wahrscheinlich) der Fall ist *„Es besteht der Verdacht, dass sie entführt wurde"* | *„Man weiß noch nicht, was sie hat, aber es besteht Verdacht auf Krebs"*

**ver·däch·ti·gen★** (*verdächtigte, hat verdächtigt*) **jemanden (einer Sache** (*Genitiv*)**) verdächtigen** glauben, dass jemand schuldig sein könnte *„jemanden des Diebstahls verdächtigen"* | *„Sie verdächtigte ihn, gelogen zu haben"* • *hierzu* **Ver·däch·ti·gung** *die*

**ver·dam·men** (*verdammte, hat verdammt*) **1** **jemanden/etwas verdammen** eine Person oder Sache für sehr unmoralisch halten und deswegen ein sehr negatives Urteil über sie sprechen **2** **jemand ist verdammt** jemand wird (im christlichen Glauben) nach dem Tod von Gott für immer bestraft **3** **jemand ist zu etwas verdammt** jemand muss etwas Unangenehmes tun oder ertragen ⟨*jemand ist zum Nichtstun verdammt*⟩ • *hierzu* **Ver·dam·mung** *die*; *zu* (2) **Ver·damm·te** *der/die*; *zu* (2) **Ver·damm·nis** *die*

**ver·dammt** *ADJEKTIV* **1** *gesprochen, abwertend meist attributiv* verwendet, um großen Ärger auszudrücken *„So ein verdammter Mist!"* | *„Verdammt (nochmal)!"* **2** *gesprochen* so, dass das normale Maß überschritten wird *„verdammtes Glück haben"* | *„Es ist verdammt kalt hier"*

**ver·dam·pfen** (*verdampfte, hat/ist verdampft*) **etwas verdampft** (*ist*) eine Flüssigkeit wird zu Dampf *„Beim Kochen verdampft ein Teil*

V

*des Wassers"*

**ver·dan·ken** ★ *(verdankte, hat verdankt)* **jemand verdankt einer Person/Sache etwas; jemand hat einer Person/Sache etwas zu verdanken; etwas ist einer Person/Sache zu verdanken** *oft ironisch* etwas wurde durch die genannte Person oder die genannten Umstände verursacht *„Er verdankt sein Leben einem glücklichen Zufall" | „Ich habe nur dir/deiner Hilfe zu verdanken, dass ich rechtzeitig fertig geworden bin" | „Das relativ milde Klima in Irland ist dem Golfstrom zu verdanken"*

**ver·darb** *Präteritum, 1. und 3. Person Singular* → verderben

**ver·dat·tert** *ADJEKTIV; gesprochen* sehr überrascht

**ver·dau·en** *(verdaute, hat verdaut)* **jemand/etwas verdaut (etwas)** die Nahrung wird im Magen und im Darm aufgelöst und verwertet

**ver·dau·lich** *ADJEKTIV* **1** so, dass man es verdauen kann *„Kranke sollten nur leicht verdauliche Speisen zu sich nehmen"* **2** **leicht/schwer verdaulich** leicht/schwer zu verstehen *„schwer verdauliche Informationen"*

die **Ver·dau·ung** ★ (-) das Verdauen der Nahrung **K** Verdauungsorgan, Verdauungsstörung

**ver·de·cken** ★ *(verdeckte, hat verdeckt)* **1** **eine Person/Sache verdeckt jemanden/etwas** eine Person oder Sache befindet sich so vor einer anderen Person oder Sache, dass man diese nicht sehen kann *„Die Wolken verdecken die Sonne"* **2** **jemanden/etwas (mit etwas) verdecken** eine Person oder Sache mit etwas bedecken, damit man sie nicht mehr sehen kann *„Sie verdeckte das Loch in der Wand mit einem Bild"*

**ver·deckt** *ADJEKTIV* so, dass sich Polizisten bei der Untersuchung eines Verbrechens nicht als Polizisten zu erkennen geben ⟨*ein Ermittler, Ermittlungen*⟩

**ver·der·ben** ★ *(verdirbt, verdarb, hat/ist verdorben)* **1** **etwas verdirbt** *(ist)* Lebensmittel kommen in einen Zustand, dass man sie nicht mehr essen oder trinken kann *„Die Milch verdirbt, wenn sie nicht gekühlt wird"* **2** **jemand/etwas verdirbt (einer Person) etwas** *(hat)* jemand/etwas bewirkt, dass etwas Schönes nicht mehr möglich ist oder eine Person keine Freunde daran hat ⟨*jemandem den Appetit, die Freude, die (gute) Laune/Stimmung, den Spaß verderben*⟩ *„einen schönen Tag durch einen Streit verderben"* **3** **jemanden/etwas verderben** den Charakter einer Person oder eine Sache sehr negativ beeinflussen *„Das verdirbt den Charakter, wenn du den Kindern keine Grenzen setzt"* **4** **sich** *(Dativ)* **die Augen/den Magen verderben** *(hat)* durch das eigene Verhalten bewirken, dass man nicht mehr gut sieht/dass der Bauch wehtut • *zu* (1) **ver·derb·lich** *ADJEKTIV*

das **Ver·der·ben** *(-s); geschrieben* ⟨*jemanden ins Verderben stürzen; (offenen Auges) in sein/ins Verderben rennen*⟩ ≈ Untergang, Ruin *„Krieg bringt Tod und Verderben"* • *hierzu* **ver·der·ben·brin·gend** *ADJEKTIV*

**ver·die·nen** ★ *(verdiente, hat verdient)* **1** **((sich** *(Dativ)*) **etwas) verdienen** Geld als Lohn für die Arbeit bekommen ⟨*ehrlich verdientes Geld*⟩ *„zwölf Euro in der Stunde/pro Stunde/die Stunde verdienen" | „Ich verdiene mir mit Nachhilfestunden ein paar Euro nebenbei"* **2** **(etwas) (bei/mit/an etwas** *(Dativ)*) **verdienen** durch ein Geschäft o. Ä. Geld bekommen *„An diesem Auftrag verdiene ich fast 300 Euro"* **3** **jemand verdient etwas** eine Person hat etwas gemacht und bekommt dafür (zu Recht) etwas *„Er hat ein Lob/eine Strafe verdient" | „Nach dieser Anstrengung habe ich eine Pause verdient"* **4** **etwas verdient etwas** eine Situation, ein Zustand ist so, dass die genannte Reaktion vernünftig erscheint *„Seine Beschwerden verdienen nicht, ernst genommen zu werden"*

der **Ver·dienst**[1] ★; *(-(e)s, -e); meist Singular* **1** das Geld, das man für die Arbeit bekommt ⓘ → Anhang, S. 1075: **Arbeit** **2** das Geld, das man durch den Verkauf von Waren verdient ≈ Gewinn **K** Verdienstspanne

das **Ver·dienst**[2] ★; *(-(e)s, -e)* eine Tat oder eine Leistung, die die Anerkennung anderer findet ⟨*jemandem etwas als/zum Verdienst anrechnen*⟩ *„Es ist sein Verdienst, dass das Museum gebaut werden konnte"* **K** Verdienstorden • *hierzu* **ver·dienst·voll** *ADJEKTIV*

**ver·dirbt** *Präsens, 3. Person Singular* → verderben

**ver·dop·peln** *(verdoppelte, hat verdoppelt)* **1** **etwas verdoppeln** die Menge, Zahl, Größe o. Ä. zweimal so groß machen *„die Milchproduktion verdoppeln" | „die Anstrengungen verdoppeln"* **2** **etwas verdoppelt sich** etwas wird doppelt so viel, so groß o. Ä.

**ver·dor·ben** *PARTIZIP PERFEKT* → verderben

**ver·drän·gen** *(verdrängte, hat verdrängt)* **1**

**jemand verdrängt eine Person (von/aus etwas)** jemand nimmt den Platz oder die Stelle von einer anderen Person ⟨*jemanden aus seiner Position, von seinem Platz verdrängen*⟩ **2** **etwas verdrängt etwas (von/aus etwas)** eine Sache nimmt allmählich die Stelle oder die Funktion einer Sache ein *„Die großen Segelschiffe wurden von Dampfschiffen verdrängt"* **3** **etwas verdrängen** etwas psychisch Unangenehmes aus dem Bewusstsein verschwinden lassen *„Sie hat (die Erinnerung an) das schreckliche Erlebnis verdrängt"* • *hierzu* **Ver·dräng·gung** *die*

**ver·dre·hen** (*verdrehte, hat verdreht*) **1** **etwas verdrehen** etwas sehr stark oder zu stark drehen ⟨*jemandem den Arm verdrehen*⟩ *„den Hals verdrehen, um zu sehen, was hinter einem ist"* **2** **die Augen verdrehen** die Augen (im Kreis) bewegen, weil man sehr verärgert ist oder sehr viel Angst hat **3** **etwas verdrehen** etwas absichtlich falsch darstellen ⟨*die Tatsachen, die Wahrheit verdrehen*⟩

**ver·dun·keln** (*verdunkelte, hat verdunkelt*) **1** **etwas verdunkeln** etwas dunkel machen ⟨*einen Raum verdunkeln*⟩ *„Die Wolken verdunkelten den Himmel"* **2** **etwas verdunkelt sich** etwas wird dunkel *„Der Himmel verdunkelt sich. Bald gibt es ein Gewitter"* • *hierzu* **Ver·dun·ke·lung** *die*

**ver·dün·nen** (*verdünnte, hat verdünnt*) **etwas (mit etwas) verdünnen** eine Flüssigkeit mit Wasser mischen, damit sie nicht mehr so konzentriert ist *„Farbe mit Wasser verdünnen"* | *„Lack mit einem Lösungsmittel verdünnen"* • *hierzu* **Ver·dün·nung** *die*

**ver·duns·ten** (*verdunstete, ist verdunstet*) **etwas verdunstet** eine Flüssigkeit wird allmählich zu Gas (aber ohne zu kochen) • *hierzu* **Ver·duns·tung** *die*

**ver·durs·ten** (*verdurstete, ist verdurstet*) sterben, weil man nichts zu trinken hat *„in der Wüste verdursten"*

**ver·dutzt** *ADJEKTIV* überrascht und verwirrt

**ver·eh·ren**★ (*verehrte, hat verehrt*) **1** **jemanden verehren** jemanden ehren und bewundern *„jemanden als großen Künstler verehren"* **2** **jemanden verehren** eine Person als ein höheres Wesen o. Ä. ansehen und zu ihr beten ⟨*jemanden als (einen) Gott verehren*⟩ • *hierzu* **Ver·eh·rer** *der*; **Ver·eh·re·rin** *die*; **Ver·eh·rung** *die*

**ver·ei·di·gen** (*vereidigte, hat vereidigt*) **jemanden vereidigen** jemanden einen Eid sprechen lassen ⟨*Rekruten, Soldaten, Zeugen vereidigen*⟩ *„ein vereidigter Sachverständiger"* • *hierzu* **Ver·ei·di·gung** *die*

der **Ver·ein**★ (-(*e*)*s*, -*e*) eine Organisation von Leuten mit ähnlichen Interessen oder Zielen ⟨*ein eingetragener, gemeinnütziger, wohltätiger Verein; einen Verein gründen; einem Verein beitreten; in einen Verein eintreten; aus einem Verein austreten*⟩ *„Mitglied in einem Verein zum Schutz der Vögel sein"* **K** Vereinsmitglied, Vereinssatzung; Fußballverein, Sportverein, Tierschutzverein

**ver·ein·ba·ren**★ (*vereinbarte, hat vereinbart*) **1** **eine Person vereinbart etwas mit jemandem**; **Personen vereinbaren etwas** Personen legen etwas gemeinsam fest oder entscheiden etwas gemeinsam ⟨*einen Termin, einen Treffpunkt, ein Vorgehen vereinbaren*⟩ *„Ich habe mit ihm vereinbart, dass ich ihn anrufe/ihn anzurufen"* **2** **jemand kann etwas mit einer Sache vereinbaren** etwas ist nach der Meinung einer Person zusätzlich zu etwas oder trotz einer anderen Sache möglich *„Kannst du so ein zeitaufwendiges Hobby denn mit deinen familiären Pflichten vereinbaren?"*

die **Ver·ein·ba·rung**★ (-, -*en*) **eine Vereinbarung (mit jemandem)** etwas, das man gemeinsam besprochen und beschlossen hat ⟨*eine Vereinbarung treffen; sich an eine Vereinbarung halten*⟩ • *hierzu* **ver·ein·ba·rungs·ge·mäß** *ADVERB*

**ver·ein·fa·chen** (*vereinfachte, hat vereinfacht*) **etwas vereinfachen** etwas einfacher machen *„ein Verfahren vereinfachen"* • *hierzu* **Ver·ein·fa·chung** *die*

**ver·ein·heit·li·chen** (*vereinheitlichte, hat vereinheitlicht*) **Dinge vereinheitlichen** Dinge so ändern, dass sie die gleichen Merkmale haben *„Maße vereinheitlichen"* • *hierzu* **Ver·ein·heit·li·chung** *die*

die **Ver·ei·ni·gung**★ (-, -*en*) **1** eine Organisation mit einem (meist politischen) Ziel *„Dem Angeklagten wird die Mitgliedschaft in einer terroristischen Vereinigung vorgeworfen"* **2** das Zusammenkommen oder Zusammenbringen von verschiedenen Dingen *„Damals hielt man eine Vereinigung der beiden deutschen Staaten für sehr unwahrscheinlich"*

**ver·ein·zelt** *ADJEKTIV meist attributiv* nur gelegentlich vorkommend ⟨*das Auftreten, eine Erscheinung; in vereinzelten Fällen*⟩ *„Das*

*Wetter morgen: vereinzelt Niederschläge"* | *„Solche Fälle kommen nur vereinzelt vor"*

**ver·ei·sen** (*vereiste, hat/ist vereist*) **1** **etwas vereist** (*ist*) etwas bekommt eine Schicht Eis *„eine vereiste Straße"* ⓘ meist im Passiv mit dem Hilfsverb *sein* **2** **etwas vereisen** (*hat*) Narben, Warzen oder Wunden mit großer Kälte behandeln • *hierzu* **Ver·ei·sung** *die*

**ver·ei·teln** (*vereitelte, hat vereitelt*) **etwas vereiteln** verhindern, dass etwas Erfolg hat ⟨*ein Attentat, einen Fluchtversuch, einen Plan vereiteln*⟩ • *hierzu* **Ver·ei·te·lung** *die*

**ver·en·den** (*verendete, ist verendet*) **ein Tier verendet** ein Tier stirbt

**ver·er·ben** (*vererbte, hat vererbt*) **jemandem/etwas etwas vererben**; **etwas an jemanden/etwas vererben** bestimmen, dass jemand/eine Institution o. Ä. etwas bekommt, wenn man stirbt *„den Kindern das Vermögen vererben"* • *hierzu* **Ver·er·bung** *die*

**ver·fah·ren**[1]★ (*verfährt, verfuhr, hat/ist verfahren*) **1** **sich (irgendwo) verfahren** (*hat*) aus Versehen in die falsche Richtung fahren *„sich in der Großstadt verfahren"* **2** **etwas verfahren** (*hat*) beim Fahren die genannte Menge Benzin o. Ä. verbrauchen *„zehn Liter Benzin verfahren"* **3** **irgendwie verfahren** (*ist*) auf die genannte Art und Weise handeln *„Wir müssen besprechen, wie wir in solchen Fällen künftig verfahren wollen"*

**ver·fah·ren**[2]★ ADJEKTIV mit vielen Problemen, die nur schwer zu lösen sind ⟨*eine Situation*⟩ *„Die ganze Angelegenheit ist ziemlich verfahren"*

das **Ver·fah·ren**★ (*-s, -*) **1** die Art und Weise, wie z. B. in der Industrie etwas gemacht wird ⟨*ein chemisches, technisches Verfahren*⟩ ≈ Methode *„ein neuartiges Verfahren zur Reinigung von Abwässern"* **K** Produktionsverfahren **2** **ein Verfahren (gegen jemanden/etwas)** die Untersuchungen, mit denen ein Rechtsfall von einer Behörde oder einem Gericht geklärt wird ≈ Prozess *„Gegen ihn ist ein Verfahren wegen Steuerhinterziehung anhängig"* Es läuft und ist noch nicht entschieden | *„Der Angeklagte hat die Kosten des Verfahrens zu tragen"* **K** Berufungsverfahren, Disziplinarverfahren, Strafverfahren **3** die Methode, nach der man an etwas arbeitet *„Ihr Antrag wird in einem beschleunigten/vereinfachten Verfahren bearbeitet"*

**ver·fal·len**★ (*verfällt, verfiel, ist verfallen*) **1** **etwas verfällt** etwas wird ungültig oder wertlos ⟨*ein Anspruch, eine Briefmarke, eine Fahrkarte, ein Gutschein, ein Pfand, ein Wechsel*⟩ ⓘ aber: *ein Reisepass/ein Ausweis/eine Kreditkarte läuft ab* **2** **etwas verfällt** ein altes Gebäude, das nicht mehr gepflegt oder benutzt wird, fällt allmählich zusammen *„eine stillgelegte Fabrik verfallen lassen"* **3** **etwas verfällt** etwas kommt in einen schlechten Zustand ⟨*die Kunst, die Kultur, die Moral, die Sitten*⟩ **4** **etwas verfällt** etwas verschwindet allmählich ⟨*jemandes Kraft, jemandes Macht, jemandes Gesundheit*⟩ **5** **jemand verfällt zusehends** jemandes gesundheitlicher Zustand wird von Tag zu Tag schlechter **6** **jemandem/etwas verfallen** nicht ohne jemanden/etwas leben können, auch wenn man sich selbst dadurch schadet ⟨*dem Alkohol, dem Laster, der Sünde, der Trunksucht verfallen*⟩ • *zu* (1 – 5) **Ver·fall** *der*

das **Ver·falls·da·tum** das Datum, bis zu dem der Hersteller garantiert, dass Lebensmittel genießbar sind ⟨*das Verfallsdatum ist überschritten; auf das Verfallsdatum achten*⟩

**ver·fäl·schen** (*verfälschte, hat verfälscht*) **etwas verfälschen** etwas falsch darstellen ⟨*eine Geschichte, die Wahrheit verfälschen*⟩ • *hierzu* **Ver·fäl·schung** *die*

**ver·fär·ben** (*verfärbte, hat verfärbt*) **1** **etwas verfärbt sich (irgendwie)** etwas bekommt eine andere Farbe *„Der Himmel verfärbte sich (rot)"* **2** **jemand/etwas verfärbt etwas** jemand/etwas bewirkt, dass etwas eine andere Farbe bekommt, ohne dass man dies will *„Die Bluejeans haben die ganze Wäsche verfärbt"* • *hierzu* **Ver·fär·bung** *die*

**ver·fas·sen**★ (*verfasste, hat verfasst*) **etwas verfassen** sich einen Text ausdenken und aufschreiben ⟨*einen Aufsatz, einen Brief, ein Buch, einen Roman verfassen*⟩ ≈ schreiben • *hierzu* **Ver·fas·ser** *der*; **Ver·fas·se·rin** *die*

die **Ver·fas·sung**★ **1** der allgemeine (gesundheitliche) Zustand einer Person *„Nach dem Strapazen war ich in schlechter körperlicher/nervlicher Verfassung befinden"* **2** die schriftlich festgelegten Regeln in einem Staat, die die Form der Regierung und die Rechte und Pflichten der Bürger bestimmen **K** Verfassungsänderung, Verfassungsgericht • *zu* (2) **ver·fas·sungs·wid·rig** ADJEKTIV

der **Ver·fas·sungs·schutz** *nur Singular* Ⓓ, *gesprochen* eine Behörde, die die Aufgabe hat, den Staat vor extremen politischen Gruppen

V

und vor Terroristen zu schützen

**ver·fau·len** (*verfaulte, ist verfault*) **etwas verfault** etwas wird faul und schließlich verdorben *„Wenn es zu viel regnet, verfaulen die Kartoffeln in der Erde"*

**ver·feh·len** (*verfehlte, hat verfehlt*) **1 eine Person/Sache verfehlt jemanden/etwas** eine Person/Sache trifft das Ziel nicht *„Die Kugel hat ihn knapp verfehlt"* **2 etwas verfehlt etwas** etwas hat nicht den gewünschten Erfolg *„Die Sitzung hat ihren Zweck verfehlt. Wir sind zu keinem Ergebnis gekommen"* **3 das Thema verfehlen** das Thema vor allem eines Aufsatzes nicht richtig auffassen oder das vorgegebene Thema nicht behandeln

**ver·fein·det** *ADJEKTIV* drückt aus, dass Personen oder Gruppen Feinde sind oder großen Streit miteinander haben *„miteinander verfeindete Lager"* | *„Sie sind mit ihren Nachbarn verfeindet"*

**ver·fei·nern** (*verfeinerte, hat verfeinert*) **etwas verfeinern** etwas feiner, besser machen ⟨*ein Gericht, ein Essen, eine Methode, einen Stil verfeinern*⟩ *„eine Soße mit Sahne verfeinern"*

**ver·fil·men** (*verfilmte, hat verfilmt*) **etwas verfilmen** ein Buch, ein Drama o. Ä. zu einem Film machen ⟨*einen Roman verfilmen*⟩ • *hierzu* **Ver·fil·mung** *die*

die **Ver·flech·tung** (*-, -en*) eine enge Beziehung zwischen Bereichen, Firmen o. Ä. *„die finanzielle Verflechtung zweier Konzerne"*

**ver·floch·ten** *ADJEKTIV* eng verbunden *„international verflochtene Märkte"* | *„ineinander/miteinander verflochtene Wirtschaftszweige"*

**ver·flu·chen** (*verfluchte, hat verflucht*) **jemanden/etwas verfluchen** sich sehr über eine Person oder Sache ärgern und ihr Böses wünschen

**ver·fol·gen**★ (*verfolgte, hat verfolgt*) **1 jemanden verfolgen** einer Person oder einem Tier bzw. deren Spuren folgen oder sie suchen, um sie zu fangen ⟨*einen Verbrecher, eine heiße Spur, Wild verfolgen*⟩ **2 jemanden/etwas verfolgen** hinter einer Person hergehen, herfahren o. Ä., um sie zu beobachten oder weil man etwas von ihr will *„Die Touristen wurden von bettelnden Kindern verfolgt"* **3 jemanden verfolgen** eine Person schlecht behandeln und sie leiden lassen, weil sie eine andere Hautfarbe, Religion oder politische Überzeugung hat ⟨*sich verfolgt fühlen*⟩ *„politisch Verfolgten Asyl gewähren"* **4 etwas verfolgen** voll Interesse zusehen, zuhören oder eine Entwicklung beobachten *„Aufmerksam verfolgte er jede ihrer Bewegungen"* | *„einen Prozess von Anfang bis Ende verfolgen"* **5 jemand/etwas verfolgt etwas** versuchen, etwas zu verwirklichen oder anzuwenden ⟨*eine Absicht, einen Plan, ein Ziel, einen Zweck verfolgen*⟩

**ver·for·men** (*verformte, hat verformt*) **1 etwas verformt sich** etwas bekommt eine andere Form *„Plastik verformt sich in großer Hitze"* **2 etwas verformen** bewirken, dass etwas eine andere Form bekommt • *hierzu* **Ver·for·mung** *die*; **ver·form·bar** *ADJEKTIV*

**ver·früht** *ADJEKTIV* zu früh (geschehend) *„verfrühte Freude"*

**ver·füg·bar** *ADJEKTIV* vorhanden oder frei, um eingesetzt zu werden *„mit allen verfügbaren Mitteln für etwas kämpfen"* | *„Bitte halten Sie sich für uns verfügbar"* • *hierzu* **Ver·füg·bar·keit** *die*

**ver·fü·gen**★ (*verfügte, hat verfügt*) **1 etwas verfügen** den offiziellen Befehl zu etwas geben ≈ anordnen *„den Bau einer Straße verfügen"* **2 über jemanden/etwas verfügen** das Recht oder die Möglichkeit haben, über andere Personen oder Sachen zu bestimmen oder etwas für die eigenen Zwecke zu benutzen *„Sie dürfen jederzeit über mein Auto verfügen"* **3 über etwas** (*Akkusativ*) **verfügen** *geschrieben* etwas besitzen *„über ein großes Vermögen verfügen"*

die **Ver·fü·gung**★ **1** eine Anordnung einer Behörde ⟨*eine einstweilige, gerichtliche Verfügung; eine Verfügung erlassen*⟩ **2** das Recht oder die Möglichkeit, über eine andere Person oder eine Sache zu bestimmen oder etwas für die eigenen Zwecke zu benutzen ⟨*etwas zur Verfügung haben; jemandem zur Verfügung stehen; (jemandem) etwas zur Verfügung stellen*⟩ *„Halten Sie sich bitte für weitere Auskünfte zur Verfügung"*

**ver·füh·ren** (*verführte, hat verführt*) **1 jemanden verführen** eine andere Person durch das eigene Verhalten dazu bringen, dass sie Sex haben will **2 jemanden zu etwas verführen** eine Person dazu bringen, etwas zu tun, das nicht vernünftig ist oder das sie eigentlich nicht tun wollte *„meine Freunde haben mich dazu verführt, ins Casino zu gehen"* • *hierzu* **Ver·füh·rer** *der*; **Ver·füh·rung** *die*

**ver·füh·re·risch** *ADJEKTIV* sehr attraktiv ⟨*ein Aussehen, ein Duft, ein Lächeln*⟩

V

**ver·gam·melt** *ADJEKTIV gesprochen* ⟨*vergammelt sein, aussehen*⟩ ≈ ungepflegt, schmutzig

**ver·gan·gen**★ *ADJEKTIV meist attributiv* direkt vor dem aktuellen Zeitpunkt ⟨*vergangene Woche, vergangenes Jahr*⟩

die **Ver·gan·gen·heit**★ (-) **1** die Zeit, die schon vorbei ist ⟨*etwas liegt in der Vergangenheit*⟩ **2** das Leben einer Person oder die Existenz einer Sache in einer früheren Zeit ⟨*stolz auf seine Vergangenheit sein*⟩ **3** die Form eines Verbs, die zeigt, dass eine Handlung oder ein Zustand in der Vergangenheit war ⟨*die Formen der Vergangenheit*⟩ *„die erste Vergangenheit"* das Präteritum | *„die zweite Vergangenheit"* das Perfekt | *„die dritte Vergangenheit"* das Plusquamperfekt **K** Vergangenheitsform

der **Ver·ga·ser** (-s, -) der Teil des Motors eines Autos, der das Benzin mit Luft mischt

**ver·gaß** *Präteritum, 1. und 3. Person Singular* → vergessen

**ver·ge·ben**★ (*vergibt, vergab, hat vergeben*) **1 (jemandem) (etwas) vergeben** einer Person nicht mehr böse sein, obwohl sie einen Schaden verursacht hat ≈ verzeihen *„Du brauchst dich nicht zu entschuldigen, das ist bereits vergeben und vergessen"* **2 etwas (an jemanden/etwas) vergeben** einer Person oder Firma etwas geben, worum sie sich beworben hat ⟨*einen Auftrag (an eine Firma), einen Preis, ein Stipendium, eine Stelle, ein Zimmer vergeben*⟩ *„Die Wohnung, die ich haben wollte, ist bereits vergeben"* • zu (1) **Ver·ge·bung** *die*

**ver·ge·bens** *ADVERB* ≈ vergeblich

**ver·geb·lich**★ *ADJEKTIV* ohne Erfolg ⟨*Mühe, ein Versuch*⟩ • *hierzu* **Ver·geb·lich·keit** *die*

**ver·ge·hen**★ (*verging, ist/hat vergangen*) **1 etwas vergeht** (*ist*) etwas geht vorbei, wird zur Vergangenheit *„Wir hatten so viel Spaß, da verging die Zeit wie im Fluge"* verging sehr schnell **2 etwas vergeht** (*ist*) etwas hört (allmählich) auf ⟨*Schmerzen, eine Wirkung*⟩ **3 jemandem vergeht etwas** (*ist*) jemand verliert ein gutes, positives Gefühl ⟨*jemandem vergeht der Appetit; jemandem vergeht die Freude an etwas, die Lust auf etwas*⟩ **4 vor etwas (fast) vergehen** (*ist*) etwas sehr intensiv fühlen ⟨*vor Angst, Hunger, Sehnsucht, Ungeduld (fast) vergehen*⟩

das **Ver·ge·hen** (-s, -) eine Handlung, die gegen ein Gesetz verstößt ⟨*ein leichtes, schweres Vergehen*⟩

**ver·gel·ten** (*vergilt, vergalt, hat vergolten*) **(jemandem) etwas (mit etwas) vergelten** auf eine (meist schlechte) Tat mit einer ähnlichen Tat reagieren

**ver·ges·sen**★ (*vergisst, vergaß, hat vergessen*) **1 (jemanden/etwas) vergessen** eine Person oder Sache aus dem Gedächtnis verlieren und sich nicht mehr an sie erinnern können *„Ich habe ganz vergessen, wie man das macht"* | *„Ich habe vergessen, wer das Buch haben wollte"* **2 (jemanden/etwas) vergessen** nicht mehr an jemanden/etwas denken *„Leider habe ich vergessen, dass Oliver gestern Geburtstag hatte"* | *„Und vergiss nicht, die Blumen zu gießen!"* **3 etwas (irgendwo) vergessen** nicht daran denken, etwas mitzunehmen, wenn man weggeht, aussteigt o. Ä. *„den Schirm im Zug vergessen"* **ID Vergiss es!** *gesprochen* Das hat keinen Sinn, das ist nicht so wichtig; **Das kannst du vergessen!** *gesprochen* Das hat keinen Sinn

**ver·gess·lich** *ADJEKTIV* so, dass jemand schnell und oft Dinge vergisst • *hierzu* **Ver·gess·lich·keit** *die*

**ver·ge·wal·ti·gen** (*vergewaltigte, hat vergewaltigt*) **jemanden vergewaltigen** jemanden (meist eine Frau) zum Sex zwingen • *hierzu* **Ver·ge·wal·ti·gung** *die*; **Ver·ge·wal·ti·ger** *der*

**ver·gif·ten** (*vergiftete, hat vergiftet*) **1 jemand vergiftet etwas** jemand mischt etwas absichtlich mit Gift *„Jemand hatte den Wein vergiftet"* **2 jemand/etwas vergiftet etwas** jemand/etwas macht etwas giftig *„Mit unseren Autos vergiften wir die Luft"* **3 jemanden vergiften** jemanden, sich selbst oder ein Tier mit Gift töten oder krank machen

die **Ver·gif·tung** (-, *-en*) **1** *meist Singular* das Vergiften einer Person oder Sache **2** der Zustand, durch Gift krank zu sein ⟨*an einer Vergiftung leiden, sterben*⟩ **K** Alkoholvergiftung, Bleivergiftung, Rauchvergiftung

das **Ver·giss·mein·nicht** (-(*e*)*s*, -(*e*)) eine kleine Blume mit kleinen, hellblauen Blüten, die im Frühling blüht

**ver·gisst** *Präsens, 2. und 3. Person Singular* → vergessen

der **Ver·gleich**★ (-(*e*)*s*, *-e*) **1 ein Vergleich (mit jemandem/etwas ); ein Vergleich zwischen Personen/Dingen** (*Dativ*) das Betrachten von zwei oder mehreren Personen oder Dingen, um

V

Ähnlichkeiten und Unterschiede herauszufinden *„Im Vergleich zum Vorjahr ist es dieses Jahr trocken und warm"* **2** ein (feststehender) sprachlicher Ausdruck (z. B. *schwarz wie die Nacht*), der eine Eigenschaft anschaulicher macht **3** die Einigung mit der gegnerischen Partei, damit ein Prozess nicht zu Ende geführt werden muss ⟨*sich auf einen Vergleich einigen*⟩ **K** Vergleichsvorschlag • *zu* (1) **ver·gleich·bar** ADJEKTIV

**ver·glei·chen★** (*verglich, hat verglichen*) **1** **eine Person/Sache mit jemandem/etwas vergleichen**; **Personen/Dinge (miteinander) vergleichen** die Eigenschaften von zwei oder mehreren Personen oder Dingen betrachten, um Ähnlichkeiten und Unterschiede herauszufinden *„die Preise (miteinander) vergleichen, bevor man etwas kauft"* **2** **eine Person/Sache mit jemandem/etwas vergleichen** sagen oder denken, dass eine große Ähnlichkeit zwischen den genannten Personen oder Sachen besteht *„Er vergleicht sich gern mit großen Philosophen"* **3** **eine Person vergleicht sich mit jemandem**; **Personen vergleichen sich** *admin* zwei oder mehrere Personen einigen sich, sodass ein Prozess nicht vor Gericht weitergeführt werden muss

das **Ver·gnü·gen★** (*-s, -*) **1** *nur Singular* das Gefühl der Freude und Zufriedenheit, das man empfindet, wenn man etwas Angenehmes tut oder erlebt *„Es machte ihm Vergnügen, mit dem Kind zu spielen"* **K** Lesevergnügen **2** **ein teures Vergnügen** *ironisch* eine (unnötig) teure Sache *„Der Urlaub war ein teures Vergnügen. Man hat mir das ganze Auto ausgeraubt!"*

**ver·gra·ben** (*vergräbt, vergrub, hat vergraben*) **1** **etwas vergraben** ein Loch in die Erde machen, etwas in das Loch legen und das Loch wieder mit Erde füllen *„Der Täter hatte die Pistole unter einem Baum vergraben"* **2** **sich in etwas** (*Dativ/ Akkusativ*) **vergraben** sich sehr intensiv mit einer Arbeit beschäftigen, sodass man für etwas anderes kaum noch Zeit hat

**ver·grau·len** (*vergraulte, hat vergrault*); *gesprochen* **jemanden (mit/durch etwas) vergraulen** unfreundlich sein und dadurch bewirken, dass andere Leute nichts mehr mit einem zu tun haben wollen

**ver·grei·fen** (*vergriff sich, hat sich vergriffen*) **1** **sich an etwas** (*Dativ*) **vergreifen** etwas stehlen ⟨*sich an fremdem Eigentum vergreifen*⟩ **2** **sich an jemandem vergreifen** jemanden verprügeln oder sexuell missbrauchen **3** **sich im Ton vergreifen** etwas zu laut und aggressiv sagen

**ver·grif·fen** ADJEKTIV ⟨*ein Buch, eine Ware*⟩ so, dass alles verkauft ist und auch der Hersteller nichts mehr davon hat ≈ ausverkauft ↔ lieferbar

**ver·grö·ßern★** (*vergrößerte, hat vergrößert*) **1** **etwas vergrößern** etwas größer machen *„ein Zimmer vergrößern, indem man die Wand zum Nebenzimmer herausreißt"* **2** **etwas vergrößern** etwas beim Drucken, Kopieren o. Ä. größer machen ⟨*ein Foto vergrößern*⟩ **3** **etwas vergrößert (irgendwie)** etwas lässt etwas optisch größer erscheinen, als es in Wirklichkeit ist *„Dieses Fernglas vergrößert sehr stark"* **4** **etwas vergrößert sich** etwas wird größer *„Die Geschwulst hat sich vergrößert"* • *hierzu* **Ver·grö·ße·rung** *die*

die **Ver·güns·ti·gung** (*-, -en*) ein meist finanzieller Vorteil (aufgrund einer offiziellen Regelung o. Ä.) ⟨*jemandem (soziale, steuerliche) Vergünstigungen gewähren; Vergünstigungen haben*⟩

**ver·gü·ten** (*vergütete, hat vergütet*) **1** **jemandem etwas vergüten** einer anderen Person Geld zahlen, vor allem weil diese einen Schaden oder einen finanziellen Nachteil gehabt hat ⟨*jemandem die Unkosten vergüten*⟩ **2** **(jemandem) etwas vergüten** *admin* jemanden für eine Arbeit bezahlen ⟨*jemandes Arbeit, Leistung vergüten*⟩ *„Die Stelle wird mit 3.400 € vergütet"* • *hierzu* **Ver·gü·tung** *die*

**ver·haf·ten★** (*verhaftete, hat verhaftet*) **jemanden verhaften** eine Person ins Gefängnis bringen (weil sie verdächtigt wird, ein Verbrechen begangen zu haben, oder um sie zu bestrafen) *„Die Polizei verhaftete ihn noch am Tatort"* ❶ Personen werden (von der Polizei) *verhaftet*, wenn ein Gericht (mit einem Haftbefehl) bestimmt, dass sie ins Gefängnis müssen. Wenn kein Haftbefehl vorliegt, werden verdächtige Personen *festgenommen*. • *hierzu* **Ver·haf·tung** *die*

**ver·hal·ten¹★** (*verhält, verhielt, hat verhalten*) **1** **sich irgendwie verhalten** in der genannten Art und Weise in einer Situation handeln oder reagieren **2** **etwas verhält sich zu etwas wie ...** etwas steht in dem genannten Verhältnis zu etwas anderem *„3 verhält sich zu 1 wie 6 zu 2"*

**ver·hal·ten**[2] *ADJEKTIV* so (stark unterdrückt), dass eine andere Person es kaum bemerkt ⟨*Hass, Wut, Freude, Schadenfreude, Ironie, Spott*⟩

das **Ver·hal·ten★** (-s) die Art und Weise, wie ein Mensch oder Tier in verschiedenen Situationen handelt oder reagiert ⟨*ein kluges, mutiges, seltsames Verhalten zeigen; das Verhalten (gegenüber jemandem) ändern*⟩ K Verhaltensregel, Verhaltenstherapie, Verhaltensweise; Fahrverhalten, Freizeitverhalten, Wählerverhalten

das **Ver·hält·nis★** (*-ses, -se*) 1 **das Verhältnis (von etwas zu etwas)**; **das Verhältnis zwischen Dingen** (*Dativ*) die Beziehung zwischen zwei oder mehreren Dingen, die man messen oder vergleichen kann ≈ Relation *„Saft und Wasser im Verhältnis zwei zu eins (2 : 1) mischen"* | *„das Verhältnis zwischen Aufwand und Ergebnis"* K Größenverhältnis, Mischungsverhältnis 2 **ein Verhältnis (zu jemandem/etwas)** die Art der persönlichen Beziehung, die eine Person zu einer anderen Person oder einer Sache hat K Vertrauensverhältnis 3 **ein Verhältnis (mit jemandem)** sexuelle Kontakte zu einer Person, mit der man nicht verheiratet ist ⟨*ein Verhältnis mit jemandem anfangen, haben*⟩

**ver·hält·nis·mä·ßig** *ADVERB* im Vergleich zu anderen Personen, Dingen oder Gelegenheiten ≈ relativ, ziemlich *„Der Sommer in diesem Jahr war verhältnismäßig warm und trocken"*

**ver·han·deln★** (*verhandelte, hat verhandelt*) 1 **(mit jemandem) (über etwas** (*Akkusativ*)**) verhandeln** mit einer Person (meist relativ lange) über etwas sprechen, um ein Problem zu lösen oder um sich mit ihr zu einigen *„Die beiden Staaten verhandeln über neue Möglichkeiten der kulturellen Zusammenarbeit"* 2 **ein Gericht verhandelt gegen jemanden** ein Gerichtsprozess wird gegen jemanden geführt *„Das Gericht verhandelt gegen sie wegen Diebstahls"*

die **Ver·hand·lung★** 1 *nur Plural* die Diskussionen zu einem Thema (mit der Absicht, ein Ergebnis zu erreichen) *„Die Verhandlungen verliefen ergebnislos"* K Verhandlungsbasis, Verhandlungspartner; Friedensverhandlungen, Koalitionsverhandlungen 2 ein Prozess vor Gericht *„Die Verhandlung musste kurz unterbrochen werden"* K Gerichtsverhandlung • *zu* (1)

**ver·hand·lungs·be·reit** *ADJEKTIV*

**ver·hän·gen** (*verhängte, hat verhängt*) 1 **etwas (über jemanden/etwas) verhängen** *geschrieben* eine Strafe oder eine einschränkende Maßnahme aussprechen ⟨*nächtliches Ausgehverbot, den Ausnahmezustand (über ein Land) verhängen*⟩ 2 **etwas (mit etwas) verhängen** Vorhänge, Tücher o. Ä. über eine Sache legen, vor eine Sache hängen *„ein Fenster mit Decken verhängen"* • *hierzu* **Ver·hän·gung** *die*

das **Ver·häng·nis** (*-ses, -se*); *geschrieben* ein großes (persönliches) Unglück *„Seine Spielleidenschaft wurde ihm zum Verhängnis"*

**ver·harm·lo·sen** (*verharmloste, hat verharmlost*) **etwas verharmlosen** etwas so darstellen, dass es weniger gefährlich oder schlimm erscheint als es ist *„die Auswirkungen der Luftverschmutzung verharmlosen"*

**ver·hasst** *ADJEKTIV* von vielen sehr gehasst ⟨*ein Diktator, ein Regime*⟩

der/das **Ver·hau** (*-(e)s, -e*) 1 ein Hindernis aus vielen Dingen, die durcheinander sind ⟨*ein(en) Verhau errichten*⟩ K Drahtverhau 2 *gesprochen nur Singular* ≈ Unordnung

**ver·hee·rend** *ADJEKTIV* 1 mit schlimmen Folgen ⟨*ein Brand, ein Feuer, ein Erdbeben, ein Flugzeugabsturz*⟩ ≈ katastrophal 2 *gesprochen* sehr schlecht *„Seine Leistungen in der Schule sind verheerend"*

**ver·hei·ra·tet★** *ADJEKTIV* in einer Ehe lebend ⟨*eine Frau, ein Mann*⟩ ❶ Abkürzung: *verh.*

**ver·hei·ßen** (*verhieß, hat verheißen*); *geschrieben* **etwas verheißt etwas** etwas ist ein Zeichen für ein Ereignis in der Zukunft *„Diese Entwicklung verheißt nichts Gutes"*

**ver·hei·zen** (*verheizte, hat verheizt*) **etwas verheizen** etwas zum Heizen verwenden ⟨*Holz, Briketts verheizen*⟩

**ver·hel·fen** (*verhilft, verhalf, hat verholfen*) **jemandem zu etwas verhelfen** helfen, dass jemand etwas bekommt *„jemandem zu seinem Recht verhelfen"*

**ver·hin·dern★** (*verhinderte, hat verhindert*) **etwas verhindern** bewirken, dass etwas nicht geschieht oder dass jemand etwas nicht tun kann *„ein Unglück/einen Krieg/einen Unfall verhindern"* | *„Ich konnte nicht verhindern, dass sie wegfuhr"* • *hierzu* **Ver·hin·de·rung** *die*

**ver·hin·dert** *ADJEKTIV* **(irgendwie) verhindert** (aus den angegebenen Gründen) nicht in der Lage, etwas zu tun oder an etwas teilzunehmen ⟨*beruflich, dienstlich, wegen Krankheit verhindert sein*⟩

**ver·höh·nen** (*verhöhnte, hat verhöhnt*) **jemanden verhöhnen** eine Person beleidigen und sich über deren Fehler und Schwächen freuen ≈ verspotten

**ver·hö·ren** (*verhörte, hat verhört*) [1] **jemanden verhören** als Polizist einem Verdächtigen Fragen stellen ❶ aber: einen Zeugen *vernehmen* [2] **sich verhören** etwas falsch hören *„Da haben Sie sich wohl verhört!"*

**ver·hül·len** (*verhüllte, hat verhüllt*) [1] **jemanden/etwas (mit etwas) verhüllen** Stoff, Tücher o. Ä. um jemanden/etwas legen *„das Gesicht mit einem Schleier verhüllen"* [2] **etwas verhüllt etwas** etwas bedeckt etwas ganz *„Wolken verhüllten den Gipfel des Berges"*

**ver·hun·gern** (*verhungerte, ist verhungert*) sterben, weil man nicht genug zu essen hat

die **Ver·hü·tung** *meist Singular* [1] die Maßnahmen, die verhindern, dass etwas geschieht, was man nicht wünscht [K] Brandverhütung, Unfallverhütung [2] die Handlungen und Maßnahmen, durch die man verhindert, dass eine Frau schwanger wird [K] Empfängnisverhütung

**ver·ir·ren★** (*verirrte sich, hat sich verirrt*) [1] **sich (irgendwo) verirren** nicht den richtigen Weg finden und somit nicht ans Ziel kommen ≈ sich verlaufen *„sich im Wald verirren"* [2] **sich irgendwohin verirren** irgendwohin kommen, wohin man eigentlich gar nicht wollte *„sich in einen einsamen Stadtteil verirren"*

**ver·jäh·ren** (*verjährte, ist verjährt*) **etwas verjährt** nach längerer Zeit kann etwas nicht mehr von einem Gericht bestraft oder durchgesetzt werden ⟨*eine Straftat, ein Verbrechen; Ansprüche, Schulden*⟩ • *hierzu* **Ver·jäh·rung** *die*

**ver·ka·belt** ADJEKTIV **verkabelt sein** *gesprochen* Kabelfernsehen empfangen können • *hierzu* **ver·ka·beln** (*hat*)

**ver·kappt** ADJEKTIV *meist attributiv; meist abwertend* nicht offensichtlich, aber doch zu erkennen *„Er gibt sich tolerant, ist aber in Wirklichkeit ein verkappter Rassist"*

der **Ver·kauf★** [1] das Verkaufen von Waren ⟨*(jemandem) etwas zum Verkauf anbieten*⟩ [K] Verkaufspreis, Verkaufsstand [2] *nur Singular* die Abteilung eines Unternehmens, die Produkte verkauft *„im Verkauf tätig sein"*

**ver·kau·fen★** (*verkaufte, hat verkauft*) [1] **((jemandem) etwas) verkaufen**; **(etwas (an jemanden)) verkaufen** einer Person die gewünschte Ware geben und dafür Geld bekommen *„Er verkauft an seinem Kiosk Zeitungen und Zigaretten"* [2] **etwas verkauft sich gut/schlecht/...** viele/wenige Personen kaufen die genannte Ware *„Warme Kleidung verkauft sich in diesem milden Winter nur schleppend"*

der **Ver·käu·fer★** (-*s*, -) [1] eine Person, die beruflich Waren verkauft *„Er arbeitet als Verkäufer in einem Möbelgeschäft"* [K] Autoverkäufer [2] eine Person, die eine Sache verkauft *„Als Verkäufer habe ich bei Onlineauktionen meist gute Erfahrungen gemacht"* • *hierzu* **Ver·käu·fe·rin** *die*

der **Ver·kehr★** (-(*e*)*s*) [1] die Bewegung der Fahrzeuge auf den Straßen, auf Schienen und der Flugzeuge in der Luft ⟨*flüssiger, zähflüssiger, stockender Verkehr*⟩ *„An der Unfallstelle regelte ein Polizist den Verkehr"* [K] Verkehrsampel, Verkehrslärm, Verkehrsstau; Flugverkehr, Kreisverkehr [2] der Kontakt und die Beziehungen, die man zu jemandem hat ⟨*den Verkehr mit jemandem abbrechen, wieder aufnehmen*⟩ [3] Kurzwort für *Geschlechtsverkehr* ≈ Sex *„Der Arzt fragte: „Hatten Sie in den letzten Wochen ungeschützten Verkehr?"* [4] **etwas aus dem Verkehr ziehen** nicht mehr erlauben, dass etwas weiter verwendet wird *„alte Geldscheine aus dem Verkehr ziehen"*

**ver·keh·ren** (*verkehrte, hat/ist verkehrt*) [1] **etwas verkehrt (irgendwann)** (*hat/ist*) etwas fährt (regelmäßig) auf einer Strecke ⟨*Busse, Straßenbahnen, Züge*⟩ *„Die Straßenbahn vom Bahnhof zum Zoo verkehrt alle zehn Minuten"* [2] **mit jemandem (irgendwie) verkehren** (*hat*) mit jemandem Kontakt haben ⟨*mit jemandem freundschaftlich, brieflich, nur geschäftlich verkehren*⟩ [3] **etwas verkehren** (*hat*) etwas (absichtlich) falsch darstellen, völlig verändern ⟨*etwas ins Gegenteil verkehren*⟩ *„Seine Worte wurden völlig verkehrt"*

das **Ver·kehrs·mit·tel★** *admin* ein Fahrzeug ⟨*ein öffentliches Verkehrsmittel*⟩

die **Ver·kehrs·re·gel** *meist Plural* eine von vielen gesetzlichen Vorschriften, wie man sich im Straßenverkehr verhalten muss

**ver·kehrs·si·cher** ADJEKTIV in einem technisch so guten Zustand, dass es den Verkehr nicht gefährdet ⟨*ein Fahrzeug*⟩ • *hierzu* **Ver·kehrs·si·cher·heit** *die*

das **Ver·kehrs·zei·chen★** ein Schild mit einem Symbol, das den Verkehr regelt

V

**ver·kehrt** *ADJEKTIV* **1** anders als gewollt, nicht richtig ⟨*etwas verkehrt machen*⟩ ≈ falsch *„Ich bin aus Versehen in den verkehrten Zug eingestiegen"* | *„Deine Uhr geht verkehrt"* **2** der richtigen Stelle entgegengesetzt ⟨*auf der verkehrten Seite gehen*⟩ *„Du hast die Zigarette am verkehrten Ende angezündet"* **3** **etwas verkehrt herum anziehen** etwas so anziehen, dass die Innenseite nach außen zeigt *„Du hast den Pullover verkehrt herum angezogen"* • *hierzu* **Ver·kehrt·heit** *die*

**ver·kẹn·nen** (*verkannte, hat verkannt*) **jemanden/etwas verkennen** jemanden/etwas falsch beurteilen ⟨*den Ernst der Lage verkennen*⟩ *„Ich habe die Bedeutung seiner Worte völlig verkannt"* • *hierzu* **Ver·kẹn·nung** *die*

die **Ver·kẹt·tung eine Verkettung unglücklicher Umstände** *geschrieben* eine Reihe ungünstiger Ereignisse, die gleichzeitig oder kurz nacheinander passieren (und eine Katastrophe verursachen)

**ver·kla·gen** (*verklagte, hat verklagt*) **jemanden (auf etwas** (*Akkusativ*)**) verklagen** gegen jemanden vor Gericht (in einem Zivilprozess) klagen *„eine Firma auf Schadenersatz verklagen"*

**ver·klebt** *ADJEKTIV* so schmutzig, dass ein Ding am anderen klebt ⟨*Fell, Gefieder, Haare*⟩ *„Die Augen waren so verklebt, dass er sie nicht öffnen konnte"*

**ver·klei·den** (*verkleidete, hat verkleidet*) **1** **jemanden (als etwas) verkleiden** jemandem oder sich selbst etwas anziehen, um anders auszusehen oder um nicht erkannt zu werden *„sich im Karneval als Prinzessin verkleiden"* **2** **etwas (mit etwas) verkleiden** eine Fläche (mit dem genannten Material) bedecken (meist als Schmuck oder Schutz) *„Wände mit Holz verkleiden"*

**ver·klei·nern** ★ (*verkleinerte, hat verkleinert*) **1** **etwas verkleinern** etwas kleiner machen *„ein Zimmer verkleinern, indem man eine Wand einzieht"* **2** **etwas verkleinern** etwas beim Drucken, Kopieren o. Ä. kleiner machen ⟨*ein Foto verkleinern*⟩ **3** **etwas verkleinert sich** etwas wird kleiner *„Die Geschwulst hat sich verkleinert"* • *hierzu* **Ver·klei·ne·rung** *die*

**ver·knei·fen** (*verkniff, hat verkniffen*) **sich** (*Dativ*) **etwas verkneifen** eine Bemerkung, eine Reaktion o. Ä. unterdrücken *„Ich konnte mir ein Lachen kaum verkneifen"*

**ver·kno·ten** (*verknotete, hat verknotet*) **1** **etwas mit etwas verknoten**; **Dinge verknoten** Fäden, Stricke, Bänder o. Ä. durch einen Knoten verbinden **2** **etwas verknotet sich** etwas bildet von selbst einen Knoten *„Der Strick hat sich verknotet"*

**ver·kọm·men** (*verkam, ist verkommen*) **1** **etwas verkommt** etwas wird nicht gepflegt und kommt deshalb in einen schlechten Zustand *„Sie haben Haus und Garten völlig verkommen lassen"* **2** **Lebensmittel verkommen** Lebensmittel werden schlecht und sind daher nicht mehr essbar **3** **jemand/etwas verkommt (zu etwas)** *abwertend* eine Person oder Sache gerät in einen (vor allem moralisch) schlechten, unerwünschten Zustand *„ein verkommenes Subjekt"* eine sehr ungepflegte und unmoralische Person

**ver·kör·pern** (*verkörperte, hat verkörpert*) **jemand/etwas verkörpert etwas** jemand/etwas dient oder gilt als Symbol für etwas *„Die Eule verkörpert die Weisheit"*

**ver·krạ·chen** (*verkrachte sich, hat sich verkracht*) **eine Person verkracht sich mit jemandem**; **Personen verkrachen sich** *gesprochen* zwei oder mehrere Personen bekommen miteinander Streit

**ver·krạcht** *ADJEKTIV gesprochen* ohne Erfolg im Beruf ⟨*eine Existenz, ein Politiker, ein Schauspieler*⟩ ≈ gescheitert

**ver·krạf·ten** (*verkraftete, hat verkraftet*) **etwas verkraften** die geistige Stärke besitzen, mit etwas (sehr) Negativem zurechtzukommen *„Diese Enttäuschung hat er nur schwer verkraftet"*

**ver·krạmp·fen** (*verkrampfte sich, hat sich verkrampft*) **1** **etwas verkrampft sich** die Muskeln eines Körperteils ziehen sich sehr stark zusammen wie in einem Krampf **2** **jemand verkrampft sich** eine Person verhält sich nicht mehr natürlich, vor allem weil sie Angst hat oder unsicher ist • *hierzu* **Ver·krạmp·fung** *die*

**ver·krüp·pelt** *ADJEKTIV* **1** so, dass sie nicht normal gewachsen oder durch einen Unfall schwer beschädigt sind ⟨*ein Arm, ein Bein, ein Mensch*⟩ **2** schlecht und krumm gewachsen ⟨*Bäume*⟩

**ver·küh·len** ★ (*verkühlte sich, hat sich verkühlt*) **sich verkühlen** *süddeutsch* Ⓐ Ⓒⓗ eine Erkältung bekommen • *hierzu* **Ver·küh·lung** *die*

**ver·kụ̈m·mern** (*verkümmerte, ist verküm-*

*mert)* **1** **etwas verkümmert** eine Pflanze oder ein Tier wird unter schlechten Bedingungen schwach und krank *„Ohne frische Erde und Dünger verkümmern deine Zimmerpflanzen"* **2** **etwas verkümmert** etwas wird schwächer, weil es nicht benutzt wird *⟨ein Muskel, ein Talent⟩*

**ver·kụn·den★** *(verkündete, hat verkündet)* **1** **etwas verkünden** etwas öffentlich sagen *⟨ein Urteil, das Wahlergebnis verkünden⟩ „Auf der anschließenden Feier verkündete er, dass er heiraten wolle"* **2** **etwas verkünden** einen (religiösen) Glauben lehren und verbreiten *⟨das Wort Gottes, das Evangelium verkünden⟩* • *hierzu* **Ver·kụ̈n·dung** *die*

**ver·kụ̈n·di·gen** *(verkündigte, hat verkündigt)* **etwas verkündigen** ≈ verkünden • *hierzu* **Ver·kụ̈n·di·gung** *die*

**ver·kụ̈r·zen** *(verkürzte, hat verkürzt)* **1** **etwas verkürzen** etwas kürzer machen *„ein Brett verkürzen" | „Die Arbeitszeit um zwei Stunden auf achtunddreißig Stunden verkürzen"* **2** **etwas verkürzt sich** etwas wird kürzer *„Durch die neue Straße hat sich mein Weg zur Arbeit erheblich verkürzt"* • *hierzu* **Ver·kụ̈r·zung** *die*

**ver·la̲·den** *(verlädt/gesprochen verladet, verlud, hat verladen)* **Personen/Dinge verladen** Menschen, Tiere oder Waren in großer Zahl in/auf ein Fahrzeug laden, um sie zu transportieren *⟨Gepäck, Kohlen, Truppen, Waren verladen⟩* **K** Verladebahnhof, Verladerampe

der **Ver·la̲g★** *(-(e)s, -e)* ein Betrieb, der Bücher, Zeitungen o. Ä. macht und über Buchhändler verkaufen lässt *⟨etwas erscheint bei/in einem Verlag, wird von einem Verlag herausgegeben, verlegt; als Lektor, Redakteur bei/in einem Verlag arbeiten⟩* **K** Verlagsprogramm, Verlagsprospekt; Schulbuchverlag, Wörterbuchverlag, Zeitungsverlag

**ver·la̲·gern** *(verlagerte, hat verlagert)* **1** **etwas (irgendwohin) verlagern** die Körperhaltung so ändern, dass das Gewicht auf einem anderen Punkt liegt *⟨das Körpergewicht, den Schwerpunkt (nach vorn, auf das andere Bein) verlagern⟩* **2** **etwas verlagert sich (irgendwohin)** etwas ändert die Position *⟨ein Hoch(druckgebiet), ein Tief(druckgebiet)⟩* • *hierzu* **Ver·la̲·ge·rung** *die*

**ver·lạn·den** *(verlandete, ist verlandet)* **ein See verlandet** ein See wird kleiner, trocknet aus

**ver·lạn·gen★** *(verlangte, hat verlangt)* **1** **etwas (von jemandem) verlangen** einer Person deutlich sagen, dass man etwas von ihr (haben) will oder dass man von ihr gute Leistungen erwartet ≈ fordern *„Sie verlangte, zu ihm gelassen zu werden" | „Ich verlange, dass du sofort mein Haus verlässt!"* ❶ Man *verlangt* oder *fordert*, was man für sein Recht hält. **2** **etwas (für etwas) verlangen** etwas als Preis für eine Ware oder Leistung haben wollen *„Er verlangt 2.000 Euro für das Boot"* **3** **jemanden verlangen** sagen, dass man mit der genannten Person sprechen will *⟨jemanden am Telefon verlangen⟩* **4** **etwas verlangt etwas** das eine macht das andere nötig ≈ erfordern *„Diese Aufgabe verlangt äußerste Konzentration"* **5** **etwas verlangen** einen Verkäufer, Kellner o. Ä. um etwas bitten *„die Rechnung/ein Kilo Hackfleisch verlangen"* **6** **nach jemandem verlangen** sagen, dass eine Person kommen soll, weil man mit ihr sprechen will *⟨nach einem Arzt, nach dem Geschäftsführer verlangen⟩* **7** **nach etwas verlangen** sagen, dass man etwas haben will *„Der Kranke verlangte nach einem Glas Wasser"*

das **Ver·lạn·gen★** *(-s)* **1** **ein Verlangen (nach etwas)** ein starkes Bedürfnis, ein starker Wunsch ≈ Sehnsucht **2** **ein Verlangen (nach jemandem)** starke sexuelle Wünsche ≈ Begierde *„jemanden voller Verlangen ansehen"* **3** *geschrieben* das, was von jemandem verlangt wird ≈ Forderung

**ver·lạ̈n·gern★** *(verlängerte, hat verlängert)* **1** **etwas (um etwas) verlängern** etwas länger dauern lassen, als es vorgesehen war *⟨eine Frist, den Urlaub, den Aufenthalt verlängern⟩ „Als das Spiel unentschieden endete, wurde es um zweimal 15 Minuten verlängert"* **2** **etwas (um etwas) verlängern** ein Dokument länger gültig sein lassen als ursprünglich vorgesehen *⟨einen Ausweis, einen Pass verlängern⟩* **3** **etwas (um etwas) verlängern** etwas länger machen *„eine Hose um zwei Zentimeter verlängern"*

die **Ver·lạ̈n·ge·rung** *(-, -en)* **1** das Verlängern *„die Verlängerung eines Passes beantragen"* **2** der Zeitraum, um den etwas verlängert wird *„in der Verlängerung ein Tor schießen"* **K** Verlängerungsfrist, Verlängerungsstück

die **Ver·lạ̈n·ge·rungs·schnur** ein zusätzliches elektrisches Kabel, mit dem man ein anderes Kabel länger macht

V

der **Ver·lass auf jemanden/etwas ist (kein) Verlass** auf jemanden/etwas kann man sich (nicht) verlassen

**ver·las·sen¹★** (*verlässt, verließ, hat verlassen*) **1 etwas verlassen** nicht an einem Ort bleiben, sich an einen anderen Ort bewegen *„das Haus durch den Hinterausgang verlassen"* **2 etwas verlassen** aufhören, an einem bestimmten Ort zu leben *„Im Jahr 1896 verließ er seine Heimat und wanderte aus"* **3 jemanden verlassen** seine Familie, seinen Ehepartner o. Ä. alleinlassen und nicht mehr für sie sorgen *„Er hat sie wegen einer anderen Frau verlassen"* **4 sich auf jemanden/etwas verlassen** annehmen oder darauf vertrauen, dass eine andere Person etwas macht oder dass etwas geschieht *„Ich verlasse mich darauf, dass Sie alles vorbereiten"*

**ver·las·sen²★** ADJEKTIV **1** ohne Menschen ⟨*ein Haus, ein Strand, eine Straße*⟩ **2** weit (von einer Stadt o. Ä.) entfernt und mit wenigen Straßen ⟨*eine Gegend*⟩ **3** allein oder einsam und hilflos ⟨*sich verlassen fühlen, vorkommen*⟩

**ver·läss·lich** ADJEKTIV ⟨*ein Freund, eine Information, ein Zeuge*⟩ so, dass man sich auf sie verlassen kann ≈ zuverlässig • *hierzu* **Ver·läss·lich·keit** *die*

der **Ver·lauf★** (-(e)s) **1** die Richtung, in der etwas geht *„den Verlauf einer Grenze festlegen"* **2** die Entwicklung einer Situation, einer Krankheit o. Ä. ≈ Ablauf *„Zum typischen Verlauf dieser Krankheit gehört hohes Fieber"* **3 im Verlauf** *+Genitiv* während des genannten Zeitraums, der genannten Handlung o. Ä. *„im Verlauf der Sitzung/des Vormittags"*

**ver·lau·fen★** (*verläuft, verlief, hat/ist verlaufen*) **1 etwas verläuft (irgendwie/irgendwohin)** (*ist*) z. B. ein Weg hat die genannte Richtung, geht in die genannte Richtung *„Die Grenze verläuft mitten durch den Ort"* **2 etwas verläuft irgendwie** (*ist*) etwas geschieht auf die genannte Art und Weise ⟨*eine tödlich verlaufende Krankheit*⟩ *„Die Demonstration verlief ohne Zwischenfälle"* **3 etwas verläuft** (*ist*) Wenn Tinte oder Schrift verläuft, kann man nicht mehr lesen, was da geschrieben stand **4 etwas verläuft** (*ist*) etwas wird flüssig und verteilt sich ⟨*Butter, Margarine, Käse*⟩ **5 jemand verläuft sich** (*hat*) jemand wählt den falschen Weg oder geht in die falsche Richtung und weiß nicht mehr, wo er ist ⟨*sich im Wald verlaufen*⟩ ≈ sich verirren **6 eine Menschenmenge** *o. Ä.* **verläuft sich** eine große Anzahl von Menschen geht in verschiedene Richtungen auseinander

**ver·le·ben** (*verlebte, hat verlebt*) **etwas verleben** eine Zeit irgendwo oder irgendwie verbringen *„schöne Stunden mit jemandem verleben"*

**ver·le·gen¹★** (*verlegte, hat verlegt*) **1 etwas (irgendwohin) verlegen** den Ort ändern, an dem etwas für lange Zeit ist *„Die Haltestelle wurde verlegt"* **2 etwas (auf etwas** (*Akkusativ*)**) verlegen** den vorgesehenen Zeitpunkt oder Termin für etwas ändern *„Das Rennen wurde wegen des schlechten Wetters auf übermorgen verlegt"* ❶ Wenn etwas *verlegt* wird, kann es früher oder später stattfinden als geplant. Wenn etwas früher stattfindet, sagt man auch *vorverlegen*; wenn etwas später stattfindet, sagt man auch *verschieben*. **3 etwas verlegen** etwas auf eine Strecke oder eine Fläche legen und dort festmachen ⟨*Fliesen, Gleise, Kabel, Leitungen, ein Parkett, Rohre, einen Teppichboden verlegen*⟩ **4 etwas verlegen** etwas an irgendeinen Ort legen und es nicht mehr finden *„Oma hat ihre Brille verlegt. Hilf ihr bitte suchen!"* **5 jemand/ein Verlag verlegt etwas** der Besitzer eines Verlags/ein Verlag lässt etwas drucken, um es zu verkaufen ⟨*Bücher, Zeitschriften verlegen*⟩ ≈ herausbringen • *zu* (1 – 3) **Ver·le·gung** *die*

**ver·le·gen²★** ADJEKTIV (in einer besonderen Situation) ängstlich und unsicher ⟨*ein Blick, ein Lächeln, eine Pause, ein Schweigen; verlegen sein, werden*⟩ *„Ihre Blicke machten ihn verlegen"*

die **Ver·le·gen·heit** (-, -*en*) **1** *nur Singular* der Zustand, verlegen zu sein *„Er brachte vor lauter Verlegenheit kein Wort heraus"* **2** eine unangenehme Situation ⟨*in die Verlegenheit kommen, etwas tun zu müssen*⟩

**ver·lei·den** (*verleidete, hat verleidet*) **jemandem etwas verleiden** jemandem den Spaß oder die Freude an etwas nehmen

der **Ver·leih** (-*s*, -*e*) **1** *meist Singular* das Verleihen von Gegenständen *„Der Verleih von DVDs erfolgt nur an Erwachsene"* **2** ein Betrieb, der Gegenstände gegen Bezahlung verleiht **K** Bootsverleih, Filmverleih, Kostümverleih

**ver·lei·hen★** (*verlieh, hat verliehen*) **1 etwas (an jemanden) verleihen** jemandem etwas für eine Zeit geben (und oft Geld dafür

V

verlangen) *„Ich verleihe meine Bücher nur noch an Leute, die sorgfältig mit ihnen umgehen"* **2** **jemandem etwas verleihen** einer Person einen Preis geben, um sie zu ehren ⟨*jemandem einen Preis, einen Orden, einen Titel verleihen*⟩ • *zu* (1) **Ver·lei·her** *der; zu* (2) **Ver·lei·hung** *die*

**ver·lei·men** (*verleimte, hat verleimt*) **etwas mit etwas verleimen; Dinge (miteinander) verleimen** mit Leim zusammenkleben *„zwei Bretter miteinander verleimen"*

**ver·lei·ten** (*verleitete, hat verleitet*) **jemanden zu etwas verleiten** eine Person dazu bringen, dass sie etwas Dummes oder Verbotenes tut *„Seine Freunde und die gute Stimmung verleiteten ihn dazu, viel Alkohol zu trinken"* • *hierzu* **Ver·lei·tung** *die*

**ver·ler·nen** (*verlernte, hat verlernt*) **etwas verlernen** etwas, das man eigentlich kann, allmählich vergessen, weil man es so selten tut

**ver·let·zen★** (*verletzte, hat verletzt*) **1** **jemanden verletzen** dem Körper eines anderen Schaden zufügen ⟨*jemanden leicht, schwer, lebensgefährlich, tödlich verletzen*⟩ *„jemanden durch einen Schuss ins Bein verletzen"* **2** **sich** (*Dativ*) **etwas verletzen; sich (an etwas** (*Dativ*)**) verletzen** (meist unabsichtlich) dem eigenen Körper (durch eine Wunde o. Ä.) schaden *„Ich habe mir bei dem Sturz den Fuß verletzt"* **3** **jemand/etwas verletzt eine Person/Sache** jemand/etwas bewirkt, dass eine Person traurig wird, weil sie meint, dass man sie nicht mag oder dass man schlecht von ihr denkt ⟨*jemanden tief, zutiefst verletzen*⟩ ≈ beleidigen *„verletzende Worte sagen"* | *„Sein Schweigen verletzte sie"* **4** **etwas verletzen** sich nicht an Regeln, Pflichten oder Konventionen halten ⟨*den Anstand, die Pflicht verletzen*⟩ • *zu* (3) **Ver·letzt·heit** *die*

der/die **Ver·letz·te★** (*-n, -n*) eine Person, die körperlich verletzt ist ⟨*ein tödlich Verletzter*⟩ *„Der Unfall forderte drei Verletzte und einen Toten"* **K** Leichtverletzte, Schwerverletzte ❶ Soldaten, die im Krieg verletzt werden, nennt man *Verwundete*.

die **Ver·let·zung★** (*-, -en*) **1** eine Wunde o. Ä., eine Stelle am/im Körper, die verletzt ist ⟨*leichte, schwere, tödliche Verletzungen davontragen, erleiden*⟩ *„mit lebensgefährlichen Verletzungen ins Krankenhaus eingeliefert werden"* **K** Knieverletzung, Kopfverletzung, Schussverletzung **2** eine Handlung, durch die man gegen eine Regel oder Norm verstößt **K** Pflichtverletzung

**ver·leug·nen** (*verleugnete, hat verleugnet*) **1** **jemanden/etwas verleugnen** behaupten, dass man jemanden/etwas nicht habe oder kenne ⟨*einen Freund, seine Gesinnung, Gott, seine Ideale verleugnen*⟩ **2** **etwas lässt sich nicht verleugnen** etwas kann nicht verborgen werden ⟨*jemandes Erziehung, jemandes Herkunft*⟩ • *zu* (1) **Ver·leug·nung** *die*

**ver·leum·den** (*verleumdete, hat verleumdet*) **jemanden verleumden** absichtlich falsche oder schlechte Dinge über eine Person sagen, damit sie einen schlechten Ruf bekommt ⟨*jemanden in übler Weise, böswillig verleumden*⟩ • *hierzu* **Ver·leum·der** *der;* **ver·leum·de·risch** ADJEKTIV

**ver·lie·ben★** (*verliebte sich, hat sich verliebt*) **1** **sich (in jemanden) verlieben** beginnen, Liebe für ein andere Person zu empfinden **2** **zwei Personen verlieben sich** zwei Personen beginnen, Liebe füreinander zu empfinden • *zu* (1) **Ver·lieb·te** *der/die; zu* (1) **Ver·liebt·heit** *die*

**ver·lie·ren★** (*verlor, hat verloren*) NICHT GEWINNEN: **1** **(etwas) verlieren** in einem Spiel oder Wettkampf schlechter sein bzw. weniger Tore, Punkte o. Ä. bekommen als der Gegner *„ein Spiel 0 : 4 (null zu vier) verlieren"* **2** **(einen Kampf/Krieg) verlieren** in einem Kampf vom Gegner, in einem Krieg vom Feind besiegt werden **3** **(etwas) verlieren** bei etwas keinen Erfolg haben **4** **(etwas) verlieren** Geld zahlen müssen, weil man bei einem Spiel Pech hatte oder schlechter war als der Gegner *„beim Pokern hundert Euro verlieren"* **5** **(eine Wette) verlieren** bei einer Wette unrecht haben

NICHT MEHR FINDEN: **6** **etwas verlieren** etwas irgendwo liegen oder fallen lassen und es nicht mehr finden *„Hier hast du den Schlüssel! Verlier ihn nicht!"* **7** **eine Person verliert jemanden; Personen verlieren sich** Personen, die gemeinsam irgendwohin gehen, werden getrennt und finden einander nicht mehr *„jemanden im Gewühl im Kaufhaus verlieren"*

NICHT MEHR HABEN: **8** **jemanden verlieren** einen Menschen nicht mehr haben, weil er stirbt *„Frau und Kinder durch einen tragischen Unfall verlieren"* **9** **jemand verliert einen Freund/jemanden als Freund** eine Person ist nicht mehr jemandes Freund *„durch einen Skandal viele Freunde verlieren"* **10** **etwas**

**verlieren** durch Fehler oder negative Umstände etwas Positives nicht mehr haben *„Viele Mitarbeiter haben ihren Job/Arbeitsplatz verloren"* INHALT, TEIL: **11** **etwas verliert etwas** etwas lässt (meist durch ein Loch) eine Flüssigkeit oder ein Gas nach außen kommen *„Der Reifen verliert Luft"* **12** **jemand/etwas verliert etwas** Blut kommt nach außen oder ein Teil wird vom Körper oder von einer Pflanze getrennt ⟨*Haare, einen Zahn verlieren*⟩ *„Er hat viel Blut verloren und braucht dringend eine Transfusion"* **13** **jemand/etwas verliert an etwas** (*Dativ*) jemand/etwas hat (allmählich immer) weniger von einer Sache *„jemand verliert an Macht/Einfluss"* MIT SICH: **14** **etwas verliert sich** etwas wird schwächer, verschwindet allmählich *„Der unangenehme Geruch des neuen Teppichbodens verliert sich nach ein paar Wochen"* **15** **sich in etwas** (*Dativ*) **verlieren** sich intensiv mit etwas beschäftigen und anderes nicht mehr wahrnehmen ⟨*sich in Erinnerungen, Träumen verlieren; in Gedanken verloren sein*⟩ **ID** **nichts (mehr) zu verlieren haben** in einer Situation sein, die nicht mehr schlechter werden kann; **Du hast hier nichts verloren** *gesprochen* Du bist hier nicht erwünscht • *zu* (1 – 6) **Ver·lie·rer** *der*; *zu* (1 – 6) **Ver·lie·re·rin** *die*

**ver·lobt**★ *ADJEKTIV* **(mit jemandem) verlobt** so, dass man einer anderen Person die Heirat versprochen hat *„Nachdem sie ein Jahr miteinander verlobt waren, heirateten sie"* • *hierzu* **Ver·lob·te** *der/die*

die **Ver·lo·bung**★ (-, *-en*) **eine Verlobung (mit jemandem)** das offizielle Versprechen, dass man die genannte Person heiraten wird ⟨*eine Verlobung bekannt geben, (auf)lösen; Verlobung feiern*⟩ **K** Verlobungsfeier

**ver·lo·gen** *ADJEKTIV; abwertend* **1** so, dass der Betreffende oft lügt **2** nicht echt, voller Lügen ⟨*Moral*⟩ • *hierzu* **Ver·lo·gen·heit** *die*

**ver·lor** *Präteritum, 1. und 3. Person Singular* → verlieren

**ver·lo·ren**★ *PARTIZIP PERFEKT* **1** → verlieren *ADJEKTIV* **2** *meist prädikativ* einsam und allein ⟨*verloren aussehen; sich verloren fühlen*⟩ ≈ verlassen **3** **hoffnungslos/rettungslos verloren sein** *meist prädikativ* völlig hilflos sein und keine Chance haben, gerettet zu werden

**ver·lo·ren ge·hen**, **ver·lo·ren·ge·hen** (*ging verloren, ist verloren gegangen/verlorengegangen*) **jemand/etwas geht verloren** jemand/etwas ist nicht mehr zu finden *„Mein Ausweis ist verloren gegangen"* **ID** **An ihm/ihr ist ein(e)** *+Berufsbezeichnung* **verloren gegangen** *gesprochen* Er/Sie wäre im genannten Beruf sehr erfolgreich gewesen *„An ihm ist ein guter Musiker verloren gegangen"*

**ver·lo·sen** (*verloste, hat verlost*) **etwas verlosen** etwas als Preis zur Vefügung stellen und durch Lose bestimmen, wer es bekommt

der **Ver·lust**★ (-(*e*)*s*, *-e*) **1** der Vorgang, bei dem man einen Besitz verliert und deshalb nicht mehr hat ⟨*ein empfindlicher Verlust*⟩ *„den Verlust seines Schlüsselbunds melden"* **2** wenn man eine Person oder eine Sache, die man liebt oder mag, nicht mehr haben kann, ist das ein Verlust ⟨*ein schmerzlicher, unersetzlicher Verlust*⟩ *„der Verlust eines geliebten Menschen"* **3** nach einem Verlust hat man/etwas eine positive oder nützliche Sache nicht mehr oder weniger davon *„der Verlust von jemandes Vertrauen"* | *„den Verlust an/von Energie verringern"* die Menge der unnötig verbrauchten Energie **K** Vertrauensverlust; Gewichtsverlust; Blutverlust **4** *nur Singular* ein Verlust an Zeit bedeutet, dass man mehr Zeit für etwas braucht als geplant **K** Zeitverlust **5** die Situation, wenn eine Firma mehr Geld ausgibt als sie einnimmt ⟨*Verlust(e) machen; mit Verlust arbeiten; etwas mit Verlust verkaufen*⟩ ↔ Gewinn **K** Verlustgeschäft **6** *meist Plural* die Soldaten einer Armee, die in einem Krieg oder Kampf sterben ⟨*hohe Verluste erleiden*⟩

das **Ver·mächt·nis** (*-ses, -se*) **1** ein Dokument, in dem steht, was man an wen vererben will ≈ Testament **2** das, was man jemandem vererbt ≈ Erbe

**ver·mark·ten** (*vermarktete, hat vermarktet*) **jemanden/etwas vermarkten** jemanden/etwas (durch Werbung o. Ä.) so bekannt oder beliebt machen, dass man dabei Geld verdient • *hierzu* **Ver·mark·tung** *die*

**ver·mas·seln** (*vermasselte, hat vermasselt*) **(jemandem) etwas vermasseln** *gesprochen* sich so ungeschickt verhalten, dass etwas nicht gelingt ⟨*(jemandem/sich) ein Geschäft, einen Plan, eine Prüfung, eine Chance vermasseln*⟩

**ver·meh·ren** (*vermehrte, hat vermehrt*) **1** **etwas vermehren** die Zahl oder den Umfang einer Sache größer machen ≈ vergrößern *„das Vermögen vermehren"* **2** **Tiere vermehren sich** Tiere pflanzen sich fort *„Wie vermeh-*

*ren sich Schlangen?"* **3** **etwas vermehrt sich** etwas wird mehr *„Die Zahl der Erkrankten vermehrte sich sprunghaft"* • *hierzu* **Ver·meh·rung** *die*

**ver·mei·den★** *(vermied, hat vermieden)* **etwas vermeiden** so handeln, dass etwas Unangenehmes oder Negatives nicht geschieht oder nötig wird *„Die Operation hätte sich vermeiden lassen/hätte vermieden werden können, wenn er früher zum Arzt gegangen wäre"* • *hierzu* **ver·meid·bar** ADJEKTIV; **Ver·mei·dung** *die*

der **Ver·merk** *(-(e)s, -e)* eine kurze, schriftliche Bemerkung auf einem Dokument

**ver·mie·ten★** *(vermietete, hat vermietet)* **(jemandem) (etwas) vermieten; (etwas) (an jemanden) vermieten** jemandem ein Haus, eine Wohnung oder ein Fahrzeug zum Benutzen überlassen und dafür Geld nehmen ⟨*ein Haus, ein Zimmer, eine Wohnung vermieten; Boote, Autos vermieten*⟩ • *hierzu* **Ver·mie·ter** *der;* **Ver·mie·te·rin** *die;* **Ver·mie·tung** *die*

**ver·min·dern** *(verminderte, hat vermindert)* **etwas vermindern** etwas in der Zahl, Menge, Intensität geringer werden lassen ↔ verstärken *„mit einem Schalldämpfer die Lautstärke vermindern"* • *hierzu* **Ver·min·de·rung** *die*

**ver·mi·schen** *(vermischte, hat vermischt)* **1** **etwas mit etwas (zu etwas) vermischen; Dinge (miteinander) (zu etwas) vermischen** Dinge zusammenbringen und mischen *„Wenn man Gelb und Blau (miteinander) vermischt, erhält man Grün"* **2** **eine Person/Sache vermischt sich mit jemandem/etwas; Personen/Dinge vermischen sich (miteinander)** Personen oder Dinge kommen zusammen und mischen sich *„Seine Freude vermischte sich mit Ungeduld"*

**ver·mis·sen** *(vermisste, hat vermisst)* **1** **jemanden/etwas vermissen** bedauern, dass jemand/etwas nicht da ist *„Ich habe dich sehr vermisst!"* **2** **jemanden/etwas vermissen** feststellen, dass eine Person oder Sache nicht da ist und dass man nicht weiß, wo sie ist *„Ich vermisse meinen Regenschirm! Hast du ihn vielleicht gesehen?"*

**ver·misst** ADJEKTIV so, dass die Familie nicht weiß, wo eine Person ist und fürchtet, dass ihr etwas passiert ist ⟨*jemanden als vermisst melden*⟩ • *hierzu* **Ver·miss·te** *der/die*

**ver·mit·teln★** *(vermittelte, hat vermittelt)* **1** **(jemandem) eine Person/Sache vermitteln; eine Person an jemanden vermitteln** jemandem helfen, eine Person oder Sache zu bekommen *„jemandem eine neue Wohnung/eine Arbeitsstelle/einen Babysitter vermitteln"* **2** **etwas vermitteln** bewirken, dass etwas, an dem verschiedene Leute teilnehmen, zustande kommt ⟨*ein Gespräch, ein Geschäft, ein Treffen, eine Ehe vermitteln*⟩ **3** **(jemandem) etwas vermitteln** etwas so zeigen oder erklären, dass es eine andere Person versteht, lernt o. Ä. ⟨*Kenntnisse, Wissen vermitteln*⟩ *„Dieses Buch vermittelt uns einen guten Eindruck vom Leben des Künstlers"* **4** **(zwischen Personen** *(Dativ)***) vermitteln** mit den Gegnern in einem Streit o. Ä. sprechen, damit sie zu einer Lösung des Streits kommen ⟨*bei/in einem Streit vermitteln*⟩ ≈ schlichten • *zu (1,2,4)* **Ver·mitt·ler** *der*

die **Ver·mitt·lung★** *(-, -en)* **1** *nur Singular* das Vermitteln *„die Vermittlung von Arbeitskräften"* **K** Vermittlungsgebühr, Vermittlungsprovision; Stellenvermittlung **2** der Versuch, durch Gespräche und Verhandlungen einen Streit zwischen zwei Gruppen o. Ä. zu beenden *„die Vermittlung zwischen Streitenden"* **K** Vermittlungsversuch **3** *nur Singular* die Weitergabe von Informationen o. Ä. ⟨*die Vermittlung von Kenntnissen*⟩ **K** Wissensvermittlung

das **Ver·mö·gen★** *(-s, -)* **1** **ein Vermögen (an etwas** *(Dativ)***)** der (große) Besitz einer Person, einer Firma o. Ä. an Geld und wertvollen Dingen ⟨*Vermögen haben*⟩ **K** Vermögensverhältnisse **2** **ein Vermögen** *gesprochen* viel Geld *„Der Unfall kostet mich ein Vermögen"*

**ver·mum·men** *(vermummte sich, hat sich vermummt)* **1** **sich vermummen** dicke, warme Kleidung anziehen **2** **sich vermummen** Kopf und Gesicht bedecken, damit man nicht erkannt wird ❶ meist im Partizip Perfekt: *Die Demonstranten waren vermummt* • *zu (2)* **Ver·mum·mung** *die*

**ver·mu·ten★** *(vermutete, hat vermutet)* **1** **(etwas) vermuten** denken, dass etwas möglich oder wahrscheinlich ist *„Ich habe ihn schon lange nicht mehr gesehen. Ich vermute, dass er viel zu tun hat"* | *„Ob er wohl noch kommt?" – „Ich vermute, ja."* **2** **jemanden/etwas irgendwo vermuten** glauben, dass jemand/etwas irgendwo ist *„jemanden im Keller vermuten"*

**ver·mut·lich★** ADJEKTIV möglich oder wahrscheinlich ⟨*der Aufenthaltsort, der Täter*⟩ *„Sie*

V

*ist jetzt vermutlich schon zu Hause"*

die **Ver·mu·tung**★ (-, *-en*) das, was jemand für möglich oder wahrscheinlich hält ⟨*eine Vermutung haben, aussprechen, äußern; auf Vermutungen angewiesen sein; eine Vermutung liegt nahe*⟩ ≈ Annahme *„Die Vermutung, dass es sich um einen Rechenfehler handle, hat sich bestätigt"*

**ver·nach·läs·si·gen** (*vernachlässigte, hat vernachlässigt*) **1** **jemanden/etwas vernachlässigen** sich nicht genügend um jemanden/etwas kümmern *„dem Beruf zuliebe die Familie vernachlässigen"* **2** **etwas vernachlässigen können** etwas nicht beachten müssen, weil es (in einer Situation oder für einen Zweck) nicht wichtig ist • *zu* (2) **ver·nach·läs·sig·bar** *ADJEKTIV*; *zu* (1) **Ver·nach·läs·si·gung** *die*

**ver·narbt** *ADJEKTIV* mit Narben ⟨*ein Gesicht, Hände*⟩

**ver·neh·men** (*vernimmt, vernahm, hat vernommen*) **jemanden vernehmen** (als Polizist oder vor Gericht) einem Zeugen Fragen stellen ⟨*einen Zeugen vernehmen; jemanden als Zeugen, zur Sache vernehmen*⟩ • *zu* **ver·nehm·bar** *ADJEKTIV*; *zu* **ver·nehm·lich** *ADJEKTIV*

**ver·nei·gen** (*verneigte sich, hat sich verneigt*) **sich (vor jemandem) verneigen** ≈ verbeugen • *hierzu* **Ver·nei·gung** *die*

**ver·nei·nen**★ (*verneinte, hat verneint*) **1** **etwas verneinen** etwas mit „nein" beantworten ⟨*eine Frage verneinen*⟩ ↔ bejahen **2** **etwas verneinen** etwas mit Wörtern wie *nicht, nichts, nie, niemand, nirgends* usw. negativ formulieren ≈ negieren • *hierzu* **Ver·nei·nung** *die*

**ver·nich·ten**★ (*vernichtete, hat vernichtet*) **jemanden/etwas vernichten** bewirken, dass es jemanden/etwas nicht mehr gibt ≈ zerstören *„Das Feuer hat alle Vorräte vernichtet"*

**ver·nich·tend** *ADJEKTIV* **1** sehr deutlich (und meist mit hohen Verlusten verbunden) ⟨*den Feind vernichtend schlagen*⟩ **2** voller Vorwurf und Wut ⟨*ein Blick*⟩ **3** sehr negativ ⟨*eine Kritik*⟩

V

die **Ver·nis·sa·ge** [vɛrnɪˈsaːʒ(ə)]; (-, *-n*); *geschrieben* die (feierliche) Eröffnung einer Ausstellung von Bildern oder Skulpturen

die **Ver·nunft**★ (-) die Fähigkeit des Menschen, Situationen, Ereignisse und Dinge mit dem Verstand zu beurteilen und sich danach zu richten (auch wenn es nicht den Gefühlen oder Wünschen entspricht)

**ver·nünf·tig**★ *ADJEKTIV* **1** klug und mit Vernunft *„eine vernünftige Entscheidung treffen"* **2** so, wie es jemandes Erwartungen, Wünschen entspricht ≈ ordentlich *„Ich will endlich mal wieder etwas Vernünftiges essen!"* • *zu* (1) **ver·nünf·ti·ger·wei·se** *ADVERB*

**ver·öf·fent·li·chen**★ (*veröffentlichte, hat veröffentlicht*) **1** **etwas veröffentlichen** ein Buch oder einen Text für ein Buch oder eine Zeitschrift schreiben (die ein Publikum lesen kann) *„Sie hat mehrere Romane veröffentlicht"* **2** als Verlag oder Unternehmen Texte für ein Publikum drucken oder ins Internet stellen *„Lexika werden meist nur noch online veröffentlicht"* • *hierzu* **Ver·öf·fent·li·chung** *die*

**ver·ord·nen** (*verordnete, hat verordnet*) **(jemandem) etwas verordnen** als Arzt bestimmen, dass ein Patient etwas tun, tragen, einnehmen o. Ä. soll ⟨*jemandem Bettruhe, eine Brille, eine Diät, eine Kur, ein Medikament verordnen*⟩ ≈ verschreiben

**ver·pach·ten** (*verpachtete, hat verpachtet*) **(jemandem) (etwas) verpachten**; **(etwas) (an jemanden) verpachten** einer Person erlauben, ein Stück Land oder einen Raum (mit allen Rechten) zu nutzen, und dafür Geld von ihr verlangen ⟨*einen Garten, ein Grundstück, einen Hof, ein Lokal verpachten*⟩ • *hierzu* **Ver·pach·tung** *die*

**ver·pa·cken** (*verpackte, hat verpackt*) **etwas (in etwas** (*Akkusativ*)**) verpacken** etwas in eine (feste) Hülle tun, um es so zu verkaufen oder zu transportieren *„Elektrogeräte in Kartons verpacken"*

die **Ver·pa·ckung**★ (-, *-en*) die Hülle, in die man etwas verpackt *„eine Verpackung aus Plastik"* **K** Verpackungsmaterial; Originalverpackung

**ver·pas·sen**★ (*verpasste, hat verpasst*) **1** **jemanden/etwas verpassen** nicht zur richtigen Zeit an einem Ort sein und deswegen jemanden nicht treffen oder etwas nicht erreichen ≈ versäumen *„Wir sind zu spät ins Kino gegangen und haben den Anfang des Films verpasst"* **2** **etwas verpassen** den richtigen Zeitpunkt für etwas nicht nutzen ⟨*eine Chance, eine Gelegenheit verpassen*⟩ ≈ versäumen *„den Anschluss an die moderne Technik nicht verpassen wollen"*

**ver·pflan·zen** (*verpflanzte, hat verpflanzt*) **etwas verpflanzen** als Arzt Gewebe oder ein

Organ auf einen anderen Körperteil bzw. auf einen anderen Menschen übertragen ⟨*ein Herz, eine Niere, Haut verpflanzen*⟩ ≈ transplantieren

**ver·pfle·gen★** (*verpflegte, hat verpflegt*) **jemanden verpflegen** jemanden oder sich selbst mit Essen versorgen

die **Ver·pfle·gung** (-) **1** die Versorgung mit Essen **2** das Essen, das man z. B. in einem Hotel bekommt „*Unterkunft und Verpflegung waren sehr gut*"

**ver·pflich·ten★** (*verpflichtete, hat verpflichtet*) **1** **etwas verpflichtet (jemanden) zu etwas** etwas bewirkt, dass jemand die Pflicht hat, etwas zu tun ⟨*zu etwas verpflichtet sein*⟩ „*Das Öffnen der Packung verpflichtet zum Kauf/verpflichtet Sie zum Kauf der Ware*" **2** **jemanden zu etwas verpflichten** in einem Vertrag festlegen, dass jemand die Pflicht zu etwas hat „*einen Kunden dazu verpflichten, eine Rechnung innerhalb von 14 Tagen zu zahlen*" **3** **sich (zu etwas) verpflichten** fest versprechen, etwas zu tun ⟨*sich vertraglich verpflichten*⟩

**ver·pflich·tend** ADJEKTIV so, dass man dazu verpflichtet ist ⟨*ein Kurs, eine Prüfung, eine Regelung, eine Versicherung*⟩

**ver·pflich·tet** ADJEKTIV **1** **((jemandem) zu etwas) verpflichtet** aus moralischen Gründen oder weil man jemandem etwas schuldet, mehr oder weniger gezwungen, etwas zu tun ⟨*sich zu etwas verpflichtet fühlen*⟩ „*jemandem zu Dank verpflichtet sein*" jemandem sehr dankbar sein | „*Er fühlte sich (dazu) verpflichtet, ihr zu helfen*" **2** **sich jemandem (gegenüber) verpflichtet fühlen** einer Person für etwas dankbar sein und deshalb glauben, dass man ihr auch helfen müsse

die **Ver·pflich·tung★** (-, -*en*) **1** etwas, das man vor allem aus moralischen Gründen tun muss ⟨*berufliche, gesellschaftliche, vertragliche Verpflichtungen*⟩ „*Sie konnte aus terminlichen Schwierigkeiten ihren Verpflichtungen nicht mehr nachkommen*" **2** *geschrieben nur Plural* das Geld, das man jemandem noch zahlen muss ≈ Schulden **K** Zahlungsverpflichtungen **3** die Handlung, bei der man jemanden dazu bringt, etwas fest zu versprechen

**ver·pfu·schen** (*verpfuschte, hat verpfuscht*) **etwas verpfuschen** *gesprochen* etwas durch schlechte Leistungen oder durch Fehler verderben oder kaputt machen ⟨*eine Arbeit, die Karriere, das Leben verpfuschen*⟩

**ver·pras·sen** (*verprasste, hat verprasst*) **etwas verprassen** *gesprochen* ⟨*das Erbe, den Lohn, das Geld verprassen*⟩ ≈ verschwenden

**ver·prü·geln** (*verprügelte, hat verprügelt*) **jemanden verprügeln** jemanden mehrmals sehr stark schlagen

**ver·quer** ADJEKTIV; *abwertend* ⟨*eine Ansicht, eine Idee, eine Vorstellung*⟩ ≈ seltsam

der **Ver·rat** (-(*e*)*s*) **der Verrat (an jemandem/etwas)** die Weitergabe von Geheimnissen über jemanden/etwas ⟨*Verrat begehen, üben; auf Verrat aus sein, sinnen*⟩ „*Verrat am Vaterland*" **K** Landesverrat

**ver·ra·ten★** (*verrät, verriet, hat verraten*) **1** **(jemandem) etwas verraten** jemandem etwas sagen oder zeigen, das geheim bleiben sollte ⟨*ein Geheimnis, einen Plan, ein Versteck verraten*⟩ „*Soll ich dir verraten, was du zu Weihnachten bekommst?*" **2** **jemanden verraten**; **etwas (an jemanden) verraten** durch das Weitergeben von Informationen (meist absichtlich) jemandem/etwas schaden ⟨*einen Freund, das Vaterland*⟩ „*Er hat Geschäftsgeheimnisse an die Konkurrenz verraten*" • *hierzu* **Ver·rä·ter** *der*; **Ver·rä·te·rin** *die*

**ver·rä·te·risch** ADJEKTIV **1** ⟨*Blicke, Gesten, eine Miene*⟩ so, dass man etwas (Negatives) erkennen kann **2** mit Verrat verbunden ⟨*ein Plan, eine Tat*⟩

**ver·rech·nen** (*verrechnete, hat verrechnet*) **sich verrechnen** beim Rechnen einen Fehler machen „*Die Rechnung kann nicht stimmen, ich muss mich irgendwo verrechnet haben*" • *zu* **Ver·rech·nung** *die*

**ver·re·cken** (*verreckte, ist verreckt*); *gesprochen* ▲ **1** (meist auf schreckliche Weise) sterben ⟨*elend(iglich) verrecken*⟩ **2** plötzlich nicht mehr funktionieren ⟨*ein Auto, ein Motor*⟩ **ID** **nicht ums Verrecken** überhaupt nicht

**ver·rei·sen★** (*verreiste, ist verreist*) eine Reise machen ⟨*geschäftlich verreisen; verreist sein*⟩ „*Sie ist vor zwei Wochen überraschend verreist*"

**ver·ren·ken** (*verrenkte, hat verrenkt*) **1** **jemandem etwas verrenken** etwas so bewegen oder drehen, dass es gedehnt und verletzt wird ⟨*jemandem den Arm, den Hals, den Kiefer verrenken*⟩ ≈ verzerren „*Ich habe mir beim Joggen den Fuß verrenkt*" **2** **sich verrenken** den Körper ganz unnatürlich drehen, strecken o. Ä. „*sich beim Tanzen verrenken*" • *hierzu* **Ver·ren·kung** *die*

**ver·ren·tet** *ADJEKTIV* in Rente *„Seit wann sind Sie verrentet?"*

**ver·rin·gern** (*verringerte, hat verringert*) **etwas verringern** etwas kleiner machen ≈ reduzieren *„Ein Tempolimit würde die Zahl der Unfälle verringern"* • *hierzu* **Ver·rin·ge·rung** *die*

der **Ver·riss** (*-es, -e*) eine sehr negative Kritik an einer künstlerischen Leistung oder an einer wissenschaftlichen Arbeit

**ver·rückt★** *ADJEKTIV* **1** ständig nicht fähig, klar zu denken oder vernünftig zu handeln ≈ wahnsinnig *„Und dann ist er verrückt geworden und kam in die Psychiatrie"* **2** nervlich so stark belastet, dass man ganz nervös o. Ä. wird ⟨*verrückt vor Angst, Schmerzen, Sorgen*⟩ *„Der Lärm/Die Ungewissheit macht mich ganz verrückt"* **3** ungewöhnlich und meist nicht vernünftig ⟨*ein Einfall, ein Gedanke, eine Idee*⟩ *„etwas ganz Verrücktes tun wollen"* **4** **wie verrückt** sehr heftig oder intensiv *„Es regnete wie verrückt"* **5** **auf etwas** (*Akkusativ*)**/nach etwas verrückt sein** etwas sehr gern haben oder genießen wollen *„ganz verrückt nach Cowboyfilmen sein"* **6** **auf jemanden/nach jemandem verrückt sein** sehr verliebt in jemanden sein **ID** **Ich 'werd verrückt!** *gesprochen* verwendet, um starke Überraschung auszudrücken

der **Ver·ruf** **ID** **in Verruf geraten/kommen** einen schlechten Ruf bekommen; **jemanden/etwas in Verruf bringen** bewirken, dass jemand/etwas einen schlechten Ruf bekommt

**ver·rut·schen** (*verrutschte, ist verrutscht*) **etwas verrutscht** etwas bewegt sich von der richtigen an die falsche Stelle ⟨*der Träger an einem Kleid*⟩

der **Vers★** [f-]; (*-es, -e*) **1** eine Zeile mit einem deutlichen Rhythmus, Reim usw. in einem Gedicht oder einem Theaterstück ⟨*etwas in Verse bringen, fassen*⟩ *„eine Strophe aus/mit sechs Versen"* **2** *gesprochen* eine Strophe eines Liedes oder eines Gedichtes **3** der kleinste Abschnitt eines Textes der Bibel

**ver·sa·gen** (*versagte, hat versagt*) **1** die erwartete Leistung nicht bringen ⟨*in einer Prüfung, in der Schule, am Arbeitsplatz versagen*⟩ **2** **etwas versagt** etwas bringt die normale Leistung nicht mehr ⟨*die Augen, das Herz, die Bremsen*⟩

das **Ver·sa·gen** (*-s*) **1** ein Fehler in der Bedienung oder im technischen Ablauf eines Geräts oder einer Maschine ⟨*menschliches, technisches Versagen*⟩ *„Der Unfall kam durch menschliches Versagen zustande"* **2** ein Fehler beim Funktionieren eines Systems oder eines Organs **K** Herzversagen

der **Ver·sa·ger** (*-s, -*); *abwertend* eine Person, die oft oder in wichtigen Dingen nicht die erwartete Leistung bringt

**ver·sal·zen** (*versalzte, hat versalzen/versalzt*) **etwas versalzen** zu viel Salz in etwas geben ⟨*die Suppe versalzen*⟩

**ver·sam·meln★** (*versammelte, hat versammelt*) **Personen versammeln sich (irgendwo)** Personen treffen sich in einer Gruppe, vor allem um über etwas zu sprechen *„sich in einem Saal zu einer Sitzung versammeln"*

die **Ver·samm·lung★** (*-, -en*) ein Treffen meist einer großen Gruppe von Menschen, die meist über etwas sprechen wollen *„zur Versammlung des Sportvereins gehen"* **K** Mitgliederversammlung

der **Ver·sand** (*-(e)s*) das Schicken von Waren an die Leute, die die Waren bestellt haben *„Waren zum Versand verpacken"* **K** Versandhandel, Versandkosten; Postversand

**ver·säu·men★** (*versäumte, hat versäumt*) **1** **etwas versäumen** nicht rechtzeitig an einem Ort sein, um etwas zu erreichen ≈ verpassen *„den Bus versäumen"* **2** **etwas versäumen** an etwas nicht teilnehmen (können) *„wegen Krankheit den Unterricht versäumen"* **3** **etwas versäumen** etwas nicht tun *„seine Pflicht versäumen"* **4** **etwas versäumen** etwas nicht nutzen ⟨*eine Chance, eine Gelegenheit versäumen*⟩

**ver·schaf·fen★** (*verschaffte, hat verschafft*) **jemandem etwas verschaffen** dafür sorgen, dass jemand oder man selbst etwas bekommt *„jemandem einen Job verschaffen"*

**ver·schan·deln** (*verschandelte, hat verschandelt*) **etwas verschandeln** *gesprochen* bewirken, dass etwas hässlich aussieht • *hierzu* **Ver·schan·de·lung** *die*

**ver·schär·fen** (*verschärfte, hat verschärft*) **1** **etwas verschärfen** etwas strenger machen ⟨*die Bestimmungen, die Kontrollen, eine Strafe, die Zensur verschärfen*⟩ **2** **etwas verschärft etwas** etwas macht etwas unangenehmer oder schlimmer, als es schon war ⟨*etwas verschärft die Lage, eine Krise*⟩ **3** **etwas verschärft sich** etwas wird unangenehmer oder bedrohlicher *„Die politische Lage im Na-*

*hen Osten hat sich verschärft"* • *hierzu* **Ver·schär·fung** *die*

**ver·schät·zen** (*verschätzte sich, hat sich verschätzt*) **sich verschätzen** bei der Einschätzung einer Sache einen Fehler machen *„sich in der Breite des Schrankes um fünfzehn Zentimeter verschätzen"*

**ver·schen·ken** (*verschenkte, hat verschenkt*) **etwas (an jemanden) verschenken** jemandem etwas als Geschenk geben *„das ganze Geld an die Armen verschenken"*

**ver·scher·zen** (*verscherzte, hat verscherzt*) **sich** (*Dativ*) **etwas verscherzen** etwas durch eigene Schuld verlieren

**ver·schi·cken** (*verschickte, hat verschickt*) **Dinge verschicken** etwas (meist in großer Zahl) irgendwohin schicken ⟨*Briefe, Einladungen, Waren verschicken*⟩

**ver·schie·ben★** (*verschob, hat verschoben*) **1 etwas verschieben** etwas auf einen späteren Zeitpunkt festlegen ⟨*etwas auf später verschieben*⟩ *„einen Test um zwei Tage verschieben"* **2 etwas verschieben** etwas an einen anderen Ort schieben *„den Tisch verschieben"* **3 etwas verschieben** Daten, Dateien innerhalb des Computers in einem anderen Verzeichnis, Laufwerk o. Ä. ablegen **4 etwas verschiebt sich** etwas findet an einem späteren Zeitpunkt statt als geplant *„Seine Abreise verschiebt sich um eine Woche"* **5 etwas verschiebt sich** etwas bekommt einen neuen Schwerpunkt ⟨*das Gleichgewicht, das Kräfteverhältnis*⟩ • *zu* (3 – 5) **Ver·schie·bung** *die*

**ver·schie·den★** *ADJEKTIV* **1 verschieden (von jemandem/etwas)** so, dass die eine Person oder Sache nicht so ist wie eine andere Person oder Sache ≈ anders ↔ gleich *„Wir waren verschiedener Meinung: Ich fand den Film schlecht, sie fand ihn gut"* | *„Die Schuhe sind verschieden groß"* **2 verschiedene Personen/Dinge** mehr als zwei Personen oder Dinge ≈ mehrere *„verschiedene Einwände gegen einen Vorschlag haben"* • *zu* (1) **ver·schie·den·ar·tig** *ADJEKTIV*

**ver·schim·meln** (*verschimmelte, ist verschimmelt*) **etwas verschimmelt** etwas schimmelt und wird dadurch schlecht

**ver·schla·fen**[1] (*verschläft, verschlief, hat verschlafen*) **1** nicht rechtzeitig aufwachen *„zu spät zur Arbeit kommen, weil man verschlafen hat"* **2 etwas verschlafen** *gesprochen* an etwas nicht rechtzeitig denken ⟨*einen Termin verschlafen*⟩ ≈ versäumen *„Der Sänger hat seinen Einsatz verschlafen"*

**ver·schla·fen**[2] *ADJEKTIV* nach dem Schlafen noch nicht richtig wach

**ver·schlam·pen** (*verschlampte, hat verschlampt*); *gesprochen, abwertend* **etwas verschlampen** etwas irgendwohin legen und später nicht mehr finden

**ver·schlech·tern★** (*verschlechterte, hat verschlechtert*) **1 etwas verschlechtern** durch das Verhalten o. Ä. bewirken, dass etwas schlechter wird ⟨*eine Lage, einen Zustand verschlechtern*⟩ ↔ verbessern **2 etwas verschlechtert sich** etwas wird schlechter ↔ sich bessern *„Das Wetter hat sich verschlechtert"* **3 jemand verschlechtert sich** jemand bringt eine schlechtere Leistung o. Ä. als früher ↔ sich verbessern • *hierzu* **Ver·schlech·te·rung** *die*

der **Ver·schleiß** (*-es*) die Verschlechterung der Qualität, weil etwas schon lange und schon sehr oft benutzt wurde *„Die Maschine zeigt schon erste Zeichen von Verschleiß"*

**ver·schlep·pen** (*verschleppte, hat verschleppt*) **jemanden (irgendwohin) verschleppen** jemanden mit Gewalt irgendwohin bringen *„im Krieg verschleppt werden"* • *hierzu* **Ver·schlep·pung** *die*

**ver·schleu·dern** (*verschleuderte, hat verschleudert*) **1 Dinge verschleudern** etwas sehr billig (in großer Zahl) verkaufen *„Möbel zu Billigpreisen verschleudern"* **2 etwas verschleudern** viel Geld für nutzlose Dinge ausgeben ⟨*die Ersparnisse, Steuergelder, ein Vermögen verschleudern*⟩

**ver·schlie·ßen★** (*verschloss, hat verschlossen*) **1 etwas verschließen** etwas mit einem Schlüssel o. Ä. schließen ⟨*das Haus, die Haustür, das Auto verschließen*⟩ **2 etwas verschließen** etwas fest schließen, sodass es nicht von selbst aufgehen kann *„ein Marmeladenglas mit einem Schraubdeckel verschließen"* **3 die Augen/Ohren vor etwas** (*Dativ*) **verschließen** so tun, als sehe/höre man etwas nicht *„die Augen vor dem Elend der Flüchtlinge verschließen, um nicht helfen zu müssen"* • *zu* (1,2) **ver·schließ·bar** *ADJEKTIV*

**ver·schlin·gen** (*verschlang, hat verschlungen*) **etwas verschlingen** etwas in großen Stücken hinunterschlucken, ohne richtig zu kauen

**ver·schlos·sen** *ADJEKTIV* ⟨*Menschen*⟩ so,

V

dass sie ihre Gedanken nicht mitteilen und ihre Gefühle nicht zeigen • *hierzu* **Ver·schlos·sen·heit** *die*

**ver·schlu·cken** (*verschluckte, hat verschluckt*) **1** **etwas verschlucken** (aus Versehen) etwas schlucken, das keine Nahrung ist *„Das Baby hatte einen Knopf verschluckt"* **2** **sich (an etwas** (*Dativ*)**) verschlucken** beim Schlucken etwas in die Luftröhre kommen lassen (und husten müssen) *„Er verschluckte sich beim Essen und bekam keine Luft mehr"*

der **Ver·schluss** ein Gegenstand (wie z. B. ein Deckel, eine Schnalle oder ein Haken), mit dem man etwas verschließen kann ⟨*ein kindersicherer Verschluss*⟩ *„den Verschluss einer Halskette öffnen"* **K** Reißverschluss, Schraubverschluss

**ver·schlüs·seln** (*verschlüsselte, hat verschlüsselt*) **etwas verschlüsseln** eine Nachricht (durch die Verwendung von Codes) so ändern, dass sie nur von ausgewählten verstanden werden kann ≈ kodieren *„eine geheime Botschaft verschlüsseln"* • *hierzu* **Ver·schlüs·se·lung** *die*

**ver·schmä·hen** (*verschmähte, hat verschmäht*) **etwas verschmähen** etwas Gutes, das angeboten wird o. Ä., nicht annehmen ⟨*jemandes Liebe, ein Angebot verschmähen*⟩

**ver·schmer·zen** (*verschmerzte, hat verschmerzt*) **etwas verschmerzen können** *oft ironisch* sich mit etwas abfinden können

**ver·schmie·ren** (*verschmierte, hat verschmiert*) **1** **etwas verschmieren** (aus Versehen) über eine feuchte Farbe o. Ä. wischen, sodass es Flecken gibt ⟨*die Farbe, den Lippenstift, die Schrift verschmieren*⟩ **2** **etwas verschmieren** eine weiche Masse, ein Öl o. Ä. auf einer Oberfläche verteilen ⟨*die Salbe, das Sonnenöl* (*auf der Haut*) *verschmieren*⟩ **3** **etwas verschmieren** etwas schmutzig machen, indem man vor allem mit den Fingern Schmutz, etwas Klebriges o. Ä. daraufbringt *„ein Kind, dessen Gesicht mit Schokolade verschmiert ist"* **4** **etwas verschmieren** *abwertend* das Aussehen einer Sache verschlechtern, weil man darauf (unordentlich) malt oder schreibt ⟨*ein Blatt Papier, die Wände verschmieren*⟩

**ver·schmut·zen** (*verschmutzte, hat/ist verschmutzt*) **1** **etwas verschmutzen** (*hat*) etwas schmutzig machen *„beim Spielen die Kleidung verschmutzen"* **2** **etwas verschmutzt** (*ist*) etwas wird schmutzig *„Bei Regen verschmutzt das Auto schnell"*

**ver·schnau·fen** (*verschnaufte, hat verschnauft*); *gesprochen* eine Pause machen, um sich ein bisschen auszuruhen **K** Verschnaufpause

**ver·schnupft** ADJEKTIV *meist prädikativ; gesprochen* **1** mit einem Schnupfen ⟨*verschnupft sein*⟩ **2** ≈ verärgert, beleidigt

**ver·scho·nen** (*verschonte, hat verschont*) **1** **eine Person/Sache verschont jemanden/etwas** eine Person oder Sache tut jemandem nichts Böses oder zerstört etwas nicht *„Das schwere Erdbeben hat nur wenige Häuser verschont"* **2** **jemand/etwas bleibt (von etwas) verschont** eine Person oder Sache wird von etwas nicht betroffen, nicht geschädigt oder nicht zerstört *„Unser Haus ist von dem Sturm verschont geblieben"* **3** **jemanden mit etwas verschonen** jemanden mit etwas Unangenehmem nicht stören *„Verschone mich bitte mit deinen langweiligen Geschichten!"* • *hierzu* **Ver·scho·nung** *die*

**ver·schrei·ben★** (*verschrieb, hat verschrieben*) **1** **(jemandem) etwas verschreiben** (als Arzt) bestimmen, welche Behandlung oder welche Medikamente der Patient bekommen soll *„Mein Arzt hat mir einen Hustensaft verschrieben"* **2** **sich verschreiben** beim Schreiben (aus Versehen) einen Fehler machen • *zu* (1) **Ver·schrei·bung** *die*

**ver·schrei·bungs·pflich·tig** ADJEKTIV nur mit einem Rezept vom Arzt zu bekommen ⟨*Medikamente*⟩ ≈ rezeptpflichtig

**ver·schul·den** (*verschuldete, hat verschuldet*) **1** **etwas verschulden** an einem Problem, Unfall usw. schuld sein *„Er hat den Unfall selbst verschuldet"* **2** **sich verschulden** hohe Schulden machen ⟨*hoch verschuldet sein*⟩ *„In den USA muss man sich für die Hochschulausbildung verschulden"* • *zu* (2) **Ver·schul·dung** *die*

**ver·schwen·den★** (*verschwendete, hat verschwendet*) **1** **etwas verschwenden** viel Geld für unnötige Dinge ausgeben **2** **etwas verschwenden** viel von etwas verbrauchen, ohne dass es einen Nutzen oder Erfolg hat ⟨*Zeit, Energie verschwenden*⟩ • *hierzu* **Ver·schwen·dung** *die*; **Ver·schwen·der** *der*

**ver·schwin·den★** (*verschwand, ist verschwunden*) **1** weggehen, wegfahren o. Ä. und nicht mehr zu sehen sein *„Das Reh verschwand* *im Wald/in den Wald"* **2** für jemanden nicht zu finden sein *„Ich weiß, dass der Ausweis in der Tasche war. Aber jetzt ist er verschwunden"* | *„Die Polizei versucht, das rätselhafte Verschwinden der Frau aufzuklären"* ❶ meist im Perfekt **3** **etwas verschwindet** etwas hört auf zu existieren ⟨*ein Brauch*⟩ **4** **etwas verschwinden lassen** *gesprochen* etwas stehlen **5** **jemanden/etwas verschwinden lassen** *gesprochen* bewirken, dass eine lästige Person oder Sache nicht mehr da ist, indem man sie tötet oder zerstört ⟨*Beweismittel, Zeugen verschwinden lassen*⟩ **ID** **Verschwinde!** *gesprochen* Geh weg!

**ver·schwom·men** ADJEKTIV ⟨*ein Bild, eine Vorstellung*⟩ ≈ unklar

**ver·schwö·ren** (*verschwor sich, hat sich verschworen*) **eine Person verschwört sich mit jemandem (gegen jemanden/etwas); Personen verschwören sich gegen jemanden/etwas** zwei oder mehrere Personen planen gemeinsam, anderen Personen oder deren Absichten zu schaden • *hierzu* **Ver·schwö·rer** *der*

das **Ver·se·hen**★ (-*s*, -) **1** ein meist kleiner Fehler (vor allem weil man nicht gut aufgepasst hat) ≈ Irrtum **2** **aus Versehen** ohne Absicht *„jemanden aus Versehen stoßen"*

**ver·sen·den** (*versandte/versendete, hat versandt/versendet*) **Dinge (an Personen) versenden** etwas (in großer Zahl, Menge) durch Post oder Bahn an jemanden schicken ⟨*Prospekte, Waren*⟩

**ver·sen·ken** (*versenkte, hat versenkt*) **etwas versenken** bewirken, dass ein Schiff o. Ä. nach unten sinkt *„Ein Schiff der gegnerischen Flotte wurde bei dem Gefecht versenkt"* ❶ Das intransitive Verb ist *(ver)sinken: das Schiff (ver)sinkt.*

**ver·ses·sen** ADJEKTIV **auf jemanden/etwas versessen** so, dass man jemanden/etwas unbedingt haben will *„auf Schokolade versessen sein"* | *„Er war ganz versessen darauf, mit mir tanzen zu gehen"*

**ver·set·zen**★ (*versetzte, hat versetzt*) **1** **etwas versetzen** etwas von einer Stelle an eine andere bringen *„eine Mauer (um drei Meter) versetzen"* | *„einen Baum versetzen"* **2** **jemand wird (irgendwohin) versetzt** jemand bekommt von seiner Firma oder Behörde einen anderen Arbeitsplatz **3** **jemand wird versetzt** ein Schüler darf im nächsten Schuljahr die nächste, höhere Klasse besuchen **4** **jemanden versetzen** *gesprochen* zu einem Treffen mit jemandem nicht kommen, obwohl man es versprochen hat **5** **jemandem/etwas einen Hieb/Schlag/Tritt versetzen** eine Person oder Sache schlagen/treten **6** **Jemand/etwas versetzt eine Person/Sache in etwas** (*Akkusativ*) jemand/etwas ist der Grund dafür, dass eine Person oder eine Sache in den genannten Zustand kommt *„etwas versetzt jemanden in Aufregung/Begeisterung/Erstaunen/Unruhe"* etwas bewirkt, dass jemand sich aufregt/begeistert ist/staunt/unruhig wird **7** **sich in jemanden/etwas versetzen** sich vorstellen, an jemandes Stelle oder in einer Situation zu sein *„Versuch doch mal, dich in meine Lage zu versetzen!"* • *zu* (1 – 3) **Ver·set·zung** *die*

**ver·seu·chen** (*verseuchte, hat verseucht*) **etwas verseucht etwas (mit etwas)** giftige Stoffe oder Bakterien bewirken, dass etwas für die Gesundheit gefährlich ist *„Die Chemiefabrik hat das Grundwasser verseucht"* • *hierzu* **Ver·seu·chung** *die*

**ver·si·chern**★ (*versicherte, hat versichert*) **1** **jemanden/etwas (gegen etwas) versichern** eine Versicherung abschließen, damit man im Falle von Krankheit, Unfällen, Schäden usw. nicht so viel Geld bezahlen muss *„Jedes Haus muss gegen Feuer versichert werden"* **2** **eine Firma versichert jemanden/etwas (gegen etwas)** eine Firma bietet Versicherungen für Personen/Dinge an *„Versichern Sie auch Schäden durch Hochwasser?"*

die **Ver·si·cher·ten·kar·te** eine kleine Karte aus Plastik, auf der die persönlichen Daten gespeichert sind und die beweist, dass man Mitglied bei einer Krankenkasse ist ❶ → Anhang, S. 1096: **Versicherung**

die **Ver·si·che·rung**★ (-, -*en*) **1** **eine Versicherung (gegen etwas)** ein Vertrag mit einer Firma, der man regelmäßig Geld zahlt, damit sie die Kosten übernimmt, die bei einem Schaden entstehen ⟨*eine Versicherung abschließen, kündigen*⟩ *„eine Versicherung gegen Feuer und Glasschäden"* **K** Versicherungsbeitrag, Versicherungspolice, Versicherungsschutz; Haftpflichtversicherung, Krankenversicherung **2** eine Firma, mit der man solche Verträge machen kann **K** Versicherungsgesellschaft, Versicherungsvertreter

**ver·si·ckern** (*versickerte, ist versickert*) **etwas versickert** etwas fließt langsam in die Erde

⟨*das Wasser, der Regen*⟩

**ver·siert** [v-] *ADJEKTIV* mit viel Erfahrung und Routine ≈ routiniert *„ein versierter Verkäufer"*

die **Ver·si·on★** (-, *-en*) **1** **eine Version (von etwas/** *+Genitiv*) eine von mehreren Möglichkeiten, ein Ereignis darzustellen und zu deuten *„die offizielle Version vom Vorfall"* | *„Die Zeugen lieferten unterschiedliche Versionen vom Überfall"* **2** eine von mehreren Formen eines Textes ⟨*eine ältere, deutschsprachige, gedruckte, (un)gekürzte Version; die endgültige, ursprüngliche Version*⟩ *„Den beliebten Comic gibt es auf Deutsch auch in einer bayrischen und einer schwäbischen Version"* **3** eines von mehreren sehr ähnlichen Produkten ≈ Variante *„Dieses Automodell gibt es in einer zweitürigen und einer viertürigen Version"*

**ver·söh·nen** (*versöhnte, hat versöhnt*) **eine Person versöhnt sich mit jemandem; Personen versöhnen sich** zwei oder mehrere Personen leben nach einem Streit wieder in Frieden miteinander *„Wollt ihr euch nicht wieder versöhnen?"* • hierzu **Ver·söh·nung** *die*

**ver·söhn·lich** *ADJEKTIV* so, dass der Betreffende bereit ist, sich zu versöhnen

**ver·sor·gen★** (*versorgte, hat versorgt*) **1** **jemanden/etwas (mit etwas) versorgen** bewirken, dass eine Sache, eine Person oder man selbst das bekommt, was gebraucht wird *„jemanden mit Nahrung und Kleidung versorgen"* **2** **jemanden/etwas versorgen** dafür sorgen, dass ein Mensch oder ein Tier die nötige Pflege bekommt ⟨*ein Kind, einen Kranken, einen Pflegebedürftigen versorgen*⟩ • hierzu **Ver·sor·gung** *die*

**ver·spä·ten★** (*verspätete sich, hat sich verspätet*) **1** **jemand/etwas verspätet sich** jemand/etwas kommt später als geplant *„Er hat sich um zehn Minuten verspätet"* **2** **jemand/etwas erscheint verspätet; jemand/etwas trifft verspätet ein** eine Person oder Sache kommt später als geplant *„Der Zug traf verspätet ein"*

die **Ver·spä·tung★** (-, *-en*) **1** die Zeit, um die man zu spät kommt *„Entschuldigen Sie bitte meine Verspätung!"* **2** **etwas hat Verspätung** ein Zug oder Bus fährt, ein Flugzeug fliegt später ab bzw. kommt später an als geplant

**ver·sper·ren** (*versperrte, hat versperrt*) **etwas versperren** bewirken, dass man an einer Stelle nicht weitergehen oder -fahren kann, weil dort ein Hindernis ist *„Nach dem Sturm versperrten umgestürzte Bäume die Straße"*

**ver·spie·len** (*verspielte, hat verspielt*) **etwas verspielen** beim Roulette, Poker o. Ä. Geld verlieren ⟨*das Vermögen, viel Geld verspielen*⟩

**ver·spielt** *ADJEKTIV* so, dass es immer spielen will ⟨*ein Kind, ein Tier*⟩

**ver·spot·ten** (*verspottete, hat verspottet*) **jemanden/etwas verspotten** über jemanden/etwas spotten

**ver·spre·chen★** (*verspricht, versprach, hat versprochen*) **1** **(jemandem) etwas versprechen** jemandem sagen, dass man etwas ganz sicher tun wird *„Sie hat versprochen, ihm zu helfen"* | *„Ich habe ihr versprochen, dass ich sie besuchen werde"* **2** **sich** (*Dativ*) **etwas von jemandem/etwas versprechen** glauben, dass eine die genannte Entwicklung stattfinden wird *„Ich verspreche mir von der neuen Regierung eigentlich nur wenig/nichts"* **3** **sich versprechen** ohne Absicht etwas anders sagen oder aussprechen, als man wollte *„Er war so nervös, dass er sich ständig versprach"*

das **Ver·spre·chen★** (-s, -) Worte, mit denen eine Person einer anderen Person sagt, dass sie etwas ganz sicher tun wird ⟨*jemandem ein Versprechen geben*⟩

der **Ver·spre·cher** (-s, -) ein Fehler beim Sprechen oder bei der Aussprache eines Wortes ⟨*jemandem unterläuft ein Versprecher*⟩

die **Ver·spre·chung** (-, *-en*); *meist Plural* **jemandem große/leere Versprechungen machen** jemandem viel versprechen, aber dann das Versprechen nicht halten

**ver·sprü·hen** (*versprühte, hat versprüht*) **etwas versprühen** eine Flüssigkeit in sehr kleinen Tropfen verteilen ⟨*ein Pflanzenschutzmittel versprühen*⟩

**ver·staat·li·chen** (*verstaatlichte, hat verstaatlicht*) **die Regierung verstaatlicht etwas** die Regierung macht eine private Firma zum Eigentum des Staates *„Die Eisenbahn wird verstaatlicht"* • hierzu **Ver·staat·li·chung** *die*

der **Ver·stand★** (-(e)s) die Fähigkeit des Menschen, zu denken und zu urteilen ⟨*einen klaren, scharfen, keinen (Funken) Verstand haben; den Verstand gebrauchen*⟩ *„Du solltest genug Verstand haben, nicht solche gefährlichen Sachen zu machen"* **ID** **den Verstand verlieren** wegen eines schrecklichen Ereignisses geistig verwirrt, wahnsinnig werden

**ver·stän·dig** *ADJEKTIV* fähig, Situationen vernünftig zu beurteilen ≈ vernünftig *„Max ist mit seinen 10 Jahren schon sehr verständig"*

**ver·stän·di·gen** ★ (*verständigte, hat verständigt*) **1** **jemanden (über etwas** (*Akkusativ*)**/von etwas) verständigen** jemandem mitteilen, dass etwas geschehen ist ⟨*die Polizei verständigen*⟩ *„Die Ärzte verständigten die Angehörigen vom Tod des Patienten"* **2** **sich (mit jemandem) (irgendwie) verständigen** sich auf irgendeine Weise verständlich machen ⟨*sich in einer Fremdsprache, sich durch Zeichen verständigen*⟩

die **Ver·stän·di·gung** (-) **1** *geschrieben* die Mitteilung, dass etwas geschehen ist *„die Verständigung der Angehörigen"* **2** ein Gespräch, bei dem jeder versteht, was die Person, welche gerade spricht, sagen will *„Die Verständigung mit dem Gast aus Japan war schwierig"* **K** Verständigungsschwierigkeiten

**ver·ständ·lich** ★ *ADJEKTIV* **1** deutlich und gut zu hören ⟨*eine Aussprache; klar und verständlich sprechen*⟩ *„Bei dem Lärm waren ihre Worte für mich kaum verständlich"* **2** so, dass man den Sinn davon gut verstehen und begreifen kann ⟨*etwas ist leicht, kaum, schwer verständlich*⟩ **3** **sich (irgendwie) verständlich machen** so sprechen oder sich so verhalten, dass eine andere Person versteht, was man meint ⟨*sich durch Zeichen, mit Gesten verständlich machen*⟩ **4** so, dass man den Grund dafür erkennt und akzeptiert ⟨*eine Forderung, ein Wunsch, eine Sorge, eine Reaktion*⟩ • *zu* (1,2) **Ver·ständ·lich·keit** *die*; *zu* (4) **ver·ständ·li·cher·wei·se** *ADVERB*

das **Ver·ständ·nis** ★ (*-ses*) **1** **Verständnis (für jemanden/etwas)** die Fähigkeit, jemanden/etwas zu verstehen und zu akzeptieren, was eine andere Person denkt, fühlt oder tut *„Meine Eltern haben kein Verständnis dafür, dass ich mit dem Motorrad nach Sizilien fahren will"* **2** *geschrieben* das Verstehen und Begreifen ⟨*jemandem das Verständnis eines Textes erleichtern*⟩ • *zu* (1) **ver·ständ·nis·los** *ADJEKTIV*; *zu* (1) **ver·ständ·nis·voll** *ADJEKTIV*

**ver·stär·ken** ★ (*verstärkte, hat verstärkt*) **1** **etwas verstärken** etwas kräftiger und stabiler machen ⟨*eine Mauer verstärken*⟩ **2** **etwas (um jemanden/etwas) verstärken** etwas in der Anzahl größer machen *„eine Mannschaft (um einen Spieler) verstärken"* **3** **etwas verstärken** etwas stärker, intensiver machen ⟨*den Ton (durch/über Lautsprecher) verstärken*⟩ • *hierzu* **Ver·stär·kung** *die*

der **Ver·stär·ker** (*-s, -*) ein Gerät zur Verstärkung der Leistung elektrischer Geräte, z. B. von E-Gitarren

**ver·staubt** *ADJEKTIV abwertend* ⟨*verstaubte Ansichten (über etwas) haben*⟩ ≈ altmodisch, veraltet

**ver·stau·chen** (*verstauchte, hat verstaucht*) **sich** (*Dativ*) **etwas verstauchen** durch eine plötzliche, starke Belastung ein Gelenk oder die Bänder beschädigen ⟨*sich den Fuß, den Knöchel verstauchen*⟩ • *hierzu* **Ver·stau·chung** *die*

**ver·stau·en** (*verstaute, hat verstaut*) **Dinge (irgendwo) verstauen** Dinge in einen Behälter o. Ä. legen (meist sorgfältig, weil wenig Platz ist) *„das Gepäck im Kofferraum verstauen"*

das **Ver·steck** (*-(e)s, -e*) ein Ort, an dem jemand/etwas versteckt ist oder an dem jemand/etwas versteckt werden kann ⟨*ein gutes, sicheres Versteck kennen*⟩ **ID** **mit jemandem Versteck spielen** jemanden irreführen, täuschen

**ver·ste·cken** ★ (*versteckte, hat versteckt*) **eine Person/Sache (vor jemandem) verstecken** dafür sorgen, dass andere Personen eine Person oder Sache nicht finden können *„Das Kind versteckte sich/seine Puppe hinter einem Busch"* | *„Was hast du da hinter deinem Rücken versteckt?"*

**ver·ste·hen** ★ (*verstand, hat verstanden*) AKUSTISCH: **1** **jemanden/etwas verstehen** erkennen, welche Worte jemand spricht oder singt und welchen Sinn sie ergeben ⟨*jemanden/etwas gut deutlich, falsch, schlecht, schwer verstehen*⟩ *„Bei dem Lärm konnte ich nicht verstehen, was sie sagte"* INHALTLICH: **2** **etwas verstehen** wissen oder erkennen, wie etwas ist oder warum es so ist ≈ begreifen, kapieren *„Verstehst du diese Frage? Ich nicht!"* **3** **jemanden/etwas verstehen** erkennen, was eine Person mit ihren Worten sagen will oder welchen Sinn ein Text hat *„Ich habe schon verstanden, was du meinst"* **4** **etwas unter etwas verstehen**; **etwas irgendwie verstehen** eine Bezeichnung in der genannten Bedeutung verwenden *„Unter „VDSL" versteht man eine schnelle Form der Datenübertragung"* EMOTIONAL, INTUITIV: **5** **jemanden/etwas verstehen** die Gründe für das Verhalten einer Person erkennen und das Verhalten akzeptieren *„Ich kann gut verstehen, dass dich das ärgert"* **6** **etwas als etwas verstehen** denken, dass

V

eine Äußerung oder Handlung die genannte Funktion hat *„Ich habe das als Drohung verstanden"* **7** **jemand versteht sich mit jemandem irgendwie**; **Personen verstehen sich irgendwie** die Beziehung zwischen Personen ist von der genannten Art *„Früher gab es schon mal Streit, aber jetzt verstehen wir uns prima"* FÄHIGKEIT: **8** **etwas verstehen** etwas gut können, beherrschen ⟨*sein Fach, seinen Beruf, sein Handwerk verstehen*⟩ **9** **etwas/viel/wenig/... von etwas verstehen** auf einem Gebiet die genannte Menge von Wissen und Erfahrung haben *„Sie versteht einiges von moderner Kunst"*

**ver·stei·gern** (*versteigerte, hat versteigert*) **etwas versteigern** etwas öffentlich anbieten und an denjenigen verkaufen, der am meisten Geld dafür zahlt ⟨*etwas meistbietend versteigern*⟩

die **Ver·stei·ge·rung** (-, -*en*) eine Veranstaltung, bei der Dinge versteigert werden

**ver·stel·len** (*verstellte, hat verstellt*) **1** **etwas verstellen** die Position einer Sache ändern ⟨*den Rückspiegel, die Kopfstütze, die Rückenlehne verstellen*⟩ *„Diesen Schreibtischstuhl kann man in der Höhe verstellen"* **2** **etwas verstellen** ein technisches Gerät anders oder falsch einstellen *„Unser Sohn hat wieder mal den Wecker verstellt"* **3** **etwas (mit etwas) verstellen** Gegenstände irgendwo hinstellen und dadurch bewirken, dass eine Sperre entsteht ⟨*den Eingang, den Ausgang, einen Durchgang, ein Tor, eine Tür verstellen*⟩ ≈ versperren **4** **etwas/sich verstellen** sein Verhalten oder etwas mit Absicht so ändern, dass man jemanden täuscht ⟨*die Stimme, die Handschrift verstellen*⟩ • *zu* (1) **ver·stell·bar** *ADJEKTIV*

**ver·steu·ern** (*versteuerte, hat versteuert*) **etwas versteuern** für etwas Steuern zahlen ⟨*das Einkommen, eine Erbschaft versteuern*⟩ • *hierzu* **Ver·steu·e·rung** *die*

**ver·stimmt** *ADJEKTIV* **1** so, dass ein Musikinstrument falsch klingt ⟨*die Gitarre, der Flügel, das Klavier*⟩ **2** ≈ verärgert • *zu* (2) **Ver·stim·mung** *die*

**ver·stoh·len** *ADJEKTIV meist attributiv* so, dass es andere Leute nicht bemerken ⟨*jemandem verstohlene Blicke zuwerfen*⟩ ≈ heimlich

**ver·stop·fen** (*verstopfte, hat verstopft*) **1** **etwas verstopfen** etwas in ein Loch o. Ä. stopfen und es dadurch verschließen *„ein Schlüsselloch mit Papier verstopfen"* **2** **etwas verstopft etwas** etwas bewirkt, dass nur noch wenig oder nichts mehr durch eine Öffnung, ein Rohr o. Ä. gelangt *„eine verstopfte Nase haben"*

die **Ver·stop·fung** (-, -*en*) **Verstopfung haben/an Verstopfung leiden** den Darm nicht entleeren können

der/die **Ver·stor·be·ne★** (-*n*, -*n*); *geschrieben* eine Person, die (vor kurzer Zeit) gestorben ist ⓘ *ein Verstorbener; der Verstorbene; den, dem, des Verstorbenen*

der **Ver·stoß★** **ein Verstoß (gegen etwas)** eine Tat, für die man bestraft werden kann ⟨*ein* (*schwerer*) *Verstoß gegen das Gesetz, die Regeln*⟩ **K** Regelverstoß

**ver·sto·ßen★** (*verstößt, verstieß, hat verstoßen*) **1** **gegen etwas verstoßen** nicht so handeln, wie es eine Regel, ein Gesetz o. Ä. verlangt ⟨*gegen eine Vorschrift, eine Regel, ein Gesetz, die Spielregeln, den Anstand, die guten Sitten verstoßen*⟩ **2** **jemanden verstoßen** jemanden aus einer Gruppe, vor allem aus der Familie ausschließen ⟨*einen Sohn, eine Tochter verstoßen*⟩

**ver·strei·chen** (*verstrich, ist/hat verstrichen*) **1** **etwas verstreicht** *geschrieben* (*ist*) der genannte Zeitraum geht zu Ende ⟨*die Zeit; eine Frist verstreichen lassen*⟩ **2** **etwas verstreichen** (*hat*) etwas auf eine Oberfläche streichen und dabei gleichmäßig verteilen *„die Farbe mit einem Pinsel auf dem Brett verstreichen"*

**ver·stüm·meln** (*verstümmelte, hat verstümmelt*) **1** **jemanden verstümmeln** jemanden oder sich selbst verletzen, indem man Teile des Körpers (z. B. einen Arm, eine Hand) abtrennt **2** **etwas verstümmeln** wichtige Teile eines Textes weglassen *„Die Nachricht kam vollkommen verstümmelt an"* • *zu* (1) **Ver·stüm·me·lung** *die*

**ver·stum·men** (*verstummte, ist verstummt*); *geschrieben* **1** aufhören zu sprechen oder zu singen **2** **etwas verstummt** Geräusche hören auf ⟨*das Gespräch, der Gesang, die Musik, das Geräusch, der Lärm*⟩

der **Ver·such★** (-(*e*)*s*, -*e*) **1** eine Handlung, mit der man versucht, etwas zu tun ⟨*einen Versuch machen/wagen*⟩ *„der Versuch der Polizei, die Demonstration aufzulösen"* **K** Fluchtversuch, Mordversuch **2** **ein Versuch (an/mit jemandem/etwas)** eine oder mehrere Handlungen, mit denen man etwas (wissenschaftlich) prüfen, feststellen oder beweisen will ⟨*ein physikali-*

*scher, wissenschaftlicher Versuch*⟩ ≈ Experiment, Test *„Versuche an/mit Tieren machen, um die Wirkung eines Medikaments zu testen"* **K** Versuchsgelände; Tierversuch, Laborversuch

**ver·su·chen★** (*versuchte, hat versucht*) **1** **etwas versuchen** sich Mühe geben, etwas (Schwieriges) mit Erfolg zu tun *„Sie versuchte, ihm zu helfen"* **2** **etwas versuchen** etwas tun, um festzustellen, ob etwas möglich ist *„versuchen, ob der Schlüssel in das Schloss passt"* **3** **es (noch einmal) mit jemandem versuchen** jemandem (noch einmal) die Chance geben, etwas gutzumachen und sich zu bewähren **4** **(etwas) versuchen** den Geschmack einer Sache prüfen (bevor man mehr davon isst oder trinkt) ≈ probieren *„Hier, versuch mal! Schmeckts?"*

die **Ver·su·chung** (-, *-en*) der starke Wunsch, etwas zu tun, das man meist aus moralischen Gründen nicht tun will oder nicht tun sollte ⟨*eine große, starke Versuchung; in Versuchung geraten/kommen; einer Versuchung erliegen, widerstehen; jemanden in Versuchung bringen/führen*⟩

**ver·sun·ken** ADJEKTIV **in Gedanken versunken** mit den Gedanken so bei einem Thema, dass man nichts anderes mehr bemerkt

**ver·sü·ßen** (*versüßte, hat versüßt*) **jemandem etwas versüßen** etwas tun, das jemandem Freude macht, und so eine bessere, schönere Zeit haben *„Ich gehe jede Woche einmal ins Café. Damit versüße ich mir das Leben"*

**ver·ta·gen** (*vertagte, hat vertagt*); *geschrieben* **etwas (auf etwas** (*Akkusativ*)**) vertagen** bestimmen, dass eine Sitzung o. Ä. zu einem späteren Zeitpunkt stattfindet ⟨*eine Sitzung, eine Verhandlung vertagen*⟩ *„Die Debatte wurde auf nächste Woche vertagt"* • *hierzu* **Ver·ta·gung** *die*

**ver·tei·di·gen★** (*verteidigte, hat verteidigt*) **1** **eine Person/etwas (gegen jemanden/etwas) verteidigen** eine Person, sich selbst oder eine Sache gegen einen Angriff schützen, indem man zu kämpfen beginnt ⟨*das Land, eine Stadt* (*gegen den Feind, einen Angreifer*) *verteidigen*⟩ ↔ angreifen **2** **eine Person/Sache (gegen jemanden/etwas) verteidigen** mit Argumenten erklären, dass ein Verhalten oder eine Meinung richtig war *„jemanden gegen eine Anschuldigung verteidigen"* **3** **jemanden verteidigen** als Rechtsanwalt einen Angeklagten vor Gericht vertreten **4** **seinen Titel verteidigen** in einem Wettkampf versuchen, einen neuen Gegner zu besiegen und somit weiterhin einen Titel zu behalten • *zu* (1) **ver·tei·di·gungs·be·reit** ADJEKTIV

der **Ver·tei·di·ger** (-s, -) **1** eine Person, die sich und andere Leute gegen einen Angriff schützt ↔ Angreifer **2** ein Rechtsanwalt, der einen Angeklagten (im Strafprozess) vor Gericht vertritt **3** ein Spieler, der den Gegner daran hindert, ein Tor zu schießen • *hierzu* **Ver·tei·di·ge·rin** *die*

die **Ver·tei·di·gung★** (-) **1** die Handlungen, mit denen man jemanden/etwas in einem Kampf verteidigt **K** Verteidigungsbereitschaft **2** das Militär (in Zeiten des Friedens) *„immense Summen für die Verteidigung ausgeben"* **K** Verteidigungsausgaben, Verteidigungsminister **3** das Verteidigen, Entschuldigen und Protestieren ⟨*etwas zu jemandes/seiner Verteidigung sagen, vorbringen*⟩ **4** die Vertretung (durch einen Rechtsanwalt) vor Gericht ⟨*jemandes Verteidigung (vor Gericht) übernehmen*⟩ **5** der Rechtsanwalt, der einen Angeklagten vor Gericht verteidigt *„Die Verteidigung hat das Wort"* **6** die Spieler einer Mannschaft, die den Gegner daran hindern wollen, ein Tor zu erzielen ↔ Sturm

**ver·tei·len★** (*verteilte, hat verteilt*) **1** **(Dinge) (an Personen) verteilen** mehreren Personen einige Dinge (derselben Art) geben ≈ austeilen *„Die Lehrerin verteilte Süßigkeiten an die Kinder"* **2** **etwas verteilen** eine Menge oder Masse in einzelne Teile teilen und meist gleichmäßig an verschiedene Stellen bringen, legen o. Ä. *„die Kisten gleichmäßig auf dem Lastwagen verteilen"* **3** **etwas verteilt sich (irgendwo)** etwas kommt (in ungefähr gleicher Menge oder Zahl) an verschiedene Stellen einer Fläche oder eines Raumes *„Das Wasser verteilte sich auf dem ganzen Boden"* • *hierzu* **Ver·tei·lung** *die*

der **Ver·tei·ler** (-s, -) **1** eine Person, die etwas an mehrere Personen verteilt **K** Prospektverteiler **2** ein kleines Gerät, das den elektrischen Strom an einer Stelle in verschiedene Richtungen verteilt **K** Verteilerkasten • *zu* (1) **Ver·tei·le·rin** *die*

**ver·teu·ern** (*verteuerte, hat verteuert*) **etwas verteuert etwas** etwas macht etwas teurer *„Der hohe Ölpreis verteuert die Herstellung von Plastikprodukten"* • *hierzu* **Ver·teu·e·rung** *die*

V

**ver·ti·cken** (*vertickte, hat vertickt*); *gesprochen* **etwas verticken** (als Privatperson) etwas verkaufen *„auf dem Schulhof Drogen verticken"*

die **Ver·tie·fung** (-, *-en*) **1** eine Stelle in einer Fläche, die tiefer liegt als ihre Umgebung **2** *meist Singular* das Vergrößern des Wissens

**ver·ti·kal** [v-] *ADJEKTIV; geschrieben* ≈ senkrecht ↔ horizontal, waagerecht

**ver·til·gen** (*vertilgte, hat vertilgt*) **1** **etwas vertilgen** Insekten, die als schädlich gelten oder Pflanzen, die als nutzlos gelten, mit Gift töten ⟨*Schädlinge, Unkraut vertilgen*⟩ ≈ vernichten **2** **etwas vertilgen** *gesprochen, humorvoll* etwas (auf)essen *„Habt ihr etwa zu dritt den ganzen Kuchen vertilgt?"* • *zu* (1) **Ver·til·gung** *die*

**ver·tip·pen** (*vertippte sich, hat sich vertippt*) **sich vertippen** *gesprochen* beim Tippen auf einer Tastatur o. Ä. einen Fehler machen

**ver·to·nen** (*vertonte, hat vertont*) **etwas vertonen** zu einem Text oder zu einem Film eine Melodie machen ⟨*ein Gedicht vertonen*⟩ • *hierzu* **Ver·to·nung** *die*

der **Ver·trag★** (-*(e)s, Ver·trä·ge*) **1** eine Vereinbarung zwischen zwei oder mehreren Partnern, an die sich beide Partner halten müssen ⟨*einen Vertrag mit jemandem (ab)schließen*⟩ **K** Arbeitsvertrag, Ausbildungsvertrag, Kaufvertrag, Mietvertrag **2** ein Dokument, in dem steht, was durch einen Vertrag festgelegt wurde ⟨*einen Vertrag unterschreiben, unterzeichnen*⟩

**ver·tra·gen★** (*verträgt, vertrug, hat vertragen*) **1** **etwas vertragen** etwas essen, trinken, erleben o. Ä. können, ohne sich schlecht zu fühlen oder krank zu werden *„Ich vertrage diese Hitze schlecht/nicht"* | *„Er verträgt ziemlich viel"* Er kann viel Alkohol trinken, ohne betrunken zu werden **2** **eine Person verträgt sich mit jemandem**; **Personen vertragen sich** zwei oder mehrere Personen leben in Frieden und Harmonie **3** **etwas verträgt sich mit etwas**; **Dinge vertragen sich** zwei oder mehrere Dinge passen gut zueinander, beeinflussen sich nicht negativ *„Viele Medikamente vertragen sich nicht mit Alkohol"* ❶ meist verneint

**ver·trag·lich** *ADJEKTIV meist attributiv* durch einen Vertrag (festgelegt) ⟨*eine Vereinbarung; etwas vertraglich festlegen, regeln, vereinbaren*⟩

**ver·trau·en★** (*vertraute, hat vertraut*) **jemandem vertrauen**; **auf jemanden/etwas vertrauen** fest davon überzeugt sein, dass jemand zuverlässig ist, dass etwas stimmt o. Ä.

das **Ver·trau·en★** (*-s*) **1** **das Vertrauen (zu jemandem/in jemanden)** der feste Glaube daran, dass jemand zuverlässig ist und nicht lügt o. Ä. ⟨*jemandem sein Vertrauen schenken; im Vertrauen auf jemanden/etwas*⟩ *„Warum liest du heimlich meine Briefe? Hast du denn kein Vertrauen zu mir?"* **K** Vertrauensbruch **2** **das Vertrauen (in etwas** (*Akkusativ*)**)** der feste Glaube daran, dass etwas Erfolg haben und gut für jemanden sein wird *„das Vertrauen in die moderne Technik"* **3** **jemandem etwas im Vertrauen sagen** einer Person etwas sagen, das sie anderen Leuten nicht sagen darf • *zu* (1) **ver·trau·en·er·we·ckend** *ADJEKTIV*; *zu* (1) **ver·trau·ens·wür·dig** *ADJEKTIV*

die **Ver·trau·ens·sa·che** **1** **etwas ist Vertrauenssache** etwas ist von dem Vertrauen, das man in eine andere Person hat, abhängig **2** **etwas ist Vertrauenssache** etwas muss geheim bleiben

**ver·trau·lich** *ADJEKTIV* nicht dafür bestimmt, dass es andere Leute erfahren ⟨*Informationen, eine Unterredung; etwas ist streng vertraulich*⟩ ≈ geheim

**ver·träumt** *ADJEKTIV* **1** so sehr an eine andere Person oder eine Sache denken, dass man die Umgebung nicht mehr bemerkt ⟨*verträumt lächelnd in die Ferne blicken*⟩ **2** einsam oder ruhig und deswegen schön ⟨*ein Dorf, ein Städtchen, ein See*⟩

**ver·traut★** *ADJEKTIV* **1** **(mit jemandem) vertraut** sehr gut bekannt und befreundet *„Wir sind sehr vertraut (miteinander)"* **2** **(jemandem) vertraut** jemandem so gut bekannt, dass er es nicht als fremd empfindet ⟨*ein Gesicht, eine Gestalt, eine Umgebung*⟩ *„Plötzlich hörte ich eine mir vertraute Stimme"* **3** **mit etwas vertraut sein** etwas gut kennen (und daher können) *„Sie war mit der Arbeit am Computer vertraut"* **4** **sich mit etwas vertraut machen** lernen, mit einer Maschine o. Ä. umzugehen oder sich an einem Ort zurechtzufinden • *zu* (1 – 3) **Ver·traut·heit** *die*

**ver·trei·ben★** (*vertrieb, hat vertrieben*) **1** **jemanden vertreiben** jemanden oder ein Tier zwingen, den Platz zu verlassen ⟨*jemanden von seinem Platz vertreiben*⟩ *„Menschen aus ihrer Heimat vertreiben"* **2** **jemand/etwas vertreibt etwas** eine Person oder Sache bewirkt, dass etwas nicht mehr da ist, dass etwas verschwindet *„Der Wind vertrieb die Wolken"* | *„Er*

V

*erzählte lustige Geschichten, um die schlechte Laune zu vertreiben"* **3** **etwas vertreiben** (als Händler) die genannte Ware verkaufen *„Anna vertreibt Kosmetikartikel"* **4** **sich** (*Dativ*) **die Zeit (mit etwas) vertreiben** etwas tun, damit die Zeit schneller vergeht *„Ich vertrieb mir die Wartezeit mit Lesen"* • *zu* (1) **Ver·trei·bung** *die*

**ver·tre·ten**¹★ (*vertritt, vertrat, hat vertreten*) **1** **jemanden vertreten** für eine gewisse Zeit für jemanden die Arbeit machen *„eine erkrankte Kollegin vertreten"* **2** **jemanden/etwas vertreten** sich darum kümmern, dass die Interessen einer Person oder einer Gruppe berücksichtigt werden *„Die Gewerkschaften vertreten die Interessen der Arbeitnehmer"* | *„Er wird vor Gericht von seinem Anwalt vertreten"* **3** **etwas vertreten** als Vertreter für eine Firma arbeiten **4** **etwas (vor jemandem) vertreten** eine Meinung, Entscheidung, Tat o. Ä. für richtig halten und sie (anderen Personen gegenüber) verteidigen ‹*die Überzeugung, den Standpunkt, die Haltung, den Grundsatz vertreten, dass …*› **5** **sich** (*Dativ*) **die Beine vertreten** aufstehen und ein bisschen umherlaufen, nachdem man lange gesessen hat

**ver·tre·ten**² ADJEKTIV **(irgendwo) vertreten** *meist prädikativ* (neben anderen Personen) irgendwo anwesend *„Bei dem internationalen Kongress war auch eine britische Delegation vertreten"*

der **Ver·tre·ter**★ (-*s*, -) **1** **ein Vertreter (für etwas)** eine Person, die zu den Kunden kommt, um dort für eine Firma Waren zu verkaufen *„ein Vertreter für Staubsauger"* **K** Vertreterbesuch; Staubsaugervertreter, Versicherungsvertreter **2** eine Person, die sich um die Interessen anderer Leute kümmert ≈ Repräsentant *„Die Abgeordneten sind Vertreter des Volkes"* **3** eine Person, die Arbeit für eine andere Person macht, die gerade krank oder in Urlaub ist ≈ Stellvertreter • *hierzu* **Ver·tre·te·rin** *die*

die **Ver·tre·tung** (-, -*en*) **1** *meist Singular* die Arbeit, die man für eine andere Person macht, weil diese gerade selbst nicht arbeitet (meist, weil sie krank ist, einen wichtigen Termin hat o. Ä.) *„die Vertretung für eine erkrankte Kollegin übernehmen"* **2** **jemandes Vertretung; die Vertretung (von jemandem/für jemanden)** eine Person, die eine andere Person vertritt *„Dr. Müller ist nächste Woche im Urlaub, da müssen Sie zu seiner Vertretung gehen"* **3** **in (jemandes) Vertretung** als Vertreter von jemandem ❶ Abkürzung: *i. V.*

der **Ver·trieb** (-(*e*)*s*) **1** das regelmäßige Verkaufen von Waren *„der Vertrieb von Zeitschriften und Büchern"* **K** Vertriebskosten; Buchvertrieb **2** die Abteilung in einer Firma, die für den Verkauf der Produkte verantwortlich ist ‹*im Vertrieb arbeiten*› **K** Vertriebsabteilung

der/die **Ver·trie·be·ne** (-*n*, -*n*) eine Person, die wegen eines Krieges o. Ä. gezwungen wurde, ihre Heimat zu verlassen (vor allem Deutsche, die nach 1945 Gebiete östlich der Flüsse Oder bzw. Neiße verlassen mussten) ❶ *ein Vertriebener; der Vertriebene; den, dem, des Vertriebenen*

**ver·trock·nen** (*vertrocknete, ist vertrocknet*) **etwas vertrocknet** etwas wird ganz trocken und stirbt ab ‹*das Gras, der Baum, der Strauch, Beeren, Blätter*›

**ver·tun** (*vertat, hat vertan*) **1** **etwas vertun** Zeit und Geld verbrauchen, ohne einen Nutzen davon zu haben ≈ vergeuden, verschwenden **2** **sich vertun** *gesprochen* ≈ irren *„sich beim Dividieren/Teilen vertun"* | *„Entschuldigung, ich habe mich in der Tür vertan"* an die falsche Tür geklopft

**ver·tu·schen** (*vertuschte, hat vertuscht*) **etwas vertuschen** *abwertend* etwas tun, damit etwas Negatives nicht öffentlich bekannt wird ‹*eine Affäre, einen Skandal, einen Betrug, eine Manipulation, einen Fehler vertuschen*› • *hierzu* **Ver·tu·schung** *die*

**ver·übeln** (*verübelte, hat verübelt*) **jemandem etwas verübeln** jemandem wegen etwas böse sein *„Er verübelt mir, dass ich ihn nicht eingeladen habe"*

**ver·un·glü·cken** (*verunglückte, ist verunglückt*) einen Unfall haben und dabei verletzt oder getötet werden ‹*mit dem Auto (schwer, tödlich) verunglücken*› • *hierzu* **Ver·un·glück·te** *der/die*

**ver·un·rei·ni·gen** (*verunreinigte, hat verunreinigt*); *geschrieben* **1** **jemand/etwas verunreinigt etwas** jemand/etwas macht die Qualität einer Sache (durch giftige Stoffe oder Schmutz) schlechter ‹*Gewässer verunreinigen*› *„Abgase verunreinigen die Luft"* **2** **jemand verunreinigt etwas** eine Person oder ein Tier macht etwas schmutzig (z. B. den Teppichboden) ≈ verschmutzen • *hierzu* **Ver·un·rei·ni·gung** *die*

**ver·un·si·chern** (*verunsicherte, hat verun-*

V

*sichert)* **jemand/etwas verunsichert eine Person (in etwas** *(Dativ)*) jemand oder etwas bewirkt, dass eine Person ein bisschen Angst bekommt oder dass sie nicht mehr weiß, was sie glauben soll ⟨*jemanden (in seiner Überzeugung) verunsichern*⟩ *„die Bevölkerung durch Katastrophenmeldungen verunsichern"* | *„den Gegner verunsichern"* • *hierzu* **Ver·ụn·si·che·rung** *die*

**ver·ụn·treu·en** *(veruntreute, hat veruntreut)* **etwas veruntreuen** *geschrieben* etwas für sich selbst nehmen, das man für jemanden verwalten sollte ⟨*Gelder veruntreuen*⟩ ≈ unterschlagen • *hierzu* **Ver·ụn·treu·ung** *die*

**ver·ur·sa·chen★** *(verursachte, hat verursacht)* **jemand/etwas verursacht etwas** jemand/etwas ist die Ursache für eine Situation (meist eines Problems oder Unfalls) *„Die Bauarbeiten verursachen viel Lärm"* | *„Er hat einen schweren Autounfall verursacht"* • *hierzu* **Ver·ur·sa·cher** *der;* **Ver·ur·sa·che·rin** *die;* **Ver·ur·sa·chung** *die*

**ver·ụr·tei·len★** *(verurteilte, hat verurteilt)* **1** **jemanden (zu etwas) verurteilen** als Richter bestimmen, dass eine Person schuldig ist und für ihre Tat die im Gesetz vorgeschriebene Strafe bekommt *„jemanden zu einer Geldstrafe/zu zehn Jahren Haft verurteilen"* **2** **jemanden/etwas verurteilen** eine Person oder ihr Verhalten sehr scharf kritisieren ⟨*jemandes Verhalten aufs Schärfste verurteilen*⟩ • *hierzu* **Ver·ụr·tei·lung** *die*

**ver·viel·fa·chen** *(vervielfachte, hat vervielfacht)* **1** **etwas vervielfachen** etwas um ein Vielfaches größer machen *„das Angebot an Waren vervielfachen"* **2** **etwas vervielfacht sich** etwas wird um ein Vielfaches größer *„Die Zahl der Beschwerden hat sich vervielfacht"*

**ver·viel·fäl·ti·gen** *(vervielfältigte, hat vervielfältigt)* **etwas vervielfältigen** Kopien von einem Text machen ⟨*einen Text, eine Zeichnung vervielfältigen*⟩ • *hierzu* **Ver·viel·fäl·ti·gung** *die*

**ver·vọll·komm·nen** *(vervollkommnete, hat vervollkommnet)* **etwas vervollkommnen** etwas noch besser machen, als es schon ist ⟨*die Sprachkenntnisse, das Wissen, seine Fähigkeiten vervollkommnen; eine Technik vervollkommnen*⟩

**ver·wäh·len** *(verwählte sich, hat sich verwählt)* **sich verwählen** beim Telefonieren aus Versehen eine falsche Nummer wählen

**ver·wah·ren** *(verwahrte, hat verwahrt)* **etwas verwahren** etwas an einen Ort legen oder stellen, wo es geschützt und sicher ist *„Geld im Safe sicher verwahren"*

die **Ver·wah·rung** (-); *geschrieben* **jemandem etwas in Verwahrung geben** einer Person etwas geben, damit sie es verwahrt

**ver·waist** *ADJEKTIV* **1** so, dass die eigenen Eltern tot sind ⟨*ein Kind*⟩ **2** ⟨*ein Haus, ein Platz, ein Posten*⟩ so, dass niemand mehr dort ist

**ver·wạl·ten★** *(verwaltete, hat verwaltet)* **etwas verwalten** (im Auftrag von jemandem) dafür sorgen und verantwortlich sein, dass in einem bestimmten Bereich alles in Ordnung ist ⟨*einen Besitz, ein Vermögen, einen Nachlass, ein Haus, eine Kasse, Gelder, ein Gut (treulich) verwalten*⟩

die **Ver·wạl·tung★** *(-, -en)* **1** alle Ämter und Behörden in einer Gemeinde oder in einem Staat ⟨*die öffentliche, staatliche, kommunale Verwaltung*⟩ **K** Gemeindeverwaltung **2** *nur Singular* das Verwalten ⟨*etwas steht unter staatlicher Verwaltung*⟩ **3** die Abteilung in einer Firma, die für die Bilanzen und für das Personal verantwortlich ist ⟨*in der Verwaltung arbeiten*⟩ **K** Personalverwaltung

**ver·wạn·deln★** *(verwandelte, hat verwandelt)* **1** **etwas verwandelt jemanden/etwas** etwas lässt eine Person oder Sache (in ihrem Wesen oder Aussehen) ganz anders werden *„Die neue Tapete hat den Raum verwandelt"* **2** **eine Person/Sache verwandelt jemanden/etwas in etwas** *(Akkusativ)* eine Person oder Sache verändert sich selbst oder andere so, dass sie zu etwas anderem werden *„Die Fans verwandelten das Stadion in einen Hexenkessel"* | *„Der Frosch verwandelte sich durch den Kuss in einen Prinzen"* • *hierzu* **Ver·wạnd·lung** *die*

**ver·wạndt★** *ADJEKTIV* **1** zur gleichen Familie gehörig, mit gleichen Vorfahren ⟨*eng, nahe, entfernt, weitläufig verwandt*⟩ *„Bist du mit ihr/Seid ihr (miteinander) verwandt?"* **2** von ähnlicher Art, mit ähnlichen Merkmalen ⟨*Begriffe, Berufe, Branchen, Seelen, Sprachen, Themen*⟩

der/die **Ver·wạnd·te★** *(-n, -n)* eine Person, die mit einer anderen Person verwandt ist ⟨*ein enger, naher, entfernter, weitläufiger Verwandter (von jemandem); Verwandte besuchen*⟩ **K** Verwandtenbesuch, Verwandtenkreis ⓘ *ein Verwandter; der Verwandte; den, dem, des Verwandten* die **Ver·wandt·schaft** (-, -en) **1** *nur Singular* alle Verwandten, die jemand hat ⟨*eine große Verwandtschaft haben*⟩ **K** Verwandtschaftsgrad **2** **die Verwandtschaft (mit etwas); die Verwandtschaft zwischen Personen/Dingen** (*Dativ*) *meist Singular* die Ähnlichkeit zwischen zwei oder mehreren Personen oder Dingen

**ver·wandt·schaft·lich** ADJEKTIV in Bezug auf die Verwandtschaft in der Familie ⟨*ein Verhältnis*⟩

**ver·war·nen** (*verwarnte, hat verwarnt*) **jemanden verwarnen** (als Richter, Polizist usw.) eine Person offiziell wegen eines falschen Verhaltens tadeln und ihr mit einer Strafe drohen ⟨*jemanden eindringlich, streng, polizeilich verwarnen*⟩

die **Ver·war·nung** (-, -en) ein Zettel, mit dem meist ein Polizist eine Person schriftlich verwarnt (z. B. weil sie falsch geparkt hat) ⟨*eine gebührenpflichtige Verwarnung*⟩

**ver·wech·seln★** (*verwechselte, hat verwechselt*) **1** **eine Person/Sache mit jemandem/etwas verwechseln; Personen/Dinge (miteinander) verwechseln** Personen oder Dinge, die einander ähnlich sind, nicht unterscheiden können und deshalb die eine für die andere, das eine für das andere halten *„sich zum Verwechseln ähnlich sein/sehen"* | *„Ich habe sie mit ihrer Schwester verwechselt"* **2** **etwas mit etwas verwechseln; Dinge verwechseln** etwas aus Versehen anstelle von etwas anderem nehmen oder benutzen ⟨*Namen, Begriffe verwechseln*⟩ ≈ vertauschen *„Er hat das Salz mit dem Zucker verwechselt"* • *hierzu* **Ver·wech·slung** *die*

**ver·we·gen** ADJEKTIV so mutig, dass man zu hohem Risiko bereit ist ⟨*ein Bursche; ein Plan*⟩ • *hierzu* **Ver·we·gen·heit** *die*

**ver·weh·ren** (*verwehrte, hat verwehrt*) **jemandem etwas verwehren** *geschrieben* ≈ verbieten, verweigern *„fremden Personen den Zutritt zum Haus verwehren"* | *„Der Arzt hat uns verwehrt, den Kranken zu besuchen"*

**ver·wei·gern★** (*verweigerte, hat verweigert*) **1** **(jemandem) etwas verweigern** einer Person nicht geben oder nicht tun, was sie will oder fordert ⟨*die Annahme (eines Briefes ), den Befehl, den Gehorsam, die Zustimmung, die Erlaubnis verweigern*⟩ **2** **jemandem etwas verweigern** nicht zulassen, dass eine Person etwas tut ↔ erlauben *„An der Grenze wurde ihm die Einreise verweigert"* **3** **etwas verweigert (jemandem) den Dienst** *geschrieben* etwas funktioniert nicht so, wie es jemand braucht oder will ⟨*Maschinen, jemandes Beine*⟩ **4** **die Nahrung verweigern** nichts essen, weil man krank ist oder gegen etwas protestieren will **5** **sich jemandem/etwas verweigern** nicht tun, was gewünscht oder verlangt wird (weil man nicht damit einverstanden ist) *„Ich verweigerte mich seinem Wunsch eines geheimen Treffens"* • *zu* (1,2,4,5) **Ver·wei·ge·rung** *die*

**ver·weint** ADJEKTIV rot vom Weinen ⟨*Augen, ein Gesicht*⟩

der **Ver·weis** (-es, -e) **1** eine Kritik oder ein Tadel, oft in schriftlicher Form ⟨*einen Verweis erhalten*⟩ **2** **ein Verweis (auf etwas** (*Akkusativ*)**)** ein kurzer Kommentar in einem Buch (wie z. B. „siehe ...", „vergleiche ..."), der dem Leser sagt, wo er weitere Informationen zu einem Thema o. Ä. findet

**ver·wei·sen** (*verwies, hat verwiesen*) **1** **(jemanden) auf etwas** (*Akkusativ*) **verweisen** jemanden auf etwas aufmerksam machen *„den Leser auf eine Abbildung verweisen"* **2** **jemanden an eine Person/Sache verweisen** einer Person eine andere Person oder Stelle nennen, zu der sie gehen soll (meist um Informationen zu bekommen, einen Antrag zu stellen o. Ä.) *„einen Antragsteller an die zuständige Behörde verweisen"* **3** **jemanden** +*Genitiv* **verweisen; jemanden von einem Ort verweisen** jemandem verbieten, irgendwo zu bleiben ⟨*jemanden des Landes, von der Schule verweisen*⟩ *„Der Spieler wurde nach dem schweren Foul des Feldes verwiesen"*

**ver·wen·den★** (*verwendete/verwandte, hat verwendet/verwandt*) **1** **etwas (für/zu etwas) verwenden; etwas bei/in etwas** (*Dativ*) **verwenden** etwas zu einem Zweck nehmen und benutzen *„für den/beim Bau eines Hauses nur gute Materialien verwenden"* | *„ein Motiv in einem Roman verwenden"* **2** **etwas für/zu etwas verwenden; etwas auf etwas** (*Akkusativ*) **verwenden** etwas für einen Zweck verbrauchen *„Den Lottogewinn habe ich dafür verwendet, eine schöne Reise zu machen"* **3** **jemanden/etwas als etwas verwenden; jemanden für/zu etwas verwenden** jemandem/etwas eine Aufgabe oder Funktion geben *„eine Zeitung als Unterlage verwenden"*

die **Ver·wen·dung★** (-) **1** **die Verwendung (für/zu etwas); die Verwendung bei/in et-**

V

**was** (*Dativ*) das Benutzen einer Sache, damit diese eine Aufgabe oder Funktion erfüllt *„Bei regelmäßiger Verwendung verhindert diese Zahncreme Parodontose"* **K** Verwendungszweck **2** **(keine) Verwendung für jemanden/etwas haben** jemanden/etwas zu einem Zweck (nicht) brauchen können

**ver·wẹr·fen** (*verwirft, verwarf, hat verworfen*) **etwas verwerfen** etwas nicht akzeptieren, weil man es schlecht findet ⟨*einen Gedanken, einen Plan, einen Vorschlag verwerfen*⟩ ↔ annehmen

**ver·wẹrf·lich** *ADJEKTIV; geschrieben* moralisch schlecht ⟨*Taten, Ansichten*⟩ • *hierzu* **Ver·wẹrf·lich·keit** *die*

**ver·wẹr·ten** (*verwertete, hat verwertet*) **etwas verwerten** etwas (das nicht mehr benutzt wird), als Material für etwas anderes verwenden *„eine Idee in einem Buch verwerten"* | *„Altpapier beim Herstellen von Kartons verwerten"* • *hierzu* **ver·wẹrt·bar** *ADJEKTIV;* **Ver·wẹr·tung** *die*

**ver·we̲·sen** (*verweste, ist verwest*) **etwas verwest** etwas wird faul und zerfällt ⟨*Fleisch, Leichen, Kadaver*⟩ ℹ Pflanzen oder Früchte usw. *verfaulen.*

**ver·wị·ckeln** (*verwickelte, hat verwickelt*) **1** **etwas verwickelt sich** etwas kommt durcheinander und ist nur noch schwer zu trennen ⟨*ein Faden, eine Schnur, Seile*⟩ **2** **sich in Widersprüche verwickeln** etwas sagen, das einer früheren Äußerung oder Einstellung widerspricht **3** **jemanden in etwas** (*Akkusativ*) **verwickeln** jemanden in eine unangenehme Situation bringen ⟨*in einen Skandal, in eine Affäre, in einen Unfall verwickelt werden, sein*⟩ ℹ meist im Passiv **4** **jemanden in etwas** (*Akkusativ*) **verwickeln** eine Handlung (gegen jemandes Willen) mit jemandem beginnen ⟨*jemanden in ein Gespräch, in Kämpfe verwickeln*⟩

**ver·wị·ckelt** *ADJEKTIV* ⟨*ein Fall, eine Geschichte*⟩ ≈ kompliziert

V

die **Ver·wịck·lung** (*-, -en*)*; meist Plural* eine komplizierte, unangenehme Situation, an der mehrere Menschen, Institutionen, Länder o. Ä. beteiligt sind

**ver·wịl·dern** (*verwilderte, ist verwildert*) **1** **etwas verwildert** etwas wird nicht gepflegt und wird deshalb von wild wachsenden Pflanzen bedeckt ⟨*ein Garten, ein Park*⟩ **2** **ein Tier verwildert** ein Haustier lebt wieder wie ein wildes Tier

**ver·wịrk·li·chen★** (*verwirklichte, hat verwirklicht*) **1** **etwas verwirklichen** etwas Wirklichkeit werden lassen ⟨*eine Idee, einen Plan, einen Traum verwirklichen*⟩ **2** **etwas verwirklicht sich** etwas wird Wirklichkeit, geschieht tatsächlich ⟨*eine Befürchtung, eine Hoffnung, ein Traum, ein Wunsch*⟩ **3** **sich verwirklichen** alle Fähigkeiten entwickeln und zeigen können ⟨*sich im Beruf, als Künstler verwirklichen*⟩ • *hierzu* **Ver·wịrk·li·chung** *die*

**ver·wị̣r·ren★** (*verwirrte, hat verwirrt*) **jemanden verwirren** bewirken, dass jemand nicht mehr klar denken kann *„jemanden mit zu vielen Informationen verwirren"* • *hierzu* **Ver·wịrrt·heit** *die*

**ver·wịt·wet★** *ADJEKTIV* in dem Zustand, Witwe oder Witwer zu sein • *hierzu* **Ver·wịt·we·te** *der/die*

**ver·wö̲h·nen** (*verwöhnte, hat verwöhnt*) **1** **jemanden verwöhnen** die Wünsche einer Person öfter erfüllen, als es gut für ihre Erziehung oder ihren Charakter ist ⟨*ein Kind verwöhnen*⟩ ≈ verziehen *„Du bist egoistisch wie ein verwöhntes Kind!"* **2** **jemanden verwöhnen** sehr nett zu einer Person sein und ihre Wünsche erfüllen, damit sie sich wohlfühlt *„sich in einem Luxushotel verwöhnen lassen"*

**ver·wö̲hnt** *ADJEKTIV* nur mit sehr guter Qualität zufrieden ⟨*ein Gast, ein Gaumen, ein Geschmack*⟩ ≈ anspruchsvoll

**ver·wọr·ren** *ADJEKTIV* in einem Zustand, der keine Ordnung hat und nicht übersichtlich ist ⟨*eine Lage, Gedanken, Verhältnisse, Worte*⟩ ≈ unübersichtlich • *hierzu* **Ver·wọr·ren·heit** *die*

**ver·wụn·den** (*verwundete, hat verwundet*) **jemanden verwunden** jemanden, sich selbst oder ein Tier (vor allem mit einer Waffe) verletzen *„jemanden am Kopf verwunden"* | *„im Krieg verwundet werden"* → verletzen • *hierzu* **Ver·wụn·de·te** *der/die;* **Ver·wụn·dung** *die*

**ver·wụn·dern** (*verwunderte, hat verwundert*) **etwas verwundert jemanden** etwas bewirkt, dass sich jemand wundert ≈ erstaunen *„Die Nachricht verwunderte ihn"* | *„Es verwundert mich nicht, dass er krank ist"*

**ver·wü̲s·ten** (*verwüstete, hat verwüstet*) **jemand/etwas verwüstet etwas** jemand/etwas zerstört irgendwo viel *„Das Erdbeben hat das*

*Land verwüstet"* • *hierzu* **Ver·wüs·tung** *die*

**ver·za·gen** (*verzagte, hat verzagt*) den Mut verlieren

**ver·zäh·len** (*verzählte sich, hat sich verzählt*) **sich verzählen** beim Zählen einen Fehler machen

**ver·zau·bern** (*verzauberte, hat verzaubert*) **1** **eine Hexe o. Ä. verzaubert jemanden/etwas (in jemanden/etwas)** eine Hexe o. Ä. zaubert und macht dadurch eine Person, ein Tier oder eine Sache zu einer (anderen) Person, einem (anderen) Tier oder einer (anderen) Sache *„einen Prinzen in einen Frosch verzaubern"* **2** **eine Person/Sache verzaubert jemanden** eine Person oder Sache ist so schön o. Ä., dass jemand voller Bewunderung ist • *hierzu* **Ver·zau·be·rung** *die*

der **Ver·zehr** (-*s*); *geschrieben* die Handlung des Essens *„zum sofortigen Verzehr bestimmt"* **K** Verzehrbon, Verzehrgutschein

**ver·zeh·ren** (*verzehrte, hat verzehrt*) **etwas verzehren** etwas essen (und dazu etwas trinken)

**ver·zeich·nen** (*verzeichnete, hat verzeichnet*) **jemanden/etwas irgendwo verzeichnen** jemanden/etwas in eine Liste o. Ä. schreiben *„In diesem Buch sind alle bisherigen Nobelpreisträger verzeichnet"* ⓘ meist im Passiv mit dem Hilfsverb *sein*

das **Ver·zeich·nis** (-*ses*, -*se*) eine Liste mit den Namen von Personen oder Dingen ⟨*ein alphabetisches, umfangreiches Verzeichnis; ein Verzeichnis erstellen, anfertigen, anlegen; jemanden/etwas in ein Verzeichnis aufnehmen/eintragen, in einem Verzeichnis aufführen*⟩ *„das Verzeichnis lieferbarer Buchtitel"* **K** Adressenverzeichnis, Hotelverzeichnis

**ver·zei·hen**★ (*verzieh, hat verziehen*) **1** **(jemandem) (etwas) verzeihen** wenn man einer Person verzeiht, dann ist man ihr nicht mehr böse, obwohl diese Person Unrecht oder Böses getan hat *„jemandem eine Beleidigung verzeihen"* | *„Ich werde ihm nie verzeihen, dass er mich mit einer anderen Frau betrogen hat"* ⓘ → auch **entschuldigen** **2** **eine Sünde verzeihen** nach christlichem Glauben kann Gott die Sünden eines Menschen verzeihen ≈ vergeben **ID** **Verzeihen Sie bitte die Störung!** verwendet als höfliche Floskel, wenn man jemanden stören muss, um etwas zu fragen o. Ä.; **Verzeihen Sie bitte** **a** verwendet, um jemanden höflich anzusprechen und eine Frage einzuleiten *„Verzeihen Sie bitte: Welcher Bus fährt denn zum Bahnhof?"* **b** verwendet, um jemanden zu bitten, Platz zu machen, damit man vorbeigehen oder sich ebenfalls hinsetzen kann

die **Ver·zei·hung**★ (-) **1** die Handlung, mit der man jemandem etwas verzeiht ⟨*jemanden um Verzeihung für etwas bitten*⟩ **2** das Verzeihen der Sünden durch Gott ≈ Vergebung **3** **Verzeihung!** verwendet, um einer Person zu sagen, dass man sie nur aus Versehen gestört, gestoßen o. Ä. hat **4** **Verzeihung?** Bitte sagen Sie das noch einmal, ich habe es nicht verstanden!

**ver·zer·ren** (*verzerrte, hat verzerrt*) **1** **etwas verzerrt (etwas)** etwas gibt die Form oder den Klang einer Sache falsch wieder *„Der Lautsprecher verzerrte ihre Stimme"* | *„Der Spiegel ist gebogen und verzerrt"* **2** **sich** (*Dativ*) **etwas verzerren** sich etwas zerren ⟨*sich* (*Dativ*) *einen Muskel, eine Sehne verzerren*⟩ **3** **jemandes Gesicht ist verzerrt** die Muskeln im Gesicht einer Person sind so angespannt, dass sie anders aussieht als normal *„ein vom Schmerz verzerrtes Gesicht"* **K** schmerzverzerrt ⓘ meist im Passiv mit dem Hilfsverb *sein* • *hierzu* **Ver·zer·rung** *die*

der **Ver·zicht**★ (-(*e*)*s*) **der Verzicht (auf jemanden/etwas)** das Verzichten ⟨*Verzicht leisten; seinen Verzicht erklären*⟩ **K** Verzicht(s)-erklärung

**ver·zich·ten**★ (*verzichtete, hat verzichtet*) **(auf jemanden/etwas) verzichten** einen Anspruch oder eine Forderung (freiwillig) aufgeben oder etwas nicht tun *„zugunsten anderer auf einen Anteil verzichten"* | *„Sie verzichtete auf eine bissige Antwort"* | *„Wir mussten aus Geldmangel darauf verzichten, in Urlaub zu fahren"*

**ver·zie·hen** (*verzog, hat verzogen*) **1** **etwas verziehen** die Muskeln im Gesicht so anspannen, dass man anders aussieht als normal ⟨*das Gesicht zu einer Grimasse, Fratze verziehen*⟩ *„den Mund zu einem Grinsen verziehen"* **2** **ein Kind verziehen** *abwertend* einem Kind zu viele Wünsche erfüllen und es dadurch egoistisch werden lassen **3** **sich (irgendwohin) verziehen** *gesprochen* einen Ort verlassen (und irgendwohin gehen) ≈ verschwinden *„Ich verziehe mich jetzt in mein Zimmer"*

die **Ver·zie·rung** (-, -*en*) etwas, mit dem etwas verziert ist ≈ Ornament, Schmuck *„Verzierungen anbringen"*

V

**ver·zin·sen** (*verzinste, hat verzinst*) **die Bank verzinst etwas** die Bank zahlt Zinsen für etwas *„Die Bank verzinst Sparguthaben mit 0,7 %"* • *hierzu* **Ver·zin·sung** *die*

**ver·zo·gen** *ADJEKTIV* **(irgendwohin) verzogen** nach einem Umzug eine andere Adresse haben ≈ umgezogen *„in eine andere Stadt verzogen sein"* | *„Empfänger unbekannt verzogen – zurück an Absender"*

**ver·zö·gern** (*verzögerte, hat verzögert*) **1** **etwas verzögern** bewirken, dass etwas später geschieht als es geplant ist oder erwartet wird *„Technische Schwierigkeiten verzögerten den Start der Rakete"* **2** **etwas verzögern** bewirken, dass etwas länger dauert als es geplant ist oder erwartet wird *„Verständigungsschwierigkeiten verzögerten die Verhandlungen"* **3** **etwas verzögert sich** etwas geschieht später oder dauert länger als geplant *„Die Ankunft des Zuges wird sich voraussichtlich um 10 Minuten verzögern"* • *hierzu* **Ver·zö·ge·rung** *die*

**ver·zol·len★** (*verzollte, hat verzollt*) **etwas verzollen** Zoll für etwas bezahlen *„Haben Sie etwas zu verzollen?"*

**ver·zwei·feln** (*verzweifelte, ist verzweifelt*) **(an jemandem/etwas) verzweifeln** die Hoffnung völlig verlieren, dass jemand/etwas besser wird ‹*an den Menschen, am Leben verzweifeln*› *„Sie war ganz verzweifelt, weil sie ihre Schulden nicht bezahlen konnte"* | *„Ich bin am Verzweifeln!"*

**ver·zwei·felt★** *ADJEKTIV* **1** so, dass sich jemand um eine Gefahr nicht kümmert, weil er keine Hoffnung mehr hat ‹*ein Kampf, eine Tat*› **2** ohne Hoffnung auf Erfolg ‹*eine Lage, eine Situation*›

die **Ver·zweif·lung★** (-) der Zustand, in dem jemand keine Hoffnung mehr hat ‹*von Verzweiflung gepackt werden; jemand/etwas bringt/treibt jemanden zur Verzweiflung*› *„Sie weinte aus/vor Verzweiflung "* **K** Verzweiflungstat

der **Ve·te·ran** [v-]; (*-en, -en*) eine Person, die lange Zeit Soldat war oder die in einem Krieg gekämpft hat **K** Kriegsveteran

der **Vet·ter** [ˈfɛtɐ]; (*-s, -n*) ≈ Cousin

**vgl.** Abkürzung für *vergleiche*, eine Anweisung in einem Buch, an einer anderen Stelle oder in einem anderen Buch etwas nachzuschlagen

die **VHS** [fauhaˈ|ɛs]; (-, -) Abkürzung für *Volkshochschule*

**via** [v-] *PRÄPOSITION mit Akkusativ* so, dass die Reise über den genannten Ort geht, aber nicht dort endet *„ein Flug von Paris nach New York via London"*

**vib·rie·ren** [v-] (*vibrierte, hat vibriert*) **etwas vibriert** etwas schwingt mit kleinen (hörbaren) Bewegungen *„Der Fußboden vibrierte, als der Zug vorbeifuhr"* • *hierzu* **Vib·ra·ti·on** *die*

das **Vi·deo★** [v-]; (*-s, -s*) **1** *meist ohne Artikel* die Technik, mit der man einen Film auf eine Festplatte o. Ä. speichert oder abspielt ‹*etwas auf/mit Video aufnehmen*› **K** Videoaufnahme, Videofilm, Videokamera, Videoüberwachung **2** *gesprochen* ein Film o. Ä., der sich auf einem Datenträger befindet oder den man im Internet ansehen kann

das **Vieh★** [fiː]; (*-(e)s*) **1** alle Nutztiere, die in der Landwirtschaft gehalten werden *„zehn Stück Vieh"* **K** Viehfutter; Federvieh, Schlachtvieh **2** **das Vieh** die Rinder *„das Vieh auf die Weide treiben"* **K** Viehherde, Viehweide

**viel★** [f-] (*mehr, meist-*) *ADJEKTIV* **1** *mit dem Singular* eine relativ große Menge vom Genannten ↔ wenig *„Diese Arbeit macht viel Schmutz"* | *„Der viele Schmutz ist das Schlimmste bei dieser Arbeit"* ❶ Ohne den Artikel steht immer *viel*: *viel Zeit haben*, nach dem Artikel steht eine flektierte Form: *das viele Geld*. **2** *mit dem Plural* eine relativ große Zahl von Personen oder Sachen (die jeweils von der gleichen Art sind) ↔ wenig *„Er hat viele gute Freunde"* | *„Sie freute sich über die vielen Geschenke"* ❶ Nach dem Artikel steht eine flektierte Form: *die vielen Bücher* ; direkt vor Adjektiven (und ohne Artikel) kann auch *viel* stehen: *viel(e) gute Dinge – die vielen guten Dinge*. Mit einem Genitiv nach *viele* oder mit *von* oder *an* kann man Teile von Mengen oder Gruppen angeben: *Viele der Bücher sind beschädigt; Viele von euch kennen mich schon.* **3** verwendet nach manchen Verben zur Angabe einer großen Menge und Zahl einer nicht genannten, aber bekannten Sache *„Sie weiß wirklich viel"* | *„Das kostet ziemlich viel"* **4** verwendet, um ganz allgemein eine große Gruppe oder Menge oder eine große Zahl von Personen oder Dingen zu bezeichnen *„Ich kenne viele, die Schulden haben"* viele Leute | *„Vieles ist sehr zweifelhaft"* **5** verwendet bei formelhaften höflichen Redewendungen *„Viel Glück!"* | *„Vielen Dank!"* *ADVERB* **6** *gesprochen* ≈ oft, häufig ↔ selten *„Die Müllers gehen viel ins Theater"* **7** **viel**

+*Komparativ* (**als** ...) verwendet, um einen großen Unterschied auszudrücken *„Er ist viel fleißiger als du“* **8** in hohem Maße *„Hier ist es viel zu kalt“* | *„Sie ist eine viel beschäftigte Frau“* **9** so, dass das Genannte oft geschieht, unter Beteiligung von vielen Leuten *„eine viel befahrene Straße“* | *„ein viel gelesenes Buch“* ❶ Die genannten Adjektive können auch mit *viel* zusammengeschrieben werden: *eine vielbeschäftigte Frau, eine vielbefahrene Straße, ein vielzitierter Autor*

*PARTIKEL* **10** *gesprochen unbetont* verwendet, um eine rhetorische Frage zu verstärken *„Was gibt es da noch viel zu fragen? Tu lieber, was ich sage!“*

**vie·ler·lei** *nur in dieser Form* **1** von vielen verschiedenen Arten *„Es gibt vielerlei Arten von Vögeln“* **2** viele verschiedene (einzelne) Dinge *„vielerlei wissen“*

**viel·fach** *ADJEKTIV meist attributiv* drückt aus, dass sich etwas viele Male wiederholt oder dass etwas in gleicher Form sehr oft vorhanden ist *„ein vielfach ausgezeichneter Film“* | *„ein vielfacher Millionär“* eine Person, die viele Millionen (Euro, Dollar o. Ä.) hat

das **Viel·fa·che** (*-n, -n*) **1** eine Zahl, die eine kleinere Zahl mehrere Male enthält *„4 × 6 = 24; also ist 24 ein Vielfaches von 6“* **2** **um ein Vielfaches** + *Komparativ* ≈ viel *„Das ist um ein Vielfaches schwerer als ich dachte“* ❶ *ein Vielfaches; das Vielfache; den, dem, des Vielfachen*

die **Viel·falt**★ (-) die Fülle von vielen verschiedenen Dingen, Arten, Sorten usw. *„die Vielfalt der Blumen“* | *„ein Bild mit einer Vielfalt an/von Farben“* • *hierzu* **viel·fäl·tig** *ADJEKTIV*

**viel·leicht**★ [fiˈlaiçt] *ADVERB* **1** das Genannte ist möglich *„Er hat vielleicht recht“* **2** drückt aus, dass eine Angabe nur geschätzt ist und nicht richtig sein muss *„Der Baum ist vielleicht zwölf Meter hoch“*

*PARTIKEL unbetont* **3** verwendet in der Form einer Frage, um jemanden höflich um etwas zu bitten ≈ bitte *„Können Sie mir vielleicht sagen, wie spät es ist?“* **4** verwendet in Fragen oder Feststellungen, um zu sagen, dass man keine Geduld mehr hat *„Würdest du vielleicht endlich mal still sein?“* | *„Vielleicht ist jetzt bald Schluss!“* **5** verwendet in rhetorischen Fragen, um zu sagen, dass man eine negative Antwort erwartet *„Glaubst du vielleicht, ich habe Angst vor dir?“* **6** verwendet in Ausrufesätzen, um die Aussage zu verstärken *„Das ist vielleicht kalt hier!“*

**viel·mals** *ADVERB* verwendet, um höfliche Grüße, Entschuldigungen o. Ä. zu verstärken *„Ich danke Ihnen vielmals“* | *„Entschuldigen Sie bitte vielmals!“*

**viel·mehr**, **viel·mehr** *ADVERB* verwendet nach einer verneinten Aussage, um diese zu korrigieren oder um einen Gegensatz auszudrücken *„Sie ist nicht nur fleißig, sie hat vielmehr auch eigene Ideen“*

**viel·sa·gend**, **viel sa·gend** *ADJEKTIV* so, dass etwas ohne Worte deutlich ausgedrückt wird ⟨*ein Blick, eine Geste; vielsagend lächeln, schweigen*⟩

**viel·sei·tig** *ADJEKTIV* **1** in Bezug auf viele verschiedene Dinge ⟨*Anregungen, Erfahrungen, Interessen, ein Angebot, eine Auswahl*⟩ **2** fähig oder geeignet, viele verschiedene Dinge zu tun oder viele Aufgaben zu erfüllen ⟨*eine Begabung, ein Mensch; jemand ist vielseitig begabt; etwas ist vielseitig verwendbar*⟩ *„Dieses Gerät können sie vielseitig verwenden“* • *hierzu* **Viel·sei·tig·keit** *die*

**viel·ver·spre·chend**, **viel ver·spre·chend** *ADJEKTIV* so, dass man etwas sehr Gutes, Positives erwarten kann *„ein vielversprechendes Zeichen“* | *„Der Tag fing mit schönem Wetter und einem guten Frühstück sehr vielversprechend an“*

die **Viel·zahl**★ *nur Singular* eine große Zahl verschiedener Dinge/Personen *„eine Vielzahl von Büchern/ungelöster Probleme haben“*

**vier**★ *ZAHLWORT* **1** (als Zahl, Ziffer) 4 *„zwei plus/und zwei ist/macht/gibt vier“* 2 + 2 = 4 ❶ → Anhang, S. 1098: **Zahlen** **2** **um vier** *gesprochen* um 4 oder um 16 Uhr *„Wir treffen uns heute um vier“* **3** **vier (Jahre alt) sein** vor vier Jahren geboren worden sein *„Mein kleiner Bruder ist erst vier“* **4** beim Sport verwendet, um die Zahl der Punkte oder Tore anzugeben *„den Gegner mit vier zu zwei (4 : 2) schlagen“* | *„Das Spiel endet vier zu vier (4 : 4) unentschieden“*

die **Vier**★ (-, *-en*) **1** die Zahl 4 **2** jemand/etwas mit der Ziffer/Nummer 4 *„Die Vier hat das Rennen gewonnen“* | *„Die Drei, die Vier und die Sechs fahren zum Bahnhof“* **3** eine Schulnote, mit der man (auf der Skala von 1 – 6) eine Prüfung gerade noch bestanden hat ≈ ausreichend *„Er hat in Mathematik eine Vier“*

der **Vier·bei·ner** (*-s, -*); *humorvoll* ein Haustier mit vier Beinen, meist ein Hund das **Vier·eck★** (-s, -e) eine Fläche, die von vier geraden Linien begrenzt ist *„Quadrate, Rechtecke und Trapeze sind Vierecke"* • *hierzu* **vier·eckig** *ADJEKTIV*

der **Vie·rer** (-s, -) **1** *gesprochen* die Ziffer 4 **2** *gesprochen* etwas, das mit der Zahl 4 bezeichnet wird, meist ein Bus oder eine Straßenbahn *„Mit dem Vierer nach Hause fahren"* **3** *gesprochen* ≈ Vier *„Ich habe in Deutsch einen Vierer"* **4** *gesprochen* vier richtige Zahlen im Lotto **5** ein Boot für vier Ruderer

**vier·hun·dert** *ZAHLWORT* (als Zahl) 400

**viert★** *ADJEKTIV* **1** in einer Reihenfolge an der Stelle vier *„der vierte Januar"* | *„Heinrich der Vierte"* Heinrich IV. | *„Er beendete das Rennen als Vierter"* **2** **der vierte Teil (von etwas)** ¼ **3** **zu viert** (mit) insgesamt 4 Personen *„zu viert in Urlaub fahren"*

**vier·tau·send** *ZAHLWORT* (als Zahl) 4000

**vier·tel** ['fɪrtl̩] *ADJEKTIV nur in dieser Form* **1** den vierten Teil eines Ganzen bildend ≈ ¼ *„ein viertel Liter/Zentner"* ❶ Bei gebräuchlichen Maßangaben ist auch die Schreibung *Viertelliter, Viertelzentner* o. Ä. üblich. **2** **drei viertel** verwendet, um drei Viertel eines Ganzen zu bezeichnen *„Die Flasche ist noch drei viertel voll"* **3** **viertel eins/zwei/...** *gesprochen* verwendet, um zu sagen, dass es 45 Minuten vor der genannten Uhrzeit ist *„viertel sieben"* 06:15 oder 18:15 Uhr) **4** **drei viertel eins/zwei/...** verwendet, um zu sagen, dass es 15 Minuten vor der genannten Uhrzeit ist *„drei viertel sieben"* 06:45 oder 18:45 Uhr)

das **Vier·tel★** ['fɪrtl̩]; (-s, -) **1** der vierte Teil (¼) einer Sache, die man messen kann *„ein Viertel der Strecke hinter sich haben"* **K** Vierteljahr, Viertelliter, Viertelstunde **2** ein Gebiet in einer Stadt **K** Bahnhofsviertel, Hafenviertel; Stadtviertel **3** **Viertel nach eins/zwei/...** *gesprochen* eine Uhrzeit 15 Minuten nach der genannten Stunde *„Viertel nach sieben"* 07:15 oder 19:15 Uhr **4** **Viertel vor eins/zwei/...** *gesprochen* eine Uhrzeit 15 Minuten vor der genannten Stunde *„Viertel vor sieben"* 06:45 oder 18:45 Uhr **5** ¼ Liter Wein

V

das **Vier·tel·fi·na·le** ['fɪrtl̩-] der Teil eines Wettbewerbs, in dem die letzten acht Spieler oder Mannschaften um den Einzug in die nächste Runde (das Halbfinale) kämpfen

**vier·teln** ['fɪrtl̩n] (*viertelte, hat geviertelt*) **etwas vierteln** etwas in vier gleiche Stücke teilen *„einen Apfel vierteln"*

die **Vier·tel·no·te** ['fɪrtl̩-] die Note ♩, die den vierten Teil des Wertes einer ganzen Note hat

die **Vier·tel·stun·de★** ein Zeitraum von 15 Minuten ❶ aber: *eine halbe Stunde*

**vier·tens** *ADVERB* verwendet bei einer Aufzählung, um anzuzeigen, dass etwas an 4. Stelle kommt

**vier·zehn★** ['fɪr-] *ZAHLWORT* (als Zahl) 14 ❶ → Anhang, S. 1098: **Zahlen**

**vier·zig★** ['fɪr-] *ZAHLWORT* **1** (als Zahl) 40 ❶ → Anhang, S. 1098: **Zahlen** **2** **Anfang/Mitte/Ende vierzig sein** ungefähr 40 bis 43/44 bis 46/47 bis 49 Jahre alt sein

**vier·zi·ger** ['fɪr-] *ADJEKTIV meist attributiv; nur in dieser Form* die zehn Jahre (eines Jahrhunderts oder eines Menschenlebens) von 40 bis 49 betreffend *„in den vierziger Jahren des 18. Jahrhunderts"* | *„er ist in den/seinen Vierzigern"* **K** Vierzigerjahre

die **Vig·net·te** [vɪn'jɛtə]; (-, -n) ein Aufkleber als Nachweis dafür, dass man die Gebühr für die Benutzung einer Autobahn, eines Tunnels usw. gezahlt hat

der **Vi·kar** [v-]; (-s, -e) **1** ein evangelischer Theologe nach dem ersten Examen, der einem Pfarrer hilft, bevor er selbst Pfarrer wird **2** der Stellvertreter eines katholischen Pfarrers • *zu* (1) **Vi·ka·rin** *die*

die **Vil·la** [v-]; (-, *Vil·len*) ein großes, sehr teures Haus mit einem großen Garten **K** Villenviertel; Luxusvilla

**vi·o·lett★** [v-] *ADJEKTIV* von der Farbe, die aus einer Mischung von Blau und Rot entsteht • *hierzu* **Vi·o·lett** *das*

die **Vi·o·li·ne** [v-]; (-, -n) ≈ Geige **K** Violinkonzert, Violinsonate

die **Vi·ren** [v-]; *Plural* → Virus

**vir·tu·ell** [v-] *ADJEKTIV* **1** vom Computer so dargestellt, dass es fast echt erscheint ⟨*Realität, eine Welt*⟩ *„ein virtueller Rundgang durchs Museum"* **2** nur im Internet, nicht in der realen Welt ⟨*Beziehungen, Kontakte, Geld, ein Handelsplatz*⟩

**vir·tu·os** [v-] *ADJEKTIV* so, dass jemand etwas (z. B. eine musikalische Technik) sehr gut beherrscht ⟨*ein Geiger, ein Pianist, ein Spiel, eine Leistung; virtuos spielen*⟩ • *hierzu* **Vir·tu·o·si·tät** *die*; **Vir·tu·o·se** *der*; **Vir·tu·o·sin** *die*

das/der **Vi·rus★** [v-]; (-, *Vi·ren*) **1** ein sehr kleiner Organismus, der in die Zellen von Menschen, Tieren und Pflanzen eindringt und dort Krankheiten verursachen kann **K** Virusinfektion;

Aidsvirus, Grippevirus **2** ein verstecktes Computerprogramm, das zur teilweisen oder völligen Zerstörung der vorhandenen Daten führt

**Vi·sa** [v-] *Plural* → Visum

**vis-a-vis, vis-à-vis★** [viza'viː] *ADVERB; veraltend* ≈ gegenüber

die **Vi·si·on** [v-]; (-, *-en*); *geschrieben* **1** *meist Plural* eine Vorstellung, die nur in der Fantasie existiert ⟨*(religiöse) Visionen haben*⟩ ≈ Halluzination **2** eine Idee oder Vorstellung von einer Sache in der Zukunft *„die Vision einer friedlichen Welt"*

die **Vi·si·te** [v-]; (-, *-n*) der (regelmäßige) Besuch des Arztes bei den Patienten in einer Klinik ⟨*zur Visite kommen; Visite machen*⟩

die **Vi·si·ten·kar·te** [v-] eine kleine Karte, auf die meist jemandes Name, Titel und Adresse gedruckt sind ⟨*jemandem seine Visitenkarte überreichen*⟩

**vi·su·ell** [v-] *ADJEKTIV meist attributiv; geschrieben* mit den Augen ⟨*Eindrücke; Wahrnehmungen*⟩

das **Vi·sum★** [v-]; (*-s, Vi·sa/Vi·sen*) ein Eintrag (meist ein Stempel) im Reisepass, mit dem jemandem erlaubt wird, in einen Staat zu reisen ⟨*ein Visum beantragen; jemandem ein Visum ausstellen, erteilen; ein Visum läuft ab*⟩ **K** Visum(s)antrag, Visum(s)pflicht

**vi·tal** [v-] *ADJEKTIV* gesund und voller Kraft und Energie ⟨*ein Mensch*⟩

das **Vi·ta·min** [v-]; (*-s, -e*) *oft Plural* Obst und Gemüse enthalten Vitamine, die für die Gesundheit sehr wichtig sind *„die Vitamine B und C"* **K** Vitaminmangel, Vitamintablette • *hierzu* **vi·t·a·min·reich** *ADJEKTIV*

die **Vit·ri·ne** [v-]; (-, *-n*) **1** ein Kasten aus Glas, in dem meist wertvolle Dinge gezeigt (ausgestellt) werden ≈ Schaukasten *„Im Museum stehen Vitrinen mit römischen Münzen"* **2** ein Schrank, dessen Tür aus Glas ist *„kostbare Gläser in der Vitrine aufbewahren"*

der **Vi·ze** ['fiːtsə]; (*-s, -s*); *gesprochen* ≈ Stellvertreter

**Vi·ze-** ['fiːtsə-] *im Substantiv, betont, begrenzt produktiv* **1** **der Vizekanzler, der Vizekonsul, der Vizepräsident** *und andere* bezeichnet den Stellvertreter der genannten Person **2** **der Vizemeister, der Vizeweltmeister** im Sport an zweiter Stelle der Rangliste

der **Vo·gel★** [f-]; (*-s, Vö·gel*) **1** ein Tier mit Federn, Flügeln und einem Schnabel, das Eier legt und meist fliegen kann **K** Vogelfutter, Vogelnest; Greifvogel, Singvogel **2** **ein lustiger/komischer/seltsamer/schräger Vogel** *gesprochen, meist humorvoll* eine Person, die lustig oder seltsam ist **ID** **Er/Sie hat einen Vogel** *gesprochen, abwertend* Er/Sie hat seltsame, verrückte Ideen

**vö·geln** (*vögelte, hat gevögelt*); *gesprochen* ⚠ **(mit jemandem) vögeln** mit jemandem Sex haben

**vo·gel·wild** *ADJEKTIV; gesprochen* ohne Ordnung und System ≈ chaotisch *„Das ging alles vogelwild durcheinander"*

die **Vo·ka·bel** [v-]; (-, *-n*) ein einzelnes Wort (meist einer Fremdsprache) ⟨*Vokabeln lernen; jemanden/jemandem die Vokabeln abfragen*⟩ **K** Vokabelheft

der **Vo·kal** [v-]; (*-s, -e*) ein Laut, der so gebildet wird, dass der Atem ohne Hindernisse aus Kehle und Mund kommen kann, also [a, e, i, o, u] ≈ Selbstlaut ↔ Konsonant

das **Volk★** [f-]; (*-(e)s, Völ·ker*) **1** alle Menschen mit derselben Sprache, Kultur und Geschichte (die in einem Staat zusammenleben) *„das deutsche/italienische/polnische Volk"* | *„die Völker Afrikas"* **2** *nur Singular* alle Einwohner, Bürger eines Landes oder Staates ≈ Bevölkerung *„Das Parlament wird vom Volk gewählt"* **K** Volksaufstand, Volksvertreter **3** *nur Singular* die unteren sozialen Schichten der Bevölkerung ⟨*das einfache Volk; ein Mann aus dem Volke*⟩ **4** *nur Singular* viele Menschen an einem Ort ⟨*sich unters Volk mischen*⟩ **K** Volksmenge **5** verwendet, um eine Gruppe von Personen zu bezeichnen ⟨*ein blödes, dummes, faules, lästiges Volk*⟩ *„Auf dem Festival war viel junges Volk"* ❶ oft in Verbindung mit negativen Adjektiven

der **Völ·ker·ball** *nur Singular* ein Ballspiel (meist von Kindern gespielt), bei dem zwei Mannschaften, die in zwei Feldern stehen, versuchen, möglichst viele gegnerische Spieler mit dem Ball zu treffen

das **Völ·ker·recht** *nur Singular* das internationale Recht, das die Beziehungen zwischen einzelnen Staaten regelt • *hierzu* **Völ·ker·recht·ler** *der;* **Völ·ker·recht·le·rin** *die;* **völ·ker·recht·lich** *ADJEKTIV*

die **Völ·ker·ver·stän·di·gung** ein friedlicher Kontakt zwischen Völkern ⟨*etwas dient der Völkerverständigung*⟩

die **Volks·ab·stim·mung** die direkte Abstimmung der Bürger über eine wichtige politische

V

Frage ≈ Plebiszit

das **Vọlks·be·geh·ren** der Antrag eines Teils der Bevölkerung, dass über eine wichtige politische Frage in einer Volksabstimmung entschieden werden sollte

das **Vọlks·fest** eine öffentliche Veranstaltung (im Freien), bei der es Karussells, Bierzelte o. Ä. gibt *„Das Oktoberfest in München ist ein Volksfest"*

die **Vọlks|hoch·schu·le** eine Institution, in der Erwachsene (neben ihrer beruflichen Arbeit) Vorträge über verschiedene Themen hören und Kurse (z. B. in Fremdsprachen) besuchen können, um sich weiterzubilden ❶ Abkürzung: *VHS*

das **Vọlks·lied** ein altes, meist relativ einfaches Lied, das im Volk überliefert wurde

die **Vọlks·mu·sik** eine Musik (meist mit einfachen Liedern), die für eine Gegend typisch ist

der **Vọlks·tanz** ein (traditioneller) Tanz, der für eine Gegend typisch ist *„böhmische Volkstänze"*

der **Vọlks|trau·er·tag** Ⓓ der Sonntag vor dem 1. Advent, an dem man an die Toten beider Weltkriege und die Opfer des Nationalsozialismus denkt

**vọlks·tüm·lich** *ADJEKTIV* bei vielen Leuten bekannt und beliebt ⟨*ein Lied, ein Schauspieler*⟩ • *hierzu* **Vọlks·tüm·lich·keit** *die*

die **Vọlks·ver·het·zung Volksverhetzung betreiben** *abwertend* (durch Reden o. Ä.) Feindschaft und Gefühle von Hass gegen eine Gruppe von Menschen erzeugen

die **Vọlks·wirt·schaft** die gesamte Wirtschaft eines Staates • *hierzu* **vọlks·wirt·schaft·lich** *ADJEKTIV*

**vọll★** [f-] *ADJEKTIV* (*voller, vollst-*) **1** so, dass nichts oder keine Person mehr darin Platz hat ↔ leer *„Dein Glas ist ja noch voll"* | *„Die vollen Taschen waren ganz schön schwer"* **2** **etwas ist voll/voller** + *Substantiv* viele Personen oder Dinge sind an der genannten Stelle, in dem genannten Gebäude oder Behälter *„Der Gehsteig war voll/voller Laub"* | *„Das Diktat war voller Fehler"* **3** **etwas voll** + *Substantiv* so viel von etwas, wie in den genannten Behälter o. Ä. passt *„Sie aß einen Teller voll Nudeln"* | *„Er brachte uns eine Tüte voll Äpfel"* **4** so, dass nichts fehlt ⟨*ein voller Erfolg; jemandem die volle Wahrheit sagen; für etwas vollstes Verständnis haben*⟩ ≈ ganz, vollständig *„Ich habe eine volle Stunde auf dich gewartet"* **5** ein wenig dick ⟨*ein Gesicht; voller werden*⟩ **6** **volles Haar** viele, dicht wachsende Haare auf dem Kopf **7** kräftig und laut (tönend) ⟨*ein Klang, Töne*⟩ **8** **voll und ganz** ohne Einschränkung *„Ich kann dich voll und ganz verstehen"* **9** (mit Adjektiven in der Form des Partizip Perfekts) vollständig ⟨*voll automatisiert, bepackt, besetzt*⟩ ❶ Die genannten Adjektive können auch mit *voll* zusammengeschrieben werden: *ein vollbesetzter Bus.*

**vọll-**[1] [f-] (*im Verb, betont und trennbar, begrenzt produktiv; Diese Verben werden so gebildet: vollstopfen, stopfte voll, vollgestopft*) **etwas volladen, vollpacken, vollstellen, vollstopfen, volltanken** *und andere* drückt aus, dass etwas mit einer Sache gefüllt wird *„Er pumpte das Becken voll"* Er pumpte so viel Wasser in das Becken, bis dieses voll war ❶ aber: *das Auto zu voll laden, zu voll tanken*

**vọll-**[2] [f-] *im Adjektiv, betont, begrenzt produktiv* **vollelastisch, vollgefressen, vollgepumpt, vollgestopft, vollgetankt** *und andere* ganz oder in sehr hohem Maße *„ein vollfetter Käse"* | *„ein vollgültiges Mitglied"* ❶ Die genannten Adjektive müssen mit *voll* zusammengeschrieben werden.

**-voll** [f-] *im Adjektiv nach Substantiv, unbetont, begrenzt produktiv* **liebevoll, mitleidsvoll, sehnsuchtsvoll, taktvoll, temperamentvoll, vertrauensvoll** *und andere* so, dass das Genannte (in großer Zahl, in hohem Maße) vorhanden ist *„respektvoll miteinander umgehen"* | *„rücksichtsvoll sein"*

der **Vọll·bart** ein Bart, der das Kinn, die Oberlippe und die Wangen bedeckt • *hierzu* **vọll·bär·tig** *ADJEKTIV*

die **Vọll·be·schäf·ti·gung** *nur Singular* der Zustand der Wirtschaft, in dem (fast) alle Arbeit haben oder finden ⟨*es herrscht Vollbeschäftigung*⟩

**voll·brịn·gen** (*vollbrachte, hat vollbracht*) **etwas vollbringen** *geschrieben* etwas (Wichtiges, Außergewöhnliches) tun ⟨*eine Meisterleistung, ein gutes Werk vollbringen*⟩

(der) **Vọll·dampf mit Volldampf** *gesprochen* mit höchster Geschwindigkeit, mit aller Energie ⟨*mit Volldampf voraus*⟩

**voll·ẹn·den** (*vollendete, hat vollendet*) **etwas vollenden** *geschrieben* etwas, das man angefangen hat, erfolgreich abschließen ⟨*einen Bau, ein Werk vollenden*⟩ • *hierzu* **Voll·ẹn·dung** *die*

**vọll·ends** *ADVERB* völlig, ganz und gar *„Jetzt hast du mich vollends aufgeweckt!"* | *„Jetzt ist sie vollends beleidigt"*

V

**vol·ler★** ADJEKTIV **1** *Komparativ* → voll **2** *nur attributiv, nur in dieser Form* voll mit etwas ⟨*voller Dreck, Farbe, Fett, Menschen, Sand*⟩ „*Lisa umarmte Peter voller Freude*"

der **Vol·ley·ball** ['vɔli-] **1** *ohne Artikel, nur Singular* ein Ballspiel, bei dem zwei Mannschaften versuchen, einen Ball mit den Händen über ein Netz zu spielen **2** der Ball, der beim Volleyball verwendet wird

**voll·füh·ren** (*vollführte, hat vollführt*) **etwas vollführen** etwas (z. B. eine schwierige körperliche Bewegung) ausführen ⟨*einen Sprung, Freudentänze, ein Kunststück vollführen*⟩

(das) **Voll·gas Vollgas geben** so auf das Gaspedal treten, dass ein Fahrzeug so schnell wie möglich fährt

**völ·lig★** ADJEKTIV *meist attributiv* im höchsten möglichen Maß, Grad ≈ ganz „*Es herrschte völlige Stille*" | „*Das habe ich völlig vergessen!*" | „*Es ist mir völlig egal, ob du das glaubst oder nicht*"

**voll·jäh·rig** ADJEKTIV in dem Alter, ab dem man z. B. wählen und ohne die Erlaubnis der Eltern heiraten darf ⟨*volljährig sein*⟩ ↔ minderjährig • *hierzu* **Voll·jäh·rig·keit** *die*

**voll·kom·men★** ADJEKTIV **1** ohne Fehler oder Schwächen ⟨*ein Kunstwerk*⟩ ≈ perfekt „*Kein Mensch ist vollkommen*" **2** ≈ völlig, vollständig „*Das ist doch vollkommener Unsinn!*" | „*Ich bin vollkommen anderer Meinung als du*" • *zu* (1) **Voll·kom·men·heit** *die*

**voll·ma·chen** (*hat*); *gesprochen* **1** **etwas vollmachen** etwas ganz füllen „*die Gießkanne vollmachen*" **2** **jemanden/etwas vollmachen** jemanden, sich selbst oder etwas mit etwas schmutzig machen „*Du hast dich mit Marmelade vollgemacht!*"

die **Voll·macht** (-, *-en*) **die Vollmacht (für/zu etwas)** eine Erlaubnis, die eine Person einer anderen gibt. Mit einer Vollmacht darf man Dinge tun, die sonst nur die betreffende Person selbst tun darf (wie z. B. über eine Summe Geld verfügen) ⟨*jemandem* (*die*) *Vollmacht für/zu etwas geben, erteilen, übertragen*; (*die*) *Vollmacht für/zu etwas haben*⟩ ≈ Ermächtigung

die **Voll·milch★** Milch, die ca. 3,5 % Fett hat **K** Vollmilchschokolade

der **Voll·mond★** *nur Singular* der Mond, wenn man ihn als runde Scheibe sieht ⟨*es ist Vollmond*⟩ „*Heute haben wir Vollmond*"

die **Voll·nar·ko·se** eine Narkose, bei der jemand bewusstlos ist ≈ Allgemeinanästhesie

die **Voll·pen·si·on★** *nur Singular* ein Zimmer in einem Hotel o. Ä. mit Frühstück, Mittag- und Abendessen ⟨*ein Zimmer mit Vollpension; Vollpension buchen*⟩

der **Voll·rausch** der Zustand, in dem jemand völlig betrunken ist

**voll·stän·dig★** ADJEKTIV **1** so, dass kein Teil fehlt ⟨*ein Register, ein Verzeichnis; Angaben*⟩ „*eine vollständige Ausgabe der Werke Goethes*" **2** ≈ völlig, total „*Die Stadt wurde durch das Erdbeben fast vollständig zerstört*" • *zu* (1) **Voll·stän·dig·keit** *die*

**voll·stre·cken** (*vollstreckte, hat vollstreckt*) **ein Urteil, eine Strafe wird (an jemandem) vollstreckt** das Urteil eines Gerichts wird in die Tat umgesetzt • *hierzu* **Voll·stre·ckung** *die*

der **Voll·tref·fer** (-*s*, -) ein Schlag oder Schuss mitten ins Ziel „*Der Boxer landete einen Volltreffer*"

**voll·wer·tig** ADJEKTIV *meist attributiv* **1** mit dem gleichen Wert oder mit der gleichen Bedeutung wie eine andere Person oder Sache ⟨*ein Ersatz*⟩ **2** in Bezug auf gesunde Lebensmittel ⟨*vollwertige Kost, Ernährung*⟩

**voll·zäh·lig** ADJEKTIV *meist prädikativ* ≈ komplett „*Die Mannschaft war vollzählig versammelt*"

die **Voll·zeit** *nur Singular* die gesetzlich festgelegte oder übliche Arbeitszeit (also zurzeit etwa acht Stunden täglich bzw. 40 Stunden wöchentlich) ⟨(*in*) *Vollzeit arbeiten*⟩ ℹ → auch **ganztägig** und **ganztags**

**voll·zie·hen** (*vollzog, hat vollzogen*); *geschrieben* **1** **etwas vollziehen** (als Beamter o. Ä.) eine offizielle Handlung ausführen ⟨*eine Amtshandlung, die Trauung vollziehen*⟩ **2** **etwas vollzieht sich** etwas geschieht innerhalb eines Zeitraums ⟨*ein Wandel, eine Entwicklung, ein Prozess*⟩ • *hierzu* **Voll·zug** *der*

der **Vo·lon·tär** [v-]; (-*s*, -*e*) eine Person, die eine Zeit lang für wenig Geld arbeitet, um Erfahrung in einem Beruf zu bekommen • *hierzu* **Vo·lon·tä·rin** *die*

das **Vo·lon·ta·ri·at** [v-]; (-(*e*)*s*, -*e*) **1** die Zeit, in der jemand als Volontär arbeitet **2** die Stelle eines Volontärs

das **Volt** [v-]; (-(*e*)*s*, -) die Einheit, mit der elektrische Spannung gemessen wird „*Die Bahn fährt mit einer Spannung von 16000 Volt*" ℹ Abkürzung nach Zahlen: *V*

das **Vo·lu·men★** [v-]; (-*s*, -/*Vo·lu·mi·na*) **1** der Inhalt eines geometrischen Körpers (der in Ku-

V

bikzentimetern, Kubikmetern usw. gemessen wird) ≈ Rauminhalt *„das Volumen eines Würfels berechnen"* **2** die Gesamtmenge einer Sache innerhalb eines festgelegten Zeitraums **K** Exportvolumen, Handelsvolumen, Kreditvolumen

**vom** ★ [f-] *PRÄPOSITION mit Artikel* von dem ⓘ In Wendungen wie *vom Lande stammen, vom Fach sein* und *Der Wind weht vom Meer* kann *vom* nicht durch *von dem* ersetzt werden.

**von** ★ [f-] *PRÄPOSITION mit Dativ* RICHTUNG: **1** aus der genannten Richtung *„Die von rechts kommenden Fahrzeuge haben hier Vorfahrt"* ORT: **2** nennt den Ort oder den Punkt, wo etwas anfängt *„Von hier ist es nicht mehr weit zum Bahnhof"* | *„von München nach Stuttgart fahren"* **3** nennt die Sache oder Stelle, wo etwas war/ist, das entfernt wurde/wird *„ein Stück von der Wurst abschneiden"* ZEIT: **4** nennt den Zeitpunkt, an dem etwas anfängt *„Das Festival dauerte von Freitag bis Sonntag"* URHEBER, HANDELNDER: **5** nennt in Passivkonstruktionen die Person, das Tier, die Maschine o. Ä., die eine Handlung ausführen *„von einer Schlange gebissen werden"* **6** nennt die Person, das Tier o. Ä., die etwas getan, geschaffen oder verursacht haben *„ein Brief von meiner Schwester"* BEZIEHUNG, BESITZ: **7** drückt aus, dass Personen/Dinge zusammengehören *„Er ist ein Freund von mir"* **8** nennt die Gruppe oder das Ganze, zu dem jemand/etwas gehört *„Jeder von uns hat seine Fehler"* ⓘ zu 8 und 9: Die Verbindung mit *von* anstelle des Genitivs ist in der gesprochenen Sprache sehr häufig: *Goethes Werke/die Werke von Goethe; Rainers Mutter/die Mutter von Rainer* ZUSAMMENHANG: **9** nennt die Person oder Sache, an die man denkt oder über die man spricht *„Ich weiß von ihm nur, dass er aus Berlin kommt"* **10** nennt den Zusammenhang, aus dem eine Person oder Sache bekannt ist oder in dem sie wichtig ist *„Ich kenne ihn vom Sportverein/nur vom Sehen"* **11** nennt den Grund für eine Sache ≈ wegen *„müde von der Arbeit sein"* **12** verwendet, um eine Ergänzung anzuschließen *„Er hängt finanziell von seinen Eltern ab"*

**von·ei·nan·der** ★ *ADVERB* eine Person/Sache von der anderen (drückt eine Gegenseitigkeit aus) *„Wir hatten lange nichts mehr voneinander gehört"* | *„Wir mussten uns bald wieder voneinander verabschieden"* | *„die Teile vorsichtig voneinander lösen"*

**von·stat·ten·ge·hen** (*ging vonstatten, ist vonstattengegangen*); *geschrieben* **etwas geht irgendwie vonstatten** etwas läuft irgendwie ab *„Die Bauarbeiten gehen zügig vonstatten"*

**vor** ★ [f-] *PRÄPOSITION* ORT: **1** *mit Dativ* nahe bei einer Person/Sache, so dass man das Gesicht oder die vordere Seite sieht ↔ hinter *„vor dem Spiegel stehen"* | *„auf dem Platz vor der Kirche"* **2** *mit Dativ* nahe bei einer Person/Sache, so dass man den Rücken oder die hintere Seite sieht ↔ hinter *„Er stand vor mir in der Schlange"* ⓘ → Anhang, S. 1113: **Präpositionen** **3** *mit Akkusativ* in die Nähe oder in Richtung auf die Seite, die näher oder vorne ist ↔ hinter *„Er setzte sich vor den Fernseher"* ⓘ → Anhang, S. 1113: **Präpositionen** ZEIT: **4** *mit Dativ* früher als der genannte Vorgang, der genannte Zeitpunkt ↔ nach *„sich vor dem Essen die Hände waschen"* | *„Es ist zehn (Minuten) vor elf (Uhr)"* **5** *mit Dativ* zu einem Zeitpunkt in der Vergangenheit mit dem genannten Abstand zu heute ↔ nach *„vor langer Zeit"* | *„Er hat vor fünf Minuten angerufen"* **6** *mit Dativ* in einer Reihenfolge früher als andere(s) ↔ nach *„Halt, ich komme vor dir dran!"* **7** *mit Dativ* etwas ist in naher Zukunft zu erwarten oder zu tun *„Jetzt liegt eine schöne Zeit vor dir"* GRUND: **8** *mit Dativ, ohne Artikel* nennt den Grund für einen körperlichen oder psychischen Zustand *„vor Angst/Kälte zittern"* ANWESENHEIT: **9** *mit Dativ* nennt Personen, die bei etwas auch anwesend sind *„Der Lehrer tadelte Robert vor allen Mitschülern"* ALS ERGÄNZUNG: **10** *mit Dativ* verwendet, um Ergänzungen anzuschließen *„sich vor einem bissigen Hund fürchten"* | *„die Angst vor der Einsamkeit"*
*ADVERB* **11** nach vorn *„Freiwillige vor!"*

**vor-** ★ [f-] (*im Verb, betont und trennbar, wenig produktiv; Diese Verben werden so gebildet: vortreten, trat vor, vorgetreten*) **1** **vorfahren, vorgehen, vorkommen, vorsehen** *und andere* nach vorn oder zur Vorderseite *„Der Hauptmann ließ die Soldaten einzeln vortreten"* Die Soldaten mussten einzeln aus der Reihe nach vorn, hin zum Hauptmann treten **2** **etwas vorverlegen, vorziehen**; **(etwas) vorkochen, vorheizen**; **vorarbeiten** *und andere* drückt aus, dass etwas früher als geplant oder zur Vorbereitung geschieht *„Für das Fest morgen habe ich schon vorgekocht"* Das Essen für morgen habe ich schon heute gekocht, sodass ich es morgen nur noch warm zu machen brauche **3** **(jemandem) etwas vormachen,**

**vorsingen, vorspielen, vorturnen** *und andere* drückt aus, dass etwas so gemacht wird, wie es von anderen Personen wiederholt werden soll *„Ich spreche euch langsam vor und ihr sprecht mir bitte nach"* Ihr wiederholt genau das, was ich sage

der **Vor·abend der Vorabend** (*+Genitiv*) der Abend vor einem Tag, an dem ein besonderes (festliches) Ereignis stattfindet *„am Vorabend ihrer Hochzeit"*

die **Vor·ah·nung** das Gefühl, dass etwas (meist Unangenehmes) passieren wird ⟨*Vorahnungen haben; jemanden befällt eine (böse) Vorahnung*⟩

**vo·ran** *ADVERB* an der Spitze (einer Gruppe)

**vo·ran|kom·men** (*kam voran, ist vorangekommen*) **1** einem Ziel näher kommen *„Wir sind mit dem Auto gut vorangekommen"* **2** **jemand/etwas kommt voran** jemand/etwas macht Fortschritte ⟨*jemand/etwas kommt gut, schlecht, mühsam voran*⟩

**vo·ran|stel·len** (*stellte voran, hat vorangestellt*) **einer Sache** (*Dativ*) **etwas voranstellen** etwas an den Anfang einer Sache stellen *„einem Vortrag einige Bemerkungen voranstellen"*

die **Vor·ar·beit** eine Arbeit, durch die eine größere Arbeit vorbereitet wird ⟨*gute Vorarbeit leisten*⟩

**vor·ar·bei·ten** (*hat*) **1** eine Zeit lang an etwas länger arbeiten, damit man später mehr Zeit für etwas anderes hat ⟨*einen Tag vorarbeiten*⟩ **2** **sich vorarbeiten** sich sehr anstrengen, um einen Ort oder eine bessere Position zu erreichen *„Der Rennfahrer hat sich vom sechsten auf den vierten Platz vorgearbeitet"*

der **Vor·ar·bei·ter** der Leiter einer Gruppe von Arbeitern • *hierzu* **Vor·ar·bei·te·rin** *die*

**vo·raus★** [fo'raus] *ADVERB* **1** **(jemandem/etwas) voraus** an der Spitze (einer Gruppe) *„Wir liefen Vater entgegen, der Hund (uns allen) voraus"* **2** **eine Person/Sache ist jemandem/etwas voraus** eine Person oder Sache ist viel klüger, schneller, fortschrittlicher o. Ä. als eine andere Person oder Sache *„Einstein war in seinem Denken seiner Zeit weit voraus"* **3** **im Voraus** zeitlich vor einer anderen Handlung oder einem anderen Ereignis oder bevor es passieren müsste ⟨*etwas im Voraus bezahlen*⟩

**vo·raus-** (*im Verb, betont und trennbar, begrenzt produktiv; Diese Verben werden so gebildet: vorausgehen, ging voraus, vorausgegangen*) **1** **vorauslaufen, vorauseilen, vorausfahren, vorausreiten** *und andere* bezeichnet eine Bewegung in die gleiche Richtung wie eine andere Person oder Sache, aber weiter vorne *„Das Kind lief voraus, die Eltern kamen langsam nach"* Das Kind lief vor den Eltern her **2** **etwas voraus(be)zahlen, vorausberechnen; (etwas) vorausplanen** *und andere* drückt aus, dass etwas früher getan wird, als es sein müsste *„Er hat die Miete für Februar schon im Januar vorausbezahlt"* Er hat die Miete für Februar schon vorher bezahlt

**vo·raus·ah·nen** (*hat*) **etwas vorausahnen** fühlen, dass etwas (meist Unangenehmes) passieren wird ⟨*ein Unglück vorausahnen*⟩

**vo·raus·ge·hen★** (*ist*) **1** **(jemandem/etwas) vorausgehen** an der Spitze einer Gruppe oder früher als andere Leute irgendwohin gehen *„Ihr könnt ja noch bleiben. Ich gehe schon mal voraus!"* **2** **etwas geht einer Sache** (*Dativ*) **voraus** etwas ereignet sich früher als etwas anderes

**vo·raus·ge·setzt★** *BINDEWORT* **vorausgesetzt (, dass ...)** verwendet, um einen Nebensatz einzuleiten, der eine Annahme oder Bedingung enthält *„Morgen fahren wir zum Baden, vorausgesetzt, dass es nicht regnet/vorausgesetzt, es regnet nicht"*

**vo·raus·ha·ben** (*hat*) **jemandem/etwas etwas voraushaben** in Bezug auf das Genannte besser sein als eine andere Person/andere Dinge *„Er hat dem Konkurrenten die Erfahrung voraus"*

die **Vo·raus·sa·ge** (-, -*n*) **eine Voraussage (über etwas** (*Akkusativ*)**)** eine Aussage über ein Ereignis in der Zukunft ⟨*Voraussagen machen; eine Voraussage erfüllt sich, tritt ein*⟩

**vo·raus·se·hen** (*hat*) **etwas voraussehen** ahnen oder sehen können, wie etwas werden oder sich entwickeln wird ⟨*eine Entwicklung voraussehen*⟩ ≈ abschätzen *„Es war vorauszusehen, dass dieses Projekt scheitern würde"* • *hierzu* **vo·raus·seh·bar** *ADJEKTIV*

**vo·raus·set·zen★** (*hat*) **1** **etwas voraussetzen** glauben, dass etwas sicher oder vorhanden ist ⟨*etwas stillschweigend, als bekannt, als selbstverständlich voraussetzen*⟩ *„Ich setze voraus, dass Sie Englisch können"* **2** **jemand/etwas setzt etwas voraus** eine Person oder Sache verlangt etwas als notwendige Bedingung *„Diese Tätigkeit setzt gründliche IT-Kenntnisse voraus"*

V

die **Vo·raus·set·zung**★ (-, -en) **1** etwas, das man als Grundlage für das weiteres Tun oder Überlegungen usw. nimmt ‹*von falschen Voraussetzungen ausgehen*› **2** **die Voraussetzung (für etwas)** etwas, das unbedingt vorhanden sein muss, um etwas anderes möglich zu machen ‹*die Voraussetzungen (für etwas) sind erfüllt, gegeben; unter der Voraussetzung, dass …*›

die **Vo·raus·sicht** (-) **aller Voraussicht nach** ≈ wahrscheinlich

**vo·raus·sicht·lich**★ *ADJEKTIV meist attributiv* sehr wahrscheinlich *„Der Zug hat voraussichtlich fünf Minuten Verspätung"*

die **Vor|aus·wahl** *meist Singular* die erste Auswahl aus einer Gruppe, bevor die eigentliche (endgültige) Auswahl stattfindet ‹*eine Vorauswahl treffen*›

**vor·bau·en (einer Sache** (*Dativ*)**) vorbauen** so handeln, dass man vor möglichen Gefahren oder Schäden sicher ist

die **Vor·be·din·gung** ≈ Voraussetzung

der **Vor·be·halt** (-(e)s, -e) **1** **ein Vorbehalt (gegen jemanden/etwas)** Zweifel oder Bedenken gegenüber einer Person oder Sache ‹*Vorbehalte haben*› **2** eine Forderung, von der man etwas abhängig macht *„den Vertrag nur unter dem Vorbehalt unterschreiben, dass …"* **3** **mit/unter/ohne Vorbehalt** mit/ohne Einschränkung *„Die Erlaubnis wurde nur unter Vorbehalt erteilt"* • *zu* (1) **vor·be·halt·los** *ADJEKTIV*

**vor·be·hal·ten** (*behält vor, behielt vor, hat vorbehalten*) **sich** (*Dativ*) **etwas vorbehalten** ausdrücklich sagen, dass man unter Umständen das Genannte tun wird ‹*sich* (*Dativ*) *gerichtliche Schritte* (*gegen jemanden*) *vorbehalten*›

**vor·bei**★ *ADVERB* **1** **(an jemandem/etwas) vorbei** verwendet, um zu sagen, dass eine Person oder Sache von der Seite kommt, kurz neben einer anderen Person oder Sache ist und sich dann weiterbewegt *„Bevor wir winken konnten, war der Bus schon wieder an uns vorbei"* **2** zu Ende *„Der Sommer/Die Gefahr ist vorbei"*

**vor·bei-**★ (*im Verb, betont und trennbar, begrenzt produktiv; Diese Verben werden so gebildet: vorbeifahren, fuhr vorbei, vorbeigefahren*) **an jemandem/etwas vorbeigehen, vorbeilaufen, vorbeirennen**; **jemanden/etwas vorbeiführen, vorbeilassen**; **etwas führt an etwas vorbei** *und andere* drückt (in Verbindung mit Verben der Bewegung) aus, dass eine Person oder Sache aus einer Richtung zu einem Ort oder zu einer Person kommt und nicht dort bleibt, sondern sich weiterbewegt *„Er fuhr an mir vorbei ohne anzuhalten"*

**vor·bei·ge·hen** (*ist*) **etwas geht vorbei** etwas geht zu Ende ‹*die Schmerzen, das Leid, der Kummer*› ❶ weitere Verwendungen → **vorbei-**

**vor·bei·kom·men** (*ist*) **1** **(an jemandem/etwas) vorbeikommen** an eine Stelle kommen und weitergehen oder weiterfahren *„Auf der Fahrt bin ich an einem Unfall vorbeigekommen"* **2** **(an jemandem/etwas) vorbeikommen** an einer engen Stelle, an einem Hindernis weitergehen oder weiterfahren können *„Stell das Auto nicht in die Einfahrt, sonst kommt keiner mehr vorbei!"* **3** **(bei jemandem) vorbeikommen** *gesprochen* einen kurzen Besuch (bei jemandem) machen

**vor·bei·schau·en** (*hat*) **(bei jemandem) vorbeischauen** *gesprochen* jemanden kurz besuchen *„Ich schaue morgen früh mal kurz bei dir vorbei, bevor ich zur Arbeit gehe"*

**vor·be·rei·ten**★ (*bereitete vor, hat vorbereitet*) **1** **etwas vorbereiten** die notwendigen Arbeiten schon vorher machen, damit später etwas schneller und ohne Probleme abläuft ‹*das Essen, ein Fest, eine Feier, eine Reise vorbereiten; eine Rede gut vorbereiten*› **2** **jemanden (auf etwas** (*Akkusativ*)**) vorbereiten** (vor einer Prüfung, einem Wettkampf o. Ä.) die notwendigen Arbeiten machen, damit eine Person oder man selbst das Beste leisten kann *„sich auf eine Prüfung vorbereiten"* | *„einen Sportler intensiv auf einen Wettkampf vorbereiten"*

**vor·be·rei·tet**★ *ADJEKTIV* **(auf jemanden/etwas) vorbereitet** so, dass man jemanden/etwas erwartet und deshalb nicht überrascht ist *„Nanu, Heinz ist ja auch hier: Darauf war ich nicht vorbereitet"*

die **Vor·be·rei·tung**★ (-, -en) die Arbeit(en), mit denen man sich selbst, eine andere Person oder etwas vorbereitet oder auf etwas vorbereitet ‹*Vorbereitungen (für etwas) treffen; die Vorbereitungen sind in vollem Gange*› **K** Vorbereitungszeit; Reisevorbereitungen

**vor·be·stel·len** (*bestellte vor, hat vorbestellt*) **etwas vorbestellen** ≈ bestellen • *hierzu* **Vor·be·stel·lung** *die*

**vor·be·straft** *ADJEKTIV* bereits früher wegen

einer Straftat verurteilt ⟨(*mehrfach*) *vorbestraft sein*⟩ • *hierzu* **Vor·be·straf·te** *der/die*

**vor·beu·gen** (*hat*) **1** **einer Sache** (*Dativ*) **vorbeugen** durch Maßnahmen oder Verhaltensweisen verhindern, dass etwas Negatives geschieht ⟨*einer Krankheit, einer Gefahr, einem Streit vorbeugen*⟩ *„vorbeugende Maßnahmen ergreifen"* **2** **etwas/sich vorbeugen** einen Körperteil oder den ganzen Körper nach vorn beugen ⟨*den Kopf, den Oberkörper, sich* (*weit*) *vorbeugen*⟩

die **Vor·beu·gung** (-) **die Vorbeugung (gegen etwas)** Maßnahmen, die verhindern sollen, dass etwas Negatives geschieht *„die Vorbeugung gegen Grippe"*

das **Vor·bild**★ **1** **ein Vorbild (für jemanden)** eine Person, die man (wegen guter Eigenschaften oder Fähigkeiten) so bewundert, dass man so werden will wie sie ⟨*ein leuchtendes, schlechtes Vorbild; sich* (*Dativ*) *jemanden zum Vorbild nehmen*⟩ **2** eine Person oder Sache, die als Muster für etwas dient *„eine Romanfigur nach historischem Vorbild"*

**vor·bild·lich** *ADJEKTIV* mit so guten Eigenschaften oder Fähigkeiten, dass andere Leute diese nachahmen könnten ⟨*eine Mutter, ein Vater, ein Ehemann, ein Lehrer, eine Erziehung, eine Ordnung; sich vorbildlich verhalten*⟩

die **Vor·bil·dung** *nur Singular* Wissen und Fähigkeiten, die man schon hat, bevor man meist einen Beruf oder eine Ausbildung beginnt ≈ Vorkenntnisse

**vor·brin·gen** (*hat*) **etwas vorbringen** etwas (mit Nachdruck, gezielt) sagen, äußern ⟨*eine Frage, eine Anschuldigung* (*gegen jemanden*), *ein Anliegen vorbringen*⟩

**vor·de·r-**★ [f-] *ADJEKTIV meist attributiv, kein Komparativ* da, wo vorne ist ⟷ hinter- *„die vorderen Räder des Autos"* | *„einen Platz in der vordersten Reihe haben"* **K** Vordereingang, Vorderrad, Vorderteil

der **Vor·der·grund**★ *nur Singular* der Teil eines Raumes oder Bildes, der näher beim Betrachter liegt

**vor·der·grün·dig** *ADJEKTIV* **1** ohne einen tieferen Sinn ⟨*eine Geschichte, ein Film*⟩ **2** so, dass man die eigentliche Absicht sofort erkennt ⟨*ein Argument, eine Frage, ein Verhalten*⟩

die **Vor·der·sei·te**★ die Seite einer Sache, die vorne ist ⟨*die Vorderseite eines Gebäudes*⟩ ⟷ Rückseite

**vor·drin·gen** (*ist*) **1** **in etwas** (*Akkusativ*) **vordringen** Hindernisse und Widerstände überwinden und irgendwohin kommen *„in den Weltraum vordringen"* **2** **(irgendwie) vordringen** sich langsam und mit großer Mühe (z. B. durch dichtes Gebüsch oder hohen Schnee) nach vorne bewegen *„Die Forscher drangen nur langsam durch den Urwald vor"*

**vor·dring·lich** *ADJEKTIV; geschrieben* sehr wichtig und deshalb als Erstes zu behandeln ⟨*eine Angelegenheit, ein Problem, eine Aufgabe; etwas vordringlich behandeln*⟩

der **Vor·druck** (-(*e*)*s*, -*e*) ≈ Formular

**vor·ei·lig** *ADJEKTIV* zu schnell und ohne gründliche Überlegung ⟨*ein Entschluss, ein Schritt; etwas voreilig entscheiden; voreilig handeln*⟩

**vor·ei·nan·der** *ADVERB* eine Person der anderen Person gegenüber und umgekehrt ⟨*Personen haben Angst, Hochachtung, Respekt voreinander*⟩ *„Sie verbargen ihre wahren Gefühle voreinander"*

**vor·ein·ge·nom·men** *ADJEKTIV; geschrieben* **(gegen jemanden/etwas) voreingenommen; (jemandem/etwas gegenüber) voreingenommen** mit Vorurteilen und deshalb nicht objektiv, fair

**vor·erst** *ADVERB* in der unmittelbar nächsten Zeit ≈ vorläufig *„vorerst ändert sich nichts"*

der **Vor·fahr** (-*en*, -*en*) eine Person, von der man abstammt (und die vor langer Zeit gelebt hat) *„Viele seiner Vorfahren waren Musiker"*

die **Vor·fahrt**★ (-) das Recht (z. B. eines Autofahrers), als Erster fahren zu dürfen ⟨*die Vorfahrt beachten, verletzen; jemandem die Vorfahrt lassen, nehmen*⟩ *„Wer von rechts kommt, hat Vorfahrt"* **K** Vorfahrtsregelung, Vorfahrtsschild

der **Vor·fall**★ ein Ereignis, das meist als negativ empfunden wird ⟨*ein aufsehenerregender, merkwürdiger, peinlicher, unangenehmer Vorfall*⟩

**vor·fal·len** (*ist*) **etwas fällt vor** etwas Unangenehmes, Peinliches oder Trauriges geschieht plötzlich *„Ihr seht alle so erschrocken aus, was ist denn vorgefallen?"* ❶ meist im Partizip Perfekt

das **Vor·feld** (-(*e*)*s*) **im Vorfeld (von etwas)** während etwas Wichtiges vorbereitet wird *„Im Vorfeld der Wahlen kam es zu Unruhen"*

**vor·fin·den** (*hat*) **jemanden/etwas (irgendwie) vorfinden** feststellen, dass jemand/

etwas (in dem genannten Zustand) da ist *„etwas so vorfinden, wie man es erwartet hatte"*

die **Vor·freu·de** *meist Singular* **die Vorfreude (auf etwas** (*Akkusativ*)**)** die Freude, die man hat, wenn man etwas Angenehmes erwartet ⟨*die Vorfreude auf Weihnachten, auf die Ferien*⟩

der **Vor·führ·ef·fekt** verwendet, um zu sagen, dass etwas oft gerade dann nicht funktioniert oder geschieht, wenn man es anderen zeigen will

**vor·füh·ren** (*hat*) **1 (jemandem) etwas vorführen** einem Publikum etwas zeigen ⟨*einen Film, Kunststücke, ein Theaterstück, neue Modelle vorführen*⟩ **2 (jemandem) etwas vorführen** jemandem zeigen, wie man etwas macht oder wie etwas funktioniert *„dem Kunden vorführen, wie man das Gerät bedient"* • *hierzu* **Vor·füh·rung** *die*

der **Vor·gang★ 1** etwas, das über einen längeren Zeitraum geschieht oder geschehen ist ⟨*ein einfacher, komplizierter Vorgang*⟩ **2** eine Entwicklung, bei der sich etwas verändert ≈ Prozess *„Er erforscht die chemischen Vorgänge bei der Fotosynthese"* **K** Denkvorgang, Entwicklungsvorgang **3** *admin* alle Akten, die einen Fall z. B. in der Verwaltung oder bei Gericht betreffen ⟨*einen Vorgang bearbeiten*⟩

der **Vor·gän·ger★** (-s, -) **jemandes Vorgänger** eine Person, die eine Stellung, ein Amt o. Ä. direkt vor einer anderen Person hatte ⟨*der Vorgänger im Amt*⟩ • *hierzu* **Vor·gän·ge·rin** *die*

**vor·ge·ben** (*hat*) **1 (jemandem) etwas vorgeben** etwas als Richtlinie, Vorgabe bestimmen ⟨*sich an die vorgegebenen Normen halten*⟩ **2 etwas vorgeben** etwas behaupten, das nicht wahr ist (um sich zu entschuldigen oder um das eigene Verhalten zu erklären) *„Er gab vor, den Zeugen noch nie gesehen zu haben"*

**vor·ge·fer·tigt** *ADJEKTIV* ⟨*Bauelemente, Bauteile*⟩ so hergestellt, dass sie nur noch montiert werden müssen

**vor·ge·hen★** (*ist*) **1 eine Uhr geht vor** eine Uhr geht zu schnell und zeigt eine spätere Zeit als die richtige Zeit an *„Mein Wecker geht etwa 5 Minuten vor"* **2 etwas geht vor** etwas geschieht (zu einem Zeitpunkt) *„Was geht hier eigentlich vor?"* | *„Keiner weiß, was in einem Kind vorgeht"* was ein Kind denkt und fühlt **3 irgendwie vorgehen** in der genannten Art und Weise handeln oder entsprechende Mittel anwenden ⟨*brutal, energisch, geschickt, schlau, zögernd, raffiniert vorgehen*⟩ **K** Vorgehensweise **4 gegen jemanden/etwas vorgehen** gegen eine Person oder Sache aktiv werden *„gegen die Mückenplage mit Insektenspray vorgehen"* **5 jemand/etwas geht vor** eine Person oder Sache ist wichtiger als eine andere Person oder Sache *„Sicherheit geht vor!"* **6** *gesprochen* (meist als Erster) in einer Reihe vor einer anderen Person gehen ≈ vorausgehen *„Geh schon mal vor, ich komme gleich nach"* **7 (irgendwohin) vorgehen** *gesprochen* nach vorne gehen *„bis zur vordersten Reihe vorgehen"* • *zu* (3,4) **Vor·ge·hen** *das*

der **Vor·ge·setz·te** (*-n, -n*) eine Person, die in einer Firma, beim Militär, in einem Amt o. Ä. einen höheren Rang hat und so bestimmt, was andere Leute machen müssen ⟨*jemandes unmittelbarer Vorgesetzter*⟩

**vor·ges·tern★** *ADVERB* vor zwei Tagen *„die Zeitung von vorgestern"* **ID von vorgestern sein** *gesprochen* nicht über die neueste Entwicklung informiert sein • *hierzu* **vor·gest·rig** *ADJEKTIV*

**vor·glü·hen** (*hat*); *gesprochen* vor dem Ausgehen zu Hause Alkohol trinken, um in Stimmung zu kommen und Geld zu sparen

**vor·grei·fen** (*hat*) **1 (jemandem) vorgreifen** *geschrieben* schneller oder früher als eine andere Person etwas sagen oder tun ≈ zuvorkommen **2 einer Sache** (*Dativ*) **vorgreifen** *geschrieben* handeln, bevor die Umstände günstig sind oder etwas entschieden ist • *hierzu* **Vor·griff** *der*

**vor·ha·ben★** (*hat vor, hatte vor, hat vorgehabt*) **etwas vorhaben** die Absicht haben, etwas zu tun ⟨*viel, nichts Besonderes vorhaben*⟩ *„Was hast du am Sonntag vor?"* | *„Er hat vor, sein Haus zu verkaufen"*

das **Vor·ha·ben★** (-s, -); *geschrieben* etwas, das man tun will ⟨*ein ehrgeiziges, teures Vorhaben; ein Vorhaben umsetzen, verwirklichen, aufgeben; jemanden von einem Vorhaben abbringen; ein Vorhaben scheitert*⟩ ≈ Plan **K** Bauvorhaben, Forschungsvorhaben

**vor·hal·ten** (*hat*) **1 (jemandem) etwas vorhalten** etwas vor jemanden oder sich selbst halten ⟨*sich* (*Dativ*) *beim Gähnen die Hand vorhalten*⟩ **2 jemandem etwas vorhalten** einer Person sehr direkt sagen, was sie falsch gemacht hat die **Vor·hal·tung** (-, *-en*) **jemandem (wegen etwas) Vorhaltungen machen** jemandem Vorwürfe machen

**vor·han·den★** *ADJEKTIV* so, dass es da ist, existiert *„Die vorhandenen Freikarten waren schnell vergeben"* | *„Vom Vermögen seines Vaters ist nichts mehr vorhanden"* • *hierzu* **Vor·han·den·sein** *das*

der **Vor·hang★** (-(e)s, *Vor·hän·ge*) **1** ein langes Stück Stoff, das meist neben einem Fenster hängt und das man vor das Fenster ziehen kann **K** Vorhangstange **2** der Vorhang vor der Bühne eines Theaters ⟨*der Vorhang fällt, geht auf, hebt sich, senkt sich, öffnet sich*⟩

**vor·her, vor·her★** *ADVERB* vor dem genannten oder bekannten Zeitpunkt ⟨*kurz vorher; am Tag vorher; zwei Wochen vorher*⟩ *„Das hättest du schon 'vorher sagen müssen!"* | *„Konntest du dir das nicht 'vorher überlegen?"* ❶ *Etwas 'vorher sagen* (= etwas vor einem bestimmten Zeitpunkt sagen); aber: *etwas vor'hersagen* (= sagen, was in der Zukunft geschehen wird)

**vor·her·be·stimmt** *ADJEKTIV* **es ist (jemandem) vorherbestimmt, dass ...** etwas ist jemandes Schicksal

die **Vor·herr·schaft** *nur Singular; geschrieben* die Macht in der Politik, in der Wirtschaft oder in der Kultur (von der andere Leute abhängig sind) ⟨*die Vorherrschaft anstreben, ausüben, erlangen; um die Vorherrschaft kämpfen, streiten*⟩ ≈ Vormachtstellung

**vor·herr·schen** (*hat*) **etwas herrscht vor** etwas ist stärker oder weiter verbreitet als etwas Ähnliches ⟨*eine Ansicht, ein Geschmack, eine Meinung, eine Mode, ein Klima*⟩

die **Vor·her·sa·ge** (-, *-n*) **die Vorhersage (über etwas** (*Akkusativ*)**)** eine Aussage über zukünftige Entwicklungen o. Ä. ⟨*eine langfristige Vorhersage; eine Vorhersage erfüllt sich*⟩ *„Die Vorhersage über den Ausgang der Wahlen hat sich bestätigt"* **K** Wettervorhersage

**vor·her·se·hen★** (*sieht vorher, sah vorher, hat vorhergesehen*) **etwas vorhersehen** wissen, was in der Zukunft geschieht *„Er konnte nicht vorhersehen, welche Folgen die Erfindung haben würde"* | *„Wir haben nicht vorgesehen, dass sich das Produkt so gut verkaufen würde"* • *hierzu* **vor·her·seh·bar** *ADJEKTIV*

**vor·hin, vor·hin★** *ADVERB* vor wenigen Minuten, gerade (eben) *„Vorhin schien noch die Sonne, und jetzt regnet es schon wieder"*

**Vor·hi·nein** *ADVERB* **im Vorhinein** schon vorher ⟨*etwas im Vorhinein ablehnen, verurteilen*⟩

die **Vor·hut** (-) eine Gruppe von Soldaten, die der Truppe vorausmarschiert oder vorausfährt (um den Weg zu erkunden und zu sichern)

**vo·ri·g-★** *ADJEKTIV meist attributiv* direkt vor dem jetzigen Zeitpunkt o. Ä. ↔ nächst- *„vorigen Januar"* | *„voriges Mal"* | *„der vorige Präsident"* | *„im Dezember vorigen Jahres"*

das **Vor·jahr** das vorige, vergangene Jahr **K** Vorjahresernte, Vorjahressieger • *hierzu* **vor·jäh·ri·g-** *ADJEKTIV*

die **Vor·keh·rung** (-, *-en*); *meist Plural* eine der Maßnahmen, die vor etwas schützen sollen ⟨*Vorkehrungen treffen*⟩

**vor·kom·men★** (*ist*) **1** **etwas kommt irgendwo vor** etwas existiert irgendwo oder ist vorhanden *„Koalas kommen nur in Australien vor"* **2** **etwas kommt (jemandem) vor** etwas passiert, geschieht (jemandem) *„So etwas/So eine Unverschämtheit ist mir noch nie vorgekommen!"* | *„Es kann schon mal vorkommen, dass man keine Lust zum Arbeiten hat"* **3** **eine Person/Sache kommt jemandem irgendwie vor** eine Person/Sache macht den genannten Eindruck auf jemanden *„Es kam mir verdächtig vor, dass er seinen Namen nicht nennen wollte"* | *„Es kam mir (so) vor, als ob er das alles so geplant hätte"* **4** **jemand kommt sich** (*Dativ*) **irgendwie vor** jemand hat das Gefühl, irgendwie zu sein *„In dem luxuriösen Hotelzimmer kam ich mir wie ein König vor"* fühlte ich mich verwöhnt wie ein König

das **Vor·kom·men★** (-s, -) das Vorhandensein von Bodenschätzen (meist in großer Menge) **K** Goldvorkommen, Kohlevorkommen

das **Vor·komm·nis** (*-ses, -se*); *geschrieben* etwas meist Unangenehmes oder Ärgerliches, das geschieht ≈ Vorfall *„Die Kundgebung verlief ruhig und ohne besondere Vorkommnisse"*

**vor·la·den** (*hat*) **jemand wird vorgeladen** jemand wird offiziell aufgefordert, vor Gericht oder bei der Polizei zu erscheinen ⟨*jemand wird als Zeuge, zur Verhandlung vorgeladen*⟩ • *hierzu* **Vor·la·dung** *die*

die **Vor·la·ge★** **1** *nur Singular* das Zeigen und Vorlegen eines Dokuments *„etwas zur Vorlage beim Standesamt benötigen"* | *„etwas nur gegen Vorlage der Quittung erhalten"* **2** ein Plan oder ein Muster, nach dem man etwas (meist in Handarbeit) herstellt *„Ich habe den Pullover zu*

V

*eng gestrickt, weil ich keine Vorlage hatte"* **K** Bastelvorlage, Malvorlage **3** *admin* der Entwurf für ein neues Gesetz **K** Gesetzesvorlage

**vor·las·sen** (*hat*) **jemanden vorlassen** *gesprochen* (vor allem in einem Geschäft oder an einem Schalter) erlauben, dass jemand früher als man selbst bedient o. Ä. wird *„jemanden an der Kasse im Supermarkt vorlassen"*

der **Vor·läu·fer ein Vorläufer** (+*Genitiv*) eine frühe, noch wenig entwickelte, einfache Form eines Geräts o. Ä. *„der Phonograph von Edison als Vorläufer des Plattenspielers"* • *zu* **Vor·läu·fe·rin** *die*

**vor·läu·fig**★ *ADJEKTIV* nur vorübergehend gültig, nicht endgültig ‹*eine Genehmigung, ein Ergebnis, eine Regelung*› *„Er wohnt vorläufig bei seinem Freund, bis er eine eigene Wohnung findet"* • *hierzu* **Vor·läu·fig·keit** *die*

**vor·laut** *ADJEKTIV* so, dass man überall die eigene Meinung sagt, auch wenn man nicht danach gefragt wurde ‹*ein Kind, ein Schüler; vorlaut fragen*›

**vor·le·gen** (*hat*) **(jemandem/einer Behörde o. Ä.) etwas vorlegen** ein Dokument zu einer Behörde o. Ä. bringen (vor allem wenn man einen Antrag stellen will) ‹(*jemandem*) *ein Attest, Beweismaterial, eine Bescheinigung, die Papiere, die Zeugnisse vorlegen*›

**vor·le·sen**★ (*hat*) **(jemandem) (etwas) vorlesen** etwas laut lesen, damit andere Leute es hören *„den Kindern Märchen vorlesen"* **K** Vorlesewettbewerb

die **Vor·le·sung eine Vorlesung (über etwas** (*Akkusativ*)**)** ein Vortrag oder eine Reihe von Vorträgen über ein Thema, die ein Professor regelmäßig für die Studenten hält ‹*eine Vorlesung halten; in die Vorlesung gehen; eine Vorlesung besuchen*› **K** Vorlesungsbeginn, Vorlesungsverzeichnis

**vor·letz·t-** *ADJEKTIV meist attributiv* **1** direkt vor dem Letzten einer Reihe oder Gruppe *„auf der vorletzten Seite der Zeitung"* **2** zeitlich direkt vor dem letzten *„vorletzte Woche"* nicht letzte Woche, sondern die Woche davor

die **Vor·lie·be**★ *meist Singular* **eine Vorliebe (für jemanden/Dinge)** ein besonderes Interesse für eine Person oder Sache *„Er hat eine Vorliebe für alte Lokomotiven"* | *„Sie trägt mit Vorliebe kurze Röcke"* Sie trägt am liebsten kurze Röcke

**vor·lie·gen** (*hat*) **1** **etwas liegt (jemandem) vor** etwas ist zu jemandem gebracht worden, um geprüft oder bearbeitet zu werden ‹*ein Antrag, eine Anfrage, ein Gutachten, Pläne*› *„Uns liegen so viele Bestellungen vor, dass sich die Lieferung etwas verzögern wird"* **2** **etwas liegt (gegen jemanden) vor** etwas, das für die Beurteilung einer Sache wichtig ist, ist vorhanden oder bekannt ‹*Anhaltspunkte, Gründe, der Verdacht*› *„Er wurde freigelassen, da gegen ihn nichts vorlag"*

**vorm** *PRÄPOSITION mit Artikel; gesprochen* vor dem

**vor·ma·chen** (*hat*) **1** **(jemandem) etwas vormachen** einer Person zeigen, wie etwas gemacht wird, damit sie es dann auch selbst kann ≈ vorführen *„jemandem vormachen, wie man ein Rad wechselt"* **2** **jemandem etwas vormachen** *gesprochen* jemanden mit Lügen oder mit einem Trick täuschen *„Ich lasse mir nichts vormachen!"*

**vor·mals** *ADVERB; geschrieben* ≈ früher, ehemals

der **Vor·marsch etwas ist auf dem Vormarsch; etwas befindet sich auf dem Vormarsch** etwas breitet sich aus, etwas wird überall bekannt ‹*eine Idee, eine Mode, eine Seuche*›

**vor·mer·ken**★ (*hat*) **1** **sich** (*Dativ*) **etwas vormerken** etwas aufschreiben, damit man später daran denkt ‹*einen Termin, eine Bestellung vormerken*› **2** **jemanden (als/für etwas) vormerken** aufschreiben, dass jemand an etwas Interesse hat oder an etwas teilnehmen möchte • *hierzu* **Vor·mer·kung** *die*

der **Vor·mit·tag**★ **1** die Zeit zwischen dem Morgen und 12 Uhr mittags ‹*am Vormittag*› **K** Montagvormittag **2** ungefähr in der Zeit zwischen 8 Uhr morgens und 12 Uhr mittags ‹*gestern, heute, morgen Vormittag*› **i** mit den Namen von Wochentagen zusammengeschrieben: *Er kam Sonntagvormittag*

**vor·mit·tags**★ *ADVERB* am Vormittag

**vorn**★ *ADVERB* **1** vorn ist da, wo unser Gesicht, Brust und Bauch sind ↔ hinten *„Der Wind kam von vorn"* | *„nach vorn sehen"* **2** vorn ist da, wo etwas anfängt ↔ hinten *„Der Haupteingang ist vorn, auf der Straßenseite"* | *„weiter vorn im Buch"* **3** **von vorn** von Anfang an ‹*wieder von vorn anfangen* (*müssen*)› **4** **von vorn bis hinten** *gesprochen* vollständig, von Anfang bis Ende ≈ ganz *„Was er sagt, ist von vorn bis hinten erlogen!"*

der **Vor·na·me**★ der Name, den man zusätzlich

V

zum Familiennamen bekommt und mit dem man in der Familie und von Freunden angeredet wird *„Sein Vorname ist Hans"* | *„Mit Vornamen heißt er Hans"*

**vor·ne**★ *ADVERB* → vorn

**vor·nehm**★ *ADJEKTIV* **1** sehr gepflegt und sehr teuer ⟨*eine Einrichtung, ein Geschäft, ein Hotel, eine Straße, ein Stadtviertel; vornehm gekleidet*⟩ ≈ elegant **2** mit hoher sozialer Stellung ⟨*eine Familie, die Gesellschaft*⟩ **3** mit gutem und großzügigem Charakter ⟨*ein Mensch, eine Gesinnung, eine Haltung*⟩ • *zu* (1,2) **Vor·nehm·heit** *die*

**vor·neh·men** (*hat*) **1** **etwas vornehmen** *geschrieben* (als Beamter o. Ä.) etwas Wichtiges oder Offizielles tun ⟨*eine Amtshandlung, Kontrollen, eine Untersuchung, die Trauung vornehmen*⟩ **2** **sich** (*Dativ*) **jemanden vornehmen** *gesprochen* jemanden streng tadeln *„Er nahm sich seinen Sohn wegen der schlechten Noten gründlich vor"* **3** **sich** (*Dativ*) **etwas vornehmen** etwas planen oder beschließen *„Nimm dir nicht zu viel vor!"* | *„Für das neue Jahr hat er sich vorgenommen, mit dem Rauchen aufzuhören"* **4** **sich** (*Dativ*) **etwas vornehmen** sich mit etwas (gründlich) beschäftigen • *hierzu* **Vor·nah·me** *die*

**vorn·he·rein** *ADVERB* **von vornherein** von Anfang an ⟨*etwas von vornherein ablehnen, sagen, wissen*⟩

der **Vor·ort**★ ein (meist kleiner) Ort am Rande einer großen Stadt ↔ Zentrum *„Wohnst du im Zentrum von Köln oder in einem Vorort?"*

**vor·pro·gram·miert** *ADJEKTIV* so, dass es mit Sicherheit geschehen wird ⟨*ein Erfolg, ein Konflikt, eine Niederlage*⟩

der **Vor·rang** **Vorrang (vor jemandem/etwas)** die größere Bedeutung als eine andere Person oder Sache ⟨*Vorrang gegenüber, vor jemandem/etwas haben; jemandem den Vorrang streitig machen*⟩ **K** Vorrangstellung

der **Vor·rat**★ (-(*e*)*s*, *Vor·rä·te*) eine Menge einer Sache, die man aufbewahrt, damit man immer genug davon hat ⟨*ein begrenzter, unerschöpflicher Vorrat; ein Vorrat an/von Getreide, Lebensmitteln, Kohlen; einen Vorrat anlegen, aufbrauchen*⟩ ≈ Reserve **K** Vorratsglas, Vorratskammer, Vorratskeller; Lebensmittelvorrat, Wintervorrat

das **Vor·recht** ein besonderes Recht, das nur wenige haben ⟨*ein Vorrecht genießen; jemandem ein Vorrecht einräumen*⟩ ≈ Privileg

die **Vor·rich·tung**★ (-, *-en*) eine Konstruktion an einem größeren Gegenstand, die eine Hilfsfunktion hat *„Der Lastwagen hat eine Vorrichtung zum Kippen"* **K** Bremsvorrichtung, Drehvorrichtung, Haltevorrichtung

der **Vor·ru·he·stand** ein freiwilliger (nicht durch Krankheit bedingter) Ruhestand vor dem normalen Rentenalter ⟨*in den Vorruhestand gehen*⟩

**vors** *PRÄPOSITION mit Artikel; gesprochen* vor das

der **Vor·satz** ein Prinzip oder eine Idee, an die man sich in Zukunft halten will ⟨*einen Vorsatz fassen; viele gute Vorsätze haben; bei seinem Vorsatz bleiben*⟩ *„Er hat den festen Vorsatz, weniger zu arbeiten"*

**vor·sätz·lich** *ADJEKTIV meist attributiv; geschrieben* mit voller Absicht ⟨*jemanden vorsätzlich beleidigen; etwas vorsätzlich beschädigen*⟩ ≈ absichtlich ↔ versehentlich

die **Vor·schau** **eine Vorschau (auf etwas** (*Akkusativ*)**)** eine Ankündigung von Sendungen im Fernsehen oder Veranstaltungen *„eine Vorschau auf das heutige Abendprogramm"* **K** Programmvorschau

der **Vor·schein** *geschrieben* **1** **etwas kommt zum Vorschein** etwas wird sichtbar *„Die Sonne kam kurz hinter den Wolken zum Vorschein"* **2** **etwas zum Vorschein bringen** etwas irgendwo herausholen, sodass man es sehen kann

**vor·schie·ßen** *gesprochen* **1** **jemandem etwas vorschießen** (*hat*) einer Person sofort einen Teil der Geldsumme geben, die sie erst später ganz bekommen soll *„Kannst du mir zehn Euro (von meinem Taschengeld) vorschießen?"* **2** **jemand/etwas schießt irgendwo vor** (*ist*) jemand/etwas bewegt sich sehr schnell nach vorn

der **Vor·schlag**★ der Rat oder die Empfehlung an jemanden, etwas zu tun ⟨*ein annehmbarer, diskutabler, guter, konkreter, konstruktiver Vorschlag; einen Vorschlag ablehnen, annehmen; jemandem einen Vorschlag machen; auf einen Vorschlag eingehen*⟩ *„Auf Vorschlag der Versammlung wurde eine Prüfung der Finanzen beschlossen"* **K** Kompromissvorschlag, Verbesserungsvorschlag, Wahlvorschlag

**vor·schla·gen**★ (*hat*) **1** **(jemandem) etwas vorschlagen** jemandem einen Rat oder eine Empfehlung geben *„Er schlug einen Kompromiss vor"* | *„Ich schlage vor, dass wir um-*

V

*kehren"* **2** **jemanden (für/als etwas) vorschlagen** jemanden für eine Aufgabe, als Kandidaten o. Ä. empfehlen *„Er wurde als neuer Trainer vorgeschlagen"*

**vor·schnell** *ADJEKTIV* zu schnell und ohne genug Überlegung ⟨*eine Antwort, ein Entschluss; vorschnell handeln, urteilen, entscheiden*⟩

**vor·schrei·ben** (*hat*) **(jemandem) etwas vorschreiben** einer Person sagen oder befehlen, was sie tun muss ≈ anordnen, bestimmen *„jemandem vorschreiben, wie er sich verhalten soll/was er zu tun hat"* | *„jemandem die Route vorschreiben, die er fahren muss"*

die **Vor·schrift★** Vorschriften bestimmen, was man in einem speziellen Fall tun muss ⟨*gesetzliche, strenge Vorschriften; eine Vorschrift erlassen, beachten, einhalten, missachten; jemandem Vorschriften machen; gegen die Vorschriften verstoßen; sich an die Vorschriften halten; etwas genau nach Vorschrift tun*⟩

die **Vor·schu·le★** *nur Singular* in der Vorschule werden Kinder mit besonderen Bedürfnissen ein Jahr lang auf die Schule vorbereitet **K** Vorschulerziehung, Vorschulkind

der **Vor·schuss** eine Summe Geld, die man als Teil z. B. eines Honorars schon vorher bekommt ⟨*sich (Dativ) einen Vorschuss geben lassen; um einen Vorschuss von hundert Euro bitten*⟩ **K** Vorschusszahlung

die **Vor·se·hung** (-); *geschrieben* eine höhere Macht, von der man glaubt, dass sie das Schicksal der Menschen und der ganzen Welt lenke ⟨*die göttliche Vorsehung*⟩

die **Vor·sicht★** *nur Singular* **1** ein Verhalten, bei dem man sehr darauf achtet, dass kein Unfall und kein Schaden entsteht ⟨*Vorsicht üben, Vorsicht walten lassen*⟩ **K** Vorsichtsmaßnahme **2** **Vorsicht!** verwendet, um jemanden vor einer Gefahr zu warnen *„Vorsicht, bissiger Hund!"* | *„Vorsicht, Stufe!"*

**vor·sich·tig★** *ADJEKTIV* so, dass man versucht, Gefahren, Fehler oder Ärger zu vermeiden *„Du solltest auf diesen glatten Straßen etwas vorsichtiger fahren!"* | *„Vorsichtig geschätzt wird das etwa zwei Stunden dauern"* | *„Sie formulierte ihre Kritik äußerst vorsichtig"*

**vor·sichts·hal·ber** *ADVERB* aus Vorsicht, um ganz sicher zu sein ≈ sicherheitshalber *„Du solltest vorsichtshalber einen Sitzplatz in dem Zug reservieren lassen"*

die **Vor·sil·be** ≈ Präfix *„Vor-", „ent-" und „ab-" sind häufige Vorsilben im Deutschen"*

**vor·sin·gen** (*hat*) **irgendwo vorsingen** irgendwo singen, um das eigene Können prüfen zu lassen *„Er muss heute in der Oper vorsingen"*

der **Vor·sitz** *meist Singular* das Leiten einer Konferenz, einer Versammlung o. Ä. ⟨*den Vorsitz haben, führen, abgeben, niederlegen*⟩ *„Der Ausschuss tagte unter (dem) Vorsitz von Frau Dr. Weber"*

der/die **Vor·sit·zen·de★** (*-n, -n*) eine Person, die eine Konferenz oder Versammlung leitet **i** *ein Vorsitzender; der Vorsitzende; den, dem, des Vorsitzenden*

die **Vor·sor·ge** *meist Singular* alle Maßnahmen, durch die man verhindern will, dass eine Gefahr oder eine schlimme Situation entsteht ⟨*Vorsorge für etwas treffen*⟩

**vor·sor·gen** (*hat*) **(für etwas) vorsorgen** Maßnahmen für (spätere) schwierige Situationen oder für Gefahren treffen *„Er hat für das Alter vorgesorgt"*

die **Vor·sor·ge·voll·macht** eine Erklärung, die man für den Fall schreibt, dass man einmal so krank sein sollte, dass man selbst nicht mehr über seine medizinische Versorgung entscheiden kann. Man legt darin fest, wer dies dann stattdessen tun soll **i** vergleiche **Patientenverfügung**

die **Vor·spei·se★** ein kleines Essen, das man vor dem Hauptgericht isst

**vor·spie·len** (*hat*) **1** **(jemandem) (etwas) vorspielen; (etwas) vor jemandem vorspielen** vor Zuhörern auf einem Musikinstrument etwas spielen *„Kannst du (uns) ein Stück auf dem Akkordeon vorspielen?"* **2** **(jemandem) etwas vorspielen; etwas vor jemandem vorspielen** vor Zuschauern Theater spielen ≈ aufführen *„Die Schüler wollen einen Sketch vorspielen"* **3** **jemandem etwas vorspielen** sich absichtlich so verhalten, dass andere Leute etwas glauben, das nicht wahr ist *„Er ist gar nicht so mutig, er spielt uns das nur vor"*

der **Vor·sprung★** **1** der Abstand, den jemand vor anderen Leuten hat *„Im Ziel hatte er einen Vorsprung von 20 Sekunden"* **K** Zeitvorsprung **2** ein höherer Stand der Entwicklung (als andere) ⟨*ein wissenschaftlicher, technischer Vorsprung*⟩ **K** Wissensvorsprung **3** ein Teil einer Sache, der aus einer senkrechten Fläche heraussteht **K** Felsvorsprung, Mauervorsprung

die **Vor·stadt** ≈ Vorort **K** Vorstadttheater, Vorstadtkino • *hierzu* **Vor·städ·ter** *der;* **vor-**

V

**städ·tisch** *ADJEKTIV*

der **Vor·stand**★ eine Gruppe von Personen, die gemeinsam ein Unternehmen, einen Verein o. Ä. leiten ⟨*in den Vorstand gewählt werden; dem Vorstand angehören; im Vorstand sitzen*⟩ *„Die Mitglieder des Vereins wählten einen neuen Vorstand"* **K** Vorstandssitzung, Vorstandswahl; Parteivorstand, Vereinsvorstand

**vor·stel·len**★ (*hat*) **1** **(jemandem) eine Person vorstellen** jemandem sagen, wie eine Person oder man selbst heißt und wer sie/man ist *„Darf ich Ihnen meinen Kollegen Herrn Scholz vorstellen?"* | *„Er stellte sich (den Wählern) als Kandidat für die Bürgermeisterwahl vor"* **2** **(jemandem) etwas vorstellen** etwas einem Kunden, einem Publikum o. Ä. zeigen, damit es bekannt wird ⟨*ein Kunstwerk, ein Modell, ein Produkt*⟩ **3** **sich** (*Dativ*) **jemanden/etwas (irgendwie) vorstellen** ein Bild, eine Vorstellung von einer Person oder Sache haben, die man noch nicht kennt ⟨*sich* (*Dativ*) *etwas lebhaft, kaum, nur schwer vorstellen können*⟩ *„Unseren neuen Skilehrer hatten wir uns ganz anders vorgestellt"* **4** **etwas vorstellen** die Zeiger einer Uhr weiterdrehen, sodass sie eine spätere Zeit anzeigen *„Wenn die Sommerzeit beginnt, müssen alle Uhren (um) eine Stunde vorgestellt werden"* **ID** **Stell dir vor, ...** als Einleitung verwendet, wenn man etwas Überraschendes erzählen will • *zu* (3) **vor·stell·bar** *ADJEKTIV*

die **Vor·stel·lung**★ **1** ein persönliches Gespräch im Rahmen einer Bewerbung um eine Stelle *„Ich habe eine Einladung zur persönlichen Vorstellung bei dem neuen Verlag bekommen"* **K** Vorstellungsgespräch **2** *oft Plural* das Bild, das man sich in Gedanken von jemandem/etwas macht *„Nach seiner Vorstellung sollten seine Mitarbeiter mindestens eine Fremdsprache sprechen"* **K** Gehaltsvorstellung, Preisvorstellung **3** *nur Singular* etwas, das man sich wünscht oder das man nur in Gedanken sieht ⟨*etwas existiert nur in jemandes Vorstellung*⟩ ≈ Fantasie **K** Vorstellungsgabe; Wunschvorstellung **4** die Aufführung eines Theaterstücks o. Ä. ⟨*eine Vorstellung ankündigen, absagen, besuchen, geben*⟩ **K** Vorstellungsbeginn; Abendvorstellung, Zirkusvorstellung

der **Vor·stoß** das Vorstoßen ⟨*einen Vorstoß abwehren, unternehmen, wagen, zurückschlagen*⟩

**vor·sto·ßen** **irgendwohin vorstoßen** (*ist*) sich (unter oft gefährlichen Bedingungen) in ein unbekanntes Gebiet bewegen ≈ vordringen *„Amundsen gelang es, bis zum Südpol vorzustoßen"*

die **Vor·stra·fe** eine (gerichtliche) Strafe, die jemand vor einem früheren Zeitpunkt bekommen hat **K** Vorstrafenregister

der **Vor·tag** der Tag vor einem oft besonderen Tag ⟨*am Vortag von Weihnachten; am Vortag der Hochzeit*⟩

**vor·täu·schen** (*hat*) **(jemandem) etwas vortäuschen** bewirken, dass jemand etwas glaubt, das nicht wahr ist *„Er hat den Unfall nur vorgetäuscht"* | *„Er täuschte vor, einen Unfall gehabt zu haben"* • *hierzu* **Vor·täu·schung** *die*

der **Vor·teil**★ **1** etwas (z. B. ein Umstand, eine Eigenschaft), das für eine Person günstig ist und ihr etwas erleichtert ↔ Nachteil *„Es ist für ihn/für seinen Beruf von Vorteil, dass er zwei Fremdsprachen spricht"* **2** die Eigenschaft(en) einer Sache, durch die sie besser ist als andere ↔ Nachteil *„Das neue Auto hat den großen Vorteil, weniger Benzin zu verbrauchen"*

**vor·teil·haft** *ADJEKTIV* so, dass es einen Nutzen bringt oder für jemanden gut ist ⟨*ein Geschäft, ein Angebot, ein Kauf*⟩ *„Es kann nur vorteilhaft (für dich) sein, frühzeitig mit dem Training anzufangen"*

der **Vor·trag**★ (-*(e)s, Vor·trä·ge*) **ein Vortrag (über jemanden/etwas)** eine ziemlich lange Rede vor einem Publikum über ein Thema ⟨*ein Vortrag über ein Thema*⟩ *„Er hat einen interessanten Vortrag über seine Reise nach Indien gehalten"* **K** Vortragsabend; Diavortrag

**vor·tra·gen** (*hat*) **1** **(jemandem) etwas vortragen** vor jemandem etwas sprechen, singen oder spielen ⟨*ein Gedicht, eine Klaviersonate, ein Lied, Verse vortragen*⟩ **2** **(jemandem) etwas vortragen** *geschrieben* jemandem offiziell oder öffentlich über etwas berichten *„Auf dem Kongress wird er die Ergebnisse seiner Forschungen vortragen"*

der **Vor·tritt**★ *nur Singular* **jemandem den Vortritt lassen** aus Höflichkeit jemanden als Ersten durch eine Tür in einen Raum, ein Zimmer o. Ä. gehen lassen

**vo·rü·ber** *ADVERB; geschrieben* ≈ vorbei

**vo·rü·ber|ge·hen** (*ging vorüber, ist vorübergegangen*) **1** **an jemandem/etwas vorübergehen** ≈ vorbeigehen **2** **etwas geht vorüber** etwas geht vorbei, hört auf ⟨*eine Gefahr,*

V

der Kummer, die Schmerzen⟩

**vo·rü·ber|ge·hend**★ *ADJEKTIV* nur für kurze Zeit ⟨*vorübergehend geschlossen; eine Abwesenheit, eine Wetterbesserung*⟩ *„Die Flüchtlinge sind vorübergehend in einem Lager untergebracht"*

das **Vor·ur·teil**★ **ein Vorurteil (gegen jemanden/etwas); ein Vorurteil (über jemanden/etwas)** eine feste, meist negative Meinung über Menschen oder Dinge, von denen man nicht viel weiß oder versteht ⟨*ein gängiges, hartnäckiges, weitverbreitetes Vorurteil; Vorurteile gegen Fremde, gegen Ausländer; Vorurteile abbauen, haben*⟩ • *hierzu* **vor·ur·teils·frei** *ADJEKTIV*; **vor·ur·teils·los** *ADJEKTIV*

der **Vor·ver·kauf**★ *nur Singular* der Verkauf von Eintrittskarten in den Tagen oder Wochen vor der Veranstaltung *„Im Vorverkauf waren die Karten 10 % teurer"* **K** Vorverkaufspreis; Kartenvorverkauf

**vor·ver·le·gen** (*verlegte vor, hat vorverlegt*) **1 etwas vorverlegen** etwas weiter nach vorn legen *„Bei dem Umbau der Straße wird die Haltestelle um 10 Meter vorverlegt"* **2 etwas vorverlegen** etwas auf einen früheren Zeitpunkt legen *„Dieses Jahr wird der Anfang der Ferien um eine Woche vorverlegt"*

die **Vor·wahl**★ die Telefonnummer, die man wählt, um jemanden in einer anderen Stadt oder in einem anderen Land zu erreichen *„Die Vorwahl von München ist 089, die von Frankfurt ist 069"*

der **Vor·wand** (*-(e)s, Vor·wän·de*) eine Begründung für ein Verhalten, die nicht der Wahrheit entspricht ⟨*etwas zum Vorwand nehmen; etwas als Vorwand benutzen*⟩ ≈ Ausrede *„Unter dem Vorwand, krank zu sein, blieb er zu Hause"*

**vor·war·nen** (*hat*) **jemanden vorwarnen** jemanden schon früh vor einer kommenden Gefahr warnen oder über etwas informieren, was geschehen wird *„Du hättest mich ruhig vorwarnen können, dass deine Eltern zu Besuch kommen"* • *hierzu* **Vor·war·nung** *die*

**vor·wärts, vor·wärts**★ *ADVERB* **1** in die Richtung nach vorn ⟨*einen Salto, einen Sprung, einen Schritt vorwärts machen*⟩ **2** weiter in Richtung auf ein Ziel *„Die Meisterprüfung ist ein wichtiger Schritt vorwärts auf dem Weg zur beruflichen Selbstständigkeit"*

**vor·weg** *ADVERB* **1** bevor man etwas anderes tut ⟨*etwas vorweg feststellen, klären*⟩ **2** vorn, voraus, als Erster ⟨*vorweg marschieren*⟩ *„Der Festzug zog durch die Stadt, die Blaskapelle vorweg"*

**vor·weg|neh·men** (*nimmt vorweg, nahm vorweg, hat vorweggenommen*) **etwas vorwegnehmen** etwas, das eigentlich erst später gesagt oder getan werden soll, schon tun oder sagen ⟨*den Ausgang, den Schluss einer Geschichte vorwegnehmen; das Ergebnis vorwegnehmen*⟩

die **Vor|weih·nachts·zeit** *nur Singular* die Zeit vor Weihnachten ≈ Adventszeit

**vor·wer·fen**★ (*hat*) **1 jemandem etwas vorwerfen** einer Person deutlich sagen, welche Fehler sie gemacht hat *„Er wirft dir vor, nicht die Wahrheit zu sagen"* | *„Ich lasse mir nicht vorwerfen, ich sei an allem schuld/dass ich an allem schuld sei"* **2 etwas einem Tier vorwerfen** etwas einem Tier zum Fressen hinwerfen

**vor·wie·gend**★ *ADVERB; geschrieben* in den meisten Fällen, zum größten Teil *„Er hat vorwiegend Jugendbücher geschrieben"* | *„Auf den Bergen wird es morgen vorwiegend sonnig sein"*

die **Vor·wo·che** die Woche vor der jetzigen Woche

das **Vor·wort** (*-(e)s, -e*) ein meist kurzer Text am Anfang eines Buches, in dem das Buch kurz vorgestellt wird

der **Vor·wurf**★ **der Vorwurf (gegen jemanden)** eine Äußerung, mit der man einer Person deutlich sagt, welche Fehler sie gemacht hat ⟨*einen Vorwurf entkräften, zurückweisen; Vorwürfe gegen jemanden erheben; jemandem Vorwürfe, etwas zum Vorwurf machen*⟩ *„Er musste sich gegen den Vorwurf verteidigen, Gelder der Firma unterschlagen zu haben"* • *hierzu* **vor·wurfs·voll** *ADJEKTIV*

das **Vor·zei·chen** **1** ein Ereignis, das anzeigt oder andeutet, dass etwas Bestimmtes geschehen wird ⟨*ein böses, gutes, günstiges, untrügliches Vorzeichen*⟩ ≈ Omen *„Das Erscheinen eines Kometen galt früher als ein schlimmes Vorzeichen"* **2** die Zeichen + und −, mit denen man positive und negative Zahlen unterscheidet ⟨*ein negatives, positives Vorzeichen*⟩ **3** die Zeichen □ oder □ auf einer Notenlinie, die die nachfolgenden Noten (auf dieser Linie) um einen halben Ton höher bzw. tiefer machen

**vor·zeig·bar** *ADJEKTIV* so gut, dass man die Person oder Sache mit Stolz zeigen kann ⟨*ein Ergebnis, Kinder*⟩

die **Vor·zeit** *nur Singular* die früheste Zeit in der Entwicklung des Menschen ⟨*in grauer, ferner Vorzeit*⟩ ≈ Urzeit K Vorzeitmensch • *hierzu* **vor·zeit·lich** *ADJEKTIV*

**vor·zei·tig** *ADJEKTIV meist attributiv* vor der geplanten oder erwarteten Zeit ⟨*die Abreise, die Entlassung; vorzeitig altern, aus dem Dienst ausscheiden, in Rente gehen, pensioniert werden*⟩

**vor·zie·hen**★ (*hat*) 1 **eine Person/Sache (jemandem/etwas) vorziehen** die (zuerst) genannte Person oder Sache lieber mögen oder für besser halten als eine andere *„das Tennisturnier dem Spielfilm vorziehen" | „Er hat es vorgezogen, wegen seiner Erkältung zu Hause zu bleiben"* 2 **etwas vorziehen** etwas früher stattfinden lassen als geplant *„Wir ziehen einen aktuellen Bericht über das Unglück vor und bringen den Spielfilm danach"* 3 **jemanden/etwas vorziehen** jemanden/etwas nach vorn ziehen *„Kannst du deinen Sitz ein wenig vorziehen?"*

das **Vor·zim·mer** der Raum vor dem Büro des Chefs, in dem meist die Sekretärin arbeitet ⟨*im Vorzimmer warten*⟩

der **Vor·zug** 1 *nur Singular* die größere Bedeutung, die man jemandem/etwas gibt *„einem von mehreren Bewerbern den Vorzug geben"* 2 ≈ Vorteil *„Diese Route hat den Vorzug, dass sie viel kürzer ist als die andere"*

**vor·züg·lich** *ADJEKTIV; geschrieben* ⟨*ein Tänzer, ein Wein; vorzüglich kochen; etwas schmeckt vorzüglich*⟩ ≈ hervorragend, ausgezeichnet • *hierzu* **Vor·züg·lich·keit** *die*

**vor·zugs·wei·se** *ADVERB; geschrieben* vor allem ≈ hauptsächlich *„Er sammelt vorzugsweise ausländische Briefmarken"*

**vul·gär** [v-] *ADJEKTIV; geschrieben* ⟨*ein Ausdruck, ein Fluch, ein Mensch, eine Person, ein Wort*⟩ so, dass sie gegen die guten Sitten und gegen den guten Geschmack verstoßen ≈ ordinär

der **Vul·kan** [v-]; (-(e)s, -e) ein Berg, aus dem eine heiße Flüssigkeit (Lava) und heiße Gase kommen können ⟨*ein aktiver, tätiger, erloschener Vulkan; ein Vulkan bricht aus*⟩ K Vulkanausbruch, Vulkankrater

# W

das **W, w** [veː], (-, -/ *gesprochen auch* -s) der dreiundzwanzigste Buchstabe des Alphabets ⟨*ein großes W; ein kleines w*⟩

die **Waa·ge** (-, -n) 1 ein Gerät, mit dem man das Gewicht von Gegenständen oder Personen bestimmt ⟨*sich auf die Waage stellen*⟩ *„Die Waage zeigt 30 kg an"* K Briefwaage ❶ → Abbildung, S. 97: **Im Bad** 2 *nur Singular* das Sternzeichen für die Zeit vom 24. September bis 23. Oktober 3 eine Person, die in der Zeit vom 24. September bis 23. Oktober geboren ist *„Er ist (eine) Waage"*

**waa·ge·recht, waag·recht**★ *ADJEKTIV* parallel zum Boden ≈ horizontal *„Weinflaschen sollen waagerecht gelagert werden"* • *hierzu* **Waa·ge·rech·te, Waag·rech·te** *die*

die **Wa·be** (-, -n) eine sechseckige Zelle aus Wachs, in der die Bienen den Honig speichern

**wa·bern** (*waberte, hat/ist gewabert*); *geschrieben* **etwas wabert** etwas bewegt sich ziellos in der Luft ⟨*Nebel, Qualm, Rauch*⟩

**wach**★ *ADJEKTIV* (*wacher, wachst-*) 1 *meist prädikativ* nicht (mehr) schlafend ⟨*wach sein, werden, bleiben*⟩ *„Sie lag die ganze Nacht wach"* 2 geistig rege, intelligent und interessiert ⟨*etwas wach verfolgen*⟩

die **Wa·che** (-, -n) 1 *nur Singular* das Beobachten von Gebäuden oder Personen, um mögliche Gefahren zu erkennen und zu verhindern ⟨*Wache haben, halten, stehen*⟩ *„Vor dem Kasernentor stehen Soldaten (auf) Wache"* K Wachhund, Wachposten 2 eine Person oder eine Gruppe von Personen, die auf Wache ist K Wachmann 3 eine Dienststelle der Polizei ⟨*jemanden auf die Wache bringen*⟩

**wa·chen** (*wachte, hat gewacht*) 1 **bei jemandem wachen; an jemandes Bett wachen** auf einen Kranken aufpassen 2 **über jemanden/etwas wachen** auf jemanden/etwas gut aufpassen und so auch schützen 3 **über etwas** (*Akkusativ*) **wachen** kontrollieren, ob Regeln usw. befolgt werden

**wach·lie·gen** ≈ wach liegen

**wach·rüt·teln** (*rüttelte wach, hat wachgerüttelt*) **jemanden wachrütteln** jemanden auf Missstände aufmerksam machen und sein Gewissen wecken das **Wachs** [vaks]; *(-es, -e)* **1** *nur Singular* eine Masse (von Bienen gebildet), aus der vor allem Kerzen gemacht werden **K** Bienenwachs, Kerzenwachs **2** eine weiche Masse, ähnlich dem Wachs, mit der man den Fußboden, die Möbel usw. pflegt

**wach·sam** ['vax-] *ADJEKTIV* aufmerksam, damit man Gefahren erkennen kann • *hierzu* **Wạch·sam·keit** *die*

**wach·sen¹★** ['vaksn̩] *(wächst, wuchs, ist gewachsen)* **1 jemand/etwas wächst** ein Kind, ein (junges) Tier oder eine Pflanze wird größer (und kräftiger) *„Sie ist fünf Zentimeter gewachsen"* **2 etwas wächst** etwas wird länger ⟨*der Bart, die Fingernägel*⟩ **3 eine Pflanze wächst irgendwo** eine Pflanze kommt an der genannten Stelle, im genannten Gebiet o. Ä. vor *„Unkraut wächst überall"* **4 etwas wächst** etwas vermehrt sich, etwas wird größer ⟨*das Vermögen, eine Familie, Stadt*⟩ **5 etwas wächst** etwas wird intensiver, stärker ⟨*Lärm, Schmerz, Begeisterung, Interesse, Hass*⟩ **ID jemandem nicht gewachsen sein** nicht in der Lage sein, einer Person Widerstand zu leisten; **einer Sache** (*Dativ*) **gewachsen sein** in der Lage sein, etwas Schwieriges zu tun

**wach·sen²** ['vaksn̩] *(wachste, hat gewachst)* **etwas wachsen** etwas zur Pflege mit Wachs einreiben

das **Wachs·tum★** ['vaks-]; *(-s)* der Vorgang des Größerwerdens, des Wachsens ⟨*im Wachstum zurückgeblieben sein; etwas fördert, beschleunigt, hemmt das Wachstum*⟩ *„Das Wachstum des Tumors ist zum Stillstand gekommen"* | *„Das wirtschaftliche Wachstum verlangsamt sich"* **K** wachstumsfördernd, wachstumshemmend

der **Wạ̈ch·ter** *(-s, -)* eine Person, die jemanden/etwas bewacht **K** Parkwächter • *hierzu* **Wạ̈ch·te·rin** *die*

der **Wạ·ckel·kon·takt** eine schadhafte Verbindung in einem Stromkreis, die verursacht, dass der Strom(fluss) immer wieder unterbrochen wird

**wạ·ckeln** *(wackelte, hat/ist gewackelt)* **1 etwas wackelt** (*hat*) etwas ist nicht stabil oder fest ⟨*ein Stuhl, eine Leiter, ein Zahn*⟩ *„Setz dich nicht auf den Stuhl, er wackelt!"* **2 etwas wackelt** (*hat*) etwas bewegt sich leicht wegen einer Erschütterung ⟨*das Haus, die Wände*⟩ **3 mit etwas** (*Dativ*) **wackeln** (*hat*) etwas leicht hin und her bewegen ⟨*mit dem Kopf wackeln*⟩ *„Der Hund wackelte mit dem Schwanz"*

**wạ·cker** *ADJEKTIV* tüchtig, tapfer ⟨*sich wacker verteidigen, halten*⟩

die **Wa̲·de** *(-, -n)* die hintere Seite des Unterschenkels beim Menschen ⟨*stramme, muskulöse Waden*⟩ **K** Wadenkrampf **i** → Abbildung, S. 294: **Der Körper**

die **Wạf·fe★** *(-, -n)* ein Ding zum Kämpfen, z. B. ein Schwert, ein Gewehr ⟨*konventionelle, atomare, nukleare, chemische, taktische, strategische Waffen; eine Waffe (bei sich) tragen; eine Waffe auf/gegen jemanden richten*⟩ *„einen Stein als Waffe benutzen"* **K** Waffenbesitz, Waffenhändler; Schusswaffe **ID die Waffen niederlegen** aufhören zu kämpfen

die **Wạf·fel** *(-, -n)* ein flaches, süßes Gebäck aus einem leichten Teig und meist einer cremigen Füllung

die **Wạf·fen·ru·he** eine zeitlich begrenzte Unterbrechung der Kämpfe ⟨*die Waffenruhe einhalten, stören, brechen*⟩

der **Wạf·fen·still·stand★** das vereinbarte Ende der Kämpfe, meist mit dem Ziel, einen Krieg zu beenden ⟨*Waffenstillstand schließen; den Waffenstillstand einhalten, brechen*⟩

**wa̲·ge·mu·tig** *ADJEKTIV* mit dem Mut zum Risiko • *hierzu* **Wa̲·ge·mut** *der*

**wa̲·gen★** *(wagte, hat gewagt)* **1 etwas wagen** genug Mut haben, um etwas zu tun ⟨*einen Blick, einen Versuch, eine Wette, einen Sprung, ein Spiel wagen*⟩ *„Ich wagte nicht, ihm zu widersprechen"* **2 (für jemanden/etwas) etwas wagen** etwas riskieren, um ein Ziel zu erreichen

der **Wa̲·gen★** *(-s, -/ süddeutsch* Ⓐ *Wä·gen)* **1** ein Fahrzeug auf Rädern zum Transport von Personen oder schweren Dingen **K** Eisenbahnwagen, Güterwagen **2** *gesprochen* ≈ Auto *„Er ist mit dem Wagen da"*

der **Wa̲·gen·he·ber** *(-s, -)* ein Gerät, mit dem man ein Auto heben kann (z. B. um ein Rad zu wechseln)

der **Wag·gon★** [va'gɔŋ, va'gõ:, va'go:n]; *(-s, -s)* ein Wagen der Eisenbahn **K** Güterwaggon

das **Wa̲g·nis** *(-ses, -se)* eine Handlung, die riskant und gefährlich ist

die **Wa̲hl★** *(-, -en)* **1 die Wahl(en) zu etwas** *meist Plural* das Verfahren, bei dem vor allem Personen für ein politisches Amt gewählt werden ⟨*die Wahlen zum Parlament*⟩ **K** Wahlergebnis, Wahlniederlage, Wahlsieg; Landtagswahl **2 die Wahl von jemandem zu etwas**; **die**

**Wahl** +*Genitiv* die demokratische Entscheidung, dass jemand ein Amt bekommt ⟨*die Wahl annehmen*⟩ „*Er gab ein Interview über seine überraschende Wahl zum neuen Parteivorsitzenden*" **3** *nur Singular* die Entscheidung zwischen verschiedenen Möglichkeiten ⟨*eine Wahl treffen*⟩ „*Sie haben die freie Wahl zwischen mehreren Modellen*" | „*Ich stand vor der Wahl, ob ich mich wehren oder nachgeben wollte*" **K** Wahlmöglichkeit **4** **erste/zweite/dritte Wahl** sehr gute/mittlere/schlechte Qualität „*Dieses Obst ist erste Wahl*" | „*Äpfel erster Wahl*" **ID** **keine andere Wahl haben** etwas machen müssen; **jemanden/etwas in die engere Wahl ziehen** jemanden/etwas für eine endgültige Auswahl in Betracht ziehen

**wahl·be·rech·tigt** *ADJEKTIV* mit dem Recht, zu wählen

**wäh·len**★ (*wählte, hat gewählt*) **1** **(jemanden/etwas (zu etwas)) wählen** bei einer Wahl die Hand heben oder Namen auf einer Liste ankreuzen, um mit anderen Leuten zusammen zu entscheiden, wer ein Amt ausüben soll „*Die Partei hat ihn zum Vorsitzenden gewählt*" | „*Wir gehen morgen wählen*" **2** **(etwas) wählen** sich für eine von mehreren Möglichkeiten entscheiden „*Er hat den falschen Beruf gewählt*" | „*Du kannst unter den angebotenen Zimmern frei wählen*" **3** **(etwas) wählen** sich im Restaurant für eine angebotene Speise entscheiden „*Haben Sie schon gewählt?*" **4** **(eine Nummer) wählen** am Telefon die Ziffern einer Telefonnummer drücken

der **Wäh·ler**★ (-s, -) eine Person, die bei einer Wahl ihre Stimme abgibt oder abgegeben hat • *hierzu* **Wäh·le·rin** *die*

**wäh·le·risch** *ADJEKTIV meist prädikativ* anspruchsvoll, nicht leicht zufriedenzustellen

das **Wahl·fach** ein Unterrichtsfach, an dem Schüler oder Studenten freiwillig teilnehmen können

der **Wahl·gang**★ eine Abstimmung von mehreren, wenn beim ersten Mal niemand die nötige Mehrheit bekommt „*Er wurde erst im zweiten Wahlgang gewählt*"

der **Wahl·kampf**★ der Kampf der Parteien oder Kandidaten bei einer Wahl um die Stimmen der Wähler ⟨*einen Wahlkampf führen*⟩

**wahl·los** *ADJEKTIV meist adverbiell* ohne zu überlegen und auszuwählen „*Er schaut wahllos alles im Fernsehen an*"

der **Wahl·spruch** eine kurze und gut formulierte Aussage, nach der sich jemand richtet ≈ Motto

die **Wahl·ur·ne** ein geschlossener Behälter mit einem schmalen Schlitz oben, in den die Stimmzettel bei Wahlen eingeworfen werden

**wahl·wei·se** *ADJEKTIV meist adverbiell* je nach Wunsch „*Das Auto wird wahlweise mit drei oder fünf Türen geliefert*"

der **Wahn** (-(*e*)*s*) eine unrealistische, oft krankhafte Vorstellung oder Hoffnung ⟨*ein religiöser Wahn*⟩ „*Er lebt in dem Wahn, ständig beobachtet zu werden*" **K** Wahnvorstellung

der **Wahn·sinn**★ *nur Singular* **1** *gesprochen* etwas, das völlig unsinnig, unvernünftig oder unverständlich ist ⟨*heller, reiner, purer Wahnsinn*⟩ **2** *gesprochen* verwendet, um Begeisterung auszudrücken „*Wahnsinn, was für ein tolles Geschenk!*" **K** Wahnsinnsglück **3** eine Krankheit, wegen der man nicht mehr vernünftig denken und handeln kann ❶ medizinischer Fachausdruck: *Geisteskrankheit*

**wahn·sin·nig**★ *ADJEKTIV; gesprochen* **1** unvernünftig oder gefährlich ⟨*ein Plan, ein Unternehmen*⟩ **2** das normale Maß weit überschreitend ⟨*Schmerzen, Angst, Glück*⟩ „*Ich habe wahnsinnigen Hunger*" | „*sich wahnsinnig freuen*" **3** an einer Krankheit leidend, wegen der man nicht mehr richtig oder vernünftig denken kann „*Er ist wahnsinnig geworden*"

**Wahn·sinns-** *im Substantiv, betont, sehr produktiv; gesprochen* **die Wahnsinnshitze, die Wahnsinnsmusik, der Wahnsinnspreis, die Wahnsinnsstimmung** *und andere* außergewöhnlich gut, hoch oder intensiv

**wahr**★ *ADJEKTIV* **1** so, wie es in Wirklichkeit ist oder war „*eine wahre Geschichte*" | „*An diesem Bericht ist kein Wort wahr*" **2** *nur attributiv* so, wie man es sich nur wünschen kann ⟨*ein Freund, die Liebe, das Glück*⟩ **3** *meist attributiv* verwendet, um eine Aussage zu betonen „*eine wahre Flut von Briefen*" sehr viele Briefe | „*ein wahrer Sturm der Begeisterung*" sehr lauter und intensiver Beifall **4** **nicht wahr?** verwendet am Ende eines Satzes, wenn der Sprecher Zustimmung erwartet oder sich erhofft „*Du kommst doch morgen, nicht wahr?*" **ID** **etwas wahr werden lassen/etwas wahr machen** etwas in die Tat umsetzen; **Das ist nicht wahr!, Das kann/darf doch nicht wahr sein!** verwendet, um Entsetzen oder Erstaunen auszudrücken

**wah·ren** (*wahrte, hat gewahrt*) **1** **etwas wahren** so handeln, dass etwas erhalten bleibt

W

⟨die Autorität, den Anstand, den Ruf, ein Geheimnis wahren⟩ **2** **etwas wahren** ⟨*seine Interessen/Rechte, seinen Vorteil wahren*⟩ ≈ verteidigen, schützen • *hierzu* **Wah·rung** *die*

**wäh·ren** (*währte, hat gewährt*); *geschrieben* **etwas währt** *+Zeitangabe* etwas dauert die angegebene Zeit *„ein zehn Jahre währender Krieg"*

**wäh·rend★** *PRÄPOSITION mit Genitiv/gesprochen auch Dativ* **1** im Laufe der genannten Zeit, im Verlauf der genannten Tätigkeit o. Ä. ⟨*während des Sommers, der Ferien, der letzten Jahre, des Essens*⟩ ⓘ → Anhang, S. 1113: **Präpositionen**

*BINDEWORT* **2** die beschriebenen Vorgänge oder Ereignisse geschehen zur gleichen Zeit *„Während ich koche, kannst du den Tisch decken"* **3** die beschriebenen Tatsachen, Vorgänge o. Ä. stehen im Gegensatz zueinander *„Während sie sehr sparsam ist, kauft er sich das teuerste Handy"*

**wäh·rend·des·sen** *ADVERB* in dieser Zeit *„Ich muss noch den Salat machen. Währenddessen kannst du ja den Tisch decken"*

**wahr·ha·ben** **ID** **etwas nicht wahrhaben wollen** etwas nicht zugeben wollen oder nicht verstehen wollen, dass etwas so ist *„Er will seine Schuld nicht wahrhaben"* | *„Er wollte nicht wahrhaben, dass seine Kinder erwachsen waren"*

**wahr·haft** *ADJEKTIV* **1** *meist attributiv* so, wie es sein soll oder wie man es möchte **2** **wahrhaft** *+Adjektiv* verwendet, um zu betonen, dass die genannte Eigenschaft wirklich vorhanden ist *„ein wahrhaft gelungenes Fest"*

die **Wahr·heit★** (-, *-en*) **1** *nur Singular* das, was wirklich geschehen ist **2** eine Aussage, die etwas so darstellt, wie es wirklich ist ⟨*die Wahrheit sagen, verschweigen, herausfinden*⟩ **3** eine Aussage, die allgemein als richtig angesehen wird *„Es ist eine anerkannte Wahrheit, dass Intelligenz gefördert werden kann"* **ID** **in Wahrheit** in Wirklichkeit

**wahr·neh·men★** (*nimmt wahr, nahm wahr, hat wahrgenommen*) **1** **etwas wahrnehmen** wenn man etwas wahrnimmt, dann sieht, hört, riecht, schmeckt oder fühlt man es *„Sie war so konzentriert, dass sie kaum wahrnahm, dass es immer kälter wurde"* **2** **jemanden/etwas wahrnehmen** eine Person/Sache beachten, auf sie reagieren *„Sie ist ein stilles Kind und wird von den anderen kaum wahrgenommen"* **3** **etwas wahrnehmen** etwas nutzen ⟨*eine Chance, eine Gelegenheit, ein Recht, einen Vorteil wahrnehmen*⟩ **4** **etwas wahrnehmen** eine Aufgabe oder eine (meist vertragliche oder gesellschaftliche) Verpflichtung erfüllen ⟨*eine Pflicht, eine Verantwortung wahrnehmen*⟩ ≈ übernehmen

**wahr·sa·gen** (*wahrsagte/sagte wahr, hat wahrgesagt/gewahrsagt*) **(jemandem) (etwas) wahrsagen** Aussagen über die Zukunft machen (z. B. aufgrund von jemandes Handlinien, aufgrund von Spielkarten usw.) • *hierzu* **Wahr·sa·ger** *der*; **Wahr·sa·ge·rin** *die*; **Wahr·sa·gung** *die*

**wahr·schein·lich★** *ADJEKTIV* so, dass etwas mit ziemlicher Sicherheit der Fall ist, war oder sein wird ⟨*eine Ursache*⟩ *„Es ist sehr wahrscheinlich, dass er recht hat"* | *„Wahrscheinlich ist sie krank"*

die **Wahr·schein·lich·keit★** (-, *-en*); *meist Singular* der Grad der Möglichkeit, dass etwas der Fall ist, war oder sein wird ⟨*eine geringe, hohe Wahrscheinlichkeit; mit großer, größter, an Sicherheit grenzender Wahrscheinlichkeit; es besteht die Wahrscheinlichkeit, dass …*⟩ ⓘ Plural nur in Fachsprachen

die **Wäh·rung★** (-, *-en*) **1** die Art von Geld, die in einem Staat verwendet wird *„in europäischer Währung bezahlen"* **2** das System, mit dem das Geldwesen in einem Staat geordnet wird **K** Währungspolitik

das **Wahr·zei·chen** ein Bauwerk, eine Gestalt aus der Sage o. Ä., die oft auf Andenken an eine Stadt oder Gegend abgebildet sind *„Der Eiffelturm ist das Wahrzeichen von Paris"*

die **Wai·se** (-, *-n*) ein Kind, dessen Eltern gestorben sind ⟨*Waise sein; (zur) Waise werden*⟩ **K** Waisenheim, Waisenkind

der **Wal** (-(*e*)*s*, *-e*) ein sehr großes, fischähnliches Säugetier, das im Ozean lebt **K** Walfang, Waljagd ⓘ In der gesprochenen Sprache sagt man oft *Walfisch*.

der **Wald★** (-(*e*)*s*, *Wäl·der*) **1** ein relativ großes Gebiet, in dem sehr viele Bäume wachsen ⟨*ein dichter, dunkler, lichter Wald*⟩ **K** Waldbrand, Waldrand, Waldweg **2** **ein Wald von Dingen** eine unübersichtliche große Menge gleicher Dinge *„ein Wald von Verkehrsschildern"*

**wal·ken** ['vɔːkn̩] (*walkte, hat/ist gewalkt*) **(irgendwhin) walken** (*mit Richtungsangabe nur: ist*) mit zwei Stöcken in schnellem Tempo gehen, als Freizeitsport im Freien • *hierzu* **Wal·king** ['vɔ:-] *das*

der **Wạll** (-(e)s, *Wạ̈l·le*) eine Mauer oder ein Hügel zum Schutz vor Gefahren außen um etwas herum ⟨*einen Wall errichten*⟩

die **Wạll·fahrt** eine Wanderung oder Fahrt zu einem heiligen Ort ⟨*auf Wallfahrt gehen*⟩ ≈ Pilgerfahrt *„eine Wallfahrt nach Lourdes"* **K** Wallfahrtsort

die **Wạl·nuss**, **Wa̲l·nuss** eine essbare Nuss, die an einem Baum wächst **K** Walnussbaum, Walnusskern

**wạl·ten** (*waltete, hat gewaltet*) **etwas walten lassen** gerecht sein oder keine (harte) Strafe erteilen ⟨*Gerechtigkeit, Gnade, Milde walten lassen*⟩

die **Wạl·ze** (-, *-n*) **1** ein Teil eines Gerätes oder einer Maschine, das die Form eines Zylinders hat und mit dem man etwas pressen, glätten, transportieren o. Ä. kann ⟨*die Walze einer Druckmaschine, eines Laserdruckers*⟩ **2** ein Fahrzeug mit einer schweren Walze **K** Dampfwalze, Straßenwalze

**wạ̈l·zen★** (*wälzte, hat gewälzt*) **1 etwas (irgendwohin) wälzen** etwas Schweres bewegen, indem man es (mit großer Mühe) rollt ⟨*ein Fass, einen großen Stein wälzen*⟩ **2 etwas in etwas** (*Dativ*) **wälzen** flache Stücke meist von Fleisch oder Teig auf Mehl oder Zucker usw. legen und darin wenden *„das Fleisch in Paniermehl wälzen"* **3 etwas wälzen** *gesprochen* in Büchern, Akten o. Ä. gründlich nach Informationen suchen **4 sich wälzen** sich im Liegen hin und her drehen ⟨*sich vor Schmerzen am Boden wälzen*⟩ **5 etwas wälzt sich irgendwohin** etwas bewegt sich in großer Menge und meist mit großer Kraft irgendwohin ⟨*eine Lawine, eine Menschenmenge, Wassermassen*⟩

der **Wạl·zer** (-s, -) ein Tanz im Dreivierteltakt (bei dem man sich mit dem Partner meist drehend bewegt) *„einen Wiener Walzer tanzen"* **K** Walzertakt

der **Wạ̈l·zer** (-s, -); *gesprochen* ein sehr dickes Buch ⟨*einen dicken Wälzer lesen*⟩

**wạnd** *Präteritum, 1. und 3. Person Singular* → winden

die **Wạnd★** (-, *Wạ̈n·de*) **1** Wände sind die festen Seiten, die ein Zimmer oder Haus hat *„ein Bild an die Wand hängen"* | *„den Schrank an die Wand schieben"* **K** Wandfarbe; Hauswand, Trennwand **2** Kurzwort für *Felswand „Kletterhilfen an einer Wand anbringen"* **K** Nordwand **ID etwas an/gegen/vor die Wand fahren** Fehler machen, sodass etwas ruiniert oder kaputt wird; **die eigenen vier Wände** ein eigenes Haus, eine eigene Wohnung

der **Wạn·del★** (-s) der Übergang von einem Zustand in einen anderen ⟨*ein grundlegender, radikaler, tiefgreifender Wandel; ein Wandel tritt ein, vollzieht sich; etwas unterliegt dem Wandel, ist im Wandel begriffen*⟩ ≈ Veränderung

**wạn·dern★** (*wanderte, ist gewandert*) **1** eine relativ lange Strecke zu Fuß gehen, außerhalb der Stadt und weil man sich erholen will **K** Wanderkarte, Wanderrucksack, Wanderweg **2** regelmäßig von einem Ort zum nächsten ziehen ⟨*Nomaden, ein Zirkus*⟩ **3 jemand/etwas wandert irgendwohin** jemand/etwas wird irgendwohin gebracht ⟨*jemand wandert ins Gefängnis; etwas wandert in den Müll/Abfall*⟩

die **Wạn·de·rung★** (-, *-en*) das Wandern zu Fuß ⟨*eine Wanderung machen*⟩

die **Wạnd·lung** (-, *-en*) **1** *geschrieben* ⟨*eine Wandlung zum Guten, zum Bösen*⟩ ≈ Veränderung, Wandel **2** (nach katholischem Glauben) die Verwandlung von Brot und Wein während des Abendmahls in Leib und Blut von Jesus Christus

die **Wạnd·ma·le·rei** ein Gemälde, das direkt auf eine Wand gemalt wird

der **Wạnd·schrank** ein Schrank, der in die Wand eingebaut ist

**wạnd·te** *Präteritum, 1. und 3. Person Singular* → wenden

die **Wạn·ge** (-, *-n*); *geschrieben* ≈ Backe *„ein Kuss auf die Wange"*

**wạn·kel·mü·tig** *ADJEKTIV* so, dass jemand die Meinung oft ändert und sich nicht entscheiden kann

**wạn·ken** (*wankte, hat/ist gewankt*) **1 jemand wankt** (*hat*) sich hin und her bewegen, als ob man umfallen könnte **2 etwas wankt** (*hat*) sich neigen und umzustürzen drohen ⟨*ins Wanken kommen, geraten*⟩ *„Der Mast des Schiffes wankte im Sturm"* **3** (*ist*) gehen und sich dabei so stark hin und her bewegen, dass man beinahe zu Boden fällt **4** (*hat*) unsicher werden ⟨*ins Wanken geraten*⟩

**wann★** *ADVERB/FRAGEWORT* **1** zu welcher Zeit, zu welchem Zeitpunkt *„Wann fährt der Zug ab?"* ℹ auch in indirekten Fragen: *Ich weiß nicht, wann er kommt* **2 seit wann** seit wel-

W

cher Zeit, seit welchem Zeitpunkt *„Seit wann kennst du ihn?"* **3** unter welchen Bedingungen *„Wann setzt man ein Komma?"*

die **Wạn·ne**★ (-, *-n*) in vielen Badezimmern gibt es eine Wanne, in die man sich zum Baden und Waschen legen oder setzen kann **K** Wannenbad; Badewanne

die **Wạn·ze** (-, *-n*) **1** ein flaches Insekt, das Pflanzensäfte oder das Blut von Menschen und Tieren saugt **2** ein kleines Mikrofon, das z. B. in einem Zimmer versteckt wird, wenn man dort Gespräche abhören will

das **Wạp·pen** (-s, -) ein Zeichen in der Form eines Schildes, das als Symbol für eine Familie, einen Staat usw. dient *„einen Adler im Wappen führen"* **K** Stadtwappen

**wa̲r** *Präteritum, 1. und 3. Person Singular* → sein

**wạrb** *Präteritum, 1. und 3. Person Singular* → werben

die **Wa̲·re**★ (-, *-n*) eine Sache, die produziert wird, um verkauft zu werden ⟨*Waren herstellen, verkaufen, liefern, bestellen, im Preis herabsetzen*⟩ *„Reduzierte Ware ist vom Umtausch ausgeschlossen"* **K** Warensortiment; Backwaren

**wä̲·re** *Konjunktiv II, 1. und 3. Person Singular* → sein

das **Wa̲·ren·haus**★ *geschrieben* ≈ Kaufhaus

das **Wa̲·ren·zei·chen** ≈ Markenzeichen

**wạrf** *Präteritum, 1. und 3. Person Singular* → werfen

**wạrm**★ *ADJEKTIV* (*wärmer, wärmst-*) **1** mit/von relativ hoher Temperatur, aber nicht richtig heiß ⟨*das Essen warm machen, halten*⟩ ↔ kühl *„die ersten warmen Tage nach dem Winter genießen"* **2** gegen Kälte schützend ⟨*Kleidung, eine Decke; sich warm anziehen*⟩ **3** so, dass das Essen gekocht und noch warm ist ⟨*eine Mahlzeit, eine Speise; warm essen*⟩ ↔ kalt **4** so, dass in der Miete die Heizkosten schon enthalten sind *„Die Wohnung kostet 800 Euro Miete." – „Warm oder kalt?"* **K** Warmmiete **5** so, dass Farben relativ kräftig und nicht mit Weiß oder Schwarz gemischt sind *„ein warmes Gelb/Rot"* **6** **jemandem ist warm** jemand findet es angenehm warm oder ein bisschen zu warm, wo er ist **7** **sich warm laufen/machen** vor einem Wettbewerb Gymnastik machen und langsam laufen, bis die Muskeln locker sind **8** **etwas warm stellen** Speisen oder Getränke an einen Ort stellen, wo sie warm bleiben

die **Wạ̈r·me**★ (-) **1** eine mäßig hohe, meist als angenehm empfundene Temperatur **K** Körperwärme **2** die Energie, die durch die Bewegung von Atomen und Molekülen entsteht ⟨*Wärme entwickelt sich, wird freigesetzt*⟩ **K** Wärmekraftwerk **3** Freundlichkeit ⟨*menschliche Wärme*⟩

**wạ̈r·men** (*wärmte, hat gewärmt*) **1** **etwas wärmt (jemanden/etwas)** etwas bewirkt, dass jemand/etwas warm wird *„eine wärmende Jacke anziehen"* **2** **sich** (*Dativ*) **etwas wärmen** etwas warm machen *„sich ein Glas Milch wärmen"* **3** **sich irgendwo wärmen** sich z. B. an einen Heizkörper o. Ä. stellen, damit man nicht mehr friert *„Er wärmte sich am Feuer"*

die **Wạ̈rm·fla·sche** ein Behälter (meist aus Gummi), der mit heißem Wasser gefüllt wird, um das Bett zu wärmen

**wạrm·her·zig** *ADJEKTIV* sehr freundlich und mitfühlend

das **Wạrn·drei·eck** ein dreieckiges Schild (weiß mit rotem Rand), das man im Auto mitnehmen muss (und z. B. bei einer Panne oder einem Unfall hinter dem Auto aufstellt)

**wạr·nen**★ (*warnte, hat gewarnt*) **1** **(eine Person) (vor jemandem/etwas) warnen** jemanden auf eine Gefahr hinweisen *„Vor Taschendieben wird gewarnt!"* | *„Er warnte uns davor, bei dem unsicheren Wetter eine Bergtour zu machen"* **K** Warnruf, Warnsignal **2** **jemanden warnen** jemandem drohen *„Ich warne dich: Lass das!"*

der **Wạrn·streik** eine relativ kurze Unterbrechung der Arbeit als Drohung, dass man auch zu einem längeren Streik bereit wäre

die **Wạr·nung**★ (-, *-en*) **1** **eine Warnung (vor jemandem/etwas)** ein Hinweis auf eine Gefahr ⟨*eine Warnung vor dem Sturm, dem Hochwasser*⟩ **K** Hochwasserwarnung, Lawinenwarnung, Sturmwarnung **2** eine dringende Aufforderung oder Drohung, etwas nicht zu tun ⟨*eine nachdrückliche, eindringliche Warnung*⟩ *„Das ist meine letzte Warnung!"*

die **Wạr·te·lis·te** eine Liste von Personen, die auf etwas warten, z. B. auf einen Platz in einem Kurs; wenn ein Platz frei wird, bekommt ihn die erste Person auf der Liste

**wạr·ten**★ (*wartete, hat gewartet*) **1** **(auf jemanden/etwas) warten** nichts tun, nicht weggehen o. Ä., bis jemand kommt oder etwas geschieht ⟨*auf den Zug warten*⟩ *„Ich warte schon seit zwei Stunden auf dich!"* | *„Wir haben* *zwei Stunden auf ihn gewartet"* K Warteraum, Wartezeit 2 **mit etwas (auf jemanden) warten** etwas noch nicht tun oder erst dann tun, wenn eine andere Person kommt *„Wir warten mit dem Essen auf dich"* 3 **etwas warten** etwas pflegen und kontrollieren, damit es funktioniert ⟨*eine Maschine, ein Auto, eine technische Anlage warten*⟩ ID **Da kannst du lange warten!** *gesprochen* Das geschieht wahrscheinlich nie; **Na warte!**, **Warte nur!** *gesprochen* verwendet als eine meist scherzhafte Drohung; **Warte mal!** *gesprochen* Warte einen Augenblick!; **Worauf wartest du noch?** *gesprochen* Tu doch endlich etwas!

der **Wär·ter** (-s, -) eine Person, die etwas pflegt oder jemanden/etwas bewacht K Gefängniswärter, Museumswärter, Zoowärter • *hierzu* **Wär·te·rin** *die*

der **War·te·saal** ein Raum in einem Bahnhof o. Ä., in dem Reisende warten können

die **War·te·schlei·fe** 1 eine zusätzliche Runde, die ein Flugzeug fliegt, weil es noch nicht landen darf ⟨*eine Warteschleife fliegen*⟩ 2 die Situation, wenn man am Telefon Musik oder eine automatische Ansage hört, während man warten muss, bis man mit einem Mitarbeiter einer Firma sprechen kann ⟨*in der Warteschleife hängen*⟩

das **War·te·zim·mer** ein Raum (in der Praxis eines Arztes), in dem die Patienten darauf warten, dass der Arzt sie behandelt

die **War·tung** (-, *-en*) das Pflegen und Kontrollieren von Geräten K Wartungsarbeiten

**wa·rum★** [va'rʊm] *FRAGEWORT* verwendet, um nach dem Grund für etwas zu fragen *„Warum muss ich immer alles machen?"* ❶ auch in indirekten Fragen: *Ich weiß nicht, warum sie nicht gekommen ist*

die **War·ze** (-, *-n*) eine kleine, runde Wucherung auf der Haut, z. B. an den Händen und im Gesicht (oft mit rauer Oberfläche)

**was★** *PRONOMEN nur in dieser Form* 1 verwendet, um sich auf die Aussage des Hauptsatzes zu beziehen *„Ich will Schauspieler werden, was meine Eltern aber gar nicht gut finden"* …, aber meine Eltern finden das gar nicht gut 2 verwendet, um sich auf ein einzelnes Wort des Hauptsatzes zu beziehen *„Das ist alles, was ich weiß"* | *„Das ist das Schlimmste, was passieren konnte"* 3 *gesprochen* verwendet, wenn man eine Sache nicht genauer bezeichnen will/kann oder erst später nennt ≈ etwas *„Ich will euch mal was erzählen"* | *„Weißt du was Neues?"*

*FRAGEWORT* 4 verwendet, um nach einer Sache oder einem Sachverhalt zu fragen *„Was möchtest du trinken?"* | *„Was bedeutet dieses Wort?"* ❶ auch in indirekten Fragen: *Ich weiß nicht, was das bedeuten soll* 5 **was ist jemand?** Welchen Beruf hat die genannte Person? *„Was willst du einmal werden?"* 6 **…, was?** *gesprochen* am Ende eines Satzes drückt *was* aus, dass man Zustimmung erwartet *„Das macht Spaß, was?"* 7 **was für …?** *gesprochen* verwendet, um nach der Art oder den Eigenschaften einer Person/Sache zu fragen *„Was für Preise gibt es zu gewinnen?"* | *„Ich hab CDs für dich dabei." – „Was denn für welche?"* ID **Was?** *gesprochen* a verwendet, um Erstaunen auszudrücken *„Was, das weißt du noch nicht?"* b verwendet, um jemanden zu bitten, etwas noch einmal zu sagen ❶ Diese Verwendung gilt als unhöflich, man sagt stattdessen besser *Wie bitte?*; **Was ist los?** Was ist passiert?; **Was nun?** Was sollen wir jetzt tun?; **'Was du nicht sagst!** Das kann ich kaum glauben; **Was macht …?** Wie geht es …?

die **Wasch·an·la·ge** eine große Anlage, in der Autos gewaschen werden

das **Wasch·be·cken★** Waschbecken haben einen Wasserhahn und einen Abfluss. Man wäscht sich dort Hände und Gesicht oder putzt sich die Zähne

die **Wä·sche★** (-, *-n*) 1 *nur Singular* das Bettzeug, die Tücher, die Tischdecken usw., die im Haushalt verwendet werden K Bettwäsche, Tischwäsche 2 *nur Singular* alle Textilien, die gewaschen werden (sollen) oder gewaschen worden sind ⟨*frische, saubere, schmutzige Wäsche; die Wäsche waschen, spülen, schleudern, aufhängen, stärken, bügeln*⟩ *„Das Hemd ist in der Wäsche"* in dem Korb mit den Sachen, die gewaschen werden sollen K Wäschekorb, Wäscheleine; Buntwäsche, Kochwäsche 3 *nur Singular* Kurzwort für *Unterwäsche* ⟨*frische Wäsche anziehen*⟩ 4 der Vorgang, eine Person oder ein Auto zu waschen *„das Auto nach der Wäsche mit Wachs behandeln"*

**wasch·echt** *ADJEKTIV* 1 ⟨*ein Kleidungsstück, Farbe*⟩ so, dass sie sich beim Waschen nicht verändern 2 *gesprochen nur attributiv* ≈ typisch *„ein waschechter Berliner"*

**wa·schen★** (*wäscht, wusch, hat gewaschen*) 1 **(etwas) waschen** etwas mit Waschmittel

W

und Wasser sauber machen ⟨*die Wäsche, das Auto waschen*⟩ **K** Waschpulver, Waschtag **2** **jemanden waschen; (jemandem) etwas waschen** jemanden, sich selbst oder etwas mit Wasser und Seife sauber machen *„einem Kind die Haare waschen"* | *„Habt ihr euch auch die/eure Hände gewaschen?"* **3** **etwas waschen** ⟨*Kohle, Erz, Gold*⟩ mit Wasser oder Flüssigkeit von anderen Bestandteilen befreien **4** **Geld waschen** Geld, das man durch Straftaten bekommt, in legale Geschäfte investieren, um die Herkunft des Geldes zu verbergen

die **Wä·sche·rei** (-, *-en*) ein Betrieb, in dem Wäsche gegen Bezahlung gewaschen wird

der **Wasch·lap·pen** ein Lappen meist aus Frottee, mit dem man sich wäscht

die **Wasch·ma·schi·ne★** eine Maschine (im Haushalt), mit der man die Wäsche wäscht

das **Wasch·mit·tel★** ein Pulver oder eine Flüssigkeit, mit denen man Wäsche wäscht **K** Feinwaschmittel, Vollwaschmittel

**wäscht** *Präsens, 3. Person Singular* → waschen

das **Was·ser★** (-s, -/*Wäs·ser*) **1** *nur Singular* Wasser fällt als Regen vom Himmel und füllt Flüsse, Seen und Meere ⟨*Wasser verdunstet, verdampft, gefriert, kocht, siedet, tropft, rinnt, fließt*⟩ **K** Wassermangel, Wasserpflanze; wasserdicht; Leitungswasser, Regenwasser; Trinkwasser **ℹ** chemische Formel: $H_2O$ **2** *gesprochen Plural Wässer* Mineralwasser (oft mit Kohlensäure) zum Trinken ⟨*ein Glas, eine Kiste, eine Flasche (mit) Wasser*⟩ *„Ein Wasser bitte!"* **3** **die Wasser** + *Genitiv Plural* Wassermassen *„die Wasser des Meeres"* **4** **hartes/weiches Wasser** *nur Singular* Wasser, das viel/wenig Kalk enthält **5** **mit fließendem Wasser** mit Wasser direkt aus dem Wasserhahn ⟨*ein Haus, ein Zimmer*⟩ **6** **ein stehendes Wasser** *Plural Wasser* ein Teich oder See **7** **stilles Wasser** *Plural Wässer* Mineralwasser ohne Kohlensäure zum Trinken ≈ Tafelwasser **8** **ein stilles Wasser** *gesprochen, humorvoll Plural Wasser* eine ruhige Person (mit verborgenen Fähigkeiten o. Ä.) **ID** **etwas fällt ins Wasser** *gesprochen* etwas Geplantes kann nicht ausgeführt werden; **etwas ist/steht unter Wasser** der Boden ist mit Wasser bedeckt; **jemandem steht/geht das Wasser bis zum Hals** *gesprochen* jemand hat enorme (meist finanzielle) Probleme; **jemandem läuft das Wasser im Mund zusammen** *gesprochen* jemand bekommt großen Appetit, große Lust auf etwas

das **-was·ser** (-s, *-wäs·ser*) **1** **Kirschwasser, Zwetschgenwasser** *und andere* ein starkes, farbloses alkoholisches Getränk mit dem genannten Aroma **2** **Haarwasser, Rasierwasser, Rosenwasser** *und andere* eine farblose, parfümierte Flüssigkeit mit Alkohol, die zur Pflege der Haut oder Haare dient

der **Was·ser·ball** **1** ein großer Ball aus Gummi, der für Ballspiele im Wasser geeignet ist **2** *nur Singular* ein Ballspiel zwischen zwei Mannschaften im Wasser ⟨*Wasserball spielen*⟩

das **Was·ser·bett** ein Bett, dessen Matratze mit Wasser gefüllt ist

**was·ser·dicht** *ADJEKTIV* ⟨*eine Uhr*⟩ so, dass in sie kein Wasser eindringen kann

der **Was·ser·fall** fließendes Wasser, das steil über Felsen herabfällt

die **Was·ser·far·be★** eine Farbe zum Malen auf Papier, die mit wenig Wasser gemischt wird

der **Was·ser·hahn** mit dem Wasserhahn (meist an einem Waschbecken, einem Spülbecken oder einer Badewanne) wird das Fließen des Wassers aus der Leitung reguliert

der **Was·ser·mann** (-(*e*)*s*, *Was·ser·män·ner*) **1** *nur Singular* das Sternzeichen für die Zeit vom 20. Januar bis 18. Februar **2** eine Person, die in der Zeit vom 20. Januar bis 18. Februar geboren ist *„Sie ist (ein) Wassermann"*

**wäs·sern** (*wässerte, hat gewässert*) **etwas wässern** etwas sehr stark gießen ⟨*Pflanzen*⟩

die **Was·ser·rat·te** **1** eine Ratte, die am Wasser lebt **2** *humorvoll* ein Kind, das sehr gern und viel im Wasser ist

**was·ser·scheu** *ADJEKTIV* **wasserscheu sein** nicht gern schwimmen oder sich nicht gern waschen • *hierzu* **Was·ser·scheu** *die*

der **Was·ser·stoff** *nur Singular* ein Gas, das sich zusammen mit Sauerstoff zu Wasser verbindet **ℹ** chemisches Zeichen: *H*

die **Was·ser·waa·ge** ein Gerät, mit dem man feststellen kann, ob eine Fläche genau waagrecht bzw. senkrecht ist. Eine kleine Luftblase zeigt die Lage an

der **Was·ser·wer·fer** ein Fahrzeug der Polizei, das mit starken Wasserstrahlen die Leute bei Krawallen vertreibt

das **Was·ser·werk** *meist Plural* eine Einrichtung in einem Ort, die die Häuser mit Wasser versorgt

**wäss·rig** *ADJEKTIV* ⟨*eine Suppe*⟩ so, dass sie zu viel Wasser enthält und daher fade schmeckt

**wạt·scheln** (*watschelte, ist gewatschelt*) **eine Ente/Person watschelt** eine Ente oder eine Person geht so, dass der ganze Körper hin und her wackelt ⓘ bei Menschen sehr negativ oder abwertend

das **Wạtt[1]**; (-(*e*)*s*, *-en*) ein Teil der Küste, der mit Schlamm bedeckt und bei Ebbe nicht überflutet ist

das **Wạtt[2]**; (-*s*, -) eine physikalische Einheit, mit der man die Leistung misst *„eine Glühbirne mit 60 Watt"* K Kilowatt, Megawatt ⓘ Abkürzung: *W*

die **Wạt·te** (-) eine weiche und lockere Masse aus vielen Fasern *„eine Wunde mit Watte abtupfen"* | *„Puder mit Watte auftragen"* | *„Die Schultern des Mantels sind mit Watte gefüttert"*

**wat·tiert** *ADJEKTIV* mit Watte gepolstert ⟨*ein Anorak, eine Jacke*⟩

**wau!** verwendet, um das Bellen eines Hundes nachzuahmen

das **WC**★ [veː'tseː]; (-(*s*), -(*s*)) ≈ Toilette, Klo

das **Wẹb** (-(*s*)) der Bereich des Internets, wo man sich Informationen holen, Filme ansehen, Spiele spielen usw. kann ⟨*im Web surfen*⟩ ≈ World Wide Web; WWW K Webadresse, Webseite

die **Wẹb·cam** [-kɛm]; (-, -*s*) eine Kamera am Computer, mit der man Videos von sich selbst für das Internet machen kann

**we·ben**★ (*webte/wob, hat gewebt/gewoben*) **(etwas) weben** einen Stoff, einen Teppich o. Ä. machen, indem man mit einer Maschine Fäden miteinander kreuzt ⟨*einen Teppich weben; Tuch weben*⟩

der **Web·stuhl** eine Maschine, mit der man weben kann ⟨*ein mechanischer, elektrischer Webstuhl*⟩

der **Wẹch·sel**★ [-ks-]; (-*s*, -) **1** eine (meist relativ schnelle) Veränderung eines Zustands ⟨*ein Wechsel tritt ein*⟩ *„der plötzliche Wechsel (in) seiner Laune"* K Temperaturwechsel **2** die Situation, wenn verschiedene Phasen einer Entwicklung regelmäßig aufeinanderfolgen *„der Wechsel der Jahreszeiten"* **3** das Wechseln (oft des Berufs) *„sein Wechsel (vom Finanzministerium) ins Außenministerium"* K Berufswechsel, Ortswechsel, Schulwechsel **4** das Ersetzen eines Gegenstands oder einer Person ⟨*der Wechsel eines Autoreifens; ein Wechsel im Kabinett*⟩

das **Wẹch·sel·geld**★ [-ks-]; *nur Singular* Geld, das man zurückbekommt, wenn man mit einem Geldschein oder Geldstück bezahlt, dessen Wert über dem geforderten Preis liegt

**wẹch·sel·haft** [-ks-] *ADJEKTIV* ⟨*Launen, das Wetter*⟩ so, dass sie sich häufig verändern • *hierzu* **Wẹch·sel·haf·tig·keit** *die*

die **Wẹch·sel·jah·re** [-ks-]; *Plural* der Zeitraum um das 50. Lebensjahr der Frau, ab dem sie kein Kind mehr bekommen kann ≈ Menopause

**wẹch·seln**★ [-ks-] (*wechselte, hat/ist gewechselt*) ERSATZ: **1 etwas wechseln** (*hat*) die eine Sache durch die andere Sache mit derselben Funktion ersetzen ⟨*einen Reifen, die CD, die DVD, das Hemd wechseln*⟩ **2 etwas (in etwas** (*Akkusativ*)**) wechseln** (*hat*) Geld einer Währung gegen Geld einer anderen Währung tauschen *„Schweizer Franken in Euro wechseln"* K Wechselkurs **3 (jemandem) etwas (in etwas** (*Akkusativ*)**) wechseln** (*hat*) jemandem für Münzen oder Geldscheine Geld in kleineren (oder größeren) Einheiten, aber im gleichen Wert geben *„Kannst du mir fünfzig Euro wechseln?"* ÄNDERUNG: **4 etwas wechseln** (*hat*) z. B. eine Arbeitsstelle oder Wohnung aufgeben und dafür eine neue wählen *„Als es ihr zu persönlich wurde, hat sie schnell das Thema gewechselt"* Sie hat über ein anderes Thema gesprochen **5 etwas wechselt** (*hat*) etwas ändert sich ⟨*das Wetter, die Temperatur, die Mode*⟩ **6 (irgendwohin) wechseln** (*ist*) eine neue Arbeit in einem anderen Bereich beginnen *„Er wechselte ins Außenministerium"* GEGENSEITIGKEIT: **7 jemand wechselt mit jemandem Blicke/Briefe**; **Personen wechseln Blicke/Briefe** (*hat*) Personen sehen einander kurz an/schreiben einander Briefe **8 jemand wechselt mit jemandem Worte**; **Personen wechseln Worte** (*hat*) Personen sprechen kurz miteinander

**wẹch·sel·sei·tig** [-ks-] *ADJEKTIV* so, dass bei einer Beziehung die Dinge oder Partner gegenseitig aufeinander wirken • *hierzu* **Wẹch·sel·sei·tig·keit** *die*

der **Wẹch·sel·strom** [-ks-] elektrischer Strom, dessen Stärke und Richtung sich periodisch ändert und der gewöhnlich im Haushalt verwendet wird ↔ Gleichstrom

**wẹch·sel·voll** [-ks-] *ADJEKTIV* ⟨*die Geschichte einer Stadt*⟩ so, dass sie häufig zwischen gut und schlecht abwechselt

die **Wẹch·sel·wir·kung** [-ks-] die gegenseitige Beeinflussung *„die Wechselwirkung zwischen Mensch und Umwelt"*

**we·cken**★ (*weckte, hat geweckt*) **1 jemanden wecken** eine Person, die schläft, wach machen *„Wecke mich bitte um sieben Uhr"* **2**

W

**etwas (in/bei jemandem) wecken** bewirken, dass jemand etwas (meist eine emotionale Reaktion) spürt ⟨*jemandes Neugier, Leidenschaft wecken; in/bei jemandem den Wunsch nach etwas wecken*⟩

der **Wẹ·cker★** (-s, -) eine Uhr, die zu einer vorher eingestellten Zeit läutet und den Schlafenden weckt ⟨*der Wecker rasselt, klingelt*⟩ *„den Wecker auf acht Uhr stellen"* ID **Er/Sie geht/fällt mir auf den Wecker** *gesprochen* Er/Sie ist mir sehr lästig

**we̲·deln** (*wedelte, hat/ist gewedelt*) 1 **etwas von etwas wedeln** (*hat*) etwas von einer Sache durch schnelles Hin- und Herbewegen eines Tuches o. Ä. entfernen *„den Staub vom Regal wedeln"* 2 **ein Hund wedelt mit dem Schwanz** (*hat*) ein Hund bewegt den Schwanz hin und her

**we̲·der★** *BINDEWORT* **weder … noch (… noch)** die eine Sache ist nicht der Fall und die andere (oder noch zusätzlich Genanntes) auch nicht *„Er wollte weder essen noch (wollte er) trinken"* | *„Ich habe dafür weder Zeit noch Geld (noch Lust)"*

**wẹg★** *ADVERB* 1 nicht mehr da *„Der Zug ist schon weg!"* | *„Meine Schmerzen sind weg"* 2 **weg von jemandem/etwas** in eine Richtung, die sich von jemandem/etwas entfernt ≈ fort 3 verwendet, um jemanden aufzufordern, wegzugehen oder etwas zu entfernen *„Hände weg!"* | *„Weg mit der Pistole!"* 4 **weit weg** in einer relativ großen Entfernung *„Ist das Theater weit weg?"* ID **weg sein** *gesprochen* nicht bei Bewusstsein sein; **(ganz) weg sein von etwas** *gesprochen* (sehr) begeistert von etwas sein; **etwas war schnell weg** etwas wurde schnell verkauft oder gegessen

der **We̲g★** (-(e)s, -e) 1 ein relativ schmaler Streifen des Bodens, auf dem man durch ein Gelände fahren oder gehen kann K Feldweg, Radweg, Wanderweg ❶ Wege sind schmaler als Straßen und meist nicht geteert. 2 die Entfernung, die man gehen oder fahren muss, um einen Ort zu erreichen ⟨*ein langer, weiter Weg*⟩ 3 die Richtung und der Verlauf einer Strecke hin zu einem Ort ⟨*nach dem Weg fragen*⟩ *„Ich finde nicht mehr den Weg zum Hotel zurück"* | *„Ich bin gerade auf dem Weg zur Schule/ zur Arbeit/ nach Berlin"* Ich gehe/fahre gerade dorthin K Heimweg, Rückweg 4 die Art und Weise, in der man vorgeht, um eine Angelegenheit zu regeln oder ein Problem zu lösen ⟨*auf friedlichem, gerichtlichem, schriftlichem, diplomatischem Weg*⟩ K Rechtsweg, Verhandlungsweg 5 **der Weg zu etwas** das, was man machen muss, um das geplante Ziel zu erreichen ⟨*der Weg zum Erfolg/zum Glück*⟩ ID **sich auf dem Weg der Besserung befinden**, **auf dem Weg der Besserung sein** wieder gesund werden ⟨*der Patient, der Kranke*⟩; **sich auf den Weg machen** gerade einen Ort verlassen, um irgendwohin zu gehen, zu fahren oder zu reisen *„Er machte sich auf den Weg nach Hause"*; **etwas** (*Dativ*) **aus dem Weg gehen** etwas Unangenehmes vermeiden; **einer Person aus dem Weg gehen** vermeiden, einer Person zu begegnen; **einer Person nicht über den Weg trauen** zu einer Person kein Vertrauen haben; **etwas aus dem Weg räumen** ein Hindernis beseitigen; **eine Person ist mir über den Weg gelaufen** *gesprochen* ich bin einer Person zufällig begegnet; **sich** (*Dativ*) **einen Weg durch etwas bahnen** sich den nötigen Platz verschaffen, um durch etwas sehr Dichtes zu gelangen ⟨*durch das Gestrüpp, eine Menschenmenge, das Chaos*⟩; **Da führt kein Weg dran vorbei** *gesprochen* Das kann man nicht vermeiden

**wẹg-★** (*im Verb, betont und trennbar, sehr produktiv; Diese Verben werden so gebildet: weggehen, ging weg, weggegangen*) 1 **wegfahren, wegfliegen, weggehen**; **jemanden/etwas wegschieben**; **etwas weggeben, wegstellen, wegwischen**; **jemanden wegjagen** *und andere* so, dass sich jemand selbst von einem Ort oder einer Stelle entfernt oder dass eine Person/Sache von einem Ort entfernt wird *„Das Auto rutschte auf dem Glatteis einfach weg"* Das Auto rutschte zur Seite, von der Straße 2 **etwas weglegen, wegrationalisieren, wegschütten, wegwerfen** *und andere* drückt aus, dass etwas nicht mehr benötigt wird (und man sich deshalb davon trennt) *„Den Wintermantel kannst du jetzt weghängen"* Du kannst ihn bis zum nächsten Winter in den Schrank hängen 3 **(jemandem) etwas wegfressen, wegsaufen, wegtrinken** *und andere* so, dass etwas immer weniger wird, bis gar nichts mehr (für andere Leute) übrig ist *„Paul hat (seinen Schwestern) den ganzen Kuchen weggegessen"* Paul hat den ganzen Kuchen allein gegessen

der **We̲g·be·rei·ter** (-s, -) eine Person, die es durch Handlungen oder Ideen möglich macht, dass sich etwas Neues durchsetzt

**weg·blei·ben** (*ist*) nicht (mehr) kommen oder nicht (mehr) an etwas teilnehmen

**we·gen★** *PRÄPOSITION mit Genitiv/ gesprochen auch Dativ* **1** verwendet, um den Grund für etwas anzugeben *„Wegen des schlechten Wetters wurde der Start verschoben" | „Wegen seiner Verletzung konnte er nur sehr langsam gehen"* ⓘ → Anhang, S. 1113: **Präpositionen** **2** **wegen mir/dir/ihm/...** *gesprochen* mit der Erlaubnis oder der Zustimmung der genannten Person *„Wegen uns könnt ihr gerne noch bleiben, wir haben Zeit"* **ID** **Von wegen!** **a** verwendet, um Widerspruch oder Ablehnung auszudrücken *„Ist viel Brot übrig geblieben?" – „Von wegen, es hat nicht einmal für alle gereicht!"* **b** verwendet, um Ärger darüber auszudrücken, dass etwas nicht wie angekündigt oder versprochen geschehen ist *„Von wegen, er macht das schon! Bis heute ist nichts geschehen"* obwohl er es versprochen hat

die **Weg·fahr·sper·re** ein Zubehör für Autos, das bewirken soll, dass ein Dieb nicht mit dem Auto wegfahren kann

**weg·fal·len** (*ist*) **etwas kann wegfallen** etwas kann aus einem Text o. Ä. entfernt werden

**weg·ge·ben** (*hat*) **etwas weggeben** etwas einer anderen Person geben, weil man es nicht mehr braucht oder nicht mehr haben will

**weg·ge·hen★** (*ist*) **1** einen Ort verlassen *„Wir sollten von hier weggehen und woanders ein neues Leben anfangen"* **2** **etwas geht weg** *gesprochen* etwas verschwindet *„Das Fieber ging bald wieder weg"* **ID** **etwas geht weg wie warme Semmeln/wie geschnitten Brot** *gesprochen* etwas findet sehr schnell viele Käufer oder Abnehmer

**weg·kön·nen** (*hat*); *gesprochen* **1** ein Gebäude o. Ä. verlassen können *„Ich kann jetzt nicht weg, weil noch viel zu tun ist!"* **2** **etwas kann weg** etwas kann weggeräumt, weggeworfen o. Ä. werden

**weg·las·sen★** (*hat*) **1** **jemanden weglassen** *gesprochen* zulassen oder erlauben, dass jemand einen Ort verlässt **2** **etwas weglassen** etwas nicht erwähnen, verwenden o. Ä.

**weg·lau·fen★** (*ist*) **1** **(vor jemandem/etwas) weglaufen** laufen und so einen Ort verlassen, vor jemandem/etwas fliehen *„vor einem Hund weglaufen"* **2** **ein Kind läuft (aus/von etwas)/(jemandem) weg** ein Kind bleibt nicht dort, wo es hingehört oder bei der Person, die sich um das Kind kümmert *„Das Kind ist von zu Hause/aus dem Heim weggelaufen"*

**weg·ma·chen** (*hat*); *gesprochen* **etwas wegmachen** ≈ entfernen

**weg·müs·sen** (*hat*); *gesprochen* **1** weggehen, wegfahren o. Ä. müssen **2** **etwas muss weg** etwas muss irgendwohin gebracht werden *„Die Ware muss heute noch weg"* **3** **etwas muss weg** etwas muss entfernt werden

**weg·neh·men★** (*hat*) **jemandem etwas wegnehmen** etwas von jemandem nehmen, sodass er es nicht mehr hat *„Mama, Benny hat mir meinen Ball weggenommen!"*

**weg·schi·cken** (*hat*) **1** **jemanden wegschicken** einer Person sagen, dass sie weggehen soll **2** **etwas wegschicken** etwas durch die Post o. Ä. irgendwohin bringen lassen

**weg·ste·cken** (*hat*); *gesprochen* **1** **etwas wegstecken** etwas schnell irgendwohin stecken **2** **jemand kann/muss eine Menge/(et)was/viel wegstecken** jemand kann/muss viel Unangenehmes ertragen *„Der kann aber eine Menge wegstecken!"*

**weg·wei·send** *ADJEKTIV* **wegweisend (für jemanden/etwas)** wichtig, weil dadurch zukünftige Entscheidungen oder Entwicklungen bestimmt werden ⟨*eine Rede, ein Urteil*⟩

der **Weg·wei·ser** (-*s*, -) ein Schild, das die Richtung und Entfernung zu einer Stadt oder zu einem Ziel anzeigt

**weg·wer·fen★** (*hat*) **1** **etwas wegwerfen** etwas, das man nicht mehr haben will, zum Müll werfen, tun *„Abfälle/kaputtes Spielzeug wegwerfen"* **2** **etwas wegwerfen** etwas, das man in der Hand hält, von sich weg irgendwohin werfen *„Igitt, pfui, wirf das weg!"*

**weg·zie·hen** (*hat/ist*) (*ist*) die Wohnung verlassen und an einen anderen Ort ziehen ⓘ weitere Verwendungen → **weg-**

**weh** [veː] *ADJEKTIV meist attributiv* so, dass jemand an einer Stelle/einem Körperteil Schmerzen hat ⟨*ein Arm, ein Bein, ein Finger, ein Zahn*⟩ ≈ schmerzend *„einen wehen Zeh haben"* ⓘ → auch **wehtun** **ID** **O weh!/Ach weh!** Wie traurig/schlimm!

das **-weh★** (-*s*); *im Substantiv, unbetont, begrenzt produktiv, nur Singular* **Bauchweh, Halsweh, Kopfweh** *und andere* Schmerzen an dem genannten Körperteil

**we·he!** [ˈveːə] verwendet als Drohung *„Wehe (dir), wenn du gelogen hast!"*

die **We·he** [ˈveːə]; (-, -*n*); *meist Plural* **1** das

schmerzhafte Zusammenziehen der Muskeln in der Gebärmutter, kurz vor und während der Geburt des Kindes ⟨*Wehen bekommen, haben*⟩ **2** Schnee oder Sand, den der Wind zu einem großen Haufen geweht hat **K** Schneewehe

**we·hen★** ['ve:ən] (*wehte, hat geweht*) **1 etwas weht eine Sache irgendwohin** der Wind oder der Sturm bewegt etwas irgendwohin *„Der Wind wehte die welken Blätter auf den Rasen"* **2 etwas weht (irgendwoher)** der Wind oder der Sturm bläst (aus einer Richtung) *„Heute weht ein starker Wind (aus Osten)"*

**weh·lei·dig** *ADJEKTIV; abwertend* ⟨*ein Mensch, ein Kind*⟩ zu empfindlich und so, dass sie auch über kleine Schmerzen klagen

die **Weh·mut** *nur Singular* eine leichte Trauer bei der Erinnerung an etwas Vergangenes

**weh·mü·tig** *ADJEKTIV* voller Wehmut *„wehmütig lächeln"*

der **Wehr·dienst★** *nur Singular* eine Ausbildung und der Dienst als Soldat in einer Armee *„Seit 2011 ist der Wehrdienst in Deutschland freiwillig"*

**weh·ren★** (*wehrte, hat gewehrt*) **1 sich (gegen jemanden/etwas) wehren** sich gegen einen Angriff schützen, indem man zu kämpfen beginnt ⟨*sich heftig, tapfer, vergeblich wehren*⟩ ≈ sich verteidigen **2 sich gegen etwas wehren** mit Argumenten erklären, dass ein Verhalten oder eine Meinung richtig war ⟨*sich gegen Vorwürfe, Verdächtigungen wehren*⟩

**wehr·los** *ADJEKTIV* unfähig, sich zu verteidigen oder etwas gegen eine Gefahr zu tun ⟨*gegen jemanden/etwas wehrlos sein; etwas wehrlos über sich ergehen lassen*⟩ • *hierzu* **Wehr·lo·sig·keit** *die*

**weh·tun**, **weh tun★** (*tut weh, tat weh, hat wehgetan/weh getan*) **1 jemandem wehtun** jemandem einen körperlichen oder seelischen Schmerz zufügen *„Deine Bemerkung hat mir wehgetan"* | *„Lass das, du tust mir weh!"* **2 etwas tut (jemandem) weh** etwas ist in einem Zustand, in dem jemand Schmerzen spürt *„Mein rechter Fuß tut weh"* | *„Mir tut der Kopf weh"* | *„Wo tut es weh?"*



das **Weib** (-(e)s, -er) *gesprochen, abwertend* ≈ Frau

das **Weib·chen** (-s, -) ein weibliches Tier *„Ist dein Hase ein Männchen oder ein Weibchen?"*

**weib·lich★** *ADJEKTIV* **1** Frauen und Mädchen sind weiblich, sie gehören zum weiblichen Geschlecht ⟷ männlich **2** (bei Tieren) von dem Geschlecht, das Junge bekommen oder Eier legen kann **3** (bei Pflanzen) von der Sorte, die Früchte bildet **4** zu Mädchen oder Frauen gehörend ⟨*eine Stimme, ein Vorname*⟩ **5** typisch oder üblich für Frauen ⟨*eine Eigenschaft*⟩ **6** in der Grammatik mit dem Artikel „die" verwendet ⟨*ein Substantiv, ein Artikel*⟩ ≈ feminin

**weich★** *ADJEKTIV* **1** so, dass etwas leicht geformt werden kann und bei Druck nachgibt ⟨*eine Masse, ein Teig*⟩ ⟷ hart **2** so, dass es angenehm ist, etwas zu berühren ⟨*Wolle, das Fell, Samt*⟩ ⟷ rau **3** elastisch und so, dass man bequem darauf sitzen oder liegen kann ⟨*ein Bett, ein Kissen, eine Matratze, ein Sessel*⟩ **4** sehr reif oder lange gekocht und daher leicht zu kauen ⟨*eine Birne, eine Tomate; weich gedünstet, gekocht*⟩ *„Das Gemüse ist noch nicht weich"* **5** mit freundlichen Gefühlen, voll Mitleid, Verständnis und Großzügigkeit ⟨*ein weiches Herz/Gemüt haben*⟩ *„Für diese Verhandlungen ist er zu weich"* Er gibt zu leicht nach, ist zu großzügig **6 jemand wird weich** jemand gibt nach

die **Wei·che** (-, -*n*) über Weichen an Schienen fahren Züge, Straßenbahnen o. Ä. auf ein anderes Gleis ⟨*die Weichen stellen*⟩

das **Weich·ei** *gesprochen, abwertend* ≈ Weichling

**weich·lich** *ADJEKTIV; abwertend* **1** charakterlich nicht stark **2** körperlich schwach **3** nicht streng genug ⟨*Erziehung*⟩

die **Weich·tei·le** *Plural* der weiche Teil des Körpers am Bauch, wo keine Knochen sind

**weich·wer·den** ≈ weich werden

die **Wei·de** (-, -*n*) **1** ein Stück Land, das mit Gras bewachsen ist und auf dem Kühe, Pferde, Schafe o. Ä. fressen ⟨*die Tiere auf die Weide treiben*⟩ **K** Weidefläche, Weideland **2** ein Baum mit langen, biegsamen Zweigen, der meist in der Nähe von Flüssen oder Seen wächst **K** Weidenbaum

**wei·den** (*weidete, hat geweidet*) **ein Tier weidet** ein Tier ist auf der Weide und frisst Gras ⟨*Kühe, Schafe, Pferde*⟩

**wei·gern★** (*weigerte sich, hat sich geweigert*) **sich weigern (zu** +*Infinitiv*) nicht bereit sein, etwas zu tun *„Er weigert sich zu gehorchen"* • *hierzu* **Wei·ge·rung** *die*

die **Wei·he** ['vaiə]; (-, -*n*) eine katholische Zeremonie, bei der man um den Segen Gottes für jemanden/etwas bittet **K** Priesterweihe, Altarweihe

**wei·hen★** ['vaiən] (*weihte, hat geweiht*) **1 etwas weihen** (als katholischer Geistlicher) einem Gegenstand die Weihe geben **2** **jemanden (zu etwas) weihen** (als katholischer Geistlicher) jemandem eine Weihe geben ⟨*jemanden zum Priester, zum Bischof weihen*⟩ **3** **jemandem jemanden/etwas weihen** (als katholischer Geistlicher) eine Person, ein Gebäude o. Ä. in den Dienst (eines) Gottes stellen *„Dieser Tempel war dem Jupiter geweiht"* **4** **jemandem/etwas etwas weihen** einer Sache oder einer Person mit sehr viel Zeit und Kraft helfen *„Er hatte sein Leben der Forschung geweiht"* **5** **jemand ist dem Tod geweiht** *euphemistisch* jemand wird bald sterben **6** **ein Volk/ein Reich** *o. Ä.* **ist dem Untergang geweiht** ein Volk, ein Reich o. Ä. wird untergehen

der **Wei·her** ['vaie̯]; (-*s*, -); *besonders süddeutsch* ein meist natürlicher, kleiner See ≈ Teich **K** Dorfweiher, Fischweiher

die **Weih·nacht** (-) ≈ Weihnachten *„jemandem eine gesegnete Weihnacht wünschen"* **K** Weihnachtsfeier, Weihnachtsgeschenk, Weihnachtslied • *hierzu* **weih·nacht·lich** *ADJEKTIV*

(das) **Weih·nach·ten**★ (-, -); *meist Singular* **1** der 25. Dezember, an dem die christliche Kirche die Geburt von Jesus Christus feiert **2** die Zeit vom Heiligen Abend (24. Dezember) bis zum zweiten Weihnachtsfeiertag (26. Dezember) ⟨*zu/an, nach, vor, über Weihnachten*⟩ *„Frohe Weihnachten und ein glückliches neues Jahr!"*

der **Weih·nachts·baum** eine Fichte, Tanne o. Ä., die während der Weihnachtszeit aufgestellt wird und mit Kerzen, Figuren o. Ä. geschmückt ist

die **Weih·nachts·fei·er** eine Feier für die Mitarbeiter am Arbeitsplatz im Dezember

das **Weih·nachts·geld** *meist Singular* zusätzliches Geld, das Arbeitnehmer zu Weihnachten erhalten

der **Weih·nachts·markt** ein Markt in der Zeit vor Weihnachten, auf dem Süßigkeiten, Spielzeug usw. verkauft werden

der **Weih·rauch** *nur Singular* **1** ein Harz, das einen aromatischen Duft entwickelt, wenn es brennt **2** der aromatische Rauch des Weihrauchs

das **Weih·was·ser** Wasser, das von einem katholischen Priester gesegnet wurde ⟨*etwas mit Weihwasser besprengen*⟩ **K** Weihwasserbecken, Weihwasserkessel

**weil**★ *BINDEWORT* verwendet, um eine Begründung einzuleiten *„Er kann nicht kommen, weil er krank ist"* | *„Warum gehst du schon?" – „Weil ich noch einkaufen muss."* ❶ In der gesprochenen Sprache steht das Verb oft nicht am Ende des Satzes: *Er kann nicht kommen, weil er ist krank.*

das **Weil·chen** (-*s*) eine relativ kurze Zeit *„Es wird noch ein Weilchen dauern"*

die **Wei·le**★ (-) eine Zeit von unbestimmter Dauer ⟨*eine kleine, ganze, geraume Weile*⟩ *„Er kam nach einer Weile zurück"*

der **Wei·ler** (-*s*, -) ein kleines Dorf mit nur wenigen Häusern *„ein einsamer Weiler"*

der **Wein**★ (-(*e*)*s*, -*e*) **1** ein alkoholisches Getränk, das aus Weintrauben hergestellt wird **K** Weinflasche, Weinglas; Rotwein, Weißwein ❶ Der Plural wird meist im Sinne von „Weinsorten" gebraucht. **2** *nur Singular* ein rankender Strauch, dessen meist grüne oder blaue Beeren Trauben bilden ⟨*Wein anbauen*⟩ ≈ Weinrebe **K** Weinblatt **3** *nur Singular* die Beeren bzw. Trauben der Weinrebe ⟨*Wein ernten; der Wein ist reif*⟩

der **Wein·bau** *nur Singular* das Anpflanzen und Pflegen von Weinreben ⟨*Weinbau betreiben*⟩ **K** Weinbaugebiet

der **Wein·brand** Branntwein, der aus Wein gewonnen wird

**wei·nen**★ (*weinte, hat geweint*) **(aus/vor etwas** (*Dativ*)**) weinen** Tränen in den Augen haben (und schluchzen), weil man traurig ist oder Schmerzen hat ⟨*aus Angst, vor Kälte, vor Kummer, vor Schmerzen weinen*⟩ *„Das ist nicht schlimm, deswegen brauchst du doch nicht zu weinen!"*

**wei·ner·lich** *ADJEKTIV* dem Weinen nahe ⟨*eine Stimme, ein Tonfall, ein Gesicht*⟩

die **Wein·le·se** die Ernte der Weintrauben

die **Wein·pro·be** das Probieren verschiedener Weine ⟨*eine Weinprobe machen*⟩

der **Wein·stock** die einzelne Pflanze der Weinrebe

**wei·se**★ *ADJEKTIV* **1** klug und erfahren ⟨*weise handeln, urteilen*⟩ **2** ⟨*ein Rat, ein Spruch*⟩ so, dass sie Weisheit und Erfahrung enthalten

die **Wei·se**[1]★; (-, -*n*) **1** *meist Singular* verwendet, um zu sagen, wie etwas geschieht oder gemacht wird ⟨*auf diese Art und Weise*⟩ *„So lernen Kinder auf spielerische Weise"* **2** **in gewisser Weise** ≈ irgendwie

der **Wei·se**[2]; (-*n*, -*n*) ein gelehrter und erfahrener Mensch ❶ *ein Weiser; der Weise; den, dem, des*

W

*Weisen* ID **die Drei Weisen aus dem Morgenland** die Heiligen Drei Könige (in der Bibel)

**-wei·se** *im Adjektiv, meist adverbiell, sehr produktiv* 1 **aushilfsweise, ausnahmsweise, leihweise, probeweise, versuchsweise, zwangsweise** *und andere* drückt aus, auf welche Art und Weise etwas geschieht oder gemacht wird 2 **dutzendweise, stückweise, literweise, haufenweise, kiloweise, portionsweise, schrittweise, stufenweise** *und andere oft ironisch oder humorvoll* verwendet, um die genannte Menge oder das Maß zu bezeichnen *„etwas kommt massenweise vor"* | *„nur zentimeterweise vorankommen"* 3 **bedauerlicherweise, dummerweise, glücklicherweise, seltsamerweise, möglicherweise, notwendigerweise, vernünftigerweise** *und andere* verwendet, um eine Wertung, Beurteilung oder Einschätzung einer Sachlage zu geben *„erfreulicherweise nicht verletzt sein"* | *„etwas überflüssigerweise hinzufügen"*

**wei·sen** (*wies, hat gewiesen*) 1 **(jemandem) etwas weisen** *geschrieben* jemandem etwas zeigen ⟨*den Weg, die Richtung weisen*⟩ 2 **jemanden von/aus etwas weisen** befehlen, dass jemand einen Ort oder eine Institution verlässt *„Er wurde von/aus der Schule gewiesen"* 3 **etwas (weit) von sich** (*Dativ*) **weisen** etwas entschieden ablehnen ⟨*einen Verdacht, eine Vermutung*⟩ 4 **irgendwohin weisen** *geschrieben* irgendwohin zeigen *„Die Magnetnadel weist nach Norden"*

die **Weis·heit★** (-, *-en*) 1 *nur Singular* große Erfahrung, durch die jemand gelassen gute Entscheidungen trifft 2 eine Aussage, die Weisheit enthält

der **Weis·heits·zahn** einer der vier hinteren Backenzähne des Menschen, die man meist erst als Erwachsener bekommt

**weiß★** ADJEKTIV 1 von der Farbe von Schnee oder Milch ⟨*blendend, strahlend weiß*⟩ ↔ schwarz 2 (in Bezug auf Menschen einer europäischen Rasse) mit heller Haut ⟨*die Hautfarbe*⟩

das **Weiß★** (-(*es*), -); *meist Singular* 1 die Farbe von frisch gefallenem Schnee 2 *ohne Artikel* der Spieler bei einem Brettspiel, der mit den hellen Figuren bzw. auf den hellen Feldern spielt *„Weiß ist am Zug"* 3 **in Weiß** in weißer Kleidung *„Sie heiratet in Weiß"* Sie trägt bei der Hochzeit ein weißes Brautkleid

das **Weiß·bier** helles Bier, das aus Weizen gebraut ist ≈ Weizen(bier)

das **Weiß·brot★** ein helles Brot, das aus Weizenmehl gemacht wird

der **Weiß·kohl** *nur Singular; norddeutsch* ein weißlicher oder hellgrüner Kohl

das **Weiß·kraut** *nur Singular; süddeutsch* Ⓐ ≈ Weißkohl

**weiß·lich★** ADJEKTIV fast weiß

die **Weiß·wurst** *süddeutsch* Ⓐ eine aus Kalbfleisch hergestellte Wurst, die in Wasser heiß gemacht wird

die **Wei·sung** (-, *-en*); *admin* ≈ Befehl, Anweisung K weisungsbefugt, weisungsberechtigt

**weit★** ADJEKTIV (*weiter, weitest-*) 1 so, dass eine Entfernung groß ist *„Er wohnt ziemlich weit von hier"* | *„Das Ziel ist noch weit (entfernt/weg)"* 2 verwendet mit einer Maßangabe, um eine Distanz anzugeben *„Er springt sechs Meter weit"* | *„Wie weit ist es noch bis zum Bahnhof?"* 3 so, dass Kleidung nicht eng am Körper liegt *„ein zu weites Kleid enger machen"* 4 so, dass etwas eine große Fläche bedeckt ⟨*das Meer, ein Tal, die Wälder*⟩ 5 **weit älter/größer/schöner/...** verwendet, um zu sagen, dass ein Unterschied groß ist *„Ich hatte mit weit höheren Kosten/mit weit mehr gerechnet"* 6 *meist adverbiell* mit großem zeitlichen Abstand oder Unterschied *„weit nach Mitternacht"* 7 *meist adverbiell* an einem späten Punkt einer Entwicklung *„Die Verhandlungen sind schon weit fortgeschritten"* 8 **bei Weitem/weitem** mit großem Abstand *„Sie ist bei Weitem die Beste gewesen"* 9 **von Weitem/weitem** aus großer Entfernung *„Man konnte schon von Weitem sehen, dass ..."* 10 **weit und breit** in der ganzen Umgebung *„So einen schönen Baum findest du sonst weit und breit nicht"* ID **Da ist er/sie zu weit gegangen!** Das hätte er/sie nicht tun oder sagen dürfen; **Das geht zu weit!** Das ist nicht mehr akzeptabel; **das Weite suchen** *gesprochen* davonlaufen; **eine Person/Sache ist viel weiter als jemand/etwas** eine Person/Sache hat mehr Fortschritte (in einer Entwicklung) gemacht als jemand/etwas; **so weit, so gut** bis hierher oder bis jetzt ist alles in Ordnung

**weit·ab** ADVERB **weitab von** in relativ großer Entfernung von ⟨*weitab von der Stadt, vom Lärm*⟩

**weit·aus** ADVERB verwendet, um ein Adjektiv (im Komparativ oder Superlativ) zu verstärken ⟨*weitaus besser, schneller; weitaus das Si-*

*cherste〉*

der **Weit·blick** *nur Singular* die Fähigkeit, kommende Entwicklungen richtig zu beurteilen *„ein Politiker mit großem Weitblick"*

die **Wei·te★** (-, -n) **1** eine große Ausdehnung in der Fläche *〈die Weite des Meeres〉 „die endlose Weite der Sahara"* **2** eine gemessene Entfernung *„Beim Diskuswerfen wurden Weiten bis zu 70 m erzielt"* **3** die Größe eines Kleidungsstücks in Bezug auf den Umfang *„ein Rock mit verstellbarer Weite"* **4** die Öffnung, der Durchmesser *〈die Weite eines Gefäßes, eines Rohrs〉*

**wei·ter★** *ADVERB* **1** so, dass jemand/etwas nicht aufhört ≈ weiterhin *„Wenn es weiter so stark schneit ..."* **2** zusätzlich ≈ außerdem *„Was (geschah) weiter?"* | *„Außer ihr war weiter niemand gekommen"* **3** **nichts weiter (als)** nichts anderes ≈ nur *„Das ist nichts weiter als ein Versehen"* **4** **und so weiter** → und *ADJEKTIV meist attributiv* **5** neu hinzukommend, zusätzlich *„Ein weiteres Problem ist das Geld"* **6** später in einem Text, Gespräch oder Verlauf *„die weitere Entwicklung abwarten"* **7** **ohne Weiteres/weiteres** einfach so, ohne Schwierigkeiten *„Sie könnte das ohne Weiteres tun"* **8** **bis auf Weiteres/weiteres** bis etwas anderes mitgeteilt wird ≈ vorläufig **9** **des Weiteren** ≈ außerdem, zusätzlich **ID** **Das ist nicht weiter schlimm** Das macht nichts

**wei·ter-★** *(im Verb, betont und trennbar, sehr produktiv; Diese Verben werden so gebildet: weitergehen, ging weiter, weitergegangen)* **1** **weiterfahren, weitergehen, weiterkommen, weiterlaufen; jemanden/etwas weiterschleppen, weitertreiben** *und andere* drückt aus, dass eine Bewegung oder ein Transport fortgesetzt wird, oft nach einer Pause *„Am Montag reisen wir nach Paris weiter"* **2** **weiterarbeiten, weiterbestehen, weiterreden, weiterschlafen; etwas weiterbehandeln, weiterverarbeiten; sich/etwas weiterentwickeln** *und andere* drückt aus, dass eine Handlung oder ein Vorgang fortgesetzt wird oder dass ein Zustand andauert *„Das Feuer brannte weiter"* Das Feuer hörte nicht auf zu brennen **3** **(jemandem) etwas weitererzählen, weitergeben, weitervererben; jemanden/etwas weiterschicken, weitervermitteln** *und andere* drückt aus, dass man selbst auch etwas tut (was auf ähnliche Weise vorher von anderen Leuten getan wurde) *„Ich habe das Buch zweimal geschenkt bekommen. Eines schenke ich weiter"* Ich schenke eines der Bücher einer anderen Person

**wei·ter·bil·den★** *(hat)* **sich weiterbilden** einen Kurs machen oder Fachbücher lesen, um das berufliches Wissen zu erweitern und zu aktualisieren • *hierzu* **Wei·ter·bil·dung** *die*

**wei·ter·brin·gen** *(hat)* **Das bringt mich/uns nicht weiter** das hilft mir/uns auch nicht sehr (bei der Lösung eines Problems)

**wei·ter·ge·ben★** *(hat)* **1** **etwas (an jemanden) weitergeben** etwas, das man selbst von einer Person bekommen hat, einer anderen Person geben *„Sie nahm sich eines der Blätter und gab die restlichen weiter"* **2** **etwas (an jemanden) weitergeben** jemandem etwas mitteilen *„Gebt die Informationen bitte an diejenigen weiter, die heute fehlen"*

**wei·ter·ge·hen★** *(ist)* **1** nicht an einem Ort bleiben, nicht stehen bleiben *„Wollen wir hier Rast machen oder weitergehen?"* ❶ aber: *Ich kann weiter gehen als du* (getrennt geschrieben) **2** nach einer Pause einen Weg fortsetzen *„Wir ruhten uns eine Weile aus und gingen dann weiter"* **3** **etwas geht weiter** etwas wird fortgesetzt, hört nicht auf *„Nach einer kurzen Pause geht das Konzert weiter"*

**wei·ter·hin★** *ADVERB* **1** auch in der Zukunft *„Diese Probleme wird es wohl auch weiterhin geben"* | *„Weiterhin viel Erfolg!"* **2** auch jetzt noch *„Er weigert sich weiterhin, seine Mittäter zu nennen"*

**wei·ter·kom·men★** *(ist)* **1** einen Weg fortsetzen können *„Hier ist der Weg überschwemmt, da kommen wir nicht weiter"* **2** **mit etwas weiterkommen** bei etwas Fortschritte machen *„Seid ihr bei der Lösung der Aufgabe weitergekommen?"*

**wei·ter·ma·chen★** *(hat)*; *gesprochen* **(mit etwas) weitermachen** eine Tätigkeit fortsetzen *„Lasst uns weitermachen, damit wir bald fertig werden"*

**wei·ters** *ADVERB*; Ⓐ ≈ außerdem

**wei·ter·wis·sen** *(hat)* **1** wissen, was in einer schwierigen Situation zu tun ist **2** **nicht mehr weiterwissen** ratlos oder verzweifelt sein

**weit·ge·hend**, **weit ge·hend** *ADJEKTIV (weiter gehend/weitgehender, weitestgehend/weitgehendst-)* **1** so, dass etwas viele Veränderungen bewirkt *〈Pläne, Ideen〉* **2** so, dass sie jemandem in großem Maße gegeben werden *〈eine Unterstützung, eine Vollmacht〉* ❶ aber: *eine zu weit gehende Maßnahme* (= getrennt geschrieben) **3** *nur adverbiell* ≈ größtenteils *„Die Unterlagen sind weitgehend in Ordnung"* ❶ immer zusammengeschrieben

**weit·hin** *ADVERB* **1** bis in große Entfernung ⟨*etwas ist weithin zu hören, weithin sichtbar*⟩ **2** in hohem Maße *„Das ist weithin sein Verdienst"*

**weit·rei·chend**, **weit rei·chend** *ADJEKTIV* (*weiter reichend/weitreichender, weitestreichend-/weitreichendst-*) ⟨*Konsequenzen, Maßnahmen*⟩ so, dass sie für einen großen Bereich von Bedeutung sind

die **Weit·sicht** ≈ Weitblick

**weit·sich·tig** *ADJEKTIV* (*weitsichtiger, weitsichtigst-*) **1** ≈ weitblickend **2** **weitsichtig sein** nahe Dinge nicht gut sehen (also z. B. beim Lesen Schwierigkeiten haben), ferne Dinge aber gut sehen • *zu* (2) **Weit·sich·tig·keit** *die*

der **Weit·sprung** *nur Singular* eine Disziplin in der Leichtathletik, bei der man versucht, mit einem Sprung möglichst weit zu springen

der **Wei·zen** (*-s*) eine Getreideart, aus deren Körnern helles Brot gemacht wird **K** Weizenfeld, Weizenmehl

**welch**★ *FRAGEWORT* **1** verwendet, um nach einer einzelnen Person/Sache aus einer Gruppe zu fragen *„Welches Buch gehört dir?"* | *„Welcher von euch beiden war das?"* ❶ auch in indirekten Fragesätzen: *Ich weiß nicht, welchen Grund er dafür hat*

*ARTIKEL/PRONOMEN* **2** verwendet vor allem in Ausrufen, um ein Substantiv oder ein Adjektiv zu intensivieren *„Welche Begeisterung!"* | *„Welch eine schöne Überraschung!"* ❶ Vor einem unbestimmten Artikel bleibt *welch* ohne Endung: *Welch eine (schöne )Frau!* Auch direkt und alleine vor dem Substantiv kann *welch* stehen: *Welch Anblick!*; dieser Gebrauch ist aber veraltend oder literarisch. Üblich ist z. B. *welche Freunde, welcher Unsinn*. **3** verwendet als Einleitung in Relativsätzen, um sich auf die gerade genannte Person/Sache zu beziehen *„Erfindungen, welche unser Leben verändern"* | *„Hier ist das Buch, über welches wir gesprochen haben"* ❶ In dieser Verwendung steht statt *welch-* oft eine Form von *der*, *die* oder *das*. **4** verwendet in Nebensätzen, um sich auf eine Person/Sache zu beziehen, die zur genannten Gruppe, Art oder Sorte gehört *„Es ist egal, welches Material man nimmt"* **5** alleine verwendet, um sich auf eine unbestimmte Zahl oder Menge von Personen/Sachen zu beziehen *„Sind genug Gabeln auf dem Tisch?" – „Ich glaube, da fehlen noch welche"*

**welk** *ADJEKTIV* nicht mehr frisch ⟨*Blumen, Blätter, Gemüse, Laub*⟩ ≈ schlaff

**wel·ken** (*welkte, ist gewelkt*) **etwas welkt** etwas wird welk ⟨*Blumen, Blätter, Laub*⟩

die **Wel·le**★ (*-, -n*) **1** *meist Plural* z. B. wenn starker Wind geht, gibt es im Wasser Wellen *„Nach dem Sturm waren die Wellen zu hoch zum Baden"* **K** Flutwelle **2** Wellen im Haar sind Haare, die nicht gerade sind, sondern leichte Bögen haben **3** *meist Plural* die Art, wie sich Licht, Schall und andere Formen von Energie ausbreiten **K** Lichtwelle, Radiowelle, Schallwelle **4** der Bereich der Länge von Funkwellen, in dem ein Radiosender sein Programm sendet ≈ Frequenz **5** **eine Welle** *+Genitiv*/**von etwas** ein Gefühl oder Verhalten, das plötzlich entsteht und sich rasch ausbreitet ⟨*eine Welle der Begeisterung, der Hilfsbereitschaft*⟩

der **Wel·len·gang** *meist Singular* die Bewegung der Wellen im Meer ⟨*hoher, starker Wellengang*⟩

die **Wel·len·län·ge** die Frequenz von Radiowellen *„Auf welcher Wellenlänge sendet Radio Luxemburg?"*

der **Wel·len·sit·tich** ein kleiner Papagei, der oft im Käfig gehalten wird

**wel·lig** *ADJEKTIV* mit einer Form, die aus meist vielen kleinen Kurven besteht, die auf und ab gehen

die **Well·pap·pe** Pappe aus drei Schichten Papier, bei der die mittlere Schicht zu Wellen gelegt ist; man benutzt Wellpappe zum Verpacken

der **Wel·pe** (*-n, -n*) das Junge von Hund, Fuchs, Wolf

die **Welt**★ (*-, -en*) **1** *nur Singular* die Erde oder ein großer Teil der Erde ⟨*die Welt kennenlernen; um die Welt reisen*⟩ **2** *nur Singular* das Leben, die Lebensverhältnisse ⟨*die Welt verändern*⟩ **3** *nur Singular* ein besonderer Lebensbereich, ein Interessengebiet ⟨*die Welt des Kindes, der Mode, der Antike*⟩ *„Seine Welt ist die Musik"* **4** *nur Singular* viele Menschen in vielen Ländern *„Diese Nachricht hat die Welt erschüttert"* **5** *nur Singular* eine besondere Gruppe von Menschen ⟨*die gelehrte, vornehme Welt*⟩ **6** *meist Singular* der Planet Erde mit dem gesamten Weltall ≈ Universum *„die Entstehung der Welt"* **7** **die Dritte/Vierte Welt** die armen/ärmsten Länder der Erde **ID** **ein Kind kommt auf die/zur Welt** ein Kind wird geboren; **eine Frau bringt ein Kind auf die/zur Welt** eine Frau gebärt ein Kind; **aus aller Welt** von überall her; **Wie/Wo/Was/Warum in aller Welt ...?** verwendet, um Fragen und Ausrufen besonderen Nachdruck zu geben; **Nicht um alles in der Welt!**, **Um nichts in der Welt!** Auf gar keinen Fall!; **Ich verstehe die Welt nicht mehr** Ich bin entsetzt/sehr enttäuscht

das **Wẹlt·all** der gesamte Weltraum mit allen Sternen, Planeten, Monden usw. ≈ Universum, Kosmos

die **Wẹlt·an·schau·ung** (-, *-en*) eine Ansicht über den Sinn des Lebens und die Stellung des Menschen in der Welt

das **Wẹlt·bild** *meist Singular* die Vorstellung, die sich jemand von der Welt und den Menschen macht *„das Weltbild des Kopernikus“* | *„das mittelalterliche Weltbild“*

**wẹlt·fremd** ADJEKTIV mit Ansichten, die wenig Erfahrung und Kenntnis der Welt zeigen

(die) **Wẹlt·klas·se Weltklasse sein/zur Weltklasse gehören** zu den Besten in der Welt gehören

der **Wẹlt·krieg**★ einer der beiden großen Kriege im 20. Jahrhundert *„der Erste Weltkrieg (1914 – 1918)“* | *„der Zweite Weltkrieg (1939 – 1945)“*

**wẹlt·lich** ADJEKTIV **1** zum normalen Leben gehörig ⟨*Genüsse*⟩ **2** nicht zur Kirche gehörig ⟨*ein Bauwerk*⟩

die **Wẹlt·macht** ein Staat mit großem politischen und wirtschaftlichen Einfluss auf viele Länder *„die Weltmacht USA“*

der **Wẹlt·meis·ter** der beste Sportler oder die beste Mannschaft auf der Welt in einer Disziplin *„Weltmeister im Kugelstoßen“* **K** Weltmeistertitel; Schachweltmeister, Fußballweltmeister • *hierzu* **Wẹlt·meis·te·rin** *die*

der **Wẹlt·raum**★ *nur Singular* der unendliche Raum außerhalb der Erdatmosphäre ⟨*den Weltraum erforschen; in den Weltraum vorstoßen*⟩ **K** Weltraumforschung

das **Wẹlt·reich** ein großes (politisches) Reich, das viele Länder umfasst *„das römische Weltreich“*

die **Wẹlt·spra·che** eine Sprache, die in vielen Ländern gesprochen wird und international wichtig ist ⟨*die Weltsprache Englisch*⟩

der **Wẹlt·un·ter·gang** *nur Singular* das Ende dieser Welt

**wẹlt·weit**★ ADJEKTIV *meist attributiv* auf der ganzen Welt (vorhanden o. Ä.) ⟨*etwas ist weltweit verbreitet, anerkannt, bekannt*⟩

das **Wẹlt·wun·der** **1** etwas ganz Besonderes oder Wunderbares **2** eines der sieben bekanntesten Bauwerke oder Kunstwerke der Antike

**wem** → wer

**wen** → wer

die **Wẹn·de**★ (-, *-n*) **1** *nur Singular* eine entscheidende Änderung ⟨*eine Wende in der Entwicklung, im Leben, in der Politik*⟩ **2** **die Wende** die Änderungen in den politischen, wirtschaftlichen und sozialen Verhältnissen nach dem Zusammenbruch des kommunistischen Systems, vor allem in der früheren DDR **3** der Übergang zwischen zwei Zeitabschnitten *„um die Wende des 20. Jahrhunderts“* **K** Jahrhundertwende

der **Wẹn·de·kreis** der engste Kreis, den ein Fahrzeug fahren kann

die **Wẹn·del·trep·pe** eine Treppe, deren meist schmale Stufen in der Form einer Spirale angeordnet sind

**wẹn·den**★ (*wendete/wandte, hat gewendet/gewandt*) **1** **etwas wenden** (*wendete*) die Rückseite oder Unterseite einer Sache nach vorne bzw. oben drehen ⟨*ein Blatt Papier, einen Braten wenden*⟩ *„das Heu zum Trocknen wenden“* **2** **etwas/sich irgendwohin wenden** (*wendete/wandte*) etwas/sich in die genannte Richtung drehen *„Sie wandte ihre Augen nicht vom Fenster“* | *„An der Kreuzung wenden Sie sich nach rechts“* **3** (*wendete*) (mit dem Auto, beim Schwimmen usw.) kurz stoppen und sich danach in die entgegengesetzte Richtung zurückbewegen **4** **sich an jemanden wenden** (*wendete/wandte*) jemanden um Rat und Hilfe bitten *„Sie können sich in dieser Angelegenheit jederzeit an mich wenden“* **5** **sich (mit Kritik) gegen jemanden/etwas wenden** (*wendete/wandte*) jemanden/etwas kritisieren **6** **etwas wendet sich an jemanden** etwas ist für eine Person(engruppe) bestimmt *„Das Buch wendet sich an alle Germanistikstudenten“* ❶ nur im Präsens **7** **etwas wendet sich** (*wendete*) etwas ändert sich völlig ⟨*das Glück, das Schicksal*⟩ **ID** **Bitte wenden!** Lesen Sie bitte auf der Rückseite des Blattes weiter ❶ Abkürzung: *b. w.*

der **Wẹn·de·punkt** **1** der Punkt, an dem der Verlauf einer Bewegung die entgegengesetzte Richtung nimmt *„der nördliche/südliche Wendepunkt der Sonne“* **2** ein Zeitpunkt, an dem

W

eine wichtige Veränderung geschieht *„an einem Wendepunkt angelangt/angekommen sein"*

**wen·dig** *ADJEKTIV* **1** leicht zu lenken ⟨*ein Auto, ein Boot*⟩ **2** körperlich oder geistig sehr beweglich *„ein wendiger Mittelstürmer"* • *hierzu* **Wen·dig·keit** *die*

die **Wen·dung** (-, *-en*) eine Änderung der Richtung, eine Drehung ⟨*eine Wendung nach links, rechts, um 180°*⟩

**we·nig★** *ADJEKTIV* **1** so, dass nur eine geringe Menge oder Anzahl da ist *„Er zeigte wenig Interesse an dem Angebot"* | *„Wenige Tage später war alles vorbei"* | *„Sie verdient wenig"* | *„Er hat viele Freunde, aber nur wenige waren bei seiner Party"* ❶ Vor einem Substantiv im Singular steht die Form *wenig*: *wenig Hoffnung, wenig Rücksicht*. In der gesprochenen Sprache kann *wenig* auch vor Substantiven im Plural (im Nominativ und Akkusativ) stehen. **2** **die wenigsten** nur eine sehr geringe Anzahl *„Viele wollten helfen, aber nur die wenigsten haben tatsächlich etwas getan"* nur sehr wenige **3** in geringem Maß ≈ kaum *„Das hat ihn wenig interessiert"* **4** relativ selten *„Diese Pflanzen kommen hier wenig vor"* **5** **ein wenig** +*Substantiv* eine ziemlich kleine Menge einer Sache ≈ etwas *„Ich brauche noch ein wenig Zeit"* **6** **ein wenig** + *Adjektiv* in geringem Maße, aber deutlich erkennbar *„Ich muss sagen, ich bin ein wenig enttäuscht"*

**we·ni·ger★** **1** *Komparativ* → wenig *BINDEWORT* **2** *gesprochen* drückt aus, dass eine Zahl abgezogen wird ≈ minus *„Fünf weniger drei ist zwei"*

**we·nigs·tens★** *ADVERB* **1** verwendet, um über die kleinste Zahl, Summe, Dauer oder die geringste Anforderung zu sprechen *„Du könntest dich wenigstens entschuldigen, wenn du schon zu spät kommst"* | *„Wir wollen wenigstens drei Wochen verreisen"* **2** verwendet als tröstende oder aufmunternde Einschränkung einer negativen Aussage *„Wenigstens regnet es nicht, wenn es schon so kalt ist!"* **3** verwendet, um eine Aussage einzuschränken *„Er ist schon ziemlich alt, glaube ich wenigstens"*

**wenn★** *BINDEWORT* **1** der Nebensatz mit *wenn* nennt eine Voraussetzung oder Bedingung *„Das lernst du ganz schnell, wenn du fleißig übst"* | *„Wenn nötig, kann der Vorgang wiederholt werden"* **2** zusammen mit dem Konjunktiv II wird ausgedrückt, dass eine Voraussetzung nicht erfüllt wird und etwas daher nicht geschieht *„Wenn ich Zeit hätte, würde ich Urlaub machen"* Ich habe keine Zeit und werde deshalb keinen Urlaub machen **3** der Nebensatz mit *wenn* nennt einen nicht sehr wahrscheinlichen, möglichen Fall und der Hauptsatz etwas, was in diesem Fall geschieht oder geschehen soll ≈ falls *„Wenn sie anrufen sollte, sagst du, dass ich nicht da bin"* **4** der Nebensatz mit *wenn* nennt einen Zeitpunkt oder Zeitraum in der Zukunft *„Ich komme zu dir, wenn ich mit meiner Arbeit hier fertig bin"* **5** der Nebensatz mit *wenn* nennt eine Situation, in der etwas immer der Fall ist *„Jedes Mal, wenn das Telefon läutet, glaube ich, dass sie es ist"* **6** verwendet, um sich auf einen Zeitpunkt oder Zeitraum zu beziehen, in dem etwas der Fall ist *„In dem Moment, wenn der Startschuss fällt, musst du voll konzentriert sein"* **7** **wenn ... auch** verwendet, um zu sagen, dass etwas getan wird, passiert oder irgendwie ist, obwohl die Umstände ungünstig sind *„Ich versuche abzunehmen, wenn es mir auch schwerfällt"* **8** **wenn ... bloß/doch/nur** verwendet, um einen Wunsch auszudrücken *„Wenn sie bloß/doch/nur endlich käme!"* **9** **als/wie wenn** verwendet, um eine Situation oder Sache mit einer anderen zu vergleichen, die möglich, aber nicht wirklich ist *„Nachhilfe ist immer noch besser, als wenn du das Jahr wiederholen müsstest"* Schlimmer als Nachhilfe wäre es, das Jahr wiederholen zu müssen

**wenn·gleich** *BINDEWORT* ≈ obwohl

**wer★** *FRAGEWORT* (*wen, wem, wessen*) verwendet, um nach einer Person oder mehreren Personen zu fragen *„Wer mag noch ein Stück Kuchen?"* | *„Wen möchten Sie sprechen?"* | *„Wem soll ich das Buch geben?"* | *„Wessen Brille ist das?"* ❶ auch in indirekten Fragen: *Ich habe keine Ahnung, wer das getan hat; Ich weiß nicht, wen Sie meinen*

**wer·ben★** (*wirbt, warb, hat geworben*) **1** **eine Person (für jemanden/etwas) werben** versuchen, eine Person zu finden, die ein Produkt kauft, eine Idee unterstützt o. Ä. ⟨*neue Abonnenten (für eine Zeitung), Käufer werben*⟩ **2** **(für etwas) werben** ein Produkt, ein Vorhaben, eine Idee o. Ä. so vorteilhaft darstellen, dass sich andere Leute dafür interessieren *„für eine Zigarettenmarke werben"* **3** **um etwas werben** sich bemühen, etwas zu bekommen ⟨*um Freundschaft, Vertrauen werben*⟩ *„Die Kandidaten werben um die Gunst*

W

*der Wähler"*

**wẹr·be·wirk·sam** ADJEKTIV erfolgreich werbend ⟨*ein Plakat, eine Anzeige*⟩

die **Wẹr·bung★** (-, *-en*) *nur Singular* eine Aktion (z. B. eine Anzeige in der Zeitung, ein Spot im Fernsehen), mit der man versucht, Leute für ein Produkt zu interessieren ⟨*Werbung für jemanden/etwas machen*⟩

**wẹr·den¹★** (*wird, wurde, ist geworden*) **1** *Adjektiv+* **werden** die genannte Eigenschaft bekommen oder in den genannten Zustand kommen *„Ich werde allmählich müde"* | *„Deine Kinder sind aber groß geworden!"* **2** **etwas** (*Nominativ*) **werden** einen Beruf erlernen oder aufnehmen *„Sie wird Lehrerin"* **3** **etwas** (*Nominativ*) **werden** in die genannte Beziehung zu einer Person kommen *„Wir wurden schon bald Freunde"* **4** *Zahl+* **werden** (beim nächsten Geburtstag) das genannte Alter erreichen *„Wenn sie 18 wird, will sie eine große Party feiern"* **5** **etwas wird etwas** (*Nominativ*); **etwas wird zu etwas** etwas entwickelt sich zur genannten Sache, in der genannten Weise *„Ich hoffe, der Plan wird bald Wirklichkeit"* | *„Das frühe Aufstehen ist für mich zur Gewohnheit/Routine geworden"* **6** **jemand wird zu etwas** eine Person erreicht die genannte (soziale oder berufliche) Stellung *„Er wurde zu einem der reichsten Männer der Welt"* **7** **etwas wird (et)was/nichts** *gesprochen* etwas gelingt/gelingt nicht *„Sind die Fotos was geworden?"* **8** **es wird etwas/irgendwie** ein Zeitraum (mit dem genannten Zustand) beginnt ⟨*es wird Tag, Nacht, Frühling, Sommer*⟩ *„Draußen wird es schon hell/dunkel"* **9** **jemandem wird (es) irgendwie** jemand empfindet das genannte Gefühl *„Wenn dir kalt wird, kannst du die Heizung anmachen"* **ID** **Das wird schon wieder** *gesprochen* verwendet, um jemanden zu trösten oder zu beruhigen; **Daraus wird nichts** Das wird nicht gemacht; **Was nicht ist, kann noch werden** Man soll die Hoffnung nicht aufgeben

**wẹr·den²★** HILFSVERB (*wird, wurde, ist Partizip Perfekt+ worden*) **1** **werden** *+Infinitiv* verwendet zur Bildung des Futurs *„Er wird dir helfen"* | *„Morgen werde ich die Arbeit beendet haben"* **2** **werden** *+Infinitiv* verwendet, um eine Vermutung auszudrücken *„Sie wird es wohl vergessen haben"* Sie hat es wahrscheinlich vergessen **3** **werden** *+Infinitiv* verwendet, um einen Wunsch auszudrücken *„Ihm wird doch nichts passiert sein!"* Ich hoffe, dass ihm nichts passiert ist **4** **würde(n)** *+Infinitiv* verwendet zur Bildung des Konjunktivs II *„Ich würde gern kommen, wenn ich Zeit hätte"* **5** **werden** *+Partizip Perfekt* verwendet zur Bildung des Passivs *„Wir werden beobachtet"* ❶ Das Partizip Perfekt ist in diesem Fall *worden*, nicht *geworden*. Vergleiche: *Sie ist Direktorin geworden/Sie ist zur Direktorin befördert worden.* **6** **werden** *+Partizip Perfekt* verwendet, um eine energische Aufforderung auszudrücken *„Jetzt wird nicht mehr geredet!"*

**wẹr·fen★** (*wirft, warf, hat geworfen*) **1** **(etwas) (irgendwohin) werfen** z. B. einen Stein oder Ball mit einer starken Bewegung des Arms aus der Hand fliegen lassen ⟨*etwas in die Höhe/Luft werfen; gut, weit werfen können*⟩ *„Sie warf ihre Tasche in die Ecke"* | *„Die Kinder warfen mit Schneebällen"* **2** **jemanden/etwas irgendwohin werfen** eine Person oder Sache fallen oder mit Schwung irgendwohin gelangen lassen *„Der Sturm warf Ziegel vom Dach"* | *„Er wurde aus dem Sattel/vom Fahrrad geworfen"* **3** **jemanden irgendwohin werfen** jemanden zwingen, ein Haus, eine Firma o. Ä. zu verlassen *„einen Betrunkenen aus dem Lokal werfen"* **4** **etwas werfen** den Ball, Würfel usw. so werfen, dass man in einem Spiel oder Wettkampf Punkte erzielt ⟨*einen Korb, ein Tor, einen neuen Rekord werfen; beim Würfeln eine Eins, Zwei usw. werfen*⟩ **5** **einen Blick irgendwohin werfen** kurz die Augen auf etwas richten **6** **sich irgendwohin werfen** mit Absicht und Schwung eine fallende Bewegung machen *„Sie warf sich erschöpft aufs Bett/jubelnd in seine Arme"*

die **Wẹrft** (-, *-en*) eine Anlage, in der Schiffe gebaut und repariert werden

das **Wẹrk★** (*-(e)s, -e*) **1** eine große (meist künstlerische oder wissenschaftliche) Leistung *„ein Werk der Weltliteratur"* | *„die Werke Michelangelos"* **K** Kunstwerk **2** *nur Singular* etwas, das jemand getan oder verursacht hat *„Das Attentat war ein Werk der Terroristen"* | *„Der Aufbau dieser Organisation war sein Werk"* **3** eine Fabrik mit allen Gebäuden und technischen Anlagen *„Der Konzern will mehrere Werke schließen"* **K** Werk(s)halle; Elektrizitätswerk, Stahlwerk **ID** **ein gutes Werk tun** einer anderen Person aus Nächstenliebe helfen; **sich ans Werk machen** mit der Arbeit beginnen

das **Wẹr·ken** (*-s*) ein Unterrichtsfach, in dem

W

Schüler mit Holz, Ton usw. praktisch arbeiten **K** Werklehrer, Werkunterricht

die **Werk·statt**★ (-, *Werk·stät·ten*) *meist Singular* der Arbeitsraum meist eines Handwerkers *„Ledertaschen aus eigener Werkstatt"* **K** Autowerkstatt, Schneiderwerkstatt

der **Werk·stoff** ein festes Material wie Holz, Stein oder Kunststoff, aus dem Waren hergestellt werden

der **Werk·tag**★ ein Tag, an dem die Leute arbeiten, also Montag bis Samstag, im Gegensatz zu Sonntag und Feiertagen ≈ Wochentag

**werk·tags**★ *ADVERB* an Werktagen *„Dieser Bus verkehrt nur werktags"*

das **Werk·zeug**★ (-s, -e) **1** ein Gegenstand (z. B. ein Hammer, eine Zange), den man benutzt, um eine Arbeit leichter oder überhaupt machen zu können *„Manche Vögel sind intelligent genug, Werkzeuge zu benutzen"* **2** *nur Singular* alle Werkzeuge für eine Tätigkeit *„Ich muss erst mein Werkzeug aus dem Auto holen"* **K** Werkzeugkasten

**wert**★ *ADJEKTIV* **1** **etwas ist etwas wert** etwas hat den genannten finanziellen Wert ⟨*etwas ist viel, nichts wert*⟩ *„Mein altes Auto ist noch 1500 Euro wert"* **2** **etwas ist (jemandem) etwas** (*Akkusativ*) **wert** etwas ist in der Qualität o. Ä. so gut, dass der Preis, die damit verbundene Anstrengung o. Ä. nicht zu viel dafür sind *„Berlin ist immer eine Reise wert"* | *„Die Karten fürs Konzert sind mir das Geld wert"* **3** **etwas ist (jemandem) viel/wenig wert** etwas ist für jemanden wichtig/nicht wichtig *„Diese Auskunft war mir viel wert"* **4** **jemand/etwas ist einer Sache** (*Genitiv*) **wert** *geschrieben* jemand/etwas ist gut genug für eine Person/Sache, verdient Aufmerksamkeit usw. *„Ist das denn überhaupt der Mühe wert?"* | *„Vielen Dank für Ihre Hilfe!" – „Nicht der Rede wert."* Es war nur eine Kleinigkeit

der **Wert**★ (-(e)s, -e) **1** *nur Singular* der Preis, den etwas kostet oder kosten würde ⟨*etwas fällt, steigt im Wert*⟩ *„Juwelen im Wert von 3000 Euro"* **2** die Nützlichkeit und Qualität einer Sache ⟨*der erzieherische, geistige, künstlerische, praktische Wert*⟩ *„Diese Informationen sind leider ohne Wert für uns, weil wir sie nicht veröffentlichen dürfen"* **K** Unterhaltungswert **3** *meist Plural* Dinge, die wertvoll sind *„Wir müssen materielle und geistige/ideelle Werte schützen"* | *„Im Krieg gingen unermessliche Werte verloren"* **4** das Ergebnis einer Messung oder Untersuchung, in Zahlen ausgedrückt *„Die Temperatur erreicht morgen Werte um 30 °C"* **K** Durchschnittswert, Höchstwert; Messwert **ID** **(großen/viel) Wert auf etwas** (*Akkusativ*) **legen** etwas für (sehr) wichtig halten; **etwas hat keinen/wenig Wert** etwas nützt nichts/wenig, ist nicht sinnvoll *„Es hat wenig Wert, die Übung zu wiederholen, wenn du dich nicht konzentrierst"*

**-wert** *im Adjektiv, unbetont, begrenzt produktiv* **bewundernswert, empfehlenswert, erwähnenswert, lesenswert** *und andere* drückt aus, dass eine Person oder Sache es verdient, dass das Genannte geschieht, oder dass es sich lohnen würde, etwas zu tun *„eine nachahmenswerte Tat"* | *„ein sehenswerter Film"* | *„eine wissenswerte Tatsache"*

**wer·ten** (*wertete, hat gewertet*) **etwas als etwas werten** ein Urteil über etwas abgeben *„Die Verhandlungen wurden als Erfolg gewertet"*

**wert·los** *ADJEKTIV* **1** ohne finanziellen Wert *„Die Aktien sind in kurzer Zeit praktisch wertlos geworden"* **2** **wertlos (für jemanden)** so, dass es keinen Nutzen oder Vorteil bringt

die **Wert·mar·ke** eine Marke, die man kauft, um sie auf einen Fahrausweis o. Ä. zu kleben, der dann wieder für eine bestimmte Zeit gültig ist *„ein Behindertenausweis mit Wertmarke für kostenlose Fahrten im Nahverkehr"*

das **Wert·pa·pier** eine Urkunde, die einen Geldwert hat oder Rechte enthält, z. B. eine Aktie

die **Wer·tung** (-, -en) **1** die Beurteilung des Werts einer Sache *„Diese Äußerung soll keine Wertung Ihrer Leistung darstellen"* **2** die Vergabe von Punkten o. Ä. für eine sportliche Leistung in einem Wettkampf **K** Einzelwertung, Mannschaftswertung

**wert·voll**★ *ADJEKTIV* **1** von großem (finanziellem oder geistigem) Wert ⟨*Schmuck*⟩ **2** sehr nützlich ⟨*ein Hinweis, ein Rat, ein Ergebnis*⟩

das **We·sen**★ (-s, -) **1** **das Wesen** + *Genitiv*/**von etwas** *nur Singular* das, was für etwas charakteristisch ist und es von anderen Sachen unterscheidet *„Es liegt im Wesen der Demokratie, dass die Wahlen frei und geheim sind"* **2** *nur Singular* die charakterlichen Eigenschaften einer Person ⟨*ein angenehmes, einnehmendes Wesen haben*⟩ **3** etwas, das in irgendeiner (oft nur gedachten) Gestalt existiert oder erscheint *„an ein höheres, göttliches Wesen glauben"*

das **-we·sen** *im Substantiv, unbetont, sehr pro-*

W

*duktiv, nur Singular* **Bauwesen, Bildungswesen, Gesundheitswesen, Transportwesen, Verlagswesen, Versicherungswesen** *und andere* verwendet als Bezeichnung für alle Dinge und Vorgänge, die zum genannten beruflichen oder gesellschaftlichen Bereich gehören

**we̲·sent·lich★** *ADJEKTIV* **1** sehr wichtig ⟨*ein Anteil, ein Bestandteil, ein Element, ein Punkt, ein Unterschied*⟩ **2** *nur adverbiell* drückt aus, dass ein Unterschied oder eine Menge groß ist ⟨*wesentlich älter, besser, größer*⟩ *„Der Hinweis trug wesentlich zur Klärung des Falles bei"* **ID** **im Wesentlichen** was den wichtigsten Teil einer Sache oder die Mehrheit der Fälle betrifft

das **We̲·sent·li·che** (*-n*) das Charakteristische und Wichtigste einer Sache ⟨*sich auf das Wesentliche beschränken, konzentrieren*⟩ ⓘ *Wesentliches; das Wesentliche; dem, des Wesentlichen*

**wes·ha̩lb★** *FRAGEWORT* **1** verwendet, um nach dem Grund für etwas zu fragen ≈ warum *„Weshalb hast du das getan?"* ⓘ auch in indirekten Fragen: *Ich weiß nicht, weshalb sie nicht gekommen ist*

*BINDEWORT* **2** verwendet, um in einem Nebensatz die Folge einer Sache zu nennen, die im Hauptsatz steht *„Es hatte frisch geschneit, weshalb Lawinengefahr bestand"*

die **Wẹs·pe** (*-, -n*) ein schwarz-gelb gestreiftes Insekt mit giftigem Stachel *„von einer Wespe gestochen werden"* **K** Wespenstich

**wẹs·sen★** → wer

**Wẹst[1]★** *ohne Artikel; nur in dieser Form* die Richtung, in der die Sonne am Abend zu sehen ist ⟨*Wind aus, von Nord; ein Kurs nach Nord*⟩ ↔ Ost *„von West nach Ost"* **K** Westeuropa, Westküste

der **Wẹst[2]**; (*-s*) ≈ Westwind

(das) **Wẹst|deutsch·land** **1** das (geografisch) westliche Deutschland **2** verwendet als inoffizielle Bezeichnung für das Gebiet der Bundesrepublik Deutschland vor 1990 • *hierzu* **wẹst·deutsch** *ADJEKTIV*

die **Wẹs·te★** (*-, -n*) **1** ein ärmelloses Kleidungsstück, das bis zur Hüfte reicht und über Hemd oder Bluse getragen wird **K** Anzugweste **2** eine Jacke aus Wolle o. Ä. **K** Strickweste

der **Wẹs·ten★** (*-s*) **1** die Himmelsrichtung des Sonnenuntergangs ⟨*im, gegen, aus, von, nach Westen*⟩ ↔ Osten **2** der westliche Teil eines Gebietes *„im Westen der Stadt"* **3** die USA und die Länder Westeuropas (als politische Verbündete)

der **Wẹs·tern** (*-s, -*) ein Film oder Roman, dessen Handlung in den westlichen Teilen der USA zur Zeit der Besiedlung durch die Europäer spielt

**wẹst·lich★** *ADJEKTIV meist attributiv* **1** nach Westen (gerichtet) ⟨*ein Kurs, in westliche Richtung fahren*⟩ **2** von Westen nach Osten ⟨*ein Wind; der Wind kommt, weht aus westlicher Richtung*⟩ **3** im Westen ⟨*ein Land, die Seite, der Teil*⟩ *„das westliche Afrika/Mittelmeer"* **4** zu den politischen Verbündeten des Westens gehörig ⟨*Diplomaten, das Bündnis*⟩

*PRÄPOSITION mit Genitiv* **5** (in der genannten Entfernung) weiter im Westen als etwas ↔ östlich *„fünf Kilometer westlich der Grenze"* ⓘ Folgt ein Wort ohne Artikel, verwendet man *westlich von*: *westlich von Deutschland.*

**wẹst·wärts** *ADVERB* in Richtung nach Westen

der **Wẹst·wind** ein Wind aus Westen

**wes·we̲·gen★** *FRAGEWORT ADVERB* aus welchem Grund ≈ warum *„Weswegen hat er das getan?"* ⓘ auch in indirekten Fragen: *Sie wollte nicht sagen, weswegen sie sich getrennt haben*

der **Wẹtt·be·werb★** (*-s, -e*) **1** eine Veranstaltung, bei der die Teilnehmer ihre Leistungen auf einem Gebiet untereinander vergleichen und bei der es für die besten oft Preise gibt ⟨*einen/in einem Wettbewerb gewinnen*⟩ **K** Fotowettbewerb, Schönheitswettbewerb **2** *nur Singular* der Kampf um Vorteile zwischen Personen, Institutionen oder Firmen ⟨*fairer, harter, unlauterer Wettbewerb*⟩ • *hierzu* **Wẹtt·be·wer·ber** *der*

die **Wẹt·te★** (*-, -n*) **1** **eine Wette (um etwas)** eine Vereinbarung zwischen zwei oder mehr Personen, dass diejenige, deren Behauptung nicht richtig ist, etwas zahlen oder leisten muss ⟨*eine Wette gewinnen, verlieren*⟩ *„eine Wette um eine Flasche Wein"* **2** der Versuch, den Sieger oder das Ergebnis eines Wettbewerbs vorauszusagen (um so Geld zu gewinnen) ⟨*eine Wette abschließen*⟩ **3** **um die Wette** so, dass alle versuchen, schneller als die anderen zu sein ⟨*mit jemandem um die Wette fahren, laufen, schwimmen*⟩ **K** Wettrennen

**wẹtt·ei·fern** (*wetteiferte, hat gewetteifert*) **(mit jemandem) um etwas wetteifern** versuchen, andere Leute zu übertreffen und dadurch etwas zu gewinnen *„Die beiden Sänger wetteifern um die Gunst des Publikums"*

**wẹt·ten** (*wettete, hat gewettet*) **1** **(mit jemandem) (etwas) wetten** eine Wette machen,

W

den Einsatz für eine Wette angeben *„Ich wette mit dir (um) 10 Euro, dass Inter Mailand gewinnt."* **2** **wetten, (dass) ...** zum Ausdruck bringen, dass man sich einer Sache ganz sicher ist *„Ich wette, dass sie nicht kommt"* **3** **auf etwas** (*Akkusativ*) **wetten** bei einem Wettrennen einen Tipp abgeben ⟨*auf ein Pferd wetten*⟩

das **Wet·ter**★ (-s) die Situation, ob die Sonne scheint oder ob es Regen, Schnee, Wind, Wolken usw. gibt ⟨*regnerisches, trübes, schönes Wetter; das Wetter ist beständig, wechselhaft, schlägt um*⟩ *„Wie wird das Wetter morgen?"* **K** Wetteraussichten; Frühlingswetter; Regenwetter; Badewetter

der **Wet·ter·be·richt**★ aktuelle Informationen im Fernsehen, Radio usw., wie das Wetter in verschiedenen Regionen gerade ist (und wie sich in den nächsten Tagen wahrscheinlich entwickeln wird)

der **Wet·ter·sturz** ein plötzliches und starkes Sinken der Lufttemperatur

der **Wett·kampf**★ ein (meist sportlicher) Kampf um die beste Leistung **K** Wettkampfsport • *hierzu* **Wett·kämp·fer** *der*; **Wett·kämp·fe·rin** *die*

der **Wett·lauf**★ die Situation, bei der mehrere Personen so schnell laufen, wie sie können, um so herauszufinden, wer am schnellsten ist • *hierzu* **Wett·läu·fer** *der*; **Wett·läu·fe·rin** *die*

**wett·ma·chen** (*machte wett, hat wettgemacht*) **etwas wettmachen** einen Mangel oder Fehler mithilfe einer anderen Qualität beseitigen ⟨*einen Mangel, einen Verlust wettmachen*⟩ ≈ ausgleichen

der **Wett·streit** das Bemühen, andere zu übertreffen ⟨*mit jemandem im Wettstreit um etwas liegen*⟩

**wet·zen** (*wetzte, hat/ist gewetzt*) **etwas wetzen** (*hat*) ein Messer o. Ä. an einem harten Gegenstand reiben, damit es scharf wird und besser schneidet ⟨*ein Messer, eine Klinge wetzen; eine Katze wetzt die Krallen*⟩ **K** Wetzstein

die **WG** [veːˈgeː]; (-, -s); *gesprochen* Abkürzung für *Wohngemeinschaft*

**wich** *Präteritum, 1. und 3. Person Singular* → weichen

**wich·sen** [-ks-] (*wichste, hat gewichst*) **etwas wichsen** etwas mit Schuhcreme einreiben ⟨*Schuhe wichsen*⟩

der **Wich·ser** [-ks-]; (-s, -); *gesprochen* ▲ verwendet als Schimpfwort

der **Wich·tel** [-çt-]; (-s, -) eine kleine Gestalt in Märchen, von der man sagt, dass sie den Menschen gern hilft oder Streiche spielt

**wich·tig**★ ADJEKTIV **1** **wichtig (für jemanden/etwas)** mit großer Wirkung auf eine Situation, mit deutlichen Folgen *„Diese Entscheidung war wichtig für die Zukunft"* | *„Es ist wichtig, dass wir uns einigen"* **K** lebenswichtig **2** **wichtig (für jemanden/etwas)** mit großem Einfluss oder viel Macht *„Er kennt viele wichtige Leute"* **3** **jemandem wichtig** so, dass jemand großen Wert auf etwas legt *„Mir ist nicht wichtig, wie ein Mann aussieht, sondern welchen Charakter er hat"*

die **Wich·tig·keit**★ (-) die Eigenschaft, wichtig zu sein ⟨*etwas ist von großer Wichtigkeit für jemanden/etwas; die Wichtigkeit einer Sache für etwas*⟩

der **Wi·ckel** (-s, -) ein feuchtes Tuch, das man z. B. um die Brust legt, um das Fieber zu senken ⟨*jemandem einen Wickel machen, anlegen*⟩ **K** Wadenwickel

**wi·ckeln**★ (*wickelte, hat gewickelt*) **1** **etwas um etwas wickeln** eine Schnur, einen Verband usw. mit einer drehenden Bewegung mehrmals um etwas legen *„einen Verband um das verletzte Bein wickeln"* **2** **ein Kind wickeln** einem Kleinkind eine saubere Windel anlegen **K** Wickelkommode, Wickeltisch **3** **etwas in etwas** (*Akkusativ*) **wickeln** etwas in Papier verpacken **4** **jemanden in etwas** (*Akkusativ*) **wickeln** eine Decke o. Ä. um eine Person oder sich selbst legen **5** **jemanden/etwas aus etwas wickeln**; **etwas von etwas wickeln** die Sache, die um eine Person/Sache gewickelt ist, entfernen *„ein Bonbon aus dem Papier wickeln"* **6** **etwas wickelt sich um jemanden/etwas** etwas legt sich um jemanden/etwas *„Die Leine wickelte sich um die Beine des Hundes"*

der **Wid·der** (-s, -) **1** ein männliches Schaf ≈ Schafbock **2** *nur Singular* das Sternzeichen für die Zeit vom 21. März bis 20. April **3** eine Person, die in der Zeit vom 21. März bis 20. April geboren ist *„Sie ist (ein) Widder"*

**wi·der**★ *PRÄPOSITION mit Akkusativ* bezeichnet einen Gegensatz, Widerspruch o. Ä. *„Ich wurde wider Willen dort festgehalten"* obwohl ich es nicht wollte | *„Wider besseres Wissen behauptete er, dass ..."* obwohl er wusste, dass das falsch ist

**wi·der·fah·ren** (*widerfährt, widerfuhr, ist*

W

*widerfahren)* **etwas widerfährt jemandem** *geschrieben* etwas ereignet sich und betrifft jemanden ⟨*ihm ist Unheil, Unrecht, etwas Seltsames widerfahren*⟩

**wi·der·le·gen** (*widerlegte, hat widerlegt*) **jemanden/etwas widerlegen** beweisen, dass etwas nicht richtig oder wahr ist, dass jemand nicht recht hat ⟨*eine Behauptung, eine Ansicht, eine Theorie widerlegen*⟩ • *hierzu* **wi·der·leg·bar** *ADJEKTIV*

**wi·der·lich** *ADJEKTIV* **1** sehr unsympathisch ⟨*ein Mensch, ein Benehmen*⟩ **2** so, dass man davor Ekel empfindet ⟨*ein Anblick, ein Gestank*⟩

**wi·der·recht·lich** *ADJEKTIV* gegen Gesetze oder Verordnungen verstoßend *„Parken verboten! Wiederrechtlich abgestellte Fahrzeuge werden entfernt"*

die **Wi·der·re·de** das Aussprechen einer entgegengesetzten Meinung ⟨*ohne Widerrede; keine Widerrede dulden*⟩ ≈ Widerspruch

der **Wi·der·ruf** eine Erklärung, dass das, was man behauptet, erlaubt oder versprochen hat, nicht mehr gültig ist

**wi·der·ru·fen** (*widerrief, hat widerrufen*) **(etwas) widerrufen** etwas für nicht mehr gültig erklären ⟨*eine Aussage, eine Behauptung, ein Geständnis widerrufen*⟩

der **Wi·der·sa·cher** (*-s, -*); *geschrieben* ⟨*ein persönlicher, politischer Widersacher*⟩ ≈ Gegner, Feind • *hierzu* **Wi·der·sa·che·rin** *die*

**wi·der·set·zen** (*widersetzte sich, hat sich widersetzt*) **sich jemandem/etwas widersetzen** jemandes Anordnungen oder einer Vorschrift nicht folgen (und etwas anderes tun)

**wi·der·sin·nig** *ADJEKTIV* dem Sinn einer Sache entgegengesetzt ⟨*eine Behauptung, ein Plan*⟩ ≈ absurd

**wi·der·spens·tig** *ADJEKTIV* so, dass eine Person/ein Tier nicht gehorchen will ⟨*ein Jugendlicher, ein Kind, ein Pferd*⟩

**wi·der·spie·geln** (*spiegelte wider, hat widergespiegelt*) **1** **etwas spiegelt etwas wider** etwas reflektiert etwas *„Das Wasser spiegelte die Lichter wider"* **2** **etwas spiegelt etwas wider** etwas bringt etwas deutlich und anschaulich zum Ausdruck *„Seine Memoiren spiegeln die Verhältnisse der Epoche wider"* **3** **etwas spiegelt sich irgendwo wider** etwas erscheint als Spiegelbild ⟨*ein Gesicht spiegelt sich im Wasser, See, Glas wider*⟩ **4** **etwas spiegelt sich irgendwo wider** etwas kommt irgendwo zum Ausdruck *„In dem Gemälde spiegelt sich die Stimmung des Künstlers wider"*

**wi·der·spre·chen★** (*widerspricht, widersprach, hat widersprochen*) **1** **(jemandem/etwas) widersprechen** jemandes Meinung für falsch erklären und eine andere vertreten ⟨*einer Äußerung, einer Behauptung widersprechen*⟩ *„Ich muss Ihnen leider widersprechen"* **2** **etwas widerspricht einer Sache** (*Dativ*) etwas passt nicht zu etwas anderem *„Seine Aussage widerspricht den Tatsachen"* **3** **sich** (*Dativ*) **widersprechen** etwas sagen, das nicht dazu passt, was man bereits vorher gesagt hat *„Du widersprichst dir doch ständig!"*

der **Wi·der·spruch★** **1** *nur Singular* das Aussprechen einer entgegengesetzten Meinung *„Seine unvernünftigen Ansichten reizen zum Widerspruch"* **2** die Situation, dass eine Sache nicht zur anderen passt ⟨*etwas ist voller Widersprüche*⟩ ≈ Gegensatz *„Seine Ansichten standen in krassem Widerspruch zur öffentlichen Meinung"* **3** *admin* der Antrag an ein Gericht oder eine Behörde, eine Entscheidung noch einmal zu überprüfen, weil man für falsch hält ⟨*Widerspruch gegen etwas einlegen*⟩ *„Wir haben vier Wochen Zeit für den Widerspruch"*

**wi·der·sprüch·lich** *ADJEKTIV* **1** so, dass (sich) der Sprecher dabei selbst widerspricht ⟨*Angaben, Aussagen*⟩ **2** so, dass Meinungen o. Ä. gegensätzliche Positionen enthalten

der **Wi·der·stand★** **1** **Widerstand gegen jemanden/etwas** *nur Singular* Handlungen, mit denen man sich gegen eine Person oder Situation wehrt ⟨(*jemandem*) *Widerstand leisten; auf Widerstand stoßen; den Widerstand aufgeben*⟩ **2** eine Sache, die eine Person daran hindert, etwas zu tun *„Wir konnten das Projekt allen Widerständen zum Trotz rechtzeitig abschließen"* **3** *nur Singular* der Kampf gegen eine diktatorische Regierung oder eine Besatzungsmacht ⟨*den Widerstand organisieren; sich dem Widerstand anschließen*⟩ **K** Widerstandskämpfer **4** *nur Singular* eine Kraft, die eine Bewegung bremst *„an der Kurbel drehen, bis man einen Widerstand spürt"* **K** Luftwiderstand **5** *nur Singular* die Eigenschaft eines Materials, das Fließen des elektrischen Stroms zu hemmen **K** Widerstandsmesser **6** ein Bauelement in einem Stromkreis mit einem elektrischen Widerstand **7** **passiver Widerstand** Widerstand ohne die Anwendung von Gewalt

**wi·der·stands·fä·hig** *ADJEKTIV* fähig, Belas-

W

tungen zu ertragen, ohne Schaden zu nehmen ‹*gesundheitlich widerstandsfähig; widerstandsfähig gegen Krankheiten*›

die **Wi·der·stands·kraft** die Fähigkeit, sich gegen Krankheiten o. Ä. zu wehren

**wi·der·ste·hen** (*widerstand, hat widerstanden*) **1** **jemandem/etwas widerstehen** sich gegen jemanden/etwas erfolgreich wehren **2** **jemandem/etwas widerstehen** den Prinzipien treu bleiben und nicht nachgeben ‹*einem Verlangen, einer Verlockung widerstehen*› **3** **etwas widersteht jemandem** etwas erregt in jemandem Ekel oder Widerwillen **4** **nicht widerstehen können** zu etwas (Angenehmem) nicht nein sagen können *„Ich sollte weniger essen, aber bei Schokolade kann ich nicht widerstehen"*

**wi·der·stre·ben** (*widerstrebte, hat widerstrebt*) **etwas widerstrebt jemandem** etwas ist gegen jemandes Prinzipien oder Anschauungen *„Dieser Luxus widerstrebt ihr"* | *„Es widerstrebt ihm, Schulden zu machen"*

**wi·der·wär·tig** *ADJEKTIV* ≈ widerlich

der **Wi·der·wil·le** *nur Singular* eine starke Abneigung ‹*einen (ausgesprochenen) Widerwillen gegen etwas haben, empfinden*› ❶ *der Widerwille; den, dem Widerwillen, des Widerwillens*

**wi·der·wil·lig** *ADJEKTIV* **1** *meist attributiv* ‹*eine Antwort*› so, dass man dabei Widerwillen spüren lässt **2** *nur adverbiell* ≈ ungern *„etwas (nur) widerwillig tun"*

**wid·men★** (*widmete, hat gewidmet*) **1** **jemandem etwas widmen** jemanden mit einem Kunstwerk, einer wissenschaftlichen Arbeit o. Ä. ehren *„Beethoven widmete dem Kaiser Napoleon seine dritte Symphonie"* **2** **sich/etwas einer Person/Sache widmen** viel Zeit und Kraft für eine Person, ein Ziel o. Ä. verwenden *„Sie hat ihr Leben der medizinischen Forschung gewidmet"*

die **Wid·mung** (-, *-en*) **eine Widmung (an jemanden)** persönliche Worte, die man in ein Buch schreibt, das man jemandem schenkt

**wie★** *FRAGEWORT* BESCHREIBUNG: **1** verwendet, um zu fragen, auf welche Weise etwas geschieht oder geschehen ist *„Wie hast du das gemacht?"* ❶ auch in indirekten Fragen: *Ich weiß nicht, wie das passieren konnte* **2** verwendet, um nach Eigenschaften oder Zuständen, nach den näheren Umständen zu fragen *„Wie war das Wetter?"* **3** **wie** + *Adjektiv/Adverb* verwendet, um nach Maßen, der Menge, dem Ausmaß o. Ä. zu fragen *„Wie alt bist du?"* | *„Wie groß ist deine Wohnung?"* **4** **Wie spät ist es?** verwendet, um nach der Uhrzeit zu fragen *ADVERB* VERSTÄRKUNG: **5** **wie** + *Adjektiv/Adverb gesprochen* verwendet, um ein Adjektiv oder Adverb zu verstärken *„Wie lästig das doch ist, wenn der Zug nie pünktlich kommt"* **6** **…, wie?** *gesprochen* verwendet, um eine rhetorische Frage zu verstärken. Man drückt damit meist Ärger aus *„Du glaubst wohl, du kannst alles, wie?"* **7** **Und 'wie!** *gesprochen* verwendet, um eine bejahende Antwort zu verstärken *„Möchtet ihr ins Kino gehen?" – „Und wie!"* Ja, sehr gern *BINDEWORT* VERGLEICH: **8** verwendet, um einen Vergleich herzustellen *„Er ist stark wie ein Bär"* | *„Sie ist so alt wie ich"* **9** verwendet, um einen Nebensatz einzuleiten, der einen Vergleich ausdrückt *„Er kann fast so schnell tippen, wie ich rede"* **10** **(so) …, wie …** verwendet, um eine nähere Erklärung oder Ergänzung einzuleiten *„Es kam alles so, wie ich es vorausgesagt hatte"* | *„Alles verläuft wie geplant"* AUFZÄHLUNG: **11** verwendet, um Beispiele oder Aufzählungen einzuleiten *„Manche Tiere, wie (z. B.) Bären oder Hamster, halten einen Winterschlaf"* MENGE, ZAHL: **12** **wie viel(e)** (in direkten und indirekten Fragen) verwendet, um nach einer Menge oder Zahl zu fragen *„Wie viel(e) Leute kommen zu deiner Party?"* | *„Wie viel ist 39 geteilt durch 13?"* WAHRNEHMUNG: **13** verwendet, um in einem Nebensatz zu beschreiben, was man wahrnimmt *„Hörst du, wie der Wind heult?"* | *„Ich sah noch, wie der Zug den Bahnhof verließ"* **ID** **Wie bitte?** *gesprochen* verwendet, um jemanden zu bitten, etwas noch einmal zu sagen; **Wie bitte!** *gesprochen* verwendet, um Erstaunen oder Verärgerung auszudrücken *„Die Ware können wir leider nicht umtauschen." – „Wie bitte, das kann ja wohl nicht wahr sein!"*

**wie·der★** *ADVERB* **1** verwendet, um zu sagen, dass etwas nicht zum ersten Mal, sondern noch einmal geschieht ‹*immer wieder; schon wieder; nie wieder*› *„Wann gehen wir wieder einmal schwimmen?"* | *„Die neue Platte ist wieder ein Erfolg"* ❶ Die hier genannten Verben können auch mit *wieder* zusammengeschrieben werden, wenn *wieder* unbetont ist **2** verwendet, um zu sagen, dass ein früherer Zustand hergestellt wird *„die Gefangenen wieder freilassen"*

W

| „Es geht dir bald wieder besser"

**wie·der-★** (*im Verb, betont und trennbar, sehr produktiv; Diese Verben werden so gebildet: wiedergewinnen, gewann wieder, wiedergewonnen*) **1 etwas wiedererlangen, wiedererobern, wiedergewinnen, wiederkriegen** *und andere* drückt aus, dass jemand etwas zurückbekommt oder noch einmal bekommt *„Ich hoffe, ich bekomme die Bücher, die ich ihm geliehen habe, wieder"* Ich hoffe, er gibt mir meine Bücher zurück **2 (jemandem) etwas wiederbeschaffen, wiederbringen, wiedererstatten** *und andere* drückt aus, dass jemand etwas einer anderen Person zurückgibt *„Kannst du mir etwas Geld leihen? Ich gebe es dir morgen wieder"* **3 jemandem/etwas wiederbegegnen; etwas wiederentdecken, wiederverwenden, wiederverwerten** *und andere* drückt aus, dass etwas noch einmal geschieht *„Sie wurde als Vorsitzende wiedergewählt"* Sie war bereits Vorsitzende und wurde jetzt noch einmal gewählt ❶ In der Bedeutung „noch einmal" werden *wieder* und das Verb getrennt geschrieben, wenn (auch) das Verb betont ist: *Wir haben 'wieder ge'wonnen; Ich würde ihn 'nicht wieder 'wählen.*

**wie·der·auf·tau·chen** (*ist*) **jemand/etwas taucht wieder auf** jemand/etwas ist plötzlich und überraschend wieder da *„Ist dein Schlüssel wiederaufgetaucht?"* ❶ aber: *Das U-Boot wird bald wieder auftauchen* (= getrennt geschrieben)

**wie·der·be·le·ben** (*belebte wieder, hat wiederbelebt*) **jemanden wiederbeleben** wenn jemand nicht mehr atmet oder sein Herz nicht mehr schlägt, kann man versuchen, ihn wiederzubeleben • *hierzu* **Wie·der·be·le·bung** *die*

**wie·der·er·ken·nen** (*hat*) **jemanden/etwas wiedererkennen** jemanden/etwas (nach längerer Abwesenheit) noch erkennen *„Ich habe sie kaum wiedererkannt!"*

**wie·der·fin·den** (*hat*) **jemanden/etwas wiederfinden** eine Person oder Sache, die man zuvor längere Zeit gesucht hat, finden

**wie·der·ge·ben★** (*hat*) **1 etwas wiedergeben** über etwas berichten, was man selbst erlebt, gelesen, gehört o. Ä. hat *„Er gab den Inhalt des Vortrags sinngemäß wieder"* **2 etwas gibt etwas wieder** etwas macht Klänge, Farben o. Ä. hörbar/sichtbar *„Der Lautsprecher gibt die Bässe zu stark wieder"* ❶ weitere Verwendungen → **wieder-** • *hierzu* **Wie·der·ga·be** *die*

die **Wie·der·gut·ma·chung** eine (meist finanzielle) Leistung, mit der man einen Schaden o. Ä. ausgleicht • *hierzu* **wie·der·gut·ma·chen** (*hat*)

**wie·der·ho·len★** (*wiederholte, hat wiederholt*) **1 etwas wiederholen** etwas noch einmal machen, sagen, tun **2 etwas wiederholen** etwas, das man lernen muss, üben, indem man es noch einmal liest, spricht o. Ä. ⟨*unregelmäßige Verben wiederholen*⟩ **3 jemand wiederholt sich** jemand erzählt mehrmals das Gleiche **4 etwas wiederholt sich** etwas ereignet sich noch einmal • *hierzu* **Wie·der·ho·lung** *die*

**wie·der·holt★** ADJEKTIV *meist attributiv* verwendet, um zu sagen, dass etwas noch einmal gemacht, gesagt usw. wurde ⟨*eine Aufforderung, eine Warnung*⟩

der **Wie·der·ho·lungs·fall im Wiederholungsfall/für den Wiederholungsfall** ⟨*eine Strafe androhen*⟩ für den Fall, dass etwas Verbotenes noch einmal getan wird (eine Strafe androhen)

das **Wie·der·hö·ren★ Auf Wiederhören!** verwendet, um sich am Telefon von jemandem zu verabschieden

**wie·der·käu·en** (*käute wieder, hat wiedergekäut*) **ein Schaf/ein Rind käut wieder** ein Schaf, ein Rind o. Ä. bringt bereits gekautes Futter aus dem Magen wieder ins Maul und kaut es nochmals • *hierzu* **Wie·der·käu·er** *der*

die **Wie·der·kehr** (-) *geschrieben* das Zurückkommen *„Seit seiner Wiederkehr ist er irgendwie anders"*

**wie·der·keh·ren★** (*kehrte wieder, ist wiedergekehrt*); *geschrieben* **1** ≈ zurückkommen *„Er ist nie aus dem Krieg wiedergekehrt"* **2 etwas kehrt wieder** etwas wiederholt sich oder geschieht (immer) wieder *„ein ständig wiederkehrendes Thema"*

**wie·der·kom·men★** (*ist*) **1** ≈ zurückkommen *„Wann kommt ihr abends wieder?"* **2** noch einmal kommen *„Kommen Sie bitte morgen wieder!"*

(das) **Wie·der·schau·en Auf Wiederschauen!** *süddeutsch* Ⓐ verwendet als höflicher Gruß zum Abschied

das **Wie·der·se·hen★** (-s) **1** das Treffen einer Person, die man längere Zeit nicht gesehen hat **K** Wiedersehensfreude **2 Auf Wiedersehen!**

verwendet, um sich von jemandem zu verabschieden

**wie·der·se·hen** (*hat*) **jemanden/etwas wiedersehen** jemanden/etwas erneut sehen oder besuchen *„Ich hoffe, dass wir uns bald wiedersehen"* ID **das Buch** *o. Ä.* **habe ich nie wiedergesehen** das Buch o. Ä., das ich jemandem ausgeliehen habe, habe ich nie zurückbekommen

die **Wie·der·ver·ei·ni·gung** *meist Singular* der Vorgang, wenn vor allem zwei Teile eines Staates oder Familienmitglieder, die getrennt wurden, wieder zusammenkommen *„die Wiedervereinigung Deutschlands"*

die **Wie·ge** (-, *-n*) ein kleines Bett für einen Säugling, das auf abgerundeten Brettern steht, sodass man es seitwärts hin und her bewegen kann

**wie·gen**[1]★ (*wog, hat gewogen*) **1** **jemanden/etwas wiegen** (mit einer Waage) das Gewicht von Personen oder Dingen feststellen *„einen Säugling/ein Paket wiegen"* **2** **jemand/etwas wiegt** *+Gewichtsangabe* jemand/etwas hat das genannte Gewicht *„Er wiegt 80 kg"*

**wie·gen**[2]★ (*wiegte, hat gewiegt*) **1** **jemanden wiegen** jemanden sanft hin und her bewegen ⟨*ein Kind (in den Armen, in der Wiege) wiegen*⟩ **2** **sich wiegen** sich selbst relativ langsam und rhythmisch hin und her bewegen *„sich zu den Klängen der Musik wiegen"*

**wie·hern** ['viːɐ̯n] (*wieherte, hat gewiehert*) **ein Pferd wiehert** ein Pferd gibt die Laute von sich, die für seine Art typisch sind

der **Wie·ner**[1]; (-*s*, -) eine Person, die in der Stadt Wien wohnt oder dort geboren ist • *hierzu* **Wie·ne·rin** *die*

die **Wie·ner**[2]; (-, -); *meist Plural* eine dünne Wurst aus Rind- und Schweinefleisch, die zum Essen im Wasser heiß gemacht wird ⟨*ein Paar Wiener*⟩

**wies** *Präteritum, 1. und 3. Person Singular* → weisen

die **Wie·se**★ (-, *-n*) eine relativ große Fläche, auf der Gras und Blumen wachsen

das **Wie·sel** (-*s*, -) ein kleines und sehr schnelles Raubtier mit braunrotem (im Winter weißem) Fell *„Sie ist flink wie ein Wiesel"*

**wie·so**★ *ADVERB/FRAGEWORT; gesprochen* ≈ warum *„Wieso hast du das getan?"* | *„Er sagte mir, wieso er sie angelogen hatte"*

**wie·vielt zu wievielt?** zu wie vielen Personen? *„Zu wievielt wart ihr in Paris?"*

**wie·viel·t-** *ADJEKTIV meist attributiv; (in direkten Fragen)* verwendet, um nach der Zahl in einer Reihenfolge zu fragen *„Die wievielte Zigarette ist das heute schon?"* ID **Den Wievielten haben wir heute?** welches Datum ist heute?

das **Wi·ki** (-*s*, -*s*) eine Sammlung von Informationen zu einem Thema im Internet, die von den Benutzern selbst erstellt und bearbeitet werden *„ein Wiki zu einem Computerspiel"*

**wild**★ *ADJEKTIV* (*wilder, wildest-*) **1** in einem natürlichen Zustand, nicht oder nur wenig von menschlicher Kultur beeinflusst ⟨*Gegenden, Pflanzen, Tiere*⟩ K Wildbach; wildlebend, wildwachsend **2** unkontrolliert (und heftig, schnell oder laut), durch nichts abgeschwächt oder eingeschränkt ⟨*eine Flucht, eine Jagd, ein Sturm, eine Verfolgung*⟩ *„wild wucherndes Gestrüpp"* | *„Nicht so wild, du musst sanft sein!"* **3** ⟨*jemanden wild machen; wild werden*⟩ ≈ wütend **4** nicht offiziell beschlossen, vereinbart oder genehmigt ⟨*eine Ehe, eine Müllkippe, ein Streik*⟩ **5** an einem Ort, der nicht dafür vorgesehen ist ⟨*wild baden, campen, parken, pinkeln, zelten*⟩ ID **wild entschlossen** unvernünftigerweise fest entschlossen; **wild sein auf etwas** (*Akkusativ*) etwas unbedingt haben oder tun wollen; **wie wild** äußerst heftig *„Sie schrien wie wild"*; **etwas ist nicht so/halb so wild** *gesprochen* etwas ist nicht so schlimm

das **Wild**★ (-(*e*)*s*) **1** frei lebende Tiere, die gejagt werden K Großwild, Rehwild **2** Fleisch von Wild K Wildbraten

**wil·dern** (*wilderte, hat gewildert*) ohne Erlaubnis jagen • *hierzu* **Wil·de·rer** *der;* **Wil·de·rei** *die*

**wild·fremd** *ADJEKTIV; gesprochen* jemandem völlig unbekannt ⟨*ein Mensch, eine Stadt*⟩

das **Wild·le·der** ein Leder mit samtartiger Oberfläche K Wildlederschuhe • *hierzu* **wild·le·dern** *ADJEKTIV*

die **Wild·nis** (-, *-se*) ein Gebiet, das unbesiedelt ist und vom Menschen nicht verändert worden ist

das **Wild·was·ser** ein Fluss oder Bach im Gebirge, der meist eine starke Strömung hat

der **Wild·wuchs** (-*es*, *Wildwüchse*) eine Entwicklung, die in diesem Umfang nicht gewünscht und kaum beherrscht wird *„der Wildwuchs der Verordnungen"*

**will** *Präsens, 1. und 3. Person Singular* → wollen

der **Wil·le**★ (-*ns*) **1** die Fähigkeit des Menschen,

W

sich für oder gegen etwas zu entscheiden [K] Willensstärke [2] eine feste Absicht ⟨*den Willen haben, etwas zu tun*⟩ [K] Willenserklärung [3] das, was jemand (unbedingt) haben, tun o. Ä. will ⟨*den Willen durchsetzen*⟩ [4] **der gute Wille** die Bereitschaft, jemandem entgegenzu kommen, zu helfen o. Ä. [5] **der Letzte/letzte Wille** das Testament

**wịl·len★** *PRÄPOSITION mit Genitiv* [1] **um jemandes/etwas willen** *geschrieben* der genannten Person oder Sache zuliebe *„Tu es um unserer Freundschaft willen"* | *„um des lieben Friedens willen"* damit es keinen Streit gibt [2] **Um Gottes/Himmels willen!** verwendet, um Entsetzen auszudrücken oder etwas energisch zurückzuweisen

**wịl·len·los** *ADJEKTIV* ⟨*ein Mensch*⟩ so, dass er alles über sich ergehen lässt und ohne eigenen Willen ist

**wịl·lens** *ADJEKTIV* **willens sein zu** *+Infinitiv* die Absicht haben oder bereit sein, etwas zu tun *„Unter diesen Bedingungen bin ich willens zu helfen"*

**wịl·lent·lich** *ADVERB; geschrieben* ≈ absichtlich

**wịl·lig** *ADJEKTIV; auch abwertend* bereit, das zu tun, was andere Leute erwarten ⟨*ein Kind, ein Schüler; jemandem willig folgen*⟩

**-wil·lig** *im Adjektiv, unbetont, begrenzt produktiv; geschrieben* [1] **arbeitswillig, heiratswillig, opferwillig, zahlungswillig** *und andere* mit dem Wunsch oder der Bereitschaft, etwas zu tun [2] **bereitwillig, böswillig, gutwillig** *und andere* mit der genannten Art von Willen, persönlicher Einstellung

**will·kọm·men★** *ADJEKTIV* [1] erwünscht, angenehm ⟨*eine Abwechslung, eine Gelegenheit, eine Pause*⟩ *„Spenden sind jederzeit willkommen"* [2] **(jemandem) willkommen** (bei jemandem) gern gesehen, beliebt ⟨*ein Gast*⟩ *„Du bist uns immer herzlich willkommen"* [3] **Herzlich willkommen!** verwendet zur Begrüßung nach längerer Trennung oder bei offiziellen Anlässen [4] **jemanden willkommen heißen** *geschrieben* jemanden (offiziell) begrüßen

das **Will·kọm·men★** (*-s*); *geschrieben* die freundschaftliche Begrüßung, wenn jemand (zu Besuch) kommt ⟨*jemandem ein herzliches Willkommen bieten*⟩ [K] Willkommensgruß, Willkommenstrunk

die **Wịll·kür** (-) Willkür ist, wenn jemand, der Macht hat, ohne Rücksicht auf Moral, Regeln oder Gesetze handelt ⟨*jemandes Willkür ausgeliefert, ausgesetzt sein; ein Akt der Willkür*⟩ *„die Bevölkerung vor polizeilicher Willkür schützen"*

**wịll·kür·lich** *ADJEKTIV* [1] einer persönlichen Meinung folgend, die sich nicht an irgendwelche Regeln hält oder auf objektiven Kriterien beruht ⟨*eine Bewertung, eine Benotung*⟩ [2] dem Zufall folgend, zufällig ⟨*eine Verteilung, eine Auswahl*⟩ [3] vom bewussten Willen gesteuert

**wịllst** *Präsens, 2. Person Singular* → wollen

**wịm·meln** (*wimmelte, hat gewimmelt*) [1] **etwas wimmelt von Personen/Tieren/Dingen** etwas enthält eine große Anzahl von Personen/Tieren/Dingen *„Der See wimmelt von Fischen"* [2] **es wimmelt von Personen/Tieren/Dingen** eine große Anzahl von Personen/Tieren/Dingen ist irgendwo *„In dem Text wimmelt es von Fremdwörtern"*

**wịm·mern** (*wimmerte, hat gewimmert*) leise, klagende Töne von sich geben, leise jammern

der **Wịm·pel** (*-s, -*) eine kleine, meist dreieckige Fahne

die **Wịm·per** (*-, -n*) eines der kurzen, leicht gebogenen Haare am vorderen Rand des Augenlids

die **Wịm·pern·tu·sche** eine farbige Substanz, die mit einer kleinen Bürste auf die Wimpern aufgetragen wird, um diese kräftiger erscheinen zu lassen

der **Wịnd★** (*-(e)s, -e*) die spürbare Bewegung oder Strömung der Luft im Freien ⟨*ein schwacher, starker, stürmischer Wind*⟩ [K] Windrichtung; windgeschützt [ID] **bei Wind und Wetter** bei jedem, auch bei schlechtem Wetter; **viel Wind um nichts machen** wegen einer Kleinigkeit viel Aufhebens machen

der **Wịnd·beu·tel** ein feines, leichtes Gebäck, das mit Schlagsahne gefüllt ist

die **Wịn·de** (*-, -n*) ein Gerät, mit dem man durch Drehen einer Kurbel Lasten hebt oder zieht [K] Seilwinde

die **Wịn·del** (*-, -n*); *meist Plural* Babys und kleine Kinder tragen Windeln, bis sie lernen, die Toilette zu benutzen ⟨*(einem Baby) die Windel(n) wechseln*⟩ [K] Windelhöschen

**wịn·den★** (*wand, hat gewunden*) [1] **eine Pflanze windet sich (um etwas)** eine Pflanze wächst um eine Stange o. Ä. herum [2] **ein Tier windet sich (irgendwohin)** eine Schlange, ein Wurm o. Ä. bewegt sich kriechend in kleinen

W

Kurven **3** **etwas windet sich (irgendwohin)** etwas führt in vielen kleinen Kurven irgendwohin ⟨*ein Weg, ein Pfad, ein Bach*⟩ **4** **sich (vor etwas** (*Dativ*)**) winden** den Körper in einer unnatürlichen, verkrampften Haltung haben ⟨*sich vor Schmerzen, Krämpfen winden*⟩ **5** **sich winden** ausweichende Antworten geben **6** **etwas (zu etwas) winden** etwas durch Drehen oder Flechten (zu etwas) formen ⟨*Blumen zu einem Kranz winden*⟩ **7** **jemandem etwas aus der Hand winden** jemandem etwas durch starkes Drehen aus der Hand nehmen *„Sie wand ihm das Messer aus der Hand"*

**win·dig** *ADJEKTIV* mit relativ starkem Wind

die **Wind·ja·cke** eine leichte Jacke (aus imprägniertem Material) zum Schutz gegen Regen

die **Wind·po·cken** *Plural* eine ungefährliche Infektionskrankheit (vor allem bei Kindern), bei der man auf der Haut juckende Bläschen bekommt

das **Wind·rad** **1** eine Maschine, deren Flügel durch den Wind gedreht werden und die so Energie erzeugt **2** ein Spielzeug für Kinder, das wie ein kleines Windrad aussieht

die **Wind·ro·se** ein Stern mit vier großen Spitzen und vier kleinen Spitzen, die in die vier Himmelsrichtungen und die vier Richtungen dazwischen zeigen

der **Wind·schat·ten** **im Windschatten von jemandem/etwas** während des Fahrens hinter jemandem/etwas (sodass man selbst weniger Luftwiderstand hat)

die **Wind·schutz|schei·be** die vordere Glasscheibe des Autos ≈ Frontscheibe **i** → Abbildung, S. 391: **Das Auto**

**wind·still** *ADJEKTIV* ohne jede Bewegung der Luft • *hierzu* **Wind·stil·le** *die*

die **Win·dung** (-, *-en*) **1** *meist Plural* eine Bewegung durch Drehen und Gleiten auf dem Boden **2** *meist Plural* der Verlauf einer Sache, die viele enge Kurven oder Biegungen hat ⟨*die Windungen eines Flusses, einer Straße*⟩ **K** Darmwindungen, Gehirnwindungen

der **Wink** [vɪŋk]; (-(*e*)*s*, *-e*) **1** ein Signal, das jemandem durch eine kurze Bewegung des Kopfes, der Augen oder der Hand gegeben wird **2** ⟨*einen Wink erhalten, bekommen, verstehen*⟩ ≈ Hinweis, Tipp

der **Win·kel★** ['vɪŋkl̩]; (-*s*, -) **1** wenn sich zwei Linien oder Flächen an einem Punkt treffen, bilden sie zwischen sich einen Winkel *„Die Winkel im Dreieck ergeben zusammen 180°"* **2** **ein spitzer/stumpfer Winkel** ein Winkel von weniger/mehr als 90° **3** **ein rechter Winkel** ein Winkel von 90° **4** der Raum, der dort entsteht, wo Wände oder Kanten zusammenkommen ≈ Ecke *„Die Karte lag im hintersten Winkel der Schublade"* **5** ein Platz oder Ort, der meist ruhig und einsam ist *„in einem abgelegenen Winkel des Waldes"* **6** **jemand/etwas ist/liegt im toten Winkel** eine Person oder Sache ist in einer Position, in der sie vor allem vom Fahrer nicht gesehen werden kann

**win·ken★** ['vɪŋkn̩] (*winkte, hat gewinkt/gesprochen auch gewunken*) **1** **(jemandem) (mit etwas) winken** mit der erhobenen Hand oder mit einem Tuch o. Ä. eine Bewegung machen, die meist einen Gruß ausdrückt **2** **jemandem/etwas winken** jemanden durch eine Bewegung der Hand auffordern zu kommen ⟨*dem Kellner, einem Taxi winken*⟩

**win·seln** (*winselte, hat gewinselt*) **ein Hund winselt** ein Hund erzeugt hohe, jammernde Töne

der **Win·ter★** (-*s*, -) die Jahreszeit, in der es am kältesten ist und am frühesten dunkel wird. In Europa dauert der Winter von Ende Dezember bis Ende März *„Wir fahren jeden Winter zum Skilaufen"* **K** Winterabend, Winterzeit

der **Win·ter·gar·ten** ein heizbarer Raum, der direkt an das Haus gebaut ist und der viele Fenster hat, sodass man dort Zimmerpflanzen halten kann

**win·ter·hart** *ADJEKTIV* fähig, die Kälte im Winter zu ertragen ≈ winterfest

**win·ter·lich** *ADJEKTIV* **1** typisch für den Winter ⟨*Temperaturen, eine Landschaft*⟩ **2** den Bedingungen im Winter angepasst ⟨*Kleidung*⟩

die **Win·ter·olym·pi·a·de** *meist Singular* die Olympischen Spiele für den Wintersport

der **Win·ter·schlaf** ein schlafähnlicher Zustand mancher Tiere während des Winters *„Der Hamster hält einen Winterschlaf"*

die **Win·ter·spie·le** *Plural* ≈ Winterolympiade

der **Win·zer** (-*s*, -) eine Person, die Weinreben anbaut und dann Wein herstellt ≈ Weinbauer • *hierzu* **Win·ze·rin** *die*

**win·zig** *ADJEKTIV* **1** sehr klein ⟨*Bakterien*⟩ **2** sehr gering, ohne Bedeutung ⟨*ein Unterschied*⟩

der **Wip·fel** (-*s*, -) das obere Ende eines Baumes **K** Baumwipfel

die **Wip·pe** (-, *-n*) zwei Kinder können auf einer Wippe abwechselnd nach oben und unten

W

schwingen

**wir*** *PRONOMEN 1. Person Plural* verwendet, wenn man von zwei oder mehr Personen spricht, zu denen man selbst gehört *„Wir gehen heute Abend ins Kino"* ❶ → Anhang, S. 1111: **Pronomen**

der **Wir·bel** (-s, -) **1** eine schnelle, kreisende Bewegung vor allem der Luft oder des Wassers **K** Wirbelsturm; Wasserwirbel **2** ein aufgeregtes Durcheinander, Hektik **3** ein einzelner Knochen der Wirbelsäule oder einer ähnlichen Verbindung von Knochen **K** Brustwirbel

**wir·beln** (*wirbelte, ist/hat gewirbelt*) **jemanden/etwas irgendwohin wirbeln** (*hat*) jemanden/etwas schnell und in Kurven oder Kreisen bewegen *„Der Wind wirbelte die Blätter durch die Luft"*

die **Wir·bel·säu·le*** *meist Singular* eine Reihe von Knochen, die beweglich miteinander verbunden sind und die den Rücken stützen

das **Wir·bel·tier*** ein Tier, das eine Wirbelsäule hat

**wirbt** *Präsens, 3. Person Singular* → werben

**wird** *Präsens, 3. Person Singular* → werden

**wirft** *Präsens, 3. Person Singular* → werfen

**wir·ken*** (*wirkte, hat gewirkt*) **1** **etwas wirkt irgendwie (auf jemanden/etwas)** etwas hat den genannten Einfluss auf jemanden/etwas *„Kaffee wirkt auf die meisten Menschen anregend"* **2** **etwas wirkt (gegen etwas/irgendwie)** etwas heilt (die genannte Krankheit), hat (den genannten) Erfolg *„Diese Tabletten wirken schmerzlindernd/gegen Kopfschmerzen"* | *„Ich habe den Kindern mit Fernsehverbot gedroht, das hat gewirkt"* **3** **eine Person/Sache wirkt irgendwie (auf jemanden)** eine Person oder Sache macht den genannten Eindruck (auf jemanden) ⟨*bedrohlich, fröhlich, merkwürdig, müde, traurig wirken*⟩ **4** **jemand/etwas wirkt (wahre) Wunder** jemand leistet etwas Ungewöhnliches (und meist Unerwartetes)/etwas hat eine sehr positive, erfreuliche Wirkung

**wirk·lich*** *ADJEKTIV* **1** der Realität entsprechend, tatsächlich vorhanden *„Es ist wirklich so geschehen, es war kein Traum"* **2** *meist attributiv* mit den (meist guten) Eigenschaften, die man sich vorstellt ⟨*ein Freund, ein Künstler, ein Erfolg, eine Hilfe*⟩ ≈ echt **3** *nur adverbiell* verwendet, um eine Aussage zu verstärken *„Das weiß ich wirklich nicht"* | *„Das tut mir wirklich leid"*

die **Wirk·lich·keit*** (-, -*en*); *meist Singular* **1** das, was tatsächlich existiert ≈ Realität **2** **in Wirklichkeit** so, wie die Dinge wirklich sind

**wirk·lich·keits·fremd** *ADJEKTIV* **1** ⟨*Pläne, Ideale, Vorstellungen*⟩ so, dass sie nicht in Erfüllung gehen können, weil die Bedingungen dafür nicht gegeben sind **2** ⟨*ein Mensch*⟩ so, dass er die Wirklichkeit nicht (an)erkennt

**wirk·sam*** *ADJEKTIV* so, dass etwas die gewünschte Wirkung hat ⟨*ein Medikament; eine Maßnahme*⟩ **ID** **etwas wird wirksam** etwas tritt in Kraft, wird rechtsgültig • *hierzu* **Wirk·sam·keit** *die*

der **Wirk·stoff** eine Substanz, die für das Funktionieren des Organismus wesentlich ist (z. B. ein Hormon) oder die als Medikament wirkt

die **Wir·kung*** (-, -*en*) **1** eine Veränderung, die als Folge einer Ursache zu beobachten ist oder geschieht *„ein Medikament mit fiebersenkender Wirkung"* | *„Die Maßnahme zeigte keine positive/wenig Wirkung"* **2** der Eindruck, den eine Person oder Sache bei jemandem hinterlässt *„Er hat eine ziemliche Wirkung auf sie gehabt"* Er hat sie stark beeindruckt **3** verwendet, um den Zeitpunkt zu nennen, ab dem ein Gesetz, eine Regelung usw. gilt *„Das Gesetz trat mit Wirkung vom 1. Juli 1990 in Kraft"*

**wir·kungs·los** *ADJEKTIV* so, dass sie ohne Wirkung bleiben, kein Ergebnis aufweisen ⟨*ein Medikament, eine Maßnahme*⟩

**wir·kungs·voll** *ADJEKTIV* ⟨*eine Maßnahme*⟩ so, dass sie eine starke Wirkung erzielt ≈ effizient

**wirr** *ADJEKTIV* so, dass man keine Ordnung, kein System sehen kann ⟨*ein Durcheinander, Gedanken, Haare; wirres Zeug reden; wirr im Kopf sein, werden*⟩ *„Die Haare hingen im wirr in die Stirn"*

die **Wir·ren** *Plural* ungeordnete politische und soziale Verhältnisse *„die Wirren der Nachkriegszeit"*

der **Wirr·warr** (-s) ein Durcheinander, eine Unordnung *„ein Wirrwarr von Stimmen"*

der **Wir·sing** (-s) dunkelgrüner Kohl, dessen einzelne Blätter sehr starke kleine Wellen haben

**wirst** *Präsens, 2. Person Singular* → werden

der **Wirt*** (-(*e*)*s*, -*e*) **1** Kurzwort für *Gastwirt* **K** Wirtshaus **2** ein Organismus, in dem andere Tiere oder Pflanzen leben und von dem sie sich ernähren *„Bandwürmer benutzen Menschen und Tiere als Wirt"* • *zu* (1) **Wir·tin** *die*

die **Wirt·schaft*** (-, -*en*) **1** *meist Singular* alle Firmen, Geschäfte, Institutionen und Maßnahmen, die mit der Herstellung und Verteilung von Waren zu tun haben **K** Wirtschaftsaufschwung, Wirtschaftsminister, Wirtschaftswachstum **2** Kurzwort für *Gastwirtschaft* ⟨*in die Wirtschaft gehen*⟩

**wịrt·schaft·lich★** *ADJEKTIV* **1** *meist attributiv* die Wirtschaft betreffend, zu ihr gehörend ⟨*die Lage, die Situation, die Verhältnisse*⟩ ≈ ökonomisch **2** die Finanzen, das Geld betreffend ⟨*eine Notlage*⟩ ≈ finanziell **3** sparsam, nicht verschwenderisch **4** so, dass man damit Geld verdient und keine Verluste macht ⟨*ein Geschäft, eine Produktion*⟩ • *zu* (3,4) **Wịrt·schaft·lich·keit** *die*

**wị·schen** (*wischte, hat/ist gewischt*) **1** **etwas wischen** (*hat*) etwas durch Reiben mit einem (nassen) Tuch sauber machen ⟨*den Tisch, den Boden, die Treppe wischen*; *Staub wischen*⟩ **K** Wischtuch **2** **jemandem eine wischen** *gesprochen* (*hat*) jemandem eine Ohrfeige geben **3** **(mit etwas) über etwas wischen** (*hat*) etwas mit leichtem Druck über eine Fläche bewegen *„mit dem Ärmel über das Fenster wischen"* **4** (*hat*) mit dem Finger über einen Touchscreen fahren, um eine andere Ansicht auf den Bildschirm zu holen

der **Wị·scher** (*-s, -*) Kurzwort für *Scheibenwischer*

das **Wi·schi·wạ·schi** (*-s*); *gesprochen abwertend* Äußerungen oder Regelungen, die nicht klar und eindeutig sind *„Alles, was er sagte, war nur Wischiwaschi"* • *hierzu* **wi·schi·wạ·schi** *ADJEKTIV*

**wịs·pern** (*wisperte, hat gewispert*) **(etwas) wispern** etwas sehr leise sagen ⟨*jemandem etwas ins Ohr wispern*⟩ ≈ flüstern

**wịs·sen★** (*weiß, wusste, hat gewusst*); *kein Passiv* **1** **etwas wissen** durch allgemeine Kenntnisse, durch Lesen o. Ä. gewisse Informationen haben ⟨*die Antwort, die Lösung* (*eines Rätsels*), *einen Rat wissen*⟩ *„Weißt du, wie alt er ist?"* ❶ *Kennen* betont die Kenntnisse, die man aus persönlicher Erfahrung hat, bei *wissen* geht es um Informationen, die man auch z. B. aus Büchern hat: *Ich weiß den Weg* (ich habe auf der Karte nachgesehen); *Ich kenne den Weg* (hier war ich schon mal). **2** **(et)was/viel/wenig/nichts über jemanden/etwas wissen** viele/einige/keine Informationen über eine Person/Sache haben *„Niemand weiß etwas über unseren Plan"* **3** **etwas wissen**; **((et)was/nichts) von jemandem/etwas wissen** (etwas/nichts) über jemanden/etwas erfahren haben *„Er hat von der Sache* (*nichts*) *gewusst"* **4** **etwas zu** *+Infinitiv* **wissen** wissen, welches Verhalten falsch und welches richtig ist und entsprechend handeln *„Als Arzt muss man mit Menschen umzugehen wissen"* **5** **jemanden in Sicherheit/Gefahr/... wissen** wissen, dass jemand in Sicherheit/Gefahr/... ist **ID** **von jemandem/etwas nichts (mehr) wissen wollen** mit jemandem/etwas nichts (mehr) zu tun haben wollen; **Was weiß 'ich!** *gesprochen* Ich weiß es nicht und es interessiert mich auch nicht; **Nicht, dass ich wüsste!** Das weiß ich nicht (und ich glaube es auch nicht)

das **Wịs·sen★** (*-s*) **1** **das Wissen in etwas** (*Dativ*) alle Kenntnisse (auf einem Gebiet oder überhaupt) ⟨*großes, umfassendes Wissen*⟩ **K** Grundwissen, Spezialwissen **2** **das Wissen über etwas** (*Akkusativ*)**/von etwas** die Kenntnis einer Tatsache, eines Sachverhalts o. Ä. *„Sein Wissen über die Zusammenhänge in diesem Fall ist von großer Bedeutung"* **ID** **meines/unseres Wissens** soviel ich weiß/soviel wir wissen ❶ Abkürzung: *m. W.* oder *u. W.*; **etwas gegen/wider sein besseres Wissen tun** etwas tun, obwohl man weiß, dass es falsch oder unrecht ist; **ohne jemandes Wissen** ohne dass jemand davon weiß

die **Wịs·sen·schaft★** (*-, -en*) alle Tätigkeiten, die mit dem systematischen Erforschen verschiedener Bereiche der Welt zusammenhängen, um diese besser verstehen und erklären zu können **K** Naturwissenschaft, Sprachwissenschaft

der **Wịs·sen·schaft·ler★** (*-s, -*) eine Person mit einem Hochschulstudium, die in einer Wissenschaft arbeitet ⟨*ein bedeutender, herausragender, anerkannter Wissenschaftler*⟩ • *hierzu* **Wịs·sen·schaft·le·rin** *die*

**wịs·sen·schaft·lich★** *ADJEKTIV* **1** die Wissenschaft betreffend ⟨*eine Tagung, eine Zeitschrift*⟩ **2** auf den Prinzipien einer Wissenschaft basierend ⟨*eine Untersuchung, eine Methode*⟩

**wịs·sens·wert** *ADJEKTIV* ⟨*eine Tatsache*⟩ so wichtig, dass man sie kennen sollte

**wịs·sent·lich** *ADJEKTIV* sich dessen bewusst, dass etwas falsch, verboten, unmoralisch o. Ä. ist *„einer Behörde gegenüber wissentlich falsche Angaben machen"*

**wịt·tern** (*witterte, hat gewittert*) **ein Tier wittert jemanden/etwas** ein Tier nimmt jemanden/etwas am Geruch wahr *„Der Hund witterte das Reh"*

die **Wịt·we** (*-, -n*) eine Frau, deren Ehemann gestorben ist [K] Witwenrente, Witwenschleier

der **Wịt·wer** (-s, -) ein Mann, dessen Ehefrau gestorben ist

der **Wịtz**★ (-es, -e) eine kurze Geschichte mit einem überraschenden Ende, über das man lachen muss ⟨*einen Witz erzählen*⟩ [ID] **Du machst/Sie machen (wohl) Witze!**, **Das ist (ja wohl) ein Witz!** drückt aus, dass man sehr erstaunt oder entsetzt ist über etwas, was jemand sagt oder man gerade erfahren hat. Man erwartet dabei die Bestätigung, dass die Information richtig ist; **ohne Witz** im Ernst

**wịt·zig**★ *ADJEKTIV* so, dass jemand oder etwas eine andere Person zum Lachen bringt [ID] **'Sehr witzig!** *gesprochen, ironisch* Das finde ich gar nicht lustig

**wịtz·los** *ADJEKTIV gesprochen* sinnlos, keinen Erfolg versprechend *„Es ist völlig witzlos, ihn überzeugen zu wollen"*

das **WLAN** ['veːlan]; (-(s), -s) ein Netzwerk von Computern, die über Funk miteinander und mit dem Internet verbunden sind [K] WLAN-Verbindung

die **WM** [veː'|ɛm]; (-, -s) Abkürzung für *Weltmeisterschaft* [K] WM-Finale; Fußball-WM, Leichtathletik-WM

**wo**★ *FRAGEWORT* [1] verwendet, um nach einem Ort, einem Platz oder einer Stelle zu fragen *„Wo seid ihr gewesen?"* | *„Wo wohnst du?"* ⓘ auch in indirekten Fragen: *Sie wollte wissen, wo ich herkomme*

*ADVERB* [2] verwendet wie ein Pronomen, um sich auf einen Ort o. Ä. zu beziehen, der bereits genannt wurde oder der aus dem Zusammenhang bekannt ist *„Das war in Wien, wo sie seit vier Jahren lebte"* | *„Wo ich herkomme, ist alles anders"* dort, wo ich herkomme ⓘ Manche finden nur die Verwendung in einem nicht notwendigen Nebensatz (wie im ersten Beispiel) korrekt.

**wo·ạn·ders**★ *ADVERB* an einem anderen Ort, an einer anderen Stelle

**wo·ạn·ders·hin** *ADVERB* in eine andere Richtung, an einen anderen Ort

**wob** *Präteritum, 1. und 3. Person Singular* → weben

**wo·bei** *FRAGEWORT*, **wo·bei**★ bei welcher Sache oder Tätigkeit *„Wobei hast du dir das Bein gebrochen?" – „Beim Skifahren!"* ⓘ auch in indirekten Fragen: *Ich weiß nicht, wobei ich ihm helfen soll*

die **Wọ·che**★ (-, -n) [1] ein Zeitraum von sieben Tagen und Nächten [K] Ferienwoche [2] der Zeitraum von Sonntag bis einschließlich Samstag ⟨*Anfang, Mitte, Ende der Woche; seit, vor, in, nach einer Woche*⟩ [ID] **die Woche über, unter/während der Woche** in der Zeit von Montag bis Freitag und nicht am Wochenende

das **Wọ·chen·en·de**★ Samstag und Sonntag (als die Tage, an denen die meisten nicht im Beruf arbeiten) ⟨*übers Wochenende verreisen*⟩ [K] Wochenendausflug

**wọ·chen·lang**★ *ADJEKTIV meist attributiv* mehrere Wochen dauernd

der **Wọ·chen·markt** ein Markt, der jede Woche einmal stattfindet ⟨*auf dem Wochenmarkt einkaufen*⟩

der **Wọ·chen·tag**★ [1] einer der sieben Tage, aus denen eine Woche besteht [2] einer der Tage von Montag bis Samstag, an denen die Geschäfte geöffnet sind ≈ Werktag

**wö̜·chent·lich**★ *ADJEKTIV* in jeder Woche, jede Woche wieder *„wöchentliche Kontrollen"* | *„Er kommt wöchentlich auf Besuch"*

die **Wọ·chen·zei·tung** eine Zeitung oder Zeitschrift, die einmal pro Woche erscheint

**-wö·chig** *im Adjektiv, unbetont, wenig produktiv, meist attributiv* **einwöchig, zweiwöchig, dreiwöchig, mehrwöchig** *und andere* die genannte Zahl von Wochen dauernd oder alt

**wo·dụrch, wo·durch**★ *FRAGEWORT* [1] durch welche Sache, Handlung o. Ä. *„Wodurch unterschieden sich die beiden Bilder?"* ⓘ auch in indirekten Fragen: *Mich würde interessieren, wodurch der Unfall verursacht wurde*

*BINDEWORT* [2] durch die genannte Sache, Handlung o. Ä. *„Sie hat unreifes Obst gegessen, wo'durch sie Durchfall bekam"*

**wo·für, wo·für**★ *FRAGEWORT* [1] für welche Sache, welchen Zweck o. Ä. *„Wofür hast du das Geld ausgegeben?"* ⓘ auch in indirekten Fragen: *Ich wüsste nicht, wofür ich mich entschuldigen soll*

*BINDEWORT* [2] für die genannte Sache, Handlung o. Ä. *„Er gab ihr zehn Euro, wo'für sie ihm bei den Hausaufgaben half"*

**wog** *Präteritum, 1. und 3. Person Singular* → wiegen

die **Wo·ge** (-, -n); *geschrieben* [1] eine große, starke Welle [2] **eine Woge** +*Genitiv* ein (meist weit verbreitetes) starkes Gefühl ⟨*Wogen der Begeisterung, der Empörung*⟩

**wo·ge·gen, wo·ge·gen**★ *FRAGEWORT* [1]

gegen welche Sache *„Wogegen protestieren sie?"* ℹ auch in indirekten Fragen: *Ich weiß nicht, wogegen das Mittel helfen soll*
*BINDEWORT* 2 gegen die genannte Sache *„Er verlangte eine Entschädigung, wo'gegen eigentlich nichts einzuwenden war"*

**wo·her**, **wo·her★** *FRAGEWORT* 1 von welchem Ort, aus welcher Richtung *„Woher kommst du?"* ℹ auch in indirekten Fragen: *Er fragte, woher wir unseren Wein beziehen* 2 fragt nach der Quelle, Herkunft oder Ursache *„Woher weißt du das?"* Von wem weißt du das? ℹ auch in indirekten Fragen: *Sie wollte wissen, woher ich das Buch habe*
*BINDEWORT* 3 von dem genannten Ort, aus der genannten Richtung *„Er ging dorthin zurück, wo'her er gekommen war"*

**wo·hin**, **wo·hin★** *ADVERB FRAGEWORT* 1 in welche Richtung, zu welchem Ziel *„Wohin gehst du?"* ℹ auch in indirekten Fragen: *Ich wüsste gern, wohin diese Straße führt*
*BINDEWORT* 2 in die genannte Richtung, zu dem genannten Ziel *„Sie kam aus Kanada zurück, wo'hin sie als Jugendliche ausgewandert war"* ID **Ich muss mal wohin** *gesprochen* Ich muss auf die Toilette gehen

**wohl★** *ADVERB* GUT: 1 *(wohler, am wohlsten)* körperlich und geistig fit und gesund *„Ist Ihnen nicht wohl?"* Ist Ihnen schlecht? 2 *besser, am besten* genau und sorgfältig oder wie es sein sollte ⟨*etwas wohl überlegen, planen*⟩ ℹ → auch **wohl-** 3 **jemandem ist nicht (ganz) wohl bei etwas** jemand hat Bedenken oder Skrupel bei etwas *„Mir ist nicht ganz wohl bei dieser Sache!"* VERMUTUNG: 4 *unbetont* etwas ist wahrscheinlich der Fall ≈ vermutlich *„Sie wird wohl den Zug verpasst haben"* 5 *unbetont* drückt in Fragesätzen eine gewisse Zurückhaltung oder Unsicherheit aus *„Ob er wohl weiß, dass wir hier sind?"* GEGENSATZ: 6 *betont* drückt aus, dass etwas wahr ist, es aber keinen Einfluss auf eine Situation hat *„Er weiß wohl, wo der Schlüssel ist, aber er sagt es uns nicht"* | *„Wohl wissend, dass sein Geld zur Neige ging, gönnte er sich diesen Luxus"* obwohl er wusste … 7 **wohl oder übel** ob man will oder nicht *„Die Rechnung werden wir wohl oder übel bezahlen müssen"*
*PARTIKEL* VERSTÄRKEND: 8 *unbetont* (in Ausrufen) verwendet, um einen subjektiven Kommentar zu verstärken *„Er spinnt wohl!"* 9 *unbetont* verwendet, wenn jemand nicht gehorcht, um mit Strafe zu drohen *„Willst du wohl deine Hausaufgaben machen!"*

das **Wohl★** (-(e)s) der Zustand, in dem man gesund und zufrieden oder glücklich ist ⟨*das Wohl der Familie; sich um jemandes Wohl sorgen/kümmern*⟩ ID **für das leibliche Wohl der Gäste sorgen** sich um das Essen und die Getränke für die Gäste kümmern; **Zum Wohl!** ≈ Prost!

**wohl-** *im Adjektiv, betont, begrenzt produktiv* drückt aus, dass der genannte Zustand in einem angenehmen Maß erreicht wurde oder vorhanden ist *„ein wohldurchdachter Plan"* | *„ein wohlerzogenes Kind"* | *„ein wohlgemeinter Rat"* | *„ein wohlriechendes Parfüm"* ℹ Die hier genannten Adjektive können auch getrennt geschrieben werden.

**wohl·auf** *ADVERB; geschrieben* **wohlauf sein** gesund sein

das **Wohl·be·fin·den** der Zustand, in dem man sich körperlich und seelisch gut fühlt

**wohl·be·hal·ten** *ADJEKTIV meist prädikativ; geschrieben* gesund und ohne einen Unfall ⟨*wohlbehalten ankommen, eintreffen, zurückkehren*⟩

das **Wohl·er·ge·hen** ≈ Wohlbefinden

**wohl·füh·len** *(fühlte sich wohl, hat sich wohlgefühlt/wohl gefühlt)* 1 **sich wohlfühlen** sich körperlich und geistig fit und gesund fühlen *„Ich fühle mich heute nicht ganz wohl"* 2 **sich (irgendwo/bei etwas) wohlfühlen** an einem Ort oder in einer Situation ein positives Gefühl haben *„Ich hoffe, Sie fühlen sich bei uns wohl"* | *„Ich fühle mich nicht wohl bei dem Gedanken"* ℹ *sich wohlfühlen*, aber: *sich sehr wohl fühlen* (= getrennt geschrieben)

**wohl·ha·bend** *ADJEKTIV* ⟨*eine Person*⟩ so, dass sie in guten finanziellen Verhältnissen lebt ≈ vermögend, begütert

**woh·lig** *ADJEKTIV* so, dass man etwas als angenehm, wohltuend empfindet ⟨*ein Gefühl, Wärme*⟩

der **Wohl·stand★** *nur Singular* die Situation, wenn alles reichlich vorhanden ist, was man zum Leben braucht ⟨*im Wohlstand leben; es zu Wohlstand bringen*⟩

die **Wohl·tat** 1 *geschrieben* eine Tat, mit der man vor allem einer Person hilft, die in finanzieller Not ist ⟨*jemandem eine Wohltat erweisen*⟩ 2 *nur Singular* etwas, das man nach einer Anstrengung o. Ä. als sehr angenehm empfindet *„Eine Tasse Kaffee wäre jetzt eine Wohltat"*

**wohl·tä·tig** *ADJEKTIV* **für einen wohltätigen Zweck** ⟨*arbeiten/sammeln*⟩ um dadurch Menschen, die in Not sind, zu helfen • *hierzu* **Wohl·tä·tig·keit** *die*

**wohl·tu·end** *ADJEKTIV* so, dass man etwas (vor allem nach einer Anstrengung o. Ä.) als angenehm und erholsam empfindet ⟨*Ruhe, Wärme; etwas als wohltuend empfinden*⟩

**wohl·tun** (*tut wohl, tat wohl, hat wohlgetan*) **etwas tut (jemandem) wohl** etwas ist (für jemanden) gut oder angenehm *„Die Pause hat (mir) wohlgetan"* ❶ aber: *Das hat sie sehr wohl getan* (= getrennt geschrieben)

**wohl·ver·dient** *ADJEKTIV* ⟨*eine Belohnung, Strafe*⟩ so, dass es allgemein als richtig oder gerecht angesehen wird, wenn jemand sie erhält *„Er geht bald in den wohlverdienten Ruhestand"*

**wohl·weis·lich** *ADVERB* aus gutem Grund ⟨*wohlweislich schweigen, nichts sagen*⟩

das **Wohl·wol·len** (*-s*) eine Einstellung zu einer Person oder Sache, die positiv, freundlich ist und guten Willen zeigt ⟨*jemandem/etwas Wohlwollen entgegenbringen*⟩ • *hierzu* **wohl·wol·lend** *ADJEKTIV*

der **Wohn·block**★ (*-s, -s*) ein großes Gebäude mit mehreren Stockwerken, in dem viele Wohnungen sind

**woh·nen**★ (*wohnte, hat gewohnt*) **1** **irgendwo wohnen** an einem Ort, in einem Gebäude zu Hause sein ⟨*in der Stadt, in einem Wohnblock wohnen*⟩ **2** **zur Miete wohnen** das Haus, die Wohnung o. Ä. nicht besitzen, sondern darin nur gegen eine Miete wohnen dürfen **3** **irgendwo wohnen** für relativ kurze Zeit irgendwo ein Zimmer haben, um zu übernachten *„Wenn ich in Hamburg bin, wohne ich immer im selben Hotel"*

die **Wohn·ge·mein·schaft**★ eine Gruppe von Personen (die aber keine Familie sind), die in einer Wohnung zusammenleben und einen gemeinsamen Haushalt führen ⟨*in eine Wohngemeinschaft einziehen*⟩ ❶ Abkürzung: *WG*

die **Wohn·kü·che** ein Zimmer, das Wohnzimmer und Küche zugleich ist

die **Wohn·la·ge** die Gegend, in der man wohnt ⟨*eine gute, teure Wohnlage; ein Haus in bester Wohnlage*⟩

**wohn·lich** *ADJEKTIV* so eingerichtet, dass man gern darin wohnt ⟨*ein Zimmer, eine Wohnung*⟩ • *hierzu* **Wohn·lich·keit** *die*

das **Wohn·mo·bil** (*-s, -e*) ein großes Auto mit Betten, mit einer kleinen Küche usw., sodass man damit reisen und darin übernachten kann

der **Wohn·sitz** *admin* **1** jemandes Wohnort (und volle Adresse) **2** **ohne festen Wohnsitz** ohne Wohnung (und deshalb ohne feste Anschrift)

die **Woh·nung**★ (*-, -en*) die Zimmer in einem Haus, die zusammengehören und in denen eine Person oder Familie lebt ⟨*eine Wohnung mieten, einrichten, beziehen, kündigen; aus einer Wohnung ausziehen*⟩ **K** Wohnungseinrichtung, Wohnungstür; Zweizimmerwohnung, Dreizimmerwohnung, Eigentumswohnung

der **Wohn·wa·gen** ein Anhänger für ein Auto, in dem man auf Reisen wohnen kann

das **Wohn·zim·mer**★ der Raum in einer Wohnung, in dem man sich vor allem zur Unterhaltung und Entspannung aufhält

die **Wöl·bung** (*-, -en*) ein Teil meist eines Gebäudes, der die Form eines Bogens hat ⟨*die Wölbung einer Kuppel, einer Decke, eines Torbogens*⟩

der **Wolf** (*-(e)s, Wöl·fe*) Wölfe sind wilde Tiere, die wie Hunde aussehen ⟨*ein Rudel Wölfe*⟩ **K** Wolfsrudel • *hierzu* **Wöl·fin** *die*; **wöl·fisch** *ADJEKTIV*

die **Wol·ke**★ (*-, -n*) **1** eine große (meist weiße oder graue) Menge von sehr kleinen Wassertropfen, die hoch in der Luft schwebt ⟨*Wolken ziehen auf, stehen am Himmel*⟩ *„Die Berge sind in Wolken gehüllt"* **K** Wolkenhimmel; Gewitterwolke **2** eine Menge kleiner Teilchen einer Sache, die in der Luft schwebt oder sich in einer Flüssigkeit ausbreitet **K** Duftwolke, Rauchwolke, Staubwolke

der **Wol·ken·bruch** plötzlicher, sehr starker Regen, der aber nicht sehr lange dauert

**wol·kig** *ADJEKTIV* **1** ⟨*der Himmel*⟩ so, dass er ganz oder zum großen Teil mit Wolken bedeckt ist **2** in der Form einer Wolke *„Der Rauch stieg wolkig empor"*

die **Wol·le**★ (*-, -n*) **1** *nur Singular* die weichen Haare vor allem von Schafen, aus denen Garn gemacht wird ⟨*Wolle spinnen*⟩ **K** Schafwolle **2** die langen Fäden aus Wolle, die man beim Stricken, Weben o. Ä. verwendet ⟨*ein Knäuel Wolle*⟩ *„einen Pullover aus Wolle stricken"* **K** Wollfaden; Strickwolle **3** ein Gewebe, das aus Wolle hergestellt wurde ⟨*reine Wolle*⟩ **K** Wolldecke, Wolljacke

**wol·len**[1]★ (*will, wollte, hat wollen*); *Modalverb* **1** *Infinitiv* + **wollen** die Absicht oder den Wunsch haben, etwas zu tun oder zu erleben

*„Wir wollten in den Ferien ans Meer fahren"* **2** **jemand will etwas haben/werden** jemand hat den Wunsch, etwas zu bekommen oder werden *„Meine Tochter will unbedingt einen Hund haben"* | *„Sie will Ärztin werden"* **3** **wir wollen** + *Infinitiv* als Aufforderung an eine Gruppe verwendet, etwas zu tun *„Wir wollen nun auf sein Wohl trinken"* **4** **ich wollte (nur)** + *Infinitiv* verwendet als Einleitung einer höflichen Bitte oder Frage *„Ich wollte nur mal fragen, wann ihr fertig seid"* **5** **wollen Sie (bitte)** + *Infinitiv* verwendet als höfliche Aufforderung an jemanden, etwas zu tun *„Wenn Sie mir bitte folgen wollen!"* **6** **willst du/wollt ihr** + *Infinitiv* verwendet als energische Aufforderung an jemanden, etwas zu tun *„Wollt ihr endlich/wohl aufhören zu streiten!"* **7** **jemand will (etwas)** + *Partizip Perfekt* **haben** eine Person behauptet etwas, das man ihr aber nicht glaubt *„Trotz der Dunkelheit will er die Autonummer erkannt haben"* **8** **etwas will nicht** + *Infinitiv* etwas funktioniert oder geschieht nicht so, wie man es sich wünscht *„Es will und will einfach nicht regnen!"* **9** **etwas will** + *Partizip Perfekt* **sein** eine Handlung ist nicht so einfach, wie jemand vielleicht glaubt *„Skifahren will gelernt sein"*

**wollen**² ★ (*will, wollte, hat gewollt*) **1** **etwas wollen** einen Wunsch haben oder äußern *„Jetzt willst du sicher einen Kaffee"* | *„Ich will, dass ihr mich in Ruhe lasst!"* **2** **irgendwohin wollen** irgendwohin gehen, fahren o. Ä. wollen *„Wir wollen nach Köln. Können Sie uns mitnehmen?"*

**wo·mit**, **wo·mit** ★ *FRAGEWORT* **1** mit welcher Sache, Handlung o. Ä. *„Womit habt ihr euch dort denn den ganzen Tag beschäftigt?"* ❶ auch in indirekten Fragen: *Ich weiß nicht, womit ich das verdient habe*
*BINDEWORT* **2** mit der genannten Sache, Handlung o. Ä. *„Die Verhandlungen waren nicht erfolgreich, wo'mit allerdings zu rechnen gewesen war"*

**wo·mög·lich** ★ *ADVERB* vielleicht, möglicherweise *„Das war womöglich ein Irrtum"*

**wo·nach**, **wo·nach** ★ *FRAGEWORT* **1** nach welcher Sache, Tätigkeit o. Ä. *„Wonach suchst du?"* ❶ auch in indirekten Fragen: *Ich weiß jetzt, wonach ich mich richten muss*
*BINDEWORT* **2** nach der genannten Sache, Tätigkeit o. Ä. *„Wir mussten vier Stunden in der Hitze gehen, wo'nach wir alle ganz kaputt waren"*

die **Won·ne** (-, -*n*) ein Zustand, in dem man sehr glücklich und zufrieden ist

**wo·ran**, **wo·ran** ★ *FRAGEWORT* **1** an welche(r) Sache o. Ä. *„Woran denkst du gerade?"* ❶ auch in indirekten Fragen: *Ich weiß nicht, woran es liegt, dass wir keinen Erfolg haben*
*BINDEWORT* **2** an die genannte/an der genannten Sache *„Das ist ein Erlebnis, wo'ran ich mich gern erinnere"*

**wo·rauf**, **wo·rauf** ★ *FRAGEWORT* **1** auf welche/welcher Sache *„Worauf wartest du noch?"* ❶ auch in indirekten Fragen: *Sag mir bitte, worauf ich mich verlassen kann*
*BINDEWORT* **2** auf die genannte/auf der genannten Sache *„Er nahm einen Zettel, wo'rauf er sich Notizen machte"* | *„Die Konjunktur hat sich erholt, wo'rauf wir gehofft haben"*

**wo·raus**, **wo·raus** ★ *FRAGEWORT* **1** aus welcher Sache, Tätigkeit o. Ä. *„Woraus wird Bier gemacht?"* ❶ auch in indirekten Fragen: *Er hat nicht gesagt, woraus seine Aufgaben bestehen*
*BINDEWORT* **2** aus der genannten Sache, Situation o. Ä. *„Er ist nicht gekommen, wo'raus ich schließe, dass er Wichtigeres zu tun hat"*

**wo·rin**, **wo·rin** ★ *FRAGEWORT* **1** in welcher Sache, Tätigkeit o. Ä. *„Worin besteht das Problem?"* ❶ auch in indirekten Fragen: *Ich weiß nicht, worin sich die beiden unterscheiden*
*BINDEWORT* **2** in der genannten Sache, Tätigkeit o. Ä. *„Auf dem Tisch stand eine Schüssel, wo'rin Äpfel lagen"* | *„Franz will bei uns mitfahren, wo'rin ich kein Problem sehe"*

das **Wort** ★ (-(e)s, *Wor·te/Wör·ter*) **1** (*Plural Wörter*) wenn wir sprechen, reihen wir Wörter zu Sätzen aneinander; jedes Wort hat seine eigene Bedeutung *„Computer ist ein Wort, das aus dem Englischen kommt"* **K** Wortbedeutung, Wortgebrauch **2** (*Plural Worte*) Worte sind die Dinge, die wir jemandem sagen oder die wir schreiben ⟨*ein deutliches, ernstes, offenes Wort mit jemandem reden; Worte mit jemandem wechseln; jemandem fehlen die Worte*⟩ **3** *nur Singular* die Äußerung gegenüber einer Person, dass man etwas ganz sicher tun wird ⟨*sein Wort geben, halten, brechen*⟩ ≈ Versprechen **4** **das Wort Gottes** ≈ Bibel **ID** **etwas ist jemandes letztes Wort** jemand hat sich endgültig entschieden; **ums Wort bitten**, **sich zu Wort melden** in einer Diskussion deutlich machen, dass man etwas sagen möchte; **für jemanden ein gutes Wort einlegen** versuchen, einer Person in einer Sache zu helfen, indem man anderen Leuten etwas Gutes

W

TSCHECHISCHE REPUBLIK
DEUTSCHLAND
ÖSTERREICH
UNGARN
KROATIEN
SLOWENIEN
ITALIEN
SCHWEIZ
LIECHTEN-STEIN
0
50 km
© westermann
Nürnberg
Ingolstadt
Donau
Altmühl
Regensburg
Großer Arber
1456
Bayerischer Wald
Passau
549
Augsburg
Lech
Wertach
Ulm
Iller
Kempten
München
Amper
Isar
Starnberger See
Rosenheim
Chiemsee
Inn
Salzach
A l p e n v o r l a n d
Allgäu
Allgäuer Alpen
Friedrichs-hafen
Bodensee
Bregenz
Dornbirn
Feldkirch
Vaduz
Rhein
Chur
Vorarlberg
Lechtaler Alpen
Sankt Anton
Zugspitze
2962
Garmisch-Partenkirchen
Bayerische Alpen
Karwendel
Telfs
Innsbruck
Stubaier Alpen
Wildspitze
3768
Ötztaler Alpen
Silvretta
Piz Linard
3411
Rätische Alpen
Engadin
Piz Bernina
4049
Sondrio
Adda
Zillertaler Alpen
Hochfeiler
3509
Tirol
Kitzbühel
Kitzbüheler Alpen
Watzmann
2713
Zell am See
Hohe Tauern
Großglockner
3798
Lienz
Drau
Pustertal
Drei Zinnen
3221
Karnische Alpen
Brixen (Bressanone)
Meran (Merano)
Bozen (Bolzano)
Südtirol
Marmolada
3343
Dolomiten
Trient (Trento)
Belluno
Venezianer Alpen
Friaul
Udine
Tagliamento
Piave
Etsch (Adige)
Budweis (České Budějovice)
Stausee Lipno
Znaim (Znojmo)
Lundenburg (Břeclav)
March
Bratislava
Waldviertel
Weinviertel
Mühlviertel
Innviertel
Hausruck
801
Wachau
Krems
Kamp
Thaya
Linz
Wels
Traun
Steyr
Enns
Ybbs
Amstetten
1061
Sankt Pölten
Traisen
Klosterneuburg
Wien
Wiener Wald
Wiener Becken
Wiener Neustadt
Leitha
Neusiedler See
Sopron
Kisalföld
Szombathely
Raab
Burgenland
Salzburg
Hallein
Attersee
Mondsee
Traunsee
Gmunden
Salzkammergut
Totes Gebirge
Dachstein
Niedere Tauern
Hochgolling
2862
Mariazell
Hochschwab
2277
2007
Fischbacher Alpen
Kapfenberg
Leoben
Mur
Mürz
Steiermark
Graz
Hartberg
Kainach
Koralpe
Saualpe
Wolfsberg
Lavant
Gurktaler Alpen
Gurk
Kärnten
Klagenfurt
Wörthersee
Villach
Karawanken
Grintovec
2558
Triglav
2864
Julische Alpen
Ljubljana
Save
Celje
Bachergebirge
Maribor
Mur (Mura)
Zagreb
1035
Zala

DEUTSCHLAND
FRANKREICH
ÖSTERREICH
ITALIEN
LIECHTEN-STEIN
SCHWEIZ
0
50 km
Mülhausen (Mulhouse)
Vesoul
Belfort
Saint-Louis
Lörrach
Basel
Rhein
Waldshut-Tiengen
Schaffhausen
Hegau
Konstanz
Friedrichs-hafen
Bodensee
Lindau
Bregenz
Allgäuer Alpen
Dornbirn
Bregenzer-wald
Mädelegabel 2644
Feldkirch
Vorarlberg
Verwallgruppe
Rätikon
Silvretta
Piz Linard 3411
Schuls (Scuol)
Rätische Alpen
Engadin
Sankt Moritz
Piz Bernina 4049
Chur
Vaduz
Baden
Winterthur
Frauenfeld
Wil
Sankt Gallen
Appenzell
Appenzeller Alpen
2502 Säntis
Zürich
Uster
Zürichsee
Reuss
Zug
Aarau
Olten
Delémont
Lomont 837
Besançon
Doubs
Saône
Schweizer Jura
Solothurn
La Chaux-de-Fonds
1607 Chasseral
Biel (Bienne)
Bieler See
Neuenburg (Neuchâtel)
Mittelland
Emmental
Bern
Köniz
Luzern
2129 Pilatus
Rigi 1798
Vierwaldstätter See
Glarus
Glärnisch 2914
Glarner Alpen
Tödi 3614
Pontarlier
Chasseron 1607
Neuenburger See
Aare
Yverdon-les-Bains
Freiburg (Fribourg)
Thun
Thuner See
Brienz
Brienzer See
Titlis 3238
Dammastock 3630
Andermatt
Französischer Jura
1679 Mont Tendre
Lausanne
Berner Alpen
4158 Jungfrau
4274 Finsteraar-horn
Rheinwald-horn 3402
Genfer-See
Nyon
Montreux
Thonon-les-Bains
Rhône
Tessiner Alpen
Vernier
Genf (Genève)
Annemasse
Monthey
Sitten (Sion)
Brig-Glis
Wallis
Dents du Midi 3257
Walliser Alpen
Locarno
Sondrio
Edolo
Veltlin
Pizzo di Coca 3052
Arve
Chamonix-Mont-Blanc
Matterhorn 4478
Dufourspitze 4634
Monte Rosa
Lago Maggiore
Lugano
Verbania
Luganer See
Comer See
Bergamasker Alpen
Annecy
Lac d'Annecy
Savoyer Alpen
Mont Blanc 4810
Aosta
Varese
Como
Lecco
Idrosee
ITALIEN
© westermann

über sie sagt; **das Wort ergreifen** beginnen, über etwas zu sprechen; **Du nimmst mir das Wort aus dem Mund** Du sagst genau das, was ich auch gerade sagen wollte; **jemandem das Wort im Mund umdrehen** etwas, das jemand gesagt hat, absichtlich falsch verstehen (und wiedergeben); **aufs Wort gehorchen/folgen** ohne Zögern gehorchen; **Das glaube ich (ihm/ihr** *usw.*) **aufs Wort** ich habe keine Zweifel daran, dass das Gesagte wahr/richtig ist; **in Worten** nicht in Ziffern geschrieben *„25, in Worten fünfundzwanzig"*; **jemandem ins Wort fallen** eine Person, die etwas sagt, unterbrechen; **mit anderen Worten** anders gesagt; **(kaum/nicht) zu Wort kommen** in einem Gespräch (keine/wenig) Gelegenheit bekommen, auch etwas zu sagen

die **Wọrt·art★** die grammatische Kategorie eines Wortes *„Substantiv, Verb und Adjektiv sind die wichtigsten Wortarten"*

das **Wọ̈rt·chen** ID **ein Wörtchen mitzureden haben** an einer Entscheidung mitwirken; **Mit 'dir habe ich noch ein Wörtchen zu reden** Ich muss dir zu etwas deutlich meine Meinung sagen

das **Wọ̈r·ter·buch★** ein Buch, in dem die Wörter einer Sprache, einer Fachsprache oder zweier Sprachen (alphabetisch) aufgeführt und erklärt oder übersetzt sind ⟨*ein einsprachiges, zweisprachiges, deutsch-italienisches, medizinisches Wörterbuch; etwas in einem Wörterbuch nachschlagen*⟩ ❶ Ein *Wörterbuch* beschreibt die Sprache, ein *Lexikon* die Dinge und Sachverhalte.

**wọrt·ge·wandt** *ADJEKTIV* ⟨*ein Redner, ein Schriftsteller*⟩ so, dass sie gut und überzeugend sprechen oder schreiben

**wọrt·karg** *ADJEKTIV* ⟨*ein Mensch*⟩ so, dass er wenig spricht

der **Wọrt·laut** der wörtliche Text ⟨*der genaue Wortlaut eines Briefes, einer Rede*⟩ *„eine Erklärung im (vollen) Wortlaut veröffentlichen"*

**wọ̈rt·lich★** *ADJEKTIV* dem Originaltext exakt entsprechend ⟨*etwas wörtlich übersetzen, zitieren*⟩ ID **etwas (allzu) wörtlich nehmen** etwas zu genau nehmen

**wọrt·los** *ADJEKTIV* ohne Worte, schweigend • *hierzu* **Wọrt·lo·sig·keit** *die*

die **Wọrt·mel·dung** die Bitte (meist durch Heben der Hand) bei einer Versammlung, etwas sagen zu dürfen ⟨*eine Wortmeldung liegt vor; eine Wortmeldung zurückziehen*⟩

der **Wọrt·schatz** *meist Singular* alle Wörter einer Sprache oder Fachsprache K Fachwortschatz

das **Wọrt·spiel** die witzige, spielerische Verwendung eines Wortes oder von Wörtern, bei der der Witz meist dadurch entsteht, dass mehrere Bedeutungen möglich sind

**wort·wọ̈rt·lich** *ADJEKTIV* verwendet, um *wörtlich* zu verstärken

**wo·rü·ber, wo·rü·ber** *FRAGEWORT* **1** über welche/welcher Sache *„Worüber lachst du?"* ❶ auch in indirekten Fragen: *Ich weiß nicht, worüber er so traurig ist*

*BINDEWORT* **2** über die genannte/über der genannten Sache *„Sie haben ein großes Familienfoto über den Schreibtisch gehängt"* | *„Sie kommt oft zu spät, wo'rüber sich aber niemand aufregt"*

**wo·rụm, wo·rum★** *FRAGEWORT* **1** um welche Sache *„Worum streiten sie sich?"* ❶ auch in indirekten Fragen: *Ich weiß nicht, worum es bei dem Gespräch ging*

*BINDEWORT* **2** um die genannte Sache *„das Geschenk, worum eine Schleife gebunden war"* | *„Sie haben ein schönes Haus, wo'rum ich sie beneide"*

**wo·rụn·ter, wo·run·ter★** *FRAGEWORT* **1** unter welche/welcher Sache oder welchen Sachen *„Ich finde das Buch nicht. Worunter ist es eingeordnet?"* ❶ auch in indirekten Fragen: *Ich weiß nicht, worunter die Münze versteckt ist*

*BINDEWORT* **2** unter die genannte/unter der genannten Sache oder Sachen *„Auf dem Tisch lag ein Stapel Bücher, wo'runter ich den Brief schob"* | *„Sie müssen beide viele Überstunden machen, wo'runter ihre Beziehung leidet"*

**wo·vọn, wo·von★** *FRAGEWORT* **1** von welcher Sache *„Wovon sprecht ihr?"* ❶ auch in indirekten Fragen: *Ich weiß nicht mehr, wovon ich geträumt habe*

*BINDEWORT* **2** von der genannten Sache *„Es gab Erdbeerkuchen, wo'von ich nie genug bekomme"* | *„Sie hat viele Jahre geraucht, wo'von sie dann auch Lungenkrebs bekam"*

**wo·vor, wo·vor** *FRAGEWORT* **1** vor welche(r) Sache *„Wovor läufst du denn davon?"* ❶ auch in indirekten Fragen: *Ich weiß nicht, wovor er solche Angst hat*

*BINDEWORT* **2** vor die genannte oder vor der genannten Sache *„die Tür, wo'vor er einen Riegel schob"* | *„Jetzt ist eingetreten, wo'vor ich immer gewarnt habe"*

**wo·zu, wo·zu★** *FRAGEWORT* **1** zu welcher

Sache, zu welchem Zweck *„Wozu braucht man das?"* ❶ auch in indirekten Fragen: *Ich weiß nicht, wozu ich mir überhaupt die Mühe mache* BINDEWORT **2** zu der genannten Sache *„Es gab Entenbraten, wo'zu Rotwein getrunken wurde"* | *„Sie könnten verkaufen, wo'zu ich Ihnen aber nicht raten würde"*

das **Wrack** [vrak]; (-s, -s) ein stark beschädigtes Schiff, Flugzeug oder Auto, das nicht mehr verwendet werden kann **K** Flugzeugwrack, Schiffswrack

der **Wu·cher** (-s) wenn jemand viel zu viel Geld für etwas verlangt (das andere Personen unbedingt brauchen), ist das Wucher *„Wenn es nicht genug Wohnungen gibt, wird mit der Miete oft Wucher getrieben"* **K** Wucherpreis, Wucherzinsen; Mietwucher, Preiswucher

**wu·chern** (*wucherte, hat/ist gewuchert*) **etwas wuchert** (*hat/ist*) etwas wächst sehr stark und unkontrolliert (und verdrängt oder gefährdet so andere Dinge) ⟨*Unkraut, ein Geschwür, ein Tumor*⟩

**wuchs** [vu:ks] *Präteritum, 1. und 3. Person Singular* → wachsen

der **Wuchs** [vu:ks]; (-*es*) **1** das Wachsen und Größerwerden **2** ⟨*von schlankem, zartem, kräftigem Wuchs sein*⟩ ≈ Gestalt, Erscheinung

die **Wucht** (-) die Kraft bei einem starken Schlag, Wurf, Stoß usw. ⟨*mit voller Wucht*⟩ **ID** **etwas ist eine Wucht** *gesprochen* etwas ist großartig, toll

**wüh·len** (*wühlte, hat gewühlt*) **1** **jemand wühlt (mit etwas) in etwas** (*Dativ*) jemand oder ein Tier gräbt (mit den Händen bzw. mit der Schnauze oder den Pfoten) im Erdboden ⟨*im Schlamm, im Sand wühlen*⟩ **2** **irgendwo (nach etwas) wühlen** in einer Menge von Gegenständen etwas suchen und dabei Unordnung machen **3** **sich durch etwas wühlen** etwas mit großer Anstrengung leisten ⟨*sich durch viel Arbeit wühlen*⟩

**wund** ADJEKTIV (*wunder, wundest-*) so, dass Stellen am Körper durch Reibung an der Hautoberfläche verletzt oder entzündet sind ⟨*Füße, Knie*⟩ *„Ich habe mich am neuen Sattel wund gerieben"*

W

die **Wun·de★** (-, -*n*) eine Verletzung der Haut (und des Gewebes, das darunterliegt) ⟨*die Wunde blutet, eitert, nässt, schmerzt, brennt, heilt, vernarbt*⟩ **K** Wundversorgung; Brandwunde, Schnittwunde

das **Wun·der★** (-*s*, -) **1** ein Ereignis, bei dem göttliche oder übernatürliche Kräfte beteiligt sind ⟨*an Wunder glauben*⟩ **K** Wunderheiler **2** ein Ereignis, das zu einem glücklichen Ende führt (das man eigentlich nicht erwarten konnte) *„Es war ein Wunder, dass sie den Flugzeugabsturz überlebte"* **3** ein außergewöhnliches Werk, Produkt o. Ä. ⟨*ein Wunder der Technik, der Natur*⟩ **K** Wunderwerk **ID** **Es ist kein Wunder, dass ...** Es überrascht nicht, dass ...; **Kein Wunder!** Das ist keine Überraschung; **etwas wirkt (wahre) Wunder** etwas hat eine sehr gute Wirkung ⟨*eine Medizin, ein Rat*⟩

**wun·der·bar★** ADJEKTIV **1** wie bei einem Wunder, übernatürlich erscheinend *„Auf wunderbare Weise wurde er wieder gesund"* **2** herrlich, großartig ⟨*das Wetter, ein Konzert*⟩ **3** auf sehr angenehme Weise *„ein wunderbar erfrischendes Getränk"*

die **Wun·der·ker·ze** ein Draht, der mit einer besonderen Masse umgeben ist, die brennt und kalte Funken gibt

das **Wun·der·kind** ein Kind, das sehr früh außergewöhnliche Fähigkeiten zeigt *„Mozart war ein Wunderkind"*

**wun·der·lich** ADJEKTIV sonderbar, seltsam ⟨*eine Idee; ein Mensch*⟩

**wun·dern★** (*wunderte, hat gewundert*) **1** **etwas wundert jemanden** etwas erstaunt, überrascht jemanden sehr *„Sein schlechtes Benehmen wunderte seine Eltern sehr"* **2** **sich (über jemanden/etwas) wundern** über jemanden/etwas sehr erstaunt, überrascht sein *„Ich wundere mich über seine Kochkünste"* | *„Er wunderte sich (darüber), dass alles so gut klappte"* **3** **sich wundern** *süddeutsch* Ⓒⓗ sich erstaunt, überrascht fragen ⟨*sich wundern, warum/wie etwas geschah*⟩

**wun·der·voll** ADJEKTIV ≈ wunderbar

der **Wunsch★** (-(*e*)*s*, *Wün·sche*) **1** **der Wunsch (nach etwas)** eine Sache, die jemand gerne haben möchte (oder die Vorstellung davon) ⟨*einen Wunsch haben, äußern*⟩ *„Mein einziger Wunsch ist ein schöner Urlaub"* | *„Hast du einen Wunsch für Weihnachten?"* Was möchtest du als Geschenk? **2** *meist Plural* vor allem in festen Wendungen verwendet, mit denen man gratuliert o. Ä. *„Die besten Wünsche zum Geburtstag/zur Hochzeit!"* **K** Glückwunsch **3** **auf Wunsch** wenn man es so will *„Auf Wunsch liefern wir frei Haus"*

das **Wunsch·den·ken** eine Denkweise, die von

Träumen und Idealvorstellungen geprägt ist *„Das ist reines Wunschdenken!"*

**wụ̈n·schen**★ (*wünschte, hat gewünscht*) **1** **sich** (*Dativ*) **etwas (von jemandem) (zu etwas) wünschen** den Wunsch haben (und meist auch aussprechen), dass man etwas bekommen könnte *„Sie wünschte sich von den Eltern eine Torte zum Geburtstag"* | *„Was wünscht du dir denn zu Weihnachten?"* **2** **jemandem etwas wünschen** hoffen, dass jemand eine positive Sache erlebt (und ihm dies sagen) *„Ich wünsche ihr, dass sie es schafft"* | *„Er wünschte mir viel Glück"* ℹ oft in festen Wendungen verwendet: *jemandem guten Appetit, gute Fahrt, einen guten Tag, viel Erfolg, alles Gute zum Geburtstag wünschen* **3** **etwas wünschen** *geschrieben* deutlich sagen, dass man etwas haben will oder dass man eine Leistung erwartet ≈ verlangen *„Sie wünscht, nicht gestört zu werden"* | *„Ich wünsche, dass dies sofort geändert wird!"* **ID** **Was wünschen Sie?** (*als Frage des Verkäufers*) Was möchten Sie kaufen?

**wụ̈n·schens·wert** *ADJEKTIV* so, dass man sich darüber freuen würde, wenn es einträte, realisiert würde o. Ä.

**wụnsch·los** *ADJEKTIV* **wunschlos glücklich sein** zufrieden sein mit dem, was man hat

der **Wụnsch·zet·tel** ein Blatt Papier, auf das ein Kind schreibt, was es sich zu Weihnachten wünscht **ID** **etwas steht auf jemandes Wunschzettel** jemand möchte etwas haben

**wụr·de** *Präteritum, 1. und 3. Person Singular* → werden

die **Wụ̈r·de**★ (-, *-n*) **1** *nur Singular* der (innere) Wert, den man als Mensch hat und den andere Menschen respektieren sollen ⟨*jemandes Würde achten, verletzen, antasten*⟩ *„Die Würde des Menschen gilt als unantastbar"* **K** Menschenwürde **2** *nur Singular* ein starker, positiver Eindruck, durch den man Respekt für eine Person empfindet **3** *nur Singular* der Respekt, den man vor manchen Institutionen hat (und die damit verbundenen Pflichten) ⟨*die Würde des Gerichts*⟩ **4** ein Amt oder Titel mit hohem Ansehen ⟨*die Würde eines Bischofs*⟩

**wụ̈r·dig** *ADJEKTIV* **1** so ernst und feierlich, wie es dem Anlass entspricht ⟨*eine Ansprache, ein Verhalten*⟩ **2** mit der Autorität einer Person, die respektiert wird **3** ⟨*ein Gegner, Nachfolger*⟩ so, dass sie die gleiche Kraft oder Qualität wie die Vergleichsperson haben

**wụ̈r·di·gen** (*würdigte, hat gewürdigt*) **jemanden/etwas würdigen** jemanden/etwas anerkennen und in angemessener Weise loben ⟨*jemandes Leistungen, Verdienste würdigen*⟩ • *hierzu* **Wụ̈r·di·gung** *die*

der **Wụrf**★ (*-(e)s, Wür·fe*) **1** die Tätigkeit (der Vorgang oder das Ergebnis) des Werfens *„Ihr gelang ein Wurf von über 80 m"* **K** Diskuswurf, Hammerwurf, Steinwurf **2** die Tätigkeit (und das Ergebnis) des Würfelns **3** die jungen Tiere, die das Muttertier auf einmal zur Welt gebracht hat ⟨*ein Wurf Katzen, Hunde, Ferkel*⟩

der **Wụ̈r·fel** (-s, -) **1** ein (dreidimensionales) Gebilde mit sechs quadratischen und gleich großen Seiten, die rechtwinklig aufeinanderstehen **K** würfelförmig **2** ein kleiner Würfel, der zum Spielen verwendet wird und auf dessen Seitenfläche Punkte (eins bis sechs) sind ⟨*den Würfel werfen; der Würfel zeigt eine Sechs*⟩ **3** etwas (z. B. ein Stück Fleisch, Gemüse, Obst o. Ä.) von der (ungefähren) Form eines Würfels ⟨*Fleisch, Zwiebeln in Würfel schneiden*⟩ **K** Würfelzucker

**wụ̈r·feln** (*würfelte, hat gewürfelt*) **1** **(um etwas) würfeln** ein Spiel mit Würfeln um Geld o. Ä. machen **K** Würfelbecher, Würfelspiel **2** **etwas würfeln** beim Würfeln das genannte Ergebnis erzielen ⟨*eine Fünf würfeln*⟩ **3** **etwas würfeln** etwas in Würfel schneiden ⟨*Zwiebeln, Fleisch würfeln; etwas grob, fein würfeln*⟩

**wụ̈r·gen** (*würgte, hat gewürgt*) **1** **jemanden würgen** versuchen, eine Person zu töten, indem man ihr die Kehle zusammendrückt ⟨*jemanden am Hals würgen*⟩ **K** Würgegriff **2** **etwas würgt jemanden** jemand kann etwas nur sehr schwer schlucken ⟨*ein zu großer Bissen*⟩ **3** **(an etwas** (*Dativ*)**) würgen** etwas nur schwer hinunterschlucken können, weil es zäh ist, schlecht schmeckt oder zum Erbrechen führen könnte • *zu* (1) **Wụ̈r·ger** *der*

der **Wụrm**★ (*-(e)s, Wür·mer*) Würmer sehen wie kleine Schlangen aus und leben in der Erde oder in Äpfeln, Himbeeren, im Darm von Tieren usw. **K** Holzwurm, Regenwurm

**wụr·men** (*wurmte, hat gewurmt*); *gesprochen* **etwas wurmt jemanden** etwas ärgert jemanden *„Die schlechte Note hat ihn sehr gewurmt"* ℹ kein Passiv

**wụr·mig** *ADJEKTIV* mit einem oder mehreren Würmern darin ⟨*ein Apfel, eine Himbeere*⟩

die **Wurst**★ (-, *Würs·te*) **1** eine Masse aus gehacktem Fleisch, Innereien und Gewürzen, die in eine dünne Hülle oder Haut aus Darm oder Kunststoff gefüllt und gekocht oder geräuchert

W

gegessen wird ⟨*eine Scheibe Wurst*⟩ **K** Wurstbrot, Wurstsalat; Streichwurst **2** verwendet als Bezeichnung für etwas in der Form einer länglichen Rolle **ID** **eine Person/Sache ist jemandem Wurst/Wurscht** *gesprochen* eine Person oder Sache ist jemandem gleichgültig

das **Wụrst·chen★** (-s, -) eine kleine Wurst, die meist paarweise verkauft und warm (mit Senf) gegessen wird *„Wiener Würstchen"*

die **Wụr·zel★** (-, -n) **1** Pflanzen haben Wurzeln, mit denen sie im Boden festgewachsen sind und Wasser und Nahrung aus der Erde bekommen **K** Baumwurzel **2** Zähne und Haare haben Wurzeln, mit denen sie im Körper festgewachsen sind *„Der Zahnarzt bohrte bis an die Wurzel"* **K** Haarwurzel, Zahnwurzel **3** die mathematische Größe, die mit dem Zeichen √ dargestellt wird ⟨*die Wurzel ziehen*⟩ *„Die Wurzel aus 9 ist 3"* $\sqrt{9} = 3$ **K** Quadratwurzel **ID** **jemand schlägt irgendwo Wurzeln** jemand lässt sich irgendwo dauerhaft nieder; **das Übel an der Wurzel packen** den Ursprung eines Problems o. Ä. zu beseitigen versuchen

**wụr·zeln** (*wurzelte, hat gewurzelt*) **eine Pflanze wurzelt irgendwie/irgendwo** eine Pflanze ist durch die Wurzeln mit dem Boden, der Erde fest verbunden

**wụ̈r·zen★** (*würzte, hat gewürzt*) **(etwas) (mit etwas) würzen** den Geschmack einer Speise oder eines Getränks durch Gewürze verbessern ⟨*etwas scharf, stark, pikant würzen*⟩ *„eine Soße mit Kräutern würzen"*

**wụ̈r·zig** *ADJEKTIV* **1** mit kräftigem Geschmack oder Geruch **2** mit Gewürzen verbessert *„Die Suppe schmeckt sehr würzig"*

**wusch** *Präteritum, 1. und 3. Person Singular* → waschen

**wụ·schig** *ADJEKTIV; gesprochen* nervös und verwirrt *„Du machst mich ganz wuschig mit diesem Hin und Her"*

**wụss·te** *Präteritum, 1. und 3. Person Singular* → wissen

**wüst** *ADJEKTIV* **1** ⟨*eine Gegend, ein Land*⟩ so, dass Menschen dort nicht wohnen oder siedeln (können) **2** sehr unordentlich ⟨*ein Durcheinander*⟩ **3** aggressiv und schlimm ⟨*eine Drohung, ein Lärm, eine Schlägerei; Treiben*⟩

der **Wust** (-(e)s); *abwertend* eine wirre, ungeordnete Menge einer Sache ⟨*ein Wust an Papier, von Notizen, Gedanken, Zahlen; in einem Wust von etwas ersticken*⟩

die **Wüs·te★** (-, -n) in der Wüste wachsen kaum Pflanzen, meist weil es nur Sand und Steine gibt *„die Wüste Sahara"* **K** Wüstenwind; Eiswüste, Salzwüste, Sandwüste

die **Wut★** (-) **Wut (auf jemanden/etwas)**; **Wut (über etwas** (*Akkusativ*)**)** das heftige Gefühl, z. B. wenn andere gemein oder ungerecht zu uns sind ⟨*voll(er) Wut; in Wut kommen, geraten*⟩ **K** Wutausbruch **i** *Wut* und *Zorn* sind stärkere Gefühle als *Ärger*. *Wut* wird eher in der gesprochenen Sprache und *Zorn* eher in der geschriebenen Sprache verwendet.

die **-wut** *im Substantiv, unbetont, begrenzt produktiv* **Arbeitswut, Kaufwut, Kontrollwut, Sammelwut, Zerstörungswut** *und andere* ein starkes Verlangen nach oder eine zu intensive Beschäftigung mit der genannten Tätigkeit *„Viele Grünflächen sind der Bauwut der Stadtväter zum Opfer gefallen"*

der **Wut·an·fall** plötzlich auftretende Wut ⟨*einen Wutanfall bekommen, haben*⟩ ≈ Wutausbruch

der **Wut·bür·ger** ein bisher nicht politisch engagierter, oft älterer Bürger, der öffentlich gegen politische Entscheidungen demonstriert, die ihn verärgern

**wü·ten** (*wütete, hat gewütet*) **1** **jemand wütet** jemand wendet (vor Wut) Gewalt an oder verursacht Zerstörung **2** **etwas wütet** etwas wirkt heftig und verursacht Zerstörung ⟨*ein Feuer, ein Sturm, ein Unwetter, eine Krankheit*⟩ *„Sie versuchte, die in ihrem Bauch wütenden Schmerzen zu ignorieren"*

**wü·tend★** *ADJEKTIV* **1** **wütend (auf jemanden/etwas)** voller Wut gegenüber jemandem/etwas *„Ist sie immer noch wütend auf mich?"* **2** **wütend über etwas** (*Akkusativ*) voller Wut wegen eines Vorfalls *„Sie war schrecklich wütend darüber, dass ich sie belogen habe"*

**-wü·tig** *im Adjektiv, unbetont, begrenzt produktiv* **arbeitswütig, kaufwütig, schießwütig, schreibwütig, tanzwütig** *und andere* von allzu großer Lust oder Leidenschaft erfüllt, das Genannte zu tun

**WWW** Abkürzung für *World Wide Web* ≈ Internet

W

das **X**, **x** [ɪks]; (-, -) **1** der vierundzwanzigste Buchstabe des Alphabets ⟨*ein großes X; ein kleines x*⟩ **2** *großgeschrieben* verwendet anstelle eines Namens, wenn der Name beliebig ist oder nicht genannt werden soll *„Nehmen wir einmal den Fall, dass im Land X ein Bürgerkrieg ausbricht …“* | *„Frau X, die hier nicht genannt werden möchte, sagte dazu: …“* **3** *gesprochen kleingeschrieben* ≈ viele *„Ich warte schon seit x Stunden auf dich!“* **4** *kleingeschrieben* in der Mathematik verwendet als Zeichen für eine unbekannte oder veränderliche Größe/Zahl *„eine Gleichung mit den zwei Unbekannten x und y“* **5** **der Tag/die Stunde X** verwendet, wenn man den genauen Zeitpunkt eines Ereignisses noch nicht kennt oder nicht nennen will **ID** **jemandem ein X für ein U vormachen (wollen)** jemanden auf nicht sehr geschickte Weise täuschen (wollen) • *zu* (1) **x-för·mig**, **X-·för·mig** ['ɪks-] *ADJEKTIV*

die **x-Ach·se** ['ɪks-] die waagrechte Achse in einem Koordinatensystem ≈ Abszissenachse

die **X-Bei·ne** ['ɪks-]; *Plural* Beine, deren Unterschenkel nach außen zeigen, wenn sich die Knie berühren • *hierzu* **x-bei·nig**, **X-bei·nig** ['ɪks-] *ADJEKTIV*

**x-be·lie·big** ['ɪks-] *ADJEKTIV meist attributiv; gesprochen* egal, wer oder welche(r, -s) ≈ irgendein *„eine x-beliebige Zahl nennen“* | *„Da kannst du jeden x-Beliebigen fragen“*

**x-fach** ['ɪks-] *ADJEKTIV meist adverbiell; gesprochen* viele Male *„x-fach erprobt/überprüft“*

das **x-fa·che** ['ɪks-]; (-n); *gesprochen* eine um viele Male größere Anzahl, Menge *„Heute zahlt man dafür das x-fache von damals“* ⓘ *ein x-faches; das x-fache; den, dem, des x-fachen*

**x-mal** ['ɪks-] *ADVERB; gesprochen* viele Male ≈ tausendmal *„Den Film habe ich schon x-mal gesehen“* | *„Ich habe dir schon x-mal gesagt, dass du damit aufhören sollst!“*

**x-t-** ['ɪkst-] *ADJEKTIV; gesprochen* verwendet, um eine große, unbestimmte Ordnungszahl zu bezeichnen *„Das ist schon das x-te Buch zu diesem Thema“* | *„Das höre ich jetzt zum x-ten Mal“*

das **Xy·lo·fon**, **Xy·lo·phon** [-f-]; (-s, -e) ein Musikinstrument aus einer Reihe oder mehreren Reihen verschieden großer, flacher Holz- oder Metallstäbe, die mit zwei Stäben angeschlagen werden. Diese zwei Stäbe heißen Klöppel oder Schlegel und haben am Ende eine Kugel ⟨*(auf dem) Xylofon spielen*⟩

das **Y**, **y** ['ʏpsilɔn]; (-, -/*gesprochen auch* -s) der fünfundzwanzigste Buchstabe des Alphabets ⟨*ein großes Y; ein kleines y*⟩

die **y-Ach·se** ['ʏpsilɔn-] die senkrechte Achse in einem Koordinatensystem ≈ Ordinatenachse

die **Yacht** [j-] → Jacht

der/das **Yo·ga** [j-] → Joga

das **Yp·si·lon** (-(s), -s) der Buchstabe *Y, y*

# Z

das **Z**, **z** [tsɛt]; (-, -/ *gesprochen auch* -s) der letzte Buchstabe des Alphabets ⟨*ein großes Z; ein kleines z*⟩

**zack!** sehr schnell, mit Schwung *„Zack, die Tür ist zu!“* | *„Ich bin gleich fertig, das geht bei mir zack, zack“*

der **Zack** *gesprochen* **ID** **auf Zack sein** etwas gut machen oder gut können *„in Mathe auf Zack sein“*; **jemanden auf Zack bringen** (meist durch Drohungen oder Befehle) bewirken, dass jemand die gewünschte Leistung bringt

die **Za·cke** (-, -n) eine von mehreren Spitzen am Rand eines meist flachen Gegenstandes oder einer flachen Form ⟨*die Zacken einer Krone, einer Säge, einer Gabel, eines Kammes*⟩ *„ein Stern mit fünf Zacken“* | *„ein grünes Blatt mit vielen kleinen Zacken“*

**zag·haft** *ADJEKTIV* aus Angst (und Unsicherheit) langsam und sehr vorsichtig ⟨*Schritte, ein Versuch; zaghaft klopfen, eintreten*⟩ • *hierzu* **Zag·haf·tig·keit** *die*

**zäh**, **zä·he**★ *ADJEKTIV* (*selten zäher, selten zäh(e)st-*) **1** ⟨*Fleisch*⟩ so, dass es auch nach langem Kochen nicht weich wird *„Das Fleisch ist zäh wie Leder“* **2** ⟨*Harz, Honig*⟩ so, dass sie schwer und langsam fließen ≈ dickflüssig **K** zähflüssig **3** so gesund und voller Kraft, dass

Anstrengungen lange ertragen werden können ⟨*ein Mensch, ein Bursche*⟩ [4] so, dass der Betroffene oder eine Sache auch über längere Zeit nicht an Kraft verliert ⟨*Fleiß, Widerstand*⟩ *„an etwas zäh festhalten"* [5] langsam, mit großer Anstrengung *„nur zäh vorankommen"* • *zu* (3,4) **Zä·hig·keit** *die*

die **Zahl★** (-, *-en*) [1] mit Zahlen kann man rechnen, Dinge zählen und Größen und Werte bestimmen ⟨*eine einstellige, zweistellige, mehrstellige Zahl; eine hohe, große, niedrige, kleine Zahl*⟩ *„die Zahlen von 1 bis 100"* [K] Zahlenfolge, Zahlenkombination, Zahlenreihe; Jahreszahl, Lottozahlen, Seitenzahl [2] ein schriftliches Zeichen, das eine Zahl darstellt *„eine Zahl schreiben"* ❶ *Ziffern* sind einzelne Symbole, größere *Zahlen* bestehen aus mehreren Ziffern [3] **die Zahl** (+ *Genitiv*); **die Zahl (von Personen/Dingen)** *nur Singular* die Größe einer Gruppe, die aus einzelnen Personen/Dingen besteht, die man zählen kann ≈ Anzahl *„Die Zahl der Mitglieder hat sich in den letzten zehn Jahren verdoppelt"* [K] Besucherzahl, Einwohnerzahl, Stückzahl [4] **die arabischen Zahlen** die Ziffern 1, 2, 3 usw. [5] **die römischen Zahlen** die Ziffern I, II, III, IV usw. [6] **eine gerade Zahl** eine Zahl wie 2, 4, 6 usw. (die man durch 2 dividieren kann) [7] **eine ungerade Zahl** eine Zahl wie 1, 3, 5 usw. (die man nicht durch 2 dividieren kann) [ID] **in den roten Zahlen sein**, **rote Zahlen schreiben** finanzielle Verluste haben ⟨*ein Betrieb, ein Geschäft*⟩; **in den schwarzen Zahlen sein**, **schwarze Zahlen schreiben** keine finanziellen Verluste machen

**zahl·bar** *ADJEKTIV meist prädikativ* so, dass eine Rechnung o. Ä. zum genannten Termin gezahlt werden muss ≈ fällig *„zahlbar binnen drei Wochen"*

**zah·len★** (*zahlte, hat gezahlt*) [1] **((jemandem) etwas) (für etwas) zahlen** (jemandem) Geld für eine Arbeit, eine Ware o. Ä. geben ⟨*in Euro, Schweizer Franken zahlen; bar, mit Karte zahlen; im Voraus, in Raten zahlen; die Miete, eine Rechnung, eine Strafe, Steuern, Zoll zahlen*⟩ *„Ich habe 200 Euro für das Ticket gezahlt"* | *„Er hat mir zehn Euro dafür gezahlt, dass ich ihm geholfen habe"* [2] **(jemanden) zahlen** jemandem für eine Leistung Geld geben ⟨*gut, schlecht zahlen*⟩ *„Sie zahlt (ihre Angestellten) recht gut"* [ID] **Bitte zahlen!**, **Zahlen bitte!** verwendet, wenn man in einem Restaurant o. Ä. den Kellner oder die Kellnerin um die Rechnung bittet

**zäh·len★** (*zählte, hat gezählt*) MIT ZAHLEN: [1] **(jemanden/etwas) zählen** feststellen, wie viele Personen oder Dinge irgendwo vorhanden sind ⟨*Geld zählen; falsch, richtig zählen*⟩ *„ein Gerät, das die vorbeifahrenden Autos zählt"* [2] die Zahlen (meist ab Eins) in der richtigen Reihenfolge (kennen und) sagen *„rückwärts zählen"* z. B. von 10 bis 1 | *„Ich zähle bis drei, dann lauft ihr los"* WERT, BEDEUTUNG: [3] **etwas zählt etwas** etwas hat in einem Spiel oder Wettkampf den angegebenen Wert *„Das Ass zählt elf Punkte/zählt mehr als die Dame"* [4] **etwas zählt (viel/wenig/nicht)** etwas wird in der genannten Weise als wichtig beachtet *„In seinem Job zählt nur Leistung"* [5] **etwas zählt (nicht)** etwas ist (nicht) gültig *„Der Wurf zählt nicht! Der Würfel ist auf den Boden gefallen"* ALTER, GRÖßE: [6] **etwas zählt** *+Mengenangabe geschrieben* etwas hat die genannte Anzahl oder Menge von Personen/Dingen *„Der Verein zählt 2000 Mitglieder"* ZUGHÖRIGKEIT: [7] **jemand zählt zu etwas** jemand ist Teil einer Gruppe *„Er zählt zu den reichsten Männern der Welt"* [8] **jemanden/etwas zu etwas zählen** meinen, dass jemand/etwas zu der genannten Gruppe von Personen oder Dingen gehört *„Kritiker zählen sie zu den bedeutendsten zeitgenössischen Autorinnen"* ZUVERLÄSSIGKEIT: [9] **auf jemanden/etwas zählen (können)** sich auf jemanden/etwas verlassen (können) *„Sie können auf unsere Unterstützung zählen"* [ID] → drei • *zu* (1 – 3) **Zäh·lung** *die*

der **Zäh·ler** (-s, -) [1] ein Gerät, das (an)zeigt, wie groß die Menge oder Anzahl von etwas ist oder wie viel von etwas verbraucht wurde ⟨*den Zähler ablesen*⟩ [K] Zählerstand; Gaszähler, Stromzähler [2] die Zahl über dem Strich in einem Bruch *„Der Zähler in 7/8 ist 7"*

**zahl·los** *ADJEKTIV* so viele, dass man sie kaum oder nicht mehr zählen kann *„Nach der Sendung gab es zahllose Beschwerden"*

**zahl·reich★** *ADJEKTIV* in einer großen Anzahl (vorkommend) *„Am Wochenende kam es zu zahlreichen Unfällen"*

die **Zah·lung★** (-, *-en*) [1] der Vorgang, wenn man für eine Ware, eine Leistung o. Ä. zahlt ⟨*die Zahlung der Löhne, der Miete, der Zinsen*⟩ *„Er wurde zur Zahlung einer Geldstrafe verurteilt"* [K] Zahlungsaufforderung, Zahlungsfrist; Barzahlung, Ratenzahlung [2] **etwas in Zahlung**

**nehmen** eine gebrauchte Ware als Teil der Zahlung für eine neue Ware akzeptieren *„Der Autohändler hat meinen alten Wagen beim Kauf des neuen in Zahlung genommen"*

das **Zahl·wort** ≈ Zahlwort

**zahm** *ADJEKTIV* (*zahmer, zahmst-*) verwendet, wenn einzelne Tiere einer wild lebenden Art an Menschen gewöhnt sind und keine Angst vor ihnen haben *„Er hat ein zahmes Eichhörnchen, das er selbst großgezogen hat"*

**zäh·men** (*zähmte, hat gezähmt*) **ein Tier zähmen** ein Tier, das sonst wild lebt, daran gewöhnen, mit Menschen zusammen zu sein und Befehlen zu gehorchen *„einen Wolf zähmen"* • *hierzu* **Zäh·mung** *die*

der **Zahn**★ (*-(e)s, Zäh·ne*) **1** Zähne brauchen wir zum Beißen und Kauen ⟨*sich* (*Dativ*) *die Zähne putzen; ein Zahn hat ein Loch, schmerzt, tut weh, wackelt, fällt aus*⟩ *„ein Tier mit scharfen Zähnen"* | *„Das Baby bekommt schon Zähne"* **K** Zahnbürste, Zahncreme, Zahnschmerzen **i** → Abbildung, S. 294: **Der Körper**; zu *Zahnbürste* → Abbildung, S. 97: **Im Bad** **2** einer der spitzen Teile an Kämmen, Sägen usw. **3** **ein irrer/höllischer/... Zahn** *gesprochen* eine sehr hohe Geschwindigkeit *„einen irren Zahn draufhaben"* sehr schnell fahren | *„einen Zahn zulegen"* (noch) schneller fahren, gehen oder arbeiten **ID** **sich** (*Dativ*) **an jemandem/etwas die Zähne ausbeißen** sich sehr anstrengen, aber keinen Erfolg haben; **jemandem die Zähne zeigen** jemandem zeigen, dass man sich wehren kann; **die Zähne zusammenbeißen** etwas Unangenehmes tapfer tun oder ertragen • *zu* (1) **zahn·los** *ADJEKTIV*

**zäh·ne·knir·schend** *ADJEKTIV meist attributiv* so, dass man dabei den Widerwillen deutlich zeigt (aber trotzdem das tut, was man soll)

die **Zahn·lü·cke** eine Lücke (im Gebiss), die dort entsteht, wo ein Zahn fehlt

die **Zahn·pas·ta**★ (*-, -s/Zahn·pas·ten*); *meist Singular* eine weiche Masse, die man (aus einer Tube) auf die Zahnbürste drückt, um die Zähne zu putzen **K** Zahnpastatube

das **Zahn·rad** ein Rad mit Zacken, das (als Teil einer Maschine) beim Drehen ein anderes solches Rad bewegen kann **K** Zahnradbahn, Zahnradgetriebe

die **Zahn·span·ge** ein Gestell aus Draht und Plastik, das schiefe Zähne an den richtigen Platz drückt

der **Zahn·sto·cher** (*-s, -*) ein kleiner, spitzer Stab (meist aus Holz), mit dem man kleine Reste von Speisen entfernt, die zwischen den Zähnen sind

die **Zan·ge**★ (*-, -n*) **1** mit Zangen kann man z. B. Nägel aus dem Holz ziehen, Drähte schneiden oder fest sitzende Metallteile greifen und drehen *„die Nägel mit einer Zange aus der Wand ziehen"* → Werkzeug **K** Gebäckzange; Beißzange **2** *meist Plural* Krebse und Skorpione haben Zangen, mit denen sie ihre Beute greifen ≈ Schere • *zu* (1) **zan·gen·för·mig** *ADJEKTIV*

der **Zank** (*-(e)s*) **der Zank (um/über jemanden/etwas)** ein Streit mit Worten

**zan·ken** (*zankte, hat gezankt*) **Personen zanken sich (um/über etwas** (*Akkusativ*)**)** einen Streit haben *„Die beiden Jungen zankten sich um den Fußball"*

das **Zäpf·chen** (*-s, -*) **1** ein Medikament in der Form einer länglichen Kapsel, das in den After eingeführt wird (und so vom Körper aufgenommen wird) ⟨*ein fiebersenkendes, schmerzstillendes Zäpfchen*⟩ **K** Fieberzäpfchen **2** ein kleines, fleischiges Stück, das am Ende des Gaumens im Mund hängt ≈ Uvula

**zap·fen** (*zapfte, hat gezapft*) **etwas zapfen** Flüssigkeit aus einem großen Gefäß, z. B. einem Fass (durch einen Hahn) fließen lassen ⟨*Bier, Wein, Most, Benzin, ein Pils zapfen; Wein in Flaschen zapfen*⟩ **K** Zapfhahn

der **Zap·fen**★ (*-s, -*) die Früchte von Nadelbäumen heißen Zapfen **K** Tannenzapfen • *hierzu* **zap·fen·för·mig** *ADJEKTIV*

die **Zapf·säu·le** aus einer Zapfsäule (an der Tankstelle) wird das Benzin in ein Fahrzeug gefüllt

**zap·peln** (*zappelte, hat gezappelt*) aufgeregt oder unruhig sein und kurze schnelle Bewegungen machen, vor allem mit den Armen und Beinen *„Viele Fische zappelten im Netz"*

**zap·pen** ['tsapn̩, 'zɛpn̩] (*zappte, hat gezappt*) mit der Fernbedienung in kurzen Abständen (wahllos) von einem Fernsehsender zum nächsten schalten

**zart**★ *ADJEKTIV* (*zarter, zartest-*) **1** leicht oder sanft und voller Liebe oder Rücksicht ⟨*eine Berührung, ein Kuss*⟩ **2** fein und schmal ⟨*Arme, Finger, ein Gesicht, ein Kind*⟩ **3** glatt und weich ⟨*die Haut*⟩ **4** sehr dünn ⟨*ein Stoff, ein Gewebe, Spitzen*⟩ **5** noch sehr jung ⟨*eine Knospe, eine Pflanze*⟩ **6** sehr weich und daher leicht zu kauen ⟨*Fleisch, Gemüse*⟩ **7** nur schwach und von geringer Intensität ⟨*eine*

Z

*Farbe, ein Ton*⟩

**zart·bit·ter** *ADJEKTIV* ein bisschen bitter ⟨*Schokolade*⟩

**zärt·lich★** *ADJEKTIV* **1** so, dass dabei Liebe oder Zuneigung ruhig und sanft, nicht heftig ausgedrückt wird ⟨*ein Blick, ein Kuss, Worte; jemanden zärtlich streicheln, berühren, ansehen, anlächeln*⟩ **2** so, dass man darauf achtet, dass es einer geliebten Person gut geht ⟨*ein Vater, eine Mutter*⟩ ≈ fürsorglich

die **Zärt·lich·keit** (-, *-en*) **1** *nur Singular* ein starkes Gefühl der Liebe, verbunden mit dem Wunsch, dieses Gefühl zu zeigen **2** *meist Plural* Küsse, Umarmungen o. Ä., mit denen man einer Person zeigt, dass man sie gernhat

der **Zas·ter** (*-s*); *gesprochen* ≈ Geld

der **Zau·ber** (*-s*) **1** eine Handlung, bei der der Eindruck entsteht, als habe jemand besondere (übernatürliche) Kräfte ⟨*einen Zauber anwenden*⟩ ≈ Magie **K** Zauberstab, Zaubertrick, Zauberwort **2** eine Eigenschaft, die Bewunderung erregt ≈ Magie *„der Zauber des verschneiten Waldes" | „der Zauber ihrer Stimme"*

der **Zau·be·rer★** (*-s, -*) **1** eine Person in einem Märchen o. Ä., die magische, übernatürliche Kräfte hat ⟨*ein böser, guter Zauberer*⟩ ≈ Magier **2** eine Person, die Zaubertricks vorführt ≈ Zauberkünstler • *hierzu* **Zau·be·rin, Zaub·re·rin** *die*

**zau·ber·haft** *ADJEKTIV* (*zauberhafter, zauberhaftest-*) sehr schön (und angenehm) *„In diesem Kleid siehst du zauberhaft aus"*

**zau·bern** (*zauberte, hat gezaubert*) **1** **(etwas) zaubern** einen Zauber machen (und so etwas entstehen lassen) ≈ hexen *„Hexen können angeblich zaubern"* **2** **(etwas) zaubern** etwas so geschickt tun, dass andere Leute glauben, man könne zaubern *„ein Kaninchen aus dem Hut zaubern"*

der **Zaun★** (*-(e)s, Zäu·ne*) Zäune aus Draht, Stäben oder Brettern dienen als Grenze um Grundstücke oder Gärten **K** Zaunlatte, Zaunpfahl; Gartenzaun

der **Zaun·kö·nig** ein kleiner Vogel mit braunen Federn

**z. B.** Abkürzung für *zum Beispiel*

das **ZDF** [tsɛtdeː'|ɛf]; (*-(s)*); Ⓓ Zweites Deutsches Fernsehen **1** ein staatlicher Fernsehsender der Bundesrepublik Deutschland **2** das Fernsehprogramm, das vom ZDF gesendet wird

das **Ze·bra** (*-s, -s*) ein Tier in Afrika (ähnlich einem kleinen Pferd), dessen Fell weiße und braune oder schwarze Streifen hat

der **Ze·bra·strei·fen** weiße Streifen auf der Straße, die anzeigen, wo die Fußgänger über die Straße gehen dürfen (und die Autos deshalb halten müssen)

die **Ze·cke** (*-, -n*) ein kleines Insekt vor allem in Gras und in Büschen, das sich in die Haut von Menschen und Tieren beißt und sich mit Blut vollsaugt ⟨*von einer Zecke gebissen werden*⟩ **K** Zeckenbiss, Zeckenimpfung

der **Zeh★** (*-s, -en*) ≈ Zehe

die **Ze·he** ['tseːə]; (*-, -n*) **1** einer der fünf beweglichen Teile am vorderen Ende des Fußes (vor allem bei Menschen und Affen) ⟨*die große, kleine Zehe*⟩ **K** Zehennagel ⓘ → Abbildung, S. 294: **Der Körper** **2** einer der vielen kleinen Teile beim Knoblauch *„eine Zehe Knoblauch"* **K** Knoblauchzehe

die **Ze·hen·spit·zen** ['tseːən-]; *Plural* **ID** **sich auf die Zehenspitzen stellen** sich auf die Zehen stellen und so strecken, dass man etwas größer ist; **auf Zehenspitzen** leise und vorsichtig, um nicht bemerkt zu werden ⟨*auf Zehenspitzen gehen, hereinschleichen*⟩

**zehn★** *ZAHLWORT* (als Zahl) 10 ⓘ → Anhang, S. 1098: **Zahlen** und Beispiele unter **vier**

die **Zehn** (*-, -en*) **1** die Zahl 10 **2** jemand/etwas mit der Zahl/Nummer 10

der **Zeh·ner** (*-s, -*) **1** *gesprochen* die Zahl 10 **2** *gesprochen* ein Geldschein im Wert von 10 Euro, Dollar, Franken usw. **3** eine Münze im Wert von 10 Cent, Pfennig, Rappen usw. **4** *nur Plural* (in einer Zahl mit mehreren Stellen) die zweite Stelle (von rechts) vor dem Komma *„beim Addieren alle Hunderter, alle Zehner, alle Einer untereinanderschreiben"* **K** Zehnerstelle

der **Zehn·kampf** ein Wettkampf mit zehn verschiedenen Disziplinen (der Leichtathletik) • *hierzu* **Zehn·kämp·fer** *der*

**zehnt★** *ADJEKTIV* **1** in einer Reihenfolge an der Stelle 10 ≈ 10. ⓘ → Beispiele unter **viert-** **2** **der zehnte Teil (von etwas)** ≈ $\frac{1}{10}$ **3** **zu zehnt** (mit) insgesamt 10 Personen *„Wir sind zu zehnt" | „zu zehnt am Tisch sitzen"*

**zehn·tau·send** *ZAHLWORT* (als Zahl) 10000

**zehn·tel** *ADJEKTIV meist attributiv; nur in dieser Form* den 10. Teil einer Menge bildend ≈ $\frac{1}{10}$

das **Zehn·tel★** (*-s, -*) der 10. Teil einer Menge *„ein Zehntel der Strecke hinter sich haben"* **K** Zehntelsekunde

**zeh·ren** (*zehrte, hat gezehrt*) **von etwas**

**zehren** *geschrieben* sich von etwas ernähren, von etwas leben ⟨*von Vorräten, Ersparnissen zehren*⟩ *„Im Winterschlaf zehren die Tiere von dem Fett, das sie sich im Herbst angefressen haben"*

das **Zei·chen**★ (-s, -) **1** Zeichen schreibt oder zeichnet man, um auf etwas aufmerksam zu machen, hinzuweisen *„Der Wanderweg ist mit blauen Zeichen markiert"* **K** Zeichenerklärung; Erkennungszeichen **2** ein Zeichen, dessen Bedeutung oder Zweck allgemein bekannt ist und mit dem man so Informationen geben kann ≈ Symbol *„Das Zeichen „=" steht für Summen oder Gleichheit"* | *„$H_2O$ ist das chemische Zeichen für Wasser"* **K** Gleichheitszeichen; Notenzeichen; Verkehrszeichen **3** eine Bewegung, ein Blick o. Ä., mit denen man anderen Personen etwas mitteilt ⟨*ein heimliches, verabredetes Zeichen; jemandem ein Zeichen geben/machen*⟩ *„Auf sein Zeichen hin liefen alle los und versteckten sich"* **4** ein Geräusch oder etwas, das man sieht und das eine Information gibt *„Dieser Ton ist das Zeichen dafür, dass der Akku fast leer ist"* **K** Klingelzeichen, Rauchzeichen; Pausenzeichen **5** etwas, an dem man erkennt, in welchem Zustand sich jemand/etwas befindet ⟨*ein deutliches, sicheres, untrügliches Zeichen*⟩ *„Er hält Freundlichkeit für ein Zeichen von Schwäche"* **K** Alarmzeichen, Warnzeichen **6** Kurzwort für *Satzzeichen* **K** Anführungszeichen, Ausrufezeichen, Fragezeichen **7** **zum Zeichen** +*Genitiv*; **zum Zeichen, dass ...** als (symbolische) Geste *„Zum Zeichen der Versöhnung gab sie ihm die Hand"* **ID** **ein Zeichen setzen** etwas tun, was für andere ein Vorbild ist

der **Zei·chen·trick·film** ein Film, der aus sehr vielen Zeichnungen besteht, die sich zu bewegen scheinen

**zeich·nen**★ (*zeichnete, hat gezeichnet*) **1** **(jemanden/etwas) zeichnen** mit einem Stift auf Papier Striche machen, sodass ein Bild entsteht ⟨*ein Porträt, eine Karikatur, einen Plan, einen Entwurf zeichnen*⟩ ❶ Man zeichnet mit Stiften und malt mit Pinseln. **2** **jemand ist von etwas gezeichnet** bei einer Person sind deutliche Spuren einer Krankheit o. Ä. zu sehen *„von Erschöpfung/einer langen Krankheit gezeichnet sein"* **3** **ein** +*Adjektiv* **Bild** (+*Genitiv*/**von etwas**) **zeichnen** etwas in der angegebenen Weise beschreiben *„ein düsteres Bild der Zukunft zeichnen"*

der **Zeich·ner** (-s, -) eine Person, die vor allem beruflich (künstlerische) Zeichnungen macht *„Wir brauchen einen guten Zeichner für das Buch"*

die **Zeich·nung**★ (-, -*en*) das Bild, das entsteht, wenn jemand zeichnet **K** Bleistiftzeichnung, Kohlezeichnung

der **Zei·ge·fin·ger** der Finger neben dem Daumen ⟨*mit dem Zeigefinger auf etwas zeigen, deuten; mahnend, warnend den Zeigefinger erheben*⟩

**zei·gen**★ (*zeigte, hat gezeigt*) SEHEN LASSEN: **1** **(jemandem) (etwas) zeigen** jemanden etwas sehen lassen *„dem Polizisten seinen Ausweis zeigen"* | *„Sind die Bilder gut geworden? Zeig mal!"* **2** **etwas zeigt jemanden/etwas** auf einem Bild kann man jemanden/etwas sehen *„Das Foto zeigt meine Eltern bei ihrer Hochzeit"* **3** **sich (irgendwo) zeigen** irgendwohin gehen, wo man von anderen Leuten gesehen wird *„Sie zeigt sich kaum in der Öffentlichkeit"* **4** **etwas zeigt sich (irgendwo)** etwas ist irgendwo zu sehen *„Am Himmel zeigten sich die ersten Wolken"* **5** **jemandem etwas zeigen** eine Person durch ein Gebiet, Gebäude o. Ä. führen und sie Dinge sehen lassen, die dort interessant sind *„Unsere Freunde haben uns die Stadt/die Sehenswürdigkeiten gezeigt"* **6** **etwas zeigen** im Kino, Fernsehen, Theater o. Ä. das Publikum etwas sehen lassen *„Wir zeigen das Fußballspiel um 22:00 in der Sportschau"* MIT DEM FINGER, STOCK, ZEIGER O. Ä.: **7** **auf jemanden/etwas zeigen**; **irgendwohin zeigen** den Finger, einen Stock o. Ä. auf ein Ziel richten und jemanden auf etwas aufmerksam machen *„Er zeigte zum Himmel und sagte: „Sieh mal!"* **8** **etwas zeigt irgendwohin** ein Zeiger, Pfeil o. Ä. deutet in eine Richtung oder gibt einen gemessenen Wert an *„Der Pfeil zeigt zum Ausgang"* **9** **etwas zeigt etwas** ein Messgerät gibt einen Wert mithilfe von Zeigern, Ziffern o. Ä. an *„Die Uhr zeigt fünf vor zwölf"* | *„Die Waage zeigte 65 Kilo"* ERKLÄREN: **10** **jemandem etwas zeigen** jemandem mit Worten und Bewegungen der Arme erklären, wo etwas ist und wie man dorthin kommt *„jemandem den Weg zeigen"* | *„jemandem zeigen, wie er zum Bahnhof kommt"* **11** **jemandem etwas zeigen** einer Person erklären, wie etwas geht, indem man es vor ihren Augen macht und die Handlungen kommentiert *„jemandem zeigen, wie man einen Reifen wechselt"* ERKENNEN LASSEN: **12** **je-**

**mand zeigt etwas**; **jemand zeigt sich irgendwie** eine Person handelt so, dass man deutlich erkennt, was sie fühlt, was sie kann oder welche Eigenschaften sie hat *„Er zeigte kein Verständnis für unsere Probleme"* | *„Zeig mal, was du kannst!"* **13** **etwas zeigt etwas** etwas lässt etwas erkennen *„Ihr Gesicht zeigte ihr großes Interesse"* **14** **etwas zeigt sich** etwas wird deutlich *„Es muss sich erst zeigen, ob die Idee wirklich gut war"* **15** **es jemandem zeigen** *gesprochen* einer Person beweisen, dass sie unrecht hat, schwächer ist o. Ä. *„Dem werde ich es zeigen! Was der kann, kann ich schon lange!"*

der **Zei·ger★** (-s, -) **1** die Zeiger von Uhren bewegen sich über das Zifferblatt und zeigen die Stunden und Minuten (und Sekunden) an *„Die Zeiger stehen auf zwei Uhr"* **K** Minutenzeiger, Stundenzeiger **2** Messgeräte haben oft einen Zeiger, der auf einen Wert in einer Skala zeigt **3** **der große Zeiger** der Zeiger einer Uhr, der die Minuten anzeigt ≈ Minutenzeiger **4** **der kleine Zeiger** der Zeiger einer Uhr, der die Stunden anzeigt ≈ Stundenzeiger

die **Zei·le★** (-, *-n*) **1** eine von mehreren (tatsächlichen oder gedachten) parallelen Linien auf einem Blatt Papier, auf denen man schreibt **2** eine Reihe von Wörtern, die in einem gedruckten oder geschriebenen Text nebeneinanderstehen

**zeit★** *PRÄPOSITION mit Genitiv* **ID** **zeit meines/seines/... Lebens** das ganze Leben lang *„Sie träumte zeit ihres Lebens von einem Haus"* ❶ aber: *zeitlebens*

die **Zeit★** (-, *-en*) **1** *nur Singular* wir messen die Zeit, die vergeht, in Stunden, Tagen, Jahren usw. ‹*die Zeit vergeht, verrinnt, verstreicht, scheint stillzustehen; die Zeit vergeht rasch, schnell, langsam, wie im Flug(e)*› **K** Zeitablauf, Zeitabschnitt **2** *nur Singular* ein Zeitraum oder eine Phase, die mit einem Ereignis oder Zustand verbunden ist ‹*in Zeiten der Not, des Überflusses; eine schöne, unangenehme Zeit verleben, verbringen; vor/seit/nach kurzer, langer Zeit; in letzter, nächster Zeit*› *„Es wird einige Zeit dauern, bis hier wieder Pflanzen wachsen können"* **K** Weihnachtszeit; Urlaubszeit; Schulzeit **3** **Zeit (für jemanden/etwas)**; **Zeit zu** *+Infinitiv nur Singular* die Zeit, die für etwas zur Verfügung steht oder die man für etwas braucht ‹*die/seine Zeit nützen, vergeuden, einteilen, mit etwas verbringen/zubringen; etwas braucht, kostet, erfordert (viel) Zeit; jemandem fehlt die Zeit; jemandem bleibt noch (etwas) Zeit*› *„Papi, hast du jetzt Zeit für mich?"* | *„Wir haben noch genug Zeit, in Ruhe zu frühstücken"* **K** Zeitaufwand, Zeitmangel, Zeitplan, Zeitverlust, Zeitverschwendung **4** **Zeit (für etwas)**; **Zeit zu** *+Infinitiv* die begrenzte Zeit, die jemand für eine Handlung zur Verfügung hat ‹*zwei Stunden, drei Jahre Zeit haben; jemandem (für etwas) einen Monat Zeit geben; die Zeit ist um; die Zeit überschreiten*› ≈ Frist **K** Besuchszeit, Redezeit, Sprechzeit **5** das Ergebnis einer Messung der Zeit, die jemand für eine bestimmte Leistung braucht (z. B. im Sport) ‹*die Zeit stoppen, nehmen, messen; eine gute, schlechte Zeit laufen, fahren, schwimmen; etwas in einer bestimmten Zeit tun, schaffen, erledigen*› **K** Bestzeit, Rekordzeit, Siegerzeit **6** ein Abschnitt der Geschichte ‹*vergangene, kommende, (zu)künftige Zeiten; in unserer Zeit; eine Sage aus alter Zeit/aus alten Zeiten*› ≈ Epoche *„zur Zeit der Reformation"* | *„zu Goethes Zeit/Zeiten"* **K** Barockzeit; Steinzeit; Ritterzeit **7** *nur Singular* die Zeit, die auf einer Uhr angezeigt wird ‹*jemanden nach der Zeit fragen; jemandem die (genaue) Zeit sagen; Ort und Zeit (einer Versammlung) festlegen; die Zeit ansagen*› ≈ Uhrzeit *„Um welche Zeit wollte sie kommen?"* **K** Abfahrt(s)zeit, Abflug(s)zeit, Ankunftszeit **8** die Uhrzeit in einer Zone der Erde (nach einem künstlichen System eingeteilt) *„die mitteleuropäische Zeit"* **K** Zeitunterschied, Zeitverschiebung; Sommerzeit, Winterzeit **9** der Zeitpunkt oder Zeitraum, zu dem bzw. innerhalb dessen etwas passiert oder gemacht wird ‹*zu jeder Zeit; zur rechten Zeit; zu bestimmten Zeiten; vor der (festgelegten) Zeit; feste Zeiten einhalten*› **K** Essenszeit, Frühstückszeit, Schlafenszeit **10** eine Form des Verbs, die anzeigt, ob etwas in der Vergangenheit, der Gegenwart oder der Zukunft abläuft oder passiert ≈ Tempus **K** Zeitform **ID** **auf Zeit** (nur) für eine bestimmte Dauer ‹*ein Vertrag auf Zeit; jemanden auf Zeit einstellen, anstellen*›; **im Laufe der Zeit** langsam, nach und nach, allmählich *„Im Laufe der Zeit wird sie es schon lernen"*; **in jüngster Zeit** während der letzten Wochen oder Tage; **mit der Zeit** langsam, allmählich; **mit der 'Zeit gehen** sich so verhalten (in der Kleidung, Sprache usw.), wie es modern ist; **von Zeit zu Zeit** ≈ manchmal; **Die Zeit drängt** Wir müssen uns beeilen, wir haben nicht mehr viel Zeit; **es wird Zeit**, **es ist (höchste) Zeit** jetzt muss etwas getan werden *„Meine Haare sind schon so lang, es wird Zeit, zum Friseur zu gehen/dass ich zum Friseur gehe"*; **jemandem läuft die Zeit davon** die Zeit vergeht so schnell, dass jemand (wahrscheinlich) nicht erledigen kann, was er sich vorgenommen hat; **Das hat Zeit** Das kann man auch später tun; **jemandem Zeit lassen (zu** *+Infinitiv***)** jemandem die Möglichkeit geben, etwas in Ruhe zu tun; **sich** (*Dativ*) **(bei/ mit etwas) Zeit lassen** etwas in Ruhe tun; **sich** (*Dativ*) **(für jemanden/ etwas) Zeit nehmen**, **sich** (*Dativ*) **die Zeit nehmen zu** *+Infinitiv* sich einen Freiraum schaffen, um etwas zu tun, das man tun will oder muss; **keine Zeit verlieren (dürfen)** etwas so bald wie möglich tun (müssen) *„Wenn wir noch rechtzeitig zum Bahnhof kommen wollen, dürfen wir keine Zeit mehr verlieren"*; **eine Zeit lang** für relativ kurze Zeit; **(Ach) du liebe Zeit!** *gesprochen* verwendet, um auszudrücken, dass man erschrocken ist; **eine ganze Zeit** *gesprochen* relativ lange

das **Zeit·al·ter★** ein relativ langer Abschnitt in der Geschichte ≈ Epoche *„im Zeitalter der Computertechnik"* K Atomzeitalter, Computerzeitalter, Maschinenzeitalter

die **Zeit·ar·beit** ein System, bei dem eine Person bei einer Firma angestellt ist, die sie ihrerseits bei verschiedenen anderen Firmen einsetzt, z. B. weil dort jemand krank ist

**zeit·ge·mäß★** *ADJEKTIV* ⟨*eine Ansicht, ein Ideal*⟩ so, dass sie zu den Vorstellungen der Zeit (Gegenwart) passen

der **Zeit·ge·nos·se** eine Person, die in derselben Zeit wie eine andere Person lebt oder gelebt hat • *hierzu* **Zeit·ge·nos·sin** *die*

**zeit·gleich** *ADJEKTIV* mit der gleichen Zeit ⟨*zeitgleich (mit jemandem) ins Ziel kommen*⟩

**zei·tig** *ADJEKTIV meist attributiv* am Anfang des genannten oder gedachten Zeitabschnitts ⟨*zeitig aufstehen, losgehen, schlafen gehen*⟩

die **Zeit·lang** ID **eine Zeitlang** für relativ kurze Zeit

**zeit·lich★** *ADJEKTIV meist attributiv* in Bezug darauf, wie lange etwas dauert und in welcher Reihenfolge es geschieht ⟨*der Ablauf, die Reihenfolge; ein großer/kleiner zeitlicher Abstand; etwas zeitlich begrenzen*⟩

**zeit·los** *ADJEKTIV* nicht von einer Mode oder Zeit abhängig ⟨*ein Modell, ein Stil, eine Idee, eine Philosophie, Kunst*⟩ • *hierzu* **Zeit·lo·sig·keit** *die*

die **Zeit·lu·pe** *meist Singular* ein Verfahren, bei dem man im Film Bewegungen viel langsamer zeigt, als sie in Wirklichkeit sind *„das entscheidende Tor in Zeitlupe wiederholen"* K Zeitlupenwiederholung

der **Zeit·punkt★** **der Zeitpunkt (für etwas)**; **der Zeitpunkt** *+Genitiv* der Moment, in dem etwas geschieht (oder geschehen soll) ⟨*ein geeigneter, günstiger, passender Zeitpunkt; den richtigen, rechten Zeitpunkt abwarten, verpassen, versäumen; bis zu diesem Zeitpunkt; von diesem Zeitpunkt an; zum jetzigen Zeitpunkt*⟩ *„der Zeitpunkt, zu dem der Vertrag ausläuft"* | *„den Start auf einen späteren Zeitpunkt verschieben"* | *„Zum Zeitpunkt des Unglücks befanden sich 200 Personen im Zug"*

**zeit·rau·bend**, **Zeit rau·bend** *ADJEKTIV* so, dass man sehr viel Zeit dafür braucht ⟨*eine Arbeit, eine Tätigkeit*⟩

der **Zeit·raum★** ein (oft relativ langer) Abschnitt der Zeit *„eine Entwicklung über einen langen Zeitraum hinweg beobachten"* | *„Die Garantie gilt für einen Zeitraum von fünf Jahren ab Kaufdatum"* | *„Der Umsatz ist gegenüber dem gleichen Zeitraum des Vorjahres um 2 % gestiegen"*

die **Zeit·rech·nung** *meist Singular* die Zählung der Jahre von dem Ereignis an, das man beim Datum angibt *„Unsere Zeitrechnung beginnt mit der Geburt von Jesus Christus"*

die **Zeit·schrift★** ein Heft mit Fotos, Werbung und verschiedenen Texten zur Information und Unterhaltung, das regelmäßig erscheint ⟨*eine medizinische, wissenschaftliche Zeitschrift*⟩ K Fachzeitschrift, Fernsehzeitschrift, Frauenzeitschrift

**zeit·spa·rend**, **Zeit spa·rend** *ADJEKTIV* (*zeitsparender/mehr Zeit sparend, zeitsparendst-/am meisten Zeit sparend*) so, dass man dazu weniger Zeit braucht als andere Leute, als früher, als vorgesehen o. Ä. ⟨*ein Gerät, eine Methode*⟩ ❶ *eine äußerst zeitsparende Lösung* (= zusammengeschrieben), aber: *eine viel Zeit sparende Lösung* (= getrennt geschrieben)

die **Zei·tung★** (-, *-en*) **1** in der Zeitung kann man jeden Tag lesen, was gerade in der Welt geschehen ist K Zeitungsartikel, Zeitungsbericht, Zeitungspapier **2** ein Verlag, der eine Zeitung produziert ⟨*bei einer Zeitung arbeiten*⟩

der **Zeit·ver·trag** ein Vertrag, mit dem jemand

für eine relativ kurze Zeit irgendwo angestellt wird

der **Zeit·ver·treib** (-(e)s, -e); *meist Singular* ≈ Hobby

**zeit·wei·lig** *ADJEKTIV* **1** *meist attributiv* nur für eine begrenzte Zeit (gültig) ⟨*eine Verfügung, eine Anordnung*⟩ **2** *nur adverbiell* immer wieder für kurze Zeit, gelegentlich

**zeit·wei·se**★ *ADVERB* **1** für kurze Zeit, vorübergehend *„Die Pässe sind bei Schneefall zeitweise gesperrt"* **2** immer wieder, zu verschiedenen Zeiten *„Das kommt zeitweise vor, aber nicht besonders oft"*

das **Zeit·wort** (-(e)s, *Zeit·wör·ter*) ≈ Verb

der **Zeit·zeu·ge** eine Person, die ein historisches Ereignis selbst erlebt hat und einem Forscher oder Journalisten davon berichtet *„Interviews mit Zeitzeugen"* | *„eine Dokumentation mit Erinnerungen von Zeitzeugen"* • *hierzu* **Zeit·zeu·gin** *die*

die **Zel·le**★ (-, -n) **1** ein sehr kleiner Raum in einem Gefängnis oder Kloster, in dem jemand lebt ⟨*einen Gefangenen in eine Zelle bringen, führen, sperren*⟩ **K** Einzelzelle, Gefängniszelle, Klosterzelle **2** unser Körper besteht aus vielen Millionen winziger Zellen **K** Zellgewebe, Zellteilung; Eizelle, Gehirnzelle **3** elektrische Batterien bestehen aus Zellen, in denen der Strom produziert wird **4** eine kleine Gruppe von Menschen, die als Teil einer geheimen, verbotenen Organisation politisch arbeiten

das **Zelt**★ (-(e)s, -e) in einem Zelt aus festem Stoff kann man im Freien vor Regen geschützt sitzen und schlafen ⟨*ein Zelt aufstellen, aufbauen, abbauen*⟩ *„ein Campingplatz für tausend Zelte"* **K** Zeltlager, Zeltplane, Zeltstange; Indianerzelt, Bierzelt, Zirkuszelt

**zel·ten**★ (*zeltete, hat gezeltet*) in einem Zelt schlafen, Urlaub machen *„auf einem Campingplatz zelten"* | *„im Urlaub (am Meer) zelten"*

der **Ze·ment** (-(e)s) ein feines, graues Pulver, aus dem man Beton oder Mörtel machen kann **K** Zementboden, Zementsack

**ze·men·tie·ren** (*zementierte, hat zementiert*) **etwas zementieren** eine Fläche mit einer Zementmischung fest und glatt machen *„ein zementierter Weg"*

der **Ze·nit, Ze·nit**; (-(e)s) der höchste Punkt am Himmel (vom Blickpunkt des Betrachters aus) ⟨*die Sonne steht im Zenit; die Sonne hat den Zenit überschritten*⟩

**zen·sie·ren** (*zensierte, hat zensiert*) **1** **(jemanden/etwas) zensieren** als Lehrer die schriftliche Arbeit eines Schülers bewerten (und eine Note geben) ⟨*einen Aufsatz zensieren; streng, milde zensieren*⟩ **2** **(etwas) zensieren** einen Text, einen Film o. Ä. prüfen, ob sie politischen, moralischen oder religiösen Grundsätzen entsprechen (und dann entscheiden, ob das Publikum sie sehen darf)

die **Zen·sur** (-, -en) **1** *meist Singular* das Zensieren **K** Briefzensur, Filmzensur, Pressezensur **2** die Note, mit der die Leistung eines Schülers bewertet wird ⟨*eine gute, schlechte Zensur*⟩

der **Zen·ti·me·ter**★ ein hundertstel Meter *„30 cm Stoff"* | *„eine Schnur von neun Zentimetern Länge"* **K** Zentimetermaß; Kubikzentimeter, Quadratzentimeter ❶ Abkürzung nach Zahlen: *cm*

der **Zent·ner**★ (-s, -) **1** 50 Kilogramm *„zwei Zentner Kartoffeln"* **K** zentnerschwer ❶ Abkürzung nach Zahlen: Z. oder *Ztr.* **2** Ⓐ Ⓒⓗ 100 Kilogramm ❶ Abkürzung nach Zahlen: *q*

**zent·ral**★ *ADJEKTIV* **1** ungefähr in der Mitte eines Ortes, also dort, wo die meisten wichtigen Gebäude sind ⟨*etwas ist zentral gelegen*⟩ **2** von großem Einfluss auf andere Personen oder Dinge und deshalb sehr wichtig ⟨*etwas ist von zentraler Bedeutung*⟩ **3** von einer höheren (vor allem staatlichen) Stelle gemacht oder geleitet **K** Zentralgewalt, Zentralrat, Zentralverwaltung

**Zent·ral-** *im Substantiv, betont, nicht produktiv* **Zentralafrika, Zentralamerika, Zentralasien** bezeichnet (ungefähr) den mittleren Teil des genannten Gebietes

die **Zent·ra·le** (-, -n) **1** der Teil einer (größeren) Organisation, der die Planung leitet und die Arbeit organisiert und steuert *„Die Zentrale hat beschlossen, den bisherigen politischen Kurs beizubehalten"* **K** Bankzentrale, Parteizentrale **2** die Stelle in einer Firma, einer Behörde, bei der man Informationen erhalten kann **K** Informationszentrale, Telefonzentrale

die **Zent·ral·hei·zung**★ ein System, bei dem die Wärme von einem großen Heizkessel im Keller in mehrere Zimmer oder Wohnungen geleitet wird

das **Zent·rum**★ (-s, *Zent·ren*) **1** der Punkt, der von allen Seiten gleich weit entfernt ist ⟨*das Zentrum eines Kreises, eines Erdbebens*⟩ ≈ Mittelpunkt **2** die Gegend in der Mitte einer Stadt, in der die wichtigsten Geschäfte usw. sind ≈ Innenstadt **3** ein Bereich oder ein Ort, der für eine Tätigkeit sehr wichtig ist ⟨*ein kulturelles, industrielles Zentrum; ein Zentrum der Macht, der Wirtschaft*⟩ K Einkaufszentrum, Industriezentrum, Kulturzentrum 4 **jemand/etwas steht im Zentrum** (*+Genitiv*/**von etwas**) jemand/etwas wird am meisten beachtet *„Er stand im Zentrum der Aufmerksamkeit"*

der **Zẹp·pe·lin** [-liːn]; (*-s, -e*) ein Luftfahrzeug in der Form einer langen, ziemlich flachen Ellipse, das mit Gas gefüllt ist und von einem Motor angetrieben wird

**zer-** (*im Verb, unbetont, nicht trennbar, begrenzt produktiv; Diese Verben werden so gebildet: zerbeißen, zerbiss, zerbissen*) 1 **etwas zerbeißen, zerbrechen, zerhacken, zerreiben, zerreißen, zersägen** *und andere* drückt aus, dass eine Person oder ein Tier auf die genannte Art verletzt wird bzw. dass eine Sache in kleine Teile geteilt oder völlig kaputt gemacht wird *„Er zerbiss die Tablette"* Er biss die Tablette in kleine Stücke 2 **etwas zerbröckelt, zerbröselt, zerplatzt, zerreißt** *und andere* drückt aus, dass sich etwas in der genannten Art in kleine Teile trennt oder auflöst *„Die Vase fiel zu Boden und zerbrach"* Die Vase fiel zu Boden und brach in viele einzelne Teile

**zer·brẹ·chen**★ (*zerbrach, hat/ist zerbrochen*) 1 **etwas zerbricht** (*ist*) etwas bricht in mehrere Teile und geht so kaputt *„Die Vase ist vom Tisch gefallen und zerbrochen"* 2 **etwas zerbricht** *geschrieben* (*ist*) eine Beziehung zwischen Menschen scheitert 3 **etwas zerbrechen** (*hat*) meist etwas fallen lassen, sodass es in einzelne Teile bricht *„eine Tasse/einen Teller zerbrechen"*

**zer·brẹch·lich** *ADJEKTIV* 1 so, dass etwas (leicht) zerbrechen kann ⟨*Glas*⟩ 2 mit einem zarten, schwachen Körper ⟨*eine Frau, ein Kind, eine Figur*⟩

die **Ze·re·mo·nie**★ [tseremo'niː, -'moːni̯ə]; (*-, -n* [-'niːən, -'moːni̯ən]) eine meist lange und feierliche Handlung mit festen und traditionellen Regeln ⟨*eine religiöse, kirchliche Zeremonie*⟩ *„die Zeremonie der Trauung"* K Begrüßungszeremonie, Trauungszeremonie • *hierzu* **ze·re·mo·ni·ẹll** *ADJEKTIV*

der **Zer·fạll** (*-(e)s*) 1 der (meist lange dauernde) Prozess, bei dem sich etwas in einzelne Teile auflöst 2 eine chemische Reaktion, bei der sich ein Stoff in verschiedene Substanzen auflöst K Zerfallsprozess; Atom(kern)zerfall

**zer·fạl·len**★ (*zerfällt, zerfiel, ist zerfallen*) 1 **etwas zerfällt** etwas löst sich in einzelne Teile auf ⟨*eine alte Mauer, ein altes Bauwerk zerfällt; etwas zerfällt in/zu Staub*⟩ 2 **etwas zerfällt** etwas wird schwächer und existiert dann nicht mehr ⟨*ein Imperium, ein Weltreich*⟩ 3 **etwas zerfällt (zu etwas)** ein meist radioaktiver Stoff bildet Teilchen (spaltet sie ab) und wird so zu einem anderen Stoff 4 **etwas zerfällt in etwas** (*Akkusativ*) etwas setzt sich aus mehreren Abschnitten o. Ä. zusammen *„Der Vorgang zerfällt in mehrere Phasen"*

**zer·flei·schen** (*zerfleischte, hat zerfleischt*) **ein Tier zerfleischt jemanden** ein Tier verletzt eine Person oder ein anderes Tier durch Bisse schwer oder tödlich

**zer·flie·ßen** (*zerfloss, ist zerflossen*) 1 **etwas zerfließt** etwas wird flüssig ⟨*Butter*⟩ 2 **etwas zerfließt** eine Farbe bildet (vor allem auf weichem Papier) unscharfe Linien *„Die Tinte zerfließt"*

**zer·frẹs·sen** (*zerfrisst, zerfraß, hat zerfressen*) 1 **Motten zerfressen etwas** Motten fressen Löcher in einen Stoff *„ein von Motten zerfressener Mantel"* 2 **etwas zerfrisst etwas** Säure oder Rost zerstören etwas

**zer·ge·hen** (*zerging, ist zergangen*) **etwas zergeht** eine feste Substanz wird flüssig ⟨*eine Tablette in Wasser, Butter in der Pfanne zergehen lassen*⟩

**zer·klei·nern** (*zerkleinerte, hat zerkleinert*) **etwas zerkleinern** aus etwas kleine(re) Stücke machen *„Nüsse zerkleinern"*

**zer·knautscht** *ADJEKTIV* voller Knicke, (wie) zusammengedrückt ⟨*ein Kissen, ein Mantel, ein Gesicht, eine Nase*⟩

**zer·knịrscht** *ADJEKTIV* (*zerknirschter, zerknirschtest-*) so, dass man weiß und es auch zeigt, dass man etwas falsch gemacht hat ⟨*ein zerknirschtes Gesicht machen*⟩

**zer·knụ̈l·len** (*zerknüllte, hat zerknüllt*) **etwas zerknüllen** etwas so in der Hand zusammendrücken, dass eine Kugel entsteht ⟨*ein (Stück) Papier, einen Brief zerknüllen*⟩

**zer·lạs·sen** (*zerlässt, zerließ, hat zerlassen*) **etwas zerlassen** etwas warm machen, sodass es flüssig wird ⟨*Fett, Butter, Margarine*⟩ *„zerlassene Butter"*

**zer·lau·fen** (*zerläuft, zerlief, ist zerlaufen*) **etwas zerläuft** *gesprochen* etwas zerfließt

**zer·le·gen**★ (*zerlegte, hat zerlegt*) 1 **etwas zerlegen** einen Gegenstand auseinandernehmen ⟨*etwas in Einzelteile zerlegen*⟩ *„einen*

*Motor/eine Uhr zerlegen“* | *„Den Schrank kann man für den Transport zerlegen“* **2** **etwas zerlegen** Geflügel, einen Fisch o. Ä. in Portionen aufteilen • *hierzu* **Zer·le·gung** *die*; *zu* (1) **zer·leg·bar** ADJEKTIV

**zer·mal·men** (*zermalmte, hat zermalmt*) **etwas zermalmt jemanden/etwas** etwas sehr Schweres zerstört eine Sache oder tötet eine Person, weil es auf sie fällt

**zer·mür·ben** (*zermürbte, hat zermürbt*) **etwas zermürbt (jemanden)** etwas strengt eine Person über lange Zeit sehr an, nimmt ihr die Hoffnung o. Ä. und macht sie dadurch schwach *„Das lange Warten ist zermürbend“* **i** oft im Partizip Präsens

**zer·quet·schen** (*zerquetschte, hat zerquetscht*) **jemanden/etwas zerquetschen** jemanden durch starkes Drücken o. Ä. schwer verletzen oder etwas stark beschädigen bzw. zerstören *„Er wurde von einem Lastwagen an die Wand gedrückt und zerquetscht“* **i** meist im Passiv

**zer·rei·ßen★** (*zerriss, hat/ist zerrissen*) **1** **etwas zerreißen** (*hat*) etwas in zwei oder mehrere Stücke reißen **2** **etwas zerreißt jemanden/etwas** (*hat*) ein Geschoss, eine Explosion o. Ä. reißt jemanden/etwas in Stücke *„Die Kugel hat ihm die Wade zerrissen“* **3** **sich** (*Dativ*) **etwas zerreißen** (*hat*) ein Stück der eigenen Kleidung beschädigen *„sich beim Klettern die Hose zerreißen“* **4** **etwas zerreißt** (*ist*) etwas trennt sich plötzlich in zwei oder mehrere Teile oder bekommt Risse *„Papier/Dieser Stoff zerreißt leicht“* **ID** **Ich kann mich doch nicht zerreißen!** *gesprochen* Ich kann nicht alles zur gleichen Zeit tun

die **Zer·reiß·pro·be** eine Situation, in der eine wichtige Entscheidung fällt und für die man viel psychische Kraft braucht

**zer·ren** (*zerrte, hat gezerrt*) **1** **jemanden/etwas in etwas** (*Akkusativ*) **zerren**; **jemanden/etwas aus etwas** (*Dativ*) **zerren** eine Person gegen ihren Willen oder etwas mit großer Kraft in/aus etwas ziehen *„jemanden mit Gewalt aus dem Auto/ins Haus zerren“* **2** **sich** (*Dativ*) **etwas zerren** etwas so anstrengen und spannen, dass man sich verletzt ⟨*sich* (*Dativ*) *einen Muskel, eine Sehne zerren*⟩ **3** **an jemandem/etwas zerren** (immer wieder) stark an jemandem/etwas ziehen ⟨*an jemandes Ärmel zerren*⟩ *„Der Hund zerrte an der Leine“*

die **Zer·rung** (-, *-en*) eine Verletzung eines Muskels oder einer Sehne, die entsteht, wenn diese zu stark gedehnt worden sind **K** Muskelzerrung, Sehnenzerrung

**zer·schnei·den** (*zerschnitt, hat zerschnitten*) **1** **etwas zerschneiden** etwas in zwei oder mehrere Teile schneiden **2** **etwas zerschneiden** etwas durch Schneiden beschädigen

**zer·set·zen** (*zersetzte, hat zersetzt*) **1** **etwas zersetzt etwas** etwas löst etwas durch chemische Reaktionen (in die Bestandteile) auf *„Manche Metalle werden von Säuren völlig zersetzt“* **2** **etwas zersetzt sich** etwas löst sich durch chemische Reaktionen (in die Bestandteile) auf • *hierzu* **Zer·set·zung** *die*

**zer·sprin·gen** (*zersprang, ist zersprungen*) **etwas zerspringt** etwas bricht in Stücke oder Scherben ⟨*das Porzellan, die Vase, die Tasse, der Teller, die Steinplatte*⟩

**zer·stö·ren★** (*zerstörte, hat zerstört*) **1** **jemand/etwas zerstört etwas** eine Person oder Sache beschädigt etwas so, dass man es nicht mehr reparieren kann ⟨*etwas völlig, restlos, mutwillig zerstören*⟩ *„Im Krieg wurden viele Häuser durch Bomben völlig zerstört“* **2** **jemand/etwas zerstört etwas** eine Person oder Sache bewirkt, dass es etwas Positives nicht mehr gibt ⟨*jemandes Glück, den Frieden, jemandes Hoffnungen zerstören*⟩ *„Seine Lügen haben mein Vertrauen zerstört“* • *hierzu* **Zer·stö·rung** *die*

**zer·stö·re·risch** ADJEKTIV ⟨*eine Kraft, eine Aktion, eine Wut*⟩ so, dass sie zu Zerstörung führen

**zer·streu·en** (*zerstreute, hat zerstreut*) **1** **etwas zerstreut etwas** der Wind o. Ä. verteilt kleine oder leichte Sachen über eine relativ große Fläche **2** **etwas zerstreuen** bewirken, dass bei einer anderen Person ein negatives Gefühl verschwindet ⟨*jemandes Zweifel, Sorgen, Ängste zerstreuen*⟩

**zer·streut** ADJEKTIV **1** so, dass man an etwas ganz anderes denkt, während man etwas tut ⟨*ein Mensch*⟩ **2** ⟨*zerstreut liegende Häuser, Höfe*⟩ so, dass sie einzeln und weit voneinander entfernt liegen • *hierzu* **Zer·streut·heit** *die*

die **Zer·streu·ung** (-, *-en*) etwas, das zur Unterhaltung dient, vor allem damit man nicht an Probleme usw. denkt ⟨*Zerstreuung suchen, finden*⟩

**zer·tei·len** (*zerteilte, hat zerteilt*) **etwas zerteilen** etwas meist durch Schneiden, Brechen o. Ä. in mehrere Stücke teilen ⟨*Fleisch, Geflügel* *zerteilen*⟩

das **Zer·ti·fi·kat**★ (-(*e*)*s*, -*e*) **1** eine Urkunde für eine bestandene Prüfung **2** ein Blatt Papier, auf dem jemand bestätigt, dass etwas echt ist ≈ Bescheinigung **K** Echtheitszertifikat

**zer·tre·ten** (*zertritt, zertrat, hat zertreten*) **etwas zertreten** auf etwas mit dem Fuß treten und es dadurch stark beschädigen, zerstören oder töten ⟨*ein Saatbeet, Blumen, einen Käfer, eine Spinne zertreten*⟩

**zer·trüm·mern** (*zertrümmerte, hat zertrümmert*) **etwas zertrümmern** etwas mit großer Kraft oder Gewalt zerbrechen oder in Stücke schlagen • *hierzu* **Zer·trüm·me·rung** *die*

**ze·tern** (*zeterte, hat gezetert*) laut schimpfen oder jammern

der **Zet·tel**★ (-*s*, -) ein (kleines) Blatt Papier für/mit Notizen *„An der Tür hing ein Zettel mit der Aufschrift „Komme gleich"* **K** Notizzettel

das **Zeug**★ (-(*e*)*s*) **1** *gesprochen, meist abwertend* etwas, das man nicht mit der eigentlichen Bezeichnung nennt (z. B. weil die Bezeichnung nicht wichtig ist oder man die Sache lästig/schlecht findet) *„Hier liegt so viel Zeug herum, räum bitte auf!"* **2** *gesprochen, abwertend* eine Äußerung, die nicht klug oder vernünftig ist ⟨*dummes Zeug reden*⟩ ≈ Unsinn **ID** **was das Zeug hält** mit aller Kraft *„Heute muss ich arbeiten, was das Zeug hält"*; **sich (für jemanden/etwas) ins Zeug legen** sich viel Mühe geben (und alles tun, um jemandem zu helfen oder etwas zu erreichen)

der **Zeu·ge**★ (-*n*, -*n*) **1** Zeugen sind Personen, die dabei sind, wenn etwas geschieht, aber selbst nicht an der Sache beteiligt sind **K** Augenzeuge, Tatzeuge, Unfallzeuge **2** Zeugen sind Personen, die bei der Polizei oder vor Gericht Fragen zu einem Fall beantworten ⟨*ein Zeuge der Anklage, der Verteidigung*⟩ *„Die Aussage des Zeugen belastete den Angeklagten schwer"* **K** Zeugenaussage **3** bei manchen Vorgängen werden Zeugen gebraucht, damit diese juristisch gültig sind ⟨*ein Testament vor Zeugen abfassen, eröffnen*⟩ **K** Trauzeuge • *hierzu* **Zeu·gin** *die*

**zeu·gen**★ (*zeugte, hat gezeugt*) **1** **ein Kind zeugen** (als Mann oder Paar) durch Sex ein Kind entstehen lassen **i** eine Frau *empfängt* ein Kind **2** **etwas zeugt von etwas** etwas ist ein Zeichen für etwas, macht etwas deutlich *„Ihre Reaktion zeugt nicht gerade von Begeisterung"*

das **Zeug·nis**★ (-*ses*, -*se*) **1** eine Urkunde, auf der in Form von Noten steht, wie gut die Leistungen eines Schülers, Lehrlings o. Ä. waren **K** Abiturzeugnis, Abschlusszeugnis, Jahreszeugnis **2** eine schriftliche Bescheinigung, die ein Arbeiter oder Angestellter vom Arbeitgeber (als Beweis für die Leistungen) bekommt, wenn er die Firma verlässt **K** Arbeitszeugnis **3** der Bericht eines Experten über eine Person oder einen Sachverhalt nach sorgfältiger wissenschaftlicher Untersuchung ⟨*ein ärztliches, amtliches Zeugnis*⟩ ≈ Gutachten **K** Gesundheitszeugnis

das **Zeugs** (-); *gesprochen, abwertend* ≈ Zeug

die **Zeu·gung** (-) der Vorgang des Zeugens von Kindern aus der Sicht des Mannes **K** Zeugungsakt; zeugungsfähig

**z. H.**, **z. Hd.** **ID** Abkürzung für *zu Händen* → Hand

die **Zi·cke** (-, -*n*) eine weibliche Ziege

**Zick·zack** **im Zickzack** in einer Linie, die dauernd von links nach rechts und wieder nach links geht ⟨*im Zickzack fahren*⟩ **K** Zickzackkurs, Zickzacklinie • *hierzu* **zick·zack** *ADVERB*

die **Zie·ge**★ (-, -*n*) **1** ein mittelgroßes Tier mit Hörnern, das gut auf steilen Wiesen klettern kann und das wegen der Milch gehalten wird ⟨*die Ziege meckert*⟩ **K** Ziegenbock, Ziegenkäse, Ziegenmilch **2** *gesprochen, abwertend* verwendet als Schimpfwort für ein Mädchen oder eine Frau ⟨*eine alberne, blöde, dumme Ziege*⟩

der **Zie·gel** (-*s*, -) **1** Ziegel sind die Steine, mit denen man die Mauern von Häusern baut ⟨*Ziegel formen, brennen*⟩ **K** Ziegelmauer; Lehmziegel **2** Ziegel sind die flachen Platten, die auf den Dächern von Häusern liegen ⟨*ein Dach, ein Haus mit Ziegeln decken*⟩ **K** Dachziegel

**zie·hen**★ (*zog, hat/ist gezogen*) MIT DEN HÄNDEN, MIT KRAFT: **1** **jemand/etwas zieht (jemanden/etwas)** (*hat*) eine Person, ein Tier oder Fahrzeug bewegt Personen/Dinge hinter sich her in die gleiche Richtung *„Du schiebst, und ich ziehe!"* **2** **(jemanden/etwas irgendwohin/irgendwoher) ziehen** (*hat*) jemanden/etwas mit den Händen festhalten und näher zu sich bewegen *„jemanden zu sich ins Boot ziehen"* | *„Sie zog mit aller Kraft"* **3** **etwas (aus etwas) ziehen** (*hat*) etwas durch Ziehen aus etwas nehmen ⟨*etwas aus der Tasche, den Nagel aus der Wand, den Korken aus der Flasche ziehen*⟩ *„Bevor du den Computer aufschraubst, musst du den Stecker ziehen"* **4**

**etwas ziehen**; **an etwas** (*Dativ*) **ziehen** (*hat*) einen Mechanismus durch Ziehen betätigen ⟨*die Handbremse, die Notbremse ziehen; an der Glocke, an der Klingel, an der Schnur ziehen*⟩ **5** **etwas ziehen** (*hat*) etwas durch Ziehen befestigen und spannen ⟨*eine Schnur, eine Leine, einen Draht ziehen*⟩ **6** **jemanden an etwas** (*Dativ*) **ziehen** (*hat*) jemanden irgendwo greifen und dann ziehen ⟨*jemanden am Ärmel, an den Haaren ziehen*⟩ AN EINEN ORT: **7** **irgendwohin ziehen** (*ist*) den Wohnsitz an einen anderen Ort verlegen ⟨*in die Stadt, aufs Land, nach Stuttgart/Italien/... ziehen*⟩ **8** **irgendwohin ziehen** (*ist*) sich (in einer Gruppe) irgendwohin bewegen *„Die Vögel ziehen im Herbst nach Süden"* **9** **etwas zieht irgendwohin** (*ist*) etwas bewegt sich irgendwohin *„Der Rauch/der Gestank zieht ins Wohnzimmer"* **10** **es zieht** (*hat*) kalte Luft strömt durch oder in einen Raum, sodass es unangenehm ist *„Bitte mach das Fenster zu, es zieht!"* SPIELFIGUR, WAFFE, GEWINNER, KARTE: **11** **(etwas) (irgendwohin) ziehen** (*hat*) eine Spielfigur bewegen *„den Turm/mit dem Turm ziehen"* **12** **(etwas) ziehen** (*hat*) schnell zur Waffe greifen ⟨*die Pistole, den Revolver, das Schwert ziehen*⟩ **13** **jemanden/etwas ziehen** (*hat*) aus einer Menge von Zahlen, Karten o. Ä. eine (oder mehrere) herausnehmen und so einen Gewinner feststellen ⟨*die Lottozahlen, den Gewinner ziehen*⟩ FUNKTION, ERFOLG: **14** **etwas zieht gut/schlecht/nicht** (*hat*) etwas hat viel Kraft und funktioniert gut/schlecht ⟨*das Auto, der Motor*⟩ **15** **etwas zieht** (*hat*) etwas hat den gewünschten Erfolg ⟨*eine Masche, ein Trick*⟩ *„Komplimente ziehen bei mir nicht"* ⓘ meist verneint KLEIDUNG: **16** **etwas über/unter etwas** (*Akkusativ*) **ziehen** (*hat*) ein Kleidungsstück anziehen, sodass es über/unter einem anderen ist *„einen Pullover über das Hemd ziehen"* SCHMERZEN: **17** **jemandem zieht es irgendwo** (*hat*) jemand hat am genannten Körperteil Schmerzen ⟨*jemandem zieht es im Rücken, im Kreuz*⟩ TEE: **18** **der Tee zieht** (*hat*) die Teeblätter o. Ä. bleiben im heißen Wasser, bis der Tee genug Geschmack und Wirkung hat SAUGEN: **19** **an etwas** (*Dativ*) **ziehen** (*hat*) Rauch oder Flüssigkeit in den Mund saugen ⟨*an einer Zigarette, an einem Strohhalm ziehen*⟩ BAUEN, ZEICHNEN, HERSTELLEN: **20** **etwas ziehen** (*hat*) eine Linie zeichnen ⟨*eine Linie, einen Strich, einen Kreis ziehen*⟩ DAUER, LÄNGE: **21** **etwas zieht sich** (*hat*) etwas dauert sehr lange oder dehnt sich über eine lange Strecke FOLGE, WIRKUNG: **22** **etwas zieht etwas nach sich** (*hat*) etwas hat etwas als Folge *„Die Verletzung zog eine lange Behandlung nach sich"* ZUR UMSCHREIBUNG: **23** **etwas ziehen** (*hat*) verwendet zusammen mit einem Substantiv, um ein Verb zu umschreiben *„Lehren aus etwas ziehen"* aus etwas lernen | *„Schlüsse aus etwas ziehen"* etwas aus etwas schließen | *„Vergleiche ziehen"* Dinge/Personen miteinander vergleichen | *„etwas in Zweifel ziehen"* etwas bezweifeln

die **Zieh·har·mo·ni·ka** ≈ Akkordeon

die **Zie·hung** (-, *-en*) das Ziehen von Losen, Nummern usw. *„die Ziehung der Lottozahlen"*

das **Ziel**★ (-(*e*)*s*, *-e*) **1** die Stelle, an der ein Rennen endet (und die Zeit gemessen wird) ⟷ Start **K** Zielgerade, Ziellinie **2** der Ort, den jemand am Ende einer Reise, Fahrt, Wanderung o. Ä. erreichen will ⟨*am Ziel ankommen*⟩ **K** Zielbahnhof; Ausflugsziel, Reiseziel **3** das, was ein Pfeil, Schuss o. Ä. treffen soll ⟨*das Ziel treffen, verfehlen, anvisieren*⟩ *„ein Schuss mitten ins Ziel"* **4** **das Ziel** (*+Genitiv*) das, was eine Person mit ihren Handlungen erreichen möchte ⟨*etwas zum Ziel haben*⟩ *„Sein Ziel ist, Politiker zu werden"* **K** Berufsziel, Hauptziel

**ziel·be·wusst** ADJEKTIV so, dass ganz deutlich ist, was der Betreffende erreichen möchte ⟨*ein Handeln, ein Vorgehen; zielbewusst auf etwas hinarbeiten*⟩ ≈ entschlossen

**zie·len** (*zielte, hat gezielt*) **1** **(auf jemanden/etwas) zielen** eine Waffe o. Ä. so auf eine Person oder Sache richten, dass man sie mit dem Schuss trifft ⟨*gut, schlecht, genau zielen*⟩ *„auf ein Reh zielen"* **2** **etwas zielt auf etwas** (*Akkusativ*) eine Handlung hat den genannten Zweck *„Die Maßnahmen zielen auf die Verbesserung der sozialen Bedingungen"*

die **Ziel·grup·pe** eine Gruppe von Menschen mit ähnlichen Eigenschaften, die als Konsumenten eines Produkts angesprochen werden sollen

**ziel·los** ADJEKTIV ohne Ziel und Richtung ⟨*ein Mensch; ziellos leben, umherirren*⟩ • *hierzu* **Ziel·lo·sig·keit** *die*

die **Ziel·schei·be** eine Scheibe, Platte o. Ä. mit Kreisen, an der man das Zielen übt

die **Ziel·set·zung** ⟨*eine klare, realistische, politische Zielsetzung*⟩ ≈ Absicht, Plan

**ziel·si·cher** ADJEKTIV **1** geübt im Zielen, daher sicher im Schießen, Werfen usw. ⟨*ein*

*Schütze〉* **2** *meist adverbiell* mit dem genauen Wissen, was man tun muss, um das eigene Ziel zu erreichen *〈zielsicher vorgehen〉*

**zi̲em·lich★** *ADVERB* **1** im Vergleich zu anderen Personen, Dingen oder Gelegenheiten ≈ relativ *„ein ziemlich heißer Tag" | „ziemlich viel trinken" | „Diese Aufgabe ist ziemlich schwierig"* **2** **(so) ziemlich** *gesprochen* ≈ fast *„Sie hat so ziemlich alles, was man sich wünschen kann"*

*ADJEKTIV* **3** *gesprochen meist attributiv* relativ groß *„eine ziemliche Menge Geld" | „mit ziemlicher Geschwindigkeit"*

die **Zi̲er** (-); *veraltend* ≈ Zierde

die **Zi̲er·de** (-, -n); *meist Singular* etwas, das etwas anderes schöner aussehen lässt ≈ Schmuck *„Der alte Brunnen ist eine Zierde für das Dorf"*

**zi̲e·ren** (*zierte, hat geziert*) **1** **etwas ziert etwas** *geschrieben* etwas dient als Schmuck oder Zierde *„Goldene Ringe zierten ihre Hände"* **2** **sich zieren** *abwertend* etwas nicht tun wollen (weil man Angst hat, sich schämt, zu stolz dafür ist o. Ä.)

**zi̲er·lich** *ADJEKTIV* **1** mit feinen, schlanken Gliedern *〈eine Gestalt, eine Figur; Hände; zierlich (gebaut) sein〉 „eine zierliche alte Dame"* **2** so, dass die Bewegungen geschickt und elegant sind *〈eine Bewegung, ein Knicks〉* ≈ graziös

die **Zịf·fer★** (-, -n) **1** ein geschriebenes Zeichen, das für eine Zahl steht *„eine Zahl mit vier Ziffern"* **2** *gesprochen* ≈ Zahl **3** **die arabischen Ziffern** die Zeichen 1, 2, 3, 4 usw. **4** **die römischen Ziffern** die Zeichen I, II, III, IV usw. **5** eine Ziffer, die einen Abschnitt in einem Gesetzestext kennzeichnet *„Paragraf 5, Ziffer 9 der Verordnung"*

das **Zịf·fer·blatt** der flache Teil einer Uhr, auf dem die Stunden (in Ziffern) angegeben sind

**zịg** *gesprochen* sehr viele *„Er hat zig Freundinnen"*

die **Zi·ga·rẹt·te★** (-, -n) eine kleine Rolle Tabak, die in eine Hülle aus Papier eingewickelt ist und die man raucht *〈eine Zigarette anzünden, rauchen, ausdrücken; an einer Zigarette ziehen; eine Schachtel Zigaretten〉* **K** Zigarettenautomat, Zigarettenqualm

die **Zi·gạr·re★** (-, -n) eine Rolle aus braunen Tabakblättern, die man raucht

der **Zi·geu̲·ner** (-s, -); *gesprochen* ▲ ein rassistisches Wort für für Mitglieder nicht sesshafter Völker in Europa • *hierzu* **Zi·geu̲·ne·rin** *die*

**zịg·fach** *gesprochen 〈etwas zigfach vergrößern〉* ≈ vielfach *„Das kostet heute ein Zigfaches"*

**zịg·mal** *ADVERB; gesprochen* sehr oft

**Zịg·tau·send, zịg·tau·send** *Zahlwort; nur in dieser Form; gesprochen* viele (Tausend)

das **Zịm·mer★** (-s, -) **1** ein Raum in einer Wohnung oder in einem Haus, in dem man arbeitet, schläft usw. *„eine Wohnung mit zwei Zimmern, Küche, Bad und WC"* **K** Badezimmer, Gästezimmer, Schlafzimmer, Wohnzimmer **2** ein Raum in einem Hotel o. Ä., in dem Gäste z. B. im Urlaub wohnen *〈ein Zimmer reservieren, bestellen, nehmen〉 „ein Zimmer mit Dusche und WC" | „Haben Sie noch Zimmer frei?"* **K** Zimmernummer; Hotelzimmer, Einzelzimmer, Doppelzimmer

das **Zịm·mer·mäd·chen★** eine Frau, die in einem Hotel o. Ä. die Zimmer aufräumt, die Betten macht usw.

**zịm·mern** (*zimmerte, hat gezimmert*) **(etwas) zimmern** etwas (ohne Maschinen) aus Holz machen *〈einen Tisch, einen Stuhl, eine Bank zimmern〉 „ein grob gezimmerter Schrank"*

**zịm·per·lich** *ADJEKTIV; abwertend* sehr empfindlich (schon bei geringen Schmerzen) *„Sei nicht so zimperlich, eine Spritze tut doch gar nicht weh!"* • *hierzu* **Zịm·per·lich·keit** *die*

der **Zịmt** (-(e)s) ein gelblich braunes Gewürz, das als Pulver oder in kleinen Stangen für süße Speisen verwendet wird *„Milchreis mit Zimt und Zucker bestreuen"* **K** Zimtstange

das **Zịnk** (-(e)s) ein Metall, das besonders zum Schutz vor Rost verwendet wird **K** Zinkblech, Zinksalbe ❶ chemisches Zeichen: *Zn*

das **Zịnn** (-(e)s) **1** ein weiches Metall, das wie Silber glänzt und das man leicht formen kann ❶ chemisches Zeichen: *Sn* **2** Gegenstände, vor allem Geschirr, aus Zinn **K** Zinnbecher, Zinnteller

der **Zịns★**; (-es, -en); *meist Plural* Zinsen zahlt man z. B., wenn man sich Geld leiht, und bekommt man, wenn man bei einer Bank Geld spart *〈hohe, niedrige Zinsen; etwas bringt, trägt Zinsen; jemandem Zinsen zahlen〉 „Wie hoch sind die Zinsen bei diesem Sparvertrag?" | „Für den Kredit zahlen wir leider sehr hohe Zinsen"* **K** Zinserhöhung, Zinssenkung; Bankzinsen, Kreditzinsen

der **Zịns·satz** die Höhe der Zinsen (in Prozent) *„ein Zinssatz von drei Prozent"*

Z

der **Zip·fel** (-s, -) das spitze, schmale Ende eines Tuchs oder an der Kleidung *„die Zipfel eines Taschentuchs"* | *„eine lustige Mütze mit langem Zipfel"* K Zipfelmütze; Bettzipfel, Hemdzipfel, Rockzipfel

**zir·ka★** ADVERB **zirka** *+Zahl/Maßangabe* nicht genau, sondern vielleicht etwas mehr oder weniger ≈ ungefähr *„Ich bin in ca. einer Stunde zurück"* | *„Er wiegt ca. 80 Kilo"* ❶ Abkürzung: *ca.*

der **Zir·kel** (-s, -) **1** ein Gerät, ungefähr von der Form eines umgekehrten V, mit dem man Kreise zeichnen kann ⟨*mit dem Zirkel einen Kreis ziehen, schlagen*⟩ K Zirkelkasten **2** eine Gruppe von Personen, die ein gemeinsames Hobby oder gemeinsame Interessen haben (und sich daher oft treffen) K Literaturzirkel

**zir·ku·lie·ren** (*zirkulierte, hat zirkuliert*) **etwas zirkuliert** etwas bewegt sich (in einem System oder Raum) im Kreis *„einen Ventilator einschalten, damit die Luft besser zirkuliert"* • *hierzu* **Zir·ku·la·ti·on** *die*

der **Zir·kus★** (-, -se) **1** ein Unternehmen, das die Leute mit Akrobatik, Clowns, dressierten Tieren usw. unterhält K Zirkusclown, Zirkusdirektor **2** eine einzelne Vorstellung eines Zirkus *„Der Zirkus beginnt um 20 Uhr"* K Zirkusvorstellung **3** das Zelt, in dem man die Akrobaten, Clowns und dressierten Tiere eines Zirkus sehen kann **4** *gesprochen, abwertend* unnötige Aufregung ⟨*einen großen Zirkus machen/veranstalten*⟩

**zir·pen** (*zirpte, hat gezirpt*) **etwas zirpt** ein Insekt oder ein Gerät gibt ein hohes, reibendes Geräusch von sich ⟨*ein Grashüpfer, eine Grille, ein Heimchen*⟩

**zi·schen** (*zischte, hat/ist gezischt*) **1** **etwas zischen** (*hat*) etwas in ärgerlichem, scharfem Ton sagen *„Hau ab", zischte sie wütend"* **2** **ein Tier zischt** (*hat*) eine Gans, eine Schlange o. Ä. gibt schnell hintereinander Laute von sich, die wie *s*, *sch* oder *z* klingen K Zischlaut **3** **etwas zischt** etwas produziert Laute, die wie *s*, *sch* oder *z* klingen *„Heißes Fett zischt, wenn Wasser dazukommt"*

das **Zi·tat★** (-(e)s, -e) eine Äußerung, die man wörtlich aus einem (meist bekannten) Text nimmt *„ein Zitat aus Shakespeares „Hamlet"* K Goethezitat, Shakespearezitat

**zi·tie·ren★** (*zitierte, hat zitiert*) **(jemanden/etwas) zitieren** jemandes Worte genau wiedergeben

die **Zit·ro·ne★** (-, -n) eine kleine, sehr saure Frucht mit einer dicken gelben Schale ⟨*eine Zitrone auspressen*⟩ K Zitronensaft, Zitronenscheibe; zitronengelb

die **Zit·rus·frucht** eine von mehreren ähnlichen Früchten mit viel Vitamin C, die meist eine dicke, gelbe oder orange Schale und viel Saft haben, z. B. Orangen, Zitronen, Grapefruits

**zit·tern★** (*zitterte, hat gezittert*) **1** (meist aus Angst, Nervosität oder Schwäche) schnelle, kleine, unkontrollierte Bewegungen machen ⟨*vor Angst, Wut, Nervosität, Kälte zittern; am ganzen Körper zittern*⟩ *„Seine Hände zitterten"* **2** **jemandes Stimme zittert** jemandes Stimme klingt brüchig oder nicht gleichmäßig *„Ihre Stimme zitterte vor Zorn"* **3** **vor jemandem/etwas zittern** vor jemandem/etwas große Angst haben

**zitt·rig** ADJEKTIV **1** ⟨*Hände, Finger*⟩ so, dass sie (oft) zittern **2** schwach und in der Tonhöhe schwankend ⟨*eine Stimme*⟩

**zi·vil★** [-v-] ADJEKTIV *meist attributiv* **1** nicht für das Militär bestimmt, nicht zum Militär gehörig ⟨*die Luftfahrt*⟩ *„Er ist im zivilen Leben Elektrotechniker, bei der Armee war er Funker"* K Zivilbevölkerung, Zivilperson **2** nicht zu teuer ⟨*Preise*⟩

das **Zi·vil** [-v-]; (-s) die Kleidung, die eine Person trägt, wenn sie keine Uniform oder besondere Amtskleidung trägt ⟨*in Zivil sein*⟩ K Zivilkleidung, Zivilstreife

die **Zi·vil·cou·ra·ge** [tsi'vi:lkuraʒə] der Mut, das zu sagen und zu tun, was man für richtig und wichtig hält (auch wenn man dadurch einen Nachteil hat) ⟨*Zivilcourage beweisen, zeigen, haben, besitzen*⟩ *„die Zivilcourage haben zu widersprechen"*

die **Zi·vi·li·sa·ti·on★** [tsiviliza'tsio:n]; (-, -en) *nur Singular* die Stufe in der Entwicklung der Gesellschaft, auf der es technischen Fortschritt, soziale und politische Ordnung und kulturelles Leben gibt

**zi·vi·li·siert** [-v-] ADJEKTIV (*zivilisierter, zivilisiertest-*) **1** höflich, mit guten Manieren *„Kannst du dich nicht ein bisschen zivilisierter benehmen?"* **2** mit einem relativ hohen Maß an Zivilisation ⟨*ein Staat, ein Land*⟩

der **Zi·vi·list** [-v-]; (-en, -en) eine Person, die nicht zum Militär gehört • *hierzu* **Zi·vi·lis·tin** [-v-] *die*

der **Zi·vil·pro·zess** [-v-] ein Prozess, in dem das Gericht solche Klagen behandelt, die nicht zum Strafrecht oder öffentlichen Recht gehören das **Zi·vil·recht** [-v-]; *meist Singular* die Gesetze, die Handlungen und Beziehungen privater Personen betreffen und nicht zum Strafrecht gehören • *hierzu* **zi·vil·recht·lich** *ADJEKTIV*

**zo·cken** (*zockte, hat gezockt*); *gesprochen* **1** mit Karten, Würfelspiele o. Ä. spielen, um Geld zu gewinnen **2** ein hohes Risiko eingehen *„Ich zocke jetzt einfach mal"*

der **Zoff** (*-s*); *gesprochen* Streit, Zank, Ärger 〈*mit jemandem Zoff bekommen, haben; es gibt Zoff*〉

**zog** *Präteritum, 1. und 3. Person Singular* → ziehen

**zö·ger·lich** *ADJEKTIV* nur langsam, zögernd

**zö·gern**★ (*zögerte, hat gezögert*) **zögern zu** *+Infinitiv*; **(mit etwas) zögern** etwas (noch) nicht tun, weil man Angst hat oder weil man nicht weiß, ob es richtig ist usw. *„Er zögerte lange mit der Antwort"* | *„Er zögerte nicht, die Frage zu beantworten"*

der **Zoll**[1]★; (*-(e)s, Zöl·le*) **1** eine Art Steuer, die man einem Staat zahlen muss, wenn man manche Waren über die Grenze bringt 〈*Zoll (be)zahlen*〉 **K** Zollfahndung; Einfuhrzoll, Importzoll **2** *nur Singular* die Behörde, welche die Vorschriften ausführt, die für Zölle gelten **K** Zollabfertigung, Zollamt

der **Zoll**[2]★; (*-(e)s, -*) ein Längenmaß von ungefähr 2,7 bis 3 cm **K** zollbreit, zolllang

der **Zöll·ner** (*-s, -*); *gesprochen* ein Beamter (der Zollbehörde) vor allem an einer Staatsgrenze • *hierzu* **Zöll·ne·rin** *die*

der **Zoll·stock** ein Stab zum Messen (mit einer Einteilung in Zentimeter und Millimeter), den man zusammenklappen kann ≈ Meterstab

die **Zo·ne**★ (*-, -n*) **1** ein (meist geografisches) Gebiet im genannten Zustand oder mit der genannten Lage *„eine entmilitarisierte/atomwaffenfreie Zone"* | *„die tropische/arktische Zone"* **K** Erdbebenzone, Gefahrenzone, Kampfzone, Uferzone, Zeitzone **2** ein (begrenztes) Gebiet, in dem besondere Preise (z. B. für das Telefonieren und die öffentlichen Verkehrsmittel) gelten **K** Zonentarif; Gebührenzone

der **Zoo**★ (*-s, -s*) im Zoo kann man viele verschiedene Tiere in Käfigen und Gehegen sehen 〈*einen Zoo besuchen; in den Zoo gehen*〉 **K** Zoobesucher, Zoodirektor, Zootier

der **Zopf** (*-(e)s, Zöp·fe*) **1** lange Haare, die in drei gleich starke Teile gebunden (geflochten) sind 〈*Zöpfe flechten, tragen*〉 **2** ein meist süßes Brot in der Form eines breiten Zopfes **K** Nusszopf

der **Zorn**★ (*-(e)s*) **Zorn (auf jemanden/über etwas** (*Akkusativ*)) das heftige Gefühl, z. B. wenn andere gemein oder ungerecht zu uns sind 〈*jemanden packt der Zorn; in Zorn geraten; etwas erregt jemandes Zorn*〉 ≈ Wut *„Der Zorn der Zuschauer richtete sich gegen den Schiedsrichter"*

**zor·nig**★ *ADJEKTIV* voller Zorn 〈*ein Mensch; zornig sein, werden*〉 ≈ wütend

**z. T.** Abkürzung für *zum Teil* → Teil

**zu**★ [tsuː, tsʊ] *PRÄPOSITION mit Dativ* RICHTUNG, ZIEL: **1** nennt das Ziel einer Bewegung *„zum Bahnhof fahren"* **2** in die Nähe der genannten Person, Sache oder Gruppe *„Setz dich doch ein bisschen zu mir"* **3** nennt den Ort, auf den eine Sache gerichtet ist *„ein Fenster zum Hof"* **4** durch die genannte Öffnung *„Sie ging zur Tür hinein/hinaus"* **5** nennt eine Veranstaltung oder Institution als Ziel, zu dem man einmal oder regelmäßig geht oder fährt *„Kommst du auch zu der Party?"* LAGE, ORT: **6** nennt den Ort, wo eine Person oder Sache ist bzw. geschieht *„zu Hause sein"* ZEIT: **7** nennt einen Zeitpunkt, an dem etwas geschieht, gilt oder existiert *„Die Wohnung kann zum 15. April bezogen werden"* MENGE, ZAHL, PREIS: **8** nennt die Zahl der beteiligten Personen 〈*zu zweit, zu dritt, zu viert, zu Tausenden*〉 **9** nennt den Preis einer Ware *„Im Kaufhaus werden Socken zu 4 Euro das Paar angeboten"* **10** stellt die Zahl der Tore oder Punkte gegenüber, die zwei Gegner in einem Wettkampf erzielen *„Das Fußballspiel endete drei zu zwei"* 3 : 2 ZWECK, ABSICHT: **11** nennt den Anlass oder Zweck einer Handlung *„jemandem etwas zum Geburtstag schenken"* ERGEBNIS: **12** nennt das Ergebnis eines Vorgangs oder einer Handlung *„jemanden zum Lachen/zum Weinen/zur Verzweiflung bringen"* MITTEL: **13** nennt etwas, das man für einen Zweck benutzt oder benötigt *„Zum Fotografieren braucht man eine gute Kamera"* SONSTIGES: **14** nennt etwas, das man mit einer Sache kombinieren kann *„Die Schuhe passen nicht zu diesem Kleid"* **15** **zum Ersten/Zweiten/Dritten** (*usw.*) erstens/zweitens/drittens (usw.)

*ADVERB unbetont* **16** in Richtung auf die genannte Sache *„Die Zimmer der Straße zu sind recht laut"* **17** **zu** + *Adjektiv* so, dass es nicht mehr normal, erlaubt, in Ordnung, passend o. Ä. ist *„Du bist zu spät gekommen! Der Film* *hat schon angefangen"* **18** verwendet, um jemanden aufzufordern, etwas zu schließen *„Tür zu, es zieht!"* **19** **etwas ist zu** *gesprochen* etwas ist geschlossen, verschlossen oder verstopft, etwas ist nicht offen oder geöffnet *„Das Fenster ist zu"* **20** **jemand ist zu** *gesprochen* jemand hat viel Alkohol getrunken oder Drogen genommen

*BINDEWORT* **21** **zu** + *Infinitiv oder Partizip Präsens* drückt aus, dass etwas getan werden muss oder notwendig ist *„Ich habe noch viel zu lernen"* **22** **zu** + *Infinitiv oder Partizip Präsens* drückt aus, dass etwas möglich ist *„Hier gibt es immer viel zu sehen"* **23** **zu** + *Infinitiv* verwendet, um ein Verb im Infinitiv als Ergänzung oder Objekt anzuschließen *„Es fängt an zu regnen"* **ID** **Nur zu!**, **Immer zu!** **a** Tu das ruhig! **b** Mach ruhig weiter!

**zu-**★ (*im Verb, betont und trennbar, sehr produktiv; Diese Verben werden so gebildet: zumachen, machte zu, hat zugemacht*) **1** **etwas zudecken, zuklappen, zukleben, zuschaufeln, zuschrauben** *und andere* drückt aus, dass etwas, das offen war, geschlossen, bedeckt oder gefüllt wird *„Der See ist zugefroren"* Der See ist ganz mit Eis bedeckt **2** **auf jemanden/etwas zufahren, zufliegen, zukommen, zulaufen** *und andere* nennt die Richtung mit einer Person oder Sache als Ziel *„Er ging auf die Frau zu"* **3** **jemandem zujubeln, zulächeln, zunicken, zuwinken**; **jemandem etwas zuflüstern, zurufen** *und andere* drückt aus, dass sich jemand durch Worte oder eine Geste an eine Person wendet **4** **zubeißen, zugreifen, zupacken, zuschnappen** *und andere* drückt aus, dass eine Person oder ein Tier etwas schnell und plötzlich mit Energie und Willenskraft tut *„Als sie die Schlange sah, nahm sie einen Stock und schlug zu"* Sie schlug schnell und fest mit dem Stock auf die Schlange

**zu·al·ler·erst** *ADVERB; gesprochen* als Erstes überhaupt

**zu·al·ler·letzt** *ADVERB; gesprochen* als Letztes überhaupt

**zu·bau·en** (*hat*) **etwas zubauen** meist ein freies Grundstück dadurch füllen, dass man dort ein Haus baut

das **Zu·be·hör** (-(e)s) einzelne Gegenstände, die zu einem technischen Gerät, einer Maschine o. Ä. gehören (und mit denen man das Gerät besser oder anders nützen kann) *„eine Nähmaschine mit allem Zubehör"* **K** Autozubehör, Bootszubehör

**zu·be·rei·ten**★ (*bereitete zu, hat zubereitet*) **etwas zubereiten** Speisen (meist durch Kochen) zum Essen fertig machen *„das Mittagessen zubereiten"* | *„Weißt du, wie man Wild zubereitet?"* • *hierzu* **Zu·be·rei·tung** *die*

**zu·bin·den** (*hat*) **etwas zubinden** Bänder, Schnüre usw. so binden, dass etwas geschlossen oder fest ist *„einen Sack zubinden"*

**zu·brin·gen** (*hat*) **1** **den Abend, den Tag, die Woche** *usw.* **(mit etwas) zubringen** während der genannten Zeit etwas tun oder in einem Zustand sein *„Die letzte Woche habe ich mit Grippe im Bett zugebracht"* | *„den Abend damit zubringen zu lernen"* **2** **etwas zubringen** *gesprochen* etwas schließen können

der **Zu·brin·ger** (-s, -) **1** eine Straße, die andere Straßen (oder einen Ort) mit der Autobahn verbindet **K** Autobahnzubringer **2** ein Bus o. Ä., der Personen an den Ort bringt, von dem sie ihre Reise mit einem anderen Verkehrsmittel (vor allem einem Flugzeug) fortsetzen **K** Zubringerbus, Zubringerdienst

die **Zuc·chi·ni** [tsʊ'kiːni]; (-, -); *meist Plural* eine lange, grüne Frucht, ähnlich wie eine Gurke, die man als Gemüse isst

**züch·ten**★ (*züchtete, hat gezüchtet*) **Tiere/Pflanzen züchten** Tiere oder Pflanzen halten, um weitere junge Tiere bzw. neue Pflanzen meist mit besonderen Eigenschaften zu bekommen *„Kakteen züchten"* | *„Rinder mit hoher Fleischqualität züchten"* • *hierzu* **Züch·ter** *der*; **Züch·te·rin** *die*; **Züch·tung** *die*

**züch·ti·gen** (*züchtigte, hat gezüchtigt*) **jemanden züchtigen** *geschrieben* eine Person strafen, vor allem indem man sie schlägt ⟨*jemanden mit der Rute/Peitsche züchtigen*⟩ • *hierzu* **Züch·ti·gung** *die*

**zu·cken** (*zuckte, hat gezuckt*) **1** eine kurze, schnelle Bewegung machen (die man nicht kontrollieren kann) *„Er zuckte, als ihm der Arzt die Spritze gab"* **2** **etwas zuckt** etwas leuchtet kurz (mehrmals hintereinander) ⟨*Blitze, Flammen*⟩ **3** **mit den Schultern/Achseln zucken** die Schultern kurz heben und damit sagen, dass man etwas nicht weiß oder dass man kein Interesse hat

**zü·cken** (*zückte, hat gezückt*) **1** **etwas zücken** eine Waffe schnell in die Hand nehmen, um zu kämpfen ⟨*das Schwert, den Dolch, die Pistole zücken*⟩ **2** **etwas zücken** *humorvoll* etwas aus einer Tasche nehmen, um es zu verwenden ⟨*die Brieftasche, den Füller zücken*⟩

der **Zu·cker**★ (*-s, -*) **1** *nur Singular* eine weiße oder braune Substanz (in Form von Pulver, kleinen Kristallen oder Würfeln), mit der man Speisen und Getränke süß macht ⟨*brauner, weißer, feiner Zucker; ein Stück, ein Löffel Zucker*⟩ *„Nehmen Sie Zucker in den/zum Tee?"* | *„Ich trinke den Kaffee ohne Zucker"* **K** Zuckerdose, Zuckerstreuer; Kandiszucker, Puderzucker **2** eine von mehreren süß schmeckenden chemischen Substanzen, die in Pflanzen gebildet werden **K** Fruchtzucker **3** *gesprochen nur Singular* ⟨*Zucker haben; an Zucker leiden, erkrankt sein*⟩ ≈ Diabetes • *zu* (1,2) **zu·cker·hal·tig** *ADJEKTIV*; *zu* (1) **zu·cke·rig**, **zuck·rig** *ADJEKTIV*

die **Zu·cker·krank·heit** *nur Singular* ≈ Diabetes • *hierzu* **zu·cker·krank** *ADJEKTIV*

**zu·ckern** (*zuckerte, hat gezuckert*) **etwas zuckern** etwas mit Zucker süß machen ≈ süßen *„den Kaffee zuckern"*

die **Zu·cker·rü·be** eine Rübe, aus der man Zucker macht

**zu·de·cken** (*hat*) **1** **etwas zudecken** einen Deckel o. Ä. über etwas legen *„den Topf zudecken"* **2** **jemanden zudecken** eine Decke über jemanden oder sich selbst legen

**zu·dem**★ *ADVERB*; *geschrieben* verwendet, um zu sagen, dass zu dem bereits Genannten noch etwas zusätzliches hinzukommt ≈ außerdem

**zu·dring·lich** *ADJEKTIV* **1** ≈ aufdringlich **2** **zudringlich werden** jemanden sexuell belästigen • *hierzu* **Zu·dring·lich·keit** *die*

**zu·ei·nan·der**★ *ADVERB* eine Person/Sache zu der anderen (drückt eine Gegenseitigkeit aus) *„Seid nett zueinander!"*

**zu·ei·nan·der·hal·ten** (*hielten zueinander, haben zueinandergehalten*) **Personen halten zueinander** zwei oder mehrere Personen helfen und unterstützen sich gegenseitig

**zu·ei·nan·der·pas·sen** (*passten zueinander, haben zueinandergepasst*) **Personen/Dinge passen zueinander** zwei oder mehrere Personen oder Dinge haben ähnliche Eigenschaften, harmonieren

**zu·erst** *ADVERB*, **zu·erst**★ **1** (als Erstes) vor allen anderen Tätigkeiten *„Ich möchte mir zuerst die Hände waschen"* **2** als Erster, Erste oder Erstes *„Sie war zuerst da"* **3** zum ersten Mal *„Die Atombombe wurde zuerst von den Amerikanern gebaut"* **4** während der ersten Zeit ≈ anfangs *„Zuerst hat die Wunde sehr wehgetan"*

**zu·fah·ren** (*ist*) **auf jemanden/etwas zufahren** in die Richtung einer Person oder Sache fahren

die **Zu·fahrt** eine Straße oder ein Weg zu einem Ort oder Haus (aber nicht weiter als bis dorthin) **K** Zufahrtsstraße, Zufahrtsweg

der **Zu·fall**★ etwas, das einfach so geschehen ist und das auch ganz anders hätte kommen können ⟨*ein seltsamer, merkwürdiger, (un)glücklicher Zufall; etwas dem Zufall überlassen, verdanken*⟩ *„Es war reiner Zufall, dass ich die Schlüssel gefunden habe, ich hatte gar nicht danach gesucht"* **K** Zufallsbekanntschaft, Zufallsfund, Zufallstreffer

**zu·fal·len** (*ist*) **1** **etwas fällt zu** etwas schließt sich mit einer schnellen Bewegung *„Die Klapptür fiel plötzlich zu"* **2** **etwas fällt jemandem zu** etwas wird jemandes Eigentum *„Nach dem Tod des Vaters fiel den Kindern das gesamte Vermögen zu"* **ID** **jemandem fallen die Augen zu** eine Person ist sehr müde, sodass sie fast einschläft

**zu·fäl·lig**★ *ADJEKTIV* **1** durch einen Zufall *„Wir haben uns zufällig auf der Straße getroffen"* **2** *gesprochen* in einer Frage verwendet, um eine höfliche Bitte auszudrücken *„Weißt du zufällig, wann der letzte Bus fährt?"* • *hierzu* **zu·fäl·li·ger·wei·se** *ADVERB*; *zu* (1) **Zu·fäl·lig·keit** *die*

**zu·flie·gen** (*ist*) **1** **auf jemanden/etwas zufliegen** in die Richtung einer Person oder Sache fliegen **2** **ein Vogel fliegt jemandem zu** ein Vogel, der einem Besitzer entkommen ist, fliegt zu einer anderen Person und bleibt dort **3** **etwas fliegt jemandem zu** jemand bekommt oder erreicht etwas, ohne sich dafür anstrengen zu müssen *„Meiner Schwester fliegt alles zu, sie muss kaum lernen"* **4** **etwas fliegt zu** *gesprochen* etwas fällt zu ⟨*eine Tür, ein Fenster*⟩

die **Zu·flucht** (*-, -en*); *meist Singular* **1** ein Ort, an dem eine Person Schutz vor einer Gefahr findet **K** Zufluchtsort **2** eine Person, die einer anderen Person hilft, wenn diese in Gefahr oder in Not ist ⟨*bei jemandem Zuflucht suchen, finden*⟩

der **Zu·fluss** **1** ein Bach, Fluss o. Ä., der in einen anderen Bach, Fluss, in einen See usw. fließt *„Der See hat mehrere Zuflüsse"* **2** *meist Sin-*

Z

*gular* das Zufließen von Geld *„der Zufluss von Spenden"*

**zu·fọl·ge★** *PRÄPOSITION mit Dativ; , nachgestellt* verwendet, um sich auf jemandes Angaben oder auf einen Text zu beziehen *„Dem Zeugen zufolge/Seiner Aussage zufolge hatte der Radfahrer keine Schuld an dem Unfall"*

**zu·frie̲·den★** *ADJEKTIV* **zufrieden (mit jemandem/etwas); zufrieden über etwas** (*Akkusativ*) froh, dass alles so ist, wie man es will (sodass man also keine neuen Wünsche hat und nichts kritisieren muss) ⟨*ein zufriedenes Gesicht machen; zufrieden sein, aussehen, wirken*⟩ *„mit jemandes Leistungen zufrieden sein"* | *„Ich bin sehr zufrieden (darüber), dass alles geklappt hat"* • *hierzu* **Zu·frie̲·den·heit** *die*

**zu·frie̲·den·ge·ben** (*gibt sich zufrieden, gab sich zufrieden, hat sich zufriedengegeben*) **sich mit etwas zufriedengeben** etwas als genug oder ausreichend akzeptieren *„Ich gebe mich auch mit einer kleinen Wohnung zufrieden, wenn sie nur einen Balkon hat"*

**zu·frie̲·den·las·sen** (*lässt zufrieden, ließ zufrieden, hat zufriedengelassen*) **jemanden zufriedenlassen** *gesprochen* jemanden in Ruhe lassen (und nicht stören) *„Ach, lass ihn doch zufrieden!"*

**zu̲·fü·gen★** (*hat*) **1** **jemandem etwas zufügen** bewirken, dass jemand etwas Unangenehmes empfindet, Schaden hat o. Ä. ⟨*jemandem Leid, Schmerzen, Unrecht, eine Niederlage zufügen*⟩ **2** **(einer Sache** (*Dativ*)**) etwas zufügen** eine Substanz in eine Mischung oder Speise tun

die **Zu̲·fuhr** (-) der Vorgang, bei dem Luft, Flüssigkeiten o. Ä. irgendwohin fließen oder gebracht werden (wo sie gebraucht werden) **K** Blutzufuhr, Nahrungszufuhr, Wasserzufuhr

**zu̲·füh·ren** (*hat*) **1** **(einer Sache** (*Dativ*)**) etwas zuführen** etwas zu etwas fließen lassen oder bringen (und es damit versorgen) *„einem Gerät Strom zuführen"* | *„Der Gewinn aus diesem Konzert wird wohltätigen Zwecken zugeführt"* **2** **etwas führt auf etwas** (*Akkusativ*) **zu** etwas führt in die Richtung einer Person oder Sache oder nimmt die genannte Entwicklung *„Der Weg führt direkt auf das Schloss zu"* • *zu* (1) **Zu̲·füh·rung** *die*

der **Zu̲g★** (-(*e*)*s, Zü·ge*) FAHRZEUG: **1** Züge bestehen aus einer Lokomotive o. Ä. und mehreren Waggons und fahren auf Schienen ⟨(*mit dem*) *Zug fahren; den Zug nehmen, benutzen; den Zug erreichen, versäumen, verpassen; der Zug fährt/läuft* (*im Bahnhof*) *ein, hält, fährt ab*⟩ *„der Zug nach Salzburg"* | *„der Zug aus Hannover"* **K** Zugunglück; Güterzug, U-Bahn-Zug; Nahverkehrszug ALS GRUPPE: **2** eine lange Reihe von Menschen, die miteinander in dieselbe Richtung gehen *„Immer mehr Menschen schlossen sich dem Zug von Flüchtlingen an"* **K** Demonstrationszug, Festzug, Trauerzug BEWEGUNG: **3** *nur Singular* die Bewegung (z. B. von Vögeln oder Wolken) über eine weite Entfernung hinweg *„der Zug der Vögel in den Süden"* **K** Vogelzug **4** die Bewegung einer Figur an einen anderen Platz bei einem Brettspiel, wie z. B. Schach ⟨*ein klu̲ger, geschickter, guter Zug*⟩ *„jemanden in fünf Zügen besiegen"* **5** die Bewegung mit den Armen beim Schwimmen *„ein paar Züge schwimmen"* **6** *nur Singular* eine Strömung von meist kühler Luft, die man als unangenehm empfindet ⟨*im Zug sitzen; empfindlich gegen Zug sein*⟩ **K** Zugluft CHARAKTERISTISCH: **7** ein (typisches) Merkmal im Aussehen oder Charakter einer Person, einer Stadt, einer Landschaft *„einen verbitterten Zug um den Mund haben"* | *„Dieses Stadtviertel trägt noch dörfliche Züge"* **K** Charakterzug, Gesichtszug, Wesenszug SONSTIGE VERWENDUNGEN: **8** die Wirkung einer Kraft, die etwas in eine Richtung zieht ↔ Druck *„der Zug der Schwerkraft"* **9** ein großer Schluck *„Er leerte das Glas in wenigen Zügen"* **10** das Einatmen von Tabakrauch ⟨*einen Zug an einer Zigarette, Zigarre, Pfeife tun, machen*⟩ **K** Lungenzug **ID** **am Zug sein** an der Reihe sein und handeln müssen; **im Zuge** + *Genitiv geschrieben* im Zusammenhang mit einer Sache oder als Folge davon *„Im Zuge der Ermittlungen wurden Bestechung und Betrug festgestellt"*; **in großen/groben Zügen** nur das Wichtigste, ohne Einzelheiten ⟨*berichten, erzählen*⟩; **etwas in 'vollen Zügen genießen** etwas sehr genießen; **Zug um Zug** eines nach dem anderen (ohne Unterbrechung); **zum Zug kommen** die Möglichkeit haben, jetzt zu handeln

die **Zu̲·ga·be** **1** ein Musikstück, das am Ende eines Konzerts (zusätzlich zum Programm) gespielt wird ⟨*eine Zugabe fordern, geben*⟩ **2** **Zugabe!** (meist von einem Publikum im Chor gerufen) verwendet, um einen Sänger o. Ä. aufzufordern, am Ende des Programms noch etwas darzubieten **3** das Hinzufügen, Zugeben

*„Sand und Zement unter Zugabe von Wasser gleichmäßig mischen"*

der **Zu·gang★** 1 **ein Zugang (zu etwas)** der Weg, der zu einem Gebäude oder Gebiet führt *„Alle Zugänge zur Fabrik waren von Streikenden besetzt"* K Zugangsstraße 2 **der Zugang (zu jemandem/etwas)** *nur Singular* die Möglichkeit, mit jemandem/etwas Kontakt zu bekommen oder in etwas hineinzukommen *„Sie verschafften sich gewaltsam Zugang zum Gebäude"* 3 **der Zugang (zu etwas)** die Möglichkeit, in einem elektronischen System Daten abzurufen oder einzugeben *„Ihr Zugang wird bald freigeschaltet"* K Zugangsberechtigung; Internetzugang 4 **der Zugang (zu jemandem/etwas)** *nur Singular* die Möglichkeit oder Fähigkeit, jemanden/etwas zu verstehen *„Er fand einfach keinen Zugang zu ihr/zu dem Buch"* 5 **Zugänge (zu etwas)** die Menschen oder Dinge, die zu einer vorhandenen Anzahl hinzukommen K Neuzugang

**zu·gäng·lich★** ADJEKTIV 1 **zugänglich (für jemanden/etwas)** so, dass man dahin gehen (und es betreten, benutzen, anschauen o. Ä.) kann *„etwas der breiten Öffentlichkeit zugänglich machen"* 2 bereit, sich für Menschen oder Dinge zu interessieren oder Eindrücke zu empfangen *„Sie ist für alles, was mit Kunst zu tun hat, sehr zugänglich"*

die **Zu·gangs·da·ten** *Plural* Daten wie Benutzername und Passwort, die man braucht, um auf ein elektronisches System zuzugreifen

der **Zug·be·glei·ter** eine Person, die in Zügen die Fahrkarten kontrolliert • *hierzu* **Zug·be·glei·te·rin** *die*

**zu·ge·ben★** *(hat)* 1 **etwas zugeben** sagen, dass man etwas getan hat, was böse oder nicht richtig war *„Sie gab zu, die Uhr gestohlen zu haben"* | *„Ich muss zugeben, dass ich das Problem falsch eingeschätzt habe"* 2 **(einer Sache** (*Dativ*)**) etwas zugeben** etwas mit einer Masse oder anderen Zutaten mischen *„Das Eiweiß zu einer festen Masse schlagen und den Zucker nach und nach zugeben"*

**zu·ge·hen★** *(ist)* 1 **auf jemanden/etwas zugehen** in die Richtung einer Person oder Sache gehen *„Sie ging entschlossen auf ihn zu"* 2 **auf jemanden zugehen** mit jemandem (wieder) Kontakt suchen (vor allem nach einem Streit) *„Wenn keiner auf den anderen zugeht, wird es nie zu einer Versöhnung kommen"* 3 **etwas geht zu** *gesprochen* etwas schließt sich oder kann geschlossen werden *„Der Koffer geht nicht zu"* 4 **etwas geht jemandem zu** *admin* jemand bekommt etwas (mit der Post) geschickt *„Das Antwortschreiben geht Ihnen in den nächsten Tagen zu"* 5 **etwas geht einer Sache** (*Dativ*) **zu; etwas geht auf etwas** (*Akkusativ*) **zu** etwas wird bald den genannten Zeitpunkt erreichen ⟨*etwas geht dem Ende, dem Höhepunkt zu*⟩ *„Es geht schon auf Mitternacht zu"* 6 **es geht irgendwie zu** etwas geschieht oder verläuft in der genannten Art und Weise *„Auf unseren Partys geht es immer sehr lustig zu"*

**zu·ge·hö·rig** ADJEKTIV 1 *nur attributiv* so, dass es zu etwas dazugehört *„Die Firma lieferte die Bretter ohne die zugehörigen Schrauben"* 2 **sich einer Sache** (*Dativ*) **zugehörig fühlen** das Gefühl haben, dass man ein Teil der genannten Gruppe ist *„Sie fühlen sich einer Minderheit zugehörig"* • *hierzu* **Zu·ge·hö·rig·keit** *die*

der **Zü·gel** (-s, -); *meist Plural* die Riemen, mit denen man Pferde am Kopf führt und lenkt ⟨*die Zügel locker, kurz halten, (fest, straff) anziehen; ein Pferd am Zügel führen*⟩

**zü·gel·los** ADJEKTIV (*zügelloser, zügellosest-*) so, dass sich jemand alle Wünsche erfüllt und sich nicht auf vernünftige Weise beherrscht ⟨*ein Leben, ein Mensch*⟩

**zü·geln** (*zügelte, hat gezügelt*) **etwas/sich zügeln** vor allem negative Gefühle unter Kontrolle haben und sich beherrschen (können) ⟨*die Begierde, die Eifersucht, den Zorn, den Hunger zügeln*⟩ • *hierzu* **Zü·ge·lung** *die*

das **Zu·ge·ständ·nis** 1 **ein Zugeständnis (an jemanden/etwas)** etwas, das man (meist nach einem Streit oder nach einer Verhandlung) tut, gibt oder erlaubt, damit die andere Person einen Vorteil hat ⟨*jemandem Zugeständnisse machen, abringen*⟩ 2 **ein Zugeständnis an etwas** (*Akkusativ*) etwas, das man macht, um sich anzupassen *„ein Zugeständnis an die Mode/an die Sitten"*

**zu·ge·tan** ADJEKTIV *meist prädikativ* **jemandem/etwas zugetan sein** jemanden/etwas gern mögen ⟨*jemandem herzlich, liebevoll, in Liebe zugetan sein*⟩

**zu·gig** ADJEKTIV so, dass immer ein leichter, unangenehmer Wind zu spüren ist *„ein zugiger Durchgang"*

**zü·gig** ADJEKTIV relativ schnell (und ohne Unterbrechung oder Stockung) *„mit der Arbeit*

Z

*zügig vorankommen"*

**zu·gleich★** *ADVERB* **1** genau zur selben Zeit ≈ gleichzeitig *„Ich kann nicht zugleich essen und sprechen"* **2** ≈ auch *„Sie ist Komponistin und Sängerin zugleich"* ❶ meist nach dem Substantiv verwendet

**zu·grei·fen** (*hat*) **1** etwas mit der Hand greifen und festhalten oder sich nehmen *„Greift ruhig zu, es sind genug Kekse für alle da"* **2** ein Angebot nutzen *„Heute für den halben Preis, greifen Sie zu!"* **3** **auf etwas** (*Akkusativ*) **zugreifen** ein elektronisches System benutzen und Daten abrufen oder eingeben *„Der Anschluss ist gestört, ich konnte heute nicht aufs Internet zugreifen"*

der **Zu·griff der Zugriff (auf etwas** (*Akkusativ*)**)** die Möglichkeit, in einem elektronischen System Daten abzurufen oder einzugeben ≈ Zugang *„Hacker haben sich Zugriff auf ihr Benutzerkonto verschafft"* **K** Zugriffsberechtigung, Zugriffsmöglichkeit

**zu·grun·de, zu Grun·de★** *ADVERB* **1** **(an etwas** (*Dativ*)**) zugrunde gehen** (durch etwas) sterben oder zerstört werden *„Die Tiere hatten kein Wasser mehr und gingen jämmerlich zugrunde"* **2** **jemanden/etwas zugrunde richten** bewirken, dass jemand/etwas nicht mehr existieren kann ≈ ruinieren *„Die Firma wurde vom schlechten Management zugrunde gerichtet"* **3** **etwas liegt einer Sache** (*Dativ*) **zugrunde** etwas ist die Grundlage oder Basis einer Sache *„Unserer Schätzung liegen die aktuellen Zahlen zugrunde"*

**zu·guns·ten, zu Guns·ten★** *PRÄPOSITION mit Genitiv/Dativ* zum Vorteil von *„eine Sammlung zugunsten der Welthungerhilfe"* | *„den Kindern zugunsten/zu Gunsten der Kinder"* ❶ → Anhang, S. 1113: **Präpositionen**

**zu·gu·te·hal·ten** (*hält zugute, hielt zugute, hat zugutegehalten*); *geschrieben* **jemandem etwas zugutehalten** etwas als Entschuldigung (für etwas Negatives) berücksichtigen *„Es stimmt, dass sie wenig arbeitet, aber du musst ihr zugutehalten, dass sie lange krank war"*

**zu·gu·te·kom·men** (*kam zugute, ist zugutegekommen*) **1** **etwas kommt jemandem/etwas zugute** eine Person hat einen Vorteil wegen etwas oder eine Tätigkeit gelingt besser wegen etwas *„Die Einnahmen aus dem Konzert sollen den Flüchtlingen zugutekommen"* **2** **jemandem etwas zugutekommen lassen** etwas tun, das für jemanden einen selbst gut und angenehm ist *„Arbeite nicht so viel! Lass dir auch einmal etwas zugutekommen!"*

der **Zug·vo·gel** ein Vogel, der im Herbst aus dem Norden in ein warmes Land fliegt und im Frühling wieder zurückkehrt *„Schwalben sind Zugvögel"*

der **Zug·zwang** *meist Singular* die Notwendigkeit, in einer Situation zu handeln oder sich zu entscheiden ⟨*unter Zugzwang stehen; in Zugzwang geraten, sein*⟩

der **Zu·häl·ter** (-s, -) ein Mann, der von dem Geld lebt, das durch Prostitution verdient wird

**zu·hau·en** (*haute zu, hat zugehauen/süddeutsch* Ⓐ *zugehaut*) *gesprochen* ≈ zuschlagen

**zu·hau·se** *ADVERB* dort, wo man wohnt ⟨*zuhause sein, arbeiten*⟩

das **Zu·hau·se★** (-s) das Haus, die Wohnung oder der Ort, wo man lebt oder wo man aufgewachsen ist (und sich wohlfühlt) ⟨*ein schönes, kein Zuhause haben; irgendwo, bei jemandem ein zweites Zuhause finden*⟩ ❶ aber: *Ich bin jetzt zu Hause*

**zu·hö·ren★** (*hat*) **(jemandem/etwas) zuhören** bewusst (hin)hören ⟨*aufmerksam, genau zuhören; nicht richtig zuhören*⟩ *„Sie hörte der Diskussion schweigend zu"* **ID** **Jetzt hör mir mal 'gut zu!** *gesprochen* verwendet, um eine Ermahnung einzuleiten • *hierzu* **Zu·hö·rer** *der*; **Zu·hö·re·rin** *die*

**zu·kle·ben** (*hat*) **etwas zukleben** etwas mithilfe von Klebstoff schließen oder verdecken *„einen Brief zukleben"*

**zu·knöp·fen** (*hat*) **etwas zuknöpfen** etwas mit Knöpfen schließen ⟨*den Mantel, die Jacke zuknöpfen*⟩

die **Zu·kunft★** (-) **1** die Zeit, die noch nicht da ist; die kommende Zeit *„Pläne für die Zukunft machen"* | *„Ich bin neugierig, was die Zukunft bringen wird"* was in der Zukunft geschehen wird) **2** das, was (mit jemandem/etwas) in der Zukunft geschehen wird *„die Zukunft voraussagen können"* **K** Zukunftsroman **3** positive Aussichten für die persönliche Entwicklung in der Zukunft ⟨*keine, eine Zukunft haben*⟩ *„Ihr wurde eine große Zukunft als Pianistin prophezeit"* | *„Er denkt überhaupt nicht an seine Zukunft"* **4** die Form eines Verbs, die ausdrückt, dass etwas in der Zukunft geschehen wird ≈ Futur **5** **in Zukunft** von jetzt an

**zu·künf·tig★** *ADJEKTIV meist attributiv* in der Zukunft oder zur Zukunft gehörig ⟨*die Entwicklung, die Gesellschaft, Generation*⟩ *„Die* *zukünftigen Ereignisse werden zeigen, wer recht hat"*

die **Zu·kunfts·mu·sik** *nur Singular; meist abwertend* etwas, das es (in der Wirklichkeit) noch lange nicht geben wird *„Seine Pläne sind reine Zukunftsmusik"*

**zu·kunft(s)·wei·send** *ADJEKTIV ⟨Entscheidungen, Ideen⟩* so, dass sie zeigen und bestimmen, wie Dinge in der Zukunft aussehen werden

die **Zu·la·ge** Geld, das man zusätzlich zum normalen Lohn oder Gehalt bekommt *„eine Zulage für Nachtarbeit"* **K** Gehaltszulage; Gefahrenzulage

**zu·las·sen★** *(hat)* **1** **etwas zulassen** etwas erlauben, gestatten *„Ich werde nie zulassen, dass du allein verreist"* **2** **eine Behörde lässt jemanden/etwas (zu/für etwas) zu** eine Behörde o. Ä. erlaubt jemandem/etwas, an etwas teilzunehmen *⟨jemanden zur Prüfung, zum Studium zulassen; ein Auto (für den Verkehr) zulassen⟩* **3** **etwas zulassen** *gesprochen* etwas nicht öffnen

**zu·läs·sig★** *ADJEKTIV* (von einer Behörde) erlaubt ↔ unzulässig *„die zulässige Geschwindigkeit überschreiten" | „Es ist nicht zulässig, aus diesem Stoff Medikamente herzustellen"*

die **Zu·las·sung** (-, -en) die Erlaubnis, an etwas teilzunehmen o. Ä. *⟨jemandem eine Zulassung erteilen, verweigern; eine Zulassung beantragen⟩* **K** Zulassungsstelle

der **Zu·lauf** **etwas hat viel/großen Zulauf** etwas wird von vielen Menschen besucht o. Ä.

**zu·le·gen** *(hat); gesprochen* **1** **sich** *(Dativ)* **etwas zulegen** sich etwas kaufen **2** das Tempo steigern und schneller fahren, laufen, arbeiten o. Ä.

**zu·lei·de, zu Lei·de** *ADVERB* **ID** **jemandem/einem Tier etwas/nichts zuleide tun** etwas/nichts tun, was jemandem/einem Tier schadet oder wehtut

**zu·letzt★** *ADVERB* **1** (als Letztes) nach allen anderen Tätigkeiten *„die Teile aussägen, glätten und zuletzt bemalen"* **2** als Letzte(r) oder Letztes *„Für den, der zuletzt kommt, gibt es keinen Sitzplatz mehr"* **3** das Mal direkt vor dem aktuellen Zeitpunkt/Mal *„Wann warst du zuletzt beim Arzt?"* **4** während der Zeit direkt vor dem Ende *„Zuletzt hat er sich überhaupt nicht mehr angestrengt"* **5** **bis zuletzt** bis zum letzten Moment *„Wir hofften bis zuletzt, dass sie wieder gesund würde"* **ID** **nicht zuletzt** (zu einem großen Teil) auch *„Dass die Ernte so schlecht war, lag nicht zuletzt an dem viel zu warmen Winter"*

**zu·lie·be★** *PRÄPOSITION mit Dativ, nachgestellt* **1** **jemandem zuliebe** um einer Person eine Freude zu machen oder ihr zu helfen *„Das habe ich doch dir zuliebe getan!"* **2** **einer Sache** *(Dativ)* **zuliebe** wegen der genannten Sache *„Sie hat ihrer Karriere zuliebe auf Kinder verzichtet"*

**zum★** *PRÄPOSITION MIT ARTIKEL* **1** zu dem *„zum Rathaus fahren"* **i** In Wendungen wie *zum Beispiel, etwas zum Vergnügen tun* oder *zum Schwimmen gehen* kann *zum* nicht durch *zu dem* ersetzt werden. **2** **zum einen …** verwendet, um eines von mehreren Dingen zu nennen oder zwei Dinge gegenüberzustellen *„Die Folge davon sind zum einen niedrige Preise, zum andern/aber auch/ außerdem …"*

**zu·ma·chen★** *(hat)* **1** **etwas zumachen** etwas schließen ↔ öffnen *„Mach bitte die Tür zu, es zieht"* **2** **(etwas) zumachen** ein Geschäft o. Ä. für kurze Zeit oder für immer schließen *„Wir machen über Mittag zu" | „Er musste (den Laden) zumachen, weil er finanzielle Schwierigkeiten hatte"* **3** **etwas macht zu** etwas ist nicht mehr für Kunden offen *„Die Bank macht heute um vier Uhr zu"*

**zu·mal** *geschrieben PARTIKEL betont und unbetont* **1** vor allem ≈ besonders *„Sie geht gern in die Berge, zumal im Sommer"* *BINDEWORT* **2** vor allem weil *„Niemand warf ihm den Fehler vor, zumal er sonst so zuverlässig ist"*

**zu·meist** *ADVERB; geschrieben* ≈ meistens, meist

**zu·min·dest★** *PARTIKEL betont und unbetont* **1** verwendet, um zu sagen, dass etwas das Minimum ist, was man erwarten kann ≈ wenigstens *„Du hättest dich zumindest bedanken müssen, wenn du die Einladung schon nicht annimmst"* **2** verwendet als tröstende oder aufmunternde Einschränkung einer negativen Aussage ≈ wenigstens *„Bei dem Sturm wurden viele Häuser beschädigt, aber zumindest wurde niemand verletzt"* **3** verwendet, um eine Aussage einzuschränken *„Sie hat morgen Geburtstag, glaube ich zumindest"*

**zu·mül·len** *(müllte zu, hat zugemüllt); gesprochen, abwertend* **etwas zumüllen** irgendwo unerwünschte Dinge oder Abfälle zusammenkommen lassen *„Nach dem sonnigen Tag* *waren die Liegewiesen im Park völlig zugemüllt"*

**zu·mu·te**, **zu Mu·te** *ADVERB* **jemandem ist irgendwie zumute** eine Person ist in einer solchen Stimmung, dass sie das Genannte haben oder tun möchte *„Im Moment ist mir nicht nach Späßen zumute"* | *„Ihr ist zum Weinen zumute"*

**zu·mu·ten** (*mutete zu, hat zugemutet*) **jemandem etwas zumuten** von jemandem oder sich selbst etwas fordern, was eigentlich zu schwer, zu viel o. Ä. ist *„Du kannst doch einem so kleinen Kind nicht zumuten, dass es allein zu Hause bleibt/allein zu Hause zu bleiben"* • *hierzu* **zu·mut·bar** *ADJEKTIV*

die **Zu·mu·tung** (-, *-en*); *abwertend* etwas, das sehr stört oder das man kaum ertragen kann ⟨*etwas als Zumutung empfinden*⟩ *„Einen solchen Lärm zu machen, das ist doch eine Zumutung!"* | *„Dieses Zimmer ist eine Zumutung!"*

**zu·nächst★** *ADVERB* **1** als Erstes *„Zunächst (einmal) will ich mich ausruhen"* **2** am Anfang, zu Beginn *„Wir hatten zunächst gezögert, dem Vorschlag zuzustimmen"* **3** was die nächste Zeit betrifft ≈ vorerst *„Ich mache mir da zunächst keine Sorgen"*

die **Zu·nah·me★** (-, *-n*) das Zunehmen *„Für die nächsten Jahre ist mit einer weiteren Zunahme des Verkehrs zu rechnen"* **K** Bevölkerungszunahme, Geburtenzunahme, Gewichtszunahme

der **Zu·na·me** ≈ Familienname, Nachname

**zün·deln** (*zündelte, hat gezündelt*); *süddeutsch* Ⓐ mit Streichhölzern o. Ä. spielen (und dabei Feuer machen) ⟨*Kinder*⟩

**zün·den** (*zündete, hat gezündet*) **1** **etwas zündet** etwas kommt durch brennendes Gas (und kleine, schnelle Explosionen) in Bewegung oder beginnt zu arbeiten ⟨*eine Rakete, ein Motor*⟩ **2** **etwas zünden** bewirken, dass ein Sprengstoff explodiert oder dass ein Gas o. Ä. zu brennen anfängt ⟨*eine Bombe, eine Rakete, eine Sprengladung zünden*⟩

der **Zün·der** (*-s, -*) der Teil einer Bombe o. Ä., der die Explosion auslöst

das **Zünd·holz★** (*-es, Zünd·höl·zer*); *besonders süddeutsch* Ⓐ ≈ Streichholz **K** Zündholzschachtel

die **Zünd·ker·ze** ein kleines Teil z. B. im Motor eines Autos, das den Funken produziert, durch den die Mischung aus Luft und Benzin explodiert *„die Zündkerzen auswechseln (lassen)"*

der **Zünd·schlüs·sel** ein Schlüssel, mit dem man (im Zündschloss) ein Auto startet

die **Zün·dung** (-, *-en*) **1** der Vorgang, durch den etwas gezündet wird *„die Zündung einer Rakete"* **K** Fehlzündung **2** eine Anlage, die z. B. den Motor eines Autos (durch den elektrischen Strom der Batterie) startet

**zu·neh·men★** (*hat*) **1** **etwas nimmt zu** etwas wird größer, stärker, intensiver o. Ä. *„Die Zahl der Studenten nimmt ständig zu"* **2** (dicker und) schwerer werden *„Er hat mindestens 20 Kilo zugenommen"* **3** **der Mond nimmt zu** der Mond ist in der Phase, in der man täglich mehr davon sieht *„bei zunehmendem Mond"* **4** **mit zunehmendem Alter** wenn man älter wird **5** **in zunehmendem Maße** immer mehr

**zu·neh·mend** *ADVERB* immer mehr *„Ihr gesundheitlicher Zustand bessert sich zunehmend"*

die **Zu·nei·gung★** (-) **Zuneigung (zu jemandem/für jemanden)** die Sympathie, die ein Mensch für jemanden empfindet ⟨*Zuneigung empfinden; jemandem seine Zuneigung schenken, zeigen, beweisen*⟩

die **Zunft** (-, *Zünf·te*) *historisch* eine Organisation von Handwerkern (vor allem im Mittelalter), die die Qualität und die Preise der Produkte kontrollierte und die Ausbildung junger Menschen regelte **K** Handwerkszunft

**zünf·tig** *ADJEKTIV*; *gesprochen* so, wie es sein soll, gut und richtig *„ein zünftiges Fest"*

die **Zun·ge★** (-, *-n*) **1** mit der Zunge schmeckt man Speisen und die Zunge bewegt man beim Essen und Sprechen im Mund ⟨*sich (Dativ) auf/in die Zunge beißen*⟩ **K** Zungenspitze **2** **etwas zergeht (einem) auf der Zunge** etwas Essbares ist sehr weich, zart, mild o. Ä. **3** **jemandem die Zunge herausstrecken/zeigen** die Zunge aus dem Mund strecken, um einer Person zu zeigen, dass man sie verachtet, über sie triumphiert o. Ä. **ID** **Da bricht man sich die Zunge!** *gesprochen* Das Wort kann man kaum aussprechen; **eine spitze/boshafte Zunge haben** oft böse Dinge sagen; **Es liegt mir auf der Zunge!**, **Ich habs auf der Zunge!** ich bin sicher, dass ich es weiß, aber es fällt mir im Moment nicht ein

**zu·nut·ze**, **zu Nut·ze** *ADVERB* **ID** **sich** (*Dativ*) **etwas zunutze machen** einen Vorteil aus etwas ziehen *„sich die Errungenschaften der Technik zunutze machen"*

**zu·ord·nen★** (*hat*) **jemanden/etwas einer Sache/Person** (*Dativ*) **zuordnen** entscheiden oder feststellen, dass eine Person oder Sache zu einer Person, Sache oder Kategorie gehört *„Katzen werden den Raubtieren zugeordnet“* | *„Die Polizei konnte mehrere Einbrüche der Bande zuordnen“* | *„Die Daten müssen eindeutig einer bestimmten Person zugeordnet werden können“* • *hierzu* **Zu·ord·nung** *die*

**zu·pass·kom·men** (*kam zupass, ist zupassgekommen*); *geschrieben* **etwas kommt jemandem zupass** etwas ist günstig für jemanden, passt zu jemandes Plänen

**zup·fen** (*zupfte, hat gezupft*) **1** **(sich** (*Dativ*)**) etwas (aus etwas) zupfen** mehrmals leicht an etwas ziehen, um es von irgendwo zu entfernen ⟨*Unkraut zupfen*⟩ *„einen Faden aus der Jacke zupfen“* **2** **(jemanden) an etwas** (*Dativ*) **zupfen** mit den Fingern (jemanden oder sich selbst) leicht an etwas ziehen ⟨*sich (nachdenklich/nervös) am Bart zupfen*⟩

**zur**, **zur**★ *PRÄPOSITION mit Artikel* zu der *„zur Tür hinausgehen“* ❶ In Wendungen wie *sich zur Ruhe begeben* oder *etwas zur Genüge kennen* kann *zur* nicht durch *zu der* ersetzt werden.

**zu·ran·de**, **zu Ran·de** *ADVERB* **ID** **mit jemandem/etwas zurande kommen** wissen, wie man einen schwierigen Menschen behandelt oder wie man eine schwierige Aufgabe bewältigt

**zu·ra·te**, **zu Ra·te** *ADVERB* **1** **jemanden zurate ziehen** mit einer Person sprechen, um deren Meinung zu hören ⟨*einen Arzt, einen Fachmann*⟩ **2** **etwas zurate ziehen** etwas verwenden, um eine Information zu bekommen ⟨*ein Buch, ein Lexikon*⟩

**zu·recht-** (*im Verb, betont und trennbar, begrenzt produktiv; Diese Verben werden so gebildet: zurechtschneiden, schnitt zurecht, hat zurechtgeschnitten*) **1** **etwas zurechtbiegen, zurechtfeilen, zurechthobeln, zurechtstutzen** *und andere* drückt aus, dass man etwas in die gewünschte Form bringt *„Sie schnitt die Blätter zurecht“* Sie schnitt an den Blättern, bis diese die gewünschte Form hatten **2** **etwas zurechthängen, zurechtlegen, zurechtrücken** *und andere* drückt aus, dass etwas an den gewünschten Platz kommt *„Er rückte die Krawatte zurecht“* Er schob die Krawatte in die Mitte

**zu·recht·fin·den** (*hat*) **sich (irgendwo) zurechtfinden** in einer fremden Umgebung oder bei einer neuen Tätigkeit o. Ä. die Bedingungen richtig einschätzen, bewältigen o. Ä. *„sich in einer fremden Stadt zurechtfinden“* | *„Es dauerte lange, bis ich mich in der neuen Situation zurechtfand“*

**zu·re·den** (*hat*) **jemandem zureden** mit einer Person lange oder oft (und ernst) reden, damit sie etwas tut ⟨*jemandem gut zureden*⟩ *„Ich habe ihr lange zureden müssen, bis sie endlich zum Arzt ging“*

**zu·rei·chend** *ADJEKTIV*; *geschrieben* ≈ genügend, hinreichend

**zu·rich·ten** (*hat*) **1** **etwas zurichten** etwas in eine Form bringen oder für den Gebrauch, die Benutzung vorbereiten ⟨*Leder, Bleche zurichten*⟩ **2** **jemanden/etwas irgendwie zurichten** jemanden verletzen oder etwas beschädigen ⟨*jemanden/etwas arg, schlimm, übel zurichten*⟩

**zür·nen** (*zürnte, hat gezürnt*) **(jemandem) zürnen** *geschrieben* zornig, voll Ärger (über jemanden) sein

**zu·rück**★ *ADVERB* **1** (wieder) dorthin (zu dem Ausgangspunkt), woher man/es gekommen ist ↔ hin *„Zum Bahnhof sind wir mit der Straßenbahn gefahren, den Weg zurück sind wir zu Fuß gegangen“* | *„Zwei Fahrkarten nach Essen und zurück!“* **2** **(von etwas) zurück sein** wieder zu Hause sein ⟨*von einer Reise, Fahrt, einem Spaziergang, der Arbeit zurück sein*⟩

**zu·rück-**★ (*im Verb, betont und trennbar, sehr produktiv; Diese Verben werden so gebildet: zurückgehen, ging zurück, ist zurückgegangen*) **1** **zurückfahren, zurückgehen, zurücklaufen**; **jemanden/etwas zurückbringen, zurückholen, zurückschicken** *und andere* drückt aus, dass eine Person oder Sache wieder an den Ort (oder in die Stellung) kommt, wo sie vorher war *„Sie kommt morgen vom Urlaub zurück“* **2** **zurückfallen**; **jemanden/etwas zurückdrängen, zurückschieben**; **sich zurücklehnen** *und andere* bezeichnet eine Bewegung von vorne nach hinten *„Als er den tiefen Abgrund vor sich sah, ging er aus Vorsicht einen Schritt zurück“* **3** **etwas (von jemandem) zurückbekommen, zurückfordern, zurückgeben, zurückkaufen, zurückverlangen** *und andere* drückt aus, dass etwas wieder zu der Person kommt oder kommen soll, der es gehört oder zu der es gehört *„Er möchte die Bücher, die er uns geliehen hat, bald wieder zurückhaben“* **4** **(jemandem) zurücklächeln, zurückrufen, zurückschlagen, zurückwinken** *und andere* drückt aus, dass jemand auf

Z

eine Handlung mit derselben Handlung reagiert *„Ich habe freundlich gegrüßt, aber niemand hat zurückgegrüßt"* Niemand hat mit einem Gruß reagiert **5** **(auf etwas) zurückblicken, zurückschauen**; **(an etwas) zurückdenken** *und andere* drückt aus, dass man sich mit der Vergangenheit beschäftigt *„Versetzen wir uns einmal in die Zeit der Romantik zurück"* Versuchen wir, uns die Zeit der Romantik vorzustellen

**zu·rück·be·kom·men★** *(bekam zurück, hat zurückbekommen)* **1** **etwas (von jemandem) zurückbekommen** etwas, das man einer Person gegeben hat, wieder von ihr bekommen *„Wann bekomme ich endlich die Bücher zurück, die ich dir geliehen habe?"* **2** **etwas zurückbekommen** etwas als Wechselgeld von jemandem bekommen *„Ich habe Ihnen einen Hunderter gegeben, also bekomme ich noch 45 Euro zurück"* **3** **etwas zurückbekommen** *gesprochen* etwas wieder in die Stellung bringen können, in der es vorher war *„den Hebel zurückbekommen"*

**zu·rück·blei·ben** *(ist)* **1** an einem Ort bleiben, während eine andere Person irgendwohin fährt oder geht *„Er durfte ausreisen, aber seine Frau und die Kinder mussten zu Hause zurückbleiben"* **2** **(hinter jemandem) zurückbleiben** Abstand zu einer anderen Person bekommen, weil man langsamer als sie ist, geht oder fährt *„Wir waren so langsam, dass wir ständig hinter dem Rest der Gruppe zurückblieben"* **3** **etwas bleibt (von etwas) zurück** etwas bleibt für immer (vor allem als Schaden oder Narbe) *„Von dem Unfall sind schreckliche Narben zurückgeblieben"* **4** **(in etwas** *(Dativ)***) (hinter jemandem/etwas) zurückbleiben** in der Entwicklung weniger weit als normal oder erwartet sein ⟨*hinter den Erwartungen zurückbleiben; geistig zurückgeblieben*⟩

**zu·rück·bli·cken** *(hat)* **1** **(zu jemandem/etwas) zurückblicken**; **(auf etwas** *(Akkusativ)***) zurückblicken** (sich umdrehen und) eine Person oder Sache ansehen, von der man sich gerade entfernt *„Er blickte noch einmal auf die Stadt zurück"* **2** **auf etwas** *(Akkusativ)* **zurückblicken** an einen Zeitraum aus der Vergangenheit denken *„Wenn ich auf die letzten zwei Jahre zurückblicke, dann kann ich große Fortschritte feststellen"*

**zu·rück·er·stat·ten★** *(erstattete zurück, hat zurückerstattet)* **(jemandem) etwas zurückerstatten** jemandem das Geld, das er für etwas bezahlt hat, zurückgeben ≈ zurückzahlen *„jemandem die Kosten für eine Dienstreise zurückerstatten"*

**zu·rück·fah·ren★** **1** *(ist)* wieder dorthin fahren, wo man vorher war *„Sie ist (den ganzen Weg) allein zurückgefahren"* | *„mit dem Zug nach Hause zurückfahren"* **2** *(ist)* rückwärts, nach hinten fahren *„ein Stück zurückfahren, um leichter aus der Parklücke herauszukommen"* **3** *(ist)* den Kopf und Oberkörper schnell und plötzlich nach hinten bewegen, weil man erschrocken ist *„Sie öffnete die Tür und fuhr entsetzt zurück, als sie sah, was geschehen war"* **4** **jemanden/etwas zurückfahren** *(hat)* eine Person/Sache mit einem Fahrzeug dorthin bringen, wo sie vorher war *„Wartest du bitte auf mich und fährst mich nachher wieder zurück?"*

**zu·rück·ge·ben★** *(hat)* **(jemandem) etwas zurückgeben** einer Person etwas geben, das man vorher von ihr genommen, geliehen, gekauft o. Ä. hat *„Gib mir sofort mein Geld zurück!"*

**zu·rück·ge·hen★** *(ist)* **1** dorthin gehen, wo man vorher war *„Ich denke, es wird Zeit, dass wir zum Hotel zurückgehen"* **2** **(irgendwohin) zurückgehen** wieder dorthin gehen, wo man gelebt hat, bevor man eine längere Zeit woanders war *„Sie wird nach dem Studium in ihre Heimatstadt zurückgehen"* **3** **etwas zurückgehen lassen** meist eine Speise nicht annehmen, weil sie nicht so ist, wie man es wünscht *„das Essen in einem Restaurant zurückgehen lassen"* **4** **etwas geht zurück** etwas wird im Grad, Ausmaß geringer ≈ sinken ↔ steigen **5** **etwas geht auf jemanden/etwas zurück** etwas ist aus etwas entstanden oder von jemandem gegründet worden *„Die Stadt geht auf eine römische Siedlung zurück"*

**zu·rück·grei·fen** *(hat)* **auf jemanden/etwas zurückgreifen** jemandes Hilfe suchen oder etwas verwenden, weil die Situation es erfordert *„auf die Ersparnisse zurückgreifen müssen"*

**zu·rück·hal·ten★** *(hat)* **1** **jemanden zurückhalten** jemanden nicht weggehen, wegfahren o. Ä. lassen ≈ aufhalten *„jemanden an der Grenze zurückhalten, um seine Papiere zu kontrollieren"* **2** **etwas zurückhalten** etwas (absichtlich) nicht anderen Leuten geben oder verkaufen ⟨*Informationen zurückhalten*⟩ „Sie *wollen die Waren so lange zurückhalten, bis der Preis auf das Doppelte gestiegen ist"* **3** **etwas zurückhalten** Gefühle nicht zeigen ⟨*den Zorn, die Wut zurückhalten*⟩ **4** **jemanden (von etwas) zurückhalten** jemanden an einer Handlung hindern oder von etwas abhalten *„jemanden von einer Dummheit zurückhalten"* **5** **sich (mit etwas) zurückhalten** nicht so handeln, wie man es gern täte ≈ sich beherrschen *„Ich musste mich zurückhalten, um nicht zu schreien/weinen"* **6** **sich zurückhalten** sich passiv verhalten *„sich bei/in einer Diskussion zurückhalten"*

**zu·rụ̈ck·hal·tend**★ ADJEKTIV **1** so, dass jemand nicht gern selbst im Mittelpunkt des Interesses steht ⟨*ein Mensch, ein Verhalten, ein Wesen*⟩ ≈ bescheiden **2** *meist prädikativ* ohne Interesse oder Begeisterung *„Die Reaktion auf das Angebot war sehr zurückhaltend"* • *hierzu* **Zu·rụ̈ck·hal·tung** *die*

**zu·rụ̈ck·keh·ren**★ (*ist*); *geschrieben* **(von/aus etwas) (zu jemandem/nach etwas) zurückkehren** (wieder) dorthin kommen, wo man vorher war *„von einer Reise nach Hause zurückkehren"*

**zu·rụ̈ck·kom·men**★ (*ist*) **1** **(von/aus etwas) (nach etwas/zu jemandem) zurückkommen** wieder dorthin kommen, wo man vorher war *„von einem Spaziergang zurückkommen"* | *„Wann kommst du heute aus der Arbeit zurück?"* **2** **auf etwas** (*Akkusativ*) **zurückkommen** von etwas sprechen, das man bereits einmal erwähnt hat *„Auf diesen Punkt komme ich später noch zurück"* **3** **auf jemanden/etwas zurückkommen** jemandes Hilfe, ein Angebot o. Ä. erst (einige Zeit) später annehmen *„Wir werden zu gegebener Zeit auf Ihr Angebot zurückkommen"*

**zu·rụ̈ck·las·sen** (*hat*) **1** **jemanden/etwas zurücklassen** von einem Ort weggehen oder wegfahren und jemanden/etwas dortlassen *„Als sie flüchteten, mussten sie ihren gesamten Besitz in der Heimat zurücklassen"* **2** **etwas lässt etwas zurück** etwas hat etwas als Folge oder Wirkung *„Das Gespräch hat bei mir ein unangenehmes Gefühl zurückgelassen"* **3** **jemanden zurücklassen** *gesprochen* erlauben, dass jemand zurückgeht oder -fährt

**zu·rụ̈ck·le·gen** (*hat*) **1** **etwas zurücklegen** etwas wieder dorthin legen, wo es vorher war *„Der Kassierer legte das Geld nach dem Zählen wieder in den Tresor zurück"* **2** **(jemandem) etwas zurücklegen**; **etwas (für jemanden) zurücklegen** etwas in einem Geschäft nicht verkaufen, sondern für jemanden aufbewahren *„Ich habe heute zu wenig Geld bei mir, können Sie mir das Kleid bis morgen zurücklegen?"* **3** **sich** (*Dativ*)**/etwas zurücklegen** sich/einen Körperteil nach hinten legen *„den Kopf zurücklegen und in die Höhe schauen"* **4** **etwas zurücklegen** eine Strecke gehen, fahren, fliegen o. Ä. *„Wir legten pro Tag 80 km mit dem Fahrrad zurück"* **5** **etwas zurücklegen** Geld für später sparen

**zu·rụ̈ck·lie·gen**★ *hat/süddeutsch* Ⓐ Ⓒⓗ *ist* **1** **etwas liegt schon ein Jahr/ein paar Jahre/lange/... zurück** etwas ist vor relativ langer Zeit (der genannten Zeit) geschehen ❶ bei einer kürzeren Zeit sagt man: *Es ist schon zwei Stunden/Tage her* **2** **(hinter jemandem) zurückliegen** in einem (sportlichen) Wettkampf hinter jemandem (meist dem Führenden) liegen *„Die österreichische Mannschaft liegt in der Gesamtwertung um zehn Punkte zurück"*

**zu·rụ̈ck·schla·gen** (*hat*) **1** **jemanden/etwas zurückschlagen** eine Attacke, einen Angriff abwehren und den Feind zum Rückzug zwingen ⟨*den Gegner, einen feindlichen Angriff zurückschlagen*⟩ **2** **die Decke, den Kragen o. Ä. zurückschlagen** den oberen Teil einer Decke, eines Kragens o. Ä. so umklappen, dass man die Unter- bzw. Innenseite sieht **3** eine Person schlagen, nachdem man von ihr zuerst geschlagen wurde **4** sich (meist als Reaktion auf einen Angriff o. Ä.) wehren

**zu·rụ̈ck·seh·nen** (*hat*) **sich irgendwohin zurücksehnen** den starken Wunsch haben, noch einmal an einem Ort zu sein, in einer vergangenen Zeit zu leben, etwas wieder zu haben o. Ä. *„sich nach der verlorenen Heimat zurücksehnen"*

**zu·rụ̈ck·ste·cken**★ (*hat*) **1** **etwas zurückstecken** etwas wieder dorthin stecken, wo man es herausgeholt hat *„Steck dein Geld wieder zurück, heute zahle ich"* **2** mit weniger zufrieden sein, als man gewollt und erwartet hat ⟨*zurückstecken müssen*⟩

**zu·rụ̈ck·stel·len** (*hat*) **1** **etwas zurückstellen** etwas nach hinten stellen oder dorthin stellen, wo es vorher war *„die Butter nach dem Frühstück in den Kühlschrank zurückstellen"* **2** **etwas zurückstellen** die Angabe (der Zeit) auf einer Uhr so ändern, dass sie eine frühere Zeit zeigt ⟨*die Uhr, die Zeiger zurückstellen*⟩ *„Beim*

Z

*Wechsel zur Winterzeit stellt man die Uhren eine Stunde zurück“* **3** **etwas zurückstellen** etwas noch nicht tun, weil etwas anderes wichtiger ist *„Das Buch muss bis Mitte Februar fertig sein, bis dahin müssen wir alles andere zurückstellen“* • *zu* (2,3) **Zu·rụ̈ck·stel·lung** *die*

**zu·rụ̈ck·stu·fen** (*hat*) **jemanden zurückstufen** jemanden in eine Gruppe einteilen, in welcher man weniger Geld verdient ⟨*jemanden in eine niedrigere Lohngruppe, Gehaltsstufe zurückstufen*⟩ • *hierzu* **Zu·rụ̈ck·stu·fung** *die*

**zu·rụ̈ck·tre·ten**★ (*ist*) **1** einen oder wenige Schritte nach hinten machen *„Der Zug fährt ein. Bitte treten Sie (von der Bahnsteigkante) zurück“* **2** **(von etwas) zurücktreten** eine (meist politische) Position oder Funktion aufgeben, ein Amt niederlegen *„Er ist so verärgert, dass er von seinem Amt als Vorsitzender zurücktreten will“* **3** **(von etwas) zurücktreten** erklären, dass etwas nicht mehr gilt ⟨*von einem Vertrag, einer Abmachung, vom Kauf zurücktreten*⟩

**zu·rụ̈ck·wei·chen** (*ist*) **(vor jemandem/etwas) zurückweichen** aus Angst, Entsetzen o. Ä. ein paar Schritte (von jemandem/etwas weg) nach hinten treten *„vor dem fahrenden Auto zurückweichen“*

**zu·rụ̈ck·wei·sen** (*hat*) **1** **jemanden zurückweisen** eine Person (vor allem an einer Grenze) wieder dorthin schicken, von wo sie gekommen ist **2** **jemanden/etwas zurückweisen** (jemandem) deutlich zeigen, dass man etwas nicht erfüllen, annehmen, beantworten usw. will ⟨*eine Bitte, eine Forderung, ein Ansinnen, einen Antrag, einen Vorschlag, eine Entschuldigung zurückweisen*⟩ ≈ ablehnen **3** **etwas zurückweisen** energisch zum Ausdruck bringen, dass etwas nicht wahr (oder gerechtfertigt) ist ⟨*einen Verdacht, einen Vorwurf, eine Anschuldigung, eine Äußerung, eine Behauptung zurückweisen*⟩ • *hierzu* **Zu·rụ̈ck·wei·sung** *die*

**zu·rụ̈ck·zah·len**★ (*hat*) **1** **(jemandem) etwas zurückzahlen** das Geld, das man von einer Person, einer Bank o. Ä. geliehen hat, dieser wieder geben ⟨*Schulden, ein Darlehen, einen Kredit (ratenweise) zurückzahlen*⟩ **2** **jemandem etwas zurückzahlen** *gesprochen* sich an jemandem für etwas rächen

**zu·rụ̈ck·zie·hen**★ **1** **sich zurückziehen** (*hat*) an einen Ort gehen, wo man allein ist, oder sich so verhalten, dass man nur wenig Kontakt zu Menschen hat ⟨*zurückgezogen leben*⟩ *„Er hat sich auf eine Hütte in den Bergen zurückgezogen“* **2** **sich (von/aus etwas) zurückziehen** (*hat*) bei etwas nicht mehr aktiv sein ⟨*sich aus der Politik, vom Geschäft, vom Hochleistungssport zurückziehen*⟩ **3** **Soldaten ziehen sich zurück** (*hat*) Soldaten gehen vom Ort der Kämpfe weg **4** **etwas zurückziehen** (*hat*) erklären, dass man etwas nicht mehr will ⟨*eine Anmeldung, einen Antrag, eine Kandidatur, eine Klage zurückziehen*⟩ **5** **jemanden/etwas zurückziehen** (*hat*) jemanden/etwas nach hinten ziehen oder von etwas weg *„Als das Kind dem Feuer zu nahe kam, zog ich es zurück“* **6** **Soldaten zurückziehen** (*hat*) Truppen den Befehl geben, sich aus einem Gebiet zu entfernen (und ins Land dahinter zu gehen)

**zu·ru·fen** (*hat*) **jemandem etwas zurufen** (aus relativ großer Entfernung) jemandem etwas mit lauter Stimme sagen • *hierzu* **Zu·ruf** *der*

**zur·zeit**★ *ADVERB* zum aktuellen Zeitpunkt ≈ gerade *„Ich bin zurzeit krank“* ❶ Abkürzung: *zz.* oder *zzt.*; aber: *zur Zeit Goethes*

die **Zu·sa·ge** **1** die positive Antwort auf eine Einladung oder ein Angebot ⟨*eine Zusage geben, bekommen, erhalten*⟩ **2** das Versprechen, das zu tun, was sich jemand wünscht *„Wir haben die Zusage des Chefs, dass unser Budget nicht gekürzt wird“*

**zu·sa·gen** (*hat*) **1** **(jemandem) (etwas) zusagen** einer Person sagen oder versprechen, dass man tun wird oder dass geschehen wird, was sie will *„jemandem seine Unterstützung zusagen“* | *„Fast alle, die ich eingeladen habe, haben zugesagt“* **2** **eine Person/Sache sagt jemandem zu** eine Person/Sache ist so, wie es sich jemand wünscht

**zu·sạm·men**★ *ADVERB* **1** nicht allein, sondern mit einer anderen Person bzw. mit anderen Personen ≈ gemeinsam *„Wir fuhren zusammen in Urlaub, trennten uns aber nach ein paar Tagen“* **2** als Ganzes oder Einheit betrachtet ≈ insgesamt *„Alles zusammen hat einen Wert von 10.000 Euro“* **3** **eine Person ist mit jemandem zusammen; Personen sind zusammen** zwei oder mehrere Personen verbringen Zeit miteinander *„Wir waren gestern den ganzen Abend zusammen und spielten Karten“* **4** **eine Person ist mit jemandem**

**zusammen**; **zwei Personen sind zusammen** zwei Personen sind befreundet und haben eine sexuelle Beziehung

**zu·sạm·men-**★ (*im Verb, betont und trennbar, sehr produktiv; Diese Verben werden so gebildet: zusammenbrechen, brach zusammen, zusammengebrochen*) 1 **Personen bleiben, leben, sitzen zusammen** *und andere* drückt aus, dass Personen oder Dinge nicht allein, sondern (in Gemeinschaft) mit anderen Personen oder Dingen sind *„Sie wohnt mit zwei Freundinnen zusammen"* 2 **Dinge zusammenbetteln, zusammenfegen, zusammentragen** *und andere* drückt aus, dass aus vielen kleinen Mengen eine große Menge entsteht *„Die alte Frau hat viel Geld zusammengespart"* 3 **Dinge zusammenbauen, zusammenheften, zusammenkleben** *und andere* drückt aus, dass einzelne Teile zu einem Gegenstand gemacht werden *„Die Decke ist aus verschiedenen Stoffresten zusammengenäht"* 4 **etwas zusammendrücken, zusammenfalten, zusammenlegen** *und andere* drückt aus, dass durch den Vorgang jemand/etwas weniger Platz braucht, kleiner wird *„Sie versteckte sich hinter einem Busch und kauerte sich zusammen"* Sie hockte hinter dem Busch und versuchte, dabei so klein wie möglich zu sein 5 **zusammenbrechen, zusammensacken**; **etwas bricht, kracht zusammen** *und andere* drückt aus, dass jemand/etwas (krank, verletzt, beschädigt o. Ä.) nach unten fällt *„Das Dach der Almhütte ist unter der Last des Schnees zusammengefallen"*

**zu·sạm·men·ar·bei·ten**★ (*hat*) **eine Person arbeitet mit jemandem (an etwas** (*Dativ*)**) zusammen**; **Personen arbeiten (an etwas** (*Dativ*)**) zusammen** zwei oder mehr Personen arbeiten am gleichen Ziel oder Projekt ❶ aber: *Wir haben in einem Zimmer zusammen* (=*gemeinsam*) *gearbeitet* (getrennt geschrieben) • *hierzu* **Zu·sạm·men·ar·beit** *die*

**zu·sạm·men·bre·chen**★ (*ist*) 1 **jemand bricht zusammen** jemand verliert plötzlich die psychische oder körperliche Kraft (und wird ohnmächtig, fällt auf den Boden oder beginnt zu weinen) ⟨*vor Schmerzen, unter einer Last zusammenbrechen*⟩ 2 **etwas bricht zusammen** etwas funktioniert als System (oder Kreislauf) nicht mehr ⟨*die Stromversorgung, das Telefonnetz, der Verkehr, der Kreislauf*⟩ 3 **etwas bricht zusammen** etwas zerfällt in einzelne Teile und stürzt auf den Boden ≈ einstürzen *„Diese alten Mauern brechen bald zusammen"* • *hierzu* **Zu·sạm·men·bruch** *der*

**zu·sạm·men·brin·gen**★ (*hat*) 1 **eine Person mit jemandem zusammenbringen**; **Personen zusammenbringen** zwei oder mehrere Personen miteinander bekannt machen 2 **Dinge zusammenbringen** die nötige Menge von etwas finden oder beschaffen *„Ich weiß nicht, wie ich das Geld für die nächste Miete zusammenbringen soll"* 3 **etwas zusammenbringen** *gesprochen* etwas formulieren oder tun können *„keinen ganzen Satz zusammenbringen"* | *„Sie bringt es nicht zusammen, fünf Minuten ruhig zu sitzen"*

**zu·sạm·men·fah·ren** 1 **(jemanden/etwas) zusammenfahren** *gesprochen* (*hat*) (bei einem Unfall) mit dem Auto gegen eine Person oder Sache fahren und sie dabei verletzen oder beschädigen *„Er übersah beim Abbiegen den Radfahrer und fuhr ihn zusammen"* 2 (vor Schreck) eine plötzliche, unkontrollierte Bewegung mit dem Körper machen ⟨*vor Schreck, Entsetzen zusammenfahren*⟩ ❶ aber: *Wir sind zusammen* (= *gemeinsam*) *gefahren* (getrennt geschrieben)

**zu·sạm·men·fal·len** (*ist*) 1 **etwas fällt (in sich) zusammen** etwas löst sich in einzelne Teile auf und fällt zu Boden ⟨*etwas fällt wie ein Kartenhaus in sich zusammen*⟩ *„Die Mauer bröckelt überall ab. Sie fällt bald zusammen!"* 2 **etwas fällt mit etwas zusammen**; **Dinge fallen zusammen** etwas geschieht zur gleichen Zeit wie etwas ⟨*Ereignisse, Termine, Veranstaltungen,*⟩ *„Dieses Jahr fällt mein Geburtstag mit Ostern zusammen"*

**zu·sạm·men·fas·sen**★ (*hat*) 1 **etwas zusammenfassen** das Wichtigste aus einem längeren Text (meist am Schluss) noch einmal in wenigen Sätzen wiederholen ⟨*eine Rede, einen Vortrag, ein Buch zusammenfassen*⟩ *„Sie fasste ihre Ansichten zum Schluss in drei Thesen zusammen"* 2 **Dinge (in etwas** (*Akkusativ*)**/zu etwas) zusammenfassen** aus einzelnen Gruppen oder Teilen ein Ganzes bilden *„Die über das ganze Land verstreuten Gruppen wurden zu einer Partei zusammengefasst"* • *hierzu* **Zu·sạm·men·fas·sung** *die*

**zu·sạm·men·fü·gen**★ (*hat*) **Dinge zusammenfügen** *geschrieben* aus einzelnen Teilen ein Ganzes meist bauen oder basteln ≈ zusammensetzen • *hierzu* **Zu·sạm·men·fü-**

**gung** *die*

**zu·sạm·men·ge·hö·ren★** (*hat*) **Personen/ Dinge gehören zusammen** zwei (oder mehr) Personen oder Dinge bilden ein Paar, eine Einheit oder ein Ganzes *„Der Tisch und die Stühle gehören zusammen"* • *hierzu* **zu·sạm·men·ge·hö·rig** ADJEKTIV; **Zu·sạm·men·ge·hö·rig·keit** *die*

**zu·sạm·men·ha·ben** (*hat*) **Personen/Dinge zusammenhaben** *gesprochen* alle nötigen Personen oder Sachen für einen Zweck gefunden oder gesammelt haben *„Wir haben jetzt genügend Spieler für ein Match zusammen"*

**zu·sạm·men·hal·ten** (*hat*) **1 etwas zusammenhalten** bewirken, dass etwas ein Ganzes oder mit anderen Dingen verbunden bleibt *„Die Bretter werden durch Schrauben zusammengehalten"* **2 Personen/Tiere zusammenhalten** dafür sorgen, dass eine Gruppe von Menschen oder Tieren nicht auseinandergeht *„Es ist schwer, die Mannschaft zusammenzuhalten"* **3 Personen halten zusammen** Personen verstehen sich gut und unterstützen sich gegenseitig *„Die Gruppe hielt zusammen, und keiner verriet den andern"* • *zu* (3) **Zu·sạm·men·halt** *der*

der **Zu·sạm·men·hang★ der Zusammenhang (mit etwas)**; **der Zusammenhang (zwischen Dingen** (*Dativ*)**)** eine Beziehung oder Verbindung zwischen Dingen, Ereignissen oder Tatsachen ⟨*einen Zusammenhang herstellen*⟩ *„Zwischen Lungenkrebs und Rauchen besteht ein enger Zusammenhang"* **K** Satzzusammenhang, Sinnzusammenhang • *hierzu* **zu·sạm·men·hang(s)·los** ADJEKTIV

**zu·sạm·men·hän·gen★** (*hing zusammen, hat/süddeutsch* Ⓐ Ⓒⓗ *auch ist zusammengehangen*) **1 etwas hängt mit einer Sache zusammen** etwas ist die Folge oder das Ergebnis einer Sache oder wird von ihr verursacht *„Die hohe Anzahl der Verkehrsunfälle hängt unter anderem damit zusammen, dass die Leute zu schnell fahren"* | *„der Verpackungsmüll und die damit zusammenhängenden Probleme"* **2 etwas hängt mit etwas zusammen**; **Dinge hängen zusammen** Dinge sind miteinander fest verbunden *„Die Blätter des Buches hängen nur noch lose zusammen"*

**zu·sạm·men·hän·gend** ADJEKTIV so formuliert, dass sich eine Einheit bildet ⟨*eine Darstellung, ein Bericht*⟩

**zu·sạm·men·klap·pen★ etwas zusammenklappen** (*hat*) Dinge wie Liegestühle, Taschenmesser usw. kann man nach der Benutzung zusammenklappen, damit sie kleiner werden • *hierzu* **zu·sạm·men·klapp·bar** ADJEKTIV

**zu·sạm·men·kom·men★** (*ist*) **1 eine Person kommt mit jemandem zusammen**; **Personen kommen zusammen** zwei oder mehrere Personen treffen sich (meist um etwas gemeinsam zu tun) *„Sie kamen jeden Tag zusammen, um für die Prüfung zu lernen"* ⓘ aber: *wir sind zu'sammen* (= *gemeinsam*) *ge'kommen* (getrennt geschrieben) **2 etwas kommt mit etwas zusammen**; **Dinge kommen zusammen** etwas geschieht gleichzeitig mit etwas anderem (meist Unangenehmem) *„Schlechtes Wetter, Kopfweh und viel Arbeit: Heute kommt wieder alles zusammen"* **3 etwas kommt zusammen** eine Menge wird größer *„Bei der Sammlung ist viel Geld zusammengekommen"*

**zu·sạm·men·le·ben★** (*hat*) **eine Person lebt mit jemandem zusammen**; **Personen leben zusammen** meist zwei Personen wohnen als Paar oder Freunde in einer gemeinsamen Wohnung • *hierzu* **Zu·sạm·men·le·ben** *das*

**zu·sạm·men·le·gen★** (*hat*) **1 etwas zusammenlegen** die einzelnen Teile einer Sache so legen oder falten, dass es möglichst klein und flach wird ⟨*die Zeitung, die Serviette, die Kleider, die Wäsche zusammenlegen*⟩ **2 Dinge zusammenlegen** verschiedene Dinge so verbinden (oder organisieren), dass sie ein Ganzes bilden ⟨*Termine, Veranstaltungen, Gruppen*⟩ *„Die beiden Kurse hatten so wenige Teilnehmer, dass sie zusammengelegt wurden"* **3 Personen zusammenlegen** mehrere Menschen gemeinsam in einem Raum unterbringen *„Wegen Platzmangels mussten jeweils fünf Patienten in einen/einem Raum zusammengelegt werden"* **4 Personen legen (für etwas) zusammen** mehrere Personen bringen gemeinsam das Geld auf, das man für einen Zweck braucht *„Peter hatte sein Geld vergessen, und wir mussten für seine Fahrkarte zusammenlegen"* • *zu* (1,2) **zu·sạm·men·leg·bar** ADJEKTIV; *zu* (1,2) **Zu·sạm·men·le·gung** *die*

**zu·sạm·men·neh·men★** (*hat*) **1 Dinge zusammennehmen** verschiedene Dinge im Ganzen, als Einheit betrachten *„Wenn man alle Kosten zusammennimmt, muss ich im Monat*

*1000 Euro für die Wohnung zahlen"* **2** **etwas zusammennehmen** etwas auf einen Zweck, ein Ziel konzentrieren ⟨*den ganzen Mut, den Verstand, die ganze Kraft zusammennehmen*⟩ **3** **sich zusammennehmen** die Gefühle und Reaktionen unter Kontrolle haben *„Nimm dich doch zusammen und schrei nicht so!"*

**zu·sạm·men·pas·sen**★ (*hat*) **1** **etwas passt mit etwas zusammen; Dinge passen zusammen** Dinge machen zusammen einen harmonischen Eindruck *„Manche Farben passen gut/schlecht zusammen"* **2** **jemand passt mit jemandem zusammen; Personen passen zusammen** Personen haben ähnliche Interessen, Meinungen und Temperamente *„Christine und Ralf haben viele gemeinsame Interessen und passen auch sonst gut zusammen"*

**zu·sạm·men·rei·ßen**★ (*hat*) **sich zusammenreißen** *gesprochen* mit großer Anstrengung vermeiden, starke Emotionen zu zeigen oder etwas Unangenehmes zu sagen

**zu·sạm·men·rü·cken** **1** **Dinge zusammenrücken** (*hat*) zwei oder mehrere Dinge so stellen oder rücken, dass sie eng beieinander sind *„die Tische zusammenrücken, damit die ganze Gruppe zusammensitzen kann"* **2** **Personen rücken zusammen** (*ist*) Personen setzen sich oder stellen sich so, dass sie eng beieinander sind *„Wenn wir ein bisschen zusammenrücken, dann haben alle auf der Bank Platz"*

**zu·sạm·men·ru·fen** (*hat*) **Personen zusammenrufen** verschiedenen Leuten sagen, dass sie zu einem Zeitpunkt an einen Ort kommen sollen, um sich dort zu treffen

das **Zu·sạm·men·sein**★ (-*s*) ein Treffen, bei dem Menschen privat miteinander reden, etwas trinken, spielen o. Ä. ⟨*ein gemütliches, geselliges Zusammensein*⟩ *„zu einem zwanglosen Zusammensein bei Kaffee und Kuchen einladen"*

**zu·sạm·men·set·zen**★ (*hat*) **1** **etwas zusammensetzen** etwas aus verschiedenen kleinen Teilen bauen ≈ zusammenbauen *„Er nahm das Radio auseinander, aber dann konnte er es nicht mehr zusammensetzen"* **2** **etwas setzt sich aus Personen/Dingen zusammen** etwas besteht aus verschiedenen Personen oder Teilen *„Das Theaterstück setzt sich aus drei kurzen Szenen zusammen"* **3** **eine Person setzt sich mit jemandem zusammen; Personen setzen sich zusammen** zwei oder mehrere Personen treffen sich, um über etwas zu sprechen *„Wir sollten uns nächste Woche zusammensetzen und einen Plan erarbeiten"* • zu (1,2) **Zu·sạm·men·set·zung** *die*

das **Zu·sạm·men·spiel** *nur Singular* **1** die Art, wie Spieler (einer Mannschaft, eines Orchesters o. Ä.) harmonieren und das Spiel miteinander gestalten *„Das Zusammenspiel der Mannschaft muss noch verbessert werden"* **2** die Art, wie Vorgänge oder Kräfte aufeinander reagieren und voneinander abhängen *„das Zusammenspiel von Angebot und Nachfrage auf dem freien Markt"*

**zu·sạm·men·stel·len**★ (*hat*) **1** **etwas zusammenstellen** etwas planen und organisieren ⟨*ein Menü, ein Programm, eine Reise zusammenstellen*⟩ **2** **Dinge zusammenstellen** zwei oder mehrere Dinge so stellen, dass sie nahe beieinander sind ⟨*die Betten, die Stühle, die Tische zusammenstellen*⟩ • zu (1) **Zu·sạm·men·stel·lung** *die*

**zu·sạm·men·sto·ßen**★ (*ist*) **eine Person/Sache stößt mit jemandem/etwas zusammen; Personen/Dinge stoßen zusammen** zwei oder mehrere Personen, Fahrzeuge o. Ä. stoßen beim Gehen oder Fahren gegeneinander *„An dieser Kreuzung ist gestern ein Pkw mit einem Motorrad zusammengestoßen"* • *hierzu* **Zu·sạm·men·stoß** *der*

**zu·sạm·men·tra·gen**★ (*hat*) **Dinge zusammentragen** Dinge, die man an verschiedenen Stellen findet, sammeln oder an denselben Ort bringen *„Material für eine Dissertation zusammentragen"* | *„Brennholz für den Winter zusammentragen"* ❶ aber: *Wir können die Kiste zusammen* (= zu zweit) *tragen* (getrennt geschrieben)

**zu·sạm·men·tref·fen**★ (*ist*) **1** **eine Person trifft mit jemandem zusammen; Personen treffen zusammen** zwei oder mehrere Personen begegnen sich *„Wir trafen zufällig mit alten Freunden zusammen"* **2** **etwas trifft mit etwas zusammen; Dinge treffen zusammen** etwas geschieht gleichzeitig mit etwas anderem • *hierzu* **Zu·sạm·men·tref·fen** *das*

**zu·sạm·men·tun** (*hat*) **eine Person/Sache tut sich mit jemandem/etwas zusammen; Personen/Dinge tun sich zusammen** *gesprochen* zwei oder mehrere Personen, Organisationen o. Ä. werden Partner, um für ein gemeinsames Ziel zu arbeiten *„Vor den Wahlen haben sich die kleinen Parteien zusammenge-*

*tan, um gemeinsam einen Sitz im Parlament zu erkämpfen"*

**zu·sạm·men·wach·sen** (*ist*) **etwas wächst mit etwas zusammen**; **Dinge wachsen zusammen** zwei oder mehrere Dinge bilden (allmählich) (wieder) ein Ganzes *„Die gebrochenen Knochen sind wieder gut zusammengewachsen"*

**zu·sạm·men·zäh·len★** (*hat*) **(Dinge/Zahlen) zusammenzählen** eine Summe errechnen ≈ addieren *„Nun zähl mal zusammen!"*

**zu·sạm·men·zie·hen★** 1 **eine Person zieht mit jemandem zusammen**; **Personen ziehen zusammen** (*ist*) zwei oder mehrere Personen nehmen gemeinsam eine Wohnung, um dort zu leben 2 **etwas zieht sich zusammen** (*hat*) etwas wird kleiner oder enger *„Rauchen bewirkt, dass sich die Blutgefäße zusammenziehen"*

**zu·sạm·men·zu·cken** (*ist*) aus Schreck oder Schmerz eine schnelle (unkontrollierte) Bewegung mit dem Körper machen

der **Zu̲·satz★** 1 eine Substanz, die einer anderen hinzugefügt wird, um diese zu verändern oder irgendwie zu beeinflussen *„Viele Lebensmittel enthalten Zusätze wie Konservierungsmittel und Farbstoffe"* K Zusatzstoff 2 etwas Neues, mit dem man vor allem einen Text ergänzt oder etwas erklärt ≈ Ergänzung *„einen Zusatz zu einem Gesetz verabschieden"* K Zusatzabkommen, Zusatzbestimmung

**Zu̲·satz-** *im Substantiv, betont, begrenzt produktiv* **das Zusatzgerät, der Zusatzscheinwerfer, die Zusatzsteuer, das Zusatzteil, die Zusatzversicherung** *und andere* drückt aus, dass etwas zu etwas bereits Vorhandenem hinzukommt oder etwas ergänzt

**zu̲·sätz·lich★** ADJEKTIV **zusätzlich (zu jemandem/etwas)** drückt aus, dass jemand/etwas (als Ergänzung) zu den bereits vorhandenen Personen/Dingen hinzukommt ‹*eine Belastung; Kosten*› *„Zusätzlich zu den eingeladenen Gästen sind noch ein paar Nachbarn gekommen"* | *„ein paar Stunden zusätzlich arbeiten"*

**zu̲·schau·en★** (*hat*) **(jemandem/etwas) zuschauen**; **(jemandem) bei etwas zuschauen** *besonders süddeutsch* Ⓐ Ⓒⓗ ≈ zusehen

der **Zu̲·schau·er★** (-s, -) eine Person, die bei etwas (im Fernsehen oder bei einer Veranstaltung) zusieht ‹*ein unfreiwilliger Zuschauer*› *„Die Zuschauer klatschten Beifall"* | *„Bei den Proben können wir keine Zuschauer gebrauchen"* K Zuschauerraum, Zuschauertribüne, Zuschauerzahl • *hierzu* **Zu̲·schau·e·rin** *die*

**zu̲·schi·cken** (*hat*) **(jemandem) etwas zuschicken** jemandem etwas schicken, senden *„jemandem eine Rechnung zuschicken"*

der **Zu̲·schlag★** 1 ein Betrag, der zu einer Gebühr, einem Gehalt, einem Preis o. Ä. hinzukommen kann *„einen Zuschlag für Nachtarbeit bekommen"* | *„Der Film kostet einen Zuschlag wegen Überlänge"* 2 **der Zuschlag (für etwas)** die Erklärung, dass jemand/eine Firma o. Ä. eine Ware (bei einer Auktion) bzw. einen Auftrag (z. B. bei einem Bauprojekt o. Ä.) bekommt (weil sie das beste Angebot gemacht haben) ‹*den Zuschlag bekommen*›

**zu̲·schla·gen★** 1 **etwas schlägt zu** (*ist*) etwas wird mit Schwung und lautem Geräusch geschlossen *„Als der Sturm aufkam, schlug das Fenster zu"* 2 (*hat*) einen Schlag ausführen *„Schlag zu, wenn du dich traust!"* 3 (*hat*) plötzlich angreifen, gegen jemanden aktiv o. Ä. werden *„Die Polizei hatte die Schmuggler lange beobachtet, bevor sie in einem günstigen Augenblick zuschlug und alle verhaftete"* 4 *gesprochen* (*hat*) etwas schnell kaufen oder nehmen, bevor es eine andere Person tun kann *„Bei so einem günstigen Angebot muss man einfach zuschlagen!"* 5 **etwas zuschlagen** (*hat*) etwas mit Schwung schließen, sodass dabei ein lautes Geräusch entsteht *„Sie schlug ihr Buch zu und sah mich an"*

**zu̲·schlie·ßen** (*hat*) **etwas zuschließen** etwas mit einem Schlüssel schließen ‹*das Auto, die Haustür, den Koffer, die Wohnung zuschließen*›

**zu̲·schnei·den** (*hat*) **etwas zuschneiden** den Stoff für etwas zuschneiden *„einen Rock zuschneiden"* ⓘ weitere Verwendungen → zu-

ID **etwas ist auf jemanden/etwas zugeschnitten** etwas ist so gestaltet, dass es für jemanden/etwas gut passt *„Das Programm war ganz auf den Geschmack junger Leute zugeschnitten"*

der **Zu̲·schnitt** 1 *meist Singular* das Sägen, Schneiden o. Ä. zu einer Form oder auf eine Größe *„der Zuschnitt von Brettern"* 2 die Form, die etwas durch einen Zuschnitt bekommen hat *„der elegante Zuschnitt eines Kleides"*

die **Zu̲·schrift** ein Brief als Reaktion auf eine Annonce, eine Fernsehsendung o. Ä. *„zahlreiche Zuschriften auf ein Inserat erhalten"* K Leserzuschrift

**zu·schul·den, zu Schul·den** *ADVERB* **sich** (*Dativ*) **etwas/nichts zuschulden kommen lassen** etwas/nichts tun, das verboten oder moralisch schlecht ist

der **Zu·schuss★** ein **Zuschuss (für/zu etwas)** Geld, das eine Person oder Organisation bekommt, damit sie etwas finanzieren kann ≈ Unterstützung *„einen Zuschuss zu den Baukosten bekommen"* | *„staatliche Zuschüsse für das Theater"*

**zu·se·hen** (*hat*) **1** **(jemandem/etwas) zusehen**; **(jemandem) bei etwas zusehen** aufmerksam mit Blicken verfolgen, wie jemand etwas tut oder wie etwas geschieht *„bei einem Fußballspiel zusehen"* | *„Sieh zu, wie ich das mache, damit du es lernst!"* **2** **(bei etwas) zusehen** etwas geschehen lassen, ohne etwas dagegen zu tun oder ohne aktiv zu werden *„Wir mussten hilflos zusehen, wie unser Haus abbrannte"* **3** **zusehen, dass/wie/ob** *o. Ä.* **...** sich bemühen, etwas zu erreichen

**zu·se·hends** *ADVERB* so, dass die Veränderungen, die dabei stattfinden, auch auffallen *„Das Wetter wird zusehends besser"*

**zu·sen·den** (*sandte/sendete zu, hat zugesandt/zugesendet*) **jemandem etwas zusenden** ≈ (zu)schicken *„jemandem einen Brief zusenden"* • *hierzu* **Zu·sen·dung** *die*

**zu·set·zen** (*hat*) **1** **(einer Sache** (*Dativ*)**) etwas zusetzen** eine Substanz einer anderen hinzugeben und damit mischen *„einem Saft Zucker zusetzen"* **2** **etwas setzt jemandem (stark/sehr) zu** etwas ist für jemanden sehr lästig oder anstrengend *„Der Stress setzte ihr so zu, dass sie krank wurde"*

**zu·si·chern** (*hat*) **jemandem etwas zusichern** einer Person (offiziell) versprechen, dass sie etwas bekommen wird ‹*jemandem etwas vertraglich zusichern*› • *hierzu* **Zu·si·che·rung** *die*

**zu·spie·len** (*hat*) **1** **(jemandem (etwas)) zuspielen** den Ball o. Ä. zu einem anderen Spieler der eigenen Mannschaft schießen oder werfen **2** **jemandem etwas zuspielen** geschickt dafür sorgen, dass jemand etwas (Geheimes) erfährt ‹*jemandem Informationen, eine Nachricht zuspielen*› • *zu* (1) **Zu·spiel** *das*

**zu·spre·chen** (*hat*) **1** **eine Person/Sache spricht jemandem etwas zu** eine Behörde, ein Richter o. Ä. entscheidet offiziell, dass jemand etwas bekommen soll ‹*jemandem ein Erbe, einen Preis, ein Recht zusprechen*› *„Nach der Scheidung sprach das Gericht (das Sorgerecht für) die Kinder der Mutter zu"* **2** **jemandem (etwas) zusprechen** freundlich mit einer Person reden, damit sie (positive) Gefühle bekommt ‹*jemandem Mut, Trost zusprechen; jemandem beruhigend, besänftigend, gut zusprechen*›

der **Zu·spruch** *nur Singular; geschrieben* **1** ≈ Trost **2** **etwas findet/hat großen, regen, viel Zuspruch**; **etwas erfreut sich großen Zuspruchs** etwas ist sehr beliebt, wird von vielen Leuten besucht, benutzt o. Ä.

der **Zu·stand★** **1** der Zustand einer Sache ist z. B. welche Form sie hat, ob sie neu, ganz, beschädigt oder kaputt usw. ist *„Bei null Grad Celsius geht Wasser vom flüssigen in den festen Zustand über und wird zu Eis"* | *„Das Haus befindet sich in einem sehr schlechten Zustand. Es müsste dringend renoviert werden"* **2** der Zustand einer Person ist, wie es ihr körperlich oder psychisch geht ≈ Verfassung *„Hat sich sein gesundheitlicher Zustand gebessert?"* **K** Gesundheitszustand, Straßenzustand, Dauerzustand **3** *meist Plural* die allgemeine Lage oder die äußeren Umstände, die das Leben bestimmen ‹*die politischen, sozialen, wirtschaftlichen Zustände in einem Land*› ≈ Situation *„Katastrophale Zustände führten zu einem Bürgerkrieg"* **K** Alarmzustand, Ausnahmezustand

**zu·stan·de, zu Stan·de★** *ADVERB* **1** **etwas kommt zustande** etwas entsteht oder gelingt (vor allem trotz Schwierigkeiten) *„Nach langen Verhandlungen kam der Vertrag doch noch zustande"* **2** **etwas zustande bringen** bewirken, dass etwas gelingt *„Du hast doch noch nie etwas Vernünftiges zustande gebracht!"* • *zu* (1) **Zu·stan·de·kom·men** *das*

**zu·stän·dig★** *ADJEKTIV* **(für jemanden/etwas) zuständig** verpflichtet und berechtigt, die vorgesehenen Entscheidungen zu treffen oder etwas zu tun ‹*der Beamte, die Behörde, das Gericht, die Stelle*› *„für die Bearbeitung eines Falles zuständig sein"* | *„Wer ist dafür zuständig , dass wir so lange warten mussten?"* | *„Das Standesamt ist dafür zuständig, Geburtsurkunden auszustellen"* • *hierzu* **Zu·stän·dig·keit** *die*; **Zu·stän·dig·keits·be·reich** *der*

**zu·ste·hen** *hat/süddeutsch* Ⓐ Ⓒⓗ *ist* **etwas steht jemandem zu** jemand hat das Recht,

Z

etwas zu bekommen *„Der Ehefrau steht die Hälfte des Erbes zu"*

**zu·stel·len★** (*hat*) **1** **eine Person/etwas stellt (jemandem) etwas zu** ein Postbote o. Ä./eine Behörde übergibt jemandem etwas *„Eilbriefe werden sofort zugestellt, wenn sie beim zuständigen Postamt eintreffen"* **K** Zustellgebühr **2** **etwas zustellen** eine Öffnung schließen oder verdecken, indem man etwas davorstellt *„eine Tür mit einem Schrank zustellen"* • *zu* (1) **Zu·stel·ler** *der*; *zu* (1) **Zu·stel·le·rin** *die*; *zu* (1) **Zu·stel·lung** *die*

**zu·stim·men★** (*hat*) **1** **(jemandem) zustimmen** sagen (oder deutlich machen), dass man der gleichen Meinung wie eine andere Person ist ⟨*zustimmend nicken*⟩ *„Ich kann Ihnen da nur zustimmen, Sie haben vollkommen recht"* **2** **(einer Sache** (*Dativ*)**) zustimmen** sagen, dass man etwas als richtig ansieht ⟨*einem Antrag, einem Vorschlag zustimmen*⟩

die **Zu·stim·mung★** **1** **die Zustimmung (zu etwas)** das Zustimmen ⟨*etwas findet allgemeine, jemandes Zustimmung*⟩ **2** **die Zustimmung (zu etwas)** das offizielle Einverständnis, dass jemand etwas tun darf ⟨*die Zustimmung geben, verweigern*⟩ ≈ Erlaubnis

**zu·sto·ßen** **1** **jemand stößt zu** (*hat*) eine Person oder ein Tier greift eine andere Person oder ein Tier an *„mit einem Messer zustoßen"* | *„Die Schlange stieß zu"* **2** **etwas zustoßen** (*hat*) etwas schließen, indem man dagegen stößt ⟨*eine Tür mit dem Fuß zustoßen*⟩ **ID** **Hoffentlich ist ihm/ihr nichts zugestoßen** hoffentlich hat er/sie keinen Unfall gehabt; **wenn mir etwas zustößt** wenn ich sterben sollte

**zu·ta·ge, zu Ta·ge** *ADVERB* **1** **etwas kommt/tritt zutage** etwas wird sichtbar (oder erkennbar) **2** **etwas zutage bringen/fördern** etwas (z. B. ein Geheimnis, einen Skandal) der Öffentlichkeit bekannt machen *„Das Gerichtsverfahren brachte die Wahrheit zutage"*

die **Zu·tat** (-, *-en*); *meist Plural* die Dinge, die man braucht, um etwas zu kochen, zu backen o. Ä. *„die Zutaten für einen Kuchen abwiegen"* **K** Backzutaten

**zu·tei·len** (*hat*) **jemandem etwas zuteilen** jemandem eine Sache geben, die Teil einer Menge ist *„Gleich nach der Ankunft wurden uns unsere Zimmer zugeteilt"* • *hierzu* **Zu·tei·lung** *die*

**zu·tiefst** *ADVERB* sehr (intensiv) ⟨*zutiefst beleidigt, bewegt, gekränkt, gerührt, erschüttert sein; etwas zutiefst bedauern, verabscheuen*⟩

**zu·tra·gen** (*hat*) **1** **etwas trägt jemandem etwas zu** etwas bringt etwas zu jemandem (hin) *„Der Wind trug mir Stimmen zu"* **2** **jemandem etwas zutragen** *meist abwertend* jemandem etwas berichten • *zu* (2) **Zu·trä·ger** *der*

**zu·trau·en** (*hat*) **jemandem etwas zutrauen** glauben, dass jemand oder man selbst fähig ist, etwas (meist Schwieriges oder Böses) zu tun *„Traust du ihm so eine Lüge zu?"* | *„Er traute ihr nicht zu, das Problem zu lösen"* | *„Du kannst es schon, du musst es dir nur zutrauen!"*

**zu·trau·lich** *ADJEKTIV* ohne Angst oder Scheu ⟨*Tiere*⟩ *„Die Katze kam zutraulich zu uns her und ließ sich streicheln"*

**zu·tref·fen★** (*hat*) **1** **etwas trifft zu** etwas ist richtig ⟨*eine Annahme, eine Aussage, eine Behauptung, ein Vorwurf*⟩ ≈ stimmen *„Sein Verdacht erwies sich als zutreffend"* **2** **etwas trifft auf jemanden/etwas zu** etwas gilt für jemanden/etwas **ID** **Zutreffendes bitte ankreuzen!** *admin* verwendet auf Formularen als Aufforderung, diejenige der genannten Möglichkeiten zu wählen, die im eigenen Fall gilt

der **Zu·tritt** *nur Singular* **1** **Zutritt (zu etwas)** das Betreten eines Raumes oder Gebiets ⟨*jemandem den Zutritt gewähren, verweigern, verwehren, verbieten*⟩ *„Zutritt für Unbefugte verboten!"* **2** **Zutritt (zu etwas) (haben)** die Erlaubnis (haben), ein Gebäude, einen Raum o. Ä. zu betreten

das **Zu·tun** (-*s*) **ohne jemandes Zutun** ohne dass die genannte Person aktiv eingreift *„Der Vertrag kam ohne mein Zutun zustande"*

**zu·un·guns·ten, zu Un·guns·ten** *PRÄPOSITION mit Genitiv/Dativ* zum Nachteil von *„eine Entscheidung zuungunsten des Angeklagten"*

**zu·ver·läs·sig★** *ADJEKTIV* so, dass man sich auf eine Person oder Sache verlassen kann ⟨*ein Mensch, ein Freund, ein Auto, eine Maschine*⟩ *„Der Motor funktioniert zuverlässig"* • *hierzu* **Zu·ver·läs·sig·keit** *die*

die **Zu·ver·sicht** (-) der feste Glaube daran, dass etwas Positives geschehen wird ⟨*voll(er) Zuversicht sein*⟩ ≈ Optimismus *„voller Zuversicht einer Entscheidung entgegensehen"* • *hierzu* **zu·ver·sicht·lich** *ADJEKTIV*

**zu·vor★** *ADVERB* zeitlich vor etwas anderem ≈ vorher *„Nach der Reparatur klang das Radio schlechter als zuvor"* | *„Nie zuvor gab es hier so* *wenig Wasser"*

**zu·vor·kom·men** (*kam zuvor, ist zuvorgekommen*) **jemandem zuvorkommen** eher und schneller als eine andere Person handeln (und sich dadurch einen Vorteil verschaffen) *„Er wollte dieses schöne Grundstück auch kaufen, aber ich bin ihm zuvorgekommen"*

**zu·vor·kom·mend** ADJEKTIV **zuvorkommend (gegen jemanden/gegenüber jemandem)** höflich und hilfsbereit ⟨*jemanden zuvorkommend bedienen, behandeln*⟩

der **Zu·wachs★** (*-es*) die Menge, um die etwas größer wird ≈ Zunahme *„Der Umsatz hatte letztes Jahr einen Zuwachs von drei Prozent"* **K** Zuwachsrate; Bevölkerungszuwachs, Umsatzzuwachs

**zu·wan·dern** (*ist*) **Personen wandern zu** eine Gruppe von Personen zieht in ein Gebiet, um dort zu leben *„Das Dorf wächst, weil viele Leute aus der Stadt zuwandern"* • *hierzu* **Zu·wan·de·rer** *der;* **Zu·wan·de·rin** *die;* **Zu·wan·de·rung** *die*

**zu·we·ge, zu We·ge** ADVERB **ID** **etwas zuwege bringen** etwas Schwieriges erreichen

**zu·wen·den** (*wandte/wendete zu, hat zugewandt/zugewendet*) **1** **sich/etwas jemandem/etwas zuwenden** sich/etwas in die Richtung zu jemandem/etwas hindrehen ⟨*jemandem/etwas das Gesicht, den Rücken zuwenden*⟩ *„Sie wandte sich ihrem Nachbarn zu und flüsterte ihm etwas ins Ohr"* **2** **sich/etwas jemandem/etwas zuwenden** die Konzentration auf jemanden/etwas richten *„Sie wendet sich ganz ihrer neuen Aufgabe zu"*

die **Zu·wen·dung** (*-, -en*) **1** *nur Singular* Aufmerksamkeit und eine freundliche und liebevolle Behandlung ⟨*viel Zuwendung brauchen*⟩ **2** Geld, das man jemandem oder einer Institution schenkt ⟨*jemandem eine Zuwendung (in Höhe von ...) machen*⟩

**zu·wi·der** ADVERB **1** **eine Person/Sache ist jemandem zuwider** eine Person/Sache ruft in jemandem starke Abneigung hervor *„Diese Person/Ihre Heuchelei ist mir ganz zuwider"* PRÄPOSITION *mit Dativ, nachgestellt* **2** im Widerspruch zu Erwartungen, Vorschriften o. Ä. *„Dieses Verhalten ist den Spielregeln zuwider"*

**zu·zah·len** (*hat*) **(etwas) zuzahlen** noch etwas (zusätzlich) zahlen *„Für den Intercity müssen Sie vier Euro zuzahlen"* | *„Muss man hier (noch was) zuzahlen?"*

**zu·zie·hen** (*hat*) **1** **etwas zuziehen** etwas schließen, indem man daran zieht ⟨*einen Knoten, einen Vorhang zuziehen*⟩ *„eine Tür hinter sich zuziehen"* **2** **sich** (*Dativ*) **etwas zuziehen** (oft durch eigene Schuld) etwas Unangenehmes bekommen *„sich eine Grippe zuziehen"* | *„sich jemandes Zorn zuziehen"* **3** **(von irgendwoher) zuziehen** (*ist*) neu an einen Ort kommen, um dort zu wohnen *„aus der Stadt zuziehen"* **4** **der Himmel zieht sich zu; es zieht sich zu** (*hat*) der Himmel wird von Wolken bedeckt • *zu* **Zu·zie·hung** *die; zu (3)* **Zu·zug** *der*

**zu·züg·lich** PRÄPOSITION *mit Genitiv/Dativ; geschrieben* drückt aus, dass etwas (zu etwas anderem) hinzukommt ≈ mit, plus *„Die Miete zuzüglich der Nebenkosten beträgt 900 Euro"* | *„zuzüglich Porto"*

**zu·zwin·kern** (*hat*) **jemandem zuzwinkern** in die Richtung einer Person zwinkern, um ihr etwas zu sagen *„jemandem freundlich zuzwinkern"*

**zwang** *Präteritum, 1. und 3. Person Singular* → zwingen

der **Zwang★** (*-(e)s, Zwän·ge*) **1** der Druck, der durch Androhung oder Anwendung von Gewalt entsteht und der bewirkt, dass der Betroffene etwas tut, was er nicht tun möchte ⟨*etwas unter Zwang tun*⟩ **2** ein sehr starker Drang, etwas zu tun, den man mit Vernunft oder Logik nicht kontrollieren kann *„unter einem inneren Zwang handeln"* **K** Zwangsvorstellung **3** *meist Plural* ein sehr starker Einfluss (der meist durch die gesellschaftlichen Normen festgelegt ist) *„gesellschaftlichen Zwängen ausgesetzt sein"* **4** *meist Plural* Umstände, auf die man keinen Einfluss hat und welche die Handlungsweise bestimmen ⟨*wirtschaftliche Zwänge*⟩ **K** Zwangslage, Zwangspause

**zwän·gen** (*zwängte, hat gezwängt*) **1** **etwas irgendwohin zwängen** etwas mit Mühe in etwas hinein- oder durch etwas hindurchpressen *„noch einen Pullover in den vollen Koffer zwängen"* | *„die Füße in kleine Schuhe zwängen"* **2** **sich irgendwohin zwängen** sich mit Mühe durch eine enge Öffnung o. Ä. drücken *„sich durch ein Loch im Zaun zwängen"*

**zwang·haft** ADJEKTIV (*zwanghafter, zwanghaftest-*) ⟨*Verhalten*⟩ so, dass es durch die Vernunft oder den Willen nicht kontrolliert werden kann *„Sie leidet unter dem zwanghaften Bedürfnis, sich ständig zu waschen"*

**zwang·los** ADJEKTIV (*zwangloser, zwanglosest-*) **1** natürlich und locker ⟨*ein Benehmen,*

Z

*ein Gespräch, ein Treffen*⟩ **2** nicht streng geplant und daher nicht regelmäßig ⟨*eine Anordnung, eine Reihenfolge*⟩

die **Zwạngs·ar·beit** *meist Singular* eine Strafe, bei der man unter schlechten Bedingungen schwere körperliche Arbeit leisten muss *„zu zehn Jahren Zwangsarbeit verurteilt werden"* • *hierzu* **Zwạngs·ar·bei·ter** *der*; **Zwạngs·ar·bei·te·rin** *die*

**zwạngs·läu·fig** *ADJEKTIV meist attributiv* so, dass nichts anderes möglich ist ⟨*eine Entwicklung, ein Ergebnis, Folgen*⟩ *„So leichtsinnig wie er ist, musste er ja zwangsläufig einmal einen Unfall haben"*

**zwạngs·wei·se** *ADVERB* durch Anwendung von Zwang

**zwạn·zig★** *ZAHLWORT* **1** (als Zahl) 20 ❶ → Anhang, S. 1098: **Zahlen** **2** **Anfang/Mitte/Ende zwanzig sein** ungefähr 20 bis 23/24 bis 26/27 bis 29 Jahre alt sein

**zwạn·zi·ger** *ADJEKTIV meist attributiv; nur in dieser Form* die zehn Jahre (eines Jahrhunderts oder Menschenlebens) zwischen 20 und 29 betreffend *„ein Mann in den/seinen Zwanzigern"* | *„in den zwanziger Jahren dieses Jahrhundert"* **K** Zwanzigerjahre

der **Zwạn·zi·ger** (-s, -); *gesprochen* **1** eine Person, die zwischen 20 und 29 Jahre alt ist **2** ein Geldschein im Wert von 20 Euro, Dollar, Franken usw. **3** eine Münze im Wert von 20 Cent • *zu* (1) **Zwạn·zi·ge·rin** *die*

**zwạn·zigs·t-** *ADJEKTIV* **1** in einer Reihenfolge an der Stelle 20 ≈ 20. **2** **der zwanzigste Teil (von etwas)** ≈ $^1/_{20}$

**zwa̲r★** *ADVERB* **1** verwendet bei Feststellungen, bei denen man etwas zugibt oder als Grund akzeptiert (und nach denen ein Nebensatz mit *aber* oder *doch* steht *„Er war zwar krank, aber er ging trotzdem zur Arbeit"* | *„Ich habe zwar wenig Zeit, aber ich helfe dir (trotzdem)"* **2** **und zwar** verwendet, um etwas näher zu bestimmen ≈ nämlich *„Wir kaufen einen Hund, und zwar einen Dackel"*

der **Zwẹck★** (-(e)s, *Zwẹ·cke*) **1** das, was man mit einer Handlung erreichen will ⟨*etwas hat einen Zweck*⟩ ≈ Ziel *„Der Zweck dieser Übung ist, die Muskeln zu stärken"* **2** *oft Plural* das Benutzen einer Sache für eine Aufgabe oder Funktion *„ein Gerät für medizinische Zwecke"* **K** Verwendungszweck, Geschäftszwecke, Versuchszwecke **3** *nur Singular* ≈ Sinn *„Es hat keinen Zweck mehr, das Radio noch zu reparieren. Es ist schon zu alt"* **ID** **Der Zweck heiligt die Mittel** *oft ironisch* Es kommt auf den Erfolg an, nicht darauf, wie er erreicht wurde

**zwẹck·dien·lich** *ADJEKTIV* für den genannten Zweck nützlich ⟨*Angaben, Hinweise*⟩ ≈ sachdienlich

**zwẹck·fremd** *ADJEKTIV* für einen anderen als den geplanten Zweck ⟨*eine Verwendung*⟩

**zwẹck·los** *ADJEKTIV* (*zweckloser, zwecklosest-*) so, dass es keinen Erfolg haben kann ≈ sinnlos *„Es ist zwecklos, um Hilfe zu rufen. Hier kann uns keiner hören"* • *hierzu* **Zwẹck·lo·sig·keit** *die*

**zwẹck·mä·ßig** *ADJEKTIV* für einen Zweck gut geeignet ⟨*Kleidung*⟩ ≈ praktisch • *hierzu* **Zwẹck·mä·ßig·keit** *die*

**zwẹcks** *PRÄPOSITION mit Genitiv*/ *gesprochen auch Dativ*; *admin* zum Zweck (der, des ...) *„eine Maßnahme zwecks größerer Sicherheit"* ❶ Das folgende Substantiv wird ohne Artikel verwendet.

**zwe̲i★** *ZAHLWORT* (als Zahl, Ziffer) 2 ❶ → Anhang, S. 1098: **Zahlen** und Beispiele unter **vier** **ID** **für zwei arbeiten/essen/trinken/...** sehr viel mehr als üblich arbeiten/essen/trinken/...

die **Zwe̲i** (-, *-en*) **1** die Zahl 2 **2** jemand/etwas mit der Ziffer/Nummer 2 **3** eine gute Schulnote auf der Skala von 1 – 6 ≈ gut ❶ → Beispiele unter **Vier**

**zwe̲i·deu·tig** *ADJEKTIV* **1** auf zwei Arten zu verstehen, erklärbar ⟨*eine Antwort*⟩ **2** mit (versteckten) sexuellen Anspielungen ⟨*eine Bemerkung, ein Witz*⟩ ≈ doppeldeutig • *hierzu* **Zwe̲i·deu·tig·keit** *die*

der **Zwe̲i·er** (-s, -); *gesprochen* ≈ Zwei

**zwe̲i·er·lei** *nur in dieser Form* von unterschiedlicher Art *„zweierlei Strümpfe anhaben"* → Maß

der **Zwe̲i·fel★** (-s, -) **1** **Zweifel (an etwas** (*Dativ*)) das Gefühl, dass etwas nicht wahr oder richtig sein könnte *„Er wurde von Zweifeln geplagt, ob er sich richtig verhalten hatte"* | *„Mir kommen allmählich Zweifel daran, dass wir uns richtig verhalten haben"* **2** **(sich** (*Dativ*)**) über etwas** (*Akkusativ*) **im Zweifel sein** etwas nicht sicher wissen oder noch nicht entschieden haben **3** **ohne Zweifel** ganz sicher *„Das wird ohne Zweifel geschehen"* **4** **keinen Zweifel an etwas** (*Dativ*) **lassen** etwas entschieden zum Ausdruck bringen *„Sie ließ keinen Zweifel daran, dass sie ihn nicht mehr sehen wollte"* **5** **jemanden über etwas** (*Akkusativ*) **im Zweifel lassen** einer Person etwas nicht erzählen oder nicht deutlich zeigen [6] **etwas in Zweifel ziehen** vermuten oder sagen, dass etwas möglicherweise nicht wahr ist

**zwei·fel·haft** *ADJEKTIV* (*zweifelhafter, zweifelhaftest-*) [1] *meist prädikativ* nicht sicher, noch nicht entschieden *„Es ist zweifelhaft, ob wir den Plan durchführen können"* [2] ⟨*eine Entscheidung, eine Lösung*⟩ nicht gut und möglicherweise nicht richtig [3] nicht echt, angenehm oder passend ⟨*ein Kompliment, ein Vergnügen*⟩ [4] *meist attributiv* vermutlich nicht (ganz) legal ⟨*eine Herkunft, ein Geschäft*⟩ ≈ dubios

**zwei·fel·los** *ADVERB* ganz sicher ≈ bestimmt *„Das stimmt zweifellos"*

**zwei·feln** ★ (*zweifelte, hat gezweifelt*) [1] **an jemandem/etwas zweifeln** nicht sicher sein, ob man jemandem oder an etwas glauben oder auf jemanden/etwas vertrauen kann *„Ich zweifle nicht daran, dass er es ehrlich meint"* | *„Sie zweifelte am Erfolg seiner Bemühungen"* [2] **an sich** (*Dativ*) **zweifeln** an Selbstbewusstsein verlieren und Selbstzweifel haben *„Wenn du etwas erreichen willst, darfst du nicht so viel an dir zweifeln"*

der **Zwei·fels·fall** **im Zweifelsfall** wenn nicht sicher ist, wie man sich entscheiden soll *„Im Zweifelsfall kaufe lieber zu viel als zu wenig!"* | *„Im Zweifelsfall rufen Sie mich bitte an!"* [ID] **im Zweifelsfall für den Angeklagten** wenn man nicht sicher weiß, ob eine Person schuldig ist, entscheidet man zu ihren Gunsten

der **Zweig** ★ (-(*e*)*s*, -*e*) [1] ein kleiner Ast [K] Birkenzweig [2] ein relativ selbstständiger Bereich *„ein neuer Zweig der Elektroindustrie"* | *„Zoologie und Botanik sind Zweige der Biologie"* [K] Industriezweig, Wirtschaftszweig [ID] **auf keinen grünen Zweig kommen** keinen Erfolg haben

**zwei·ge·teilt** *ADJEKTIV* in zwei (selbstständige) Teile getrennt

die **Zweig·stel·le** eine Filiale meist einer Bank, eines Betriebs o. Ä.

**zwei·hun·dert** *ZAHLWORT* (als Zahl) 200

der **Zwei·kampf** ein Kampf zwischen zwei Menschen ⟨*jemanden zum Zweikampf herausfordern*⟩ ≈ Duell

das **Zwei·rad** ein Fahrzeug mit zwei Rädern (z. B. ein Fahrrad, ein Motorrad)

**zwei·schnei·dig** *ADJEKTIV meist attributiv* mit Vorteilen, aber auch mit Nachteilen ⟨*eine Angelegenheit, eine Sache*⟩

**zwei·sei·tig** *ADJEKTIV* [1] *meist attributiv* zwei Seiten lang ⟨*ein Artikel*⟩ [2] *meist attributiv* zwei Gruppen betreffend ≈ bilateral

**zweit** [ID] **zu zweit** mit zwei Personen, als Paar *„Wir sind zu zweit"*

**zwei·t-**[1] ★ *ADJEKTIV* in einer Reihenfolge an der Stelle zwei ≈ 2. ❶ → Beispiele unter **viert-**

**zweit-**[2] *im Adjektiv, betont, sehr produktiv* **zweitälteste, zweitbeste, zweitgrößte, zweithöchste, zweitlängste** *und andere* verwendet zusammen mit einem Superlativ, um zu sagen, dass jemand/etwas in einer Reihenfolge an der Stelle 2 steht

**zwei·tau·send** *ZAHLWORT* (als Zahl) 2000

**zwei·tens** ★ *ADVERB* drückt bei Aufzählungen aus, dass etwas an 2. Stelle kommt

**zweit·klas·sig** *ADJEKTIV; abwertend* nicht sehr gut ⟨*ein Hotel, ein Künstler*⟩

**zweit·ran·gig** *ADJEKTIV* weniger wichtig als andere Dinge ⟨*ein Problem; etwas ist von zweitrangiger Bedeutung*⟩ ≈ sekundär

der **Zweit·schlüs·sel** ≈ Ersatzschlüssel, Reserveschlüssel

die **Zweit·stim·me** Ⓓ die Stimme bei einer Wahl, die man einer Partei (und nicht einem einzelnen Kandidaten) gibt

die **Zweit·woh·nung** eine zweite Wohnung, die man z. B. am Wochenende oder im Urlaub benutzt

das **Zwerch·fell** die Muskeln und Sehnen, die Brust und Bauch innen voneinander trennen ≈ Diaphragma

der **Zwerg** (-(*e*)*s*, -*e*) eine Figur aus Märchen oder Sagen, die wie ein sehr kleiner Mann aussieht, oft mit langem Bart und spitzer Mütze ↔ Riese *„das Märchen von Schneewittchen und den sieben Zwergen"*

die **Zwet·sche** (-, -*n*) eine kleine, dunkelblaue Pflaume [K] Zwetschenbaum, Zwetschenkuchen, Zwetschenmus

**zwi·cken** (*zwickte, hat gezwickt*) [1] **(jemanden (irgendwohin)) zwicken** ein Stück der Haut zwischen zwei Finger nehmen, kurz daran ziehen und so drücken, dass es leicht wehtut *„Er zwickte sie in den Arm"* | *„Zwick mich, wenn ich einschlafe!"* [2] **etwas zwickt (jemanden) (irgendwo)** ein Kleidungsstück ist an einer Stelle zu eng *„Die Hose zwickt zwischen den Beinen"*

die **Zwick·müh·le** **in der Zwickmühle sein/sitzen** *gesprochen* in einer unangenehmen Situation sein, in der jede mögliche Entscheidung Nachteile hat

der **Zwie·back** (-(*e*)*s*, -*e*/*Zwie·bä·cke*); *meist Sin-*

Z

*gular* ein trockenes, hartes Gebäck (in viereckigen Scheiben), das sehr lange haltbar ist

die **Zwie·bel★** (-, *-n*) **1** ein Gemüse mit intensivem Geruch und Geschmack, das aus vielen Häuten besteht ⟨*Zwiebeln hacken, (in Ringe/Würfel) schneiden*⟩ *„Tomatensalat mit Zwiebeln"* **K** Zwiebelkuchen, Zwiebelschale **2** Blumen wie Tulpen und Krokusse wachsen aus Zwiebeln **K** Blumenzwiebel, Tulpenzwiebel

der **Zwie·bel·turm** ein Kirchturm o. Ä. mit einem Dach, das die Form einer Zwiebel hat

das **Zwie·ge·spräch** *geschrieben* eine Unterhaltung zwischen zwei Personen

**zwie·lich·tig** *ADJEKTIV* so, dass sie mit illegalen Geschäften o. Ä. in Verbindung gebracht werden ⟨*eine Gegend, ein Lokal, eine Gestalt*⟩

der **Zwie·spalt** (-(*e*)*s*, *Zwie·späl·te*); *meist Singular* das Gefühl, sich nicht für eine von zwei Möglichkeiten entscheiden zu können *„im Zwiespalt sein, was zu tun ist"*

die **Zwie·tracht** (-); *geschrieben* **Zwietracht unter/zwischen Personen** (*Dativ*) ein Zustand, in dem die Menschen sich nicht einig sind (und sich streiten) ⟨*Zwietracht säen, stiften*⟩ *„Unter ihnen herrschte/war Zwietracht"*

der **Zwil·ling** (*-s*, *-e*) **1** eines von zwei Kindern einer Mutter, die zur gleichen Zeit geboren worden sind ⟨*eineiige, zweieiige Zwillinge*⟩ **K** Zwillingsbruder, Zwillingsschwester **2** *nur Plural, ohne Artikel* das Sternzeichen für die Zeit von 21. Mai bis 21. Juni **3** eine Person, die in der Zeit von 21. Mai bis 21. Juni geboren ist *„Er ist (ein) Zwilling"*

**zwin·gen★** (*zwang, hat gezwungen*) **1** **jemanden zu etwas zwingen** jemanden durch Drohungen, Gewalt o. Ä. dazu bringen, etwas zu tun *„Er zwang uns, ihm Geld zu geben"* **2** **etwas zwingt jemanden zu etwas** etwas macht das genannte Verhalten notwendig *„Der Sturm zwang uns (dazu,) umzukehren"* **3** **jemanden irgendwohin zwingen** jemanden gewaltsam an den genannten Ort oder in die genannte Position bringen *„jemanden zu Boden zwingen"* **4** **sich zu etwas zwingen** streng gegen sich selbst sein und etwas tun, was man nicht mag *„sich zur Ruhe zwingen"* | *„sich zwingen, wach zu bleiben"*

der **Zwin·ger** (-s, -) ein großer Käfig für Hunde **K** Hundezwinger

**zwin·kern** (*zwinkerte, hat gezwinkert*) eines oder beide Augen (mehrmals) kurz schließen, meist um so jemandem etwas zu signalisieren ⟨*nervös, freundlich zwinkern; mit dem Auge, mit den Augen zwinkern*⟩ *„Das war nur ein Scherz von ihm. Hast du nicht gesehen, wie er gezwinkert hat?"* ❶ Man *zwinkert* mit Absicht und *blinzelt*, wenn das Licht hell zu hell ist usw.

der **Zwirn** (-(*e*)*s*) festes Garn zum Nähen, das aus mehreren Fäden gedreht ist

**zwi·schen★** *PRÄPOSITION* ORT: **1** *mit Dativ* an einer Stelle mit den genannten Dingen/Personen auf zwei Seiten *„eine Nadel zwischen Daumen und Zeigefinger halten"* | *„Enten haben Schwimmhäute zwischen den Zehen"* **K** Zwischenteil, Zwischentür, Zwischenwand ❶ → Anhang, S. 1113: **Präpositionen** **2** *mit Akkusativ* hin zu einer Stelle mit den genannten Dingen/Personen auf zwei Seiten *„einen Faden zwischen die Finger nehmen"* ❶ → Anhang, S. 1113: **Präpositionen** **3** *mit Dativ* von einem Punkt oder Ort zum anderen *„Der Abstand zwischen den Autos verringerte sich"* GRUPPE, MENGE: **4** *mit Dativ* (an einer Stelle) in einer Gruppe oder Menge *„Der Ausweis war zwischen den Papieren in der Schublade"* **5** *mit Akkusativ* in eine Gruppe, Menge hinein *„Die Polizisten in Zivil mischten sich zwischen die Demonstranten"* ZEIT: **6** *mit Dativ* innerhalb der genannten Zeitpunkte *„Er hat irgendwann zwischen dem 1. und 15. Mai Geburtstag"* **7** *mit Akkusativ* in einen Zeitraum hinein, der innerhalb der genannten Zeitpunkte liegt *„den Urlaub zwischen Ende Januar und Mitte Februar legen"* GRENZE: **8** *mit Dativ* innerhalb der genannten Grenzen oder Werte *„Temperaturen zwischen zehn und fünfzehn Grad"* BEZIEHUNG: **9** *mit Dativ* verwendet, um Beziehungen zu beschreiben *„das Vertrauen zwischen alten Freunden"* | *„Herrscht noch immer Streit zwischen dir und ihm?"* **10** *mit Dativ* verwendet, um Alternativen oder Gegensätze aufeinander zu beziehen *„Er schwankte zwischen Hoffnung und Verzweiflung"* ❶ *Zwischen* steht immer mit Angaben im Plural oder mit zwei Angaben im Singular, die mit *und* verbunden sind: *Sie musste sich zwischen zwei Farben/zwischen Gelb und Grün entscheiden.*

**Zwi·schen-** *im Substantiv, betont, sehr produktiv* **1** **der Zwischenbericht, die Zwischenbilanz, das Zwischenergebnis** *und andere* drückt aus, dass das genannte Ergebnis oder Ereignis nur vorläufig gilt *„Das Ergebnis der Zwischenprüfung im zweiten Lehrjahr fließt nicht in die Endnote mit ein"* **2** **das Zwi-**

**schenlager, die Zwischenlösung, die Zwischenregelung** *und andere* drückt aus, dass etwas nur kurze Zeit, vorübergehend gilt oder genutzt wird *„Ich sehe diesen Job nur als Zwischenbeschäftigung an, bis ich etwas Besseres finde"* **3** **der Zwischenaufenthalt, die Zwischenbemerkung, der Zwischenhalt** *und andere* drückt aus, dass etwas einen Vorgang unterbricht *„Wir fliegen ohne Zwischenstopp nach Tokio"*

das **Zwị·schen·ding** *gesprochen* **ein Zwischending (zwischen Dingen** (*Dativ*)**)** etwas, das weder ganz das eine noch ganz das andere ist

**zwi·schen·drịn** *ADVERB; gesprochen* **1** ≈ dazwischen *„Die Papiere waren in der Schublade, sein Ausweis zwischendrin"* **2** ≈ zwischendurch *„zwischendrin eine Pause machen"*

**zwị·schen·durch** *ADVERB* **1** zu einem oder mehreren Zeitpunkten während eines Zeitraums oder eines anderen Vorgangs *„Sie arbeiteten von acht bis fünfzehn Uhr und machten zwischendurch nur eine kurze Pause zum Essen"* **2** ≈ dazwischen *„Auf dem Beet wachsen Rosen und Tulpen, zwischendurch auch ein paar Narzissen"*

der **Zwị·schen·fall** ein plötzliches, meist unangenehmes Ereignis (meist während eines anderen Vorgangs) ⟨*ein bedauerlicher, peinlicher Zwischenfall*⟩

der **Zwị·schen·raum** **1** **ein Zwischenraum (zwischen Dingen** (*Dativ*)**)** der freie Platz zwischen zwei Dingen auf einem Blatt Papier ≈ Abstand *„einen großen Zwischenraum zwischen den Zeilen lassen"* **2** **ein Zwischenraum (zwischen Dingen** (*Dativ*)**)** der Abstand zwischen zwei Dingen *„Der Zwischenraum zwischen dem ersten und dem zweiten Auto wurde immer kleiner"*

der **Zwị·schen·ruf** eine relativ laute Bemerkung, mit der man jemanden bei einer Rede unterbricht • *hierzu* **Zwị·schen·ru·fer** *der*

die **Zwị·schen·zeit in der Zwischenzeit** in der Zeit zwischen zwei Zeitpunkten oder Ereignissen ≈ inzwischen, währenddessen

**zwị·schen·zeit·lich** *ADJEKTIV; geschrieben* in der Zeit, die seitdem vergangen ist *„Zwischenzeitlich hat sich die Lage verändert"*

der **Zwịst** (-(*e*)*s*, -*e*); *geschrieben* ein kleiner Streit ⟨*einen Zwist mit jemandem haben; einen Zwist begraben*⟩

**zwịt·schern** (*zwitscherte, hat gezwitschert*) **ein Vogel zwitschert (etwas)** ein Vogel singt *„Die Lerche zwitscherte ihr Lied"*

**zwo** *ZAHLWORT; gesprochen* ≈ zwei ❶ *Zwo* wird vor allem am Telefon für *zwei* verwendet, damit die andere Person es nicht (aus Versehen) mit *drei* verwechselt.

**zwọ̈lf**★ *ZAHLWORT* (als Zahl) 12 ❶ → Anhang, S. 1098: **Zahlen** und Beispiele unter **vier** **ID** **Es ist kurz/fünf vor zwölf** Es ist schon fast zu spät, um etwas Schlimmes zu verhindern

die **Zwọ̈lf** (-, -*en*) **1** die Zahl 12 **2** jemand/etwas mit der Ziffer/Nummer 12

**zwọ̈lft** *ADJEKTIV* **1** in einer Reihenfolge an der Stelle 12 ≈ 12. ❶ → Beispiele unter **viert-** **2** **der zwölfte Teil (von etwas)** ≈ 1/12 **3** **zu zwölft** (mit) insgesamt zwölf Personen *„Wir sind zu zwölft"* | *„zu zwölft am Tisch sitzen"*

**zwọ̈lf·tel** *ADJEKTIV meist attributiv; nur in dieser Form* den zwölften Teil einer Menge bildend ≈ 1/12

das **Zwọ̈lf·tel** (-*s*, -) der 12. Teil einer Menge

**zwọ̈lf·tens** *ADVERB* verwendet bei einer Aufzählung, um anzuzeigen, dass etwas an 12. Stelle kommt

der **Zy·lịn·der** [tsi-, tsy-]; (-*s*, -) **1** ein geometrischer Körper in Form eines Rohrs o. Ä., das an beiden Enden geschlossen ist **2** ein Rohr, in dem sich bei Benzinmotoren ein Kolben auf und ab bewegt *„ein Motor mit vier Zylindern"* **K** Zylinderblock **3** ein steifer, meist schwarzer Hut für Männer, der oben wie ein breites Rohr aussieht ⟨*Frack und Zylinder tragen*⟩ *„Der Zauberer zog ein Kaninchen aus dem Zylinder"* **K** Zylinderhut • *zu* (1) **zy·lịnd·risch** *ADJEKTIV*

der **Zy·ni·ker** ['tsy:-]; (-*s*, -) eine Person, die Schwächen und Probleme anderer Leute und Situationen auf verletztende, spöttische Art kritisiert oder ausnutzt • *hierzu* **zy·nisch** ['tsy:-] *ADJEKTIV*

# Extras

## Wörter und Situationen

# Wörter und Situationen

Die Informationen auf den folgenden Seiten sind kurze Texte, die verschiedene Situationen beschreiben, oder Wortlisten für die genannten Bereiche.

## Abkürzungen

### Allgemeine Abkürzungen

| | | | |
|---|---|---|---|
| allg. | allgemein | km | Kilometer |
| bzw. | beziehungsweise | l | Liter |
| cm | Zentimeter | m | Meter |
| dgl. | dergleichen | Nr. | Nummer |
| d. h. | das heißt | o. Ä. | oder Ähnliches |
| Dr. | Doktor (*Titel*) | u. Ä. | und Ähnliches |
| evtl. | eventuell | u. a. m. | und andere(s) mehr |
| i. Allg. | im Allgemeinen | usw. | und so weiter |
| h | Stunde | wg. | wegen |
| Jg. | Jahrgang | z. B. | zum Beispiel |

### Abkürzungen in Wohnungsanzeigen

| | | | |
|---|---|---|---|
| AB | Altbau | NB | Neubau |
| BLK | Balkon | NK | Nebenkosten |
| DG | Dachgeschoss | NR | Nichtraucher |
| EBK | Einbauküche | RH | Reihenhaus |
| EG | Erdgeschoss | TG | Tiefgarage |
| ETW | Eigentumswohnung | WG | Wohngemeinschaft |
| FBH | Fußbodenheizung | Whg. | Wohnung |
| HK | Heizkosten | WM | Warmmiete |
| KM | Kaltmiete | ZH | Zentralheizung |
| KoNi | Kochnische (*eine Art kleine Küche im Zimmer*) | Zi | Zimmer |
| | | ZKB | Zimmer, Küche, Bad |
| KP | Kaufpreis | 2 ZKB | zwei Zimmer, Küche, Bad |
| KT | Kaution | | |

### Abkürzungen in SMS und E-Mail

Vor allem in privaten Chats, SMS und E-Mails gibt es immer mehr Abkürzungen wie **LG** für „liebe Grüße", **HDL** für „Hab dich lieb" oder **WE** für „Wochenende". Im Internet gibt es aktuelle Listen, die man z. B. mit „Abkürzungen SMS" finden kann.

## Ablehnen

Wenn mir jemand etwas zu essen oder zu trinken anbietet, und ich möchte das nicht oder habe keinen Appetit, sage ich:

- **Nein, danke!**

Wenn ich ein Geschenk nicht haben möchte, sage ich:

- (**Danke, aber**) **das kann ich nicht annehmen.**

Hilfe, die ich nicht brauche, lehne ich ab mit:

- **Danke / Vielen Dank, ich komme zurecht.**

Eine Einladung lehne ich immer mit einer Begründung ab:

- **Danke, aber da kann ich leider nicht kommen.**
- **Danke, aber da habe ich leider keine Zeit.**

Will ich in einem Geschäft etwas nicht kaufen, das mir der Verkäufer anbietet, sage ich:

- **Danke, das muss ich mir noch überlegen.**

## Abschied

Man kann sich, je nach Situation, mit folgenden Worten verabschieden:

- **Höflich und neutral** mit (**Auf**) **Wiedersehen!**, in Süddeutschland auch mit **Auf Wiederschauen!** oder in der Schweiz mit **Auf Wiederluege!**

- Etwas **weniger formell** verabschiedet man sich z. B. mit **Bis später!**, **Bis morgen!**, **Bis bald!**, **Bis zum nächsten Mal!**

- **Am Freitag**, vor dem Wochenende, verabschiedet man sich mit **Schönes Wochenende!**

- **Am Telefon** sagt man (**Auf**) **Wiederhören!**

- **Von Freunden** verabschiedet man sich mit **Tschüs(s)!**, **Machs gut!** oder **Man sieht sich!** In Süddeutschland sagt man auch **Servus!**, in Österreich **Baba!** und in der Schweiz **Salu!**

# Anrede

## Du

**Du** sagen alle Erwachsenen zu Kindern und jüngeren Jugendlichen.
**Du** sagen immer Mitglieder einer Familie und Verwandte zueinander. Freunde, gute Bekannte, Kinder und Jugendliche sagen ebenfalls **Du** zueinander.
**Du** zueinander sagt man außerdem in vielen Situationen, in denen die anwesenden Personen ein Gefühl der Zusammengehörigkeit betonen wollen, z. B. unter Mitgliedern einer Partei, eines Vereins oder beim Sport.
**Du** sagt man auch, wenn man mit Dingen oder Tieren spricht, als wären sie Menschen.
**Du** sagt man ebenfalls, wenn man mit Gott spricht.
Mehrere Leute, zu denen man einzeln **du** sagt, spricht man mit **ihr** an.

Unter Erwachsenen setzt die Anrede mit **du** das Einverständnis der angeredeten Person voraus. Dieses Einverständnis ergibt sich entweder aus der Situation oder eine Person sagt ausdrücklich, dass sie mit **du** angesprochen werden möchte (nachdem man sich vorher gegenseitig mit **Sie** angeredet hat).

## Sie

**Sie** sagen ältere Kinder und Jugendliche zu Erwachsenen, wenn diese keine Verwandten oder Freunde der Familie sind.
**Sie** zueinander sagen Erwachsene in formellen Situationen, oft bei Unterschieden in der sozialen oder beruflichen Stellung, und vor allem dann, wenn sie einander nicht oder nicht gut kennen.
Mehrere Personen, zu denen man einzeln **Sie** sagt, spricht man auch mit **Sie** an. Spricht man mit mehreren Personen, von denen man nur einige sonst mit **du** anredet (und die anderen mit **Sie**), sagt man immer **Sie**.

## In Briefen

→ **Brief und E-Mail**

# Arbeit

## Personen

der / die Angestellte, Arbeiter – Arbeiterin, Arbeitnehmer – Arbeitnehmerin, Chef – Chefin, Mitarbeiter – Mitarbeiterin, Kollege – Kollegin, Beamter – Beamtin, der / die Selbstständige

## Geld

Einkommen, Gehalt, Gehaltsgruppe, Gewinn, Honorar, Lohn, Lohngruppe, Rente, Pension, Steuerklasse, Tarif, Tarifvertrag, Umsatz, Verdienst, Verlust

### Regelungen

Arbeitserlaubnis, Arbeitslosengeld I, Arbeitslosengeld II, Arbeitslosigkeit, Arbeitsvertrag, Arbeitszeit, Elternzeit, Festanstellung, Kernzeit, Kündigung, Kurzarbeit, Mutterschaftsurlaub, Mutterschutz, Nachtarbeit, Pension, Rente, Schichtarbeit, Schwangerschaftsurlaub, Sozialversicherung, Sozialhilfe, Teilzeitarbeit, unbefristeter Vertrag, Urlaub

### Institutionen

Agentur für Arbeit, Arbeitsamt, Arbeitsvermittlung, Jobbörse

## Bad

→ **Abbildung „Im Bad", S. 97**

## Bank

Bei einer Bank kann man ein Konto eröffnen. Ein Girokonto richtet man ein, damit auf dieses Konto Geld überwiesen werden kann (z. B. der Lohn oder das Gehalt) oder damit man auf ein anderes Konto überweisen kann, um so Rechnungen zu bezahlen.
Wenn man ein Konto hat, kann man auch Geld darauf einzahlen oder man kann Geld von diesem Konto abheben (z. B. mit einer Bankkarte am Automaten). Am Automaten erhält man auch die Kontoauszüge. Wenn man weniger Geld hat als man braucht, kann man bei der Bank einen Kredit beantragen.

## Brief und E-Mail

### Anrede

- Wenn man den Empfänger nicht persönlich kennt oder nicht sehr gut kennt, schreibt man z. B.
  - **Sehr geehrte Frau Huber, …**
  - **Sehr geehrter Herr Huber, …**
  - **Sehr geehrte Frau Dr. Ahrend, …**
  - **Sehr geehrter Herr Professor, …**

- Wenn man an eine Firma oder an eine Organisation schreibt und nicht wissen kann, wer den Brief oder die E-Mail lesen wird (oder wenn der Brief an mehrere Empfänger gerichtet ist), verwendet man als Anrede **Sehr geehrte Damen und Herren, …**

- Schreibt man an Personen, die man gut kennt, verwendet man z. B.
  - **Liebe Frau** (+ *Familienname*), …
  - **Lieber Herr** (+ *Familienname*), …

- In einem Brief oder einer E-Mail an Freunde schreibt man z. B.
  - **Lieber Karl, …**
  - **Liebe Anna, …**

- Unter jungen Leuten oder Freunden gibt es auch andere Anreden, z. B.
  - **Hi oder Hallo**
  - **Hallo zusammen** usw.

- An enge Freunde oder Verwandte kann man schreiben: **Ihr Lieben, …**

### Betreff

In geschäftlichen Briefen steht immer vor der Anrede eine Zeile, in der man kurz schreibt, worum es in dem Brief geht, z. B. **Buchungsbestätigung für Ihre Reise nach New York** oder **Bestellung von 10 Bildschirmen**. Bei E-Mails gibt es eine eigene Zeile für den Betreff.

### Schluss

- In geschäftlichen Briefen und E-Mails schreibt man:
  - **Mit freundlichen Grüßen, …**
  - oder, ziemlich förmlich und offiziell **In Erwartung Ihrer Antwort verbleibe ich mit freundlichen Grüßen, …**

- In einem Brief oder einer E-Mail an Freunde schreibt man z. B.
  - **Viele / Liebe / Herzliche Grüße, …**
  - **Herzlichst, Dein(e) / Euer / Eure …**

- Unter jungen Leuten oder Freunden gibt es natürlich auch andere Formulierungen, z. B.
  - **Mach's gut!**
  - **Alles Gute / Liebe von …**
  - **Viele Grüße an alle von …**

- Am Ende von Briefen an Personen, zu denen man **du** sagt, schreibt man **Dein / Deine / Euer / Eure** (+ *Vorname*). In Briefen an Personen, zu denen man **Sie** sagt, schreiben ältere Personen meist **Ihr / Ihre** (+ *Vorname und Nachname*).

## Danke!

Wenn man sich bei einer anderen Person bedanken will, kann man einfach **Danke!** sagen. Man kann auch deutlicher sagen, dass man dankbar ist, zum Beispiel mit

- **Danke vielmals!**
- **Vielen Dank!**
- **Vielen, vielen Dank!**
- **Vielen Dank, das war sehr freundlich!**
- **Herzlichen Dank!**
- **Besten Dank für alles!**

## Datum

Die üblichen Angaben für ein Datum werden nach dem Muster von
- **der dritte Februar**
- **1. Mai 2008**
- **am 3. 7. 2014**
- **am Montag, dem 31. Oktober**
- **am Morgen des 5. September 2015**

angegeben.

🛈 Der Tag wird immer vor dem Monat genannt.
→ **Die Zeit**

## Einkaufen

Man geht einkaufen, weil man etwas braucht oder haben will. Es kann sein, dass man ein Paar Schuhe braucht, oder dass das Brot ausgegangen ist. Im Supermarkt bekommt man vieles, in anderen Geschäften (beim Bäcker; beim Metzger; im Schuhgeschäft usw.) gibt es nur relativ wenige und bestimmte Waren (Brot, Brötchen, Kuchen; Fleisch und Wurst; Schuhe).
Wenn man in ein Geschäft kommt, in dem man bedient wird, grüßt man, z. B. mit **Guten Tag!** oder **Guten Morgen!**
Meist wird man dann gefragt: **Bitte schön?** oder **Was hätten Sie denn gerne?**
Dann antwortet man **Ich möchte / hätte gerne ein …**
Wenn man alles hat, was man kaufen wollte, sagt man **Danke, das wäre alles!**
Nach dem Preis fragt man mit **Was kostet das?**
Vielleicht wird man gefragt, ob man mit Karte zahlen will oder bar.

## Entschuldigen

Mit den Worten **Entschuldigen Sie (bitte)!** oder **Verzeihen Sie (bitte)!** kann man eine höfliche Frage beginnen:
**Entschuldigen Sie bitte, wissen Sie, ob der Zug Verspätung hat?**

Manchmal tut man ohne Absicht etwas, was einer anderen Person nicht recht ist, was sie nicht mag, oder was ihr in irgendeiner Weise wehtut. Wenn man sieht, dass das der Fall ist, dann entschuldigt man sich, z. B. mit
- **Entschuldige bitte!**
- **Entschuldige bitte, das wollte ich nicht!**
- **Entschuldigung, das tut mir leid!**

Man kann auch sagen:
- **Entschuldige bitte, habe ich dir wehgetan?**
- **Entschuldigen Sie bitte, ich wollte nicht stören!** usw.

Manchmal ist man im Stress und benimmt sich nicht immer sehr höflich oder mit der nötigen Rücksicht. Dann kann man **Entschuldigung!** oder **Entschuldigen Sie!** sagen und eine kurze Bemerkung angeben, warum man sich so verhält, z. B.:
- **Darf ich bitte zur Tür, ich muss hier aussteigen!**
- **Könnten Sie mich durchlassen, ich muss zum Zug!**
- **Ich muss jetzt leider gehen, ich muss morgen sehr früh aufstehen.**

# Energie

## Herkunft und Quellen
Atomenergie, Biomasse, Erdöl, Erdgas, Kohle, Sonne, Wasser, Wind

## Einige Energieformen
Bewegungsenergie (z. B. Windenergie), elektrische Energie (Strom), magnetische Energie, Schallenergie, Solarenergie, Strahlungsenergie, Wärmeenergie

## Kraftwerke
Atomkraftwerk, Braunkohlekraftwerk, Gaskraftwerk, Gezeitenkraftwerk, Kohlekraftwerk, Ölkraftwerk, Stromkraftwerk, Wasserkraftwerk, Windkraftwerk

## Energie und Umwelt
alternative Energie, Energiebilanz, Energiediskussion, Energieeffizienz, Energieeinsparung, Energiepolitik, Energieverschwendung, Energiewende, Energiewirtschaft, erneuerbare Energie, fossile Energie

# Essen und Trinken

## Allgemeines
abnehmen, Diät, sich (un)gesund ernähren, fasten, Figur, Kalorien, Mineralien, Kohlenhydrate, Übergewicht, Untergewicht, Vitamine, zunehmen

## Getränke
Bier, Cola, Kaffee, Kakao, Limonade, Milch, Mineralwasser, Saft, Schorle, Sprudel, Tee, Wasser, Wein

## Brot und Kuchen
Brezel, Brot, Brötchen, Roggenbrot, Schwarzbrot, Semmel, Vollkornbrot, Weißbrot, Weizenbrot; Keks, Kuchen, Torte

## Fett
Bratfett, Butter, Margarine, Öl, Olivenöl, Schmalz

## Gewürze
Basilikum, Knoblauch, Paprika, Petersilie, Pfeffer, Rosmarin, Salbei, Salz, Schnittlauch, Zucker

## Beilagen
Bratkartoffeln, Gemüse, Gratin, Kartoffeln, Kartoffelpüree, Nudeln, Pommes frites, Reibekuchen, Reis, Sauerkraut

## Aufstrich
Frischkäse, Gelee, Honig, Konfitüre, Marmelade, Nougatcreme, Streichwurst

## Käse
Bergkäse, Edamer, Emmentaler, Gouda, Hartkäse, Scheibenkäse, Schimmelkäse, Weichkäse

## Gemüse
Artischocke, Aubergine, Blaukraut, Blumenkohl, Bohnen, Brokkoli, Chinakohl, Endiviensalat, Erbsen, Feldsalat, Fenchel, Grünkohl, Gurke, Karotten, Knoblauch, Kohl, Kohlrabi, Kopfsalat, Kürbis, Lauch, Paprika, Radieschen, Rettich, Rosenkohl, Rote Bete, Rotkohl, Rucola, Salat, Sellerie, Spargel, Spinat, Tomate, Weißkraut, Zucchini, Zwiebel
→ **Abbildung „Obst und Gemüse", S. 196**

## Fleisch, Wurst
Aufschnitt, Braten, Bratwurst, Dauerwurst, Ente, Frikadelle, Frischwurst, Gans, Geflügel, Grillfleisch, Gulasch, Hackfleisch, Hammel, Huhn, Kalbfleisch, Kotelett, Lamm, Leberwurst, Mettwurst, Rindfleisch, Salami, Schnitzel, Schweinefleisch, Weißwurst, Wiener, Wild

## Fisch
Forelle, Hering, Kabeljau, Karpfen, Sardinen, Scholle, Thunfisch, Tintenfisch

## Obst
Ananas, Apfel, Aprikose, Banane, Birne, Blaubeeren, Brombeeren, Erdbeeren, Heidelbeeren, Himbeeren, Honigmelone, Johannisbeeren, Kirsche, Kiwi, Limette, Mandarine, Melone, Nektarine, Orange, Pfirsich, Pflaume, Preiselbeeren, Stachelbeeren, Wassermelone, Weintrauben, Zitrone, Zwetsch(g)e
→ **Abbildung „Obst und Gemüse", S. 196**

### Nachtisch
Eis, Joghurt, Kuchen, Obst, Pudding
→ **Die Mahlzeiten**

## Fahrzeuge und Verkehr

### Fahrzeuge
Auto, Bahn, Bus, Fähre, Fahrrad, Flugzeug, Lastwagen, Lastkraftwagen / LKW, Moped, Motorrad, Motorroller, Omnibus, PKW, S-Bahn, Schiff, Straßenbahn, U-Bahn, Zug

### Verkehr
Autoverkehr, Bahnverkehr, Fernverkehr, Güterverkehr, Luftverkehr, Nahverkehr, Personenverkehr, Reiseverkehr, Schiffsverkehr, Stau, Warenverkehr

### Verkehrsteilnehmer
Autofahrer, Busfahrer, Beifahrer, Fahrradfahrer, Fluggast, Fußgänger – Fußgängerin, Insasse – Insassin, Kapitän – Kapitänin, Lenker – Lenkerin, Lokomotivführer, Mitfahrer, Motorradfahrer, Passagier – Passagierin, Pilot – Pilotin, der / die Reisende

ⓘ Die Wörter mit -**fahrer** oder -**führer** haben jeweils die weibliche Form -**fahrerin** / -**führerin**.

### Auto, Fahrrad
aufpumpen, Inspektion, Maut, Panne, Reifenwechsel, Reparatur, tanken, TÜV, Werkstatt

ⓘ Die Bestandteile von Autos und Fahrrädern sind auf den → **Abbildungen „Das Auto"**, S. 391 und **„Das Fahrrad"**, S. 392 zu sehen.

### Beim Fahren
beschleunigen, blinken, bremsen, fahren, Gas geben, die Handbremse ziehen, die Kupplung treten, lenken, parken, steuern

### Bahn
→ **Abbildung „Am Bahnhof"**, S. 733, → **Fahrkarten**, → **Reise**

### Fahrkarten
Fahrkarten (oder Tickets) kauft man am Fahrkartenautomaten, am Fahrkartenschalter oder im Internet. Am Schalter nennt man das Ziel der Reise, den Tag und die Uhrzeit.
Eine einfache Fahrt macht man, wenn man nur zu dem Ziel fährt. Wenn man eine Fahrkarte auch für die Fahrt zurück will, ist das eine Rückfahrkarte (man sagt auch **hin und zurück**).
Also z. B.

- **„Bitte eine einfache Fahrt nach Hamburg, morgen Nachmittag."**
- „Zweite Klasse?"
- **„Ja, bitte!"**
- „Mit Platzreservierung?"
- **„Nein, danke!"**

Online-Tickets kauft man im Internet. Man muss die Fahrkarte dann selbst ausdrucken. Wenn man die Fahrkarte auf dem Smartphone haben möchte, kauft man ein Handy-Ticket. Wenn der Zugbegleiter die Fahrkarten kontrolliert, zeigt man ihm das digitale Ticket auf dem Handy.
Es gibt noch weitere Fahrkarten, z. B. ermäßigte Fahrkarten, Jahreskarten, Monatskarten, Sonderfahrkarten, Tageskarten oder Wochenkarten.
**→ Reise, → Abbildung „Am Bahnhof", S. 733**

### Am Flughafen

**→ Reise, → Abbildung „Am Flughafen", S. 734**

## Fragen

Eine Frage wird oft als Fragesatz formuliert. Viele Fragen enthalten die Wörter **können**, **bitte** oder **sagen**.

- Nach dem Preis einer Ware oder Leistung kann man fragen mit
  - **Was / Wie viel kostet das?**
  - **Wie teuer ist das?**

- Nach dem Weg fragt man z. B. mit
  - **Entschuldigen Sie bitte! Wie komme ich zum Bahnhof?**
  - **Können Sie mir bitte sagen, wo der Bahnhof ist?**
  - **Entschuldigung, ist das hier der Weg zum Bahnhof?**

- Nach der Gesundheit oder dem allgemeinen Befinden einer anderen Person fragt man z. B. mit
  - **Wie geht's dir / Ihnen?**
  - **Wie fühlst du dich?**
  - **Geht es dir wirklich gut?**
  - **Geht es dir wieder besser?**
  - **Kann ich dir irgendwie helfen?**

- Wenn man wissen möchte, wo die Toilette ist, fragt man **Bitte, wo ist hier die Toilette?**

## Im Garten

Im Garten kann man sich erholen. Man kann auf der Terrasse sitzen und sich sonnen, im Liegestuhl liegen und lesen, Federball oder Fußball spielen, eine Gartenparty feiern und grillen.
Ein Garten macht auch Arbeit. Man muss den Rasen mähen, Sträucher und Blumen pflanzen, dann düngen und gießen. Für das Gemüse muss man die Beete anlegen und umgraben, säen oder die Pflänzchen setzen, die Beete gießen und das Unkraut jäten.

Wenn man eine Hecke oder Bäume hat, muss man diese schneiden. Im Herbst muss man alles so versorgen, dass im Winter kein großer Schaden durch die Kälte entsteht.

# Gefühle

## angenehme Gefühle

Erregung, Freude, Freundschaft, Fröhlichkeit, Glück, Hoffnung, Liebe, Stolz, Sympathie, Trost, Vertrauen, Zufriedenheit, Zuneigung

## unangenehme Gefühle

Abneigung, Abscheu, Angst, Ärger, Aufregung, Eifersucht, Ekel, Erregung, Furcht, Hass, Misstrauen, Neid, Sorge, Trauer, Traurigkeit, Verdruss, Wut, Zorn

# Geld

Mit Geld kann man für eine Ware oder Leistung zahlen bzw. bezahlen. Man bekommt Geld als Lohn oder Gehalt, während der Ausbildung manchmal als Stipendium oder Beihilfe, und wenn man älter ist, als Rente oder Pension. Wenn man mehr Geld hat, als man für das normale Leben braucht, kann man sparen, und diejenigen, die viel Geld haben, können ihr Geld durch Zinsen oder Investitionen vermehren.
Im Alltag bezahlen wir oft bar, mit Scheinen und Münzen. Größere Geldbeträge bezahlen wir mit Karten. Rechnungen werden überwiesen oder über ein Konto bei der Bank bezahlt. Auf Reisen muss man gelegentlich Geld wechseln, z. B. Euro in Dollar oder britische Pfund in Euro.
→ **Bank**

# Grüßen

Mit einem Gruß zeigt man einer Person unter anderem, dass man bereit ist, mit ihr zu reden. Erwachsene, die einander mit **Sie** anreden (oder anreden würden), grüßen einander bis ungefähr zehn Uhr mit **Guten Morgen**! Anschließend sagt man **Guten Tag!** bis zu der Zeit, an der es anfängt, dunkel zu werden. Dann sagt man **Guten Abend!** (**Gute Nacht**! ist kein Gruß, sondern der Wunsch, dass die andere Person eine ruhige Nacht haben möge.)
Jüngere Leute, Kinder und alle Personen, die **du** zueinander sagen, verwenden oft **Hallo**! oder **Hi**!
Wie man grüßt, hängt auch von der Region ab (z. B. **Grüezi**! in der Schweiz oder **Moin, moin**! in Norddeutschland).

# Hilfe!

Wenn man Hilfe braucht und in Not ist, kann man **Hilfe!** rufen oder **Helfen Sie mir!** In einem Notfall wählt man in Deutschland die Notrufnummer 110 (Polizei) oder 112 (Feuerwehr, Arzt), in Österreich und der Schweiz immer die Nummer 112.

Meist verwendet man **bitte**, wenn man Hilfe braucht:

- **Könnten Sie mir bitte helfen?**
- **Bitte, ich brauche Hilfe!**

und gibt den Grund an, warum man Hilfe braucht.

# Im Hotel

Im Hotel kann man übernachten. Man nimmt ein Zimmer, ein Einzelzimmer oder Doppelzimmer, für die gewünschte Zeit (z. B. für heute Nacht, für drei Nächte, für eine Woche, für zehn Tage), mit oder ohne Frühstück, mit oder ohne Vollpension (mit Frühstück, Mittagessen und Abendessen), mit oder ohne Halbpension (mit Frühstück und Abendessen). Den Zimmerschlüssel oder die Zimmerkarte bekommt man am Empfang bzw. an der Rezeption. Man kann ein Zimmer natürlich auch schon vor der Ankunft telefonisch oder über das Internet reservieren lassen. In den meisten Hotels wird man gebeten, sich anzumelden. Das heißt, man nennt den eigenen Namen, gibt seine Adresse an, nennt den Tag der Abreise, zeigt den Ausweis oder Pass. Wenn man wieder abreist, muss man das Zimmer meistens bis zu einer bestimmten Uhrzeit verlassen. Man gibt dann den Schlüssel oder die Zimmerkarte an der Rezeption ab.

# Kirche und Religion

## Geistliche

Bischof – Bischöfin, Diakon – Diakonin, Geistlicher – Geistliche, Imam, Kardinal, Papst, Pfarrer – Pfarrerin, Priester – Priesterin, Rabbiner – Rabbinerin, Seelsorger – Seelsorgerin

## Gemeinde

Gläubige, Kirchenverwaltung, Pfarramt, Pfarrgemeinderat

## Religionen

buddhistisch, evangelisch, hinduistisch, jüdisch, katholisch, muslimisch, orthodox, protestantisch

## Gebäude

Dom, Kapelle, Kathedrale, Kirche, Kloster, Münster, Moschee, Pagode, Synagoge, Tempel

### Ereignisse und Handlungen in christlichen Religionen

Abendmahl, Beerdigung, Beichte, Buße, Eheschließung, Firmung, Gebet, Glaube, Gottesdienst, Kommunion, Konfession, Konfirmation, Krankensalbung, Letzte Ölung, Messe, Predigt, Priesterweihe, Sakrament, Segen, Sünde, Taufe, Trauerfeier

## Kommunikation

In diesem Abschnitt sind Wörter und Strukturen gesammelt, mit denen man das Miteinander beim Sprechen, Hören, Schreiben oder Lesen beschreiben kann. Die Wörter selbst sind im Wörterbuch erklärt.

### Eine andere Person informieren, ganz allgemein, schriftlich oder mündlich

| | |
|---|---|
| etwas andeuten | jemandem etwas erzählen |
| etwas ausdrücken | jemanden (über etwas (*Akkusativ*)) informieren |
| etwas ausführen | mit jemandem über etwas (*Akkusativ*) kommunizieren |
| sich (zu etwas) äußern | jemandem etwas mitteilen |
| etwas (gegenüber einer Person) äußern | jemandem etwas signalisieren |
| jemandem etwas berichten | sich mit jemandem verständigen |
| etwas erwähnen | |

### Eine andere Person informieren, mündlich

| | |
|---|---|
| jemanden anrufen | jemandem etwas sagen |
| etwas mit jemandem besprechen, bereden, erörtern, diskutieren | mit jemandem (über jemanden / etwas) reden, sprechen |
| mit jemandem ein Gespräch führen | mit jemandem telefonieren |
| jemandem eine Nachricht (auf dem Anrufbeantworter) hinterlassen | sich mit jemandem über etwas / eine Person unterhalten |

### Eine andere Person informieren, schriftlich

| | |
|---|---|
| jemandem (etwas) faxen, mailen, simsen | (jemandem) einen Brief, eine E-Mail, ein Fax, eine Karte, eine SMS schicken |
| jemandem eine Notiz hinterlassen | einen Brief, ein Schreiben usw. verfassen |
| mit jemandem über etwas korrespondieren | eine E-Mail usw. (ver)senden |
| (jemandem) einen Brief, eine E-Mail, eine Karte schreiben | |

## In der Zeitung, im Radio oder Fernsehen, im Internet

| | |
|---|---|
| etwas ansagen | etwas mailen |
| etwas berichten | etwas melden |
| bloggen | eine Sendung moderieren |
| mit jemandem chatten | etwas senden / übertragen |
| jemanden interviewen | twittern |
| etwas kommentieren | |

## Erklären und Verstehen

| | |
|---|---|
| jemandem etwas erklären | jemandem etwas vermitteln |
| jemandem etwas klarmachen | etwas verstehen |

## Hören und Lesen

| | |
|---|---|
| den Anrufbeantworter abhören | fernsehen |
| etwas / nichts hören | etwas lesen |
| jemandem zuhören | etwas sorgfältig studieren, durcharbeiten |
| eine Sendung (an)hören | etwas überfliegen |
| eine Sendung (an)sehen, (an)schauen | Informationen abrufen |
| Radio hören | einen Brief usw. bekommen, erhalten |
| etwas (mit Mühe) entziffern | eine E-Mail, ein Fax, eine SMS empfangen |

## Fehler bei der Kommunikation

| | |
|---|---|
| etwas missverstehen | sich verschreiben |
| sich verhören | sich vertippen |
| sich verlesen | sich versprechen |

## Ohne Worte

| | |
|---|---|
| jemandem etwas anmerken, ansehen, anhören | mit Händen und Füßen sprechen |
| (auf etwas) deuten, zeigen | jemandem ein Zeichen geben |
| (wild) gestikulieren | sich in / mit Zeichensprache verständigen |
| etwas aus jemandes Blick herauslesen | |

# Körper

## Kopf

Augen, Augenbrauen, Augenlider, Backen, Gehirn, Gesicht, Haare, Kinn, Lippen, Mund, Nase, Oberlippe, Ohr, Ohrläppchen, Schläfen, Stirn, Unterlippe, Wangen, Zahn, Zunge

## Arme und Beine

Arm, Bein, Daumen, Ellbogen, Ferse, Finger, Fuß, Fußsohle, Hand, Handgelenk, kleiner Finger, Knie, Kniekehle, Knöchel, Mittelfinger, Oberarm, Oberschenkel, Ringfinger, Schenkel, Schlüsselbein, Schulter, Unterarm, Unterschenkel, Wade, Zeh, Zeigefinger

## Andere Körperteile

Bauch, Becken, Blase, Bronchien, Brust, Brustkorb, Darm, Dickdarm, Dünndarm, Geschlechtsorgan, Hals, Herz, Hüfte, Kehle, Kreuz, Leber, Luftröhre, Lunge, Magen, Mandeln, Milz, Nabel, Nacken, Niere, Oberkörper, Po, Rachen, Rücken, Rückgrat, Speiseröhre, Taille
→ **Abbildung „Der Körper", S. 294**

# Beim Arzt

## Ärzte und Ärztinnen

Allgemeinarzt, Augenarzt, Chirurg – Chirurgin, Doktor – Doktorin, Facharzt, Frauenarzt, Gynäkologe – Gynäkologin, Hals-Nasen-Ohren-Arzt, Internist – Internistin, Kinderarzt, Notarzt, Orthopäde – Orthopädin, Röntgenarzt, Spezialist – Spezialistin, Urologe – Urologin
ⓘ Die Wörter mit **-arzt** haben jeweils die weibliche Form **-ärztin**.

## Symptome

Appetitlosigkeit, Atemnot, Ausschlag, Bauchschmerzen, Bauchweh, hoher / niedriger Blutdruck, Durchfall, Entzündung, Erbrechen, Fieber, Gliederschmerzen, Halsschmerzen, Halsweh, Husten, Juckreiz, Kopfschmerzen, Kopfweh, Kreislaufbeschwerden, Kreislaufkollaps, Müdigkeit, hoher / niedriger Puls, Schmerzen, Schnupfen, Schwäche, Schwindel, Verstopfung

## Krank sein

Ich bin müde, schwach. Ich fühle mich nicht wohl.
Jemand ist bettlägerig, bewusstlos, ohnmächtig, verletzt.

## Krankheiten

AIDS, Allergie, Blasenentzündung, Bluthochdruck, Bruch, Embolie, Erkältung, Grippe, Herzanfall, Krebs, Lungenentzündung, Malaria, Masern, Mumps, Nierenentzündung, Röteln, Schlaganfall, Schnitt, Verbrennung, Verletzung, Verstauchung, Windpocken, Zucker (Diabetes)

### Gesund sein

Ich bin gesund, ich fühle mich wohl. Mir geht es gut.
Jemand ist fit, jemand ist gesund. Es fehlt einem nichts, man hat nichts.

### Patienten und Pflegende

Altenpfleger – Altenpflegerin, Hebamme, der / die Kranke, der Krankenpfleger, die Krankenschwester, Patient – Patientin, Physiotherapeut – Physiotherapeutin, der / die Schwerkranke, der / die (Schwer-)Verletzte

### Behandlung und Pflege

behandeln, Behandlung, ambulante Behandlung, stationäre Behandlung, Besserung, Diagnose, diagnostizieren, Diät halten, Fieber messen, heilen, Heilung, impfen, Impfung, künstliche Ernährung, Kur, Medikament, Operation, operieren, Pflaster, Tabletten, Tropfen, Verband, verbessern, verbinden, verschlechtern, Verschlechterung, Zäpfchen

### Gebäude und Institutionen

Intensivstation, Klinik, Klinikum, Krankenhaus, Kurklinik, Pflegeheim, Praxis, Reha-Klinik, Sanatorium, Station

## Kunst

### Schreiben

Autor – Autorin, Dichter, Dichtung, Drama, Dramatiker, Erzähler, Gedicht, Künstler, Lyrik, Lyriker, Roman, Romanautor(in), Schriftsteller

ⓘ Die Wörter auf -er enden in der weiblichen Form auf **-erin.**

### Fotografie, Malen und Plastik

Bild, Bildhauer, Designer, Fotograf – Fotografin, Grafiker, Künstler, Maler, Zeichner, Zeichnung

ⓘ Die Wörter auf -er enden in der weiblichen Form auf **-erin.**

### Musik

Band, Chor, Dirigent – Dirigentin, Instrument, Komponist – Komponistin, Konzert, Künstler – Künstlerin, Musiker – Musikerin, Orchester, Sänger – Sängerin (Sopran, Alt, Tenor, Bass), Solist – Solistin

### Film, Tanz, Theater

Ballett, Bühne, Darsteller, Künstler, Regisseur – Regisseurin, Schauspieler, Tänzer

ⓘ Die Wörter auf -er enden in der weiblichen Form auf **-erin.**

## Leihen, Mieten, Pachten – Verleihen, Vermieten, Verpachten

Wenn man etwas haben möchte und nicht kaufen kann oder will, kann man es leihen, mieten oder pachten.

Vor allem Wohnungen oder Häuser mietet man:
- **Wir haben das Haus nur gemietet, nicht gekauft.**

Als Bauer kann man Land pachten, als Gastwirt ein Lokal:
- **Mein Freund hat seine Gaststätte von einer Brauerei gepachtet.**

Wenn man etwas nur kurze Zeit benutzt, mietet oder leiht man es:
- **im Urlaub ein Auto mieten / leihen**

Wenn man (sich) etwas leiht, muss man nicht unbedingt Geld dafür bezahlen:
- **Das Boot habe ich mir von einem Freund geliehen.**

Die Sache, um die es jeweils geht, wird verliehen, vermietet bzw. verpachtet.

## Im Lokal

Man geht in ein Lokal, um dort etwas zu essen oder zu trinken. Man setzt sich an einen freien Tisch oder sagt, dass man gerne einen Tisch für z. B. zwei Personen hätte. Wenn man essen möchte, fragt man nach der Speisekarte (**Könnten wir bitte die Karte haben?**) und sucht sich etwas aus (**Ich nehme die Nudeln mit Lachs**; **Ich hätte gerne Spargel mit Schinken**). Wenn man später einen Nachtisch möchte, bittet man „noch einmal" um die Karte.
Irgendwann muss man dann bezahlen. Wenn man Glück hat, kommt der Kellner oder die Kellnerin am Tisch vorbei, oder man ruft sie mit **Entschuldigung**! und sagt **Wir möchten gerne bezahlen**. Dann bekommt man die Rechnung und zahlt ungefähr 10 % mehr als auf der Rechnung steht: Man gibt Trinkgeld.

## Die Mahlzeiten

Morgens gibt es das Frühstück, am Mittag dann das Mittagessen, abends gibt es das Abendessen. Am Wochenende oder wenn man Zeit hat, trifft man sich nachmittags vielleicht zum Kaffeetrinken. Wenn man Hunger hat, kann man zu jeder Zeit eine kleine Pause machen und einen Snack essen.
Die Bezeichnungen für die Mahlzeiten können von Region zu Region verschieden sein. So spricht man in Norddeutschland vom **Abendbrot**, in der Schweiz vom **Nachtessen**. Wenn man in Süddeutschland etwas in einer Pause isst, bezeichnet man das als **Brotzeit** oder **Vesper**, in der Schweiz ist ein kleines Essen in einer Pause am Vormittag ein **Znüni** und in Österreich ist eine Pause mit Essen eine **Jause**.

# Mathematische Zeichen

| | | | |
|---|---|---|---|
| + | und / plus | $\geq$ | größer gleich |
| – | weniger / minus | $\leq$ | kleiner gleich |
| × *oder* · | mal / multipliziert mit | $2^3$ | zwei hoch drei (dritte Potenz von zwei) |
| : | geteilt durch / dividiert durch | ∞ | unendlich |
| = | (ist) gleich / ist | $\sqrt{4}$, $\sqrt[2]{4}$ | (zweite) Wurzel / Quadratwurzel aus vier |
| ≠ | (ist) ungleich | $\sqrt[3]{4}$ | dritte Wurzel / Kubikwurzel aus vier |
| $>$ | größer als | % | Prozent |
| $<$ | kleiner als | ‰ | Promille |

| | | |
|---|---|---|
| Mengen | $a \in A$ | a ist ein Element von A |
| Brüche | $\frac{1}{2}$, $\frac{2}{3}$, $\frac{1}{4}$ | ein halb, zwei Drittel, ein Viertel |
| Gleichung | $a^2 + b^2 = c^2$ | a Quadrat plus b Quadrat gleich c Quadrat |
| Addition<br>addieren / zusammenzählen: | $3 + 2 = 5$<br>↑<br>Summe | drei und / plus zwei gleich / ist fünf |
| Subtraktion<br>subtrahieren / abziehen: | $3 - 2 = 1$<br>↑<br>Differenz | drei weniger / minus zwei gleich / ist (gleich) eins |
| Multiplikation<br>multiplizieren / malnehmen: | $3 \cdot 2 = 6$<br>↑<br>Produkt | drei mal zwei gleich / ist (gleich) sechs |
| Division<br>dividieren / teilen: | $6 : 2 = 3$<br>↑<br>Quotient | sechs (geteilt) durch zwei gleich / ist (gleich) drei |
| Wurzelgleichung<br>die Wurzel ziehen: | $\sqrt[2]{9} = 3$ | die (zweite) Wurzel aus neun ist drei |

# Nein!

Manchmal will man ganz deutlich sagen, dass man eine ganz andere Meinung hat oder dass man etwas wirklich nicht tun will oder tun kann. Wenn man nicht gleich streiten und sich ärgern will, kann man das Nein ein wenig freundlicher ausdrücken.

Ist man anderer Meinung, kann man z. B. sagen

- **Nein, das sehe ich (ein wenig) anders!**
- oder man fragt zurück mit **Ist das wirklich so?**
- oder sagt **Das hätte ich nicht gedacht!**
- oder **Das glaube ich nicht!**

Wenn ein anderer will oder möchte, dass man etwas tut (und man selbst hat dazu überhaupt keine Lust), dann muss man nicht gleich sagen **Kommt nicht in Frage!**
Man kann sagen:

- **Das geht leider nicht.** und eine kurze Begründung geben wie **Ich kenne mich mit diesen Sachen nicht so gut aus.**
- oder **Da habe ich schon was (vor).**
- oder **Das mache ich eigentlich nicht so gerne.**

# Noten

## Noten in der Schule

In der Schule und auch bei anderen Prüfungen werden die Leistungen mit Noten bewertet. In Deutschland ist die beste Note die 1 (sehr gut), die schlechteste Note ist die 6 (ungenügend), in Österreich ist die beste Note die 1, die schlechteste die 5 (nicht genügend). In der Schweiz ist die beste Note die 6, die schlechteste die 1.

## Noten in der Musik

Die Töne der Tonart C-Dur sind c, d, e, f, g, a, h und c.
Die Töne der Tonart a-moll sind a, h, c, d, e, f, g und a.
Cis, dis, eis, fis, gis und ais sind durch das Vorzeichen # erhöhte Töne.
Ces, des, es, ges, as und ♭ sind durch das Vorzeichen ♭ ermäßigte Töne.

# Recht

## Einige Fachgebiete des Rechts

Arbeitsrecht, Aktienrecht, Erbrecht, Familienrecht, Handelsrecht, Mietrecht, Prozessrecht, Schuldrecht, Sozialrecht, Steuerrecht, Strafrecht, Urheberrecht, Verkehrsrecht, Versicherungsrecht, Verwaltungsrecht

## Personen

Anwalt – Anwältin, der / die Angeklagte, der / die Geschädigte, der / die Geschworene, Gutachter, Rechtsanwalt – Rechtsanwältin, Richter, der / die Sachverständige, Schöffe – Schöffin, Staatsanwalt – Staatsanwältin, Verteidiger, Zeuge – Zeugin
ⓘ Die Wörter auf -er enden in der weiblichen Form auf **-erin.**

## In einem Prozess

Anklage, Anhörung, Beweisaufnahme, Freispruch, Geldstrafe, Haftstrafe, Jugendstrafe, Strafe, Strafe auf Bewährung, Plädoyer, Revision, Urteil, Urteilsbegründung, Urteilsverkündung, Vernehmung, Verschiebung, Vertagung, der / die Vorsitzender – Vorsitzende

# Reise

Viele Leute sind unterwegs. Manche machen eine Geschäftsreise oder Dienstreise, andere eine Urlaubsreise, wieder andere machen eine Reise zu ihren Verwandten oder zu Freunden oder eine Reise in ihre Heimatstadt.
Wer eine Reise machen will, muss sie planen. Man muss sich in den Fahrplänen der Bahn und der Busse informieren oder in den Flugplänen der Fluglinien. Bei einer größeren Reise lohnt es sich, Reisekataloge zu studieren, ein Reisebüro zu fragen oder im Internet zu suchen: Oft gibt es Sonderangebote mit günstigen Preisen.
Ein Reisebüro hilft beim Organisieren der Reise, dort kann man auch eine Reise buchen (mit allen Fahrkarten, Tickets und Hotelreservierungen). Es gibt Versicherungen für den Fall, dass man eine geplante und bezahlte Reise nicht antreten kann und auch für den Fall, dass man unterwegs krank wird. Gute Reise!
**→ Fahrkarten, → Fahrzeuge, → Verkehr, → Im Hotel, → Im Lokal, → Taxi;**
**→ Abbildungen „Am Bahnhof", S. 733 und „Am Flughafen", S. 734**

# Schule und Ausbildung

## Institutionen und Abschnitte in der Ausbildung

Kindergarten, Vorschule, Grundschule, (Kinder-)Hort, Förderschule, Hauptschule, Realschule, Gymnasium, Berufsoberschule, Berufsschule, Fachakademie, Fachoberschule, Fachhochschule, Universität

## Die Fächer in der Schule

Biologie, Chemie, Deutsch, Englisch, Erdkunde, Ethik, Französisch, Handarbeit, Hauswirtschaft, Kunst, Latein, Mathematik, Physik, Religion, Sozialkunde, Spanisch, Sport, Werken, Wirtschaft

## Die Schüler

der / die Auszubildende, der / die Azubi, Berufsschüler, Grundschüler, Grundschulkind, Gymnasiast – Gymnasiastin, Hauptschüler, Kindergartenkind, Lehrling, Realschüler, Student – Studentin, Vorschulkind

ℹ Die Wörter auf -er enden in der weiblichen Form auf **-erin**.

## Die Lehrer und Lehrerinnen

Biologielehrer, Chemielehrer, Deutschlehrer, Direktor – Direktorin, Englischlehrer usw.

ℹ Die Wörter auf -er enden in der weiblichen Form auf **-erin**.

## Zeugnisse und Prüfungen

Aufnahmeprüfung, Abitur, Abschlussarbeit, Abschlussprüfung, Abschlusszeugnis, Bericht, Berichtsheft, Ex, Fachabitur, Halbjahreszeugnis, Hausarbeit, Jahreszeugnis, Klassenarbeit, Klausur, Kurzarbeit, Kurzprobe, Mittlere Reife, mündliche Leistung, Praktikum, Praktikumsbericht, Prüfung, Quali, Referat, schriftliche Leistung, Schulaufgabe, Schularbeit, Zeugnis, Zwischenzeugnis

### Räume in der Schule
Aula, Handarbeitsraum, Klassenzimmer, Mensa, Pausenhof, Physikraum, Schulgarten, Schulküche, Turnhalle, Unterrichtsraum, Werkraum

# Sport

## Die Sportarten oder Disziplinen

### Mannschaftssport
Basketball, Baseball, Eishockey, Fußball, Handball, Hockey, Volleyball, Wasserball

### Im Wasser
Brustschwimmen, Delfin, Kanu fahren, Kraulen, Paddeln, Rückenschwimmen, Rudern, Segeln, Synchronschwimmen, Tauchen, Turmspringen

### Kampfsport
Boxen, Ringen, Judo, Karate

### Laufen, Werfen, Springen usw.
Bobfahren, Diskuswerfen, Dreisprung, Eiskunstlauf, Eisschnelllauf, Hammerwerfen, Hochsprung, Hürdenlauf, Inlineskaten, Joggen, Klettern, Kugelstoßen, Marathon, Reiten, Rodeln, Schießen, Schlittenfahren, Skateboard fahren, Skifahren, Skilanglauf, Skispringen, Stabhochsprung, Staffellauf, Tennis, Turnen, Weitsprung
→ **Abbildung „Auf zum Sport", S. 636**

## Die Sportler und Sportlerinnen
Amateur – Amateurin, Athlet – Athletin, Berufssportler, Leichtathlet – Leichtathletin, Profi, Schwerathlet – Schwerathletin, Sportler, Trainer
Boxer, Diskuswerfer, Hürdenläufer, Turner, Weitspringer usw.
ⓘ Die Wörter auf -er enden in der weiblichen Form auf **-erin**.

### Vorbereitung, Wettkampf, Ergebnisse
Ausscheiden, Bronzemedaille, Europameister, Europameisterschaft, Form, Goldmedaille, Meisterschaft, Niederlage, die Olympischen Spiele, Pokal, Sieg, Silbermedaille, Training, Qualifikation, Unentschieden, Weltmeister, Weltmeisterschaft, Wettkampf

### Fußball
Abseits, Ecke, Elfmeter, Flanke, Foul, Freistoß, Fußball, Pass, Strafstoß, Stürmer – Stürmerin, Torfrau, Torschuss, Torwart, Verteidiger – Verteidigerin

## Stadt und Gemeinde

Ausländeramt, Ausländerbehörde, Bauamt, Behörde, Bürgermeister, Einwohnermeldeamt, Finanzamt, Landrat, Landratsamt, Polizei, Polizeipräsidium, Polizeiwache, Rathaus, Stadtverwaltung, Standesamt, Stelle, Verwaltung

Arbeitserlaubnis, Asylantrag, Aufenthaltsgenehmigung, Ausweis, Fundbüro, Pass, Visum

## Tankstelle

An der Tankstelle tankt man Benzin (Super oder Super Plus) oder Diesel und füllt damit den Tank des Fahrzeugs voll oder halb voll. Bei der Gelegenheit kann man auch den Ölstand des Motors prüfen bzw. kontrollieren und Öl nachfüllen. Vielleicht braucht die Scheibenwischanlage Wasser, und nach einer längeren Fahrt misst man den Reifendruck und pumpt die Reifen auf, wenn es notwendig ist.

## Taxi

Wenn man an einem Taxistand in ein Taxi steigt (oder wenn man ein fahrendes freies Taxi zu sich herangewunken hat), dann grüßt man und nennt dann die Adresse oder sagt z. B.: **Könnten Sie mich bitte in die Maximilianstraße fahren, Nummer 14?**
Wenn man bei einem Taxiunternehmen anruft, um ein Taxi zu bestellen, sagt man: **Könnte ich bitte ein Taxi haben?** Dann nennt man die Adresse, zu der das Taxi kommen soll und die Zeit (z. B. **jetzt gleich** oder **heute Nachmittag um 16 Uhr 30**). Schließlich nennt man noch den eigenen Namen (z. B. **für Herrn Schuster**) oder den Namen der Person, die mit dem Taxi fahren wird.

## Am Telefon

Mit einem Smartphone oder Handy kann man überall telefonieren (wenn der Empfang gut ist). Andere Telefone haben einen festen Anschluss in einem Gebäude (die Festnetztelefone). Bei Telefonen kann man oft auf dem Display erkennen, wer anruft, und entsprechend meldet man sich und sagt z. B.

- **Guten Morgen, Frau / Herr ...!**
- **Was gibt's?**
- **Gut, dass du anrufst!**

Wenn man den Anrufenden oder die Anrufende nicht kennt oder nicht erkennt, nennt man den eigenen Namen, manche sagen auch: **Ja, bitte?**

Wenn man selbst anruft, kann man natürlich zu Freunden z. B. sagen: **Hallo, ich bin's!** Anderen Gesprächspartnern muss man den eigenen Namen sagen und vielleicht auch, warum man anruft.
Wenn man bei der Zentrale eines Betriebes oder einer Institution anruft, muss man sich verbinden lassen: **Könnten Sie mich bitte mit … verbinden?** Dann wird man mit der entsprechenden Nebenstelle verbunden.

Sollte es beim Gespräch Probleme mit der technischen Qualität geben, kann man sagen:

- **Ich kann Sie nur sehr schwach / leise hören.**
- **Ich verstehe Sie kaum.**
- **Ich habe hier kein Netz.**
- **Mein Akku ist fast leer.**

Dann ist es oft am besten, wenn man das Gespräch abbricht und noch einmal anruft oder zurückruft.

# Unfall, Katastrophe

## Unfälle und Katastrophen

Arbeitsunfall, Autounfall, Badeunfall, Bergunglück, Brand, Einsturz, Explosion, Hungersnot, Katastrophe, menschliches Versagen, Sportunfall, technischer Defekt, Terroranschlag, Unfallursache, Unglück

## Naturereignisse

Blitzschlag, Dürre, Erdbeben, Flut, Hagel, Hochwasser, Lawine, Orkan, Seebeben, Sturm, Tornado, Trockenheit, Tsunami, Überschwemmung, Unwetter, Vulkanausbruch, Wirbelsturm

## Folgen

Absturz, Ertrinken, Hunger, das Leben verlieren, der / die Leichtverletzte, Leid, der / die Obdachlose, Opfer, Schaden, der / die Schwerverletzte, Tod, der / die Tote, der / die Überlebende, Unfallopfer, Verbrennung, der / die Verletzte, Verletzung, verschüttet, Verwüstung, Zerstörung

## Hilfe

Bergung, Bergungsmannschaft, Bergungsarbeiten, Erste Hilfe, Geldspenden, Hilfsorganisation, internationale Hilfe, Räumung, Rettung, Rotes Kreuz, Sanitäter, schweres Gerät, Unfallort, Wiederaufbau

## Versicherung

Arbeitslosenversicherung, Berufsunfähigkeitsversicherung, Brandversicherung, Gebäudeversicherung, Gesundheitskarte, Glasversicherung, Haftpflichtversicherung, Hausratversicherung, Kraftfahrzeugversicherung, Krankenversicherung, Lebensversicherung, Reiseversicherung, Rentenversicherung, Sozialversicherung, Unfallversicherung, Urlaubsversicherung, Versichertenkarte, Versicherungsabschluss, Versicherungsgesellschaft, Versicherungsleistung, Versicherungsnehmer, Versicherungsprämie, Versicherungsvertrag, Versicherungsvertreter, Zusatzversicherung

## Vorschlagen

So kann man unter Freunden und Bekannten einen Vorschlag formulieren oder einleiten:

- **Wir könnten doch ins Kino gehen!**
- **Wie wäre es mit einer kleinen Fahrradtour?**
- **Hat jemand was gegen eine Pause?**
- **Ich hätte schon Lust, in das Konzert zu gehen.**
- **Hast du Lust, mit auf die Party zu gehen?**
- **Ich hätte da eine Idee: …**

Wenn man einander nicht so gut kennt oder wenn es sich um eine offizielle Gelegenheit handelt:

- **Ich würde vorschlagen, dass …**
- **Mein Vorschlag wäre: …**
- **Darf ich einen Vorschlag machen?**
- **Wenn ich mir einen Vorschlag erlauben darf: …**

## Vorstellen

Unter jungen Leuten, Freunden und guten Bekannten kann man andere vorstellen, indem man z. B. sagt: **Das ist Peter** oder **Das ist Susanne.**
Wenn man mit Leuten zusammen ist, die alle **du** zueinander sagen, stellt man sich selbst vor mit z. B. **Ich heiße Peter.**
Wenn man sich selbst gegenüber Fremden vorstellt, sagt man z. B.: **Mein Name ist Hans Altmann.** Meist fügt man dann noch etwas hinzu, etwa **Ich habe bei Ihnen ein Zimmer reserviert** oder **Ich komme wegen der Versicherung** usw.
Wenn man in förmlichen Situationen eine Person einer anderen Personen vorstellt, sagt man zuerst **Darf ich vorstellen?** Dann nennt man die Nachnamen der Betreffenden (**Herr Müller, Frau Maier, Frau Dr. Pütz**) und die so Vorgestellten grüßen einander mit **Guten Tag!** o. Ä. Will man alles ganz korrekt machen, dann stellt man die jüngere Person der älteren Person vor oder die männliche Person der weiblichen Person.

# Das Wetter

Das Wetter ist manchmal gut, dann ist es heiter, sonnig, warm, angenehm, mild, frisch, freundlich. Manchmal ist es schlecht, dann ist es kalt, regnerisch, stürmisch oder windig. Wenn es gut ist, kann es schlechter werden, dann wird es kühl, wolkig, trüb, neblig, unfreundlich. Im Sommer gibt es gelegentlich große Hitze, im Winter starken Frost, große Kälte und heftige Schneeschauer. Heftiger Regen, heftige Gewitter, heftige Stürme oder stürmische Winde sind immer mal möglich. Manchmal ist es für die Jahreszeit zu kalt oder zu warm oder zu feucht oder zu trocken.

# Wohnen

## Wohnung

Altbauwohnung, Appartement, Dachgeschosswohnung, Eigentumswohnung, Erdgeschosswohnung, Mansardenwohnung, Mietwohnung, Neubauwohnung;
Einzimmerwohnung, Zweizimmerwohnung, Dreizimmerwohnung usw.
→ **Abkürzungen in Wohnungsanzeigen**

## Zimmer

Arbeitszimmer, Bad, Büro, Esszimmer, Kinderzimmer, Küche, Schlafzimmer, Toilette, Wohnzimmer
→ **Abbildung „Im Bad", S. 97**

## Küche

Ausguss, Besteck, Biomüll, Geschirr, Gefrierschrank, Geschirrspülmaschine, Herd, Kaffeemaschine, Kühlschrank, Mixer, Mülleimer, Pfanne, Schüssel, Toaster, Topf, Wasserkocher
→ **Abbildung „Behälter und Gefäße", S. 489**

# Wünschen

Wenn man einer Person etwas wünscht, dann hofft man, dass diese Person eine gute Zeit haben wird. Man kann dies z. B. bei einem Abschied tun mit

- **Viel Glück!**
- **Alles Gute!**
- **Gute Zeit!**

Man kann natürlich auch sagen: **Ich wünsche dir / Ihnen viel Glück** usw., unter Freunden auch **Mach's gut!** oder **Ich denk an dich!**
Mit dem Gruß **Guten Morgen!** oder **Guten Tag!** wünscht man natürlich der anderen Person auch einen guten Morgen usw.

In Geschäften sagt man zu Kunden oft **Einen schönen Tag!**
Mit **Gute Nacht!** wünscht man der anderen Person, dass sie gut schläft.
Einer Person, die krank ist, wünscht man (**Alles Gute und**) **Gute Besserung!**
Zu einer Person, die auf eine Reise geht, sagt man: **Gute Reise!**
Vor einer schwierigen Aufgabe wünscht man **Viel Erfolg!**
Vor einer Zeit, die hoffentlich angenehm ist, sagt man

- **Schöne Ferien!**
- **Schönen Urlaub!**
- **Schönen Feiertag!**
- **Schönes Wochenende!**

# Zahlen

## Grundzahlen

| | |
|---|---|
| 1 | eins, ein |
| 2 | zwei |
| 3 | drei |
| 4 | vier |
| 5 | fünf |
| 6 | sechs |
| 7 | sieben |
| 8 | acht |
| 9 | neun |
| 10 | zehn |
| 11 | elf |
| 12 | zwölf |
| 13 | dreizehn |
| 14 | vierzehn |
| 15 | fünfzehn |
| 16 | sechzehn |
| 17 | siebzehn |
| 18 | achtzehn |
| 19 | neunzehn |
| 20 | zwanzig |
| 21 | einundzwanzig |
| 22 | zweiundzwanzig |
| 23 | dreiundzwanzig |
| 24 | vierundzwanzig |
| 25 | fünfundzwanzig |
| 26 | sechsundzwanzig |
| 27 | siebenundzwanzig |
| 28 | achtundzwanzig |
| 29 | neunundzwanzig |
| 30 | dreißig |
| 40 | vierzig |
| 50 | fünfzig |
| 60 | sechzig |
| 70 | siebzig |
| 80 | achtzig |
| 90 | neunzig |
| 100 | (ein)hundert |
| 101 | (ein)hunderteins |
| 102 | (ein)hundertzwei |
| 200 | zweihundert |
| 300 | dreihundert |
| 1 000 | (ein)tausend |
| 2 000 | zweitausend |
| 10 000 | zehntausend |
| 20 000 | zwanzigtausend |
| 100 000 | (ein)hunderttausend |
| 1 000 000 | eine Million |
| 1 000 000 000 | eine Milliarde |

## Ordnungszahlen

1. (der, die, das) erste
2. (der, die, das) zweite
3. (der, die, das) dritte
4. (der, die, das) vierte
5. (der, die, das) fünfte
6. (der, die, das) sechste
7. (der, die, das) sieb(en)te
8. (der, die, das) achte
9. (der, die, das) neunte
10. (der, die, das) zehnte
11. (der, die, das) elfte
12. (der, die, das) zwölfte
13. (der, die, das) dreizehnte
14. (der, die, das) vierzehnte
15. (der, die, das) fünfzehnte
16. (der, die, das) sechzehnte
17. (der, die, das) siebzehnte
18. (der, die, das) achtzehnte
19. (der, die, das) neunzehnte
20. (der, die, das) zwanzigste
21. (der, die, das) einundzwanzigste
22. (der, die, das) zweiundzwanzigste
23. (der, die, das) dreiundzwanzigste
24. (der, die, das) vierundzwanzigste
25. (der, die, das) fünfundzwanzigste
26. (der, die, das) sechsundzwanzigste
27. (der, die, das) siebenundzwanzigste
28. (der, die, das) achtundzwanzigste
29. (der, die, das) neunundzwanzigste

30\. (der, die, das) dreißigste
40\. (der, die, das) vierzigste
50\. (der, die, das) fünfzigste
60\. (der, die, das) sechzigste
70\. (der, die, das) siebzigste
80\. (der, die, das) achtzigste
90\. (der, die, das) neunzigste
100\. (der, die, das) (ein)hundertste
101\. (der, die, das) hunderterste
102\. (der, die, das) hundertzweite
200\. (der, die, das) zweihundertste
300\. (der, die, das) dreihundertste
1 000. (der, die, das) (ein)tausendste
2 000. (der, die, das) zweitausendste
10 000. (der, die, das) zehntausendste
20 000. (der, die, das) zwanzigtausendste
100 000. (der, die, das) hunderttausendste
1 000 000. (der, die, das) millionste
1 000 000 000. (der, die, das) milliardste

## Bruchzahlen

0,5 null Komma fünf
4,21 vier Komma zwei eins; vier Komma einundzwanzig

# Die Zeit

## Das Messen von Zeit

| | |
|---|---|
| die Sekunde | der Monat |
| die Minute | das Vierteljahr / das Quartal |
| die Viertelstunde | das Halbjahr |
| die halbe Stunde | das Jahr |
| die Dreiviertelstunde | das Jahrzehnt |
| die Stunde | das Jahrhundert |
| der Tag | das Jahrtausend / das Millennium |
| die Woche | das Zeitalter / die Epoche |

## Die Uhrzeit: Wie spät ist es?

| | | |
|---|---|---|
| Mitternacht / null Uhr / zwölf Uhr nachts |  | Mittag / zwölf Uhr mittags |
| ein Uhr morgens / nachts |  | ein Uhr mittags |
| drei Uhr morgens / nachts |  | drei Uhr nachmittags |
| sechs Uhr morgens / früh |  | sechs Uhr abends |
| zehn Uhr morgens / vormittags |  | zehn Uhr abends |
| elf Uhr vormittags |  | elf Uhr nachts |

Bei wichtigen Zeitangaben oder Terminen am Nachmittag werden die Zahlen 13 bis 24 verwendet: **Abfahrt des Zuges um 17 Uhr 45.**

## Zeitverschiebung

Sommerzeit: die Uhr (um) eine Stunde vorstellen

Winterzeit: die Uhr (um) eine Stunde zurückstellen

## Die Tageszeiten

| | |
|---|---|
| der Morgen | am Morgen = morgens |
| der Vormittag | am Vormittag = vormittags |
| der Mittag | am Mittag = mittags |
| der Nachmittag | am Nachmittag = nachmittags |
| der Abend | am Abend = abends |
| die Nacht | in der Nacht = nachts |
| am frühen Morgen | frühmorgens |
| am frühen Vormittag | am späten Vormittag |
| am frühen Nachmittag | am späten Nachmittag, spätnachmittags |
| am frühen Abend | am späten Abend, spätabends |

## Die Tage

| | |
|---|---|
| der Montag | am Montag = montags |
| der Dienstag | am Dienstag = dienstags |
| der Mittwoch | am Mittwoch = mittwochs |
| der Donnerstag | am Donnerstag = donnerstags |
| der Freitag | am Freitag = freitags |
| der Samstag / der Sonnabend | am Samstag = samstags / am Sonnabend = sonnabends |
| der Sonntag | am Sonntag = sonntags |
| werktags / wochentags, sonn- und feiertags, am Wochenende | |
| vorgestern – gestern – heute – morgen – übermorgen | |

## Wochen und Monate

| | | |
|---|---|---|
| der Januar | der Mai | der September |
| der Februar | der Juni | der Oktober |
| der März | der Juli | der November |
| der April | der August | der Dezember |

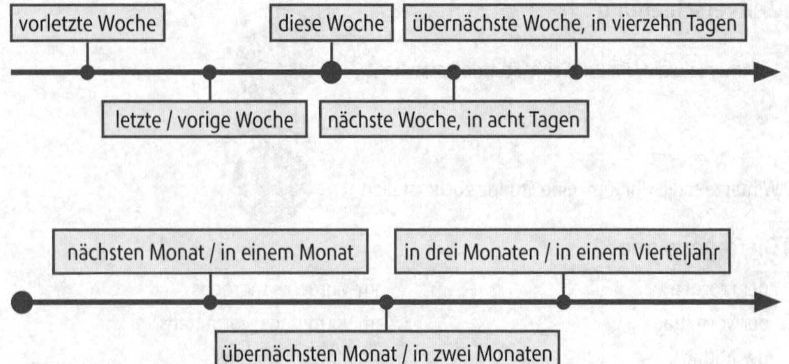


## Die Jahreszeiten

| der Frühling / das Frühjahr | der Sommer | der Herbst | der Winter |
|---|---|---|---|
| Vorfrühling | Frühsommer, Hochsommer, Spätsommer | Frühherbst, Spätherbst | |

## Zeit im Leben eines Menschen

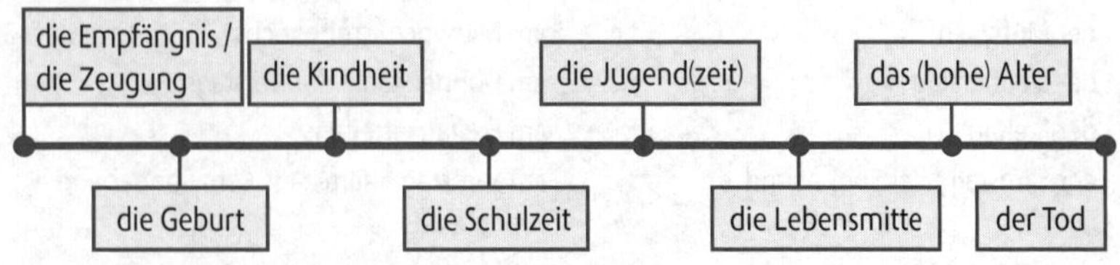


- das Kind im Mutterleib / das ungeborene Kind, der Embryo
- das Neugeborene, das Baby / der Säugling
- das Kleinkind, das Kindergartenkind, das Schulkind
- der / die Jugendliche, der Teenager
- der / die Volljährige / Erwachsene
- der / die Alte, der Greis / die Greisin , die Senioren
- der Mann / die Frau in den Zwanzigern, in den Dreißigern, in den Vierzigern usw.

# Wörter und Formen

## Verben

### Die wichtigsten unregelmäßigen Verben

| Infinitiv | Präsens (*3. Person Singular*) | Präteritum (*3. Person Singular*) | Perfekt (*3. Person Singular*) |
|---|---|---|---|
| backen | bäckt / backt | backte | hat gebacken |
| bedürfen | bedarf | bedurfte | hat bedurft |
| befehlen | befiehlt | befahl | hat befohlen |
| beginnen | beginnt | begann | hat begonnen |
| beißen | beißt | biss | hat gebissen |
| bergen | birgt | barg | hat geborgen |
| bersten | birst | barst | ist geborsten |
| betrügen | betrügt | betrog | hat betrogen |
| bewegen* | bewegt | bewog | hat bewogen |
| biegen | biegt | bog | hat / ist gebogen |
| bieten | bietet | bot | hat geboten |
| binden | bindet | band | hat gebunden |
| bitten | bittet | bat | hat gebeten |
| blasen | bläst | blies | hat geblasen |
| bleiben | bleibt | blieb | ist geblieben |
| braten | brät | briet | hat gebraten |
| brechen | bricht | brach | hat / ist gebrochen |
| brennen | brennt | brannte | hat gebrannt |
| bringen | bringt | brachte | hat gebracht |
| denken | denkt | dachte | hat gedacht |
| dreschen | drischt | drosch | hat gedroschen |
| dringen | dringt | drang | ist gedrungen |
| dürfen | darf | durfte | hat gedurft |
| empfangen | empfängt | empfing | hat empfangen |
| empfehlen | empfiehlt | empfahl | hat empfohlen |
| empfinden | empfindet | empfand | hat empfunden |
| erklimmen | erklimmt | erklomm | hat erklommen |
| erlöschen | erlischt | erlosch | ist erloschen |
| erschallen | erschallt | erscholl | ist erschollen |
| erschrecken* | erschrickt | erschrak | ist erschrocken |

* Hier gibt es auch eine regelmäßige Form. Vgl. dazu das jeweilige Stichwort im Hauptteil.

| Infinitiv | Präsens (*3. Person Singular*) | Präteritum (*3. Person Singular*) | Perfekt (*3. Person Singular*) |
|---|---|---|---|
| erwägen | erwägt | erwog | hat erwogen |
| essen | isst | aß | hat gegessen |
| fahren | fährt | fuhr | hat / ist gefahren |
| fallen | fällt | fiel | ist gefallen |
| fangen | fängt | fing | hat gefangen |
| fechten | ficht | focht | hat gefochten |
| finden | findet | fand | hat gefunden |
| flechten | flicht | flocht | hat geflochten |
| fliegen | fliegt | flog | hat / ist geflogen |
| fliehen | flieht | floh | ist geflohen |
| fließen | fließt | floss | ist geflossen |
| fressen | frisst | fraß | hat gefressen |
| frieren | friert | fror | hat gefroren |
| gären | gärt | gärte / (gor) | hat / ist gegoren |
| gebären | gebärt | gebar | hat geboren |
| geben | gibt | gab | hat gegeben |
| gedeihen | gedeiht | gedieh | ist gediehen |
| gehen | geht | ging | ist gegangen |
| gelingen | gelingt | gelang | ist gelungen |
| gelten | gilt | galt | hat gegolten |
| genesen | genest | genas | ist genesen |
| genießen | genießt | genoss | hat genossen |
| geraten | gerät | geriet | ist geraten |
| geschehen | geschieht | geschah | ist geschehen |
| gewinnen | gewinnt | gewann | hat gewonnen |
| gießen | gießt | goss | hat gegossen |
| gleichen | gleicht | glich | hat geglichen |
| gleiten | gleitet | glitt | ist geglitten |
| glimmen | glimmt | glomm / glimmte | hat geglommen / geglimmt |
| graben | gräbt | grub | hat gegraben |
| greifen | greift | griff | hat gegriffen |
| haben | hat | hatte | hat gehabt |
| halten | hält | hielt | hat gehalten |
| hängen* | hängt | hing | hat gehangen |
| hauen | haut | haute / (hieb) | hat gehauen |
| heben | hebt | hob | hat gehoben |
| heißen | heißt | hieß | hat geheißen |
| helfen | hilft | half | hat geholfen |
| kennen | kennt | kannte | hat gekannt |

| Infinitiv | Präsens (3. Person Singular) | Präteritum (3. Person Singular) | Perfekt (3. Person Singular) |
|---|---|---|---|
| klingen | klingt | klang | hat geklungen |
| kneifen | kneift | kniff | hat gekniffen |
| kommen | kommt | kam | ist gekommen |
| können | kann | konnte | hat gekonnt |
| kriechen | kriecht | kroch | ist gekrochen |
| laden | lädt | lud | hat geladen |
| lassen | lässt | ließ | hat gelassen |
| laufen | läuft | lief | ist gelaufen |
| leiden | leidet | litt | hat gelitten |
| leihen | leiht | lieh | hat geliehen |
| lesen | liest | las | hat gelesen |
| liegen | liegt | lag | hat gelegen |
| lügen | lügt | log | hat gelogen |
| mahlen | mahlt | mahlte | hat gemahlen |
| meiden | meidet | mied | hat gemieden |
| melken | milkt / melkt | melkte / (molk) | hat gemelkt / gemolken |
| messen | misst | maß | hat gemessen |
| misslingen | misslingt | misslang | ist misslungen |
| mögen | mag | mochte | hat gemocht |
| müssen | muss | musste | hat gemusst |
| nehmen | nimmt | nahm | hat genommen |
| nennen | nennt | nannte | hat genannt |
| pfeifen | pfeift | pfiff | hat gepfiffen |
| preisen | preist | pries | hat gepriesen |
| quellen | quillt | quoll | ist gequollen |
| raten | rät | riet | hat geraten |
| reiben | reibt | rieb | hat gerieben |
| reißen | reißt | riss | hat / ist gerissen |
| reiten | reitet | ritt | hat / ist geritten |
| rennen | rennt | rannte | ist gerannt |
| riechen | riecht | roch | hat gerochen |
| ringen | ringt | rang | hat gerungen |
| rinnen | rinnt | rann | ist geronnen |
| rufen | ruft | rief | hat gerufen |
| salzen | salzt | salzte | hat gesalzen |
| saufen | säuft | soff | hat gesoffen |
| saugen | saugt | sog / saugte | hat gesogen / gesaugt |
| schaffen | schafft | schuf | hat geschaffen |
| scheiden | scheidet | schied | hat / ist geschieden |

| Infinitiv | Präsens (*3. Person Singular*) | Präteritum (*3. Person Singular*) | Perfekt (*3. Person Singular*) |
|---|---|---|---|
| scheinen | scheint | schien | hat geschienen |
| schelten | schilt | schalt | hat gescholten |
| schieben | schiebt | schob | hat geschoben |
| schießen | schießt | schoss | hat / ist geschossen |
| schinden | schindet | schindete | hat geschunden |
| schlafen | schläft | schlief | hat geschlafen |
| schlagen | schlägt | schlug | hat geschlagen |
| schleichen | schleicht | schlich | ist geschlichen |
| schleifen* | schleift | schliff | hat geschliffen |
| schließen | schließt | schloss | hat geschlossen |
| schlingen | schlingt | schlang | hat geschlungen |
| schmeißen | schmeißt | schmiss | hat geschmissen |
| schmelzen | schmilzt | schmolz | ist geschmolzen |
| schneiden | schneidet | schnitt | hat geschnitten |
| schreiben | schreibt | schrieb | hat geschrieben |
| schreien | schreit | schrie | hat geschrien |
| schreiten | schreitet | schritt | ist geschritten |
| schweigen | schweigt | schwieg | hat geschwiegen |
| schwellen | schwillt | schwoll | ist geschwollen |
| schwimmen | schwimmt | schwamm | hat / ist geschwommen |
| schwinden | schwindet | schwand | ist geschwunden |
| schwingen | schwingt | schwang | hat geschwungen |
| schwören | schwört | schwor | hat geschworen |
| sehen | sieht | sah | hat gesehen |
| sein | ist | war | ist gewesen |
| senden | sendet | sandte / sendete | hat gesandt / gesendet |
| singen | singt | sang | hat gesungen |
| sinken | sinkt | sank | ist gesunken |
| sinnen | sinnt | sann | hat gesonnen |
| sitzen | sitzt | saß | hat gesessen |
| sollen | soll | sollte | hat gesollt |
| spalten | spaltet | spaltete | hat gespalten |
| speien | speit | spie | hat gespien |
| spinnen | spinnt | spann | hat gesponnen |
| sprechen | spricht | sprach | hat gesprochen |
| sprießen | sprießt | spross | ist gesprossen |
| springen | springt | sprang | ist gesprungen |
| stechen | sticht | stach | hat gestochen |

| Infinitiv | Präsens (*3. Person Singular*) | Präteritum (*3. Person Singular*) | Perfekt (*3. Person Singular*) |
|---|---|---|---|
| stecken | steckt | steckte / (stak) | hat gesteckt |
| stehen | steht | stand | hat gestanden |
| stehlen | stiehlt | stahl | hat gestohlen |
| steigen | steigt | stieg | ist gestiegen |
| sterben | stirbt | starb | ist gestorben |
| stinken | stinkt | stank | hat gestunken |
| stoßen | stößt | stieß | hat / ist gestoßen |
| streichen | streicht | strich | hat gestrichen |
| streiten | streitet | stritt | hat gestritten |
| tragen | trägt | trug | hat getragen |
| treffen | trifft | traf | hat getroffen |
| treiben | treibt | trieb | hat getrieben |
| treten | tritt | trat | hat / ist getreten |
| trinken | trinkt | trank | hat getrunken |
| trügen | trügt | trog | hat getrogen |
| tun | tut | tat | hat getan |
| verderben | verdirbt | verdarb | hat / ist verdorben |
| verdrießen | verdrießt | verdross | hat verdrossen |
| vergessen | vergisst | vergaß | hat vergessen |
| verlieren | verliert | verlor | hat verloren |
| verlöschen | verlischt | verlosch | ist verloschen |
| verzeihen | verzeiht | verzieh | hat verziehen |
| wachsen | wächst | wuchs | ist gewachsen |
| wägen | wägt | wog | hat gewogen |
| waschen | wäscht | wusch | hat gewaschen |
| weben | webt | wob | hat gewoben |
| weichen | weicht | wich | ist gewichen |
| weisen | weist | wies | hat gewiesen |
| wenden | wendet | wandte / wendete | hat gewandt / gewendet |
| werben | wirbt | warb | hat geworben |
| werden | wird | wurde | ist geworden |
| werfen | wirft | warf | hat geworfen |
| wiegen | wiegt | wog | hat gewogen |
| winden | windet | wand | hat gewunden |
| wissen | weiß | wusste | hat gewusst |
| wollen | will | wollte | hat gewollt |
| ziehen | zieht | zog | hat / ist gezogen |
| zwingen | zwingt | zwang | hat gezwungen |

### Das Verb sein

Sein kann als Vollverb benutzt werden: **Das Haus ist alt** oder **Mark war Maler.**

Als Hilfsverb bildet **sein** zusammen mit einem anderen Verb zusammengesetzte Zeitformen: **Ich bin / war / wäre nach Hause gelaufen** oder **Wirst du dann schon zurückgekommen sein?** Das Partizip Perfekt lautet **gewesen**, der Imperativ im Singular **sei**, im Plural **seid**.

Die anderen Formen sind:

| | **Präsens** | **Präteritum** | **Konjunktiv I** | **Konjunktiv II** |
|---|---|---|---|---|
| ich | bin | war | sei | wäre |
| du | bist | warst | seiest | wärest |
| er / sie / es | ist | war | sei | wäre |
| wir | sind | waren | seien | wären |
| ihr | seid | wart | seiet | wäret |
| sie | sind | waren | seien | wären |

## Artikel

### Der bestimmte Artikel der

| **Nominativ** | | | | | **Dativ** | | | | |
|---|---|---|---|---|---|---|---|---|---|
| Singular | männlich | der | große | Tisch | Singular | männlich | dem | großen | Tisch |
| | weiblich | die | große | Bank | | weiblich | der | großen | Bank |
| | sächlich | das | große | Bett | | sächlich | dem | großen | Bett |
| Plural | | die | großen | Dinge | Plural | | den | großen | Dingen |
| **Akkusativ** | | | | | **Genitiv** | | | | |
| Singular | männlich | den | großen | Tisch | Singular | männlich | des | großen | Tisches |
| | weiblich | die | große | Bank | | weiblich | der | großen | Bank |
| | sächlich | das | große | Bett | | sächlich | des | großen | Bettes |
| Plural | | die | großen | Dinge | Plural | jener | der | großen | Dinge |

### Der unbestimmte Artikel ein

| **Nominativ** | | | | | **Dativ** | | | | |
|---|---|---|---|---|---|---|---|---|---|
| Singular | männlich | ein | großer | Tisch | Singular | männlich | einem | großen | Tisch |
| | weiblich | eine | große | Bank | | weiblich | einer | großen | Bank |
| | sächlich | ein | großes | Bett | | sächlich | einem | großen | Bett |
| Plural | | | große | Dinge | Plural | | | großen | Dingen |
| **Akkusativ** | | | | | **Genitiv** | | | | |
| Singular | männlich | einen | großen | Tisch | Singular | männlich | eines | großen | Tisches |
| | weiblich | eine | große | Bank | | weiblich | einer | großen | Bank |
| | sächlich | ein | großes | Bett | | sächlich | eines | großen | Bettes |
| Plural | | | große | Dinge | Plural | jener | | großer | Dinge |

# Die Formen des Adjektivs

| | | Deklinationstyp A | | | Deklinationstyp B | | | Deklinationstyp C | | |
|---|---|---|---|---|---|---|---|---|---|---|
| **Nominativ** | | | | | | | | | | |
| Singular | männlich | jener | junge | Mann | | frischer | Wind | kein | junger | Mann |
| | weiblich | jene | junge | Frau | | frische | Luft | keine | junge | Frau |
| | sächlich | jenes | junge | Mädchen | | frisches | Wasser | kein | junges | Mädchen |
| Plural | | jene | jungen | Leute | (einige) | junge | Leute | keine | jungen | Leute |
| **Akkusativ** | | | | | | | | | | |
| Singular | männlich | jenen | jungen | Mann | (für) | frischen | Wind | keinen | jungen | Mann |
| | weiblich | jene | junge | Frau | (für) | frische | Luft | keine | junge | Frau |
| | sächlich | jenes | junge | Mädchen | (für) | frisches | Wasser | kein | junges | Mädchen |
| Plural | | jene | jungen | Leute | (einige) | junge | Leute | keine | jungen | Leute |
| **Dativ** | | | | | | | | | | |
| Singular | männlich | jenem | jungen | Mann | (mit) | frischem | Wind | keinem | jungen | Mann |
| | weiblich | jener | jungen | Frau | (mit) | frischer | Luft | keiner | jungen | Frau |
| | sächlich | jenem | jungen | Mädchen | (mit) | frischem | Wasser | keinem | jungen | Mädchen |
| Plural | | jenen | jungen | Leuten | (einigen) | jungen | Leuten | keinen | jungen | Leuten |
| **Genitiv** | | | | | | | | | | |
| Singular | männlich | jenes | jungen | Mannes | (trotz) | frischen | Windes | keines | jungen | Mannes |
| | weiblich | jener | jungen | Frau | (trotz) | frischer | Luft | keiner | jungen | Frau |
| | sächlich | jenes | jungen | Mädchens | (trotz) | frischen | Wassers | keines | jungen | Mädchens |
| Plural | | jener | jungen | Leute | (einiger) | junger | Leute | keiner | jungen | Leute |
| | | Adjektive, die nach dem bestimmten Artikel **der** stehen (→ Tabelle S. 1108), und Adjektive, die auf **derjenige,derselbe, dieser, jeder, mancher** und **welcher** folgen, werden nach **Deklinationstyp A** flektiert. Dieser Typ der Flexion wird auch als „schwache Deklination" bezeichnet. | | | Adjektive, die nach **manch, solch, viel, welch** und **irgendein** stehen, werden nach **Deklinationstyp B** flektiert. Dieser Typ der Flexion wird auch als „starke Deklination" bezeichnet.<br>Adjektive, die auf ein **paar, einzelne, etliche, gewisse, lauter, mehrere, viele** und auf Zahlen ab **zwei** folgen, werden wie das Adjektiv gebildet, das auf **einige** folgt. | | | Adjektive, denen ein Pronomen wie **dein, mein, sein, ihr** usw. vorausgeht, werden nach **Deklinationstyp C** flektiert. Dieser Typ der Flexion wird auch als „gemischte Deklination" bezeichnet.<br>Zur Deklination der Adjektive mit dem unbestimmten Artikel siehe auch die Tabelle auf S. 1108. | | |

# Pronomen

## Das Pronomen der

| | Singular | | | Plural |
|---|---|---|---|---|
| | männlich | weiblich | sächlich | |
| **Nominativ** | der | die | das | die |
| **Akkusativ** | den | die | das | die |
| **Dativ** | dem | der | dem | denen |
| **Genitiv** | dessen | deren | dessen | derer |

## derjenige

| **Nominativ** | | | **Dativ** | | |
|---|---|---|---|---|---|
| Singular | männlich | derjenige | Singular | männlich | demjenigen |
| | weiblich | diejenige | | weiblich | derjenigen |
| | sächlich | dasjenige | | sächlich | demjenigen |
| Plural | | diejenigen | Plural | | denjenigen |
| **Akkusativ** | | | **Genitiv** | | |
| Singular | männlich | denjenigen | Singular | männlich | desjenigen |
| | weiblich | diejenige | | weiblich | derjenigen |
| | sächlich | dasjenige | | sächlich | desjenigen |
| Plural | | diejenigen | Plural | jener | derjenigen |

## dieser

| **Nominativ** | | | | | **Dativ** | | | | |
|---|---|---|---|---|---|---|---|---|---|
| Singular | männlich | dieser | junge | Hund | Singular | männlich | diesem | jungen | Hund |
| | weiblich | diese | junge | Katze | | weiblich | dieser | jungen | Katze |
| | sächlich | dieses | junge | Pferd | | sächlich | diesem | jungen | Pferd |
| Plural | | diese | jungen | Tiere | Plural | | diesen | jungen | Tieren |
| **Akkusativ** | | | | | | | | | |
| Singular | männlich | diesen | jungen | Hund | Singular | männlich | dieses | jungen | Hund |
| | weiblich | diese | junge | Katze | | weiblich | dieser | jungen | Katze |
| | sächlich | dieses | junge | Pferd | | sächlich | dieses | jungen | Pferd |
| Plural | | diese | jungen | Tiere | Plural | jener | dieser | jungen | Tieren |

## Die Formen der Pronomen ich, du usw.

| Singular | | | |
|---|---|---|---|
| **Nominativ** | **Akkusativ** | **Dativ** | **Genitiv** |
| **ich**<br>Ich bin krank. | **mich**<br>Wer pflegt mich? | **mir**<br>Wer hilft mir? | **meiner**<br>Wer erbarmt sich meiner? |
| **du**<br>Du bist krank. | **dich**<br>Wer pflegt dich? | **dir**<br>Wer hilft dir? | **deiner**<br>Wer erbarmt sich deiner? |
| **er**<br>Er ist krank. | **ihn**<br>Wer pflegt ihn? | **ihm**<br>Wer hilft ihm? | **seiner**<br>Wer erbarmt sich seiner? |
| **sie**<br>Sie ist krank. | **sie**<br>Wer pflegt sie? | **ihr**<br>Wer hilft ihr? | **ihrer**<br>Wer erbarmt sich ihrer? |
| **es**<br>Es ist krank. | **es**<br>Wer pflegt es? | **ihm**<br>Wer hilft ihm? | **seiner**<br>Wer erbarmt sich seiner? |
| Plural | | | |
| **Nominativ** | **Akkusativ** | **Dativ** | **Genitiv** |
| **wir**<br>Wir sind krank. | **uns**<br>Wer pflegt uns? | **uns**<br>Wer hilft uns? | **unser**<br>Wer erbarmt sich unser? |
| **ihr**<br>Ihr seid krank. | **euch**<br>Wer pflegt euch? | **euch**<br>Wer hilft euch? | **euer**<br>Wer erbarmt sich euer? |
| **sie**<br>Sie sind krank. | **sie**<br>Wer pflegt sie? | **ihnen**<br>Wer hilft ihnen? | **ihrer**<br>Wer erbarmt sich ihrer? |
| Höflichkeitsform (Singular und Plural) | | | |
| **Nominativ** | **Akkusativ** | **Dativ** | **Genitiv** |
| **Sie**<br>Sie sind krank. | **Sie**<br>Wer pflegt Sie? | **Ihnen**<br>Wer hilft Ihnen? | **Ihrer**<br>Wer erbarmt sich Ihrer? |

## Die Formen von mein, dein, sein usw.

| Person im Singular | | | | | | Personen im Plural | | | | | |
|---|---|---|---|---|---|---|---|---|---|---|---|
| **ich** | Singular | männlich | mein | junger | Hund | **wir** | Singular | männlich | unser | junger | Hund |
| | | weiblich | meine | junge | Katze | | | weiblich | unsere | junge | Katze |
| | | sächlich | mein | junges | Pferd | | | sächlich | unser | junges | Pferd |
| | Plural | | meine | jungen | Tiere | | Plural | | unsere | jungen | Tiere |
| **du** | Singular | männlich | dein | junger | Hund | **ihr** | Singular | männlich | euer | junger | Hund |
| | | weiblich | deine | junge | Katze | | | weiblich | eure | junge | Katze |
| | | sächlich | dein | junges | Pferd | | | sächlich | euer | junges | Pferd |
| | Plural | | deine | jungen | Tiere | | Plural | | eure | jungen | Tiere |
| **er / es** | Singular | männlich | sein | junger | Hund | | | | | | |
| | | weiblich | seine | junge | Katze | | | | | | |
| | | sächlich | sein | junges | Pferd | **sie** | Singular | männlich | ihr | junger | Hund |
| | Plural | | seine | jungen | Tiere | | | weiblich | ihre | junge | Katze |
| **sie** | Singular | männlich | ihr | junger | Hund | | | sächlich | ihr | junges | Pferd |
| | | weiblich | ihre | junge | Katze | | Plural | | ihre | jungen | Tiere |
| | | sächlich | ihr | junges | Pferd | | | | | | |
| | Plural | | ihre | jungen | Tiere | | | | | | |
| Höflichkeitsform | | | | | | | | | | | |
| **Sie** | Singular | männlich | Ihr | junger | Hund | **Sie** | Singular | männlich | Ihr | junger | Hund |
| | | weiblich | Ihre | junge | Katze | | | weiblich | Ihre | junge | Katze |
| | | sächlich | Ihr | junges | Pferd | | | sächlich | Ihr | junges | Pferd |
| | Plural | | Ihre | jungen | Tiere | | Plural | | Ihre | jungen | Tiere |

# Präpositionen

## Präpositionen mit dem Akkusativ

Das Baby krabbelt **über** den Teppich.
Das Kind kriecht **unter** den Weihnachtsbaum.
Der Vater legt den Teddybär **in** den Karton.
Der Hund springt **auf** den Sessel.
Die Mutter legt das Geschenk **vor** den Sessel.

Der Vater hängt die Kugel **an** den Baum.
Die Mutter stellt den Tisch **neben** den Sessel.
Der Hund läuft **zwischen** die Beine des Vaters.
Das Baby krabbelt **hinter** den Sessel.

## Präpositionen mit dem Dativ

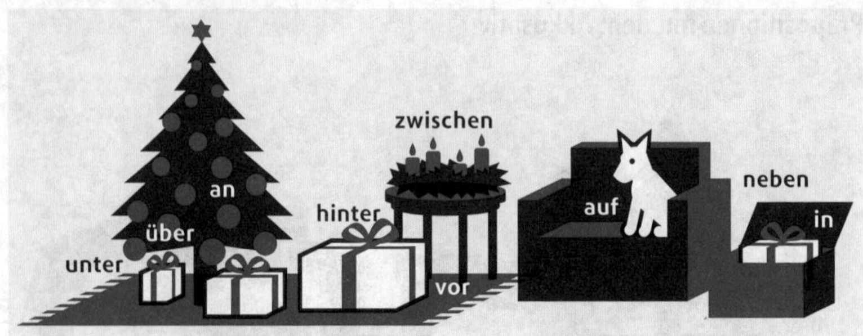


Das Geschenk liegt **unter** dem Weihnachtsbaum.
Die Kugel hängt **über** dem Geschenk.
Die Kugeln hängen **an** dem Baum.
Der Tisch steht **hinter** dem Geschenk.
Das Geschenk liegt **vor** dem Tisch.
Der Adventskranz steht **zwischen** dem Baum und dem Sessel.
Der Hund sitzt **auf** dem Sessel.
Der Karton steht **neben** dem Sessel.
Das Geschenk ist **in** dem Karton.

## Präpositionen ...

### ... mit Dativ

**aus, außer, bei, entgegen, entsprechend, fern, gegenüber, gemäß, gleich, mit, mitsamt, nach, nächst, nahe, nebst, samt, seit, von, zu, zufolge, zuliebe, zuwider**

### ... mit Akkusativ

**à, bis, durch, für, gegen, je, ohne, per, pro, um, wider**

⚠ **Ausnahme:** Die Präposition **bis** wird auch zusammen mit anderen Präpositionen verwendet. Dann bestimmen diese Präpositionen den Fall des nachfolgenden Substantivs: **bis an das Haus** (*Akkusativ*) – aber: **bis zum Ende** (*Dativ*)

### ... mit Dativ oder Akkusativ

**an, auf, entlang, hinter, in, neben, unter, über, vor, zwischen**

Wenn man sagt, **wo** eine Person, ein Tier oder eine Sache ist, liegt, steht usw., folgt ein Substantiv im **Dativ**:

- **Das Auto steht in der Garage.**
- **Der Ordner liegt auf dem Schreibtisch.**

Wenn man sagt, **wohin** oder in **welche Richtung** sich eine Person,ein Tier oder eine Sache bewegt (oder bewegt wird), folgt ein Substantiv im **Akkusativ**:

- **Oliver fährt das Auto in die Garage.**
- **Anette legt den Ordner auf den Schreibtisch.**

Bei diesen Präpositionen ist der Kasus in der Strukturformel angegeben, wenn er nicht deutlich erkennbar ist.

⚠ **Ausnahme:** Die Präposition **ab** wird in der geschriebenen Sprache nur mit dem Dativ, in der gesprochenen Sprache auch mit dem Akkusativ verwendet.

## ... mit Genitiv

**abseits*, anfangs, angesichts*, anhand*, anlässlich, anstelle*, aufgrund*, aufseiten, außerhalb*,** (*veraltet*) **bar, beiderseits*, diesseits*, halber** (**nachgestellt**), **infolge*, inmitten*, innerhalb*, jenseits*, kraft, links*, minus, mithilfe, namens, nördlich*, oberhalb*, östlich*, plus, rechts*, südlich*, seitens, um ... willen, unbeschadet, unfern*, ungeachtet, unterhalb*, unweit*, vonseiten, vorbehaltlich, westlich*, zeit**

⚠ **Ausnahmen:** Alle mit * markierten Präpositionen werden auch mit **von** + *Dativ* verwendet (**links von dem Haus**); **plus** und **minus** werden in der gesprochenen Sprache mit Substantiven im Akkusativ und selten auch im Dativ verbunden (**plus nicht verkaufter Waren – plus der nicht verkauften Waren**)

## ... mit Genitiv oder Dativ

Den Präpositionen **längs, laut, statt, trotz, während, wegen** folgt ein Substantiv im Genitiv; in der gesprochenen Sprache werden diese Präpositionen auch mit dem Dativ verwendet. Die Verwendung gilt jedoch oft als schlechter Stil:

**trotz des Regens – trotz dem Regen**

Die Präpositionen **abzüglich, zugunsten, zulasten, zuseiten, zuungunsten** verwendet man zusammen mit einem Substantiv im Genitiv, selten auch mit einem Substantiv im Dativ. Sie können auch mit **von** + *Dativ* verwendet werden:

**zugunsten der Erben – den Erben zugunsten – zugunsten von den Erben**

## Sonderfälle

Folgende Präpositionen werden in den meisten Fällen mit einem Substantiv im Genitiv, in besonderen Fällen auch mit einem Substantiv im Dativ oder mit **von** + *Dativ* verwendet: **abzüglich, anstatt, ausschließlich, betreffs, bezüglich, binnen, dank, einschließlich, exklusive, hinsichtlich, inklusive, mangels, mittels, in puncto, vermittels, vermöge, zuzüglich, zwecks**

- **anstatt** *Plakaten* – **anstatt** *der* **Plakate** – **anstatt** *den* **Plakaten** – **anstatt** *von* (**den**) **Plakaten**
- **inklusive** *Getränken* – **inklusive** *der* **Getränke** – **inklusive** *den* **Getränken**

Wenn auf eine dieser Präpositionen ein Substantiv im Singular ohne Artikel und Attribut folgt, verwendet man das Substantiv ohne Endung:

- **mangels Interesse**
- **laut Beschluss vom 4. Mai**
- **inklusive Porto**
- **in puncto Fleiß**

Wenn auf eine dieser Präpositionen ein Substantiv im Plural ohne Artikel oder Attribut folgt, verwendet man das Substantiv im Dativ:

- **mangels Beweisen**
- **anstatt Geschenken**

Wenn auf eine dieser Präpositionen ein Substantiv mit Attribut folgt, verwendet man das Substantiv immer im Genitiv:

- **dank großzügiger Spenden**
- **mangels triftiger Gründe**

## Kontraktionen

Kurze Präpositionen und die Artikel in den Formen **dem, den** und **das** können zu einem Wort verbunden werden, zum Beispiel:

- **ans** (= an das)
- **am** (= an dem)
- **beim** (= bei dem)
- **im** (= in dem)
- **untern** (= unter den)
- **unterm** (= unter dem)
- **zum** (= zu dem)

# Geografische Namen

| Land / Gebiet / Region | Einwohner | Adjektiv |
|---|---|---|
| Abchasien | Abchasier, -in | abchasisch |
| Afghanistan | Afghane, Afghanin | afghanisch |
| Afrika | Afrikaner, -in | afrikanisch |
| Ägypten | Ägypter, -in | ägyptisch |
| Albanien | Albaner, -in | albanisch |
| Algerien | Algerier, -in | algerisch |
| Amerika | Amerikaner, -in | amerikanisch |
| Andalusien | Andalusier, -in | andalusisch |
| Andorra | Andorraner, -in | andorranisch |
| Angola | Angolaner, -in | angolanisch |
| Arabien | Araber, -in | arabisch |
| Argentinien | Argentinier, -in | argentinisch |
| Armenien | Armenier, -in | armenisch |
| Aserbaidschan | Aserbaidschaner, -in | aserbaidschanisch |
| Asien | Asiat, Asiatin | asiatisch |
| Äthiopien | Äthiopier, -in | äthiopisch |
| Australien | Australier, -in | australisch |
| Baden | Badener, -in | badisch |
| *das* Baltikum | Balte, Baltin | baltisch |
| Bangladesch | Bangladescher, -in | bangladeschisch |
| Bayern | Bayer, -in | bay(e)risch |
| Belgien | Belgier, -in | belgisch |
| Birma | Birmane, Birmanin | birmanisch |
| Böhmen | Böhme, Böhmin | böhmisch |
| Bolivien | Bolivianer, -in | bolivianisch |
| Bosnien | Bosnier, -in | bosnisch |
| Brandenburg | Brandenburger, -in | brandenburgisch |
| Brasilien | Brasilianer, -in | brasilianisch |
| die Bretagne | Bretone, Bretonin | bretonisch |
| Bulgarien | Bulgare, Bulgarin | bulgarisch |
| Burgund | Burgunder, -in | burgundisch |
| Chile | Chilene, Chilenin | chilenisch |
| China | Chinese, Chinesin | chinesisch |
| Costa Rica | Costa Ricaner, -in | costa-ricanisch |
| Dänemark | Däne, Dänin | dänisch |
| (*die* Bundesrepublik) Deutschland | Deutsche(r), Deutsche | deutsch |

| Land / Gebiet / Region | Einwohner | Adjektiv |
|---|---|---|
| *die* Dominikanische Republik | Dominikaner, -in | dominikanisch |
| Ecuador | Ecuadorianer, -in | ecuadorianisch |
| Elfenbeinküste | Ivorer, -in | ivorisch |
| El Salvador | Salvadorianer, -in | salvadorianisch |
| das Elsass | Elsässer, -in | elsässisch |
| England | Engländer, -in | englisch |
| Estland | Este, Estin / Estländer, -in | estnisch / estländisch |
| Europa | Europäer, -in | europäisch |
| Finnland | Finne, Finnin | finnisch |
| Flandern | Flame, Flämin | flämisch |
| Franken | Franke, Fränkin | fränkisch |
| Frankreich | Franzose, Französin | französisch |
| Friesland | Friese, Friesin | friesisch |
| Gemeinschaft Unabhängiger Staaten (GUS) | Einwohner(in) der GUS | |
| Georgien | Georgier, -in | georgisch |
| Ghana | Ghanaer, -in | ghanaisch |
| Griechenland | Grieche, Griechin | griechisch |
| Grönland | Grönländer, -in | grönländisch |
| Großbritannien | Brite, Britin | britisch |
| Guatemala | Guatemalteke, Guatemaltekin | guatemaltekisch |
| Guinea | Guineer, -in | guineisch |
| Haiti | Haitianer, -in | haitianisch / haitisch |
| Hawaii | Hawaiianer, -in | hawaiisch / hawaiianisch |
| Herzegowina | Herzegowiner, -in | herzegowinisch |
| Hessen | Hesse, Hessin | hessisch |
| Holland | Holländer, -in | holländisch |
| Holstein | Holsteiner, -in | holsteinisch |
| Indien | Inder, -in | indisch |
| Indonesien | Indonesier, -in | indonesisch |
| (*der*) Irak | Iraker, -in | irakisch |
| (*der*) Iran | Iraner, -in | iranisch |
| Irland | Ire, Irin | irisch |
| Island | Isländer, -in | isländisch |
| Israel | Israeli, -n | israelisch |
| Italien | Italiener, -in | italienisch |
| Japan | Japaner, -in | japanisch |
| (*der*) Jemen | Jemenit, -in | jemenitisch |
| Jordanien | Jordanier, -in | jordanisch |

| Land / Gebiet / Region | Einwohner | Adjektiv |
|---|---|---|
| Jugoslawien *historisch* | Jugoslawe, Jugoslawin | jugoslawisch |
| Kambodscha | Kambodschaner, -in | kambodschanisch |
| Kamerun | Kameruner, -in | kamerunisch |
| Kanada | Kanadier, -in | kanadisch |
| *die* Kanarischen Inseln, Kanaren | Kanarier, -in | kanarisch |
| Kasachstan | Kasache, Kasachin | kasachisch |
| Kastilien | Kastilier, -in | kastilisch |
| Katalonien | Katalane, Katalanin | katalanisch |
| Kenia | Kenianer, -in | kenianisch |
| Kirgisistan / Kirgisien | Kirgise, Kirgisin | kirgisisch |
| Kolumbien | Kolumbianer, -in | kolumbianisch |
| (*der*) Kongo | Kongolese, Kongolesin | kongolesisch |
| Korea | Koreaner, -in | koreanisch |
| Korsika | Korse, Korsin | korsisch |
| (*der* / *das*) Kosovo | Kosovare, Kosovarin | kosovarisch |
| Kreta | Kreter, -in | kretisch |
| Kroatien | Kroate, Kroatin | kroatisch |
| Kuba | Kubaner, -in | kubanisch |
| Kurdistan | Kurde, Kurdin | kurdisch |
| Laos | Laote, Laotin | laotisch |
| Lappland | Lappe, Lappin / Lappländer, -in | lappländisch |
| Lettland | Lette, Lettin | lettisch |
| (*der*) Libanon | Libanese, Libanesin | libanesisch |
| Libyen | Libyer, -in | libysch |
| Liechtenstein | Liechtensteiner, -in | liechtensteinisch |
| Litauen | Litauer, -in | litauisch |
| Lothringen | Lothringer, -in | Lothringer / lothringisch |
| Luxemburg | Luxemburger, -in | Luxemburger / luxemburgisch |
| Madagaskar | Madagasse, Madagassin | madagassisch |
| Mähren | Mähre, Mährin | mährisch |
| Makedonien | Makedonier, -in | makedonisch |
| Malaysia | Malaysier, -in | malaysisch |
| Malta | Malteser, -in | maltesisch |
| *die* Mandschurei | Mandschure, Mandschurin | mandschurisch |
| Marokko | Marokkaner, -in | marokkanisch |
| Mauretanien | Mauretanier, -in | mauretanisch |
| Mazedonien | Mazedonier, -in | mazedonisch |

| Land / Gebiet / Region | Einwohner | Adjektiv |
|---|---|---|
| Mecklenburg | Mecklenburger, -in | mecklenburgisch |
| Mexiko | Mexikaner, -in | mexikanisch |
| Moldau | Moldauer, -in | moldauisch |
| Monaco | Monegasse, Monegassin | monegassisch |
| *die* Mongolei | Mongole, Mongolin | mongolisch |
| Montenegro | Montenegriner, -in | montenegrisch |
| Mosambik | Mosambikaner, -in | mosambikanisch |
| Myanmar | Myanmare, Myanmarin | myanmarisch |
| Namibia | Namibier, -in | namibisch |
| Nepal | Nepalese, Nepalesin | nepalesisch |
| Neuseeland | Neuseeländer, -in | neuseeländisch |
| Nicaragua | Nicaraguaner, -in | nicaraguanisch |
| *die* Niederlande | Niederländer, -in | niederländisch |
| Niedersachsen | Niedersachse, -sächsin | niedersächsisch |
| Niger | Nigrer, Nigrerin | nigrisch |
| Nigeria | Nigerianer, -in | nigerianisch |
| Nordkorea | Nordkoreaner, -in | nordkoreanisch |
| die Normandie | Normanne, Normannin | normannisch |
| Norwegen | Norweger, -in | norwegisch |
| *die* Oberpfalz | Oberpfälzer, -in | Oberpfälzer / oberpfälzisch |
| Österreich | Österreicher, -in | österreichisch |
| Pakistan | Pakistaner, -in / Pakistani | pakistanisch |
| Palästina | Palästinenser, -in | palästinensisch / palästinisch |
| Panama | Panamaer, -in | panamaisch |
| Paraguay | Paraguayer, -in | paraguayisch |
| Persien | Perser, -in | persisch |
| Peru | Peruaner, -in | peruanisch |
| *die* Pfalz (Rheinland) | Pfälzer, -in / (Rheinpfälzer, -in) | pfälzisch / (rheinpfälzisch) |
| *die* Philippinen | Philippiner, -in | philippinisch |
| Polen | Pole, Polin | polnisch |
| Pommern | Pommer, -in | pommersch |
| Portugal | Portugiese, Portugiesin | portugiesisch |
| Preußen *historisch* | Preuße, Preußin | preußisch |
| *die* Provence | Provenzale, Provenzalin | provenzalisch |
| Rheinland | Rheinländer, -in | rheinländisch |
| Rumänien | Rumäne, Rumänin | rumänisch |
| Russland | Russe, Russin | russisch |
| Saarland | Saarländer, -in | saarländisch |

| Land / Gebiet / Region | Einwohner | Adjektiv |
|---|---|---|
| Sachsen | Sachse, Sächsin | sächsisch |
| Sardinien | Sarde, Sardin / Sardinier, -in | sardi(ni)sch |
| Saudi-Arabien | Saudi / Saudi-Araber, -in | saudi-arabisch |
| Schlesien | Schlesier, -in | schlesisch |
| Schleswig | Schleswiger, -in | schleswig(i)sch |
| Schottland | Schotte, Schottin | schottisch |
| Schwaben | Schwabe, Schwäbin | schwäbisch |
| Schweden | Schwede, Schwedin | schwedisch |
| die Schweiz | Schweizer, -in | schweizerisch / Schweizer |
| (*der*) Senegal | Senegalese, Senegalesin | senegalesisch |
| Serbien | Serbe, Serbin | serbisch |
| Sibirien | Sibir(i)er, -in | sibirisch |
| Siebenbürgen | Siebenbürger, -in | Siebenbürger |
| Singapur | Singapurer, -in | singapurisch |
| Sizilien | Sizilianer, -in | sizilianisch |
| Skandinavien | Skandinavier, -in | skandinavisch |
| *die* Slowakische Republik (SR) / *die* Slowakei | Slowake, Slowakin | slowakisch |
| Slowenien | Slowene, Slowenin | slowenisch |
| Somalia | Somali / Somalier, -in | somalisch |
| *die* Sowjetunion (UdSSR) *historisch* | Sowjetbürger, -in *historisch* | sowjetisch *historisch* |
| Spanien | Spanier, -in | spanisch |
| Sri Lanka | Sri Lanker, -in | sri-lankisch |
| Südafrika | Südafrikaner, -in | südafrikanisch |
| (*der*) Sudan | Sudanese, Sudanesin | sudanesisch |
| Südkorea | Südkoreaner, -in | südkoreanisch |
| Südtirol | Südtiroler, -in | Südtiroler |
| Syrien | Syrer, -in | syrisch |
| Tadschikistan | Tadschike, Tadschikin | tadschikisch |
| Taiwan | Taiwaner, -in / Taiwanese, Taiwanesin | taiwanisch / taiwanesisch |
| Tansania | Tansanier, -in | tansanisch |
| Thailand | Thai / Thailänder, -in | thailändisch |
| Thüringen | Thüringer, -in | thüringisch |
| Tibet | Tibeter, -in / Tibetaner, -in | tibetisch / tibetanisch |
| *die* Tschechische Republik (ČR) / Tschechien | Tscheche, Tschechin | tschechisch |
| die Tschechoslowakei (ČSFR) *historisch* | Tschechoslowake, -kin *historisch* | tschechoslowakisch *historisch* |

| Land / Gebiet / Region | Einwohner | Adjektiv |
|---|---|---|
| Tunesien | Tunesier, -in | tunesisch |
| *die* Türkei | Türke, Türkin | türkisch |
| Turkmenistan / Turkmenien | Turkmene, Turkmenin | turkmenisch |
| Uganda | Ugander, -in | ugandisch |
| *die* Ukraine | Ukrainer, -in | ukrainisch |
| Ungarn | Ungar, -in | ungarisch |
| Uruguay | Uruguayer, -in | uruguayisch |
| Usbekistan | Usbeke, Usbekin | usbekisch |
| Venezuela | Venezolaner, -in | venezolanisch |
| *die* Vereinigten Arabischen Emirate | Araber, -in | arabisch |
| *die* Vereinigten Staaten (von Amerika) / die USA | Amerikaner, -in / US-Bürger, -in | (US-)amerikanisch |
| Vietnam | Vietnamese, Vietnamesin | vietnamesisch |
| Wales | Waliser, -in | walisisch |
| Weißrussland | Weißrusse, Weißrussin | weißrussisch |
| Westfalen | Westfale, Westfälin | westfälisch |
| Württemberg | Württemberger, -in | württembergisch |
| Zaire *historisch* | Zairer, -in | zairisch |
| Zypern | Zypriot(e), -in / Zyprer, -in | zypriotisch / zyprisch |

Die meisten Gebiets- und Ländernamen sind im Deutschen sächlich und werden in der Regel ohne Artikel gebraucht, z. B. **Frankreich**, **Deutschland**, **Italien**.
(Ausnahme z. B.: **das Frankreich Napoleons** = Frankreich zur Zeit Napoleons).

Bei denjenigen Namen, die immer mit dem Artikel verwendet werden, wird dieser in der Liste auch immer angegeben, z. B. **die** Schweiz, **das** Elsass.

Bei Ländernamen ohne Artikel verwendet man die Präpositionen **in** (bei Inseln **auf**) auf die Frage wo? bzw. **nach** auf die Frage **wohin**?:

- **Ich lebe in England / auf Kreta.**
- **Ich fahre oft nach Spanien.**

Bei Ländernamen mit Artikel wird auf die Frage **wo**? bzw. **wohin**? nur **in** gebraucht:

- **Sie lebt in der Schweiz.**
- **Er fährt oft in die Türkei.**